Deitel Deitel Choffnes

Sistemas operacionais
3ª edição

DEITEL DEITEL CHOFFNES

Sistemas operacionais
3ª edição

H. M. Deitel
P. J. Deitel
D. R. Choffnes

Tradução

Arlete Simille Marques

Revisão técnica

Profa. Dra. Regina Borges de Araujo
Professora adjunta do Departamento de Computação
Universidade Federal de São Carlos - UFSCar

© 2005 by Pearson Education do Brasil
© 2004 by Pearson Education, Inc.
Tradução autorizada da edição original em inglês Operating Systems, 3rd Edition de Deitel, Harvey M.; Deitel, Paul J.; Choffnes, David R., publicada pela Pearson Education Inc., sob o selo Prentice Hall

Todos os direitos reservados. Nenhuma parte desta publicação poderá ser reproduzida ou transmitida de qualquer modo ou por qualquer outro meio, eletrônico ou mecânico, incluindo fotocópia, gravação ou qualquer outro tipo de sistema de armazenamento e transmissão de informação, sem prévia autorização, por escrito, da Pearson Education do Brasil.

Gerente editorial: Roger Trimer
Editora de desenvolvimento: Renatha Prado
Gerente de produção: Heber Lisboa
Editora de texto: Marileide Gomes
Preparação: Mônica Aguiar
Revisão: Cecília Madarás, Lucrécia Freitas
Capa: Eric Chaves, sobre o projeto original de Harvey M. Deitel, David R. Choffnes e Suzanne Behnke
Editoração eletrônica: Figurativa Arte e Projeto Editorial

Dados Internacionais de Catalogação na Publicação (CIP)
(Câmara Brasileira do Livro, SP, Brasil)

Deitel, H.M.
Sistemas operacionais: terceira edição/H. M. Deitel, P.J. Deitel, D. R. Choffnes ; tradutora Arlete Simillle Marques; revisão técnica Regina Borges de Araujo.

Título original : Operating Systems, 3rd Edition

Bibliografia.

São Paulo : Pearson Prentice Hall, 2005.

ISBN 978-85-7605-011-7

1. Sistemas operacionais (Computadores)
I. Deitel, P.J. II. Choffnes, D.R. III. Título.

05-0032   CDD-005.43

Índices para catálogo sistemático:
1. Sistemas operacionais : Computadores : Processamento de dados   005.43

Direitos exclusivos cedidos à
Pearson Education do Brasil Ltda.,
uma empresa do grupo Pearson Education
Avenida Santa Marina, 1193
CEP 05036-001 - São Paulo - SP - Brasil
Fone: 11 2178-8609 e 11 2178-8653
pearsonuniversidades@pearson.com

Distribuição
Grupo A Educação
www.grupoa.com.br
Fone: 0800 703 3444

À memória de Edsger W. Dijkstra

Harvey M. Deitel
Paul J. Deitel
David R. Choffnes

*Aos meus avós, Beverly and Jay Peddy,
pelo amor, genorosidade e inspiração.*

David

Sumário

Prefácio..XIII

Parte 1
Introdução ao hardware, software e sistemas operacionais.................................1

1 Introdução aos sistemas operacionais....................3
- 1.1 Introdução..4
- 1.2 O que é um sistema operacional?..............................4
- 1.3 O começo da história: décadas de 1940 e 1950........5
- 1.4 A década de 1960..6
- 1.5 A década de 1970..8
- 1.6 A década de 1980..9
- 1.7 A história da Internet e da World Wide Web............9
- 1.8 A década de 1990..11
- 1.9 2000 e afora...13
- 1.10 Bases de aplicação..14
- 1.11 Ambientes de sistemas operacionais......................14
- 1.12 Componentes e objetivos do sistema operacional...16
  - 1.12.1 Componentes centrais do sistema operacional...16
  - 1.12.2 Metas do sistema operacional.................18
- 1.13 Arquiteturas de sistemas operacionais...................19
  - 1.13.1 Arquitetura monolítica............................19
  - 1.13.2 Arquitetura em camadas.........................20
  - 1.13.3 Arquitetura de micronúcleo....................21
  - 1.13.4 Sistemas operacionais de rede e distribuídos...23
- Resumo...24
- Exercícios...27
- Projetos sugeridos..27
- Notas..28

2 Conceitos de hardware e software....................30
- 2.1 Introdução..31
- 2.2 Evolução de dispositivos de hardware....................31
- 2.3 Componentes de hardware......................................32
  - 2.3.1 Placas principais.......................................32
  - 2.3.2 Processadores...33
  - 2.3.3 Relógios..35
  - 2.3.4 Hierarquia da memória.............................35
  - 2.3.5 Memória principal....................................37
  - 2.3.6 Armazenamento secundário.....................38
  - 2.3.7 Barramentos..39
  - 2.3.8 Acesso direto à memória (Direct Memory Access — DMA)...............39
  - 2.3.9 Dispositivos periféricos............................40
- 2.4 Suporte de hardware para sistemas operacionais...42
  - 2.4.1 Processador...42
  - 2.4.2 Temporizadores e relógios.......................44
  - 2.4.3 Autocarregamento (Bootstrapping)..........45
  - 2.4.4 Plug and play..45
- 2.5 Caching e buffer..46
- 2.6 Visão geral do software..47
  - 2.6.1 Linguagem de máquina e linguagem de montagem...47
  - 2.6.2 Interpretadores e compiladores................48
  - 2.6.3 Linguagens de alto nível..........................49
  - 2.6.4 Programação estruturada..........................50
  - 2.6.5 Programação orientada a objeto...............50
- 2.7 Interfaces de programação de aplicação (APIs).....51
- 2.8 Compilação, ligação e carregamento......................52
  - 2.8.1 Compilação...52
  - 2.8.2 Ligação...53
  - 2.8.3 Carregamento...55
- 2.9 Firmware..57
- 2.10 Middleware..57
- Resumo...58
- Exercícios...60
- Projetos sugeridos..60
- Notas..61

Parte 2
Processos e threads...63

3 Conceito de processos..65
- 3.1 Introdução..66
  - 3.1.1 Definição de processo..............................66
- 3.2 Estados de processo: ciclo de vida de um processo...67
- 3.3 Gerenciamento de processo....................................68
  - 3.3.1 Estados de processos e estados de transição...68
  - 3.3.2 Blocos de controle de processos (PCBs)/ Descritores de processo...69
  - 3.3.3 Operações de processo.............................70
  - 3.3.4 Suspender e retomar................................72
  - 3.3.5 Chaveamento de contexto........................73
- 3.4 Interrupções...74
  - 3.4.1 Processamento de interrupções................76
  - 3.4.2 Classes de interrupção.............................77
- 3.5 Comunicação interprocessos..................................79
  - 3.5.1 Sinais...79
  - 3.5.2 Troca de mensagens.................................79
- 3.6 Estudo de caso: processos no Unix........................81
- Resumo...83
- Exercícios...84
- Projetos sugeridos..86
- Notas..86

4 Conceitos de thread..88
- 4.1 Introdução..89
- 4.2 Definição de thread...90
- 4.3 Motivação na criação de threads............................91
- 4.4 Estados de threads: ciclo de vida de um thread.....92
- 4.5 Operações de thread..94
- 4.6 Modelos de thread...95
  - 4.6.1 Threads de usuário...................................95
  - 4.6.2 Threads de núcleo....................................96
  - 4.6.3 Combinação de threads de usuário e de núcleo...97
- 4.7 Considerações sobre implementações de threads...99
  - 4.7.1 Entrega de sinal de thread.......................99
  - 4.7.2 Término de threads................................101
- 4.8 POSIX e Pthreads..101
- 4.9 Threads Linux..102

4.10	Threads do Windows XP	104
4.11	Estudo de caso do Java Multithread, Parte I: introdução a threads Java	106
Resumo		109
Exercícios		110
Projetos sugeridos		111
Notas		111

5 Execução assíncrona concorrente ... 113

5.1	Introdução	114
5.2	Exclusão mútua	114
	5.2.1 Estudo de caso do Java multithread, Parte II: um relacionamento produtor/consumidor em Java	115
	5.2.2 Seções críticas	121
	5.2.3 Primitivas de exclusão mútua	121
5.3	Implementação de primitivas de exclusão mútua	122
5.4	Soluções de software para problema de exclusão mútua	123
	5.4.1 O algoritmo de Dekker	123
	5.4.2 Algoritmo de Peterson	131
	5.4.3 Exclusão mútua de n threads: o algoritmo da padaria de Lamport	133
5.5	Soluções de hardware para o problema de exclusão mútua	137
	5.5.1 Desabilitando interrupções	137
	5.5.2 Instrução test-and-set	137
	5.5.3 Instrução Swap	139
5.6	Semáforos	141
	5.6.1 Exclusão mútua com semáforos	141
	5.6.2 Sincronização de threads com semáforos	142
	5.6.3 Semáforos contadores	144
	5.6.4 Implementação de semáforos	144
Resumo		145
Exercícios		146
Projetos sugeridos		148
Simulações sugeridas		148
Notas		150

6 Programação concorrente ... 152

6.1	Introdução	153
6.2	Monitores	154
	6.2.1 Variáveis condicionais	155
	6.2.2 Alocação simples de recursos com monitores	155
	6.2.3 Exemplo de monitor: buffer circular	156
	6.2.4 Exemplo de monitor: leitores e escritores	159
6.3	Monitores Java	161
6.4	Estudo de caso de Java multithread, Parte III: relacionamento produtor/consumidor em Java	162
6.5	Estudo de caso de Java multithread, Parte IV: buffer circular em Java	167
Resumo		175
Exercícios		176
Projeto sugerido		177
Simulação sugerida		177
Notas		177

7 Deadlock e adiamento indefinido ... 179

7.1	Introdução	180
7.2	Exemplos de deadlocks	180
	7.2.1 Deadlock de tráfego	180
	7.2.2 Deadlock na alocação de recurso simples	181
	7.2.3 Deadlock em sistemas de spooling	182
	7.2.4 Exemplo: o jantar dos filósofos	183
7.3	Problema relacionado: adiamento indefinido	184
7.4	Conceitos de recurso	185
7.5	Quatro condições necessárias para deadlock	186
7.6	Soluções para o deadlock	186
7.7	Prevenção de deadlock	187
	7.7.1 Negação da condição 'de espera'	187
	7.7.2 Negação da condição de 'não-preempção'	188
	7.7.3 Negação da condição de 'espera circular'	189
7.8	Evitação de deadlock com o Algoritmo do Banqueiro de Dijkstra	190
	7.8.1 Exemplo de um estado seguro	191
	7.8.2 Exemplo de um estado inseguro	192
	7.8.3 Exemplo de transição de estado seguro para estado inseguro	193
	7.8.4 Alocação de recursos pelo Algoritmo do Banqueiro	193
	7.8.5 Deficiências do Algoritmo do Banqueiro	194
7.9	Detecção de deadlock	194
	7.9.1 Grafos de alocação de recursos	195
	7.9.2 Redução de grafos de alocação de recursos	196
7.10	Recuperação de deadlock	196
7.11	Estratégias de deadlock em sistemas atuais e futuros	198
Resumo		199
Exercícios		201
Projetos sugeridos		205
Simulações sugeridas		206
Notas		206

8 Escalonamento de processador ... 208

8.1	Introdução	209
8.2	Níveis de escalonamento	209
8.3	Escalonamento preemptivo versus escalonamento não preemptivo	211
8.4	Prioridades	212
8.5.	Objetivos de escalonamento	212
8.6	Critérios de escalonamento	214
8.7	Algoritmos de escalonamento	215
	8.7.1 Escalonamento primeiro-a-entrar-primeiro-a-sair (FIFO)	215
	8.7.2 Escalonamento por alternância-circular (RR)	216
	8.7.3 Escalonamento por processo-mais-curto-primeiro (SPF)	218
	8.7.4 Escalonamento por próxima-taxa-de-resposta-mais-alta (HRRN)	218
	8.7.5 Escalonamento por menor-tempo-de-execução-restante (SRT)	219
	8.7.6 Filas multiníveis de retorno	220
	8.7.7 Escalonamento por fração justa	222
8.8	Escalonamento por prazo	224
8.9	Escalonamento de tempo real	225
8.10	Escalonamento de threads Java	226
Resumo		228
Exercícios		230
Projetos sugeridos		232
Simulações sugeridas		232
Notas		233

Parte 3
Memória real e virtual ... 235

9 Organização e gerenciamento da memória real ... 237

9.1	Introdução	238
9.2	Organização da memória	238
9.3	Gerenciamento de memória	238
9.4	Hierarquia de memória	240
9.5	Estratégias de gerenciamento de memória	241
9.6	Alocação de memória contígua e não contígua	242

9.7	Alocação de memória contígua em sistema monousuário	242
	9.7.1 Sobreposições (overlays)	243
	9.7.2 Proteção em um sistema monousuário	244
	9.7.3 Processamento em lote de fluxo único	245
9.8	Multiprogramação por partição fixa	246
9.9	Multiprogramação por partição variável	250
	9.9.1 Características da partição variável	250
	9.9.2 Estratégias de posicionamento de memória	252
9.10	Multiprogramação com troca de memória (swapping)	254
Resumo		255
Exercícios		257
Projetos sugeridos		259
Simulações sugeridas		259
Notas		259

10 Organização da memória virtual 261

10.1	Introdução	262
10.2	Memória virtual: conceitos básicos	263
10.3	Mapeamento de bloco	266
10.4	Paginação	268
	10.4.1 Tradução de endereço de paginação por mapeamento direto	271
	10.4.2 Tradução de endereço de paginação por mapeamento associativo	272
	10.4.3 Tradução de endereço de paginação por mapeamento direto/associativo	273
	10.4.4 Tabelas de páginas multiníveis	275
	10.4.5 Tabelas de páginas invertidas	277
	10.4.6 Compartilhamento em um sistema de paginação	279
10.5	Segmentação	281
	10.5.1 Tradução de endereço de segmentação por mapeamento direto	283
	10.5.2 Compartilhamento em um sistema de segmentação	285
	10.5.3 Proteção e controle de acesso em sistemas de segmentação	286
10.6	Sistemas de segmentação/paginação	288
	10.6.1 Tradução dinâmica de endereço em um sistema de segmentação/paginação	289
	10.6.2 Compartilhamento e proteção em um sistema de segmentação/paginação	290
10.7	Estudo de caso: memória virtual da arquitetura Intel IA-32	293
Resumo		297
Exercícios		300
Projetos sugeridos		302
Notas		302

11 Gerenciamento de memória virtual 305

11.1	Introdução	306
11.2	Localidade	306
11.3	Paginação por demanda	307
11.4	Paginação antecipada	309
11.5	Substituição de páginas	310
11.6	Estratégias de substituição de páginas	310
	11.6.1 Substituição aleatória de páginas	310
	11.6.2 Estratégia de substituição de páginas FIFO (primeira a entrar, primeira a sair)	311
	11.6.3 Anomalia FIFO	312
	11.6.4 Substituição de página menos recentemente usada (MRU)	313
	11.6.5 Substituição de página menos freqüentemente usada (MFU)	314
	11.6.6 Substituição de página não usada recentemente (NUR)	314
	11.6.7 Modificações da FIFO: substituições de página 'segunda chance' e 'relógio'	316
	11.6.8 Substituição de página longínqua	316
11.7	Modelo de conjunto de trabalho	317
11.8	Substituição de página por freqüência de falta de página (FFP)	321
11.9	Liberação de página	322
11.10	Tamanho de página	322
11.11	Comportamento do programa sob paginação	324
11.12	Substituição de página local versus global	326
11.13	Estudo de caso: substituição de páginas no Linux	326
Resumo		328
Exercícios		330
Projetos sugeridos		332
Simulações sugeridas		333
Notas		333

Parte 4
Armazenamento secundário, arquivos e bancos de dados 337

12 Otimização do desempenho do disco 339

12.1	Introdução	340
12.2	Evolução do armazenamento secundário	340
12.3	Características do armazenamento em disco de cabeçote móvel	340
12.4	Por que o escalonamento do disco é necessário	343
12.5	Estratégias de escalonamento de disco	344
	12.5.1 Escalonamento de disco do tipo 'primeira a chegar, primeira a ser atendida' (FCFS)	344
	12.5.2 Escalonamento de disco do tipo 'tempo de busca mais curto primeiro' (SSTF)	346
	12.5.3 Escalonamento de disco SCAN	347
	12.5.4 Escalonamento de disco C-SCAN	347
	12.5.5 Escalonamento de disco FSCAN e SCAN de N-fases	348
	12.5.6 Escalonamento de disco LOOK e C-LOOK	349
12.6	Otimização rotacional	351
	12.6.1 Escalonamento SLTF	351
	12.6.2 Escalonamento SPTF e SATF	352
12.7.	Considerações de sistemas	353
12.8	Utilização de caches e buffers	355
12.9	Outras técnicas de desempenho de disco	356
12.10	Arranjos redundantes de discos independentes	357
	12.10.1 Visão geral do RAID	358
	12.10.2 Nível 0 (Striping)	360
	12.10.3 Nível 1 (Espelhamento)	361
	12.10.4 Nível 2 (Paridade Hamming ECC no nível do bit)	362
	12.10.5 Nível 3 (paridade XOR ECC no nível do bit)	364
	12.10.6 Nível 4 (paridade XOR ECC no nível de bloco)	365
	12.10.7 Nível 5 (paridade ECC XOR distribuída no nível de bloco)	366
Resumo		368
Exercícios		373
Projetos sugeridos		374
Simulações sugeridas		374
Notas		374

13 Sistemas de arquivos e de bancos de dados 377

13.1	Introdução	378
13.2	Hierarquia de dados	378
13.3	Arquivos	379
13.4	Sistemas de arquivo	380
	13.4.1 Diretórios	381
	13.4.2 Metadados	384

13.5	13.4.3 Montagem	385
13.5	Organização de arquivo	387
13.6	Alocação de arquivos	387
	13.6.1 Alocação contígua de arquivos	388
	13.6.2 Alocação de arquivo não contígua por lista encadeada	388
	13.6.3 Alocação de arquivo tabular não contígua	390
	13.6.4 Alocação de arquivos não contígua indexada	392
13.7	Gerenciamento de espaço livre	393
13.8	Controle de acesso a arquivos	396
	13.8.1 Matriz de controle de acesso	396
	13.8.2 Controle de acesso por classes de usuário	397
13.9	Técnicas de acesso a dados	397
13.10	Proteção da integridade dos dados	398
	13.10.1 Cópia de segurança e recuperação	398
	13.10.2 Integridade de dados e sistemas de arquivos log-estruturados	400
13.11	Servidores de arquivos e sistemas distribuídos	402
13.12	Sistemas de bancos de dados	403
	13.12.1 Vantagens dos sistemas de bancos de dados	403
	13.12.2 Acesso a dados	404
	13.12.3 Modelo de banco de dados relacional	404
	13.12.4 Sistemas operacionais e sistemas de bancos de dados	406
Resumo		406
Exercícios		410
Projetos sugeridos		412
Simulações sugeridas		412
Notas		412

Parte 5
Desempenho, processadores e gerenciamento de multiprocessador 415

14 Desempenho e projeto de processador 417

14.1	Introdução	418
14.2	Tendências importantes que afetam as questões de desempenho	418
14.3	Por que a monitoração e a avaliação do desempenho são necessárias	419
14.4	Medições de desempenho	419
14.5	Técnicas de avaliação de desempenho	421
	14.5.1 Rastreamento e traçado de perfil	421
	14.5.2 Cronometragens e microindicadores de desempenho (microbenchmarks)	422
	14.5.3 Avaliação específica de aplicação	423
	14.5.4 Modelos analíticos	424
	14.5.5 Indicadores de desempenho (benchmarks)	424
	14.5.6 Programas sintéticos	425
	14.5.7 Simulação	426
	14.5.8 Monitoração de desempenho	427
14.6	Gargalos e saturação	427
14.7	Laços de retorno	429
	14.7.1 Retorno negativo	429
	14.7.2 Retorno positivo	429
14.8	Técnicas de desempenho no projeto de processadores	430
	14.8.1 Computação com conjunto de instruções complexas (CISC)	430
	14.8.2 Computação com conjunto de instruções reduzidas (RISC)	431
	14.8.3 Processadores pós-RISC	433
	14.8.4 Computação com instruções explicitamente paralelas (EPIC)	435
Resumo		437
Exercícios		438
Projetos sugeridos		440
Simulações sugeridas		440
Notas		441

15 Gerenciamento de multiprocessador 444

15.1	Introdução	445
15.2	Arquitetura de multiprocessador	446
	15.2.1 Classificação de arquiteturas seqüenciais e paralelas	446
	15.2.2 Esquemas de interconexão de processadores	447
	15.2.3 Sistemas fracamente acoplados *versus* sistemas fortemente acoplados	452
15.3	Organização de sistemas operacionais multiprocessadores	453
	15.3.1 Mestre/escravo	453
	15.3.2 Núcleos separados	454
	15.3.3 Organização simétrica	454
15.4	Arquiteturas de acesso à memória	455
	15.4.1 Acesso uniforme à memória	455
	15.4.2 Acesso não uniforme à memória	456
	15.4.3 Arquitetura de memória somente de cache	457
	15.4.4 Sem acesso à memória remota	458
15.5	Compartilhamento de memória em multiprocessadores	459
	15.5.1 Coerência de cache	460
	15.5.2 Replicação e migração de páginas	461
	15.5.3 Memória virtual compartilhada	462
15.6	Escalonamento de multiprocessadores	463
	15.6.1 Escalonamento de multiprocessadores cegos ao job	464
	15.6.2 Escalonamento de multiprocessadores ciente de job	465
15.7	Migração de processos	467
	15.7.1 Fluxo de migração de processos	468
	15.7.2 Conceitos de migração de processos	468
	15.7.3 Estratégias de migração de processos	470
15.8	Balanceamento de carga	471
	15.8.1 Balanceamento estático de carga	471
	15.8.2 Balanceamento dinâmico de carga	472
15.9	Exclusão mútua em multiprocessadores	473
	15.9.1 Travas giratórias	475
	15.9.2 Travas dormir/acordar	475
	15.9.3 Travas de leitura/escrita	476
Resumo		477
Exercícios		478
Projetos sugeridos		479
Simulações sugeridas		479
Notas		479

Parte 6
Computação em rede e distribuída 485

16 Introdução às redes 487

16.1	Introdução	488
16.2	Topologia de rede	488
16.3	Tipos de redes	490
16.4	Pilha de protocolos TCP/IP	491
16.5	Camada de aplicação	492
	16.5.1 Protocolo de Transferência de Hipertexto (HTTP)	492
	16.5.2 Protocolo de Transferência de Arquivos (FTP)	493
16.6	Camada de transporte	493
	16.6.1 Protocolo de Controle de Transmissão (TCP)	494
	16.6.2 Protocolo de Datagrama do Usuário (UDP)	494
16.7	Camada de rede	495

	16.7.1	Protocolo da Internet (IP)...................496
	16.7.2	Protocolo da Internet versão 6 (IPv6)......496
16.8	Camada de enlace...497	
	16.8.1	Ethernet..497
	16.8.2	Token ring..498
	16.8.3	Interface de dados distribuídos por fibra (FDDI)...499
	16.8.4	IEEE 802.11 (sem fio)......................499
16.9	Modelo cliente/servidor..500	

Resumo 501
Exercícios..503
Projetos sugeridos 503
Simulações sugeridas 503
Notas..504

17 Introdução a sistemas distribuídos................... 506

17.1	Introdução..507
17.2	Atributos de sistemas distribuídos..............................507
	17.2.1 Desempenho e escalabilidade 507
	17.2.2 Conectividade e segurança.............508
	17.2.3 Confiabilidade e tolerância a falhas.................508
	17.2.4 Transparência....................................509
	17.2.5 Sistemas operacionais de rede.......510
	17.2.6 Sistemas operacionais distribuídos.......510
17.3	Comunicação em sistemas distribuídos..........510
	17.3.1 Middleware..510
	17.3.2 Chamada a procedimento remoto (RPC)........511
	17.3.3 Invocação a método remoto (RMI)...........512
	17.3.4 CORBA (Common Object Request Broker Architecture)........................513
	17.3.5 DCOM (Distributed Component Object Model)..................................513
	17.3.6 Migração de processos em sistemas distribuídos..........................514
17.4	Sincronização em sistemas distribuídos 514
17.5	Exclusão mútua em sistemas distribuídos 515
	17.5.1 Exclusão mútua sem memória compartilhada...................................515
	17.5.2 Algoritmo de exclusão mútua distribuída de Agrawala e Ricart..............................515
17.6	Deadlock em sistemas distribuídos.....................516
	17.6.1 Deadlocks distribuídos 516
	17.6.2 Prevenção de deadlock 517
	17.6.3 Detecção de deadlock........................518
	17.6.4 Um algoritmo distribuído para deadlock de recurso..............................519
17.7	Estudo de caso: O sistema operacional distribuído Sprite..520
17.8	Estudo de caso: O sistema operacional distribuído Amoeba......................................521

Resumo 522
Exercícios..524
Notas..525

18 Sistemas distribuídos e serviços Web............... 527

18.1	Introdução..528
18.2	Sistemas de arquivos distribuídos.....................528
	18.2.1 Conceitos de sistemas de arquivos distribuídos....................................528
	18.2.2 Sistema de Arquivos de Rede (NFS)..........530
	18.2.3 Sistema de Arquivo Andrew (AFS)............531
	18.2.4 Sistema de Arquivo Coda 533
	18.2.5 Sistema de arquivo Sprite..............535
18.3	Sistemas multicomputadores..................................537
18.4	Clustering (aglomeração) 538
	18.4.1 Tipos de clustering...........................538
	18.4.2 Benefícios do clustering..................539
	18.4.3 Exemplos de clustering 539
18.5	Computação distribuída peer-to-peer.................541
	18.5.1 Aplicações cliente/servidor e peer-to-peer......541
	18.5.2 Aplicações P2P centralizadas *versus* descentralizadas...............................542
	18.5.3 Descoberta e busca de par 543
	18.5.4 JXTA 544
18.6	Computação em grade 545
18.7	Computação distribuída Java.................................546
	18.7.1 Java Servlets e JavaServer Pages (JSP).......546
	18.7.2 Jini 548
	18.7.3 JavaSpaces 549
	18.7.4 Java Management Extensions (JMX).........550
18.8	Serviços Web...551
	18.8.1 A Plataforma .NET da Microsoft 552
	18.8.2 Sun Microsystems e a plataforma Sun ONE...553

Resumo 553
Exercícios..555
Projetos sugeridos 556
Notas..556

Parte 7
Segurança..559

19 Segurança..561

19.1	Introdução..562
19.2	Criptografia..562
	19.2.1 Criptografia por chave secreta......564
	19.2.2 Criptografia por chave pública......565
19.3	Autenticação..567
	19.3.1 Autenticação básica........................568
	19.3.2 Biometria e cartões inteligentes.....569
	19.3.3 Kerberos...570
	19.3.4 Assinatura única..............................570
19.4	Controle de acesso...571
	19.4.1 Direitos de acesso e domínios de proteção.......................................571
	19.4.2 Modelos e políticas de controle de acesso.......572
	19.4.3 Mecanismos de controle de acesso.............573
19.5	Ataques à segurança..575
	19.5.1 Criptoanálise....................................575
	19.5.2 Vírus e vermes.................................575
	19.5.3 Ataques de recusa de serviço (DoS)...........577
	19.5.4 Exploração de software..................577
	19.5.5 Invasão de sistema..........................578
19.6	Prevenção de ataques e soluções de segurança.........579
	19.6.1 Firewalls...579
	19.6.2 Sistemas de detecção de intrusos (IDSs)..........580
	19.6.3 Software antivírus............................581
	19.6.4 Correções de segurança..................582
	19.6.5 Sistemas de arquivos seguros........583
	19.6.6 O Livro Laranja da Segurança........585
19.7	Comunicação segura..586
19.8	Protocolos de acordo de chave............................586
	19.8.1 Gerenciamento de chave................587
	19.8.2 Assinaturas digitais 588
19.9	Infra-estrutura de chave pública, certificados e autoridades certificadoras.................................589
19.10	Protocolos de comunicação segura..................590
	19.10.1 Camada segura de soquetes.........590
	19.10.2 Redes virtuais privadas (VPNs) e segurança IP (IPSec)...591
	19.10.3 Segurança sem fio...........................591
19.11	Esteganografia..592
19.12	Segurança proprietária e de código-fonte aberto.............593
19.13	Estudo de caso: segurança de sistemas UNIX................594

Resumo 596
Exercícios..597
Projetos sugeridos 598
Simulação sugerida 598
Notas..598

Parte 8
Estudos de casos de sistemas operacionais 603

20 Estudo de caso: Linux 605
20.1 Introdução 606
20.2 História 606
20.3 Visão geral do Linux 608
    20.3.1 Desenvolvimento e comunidade.....................608
    20.3.2 Distribuições...609
    20.3.3 Interface com o usuário 609
    20.3.4 Padrões 609
20.4 Arquitetura do núcleo 610
    20.4.1 Plataformas de hardware 611
    20.4.2 Módulos de núcleo carregáveis 612
20.5 Gerenciamento de processo 613
    20.5.1 Organização de processos e threads 613
    20.5.2. Escalonamento de processo............................615
20.6 Gerenciamento de memória..............................618
    20.6.1 Organização de memória 619
    20.6.2 Alocação e desalocação de memória física.....622
    20.6.3 Substituição de páginas 624
    20.6.4 Troca de páginas (Swapping) 625
20.7 Sistemas de arquivos..626
    20.7.1 Sistema de arquivo virtual 626
    20.7.2 Caches de sistema de arquivo virtual 628
    20.7.3 Segundo sistema de arquivo estendido (ext2fs)...630
    20.7.4 Sistema proc file 633
20.8 Gerenciamento de entrada/saída......................634
    20.8.1 Drivers de dispositivos 634
    20.8.2 E/S por dispositivo de caractere 636
    20.8.3 E/S por dispositivo de bloco 637
    20.8.4 E/S por dispositivos de rede 640
    20.8.5 Modelo de dispositivo unificado 640
    20.8.6 Interrupções 642
20.9 Sincronização de núcleo 643
    20.9.1 Travas giratórias 643
    20.9.2 Travas de leitor/escritor 644
    20.9.3. Seqlocks 644
    20.9.4 Semáforos de núcleo 645
20.10 Comunicação interprocessos 646
    20.10.1 Sinais 646
    20.10.2 Pipes 647
    20.10.3 Soquetes 648
    20.10.4 Filas de mensagens..648
    20.10.5 Memória compartilhada..................................649
    20.10.6 Semáforos de System V 650
20.11 Redes 650
    20.11.1 Processamento de pacotes 651
    20.11.2 Estrutura netfilter e ganchos 652
20.12 Escalabilidade 652
    20.12.1 Multiprocessamento simétrico (SMP).............653
    20.12.2 Acesso não uniforme à memória (NUMA).....653
    20.12.3 Outras características de escalabilidade 654
    20.12.4 Linux embarcado...654
20.13 Segurança..655
    20.13.1 Autenticação 655
    20.13.2 Métodos de controle de acesso.......................655
    20.13.3 Criptografia..656
Exercícios..657
Notas...658

21 Estudo de caso: Windows XP 663
21.1 Introdução 664
21.2 História 664
21.3 Metas de projeto 666
21.4 Arquitetura do sistema 666
21.5 Mecanismos de gerenciamento de sistema 668
    21.5.1 Registro 668
    21.5.2 Gerenciador de objeto 669
    21.5.3 Níveis de requisição de interrupção (IRQLs) 670
    21.5.4 Chamadas assíncronas de procedimento (APCs) 671
    21.5.5 Chamadas postergadas de procedimento (DPCs) 672
    21.5.6 Threads de sistema 672
21.6 Gerenciamento de processos e threads 673
    21.6.1 Organização de processos e threads 673
    21.6.2 Escalonamento de threads 675
    21.6.3 Sincronização de threads 678
21.7 Gerenciamento de memória..............................681
    21.7.1 Organização de memória 681
    21.7.2 Alocação de memória......................................683
    21.7.3 Substituição de páginas 686
21.8 Gerenciamento de sistemas de arquivos 687
    21.8.1 Drivers de sistemas de arquivo 688
    21.8.2 NTFS 688
21.9 Gerenciamento de entrada/saída......................692
    21.9.1 Drivers de dispositivos 692
    21.9.2 Processamento de entrada/saída.....................695
    21.9.3 Tratamento de interrupções 698
    21.9.4 Gerenciamento de cache de arquivo..............699
21.10 Comunicação interprocessos 699
    21.10.1 Pipes 700
    21.10.2 Mailslots..701
    21.10.3 Memória compartilhada..................................701
    21.10.4 Chamadas remotas e locais de procedimento...701
    21.10.5 Modelo de objeto componente (COM) 703
    21.10.6 Arrastar e soltar e documentos compostos......704
21.11 Redes 704
    21.11.1 Entrada/Saída de rede.....................................705
    21.11.2 Arquitetura de driver de rede.........................706
    21.11.3 Protocolos de rede 707
    21.11.4 Serviços de rede 708
    21.11.5 .NET 709
21.12 Escalabilidade 709
    21.12.1 Multiprocessamento simétrico (SMP)............709
    21.12.2 Windows XP Embarcado 710
21.13 Segurança..711
    21.13.1 Autenticação 711
    21.13.2 Autorização 711
    21.13.3 Firewall de conexão de Internet 713
    21.13.4 Outras características 713
Exercícios..713
Notas...715

Glossário 725
Índice..750

Prefácio

Não viva mais aos pedaços. Basta se conectar...
Edward Morgan Forster

Bem-vindo ao mundo dos sistemas operacionais. Este texto é indicado basicamente para utilização em cursos de sistemas operacionais de um ou dois semestres (segundo a definição recente de currículo da ACM/IEEE) oferecidos aos estudantes pelas universidades de ciência da computação. Projetistas de sistemas operacionais e programadores de sistemas também acharão o texto útil como referência.

O texto apresenta estudos de casos extensivos sobre os dois sistemas operacionais mais importantes existentes hoje — o Linux e o Windows XP —, que representam dois paradigmas diferentes de projeto de sistemas — desenvolvimento de código-fonte aberto gratuito e desenvolvimento corporativo, licenciado, respectivamente. O estudo de caso do Linux segue o desenvolvimento do núcleo versão 2.6. O estudo de caso do Windows XP destaca os componentes internos da versão atual do sistema operacional para computadores pessoais mais usado nos dias de hoje. Esses estudos de caso habilitam o leitor a comparar as semelhanças e as diferenças entre as filosofias de projeto e a implementação usadas em sistemas operacionais no mundo real.

Tanto o Linux quanto o Windows XP são sistemas operacionais maciços, complexos, os quais contêm milhões de linhas de código-fonte. Examinaremos os principais componentes de cada um desses sistemas. Os estudos de caso apresentam questões referentes a computadores pessoais, estações de trabalho, multiprocessadores, ambientes distribuídos e embarcados, incluindo uma discussão detalhada do motivo pelo qual o Linux e outros sistemas operacionais semelhantes ao UNIX tornaram-se proeminentes nas filosofias de código-fonte aberto e sistemas abertos de importantes corporações.

Este Prefácio apresenta a abordagem de ensino que adotamos em *Sistemas operacionais, 3/E* e o conteúdo fundamental e os elementos de projeto do livro. Discutimos também o suporte complementar disponível com o texto. A seção mais à frente intitulada "Passeio pelo livro" dá uma visão geral da rica cobertura de sistemas operacionais oferecida por este livro.

Sistemas operacionais, 3/E foi revisado por uma equipe de renomados acadêmicos e profissionais do setor; seus nomes e afiliações estão listados na seção Agradecimentos.

Caso, durante a leitura deste livro, você tenha alguma pergunta, favor enviar um e-mail (em inglês) para o endereço deitel@deitel.com, e responderemos o mais rápido possível. Visite periodicamente nosso site, no endereço www.deitel.com, e inscreva-se para receber o newsletter *Deitel®Buzz Online* em www.deitel.com/newsletter/subscribe.html. Usamos o site e o newsletter para manter nossos leitores a par de todas as publicações e serviços Deitel (em inglês).

Projeto do livro

Sistemas operacionais, 3/E, além de apresentar um projeto visual completamente novo, inspirado no trabalho de Leonardo Da Vinci, define a ocorrência de termos fundamentais em **negrito** de modo a destacá-los.

Características de Sistemas operacionais, Terceira edição

Sistemas operacionais, 3/E inclui extensivo conteúdo novo. Além disso, revisamos e atualizamos grande parte do material da segunda edição. O foco em tecnologias e questões correntes da computação distribuída torna este livro exclusivo em comparação com seus concorrentes. Diversas novas seções foram adicionadas, as quais abordam sistemas embarcados, de tempo real e distribuídos. Dentre as características desta edição, destacamos que ela:

- Segue todos os requisitos fundamentais das exigências do curso de sistemas operacionais da proposta de currículo CC2001 da ACM/IEEE.
- Discute todos os tópicos opcionais de sistemas operacionais da CC2001, exceto shell scripting.
- Provê uma introdução atualizada sobre hardware que inclui tecnologias de ponta e o impacto que elas causam sobre o projeto de sistemas operacionais.
- Apresenta soluções de gerenciamento de processos, threads, memória e disco que refletem as necessidades das aplicações correntes.
- Suplementa a extensiva cobertura de sistemas de propósito geral com conceitos relevantes para arquiteturas de tempo real, embarcadas e superescalares.
- Destaca as principais técnicas de avaliação que habilitam análises comparativas efetivas entre componentes de sistemas operacionais.
- Inclui um tratamento mais rico de conceitos de redes.
- Aperfeiçoa o tratamento da segurança, incluindo as tendências atuais de mecanismos de autenticação, protocolos de segurança, pesquisa antivírus, métodos de controle de acesso e segurança sem fio.
- Aperfeiçoa a cobertura da computação distribuída, reconhecendo a tremenda influência da Internet e da World Wide Web sobre a computação e os sistemas operacionais.
- Provê detalhes da onipresente arquitetura Intel®.
- Provê muitos diagramas, tabelas, exemplos de códigos que funcionam, exemplos de pseudocódigo e algoritmos.
- Inclui um novo capítulo sobre threads.
- A sintaxe do pseudocódigo é semelhante à Java para capitalizar os conhecimentos de C/C++/Java — praticamente todos os estudantes da ciência da computação conhecem uma ou mais dessas linguagens.

- Provê tratamentos multithread em pseudocódigo e em Java que demonstram questões em programação concorrente — habilitando instrutores a cobrir o material do modo que preferirem. O tratamento Java é novo nesta edição e é opcional. Visite java.sun.com/j2se/downloads.html para obter a mais recente versão de Java. A página de download contém um link com as instruções de instalação (em inglês).
- Aperfeiçoa o tratamento do gerenciamento de multiprocessadores.
- Provê novas seções sobre escalonamento de thread e escalonamento de tempo real.
- Inclui uma discussão sobre RAID.
- Provê um estudo de caso sobre processos UNIX.
- Inclui seções atualizadíssimas sobre gerenciamento de memória e estratégias de escalonamento de disco.
- Aborda o importante tópico de sistemas de E/S em muitos capítulos — mais notavelmente nos capítulos 2, 12, 13 e capítulos de estudo de caso (20 e 21).
- Provê 730 perguntas e respostas de revisão (aproximadamente duas por seção) para retorno imediato.
- Inclui pesquisa extensiva com citações listadas na seção Notas, ao final de cada capítulo.

Abordagem didática

Este livro é dividido em oito partes, cada uma contendo um conjunto de capítulos relacionados. As partes são:

1. Introdução ao Hardware, Software e Sistemas operacionais
2. Processos e threads
3. Memória real e virtual
4. Armazenamento secundário, arquivos e bancos de dados
5. Desempenho, processadores e gerenciamento de multiprocessador
6. Computação em rede e distribuída
7. Segurança
8. Estudo de casos

As características pedagógicas do livro são descritas a seguir.

Citações

Cada capítulo começa com uma citação — algumas são engraçadas, outras filosóficas e ainda outras nos oferecem percepções interessantes. Muitos leitores nos disseram que gostam de relacionar as citações com o material do capítulo. Você talvez aprecie mais essas citações *após* ler os capítulos.

Objetivos

Em seguida, a seção Objetivos apresenta o conteúdo do que você terá no capítulo todo e, ao final, você poderá verificar se alcançou seus objetivos.

Seções e exercícios de revisão

Cada capítulo contém pequenas seções que abordam conceitos importantes de sistemas operacionais. A maioria das seções termina com dois exercícios de revisão e suas respectivas respostas. Esses exercícios servem para você testar seus conhecimentos, obter retorno imediato e avaliar o seu grau de compreensão do material. Também o ajudam a se preparar para os exercícios do final do capítulo e para testes e exames. Alguns dos exercícios de revisão não podem ser resolvidos apenas com o material apresentado nas seções correspondentes dos capítulos; são oportunidades adicionais de ensino e aprendizagem.

Termos-chave

Cada termo definido no livro aparece **em negrito**. Além disso, no final do livro há um glossário cumulativo em ordem alfabética. Esses recursos pedagógicos são ótimos para revisão e referência.

Figuras

O texto contém mais de 300 gráficos, diagramas, exemplos e ilustrações que apóiam os conceitos apresentados no texto.

Resumo

Seções detalhadas de resumo ao final dos capítulos o ajudam a revisar os conceitos mais importantes apresentados em cada capítulo.

Exercícios, projetos sugeridos e simulações sugeridas

Cada capítulo inclui muitos exercícios de diferentes níveis de dificuldade — desde revisão de princípios básicos de sistemas operacionais até raciocínios complexos e projetos de pesquisa (são mais de 900 exercícios). Muitos instrutores de sistemas operacionais gostam de designar projetos de final de curso, portanto, incluímos, ao final de Exercícios, em alguns capítulos, seções de Projetos sugeridos e Simulações sugeridas.

Notas

Este livro exigiu um extraordinário esforço de pesquisa. Há citações por toda a edição (são mais de 2.300); e cada uma delas aparece como um número sobrescrito no texto, que corresponde a uma entrada na seção Notas ao final do capítulo. Muitas dessas citações são sites da Web. Edições anteriores deste texto continham somente livros básicos e citações literárias; muitas vezes os leitores tinham dificuldade de localizar esses livros e artigos para pesquisar mais. Agora você pode acessar essas citações diretamente pela Web. Além do mais é fácil usar buscadores para localizar artigos adicionais sobre assuntos de interesse. Muitos periódicos de pesquisa são acessíveis on-line — alguns são gratuitos e outros estão disponíveis por meio de inscrição pessoal ou organizacional em associações profissionais. A Web é uma verdadeira mina de ouro de pesquisas que dão impulso à sua experiência de aprendizagem.

Índice

Oferecemos um índice para ajudá-lo a localizar termos ou conceitos importantes rapidamente.

Quadros especiais

A segunda edição de *Sistemas operacionais* incluía um capítulo inteiro sobre modelagem analítica com teoria das filas e processos de Markov. Esta edição omite esse material por reconhecer que, na maior parte, sistemas operacionais não são um campo da matemática. Ao contrário, sua base é algo que denominamos "pensamento de sistemas" — sistemas operacionais são, em grande parte, um campo de resultados empíricos. Para esclarecer essas questões, incluímos nesta edição quatro tipos de quadros que apresentam um material que desafia, diverte e enriquece o leitor.

Miniestudos de casos

Além dos estudos de casos detalhados dos sistemas operacionais Linux e Windows XP, há ainda 14 miniestudos de casos que focalizam outros sistemas operacionais importantes de interesse da pesquisa histórica ou comercial. Alguns desses miniestudos de casos são *Mach, CTSS e Multics, Sistemas UNIX, Sistemas operacionais de tempo real, Atlas, Sistemas operacionais de computadores de grande porte da IBM, A história do sistema operacional VM, MS-DOS, Supercomputadores, Symbian OS, OpenBSD, Macintosh, Linux Modo Usuário (UML) e OS/2*.

Reflexões sobre sistemas operacionais

Acadêmicos podem se dar ao luxo de estudar o que há de mais interessante sobre sistemas operacionais, especialmente algoritmos inteligentes, estruturas de dados e, vez ou outra, áreas que se prestam muito bem à análise matemática. Profissionais da indústria têm de construir sistemas reais que funcionem e atendam aos exigentes requisitos de custo, desempenho e confiabilidade dos clientes. Ambos os tipos de pensamentos têm uma profusão de assuntos interessantes. Há, porém, consideráveis coincidências, bem como diferenças significativas entre aquilo que os acadêmicos pensam e aquilo que os profissionais da indústria pensam. Este livro procura apresentar um tratamento equilibrado dos lados acadêmico e industrial da teoria e da prática de sistemas operacionais.

O que é "reflexão sobre sistemas operacionais"? Mais de quarenta quadros "Reflexões sobre sistemas operacionais" exploram essa questão. Na verdade, alguns aspectos de sistemas operacionais se prestam à sofisticada análise matemática. Mas a grande experiência do autor (HMD) na indústria da computação — são 42 anos, os quais incluem o trabalho (em uma posição de principiante) na pesquisa e desenvolvimento de importantes sistemas operacionais na IBM e no MIT, a autoria de duas edições anteriores deste livro e o ensino de sistemas operacionais na academia e na indústria dezenas de vezes — mostrou que esses sistemas são demasiadamente complexos para um tratamento matemático significativo no nível universitário ou de pós-graduação. Mesmo no nível de pós-graduação avançada, exceto em áreas limitadas de interesse, os sistemas operacionais desafiam a análise matemática.

Se não há uma base matemática para avaliar aspectos de sistemas operacionais, como podemos considerá-los de modo produtivo? A resposta é o que denominamos de "reflexões sobre sistemas", e o texto certamente aborda isso muito bem. Entretanto, os quadros "Reflexões sobre sistemas operacionais" representam o nosso esforço para capturar conceitos fundamentais que prevalecem no projeto e na implementação de sistemas operacionais.

Os quadros "Reflexões sobre sistemas operacionais" são: *Inovação; Valor relativo de recursos humanos e de computador; Desempenho; Mantenha a simplicidade; Arquitetura; Caching; Hardware e software legados; Princípio do privilégio mínimo; Proteção; Heurística; Afinal, os clientes querem aplicações; Estruturas de dados em sistemas operacionais; Assíncrona versus sincronia; Concorrência; Paralelismo; Conformidade com padrões; Escalabilidade; Ocultação de informações; Espera, deadlock e adiamento indefinido; Sobrecarga; Previsibilidade; Justiça; Intensidade de gerenciamento de recursos versus valor relativo do recurso; Não há limitação para a capacidade de processamento, memória, armazenamento e largura de banda; A mudança é a regra e não a exceção; Recursos espaciais e fragmentação; Virtualização; Resultados empíricos e heurística baseada na localidade;* *Alocação tardia; Permutas espaço-tempo; Saturação e gargalos; Compactação e descompactação; Redundância; Tolerância à falha; Sistemas de missão crítica; Criptografia e decriptação; Segurança; Cópias de segurança e recuperação; A Lei de Murphy e sistemas robustos; Degradação graciosa; Replicação de dados e coerência; Projeto de sistemas éticos.*

Estudos de casos

Os capítulos 20 e 21 abordam com profundidade os sistemas operacionais Linux e Windows XP, respectivamente. Esses estudos completos de caso foram cuidadosamente revisados por desenvolvedores-chave dos sistemas operacionais Linux e Windows XP. Os resumos de cada um desses casos representam a tabela de conteúdo do texto. Os estudos de caso verdadeiramente reforçam os conceitos-chave do texto — o texto apresenta os princípios; os estudos de caso mostram como esses princípios são aplicados na construção dos dois sistemas operacionais mais amplamente utilizados hoje. O estudo de caso do Linux considera o desenvolvimento da última versão do núcleo (v.2.6) e contém 262 citações. O estudo de caso do Windows XP reflete as últimas características do sistema operacional Windows e contém 485 citações.

Passeio pelo livro

Esta seção dá uma visão geral das oito partes e dos 21 capítulos de *Sistemas operacionais, 3/E*.

Parte 1 — Introdução ao hardware, software e sistemas operacionais — inclui dois capítulos que introduzem a noção de sistemas operacionais, apresentam um histórico de sistemas operacionais e lançam as fundações dos conceitos de hardware e software que o leitor usará por todo o livro.

Capítulo 1 — Introdução aos sistemas operacionais — define o termo "sistema operacional" e explica a necessidade de tais sistemas. O capítulo oferece uma perspectiva histórica de sistemas operacionais traçando seu desenvolvimento década por década durante a segunda metade do século XX. Consideramos o sistema de processamento em lote da década de 1950. Observamos a tendência em favor do paralelismo com o advento da multiprogramação — tanto a multiprogramação em sistemas em lote quanto em sistemas interativos de compartilhamento de tempo. Acompanhamos o desenvolvimento de sistemas operacionais fundamentais, entre eles CTTS, Multics, CP/CMS e Unix. O capítulo considera como pensavam os projetistas de sistemas operacionais em uma época em que os recursos de computação eram muito mais caros do que os recursos humanos (hoje vale o contrário). Acompanhamos a evolução das redes de computadores na década de 1970, da Internet e do conjunto de protocolos TCP/IP, e, ainda, observamos o início da revolução da computação pessoal. A computação amadurece na década de 1980 com o lançamento do computador pessoal da IBM e do Apple Macintosh — esse último popularizando a interface gráfica de usuário (GUI). Vemos o início da computação distribuída e o desenvolvimento do modelo cliente/servidor. Na década de 1990, a utilização da Internet explode literalmente com a disponibilidade da World Wide Web. A Microsoft torna-se a líder mundial entre os fabricantes de software e lança seu sistema operacional Windows NT (o ancestral do sistema operacional Windows XT de hoje — assunto do Capítulo 21). A tecnologia de objeto torna-se o paradigma de desenvolvimento predominante com linguagens como a C++ e a popularização da linguagem Java. A rápida ascensão do movimento do software de código-fonte aberto leva ao fenomenal sucesso do sistema operacional Linux

— assunto do Capítulo 20. Discutimos como os sistemas operacionais proporcionam uma plataforma para o desenvolvimento de aplicações. São considerados os sistemas embarcados com ênfase na necessidade de extraordinária confiabilidade de sistemas de missão crítica e sistemas comerciais críticos. Consideramos os componentes centrais de sistemas operacionais e os principais objetivos dos sistemas operacionais. (O livro mantém um foco sobre questões de desempenho em praticamente todos os aspectos dos sistemas operacionais.) São apresentadas arquiteturas de sistemas operacionais, incluindo arquitetura monolítica, arquitetura em camadas, arquitetura de micronúcleo e sistemas operacionais de rede e distribuídos.

Capítulo 2 — Conceitos de hardware e software — resume os recursos de hardware e software que os sistemas operacionais gerenciam. O capítulo comenta como as tendências no projeto de hardware — mais notavelmente os fenomenais aumentos da capacidade de processamento, capacidade de memória e largura de banda de comunicação — afetaram o projeto de sistemas operacionais e vice-versa. Entre os componentes de hardware estão placas principais, processadores, relógios, memória principal, dispositivos de armazenamento secundário, barramentos, acesso direto à memória (DMA), dispositivos periféricos e muito mais — todos discutidos. Apresentamos tecnologias recentes e emergentes de hardware, e discutimos suporte de hardware para sistemas operacionais, incluindo modos de execução de processador, instruções privilegiadas, temporizadores, relógios, autocarregamento e plug-and-play. São consideradas técnicas de aperfeiçoamento do desempenho como caching e buffering. Entre os conceitos de software examinados estão compilação, ligação, carregamento, linguagens de máquina, linguagens de montagem, interpretadores, compiladores, linguagens de alto nível, programação estruturada, programação orientada a objeto e interfaces de programação de aplicação (APIs). O capítulo também explica o que é firmware e middleware.

Parte 2 — Processos e threads — inclui seis capítulos que apresentam as noções de processos, threads, transições de estado de thread, interrupções, chaveamento de contexto, assincronismo, exclusão mútua, monitores, deadlock e adiamento indefinido e escalonamento de processador de processos e threads.

Capítulo 3 — Conceitos de processos — começamos discutindo as primitivas do sistema operacional definindo a noção fundamental de processo. Consideramos o ciclo de vida de um processo enquanto ele transita entre estados de processos. É discutida a representação de um processo como um bloco de controle de processo ou descritor de processo com ênfase para a importância das estruturas de dados em sistemas operacionais. O capítulo sugere a necessidade de estruturas de processos em um sistema operacional e descreve operações que podem ser executadas sobre elas, tais como suspender e retomar. Apresentamos considerações sobre multiprogramação, incluindo suspensão da execução do processo e chaveamento de contexto. O capítulo discute interrupções — uma chave para a implementação bem-sucedida de qualquer ambiente multiprogramado. Discute, também, o processamento de interrupções e classes de interrupção, comunicações interprocessos com sinais e passagem de mensagens. Concluímos com um estudo de caso de processos UNIX.

Capítulo 4 — Conceitos de threads — estende a nossa discussão de conceitos de processos a uma unidade menor de execução de programas concorrentes: o thread. O capítulo define o que são threads e explica sua relação com processos. Discutimos o ciclo de vida de um thread e como eles transitam entre seus vários estados. Consideramos vários modelos de arquiteturas de thread, incluindo threads de usuário, threads de núcleo e threads combinados de usuário e núcleo. O capítulo apresenta considerações de implementação de threads, abrangendo entrega de sinal de thread e extinção de thread. Discutimos o padrão POSIX e sua especificação de threads, Pthreads. O capítulo termina com a apresentação de implementações de threads no Linux, Windows XP e Java. A apresentação da implementação Java é acompanhada de um programa completo em Java com exemplos de resultados. [*Nota*: o código-fonte dos programas Java do livro está disponível para download na Sala Virtual deste livro em <sv.pearson.com.br>]

Capítulo 5 — Execução assíncrona concorrente — discute as questões de concorrência encontradas em sistemas multiprogramação. O capítulo apresenta o problema da exclusão mútua e do modo como os threads devem gerenciar o acesso a recursos compartilhados. Uma característica deste capítulo é o Estudo de caso de Java multithread: um relacionamento produtor/consumidor em Java — que utiliza um programa completo em Java e diversos resultados para ilustrar de maneira bastante compreensível o que acontece quando threads concorrentes acessam dados compartilhados sem sincronização. Esse exemplo mostra claramente que tal programa concorrente às vezes funcionará muito bem e às vezes produzirá resultados errôneos. Mostramos como resolver esse problema com um programa Java multithread no Capítulo 6. Apresentamos o conceito de seção crítica no código do programa. Diversos mecanismos de software que protegem o acesso às seções críticas são apresentados como soluções para o problema da exclusão mútua, entre eles o Algoritmo de Dekker, o Algoritmo de Peterson e a exclusão mútua de *N*-threads com o Algoritmo da Padaria de Lamport. O capítulo também discute mecanismos de hardware que facilitam a implementação de algoritmos de exclusão mútua; entre eles estão a desabilitação de interrupções, a instrução test-and-set e a instrução swap. Finalmente são apresentados semáforos como mecanismos de alto nível para implementar exclusão mútua e sincronização de thread; são considerados semáforos binários e semáforos contadores.

Capítulo 6 — Programação concorrente — explica a noção de monitores (construções de exclusão mútua de alto nível) e, então, passa a resolver problemas clássicos de programação concorrente, usando primeiramente monitores em pseudocódigo e, então, programas completos em Java com amostras de resultados. As soluções de monitores são fornecidas em uma sintaxe de pseudocódigo semelhante à C/C++/Java. Explicamos como monitores impõem a ocultação de informações e discutimos quais são as diferenças entre as variáveis de condição do monitor e as variáveis "convencionais". O capítulo ilustra como um simples monitor pode ser usado para controlar acesso a um recurso que requer utilização exclusiva. Então discutimos dois problemas clássicos na programação concorrente — o buffer circular e o problema de leitores-escritores; implementamos soluções para cada um deles com monitores em pseudocódigo. Explicamos monitores Java e discutimos as diferenças entre monitores Java e os descritos pela literatura clássica. O capítulo dá continuidade ao nosso estudo de caso de multiprogramação Java, implementando uma relação produtor/consumidor e um buffer circular em Java. O estudante pode usar esse último programa como uma base para implementar uma solução para o problema dos leitores-escritores em Java.

Capítulo 7 — Deadlock e adiamento indefinido — introduz duas conseqüências desastrosas da espera: deadlock e adiamento indefinido. A principal preocupação é que os sistemas que gerenciam entidades de espera devem ser cuidadosamente projetados para evitar esses problemas. São apresentados diversos exemplos de deadlock, incluindo um deadlock de tráfego, o clássico deadlock da ponte de pista única, um deadlock de recurso simples em sistemas de spooling e um deadlock no encantador problema do Jantar dos Filósofos de Dijkstra. São considerados conceitos de recursos-chave, como preempção, compartilhamento, reentrância e reusabilidade serial. O capítulo define deadlock formalmente e discute prevenção, evitação, detecção e recuperação de deadlock (quase sempre dolorosa). São explicadas as quatro condições necessárias para deadlock, a saber: as condições de "exclusão mútua", "de espera", de "não preempção" e de "espera circular". Examinamos os métodos de Havender para prevenção de deadlock pela negação individual de qualquer uma das últimas três condições. A evitação de deadlock habilita uma alocação de recursos mais flexível do que a prevenção de deadlock. O capítulo explica a evitação de deadlock com o Algoritmo do Banqueiro de Dijkstra, mostrando exemplos de um estado seguro, de um estado inseguro e de uma transição de estado seguro para estado inseguro. São discutidos os pontos fracos do Algoritmo do Banqueiro. Explicamos, ainda, detecção de deadlock com a técnica de redução de grafos de alocação de recursos. O capítulo termina com uma discussão de estratégias de deadlock nos sistemas correntes e em sistemas futuros.

Capítulo 8 — Escalonamento de processador — discute conceitos e algoritmos relacionados à alocação de tempo de processador a processos e threads. São considerados níveis, objetivos e critérios de escalonamento. Além disso, são comparadas abordagens de escalonamento preemptivo e não preemptivo. Explicamos como definir cuidadosamente prioridades e quanta (alocações de tempo de processador de tamanho finito) em algoritmos de escalonamento. São considerados diversos algoritmos de escalonamento clássicos e correntes, incluindo primeiro a entrar primeiro a sair (FIFO), alternância circular (RR), processo mais curto primeiro (SPF), próxima taxa de resposta mais alta (HRRN), menor tempo de execução restante (SRT), filas múltiplas de retorno e escalonamento por fração justa. Cada algoritmo é avaliado usando unidades de medidas, como rendimento, tempo médio de resposta e a variância de tempos de resposta. Discutimos o escalonamento de threads Java, escalonamento de tempo real não crítico, escalonamento de tempo real crítico e escalonamento por prazo.

Parte 3 — Memória real e virtual — composta de três capítulos que discutem organização de memória e gerenciamento de memória em sistemas de memória real e virtual.

Capítulo 9 — Organização e gerenciamento da memória real — apresenta uma discussão histórica do modo como sistemas operacionais de memória real organizavam e gerenciavam recursos de memória física. Os esquemas passaram de simples a complexos e, por fim, passaram a buscar a utilização ótima dos recursos relativamente preciosos da memória principal. Revisamos a hierarquia de memória que consiste de cache(s), memória primária e armazenamento secundário. Então discutimos três tipos de estratégias de gerenciamento de memória, a saber: busca, posicionamento e substituição. Apresentamos esquemas de alocação de memória contígua e não contígua. É considerada alocação de memória contígua monousuário com a discussão sobre sobreposições (overlays), proteção e processamento em lote de fluxo único. Traçamos a evolução das organizações de memória na multiprogramação — desde multiprogramação por partição fixa até multiprogramação por partição variável —, considerando questões como fragmentação interna e externa de memória e apresentando compactação e coalescência de memória como um meio de reduzir fragmentação. O capítulo discute as estratégias de posicionamento primeiro que couber, o que melhor couber, o que pior couber e termina com uma discussão de multiprogramação com troca de memória.

Capítulo 10 — Organização da memória virtual — descreve conceitos fundamentais de memória virtual e as capacidades de hardware que suportam memória virtual. O capítulo apresenta motivos da necessidade de memória virtual e descreve implementações típicas. São explicadas as principais abordagens da organização da memória virtual — paginação e segmentação —, e seus méritos relativos são analisados. Discutimos sistemas de paginação focalizando tradução de endereços de paginação por mapeamento direto, tradução de endereço de paginação por mapeamento associativo, tradução de endereço de paginação por mapeamento direto/associativo, tabelas de páginas multinível, tabelas de páginas invertidas e compartilhamento em sistemas de paginação. O capítulo investiga sistemas de segmentação focalizando tradução de endereço de segmentação por mapeamento direto, compartilhamento em um sistema de segmentação, proteção e controle de acesso em sistemas de segmentação. Examinamos, também, sistemas híbridos de paginação/segmentação considerando tradução dinâmica de endereços, compartilhamento e proteção nesses sistemas. O capítulo termina examinando a popular arquitetura de implementação de memória virtual IA-32 Intel.

Capítulo 11 — Gerenciamento de memória virtual — dá continuidade à discussão da memória virtual analisando como sistemas operacionais tentam otimizar o desempenho da memória virtual. Porque os sistemas de paginação passaram a predominar, focalizamos em detalhes o gerenciamento de páginas, mais especificamente estratégias de substituição de páginas. O capítulo considera um dos resultados empíricos mais importantes na área de sistemas operacionais, ou seja, o fenômeno da localidade, e consideramos os resultados a partir de perspectivas temporais e também espaciais. Discutimos quando as páginas devem ser trazidas para a memória examinando tanto a paginação por demanda quanto a paginação antecipada. Quando a memória disponível fica escassa, páginas que chegam devem substituir páginas que já estão na memória — a estratégia de substituição de páginas de um sistema operacional pode causar um impacto enorme sobre o desempenho. São examinadas muitas estratégias de substituição de páginas, incluindo aleatória, primeira a chegar, primeira a sair (FIFO e Anomalia de Belady), menos recentemente usada (MRU), menos freqüentemente usada (MFU), não usada recentemente (NUR), segunda chance e relógio, página longínqua e freqüência de falta de página (FFP). O modelo clássico de conjunto de trabalho de Denning para o comportamento de programa é considerado, bem como o modo como várias estratégias de substituição de páginas tentam cumprir seus objetivos. O capítulo discute a possibilidade de liberação voluntária de páginas. Examinamos cuidadosamente os argumentos em favor de páginas grandes e páginas pequenas e como programas se comportam sob paginação. O capítulo discute substituição de páginas no Linux e conclui com uma discussão entre as estratégias de substituição de páginas global e local.

Parte 4 — Armazenamento secundário, arquivos e bancos de dados — inclui dois capítulos que apresentam técnicas que sistemas operacionais empregam para gerenciar dados em armazenamento secundário. São discutidos a otimização do desempenho do disco rígido e os sistemas de arquivos e de banco de dados. Discussões referentes a sistemas de E/S são distribuídas por todo o livro, mais especificamente nos capítulos 2, 12 e 13 e, nos casos do Linux e do Windows XP, nos capítulos 20 e 21, respectivamente.

Capítulo 12 — Otimização do desempenho do disco — focaliza as características do armazenamento em disco de cabeçote móvel e como o sistema operacional pode otimizar o seu desempenho. O capítulo discute a evolução dos dispositivos de armazenamento secundário e examina as características do armazenamento em disco de cabeçote móvel. Transcorrido meio século de explosivo desenvolvimento técnico, os dispositivos de armazenamento de cabeçote móvel continuam firmes. Definimos por que o escalonamento de disco é necessário e demonstramos por que precisamos dele para conseguir alto desempenho de dispositivos de disco de cabeçote móvel. Apresentamos a evolução das estratégias de escalonamento de disco, incluindo estratégias de otimização de busca, entre as quais primeira a chegar, primeira a ser atendida (FCFS), tempo de busca mais curto primeiro (SSTF), SCAN, C-SCAN, FSCAN, SCAN de fases, LOOK, C-LOOK e VSCAN (apresentada nos exercícios) e estratégias de otimização rotacional, incluindo SLTF, SPTF e SATF. São discutidas outras técnicas de desempenho de sistemas de discos, tais como caching, buffering, desfragmentação, compressão de dados e bloqueio. Uma das adições mais importantes desta terceira edição é o tratamento extensivo de sistemas RAID neste capítulo. RAID (Arranjo redundante de discos independentes) é um conjunto de tecnologias que habilitam sistemas de discos a conseguir maior desempenho e tolerância a falhas. O capítulo apresenta vários "níveis" fundamentais de RAID, entre eles nível 0 (striping), nível 1 (espelhamento), nível 2 (paridade Hamming ECC no nível do bit), nível 3 (paridade XOR ECC no nível do bit), nível 4 (paridade XOR ECC no nível do bloco).

Capítulo 13 — Sistemas de arquivos e de bancos de dados — discute como sistemas operacionais organizam e gerenciam coletâneas de dados denominados arquivos e bancos de dados. Explicamos conceitos fundamentais, incluindo hierarquia de dados, arquivos, sistemas de arquivos, diretórios, ligações, metadados e montagem. O capítulo apresenta várias organizações de arquivos, tais como seqüencial, direta, seqüencial indexada e particionada. São examinadas técnicas de alocação de arquivos, entre elas: alocação contígua de arquivos, alocação de arquivos não contígua por lista encadeada, alocação de arquivos tabular não contígua e alocação de arquivos não contígua indexada. Explicamos controle de acesso a arquivos por classes de usuários e matrizes de controle de acesso. São discutidas técnicas de acesso a dados no contexto dos métodos básicos de acesso, métodos de acesso de fila, buffer antecipatório e arquivos mapeados em memória. Explicamos, ainda, técnicas para garantir a integridade dos dados, entre elas: proteção, cópia de segurança, recuperação, registro, transações atômicas, reversão, comprometimento, pontos de verificação, sombreamento de página e utilização de sistemas de arquivos log-estruturados. O capítulo também apresenta sistemas de bancos de dados e analisa suas vantagens, acesso a dados, modelo de banco de dados relacional e serviços de sistema operacional que suportam sistemas de bancos de dados.

Parte 5 — Desempenho, processadores e gerenciamento de multiprocessador — contém dois capítulos que discutem monitoração de desempenho, técnicas de medição e avaliação e focaliza o extraordinário desempenho que pode ser conseguido com sistemas que empregam vários processadores.

Capítulo 14 — Desempenho e projeto de processador — focaliza um dos mais proeminentes objetivos dos projetistas de sistemas operacionais — o desempenho do sistema — e discute o importante papel de tipos específicos de processador no cumprimento desses objetivos. O capítulo faz um levantamento de medidas de desempenho considerando questões como medições absolutas de desempenho, facilidade de utilização, tempo de retorno, tempo de resposta, tempo de reação do sistema, variância dos tempos de resposta, rendimento, carga de trabalho, capacidade e utilização. Discutimos as técnicas de avaliação de desempenho, entre elas: rastreamento e traçado de perfil, cronometragens e microparâmetros de desempenho, avaliação específica de aplicação, modelos analíticos, indicadores de desempenho, programas sintéticos, simulação e monitoração de desempenho. São considerados gargalos e saturação. Demonstramos como sistemas se ajustam dinamicamente a retorno positivo e negativo. O desempenho de um sistema depende intensamente do desempenho do seu processador que, por sua vez, é intensamente influenciado pela arquitetura do seu conjunto de instruções. O capítulo examina arquiteturas fundamentais, incluindo computação com conjunto de instruções complexas (CISC), computação com conjunto reduzido de instruções (RISC) e vários tipos de processadores pós-RISC. O capítulo termina com uma discussão da computação com instruções explicitamente paralelas (EPIC).

Capítulo 15 — Gerenciamento de multiprocessador — faz uma apresentação detalhada dos aspectos de hardware e software do multiprocessamento. Um modo de construir sistemas de computação de capacidades cada vez maiores é empregar vários processadores e possivelmente um número maciço deles. A discussão começa com um miniestudo de caso sobre supercomputadores; no site do livro há também uma biografia sobre Seymour Cray (no site do livro), o pai da supercomputação. Investigamos a arquitetura de multiprocessador, considerando questões como: a classificação de arquiteturas seqüenciais e paralelas, esquemas de interconexão de processadores e sistemas fracamente acoplados *versus* sistemas fortemente acoplados. Examinamos as organizações de sistemas operacionais, entre as quais: organizações mestre/escravo, de núcleos separados e simétrica. Explicamos arquiteturas de acesso à memória, incluindo acesso uniforme à memória (UMA), acesso não uniforme à memória (NUMA), arquitetura de memória somente de cache (COMA) e sem acesso à memória remota (NORMA). O capítulo discute compartilhamento de memória em multiprocessadores considerando questões de coerência de cache, replicação e migração de página e memória virtual compartilhada. Continuamos a discussão sobre escalonamento de processador, iniciada no Capítulo 8, apresentando escalonamento cego ao job e escalonamento ciente de job. Consideramos a migração de processos e, além disso, examinamos questões de fluxo de migração de processos e estratégias de migração de processos. Discutimos balanceamento de carga de multiprocessador, analisando estratégias de balanceamento de cargas estático e dinâmico. O capítulo explica, ainda, como impor exclusão mútua em multiprocessadores com travas giratórias, travas dormir/acordar e travas de leitura/escrita.

Parte 6 — Computação em rede e distribuída

Capítulo 16 — Introdução às redes — introduz computação em rede lançando a fundação para os dois capítulos seguintes, que tratam da computação distribuída. O capítulo discute topologias de redes, incluindo barramentos, anéis, malhas, malhas totalmente conectadas, estrelas e árvores; além disso, explicamos os desafios singulares apresentados pelas redes sem fio. Consideramos redes locais (LANs) e redes de longa distância (WANs) e apresentamos um importante tratamento da pilha de protocolos TCP/IP. São examinados protocolos de camadas de aplicação, entre eles: o Protocolo de Transferência de Hipertexto (HTTP) e o Protocolo de Transferência de Arquivos (FTP). Explicamos protocolos de camada de transporte, incluindo o Protocolo de Controle de Transmissão (TCP) e o Protocolo de Datagrama do Usuário (UDP). Na camada de rede, o capítulo explora o Protocolo da Internet (IP) e sua versão mais recente — o Protocolo da Internet versão 6 (IPv6). O capítulo discute protocolos de camada de enlace, entre eles: Ethernet, Token Ring, Interface de Dados Distribuídos por Fibra (FDDI) e IEEE

802.11 (sem fio). O capítulo termina com uma discussão do modelo cliente/servidor e de sistemas de *n*-camadas.

Capítulo 17 – Introdução a sistemas distribuídos — apresenta sistemas operacionais distribuídos e discute os atributos de sistemas distribuídos, incluindo desempenho, escalabilidade, conectividade, segurança, confiabilidade, tolerância a falhas e transparência. Analisamos as semelhanças e as diferenças entre sistemas operacionais em rede e sistemas operacionais distribuídos. São discutidos a comunicação em sistemas distribuídos e o papel crucial desempenhado pelas tecnologias de "middleware", tais como: chamada de procedimento remoto (RPC), invocação de método remoto (RMI), CORBA (Common Object Request Broker Architecture) e DCOM (Modelo de Objeto Componente Distribuído) da Microsoft. O capítulo considera migração de processo, sincronização e exclusão mútua em sistemas distribuídos, examinando exclusão mútua sem memória compartilhada e o algoritmo de exclusão mútua de Agrawala e Ricart. Discutimos deadlock em sistemas distribuídos focalizando prevenção e detecção de deadlock. O capítulo termina com estudos de casos dos sistemas operacionais distribuídos Sprite e Amoeba.

Capítulo 18 — Sistemas distribuídos e serviços Web — dá continuidade ao estudo de sistemas distribuídos, focalizando sistemas de arquivos distribuídos, clustering, computação peer-to-peer, computação em grade, computação distribuída em Java e serviços Web. O capítulo começa considerando algumas características, tais como: transparência, escalabilidade, segurança, tolerância a falhas e consistência. Apresentamos, também, estudos de casos sobre sistemas de arquivos distribuídos importantes, como o Sistema de Arquivos de Rede (NFS), o Sistema de Arquivos Andrew (AFS), o Sistema de Arquivos Coda e o Sistema de Arquivos Sprite. Discutimos clustering, considerando clusters de alto desempenho, clusters de alta disponibilidade e clusters de balanceamento de carga; investigamos vários exemplos de clusters, tais como: clusters Beowulf baseados no Linux e clusters baseados no Windows. Exploramos a computação distribuída peer-to-peer (P2P), considerando a relação entre aplicações P2P e cliente/servidor, aplicações P2P centralizadas *versus* descentralizadas, descoberta e busca de par. Examinamos o Project JXTA da Sun Microsystems e consideramos como o JXTA cria uma estrutura para construir aplicações P2P. O capítulo considera computação em grade e como ela possibilita soluções de problemas que exigem uma quantidade verdadeiramente maciça de computação, utilizando capacidade de processamento ociosa disponível em computadores pessoais e em computadores de empresas no mundo inteiro. Discutimos tecnologias de computação distribuída Java, incluindo Java servlets e Java Server Pages (JPS), Jini, JavaSpaces e Java Management Extension (JMX). O capítulo termina fazendo um levantamento da excitante nova tecnologia de serviços Web e explorando duas importantes plataformas de serviços Web — .NET Platform da Microsoft e plataforma SunONE da Sun Microsystems.

Parte 7 – Segurança — composta de um capítulo.

Capítulo 19 – Segurança — Apresenta uma introdução geral às técnicas de segurança de computadores e redes que os sistemas operacionais podem usar para prover ambientes de computação seguros. O capítulo descreve criptografia de chave secreta e de chave pública, além dos populares esquemas de chave pública RSA e PGP (Pretty Good Privacy). Consideramos a autenticação: proteção por senha, salpicamento de senha, biometria, cartões inteligentes, Kerberos e assinatura única. Discutimos controle de acesso, explorando questões de direitos de acesso, domínios de proteção, modelos de controle de acesso, políticas de controle de acesso e mecanismos de controle de acesso, como matrizes de controle de acesso, listas de controle de acesso e listas de capacidades. O capítulo apresenta, ainda, a grande variedade de ataques à segurança que já foi tentada, incluindo criptoanálise, vírus, vermes, ataques de recusa de serviço (DoS), exploração de software e invasão de sistema. Fazemos um levantamento da prevenção de ataques e de soluções de segurança, como firewalls e sistemas de detecção de intrusos (IDSs), software antivírus, correções de segurança e sistemas de arquivos seguros. Discutimos o sistema de classificação Orange Book Security do Governo Federal dos Estados Unidos e apresentamos um miniestudo de caso sobre o OpenBSD, discutivelmente o sistema operacional mais seguro disponível. O capítulo explora comunicação segura e considera os requisitos para uma transação bem-sucedida e segura — privacidade, integridade, autenticação, autorização e não-rejeição. Protocolos de acordo de chave — o processo pelo qual duas partes trocam chaves secretas entre si por um meio inseguro — são discutidos. Explicamos assinaturas digitais — uma tecnologia que é imensamente crucial para o futuro do comércio eletrônico — e sua implementação. O capítulo trata detalhadamente a infra-estrutura de chaves públicas, incluindo certificados digitais e autoridades certificadoras. São considerados vários protocolos de comunicação segura, como Secure Sockets Layer (SSL), Virtual Private Networks (VPVs), IP Security (IPsec) e segurança sem fio. Discutimos a intrigante tecnologia da esteganografia — a prática de ocultar informação dentro de outra informação. A esteganografia pode ocultar mensagens secretas em mensagens transmitidas publicamente; também pode proteger direitos de propriedade intelectual com marcas-d'água digitais, por exemplo. O capítulo estuda as semelhanças e as diferenças entre soluções de segurança proprietárias e de código-fonte aberto e termina com um estudo de caso sobre a segurança de sistemas UNIX.

Parte 8 — Estudos de casos de sistemas operacionais — composta de dois capítulos que apresentam estudos de casos detalhados do núcleo Linux 2.6 e do sistema operacional Windows XP. Os estudos de caso seguem a estrutura do livro, o que é conveniente para o estudante compreender os tópicos discutidos anteriormente no livro.

Capítulo 20 — Estudo de caso: Linux — apresenta um estudo detalhado do Linux 2.6. Esse extenso estudo de caso foi escrito e atualizado durante o desenvolvimento da liberação dessa versão (seguindo o desenvolvimento do núcleo versão 2.5 e com a revisão cuidadosa do material pelos principais desenvolvedores do núcleo Linux). O capítulo discute a história, a comunidade e as distribuições de software que criaram o sistema operacional de código-fonte aberto mais popular do mundo. O capítulo examina os componentes do núcleo do sistema operacional Linux, dando atenção particular à sua implementação no contexto dos conceitos estudados em capítulos anteriores. São analisados e explicados a arquitetura do núcleo, gerenciamento de processo (processsos, threads, escalonamento), organização e gerenciamento de memória, sistemas de arquivo (sistema de arquivo virtual, caches de sistema de arquivo virtual, ext2fs e proc fs), gerenciamento de E/S (drivers de dispositivos, E/S de dispositivo de caractere, E/S de dispositivo de bloco, E/S de dispositivo de rede, modelo de dispositivo unificado, interrupções), sincronização (travas giratórias, travas de leitura/escrita, seqlocks e semáforos de núcleo), IPC (sinais, pipes, soquetes, filas de mensagens, memória compartilhada e semáforos do System V), redes (processamento de pacotes, estrutura netfilter e ganchos), escalabilidade (multiprocessamento simétrico, acesso não uniforme à memória, outros aspectos da escalabilidade, Linux embarcado) e segurança.

Capítulo 21 — Estudo de Caso: Windows XP — complementa o estudo de caso do Linux examinando os componentes internos do mais popular sistema operacional comercial — o Windows XP. Esse estudo de caso examina os componentes centrais do sistema operacional Windows XP e como eles interagem para prover serviços aos usuários. Discutimos a história dos sistemas operacionais Windows, incluindo notas biográficas sobre Bill Gates e David Cutler — que estão no site do livro. O capítulo apresenta as metas de projeto do Windows XP e faz uma revisão da arquitetura do sistema, considerando, entre outros tópicos, Camada de Abstração de Hardware (HAL), o micronúcleo, o executivo, os subsistemas ambientais, bibliotecas de ligações dinâmicas (DDLs) e serviços do sistema. Discutimos mecanismos de gerenciamento de sistema, incluindo registro, gerenciador de objeto, níveis de requisição de interrupções (IRQLs), chamadas assíncronas de procedimento (APCs), chamadas postergadas de procedimento (DPCs) e threads de sistema. Examinamos organização de processo e thread, considerando blocos de controle, armazenamento local de threads (TLS), criação e extinção de processos, jobs, filtros, fibras e reservatórios de threads. Explicamos escalonamento de threads e, ainda, consideramos estados de threads, o algoritmo de escalonamento de threads, a determinação de prioridades de threads e escalonamento de multiprocessador. Investigamos sincronização de threads, examinando objetos despachadores, objetos eventos, objetos mutex, objetos semáforos, objetos temporizadores, travas de modo núcleo e outras ferramentas de sincronização. São explicados gerenciamento e os conceitos de organização de memória, alocação de memória e substituição de páginas. Exploramos gerenciamento de sistemas de arquivos discutindo drivers de sistemas de arquivos e tópicos NTFS, incluindo Tabela Mestra de Arquivos (MFT), fluxos de dados, compressão de arquivos, criptografia de arquivos, arquivos esparsos, pontos de reanálise e volumes montados. Estudamos gerenciamento de entrada/saída explicando drivers de dispositivos, Plug-and-Play, gerenciamento de energia, o Modelo de Driver do Windows (WDM), processamento de entrada/saída, pacotes de requisição de E/S, técnicas de transferência de dados, controle de interrupções e gerenciamento de cache de arquivo. Consideramos mecanismos de comunicação interprocessos, incluindo pipes (anônimos e nomeados), mailslots, memória compartilhada e chamadas de procedimentos locais e remotas. O Modelo de Objeto Componente (COM) da Microsoft é revisto. Explicamos a operação arrastar e soltar e documentos compostos. Discutimos capacidades de redes, incluindo entrada/saída de rede, arquitetura de driver de rede, protocolos de rede (IPX, SPX, NetBEUI, NetBIOS sobre TCP/IP, WinHTTP, WinINet e Winsock 2). São discutidos tópicos de serviços de rede, tais como: Active Directory, Lightweight Directory Access Protocol (LDAP) e Remote Access Service (RAS). Damos uma visão geral da nova tecnologia .NET da Microsoft que está substituindo DCOM. Examinamos escalabilidade considerando multiprocessamento simétrico (SMP) e Windows XP Embedded. O capítulo termina com uma discussão de tópicos de segurança, incluindo autenticação, autorização, Internet Connection Firewall (ICF) e outras características de segurança.

Ufa! Bom, com isso terminamos o nosso Passeio pelo livro. Há muita coisa aqui para estudantes e profissionais de sistemas operacionais.

Material complementar

O livro também possui um site em www.grupoa.com.br, contendo código-fonte dos programas em Java e manual de solução (em inglês), apresentações em PowerPoint, biografias, curiosidades, leitura recomendada e recursos da Web.

Agradecimentos

Um dos grandes prazeres de escrever um livro didático é agradecer o esforço de muitas pessoas cujos nomes podem não aparecer na capa, mas cujo trabalho árduo, cooperação, amizade e compreensão foram cruciais para a produção do livro. Muitos de nossos colegas na Deitel & Associates, Inc. devotaram longas horas a este livro e a seu material complementar: Jeff Listfield, Su Zhang, Abbey Deitel, Barbara Deitel e Christi Kelsey.

Gostaríamos de incluir uma nota especial de agradecimento a Ben Wiedermann, por organizar o trabalho de revisão do material na segunda edição deste livro. Ele revisou e atualizou grande parte da redação e dos diagramas existentes. Também organizou e liderou uma equipe de estagiários da Deitel que pesquisaram os mais recentes desenvolvimentos de sistemas operacionais para inclusão nesta nova edição. Atualmente Ben está estudando para obter o título de doutor em Ciência da Computação na University of Texas, Austin.

Gostaríamos também de agradecer aos participantes da Deitel & Associates, Inc., College Internship Program (Programa de Estagiários Universitários), que trabalharam no conteúdo deste livro e de seu pacote complementar: Jonathan Goldstein (Cornell University), Lucas Ballard (Johns Hopkins University), Tim Christensen (Boston College), John Paul Casiello (Northeastern University), Mira Meyerovich (estudante de doutorado na Brown University), Andrew Yang (Carnegie Mellon University), Kathryn Ruigh (Boston College), Chris Gould (University of Massachusetts at Lowel), Marc Manara (Harvard University), Jim O'Leary (Rennsselaer Polytechnic Institute), Gene Pang (Cornell University) e Rand Xu (Harvard University).

Gostaríamos de agradecer a Howard Berkowitz (anteriormente da Coporation for Open Systems International) pela co-autoria do Capítulo 16, Computação distribuída, na segunda edição deste texto. Seu trabalho foi a base do nosso tratamento ampliado, aperfeiçoado e atualizado da computação em rede e distribuída dos capítulos 16 a 18 de *Sistemas operacionais, Terceira edição*.

Foi uma felicidade trabalhar neste projeto com a talentosa e dedicada equipe de profissionais de edição da Prentice Hall. Agradecemos especialmente o extraordinário esforço da nossa editora de Ciência da Computação, Kate Hargett, e de sua chefe e nossa mentora nesta publicação — Marcia Horton, diretora editorial da Divisão de Engenharia e Ciência da Computação da Prentice Hall. Vince O'Brian, Tom Manshreck, John Lovell e Chirag Thakkar realizaram um trabalho maravilhoso no gerenciamento da produção do livro. Sarah Parker gerenciou a publicação do pacote complementar do livro.

Gostaríamos de agradecer à equipe de projeto que criou um visual e uma atmosfera completamente novas para *Sistemas operacionais, 3/E* — Carole Anson, Paul Belfanti, Geoffrey Cassar e John Root. Gostaríamos também de agradecer à talentosa equipe de criação da Artworks, citando Kathryn Anderson, Jay McElroy, Ronda Whitson, Patricia Burns, Matt Haas, Xiaohong Zhu, Dan Missildine, Chad Baker, Sean Hogan, Audrey Simonetti, Mark Landis, Royce Copenheaver, Stacy Smith, Scott Wieber, Pam Taylor, Anna Whalen, Cathy, Shelly, Ken Mooney, Tim Nguyen, Carl Smith, Jo Thompson, Helenita Zeigler e Russ Crenshaw.

Os agradecimentos mais importantes são para os milhares de autores citados nas seções de Leitura recomendada, no site deste livro, e Notas que aparecem no fim de cada capítulo; seus escritos, artigos e livros de pesquisa proporcionaram a diversidade de material interessante, que torna a área de sistemas operacionais tão fascinante.

Gostaríamos de agradecer os esforços dos revisores de nossa *terceira edição* e agradecer especialmente a Carole Snyder e Jeniffer Capello, da Prentice Hall, que gerenciaram esse extraordinário trabalho de revisão. Mantendo o cronograma, esses revisores esmiuçaram o texto dando inúmeras sugestões para aperfeiçoar a exatidão e a completude da apresentação. É um privilégio poder contar com profissionais tão talentosos e atarefados.

Revisores da edição original em inglês

TigranAivazian, Veritas Software, Ltd.
Jens Axboe, SUSE Labs
Dibyendu Baksi, Scientific Technologies Corporation
Columbus Brown, IBM
Fabian Bustamante, Northwestern University
Brian Catlin, Azius Developer Training
Stuart Cedrone, Hewlett-Packard
Randy Chow, University of Florida
Alan Cox, Red Hat UK
Matthew Dobson, Independent Consultant
Ulrich Drepper, Red Hat, Inc.
Alessio Gaspar, University of South Florida, Lakeland Campus
Allison Gehrke, Colorado Technical University
Michael Green, Central Texas College
Rob Green, Columbia Data Products, Inc.
James Huddleston, Independent Consultant
Scott Kaplan, Amherst College
Salahuddin Khan, Microsoft
Robert Love, MontaVista Software, Inc.
Barry Margolin, Level 3 Communications
Cliff Mather, Hewlett-Packard
Jeanna Matthews, Cornell University/Clarkson University
Manish Mehta, Syntel, India, Ltd.
Dejan Milojicic, Hewlett-Packard
Euripides Montagne, University of Central Florida
Andrew Morton, Diego, Inc.
Gary Newell, Northern Kentucky University
Bill O'Farrell, IBM
Mike Panetta, Robotic Sciences, Inc./Netplanner Systems, Inc.
Rohan Phillips, Microsoft
Atul Prakash, University of Michigan
Bina Ramamurthy, SUNY Buffalo
Eric Raymond, Thyrsus Enterprises
Jeffrey Richter, Wintellect
Sven Schreiber, Platon Data Technology
WennieWei Shu, University of New Mexico
David Solomon, David Solomon Expert Seminars
Brandon Taylor, Sun Microsystems
Bob Toxen, Fly-By-Day Consulting, Inc.
Joshua Uziel, Sun Microsystems
Carlos Valcarcel, EinTech, Inc.
Melinda Ward, Hewlett-Packard
GerardWeatherby, Charles Consulting, LLC. /Rensselaer at Hartford
Xiang Xu, RSA Security, Inc.

Sobre os autores

Dr. Harvey M. Deitel, chairman e diretor de estratégia da Deitel & Associates, Inc., tem 42 anos de experiência na área de computação, incluindo extensiva experiência industrial e acadêmica. Dr. Deitel estudou sistemas operacionais no Massachusetts Institute of Technology, onde recebeu seus títulos de Bacharel em Ciências e Mestre em Ciências. Recebeu o título de Doutor da Boston University. Enquanto se preparava para sua pós-graduação e para o título de Mestre no MIT, trabalhou nos projetos pioneiros de sistemas operacionais de memória virtual da IBM (OS/360 e TSS/360) e do MIT (Multics), os quais desenvolveram técnicas que agora são amplamente implementadas em sistemas como: UNIX, Linux e Windows XP. Foi professor de sistemas operacionais durante 20 anos, na academia e na indústria. Cumpriu mandato como chairman do Departamento de Ciência da Computação, no Boston College, antes de fundar a Deitel & Associates, Inc., com seu filho Paul J. Deitel. Ele e Paul são co-autores de dezenas de livros e pacotes multimídia e continuam escrevendo muitos outros mais. Com traduções publicadas em japonês, alemão, russo, espanhol, chinês tradicional, chinês simplificado, coreano, francês, polonês, italiano, português, grego, urdu e turco, os textos dos Deitels conquistaram renome internacional. Dr. Deitel tem participado de seminários profissionais em grandes corporações, organizações governamentais e militares.

Paul J. Deitel, CEO e diretor técnico da Deitel & Associates, Inc., formou-se na Sloan School of Management do Massachusetts Institute of Technology, onde estudou tecnologia da informação e sistemas operacionais. Por meio da Deitel & Associates, Inc., ele tem ministrado centenas de cursos para empresas da *Fortune 500*, para o meio acadêmico e para clientes do governo e militares e muitas outras organizações. Dá conferências no Boston Chapter da Association for Computing Machinery. Ele e seu pai, Dr. Harvey M. Deitel, são os autores dos livros didáticos de Ciência da Computação campeões de vendas no mundo inteiro.

David R. Choffnes formou-se no Amherst College, onde estudou Física e Francês enquanto seguia tópicos avançados em Ciência da Computação. Entre seus interesses de pesquisa estão as áreas de sistemas operacionais, arquitetura de computadores, biologia computacional e computação molecular. David contribui para outras publicações da Deitel, entre elas *Simply Java™ Programming* e *Simply Visual Basic® .NET*.

Parte 1

Introdução ao hardware, software e sistemas operacionais

Inteligência... é a capacidade de criar objetos artificiais, especialmente ferramentas para construir ferramentas.
Henri Bergson

O s próximos capítulos definem o termo sistema operacional, apresentam a história desses sistemas e lançam os fundamentos dos conceitos de hardware e software. À medida que você estudar essa história, notará uma ênfase constante na melhoria do desempenho e no aumento da intensidade do gerenciamento de recursos na obtenção dessa melhoria. Você verá a capacidade do hardware crescer extraordinariamente enquanto os custos declinam com igual intensidade. Você verá o surgimento de dois sistemas operacionais preponderantes, o Linux e o Windows XP, um construído com a abordagem de fonte aberto (Linux), outro com a abordagem de fonte proprietário (Windows XP). Aqui, você estudará as principais arquiteturas de sistemas operacionais; o hardware que esses sistemas gerenciam para os usuários; e o hardware que suporta funções de sistemas operacionais. Além disso, você tomará contato com suas primeiras técnicas de aperfeiçoamento de desempenho – um processo que continuará por todo o livro.

Cada ferramenta carrega consigo o espírito com o qual foi criada.
Werner Karl Heisenberg

Capítulo 1

Introdução aos sistemas operacionais

Não viva mais de maneira fragmentada. Conecte-se...
Edward Morgan Forster

Eficiência é fazer o trabalho corretamente. Eficácia é fazer o trabalho que deve ser feito.
Zig Ziglar

Nada permanece, senão a mudança.
Heráclito

Abre-te, sésamo!
A História de Ali Babá

Objetivos

Este capítulo apresenta:

- *O que é um sistema operacional.*
- *Um breve histórico sobre os sistemas operacionais.*
- *Um breve histórico sobre a Internet e a World Wide Web.*
- *Os componentes centrais do sistema operacional.*
- *As metas dos sistemas operacionais.*
- *Arquiteturas do sistema operacional.*

1.1 Introdução

Bem-vindo ao mundo dos sistemas operacionais. Durante as últimas décadas a computação se desenvolveu a uma velocidade sem precedentes. A capacidade do computador continua a aumentar a taxas fenomenais, enquanto o custo declina extraordinariamente. Hoje, os usuários de computadores têm estações de trabalho de mesa que executam bilhões de instruções por segundo (BIPS), e supercomputadores que executam mais de um trilhão de instruções por segundo já foram construídos,[1,2] números que há alguns anos eram inconcebíveis.

Processadores estão ficando tão baratos e poderosos que os computadores podem ser empregados em quase todas as situações de nossas vidas. Com computadores pessoais, podemos editar documentos, jogar, ouvir música, assistir a vídeos e gerenciar nossas finanças. Equipamentos portáteis, incluindo laptops, assistentes pessoais digitais (PDAs), telefones celulares e aparelhos MP3, em todos eles os computadores são os componentes principais. Arquiteturas de rede com e sem fio estão aumentando nossa interconectividade, permitindo que usuários se comuniquem instantaneamente a distâncias imensas. A Internet e a World Wide Web revolucionaram os negócios criando demanda para redes de computadores de grande porte e capacidade que processam números enormes de transações por segundo. As redes de computadores se tornaram tão poderosas que são usadas para executar pesquisas complexas e projetos de simulação, como modelar o clima da Terra, emular a inteligência humana e construir animações em 3D que parecem reais. Essa capacidade de computação poderosa e onipresente está modificando os papéis e responsabilidades dos sistemas operacionais.

Neste livro revemos os princípios dos sistemas operacionais, discutimos os últimos avanços na computação que estão redefinindo os sistemas operacionais e investigamos a estrutura e as responsabilidades dos sistemas operacionais. Considerações de projeto como desempenho, tolerância a falhas, segurança, modularidade e custo são exploradas detalhadamente. Também abordamos questões mais recentes do projeto de sistemas operacionais que surgem do rápido crescimento da computação distribuída possibilitada pela Internet e pela World Wide Web.

Dedicamos muito esforço para criar o que esperamos ser uma experiência informativa, interessante e desafiadora para você. Ao ler este livro, você talvez queira consultar o nosso site em www.deitel.com para atualizações e informações adicionais sobre cada tópico. Se quiser falar conosco, envie um e-mail para deitel@deitel.com.

1.2 O que é um sistema operacional?

Na década de 1960 a definição de um sistema operacional como *o software que controla o hardware* estava de acordo com aquela realidade, contudo, desde então, o panorama dos sistemas de computador evoluiu significativamente, exigindo uma descrição mais rica.

Hoje o hardware executa uma grande variedade de aplicações de software. Para aumentar a utilização do hardware, as aplicações são projetadas para ser executadas concorrentemente. Se elas não forem cuidadosamente programadas poderão interferir umas nas outras. Isso resultou na existência de uma camada de software, denominada **sistema operacional,** que separa as aplicações do hardware que elas acessam e fornece serviços que permitem que cada aplicação seja executada com segurança e efetivamente.

Sistema operacional é um software que habilita as aplicações a interagir com o hardware de um computador. O software que contém os componentes centrais do sistema operacional é denominado **núcleo**. Sistemas operacionais podem ser encontrados em dispositivos que vão de telefones celulares e automóveis a computadores pessoais e computadores de grande porte (mainframes). Na maioria dos sistemas operacionais um usuário requisita ao computador que realize uma ação (por exemplo, executar uma aplicação ou imprimir um documento), e o sistema operacional gerencia o software e o hardware para produzir o resultado desejado.

Para grande parte dos usuários, o sistema operacional é uma 'caixa-preta' entre as aplicações e o hardware sobre o qual funcionam e que assegura o resultado correto dadas as entradas adequadas. Sistemas operacionais são, primordialmente, gerenciadores de recursos — gerenciam hardware como processadores, memória, dispositivos de entrada/saída e dispositivos de comunicação. Também devem gerenciar aplicações e outras abstrações de software que, diferentemente do hardware, não são objetos físicos.

Nas seções seguintes apresentamos uma breve história dos sistemas operacionais desde o sistema simples, em lote (batch), de um único usuário da década de 1950, até as plataformas complexas de hoje: multiprocessadoras, distribuídas e multiusuário.

Revisão

1. (V/F) Sistemas operacionais somente gerenciam hardware.
2. Quais são as finalidades primárias de um sistema operacional?

Respostas:

1) Falso. Sistemas operacionais gerenciam aplicações e outras abstrações de software, como máquinas virtuais. **2)** As finalidades primárias de um sistema operacional são habilitar aplicações a interagir com um hardware de computador e gerenciar os recursos de hardware e software de um sistema.

1.3 O começo da história: décadas de 1940 e 1950

Sistemas operacionais evoluíram nos últimos 60 anos, passando por diversas fases ou gerações distintas que correspondem aproximadamente às décadas (veja o quadro "Reflexões sobre Sistemas Operacionais, Inovação").[3] Na década de 1940, os primeiros computadores digitais eletrônicos não tinham sistemas operacionais.[4, 5, 6] As máquinas daquela época eram tão primitivas que os programadores muitas vezes submetiam seus programas a linguagem de máquina, um bit por vez, em filas de chaves mecânicas. Com a introdução das perfuradoras de cartão, esses mesmos programas foram submetidos a cartões perfurados. Assim, linguagens de montagem (assembly) — que usavam abreviaturas parecidas com palavras em inglês para representar as operações básicas do computador — foram desenvolvidas para acelerar o processo de programação.

Os Laboratórios de Pesquisa da General Motors implementaram o primeiro sistema operacional no início da década de 50 para seu computador IBM 701.[7] Sistemas da década de 1950 geralmente executavam somente um job por vez, por meio de técnicas que tornavam mais suave a transição entre jobs para obter uma utilização máxima do sistema do computador.[8] O **job** (serviço) era composto de um conjunto de instruções de programas correspondentes a uma tarefa computacional particular, como folha de pagamento ou estoque. Jobs normalmente eram executados sem entradas do usuário durante minutos, horas ou dias. Esses primeiros computadores eram denominados **sistemas de processamento em lote de fluxo único** porque programas e dados eram submetidos em grupos ou lotes carregando-os consecutivamente em uma fita ou disco. Um processador de fluxo de job lia os comandos em linguagem de controle (que definiam cada job) e facilitava a configuração do job seguinte. Quando o job em questão terminava, a leitora de fluxo de job lia os comandos em linguagem de controle para o próximo job e executava as tarefas de preparo apropriadas para facilitar a transição para o job seguinte. Embora os sistemas operacionais da década de 1950 reduzissem os tempos de transição entre jobs, era muito comum solicitar aos programadores que controlassem diretamente recursos do sistema como memória e dispositivos de entrada/saída, o que se mostrava um trabalho lento, difícil e tedioso. E mais, os primeiros sistemas exigiam que um programa inteiro fosse carregado na memória para poder ser executado, limitando os programadores a criar programas pequenos com capacidades reduzidas.[9]

Revisão

1. Por que foram desenvolvidas linguagens de montagem (assembly)?
2. O que limitava tamanho e capacidades dos programas da década de 50?

Respostas:

1) Linguagens de montagem foram desenvolvidas para acelerar o processo de programação. Habilitavam os programadores a especificar comandos sob a forma de abreviações parecidas com palavras em inglês utilizadas pelos seres humanos para trabalhar com maior facilidade do que com instruções em linguagem de máquina. **2)** O programa inteiro tinha de ser carregado na memória para ser executado. Como era relativamente cara, a quantidade de memória disponível naqueles computadores era pequena.

 Reflexões sobre sistemas operacionais

Inovação

Inovação é um desafio fundamental para projetistas de sistemas operacionais. Caso queiramos fazer os investimentos maciços exigidos para produzir novos sistemas operacionais ou novas versões de sistemas operacionais existentes, devemos avaliar constantemente novas tecnologias, novas aplicações de computação e comunicações e novos modos de pensar sobre como os sistemas devem ser construídos. Fornecemos milhares de referências e centenas de recursos da Web para que você possa ler mais sobre os tópicos de seu interesse. Você deve pensar em se associar a organizações profissionais como a ACM (www.acm.org), o IEEE (www.ieee.org) e o USENIX (www.usenix.org), que publicam periódicos sobre as últimas pesquisas e esforços de desenvolvimento no campo da computação. Deve também acessar a Web freqüentemente para se colocar a par de desenvolvimentos importantes na área. Há sempre um alto grau de risco na inovação, mas as recompensas podem ser substanciais.

1.4 A década de 1960

Os sistemas da década de 1960 também eram sistemas de processamento em lote, mas usavam os recursos do computador mais eficientemente executando diversos jobs ao mesmo tempo. Entre esses sistemas estavam muitos dispositivos periféricos como leitoras de cartão, perfuradoras de cartão, impressoras, unidades de fita e unidades de disco. Um job qualquer raramente utilizava todos os recursos do sistema eficientemente. Um job típico usaria o processador durante um certo período de tempo antes de executar uma operação de entrada/saída (E/S) em um dos dispositivos periféricos do sistema. Nesse ponto o processador ficava ocioso enquanto o job esperava a operação de E/S terminar.

Os sistemas da década de 1960 melhoraram a utilização de recursos permitindo que um job usasse o processador, enquanto outros utilizavam os dispositivos periféricos. Na verdade, executar uma mistura de diferentes jobs — alguns que utilizavam principalmente o processador (denominados **jobs orientados a processador** ou **jobs orientados à computação**) e outros que usavam principalmente dispositivos periféricos (denominados **jobs orientados a E/S**)— parecia ser a melhor maneira de otimizar a utilização de recursos. Com essas observações em mente, projetistas de sistemas operacionais desenvolveram sistemas de **multiprogramação** que gerenciavam diversos jobs ao mesmo tempo.[10, 11, 12] Em um ambiente de multiprogramação, o sistema operacional comuta rapidamente o processador de job em job mantendo vários deles em andamento e, ao mesmo tempo, os dispositivos periféricos também em uso. O **grau de multiprogramação** de um sistema (também chamado de **nível de multiprogramação**) indica quantos jobs podem ser gerenciados ao mesmo tempo. Assim, os sistemas operacionais evoluíram do gerenciamento de um job para o gerenciamento de diversos jobs ao mesmo tempo.

Em sistemas de computação multiprogramados, o compartilhamento de recursos é uma das metas principais. Quando recursos são compartilhados por um conjunto de processos, e cada processo mantém controle exclusivo sobre certos recursos a ele alocados, um determinado processo pode ficar esperando por um recurso que nunca se tornará disponível. Se isso ocorrer, esse processo não conseguirá terminar sua tarefa e o usuário talvez tenha de reiniciá-lo, perdendo todo o trabalho que o processo tinha executado até aquele ponto. No Capítulo 7, "Deadlock e adiamento indefinido", discutiremos como os sistemas operacionais podem lidar com tais problemas.

Normalmente os usuários da década de 1960 não estavam presentes no local onde o computador estava instalado quando seus jobs eram executados. Esses eram submetidos em cartões perfurados ou fitas de computador e permaneciam em mesas de entrada até que o operador do sistema (um ser humano) pudesse carregá-los no computador para execução. Muitas vezes o job de um usuário ficava parado durante horas ou até dias antes de poder ser processado. O menor erro em um programa, até mesmo uma vírgula ou um ponto que faltasse, 'bombardeava' o job, quando então o usuário (muitas vezes frustrado) corrigiria o erro, submeteria novamente o job e mais uma vez esperaria por horas ou dias pela próxima tentativa de execução. O desenvolvimento de softwares naquele ambiente era penosamente lento.

Em 1964, a IBM anunciou sua família de computadores System/360 ('360' refere-se a todos os pontos existentes em uma bússola para exprimir sua aplicabilidade universal).[13, 14, 15, 16] Os vários modelos de computadores 360 foram projetados para ser compatíveis com o hardware, para usar o sistema operacional OS/360 e para oferecer maior capacidade de computação à medida que o usuário ia subindo na série.[17] Com o passar dos anos, a IBM desenvolveu sua arquitetura 360 passando para a série 370[18, 19] e, mais recentemente, para a série 390[20] e para a zSeries.[21]

Foram desenvolvidos sistemas operacionais mais avançados para atender a diversos **usuários interativos** ao mesmo tempo. Usuários interativos comunicam-se com seus jobs durante a execução. Na década de 1960, os usuários interagiam com o computador via 'terminais burros' (dispositivos que forneciam uma interface de usuário, mas nenhuma capacidade de processamento) **on-line** (ligados diretamente ao computador via conexão ativa). Como o usuário estava presente e interagindo com o sistema do computador, esse precisava responder rapidamente às solicitações daquele; não fosse assim, sua produtividade poderia ser prejudicada. Como discutiremos no quadro "Reflexões sobre sistemas operacionais, Valor relativo de recursos humanos e de computador", a melhoria da produtividade tornou-se um objetivo importante para os computadores, porque recursos humanos são extremamente caros em comparação aos de computador. Foram desenvolvidos sistemas de **tempo compartilhado** para apoiar usuários interativos simultâneos.[22]

Muitos dos sistemas de tempo compartilhado da década de 1960 eram multimodais que suportavam processamento em lote, bem como aplicações de tempo real (sistemas de controle de processo industrial).[23] **Sistemas de tempo real** tentam dar uma resposta dentro de um certo prazo limitado. Por exemplo, uma medição realizada em uma refinaria de petróleo indicando que as temperaturas estão muito altas exige atenção imediata para evitar uma explosão. É comum que os recursos de um sistema de tempo real sejam extremamente subutilizados — é mais importante que tais sistemas dêem uma resposta rápida do que usem seus recursos eficientemente. Executar tanto jobs em lote quanto de tempo real significava que os sistemas operacionais tinham de distinguir entre tipos de usuários e fornecer a cada um deles um nível apropriado de serviço. Jobs de processamento em lote podiam sofrer atrasos razoáveis, enquanto aplicações interativas demandavam um nível mais alto de serviço e sistemas de tempo real exigiam níveis de serviços extremamente altos.

Entre os mais importantes esforços de desenvolvimento de sistemas de tempo compartilhado desse período estão o **CTTS** (*Compatible Time-Sharing System*, sistema compatível de tempo compartilhado)[24, 25] desenvolvido pelo MIT, o **TSS** (*Time Sharing System*, sistema de tempo compartilhado)[26] desenvolvido pela IBM, o sistema **Multics**[27] desenvolvido pelo MIT, GE e Bell Laboratories para ser o sucessor do CTTS, e o **CP/CMS** (*Control Program/Conversational Monitor System*, programa de controle/sistema monitor conversacional) que eventualmente evoluiu para o sistema operacional **VM** (*Virtual Machine*, máquina virtual) da IBM, desenvolvido pelo Cambridge Scientific Center da IBM.[28, 29] Esses sistemas foram projetados para executar tarefas básicas de computação interativa para indivíduos, mas seu real valor provou ser a maneira como compartilhavam programas e dados e demonstravam a importância da computação interativa em ambientes de desenvolvimento de programas.

Os projetistas do sistema Multics foram os primeiros a usar o termo **processo** para descrever um programa em execução no contexto dos sistemas operacionais. Em muitos casos, os usuários submetiam jobs contendo vários processos que podiam ser executados simultaneamente. No Capítulo 3, "Conceito de processos", discutiremos como sistemas operacionais de multiprogramação gerenciam vários processos ao mesmo tempo.

Em geral, processos concorrentes são executados independentemente, mas sistemas de multiprogramação habilitam vários processos a cooperar para executar uma tarefa comum. No Capítulo 5, "Execução assíncrona concorrente", e no Capítulo 6, "Programação concorrente", discutiremos como os processos coordenam e sincronizam atividades e como os sistemas operacionais suportam essa capacidade. Mostramos muitos exemplos de programas concorrentes, alguns expressos genericamente em pseudocódigo e outros na popular linguagem de programação Java[MR].

O **tempo de retorno** – o tempo entre a submissão de um job e o retorno de seus resultados – foi reduzido para minutos ou até segundos. O programador não precisava mais esperar horas ou dias para corrigir os erros mais simples. Podia entrar com o programa, fazer a compilação, receber uma lista de erros de sintaxe, corrigi-los imediatamente, recompilar e continuar esse ciclo até o programa estar livre de erros de sintaxe. Então ele podia ser executado, depurado, corrigido e concluído com economias de tempo semelhantes.

O valor dos sistemas de tempo compartilhado no suporte do desenvolvimento de programas foi demonstrado quando o MIT, a GE e o Bell Laboratories usaram o sistema CTSS para desenvolver um sucessor próprio, o Multics. Esse programa foi notável por ter sido o primeiro grande sistema operacional escrito primariamente em uma linguagem de alto nível (EPL – estruturada segundo o modelo PL/1 da IBM), e não em linguagem de montagem (assembly). Os projetistas do **UNIX** aprenderam com essa experiência; criaram a linguagem de alto nível **C** especificamente para implementar o UNIX. Uma família de sistemas operacionais baseados no UNIX, entre eles o Linux e o UNIX Berkeley Software Distribution (BSD), evoluiu do sistema original criado por Dennis Ritchie e Ken Thompson no Bell Laboratories no final da década de 1960 (veja no site deste livro: "Biografia — Ken Thompson e Dennis Ritchie").

TSS, Multics e CP/CMS, todos incorporavam **memória virtual**, que discutiremos detalhadamente no Capítulo 10, "Organização da memória virtual", e Capítulo 11, "Gerenciamento de memória virtual". Em sistemas com memória

Reflexões sobre sistemas operacionais

Valor relativo de recursos humanos e de computador

Em 1965, programadores razoavelmente experientes ganhavam cerca de US$ 4 por hora. A taxa de aluguel de tempo de computador em computadores de grande porte (cuja capacidade era muito menor do que a das máquinas de mesa de hoje) era normalmente de US$ 500 ou mais por hora — e isso em dólares de 1965 que, devido à inflação, seriam comparáveis a milhares de dólares em moeda atual! Hoje, você pode comprar um computador de mesa topo de linha, de enorme capacidade, pelo custo do aluguel de uma hora de computador de grande porte, de capacidade bem menor, 40 anos atrás! Enquanto o custo de computação despencou, o custo de homem-hora subiu até um ponto que, atualmente, os recursos humanos são muito, mas muito mais caros do que os recursos de computação.

Hardware, sistemas operacionais e programas de aplicação para computadores são todos projetados para alavancar o tempo das pessoas, para melhorar eficiência e produtividade. Um exemplo clássico disso foi o advento de sistemas de tempo compartilhado na década de 1960. Esses sistemas interativos (com tempos de resposta quase imediatos) muitas vezes habilitavam os programadores a se tornarem muito mais produtivos do que era possível com os tempos de resposta de sistemas de processamento em lotes que chegavam a horas e até dias. Um outro exemplo clássico foi a criação da interface gráfica com o usuário (GUI) originalmente desenvolvida pelo Palo Alto Research Center (PARC) da Xerox na década de 1970. Com recursos de computação mais baratos e poderosos, e com o custo relativo de homem-hora subindo rapidamente em comparação ao de computação, os projetistas de sistemas operacionais devem fornecer capacidades que favoreçam o ser humano sobre a máquina, exatamente o oposto do que faziam os primeiros sistemas operacionais.

virtual, os programas conseguem endereçar mais localizações de memória do que as realmente providas na memória principal, também chamada memória real ou memória física.[30, 31] (Memória real é discutida no Capítulo 9, "Organização e gerenciamento da memória real"). Sistemas de memória virtual ajudam a livrar os programadores de grande parte da carga do gerenciamento da memória, liberando-os para se concentrarem no desenvolvimento de aplicações.

Desde que carregados na memória principal, os programas podiam ser executados rapidamente; todavia, a memória principal era demasiadamente cara para conter grandes números de programas de uma vez. Antes da década de 1960, os jobs eram, em grande parte, carregados na memória usando cartões perfurados ou fitas, um trabalho tedioso e demorado durante o qual o sistema não podia ser utilizado para executar jobs. Os sistemas da década de 1960 incorporavam dispositivos que reduziam o tempo ocioso, armazenando grandes quantidades de dados regraváveis em meios magnéticos de armazenamento relativamente baratos como fitas, discos e tambores. Embora discos rígidos permitissem acesso relativamente rápido a programas e dados em comparação com fitas, eram significativamente mais lentos do que a memória principal. No Capítulo 12, "Otimização do desempenho de discos", discutimos como sistemas operacionais podem gerenciar requisições de entrada/saída do disco para melhorar o desempenho. No Capítulo 13, "Sistemas de arquivos e de bancos de dados", discutimos como os sistemas operacionais organizam dados em coleções chamadas arquivos e gerenciam espaço em dispositivos de armazenamento como discos. Discutimos também como os sistemas operacionais protegem dados contra o acesso por usuários não autorizados e evitam que se percam quando ocorrem falhas de sistema ou outros eventos catastróficos.

Revisão

1. Como a computação interativa e a melhoria que causou no tempo de retorno aumentaram a produtividade do programador?

2. Quais foram os novos conceitos incorporados pelo TTS, Multics e CP/CMS? Por que foram tão úteis para os programadores?

Respostas:

1) O tempo entre a submissão de um job e o retorno de seus resultados foi reduzido de horas ou dias para minutos ou até segundos, o que habilitava os programadores a entrar, editar e compilar programas interativamente até eliminar seus erros de sintaxe e, assim, usar um ciclo similar para testar e depurar seus programas. **2)** TSS, Multics e CP/CMS incorporavam memória virtual. A memória virtual permite às aplicações acesso a mais memória do que estaria fisicamente disponível no sistema, o que, por sua vez, habilita os programadores a desenvolver aplicações maiores, mais poderosas. Além disso, sistemas de memória virtual liberam o programador de grande parte da carga do gerenciamento da memória.

1.5 A década de 1970

Os sistemas da década de 1970 eram primordialmente multimodais de multiprogramação que suportavam processamento em lote, tempo compartilhado e aplicações de tempo real. A computação estava em seus estágios incipientes, favorecida por desenvolvimentos anteriores e contínuos da tecnologia de multiprocessadores.[32] Os sistemas experimentais de tempo compartilhado da década de 1960 evoluíram para produtos comerciais sólidos na década de 1970. Comunicações entre sistemas de computadores por todos os Estados Unidos aumentaram quando os padrões de comunicações TCP/IP do Departamento de Defesa passaram a ser amplamente usados — especialmente em ambientes de computação militares e universitários.[33, 34, 35] A comunicação em redes locais (LANs) ficou prática e econômica com o padrão Ethernet desenvolvido no Palo Alto Research Center (PARC) da Xerox.[36, 37] No Capítulo 16, "Introdução às redes", discutiremos TCP/IP, Ethernet e conceitos fundamentais de redes.

Os problemas de segurança aumentaram com o crescimento dos volumes de informação transmitidos por linhas de comunicações vulneráveis (veja no site deste livro: "Curiosidades — Abraham Lincoln e o Cuidado com a Tecnologia"). A criptografia foi alvo de muita atenção — tornou-se necessário criptografar dados proprietários ou privados de modo que, mesmo que corressem riscos, não teriam nenhum valor senão para aqueles a quem eram destinados. No Capítulo 19, "Segurança", discutiremos como os sistemas operacionais protegem informações vulneráveis contra acesso não autorizado. Durante a década de 1970 os sistemas operacionais passaram a incluir capacidades de redes e de segurança, e seu desempenho continuou a melhorar para atender às demandas comerciais.

A revolução da computação pessoal começou no final da década de 1970 com sistemas como o Apple II, e explodiu na década de 1980.

Revisão

1. Quais foram os desenvolvimentos da década de 1970 que melhoraram a comunicação entre sistemas de computadores?

2. Qual foi o novo problema introduzido pelo crescimento da comunicação entre computadores? Como esse problema foi abordado?

Respostas:

1) Os padrões TCP/IP do DoD (Departamento de Defesa dos Estados Unidos) passaram a ser amplamente usados em redes de comunicações — inicialmente em ambientes de computação militares e universitários. E, também, o PARC, da Xerox, desenvolveu o padrão Ethernet, que tornava práticas e econômicas as redes locais (LANs) de velocidade relativamente altas. **2)** A comunicação entre computadores introduziu problemas de segurança, porque os dados eram enviados por linhas de comunicação vulneráveis. Empregou-se a criptografia para que os dados ficassem ilegíveis para todos, exceto para quem deveria recebê-los.

1.6 A década de 1980

Os anos 80 representaram a década do computador pessoal e da estação de trabalho.[38] A tecnologia do microprocessador evoluiu até o ponto em que era possível construir computadores de mesa avançados (denominados estações de trabalho) tão poderosos quanto os de grande porte de uma década atrás. O Personal Computer da IBM lançado em 1982 e o computador pessoal Apple Macintosh, em 1984, possibilitaram que indivíduos e pequenas empresas tivessem seus próprios computadores dedicados. Podiam-se utilizar recursos de comunicação para transmitir dados rápida e economicamente entre sistemas. Em vez de se levar dados a um computador central, de grande porte, para processamento, a computação era distribuída aos lugares onde necessário. Softwares como programas de planilhas de cálculo, editores de texto, pacotes de bancos de dados e pacotes gráficos ajudavam a dar impulso à revolução da computação pessoal, criando demanda entre as empresas que podiam usar esses produtos para aumentar sua produtividade.

Aprender e usar computadores pessoais provou ser algo relativamente fácil, em parte por causa das **interfaces gráficas com o usuário (GUI)** que utilizavam símbolos gráficos como janelas, ícones e menus para facilitar a interação do usuário com os programas. O Palo Alto Research Center (PARC) da Xerox desenvolveu o mouse e a GUI (para mais informações sobre a origem do mouse, consulte o site deste livro: "Biografia — Doug Engelbart"); o lançamento do computador pessoal Macintosh da Apple em 1984 popularizou o seu uso. Nos computadores Macintosh, a GUI estava embutida no sistema operacional, de modo que o aspecto e a sensação de todas as aplicações seriam similares.[39] Uma vez familiarizado com a GUI do Macintosh, o usuário podia aprender a usar as aplicações mais rapidamente.

À medida que os custos da tecnologia declinavam, a transferência de informações entre computadores interconectados em rede tornou-se mais econômica e prática. Proliferavam aplicações de correio eletrônico, transferência de arquivos e acesso a bancos de dados remotos. A **Computação Distribuída** (ou seja, usar vários computadores independentes para desempenhar uma tarefa comum) proliferou com o modelo cliente/servidor. **Clientes** são computadores de usuários que requisitam vários serviços; **servidores** são computadores que executam os serviços requisitados. Muitas vezes os servidores são dedicados a um tipo de tarefa, como renderizar gráficos, gerenciar bancos de dados ou servir páginas Web.

O campo da engenharia de software continuou a evoluir, com um grande impulso partindo do governo dos Estados Unidos que visava ao controle mais rígido dos projetos de software do Departamento de Defesa.[40] Entre as metas da iniciativa estavam a reutilização de códigos e a construção de protótipos para que desenvolvedores e usuários pudessem sugerir modificações desde o início do processo de projeto de software.[41]

Revisão

1. Qual aspecto dos computadores pessoais, popularizado pelo Apple Macintosh, os tornava especialmente fáceis de aprender e usar?

2. (V/F) Um servidor não pode ser um cliente.

Respostas:

1) Interfaces Gráficas com o Usuário (GUIs) facilitavam o uso do computador pessoal proporcionando uma interface uniforme, fácil de usar, para cada aplicação, o que habilitava os usuários a aprender a nova aplicação mais rapidamente. **2)** Falso. Um computador pode ser cliente e servidor. Por exemplo, um servidor Web pode ser ambos, cliente e servidor. Quando usuários requisitam uma página Web, ele é um servidor; se então, como servidor, ele requisitar informações de um sistema de banco de dados, irá se tornar um cliente do sistema de banco de dados.

1.7 A história da Internet e da World Wide Web

No final da década de 60, a **ARPA – Advanced Research Projects Agency** do Departamento de Defesa dos Estados Unidos levou adiante os esquemas para interligar em rede os sistemas centrais de computadores de cerca de uma dúzia de universidades e instituições de pesquisas apoiadas financeiramente por essa agência. Eles seriam conectados por linhas de comunicações que operavam a uma taxa, então impressionante, de 56 quilobits por segundo (Kbps) — 1 Kbps é igual a mil bits por segundo — em uma época em que a maioria das pessoas (das poucas que podiam) estavam se conectando a computadores por linhas telefônicas a uma taxa de 110 bits por segundo. Harvey M. Deitel (HMD) recorda vividamente a agitação daquela conferência. Pesquisadores de Harvard falavam em comunicar-se com o 'supercomputador' Univac 1108 da Universidade de Utah, do outro lado do país, para processar a massa de cálculos relacionada às suas pesquisas sobre computação gráfica. A pesquisa acadêmica estava prestes a dar um salto gigantesco para a frente. Logo após essa conferência, a ARPA partiu para implementar o que rapidamente ficou conhecido como **ARPAnet** — a avó da **Internet** de hoje.

Embora a ARPAnet habilitasse os pesquisadores a interligar seus computadores em rede, seu principal benefício provou ser a capacidade de comunicação fácil e rápida via o que hoje conhecemos como correio eletrônico (e-mail). E isso vale até mesmo para a Internet atual, com e-mail, mensagem instantânea (instant messaging) e transferência de arquivos, facilitando as comunicações entre centenas de milhões de pessoas no mundo inteiro e crescendo rapidamente.

A ARPAnet foi projetada para operar sem controle centralizado, o que significava que, se uma parte da rede falhasse, as partes que continuavam funcionando ainda poderiam encaminhar pacotes de dados de transmissores a receptores por caminhos alternativos.

Os protocolos (conjunto de regras) para comunicação pela ARPAnet ficaram conhecidos como **Transmission Control Protocol/Internet Protocol (TCP/IP).** O TCP/IP era usado para gerenciar comunicação entre aplicações. Os protocolos garantiam que mensagens fossem encaminhadas (roteadas) adequadamente entre transmissores e receptores e que essas mensagens chegassem intactas. O advento do TCP/IP promoveu o crescimento da computação em todo o mundo. Inicialmente a utilização da Internet limitava-se às universidades e instituições de pesquisa; mais tarde os militares adotaram a tecnologia.

Eventualmente o governo decidiu permitir o acesso à Internet para propósitos comerciais. Essa decisão causou uma certa preocupação entre as comunidades de pesquisa e militares — achava-se que os tempos de resposta seriam prejudicados quando 'a Net' ficasse saturada de usuários. Na verdade, ocorreu o contrário. A comunidade de negócios rapidamente compreendeu que podia usar a Internet para ajustar suas operações e oferecer novos e melhores serviços a seus clientes. Empresas gastaram enormes quantidades de dinheiro para desenvolver e promover sua presença na Internet, o que gerou intensa concorrência entre empresas de telecomunicações, fornecedores de hardware e fornecedores de software para atender à crescente demanda de infra-estrutura. O resultado é que a **largura de banda** (a capacidade de transmissão de informações das linhas de comunicações) da Internet aumentou tremendamente, e os custos de hardware e comunicações despencaram.

A **World Wide Web (WWW)** permite que usuários de computador localizem e vejam documentos multimídia (documentos com texto, gráficos, animação, áudio ou vídeo) sobre praticamente qualquer assunto. Embora a Internet tenha sido desenvolvida há mais de três décadas, a introdução da World Wide Web (WWW) é um evento relativamente recente. Em 1989, Tim Berners-Lee, do CERN (European Center for Nuclear Research), começou a desenvolver uma tecnologia de compartilhamento de informações via documentos de texto interconectados (hyperlinked) (veja no site deste livro: "Biografia — Tim Berners-Lee"). Para implementar essa nova tecnologia, Berners-Lee criou a **HyperText Markup Language (HTML).** Também implementou o **HyperText Transfer Protocol (HTTP)** para formar a espinha dorsal das comunicações desse novo sistema de informações de hipertexto, que ele batizou de World Wide Web.

Certamente os historiadores colocarão a Internet e a World Wide Web na lista das criações mais importantes e profundas da humanidade. No passado, a maioria das aplicações era executada em computadores 'autônomos' (computadores que não estavam conectados uns aos outros). As aplicações de hoje podem ser escritas para se comunicarem entre as centenas de milhares de computadores do mundo inteiro. A Internet e a World Wide Web fundem tecnologias de computação e de comunicações acelerando e simplificando nosso trabalho. Tornam as informações instantânea e convenientemente acessíveis a um grande número de pessoas. Habilitam indivíduos e pequenas empresas a conseguir exposição mundial. Estão mudando a maneira como fazemos negócios e conduzimos nossas vidas pessoais. E estão mudando nosso modo de pensar sobre a construção de sistemas operacionais. Os sistemas operacionais de hoje oferecem GUIs que habilitam os usuários a 'acessar o mundo' pela Internet e pela Web de maneira transparente, como se estivessem acessando o sistema local. Os sistemas operacionais da década de 1980 preocupavam-se primariamente com gerenciar recursos no computador local. Os sistemas operacionais distribuídos de hoje podem utilizar recursos em computadores do mundo inteiro. Isso cria muitos desafios interessantes que discutiremos por todo o livro, especialmente nos capítulos 16 a 19, que examinam redes, computação distribuída e segurança.

Revisão

1. Qual a diferença entre ARPAnet e as redes de computadores tradicionais? Qual era o seu benefício primário?
2. Quais foram as criações desenvolvidas por Berners-Lee que facilitaram o compartilhamento de dados pela Internet?

Respostas:

1) A ARPAnet era descentralizada, portanto a rede continuava habilitada a passar informações mesmo que partes dela falhassem. O benefício primário da ARPAnet era sua capacidade de comunicação rápida e fácil via e-mail. **2)** Berners-Lee desenvolveu a HTML e o HTTP, que possibilitaram a World Wide Web.

1.8 A década de 1990

O desempenho do hardware continuou a melhorar exponencialmente nos anos 90.[42] No final da década, um computador pessoal típico podia executar diversas centenas de milhões de instruções por segundo (MIPS) e armazenar mais de um gigabyte de informações em um disco rígido; alguns supercomputadores podiam executar mais de um trilhão de operações por segundo.[43] Capacidades de processamento e de armazenamento baratas habilitavam os usuários a executar programas complexos em computadores pessoais e possibilitavam que empresas de pequeno a médio portes usassem essas máquinas econômicas para os serviços (jobs) extensivos de banco de dados e processamento, antes delegados a sistemas de computadores de grande porte. A queda dos custos da tecnologia também levou a um aumento no número de computadores domésticos usados tanto para trabalho quanto para entretenimento.

A criação da World Wide Web na década de 1990 levou a uma explosão na popularidade da computação distribuída. Originalmente, os sistemas operacionais executavam gerenciamento isolado de recursos em um único computador. Com a criação da World Wide Web e as conexões de Internet cada vez mais velozes, a computação distribuída tornou-se trivial nos computadores pessoais. Usuários podiam requisitar dados armazenados em lugares remotos ou requisitar a execução de programas em processadores distantes. Grandes organizações podiam usar multiprocessadores distribuídos (redes de computadores contendo mais de um processador) para aumentar a escala de recursos e melhorar a eficiência.[44] No entanto, aplicações distribuídas ainda estavam limitadas pelo fato de a comunicação pela rede ocorrer em velocidades relativamente lentas comparadas a velocidades de processamento interno de computadores individuais. Computação distribuída será discutida detalhadamente no Capítulo 17, "Introdução a sistemas distribuídos", e Capítulo 18, "Sistemas distribuídos e serviços Web".

À medida que crescia a demanda por conexões com a Internet, o suporte a sistemas operacionais para tarefas de rede tornava-se um padrão. Usuários domésticos e em empresas aumentavam sua produtividade acessando recursos de redes de computadores. Todavia, o aumento da conectividade levou a uma proliferação de ameaças à segurança dos computadores. Projetistas de sistemas operacionais desenvolveram técnicas para proteger computadores contra esses ataques danosos. A crescente sofisticação de tais ameaças à segurança continuou a desafiar a capacidade de contra-ataque da indústria de computadores.

A Microsoft Corporation tornou-se dominante na década de 1990. Em 1981, essa empresa lançou a primeira versão do seu sistema operacional DOS para o computador pessoal da IBM. Em meados da década de 1980, a Microsoft desenvolveu o sistema operacional Windows, uma interface gráfica com o usuário sobreposta ao sistema operacional DOS. A Microsoft lançou o Windows 3.0 em 1990; essa nova versão apresentava uma interface amigável com o usuário e grande funcionalidade. O sistema operacional Windows tornou-se incrivelmente popular após o lançamento em 1993 do Windows 3.1, cujos sucessores Windows 95 e Windows 98 praticamente dominaram o mercado de sistemas operacionais para computadores de mesa no final da década de 1990. Esses sistemas operacionais, que tomavam emprestado muitos conceitos popularizados pelos primeiros sistemas operacionais Macintosh (como ícones, menus e janelas), habilitavam os usuários a executar múltiplas aplicações concorrentes com facilidade. A Microsoft também entrou no mercado de sistemas operacionais corporativos com o lançamento do Windows NT em 1993, que rapidamente tornou-se o sistema operacional preferido para estações de trabalho corporativas.[45] O Windows XP, baseado no sistema operacional Windows NT, é discutido no Capítulo 21, "Estudo de caso: Windows XP".

Tecnologia de objeto

A tecnologia de objeto tornou-se popular em muitas áreas da computação à medida que aumentava constantemente o número de aplicações escritas em linguagens de programação orientadas a objeto como a C++ ou a Java. Conceitos de objeto também facilitavam novas abordagens da computação. Cada objeto de software encapsula um conjunto de atributos e um conjunto de ações, o que permite que as aplicações sejam construídas com componentes que possam ser reutilizados em muitas aplicações, reduzindo o tempo de desenvolvimento de software. Nos **sistemas operacionais orientados a objetos (SOOO)**, objetos representam componentes do sistema operacional e recursos do sistema.[46] Conceitos de orientação a objetos como herança e interfaces foram explorados para criar sistemas operacionais modulares mais fáceis de manter e ampliar do que os construídos com técnicas anteriores. A modularidade facilita o suporte dos sistemas operacionais para arquiteturas novas e diferentes. A demanda por integração de objetos por meio de várias plataformas e linguagens levou ao suporte a objetos em linguagens de programação como a Java da Sun e a .NET da Microsoft (por exemplo, Visual Basic.NET, Visual C++NET e C#).

Movimento do software livre

Um outro movimento da comunidade de computação (particularmente na área de sistemas operacionais) durante a década de 1990 foi o movimento em direção ao software de fonte aberto. A maioria dos softwares é criada escrevendo-se o código-fonte em uma linguagem de programação de alto nível. Contudo, a maioria dos softwares comerciais é vendida como código-objeto (também chamado código de máquina ou binários) – o código-fonte compilado que os computadores podem entender. O código-fonte não é incluído, o que permite aos fabricantes ocultarem informações proprietárias e técnicas de programação. Todavia, softwares de fonte aberto ficaram cada vez mais comuns na década de 1990. Esse tipo de software é distribuído com o código-fonte, permitindo que os indivíduos examinem e modifiquem o software antes de compilá-lo e executá-lo. Por exemplo, o sistema operacional Linux e o servidor Web Apache, ambos softwares de fonte aberto, foram descarregados e instalados por milhões de usuários durante a década de 1990, e o número dessas operações cresce rapidamente no novo milênio.[47] O Linux, criado por Linus Torvalds (veja no site deste livro: "Biografia — Linus Torvald"), é discutido no Capítulo 20, "Estudo de caso: Linux".

Na década de 1980, Richard Stallman, um desenvolvedor de software do MIT, lançou um projeto para recriar e ampliar a maioria das ferramentas do sistema operacional UNIX da AT&T e disponibilizar o código sem nenhum custo. Stallman (veja no site deste livro: "Biografia — Richard Stallman") fundou a Free Software Foundation e criou o projeto **GNU** — uma abreviatura que significa "*GNU N*ão é *U*NIX" — porque discordava do conceito de vender permissão para utilizar software.[48] Ele acreditava que dar aos usuários a liberdade de modificar e distribuir software levaria a melhores softwares, orientados pelas necessidades dos usuários, e não pelo lucro pessoal ou corporativo. Quando Linus Torvald criou a versão original do sistema operacional Linux, empregou muitas das ferramentas publicadas gratuitamente pelo GNU sob a **General Public License (GPL)**. A GPL, publicada on-line em www.gnu.org/licenses/gpl.html, especifica que qualquer um pode modificar e redistribuir software livremente sob sua licença, contanto que as modificações sejam claramente indicadas e que qualquer derivado do software também seja distribuído pela GPL.[49] Embora a maioria dos softwares licenciados pela GPL seja gratuita, a GPL requer apenas que seu software seja livre no sentido de que os usuários tenham liberdade para modificar e redistribuir o software livremente. Portanto, fabricantes podem cobrar uma taxa para fornecer software licenciado pela GPL e seu código-fonte, mas não podem impedir que usuários finais os modifiquem e redistribuam. No final da década de 1990 foi fundada a **Open Source Iniciative (OSI)** para proteger o software de fonte aberto e promover os benefícios da programação de código-fonte aberto (ver www.opensource.org).

O software de fonte aberto facilita o aperfeiçoamento de produtos de software por permitir que qualquer um da comunidade dos desenvolvedores teste, depure e aperfeiçoe aplicações, o que aumenta a chance de descobrir e corrigir problemas imperceptíveis que, caso contrário, poderiam caracterizar riscos de segurança ou erros lógicos. Além disso, indivíduos e corporações podem modificar o fonte e criar software personalizado que atenda às necessidades de um ambiente particular. Muitos fabricantes de software livre mantêm sua lucratividade cobrando suporte técnico de indivíduos e corporações e personalizando seus produtos.[50] Embora a maioria dos sistemas da década de 1990 ainda executem sistemas operacionais proprietários — como sistemas operacionais de computadores de grande porte da IBM, sistemas UNIX, Macintosh da Apple e Windows da Microsoft —, sistemas operacionais de fonte aberto como Linux, FreeBSD e OpenBSD tornaram-se concorrentes viáveis. No futuro, eles indubitavelmente continuarão a ganhar terreno sobre as soluções proprietárias como resultado do melhoramento do produto.

Na década de 1990 os sistemas operacionais ficaram cada vez mais amigáveis ao usuário. As capacidades de GUI que a Apple inseriu no seu sistema operacional Macintosh na década de 1980 tornaram-se mais sofisticadas na década de 1990. Capacidades do tipo plug-and-play' (ligar-e-usar) foram embutidas em sistemas operacionais, habilitando os usuários a adicionar e remover componentes de software dinamicamente sem ter de reconfigurar manualmente o sistema operacional. Sistemas operacionais também mantêm perfis de usuários — o que atende às necessidades de autenticação e habilita a personalização da interface do sistema operacional por usuário.

Revisão

1. Como a tecnologia orientada a objeto afetou os sistemas operacionais?
2. Cite alguns dos benefícios do desenvolvimento de software livre.

Respostas:

1) Projetistas de sistemas operacionais podiam reutilizar objetos ao desenvolverem novos componentes. O aumento da modularidade devido à tecnologia orientada a objeto facilitou o suporte do sistema operacional para arquiteturas novas e diferentes. **2)** Software livre pode ser visto e modificado por qualquer um que pertença à comunidade de desenvolvimento. Porque essas pessoas testam, depuram e usam constantemente o software, há maior chance de se descobrir e corrigir erros. Além disso, o software livre habilita usuários e organizações a modificar um programa para atender às suas necessidades particulares.

1.9 2000 e afora

Nesta década o **middleware**, um software que liga duas aplicações (muitas vezes por uma rede), tornou-se vital, à medida que aplicações são publicadas na World Wide Web e os consumidores as usam via conexões de Internet de alta velocidade e preços acessíveis por linhas de televisão a cabo e linhas digitais de assinantes (DSL — Digital Subscriber Lines). O middleware é comum em aplicações Web nas quais um servidor Web — a aplicação que envia dados ao navegador (browser) do usuário — deve gerar conteúdo que satisfaça os requisitos de um usuário com a ajuda de um banco de dados. O middleware age como um *courier* passando mensagens entre o servidor Web e o banco de dados, simplificando a comunicação entre várias arquiteturas diferentes. **Serviços Web** compreendem um conjunto de padrões relacionados que podem habilitar quaisquer duas aplicações de computador a se comunicarem e trocar dados via Internet. Um serviço Web comunica-se com uma rede para fornecer um conjunto específico de operações que outras aplicações podem invocar. Os dados são passados de um lado para outro por meio de protocolos padronizados como o HTTP, o mesmo protocolo usado para transferir páginas Web comuns. Serviços Web operam usando padrões abertos, baseados em texto que habilitam a comunicação entre componentes escritos em linguagens diferentes e sobre plataformas diferentes. São peças de software prontas para o uso na Internet.

Serviços Web ajudarão a dar impulso ao movimento em direção à verdadeira computação distribuída. Por exemplo, a Amazon.com permite que desenvolvedores estabeleçam lojas on-line que pesquisam os bancos de dados de produtos da empresa e mostram informações detalhadas de produto via Amazon.com Web Services (www.amazon.com/gp/aws/landing.html). A máquina de busca Google também pode ser integrada a outras aplicações por meio das APIs Web do Google (www.google.com/apis), habilitando assim o acesso aos bilhões de sites Web fornecidos pelo Google para essas aplicações. Discutiremos serviços Web mais detalhadamente no Capítulo 18, "Sistemas distribuídos e serviços Web".

Multiprocessadores e arquiteturas de rede estão criando numerosas oportunidades de pesquisa e desenvolvimento de novas técnicas de projeto de hardware e software. Linguagens de programação seqüencial que especificam uma computação por vez agora são complementadas por linguagens de programação concorrente como a Java, que habilitam a especificação de computações paralelas; na Java, as unidades de computação paralela são especificadas via threads. Discutiremos threads e a técnica de multithreads no Capítulo 4, "Conceitos de thread".

Um número cada vez maior de sistemas exibem **paralelismo maciço**, ou seja, possuem grandes quantidades de processadores de modo que muitas partes independentes das computações podem ser executadas em paralelo. Esse é um conceito de computação drasticamente diferente da computação seqüencial dos últimos 60 anos; há problemas significativos e desafiadores no desenvolvimento de software apropriado para lidar com tal paralelismo. Discutiremos arquiteturas de computação paralela no Capítulo 15, "Gerenciamento de multiprocessador".

Sistemas operacionais estão padronizando interfaces com o usuário e de aplicação para que se tornem mais fáceis de usar e suportem um número maior de programas. A Microsoft já fundiu as linhas de consumidor e profissional de seu sistema operacional Windows no Windows XP. No seu próximo sistema operacional (de codinome Longhorn) a empresa planeja integrar os formatos de diferentes tipos de arquivos permitindo, por exemplo, que os usuários pesquisem todos os arquivos dos seus sistemas (documentos, planilhas de cálculo, e-mails etc.) que contenham certas palavras-chave. O Longhorn incluirá também uma interface com o usuário aperfeiçoada, em 3D, melhor segurança e suporte para DVDs.[51, 52] Sistemas de fonte aberto como o Linux serão mais amplamente usados e empregarão APIs (*Application Programming Interfaces*), como a **POSIX** (*Portable Operating System Interface*) para melhorar a compatibilidade com outros sistemas operacionais baseados no UNIX.

A computação em dispositivos móveis, como telefones celulares e PDAs, irá se tornar mais comum à medida que for equipada com processadores cada vez mais poderosos. Hoje, tais dispositivos são usados para funções como e-mail, navegação na Web e imagem digital. Aplicações intensivas em recursos como vídeo *full-motion* proliferarão nesses dispositivos. Como os recursos de dispositivos móveis são limitados pelo seu pequeno tamanho, a computação distribuída desempenhará um papel ainda maior, à medida que PDAs e telefones celulares requisitarem quantidades cada vez maiores de dados e de capacidade de processamento de computadores remotos.

Revisão

1. Quais tecnologias podem ser usadas para transpor a lacuna entre sistemas operacionais diferentes? Como essas tecnologias possibilitariam a execução da mesma aplicação em várias plataformas?
2. Por que a computação distribuída é útil para computações executadas por dispositivos móveis?

Respostas:

1) Máquinas virtuais e emuladores de sistemas operacionais transpõem a lacuna entre sistemas operacionais diferentes. Aplicações podem ser escritas uma vez para utilizar a funcionalidade da máquina virtual ou emulador. Máquinas virtuais ou emuladores podem ser implementados para ocultar, das aplicações, a representação da plataforma básica. **2)** Computação distribuída permite que um dispositivo móvel delegue tarefas a outras máquinas com mais recursos. O dispositivo móvel, que tem recursos e tempo de bateria limitados, pode requisitar dados e capacidade de processamento por uma rede.

1.10 Bases de aplicação

Quando o Personal Computer da IBM (quase sempre chamado de 'PC') surgiu em 1981, imediatamente deu origem a uma imensa indústria de software na qual **fornecedores independentes de software** (*Independent Software Vendors* – ISVs) conseguiam comercializar pacotes para o IBM PC que podiam ser executados no sistema operacional MS-DOS (a versão da IBM era chamada DOS). Sistemas operacionais liberam os desenvolvedores de softwares de aplicação da obrigação de lidar com os detalhes complicados da manipulação do hardware de computador para gerenciar memória, executar entrada/saída, lidar com linhas de comunicação e assim por diante. O sistema operacional oferece uma série de chamadas a **interfaces de programação de aplicativos** (API) que os programadores de aplicações usam para realizar manipulações detalhadas de hardware e outras operações. A API fornece **chamadas ao sistema** pelas quais um programa usuário instrui o sistema operacional a trabalhar; o desenvolvedor de aplicações tem de saber, simplesmente, que rotinas chamar para executar as tarefas específicas (Figura 1.1). Note que, na Figura 1.1, a área acima da linha tracejada, o espaço do usuário, indica componentes de software que não fazem parte do sistema operacional e não podem acessar diretamente os recursos físicos do sistema. A área abaixo da linha tracejada, o espaço do núcleo, indica componentes de software que fazem parte do sistema operacional e têm acesso irrestrito aos recursos do sistema. Usamos essa convenção freqüentemente em nossos diagramas para indicar o privilégio que esses componentes de software gozam na execução. Se uma aplicação tentar usar mal os recursos do sistema ou tentar usar recursos que não lhe são permitidos, o sistema operacional deve intervir para evitar que a aplicação danifique o sistema ou interfira em outras aplicações de usuário.

Se um sistema operacional apresentar um ambiente propício ao desenvolvimento rápido e fácil de aplicações, ele e o hardware terão mais probabilidade de sucesso no mercado. O ambiente de desenvolvimento de aplicações criado pelo MS-DOS incentivou o desenvolvimento de dezenas de milhares de pacotes de software de aplicação, o que, por sua vez, incentivou usuários a comprar IBM PCs e compatíveis. O Windows podia muito bem ter uma base de aplicações de cem mil aplicações.

Uma vez que uma **base de aplicação** (isto é, a combinação do hardware com o ambiente do sistema operacional no qual a aplicação é desenvolvida) seja amplamente estabelecida, torna-se extremamente difícil solicitar aos usuários e desenvolvedores de software que convertam para um ambiente de desenvolvimento de aplicações completamente novo proporcionado por um sistema operacional radicalmente diferente. Assim, é provável que as novas arquiteturas que evoluirão nos próximos anos irão colocar todos os esforços no suporte às principais bases de aplicação existentes.

1.11 Ambientes de sistemas operacionais

Este livro focaliza conceitos de sistemas operacionais relacionados a computadores de uso geral com uma gama de recursos, entre eles quantidades consideráveis de memória principal, altas velocidades de processamento, discos de alta capacidade, vários dispositivos periféricos e assim por diante. Tais equipamentos são usados normalmente como computadores pessoais ou estações de trabalho.

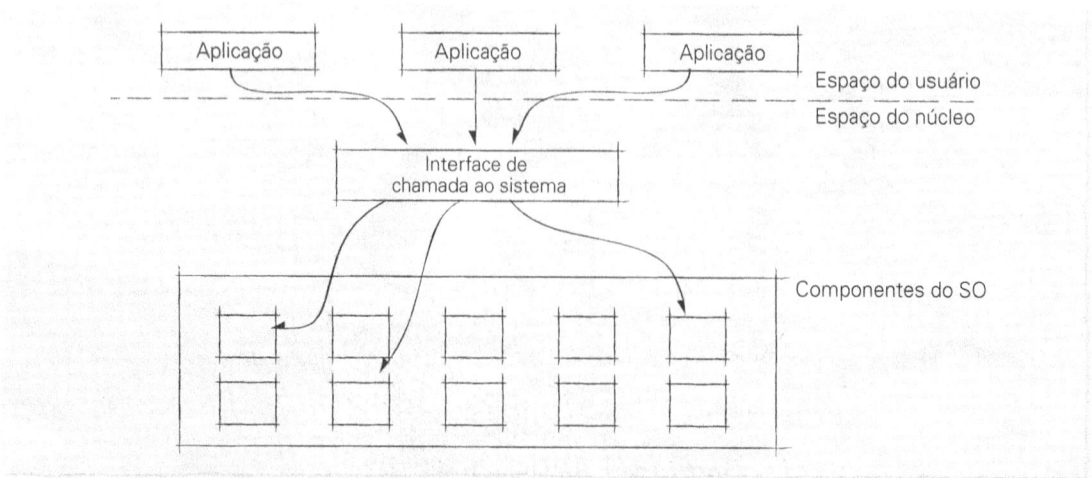

Figura 1.1 | *Interação entre aplicações e o sistema operacional.*

Muitos dos conceitos que se aplicam aos computadores de uso geral também se aplicam aos servidores Web e de bancos de dados mais avançados que contêm hardware de alto desempenho. Sistemas operacionais destinados a ambientes avançados devem ser projetados para suportar memórias principais de grande porte, hardware de uso específico e grandes números de processos. Discutiremos essas considerações no Capítulo 15, "Gerenciamento de multiprocessador".

Sistemas embarcados proporcionam um desafio diferente ao projeto de sistemas operacionais. São caracterizados por um pequeno conjunto de recursos especializados que fornecem funcionalidade a dispositivos como telefones celulares e PDAs. Em ambientes embarcados, o gerenciamento eficiente de recursos é a chave para a construção de um sistema operacional de sucesso. A capacidade de armazenamento freqüentemente é limitada, portanto o sistema operacional deve fornecer serviços usando uma quantidade mínima de código. Considerações como gerenciamento de energia (bateria) e a necessidade de interfaces amigáveis com o usuário criam outros desafios para o projeto de sistemas operacionais embarcados.

Sistemas de tempo real exigem que tarefas sejam realizadas em um período de tempo particular (quase sempre curto). Por exemplo, o recurso de piloto automático de uma aeronave deve ajustar constantemente velocidade, altitude e direção. Essas ações não podem esperar indefinidamente — e às vezes não podem esperar de jeito nenhum — que outras tarefas não essenciais sejam concluídas. Sistemas operacionais de tempo real devem assegurar que processos respondam imediatamente a eventos críticos. Sistemas operacionais de tempo real não crítico garantem que tarefas de tempo real sejam executadas com alta prioridade, mas não garantem quais dessas tarefas serão concluídas a tempo, e nem se serão concluídas. Sistemas de tempo real crítico garantem que todas as suas tarefas sejam concluídas a tempo. Discutiremos como o Linux e o Windows XP lidam com aplicações de tempo real nos capítulos 20 e 21, respectivamente. Esses sistemas são encontrados em muitos ambientes, incluindo robótica, aviação e outras aplicações de controle de sistema. Muitas vezes são usados em **sistemas de missão crítica** nos quais o sistema não cumpre seus objetivos (ou seja, a missão) se qualquer de suas tarefas não for concluída com sucesso e a tempo. Em sistemas de missão crítica como os de controle de tráfego aéreo, monitoração de reatores nucleares e comando e controle militar, vidas humanas podem correr riscos.

Sistemas críticos de negócios, como servidores Web e bancos de dados, devem atingir seus objetivos consistentemente. No e-business isso pode significar a garantia de tempos de resposta rápidos a usuários que estão comprando produtos pela Internet; em grandes corporações, pode significar habilitar funcionários a compartilhar informações eficientemente e garantir que informações importantes estejam protegidas de problemas como falta de energia elétrica e falhas de discos. Diferentemente dos sistemas de missão crítica, a empresa não fracassará necessariamente se um sistema crítico de negócios não atingir sempre seus objetivos.

Alguns sistemas operacionais devem gerenciar hardware que podem ou não existir fisicamente na máquina. Uma **máquina virtual (VM)** é uma abstração em software de um computador executado freqüentemente como uma aplicação de usuário sobre o sistema operacional nativo.[53] O sistema operacional de uma máquina virtual gerencia os recursos providos pela máquina virtual. Uma das aplicações das máquinas virtuais é permitir que várias instâncias de um sistema operacional sejam executadas simultaneamente. Outra é a emulação – usar software e hardware que imitam a funcionalidade de hardware ou software que não estão presentes no sistema.

Máquinas virtuais fazem interface com o hardware de um sistema via sistema operacional; outros programas de usuário podem interagir com elas. Uma VM pode criar componentes de software que representem componentes físicos — como processadores, memória, canais de comunicação, discos e relógios (Figura 1.2)[54] —, o que permite que vários usuários compartilhem hardware na ilusão de que estão sendo atendidos por uma máquina dedicada. Proporcionando essa ilusão, as máquinas virtuais promovem a **portabilidade**, a capacidade do software ser executado em várias plataformas.

A **JVM** (*Java Virtual Machine*, máquina virtual Java) é uma das mais amplamente usadas. A JVM é a fundação da plataforma Java e permite que as aplicações Java sejam executadas em qualquer JVM da versão correta, independentemente da plataforma na qual ela esteja instalada. A empresa VMware Software também fornece máquinas virtuais, particularmente para a arquitetura Intel, habilitando os proprietários de computadores baseados no Intel x-86 a executar sistemas operacionais como Linux e Windows simultaneamente em um só computador (cada máquina virtual aparece na sua própria janela).[55]

Máquinas virtuais tendem a ser menos eficientes do que máquinas reais porque acessam o hardware indiretamente (ou simulam hardware que, na verdade, não está conectado ao computador). Acesso indireto ou simulado ao hardware aumenta o número de instruções de software requeridas para realizar cada ação do hardware.[56]

Revisão

1. Um monitor de temperatura em uma usina nuclear seria provavelmente descrito como que tipo de sistema? Por quê?
2. Descreva as vantagens e desvantagens das máquinas virtuais.

Respostas:

1) Um sistema de tempo real crítico monitoraria a temperatura em uma usina nuclear para garantir que ela estivesse sempre na faixa apropriada e notificaria os operadores em tempo real (ou seja, instantaneamente), caso houvesse problemas.

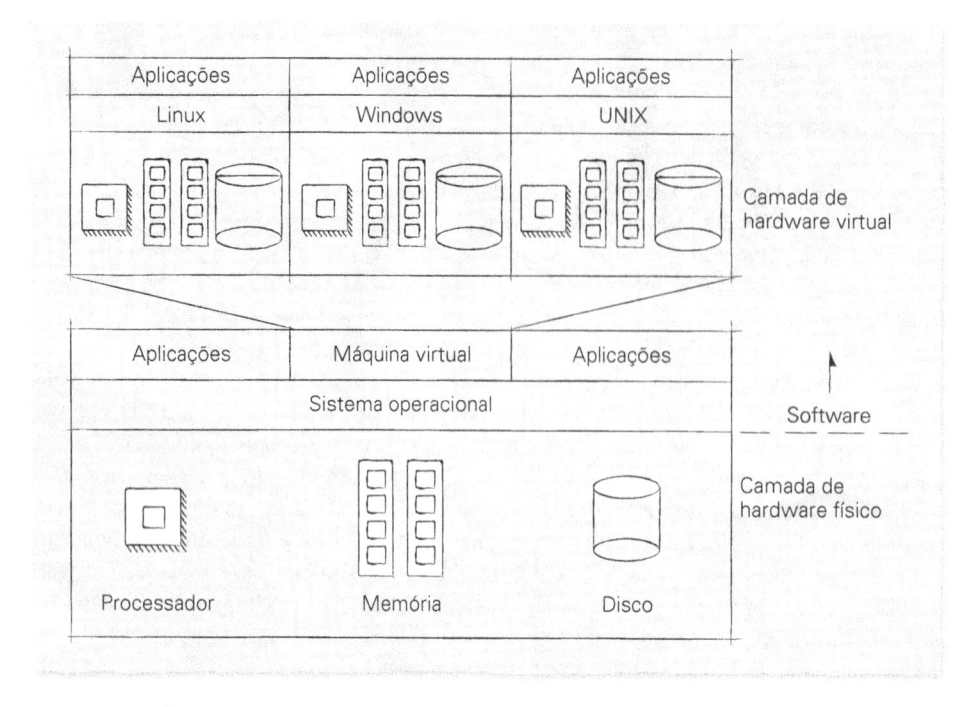

Figura 1.2 | *Diagrama de uma máquina virtual.*

2) Máquinas virtuais promovem a portabilidade habilitando o software a ser executado em várias plataformas, mas tendem a ser menos eficientes do que máquinas reais, porque devem executar instruções de software que simulem operações de hardware.

1.12 Componentes e objetivos do sistema operacional

Sistemas de computadores evoluíram dos primeiros que não continham nenhum sistema operacional para máquinas de multiprogramação, daí para máquinas de tempo compartilhado, depois para computadores pessoais e, por fim, para sistemas verdadeiramente distribuídos. À medida que a demanda por novas características e melhor eficiência cresciam e o hardware mudava, os sistemas operacionais evoluíram para cumprir novos papéis. Esta seção descreve vários componentes centrais e explica os diversos objetivos dos sistemas operacionais.

1.12.1 Componentes centrais do sistema operacional

Um usuário interage com o sistema operacional via uma ou mais aplicações de usuário e, muitas vezes, por meio de uma aplicação especial denominada **shell** ou interpretador de comandos.[57] A maioria dos interpretadores de comando atuais é implementada como interfaces de texto que habilitam o usuário a emitir comandos por meio de um teclado, ou como GUIs que permitem que o usuário 'aponte-e-clique' e 'arraste-e-solte' ícones para requisitar serviços do sistema operacional (por exemplo, para abrir uma aplicação). O Microsoft Windows XP fornece uma GUI por meio da qual os usuários podem dar comandos; o usuário pode abrir alternativamente uma janela de comandos que aceite comandos digitados.

O software que contém os componentes centrais do sistema operacional chama-se núcleo (kernel). Entre os componentes centrais do sistema operacional estão:

- **escalonador de processo**, que determina quando e por quanto tempo um processo é executado em um processador.
- **gerenciador de memória**, que determina quando e como a memória é alocada aos processos e o que fazer quando a memória principal estiver cheia.
- **gerenciador de E/S**, que atende às solicitações de entrada/saída de e para dispositivos de hardware, respectivamente.
- **gerenciador de comunicação interprocessos (IPC)**, que permite que os processos se comuniquem uns com os outros.
- **gerenciador de sistema de arquivos**, que organiza coleções nomeadas de dados em dispositivos de armazenamento e fornece uma interface para acessar os dados nesses dispositivos.

Quase todos os sistemas operacionais suportam um ambiente de multiprogramação no qual várias aplicações podem ser executadas concorrentemente. Uma das responsabilidades mais fundamentais de um sistema operacional é determinar qual processador executa um processo e durante quanto tempo esse processo é executado.

Um programa pode conter diversos elementos que compartilhem dados e que possam ser executados concorrentemente. Por exemplo, um navegador Web pode conter componentes isolados para ler a HTML de uma página Web, recuperar a mídia da página (ou seja, imagens, texto e vídeo) e exibir a página apresentando seu conteúdo na janela do navegador. Esses componentes de programa, executados independentemente, mas que realizam seu trabalho em um espaço de memória comum, são chamados **threads** (fluxos de execução). Tais componentes são discutidos no Capítulo 4, "Conceitos de thread".

Normalmente muitos processos competem para usar o processador. O escalonador de processos pode basear suas decisões em diversos critérios, como a importância de um processo, o tempo estimado de execução ou há quanto tempo está esperando para obter acesso ao processador. Discutiremos escalonamento do processador no Capítulo 8, "Escalonamento de processador".

O gerenciador de memória aloca memória para o sistema operacional e para os processos. Com o intuito de garantir que os processos não interfiram no sistema operacional ou uns nos outros, o gerenciador de memória impede que cada processador acesse memória que não lhe tenha sido alocada. Quase todos os sistemas operacionais de hoje suportam memória virtual, como discutido nos capítulos 10 e 11.

Uma outra função central do sistema operacional é gerenciar os dispositivos de entrada/saída (E/S) do computador. Dispositivos de entrada abrangem teclados, mouses, microfones e scanners; entre os dispositivos de saída estão monitores, impressoras e alto-falantes. Dispositivos de armazenamento (por exemplo, discos rígidos, discos óticos regraváveis e fitas) e placas de rede funcionam como dispositivos de entrada e saída. Quando um processo quer acessar um dispositivo de E/S, deve emitir uma chamada ao sistema operacional. Aquela chamada é subseqüentemente manuseada por um **driver de dispositivo**, que é um componente de software que interage diretamente com o hardware e em geral contém comandos e outras instruções específicas do dispositivo para realizar as operações de entrada/saída requisitadas.

A maioria dos sistemas de computador pode armazenar dados persistentemente (isto é, após o computador ter sido desligado). Como a memória principal geralmente é relativamente pequena e perde seus dados quando a fonte de energia é desligada, são usados dispositivos secundários de armazenamento persistente, mais comumente discos rígidos. E/S por disco — uma das formas mais comuns de E/S — ocorre quando um processo requisita acesso a informações que estão em um dispositivo de disco.

Entretanto, o armazenamento secundário é muito mais lento do que processadores e memória principal. O componente **escalonador de disco** de um sistema operacional é responsável pela reordenação das requisições de E/S por disco para maximizar o desempenho e minimizar a quantidade de tempo que um processo espera pelas E/S por disco. Sistemas de arranjo redundante de discos independentes (*Redundant Array of Independent Disks* – RAID) tentam reduzir o tempo que um processo espera pela E/S por disco, utilizando vários discos ao mesmo tempo para atender às requisições de E/S. Discutiremos algoritmos de escalonamento de discos e sistemas RAID no Capítulo 12, "Otimização do desempenho de discos".

Sistemas operacionais usam sistemas de arquivo para organizar e acessar eficientemente coleções nomeadas de dados, denominadas arquivos e localizadas em dispositivos de armazenamento. Conceitos de sistemas de arquivo são abordados no Capítulo 13, "Sistemas de arquivos e de bancos de dados".

Com freqüência, os processos (ou threads) cooperam para cumprir uma meta comum. Assim, muitos sistemas operacionais proporcionam comunicação entre processos (IPC) e mecanismos de sincronização para simplificar essas programações concorrentes. Comunicação entre processos habilita os processos a se comunicarem via mensagens enviadas entre eles (e entre threads); sincronização fornece estruturas que podem ser usadas para assegurar que processos (e threads) compartilhem dados adequadamente. Processos e threads são discutidos nos capítulos 3 a 8.

Revisão

1. Quais componentes de sistema operacional realizam cada uma das seguintes operações?
    a. Escrever no disco.
    b. Determinar qual processo será executado em seguida.
    c. Determinar em que lugar da memória um novo processo deve ser colocado.
    d. Organizar arquivos em um disco.
    e. Habilitar um processo a enviar dados para outro.

2. Por que é arriscado permitir que usuários executem livremente operações de leitura e escrita para qualquer região do disco?

Respostas:

1) a) gerenciador de E/S; b) escalonador de processador; c) gerenciador de memória; d) gerenciador de sistema de arquivo; e) gerenciador de comunicação entre processos (IPC). **2)** É arriscado porque os usuários poderiam, acidentalmente ou com má intenção, sobrescrever dados críticos (por exemplo, arquivos do sistema operacional) ou ler informações vulneráveis (como documentos confidenciais) sem autorização.

1.12.2 Metas do sistema operacional

Usuários passaram a esperar certas características dos sistemas operacionais como:
- eficiência
- robustez
- escalabilidade
- extensibilidade
- portabilidade
- segurança
- interatividade
- usabilidade

Um **sistema operacional eficiente** alcança alto **rendimento** e baixo tempo de retorno. O rendimento mede a quantidade de trabalho que um processador pode concluir em um certo período de tempo. Lembre-se de que um dos papéis de um sistema operacional é fornecer serviços a muitas aplicações. Um sistema operacional eficiente minimiza o tempo gasto oferecendo esses serviços (veja o quadro "Reflexões sobre sistemas operacionais, Desempenho").

Um **sistema operacional robusto** é tolerante a falhas e confiável — o sistema não falhará devido a erros isolados de aplicações ou de hardware e, se falhar, ele o fará graciosamente (isto é, minimizando perda de trabalho e evitando danos ao hardware do sistema). Determinado sistema operacional fornecerá serviços a cada aplicação, a menos que o hardware no qual se confie falhe.

Um **sistema operacional escalável** é capaz de usar recursos à medida que são acrescentados. Se um sistema operacional não for escalável, rapidamente chegará a um ponto em que recursos adicionais não serão utilizados totalmente. Um sistema operacional escalável pode ajustar imediatamente seu grau de multiprogramação. Escalabilidade é um atributo particularmente importante dos sistemas multiprocessadores — à medida que são adicionados processadores ao sistema,

Reflexões sobre sistemas operacionais

Desempenho

Uma das metas mais importantes de um sistema operacional é maximizar o desempenho do sistema. Somos todos conscientes do desempenho em nossas vidas diárias. Medimos a quilometragem por litro de nosso carro, registramos vários recordes de velocidade, professores dão notas a estudantes, funcionários recebem avaliações de desempenho de seus empregadores, o desempenho de um executivo corporativo é medido pelos lucros da empresa, o desempenho dos políticos é medido por freqüentes pesquisas de opinião com seus eleitores e assim por diante.

Alto desempenho é essencial para sistemas operacionais. Todavia, o desempenho muitas vezes está 'nos olhos de quem o vê' — há muitos modos de classificar o desempenho de um sistema operacional. Para sistemas de processamento em lote, o rendimento é uma medida importante; para sistemas interativos de tempo compartilhado, os tempos de resposta rápidos são mais importantes.

Por todo este livro apresentamos muitas técnicas de melhoria de desempenho. Por exemplo, o Capítulo 8, "Escalonamento de processador", discute a alocação de tempo de processador a processos para melhorar o desempenho do sistema medido como interatividade e rendimento. O Capítulo 11, "Gerenciamento de memória virtual", examina alocação de memória a processos para reduzir seus tempos de execução. O Capítulo 12, "Otimização do desempenho do disco", focaliza a melhoria do desempenho do disco pela reordenação das requisições de E/S. No Capítulo 14, "Desempenho e projeto de processador", discutimos a avaliação de sistemas segundo diversos critérios importantes de desempenho. Os capítulos 20 e 21 abordam questões de desempenho nos sistemas operacionais Linux e Windows XP, respectivamente.

idealmente a capacidade de processamento deve crescer proporcionalmente ao número de processos, embora, na prática, isso não aconteça. Multiprocessamento é discutido no Capítulo 15, "Gerenciamento de multiprocessador".

Um **sistema operacional extensível** adapta-se bem a novas tecnologias e fornece capacidades de estender o sistema operacional para executar tarefas que vão além de seu projeto original.

Um **sistema operacional portável** é projetado de modo tal que possa operar em muitas configurações de hardware. Portabilidade de aplicações também é importante porque desenvolver aplicações custa caro; a mesma aplicação deve rodar em uma variedade de configurações de hardware para reduzir custos de desenvolvimento. O sistema operacional é crucial para conseguir esse tipo de portabilidade.

Um **sistema operacional seguro** impede que usuários e software acessem serviços e recursos sem autorização. **Proteção** refere-se aos mecanismos que implementam a política de segurança do sistema.

Um **sistema operacional interativo** permite que aplicações respondam rapidamente às ações do usuário ou a eventos. Um **sistema operacional utilizável** é aquele que tem o potencial de atender a uma base significativa de usuários. Esses sistemas operacionais geralmente fornecem uma interface com o usuário fácil de usar. Sistemas operacionais como Linux, Windows XP e MacOS X são caracterizados como utilizáveis porque cada um suporta um grande conjunto de aplicações e fornece as interfaces-padrão com o usuário. Muitos sistemas operacionais experimentais e acadêmicos não suportam um grande número de aplicações nem fornecem interfaces amigáveis com o usuário e, portanto, não são considerados utilizáveis.

Revisão

1. Quais metas dos sistemas operacionais correspondem a cada uma das seguintes características?
    a. Usuários não podem acessar serviços nem informações sem autorização adequada.
    b. O sistema operacional é executado sobre uma variedade de configurações de hardware.
    c. O desempenho do sistema aumenta continuamente quando acrescentados memória e processadores adicionais.
    d. O sistema operacional suporta dispositivos que não estavam disponíveis na época em que foi projetado.
    e. Falhas de hardware não causam necessariamente falha de sistema.
2. Como o suporte do driver de dispositivo contribui para a extensibilidade de um sistema operacional?

Respostas:

1) a) segurança; b) portabilidade; c) escalabilidade; d) extensibilidade; e) robustez. 2) Drivers de dispositivo habilitam desenvolvedores a adicionar suporte para hardware que não existia na época em que o sistema foi projetado. A cada novo tipo de dispositivo adicionado a um sistema, deve ser instalado um driver de dispositivo correspondente.

1.13 Arquiteturas de sistemas operacionais

Os sistemas operacionais de hoje tendem a ser complexos, porque prestam muitos serviços e suportam uma variedade de recursos de hardware e software (veja os quadros "Reflexões sobre sistemas operacionais, Mantenha a simplicidade" e "curiosidades"). Arquiteturas de sistemas operacionais podem ajudar projetistas a gerenciar essa complexidade organizando componentes de sistema e especificando o privilégio com que cada componente é executado. No projeto monolítico, todos os componentes do sistema operacional estão no núcleo; no projeto de micronúcleo somente estão incluídos os componentes essenciais. Nas seções seguintes fazemos um apanhado de diversas arquiteturas importantes (veja o quadro "Reflexões sobre sistemas operacionais, Arquitetura").

1.13.1 Arquitetura monolítica

O **sistema operacional monolítico** é a arquitetura de sistema operacional mais antiga e mais comum. Cada componente do sistema operacional é contido no núcleo e pode comunicar-se diretamente com qualquer outro (simplesmente usando chamadas à função). O núcleo normalmente é executado com acesso irrestrito ao sistema de computador (Figura 1.3). OS/360, VMS e Linux são caracterizados, em sentido amplo, como sistemas operacionais monolíticos.[58] A intercomunicação direta entre componentes é que torna os sistemas operacionais monolíticos altamente eficientes. Entretanto, porque os núcleos monolíticos agrupam componentes todos juntos, é difícil isolar a fonte de problemas e de outros erros. Além disso, como todo o código é executado com acesso irrestrito ao sistema, sistemas de núcleo monolítico são particularmente suscetíveis a danos provocados por códigos sujeitos a erros ou mal-intencionados.

Revisão

1. Qual a característica que define um sistema operacional monolítico?

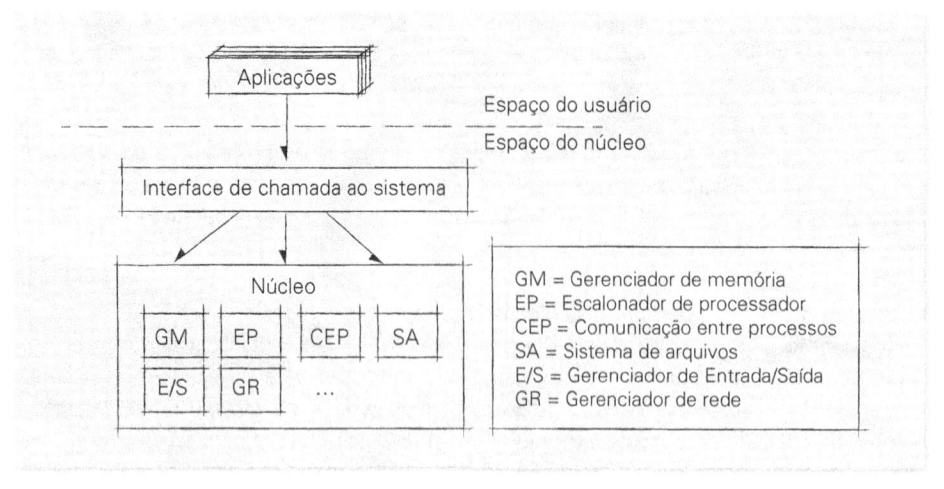

Figura 1.3 | *Arquitetura de sistema operacional de núcleo monolítico.*

2. Por que sistemas operacionais monolíticos tendem a ser eficientes? Qual a principal fragilidade dos núcleos monolíticos?

Respostas:

1) Em um sistema operacional monolítico todos os componentes do sistema operacional são contidos no núcleo. **2)** Núcleos monolíticos tendem a ser eficientes porque poucas chamadas atravessam do espaço do usuário para o espaço do núcleo. Como todos os códigos de sistemas operacionais em núcleos monolíticos operam com acesso irrestrito ao software e hardware do computador, esses sistemas são particularmente suscetíveis a danos provocados por códigos sujeitos a erros.

1.13.2 Arquitetura em camadas

À medida que os sistemas operacionais tornaram-se maiores e mais complexos, projetos puramente monolíticos mostraram-se intratáveis. A abordagem **em camadas** do sistema operacional tenta resolver essa questão agrupando em camadas componentes que realizam tarefas similares. Cada camada comunica-se exclusivamente com as camadas imediatamente acima e abaixo dela. Camadas de nível mais baixo prestam serviços às de nível mais alto usando uma interface que oculta sua implementação.

Reflexões sobre sistemas operacionais

Mantenha a simplicidade

Projetar, implementar, testar, depurar e manter sistemas complexos é caro. Freqüentemente projetistas de sistemas operacionais escolherão a mais simples de diversas abordagens para resolver determinado problema. Porém, às vezes, uma abordagem mais complexa pode render benefícios de desempenho ou outras melhorias que compensam. Compromissos entre simplicidade e desempenho são comuns na computação. Uma busca linear simples de um array é trivial para programar, mas é executada lentamente em comparação a uma busca binária mais elegante e complicada. Estruturas de árvores podem ser mais complexas para trabalhar do que arrays, mas facilitam e tornam mais velozes a execução de certos tipos de inserção e supressão. Nós sempre consideramos abordagens alternativas para a solução de problemas de sistemas operacionais e desenvolvimento de estratégias de gerenciamento de recursos. À medida que ler essas discussões, você verá os compromissos entre simplicidade e complexidade. Ao ler essas soluções, talvez você opte por certas alternativas. Os sistemas com os quais trabalhará no futuro poderão demandar abordagens diferentes. Nossa filosofia é apresentar os prós e os contras das abordagens populares para ajudá-lo a preparar-se para seus próprios julgamentos quando necessário em sua área de atuação.

Sistemas operacionais em camadas são mais modulares do que os monolíticos, porque a implementação de cada camada pode ser modificada sem exigir nenhuma modificação nas outras. Um sistema modular tem componentes autocontidos que podem ser reutilizados por todo o sistema. Cada componente oculta o modo como realiza sua tarefa e apresenta uma interface-padrão que os outros componentes podem usar para requisitar seus serviços. A modularidade impõe estrutura e consistência ao sistema operacional — muitas vezes simplificando validação, depuração e modificação. Entretanto, em uma abordagem de camadas, a requisição de um processo de usuário pode precisar passar por muitas camadas antes de ser atendida. Como é preciso invocar métodos adicionais para passar dados de uma camada para a seguinte, o desempenho se degrada em comparação ao do núcleo monolítico, que pode requerer apenas uma única chamada para atender a uma requisição similar. Além disso, como todas as camadas têm acesso irrestrito ao sistema, núcleos em camadas também são suscetíveis a danos causados por códigos sujeitos a erros ou mal-intencionados. O sistema operacional THE é um dos primeiros exemplos de um sistema operacional em camadas (Figura 1.4).[59] Muitos dos sistemas operacionais atuais, incluindo o Windows XP e o Linux, implementam um certo nível de camadas.

Revisão

1. De que modo os sistemas operacionais em camadas são mais modulares do que os sistemas operacionais monolíticos?

2. Por que sistemas operacionais em camadas tendem a ser menos eficientes do que os monolíticos?

Respostas:

1) Em sistemas operacionais em camadas a implementação e a interface são separadas para cada camada, o que permite que cada uma seja testada e depurada separadamente. Também habilita os projetistas a mudar a implementação de cada camada sem precisar modificar as outras camadas. 2) Em sistemas operacionais em camadas, podem ser necessárias diversas chamadas para se comunicar entre as camadas, ao passo que essa sobrecarga não existe em núcleos monolíticos.

1.13.3 Arquitetura de micronúcleo

Uma arquitetura de **sistema operacional de micronúcleo** fornece somente um número pequeno de serviços na tentativa de manter o núcleo pequeno e escalável. Entre esses serviços estão, normalmente, gerenciamento de memória de baixo nível, comunicação entre processos e sincronização básica de processos para habilitar a cooperação entre eles. Nos projetos de micronúcleo, a maioria dos componentes do sistema operacional — como gerenciamento de processo, rede, sistemas de arquivo e gerenciamento de dispositivos — é executada fora do núcleo com um nível de privilégio mais baixo (Figura 1.5).[60, 61, 62, 63]

Micronúcleos exibem um alto grau de modularidade, o que os torna extensíveis, portáveis e escaláveis.[64] E mais, como o micronúcleo não depende de cada componente para ser executado, um ou mais dos componentes podem falhar sem causar também a falha do sistema operacional. Entretanto, essa modularidade ocorre à custa de um maior nível de comunicação entre módulos, o que pode degradar o desempenho do sistema. Embora poucos dos sistemas operacionais populares atuais adotem o projeto de micronúcleo, o Linux e o Windows XP, por exemplo, contêm componentes modulares.[65]

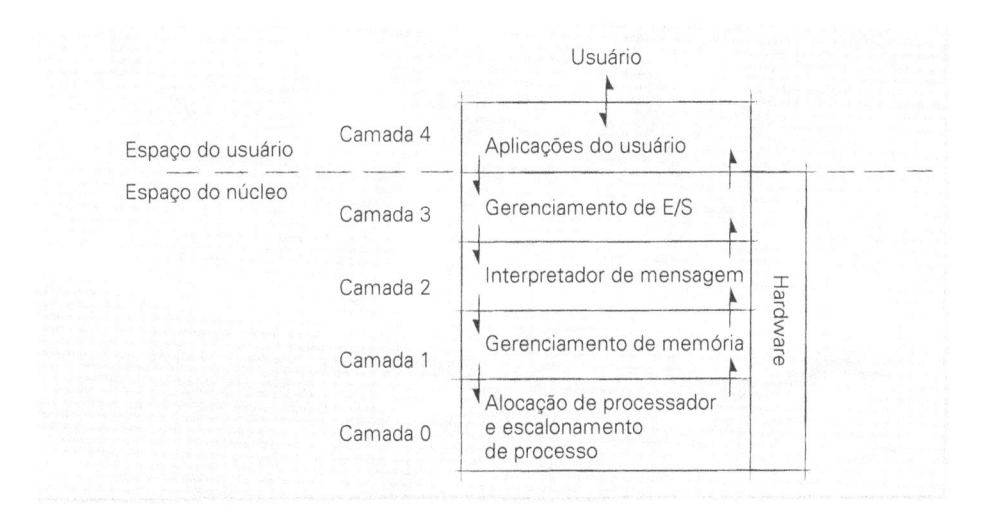

Figura 1.4 | *Camadas do sistema operacional THE.*

Reflexões sobre sistemas operacionais

Arquitetura

Exatamente como arquitetos usam abordagens diferentes para projetar edifícios, projetistas de sistemas operacionais empregam diferentes abordagens arquitetônicas para projetar sistemas operacionais. Às vezes essas abordagens são puras, no sentido de que somente uma abordagem arquitetônica é usada em todo o sistema. Em outras situações são utilizadas abordagens híbridas, que misturam as vantagens de diversos estilos arquitetônicos. A abordagem que o projetista escolher terá conseqüências monumentais sobre a implementação inicial e a evolução do sistema operacional. Quanto mais se avançar no projeto, mais difícil ficará mudar abordagens, por isso é importante escolher a arquitetura apropriada logo no início do desenvolvimento do sistema. De modo mais geral, é muito mais fácil construir o edifício corretamente da primeira vez do que modificá-lo depois de construído.

Uma das abordagens arquitetônicas mais comuns empregadas em softwares de sistemas como os de sistemas operacionais é chamada 'de camadas'. Esse tipo de software é dividido em módulos denominados camadas e cada uma delas desempenha certas tarefas. Cada camada invoca os serviços prestados pela camada abaixo dela, enquanto a implementação daquela camada fica oculta da camada acima dela. A arquitetura em camadas combina as virtudes das técnicas de engenharia de software de modularidade e de ocultação de informações para fornecer uma base sólida para a construção de sistemas de qualidade. Discutimos a abordagem de camadas do software por todo o livro, começando com uma menção histórica do sistema THE de Dijkstra (veja a Seção 1.13.2, "Arquitetura em camadas") e prosseguindo com explanações sobre como a técnica de camadas é usada no Linux e no Windows XP, nos capítulos 20 e 21, respectivamente.

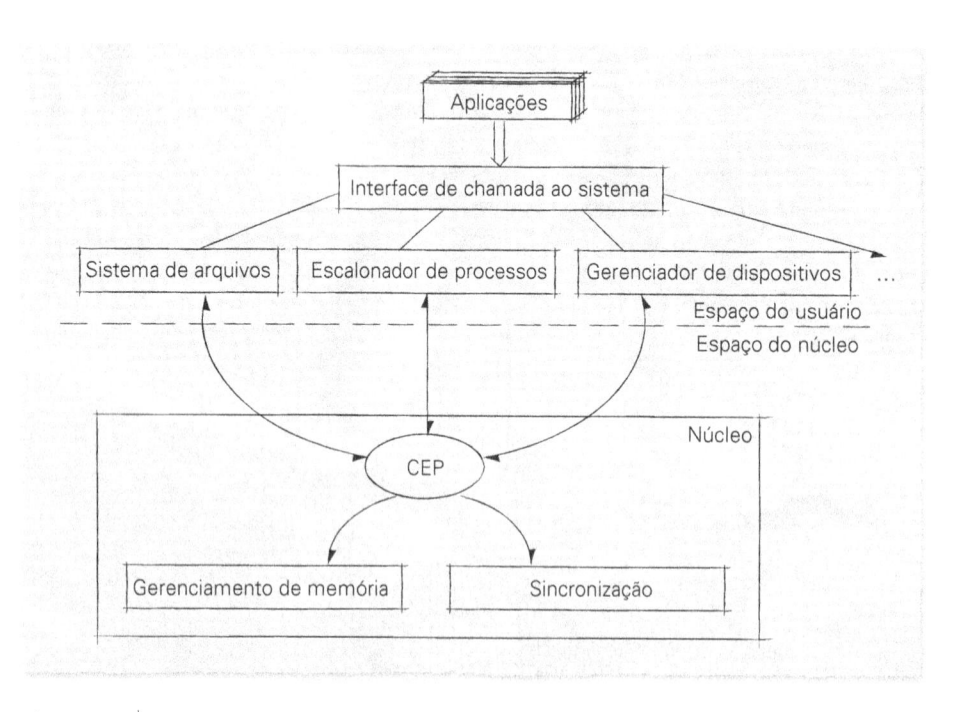

Figura 1.5 | *Arquitetura de sistema operacional de micronúcleo.*

Revisão

1. Qual a diferença entre uma arquitetura em camadas pura e uma arquitetura de micronúcleo?
2. Como os micronúcleos promovem a portabilidade?

Respostas:

1) Uma arquitetura em camadas habilita comunicação exclusivamente entre componentes de sistemas operacionais de camadas adjacentes. Uma arquitetura de micronúcleo habilita comunicação entre todos os componentes do sistema via micronúcleo. **2)** O micronúcleo não depende de uma plataforma de hardware particular; suporte para novo hardware pode ser fornecido carregando-se um novo módulo.

1.13.4 Sistemas operacionais de rede e distribuídos

Avanços na tecnologia de telecomunicações afetaram profundamente os sistemas operacionais. Um **sistema operacional de rede** habilita seus processos a acessar recursos (por exemplo, arquivos) que residem em outros computadores independentes de uma rede.[66] A estrutura de muitos sistemas operacionais de rede e distribuídos freqüentemente é baseada no modelo cliente/servidor (Figura 1.6). Os computadores-cliente dessa rede requisitam recursos — como arquivos e tempo de processador — via protocolo de rede apropriado. Os servidores respondem com os recursos apropriados. Nessas redes, projetistas de sistemas operacionais devem considerar cuidadosamente como gerenciar dados e comunicação entre computadores.

Alguns sistemas operacionais são mais 'de rede' do que outros. Em um ambiente de rede, um processo pode ser executado no computador no qual foi criado ou em um outro computador da rede. Em alguns sistemas operacionais de rede, usuários podem especificar exatamente onde seus processos são executados; em outros, o sistema operacional é que determina onde os processos são executados. Por exemplo, o sistema pode determinar que um processo pode ser executado mais eficientemente em um computador que esteja momentaneamente com uma carga baixa de processamento.[67]

Os sistemas de arquivos de rede são um componente importante dos sistemas operacionais de rede. No nível mais baixo, usuários adquirem recursos em outra máquina conectando-se explicitamente àquela máquina e recuperando arquivos. Sistemas de arquivos de rede de nível mais alto habilitam os usuários a acessar arquivos remotos como se estes estivessem no sistema local. Entre os exemplos de sistemas de arquivo de rede estão o Network File System (NFS) da Sun e os sistemas de arquivos Andrew e Coda da CMU. Sistemas de arquivos de rede são abordados detalhadamente no Capítulo 18, "Sistemas distribuídos e serviços Web".

UM **sistema operacional distribuído** é um sistema operacional único que gerencia recursos em mais de um sistema de computador. **Sistemas distribuídos** dão a ilusão de que vários computadores compõem um único computador de grande capacidade, de modo que um processo pode acessar todos os recursos do sistema independentemente da localização do processo dentro da rede de computadores do sistema distribuído.[68] Sistemas distribuídos muitas vezes são difíceis de implementar, porque requerem algoritmos complicados para habilitar os processos a se comunicarem e a compartilhar

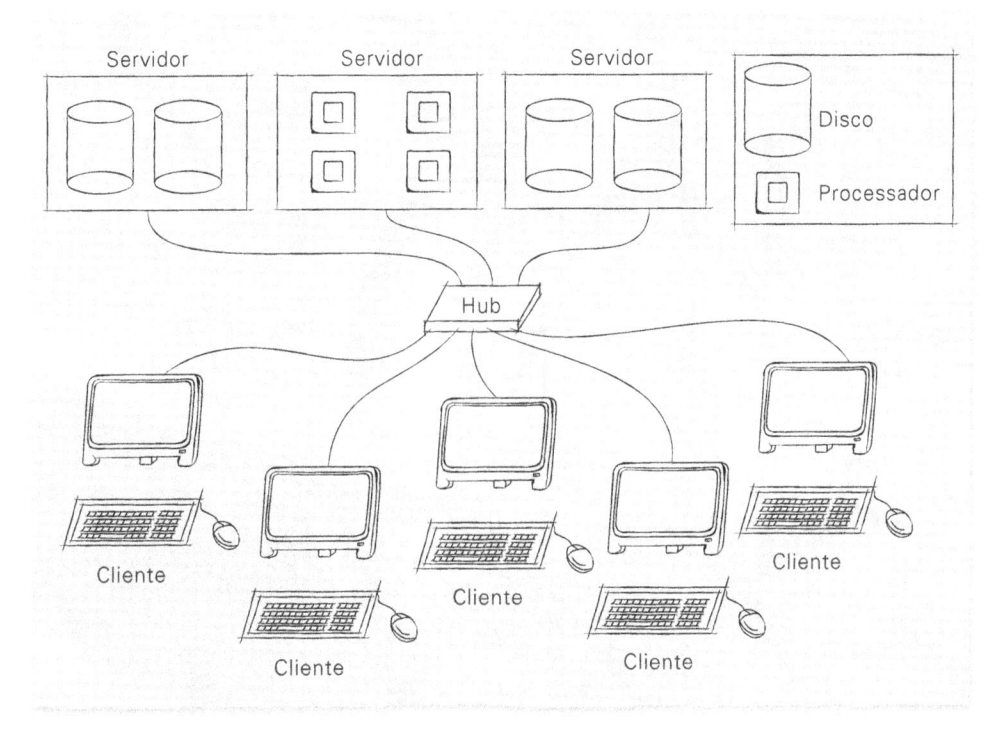

Figura 1.6 | *Modelo de sistema operacional de rede cliente/servidor.*

dados. Exemplos de sistemas operacionais distribuídos são o Chord do MIT e o Amoeba da Vrije Universiteit (VU) em Amsterdã.[69, 70] Discutiremos sistemas distribuídos no Capítulo 17, "Introdução a sistemas distribuídos".

Agora que apresentamos uma série aparentemente infindável de fatos, questões e acrônimos, passaremos à discussão dos princípios básicos de hardware e software de computadores no Capítulo 2, "Conceitos de hardware e software".

Revisão

1. Qual a principal diferença entre sistemas operacionais de rede e distribuídos?
2. Qual a vantagem primordial de um sistema operacional distribuído?

Respostas:

1) Um sistema operacional de rede controla um computador, mas coopera com outros computadores da rede. Em um sistema operacional distribuído, um sistema operacional controla muitos computadores da rede. 2) A vantagem primordial é que os processos não precisam conhecer as localizações dos recursos que usam, o que simplifica a programação de aplicações. Isso ocorre à custa do programador de sistemas, que deve implementar algoritmos complicados para habilitar processos a se comunicarem e a compartilhar dados entre muitos computadores, criando a ilusão de que são um único computador de maior porte.

Resumo

Há alguns anos sistema operacional era definido como o software que controla o hardware, mas o panorama dos sistemas de computador evoluiu significativamente desde então, exigindo uma descrição mais complicada. Para aumentar a utilização do hardware, foram projetadas aplicações para ser executadas concorrentemente. Entretanto, se essas aplicações não forem cuidadosamente programadas, poderão interferir umas nas outras. O resultado é uma camada de software denominada sistema operacional que separa as aplicações (a camada de software) do hardware que acessam.

Quando um usuário requisita que o computador realize uma ação (ou seja, que execute uma aplicação ou imprima um documento), o sistema operacional gerencia o software e o hardware para produzirem o resultado desejado. Sistemas operacionais são primordialmente gerenciadores de recursos — gerenciam hardware, incluindo, processadores, memória, dispositivos de entrada/saída e dispositivos de comunicação. O sistema operacional também tem de gerenciar aplicações e outras abstrações de software que, diferentemente do hardware, não são objetos físicos.

Os sistemas operacionais evoluíram nos últimos 60 anos passando por diversas fases ou gerações distintas que correspondem aproximadamente às décadas. Na década de 40, os primeiros computadores eletrônicos digitais não possuíam sistemas operacionais. Os sistemas da década de 50 geralmente executavam apenas um job por vez, mas usavam técnicas que facilitavam a transição entre jobs para obter a máxima utilização do sistema do computador. Um job consistia em um conjunto de instruções que um programa executaria. Esses primeiros computadores eram chamados de sistemas de processamento em lote de fluxo único, porque programas e dados eram submetidos em grupos ou lotes, sendo carregados consecutivamente em fita ou disco.

Os sistemas da década de 1960 também eram de processamento em lote, mas utilizavam os recursos do computador mais eficientemente, executando vários jobs ao mesmo tempo. Os sistemas da década de 1960 melhoraram a utilização de recursos permitindo que um job usasse o processador enquanto outros utilizavam dispositivos periféricos. Com essas observações em mente, projetistas de sistemas operacionais desenvolveram sistemas de multiprogramação que gerenciavam vários jobs ao mesmo tempo, e esse número era indicado pelo grau de multiprogramação do sistema.

Em 1964, a IBM anunciou sua família de computadores System/360. Os vários modelos de computadores 360 foram projetados para ser compatíveis com hardware, usar o sistema operacional OS/360 e oferecer maior capacidade de computação à medida que o usuário progredia em seu uso quanto aos modelos de séries mais avançadas. Foram desenvolvidos sistemas operacionais mais avançados para atender a vários usuários interativos ao mesmo tempo. Desenvolveram-se sistemas de tempo compartilhado para suportar grandes números de usuários interativos simultâneos.

Sistemas de tempo real tentam fornecer uma resposta em um certo período de tempo limitado. Os recursos de um sistema de tempo real são freqüentemente muito subutilizados. Para esses sistemas é mais importante dar uma resposta rápida quando necessário do que usar seus recursos eficientemente.

O tempo de retorno — período entre a apresentação de um job e o retorno de seus resultados — foi reduzido a minutos ou até segundos. O valor dos sistemas de tempo compartilhado no suporte do desenvolvimento de programas foi demonstrado quando o MIT usou o sistema CTSS para desenvolver seu próprio sucessor, o Multics. TSS, Multics e CP/CMS incorporavam memória virtual, que capacita os programas a acessar mais localizações de memória do que as fornecidas pela memória principal que também é chamada de memória real ou memória física.

Os sistemas da década de 1970 eram primordialmente multimodais de tempo compartilhado que suportavam processamento em lotes, tempo compartilhado e aplicações de tempo real. A computação pessoal estava em seu estágio incipiente, favorecida pelos primeiros desenvolvimentos na tecnologia do microprocessador. As comunicações entre sistemas de computadores por todos os Estados Unidos aumentaram à medida que os padrões de comunicação TCP/IP do Departamento de Defesa tornaram-se amplamente usados — em especial nos ambientes de computação militares e universitários. Problemas de segurança aumentaram à medida que volumes crescentes de informações eram transmitidos por linhas de comunicação vulneráveis.

Os anos 80 representaram a década do computador pessoal e da estação de trabalho. Em vez de os dados serem levados até um computador central de grande porte para processamento, a computação era distribuída aos lugares onde necessário. Computadores pessoais provaram ser relativamente fáceis de aprender e usar, em parte por causa das interfaces gráficas com o usuário (GUI) que usavam símbolos gráficos como janelas, ícones e menus para facilitar a interação do usuário com os programas. À medida que os custos da tecnologia decresciam, a transferência de informações entre computadores e redes de computadores tornava-se mais econômica e prática. O modelo de computação distribuída cliente/servidor disseminou-se amplamente. Clientes são computadores de usuários que requisitam vários serviços; servidores são computadores que executam os serviços requisitados.

A área de engenharia de software continuou a evoluir, com um grande impulso dado pelo governo dos Estados Unidos que visava especialmente a permitir um controle mais rígido dos projetos de software do Departamento de Defesa. Algumas metas da iniciativa eram pôr em prática a reutilização de códigos e um maior grau de abstração das linguagens de programação. Um outro desenvolvimento da engenharia de software foi a implementação de processos contendo múltiplos threads de instrução que seriam executados independentemente.

No final da década de 1960, a ARPA (Advanced Research Projects Agency) colocou em prática a interconexão em rede dos principais sistemas de computador de cerca de uma dúzia de universidades e instituições de pesquisa financiadas pela agência. A ARPA partiu para implementar o que foi apelidado de ARPAnet — a avó da Internet atual. O principal benefício da ARPAnet provou ser sua capacidade de comunicação rápida e fácil pelo que veio a ser conhecido como correio eletrônico (e-mail). Isso vale até mesmo para a Internet de hoje, com e-mail, mensagem instantânea e transferência de arquivos facilitando comunicações entre centenas de milhões de pessoas no mundo inteiro.

A ARPAnet foi projetada para operar sem controle centralizado. Os protocolos (conjunto de regras) para a comunicação pela ARPAnet ficaram conhecidos como Transmission Control Protocol/Internet Protocol (TCP/IP). O TCP/IP era usado para gerenciar a comunicação entre aplicações; protocolos garantiam que mensagens fossem encaminhadas (roteadas) adequadamente entre aplicações e chegassem intactas. Eventualmente o governo decidiu permitir o acesso à Internet para propósitos comerciais.

A World Wide Web (WWW) permite que usuários de computador localizem e vejam documentos multimídia (documentos com texto, gráficos, animações, áudio ou vídeo) sobre praticamente qualquer assunto. Embora a Internet tenha sido desenvolvida há mais de três décadas, a introdução da World Wide Web é um evento relativamente recente. Em 1989, Tim Berners-Lee, do CERN (European Center for Nuclear Research) começou a desenvolver uma tecnologia de compartilhamento de informações via documentos de texto interligados (hyperlinked). Para implementar essa nova tecnologia, ele criou a HyperText Markup Language (HTML). Também implementou o HyperText Transfer Protocol para formar a espinha dorsal das comunicações desse novo sistema de informações de hipertexto que batizou de World Wide Web.

O desempenho do hardware continuou a melhorar exponencialmente na década de 1990. Capacidade de processamento e armazenamento de baixo custo permitiam que usuários executassem programas complexos e grandes em computadores pessoais e habilitavam empresas de pequeno a médio portes a usar essas máquinas econômicas para as tarefas extensivas de banco de dados e processamento que anteriormente eram delegadas a sistemas de grande porte.

Na década de 1990, o movimento em direção à computação distribuída (ou seja, usar vários computadores independentes para executar uma tarefa comum) acelerou-se rapidamente. À medida que crescia a demanda por conexões com a Internet, o suporte de sistemas operacionais para as tarefas de rede tornaram-se padronizados. Usuários em suas casas e em grandes organizações aumentavam a produtividade acessando os recursos de redes de computadores.

A Microsoft Corporation tornou-se dominante na década de 1990. Seus sistemas operacionais Windows, que tomavam emprestado muitos conceitos popularizados pelos primeiros sistemas operacionais Macintosh (como ícones, menus e janelas), habilitavam os usuários a navegar entre múltiplas aplicações concorrentes com facilidade.

A tecnologia de objeto tornou-se popular em muitas áreas da computação. Um grande número de aplicações foi escrito em linguagens de programação orientadas a objeto como a C++ ou a Java. Nos sistemas operacionais orientados a objeto (SOOO), objetos representam componentes do sistema operacional. Foram explorados conceitos orientados a objeto, como herança e interfaces, para criar sistemas operacionais modulares mais fáceis de manter e ampliar do que sistemas operacionais construídos com técnicas anteriores.

A maioria dos softwares comerciais é vendida como código-objeto. O código-fonte não está incluído, habilitando os fornecedores a ocultar informações proprietárias e técnicas de programação. Software livre é distribuído com o código-fonte, permitindo que os indivíduos tenham liberdade para examinar, executar, copiar, distribuir, estudar, modificar e melhorar o software. O sistema operacional Linux e o servidor Web Apache são ambos livres e de fonte aberto.

Na década de 1980, Richard Stallman, um desenvolvedor de software do MIT, lançou o projeto GNU para recriar e ampliar a maioria das ferramentas do sistema operacional UNIX da AT&T. Stallman criou o projeto GNU porque discordava do conceito de pagar pela permissão para utilizar software. A Open Source Iniciative (OSI) foi fundada para promover os benefícios da programação de fonte aberto. Software de fonte aberto facilita o aperfeiçoamento de produtos de software por permitir que qualquer um da comunidade dos desenvolvedores teste, depure e aperfeiçoe aplicações. Isso aumenta a chance de que sejam descobertos e corrigidos problemas imperceptíveis que, caso contrário, poderiam provocar riscos de segurança ou erros lógicos. E também indivíduos e corporações podem modificar o fonte e criar software personalizado que atenda às necessidades de um ambiente particular.

Na década de 1990 os sistemas operacionais tornaram-se cada vez mais amigáveis ao usuário. As capacidades de GUI que a Apple inseriu no seu sistema operacional Macintosh na década de 80 eram amplamente usadas em vários outros sistemas operacionais e tornaram-se mais sofisticadas. Capacidades *plug-and-play* ('ligar-e-usar') foram embutidas em sistemas operacionais, habilitando usuários a adicionar e remover componentes de software dinamicamente sem ter de reconfigurar manualmente o sistema operacional.

Middleware é um software que liga duas aplicações, muitas vezes por uma rede e freqüentemente entre máquinas incompatíveis. É particularmente importante para serviços Web, porque simplifica a comunicação entre várias arquiteturas. Serviços Web abrangem um conjunto de padrões relacionados que habilitam quaisquer duas aplicações de computador a se comunicarem e trocar dados via Internet. São peças de software prontas para o uso na Internet.

Quando o IBM PC surgiu, deu-se imediatamente origem a uma imensa indústria de software na qual fornecedores independentes de software (ISVs) conseguiam comercializar pacotes de software para o IBM PC que eram executados no sistema operacional MS-DOS. Se um sistema operacional apresentar um ambiente propício ao desenvolvimento rápido e fácil de aplicações, ele e o hardware terão mais probabilidade de sucesso no mercado. Uma vez que uma base de aplicações (a combinação do hardware com o ambiente do sistema operacional no qual a aplicação é desenvolvida) seja amplamente estabelecida, torna-se extremamente difícil solicitar aos usuários e desenvolvedores de software que a convertam a um ambiente de desenvolvimento de aplicações completamente novo, proporcionado por um sistema operacional radicalmente diferente.

Sistemas operacionais destinados a ambientes avançados devem ser projetados para suportar extensas memórias principais, hardware de uso específico e grandes números de processos. Sistemas embarcados são caracterizados por um pequeno conjunto de recursos especializados que fornecem funcionalidade a dispositivos como telefones celulares e PDAs. Nesses ambientes, o gerenciamento eficiente de recursos é a chave para a construção de um sistema operacional de sucesso.

Sistemas de tempo real exigem que as tarefas sejam realizadas em um período de tempo particular (muitas vezes curto). Por exemplo, o recurso de piloto automático de uma aeronave deve ajustar constantemente velocidade, altitude e direção. Essas ações não podem esperar indefinidamente — e às vezes não podem esperar de jeito nenhum — que outras tarefas não essenciais sejam concluídas.

Alguns sistemas operacionais devem gerenciar hardware que possa ou não existir fisicamente na máquina. Uma máquina virtual (VM) é uma abstração de software de um computador que freqüentemente é executada como uma aplicação de usuário sobreposta ao sistema operacional nativo. Um sistema operacional de máquina virtual gerencia os recursos providos pela máquina virtual. Uma aplicação de máquinas virtuais é permitir que várias instâncias de um sistema operacional sejam executadas concorrentemente. Outra utilização de máquinas virtuais é a emulação — capacidade de usar software ou hardware que representem funcionalidades de hardware ou de software que não estejam presentes no sistema. Proporcionando a ilusão de que as aplicações estão sendo executadas em hardware ou sistemas operacionais diferentes, as máquinas virtuais promovem a portabilidade — a capacidade de o software ser executado em várias plataformas — e muitos outros benefícios.

Um usuário interage com o sistema operacional via uma ou mais aplicações de usuário. Muitas vezes essa interação se dá por meio de um software especial denominado interpretador de comandos (shell). O software que contém os componentes centrais do sistema operacional é denominado núcleo (kernel). Entre os componentes típicos de sistemas operacionais, estão o escalonador de processo, o gerenciador de memória, o gerenciador de E/S, o gerenciador de comunicação entre processos (CEP) e o gerenciador de sistemas de arquivos.

Quase todos os sistemas operacionais modernos suportam um ambiente de multiprogramação no qual várias aplicações podem ser executadas concorrentemente. O núcleo gerencia a execução de processos. Componentes de programas, executados independentemente, mas que usam um único espaço de memória para compartilhar dados, são denominados threads.

Quando um processo quer acessar um dispositivo de E/S, deve emitir ao sistema operacional uma chamada ao sistema. Aquela chamada ao sistema é subseqüentemente tratada por um driver de dispositivo — um componente de software que interage diretamente com o hardware — e freqüentemente contém comandos e outras instruções específicos do dispositivo para realizar as operações de entrada/saída requisitadas.

Os usuários passaram a esperar certas características de sistemas operacionais como eficiência, robustez, escalabilidade, extensibilidade, portabilidade, segurança e proteção, interatividade e usabilidade.

Em um sistema operacional monolítico todos os componentes estão no núcleo. O resultado é que qualquer componente pode se comunicar diretamente com qualquer outro. Sistemas operacionais monolíticos tendem a ser altamente eficientes. Uma desvantagem dos projetos monolíticos é que é difícil determinar a fonte de erros imperceptíveis.

A abordagem de camadas de sistemas operacionais tenta abordar essa questão agrupando componentes que realizem tarefas similares em camadas. Cada camada comunica-se exclusivamente com as camadas imediatamente acima e abaixo dela. Em uma abordagem de camadas, a requisição de um processo de usuário pode precisar passar por muitas camadas antes de ser atendida. Como é preciso invocar métodos adicionais para passar dados e controle de uma camada para a seguinte, o rendimento do sistema decresce em comparação com o do núcleo monolítico que pode requerer apenas uma única chamada para atender a uma requisição similar.

Uma arquitetura de sistema operacional de micronúcleo fornece somente um número pequeno de serviços na tentativa de manter o núcleo pequeno e escalável. Micronúcleos exibem um alto grau de modularidade que os tornam extensíveis, portáveis e escaláveis. Todavia, essa modularidade é resultado de um maior grau de comunicação entre módulos que pode degradar o desempenho do sistema.

Um sistema operacional de rede é executado em um computador e habilita seus processos a acessar recursos, como arquivos e processadores, em um computador remoto. Um sistema operacional distribuído é um sistema operacional único que gerencia recursos em mais de um sistema de computador. Entre as metas de um sistema operacional distribuído, estão desempenho transparente, escalabilidade, tolerância a falhas e consistência.

Exercícios

1.1 Qual a diferença entre multiprogramação e multiprocessamento? Quais as principais motivações para o desenvolvimento de cada um?

1.2 Discuta brevemente a importância de cada um dos seguintes sistemas mencionados neste capítulo:
   a. MS-DOS
   b. CTSS
   c. Multics
   d. OS/360
   e. TSS
   f. UNIX
   g. Macintosh

1.3 Quais desenvolvimentos tornaram viável o computador pessoal?

1.4 Por que não é funcional usar uma máquina virtual para um sistema rígido de tempo real?

1.5 Que papel as interfaces gráficas com o usuário desempenharam na revolução do computador pessoal?

1.6 A GNU Public License (GPL) promove software livre, no sentido de 'liberdade'. Como a GPL oferece tal liberdade?

1.7 Como a computação distribuída afetou o projeto do sistema operacional?

1.8 Quais as vantagens e desvantagens da comunicação entre computadores?

1.9 Defina, compare e aponte as diferenças para cada um destes termos:
   a. on-line
   b. tempo real
   c. computação interativa
   d. tempo compartilhado

1.10 Como o middleware e os serviços Web promovem a interoperabilidade?

1.11 Avalie as arquiteturas monolítica, de camadas e de micronúcleo segundo
   a. eficiência
   b. robustez
   c. extensibilidade
   d. segurança

Projetos sugeridos

I.12 Elabore um trabalho de pesquisa sobre o sistema operacional Linux. De que modo ele suporta a doutrina do software 'livre' de Stallman? De que modo o Linux conflita com essa filosofia?

I.13 Elabore um trabalho de pesquisa sobre a Internet e como sua penetração afeta o projeto de sistemas operacionais.

I.14 Elabore um trabalho de pesquisa sobre o movimento do software de fonte aberto. Discuta se todo software de fonte aberto é livre, no sentido de 'liberdade' e 'preço'. Como a GPL e licenças similares promovem o software de fonte aberto?

I.15 Elabore um trabalho de pesquisa sobre a evolução dos sistemas operacionais. Não esqueça de mencionar as principais tecnologias de hardware, software e comunicação que favoreceram cada inovação nos sistemas operacionais.

I.16 Elabore um trabalho de pesquisa sobre o futuro dos sistemas operacionais.

I.17 Elabore um trabalho de pesquisa fornecendo uma taxonomia completa dos sistemas operacionais passados e presentes.

I.18 Elabore um trabalho de pesquisa sobre serviços Web. Discuta as principais tecnologias que fundamentam a infra-estrutura dos serviços Web. Como a disponibilidade de serviços Web afeta o desenvolvimento de aplicações?

I.19 Elabore um trabalho de pesquisa sobre aplicações para negócios críticos e para missão crítica. Discuta os atributos principais de hardware, software de comunicações e sistemas operacionais, essenciais para construir sistemas que suportem esses tipos de aplicações.

I.20 Elabore um trabalho de pesquisa sobre sistemas de máquinas virtuais. Não se esqueça de investigar o sistema operacional VM da IBM e a Java Virtual Machine da Sun (JVM).

I.21 Elabore um trabalho de pesquisa sobre sistemas operacionais e a lei. Pesquise a legislação relacionada a sistemas operacionais.

I.22 Elabore um trabalho de pesquisa sobre o impacto de sistemas operacionais nos negócios e na economia.

I.23 Elabore um trabalho de pesquisa sobre sistemas operacionais e segurança e privacidade. Não se esqueça de considerar as questões de vermes e vírus.

I.24 Elabore um trabalho de pesquisa sobre questões éticas com as quais os sistemas operacionais precisam se preocupar. Não se esqueça de tratar de questões como a utilização de sistemas de computador em situações de guerra e de ameaça à vida, vírus e vermes e outros tópicos importantes que você descobrir ao fazer a investigação para o seu trabalho.

I.25 Liste diversas tendências que estão na vanguarda dos futuros projetos de sistemas operacionais. De que maneira cada uma afetará a natureza dos futuros sistemas?

I.26 Elabore um trabalho de pesquisa discutindo o projeto de sistemas maciçamente paralelos. Não se esqueça de comparar sistemas de multiprocessamento de grande escala (por exemplo, o supercomputador Superdome da Hewlett-Packard, que contém até 64 processadores; www.hp.com/products1/servers/scalableservers/superdome/), com sistemas agrupados e server farms (parque de servidores), que contêm centenas de milhares de computadores pouco avançados que cooperam para desempenhar tarefas comuns (veja, por exemplo, www.beowulf.org). Use as informações em www.top500.org; você encontrará uma lista dos supercomputadores mais poderosos do mundo, para determinar o tipo de tarefas que cada um desses sistemas maciçamente paralelos desempenha.

I.27 Quais as tendências que estão na vanguarda dos impressionantes avanços na computação paralela? Quais desafios devem ser enfrentados por projetistas de hardware e de software antes que a computação paralela torne-se amplamente utilizada?

I.28 Elabore um trabalho de pesquisa comparando a pesquisa de sistemas operacionais Exokernel do MIT (www.pdos.1cs.mit.edu/exo.html) com micronúcleo Mach da CMU (www-2.cs.cmu.edu/afs/cs.cmu.edu/project/mach/public/www/mach.html).[71] Qual o foco primordial de cada sistema operacional? Não se esqueça de mencionar como os pesquisadores organizaram componentes como gerenciador de memória, escalonador de disco e gerenciador de processo. Ambos ou nenhum desses sistemas tornaram-se um sucesso comercial? Um desses sistemas, ou todos, influenciou os projetos de sistemas operacionais de sucesso comercial?

I.29 Por que os sistemas UNIX e baseados em UNIX continuaram populares nas últimas décadas? Qual o impacto do Linux nos futuros sistemas UNIX?

Notas

1. "Evolution of the Intel microprocessor: 1971–2007", www.berghell.com/whitepapers/Evolution%20of%20Intel%20Microprocessors%201971%202007.pdf.
2. "Top 500 list for november 2002", www.top500.org/list/2002/11/.
3. N. Weizer, "A history of operating systems", *Datamation*, jan. 1981, p. 119-126.
4. H. Goldstein, *The computer from Pascal to von Neumann*. Princeton: Princeton University Press, 1972.
5. N. Stern, *From Eniac to Univac: an appraisal of the Eckert-Mauchly computers*. Bedford: Digital Press, 1981.
6. C. Bashe et al., *IBM's early computers*. Cambridge: MIT Press, 1986.
7. N. Weizer, "A history of operating systems", *Datamation*, jan. 1981, p. 119-126.
8. H. Grosch, "The way it was in 1957", *Datamation*, set. 1977.
9. P. Denning, "Virtual memory", *ACM CSUR*, v. 2, nº 3, set. 1970, p. 153-189.
10. E. Codd, E. Lowry, E. McDonough e C. Scalzi, "Multiprogramming STRETCH: feasibility considerations", *Communications of the ACM*, v. 2, 1959, p. 13-17.
11. A. Critchlow, "Generalized multiprocessor and multiprogramming systems", *Proc. AFIPS, FJCC*, v. 24, 1963, p. 107-125.
12. L. Belady et al., "The IBM history of memory management technology", *IBM Journal of Research and Development*, v. 25, nº 5, set. 1981, p. 491-503.
13. "The evolution of S/390", www-ti.informatik.uni-tuebingen.de/os390/arch/history.pdf.
14. G. Amdahl, G. Blaauw e F. Brooks, "Architecture of the IBM system/360", *IBM Journal of Research and Development*, v. 8, nº 2, abr. 1964, p. 87-101.
15. N. Weizer, "A history of operating systems", *Datamation*, jan. 1981, p. 119-126.
16. B. Evans, "System/360: a retrospective view", *Annals of the History of Computing*, v. 8, nº 2, abr. 1986, p. 155-179.
17. G. Mealy, B. Witt e W. Clark, "The functional structure of OS/360", *IBM Systems Journal*, v. 5, nº 1, 1966, p. 3-51.
18. R. Case e A. Padeges, "Architecture of the IBM system/370", *Communications of the ACM*, v. 21, nº 1, jan. 1978, p. 73-96.
19. D. Gifford e A. Spector, "Case study: IBM's system/360–370 architecture", *Communications of the ACM*, v. 30, nº 4, abr. 1987, p. 291-307.
20. "The evolution of S/390", www-ti.informatik.uni-tuebingen.de/os390/arch/history.pdf.
21. D. Berlind, "Mainframe Linux advocates explain it all", *ZDNet*, 12 abr. 2002, techupdate.zdnet.com/techupdate/stories/main/0,14179,2860720,00.html.
22. K. Frenkel, "Allan L. Scherr: Big Blue's time-sharing pioneer", *Communications of the ACM*, v. 30, nº 10, out. 1987, p. 824-829.
23. T. Harrison et al., "Evolution of small real-time IBM computer systems", *IBM Journal of Research and Development*, v. 25, nº 5, set. 1981, p. 441-451.
24. F. Corbato et al., *The compatible time-sharing system, a programmer's guide*. Cambridge: MIT Press, 1964.
25. P. Crisman et al. (eds.), *The compatible time-sharing system*. Cambridge: MIT Press, 1964.
26. A. Lett e W. Konigsford, "TSS/360: a time-shared operating system", *Proceedings of the Fall Joint Computer Conference*, AFIPS, v. 33, parte 1, 1968, p. 15-28.
27. A. Bensoussan, C. Clingen e R. Daley, "The multics virtual memory: concepts and designs", *Communications of the ACM*, v. 15, nº 5, maio 1972, p. 308-318.
28. R. Creasy, "The origins of the VM/370 time-sharing system", *IBM Journal of Research and Development*, v. 25, nº 5, p. 483-490.

29. K. Conrow, "The CMS cookbook", *Computing and Networking Services*, Kansas State University, 29 jun. 1994, www.ksu.edu/cns/pubs/cms/cms-cook/cms-cook.pdf.
30. P. Denning, "Virtual memory", *ACM Computing Surveys*, v. 2, nº 3, set. 1970, p. 153-189.
31. R. Parmelee et al., "Virtual storage and virtual machine concepts", *IBM Systems Journal*, v. 11, nº 2, 1972.
32. G. Kildall, "CP/M: a family of 8- and 16-bit operating systems", *Byte*, v. 6, nº 6, jun. 1981, p. 216-232.
33. J. S. Quarterman e J. C. Hoskins, "Notable computer networks", *Communications of the ACM*, v. 29, nº 10, out. 1986, p. 932-971.
34. M. Stefik, "Strategic computing at DARPA: overview and assessment", *Communications of the ACM*, v. 28, nº 7, jul. 1985, p. 690-707.
35. D. Comer, *Internetworking with TCP/IP: principles, protocols, and architecture*. Englewood Cliffs, NJ: Prentice Hall, 1988.
36. J. Martin e K. K. Chapman, *Local area networks: architectures and implementations*. Englewood Cliffs, NJ: Prentice Hall, 1989.
37. R. Metcalfe e D. Boggs, "Ethernet: distributed packet switching for local computer networks", *Communications of the ACM*, v. 19, nº 7, jul. 1976.
38. E. Balkovich, S. Lerman e R. Parmelee, "Computing in higher education: the Athena experience", *Computer*, v. 18, nº 11, nov. 1985, p. 112-127.
39. C. Zmoelnig, "The graphical user interface. time for a paradigm shift?", 30 ago. 2001, www.sensomatic.com/chz/gui/history.html.
40. D. Engelbart, "Who we are. How we think. What we do", 24 jun. 2003, www.bootstrap.org/index.html.
41. E. Martin, "The context of STARS", *Computer*, v. 16, nº 11, nov. 1983, p. 14-20.
42. G. Moore, "Cramming more components onto integrated circuits", *Electronics*, v. 38, nº 8, 19 abr. 1965.
43. "One trillion-operations-per-second", *Intel Press Release*, 17 dez. 1996, www.intel.com/pressroom/archive/releases/cn121796.htm.
44. B. Mukherjee, K. Schwan e P. Gopinath, "A survey of multiprocessor operating systems", Georgia Institute of Technology, 5 nov. 1993, p. 2.
45. "Microsoft timeline", www.microsoft.com/museum/mustimeline.mspx.
46. R. Lea, P. Armaral e C. Jacquemot, "COOL-2: An object oriented support platform built above the CHORUS Microkernel", *Proceedings of the International Workshop on Object Orientation in Operating Systems 1991*, out. 1991.
47. A. Weiss, "The politics of free (software)", *netWorker*, set. 2001, p. 26.
48. "The GNU manifesto", www.delorie.com/gnu/docs/GNU/GNU>.
49. A. Weiss, "The politics of free (software)", *netWorker*, set. 2001, p. 27.
50. A. Weiss, "The politics of free (software)", *netWorker*, set. 2001, p. 27-28.
51. M. Ricciuti, "New Windows could solve age old format puzzle — at a price", *CNet*, 13 mar. 2002, news.com.com/2009-1017-857509.html.
52. P. Thurrott, "Windows 'longhorn' FAQ", *Paul Thurrott's Super-Site for Windows*, 6 out. 2003, www.winsupersite.com/faq/longhorn.asp.
53. M. D. Cannon et al., "A virtual machine emulator for performance evaluation", *Communications of the ACM*, v. 23, nº 2, fev. 1980, p. 72.
54. M. D. Cannon et al., "A virtual machine emulator for performance evaluation", *Communications of the ACM*, v. 23, nº 2, fev. 1980, p. 72.
55. "VMware: simplifying computer infrastructure and expanding possibilities", www.vmware.com/company/.
56. M. D. Cannon et al., "A virtual machine emulator for performance evaluation", *Communications of the ACM*, v. 23, nº 2, fev. 1980, p. 73.
57. "Shell", *whatis.com*, www.searchsolaris.techtarget.com/sDefinition/0,,sid12_gci212978,00.html.
58. B. Mukherjee, K. Schwan e P. Gopinath, "A survey of multiprocessor operating systems", *Georgia Institute of Technology (GIT-CC-92/0)*, 5 nov. 1993, p. 4.
59. E. W. Dijkstra, "The structure of the 'THE'-multiprogramming system", *Communications of the ACM*, v. 11, nº 5, maio 1968, p. 341-346.
60. N. M. Karnik e A. R. Tripathi, "Trends in multiprocessor and distributed operating systems", *Journal of Supercomputing*, v. 9, nº 1/2, 1995, p. 4-5.
61. B. Mukherjee, K. Schwan e P. Gopinath, "A survey of multiprocessor operating system Kernels", *Georgia Institute of Technology (GIT-CC-92/0)*, 5 nov. 1993, p. 10.
62. D. S. Miljocic, F. Douglis, Y. Paindaveine, R. Wheeler e S. Zhou, "Process migration", *ACM Computing Surveys*, v. 32, nº 3, set. 2000, p. 263.
63. J. Liedtke, "Toward real Microkernels", *Communications of the ACM*, v. 39, nº 9, set. 1996, p. 75, e T. Camp e G. Oberhsause, "Microkernels: a submodule for a traditional operating systems course", *Communications of the ACM*, 1995, p. 155.
64. J. Liedtke, "Toward real Microkernels", *Communications of the ACM*, v. 39, nº 9, set. 1996, p. 75, e T. Camp e G. Oberhsause, "Microkernels: a submodule for a traditional operating systems course", *Communications of the ACM*, 1995, p. 155.
65. D. S. Miljocic, F. Douglis, Y. Paindaveine, R. Wheeler e S. Zhou, "Process migration", *ACM Computing Surveys*, v. 32, nº 3, set. 2000, p. 263.
66. A. S. Tanenbaum e R. V. Renesse, "Distributed operating systems", *Computing Surveys*, v. 17, nº 4, dez. 1985, p. 424.
67. A. S. Tanenbaum e R. V. Renesse, "Distributed operating systems", *Computing Surveys*, v. 17, nº 4, dez. 1985, p. 424.
68. G. S. Blair, J. Malik, J. R. Nicol e J. Walpole, "Design issues for the COSMOS distributed operating system", *Proceedings from the 1988 ACM SIGOPS European Workshop*, 1988, p. 1-2.
69. "MIT LCS parallel and distributed operating systems", 2 jun. 2003, www.pdos.lcs.mit.edu.
70. "Amoeba WWW home page", abr. 1998, www.cs.vu.nl/pub/amoeba/.
71. D. R. Engler, M. F. Kaashoek e J. O'Toole Jr., "Exokernel: an operating system architecture for application-level resource management," *SIGOPS '95*, dez. 1995, p. 252.

Capítulo 2

Conceitos de hardware e software

Agora! Agora!", gritou a Rainha. "Mais depressa! Mais depressa!"
Lewis Carroll

Conquistar sem risco é triunfar sem glória.
Pierre Corneille

Nossa vida é desperdiçada em detalhes... Simplifique, simplifique.
Henry Thoreau

Oh, santa simplicidade!
John Huss
(Últimas palavras, na fogueira)

Objetivos

Este capítulo apresenta:
- *Os componentes de hardware que devem ser gerenciados por um sistema operacional.*
- *Como o hardware evoluiu para suportar funções de sistemas operacionais.*
- *Como otimizar o desempenho de vários dispositivos de hardware.*
- *O conceito de interface de programação de aplicação (API).*
- *O processo de compilação, ligação e carregamento.*

2.1 Introdução

Os computadores hoje permitem que usuários acessem a Internet, consultem páginas Web, apresentem gráficos e vídeo, ouçam músicas, joguem — e muito mais. Computadores pessoais e profissionais aumentam a produtividade gerenciando grandes quantidades de dados, fornecendo ferramentas de desenvolvimento de aplicações e apresentando uma interface intuitiva para autoria de conteúdo. Computadores em rede coordenam-se para executar enormes quantidades de cálculos e de transações por segundo. No mercado da computação móvel, telefones celulares armazenam números de telefones, enviam e recebem textos de mensagens e até produzem fotos e vídeo. Todos esses computadores contêm vários tipos de hardware e software e são gerenciados por sistemas operacionais.

Como o sistema operacional é primariamente um gerenciador de recursos, seu projeto deve estar intimamente ligado aos recursos de software e hardware que gerencia; entre os quais estão processadores, memória, armazenamento secundário (discos rígidos), outros dispositivos de E/S, processos, threads, arquivos, bancos de dados e assim por diante. À medida que os computadores evoluem, os sistemas operacionais devem se adaptar às tecnologias emergentes de hardware e software e manter a compatibilidade com uma base já instalada de hardware e software mais antigos. Neste capítulo apresentaremos conceitos de hardware e software.

Revisão

1. Liste alguns recursos comuns de hardware e software gerenciados por sistemas operacionais.
2. Liste os tipos de dados referidos nesta introdução.

Respostas:

1) Processadores, memória, dispositivos de armazenamento secundário e outros, processos, threads, arquivos e bancos de dados. **2)** Páginas Web, gráficos, vídeo, música, dados de jogos, dados de escritório, conteúdo, dados de transações, números de telefones celulares, mensagens de texto, fotos, dados na memória, dados em armazenamento secundário, dados de entrada ou saída por dispositivos de E/S e dados processados por processadores.

2.2 Evolução de dispositivos de hardware

Toda vez que o desenvolvimento tecnológico permitiu maiores velocidades de computação, essas novas capacidades foram imediatamente absorvidas pelas exigências de recursos de computação feitas por aplicações mais ambiciosas. A computação parece ser um recurso inesgotável. Problemas ainda mais interessantes esperam pela disponibilidade de sistemas de computação cada vez mais poderosos, como previsto pela lei de Moore (veja no site deste livro: "Biografia — Gordon Moore e Lei de Moore"). É uma situação como a 'do ovo e da galinha'. São as demandas crescentes por aplicações que forçam a evolução da tecnologia de computação ou são os avanços dessas tecnologias que nos tentam a imaginar aplicações novas e inovadoras?

Inicialmente, a **programação de sistemas**, que implicava escrever códigos para realizar gerenciamento de hardware e fornecer serviços a programas, era relativamente direta porque o sistema operacional gerenciava um número pequeno de programas e de recursos de hardware. Sistemas operacionais facilitam a **programação de aplicações** pelo fato de os desenvolvedores poderem escrever softwares que requisitem serviços e recursos ao sistema operacional para executar tarefas (por exemplo, editar textos, carregar páginas Web ou processar folhas de pagamento), sem precisar escrever código para realizar o gerenciamento do dispositivo. À medida que o número de fabricantes de hardware e dispositivos proliferava, sistemas operacionais tornavam-se mais complexos. Para facilitar a programação de sistemas e melhorar a extensibilidade, a maioria dos sistemas operacionais é escrita para ser independente da configuração de hardware particular de um sistema. Sistemas operacionais usam drivers de dispositivos, muitas vezes fornecidos pelos fabricantes de hardware, para realizar operações de E/S específicas dos dispositivos. Isso habilita o sistema operacional a suportar um novo dispositivo usando apenas o driver de dispositivo apropriado. Na verdade, drivers de dispositivos representam uma parte tão integrada aos sistemas de hoje, que compreendem aproximadamente 60% do código-fonte do núcleo do Linux.[1]

Muitos componentes de hardware foram projetados para interagir com o sistema operacional de um modo que facilita a extensibilidade do próprio sistema. Por exemplo, dispositivos **plug-and-play** identificam-se a si mesmos para o sistema operacional quando são conectados ao computador (veja a Seção 2.4.4, "Plug and play"). Isso habilita o sistema operacional a selecionar e usar um driver de dispositivo apropriado com pouca ou nenhuma interação do usuário, simplificando a instalação de um novo dispositivo. Sob a perspectiva do usuário, dispositivos adicionados ao sistema estão prontos para serem usados quase imediatamente.

As discussões sobre hardware nas próximas seções concentram-se em computadores de uso geral (computadores e servidores pessoais) — computadores específicos, como os usados em telefones celulares e carros estão fora do escopo deste livro. Discutiremos os componentes comuns de hardware encontrados em sistemas de computador típicos e, então,

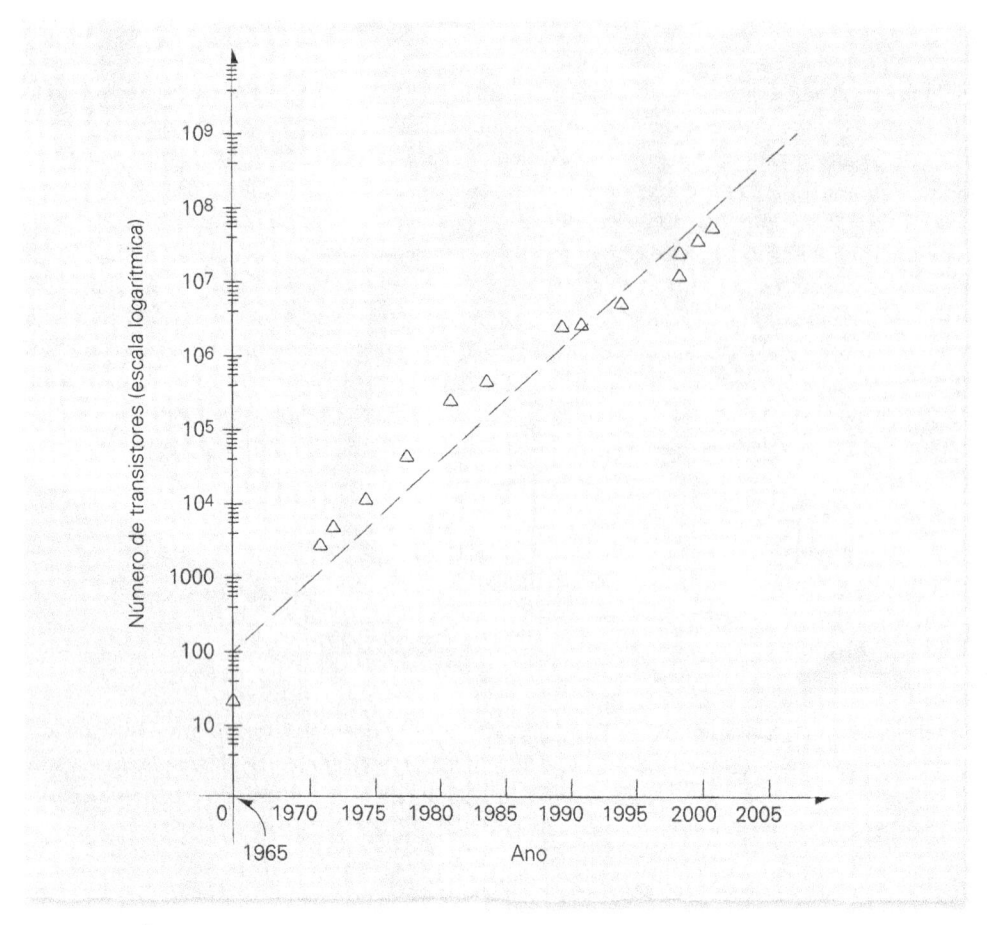

Figura 2.1 | Número de transistores plotado contra o tempo para processadores Intel.[2]

focalizaremos os componentes de hardware projetados especificamente para suportar a funcionalidade do sistema operacional.

Revisão

1. Por que projetar sistemas operacionais é mais difícil hoje do que há 50 anos?
2. Como drivers e interfaces do tipo plug-and-play facilitam a extensibilidade de sistemas operacionais?

Respostas:

1) Os sistemas operacionais de 50 anos atrás gerenciavam um número pequeno de programas e dispositivos de hardware. Os sistemas operacionais atuais normalmente gerenciam um grande número de programas e um conjunto de dispositivos de hardware que varia de um computador para outro. **2)** Drivers liberam o projetista de sistemas operacionais dos detalhes da interação com dispositivos de hardware. Sistemas operacionais podem suportar novo hardware usando apenas o driver de dispositivo apropriado. Dispositivos plug-and-play habilitam sistemas operacionais a identificar facilmente os recursos de hardware de um computador, o que facilita a instalação de dispositivos e seus drivers correspondentes. Sob a perspectiva do usuário, um dispositivo está pronto para ser usado quase imediatamente após sua instalação.

2.3 Componentes de hardware

O hardware de um computador consiste em seus dispositivos físicos — processador(es), memória principal e dispositivos de entrada/saída. As subseções seguintes descrevem componentes de hardware que um sistema operacional gerencia para atender às necessidades de computação de seus usuários.

2.3.1 Placas principais

Computadores dependem das interações entre muitos dispositivos de hardware para satisfazer aos requisitos do sistema. Para habilitar a comunicação entre dispositivos diferentes, computadores são equipados com uma ou mais **placas**

de circuito impresso (*Printed Circuit Board* — **PCB**). Uma PCB é um componente de hardware que fornece conexões elétricas entre dispositivos em vários lugares da placa.

A **placa principal** (também denominada **placa-mãe**), a PCB central de um sistema, pode ser imaginada como a espinha dorsal de um computador. A placa principal fornece encaixes nos quais outros componentes — como o processador, memória principal e outros dispositivos de hardware — são inseridos. Esses encaixes fornecem acesso às conexões elétricas entre os vários componentes de hardware e habilitam os usuários a personalizar a configuração de seus computadores adicionando e removendo dispositivos dos encaixes. A placa principal é um dos quatro componentes de hardware requeridos para executar instruções em um computador de uso geral. Os outros três são o processador (Seção 2.3.2 "Processadores"), a memória principal (Seção 2.3.5 "Memória principal") e o armazenamento secundário (Seção 2.3.6 "Armazenamento secundário").

Os fios metálicos tradicionais são muito grossos para estabelecer o grande número de conexões elétricas entre componentes nos sistemas atuais. Assim, placas principais normalmente consistem em diversas camadas extremamente delgadas de silício contendo conexões elétricas microscópicas denominadas **pistas** que servem como canais de comunicação e dão conectividade à placa. Um grande conjunto de pistas forma um canal de comunicação de alta velocidade conhecido como **barramento** (*bus*).

Grande parte das placas principais inclui diversos chips de computador para realizar operações de baixo nível. Por exemplo, placas principais contêm, normalmente, um chip de **sistema básico de entrada/saída** (*Basic Input/Output System* – **BIOS**) que armazena instruções para a iniciação e gerenciamento do hardware básico. O BIOS também é responsável por carregar na memória a porção inicial do sistema operacional denominada **autocarregamento** (*bootstrapping*)(veja a Seção 2.4.3, "Autocarregamento". Depois de o sistema operacional ter sido carregado, ele pode usar o BIOS para se comunicar com o hardware de um sistema para executar operações de E/S de baixo nível (isto é, básicas). Placas principais também contêm chips denominados **controladores** que gerenciam a transferência de dados nos barramentos da placa. Um **conjunto de chips** (*chipset*) é a coleção de controladores, co-processadores, barramentos e outros componentes de hardware integrados à placa principal que determinam as capacidades de hardware do sistema (por exemplo, que tipos de processadores e memórias são suportados).

Uma tendência recente no projeto de placas principais é integrar à PCB componentes de hardware de grande capacidade. Tradicionalmente, muitos deles eram inseridos em encaixes e em **placas de expansão** (*add-on cards*). Muitas das placas principais de hoje contêm chips que executam processamento gráfico, trabalho em rede e operações de RAID (*Redundant Array of Independent Discs*). Esses **dispositivos embutidos** reduzem o custo geral do sistema e contribuem significativamente para a forte e contínua diminuição dos preços dos computadores. Uma desvantagem é que estão permanentemente ligados à placa principal e não podem ser substituídos facilmente.

Revisão

1. Qual a função primária da placa principal?
2. Por que o BIOS é crucial para sistemas de computador?

Respostas:

1) A placa principal serve como espinha dorsal para a comunicação entre componentes de hardware, permitindo que se comuniquem via conexões elétricas da placa. 2) O BIOS executa a iniciação e o gerenciamento do hardware básico e carrega o componente inicial do sistema operacional na memória. O BIOS também fornece instruções que habilitam o sistema operacional a comunicar-se com o hardware do sistema.

2.3.2 Processadores

Um **processador** é um componente de hardware que executa um fluxo de instruções em linguagem de máquina. Processadores podem se apresentar sob diversas formas em computadores, por exemplo, uma **unidade central de processamento** (*Central Processing Unit* – **CPU**), um **co-processador** gráfico ou processador de sinais digitais (*Digital Signal Processor* — DSP). Uma CPU é um processador que executa as instruções de um programa; um co-processador, como um processador gráfico ou processador de sinais digitais, é projetado para executar eficientemente um conjunto de instruções de finalidade especial (como as transformações 3D). Em sistemas embarcados, os processadores podem realizar tarefas específicas como converter um sinal digital para um sinal de áudio analógico em um telefone celular — um exemplo de DSP. Na qualidade de um processador primário no sistema, uma CPU executa o grosso das instruções, mas pode aumentar a eficiência enviando tarefas de computação intensa a um co-processador especificamente projetado para executá-las. Em todo este livro usaremos o termo 'processador' ou 'processador de uso geral' quando nos referirmos à CPU.

As instruções que um processador pode executar são definidas por seu conjunto de instruções. O tamanho de cada instrução, ou **comprimento da instrução**, pode ser diferente entre arquiteturas e dentro de cada arquitetura — alguns processadores comportam instruções de vários tamanhos. A arquitetura do processador também determina a quantidade de dados com a qual se pode trabalhar de uma só vez. Por exemplo, um processador de 32 bits manipula dados em unidades distintas de 32 bits.

Processadores modernos executam muitas operações de gerenciamento de recursos no hardware para melhorar o desempenho. Entre elas, estão suporte para a memória virtual e interrupções de hardware — dois conceitos importantes discutidos mais adiante neste livro.

A despeito da variedade de arquiteturas de processadores, há diversos componentes presentes em quase todos os processadores contemporâneos, entre eles a unidade de busca de instrução, previsor de bifurcação, unidade de execução, registradores, caches e uma interface de barramento (Figura 2.2). A **unidade de busca de instrução** carrega instruções na memória de alta velocidade denominada registradores de instruções, para que o processador possa executá-las rapidamente. A **unidade de decodificação de instrução** interpreta a instrução e passa a entrada correspondente para a unidade de execução executá-la. A parte principal da unidade de execução é a **unidade de lógica e aritmética — ULA** (*Arithmetic and Logic Unit* – ALU) que executa operações básicas de aritmética e lógica, como adição, multiplicação e comparações lógicas (note que o formato em 'V' da ALU é comum em diagramas de arquitetura).

A interface de barramento permite que o processador interaja com a memória e com outros dispositivos do sistema. Como os processadores normalmente funcionam em velocidades muito mais altas do que a memória principal, eles contêm memória de alta velocidade denominada cache que armazena cópias de dados na memória principal. Os caches aumentam a eficiência do processador habilitando acesso rápido a dados e instruções. Como os caches de alta velocidade são significativamente mais caros do que a memória principal, tendem a ser relativamente pequenos. Caches são classificados em níveis — Nível 1 (L1) é o cache mais rápido e mais caro e está localizado no processador. O cache de Nível 2 (L2), que é maior e mais lento do que o L1, comumente está localizado na placa principal mas, cada vez mais está sendo integrado ao processador para melhorar o desempenho.[3]

Registradores são memórias de alta velocidade localizadas em um processador que guardam dados para uso imediato pelo processador. Para que um processador possa trabalhar com os dados, estes devem ser colocados em registradores. Armazenar instruções de processador em qualquer outro tipo mais lento de memória seria ineficiente, porque o processador ficaria ocioso enquanto esperasse pelo acesso aos dados. Registradores são conectados ao circuito do processador e localizados fisicamente próximo às unidades de execução, o que faz que o acesso a eles seja mais rápido do que o acesso ao cache L1. O tamanho dos registradores é determinado pelo número de bits sobre o qual o processador pode trabalhar

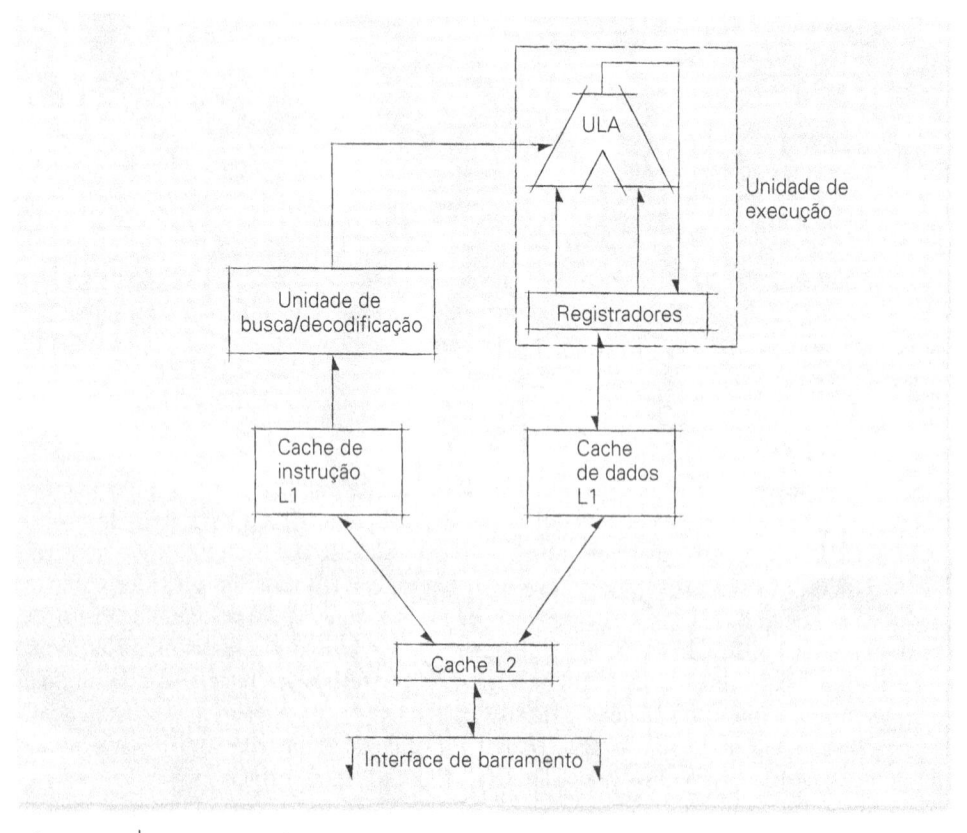

Figura 2.2 | *Componentes do processador.*

de uma só vez. Por exemplo, um processador de 32 bits pode armazenar 32 bits de dados em cada registrador. Hoje, a maioria dos processadores de computadores pessoais são de 32 bits; processadores de 64 bits estão tornando-se cada vez mais populares.[4]

Cada arquitetura de processador fornece um número diferente de registradores, e cada registrador atende a uma finalidade diferente. Por exemplo, o processador Pentium 4 da Intel fornece 16 registradores de execução de programa. Caracteristicamente, metade desses registradores é reservada para uso por aplicações para acesso rápido a valores de dados e ponteiros durante a execução. Esses registradores são denominados **registradores de propósito geral**. O processador do PowerPC 970 da IBM (usado nos computadores G5 da Apple) contém 32 registradores de uso geral. Os outros registradores (conhecidos como registradores de controle) armazenam informações específicas de sistema, por exemplo, o contador de programa que o processador usa para determinar a próxima instrução a executar.[5]

Revisão

1. Qual a diferença entre uma CPU e um co-processador? Como um sistema poderia se beneficiar de CPUs múltiplas? Como um sistema poderia se beneficiar de co-processadores múltiplos?

2. Quais aspectos de um sistema são especificados por uma arquitetura de processador?

3. Por que o acesso à memória do registrador é mais rápido do que o acesso a qualquer outro tipo de memória, incluindo o cache L1?

Respostas:

1) Uma CPU executa instruções em linguagem de máquina; um co-processador é otimizado para realizar instruções de uso especial. CPUs múltiplas habilitariam um sistema a executar mais do que um programa por vez; co-processadores múltiplos poderiam melhorar o desempenho executando processamento em paralelo com uma CPU. **2)** A arquitetura de uma CPU especifica o conjunto de instruções, o suporte à memória virtual e a estrutura de interrupção do computador. **3)** Registradores são conectados ao circuito do processador e localizados fisicamente próximo das unidades de execução.

2.3.3 Relógios

O tempo do computador geralmente é medido em **ciclos**, também denominados **pulsos**. O termo ciclo se refere a uma oscilação completa de um sinal elétrico fornecido pelo gerador de relógio do sistema. O gerador de relógio estabelece a cadência de um sistema de computador de modo muito semelhante a um maestro de orquestra. Especificamente, o gerador de relógio determina a freqüência com a qual os barramentos transferem dados, comumente medida em ciclos por segundo, ou hertz (Hz). Por exemplo, o **barramento frontal** (*Frontside Bus* – **FSB**) que conecta processadores a módulos de memória funciona caracteristicamente a várias centenas de megahertz (MHz; um megahertz é igual a um milhão de hertz).

Grande parte dos processadores de computadores de mesa modernos executa a velocidades máximas de centenas de megahertz (MHz) ou até mesmo a vários bilhões de hertz ou gigahertz (GHz), o que muitas vezes é mais rápido do que o barramento frontal.[6] Processadores e outros dispositivos geram **velocidades derivadas** multiplicando ou dividindo a velocidade do barramento frontal. Por exemplo, um processador de 2 GHz com um barramento frontal de 200 MHz usa um multiplicador de 10 para gerar seus ciclos; uma placa de som de 66 MHz usa um divisor de 2,5 para gerar seus ciclos.

Revisão

1. (V/F) Todos os componentes de um sistema funcionam na mesma velocidade de relógio.

2. Quais problemas podem surgir se um componente em um barramento tiver um multiplicador extremamente alto e um outro componente no mesmo barramento tiver um divisor extremamente alto?

Respostas:

1) Falso. Dispositivos normalmente usam um multiplicador ou um divisor que define sua velocidade em relação à velocidade do barramento frontal. **2)** Podem ocorrer engarrafamentos, porque um componente com um divisor alto funcionará a uma velocidade muito mais lenta do que um dispositivo com multiplicador alto. Um dispositivo de multiplicador alto que depende de informações de um dispositivo de divisor alto será obrigado a esperar.

2.3.4 Hierarquia da memória

O tamanho e a velocidade da memória são limitados pelas leis da física e da economia. Quase todos os dispositivos eletrônicos transferem dados usando elétrons que passam por pistas de PCBs. Há um limite para a velocidade com que os elétrons podem viajar; quanto mais comprido o fio entre dois terminais, mais tempo demorará a transferência. Além disso, é proibitivamente caro equipar processadores com grandes quantidades de memória que possam atender às requisições de dados à mesma (ou próxima) velocidade do processador.

O compromisso custo/desempenho caracteriza a **hierarquia da memória** (Figura 2.3). A memória mais veloz e mais cara está no topo e caracteristicamente tem pequena capacidade. A memória mais lenta e menos cara está na base e comumente tem grande capacidade. Note que o tamanho de cada bloco representa o modo como a capacidade aumenta para memórias mais lentas, mas a figura não está desenhada em escala.

Registradores compõem a memória mais veloz e mais cara de um sistema — operam à mesma velocidade dos processadores. Velocidades de memórias cache são medidas conforme sua latência — o tempo requerido para transferir dados. Latências são medidas em nanossegundos ou ciclos de processador. Por exemplo, o cache L1 de um processador Intel Pentium 4 opera com uma latência de dois ciclos de processador.[7] Seu cache L2 opera com uma latência de aproximadamente 10 ciclos. Em muitos dos processadores atuais, os caches L1 e L2 são integrados ao processador para que possam explorar as interconexões de alta velocidade do processador. Caches L1 costumam armazenar dezenas de kilobytes de dados, enquanto caches L2 comumente armazenam centenas de kilobytes ou vários megabytes. Processadores avançados podem conter um terceiro nível de cache de processador (denominado cache L3) que é mais lento do que o L2, porém mais rápido do que a memória principal.

Em seguida na hierarquia vem a **memória principal** — também chamada de **memória real** ou **memória física**. A memória principal introduz latência adicional, porque os dados têm de passar através do barramento frontal que normalmente opera a uma fração das velocidades do processador. A memória principal nas arquiteturas de hoje exibem latências de dezenas ou centenas de ciclos de processador.[8] Os tamanhos das memórias principais de uso geral atuais vão de centenas de megabytes (PCs) a dezenas ou centenas de gigabytes (servidores avançados). A memória principal é discutida na Seção 2.3.5, "Memória principal" e no Capítulo 9, "Organização e gerenciamento da memória real". Registradores, caches e memórias principais são, tipicamente, meios **voláteis**, portanto seus dados desaparecem quando o fornecimento de energia elétrica é interrompido.

O disco rígido e outros dispositivos de armazenamento como CDs, DVDs e fitas estão entre as menos dispendiosas e mais lentas unidades de armazenamento de um sistema de computador. As latências do armazenamento em disco são normalmente medidas em milissegundos, em geral um milhão de vezes mais lentas do que as latências do cache do processador. Em vez de permitir que o processador fique ocioso enquanto espera dados do armazenamento secundário, o sistema operacional normalmente executa um outro processo para melhorar a utilização do processador. Uma vantagem primordial dos dispositivos de armazenamento secundário é que eles têm grande capacidade, muitas vezes centenas de gigabytes. Uma outra vantagem do armazenamento secundário é que os dados são guardados em um meio persistente, portanto são preservados quando se retira a fonte de energia do dispositivo. Projetistas de sistemas devem equilibrar o

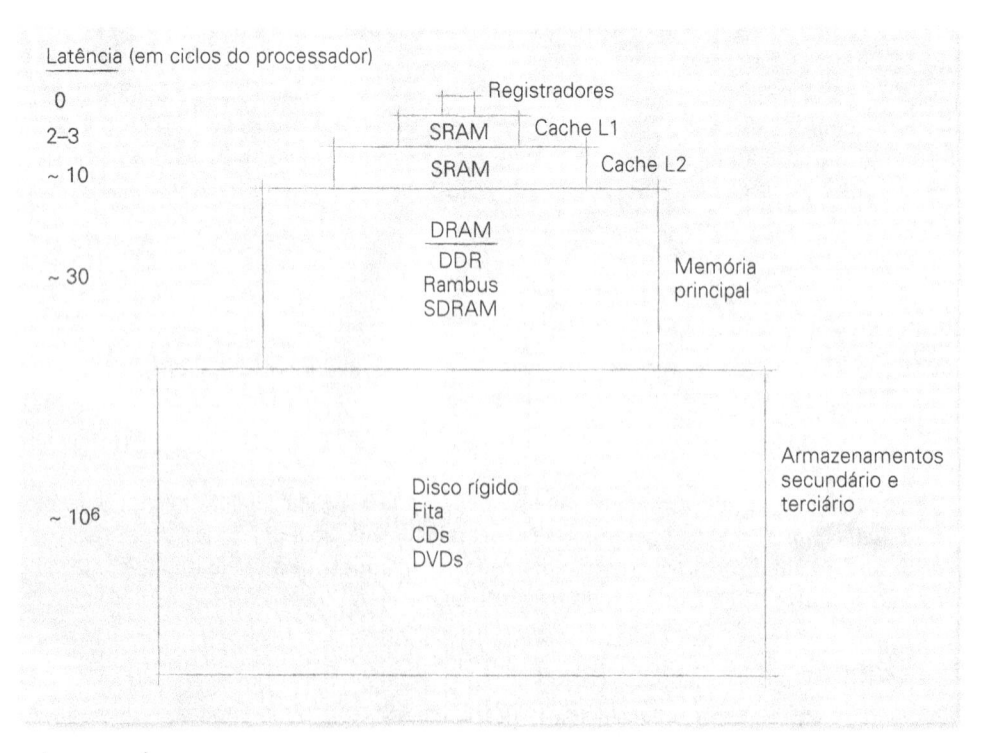

Figura 2.3 | *Hierarquia da memória.*

custo e o desempenho de vários dispositivos de armazenamento para atender às necessidades dos usuários (veja o quadro "Reflexões sobre sistemas operacionais, Caching").

Revisão

1) Qual a diferença entre meios de armazenamento voláteis e persistentes?
2) Por que a hierarquia da memória adota um formato piramidal?

Respostas:

1) Meios voláteis perdem seus dados quando o computador é desligado, enquanto meios persistentes os retêm. Em geral, o armazenamento volátil é mais rápido e mais caro do que o armazenamento persistente. 2) Se um meio de armazenamento for menos dispendioso, os usuários poderão comprar em maior quantidade; assim, o espaço de armazenamento aumenta.

2.3.5 Memória principal

Memória principal consiste em **memória** volátil **de acesso aleatório** (*Random Access Memory* – **RAM**); 'aleatório' no sentido de que os processos podem acessar localizações de dados em qualquer ordem. Ao contrário, as localizações de dados em um meio de armazenamento seqüencial (por exemplo, fita) devem ser lidas em seqüência. Diferentemente de fitas e discos rígidos, as latências da memória para cada endereço da memória principal são essencialmente iguais.

A forma mais comum de RAM é a **RAM dinâmica (DRAM)**, que requer que um circuito de renovação leia periodicamente (algumas vezes a cada milissegundo) o conteúdo, ou os dados serão perdidos. Isso não acontece com a **RAM estática (SRAM)** que não precisa ser renovada para manter os dados que armazena. A SRAM, comumente empregada em caches de processador, é tipicamente mais rápida e mais cara do que a DRAM.

Um objetivo importante dos fabricantes de DRAMs é reduzir a diferença entre a velocidade do processador e a velocidade de transferência da memória. Módulos de memória são projetados para minimizar a latência do acesso a dados dentro do módulo e maximizar o número de vezes por segundo que os dados são transferidos. Essas técnicas reduzem a latência geral e aumentam a **largura de banda** — a quantidade de dados que pode ser transferida por unidade de tempo. À medida que os fabricantes desenvolvem novas tecnologias de memória, a velocidade e a capacidade da memória tendem a aumentar, e o custo por unidade de armazenamento tende a diminuir, segundo a Lei de Moore.

Revisão

1) Compare memória principal e disco em termos de tempo de acesso, capacidade e volatilidade.
2) Por que a memória principal é denominada memória de acesso aleatório?

Reflexões sobre sistemas operacionais

Caching

Todos usamos *caching* na nossa vida real. De modo geral, um *cache* é um lugar para armazenar provisões que podem ser acessadas rapidamente. Esquilos armazenando bolotas (frutos do carvalho) enquanto se preparam para o inverno é uma forma de caching. Nós guardamos lápis, canetas, grampos, fitas e clipes nas gavetas de nossas mesas de trabalho para poder ter acesso rápido a eles quando precisarmos (em vez de ter de ir buscá-los no armário de suprimentos). Sistemas operacionais empregam muitas técnicas de caching, como caching de dados e instruções de um processo para acesso rápido em memórias cache de alta velocidade, e caching de dados de discos na memória principal para acesso rápido enquanto um programa está em execução.

Projetistas de sistemas operacionais devem ser cuidadosos ao usar caching, porque em um sistema de computador os dados em cache são uma cópia dos dados cujo original é mantido em um nível mais baixo da hierarquia da memória. A cópia em cache é usualmente aquela na qual as mudanças são feitas em primeiro lugar; desse modo, rapidamente, pode ficar fora de sincronia com os dados originais, causando inconsistência. Se um sistema vier a falhar quando o cache contiver dados atualizados e o original não, os dados modificados poderão ser perdidos. Portanto, sistemas operacionais copiam freqüentemente os dados em cache para o original — esse processo é denominado esvaziamento de cache. Sistemas de arquivos distribuídos muitas vezes colocam o cache tanto no servidor quanto no cliente, o que torna ainda mais complexo manter a consistência do cache.

Respostas:

1) Os tempos de acesso para a memória principal são muito menores do que os tempos para um disco. Esses têm, tipicamente, capacidade maior do que a memória principal, porque o custo por unidade de armazenamento em disco é menor do que o da memória principal. A memória principal é volátil, ao passo que discos armazenam dados persistentemente. **2)** Processos podem acessar as localizações da memória principal em qualquer ordem e aproximadamente à mesma velocidade, independentemente da localização.

2.3.6. Armazenamento secundário

Devido à sua capacidade limitada e volatilidade, a memória principal é inadequada para armazenar grandes quantidades de dados ou dados que devem persistir após a interrupção da energia elétrica. Para armazenar permanentemente grandes quantidades de dados, como arquivos de dados e softwares de aplicação, o computador usa **armazenamento secundário** (também denominado **armazenamento persistente** ou **auxiliar**), que mantém seus dados depois de o computador ser desligado. A maioria dos computadores usa discos rígidos para armazenamento secundário.

Embora as unidades de disco rígido armazenem mais e custem menos do que a RAM, elas não são práticas como o armazenamento de memória primária, porque o acesso a esse tipo de disco é muito mais lento do que o acesso à memória principal. Acessar dados armazenados em discos rígidos requer movimento mecânico do cabeçote de leitura/gravação, latência rotacional enquanto os dados giram até o cabeçote, e tempo de transferência enquanto os dados passam pelo cabeçote. Esse movimento mecânico é muito mais lento do que a velocidade dos sinais elétricos entre a memória principal e um processador. Além disso, os dados devem ser carregados do disco para a memória principal antes que possam ser acessados por um processador.[9] Um disco rígido é um exemplo de **dispositivo de bloco**, porque transmite dados em blocos de bytes de tamanho fixo (normalmente centenas de bytes a dezenas de kilobytes).

Alguns dispositivos de armazenamento secundário gravam dados em meios de menor capacidade que podem ser removidos do computador, o que facilita a cópia de segurança dos dados (*backup*) e a transferência de dados entre computadores. Entretanto, esse tipo de armazenamento secundário exibe uma latência mais alta do que outros dispositivos como discos rígidos. Um dispositivo popular de armazenamento é o **disco compacto** (*Compact Disc* — **CD**), que pode armazenar até 700 MB em cada lado. Os dados em CD são codificados sob forma digital e 'queimados' no CD como uma série de depressões sobre uma superfície até então lisa, que representa 'uns' e 'zeros'. Discos do tipo **grava-uma-vez, lê-várias** (*write-once, read many* — **WORM**), tais como discos compactos grava-uma-vez (CD-R) e discos digitais versáteis grava-uma-vez (DVD-R), são removíveis. Outros tipos de armazenamento persistente são os discos Zip, discos flexíveis, cartões de memória Flash e fitas.

Dados gravados em um disco CD-RW (CD regravável) são armazenados em material metálico dentro do disco plástico. A luz do laser modifica as propriedades reflexivas do meio de gravação criando dois estados que representam 'um' e 'zero'. CD-Rs e CD-ROMs consistem em uma tintura entre camadas de plástico que não pode ser alterada uma vez queimada pelo laser.

Recentemente a tecnologia do DVD (também denominado videodisco digital), que se destinava originalmente a gravar filmes, passou a ser um meio de armazenamento de dados de preço razoável. DVDs são do mesmo tamanho de CDs, mas armazenam dados em trilhas mais finas em até duas camadas por lado e podem armazenar até 5,6 GB de dados por camada.

Alguns sistemas contêm níveis de memória além do armazenamento secundário. Por exemplo, sistemas de processamento de dados de grande porte muitas vezes têm bibliotecas de fitas que são acessadas por um braço robótico. Esses sistemas de armazenamento, comumente classificados como armazenagem terciária, são caracterizados por maior capacidade e tempos de acesso mais lentos do que o armazenamento secundário.

Revisão

1) Por que acessar dados armazenados em disco é mais lento do que acessar dados na memória principal?
2) Compare CDs e DVDs mostrando suas diferenças.

Respostas:

1) A memória principal pode ser acessada por sinais elétricos somente, mas discos requerem movimentos mecânicos para mover o cabeçote de leitura/gravação, latência rotacional enquanto o disco gira para posicionar os dados sob o cabeçote e tempo de transferência enquanto eles passam pelo cabeçote. **2)** CDs e DVDs têm o mesmo tamanho e são acessados por luz de laser, mas DVDs armazenam dados em camadas múltiplas usando trilhas mais finas e, por isso, possui maior capacidade.

2.3.7 Barramentos

Barramento é um conjunto de pistas (ou de outras conexões elétricas) que transportam informações entre dispositivos de hardware. Os dispositivos enviam sinais elétricos pelo barramento para se comunicarem com outros dispositivos. A maioria dos barramentos consiste em um **barramento de dados** que transporta dados, e um **barramento de endereços** que determina o receptor ou as fontes daqueles dados.[10] Uma **porta** é um barramento que conecta exatamente dois dispositivos. Um barramento compartilhado por diversos dispositivos para executar operações de E/S é denominado **canal de E/S**.[11]

Acesso à memória principal é um ponto de contenção para canais e processadores. Normalmente pode ocorrer somente um acesso a um módulo particular de memória a qualquer dado instante; todavia, os canais de E/S e o processador podem tentar acessar a memória simultaneamente. Para evitar que dois sinais colidam no barramento, o acesso à memória é priorizado por um dispositivo de hardware denominado controlador, e os canais tipicamente ganham prioridade sobre os processadores. Chamamos isso de **roubo de ciclo**, porque o canal de E/S efetivamente rouba ciclos do processador. Canais de E/S consomem uma pequena fração do total de ciclos do processador, o que é normalmente compensado pela melhor utilização do dispositivo de E/S.

Lembre-se de que o barramento frontal (FSB) conecta um processador à memória principal. À medida que a velocidade do FSB aumenta, a quantidade de dados transferida entre a memória principal e um processador aumenta, o que tende a incrementar o desempenho. Velocidades de barramentos são medidas em MHz (por exemplo, 133 MHz e 200 MHz). Alguns conjuntos de chips implementam um FSB de 200 MHz, mas funcionam efetivamente a 400 MHz, porque executam duas transferências de memória por ciclo de relógio. Essa característica, que deve ser suportada por ambos, conjunto de chips e RAM, é denominada **taxa dupla de dados** (*Double Data Rate* — **DDR**). Uma outra implementação, denominada **quad pumping** (bombeamento quádruplo), permite até quatro transferências por ciclo, efetivamente quadruplicando a largura de banda da memória do sistema.

O **barramento de interconexão de componente periférico** (*Peripheral Component Interconnect* — **PCI**) conecta dispositivos periféricos, como placas de som e placas de rede, ao resto do sistema. A primeira versão da especificação do PCI requeria que o barramento de PCI funcionasse a 33 MHz e tivesse 32 bits de comprimento, o que limitava consideravelmente a velocidade com que os dados eram transferidos de e para dispositivos periféricos. O PCI Express é um padrão recente que atende a barramentos de larguras variáveis. Com o PCI Express cada dispositivo é conectado ao sistema por até 32 vias, cada uma delas pode transferir 250 MB por segundo em cada direção — um total de até 16 GB por segundo de largura de banda por enlace.[12]

A **Porta Gráfica Acelerada** (*Accelerated Graphics Port* – **AGP**) é usada primariamente com placas gráficas, que normalmente requerem dezenas ou centenas de megabytes de RAM para executar manipulações gráficas em 3D em tempo real. A especificação original da AGP requeria um barramento de 32 bits, 66 MHz, que fornecia aproximadamente 260 MB por segundo de largura de banda. Os fabricantes aumentaram a velocidade desse barramento em relação à sua especificação original — indicando um aumento de velocidade por um fator de 2 como 2x, por um fator de 4 como 4x e assim por diante. Especificações atuais permitem versões 2x, 4x e 8x desse protocolo, possibilitando até 2 GB por segundo de largura de banda.

Revisão

1. Como a velocidade do FSB afeta o desempenho do sistema?
2. Como controladores simplificam o acesso a barramentos compartilhados?

Respostas:

1) O FSB determina quantos dados podem ser transferidos entre processadores e memória principal por ciclo. Se um processador requisitar mais dados do que podem ser transferidos por ciclo, o desempenho do sistema diminuirá porque aquele processador talvez precise esperar até que as transferências requisitadas sejam concluídas. **2)** Controladores priorizam requisições múltiplas simultâneas de acesso ao barramento para que dispositivos não interfiram uns nos outros.

2.3.8 Acesso direto à memória (Direct Memory Access — DMA)

A maioria das operações de E/S transfere dados entre a memória principal e um dispositivo de E/S. Em computadores antigos isso se conseguia usando **E/S programada** (*programmed I/O* — **PIO**), que especificava um byte ou palavra a ser transferida entre a memória principal e um dispositivo de E/S e, depois, esperava ociosamente que a operação fosse concluída. Isso levava ao desperdício de um número significativo de ciclos de processador enquanto se esperava que as operações PIO fossem concluídas. Mais tarde projetistas implementaram E/S comandada por interrupção, que habilitava um processador a emitir uma requisição E/S e imediatamente continuar a executar instruções de software. O dispositivo de E/S avisava o processador quando a operação estava concluída gerando uma interrupção.[13]

O **acesso direto à memória (DMA)** aprimora essas técnicas habilitando dispositivos e controladores a transferir blocos de dados de e para a memória principal, o que libera o processador para executar instruções de software (Figura 2.4). Um canal de acesso direto à memória (DMA) usa um controlador de E/S para gerenciar transferência de dados entre dispositivos de E/S e a memória principal. Para avisar o processador, o controlador de E/S gera uma interrupção quando a operação é concluída. O DMA melhora significativamente o desempenho em sistemas que executam grandes números de operações de E/S (por exemplo, computadores de grande porte e servidores).[14]

O DMA é compatível com diversas arquiteturas de barramento. Em arquiteturas legadas (arquiteturas que ainda estão em uso, mas não são mais produzidas ativamente), como barramentos Industry Standard Architecture (ISA), ISA ampliada (EISA) ou Micro Channel Architecture (MCA), um controlador de DMA (também denominado 'dispositivo de terceiros') gerencia transferências entre a memória principal e dispositivos de E/S (veja o quadro "Reflexões sobre sistemas operacionais, Hardware e software legados"). Barramentos PCI empregam transferência por DMA próprio usando **mestre de transferência de dados** — um dispositivo de PCI assume o controle do barramento para realizar a operação. Em geral a transferência de DMA próprio é mais eficiente do que a transferência de terceiros e tem sido implementada pela maioria das arquiteturas de barramento modernas.[15]

Revisão

1. Por que o DMA é mais eficiente do que o PIO?
2. Qual a diferença entre DMA próprio e de terceiros?

Respostas:

1) Em um sistema que usa PIO, um processador espera ociosamente que cada transferência de memória seja concluída. O DMA livra os processadores de realizar o trabalho necessário para transferir informações entre a memória principal e dispositivos de E/S, por isso habilita-os a executar instruções. **2)** DMA de terceiros requer um controlador para gerenciar o acesso ao barramento. DMA próprio habilita dispositivos a assumir o controle do barramento sem hardware adicional.

2.3.9 Dispositivos periféricos

Um dispositivo periférico é qualquer dispositivo de hardware não requerido por um computador para executar instruções de software. Entre os dispositivos periféricos estão muitos tipos de dispositivos de E/S (impressoras, scanners

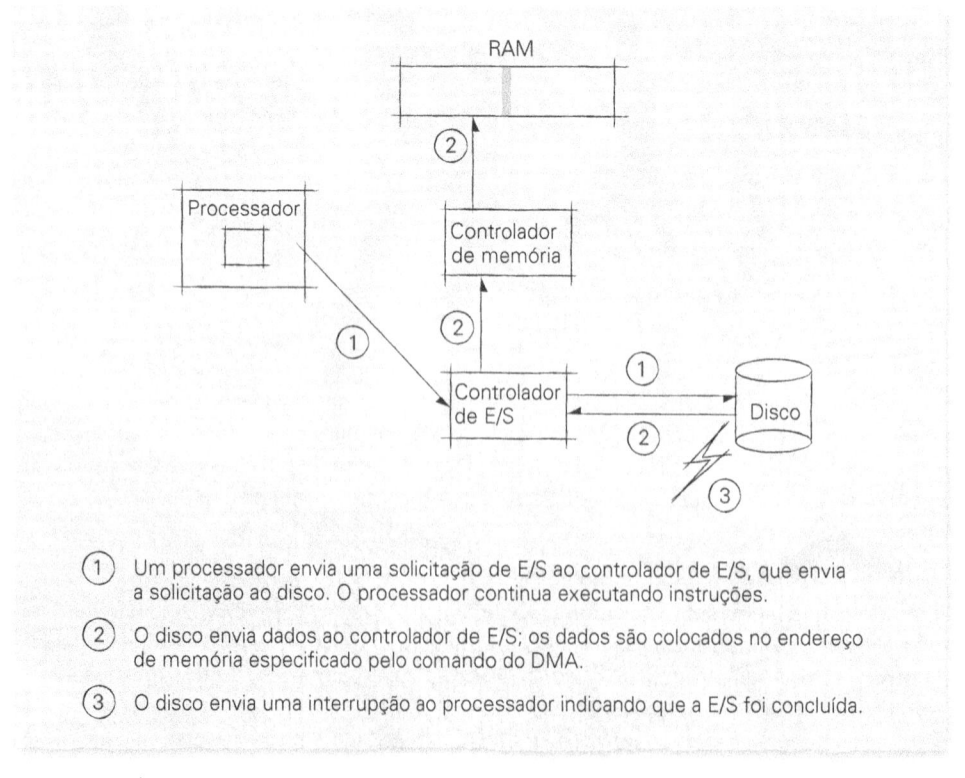

① Um processador envia uma solicitação de E/S ao controlador de E/S, que envia a solicitação ao disco. O processador continua executando instruções.

② O disco envia dados ao controlador de E/S; os dados são colocados no endereço de memória especificado pelo comando do DMA.

③ O disco envia uma interrupção ao processador indicando que a E/S foi concluída.

Figura 2.4 | Acesso direto à memória (DMA).

Reflexões sobre sistemas operacionais

Hardware e software legados

As últimas versões de sistemas operacionais são projetadas para suportar as mais recentes funcionalidades disponíveis de software e hardware. Todavia, a vasta maioria de hardware e software que está 'por aí' muitas vezes são equipamentos e aplicações mais antigos nos quais indivíduos e organizações investiram e querem continuar usando mesmo após a instalação de um novo sistema operacional. Os itens mais antigos são chamados de hardwares e softwares legados. Um enorme desafio para os projetistas de sistemas operacionais é dar suporte a tais sistemas legados, desafio que os sistemas operacionais do mundo real precisam enfrentar.

---

e mouses), dispositivos de rede (placas de interface de rede e modem) e dispositivos de armazenamento (CD, DVD e unidades de disco). Dispositivos como o processador, a placa principal e a memória principal não são considerados periféricos. Dispositivos periféricos internos (os que estão localizados dentro da carcaça do computador) usualmente são denominados dispositivos periféricos integrados, entre os quais estão modems, placas de som e unidades internas de CD-ROM. Talvez o dispositivo periférico mais comum seja o disco rígido. A Figura 2.5 lista diversos dispositivos periféricos.[16] Teclados e mouses são exemplos de **dispositivos de caracteres** — transferem dados um caractere por vez. Dispositivos periféricos podem ser ligados a computadores via portas e outros barramentos.[17] **Portas seriais** transferem dados um bit por vez, conectando dispositivos como teclados e mouses; **portas paralelas** transferem vários bits de dados por vez conectando, tipicamente, impressoras.[18] **Barramento serial universal** (*Universal Serial Bus* — **USB**) e **portas IEEE 1394** são interfaces seriais populares de alta velocidade. A **interface de sistemas computacionais pequenos** (*Small Computer Systems Interface* — **SCSI**) é uma interface paralela popular.

Portas USB transferem dados e fornecem energia a dispositivos como unidades externas de disco, câmeras digitais e impressoras. Dispositivos USB podem ser adicionados, reconhecidos e removidos do computador enquanto ele estiver ligado sem danificar o hardware do sistema (uma técnica denominada *hot swapping*, ou 'ligação a quente'). O USB 1.1 permite transferência de dados a velocidades de 1, 5 Mbit (megabits, ou 1 milhão de bits; 8 bits = 1 byte) por segundo e 12 Mbit por segundo. Como os computadores requeriam acesso rápido a grandes quantidades de dados em dispositivos

Dispositivo	Descrição
Unidade de CD-RW	Lê e grava dados de e para discos óticos.
Unidade de Zip	Transfere dados de e para um disco magnético durável removível.
Unidade de disco flexível	Lê e grava dados de e para discos magnéticos removíveis.
Mouse	Transmite a mudança de localização de um ponteiro ou cursor em uma interface gráfica com o usuário (GUI).
Teclado	Transmite caracteres ou comandos digitados por um usuário.
Impressora multifuncional	Pode imprimir, copiar, enviar fax e escanear documentos.
Placa de som	Converte sinais digitais em sinais de áudio para alto-falantes. Também pode receber sinais de áudio via microfone e produzir um sinal digital.
Acelerador de vídeo	Exibe gráficos na tela; acelera gráficos bi e tridimensionais.
Placa de rede	Envia e recebe dados de e para outros computadores.
Câmera digital	Grava e muitas vezes exibe imagens digitais.
Dispositivo biométrico	Executa varredura (scan) de características humanas como impressões digitais e retinas, normalmente para finalidades de identificação e autenticação.
Dispositivo de infravermelho	Comunica dados entre dispositivos via conexão sem fio em linha de visada.
Dispositivo sem fio	Comunica dados entre dispositivos via conexão sem fio onidirecional.

Figura 2.5 | Dispositivos periféricos.

USB, como unidades de disco, foi desenvolvido o USB 2.0 para fornecer transferência de dados com velocidades de até 480 Mbit por segundo.[19]

O padrão IEEE 1394, denominado comercialmente pela Sony de iLink e pela Apple de FireWire, é comumente encontrado em câmeras digitais de vídeo e dispositivos de armazenamento de massa (por exemplo, unidades de disco). O FireWire pode transferir dados a velocidades de até 800 Mbits por segundo; espera-se que revisões futuras elevem a velocidade para 2 Gbit (gigabits, ou 1 bilhão de bits) por segundo. Semelhante ao USB, o FireWire permite que os dispositivos sejam 'ligados a quente' (*hot swappables*) e ele fornece energia elétrica a dispositivos. Além disso, sua especificação permite comunicação entre vários dispositivos sem que eles estejam ligados a um computador.[20] Por exemplo, um usuário pode conectar diretamente dois discos rígidos de Firewire e copiar o conteúdo de um no outro.

Entre outras interfaces usadas para conectar dispositivos periféricos aos sistemas, estão a interface de sistemas computacionais pequenos (SCSI) e a conexão de tecnologia avançada (*Advanced Technology Attachment* — ATA) que implementa a interface eletrônica de unidades integradas (*Integrated Drive Electronics* – IDE). Essas interfaces transferem dados de um dispositivo como um disco rígido ou uma unidade de DVD para um controlador da placa principal, no qual esses dados podem ser roteados até o barramento apropriado.[21] Algumas das interfaces mais recentes são a ATA Serial (SATA) que permite taxas de transferência mais altas do que a ATA e diversas interfaces sem fio, entre elas, a Bluetooth (para conexões sem fio de curto alcance) e a IEEE 802.11g (para conexões sem fio de alcance médio e alta velocidade).

A SCSI (pronuncia-se 'scâzi' em inglês) foi desenvolvida no início da década de 80 como uma conexão de alta velocidade para dispositivos de armazenamento de massa. É usada primordialmente em ambientes de alto desempenho com muitos dispositivos de grande largura de banda.[22] A especificação original da SCSI permitia uma taxa de transferência máxima de 5 MB por segundo e suportava oito dispositivos em um barramento de 8 bits. Especificações atuais, como a SCSI Ultra320, permitem transferência de dados a taxas de até 320 MB por segundo para 16 dispositivos em barramentos de 16 bits.[23]

Revisão

1. Qual a principal diferença entre um dispositivo periférico, como uma impressora, e um dispositivo como um processador?
2. Compare USB e FireWire e aponte as diferenças entre eles.

Respostas:

1) Dispositivos periféricos não são exigidos por um computador para executar instruções de software. Ao contrário, todos os computadores precisam de pelo menos um processador para funcionar. 2) Tanto o USB como o FireWire fornecem grandes larguras de banda e conexões ativas com dispositivos. O FireWire tem maior capacidade do que o USB e permite que os dispositivos se comuniquem sem que estejam ligados a um computador.

2.4 Suporte de hardware para sistemas operacionais

Arquiteturas de computador contêm recursos que executam funções de sistemas operacionais rapidamente em hardware para melhorar o desempenho. Também possuem recursos que habilitam o sistema operacional a impor rígida proteção, o que melhora a segurança e a integridade do sistema.

2.4.1 Processador

A maioria dos sistemas operacionais depende de processadores para implementar seus mecanismos de proteção impedindo processos de acessar instruções privilegiadas ou de acessar memórias que não lhes foram alocadas. Se os processos tentarem violar os mecanismos de proteção de um sistema, o processador alerta o sistema operacional para que ele possa reagir. O processador também invoca o sistema operacional para reagir a sinais que vêm de dispositivos de hardware.

Modo usuário, modo núcleo e instruções privilegiadas

Sistemas de computador geralmente têm diversos **modos de execução**.[24] Variar o modo de uma máquina possibilita construir sistemas mais robustos, tolerantes a falhas e seguros. Normalmente, quando a máquina está operando em um determinado modo, as aplicações têm acesso a somente um subconjunto de instruções da máquina. No caso de aplicações de usuário, o subconjunto de instruções que o usuário pode executar em **modo usuário** (também denominado **estado usuário** ou **estado-problema**) impede, por exemplo, a execução direta de instruções de entrada/saída; uma aplicação de usuário à que fosse permitido executar entrada/saída arbitrárias poderia, por exemplo, descarregar a lista mestra de senhas do sistema, imprimir informações de qualquer outro usuário ou destruir o sistema operacional. O sistema operacional ordinariamente executa com o **estado usuário mais confiável** em **modo núcleo** (também denominado **estado supervisor**); ele tem acesso a todas as instruções do conjunto de instruções da máquina. Em modo núcleo, um processador pode executar instruções privilegiadas e acessar recursos para realizar tarefas em nome dos processos. Tal dicotomia modo usuário/modo núcleo

> ### Reflexões sobre sistemas operacionais
>
> #### Princípio do privilégio mínimo
>
> De modo geral, o princípio do privilégio mínimo diz que, em qualquer sistema, deve-se dar às várias entidades somente as capacidades de que necessitam para realizar suas tarefas, mas não mais. O governo emprega esse princípio para conceder permissões de segurança. Você o emprega quando decide quem pode ter as chaves da sua casa. Empresas o empregam quando permitem que funcionários tenham acesso à informações críticas e confidenciais. Sistemas operacionais o empregam em muitas áreas.

tem sido adequada para a maioria dos sistemas modernos de computador. Em sistemas de alta segurança, entretanto, é desejável ter mais de dois estados para permitir uma proteção mais minuciosa. Estados múltiplos autorizam permissão de acesso pelo **princípio do privilégio mínimo** — qualquer usuário particular deve receber a quantidade mínima de privilégio e acesso requerida para cumprir suas tarefas designadas (veja o quadro "Reflexões sobre sistemas operacionais, Princípio do privilégio mínimo").

É interessante notar que, à medida que as arquiteturas de computadores evoluíam, o número de **instruções privilegiadas** (as instruções não acessíveis em modo usuário) tendia a aumentar, indicando uma inclinação em direção à incorporação de mais funções de sistemas operacionais no hardware.

Proteção e gerenciamento da memória

A maioria dos processadores oferece mecanismos para proteção da memória e gerenciamento da memória. **Proteção da memória**, que impede que processos acessem memória que não lhes foi designada (como a memória de outros usuários e a memória do sistema operacional), é implementada por meio de registradores de processador que somente podem ser modificados com instruções privilegiadas (veja o quadro "Reflexões sobre sistemas operacionais, Proteção"). O processador verifica os valores desses registradores para assegurar que os processos não possam acessar memória que não lhes foi alocada. Por exemplo, em sistemas que não usam memória virtual, processos são alocados apenas a um bloco contíguo de endereços de memória. O sistema pode impedir esses processos de acessar localizações de memória que não lhes tinham sido alocadas fornecendo **registradores de limites**, que especificam os endereços do início e do fim da memória alocada a um processo. A proteção é implementada determinando-se se um dado endereço está dentro do bloco alocado. Grande parte das operações de proteção de hardware é realizada em paralelo com a execução de instruções de programa de modo que não degrade o desempenho.

A maioria dos processadores também contém hardware que traduz endereços virtuais referidos por processos para endereços correspondentes na memória principal. Sistemas de memória virtual permitem que programas se refiram a endereços que não precisem corresponder ao conjunto limitado de **endereços reais** (ou **físicos**) disponível na memória principal.[25] Usando hardware, o sistema operacional traduz dinamicamente os endereços virtuais de um processo para endereços físicos em tempo de execução. Sistemas de memória virtual permitem que processos se refiram a espaços de endereços muito maiores do que o número de endereços disponíveis na memória principal, o que possibilita aos programadores criarem aplicações independentes (na maior parte do tempo) das restrições da memória física. A memória virtual também facilita a programação para sistemas de tempo compartilhado, porque os processos não precisam estar cientes da localização real de seus dados na memória principal. Gerenciamento e proteção da memória são discutidos detalhadamente nos capítulos 9 a 11.

Interrupções e exceções

Processadores informam a sistemas operacionais sobre eventos como erros na execução de programas e mudanças no estado de dispositivos (por exemplo, chegou um pacote de rede ou foi concluída uma entrada/saída por disco). Um processador pode fazer isso consultando repetidamente o status de cada dispositivo, uma técnica denominada **sondagem** (*polling*). Entretanto, isso pode gerar um significativo custo adicional de execução quando os dispositivos sondados não tiverem mudado de status.

Em vez disso, a maioria dos dispositivos envia ao processador um sinal denominado **interrupção** quando ocorre um evento. O sistema operacional pode responder a uma mudança no status do dispositivo notificando os processos que estão à espera desses eventos. **Exceções** são interrupções geradas em resposta a erros, como falhas de hardware, erros de lógica e violações de proteção (veja no site deste livro: "Curiosidades — Origens do Termo 'Glitch'"). Em vez de provocar a falha do sistema, o processador tipicamente invocará o sistema operacional para que este determine como ele deve reagir. Por exemplo, o sistema operacional pode determinar que o processo que esteja causando o erro deva ser encerrado ou que

Reflexões sobre sistemas operacionais

Proteção

Os primeiros computadores tinham sistemas operacionais primitivos que conseguiam executar somente um serviço por vez. Isso mudou rapidamente à medida que eram adicionadas capacidades de processamento paralelo a sistemas locais e conforme eram desenvolvidos sistemas distribuídos nos quais ocorriam atividades paralelas através de redes de computadores como a Internet. Sistemas operacionais devem se preocupar com vários tipos de proteção, especialmente quando conectados à Internet. O sistema operacional e seus dados devem ser protegidos de ser massacrados por programas de usuários sujeitos a erro, seja acidental ou propositadamente. Programas de usuários devem ser protegidos de massacrar um ao outro. Essa proteção deve ser imposta na máquina local e entre usuários e componentes de sistemas operacionais dispersos por redes de computadores. Estudaremos proteção em muitos capítulos deste livro, especialmente no Capítulo 9, "Organização e gerenciamento da memória real" e no Capítulo 10, "Organização da memória virtual". Consideraremos proteção sob a forma de controles de acesso a arquivos no Capítulo 13, "Sistemas de arquivos e de banco de dados". Discutiremos proteção em geral por todo o livro e também nos estudos de casos do Linux e do Windows XP nos capítulos 20 e 21, respectivamente.

---

o sistema deva ser reiniciado. Já que o sistema pode falhar, o sistema operacional pode fazê-lo com elegância, reduzindo a quantidade de trabalho perdido. Processos também podem registrar tratadores de exceções no sistema operacional. Quando o sistema receber uma exceção do tipo correspondente, ele convocará o tratador de exceções do processo para reagir. Mecanismos de interrupção e tratadores de exceção são discutidos na Seção 3.4, "Interrupções".

Revisão

1. Quais os princípios racionais da implementação de estados múltiplos de execução?
2. Quais as diferenças entre exceções e outros tipos de interrupção?

Respostas:

1) Estados múltiplos de execução proporcionam proteção evitando que a maioria dos softwares danifique o sistema e acesse recursos sem autorização, seja acidental, seja propositalmente. Essas operações estão restritas ao modo núcleo, o que habilita o sistema operacional a executar operações privilegiadas. 2) Exceções indicam que ocorreu um erro (por exemplo, divisão por zero ou uma violação de proteção) e invocam o sistema operacional para que esse determine como responder. O sistema operacional pode decidir nada fazer ou encerrar um processo. Se o sistema operacional encontrar diversos erros que o impeçam de executar adequadamente, ele poderá reiniciar o computador.

2.4.2 Temporizadores e relógios

Um **temporizador de intervalo** gera periodicamente uma interrupção que faz o processador invocar o sistema operacional. Sistemas operacionais freqüentemente usam temporizadores de intervalo para impedir que processos monopolizem o processador. Por exemplo, o sistema operacional pode responder à interrupção do temporizador retirando os processos atuais do processador de modo que um outro possa ser executado. Um **relógio** (de 24 horas) habilita o computador a seguir o 'horário normal do dia/noite', com precisão típica de milésimos ou milionésimos de segundo. Alguns relógios de computador funcionam com baterias, o que permite que continuem funcionando mesmo quando o computador esteja desligado de qualquer fonte externa de energia. Esses relógios dão uma medida de continuidade a um sistema; por exemplo, quando o sistema operacional é carregado, ele pode ler o horário do dia para determinar a hora e o dia atuais.

Revisão

1. Como um temporizador de intervalo evita que um processo monopolize o processador?
2. Processadores freqüentemente contêm um contador, incrementado após cada ciclo de processador, dando uma medição do tempo com precisão de nanossegundos. Compare e aponte as diferenças entre essa medição do tempo e a fornecida pelo relógio normal.

Respostas:

1) O temporizador de intervalo gera interrupções periodicamente. O processador responde a cada interrupção invocando o sistema operacional que, então, pode designar um processo diferente a um processador. **2)** O contador de um processador habilita o sistema a determinar com alta precisão quanto tempo passou entre eventos, mas não mantém suas informações quando o sistema é desligado. Como o relógio normal funciona com bateria, é mais apropriado para determinar o horário do dia/noite. Todavia, ele mede o tempo com uma precisão mais grosseira do que um contador de processador.

2.4.3 Autocarregamento (Bootstrapping)

Antes que um sistema operacional possa começar a gerenciar recursos, ele deve ser carregado na memória. Quando um sistema de computador é ligado, o BIOS inicializa o hardware do sistema e tenta carregar instruções na memória principal em uma região de armazenamento secundário (por exemplo, um disco flexível, um disco rígido ou um CD), denominada **setor de inicialização** (*boot sector*), uma técnica chamada autocarregamento (Figura 2.6). O processador é forçado a executar essas instruções que normalmente carregam componentes do sistema operacional na memória, inicializam registradores de processador e preparam o sistema para executar aplicações de usuários.

Em muitos sistemas o BIOS pode carregar um sistema operacional em uma localização predefinida em um número limitado de dispositivos (por exemplo, o setor de inicialização de um disco rígido ou de um disco compacto). Se o setor de inicialização não for encontrado em um dispositivo suportado, o sistema não será carregado, e o usuário não conseguirá acessar nenhum hardware do computador. Para proporcionar maior funcionalidade na hora da inicialização, a Intel Corporation desenvolveu a **interface extensível de firmware** (Extensive Firmware Interface – **EFI**) em substituição ao BIOS. A EFI suporta um interpretador de comandos, por meio do qual usuários podem acessar diretamente dispositivos de computador, e incorpora unidades de dispositivos para suportar acesso a unidades de disco rígido e redes, imediatamente após ligar o sistema.[26]

Revisão

1. Como a EFI aborda as limitações do BIOS?
2. Por que os sistemas operacionais devem impedir que usuários acessem o setor de inicialização?

Respostas:

1) Um BIOS típico contém instruções de baixo nível que proporcionam funcionalidade limitada e restringem o modo como o software é carregado inicialmente. A EFI suporta drivers e fornece um interpretador de comandos, habilitando o usuário a interagir com um sistema e a personalizar o modo como o sistema operacional é carregado. **2)** Se os usuários pudessem acessar o setor de inicialização, também poderiam, acidental ou propositalmente, modificar o código do sistema operacional inutilizando o sistema ou permitindo que um invasor assumisse o controle do sistema.

2.4.4 Plug and play

A tecnologia plug-and-play ('ligue-e-use') permite que sistemas operacionais configurem e usem hardware recém-instalado sem interação do usuário. Um dispositivo de hardware plug-and-play:

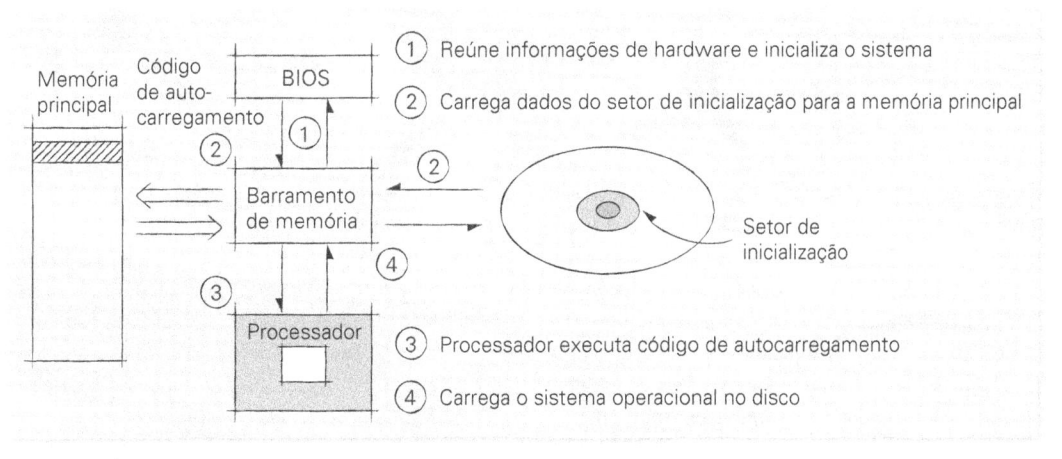

Figura 2.6 | Autocarregamento.

1. identifica-se inequivocamente no sistema operacional;
2. comunica-se com o sistema operacional para indicar os recursos e serviços que requer para funcionar adequadamente; e
3. identifica seu driver correspondente e permite que o sistema operacional o utilize para configurar o dispositivo (ou seja, designa o dispositivo a um canal DMA e aloca ao dispositivo uma região da memória principal).[27]

Essas características habilitam usuários a adicionar hardware a um sistema e utilizá-lo imediatamente com suporte adequado do sistema operacional.

Conforme os sistemas móveis de computação tornam-se mais populares, um número cada vez maior de sistemas depende de baterias para funcionar. Conseqüentemente, o plug-and-play evoluiu para abranger recursos de gerenciamento de energia que habilitam o sistema a ajustar dinamicamente seu consumo de energia para aumentar a vida útil da bateria. A **interface avançada de configuração e energia** (Advanced Configuration and Power Interface — **ACPI**) define uma interface-padrão para que os sistemas operacionais configurem dispositivos e gerenciam seu consumo de energia. Todos os sistemas operacionais Windows recentes suportam plug-and-play; o Linux versão 2.6 é compatível com muitos dispositivos plug-and-play.[28]

Revisão

1. Por que você acha que é necessário que um plug-and-play se identifique inequivocamente no sistema operacional?
2. Por que o gerenciamento de energia é particularmente importante para dispositivos móveis?

Respostas:

1) Antes que um sistema possa configurar e disponibilizar um dispositivo a usuários, ele deve determinar as necessidades de recursos exclusivas daquele dispositivo. 2) Dispositivos móveis dependem de baterias; gerenciar o consumo de energia de um dispositivo pode aumentar a vida útil da bateria.

2.5 Caching e buffer

Na seção 2.3.4 discutimos como os computadores contêm uma hierarquia de dispositivos de armazenamento que funcionam a velocidades diferentes. Para melhorar o desempenho, a maioria dos sistemas executa caching colocando cópias das informações as quais os processos se referem em armazenamento mais rápido. Devido ao alto custo do armazenamento rápido os caches podem conter somente uma pequena parte das informações contidas em armazenamento mais lento. Conseqüentemente, as entradas de cache (também chamadas de **linhas de cache**) devem ser gerenciadas adequadamente para minimizar o número de vezes que as informações referidas não estão presentes no cache, um evento denominado **ausência do cache** (*cache miss*). Quando ocorre uma ausência do cache, o sistema deve recuperar a informação referida do armazenamento mais lento. Quando um item está presente no cache, ocorre o que chamamos de **presença no cache** (*cache hit*), habilitando o sistema a acessar dados a uma velocidade relativamente alta.[29]

Para conseguir melhor desempenho do caching, os sistemas precisam garantir que um número significativo de referências à memória resulte em presenças no cache. Como discutiremos na Seção 11.3, "Paginação por demanda", é difícil prever com alta precisão as informações à que os processos irão se referir dentro de instantes. Portanto, a maioria dos caches é gerenciada por **heurísticas** — regras práticas e outras aproximações — que dão bons resultados com custo de execução relativamente baixo (veja o quadro "Reflexões sobre sistemas operacionais – Heurística").

Exemplos de cache são os L1 e L2 do processador que armazenam dados utilizados recentemente para minimizar o número de ciclos durante o qual o processador fica ocioso. Muitos sistemas operacionais alocam uma parte da memória principal para fazer cache de dados de unidades de armazenamento secundário como discos, que normalmente exibem latências cujas ordens de magnitude são várias vezes maiores do que a da memória principal.

Buffer (armazenamento temporário) é uma área que guarda dados temporariamente durante transferências entre dispositivos ou processos que funcionam a velocidades diferentes.[30] Buffers melhoram o desempenho do sistema permitindo que o software e os dispositivos de hardware transmitam dados e requisições **assincronamente** (ou seja, independentemente um do outro). Exemplos de buffers são os de disco rígido, teclado e impressora.[31, 32] Como os discos rígidos funcionam a uma velocidade muito menor do que a da memória principal, os sistemas operacionais normalmente armazenam dados temporariamente em buffers que correspondem a solicitações de escrita. O buffer guarda os dados até que o disco rígido tenha terminado a operação de escrita, habilitando o sistema operacional a executar outros processos enquanto espera pelo término da E/S. Um buffer de teclado muitas vezes é usado para manter os caracteres digitados por usuários até que um processo possa confirmar recebimento e responder às interrupções correspondentes do teclado.

Spooling (operações periféricas simultâneas em linha) é uma técnica pela qual um dispositivo intermediário, como um disco, é interposto entre um processo e um dispositivo de baixa velocidade ou de E/S limitada por buffer. Por exemplo, se o processo tentar imprimir um documento, mas a impressora estiver ocupada imprimindo outro documento, o processo, em vez de esperar que a impressora fique disponível, grava o resultado no disco. Quando a impressora torna-se disponível, os dados que estão no disco são impressos. O spooling permite que o processo requisite operações em um dispositivo periférico sem exigir que o dispositivo esteja pronto para atender à requisição.[33] O termo 'spooling' vem da idéia de bobinar o fio no carretel (spool) para ser desenrolado quando se quiser usá-lo.

Revisão

1. Como o caching melhora o desempenho do sistema?

2. Por que os buffers em geral não melhoram a produtividade, se um dispositivo ou processo produzir dados significativamente mais rápido do que são consumidos?

Respostas:

1) Caches melhoram o desempenho colocando em armazenamento rápido informações às quais um processo provavelmente vai se referir dentro de pouco tempo; processos podem se referir a dados e instruções presentes em um cache muito mais rapidamente do que aos presentes na memória principal. **2)** Se a entidade produtora for muito mais veloz do que a entidade consumidora, o buffer ficará cheio rapidamente e a relação será limitada pela velocidade relativamente lenta da entidade consumidora — a entidade produtora terá de desacelerar porque encontrará o buffer cheio repetidas vezes, e terá de esperar (em vez de executar à sua velocidade normal mais rápida) até que a consumidora eventualmente libere espaço no buffer. Similarmente, se a entidade consumidora for mais rápida, ela encontrará o buffer vazio repetidas vezes e terá de desacelerar até aproximadamente a velocidade da entidade produtora.

2.6 Visão geral do software

Nesta seção faremos uma revisão dos conceitos básicos de programação de computador e software. Programadores escrevem instruções em várias linguagens de programação; algumas são entendidas diretamente pelos computadores, outras requerem tradução. As linguagens de programação podem ser classificadas, de modo geral, como linguagens de máquina, de montagem (assembly) ou de alto nível.

2.6.1 Linguagem de máquina e linguagem de montagem

Um computador pode entender somente sua própria **linguagem de máquina**. Na qualidade de 'linguagem natural' de um computador particular, a linguagem de máquina é definida pelo projeto de hardware do computador. Linguagens de máquina consistem geralmente em cadeias de números (reduzidos a 1s e 0s) que instruem os computadores a executar suas operações mais elementares. Linguagens de máquina dependem da máquina — uma determinada linguagem de

Reflexões sobre sistemas operacionais

Heurística

Heurística é uma 'regra prática' — uma estratégia que parece razoável e, quando empregada, normalmente dá bons resultados. Nem sempre tem uma base matemática, porque o sistema a que ela se aplica é suficientemente complexo para desafiar uma análise matemática fácil. Ao sair de casa pela manhã, é provável que você use a heurística "Se parecer que vai chover, levo meu guarda-chuva". Você faz isso porque, na sua experiência, 'parece que vai chover' é um indicador razoável (embora não perfeito) de que choverá. Aplicando essa heurística no passado, você já deixou de ficar encharcado algumas vezes, portanto, tende a confiar nela. Ao observar a pilha de papéis em sua mesa e programar seu dia de trabalho, você pode usar uma outra heurística: "Faça as tarefas mais curtas antes". Esse procedimento propicia um resultado satisfatório porque você termina várias tarefas rapidamente; mas, por outro lado, há o efeito colateral desvantajoso de adiar tarefas mais longas (provavelmente importantes). Pior ainda, se chegar um fluxo contínuo de novas tarefas curtas, você talvez adie indefinidamente tarefas mais longas, importantes. Veremos heurísticas de sistemas operacionais em muitos capítulos do livro, especialmente naqueles que discutem estratégias de gerenciamento de recursos como o Capítulo 8, "Escalonamento de processador" e o Capítulo 12, "Otimização do desempenho de disco".

máquina pode ser usada apenas em um tipo de computador. Parte de um programa antigo em linguagem de máquina que soma *pagamento de horas extras* com *salário-base* e armazena o resultado em *pagamento bruto* é apresentada a seguir e demonstra a incompreensibilidade da linguagem de máquina para os seres humanos:

    1300042774
    1400593419
    1200274027

À medida que aumentava a popularidade dos computadores, a programação em linguagem de máquina provou ser lenta e suscetível a erros. Em vez de usar cadeias de números que os computadores pudessem ler diretamente, programadores começaram a usar abreviaturas da língua inglesa para representar as operações básicas do computador. Essas abreviações formaram a base das **linguagens de montagem**. Programas tradutores denominados **montadores (assemblers)** convertiam programas em linguagem de montagem para linguagem de máquina. Parte de um programa simples em linguagem de montagem também soma *pagamento de horas extras* com *salário-base* e armazena o resultado em *pagamento bruto*, mas apresenta as etapas com uma clareza um pouco maior para leitores humanos:

    LOAD   SALARIOBASE
    ADD   HORASEXTRAS
    STORE   PAGTOBRUTO

Esse código em linguagem de montagem é mais claro para os seres humanos, mas os computadores não podem entendê-lo até que seja traduzido para linguagem de máquina por um programa montador.

Revisão

1. (V/F) Computadores normalmente executam código de montagem diretamente.
2. Softwares escritos em linguagem de máquina são portáveis?

Respostas:

1) Falso. Montadores traduzem código de montagem para código de linguagem de máquina antes que o código possa ser executado. 2) Não; linguagens de máquina dependem da máquina; portanto, software escrito em linguagem de máquina executa somente em máquinas do mesmo tipo.

2.6.2 Interpretadores e compiladores

Embora a programação em linguagens de montagem seja mais rápida do que em linguagem de máquina, ainda assim as linguagens de montagem exigem muitas instruções para realizar até a mais simples das tarefas. Para aumentar a eficiência do programador foram desenvolvidas **linguagens de alto nível**. Linguagens de alto nível cumprem tarefas mais substanciais com um número menor de comandos, mas exigem programas tradutores denominados **compiladores** para converter programas em linguagem de alto nível para linguagem de máquina. Linguagens de alto nível habilitam programadores a escrever instruções que se assemelham ao inglês do dia-a-dia e contêm notações matemáticas comuns. Por exemplo, uma aplicação de folha de pagamento escrita em linguagem de alto nível pode conter um comando como

    PAGTOBRUTO = SALARIOBASE + HORASEXTRAS

Esse comando produz o mesmo resultado das instruções escritas em linguagem de máquina e linguagem de montagem mostradas anteriormente.

Enquanto compiladores convertem programas em linguagem de alto nível para programas em linguagem de máquina, **interpretadores** são programas que executam diretamente código-fonte ou código que foi reduzido a uma linguagem de baixo nível, que não é o código de máquina. Linguagens de programação como Java compilam para um formato denominado **bytecode** (embora a Java também possa ser compilada para linguagem de máquina), que age como um código de máquina para uma entidade denominada máquina virtual. Assim, o bytecode não depende da máquina real, física, na qual ele é executado, o que promove a portabilidade da aplicação. Um interpretador de Java analisa cada comando e executa o bytecode na máquina física. Devido ao adicional de tempo de execução incorrido na tradução, programas executados via interpretadores tendem a ser mais lentos do que os que foram compilados para código de máquina.[34, 35]

Revisão

1. Discuta os benefícios de linguagens de alto nível sobre linguagens de montagem.
2. Por que programas compilados para bytecode são mais portáveis do que os compilados para código de máquina?

Respostas:

1) Programas em linguagem de alto nível requerem um número menor de instruções do que os em linguagem de montagem; além disso, fazer programas em linguagens de alto nível é mais fácil do que em linguagem de montagem, porque as de alto nível reproduzem com maior semelhança o inglês do dia-a-dia e as notações matemáticas comuns. **2)** Bytecode é compilado para executar em uma máquina virtual que pode ser instalada em muitas plataformas diferentes. Ao contrário, programas compilados para linguagem de máquina podem ser executados somente no tipo de máquina para o qual o programa foi compilado.

2.6.3 Linguagens de alto nível

Embora tenham sido desenvolvidas centenas de linguagens de alto nível, relativamente poucas conquistaram ampla aceitação. Hoje, linguagens de programação tendem a ser ou estruturadas, ou orientadas a objeto. Nesta seção enumeramos algumas das linguagens mais populares e discutimos como se relacionam a cada modelo de programação.

A IBM desenvolveu a linguagem **Fortran** em meados da década de 50 para criar aplicações científicas e de engenharia que requeriam cálculos matemáticos complexos. A Fortran ainda é amplamente usada, principalmente em ambientes de alto desempenho, como computadores de grande porte e supercomputadores.

COmmon Business Oriented Language (COBOL), ou linguagem comum orientada para negócios, foi desenvolvida no final da década de 50 por um grupo de fabricantes de computador, agências governamentais e usuários de computador industrial. A COBOL é projetada para aplicações de negócios que manipulam grandes volumes de dados. Uma parte considerável dos softwares de negócios de hoje ainda é programada em COBOL.

A linguagem **C**, que Dennis Ritchie desenvolveu no Bell Laboratories no início da década de 70, conquistou reconhecimento geral como a linguagem de desenvolvimento do sistema operacional UNIX. No início da década de 80, no Bell Laboratories, Bjarne Stroustrup desenvolveu a **C++**, uma extensão da C. A linguagem C++ oferece recursos para **programação orientada a objeto — POO** (*Object-Oriented Programming* — OOP). **Objetos** são componentes de software reutilizáveis que modelam itens do mundo real. Programas orientados a objeto são comumente mais fáceis de entender, depurar e modificar do que os desenvolvidos com o emprego de técnicas anteriores. Muitos dos sistemas operacionais populares de hoje são escritos em C ou em C++.

Quando a popularidade da World Wide Web explodiu em 1993, a Sun Microsystems percebeu imediatamente o potencial de utilização de sua nova linguagem de programação orientada a objeto, **Java**, para criar aplicações que podiam ser descarregadas pela Web e executadas em navegadores. A Sun anunciou a Java ao público em 1995 e conquistou a atenção da comunidade de negócios por causa do grande interesse pela Web. A Java tornou-se uma linguagem de desenvolvimento de software amplamente usada; ela é utilizada para gerar páginas Web dinamicamente, montar aplicações empresariais em grande escala, aperfeiçoar a funcionalidade de servidores Web, fornecer aplicações para dispositivos de consumo (por exemplo, telefones celulares, pagers e PDAs) e para muitos outros propósitos.

Em 2000 a Microsoft anunciou a **C#** (pronuncia-se 'C-sharp') e sua estratégia .NET. A linguagem de programação C# foi projetada especificamente para ser a linguagem fundamental da plataforma .NET; tem raízes nas linguagens C, C++ e Java. C# é orientada a objeto e tem acesso à poderosa biblioteca .NET de componentes pré-fabricados, habilitando programadores a desenvolver aplicações rapidamente.

Revisão

1. Classifique cada uma das seguintes linguagens de programação em estruturada ou orientada a objeto:
   a) C#; **b)** C; **c)** Java; **d)** C++.
2. Cite alguns benefícios da POO.

Respostas:

1) a) orientada a objeto; **b)** estruturada; **c)** orientada a objeto; **d)** orientada a objeto. **2)** Programas orientados a objeto comumente são mais fáceis de entender, depurar e modificar do que programas desenvolvidos com técnicas anteriores. A POO tem, também, como objetivo, criar componentes de software reutilizáveis.

2.6.4 Programação estruturada

Durante a década de 1960, era comum que esforços de desenvolvimento de software não cumprissem o cronograma, os custos excedessem em muito os orçamentos e os produtos acabados não fossem confiáveis. As pessoas começaram a perceber que desenvolvimento de software era uma atividade muito mais complexa do que tinham imaginado. As atividades de pesquisa dedicadas a esse item resultaram na evolução da **programação estruturada** — uma abordagem disciplinada para a criação de programas claros, corretos e fáceis de modificar.

Essas pesquisas levaram ao desenvolvimento da linguagem de programação **Pascal** pelo Ppofessor Nicklaus Wirth em 1971. A linguagem recebeu o nome de Pascal em honra ao matemático e filósofo do século XVII Blaise Pascal. Projetada para ensinar programação estruturada, ela rapidamente se tornou a linguagem de programação introdutória preferida na maioria das universidades. Faltavam a essa linguagem muitas características necessárias que a tornassem útil para aplicações comerciais, industriais e governamentais.

A linguagem de programação **Ada** foi desenvolvida com o patrocínio do Departamento de Defesa dos Estados Unidos (DoD) durante a década de 1970 e início da década de 1980. Seu nome se deve à Lady Ada Lovelace, filha do poeta Lord Byron. Lady Lovelace é geralmente reconhecida como a primeira programadora de computadores do mundo, tendo escrito uma aplicação em meados do século XIX para o dispositivo mecânico de computação denominado Analytical Engine, projetado por Charles Babbage. A Ada foi uma das primeiras linguagens projetadas para facilitar programação concorrente, que é discutida com exemplos em pseudocódigo e Java no Capítulo 5, "Execução assíncrona concorrente" e no Capítulo 6, "Programação concorrente".

Revisão

1. Quais foram os problemas abordados pela programação estruturada nos primeiros tempos do desenvolvimento de software?

2. Qual a diferença entre a linguagem de programação Ada e outras linguagens de programação estruturadas como a Pascal e a C?

Respostas:

1) Nos primórdios da programação, os desenvolvedores não tinham uma abordagem sistemática na construção de programas complexos, o que resultava em custos altos desnecessários, prazos não cumpridos e produtos não confiáveis. A programação estruturada satisfez a necessidade de uma abordagem disciplinada no desenvolvimento de software. **2)** A Ada foi projetada para facilitar programação concorrente.

2.6.5 Programação orientada a objeto

Quando os benefícios da programação estruturada foram percebidos na década de 1970, começou a aparecer uma tecnologia aprimorada de software. Contudo, foi somente depois de a programação orientada a objeto ter-se estabelecido amplamente nas décadas de 1980 e 1990 que os desenvolvedores de software finalmente sentiram que tinham as ferramentas necessárias para melhorar drasticamente o processo de desenvolvimento de software.

A tecnologia de objeto é um esquema de empacotamento para criar unidades de software significativas. Praticamente qualquer substantivo pode ser representado como um objeto de software. Objetos têm **propriedades** (também denominadas **atributos**) como cor, tamanho e peso; e executam **ações** (também chamadas de **comportamentos** ou **métodos**) como mover-se, dormir ou desenhar. **Classes** são tipos de objetos relacionados. Por exemplo, todos os carros pertencem à classe 'carros', mesmo que carros individuais variem quanto à fabricação, modelo, cor e pacotes de opcionais. Uma classe especifica o formato geral de seus objetos, e as propriedades e ações disponíveis para um objeto dependem de sua classe. Um objeto está relacionado com sua classe do mesmo modo que um edifício está relacionado com sua planta.

Antes de surgirem as linguagens orientadas a objeto, **linguagens de programação procedimental** (como Fortran, Pascal, BASIC e C) concentravam-se em ações (verbos) e não em objetos (substantivos), o que tornava a programação um tanto desajeitada. Entretanto, usando as linguagens orientadas a objeto de hoje, como C++, Java e C#, programadores podem programar de um modo orientado a objeto que reflete com maior naturalidade a maneira como as pessoas percebem o mundo, resultando em ganhos significativos de produtividade de programação.

A tecnologia de objeto permite que classes projetadas adequadamente sejam reutilizadas em vários projetos. Usar bibliotecas de classes pode reduzir enormemente o esforço exigido para implementar novos sistemas. Todavia, algumas organizações afirmam que o benefício fundamental da programação orientada a objeto não é a característica de reutilização do software, mas sim a produção de software mais inteligível, porque é mais bem organizado e mais fácil de manter.

Programação orientada a objeto permite que programadores se concentrem no 'quadro geral'. Em vez de se preocuparem com os minúsculos detalhes do modo como objetos reutilizáveis são implementados, eles podem se concentrar nos comportamentos e interações de objetos. Também podem se concentrar na modificação de um objeto sem se preocuparem com o efeito sobre outro objeto. Um mapa rodoviário que mostrasse todas as árvores, casas e caminhos seria difícil, senão impossível, de ler. Quando esses detalhes são removidos e apenas as informações essenciais (estradas) permanecem, o mapa fica mais fácil de entender. Do mesmo modo, uma aplicação dividida em objetos é mais fácil de entender, modificar e atualizar porque oculta grande parte dos detalhes.

Revisão

1. Em que são diferentes o foco central da programação orientada a objeto e o da programação estruturada?
2. Como objetos facilitam modificações em software existente?

Respostas:

1) Programação orientada a objeto concentra-se na manipulação de objetos (substantivos), ao passo que programação procedimental focaliza ações (verbos). 2) Objetos ocultam grande parte dos detalhes de uma aplicação, permitindo que programadores concentrem-se no quadro geral. Eles podem dedicar-se à modificação de um objeto sem se preocuparem com o efeito sobre um outro objeto.

2.7 Interfaces de programação de aplicação (APIs)

As aplicações de hoje exigem acesso a muitos recursos gerenciados pelo sistema operacional como arquivos em disco e dados de computadores remotos. Visto que o sistema operacional deve agir como um gerenciador de recursos, normalmente ele não permite que processos obtenham esses recursos sem primeiro requisitá-los explicitamente.

Interfaces de programação de aplicação (*Application Programming Interfaces* – APIs) fornecem uma série de rotinas que os programadores podem usar para requisitar serviços do sistema operacional (Figura 2.7). Na maioria dos sistemas operacionais atuais, a comunicação entre o software e o sistema operacional é executada exclusivamente por meio das APIS. Exemplos de APIs são os padrões POSIX (*Portable Operating System Interface*) e a **API do Windows** para o desenvolvimento de aplicações do Microsoft Windows. POSIX recomenda APIs padronizadas baseadas nos primeiros sistemas UNIX e são amplamente usadas em sistemas operacionais baseados no UNIX. A API Win32 é a interface da Microsoft para aplicações executadas em ambiente Windows.

Processos executam chamadas a funções definidas pela API para acessar serviços fornecidos por uma camada mais baixa do sistema. Essas chamadas à função podem emitir **chamadas ao sistema** para requisitar serviços do sistema operacional. Chamadas ao sistema são análogas a interrupções por dispositivos de hardware — quando ocorre uma chamada ao sistema, esse passa para o modo núcleo, e o sistema operacional é executado para atender à chamada ao sistema.

Revisão

1. Por que os processos devem emitir chamadas ao sistema para requisitar serviços ao sistema operacional?
2. Como o POSIX tenta melhorar a portabilidade de aplicação?

Respostas:

1) Para proteger o sistema, o sistema operacional não pode permitir que processos acessem diretamente serviços do sistema operacional ou instruções privilegiadas. Em vez disso, os serviços que um sistema operacional pode fornecer são

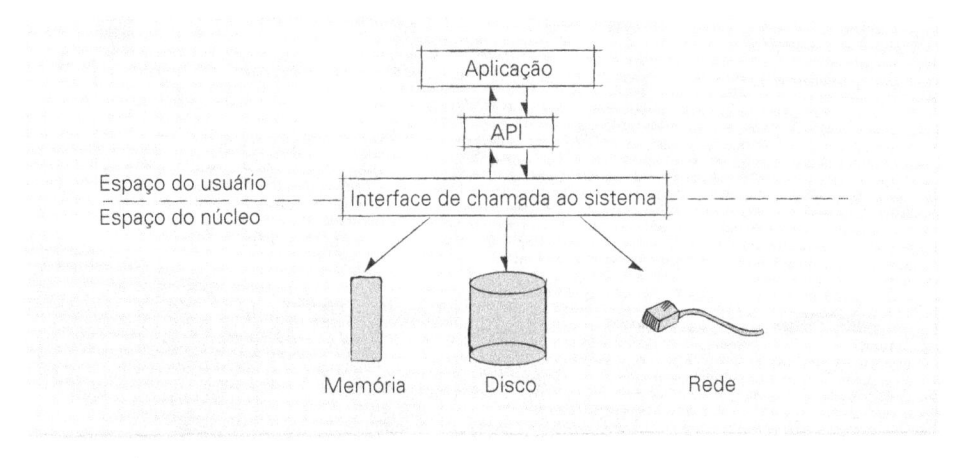

Figura 2.7 | Interface de programação de aplicação (API).

empacotados em APIs. Processos podem acessar esses serviços somente por meio da interface de chamada ao sistema que, essencialmente, põe o sistema operacional no controle. **2)** Softwares escritos usando uma determinada API somente podem ser executados em sistemas que implementam a mesma API. POSIX tenta atacar esse problema especificando uma API padrão para sistemas baseados em UNIX. Até mesmo muitos sistemas não baseados em UNIX agora suportam POSIX.

2.8 Compilação, ligação e carregamento

Antes que um programa escrito em linguagem de alto nível possa ser executado, deve ser traduzido para linguagem de máquina, ligado a vários outros programas em linguagem de máquina dos quais depende e carregado na memória. Nesta seção examinamos a maneira como programas escritos em linguagens de alto nível são **compilados** em código de linguagem de máquina e descrevemos como ligadores e carregadores preparam código compilado para execução.[36]

2.8.1 Compilação

Embora cada tipo de computador possa entender somente sua própria linguagem de máquina, quase todos os programas são escritos em linguagens de alto nível. O primeiro estágio do processo de criação de programas executáveis é compilar a linguagem de programação de alto nível para linguagem de máquina. Um compilador aceita **código-fonte** escrito em uma linguagem de alto nível como entrada e devolve **código-objeto** contendo as instruções de execução em linguagem de máquina como resultado. Praticamente todos os programas disponíveis no comércio são entregues em código-objeto e algumas distribuições (software de fonte aberto) também incluem o código-fonte.[37]

O processo de compilação pode ser dividido em várias fases; uma visão da compilação é apresentada na Figura 2.8. Cada fase modifica o programa para que ele possa ser interpretado na fase seguinte, até que o programa tenha sido traduzido para código de máquina. Primeiro o código-fonte é passado pelo **analisador léxico** (também conhecido como **lexer** ou **scanner**) que separa os caracteres do fonte de um programa em **símbolos** (*tokens*). Entre os exemplos de símbolos, estão palavras-chave (por exemplo, if, else e int), identificadores (por exemplo, variáveis e constantes nomeadas), operadores (por exemplo, -, +, * e /) e pontuação (por exemplo, ponto-e-vírgula).

O analisador léxico passa essa cadeia de símbolos para o **analisador sintático** (também denominado **parser**) que agrupa os símbolos em comandos sintaticamente corretos. O **gerador de código intermediário** converte essa estrutura sintática em uma cadeia de instruções simples que se assemelha à linguagem de montagem (embora não especifique os registradores usados para cada operação). O **otimizador** tenta melhorar a eficiência de execução do código e reduz os requisitos de memória do programa. Na fase final o **gerador de código** produz o arquivo-objeto contendo as instruções em linguagem de máquina.[38, 39]

Revisão

1. Qual a diferença entre compilação e montagem?
2. Um programa em Java poderia ser executado diretamente em uma máquina real, em vez de virtual?

Respostas:

1) O processo de montagem simplesmente traduz instruções em linguagem de montagem para linguagem de máquina. Um compilador traduz código de linguagem de alto nível para código de linguagem de máquina e também pode otimizar o código. **2)** Um programa em Java pode ser executado em uma máquina real usando um compilador que transforma o código-fonte em Java, ou bytecode, na linguagem de máquina correspondente.

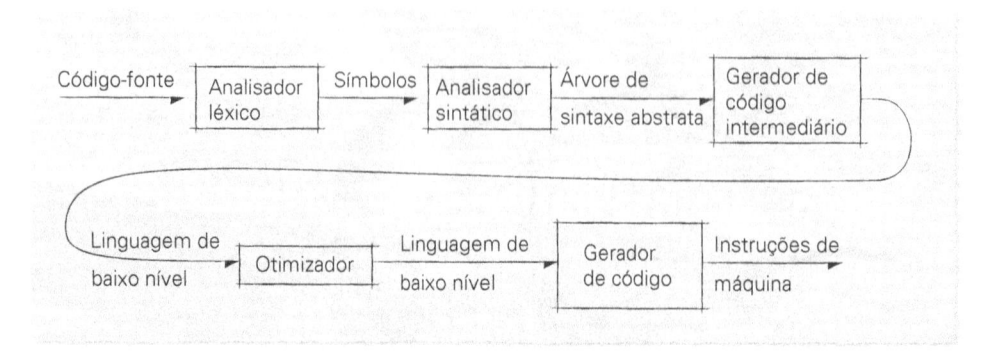

Figura 2.8 | Fases da compilação.

2.8.2 Ligação

Programas usualmente consistem em diversos subprogramas desenvolvidos independentemente, chamados **módulos**. Funções que executam rotinas comuns de computador como manipulações de E/S ou geração de números aleatórios são empacotadas em módulos pré-compilados denominados **bibliotecas**. **Ligação** (*linking*) é o processo que integra os vários módulos referidos por um programa em uma única unidade executável.

Quando um programa é compilado, seu módulo-objeto correspondente contém dados e instruções de programa recuperados do arquivo-fonte do programa. Se o programa se referir a funções ou dados de um outro módulo, o compilador os traduz como **referências externas**. Além disso, se o programa disponibilizar funções ou dados para outros programas, cada um deles é representado por um **nome externo**. Módulos-objeto armazenam essas referências e nomes externos em uma estrutura de dados denominada **tabela de símbolos** (Figura 2.9). O módulo integrado produzido pelo ligador é denominado **módulo de carga**. As entradas para o ligador podem ser módulos-objeto, módulos de carga e comandos de controle, como a localização de arquivos de bibliotecas que são referidos.[40]

É comum o ligador ser fornecido com diversos arquivos-objeto que formam um único programa. Esses arquivos normalmente especificam as localizações de dados e instruções por meio de endereços relativos ao início de cada arquivo denominados **endereços relativos**.

Na Figura 2.10 o símbolo X no módulo-objeto A e o símbolo Y no módulo-objeto B têm o mesmo endereço relativo em seus respectivos módulos. O ligador deve modificar esses endereços de modo que eles não se refiram a dados ou instruções inválidas quando os módulos forem combinados para formar um programa ligado. A **realocação** de endereços assegura que cada comando seja identificado inequivocamente por um endereço dentro de um arquivo. Quando um endereço é modificado, todas as referências a ele devem ser atualizadas com a nova localização. No módulo de carga resultante, X e Y foram realocados para novos endereços relativos que são exclusivos dentro do módulo de carga. Muitas vezes os ligadores também fornecem endereçamento relativo no módulo de carga; todavia, os endereços são designados de tal modo que todos eles são relativos ao início de todo o módulo de carga.

Ligadores também executam **resolução de símbolos**, que converte referências externas de um módulo a seus nomes externos correspondentes em outro módulo.[41, 42] Na Figura 2.11 a referência externa ao símbolo C no módulo-objeto 2 é resolvida com o nome externo C do módulo-objeto 1. Uma vez que uma referência externa seja emparelhada com o nome correspondente em um módulo separado, o endereço da referência externa deve ser modificado para refletir essa integração.

A ligação muitas vezes ocorre em duas passagens. A primeira determina o tamanho de cada módulo e monta uma tabela de símbolos. A tabela de símbolos associa cada símbolo (como o nome de uma variável) a um endereço, para que o ligador possa localizar a referência. Na segunda passagem o ligador designa endereços a diferentes unidades de instruções e dados e resolve referências externas a símbolos.[43] Como o módulo de carga pode se tornar a entrada de uma outra passagem de ligação, ele contém uma tabela de símbolos na qual todos os símbolos são nomes externos. Note que, na Figura 2.11, a referência externa ao símbolo Y não aparece na tabela de símbolos do módulo porque foi resolvida.

O momento em que um programa é ligado depende do ambiente. Um programa pode ser ligado no momento da compilação se o programador incluir todo o código necessário no arquivo-fonte de modo que não haja referências a nomes externos, o que é realizado procurando-se no código-fonte por quaisquer símbolos referidos externamente e colocando esses símbolos no arquivo-objeto resultante. Esse método normalmente não é exeqüível, porque muitos programas dependem

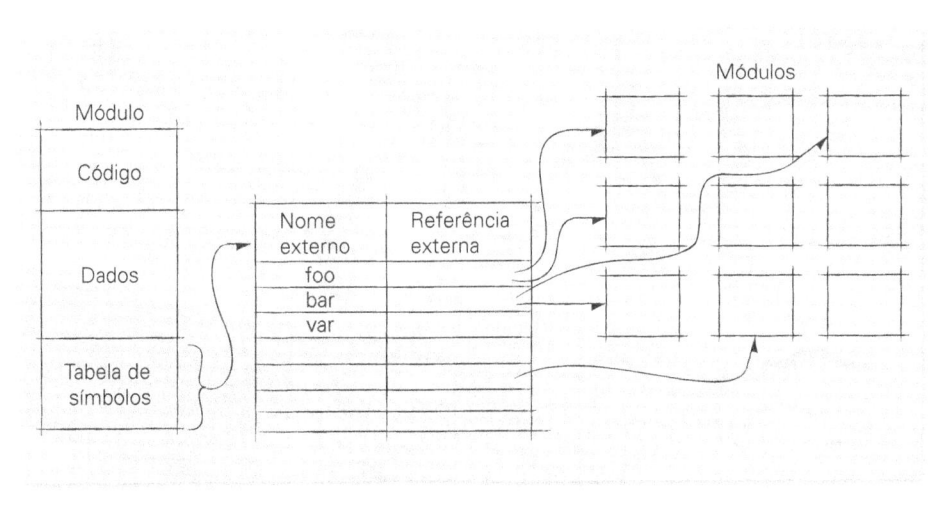

Figura 2.9 | *Módulo-objeto.*

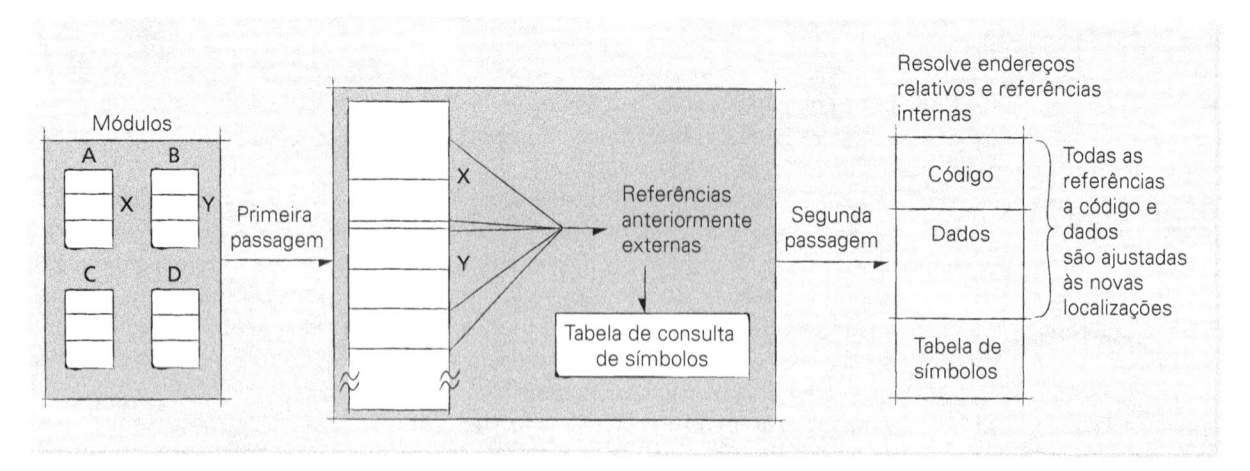

Figura 2.10 | *Processo de ligação.*

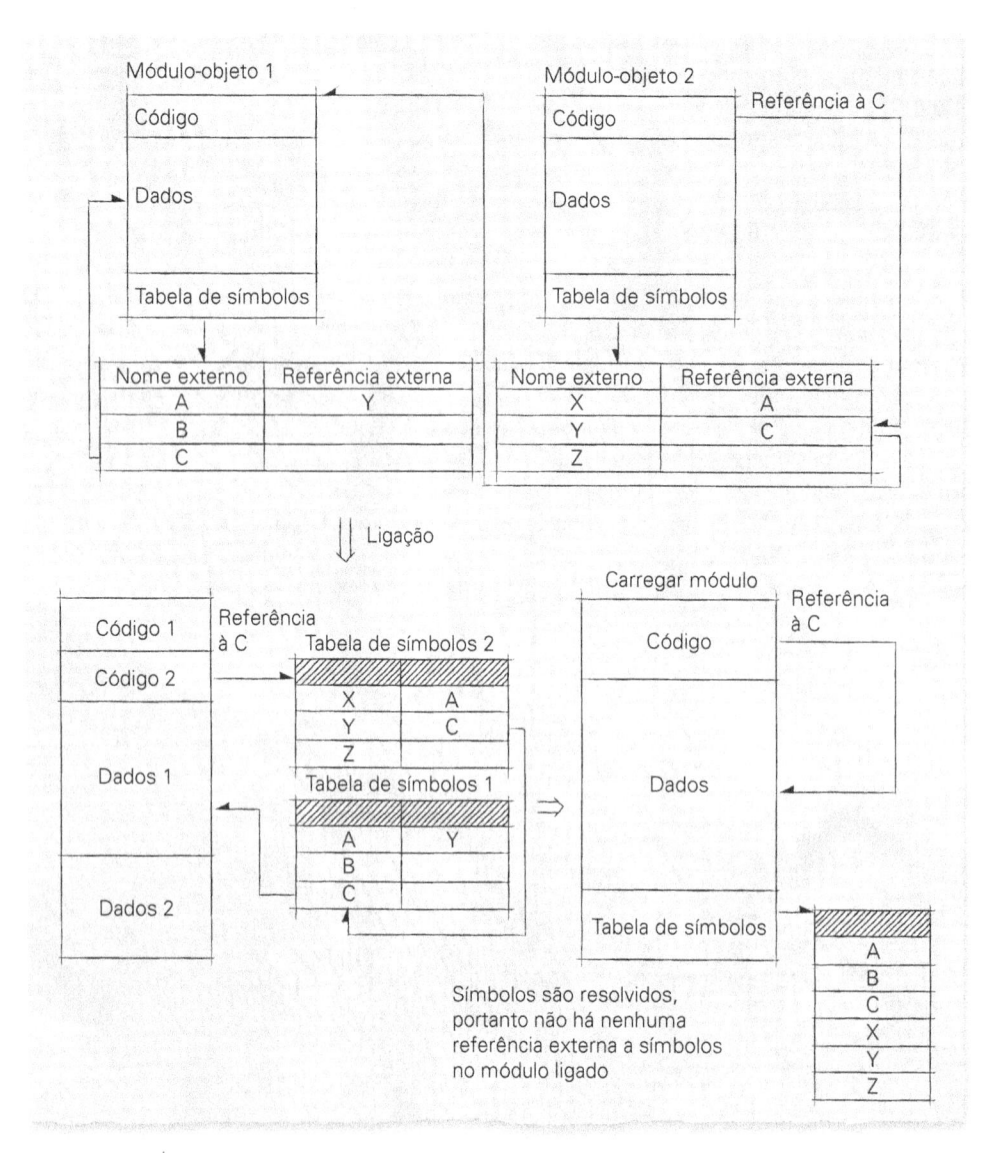

Figura 2.11 | *Resolução de símbolos.*

de **bibliotecas compartilhadas**, que são coleções de funções que podem ser compartilhadas entre processos diferentes. Muitos programas podem se referir às mesmas funções (como funções de biblioteca que manipulam entrada e saída seriais de caracteres) sem incluí-las no seu código-objeto. Esse tipo de ligação é tipicamente executada após a compilação e antes do carregamento. Como discutido no quadro "Miniestudo de caso, Mach", bibliotecas compartilhadas habilitam o micronúcleo Mach a emular vários sistemas operacionais.

Esse mesmo processo pode ser executado em tempo de carregamento (veja a Seção 2.8.3, "Carregamento"). Às vezes, ligação e carregamento são ambos executados por uma aplicação denominada **carregador de ligação**. A ligação somente pode ocorrer em tempo de execução, um processo denominado **ligação dinâmica**. Nesse caso, referências a funções externas não são resolvidas até que o processo seja carregado na memória ou emita uma chamada à função. Isso é útil para programas grandes que usam programas controlados por uma terceira parte, porque um programa ligado dinamicamente não tem de ser religado quando uma biblioteca que ele usa é modificada.[44] E mais, pelo fato de programas ligados dinamicamente não serem ligados até que estejam na memória principal, o código compartilhado da biblioteca pode ser armazenado separadamente de outro código de programa. Assim, a ligação dinâmica também economiza espaço na memória secundária, pois apenas uma cópia de uma biblioteca compartilhada é armazenada para qualquer número de programas que a usarem.

Revisão

1. Como a ligação facilita o desenvolvimento de grandes programas montados por muitos desenvolvedores?
2. Cite uma possível desvantagem da utilização de um ligador dinâmico. Cite um benefício.

Respostas:

1) Ligação permite que programas sejam escritos como muitos módulos separados. O ligador combina esses módulos em um módulo final de carregamento quando todas as partes do programa tiverem sido compiladas. 2) Se uma biblioteca não puder ser encontrada durante a execução, um programa em execução será forçado a parar, possivelmente perdendo todo o trabalho realizado até aquele ponto. Um benefício é que programas dinamicamente ligados não têm de ser religados quando uma biblioteca é modificada.

2.8.3 Carregamento

Uma vez que o ligador tenha criado o módulo de carga, ele passa-o para o programa **carregador**. O carregador é responsável por colocar cada instrução e dado em um endereço de memória particular, um processo denominado **vinculação**

Miniestudo de caso

Mach

O sistema **Mach** foi desenvolvido na Universidade Carnegie-Mellon (CMU), de 1985 a 1994, e teve como base o Accent, um sistema operacional de pesquisa anterior da CMU.[45] O projeto foi dirigido por Richard Rashid, agora vice-presidente sênior da Microsoft Research.[46] O Mach foi um dos primeiros e mais bem-conhecidos sistemas operacionais de micronúcleo (veja a Seção 1.13.3, "Arquitetura de micronúcleo"). Foi incorporado em sistemas posteriores, entre eles Mac OS X, NeXT e OSF/1, e teve forte influência sobre o Windows NT (e, afinal, sobre o Windows XP, que discutiremos no Capítulo 21).[47, 48, 49] Uma implementação de fonte aberto, o GNU Mach, é usado como núcleo para o sistema operacional GNU Hurd, que está no momento em desenvolvimento.[50]

Uma poderosa capacidade do sistema de micronúcleo Mach é que ele pode emular outros sistemas operacionais. O Mach faz isso usando 'bibliotecas transparentes compartilhadas'.[51] Uma biblioteca transparente compartilhada implementa as ações para as chamadas ao sistema do sistema operacional que está emulando e, então, intercepta chamadas ao sistema feitas por programas escritos para executar no sistema operacional emulado.[52, 53] As chamadas ao sistema interceptadas podem ser traduzidas para chamadas ao sistema Mach, e quaisquer resultados são traduzidos novamente para a forma emulada.[54, 55] Assim, o programa do usuário não tem de ser portado para executar em um sistema que está executando o Mach. Além disso, qualquer número dessas bibliotecas transparentes pode ser guardado na memória, de modo que o Mach pode emular vários sistemas operacionais simultaneamente.[56]

de endereço. Há diversas técnicas para carregar programas na memória principal, a maioria delas é importante apenas para sistemas que não suportam memória virtual. Se o módulo de carga já especificar endereços físicos na memória, o carregador simplesmente coloca as unidades de instrução e dados nos endereços especificados pelo programador ou compilador (supondo que os endereços de memória estejam disponíveis), uma técnica chamada **carregamento absoluto**. **Carregamento realocável** é realizado quando o módulo de carga contiver endereços relativos que precisam ser convertidos para endereços de memória real. O carregador é responsável por requisitar um bloco de espaço de memória no qual colocar o programa, realocando, em seguida, os endereços do programa para que correspondam à sua localização na memória.

Na Figura 2.12, o sistema operacional alocou o bloco de memória que começa com o endereço de memória 10.000. À medida que o programa é carregado, o carregador deve adicionar 10.000 a cada endereço no módulo de carga. O carregador atualiza o endereço de memória da variável Exemplo da Figura 2.12 para 10.450 com base no seu endereço relativo original 450.

Carregamento dinâmico é a técnica que carrega módulos de programa na primeira utilização.[57] Em muitos sistemas de memória virtual é designado a cada processo seu próprio conjunto de endereços virtuais começando em zero, portanto o carregador fica responsável por carregar o programa em uma região de memória válida.

Revisamos todo o processo de compilação, ligação e carregamento (usando vinculação de endereço em tempo de carregamento) desde o código-fonte até a execução na Figura 2.13. O programador começa escrevendo o código-fonte em alguma linguagem de alto nível — neste caso, C. Em seguida o compilador transforma os arquivos de código-fonte foo.c e bar.c em linguagem de máquina criando os módulos-objeto foo.o e bar.o. No código, o programador definiu a variável X em foo.c e a variável Y em bar.c; ambas estão localizadas no endereço relativo 100 em seus respectivos módulos-objeto. Os módulos-objeto são colocados em armazenamento secundário até que sejam requisitados pelo usuário ou por outro processo, quando então os módulos devem ser ligados.

Na próxima etapa, o ligador integra os dois módulos em um único módulo de carga. O ligador realiza essa tarefa coletando informações sobre tamanhos de módulos e símbolos externos na primeira passagem e ligando os arquivos na segunda. Note que o ligador realoca a variável Y ao endereço relativo 400.

Na terceira etapa, o carregador requisita um bloco de memória para o programa. O sistema operacional fornece uma faixa de endereços de 4000 a 5050, portanto o carregador realoca a variável X para o endereço absoluto 4100 e a variável Y para o endereço absoluto 4400.

Revisão

1. Como o carregamento absoluto pode limitar o grau de multiprogramação de um sistema?
2. Como o carregamento dinâmico aprimora o grau de multiprogramação de um sistema?

Respostas:

1) Dois programas que especificam endereços sobrepostos não podem executar ao mesmo tempo, porque somente um pode residir na mesma localização de memória por vez. **2)** Módulos são carregados conforme a necessidade, portanto a memória contém apenas os módulos que são utilizados.

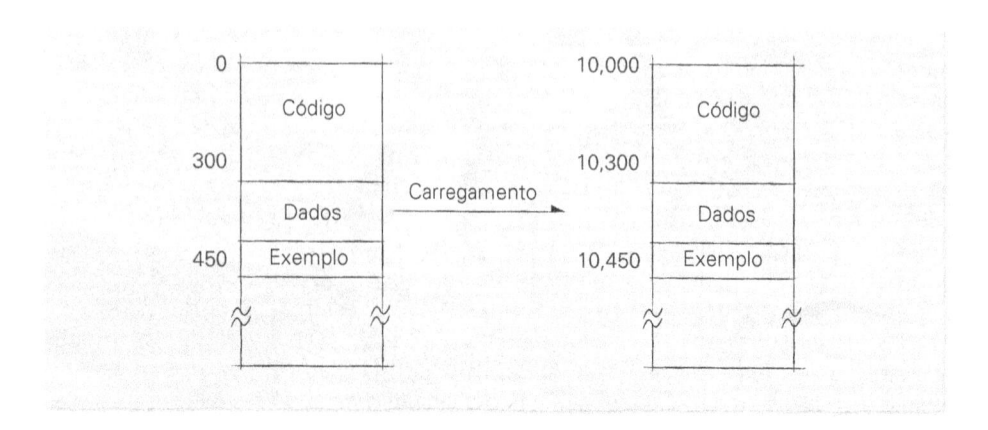

Figura 2.12 | *Carregamento.*

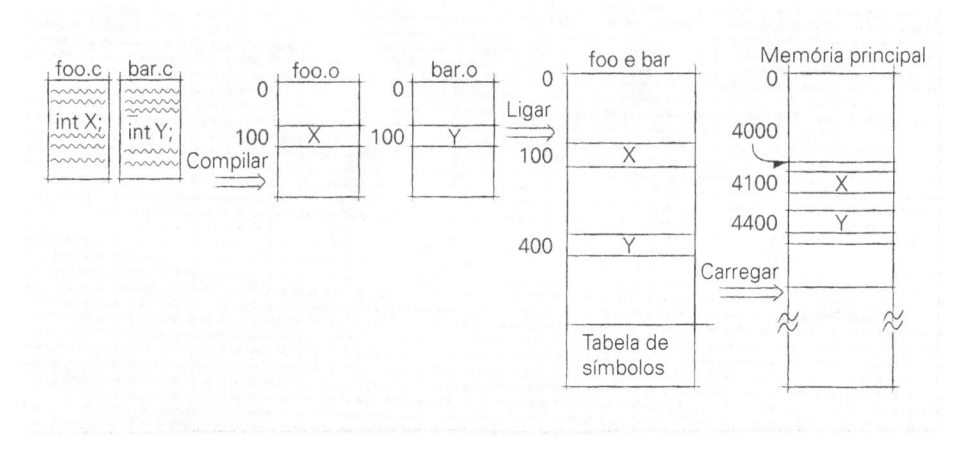

Figura 2.13 | *Compilação, ligação e carregamento.*

2.9 Firmware

Além do hardware e do software, a maioria dos computadores contém **firmware**, instruções executáveis armazenadas em memória persistente, quase sempre somente de leitura, ligada a um dispositivo. Firmware é programado com **microprogramação**, uma camada de programação abaixo da linguagem de máquina de um computador.

O **microcódigo** (instruções de microprograma) normalmente inclui instruções simples, fundamentais, necessárias para implementar todas as operações em linguagem de máquina.[58] Por exemplo, uma instrução de máquina típica pode especificar que o hardware execute uma operação de adição. O microcódigo para essa instrução especifica as operações primitivas que o hardware deve executar, como incrementar o ponteiro que aponta para a instrução de máquina atual adicionando cada bit dos números, armazenando o resultado em um novo registrador e buscando a próxima instrução.[59, 60]

O professor Maurice Wilkes, criador do primeiro computador EDSAC, foi quem primeiramente introduziu os conceitos de microprogramação em 1951.[61] Contudo, só quando surgiu o IBM System/360 em 1964 é que o microcódigo foi utilizado em grande escala. Conjuntos de instruções de máquina implementados em microcódigo atingiram o ápice com o sistema operacional VAX, mas declinaram nos últimos anos, porque a execução de instruções em microcódigos limita a velocidade máxima de um processador. Assim, operações anteriormente executadas por instruções em microcódigo agora são realizadas pelo hardware de processador.[62] Hoje, muitos dispositivos de hardware, entre eles discos rígidos e dispositivos periféricos, contêm processadores em miniatura. As instruções desses processadores são comumente implementadas por meio de microcódigo.[63]

Revisão

1. (V/F) Não há instruções menores do que em linguagem de máquina.
2. Descreva o papel do firmware em um sistema de computador.

Respostas:

1) Falso. O microcódigo especifica uma camada de programação abaixo da linguagem de máquina de um processador. 2) O firmware especifica instruções simples, fundamentais, necessárias para implementar instruções em linguagem de máquina.

2.10 Middleware

O software desempenha um papel importante em sistemas distribuídos nos quais computadores são ligados através de uma rede. Os computadores que compõem um sistema distribuído usualmente são heterogêneos — utilizam hardwares diferentes, executam sistemas operacionais diferentes e se comunicam por meio de diferentes arquiteturas de rede usando vários protocolos de rede. A natureza dos sistemas distribuídos requer um middleware para habilitar interações entre os diversos processos executados em um ou mais computadores através de uma rede.

O middleware permite que uma aplicação executada em um computador comunique-se com uma aplicação executada em um computador remoto, habilitando comunicações entre computadores em sistemas distribuídos. O middleware também permite que aplicações sejam executadas em plataformas de computação heterogêneas, contanto que cada computador tenha o middleware instalado. O middleware simplifica o desenvolvimento de aplicações porque os desenvolvedores não precisam conhecer os detalhes da maneira como ele executa suas tarefas e, portanto, podem se concentrar em desenvolver programas em vez de desenvolver protocolos de comunicação. **Conectividade aberta para banco de dados** (*Open DataBase Connectivity* — **ODBC**) é um exemplo de API para acesso a bancos de dados, que permite que aplicações acessem bancos de dados por meio de middleware, denominado unidade de ODBC. Ao desenvolverem tais aplicações, desenvolvedores precisam fornecer apenas o banco de dados com o qual a aplicação deve se conectar. A unidade de ODBC administra a conexão com o banco de dados e a recuperação da informação requisitada pela aplicação. Da Seção 17.3.1, "Middleware", à Seção 17.3.4, "CORBA (Common Object Request Broker Architecture)", são abordadas implementações e protocolos comuns de middleware que formam a espinha dorsal de muitos sistemas distribuídos.

Revisão

1. Quais os custos e benefícios da utilização de middleware?
2. Como o middleware facilita a construção de sistemas heterogêneos?

Respostas:

1) Middleware promove modularidade de programa e facilita programação de aplicações, porque o desenvolvedor não precisa escrever código para gerenciar interações entre processos. Entretanto, a comunicação entre middleware e processos incorre em custos adicionais em comparação com a comunicação direta. **2)** Middleware facilita a comunicação entre computadores que usam protocolos diferentes traduzindo mensagens para formatos diferentes à medida que passam entre transmissor e receptor.

Resumo

Um sistema operacional é primariamente um gerenciador de recursos, portanto o projeto desses sistemas está intimamente ligado aos recursos de software e hardware que devem gerenciar.

Uma PCB é um componente de hardware que fornece conexões elétricas entre dispositivos em vários lugares da placa. A placa principal é a PCB à qual estão ligados dispositivos como processadores e memória principal.

Um processador é um componente de hardware que executa um fluxo de instruções em linguagem de máquina. A CPU é um processador que executa as instruções de um programa; um co-processador executa instruções de uso específico (como gráficos ou áudio) eficientemente. Neste livro usamos o termo 'processador' para nos referirmos à CPU. Registradores são memórias de alta velocidade localizadas em um processador e que retêm dados para uso imediato do processador. Antes que um processador possa operar com os dados, esses devem ser colocados em registradores. O comprimento da instrução é o tamanho de uma instrução em linguagem de máquina; alguns processadores suportam vários comprimentos de instrução.

Tempo de computador é medido em ciclos; cada ciclo representa uma oscilação completa de um sinal elétrico fornecido pelo gerador de relógio do sistema. Velocidades de processador são comumente medidas em GHz (bilhões de ciclos por segundo).

A hierarquia da memória é um esquema de categorização, que posiciona a memória mais rápida e mais cara no topo e a mais lenta e menos dispendiosa embaixo. Tem um formato íngreme, piramidal, no qual a memória do registrador ocupa o nível mais alto da hierarquia, seguida da memória cache L1, memória cache L2, memória principal, armazenamento secundário e armazenamento terciário. A memória principal de um sistema é o armazenamento de dados de nível mais baixo da hierarquia da memória à que o processador pode se referir diretamente.

A memória principal é volátil, o que significa que ela perde seu conteúdo quando o sistema é desligado. Armazenamento secundário, como discos rígidos, CDs, DVDs e discos flexíveis, armazena persistentemente grandes quantidades de dados a um custo baixo por unidade de armazenamento.

Barramento é um conjunto de conexões elétricas delgadas chamadas pistas que transportam informações entre dispositivos de hardware. Uma porta é um barramento que conecta dois dispositivos. Canais de E/S são componentes de uso específico dedicados a tratar E/S, independentemente dos processadores principais do sistema do computador.

Dispositivo periférico é um hadware que não é requisitado por um computador para executar instruções. Impressoras, scanners e mouses são dispositivos periféricos; processadores e memória principal não são.

Existem alguns hardwares especificamente destinados a melhorar o desempenho e simplificar o projeto de sistemas operacionais. Sistemas de computador em geral têm diversos estados diferentes de execução. Para aplicações de usuário, o subconjunto de instruções que o usuário pode executar em modo usuário impede, por exemplo, a execução direta de instruções de entrada/saída. O sistema operacional ordinariamente executa com o estado usuário mais confiável em modo núcleo; em modo núcleo um processador pode executar instruções privilegiadas e acessar recursos para executar tarefas em nome dos processos. Proteção da memória, que impede que processos acessem memória que não lhes foi designada (como a memória de outros usuários e a memória do sistema operacional), é implementada por meio de registradores de processador que podem ser modificados somente por instruções privilegiadas. A maioria dos dispositivos envia um sinal denominado interrupção ao processador quando ocorre um evento. O sistema operacional pode responder a uma mudança no status do dispositivo notificando os processos que esperam por esses eventos.

E/S programada (PIO) é uma técnica pela qual um processador torna-se ocioso enquanto são transferidos dados entre um dispositivo e a memória principal. Ao contrário, o acesso direto à memória (DMA) habilita dispositivos e controladores a transferir diretamente blocos de dados de e para a memória principal, o que libera o processador para executar instruções de software.

Interrupções permitem que o hardware envie sinais ao processador, que notifica a interrupção ao sistema operacional. O sistema operacional decide que ação executar em resposta à interrupção.

Um computador contém vários tipos de relógios e temporizadores. Um temporizador de intervalo é útil para evitar que um processo monopolize um processador. Após um intervalo designado, o temporizador gera uma interrupção para atrair a atenção do processador; como resultado dessa interrupção o processador pode então ser designado a uma outra aplicação. O relógio de 24 horas segue o 'horário de relógio normal'.

Autocarregamento (*bootstrapping*) é o processo de carregamento dos componentes iniciais do sistema operacional na memória. Esse processo é realizado pelo BIOS de um computador.

Tecnologia plug-and-play permite que sistemas operacionais configurem um hardware recém-instalado sem interação do usuário. Para suportar plug-and-play, um dispositivo de hardware deve identificar-se inequivocamente no sistema operacional, comunicar-se com o sistema operacional para indicar os recursos e serviços que ele requer para funcionar adequadamente, e identificar o driver que suporta o dispositivo e permite que o software o configure (por exemplo, designa o dispositivo a um canal de DMA).

Caches são memórias relativamente rápidas projetadas para aumentar a velocidade de execução do programa mantendo cópias de dados que serão acessadas dentro de pouco tempo. Exemplos de caches são os caches de processador L1 e L2 e o cache da memória principal para discos rígidos.

Um buffer é uma área de armazenamento temporário que guarda dados durante transferências de E/S. A memória de buffer é usada primariamente para coordenar comunicação entre dispositivos que estão funcionando em velocidades diferentes. Buffers podem armazenar dados para processamento assíncrono, coordenar entrada/saída entre dispositivos que funcionam com velocidades diferentes ou permitir que sinais sejam entregues assincronamente.

Spooling é uma técnica de buffering (armazenamento temporário) pela qual um dispositivo intermediário, como um disco, é interposto entre um processo e um dispositivo de baixa velocidade ou de E/S limitado por buffer. O spooling permite que os processos requisitem operações de um dispositivo periférico sem exigir que o dispositivo esteja pronto para atender à requisição.

Linguagem de máquina, linguagem de montagem e linguagens de alto nível são três tipos de linguagem de programação. Linguagens de máquina consistem em cadeias de números (reduzidos a 1s e 0s) que instruem os computadores a executar suas operações mais elementares. Um computador pode entender somente sua própria linguagem de máquina. Linguagens de montagem representam instruções de linguagem de máquina usando abreviaturas semelhantes a palavras em inglês. Linguagens de alto nível permitem que programadores escrevam instruções que se assemelham ao inglês do dia-a-dia e contenham notações matemáticas comuns. Linguagens de alto nível cumprem tarefas mais substanciais com um número menor de comandos, mas exigem programas tradutores denominados compiladores para converter programas em linguagem de alto nível para linguagem de máquina. C, C++, Java e C# são exemplos de linguagens de alto nível.

Hoje, linguagens de alto nível tendem a ser de dois tipos, linguagens de programação estruturadas e linguagens de programação orientadas a objeto. Programação estruturada é uma abordagem disciplinada para a criação de programas claros, corretos e fáceis de modificar. Pascal e Fortran são linguagens de programação estruturadas. Programas orientados a objeto concentram-se na manipulação de objetos (substantivos) para criar software reutilizável, fácil de modificar e entender. C++, C# e Java são linguagens de programação orientadas a objeto.

APIs permitem que um programa requisite serviços de um sistema operacional. Programas chamam funções API que podem acessar o sistema operacional fazendo chamadas ao sistema.

Antes que um programa escrito em linguagem de alto nível possa ser executado, deve ser traduzido para código de máquina e carregado na memória. Compiladores convertem código em linguagem de alto nível para código de máquina. Ligadores designam endereços relativos a diferentes programas ou unidades de dados e resolvem referências externas entre subprogramas. Carregadores convertem esses endereços em endereços físicos e colocam o programa ou unidades de dados na memória principal.

A maioria dos computadores contém firmware que especifica instruções de software que fazem parte, fisicamente, de um dispositivo de hardware. Grande parte dos firmwares é programada com microprogramação, ou seja, uma camada de programação abaixo da linguagem de máquina de um computador.

Middleware habilita comunicação entre vários processos executados em um ou mais computadores através de uma rede. Ele facilita a construção de sistemas distribuídos heterogêneos e simplifica programação de aplicações.

Exercícios

2.1 Qual a diferença entre hardware, software e firmware?

2.2 Dados os seguintes dispositivos de hardware:
  i. placa principal
  ii. processador
  iii. barramento
  iv. memória
  v. disco rígido
  vi. dispositivo periférico
  vii. dispositivo de armazenamento terciário
  viii. registrador
  ix. cache

indique quais desses dispositivos é melhor definido por cada uma das seguintes opções. (Alguns itens podem ter mais de uma resposta.)
  a. executa instruções de programa
  b. não é requerido para que um computador execute instruções de programa
  c. meio de armazenamento volátil
  d. a PCB que conecta os processadores de um sistema à memória, ao armazenamento secundário e a dispositivos periféricos
  e. memória mais rápida de um sistema de computador
  f. conjunto de pistas que transmite dados entre dispositivos de hardware
  g. memória rápida que melhora o desempenho da aplicação
  h. nível mais baixo de memória na hierarquia da memória, à qual um processador pode se referir diretamente

2.3 Velocidades de processadores vêm dobrando aproximadamente a cada 18 meses. O desempenho geral do computador dobrou à mesma taxa? Por que sim ou por que não?

2.4 Classifique a lista seguinte da memória mais rápida e mais cara para a memória mais lenta e menos dispendiosa: armazenamento secundário, registradores, memória principal, armazenamento terciário, cache L2, cache L1. Por que sistemas contêm diversos armazéns de dados de diferentes tamanhos e velocidades? Qual a motivação que está por trás do caching?

2.5 Cite alguns custos e benefícios da utilização de RAM não volátil em todos os caches e na memória principal.

2.6 Por que é importante suportar arquiteturas legadas?

2.7 Relacione o princípio do menor privilégio com os conceitos de modo usuário, modo núcleo e instruções privilegiadas.

2.8 Descreva diversas técnicas de implementação de proteção da memória.

2.9 Buffering duplo é uma técnica que permite que um canal de E/S e um processador funcionem em paralelo. Na entrada de buffer duplo, por exemplo, enquanto um processador consome um conjunto de dados em um buffer, o canal lê o próximo conjunto de dados para outro buffer de modo que os dados (espera-se) estejam prontos para o processador. Explique detalhadamente como um esquema de buffer triplo poderia funcionar. Em que circunstâncias o buffering triplo seria efetivo?

2.10 Descreva duas técnicas diferentes para tratar as comunicações entre um processador e dispositivos.

2.11 Explique como o DMA melhora o desempenho do sistema e o roubo de ciclos.

2.12 Por que é apropriado que controladores de canal roubem ciclos de processadores quando acessam memória?

2.13 Explique o conceito de spooling e por que é útil. Como você acha que funciona um sistema de entrada por spooling projetado para ler cartões perfurados de uma leitora de cartões?

2.14 Considere os seguintes tipos de linguagens de programação:
  i. linguagem de máquina
  ii. linguagem de montagem
  iii. linguagem de alto nível
  iv. linguagem de programação orientada a objeto
  v. linguagem de programação estruturada

Indique quais dessas categorias é mais bem definida por cada uma das seguintes opções. (Alguns itens podem ter mais de uma resposta.)
  a. concentra-se em manipular coisas (substantivos)
  b. requer um programa tradutor para converter o código em algo que algum processador específico possa entender
  c. é escrita usando 1s e 0s
  d. define uma abordagem disciplinada para o desenvolvimento de software e concentra-se em ações (verbos)
  e. especifica operações básicas de computador usando como instruções abreviaturas parecidas com palavras em inglês
  f. Java e C++
  g. Fortran e Pascal
  h. permite que programadores escrevam código usando palavras inglesas do dia-a-dia e notação matemática

2.15 Descreva brevemente como um programa escrito em uma linguagem de alto nível é preparado para execução.

2.16 Quais as semelhanças e diferenças entre carregadores absolutos e carregadores realocáveis. Cite diversas motivações para o conceito de carregamento realocável.

2.17 O que é microprogramação? Por que o termo 'firmware' é apropriado para descrever microcódigo que faz parte de um dispositivo de hardware?

Projetos sugeridos

2.18 Elabore um trabalho de pesquisa sobre MRAM, uma forma de RAM não volátil (consulte www.research.ibm.com/resources/news/20030610_mram.shtml).

2.19 Elabore um trabalho de pesquisa sobre armazenamento MEMS (MicroElectroMechanical System), um dispositivo de armazenamento secundário que pretende melhorar tempos de acesso em discos rígidos (visite www.pdl.cmu.edu/MEMS).

2.20 Pesquise a diferença entre a interface SCSI e a interface IDE para dispositivos de armazenamento secundário. Por que a IDE tornou-se a opção mais popular?

2.21 Elabore um trabalho de pesquisa sobre o projeto e a implementação da estrutura .NET da Microsoft.

Notas

1. D. A. Wheeler, "More than a gigabuck: estimating GNU/Linux's size", 30 jun. 2001, atualizado em 29 jul. 2002, versão 1.07, www.dwheeler.com/sloc/.
2. S. Gilheany, "Evolution of Intel microprocessors: 1971 to 2007", Berghell Associates, 28 mar. 2002, www.berghell.com/whitepapers/Evolution%20of%20Intel%20Microprocessors%201971%20to%202007.pdf.
3. "Processors", *PCTechGuide*, www.pctechguide.com/02procs.htm.
4. "Registers", *PCGuide*, www.pcguide.com/ref/cpu/arch/int/compRegisters-c.html.
5. "PowerPC microprocessor family: programming environments manual for 64- and 32-bit microprocessors, ver. 2.0", *IBM*, 10 jun. 2003.
6. "Clock signals, cycle time and frequency", *PCGuide.com*, 17 abr. 2001, www.pcguide.com/intro/fun/clock.htm.
7. "IA-32 Intel architecture software developer's manual", *System Programmer's Guide*, v. 1, 2002, p. 41.
8. J. De Gelas, "Ace's guide to memory technology", *Ace's Hardware*, 13 jul. 2000, www.aceshardware.com/Spades/read.php?article_id=5000172.
9. "Hard disk drives", *PCGuide*, 17 abr. 2001, www.pcguide.com/ref/hdd/.
10. "System bus functions and features", *PCGuide*, www.pcguide.com/ref/mbsys/buses/func.htm.
11. D. Gifford e A. Spector, "Case study: IBM's system/360-370 architecture", *Communications of the ACM*, v. 30, nº 4, abr. 1987, p. 291-307.
12. "PCI express", *PCI-SIG*, www.pcisig.com/specifications/pciexpress/.
13. T. A. Scott, "Illustrating programmed and interrupt driven I/O", *Proceedings of the Seventh Annual CCSC Midwestern Conference on Small Colleges*, out. 2000, p. 230-238.
14. J. Hennessy e D. Patterson, *Computer organization and design*. São Francisco: Morgan Kaufmann Publishers, 1998, p. 680-681.
15. "DMA channel function and operation", *PCGuide.com*, www.pcguide.com/ref/mbsys/res/dma/func.htm.
16. "Peripheral device", *Webopedia*, 14 dez. 2001, www.webopedia.com/TERM/P/peripheral_device.html.
17. "Serial port", *CNET Glossary*, www.cnet.com/Resources/Info/Glossary/Terms/serialport.html.
18. "Serial port", *CNET Glossary*, www.cnet.com/Resources/Info/Glossary/Terms/serialport.html.
19. "USB", *Computer Peripherals*, peripherals.about.com/library/glossary/bldefusb.htm.
20. P. Liu e D. Thompson, "IEEE 1394: changing the way we do multimedia communications", *IEEE Multimedia*, abr. 2000, www.computer.org/multimedia/articles/firewire.htm.
21. "IDE/ATA vs. SCSI: interface drive comparison", *PCGuide.com*, www.pcguide.com/ref/hdd/if/comp.htm.
22. "SCSI FAQ", www.faqs.org/faqs/scsi-faq/part1/.
23. www.scsita.org/aboutscsi/termsTermin.html.
24. D. Gifford e A. Spector, "Case study: IBM's system/360-370 architecture", *Communications of the ACM*, v. 30, nº 4, abr. 1987, p. 291-307.
25. P. Denning, "Virtual memory", *ACM Computing Surveys*, v. 2, nº 3, set. 1970, p. 153-189.
26. "Intel developer forum day 3 — more from the tech showcase", *Anandtech.com*, 20 fev. 2003, www.anandtech.com/showdoc.html?i=1791&p=2.
27. "Plug and play technology", *Microsoft Windows Platform Development*, 21 mar. 2003, www.microsoft.com/hwdev/tech/pnp/default.asp.
28. "Plug and play for Windows 2000 and Windows XP", *Microsoft Windows Platform Development*, 21 mar. 2003, www.microsoft.com/hwdev/tech/PnP/PnPNT5_2.asp.
29. A. Smith, "Cache memories", *ACM Computing Surveys*, v. 14, nº 3, set. 1982, p. 473-530.
30. "Buffer", *Data Recovery Glossary*, www.datarecoverygroup.com/glossary/buffer.html.
31. "Buffer", *Webopedia*, 1º set. 1997, www.webopedia.com/TERM/B/buffer.html.
32. "Definition: buffer", *FS-1037*, 23 ago. 1996, www.its.bldrdoc.gov/fs-1037/dir-005/_0739.htm.
33. "Spooling", *Sun Product Documentation: Glossary, Solaris 2.4 System Administrator AnswerBook*, docs.sun.com/db/doc/801-6628/6i108opae?a=view.
34. R. L. Glass, "An elementary discussion of compiler/interpreter writing", *ACM Computing Surveys (CSUR)*, v. 1, nº 1, jan. 1969.
35. "Interpreter (computer software)", *Wikipedia, The Free Encyclopedia*, 19 fev. 2003, www.wikipedia.org/wiki/Interpreter_(computer_software).
36. L. Presser e J. White, "Linkers and loaders", *ACM Computer Surveys*, v. 4, nº 3, set. 1972, p. 149-151.
37. "Object code", 7 abr. 2001, whatis.techtarget.com/definition/0,,sid9_gci539287,00.html.
38. A. Aho e J. Ullman, *Principles of compiler design*. Reading, MA: Addison Wesley, 1977, p. 6-7.
39. "Compiler", *IBM Reference/Glossary*, www-1.ibm.com/ibm/history/reference/glossary_c.html.
40. L. Presser e J. White, "Linkers and loaders", *ACM Computer Surveys*, v. 4, nº 3, set. 1972, p. 153.
41. J. Levine, *Linkers and loaders*. São Francisco: Morgan Kaufman Publishers, 2000, p. 5.
42. L. Presser e J. White, "Linkers and loaders", *ACM Computer Surveys*, v. 4, nº 3, set. 1972, p. 164.
43. J. Levine, *Linkers and loaders*. São Francisco: Morgan Kaufman Publishers, 2000, p. 6.
44. L. Presser e J. White, "Linkers and loaders", *ACM Computer Surveys*, v. 4, nº 3, set. 1972, p. 151.
45. Carnegie-Mellon University, "The mach project home page", 21 fev. 1997, www-2.cs.cmu.edu/afs/cs/project/mach/public/www/mach.html.
46. Microsoft Corporation, "Microsoft–Press pass rick rashid biography", 2003, www.microsoft.com/presspass/exec/rick/default.asp.
47. I. Westmacott, "The UNIX vs. NT Myth", jul. 1997, webserver.cpg.com/wa/2.6.
48. Carnegie-Mellon University, "The mach project home page", 21 fev. 1997, www-2.cs.cmu.edu/afs/cs/project/mach/public/www/mach.html.
49. Apple Computer, Inc., "Mac OS x Technologies-Darwin", 2003, www.apple.com/macosx/technologies/darwin.html.
50. Free Software Foundation, "GNU Mach", 26 maio 2003, www.gnu.org/software/hurd/gnumach.html.
51. R. Rashid et al., "Mach: a system software Kernel", *Proceedings of the 1989 IEEE International Conference, COMPCON 89*, fev. 1989, ftp://ftp.cs.cmu.edu/project/mach/doc/published/syskernel.ps.

52. G. Coulouris, J. Dollimore e T Kindberg, "UNIX Emulation in Mach and Chorus". In: *Distributed systems: concepts and design*. Reading, MA: Addison Wesley, 1994, p. 597-584, www.cdk3.net/oss/Ed2/UNIXEmulation.pdf.
53. R. Rashid et al., "Mach: a system software Kernel", *Proceedings of the 1989 IEEE International Conference, COMPCON 89*, fev. 1989, ftp://ftp.cs.cmu.edu/project/mach/doc/published/syskernel.ps.
54. G. Coulouris, J. Dollimore e T Kindberg, "UNIX emulation in Mach and Chorus". In: *Distributed systems: concepts and design*. Reading, MA: Addison Wesley, 1994, p. 597-584, www.cdk3.net/oss/Ed2/UNIXEmulation.pdf.
55. R. Rashid et al., "Mach: a system software Kernel", *Proceedings of the 1989 IEEE International Conference, COMPCON 89*, fev. 1989, ftp://ftp.cs.cmu.edu/project/mach/doc/published/syskernel.ps.
56. R. Rashid et al., "Mach: a system software Kernel", *Proceedings of the 1989 IEEE International Conference, COMPCON 89*, fev. 1989, ftp://ftp.cs.cmu.edu/project/mach/doc/published/syskernel.ps.
57. L. Presser e J. White, "Linkers and loaders", *ACM Computer Surveys*, vol. 4, nº 3, set. 1972, p. 150.
58. J. Hennessy e D. Patterson, *Computer organization and design*. São Francisco: Morgan Kaufmann Publishers, 1998, p. 399-400.
59. T. Rauscher e P. Adams, "Microprogramming: a tutorial and survey of recent developments", *IEEE Transactions on Computers*, v. C-29, nº 1, jan. 1980, p. 2-20.
60. J. Hennessy e D. Patterson, *Computer organization and design*. São Francisco: Morgan Kaufmann Publishers, 1998, p. 424-425.
61. M. Wilkes, "The best way to design an automatic calculating machine", *Report of the Machine University Computer Inaugural Conference*, Manchester University, jul. 1951, p. 16-18.
62. J. Hennessy e D. Patterson, *Computer organization and design*. São Francisco: Morgan Kaufmann Publishers, 1998, p. 424-425.
63. "Firmware", *PCGuide*, 17 abr. 2001, www.pcguide.com/ref/hdd/op/logicFirmware-c.html.

Parte 2
Processos e threads

Era surpreendente que a Natureza tivesse prosseguido tranqüilamente com seu dourado processo em meio a tantas diabruras.
Stephen Crane

Para conseguir desempenho máximo e atender às necessidades dos usuários, os sistemas operacionais executam muitas atividades simultaneamente usando as abstrações de processo e thread para manter o controle das atividades paralelas. Nos seis capítulos seguintes, você estudará como sistemas operacionais gerenciam processos e threads para garantir que coexistam pacificamente, cooperem sem percalços e não colidam uns com os outros enquanto se ocupam de suas tarefas. Você aprenderá a escrever suas próprias aplicações Java de forma multithread. Às vezes processos e threads precisam esperar quando há alguma contenda por recursos — você estudará adiamento indefinido e deadlock (impasse) —, problemas que podem sobrevir se entidades que estão à espera não forem gerenciadas adequadamente. Para manter processos e threads progredindo eficientemente, você aprenderá como sistemas operacionais planejam o uso de seu mais valioso recurso de hardware: processadores.

Não há nada mais indispensável em negócios do que o despacho.
Joseph Addison

Capítulo 3

Conceito de processos

Aprenda a trabalhar e a esperar.
Henry Wadsworth Longfellow

Muitos correrão para lá e para cá, e o conhecimento aumentará.
Daniel 12:2

Você acordará, e lembrará, e entenderá.
Robert Browning

Objetivos

Este capítulo apresenta:
- *O conceito de um processo.*
- *O ciclo de vida de um processo.*
- *Estados de processo e transições de estado.*
- *Blocos de controle de processos (PCBs) / descritores de processos.*
- *Como processadores transitam entre processos via chaveamento de contexto.*
- *Como interrupções habilitam o hardware a se comunicar com o software.*
- *Como processos conversam uns com os outros via comunicação interprocessos (IPC).*
- *Processos UNIX.*

3.1 Introdução

Muitos sistemas na natureza têm a capacidade de realizar várias ações ao mesmo tempo. Por exemplo, o corpo humano realiza uma grande variedade de operações em paralelo — ou, como diremos, **concorrentemente**. Respiração, circulação do sangue, digestão, pensar, andar, por exemplo, podem ocorrer concorrentemente. De modo semelhante, todos os sentidos — visão, tato, olfato, paladar e audição — podem acontecer simultaneamente. Os computadores também executam operações concorrentemente. É comum um computador de mesa (desktop) compilar um programa, enviar um arquivo a uma impressora, exibir uma página Web, apresentar um videoclipe digital e receber mensagens de correio eletrônico concorrentemente (veja o quadro "Reflexões sobre sistemas operacionais, Afinal, os clientes querem aplicações").

Neste capítulo apresentamos formalmente o conceito de **processo**, fundamental para entender como os sistemas de computador atuais realizam e controlam muitas atividades simultâneas. Apresentamos algumas das definições mais populares de processo. Introduzimos o conceito de **estados de processo** distintos e discutimos como e por que processos transitam entre esses estados. Abordamos também várias operações que os sistemas operacionais realizam para atender aos processos, como criar, destruir, suspender, retomar e acordar processos.

3.1.1 Definição de processo

O termo 'processo' no contexto de sistemas operacionais foi usado pela primeira vez pelos projetistas do sistema Multics na década de 60 (veja o "Miniestudo de caso, CTTS e Multics" e no site do livro a "Biografia, Fernando J. Corbató").[1] Desde aquela época o termo processo, de certo modo usado intercambiavelmente com **tarefa**, já havia ganho muitas definições como: um programa em execução; uma atividade assíncrona; o 'espírito animado' de um procedimento; o 'locus de controle' de um procedimento em execução; aquilo que é manifestado pela existência de uma estrutura de dados denominada 'descritor de processo' ou 'bloco de controle de processo' no sistema operacional; aquela entidade às quais os processadores são designados; e a unidade 'de despacho'. Um programa é para um processo o que a partitura é para a orquestra sinfônica.

Reflexões sobre sistemas operacionais

Afinal, os clientes querem aplicações

Em última instância, computadores existem para executar aplicações úteis. Projetistas de sistemas operacionais podem perder isso de vista porque tendem a se preocupar com questões técnicas complexas de arquitetura e engenharia de sistemas operacionais. Mas eles não podem operar no vácuo; precisam conhecer sua comunidade de usuários; os tipos de aplicações que esses usuários estarão executando e que resultados realmente querem dessas aplicações. As lojas de hardware vendem muitas ferramentas para ajudar você a cumprir tarefas comuns. O projetista de ferramentas precisa estar consciente de que são poucas as pessoas interessadas em simplesmente comprar ferramentas; ao contrário, elas compram as ferramentas para as tarefas que realizam. Na verdade, os clientes não querem serras, machados e furadeiras — eles querem cortar, pregar madeira e fazer orifícios.

Miniestudo de caso

CTTS e Multics

No início da década de 1960, uma equipe de programadores do Projeto MAC do MIT, liderada pelo professor Fernando Corbató, desenvolveu o sistema de tempo compartilhado compatível (Compatible Time-Sharing System – CTSS) que permitia aos usuários controlar a capacidade de computação de um IBM 7090 (que eventualmente tornou-se um IBM 7094) por meio de terminais semelhantes a uma máquina de escrever.[2, 3] O CTSS executava um fluxo de lote convencional para manter o computador trabalhando enquanto dava respostas rápidas a usuários interativos que editavam e depuravam programas. As capa-

(continua)

(continuação)

cidades de computação fornecidas pelo CTSS assemelhavam-se às fornecidas hoje aos usuários de computadores pessoais — ou seja, um ambiente altamente interativo no qual o computador dá respostas rápidas a grandes números de requisições relativamente triviais.

Em 1965 o mesmo grupo do MIT, em cooperação com o Bell Labs e a GE, começou a trabalhar no sistema operacional Multics (Multiplexed Information and Computing Service) o sucessor do CTSS. O Multics era um sistema grande e complexo; os projetistas imaginaram uma utilidade de computação de uso geral que podia ser do tipo 'tudo para todos'. Embora não tenha alcançado sucesso comercial, foi usado por vários centros de pesquisa até que o último sistema foi desligado em 2000.[4]

Uma variedade de características do Multics influenciou o desenvolvimento de sistemas operacionais futuros, entre eles o UNIX, o TSS/360, o TENEX e o TOPS-20.[5] O Multics usava uma combinação de segmentação e paginação para seu sistema de memória virtual, sendo a paginação controlada somente pelo sistema operacional, enquanto segmentos também eram tratados por programas de usuários.[6] Foi um dos primeiros sistemas operacionais a ser escrito em uma linguagem de programação de sistemas de alto nível, a PL/I da IBM[7,8]. Seus projetistas cunharam o termo 'processo' do modo como é usado correntemente em sistemas operacionais. O Multics foi construído para ser seguro. Possuía um mecanismo de acesso discricionário denominado **ACL** (*Access Control List*, lista de controle de acesso), uma lista de permissões em um segmento de memória que os usuários do UNIX achariam familiar. Versões posteriores incluíam um controle de acesso obrigatório, **AIM** (*Access Isolation Mechanism*, mecanismo de isolamento de acesso), um aperfeiçoamento do ACL pelo qual eram designados níveis de segurança a todos os usuários e objetos, o que ajudou o Multics a se tornar o primeiro sistema operacional a conseguir uma classificação de segurança B2 do governo dos Estados Unidos.[9,10,11] Em 1976 foi escrito o primeiro sistema comercial de banco de dados relacional, o **Multics Relational Data Store**.[12]

Há dois conceitos fundamentais apresentados por essas definições. Primeiro, *um processo é uma entidade*. Cada processo tem seu próprio espaço de endereço, que normalmente consiste em uma **região de texto**, uma **região de dados** e uma **região de pilha**. A região de texto armazena o código que o processador executa. A região de dados armazena variáveis e memória alocada dinamicamente, que o processo usa durante a execução. A região de pilha armazena instruções e variáveis locais para chamadas ativas ao procedimento. O conteúdo da pilha cresce à medida que um processo emite chamadas aninhadas ao procedimento, e diminui quando o procedimento chamado retorna.[13] Segundo, *um processo é 'um programa em execução'*. Um programa é uma entidade inanimada; somente quando um processador lhe 'sopra vida' é que ele se torna a entidade ativa que chamamos de processo.

Revisão

1. Por que o espaço de endereço de um processo é dividido em várias regiões?
2. (V/F) Os termos 'processo' e 'programa' são sinônimos.

Respostas: **1)** Cada região de um espaço de endereço comumente contém informações que são acessadas de um modo similar. Por exemplo, a maioria dos processos lê e executa instruções, mas não modifica suas instruções. Processos lêem e escrevem de e para a pilha, mas na ordem 'último a entrar, primeiro a sair'. Processos lêem e escrevem dados em qualquer ordem. Separar o espaço de endereço de um processo em diferentes regiões habilita o sistema operacional a impor essas regras de acesso. **2)** Falso. Um processo é um programa em execução; um programa é uma entidade inanimada.

3.2 Estados de processo: ciclo de vida de um processo

O sistema operacional deve assegurar que cada processo receba uma quantidade suficiente de tempo de processador. Em qualquer sistema, o número de processos verdadeiramente executados em concorrência é obrigatoriamente igual ao número de processadores mas, em geral, há um número muito maior de processos do que de processadores em um sistema. Portanto, a qualquer dado instante, alguns processos podem ser executados, outros não.

Durante seu tempo de vida um processo passa por uma série de **estados de processo** distintos. Vários eventos podem fazer que um processo mude de estado. Diz-se que um processo está *executando* (ou seja, no **estado de execução**) se estiver executando em um processador. Diz-se que um processo está *pronto* (ou seja, em **estado 'de pronto'**) quando poderia executar em um processador se houvesse algum disponível. Diz-se que um processo está *bloqueado* (ou seja, no **estado bloqueado**) se estiver esperando que algum evento aconteça (tal como um **evento de conclusão de E/S**, por exemplo) antes de poder prosseguir. Há outros estados de processo, mas, por enquanto, vamos nos concentrar nesses três.

Por questão de simplicidade, consideraremos um sistema uniprocessador, embora a extensão para o multiprocessamento (veja o Capítulo 15, "Gerenciamento de multiprocessador") não seja difícil. Em um sistema uniprocessador apenas um processo pode ser *executado* por vez, mas diversos outros podem estar *prontos* e diversos, *bloqueados*. O sistema operacional mantém uma **lista de prontos**, de processos *prontos*, e uma **lista de bloqueados**, de processos *bloqueados*. A lista de prontos é organizada por ordem de prioridade, de modo que o processo seguinte a receber o processador será o primeiro da lista (o processo de prioridade mais alta). A lista de bloqueados é tipicamente desordenada — os processos não se tornam **desbloqueados** (ou seja, *prontos*) na ordem de prioridade; são desbloqueados na ordem em que ocorrem os eventos pelos quais estão esperando. Como veremos mais adiante, nesses casos é comum priorizar os processos em espera.

Revisão

1. (V/F) A qualquer dado instante somente um processo pode executar instruções em um computador.
2. Um processo entra no estado de *bloqueado* quando está esperando que um evento ocorra. Cite diversos eventos que podem fazer um processo entrar em estado de *bloqueado*.

Respostas: **1)** Falso. Um computador multiprocessador pode ter tantos processos em execução quantos são os processadores. **2)** Um processo pode entrar em estado de bloqueado se emitir uma requisição de dados localizados em um dispositivo de latência alta, tal como um disco rígido, ou requisições de um recurso que está alocado a um outro processo e indisponível naquele momento (por exemplo, uma impressora). Um processo também pode ficar bloqueado até que ocorra um evento, como a utilização de teclado ou a movimentação do mouse pelo usuário.

3.3 Gerenciamento de processo

Como o sistema operacional intercala a execução de seus processos, deve gerenciá-los cuidadosamente para assegurar que não ocorra nenhum erro quando eles são interrompidos e retomados. Os processos devem poder comunicar-se com o sistema operacional para executar tarefas simples como iniciar um novo processo ou sinalizar o fim da execução do processo. Nesta seção discutiremos como sistemas operacionais prestam certos serviços fundamentais aos processos — entre os quais criar processos, destruir processos, suspender processos, retomar processos, alterar a prioridade de um processo, bloquear processos, acordar processos, despachar processos, capacitar processos para interagir via comunicação interprocessos (*Interprocess Communication* — IPC) e outros. Discutiremos também como sistemas operacionais gerenciam recursos de processos para permitir que vários processos disputem ativamente o tempo do processador ao mesmo tempo.

3.3.1 Estados de processos e estados de transição

Quando um usuário executa um programa, processos são criados e inseridos na lista de prontos. Um processo vai passando para o topo da lista à medida que outros concluem sua vez de usar o processador. Quando um processo chega ao topo da lista e há um processador disponível, aquele processo é designado a um processador e diz-se que ele fez uma **transição de estado**, passando do estado de *pronto* para o estado de *execução* (Figura 3.1). O ato de designar um processador ao primeiro processo da lista de prontos é denominado **despacho**, e é realizado por uma entidade do sistema denominada **despachante**. Diz-se que processos que estão nos estados de *pronto* ou de *execução* estão acordados porque disputam ativamente tempo de processador. O sistema operacional gerencia transições de estado para melhor servir aos processos no sistema. Para evitar que qualquer um dos processos monopolize o sistema, acidental ou maliciosamente, o sistema operacional estabelece um **relógio de interrupção em hardware** (também denominado **temporizador de intervalo**) que permite que o processo execute durante um intervalo de tempo específico ou **quantum**. Se o processo não devolver o processador voluntariamente antes que o intervalo de tempo expire, o relógio de interrupção gera uma interrupção, fazendo que o sistema operacional obtenha o controle do processador (veja Seção 3.4 "Interrupções"). Então o sistema operacional muda o estado do processo, que estava anteriormente *em execução*, para *pronto* e despacha o primeiro processo da lista de prontos, mudando seu estado de *pronto* para *em execução*. Se um processo *em execução* iniciar uma operação de entrada/saída antes do seu quantum expirar e, conseqüentemente, tiver de esperar que a operação E/S seja concluída antes de poder usar o processador novamente, o processo *em execução* entregará voluntariamente o processador. Nesse caso, diz-se que o processo **bloqueou** a si mesmo, deixando em suspenso a conclusão da operação de E/S. Diz-se que processos no estado *bloqueado* estão adormecidos porque não podem executar mesmo que um processador fique disponível. O único outro estado de transição permitido em nosso modelo de três estados ocorre quando uma operação de E/S (ou algum outro evento pelo qual o processo esteja esperando) é concluído. Nesse caso o sistema operacional promove a transição do processo do estado *bloqueado* para o estado de *pronto*.

Definimos quatro estados de transição possíveis. Quando um processo é despachado, ele transita de *pronto* para *em execução*. Quando o quantum de um processo expira, ele transita de *em execução* para *pronto*. Quando um processo é

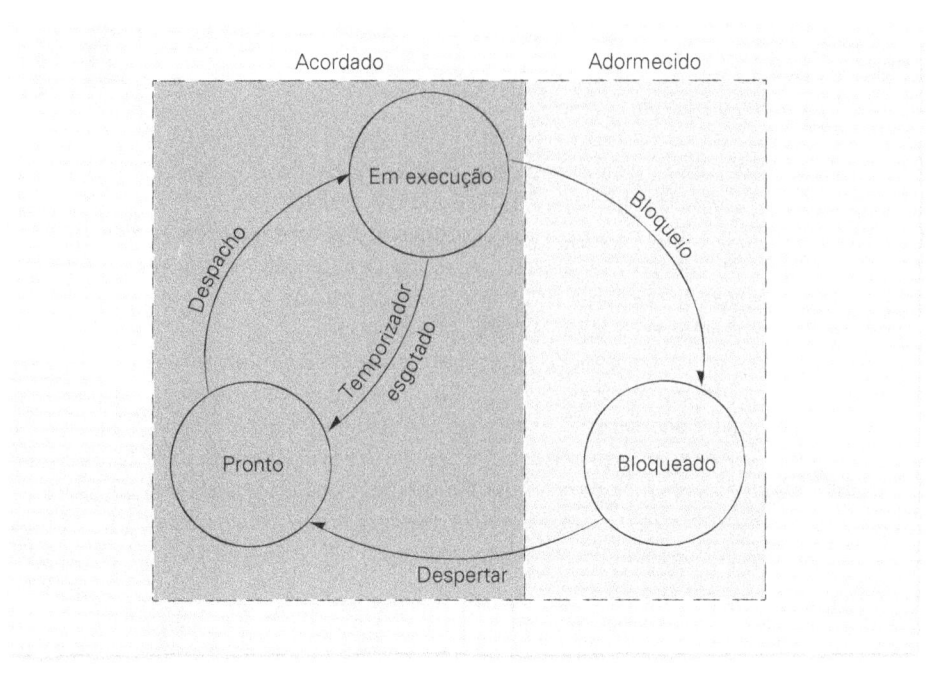

Figura 3.1 | *Transições de estado de processos.*

bloqueado, ele transita de *em execução* para *bloqueado*. Por fim, quando um processo acorda devido à conclusão de algum evento pelo qual está esperando, ele transita de *bloqueado* para *pronto*. Note que o único estado de transição iniciado pelo próprio processo de usuário é o bloqueio — as outras três transições são disparadas pelo sistema operacional.

Nesta seção assumimos que o sistema operacional designa um quantum a cada processo. Alguns sistemas operacionais mais antigos, que executavam com processadores que não dispunham de relógios de interrupção, empregavam **multitarefa cooperativa**, significando que cada processo deve devolver voluntariamente o processador no qual está executando antes que um outro processo possa executar. Entretanto, multitarefa cooperativa é raramente usada nos sistemas atuais porque permite que processos monopolizem um processador, acidental ou maliciosamente (por exemplo, entrando em laço infinito ou simplesmente recusando-se a entregar o processador na hora certa).

Revisão

1. Como o sistema operacional impede que um processo monopolize um processador?
2. Qual a diferença entre processos que estão acordados e processos que estão adormecidos?

Respostas: 1) Um relógio de interrupção gera uma interrupção após um quantum de tempo especificado, e o sistema operacional despacha um outro processo para executar. O processo interrompido executará novamente quando alcançar o topo da lista de prontos e um processador ficar disponível novamente. 2) Um processo acordado está disputando ativamente um processador; um processo adormecido não pode usar um processador mesmo que haja um disponível.

3.3.2 Blocos de controle de processos (PCBs) / Descritores de processo

O sistema operacional normalmente executa diversas operações quando cria um processo. Primeiro, deve ser capaz de identificar cada processo; portanto, designa ao processo um **número de identificação de processo** (*Process Identification Number* – **PID**). Em seguida o sistema operacional cria um **bloco de controle de processo** (*Process Control Block* – **PCB**), também denominado **descritor de processo**, que mantém as informações que o sistema operacional necessita para gerenciar o processo. Os PCBs comumente incluem informações como:

- PID
- estado do processo (por exemplo, *em execução, pronto* ou *bloqueado*)
- **contador de programa** (um valor que determina qual instrução o processo deve executar em seguida)
- prioridade de escalonamento
- credenciais (dados que determinam os recursos que esse processo pode acessar)
- um ponteiro para o **processo-pai** (o processo que criou esse processo)

- ponteiros para os **processos-filho** (processos criados por esse processo), caso existam
- ponteiros para localizar os dados e instruções do processo na memória
- ponteiros para recursos alocados (tais como arquivos)

O PCB também armazena o conteúdo dos registradores, denominado **contexto de execução**, do processador no qual o processo estava executando da última vez, quando fez a transição de saída do estado *de execução*. O contexto de execução de um processo é específico da arquitetura, mas inclui, tipicamente, o conteúdo de registradores de uso geral (que contêm dados de processo que o processador pode acessar diretamente), além de registradores de gerenciamento de processo, como registradores que armazenam ponteiros para o espaço de endereço de um processo. Isso habilita o sistema operacional a restaurar o contexto de execução de um processo quando esse voltar ao estado *de execução*.

Quando um processo transita de um estado para outro, o sistema operacional tem de atualizar informações no PCB do processo. Normalmente o sistema operacional mantém ponteiros para cada PCB do processo em uma **tabela de processo** no âmbito total do sistema ou por usuário, para poder acessar o PCB rapidamente (Figura 3.2). A tabela de processo é uma das muitas estruturas de dados dos sistemas operacionais que discutimos neste texto (veja o quadro "Reflexões sobre sistemas operacionais, Estruturas de dados em sistemas operacionais"). Quando um processo é encerrado (voluntariamente ou pelo sistema operacional), o sistema operacional libera a memória e outros recursos do processo, retira o processo da tabela de processos e disponibiliza sua memória e outros recursos para outros processos. Discutiremos outras funções de manipulação de processo no momento oportuno.[14]

Revisão

1. Qual a finalidade da tabela de processos?
2. (V/F) A estrutura de um PCB depende da implementação do sistema operacional.

Respostas: 1) A tabela de processos habilita o sistema operacional a localizar o PCB de cada processo. 2) Verdadeiro.

3.3.3 Operações de processo

Sistemas operacionais devem ser capazes de executar certas operações de processo, entre elas:
- criar um processo
- destruir um processo
- suspender um processo
- retomar um processo
- alterar a prioridade de um processo

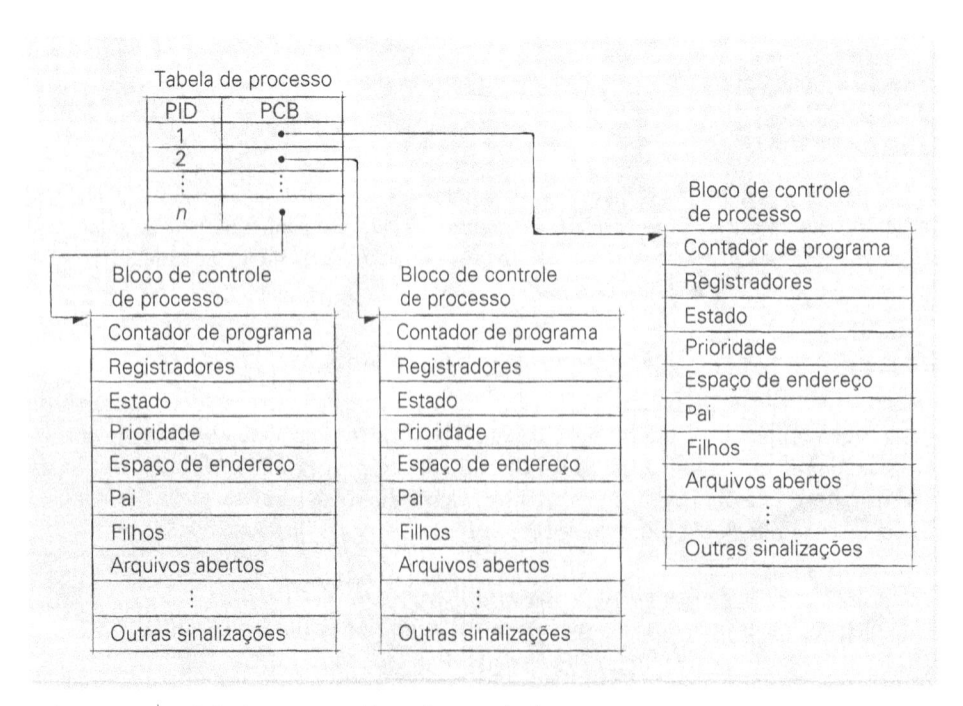

Figura 3.2 | Tabela de processo e blocos de controle de processo.

Reflexões sobre sistemas operacionais

Estruturas de dados em sistemas operacionais

Estudantes de ciência da computação em geral estudam estruturas de dados em várias disciplinas do curso, tanto como tópico principal, quanto como parte de vários cursos avançados de computação, como compiladores, bancos de dados, redes e sistemas operacionais. Estruturas de dados são usadas abundantemente em sistemas operacionais. Filas são utilizadas sempre que entidades precisam esperar — processos esperando por um processador, requisições de E/S esperando que os dispositivos fiquem disponíveis, processos esperando por acesso às suas seções críticas e assim por diante. Pilhas são usadas para suportar o mecanismo de retorno da chamada à função. Árvores são empregadas para representar estruturas de diretório de sistemas de arquivos, para controlar a alocação de espaço em disco a arquivos, para montar estruturas hierárquicas de diretórios de página para suporte de tradução de endereços virtuais e assim por diante. Grafos são usados quando se estudam organizações de redes, grafos de alocação de recursos de deadlock (impasse) e coisas semelhantes. Tabelas de hash são utilizadas para acessar PCBs rapidamente (usando um PID como chave).

- bloquear um processo
- acordar um processo
- despachar um processo
- habilitar um processo a se comunicar com outro (denominado comunicação interprocessos)

Um processo pode **gerar** um novo processo. Se o fizer, o processo criador é denominado **processo-pai**, e o processo criado é denominado **processo-filho**. Cada processo-filho é criado por exatamente um processo-pai, criação que leva a uma **estrutura hierárquica de processos** semelhante à da Figura 3.3, na qual cada filho tem somente um pai (por exemplo, A é o único pai de C; H é o único pai de I), mas cada pai pode ter muitos filhos (por exemplo, B, C e D são os filhos de A; F e G são os filhos de C). Em sistemas baseados em UNIX, como o Linux, são gerados muitos processos do processo *init*, que é criado quando o núcleo é carregado (Figura 3.4). No Linux, entre esses processos, figuram *kswapd*, *xfs* e *khubd* — processos que executam operações de gerenciamento de memória, sistema de arquivos e dispositivos, respectivamente. Muitos desses processos são discutidos mais adiante no Capítulo 20, "Estudo de caso: Linux". O processo *login* autentica usuários para o sistema operacional, o que é normalmente realizado solicitando-se a um usuário que digite um nome de usuário válido e a senha correspondente. Discutiremos outros meios de autenticação no Capítulo 19,

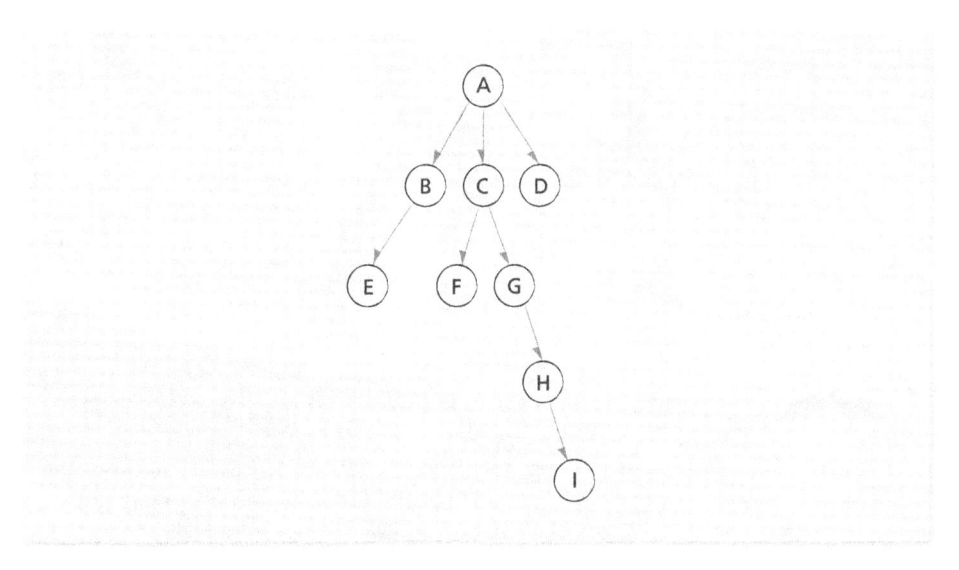

Figura 3.3 | *Hierarquia de criação de processo.*

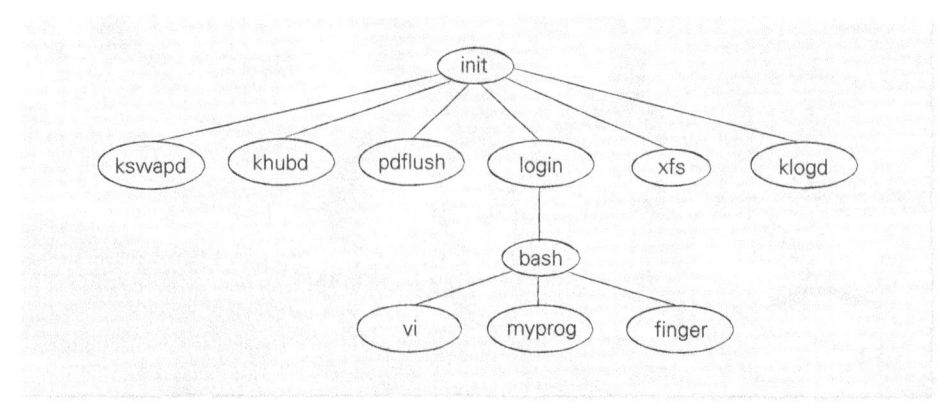

Figura 3.4 | *Hierarquia de processo no Linux.*

"Segurança". Assim que o processo *login* autentica o usuário, ele gera um interpretador de comandos (shell), tal como um *bash* (Bourne-*a*gain *sh*ell), que permite ao usuário interagir com o sistema operacional (Figura 3.4). Então o usuário pode emitir comandos ao interpretador de comandos para executar programas como o *vi* (um editor de texto) e o *finger* (um utilitário que exibe informações do usuário). Destruir um processo envolve removê-lo do sistema. A memória e outros recursos do processo são devolvidos ao sistema e ele é expurgado das listas ou tabelas de quaisquer sistemas, e seu bloco de controle de processo é apagado, ou seja, o espaço de memória do PCB é disponibilizado para outros processos no sistema. A destruição de um processo é mais complicada quando ele gerou outros processos. Em alguns sistemas operacionais cada processo gerado é destruído automaticamente quando seu pai é destruído; em outros, processos gerados prosseguem independentemente de seus pais, e a destruição desses não tem nenhum efeito sobre seus filhos.

Alterar a prioridade de um processo normalmente envolve modificar o valor de prioridade no bloco de controle do processo. Dependendo de como o sistema operacional implementa o escalonamento de processo, pode ser preciso colocar um ponteiro para o PCB em uma fila de prioridade diferente (veja o Capítulo 8, "Escalonamento de processador"). As outras operações citadas nesta seção serão explicadas em seções subseqüentes.

Revisão

1. (V/F) Um processo pode ter um número zero de processos-pai.
2. Por que é vantajoso criar uma hierarquia de processos em vez de uma lista encadeada?

Respostas: **1)** Verdadeiro. O primeiro processo criado, geralmente denominado *init* em sistemas UNIX, não tem um pai. E também, em alguns sistemas, quando um processo-pai é destruído, seus filhos prosseguem independentes, sem seu pai. **2)** Uma hierarquia de processos permite que o sistema operacional controle os relacionamentos pai/filho entre processos, o que simplifica operações como localizar todos os processos-filho de um determinado processo-pai quando esse for extinto.

3.3.4 Suspender e retomar

Muitos sistemas operacionais permitem que administradores, usuários ou processos suspendam um processo. Um processo **suspenso** é retirado indefinidamente da disputa por tempo em um processador sem ser destruído. Historicamente, essa operação permitia que um operador do sistema ajustasse manualmente a carga do sistema e/ou reagisse a ameaças de falha de sistema. Hoje, a maioria dos computadores executa demasiado rapidamente para permitir tais ajustes manuais. Contudo, um administrador ou usuário que suspeite dos resultados parciais de um processo pode suspendê-lo (em vez de **abortá-lo**) até que o usuário possa certificar-se de que o processo esteja funcionando corretamente, o que é útil para detectar ameaças à segurança (como execução mal-intencionada) e para finalidades de depuração de software.

A Figura 3.5 exibe o diagrama de transição de estado de processo da Figura 3.1 modificado para incluir transições de suspensão e retomada. Foram adicionados dois novos estados, ***suspenso-pronto*** e ***suspenso-bloqueado***. Acima da linha pontilhada da figura estão os **estados ativos**; abaixo estão os **estados suspensos**.

Uma suspensão pode ser iniciada pelo processo que está sendo suspenso ou por um outro processo. Em um sistema uniprocessador, um processo *em execução* pode suspender a si mesmo, indicado pela Figura 3.5(a); nenhum outro processo poderia estar executando no mesmo momento para emitir a suspensão. Um processo *em execução* também pode suspender um processo *pronto* ou um processo *bloqueado*, mostrado na Figura 3.5(b) e (c). Em um sistema multiprocessador, um processo *em execução* pode ser suspenso por um outro processo que esteja executando naquele momento em um processador diferente.

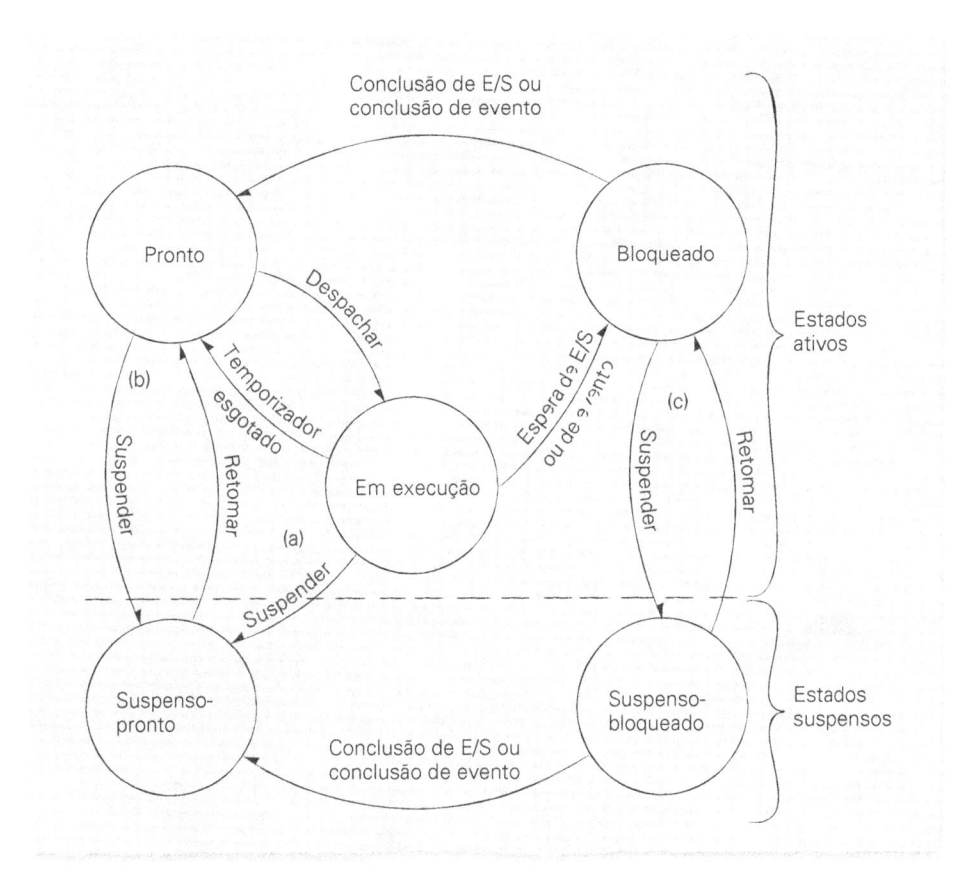

Figura 3.5 | Transições de estado de processo com suspensão e retomada.

Fica claro que um processo suspende a si mesmo somente quando estiver em estado *de execução*. Nessa situação, o processo transita do estado *em execução* para *suspenso-pronto*. Quando um processo suspende um processo *pronto*, o processo *pronto* transita de *pronto* para *suspenso-pronto*. Um processo *suspenso-pronto* pode ser passado para pronto, ou **retomado**, por um outro processo, o que causa a transição do primeiro processo de *suspenso-pronto* para *pronto*. Um processo *bloqueado* fará a transição de *bloqueado* para *suspenso-bloqueado* quando for suspenso por um outro processo. Um processo *suspenso-bloqueado* pode ser retomado por um outro processo e fazer a transição de *bloqueado-suspenso* para *bloqueado*.

Pode-se argumentar que, em vez de suspender um processo *bloqueado*, é melhor esperar até que ocorra a conclusão da E/S ou do evento e o processo torne-se *pronto*; assim, ele poderia ser suspenso para o estado *suspenso-pronto*. Infelizmente, a conclusão pode não ocorrer nunca ou ser atrasada indefinidamente. O projetista deve escolher entre realizar a suspensão do processo *bloqueado* ou criar um mecanismo pelo qual a suspensão será feita a partir do estado *pronto*, quando a E/S ou o evento forem concluídos. Como a suspensão é tipicamente uma atividade de alta prioridade, ela é executada imediatamente. Quando por fim ocorrer a conclusão da E/S ou do evento (se, de fato, ocorrer), o processo *suspenso-bloqueado* fará a transição de *suspenso-bloqueado* para *suspenso-pronto*.

Revisão

1. Quais são as três maneiras pelas quais um processo pode chegar ao estado *suspenso-pronto*?
2. Em qual cenário é melhor suspender um processo em vez de abortá-lo?

Respostas: 1) Um processo pode chegar ao estado *suspenso-pronto* se for suspenso do estado *em execução*; se for suspenso do estado *pronto* por um processo *em execução;* ou se estiver no estado *suspenso-bloqueado* e ocorrer a conclusão da E/S ou do evento pelo qual está esperando. 2) Quando um usuário ou administrador de sistema suspeitar do comportamento de um processo, mas não quiser perder o trabalho realizado pelo processo, é melhor suspender o processo para poder examiná-lo.

3.3.5 Chaveamento de contexto

O sistema operacional realiza um **chaveamento de contexto** para interromper um processo *em execução* e começar a executar um processo previamente *pronto*.[15] Para realizar um chaveamento de contexto, o núcleo deve primeiramente salvar o contexto de execução do processo *em execução* no PCB desse processo e, então, carregar o contexto de execução anterior do processo *pronto* a partir do PCB desse último (Figura 3.6).

Chaveamentos de contexto, essenciais em ambientes de multiprogramação, propõem diversos desafios ao projeto do sistema operacional. Uma das razões é que chaveamentos de contexto devem ser essencialmente transparentes para os processos, o que significa que os processos não percebem que foram removidos do processador. Durante o chaveamento de contexto um processador não pode realizar nenhuma computação 'útil'— ou seja, ele executa tarefas essenciais para sistemas operacionais, mas não executa instruções em nome de nenhum determinado processo. Chaveamento de contexto é puro custo adicional e ocorre tão freqüentemente que os sistemas operacionais devem minimizar o tempo de chaveamento de contexto.

O sistema operacional acessa PCBs freqüentemente; em conseqüência, muitos processadores contêm um registrador em hardware que indica o PCB do processo que está atualmente em execução para facilitar o chaveamento de contexto. Quando o sistema operacional inicia um chaveamento de contexto, o processador armazena o contexto de execução do processo que está em execução no momento, em segurança no PCB, o que impede que o sistema operacional (ou outros processos) escrevam sobre os valores dos registradores do processo. Processadores simplificam e aceleram ainda mais o chaveamento de contexto fornecendo instruções que salvam e restauram o contexto de execução de um processo de e para seu PCB, respectivamente.

Na arquitetura IA-32, o sistema operacional despacha um novo processo especificando a localização de seu PCB na memória. Então o processador realiza um chaveamento de contexto salvando o contexto de execução do processo que estava em execução anteriormente. A arquitetura IA-32 não fornece instruções para salvar e restaurar o contexto de execução de um processo, porque o processador executa essas operações sem intervenção do software.[16]

Revisão

1. A partir de onde um sistema operacional carrega o contexto de execução para o processo a ser despachado durante um chaveamento de contexto?

2. Por que um sistema operacional deve minimizar o tempo requerido para realizar um chaveamento de contexto?

Respostas: 1) As informações de contexto do processo a ser despachado são armazenadas em seu PCB. 2) Durante um chaveamento de contexto um processador não pode executar instruções em nome de processos, o que pode reduzir o rendimento.

3.4 Interrupções

Como discutido no Capítulo 2, "Conceitos de hardware e software", interrupções habilitam o software a responder a sinais do hardware. O sistema operacional pode especificar um conjunto de instruções, denominado **tratador de inter-**

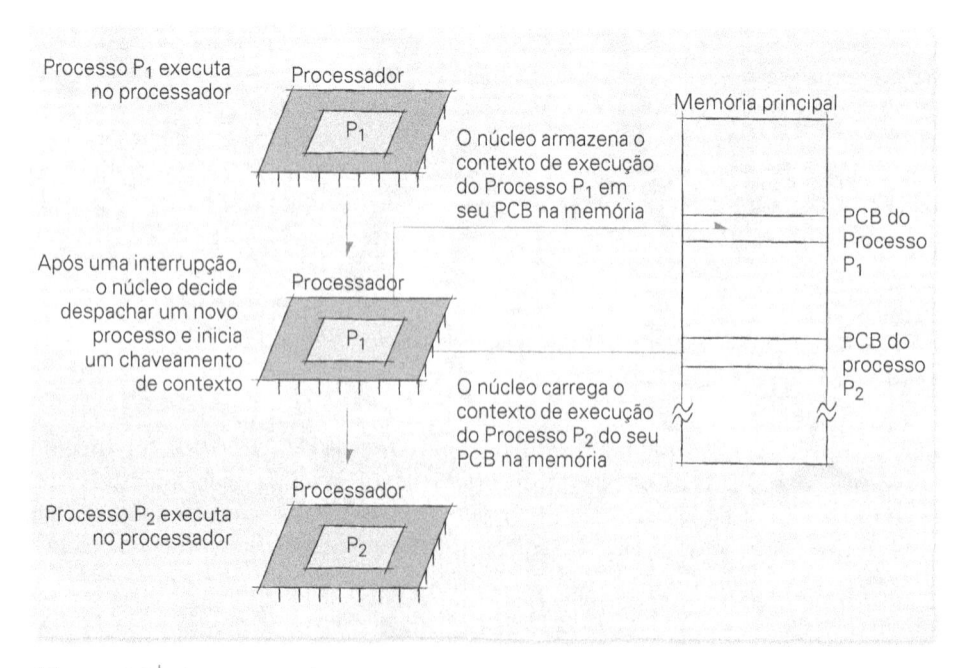

Figura 3.6 | *Chaveamento de contexto.*

rupção, a ser executado em resposta a cada tipo de interrupção. Isso permite que o sistema operacional obtenha o controle do processador para gerenciar recursos do sistema.

Um processador pode gerar uma interrupção como resultado da execução das instruções de um processo (nesse caso, geralmente, é denominada de **desvio** (trap) e considerada como **síncrona** em relação à operação do processo). Por exemplo, ocorrem interrupções síncronas quando um processo tenta realizar uma ação ilegal, como dividir por zero ou se referir a uma localização de memória protegida.

Interrupções também podem ser causadas por algum evento não relacionado com a instrução corrente do processo (caso em que são denominadas **assíncronas** em relação à execução do processo; veja o quadro "Reflexões sobre sistemas operacionais, Assincronia *versus* sincronia"). Dispositivos de hardware emitem interrupções assíncronas para comunicar uma mudança de status ao processador. Por exemplo, o teclado gera uma interrupção quando um usuário pressiona uma tecla; o mouse gera uma interrupção ao ser movimentado ou quando um de seus botões é pressionado.

Interrupções é um meio de baixo custo de conseguir a atenção de um processador. Uma alternativa às interrupções é um processador inquirir repetidamente o estado de cada dispositivo. Essa abordagem, denominada **sondagem** (polling), aumenta a sobrecarga à medida que amplia a complexidade do sistema de computador. Interrupções eliminam a necessidade de um processador sondar dispositivos repetidamente.

Um exemplo simples da diferença entre sondagem e interrupção pode ser visto nos fornos de microondas. Um *chef* pode regular a parada de um temporizador após tantos minutos (o temporizador emite um som quando o intervalo de tempo chega ao fim, interrompendo o *chef*), ou inspecionar o assado periodicamente através do vidro do forno para verificar quando está pronto (esse tipo de monitoração regular é um exemplo de sondagem).

Sistemas orientados à interrupção podem ficar sobrecarregados — se as interrupções chegarem muito rapidamente, o sistema poderá não conseguir acompanhá-las. Um controlador de tráfego aéreo, por exemplo, poderia facilmente ficar sobrecarregado no caso de muitos aviões convergirem para uma área estreita.

Em sistemas de rede, a interface de rede contém uma pequena quantidade de memória na qual armazena cada pacote de dados que recebe de outros computadores. Toda vez que recebe um pacote, a interface de rede gera uma interrupção para informar a um processador que os dados estão prontos para processamento. Se o processador não puder processar os dados da interface de rede antes de a memória da interface ficar cheia, podem-se perder pacotes. Os sistemas tipicamente organizam filas para reter interrupções que serão processadas quando o processador ficar disponível. Essas filas, é claro, consomem memória cujo tamanho é limitado. Submetido a uma carga pesada, o sistema talvez não consiga enfileirar todas as interrupções que chegam, o que significa que algumas seriam perdidas.

Revisão

1. O que significa interrupção síncrona?
2. Cite uma alternativa para interrupção e explique por que raramente é usada.

Reflexões sobre sistemas operacionais

Assincronia versus sincronia

Quando dizemos que eventos ocorrem assincronamente em relação à operação de um processo significa que acontecem independentemente do que se passa no processo. Operações de E/S podem prosseguir concorrentemente ou assincronamente com um processo em execução. Uma vez iniciada uma operação de E/S assíncrona, o processo pode continuar executando enquanto prossegue a operação de E/S. Quando a E/S é concluída, o processo é notificado. Essa notificação pode vir a qualquer instante. O processo pode tratar a interrupção naquele momento ou continuar com outras tarefas e tratar a interrupção de conclusão da E/S no momento apropriado. Por isso, interrupções são comumente caracterizadas como um mecanismo assíncrono. A sondagem é um mecanismo síncrono. O processador verifica um dispositivo repetidamente até que a E/S seja concluída. Mecanismos síncronos podem gastar muito tempo esperando ou verificando repetidamente um dispositivo até ocorrer um evento. Mecanismos assíncronos podem continuar com outro trabalho sem perder tempo verificando eventos que não aconteceram, o que em geral melhora o desempenho.

Respostas: 1) Uma interrupção síncrona ocorre devido à execução de software. 2) Um sistema pode executar sondagem, na qual um processador verifica periodicamente o estado dos dispositivos. Essa técnica raramente é usada, porque cria significativa sobrecarga quando o processador sonda dispositivos cujo status não mudou. Interrupções eliminam essa sobrecarga notificando um processador somente quando o status de um dispositivo mudar.

3.4.1 Processamento de interrupções

Examinaremos agora a maneira como sistemas de computador processam normalmente interrupções de hardware. (Note que existem outros esquemas de interrupção.)

1. A linha de interrupção, uma conexão elétrica entre a placa principal e um processador, fica ativa — dispositivos como temporizadores, placas periféricas e controladores enviam sinais que ativam a linha de interrupção para informar a um processador que ocorreu um evento (por exemplo, um período de tempo passou ou uma requisição de E/S foi concluída). A maioria dos processadores contém um controlador de interrupção que organiza as interrupções segundo suas prioridades, para que as mais importantes sejam atendidas em primeiro lugar. Outras interrupções são enfileiradas até que todas as de prioridade mais alta tenham sido atendidas.
2. Após a linha de interrupção tornar-se ativa, o processador conclui a execução da interrupção corrente e, então, faz uma pausa na execução do processo corrente. Para fazer essa pausa, o processador precisa salvar informações suficientes para que o processo possa ser retomado no lugar exato e com as informações do registrador corretas. Nos antigos sistemas da IBM, esses dados ficavam contidos em uma estrutura de dados denominada palavra de estado de programa (*Program Status Word* — PSW). Na arquitetura Intel IA-32, esse estado de processo é denominado segmento de estado de tarefa (*Task State Segment* — TSS). O TSS é tipicamente armazenado no PCB de um processo.[17]
3. O processador, então, passa o controle ao tratador de interrupção apropriado. Para cada tipo de interrupção é designado um único valor o qual o processador usa como um índice no **vetor de interrupção**, que se caracteriza por um conjunto (array) de ponteiros para tratadores de interrupção. O vetor de interrupção localiza-se na memória a qual os processos não podem acessar, portanto, processos sujeitos a erro não podem modificar seu conteúdo.
4. O tratador de interrupção executa as ações apropriadas com base no tipo de interrupção.
5. Após o tratador de interrupção concluir, o estado do processo interrompido (ou de algum outro 'processo seguinte', se o núcleo iniciar um chaveamento de contexto) é restaurado.
6. O processo interrompido (ou qualquer outro 'processo seguinte') é executado. É responsabilidade do sistema operacional determinar se é o processo interrompido ou algum outro 'processo seguinte' que é executado. Essa decisão importante, que pode causar impacto significativo sobre o nível de serviço que cada aplicação recebe, é discutida no Capítulo 8, "Escalonamento de processador". Por exemplo, se a interrupção sinalizar a conclusão de um evento de E/S que provocou a transição de um processo de alta prioridade de *bloqueado* para *pronto*, o sistema operacional poderá preterir o processo interrompido e despachar o processo de alta prioridade.

Consideremos agora como o sistema operacional e o hardware interagem em reposta a interrupções de relógio (Figura 3.7). A cada intervalo do temporizador, o relógio de interrupção gera uma interrupção que permite ao sistema operacional executar para realizar operações de gerenciamento de sistema como escalonamento de processo. Nesse caso, o processador está executando o processo P_1 (1), quando o relógio emite uma interrupção (2). Ao receber a interrupção, o processador acessa a entrada do vetor de interrupção que corresponde à interrupção do temporizador (3). Então o processador salva o contexto de execução do processo na memória (4) para que o contexto de execução do processo P_1 não seja perdido quando o tratador de interrupção executar.[18] Depois, o processador executa o tratador de interrupção, que determina como responder à interrupção (5). Desse modo, o tratador de interrupção pode restaurar o estado do processo que estava executando anteriormente (P_1) ou chamar o escalonador de processador do sistema operacional para determinar o 'próximo' processo a executar. Nesse caso o tratador chama o escalonador de processo, que decide que o processo P_2, o processo de maior prioridade em espera, deve obter o processador (6). Então o contexto do processo P_2 é carregado do seu PCB para a memória principal e o contexto de execução do processo P_1 é salvo no seu PCB na memória principal.

Revisão

1. Por que as localizações dos tratadores de interrupção geralmente não são armazenadas em uma lista encadeada?
2. Por que o contexto de execução do processo é salvo na memória enquanto o tratador de interrupção executa?

Respostas: 1) Para evitar que fique assoberbado por interrupções, o sistema precisa ser capaz de processar cada interrupção rapidamente. Passar por uma lista encadeada poderia aumentar significativamente o tempo de resposta de um sistema, caso o número de tipos de interrupção fosse grande. Portanto, muitos dos sistemas usam um vetor de interrupção

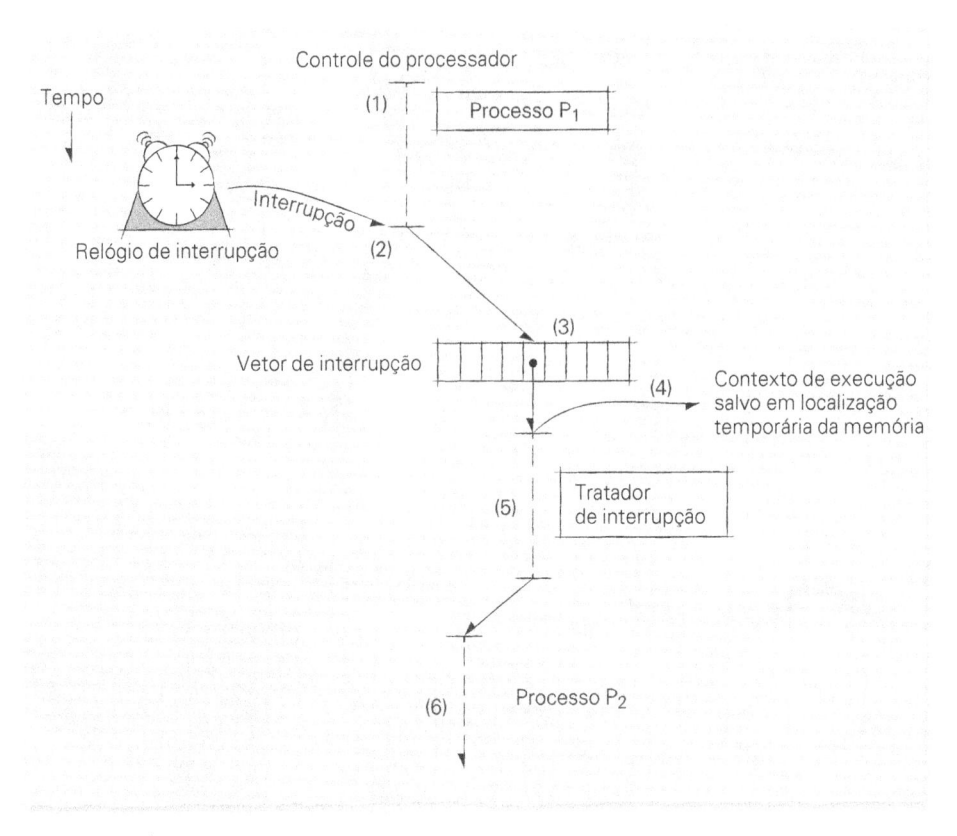

Figura 3.7 | *Tratamento de interrupções.*

(um array) para acessar rapidamente a localização de um tratador de interrupção. **2)** Se o contexto de execução do processo não for salvo na memória, o tratador de interrupção poderá escrever sobre os registradores do processo.

3.4.2 Classes de interrupção

O conjunto de interrupções que um computador suporta depende da arquitetura do sistema. Diversos tipos de interrupção são comuns a muitas arquiteturas; nesta seção discutiremos a estrutura de interrupção suportada pela especificação Intel IA-32,[19] implementada nos processadores Pentium® da Intel®. (A Intel produziu mais de 80% dos processadores de computadores pessoais despachados em 2002.[20])

A especificação IA-32 distingue entre dois tipos de sinais que um processador pode receber: interrupções e exceções. **Interrupções** notificam ao processador que ocorreu um evento (por exemplo, um intervalo de temporizador passou) ou que o status de um dispositivo externo mudou (por exemplo, conclusão de E/S). A arquitetura IA-32 também fornece **interrupções geradas por software** — processos podem usá-las para fazer chamadas ao sistema. **Exceções** indicam que ocorreu um erro, seja no hardware, seja como resultado de uma instrução de software. A arquitetura IA-32 também usa exceções para provocar pausa em um processo quando ele alcança um ponto de parada no código.[21]

Dispositivos que geram interrupções, tipicamente sob a forma de sinais de E/S e interrupções de temporizador, são externos ao processador. Essas interrupções são assíncronas em relação ao processo em execução, porque ocorrem independentemente das instruções que estão sendo executadas pelo processador. Interrupções geradas por software, tais como chamadas ao sistema, são síncronas em relação ao processo em execução, porque são geradas em resposta a uma instrução. A Figura 3.8 lista diversos tipos de instruções reconhecidas pela arquitetura IA-32.

A arquitetura IA-32 classifica exceções como **falhas**, **desvios** ou **abortos** (Figura 3.9). Falhas e desvios são exceções às quais um tratador de exceções pode responder para permitir que o processo continue a execução. Uma falha indica um erro que um tratador de exceções pode corrigir. Por exemplo, ocorre uma falha de página quando um processo tenta acessar dados que não estão na memória (discutiremos falhas de página no Capítulo 10, "Organização da memória virtual", e no Capítulo 11, "Gerenciamento de memória virtual"). O sistema operacional pode corrigir esse erro colocando os dados requisitados na memória principal. Depois de corrigido o problema, o processador reinicia o processo que causou o erro na instrução responsável pela exceção.

Desvios não correspondem a erros corrigíveis, mas a condições como transbordamentos ou pontos de parada. Por exemplo, quando um processo instrui um processador a incrementar o valor no acumulador, o valor pode exceder a ca-

Tipo de interrupção	Descrição das interrupções de cada tipo
E/S	São iniciadas pelo hardware de entrada/saída. Notificam ao processador que o status de um canal ou dispositivo mudou. Interrupções de E/S são causadas quando uma operação de E/S é concluída, por exemplo.
Temporizador	Um sistema pode conter dispositivos que geram interrupções periodicamente. Essas interrupções podem ser usadas para tarefas como controle de tempo e monitoração de desempenho. Temporizadores também habilitam o sistema operacional a determinar se o quantum de um processo expirou.
Interrupções interprocessadores	Essas interrupções permitem que um processador envie uma mensagem a outro em um sistema multiprocessador.

Figura 3.8 | *Tipos comuns de interrupções reconhecidos pela arquitetura Intel IA-32.*

Classes de exceções	Descrição das exceções de cada classe
Falha	Causadas por uma vasta gama de problemas que podem ocorrer, enquanto as instruções em linguagem de máquina de um programa são executadas. Entre esses problemas, estão a divisão por zero, dados (que estão sendo utilizados) no formato errado, tentativa de executar um código de operação inválido, tentativa de referência a uma localização de memória que está fora dos limites da memória real, tentativa de um processo de usuário de executar uma instrução privilegiada, e tentativa de referir-se a um recurso protegido.
Desvio	Gerados por exceções como transbordamento (quando o valor armazenado por um registrador excede à capacidade do registrador) e quando o controle do programa chega a um ponto de parada no código.
Aborto	Ocorrem quando o processador detecta um erro do qual o processo não pode se recuperar. Por exemplo, quando a própria rotina de tratamento de exceções causa uma exceção, o processador pode não conseguir tratar ambos os erros seqüencialmente, o que é denominado exceção de dupla falha, que extingue o processo que lhe deu início.

Figura 3.9 | *Classes de exceções no Intel IA-32.*

pacidade do acumulador. Nesse caso, o sistema operacional pode simplesmente notificar o processo de que ocorreu um transbordamento. Após executar o tratador de exceção do desvio, o processador reinicia o processo na instrução seguinte àquela que causou a exceção.

Abortos indicam erros que o processo não pode (ou talvez nem mesmo o sistema) recuperar, como falhas de hardware. Nesse caso, o processador não pode salvar confiavelmente o contexto de execução do processo. Normalmente, resulta no encerramento prematuro pelo sistema operacional do processo que causou o aborto.

A maioria das arquiteturas e sistemas operacionais prioriza interrupções, porque algumas exigem ações mais imediatas do que outras. Por exemplo, responder a uma falha de hardware é mais importante do que responder a um evento de conclusão de E/S. Prioridades de interrupção podem ser implementadas simultaneamente no hardware e no software. Ou seja, um processador poderia bloquear ou enfileirar interrupções de prioridade mais baixa do que a da interrupção que o processador está tratando no momento. Às vezes o núcleo pode ficar tão sobrecarregado com interrupções que não consegue mais responder a elas. Respostas rápidas a interrupções e retorno rápido do controle a processos interrompidos são essenciais para maximizar a utilização de recursos e atingir um alto grau de interatividade. Portanto, grande parte dos processadores permite que o núcleo **desative** (ou **mascare**) um tipo de interrupção. Então o processador pode ignorar interrupções daquele tipo ou armazená-las em uma fila de interrupções pendentes, entregues quando aquele tipo de interrupção for reativada. Na arquitetura IA-32, o processador fornece um registrador que indica se as interrupções estão desativadas.[22]

Revisão

1. Na arquitetura IA-32, quais os dois tipos de sinais que um processador pode receber?
2. Na arquitetura IA-32, qual a diferença entre uma falha e um desvio?

Respostas: 1) Um processador pode receber interrupções ou exceções. Interrupções indicam que ocorreu um evento; exceções indicam que ocorreu um erro. 2) Uma falha reinicia um processo a partir da instrução que causou a exceção. Falhas geralmente são erros que podem ser corrigidos. Um desvio reinicia um processo na instrução seguinte à que causou a exceção. Desvios usualmente são gerados por chamadas ao sistema e pela chegada do controlador de programa a pontos de parada.

3.5 Comunicação interprocessos

Em ambientes multiprogramação e de rede, é comum que processos se comuniquem uns com os outros. Muitos sistemas operacionais fornecem mecanismos para comunicações interprocessos (*Interprocess Comunication* — IPC) que, por exemplo, habilitam um editor de texto a enviar um documento ao spooler de uma impressora ou um navegador Web a recuperar dados de um servidor remoto. Comunicação interprocessos também é essencial para processos que devem coordenar (sincronizar) atividades para alcançar uma meta comum. Os estudos de caso do Linux (veja a Seção 20.10, "Comunicação interprocessos") e do Windows XP (veja a Seção 21.10, "Comunicação interprocessos") discutem como a IPC foi implementada em sistemas operacionais populares.

3.5.1 Sinais

Sinais são interrupções de software que notificam ao processo que um evento ocorreu. Diferentemente de outros mecanismos de IPC que discutimos, sinais não permitem que processos especifiquem dados para trocar com outros processos.[23] Os sinais de um sistema dependem do sistema operacional e das interrupções geradas por software suportadas por um processador em particular. Quando ocorre um sinal, o sistema operacional primeiramente determina qual processo deve receber o sinal e como esse processo responderá ao sinal.

Processos podem capturar, ignorar ou mascarar o sinal. Um processo **captura** um sinal especificando uma rotina que o sistema operacional chama quando entrega o sinal.[24] Um processo também pode **ignorar** o sinal. Nesse caso, o processo depende da **ação-padrão** do sistema operacional para tratar o sinal. Uma ação-padrão comum, por exemplo, é **abortar**, que faz com que o processo saia imediatamente. Outra ação-padrão comum, e semelhante a abortar, é a **descarga de memória**. Essa ação faz com que um processo saia, mas, antes de fazê-lo, gera um **arquivo de núcleo** que contém o contexto de execução do processo e os dados de seu espaço de endereço, o que é útil para depuração. Uma outra ação-padrão é simplesmente ignorar o sinal. Duas outras ações-padrão são suspender e, subseqüentemente, retomar o processo.[25]

Um processo também pode bloquear um sinal, **mascarando-o**. Quando o processo mascara um sinal de um tipo específico (por exemplo, sinal de suspenso), o sistema operacional não transmite sinais daquele tipo até que o processo desbloqueie o sinal de máscara. Os processos em geral bloqueiam um tipo de sinal enquanto manuseiam um outro sinal do mesmo tipo. Do mesmo modo que acontece com as interrupções mascaradas, os sinais mascarados também podem ser perdidos, dependendo da implementação do sistema operacional.

Revisão

1. Qual a maior desvantagem de usar sinais para a IPC?
2. Quais as três maneiras pelas quais um processo pode responder a um sinal?

Respostas: 1) Sinais não suportam troca de dados interprocessos. 2) Um processo pode capturar, ignorar ou mascarar um sinal.

3.5.2 Troca de mensagens

Com a proeminência cada vez maior dos sistemas distribuídos, cresceu o interesse na comunicação interprocessos baseada em mensagens.[26, 27, 28, 29, 30, 31] Discutiremos comunicação baseada em mensagens nesta seção; implementações particulares são discutidas nos estudos de caso do Linux e do Windows XP.[32, 33]

Mensagens podem ser passadas em uma direção por vez — para qualquer mensagem um processo é o emissor, o outro o receptor. A troca de mensagens pode ser bidirecional, significando que cada processo pode agir ou como emissor ou como receptor enquanto participa da comunicação interprocessos. Um dos modelos de troca de mensagens especifica que os processos enviem e recebam mensagens fazendo chamadas como:

```
send( processoReceptor, mensagem );
receive( processoEmissor, mensagem );
```

As chamadas de envio e recebimento são normalmente implementadas como chamadas ao sistema acessíveis de muitos ambientes de linguagem de programação. Um **envio bloqueante** deve esperar que o receptor receba a mensagem, solicitando que esse notifique o emissor quando a mensagem for recebida (essa notificação é denominada confirmação). Um **envio não bloqueante** habilita o emissor a continuar com outro processamento mesmo que o receptor ainda não tenha recebido (e confirmado) a mensagem, o que exige um mecanismo de buffer de mensagens para guardar a mensagem até que o receptor a receba. Um envio bloqueante é um exemplo de **comunicação síncrona**; um envio não bloqueante é um exemplo de **comunicação assíncrona**. A chamada de envio pode nomear explicitamente um processo receptor, ou pode omitir o nome, indicando que a mensagem é para ser **difundida** a todos os processos (ou a algum 'grupo de trabalho' com o qual o emissor geralmente se comunica).

Comunicação assíncrona com envios não bloqueantes aumenta o rendimento reduzindo o tempo que o processo espera. Por exemplo, um emissor pode enviar uma informação a um servidor de impressão que está ocupado; o sistema faz um armazenamento temporário dessa informação até que o servidor de impressão esteja pronto para recebê-la, enquanto o emissor continuará a execução sem ter de esperar no servidor de impressão.

Se não foi enviada nenhuma mensagem, então uma chamada de recepção bloqueante força o receptor a esperar; uma chamada de recepção não bloqueante habilita o receptor a prosseguir com outro processamento antes de tentar novamente uma recepção. Uma chamada de recepção pode especificar que o receptor deve receber uma mensagem de um emissor particular, ou que o receptor pode receber uma mensagem de qualquer emissor (ou de qualquer membro de um grupo de emissores).

Uma implementação popular da troca de mensagens é um **pipe** — uma região da memória protegida pelo sistema operacional que serve como buffer, permitindo que dois ou mais processos troquem dados. O sistema operacional sincroniza o acesso ao buffer — depois que um processo escritor completar a escrita no buffer (possivelmente enchendo-o), o sistema operacional faz uma pausa na execução do escritor e permite que um processo leitor leia os dados do buffer. À medida que um processo lê os dados, eles são removidos do pipe. Quando o leitor concluir a leitura dos dados do buffer (possivelmente esvaziando-o), o sistema operacional fará uma pausa na execução do leitor e permitirá que o escritor escreva dados para o buffer.[34] Tratamentos detalhados de pipes são apresentados nos estudos de casos do Linux e do Windows XP no final do livro (veja as seções 20.10.2, "Pipes", e 21.10.1, "Pipes", respectivamente).

Em nossas discussões sobre comunicação interprocesso entre processos no mesmo computador, sempre pressupomos uma transmissão perfeita. Por outro lado, em sistemas distribuídos as transmissões podem ser imperfeitas e até perdidas. Portanto, emissores e receptores usualmente cooperam utilizando um **protocolo de confirmação** para confirmar que cada transmissão foi adequadamente recebida. O emissor que espera uma mensagem de confirmação do receptor pode usar um mecanismo de tempo de espera; se a confirmação não tiver sido recebida quando o tempo se esgotar, o emissor pode retransmitir a mensagem. Sistemas de troca de mensagens com recursos de retransmissão podem identificar cada nova mensagem com um número de seqüência. O receptor examina esses números para ter certeza de que recebeu todas as mensagens e para reorganizar as que estão fora de seqüência. Se uma mensagem de confirmação for perdida e o emissor decidir retransmiti-la, ele designará à mensagem retransmitida o mesmo número de seqüência da mensagem transmitida originalmente. O receptor que detectar diversas mensagens com o mesmo número de seqüência saberá que deve conservar somente uma delas.

Uma complicação em sistemas distribuídos com troca de mensagens de envio/recepção é que não pode haver nenhuma ambigüidade nos nomes dos processos, para que chamadas explícitas de envio e recepção refiram-se aos processos corretos. Criação e destruição de processos podem ser coordenadas por algum mecanismo de nomeação centralizado, mas isso pode introduzir considerável sobrecarga de transmissão, uma vez que as máquinas individuais pedem permissão para usar novos nomes. Uma abordagem alternativa, por exemplo, é cada computador garantir nomes exclusivos para seus próprios processos; esses podem ser endereçados combinando-se o nome do computador com o nome do processo. E isso, é claro, requer controle centralizado para determinar um nome exclusivo para cada computador do sistema distribuído, o que teria o potencial de provocar sobrecargas significativas no caso de haver adições e retiradas freqüentes de computadores da rede. Na prática, sistemas distribuídos trocam mensagens entre computadores usando portas numeradas que atendem aos processos, evitando o problema da nomeação (veja o Capítulo 16, "Introdução às redes").

Como veremos no Capítulo 17, "Introdução a sistemas distribuídos", a comunicação baseada em mensagens em sistemas distribuídos apresenta sérios problemas de segurança. Um deles é o **problema de autenticação**: como receptores e emissores sabem que não estão se comunicando com impostores que podem estar tentando roubar ou corromper seus dados? O Capítulo 19, "Segurança", discute diversas abordagens de autenticação.

Há várias técnicas de IPC que apresentaremos mais adiante neste livro. Além de sinais e pipes, processos podem se comunicar via memória compartilhada (discutida no Capítulo 10, "Organização da memória virtual"), soquetes (discutidos no Capítulo 16) e chamadas a procedimento remoto (discutidas no Capítulo 17). Também podem se comunicar para sincronizar atividades usando semáforos e monitores, que são discutidos no Capítulo 5, "Execução assíncrona concorrente" e Capítulo 6, "Programação concorrente", respectivamente.

Revisão

1. Por que sistemas distribuídos adotam troca de mensagens, e não sinais?
2. Quando um processo realiza um envio bloqueante, deve receber uma mensagem de confirmação para desbloquear. Qual o problema que pode resultar desse esquema e como pode ser evitado?

Respostas: 1) Sinais são tipicamente específicos de uma arquitetura, o que significa que sinais suportados por um computador podem não ser compatíveis com sinais suportados por outro computador. Além disso, sinais não permitem que processos transmitam dados, um recurso requerido pela maioria dos sistemas distribuídos. 2) O emissor poderá nunca receber a mensagem de confirmação, o que significa que o processo poderá ficar bloqueado indefinidamente. Isso pode ser remediado com um mecanismo de tempo — se o emissor não receber uma confirmação após um período de tempo, o sistema entenderá que a operação de envio falhou e poderá ser tentada novamente.

3.6 Estudo de caso: processos no Unix

Sistemas operacionais UNIX e baseados em UNIX fornecem uma implementação de processos tomada emprestada por muitos outros sistemas operacionais (veja o "Miniestudo de caso, Sistemas UNIX"). Nesta seção descrevemos a estrutura dos processos UNIX, discutimos diversas características do UNIX que motivam a discussão nos capítulos seguintes e esclarecemos como o UNIX permite que usuários realizem operações de gerenciamento de processos.

Cada processo deve armazenar seu código, dados e pilha na memória durante a execução. Em um sistema de memória real, processos localizariam tais informações referindo-se a uma faixa de endereços físicos. A faixa de endereços de memória válidos para cada processo é determinada pelo tamanho da memória principal e pela memória consumida por outros processos. Como o UNIX implementa memória virtual, todos os processos UNIX têm um conjunto de endereços de memória denominado **espaço de endereço virtual**, no qual o processo pode armazenar informações. O espaço de endereço virtual contém uma região de texto, uma região de dados e uma região de pilha.[35]

O núcleo mantém o PCB de um processo em uma região protegida da memória que os processos usuários não podem acessar. Em sistemas UNIX, um PCB armazena informações, incluindo os conteúdos dos registradores dos processos, o identificador do processo (PID), o contador do programa e a pilha do sistema.[36, 37] Os PCBs de todos os processos estão listados na tabela de processos, que permite ao sistema operacional acessar informações (por exemplo, prioridade) referentes a cada processo.[38]

Processos UNIX interagem com o sistema operacional via chamadas ao sistema. A Figura 3.10 lista diversas delas. Um processo pode gerar um processo-filho usando a chamada ao sistema fork, que cria uma cópia do processo-pai.[39, 40] O processo-filho recebe uma cópia dos dados e segmentos de pilha e quaisquer outros recursos do processo-pai.[41, 42] O segmento de texto, que contém as instruções somente de leitura do pai, é compartilhado com seu filho. Imediatamente após a chamada fork, os processos-pai e filho contêm dados e instruções idênticos, o que significa que os dois processos devem realizar exatamente as mesmas ações, a menos que o pai ou o filho possam determinar sua identidade. Portanto, a chamada fork ao sistema retorna valores diferentes; o processo-pai recebe o PID do filho e o processo-filho recebe um valor de zero. Essa convenção permite que o processo-filho reconheça que foi recentemente criado. Programadores de aplicações podem usar essa convenção para especificar novas instruções para o processo-filho executar.

Chamada ao sistema	Descrição
fork	Gera um processo-filho e aloca àquele processo uma cópia dos recursos de seu pai.
exec	Carrega as instruções e dados de um processo no seu espaço de endereço em um arquivo.
wait	Faz com que o processo que está chamando fique bloqueado até que seu processo-filho termine.
signal	Permite que um processo especifique um tratador de sinal para um tipo de sinal particular.
exit	Termina o processo que está chamando.
nice	Modifica a prioridade de escalonamento de um processo.

Figura 3.10 | Chamadas ao sistema do UNIX.

Miniestudo de caso

Sistemas UNIX

Na época anterior ao Windows, Macintosh, Linux ou até mesmo ao DOS, sistemas operacionais funcionavam, tipicamente, em um modelo de computador, gerenciando recursos do sistema, executando fluxos de lotes e pouco mais.[43] De 1965 a 1969, um grupo de equipes de pesquisadores do Bell Laboratories, General Electric e ProjectMAC do MIT desenvolveu o sistema operacional **Multics** — um recurso de computador de uso geral, projetado para ser 'tudo para todos'.[44] Era grande, caro e complexo. Em 1969, o Bell Labs saiu do projeto e sua pequena equipe, liderada por Ken Thompson, começou a projetar um sistema operacional mais prático para executar máquinas no Bell Labs.

Thompson implementou os componentes básicos do sistema operacional que Brian Kernighan chamou de UNICS, uma brincadeira com o aspecto 'multi' do Multics; a grafia eventualmente mudou para UNIX. Em alguns poucos anos o UNIX foi reescrito em uma implementação interpretada da linguagem B de Thompson (baseada na linguagem de programação BCPL de Martin Richard) e, logo em seguida, na linguagem compilada C, mais rápida, de Dennis Ritchie.[45]

Devido a uma ação judicial federal baseada na lei antitruste, a AT&T (proprietária do Bell Labs) foi impedida de vender produtos de computador; desse modo, distribuiu o código-fonte do UNIX às universidades mediante uma pequena taxa só para cobrir as despesas de produção das fitas magnéticas.

Um grupo de estudantes da Universidade da Califórnia, em Berkeley, liderado por Bill Joy (mais tarde cofundador da Sun Microsystems), modificou o código-fonte do UNIX, desenvolvendo o sistema operacional que veio a ser conhecido como **Berkeley Software Distribution UNIX (BSD UNIX)**.[46]

Os desenvolvedores da indústria do software foram atraídos pelo UNIX porque era gratuito, pequeno e customizável. Para trabalhar com o UNIX tiveram de aprender a linguagem C, e gostaram dela. Muitos deles também a ensinaram a seus colegas, e a linguagem C gradualmente substituiu a Pascal como a linguagem preferida para ser ensinada nos cursos de programação de universidades. A Sun Microsystems baseou seu SunOS no BSD UNIX e, mais tarde, formou uma equipe com a AT&T para projetar o sistema operacional **Solaris** baseado no System V Release 4 UNIX da AT&T.[47] Um outro grupo de desenvolvedores UNIX, preocupado que a associação da Sun com a AT&T daria à primeira uma liderança injusta no negócio sobre outros desenvolvedores UNIX, formou a **Open Software Foundation (OSF)** para produzir sua própria versão não proprietária do UNIX, denominada **OSF/1**; a feroz competição entre a OSF e a Sun, essa última respaldada pela AT&T, foi apelidada de Guerra dos UNIX.[48]

Diversos sistemas operacionais importantes são baseados na tecnologia UNIX. O professor Andrew Tanenbaum da Vrije Universiteit, em Amsterdã, construiu o Minix em 1987, uma versão mais simples do UNIX projetada para ensinar o básico de sistemas operacionais em alguns cursos universitários. Linus Torvalds, um estudante finlandês, usou o Minix para começar a escrever o famoso sistema operacional de fonte aberto Linux — agora uma família completa de sistemas por mérito próprio (veja o Capítulo 20, "Estudo de caso: Linux").[49] O Linux é o sistema de fonte aberto mais popular, e empresas, entre elas a IBM, a Hewlett-Packard, a Sun Microsystems e a Intel, oferecem versões Linux como opção de sistema operacional para seus servidores. O OpenBSD é um outro projeto de fonte aberto, liderado por Theo de Raadt, e reconhecido como o sistema operacional mais seguro disponível (veja o Capítulo 19, "Segurança").[50, 51, 52, 53] O FreeBSD também é um fonte aberto conhecido por sua facilidade de utilização.[54] Ainda um outro descendente do BSD, o Net-BSD, concentrou-se na portabilidade para uma variedade de sistemas.[55, 56] O AIX da IBM, baseado no System V e no BSD,[57] executa em alguns dos servidores da IBM. A IBM afirma que o AIX tem um alto grau de compatibilidade de código-fonte com o Linux.[58] O HP-UX da Hewlett-Packard está se tornando um forte concorrente do AIX e do Solaris, conseguindo as mais altas classificações em todas as categorias em um relatório de 2002 da D.H.Brown Associates, o que o coloca à frente tanto do Solaris quanto do AIX.[59, 60, 61]

Um processo pode chamar exec para carregar um novo programa em um arquivo; exec é usualmente executada por um processo-filho imediatamente depois de ele ser gerado.[62] Ao criar um processo-filho, o pai pode emitir uma chamada ao sistema wait, que bloqueia o pai até que o processo-filho especificado termine.[63] Depois de o processo ter concluído seu trabalho, ele emite a chamada ao sistema exit que informa ao núcleo que o processo terminou; o núcleo responde liberando toda a memória e outros recursos do processo, como arquivos abertos. Quando um processo-pai sai, seus processos-filho são normalmente realocados na hierarquia do processo como filhos do processo *init*.[64, 65] Se um processo-pai for terminado por um sinal kill de um outro processo, aquele sinal será enviado a seus processos-filho.

As prioridades de processo do UNIX são números inteiros entre –20 e 19 (inclusive), que o sistema usa para determinar qual processo é o próximo a executar. Um valor numérico de prioridade mais baixo indica uma prioridade de escalonamento mais alta.[66] Processos que pertencem ao sistema operacional, denominados processos de núcleo, freqüentemente têm valores inteiros negativos e, tipicamente, sua prioridade de escalonamento é mais alta do que as dos processos de usuários.[67] Processos de sistemas operacionais que executam operações de manutenção periodicamente, denominados daemons, executam em geral com a prioridade mais baixa possível.

Muitas aplicações requerem que vários componentes independentes se comuniquem durante a execução, o que exige comunicação interprocessos (IPC). O UNIX fornece vários mecanismos que habilitam os processos a trocar dados, tais como sinais e pipes (veja as seções 3.4, "Comunicação interprocessos", e 20.10.2, "Pipes").[68]

Revisão

1. Por que um pai e seu filho podem compartilhar o segmento de texto do pai após uma chamada ao sistema fork?
2. Por que um processo deve usar ICP para compartilhar dados com outros processos?

Respostas: 1) O segmento de texto contém instruções que não podem ser modificadas por nenhum dos dois processos, o que significa que ambos os processos, pai e filho, executarão as mesmas instruções independentemente de o sistema operacional manter ou não uma, ou várias, cópias do segmento na memória. Portanto, o sistema operacional pode reduzir o consumo de memória compartilhando o acesso à região de texto entre um pai e seu filho. **2)** O sistema operacional não permite que processos não relacionados compartilhem o segmento de dados de seus espaços de memória, ou seja, os dados armazenados por um processo são inacessíveis a processos não relacionados. Portanto, o sistema operacional deve fornecer algum mecanismo que torne os dados de um processo disponível para outro.

Resumo

Um processo, ou seja, um programa em execução, é fundamental para entender como os sistemas de computador de hoje realizam e controlam muitas atividades simultâneas. Cada processo tem seu próprio espaço de endereço, que pode consistir em uma região de texto, uma região de dados e uma região de pilha. Um processo passa por uma série de estados distintos. Por exemplo, um processo pode estar em estado de *execução*, estado de *pronto* ou estado *bloqueado*. A lista de prontos e a lista de bloqueados armazenam referências aos processos que não estão *em execução*.

Quando um processo chega ao topo da lista de prontos e quando um processador fica disponível, aquele processo é designado a um processador, e diz-se que ele fez uma transição do estado de *pronto* para o estado *em execução*. O ato de designar um processador ao primeiro processo da lista de prontos é denominado despacho. Para evitar que qualquer um dos processos monopolize o sistema, acidental ou maliciosamente, o sistema operacional estabelece um relógio de interrupção (ou temporizador de intervalo), que permite que um processo execute durante um intervalo de tempo especificado ou quantum. Se um processo *em execução* iniciar uma operação de entrada/saída antes do seu quantum expirar, diz-se que o processo bloqueou a si mesmo, deixando em suspenso a conclusão da operação de E/S. Como alternativa, o sistema operacional pode empregar multitarefa cooperativa, na qual cada processo executa até concluir ou até devolver voluntariamente seu processador, o que pode ser perigoso, porque a multitarefa cooperativa não impede que os processos monopolizem um processador.

O sistema operacional normalmente executa diversas operações quando cria um processo, incluindo designar ao processo um número de identificação de processo (PID) e criar um bloco de controle de processo (PCB), ou descritor de processo, que armazene o contador de programa (ou seja, o ponteiro para a próxima instrução que o processo executará), o PID, a prioridade de escalonamento e, por fim, o contexto de execução do processo. O sistema operacional mantém ponteiros para cada PCB de processo na tabela de processo para poder acessar o PCB rapidamente. Quando um processo termina (ou é terminado pelo sistema operacional), o sistema operacional retira o processo da tabela de processos e libera todos os recursos do processo, incluindo sua memória.

Um processo pode gerar um novo processo — o processo criador é denominado processo-pai e o processo criado é denominado processo-filho. Cada processo-filho é criado por exatamente um processo-pai, e essa criação origina uma estrutura hierárquica de processos. Em alguns sistemas um processo gerado é destruído automaticamente quando seu pai é destruído; em outros, processos gerados continuam independentemente de seus pais, e a destruição desses não tem nenhum efeito sobre os filhos dos pais destruídos.

Um processo suspenso é retirado indefinidamente da disputa por tempo em um processador sem ser destruído. Os estados suspensos são *suspenso-pronto* e *suspenso-bloqueado*. Uma suspensão pode ser iniciada pelo processo que está sendo suspenso ou por um outro processo; um processo suspenso deve ser retomado por um outro processo.

Quando o sistema operacional despacha um processo pronto para um processador, ele inicia um chaveamento de contexto. Chaveamentos de contexto devem ser transparentes para os processos. Durante um chaveamento de contexto, um processador não pode realizar nenhuma computação 'útil', portanto, sistemas operacionais devem minimizar o tempo de chaveamento de contexto. Algumas arquiteturas reduzem a sobrecarga executando operações de chaveamento de contexto em hardware.

Interrupções habilitam o software a responder a sinais do hardware. Uma interrupção pode ser iniciada especificamente por um processo em execução (caso em que geralmente é denominada desvio (*trap*) e considerada como síncrona em relação à operação do processo), ou pode ser causada por algum evento que pode ou não estar relacionado ao processo em execução (caso em que é denominada assíncrona em relação à operação do processo). Uma alternativa às interrupções é o processador inquirir repetidamente o estado de cada dispositivo, uma abordagem denominada sondagem (*polling*).

Interrupções são essenciais para manter um ambiente de computação protegido e produtivo. Quando ocorre uma interrupção, o processador executará uma das funções de tratamento de interrupções do núcleo. O tratador de interrupção determina como o sistema deve responder a interrupções. As localizações dos ponteiros de interrupções são armazenadas em um conjunto (array) de ponteiros denominado vetor de interrupção. O conjunto de interrupções que um computador suporta depende da arquitetura do sistema. A especificação IA-32 distingue entre dois tipos de sinais que um processador pode receber: interrupções e exceções.

Muitos sistemas operacionais fornecem mecanismos para comunicações interprocessos (IPC) que, por exemplo, habilitam um navegador Web a recuperar dados de um servidor remoto. Sinais são interrupções de software que notificam o processo sobre a ocorrência de um evento; sinais não permitem que processos especifiquem dados para trocar com outros processos. Processos podem capturar, ignorar ou mascarar um sinal.

Comunicações interprocessos podem ocorrer em uma direção por vez ou podem ser bidirecionais. Um modelo de troca de mensagens especifica que processos enviem e recebam mensagens fazendo chamadas. Uma implementação popular da troca de mensagens é um pipe — uma região da memória protegida pelo sistema operacional que permite que dois ou mais processos troquem dados. Uma complicação em sistemas distribuídos no que diz respeito à troca de mensagens do tipo envio/recepção é que não pode haver nenhuma ambigüidade nos nomes dos processos, para que chamadas explícitas de envio e recepção refiram-se aos processos corretos.

Processos UNIX têm um conjunto de endereços de memória denominado espaço de endereço virtual que contém uma região de texto, uma região de dados e uma região de pilha. Em sistemas UNIX, um PCB armazena informações, incluindo os conteúdos de registradores de processos, o identificador do processo (PID), o contador do programa e a pilha do sistema. Todos os processos são listados na tabela de processos, a qual permite ao sistema operacional acessar informações referentes a cada processo. Processos UNIX interagem com o sistema operacional via chamadas ao sistema. Um processo pode gerar um processo-filho usando a chamada ao sistema fork, que cria uma cópia do processo-pai. As prioridades de processo do UNIX são números inteiros entre –20 e 19 (inclusive), que o sistema usa para determinar qual processo executará em seguida; um valor numérico de prioridade mais baixo indica uma prioridade de escalonamento mais alta. O núcleo também fornece mecanismos de IPC, tais como pipes, que permitem que processos não relacionados transfiram dados.

Exercícios

3.1 Cite diversas definições de processo. Por que você acredita que não haja nenhuma definição aceita universalmente?

3.2 Algumas vezes os termos usuário e processo são usados intercambiavelmente. Defina cada um deles. Em quais circunstâncias têm significados similares?

3.3 Por que não faz sentido manter a lista de bloqueados em ordem de prioridade?

3.4 A habilidade de um processo gerar um novo processo é uma característica importante, mas não totalmente isenta de perigos. Considere as conseqüências de permitir que um usuário execute o processo da Figura 3.11. Suponha que fork() seja uma chamada ao sistema que gera um processo-filho.

    a. Supondo que um sistema permitisse que tal processo executasse, quais seriam as conseqüências?

```
1   int main() {
2
3       while( true ) {
4           fork() ;
5       }
6
7   }
```

Figura 3.11 | *Código para o Exercício 3.4.*

b. Suponha que você, na qualidade de projetista de sistemas operacionais, tivesse de inserir salvaguardas contra tais processos. Sabemos (pelo 'Problema da Parada [Halting]' da teoria da computabilidade) que, no geral, é impossível prever o caminho de execução que um programa seguirá. Quais as conseqüências desse resultado fundamental da ciência da computação para a sua capacidade de impedir que processos como o apresentado anteriormente executem?

c. Suponha que você decida que é inadequado rejeitar certos processos, e que a melhor abordagem é inserir nele certos controles de tempo. Quais controles o sistema operacional poderia usar para detectar processos como o anterior durante o tempo de execução?

d. Os controles que você propôs atrapalhariam a capacidade de um processo gerar novos processos?

e. Como a implementação dos controles que você propôs afeta o projeto dos mecanismos de tratamento de processo do sistema?

3.5 Em sistemas dedicados de usuário único, geralmente é óbvio quando um programa entra em laço infinito. Mas em sistemas multiusuário que executam grandes números de processos, não é fácil determinar que um processo individual não está progredindo.

a. O sistema operacional consegue determinar que um processo entrou em laço infinito?

b. Quais salvaguardas razoáveis poderiam ser construídas no sistema operacional para impedir que processos em laço infinito continuem a executar indefinidamente?

3.6 Escolher o tamanho correto do quantum é importante para o funcionamento efetivo de um sistema operacional. Mais adiante no texto vamos examinar com profundidade a questão da determinação do quantum. Por enquanto, anteciparemos alguns dos problemas. Considere um sistema de processador único de tempo compartilhado que suporta um grande número de usuários interativos. Cada vez que um processo obtém o processador, o relógio de interrupção é acertado para interromper após a expiração do quantum, o que permite que o sistema operacional impeça que qualquer processo isolado monopolize o processador e, assim, dê respostas rápidas aos processos interativos. Suponha um mesmo quantum para todos os processos do sistema.

a. Que efeito teria estabelecer um valor extremamente grande para o quantum, por exemplo, 10 minutos?

b. E se o valor estabelecido fosse extremamente pequeno, digamos, alguns ciclos de processador?

c. É óbvio que um valor apropriado para o quantum estaria entre (a) e (b). Suponha que você pudesse girar um mostrador e variar o quantum começando com um valor pequeno e aumentando gradativamente. Como você saberia quando tivesse escolhido o valor 'correto'?

d. Quais fatores tornariam esse valor correto do ponto de vista do usuário?

e. Quais fatores tornariam esse valor correto do ponto de vista do sistema?

3.7 Em um mecanismo de bloqueio/despertar, um processo bloqueia a si mesmo para esperar que um evento ocorra. Um outro processo deve detectar que o evento ocorreu e acordar o processo bloqueado. É possível que um processo bloqueie a si mesmo para esperar por um evento que nunca ocorrerá.

a. O sistema operacional pode detectar que um processo bloqueado está esperando por um evento que nunca ocorrerá?

b. Quais salvaguardas razoáveis poderiam ser inseridas em um sistema operacional para impedir processos de esperar indefinidamente por um evento?

3.8 Uma razão para usar um quantum para interromper um processo em execução após um período 'razoável' é permitir que o sistema operacional retome o processador e despache o próximo processo. Suponha que um sistema não tenha um relógio de interrupção e que o único modo pelo qual um processo possa perder o processador seja desistir dele voluntariamente. Suponha também que o sistema operacional não disponha de nenhum mecanismo de despacho.

a. Descreva como um grupo de processos de usuários poderia cooperar entre si para efetuar um mecanismo de despacho controlado por usuário.

b. Quais os perigos potenciais inerentes a esse esquema?

c. Quais as vantagens para os usuários em relação a um mecanismo de despacho controlado pelo sistema?

3.9 Em alguns sistemas um processo gerado é destruído imediatamente quando seu pai é destruído; em outros, processos gerados continuam independentemente de seus pais, e a destruição de um pai não tem efeito sobre seus filhos.

a. Discuta as vantagens e desvantagens de cada abordagem.

b. Dê um exemplo de uma situação em que destruir um pai não deveria especificamente resultar na destruição de seus filhos.

3.10 Quando interrupções são desativadas na maioria dos dispositivos, elas continuam pendentes até que possam ser processadas quando forem novamente habilitadas. Não são permitidas quaisquer outras interrupções. O funcionamento dos próprios mecanismos é temporariamente interrompido. Mas, em sistemas de tempo real, o ambiente que gera as interrupções muitas vezes está dissociado do sistema do computador. Quando as interrupções são desativadas no sistema do computador, o ambiente continua gerando interrupções do mesmo jeito. Essas interrupções podem ser perdidas.

a. Discuta as conseqüências de interrupções perdidas.

b. Em um sistema de tempo real, é melhor perder interrupções ocasionais ou parar o sistema temporariamente até que as interrupções sejam habilitadas novamente?

3.11 Como veremos repetidamente por todo este texto, o gerenciamento da espera é uma parte essencial de todo sistema operacional. Neste capítulo vimos diversos estados de espera, a saber, *pronto*, *bloqueado*, *suspenso-pronto* e *suspenso-bloqueado*. Para cada um desses estados, discuta como um processo poderia entrar no estado em questão, o que o processo está esperando e a possibilidade de que o processo possa 'ser perdido' esperando indefinidamente naquele estado.

Quais características os sistemas operacionais deveriam incorporar para enfrentar a possibilidade de processos começarem a esperar por um evento que talvez nunca aconteça?

3.12 Processos em espera consomem vários recursos do sistema. Alguém poderia sabotar um sistema criando processos repetidamente e fazendo-os esperar por eventos que nunca acontecerão? Quais salvaguardas poderiam ser impostas?

3.13 Um sistema de processador único pode não ter nenhum processo pronto e nenhum processo em execução? Esse é um sistema 'morto'? Explique sua resposta.

3.14 Por que poderia ser útil acrescentar um estado *morto* ao diagrama de transição de estado?

3.15 O Sistema A executa exatamente um processo por usuário. O Sistema B pode suportar muitos processos por usuário. Discuta as diferenças organizacionais entre os sistemas operacionais A e B no que se refere ao suporte de processos.

3.16 Quais as semelhanças e diferenças entre IPCs que usam sinais e troca de mensagens?

3.17 Como discutido na Seção 3.6, "Estudo de caso: Processos UNIX", esses processos podem alterar suas prioridades usando a chamada ao sistema nice. Quais restrições o UNIX poderia impor ao uso dessa chamada ao sistema? Por quê?

Projetos sugeridos

3.18 Quais as semelhanças e diferenças entre as informações armazenadas em PCBs do Linux, do Windows XP da Microsoft, e do OS X da Apple? Quais os estados de processo definidos por cada um desses sistemas operacionais?

3.19 Pesquise as melhorias feitas no chaveamento de contexto ao longo dos anos. Como melhorou a quantidade de tempo que processadores gastam em chaveamentos de contexto? De que maneira o hardware ajudou a tornar o chaveamento de contexto mais rápido?

3.20 A linha de processadores Intel Itanium, projetados para computação de alto desempenho, é implementada segundo a especificação IA-64 (64 bits). Quais as semelhanças e diferenças entre o método de processamento de interrupções da arquitetura IA-32 discutida neste capítulo e o da arquitetura IA-64 (consulte developer.intel.com/design/itanium/manuals/245318.pdf).

3.21 Discuta um esquema de interrupção que não seja o descrito neste capítulo. Compare os dois esquemas.

Notas

1. R. C. Daley e Jack B. Dennis, "Virtual memory, processes, and sharing in Multics", *Proceedings of the ACM Symposium on Operating System Principles*, jan. 1967.
2. F. Corbató, M. Merwin-Daggett e R. C. Daley, "An experimental time-sharing system", *Proceedings of the Spring Joint Computer Conference (AFIPS)*, v. 21, 1962, p. 335-344.
3. T. Van Vleck, "The IBM 7094 and CTSS", 3 mar. 2003, www.multicians.org/thvv/7094.html.
4. T. Van Vleck, "Multics general information and FAQ", 14 set. 2003, www.multicians.org/general.html.
5. T. Van Vleck, "Multics general information and FAQ", 14 set. 2003, www.multicians.org/general.html.
6. P. Green, "Multics virtual memory: tutorial and reflections", 1993, ftp://ftp.stratus.com/pub/vos/multics/pg/mvm.html.
7. T. Van Vleck, "Multics general information and FAQ", 14 set. 2003, www.multicians.org/general.html.
8. P. Green, "Multics virtual memory: tutorial and reflections", 1993, ftp://ftp.stratus.com/pub/vos/multics/pg/mvm.html.
9. T. Van Vleck, "Multics general information and FAQ", 14 set. 2003, www.multicians.org/general.html.
10. T. Van Vleck, "Multics glossary — A", www.multicians.org/mga.html.
11. T. Van Vleck, "Multics glossary — B", www.multicians.org/mgb.html.
12. P. McJones, "Multics relational data store (MRDS)", www.mcjones.org/System_R/mrds.html.
13. J. L. Peterson, J. S. Quarterman e A. Silbershatz, "4.2BSD and 4.3BSD as examples of the UNIX system", *ACM Computing Surveys*, v. 17, nº 4, dez. 1985, p. 388.
14. "UNIX system calls links", www.softpanorama.org/Internals/unix_system_calls_links.shtml.
15. B. W. Lampson, "A scheduling philosophy for multiprocessing system", *Communications of the ACM*, v. 11, nº 5, 1968, p. 347-360.
16. "IA-32 Intel architecture software developer's manual", v. 3, *System Programmer's Guide*, 2002.
17. "IA-32 Intel architecture software developer's manual", v. 3, *System Programmer's Guide*, 2002.
18. "IA-32 Intel architecture software developer's manual", v. 3, *System Programmer's Guide*, 2002, p. 5-16.
19. "IA-32 Intel architecture software developer's manual", v. 3, *System Programmer's Guide*, 2002.
20. T. Krazit, "Study: Intel's Q2 market share up, AMD's down", *InfoWorld*, 31 jul. 2002, archive.infoworld.com/articles/hn/xml/02/07/31/020731hnstudy.xml.
21. "IA-32 Intel architecture software developer's manual", v. 3, *System Programmer's Guide*, 2002, p. 5-2, 5-5.
22. "IA-32 Intel Architecture Software Developer's Manual", v. 3, *System Programmer's Guide*, 2002, p. 2-8.
23. M. Bar, "Kernel Korner: the Linux signals handling model", *Linux Journal*, maio 2000, www.linuxjournal.com/article.php?sid=3985.
24. D. Bovet e M. Cesati, *Understanding the Linux Kernel*. O'Reilly, 2001, p. 253.
25. M. Bar, "Kernel Korner: the Linux Signals handling model", *Linux Journal*, maio 2000, www.linuxjournal.com/article.php?sid=3985.
26. W. M. Gentleman, "Message passing between sequential processes: the reply primitive and the administrator concept", *Software — Practice and Experience*, v. 11, 1981, p. 435-466.
27. R. D. Schlichting e F. B. Schneider, "Understanding and using asynchronous message passing primitives". In: *Proceedings of the Symposium on Principles of Distributed Computing*, 18-20 ago. 1982, Ottawa, Canadá, ACM, Nova York, p. 141-147.
28. J. A. Stankovic, "Software communication mechanisms: procedure calls versus messages", *Computer*, v. 15, nº 4, abr. 1982.
29. J. Staustrup, "Message passing communication versus procedure call communication", *Software — Practice and Experience*, v. 12, nº 3, mar. 1982, p. 223-234.
30. D. R. Cheriton, "An experiment using registers for fast message-based interprocess communications", *Operating Systems Review*, v. 18, nº 4, out. 1984, p. 12-20.
31. R. Olson, "Parallel processing in a message-based operating system", *IEEE Software*, v. 2, nº 4, jul. 1985, p. 39-49.
32. G. R. Andrews, "Synchronizing resources", *ACM Transactions on Programming Languages and Systems*, v. 3, nº 4, out. 1981, p. 405-430.
33. G. Andrews e F. Schneider, "Concepts and notations for concurrent programming", *ACM Computing Surveys*, v. 15, nº 1, mar. 1983, p. 3-44.
34. D. Bovet e M. Cesati, *Understanding the Linux Kernel*. O'Reilly, 2001, p. 524-532.

35. K. Thompson, "UNIX implementation", *UNIX Programer's Manual: 7th ed.*, v. 2b, jan. 1979, cm.bell-labs.com/7thEdMan/bswv7.html.
36. K. Thompson, "UNIX implementation", *UNIX Programer's Manual: 7th ed.*, v. 2b, jan. 1979, cm.bell-labs.com/7thEdMan/bswv7.html.
37. *FreeBSD Handbook: Processes*, 2002, www.freebsd.org/handbook/basics-processes.html.
38. K. Thompson, "UNIX implementation", *UNIX Programer's Manual: 7th ed.*, v. 2b, jan. 1979, cm.bell-labs.com/7thEdMan/bswv7.html.
39. K. Thompson, "UNIX implementation", *UNIX Programer's Manual: 7th ed.*, v. 2b, jan. 1979, cm.bell-labs.com/7thEdMan/bswv7.html.
40. D. Ritchie e K. Thompson, "The UNIX time-sharing system", *Communications of the ACM*, jul. 1974, p. 370-372.
41. *FreeBSD Handbook: Processes*, 2002, www.freebsd.org/handbook/basics-processes.html.
42. K. Thompson, "UNIX implementation", *UNIX Programer's Manual: 7th ed.*, v. 2b, jan. 1979, cm.bell-labs.com/7thEdMan/bswv7.html.
43. Lucent Technologies, "The creation of the UNIX operating system", 2002, www.bell-labs.com/history/unix/.
44. E. Organick, *The multics system: an examination of its structure*. Cambridge, MA: MIT Press, 1972.
45. Lucent Technologies, "The creation of the UNIX operating system", 2002, www.bell-labs.com/history/unix/.
46. Sun Microsystems, "Executive bios: Bill Joy", www.sun.com/aboutsun/media/ceo/mgt_joy.html.
47. B. Calkins, "The history of Solaris", 15 dez. 2001, unixed.com/Resources/history_of_solaris.pdf.
48. Lucent Technologies, "The creation of the UNIX operating system", 2002, www.bell-labs.com/history/unix/.
49. L. Torvalds, "Linux history", 31 jul. 1992, www.li.org/linuxhistory.php.
50. N. Holland, "1 — Introduction to OpenBSD", 23 jul. 2003, www.openbsd.org/faq/faq1.html.
51. J. Howard, "Daemon news: the BSD family tree", abr. 2001, www.daemonnews.org/200104/bsd_family.html.
52. D. Jorm, "An overview of OpenBSD security", 8 ago. 2000, www.onlamp.com/pub/a/bsd/2000/08/08/OpenBSD.html.
53. Security Electronics Magazine, "OpenBSD: secure by default", jan. 2002, www.semweb.com/jan02/itsecurityjan.htm.
54. J. Howard, "Daemon news: the BSD family tree", abr. 2001, www.daemonnews.org/200104/bsd_family.html.
55. The NetBSD Foundation, Inc., "About the NetBSD project", 17 jul. 2003, www.netbsd.org/Misc/about.html.
56. J. Howard, "Daemon news: the BSD family tree", abr. 2001, www.daemonnews.org/200104/bsd_family.html.
57. J. Coelho, "comp.aix.unix frequently asked questions (Part 1 of 5)", 10 out. 2000, www.faqs.org/faqs/aix-faq/part1/.
58. IBM, "AIX aAffinity with Linux: technology paper,", <www-1.ibm.com/servers/aix/products/aixos/linux/affinity_linux.pdf>.
59. I. Springer, I., "comp.sys.hp.hpux FAQ,", 20 September 20, set. 2003, <www.faqs.org/faqs/hp/hpux-faq/>.
60. Hewlett-Packard Company, "HP-UX 11i operating system,", www.hp.com/products1/unix/operating/.
61. Hewlett-Packard Company, "Hewlett Packard receives top UNIX ranking from D.H. Brown", 30 maio 2002, www.hp.com/hpinfo/newsroom/press/30may02b.htm.
62. *FreeBSD Hypertext Man Pages*, 2002 www.freebsd.org/cgi/man.cgi?query=execve&sektion=2.
63. D. Ritchie e K. Thompson, "The UNIX time-sharing system", *Communications of the ACM*, jul. 1974, p. 370-372.
64. D. Ritchie e K. Thompson, "The UNIX time-sharing system", *Communications of the ACM*, jul. 1974, p. 370-372.
65. "Exit", *The Open Group Base Specifications, Issue 6, IEEE Std 1003.1*, 2003, www.opengroup.org/onlinepubs/007904975/functions/_Exit.html.
66. *UNIXhelp for Users, Version 1.3.2: Nice*, unixhelp.ed.ac.uk/CGI/man-cgi?nice.
67. K. Thompson, "UNIX implementation", *UNIX Programer's Manual: 7th ed.*, v. 2b, jan. 1979, cm.bell-labs.com/7thEdMan/bswv7.html.
68. *The Design and Implementation of 4.4BSD Operating System: Interprocess Communication*, 2002, www.freebsd.org/doc/en_US.ISO8859-1/books/design-44bsd/x659.html.

Capítulo 4

Conceitos de thread

O toque da aranha, que requintada elegância!
Sente cada thread e vive ao longo da linha.
Alexander Pope

Não se pode conceber a maioria sem a unidade.
Platão

Há um tempo para muitas palavras, e também há um tempo para dormir.
Homero

Estar acordado é estar vivo.
Henry David Thoreau

Apenas um sinal e uma voz distante na escuridão.
Henry Wadsworth Longfellow

Objetivos

Este capítulo apresenta:
- *A motivação na criação de threads.*
- *As semelhanças e diferenças entre processos e threads.*
- *Os vários níveis de suporte a threads.*
- *O ciclo de vida de um thread.*
- *Sinalização e cancelamento de threads.*
- *O básico sobre threads POSIX, Linux, Windows XP e Java.*

4.1 Introdução

Sistemas operacionais mais antigos habilitavam computadores a executar diversos programas concorrentemente, mas as linguagens de programação da época não permitiam que programadores especificassem atividades concorrentes (veja o quadro "Reflexões sobre sistemas operacionais, Concorrência"). Essas linguagens em geral forneciam apenas um conjunto simples de estruturas de controle que habilitava os programadores a especificar um único thread de controle. Os tipos de operações simultâneas que os computadores realizavam eram geralmente implementados por primitivas de sistemas operacionais, disponíveis apenas para programadores de grande experiência.

A linguagem de programação Ada, desenvolvida pelo Departamento de Defesa dos Estados Unidos no final da década de 1970 e início da de 1980, foi uma das primeiras a fornecer primitivas explícitas de concorrência. A Ada foi amplamente disponibilizada para empresas contratadas, especializadas em defesa, que fabricavam sistemas militares de comando e controle. Entretanto, essa linguagem não foi extensivamente adotada por universidades e empresas comerciais.

Nos últimos anos muitas linguagens de programação de uso geral, incluido Java, C#, Visual C++ .NET, Visual Basic.NET e Python, disponibilizaram primitivas de concorrência para o programador de aplicações. O programador especifica que as aplicações contêm 'threads de execução', cada thread designando uma parte de um programa que pode executar concorrentemente com outros threads. Essa tecnologia, denominada **multithreading**, dá ao programador capacidade poderosa que não está disponível diretamente em linguagens como C e C++, as linguagens sobre as quais a Java e a C# estão baseadas. C e C++ são denominadas linguagens monothread. [*Nota*: em muitas plataformas de computador, programas C e C++ podem realizar multithread usando bibliotecas de código específico, porém essas não fazem parte das versões padronizadas ANSI/ISO dessas linguagens.] O suporte do sistema operacional para threads é essencial para suportar linguagens que forneçam semântica de multithread.

Escrever programas multithread pode ser complicado. Embora a mente humana possa executar funções concorrentemente, as pessoas acham difícil alternar entre 'correntes de pensamento' paralelas. Para entender por que aplicações multithread podem ser difíceis de programar e compreender, experimente fazer o seguinte: abra três livros na página 1 e tente ler os três ao mesmo tempo. Leia algumas palavras do primeiro livro, algumas do segundo e outras do terceiro; em seguida, de onde parou, volte e leia algumas palavras do primeiro livro e assim por diante. Após esse experimento você vai dar valor a alguns dos desafios fundamentais do multithread — alternar entre livros, ler um pouco, lembrar o lugar em que parou

Reflexões sobre sistemas operacionais

Concorrência

Neste livro veremos numerosos exemplos de coisas que podem acontecer concorrentemente. Operações de E/S podem prosseguir concorrentemente com a execução de programa; diversos processadores podem estar executando concorrentemente; diversos usuários podem estar usando um sistema concorrentemente; diversos processos podem estar tentando acessar dados compartilhados concorrentemente; e diversos computadores podem estar funcionando concorrentemente na mesma rede.

Estudamos questões de concorrência por todo o livro. Este capítulo e o anterior discutem processos e threads — abstrações usadas pelo sistema operacional para gerenciar atividades concorrentes. Os capítulos 5 e 6 preocupam-se com programação concorrente e com as delicadas questões de habilitar processos e threads concorrentes a trabalhar juntos para resolver problemas comuns de coordenação e compartilhamento de dados. O Capítulo 7 examina os assuntos deadlocks (impasses) e adiamento indefinido de processos e threads concorrentes. O Capítulo 8 trata do escalonamento de um processador entre processos e threads concorrentes. Os capítulos 9 e 11 abordam questões de organização e gerenciamento da memória entre processos e threads concorrentes. O Capítulo 15 discute sobre processos e threads concorrentes em sistemas multiprocessadores.

O Capítulo 16 trata de redes de computadores e dos fascinantes protocolos usados para garantir que computadores funcionem concorrentemente na mesma rede e não 'colidam uns com os outros'. Os capítulos 17 e 18 abordam problemas de construção de aplicações concorrentes, partes das quais são distribuídas através de uma rede de computadores. O Capítulo 19 trata de assuntos de segurança e proteção entre usuários concorrentes operando em computadores individuais e em rede. Os capítulos dedicados ao estudo dos casos do Linux e do Windows XP mostram implementações de controle de concorrência no mundo real.

em cada livro, aproximar o livro que está lendo para poder enxergar, afastar os que não está lendo — e, no meio de todo esse caos, tentar compreender o conteúdo dos livros!

Revisão

1. O texto menciona que recursos de multithread não estão disponíveis diretamente em linguagens como C e C++. Como, mesmo assim, programadores conseguem escrever códigos multithread nessas linguagens?

2. Qual a vantagem fundamental que você obteria executando uma aplicação multithread em um sistema multiprocessador em vez de um sistema uniprocessador?

Respostas: 1) Existem bibliotecas de código específico que auxiliam o multithread. Todavia, elas não fazem parte dos padrões ANSI/ISO das linguagens C e C++, portanto, programas que as utilizam não são tão portáveis quanto programas 'C ou C++ padrão'. 2) Os múltiplos threads da aplicação que realizam tarefas paralelas poderiam executar verdadeiramente de maneira simultânea em processadores separados acelerando a execução da aplicação.

4.2 Definição de thread

Devido ao amplo suporte para multithread em linguagens de programação, praticamente todos os sistemas operacionais recentes fornecem, no mínimo, algum suporte para threads. Um thread, às vezes denominado **processo leve** (*Lightweight Process* — **LWP**), compartilha muitos atributos de um processo. Threads são escalonados em um processador, e cada thread pode executar um conjunto de instruções independentemente de outros processos e threads. Entretanto, eles não são planejados para existir sozinhos — normalmente pertencem a processos tradicionais, às vezes denominados **processos pesados** (*Heavyweight Processes* — **HWP**). Os threads de um processo compartilham muitos dos seus recursos — mais notavelmente seu espaço de endereçamento e arquivos abertos — para melhorar a eficiência com que realizam suas tarefas. O nome 'thread' refere-se a um fluxo único de instruções ou fluxo de controle; threads em um processo podem executar concorrentemente e cooperar para atingir uma meta comum. Em um sistema multiprocessador, múltiplos threads são capazes de executar simultaneamente.

Threads possuem um subconjunto dos recursos contidos em um processo. Recursos como registradores de processador, a pilha e outros dados específicos de threads (*Thread-Specific Data* — TSD) tais como máscaras de sinal (dados que descrevem quais sinais um thread não receberá, discutidos na Seção 4.7.1, "Entrega de sinal de thread") são locais a cada thread, enquanto o espaço de endereçamento pertence ao processo que contém os threads e é global para os threads (Figura 4.1). Dependendo da implementação de thread para determinada plataforma, os threads podem ser gerenciados pelo sistema operacional ou pela aplicação de usuário que os cria.

Embora muitos sistemas operacionais suportem threads, as implementações variam consideravelmente. Threads Win 32,[1] C-threads[2] e threads POSIX[3] são exemplos de bibliotecas de suporte a threads com APIs díspares. **Threads Win32** são usados nos sistemas operacionais Windows de 32 bits da Microsoft; **C-threads** são criados por meio de uma biblioteca de

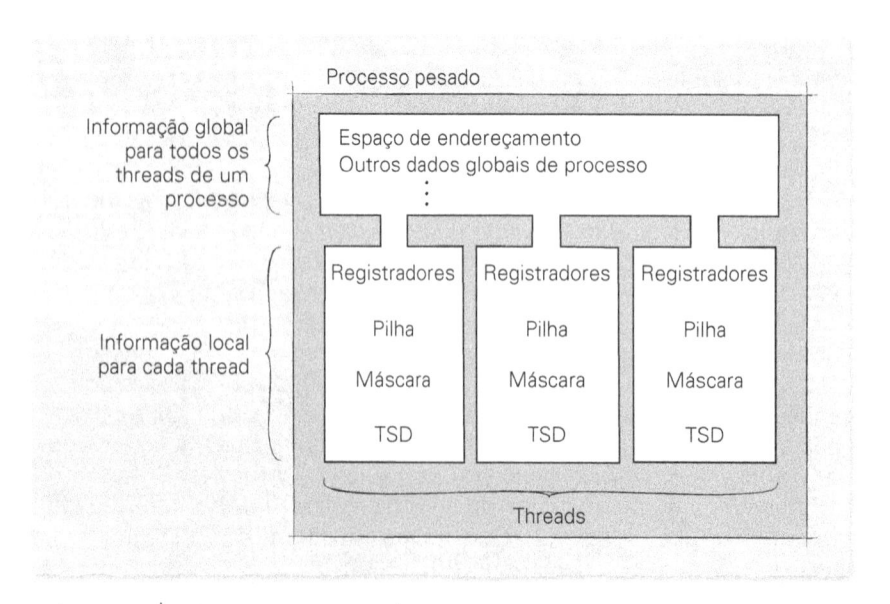

Figura 4.1 | *Relacionamento entre thread e processo.*

suporte a threads no micronúcleo Mach (sobre o qual é construído o Macintosh OS X) e também suportados pelos sistemas operacionais Solaris e Windows NT. A especificação POSIX fornece o padrão **Pthreads**. O objetivo primordial dos Pthreads é permitir a portabilidade de programas multithread por meio de múltiplas plataformas de sistemas operacionais. O POSIX foi implementado em uma variedade de sistemas operacionais, incluindo o Solaris, o Linux e o Windows XP.

Revisão

1. Por que os processos tradicionais são chamados de processos pesados?
2. Porque é difícil escrever aplicações multithread portáveis?

Respostas: 1) A distinção primária entre 'pesos' relativos de processos tradicionais e threads está no modo como os espaços de endereçamento são alocados. Quando um processo é criado, recebe um espaço de endereçamento alocado exclusivamente a ele. Quando um thread é criado ele compartilha o espaço de endereçamento do processo, portanto, threads são mais 'leves' do que processos. 2) Não existe nenhuma biblioteca de suporte a threads padronizada que seja implementada em todas as plataformas.

4.3 Motivação na criação de threads

No capítulo anterior apresentamos o conceito de processo e descrevemos como sistemas de computador se beneficiam de melhores eficiência e desempenho quando vários processos executam concorrentemente. Quando o conceito de processo foi introduzido pelo projeto Multics na década de 1960, computadores continham, tipicamente, um único processador, e as aplicações eram relativamente pequenas.[4] Os processos daquela época eram projetados para executar um único thread de controle em um processador por vez. Tendências subseqüentes no projeto de software e hardware indicaram que sistemas poderiam se beneficiar de múltiplos threads de execução por processo. Eis alguns fatores que motivaram o multithread:

- *Projeto de software* — Devido à modularidade e ao projeto de compiladores, muitas das aplicações atuais contêm segmentos de código que podem ser executados independentemente do restante da aplicação. Isolar segmentos de códigos independentes em threads individuais pode melhorar o desempenho da aplicação e fazer com que fique mais simples exprimir tarefas inerentemente paralelas em código (veja o quadro "Reflexões sobre sistemas operacionais, Paralelismo").
- *Desempenho* — Um problema das aplicações monothread é que atividades independentes não podem ser escalonadas para executar em múltiplos processadores. Em uma aplicação multithread, os threads podem compartilhar um processador (ou conjunto de processadores) para que várias tarefas sejam realizadas em paralelo. Execução concorrente paralela pode reduzir significativamente o tempo requerido para uma aplicação multithread concluir sua tarefa, especialmente em sistemas multiprocessadores, em comparação com uma aplicação monothread que pode executar somente em um processador por vez e deve realizar suas operações em seqüência. E mais, em processos multithread, threads prontos podem executar enquanto outros estão bloqueados (isto é, esperando conclusão de E/S).
- *Cooperação* — Muitas aplicações dependem de componentes independentes para comunicar e sincronizar atividades. Antes dos threads, esses componentes executavam como múltiplos processos 'pesados' que estabeleciam canais de comunicação interprocessos via núcleo.[5,6] O desempenho com uma abordagem de múltiplos threads leves normalmente é melhor do que com uma abordagem de múltiplos processos pesados, porque os threads de processo podem se comunicar usando seu espaço de endereçamento compartilhado.

Hoje, aplicações multithread são comuns nos sistemas de computadores. Um servidor Web é um dos ambientes em que os threads podem melhorar extraordinariamente o desempenho e a interatividade. Servidores Web tipicamente recebem requisições de aplicações remotas para páginas Web, imagens e outros arquivos. É comum que servidores Web atendam a cada requisição com um thread separado. O processo que recebe requisições pode conter um thread que atende a requisições da Internet. Para cada requisição recebida, é gerado um novo thread que interpreta a requisição, recupera a página Web e a transmite ao cliente (tipicamente um navegador Web). Após a geração de um novo thread, seu pai pode continuar a atender novas requisições. Como muitos servidores Web são sistemas multiprocessadores, diversas requisições podem ser recebidas e atendidas concorrentemente por diferentes threads, melhorando ambos, o rendimento e o tempo de resposta. A sobrecarga incorrida pela criação e destruição de um thread para atender a cada requisição é substancial. Em conseqüência, a maioria dos servidores Web de hoje mantém um conjunto de threads destinados a atender a novas requisições à medida que elas chegam. Esses threads não são destruídos após atender à requisição; ao contrário, voltam ao conjunto e são novamente designados para requisições que estão entrando. Discutiremos agrupamentos de threads mais detalhadamente na Seção 4.6.3, "Combinação de threads de usuário e de núcleo".

> ## Reflexões sobre sistemas operacionais
>
> ### Paralelismo
>
> Um modo de implementar paralelismo é fazê-lo na máquina local com técnicas como multiprogramação, multithread, multiprocessamento e paralelismo maciço. O hardware de computador é construído para poder realizar processamento em paralelo com entrada/saída. Multiprocessadores são construídos para ter diversos processadores trabalhando em paralelo — paralelismo maciço leva isso ao extremo com centenas, milhares ou até mais processadores trabalhando em paralelo.
>
> Hoje, um outro tipo de paralelismo está se tornando proeminente, a saber, computação distribuída em redes de computadores. Estudaremos computação distribuída nos capítulos 16 a 18, nos quais examinamos redes de computadores e as questões da construção de sistemas operacionais distribuídos. Um sistema operacional é, primariamente, um administrador de recursos. Durante anos esses recursos foram o hardware, o software e os dados de um sistema de computador local. Hoje, um sistema operacional distribuído deve gerenciar recursos onde quer que eles residam, seja no sistema do computador local, seja em sistemas de computadores distribuídos em redes como a Internet.

Processadores de texto usam threads para aumentar a produtividade do usuário e melhorar a interatividade. Cada vez que o usuário digita um caractere no teclado, o sistema operacional recebe uma interrupção de teclado e emite um sinal para o processador de texto. Esse responde armazenando o caractere na memória e exibindo-o na tela. Como os computadores atuais podem executar centenas de milhões de instruções de processador entre digitações sucessivas, processadores de texto podem executar diversos outros threads entre as interrupções do teclado. Por exemplo, muitos dos processadores de hoje detectam erros de grafia nas palavras à medida que são digitadas e salvam periodicamente uma cópia do documento para um disco para evitar perda de dados. Cada característica é implementada com um thread separado — conseqüentemente, o processador de texto pode responder às interrupções do teclado mesmo que um ou mais de seus threads estejam bloqueados devido a uma operação de E/S (por exemplo, salvar uma cópia do arquivo em disco).

Revisão

1. Como um projeto de software melhorado ajuda a fazer que aplicações multithread executem mais rapidamente?
2. Por que threads do mesmo processo em geral se comunicam mais eficientemente do que em processos separados?

Respostas: **1)** Muitas aplicações contêm segmentos de código que podem executar independentemente uns dos outros. Quando designados para threads separados, esses segmentos de código podem, por exemplo, executar em múltiplos processadores simultaneamente. **2)** Threads do mesmo processo podem se comunicar por seu espaço de endereçamento compartilhado e não precisam depender de mecanismos de IPC que invoquem o núcleo.

4.4 Estados de threads: ciclo de vida de um thread

Como discutido na Seção 3.2, "Estados de processo: ciclo de vida de um processo", cada processo pode ser visto como transitando entre uma série de estados discretos de processo. Nesse modelo, cada processo contém um único thread de controle; portanto, poderíamos ter dito também que cada thread de controle passa por uma série de estados discretos. Quando processos contêm múltiplos threads de controle podemos considerar cada thread como transitando entre uma série de **estados de thread** discretos. Assim, grande parte da discussão dos estados de processo e de transições de estado da Seção 3.2 aplica-se a estados e a transições de estado de threads.

Por exemplo, considere o seguinte conjunto de estados baseado, em grande parte, na implementação de threads no Java (Figura 4.2).[7] Em Java, um novo thread inicia seu ciclo de vida no estado **nascido** (*born*). Permanece no estado *nascido* até que o programa inicie o thread, o que o coloca no estado **pronto** — às vezes chamado de estado executável (*runnable*). Em outros sistemas operacionais um thread é iniciado na sua criação, eliminando o estado *nascido*. O thread *pronto* de prioridade mais alta entra no estado **em execução** (começa a executar) quando obtém um processador.

Um thread *em execução* entra no estado **morto** (*dead*) quando conclui sua tarefa ou termina de algum modo qualquer. Algumas bibliotecas de suporte a threads permitem que um thread termine outro thread, o que força esse último a

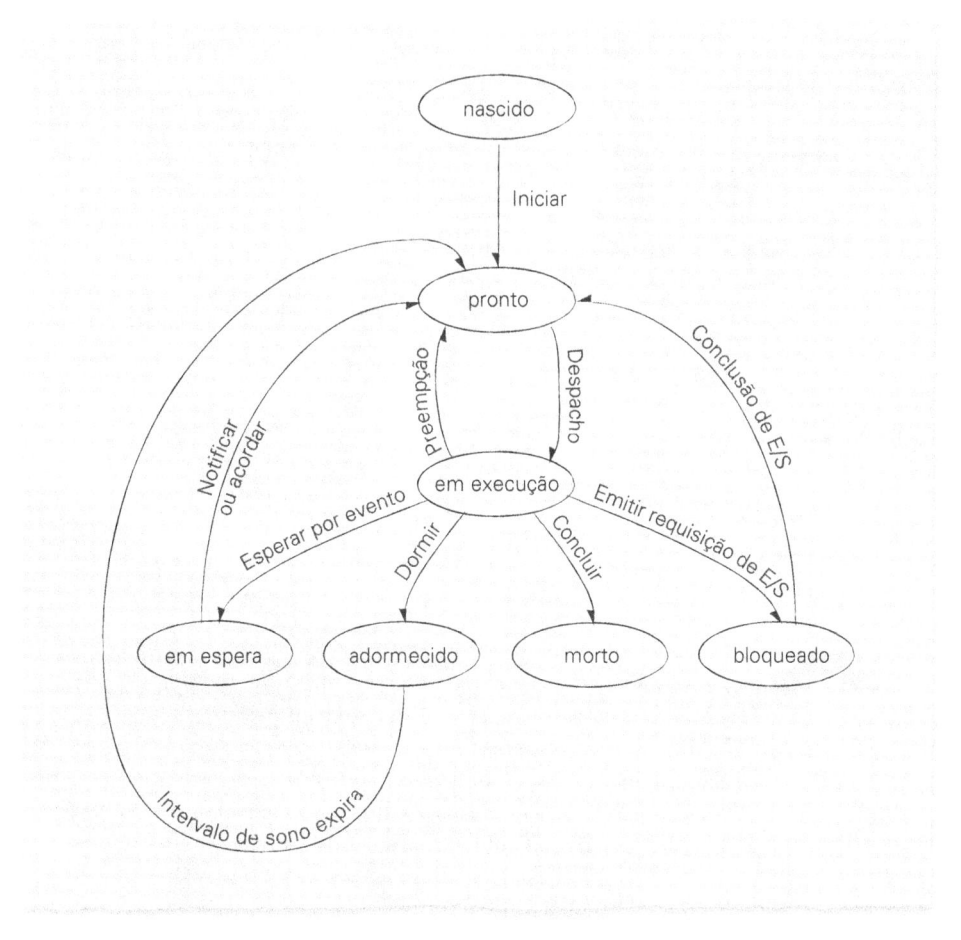

Figura 4.2 | *Ciclo de vida do thread.*

passar para o estado *morto*. Uma vez que um thread entre no estado *morto* seus recursos são liberados e ele é removido do sistema.

Um thread entra no estado **bloqueado** quando deve esperar pela conclusão de uma requisição de E/S (ler dados de um disco). Um thread *bloqueado* não é despachado para um processador até que sua requisição de E/S tenha sido concluída. Nesse ponto, o thread retorna ao estado *pronto*, para que possa retomar a execução quando um processador estiver disponível.

Quando um thread deve esperar por um evento (por exemplo, movimento do mouse ou um sinal de outro thread) pode entrar no estado de *espera*. Uma vez nesse estado, ele volta ao estado *pronto* quando um outro thread o **notificar** (o termo **acordar** também é usado). Quando um thread em *espera* recebe um evento de notificação, ele transita do estado *em espera* para o estado *pronto*.

Um thread *em execução* pode entrar no estado **adormecido** durante um período de tempo especificado (denominado **período de sono**). Um thread *adormecido* volta ao estado *pronto* quando seu intervalo designado de sono expira. Threads *adormecidos* não podem usar um processador, mesmo que haja um disponível. Os threads adormecem quando não têm, momentaneamente, nenhum trabalho a realizar. Por exemplo, um processador de texto pode conter um thread que grave periodicamente uma cópia do documento corrente em disco para recuperação posterior. Se o thread não dormisse entre backups sucessivos, exigiria um laço no qual ele testasse continuamente se deve ou não gravar uma cópia do documento no disco. Esse laço consumiria tempo de processador sem realizar trabalho produtivo, reduzindo o desempenho do sistema. Nesse caso, é mais eficiente que o thread especifique um intervalo de sono (igual ao período entre backups sucessivos) e entre no estado *adormecido*. O thread *adormecido* volta ao estado *pronto* quando seu intervalo de sono expira, momento em que grava uma cópia do documento em disco e retorna ao estado *adormecido*.

Revisão
1. Como um thread entra no estado *morto*?
2. Quais as semelhanças entre os estados de espera, bloqueado e adormecido? Quais as diferenças?

Respostas: **1)** Um thread entra no estado morto quando conclui sua tarefa ou quando um outro thread o termina. **2)** Esses estados são semelhantes porque quando os threads estão neles não podem usar um processador mesmo que esteja disponível. Um thread *bloqueado* não pode ser despachado, pois está esperando por uma operação de E/S requisitada. Nesse caso, o sistema operacional é responsável por eventualmente desbloquear o thread. Um thread *em espera* não pode ser despachado até receber um evento do hardware ou do software que não é iniciado pelo sistema operacional (por exemplo, utilização do teclado ou um sinal de um outro thread). Nesse caso o sistema operacional não pode controlar se, ou quando, um thread *em espera* eventualmente será acordado. Um thread *adormecido* não pode executar porque notificou explicitamente ao sistema que ele não deve executar até que seu intervalo de sono expire.

4.5 Operações de thread

Threads e processos têm muitas operações em comum, como:
- criar
- sair (ou seja, terminar)
- suspender
- retomar
- dormir
- acordar

Sob muitos aspectos, a criação de threads é semelhante à criação de processos. Quando um processo gera um thread, a biblioteca de suporte a threads inicia estruturas de dados específicas de thread que armazenam informações como conteúdo de registradores, o contador do programa e um identificador de thread (ID). Diferentemente da criação de processo, a de thread não requer que o sistema operacional inicialize recursos compartilhados entre o processo-pai e seus threads (por exemplo, o espaço de endereçamento). Muitos sistemas operacionais requerem um número menor de instruções para compartilhar recursos do que para iniciclizá-los, portanto, nesses sistemas, a criação de thread é mais rápida do que a de processo.[8] Do mesmo modo, o término de um thread geralmente é mais rápido do que o de um processo. A redução da sobrecarga decorrente da criação e término de threads incentiva os desenvolvedores de software a implementar tarefas paralelas usando múltiplos threads em vez de múltiplos processos quando isso for possível.

Algumas operações de threads não correspondem exatamente às operações de processos, como as seguintes:
- **cancelar** — Um thread ou processo pode fazer com que um thread termine prematuramente, cancelando-o. Diferentemente do término de um processo, o cancelamento de um thread não garante que ele termine. Isso porque threads podem desativar ou mascarar sinais; se um thread mascarar o sinal de cancelamento, ele não receberá o sinal até que o sinal de cancelamento seja reabilitado pelo thread.[9] Entretanto, um thread não pode mascarar um sinal de abortar.
- **associar** — Em algumas implementações de thread (por exemplo, Windows XP), quando um processo é iniciado, ele cria um **thread primário**. O thread primário age como qualquer outro thread, exceto que, se ele voltar, o processo termina. Para evitar que um processo termine antes que todos os seus threads concluam a execução, o thread primário tipicamente dorme até que cada thread que ele criar tenha concluído a execução. Nesse caso, diz-se que o thread primário se associa a cada um dos threads que cria. Quando um thread se associa a outro thread, o primeiro não executa até que o último termine.[10]

Embora a maioria das implementações de thread suporte as operações discutidas nesta seção, outras operações são específicas de bibliotecas de suporte a threads particulares. Nas seções a seguir apresentamos diversas implementações populares de thread e discutimos questões que o projetista deve abordar ao criar uma biblioteca de suporte a threads.

Revisão

1. Qual a diferença entre um sinal de cancelamento e um sinal de abortar, discutidos na Seção 3.5.1, "Sinais"?
2. Por que a criação de threads requer, tipicamente, um número menor de ciclos de processo do que a criação de processos?

Respostas: **1)** Quando um thread recebe um sinal de abortar, ele é terminado imediatamente (ou seja, threads não podem mascarar sinais de abortar). Quando um thread é cancelado, ele pode continuar existindo até desmascarar o sinal de cancelamento. **2)** Diferentemente da criação de processos, a criação de threads requer que o sistema operacional inicie somente recursos locais do thread de controle. Recursos globais (por exemplo, o espaço de endereçamento do processo) podem ser compartilhados usando ponteiros, o que requer um número significativamente menor de ciclos do que a inicialização.

4.6 Modelos de thread

As implementações de threads variam entre sistemas operacionais, mas quase todos os sistemas suportam um dos três sistemas primários de funcionamento de threads. Esta seção estuda os três modelos mais populares: threads de usuário, threads de núcleo e uma combinação desses dois.

4.6.1 Threads de usuário

Sistemas operacionais mais antigos suportavam processos que continham apenas um único contexto de execução.[11] Conseqüentemente, cada processo multithread era responsável por manter informações de estado de thread, escalonar threads e fornecer primitivas de sincronização de threads. Os **threads de usuário** executam operações de suporte a threads no espaço do usuário, o que significa que os threads são criados por bibliotecas em tempo de execução que não podem executar instruções privilegiadas nem acessar as primitivas do núcleo diretamente.[12] Threads de usuário são transparentes para o sistema operacional — esse trata cada processo multithread como um único contexto de execução, o que significa que o sistema operacional despacha o processo multithread como uma unidade, ao contrário de despachar cada thread individual. Por essa razão, implementações de thread de usuário também são denominadas mapeamentos de thread **muitos-para-um** porque o sistema operacional mapeia todos os threads de um processo multithread para um único contexto de execução (Figura 4.3).

Quando um processo emprega threads de usuário, são as bibliotecas de nível de usuário que realizam operações de escalonamento e despacho nos threads do processo, pois o sistema operacional não está ciente de que o processo contém múltiplos threads. O processo multithread continua a executar até que seu quantum expire ou até sofrer preempção pelo núcleo.[13]

A implementação de threads em espaço de usuário em vez de em espaço de núcleo traz diversos benefícios. Threads de usuário não precisam que o sistema operacional suporte threads, logo, são mais portáveis porque não dependem da API de gerenciamento de threads de um sistema operacional particular. Uma outra vantagem é que, como é a biblioteca de suporte a threads, e não o sistema operacional, que controla o escalonamento de threads, os desenvolvedores de aplicações podem ajustar o algoritmo de escalonamento da biblioteca de suporte a threads para atender às necessidades de aplicações específicas.[14]

E mais, threads de usuário não invocam o núcleo para escalonamento de decisões ou procedimentos de sincronização. Lembre-se, da Seção 3.4.1, "Processamento de interrupções", que um sistema perde um certo número de ciclos de processador como sobrecarga quando ocorre uma interrupção, tal como uma chamada ao sistema. Portanto, processos multithread de usuário que realizam operações freqüentes de suporte a threads (escalonamento e sincronização) beneficiam-se da baixa sobrecarga, comparados a threads que dependem do núcleo para tais operações.[15]

O desempenho do thread de usuário varia dependendo do sistema e do comportamento do processo. Muitas das deficiências de threads de usuário estão relacionadas com o fato de que, para o núcleo, um processo multithread é um único thread de controle. Por exemplo, threads de usuário não escalam bem para sistemas multiprocessadores, porque o núcleo não pode despachar os threads de um processo para múltiplos processadores simultaneamente, portanto, threads de usuário podem resultar em desempenho abaixo do ótimo em sistemas multiprocessadores.[16] Em um mapeamento de threads muitos-

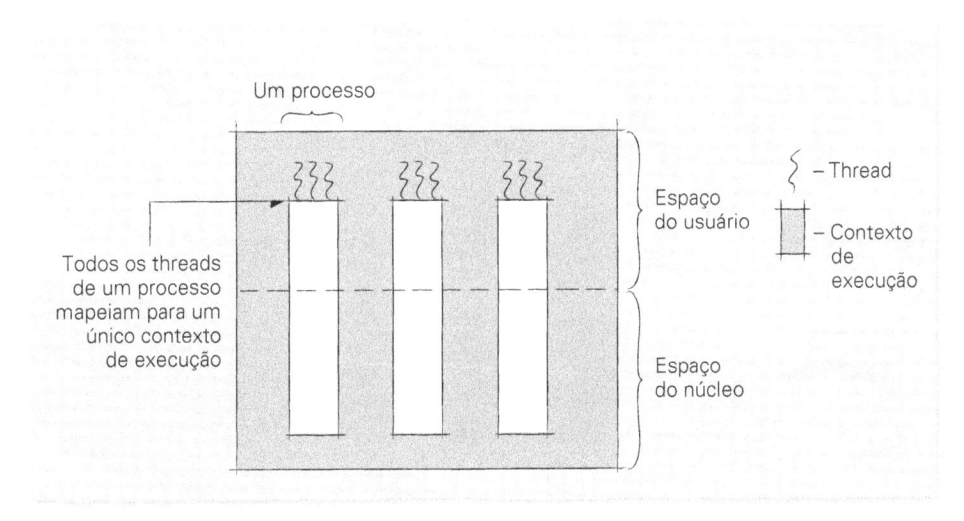

Figura 4.3 | Threads de usuário.

para-um, todo o processo fica bloqueado quando algum de seus threads requisita uma operação bloqueante de E/S, pois o processo multithread inteiro é o único thread de controle que o sistema operacional reconhece. Mesmo que o processo multithread contenha threads no estado *pronto*, nenhum de seus threads pode executar até que o thread *bloqueado* passe para *pronto*, o que pode fazer que o progresso da execução se arraste no caso de processos multithread que bloqueiam freqüentemente. Após o bloqueio de um thread de usuário, o núcleo despachará um outro processo que pode conter threads de prioridade mais baixa do que a dos threads *prontos* contidos no processo *bloqueado*. Por conseguinte, threads de usuário também não suportam escalonamento de prioridades no âmbito do sistema, o que pode ser particularmente prejudicial para processos multithread de tempo real.[17] Note que algumas bibliotecas de suporte a threads traduzem chamadas bloqueantes ao sistema para chamadas não bloqueantes para enfrentar esse problema.[18]

Revisão

1. Explique por que implementações de thread de usuário promovem a portabilidade.
2. Por que, em mapeamentos de thread muitos-para-um, o sistema operacional bloqueia o processo multithread inteiro quando um único thread fica bloqueado?

Respostas: 1) Threads de usuário apresentam uma API às aplicações que é independente da API do sistema operacional. 2) Para o sistema operacional, o processo multithread inteiro é um único thread de controle. Portanto, quando o sistema operacional recebe uma requisição de E/S bloqueante, ele bloqueia todo o processo.

4.6.2 Threads de núcleo

Threads de núcleo tentam resolver as limitações dos threads de usuário mapeando cada thread para seu próprio contexto de execução. Conseqüentemente, threads de núcleo em geral são descritos como **mapeamento de thread um-para-um** (Figura 4.4). Esses mapeamentos requerem que o sistema operacional forneça a cada thread de usuário um thread de núcleo que o sistema operacional pode despachar. Threads de núcleo são diferentes de processos pesados porque compartilham o espaço de endereçamento do seu processo. Cada thread de núcleo também armazena dados específicos de thread, como conteúdos de registradores e um identificador de thread para cada thread do sistema. Quando um processo de usuário requisita um thread de núcleo por meio de chamadas ao sistema definidas pela API do sistema operacional, o sistema operacional cria um thread de núcleo que executa as instruções do thread de usuário.

O mapeamento um-para-um oferece muitos benefícios. O núcleo pode despachar os threads de um processo para diversos processadores ao mesmo tempo, o que pode melhorar o desempenho de aplicações projetadas para execução concorrente.[19] E mais, o núcleo pode gerenciar cada thread individualmente, o que significa que o sistema operacional pode despachar os threads *prontos* de um processo mesmo que um de seus threads esteja *bloqueado*. Portanto, aplicações que realizam bloqueio de E/S podem executar outros threads enquanto esperam que a operação E/S seja concluída, melhorando, assim, a interatividade para aplicações que devem responder a entradas de usuário e incrementando o desempenho em geral, contanto que a aplicação possa se beneficiar de execução concorrente.

Threads de núcleo habilitam o despachante do sistema operacional a reconhecer cada thread de usuário individualmente. Se o sistema operacional implementa um algoritmo de escalonamento por prioridade, um processo que usa threads de núcleo

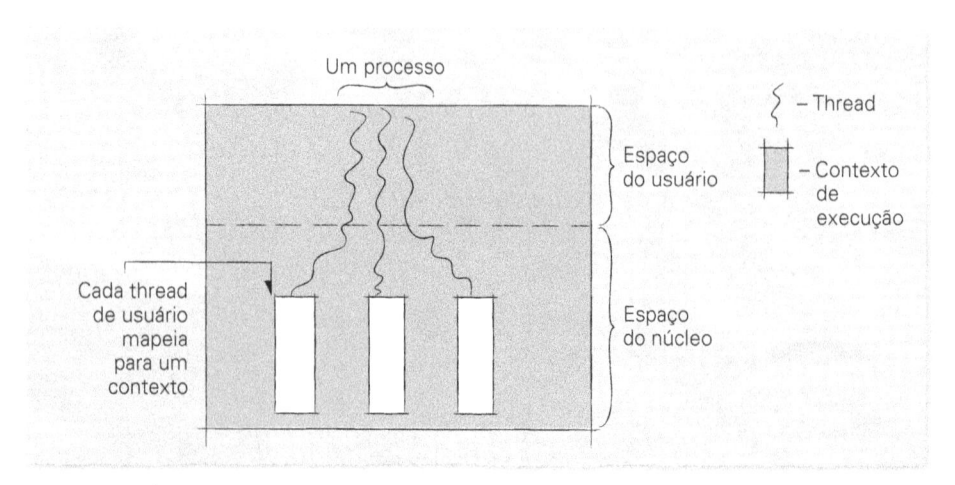

Figura 4.4 | *Threads de núcleo.*

pode ajustar o nível de serviço que cada thread recebe do sistema operacional designando prioridades de escalonamento a cada um de seus threads.[20] Por exemplo, um processo pode melhorar sua interatividade designando uma prioridade alta a um thread que responda a requisições de usuário e prioridades mais baixas para seus outros threads.

Threads de núcleo nem sempre são a solução ótima para aplicações multithread. Implementações de thread de núcleo tendem a ser menos eficientes do que as de usuário, pois as operações de escalonamento e sincronização envolvem o núcleo, o que aumenta a sobrecarga. E mais, softwares que empregam thread de núcleo normalmente são menos portáveis do que os que empregam thread de usuário — o programador de aplicações que usar threads de núcleo deve modificar o programa para usar a API de thread para cada sistema operacional em que executar.[21] Sistemas operacionais em conformidade com interfaces padronizadas como POSIX reduzem esse problema (veja o quadro "Reflexões sobre sistemas operacionais, Conformidade com padrões"). Uma outra desvantagem é que threads de núcleo tendem a consumir mais recursos do que threads de usuário.[22] Por fim, threads de núcleo requerem que o sistema operacional gerencie todos os threads do sistema. Enquanto uma biblioteca de nível de usuário pode ser solicitada a gerenciar dezenas ou centenas de threads, o sistema operacional pode ser solicitado a gerenciar milhares. Conseqüentemente, o desenvolvedor de aplicações deve estar seguro de que os subsistemas de gerenciamento da memória e de escalonamento do sistema operacional tenham boa capacidade de escalagem para grandes números de threads.

Revisão

1. Em quais cenários threads de núcleo são mais eficientes do que threads de usuário?
2. Por que uma aplicação de software escrita para threads de núcleo é menos portável do que um software escrito para threads de usuário?

Respostas: 1) Se uma aplicação contiver threads que bloqueiam ou que podem executar suas instruções em paralelo, threads de núcleo são mais eficientes do que threads de usuário. 2) Software de aplicação que usa threads de núcleo depende da API de thread de um sistema operacional particular.

4.6.3 Combinação de threads de usuário e de núcleo

Alguns sistemas operacionais como o Solaris e o Windowes XP vêm tentando cobrir a lacuna entre mapeamentos muitos-para-um e um-para-um criando uma implementação híbrida de threads. A combinação da implementação de threads de usuário e de núcleo é conhecida como mapeamento de thread **muitos-para-muitos (m-to-m)** (Figura 4.5).[23] Como seu nome sugere, essa implementação mapeia muitos threads de usuário para um conjunto de threads de núcleo. Essa técnica

Reflexões sobre sistemas operacionais

Conformidade com padrões

Imagine tentar acessar a Internet sem os protocolos padronizados de rede. Ou imagine comprar uma lâmpada se os bocais não fossem padronizados. E até mais fundamentalmente, imagine o que seria dirigir se cada cidade resolvesse atribuir às luzes verde e vermelha dos semáforos significados diferentes dos padrões correntes de 'pare' e 'siga'. Há diversas organizações importantes, nacionais e internacionais, que promovem padrões para a indústria de computadores, tais como POSIX, ANSI (American National Standards Institute), ISO (International Organization for Standardization), OMG (Object Management Group), W3C (World Wide Web Consortium) e muitas mais.

Um projetista de sistemas operacionais deve estar a par dos muitos padrões aos quais um sistema deve obedecer. Muitas vezes esses padrões não são estáticos; pelo contrário, evoluem conforme mudam as necessidades da comunidade mundial dos usuários de computadores e de comunicação.

Padrões também têm desvantagens — podem retardar ou até mesmo sufocar a inovação. Eles forçam as organizações de desenvolvimento de sistemas operacionais (e outras) a gastar significativas quantidades de tempo e dinheiro para obedecer a um vasto conjunto de padrões, muitos dos quais obscuros e até desatualizados. Referimo-nos a padrões e a organizações de padrões por todo o livro e consideramos cuidadosamente o significado e o impacto da conformidade aos padrões.

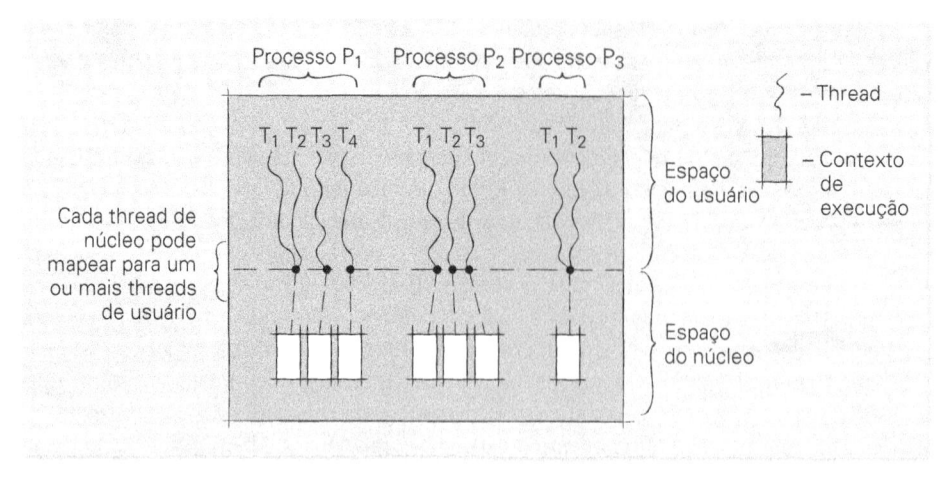

Figura 4.5 | *Modelo de operação de thread híbrido.*

também é denominada **mapeamento de thread *m-to-n***, porque o número de threads de usuário e o número de threads de núcleo não precisam ser iguais.[24]

Mapeamentos de threads um-para-um requerem que o sistema operacional aloque estruturas de dados que representam threads de núcleo. Conseqüentemente, a quantidade de memória consumida pelas estruturas de dados do núcleo pode se tornar significativa à medida que cresce o número de threads no sistema. O mapeamento de threads muitos-para-muitos reduz essa sobrecarga implementando o **reservatório de threads** (thread pooling). Essa técnica permite que uma aplicação especifique o número de threads de núcleo que requer. Por exemplo, na Figura 4.5, o processo P_1 requisitou três threads de núcleo. Note que os threads T_1 e T_2 são mapeados para um único thread de núcleo — um mapeamento muitos-para-um —, o que exige que a aplicação mantenha informação de estado para cada um de seus threads. Aconselhamos os desenvolvedores de aplicações a usar mapeamento muitos-para-um para threads que exibem um baixo grau de paralelismo (ou seja, não podem se beneficiar da execução simultânea). Os outros threads do processo P_1 (T_3 e T_4) são mapeados para um thread de núcleo. Esses threads são gerenciados pelo sistema operacional como discutido na seção anterior.

A existência de um reservatório de threads pode reduzir significativamente o número de custosas operações de criação e destruição de threads. Por exemplo, a Web e sistemas de banco de dados criam com freqüência um thread para responder a cada requisição de serviço que chega. O reservatório de threads permite que os threads de núcleo continuem no sistema depois que um thread de usuário morra. Então o thread de núcleo pode ser alocado a um novo thread de usuário que é criado mais tarde. Isso melhora os tempos de resposta do sistema em ambientes como o de servidores Web, porque as requisições podem ser designadas para threads que já existam no reservatório. Esses threads de núcleo persistentes são denominados **threads operários**, pois executam, tipicamente, diversas funções diferentes, dependendo dos threads a eles designados.[25]

Uma vantagem do mapeamento de thread muitos-para-um é que as aplicações podem melhorar seu desempenho personalizando o algoritmo de escalonamento da biblioteca de suporte a threads. Todavia, como discutido na Seção 4.6.1, "Threads de usuário", se um único thread de usuário ficar bloqueado, o sistema operacional bloqueia todo o processo multithread. Uma outra limitação do mapeamento de threads muitos-para-um é que os threads de um processo não podem executar simultaneamente em processadores múltiplos. Ativações de escalonador tentam resolver essas limitações dos threads de usuário. Uma **ativação de escalonador** é um thread de núcleo que pode notificar eventos a uma biblioteca de suporte a threads de nível de usuário (por exemplo, um thread bloqueou ou um processador está disponível). Esse tipo de thread de núcleo é denominado 'ativação de escalonador', porque a biblioteca de suporte a threads de usuário pode executar operações de escalonamento de thread quando 'ativada' por uma notificação de evento às vezes denominada **upcall**.

Quando um processo multithread é gerado, o sistema operacional cria uma ativação de escalonador que executa o código de inicialização da biblioteca de suporte a threads de usuário do processo, que cria threads e requisita processadores adicionais para seus threads se necessário. O sistema operacional cria uma ativação do escalonador adicional para cada processador alocado a um processo, habilitando a biblioteca de usuário a designar diferentes threads para executar simultaneamente em processadores múltiplos.

Quando um thread de usuário bloqueia, o sistema operacional salva o estado do thread para sua ativação de escalonador e cria uma ativação de escalonador para notificar a biblioteca de usuário que um de seus threads bloqueou. Então a biblioteca de suporte a threads de usuário pode salvar o estado do thread *bloqueado* da sua ativação de escalonador e designar um thread diferente para aquela ativação de escalonador. Esse mecanismo impede que o processo multithread inteiro fique bloqueado por causa do bloqueio de um de seus threads.[26]

A limitação primordial do modelo de thread muitos-para-muitos é que ele complica o projeto do sistema operacional e não há um modo-padrão para implementá-lo.[27] Por exemplo, o modelo muitos-para-muitos do sistema Solaris 2.2 permitia que aplicações de usuário especificassem o número de threads de núcleo designados para cada processo; o Solaris 2.6 introduziu as ativações de escalonador. O interessante é que o Solaris 8 abandonou o mapeamento de thread muitos-para-muitos de seus predecessores em favor de um esquema de mapeamento de thread um-para-um mais simples e escalável.[28] O Windows XP, que não suporta ativações de escalonador, ajusta dinamicamente o número de threads operários de seus reservatórios de threads em resposta à carga do sistema.[29, 30]

Revisão

1. Por que é ineficiente uma aplicação especificar um tamanho de reservatório de threads maior do que o número máximo de threads de usuário *prontos* em qualquer instante durante a execução da aplicação?
2. Como as ativações de escalonador melhoram o desempenho em um mapeamento de thread muitos-para-muitos?

Respostas: 1) Cada thread operário do reservatório de threads consome recursos do sistema, tal como memória. Se o número de threads operários for maior do que o de threads de usuário *prontos*, o sistema incorre em sobrecarga devido à criação desnecessária de threads e à alocação ineficiente de memória. 2) Ativações de escalonador permitem que a aplicação indique como os threads devem ser escalonados para maximizar o rendimento.

4.7 Considerações sobre implementações de threads

Nesta seção discutiremos diferenças entre implementações de threads relativas à entrega de sinal de thread e cancelamento de thread. Essas diferenças destacam questões fundamentais relativas a operações e gerenciamento de threads.

4.7.1 Entrega de sinal de thread

Sinais interrompem a execução do processo do mesmo modo que interrupções de hardware, porém são gerados por software — ou pelo sistema operacional ou pelos processos de usuários. Sinais tornaram-se um mecanismo-padrão de comunicação interprocessos depois que apareceram no sistema operacional UNIX. O sistema operacional UNIX original não suportava threads, de modo que sinais foram projetados para utilização com processos.[31]

Como discutido na Seção 3.5.1, "Sinais", quando o sistema operacional entrega um sinal a um processo, esse faz uma pausa na sua execução e invoca uma **rotina de tratamento de sinal** para responder ao sinal. Quando o tratamento de sinal é concluído, o processo retoma a execução (supondo que o processo não tenha saído).[32]

Há dois tipos de sinais: síncrono e assíncrono. Um **sinal síncrono** ocorre como resultado direto de uma instrução executada pelo processo ou thread. Por exemplo, se um processo ou thread executar uma operação ilegal de memória, o sistema operacional envia ao processo um sinal síncrono indicando a exceção. Um **sinal assíncrono** ocorre devido a um evento não relacionado com a instrução corrente; esses sinais devem especificar um identificador (ID) de processo para indicar o receptor do sinal. Sinais assíncronos são comumente usados para notificar a conclusão de um processo E/S, suspender um processo, continuar um processo ou indicar que um processo deve terminar (consulte a Seção 20.10.1, "Sinais", para uma lista de sinais POSIX).

Quando cada processo de um sistema contém um único thread de controle, a entrega do sinal é direta. Se o sinal for síncrono (por exemplo, uma operação ilegal de memória), ele será entregue ao processo que está executando correntemente no processador que iniciou o sinal (pela geração de uma interrupção). Se o sinal for assíncrono, o sistema operacional poderá entregá-lo ao processo ao qual se destina se esse estiver *executando* correntemente, ou poderá adicionar o sinal a uma fila de **sinais pendentes** para ser entregue quando o processo receptor entrar em estado de *execução*.

Agora considere o caso de um processo multithread. Se o sinal for síncrono será razoável entregá-lo ao thread que estiver executando correntemente no processador que iniciou o sinal (pela geração de uma interrupção). Contudo, se ele for assíncrono, será preciso que o sistema operacional possa identificar o receptor do sinal. Uma solução é solicitar ao emissor que especifique um thread ID. Entretanto, se o processo empregar uma biblioteca de threads de usuário, o sistema operacional não poderá determinar qual thread deverá receber o sinal.

Como alternativa, o sistema operacional pode implementar sinais de modo tal que o emissor especifique um ID de processo. Nesse caso o sistema operacional deve decidir se entrega o sinal para todos os threads, para diversos threads ou para um thread do processo. Pode parecer estranho, mas, na verdade, esse é o modelo de sinal que os sistemas UNIX e a especificação POSIX empregam, e o objetivo é proporcionar compatibilidade com aplicações escritas originalmente para o sistema operacional UNIX (veja no site deste livro: "Curiosidades, Engenharia").

Segundo a especificação POSIX, processos enviam sinais especificando um identificador de processo, e não um identificador de thread. Para resolver o problema da entrega do sinal de thread o POSIX usa mascaramento de sinal. Uma **máscara de sinal** permite que um thread desabilite sinais de um tipo particular para não receber sinais daquele tipo. Assim, um thread pode mascarar todos os sinais, exceto os que quiser receber (Figura 4.6). Nessa abordagem, quando o sistema operacional recebe um sinal para um processo, ele o entrega a todos os threads do processo que não estão mascarando sinais daquele tipo. Dependendo do tipo de sinal e da ação-padrão (veja a Seção 3.5.1, "Sinais"), os sinais podem ser enfileirados para entrega após o thread desmascarar o sinal, ou o sinal pode ser simplesmente descartado. Por exemplo, na Figura 4.6 cada forma geométrica representa um sinal de um tipo diferente (suspender, retomar, terminar). Nesse caso, o sistema operacional tenta entregar o sinal triangular a um processo multithread. Note que ambos os threads 1 e 3 estão mascarando o sinal triangular. O thread 2 não o está mascarando; portanto, o sistema operacional entrega o sinal triangular ao thread 2 que então invoca a rotina de tratamento de sinais correspondente do processo.

Mascaramento de sinais permite que um processo divida a manipulação de sinais entre diferentes threads. Por exemplo, um processador de texto pode conter um thread que mascara todos os sinais, exceto eventos de teclado. O único propósito desse thread seria gravar toques de teclado do usuário. Mascaramento de sinais também habilita o sistema operacional a controlar qual thread recebe um sinal.

Ao implementar um mecanismo POSIX de entrega de sinal, o sistema operacional tem de ser capaz de localizar uma máscara de sinal para cada thread. Um mapeamento de thread um-para-um simplifica esse problema porque o sistema operacional pode afixar uma máscara de sinal a cada thread de núcleo, que corresponde exatamente a um thread de usuário. Contudo, se o sistema empregar o modelo muitos-para-muitos, o mascaramento de sinais pode se tornar complexo. Considere o caso em que um sinal assíncrono é gerado por um processo e o único thread que não mascara o sinal não está correntemente em *execução*. Nesse caso o sistema operacional pode optar por adicionar o sinal a uma lista de sinais pendentes ou descartá-lo. Como regra geral, como os sinais são comumente usados para notificar eventos importantes a processos e threads, o sistema operacional não deve descartar sinais [*Nota*: A especificação POSIX determina que o sistema operacional pode descartar um sinal se todos os threads do processo o tiverem mascarado, e a ação correspondente da rotina de tratamento de sinais for ignorar o sinal.[33]]

Um modo de implementar sinais pendentes para um modelo de thread muitos-para-muitos é criar um thread de núcleo para cada processo multithread que monitora e entrega seus sinais assíncronos. O sistema operacional Solaris 7 empregava um thread denominado Asynchronous Signal Lightweight Process (ASLWP) que monitorava sinais e gerenciava sinais pendentes para que fossem entregues ao thread apropriado, mesmo que o thread não estivesse *executando* no instante da emissão do sinal.[34]

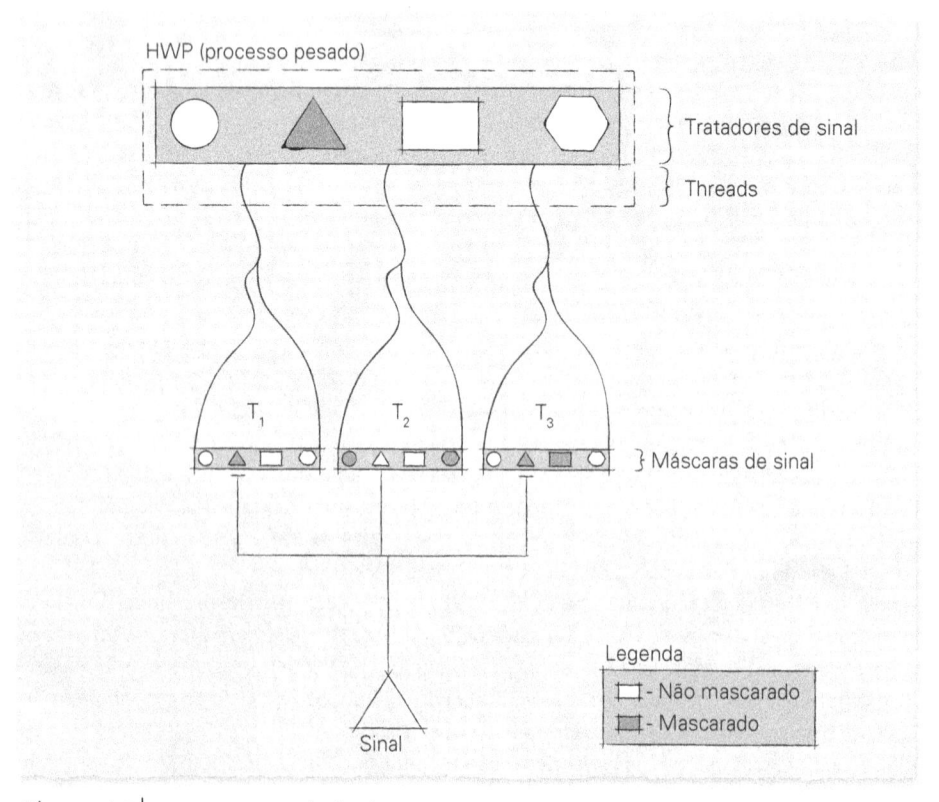

Figura 4.6 | *Mascaramento de sinal.*

Se um processo multithread empregar uma biblioteca de nível de usuário, o sistema operacional simplesmente entregará todos os sinais ao processo porque não pode distinguir threads individuais. A biblioteca de nível de usuário registrará tratadores de sinais no sistema operacional que serão executados mediante o recebimento de um sinal. A biblioteca de threads de usuário do processo poderá, desse modo, entregar o sinal a qualquer um de seus threads que não o mascaram.[35, 36]

Revisão

1. Por que a entrega de um sinal síncrono é mais simples do que a entrega de um sinal assíncrono?
2. Explique como o ASLWP resolve o problema do tratamento de sinais em um modelo de thread muitos-para-muitos.

Respostas: **1)** Diferentemente de um sinal assíncrono, um sinal síncrono é gerado devido a um processo ou thread que está executando correntemente em um processador. O sistema operacional pode identificar facilmente o receptor do sinal determinando qual processo ou thread está correntemente executando no processador que gerou a interrupção correspondente ao sinal. **2)** Um sistema operacional pode criar um thread que armazena cada sinal assíncrono até que seu receptor entre no estado *em execução* (nesse instante o sinal é entregue).

4.7.2 Término de threads

Quando um thread termina, concluindo a execução normalmente (por exemplo, por uma chamada de saída a uma biblioteca de suporte a threads ou por sair do método que contém o código do thread), o sistema operacional pode remover o thread do sistema imediatamente. Threads também podem terminar prematuramente devido a uma exceção (uma referência ilegal à memória) ou a um sinal de cancelamento de um processo ou thread. Pelo fato de os threads cooperarem por meios como modificação de dados compartilhados, uma aplicação pode produzir resultados errados imperceptíveis quando um de seus threads terminar inesperadamente. Conseqüentemente, bibliotecas de suporte a threads devem determinar cuidadosamente como e quando remover o thread do sistema. Um thread pode optar por desabilitar o cancelamento mascarando o sinal de cancelamento. Normalmente ele somente fará isso enquanto estiver realizando uma tarefa que não deva ser interrompida antes do término, como concluir uma modificação em uma variável compartilhada.[37]

Revisão

1. Cite três modos pelos quais um thread pode terminar.
2. Por que se deve permitir que um thread desabilite seu sinal de cancelamento?

Respostas: **1)** Um thread pode terminar concluindo a execução, provocando uma exceção fatal ou recebendo um sinal de cancelamento. **2)** Um thread que modifica um valor no espaço de endereçamento compartilhado de seu processo pode deixar dados em um estado inconsistente se terminar prematuramente.

4.8 POSIX e Pthreads

POSIX (Portable Operating Systems Interface for Computing Environments) é um conjunto de padrões para interfaces de sistemas operacionais publicado pelo Portable Application Standards Committee (PASC) do IEEE baseados, em grande parte, no UNIX System V.[38] A especificação POSIX define uma interface-padrão entre threads e sua biblioteca de suporte a threads (veja no site deste livro: "Curiosidades, Padrões e conformidade: compatibilidade plugue-a-plugue". Threads que usam a API de thread POSIX são denominados **Pthreads** (às vezes também denominados threads POSIX ou threads POSIX 1003.1c).[39] A especificação POSIX não se preocupa com os detalhes da implementação da interface de suporte a threads — Pthreads podem ser implementados no núcleo ou por bibliotecas de nível de usuário.

POSIX determina que os registradores do processador, a pilha e a máscara de sinal sejam mantidos individualmente para cada thread, e que qualquer outro recurso deva ser acessível globalmente a todos os threads no processo.[40] Também define um modelo de sinal que aborda muitas das preocupações discutidas na Seção 4.7, "Considerações sobre implementação de threads. De acordo com o POSIX, quando um thread gerar um sinal síncrono devido a uma exceção, tal como uma operação ilegal de memória, o sinal será entregue somente àquele thread. Se o sinal não for específico para um thread, tal como um sinal para matar um processo, a biblioteca de suporte a threads entregará o sinal a um thread que não o mascare. Se houver múltiplos threads que não mascaram o sinal de matar, ele será entregue a um desses threads. Mais importante, não se pode usar o sinal de matar para terminar determinado thread – quando um thread age obedecendo a um sinal de matar, o processo inteiro, incluindo todos os seus threads, terminarão. Esse exemplo demonstra uma outra propriedade importante do modelo de sinal POSIX: embora as máscaras de sinais sejam armazenadas individualmente em cada thread, as rotinas de tratamento de sinais são globais para todos os threads de um processo.[41, 42]

Para terminar um thread particular, o POSIX fornece uma operação de cancelamento que especifica um thread visado e cujo resultado depende do modo de cancelamento desse thread. Se o thread visado preferir **cancelamento assíncrono**, ele poderá ser terminado a qualquer momento durante sua execução. Se o thread **adiar o cancelamento**, ele não será cancelado até verificar, explicitamente, se há uma requisição de cancelamento. O cancelamento adiado permite que um thread conclua uma série de operações antes de ser abruptamente terminado. Um thread também pode **desabilitar o cancelamento**, o que significa que ele não é notificado sobre uma operação de cancelamento ter sido requisitada.[43]

Além das operações comuns discutidas na Seção 4.5, "Operações de thread", a especificação POSIX fornece funções que suportam operações mais avançadas. Ela permite que programas especifiquem vários níveis de paralelismo e implementem uma variedade de políticas de escalonamento, entre elas algoritmos definidos por usuário e escalonamento em tempo real. A especificação também aborda sincronização usando travas, semáforos e variáveis de condição (veja o Capítulo 5, "Execução assíncrona concorrente").[44, 45, 46]

Hoje, poucos dos sistemas operacionais mais populares fornecem implementações Pthread nativas completas, ou seja, no núcleo. Todavia, as bibliotecas de suporte a threads do POSIX existem para fornecer uma ampla faixa de suporte para vários sistemas operacionais. Por exemplo, embora o Linux não esteja em conformidade com o padrão POSIX por definição, o projeto Native POSIX Thread Library (NPTL) visa a fornecer uma biblioteca de suporte a threads conforme o padrão POSIX que emprega threads de núcleo no Linux.[47] Similarmente, a interface para a linha de sistemas operacionais Microsoft Windows (API Win 32) não segue o padrão POSIX, mas os usuários podem instalar um subsistema POSIX. [Nota: O sistema operacional Solaris 9 da Sun Microsystems fornece duas bibliotecas de suporte a threads: uma biblioteca de Pthreads em conformidade com o padrão POSIX e uma biblioteca de threads herdada do Solaris (denominada threads de interface do usuário (UI). Há pouca diferença entre Pthreads e threads Solaris — esse último foi projetado para que chamadas a funções de thread Pthreads e Solaris vindas de dentro da mesma aplicação fossem válidas.[48]

Revisão

1. Qual a razão primária para criar interfaces de thread padronizadas, como Pthreads?
2. Quais modelos de funcionamento de threads o padrão POSIX exige?

Respostas: **1)** Interfaces de thread padronizadas permitem a portabilidade de aplicações, o que reduz o tempo de desenvolvimento de software para aplicações que devem operar sobre várias plataformas. **2)** O padrão POSIX não requer uma implementação específica. Portanto, os threads podem ser implementados como threads de usuário, de núcleo ou híbridos.

4.9 Threads Linux

O suporte para threads no sistema operacional Linux foi introduzido como threads de usuário na versão 1.0.9 e como threads de núcleo na versão 1.3.56.[49] Embora o Linux suporte threads, é importante observar que muitos dos seus subsistemas de núcleo não distinguem entre threads e processos. De fato, o Linux aloca o mesmo tipo de descritor de processo a processos e threads, ambos denominados **tarefas**. O Linux usa a chamada ao sistema baseada no UNIX, denominada fork, para criar tarefas-filha. O Linux responde à chamada ao sistema fork criando uma tarefa que contém uma cópia de todos os recursos de seu pai (por exemplo, espaço de endereçamento, conteúdos de registradores, pilha).

Para habilitar o funcionamento de threads, o Linux fornece uma versão modificada da chamada ao sistema fork denominada clone. Similarmente à fork, clone cria uma cópia da tarefa que está chamando — na hierarquia do processo a cópia se torna uma filha da tarefa que emitiu a chamada ao sistema clone. Diferentemente de fork, clone aceita argumentos que especificam quais recursos compartilhar com o processo-filho. No nível mais alto de compartilhamento de recursos, as tarefas criadas por clone correspondem aos threads discutidos na Seção 4.2 "Definição de thread".

A partir da versão 2.6 do núcleo, o Linux fornece um mapeamento de thread um-para-um que suporta um número arbitrário de threads no sistema. Todas as tarefas são gerenciadas pelo mesmo escalonador, o que significa que processos e threads de igual prioridade recebem o mesmo nível de serviço. O escalonador foi projetado para escalar bem até um grande número de processos e threads. A combinação de um mapeamento um-para-um com um algoritmo de escalonamento eficiente oferece ao Linux uma implementação de thread de alta escalabilidade (veja o quadro "Reflexões sobre sistemas operacionais, Escalabilidade"). Embora não suporte threads POSIX por definição, o Linux é distribuído com uma biblioteca de suporte a threads POSIX. No núcleo 2.4 uma biblioteca de suporte a threads, denominada LinuxThreads, fornecia funcionalidade POSIX, mas não estava totalmente em conformidade com a especificação POSIX. Um projeto mais recente, Native POSIX Thread Library (NPTL), atingiu uma conformidade quase completa com o POSIX e provavelmente se tornará a biblioteca de suporte a threads padrão para o núcleo 2.6.[50]

Cada tarefa da tabela de processo armazena informações sobre seu estado corrente (por exemplo, *em execução*, *parada*, *morta*). Uma tarefa que está no estado *de execução* pode ser despachada para um processador (Figura 4.7). Uma tarefa entra no estado *adormecido* quanto está dormindo, bloqueada ou não pode executar em um processador por qualquer outra razão.

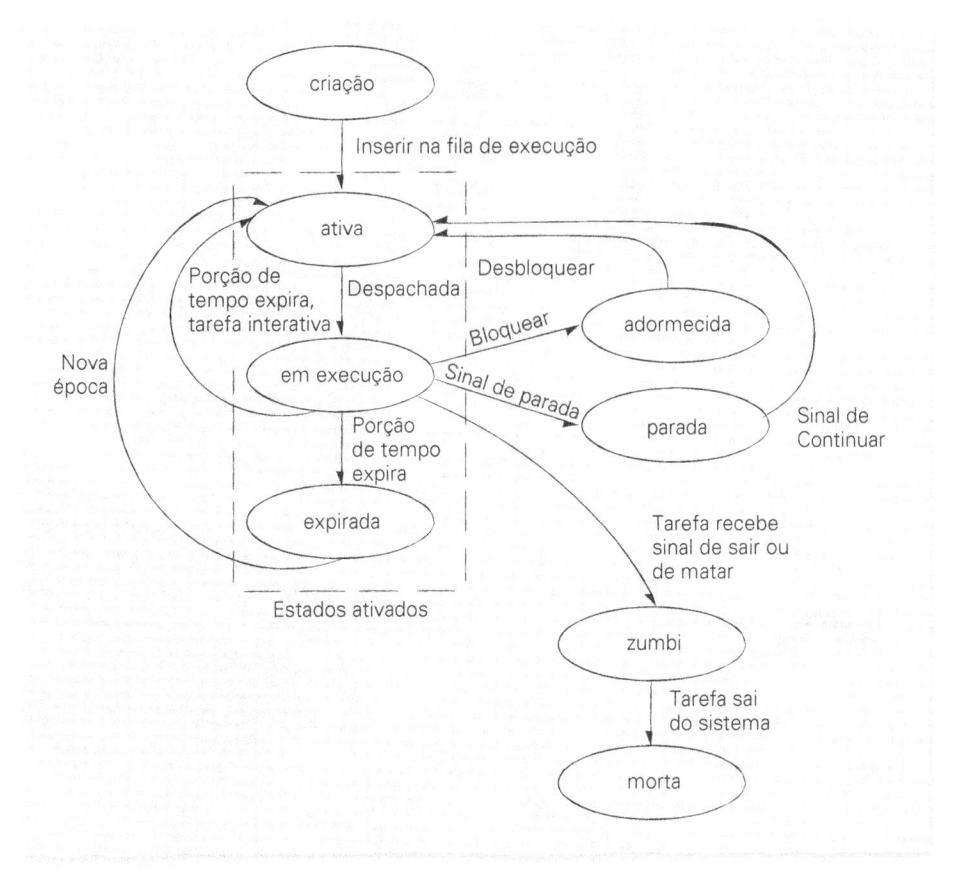

Figura 4.7 | Diagrama de transição de estado de tarefa do Linux.

Ela entra no estado *parado* quando recebe um sinal de parada (isto é, de suspensão). O estado *zumbi* indica que uma tarefa foi terminada, mas ainda não foi removida do sistema. Por exemplo, se uma tarefa contiver diversos threads, ela entrará em estado *zumbi* enquanto notifica seus threads que recebeu um sinal de término. Uma tarefa no estado *morto* pode ser removida do sistema. Esses estados são discutidos mais detalhadamente na Seção 20.5.1, "Organização de processos e threads".

Revisão

1. Explique a diferença entre as chamadas ao sistema fork e clone no Linux.
2. Qual a diferença entre o estado *zumbi* e o estado *morta*?

Reflexões sobre sistemas operacionais

Escalabilidade

As necessidades de capacidade de computação dos usuários tendem a aumentar com o tempo. Sistemas operacionais precisam ser escaláveis, ou seja, devem poder se ajustar dinamicamente à medida que mais capacidades de software e hardware são adicionadas a um sistema. Um sistema operacional multiprocessador, por exemplo, deve escalar suavemente do gerenciamento de uma configuração de dois processadores para o gerenciamento de uma configuração de quatro processadores. Veremos que, hoje, a maioria dos sistemas emprega uma arquitetura de drivers de dispositivos que facilita a adição de novos tipos de dispositivos, mesmo os que não existiam quando o sistema operacional foi implementado. Por todo este livro discutiremos técnicas para tornar sistemas operacionais escaláveis. Concluiremos com discussões de escalabilidade no Linux e no Windows XP.

Respostas: 1) Quando uma tarefa emite uma chamada ao sistema fork, ela gera uma tarefa-filha e aloca uma cópia dos recursos de seu pai a ela. Quando uma tarefa emite uma chamada ao sistema clone, ela especifica os recursos que compartilha com a tarefa que gera. Tarefas criadas com a chamada ao sistema clone são análogas a threads. 2) Uma tarefa no estado *zumbi* não é removida do sistema e, por isso, outros threads podem ser notificados de seu término. Uma tarefa no estado *morta* pode ser imediatamente removida do sistema.

4.10 Threads do Windows XP

No Windows XP um processo consiste em um código de programa, um contexto de execução, recursos (por exemplo, arquivos abertos) e um ou mais threads associados. O contexto de execução contém itens como o espaço virtual de endereçamento do processo e vários atributos (por exemplo, atributos de segurança). Threads são, na verdade, a unidade de execução; executam uma parte do código de um processo no contexto do processo, usando recursos do processo. Além do contexto do seu processo, um thread contém seu próprio contexto de execução que inclui sua pilha de tempo de execução, o estado dos registradores da máquina e diversos atributos (por exemplo, prioridade de escalonamento).[51]

Quando o sistema inicializa um processo, ele cria um **thread primário** que age como qualquer outro thread, exceto que, se o thread primário retornar, o processo termina, a menos que o thread primário determine explicitamente que o processo não deva terminar. Um thread pode criar outros threads pertencentes a seu processo.[52] Todos os threads pertencentes ao mesmo processo compartilham o espaço de endereçamento virtual daquele processo. Threads podem manter seus próprios dados privados em **armazenamento local de threads** (*Thread Local Storage* — **TLS**).

Fibras

Threads podem criar **fibras**; elas são semelhantes a threads, exceto que é escalonada para execução pelo thread que a cria, e não pelo escalonador. Fibras facilitam aos desenvolvedores portar aplicações que empregam threads de usuário. Uma fibra executa no contexto do thread que a cria.[53]

A fibra deve manter informação de estado, como a próxima instrução a executar nos registradores do processador. O thread armazena essa informação de estado para cada fibra. O próprio thread também é uma unidade de execução e, por isso, deve converter-se a si mesmo em uma fibra para separar sua própria informação de estado de outras fibras que executam em seu contexto. De fato, a API do Windows força um thread a se converter em uma fibra antes de criar ou escalonar outras fibras. O contexto da fibra permanece, e todas as fibras associadas àquele thread executam naquele contexto.[54]

Sempre que o núcleo escalonar um thread que foi convertido a uma fibra para execução, a fibra convertida ou uma outra fibra pertencente àquele thread executará. Uma vez obtido o processador, a fibra executa até que o thread em cujo contexto está executando sofra preempção, ou até passar a execução para uma outra fibra dentro daquele thread. Do mesmo modo que threads possuem seu próprio armazenamento local de threads (TLS), fibras possuem seu **armazenamento local de fibras** (*Fiber Local Storage* — **FLS**) que funciona para elas exatamente como o TLS funciona para um thread. Uma fibra também pode acessar os TLSs de seus threads. Se uma fibra se destruir (terminar), seu thread também terminará.[55]

Reservatório de threads

O Windows XP também fornece um reservatório de thread (*thread pool*) para cada processo. Esse reservatório consiste em vários threads operários, ou seja, threads de modo núcleo que executam funções especificadas pelos threads de usuários. Como o número de funções especificadas por threads de usuários pode exceder o número de threads operários, o Windows XP mantém as requisições para executar funções em uma fila. O reservatório de threads consiste em threads operários que dormem até que uma requisição entre na fila do reservatório.[56] O thread que colocar uma requisição em fila deve especificar a função a executar e fornecer informação de contexto.[57] O reservatório de threads é criado na primeira vez que um thread apresentar uma função ao reservatório.

O reservatório de threads tem muitas finalidades. Servidores Web e bancos de dados podem usá-lo para manipular requisições de clientes (por exemplo, navegadores Web). Em vez de incorrer na sobrecarga dispendiosa de criar e destruir um thread para cada requisição, o processo simplesmente enfileira a requisição no seu reservatório de threads operários. E mais, diversos threads que passam a maior parte do seu tempo dormindo (esperando que ocorram eventos) podem ser substituídos por um único thread operário que acorda toda vez que um desses eventos ocorrer. Além disso, aplicações podem usar o reservatório de threads para executar E/S assíncrona enfileirando uma requisição no seu reservatório de threads operários para executar as rotinas de conclusão da E/S. Usar reservatório de threads pode tornar uma aplicação mais eficiente e simples, porque os desenvolvedores não têm de criar e destruir um número tão grande de threads. Contudo, os reservatórios de threads transferem um certo controle do programador para o sistema, o que pode introduzir ineficiência. Por exemplo, o sistema aumenta e reduz o tamanho do reservatório de threads de um processo em resposta a um volume de requisições; em alguns casos, o programador pode estimar melhor quantos threads são necessários.[58]

Estados de threads

No Windows XP, threads podem estar em qualquer um de oito estados (Figura 4.8). Um thread começa no **estado inicializado** durante a criação do thread. Uma vez concluída a inicialização, o thread entra no **estado pronto**. Threads no estado pronto estão esperando para usar um processador. Um thread que o despachante decidiu que executará em seguida entra no **estado de reserva** enquanto espera sua vez para obter um processador. Um thread está no estado de reserva, por exemplo, durante o chaveamento de contexto de um thread que estava executando anteriormente para aquele thread. Uma vez obtido o processador, o thread entra no **estado de execução**. Um thread sai do estado *de execução* se concluir a execução, exaurir seu quantum, sofrer preempção, for suspenso ou esperar um objeto. Quando um thread conclui suas instruções, ele entra no **estado terminado**. O sistema não precisa necessariamente eliminar um thread *terminado* imediatamente, o que pode reduzir a sobrecarga de criação do thread se o processo reinicializá-lo. O sistema elimina um thread após a liberação de seus recursos. Se um thread *em execução* sofrer preempção ou exaurir seu quantum, voltará ao estado de *pronto*.

Um thread *em execução* entra no **estado de espera** enquanto estiver no aguardo por um evento (por exemplo, um evento de conclusão de E/S). E um outro thread (com suficientes direitos de acesso), ou o sistema, também pode suspender um thread forçando-o a entrar no estado *de espera* até que o thread seja retomado. Quando o thread concluir sua espera, retornará ao estado de *pronto* ou entrará em **estado de transição**. O sistema colocará um thread em estado de *transição* se seus dados não estiverem disponíveis correntemente (por exemplo, porque o thread não executou recentemente e o sistema necessitou de sua memória para outras finalidades) mas, fora isso, o thread está pronto para executar. O thread entrará em estado *pronto* assim que o sistema devolver a pilha do núcleo do thread à memória. O sistema coloca um thread no **estado desconhecido** quando o estado do thread não estiver claro (usualmente devido a um erro).[59, 60]

Revisão

1. Qual a finalidade das fibras no Windows XP?
2. Qual a diferença entre o thread primário e os outros threads?

Respostas: **1)** Fibras existem para melhorar a compatibilidade com aplicações que escalonam seus próprios threads (por exemplo, threads de usuário). **2)** Diferentemente de outros threads, quando um thread primário retorna, o processo ao qual pertence termina.

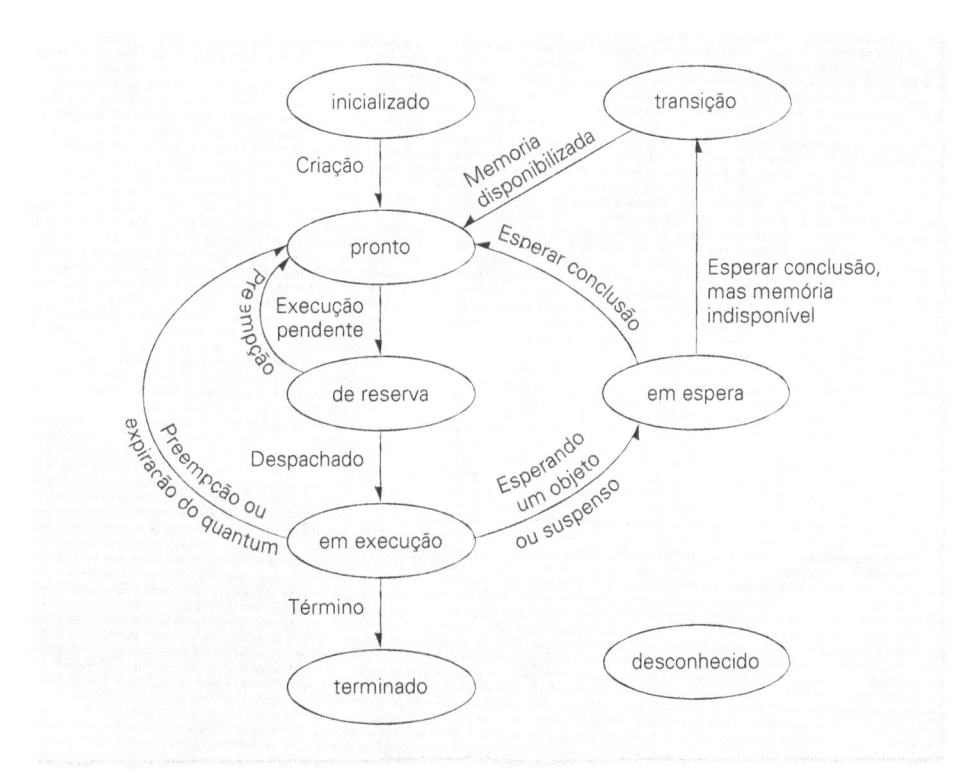

Figura 4.8 | *Diagrama de transição de estado de thread do Windows XP.*

4.11 Estudo de caso do Java Multithread, Parte I: introdução a threads Java

Como veremos em capítulos subseqüentes, a concorrência introduzida por processos e threads causou um impacto significativo no projeto de software. Neste estudo de caso e em outros seguintes, daremos exemplos de programas reais que demonstram e resolvem problemas introduzidos pela concorrência. Optamos por implementar esses programas em Java devido à sua portabilidade através das plataformas mais populares. Este estudo de caso presume um conhecimento básico de Java.

Nesta seção revisamos vários métodos relativos a threads na API Java. Usamos muitos desses métodos em exemplos de códigos vivos. O leitor deve consultar diretamente a API Java para mais detalhes na utilização de cada método, especialmente as exceções apresentadas por cada um deles (consulte java.sun.com/j2se/1.4/docs/api/java/lang/Thread.html).

A Classe Thread (package.java.lang) tem diversos construtores. O construtor
public Thread(String threadName)
constrói um objeto Thread cujo nome é threadName. O construtor
public Thread( )

constrói um Thread cujo nome é "Thread-" concatenado com um número, como Thread-1, Thread-2 e assim por diante.

O código que 'faz o trabalho real' de um thread é colocado em seu método **run**. O método run pode ser deixado de lado em uma subclasse de Thread ou implementado em um objeto **Runnable**; Runnable é uma interface Java que permite que o programador controle o ciclo de vida de um thread com o método run em um objeto de uma classe que não estenda Thread.

Um programa lança a execução de um thread chamando o método **start** do thread, o qual, por sua vez, chama o método run. Depois de start ter lançado o thread, o método retorna imediatamente para quem o chamou. Desse modo, aquele que o chamou executa concorrentemente com o thread lançado.

O método static **sleep** é chamado com um argumento que especifica quanto tempo (em milissegundos) o thread que está executando correntemente deve dormir; enquanto um thread dorme, ele não disputa um processador, portanto outros threads podem executar, o que dá aos threads de prioridade mais baixa uma chance de executar.

O método **setName** determina o nome de um thread, o que facilita a depuração permitindo que o programador identifique qual thread está executando. O método **getName** devolve o nome do Thread. O método **toString** devolve uma String consistindo no nome do thread, na prioridade do thread e no **ThreadGroup** desse (análogo ao processo-pai de um grupo de threads). O método static **current Thread** retorna uma referência ao Thread que está em execução correntemente.

O método **join** espera que o Thread para o qual a mensagem é enviada termine antes que o Thread chamador possa prosseguir; nenhum argumento ou um argumento de 0 milissegundo para um método join indica que o Thread corrente esperará eternamente que o Thread visado morra, antes que o Thread prossiga. Tal espera pode ser perigosa; pode levar a dois problemas particularmente sérios denominados deadlock e adiamento indefinido — discutiremos esses conceitos no Capítulo 7, "Deadlock e adiamento indefinido".

O Java implementa sinalização de thread usando o método **interrupt**. Chamar o método **interrupt** em um thread que está bloqueado (porque o método wait, join ou sleep foi chamado) ativa (lança) seu tratador de exceções InterruptedException. O método static **interrupt** retorna true se o thread corrente tiver sido interrompido; caso contrário, retorna false. Um programa pode invocar o método **isInterrupted** específico de um thread para determinar se esse foi interrompido.

Criação e execução de threads

A Figura 4.9 demonstra técnicas básicas de funcionamento de threads, como construir objetos Thread e usar o método Thread sleep. O programa cria três threads de execução. Cada um deles exibe uma mensagem indicando que está indo dormir durante um intervalo aleatório de 0 a 5000 milissegundos e, depois, vai dormir. Quando cada thread acorda, exibe seu nome, indica que parou de dormir, termina e entra no estado *morto*. Você verá que o método main (o principal thread de execução) termina antes que a aplicação se encerre. O programa consiste em duas classes — ThreadTester (linhas 4-23), que cria os três threads, e PrintThread (linhas 25-59), que contém em seu método run as ações que cada PrintThread executará.

A Classe PrintThread (linhas 25-59) estende Thread, de modo que cada objeto PrintThread possa executar concorrentemente. A classe consiste em uma variável de instância sleepTime (linha 27), um construtor (linhas 29-36) e um método run (linhas 38-57). A variável sleepTime armazena um valor inteiro aleatório escolhido quando um novo construtor de objeto PrintThread é chamado. Cada thread controlado por um objeto PrintThread dorme pelo tempo especificado pelo sleepTime do objeto PrintThread correspondente e, então, apresenta seu nome.

O construtor PrintThread (linhas 29-36) inicializa sleepTime para um número inteiro aleatório de 0 a 5000. Quando um PrintThread é designado a um processador pela primeira vez, seu método run começa a executar. As Linhas 43-44 exibem uma mensagem indicando o nome do thread que está em execução e determinando que o thread durma por um certo número

```java
1    // Fig. 4.9: ThreadTester.java
2    // Múltiplos threads imprimindo em intervalos diferentes.
3
4    public class ThreadTester {
5
6       public static void main( String [] args )
7       {
8          // criar e dar nome a cada thread
9          PrintThread thread1 = new PrintThread( "thread1" );
10         PrintThread thread2 = new PrintThread( "thread2" );
11         PrintThread thread3 = new PrintThread( "thread3" );
12
13         System.err.println( "Ativando threads" );
14
15         thread1.start(); // ative thread1; coloque-o no estado pronto
16         thread2.start(); // ative thread2; coloque-o no estado pronto
17         thread3.start(); // ative thread3; coloqu-o no estado pronto
18
19         System.err.println( "Threads ativados, main termina\n" );
20
21      } // termine main
22
23   } // temine classe ThreadTester
24
25   // classe PrintThread controla execução do thread
26   class   PrintThread extends Thread {
27      private int sleepTime;
28
29      // designe nome ao thread chamando construtor superclasse
30      public PrintThread( String name )
31      {
32         super( name );
33
34         // escolha tempo de sono aleatório entre 0 e 5 segundos
35         sleepTime = ( int ) ( Math.random( ) * 5001 );
36      } // termine construtor PrintThread
37
38      // método run é o código a ser executado pelo novo thread
39      public void run( )
40      {
41         // ponha thread para dormir por período de tempo sleepTime
42         try {
43            System.err.println( getName() + "vai dormir por" +
44               sleepTime + " milissegundos" );
45
46            Thread.sleep( sleepTime );
```

Figura 4.9 | *Threads Java sendo criados, ativados, dormindo e imprimindo (Parte 1 de 2).*

```
47              } // termine try
48
49              // se thread interrompido durante o sono, imprima cópia da pilha ( stack trace )
50              catch ( InterruptedException exception ) {
51                  exception.printStackTrace();
52              } // termine catch
53
54              // imprima nome do thread
55              System.err.println( getName() + "terminou de dormir" );
56
57          } // termine método run
58
59      } // termine classe PrintThread
```

Amostra de resultado 1:

Ativando threads
Threads ativados, main termina
thread1 vai dormir por 1217 milissegundos
thread2 vai dormir por 3989 milissegundos
thread3 vai dormir por 662 milissegundos
thread3 terminou de dormir
thread1 terminou de dormir
thread2 terminou de dormir

Amostra de resultado 2:

Ativando threads
thread1 vai dormir por 314 milissegundos
thread2 vai dormir por 1990 milissegundos
Threads ativados, main termina
thread3 vai dormir por 3016 milissegundos
thread1 terminou de dormir
thread2 terminou de dormir
thread3 terminou de dormir

Figura 4.9 | *Threads Java sendo criados, ativados, dormindo e imprimindo (Parte 2 de 2).*

de milissegundos. A Linha 43 usa o método getName do thread que está em execução para obter o nome do thread que foi especificado, como um argumento de tipo cadeia de caracteres, para o construtor PrintThread e passado para o construtor superclasse Thread na linha 32. Note que a linha 43 usa System.err para imprimir a mensagem porque o System.err não tem buffer, o que significa que ele imprime seu argumento imediatamente depois de ser chamado. A Linha 46 invoca o método Thread estático sleep para colocar o thread no estado *adormecido*. Nesse ponto, o thread perde o processador, e o sistema permite que outro thread execute. Quando o thread acorda, entra novamente no estado *pronto* no qual espera até que o sistema lhe designe um processador. Quando o objeto PrintThread entra novamente no estado *em execução*, a linha 55 apresenta o nome do thread em uma mensagem que indica que o thread terminou de dormir; então o método run termina, o que coloca o thread no estado *morto*, ponto em que seus recursos podem ser liberados.

O método ThreadTester main (linhas 6-21) cria e dá nome a três objetos PrintThread (linhas 9-11). Ao depurar um programa multithread, esses nomes identificam quais threads estão em execução. As linhas 15-17 invocam o método start de cada thread para fazer a transição de todos os três objetos PrintThread do estado *nascido* para o estado *pronto*. O método start retorna imediatamente de cada invocação; desse modo a linha 19 apresenta uma mensagem indicando que os threads foram ativados. Note que todo o código desse programa, exceto o do método run, executa no thread main. O construtor PrintThread também executa no thread main, pois cada objeto PrintThread é criado no método main. Quando o método main termina (linha 21), o programa em si continua executando, porque ainda há threads vivos (threads que foram ativados e ainda não chegaram ao estado *morto*) e que não são daemon. O programa termina quando seu último thread morre. Quando o sistema designa um processador para um PrintThread pela primeira vez, o thread entra no estado *em execução* e o método run do thread começa a executar.

As amostras de resultados desse programa mostram o nome de cada thread e o tempo de sono quando vai dormir. O thread que tem o menor tempo de sono normalmente acorda primeiro, indica que acabou de dormir e termina. Note que, na segunda amostra de resultado, o thread1 e o thread2 apresentam, cada um, seu nome e tempo de sono antes que o método main conclua sua execução. Essa situação demonstra que, uma vez que múltiplos threads estejam no estado *pronto*, o processador pode ser designado para qualquer um deles.

Revisão

1. Por que programadores devem dar nomes a threads Java?
2. Como Java permite que programadores criem threads por meio de objetos que não estendem Thread?

Respostas: 1) Dar nomes a threads Java permite que o programador identifique cada thread durante a depuração. 2) Uma classe pode implementar a interface Runnable para que objetos da classe possam controlar os ciclos de vida de threads com seus métodos run.

Resumo

Nos últimos anos diversas linguagens de programação de uso geral como Java, C#, Visual C++ .NET, Visual Basic.NET e Python disponibilizaram primitivas de concorrência para o programador de aplicações. O programador especifica que as aplicações contêm threads de execução, cada thread designando uma parte de um programa que pode executar concorrentemente com os outros threads. Essa tecnologia, denominada multithreading, dá ao programador capacidades poderosas. O suporte do sistema operacional a threads é essencial para suportar linguagens que fornecem semântica de multithread.

Threads, às vezes denominados processos leves (LWP), compartilham muitos recursos — mais notavelmente o espaço de endereçamento de seus processos — para melhorar a eficiência com que realizam suas tarefas. O nome 'thread' refere-se a um único thread de instruções ou thread de controle; threads dentro de um processo podem executar concorrentemente para atingir uma meta comum. Recursos como registradores de processador, a pilha e outros dados específicos de threads (*Thread-Specific Data* — TSD) são locais de cada thread, enquanto todos os threads compartilham o espaço de endereçamento de seus processos. Dependendo da implementação de thread, os threads podem ser gerenciados pelo sistema operacional ou por uma aplicação de usuário. Embora muitos sistemas operacionais suportem threads, as implementações variam consideravelmente.

Threads ganharam notoriedade devido a tendências no projeto de software, escalabilidade e cooperação. Cada thread transita entre uma série de estados distintos. Threads e processos têm muitas operações em comum, tais como criar, sair, retomar, suspender. Diferentemente da criação de processo, a criação de thread não requer que o sistema operacional inicialize recursos que são compartilhados entre o processo-pai e seus threads (por exemplo, o espaço de endereçamento). Isso reduz a sobrecarga decorrente da criação e término de threads em comparação com criação e término de processos. Algumas operações de thread não correspondem precisamente às operações de processo, como *cancelar* e *unir*.

As implementações de threads variam entre sistemas operacionais, mas quase todos suportam threads de usuário, threads de núcleo ou uma combinação dos dois. Os threads de usuário executam operações de suporte a threads em espaço de usuário, o que significa que os threads são criados por bibliotecas de tempo real que não podem executar instruções privilegiadas nem acessar as primitivas do núcleo diretamente. Implementações de thread de usuário também são denominadas mapeamentos de thread muitos-para-um, porque o sistema operacional mapeia todos os threads de um processo multithread para um único contexto de execução. Embora o desempenho dos threads de usuário variem entre aplicações, muitas de suas deficiências estão relacionadas ao fato de que, para o núcleo, um processo multithread é um único thread de controle.

Threads de núcleo tentam resolver as limitações dos threads de usuário mapeando cada thread para seu próprio contexto de execução. Conseqüentemente, threads de núcleo fornecem mapeamento de thread um-para-um. Entre seus benefícios estão maiores escalabilidade, interatividade e rendimento. Entretanto, devido à sobrecarga e à portabilidade reduzida, threads de núcleo nem sempre representam a solução ótima para aplicações multithread.

A combinação da implementação de threads de usuário e de núcleo é conhecida como mapeamento de thread muitos-para-muitos (m-to-m), denominada também mapeamento de thread *m-to-n*, porque o número de threads de usuário e o número de threads de núcleo não precisam ser iguais. Mapeamentos de threads muitos-para-muitos reduzem a sobrecarga decorrente de mapeamentos um-para-um implementando reservatório de threads (thread pooling), que permite que uma aplicação especifique o número de threads de núcleo que requer. Threads persistentes de núcleo que ocupam o reservatório de threads são denominados threads operários. Uma técnica que habilita uma biblioteca de suporte a threads de usuário a executar operações de escalonamento é denominada 'ativação de escalonador', que ocorre quando o sistema operacional chama uma biblioteca de suporte a threads de usuário que determina se quaisquer de seus threads precisam de reescalonamento. Ativações de escalonador podem reduzir a sobrecarga de chaveamento de contexto decorrente de decisões de escalonamento inadequadas no núcleo, permitindo que a biblioteca de suporte a threads determine a política de escalonamento que melhor atenda às necessidades da aplicação.

Quando o sistema operacional entrega um sinal a um processo, esse faz uma pausa na sua execução e invoca uma rotina de tratamento de sinal para responder. Há dois tipos de sinais: síncrono (que ocorre como resultado direto de uma instrução executada) e assíncrono (que ocorre como resultado de um evento não relacionado com as instruções que estão em execução). A entrega de sinais introduz diversos desafios de projeto às implementações de operações de suporte a threads. A biblioteca de suporte a threads deve determinar o receptor de cada sinal para que os sinais assíncronos sejam entregues adequadamente. Cada thread usualmente está associado a um conjunto de sinais pendentes que são entregues quando ele executa. Um modo de controlar quais threads recebem sinais de determinado tipo é requerer que cada thread especifique uma máscara de sinal que desabilita todos os sinais, exceto os que ele quer receber.

Término ou cancelamento de threads também são diferentes entre implementações de thread. Como múltiplos threads compartilham o mesmo espaço de endereçamento, terminar um thread prematuramente pode causar erros imperceptíveis em processos. Algumas implementações de thread permitem que um thread determine quando pode ser terminado para impedir que o processo entre em estado inconsistente.

Threads que usam a API de suporte a threads POSIX são denominados Pthreads (às vezes também chamados de threads POSIX ou threads POSIX 1003.1c). POSIX determina que os registradores do processador, a pilha e a máscara de sinal sejam mantidos individualmente para cada thread e que quaisquer outros recursos de informação devam estar globalmente acessíveis a todos os threads do processo. POSIX especifica como sistemas operacionais devem entregar sinais a Pthreads, além de especificar diversos modos de cancelamento de threads.

O Linux aloca o mesmo tipo de descritor de processo a processos e threads, ambos denominados tarefas. O Linux usa a chamada ao sistema baseada no UNIX, chamada fork, para criar tarefas-filha. Para habilitar as operações de suporte a threads, o Linux fornece uma versão denominada clone que aceita argumentos que especificam quais recursos compartilhar com a tarefa-filha. No nível mais alto de compartilhamento de recursos, as tarefas criadas por clone correspondem aos threads discutidos na Seção 4.2 "Definição de thread".

No Windows XP, threads — e não processos — são despachados para um processador; threads executam uma parte do código de um processo no contexto do processo usando recursos do processo. Além do contexto do seu processo, um thread contém seu próprio contexto de execução que inclui sua pilha de tempo de execução, o estado dos registradores da máquina e diversos atributos (por exemplo, prioridade de escalonamento). Quando o sistema inicializa um processo, ele cria um thread primário que, tipicamente, termina o processo assim que é concluído. Threads do Windows XP podem criar fibras, semelhantes a threads, exceto que uma fibra é escalonada para execução pelo thread que a cria, e não pelo escalonador. O Windows XP também fornece um reservatório de threads para cada processo, que consiste em vários threads operários, ou seja, threads de núcleo que executam funções especificadas pelos threads de usuário.

A linguagem de programação Java permite que o programador da aplicação crie threads portáveis para muitas plataformas de computação. A Java usa classe Thread para criar threads, os quais executam código especificado em um método run de um objeto Runnable. Java suporta operações como nomeação, ativação e união de threads.

Exercícios

4.1 Quais as semelhanças e diferenças entre o despacho de threads em threads de núcleo e em threads de usuário?

4.2 Um algoritmo que execute diversos cálculos independentes concorrentemente (por exemplo, multiplicação de matrizes) seria mais eficiente se usasse threads ou se não os utilizasse? Por que essa é uma pergunta difícil de responder?

4.3 Cite duas situações, que não um servidor Web ou de banco de dados, nas quais o reservatório de threads poderia ser útil. Uma outra possibilidade é um jogo interativo on-line com múltiplos jogadores. Vários desses jogos podem ter centenas de jogadores ativos simultaneamente e cada um pode ser representado por um thread. Nesses ambientes os usuários entram e saem do jogo freqüentemente, o que significa que reservatórios de threads podem proporcionar um meio eficiente de alocar threads. Em geral, qualquer ambiente em que threads são criados e destruídos rapidamente, mas a variância do número total de threads no sistema a qualquer instante determinado é pequena, pode se beneficiar de reservatórios de threads.

4.4 Por que ativações de escalonador são menos portáveis do que threads de usuário ou threads de núcleo?

4.5 Na Seção 4.7.1, "Entrega de sinal de thread", explicamos como sinais podem especificar seus alvos usando identificadores de threads ou identificadores de processos. Sugira uma maneira alternativa de implementar sinais para resolver o problema da entrega de sinal assíncrono.

4.6 A Seção 4.7.1 discute como o Solaris 7 empregou um thread denominado processo leve assíncrono (ASLWP) para monitorar e entregar sinais assíncronos pendentes. Como essa solução pode ser simplificada se o sistema operacional representar threads usando mapeamentos de thread um-para-um?

4.7 Quais as semelhanças e diferenças entre cancelamento assíncrono, protelado e desabilitado nos Pthreads?

4.8 Quais as diferenças entre as chamadas ao sistema fork e clone do Linux? Quais as semelhanças?

4.9 Segundo a discussão da Seção 4.10, "Threads do Windows XP", quais mapeamentos de thread o Windows XP suporta?

Projetos sugeridos

4.10 Pesquise como são implementados threads no Windows XP, no OS X e no Linux. Quais as semelhanças e diferenças entre as implementações? Quais as diferenças entre elas e os Pthreads POSIX?

4.11 Elabore um relatório de pesquisa sobre a implementação de threads Java. Quais informações a Java Virtual Machine controla para cada thread? A implementação depende da plataforma sobre a qual a JVM está executando?

4.12 Pesquise a Biblioteca de Threads compatível do Solaris. Elabore um relatório de pesquisa sobre o modo como essa biblioteca funciona. Como ela trata os problemas de entrega de sinal e término de threads mencionados no texto? Ela segue o padrão POSIX?

4.13 Pesquise três tipos de sistemas que usam reservatório de threads. Qual o número médio de threads que cada um desses sistemas usa?

4.14 Pesquise como threads são gerenciados em sistemas multiprocessador e sistemas distribuídos.

Notas

1. "Process and thread functions", *MSDN Library*, fev. 2003, msdn.microsoft.com/library/default.asp?url=/library/en-us/dllproc/base/process_and_thread_functions.asp.
2. Manuel Pavón Valderrama, "The unofficial GNU mach IPCBeginner's guide", 19 ago. 2002, www.nongnu.org/hurdextras/ipc_guide/mach_ipc_cthreads.html.
3. IEEE Standards Press, 1996, *9945-1:1996 (ISO/IEC) [IEEE/ANSI Std 1003.1 1996 Edition] Information Technology–PortableOperating System Interface (POSIX)–Part 1: System Application:Program Interface (API) [C Language] (ANSI)*.
4. Robert C. Daley e Jack B. Dennis, "Virtual memory, processes, and sharing in Multics", *Proceedings of the ACM Symposium on Operating System Principles*, jan. 1967.
5. "Multithreading in the Solaris operating environment, a technical white paper", Sun Microsystems, 2002.
6. B. O'Sullivan, "Answers to frequently asked questions for comp.programming.threads: part 1 of 1", rev. 1.10, modificado em: 3 set. 1997, www.serpentine.com/~bos/threads-faq/.
7. "Lesson: threads: doing two or more tasks at once", *The Java Tutorial*, Sun Microsystems, Inc., java.sun.com/docs/books/tutorial/essential/threads/index.html.
8. R. Appleton, "Understanding a context switching benchmark", modificado em: 23 out. 2001, cs.nmu.edu/~randy/Research/Papers/Scheduler/understanding.html.
9. "pthread_cancel", Documentation Overview, Glossary, and Master Index, © Digital Equipment Corporation 1996, All RightsReserved; Product Version: Digital UNIX Version 4.0 or higher, March 1996, www.cs.arizona.edu/computer.help/policy/DIGITAL_unix/AA-Q2DPC-TKT1_html/thrd0115.html#pt_cancel_13.
10. "2.1.4 Waiting for a Thread to Terminate," Documentation Overview, Glossary, and Master Index, Product Version: Digital UNIX Version 4.0 or higher, March 1996, <www.cs.arizona.edu/computer.help/policy/DIGITAL_unix/AA-Q2DPCTKT1_html/thrd0021.html#join_thread_sec>.
11. "Comp.os.research: frequently answered questions, the history of threads", modificado em: 13 ago. 1996, www.faqs.org/faqs/os-research/part1/section-10.html.
12. T. E. Anderson, B. N. Bershad, E. D. Lazowska e H. M. Levy, "Scheduler activations: effective Kernel support for user-level management of parallelism", *ACM Transactions on Computer Systems*, v. 10, nº 1, fev. 1992, p. 54.
13. C. Benjamin, "The fibers of threads", *Compile Time (Linux Magazine)*, maio 2001, www.linux-mag.com/2001-05/compile_06.html.
14. T. E. Anderson, B. N. Bershad, E. D. Lazowska e H. M. Levy, "Scheduler activations: effective Kernel support for user-level management of parallelism", *ACM Transactions on Computer Systems*, v. 10, nº 1, fev. 1992, p. 54.
15. D. G. Feitelson, "Job scheduling in multiprogrammed parallel systems", *IBM Research Report RC 19790*, out. 1994 e ago. 1997 (2d rev.), p. 121.
16. C. Benjamin, "The fibers of threads", *Compile Time (Linux Magazine)*, maio 2001, www.linux-mag.com/2001-05/compile_06.html.
17. D. G. Feitelson, "Job scheduling in multiprogrammed parallel systems", *IBM Research Report RC 19790*, out.1994 e ago 1997 (2d rev.), p. 121.
18. "Package java.nio.channels", *Java 2 Platform SE v1.4.2*, 2003, java.sun.com/j2se/1.4.2/docs/api/java/nio/channels/package-summary.html#multiplex.

19. C. Benjamin, "The fibers of threads", *Compile Time* (*Linux Magazine*), maio 2001, www.linux-mag.com/2001-05/compile_06.html.
20. D. G. Feitelson, "Job scheduling in multiprogrammed parallel systems", *IBM Research Report RC 19790*, out. 1994 e ago. 1997 (2d rev.), p. 121.
21. D. G. Feitelson, "Job scheduling in multiprogrammed parallel systems", *IBM Research Report RC 19790*, out. 1994 e ago. 1997 (2d rev.), p. 121.
22. T. E. Anderson, B. N. Bershad, E. D. Lazowska e H. M. Levy, "Scheduler activations: effective Kernel support for user-level management of parallelism", *ACM Transactions on Computer Systems*, v. 10, nº 1, fev. 1992, p. 54.
23. C. Benjamin, "The fibers of threads", *Compile Time* (*Linux Magazine*), maio 2001, www.linux-mag.com/2001-05/compile_06.html.
24. C. Benjamin, "The fibers of threads", *Compile Time* (*Linux Magazine*), maio 2001, www.linux-mag.com/2001-05/compile_06.html.
25. J. Richter, "New Windows 2000 pooling functions greatly simplify thread management", *Microsoft Systems Journal*, abr. 1999, www.microsoft.com/msj/0499/pooling/pooling.aspx.
26. C. Benjamin, "The fibers of threads", *Compile Time* (*Linux Magazine*), maio 2001, www.linux-mag.com/2001-05/compile_06.html.
27. C. Benjamin, "The fibers of threads", *Compile Time* (*Linux Magazine*), maio 2001, www.linux-mag.com/2001-05/compile_06.html.
28. "Multithreading in the Solaris operating environment, a technical white paper", Sun Microsystems, 2002.
29. "I've got work to do — worker threads and work queues", *NT Insider*, v. 5, nº 5, out. 1998, atualizado em: 20 ago. 2002, www.osronline.com/article.cfm?id=65.
30. "System worker threads", *MSDN Library*, 6 jun. 2003, msdn.microsoft.com/en-us/kmarch/hh/kmarch/synchro_9y1z.asp.
31. D. McCracken, "POSIX threads and the Linux Kernel", *Proceedings of the Ottawa Linux Symposium 2002*, p. 335.
32. E. Troan, "A look at the signal API", *Linux Magazine*, jan. 2000, www.linux-mag.com/2000-01/compile_01.html.
33. Ulrich Drepper, "Requirements of the POSIX signal model", modificado em: 17 maio 2003, people.redhat.com/drepper/posixsignal-model.xml.
34. "Multithreading in the Solaris operating environment, a technical white paper", Sun Microsystems, 2002.
35. "Multithreading in the Solaris operating environment, a technical white paper", Sun Microsystems, 2002.
36. Ulrich Drepper, "Requirements of the POSIX signal model", modificado em: 17 maio 2003, people.redhat.com/drepper/posixsignal-model.xml.
37. David R. Butenhof, *Programming with POSIX Threads*. Boston, MA: Addison Wesley, 1997, p. 144.
38. "POSIX thread API concepts", *IBM iSeries information Center*, publib.boulder.ibm.com/iseries/v5r1/ic2924/index.htm?info/apis/whatare.htm, modificado em: 16 out. 2002.
39. B. O'Sullivan, "Answers to frequently asked questions for comp.programming.threads: part 1 of 1", rev. 1.1, modificado em: 3 set. 1997, www.serpentine.com/~bos/threads-faq/.
40. D. McCracken, "POSIX threads and the Linux Kernel", *Proceedings of the Ottawa Linux Symposium 2002*, p. 332.
41. David R. Butenhof, *Programming with POSIX Threads*. Boston, MA: Addison Wesley, 1997, p. 214-215.
42. Ulrich Drepper, "Requirements of the POSIX signal model", modificado em: 17 maio 2003, people.redhat.com/drepper/posixsignal-model.xml.
43. David R. Butenhof, *Programming with POSIX threads*. Boston, MA: Addison Wesley, 1997, p. 143-144.
44. G. E. Blelloch e G. J. Narlikar, "Pthreads for dynamic and irregular parallelism", *Conference on High Performance Networking and Computing, Proceedings of the 1998 ACM/IEEE Conference on Supercomputing*, San Jose, CA, 1998.
45. K. Rangaraju, "Unravel the complexity of thread programming", www.fawcette.com/javapro/2002_02/magazine/features/krangaraju/.
46. "Threads Index", *The Open Group Base Specifications, Issue 6*, 2003, www.opengroup.org/onlinepubs/007904975/idx/threads.html.
47. U. Drepper e I. Molnar, "The native POSIX thread library for Linux", 30 jan. 2003, people.redhat.com/drepper/nptl-design.pdf.
48. "Multithreaded programming guide", Sun Microsystems, maio 2002, p. 11, 175.
49. S. Walton, "Linux threads frequently asked questions", 21 jan. 1997, www.tldp.org/FAQ/Threads-FAQ/.
50. U. Drepper e I. Molnar, "The native POSIX thread library for Linux", 30 jan. 2003, people.redhat.com/drepper/nptl-design.pdf.
51. "Processes and threads", *MSDN Library*, fev. 2003, msdn.microsoft.com/library/en-us/dllproc/base/about_processes_and_threads.asp.
52. "About processes and threads", *MSDN Library*, fev. 2003, msdn.microsoft.com/library/en-us/dllproc/base/about_processes_and_threads.asp.
53. "Fibers", *MSDN Library*, fev. 2003, msdn.microsoft.com/library/en-us/dllproc/base/fibers.asp.
54. "Convert thread to fiber", *MSDN Library*, fev. 2003, msdn.microsoft.com/library/en-us/dllproc/base/convertthreadtofiber.asp.
55. "Fibers", *MSDN Library*, fev. 2003, msdn.microsoft.com/library/en-us/dllproc/base/fibers.asp.
56. "Thread pooling", *MSDN Library*, fev. 2003, msdn.microsoft.com/library/en-us/dllproc/base/thread_pooling.asp.
57. "Queue user worker item", *MSDN Library*, fev. 2003, msdn.microsoft.com/library/en-us/dllproc/base/queueuserworkitem.asp.
58. J. Richter, "New Windows 2000 pooling functions greatly simplify thread management", *Microsoft Systems Journal*, abr. 1999, www.microsoft.com/msj/0499/pooling/pooling.aspx.
59. "Win_32 thread", *MSDN Library*, jul. 2003, msdn.microsoft.com/library/en-us/wmisdk/wmi/win32_thread.asp.
60. D. Solomon e M. Russinovich, *Inside Windows 2000*, 3ed. Redmond: Microsoft Press, 2000, p. 348-349.

Capítulo 5

Execução assíncrona concorrente

Não me provoque, pois o que mais sou é crítico.
William Shakespeare

Quem tem um relógio sabe que horas são; quem tem dois, nunca tem certeza.
Provérbio

Lazer ocupado.
Johann Elias Schlegel

Uma pessoa realmente ocupada nunca sabe seu peso.
Edgar Watson Howe

Atrasos geram perigos.
John Lyly

Procrastinando ele preservou o estado.
Quintus Ennius

Objetivos

Este capítulo apresenta:
- *Os desafios de sincronizar processos e threads concorrentes.*
- *Seções críticas e a necessidade de exclusão mútua.*
- *Como implementar primitivas de exclusão mútua em software.*
- *Primitivas de exclusão mútua em hardware.*
- *Utilização e implementação de semáforos.*

5.1 Introdução

Nos dois capítulos anteriores apresentamos o conceito de unidades de execução — processos e threads. Mais uma vez, concentraremos nossa discussão em threads, mas a maior parte do que abordaremos aqui também pode ser aplicada a processos. Se existir mais de um thread em um sistema ao mesmo tempo, diz-se que os threads são **concorrentes**.[1, 2, 3] Dois threads concorrentes podem executar independentemente um do outro ou cooperativamente. Quando threads operam independentemente um do outro, mas ocasionalmente devem se comunicar e se sincronizar para executar tarefas cooperativas, diz-se que executam **assincronamente**.[4, 5] Assincronismo é um tópico complexo — este capítulo e o Capítulo 6, "Programação concorrente", discutem a organização e o gerenciamento de sistemas que suportam **threads concorrentes assíncronos**.

Começamos com um exemplo em Java que demonstra a dificuldade de escrever programas corretos mesmo com apenas dois threads concorrentes assíncronos. Se codificados de modo inadequado, esses programas podem produzir resultados indesejáveis e imprevisíveis. No restante do capítulo, discutiremos vários mecanismos que os programadores podem usar para criar programas corretos com threads concorrentes assíncronos. No capítulo seguinte apresentaremos dois problemas clássicos de assincronismo e implementaremos sua solução em Java.

Revisão

1. (V/F) Comunicação e sincronização são necessárias apenas para threads que executam assincronamente.
2. (V/F) Diz-se que threads que se comunicam ocasionalmente, mesmo que em geral operem independentemente um do outro, executam sincronamente.

Respostas:
1) Falso. Comunicação e sincronização são necessárias para executar threads e processos assincronamente.
2) Falso. Diz-se que tais threads executam assincronamente.

5.2 Exclusão mútua

Considere um servidor de correio eletrônico que processa e-mails para uma organização. Suponha que queiramos que o sistema monitore continuamente o número total de e-mails enviados desde o início do dia. Suponha que o recebimento de um e-mail seja tratado por um dos vários threads concorrentes. Cada vez que um desses threads receber um e-mail de um usuário, incrementará, 1, a uma variável compartilhada no âmbito do processo, mailCount. Considere o que acontece se dois threads tentarem incrementar mailCount simultaneamente. Primeiro, suponha que cada thread execute o seguinte código em linguagem de montagem:

```
LOAD mailCount
ADD 1
STORE mailCount
```

Suponha que a instrução LOAD copie mailCount da memória para um registrador, a instrução ADD adicione a constante imediata 1 da memória para o valor no registrador, e a instrução STORE copie o valor do registrador para a memória. Considere que mailCount correntemente seja 21687. E que o primeiro thread execute as instruções LOAD e ADD deixando, portanto, 21688 no registrador (mas ainda sem atualizar o valor de mailCount na memória, que continua sendo 21687). Então, devido a uma expiração de quantum, o primeiro thread perde o processador, e o contexto do sistema é chaveado para o segundo thread. O segundo thread agora executa todas as três instruções deixando assim mailCount em 21688. Esse thread perde o processador, e o contexto do sistema é chaveado de volta para o primeiro thread que então continua executando a instrução STORE — também colocando 21688 em mailCount. Devido ao acesso não controlado à variável compartilhada mailCount, o sistema essencialmente perdeu o controle de um dos e-mails — mailCount deveria ser 21689. No caso de uma aplicação de gerenciamento de e-mail, tal erro pode parecer insignificante, mas um erro semelhante ocorrendo em uma aplicação de missão crítica, como controle de tráfego aéreo, pode custar vidas.

A causa desse resultado incorreto é a escrita da variável compartilhada mailCount. É claro que muitos threads concorrentes podem ler dados simultaneamente sem essa dificuldade. Mas quando um thread lê dados que um outro thread esteja escrevendo, ou quando um thread escreve dados que um outro thread também esteja escrevendo, poderão ocorrer resultados indeterminados.[6, 7, 8]

Podemos resolver esse problema concedendo a cada thread **acesso exclusivo** a mailCount. Enquanto um thread incrementa a variável compartilhada, todos os outros threads que desejam fazer o mesmo terão de esperar. Quando o thread que está executando terminar de acessar a variável compartilhada, o sistema permitirá que um dos processos à espera prossiga. Essa operação é denominada **serialização** do acesso à variável compartilhada. Dessa maneira, threads não poderão acessar dados compartilhados simultaneamente. Enquanto cada thread estiver atualizando a variável compartilhada, todos os outros serão impedidos de fazê-lo simultaneamente, o que é denominado **exclusão mútua**.[9, 10, 11] Como veremos neste capítulo e nos subseqüentes, threads em espera devem ser cuidadosamente gerenciados para garantir que poderão prosseguir dentro de um período de tempo 'razoável'.

Revisão

1. No exemplo da mailCount seria aceitável que diversos threads lessem simultaneamente o valor sem atualizá-lo?

2. (V/F) Suponha que cada um de dois threads que compartilham uma variável precise atualizá-la em algum momento durante a execução do thread. Se os threads não forem obrigados a se excluir mutuamente durante a atualização da variável compartilhada, o sistema falhará sempre que houver uma execução de dois threads.

Respostas:
1) Sim, exclusão mútua somente é necessária quando threads atualizam a variável compartilhada. 2) Falso. É possível que threads tentem atualizar a variável compartilhada em momentos diferentes e, assim, o programa poderá funcionar corretamente.

5.2.1 Estudo de caso do Java multithread, Parte II: um relacionamento produtor/consumidor em Java

Em um **relacionamento produtor/consumidor**, a parte da aplicação referente ao **produtor** gera dados e os armazena em um objeto compartilhado, e a parte do **consumidor** lê dados do objeto compartilhado. Um exemplo de relacionamento produtor/consumidor comum é o spooling de impressão. Um processador de texto passa (*spools*) os dados para um buffer (normalmente um arquivo), e os dados são subseqüentemente consumidos pela impressora enquanto ela imprime o documento. Similarmente, uma aplicação que copia dados para discos compactos coloca dados em um buffer de tamanho fixo que é esvaziado à medida que o drive do CD-RW grava os dados no disco compacto.

Considere um relacionamento produtor/consumidor multithread implementado em Java, no qual um **thread produtor** gera dados e os coloca em um buffer que só pode reter um único valor, e um **thread consumidor** lê os dados do buffer. Se o produtor que estiver esperando para colocar os próximos dados no buffer determinar que o consumidor ainda não leu os dados que já estavam anteriormente no buffer, ele deve chamar wait para que o consumidor tenha a chance de ler os dados não consumidos antes que outros dados sejam gravados sobre eles. Quando o consumidor acabar de ler os dados deve chamar notify para permitir que o produtor (que possivelmente estará esperando) armazene o próximo valor. O método **notify** de Object faz a transição de um thread do estado *em espera* para o estado *pronto*. Se o consumidor encontrar o buffer vazio (porque o produtor ainda não produziu seu primeiro dado) ou descobrir que os dados anteriores já foram lidos, deverá chamar **wait** para se colocar no estado de *espera*, caso contrário poderá ler o 'lixo' de um buffer vazio ou processar erroneamente os mesmos dados novamente. Quando o produtor colocar os próximos dados no buffer, deve chamar notify para permitir que o thread consumidor (que possivelmente estará esperando) prossiga, para que possa ler os novos dados. Note que notify não tem efeito quando nenhum dos threads de uma aplicação estiver esperando.

Vamos implementar esse exemplo em Java para entendermos como podem surgir erros de lógica se não sincronizarmos o acesso entre os múltiplos threads que manipulam os dados compartilhados. O exemplo a seguir (figuras 5.1 a 5.5) implementa um relacionamento produtor/consumidor no qual um thread produtor escreve números seqüencialmente (1 a 4) em um buffer compartilhado — uma localização de memória compartilhada entre dois threads (uma variável int única denominada buffer na Figura 5.4). O thread consumidor lê esse dado no buffer compartilhado e o exibe. O resultado do programa (três amostras são exibidas na Figura 5.5) apresenta os valores que o produtor escreve (produz) no buffer compartilhado e os valores que o consumidor lê (consome) no buffer compartilhado.

Cada valor que o produtor escrever no buffer compartilhado deverá ser consumido exatamente uma vez (e na ordem) pelo thread consumidor. Contudo, os threads desse exemplo não são **sincronizados**, significando que não cooperam quando executam suas tarefas (o que, como vimos, é especialmente importante quando um dos threads está escrevendo no buffer). Portanto, dados (possivelmente múltiplos valores) podem ser perdidos, se o produtor colocar novos dados no buffer compartilhado antes que o consumidor consuma os anteriores, e podem ser incorretamente duplicados (possivelmente muitas vezes) se o consumidor consumir dados novamente antes que o produtor produza o próximo valor. A conseqüência da falta de sincronização do acesso a dados compartilhados é, de certo modo, semelhante à da falta de sincronização de um semáforo em um cruzamento movimentado.

Para mostrar essas possibilidades, no exemplo seguinte o consumidor acumula um total de todos os valores que lê. O produtor produz, em ordem, valores de 1 a 4. No relacionamento produtor/consumidor tradicional, o consumidor lê cada valor produzido uma vez e somente uma vez. Além do mais, o consumidor não pode ler cada valor até que o produtor o tenha produzido. Portanto, o produtor deve sempre produzir um valor antes de o consumidor ler esse valor, e o total dos valores consumidos em nosso exemplo deve ser 10. Entretanto, se você executar esse programa várias vezes (consulte as amostras de resultados da Figura 5.5), verá que o total raramente (se é que alguma vez) é igual a 10. Cada um dos threads produtor e consumidor do exemplo dorme por intervalos de tempo aleatórios de até três segundos entre a realização de suas tarefas, simulando alguns atrasos longos, como esperar por uma entrada de usuário ou esperar que algum evento ocorra. Assim, não sabemos exatamente quando o produtor tentará escrever um novo valor, nem sabemos quando o consumidor tentará ler um valor.

O programa Java consiste em uma interface Buffer (Figura 5.1) e quatro classes — Producer (Figura 5.2), Consumer (Figura 5.3), UnsynchronizedBuffer (Figura 5.4) e SharedBufferTest (Figura 5.5). A interface Buffer declara métodos set e get que um Buffer deve implementar, para habilitar um thread Producer a colocar um valor no Buffer e habilitar um thread Consumer a recuperar um valor do Buffer, respectivamente. Essa interface está implementada na Figura 5.4 (linha 4).

A classe Producer (Figura 5.2) — uma subclasse de Thread (linha 5) — contém o campo sharedLocation (linha 7), um construtor (linhas 9-14) e um método run (linhas 18-40). O construtor inicializa a referência Buffer sharedLocation (linha 13) com uma referência a um objeto que implementa a interface Buffer. Esse objeto é criado em main (Figura 5.5; linhas 6-18) e passado para o construtor como o parâmetro shared (Figura 5.2; linha 10); o construtor inicializa Buffer sharedLocation (linha 13) para ser uma referência ao parâmetro shared. O thread produtor desse programa executa as tarefas especificadas no método run (linhas 18-40). O comando for nas linhas 20-35 executa um laço quatro vezes. Cada iteração do laço invoca o método Thread.sleep (linha 25) para colocar o thread produtor no estado adormecido por um intervalo de tempo aleatório entre 0 e 3 segundos (simulando uma operação demorada).

[*Nota:* Normalmente um thread acorda quando seu tempo de sono expira. Um thread adormecido pode ser acordado cedo se um outro thread chamar o método interrupt do thread adormecido. Se isso ocorrer, sleep 'lança' uma exceção (do tipo InterruptedException) para indicar que o thread foi interrompido antes de seu tempo de sono expirar. Em Java essa exceção deve ser 'manipulada', o que requer que a chamada ao método sleep apareça em um bloco try, o qual é seguido de um manipulador catch. O bloco try contém o código que poderia lançar uma exceção. O manipulador catch especifica o tipo de exceção que manipula. Nesse exemplo, o manipulador catch imprime uma stack trace (cópia da pilha) e o programa continua com o comando seguinte após a seqüência try...catch].

Quando o thread acorda, a linha 26 passa o valor da variável de controle count para o método set do objeto Buffer para mudar o valor do buffer compartilhado. Quando o laço conclui, as linhas 37-38 exibem uma mensagem na janela do console indicando que o thread terminou de produzir dados e que ele está encerrando. Em seguida o método run termina (linha 40) e o thread produtor entra no estado *morto*. É importante notar que qualquer método chamado por meio do método run de um thread (como o método set do Buffer na linha 26) executa como parte da execução daquele thread. De fato, cada thread tem sua própria pilha de chamada ao método.

A classe Consumer (Figura 5.3) contém a variável de instância sharedLocation (linha 7), um construtor (linhas 9-14) e um método run (linhas 16-41). O construtor inicializa a referência sharedLocation de Buffer (linha 13) com uma referência a um objeto que implementa a interface Buffer. Aquele objeto é criado em main (Figura 5.5) e passado ao construtor como o parâmetro shared (Figura 5.3; linha 10). Como veremos (Figura 5.5; linhas 12-13), esse é o mesmo objeto UnsynchronizedBuffer usado para inicializar o objeto Producer; assim, os threads produtor e consumidor compartilham o objeto. O thread consumidor nesse programa realiza as tarefas especificadas no método run (Figura 5.3; linhas 16-41). O laço nas linhas 22-36 executa quatro vezes. Cada iteração do laço invoca o método sleep de Thread (linha 27) para colocar o thread consumidor no estado adormecido durante um intervalo de tempo aleatório entre 0 e 3 segundos. Em seguida a linha 28 usa o método get de Buffer para recuperar o valor do buffer compartilhado e adiciona o valor à variável sum. Quando o laço conclui, as linhas 38-39 exibem uma linha na janela do console indicando a soma dos valores consumidos e o fato de o thread consumidor estar terminando. Então o método run termina (linha 41), e o thread consumidor entra no estado *morto*.

[*Nota:* Usamos um intervalo gerado aleatoriamente com o método sleep no método run de ambas as classes Producer e Consumer para enfatizar o fato de que, em aplicações multithread, não fica claro quando e por quanto tempo cada thread

```
1   // Fig. 5.1: Buffer.java
2   // interface Buffer especifica métodos para acessar dados do buffer.
3
4   public interface Buffer
5   {
6       public void set( int value ); // coloque valor em Buffer
7       public int get( ); // retorne valor de Buffer
8   }
```

Figura 5.1 | *Interface Buffer usada em exemplos produtor/consumidor.*

```
1    // Fig. 5.2: Producer.java
2    // método run de Producer controla um thread produtor que
3    // armazena valores de 1 a 4 em Buffer sharedLocation.
4
5    public class Producer extends Thread
6    {
7       private Buffer sharedLocation; // referência a objeto compartilhado
8
9       // construtor Producer
10      public Producer( Buffer shared )
11      {
12         super( "Producer" ); // cria thread chamado "Producer"
13         sharedLocation = shared; // inicialize sharedLocation
14      } // termine construtor Producer
15
16      // método run de Producer armazena valores de
17      // 1 a 4 em Buffer sharedLocation
18      public void run()
19      {
20         for ( int count = 1; count <= 4; count++ )
21         {
22            // dorme de 0 a 3 segundos, então coloca valor em Buffer
23            try
24            {
25               Thread.sleep( ( int ) ( Math.random( ) * 3001 ) );
26               sharedLocation.set( count ); // escreve para o buffer
27            } // termine try
28
29            // se thread adormecido for interrompido, imprima cópia da pilha
30            catch ( InterruptedException exception )
31            {
32               exception.printStackTrace( );
33            } // termine catch
34
35         } // termine for
36
37         System.err.println( getName( ) + " done producing." +
38            "\nTerminating " + getName( ) + "." );
39
40      } // termine o método run
41
42   } // termine a classe Producer
```

Figura 5.2 | *A classe* Producer *representa o thread produtor em um relacionamento produtor/consumidor.*

realizará sua tarefa. Essas questões de escalonamento de threads normalmente são de responsabilidade do sistema operacional. Nesse programa, as tarefas de nosso thread são bastante simples — para o produtor, executar o laço quatro vezes estabelecendo a cada vez um valor no buffer compartilhado; para o consumidor, executar o laço quatro vezes, recuperando a cada vez um valor do buffer compartilhado e adicionando o valor à variável sum. Sem a chamada ao método sleep, e se o produtor executasse primeiro, muito provavelmente ele concluiria sua tarefa antes de o consumidor ter uma chance de executar; se o consumidor executasse primeiro, muito provavelmente ele consumiria o valor 'null' (−1, especificado em UnsynchronizedBuffer, linha 6 da Figura 5.4) quatro vezes e terminaria (exibindo uma soma inválida −4) antes que o produtor produzisse até mesmo seu primeiro valor].

A classe UnsynchronizedBuffer (Figura 5.4) implementa a interface Buffer (linha 4) definida na Figura 5.1 e declara a variável buffer (linha 6) compartilhada entre Producer e Consumer. A variável buffer é inicializada com o valor −1. Esse valor é usado para demonstrar o caso em que Consumer tenta consumir um valor antes que Producer coloque um valor em buffer. Os métodos set (linhas 8-15) e get (linhas 17-24) não sincronizam acesso ao campo buffer (logo veremos como fazer isso). O método set apenas designa seu parâmetro a buffer (linha 14) e o método get apenas retorna o valor de buffer (linha 23). Note que cada método

```
1    // Fig. 5.3: Consumer.java
2    // método run de Consumer controla um thread que executa um laço quatro
3    // vezes e lê um valor de sharedLocation cada vez.
4
5    public class Consumer extends Thread
6    {
7       private Buffer sharedLocation; // referência a objeto compartilhado
8
9       // construtor Consumer
10      public Consumer( Buffer shared )
11      {
12         super( "Consumer" ); // crie o thread chamado "Consumer"
13         sharedLocation = shared; // inicialize sharedLocation
14      } // termine o construtor Consumer
15
16      // leia o valor de sharedLocation quatro vezes e some os valores
17      public void run( )
18      {
19         int sum = 0;
20
21         // alterne entre valor sleeping e getting Buffer
22         for ( int count = 1; count <= 4; ++count )
23         {
24            // durma 0-3 segundos, leia o valor de Buffer e adicione ao total
25            try
26            {
27               Thread.sleep( ( int ) ( Math.random( ) * 3001 ) );
28               sum += sharedLocation.get( );
29            }
30
31            // se thread adormecido interrompido, imprima cópia de pilha
32            catch ( InterruptedException exception )
33            {
34               exception.printStackTrace( );
35            }
36         } // termine for
37
38         System.err.println( getName( ) + " read values totaling: "
39            + sum + ".\nTerminating " + getName( ) + "." );
40
41      } // termine o método run
42
43   } // termine a classe Consumer
```

Figura 5.3 | *A classe Consumer representa o thread consumidor em um relacionamento produtor/consumidor.*

usa o método estático currentThread da classe Thread para obter uma referência ao thread que está em execução no momento, e usa o método getName daquele thread para obter o nome do thread para propósitos de resultado (linhas 11 e 20).

A classe SharedBufferTest (Figura 5.5) contém o método main (linhas 6-18), que lança a aplicação. A linha 9 instancia um objeto UnsynchronizedBuffer compartilhado e o designa à referência sharedLocation de Buffer. Esse objeto armazena os dados que serão compartilhados entre os threads produtor e consumidor. As linhas 12-13 criam o objeto producer de Producer e o objeto consumer de Consumer. Cada uma das chamadas ao construtor nessas linhas passa sharedLocation como o argumento para o construtor (linhas 9-14 da Figura 5.2 para Producer, e linhas 9-14 da Figura 5.3 para Consumer), de modo que cada thread acessa o mesmo Buffer. Em seguida, as linhas 15-16 da Figura 5.5 invocam o método start dos threads producer e consumer, respectivamente, para colocá-los no estado *pronto*. Isso lança a execução desses threads fazendo uma chamada implícita ao método run de cada thread. O método run de um thread será chamado quando o thread for despachado para um processador pela primeira vez. Depois de ativados os threads producer e consumer, o método main (o thread principal de

```java
1    // Fig. 5.4: UnsynchronizedBuffer.java
2    // UnsynchronizedBuffer representa um único inteiro compartilhado.
3
4    public class UnsynchronizedBuffer implements Buffer
5    {
6       private int buffer = -1; // compartilhado por Producer e Consumer
7
8       // coloque valor no buffer
9       public void set( int value )
10      {
11         System.err.println( Thread.currentThread( ).getName( ) +
12            " writes " + value );
13
14         buffer = value;
15      } // termine o método set
16
17      // retorne o valor do buffer
18      public int get( )
19      {
20         System.err.println( Thread.currentThread( ).getName( ) +
21            " reads " + buffer );
22
23         return buffer;
24      } // termine o método get
25
26   } // termine a classe UnsynchronizedBuffer
```

Figura 5.4 | A classe UnsynchronizedBuffer mantém o inteiro compartilhado que é acessado por um thread produtor e um thread consumidor via métodos set e get.

```java
1    // Fig. 5.5: SharedBufferTest.java
2    // SharedBufferTest cria threads produtor e consumidor.
3
4    public class SharedBufferTest
5    {
6       public static void main( String [] args )
7       {
8          // crie objeto compartilhado usado por threads
9          Buffer sharedLocation = new UnsynchronizedBuffer( );
10
11         // crie objetos produtor e consumidor
12         Producer producer = new Producer( sharedLocation );
13         Consumer consumer = new Consumer( sharedLocation );
14
15         producer.start( ); // inicie thread produtor
16         consumer.start( ); // inicie thread consumidor
17
18      } // termine main
19
20   } // termine a classe SharedCell
```

Figura 5.5 | A classe SharedBuffer habilita threads a modificar um objeto compartilhado sem sincronização (parte 1 de 2).

Amostra de Resultado 1:
Consumidor lê -1
Produtor escreve 1
Consumidor lê 1
Consumidor lê 1
Consumidor lê 1
Consumidor lê valores totalizando: 2.
Terminando Consumidor.
Produtor escreve 2
Produtor escreve 3
Produtor escreve 4
Produtor terminou de produzir.
Terminando Produtor.

Amostra de Resultado 2:
Produtor escreve 1
Produtor escreve 2
Consumidor lê 2
Produtor escreve 3
Consumidor lê 3
Produtor escreve 4
Produtor terminou de produzir.
Terminando Produtor.
Consumidor lê 4
Consumidor lê 4
Consumidor lê valores totalizando: 13.
Terminando Consumidor.

Amostra de Resultado 3:
Produtor escreve 1
Consumidor lê 1
Produtor escreve 2
Consumidor lê 2
Produtor escreve 3
Consumidor lê 3
Produtor escreve 4
Produtor terminou de produzir.
Terminando Produtor.
Consumidor lê 4
Consumidor lê valores totalizando: 10.
Terminando Consumidor.

Figura 5.5 | A classe SharedBuffer habilita threads a modificar um objeto compartilhado sem sincronização (parte 2 de 2).

execução) termina, e o thread principal entra no estado *morto*. Assim que ambos os threads producer e consumer entrarem no estado *morto* (que ocorre quando seus métodos run terminam), o programa encerra.

Lembre-se, na visão geral desse exemplo, de que o thread Producer deve produzir um valor antes que o thread Consumer consuma um valor, e cada valor produzido pelo produtor deve ser consumido exatamente uma vez pelo consumidor. Todavia, quando estudamos o primeiro resultado da Figura 5.5, vemos que o consumidor recuperou o valor –1 antes mesmo de o produtor colocar uma valor no buffer. O primeiro valor produzido (1) foi consumido três vezes. Além disso, o consumidor terminou a execução antes que o produtor tivesse uma oportunidade de produzir os valores 2, 3 e 4, portanto esses três valores foram perdidos. Foi produzido um total 2, incorreto.

No segundo resultado vemos que o valor 1 foi perdido, porque os valores 1 e 2 foram produzidos antes que o thread consumidor pudesse ler o valor 1 (desse modo, o valor 2 foi gravado sobre o valor 1 no buffer); e o valor 4 foi consumido duas vezes. Mais uma vez foi produzido um valor incorreto. A última amostra de resultado demonstra que é possível, com alguma sorte, obter um resultado apropriado; e é claro que esse comportamento não pode ser garantido.

Esse exemplo demonstra que o acesso a um objeto compartilhado por threads concorrentes deve ser controlado cuidadosamente; caso contrário, um programa pode produzir resultados incorretos. Damos a solução para esse problema no próximo capítulo. O restante deste capítulo discute como threads controlam o acesso concorrente a dados compartilhados impondo acesso mutuamente exclusivo àqueles dados.

Revisão

1. (V/F) No exemplo produtor/consumidor mostrado nas figuras 5.1 a 5.5 o resultado seria correto e consistente se as chamadas à sleep fossem removidas.

2. Quais os menores e os maiores valores possíveis de sum ao final da execução do exemplo mostrado nas figuras 5.1 a 5.5 e como esses valores seriam obtidos?

Respostas:
1) Falso. As chamadas a sleep foram incluídas ali apenas para enfatizar o fato de haver incerteza dentro de um sistema quanto à ordem e ao momento em que as instruções são executadas. Ainda assim, não podemos prever as velocidades com que esses threads avançarão, portanto os resultados ainda poderiam ser incorretos. **2)** O menor valor ocorreria se o consumidor tentasse consumir quatro valores antes que o produtor produzisse algum. Nesse caso, sum seria –4. O maior valor ocorreria se o produtor produzisse quatro valores antes de o consumidor ter consumido qualquer um. Nesse caso, o consumidor consumiria o valor quatro vezes, e sum seria 16.

5.2.2 Seções críticas

A exclusão mútua precisa ser imposta somente quando threads acessam dados que podem ser modificados. Quando threads realizam operações que não conflitam uma com a outra (por exemplo, leitura de variáveis), o sistema deve permitir que os threads prossigam concorrentemente. Quando um thread acessa dados modificáveis, diz-se que está em uma **seção crítica** (ou **região crítica**).[12] Para evitar os tipos de erros que encontramos anteriormente, o sistema deve garantir que somente um thread por vez possa executar instruções na sua seção crítica para um recurso particular. Se um thread qualquer tentar entrar em sua seção crítica enquanto outro estiver em sua própria seção crítica, o primeiro thread deve esperar até que o thread que está em execução saia da seção crítica. Assim que um thread sair de sua seção crítica, um thread que está à espera (ou um dos threads à espera, se houver vários) poderá entrar e executar sua seção crítica. Qualquer thread que não precise entrar na sua seção crítica poderá executar independentemente de a seção crítica estar ocupada.

Um sistema que impõe exclusão mútua deve controlar cuidadosamente o acesso e a execução em seções críticas. Um thread que estiver em uma seção crítica tem acesso exclusivo aos dados compartilhados, modificáveis, e todos os outros threads que estão requisitando concorrentemente acesso àqueles dados mantêm-se à espera. Portanto, um thread deve executar uma seção crítica o mais rapidamente possível. Um thread não deve ficar bloqueado dentro de sua seção crítica, e seções críticas devem ser cuidadosamente codificadas para evitar — por exemplo — a possibilidade de laços infinitos. Se um thread que estiver dentro de uma seção crítica terminar, voluntária ou involuntariamente, o sistema operacional, ao realizar sua **limpeza final**, deverá liberar a exclusão mútua para que outros threads possam entrar em suas seções críticas.

Impor acesso mutuamente exclusivo a seções críticas é um dos principais problemas na programação concorrente, e muitas soluções foram concebidas: algumas de software e outras de hardware; algumas de nível bastante baixo e outras de alto nível; algumas exigindo cooperação voluntária entre threads e outras, rígida aderência a protocolos estritos. Examinaremos uma variedade dessas soluções nas próximas seções.

Revisão

1. Por que é importante que um thread execute uma seção crítica tão rapidamente quanto possível?

2. O que pode acontecer se o sistema operacional não realizar a limpeza final?

Respostas:
1) Se outros threads estiverem esperando para executar suas seções críticas, eles sofrerão atraso enquanto houver qualquer outro thread em sua seção crítica. Se as seções críticas não executarem rapidamente, o desempenho geral do sistema poderá ser prejudicado. **2)** Um thread poderia terminar enquanto estivesse em sua seção crítica e não liberar a exclusão mútua, e os threads que estivessem esperando nunca conseguiriam entrar em suas seções críticas. Como veremos no Capítulo 7, "Deadlock e adiamento indefinido", esses threads ficarão travados.

5.2.3 Primitivas de exclusão mútua

O seguinte pseudocódigo descreve adequadamente o mecanismo de contagem de e-mail da Seção 5.2, "Exclusão mútua". Note que usamos as palavras **enterMutualExclusion()** e **exitMutualExclusion()**. Essas palavras são construções que encapsulam a seção crítica do thread — quando um thread quiser entrar em sua seção crítica, deverá primeiramente executar enterMutualExclusion(); quando um thread sair da seção crítica, executará exitMutualExclusion(). Como essas construções invocam as operações mais fundamentais inerentes à exclusão mútua, às vezes são denominadas **primitivas de exclusão mútua**.

```
while (true) {
    Receive e-mail              // executando fora da seção crítica
    enterMutualExclusion()      // quer entrar na seção crítica
        Increment mailCount     // executando dentro da seção crítica
    exitMutualExclusion()       // saindo da seção crítica
}
```

Consideremos como essas primitivas podem fornecer exclusão mútua. Por questão de simplicidade, no exemplo apresentado nesta e nas diversas seções seguintes, assumiremos que haja apenas dois threads concorrentes e um processador. Manusear n processos ou threads concorrentes é um tópico consideravelmente mais complexo que discutiremos na Seção 5.4.3, "Exclusão mútua de n-threads: o algoritmo da padaria de Lamport". Também discutiremos como a exclusão mútua é imposta em sistemas multiprocessadores.

Suponha que os threads T_1 e T_2 do mesmo processo estejam ambos executando no sistema. Cada thread gerencia mensagens de e-mail e cada thread contém instruções que correspondem ao pseudocódigo anterior. Quando T_1 chega à linha enterMutualExclusion(), o sistema deve determinar se T_2 já está em sua seção crítica. Se T_2 não estiver em sua seção crítica, T_1 entrará em sua própria seção crítica, incrementará a variável compartilhada mailCount e executará exitMutualExclusion() para indicar que T_1 saiu de sua seção crítica. Se, por outro lado, quando T_1 executar enterMutualExclusion(), T_2 estiver em sua seção crítica, T_1 deverá esperar até que T_2 execute exitMutualExclusion(). Então somente um dos threads terá permissão para prosseguir e um ficará esperando. Por enquanto, admitiremos que o sistema escolhe aleatoriamente o thread que prosseguirá. [Como veremos, tal política pode levar a adiamento indefinido de um dos threads se o outro sempre for selecionado quando os threads tentarem entrar, repetidas vezes, em suas seções críticas.] Nas seções seguintes discutiremos diversos mecanismos para implementar as primitivas de exclusão mútua enterMutualExclusion() e exitMutualExclusion().

Revisão

1. O que acontecerá se um thread não chamar enterMutualExclusion() antes de acessar variáveis compartilhadas em uma seção crítica?

2. O que acontecerá se um thread que está em sua seção crítica não chamar exitMutualExclusion?

Respostas: **1)** Se outros threads também entrarem em suas seções críticas, poderá haver resultados indeterminados com sérias conseqüências. **2)** Todos os outros threads que estão esperando para entrar em suas seções críticas nunca teriam permissão para fazê-lo. Como veremos no Capítulo 7, "Deadlock e adiamento indefinido", todos esses outros threads eventualmente entrariam em uma situação de impasse.

5.3 Implementação de primitivas de exclusão mútua

Cada uma das soluções iniciais de exclusão mútua que discutimos fornece uma implementação de enterMutualExclusion() e exitMutualExclusion() que exibe as seguintes propriedades:

1. A solução é implementada puramente em software, em uma máquina sem instruções de exclusão mútua, em linguagem de máquina, projetadas especificamente. Cada instrução em linguagem de máquina é executada **indivisivelmente** — uma vez iniciada, vai até o final sem interrupção. Se um sistema contiver múltiplos processadores, vários threads poderiam tentar acessar o mesmo item de dados simultaneamente. Como veremos, muitas soluções de exclusão mútua para sistemas uniprocessadores dependem de acesso a dados compartilhados, o que significa que poderiam não funcionar em sistemas multiprocessadores (veja a Seção 15.9 "Exclusão mútua em multiprocessadores"). Por questão de simplicidade, suporemos que o sistema contenha um processador. Trataremos de sistemas multiprocessadores mais adiante.
2. Não se pode fazer nenhuma suposição sobre as velocidades relativas de threads assíncronos concorrentes, o que significa que qualquer solução deve supor que um thread pode sofrer preempção ou ser retomado a qualquer instante durante sua execução e que a velocidade de execução de cada thread pode não ser constante nem previsível.
3. Um thread que estiver executando instruções fora da sua seção crítica não pode evitar que quaisquer outros threads entrem em suas seções críticas.
4. Um thread não deve ser impedido indefinidamente de entrar em sua seção crítica [*Nota*: Uma vez dentro de uma seção crítica codificada inadequadamente, um thread pode 'comportar-se mal' de tal modo que levaria ao adiamento indefinido ou até ao deadlock. Discutiremos essas questões detalhadamente no Capítulo 7].

Revisão

1. Por que, na sua opinião, não podemos prever as velocidades relativas de threads assíncronos concorrentes?
2. Como um thread inadequadamente codificado pode causar adiamento indefinido ou deadlock?

Respostas: 1) Uma razão é que interrupções de hardware, distribuídas aleatoriamente, podem corromper a execução do thread a qualquer instante. Em qualquer período de tempo, essas interrupções podem permitir que alguns threads executem durante mais tempo do que outros. Além disso, situações desfavoráveis em algoritmos de escalonamento de recursos podem favorecer certos threads. 2) Um thread que nunca saiu de sua seção crítica (por exemplo, entrando em laço infinito) eventualmente adiaria de modo indefinido ou causaria deadlock em todos os outros threads quando esses tentassem entrar em suas seções críticas.

5.4 Soluções de software para problema de exclusão mútua

Uma elegante implementação de exclusão mútua foi apresentada pela primeira vez pelo matemático holandês Dekker. Na seção seguinte acompanharemos o desenvolvimento de Dijkstra para o **algoritmo de Dekker**, uma implementação de exclusão mútua para dois threads.[13] Os argumentos apresentados introduzem muitas das sutilezas da programação concorrente que fazem dela um campo tão interessante de estudo. Em seguida discutiremos algoritmos mais simples e eficientes desenvolvidos por G.L. Peterson[14] e L. Lamport.[15]

5.4.1 O algoritmo de Dekker

Nesta seção examinamos diversas tentativas de implementar exclusão mútua. Cada implementação contém um problema que a subseqüente implementação irá resolver. O ápice da seção é a apresentação de uma implementação de software correta para exclusão mútua livre de deadlock e adiamento indefinido.

Primeira versão (apresentação da sincronização intertravada e da espera ociosa)

A Figura 5.6 mostra um primeiro esforço para especificar um código para impor exclusão mútua entre dois threads. O pseudocódigo é apresentado usando uma sintaxe baseada na linguagem C. Cada uma das instruções do thread pode ser subdividida em três partes: instruções não críticas (instruções que não modificam dados compartilhados), instruções críticas (instruções que modificam dados compartilhados) e instruções que garantem a exclusão mútua (instruções que implementam enterMutualExclusion() e exitMutualExclusion()). Cada thread entra e sai repetidamente de sua seção crítica até concluí-la.

Nessa versão da exclusão mútua o sistema utiliza uma variável denominada threadNumber à qual ambos os threads têm acesso. Antes de o sistema começar a executar os threads, threadNumber é colocada em 1 (linha 3). Então o sistema inicia ambos os threads. A primitiva enterMutualExclusion() é implementada como um único laço while que executa indefinidamente até que a variável threadNumber fique igual ao número do thread (veja as linhas 13 e 31 nos threads T_1 e T_2, respectivamente). A primitiva exitMutualExclusion() é implementada como uma instrução única que coloca em threadNumber o número do outro thread (veja as linhas 17 e 35 nos threads T_1 e T_2, respectivamente).

Considere um modo como a execução poderia proceder segundo essa implementação. Suponha que T_1 comece a executar primeiro. O thread executa o laço while (linha 13) que age como enterMutualExclusion(). Como threadNumber é inicialmente 1, T_1 entra em sua seção crítica (o código indicado pelo comentário na linha 15). Agora suponha que o sistema suspenda T_1 e comece a executar T_2. O segundo thread vê que threadNumber é igual a 1 e permanece 'travado' no laço while (linha 31). Isso garante a exclusão mútua, porque T_2 não pode entrar em sua seção crítica até que T_1 saia da sua e coloque threadNumber em 2 (linha 17).

Eventualmente T_1 termina a execução em sua seção crítica (lembre-se de que estamos supondo que as seções críticas não contenham laços infinitos e que os threads não morram nem fiquem bloqueados dentro das seções críticas). Nesse ponto T_1 coloca threadNumber em 2 (linha 17) e passa para suas instruções 'não críticas'. Agora T_2 está livre para entrar em sua seção crítica.

Embora essa implementação garanta exclusão mútua, a solução tem desvantagens significativas. Na primitiva enterMutualExclusion(), o thread usa o processador para realizar trabalho não essencial (o thread testa repetidamente o valor de threadNumber). Diz-se que tal thread está em **espera ociosa**. A espera ociosa pode ser uma técnica ineficaz para implementar exclusão mútua em sistemas uniprocessadores. Lembre-se de que a meta da multiprogramação é aumentar a utilização do processador. Se nossa primitiva de exclusão mútua usar ciclos de processador para realizar trabalho não essencial ao thread, o tempo do processador será desperdiçado. Essa sobrecarga, todavia, é limitada a curtos períodos de tempo (quando há disputa entre os threads para entrar em suas seções críticas).

A desvantagem mais prejudicial dessa implementação é que ela viola uma das principais restrições que identificamos na Seção 5.3, "Implementação de primitivas de exclusão mútua", ou seja, um thread que não está em sua seção crítica não

```
1   Sistema:
2
3       int threadNumber = 1;
4
5       startThreads( ); // inicialize e lance ambos os threads
6
7   Thread T1:
8
9   void main( ) {
10
11      while ( !done )
12      {
13          while ( threadNumber == 2 ); // enterMutualExclusion
14
15          // código da seção crítica
16
17          threadNumber = 2; // exitMutualExclusion
18
19          // código fora da seção crítica
20
21      } // termine o while mais externo
22
23  } // termine Thread T1
24
25  Thread T2:
26
27  void main( ) {
28
29      while ( !done )
30      {
31          while ( threadNumber == 1 ); // enterMutualExclusion
32
33          // código da seção crítica
34
35          threadNumber = 1; // exitMutualExclusion
36
37          // código fora da seção crítica
38
39      } // termine o while mais externo
40
41  } // termine Thread T2
```

Figura 5.6 | *Implementação de exclusão mútua — versão 1.*

deve afetar um thread que deseja entrar em sua própria seção crítica. Por exemplo, T_1 deve entrar na seção crítica primeiro, porque o sistema inicialmente coloca threadNumber em 1. Se T_2 tentar entrar primeiro, ele inicia a execução e tenta, sem sucesso, entrar em sua seção crítica. Eventualmente T_1 executa, entrando em sua seção crítica e colocando threadNumber em 2. Por isso, T_2 pode ser atrasado consideravelmente antes de poder entrar em sua seção crítica. Na verdade os threads devem entrar e sair de suas seções críticas com alternância restrita. Se um thread precisar entrar em sua seção crítica mais freqüentemente do que outro, o thread mais veloz será obrigado a funcionar na velocidade do mais lento, o que é denominado problema de **sincronização de intertravamento.*** A implementação de exclusão mútua seguinte elimina esse problema, mas introduz outro.

---

* É claro que o problema da Seção 5.2.1 requeria sincronização de intertravamento, porque o buffer era de tamanho unitário. Entretanto, quase todos os buffers contêm diversas entradas, o que significa que a sincronização de intertravamento causa comportamento ineficiente se o produtor e o consumidor funcionarem em velocidades diferentes.

Segunda versão (violação da exclusão mútua)

A Figura 5.7 contém uma solução que tenta eliminar a sincronização de intertravamento da implementação anterior. Na primeira solução, o sistema mantinha somente uma única variável global — o que forçava a sincronização de intertravamento. A versão 2 mantém duas variáveis — t1Inside que é verdadeira se T_1 estiver dentro de sua seção crítica, e t2Inside que é verdadeira se T2 estiver dentro de sua seção crítica.

Usando duas variáveis para governar o acesso às seções críticas (uma para cada thread), podemos eliminar a sincronização de intertravamento em nossa segunda implementação de exclusão mútua. T_1 poderá entrar continuamente em sua seção crítica tantas vezes quanto necessário enquanto t2Inside for falso. E mais, se T_1 entrar na seção crítica e colocar t1Inside

```
1    Sistema:
2
3    boolean t1Inside = false;
4    boolean t2Inside = false;
5
6    startThreads(); // inicialize e lance ambos os threads
7
8    Thread T1:
9
10   void main( ) {
11
12      while ( !done )
13         {
14            while ( t2Inside ); // enterMutualExclusion
15
16            t1Inside = true; // enterMutualExclusion
17
18            // código da seção crítica
19
20            t1Inside = false; // exitMutualExclusion
21
22            // código fora da seção crítica
23
24         } // termine o while mais externo
25
26   } // termine Thread T1
27
28   Thread T2:
29
30   void main( ) {
31
32      while ( !done )
33         {
34            while ( t1Inside ); // enterMutualExclusion
35
36            t2Inside = true; // enterMutualExclusion
37
38            // código da seção crítica
39
40            t2Inside = false; // exitMutualExclusion
41
42            // código fora da seção crítica
43
44         } // termine o while mais externo
45
46   } // termine Thread T2
```

Figura 5.7 | *Implementação de exclusão mútua — versão 2.*

em verdadeiro, T2 estará em espera ociosa. Eventualmente T₁ concluirá sua seção crítica e executará seu código de saída da exclusão mútua colocando t1Inside em falso.

Embora essa solução elimine a questão da sincronização de intertravamento, infelizmente não garante a exclusão mútua. Considere a seguinte situação. As variáveis t1Inside e t2Inside são ambas falsas e ambos os threads tentam entrar em suas seções críticas ao mesmo tempo. T₁ testa o valor de t2Inside (linha 14), determina que o valor é falso e passa para o próximo comando. Suponha que o sistema faça a preempção de T₁ antes que ele possa executar a linha 16 (o que ele precisa fazer para manter T₂ fora da sua própria seção crítica). Agora T₂ executa, determina que t1Inside é falso e assim T₂ entra em sua seção crítica. Enquanto T₂ está em sua seção crítica, ele sofre preempção, e T₁ retoma a execução na linha 16 colocando t1Inside em verdadeiro e entrando em sua seção crítica. Ambos os threads estão executando concorrentemente suas seções críticas violando a exclusão múltipla.

Terceira versão (introdução do deadlock)

A Versão 2 falhou porque entre o instante em que um thread determina em seu teste while que pode seguir em frente (linhas 14 e 43) e o momento em que sinaliza, por meio de um flag, para dizer que está em sua seção crítica (linhas 16 e 36), existe a possibilidade de um outro thread obter o controle, passar no seu teste while e entrar em sua seção crítica. Para corrigir esse problema, assim que um thread tentar o teste while, deve ter certeza de que o outro processo não pode passar no seu próprio teste while. A versão 3 (Figura 5.8) tenta resolver esse problema fazendo cada thread sinalizar seu próprio flag antes de entrar no laço while. Desse modo, T₁ indica seu desejo de entrar na seção crítica colocando t1WantsToEnter em verdadeiro. Se t2WantsToEnter for falso, T₁ entrará em sua seção crítica e impedirá que T₂ entre em sua própria seção crítica. Assim, a exclusão mútua será garantida e parece-nos a solução correta. Garantiremos que, no momento em que um thread sinalizar sua intenção de entrar na seção crítica, um outro thread não poderá entrar na seção crítica.

Um problema foi resolvido, mas um outro foi introduzido. Se cada thread sinalizar seu flag antes de executar o teste while, cada um deles encontrará o flag de um outro thread sinalizado e ficará executando o laço para sempre em while. Esse é um exemplo de **deadlock (impasse)** entre dois processos, discutido no Capítulo 7, "Deadlock e adiamento indefinido".

```
1    Sistema:
2
3       boolean t1WantsToEnter = false;
4       boolean t2WantsToEnter = false;
5
6       startThreads( ); // inicializa e lança ambos os threads
7
8    Thread T₁:
9
10      void main( )
11      {
12          while ( !done )
13          {
14              t1WantsToEnter = true; // enterMutualExclusion
15
16              while ( t2WantsToEnter ); // enterMutualExclusion
17
18              // código da seção crítica
19
20              t1WantsToEnter = false; // exitMutualExclusion
21
22              // código fora da seção crítica
23
24          } // termine o while mais externo
25
26      } // termine Thread T1
27
28   Thread T₂:
29
```

Figura 5.8 | *Implementação de exclusão mútua — versão 3 (parte 1 de 2).*

```
30    void main()
31    {
32       while ( !done )
33       {
34          t2WantsToEnter = true; // enterMutualExclusion
35
36          while ( t1WantsToEnter ); // enterMutualExclusion
37
38          // código da seção crítica
39
40          t2WantsToEnter = false; // exitMutualExclusion
41
42          // código fora da seção crítica
43
44       } // termine o while mais externo
45
46    } // termine Thread T2
```

Figura 5.8 | *Implementação de exclusão mútua — versão 3 (parte 2 de 2).*

Quarta versão (introdução do adiamento indefinido)

Para criar uma implementação de exclusão mútua efetiva, precisamos de um modo de 'escapar' dos laços infinitos que encontramos na versão anterior. A versão 4 (Figura. 5.9) consegue fazer isso forçando cada thread em laço a colocar seu flag em falso durante curtos períodos, o que permite que outro thread prossiga com seu laço while com seu próprio flag colocado em verdadeiro.

A quarta versão garante exclusão mútua e impede deadlock, mas permite que se desenvolva um outro problema potencialmente devastador, o **adiamento indefinido**. Como não podemos prever as velocidades relativas de threads assíncronos concorrentes, devemos considerar todas as possíveis seqüências de execução. Os threads poderiam, por exemplo, prosseguir em cascata (um atrás do outro). Cada thread pode colocar seu flag em verdadeiro (linha 14), em seguida fazer o teste while (linha 16), depois entrar no corpo do laço while, colocar seu flag em falso (linha 18), esperar durante um período de tempo aleatório (linha 20), colocar seu flag em verdadeiro (linha 22), e repetir a seqüência começando no teste while. À medida que os threads fazem isso, as condições testadas (linhas 16 e 43) permanecerão verdadeiras. É claro que a probabilidade de ocorrência de tal seqüência de execução seria baixa — mas poderia ocorrer. Se um sistema usando esse tipo de exclusão mútua estivesse controlando um vôo espacial, um marcapasso ou um sistema de controle de tráfego aéreo, a possibilidade de adiamento indefinido, e subseqüente falha de sistema, poderia colocar vidas humanas em risco. Portanto, a versão quatro também é uma solução inaceitável para o problema da exclusão mútua.

```
1     Sistema:
2
3     boolean t1WantsToEnter = false;
4     boolean t2WantsToEnter = false;
5
6     startThreads( ); // inicializa e lança ambos os threads
7
8     Thread T1:
9
10    void main( )
11    {
12       while ( !done )
13       {
14          t1WantsToEnter = true; // enterMutualExclusion
15
```

Figura 5.9 | *Implementação de exclusão mútua — versão 4 (parte 1 de 2).*

```
16          while ( t2WantsToEnter ) // enterMutualExclusion
17          {
18              t1WantsToEnter = false; // enterMutualExclusion
19
20              // espere por um período de tempo curto, aleatório
21
22              t1WantsToEnter = true;
23          } // termine while
24
25          // código da seção crítica
26
27          t1WantsToEnter = false; // exitMutualExclusion
28
29          // código fora da seção crítica
30
31       } // termine o while mais externo
32
33   } // termine Thread T1
34
35   Thread T₂:
36
37   void main( )
38   {
39       while ( !done )
40       {
41           t2WantsToEnter = true; // enterMutualExclusion
42
43           while ( t1WantsToEnter ) // enterMutualExclusion
44           {
45               t2WantsToEnter = false; // enterMutualExclusion
46
47               // espere por um período de tempo curto, aleatório
48
49               t2WantsToEnter = true;
50           } // termine while
51
52           // código da seção crítica
53
54           t2WantsToEnter = false; // exitMutualExclusion
55
56           // código fora da seção crítica
57
58        } // termine o while mais externo
59
60   } // termine Thread T2
```

Figura 5.9 | *Implementação de exclusão mútua —versão 4 (parte 2 de 2).*

Algoritmo de Dekker (uma solução adequada)

A figura 5.10 ilustra o **Algoritmo de Dekker** — uma solução correta da exclusão mútua de dois threads implementada exclusivamente em software sem nenhuma instrução de hardware de uso especial. O algoritmo de Dekker ainda usa um flag de sinalização (flag) para indicar o desejo de um thread de entrar na sua seção crítica, mas também incorpora o conceito de 'thread favorecido' (*favored thread*), que entrará na seção crítica no caso de ocorrer uma disputa (isto é, quando cada thread desejar entrar simultaneamente em sua seção crítica).

Vamos examinar como o Algoritmo de Dekker elimina a possibilidade de adiamento indefinido ocorrida na versão 4. Primeiramente observe que, nesse algoritmo, a primitiva enterMutualExclusion é implementada pelas linhas 15-26 e 45-56; a primitiva exitMutualExclusion é implementada pelas linhas 30-31, 60-61. T_1 indica seu desejo de entrar em sua seção crítica

Sistema:

```
int favoredThread = 1;
boolean t1WantsToEnter = false;
boolean t2WantsToEnter = false;

startThreads( ); // inicializa e lança ambos os threads
```

Thread T_1:

```
void main( )
{
   while ( !done )
   {
      t1WantsToEnter = true;

      while ( t2WantsToEnter )
      {
         if ( favoredThread == 2 )
         {
            t1WantsToEnter = false;
            while ( favoredThread == 2 ); // espera ociosa
            t1WantsToEnter = verdadeiro;
         } // termine if

      } // termine while

      // código da seção crítica

      favoredThread = 2;
      t1WantsToEnter = falso;

      // código fora da seção crítica

   } // termine o while mais externo

} // termine Thread T1
```

Thread T_2:

```
void main( )
{
   while ( !done )
   {
      t2WantsToEnter = true;

      while ( t1WantsToEnter )
      {
         if ( favoredThread == 1 )
         {
            t2WantsToEnter = false;
            while ( favoredThread == 1 ); // espera ociosa
            t2WantsToEnter = true;
         } // termine if

      } // termine while
```

Figura 5.10 | Algoritmo de Dekker para exclusão mútua (parte 1 de 2).

```
57
58              // código da seção crítica
59
60              favoredThread = 1;
61              t2WantsToEnter = false;
62
63              // código fora da seção crítica
64
65         } // termine o while mais externo
66
67    } // termine Thread T2
```

Figura 5.10 | *Algoritmo de Dekker para exclusão mútua (parte 2 de 2).*

sinalizando seu flag em true (linha 15). O thread então prossegue até o teste while (linha 17) e determina se T_2 também quer entrar em sua seção crítica. Se o flag de T_2 estiver sinalizado em false, não haverá disputa entre threads que estão tentando entrar em suas seções críticas, portanto T_1 pulará o corpo do laço while e entrará em sua seção crítica (linha 28).

Suponha porém que, quando T_1 executar o teste while (linha 17), descubra que o flag de T_2 está sinalizado em true. Nesse caso haverá disputa entre threads que estão tentando entrar em suas respectivas seções críticas. O Thread T_1 entra no corpo do seu laço while no qual examina o valor da variável favoredThread que é usada para resolver esses conflitos (linha 19). Se o thread T_1 for o thread favorecido, ele pulará o corpo do if e executará repetidamente o teste while esperando que T_2 coloque t2WantsToEnter em false, o que, como veremos, ele eventualmente deverá fazer. Se T_1 determinar que T_2 é o thread favorecido (linha 19), T_1 será forçado a entrar no corpo do comando if, onde colocará t1WantsToEnter em false (linha 21), e executará o laço dentro do while seguinte enquanto T_2 continuar como thread favorecido (linha 22). Colocando t1WantsToEnter em false, T_1 permite que T_2 entre em sua própria seção crítica.

Eventualmente T_2 sai de sua seção crítica e executa seu código de saída da exclusão mútua (linhas 60–61). Esses comandos colocam favoredThread de volta em T_1 e colocam t2WantsToEnter em false. Agora T_1 pode passar o teste while interno (linha 22) e colocar t1WantsToEnter em true (linha 23). Então T_1 executa o teste while mais externo (linha 17). Se t2WantsToEnter (que foi recentemente colocado em false) ainda estiver false, T_1 entrará na sua seção crítica (linha 28) e seu acesso exclusivo ficará garantido. Entretanto, se T_2 tiver tentado rapidamente entrar mais uma vez na sua própria seção crítica, t2WantsToEnter será colocado em true e T_1 mais uma vez será forçado novamente para o interior do corpo do while mais externo (linha 19).

Porém, dessa vez, T_1 é o thread favorecido. Portanto, T_1 pula o corpo do if e executa repetidamente o teste while mais externo (linha 17) até que T_2 coloque t2WantsToEnter em false, permitindo que T_1 entre em sua seção crítica.

O Algoritmo de Dekker garante exclusão mútua impedindo, ao mesmo tempo, deadlock e adiamento indefinido. Contudo, a prova dessa declaração não é imediatamente evidente devido à natureza complexa da exclusão mútua. Por exemplo, considere a seguinte possibilidade interessante. Quando T_1 sai do laço interno da espera ociosa (linha 22), o sistema pode tornar T_1 preemptivo (retirando a CPU de T_1 e designando-a para outro thread) antes de colocar t1WantsToEnter em true, o que permitiria que T_2 ficasse executando o laço na tentativa de entrar novamente em sua própria seção crítica. Então T_2 colocaria t2WantsToEnter em true e entraria novamente em sua seção crítica. Quando T_1 eventualmente retomar a execução, colocará t1WantsToEnter em true. Como a vez é de T_1 (e porque t1WantsToEnter agora está colocado em true), se T2 tentar entrar novamente (linha 47), deverá colocar t2WantsToEnter em false e entrar em sua espera ociosa interna (linha 52). Agora T_1 poderá entrar em sua seção crítica. Essa circunstância, que a princípio poderia parecer complicada, não resulta em adiamento indefinido. Uma prova rigorosa de que o algoritmo nunca resulta em adiamento indefinido é uma tarefa mais complicada (veja no site deste livro: "Curiosidades, Por que você deveria acreditar que seu software está funcionando corretamente?"), que o leitor pode consultar na literatura disponível.[16]

Revisão

1. Identifique o problema fundamental em cada uma das quatro tentativas de implementar exclusão mútua.

2. (V/F) Se o algoritmo apresentado na Figura 5.9 fosse modificado de modo que os threads esperassem por períodos de tempos diferentes (por exemplo, T_1 espera de 0 a 0,2 segundo, enquanto T_2 espera de 0,5 a 0,7 segundo), esse algoritmo não sofreria adiamento indefinido.

Respostas:

1) Versão 1: requeria que T_1 entrasse primeiro e demandava alternância rígida. Versão 2: violava a exclusão mútua; ambos os threads podiam entrar em suas seções críticas ao mesmo tempo. Versão 3: habilitava os dois threads a

entrar em deadlock para que nenhum deles jamais entrasse em sua seção crítica. Versão 4: permitia a possibilidade (se bem que remota) de dois threads adiarem indefinidamente um ao outro (se funcionassem em cascata). **2)** Falso. O fato é que não se pode fazer nenhuma suposição quanto às velocidades relativas de threads assíncronos concorrentes. Mesmo que os intervalos de tempo aleatórios pudessem ser diferentes, não poderíamos prever quão rapidamente o restante do algoritmo executaria.

5.4.2 Algoritmo de Peterson

O desenvolvimento do Algoritmo de Dekker na seção anterior introduz alguns problemas delicados que surgem da simultaneidade e do assincronismo em sistemas de multiprogramação. Durante muitos anos esse algoritmo representou o que de melhor havia em soluções de espera ociosa para impor exclusão mútua. Em 1981, G.L. Peterson publicou um algoritmo mais simples para impor exclusão mútua de dois processos com espera ociosa (Figura 5.11).[17]

Para ilustrarmos a correção do Algoritmo de Peterson, vamos examiná-lo no caso em que é executado pelo thread T_1. Antes de entrar em sua seção crítica, T1 indica que quer fazer isso colocando t1WantsToEnter em true (linha 15). Para evitar

```
1    Sistema:
2
3    int favoredThread = 1;
4    boolean t1WantsToEnter = false;
5    boolean t2WantsToEnter = false;
6
7    startThreads(); // inicializa e lança ambos os threads
8
9    Thread T1:
10
11   void main( )
12   {
13      while ( !done )
14      {
15         t1WantsToEnter = true;
16         favoredThread = 2;
17
18         while ( t2WantsToEnter && favoredThread == 2 );
19
20         // código da seção crítica
21
22         t1WantsToEnter = false;
23
24         // código fora da seção crítica
25
26      } // termine while
27
28   } // termine Thread T1
29
30   Thread T2:
31
32   void main( )
33   {
34      while ( !done )
35      {
36         t2WantsToEnter = true;
37         favoredThread = 1;
38
39         while ( t1WantsToEnter && favoredThread == 1 );
```

Figura 5.11 | *Algoritmo de Peterson para exclusão mútua (parte 1 de 2).*

```
40
41              // código da seção crítica
42
43              t2WantsToEnter = false;
44
45              // código fora da seção crítica
46
47          } // termine while
48
49      } // termine Thread T2
```

Figura 5.11 | *Algoritmo de Peterson para exclusão mútua (parte 2 de 2).*

adiamento indefinido, T1 coloca favoredThread em 2 (linha 16), permitindo que T2 entre em sua seção crítica. Então T_1 fica em espera ociosa enquanto t2WantsToEnter for true e favoredThread for 2. Se qualquer dessas condições tornar-se falsa, T_1 poderá entrar em sua seção crítica com segurança (linha 20). Após executar as instruções em sua seção crítica, T1 coloca t1WantsToEnter em false (linha 22), indicando que concluiu sua seção crítica.

Agora vamos considerar como a preempção afeta o comportamento do thread T_1. Se não houver nenhuma disputa pela seção crítica quando o thread T_1 executar seu código de entrada de exclusão mútua, t2WantsToEnter será false quando o thread T_1 executar a linha 18; thread T_1 entra em sua seção crítica (linha 20). Considere o caso em que o thread T_1 sofre preempção imediatamente após entrar em sua seção crítica. Como o thread T_2 deve colocar favoredThread em 1 (linha 37), o teste que T2 executa na linha 39 fará que T_2 entre em espera ociosa até que o thread T_1 tenha saído de sua seção crítica e colocado t1WantsToEnter em false.

Contudo, se t2WantsToEnter for true quando o thread T_1 tentar entrar em sua seção crítica (linha 18), então T_2 deve ter sofrido preempção enquanto tentava entrar em sua seção crítica. Uma possibilidade é que T_2 tenha sofrido preempção enquanto executava o código em sua seção crítica, o que significa favoredThread = 2 e t2WantsToEnter = true. Nesse caso, T_1 deve simplesmente espera ociosamente na linha 18 até que T_2 conclua sua seção crítica e coloque t2WantsToEnter em false, causando assim a falha da condição em while na linha 18 e permitindo que T_1 prossiga.

Se o thread T_1 descobrir que t2WantsToEnter é true e favoredThread é 2 na linha 18, T_1 esperará ociosamente no seu laço while (linha 18), porque tinha colocado favoredThread em 2 imediatamente antes de executar a linha 18. O thread T_1 esperará até que T_2 obtenha novamente o processador e coloque favoredThread em 1 (linha 37). Nesse ponto T_2 deve esperar ociosamente porque t1WantsToEnter é true e favoredThread é 1. Quando thread T_1 retomar o controle de um processador, executará o teste em seu laço while e entrará em sua seção crítica (linha 20).

Se o thread T_1 descobrir que t2WantsToEnter é true e favoredThread é 1 na linha 18, poderá entrar com segurança em sua seção crítica, porque t1WantsToEnter é true e favoredThread é 1; o thread T_2 deve esperar ociosamente até que T_1 conclua a execução de sua seção crítica e coloque t1WantsToEnter em false.

Agora daremos uma prova formal de que o Algoritmo de Peterson garante exclusão mútua. Faremos isso provando que T_2 não pode executar enquanto T_1 esteja dentro de sua seção crítica. Note que o algoritmo não muda se cada instância dos caracteres 1 e 2 forem alternadas. Conseqüentemente, se provarmos que T_2 não pode executar enquanto T_1 estiver dentro de sua seção crítica, também teremos provado que T_1 não pode executar enquanto T_2 estiver dentro de sua seção crítica.

Para iniciar a prova, observamos que o valor de favoredThread é estabelecido imediatamente antes de um thread executar seu laço while. Além do mais, cada thread coloca o valor em favoredThread, para que o outro thread seja favorecido se ambos os threads quiserem entrar em suas seções críticas. E também t1WantsToEnter é controlado exclusivamente pelo thread T_1; similarmente, t2WantsToEnter é modificado exclusivamente pelo thread T_2. Agora suponha que T_1 seja o único thread que está executando dentro de sua seção crítica — isso implica que t1WantsToEnter = true e que favoredThread = 1 ou t2WantsToEnter = false.

Para T_2 entrar em sua seção crítica (linha 39),

- t1WantsToEnter deve ser false, ou
- favoredThread deve ser 2, ou
- ambos, t1WantsToEnter é false e favoredThread é 2.

Essa prova assumirá que T_2 entrou com sucesso em sua seção crítica enquanto T_1 executa dentro de sua seção crítica e mostra que o Algoritmo de Peterson garante exclusão mútua, porque isso não pode ocorrer (ou seja, prova por contradição). No primeiro caso (t1WantsToEnter é false), T_2 entrou em sua seção crítica, porque t1WantsToEnter é false e favoredThread é 1 ou 2. Todavia, como descrito anteriormente nesta seção, t1WantsToEnter deve ser true se thread T_1 também estiver executando dentro de sua seção crítica — a única vez que t1WantsToEnter é false é após T_1 ter saído de sua seção crítica (linha 22) e antes de tentar entrar nela novamente (linha 15). Assim, o thread T_2 não poderia ter entrado em sua seção crítica porque t1WantsToEnter era false. Isso implica também que o thread 2 não poderia ter entrado em sua seção crítica dada a terceira condição (t1WantsToEnter é false e favoredThread é 2).

Agora precisamos mostrar por contradição que T_2 não pode entrar em sua seção crítica porque favoredThread não pode ser colocado em 2 enquanto T_1 executa dentro de sua seção crítica. Para entrar em sua seção crítica, T_2 deve ter colocado t2WantsToEnter em true (linha 36), e favoredThread em 1 (linha 37) antes de sair do laço while na linha 39. Portanto, se o thread T_2 executar em sua seção crítica enquanto o thread T_1 executa em sua seção crítica, o valor de favoredThread deve ter mudado depois de T_2 ter executado a linha 37. Note que a única vez em que favoredThread é colocado em 2 é quando T_1 executa a linha 16 do seu código de entrada em exclusão mútua, requerendo que T_1 saia de sua seção crítica. Note que o thread T_2 já colocou t2WantsToEnter em true na linha 36. Conseqüentemente, quando o thread T_1 tentar entrar em sua seção crítica na linha 18, ficará em espera ociosa, porque t2WantsToEnter é true e favoredThread é 2. Embora T2 possa entrar em sua seção crítica, agora T_1 deve esperar até que T_2 saia de sua seção crítica. Isso contradiz a declaração de que ambos, T_2 e T_1, estão executando dentro de suas seções críticas. Como demonstramos, por contradição, que T_1 e T_2 não podem executar concorrentemente dentro de suas seções críticas, provamos que o Algoritmo de Peterson garante exclusão mútua.

Deadlock e adiamento indefinido são impossíveis no Algoritmo de Peterson contanto que nenhum thread termine inesperadamente. [*Nota:* Como sempre, queremos dizer que deadlock e adiamento indefinido não poderiam ser causados pelo código de entrada e saída de exclusão mútua. Não obstante, poderiam ocorrer, se os threads se comportassem mal em suas seções críticas]. Para ocorrer deadlock, T_1 e T_2 devem estar concorrentemente em espera ociosa em seus laços while. Isso não ocorrerá, porque favoredThread está ou em 1 ou em 2 e não é modificado durante o laço while, o que significa que o teste while sempre falhará para um dos threads, permitindo que ele entre em sua seção crítica. Para ocorrer adiamento indefinido, um thread teria de poder concluir e entrar mais uma vez continuamente em sua seção crítica enquanto o outro thread estivesse em espera ociosa. Como cada thread coloca o valor de favoredThread no número correspondente ao outro thread antes de entrar no laço while, o Algoritmo de Peterson garante que os dois threads irão se alternar na execução de suas seções críticas, o que significa que não poderá ocorrer adiamento indefinido.

Revisão

1. Qual a maior semelhança existente entre o Algoritmo de Dekker e o Algoritmo de Peterson?
2. Qual variável é necessária para evitar adiamento indefinido?

Respostas: **1)** Ambos têm as mesmas três variáveis globais. **2)** Remover a variável favoredThread permitiria a possibilidade de adiamento indefinido.

5.4.3 Exclusão mútua de n threads: o algoritmo da padaria de Lamport

Dijkstra foi o primeiro a apresentar uma implementação de primitivas de exclusão mútua para *n* threads (*n-thread exclusion*).[18] Knuth respondeu com uma solução que eliminava a possibilidade de adiamento indefinido no algoritmo de Dijkstra, mas ainda permitia que um processo sofresse (potencialmente) um longo atraso.[19] Isso gerou uma série de esforços para descobrir algoritmos com atrasos mais curtos. Eisenberg e McGuire apresentaram uma solução que garantia que um processo poderia entrar em sua seção crítica em *n*-1 tentativas.[20] Lamport desenvolveu uma solução aplicável particularmente a redes de computadores (veja no site deste livro: "Biografia, Leslie Lamport").[21] O algoritmo, que discutiremos detalhadamente nesta seção, usa um sistema do tipo 'pegue uma ficha', como os utilizados em padarias muito movimentadas; ele foi apelidado de **Algoritmo da Padaria de Lamport**. Burns *et al.* oferecem uma solução para a exclusão mútua de *n* threads que usa uma única variável compartilhada.[22] Carvalho e Roucairol discutem a imposição de exclusão mútua em redes de computadores.[23]

Lamport foi o primeiro a apresentar um algoritmo que permite que os threads entrem rapidamente em suas seções críticas quando o acesso à seção crítica não for contestado (o que normalmente é o caso).[24] Esses **algoritmos de exclusão mútua rápida** tendem a sofrer de ineficiência quando a seção crítica é, de fato, um ponto de contenção. Anderson e Kim apresentam um algoritmo que permite entrada rápida em uma seção crítica na ausência de disputa, e um bom desempenho sob disputa.[25]

Muitas das primeiras soluções para o problema da exclusão mútua de *n* threads são difíceis de entender, porque requerem um grande número de variáveis compartilhadas e laços complicados que determinam se um thread pode entrar em sua seção crítica. O algoritmo de Lamport dá uma solução mais simples que toma como modelo um cenário do mundo real — esperar para ser atendido em uma padaria. Além do mais, o algoritmo de Lamport não requer que qualquer operação aconteça atomicamente.

O algoritmo de Lamport é modelado segundo uma padaria na qual um funcionário atende aos pedidos dos clientes no balcão; esse funcionário pode atender exatamente um cliente por vez. Se houver apenas um cliente presente, a transação será simples: o cliente faz o seu pedido, o funcionário pega as mercadorias, o cliente paga pelo que comprou e sai da padaria. Entretanto, quando há muitos clientes solicitando atendimento concorrentemente, o funcionário precisa determinar em que ordem vai atendê-los. Muitas padarias atendem seus clientes na ordem 'primeiro a chegar, primeiro a ser atendido', solicitando que peguem uma ficha numerada em um distribuidor de fichas à entrada da padaria. As fichas são distribuídas em ordem ascendente (se a ficha corrente contiver um valor n, a próxima terá um valor $n+1$). Após cada transação o funcionário atende o cliente cuja ficha tem o menor valor numérico, o que garante que os clientes sejam atendidos na ordem 'primeiro a chegar, primeiro a ser atendido'.

A Figura 5.12 apresenta uma implementação do algoritmo de Lamport para n threads. No algoritmo de Lamport cada thread representa um cliente que deve 'pegar uma ficha' para determinar quando o thread pode entrar em sua seção crítica; quando um thread tem uma ficha com o menor valor numérico, ele pode entrar em sua seção crítica. A exclusão mútua é imposta reajustando-se o valor da ficha do thread quando ele sai da sua seção crítica. Diferentemente de um distribuidor de fichas do mundo real, o algoritmo de Lamport permite que vários threads obtenham o mesmo número de ficha. Como veremos, o algoritmo de Lamport inclui um mecanismo de resolução de impasse que garante que somente um thread por vez possa executar em sua seção crítica.

As linhas 3-7 declaram dois vetores compartilhados entre todos os n threads que participam da exclusão mútua. O tamanho do vetor booleano choosing (linha 4) é n; se o thread T_x estiver no momento selecionando um valor de ficha, choosing[x] será true. Caso contrário, choosing[x] será false. O vetor de inteiros ticket (linha 7) contém valores correspondentes a cada ficha de thread. Similar ao choosing, o valor da ficha do thread T_x é contido em ticket[x]. Nesse exemplo o valor inicial de cada ficha do thread é zero.

```
1    Sistema:
2
3    // vetor que registra quais threads estão pegando uma ficha
4    boolean choosing[n];
5
6    // valor da ficha para cada thread inicializado em 0
7    int ticket[n];
8
9    startThreads( ); // inicialize e lance todos os threads.
10
11   Thread T_x:
12
13   void main( )
14   {
15       x = threadNumber( ); // armazene o número corrente do thread
16
17       while ( !done )
18       {
19           // pegue uma ficha
20           choosing[x] = true; // inicie processo de seleção de ficha
21           ticket[x] = maxValue( ticket ) + 1;
22           choosing[x] = false; // encerre processo de seleção de ficha
23
24           // espere o número ser chamado comparando o corrente
25           // valor da ficha com o valor da ficha de outro thread
26           for ( int i = 0; i < n; i++)
27           {
28               if ( i == x )
29               {
30                   continue; // não é preciso verificar a própria ficha
31               } // termine if
32
33               // espere ociosamente enquanto thread[i] está escolhendo
34               while ( choosing[i] != false );
35
```

Figura 5.12 | *Algoritmo da padaria de Lamport (parte 1 de 2).*

```
36              // espere ociosamente até que o valor corrente da ficha seja o mais baixo
37              while ( ticket[i] != 0 && ticket[i] < ticket[x] );
38
39              // código de resolução de impasse favorece thread de menor número
40              if ( ticket[i] == ticket[x] && i < x )
41
42                  // execute laço até thread[i] sair de sua seção crítica
43                  while ( ticket[i] != 0 ); // espere ociosamente
44          } // termine for
45
46          // código da seção crítica
47
48          ticket[x] = 0; // exitMutualExclusion
49
50          // código fora da seção crítica
51
52      } // termine while
53
54  } // termine Thread TX
```

Figura 5.12 | *Algoritmo da padaria de Lamport (parte 2 de 2).*

As linhas 13–54 representam o código executado pelo thread T_x, um dos n threads que tentam executar suas seções críticas. Cada thread que participa do algoritmo da padaria executa as mesmas construções enterMutualExclusion (linhas 19–44) e exitMutualExclusion (linha 48). Quando um thread é iniciado, ele executa a linha 15 que armazena um valor inteiro na variável x para identificar exclusivamente o thread. O thread usa esse valor para determinar suas entradas correspondentes nos vetores choosing e ticket.

Cada thread 'pega uma ficha' executando o código nas linhas 19–22. A linha 20 indica que o thread corrente está tentando pegar uma ficha, colocando choosing[x] em true. Como logo veremos, essa etapa é necessária para garantir que a exclusão mútua seja imposta se vários threads determinarem concorrentemente os valores de suas fichas. O thread chama o método maxValue (linha 21), que retorna o maior valor do vetor de inteiros ticket. Então o thread soma um ao valor e o guarda como seu valor de ficha, ticket[x] (linha 21). Note que, se houver numerosos threads no sistema, o método maxValue poderá demorar um tempo substancial para executar, aumentando a probabilidade de o thread que chamar maxValue sofrer preempção antes que o método conclua. Depois que o thread designou seu valor de ficha em ticket[x] (linha 21), coloca choosing[x] em false (linha 22), indicando que não está mais selecionando um valor de ficha. Note que, quando um thread sai de sua seção crítica (linha 48), o valor da ficha é colocado em zero, o que significa que o valor da ficha de um thread é diferente de zero somente se ele quiser entrar em sua seção crítica.

Diferentemente de uma padaria do mundo real, na qual o funcionário chama o número de cada cliente por vez para atendê-lo, o algoritmo da padaria requer que cada thread determine quando ele pode entrar na sua seção crítica (linhas 24–44). Antes de entrar em sua seção crítica, o thread precisa executar o laço for (linhas 26–44) que determina o estado de todos os threads do sistema. Se o thread T_i, que é o thread a ser examinado, e o thread T_x, que é o thread que está executando o comando, forem idênticos (linha 28), T_x executará o comando continue (linha 30), que pula os comandos restantes no corpo do laço for e passa diretamente para incrementar i na linha 26.

Caso contrário, T_x determina se T_i está escolhendo um valor de ficha (linha 34). Se T_x não esperar até que T_i tenha escolhido sua ficha antes de entrar em sua seção crítica, a exclusão mútua poderá ser violada. Para entender o porquê, vamos examinar as outras duas condições testadas em cada iteração do laço for.

A linha 37 testa se o thread corrente possui um valor de ficha menor ou igual ao valor de ficha do thread que ele está examinando. Essa condição é análoga à de uma padaria do mundo real — cada thread deve esperar até possuir o menor valor de ficha diferente de zero.

Contudo, diferentemente de uma padaria real, dois ou mais threads do sistema podem obter uma ficha com o mesmo valor. Por exemplo, considere um thread T_a que sofreu preempção depois de o método maxValue retornar e antes que o thread designe um novo valor para ticket[a] na linha 21. Se o próximo thread que executar chamar maxValue, o método retornará o mesmo valor como fez para T_a. Conseqüentemente, qualquer um dos threads poderá obter o mesmo valor de ficha. No caso de um empate, a linha 40 indica que o thread com o menor identificador exclusivo prossiga antes.

Voltemos à linha 34 para examinar como a exclusão mútua é violada se o thread T_x não esperar caso T_i esteja escolhendo um valor de ficha. Por exemplo, considere o que acontece se o thread T_a sofrer preempção após voltar do método maxValue, mas antes de adicionar um ao valor da ficha (linha 21). Suponha, para esse exemplo, que maxValue retorne o valor 215. Após T_a sofrer preempção, diversos outros threads executam seu código de entrada de exclusão mútua. Considere dois threads, T_b e T_c, que executam após T_a sofrer preempção e concluem o código de seleção de ficha (linhas 19-22), deixando o thread T_b com a ficha de valor 216 (note que o valor da ficha de T_a é correntemente 0) e T_c com a ficha de valor 217. É possível que T_b conclua seu código de entrada de exclusão mútua (linhas 19-44), execute sua seção crítica (linha 46) e saia de sua seção crítica (linha 48) antes de T_a retomar o controle de um processador. Também é igualmente possível que T_c entre em sua seção crítica antes de T_a recuperar o controle de um processador.

Se T_c sofrer preempção enquanto estiver executando código em sua seção crítica e T_a retomar o controle de um processador, T_a concluirá a instrução da linha 21 colocando o valor de sua ficha em 216, que é mais baixo do que o valor de T_c. Assim, T_a poderia executar seu código de entrada de exclusão mútua e entrar em sua seção crítica antes de T_c sair da sua seção crítica, violando a exclusão mútua. Por essa razão, T_x deve esperar até que T_i tenha concluído sua seleção de ficha (linha 34) antes de comparar os valores das fichas (linhas 36-43).

Quando T_x tiver aplicado todos os seus testes para cada thread (linhas 28-43), será garantido o acesso exclusivo de T_x à sua seção crítica. Quando sair da seção, T_x colocará seu valor de ficha em 0 (linha 48) para indicar que não está mais executando em sua seção crítica nem tentando entrar nela.

Além de ser um dos mais simples algoritmos de exclusão mútua de *n* threads, o algoritmo da padaria de Lamport exibe diversas propriedades interessantes. Por exemplo, não requer que suas instruções sejam executadas atomicamente. Lembre-se da Seção 5.3, "Implementação de primitivas de exclusão mútua", que precisávamos que as instruções executassem atomicamente, o que era necessário porque ambos os algoritmos, de Dekker e de Peterson, requerem múltiplos threads para modificar uma variável compartilhada para controlar o acesso às suas seções críticas. Se cada thread puder ler e modificar essa variável simultaneamente em diferentes processadores, os threads poderão ler valores inconsistentes de suas variáveis compartilhadas. Isso poderia permitir que os threads entrassem em suas seções críticas simultaneamente, violando a exclusão mútua. Embora muitas arquiteturas forneçam um pequeno conjunto de instruções atômicas (veja a Seção 5.5, "Soluções de hardware para o problema da exclusão mútua"), é raro encontrar um sistema multiprocessador que ofereça hardware para evitar que os threads leiam e escrevam dados simultaneamente.

O algoritmo da padaria de Lamport oferece uma solução elegante para a exclusão mútua em sistemas multiprocessadores, porque a cada thread é designado seu próprio conjunto de variáveis que controlam o acesso à sua seção crítica. Embora todos os threads do sistema compartilhem os conjuntos choosing[x] e ticket [x], o thread T_x é o único que pode modificar os valores de choosing[x] e ticket[x]. Isso evita que os threads leiam dados inconsistentes, porque as variáveis que um thread examina enquanto outro está executando seu código de entrada de exclusão mútua não podem ser modificadas simultaneamente por um outro thread.

Uma outra propriedade interessante do algoritmo da padaria é que threads que estão à espera para entrar em suas seções críticas são admitidos na ordem 'primeiro a chegar, primeiro a ser atendido' (*First-Come-First-Served* — FCFS) a menos que múltiplos threads tenham o mesmo valor de ficha. Por fim, o algoritmo de Lamport pode continuar a impor exclusão mútua mesmo que um ou mais threads falhem, contanto que o sistema coloque o valor de cada thread que falhou no vetor choosing em false e o valor de cada thread no vetor ticket em 0. Dada essa provisão final, o algoritmo da padaria de Lamport não pode sofrer deadlock nem adiamento indefinido, uma propriedade particularmente importante em sistemas multiprocessadores e distribuídos, nos quais a falha de um dispositivo de hardware, como um processador, não resulta necessariamente em falha do sistema.

Revisão

1. Descreva por que a exclusão mútua de *n* threads pode ser difícil em um sistema distribuído ou de rede.

2. O que aconteceria se o sistema não executasse tarefas de limpeza como colocar os valores da ficha em zero e valores choosing em false para threads terminados?

3. Suponha que múltiplos threads obtenham o mesmo valor de ficha. Na amostra de código fornecida, o thread com o identificador exclusivo mais baixo entraria em sua seção crítica primeiro. A ordem em que esses threads entram em suas seções críticas é importante?

Respostas: 1) Há uma latência entre o envio de uma mensagem por um computador e o recebimento dessa mensagem pelo computador receptor, o que significa que algoritmos de exclusão mútua devem considerar atrasos entre o momento em que um thread modifica uma variável compartilhada e um outro thread tenta entrar em sua seção crítica. 2) Todo o sistema poderia sofrer adiamento indefinido. Suponha que um thread terminasse enquanto estivesse escolhendo um número de ficha e, portanto, choosing para aquele thread ficaria colocado em true eternamente. Outros threads que quisessem entrar na exclusão mútua ficariam esperando eternamente que o thread terminado colocasse a entrada do vetor choosing em false. 3) A menos que o programador queira designar prioridades para threads que tenham o mesmo valor de ficha, a ordem em que os threads com valores de ficha idênticos entram em sua seção crítica não importa. As linhas 34 e 37 da Figura 5.12

asseguram que nenhum thread com um valor de ficha mais alto ou mais baixo possa entrar em sua seção crítica antes dos threads de valores idênticos. O sistema precisa somente assegurar que cada thread com o mesmo valor de ficha eventualmente entre em sua seção crítica.

5.5 Soluções de hardware para o problema de exclusão mútua

Nos exemplos anteriores, as soluções de software para o problema da exclusão mútua fizeram poucas conjecturas sobre o conjunto de instruções do sistema e as capacidades do hardware. Como discutimos no Capítulo 2, "Conceitos de hardware e software", projetistas de hardware tendem a implementar mecanismos anteriormente manipulados por software para melhorar o desempenho e reduzir o tempo de desenvolvimento. Esta seção apresenta diversos mecanismos oferecidos em hardware que ajudam a resolver o problema da exclusão mútua.

5.5.1 Desabilitando interrupções

A razão pela qual primitivas de exclusão mútua são necessárias em um sistema uniprocessador é, em grande parte, que a preempção permite que múltiplos threads acessem dados compartilhados assincronamente, o que pode resultar em erros de programação. Threads em geral sofrem preempção por interrupções por meio de um relógio de interrupção (para sinalizar a expiração do quantum). Portanto, um modo simples de impor exclusão mútua é desabilitar (ou mascarar) interrupções. Infelizmente, a desabilitação de interrupções impõe limites ao que o software pode fazer dentro de uma seção crítica. Por exemplo, um thread que entrar em um laço infinito em sua seção crítica, após desabilitar interrupções, nunca mais devolverá seu processador. Se o sistema for uniprocessador, o sistema operacional não poderá mais usar temporizadores de interrupção para obter o controle do processador, significando que o sistema ficará suspenso. Em sistemas de tempo real, como o de controle de tráfego aéreo, esse resultado poderá pôr vidas humanas em risco.

Desabilitar interrupções não é uma solução viável para a exclusão mútua em um sistema multiprocessador. Afinal, seu propósito é garantir que não ocorrerão preempções. Todavia, em um sistema multiprocessador, dois threads podem executar ao mesmo tempo, cada um em um processador diferente. Se esses threads não forem sincronizados, a desabilitação de interrupções por si só não evitará que eles executem simultaneamente dentro de suas seções críticas. Desse modo, apenas desabilitar interrupções em qualquer processador (ou em ambos) é insuficiente para impor exclusão mútua. Em geral, projetistas de sistemas operacionais evitam desabilitação de interrupções para fornecer exclusão mútua. Contudo, existe um conjunto limitado de soluções no qual é ótimo para o núcleo desabilitar interrupções para código confiável cuja execução exija um curto período de tempo. (Consulte os estudos de caso Linux e Windows XP nos capítulos 20 e 21, respectivamente, para exemplos de como sistemas operacionais atuais impõem exclusão mútua desabilitando interrupções.)

Revisão

1. (V/F) Se um thread entrar em laço infinito após desabilitar interrupções em um sistema multiprocessador, o sistema operacional não pode mais executar.

2. Por que um thread deveria evitar requisitar bloqueio de E/S em uma seção crítica de um sistema uniprocessador enquanto as interrupções estivessem desabilitadas?

Respostas:
1) Falso. O sistema operacional pode executar em qualquer processador no qual as interrupções não estejam desabilitadas. O thread que entrou em laço infinito pode ser abortado ou reiniciado, mas quaisquer dados que ele compartilhe com outros threads podem ficar em estado inconsistente, causando erros de programa. **2)** Quando um thread requisita bloqueio de E/S, o sistema operacional coloca aquele thread no estado *bloqueado* até receber um evento de conclusão de E/S. Uma vez que esses eventos são gerados por interrupções de hardware, o sistema operacional nunca receberia esse sinal enquanto as interrupções permanecessem desabilitadas. Conseqüentemente o thread ficará esperando no estado *bloqueado* por um evento que jamais receberá. Esse é um exemplo de deadlock que discutiremos no Capítulo 7.

5.5.2 Instrução test-and-set

Desabilitar instruções raramente é uma solução prática para o problema da sincronização, portanto, há outras técnicas, entre as quais a utilização de instruções especiais de hardware. Lembre-se de nossos exemplos anteriores em que dados compartilhados ficam corrompidos porque o sistema pode causar a preempção de um thread depois de ele ter lido o valor em uma localização de memória, mas antes que possa escrever um novo valor na localização. A instrução **test-and-set** (teste e atualize) habilita um thread a realizar essa operação **atomicamente** (indivisivelmente).[26, 27] Tais operações também são descritas como **operações de memória leia-modifique-escreva** (*read-modify-write* — **RMW**) porque o processador lê um valor da memória, modifica seu valor em seus registradores e escreve o valor modificado na memória sem interrupção.[28]

Os exemplos anteriores de software de exclusão mútua requeriam que um thread lesse uma variável para determinar que nenhum outro thread estivesse executando uma seção crítica e, então, atualizasse uma variável conhecida como variável de **impedimento** para indicar que o thread estivesse executando uma seção crítica. A dificuldade de garantir acesso mutuamente exclusivo a seções críticas em software era que o thread podia sofrer preempção entre testar a disponibilidade de uma seção crítica e estabelecer um impedimento para evitar que outros threads entrassem em suas seções críticas. A instrução testAndSet elimina a possibilidade de ocorrer preempção durante esse intervalo.

A instrução

testAndSet(a, b)

funciona da seguinte maneira. Primeiro ela lê o valor de b, que pode ser true ou false. Depois, o valor é copiado para a e a instrução coloca o valor de b em true.

A Figura 5.13 mostra como um thread pode empregar testAndSet para impor exclusão mútua. A variável booleana global occupied é true se qualquer dos threads estiver em sua seção crítica. Thread T_1 decide entrar em sua seção crítica baseando-se em sua variável booleana local, p1MustWait. Se p1MustWait for true, T_1 terá de esperar, caso contrário o thread poderá entrar em sua seção crítica. O thread T_1 inicialmente põe a variável p1MustWait em true. Então chama repetidamente testAndSet em p1MustWait e a variável booleana global occupied. Se T_2 não estiver em sua seção crítica, o valor de occupied será false. Nesse caso, testAndSet designa false para a variável p1MustWait e põe occupied em true. O while falha nesse ponto e T_1 entra em sua seção crítica. Como a instrução indivisível de hardware colocou occupied em true, T_2 não conseguirá entrar em sua seção crítica até que t_1 tenha recolocado occupied em false.

Agora suponha que T_2 já esteja em sua seção crítica quando T_1 quiser entrar. Nesse caso, occupied continua true durante repetidos testes while. Portanto, T_1 continua esperando ociosamente até que, eventualmente, T_2 deixe sua seção crítica e

```
1    Sistema:
2
3    boolean occupied = false;
4
5    startThreads( ); // inicialize e lance ambos os threads
6
7    Thread T1:
8
9    void main( )
10   {
11       boolean p1MustWait = true;
12
13       while ( !done )
14       {
15           while ( p1MustWait )
16           {
17               testAndSet( p1MustWait, occupied );
18           }
19
20           // código da seção crítica
21
22           p1MustWait = true;
23           occupied = false;
24
25           // código fora da seção crítica
26
27       } // temine while
28
29   } // termine Thread T1
30
31   Thread T2:
32
```

Figura 5.13 | *Instrução testAndSet para exclusão mútua (parte 1 de 2).*

```
33   void main( )
34   {
35      boolean p2MustWait = true;
36
37      while ( !done )
38      {
39         while ( p2MustWait )
40         {
41            testAndSet( p2MustWait, occupied );
42         }
43
44         // código da seção crítica
45
46         p2MustWait = true;
47         occupied = false;
48
49         // código fora da seção crítica
50
51      } // termine while
52
53   } // termine Thread T2
```

Figura 5.13 | *Instrução testAndSet para exclusão mútua (parte 2 de 2).*

ponha occupied em false. Nesse ponto, testAndSet designa o valor de occupied em p1MustWait, permitindo assim que T_1 entre em sua seção crítica.

Embora testAndSet, do modo como usada aqui, garanta exclusão mútua, a solução pode sofrer adiamento infinito. É possível que um thread saia da sua seção crítica e execute um laço para chamar testAndSet antes de o thread competidor ter uma chance de executar novamente.

Revisão
1. O algoritmo da Figura 5.13 evita adiamento indefinido?
2. (V/F) A instrução testAndSet impõe exclusão mútua.

Respostas: **1)** Não, o algoritmo da Figura 5.13 requer uma variável favoredProcess como discutido na Seção 5.4.1, "Algoritmo de Dekker", para evitar adiamento indefinido. **2)** Falso. A instrução testAndSet é uma ferramenta que programadores usam para simplificar soluções de software para exclusão mútua, mas a instrução em si não impõe exclusão mútua.

5.5.3 Instrução Swap

Para simplificar o código de sincronização e melhorar a eficiência do programa, a maioria das arquiteturas fornece diversas instruções atômicas. Entretanto, cada arquitetura suporta um conjunto diferente dessas operações, significando que a instrução testAndSet pode não estar disponível para a aplicação ou para o programador do sistema. Nesta seção demonstramos como uma outra instrução que realiza uma operação de memória leia-modifique-escreva pode fornecer funcionalidade idêntica à instrução testAndSet.

É comum que programas troquem, ou permutem (*swap*), valores armazenados em duas variáveis diferentes (considere, por exemplo, o algoritmo Quicksort). Embora o conceito seja simples, na maioria das linguagens de programação de alto nível uma troca bem-sucedida de valores entre duas variáveis requer três instruções e a criação de uma variável temporária:

```
temp = a;
a = b;
b = temp;
```

Como essas operações de permuta (*swapping*) são realizadas regularmente, muitas arquiteturas suportam uma instrução **swap** que habilite um thread a trocar os valores de duas variáveis atomicamente.

A instrução

swap (a, b)

ocorre da seguinte maneira: primeiro a instrução carrega o valor de b, que pode ser ou true ou false, em um registrador temporário; depois o valor de a é copiado para b, e o valor do registro temporário é copiado para a.

A Figura 5.14 mostra como um thread pode empregar a instrução swap para impor exclusão mútua. Semelhante à Figura 5.13, a variável booleana global occupied é true se qualquer dos threads estiver em sua seção crítica. O thread T_1 decide entrar em sua seção crítica baseando-se em sua variável booleana local, p1MustWait. Similarmente, o thread T_2 decide entrar em sua seção crítica com base na sua variável p2MustWait. Note que a instrução swap pode ser usada intercambiavelmente com a instrução testAndSet nesse algoritmo. A única diferença entre a Figura 5.13 e a 5.14 é que criamos uma 'via rápida' para a seção crítica na qual o controle da seção pode ser obtido pela execução de uma instrução a menos (ou seja, testando a condição de laço após a instrução swap).

```
1    Sistema:
2
3    booleana occupied = false;
4
5    startThreads( ); // inicialize e lance ambos os threads
6
7    Thread T1:
8
9    void main( )
10   {
11       boolean p1MustWait = true;
12
13       while ( !done )
14       {
15           do
16           {
17               swap( p1MustWait, occupied );
18           } while ( p1MustWait );
19
20           // código da seção crítica
21
22           p1MustWait = true;
23           occupied = false;
24
25           // código fora da seção crítica
26
27       } // termine while
28
29   } // termine Thread T1
30
31   Thread T2:
32
33   void main( )
34   {
35       boolean p2MustWait = true;
36
37       while ( !done )
38       {
39           do
40           {
```

Figura 5.14 | *Instrução swap para exclusão mútua (parte 1 de 2).*

```
41              swap( p2MustWait, occupied );
42          } while ( p2MustWait );
43
44          // código da seção crítica
45
46          p2MustWait = true;
47          occupied = false;
48
49          // código fora da seção crítica
50
51      } // termine while
52
53  } // termine Thread T2
```

Figura 5.14 | *Instrução* swap *para exclusão mútua (parte 2 de 2).*

Revisão

1. Por que poderia ser mais provável uma instrução swap estar em um sistema do que uma instrução testAndSet?

Respostas: 1) Muitos algoritmos requerem algum tipo de permuta (*swapping*), portanto uma instrução de hardware swap é muito útil para algoritmos além das que só fazem exclusão mútua.

5.6 Semáforos

Outro mecanismo que um sistema pode fornecer para implementar exclusão mútua é o **semáforo**, como descrito por Dijkstra em seu profundo trabalho sobre processos seqüenciais cooperativos (veja no site deste livro: "Biografia, Edsger W. Dijkstra").[29] Um semáforo contém uma **variável protegida** cujo valor (um número inteiro), uma vez inicializado, pode ser acessado e alterado por apenas uma de duas operações, *P* e *V*. [*Nota*: *P* e *V* são abreviaturas das palavras holandesas *proberen*, que significa 'testar', e *verhogen*, que significa 'incrementar']. Um thread chama a operação *P* (também denominada operação **esperar [wait]**) quando quiser entrar em sua seção crítica, e chama a operação *V* (também denominada operação **sinalizar [sign]**) quando quiser sair de sua seção crítica. Antes de um semáforo poder ser usado para sincronização, ele deve ser inicializado. A inicialização configura o valor da variável protegida para indicar que nenhum thread está executando em sua seção crítica e também cria uma fila que armazena referências a threads, que estão esperando para entrar em suas seções críticas protegidas por aquele semáforo. Note que *P* e *V* são apenas abstrações que encapsulam e ocultam detalhes de implementações de exclusão mútua. Essas operações podem ser aplicadas a um sistema com qualquer número de threads cooperativos.

5.6.1 Exclusão mútua com semáforos

A Figura 5.15 demonstra como a exclusão mútua é imposta usando um semáforo. O sistema inicializa o semáforo occupied em 1; esses semáforos são denominados **semáforos binários**. Aquele valor indica que uma seção crítica está disponível.

O programa da Figura 5.15 usa as operações *P* e *V* como as primitivas enterMutualExclusion() e exitMutualExclusion() da Seção 5.2.3, "Primitivas de exclusão mútua". Quando um thread quiser entrar em uma seção crítica protegida por um semáforo *S*, ele chamará *P(S)*, que operará da seguinte maneira:

```
Se S > 0
    S = S - 1
Senão
    O thread que está chamando é colocado na fila de threads à espera no semáforo
```

Como a Figura 5.15 inicializa o valor do semáforo em 1, somente um thread receberá permissão para entrar na seção por vez. Quando esse thread chamar *P*, o valor do semáforo será reduzido para 0. Quando um outro thread chamar *P*, aquele thread será bloqueado.

Após um thread terminar de executar sua seção crítica, ele chama *V(S)*. Essa operação ocorre da seguinte maneira:

```
1   Sistema:
2
3       // crie semáforo e inicialize valor em 1
4       Semaphore occupied = new Semaphore(1);
5
6       startThreads( ); // inicialize e lance ambos os threads
7
8   Thread T_x:
9
10      void main( )
11      {
12          while ( !done )
13          {
14              P( occupied ); // espere
15
16              // código da seção crítica
17
18              V( occupied ); // sinalize
19
20              // código fora da seção crítica
21          } // termine while
22      } // Thread TX
```

Figura 5.15 | *Exclusão mútua com semáforos.*

```
Se houver threads esperando em S
    Retome o 'próximo' thread à espera na fila do semáforo
Senão
    S = S + 1
```

Assim, se houver threads à espera no semáforo, o 'próximo' thread, que depende da implementação do semáforo, executará. Senão, o valor de S será incrementado, permitindo que mais um thread entre em sua seção crítica.

Uma implementação adequada de semáforo requer que P e V sejam operações indivisíveis. E também, se vários semáforos tentarem uma $P(S)$ simultaneamente, a implementação deverá garantir que somente um thread tenha permissão para prosseguir. Os outros threads ficarão esperando, mas a implementação de P e V pode garantir que não sofrerão adiamento indefinido. Por exemplo, quando um thread fica bloqueado em um semáforo, o sistema pode pôr aquele thread em uma fila associada com o semáforo. Quando um outro thread chamar P, o sistema poderá selecionar um dos threads da fila para ser liberado. Admitiremos uma disciplina de enfileiramento do tipo 'primeiro a entrar, primeiro a sair' para threads bloqueados em um semáforo (para evitar adiamento indefinido).

Revisão

1. O que poderia potencialmente acontecer se um thread chamasse a operação V sem ter chamado a P?

2. O que poderia potencialmente acontecer se threads bloqueados em um semáforo não saíssem da fila na ordem 'primeiro a entrar, primeiro a sair'?

Respostas: **1)** Uma das possibilidades é o semáforo estar inicialmente em 1 e não haver nenhum thread à espera. A operação V incrementa o valor do semáforo para 2. Agora, dois threads usando P poderiam entrar em suas seções críticas. **2)** Um thread poderia sofrer adiamento indefinido.

5.6.2 Sincronização de threads com semáforos

Na seção anterior vimos como um programa pode usar um semáforo para proteger o acesso a uma seção crítica. Semáforos também podem ser usados para sincronizar dois ou mais threads concorrentes. Por exemplo, suponha que um thread T_1 queira ser notificado da ocorrência de um evento particular. Suponha que algum outro thread, T_2, seja capaz de detectar que esse evento ocorreu. Para sincronizar esses dois threads, T_1 executa algumas instruções preliminares e, então, chama

P em um semáforo que foi inicializado em 0, fazendo T_1 ficar bloqueado. Eventualmente T_2 executa V para sinalizar que o evento ocorreu, o que permite que T_1 prossiga (com o semáforo ainda em zero).

Esse mecanismo acontece mesmo que T_2 detecte o evento e o sinalize com V antes de T_1 esperar pelo evento chamando P. O semáforo terá sido incrementado de 0 para 1, portanto, quando T_1 chamar P, a operação simplesmente decrementará o semáforo de 1 para 0, e T_1 prosseguirá sem esperar pelo evento.

Um exemplo de sincronização de threads é o relacionamento produtor/consumidor apresentado na Seção 5.2.1, "Estudo de caso de Java multithread, Parte II". A Figura 5.16 mostra como implementar esse relacionamento com semáforos. Ambos os threads compartilham uma variável denominada sharedValue. O produtor gera valores e os designa a essa variável, e o consumidor recupera e processa os valores que o produtor coloca nessa variável. Cada thread pode ter de esperar que um evento ocorra antes de poder cumprir sua tarefa. O consumidor pode ter de esperar que um valor seja produzido (indicado pelo produtor que sinaliza o semáforo valueProduced); o produtor deve esperar que um valor produzido anteriormente seja consumido (indicado pelo consumidor que sinaliza o semáforo valueConsumed).

A implementação de cada thread é direta. O produtor gera um novo valor (linha 17) e espera no semáforo valueConsumed (linha 18). O valor do semáforo inicialmente é 1 (linha 4), portanto o produtor designa o valor recém-criado nextValueProduced à variável compartilhada sharedValue (linha 19). Então o produtor sinaliza o semáforo valueProduced (linha 20). O consumidor espera nesse semáforo (linha 34) e, quando o produtor sinalizar valueProduced (linha 20), o consumidor designa a variável compartilhada sharedValue a uma variável local nextValueConsumed (linha 35). O consumidor então sinaliza o semáforo valueConsumed (linha 36), que permite que o produtor crie um valor e assim por diante. Os semáforos asseguram acesso mutuamente exclusivo à variável compartilhada sharedValue e garantem que os threads se alternem para que o consumidor sempre leia o valor que o produtor acabou de criar.

```
1    Sistema:
2    // semáforos que sincronizam acesso a sharedValue
3    Semaphore valueProduced = new Semaphore(0);
4    Semaphore valueConsumed = new Semaphore(1);
5    int sharedValue; // variável compartilhada por produtor e consumidor
6
7    startThreads( ); // inicialize e lance ambos os threads
8
9    Thread Produtor:
10
11   void main( )
12   {
13       int nextValueProduced; // variável para armazenar o valor produzido
14
15       while ( !done )
16       {
17           nextValueProduced = generateTheValue( ); // produza valor
18           P( valueConsumed ); // espere até o valor ser consumido
19           sharedValue = nextValueProduced; // seção crítica
20           V( valueProduced ); // sinalize que o valor foi produzido
21
22       } // termine while
23
24   } // temine thread produtor
25
26   Thread Consumidor:
27
28   void main( )
29   {
30       int nextValue; // variável para armazenar o valor consumido
31
32       while ( !done )
33       {
```

Figura 5.16 | Relacionamento produtor/consumidor implementado com semáforos (parte 1 de 2).

```
34          P( valueProduced ); // espere até o valor ser produzido
35          nextValueConsumed = sharedValue; // seção crítica
36          V( valueConsumed ); // sinalize que o valor foi consumido
37          processTheValue( nextValueConsumed ); // processe o valor
38
39      } // termine while
40
41  } // termine thread consumidor
```

Figura 5.16 | *Relacionamento produtor/consumidor implementado com semáforos (parte 2 de 2).*

Revisão

1. (V/F) Um thread pode estar em apenas uma fila de espera de um semáforo por vez.
2. O que acontece se o semáforo valueProduced for inicializado em um valor 1 em vez de um valor 0?

Respostas: 1) Verdadeiro. Um thread é bloqueado quando colocado na fila de threads à espera em um semáforo, o que significa que ele não pode executar código que estiver esperando em qualquer outro semáforo. 2) O consumidor poderia potencialmente consumir um valor antes que o produtor o produzisse.

5.6.3 Semáforos contadores

Um **semáforo contador** (também denominado **semáforo geral**) é aquele que é inicializado em um valor inteiro maior do que zero e comumente maior do que um. Um semáforo contador é particularmente útil quando o recurso a ser alocado pertence a um conjunto de recursos idênticos. O semáforo é inicializado para o número de recursos existente no conjunto. Cada operação P decrementa o semáforo de 1, indicando que um outro recurso foi removido do conjunto e está em uso por um thread. Cada operação V incrementa o semáforo de 1, indicando que um thread devolveu um recurso ao conjunto e que este recurso pode ser realocado a outro thread. Se um thread tentar uma operação P quando o semáforo for decrementado para zero, ele deverá esperar até que o recurso seja devolvido ao conjunto por uma operação V.

Revisão

1. Descreva como implementar um semáforo binário com um semáforo contador.
2. (V/F) A operação V de um semáforo contador sempre adiciona 1 à contagem.

Respostas: 1) É só inicializar o semáforo contador para um valor de um. 2) Falso. Se um ou mais threads estiverem esperando, V deixa um dos threads prosseguir e não incrementa a contagem.

5.6.4 Implementação de semáforos

Semáforos podem ser implementados em aplicações de usuário e no núcleo. Dado o algoritmo de Dekker ou a disponibilidade da instrução de máquina testAndSet ou swap, implementar P e V com espera ociosa é uma operação direta. Porém, espera ociosa desperdiça ciclos de processador que poderiam ser mais bem usados em um sistema de multiprogramação. No Capítulo 3, "Conceito de processos", estudamos o mecanismo de alternância de estado de thread implementado no núcleo. Notamos que um thread que requisitar uma operação E/S bloqueia-se voluntariamente e torna-se dependente da conclusão de E/S. O thread bloqueado não espera ociosamente — fica adormecido até que o sistema o acorde e o transfira para a lista de prontos.

Para evitar espera ociosa, podem-se implementar operações de semáforo no núcleo por meio de bloqueio de threads à espera.[30] Um semáforo é implementado como uma variável protegida e uma fila na qual threads podem esperar por operações V. Quando um thread tenta uma operação P em um semáforo cujo valor é zero, o thread entrega o processador e bloqueia-se para esperar uma operação V no semáforo. O sistema coloca o thread na fila de threads que esperam naquele semáforo. (Supomos uma disciplina de enfileiramento 'primeiro a entrar, primeiro a sair'. Outras disciplinas têm sido investigadas.)[31] Então o sistema designa novamente o processador ao próximo thread pronto. O thread que está à espera na fila do semáforo eventualmente passa para o início da fila. Uma operação V subseqüente remove o thread da fila do semáforo e o coloca na lista de prontos.[32]

É claro que threads que tentam operações P e V simultâneas em um semáforo precisam ter acesso exclusivo ao semáforo garantido pelo núcleo. No caso de sistemas uniprocessadores, pelo fato de P e V serem tão curtos, sua indivisibilidade pode ser assegurada simplesmente desabilitando interrupções enquanto as operações P e V estiverem em execução. Isso impede que o processador seja usurpado até a operação ser concluída (ponto em que as interrupções são novamente habilitadas), mas deve ser feito com cuidado, ou pode levar a mau desempenho ou até a deadlock (veja no site deste livro: "Curiosidades, Requisitos ambíguos").

No núcleo de um sistema multiprocessador, um dos processadores pode receber a incumbência de controlar a lista de prontos e determinar quais processadores executam quais threads.[33]

Uma outra abordagem da implementação de um núcleo para um sistema multiprocessador é controlar o acesso (via espera ociosa) a uma lista compartilhada de prontos.[34] Um núcleo de sistema operacional distribuído pode designar um processador para controlar a lista de prontos, mas, em geral, cada processador gerencia sua própria lista de prontos e, essencialmente, tem seu próprio núcleo.[35, 36, 37, 38] Quando um thread migra entre vários processadores de um sistema distribuído, o controle daquele thread é passado de um núcleo para outro.

Revisão

1. Cite um grande benefício da implementação de semáforos no núcleo.
2. Imagine que um semáforo permita que o thread de prioridade mais alta prossiga quando V for chamada. Qual o problema potencial que isso pode causar?

Respostas:

1) Semáforos podem evitar espera ociosa. O núcleo pode suspender um thread que tentar uma operação P quando o valor corrente do semáforo for 0 e levá-lo de volta à fila de *prontos* quando uma operação V for chamada, o que pode melhorar o desempenho. 2) Threads em uma fila de espera de semáforo podem ser indefinidamente adiados por threads de prioridade mais alta.

Resumo

Quando existir mais de um thread em um sistema ao mesmo tempo, diz-se que os threads são concorrentes. Dois threads concorrentes podem executar independentemente um do outro ou podem executar cooperativamente. Diz-se que processos que operam independentemente um do outro, contudo, de quando em quando, devem se comunicar e se sincronizar para executar tarefas cooperativas executam assincronamente.

Quando um thread lê dados que um outro thread está escrevendo ou quando um thread escreve dados que um outro thread também está escrevendo, podem ocorrer resultados indeterminados. Podemos resolver esse problema concedendo a cada thread acesso exclusivo à variável compartilhada. Enquanto um thread incrementa a variável compartilhada, todos os outros threads que desejam fazer o mesmo terão de esperar. Essa operação é denominada exclusão mútua. Quando o thread que está em execução terminar de acessar a variável compartilhada, o sistema permitirá que um dos processos à espera prossiga. Essa operação é denominada serialização do acesso à variável compartilhada. Dessa maneira, threads não poderão acessar dados compartilhados simultaneamente.

Em um relacionamento produtor/consumidor, o thread produtor gera dados e os armazena em um objeto compartilhado, e o thread consumidor lê dados de um objeto compartilhado. Demonstramos neste capítulo como podem surgir erros de lógica com acesso não sincronizado de múltiplos threads a dados compartilhados — dados podem ser perdidos se o produtor colocar novos dados no buffer compartilhado antes que o consumidor consuma os dados anteriores; e dados podem ser incorretamente duplicados se o consumidor consumir dados novamente antes que o produtor produza o próximo valor. Se essa lógica fizesse parte de uma aplicação de controle de tráfego aéreo, vidas humanas poderiam estar em risco.

Exclusão mútua precisa ser imposta somente quando threads acessam dados modificáveis compartilhados — quando estão executando operações que não conflitam umas com as outras (lendo dados), o sistema deve permitir que os threads executem concorrentemente. Quando um thread acessa dados modificáveis compartilhados, diz-se que está em uma seção crítica (ou região crítica). Para evitar os tipos de erros que encontramos anteriormente, o sistema deve garantir que somente um thread por vez possa executar instruções na sua seção crítica. Se um thread qualquer tentar entrar em sua seção crítica enquanto outro estiver executando sua própria seção crítica, o primeiro deverá esperar até que o thread que está em execução saia de sua seção crítica. Assim que um thread sair da sua seção crítica, o thread que esteja esperando (ou um dos threads à espera, se houver vários) poderá entrar e executar sua seção crítica. Se um thread que estiver dentro de uma seção crítica terminar, voluntária ou involuntariamente, o sistema operacional, ao realizar sua limpeza final, deverá liberar a exclusão mútua para que outros threads possam entrar em suas seções críticas.

Discutimos as primitivas enterMutualExclusion() e exitMutualExclusion() que invocam as operações mais fundamentais inerentes à exclusão mútua. Essas primitivas exibem as seguintes propriedades: cada instrução em linguagem de máquina é executada indivisivelmente; não se faz nenhuma suposição sobre as velocidades relativas de threads assíncronos concorrentes; um thread que estiver executando instruções fora da sua seção crítica não poderá evitar que quaisquer outros threads entrem em suas seções críticas; e um thread não deve ser impedido indefinidamente de entrar em sua seção crítica.

Uma elegante implementação de software de exclusão mútua foi apresentada pela primeira vez por Dekker. Acompanhamos o desenvolvimento de Dijkstra para o Algoritmo de Dekker que fornece exclusão mútua para dois threads e, ao mesmo tempo, aborda os problemas da espera ociosa, sincronização intertravada; deadlock e adiamento indefinido. Em seguida, discutimos algoritmos mais simples e mais eficientes desenvolvidos por G. L. Peterson e L. Lamport. O Algoritmo da Padaria de Lamport, projetado para sistemas distribuídos, demonstra um algoritmo de software de exclusão mútua para n threads, que é válido para sistemas multiprocessadores e não requer que sua operação seja realizada atomicamente.

Vários mecanismos de hardware foram desenvolvidos para ajudar a exclusão mútua. Um modo simples de impor exclusão mútua usando hardware é desabilitar (ou mascarar) interrupções. Essa solução é benéfica por sua simplicidade; contudo, desabilitar interrupções pode ser desastroso se um thread se comportar mal em uma seção crítica. Além disso, desabilitar interrupções não é uma solução viável para exclusão mútua em um sistema multiprocessador. Foram desenvolvidas outras técnicas de hardware, entre elas a utilização de instruções especiais de hardware. As instruções test-and-set e swap habilitam um thread a executar operações atômicas de memória do tipo ler-modificar-escrever (*Read-Modify-Write* – RMW). Essas instruções eliminam a possibilidade de preempção entre a instrução que determina se um thread pode entrar em sua seção crítica e a instrução que configura uma variável para indicar que nenhum thread pode entrar na seção crítica.

Um outro mecanismo de exclusão mútua são os semáforos, como descrito por Dijkstra. Um semáforo contém uma variável protegida cujo valor (um número inteiro), uma vez inicializado, pode ser acessado e alterado somente chamando uma de duas operações, P e V. Um thread chama a operação *P* (também denominada operação esperar [*wait*]) quando quiser entrar em sua seção crítica; um thread chama a operação *V* (também denominada operação sinalizar [*sign*]) quando quiser sair de sua seção crítica. Antes de um semáforo poder ser usado para sincronização, ele deve ser inicializado. A inicialização configura o valor da variável protegida para indicar que nenhum thread está executando em sua seção crítica. Um semáforo contador (também denominado semáforo geral) pode ser inicializado em um valor inteiro maior do que um. Semáforos contadores são particularmente úteis quando os recursos devem ser alocados por meio de um conjunto de recursos idênticos. Semáforos podem ser implementados em aplicações de usuário e no núcleo. Dado o Algoritmo de Dekker ou a disponibilidade de uma instrução de máquina testAndSet ou swap, implementar *P* e *V* com espera ociosa é uma operação direta. Contudo, espera ociosa desperdiça ciclos de processador que poderiam ser mais bem usados em um sistema de multiprogramação. Operações de semáforo também podem ser implementadas no núcleo para evitar espera ociosa bloqueando threads em espera.

Exercícios

5.1 Cite diversas razões por que o estudo da concorrência é apropriado e importante para estudantes de sistemas operacionais.

5.2 Explique por que a seguinte afirmativa é falsa: quando diversos threads acessam informações compartilhadas na memória principal, a exclusão mútua deve ser imposta para evitar a produção de resultados indeterminados.

5.3 O algoritmo de Dekker, as instruções testAndSet e swap e as operações de semáforo *P* e *V* podem ser usados para impor exclusão mútua. Quais as diferenças e semelhanças entre esses diversos esquemas? Considere suas respectivas vantagens e desvantagens.

5.4 Quando dois threads tentam simultaneamente implementar enterMutualExclusion(), admitimos que o 'vencedor' é selecionado aleatoriamente. Discuta as ramificações dessa premissa. Apresente um método melhor. Discuta como tal método poderia ser implementado em um sistema multiprocessador no qual diversos threads pudessem de fato tentar enterMutualExclusion() exatamente no mesmo instante.

5.5 Comente a utilização de primitivas de exclusão mútua na Figura 5.17.

5.6 Qual o real significado do Algoritmo de Dekker?

5.7 No Algoritmo de Dekker (Figura 5.10) é possível que T_2 saia de sua seção crítica, execute seu código de saída de exclusão mútua, execute seu código de entrada de exclusão mútua e entre novamente em sua seção crítica antes de T_1 ter a chance que está esperando para entrar em sua própria seção crítica. T_2 poderia reentrar em sua própria seção crítica muitas vezes antes de T_1 ter uma chance? Se puder, explique exatamente como isso poderia acontecer e indique se essa situação é um exemplo de adiamento indefinido. Se não puder acontecer, explique exatamente como deve ser evitado.

5.8 Explique como o exemplo de programa concorrente que impõe exclusão mútua com testAndSet (Figura 5.13) poderia levar a adiamento indefinido. Indique por que, ainda assim, essa possibilidade seria muito improvável. Sob quais circunstâncias seria aceitável usar a técnica de exclusão mútua? Sob quais circunstâncias seria totalmente inaceitável?

5.9 Faça uma análise exaustiva do Algoritmo de Dekker. Ele tem alguma fraqueza? Se não tiver, explique por quê.

5.10 A solução para a exclusão mútua de *n* threads apresentada por Eisenberg e McGuire[39] garante que qualquer projeto isolado

```
1    // execute instruções fora de uma seção crítica
2
3    enterMutualExclusion();
4
5       // execute instruções dentro de uma seção crítica
6
7       enterMutualExclusion();
8
9          // execute instruções dentro de uma seção crítica aninhada
10
11      exitMutualExclusion();
12
13      // execute instruções dentro de uma seção crítica
14
15   exitMutualExclusion();
16
17   // execute instruções fora de uma seção crítica
```

Figura 5.17 | *Código para o Exercício 5.5.*

entrará em sua seção em $n-1$ tentativas no pior caso. Poderíamos esperar um desempenho melhor com n processos?

5.11 Primitivas de exclusão mútua podem ser implementadas com espera ociosa ou com bloqueio. Discuta a aplicabilidade e os méritos relativos de cada abordagem.

5.12 Explique detalhadamente como semáforos binários e operações de semáforo binário podem ser implementados no núcleo de um sistema operacional.

5.13 Explique como a habilitação e a desabilitação de interrupções são úteis na implementação de primitivas de exclusão mútua em sistemas uniprocessadores.

5.14 Mostre como implementar operações de semáforo com **testAndSet**.

5.15 Alguns computadores têm uma instrução **swap** que, como a **testAndSet**, simplifica a implementação de primitivas de exclusão mútua. A instrução **swap** apenas troca os valores de duas booleanas e, por isso, requer uma área de retenção temporária; a instrução **swap** é executada indivisivelmente.

  a. Expresse **swap** como um cabeçalho de procedimento em uma linguagem de alto nível.

  b. Mostre como o seu procedimento **swap** (assumindo que seja executado indivisivelmente) pode ser usado para implementar as primitivas **enterMutualExclusion()** e **exitMutualExclusion()**.

5.16 Como mencionado no capítulo, seções críticas que se referem a conjuntos de variáveis compartilhadas que não se interceptam, na verdade, podem ser executadas simultaneamente. Suponha que as primitivas de exclusão mútua sejam modificadas para incluir uma lista de parâmetros das variáveis compartilhadas particulares que serão referidas na seção crítica.

  a. Comente a utilização dessas novas primitivas de exclusão mútua da Figura 5.18.

```
1    // execute instruções fora de uma seção crítica
2
3    enterMutualExclusion(a);
4
5       // execute instruções em uma seção crítica
6
7       enterMutualExclusion(b);
8
9          // execute instruções em uma seção crítica aninhada
10
11      exitMutualExclusion(b);
12
13      // execute instruções em uma seção crítica
14
15   exitMutualExclusion(a);
16
17   // execute instruções fora de uma seção crítica
```

Figura 5.18 | *Novas primitivas de exclusão mútua para o Exercício 5.16(a).*

b. Suponha que os dois threads da Figura 5.19 operem concorrentemente. Quais os possíveis resultados?

5.17 No Algoritmo de Dekker, o que aconteceria (se é que algo aconteceria) se as duas instruções de atribuição do código de saída da exclusão mútua fossem invertidas?

5.18 Mostre que o Algoritmo de Peterson (Figura 5.11) é justamente limitado (*bounded fair*[40]), ou seja, um thread não pode ser atrasado indefinidamente em qualquer condição de atraso que ocorra com repetição indefinida. Em particular, mostre que qualquer thread que esteja à espera para entrar em sua seção crítica será atrasado por não mais do que o tempo que o outro thread demora para entrar e sair de sua própria seção crítica uma vez.

5.19 Apresente uma análise detalhada do Algoritmo de Peterson para demonstrar que funciona adequadamente. Em particular, mostre que não pode ocorrer deadlock, que não pode ocorrer adiamento indefinido, e que a exclusão mútua é imposta com sucesso.

5.20 Mostre que, se um sistema que implemente o Algoritmo da padaria de Lamport não fizer a limpeza final, poderá sofrer adiamento indefinido.

5.21 Tendo como base o que você sabe sobre núcleo e tratamento de interrupções, descreva como operações de semáforo podem ser implementadas em um sistema uniprocessador.

5.22 No capítulo demos a entender que a espera ociosa pode ser desperdiçadora. Ela é sempre assim? Quais as alternativas existentes? Discuta os prós e os contras da espera ociosa.

5.23 Se muitos threads tentarem uma operação *P*, qual deles deve obter permissão para prosseguir? Quais as principais questões nesse caso? Quais critérios você poderia utilizar para decidir qual thread deve prosseguir em um sistema uniprocessador? Quais critérios você poderia utilizar em um sistema multiprocessador?

5.24 Um sistema suporta apenas semáforos binários. Mostre que semáforos contadores podem ser simulados nesse sistema usando semáforos binários.

5.25 Um requisito da implementação de uma *P* e *V* é que cada uma dessas operações deve ser executada indivisivelmente; ou seja, uma vez iniciada, cada operação executa até a conclusão, sem interrupção. Dê um exemplo de uma situação simples em que, se essas operações não fossem executadas indivisivelmente, a exclusão mútua poderia não ser imposta adequadamente.

5.26 Suponha que a única primitiva de exclusão mútua fornecida por threads de usuário seja um comando que desabilite interrupções para as próximas 32 instruções e reabilite interrupções. Explique os benefícios e desvantagens dessa abordagem.

5.27 Como threads cooperativos implementam primitivas de exclusão mútua no sistema mencionado no exercício anterior?

5.28 O código da Figura 5.20 fornece exclusão mútua? Do contrário, mostre uma intercalação na qual a exclusão mútua não é preservada.

5.29 Cite uma outra restrição da exclusão mútua violada pelo algoritmo descrito na Figura 5.20.

Projetos sugeridos

5.30 Elabore um trabalho de pesquisa sobre o algoritmo de 'exclusão mútua rápida' de Lamport. Como funciona? Onde é usado?

5.31 Pesquise exclusão mútua em sistemas distribuídos. Que pesquisas estão em curso nesse campo?

5.32 Pesquise exclusão mútua em sistemas multiprocessadores. Por que poderia ser mais fácil do que a exclusão mútua em sistemas distribuídos?

5.33 Muitos algoritmos de exclusão mútua são verificados utilizando-se programas de computador. Pesquise como esses programas conseguem verificar se um determinado algoritmo está correto.

5.34 Dijkstra provavelmente é mais famoso pelo seu algoritmo do caminho mais curto. Contudo, ele também contribuiu muito em outros campos da ciência da computação. Por exemplo, ficamos sabemos no capítulo que ele inventou os semáforos. Prepare uma biografia de E. W. Dijkstra e suas importantes contribuições ao campo da ciência da computação. Consulte por exemplo, www.cs.utexas.edu/users/EWD.

5.35 Pesquise as primitivas de concorrência Ada. Como a exclusão mútua é garantida nesta linguagem?

Simulações sugeridas

5.36 Implemente semáforos em Java. Depois use-os para fornecer sincronização entre dois threads em um programa produtor/consumidor.

Thread T_1

```
1    enterMutualExclusion(a);
2
3    enterMutualExclusion(b);
4
5    exitMutualExclusion(b);
6
7    exitMutualExclusion(a);
```

Thread T_2

```
1    enterMutualExclusion(b);
2
3    enterMutualExclusion(a);
4
5    exitMutualExclusion(a);
6
7    exitMutualExclusion(b);
```

Figura 5.19 | *Código para o Exercício 5.16(b).*

```
1    Sistema:
2
3    int turn = 1;
4    boolean t1WantsToEnter = false;
5    boolean t2WantsToEnter = false;
6
7    startThreads( ); // inicialize e lance ambos os threads
8
9    Thread T₁:
10
11   void main( )
12   {
13      while ( !done )
14      {
15         t1WantsToEnter = true;
16
17         while ( turn != 1 )
18         {
19            while ( t2WantsToEnter );
20
21            turn = 1;
22         } // termine while
23
24         // código da seção crítica
25
26         t1WantsToEnter = false;
27
28         // código fora da seção crítica
29      } // termine o while mais externo
30   } // termine Thread T1
31
32   Thread T₂:
33
34   void main( )
35   {
36      while ( !done )
37      {
38         t2WantsToEnter = true;
39
40         while ( turn != 2 )
41         {
42            while ( t1WantsToEnter );
43
44            turn = 2;
45         } // termine while
46
47         // código da seção crítica
48
49         t2WantsToEnter = false;
50
51         // código fora da seção crítica
52      } // termine o while mais externo
53   } // termine Thread T2
```

Figura 5.20 | *Algoritmo para o Exercício 5.28.*

Notas

1. J. W. Atwood, "Concurrency in operating systems", *Computer*, v. 9, nº 10, out. 1976, p. 18-26.
2. R. H. Thomas, "A majority consensus approach to concurrency control", *ACM Transactions on Database Systems*, v. 4, 1979, p. 180-209.
3. P. Wegner e S. A. Smolka, "Processes, tasks and monitors: a comparative study of concurrent programming primitives", *IEEE Transactions on Software Engineering*, v. SE-9, nº 4, 1983, p. 446-462.
4. K. M. Chandy e J. Misra, "Asynchronous distributed simulation via a sequence of parallel computations", *Communications of the ACM*, v. 24, nº 4, abr. 1981.
5. R. D. Schlichting e F. B. Schneider, "Understanding and using asynchronous message passing primitives", *Proceedings of the Symposium on Principles of Distributed Computing*, 18-20 ago. 1982, Ottawa, Canadá, ACM, Nova York, p. 141-147.
6. A. J. Bernstein, "Program analysis for parallel processing", *IEEE Transactions on Computers*, v. 15, nº 5, out. 1966, p. 757-762.
7. P. J. Courtois, F. Heymans e D. L. Parnas, "Concurrent control with readers and writers", *Communications of the ACM*, v. 14, nº 10, out. 1971, p. 667-668.
8. L. Lamport, "Concurrent reading and writing", *Communications of the ACM*, v. 20, nº 11, nov. 1977, p. 806-811.
9. G. Ricart e A. K. Agrawala, "An optimal algorithm for mutual exclusion in computer networks", *Communications of the ACM*, v. 24, nº 1, jan. 1981, p. 9-17.
10. D. W. Jones, "An empirical comparison of priority queue and event set implementations", *Communications of the ACM*, v. 29, nº 4, abr. 1986, p. 300-311.
11. M. Raynal, *Algorithms for mutual exclusion*. Cambridge, MA: MIT Press, 1986.
12. E. W. Dijkstra, "Cooperating sequential processes", Technological University, Eindhoven, Holanda, 1965. Reproduzido em F. Genuys (org.), *Programming languages*. Nova York: Academic Press, 1968, p. 43-112.
13. E. W. Dijkstra, "Cooperating sequential processes", Technological University, Eindhoven, Holanda, 1965. Reproduzido em F. Genuys (org.), *Programming languages*. Nova York: Academic Press, 1968, p. 43-112.
14. G. L. Peterson, "Myths about the mutual exclusion problem", *Information Processing Letters*, v. 12, nº 3, jun. 1981, p. 115-116.
15. L. Lamport, "A new solution of Dijkstra's concurrent programming problem", *Communications of the ACM*, v. 17, nº 8, ago. 1974, p. 453-455.
16. E. W. Dijkstra, "Cooperating sequential processes", Technological University, Eindhoven, Holanda, 1965. Reproduzido em F. Genuys (org.), *Programming languages*. Nova York: Academic Press, 1968, p. 43-112.
17. G. L. Peterson, "Myths about the mutual exclusion problem", *Information Processing Letters*, v. 12, nº 3, jun. 1981, p. 115-116.
18. E. W. Dijkstra, "Solution of a problem in concurrent programming control", *Communications of the ACM*, v. 8, nº 5, set. 1965, p. 569.
19. D. Knuth, "Additional comments on a problem in concurrent programming control", *Communications of the ACM*, v. 9, nº 5, maio 1966, p. 321-322.
20. M. A. Eisenberg e M. R. McGuire, "Further comments on Dijkstra's concurrent programming control problem", *Communications of the ACM*, v. 15, nº 11, nov. 1972, p. 999.
21. L. Lamport, "A new solution to Dijkstra's concurrent programming problem", *Communications of the ACM*, v. 17, nº 8, ago. 1974, p. 453-455.
22. J. E. Burns, P. Jackson, N. A. Lynch, M. J. Fischer e G. L. Peterson, "Data requirements for implementation of n-process mutual exclusion using a single shared variable", *Journal of the ACM*, vol. 29, nº 1, jan. 1982, p. 183-205.
23. O. S. F. Carvalho e G. Roucairol, "On mutual exclusion in computer networks", *Communications of the ACM*, v. 26, nº 2, fev. 1983, p. 146-147.
24. Leslie Lamport, "A fast mutual exclusion algorithm", *ACM Transactions on Computer Systems (TOCS)*, v. 5, nº 1, fev. 1987, p.1-11.
25. James H. Anderson e Yong-Jik Kim, "An improved lower bound for the time complexity of mutual exclusion", *Proceedings of the Twentieth Annual ACM Symposium on Principles of Distributed Computing*, ago. 2001, Newport, p. 90-99.
26. Philip Gilbert e W. J. Chandler, "Interference between communicating parallel processes", *Communications of the ACM*, v. 15, nº 6, jun. 1972, p. 436.
27. Leon Presser, "Multiprogramming coordination", *ACM Computing Surveys (CSUR)*, v. 7, nº 1, jan. 1975, p. 38.
28. Clyde P. Kruskal, Larry Rudolph e Marc Snir, "Efficient synchronization of multiprocessors with shared memory", *ACM Transactions on Programming Languages and Systems (TOPLAS)*, out. 1988, p. 580.
29. E. W. Dijkstra, "Cooperating sequential processes", Technological University, Eindhoven, Holanda, 1965. Reproduzido em F. Genuys (org.), *Programming languages*. Nova York: Academic Press, 1968, p. 43-112.
30. P. Brinch Hansen, "The nucleus of a multiprogramming system", *Communications of the ACM*, v. 13, nº 4, abr. 1970, p. 238-241, 250.
31. Eugene Stark, "Semaphore primitives and starvation-free mutual exclusion", *Journal of the Association for Computing Machinery*, v. 29, nº 4, out. 1982, p. 1049-1072.
32. P. J. Denning, T. D. Dennis e J. A. Brumfield, "Low contention semaphores and ready lists", *Communications of the ACM*, v. 24, nº 10, out. 1981, p. 687-699.
33. P. Brinch Hansen, "Edison: a multiprocessor language", *Software Practice and Experience*, v. 11, nº 4, abr. 1981, p. 325-361.
34. Linux kernel source code, version 2.5.75, miller.cs.wm.edu/lxr3.linux/http/source/ipc/sem.c?v=2.5.75.
35. P. Brinch Hansen, "Distributed processes — a concurrent programming concept", *Communications of the ACM*, v. 21, nº 11, nov. 1978, p. 934-941.
36. L. Lamport, "Time, clocks, and the ordering of events in a distributed system", *Communications of the ACM*, v. 21, nº 7, jul. 1978, p. 558-565.
37. L. Lamport, "The implementation of reliable distributed multiprocess systems", *Computer Networks*, v. 2, nº 2, abr. 1978, p. 95-114.

38. G. Ricart e A. K. Agrawala, "An optimal algorithm for mutual exclusion in computer networks", *Communications of the ACM*, v. 24, nº 1, jan. 1981, p. 9-17.
39. M. A. Eisenberg e M. R. McGuire, "Further comments on Dijkstra's concurrent programming control problem", *Communications of the ACM*, v. 15, nº 11, nov. 1972, p. 999.
40. G. R. Andrews e F. B. Schneider, "Concepts and notations for concurrent programming", *ACM Computing Surveys*, v. 15, nº 1, mar. 1983, p. 3-44.

Capítulo 6

Programação concorrente

Pensamentos elevados devem ter linguagem de alto nível.
Aristófanes

Enquanto os escritores tornem-se mais numerosos é natural que os leitores fiquem mais indolentes.
Oliver Goldsmith

Quando o último leitor não mais ler.
Oliver Wendell Holmes

O primeiro preceito foi nunca aceitar uma coisa como verdadeira até que eu soubesse que fosse verdadeira sem qualquer dúvida.
René Descartes

Isso mostra quão mais fácil é ser crítico do que estar correto.
Benjamin Disraeli

Objetivos

Este capítulo apresenta:
- *Como monitores sincronizam o acesso a dados.*
- *Como variáveis condicionais são usadas com monitores.*
- *Soluções para problemas clássicos da programação concorrente, tais como leitores e escritores, e buffer circular.*
- *Monitores Java.*
- *Chamada remota de procedimento.*

6.1 Introdução

No último capítulo apresentamos o Algoritmo de Dekker e o Algoritmo de Peterson para a implementação de primitivas de exclusão mútua, e estudamos os semáforos de Dijkstra. Esses mecanismos têm diversas fragilidades. São tão primitivos, que é difícil usá-los para expressar soluções para questões de concorrência mais complexas, e sua presença em programas concorrentes aumenta o já difícil problema de provar a correção do programa. A má utilização acidental ou mal-intencionada desses algoritmos poderia resultar em erros imperceptíveis que poderiam corromper a operação de um sistema concorrente.

A abordagem do semáforo, em particular, tem muitas falhas.[1] Se uma operação P for omitida, a exclusão mútua não será garantida. Se uma operação V for omitida, os threads que estão à espera por causa das operações P poderão sofrer deadlock. Uma vez iniciada a operação P, o thread não pode desistir e adotar um curso alternativo de ação enquanto o semáforo permanecer em uso. Um thread só pode esperar em um semáforo por vez, o que pode resultar em deadlock em situações de alocação de recursos. Por exemplo, cada um de dois threads pode reter um recurso pelo qual o outro thread está esperando. Esse é o caso clássico de deadlock de dois threads que discutiremos no Capítulo 7, "Deadlock e adiamento indefinido".

Para combater esse problema, pesquisadores desenvolveram construções de exclusão mútua de nível mais alto que simplificam a resolução de questões complexas de concorrência, facilitam a prova da correção do programa, e dificultam a má utilização ou adulteração por um programador.

Programação concorrente é muito mais difícil do que programação seqüencial. Programas concorrentes são mais complicados de escrever, depurar, modificar e de provar que estão corretos (veja no site deste livro: "Curiosidades, É impossível testar exaustivamente"). Então por que a comunidade de programadores insiste tanto na programação concorrente?

A onda de interesse em linguagens de programação concorrente deve-se ao fato de nos habilitarem a expressar soluções mais naturais para problemas inerentemente paralelos. Além disso, o verdadeiro paralelismo de hardware possível com multiprocessadores (veja o Capítulo 15, "Gerenciamento de multiprocessador") e sistemas distribuídos (veja o Capítulo 17, "Introdução a sistemas distribuídos") somente pode ser dominado por meio da programação concorrente. As aplicações potenciais da programação concorrente são numerosas. Tem havido muita discussão sobre concorrência em redes de computadores,[2] sistemas distribuídos[3,4,5,6,7] e sistemas de tempo real.[8,9,10] Os próprios sistemas operacionais certamente são, por si sós, exemplos importantes de sistemas concorrentes, assim como sistemas de controle de tráfego aéreo, sistemas de missão crítica e sistemas de controle de processo de tempo real (como os que controlam refinarias de petróleo, unidades de fabricação de produtos químicos e instalações de processamento de alimentos). É bem sabido que a visão humana é uma tarefa inerentemente paralela. É quase certo que a previsão do tempo fará grandes progressos quando o paralelismo maciço alcançar a escala de bilhões e até trilhões de processadores concorrentes.

Neste capítulo abordaremos construções e linguagens de programação concorrente de alto nível. Em particular examinaremos monitores, variáveis condicionais, comunicação interprocessos usando chamadas remotas de procedimento e os recursos de programação concorrente oferecidos pela linguagem de programação Java. Os exemplos de pseudocódigo da Seção 6.2, "Monitores", usam uma sintaxe baseada na linguagem C; o restante do capítulo utiliza programas completos em Java. O capítulo termina com uma longa seção sobre literatura que salienta a riqueza da programação concorrente como área de pesquisa.

Que abordagem os implementadores deveriam adotar ao construir sistemas concorrentes hoje? Antes da década de 90 havia, entre outras, as seguintes linguagens de programação concorrente: Ada,[11] Pascal Concorrente,[12,13] Processos Distribuídos,[14] C Concorrente,[15] Processos Seqüenciais Comunicantes,[16,17] Modula-2,[18,19,20] VAL[21] e *MOD (para programação distribuída).[22] Com exceção da Ada, essas linguagens de programação geralmente foram desenvolvidas por acadêmicos para finalidades de pesquisa e comumente lhes faltavam muitas das características necessárias para implementar sistemas reais. Atualmente, muitas linguagens de programação populares suportam concorrência, entre elas Java, C#, Visual C++ .NET, Visual Basic.NET e Python. A programação concorrente proporciona oportunidades para estudantes de ciência da computação que pretendam seguir carreira neste setor; há poucas pessoas com experiência em um assunto tão complicado.

Revisão

1. Por que os pesquisadores buscaram construções de exclusão mútua de nível mais alto?
2. Qual a notável linguagem de programação concorrente de alto nível desenvolvida antes da década de 90 que tinha, de fato, as características necessárias para implementar sistemas reais?

Respostas:
1) Essas construções facilitam a prova da correção do programa e dificultam a má utilização ou o corrompimento. 2) Ada.

6.2 Monitores

Monitor é um objeto que contém dados e procedimentos necessários para realizar a alocação de determinado recurso compartilhado **reutilizável serialmente** ou grupo de recursos compartilhados reutilizáveis serialmente. A idéia de um monitor foi sugerida por Dijkstra,[23] seguido por Brinch Hansen,[24, 25] e, então, refinada por Hoare.[26] Há muita discussão sobre esse tópico importante na literatura.[27, 28, 29, 30, 31, 32, 33, 34, 35] Monitores tornaram-se uma importante construção de software — a linguagem de programação Java faz uso extensivo de monitores para implementar exclusão mútua.

Para realizar alocação de recursos por meio de monitores, um thread deve chamar uma **rotina de entrada de monitor**. Muitos threads podem querer entrar no monitor ao mesmo tempo, mas a exclusão mútua é rigidamente imposta na fronteira do monitor — apenas é permitida a entrada de um thread por vez. Como o monitor garante exclusão mútua, são evitados problemas de concorrência (como resultados indeterminados).

Os dados internos de um monitor podem ser globais para todas as rotinas internas do monitor ou locais para uma rotina específica. Os dados do monitor estão acessíveis somente dentro do monitor; os threads fora do monitor não dispõem de nenhum modo para acessar os dados do monitor. Essa é uma forma de **ocultação de informações** — uma técnica de arquitetura de software que melhora a modularidade e facilita o desenvolvimento de sistemas de software mais confiáveis (veja o quadro "Reflexões sobre Sistemas Operacionais, Ocultação de informações").

Se um thread chamar uma rotina de entrada no monitor quando não houver nenhum outro thread executando dentro do monitor, ele obterá uma trava no monitor e entrará nele. Enquanto o thread estiver dentro do monitor, nenhum outro thread poderá entrar para obter o recurso. Se um thread chamar uma rotina de entrada no monitor enquanto o monitor estiver travado, esse obriga o thread chamador a *esperar* fora do monitor até que a trava seja liberada (ou seja, quando um thread não estiver mais executando dentro do monitor). No entanto, a garantia de exclusão mútua oferecida pelos monitores não é suficiente para bloquear um thread, dentro do monitor, em situações nas quais não possa continuar, por exemplo, quando o produtor encontra o buffer cheio, ou o consumidor encontra o buffer vazio. Nesses casos, variáveis condicionais são utilizadas, assim como operações sobre essas variáveis, como signal e wait, que serão explicadas na Seção 6.2.1. Para evitar adiamento indefinido, o monitor dá prioridade mais alta a threads que estão esperando do que aos que acabaram de chegar.

Revisão

1. Por que um thread deve esperar por um recurso fora do monitor?
2. Como um monitor impede que múltiplos threads executem concorrentemente dentro dele?

Respostas: 1) Se o thread tivesse de esperar por um recurso dentro de um monitor, nenhum outro poderia entrar no monitor para devolver o recurso. Como veremos no Capítulo 7, "Deadlock e adiamento indefinido", isso poderia fazer que todos os threads que estivessem esperando pelo recurso sofressem deadlock. 2) O monitor impõe exclusão mútua em sua fronteira usando os tipos de técnicas discutidos no Capítulo 5, "Execução assíncrona concorrente".

Reflexões sobre sistemas operacionais

Ocultação de informações

Ocultação de informações é uma das técnicas mais fundamentais da engenharia de software. É implementada de muitas maneiras em sistemas operacionais. Quando um método ou função chama outro, ou outra, o que chama não precisa conhecer os detalhes de implementação daquele que é chamado; basta conhecer a interface — quais argumentos devem ser passados e em que ordem, e quais valores de retorno esperados. A ocultação de informações tem muitas vantagens. Facilita o serviço daquele que chama, o qual não precisa estar familiarizado com a complexidade (possivelmente enorme) do modo de implementação daquele que é chamado. Também facilita a modificação de sistemas — uma função chamada geralmente pode ser substituída com facilidade sem exigir mudanças na função que chama, contanto que a interface com a função que é chamada permaneça a mesma. Os sistemas operacionais de hoje têm dezenas de milhares de componentes (ou mais) que estão constantemente em evolução para se adaptarem às novas tendências de hardware e software e sendo aperfeiçoados para funcionar melhor. A ocultação de informações desempenha um papel crucial na inteligibilidade e capacidade de manutenção desses sistemas enormes e de alto grau de modularidade.

6.2.1 Variáveis condicionais

Monitores implementam exclusão mútua e sincronização entre threads de execução. Um thread que esteja correntemente dentro de um monitor poderá ter de esperar fora dele até que um outro thread execute uma ação no monitor. Por exemplo, no relacionamento produtor/consumidor, o produtor, ao verificar que o consumidor ainda não leu o valor de um buffer único compartilhado, deve esperar fora do monitor que governa o buffer para que o consumidor possa consumir o conteúdo do buffer. Similarmente, um consumidor, ao verificar que um buffer compartilhado está vazio, deve esperar fora do monitor até que o produtor preencha o buffer. O thread que está dentro do monitor utiliza a **variável condicional** para esperar por uma condição fora do monitor. O monitor associa a variável condicional a cada situação distinta que poderá obrigar o thread a esperar. Definimos as operações wait e signal como:

wait (*conditionVariable*)
signal (*conditionVariable*)

Variáveis condicionais são diferentes de 'variáveis convencionais'. Cada variável condicional tem uma fila associada. Um thread que chamar **wait** em uma variável condicional particular será colocado na fila associada com aquela variável condicional (enquanto estiver naquela fila, o thread estará fora do monitor, de modo que um outro thread poderá eventualmente entrar no monitor e chamar signal). Um thread que chame **signal** em uma variável condicional particular fará que um thread que esteja esperando naquela variável condicional seja retirado da fila associada àquela variável e entre novamente no monitor. Podemos pressupor uma disciplina de fila do tipo 'primeiro a entrar, primeiro a sair' (*First-In-First-Out* — FIFO), embora esquemas de prioridade possam ser úteis em certas situações.[36, 37]

Antes de aquele thread entrar novamente no monitor, o thread que chamar signal deverá primeiramente sair do monitor. Brinch Hansen (veja no site deste livro: "Biografia, Per Brinch Hansen"), ao notar que muitas instruções signal precediam imediatamente uma instrução return (ou seja, o thread sai do monitor), propôs um monitor **sinalize-e-saia** (*signal-and-exit*) no qual um thread sai imediatamente do monitor ao sinalizar.[38] Os monitores dos próximos exemplos são do tipo sinalize-e-saia. Alternativamente, um monitor **sinalize-e-continue** permite que um thread que esteja dentro do monitor sinalize que esse logo estará disponível, mas ainda continuará travado até que o thread saia dele. Um thread pode sair do monitor esperando em uma variável condicional ou concluindo a execução do código protegido pelo monitor. O thread liberado por um monitor sinalize-e-continue deve aguardar até que o thread que sinalizou saia do monitor. Como discutiremos na Seção 6.3, "Monitores Java", a linguagem de programação Java implementa monitores do tipo sinalize-e-continue.

Revisão

1. Qual problema poderia ocorrer se uma variável condicional usasse uma fila por prioridade (em vez de uma fila FIFO)?

2. (V/F) Cada monitor contém exatamente uma variável condicional.

Respostas: 1) Um thread de prioridade mais baixa poderia ser adiado indefinidamente por um fluxo de threads chamando a instrução wait ao entrar na fila de prioridades. 2) Falso. Um monitor contém uma variável condicional separada para cada situação distinta que possa fazer um thread chamar wait no monitor.

6.2.2 Alocação simples de recursos com monitores

Suponha que diversos threads estejam disputando um recurso que requer acesso exclusivo. A Figura 6.1 mostra um monitor simples para manipular a alocação e desalocação desse recurso.

A linha 4 declara a variável de estado inUse que monitora se um recurso está ou não em uso. A linha 5 declara uma variável condicional na qual espera um thread que encontrou o recurso não disponível e é sinalizada por um thread que está devolvendo o recurso (tornando-o, portanto, disponível). As linhas 7-17 e 19-25 declaram duas rotinas de entrada no monitor. Para indicar que essas rotinas são de entrada no monitor (e não rotinas privadas do monitor), cada uma recebe um prefixo com a palavra-chave em pseudocódigo monitorEntry.

A linha 8 inicia o método getResource que um thread chama para requisitar o recurso associado à variável condicional available. A linha 10 testa o estado da variável inUse para verificar se o recurso está em uso. Se esse valor for true, significando que o recurso foi alocado a um outro thread, o thread que está chamando deverá esperar na variável condicional available (linha 12). Após chamar wait, o thread sai do monitor e é colocado na fila associada à variável condicional available. Como veremos, isso permite que um thread que está usando o recurso entre no monitor e libere o recurso sinalizando a variável condicional available. Quando o recurso não estiver em uso, o thread que o requisitar executará a linha 15 que coloca inUse em true, concedendo ao thread acesso exclusivo ao recurso.

A linha 20 inicia o método returnResource que um thread chama para liberar o recurso. A linha 22 põe o valor de inUse em false indicando que o recurso não está mais em uso e pode ser alocado a um outro thread. A linha 23 chama signal na variável condicional available para alertar quaisquer threads que estejam à espera que o recurso agora está livre. Se houver threads à espera na fila associada à available (como resultado da execução da linha 12), o próximo thread que estiver esperando entrará novamente no monitor e excutará a linha 15 obtendo acesso exclusivo ao recurso. Se não houver threads esperando em available, signal não terá nenhum efeito.

A beleza do monitor da Figura 6.1 é que ele funciona exatamente como um semáforo binário: o método getResource age como a operação P; o método returnResource age como a operação V. Como o monitor simples de um só recurso pode ser usado para implementar semáforos, monitores são, no mínimo, tão poderosos quanto semáforos. Note que a inicialização do monitor (linhas 3-5) é executada antes que o thread comece a usar o monitor; nesse caso inUse é colocada em false indicando que o recurso está inicialmente disponível.

Revisão

1. O que aconteceria se returnResource( ) não sinalizasse (signal) a variável condicional available?
2. Para que serve a palavra-chave monitorEntry?

Respostas:
1) Todos os threads que estão à espera na variável condicional available sofreriam deadlock — esperariam para sempre. 2) A palavra-chave monitorEntry distingue entre rotinas de entrada no monitor, que podem ser acessadas por todos os threads e executadas por apenas um thread por vez, e métodos privados do monitor que somente podem ser acessados dentro do monitor.

6.2.3 Exemplo de monitor: buffer circular

Nesta seção discutiremos o **buffer circular** (às vezes denominado **buffer limitado**) e quanto ele é útil em situações nas quais um thread produtor passa dados a um thread consumidor. Como o produtor e o consumidor acessam os mesmos dados e podem funcionar em velocidades diferentes, a sincronização entre os dois threads é essencial.

Podemos usar um arranjo para implementar o buffer circular. Na implementação da solução do problema produtor/consumidor em buffer circular o produtor deposita dados nos elementos sucessivos do arranjo. O consumidor os retira na

```
1    // Fig. 6.1: Monitor de alocação de recursos
2
3    // inicialização do monitor (executada somente uma vez)
4    boolean inUse = false; // variável de estado simples
5    Condition available; // variável condicional
6
7    // requisite recurso
8    monitorEntry void getResource( )
9    {
10       if ( inUse ) // recurso em uso?
11       {
12          wait( available ); // espere até que available seja sinalizada
13       } // termine if
14
15       inUse = true; // indique que recurso agora está em uso
16
17    } // termine getResource
18
19    // devolva o recurso
20    monitorEntry void returnResource( )
21    {
22       inUse = false; // indique que recurso não está em uso
23       signal( available ); // sinalize a um thread à espera para continuar
24
25    } // termine returnResource
```

Figura 6.1 | Alocação simples de recurso com um monitor em pseudocódigo.

ordem em que foram depositados (FIFO). O produtor pode estar vários itens à frente do consumidor e eventualmente preencher o último elemento do arranjo. Quando produzir mais dados, precisará 'fazer a volta' e recomeçar a depositar dados no primeiro elemento do arranjo (supondo, é claro, que o consumidor tenha retirado os dados ali depositados previamente pelo produtor). O arranjo efetivamente se fecha em um círculo, daí o termo buffer circular.

Devido ao tamanho fixo do buffer circular, o produtor ocasionalmente encontrará todos os elementos do arranjo preenchidos; nesse caso deve esperar até que o consumidor esvazie um elemento do conjunto. Similarmente, às vezes o consumidor quer consumir, mas o arranjo estará vazio; nesse caso, o consumidor deve esperar até que o produtor deposite dados em um elemento do arranjo. O monitor da Figura 6.2 (baseado no exemplo apresentado por Hoare)[39] implementa um buffer circular e os mecanismos de sincronização apropriados para manipular o relacionamento produtor/consumidor.

Suporemos que o arranjo circularBuffer contenha entradas BUFFER_SIZE consistindo em um caractere (linha 3). As variáveis writerPosition e readerPosition (linhas 4-5) indicam em qual entrada do buffer circular o próximo item deve ser colocado por um produtor e de qual entrada do buffer circular o próximo item deve ser retirado por um consumidor, respectivamente.

```
1    // Fig. 6.2: Monitor de buffer circular
2
3    char circularBuffer[ ] = new char[ BUFFER_SIZE ]; // buffer
4    int writerPosition = 0; // próxima entrada para onde escrever
5    int readerPosition = 0; // próxima entrada de onde ler
6    int occupiedSlots = 0; // número de entradas com dados
7    Condition hasData; // variável condicional
8    Condition hasSpace; // variável condicional
9
10   // entrada no monitor chamada pelo produtor para escrever dados
11   monitorEntry void putChar( char slotData )
12   {
13      // espere na variável condicional hasSpace se o buffer estiver cheio
14      if ( occupiedSlots == BUFFER_SIZE )
15      {
16         wait( hasSpace ); // espere até hasSpace estar sinalizada
17      } // termine if
18
19      // escreva caractere no buffer
20      circularBuffer[ writerPosition ] = slotData;
21      ++occupiedSlots; // mais uma entrada tem dados
22      writerPosition = (writerPosition + 1) % BUFFER_SIZE;
23      signal( hasData ); // sinalize que os dados estão disponíveis
24   } // termine putChar
25
26   // entrada no monitor chamada pelo consumidor para ler dados
27   monitorEntry void getChar( outputParameter slotData )
28   {
29      // espere na variável condicional hasData se o buffer estiver vazio
30      if ( occupiedSlots == 0 )
31      {
32      wait( hasData ); // espere até hasData estar sinalizada
33      } // termine if
34
35      // leia caractere do buffer para o parâmetro de saída slotData
36      slotData = circularBuffer[ readPosition ];
37      occupiedSlots—; // uma entrada a menos tem dados
38      readerPosition = (readerPosition + 1) % BUFFER_SIZE;
39      signal( hasSpace ); // sinalize que o caractere foi lido
40   } // termine getChar
```

Figura 6.2 | Implementação de pseudocódigo de monitor para um buffer circular.

Um produtor adiciona dados ao buffer chamando o método putChar (linhas 10-24). A linha 14 testa se o buffer está cheio. Se estiver, o produtor espera na variável condicional hasSpace (linha 16). Ao fazer isso, o produtor sai do monitor e espera na fila associada à variável condicional hasSpace. Como logo veremos, isso permite que um consumidor entre no monitor, consuma dados do buffer circular e sinalize a variável condicional hasSpace (linha 20), o que, por sua vez, permite que o produtor continue. Então ele escreve os dados no buffer (linha 20), incrementa o número de entradas ocupadas (linha 21) e atualiza a variável writerPosition (linha 22). Por fim, a linha 23 sinaliza a variável condicional hasData para permitir que um consumidor à espera, se houver, prossiga.

Um consumidor lê dados do buffer circular chamando o método getChar (linhas 26-40). Note a utilização do parâmetro de saída slotData no pseudocódigo (indicado pela palavra-chave outputParameter na linha 27). Muitas linguagens suportam tal capacidade. Dados escritos no parâmetro de saída estão imediatamente disponíveis no argumento do chamador. A linha 30 testa se o buffer está vazio. Se estiver, o consumidor espera na variável condicional hasData (linha 32). Quando o consumidor puder continuar, ele lerá os dados do buffer diretamente no parâmetro de saída slotData (linha 36), disponibilizando imediatamente os dados no argumento do chamador. Então o consumidor decrementa o número de entradas ocupadas (linha 37) e atualiza readerPosition (linha 38). A linha 39 sinaliza a variável condicional hasSpace para permitir que um produtor à espera, se houver, prossiga.

A beleza do buffer circular é que ele permite que o produtor 'passe à frente' do consumidor. O produtor pode criar um valor sem esperar que o consumidor leia o valor anterior (como é necessário no relacionamento produtor/consumidor com buffer único). Esses valores extras são colocados nas entradas vazias do buffer circular. Mesmo assim o consumidor lerá os valores na ordem correta. O buffer circular reduz a quantidade de tempo que o produtor deve esperar antes de produzir outro valor, melhorando assim o desempenho do sistema. Quanto maior o buffer circular, mais valores o produtor pode produzir antes de ter de esperar que o consumidor esvazie o buffer. Se o produtor e o consumidor trabalharem aproximadamente na mesma velocidade, a utilização do buffer circular poderá aumentar a velocidade média da aplicação. Se houver uma diferença entre as velocidades médias dos threads, essa vantagem será anulada. Por exemplo, se o produtor trabalhar consistentemente mais velozmente do que o consumidor, o buffer circular rapidamente ficará cheio e continuará cheio, forçando o produtor a esperar toda vez que o consumidor liberar espaço. Do mesmo modo, se o consumidor trabalhar consistentemente com maior velocidade do que o produtor, ele encontrará o buffer vazio e quase sempre terá de esperar que o produtor crie um valor. Nesses dois últimos casos, usar o buffer circular desperdiçará memória em vez de aumentar a velocidade da aplicação.

Sistemas operacionais podem utilizar um buffer circular para implementar controle de spooling. Um exemplo comum ocorre quando um thread gera linhas que deverão ser impressas por um dispositivo de saída relativamente lento como uma impressora. Pelo fato de o thread produzir as linhas muito mais rapidamente do que a impressora pode imprimi-las, e porque gostaríamos que o thread pudesse concluir sua execução o mais rapidamente possível, as linhas de saída do thread podem ser dirigidas para um buffer circular. O buffer circular pode estar em uma unidade de armazenamento primário, ou mais provavelmente em um disco. O thread que cria as linhas que deverão ser impressas é denominado **spooler.** Um outro thread lê as linhas de circularBuffer e as passa para a impressora. Mas esse segundo thread, denominado **despooler**, funciona na menor velocidade da impressora. O buffer circularBuffer tem espaço de armazenamento suficiente para 'tirar o atraso' resultante da incompatibilidade entre as velocidades dos threads do spooler e do despooler. É óbvio que partimos da premissa que o sistema não gera, indefinidamente, linhas de impressão mais rapidamente do que a impressora pode imprimi-las; se fizesse isso, o buffer estaria sempre cheio e seria de pouca valia para harmonizar' a operação de impressão.

Revisão

1. Cite as duas situações em que um buffer circular é menos eficiente do que um buffer de valor único na relação produtor/consumidor.

2. Esse monitor suportaria um produtor e dois consumidores de modo que cada elemento produzido pelo produtor fosse consumido por exatamente um consumidor? Por que sim ou por que não?

Respostas:

1) Se a diferença entre as velocidades médias do produtor e do consumidor for significativa, a vantagem do buffer circular é anulada. Se o produtor funcionar consistentemente com maior velocidade do que o consumidor, quase sempre encontrará o buffer cheio e toda vez terá de esperar que um consumidor consuma. Se o consumidor funcionar consistentemente com maior velocidade do que o produtor, quase sempre encontrará o buffer vazio e terá de esperar toda vez que um produtor produza. Nesses casos, um buffer de valor único pode ser usado sem perder desempenho. 2) Sim. A exclusão mútua ainda seria imposta pelo monitor. O produtor ainda produziria valores normalmente. Apenas um consumidor leria cada dado de um produtor.

6.2.4 Exemplo de monitor: leitores e escritores

Em sistemas de computador é comum ter alguns threads consumidores (denominados leitores) que lêem dados, e threads produtores (denominados escritores) que os escrevem. Por exemplo, no sistema de reservas de uma empresa aérea pode haver muito mais leitores do que escritores — serão feitas muitas consultas ao banco de dados de informações de vôos disponíveis antes de o cliente selecionar e se decidir por determinada poltrona em determinado vôo.

Como os leitores não mudam o conteúdo de um banco de dados, muitos deles podem ter acesso ao banco de dados ao mesmo tempo. Mas um escritor pode modificar os dados, portanto, deve ter acesso exclusivo. Quando um escritor está ativo, nenhum outro leitor ou escritor pode estar ativo. Essa exclusão precisa ser imposta somente no nível do registro. Não é necessário conceder a um escritor acesso exclusivo ao banco de dados inteiro — fazer isso poderia prejudicar drasticamente o desempenho.

O problema de elaborar o projeto de um programa concorrente para controlar o acesso de leitores e escritores a um banco de dados foi proposto e resolvido pela primeira vez por Courtois, Heymans e Parnas.[40] A solução da Figura 6.3 é baseada na desenvolvida por Hoare.[41]

O monitor da Figura 6.3 pode ser usado para controlar o acesso a um banco de dados inteiro, a um subconjunto do banco de dados consistindo em muitos ou poucos registradores ou até a um único registro. Em qualquer um desses casos pode ser aplicada a discussão a seguir. Somente um escritor pode estar ativo por vez; quando um escritor está ativo, a variável booleana writeLock (linha 4) é true. Nenhum leitor pode estar ativo se um escritor estiver ativo. A variável inteira readers (linha 3) indica o número de leitores ativos. Quando o número de leitores for reduzido a zero (linha 29), um escritor à espera (se houver) se tornará ativo (linha 31). Se um novo leitor não puder prosseguir (linha 13), esperará na variável condicional canRead (linha 15). Se um novo escritor não puder prosseguir (linha 40), esperará na variável condicional canWrite (linha 42).

Quando um leitor desejar ler, chama a entrada de monitor beginRead (linhas 8-21); um leitor que tiver terminado chama endRead (linhas 23-24). Em beginRead um novo leitor pode prosseguir contanto que nenhum thread esteja esperando para escrever (linha 13). A última condição é importante para evitar adiamento indefinido de escritores à espera; ela é testada usando-se a função booleana queue, que determina se há ou não threads esperando na variável condicional especificada em seu argumento. Note que o procedimento beginRead termina sinalizando canRead (linha 20) para permitir que um outro leitor à espera comece a ler, o que obriga o próximo leitor da fila de leitores à espera a tornar-se ativo e, por sua vez, sinalizar ao próximo leitor à espera que pode prosseguir. Essa 'reação em cadeia', também denominada efeito em cascata, continuará até que todos os leitores à espera tenham se tornado ativos. Enquanto a cadeia estiver avançando, todos os threads que chegarem serão forçados a esperar, porque o monitor cumpre a regra de atender threads sinalizados antes dos que estão chegando. Se aos leitores que chegam fosse permitido prosseguir, um fluxo contínuo de leitores que chegassem causaria adiamento indefinido de escritores à espera. Como os leitores não interferem uns nos outros e podem executar em paralelo em sistemas multiprocessadores, esse é um modo eficiente de servir a esses threads.

Quando um thread acaba de ler, chama a entrada de monitor endRead (linhas 23-24) que decrementa o número de leitores de 1 (linha 26). Eventualmente esse decremento faz o número de leitores passar para zero, quando então o thread sinaliza canWrite (linha 31) para permitir que um escritor à espera, se houver, prossiga (evitando adiamento indefinido de escritores à espera).

Quando um thread deseja escrever, chama a entrada de monitor beginWrite (linhas 36-46). Como um escritor deve ter acesso exclusivo, se houver quaisquer leitores ativos ou se houver um escritor ativo (linha 40), o novo escritor deverá esperar na variável condicional canWrite (linha 42). Quando o escritor puder prosseguir (porque canWrite está sinalizado na linha 31 ou na linha 60), writeLock é colocado em true (linha 45), o que deixa de fora quaisquer outros escritores e leitores.

Quando um escritor termina, chama a entrada de monitor endWrite (linhas 48-63). Esse procedimento coloca writeLock em false (linha 51), para que ou leitores ou um outro escritor possa se tornar ativo. Então o monitor deve sinalizar a um

```
1     // Fig. 6.3: Problema dos leitores/escritores
2
3     int readers = 0; // número de leitores
4     boolean writeLock = false; // true se um escritor estiver escrevendo
5     Condition canWrite; // variável condicional
6     Condition canRead; // variável condicional
7
8     // entrada de monitor chamada antes de executar read
9     monitorEntry void beginRead( )
```

Figura 6.3 | *Pseudocódigo de monitor para resolver o problema de leitores e escritores (parte 1 de 2).*

```
10   {
11       // espere fora do monitor se escritor estiver correntemente escrevendo ou se
12       // escritores estiverem correntemente esperando para escrever
13       if ( writeLock || queue( canWrite ) )
14       {
15           wait( canRead ); // espere até que leitura seja permitida
16       } // termine if
17
18       ++readers; // há um outro leitor
19
20       signal( canRead ); // permita que leitores à espera prossigam
21   } // termine beginRead
22
23   // entrada de monitor chamada após leitura
24   monitorEntry void endRead( )
25   {
26       --readers; // há um leitor a menos
27
28       // se não houver mais leitores lendo, permita que um escritor escreva
29       if ( readers == 0 )
30       {
31           signal ( canWrite ); // permita que um escritor prossiga
32       } // termine if
33
34   } // termine endRead
35
36   // entrada de monitor chamada antes de executar write
37   monitorEntry void beginWrite( )
38   {
39       // espere se leitores estiverem lendo ou se um escritor estiver escrevendo
40       if ( readers > 0 || writeLock )
41       {
42           wait( canWrite ); // espere até que seja permitido escrever
43       } // termine if
44
45       writeLock = true; // bloqueie todos leitores e escritores
46   } // termine beginWrite
47
48   // entrada de monitor chamada após executar write
49   monitorEntry void endWrite( )
50   {
51       writeLock = false; // libere o bloqueio
52
53       // se um leitor estiver esperando para entrar, sinalize um leitor
54       if ( queue( canRead ) )
55       {
56           signal( canRead ); // efeito em cascata em leitores à espera
57       } // termine if
58       else // sinalize um escritor se não houver leitores esperando
59       {
60           signal( canWrite ); // um escritor que está esperando pode prosseguir
61       } // termine else
62
63   } // termine endWrite
```

Figura 6.3 | *Pseudocódigo de monitor para resolver o problema de leitores e escritores (parte 2 de 2).*

outro thread à espera para que esse prossiga (linhas 53-61). Ele deve dar preferência a um leitor à espera ou a um escritor à espera? Se der preferência a um escritor à espera, será possível que um fluxo constante de escritores que estão chegando cause o adiamento indefinido dos leitores que estão à espera. Portanto, quando um escritor termina, primeiramente verifica se há algum leitor esperando (linha 54). Se houver, canRead é sinalizada (linha 56) e o leitor à espera pode prosseguir (o que, é claro, provoca um efeito em cascata de todos os leitores que estão à espera). Se não houver nenhum leitor esperando, canWrite é sinalizada (linha 60) e um escritor à espera obtém permissão para prosseguir.

Revisão

1. A Figura 6.3 provoca efeito em cascata em leitores à espera, mas nunca em escritores à espera? Por quê?
2. Que salvaguarda existe contra um fluxo contínuo de leitores que adie indefinidamente um escritor?

Respostas: **1)** Leitores não interferem uns nos outros, portanto, muitos leitores podem ler com segurança de uma vez só. **2)** Na entrada de monitor beginRead, se houver quaisquer escritores esperando para escrever (linha 13), um thread que quiser ler deverá esperar na variável condicional canRead (linha 15).

6.3 Monitores Java

Nas próximas seções apresentamos soluções Java multithread completas, funcionais, para problemas comuns de programação concorrente. Monitores são associados a cada objeto criado em Java e também representam o mecanismo primário para fornecer exclusão mútua e sincronização em aplicações Java multithread. A palavra-chave **synchronized** impõe exclusão mútua sobre um objeto em Java. Nesta seção explicamos quais as diferenças entre monitores Java e monitores em pseudocódigo discutidos na seção anterior.

Quando um thread tenta executar um método protegido por um monitor Java (ou seja, o método é declarado synchronized), deve primeiramente entrar no **conjunto de entrada** daquele monitor (comumente denominado **fila de entrada**), que é uma fila de threads que estão à espera para entrar no monitor. Se não houver nenhuma contenção para a entrada, um thread entrará imediatamente no monitor. Se já houver um thread dentro do monitor, os outros threads deverão permanecer na entrada até o monitor ficar disponível.

Monitores Java são comumente denominados monitores sinalize-e-continue.[42] Lembre-se de que um monitor sinalize-e-continue permite que um thread que esteja dentro do monitor sinalize que aquele monitor logo ficará disponível, mas ainda mantenha um bloqueio no monitor até sair. Um thread pode sair de um monitor esperando em uma variável condicional ou concluindo a execução do código protegido pelo monitor.

Um thread que estiver executando em um monitor e que deve esperar em uma variável condicional emitirá uma chamada wait. O método wait força o thread a liberar o bloqueio do monitor e esperar em uma variável condicional não denominada. Após chamar wait, um thread é colocado no **conjunto de espera** (também denominado **fila de espera**), uma fila de threads que estão à espera para entrar novamente no monitor para acessar o objeto. Os threads permanecem no conjunto de espera até que sejam sinalizados (notificados) por um outro thread. Como a variável condicional é implícita em Java, um thread pode ser sinalizado, entrar novamente no monitor e constatar que a condição pela qual esperou não foi cumprida. Conseqüentemente, um thread pode ser sinalizado diversas vezes antes que a condição pela qual esteja esperando seja cumprida.

Threads emitem sinais chamando o método notify ou notifyAll. O método **notify** acorda um único thread do conjunto de espera. O algoritmo que determina qual thread entrará no monitor em seguida varia dependendo da implementação da máquina virtual Java (JVM). Conseqüentemente, o programador não pode confiar em uma disciplina de enfileiramento particular quando notify é chamado.

Uma outra armadilha do método notify é que a ordem em que algumas implementações da JVM retiram threads dos conjuntos de entrada e espera pode provocar longos atrasos no serviço para determinados threads desses conjuntos — criando a possibilidade de adiamento indefinido. Desse modo, se mais de dois threads acessarem um monitor é melhor usar o método **notifyAll** que acorda todos os threads nos conjuntos de entrada e espera. Quando todos os threads estiverem acordados, o escalonador de threads determinará qual deles obtém o monitor. O escalonador de threads emprega uma disciplina de enfileiramento que impede adiamento indefinido.[43,44] Como notifyAll acorda todos os threads que estão à espera para entrar no monitor (ao contrário de notify, que acorda um único thread), ele incorre em mais sobrecarga do que notify. No caso simples da sincronização de dois threads, notify rende um desempenho mais alto do que notifyAll sem sofrer adiamento indefinido.

Revisão

1. Qual a diferença entre monitores sinalize-e-continue e sinalize-e-saia? Qual deles é usado em Java?

Resposta: **1)** Java usa monitores sinalize-e-continue que permitem que um thread sinalize que estará deixando o monitor em breve, retendo ainda o controle do monitor. Monitores sinalize-e-saia requerem que um thread libere sua trava do monitor imediatamente após a sinalização.

6.4 Estudo de caso de Java multithread, Parte III: relacionamento produtor/consumidor em Java

Nesta seção apresentamos uma implementação em Java do relacionamento produtor/consumidor examinado na Seção 5.2.1, "Estudo de caso de Java multithread, Parte II". A aplicação nas figuras 6.4 e 6.5 demonstra um produtor e um consumidor acessando um único buffer compartilhado com sincronização provida por um monitor. Nesse caso o produtor produz um valor somente quando o buffer estiver vazio, fazendo com que o buffer fique cheio; o consumidor consome um valor apenas quando o buffer estiver cheio, fazendo com que o buffer fique vazio. Esse exemplo utiliza novamente a interface Buffer (Figura 5.1) e as classes Producer (Figura 5.2) e Consumer (Figura 5.3) do exemplo da Seção 5.2.1. A reutilização dessas classes do exemplo, sem sincronização, habilita-nos a demonstrar que threads que acessam um objeto compartilhado não ficam cientes de que estão em sincronia. O código que executa a sincronização é colocado nos métodos set e get da classe SynchronizedBuffer (Figura 6.4) que implementa a interface Buffer (linha 4). Assim, os métodos run de Producer e Consumer simplesmente chamam os métodos set e get do objeto compartilhado como no exemplo da Seção 5.2.1.

A classe SynchronizedBuffer (Figura 6.4) contém dois campos — buffer (linha 6) e occupiedBuffers (linha 7); set (linhas 9–43) e get (linhas 45– 79) agora são métodos synchronized (linhas 10 e 46); assim, somente um thread pode entrar em qualquer desses métodos por vez para um objeto SynchronizedBuffer particular. Embora occupiedBuffers (linha 7) seja logicamente uma

```
1    // Fig. 6.4: SynchronizedBuffer.java
2    // SynchronizedBuffer sincroniza acesso a um inteiro compartilhado.
3
4    public class SynchronizedBuffer implements Buffer
5    {
6        private int buffer = -1; // compartilhado por produtor e consumidor
7        private int occupiedBuffers = 0; // conta buffers ocupados
8
9        // coloca valor no buffer
10       public synchronized void set( int value )
11       {
12           // para exibição, obtenha nome do thread que chamou este método
13           String name = Thread.currentThread( ).getName( );
14
15           // enquanto não houver buffers vazios, coloque thread no estado de espera
16           while ( occupiedBuffers == 1 )
17           {
18               // apresente informações de thread e buffer, então espere
19               try
20               {
21                   System.err.println( name + " tenta escrever." );
22                   displayState( "Buffer cheio. " + name + " espera." );
23                   wait( ); // espere até o buffer estar vazio
24               } // termine try
25
26               // se thread à espera interrompeu, imprima cópia da pilha
27               catch ( InterruptedException exception )
28               {
29                   exception.printStackTrace();
30               } // termine catch
31
32           } // termine while
33
```

Figura 6.4 | SynchronizedBuffer sincroniza acesso a um inteiro compartilhado (parte 1 de 3).

```java
34          buffer = value; // coloque novo valor em buffer
35
36          // indique que produtor não pode armazenar um outro valor
37          // até que consumidor recupere valor corrente do buffer
38          ++occupiedBuffers;
39
40          displayState( name + " escreve " + buffer );
41
42          notify( ); // mande o thread à espera entrar no estado pronto
43       } // termine método set; libere trava de SynchronizedBuffer
44
45       // retorne valor do buffer
46       public synchronized int get( )
47       {
48          // para exibição, obtenha nome do thread que chamou este método
49          String name = Thread.currentThread( ).getName( );
50
51          // enquanto não houver dados para ler, coloque thread no estado de espera
52          while ( occupiedBuffers == 0 )
53          {
54             // apresente informação de thread e buffer, então espere
55             try
56             {
57                System.err.println( name + " tenta ler." );
58                displayState( "Buffer vazio. " + name + " espera." );
59                wait( );// espere até o buffer conter novos valores
60             } // termine try
61
62             // se o thread à espera interrompeu, imprima cópia da pilha
63             catch ( InterruptedException exception )
64             {
65                exception.printStackTrace( );
66             } // termine catch
67
68          } // termine while
69
70          // indique que produtor pode armazenar um outro valor
71          // porque consumidor acabou de recuperar valor do buffer
72          - - occupiedBuffers;
73
74          displayState( name + " lê " + buffer );
75
76          notify( ); // diga ao thread à espera para ficar pronto
77
78          return buffer;
79       } // termine método get; libere a trava de SynchronizedBuffer
80
81       // exiba operação corrente e estado do buffer
82       public void displayState( String operation )
83       {
84          StringBuffer outputLine = new StringBuffer( operação );
85          outputLine.setLength( 40 );
86          outputLine.append( buffer + "\t\t" + Contagem de Ocupados );
87          System.err.println( outputLine );
88          System.err.println();
89       } // termine método displayState
```

Figura 6.4 | SynchronizedBuffer *sincroniza acesso a um inteiro compartilhado (parte 2 de 3).*

```
90
91    } // termine classe SynchronizedBuffer
```

Figura 6.4 | SynchronizedBuffer *sincroniza acesso a um inteiro compartilhado (parte 3 de 3).*

variável condicional, ela é do tipo int; não há nenhum objeto ou tipo em Java que represente uma variável condicional. Os métodos em SynchronizedBuffer usam occupiedBuffers em expressões condicionais (linhas 16 e 52) para determinar se é a vez do produtor ou do consumidor executar uma tarefa. Se occupiedBuffers for zero, buffer está vazio, e o produtor poderá colocar um valor em buffer (linha 34). Essa condição (linha 52) também significa que o consumidor deve esperar (linha 59) no método get para ler o valor de buffer (novamente, porque está vazio). Se occupiedBuffers for 1, o consumidor poderá ler o valor de buffer porque ele contém nova informação. Essa condição (linha 16) também significa que o produtor deve esperar para colocar um valor em buffer porque esse está correntemente cheio.

Quando o método run de threadProducer invoca o método set de synchronized (da linha 26 da Figura 5.2), o thread tenta obter uma trava do monitor SynchronizedBuffer. [*Nota*: Quando falamos em 'obter uma trava' em um monitor Java, queremos dizer 'conseguir acesso mutuamente exclusivo a um monitor', nas discussões genéricas sobre monitores na Seção 6.2, "Monitores".] Se a trava estiver disponível, o thread Producer irá obtê-la. Então o laço no método set (linhas 16–32 da Figura 6.4) determina se occupiedBuffers é igual a 1. Se for, buffer estará cheio, portanto a linha 21 produz uma mensagem indicando que o thread Producer está tentando escrever um valor, e a linha 22 invoca o método displayState (linhas 81–89) para produzir uma outra mensagem indicando que o buffer está cheio e que o thread Producer está no estado *de espera*. Note que o método displayState não é declarado Synchronized, porque é chamado no método main (linha 18 da Figura 6.5) antes que os threads produtor e consumidor sejam criados e, daí em diante, somente de dentro dos métodos Synchronized get e set (linhas 10 e 46 da Figura 6.4). Apenas um thread pode executar dentro do monitor de SynchronizedBuffer por vez, e displayState é acessado somente de dentro do monitor, portanto, o acesso mutuamente exclusivo é imposto sem precisar declarar displayState Synchronized.

A linha 23 invoca o método wait (herdado de Object por SynchronizedBuffer; todas as classes Java herdam de Object direta ou indiretamente) para colocar o thread que chamou o método set (ou seja, o thread Producer) no estado *de espera* para o objeto SynchronizedBuffer. Chamar wait leva o thread chamador a liberar a trava do objeto SynchronizedBuffer, o que é importante, porque o thread não pode executar sua tarefa no momento — e reter a trava impediria outros threads de acessar o objeto. Isso resultaria em deadlock, porque a variável condicional na qual o primeiro thread estava à espera não mudaria nunca. Após o thread produtor chamar wait na linha 23, um outro thread pode tentar obter a trava do objeto SynchronizedBuffer e invocar os métodos set ou get do objeto — em particular, um thread consumidor agora pode esvaziar o buffer, permitindo eventualmente que o produtor que está à espera prossiga.

O thread produtor permanece no estado de *espera* até ser notificado por um outro thread de que pode prosseguir — ponto em que o thread produtor volta ao estado *pronto* e espera por um processador. Quando volta ao estado *em execução*, o thread produtor implicitamente tenta obter de novo a trava do objeto SynchronizedBuffer. Se a trava estiver disponível, o produtor irá readquiri-la e o método set continuará a executar com a instrução seguinte após wait. Como wait é chamado em um laço (linhas 15–32), a condição de continuação do laço é testada para determinar se o thread pode continuar com sua execução. Se não puder, wait é invocado novamente; caso contrário, o método set continua com a instrução seguinte após o laço.

A linha 34 do método set designa o argumento value a buffer. A linha 38 incrementa occupiedBuffers para indicar que o buffer agora contém um valor (um consumidor pode ler o valor, mas um produtor ainda não pode colocar um outro valor ali). A linha 42 invoca o método notify (herdado de Object). Se o thread consumidor estiver à espera, ele entrará no estado *pronto* em que pode tentar realizar sua tarefa novamente (tão logo o thread receba um processador designado). O método notify retorna imediatamente, e o método set retorna ao seu chamador. [*Nota*: Invocar o método notify funciona corretamente nesse programa, porque apenas um thread chama o método get a qualquer instante (o thread consumidor). Programas em que há múltiplos threads esperando em uma condição devem invocar notifyAll para garantir que os múltiplos threads recebam notificações adequadamente.] Quando o método set retorna, implicitamente libera a trava do objeto SynchronizedBuffer.

Os métodos get e set são implementados de maneira semelhante. Quando o método run do thread consumidor invoca o método get synchronized (da linha 28 da Figura 5.3), o thread tenta obter uma trava do objeto SynchronizedBuffer. Quando adquire a trava, o laço while (linhas 51–68 da Figura 6.4) determina se occupiedBuffers é igual a 0. Se for, o buffer estará vazio, portanto, a linha 57 produzirá uma mensagem indicando que o thread consumidor está tentando ler um valor e a linha 58 invocará o método displayState para apresentar uma outra mensagem indicando que o buffer está vazio e que o thread consumidor espera. A linha 59 invoca o método wait para colocar o thread consumidor que chamou o método get no estado de *espera* pelo objeto SynchronizedBuffer. Novamente, a chamada a wait obriga o thread chamador a liberar a trava do objeto SynchronizedBuffer para que um outro thread possa tentar obter a trava e invocar o método set ou get do objeto. Se a trava do objeto SynchronizedBuffer não estiver disponível (se o ProducerThread ainda não tiver retornado do método set), o thread consumidor ficará bloqueado até a trava tornar-se disponível.

O thread consumidor permanece no estado *de espera* até ser notificado pelo thread produtor que pode prosseguir — ponto em que o thread consumidor retorna ao estado *pronto* e espera um processador. Quando volta ao estado *em execução*, o thread implicitamente tenta readquirir a trava do objeto SynchronizedBuffer. Se a trava estiver disponível, o thread consumidor a readquire e get continua executando com a próxima instrução após wait. Como wait é chamado em um laço (linhas 51–68), a condição de continuação do laço é testada para determinar se o thread pode prosseguir. Se não puder, wait é invocado novamente; caso contrário o método get continua com a próxima instrução após o laço. A linha 72 decrementa occupiedBuffers para indicar que buffer agora está vazio, a linha 74 produz uma linha na janela do console indicando o valor que o consumidor acabou de ler, e a linha 76 invoca o método notify. Se o thread produtor estiver esperando pela trava do objeto SynchronizedBuffer, ele entrará no estado pronto. Assim que lhe for designado um processador, o thread tentará readquirir a trava e continuar realizando sua tarefa. O método notify retorna imediatamente e o método get retorna o valor de buffer para seu chamador (linha 78). [*Nota:* Novamente, invocar o método notify funciona corretamente nesse programa porque somente um thread chama o método set em qualquer dado instante (o thread produtor)]. Quando o método get retorna, a trava do objeto SynchronizedBuffer é liberada.

A classe SharedBufferTest2 (Figura 6.5) é semelhante à classe SharedBufferTest (Figura 5.5). SharedBufferTest2 contém o método main (linhas 6–27), que lança a aplicação. A linha 9 instancia um SynchronizedBuffer compartilhado e designa sua referência à variável sharedLocation de SynchronizedBuffer. Usamos uma variável SynchronizedBuffer em vez de uma variável Buffer, para que main possa invocar o método displayState de SynchronizedBuffer, não declarado na interface Buffer. O objeto SynchronizedBuffer armazena os dados compartilhados entre os threads produtor e consumidor. As linhas 11–18 exibem os cabeçalhos das colunas para a saída de resultados. As linhas 21–22 criam um objeto Producer e um objeto Consumer, respectivamente, e passam sharedLocation para cada construtor, de modo que cada objeto seja inicializado com uma referência ao mesmo SynchronizedBuffer. Em seguida, as linhas 24–25 invocam o método start nos threads producer e consumer para colocá-los no estado *pronto*, o que lança esses threads e estabelece a chamada inicial ao método run de cada thread. Por fim, o método main termina e o thread principal de execução morre.

Estude as três amostras de resultados da Figura 6.5. Observe que cada inteiro produzido é consumido exatamente uma vez. A sincronização e a variável occupiedBuffers asseguram que o produtor e o consumidor somente possam executar quando for a sua vez. O produtor deve ir primeiro; o consumidor deve esperar caso o produtor ainda não tenha produzido desde a última vez que o consumidor consumiu; o produtor deve esperar caso o consumidor ainda não tenha consumido o valor que o produtor produziu mais recentemente. Na primeira e segunda amostras de resultados, note os comentários que indicam quando produtor e consumidor devem esperar para realizar suas tarefas respectivas. Na terceira amostra de resultados, observe que o produtor e o consumidor conseguiram, fortuitamente, realizar suas tarefas sem esperar.

Revisão

1. Por que o método displayState não precisa ser declarado como synchronized?
2. (V/F) Se o método notify nunca for chamado no método get, o produtor nunca terminará de produzir, porque será adiado indefinidamente na linha 23 da Figura 6.4.

Respostas: 1) Embora occupiedBuffers seja um recurso compartilhado, a única vez que displayState é chamado é dentro de métodos synchronized ou quando o programa contém somente um thread. 2) Falso. É possível que o buffer nunca fique cheio, situação em que o produtor nunca executará a linha 23. Esse é o caso do terceiro resultado da Figura 6.5.

```
1    // Fig. 6.5: SharedBufferTest2.java
2    // SharedBufferTest2 cria threads produtor e consumidor.
3
4    public class SharedBufferTest2
5    {
6       public static void main( String [ ] args )
```

Figura 6.5 | *Threads modificando um objeto compartilhado com sincronização (parte 1 de 3).*

```
7      {
8              // cria objeto compartilhado usado por threads
9              SynchronizedBuffer sharedLocation = new SynchronizedBuffer( );
10
11             // Apresenta cabeçalhos de colunas para saída de resultados
12             StringBuffer columnHeads =
13                 new StringBuffer( "Operação" );
14             columnHeads.setLength( 40 );
15             columnHeads.append( "Buffer\t\tContagem de Ocupados" );
16             System.err.println( columnHeads );
17             System.err.println( );
18             sharedLocation.displayState( "Estado Inicial" );
19
20             // cria objetos produtor e consumidor
21             Producer producer = new Producer( sharedLocation );
22             Consumer consumer = new Consumer( sharedLocation );
23
24             producer.start( ); // inicie thread produtor
25             consumer.start( ); // inicie thread consumidor
26
27      } // termine main
28
29   } // termine classe SharedBufferTest2
```

Amostra de Resultado 1:

Operação	Buffer	Contagem de ocupados
Estado Inicial	-1	0
Consumidor tenta ler.		
Buffer vazio. Consumidor espera.	-1	0
Produtor escreve 1	1	1
Consumidor lê 1	1	0
Consumidor tenta ler.		
Buffer vazio. Consumidor espera.	1	0
Produtor escreve 2	2	1
Consumidor lê 2	2	0
Produtor escreve 3	3	1
Consumidor lê 3	3	0
Consumidor tenta ler.		
Buffer vazio. Consumidor espera.	3	0
Produtor escreve 4	4	1
Consumidor lê 4	4	0
Produtor encerra produção.		
Terminando Produtor.		
Consumidor lê valores totalizando: 10.		
Terminando Consumidor.		

Figura 6.5 | *Threads modificando um objeto compartilhado com sincronização (parte 2 de 3).*

Amostra de Resultado 2:

Operação	Buffer	Contagem de ocupados
Estado Inicial	-1	0
Consumidor tenta ler.		
Buffer vazio. Consumidor espera.	-1	0
Produtor escreve 1	1	1
Consumidor lê 1	1	0
Produtor escreve 2	2	1
Produtor tenta escrever.		
Buffer cheio. Produtor espera.	2	1
Consumidor lê 2	2	0
Produtor escreve 3	3	1
Consumidor lê 3	3	0
Produtor escreve 4	4	1
Produtor encerra produção.		
Terminando Produtor.		
Consumidor lê 4	4	0
Consumidor lê valores totalizando: 10.		
Terminando Consumidor.		

Amostra de Resultado 3:

Operação	Buffer	Contagem de ocupados
Estado Inicial	-1	0
Produtor escreve 1	1	1
Estado Inicial	-1	0
Produtor escreve 1	1	1
Consumidor lê 1	1	0
Produtor escreve 2	2	1
Consumidor lê 2	2	0
Produtor escreve 3	3	1
Consumidor lê 3	3	0
Produtor escreve 4	4	1
Produtor encerra produção.		
Terminando Produtor.		
Consumidor lê 4	4	0
Consumidor lê valores totalizando: 10.		
Terminando Consumidor.		

Figura 6.5 | *Threads modificando um objeto compartilhado com sincronização (parte 3 de 3).*

6.5 Estudo de caso de Java multithread, Parte IV: buffer circular em Java

O programa da Seção 6.4 utiliza sincronização de threads para garantir que dois threads manipulem dados corretamente em um buffer compartilhado. Contudo, a aplicação pode não funcionar otimamente. Se dois threads funcionarem em velocidades diferentes, um deles gastará mais tempo (ou quase todo seu tempo) esperando. Se o thread produtor produzir valores mais rapidamente do que o consumidor puder consumi-los, o produtor passará a maior parte do seu tempo esperando pelo consumidor. Similarmente, se o consumidor consumir com mais rapidez do que o produtor puder produzi-los, o consumidor passará a maior parte do seu tempo esperando pelo produtor. Mesmo quando os threads funcionam nas mesmas velocidades relativas, ocasionalmente podem ficar 'fora de sincronia' durante um certo período de tempo, o que obriga um deles a esperar pelo outro. Não podemos e não devemos fazer conjecturas sobre as velocidades relativas de threads concorrentes assíncronos. Ocorrem muitas interações com o sistema operacional, com a rede, com o usuário e com outros componentes do sistema que podem fazer que os threads operem a velocidades diferentes e imprevisíveis. Quando isso acontece no exemplo do produtor/consumidor, um thread deve esperar. Quando threads passam uma parte significativa do seu tempo a esperar, programas podem ficar menos eficientes, o sistema pode ficar menos responsivo a usuários interativos e aplicações podem sofrer longos atrasos, porque o processador não é usado com eficiência.

Já vimos neste capítulo que, para minimizar o tempo de espera para threads que compartilham recursos e funcionam com as mesmas velocidades médias, podemos implementar um buffer circular que fornece entradas extras de buffer nas quais o produtor pode colocar valores quando estiver executando mais rapidamente do que o consumidor, e das quais o consumidor pode recuperar esses valores quando estiver executando mais rapidamente do que o produtor.

A chave da utilização de um buffer circular é lhe dar suficientes entradas de buffer para manipular a produção 'extra' esperada. Se determinarmos que durante um período de tempo o produtor freqüentemente produz até três vezes mais valores do que o consumidor pode consumir, podemos equipar um buffer com três ou mais entradas para dar vazão à produção extra. Se o número de entradas do buffer for muito pequeno, os threads esperarão mais; se for muito grande, desperdiçaria memória.

O programa Java das figuras 6.6 e 6.7 demonstra um produtor e um consumidor acessando um buffer circular (nesse caso, um arranjo compartilhado de três células) com sincronização. Nessa versão do relacionamento produtor/consumidor, o consumidor consome um valor somente quando o arranjo não estiver vazio, e o produtor produz um valor somente quando o arranjo não estiver cheio.

A classe Producer foi ligeiramente modificada em relação à versão apresentada na Figura 5.2; essa nova versão produz valores de 11 a 20 (em vez de 1 a 4). A classe Consumer sofreu uma ligeira modificação em relação à versão da Figura 5.3; essa nova versão consome 10 valores (em vez de 4) do buffer circular.

As mudanças significativas das figuras 6.4 e 6.5 ocorrem em CircularBuffer (Figura 6.6), que substitui SynchronizedBuffer (Figura 6.4). CircularBuffer contém quatro campos. Arranjo buffers (linha 8) implementa o buffer circular como um arranjo de inteiros de três elementos. A variável occupiedBuffers (linha 11) é a variável condicional que pode ser usada para determinar se um produtor pode escrever no buffer circular (ou seja, quando occupiedBuffers for menor do que o número de elementos em buffers) e se um consumidor pode ler de um buffer circular (isto é, quando occupiedBuffers for maior do que 0). A variável readLocation (linha 14) indica a posição em buffers da qual o valor seguinte pode ser lido por um consumidor. A variável writeLocation (linha 15) indica a localização seguinte em buffers na qual um produtor pode colocar um valor.

```
1    // Fig. 6.6: CircularBuffer.java
2    // CircularBuffer sincroniza acesso a um arranjo de
3    // buffers compartilhados.
4
5    public class CircularBuffer implements Buffer
6    {
7        // cada elemento do arranjo é um buffer
8        private int buffers[ ] = { -1, -1, -1 };
9
10       // occupiedBuffers mantém contagem de buffers ocupados
11       private int occupiedBuffers = 0;
12
13       // variáveis que mantêm localizações ler e escrever do buffer
14       private int readLocation = 0;
15       private int writeLocation = 0;
16
17       // coloque valor dentro do buffer
18       public synchronized void set( int value )
```

Figura 6.6 | SynchronizedBuffer controla acesso a um arranjo compartilhado de inteiros (parte 1 de 4).

```java
19      {
20          // obtenha nome do thread que chamou este método
21          String name = Thread.currentThread( ).getName( );
22
23          // enquanto o buffer estiver cheio, coloque o thread em estado de espera
24          while ( occupiedBuffers == buffers.length )
25          {
26              // apresente informação de thread e buffer, então espere
27              try
28              {
29                  System.err.println( "\nTodos os buffers cheios. " +
30                      name + " espera." );
31                  wait(); // espere até espaço estar disponível
32              } // termine try
33
34              // se thread à espera interrompido, imprima cópia de pilha
35              catch ( InterruptedException exception )
36              {
37                  exception.printStackTrace();
38              } // termine catch
39
40          } // termine while
41
42          // coloque valor em writeLocation de buffers
43          buffers[ writeLocation ] = value;
44
45          // apresente valor produzido
46          System.err.println( "\n" + name + " escreve " +
47              buffers[ writeLocation ] + " " );
48
49          // indique que um ou mais buffers estão ocupados
50          ++occupiedBuffers;
51
52          // atualize writeLocation para futura operação de escrita
53          writeLocation = ( writeLocation + 1 ) % buffers.length;
54
55          // apresente conteúdo de buffers compartilhados
56          System.err.println( createStateOutput( ) );
57
58          notify( ); // retorne um thread à espera para o estado pronto
59      } // termine método set
60
61      // retorne valor do buffer
62      public synchronized int get( )
63      {
64          // obtenha nome do thread que chamou este método
65          String name = Thread.currentThread( ).getName( );
66
67          // enquanto o buffer estiver vazio, coloque thread em estado de espera
68          while ( occupiedBuffers == 0 )
69          {
70              // apresente informação de thread e buffer, então espere
71              try
72              {
73                  System.err.println( "\nTodos os buffers vazios. " +
74                      name + " espera." );
```

Figura 6.6 | *SynchronizedBuffer controla acesso a um arranjo compartilhado de inteiros (parte 2 de 4).*

```
75              wait( ); // espere até buffer conter novos dados
76          } // termine try
77
78          // se thread à espera estiver interrompido, imprima cópia de pilha
79          catch ( InterruptedException exception )
80          {
81              exception.printStackTrace( );
82          } // termine catch
83
84      } // termine while
85
86      // obtenha valor em readLocation corrente
87      int readValue = buffers[ readLocation ];
88
89      // apresente valor consumido
90      System.err.println( "\n" + name + " lê " +
91          readValue + " " );
92
93      // decremente valor de buffers ocupados
94      – – occupiedBuffers;
95
96      // atualize readLocation para futura operação de leitura
97      readLocation = ( readLocation + 1 ) % buffers.length;
98
99      // apresente conteúdo de buffers compartilhados
100     System.err.println( createStateOutput( ) );
101
102     notify( ); // retorne um thread à espera para estado pronto
103
104     return readValue;
105 } // termine método get
106
107 // crie saída de estado
108 public String createStateOutput()
109 {
110     // primeira linha de informação de estado
111     String output = "(buffers ocupados: " +
112         occupiedBuffers + ")\nbuffers: ";
113
114     for ( int i = 0; i < buffers.length; ++i )
115     {
116         output += " " + buffers[ i ] + " ";
117     } // termine for
118
119     // segunda linha de informação de estado
120     output += "\n ";
121
122     for ( int i = 0; i < buffers.length; ++i )
123     {
124         output += "——— ";
125     } // termine for
126
127     // terceira linha de informação de estado
128     output += "\n ";
129
130     // anexe indicadores readLocation (R) e writeLocation (W)
```

Figura 6.6 | SynchronizedBuffer *controla acesso a um arranjo compartilhado de inteiros (parte 3 de 4).*

```
131            // abaixo das localizações apropriadas de buffer
132            for ( int i = 0; i < buffers.length; ++i )
133            {
134                if ( i == writeLocation &&
135                    writeLocation == readLocation )
136                {
137                    output += " WR ";
138                } // termine if
139                else if ( i == writeLocation )
140                {
141                    output += " W ";
142                } // termine if
143                else if ( i == readLocation )
144                {
145                    output += " R ";
146                } // termine if
147                else
148                {
149                    output += "   ";
150                } // termine else
151
152            } // termine for
153
154            output += "\n";
155
156            return output;
157        } // termine método createStateOutput
158
159    } // termine classe CircularBuffer
```

Figura 6.6 | SynchronizedBuffer *controla acesso a um arranjo compartilhado de inteiros (parte 4 de 4).*

O método set de CircularBuffer (linhas 17–59) realiza as mesmas tarefas que o SynchronizedBuffer da Figura 6.4, com algumas modificações. O laço while nas linhas 23–40 determina se o produtor deve esperar (ou seja, todos os buffers estão cheios). Se tiverem de esperar, as linhas 29–30 mostram que o produtor está à espera para realizar sua tarefa. Então a linha 31 invoca o método wait para colocar o thread produtor no estado de *espera* pelo objeto CircularBuffer. Quando a execução eventualmente continuar na linha 43 depois do laço while, o valor escrito pelo produtor será colocado no buffer circular na localização writeLocation. Em seguida as linhas 46–47 emitem o valor produzido. A linha 50 incrementa OccupiedBuffers — agora há no mínimo um valor no buffer que o consumidor pode ler. Então, a linha 53 atualiza writeLocation para a próxima chamada ao método set de CircularBuffer. A saída continua na linha 56 invocando o método createStateOutput (linhas 107–157) que apresenta o número de buffers ocupados, o conteúdo dos buffers e writeLocation e readLocation correntes. Por fim, a linha 58 invoca o método notify para indicar que o thread consumidor que está à espera no objeto CircularBuffer (se, de fato, o consumidor estiver esperando) deve prosseguir.

O método get (linhas 61–105) da classe CircularBuffer também realiza as mesmas tarefas que realizava na Figura 6.4, com algumas poucas modificações. O laço while nas linhas 67–84 determina se o consumidor deve esperar (ou seja, todas as entradas do buffer estão vazias). Se o thread consumidor tiver de esperar, as linhas 73–74 indicarão que o consumidor está à espera para realizar sua tarefa. A linha 75 invoca o método wait para colocar o thread consumidor no estado *de espera* pelo objeto CircularBuffer. Quando a execução eventualmente continuar na linha 87 após o laço while, o valor de readValue será determinado na localização readLocation do buffer circular. As linhas 90–91 emitem o valor consumido. A linha 94 decrementa occupiedBuffers — agora há no mínimo uma posição aberta no buffer na qual o thread produtor pode colocar um valor. Então a linha 97 atualiza readLocation para a próxima chamada ao método get de CircularBuffer. A linha 100 invoca o método createStateOutput para emitir o número de buffers ocupados, o conteúdo dos buffers e writeLocation e readLocation correntes. Finalmente a linha 102 invoca o método notify para indicar que o thread produtor que está esperando pelo objeto CircularBuffer (se, de fato, houver um produtor esperando) deve prosseguir, e a linha 104 retorna o valor consumido ao método chamador. Note que, como Java implementa monitores do tipo sinalize-e-continue, esse programa não requer o parâmetro de saída discutido na Seção 6.2.3, "Exemplo de monitor: buffer circular".

A classe CircularBufferTest (Figura 6.7) contém o método main (linhas 8–24) que lança a aplicação. A linha 13 cria o objeto sharedLocation de CircularBuffer. As linhas 19–20 criam os threads producer e consumer, e as linhas 22–23 os iniciam. Entre as amostras de saídas estão occupiedBuffers correntes, o conteúdo dos buffers e writeLocation e readLocation correntes. As letras W e R na saída representam writeLocation e readLocation correntes, respectivamente. Note que, depois de o terceiro valor ser colocado no terceiro elemento do buffer, o quarto valor é reinserido no início do arranjo — esse é o efeito do buffer circular.

```
1   // Fig. 6.7: CircularBufferTest.java
2   // CircularBufferTest mostra dois threads manipulando um
3   // buffer circular.
4
5   // estabeleça os threads producer e consumer e os inicie
6   public class CircularBufferTest
7   {
8       public static void main ( String args[ ] )
9       {
10          // crie objeto compartilhado para threads; use uma referência
11          // a um CircularBuffer e não uma referência a Buffer
12          // para invocar método createStateOutput do CircularBuffer
13          CircularBuffer sharedLocation = new CircularBuffer( );
14
15          // apresente o estado inicial dos buffers em CircularBuffer
16          System.err.println( sharedLocation.createStateOutput( ) );
17
18          // estabeleça threads
19          Producer producer = new Producer( sharedLocation );
20          Consumer consumer = new Consumer( sharedLocation );
21
22          producer.start(); // inicie thread producer
23          consumer.start(); // inicie thread consumer
24      } // termine main
25
26  } // termine classe CircularBufferTest
```

Amostra de Saída:

(buffers ocupados: 0)
buffers: -1   -1   -1
              ___   ___   ___
              WR

Todos os buffers vazios. Consumidor espera.

Produtor escreve 11
(buffers ocupados: 1)
buffers: 11   -1   -1
              ___   ___   ___
              R   W

Consumidor lê 11
(buffers ocupados: 0)
buffers: 11   -1   -1
              ___   ___   ___
                      WR

Figura 6.7 | CircularBufferTest instancia threads produtor e consumidor (parte 1 de 4).

Amostra de saída (Cont.):

```
Produtor escreve 12
(buffers ocupados: 1)
buffers:     11     12     -1
             ___    ___    ___
                     R      W
Produtor escreve 13
(buffers ocupados: 2)
buffers:     11     12     13
             ___    ___    ___
              W             R

Consumidor lê 12
(buffers ocupados: 1)
buffers:     11     12     13
             ___    ___    ___
              W             R

Produtor escreve 14
(buffers ocupados: 2)
buffers:     14     12     13
             ___    ___    ___
                     W      R

Produtor escreve 15
(buffers ocupados: 3)
buffers:     14     15     13
             ___    ___    ___
                            WR
Todos os buffers cheios. Produtor espera.

Consumidor lê 13
(buffers ocupados: 2)
buffers:     14     15     13
             ___    ___    ___
              R             W

Produtor escreve 16
(buffers ocupados: 3)
buffers:     14     15     16
             ___    ___    ___
              WR
Todos os buffers cheios. Produtor espera.

Consumidor lê 14
(buffers ocupados: 2)
buffers:     14     15     16
             ___    ___    ___
              W      R

Produtor escreve 17
(buffers ocupados: 3)
buffers:     17     15     16
             ___    ___    ___
                     WR
```

Figura 6.7 | CircularBufferTest *instancia threads produtor e consumidor (parte 2 de 4).*

Amostra de Saída (Cont.):

Consumidor lê 15
(buffers ocupados: 2)
buffers: 17   15   16
             ───   ───   ───
                     W   R

Consumidor lê 16
(buffers ocupados: 1)
buffers: 17   15   16
             ───   ───   ───
              R   W

Consumidor lê 17
(buffers ocupados: 0)
buffers: 17   15   16
             ───   ───   ───
                     WR

Produtor escreve 18
(buffers ocupados: 1)
buffers: 17   18   16
             ───   ───   ───
                     R   W

Consumidor lê 18
(buffers ocupados: 0)
buffers: 17   18   16
             ───   ───   ───
                            WR

Todos os buffers vazios. Consumidor espera.

Produtor escreve 19
(buffers ocupados: 1)
buffers: 17   18   19
             ───   ───   ───
              W   R

Consumidor lê 19
(buffers ocupados: 0)
buffers: 17   18   19
             ───   ───   ───
              WR

Produtor escreve 20
(buffers ocupados: 1)
buffers: 20   18   19
             ───   ───   ───
              R   W

Produtor encerra produção.
Terminando Produtor.

Figura 6.7 | CircularBufferTest instancia threads produtor e consumidor (parte 3 de 4).

Amostra de Saída (Cont.):

```
Consumidor lê 20
(buffers ocupados: 0)
buffers:     20    18    19
                         ──
                         WR
Consumidor lê valores totalizando: 155.
Terminando Consumidor.
```

Figura 6.7 | CircularBufferTest *instancia threads produtor e consumidor (parte 4 de 4).*

Revisão

1. Quais os custos e benefícios potenciais de aumentar o tamanho de um buffer?
2. O que aconteceria se a linha 102 da Figura 6.6 fosse omitida?

Respostas: **1)** O benefício potencial é que o produtor pode produzir mais e bloquear menos se o consumidor for temporariamente mais lento do que o produtor. Contudo, isso poderia resultar em memória desperdiçada se ambos, consumidor e produtor, trabalhassem à mesma velocidade, se um deles trabalhasse muito mais rapidamente do que o outro ou se o produtor raramente se adiantasse tanto ao consumidor (se é que isso aconteça alguma vez) que pudesse tirar vantagem do espaço extra. **2)** O thread consumidor concluiria sem emitir notify. Se o produtor fortuitamente nunca esperar pelo consumidor (o que é, na verdade, uma ocorrência rara) o sistema funcionará corretamente. O que mais acontece, no entanto, é que se o produtor estiver à espera, ele nunca poderá prosseguir, isto é, o produtor poderá sofrer deadlock.

Resumo

Programas concorrentes são mais difíceis de escrever, depurar, modificar e de provar que estão corretos do que os não concorrentes. Não obstante, tem havido uma onda de interesse em linguagens de programação concorrente, porque nos habilitam a expressar mais naturalmente soluções para problemas paralelos. A proliferação de sistemas multiprocessadores, sistemas distribuídos e arquiteturas maciçamente paralelas também alimentaram essa onda.

Um monitor é um objeto que contém dados e procedimentos necessários para realizar alocação de um ou mais recursos compartilhados reutilizáveis serialmente. Dados do monitor são acessíveis somente dentro do monitor; os threads que estão fora do monitor não dispõem de nenhum modo para acessar os dados do monitor diretamente. Para realizar uma função de alocação de recurso usando monitores, um thread deve chamar uma rotina de entrada no monitor. Muitos threads podem querer entrar no monitor em vários momentos, mas a exclusão mútua é rigidamente imposta na fronteira do monitor. Um thread que tentar entrar no monitor quando esse estiver em uso será obrigado a esperar.

Eventualmente o thread que tem o recurso chamará uma rotina de entrada no monitor para devolver o recurso. Pode haver threads esperando pelo recurso, portanto a rotina de entrada no monitor chama signal para permitir que um dos threads à espera obtenha o recurso e entre no monitor. Para evitar adiamento indefinido, o monitor dá prioridade mais alta a threads que estão esperando do que àqueles que acabaram de chegar.

Antes de um thread poder entrar novamente no monitor, o thread que está chamando signal deve primeiramente sair do monitor. Um monitor do tipo sinalize-e-saia (*signal-and-exit*) requer que um thread saia imediatamente do monitor ao sinalizar. Alternativamente, um monitor sinalize-e-continue (*signal-and-continue*) permite que um thread que está dentro do monitor sinalize que esse logo estará disponível, mas ainda mantenha uma trava no monitor até que o thread saia dele. Um thread pode sair do monitor esperando em uma variável condicional ou concluindo a execução do código protegido pelo monitor.

Um thread que está correntemente dentro de um monitor poderá ter de esperar fora dele até que um outro thread execute uma ação no monitor. Um monitor associa uma variável condicional separada a cada situação distinta que poderia forçar um thread a esperar. Toda variável condicional tem uma fila associada. Um thread que estiver chamando wait em uma variável condicional particular será colocado na fila associada àquela variável condicional; um thread que estiver chamando signal em uma variável condicional particular fará que um thread que esteja à espera naquela variável condicional (se houver tal thread) seja retirado da fila associada àquela variável e entre no monitor.

Na implementação da solução do problema produtor/consumidor com buffer circular, o produtor deposita dados nos elementos sucessivos do arranjo compartilhado. O consumidor os retira na ordem em que foram depositados (FIFO). O produtor pode estar vários itens à frente do consumidor e eventualmente preencher o último elemento do arranjo. Quando produzir mais dados precisará 'fazer a volta' e recomeçar a depositar dados no primeiro elemento do arranjo.

Devido ao tamanho fixo do buffer circular, o produtor ocasionalmente encontrará todos os elementos do arranjo cheios; nesse caso deve esperar até que o consumidor esvazie um elemento do arranjo. Similarmente, às vezes o consumidor desejará consumir, mas o arranjo estará vazio; nesse caso o consumidor deve esperar até que o produtor deposite dados em um elemento do arranjo.

Se dois threads funcionarem em velocidades diferentes, um deles gastará mais tempo (ou até a maior parte do seu tempo) a esperar. Se o thread produtor produzir valores mais rapidamente do que o consumidor puder consumi-los, ele passará a maior parte do seu tempo esperando que o consumidor retire o próximo valor do conjunto. Similarmente, se o thread consumidor consumir valores mais rapidamente do que o produtor puder produzi-los, ele passará a maior parte do seu tempo esperando que o produtor coloque o próximo valor no conjunto.

Em sistemas de computador, é comum ter alguns threads que lêem dados (denominados leitores) e outros que os escrevem (denominados escritores). Como leitores não mudam o conteúdo de um banco de dados, muitos deles podem ter acesso ao banco de dados ao mesmo tempo. Mas um escritor pode modificar os dados, portanto, deve ter acesso exclusivo. Um novo leitor pode prosseguir contanto que nenhum thread esteja escrevendo e nenhum thread escritor esteja à espera para escrever. Cada novo leitor sinaliza ao próximo leitor à espera para prosseguir, o que causa uma 'reação em cadeia' que continuará até que todos os leitores à espera tenham se tornado ativos. Enquanto essa cadeia estiver avançando, todos os threads que chegam são forçados a esperar. Durante esse encadeamento os leitores que chegarem não poderão entrar no monitor, porque esse cumpre a regra de atender a threads sinalizados antes de threads que estão chegando. Se fosse permitido que os leitores que chegam prosseguissem, um fluxo contínuo de leitores causaria o adiamento indefinido dos escritores que estão à espera. Quando o último leitor sai do monitor, o thread sinaliza a um escritor à espera para ele prosseguir. Quando um escritor termina, primeiramente verifica se há algum leitor esperando. Se houver, o leitor à espera prossegue (o que provoca novamente um efeito cascata em todos os leitores que estão à espera). Se não houver nenhum leitor esperando, um escritor à espera obterá permissão para prosseguir.

Monitores é o mecanismo primário para fornecer exclusão mútua e sincronização em aplicações Java multithread. A palavra-chave synchronized impõe exclusão mútua em um objeto em Java. Monitores Java são do tipo sinalize-e-continue, permitindo que um thread sinalize que o monitor logo ficará disponível, mas ainda mantenha uma trava no monitor até o thread sair dele.

Em Java, o método wait obriga o thread chamador a liberar a trava do monitor e esperar em uma variável condicional não denominada. Depois de chamar wait, um thread é colocado no conjunto de espera onde permanece até ser sinalizado por um outro thread. Como a variável condicional é implícita em Java, um thread pode ser sinalizado, entrar novamente no monitor e constatar que a condição pela qual esperou não foi cumprida.

Threads emitem sinais chamando o método notify ou o método notifyAll. O método notify acorda um único thread do conjunto de espera. Se mais de dois threads puderem acessar um monitor, será melhor usar o método notifyAll que acorda todos os threads no conjunto de espera. Como notifyAll acorda todos os threads que estão tentando entrar no monitor (em vez de um único thread), notify pode render um desempenho mais alto em algumas aplicações.

Exercícios

6.1 Quais as semelhanças e diferenças entre a utilização de monitores e de semáforos?

6.2 Quando um recurso é devolvido por um thread que está chamando um monitor, este dá prioridade a um thread à espera em detrimento de um novo thread que está requisitando. Por quê?

6.3 Quais as diferenças entre variáveis condicionais e variáveis convencionais? Faz sentido inicializar variáveis condicionais?

6.4 O texto afirmou repetidas vezes que não se deve fazer nenhuma conjectura sobre as velocidades relativas de threads concorrentes assíncronos. Por quê?

6.5 Quais fatores você acha que afetariam a escolha de um projetista quanto ao número de entradas que um buffer circular deveria ter?

6.6 Por que é consideravelmente mais difícil testar, depurar e provar a correção de programas concorrentes do que seqüenciais?

6.7 O capítulo afirma que ocultação de informações é uma técnica de estruturação de sistemas que contribui para o desenvolvimento de sistemas de software mais confiáveis. Na sua opinião, por que isso acontece?

6.8 Referindo-se ao monitor descrito na Figura 6.2, responda às seguintes perguntas:
    a. Qual procedimento coloca dados no buffer circular?
    b. Qual procedimento retira dados do buffer circular?
    c. Qual disciplina de enfileiramento descreve melhor a operação do buffer circular?
    d. Isto é verdade: writerPosition>=readerPosition?

e. Quais instruções executam a inicialização do monitor?
f. Qual instrução (ou instruções) pode 'acordar' um thread que está esperando em uma variável condicional?
g. Qual instrução (ou instruções) pode pôr um thread 'para dormir'?
h. Qual instrução (ou instruções) garante que um buffer 'faça a volta'?
i. Qual instrução (ou instruções) modifica uma variável crítica compartilhada para indicar que uma outra entrada do buffer está disponível?

6.9 No monitor de leitores e escritores apresentado na Figura 6.3, por que faz sentido provocar efeito cascata em todos os leitores à espera? Isso poderia causar adiamento indefinido aos leitores à espera? Sob quais circunstâncias você poderia preferir limitar o número de leitores à espera que seriam inicializados quando a leitura fosse permitida?

6.10 (*O Problema do Barbeiro Adormecido*)[45] Uma barbearia tem um salão de corte com uma cadeira de barbeiro e uma sala de espera com n cadeiras. Os clientes entram na sala de espera um por vez se houver espaço disponível, senão vão a outra barbearia. Toda vez que o barbeiro termina o corte de um cabelo, o cliente sai e vai a outra loja, e um cliente que está esperando (se houver algum) entra no salão de corte e corta seu cabelo. Os clientes podem entrar na sala de espera um por vez, ou aqueles que estão esperando podem entrar no salão de corte (vazio) um por vez, mas esses eventos são mutuamente exclusivos. Se o barbeiro vir que a sala de espera está vazia, tira uma soneca ali mesmo. Quando um cliente chega e vê que o barbeiro está dormindo, ele o acorda e corta o cabelo, ou então espera. Use um monitor para coordenar a operação do barbeiro e dos clientes. Se você conhecer Java, implemente seu monitor também em Java.

6.11 (*O Problema dos Fumantes*)[46] [*Nota*: Um dos autores, HMD, trabalhou com S. Patil e Jack Dennis no Computation Structures Group do Projeto Mac do M.I.T.] Este problema tornou-se um clássico do controle da concorrência. Três fumantes são representados pelos threads S1, S2 e S3. Três vendedores são representados pelos threads V1, V2, e V3. Para fumar, cada fumante precisa de tabaco, um envoltório para o tabaco e um fósforo; quando esses recursos estão disponíveis, o fumante fuma seu cigarro até o fim e fica livre para fumar novamente. S1 tem tabaco, S2 tem envoltórios para tabaco, e S3 tem fósforos. V1 fornece tabaco e envoltórios, V2 fornece envoltórios e fósforos, e V3 fornece fósforos e tabaco. V1, V2, e V3 trabalham em regime de exclusão mútua; somente um desses threads pode funcionar por vez, e o próximo vendedor não pode funcionar até que os recursos fornecidos pelo vendedor anterior tenham sido consumidos pelo fumante. Use um monitor para coordenar a operação dos threads fumante e vendedor.

6.12 Semáforos são no mínimo tão poderosos quanto monitores. Mostre como implementar um monitor usando semáforos.

6.13 Use semáforos para resolver o problema dos escritores e leitores.

6.14 Implemente o problema dos leitores e escritores. Modele sua solução segundo a solução de leitores e escritores da Figura 6.2 e a solução de buffer circular em Java das figuras 6.6 e 6.7.

6.15 Um thread que está à espera deve receber prioridade sobre um thread que está tentando entrar pela primeira vez em um monitor? Qual esquema de prioridade (se houver algum) deve ser imposto aos threads que estão esperando?

Projeto sugerido

6.16 Elabore um estudo de pesquisa sobre programação concorrente em consoles de videogame. O hardware fornece primitivas de exclusão mútua ao programador da aplicação?

Simulação sugerida

6.17 Estenda a solução produtor/consumidor sem um buffer circular, apresentada na Figura 6.1 para manipular múltiplos produtores.

Notas

1. "Rationale for the design of the Ada programming language", *ACM SIGPLAN Notices*, v. 14, nº 6, jun. 1979, parte B.
2. O. S. F. Carvalho e G. Roucairol, "On mutual exclusion in computer networks", *Communications of the ACM*, v. 26, nº 2, fev. 1983, p. 146-147.
3. B. Liskov e R. Scheifler, "Guardians and actions: linguistic support for robust, distributed programs", *ACM Transactions on Programming Languages and Systems*, v. 5, nº 3, 1983, p. 381-404.
4. S. M. Shatz, "Communication mechanisms for programming distributed systems", *Computer*, v. 17, nº 6, jun. 1984, p. 21-28.
5. D. A. Fisher e R. M. Weatherly, "Issues in the design of a distributed operating system for Ada", *Computer*, v. 19, nº 5, maio 1986, p. 38-47.
6. B. H. Liskov, M. Herlihy e L. Gilbert, "Limitations of synchronous communication with static process structure in languages for distributed computing", *Proceedings of the 13th ACM Symposium on Principles of Programming Languages*, St. Petersburg, FL, jan. 1986.
7. S. M. Shatz e J. Wang, "Introduction to distributed-software engineering", *Computer*, v. 20, nº 10, out. 1987, p. 23-32.
8. E. S. Roberts, A. Evans Jr., C. R. Morgan e E. M. Clarke, "Task management in Ada — a critical evaluation for real-

time multiprocessors", *Software: Practice and Experience*, v. 11, nº 10, out. 1981, p. 1019-1051.
9. K. W. Nielsen e K. Shumate, "Designing large real-time systems with Ada", *Communications of the ACM*, v. 30, nº 8, ago. 1987, p. 695-715.
10. R. Ford, "Concurrent algorithms for real-time memory management", *IEEE Software*, v. 5, nº 5, set. 1988, p. 10-24.
11. "Preliminary Ada Reference Manual", *ACM SIGPLAN Notices*, v. 14, nº 6, jun. 1979, parte A.
12. P. Brinch Hansen, "The programming language concurrent Pascal", *IEEE Transactions on Software Engineering*, v. SE-1, nº 2, jun. 1975, p. 199-207.
13. D. Coleman, R. M. Gallimore, J. W. Hughes e M. S. Powell, "An assessment of concurrent Pascal", *Software: Practice and Experience*, v. 9, 1979, p. 827-837.
14. P. Brinch Hansen, "Distributed processes: a concurrent programming concept", *Communications of the ACM*, v. 21, nº 11, nov. 1978, p. 934-941.
15. N. H. Gehani e W. D. Roome, "Concurrent C", *Software: Practice and Experience*, v. 16, nº 9, 1986, p. 821-844.
16. R. B. Kieburtz e A. Silberschatz, "Comments on 'communicating sequential processes'", *ACM Transactions on Programming Languages and Systems*, v. 1, nº 2, 1979, p. 218-225.
17. C. A. R. Hoare, *Communicating sequential processes*. Englewood Cliffs, NJ: Prentice Hall, 1985.
18. J. Hoppe, "A simple nucleus written in modula-2: a case study", *Software: Practice and Experience*, v. 10, nº 9, set. 1980, p. 697-706.
19. N. Wirth, *Programming in modula-2*. Nova York: Springer-Verlag, 1982.
20. J. W. L. Ogilvie, *Modula-2 programming*. Nova York: McGraw-Hill, 1985.
21. J. R. McGraw, "The VAL language: description and analysis", *ACM Transactions on Programming Languages*, v. 4, nº 1, jan. 1982, p. 44-82.
22. R. P. Cook, "*MOD — A language for distributed programming", *IEEE Transactions on Software Engineering*, v. SE-6, nº 6, 1980, p. 563-571.
23. E. W. Dijkstra, "Hierarchical ordering of sequential processes", *Acta Informatica*, v. 1, 1971, p. 115-138.
24. P. Brinch Hansen, "Structured multiprogramming", *Communications of the ACM*, v. 15, nº 7, jul. 1972, p. 574-578.
25. P. Brinch Hansen, *Operating system principles*. Englewood Cliffs, NJ: Prentice Hall, 1973.
26. C. A. R. Hoare, "Monitors: an operating system structuring concept", *Communications of the ACM*, v. 17, nº 10, out. 1974, p. 549-557. Veja também "Corrigendum", *Communications of the ACM*, v. 18, nº 2, fev. 1975, p. 95.
27. P. Brinch Hansen, "The solo operating system: processes, monitors, and classes", *Software: Practice and Experience*, v. 6, 1976, p. 165-200.
28. J. H. Howard, "Proving monitors", *Communications of the ACM*, v. 19, nº 5, maio 1976, p. 273-279.
29. J. H. Howard, "Signaling in monitors", *Second International Conference on Software Engineering*, São Francisco, CA, out. 1976, p. 47-52.
30. A. M. Lister e K. J. Maynard, "An implementation of monitors", *Software: Practice and Experience*, v. 6, nº 3, jul. 1976, p. 377-386.
31. J. L. W. Kessels, "An alternative to event queues for synchronization in monitors", *Communications of the ACM*, v. 20, nº 7, jul. 1977, p. 500-503.
32. J. Keedy, "On structuring operating systems with monitors", *Australian Computer Journal*, v. 10, nº 1, fev. 1978, p. 23-27. Reimpresso em *Operating Systems Review*, v. 13, nº 1, jan. 1979, p. 5-9.
33. B. W. Lampson e D. D. Redell, "Experience with processes and monitors in MESA", *Communications of the ACM*, v. 23, nº 2, fev. 1980, p. 105-117.
34. P. Wegner e S. A. Smolka, "Processes, tasks and monitors: a comparative study of concurrent programming primitives", *IEEE Transactions on Software Engineering*, v. SE-9, nº 4, jul. 1983, p. 446-462.
35. P. A. Buhr, M. Fortier e M. Coffin, "Monitor classifications", *ACM Computing Surveys*, v. 27, nº 1, mar. 1995, p. 63-107.
36. C. A. R. Hoare, "Monitors: an operating system structuring concept", *Communications of the ACM*, v. 17, nº 10, out. 1974, p. 549-557.
37. P. A. Buhr, M. Fortier e Coffin, M., "Monitor classification", *ACM Computing Surveys*, v. 27, nº 1, mar. 1995, p. 63-107.
38. P. Brinch Hansen, "The programming language concurrent Pascal", *IEEE Transactions on Software Engineering*, nº 2, jun. 1975, p. 199-206.
39. C. A. R. Hoare, "Monitors: an operating system structuring concept", *Communications of the ACM*, v. 17, nº 10, out. 1974, p. 549-557. Veja também "Corrigendum", *Communications of the ACM*, v. 18, nº 2, fev. 1975, p. 95.
40. P. J. Courtois, F. Heymans e D. L. Parnas, "Concurrent control with readers and writers", *Communications of the ACM*, v. 14, nº 10, out. 1971, p. 667-668.
41. C. A. R. Hoare, "Monitors: an operating system structuring concept", *Communications of the ACM*, v. 17, nº 10, out. 1974, p. 549-557. Veja também "Corrigendum", *Communications of the ACM*, v. 18, nº 2, fev. 1975, p. 95.
42. S. J. Hartley, "Concurrent programming using the Java language", modificado em: 30 dez. 1997, www.mcs.drexel.edu/~shartley/ConcProgJava/monitors.html.
43. B. Venners, "Thread synchronization", *Inside the Java Virtual Machine*, modificado em: 18 abr. 2003, www.artima.com/insidejvm/ed2/threadsynch.html.
44. T. W. Christopher e G. K. Thiruvathukal, *High-performance Java platform computing, multithreaded and networked programming*. Upper Saddle River, NJ: Prentice Hall, p. 89-93.
45. E. W. Dijkstra, "Solution of a problem in concurrent programming control", *Communications of the ACM*, v. 8, nº 5, set. 1965, p. 569.
46. S. S. Patil, "Limitations and capabilities of Dijkstra's semaphore primitives for coordination among processes", *M.I.T. Project MAC Computational Structures Group Memo 57*, fev. 1971.

Capítulo 7

Deadlock e adiamento indefinido

É melhor esperar para ver.
H. H. Asquith

Todo homem é o centro de um círculo cuja circunferência fatal ele não pode ultrapassar.
Jon James Ingalls

*Prenda-me na segurança do grilhão
De um olhar imortal.*
Robert Browning

A detecção é, ou deveria ser, uma ciência exata e deveria ser tratada com a mesma frieza e ausência de emoção.
Sir Arthur Conan Doyle

Demoras terminam mal.
William Shakespeare

Objetivos

Este capítulo apresenta:
- *O problema do deadlock.*
- *As quatro condições necessárias para existir deadlock.*
- *O problema do adiamento indefinido.*
- *Os conceitos de prevenção, evitação, detecção e recuperação de deadlock.*
- *Algoritmos para evitação e detecção de deadlock.*
- *Como os sistemas podem se recuperar de deadlocks.*

7.1 Introdução

Nos quatro capítulos anteriores discutimos processos assíncronos, processos concorrentes e threads. Um sistema de multiprogramação fornece muitos benefícios, mas, como discutido no Capítulo 6, "Programação concorrente", a multiprogramação também introduz complexidade adicional. Um problema que surge em sistemas de multiprogramação é o **deadlock** (impasse). Um processo ou thread está em estado de deadlock (ou **travado**) se estiver à espera por um determinado evento que não ocorrerá. No deadlock de sistema um ou mais processos estão travados.[1,2] O restante deste capítulo irá se concentrar em processos, mas grande parte da discussão também se aplicará a threads.

Em sistemas de computação de multiprogramação, o compartilhamento de recursos é uma das metas principais. Quando recursos são compartilhados entre um conjunto de processos e cada processo mantém controle exclusivo sobre determinados recursos a ele alocados, podem ocorrer deadlocks nos quais alguns processos nunca poderão concluir sua execução, o que pode resultar em perda de trabalho, redução de rendimento e falha do sistema.

Este capítulo discute o problema do deadlock e resume as quatro áreas mais importantes da pesquisa de deadlocks: **prevenção**, **evitação**, **detecção** e **recuperação de deadlock**. Considera também o problema relacionado do adiamento indefinido, também denominado **inanição**, no qual um processo que não está travado pode ficar esperando por um evento que talvez nunca ocorra ou que possa ocorrer em algum instante indeterminado no futuro devido a vieses nas políticas de escalonamento de recursos dos sistemas. Em alguns casos, fabricar um sistema livre de deadlocks tem um preço alto. Certos sistemas, como os de missão crítica, esse preço deve ser pago não importando quão alto seja, porque permitir que um deadlock se desenvolva poderia ser catastrófico, especialmente se puser vidas humanas em risco. Este capítulo também discute soluções para os problemas de deadlock e adiamento indefinido em termos de permutas entre sobrecarga e benefícios previstos.

Revisão

1. Um projetista de sistemas decide tentar evitar qualquer possibilidade de deadlock criando um sistema de multiprogramação que não compartilha recursos. O que está errado nessa idéia?

2. Quais as semelhanças e diferenças entre deadlock e adiamento indefinido?

Respostas: 1) O sistema seria altamente ineficiente, porque cada processo precisaria de seu próprio conjunto de recursos. E mais, programas concorrentes assíncronos comumente exigem recursos compartilhados como semáforos. 2) Deadlock e adiamento indefinido são semelhantes, porque ocorrem quando processos esperam por um evento. O deadlock acontece porque o evento nunca ocorrerá; o adiamento indefinido sucede, porque não se tem certeza se e quando o evento ocorrerá (devido a vieses nas políticas de escalonamento de recursos do sistema).

7.2 Exemplos de deadlocks

Deadlocks podem se desenvolver de muitas maneiras. Se a tarefa designada a um processo é esperar que um evento ocorra e o sistema não tiver nenhuma provisão para sinalizar esse evento, teremos um deadlock de um só processo.[3] Esses deadlocks são extremamente difíceis de detectar. Deadlocks em sistemas reais freqüentemente envolvem vários processos que estão competindo por vários recursos de diversos tipos. Vamos examinar alguns exemplos comuns.

7.2.1 Deadlock de tráfego

A Figura 7.1 ilustra um tipo de deadlock que ocasionalmente acontece em cidades. Vários automóveis estão tentando transitar por um bairro movimentado e o tráfego está totalmente engarrafado. A polícia tem de resolver a confusão retirando os carros vagarosa e cuidadosamente da área congestionada. Por fim o tráfego começa a fluir normalmente, mas não sem antes causar muito aborrecimento, esforço e perda de tempo (veja no site deste livro: "Curiosidades, Ponte de pista única").

Revisão

1. Supondo que não haja carros após os pontinhos na Figura 7.1, qual o número mínimo de carros que teriam de dar ré para liberar o deadlock e quais (ou qual) carros seriam?

2. Se os carros fossem retirados por via aérea na Figura 7.1, qual o número mínimo de carros e quais (ou qual) teriam de ser retirados para liberar o deadlock?

Respostas: 1) Na Figura 7.1 apenas dois carros teriam de dar ré para permitir que todos os outros eventualmente pudessem sair — qualquer um dos carros antes de uma das séries de pontinhos e, em seguida, o carro à frente dele no cruzamento. 2) Somente um carro tem de ser retirado: qualquer um dos quatro que estão nos cruzamentos.

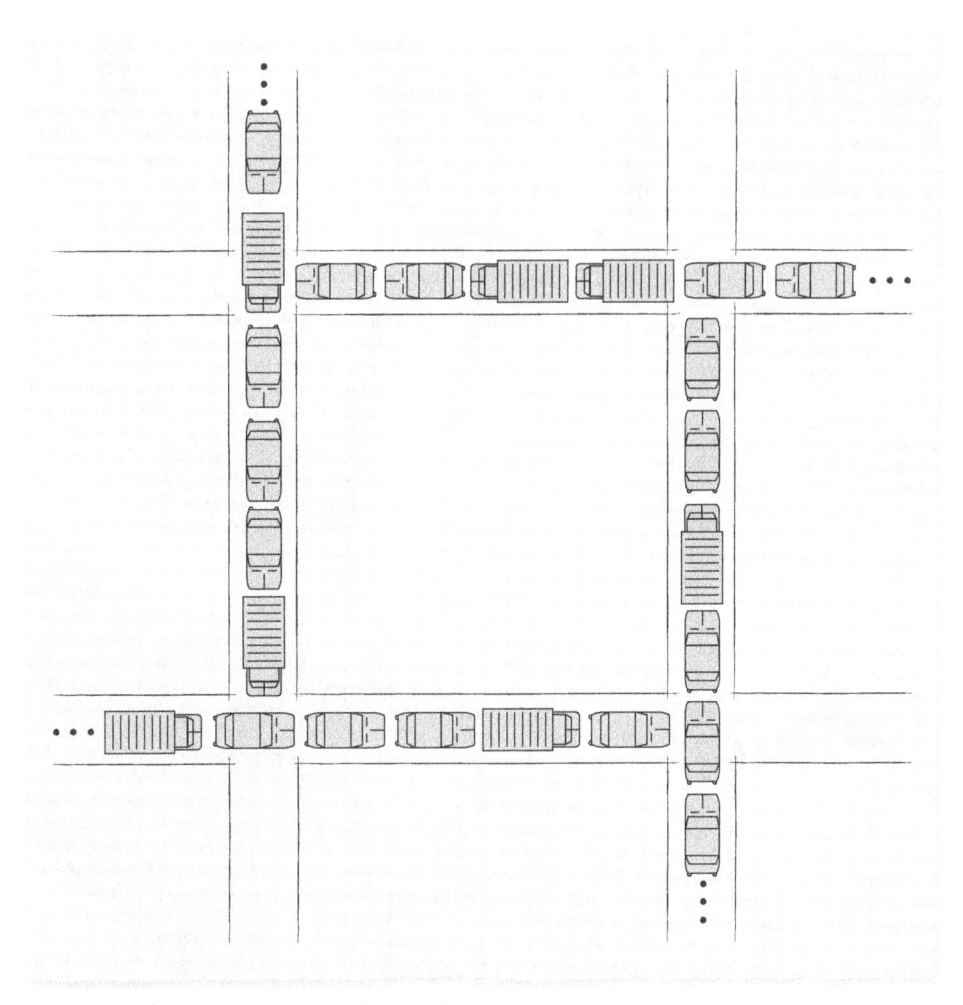

Figura 7.1 | *Exemplo de deadlock de tráfego.*[4]

7.2.2 Deadlock na alocação de recurso simples

A maioria dos deadlocks de sistemas operacionais ocorre por causa da disputa normal por **recursos dedicados** (recursos que podem ser usados ao longo do tempo por muitos processos, mas por apenas um processo por vez, às vezes denominados **recursos reutilizáveis serialmente**). Por exemplo, uma impressora pode imprimir trabalhos apenas para um processo por vez (caso contrário, partes de muitos trabalhos seriam impressas intercaladamente). Um exemplo simples de deadlock de recurso é ilustrado na Figura 7.2. Esse **grafo de alocação de recurso** mostra dois processos sob a forma de retângulos e dois recursos sob a forma de círculos. Uma seta que liga um recurso a um processo indica que o recurso pertence ou foi alocado àquele processo. Uma seta que liga um processo a um recurso indica que o processo está requisitando, mas ainda não obteve o recurso. O diagrama mostra um sistema em deadlock: o Processo P_1 retém o Recurso R_1 e precisa do Recurso R_2 para continuar; o Processo P_2 retém o Recurso R_2 e precisa do Recurso R_1 para continuar. Cada processo está esperando que o outro libere um recurso que não liberará. Essa **espera circular** é característica de sistemas em deadlock (veja o quadro "Reflexões sobre sistemas operacionais, Espera, deadlock e adiamento indefinido). Esse tipo de retenção irredutível de recursos às vezes é denominado **abraço mortal**.

Revisão

1. Se o deadlock de tráfego da Figura 7.1 fosse representado em um grafo de alocação de recursos, quais seriam os processos? Quais seriam os recursos?

2. Suponha que haja diversas setas ligando um processo a recursos em um grafo de alocação de recursos. O que isso significa? Como afeta a possibilidade de deadlock?

Respostas: **1)** Os carros seriam os processos. Os recursos seriam as seções da rua que os carros ocupam. Cada carro no momento retém a seção da rua diretamente abaixo dele e está requisitando a seção à frente dele. **2)** Significa que o processo

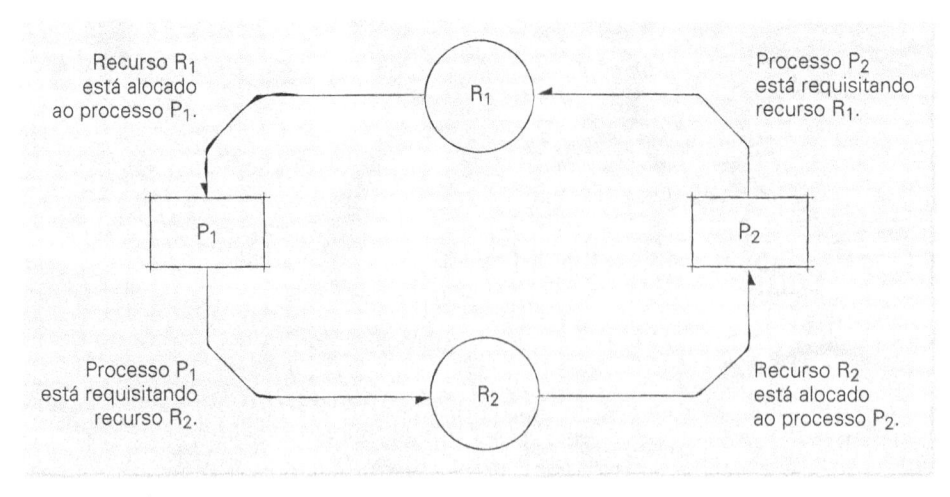

Figura 7.2 | Exemplo de deadlock de recurso. Este sistema entrou em deadlock, porque cada processo retém um recurso que está sendo requisitado pelo outro processo e nenhum processo está disposto a liberar o recurso que retém.

está requisitando diversos recursos. A possibilidade de deadlock depende da alocação desses recursos a outros processos, alguns dos quais, por sua vez, estão a requisitar recursos retidos pelo processo que discutimos.

7.2.3 Deadlock em sistemas de spooling

Um sistema de spooling melhora o rendimento do sistema por desassociar um programa de dispositivos lentos como impressoras. Por exemplo, se um programa que está enviando linhas a uma impressora tiver de esperar que cada página seja impressa antes de poder transmitir a próxima, sua execução será lenta. Para acelerar a execução do programa, um sistema de spooling dirige as páginas a um dispositivo muito mais rápido, como um disco rígido, no qual elas são armazenadas temporariamente até que possam ser impressas.

Sistemas de spooling podem ser propensos a deadlock. Alguns requerem que toda a saída de um programa esteja disponível antes de poder iniciar a impressão. Diversos serviços parcialmente concluídos que estão gerando páginas para um arquivo de spool podem ficar travados, se os espaços disponíveis no disco forem preenchidos antes da conclusão de qualquer dos trabalhos. O usuário ou administrador do sistema pode 'matar' um ou mais serviços para abrir suficiente espaço de spooling para concluir os serviços restantes.

O administrador do sistema normalmente especifica a quantidade de espaço para arquivos de spooling. Um modo de reduzir a probabilidade de deadlocks é fornecer consideravelmente mais espaço para arquivos de spooling do que seria provavelmente necessário. Essa solução pode ser inexeqüível se o espaço for caro demais. Uma solução mais comum é restringir os spoolers de entrada, para que não aceitem serviços adicionais de impressão quando os arquivos de spooling estiverem prestes a atingir um certo **limite de saturação**, tal como 75% cheios. Isso pode reduzir o rendimento do sistema, mas é o preço que se paga para reduzir a probabilidade de deadlock.

Os sistemas de hoje são mais sofisticados do que isso. Podem permitir que a impressão comece antes de um trabalho estar concluído de modo que um arquivo de spooling cheio, ou quase cheio, possa começar a ser esvaziado enquanto ainda houver um serviço em execução. Esse conceito tem sido aplicado a clipes de áudio e vídeo de tempo real quando o áudio e o vídeo podem ser ouvidos e vistos antes de o clipe ter sido totalmente descarregado (*streaming*). Em muitos sistemas a alocação de espaço de spooling ficou mais dinâmica; se o espaço existente começar a ficar cheio, mais espaço pode ser disponibilizado.

Revisão

1. Suponha que um sistema de spooling tenha um limite de saturação de 75% e restrinja o tamanho máximo de cada arquivo em 25% do tamanho total do arquivo de spooling. Pode ocorrer deadlock nesse sistema?

2. Suponha que um sistema de spooling tenha um limite de saturação de 75% e restrinja o tamanho máximo de cada arquivo em 25% do tamanho total do arquivo de spooling. Descreva um modo simples de garantir que nunca ocorrerá deadlock no sistema. Explique como isso poderia levar à alocação ineficiente de recursos.

Respostas: **1)** Sim, ainda assim pode ocorrer deadlock nesse sistema. Por exemplo, diversos serviços começam a transferir suas saídas. Quando o arquivo de spooling atingir o limite de 75% não serão permitidos mais serviços, porém os

> ## Reflexões sobre sistemas operacionais
>
> ### Espera, deadlock e adiamento indefinido
>
> Sistemas operacionais devem gerenciar muitos tipos diferentes de situações de espera que dependem da utilização intensa de filas para isso. Processos e threads têm de esperar que um processador fique disponível antes de poder executar; muitas vezes esperam pela conclusão de requisições de E/S e pela disponibilidade de recursos. As próprias requisições de E/S devem esperar pela disponibilidade de dispositivos de E/S. Processos e threads que compartilham dados podem ter de esperar até que um processo ou thread que esteja atualmente acessando os dados termine e saia de uma seção crítica. No relacionamento produtor/consumidor, o produtor passa informações ao consumidor via região compartilhada da memória; quando essa região estiver cheia, o produtor não poderá continuar a produzir mais informações, portanto deverá esperar que o consumidor esvazie uma parte dos dados; quando a região estiver vazia, o consumidor deverá esperar que o produtor gere mais dados.
>
> Você verá muitos exemplos de situações de espera por todo este livro. Sistemas operacionais devem gerenciar a espera cuidadosamente para evitar dois problemas sérios, a saber, o deadlock e o adiamento indefinido, discutidos detalhadamente neste capítulo. Em uma situação de deadlock, processos e threads estão esperando por eventos que nunca ocorrerão; um deadlock simples de dois processos obriga cada um deles a esperar por um recurso retido por um dos processos e que só pode ser usado por um processo por vez. Ambos os processos param de processar, o que pode ser fatal em sistemas de missão crítica nos quais pode haver vidas humanas em jogo. Adiamento indefinido (também denominado inanição) normalmente ocorre quando um processo está à espera na fila e o sistema permite que outros processos, talvez de prioridade mais alta, passem à frente. Diz-se que um fluxo constante de chegada de processos de prioridades mais altas adia indefinidamente os processos de prioridades mais baixas, o que, em sistemas de missão crítica, pode ser tão perigoso quanto um deadlock. Portanto, leve a sério a espera — se for mal gerenciada, poderão ocorrer falhas de sistema.

que já começaram podem continuar a fazer o spooling, o que pode resultar em deadlock se não houver espaço suficiente no arquivo de spooling. **2)** Um ajuste simples seria permitir que somente um dos serviços continue o seu processo de spooling de dados quando o arquivo atingir o limite, o que seria ineficiente, porque limitaria o tamanho máximo do serviço a muito menos do que o espaço de spooling disponível.

7.2.4 Exemplo: o jantar dos filósofos

O problema do **Jantar dos Filósofos**[5,6] de Dijkstra ilustra muitas das questões sutis inerentes à programação concorrente. Eis o problema:

> *Cinco filósofos estão sentados ao redor de uma mesa redonda. Cada um leva uma vida simples, alternando entre pensar e comer macarrão. À frente de cada filósofo está um prato de macarrão que é sempre reabastecido por um empregado dedicado. Há exatamente cinco garfos sobre a mesa, um entre cada par adjacente de filósofos. Comer macarrão (daquela maneira mais elegante) requer que um filósofo use os dois garfos adjacentes a ele (simultaneamente). Desenvolva um programa concorrente, livre de deadlock e adiamento indefinido, que modele as atividades dos filósofos.*

Se a solução desse problema não fosse livre de deadlock e adiamento indefinido, um ou mais filósofos morreriam de fome. O programa deve, é claro, impor exclusão mútua — dois filósofos não podem usar o mesmo garfo ao mesmo tempo. Um filósofo típico comporta-se como mostra a Figura 7.3.

Os problemas de exclusão mútua, deadlock e adiamento indefinido estão na implementação do método eat. Considere a implantação simples, mas perigosa, da Figura 7.4.

Como os filósofos funcionam assíncrona e concorrentemente, é possível que cada um execute a linha 3 antes que qualquer outro execute a linha 4. Nesse caso, cada filósofo reterá exatamente um garfo e não restará mais nenhum sobre a mesa. Todos eles sofrerão deadlock e morrerão de fome.

Um meio de quebrar o deadlock quando cada filósofo pegar um garfo esquerdo é obrigar um ou mais filósofos a devolver seus garfos esquerdos de modo que um outro possa pegá-lo como um garfo direito. Para implementar essa regra,

```
1    void typicalPhilosopher( )
2    {
3       while ( true )
4       {
5          think( );
6          eat( );
7       } // termine while
8
9    } // termine typicalPhilosopher
```

Figura 7.3 | *Comportamento de um filósofo no jantar.*

```
1    void eat( )
2    {
3       pickUpLeftFork( );   // pegue o garfo esquerdo
4       pickUpRightFork( );  // pegue o garfo direito
5       eatForSomeTime( );   // coma durante algum tempo
6       putDownRightFork( ); // largue o garfo direito
7       putDownLeftFork( );  // largue o garfo esquerdo
8    } // eat
```

Figura 7.4 | *Implementação do método eat.*

pickUpRightFork( ) pode especificar que um filósofo devolva o garfo esquerdo se não puder obter o garfo direito. Porém, nesse caso, é possível (embora improvável) que cada filósofo pegue e devolva seu garfo esquerdo repetidamente, um após o outro, sem nunca obter os dois garfos de que necessita para comer o macarrão. Nesse caso, os filósofos não sofrerão um impasse 'de morte' (deadlock; *dead* = morto, ou de morte), mas sim um impasse 'ao vivo' (livelock; *live* = vivo, ou ao vivo), ou seja, sofrerão adiamento indefinido e ainda assim morrerão de fome. A solução precisa evitar o deadlock (obrigando os filósofos a largar seus garfos), mas também evitar o livelock (adiamento indefinido) garantindo que cada filósofo obtenha os dois garfos de vez em quando. Um dos exercícios pedirá que você desenvolva uma solução completa para o problema do Jantar dos Filósofos.

Revisão

1. A implementação do método eat da Figura 7.4 permite que os filósofos vivam em harmonia sem morrer de fome?

2. Considere o método eat da Figura 7.4. Suponha que as linhas 3 e 4 fossem substituídas por pickUpBothForksAtOnce( )(pegue ambos os garfos ao mesmo tempo), essa implementação impediria o deadlock? Impediria que os filósofos morressem de fome?

Respostas: 1) Sim. Não podemos prever as velocidades relativas de processos concorrentes assíncronos. É possível que nem todos os cinco filósofos peguem seus garfos esquerdos ao mesmo tempo. Vários deles poderão pegar os dois garfos que necessitam e, então, largá-los dando aos outros filósofos uma chance de comer. 2) Sim, evitaria o deadlock supondo que pickUpBothForksAtOnce( ) pode ser executada atomicamente. Ainda assim permitiria adiamento indefinido, que poderia ocorrer, por exemplo, se dois dos filósofos continuamente pegassem dois garfos e comessem, largassem os garfos e os pegassem novamente antes que qualquer um dos outros filósofos pudesse pegá-los; os outros filósofos morreriam de fome.

7.3 Problema relacionado: adiamento indefinido

Em qualquer sistema em que os processos tenham de esperar por causa de decisões de alocação de recursos e de escalonamento, um processo pode ser atrasado indefinidamente enquanto outros recebem a atenção do sistema. Essa situação, denominada adiamento indefinido, bloqueio indefinido ou inanição, pode ser tão devastadora quanto o deadlock.

Adiamento indefinido pode ocorrer por causa dos vieses de uma política de escalonamento de recursos. Quando recursos são escalonados por prioridade, é possível que um dado processo fique esperando por um recurso indefinidamente enquanto continuarem a chegar processos de prioridades mais altas. Esperar é um fato da vida e certamente é um aspecto importante do que acontece dentro de sistemas de computador, portanto, os sistemas devem ser projetados para gerenciar com justiça e eficientemente os processos que estão à espera. Alguns sistemas impedem o adiamento indefinido elevando a prioridade de um processo gradativamente enquanto ele espera por um recurso — essa técnica é denominada **envelhecimento** (*aging*). Eventualmente a prioridade do processo à espera ultrapassará as prioridades de todos os outros processos, e ele será atendido.

Revisão

1. O Algoritmo de Dekker e o Algoritmo de Peterson impediam que um processo fosse adiado indefinidamente para entrar em sua seção crítica. Descreva como o adiamento indefinido foi evitado. Como está relacionado ao envelhecimento?

2. Suponha que um processo interativo pareça estar 'mortinho da Silva'. Isso significa que ele está definitivamente em deadlock? Poderia estar indefinidamente adiado? Há outras possibilidades?

Respostas:

1) Tanto o Algoritmo de Dekker quanto o Algoritmo de Peterson davam preferência ao processo à espera quando o recurso tornava-se disponível novamente, o que é semelhante ao envelhecimento (aging), porque o processo à espera ganha uma prioridade mais alta por estar esperando. **2)** Essa é uma pergunta interessante. Do ponto de vista do usuário um processo interativo pareceria estar 'mortinho da Silva' se o sistema simplesmente parasse de atender às solicitações do usuário interativo. O processo poderia estar em deadlock, ou não. Poderia estar sofrendo adiamento indefinido, ou não. Também poderia estar à espera por um evento que fosse acontecer em pouco tempo, poderia estar preso em um laço infinito ou realizando um cálculo demorado que logo acabaria. Quem quer que já tenha sofrido com um sistema que parece estar 'pendurado' sabe como isso pode ser frustrante. Quais serviços o sistema operacional deveria fornecer para ajudar o usuário nessas situações? Abordaremos essas questões por todo o livro.

7.4 Conceitos de recurso

Na qualidade de gerente de recursos o sistema operacional é responsável pela alocação de um vasto conjunto de recursos de vários tipos, e é isso que, em parte, torna o projeto de um sistema operacional tão interessante. Consideramos recursos que são **preemptivos**, como processadores e memória principal. Processadores talvez sejam os recursos que mais freqüentemente sofrem preempção em um sistema de computação. Eles podem ser alternados rapidamente (multiplexados) entre todos os processos ativos que estão disputando os serviços do sistema para garantir que esses processos prossigam com velocidades razoáveis. Sempre que um processo particular chega a um ponto em que não pode usar um processador efetivamente (por exemplo, durante uma longa espera pela conclusão de entrada/saída, o sistema operacional despacha um outro processo para aquele processador). Como veremos nos capítulos 9, 10 e 11, um programa usuário que esteja atualmente ocupando uma faixa particular de localizações na memória principal pode ser removido ou sofrer preempção por um outro programa. Assim, a preempção é extremamente crítica para o sucesso de sistemas de computação de multiprogramação.

Certos recursos são **não preemptivos** — não podem ser removidos do processo ao qual são designados até que esse os liberem voluntariamente. Por exemplo, unidades de fita e scanners normalmente são designados a um processo particular por períodos de minutos ou horas.

Alguns recursos podem ser **compartilhados** entre diversos processos, enquanto outros são dedicados a um único processo por vez. Embora um processador isolado normalmente só possa pertencer a um processo por vez, sua multiplexação entre muitos processos cria a ilusão de compartilhamento simultâneo. Unidades de disco às vezes são dedicadas a um único processo, mas em geral contêm arquivos que podem ser acessados por muitos processos. Discos podem ser multiplexados entre muitos processos que estão requisitando E/S.

Dados e programas certamente são recursos que o sistema operacional deve controlar e alocar. Em sistemas de multiprogramação, muitos usuários podem querer usar um editor de programa ao mesmo tempo. Se o sistema operacional mantivesse na memória principal uma cópia separada do editor para cada programa, haveria uma quantidade significativa de dados redundantes, desperdiçando memória. Uma técnica melhor é o sistema operacional carregar uma cópia do código na memória e disponibilizar a cópia para cada usuário. Se fosse permitido a um processo modificar esse código compartilhado, outros processos poderiam agir sem previsibilidade. Conseqüentemente esse código deve ser **reentrante**, o que significa que não é modificado enquanto executa. Código que pode ser modificado, mas é reinicializado cada vez que é usado, denomina-se **reutilizável serialmente**. Código reentrante pode ser compartilhado por diversos processos simultaneamente, ao passo que código serialmente reutilizável pode ser usado corretamente apenas por um único processo por vez.

Quando chamamos recursos compartilhados particulares, devemos ter o cuidado de declarar se eles podem ser usados por diversos processos simultaneamente ou por apenas um processo por vez. Esse último tipo — recursos reutilizáveis serialmente — são os que tendem a se envolver em deadlocks.

Revisão

1. (V/F) Processos não sofrem deadlock como resultado da disputa por um processador.
2. (V/F) Recursos não preemptivos devem ser hardware.

Respostas: **1)** Verdadeiro. O processador é um recurso preemptivo que pode ser facilmente retirado de um processo, designado a outros processos e devolvido ao processo original habilitando-o a prosseguir normalmente. **2)** Falso. Certos recursos de software não são preemptivos, como os monitores.

7.5 Quatro condições necessárias para deadlock

Coffman, Elphick e Shoshani[7] provaram que as quatro condições seguintes são necessárias para existir deadlock:
1. Um recurso pode ser adquirido exclusivamente por um único processo por vez (**condição de exclusão mútua**).
2. Um processo que obteve um recurso exclusivo pode reter esse recurso enquanto espera para obter outros recursos (**condição de espera**, também denominada **condição de posse e espera**).
3. Uma vez que o processo obtenha um recurso, o sistema não pode retirá-lo do controle do processo até que esse tenha terminado de utilizar o recurso (**condição de não-preempção**).
4. Dois ou mais processos ficam travados em uma 'cadeia circular' na qual cada processo está esperando por um ou mais recursos que o processo seguinte da cadeia tetém (**condição de espera circular**).

Como essas condições são *necessárias*, a existência de um deadlock implica que cada uma delas deve estar em prática. Como veremos mais adiante, essa observação nos ajuda a desenvolver esquemas para evitar deadlocks. Tomadas em conjunto, todas as quatro condições são necessárias e **suficientes** para existir deadlock (se todas ocorrerem, o sistema sofrerá deadlock).

Revisão

1. Descreva como as quatro condições necessárias para deadlock se aplicam a sistemas de spooling.
2. Qual das quatro condições seria violada se um usuário pudesse remover serviços de um sistema de spooling?

Respostas: **1)** Dois serviços quaisquer não podem escrever dados simultaneamente para a mesma localização no arquivo de spooling. Serviços com spooling parcial continuam no arquivo até haver mais espaço disponível. Nenhum serviço pode remover outro do arquivo de spooling. Por fim, quando o arquivo de spooling está cheio, cada serviço espera por todos os outros serviços para liberar espaço. **2)** Isso violaria a condição de 'não-preempção'.

7.6 Soluções para o deadlock

Deadlock tem sido uma das áreas mais produtivas da pesquisa da ciência da computação e de sistemas operacionais. Há quatro áreas principais de interesse na pesquisa do deadlock — prevenção de deadlock, evitação de deadlock, detecção de deadlock e recuperação de deadlock.

Na **prevenção de deadlock** nossa preocupação é condicionar um sistema a afastar qualquer possibilidade de ocorrer deadlocks. A prevenção é uma solução limpa no que concerne ao deadlock em si, mas, muitas vezes, métodos de prevenção podem resultar em má utilização de recursos.

Na **evitação de deadlock** a meta é impor condições menos restritivas do que na prevenção, na tentativa de conseguir melhor utilização dos recursos. Métodos de evitação não condicionam previamente o sistema a afastar todas as possibilidades de deadlock. Ao contrário, permitem que a possibilidade exista, mas, sempre que um deadlock esteja na iminência de acontecer, ele é cuidadosamente desviado.

Métodos de **detecção de deadlock** são usados em sistemas nos quais podem ocorrer deadlocks. A meta é determinar se ocorreu um deadlock e identificar os processos e recursos que estão envolvidos.

Métodos de **recuperação de deadlock** são usados para limpar deadlocks de um sistema de modo que esse possa funcionar livre deles e para que os processos que sofreram deadlock possam concluir sua execução e liberar seus recursos. A recuperação é, na melhor das hipóteses, um problema confuso que, em geral, requer que um ou mais processos em deadlock sejam expurgados do sistema. Os processos expurgados são reinicializados normalmente desde o começo quando houver recursos disponíveis suficientes, porém grande parte ou todo o trabalho já executado por eles será perdido.

Revisão

1. Quais as diferenças e semelhanças entre prevenção e evitação de deadlock?
2. Alguns sistemas ignoram o problema do deadlock. Discuta os custos e benefícios dessa abordagem.

Respostas: **1)** A prevenção de deadlock torna-o impossível, mas resulta em baixa utilização de recursos. Já na evitação, quando uma ameaça de deadlock se aproxima, ela é desviada e a utilização de recursos é mais alta. Sistemas que utilizam prevenção ou evitação estarão livres de deadlocks. **2.** Sistemas que ignoram deadlocks podem falhar quando ocorrer um, o que é um risco inaceitável em sistemas de missão crítica, mas pode ser adequado em outros nos quais raramente ocorrem deadlocks, e o 'custo' de tratar um acontecimento desses ocasional é mais baixo do que o de implementar esquemas de prevenção ou evitação de deadlocks.

7.7 Prevenção de deadlock

Esta seção considera vários métodos de prevenção de deadlocks e examina os efeitos que causam sobre usuários e sistemas, especialmente do ponto de vista do desempenho.[8, 9, 10, 11, 12, 13] Havender,[14] observando que um deadlock não pode ocorrer se um sistema negar qualquer uma das quatro condições necessárias, sugeriu as seguintes estratégias de prevenção de deadlock:

- Cada processo deve requisitar todos os recursos de que precisa de uma só vez e não pode continuar até que todos tenham sido concedidos.
- Se for negada mais uma requisição a um processo que retém certos recursos, ele deve liberar seus recursos originais e, se necessário, requisitá-los novamente junto com os recursos adicionais.
- Deve ser imposta uma ordenação linear de recursos a todos os processos; se um processo recebeu certos recursos, ele somente poderá requisitá-los novamente mais tarde, conforme a ordem.

Nas seções seguintes examinaremos cada estratégia independentemente e discutiremos como cada uma delas nega uma das condições necessárias (veja no site deste livro: "Curiosidades, Proibidos porcas, parafusos e rosqueamentos"). Note que Havender apresenta três estratégias, e não quatro. A primeira condição necessária — que processos exijam a utilização exclusiva dos recursos requisitados por eles — não é uma condição que desejamos quebrar, porque queremos permitir especificamente recursos **dedicados** (reutilizáveis serialmente).

Revisão

1. Qual a premissa básica da pesquisa de Havender sobre prevenção de deadlock?

Resposta: **1)** Não pode ocorrer deadlock em sistemas nos quais qualquer uma das condições necessárias para deadlock seja impedida.

7.7.1 Negação da condição 'de espera'

A primeira estratégia de Havender requer que todos os recursos de que um processo precisa para concluir sua tarefa devem ser requisitados ao mesmo tempo. O sistema deve concedê-los na base do 'tudo ou nada'. Se todos os recursos de que um processo necessita estiverem disponíveis, o sistema poderá conceder-lhe todos ao mesmo tempo, e o processo poderá continuar a executar. Se os recursos não estiverem todos disponíveis, o processo deverá esperar até que estejam. Porém, enquanto espera, o processo não pode reter nenhum recurso. Assim, a condição de 'espera' é negada e não podem ocorrer deadlocks.

Embora essa estratégia evite deadlock, desperdiça recursos. Por exemplo, um programa que requer quatro unidades de fita em um determinado instante da execução deve requisitar, e receber, todas as quatro antes de começar a executar. Se precisar de todas as quatro unidades durante a execução inteira do programa, o desperdício não será sério. Mas suponha que o programa precise somente de uma unidade de fita para iniciar a execução (ou, pior ainda, de nenhuma unidade) e que, em seguida, não precise das unidades restantes durante várias horas. Impor que o programa deva requisitar, e receber, todas as quatro unidades de fita antes de iniciar a execução significa que recursos substanciais ficarão ociosos por várias horas.

Um modo de conseguir melhor utilização de recursos nessas circunstâncias é dividir o programa em diversos threads que executam relativamente de modo independente um do outro. Assim, a alocação de recursos é controlada por cada thread, e não pelo processo inteiro, o que pode reduzir o desperdício, mas envolve uma sobrecarga maior no projeto e execução da aplicação.

Essa estratégia de Havender poderia causar adiamento indefinido se, por exemplo, favorecesse processos à espera, cujas necessidades de recursos são menores do que as daqueles que estão tentando acumular muitos recursos. Um fluxo contínuo de chegada de processos com poucas necessidades de recursos poderia adiar indefinidamente um processo com necessidades mais substanciais. Uma maneira de evitar que isso aconteça é administrar as necessidades dos processos que estão à espera seguindo a ordem 'primeiro a chegar, primeiro a ser atendido'. Infelizmente, acumular todo o complemento de recursos para um processo com necessidades substanciais causaria considerável desperdício, pois, enquanto estivessem acumulando-se gradualmente, os recursos ficariam ociosos até todos estarem disponíveis.

Em ambientes de computadores de grande porte, cujos recursos são caros, há uma certa controvérsia sobre de quem devem ser cobrados os recursos não utilizados. Pelo fato de os recursos estarem sendo acumulados para um usuário específico, alguns projetistas acham que é esse usuário que deve pagar por eles, mesmo que fiquem ociosos. Outros projetistas dizem que isso destruiria a **previsibilidade da cobrança de recursos**; se o usuário tentasse executar o processo em um dia movimentado, os encargos seriam muito mais altos do que no momento em que a máquina estivesse apenas levemente carregada.

Revisão

1. Explique como negar a condição 'de espera' pode reduzir o grau de multiprogramação de um sistema.

2. Descreva sob quais condições um processo pode ser indefinidamente adiado ao usar o esquema de Havender para negar a condição 'de espera'.

Respostas: 1) Se os processos de um sistema requisitarem mais recursos do que os disponíveis para execução concorrente, o sistema deve obrigar alguns desses processos a esperar até que outros terminem e devolvam seus recursos. Na pior das hipóteses o sistema pode ficar limitado a executar somente um processo por vez. 2) Um processo poderia requisitar um número substancial de recursos de um sistema. Se o sistema operacional der prioridade mais alta a processos que requisitarem menos recursos do sistema, o processo que está requisitando todos os recursos será adiado indefinidamente, enquanto processos que requisitarem menos recursos prosseguirão.

7.7.2 Negação da condição de 'não-preempção'

A segunda estratégia de Havender nega a condição de 'não-preempção'. Suponha que um sistema permita que processos retenham recursos enquanto requisitam alguns adicionais. Contanto que restem recursos suficientes para satisfazer todas as requisições, o sistema não pode sofrer deadlock. Mas considere o que acontece quando uma requisição de recursos adicionais não puder ser atendida. Agora um processo retém recursos dos quais um segundo processo pode precisar para prosseguir, enquanto o segundo processo pode reter recursos de que o primeiro necessita — um deadlock de dois processos.

A segunda estratégia de Havender determina que, quando uma requisição de recursos adicionais feita por um processo que retenha recursos for negada, esse processo deverá liberar os recursos que retém e, se necessário, requisitá-los novamente, junto com os recursos adicionais. Essa estratégia efetivamente nega a condição de 'não-preempção' — os recursos podem realmente ser retirados de um processo que tem a posse deles antes da conclusão desse processo.

Também nesse caso os meios para evitar deadlocks podem ser custosos. Quando um processo libera recursos, pode perder todo o trabalho que realizou até aquele ponto. Tal preço pode parecer alto, mas a verdadeira questão é: "Quantas vezes esse preço tem de ser pago?". Se isso ocorrer com pouca freqüência, essa estratégia fornecerá um meio de custo relativamente baixo para evitar deadlocks. Contudo, se ocorrer freqüentemente, o custo será substancial e os efeitos, devastadores, particularmente quando processos de alta prioridade ou com prazo determinado não puderem ser concluídos a tempo por causa de repetidas preempções.

Essa estratégia poderia levar a adiamento indefinido? Depende. Se o sistema favorecer processos cujas requisições de recursos são pequenas em detrimento de processos que estão requisitando recursos substanciais, só isso já levará a adiamento indefinido. Pior ainda, à medida que o processo requisitar recursos adicionais, essa estratégia de Havender determinará que ele entregue todos os recursos que tem e requisite um número ainda maior. Portanto, o adiamento indefinido pode ser um problema quando o sistema for muito movimentado. E também, essa estratégia requer que todos os recursos sejam preemptivos, o que nem sempre é o caso (por exemplo, impressoras não devem sofrer preempção durante o processamento de um serviço de impressão).

Revisão

1. Qual o custo primário de negar a condição de 'não-preempção'?

2. Qual das duas primeiras estratégias de Havender para deadlock você acha a mais aceita por todos? Por quê?

Respostas: 1) Um processo pode perder todo o trabalho que realizou até o ponto em que seus recursos sofreram preempção. E também, o processo poderia sofrer adiamento indefinido dependendo da estratégia de alocação de recursos do sistema. 2) A maioria das pessoas provavelmente preferiria a primeira estratégia, a saber, exigir que um processo requisite antecipadamente todos os recursos de que necessitará. A segunda estratégia determina que um processo entregue os recursos que já tem, possivelmente causando um desperdício de trabalho. O interessante é que a primeira estratégia também poderia causar desperdício, pois os processos adquirem gradualmente recursos que ainda não podem usar.

7.7.3 Negação da condição de 'espera circular'

A terceira estratégia de Havender nega a possibilidade de espera circular. Nessa estratégia designamos um número único para cada recurso (por exemplo, unidade de disco, impressora, scanner, arquivo) que o sistema gerencia e criamos uma **ordenação linear** de recursos. Então, um processo deve requisitar seus recursos em uma ordem estritamente ascendente. Por exemplo, se um processo requisitar o recurso R_3 (onde o subscrito 3 é o número do recurso), somente poderá requisitar subseqüentemente recursos cujo número seja maior do que 3. Pelo fato de todos os recursos terem exclusivamente um número e porque os processos devem requisitar recursos em ordem ascendente, não é possível desenvolver uma espera circular (Figura 7.5) [*Nota*: Uma prova dessa propriedade é direta. Considere um sistema que imponha uma ordenação linear de recursos na qual R_i e R_j sejam recursos numerados por inteiros *i* e *j*, respectivamente (i ''' j). Se o sistema tiver uma característica de deadlock de espera circular, de acordo com a Figura 7.5, pelo menos uma seta (ou conjunto de setas) apontará para cima, de R_i para R_j, e uma seta (ou conjunto de setas) apontará para baixo, de R_j para R_i se $j > i$. Entretanto,

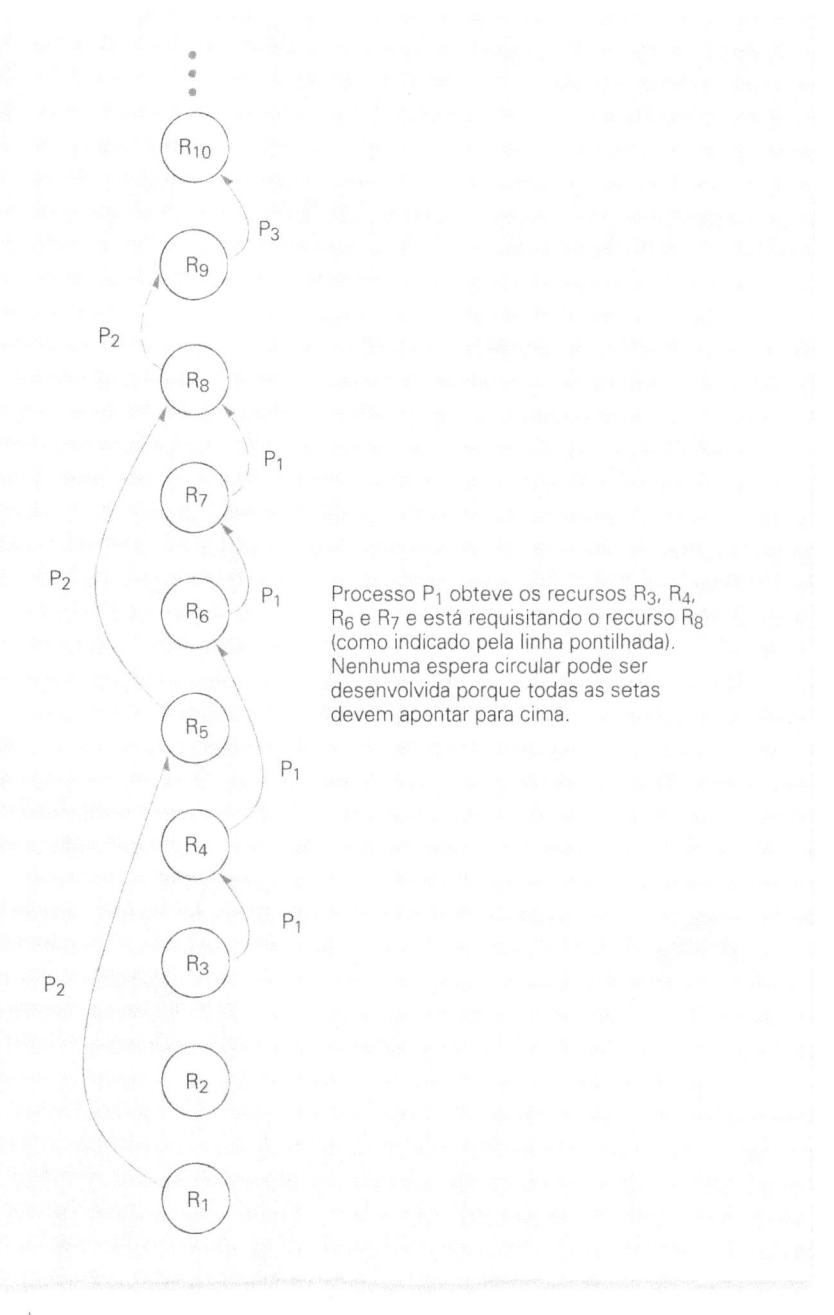

Processo P_1 obteve os recursos R_3, R_4, R_6 e R_7 e está requisitando o recurso R_8 (como indicado pela linha pontilhada). Nenhuma espera circular pode ser desenvolvida porque todas as setas devem apontar para cima.

Figura 7.5 | *Ordenamento linear de recursos de Havender para evitar deadlock.*

a ordenação linear dos recursos com a exigência para que os sejam solicitados em ordem ascendente implica que nenhuma seta, em tempo algum, possa ir de R_j para R_i se $j > i$. Portanto, não pode ocorrer deadlock nesse sistema.]

A negação da condição de 'espera circular' foi implementada em diversos sistemas operacionais herdados, mas não sem dificuldades.[15, 16, 17, 18] Uma desvantagem dessa estratégia é que ela não é tão flexível ou dinâmica como seria o desejado. Os recursos precisam ser requisitados em ordem ascendente por número do recurso. Esses números são designados para o sistema do computador e é preciso 'viver com eles' por longos períodos (meses ou até anos). Se forem adicionados novos recursos ou removidos recursos antigos em uma instalação, talvez os programas e sistemas existentes precisem ser reescritos.

Uma outra dificuldade é determinar o ordenamento dos recursos de um sistema. Claramente, os números dos recursos devem ser designados para refletir a ordem em que a maioria dos processos os utiliza. No caso dos processos que seguem essa ordem, pode-se esperar uma operação mais eficiente. Mas, no caso de processos que precisam de recursos em ordem diferente da especificada pelo ordenamento linear, os recursos devem ser adquiridos e retidos, possivelmente por longos períodos, antes que sejam realmente usados, o que pode resultar em mau desempenho.

Uma meta importante dos sistemas operacionais de hoje é promover a portabilidade do software através de múltiplos ambientes. Os programadores devem desenvolver suas aplicações sem que o hardware e o software lhes imponham restrições desvantajosas. O ordenamento linear de Havender realmente elimina a possibilidade de uma espera circular, mas reduz a capacidade de um programador escrever, com facilidade e livremente, código de aplicação que maximizará o desempenho de uma aplicação.

Revisão

1. Como um ordenamento linear para alocação de recursos reduz a portabilidade da aplicação?
2. (V/F) Impor ordenamento linear para requisições de recursos resulta em desempenho mais alto do que negar a condição de 'não-preempção'.

Respostas:
1) Sistemas diferentes normalmente terão conjuntos distintos de recursos e ordenarão recursos diferentemente, portanto, uma aplicação escrita para um sistema poderá precisar ser modificada para executar efetivamente em outro sistema. 2) Falso. Há situações em que uma dada solução resulta em desempenho mais alto porque exige uma sobrecarga insignificante. Se cada processo de um sistema requisitar conjuntos de recursos desarticulados, a negação da 'não-preempção' será bastante eficiente. Se um processo usar recursos em uma ordem correspondente ao ordenamento linear do sistema, então negar a condição 'de espera circular' poderá resultar em desempenho mais alto.

7.8 Evitação de deadlock com o Algoritmo do Banqueiro de Dijkstra

No caso de alguns sistemas é impraticável implementar as estratégias de prevenção de deadlock que discutimos na seção anterior. Todavia, mesmo existindo as condições necessárias para um deadlock, ainda assim é possível evitá-lo alocando cuidadosamente recursos do sistema. Talvez o mais famoso algoritmo para evitar deadlock seja o **Algoritmo do Banqueiro de Dijkstra**, assim denominado porque a estratégia é modelada segundo um banqueiro que concede empréstimos por meio de uma reserva de capital e recebe pagamentos que são reintegrados ao capital.[19, 20, 21, 22, 23] Aqui nós parafraseamos o algoritmo no contexto da alocação de recursos de sistemas operacionais. Subseqüentemente, muito trabalho foi desenvolvido no assunto evitação de deadlock.[24, 25, 26, 27, 28, 29, 30, 31]

O Algoritmo do Banqueiro define como um sistema particular pode evitar deadlock controlando cuidadosamente a distribuição dos recursos aos usuários (veja no site deste livro: "Curiosidades, Acrônimos"). Um sistema agrupa todos os recursos que gerencia em **tipos de recursos**. Cada tipo de recurso corresponde a recursos que fornecem funcionalidade idêntica. Para simplificar nossa apresentação do Algoritmo do Banqueiro, limitamos nossa discussão a um sistema que administra somente um tipo de recurso. O algoritmo pode ser estendido facilmente a reservatórios de recursos de vários tipos, o que ficará para os exercícios.

O Algoritmo do Banqueiro evita deadlock em sistemas operacionais que exibem as seguintes propriedades:

- O sistema operacional compartilha um número fixo de recursos, t, entre um número fixo de processos, n.
- Cada processo especifica previamente o número máximo de recursos que requer para concluir seu trabalho.
- O sistema operacional aceita a requisição de um processo, se a **necessidade máxima** daquele processo não exceder o número total de recursos disponíveis no sistema, t (o processo não pode requisitar mais do que o número total de recursos disponíveis no sistema).
- Às vezes um processo pode ter de esperar para obter um recurso adicional, mas o sistema operacional garante um tempo de espera finito.

- Se o sistema operacional conseguir satisfazer à necessidade máxima de recursos de um processo, o processo garantirá que o recurso será usado e liberado para o sistema operacional em um tempo finito.

Diz-se que o sistema está em **estado seguro** se o sistema operacional puder garantir que todos os processos atuais possam concluir seu trabalho em um tempo finito. Se não, diz-se que o sistema está em **estado inseguro**.

Também definimos quatro termos que descrevem a distribuição de recursos entre processos.

- Convencionemos que $max(P_i)$ seja o número máximo de recursos que o processo P_i requer durante sua execução. Por exemplo, se o processo P_3 nunca requisitar mais do que dois recursos, então $max(P_3) = 2$.
- Convencionemos que $loan(P_i)$ represente o **empréstimo (loan)** corrente de um recurso pelo processo P_i, no qual empréstimo quer dizer o número de recursos que o processo já obteve do sistema. Por exemplo, se o sistema alocou quatro recursos ao processo P_5, então $loan(P_5) = 4$.
- Digamos que $claim(P_i)$ seja a **solicitação de empréstimo (claim)** corrente de um processo no qual a solicitação de um processo é igual à sua necessidade máxima menos seu empréstimo corrente. Por exemplo, se o processo P_7 tiver uma necessidade máxima de seis recursos e um empréstimo corrente de quatro recursos, então temos:

$$claim(P_7) = max(P_7) - loan(P_7) = 6 - 4 = 2$$

- Seja a o número de recursos ainda disponíveis para alocação. Isso equivale ao número total de recursos (t) menos a soma dos empréstimos para todos os processos do sistema, isto é,

$$a = t - \sum_{i=1}^{n} loan(P_i)$$

Portanto, se o sistema tiver um total de 3 processos e 12 recursos e tiver alocado 2 recursos ao processo P_1, 1 recurso ao processo P_2 e 4 recursos ao processo P_3, então o número de recursos disponíveis será:

$$a = 12 - (2 + 1 + 4) = 12 - 7 = 5$$

O Algoritmo do Banqueiro de Dijkstra determina que recursos sejam alocados a um processo somente quando as alocações resultarem em estados seguros. Desse modo, todos os processos permanecem em estados seguros o tempo todo e o sistema nunca sofrerá deadlock.

Revisão

1. (V/F) Um estado inseguro é um estado de deadlock.
2. Descreva as restrições que o Algoritmo do Banqueiro impõe aos processos.

Respostas: 1) Falso. Um processo que está em estado inseguro pode eventualmente sofrer deadlock ou pode concluir sua execução sem sofrer deadlock. O que torna o estado inseguro é simplesmente que, nesse estado, o sistema operacional não pode garantir que todos os processos concluam seu trabalho; um sistema que está em estado inseguro poderia eventualmente sofrer deadlock. 2) Antes de executar, solicita-se que cada processo especifique o número máximo de recursos que pode requisitar a qualquer instante durante sua execução. Nenhum processo pode requisitar mais do que o número total de recursos do sistema. Cada processo também deve garantir que, tão logo lhe seja alocado um recurso, o processo eventualmente o devolverá ao sistema dentro de um tempo finito.

7.8.1 Exemplo de um estado seguro

Suponha que um sistema contenha 12 recursos equivalentes e 3 processos compartilhando os recursos, como na Figura 7.6. A segunda coluna contém a necessidade máxima para cada processo, a terceira coluna, o empréstimo corrente para cada processo e a quarta coluna, a solicitação de empréstimo de cada processo. O número de recursos disponíveis, a, é 2; isso é calculado subtraindo-se a soma das solicitações correntes do número total de recursos, $t = 12$.

Esse estado é 'seguro' porque os três processos têm possibilidade de terminar. Note que o processo P_2 tem, correntemente, um empréstimo de 4 recursos e eventualmente precisará de um máximo de 6, ou seja, 2 recursos adicionais. O sistema tem 12 recursos, dos quais 10 estão correntemente em uso e 2 disponíveis. Se o sistema alocar os 2 recursos disponíveis a P_2, satisfazendo a necessidade máxima de P_2, então P_2 poderá executar até concluir. Note que, após P_2 terminar, liberará 6 recursos, capacitando o sistema a atender imediatamente às necessidades máximas de P_1 (3) e P_3 (3), habilitando ambos esses processos a terminar. De fato, todos os processos podem terminar com base no estado seguro da Figura 7.6.

Processo	max(P_i) (necessidade máxima)	loan(P_i) (empréstimo corrente)	claim(P_i) (solicitação corrente)
P_1	4	1	3
P_2	6	4	2
P_3	8	5	3

Total de recursos, t, = 12   Recursos disponíveis, a, = 2

Figura 7.6 | Estado seguro.

Revisão

1. Na Figura 7.6, assim que P_2 finalizar sua execução, P_1 e P_2 devem executar seqüencialmente um após o outro ou poderiam executar concorrentemente?

2. Por que tratamos inicialmente de permitir que P_2 termine em vez de escolher P_1 ou P_3?

Respostas: **1)** P_1 e P_3 necessitam, cada um, de mais 3 recursos para finalizar. Quando P_2 terminar, liberará 6 recursos, o que é suficiente para P_1 e P_3 executarem concorrentemente. **2)** Porque P_2 é o único processo cuja solicitação pode ser satisfeita pelos 2 recursos disponíveis.

7.8.2 Exemplo de um estado inseguro

Suponha que os 12 recursos de um sistema estejam alocados como mostra a Figura 7.7. Somando os valores da terceira coluna e subtraindo o total de 12, obtemos um valor de 1 para *a*. Nesse ponto, não importando qual processo requisite o recurso disponível, não podemos garantir que todos os 3 processos terminarão. De fato, suponha que o processo P_1 requisite e obtenha o último recurso disponível. Pode ocorrer um deadlock de três vias se cada processo precisar requisitar no mínimo mais um recurso antes de liberar quaisquer recursos para o reservatório. Nesse caso, é importante notar que um *estado inseguro não implica a existência de deadlock, nem mesmo que um deadlock ocorrerá eventualmente. O que um estado inseguro implica é simplesmente que alguma seqüência de eventos nefastos possa levar a um deadlock.*

Revisão

1. Por que o deadlock é possível, mas não garantido, quando um sistema entra em um estado inseguro?

2. Qual o número mínimo de recursos que teria de ser adicionado ao sistema da Figura 7.7 para transformá-lo em estado seguro?

Respostas: **1)** Processos poderiam devolver seus recursos mais cedo, aumentando o número disponível até o ponto em que o estado do sistema voltasse a ser seguro e todos os processos pudessem concluir. **2)** Adicionando um recurso, o

Processo	max(P_i) (necessidade máxima)	loan(P_i) (empréstimo corrente)	claim(P_i) (solicitação corrente)
P_1	10	8	2
P_2	5	2	3
P_3	3	1	2

Total de recursos, t, = 12   Recursos disponíveis, a, = 1

Figura 7.7 | Estado inseguro.

número de recursos disponíveis fica sendo 2, o que permite que P_1 termine e devolva seus recursos, habilitando tanto P_2 quanto P_3 a terminar. Portanto, o novo estado é seguro.

7.8.3 Exemplo de transição de estado seguro para estado inseguro

Nossa política de alocação de recursos deve considerar cuidadosamente todas as requisições de recursos antes de atendê-las, senão um processo que está em estado seguro poderá entrar em estado inseguro. Por exemplo, suponha que o estado corrente de um sistema seja seguro, como mostra a Figura 7.6. O valor corrente de *a* é 2. Agora suponha que o Processo P_3 requisite um recurso adicional. Se o sistema atendesse a essa requisição, o novo estado seria o da Figura 7.8. Agora o valor corrente de *a* é 1, o que não é suficiente para satisfazer à solicitação corrente de qualquer processo, portanto o estado agora é inseguro.

Revisão

1. Se o Processo P_2 requisitasse um recurso adicional na Figura 7.6, o sistema estaria em estado seguro ou em estado inseguro?
2. (V/F) Um sistema não pode transitar de um estado inseguro para um estado seguro.

Respostas: 1) O sistema ainda estaria em estado seguro, porque há um caminho de execução que não resultará em deadlock. Por exemplo, se P_2 requisitar um outro recurso, poderá concluir a execução. Então haverá 6 recursos disponíveis, o que é suficiente para a finalização de P_1 e P_3. 2) Falso. À medida que os processos liberam recursos, o número de recursos disponíveis pode tornar-se suficientemente grande para o estado do sistema transitar de inseguro para seguro.

7.8.4 Alocação de recursos pelo Algoritmo do Banqueiro

Agora já deve ter ficado claro como funciona a alocação de recursos sob o Algoritmo do Banqueiro de Dijkstra. As condições 'exclusão mútua', 'de espera' e 'não-preempção' são permitidas — processos podem reter recursos ao mesmo tempo que requisitam e esperam recursos adicionais, e os recursos retidos por um processo não podem sofrer preempção. Como sempre, os processos reclamam a utilização exclusiva dos recursos que requisitam. Processos insinuam-se no sistema requisitando um recurso por vez; o sistema pode conceder ou negar cada solicitação. Se uma requisição for negada, o processo reterá quaisquer recursos alocados e esperará durante um tempo finito até que a solicitação seja eventualmente atendida. O sistema atende somente a requisições que resultam em estados seguros. Requisições de recursos que resultariam em estados inseguros são negadas repetidamente até que possam ser eventualmente satisfeitas. Como o sistema é sempre mantido em estado seguro, mais cedo ou mais tarde (em um tempo finito) todas as requisições podem ser satisfeitas e todos os usuários podem finalizar.

Revisão

1. (V/F) O estado definido na Figura 7.9 é seguro.
2. Que número mínimo de recursos adicionados ao sistema da Figura 7.8 tornaria o estado seguro?

Respostas: 1) Falso. Não há garantia de que todos esses processos terminarão. P_2 poderá terminar usando os 2 recursos remanescentes. Todavia, uma vez terminado P_2, restarão somente 3 recursos disponíveis, o que não é suficiente para

Processo	max(P_i) (necessidade máxima)	loan(P_i) (empréstimo corrente)	claim(P_i) (solicitação corrente)
P_1	4	1	3
P_2	6	4	2
P_3	8	6	2

Total de recursos, $t = 12$ Recursos disponíveis, $a = 1$

Figura 7.8 | Transição de estado seguro para inseguro.

Processo	max(P_i)	loan(P_i)	claim(P_i)
P_1	5	1	4
P_2	3	1	2
P_3	10	5	5
		$a = 2$	

Figura 7.9 | Descrição de estado de três processos.

satisfazer a solicitação de 4 recursos de P_1, nem a solicitação de 5 recursos de P_3. **2)** Adicionando um ou mais recursos poderíamos permitir que P_2 terminasse e devolvesse 3 recursos. Esses, mais o recurso adicionado, habilitariam P_1 a terminar, devolvendo 5 recursos e permitindo a finalização de P_3.

7.8.5 Deficiências do Algoritmo do Banqueiro

O Algoritmo do Banqueiro é atraente porque permite que processos que poderiam ter de esperar sob uma situação de prevenção de deadlock, prossigam. Mas o algoritmo tem algumas deficiências.

- Requer que haja um número fixo de recursos para alocar. Porque os recursos freqüentemente precisam de serviços devido a avarias ou manutenção preventiva, não podemos contar que seu número permaneça fixo. Similarmente, sistemas operacionais que suportam dispositivos que podem ser substituídos sem precisar desligar o computador (*hot swappable devices*) — por exemplo, dispositivos USB — permitem que o número de recursos varie dinamicamente.
- O algoritmo requer que a população de processos permaneça fixa, o que tampouco é razoável. Nos sistemas interativos e de multiprogramação atuais, a população de processos está constantemente mudando.
- O algoritmo requer que o banqueiro (o sistema) atenda a todas as solicitações dentro de um 'tempo finito'. Sistemas reais, em especial os de tempo real, claramente precisam de garantias muito melhores do que essas.
- Similarmente, o algoritmo requer que clientes (processos) paguem todos os seus empréstimos (devolvam todos os recursos) dentro de um 'tempo finito'. Mais uma vez, sistemas reais precisam de garantias muito melhores do que essa.
- O algoritmo requer que o processo declare previamente suas necessidades máximas. Com a alocação de recursos tornando-se cada vez mais dinâmica, fica mais difícil saber de antemão as necessidades máximas de um processo. De fato, um dos principais benefícios das linguagens de programação de alto nível e das interfaces gráficas com o usuário 'amigáveis' de hoje é que os usuários não precisam conhecer detalhes de nível tão baixo quanto a utilização de recursos. O usuário ou o programador espera que o sistema 'imprima o arquivo' ou 'envie a mensagem' e não quer se preocupar com os recursos que o sistema talvez precise empregar para honrar tais solicitações.

Pelas razões citadas, o Algoritmo do Banqueiro de Dijkstra não é implementado nos sistemas operacionais atuais. De fato, poucos sistemas podem sustentar a sobrecarga incorrida por estratégias de evitação de deadlocks.

Revisão

1. Por que o Algoritmo do Banqueiro falha em sistemas que suportam dispositivos *hot swappable* (que podem ser trocados sem desligar o computador)?

Resposta: **1)** O Algoritmo do Banqueiro requer que o número de recursos de cada tipo permaneça fixo. Dispositivos hot swappable podem ser adicionados e removidos do sistema a qualquer instante, o que significa que o número de recursos de cada tipo pode variar.

7.9 Detecção de deadlock

Discutimos prevenção e evitação de deadlock — duas estratégias para assegurar que não ocorram deadlocks em um sistema. Uma outra estratégia é permitir que eles ocorram e, então, localizá-los e removê-los, se possível. **Detecção de deadlocks** é um processo que determina se existe um deadlock e identifica os processos e recursos envolvidos nele.[32, 33, 34, 35, 36, 37, 38, 39, 40] Os algoritmos de detecção de deadlocks geralmente concentram-se em determinar se existe espera circular admitindo que existam as outras condições necessárias para deadlock.

Algoritmos de detecção de deadlocks podem resultar em significativa sobrecarga de tempo de execução. Assim, enfrentamos novamente as permutas tão comuns em sistemas operacionais — a sobrecarga envolvida na detecção de deadlocks é justificada pelas economias potenciais propiciadas pela sua localização e rompimento? Por enquanto ignoraremos essa questão e nos concentraremos no desenvolvimento de algoritmos capazes de detectar deadlocks.

7.9.1 Grafos de alocação de recursos

Para facilitar a detecção de deadlocks é usada uma notação popular (Figura 7.10) na qual um grafo com setas indica alocações e requisições de recursos.[41] Quadrados representam processos, e círculos grandes representam classes de recursos idênticos. Círculos menores desenhados dentro dos círculos grandes indicam a quantidade de recursos idênticos de cada classe. Por exemplo, um círculo grande denominado 'R_1' que contém três círculos pequenos indica que há três recursos equivalentes do tipo R_1 disponíveis para alocação neste sistema.

A Figura 7.10 ilustra as relações que podem ser indicadas em um grafo de requisições e alocação de recursos. Na Figura. 7.10(a) o processo P_1 está requisitando um recurso do tipo R_1. A seta que sai de P_1 toca apenas a extremidade do círculo grande, indicando que a requisição do recurso está sob consideração.

Na Figura 7.10(b) um recurso do tipo R_2 (do qual existem dois) foi alocado ao processo P_2. A seta é desenhada desde o círculo pequeno que está dentro do círculo grande R_2 até o quadrado P_2, indicando que o sistema alocou um recurso específico daquele tipo ao processo.

A Figura 7.10(c) indica uma situação um pouco mais próxima de um deadlock potencial. O Processo P_3 está requisitando um recurso do tipo R_3, mas o sistema alocou o único recurso R_3 ao processo P_4.

A Figura 7.10(d) indica um sistema em deadlock no qual o Processo P_5 está requisitando um recurso do tipo R_4, o único dos quais o sistema alocou ao processo P_6. O Processo P_6 está requisitando um recurso do tipo R_5, o único dos quais o sistema alocou ao Processo P_5. Esse é um exemplo de 'espera circular' necessária para causar um deadlock no sistema.

Grafos de requisição e alocação de recursos mudam à medida que processos requisitam recursos, obtêm-nos e eventualmente os devolvem ao sistema operacional.

Revisão

1. Suponha que um processo tenha o controle de um recurso do tipo R_1. É importante demonstrar qual círculo pequeno aponta para o processo no grafo de alocação de recursos?

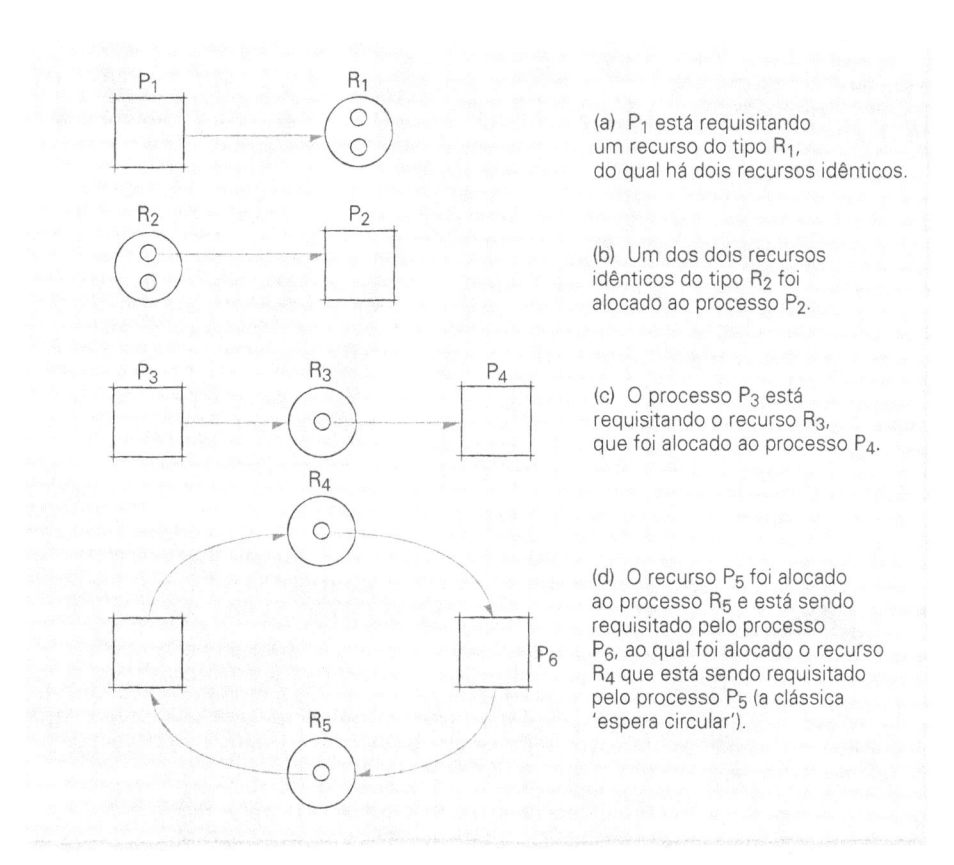

Figura 7.10 | *Grafos de alocação e requisição de recursos.*

2. Qual condição necessária para deadlock é mais fácil de identificar: por meio de um grafo de alocação de recursos ou analisando os dados de alocação de recursos de todos os processos do sistema?

Respostas: **1)** Não; todos os recursos do mesmo tipo devem fornecer funcionalidade idêntica, portanto, não importa qual dos círculos pequenos dentro do círculo R_1 aponta para o processo. **2)** Grafos de alocação de recursos facilitam a identificação de esperas circulares.

7.9.2 Redução de grafos de alocação de recursos

Uma técnica útil para detectar deadlocks envolve a redução de grafos, pela qual são determinados os processos, se houver, que podem concluir sua execução e os processos que continuarão em deadlock (assim como os recursos envolvidos naquele deadlock), se houver.[42]

Se as requisições de recurso de um processo puderem ser atendidas, dizemos que um grafo pode ser **reduzido** daquele processo. Essa redução equivale a mostrar como o grafo ficaria se o processo pudesse concluir sua execução e devolver seus recursos ao sistema. Reduzimos um grafo de um processo retirando as setas que se dirigem dos recursos àquele processo (recursos alocados àquele processo) e retirando as setas que se dirigem daquele processo até os recursos (as requisições de recursos correntes daquele processo). Se um grafo puder ser reduzido de todos os seus processos, então não haverá deadlock. Se um grafo não puder ser reduzido de todos o seus processos, os processos irredutíveis constituirão o conjunto de processos em deadlock daquele grafo.

A Figura 7.11 mostra uma série de reduções de grafos que demonstram que um conjunto particular de processos não está em deadlock. A Figura 7.10(d) mostra um conjunto irredutível de processos que constituem um sistema em deadlock. É importante notar que a ordem em que as reduções do grafo são realizadas não interessa. Deixamos as provas desse resultado para os exercícios (veja o Exercício 7.29).

Revisão

1. Por que a detecção de deadlock poderia ser uma política melhor do que a prevenção ou a evitação de deadlock? Por que poderia ser uma política pior?

2. Suponha que um sistema tente reduzir a sobrecarga da detecção de deadlocks fazendo detecção de deadlocks somente quando houvesse um grande número de processos no sistema. Cite uma desvantagem dessa estratégia.

Respostas: **1)** Em geral a detecção de deadlock coloca menos restrições sobre a alocação de recursos aumentando assim a utilização desses recursos. Entretanto, requer que o algoritmo de detecção de deadlock seja executado regularmente, o que pode resultar em sobrecarga significativa. **2)** Como pode ocorrer deadlock entre dois processos, é possível que o sistema nunca detecte alguns deadlocks se o número de processos no sistema for pequeno.

7.10 Recuperação de deadlock

Uma vez que um sistema tenha entrado em deadlock, esse deve ser rompido pela remoção de uma ou mais das quatro condições necessárias. Em geral diversos processos perderão um pouco ou todo o trabalho que já realizaram. Contudo, o preço a pagar pode ser pequeno em comparação a deixar o sistema em um estado em que não possa usar alguns de seus recursos.

A recuperação de deadlocks é complicada por diversos fatores. Primeiro, pode não estar claro que o sistema esteja em deadlock. Por exemplo, a maioria dos sistemas contém processos que acordam periodicamente, realizam certas tarefas e então voltam a dormir. Como esses processos não terminam antes de o sistema ser desligado e porque raramente entram em estado ativo, é difícil determinar se estão em deadlock. Segundo, a maioria dos sistemas não fornece os meios para suspender um processo indefinidamente, retirá-lo do sistema e retomar a operação (sem perda de trabalho) mais tarde. Na verdade, alguns processos, como os de tempo real que devem funcionar continuamente, simplesmente não se prestam a ser suspensos e retomados. Admitindo que existissem as capacidades efetivas de suspensão e retomada, elas certamente envolveriam considerações de sobrecarga e poderiam exigir a atenção de um administrador de sistemas altamente qualificado, e esse administrador nem sempre está disponível. Por fim, a recuperação de deadlock é complicada, porque o deadlock pode envolver muitos processos (dezenas ou até centenas). Dado que mesmo com um número pequeno de processos, a recuperação de deadlocks poderia demandar considerável trabalho; tratar de um deadlock entre muitas centenas (ou até mais) de processos poderia ser uma tarefa monumental.

Em sistemas atuais, a recuperação é ordinariamente realizada pela retirada forçada de um processo do sistema e retomada de seus recursos.[43, 44] O sistema ordinariamente perde o trabalho que o processo retirado realizou, mas permite que os processos remanescentes terminem. Às vezes é necessário retirar diversos processos até que sejam recuperados

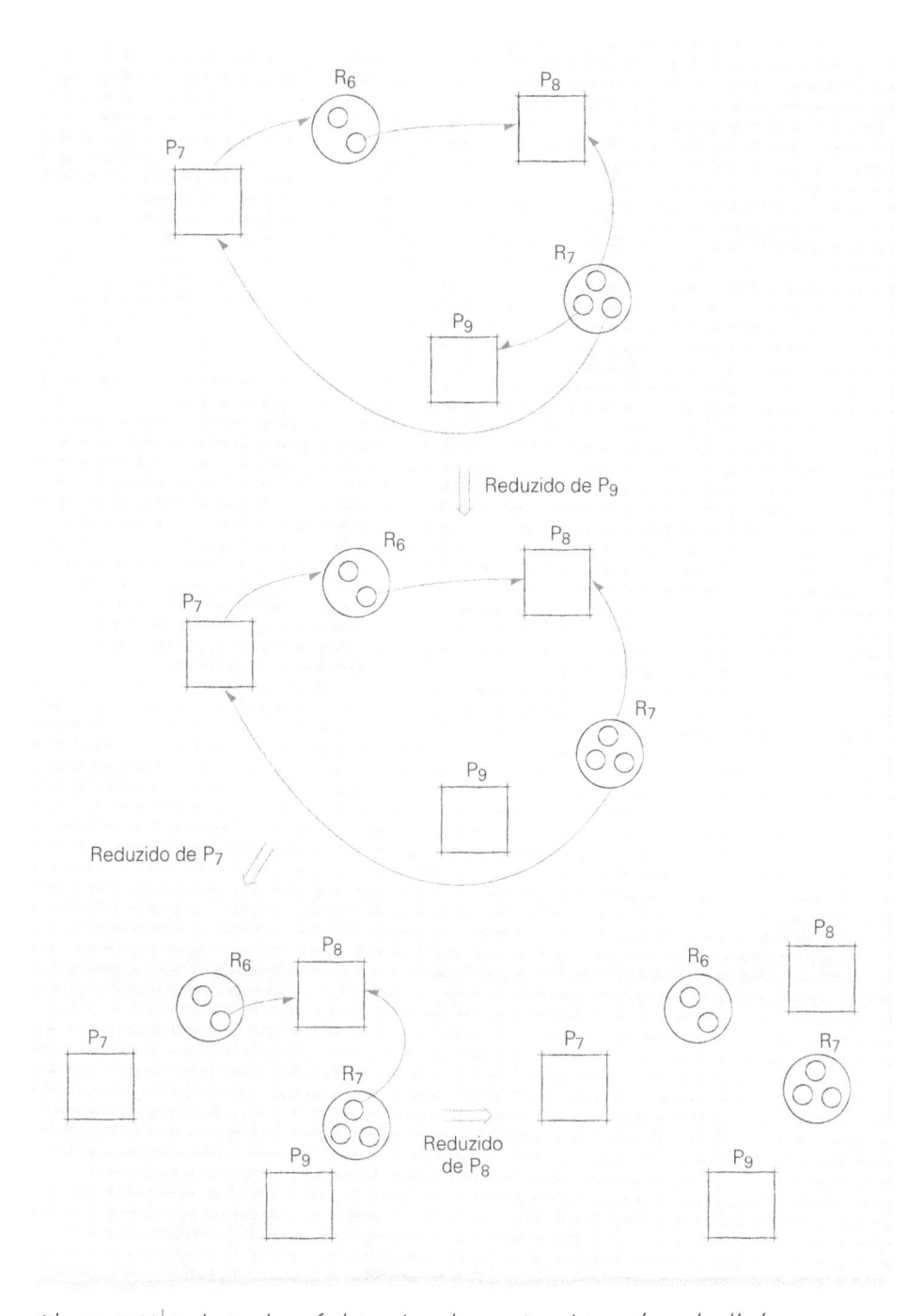

Figura 7.11 | Reduções de grafo determinando que não existe nenhum deadlock.

recursos suficientes para permitir que os processos remanescentes finalizem. Recuperação parece, de certa maneira, um termo inadequado, porque alguns processos na verdade são 'mortos' em benefício de outros.

Processos podem ser retirados segundo alguma ordem de prioridade, e também nesse caso enfrentamos diversas dificuldades. Por exemplo, os processos em deadlock podem não ter prioridade, portanto o sistema poderia ter de tomar uma decisão arbitrária. As prioridades também podem estar incorretas ou um pouco atrapalhadas por considerações especiais, como **escalonamento por prazo** no qual um processo de prioridade relativamente baixa tem uma prioridade alta temporariamente por causa de algum prazo que está prestes a se esgotar. Além do mais, talvez seja preciso um considerável esforço para determinar qual processo retirar.

O mecanismo de suspensão/retomada permite que o sistema retenha temporariamente um processo (causando a preempção temporária de seus recursos) e, quando for seguro, retome o processo retido sem perda de trabalho. A pesquisa nessa área é importante por outras razões além da recuperação de deadlock. Por exemplo, um mecanismo de suspensão/retomada pode ser aplicado a um sistema como um todo permitindo que um usuário desligue todo o sistema e reinicie mais tarde sem perda de trabalho. Essa tecnologia tem sido incorporada em muitos sistemas de laptops nos quais a vida limitada da bateria requer que os usuários minimizem o consumo de energia. A **interface avançada de configuração e energia** (*Advanced Configuration and Power Interface* — **ACPI**), uma especificação popular para gerenciamento de energia, define um estado adormecido no qual o conteúdo da memória, registradores e outras informações de estado de sistema são gravados em um elemento não volátil (como um disco rígido), e o sistema é desligado. No Windows XP esse recurso é conhecido como 'suspender para o disco' ou 'hibernar'. Quando o sistema é reiniciado, ele volta ao ponto em que entrou no estado adormecido, sem perda de trabalho.[45]

Verificação/reversão de estado, precursora da suspensão/retomada, é amplamente usada em sistemas bancários atuais. A verificação/reversão de estado enfrenta falhas de sistema e deadlocks tentando preservar o máximo possível de dados de cada processo terminado e facilita as capacidades de suspensão/retomada limitando a perda de trabalho ao instante em que a última **verificação** foi feita (o instante em que o último estado do sistema foi salvo). Quando um processo termina em um sistema (por acidente ou intencionalmente como resultado de um algoritmo de recuperação de deadlock), o sistema realiza uma **reversão de estado** desfazendo todas as operações relacionadas com o processo terminado que tenham ocorrido desde a última verificação.

Quando bancos de dados têm muitos recursos (talvez milhões ou mais) que devem ser acessados exclusivamente, pode haver risco de deadlock. Para garantir que os dados do banco de dados continuem em um estado consistente quando os processos em deadlock forem terminados, os sistemas de banco de dados normalmente realizam alocações de recursos usando **transações**. As mudanças especificadas por uma transação tornam-se permanentes apenas se a transação for concluída com sucesso. Discutiremos transações mais detalhadamente no Capítulo 13, "Arquivos e sistemas de bancos de dados".

Deadlocks poderiam provocar conseqüências horrendas em certos sistemas de tempo real. Um sistema de controle de processo de tempo real que monitora uma refinaria de petróleo deve funcionar sem interrupção para a segurança e adequação da operação das instalações industriais. Um marca-passo computadorizado, literalmente, não deve 'perder nenhuma batida' do coração. Não se pode arriscar deadlocks nesses ambientes. O que aconteceria se um deadlock se desenvolvesse? É claro que teria de ser detectado e removido imediatamente. Mas isso é sempre possível? Essas são algumas das considerações que tiram o sono de projetistas de sistemas operacionais.

Revisão

1. (V/F) Um sistema pode eliminar deadlock escolhendo aleatoriamente um processo irredutível em um grafo de alocação de recursos.

2. Por que um sistema que reinicia um processo que ele próprio 'matou' para romper um deadlock pode apresentar mau desempenho?

Respostas: **1)** Falso. Pode haver múltiplas esperas circulares dentro do sistema quando um deadlock é detectado. **2)** Primeiro, porque matar um processo causa perda de trabalho. Segundo, porque o processo reiniciado executará o mesmo código que causou o deadlock inicial, e se o estado do sistema não mudou, o sistema pode entrar em deadlock repetidamente.

7.11 Estratégias de deadlock em sistemas atuais e futuros

Em sistemas de computadores pessoais e estações de trabalho, o deadlock geralmente tem sido considerado um aborrecimento limitado. Alguns sistemas implementam os métodos básicos de prevenção de deadlock sugeridos por Havender, enquanto outros ignoram o problema — esses métodos parecem satisfatórios. Embora ignorar deadlocks talvez pareça perigoso, na realidade essa abordagem pode ser bastante eficiente. Considere que os sistemas de hoje podem conter milhares ou milhões de objetos reutilizáveis serialmente nos quais processos e threads podem sofrer deadlock. O tempo exigido para executar um algoritmo de detecção de deadlock pode aumentar exponencialmente com o número de objetos serialmente reutilizáveis do sistema. Se o deadlock for raro, o tempo de processador devotado à verificação de deadlocks reduzirá significativamente o desempenho do sistema. Em sistemas que não são de missão crítica e nem críticos para negócios, ignorar o deadlock em favor do desempenho muitas vezes vale mais a pena do que solucionar um deadlock ocasional.

Embora alguns sistemas ignorem deadlocks que ocorram devido a processos usuários, é muito mais importante evitar deadlocks no sistema operacional. Sistemas como o Microsoft Windows oferecem suporte de depuração que permitem aos desenvolvedores testar minuciosamente drivers e aplicações para garantir que adquiram recursos sem causar deadlocks (por exemplo, não tentem obter travas em rotinas recursivas, ou especificar aquisição de travas em uma certa ordem).[46] O interessante é que logo que esses programas são liberados, muitas vezes os mecanismos de teste são desabilitados para melhorar a eficiência.[47]

Em sistemas de tempo real, de missão crítica ou críticos para negócios, a possibilidade de deadlock não pode ser tolerada. Pesquisadores desenvolveram técnicas que tratam deadlocks e, ao mesmo tempo, minimizam a perda de dados e mantêm o bom desempenho. Por exemplo, o deadlock é comumente abordado em sistemas de bancos de dados distribuídos que poderiam fornecer acesso concorrente a bilhões de registros para milhões de usuários por meio de milhares de localizações.[48] Devido a seu grande tamanho, os sistemas de bancos de dados distribuídos normalmente não empregam algoritmos de prevenção de deadlock e evitação de deadlock. Em vez disso, confiam na detecção e recuperação de deadlock via verificação/reversão de estado (usando transações).[49] Essas técnicas estão além do escopo deste capítulo; veja o Capítulo 17, "Introdução a sistemas distribuídos", para uma iniciação a esses métodos.

Dadas as tendências atuais, o deadlock continuará sendo uma área importante de pesquisa por várias razões:

- Muitos sistemas de grande escala são orientados mais a operações assíncronas paralelas do que a operações seriais do passado. O multiprocessamento é comum e a computação paralela será dominante. Redes e sistemas distribuídos são ubíquos. Simplesmente falando, há mais operações ocorrendo concorrentemente, mais conflitos por recursos e, portanto, mais chances de deadlock. Em conseqüência, a pesquisa sobre detecção e recuperação de deadlock em sistemas distribuídos tornou-se muito ativa.
- Como a tendência crescente dos projetistas de sistemas operacionais é considerar dados como um recurso, o número de recursos que os sistemas operacionais têm de administrar está aumentando drasticamente. Isso mostra-se particularmente evidente em servidores Web e sistemas de bancos de dados que requerem intensa utilização de recursos e alto desempenho, o que torna impraticáveis a maioria das técnicas de prevenção de deadlock e mais importantes os algoritmos de recuperação de deadlock. Pesquisadores desenvolveram algoritmos avançados baseados em transação que asseguram alta utilização de recursos enquanto mantêm um baixo custo de recuperação de deadlock.[50]
- Centenas de milhões de computadores são incorporados em dispositivos comuns, particularmente nos pequenos e portáteis como telefones celulares, PDAs e sistemas de orientação geográfica. Esses cada vez mais caracterizados como sistemas em um chip (*Systems on a Chip* — SoC), são limitados por um pequeno conjunto de recursos e pelas demandas das tarefas de tempo real.[51,52] Nesses sistemas a alocação de recursos livres de deadlock é essencial, porque os usuários não podem confiar em um administrador para detectar e livrar o sistema de um deadlock.

Revisão

1. Por que a prevenção de deadlock não é uma preocupação primária para muitos sistemas operacionais?
2. Por que pode ser mais difícil detectar o deadlock em sistemas distribuídos do que em um computador isolado?

Respostas: 1) O deadlock é raro e muitas vezes considerado um aborrecimento de menor importância pela maioria dos usuários de computadores pessoais que, em geral, está mais preocupada com as características e o desempenho dos sistemas operacionais. 2) Pode ser difícil detectar deadlock em sistemas distribuídos, porque cada computador é administrado por um sistema operacional diferente, o que exige que cada sistema operacional colete informações de outros computadores para montar seu grafo de alocação de recursos.

Resumo

Um problema que surge em sistemas de multiprogramação é o deadlock. Um processo ou thread está em estado de deadlock (ou está travado) se estiver esperando por determinado evento que não ocorrerá. No deadlock de sistema um ou mais processos estão em deadlock. A maioria dos deadlocks se desenvolve por causa da disputa normal por recursos dedicados (recursos que podem ser usados por apenas um usuário por vez). Espera circular é característica de sistemas em deadlock.

Um exemplo de um sistema propenso a deadlock é o sistema de spooling. Uma solução comum é restringir os spoolers de entrada para que não aceitem mais serviços de impressão quando os arquivos de spooling estiverem prestes a atingir um certo limite de saturação. Os sistemas de hoje permitem que a impressão comece antes de um serviço estar concluído para que um arquivo de spooling cheio, ou quase cheio, possa começar a ser esvaziado ou parcialmente liberado mesmo que ainda haja um serviço em execução. Esse conceito tem sido aplicado a clipes de áudio e vídeo de tempo real quando o áudio e o vídeo começam a ser ouvidos e vistos antes de ser totalmente descarregados (*streaming*).

Em qualquer sistema que mantenha processos à espera enquanto ele toma decisões de alocação de recursos e escalonamento de processos, é possível atrasar indefinidamente o escalonamento de um processo enquanto outros recebem a atenção do sistema. Essa situação, denominada variadamente de adiamento indefinido, bloqueio indefinido ou inanição, pode ser tão devastadora quanto o deadlock. Adiamento indefinido pode ocorrer por causa de vieses das políticas de escalonamento de recursos do sistema. Alguns sistemas impedem o adiamento indefinido elevando a prioridade de um processo enquanto ele espera por um recurso — essa técnica é denominada envelhecimento (aging).

Recursos podem ser preemptivos (por exemplo, processadores e memória principal), o que significa que podem ser retirados de um processo sem perda de trabalho, ou não preemptivos, o que significa que não podem ser removidos do processo ao qual foram designados (por exemplo, unidades de fita e scanners). Dados e programas certamente são recursos que o sistema operacional deve controlar e alocar. Código que não pode ser modificado enquanto estiver em uso é denominado reentrante. Código que pode ser modificado, mas é reinicializado cada vez que for usado é denominado reutilizável serialmente. Código reentrante pode ser compartilhado por diversos processos simultaneamente, ao passo que código serialmente reutilizável pode ser usado por somente um processo por vez. Quando chamamos recursos compartilhados particulares, devemos ter o cuidado de declarar que eles podem ser usados por diversos processos simultaneamente ou por apenas um processo por vez. Esse último tipo — recursos reutilizáveis serialmente — abrange os que tendem a se envolver em deadlocks.

As quatro condições necessárias para existir deadlock são: um recurso pode ser adquirido exclusivamente por um único processo por vez (condição de exclusão mútua); um processo que obteve um recurso exclusivo pode retê-lo enquanto espera para obter outros recursos (condição de espera, também denominada condição de posse e espera); uma vez que um processo obtenha um recurso, o sistema não pode retirá-lo do controle do processo até que este tenha terminado de utilizar o recurso (condição de não-preempção); e dois ou mais processos ficam travados em uma 'cadeia circular' na qual cada processo está esperando por um ou mais recursos que o processo seguinte da cadeia está retendo (condição de espera circular).

Como essas condições são necessárias para que um deadlock exista, a existência de um deadlock implica que cada uma delas deva estar em prática. Tomadas em conjunto, todas as quatro condições são necessárias e suficientes para a ocorrência de um deadlock (se todas ocorrerem, o sistema estará em deadlock).

As quatro principais áreas de interesse na pesquisa do deadlock são prevenção de deadlock, evitação de deadlock, detecção de deadlock e recuperação de deadlock. Na prevenção de deadlock, nossa preocupação é condicionar um sistema a afastar qualquer possibilidade de ocorrer deadlocks. Havender observou que um deadlock não pode ocorrer se um sistema negar qualquer uma das quatro condições necessárias. A primeira condição necessária, que processos exijam a utilização exclusiva dos recursos que requisitam, não é uma que desejamos quebrar, porque queremos permitir especificamente recursos dedicados (reutilizáveis serialmente). Negar a condição 'de espera' requer que todos os recursos de que um processo precisa para concluir sua tarefa sejam requisitados de uma só vez, o que pode resultar em substancial subutilização de recursos e causar preocupações sobre como cobrar pelos recursos. Negar a condição de 'não-preempção' pode custar caro porque o processo perde trabalho quando os recursos sofrem preempção. A negação da condição de 'espera circular' utiliza um ordenamento linear de recursos para evitar deadlock. Essa estratégia pode aumentar a eficiência em relação às outras estratégias, mas não sem dificuldades.

Na evitação de deadlock a meta é impor condições menos restritivas, do que na prevenção de deadlock, na tentativa de conseguir melhor utilização dos recursos. Métodos de evitação permitem que a possibilidade de deadlock exista, mas, sempre que um deadlock esteja na iminência de acontecer, ele é cuidadosamente desviado. O Algoritmo do Banqueiro de Dijkstra é um exemplo de algoritmo de evitação de deadlock. No Algoritmo do Banqueiro, o sistema garante que a necessidade máxima de recursos de que um processo precisa não exceda o número de recursos disponíveis. Diz-se que o sistema está em estado seguro se o sistema operacional puder garantir que todos os processos atuais possam concluir seu trabalho dentro de um tempo finito. Se não, diz-se que o sistema está em um estado inseguro. O Algoritmo do Banqueiro de Dijkstra requer que recursos sejam alocados a processos somente quando as alocações resultarem em estados seguros. O Algoritmo tem várias deficiências (como requerer um número fixo de processos e recursos) que impedem que ele seja implementado em sistemas reais.

Métodos de detecção de deadlock são usados em sistemas nos quais podem ocorrer deadlocks. A meta é determinar se ocorreu um deadlock, e identificar os processos e recursos envolvidos no deadlock. Algoritmos de detecção de deadlocks podem resultar em significativa sobrecarga de tempo de execução. Para facilitar a detecção de deadlocks, um grafo com setas indica alocações e requisições de recursos. Deadlocks podem ser detectados usando redução de grafos. Se as requisições de recurso de um processo puderem ser atendidas, dizemos que um grafo pode ser reduzido daquele processo. Se um grafo puder ser reduzido de todos os seus processos, não haverá deadlock. Se um grafo não puder ser reduzido de todos o seus processos, então os processos irredutíveis constituirão o conjunto de processos em deadlock do grafo.

Métodos de recuperação de deadlock são usados para limpar deadlocks de um sistema para que este possa funcionar livre de deadlocks e para que os processos que sofreram deadlock possam concluir sua execução e liberar seus recursos. A recuperação comumente requer que um ou mais processos em deadlock sejam expurgados do sistema. O mecanismo de suspensão/retomada permite que o sistema retenha temporariamente um processo (causando a preempção temporária de seus recursos) e, quando for seguro, retome o processo retido sem perda de trabalho. A verificação/reversão de estado facilita as capacidades de suspensão/retomada limitando a perda de trabalho ao instante em que a última verificação foi feita (o último estado salvo de um sistema). Quando um processo termina em um sistema (por acidente ou intencionalmente como resultado de um algoritmo de recuperação de deadlock), o sistema realiza uma reversão de estado desfazendo todas as operações relacionadas ao processo terminado que tenham ocorrido desde a última verificação. Para garantir que os dados do banco de dados continuem em um estado consistente quando os processos em deadlock forem terminados, sistemas de banco de dados normalmente realizam alocações de recursos usando transações.

Em sistemas de computadores pessoais e de estações de trabalho, o deadlock em geral tem sido considerado um aborrecimento limitado. Alguns sistemas implementam os métodos básicos de prevenção de deadlock sugeridos por Havender, enquanto outros ignoram o problema — esses métodos parecem satisfatórios. Embora ignorar deadlocks possa parecer perigoso, na realidade essa abordagem pode ser bastante eficiente. Se o deadlock for raro, o tempo de processador devotado à verificação de deadlocks reduz significativamente o desempenho do sistema. Todavia, dadas as tendências atuais, o deadlock continuará a ser uma área importante da pesquisa à medida que aumentam o número de operações concorrentes e o número de recursos, o que, por sua vez, aumenta a possibilidade de deadlock em sistemas de multiprocessadores e sistemas distribuídos. Além disso, muitos sistemas de tempo real que estão se tornando cada vez mais dominantes exigem alocação livre de recursos de deadlock.

Exercícios

7.1 Defina deadlock.

7.2 Dê um exemplo de deadlock envolvendo somente um único processo e um único recurso.

7.3 Dê um exemplo de deadlock simples de recurso envolvendo três processos e três recursos. Desenhe o grafo de alocação de recursos apropriado.

7.4 O que é adiamento indefinido? Qual a diferença entre adiamento indefinido e deadlock? Qual a semelhança entre adiamento indefinido e deadlock?

7.5 Suponha que um sistema permita adiamento indefinido de certas entidades. Na qualidade de projetista de sistemas, como você forneceria meios para evitar o adiamento indefinido?

7.6 Discuta as conseqüências do adiamento indefinido em cada um dos seguintes tipos de sistema:
   a. processamento em lote
   b. tempo compartilhado
   c. tempo real

7.7 Um sistema requer que os processos que estão chegando devam esperar pelo serviço se o recurso necessário estiver ocupado. O sistema não usa envelhecimento (*aging*) para elevar as prioridades dos processos à espera para evitar adiamento indefinido. Que outros meios o sistema poderia usar para evitar adiamento indefinido?

7.8 Em um sistema de *n* processos, um subconjunto de *m* desses processos está atualmente sofrendo adiamento indefinido. É possível que o sistema determine quais processos estão sendo adiados indefinidamente?

7.9 (*O Jantar dos Filósofos*) Uma das contribuições mais deliciosas de Dijkstra é o seu problema do Jantar dos Filósofos.[53, 54] Ele ilustra muitas das questões delicadas inerentes à programação concorrente.

O seu objetivo é formular um programa concorrente (com um monitor) que simule o comportamento dos filósofos. Seu programa deve estar livre de deadlock e de adiamento indefinido — caso contrário, um ou mais filósofos poderão morrer de fome. O seu programa deve, é claro, impor exclusão mútua — dois filósofos não podem usar o mesmo garfo ao mesmo tempo.

A Figura 7.12 mostra o comportamento de um filósofo típico. Comente cada uma das seguintes implementações de um filósofo típico:
   a. Veja a Figura 7.13.
   b. Veja a Figura 7.14.
   c. Veja a Figura 7.15.
   d. Veja a Figura 7.16.

```
1    typicalPhilosopher( )
2    {
3        while ( true )
4        {
5            think( );
6            eat( );
7        } // termine while
8    } // termine typicalPhilosopher
```

Figura 7.12 | Comportamento do filósofo típico para o Exercício 7.9.

```
1    typicalPhilosopher( )
2    {
3        while ( true )
4        {
```

Figura 7.13 | Comportamento do filósofo típico para o Exercício 7.9 (a) (parte 1 de 2).

```
5        think( );
6
7        pickUpLeftFork( );
8        pickUpRightFork( );
9
10       eat( );
11
12       putDownLeftFork( );
13       putDownRightFork( );
14    } // termine while
15
16  } // termine typicalPhilosopher
```

Figura 7.13 | Comportamento do filósofo típico para o Exercício 7.9 (a) (parte 2 de 2).

```
1   typicalPhilosopher( )
2   {
3      while ( true )
4      {
5         think( );
6
7         pickUpBothForksAtOnce( );
8
9         eat( );
10
11        putDownBothForksAtOnce( );
12     } // termine while
13
14  } // termine typicalPhilosopher
```

Figura 7.14 | Comportamento do filósofo para o Exercício 7.9 (b).

```
1   typicalPhilosopher( )
2   {
3      while ( true )
4      {
5         think( );
6
7         while ( notHoldingBothForks )
8         {
9            pickUpLeftFork( );
10
11           if ( rightForkNotAvailable )
12           {
13              putDownLeftFork( );
14           } // termine if
15           else
16           {
17              pickUpRightFork( );
18           } // termine while
19        } // termine else
20
21        eat( );
```

Figura 7.15 | Comportamento do filósofo para o Exercício 7.9 (c) (parte 1 de 2).

```
22
23              putDownLeftFork( );
24              putDownRightFork( );
25          } // termine while
26
27      } // termine typicalPhilosopher
```

Figura 7.15 | *Comportamento do filósofo para o Exercício 7.9 (c) (parte 2 de 2).*

```
1   typicalPhilosopher( )
2   {
3       while ( true )
4       {
5           think( );
6
7           if ( philosopherID mod 2 == 0 )
8           {
9               pickUpLeftFork( );
10              pickUpRightFork( );
11
12              eat( );
13
14              putDownLeftFork( );
15              putDownRightFork( );
16          } // termine if
17          else
18          {
19              pickUpRightFork( );
20              pickUpLeftFork( );
21
22              eat( );
23
24              putDownRightFork( );
25              putDownLeftFork( );
26          } // termine else
27      } // termine while
28
29  } // termine typicalPhilosopher
```

Figura 7.16 | *Comportamento do filósofo para o Exercício 7.9 (d).*

7.10 Defina e discuta cada um dos seguintes conceitos de recursos.
  a. recurso preemptivo
  b. recurso não preemptivo
  c. recurso compartilhado
  d. recurso dedicado
  e. código reentrante
  f. código reutilizável serialmente
  g. alocação dinâmica de recurso.

7.11 Cite as quatro condições necessárias para existir um deadlock. Proponha um breve argumento intuitivo para a necessidade de cada condição individual.

7.12 Discuta cada uma das condições necessárias de deadlock no contexto do deadlock de tráfego ilustrado na Figura 7.1.

7.13 Quais as quatro áreas de pesquisa de deadlock citadas no texto? Discuta brevemente cada uma.

7.14 O método de Havender para negar a condição 'de espera' requer que os processos devam requisitar todos os recursos de que precisam antes de o sistema permitir que eles prossigam. O sistema concede recursos na base do 'tudo ou nada'. Discuta os prós e os contras desse método.

7.15 Por que o método de Havender para negar a condição de 'não-preempção' não é um modo popular para evitar deadlock?

7.16 Discuta os prós e os contras do método de Havender para negar a condição de 'espera circular'.

7.17 Como o ordenamento linear de Havender para negar a condição de 'espera circular' impede que se desenvolvam ciclos nos grafos de alocação de recursos?

7.18 Um processo requisita e libera repetidamente recursos dos tipos R_1 e R_2, um por vez e nessa ordem. Há exatamente um recurso de cada tipo. Um segundo processo também requisita e libera repetidamente esses recursos, um por vez. Sob quais circunstâncias esses processos poderiam sofrer deadlock? Se isso acontecer, o que poderia ser feito para evitar deadlock?

7.19 Explique a atração intuitiva pela evitação de deadlock em detrimento da prevenção de deadlock.

7.20 Discuta se cada um dos estados descritos nas figuras 7.17 e 7.18 é seguro ou inseguro no contexto do Algoritmo do Banqueiro de Dijkstra. Se o estado for seguro, mostre como é possível que todos os processos finalizem. Se for inseguro, mostre como é possível ocorrer deadlock.

7.21 O fato de um estado ser inseguro não implica necessariamente que o sistema sofrerá deadlock. Explique por que isso é verdade. Dê um exemplo de estado inseguro e mostre como todos os processos poderiam concluir sem ocorrer um deadlock.

7.22 O Algoritmo do Banqueiro de Dijkstra tem uma série de deficiências que impedem sua utilização efetiva em sistemas reais. Comente por que cada uma das seguintes restrições pode ser considerada uma deficiência do Algoritmo do Banqueiro.

  a. O número de recursos a ser alocado permanece fixo.
  b. A população de processos permanece fixa.
  c. O sistema operacional garante que as requisições de recursos serão atendidas em tempo finito.
  d. Usuários garantem que devolverão os recursos que retêm dentro de um tempo finito.
  e. Usuários devem declarar previamente suas necessidades máximas de recursos.

7.23 (*Algoritmo do Banqueiro para vários tipos de recursos*) Considere o Algoritmo do Banqueiro de Dijkstra como discutido na Seção 7.8, "Evitação de deadlock com o algoritmo do banqueiro de Dijkstra". Suponha que um sistema que esteja utilizando esse esquema de evitação de deadlock tenha n processos e m tipos diferentes de recursos; admita que possam existir vários recursos de cada tipo e que o número de recursos de cada tipo seja conhecido. Desenvolva uma versão do Algoritmo do Banqueiro de Dijkstra que habilitará esse sistema a evitar deadlock. [*Sugestão*: Sob quais circunstâncias seria garantida a conclusão da execução de um processo particular, o qual então poderia devolver os recursos ao reservatório?]

7.24 O Algoritmo do Banqueiro de Dijkstra ainda poderia funcionar adequadamente se os recursos pudessem ser requisitados em grupos? Explique sua resposta cuidadosamente.

7.25 Um sistema que usa o Algoritmo do Banqueiro para evitação de deadlock tem cinco processos (1, 2, 3, 4 e 5) e usa recursos de quatro tipos diferentes (A, B, C e D). Há vários recursos de cada tipo. O estado do sistema demonstrado nas figuras 7.19 e 7.20 é seguro? Explique sua resposta. Se o sistema for seguro, mostre como todos os processos poderiam concluir sua execução com sucesso. Se o sistema for inseguro, mostre como poderia ocorrer deadlock.

7.26 Suponha que um sistema com n processos e m recursos idênticos use o Algoritmo do Banqueiro para evitar deadlock. Escreva uma função booleana isSafeState1(int[ ][ ] maximumNeed, int[ ][ ] loans, int[ ] available) que determine se o sistema está em um estado seguro.

7.27 Suponha que um sistema use o Algoritmo do Banqueiro com n processos, m tipos de recursos e vários recursos de cada tipo. Escreva uma função booleana isSafeState2(int[ ][ ] maximumNeed, int[ ][ ] loans, int[ ] available) que determine se o sistema está em um estado seguro.

7.28 Em um sistema no qual é possível ocorrer um deadlock, sob quais circunstâncias você usaria um algoritmo de detecção de deadlock?

7.29 No algoritmo de detecção de deadlock que emprega a técnica de reduções do grafo mostre que, não importando a ordem das reduções do grafo, o resultado será o mesmo estado final. [*Sugestão*: Após a redução, não importa em que ordem aumenta o reservatório de recursos disponíveis.]

7.30 Por que a recuperação de deadlock é um problema tão difícil?

7.31 Por que é difícil escolher quais processos devem ser 'expurgados' na recuperação de deadlock?

7.32 Um método de recuperação de deadlock é matar o processo(s) de prioridade mais baixa envolvido(s) no deadlock. Esse(s) processo(s) poderia(m) ser reiniciado(s), e mais uma vez seria permitido que disputasse(m) recursos. Qual problema potencial poderia se desenvolver em um sistema que usasse tal algoritmo? Como você resolveria o problema?

7.33 Por que o deadlock provavelmente será um problema mais crítico nos futuros sistemas operacionais do que é hoje?

Processo	max(P_i)	loan(P_i)	claim(P_i)
P_1	4	1	3
P_2	6	4	2
P_3	8	5	3
P_4	2	0	2
		$a = 1$	

Figura 7.17 | Descrição de recursos para o Estado A.

Processo	max(P_i)	loan(P_i)	claim(P_i)
P_1	8	4	4
P_2	8	3	5
P_3	8	5	3
		$a = 2$	

Figura 7.18 | Descrição de recursos para o Estado B.

Processo	Empréstimo corrente				Necessidade máxima				Solicitação corrente			
	A	B	C	D	A	B	C	D	A	B	C	D
1	1	0	2	0	3	2	4	2	2	2	2	2
2	0	3	1	2	3	5	1	2	3	2	0	0
3	2	4	5	1	2	7	7	5	0	3	2	4
4	3	0	0	6	5	5	0	8	2	5	0	2
5	4	2	1	3	6	2	1	4	2	0	0	1

Figura 7.19 | Estado de sistema descrevendo empréstimo corrente, necessidade máxima e solicitação atual.

Total de recursos				Recursos disponíveis			
A	B	C	D	A	B	C	D
13	13	9	13	3	4	0	1

Figura 7.20 | Estado de sistema descrevendo o número total de recursos e os recursos disponíveis.

7.34 As falhas de recursos fazem com que, em geral, um recurso não utilizável aumente ou reduza a probabilidade de deadlocks e adiamento indefinido? Explique sua resposta.

7.35 A vasta maioria dos sistemas de computador em uso hoje permite que, no mínimo, alguns tipos de situações de deadlock e adiamento indefinido se desenvolvam, e muitos desses sistemas não oferecem meios automáticos de detecção e recuperação para esses problemas. Na verdade, muitos projetistas acreditam que é praticamente impossível certificar que um sistema esteja absolutamente livre de possibilidades de deadlock e adiamento indefinido. Indique como essas observações devem afetar o projeto de sistemas de 'missão crítica'.

7.36 A Tabela da Figura. 7.21 mostra um sistema em estado inseguro. Explique como todos os processos podem conseguir terminar a execução sem que o sistema entre em deadlock.

7.37 Um sistema tem três processos e quatro recursos idênticos. Cada processo requer no máximo dois recursos a qualquer dado instante.

  a. Pode ocorrer deadlock nesse sistema? Explique.
  b. Se houver m processos e cada um puder requisitar até n recursos, quantos recursos devem estar disponíveis no sistema para garantir que nunca ocorra deadlock?
  c. Se houver m processos e r recursos no sistema, que número máximo n de recursos cada processo poderá requisitar, se todos os processos devem ter o mesmo número máximo?

Projetos sugeridos

7.38 Elabore um trabalho de pesquisa sobre como sistemas operacionais atuais tratam o deadlock.

7.39 Pesquise como sistemas de tempo real garantem que nunca ocorra deadlock. Como conseguem eliminar deadlock e, mesmo assim, manter o desempenho?

7.40 Determine como servidores Web e outros sistemas críticos de negócios abordam o problema do deadlock.

Processo	loan(P_i)	max(P_i)	claim(P_i)
P_1	1	5	4
P_2	1	3	2
P_3	5	10	5
	$a = 1$		

Figura 7.21 | Exemplo de um sistema em um estado inseguro.

Simulações sugeridas

7.41 (*Projeto de Detecção e Recuperação de Deadlock*) Escreva um programa de simulação para determinar se ocorreu um deadlock em um sistema com n recursos idênticos e m processos. Cada processo pode gerar um conjunto de recursos que quiser (por exemplo, 3 do recurso A, 1 do recurso B, e 5 do recurso C). Então, requisite os recursos de cada conjunto um por vez em ordem aleatória com pausas aleatórias entre tipos. Cada processo deve reter todos os recursos que obteve até ter adquirido todos eles. Deadlocks deverão começar a se desenvolver. Agora, a intervalos de poucos segundos, um outro thread deverá verificar se há deadlocks, informar quando ocorreu um e começar a matar os threads envolvidos no deadlock. Experimente heurísticas diferentes para escolher processos para matar, e verifique qual tipo de heurística resulta no melhor tempo médio entre deadlocks.

7.42 (*Projeto de Simulação de Prevenção de Deadlocks*) Escreva um programa de simulação comparando os vários esquemas de prevenção de deadlocks discutidos na Seção 7.7, "Prevenção de deadlock". Em particular, compare prevenção de deadlock pela negação da condição 'de espera' (Seção 7.7.1, "Negação da condição 'de espera'") com a prevenção de deadlock pela negação da condição de 'não-preempção' (Seção 7.7.2, "Negação da condição de 'não-preempção'). Seu programa deve gerar uma amostra de população de usuários, de tempos de chegada de usuários, de necessidade de recursos de usuários (suponha que o sistema tenha n recursos idênticos) em termos de necessidades máximas, e também de quando os recursos realmente são adquiridos e assim por diante. Cada simulação deve acumular dados estatísticos sobre tempos de retorno de serviços (*jobs*), utilização de recursos, número de serviços que estão progredindo por vez (suponha que serviços possam progredir quando tiverem uma parte dos n recursos de que necessitam correntemente) e semelhantes. Observe os resultados de suas simulações e tire conclusões sobre a efetividade relativa desses esquemas de prevenção de deadlock.

7.43 (*Projeto de Simulação de Evitação de Deadlock*) Escreva um programa de simulação para examinar o desempenho de um sistema com n recursos idênticos e m processos que funcione sob o algoritmo de alocação de recursos do banqueiro. Modele seu programa segundo o que desenvolveu no Exercício 7.42. Execute sua simulação e compare os resultados com os observados nas suas simulações de prevenção de deadlocks. Comente suas conclusões sobre a efetividade relativa dos esquemas de evitação de deadlocks *versus* esquemas de prevenção de deadlocks estudados.

7.44 (*Comparação entre Prevenção e Evitação de Deadlocks*) Crie um programa que simule serviços que chegam com várias necessidades de recursos (liste cada recurso que será necessitado e em que instante será necessitado). Esse programa pode ser do tipo driver baseado em números aleatórios. Use sua simulação para determinar como estratégias de prevenção de deadlock e de evitação de deadlock resultam em utilização mais alta de recursos.

Notas

1. S. S. Isloor e T. A. Marsland, "The deadlock problem: an overview", *Computer*, v. 13, nº 9, set. 1980, p. 58-78.
2. D. Zobel, "The deadlock problem: a classifying bibliography", *Operating Systems Review*, v. 17, nº 4, out. 1983, p. 6-16.
3. R. C. Holt, "Some deadlock properties of computer systems", *ACM Computing Surveys*, v. 4, nº 3, set. 1972, p. 179-196.
4. E. G. Coffman Jr., M. J. Elphick e A. Shoshani, "System deadlocks", *Computing Surveys*, v. 3, nº 2, jun. 1971, p. 69.
5. E. W. Dijkstra, "Cooperating sequential processes", *Technological University*. Eindhoven, Holanda, 1965. Reimpresso em: F. Genuys (org.), *Programming languages*. Nova York: Academic Press, 1968.
6. E. W. Dijkstra. "Hierarchical ordering of sequential processes", *Acta Informatica*, v. 1, 1971, p. 115-138.
7. E. G. Coffman Jr., M. J. Elphick e A. Shoshani, "System deadlocks", *Computing Surveys*, v. 3, nº 2, jun. 1971, p. 67-78.
8. A. N. Habermann, "Prevention of system deadlocks", *Communications of the ACM*, v. 12, nº 7, jul. 1969, p. 373-377, 385.
9. R. C. Holt, "Comments on the prevention of system deadlock", *Communications of the ACM*, v. 14, nº 1, jan. 1971, p. 36-38.
10. R. C. Holt, *On deadlock prevention in computer systems*. Dissertação de doutorado — Cornell University, Nova York, 1971.
11. D. L. Parnas e A. N. Haberman, "Comment on deadlock prevention method", *Communications of the ACM*, v. 15, nº 9, set. 1972, p. 840-841.
12. G. Newton, "Deadlock prevention, detection, and resolution: an annotated bibliography", *ACM Operating Systems Review*, v. 13, nº 2, abr. 1979, p. 33-44.
13. D. Gelernter, "A DAG based algorithm for prevention of storeand-forward deadlock in packet networks", *IEEE Transactions on Computers*, v. C-30, nº 10, out. 1981, p. 709-715.
14. J. W. Havender, "Avoiding deadlock in multitasking systems", *IBM Systems Journal*, v. 7, nº 2, 1968, p. 74-84.
15. P. Brinch Hansen, *Operating system principles*. Englewood Cliffs, NJ: Prentice Hall, 1973.
16. A. L. Scherr, "Functional structure of IBM virtual storage operating systems, part II: OS/VS2-2 concepts and philosophies", *IBM Systems Journal*, v. 12, nº 4, 1973, p. 382-400.
17. M. A. Auslander, D. C. Larkin e A. L. Scherr, "The evolution of the MVS operating system", *IBM Journal of Research and Development*, v. 25, nº 5, 1981, p. 471-482.
18. L. J. Kenah, R. E. Goldenberg e S. F. Bate, *VAX/VMS internals and data structures, version 4.4*. Bedford, MA: Digital Press, 1988.
19. P. Brinch Hansen, *Operating system principles*. Englewood Cliffs, NJ: Prentice Hall, 1973.
20. E. W. Dijkstra, "Cooperating sequential processes", *Technological University*. Eindhoven, Holanda, 1965. Reimpresso em: F. Genuys (org.), *Programming languages*. Nova York: Academic Press, 1968.
21. E. W. Dijkstra, "Cooperating sequential processes", *Technological University*. Eindhover, Holanda, 1965. Reimpresso em F. Genuys (org.), *Programming languages*. Nova York: Academic Press, 1968.

22. A. N. Habermann, "Prevention of system deadlocks", *Communications of the ACM*, v. 12, nº 7, jul. 1969, p. 373-377, 385.
23. H. Madduri e R. Finkel, "Extension of the Banker's algorithm for resource allocation in a distributed operating system", *Information Processing Letters*, v. 19, nº 1, jul. 1984, p. 1-8.
24. J. W. Havender, "Avoiding deadlock in multitasking systems", *IBM Systems Journal*, v. 7, nº 2, 1968, p. 74-84.
25. R. O. Fontao, "A concurrent algorithm for avoiding deadlocks", *Proceedings Third ACM Symposium on Operating Systems Principles*, out. 1971, p. 72-79.
26. D. J. Frailey, "A practical approach to managing resources and avoiding deadlock", *Communications of the ACM*, v. 16, nº 5, maio 1973, p. 323-329.
27. R. Devillers, "Game interpretation of the deadlock avoidance problem", *Communications of the ACM*, v. 20, nº 10, out. 1977, p. 741-745.
28. D. B. Lomet, "Subsystems of processes with deadlock avoidance", *IEEE Transactions on Software Engineering*, v. SE-6, nº 3, maio 1980, p. 297-304.
29. P. M. Merlin e P. J. Schweitzer, "Deadlock avoidance in store-and-forward networks — I: store and forward deadlock", *IEEE Transactions on Communications*, v. COM-28, nº 3, mar. 1980, p. 345-354.
30. P. M. Merlin e P. J. Schweitzer, "Deadlock avoidance in store-and-forward networks — II: other deadlock types", *IEEE Transactions on Communications*, v. COM-28, nº 3, mar. 1980, p. 355-360.
31. T. Minoura, "Deadlock avoidance revisited", *Journal of the ACM*, v. 29, nº 4, out. 1982, p. 1023-1048.
32. J. E. Murphy, "Resource allocation with interlock detection in a multitask system", *AFIPS FJCC Proceedings*, v. 33, nº 2, 1968, p. 1169-1176.
33. G. Newton, "Deadlock prevention, detection, and resolution: an annotated bibliography", *ACM Operating Systems Review*, v. 13, nº 2, abr. 1979, p. 33-44.
34. V. Gligor e S. Shattuch, "On deadlock detection in distributed systems", *IEEE Transactions on Software Engineering*, v. SE-6, nº 5, set. 1980, p. 435-440.
35. G. S. Ho e C. V. Ramamoorthy, "Protocols for deadlock detection in distributed database systems", *IEEE Transactions on Software Engineering*, v. SE-8, nº 6, nov. 1982, p. 554-557.
36. R. Obermarck, "Distributed deadlock detection algorithm", *ACM Transactions on Database Systems*, v. 7, nº 2, jun. 1982, p. 187-208.
37. K. M. Chandy e J. Misra, "Distributed deadlock detection", *ACM Transactions on Computer Systems*, v. 1, nº 2, maio 1983, p. 144-156.
38. J. R. Jagannathan e R. Vasudevan, "Comments on 'protocols for deadlock detection in distributed database systems'", *IEEE Transactions on Software Engineering*, v. SE-9, nº 3, maio 1983, p. 371.
39. L. J. Kenah, R. E. Goldenberg e S. F. Bate, *VAX/VMS internals and data structures, version 4.4*. Bedford, MA: Digital Press, 1988.
40. Pun H. Shiu, YuDong Tan e Vincent J. Mooney, "A novel parallel deadlock detection algorithm and architecture", *Proceedings of the Ninth International Symposium on Hardware/Software Codesign*, abr. 2001.
41. R. C. Holt, "Some deadlock properties of computer systems", *ACM Computing Surveys*, v. 4, nº 3, set. 1972, p. 179-196.
42. R. C. Holt, "Some deadlock properties of computer systems", *ACM Computing Surveys*, v. 4, nº 3, set. 1972, p. 179-196.
43. L. J. Kenah, R. E. Goldenberg e S. F. Bate, *VAX/VMS internals and data structures, version 4.4*. Bedford, MA: Digital Press, 1988.
44. K. Thomas, "Programming locking applications", IBM Corporation, 2001, www-124.ibm.com/developerworks/oss/dlm/currentbook/dlmbook_index.html.
45. Compaq Computer Corporation, Intel Corporation, Microsoft Corporation, Phoenix Technologies Ltd., Toshiba Corporation, "Advanced configuration and power management", rev. 2.0b, 11 out. 2002, p. 238.
46. "Driver development tools: Windows DDK, deadlock detection", *MSDN Library*, 6 jun. 2003, msdn.microsoft.com/library/en-us/ddtools/hh/ddtools/dv_8pkj.asp.
47. "Kernel-mode driver architecture: Windows DDK, preventing errors and deadlocks while using spin locks", *MSDN Library*, 6 jun. 2003, msdn.microsoft.com/library/en-us/kmarch/hh/kmarch/synchro_5ktj.asp.
48. N. Krivokapic, A. Kemper e E. Gudes, "Deadlock detection in distributed database systems: a new algorithm and comparative performance analysis", *The VLDB Journal — The International Journal on Very Large Data Bases*, v. 8, nº 2, 1999, p. 79-100.
49. N. Krivokapic, A. Kemper e E. Gudes, "Deadlock detection in distributed database systems: a new algorithm and comparative performance analysis", *The VLDB Journal — The International Journal on Very Large Data Bases*, v. 8, nº 2, 1999, p. 79-100.
50. N. Krivokapic, A. Kemper e E. Gudes, "Deadlock detection in distributed database systems: a new algorithm and comparative performance analysis", *The VLDB Journal — The International Journal on Very Large Data Bases*, v. 8, nº 2, 1999, p. 79-100.
51. P. Magarshack e P. Paulin, "System-on-chip beyond the nanometer wall", *Proceedings of the 40th Conference on Design Automation*. Anaheim, CA: ACM Press, 2003, p. 419-424.
52. L. Benini, A. Macci e M. Poncino, "Energy-aware design of embedded memories: a survey of technologies, architectures, and techniques", *ACM Transactions on Embedded Computer Systems (TECS)*, v. 2, nº 1, 2003, p. 5-32.
53. E. W. Dijkstra, "Solution of a problem in concurrent programming control", *Communications of the ACM*, v. 8, nº 5, set. 1965, p. 569.
54. E. W. Dijkstra, "Hierarchical ordering of sequential processes", *Acta Informatica*, v. 1, 1971, p. 115-138.

Capítulo 8

Escalonamento de processador

Mesmo os céus, os planetas e este centro observam grau, prioridade e lugar...
William Shakespeare

Nada que está em progressão pode jazer em seu plano original. Se assim for, podemos também pensar em embalar um homem adulto no berço de um infante.
Edmund Burke

Para todo problema há uma solução que é simples, elegante e errada.
H. L. Mencken

Não há nada mais indispensável nos negócios do que o despacho.
Joseph Addison

Objetivos

Este capítulo apresenta:

- *Os objetivos do escalonamento de processador.*
- *Escalonamento preemptivo versus escalonamento não preemptivo.*
- *O papel das prioridades no escalonamento.*
- *Critérios de escalonamento.*
- *Algoritmos de escalonamento comuns.*
- *Os conceitos de escalonamento por prazo e de tempo real.*
- *Escalonamento de threads Java.*

8.1 Introdução

Já discutimos como a multiprogramação habilita um sistema operacional a usar seus recursos mais eficientemente. Quando um sistema pode escolher os processos que executa, deve ter uma estratégia — denominada **política de escalonamento de processador** (ou **disciplina**) — para decidir quais processos executar em determinado instante. Uma política de escalonamento deve tentar satisfazer alguns critérios de desempenho, como maximizar o número de processos que terminam por unidade de tempo (rendimento), minimizar o tempo que cada processo espera antes de executar (latência), evitar adiamento indefinido de processos, assegurar que cada processo conclua antes de seu prazo estabelecido, ou maximizar a utilização do processador. Alguns desses objetivos, como maximizar a utilização e o rendimento do processador são complementares; outros conflitam entre si — um sistema que garanta que os processos terminarão antes de seus prazos pode não atingir o maior rendimento possível. Neste capítulo discutiremos os problemas para determinar quando processadores devem ser designados e a quais processos. Embora nos concentremos em processos, muitos dos tópicos que descreveremos aplicam-se também a jobs e threads.

Revisão

1. Quando um sistema que garante que processos terminarão antes de seus prazos de execução não conseguem o maior rendimento?
2. Quais os critérios de desempenho mais importantes em um sistema operacional? Por que essa é uma pergunta difícil de responder?

Respostas:
1) Isso ocorre, por exemplo, quando vários processos curtos são atrasados enquanto o sistema despacha um processo longo que precisa cumprir seu prazo de execução. 2) Nenhum critério particular de desempenho é mais importante do que os outros em todos os sistemas operacionais. Depende dos objetivos do sistema. Por exemplo, em sistemas de tempo real, prestar serviços imediatos e previsíveis a processos e threads é mais importante do que uma alta taxa de utilização do processador. Em supercomputadores que executam cálculos longos, a utilização do processador é normalmente mais importante do que minimizar a latência.

8.2 Níveis de escalonamento

Nesta seção consideraremos três níveis de escalonamento (Figura 8.1). **Escalonamento de alto nível**, também denominado **escalonamento de jobs** ou **escalonamento de longo prazo** — determina quais jobs o sistema permite que disputem ativamente os recursos do sistema. Às vezes esse nível é denominado **escalonamento de admissão**, porque determina quais jobs são admitidos no sistema. Uma vez admitidos, os jobs são inicializados e tornam-se processos ou grupos de processos. A política de escalonamento de alto nível determina o **grau de multiprogramação** — o número total de processos em um sistema em determinado instante.[1] A entrada de muitos processos em um sistema pode saturar os recursos do sistema levando a mau desempenho. Nesse caso, a política de escalonamento de alto nível pode decidir proibir temporariamente que novos jobs entrem até que outros sejam concluídos.

Depois de a política de escalonamento de alto nível ter admitido um job (que pode conter um ou mais processos) no sistema, a política de **escalonamento de nível intermediário** determina quais processos terão permissão de competir por processadores. Essa política atende às flutuações de curto prazo da carga do sistema. Suspende e retoma processos temporariamente para conseguir uma operação tranqüila do sistema e ajudar a cumprir certas metas de desempenho no âmbito geral do sistema. O escalonador de nível intermediário funciona como um buffer entre a admissão de jobs no sistema e a designação de processadores a processos que representam esses jobs.

A política de **escalonamento de baixo nível** de um sistema determina quais processos ativos o sistema designará a um processador quando o próximo ficar disponível. Em muitos dos sistemas atuais, os únicos escalonadores são os de níveis baixo e intermediário. (Nesse caso a inicialização do job é realizada pelo escalonador de nível intermediário.) Escalonadores de alto nível normalmente são limitados a sistemas de grande porte (mainframes) que executam processamento em lote.

Muitas vezes as políticas de escalonamento de baixo nível atribuem uma **prioridade** a cada processo, que reflete a importância desse processo — quanto mais importante for, maior será a probabilidade de que a política de escalonamento o selecione para ser executado em seguida. Discutiremos prioridades na Seção 8.4, "Prioridades", e em todo este capítulo. O escalonador de baixo nível (também denominado **despachante**) também designa (**despacha**) um processador ao processo selecionado. O despachante funciona muitas vezes por segundo e, portanto, deve residir na memória principal o tempo todo.

Neste capítulo discutiremos muitas políticas de escalonamento de baixo nível, apresentaremos cada uma no contexto de certos objetivos e critérios de escalonamento (que abordaremos na Seção 8.5, "Objetivos de escalonamento" e na Seção

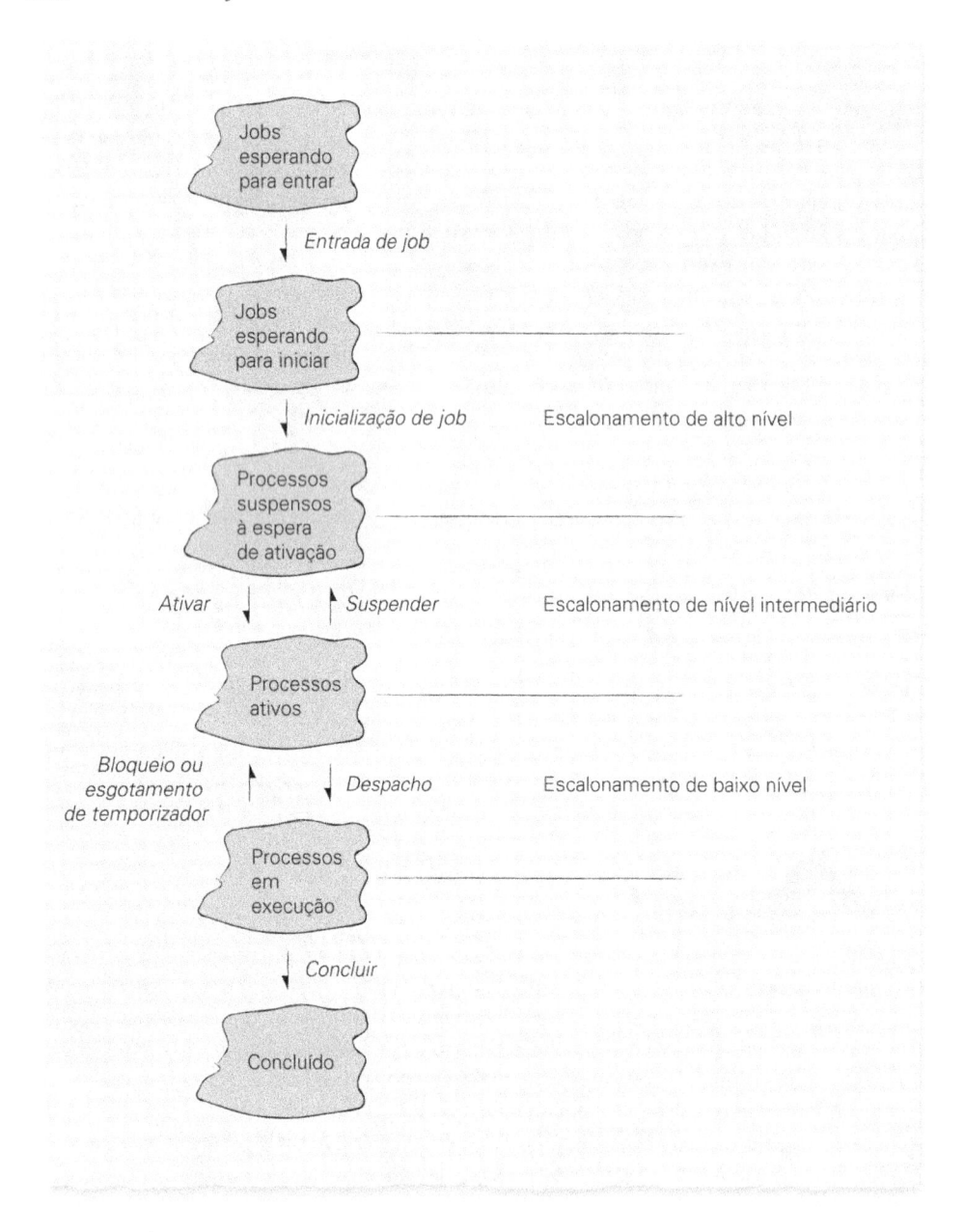

Figura 8.1 | Níveis de escalonamento.

8.6, "Critérios de escalonamento") e descreveremos como se relacionam umas com as outras. Coffman e Kleinrock discutem políticas de escalonamento populares e indicam como usuários conhecedores de qual política o sistema usa realmente podem conseguir melhor desempenho tomando medidas apropriadas.[2] Ruschitzka e Fabry apresentam uma classificação de algoritmos de escalonamento e formalizam a noção de prioridade.[3]

Revisão

1. Como um escalonador intermediário deveria responder a flutuações na carga do sistema?
2. Qual nível de escalonador deve ficar residente na memória principal? Por quê?

Respostas: 1) O escalonador intermediário pode proibir que processos prossigam até o escalonador de baixo nível quando o sistema ficar sobrecarregado e pode permitir que esses processos prossigam quando a carga do sistema voltar ao normal. 2) O escalonador de baixo nível deve manter residência na memória principal, porque ele executa freqüentemente exigindo que a memória responda rapidamente para reduzir a sobrecarga de escalonamento.

8.3 Escalonamento preemptivo versus escalonamento não preemptivo

Disciplinas de escalonamento podem ser preemptivas ou não preemptivas. Uma disciplina é **não preemptiva** se, uma vez que o sistema tenha designado um processador a um processo, não puder retirar aquele processador daquele processo. Uma disciplina é **preemptiva** se o sistema puder retirar o processador do processo que estiver executando. Sob uma disciplina de escalonamento não preemptiva, cada processo, uma vez recebido um processador, executa até concluir ou até devolver voluntariamente seu processador. Sob uma disciplina preemptiva de escalonamento, o processador pode executar uma parte do código de um processo e então fazer um chaveamento de contexto.

O escalonamento preemptivo é útil em sistemas nos quais processos de alta prioridade exigem resposta rápida. Em sistemas de tempo real (discutidos na Seção 8.9, "Escalonamento de tempo real"), por exemplo, as conseqüências de não responder a uma interrupção poderiam ser catastróficas.[4, 5, 6, 7] Em sistemas interativos de tempo compartilhado, o escalonamento preemptivo ajuda a garantir tempos de resposta aceitáveis ao usuário. A preempção não deixa de ter um custo — chaveamentos de contexto incorrem em sobrecarga (veja o quadro "Reflexões sobre sistemas operacionais, Sobrecarga"). Para tornar a preempção efetiva, o sistema deve manter muitos processos na memória principal, de modo que o processo seguinte esteja pronto quando um processador se tornar disponível. Como veremos no Capítulo 10, "Organização da memória virtual", normalmente apenas uma parte de cada processo está na memória principal a qualquer instante; as partes menos ativas em geral estão em discos.

Em sistemas não preemptivos, processos curtos podem sofrer longas esperas para serem atendidos enquanto são concluídos processos mais longos, mas os tempos de retorno são mais previsíveis, porque os processos de alta prioridade que chegam não podem desalojar os processos que estão à espera. Como um sistema não preemptivo não pode retirar um processo de um processador até que o processo conclua a execução, programas errantes que nunca são concluídos (porque entraram em laço infinito) podem nunca entregar o controle do sistema. E mais, em um sistema não preemptivo, a execução de processos não importantes pode fazer que processos importantes fiquem esperando.

Para evitar que usuários monopolizem o sistema (acidental ou propositalmente), um sistema preemptivo pode retirar o processador de um processo. Como discutido no Capítulo 3, "Conceito de processos", normalmente tal operação é implementada instalando-se um relógio de interrupção ou um temporizador de intervalo que gere uma interrupção periodicamente, permitindo que o sistema execute. Tão logo um processador seja designado a um processo, esse executa até liberar voluntariamente seu processador ou até ocorrer uma interrupção do relógio ou alguma outra interrupção. Então o sistema pode decidir se o processo em execução deve continuar ou algum outro processo 'seguinte' deve executar.

O relógio de interrupção ajuda a garantir tempos de resposta razoáveis para usuários interativos, evita que o sistema fique suspenso em um laço infinito do usuário e permite que processos respondam a eventos que dependam de tempo. Processos que precisam executar periodicamente dependem do relógio de interrupção.

Reflexões sobre sistemas operacionais

Sobrecarga

Em última instância, sistemas de computador existem para executar aplicações para seus usuários. Embora certamente realizem tarefas importantes, consomem valiosos recursos do sistema no processo; esse consumo é denominado sobrecarga porque os recursos não estão sendo usados diretamente pelas aplicações de usuários para realizar trabalho útil. Projetistas de sistemas operacionais buscam minimizar a sobrecarga e, ao mesmo tempo, maximizar a parte dos recursos do sistema que pode ser alocada a aplicações de usuário. Como veremos, a sobrecarga pode melhorar o desempenho aprimorando a utilização de recursos; também pode reduzir o desempenho para fornecer um nível mais alto de proteção e segurança. À medida que a capacidade dos computadores continuar a crescer e os custos diminuírem, o consumo de recursos perdidos pela sobrecarga poderá se tornar uma questão secundária. Todavia, projetistas devem estar conscientes da carga de trabalho de um sistema quando considerarem a sobrecarga. Por exemplo, uma grande sobrecarga para uma carga pequena poderá ficar relativamente pequena sob uma carga pesada; uma pequena sobrecarga para uma carga pequena poderá tornar-se relativamente grande sob uma carga pesada.

Ao projetar um mecanismo de escalonamento preemptivo, deve-se considerar cuidadosamente a arbitrariedade de sistemas de prioridade. Não tem sentido construir um mecanismo sofisticado para implementar fielmente um esquema de preempção por prioridade quando as próprias prioridades não são designadas significativamente.

Revisão

1. Quando o escalonamento não preemptivo é mais apropriado do que o escalonamento preemptivo?
2. Um programa que entra em laço infinito pode monopolizar um sistema preemptivo?

Respostas: 1) Escalonamento não preemptivo proporciona tempos de retorno previsíveis, o que é importante para sistemas de processamento em lote que devem informar aos usuários tempos exatos de conclusão de um job. 2) Depende da prioridade do processo e da política de escalonamento. Em geral, um sistema preemptivo que contém um processo que está executando um laço infinito experimentará redução de rendimento, mas ainda assim poderá executar outros processos periodicamente. Porém, um processo de alta prioridade que entrar em laço infinito poderá executar indefinidamente se todos os outros processos do sistema tiverem uma prioridade mais baixa. Em geral, sistemas preemptivos são menos afetados por tais programas do que sistemas não preemptivos. Normalmente sistemas operacionais lidam com essas situações limitando o tempo máximo que um processo pode usar um processador.

8.4 Prioridades

Escalonadores muitas vezes usam prioridades para determinar como escalonar e despachar processos. Prioridades podem ser designadas estaticamente ou mudar dinamicamente. Prioridades quantificam a importância relativa dos processos.

Prioridades estáticas permanecem fixas, portanto, mecanismos baseados em prioridade estática são relativamente fáceis de implementar e incorrem em sobrecarga relativamente baixa. Contudo, esses mecanismos não são responsivos a mudanças no ambiente, mesmo os que poderiam aumentar o rendimento e reduzir a latência.

Mecanismos de **prioridade dinâmica** são responsivos a mudanças. Por exemplo, o sistema pode querer elevar a prioridade de um processo que esteja retendo um recurso importante que um outro processo de prioridade mais alta precisa. Após o primeiro processo devolver o recurso, o sistema baixa a prioridade, para que o processo de prioridade mais alta possa executar. Esquemas de prioridade dinâmica são mais complexos de implementar e têm sobrecargas maiores do que esquemas estáticos. Com sorte a sobrecarga é justificada pelo aumento de responsividade do sistema.

Em sistemas multiusuários, um sistema operacional deve fornecer serviços razoáveis a uma grande comunidade de usuários, mas também deve atender a situações nas quais um membro da comunidade de usuários precisa de tratamento especial. Um usuário que tenha um job importante pode estar disposto a pagar um preço mais alto, isto é, **comprar prioridade** para um serviço de nível mais alto. Essa cobrança extra é merecida, porque os recursos talvez precisem ser retirados de outros clientes pagantes. Se não houvesse cobrança extra, todos os usuários requisitariam o nível mais alto de serviço.

Revisão

1. Por que vale a pena incorrer no custo mais alto e na maior sobrecarga de um mecanismo de prioridade dinâmica?
2. Por que um escalonador dinâmico decide favorecer um processo de prioridade baixa que requisita um recurso subtilizado?

Respostas: 1) Um mecanismo de prioridade dinâmica cuidadosamente projetado poderia resultar em um sistema mais responsivo do que um mecanismo de prioridade estática. 2) O recurso subtilizado provavelmente está disponível, permitindo que um processo de baixa prioridade conclua e saia do sistema mais cedo do que um processo de prioridade mais alta que está à espera por um recurso saturado.

8.5. Objetivos de escalonamento

Um projetista de sistemas deve considerar uma variedade de fatores ao desenvolver uma disciplina de escalonamento, como o tipo do sistema e as necessidades do usuário. Por exemplo, a disciplina de escalonamento para um sistema de tempo real deve ser diferente da disciplina para o sistema interativo de um computador de mesa; usuários esperam resultados diferentes desses tipos de sistemas. Dependendo do sistema, o usuário e os projetistas podem esperar que o escalonador:

- *Maximize o rendimento.* Uma disciplina de escalonamento deve tentar atender ao maior número de processos por unidade de tempo.
- *Maximize o número de processos interativos que estão recebendo tempos de resposta 'aceitáveis'.*
- *Maximize a utilização de recursos.* Os mecanismos de escalonamento devem manter os recursos do sistema ocupados.

- *Evite adiamento indefinido*. Um processo não deve experimentar um tempo de espera sem limite antes de receber um serviço ou enquanto o estiver recebendo.
- *Imponha prioridades*. Se o sistema designar prioridades a processos, o mecanismo de escalonamento deve favorecer os processos de prioridade mais alta.
- *Minimize sobrecarga*. Curiosamente, em geral esse objetivo não é considerado dos mais importantes. Sobrecarga freqüentemente resulta em desperdício de recursos, mas uma certa porção dos recursos do sistema se investida efetivamente como sobrecarga pode melhorar muito o desempenho geral do sistema.
- *Assegure a previsibilidade*. Minimizando a variância estatística dos tempos de resposta de processos, um sistema pode garantir que os processos recebam níveis de serviços previsíveis (veja o quadro "Reflexões sobre sistemas operacionais, Previsibilidade").

Um sistema pode cumprir esses objetivos de diversas maneiras. Em alguns casos o escalonador pode impedir o adiamento indefinido de processos por meio do envelhecimento (*aging*) — elevando gradativamente a prioridade de um processo enquanto ele espera ser atendido. Eventualmente sua prioridade se torna alta o suficiente para que o escalonador selecione aquele processo para executar.

O escalonador pode aumentar o rendimento favorecendo processos cujos requisitos podem ser satisfeitos rapidamente ou cuja conclusão libera outros processos para execução. Uma estratégia como essa favorece processos que retêm recursos fundamentais. Por exemplo, um processo de baixa prioridade pode reter um recurso requerido por um processo de prioridade mais alta. Se o recurso for não preemptivo, o escalonador deverá conceder ao processo de prioridade baixa mais tempo de execução do que ordinariamente receberia, para que ele libere o recurso fundamental mais cedo. Essa técnica é denominada **inversão de prioridade**, pois as prioridades relativas dos dois processos são invertidas para que o de prioridade alta obtenha os recursos que requer para continuar a execução. Similarmente, o escalonador pode preferir favorecer um processo que requisite recursos subutilizados, porque o sistema provavelmente satisfará os requisitos desse processo em um período de tempo mais curto.

Muitos desses objetivos conflitam uns com os outros, fazendo do escalonamento um problema complexo. Por exemplo, a melhor maneira de minimizar tempos de resposta é ter recursos disponíveis suficientes sempre que forem necessários. O preço dessa estratégia é que a utilização geral dos recursos será ruim. Em sistemas de tempo real, respostas rápidas, previsíveis, são cruciais e a utilização de recursos é menos importante. Em outros tipos de sistemas, a questão da economia comumente faz com que a utilização efetiva de recursos seja um imperativo.

A despeito das diferenças entre os objetivos dos sistemas, muitas disciplinas de escalonamento exibem propriedades similares:

- **Justiça**. Uma disciplina de escalonamento é justa se todos os processos semelhantes forem tratados da mesma maneira, e nenhum processo sofrer adiamento indefinido devido a questões de escalonamento (veja o quadro "Reflexões sobre sistemas operacionais, Justiça").
- **Previsibilidade**. A execução de um determinado processo sob cargas de sistema similares deve durar aproximadamente o mesmo período de tempo.

Reflexões sobre sistemas operacionais

Previsibilidade

Previsibilidade é tão importante para sua vida cotidiana quanto para computadores. O que você faria se parasse no sinal vermelho e o semáforo continuasse no vermelho durante um longo tempo, muito mais longo do que em qualquer outro sinal vermelho que já tivesse enfrentado? Provavelmente você ficaria aborrecido e impaciente e, após esperar por um tempo que achasse razoável, poderia ficar tentado a passar o sinal fechado, uma ação potencialmente perigosa.

De um modo semelhante, você tem uma certa percepção do tempo que seu computador deveria demorar para executar certas tarefas comuns. Garantir a previsibilidade é um desafio para os sistemas operacionais, especialmente porque a carga de um sistema pode variar consideravelmente em vista da natureza das tarefas que estão em realização. A previsibilidade é importante para usuários interativos que demandam tempos de resposta imediatos, consistentes. Previsibilidade também é importante para jobs de tempo real quando vidas humanas podem estar em jogo (discutiremos escalonamento de tempo real na Seção 8.9, "Escalonamento de tempo real"). Abordaremos questões de previsibilidade por todo o livro.

- **Escalabilidade**. O desempenho do sistema deve se degradar graciosamente (não deve entrar em colapso imediatamente) sob cargas pesadas.

Revisão

1. Como as metas de redução da variância dos tempos de resposta e da imposição de prioridades conflitam?
2. A sobrecarga de escalonamento é sempre 'um desperdício'?

Respostas: **1)** Em sistemas preemptivos, processos de alta prioridade podem causar a preempção de sistemas de prioridade mais baixa a qualquer instante, aumentando, por conseguinte, a variância dos tempos de resposta. **2)** Não, a sobrecarga incorrida em operações efetivas de escalonamento pode aumentar a utilização de recursos.

8.6 Critérios de escalonamento

Para cumprir os objetivos de escalonamento de um sistema, o escalonador deve considerar o comportamento do processo. Um processo **orientado a processador** tende a usar todo o tempo do processador que o sistema aloca a ele. Um processo **orientado a E/S** tende a usar o processador apenas brevemente antes de gerar uma requisição de E/S e em seguida devolvê-lo. Processos orientados a processador gastam a maior parte do seu tempo usando o processador; processos orientados a E/S passam a maior parte do seu tempo esperando que recursos externos (impressoras, unidades de disco, conexões de rede etc.) atendam a suas requisições, e somente em tempo nominal usando processadores.

Uma disciplina de escalonamento também poderia considerar se um processo é em lote ou interativo. Um **processo em lote** contém trabalho que o sistema executa sem interagir com o usuário. Um **processo interativo** requer freqüentes entradas do usuário. O sistema deve fornecer bons tempos de resposta a um processo interativo, enquanto, em geral, um processo em lote pode sofrer atrasos razoáveis. Similarmente, uma disciplina de escalonamento deve ser sensível à urgência de um processo. Um processo em lote que deve ser executado durante a noite não exige respostas imediatas. Um sistema de controle de processo de tempo real que monitora uma refinaria de petróleo deve ser responsivo para evitar uma possível explosão.

Quando a segunda edição deste livro, em inglês, foi publicada, usuários interagiam com processos emitindo requisições triviais por meio do teclado. Nesse ambiente, um escalonador podia favorecer um processo interativo e causar pouco efeito sobre outros processos porque o tempo requerido para atender a processos interativos (por exemplo, exibir textos) era nominal. À medida que os computadores ficavam mais potentes, projetistas de sistemas e programadores de aplicações começaram a incluir características como gráficos e GUIs para aperfeiçoar a interação amigável com o usuário. Embora alguns sistemas ainda utilizem interfaces de texto, grande parte dos usuários de hoje interage via GUIs usando um mouse para executar ações como abrir, redimensionar, arrastar e fechar janelas. Usuários esperam que sistemas respondam rapidamente, para que essas ações produzam movimentação suave. Diferentemente do que acontece em interfaces de texto, essa tarefa pode ser intensiva em computação por exigir que o sistema redesenhe a tela muitas vezes por segundo. Favorecer esses processos interativos pode reduzir significativamente o nível de serviço oferecido a outros processos do sistema.

Reflexões sobre sistemas operacionais

Justiça

Quantas vezes você expressou seu aborrecimento dizendo: "Isso não é justo!". Provavelmente já ouviu a expressão "A vida não é justa". Todos sabemos, e a maioria das pessoas concordaria, que a justiça é uma "coisa boa", porém não é universalmente alcançada. Discutimos questões de justiça em muitos capítulos deste livro. Veremos estratégias de escalonamento por prioridade que resultam em bom desempenho para grande parte dos usuários, processos, threads, requisições de E/S e coisas semelhantes, mas a expensas de outros usuários, processos, threads, requisições de E/S que acabam sendo negligenciados. "Isso não é justo", você diz, mas é difícil ignorar como essas estratégias cumprem os objetivos do sistema, por exemplo, melhorando o seu desempenho geral. Sistemas operacionais devem ter a justiça em mente, mas sempre dentro do contexto de outras considerações. Questões de justiça são particularmente importantes no projeto de estratégias de escalonamento de recursos, como veremos quando examinarmos o escalonamento de processador neste capítulo e o escalonamento de disco no Capítulo 12, "Otimização do desempenho do disco".

No caso de um processo em lote, essa redução temporária de serviço pode ser aceitável, embora talvez não o seja para processos que executem em tempo real (como aplicações multimídia).

Em um sistema que emprega prioridades, o escalonador deve favorecer processos de prioridades mais altas. Escalonadores podem basear suas decisões na freqüência com que um processo de prioridade mais alta causou a preempção de um outro de prioridade mais baixa. Sob certas disciplinas, processos que sofrem preempções freqüentes recebem um tratamento menos favorecido. Isso porque o curto tempo de execução do processo antes da preempção não justifica a sobrecarga incorrida em um chaveamento de contexto toda vez que um processo é despachado. Pode-se argumentar o contrário, ou seja, que tal processo deve receber tratamento mais favorável para compensá-lo porque foi 'maltratado' anteriormente.

Políticas de escalonamento preemptivo comumente mantêm informações sobre quanto tempo real de execução cada processo recebeu. Alguns projetistas acham que um processo que recebeu pouco tempo de execução deve ser favorecido. Outros acham que um processo que recebeu muito tempo de execução poderia estar próximo do término e deveria ser favorecido para chegar logo ao fim, liberar seus recursos para o uso de outros processos e sair do sistema o mais cedo possível. De maneira similar, um escalonador pode manter uma estimativa de quanto tempo ainda falta antes de um processo terminar. É fácil provar que os tempos médios de espera podem ser minimizados executando-se primeiramente os processos que exigem o mínimo de tempo de execução antes de concluir. Infelizmente, um sistema raramente sabe exatamente quanto tempo mais cada processo precisa para concluir.

Revisão

1. Processos interativos geralmente são orientados a processador ou orientados a E/S? E processos em lote?
2. O escalonador raramente sabe exatamente quanto tempo cada processo ainda precisa para finalizar. Considere um sistema que escalona processos com base nessa estimativa. Como os processos podem abusar dessa política?

Respostas:
1) Processos interativos normalmente esperam pela entrada de usuários, portanto, em geral são orientados a E/S, mas um processo interativo certamente pode entrar em uma fase durante a qual é primariamente orientado a processador. Processos em lote não interagem com usuários e comumente são orientados a processador. Processos em lote que requerem acesso freqüente ao disco ou a outros dispositivos de E/S são orientados a E/S. 2) Os processos tenderiam a subestimar os tempos que faltam até sua conclusão para receber tratamento favorável de um escalonador.

8.7 Algoritmos de escalonamento

Nas seções anteriores discutimos políticas de escalonamento que especificam os objetivos do escalonador (maximizar rendimento ou impor prioridades). Nas subseções seguintes discutiremos algoritmos de escalonamento que determinam, durante a execução, quais processos executam em seguida. Esses algoritmos decidem quando e por quanto tempo cada processo executa; escolhem preemptibilidade, prioridades, tempo de execução, tempo até a conclusão, justiça e outras características de processo. Como veremos, alguns sistemas requerem a utilização de um tipo particular de escalonador (sistemas de tempo real normalmente requerem escalonadores preemptivos, por prioridade). Outros confiam no comportamento do processo ao tomar decisões de escalonamento (favorecem processos orientados a E/S).

8.7.1 Escalonamento primeiro-a-entrar-primeiro-a-sair (FIFO)

Talvez o algoritmo de escalonamento mais simples seja o **FIFO** (*First-In-First-Out*), também denominado primeiro-a-chegar-primeiro-a ser-atendido (*First-Come-First-Served* — FCFS) (Figura 8.2). Os processos são despachados conforme o momento em que chegaram à fila de prontos. O FIFO é não preemptivo — uma vez obtido um processador, o processo executa até o fim. O FIFO é justo no sentido de que escalona processos segundo o momento em que chegaram; desse modo, todos os processos são tratados igualmente, porém, de certa maneira é injusto porque processos longos fazem processos curtos esperar, e processos não importantes fazem processos importantes esperar. O FIFO não é útil para escalonar processos interativos, pois não pode garantir tempos de resposta curtos.

O FIFO raramente é usado como esquema mestre nos sistemas de hoje, mas é freqüentemente encontrado dentro de outros esquemas. Por exemplo, muitos esquemas de escalonamento despacham processos segundo a prioridade, mas processos com a mesma prioridade são despachados na ordem FIFO.

Revisão

1. Pode ocorrer adiamento indefinido em um sistema que utiliza escalonador FIFO? Suponha que todos os processos eventualmente executam até o fim (nenhum processo entra em laço infinito).
2. (V/F) O escalonamento FIFO raramente é encontrado nos sistemas atuais.

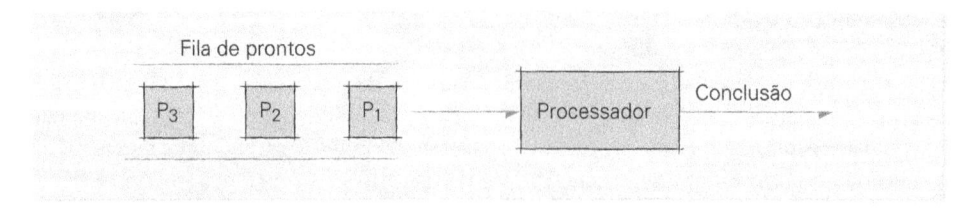

Figura 8.2 | *Escalonamento primeiro-a-entrar-primeiro-a-sair.*

Respostas: 1) Não, não pode ocorrer adiamento indefinido porque os processos que chegam têm de entrar no final da fila, o que significa que não podem impedir que processos que já estejam à espera executem. 2) Falso. O FIFO pode ser encontrado dentro de muitos algoritmos de escalonamento atuais (por exemplo, escalonadores por prioridade que despacham processos de mesma prioridade na ordem FIFO).

8.7.2 Escalonamento por alternância circular (RR)

No escalonamento por **alternância circular** (*Round-Robin* — **RR**) (Figura 8.3), processos são despachados na ordem FIFO, mas recebem uma quantidade limitada de tempo de processador denominada **intervalo de tempo** ou **quantum**.[8] Se um processo não concluir antes de seu quantum expirar, o sistema causará sua preempção e passará o processador para o próximo processo à espera. Em seguida, o sistema colocará o processo que sofreu preempção no final da fila de prontos. Na Figura 8.3, o processo P_1 é despachado para um processador onde executa, ou até o fim, caso em que sai do sistema, ou até que seu intervalo de tempo expire, quando sofre preempção e é colocado no final da fila de prontos. O escalonador então despacha o processo P_2.

A alternância circular é efetiva para ambientes interativos nos quais o sistema precisa garantir tempos de resposta razoáveis. O sistema pode minimizar a sobrecarga de preempção por meio de mecanismos eficientes de chaveamento de contexto e mantendo os processos à espera na memória principal.

Como o FIFO, a alternância circular é comumente encontrada dentro de algoritmos de escalonamento de processador mais sofisticados, mas raramente é o esquema mestre. Como veremos em toda esta seção, muitos outros algoritmos sofisticados de escalonamento de processador degeneram ou para FIFO ou para alternância circular, quando todos os processos têm a mesma prioridade. Por essa razão, o FIFO e a alternância circular são dois dos três algoritmos de escalonamento requeridos pela especificação POSIX para sistemas de tempo real (discutiremos escalonamento de tempo real na Seção 8.9, "Escalonamento de tempo real").[9]

Alternância circular egoísta (SRR)

Kleinrock discutiu uma variante da alternância circular denominada **alternância circular egoísta** (*Selfish Round-Robin* — **SRR**) que usa o envelhecimento (*aging*) para elevar gradativamente as prioridades dos processos ao longo do tempo.[10]

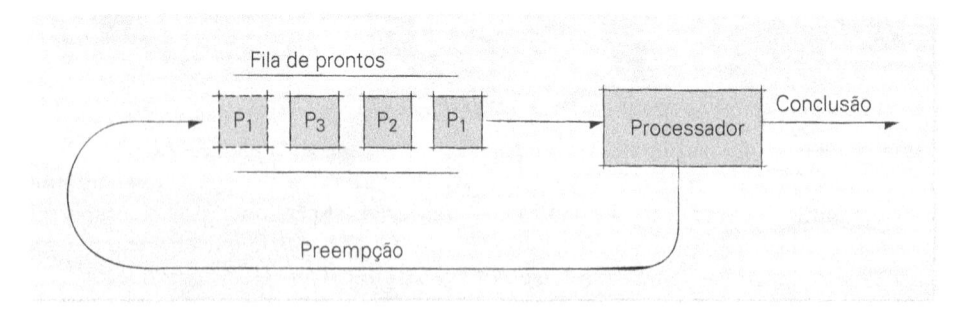

Figura 8.3 | *Escalonamento por alternância circular.*

Nesse esquema, ao entrar em um sistema, cada processo fica primeiramente em uma fila de retenção onde envelhece até sua prioridade atingir o nível dos processos que estão na fila ativa. Nesse ponto ele é passado para a fila ativa e escalonado por alternância circular juntamente com outros processos que também estão na fila ativa, o que significa que processos mais velhos são favorecidos sobre os que acabaram de entrar no sistema.

Na SSR, a prioridade de um processo aumenta a uma taxa a enquanto está na fila de espera, e a uma taxa b, onde $b \leq a$, quando está na fila ativa. Quando $b < a$, os processos da fila de retenção envelhecem a uma taxa mais alta do que os que estão na fila ativa, portanto, eventualmente entrarão na fila ativa e disputarão um processador. O ajuste dos parâmetros a e b causa impacto sobre o modo como a idade de um processo afeta a latência média e o rendimento. Por exemplo, à medida que *a* fica muito maior do que *b*, os processos que entram no sistema passarão pouco tempo, ou nenhum, na fila de retenção. Se *b* << *a*, os processos passarão uma quantidade insignificante de tempo na fila de retenção, portanto, a SRR degenera para alternância circular. Se *b* = *a*, cada processo do sistema funciona à mesma taxa, portanto, SRR degenera para FIFO. O Exercício 8.23 examina algumas propriedades do esquema SRR.

Tamanho do quantum

A determinação do tamanho do quantum, q, é crítica para a operação efetiva de um sistema de computação com escalonamento preemptivo.[11] O quantum deve ser pequeno ou grande? Deve ser fixo ou variável? Deve ser o mesmo para todos os processos ou deve ser determinado separadamente para cada processo?

Primeiro, vamos considerar o comportamento do sistema quando o quantum torna-se extremamente grande ou extremamente pequeno. À medida que o quantum torna-se grande, processos tendem a receber o tempo que precisam para concluir, portanto, o esquema de alternância circular degenera para FIFO. À medida que o quantum torna-se pequeno, o chaveamento de contexto predomina; o desempenho eventualmente se degrada até o ponto em que o sistema passa grande parte do seu tempo fazendo chaveamento de contexto e realizando pouco, ou nenhum, trabalho.

Exatamente onde, entre zero e infinito, o quantum deve ser estabelecido? Considere o seguinte experimento. Suponha que os valores estampados na face de um mostrador circular variem entre $q = 0$ e $q = c$, onde c é um valor extremamente grande. Começamos com o mostrador posicionado em zero. À medida que giramos o mostrador, o quantum do sistema aumenta. Suponha que o sistema esteja em funcionamento e que haja muitos processos interativos. Quando começamos a girar o mostrador, os tamanhos dos quanta estão perto de zero e a sobrecarga de chaveamento de contexto consome a maioria dos ciclos do processador. Os usuários interativos defrontam-se com um sistema vagaroso com tempos de resposta ruins. Conforme aumentamos o quantum, os tempos de resposta melhoram. A porcentagem do processador consumida por sobrecarga é suficientemente pequena para que os processos recebam um pouco de serviço do processador, mas os tempos de resposta ainda não estão tão rápidos quanto cada usuário gostaria.

Ao continuarmos a girar o mostrador, os tempos de resposta melhoram e, eventualmente, alcançamos um tamanho de quantum com o qual grande parte dos processos interativos recebe respostas imediatas do sistema, mas ainda não está claro se o ajuste do quantum é ótimo. Giramos o mostrador um pouquinho mais, e os tempos de resposta ficam ligeiramente melhores. Giramos o mostrador novamente, e os tempos de resposta voltam a ficar vagarosos. O quantum vai ficando maior até que eventualmente torna-se grande o suficiente para que cada processo execute até o final após receber o processador. O escalonamento está degenerando para FIFO, pelo qual processos mais longos fazem os mais curtos esperar, e o tempo médio de espera aumenta enquanto processos mais longos executam até a finalização antes de devolver o processador.

Considere o valor de quantum supostamente ótimo que resultou em bons tempos de resposta. É uma pequena fração de segundo. Exatamente o que esse quantum representa? É grande o suficiente para que a vasta maioria de requisições interativas requeira menos tempo do que a duração do quantum. Quando um processo interativo começa a executar, em geral usa o processador apenas brevemente — por um tempo apenas suficiente para gerar uma requisição de E/S, e então bloqueia — ponto em que o processo entrega o processador ao processo seguinte. O quantum é maior do que esse tempo entre computação e E/S. Cada vez que um processo obtém o processador, há uma grande possibilidade de o processo executar até gerar uma requisição de E/S, o que maximiza a utilização da E/S e proporciona tempos de resposta relativamente rápidos para processos interativos. E faz isso causando um mínimo de impacto sobre os processos orientados a processador que continuam a obter a parte do leão do tempo do processador, porque processos orientados a E/S bloqueiam logo após a execução.

E quanto é, exatamente, o quantum ótimo em segundos? Obviamente o tamanho varia de sistema para sistema e sob cargas diferentes. Varia também de processo para processo, mas nosso experimento particular não mede as diferenças entre processos.

No Linux, o quantum-padrão designado para um processo é 100 ms, mas pode variar de 10 ms a 200 ms dependendo da prioridade e do comportamento do processo. Processos de alta prioridade e processos orientados a E/S recebem um quantum maior do que processos de baixa prioridade e processos orientados para processador.[12] No Window XP, o quantum-padrão designado a um processo é um valor específico da arquitetura igual a 20 ms na maioria dos sistemas. Esse valor pode variar dependendo de o processo executar no primeiro plano ou no segundo plano da GUI.[13]

Quando todos os processos são orientados a processador, a sobrecarga adicional reduz o desempenho do sistema. Contudo, mesmo quando somente processos orientados a processador estão ativos, a preempção ainda é útil. Por exemplo, considere que processos orientados a processador poderiam estar controlando um sistema de tempo real de missão crítica — seria desastroso se um processo entrasse em laço infinito ou até mesmo uma fase em que demandasse mais tempo de processador do que o esperado. Mais simplesmente, muitos sistemas orientados a processador suportam processos interativos ocasionais, portanto a preempção é necessária para assegurar que processos interativos que estejam chegando recebam bons tempos de resposta.

Revisão

1. Imagine girar o mostrador de quantum de um sistema que contém apenas processos orientados a E/S. Após um ponto $q = c$, aumentar o valor do quantum resulta em pouca ou nenhuma alteração no desempenho do sistema. O que o ponto c representa e por que não há nenhuma alteração no desempenho do sistema quando $q > c$?

2. O texto descreve um valor ótimo de quantum que habilita cada processo orientado a E/S a gerar uma requisição de E/S e então bloquear. Por que isso é difícil de implementar?

Respostas: 1) Esse ponto seria o mais longo período de computação entre requisições de E/S para quaisquer processos do sistema. Aumentar o valor de q para além de c não afeta nenhum processo, porque cada um deles bloqueia antes da expiração do quantum, portanto os processos não podem aproveitar a vantagem do tempo adicional de processador alocado a eles. 2) No caso geral, é impossível prever o caminho de execução que um programa adotará, o que significa que o sistema não pode determinar com precisão quando um processo gerará uma E/S. Portanto, é difícil determinar o tamanho ótimo do quantum, porque ele é diferente para cada processo e pode variar ao longo do tempo.

8.7.3 Escalonamento por processo-mais-curto-primeiro (SPF)

O escalonamento por **processo-mais-curto-primeiro** (*Shortest-Process-First* — **SPF**) é uma disciplina de escalonamento não preemptiva na qual o escalonador seleciona o processo à espera com o menor tempo de execução estimado até a conclusão. O SPF reduz o tempo médio de espera em relação ao FIFO.[14] Entretanto, a variância dos tempos de espera é maior (são mais imprevisíveis) do que no FIFO, especialmente para processos grandes.

O SPF favorece processos curtos à custa dos mais longos. Muitos projetistas defendem que, quanto mais curto o processo, melhor serviço deveria receber. Outros não concordam porque essa estratégia não incorpora prioridades (determinadas pela importância de um processo). Processos interativos em particular tendem a ser 'mais curtos' do que processos orientados a processador, portanto, ainda assim, parece que essa disciplina resultaria em bons tempos de resposta interativos. O problema é que ela é não preemptiva, por isso, em geral, processos interativos que estão chegando não receberão serviço imediato.

O SPF seleciona processos para atender de um modo que garante que o próximo será concluído e sairá do sistema tão logo seja possível, o que tende a reduzir o número de processos à espera e também o número de processos que estão esperando atrás de processos grandes. O resultado é que o SPF pode minimizar o tempo médio de espera dos processos à medida que esses passam pelo sistema.

Um problema fundamental do SPF é que ele requer conhecimento exato do tempo de execução de um processo e essa informação geralmente não está disponível. Portanto, o SPF precisa confiar em estimativas de tempo de execução fornecidas pelo usuário ou pelo sistema. Em ambientes de produção em que os mesmos processos são executados repetidamente, o sistema pode ser capaz de manter heurísticas razoáveis para o tempo de execução. Em ambientes de desenvolvimento, o usuário raramente sabe por quanto tempo um processo executará.

Um outro problema de depender de estimativas de duração de processos usuários é que esses podem fornecer estimativas baixas (e talvez inexatas) para que o sistema atribua prioridades mais altas a seus programas. Todavia, se um processo executar por mais tempo do que o estimado, o sistema poderá terminá-lo e reduzir a prioridade dos outros processos daquele usuário, até mesmo invocando penalidades. Um segundo método é executar o processo pelo tempo estimado mais uma pequena porcentagem extra e, então, 'colocá-lo na prateleira' (preservá-lo na sua forma atual) para que o sistema possa reiniciá-lo mais tarde.[15]

O SPF deriva de uma disciplina denominada job mais curto primeiro (*Shortest Job First* — SJB) que pode ter funcionado bem no escalonamento de jobs em fábricas, mas é claramente inadequada para escalonamento de baixo nível em sistemas operacionais. O SPF, assim como o FIFO, é não preemptivo e, por isso, não é adequado para ambientes nos quais é preciso garantir tempos de resposta razoáveis.

Revisão

1. Por que o SPF é mais desejável do que o FIFO quando o rendimento é um objetivo primário do sistema?
2. Por que o SPF é inadequado para escalonamento de baixo nível nos sistemas operacionais de hoje?

Respostas: 1) O SPF reduz o tempo médio de espera, aumentando o rendimento. 2) O SPF não oferece aos processos tempos de resposta rápidos, o que é essencial nos sistemas amigáveis ao usuário, de multiprogramação, interativos de hoje.

8.7.4 Escalonamento por próxima-taxa-de-resposta-mais-alta (HRRN)

Brinch Hansen desenvolveu a política **próxima-taxa-de-resposta-mais-alta** (*Highest-Response-Ratio-Next* — **HRRN**) que corrige algumas das deficiências do SPF, particularmente o viés excessivo contra processos mais longos e o favoritismo excessivo em relação a processos curtos. A HRRN é uma disciplina de escalonamento não preemptiva na qual a prioridade de cada processo é uma função não apenas do seu tempo de serviço, mas também do tempo que passou à espera pelo serviço.[16] Uma vez obtido o serviço, o processo executa até o fim. HRRN calcula prioridades dinâmicas segundo a fórmula

$$\text{prioridade} = \frac{\text{tempo de espera} + \text{tempo de serviço}}{\text{tempo de serviço}}$$

Como o tempo de serviço aparece no denominador, processos mais curtos recebem preferência. Entretanto, porque o tempo de espera aparece no numerador, processos mais longos que estão à espera também receberão tratamento favorável. Essa técnica é similar ao envelhecimento (*aging*) e impede que um escalonador adie processos indefinidamente.

Revisão

1. (V/F) Com o escalonamento HRRN, processos curtos são sempre escalonados antes dos longos.
2. O processo P_1 declarou um tempo de serviço de 5 segundos e está esperando há 20 segundos. O processo P_2 declarou um tempo de serviço de 3 segundos e está esperando há 9 segundos. Se o sistema usar HRRN, qual processo executará primeiro?

Respostas: **1)** Falso. Quanto mais tempo o processo esperar, mais provável será que ele seja escalonado antes dos processos mais curtos. **2)** Nesse caso, o processo P_1 tem uma prioridade 5 e o P_2, uma prioridade 4, portanto o sistema executa P_1 antes.

8.7.5 Escalonamento por menor-tempo-de-execução-restante (SRT)

O escalonamento por menor-tempo-de-execução-restante (*Shortest-Remaining-Time* — **SRT**) é a contraparte preemptiva do SPF que tenta aumentar o rendimento atendendo pequenos processos que chegam. O SRT era efetivo para sistemas de processamento de jobs que recebiam um fluxo de entrada de jobs; agora já não têm mais utilidade para a maioria dos sistemas operacionais. No SRT o escalonador seleciona o processo com o menor tempo estimado de execução até o final. No SPF, quando um processo começa a executar, continua até o final. No SRT, um processo recém-chegado cujo tempo estimado de execução até o final é menor provoca a preempção de um processo em execução cujo tempo estimado de execução até o final é maior. Novamente, o SRT requer que as estimativas do comportamento futuro do processo sejam efetivas, e o projetista deve levar em conta o potencial abuso da estratégia de escalonamento da parte do usuário.

O algoritmo deve manter informações sobre o tempo que está sendo gasto no serviço do processo em execução e realizar preempções ocasionais. Processos que acabaram de chegar cujos tempos de execução são curtos executam quase imediatamente. Todavia, o tempo médio de espera e a variância dos tempos de espera dos processos mais longos são ainda maiores do que no SPF. Esses fatores contribuem para uma sobrecarga maior no SRT do que no SPF.

O algoritmo SRT teoricamente oferece tempos de espera mínimos, mas, em certas ocasiões, devido à sobrecarga de preempção, o SPF pode se sair melhor. Por exemplo, considere um sistema no qual um processo em execução esteja quase no final e chegue um novo processo cujo tempo estimado de serviço seja pequeno. O processo em execução deve sofrer preempção? A disciplina do SRT faria a preempção, mas essa pode não ser a alternativa ótima. Uma solução é garantir que um processo em execução não possa mais sofrer preempção quando o tempo de execução restante atingir um determinado nível baixo.

Um problema semelhante surge quando um processo recém-chegado requer um tempo ligeiramente menor para concluir do que o processo em execução. Embora o algoritmo impusesse corretamente a preempção do processo em execução, essa poderia não ser a política ótima. Por exemplo, se a sobrecarga de preempção for maior do que a diferença dos tempos de serviço entre os dois processos, a preempção resultará em desempenhos inferiores.

Como esses exemplos ilustram, o projetista de sistemas operacionais deve pesar cuidadosamente a sobrecarga de mecanismos de gerenciamento de recursos contra os benefícios esperados. Vemos também que políticas de escalonamento relativamente simples podem resultar em mau desempenho por razões sutis.

Revisão

1. O SRT é um algoritmo de escalonamento de processador efetivo para sistemas interativos?
2. Por que o SRT é um algoritmo de escalonamento ineficaz para processos de tempo real?

Respostas: **1)** À primeira vista, o SRT pode parecer um algoritmo efetivo para processos interativos se as tarefas executadas antes da emissão de E/S forem de curta duração. Entretanto, o SRT determina prioridades segundo o tempo que falta para a conclusão, e não segundo o tempo de execução até E/S. Alguns processos interativos, como um interpretador de comandos, executam pelo tempo de vida da sessão, o que a colocaria no nível mais baixo de prioridade. **2)** O SRT pode resultar em grande variância de tempos de resposta, enquanto os processos de tempo real requerem uma pequena variância de tempos de resposta para garantir que sempre concluirão suas tarefas dentro de um determinado período de tempo.

8.7.6 Filas multiníveis de retorno

Quando um processo obtém um processador, especialmente quando ainda não teve a chance de estabelecer um padrão de comportamento (por exemplo, por quanto tempo normalmente executará antes de gerar uma requisição de E/S, ou que porções da memória o processo está correntemente favorecendo), o escalonador não pode determinar a quantidade precisa de tempo de processador que o processo precisará. Processos orientados a E/S normalmente utilizam o processador apenas brevemente antes de gerar uma requisição de E/S. Processos orientados a processador poderiam usar o processador durante horas por vez se o sistema o disponibilizasse em base não preemptiva. Um algoritmo de escalonamento normalmente deve favorecer processos curtos, favorecer processos orientados a E/S para que obtenham uma boa utilização do dispositivo de E/S e bons tempos interativos de resposta, e devem determinar a natureza de um processo o mais rapidamente possível e escalonar o processo de acordo.

Filas multiníveis de retorno (Figura 8.4) ajudam a cumprir esses objetivos.[17] Um novo processo entra na rede de enfileiramento no final da fila de nível mais alto. Vai passando para a frente na ordem FIFO até obter um processador. Se o processo concluir sua execução, ou se devolver o processador para esperar pela conclusão de uma E/S ou pela conclusão

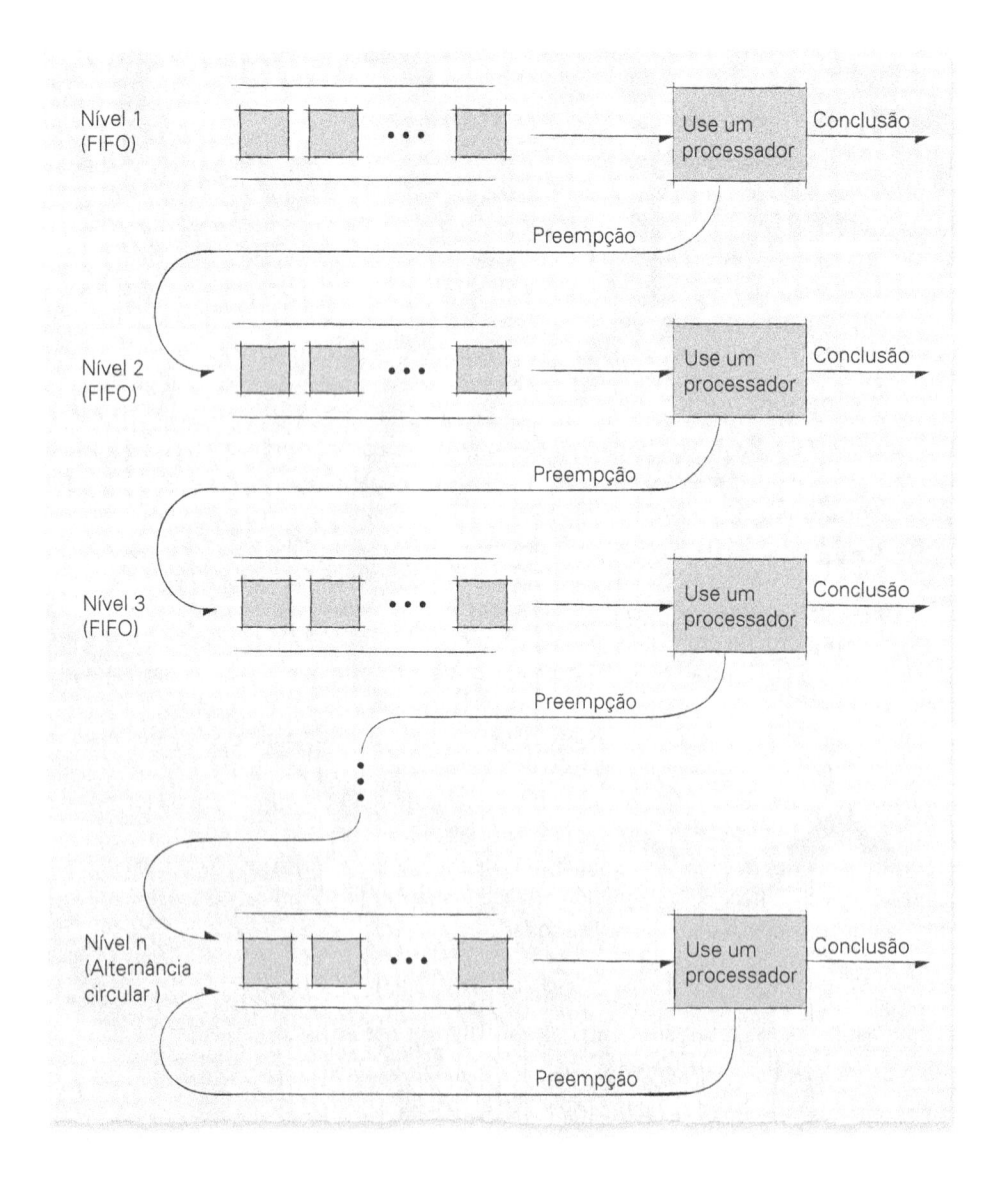

Figura 8.4 | *Filas multiníveis de retorno.*

de algum outro evento, ele sairá da rede de enfileiramento. Se o quantum de um processo expirar antes que esse devolva voluntariamente o processador, o sistema colocará o processo no final da fila de nível mais baixo seguinte. Contanto que use totalmente o quantum fornecido a cada nível, o processo continua e passa para o final da fila de nível mais baixo seguinte. Usualmente há uma fila de nível limite na qual o processo percorre em alternância circular até concluir. O processo que obtém um processador em seguida é aquele que está no início da fila, não vazia, de nível mais alto de multinível de retorno. Um processo que está em execução sofre preempção em favor de outro que está chegando a uma fila de nível mais alto.

Nesse sistema, um processo que está em uma fila de nível mais baixo pode sofrer adiamento indefinido se uma fila de nível mais alto contiver pelo menos um processo. Isso não pode ocorrer em sistemas cuja taxa de processos que chegam para serem atendidos é alta, ou nos quais há diversos processos orientados a E/S consumindo seus quanta.

Em muitos esquemas de filas multiníveis de retorno, o escalonador aumenta o tamanho do quantum de um processo à medida que esse passa para cada fila de nível mais baixo. Assim, quanto mais tempo um processo estiver na rede de enfileiramento, maior será o quantum que recebe cada vez que obtém um processador. Logo veremos por que isso é apropriado.

Examinemos o tratamento que processos recebem considerando como essa disciplina responde a diferentes tipos de processos. Filas multiníveis de retorno favorecem processos orientados a E/S e outros processos que necessitam apenas de pequenos surtos de tempo de processador, porque esses processos entram na rede com prioridade alta e obtém um processador rapidamente. A disciplina escolhe um quantum grande o suficiente para a primeira fila, de modo que a vasta maioria dos processos orientados a E/S (e processos interativos) emita uma requisição de E/S antes da expiração do quantum. Quando um processo requisita E/S, ele sai da rede de enfileiramento depois de ter recebido o tratamento favorecido desejado. O processo volta à rede quando estiver *pronto* novamente.

Considere agora um processo orientado a processador. O processo entra na rede com prioridade alta, e o sistema o coloca na fila de nível mais alto. Nesse ponto a rede de enfileiramento não 'sabe' se o processo é orientado a processador ou a E/S — a meta da rede é decidir isso rapidamente. O processo obtém o processador rapidamente, usa todo o seu quantum, seu quantum expira e o escalonador passa o processo para a fila seguinte de nível mais baixo. Agora o processo tem uma prioridade mais baixa e os processos que chegam obtém o processador primeiro, o que significa que processos interativos ainda continuarão a receber bons tempos de resposta, mesmo que muitos processos orientados a processador passem mais para baixo na rede de enfileiramento. Eventualmente o processo orientado a processador não obtém o processador, recebe um quantum maior do que na fila de nível mais alto e novamente usa todo o seu quantum. Então o escalonador coloca o processo no final da próxima fila de nível mais baixo. O processo continua a passar para filas de nível mais baixo, espera mais tempo entre intervalos de tempo e usa todo o seu quantum cada vez que obtém o processador (a menos que sofra preempção por um processo que chegue). Eventualmente o processo orientado a processador chega à fila de nível mais baixo, onde percorre em alternância circular juntamente com outros processos orientados a processador até finalizar.

Portanto, filas multiníveis de retorno são ideais para separar processos em categorias segundo suas necessidades de processador. Quando um processo sair da rede de enfileiramento pode ser 'marcado' com a identidade da fila de nível mais baixo na qual residiu. Quando o processo entrar novamente na rede de enfileiramento, o sistema poderá colocá-lo diretamente na fila em que concluiu a operação da última vez — nesse caso o escalonador estará empregando a heurística que diz que o comportamento recente de um processo é um bom indicador de seu comportamento no futuro próximo. Essa técnica permite ao escalonador evitar colocar um processo orientado a processador que está retornando nas filas de nível mais alto, em que interferiria no serviço para processos curtos de alta prioridade ou processos orientados a E/S.

Infelizmente, se o escalonador sempre colocar um processo que retorne na fila de nível mais baixo que ocupava da última vez que esteve no sistema, o escalonador não conseguirá responder a mudanças no comportamento do processo (o processo pode estar transitando de orientado a processador para orientado a E/S). O escalonador pode resolver esse problema registrando não somente a identidade da fila de nível mais baixo na qual o processo residia, mas também a quantidade de seu quantum que não foi utilizada durante sua última execução. Se o processo consumir todo o seu quantum, então será colocado em uma fila de nível mais baixo (se houver uma disponível). Se o processo emitir uma requisição de E/S antes de seu quantum expirar, poderá ser colocado em uma fila de nível mais alto. Se o processo estiver entrando em uma nova fase na qual mudará de orientado a processo para orientado a E/S, inicialmente poderá experimentar alguma lentidão enquanto o sistema determinar que sua natureza está mudando, mas o algoritmo de escalonamento responderá a essa mudança.

Uma outra maneira de tornar o sistema responsivo a mudanças no comportamento de um processo é permitir que o processo suba um nível na rede de filas de retorno cada vez que devolver voluntariamente o processador antes de seu quantum expirar. Similarmente, o escalonador — ao designar uma prioridade — pode considerar o tempo que um processo tem gasto à espera por serviço. O escalonador pode envelhecer o processo promovendo-o e colocando-o na fila de nível mais alto seguinte depois de ele ter passado uma certa quantidade de tempo à espera por serviço.

Uma variação comum do mecanismo de filas multiníveis de retorno é fazer um processo passar por alternância circular diversas vezes em cada fila antes de passar para a fila de nível mais baixo seguinte. E também, o número de ciclos por que passa em cada fila pode ser aumentado à medida que o processo passa para a fila de nível mais baixo seguinte. Essa variação tenta refinar mais ainda o serviço que o escalonador fornece a processos orientados a E/S e a processos orientados a processador.

A fila multinível de retorno é um bom exemplo de **mecanismo adaptativo**, um mecanismo que responde às mudanças no comportamento do sistema que controla.[18, 19] Mecanismos adaptativos em geral requerem mais sobrecarga do que os não-adaptativos, mas a resultante sensibilidade a mudanças no sistema torna o sistema mais responsivo e ajuda a justificar o aumento de sobrecarga. Como discutiremos na Seção 20.5.2, "Escalonamento de processo", o escalonador de processo do Linux emprega um mecanismo adaptativo tomado emprestado das filas multiníveis de retorno. [*Nota*: Na literatura, os termos 'escalonamento de processo' e 'escalonamento de processador' são usados como equivalentes.)

Revisão

1. Quais objetivos de escalonamento devem ser avaliados ao escolher o número de níveis em uma fila multinível de retorno?

2. Por que mecanismos adaptativos são desejáveis nos escalonadores de hoje?

Respostas: **1)** Um objetivo importante é a variância dos tempos de resposta. Aumentar o número de níveis pode fazer que processos orientados a processador esperem mais tempo, o que aumenta a variância dos tempos de resposta. Um outro objetivo a considerar é a utilização de recursos. Conforme o número de níveis aumenta, muitos processos podem executar e emitir uma E/S antes da expiração de seus quanta, resultando na utilização efetiva tanto do tempo de processador quanto dos dispositivos de E/S. **2)** Nos computadores de hoje muitas aplicações podem ser ao mesmo tempo computacionalmente intensivas e também orientadas a E/S. Por exemplo, um reprodutor de vídeo de tempo real deve executar E/S para recuperar dados do videoclipe de um servidor remoto e, então, executar operações computacionalmente intensivas para decodificar e exibir imagens de vídeo. De modo similar, um jogo interativo como um simulador de vôo deve responder a entradas do jogador (movimentos do joystick) enquanto apresenta complicadas cenas em 3D. Mecanismos adaptativos habilitam o sistema a fornecer respostas alternadas a esses processos ao alternarem entre comportamento orientado a E/S e orientado a processador.

8.7.7 Escalonamento por fração justa

Sistemas geralmente suportam vários conjuntos de processos relacionados. Por exemplo, o sistema UNIX (e outros sistemas multiusuários) agrupa processos que pertencem a um usuário individual. O **escalonamento por fração justa** (*Fair Share Scheduling* — **FSS**) suporta escalonamento por meio desses conjuntos de processos.[20, 21, 22, 23] O escalonamento por fração justa habilita um sistema a garantir justiça por meio de grupos de processos restringindo cada grupo a um subconjunto de recursos de sistemas. No ambiente UNIX, por exemplo, o FSS foi desenvolvido especificamente para "dar uma taxa pré-especificada de recursos de sistema (...) a um conjunto de usuários relacionados".[24]

Consideremos um exemplo no qual o escalonamento por fração justa seria útil. Imagine um grupo de pesquisa cujos membros compartilhem um sistema multiusuário; eles estão divididos em dois grupos. Os pesquisadores principais — cujo número é pequeno — usam o sistema para executar trabalhos importantes, intensivos em computação, como fazer simulações. Os assistentes de pesquisa — em grande número — usam o sistema para trabalhos menos intensivos, como agregar dados e imprimir resultados. Agora imagine que muitos assistentes de pesquisa e somente um pesquisador principal estejam utilizando o sistema. Os assistentes de pesquisa podem consumir a maioria do tempo do processador em detrimento do pesquisador principal que deve executar o trabalho mais importante. Todavia, se o sistema permitisse que o grupo de assistentes de pesquisa usasse somente 25% do tempo de processador e permitisse que o grupo de pesquisadores principais usasse 75%, o pesquisador principal não sofreria tal degradação do serviço. Desse modo, o escalonamento por fração justa assegura que o desempenho de um processo seja afetado somente pela população de seu grupo de processo, e não pela população de usuários como um todo.

Vamos investigar como o escalonamento por fração justa funciona em um sistema UNIX. Normalmente o UNIX considera taxas de consumo de recursos por todos os processos (Figura 8.5). Contudo, sob o FSS, o sistema reparte os recursos entre vários **grupos de fração justa** (Figura 8.6); distribui recursos não utilizados por um grupo de fração justa a outros grupos de fração justa na proporção de suas necessidades relativas.

As instruções do UNIX estabelecem grupos de fração justa e associam usuários específicos a eles.[25] Para o propósito dessa discussão, vamos adotar a premissa de que o UNIX usa um escalonador de processo por prioridade em alternância circular.[26] Cada processo tem uma prioridade, e o escalonador associa processos de uma dada prioridade com a fila de prioridade para aquele valor. O escalonador de processo seleciona o processo pronto que está à frente na fila de prioridade mais alta. Processos dentro de uma dada prioridade são escalonados por alternância circular. Um processo que requer mais serviços após sofrer preempção recebe uma prioridade mais baixa. Prioridades de núcleo são altas e aplicam-se a processos que executam no núcleo; prioridades de usuário são mais baixas. Eventos de disco recebem prioridade mais alta do que eventos de terminal. O escalonador designa a prioridade do usuário como uma razão entre a utilização recente do processador e o tempo real decorrido; quanto mais baixo o tempo decorrido, mais alta a prioridade.

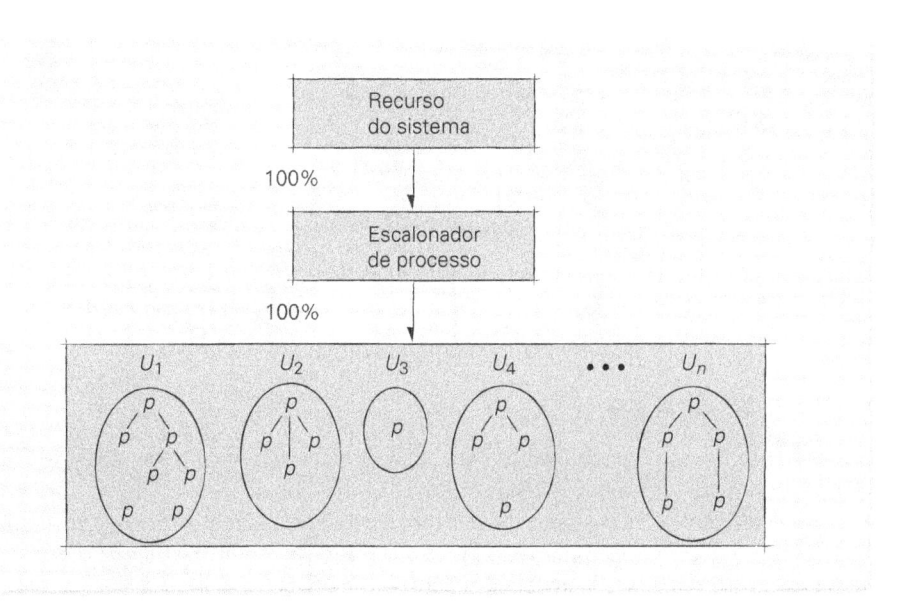

Figura 8.5 | *Escalonador de processo-padrão do UNIX. O escalonador concede o processador aos usuários, cada um deles pode ter muitos processos. (Propriedade de AT&T Archives. Reproduzido com a permissão da AT&T.)*[27]

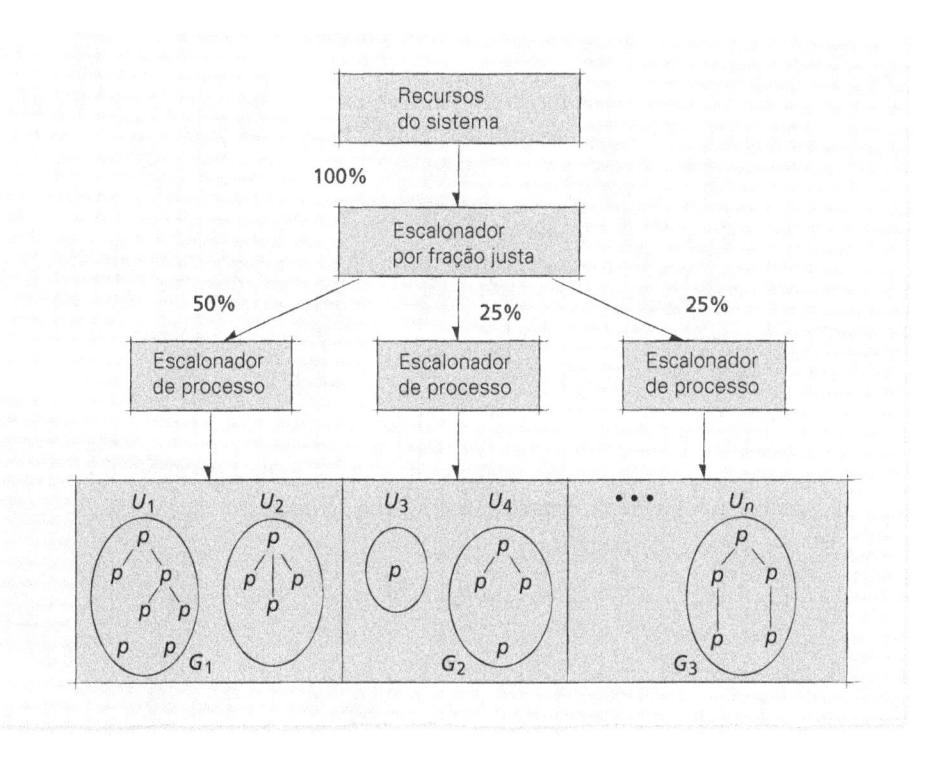

Figura 8.6 | *Escalonador por fração justa. O escalonador por fração justa divide a capacidade de recursos do sistema em porções, as quais são alocadas por escalonadores de processo designados a vários grupos de fração justa. (Propriedade de AT&T Archives. Reproduzido com a permissão da AT&T.)*[28]

Os grupos de fração justa são priorizados segundo o quanto estão próximos de atingir seus objetivos especificados de utilização de recursos. Grupos que estão indo mal recebem prioridade mais alta; grupos que estão indo bem recebem prioridade mais baixa.

Revisão

1. No FSS, por que grupos que não estão atingindo suas metas de utilização de recursos devem receber prioridades mais altas?
2. Qual a diferença entre FSS e disciplinas de escalonamento de processo-padrão?

Respostas: 1) Processos que usam menos recursos do que o especificado por suas metas provavelmente recebem níveis mais baixos de serviço. Aumentando a sua prioridade, o sistema assegura que esses processos executem o tempo suficiente para utilizar todos os seus recursos requeridos. 2) O FSS reparte recursos entre grupos de processos, ao passo que escalonadores de processo-padrão permitem que todos os processos disputem todos os recursos em pé de igualdade.

8.8 Escalonamento por prazo

No **escalonamento por prazo**, certos processos são escalonados para concluir em um momento ou prazo específico. Esses processos podem ter alto valor, se entregues a tempo, e nenhum valor, caso isso não aconteça.[29, 30, 31]

O escalonamento por prazo é complexo. Primeiro, o usuário deve fornecer suas exatas requisições de recursos antecipadamente para garantir que o processo seja concluído dentro do prazo. Essa informação raramente está disponível. Segundo, o sistema deve executar o processo que tem prazo sem degradar seriamente o serviço oferecido a outros usuários. O sistema também deve planejar cuidadosamente seus requisitos de recursos até o final do prazo, o que pode ser difícil, porque podem chegar novos processos requerendo demandas imprevisíveis. Por fim, se houver muitos processos com prazos ativos ao mesmo tempo, o escalonamento poderá se tornar extremamente complexo.

O gerenciamento intensivo de recursos exigido pelo escalonamento por prazo pode gerar sobrecarga substancial (veja o quadro "Reflexões sobre sistemas operacionais, intensidade de gerenciamento de recursos *versus* valor relativo do recurso"). O consumo líquido de recursos do sistema pode ser alto, degradando o serviço para outros processos.

Como veremos na próxima seção, o escalonamento por prazo é importante para o escalonamento de processos de tempo real. Dertouzos demonstrou que, quando todos os processos podem cumprir seus prazos independentemente da ordem em que são executados, escalonar primeiro os processos de prazos mais curtos é ótimo.[32] Entretanto, quando o sistema ficar sobrecarregado, esse deve alocar tempo significativo de processador ao escalonador para determinar a ordem adequada na qual executar processos para que cumpram seus prazos. Pesquisas recentes concentram-se na velocidade[33, 34] ou número[35] de processadores que o sistema deve alocar ao escalonador para cumprir os prazos.

Revisão

1. Por que é importante para o usuário especificar antecipadamente os recursos que um processo necessita?
2. Por que é difícil cumprir o prazo estabelecido para um processo?

Respostas: 1) Porque permite que o escalonador garanta que haverá recursos disponíveis para o processo de modo que ele possa concluir sua tarefa antes do seu prazo. 2) Novos processos podem chegar e apresentar demandas imprevisíveis ao sistema que o impeçam de cumprir o prazo de um processo, recursos podem falhar, o processo pode mudar seu comportamento drasticamente e assim por diante.

Reflexões sobre sistemas operacionais

Intensidade de gerenciamento de recursos versus valor relativo do recurso

Sistemas operacionais gerenciam recursos de hardware e software. Um tema recorrente que você verá por todo este livro é que a intensidade com que sistemas operacionais precisam gerenciar recursos particulares é proporcional ao valor relativo desses recursos e à sua escassez e intensidade de uso. Por exemplo, o processador e memórias cache de alta velocidade são gerenciados muito mais intensamente do que o armazenamento secundário e outros dispositivos de E/S. O projetista de sistemas operacionais deve estar consciente das tendências que poderiam afetar o valor relativo dos recursos de sistema e do tempo das pessoas, e deve responder rapidamente à mudança.

8.9 Escalonamento de tempo real

Um objetivo primário dos algoritmos de escalonamento que apresentamos na Seção 8.7 era garantir alta utilização de recursos. Processos que devem executar periodicamente (como uma vez por minuto) requerem algoritmos de escalonamento diferentes. Por exemplo, os tempos de espera ilimitados do SPF podem ser catastróficos para um processo que verifique a temperatura de um reator nuclear. Similarmente, um sistema que use SRT para escalonar um processo que reproduza um videoclipe produziria uma reprodução entrecortada. **Escalonamento de tempo real** atende às necessidades de processos que devem produzir saídas corretas em determinado momento (ou seja, que têm uma **restrição de tempo**).[36] Um processo de tempo real pode dividir suas instruções em tarefas isoladas, cada qual deve concluir em determinado prazo. Outros processos de tempo real podem executar certa tarefa periodicamente, como atualizar as localizações de aviões em um sistema de controle de tráfego aéreo. Escalonadores de tempo real devem garantir que as restrições de tempo sejam cumpridas (veja o quadro "Miniestudo de caso, sistemas operacionais de tempo real").

Disciplinas de escalonamento de tempo real são classificadas conforme quão bem cumprem os prazos de um processo. **Escalonamento de tempo real não crítico** garante que processos de tempo real sejam despachados antes de outros processos do sistema, mas não garante qual processo, se é que algum deles, cumprirá suas restrições de tempo.[37, 38]

Miniestudo de caso

Sistemas operacionais de tempo real

Um sistema de tempo real é diferente de um sistema-padrão, porque cada operação deve apresentar resultados corretos e que retornem dentro de um certo período de tempo.[39] Sistemas de tempo real são usados em aplicações críticas quanto a tempo, como sensores de monitoração. Geralmente são sistemas pequenos, embarcados. Sistemas operacionais de tempo real (Real-Time Operating Systems — RTOSs) devem ser cuidadosamente projetados para alcançar esses objetivos. (Escalonamento de tempo real é discutido na Seção 8.9.)

O programa de controle do projeto SAGE (Semi-Automatic Ground Environment) pode ter sido o primeiro sistema operacional de tempo real.[40, 41] O SAGE era um projeto da Força Aérea norte-americana para defesa contra possíveis ataques de bombardeiros durante a Guerra Fria.[42] Implementado no final da década de 50, esse sistema integrava 56 computadores digitais à válvula eletrônica IBM AN/FSQ-7, que monitoravam dados de sistemas de radares pelo país inteiro, para rastrear todas as aeronaves presentes no espaço aéreo dos Estados Unidos.[43, 44] O sistema analisava essas informações e orientava os caças interceptadores, portanto, requeria respostas em tempo real.[45] O sistema operacional que realizava essa tarefa era o maior programa de computador existente na época.[46]

Ao contrário, hoje os RTOSs visam ao tamanho mínimo. Há muitos disponíveis, mas o QNX e o VxWorks são os líderes da área. O QNX implementa as APIs-padrão POSIX com seu próprio micronúcleo e é modelado para sistemas embarcados. Também usa troca de mensagens para comunicação interprocessos.[47] Similarmente, o VxWorks é um sistema de micronúcleo que obedece ao padrão POSIX e é amplamente usado em sistemas embarcados.[48] O QNX funciona melhor do que o VxWorks em plataformas Intel x86,[49] mas não estava disponível em outros processadores até a versão 6.1 (a versão corrente é a 6.2).[50] O VxWorks, todavia, concentrou-se no processador PowerPC e tem um histórico de compatibilidade por meio de plataformas.[51] O VxWorks é, correntemente, o RTOS mais comum para sistemas embarcados.[52] Entre outros RTOSs estão o Windows CE .NET,[53] o OS-9,[54] o OSE[55] e distribuições do Linux, como o uClinux.[56]

O escalonamento de tempo real não crítico é comumente implementado em computadores pessoais nos quais uma reprodução suave de multimídia é desejável, mas tolera-se interrupções ocasionais quando a carga do sistema estiver pesada. Sistemas de tempo real não crítico podem se beneficiar de taxas altas de interrupção que evitam que o sistema fique 'preso' executando um processo, enquanto outros perdem seus prazos. Todavia, o sistema pode incorrer em sobrecargas significativas se a taxa de interrupção for muito alta, resultando em mau desempenho e prazos perdidos.[57]

O **escalonamento de tempo real crítico** garante que as restrições de prazo de um processo sejam sempre atendidas. Cada tarefa especificada por um processo de tempo real crítico deve concluir antes de seu prazo final; caso isso não aconteça, os resultados poderão ser catastróficos, entre eles trabalho inválido, falha de sistema ou até danos aos usuários do sistema.[58, 59] Sistemas de tempo real críticos podem conter **processos periódicos** que realizam suas computações em intervalos de tempo regulares (por exemplo, coletar dados de controle de tráfego aéreo a cada segundo) e **processos assíncronos** que executam em resposta a eventos (por exemplo, responder a altas temperaturas no núcleo de uma usina nuclear).[60]

Algoritmos de escalonamento de tempo real estáticos

Algoritmos de escalonamento de tempo real estáticos não ajustam a prioridade do processo ao longo do tempo. Porque as prioridades são calculadas somente uma vez, esses algoritmos tendem a ser simples e a incorrer em pouca sobrecarga. Eles são limitados, pois não podem se ajustar ao comportamento variável do processo e dependem de os recursos estarem funcionando e à disposição para garantir que sejam cumpridas as restrições de tempo.

Sistemas de tempo real críticos tendem a usar algoritmos de escalonamento estáticos, porque incorrem em baixa sobrecarga e é relativamente fácil de provar que as restrições de prazo de cada processo sejam atendidas. O algoritmo de escalonamento por **taxa monotônica** (*Rate-Monotonic* — **RM**), por exemplo, é um algoritmo de alternância circular, preemptivo, por prioridade, que eleva a prioridade de um processo linearmente (monotonicamente) com a freqüência (a taxa) com a qual ele deve executar. Esse algoritmo de escalonamento estático favorece processos periódicos que executam freqüentemente.[61] O algoritmo por **taxa monotônica com prazo** pode ser usado quando um processo periódico especifica um prazo que não seja igual ao seu período.[62]

Algoritmos de escalonamento de tempo real dinâmicos

Algoritmos de escalonamento de tempo real dinâmicos escalonam processos ajustando suas prioridades durante a execução, o que pode causar sobrecarga significativa. Alguns algoritmos tentam minimizar a sobrecarga de escalonamento designando prioridades estáticas a alguns processos, e prioridades dinâmicas a outros.[63]

O algoritmo de escalonamento por **prazo-mais-curto-primeiro** (*Earliest Deadline First* — **EDF**) é do tipo preemptivo que despacha primeiro o processo com o prazo mais curto. Se o processo que chegar tiver um prazo mais curto do que o processo em execução, o sistema provocará a preempção do processo em execução e despachará o que acabou de chegar. O objetivo é maximizar o rendimento cumprindo os prazos do maior número de processos por unidade de tempo (análogo ao algoritmo STR) e minimizando o tempo médio de espera (o que evita que processos curtos percam seus prazos enquanto processos longos executam). Dertouzos provou que, se um sistema fornecer preempção por hardware (temporizadores de interrupção) e os processos de tempo real que estão em escalonamento não forem interdependentes, o EDF minimizará a quantidade de tempo pela qual o projeto 'mais atrasado' perde seu prazo.[64] Todavia, muitos sistemas de tempo real não fornecem preempção por hardware, portanto outros algoritmos devem ser empregados.[65]

O algoritmo de escalonamento por **folga-mínima-primeiro** (*Minimum-Laxity-First* — **MLF**) é similar ao EDF, mas baseia sua prioridade na **folga** de um processo. Folga é uma medida da importância de um processo baseada na quantidade de tempo que falta até seu prazo final e o tempo de execução que ainda resta até que sua tarefa (que pode ser periódica) tenha terminado. A folga é calculada usando-se a fórmula

$$L = D - (T + C),$$

onde L é a folga, D é o prazo do processo, T é o tempo atual e C é o tempo de execução restante do processo. Por exemplo, se o tempo atual for 5, o prazo de um processo for 9 e o processo precisar de 3 unidades de tempo para concluir, a folga será 1. Se um processo tiver folga 0, deverá ser despachado imediatamente ou perderá seu prazo. Prioridades no escalonamento por folga-mínima-primeiro são mais precisas do que as do EDF, porque são determinadas incluindo o tempo de processador restante que cada processo requer para concluir sua tarefa. Porém, às vezes essa informação não está disponível.[66]

Revisão

1. Por que a maioria dos algoritmos de escalonamento de tempo real é estática?
2. Quando o algoritmo de folga-mínima-primeiro degenera para EDF? Isso pode ocorrer?

Respostas: 1) Sistemas de tempo real críticos devem garantir que os prazos dos processos sejam cumpridos. Algoritmos de escalonamento estáticos facilitam provar essa propriedade para um sistema particular e reduzem a sobrecarga da implementação. 2) O algoritmo de folga-mínima-primeiro degenera para o algoritmo EDF quando C for idêntico para todos os processos em qualquer instante. É possível, mas altamente improvável que isso ocorra.

8.10 Escalonamento de threads Java

Como discutido na Seção 4.6, "Modelos de thread", sistemas operacionais fornecem vários níveis de suporte para threads. Ao escalonar um processo multithread que implementa threads de usuário, o sistema operacional não está consciente de que o processo é multithread e, portanto, despacha-o como uma unidade, exigindo uma biblioteca de nível de usuário para escalonar seus threads. Se o sistema suportar threads de núcleo, poderá escalonar cada thread independentemente de outros dentro do mesmo processo. E ainda outros sistemas suportam ativações de escalonador que designam cada processo a um thread de núcleo, habilitando a biblioteca de nível de usuário do processo a executar operações de escalonamento.

Projetistas de sistemas devem determinar como alocar quanta a threads e em que ordem, e com quais prioridades escalonar threads em um processo. Por exemplo, uma abordagem de 'fração justa' divide o quantum alocado a um processo entre seus threads. Isso impede que um processo multithread receba níveis altos de serviço simplesmente criando um grande número de threads. Além disso, a ordem na qual os threads são executados pode causar impacto sobre seu desempenho se dependerem uns dos outros para continuar suas tarefas. Nesta seção apresentamos o escalonamento de threads Java. O escalonamento de threads no Windows XP é discutido na Seção 21.6.2, "Escalonamento de thread". O escalonador Linux (que despacha ambos, processos e threads) é discutido na Seção 20.5.2, "Escalonamento de processo".

Uma característica da linguagem de programação Java e de sua máquina virtual é que todo applet ou aplicação Java é multithread. Cada thread Java recebe uma prioridade na faixa entre Thread.MIN_PRIORITY (uma constante de 1) e Thread.MAX_PRIORITY (uma constante de 10). Por padrão, cada thread recebe prioridade Thread.NORM_PRIORITY (uma constante de 5). Cada novo thread herda a prioridade do thread que o criou.

Dependendo da plataforma, Java implementa threads em espaço de usuário ou em espaço de núcleo (veja a Seção 4.6, "Modelos de thread").[67, 68] Ao implementar threads de usuário, o tempo de execução Java conta com **intervalos de tempo** (*timeslicing*) para executar escalonamento preemptivo de thread. Sem intervalos de tempo, cada thread de um conjunto de threads de prioridade igual executa até concluir, a menos que saia do estado de *execução* e entre no estado *de espera*, *adormecido* ou *bloqueado*, ou sofra preempção por um thread de prioridade mais alta. Com intervalos de tempo, cada thread recebe um quantum durante o qual pode executar.

O escalonador de thread Java garante que o thread de prioridade mais alta da máquina virtual Java esteja *executando* o tempo todo. Se houver múltiplos threads no nível de prioridade, esses executarão usando alternância circular. A Figura 8.7

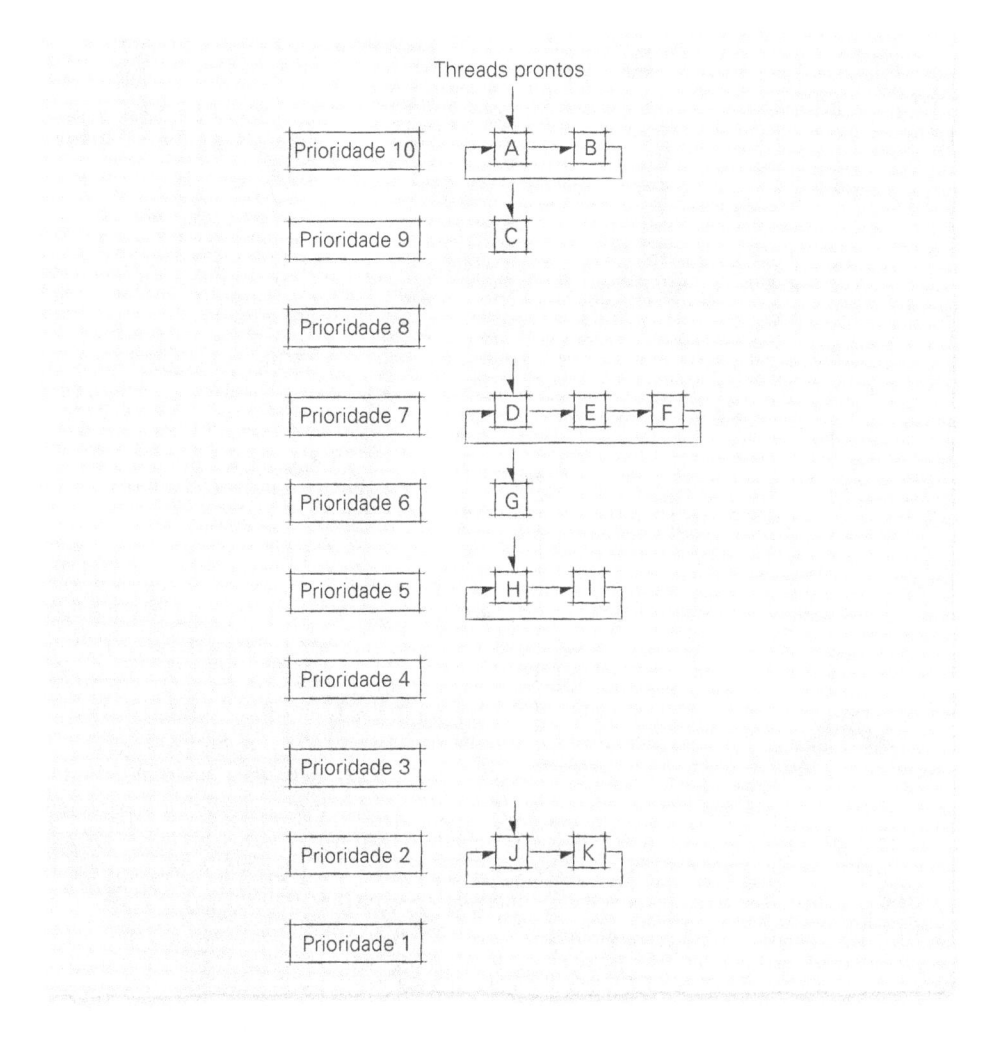

Figura 8.7 | *Escalonamento de thread Java por prioridade.*

ilustra a fila multinível de prioridade para threads Java. Na figura, supondo um computador com um único processador, cada um dos threads, A e B, executa durante um quantum por vez em alternância circular até que ambos concluam a execução. Em seguida, o thread C executa até finalizar. Os threads D, E e F executam durante um quantum cada um, em alternância circular, até que todos concluam a execução. Esse processo continua até que todos os threads executem até o final. Note que, dependendo do sistema operacional, threads que chegam, cuja prioridade é mais alta, podem adiar indefinidamente a execução daqueles de prioridade mais baixa.

Um thread pode chamar o método yield da classe Thread para dar a outros threads a chance de executar. Como o sistema operacional causa a preempção do thread atual sempre que um thread de alta prioridade estiver *pronto*, um thread não pode utilizar o método yield para um thread de prioridade mais alta. Similarmente, o método yield sempre permite que o thread *pronto* de prioridade mais alta execute, portanto, se todos os threads *prontos* forem de prioridade mais baixa do que o thread que está chamando yield, o thread atual terá a prioridade mais alta e continuará executando. Conseqüentemente, um thread utiliza o método yield para dar a threads de igual prioridade uma chance para executar. Em um sistema de intervalos de tempo isso é desnecessário, porque cada thread de igual prioridade executará somente durante seu quantum (ou até perder o processador por alguma outra razão), e outros threads de igual prioridade executarão em alternância circular. Assim, o método yield é apropriado para sistemas que não são de intervalos de tempo (por exemplo, as primeiras versões do Solaris),[69] nos quais um thread ordinariamente executaria até finalizar antes que um outro thread de igual prioridade tivesse uma oportunidade de executar.

Revisão

1. Por que Java fornece o método yield? Por que um programador usaria yield?
2. (V/F) Um thread Java de prioridade mais baixa nunca executará enquanto um thread de prioridade mais alta estiver *pronto*.

Respostas:

1) O método yield permite que o thread atual libere voluntariamente o processador e deixe que um thread de igual prioridade execute. Porque aplicações Java são projetadas para ser portáveis e porque o programador não pode ter certeza de que uma plataforma particular suporte intervalos de tempo, os programadores usam yield para garantir que suas aplicações executrão adequadamente em todas as plataformas. 2) Verdadeiro. Escalonadores Java executarão o thread *pronto* de prioridade mais alta.

Resumo

Quando um sistema pode escolher os processos que executa, deve ter uma estratégia — denominada política de escalonamento de processador (ou disciplina) — para decidir quais processos executar em um dado instante. Escalonamento de alto nível — às vezes denominado escalonamento de job ou escalonamento de longo prazo — determina quais jobs o sistema permite que disputem ativamente os recursos do sistema. A política de escalonamento de alto nível determina o grau de multiprogramação — o número total de processos em um sistema em determinado instante. Depois de a política de escalonamento de alto nível ter admitido um job (que pode conter um ou mais processos) no sistema, a política de escalonamento de nível intermediário determina quais processos terão permissão de competir por um processador. Essa política atende às flutuações de curto prazo da carga do sistema. A política de escalonamento de baixo nível de um sistema determina quais processos *prontos* o sistema designará a um processador quando o próximo ficar disponível. Políticas de escalonamento de baixo nível comumente atribuem uma prioridade a cada processo, que reflete a importância desse processo — quanto mais importante for, maior é a probabilidade de que a política de escalonamento o selecione para ser executado em seguida.

Uma disciplina de escalonamento pode ser preemptiva ou não preemptiva. Para evitar que usuários monopolizem o sistema (acidental ou propositalmente), escalonadores preemptivos ajustam um relógio de interrupção ou um temporizador de intervalo que gera uma interrupção periodicamente. Prioridades podem ser atribuídas estaticamente ou alteradas dinamicamente durante o curso da execução.

Ao desenvolver uma disciplina de escalonamento, um projetista de sistemas deve considerar uma variedade de fatores, como o tipo do sistema e as necessidades dos usuários. Esses objetivos podem incluir a maximização do rendimento, a maximização do número de usuários interativos que recebem tempos de resposta 'aceitáveis', a maximização da utilização de recursos, a evitação do adiamento indefinido, a imposição de prioridades, a minimização da sobrecarga e a garantia de previsibilidade de tempos de resposta. Para cumprir esses objetivos, um sistema pode usar técnicas como envelhecimento (*aging*) e favorecimento de processos cujos requisitos podem ser satisfeitos rapidamente. Muitas disciplinas de escalonamento exibem justiça, previsibilidade e escalabilidade.

Projetistas de sistemas operacionais podem usar objetivos do sistema para determinar os critérios que regerão as decisões de escalonamento. Talvez a maior preocupação seja como um processo usará um processador (se será orientado a processador ou orientado a E/S). Uma disciplina de escalonamento também pode considerar se o processo é em lote ou interativo. Em um sistema que emprega prioridades, o escalonador deve favorecer processos de prioridades mais altas.

Escalonadores empregam algoritmos que decidem sobre preemptibilidade, prioridades, tempos de execução e outras características de processos. O FIFO, também denominado FCFS, é um algoritmo não preemptivo que despacha processos conforme o momento em que chegam à fila de prontos. No escalonamento por alternância circular (RR), processos são despachados na ordem FIFO, mas recebem uma quantidade limitada de tempo de processador denominada intervalo de tempo ou quantum. Uma variante da alternância circular, chamada de alternância circular egoísta (SRR), coloca o processo inicialmente em uma fila de retenção até sua prioridade atingir o nível dos processos da fila ativa, quando então é passado para a fila ativa e escalonado por alternância circular juntamente com outros processos da fila. A determinação do tamanho do quantum é crítica para a operação efetiva de um sistema de computador. O quantum 'ótimo' é grande o suficiente para que a vasta maioria das requisições orientadas a E/S e interativas requeiram menos tempo do que a duração do quantum. O tamanho do quantum ótimo varia de sistema para sistema e sob cargas diferentes.

O escalonamento por processo-mais-curto-primeiro (SPF) é uma disciplina de escalonamento não preemptiva na qual o escalonador seleciona o processo à espera com o menor tempo de execução estimado até a conclusão. O SPF reduz o tempo médio de espera em relação ao FIFO, mas aumenta a variância dos tempos de resposta. O escalonamento por menor-tempo-de-execução-restante (SRT) é a contraparte preemptiva do SPF que seleciona o processo com o menor tempo estimado de execução até a finalização. O algoritmo SRT teoricamente oferece tempos de espera mínimos, mas em certas situações, devido à sobrecarga de preempção, o SPF pode até se sair melhor. O escalonamento por próxima-taxa-de-resposta-mais-alta (HRRN) é uma disciplina de escalonamento não preemptiva na qual a prioridade de cada processo é uma função não apenas do seu tempo de serviço, mas também do tempo que passou esperando pelo serviço.

Filas multiníveis de retorno permitem que um escalonador ajuste dinamicamente o comportamento do processo. O próximo processo a obter um processador é aquele que chegar à frente da fila de nível mais alto, que não estiver vazia na rede de filas multiníveis de retorno. Processos orientados a processador são colocados na fila de nível mais baixo e processos orientados para E/S tendem a ser localizados nas filas de nível mais alto. Um processo em execução sofre preempção por um processo que chegar a uma fila mais alta. Filas multiníveis representam um bom exemplo de mecanismo adaptativo.

O escalonamento por fração justa (FSS) suporta escalonamento de processos e threads relacionados. Habilita um sistema a garantir justiça para grupos de processos, restringindo cada grupo a um certo subconjunto de recursos de sistema. No ambiente UNIX, por exemplo, o FSS foi desenvolvido especificamente para "fornecer uma taxa pré-especificada de recursos de sistema (...) a um conjunto de usuários relacionados".

No escalonamento por prazo, certos processos são escalonados para concluir em um momento ou prazo específico. Esses processos podem ter alto valor se entregues a tempo e nenhum valor, caso isso não aconteça. O escalonamento por prazo é difícil de implementar.

Escalonamento de tempo real deve cumprir repetidamente os prazos dos processos enquanto esses executam. Escalonamento de tempo real não crítico garante que processos de tempo real sejam despachados antes de outros processos do sistema. Escalonamento de tempo real crítico garante que os prazos de um processo sejam sempre cumpridos. Processos de tempo real críticos devem cumprir seus prazos; caso isso não ocorra, os resultados podem ser catastróficos, resultando em trabalho inválido, falha de sistema ou até danos aos usuários do sistema. O algoritmo de escalonamento por taxa monotônica (RM) é do tipo estático de alternância circular por prioridade, que eleva a prioridade de um processo monotonicamente com a taxa pela qual ele deve ser escalonado. O algoritmo de escalonamento por prazo-mais-curto-primeiro (EDF) é um algoritmo de escalonamento preemptivo que favorece o processo que tem o prazo mais curto. O algoritmo de escalonamento por folga-mínima-primeiro (MLF) é similar ao EDF, mas baseia a prioridade na folga de um processo, que mede a diferença entre o tempo que um processo requer para finalizar e o tempo restante até atingir seu prazo final.

O sistema operacional pode despachar os threads de um processo individualmente ou pode escalonar um processo multithread como uma unidade, exigindo bibliotecas de nível de usuário para escalonar seus threads. Projetistas de sistema devem determinar como alocar quanta a threads e em que ordem. Em Java, cada thread recebe uma prioridade na faixa 1-10. Dependendo da plataforma, Java implementa threads em espaço de usuário, ou em espaço de núcleo (veja a Seção 4.6, "Modelos de thread"). Ao implementar threads de usuário, o tempo de execução Java conta com intervalos de tempo (*timeslicing*) para executar escalonamento preemptivo de thread. O escalonador de thread Java garante que o thread de prioridade mais alta da máquina virtual Java esteja executando o tempo todo. Se houver múltiplos threads no mesmo nível de prioridade, esses threads executarão por meio de alternância circular. Um thread pode chamar o método yield para dar a outros threads de igual prioridade uma chance de executar.

Exercícios

8.1 Quais as diferenças entre os seguintes três níveis de escalonadores?
    a. escalonador de alto nível
    b. escalonador de nível intermediário
    c. despachante

8.2 Qual nível de escalonador deveria tomar a decisão em cada uma das perguntas seguintes?
    a. Qual processo pronto deve receber um processador quando um deles estiver disponível?
    b. Qual processo de uma série de processos em lote à espera que foram passados (spooled) para disco deve ser iniciado em seguida?
    c. Quais processos devem ser temporariamente suspensos para aliviar a carga de curto prazo do processador?
    d. Qual processo temporariamente suspenso, que se sabe que é orientado para E/S, deve ser ativado para equilibrar o mix de multiprogramação?

8.3 Qual a diferença entre uma política de escalonamento e um mecanismo de escalonamento?

8.4 Eis alguns objetivos comuns do escalonamento:
    a. ser justo
    b. maximizar o rendimento
    c. maximizar o número de usuários interativos que recebem tempos de resposta aceitáveis
    d. ser previsível
    e. minimizar sobrecarga
    f. equilibrar utilização de recursos
    g. conseguir um equilíbrio entre resposta e utilização
    h. evitar adiamento indefinido
    i. obedecer prioridades
    j. dar preferência a processos que retêm recursos fundamentais
    k. dar um grau mais baixo de serviço a processos com sobrecargas altas
    l. degradar-se graciosamente sob cargas pesadas

Quais dos objetivos precedentes aplica-se mais diretamente a cada um dos seguintes?
    i. Se um usuário estiver esperando durante um período de tempo excessivo, favorecer esse usuário.
    ii. O usuário que executa um job de folha de pagamento para uma empresa de 1000 funcionários espera que o job dure aproximadamente o mesmo tempo toda semana.
    iii. O sistema deve admitir processos para criar um mix que manterá ocupada a maioria dos dispositivos.
    iv. O sistema deve favorecer processos importantes.
    v. Um processo importante chega, mas não pode prosseguir porque um processo sem importância está retendo os recursos de que o processo importante precisa.
    vi. Durante períodos de pico o sistema não deve entrar em colapso devido à sobrecarga necessária para gerenciar um grande número de processos.
    vii. O sistema deve favorecer processos orientados para E/S.
    viii. Chaveamentos de contexto devem executar o mais rapidamente possível.

8.5 Os itens a seguir são critérios comuns de escalonamento.
    a. o processo é ou não orientado para E/S
    b. um processador é ou não orientado para processo
    c. o processo é em lote ou interativo
    d. urgência de resposta rápida
    e. prioridade do processo
    f. freqüência com que um projeto está sofrendo preempção por processos de prioridade mais alta
    g. prioridades de processos à espera de recursos retidos por outros processos
    h. tempo de espera acumulado
    i. tempo de execução acumulado
    j. tempo de execução estimado até o final

Para cada um dos seguintes, indique quais dos critérios de escalonamento citados acima é o mais apropriado.
    i. Em um sistema de monitoração de tempo real de uma nave espacial, o computador deve responder imediatamente a sinais recebidos da nave.
    ii. Embora um processo esteja recebendo serviço ocasional, seu progresso é apenas nominal.
    iii. Com que freqüência o processo devolve voluntariamente o processador para E/S antes de seu quantum expirar?
    iv. O usuário está presente e esperando tempos de resposta interativos ou o usuário está ausente?
    v. Um objetivo do escalonamento de processador é minimizar os tempos médios de espera.
    vi. Processos que retêm recursos demandados por outros processos devem ter prioridades mais altas.
    vii. Processos quase concluídos devem ter prioridades mais altas.

8.6 Quais das afirmações seguintes são verdadeiras e quais são falsas? Justifique suas respostas.
    a. Uma disciplina de escalonamento é preemptiva se o processador não puder ser removido à força de um processo.
    b. Sistemas de tempo real geralmente usam escalonamento de processador preemptivo.
    c. Sistemas de tempo compartilhado geralmente usam escalonamento de processador não preemptivo.
    d. Tempos de retorno são mais previsíveis em sistemas preemptivos do que em sistemas não preemptivos.
    e. Uma deficiência de esquemas de prioridade é que o sistema honrará fielmente suas prioridades, mas as prioridades podem não ser significativas.

8.7 Por que os processos deveriam ser proibidos de ajustar o relógio de interrupção?

8.8 Quais das seguintes afirmações referem-se a 'prioridades estáticas' e quais a 'prioridades dinâmicas'?
    a. são mais fáceis de implementar
    b. exigem menos sobrecarga de tempo de execução
    c. são mais responsivas a mudanças no ambiente de um processo
    d. requerem deliberação mais cuidadosa sobre o valor inicial de prioridade escolhido

8.9 Cite várias razões por que o escalonamento por prazo é complexo.

8.10 Dê um exemplo mostrando por que o FIFO não é um esquema de escalonamento de processador para usuários interativos.

8.11 Usando o exemplo do problema anterior, mostre por que a alternância circular é um esquema melhor para usuários interativos.

8.12 Determinar o quantum é uma tarefa complexa e crítica. Suponha que o tempo médio de chaveamento de contexto entre os processos seja s, e que a quantidade média de tempo que um processo orientado para E/S usa antes de gerar uma requisição E/S seja $t(t \gg s)$. Discuta o efeito de cada uma das seguintes determinações de quantum, q.

a. q é ligeiramente maior do que zero
b. $q = s$
c. $s < q < t$
d. $q = t$
e. $q > t$
f. q é um número extremamente grande

8.13 Discuta o efeito de cada um dos seguintes métodos de atribuição de q.
a. q fixo e idêntico para todos os usuários
b. q fixo e único para cada processo
c. q variável e idêntico para todos os processos
d. q variável e único para cada processo
i. Organize os sistemas anteriores em ordem crescente de sobrecarga de tempo de execução.
ii. Organize os sistemas em ordem crescente de responsividade a variações em processos individuais e carga de sistema.
iii. Relacione, uma com a outra, as respostas dadas em (i) e (ii).

8.14 Por que cada uma das afirmações seguintes é incorreta?
a. SPF nunca tem um rendimento mais alto do que SRT.
b. SPF é justo.
c. Quanto menor o processo, melhor o serviço que deve receber.
d. Como o SPF dá preferência a processos curtos, é útil no compartilhamento de tempo.

8.15 Cite algumas das deficiências de SRT. Como você modificaria o esquema para conseguir melhor desempenho?

8.16 Responda a cada uma das seguintes perguntas sobre a estratégia HRRN de Brinch Hansen:
a. Como HRRN evita adiamento indefinido?
b. Como HRRN reduz o favoritismo mostrado por outras estratégias em relação a novos processos curtos?
c. Suponha que dois processos estejam esperando há aproximadamente o mesmo tempo. Suas prioridades são aproximadamente as mesmas? Explique sua resposta.

8.17 Mostre como filas multiníveis de retorno cumprem cada um dos seguintes objetivos de escalonamento:
a. favorecem processos curtos
b. favorecem processos orientados a E/S para melhorar a utilização dos dispositivos de E/S
c. determinam a natureza de um processo o mais rapidamente possível e escalonam o processo de acordo.

8.18 Uma heurística freqüentemente usada por escalonadores de processador é que o comportamento anterior de um processo é um bom indicador do seu comportamento futuro. Dê diversos exemplos de situações nas quais os escalonadores de processador que seguem essa heurística tomariam más decisões.

8.19 Um projetista de sistemas operacionais propôs uma rede de filas multiníveis de retorno na qual há cinco níveis. O quantum do primeiro nível é 0,5 segundo. Cada nível mais baixo tem um quantum de tamanho duas vezes maior do que o quantum do nível anterior. Um processo não pode sofrer preempção até seu quantum expirar. O sistema executa processos em lote e interativos que consistem em processos orientados a processador, bem como orientados a E/S.
a. Por que esse esquema é deficiente?
b. Quais mudanças mínimas você proporia para tornar o esquema mais aceitável para o mix de processos que pretende?

8.20 Pode-se provar que a estratégia SPF é ótima pois minimiza os tempos médios de resposta. Neste problema você demonstrará esse resultado empiricamente examinando todas as possíveis ordenações de um dado conjunto de cinco processos. Suponha que cinco processos diferentes estejam esperando para ser processados e que requeiram 1, 2, 3, 4, e 5 unidades de tempo, respectivamente. Escreva um programa que produza todas as possíveis permutações dos cinco processos (5! = 120) e calcule o tempo médio de espera para cada permutação. Classifique-os por ordem crescente de tempo médio de espera e apresente cada tempo médio ao lado do número de permutações do processo. Comente os resultados.

8.21 Prove que a estratégia SPF é ótima pois minimiza os tempos médios de resposta. [*Sugestão*: Considere uma lista de processos, cada qual com uma duração indicada. Escolha quaisquer dois processos arbitrariamente. Supondo que um seja maior do que o outro, mostre o efeito que colocar o processo menor à frente do maior causará sobre o tempo de espera de cada processo. Elabore uma conclusão adequada.]

8.22 Dois objetivos comuns das políticas de escalonamento são minimizar tempos de resposta e maximizar utilização de recursos.
a. Indique como esses objetivos se contrapõem um ao outro.
b. Analise cada uma das políticas de escalonamento apresentadas neste capítulo com base nessas duas perspectivas. Quais delas apresentam viés em relação à minimização de tempos de resposta de usuários?
c. Desenvolva uma nova política de escalonamento que habilite um sistema a ser ajustado, para obter um bom equilíbrio entre esses objetivos conflitantes.

8.23 No esquema de alternância circular egoísta, a prioridade de um processo presente na fila de retenção aumenta a uma taxa a até que a prioridade seja tão alta quanto as dos processos que estão na fila de ativos, quando então o processo entra na fila de ativos e sua prioridade continua a crescer, mas agora a uma taxa b. Estabelecemos anteriormente que $b <= a$. Discuta o comportamento de um sistema SRR se $b > a$.

8.24 Qual a diferença entre a operação de um escalonador por fração justa e a de um escalonador de processo convencional?

8.25 Em um sistema monoprocessador com n processos, há quantos modos diferentes de escalonar um caminho de execução?

8.26 Suponha que um sistema tenha implementado um escalonador de fila multinível de retorno. Como poderemos adaptar esse escalonador para formar os seguintes escalonadores?
a. FCFS?
b. alternância circular

8.27 Quais as semelhanças e diferenças entre EDF e SPF?

8.28 Quando algoritmos de escalonamento estático de tempo real são mais apropriados do que algoritmos de escalonamento dinâmico de tempo real?

8.29 Antes de a Sun implementar seu sistema operacional Solaris corrente, o sistema UNIX da mesma Sun,[70] usado primariamente para estações de trabalho, realizava escalonamento de processo atribuindo prioridades básicas (de uma alta, de –20, até uma baixa, de +20, com uma mediana de 0) e fazendo ajustes de prioridade. Os ajustes de prioridades eram calculados em resposta a mudanças nos sistemas e adicionados a prioridades básicas para calcular as prioridades correntes; o processo que tivesse a prioridade corrente mais alta era despachado antes.

O ajuste de prioridades apresentava um forte viés em favor de processos que recentemente tinham usado pouco tempo de processador. O algoritmo de escalonamento 'esquecia' a utilização do processador rapidamente para dar o benefício da dúvida a processos cujo comportamento mudava. O algoritmo de escalonamento 'esquecia' 90% da recente utilização do processador em 5 *n segundos; n é o número médio de processos executáveis no último minuto.[71] Considere esse algoritmo de escalonamento de processo ao responder cada uma das seguintes perguntas.

    a. Processos orientados a processador são mais favorecidos quando a carga do sistema for pesada ou quando a carga do sistema for leve?

    b. Como um processo orientado a E/S desempenharia imediatamente após a conclusão de uma E/S?

    c. Processos orientados a processador podem sofrer adiamento indefinido?

    d. À medida que aumenta a carga do sistema, qual será o efeito causado pelos processos orientados a processador sobre tempos de resposta interativos?

    e. Como esse algoritmo responde a mudanças no comportamento de um processo orientado a processador para um orientado a E/S?

8.30 O sistema operacional VAX/VMS[72] executava em uma ampla variedade de computadores, de pequenos a grandes. No VAX/VMS a faixa de prioridades de processos é de 0 a 31, sendo 31 a mais alta atribuída a processos críticos de tempo real. Processos normais recebem prioridades na faixa de 16 a 31. As prioridades de processos de tempo real normalmente permanecem constantes; nenhum ajuste é aplicado. Processos de tempo real continuam executando (sem sofrer expirações de quantum) até sofrerem preempção por processos com prioridades mais altas ou iguais, ou até entrar em vários estados de *espera*.

Outros processos são escalonados como do tipo normais com prioridades de 0 a 15. Entre esses estão processos interativos e processos em lote. As prioridades de processos normais variam. Suas prioridades básicas em geral continuam fixas, mas recebem ajustes dinâmicos de prioridade para dar preferência a processos orientados a E/S sobre processos orientados a processador. Um processo normal retém o processador até sofrer preempção por um processo mais importante, até que entre em um estado especial como um evento de espera ou até que seu quantum expire. Processos que têm as mesmas prioridades correntes são escalonados por alternância circular.

Processos normais recebem ajustes de prioridade de 0 a 6 acima de suas prioridades básicas. Esses incrementos positivos ocorrem, por exemplo, quando recursos requisitados ficam disponíveis ou quando uma condição pela qual um processo está esperando for sinalizada. Processos orientados a E/S tendem a obter ajustes positivos de prioridade, enquanto processos orientados a processador tendem a ter prioridades atuais próximas das suas prioridades básicas. Responda a cada uma das perguntas seguintes a respeito dos mecanismos de escalonamento de processo do VAX/VMS.

    a. Por que as prioridades de processos de tempo real são normalmente mantidas constantes?

    b. Por que processos de tempo real não são suscetíveis a expirações de quantum?

    c. Quais processos normais geralmente recebem preferência: os orientados a E/S ou os orientados a processador?

    d. Sob quais circunstâncias um processo de tempo real pode perder o processador?

    e. Sob quais circunstâncias um processo normal pode perder o processador?

    f. Como são escalonados processos normais de mesma prioridade?

    g. Sob quais circunstâncias processos normais recebem ajustes de prioridade?

Projetos sugeridos

8.31 Elabore um estudo de pesquisa descrevendo as semelhanças e diferenças entre os modos como Windows XP, Linux e Mac OS X escalonam processos.

8.32 Embora o sistema operacional normalmente seja responsável por escalonar processos e threads, alguns sistemas permitem que processos usuários tomem decisões de escalonamento. Pesquise como isso é feito no caso de escalonamento de processos em sistemas operacionais de exonúcleo (visite **www.pdos.lcs.mit.edu/pubs.html#Exokernels**) e no caso de escalonamento de threads de usuário e de ativações de escalonador.

8.33 Pesquise como o escalonamento de tempo real é implementado em sistemas embarcados.

8.34 Pesquise as políticas e mecanismos de escalonamento comumente usadas em sistemas de banco de dados.

Simulações sugeridas

8.35 Uma solução para o problema de evitação do adiamento indefinido de processos é o envelhecimento (*aging*), no qual as prioridades dos processos que estão à espera aumentam quanto mais esperam. Desenvolva diversos algoritmos de envelhecimento e escreva programas de simulação para examinar seus respectivos desempenhos. Por exemplo, pode-se forçar a elevação da prioridade de um processo linearmente ao longo do tempo. Para cada algoritmo de envelhecimento que escolher, determine quão bem são tratados os processos que estão à espera em relação aos processos de alta prioridade que estão chegando.

8.36 Um problema do escalonamento preemptivo é que a sobrecarga de chaveamento de contexto pode tender a predominar se o sistema não for cuidadosamente ajustado. Escreva um programa de simulação que determine os efeitos da taxa de sobrecarga de chaveamento de contexto sobre o tempo de quantum típico. Discuta os fatores que determinam a sobrecarga de chaveamento de contexto e os fatores que determinam o tempo de quantum típico. Indique como a obtenção de um equilíbrio adequado entre eles (ou seja, ajustar o sistema) pode afetar radicalmente o desempenho do sistema.

Notas

1. T. Ibaraki, H. M. Abdel-Wahab e T. Kameda, "Design of minimum-cost deadlock-free systems", *Journal of the ACM*, v. 30, nº 4, out. 1983, p. 750.
2. E. G. Coffman Jr. E L. Kleinrock, "Computer scheduling methods and their countermeasures", *Proceedings of AFIPS, SJCC*, v. 32, 1968, p. 11-21.
3. M. Ruschitzka e R. S. Fabry, "A unifying approach to scheduling", *Communications of the ACM*, v. 20, nº 7, jul. 1977, p. 469-477.
4. C. Abbot, "Intervention schedules for real-time programming", *IEEE Transactions on Software Engineering*, v. SE-10, nº 3, maio 1984, p. 268-274.
5. K. Ramamritham e J. A. Stanovic, "Dynamic task scheduling in hard real-time distributed systems", *IEEE Software*, v. 1, nº 3, jul. 1984, p. 65-75.
6. R. A. Volz e T. N. Mudge, "Instruction level timing mechanisms for accurate real-time task scheduling", *IEEE Transactions on Computers*, v. C-36, nº 8, ago. 1987, p. 988-993.
7. M. Potkonjak e W. Wolf, "A methodology and algorithms for the design of hard real-time multitasking ASICs", *ACM Transactions on Design Automation of Electronic Systems (TODAES)*, v. 4, nº 4, out. 1999.
8. L. Kleinrock, "A continuum of time-sharing scheduling algorithms", *Proceedings of AFIPS, SJCC*, 1970, p. 453-458.
9. "sched.h — execution scheduling (REALTIME)", *The Open Group Base Specifications Issue 6, IEEE Std. 1003.1*, 2003, www.opengroup.org/onlinepubs/007904975/basedefs/sched.h.html.
10. L. Kleinrock, "A continuum of time-sharing scheduling algorithms", *Proceedings of AFIPS, SJCC*, 1970, p. 453-458.
11. D. Potier, E. Gelenbe e J. Lenfant, "Adaptive allocation of central processing unit Quanta", *Journal of the ACM*, v. 23, nº 1, jan. 1976, p. 97-102.
12. Linux source code, version 2.6.0-test3, sched.c, lines 62–135, miller.cs.wm.edu/lxr3.linux/http/source/kernel/sched.c?v=2.6.0-test3.
13. D. Solomon e M. Russinovich, *Inside Windows 2000*, 3ed. Redmond: Microsoft Press, 2000, p. 338, 347.
14. J. Bruno, E. G. Coffman Jr. E R. Sethi, "Scheduling independent tasks to reduce mean finishing time", *Communications of the ACM*, v. 17, nº 7, jul. 1974, p. 382-387.
15. H. M. Deitel, "Absentee computations in a multiple access computer system", M.I.T. Project MAC, MAC-TR-52 — Agência de Projetos de Pesquisa Avançados, Departamento de Defesa dos Estados Unidos, 1968.
16. P. Brinch Hansen, "Short-term scheduling in multiprogramming systems", *Third ACM Symposium on Operating Systems Principles*, Universidade de Stanford, out. 1971, p. 103-105.
17. L. Kleinrock, "A continuum of time-sharing scheduling algorithms", *Proceedings of AFIPS, SJCC*, 1970, p. 453-458.
18. P. R. Blevins e C. V. Ramamoorthy, "Aspects of a dynamically adaptive operating system", *IEEE Transactions on Computers*, v. 25, nº 7, jul. 1976, p. 713-725.
19. D. Potier, E. Gelenbe e J. Lenfant, "Adaptive allocation of central processing unit Quanta", *Journal of the ACM*, v. 23, nº 1, jan. 1976, p. 97-102.
20. J. P. Newbury, "Immediate turnaround: an elusive goal", *Software: Practice and Experience*, v. 12, nº 10, out. 1982, p. 897-906.
21. G. J. Henry, "The fair share scheduler", *Bell Systems Technical Journal*, v. 63, nº 8, parte 2, out. 1984, p. 1845-1857.
22. C. M. Woodside, "Controllability of computer performance tradeoffs obtained using controlled-share queue schedulers", *IEEE Transactions on Software Engineering*, v. SE-12, nº 10, out. 1986, p. 1041-1048.
23. J. Kay e P. Lauder, "A fair share scheduler", *Communications of the ACM*, v. 31, nº 1, jan. 1988, p. 44-55.
24. G. J. Henry, "The fair share scheduler", *Bell Systems Technical Journal*, v. 63, nº 8, parte 2, out. 1984, p. 1846.
25. "Chapter 9, fair share scheduler", *Solaris 9 System Administrator Collection*, 11 nov. 2003, docs.sun.com/db/doc/806-4076/6jd6amqqo?a=view.
26. G. J. Henry, "The fair share scheduler", *Bell Systems Technical Journal*, v. 63, nº 8, parte 2, out. 1984, p. 1848.
27. G. J. Henry, "The fair share scheduler", *Bell Systems Technical Journal*, v. 63, nº 8, parte 2, out. 1984, p. 1847.
28. G. J. Henry, "The fair share scheduler", *Bell Systems Technical Journal*, v. 63, nº 8, parte 2, out. 1984, p. 1846.
29. N. R. Nielsen, "The allocation of computing resources — is pricing the answer?", *Communications of the ACM*, v. 13, nº 8, ago. 1970, p. 467-474.
30. L. J. McKell, J. V. Hansen e L. E. Heitger, "Charging for computer resources", *ACM Computing Surveys*, v. 11, nº 2, jun. 1979, p. 105-120.
31. A. J. V. Kleijnen, "Principles of computer charging in a university-type organization", *Communications of the ACM*, v. 26, nº 11, nov. 1983, p. 926-932.
32. M. L. Dertouzos, "Control robotics: the procedural control of physical processes", *Proceedings IFIP Congress*, 1974, p. 807-813.
33. B. Kalyanasundaram e K. Pruhs, "Speed is as powerful as clairvoyance", *Journal of the ACM (JACM)*, v. 47, nº 4, jul. 2002, p. 617-643.
34. T. Lam e K. To, "Performance guarantee for online deadline scheduling in the presence of overload", *Proceedings of the Twelfth Annual ACM-SIAM Symposium on Discrete Algorithms*, 7-9 jan. 2001, p. 755-764.
35. C. Koo, T. Lam, T. Ngan e K. To, "Extra processors versus future information in optimal deadline scheduling", *Proceedings of the Fourteenth Annual ACM Symposium on Parallel Algorithms and Architectures*, 2002, p. 133-142.
36. J. Stankovic, "Real-time and embedded systems", *ACM Computing Surveys*, v. 28, nº 1, mar. 1996, p. 205-208.
37. J. Xu e D. L. Parnas, "On satisfying timing constraints in hard-real-time systems", *Proceedings of the Conference on Software for Critical Systems*. Nova Orleans, LO, 1991, p. 132-146.
38. D. Stewart e P. Khosla, "Real-time scheduling of dynamically reconfigurable systems", *Proceedings of the IEEE International Conference on Systems Engineering*. Dayton, OH, ago. 1991, p. 139-142.
39. B. van Beneden, "Comp.realtime: frequently asked questions (version 3.6)", 16 maio 2002, www.faqs.org/faqs/realtime-computing/faq/.

40. MITRE Corporation, "MITRE — about us — MITRE history — semi-automatic ground environment (SAGE)", 7 jan. 2003, www.mitre.org/about/sage.html.
41. P. Edwards, "SAGE", *The Closed World*. Cambridge, MA: MIT Press, 1996, www.si.umich.edu/~pne/PDF/cw.ch3.pdf.
42. P. Edwards, "SAGE", *The Closed World*. Cambridge, MA: MIT Press, 1996, www.si.umich.edu/~pne/PDF/cw.ch3.pdf.
43. MITRE Corporation, "MITRE — about us — MITRE history — semi-automatic ground environment (SAGE)", 7 jan. 2003, www.mitre.org/about/sage.html.
44. P. Edwards, "SAGE", *The Closed World*. Cambridge, MA: MIT Press, 1996, www.si.umich.edu/~pne/PDF/cw.ch3.pdf.
45. MITRE Corporation, "MITRE — about us — MITRE history — semi-automatic ground environment (SAGE)", 7 jan. 2003, www.mitre.org/about/sage.html.
46. P. Edwards, "SAGE", *The Closed World*. Cambridge, MA: MIT Press, 1996, www.si.umich.edu/~pne/PDF/cw.ch3.pdf.
47. QNX Software Systems Ltd., "The philosophy of QNX Neutrino", www.qnx.com/developer/docs/momentics621_docs/neutrino/sys_arch/intro.html.
48. Wind River Systems, Inc., "VxWorks 5.x.", www.windriver.com/products/vxworks5/vxworks5x_ds.pdf.
49. Dedicated Systems Experts, "Comparison between QNX RTOS V6.1, VxWorks AE 1.1, and Windows CE .NET", 21 jun. 2001, www.eon-trade.com/data/QNX/QNX61_VXAE_CE.pdf.
50. QNX Software Systems Ltd., "QNX supported hardware", www.qnx.com/support/sd_hardware/platform/processors.html.
51. M. Timmerman, "RTOS evaluation project latest news", *Dedicated Systems Magazine*, 1999, www.omimo.be/magazine/99q1/1999q1_p009.pdf.
52. Wind River Systems, Inc., "VxWorks 5.x.", www.windriver.com/products/vxworks5/vxworks5x_ds.pdf.
53. Microsoft Corporation, "Windows CE .NET home page", www.microsoft.com/windows/embedded/ce.net/default.asp.
54. Radisys Corporation, "RadiSys: Microware OS-9", www.radisys.com/oem_products/op-os9.cfm?MS=Microware%20Enhanced%20OS-9%20Solution.
55. Enea Embedded Technology, "Welcome to Enea Embedded Technology", www.ose.com.
56. Real Time Linux Foundation, Inc., "Welcome to the Real Time Linux Foundation Web site", www.realtimelinuxfoundation.org.
57. Y. Etsion, D. Tsafrir e D. Feiteelson, "Effects of clock resolution on the scheduling of interactive and soft real-time processes", *SIGMETRICS'03*, 10-14 jun. 2003, p. 172-183.
58. J. Xu e D. L. Parnas, "On satisfying timing constraints in hard-real-time systems", *Proceedings of the Conference on Software for Critical Systems*. Nova Orleans, LO, 1991, p. 132-146.
59. D. Stewart e P. Khosla, "Real-time scheduling of dynamically reconfigurable systems", *Proceedings of the IEEE International Conference on Systems Engineering*. Dayton, OH, ago. 1991, p. 139-142.
60. J. Xu e D. L. Parnas, "On satisfying timing constraints in hard-real-time systems", *Proceedings of the Conference on Software for Critical Systems*. Nova Orleans, LO, 1991, p. 132-146.
61. D. Stewart e P. Khosla, "Real-time scheduling of dynamically reconfigurable systems", *Proceedings of the IEEE International Conference on Systems Engineering*. Dayton, OH, ago. 1991, p. 139-142.
62. M. Potkonjak e W. Wolf, "A methodology and algorithms for the design of hard real-time multitasking ASICs", *ACM Transactions on Design Automation of Electronic Systems (TODAES)*, v. 4, nº 4, out. 1999.
63. J. Xu e D. L. Parnas, "On satisfying timing constraints in hard-real-time systems", *Proceedings of the Conference on Software for Critical Systems*. Nova Orleans, LO, 1991, p. 132-146.
64. M. L. Dertouzos, "Control robotics: the procedural control of physical processes", *Information Processing*, v. 74, 1974.
65. D. Stewart e P. Khosla, "Real-time scheduling of dynamically reconfigurable systems", *Proceedings of the IEEE International Conference on Systems Engineering*. Dayton, OH, ago. 1991, p. 139-142.
66. D. Stewart e P. Khosla, "Real-time scheduling of dynamically reconfigurable systems", *Proceedings of the IEEE International Conference on Systems Engineering*. Dayton, OH, ago. 1991, p. 139-142.
67. "A look at the JVM and thread behavior", 28 jun. 1999, www.javaworld.com/javaworld/javaqa/1999-07/04-qajvmthreads.html.
68. C. Austin, "Java Technology on the Linux platform: a guide to getting started", out. 2000, developer.java.sun.com/developer/technicalArticles/Programming/linux/.
69. A. Holub, "Programming Java threads in the real world, part 1", *JavaWorld*, set. 1998, www.javaworld.com/javaworld/jw-09-1998/jw-09-threads.html.
70. W. Courington, *The UNIX system: a sun technical report*. Mountain View, CA: Sun Microsystems, Inc., 1985.
71. W. Courington, *The UNIX system: a sun technical report*. Mountain View, CA: Sun Microsystems, Inc., 1985.
72. L. J. Kenah, R. E. Goldenberg e S. F. Bate, *VAX/VMS internals and data structures: version 4.4*. Bedford, MA: Digital Equipment Corporation, 1988.

Parte 3

Memória real e virtual

Leve-me do irreal para o real!
Os Upanishads

A memória perde apenas para os processadores em importância e na intensidade com que é gerenciada pelo sistema operacional. Os próximos três capítulos acompanham a elegante evolução da organização da memória desde os primeiros sistemas simples de memória real de um único usuário até os populares sistemas de multiprogramação de memória virtual de hoje. Você aprenderá a motivação para a memória virtual e examinará esquemas que a implementam — paginação, segmentação e uma combinação das duas. Estudará os três tipos principais de estratégias de gerenciamento de memória: busca (sob demanda e antecipatória), posicionamento e substituição. Você verá que um fator crucial do desempenho em sistemas de memória virtual representa uma estratégia efetiva de substituição de páginas, quando a memória disponível torna-se escassa, e aprenderá várias dessas estratégias e o modelo de conjunto de trabalho de Denning.

Na verdade, a imaginação nada mais é do que um modo de memória emancipada da ordem do tempo e do espaço.
Samuel Taylor Coleridge

Capítulo 9

Organização e gerenciamento da memória real

Nada jamais se torna real até ser experimentado — mesmo um provérbio não significa nada para você até que sua vida o tenha ilustrado.
John Keats

Deixe que aquele em cujos ouvidos o sussurrante
Melhor é abafado pelo estrondo do Primeiro,
Que afirma que, se caminho houver para o
Melhor, exige um olhar atento ao pior...
Thomas Hardy

Não remova o marco da fronteira dos campos.
Amenemope

Proteção não é um princípio, mas um expediente.
Benjamin Disraeli

Uma grande memória não faz um filósofo, bem como não pode um dicionário ser chamado de gramática.
John Henry, cardeal Newman

Objetivos

Este capítulo apresenta:
- *A necessidade do gerenciamento da memória real (também denominada física).*
- *A hierarquia da memória.*
- *Alocação de memória contígua e não contígua.*
- *Multiprogramação por partição fixa e variável.*

- Troca (swapping) de memória.
- Estratégias de posicionamento de memória.

9.1 Introdução

A organização e o gerenciamento da **memória real** (também denominada **memória principal**, **memória física** ou **memória primária**) de um sistema de computador tem sido a principal influência sobre o projeto de sistemas operacionais.[1] Armazenamento secundário — mais comumente disco e fita — fornece capacidade maciça e barata para a grande quantidade de programas e dados que devem ser mantidos prontamente disponíveis para processamento, porém é lento e não diretamente acessível por processadores. Para que sejam executados e referenciados diretamente, programas e dados devem estar na memória principal.

Neste e nos dois capítulos seguintes discutiremos muitos esquemas populares para organizar e gerenciar a memória de um computador. Este capítulo trata da memória real; os capítulos 10 e 11 discutem a memória virtual. Os esquemas são apresentados aproximadamente na mesma ordem em que evoluíram historicamente. Hoje, quase todos os sistemas são de memória virtual, portanto este capítulo é primordialmente de valor histórico. Todavia, mesmo em sistemas de memória virtual o sistema operacional tem de gerenciar a memória real. Além do mais, alguns sistemas, como os de tempo real e embarcados, não podem suportar a sobrecarga da memória virtual — portanto, para eles, o gerenciamento da memória real permanece crucial. Muitos dos conceitos apresentados neste capítulo lançam os fundamentos para a discussão da memória virtual nos dois próximos capítulos.

9.2 Organização da memória

Historicamente a memória real sempre foi considerada um recurso relativamente caro. Sendo assim, os projetistas de sistemas sempre tentaram otimizar sua utilização. Embora seu custo tenha sofrido uma redução fenomenal nas últimas décadas (seguindo aproximadamente a Lei de Moore, como discutimos no Capítulo 2; veja a seguir o quadro "Reflexões sobre sistemas operacionais, Não há limitação para capacidade de processamento, memória, armazenamento e largura de banda"), a memória principal ainda é relativamente cara em comparação com o armazenamento secundário. E mais, os sistemas operacionais e aplicações de hoje requerem quantidades cada vez mais substanciais (Figura 9.1). A Microsoft, por exemplo, recomenda 256 MB de memória principal para executar eficientemente o Windows XP Professional.

Nós (na qualidade de projetistas de sistemas) consideramos a memória principal em termos de **organização de memória**. Colocamos apenas um único processo na memória principal ou incluímos vários processos ao mesmo tempo (ou seja, implementamos multiprogramação)? Se a memória principal contiver diversos processos simultaneamente, damos a cada um a mesma quantidade de espaço ou dividimos a memória principal em porções (denominadas **partições**) de tamanhos diferentes? Definimos partições rigidamente por períodos estendidos ou dinamicamente, permitindo que o sistema se adapte rapidamente às mudanças das necessidades dos processos? Exigimos que processos executem em uma partição específica ou em qualquer lugar onde couberem? Exigimos que um sistema coloque cada processo em um bloco contíguo de localizações de memória ou permitimos que divida processos em blocos separados e os coloque em quaisquer molduras disponíveis na memória principal? Há sistemas baseados em cada um desses esquemas, e este capítulo discutirá como cada esquema é implementado.

Revisão

1. Por que permitir que somente um processo esteja na memória de cada vez em geral é ineficiente?
2. O que aconteceria se um sistema permitisse que muitos processos fossem colocados na memória principal, mas não dividisse a memória em partições?

Respostas: **1)** Se o único processo ficar bloqueado para E/S, nenhum outro processo poderá usar o processador. **2)** Os processos compartilhariam toda a sua memória. Qualquer processo que funcionasse mal ou fosse mal-intencionado poderia danificar qualquer outro processo ou todos eles.

9.3 Gerenciamento de memória

Independentemente do esquema de organização de memória que adotarmos para um sistema particular, devemos decidir quais estratégias usar para obter desempenho ótimo de memória.[2] **Estratégias de gerenciamento de memória** determinam como uma organização de memória particular funciona sob várias cargas. O gerenciamento de memória é normalmente realizado por software e por hardware de propósito especial.

O **gerenciador de memória** é um componente do sistema operacional que se preocupa com o esquema de organização da memória do sistema e com as estratégias de gerenciamento de memória. O gerenciador de memória determina como o espaço de memória disponível é alocado a processos e como responder a mudanças na utilização da memória de um

Sistema Operacional	Data de Lançamento	Requisito Mínimo de Memória	Memória Recomendada
Windows 1.0	Novembro de 1985	256KB	
Windows 2.03	Novembro de 1987	320KB	
Windows 3.0	Março de 1990	896KB	1MB
Windows 3.1	Abril de 1992	2.6MB	4MB
Windows 95	Agosto de 1995	8MB	16MB
Windows NT 4.0	Agosto de 1996	32MB	96MB
Windows 98	Junho de 1998	24MB	64MB
Windows ME	Setembro de 2000	32MB	128MB
Windows 2000 Professional	Fevereiro de 2000	64MB	128MB
Windows XP Home	Outubro de 2001	64MB	128MB
Windows XP Professional	Outubro de 2001	128MB	256MB

Figura 9.1 | Requisitos de memória do sistema operacional Microsoft Windows.[3,4,5]

Reflexões sobre sistemas operacionais

Não há limitação para capacidade de processamento, memória, armazenamento e largura de banda

A computação é mesmo uma área dinâmica. Processadores tornam-se mais rápidos (e mais baratos por instrução executada), memórias principais tornam-se maiores (e mais baratas por byte), meios de armazenamento secundário tornam-se maiores (e mais baratos por bit) e as larguras de bandas de comunicações tornam-se mais largas (e mais baratas por bit transferido) — todos os tipos de novos dispositivos estão sendo criados para fazer interface com computadores ou ser integrados a eles.

Projetistas de sistemas operacionais devem manter-se a par dessas tendências e de suas taxas relativas de progresso; elas causam um enorme impacto sobre as capacidades que um sistema operacional precisa ter. Sistemas operacionais antigos não forneciam capacidades para suportar computação gráfica, interfaces gráficas de usuário, redes, computação distribuída, serviços Web, multiprocessamento, multithreading, paralelismo maciço, memórias virtuais maciças, sistemas de bancos de dados, multimídia, acessibilidade por pessoas deficientes, capacidades sofisticadas de segurança e assim por diante. Todas essas inovações ocorridas nas últimas décadas causaram um impacto profundo sobre os requisitos de construção de sistemas operacionais contemporâneos, como você verá ao ler os estudos detalhados de casos sobre os sistemas operacionais Linux e Windows XP nos capítulos 20 e 21. Todas essas capacidades foram possibilitadas pelo melhoramento do poder de processamento, armazenamento e largura de banda. Esses aperfeiçoamentos vão continuar, eventualmente, habilitando aplicações ainda mais sofisticadas e as capacidades de sistemas operacionais para suportá-las.

processo. Também interage com hardware de gerenciamento de memória de propósito específico (se houver algum disponível) para melhorar o desempenho. Neste e nos dois capítulos seguintes descreveremos diversas estratégias de gerenciamento e organização de memória.

Cada estratégia de gerenciamento de memória difere quanto ao modo como responde a certas perguntas. Em que momento a estratégia recupera um novo programa e seus dados para colocá-los na memória? A estratégia recupera o programa e seus dados quando o sistema os requisita especificamente, ou a estratégia tenta se antecipar às requisições do sistema? Em que lugar da memória principal a estratégia posiciona o próximo programa a ser executado e os dados desse programa? Ela minimiza o espaço desperdiçado compactando programas e dados o mais que puder em áreas disponíveis da memória ou minimiza o tempo de execução posicionando programas e dados o mais rapidamente possível?

Se um novo programa ou novos dados devem ser colocados na memória principal e se esta estiver correntemente cheia, quais programas ou dados que já estão na memória a estratégia substitui? Deve substituir os mais velhos, os que são usados menos freqüentemente ou os que foram menos usados recentemente? Há sistemas implementados que usam essas e outras estratégias de gerenciamento de memória.

Revisão

1. Quando um gerenciador de memória deve minimizar espaço de memória desperdiçado?
2. Por que organizações e estratégias de memória devem ser o mais transparentes possíveis para os processos?

Respostas: 1) Quando a memória for mais cara do que a sobrecarga de tempo de processador incorrida no posicionamento de programas o mais compactamente possível na memória principal. E também quando o sistema precisar manter disponível a maior região de memória contígua possível para grandes programas e dados que estão chegando. 2) A transparência do gerenciamento de memória melhora a portabilidade da aplicação e facilita o desenvolvimento, porque o programador não se preocupa com estratégias de gerenciamento de memória. E também permite que estratégias de memória sejam mudadas sem precisar reescrever aplicações.

9.4 Hierarquia de memória

Nas décadas de 50 e 60, a memória principal era extremamente cara — aproximadamente um dólar por bit! Em termos de comparação, a memória de 256 MB recomendada para o Windows XP Professional teria custado mais de dois bilhões de dólares! Projetistas decidiam cuidadosamente quanto de memória principal colocar em um sistema de computador. Uma instalação não podia comprar mais do que pudesse bancar, mas tinha de comprar o suficiente para suportar o sistema operacional e um dado número de processos. A meta era comprar a quantidade mínima que poderia suportar adequadamente as cargas de trabalho previstas dentro dos limites econômicos da instalação.

Programas e dados devem estar na memória principal antes que um sistema possa executá-los ou referenciá-los. Aqueles que o sistema não precisar imediatamente podem ser mantidos em armazenamento secundário até que sejam requisitados e trazidos para a memória principal para execução ou referência. Meios de armazenamento secundário como fita ou disco geralmente custam muito menos por bit do que a memória principal, e suas capacidades são muito maiores. Contudo, a memória principal em geral pode ser acessada muito mais rapidamente do que o armazenamento secundário — nos sistemas de hoje a taxa de transferência de dados de discos chega a ser seis ordens de magnitude mais lenta do que a da memória principal.[6,7]

A **hierarquia de memória** contém níveis caracterizados pela velocidade e custo da memória em cada nível. Sistemas movimentam programas e dados constantemente entre os vários níveis.[8,9] Essa movimentação pode consumir recursos de sistemas (como tempo de processador) que, se não fosse isso, poderiam ser utilizados de maneira mais produtiva. Para aumentar a eficiência, sistemas correntes contêm unidades de hardware denominadas controladores de memória que executam operações de transferência de memória sem causar praticamente nenhuma sobrecarga computacional. Conseqüentemente, sistemas que exploram a hierarquia de memória beneficiam-se de custos mais baixos e maior capacidade.

Na década de 60 ficou claro que a hierarquia de memória poderia provocar melhoramentos drásticos no desempenho e na utilização se fosse adicionado um nível mais alto.[10,11] Esse nível adicional, denominado cache, é muito mais rápido do que a memória principal e, nos sistemas de hoje, está normalmente localizado em cada processador.[12,13] Um processador pode referenciar programas e dados diretamente de seu cache. A memória cache é extremamente cara em comparação com a memória principal e, portanto, usam-se apenas caches relativamente pequenos. A Figura 9.2 mostra a relação entre cache, memória principal e armazenamento secundário.

A memória cache impõe mais um nível de transferência de dados no sistema. Programas que estão na memória principal são transferidos para o cache antes de ser executados — executar programas no cache é muito mais rápido do que na memória principal. Porque muitos processos que acessam dados e instruções uma vez provavelmente o farão novamente no futuro (um fenômeno denominado **localidade temporal**), até mesmo um cache relativamente pequeno pode melhorar

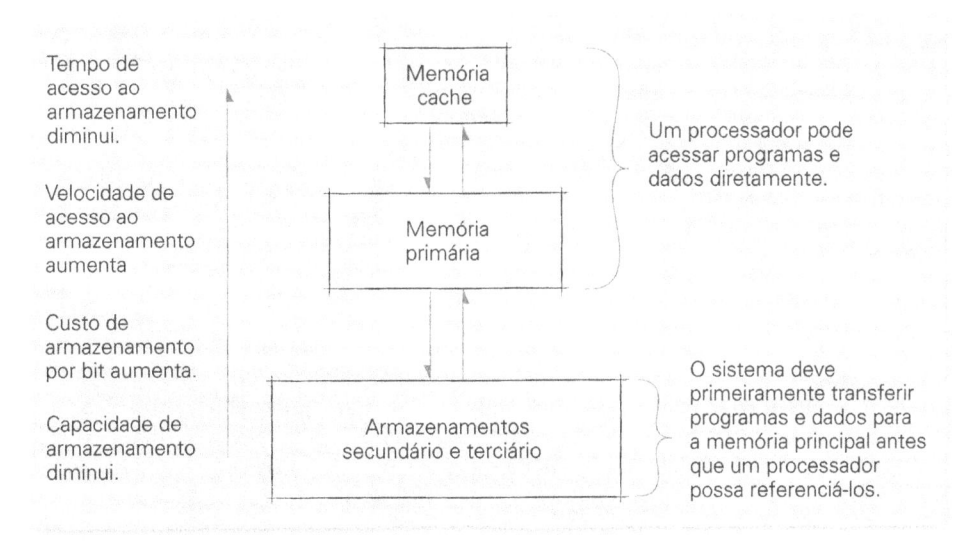

Figura 9.2 | Organização da hierarquia de memória.

significativamente o desempenho (em comparação a executar programas em um sistema sem cache). Alguns sistemas usam vários níveis de cache.

Revisão

1. (V/F) O baixo custo da memória principal aliado à melhoria da capacidade de memória na maioria dos sistemas evidenciou a necessidade de estratégias de gerenciamento de memória.
2. Como um programa que está executando um laço se beneficia da memória cache?

Respostas: 1) Falso. A despeito do baixo custo e da alta capacidade da memória principal, ainda continuam a existir ambientes que consomem toda a memória disponível. E, também, estratégias de gerenciamento de memória devem ser aplicadas ao cache, o que consiste em memória mais cara, de baixa capacidade. Em qualquer dos casos, quando a memória ficar cheia, um sistema deverá implementar estratégias de gerenciamento de memória para conseguir a melhor utilização possível da memória. 2) Um programa que está executando um laço executa repetidamente o mesmo conjunto de instruções e também pode referenciar os mesmos dados. Se essas instruções e dados couberem no cache, o processador pode acessá-los mais rapidamente do cache do que da memória principal, resultando em melhor desempenho.

9.5 Estratégias de gerenciamento de memória

Estratégias de gerenciamento de memória são projetadas para conseguir o melhor uso possível da memória principal. São divididas em:

1. Estratégias de busca.
2. Estratégias de posicionamento.
3. Estratégias de substituição.

Estratégias de busca determinam quando transferir a próxima porção de um programa ou dados para a memória principal por meio do armazenamento secundário. São divididas em dois tipos — **estratégias de busca sob demanda** e **estratégias de busca antecipada**. Durante muitos anos era comum empregar uma estratégia de busca sob demanda na qual o sistema posiciona a próxima porção do programa ou de dados na memória principal quando um programa em execução os referencia. Projetistas acreditavam que, como em geral não podemos prever os trajetos de execução que os programas tomarão, a sobrecarga envolvida em adivinhações excederia em muito os benefícios. Hoje, entretanto, muitos sistemas aumentaram o desempenho empregando estratégias de busca antecipada que tentam carregar parte de um de programa ou de dados na memória antes que sejam referenciados.

Estratégias de posicionamento determinam em que lugar da memória principal o sistema deve colocar programas ou dados que chegam.[14,15] Neste capítulo consideraremos as estratégias de posicionamento **o primeiro que couber (first fit)**, **o que melhor couber (best fit)** e **o que pior couber (worst fit)**. Quando discutirmos sistemas de memória virtual paginados nos capítulos 10 e 11, veremos que programas e dados podem ser divididos em pedaços de tamanho fixo denominados páginas que podem ser posicionados em qualquer 'moldura de página' disponível. Nesses tipos de sistemas, as estratégias de posicionamento são triviais.

Quando a memória estiver muito cheia para acomodar um novo programa, o sistema deverá remover uma parte de um programa (ou todo ele) e dos dados que residem correntemente na memória. A **estratégia de substituição** do sistema determina que parte remover.

Revisão

1. O que é mais importante na estratégia de posicionamento: alta utilização de recursos ou baixa sobrecarga?
2. Cite os dois tipos de estratégia de busca e explique quando cada um pode ser mais apropriado do que o outro.

Respostas: 1) A resposta depende dos objetivos do sistema e dos custos relativos dos recursos e da sobrecarga. Em geral o projetista do sistema operacional deve equilibrar sobrecarga com alta utilização de memória para cumprir os objetivos do sistema. 2) Os dois tipos são busca sob demanda e busca antecipada. Se o sistema não puder prever com precisão a utilização futura da memória, a sobrecarga mais baixa da busca sob demanda resultará em desempenho e utilização mais altos (porque o sistema não carrega informações de disco que não serão referenciadas). Todavia, se os programas exibirem comportamento previsível, estratégias de busca antecipada poderão melhorar o desempenho assegurando que porções do programa e dos dados estejam localizados na memória antes de os processos referenciá-los.

9.6 Alocação de memória contígua e não contígua

Para executar um programa em computadores antigos, o operador do sistema ou o sistema operacional tinha de descobrir memória principal contígua suficiente para acomodar o programa inteiro. Se o programa fosse maior do que a memória disponível, o sistema poderia não executá-lo. Neste capítulo discutiremos como esse método, conhecido como **alocação de memória contígua**, era utilizado anteriormente, e alguns problemas que ele acarretava. Quando pesquisadores tentaram resolver esses problemas, ficou claro que os sistemas poderiam ser beneficiados pela alocação de memória não contígua.[16]

Na **alocação de memória não contígua**, um programa é dividido em blocos ou **segmentos** que o sistema pode colocar em espaços não adjacentes da memória principal, o que permite a utilização de áreas livres de memória (lacunas não utilizadas) que seriam muito pequenas para conter programas inteiros. Embora em conseqüência disso o sistema operacional incorra em mais sobrecarga, essa pode ser justificada pelo aumento do nível de multiprogramação (ou seja, o número de processos que podem ocupar a memória principal ao mesmo tempo). Neste capítulo apresentaremos as técnicas que levam à alocação de memória física não contígua. Nos dois capítulos seguintes discutiremos as técnicas de organização de memória virtual de paginação e segmentação, cada uma das quais requer alocação de memória não contígua.

Revisão

1. Quando a alocação de memória não contígua é preferível à contígua?
2. Que tipo de sobrecarga poderia estar envolvida em um esquema de alocação de memória não contígua?

Respostas: 1) Quando a memória disponível não tiver nenhuma área suficiente grande para conter o programa que está chegando em uma única porção contígua, mas houver pedaços menores de memória disponíveis suficientes cujo tamanho total seja suficiente. 2) Haveria sobrecarga para monitorar blocos disponíveis e blocos que pertençam a processos separados e o lugar da memória onde residam.

9.7 Alocação de memória contígua em sistema monousuário

Sistemas de computador mais antigos permitiam que apenas uma pessoa por vez usasse uma máquina. Todos os recursos da máquina eram dedicados àquele usuário. A cobrança era direta — o usuário era cobrado por todos os recursos, quer o job do usuário os requisitasse ou não. Na verdade, os mecanismos de cobrança eram baseados no **tempo de relógio**. O sistema operacional concedia a máquina ao usuário durante um intervalo de tempo e cobrava uma taxa horária total.

A Figura 9.3 ilustra a organização da memória para um **sistema monousuário de alocação de memória contígua** típico. Originalmente não havia sistemas operacionais — o programador escrevia todo o código necessário para implementar uma aplicação particular, incluindo as instruções altamente detalhadas de entrada/saída no nível de máquina. Logo os projetistas de sistemas consolidaram a codificação de entrada/saída que implementava funções básicas em um **sistema de controle de entrada/saída** (*Input/Output Control System* – **IOCS**).[17] O programador chamava rotinas IOCS para fazer o trabalho em vez de 'reinventar a roda' para cada programa. O IOCS simplificou e acelerou muito o processo de codificação. A implementação de sistemas de controle de entrada/saída pode ter sido o início do conceito dos sistemas operacionais de hoje.

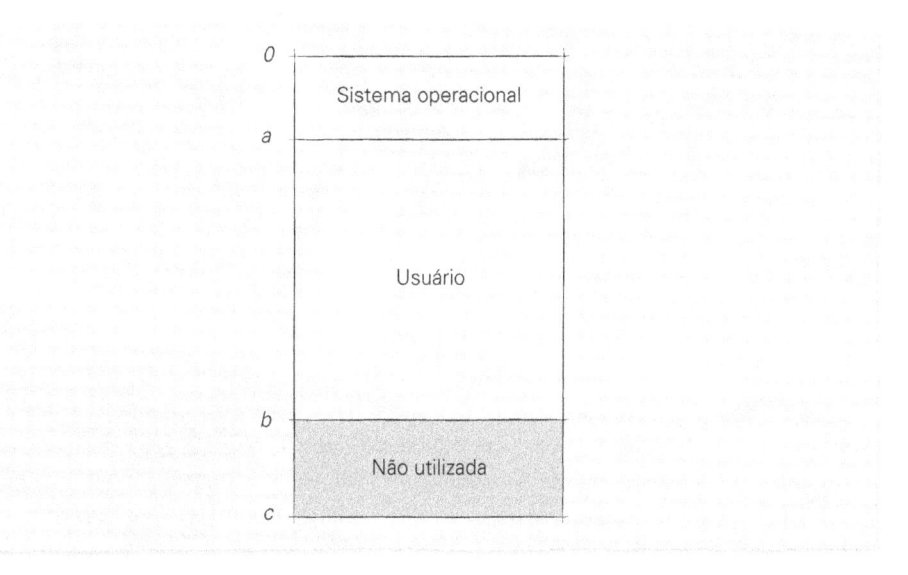

Figura 9.3 | *Alocação de memória contígua em sistema monousuário.*

9.7.1 Sobreposições (overlays)

Já discutimos como a alocação de memória contígua limitava o tamanho dos programas que poderiam ser executados em um sistema. Uma maneira pela qual o projetista de software podia superar a limitação da memória era criar **sobreposições (overlays)** que permitiam ao sistema executar programas maiores do que a memória principal. A Figura 9.4 ilustra uma sobreposição típica. O programador divide o programa em seções lógicas. Quando o programa não necessitar de memória para uma seção, o sistema poderá substituir essa memória, total ou parcialmente, pela memória para uma seção necessitada.[18]

As sobreposições permitem que os programadores 'estendam' a memória principal. Contudo, a sobreposição manual exige planejamento cuidadoso e demorado, e o programador muitas vezes precisa conhecer detalhadamente a organização da memória do sistema. Um programa cuja estrutura de sobreposição é complexa pode ser difícil de modificar. Na verdade,

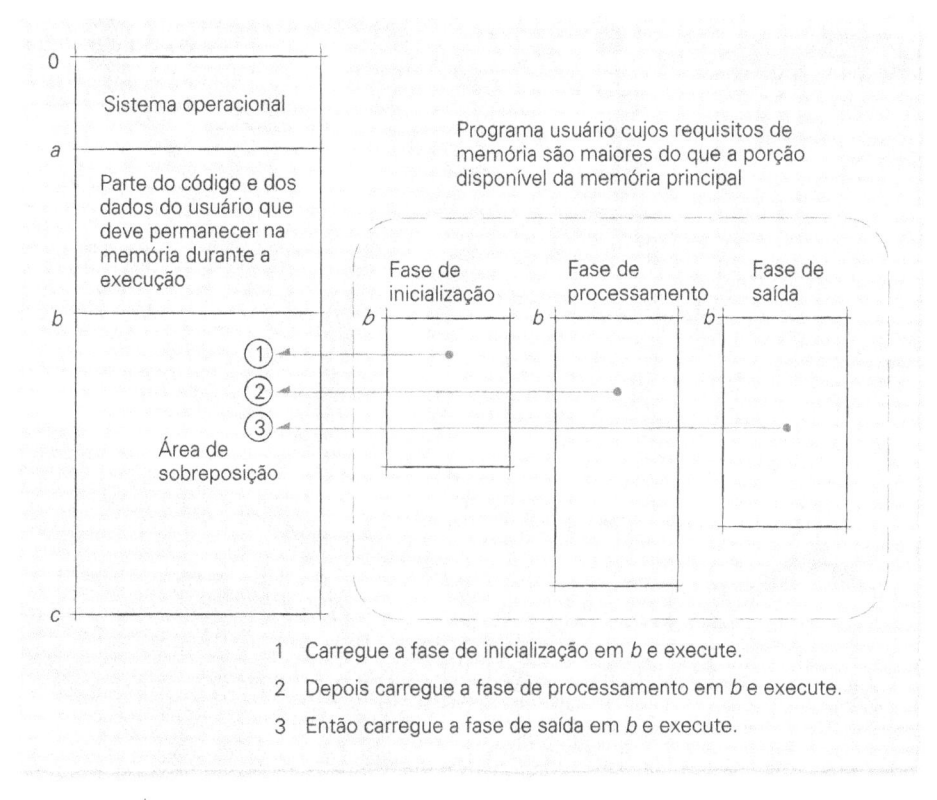

1. Carregue a fase de inicialização em *b* e execute.
2. Depois carregue a fase de processamento em *b* e execute.
3. Então carregue a fase de saída em *b* e execute.

Figura 9.4 | *Estrutura de sobreposição.*

à medida que crescia a complexidade dos programas, algumas estimativas davam conta de que até 40% das despesas de programação originavam-se da organização de sobreposições.[19] Ficou claro que o sistema operacional precisava isolar o programador de tarefas complexas de gerenciamento de memória como módulos de sobreposição. Como veremos em capítulos subseqüentes, sistemas de memória virtual evidenciam a necessidade de sobreposições controladas pelo programador, do mesmo modo que o IOCS o liberava da manipulação repetitiva, de baixo nível, da E/S,

Revisão

1. Como o IOCS facilita o desenvolvimento de programas?
2. Descreva os custos e benefícios do uso de sobreposições.

Respostas: 1) Programadores podiam executar E/S sem precisar escrever os comandos de baixo nível que agora estavam incorporados no IOCS. Todos os programadores podiam usar o IOCS em vez de ter de 'reinventar a roda'. 2) As sobreposições habilitavam programadores a escrever programas maiores do que a memória real, mas gerenciar essas sobreposições aumentava a complexidade do programa, o que aumentava o tamanho dos programas e o custo de desenvolvimento de software.

9.7.2 Proteção em um sistema monousuário

Em sistemas monousuário de alocação de memória contígua, a questão da proteção é simples. Como o sistema operacional deve ser protegido contra a destruição pelo programa do usuário?

Um processo pode interferir com a memória do sistema operacional — intencional ou inadvertidamente — substituindo parte ou todo o conteúdo de sua memória por outros dados. Se destruir o sistema operacional, o processo não poderá prosseguir. Se o processo tentar acessar memória ocupada pelo sistema operacional, o usuário poderá detectar o problema, finalizar a execução, possivelmente resolver o problema e relançar o programa.

Sem proteção, o processo pode alterar o sistema operacional de um modo mais sutil, não fatal. Por exemplo, suponha que o processo altere acidentalmente certas rotinas de entrada/saída fazendo o sistema truncar todos os registros de saída. O processo ainda assim poderia executar, mas os resultados seriam corrompidos. Se o usuário não examinar os resultados até a finalização do processo, o recurso da máquina terá sido desperdiçado. Pior ainda, o dano ao sistema operacional poderá produzir saídas que o usuário não poderia determinar facilmente se são inexatas. Claramente o sistema operacional precisa ser protegido contra processos.

Proteção em sistemas monousuário de alocação de memória contígua pode ser implementada com um único **registrador de fronteira** montado dentro do processador, como indicado na Figura 9.5, e que pode ser modificado somente por uma instrução privilegiada. O registrador de fronteira contém o endereço da memória no qual começa o programa do usuário. Cada vez que um processo referenciar um endereço de memória, o sistema determinará se a requisição é para um endereço

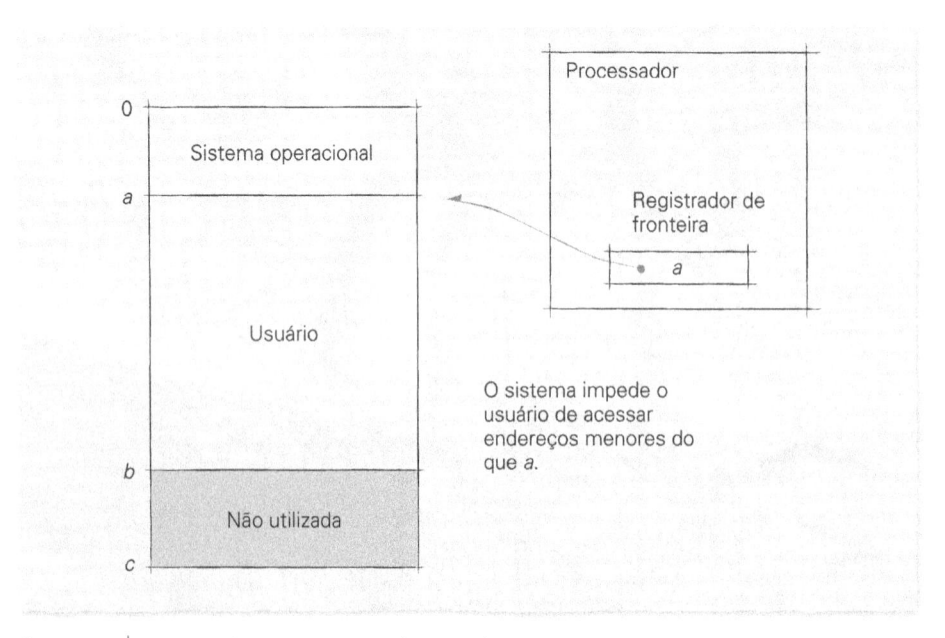

Figura 9.5 | Proteção de memória com alocação de memória contígua em sistema monousuário.

maior ou igual ao armazenado no registrador de fronteira. Se o endereço for igual ou maior, o sistema atenderá à requisição da memória. Se não for será porque o programa está tentando acessar o sistema operacional. O sistema intercepta a requisição e finaliza o processo com uma mensagem de erro apropriada. O hardware que verifica endereços de fronteira entra em operação rapidamente para evitar o retardamento da execução da instrução.

É claro que o processo deve acessar o sistema operacional de tempos em tempos para obter serviços como entrada/saída. São fornecidas diversas chamadas ao sistema (também denominadas **chamadas ao supervisor**) que podem ser usadas para requisitar serviços do sistema operacional. Quando um processo emite uma chamada ao sistema (por exemplo, escreve dados em um disco), o sistema detecta a chamada e muda do modo de execução de usuário para o modo de execução de núcleo (ou **modo executivo**). No modo de núcleo o processador pode executar instruções do sistema operacional e acessar dados para realizar tarefas em nome do processo. Depois de o sistema ter executado a tarefa requisitada, ele volta ao modo de usuário e devolve o controle ao processo.[20]

O registrador de fronteira único representa um mecanismo de proteção simples. À medida que os sistemas operacionais foram se tornando mais complexos, os projetistas implementaram mecanismos mais sofisticados para proteger o sistema operacional contra processos e para proteger processos uns dos outros. Discutiremos esses mecanismos detalhadamente mais adiante.

Revisão

1. Por que um registrador de fronteira único é insuficiente para a proteção de um sistema multiusuário?
2. Por que chamadas ao sistema são necessárias para um sistema operacional?

Respostas: 1) O registrador único protegeria o sistema contra a corrupção por processos usuários, mas não protegeria processos contra corrupção causada por outros processos. 2) Chamadas ao sistema habilitam processos a requisitar serviços do sistema operacional garantindo, ao mesmo tempo, que o sistema operacional fique protegido contra seus processos.

9.7.3 Processamento em lote de fluxo único

Os primeiros sistemas monousuário de memória real dedicavam-se a um único job por um tempo maior do que o tempo de execução do job. Os jobs em geral exigiam considerável **tempo de preparação** durante o qual o sistema operacional era carregado, fitas e pilhas de discos eram montadas, formulários adequados eram colocados na impressora, cartões de tempo de entrada eram 'perfurados' e assim por diante. Após a conclusão dos jobs ainda gastava-se um considerável tempo de desmontagem (**teardown time**) enquanto removiam-se fitas, discos e formulários, e 'perfuravam-se' cartões de tempo de saída. Durante a preparação e a desmontagem do job o computador ficava ocioso.

Os projetistas perceberam que, se pudessem automatizar vários aspectos da **transição de job-para-job** poderiam reduzir consideravelmente a quantidade de tempo desperdiçada entre jobs, o que levou ao desenvolvimento de sistemas de **processamento em lote** (veja o quadro "Reflexões sobre sistemas operacionais, A mudança é a regra, e não a exceção"). No **processamento em lote de fluxo único**, os jobs são agrupados em lotes mediante o carregamento consecutivo desses em fita ou disco. Um **processador de fluxo de jobs** lê as instruções da **linguagem de controle de jobs** (que definem cada job) e facilita a instalação do job seguinte. Esse processador emite diretivas ao operador do sistema e executa muitas funções que antes o operador executava manualmente. Quando o job em curso termina, o leitor de fluxo de jobs lê as instruções

Reflexões sobre sistemas operacionais

A mudança é a regra, e não a exceção

Historicamente a mudança é a regra, e não a exceção, e essas mudanças acontecem mais rapidamente do que se esperava e muitas vezes são muito mais revolucionárias do que se imaginava. Você vê isso na área de computadores o tempo todo. Basta observar quais eram as principais empresas nas décadas de 1960 e 1970; hoje, muitas dessas organizações acabaram ou ocupam posições de muito menor destaque no setor. Veja como computadores e sistemas operacionais eram projetados naquelas décadas. Atualmente, na maioria dos casos, esses projetos são profundamente diferentes. Em todo este livro discutiremos muitas questões de arquitetura e de engenharia de software que os projetistas devem considerar ao criarem sistemas que se adaptem bem a mudanças.

da linguagem de controle para o próximo e realiza as tarefas de limpeza que facilitam a transição para o próximo job. Sistemas de processamento em lote melhoraram a utilização de recursos e ajudaram a demonstrar o real valor dos sistemas operacionais e do gerenciamento intensivo de recursos. Sistemas de processamento em lote de fluxo único eram a última palavra em tecnologia no início da década de 1960.

Revisão

1. (V/F) Sistemas de processamento em lote acabaram com a necessidade de um operador de sistema.
2. Qual foi a contribuição dos primeiros sistemas de processamento em lote?

Respostas: 1) Falso. O operador de sistema era necessário para instalar e 'desinstalar' os jobs e controlá-los durante a execução. 2) Eles automatizaram vários aspectos da transição de job-para-job reduzindo consideravelmente a quantidade de tempo perdido entre um job e outro, e melhoraram a utilização de recursos.

9.8 Multiprogramação por partição fixa

Mesmo com sistemas operacionais de processamento em lote, os sistemas monousuário ainda desperdiçavam uma quantidade considerável de recursos de computação (Figura 9.6). Um processo típico consumiria o tempo de processador que precisava para gerar uma requisição de entrada/saída; o processo não podia continuar até que a E/S terminasse. Porque as velocidades de E/S eram extremamente lentas em comparação com as dos processadores (e ainda são), o processador era seriamente subutilizado.

Projetistas perceberam que podiam aumentar ainda mais a utilização do processador implementando sistemas de multiprogramação nos quais diversos usuários disputavam simultaneamente os recursos do sistema. O processo que está correntemente esperando uma E/S entrega o processador se um outro processo estiver pronto para fazer cálculos. Assim, operações de E/S e cálculos de processador podem ocorrer simultaneamente, o que aumenta muito a utilização do processador e o rendimento do sistema.

Para aproveitar ao máximo a vantagem da multiprogramação, diversos processos devem residir ao mesmo tempo na memória principal do computador. Desse modo, quando um processo requisitar entrada/saída, o processador poderá passar para um outro processo e continuar a executar cálculos sem o atraso associado ao carregamento de programas por meio do armazenamento secundário. Quando esse novo processo devolver o processador, um outro poderá estar pronto para usá-lo. Foram implementados muitos esquemas de multiprogramação como discutido nesta e em diversas seções seguintes.

Os primeiros sistemas de multiprogramação usavam **multiprogramação por partição fixa**.[21] Segundo esse esquema, o sistema divide a memória principal em várias **partições** de tamanho fixo. Cada partição contém um único job, e o sistema alterna o processador rapidamente entre jobs para criar a ilusão de simultaneidade.[22] Essa técnica habilita o sistema a fornecer capacidades simples de multiprogramação. É claro que a multiprogramação normalmente requer mais memória

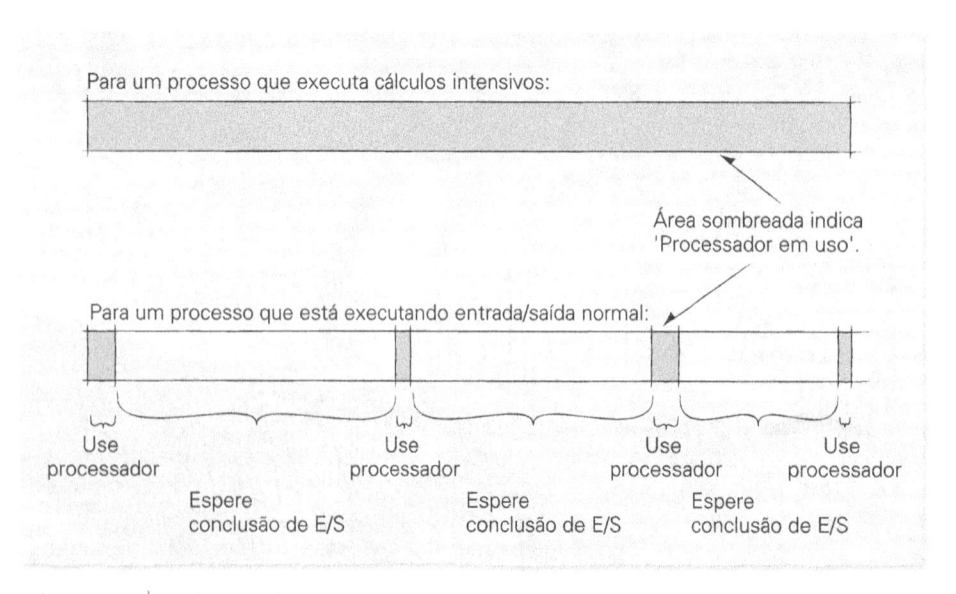

Figura 9.6 | *Utilização do processador em um sistema monousuário. [Nota: Em muitos jobs monousuário, as esperas de E/S são muito mais longas em relação aos períodos de utilização do processador indicados neste diagrama.]*

do que um sistema monousuário. Contudo, a melhoria na utilização de recursos para o processador e para os dispositivos periféricos justifica a despesa da memória adicional.

Nos primeiros sistemas de multiprogramação, o programador traduzia um job usando um programa montador absoluto ou compilador (veja Seção 2.8, "Compilação, ligação e carregamento"). Conquanto isso tornasse o gerenciamento da memória do sistema relativamente simples de implementar, significava que a exata localização de um job na memória era determinada antes de ele ser lançado e podia executar somente em uma partição específica (Figura 9.7). Essa restrição resultava em desperdício de memória. Se um job estivesse pronto para executar e a partição do programa estivesse ocupada, o job tinha de esperar, mesmo que houvesse outras partições disponíveis. A Figura 9.8 mostra um exemplo extremo. Todos os jobs do sistema devem executar na partição 3 (ou seja, todas as instruções do programa iniciam no endereço c). Porque essa partição está correntemente em uso, todos os outros jobs são forçados a esperar, mesmo que o sistema tenha outras partições nas quais os jobs poderiam executar (se tivessem sido compilados para essas partições).

Para superar o problema do desperdício de memória, os desenvolvedores criaram compiladores, montadores e carregadores de realocação. Essas ferramentas produzem um programa realocável que pode executar em qualquer partição disponível que seja grande o suficiente para conter aquele programa (Figura 9.9). Esse esquema elimina parte do desperdício de memória inerente à multiprogramação com tradução e carregamento absolutos; contudo, tradutores e carregadores de realocação são mais complexos do que suas contrapartes absolutas.

À medida que aumentava a complexidade da organização de memória, projetistas tiveram de aumentar os esquemas de proteção. Em um sistema monousuário, o sistema deve proteger somente o sistema operacional contra o processo usuário.

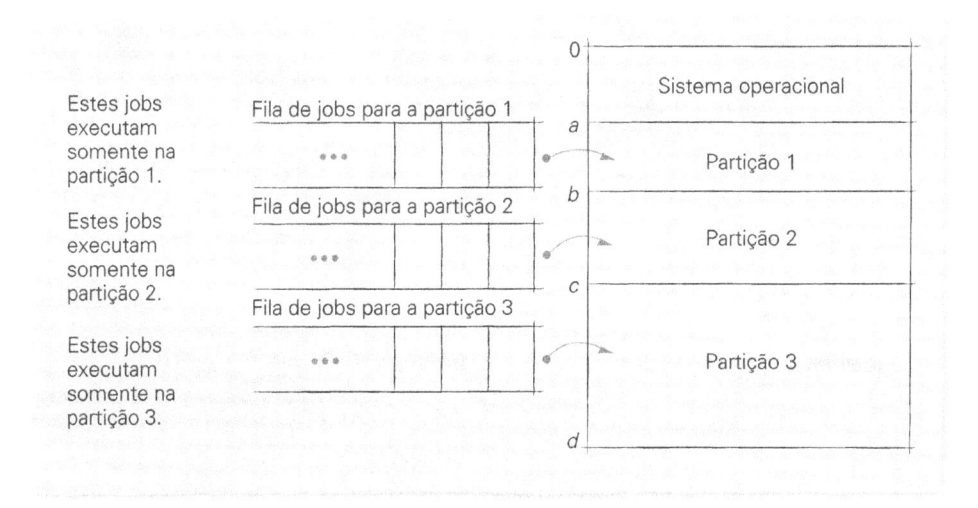

Figura 9.7 | *Multiprogramação por partição fixa com tradução e carregamento absolutos.*

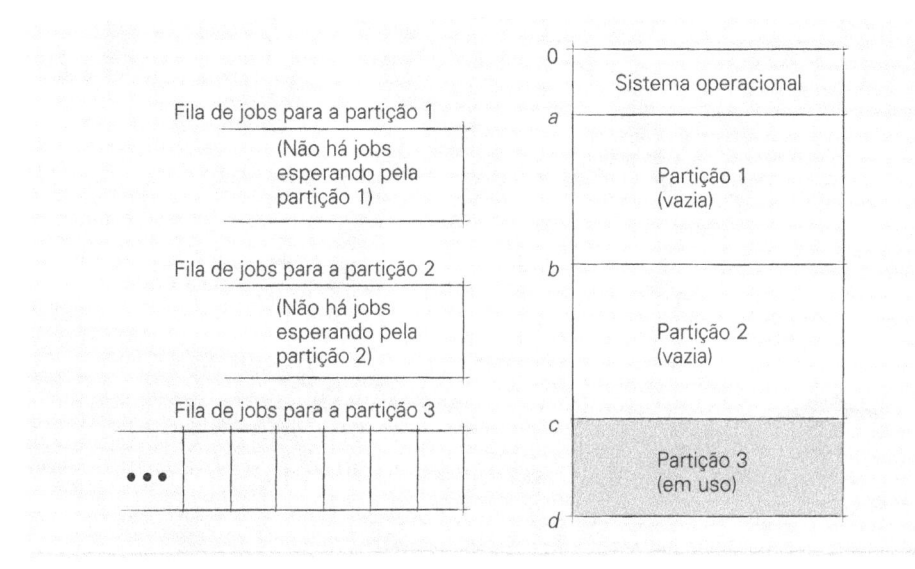

Figura 9.8 | *Desperdício de memória na multiprogramação por partição fixa com tradução e carregamento absolutos.*

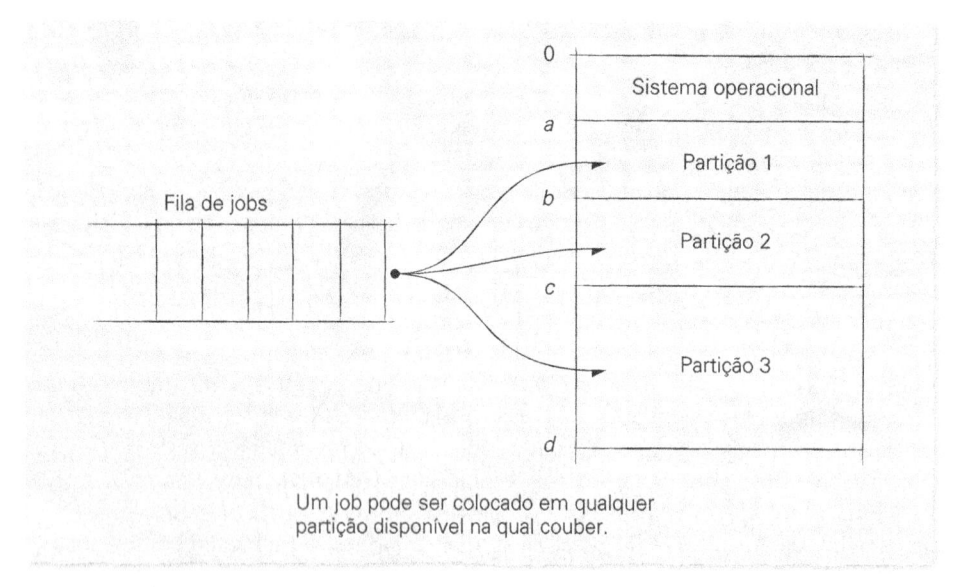

Figura 9.9 | *Multiprogramação por partição fixa com tradução e carregamento realocáveis.*

Em sistemas de multiprogramação, o sistema deve proteger o sistema operacional contra todos os processos usuários e proteger cada processo de todos os outros. Em sistemas de multiprogramação de alocação contígua, como os discutidos nesta seção, a proteção geralmente é implementada com vários registradores de fronteira. O sistema pode delimitar cada partição com dois registradores de fronteira — baixo e alto, também denominados **de base** e **de limite** (Figura 9.10). Quando um processador emite uma requisição de memória, o sistema verifica se o endereço requisitado é maior ou igual ao valor do registrador de fronteira baixo do processo e menor do que o valor do registrador de fronteira alto do processo (veja no site deste livro: "Curiosidades, Compartimentalização"). Se for, o sistema atende à requisição; caso contrário, o sistema termina o programa com uma mensagem de erro. Como acontece com sistemas monousuário, sistemas de multiprogramação fornecem chamadas a sistemas que habilitam programas usuários a acessar serviços do sistema operacional.

Um problema prevalecente em todas as organizações de memória é o da **fragmentação** — o fenômeno pelo qual um sistema não pode utilizar certas áreas de memória principal disponível (veja o quadro "Reflexões sobre sistemas operacionais, Recursos espaciais e fragmentação").[23] Multiprogramação por partição fixa está sujeita à **fragmentação interna**, que ocorre quando o tamanho da memória e dos dados de um processo é menor do que a partição na qual o processo executa.[24] (Discutiremos fragmentação externa na Seção 9.9, "Multiprogramação por partição variável".)

A Figura 9.11 ilustra o problema da fragmentação interna. As três partições de usuário do sistema estão ocupadas, mas cada programa é menor do que sua partição correspondente. Conseqüentemente, o sistema pode ter espaço suficiente na memória principal para executar um outro programa, mas não tem partições remanescentes nas quais executá-lo. Por

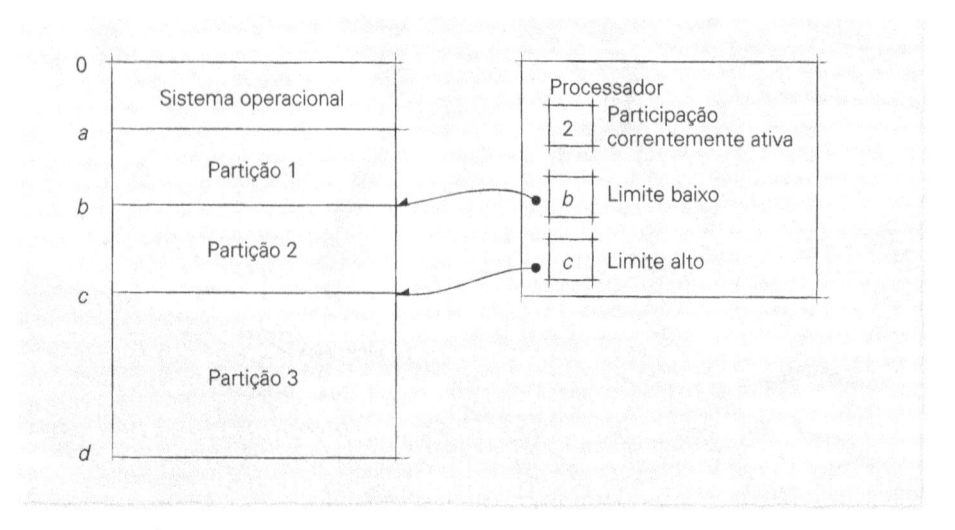

Figura 9.10 | *Proteção da memória em sistemas de multiprogramação de alocação contígua.*

Reflexões sobre sistemas operacionais

Recursos espaciais e fragmentação

Considere um cenário comum: um restaurante situado em um centro comercial quer se expandir, mas não há nenhuma loja maior desocupada, portanto, os proprietários têm de esperar que lojas adjacentes fiquem desocupadas e, assim, podem derrubar algumas paredes para criar um espaço maior. Um edifício de escritórios pode começar como uma 'casca' vazia; à medida que clientes alugam espaços, são construídas paredes para delimitar os espaços de escritórios. Quando um cliente quiser expandir seu espaço poderá ser difícil, porque talvez não haja nem espaços maiores, nem espaços adjacentes disponíveis. Em ambos os casos é possível que as unidades que desejam se expandir não consigam encontrar um espaço contíguo suficientemente grande e, então, aceitem usar diversos espaços menores, não contíguos. Isso é denominado fragmentação e é um tema recorrente em sistemas operacionais. Neste livro você verá como a memória principal e o armazenamento secundário podem sofrer várias formas de fragmentação e como os projetistas de sistemas operacionais tratam esses problemas.

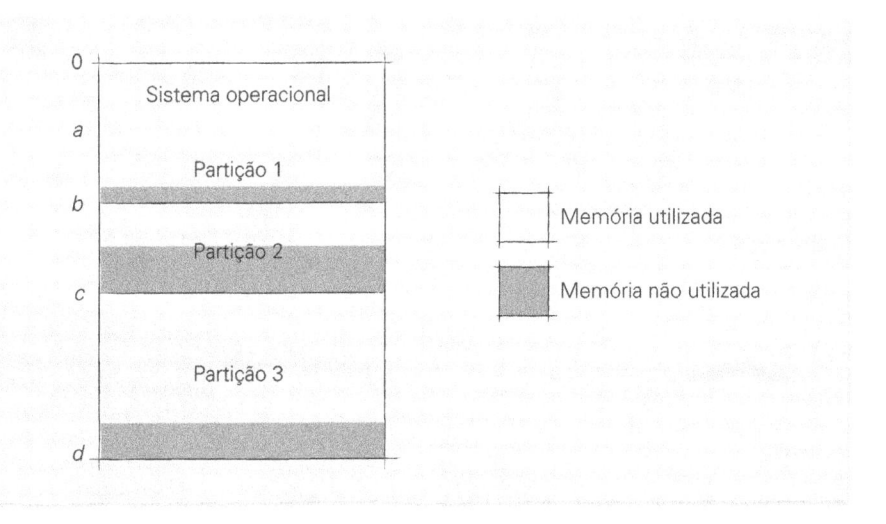

Figura 9.11 | *Fragmentação interna em um sistema de multiprogramação por partição fixa.*

isso, parte dos recursos de memória do sistema é desperdiçada. Na próxima seção discutiremos um outro esquema de organização de memória que tenta resolver o problema das partições fixas. Veremos que, embora promova melhorias, esse esquema ainda pode estar sujeito à fragmentação.

Revisão

1. Explique a necessidade de compiladores, montadores e carregadores de realocação.
2. Descreva os benefícios e desvantagens de partições de tamanhos grandes e pequenos.

Respostas:

1) Antes dessas ferramentas, os programadores especificavam manualmente a partição na qual seu programa deveria ser carregado, o que potencialmente desperdiçava memória e utilização de processador e reduzia a portabilidade da aplicação.

2) Partições maiores permitem que programas grandes executem, mas resultam em fragmentação interna para programas pequenos. Partições pequenas reduzem a quantidade de fragmentação interna e aumentam o nível de multiprogramação, permitindo que mais programas residam na memória ao mesmo tempo, mas limitam o tamanho do programa.

9.9 Multiprogramação por partição variável

Multiprogramação por partição fixa impõe restrições a um sistema que resultam na utilização ineficiente de recursos. Por exemplo, uma partição pode ser muito pequena para acomodar um processo que esteja esperando, ou tão grande que o sistema perde recursos consideráveis devido à fragmentação interna. Então, projetistas de sistemas operacionais decidiram que uma melhoria óbvia seria permitir que um processo ocupasse somente o espaço que precisasse (até a quantidade disponível na memória principal). Esse esquema é denominado multiprogramação por partição variável.[25, 26, 27]

9.9.1 Características da partição variável

A Figura 9.12 mostra como um sistema aloca memória sob multiprogramação por partição variável. Continuamos a discutir somente esquemas de alocação contígua, nos quais um processo deve ocupar localizações adjacentes de memória. A fila na parte superior da figura contém jobs disponíveis e informações sobre seus requisitos de memória. O sistema operacional não faz nenhuma premissa sobre o tamanho de um job (exceto que ele não exceda o tamanho da memória principal disponível). O sistema percorre a fila e posiciona cada job na memória onde houver espaço disponível, quando então o job torna um processo. Na Figura 9.12 a memória principal pode acomodar os primeiros quatro jobs; suponhamos que o espaço que continua livre depois de o sistema ter colocado o job correspondente ao processo P_4 seja menor do que 14 KB (o tamanho do próximo job disponível).

Organizações por multiprogramação por partição variável não sofrem fragmentação interna, porque a partição de um processo é exatamente do tamanho do processo. Mas todo esquema de organização de memória envolve um certo grau de desperdício. Na multiprogramação por partição variável, o desperdício não fica óbvio até que o processo termine e deixe lacunas (holes) na memória principal, como mostra a Figura 9.13. O sistema pode continuar a colocar novos processos nessas lacunas. Contudo, à medida que os processos executam até a conclusão, as lacunas vão ficando menores, até que a última eventualmente fique muito pequena para conter um novo processo. Isso é denominado fragmentação externa, na

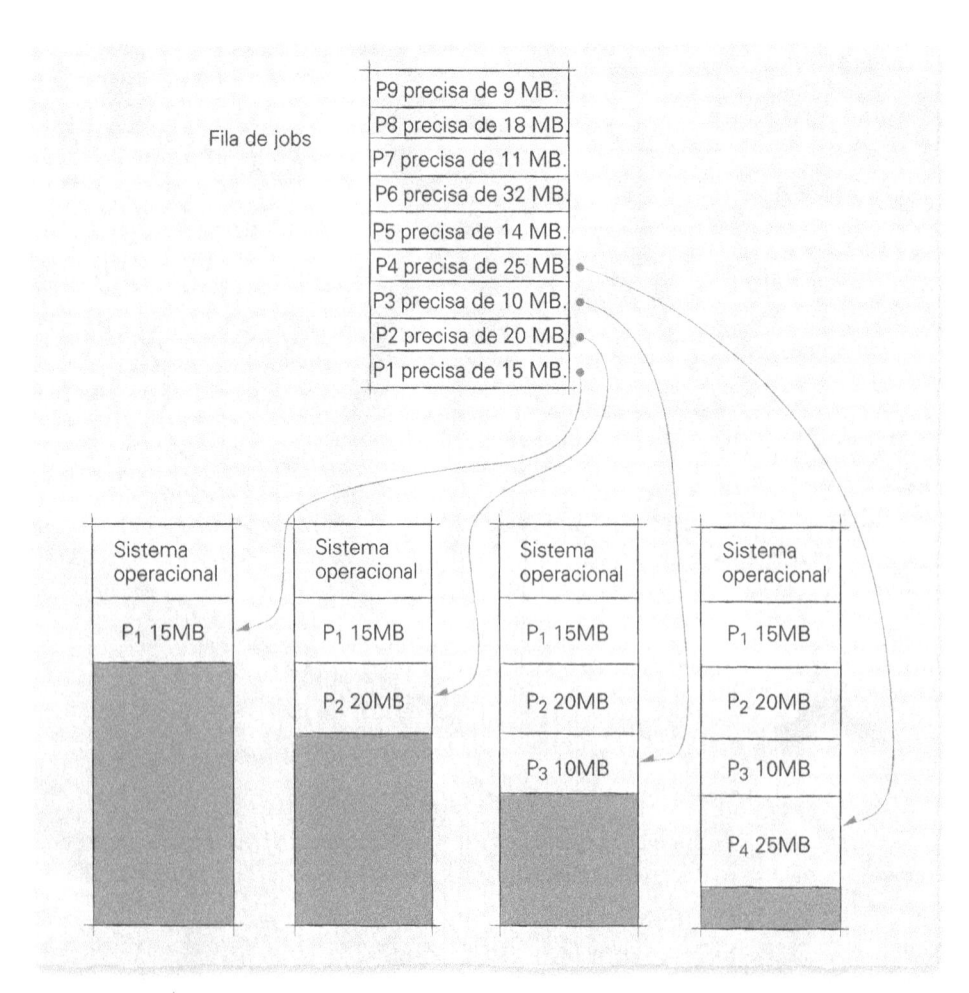

Figura 9.12 | Designações de partições iniciais na programação por partição variável.

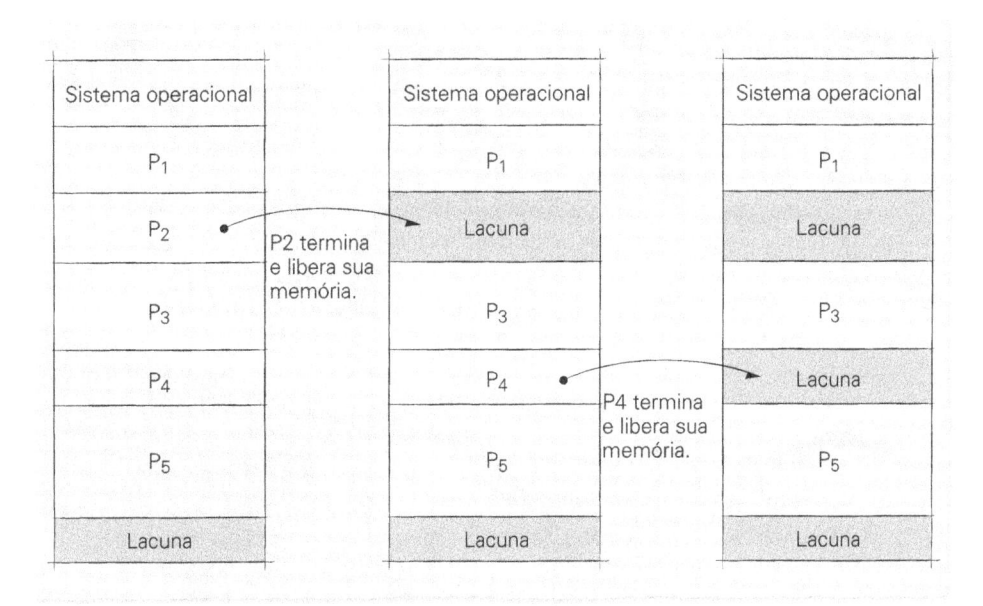

Figura 9.13 | *'Lacunas' de memória em multiprogramação por partição variável.*

qual a soma das lacunas é suficiente para acomodar um outro processo, mas o tamanho de cada lacuna é muito pequeno para acomodar qualquer processo disponível.[28]

O sistema pode tomar providências para reduzir um pouco da sua fragmentação externa. Quando um processo conclui sua execução em um sistema de multiprogramação por partição variável, o sistema pode determinar se a área de memória recém-liberada é adjacente a outras áreas de memória livres. Então ele registra em uma lista de memória livre que (1) o sistema agora tem uma lacuna adicional ou (2) que uma lacuna existente foi alargada (refletindo a fusão de lacunas existentes com a nova lacuna adjacente).[29, 30] O processo de fusão de lacunas adjacentes para formar uma única grande lacuna é denominado coalescência e é ilustrado na Figura 9.14. Promovendo a coalescência das lacunas, o sistema obtém os maiores blocos contíguos de memória possíveis.

Mesmo que o sistema operacional promova a coalescência de lacunas, as lacunas isoladas distribuídas por toda a memória principal ainda podem constituir uma quantidade significativa de memória — suficiente no total para satisfazer aos requisitos de memória de um processo, embora nenhuma lacuna seja grande o necessário para conter o processo.

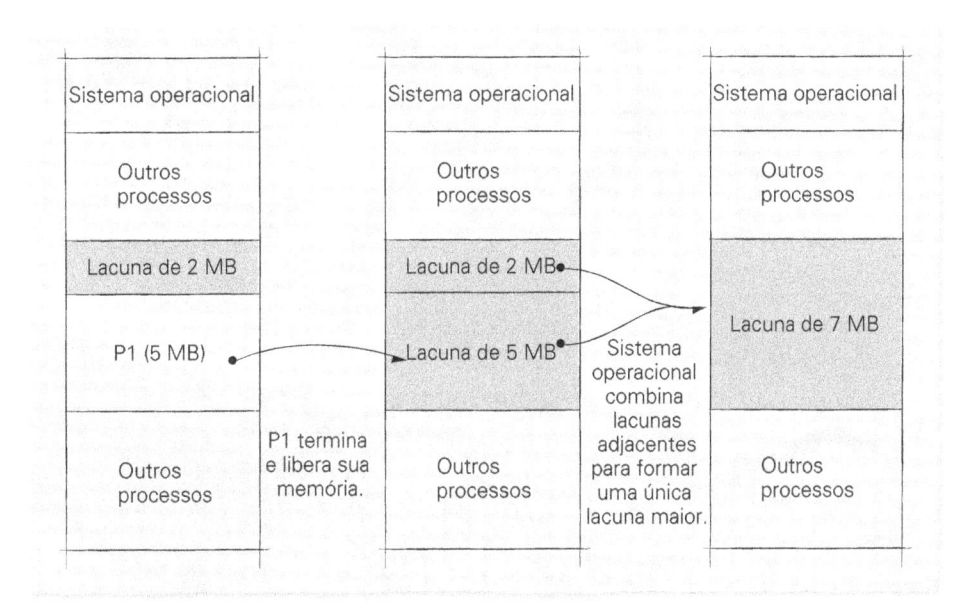

Figura 9.14 | *Coalescência de 'lacunas' de memória em multiprogramação por partição variável.*

Uma outra técnica para reduzir a fragmentação externa é denominada compactação de memória (Figura 9.15), que realoca todas as áreas ocupadas da memória em uma das extremidades da memória principal,[31] deixando livre uma única grande lacuna de memória em vez das numerosas lacunas pequenas comuns na multiprogramação por partição variável. Agora, toda a memória livre disponível é contígua, de modo que um processo disponível pode executar se seu requisito de memória for atendido pela lacuna única que resulta da compactação. Às vezes a compactação de memória é denominada, muito divertidamente, como arrotar a memória. Mais convencionalmente é denominada coleta de lixo.[32]

A compactação não deixa de ter suas desvantagens. A sobrecarga de compactação consome recursos de sistema que, caso contrário, poderiam ser utilizados produtivamente. O sistema também deve cessar todas as outras computações durante uma compactação, o que pode resultar em tempos de resposta erráticos para usuários interativos e poderia ser devastador em sistemas de tempo real. Além do mais, a compactação deve realocar os processos que ocupam correntemente a memória principal. Isso significa que agora o sistema deve manter informações de realocação que ordinariamente são perdidas quando ele carrega um programa. No caso de um sistema normal, cujo mix de jobs mude rapidamente, o sistema pode compactar freqüentemente. Os recursos de sistema consumidos podem não justificar os benefícios da compactação.

Revisão

1. Explique a diferença entre fragmentação interna e fragmentação externa.
2. Descreva duas técnicas para reduzir fragmentação em sistemas de multiprogramação por partição variável.

Respostas: **1)** Fragmentação interna ocorre em ambientes de partição fixa quando é alocado a um processo mais espaço do que ele necessita, resultando em desperdício de espaço de memória dentro de cada partição. Fragmentação externa ocorre em ambientes de partição variável, quando a memória é desperdiçada devido às lacunas que se desenvolvem na memória entre as partições. **2)** Coalescência funde blocos de memória livres adjacentes em um único bloco maior. Compactação de memória realoca partições para que fiquem adjacentes umas das outras de modo que seja consolidada a memória livre em um único bloco.

9.9.2 Estratégias de posicionamento de memória

Em um sistema de multiprogramação por partição variável, o sistema freqüentemente pode escolher qual lacuna de memória aloca a um processo que chega. A estratégia de posicionamento de memória determina em que lugar da memória colocar programas e dados que chegam.[33, 34, 35] Três estratégias freqüentemente discutidas na literatura são ilustradas na Figura 9.16.[36]

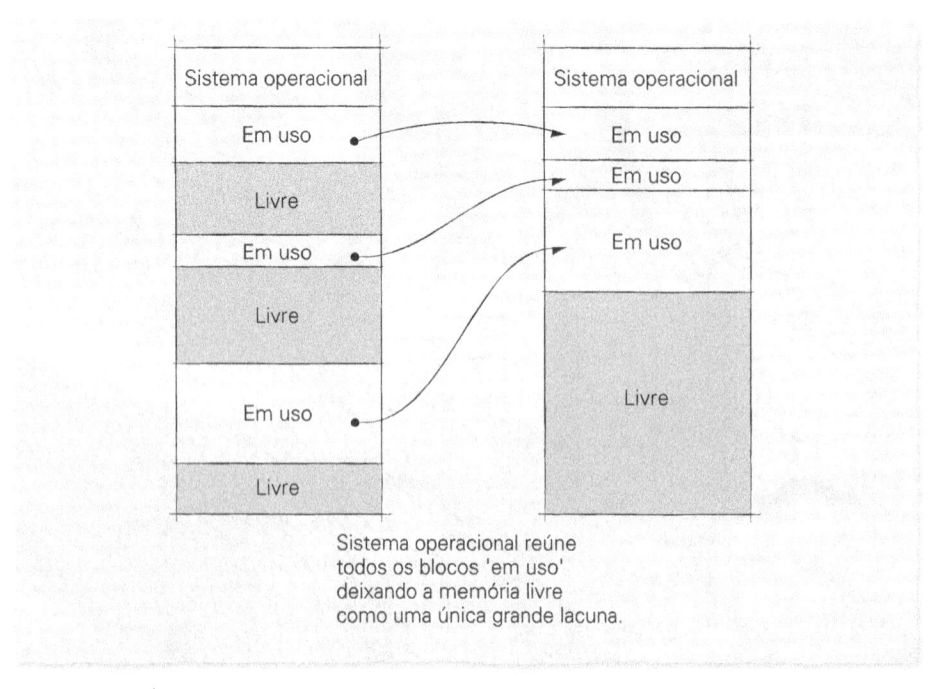

Figura 9.15 | *Compactação de memória em multiprogramação por partição variável.*

(a) Estratégia o primeiro que couber

Coloque o job na primeira lacuna de memória da lista de memórias livres na qual ele couber.

Lista de memórias livres (mantida em ordem aleatória)

Endereço de início	Tamanho
a	16MB
e	5MB
c	14MB
g	30MB

Requisição de 13 MB

```
0
   Sistema operacional
a
   Lacuna de 16 MB
b
   Em uso
c
   Lacuna de 14 MB
d
   Em uso
e
   Lacuna de 5 MB
f
   Em uso
g
   Lacuna de 30 MB
h
```

(b) Estratégia o que melhor couber

Coloque o job na menor lacuna possível na qual ele couber.

Lista de memórias livres (mantida em ordem ascendente de tamanho de lacuna)

Endereço de início	Tamanho
e	5MB
c	14MB
a	16MB
g	30MB

Requisição de 13 MB

(c) Estratégia o que pior couber

Coloque o job na maior lacuna possível na qual ele couber.

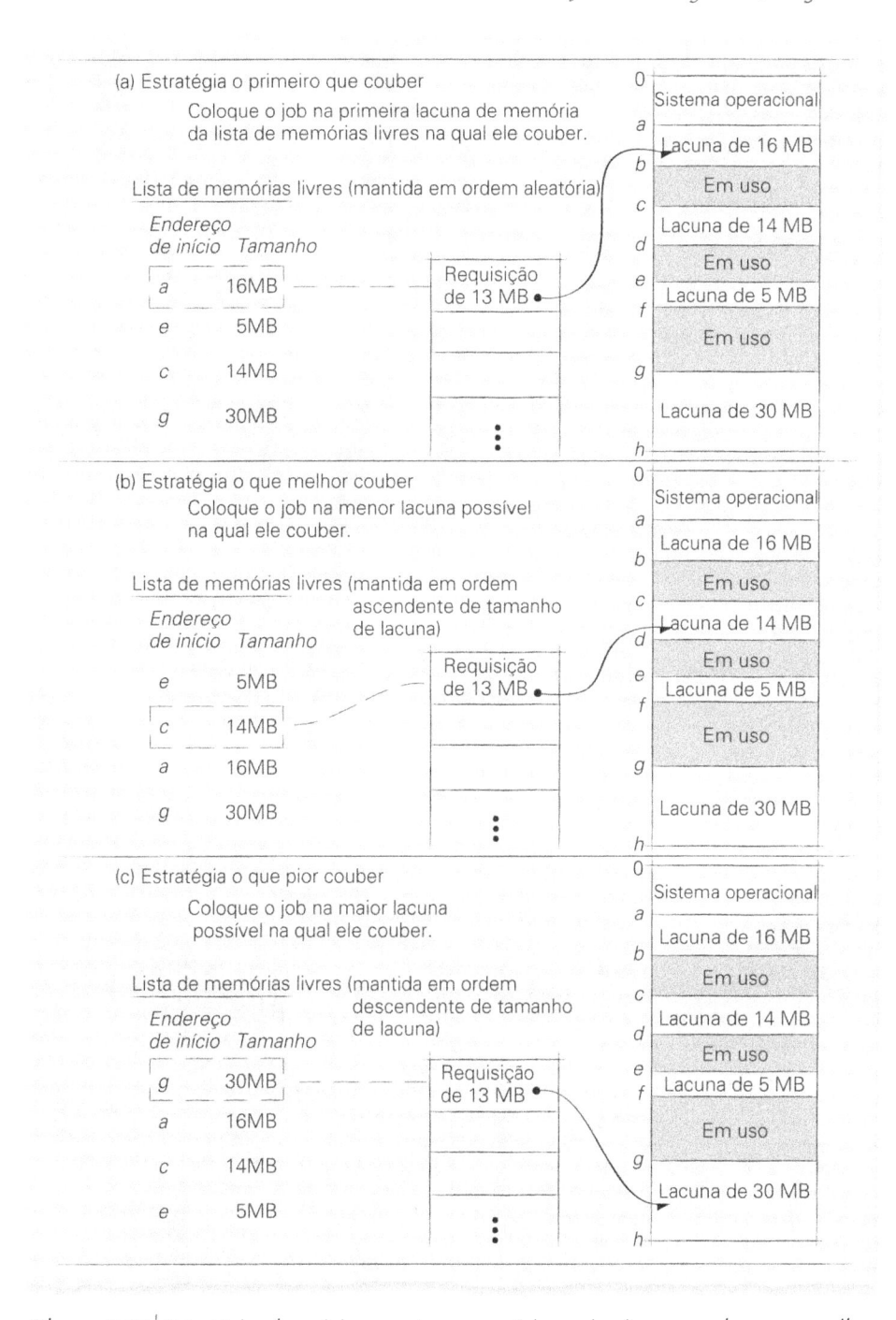

Lista de memórias livres (mantida em ordem descendente de tamanho de lacuna)

Endereço de início	Tamanho
g	30MB
a	16MB
c	14MB
e	5MB

Requisição de 13 MB

Figura 9.16 | *Estratégias de posicionamento na memória o primeiro que couber, o que melhor couber, o que pior couber.*

- Estratégia o primeiro que couber — O sistema coloca um job que chega na memória principal na primeira lacuna disponível que seja suficientemente grande para contê-lo. Essa estratégia é intuitivamente atraente e, pois permite que o sistema tome uma decisão de posicionamento rapidamente.
- Estratégia o que melhor couber — O sistema coloca um job que chega na lacuna da memória principal na qual ele couber mais exatamente e que deixe a menor quantidade de espaço sem uso. Para muitas pessoas, a estratégia do que melhor couber é a mais intuitiva, mas requer a sobrecarga de pesquisar todas as lacunas de memória para determinar qual delas corresponde melhor ao tamanho do job e tende a deixar muitas lacunas pequenas, não utilizáveis. Note, na Figura 9.16, que mantemos as entradas da lista de memórias livres em ordem ascendente; essa ordenação é relativamente cara.
- Estratégia o que pior couber — A princípio parece uma alternativa esquisita mas, examinando-a com mais cuidado, ela tem um forte apelo intuitivo. O que pior couber quer dizer colocar um job na memória principal na lacuna em que ele pior couber (ou seja, na maior lacuna possível). A atração intuitiva é simples: depois de o job ser colocado

nessa lacuna grande, o restante dela também é grande e, assim, pode conter um novo programa relativamente grande. A estratégia o que pior couber também requer a sobrecarga de encontrar a maior lacuna e tende a deixar muitas lacunas pequenas, não utilizáveis.

Uma variação da estratégia do primeiro que couber, denominada o próximo que couber, inicia cada pesquisa por uma lacuna disponível no ponto em que a pesquisa anterior terminou.[37] O Exercício 9.20 no final deste capítulo examina detalhadamente a estratégia o próximo que couber.

Revisão

1. Por que a estratégia o primeiro que couber é atraente?
2. (V/F) Nenhuma das estratégias de posicionamento na memória desta seção resulta em fragmentação interna.

Respostas: **1)** A estratégia o primeiro que couber é intuitivamente atraente, porque não requer a ordenação da lista de memórias livres, portanto incorre em pouca sobrecarga. Todavia, sua operação pode ser lenta, se as lacunas que são muito pequenas para conter o job que chegar estiverem à frente na lista de memórias livres. **2)** Verdadeiro.

9.10 Multiprogramação com troca de memória (swapping)

Em todos os esquemas de multiprogramação que discutimos neste capítulo, o sistema mantém um processo na memória principal até a sua finalização. Uma alternativa para esse esquema é a troca (swapping), na qual um processo não permanece necessariamente na memória principal durante toda a sua execução.

Em alguns sistemas de troca (Figura 9.17) somente um processo ocupa a memória principal em um dado instante. Esse processo executa até que não possa mais continuar (por exemplo, porque deve esperar pela conclusão de uma E/S), quando então entrega a memória e o processador ao processo seguinte. Assim, o sistema dedica toda a sua memória a um processo durante um breve período de tempo. Quando o processo devolver o recurso, o sistema **troca** (ou **passa**) o processo antigo e admite o novo processo seguinte. Para retirar um processo da memória e trocá-lo (*swap out*), o sistema

1. Somente um processo por vez reside na memória principal.

2. Esse processo executa até
   a) ser emitida uma E/S
   b) o temporizador expirar
   c) ocorrer término voluntário.

3. Então o sistema retira o processo copiando a área de troca (memória principal) para armazenamento secundário.

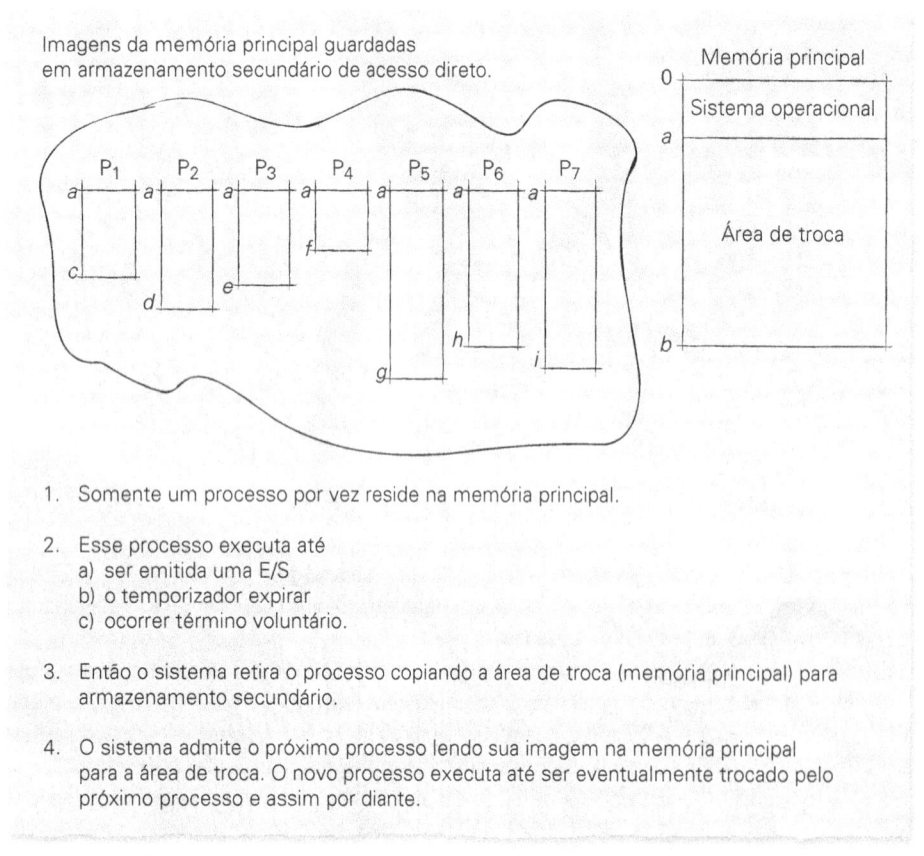

4. O sistema admite o próximo processo lendo sua imagem na memória principal para a área de troca. O novo processo executa até ser eventualmente trocado pelo próximo processo e assim por diante.

Figura 9.17 | Multiprogramação em um sistema de troca de processos (swapping) no qual há somente um único processo por vez na memória principal.

armazena o conteúdo da memória do processo (bem como seu PCB) em armazenamento secundário. Quando o sistema trouxer o processo de volta para a memória (*swap in*), o conteúdo da memória do processo e outros valores são recuperados do armazenamento secundário. O sistema normalmente troca processos para dentro e para fora da memória muitas vezes antes que terminem.

Muitos sistemas antigos de compartilhamento de tempo foram implementados com essa técnica de troca de processos. Podiam-se garantir tempos de resposta para alguns poucos usuários, mas os projetistas sabiam que precisavam de técnicas melhores para manipular grandes números de usuários. Os sistemas de troca de processos do início da década de 60 levaram aos sistemas de memória virtual com paginação. A paginação é explorada detalhadamente nos próximos dois capítulos sobre sistemas de memória virtual.

Foram desenvolvidos sistemas mais sofisticados de troca de processos que permitem vários processos permanecerem na memória principal ao mesmo tempo.[38, 39] Nesses, o sistema operacional troca um processo somente quando um outro que chega precisar daquele espaço de memória. Com quantidade suficiente de memória principal, esses sistemas reduzem muito o tempo gasto na troca de processos.

Revisão

1. Explique a sobrecarga da troca de processos em termos de utilização de processador. Suponha que a memória possa conter apenas um processo por vez.

2. Por que os sistemas de troca de processos nos quais apenas um único processo por vez permanecia na memória eram insuficientes para sistemas interativos de multiusuários?

Respostas: 1) Ao trocar um programa entre um disco e a memória, são desperdiçados números enormes de ciclos. 2) Esse tipo de sistema de troca de processos não podia fornecer tempos de resposta razoáveis para um grande número de usuários, o que é requerido por sistemas interativos.

Resumo

A organização e o gerenciamento da memória real (também denominada memória principal, memória física ou memória primária) de um sistema de computador tem sido uma das influências mais importantes sobre o projeto de sistemas operacionais. Embora a maioria dos sistemas operacionais de hoje implemente memória virtual, certos tipos de sistemas de tempo real e embarcados não podem sustentar a sobrecarga da memória virtual — o gerenciamento da memória real permanece crucial para tais sistemas.

Independentemente do esquema de organização de memória que adotarmos para um sistema particular, devemos decidir quais estratégias usar para obter desempenho ótimo de memória. Estratégias de gerenciamento de memória determinam como uma organização de memória particular funciona sob várias políticas. O gerenciamento de memória é normalmente realizado por software e por hardware de propósito especial. O gerenciador de memória é um componente do sistema operacional que determina como o espaço de memória disponível é alocado a processos e como responder a mudanças na utilização da memória de um processo. O gerenciador de memória também interage com hardware de gerenciamento de memória de propósito especial (se houver algum disponível) para melhorar o desempenho.

Programas e dados devem estar na memória principal antes que o sistema possa executá-los ou referenciá-los. A hierarquia de memória contém níveis caracterizados pela velocidade e custo da memória em cada nível. Sistemas com vários níveis de memória executam transferências que movimentam programas e dados entre os vários níveis. Acima do nível da memória principal na hierarquia está o cache, que é muito mais rápido do que a memória principal e, nos sistemas de hoje, normalmente está localizado em cada processador. Programas que estão na memória principal são transferidos para o cache onde são executados muito mais rapidamente do que seriam na memória principal. Pelo fato de muitos processos acessarem dados e instruções uma vez, provavelmente o farão novamente no futuro (um fenômeno denominado localidade temporal), até mesmo um cache relativamente pequeno pode aumentar significativamente o desempenho (em comparação com executar programas em um sistema sem cache).

Estratégias de gerenciamento de memória são divididas em estratégias de busca, que determinam quando transferir a próxima porção de um programa ou dados para a memória principal por meio do armazenamento secundário; estratégias de posicionamento, que determinam em que lugar da memória principal o sistema deve colocar porções de programas ou de dados que chegam; e estratégias de substituição, que determinam que parte de um programa ou dados substituir para acomodar um novo programa e dados que estão chegando.

Sistemas de alocação de memória contígua armazenam um programa em localizações contíguas de memória. Na alocação de memória não contígua um programa é dividido em blocos ou segmentos que o sistema pode colocar em espaços não adjacentes da memória principal, o que permite ao sistema de gerenciamento de memória utilizar áreas livres da memória (lacunas não utilizadas) que, de outro modo, seriam demasiadamente pequenas para conter programas. Embora o sistema operacional incorra em mais sobrecarga para gerenciar alocação de memória não contígua, ela pode ser justificada pelo aumento do nível de multiprogramação (ou seja, o número de processos que podem ocupar a memória principal ao mesmo tempo).

Sistemas de computador mais antigos permitiam que apenas uma pessoa por vez usasse uma máquina. Esses sistemas normalmente não continham um sistema operacional. Mais tarde os projetistas de sistemas consolidaram a codificação de entrada/saída que implementava funções básicas em um sistema de controle de entrada/saída (IOCS), de modo que o programador não precisava mais codificar instruções de entrada/saída diretamente. Com o esquema de sobreposições (*overlays*), o sistema podia executar programas maiores do que a memória principal. Contudo, sobreposição manual exige planejamento cuidadoso e demorado, e o programador muitas vezes precisa conhecer detalhadamente a organização da memória do sistema.

Se não houver proteção em um sistema monousuário, um processo pode interferir com a memória do sistema operacional — intencional ou inadvertidamente —, substituindo parte ou todo o conteúdo de sua memória por outros dados. Proteção em sistemas monousuário de alocação de memória contígua pode ser implementada com um único registrador de fronteira montado dentro do processador. Os processos devem acessar o sistema operacional de tempos em tempos para obter serviços como entrada/saída. O sistema operacional fornece diversas chamadas ao sistema (também denominadas chamadas ao supervisor) que podem ser usadas para requisitar esses serviços do sistema operacional.

Os primeiros sistemas monousuário de memória real dedicavam-se a um único job por um tempo maior do que o tempo de execução do job. Os jobs geralmente exigiam considerável tempo de preparação e de desmontagem durante os quais o computador ficava ocioso. O desenvolvimento de sistemas de processamento em lote melhorou a utilização. No processamento em lote de fluxo único os jobs são agrupados em lotes mediante o carregamento consecutivo desses para fita ou disco. Mesmo com sistemas operacionais de processamento em lote, os sistemas monousuário ainda desperdiçavam uma quantidade considerável de recursos de computação. Portanto, projetistas optaram por implementar sistemas de multiprogramação nos quais diversos usuários disputam simultaneamente recursos do sistema.

Os primeiros sistemas de multiprogramação usavam multiprogramação por partição fixa, segundo a qual o sistema divide a memória principal em várias partições de tamanho fixo, cada uma contendo um único job. O sistema alterna o processador rapidamente entre jobs para criar a ilusão de simultaneidade. Para superar o problema do desperdício de memória, os desenvolvedores criaram compiladores, montadores e carregadores de realocação.

Em sistemas de multiprogramação de alocação contígua a proteção geralmente é implementada com vários registradores de fronteira, denominados registradores de base e de limite, para cada processo. Um problema prevalecente em todas as organizações de memória é o da fragmentação — o fenômeno pelo qual o sistema não consegue utilizar certas áreas de memória principal disponível. Multiprogramação por partição fixa está sujeita à fragmentação interna, que ocorre quando o tamanho da memória e dos dados de um processo é menor do que a partição na qual o processo executa.

Multiprogramação por partição variável permite que um processo ocupe somente tanto espaço quanto precise (até a quantidade disponível na memória principal). O desperdício não fica óbvio até que o processo termine e deixe lacunas na memória principal, resultando em fragmentação externa. O sistema pode tomar providências para reduzir um pouco da sua fragmentação externa implementando uma lista de memória livre para coalescer (aglutinar) lacunas, ou executando compactação de memória.

A estratégia de posicionamento na memória do sistema determina em que lugar da memória principal colocar programas e dados que chegam. A estratégia 'o primeiro que couber' coloca um job que chega na memória principal na primeira lacuna disponível, que seja suficientemente grande para contê-lo. A estratégia 'o que melhor couber' coloca um job na lacuna da memória principal na qual ele couber mais exatamente e que deixe a menor quantidade de espaço sem uso. A estratégia 'o que pior couber' coloca o job na memória principal na lacuna em que ele pior couber (ou seja, na maior lacuna possível). Uma variação da estratégia 'o primeiro que couber', denominada 'estratégia do próximo que couber', inicia cada pesquisa por uma lacuna disponível no ponto em que a pesquisa anterior terminou.

Troca de memória (*swapping*) é uma técnica na qual um processo não permanece necessariamente na memória principal durante toda a sua execução. Quando um processo não puder mais executar, o sistema troca (ou passa) o processo antigo para disco e admite o processo seguinte do disco para a memória. Foram desenvolvidos sistemas de troca mais sofisticados que permitem vários processos permanecerem na memória principal ao mesmo tempo. Nesses sistemas, o sistema operacional troca um processo somente quando um outro que chega precisar daquele espaço de memória. Com uma quantidade suficiente de memória principal, esses sistemas reduzem muito o tempo gasto na troca.

Exercícios

9.1 Em sistemas hierárquicos de memória é envolvida uma certa quantidade de sobrecarga quando se movimentam programas entre os vários níveis da hierarquia. Discuta por que os benefícios derivados desses sistemas justificam a sobrecarga envolvida.

9.2 Por que a busca sob demanda permaneceu como senso comum por tanto tempo? Por que as estratégias de busca antecipada estão recebendo mais atenção hoje do que recebiam há décadas?

9.3 Discuta como ocorre a fragmentação de memória em cada um dos esquemas de organização de memória apresentados neste capítulo.

9.4 Em que circunstâncias as sobreposições são úteis? Quando uma seção da memória principal pode sofrer sobreposição? Como a sobreposição afeta o tempo de desenvolvimento do programa? Como a sobreposição afeta a capacidade de modificação de um programa?

9.5 Discuta as motivações da multiprogramação. Quais características de programas e máquinas tornam a multiprogramação desejável? Em quais circunstâncias a multiprogramação é indesejável?

9.6 Você recebe um sistema de memória hierarquizado composto de quatro níveis — cache, memória principal, memória secundária e memória terciária. Suponha que possam ser executados programas em qualquer dos níveis de memória. Cada nível consiste em uma quantidade idêntica de memória, e a faixa de endereços de memória de cada nível é idêntica. O cache executa programas mais rapidamente, a memória primária é dez vezes mais lenta do que o cache, a memória secundária é dez vezes mais lenta do que a primária, e a memória terciária é dez vezes mais lenta do que a secundária. Há somente um processador e ele pode executar apenas um programa por vez.

    a. Suponha que programas e dados possam ser passados de um nível para outro sob o controle do sistema operacional. O tempo que leva para transferir itens entre dois níveis particulares depende da velocidade do nível mais baixo (e mais lento) envolvido na transferência. Por que um sistema operacional escolheria um programa de transferência do cache diretamente para a memória secundária evitando assim a memória primária? Por que itens seriam transferidos para níveis mais lentos da hierarquia? Por que itens seriam transferidos para níveis mais rápidos da hierarquia?

    b. O esquema anterior não é lá muito convencional. É mais comum que programas e dados sejam transferidos somente entre níveis adjacentes da hierarquia. Apresente diversos argumentos contra permitir transferências diretamente do cache para qualquer nível que não seja a memória primária.

9.7 Na qualidade de programador de sistemas de uma grande instalação de computador que utiliza sistema de multiprogramação por partição fixa, você tem de determinar se o modo de partição corrente do sistema deve ser alterado.

    a. Que informações você precisaria para ajudá-lo a tomar sua decisão?

    b. Se você tivesse essas informações imediatamente disponíveis, como determinaria a partição ideal?

    c. Quais as conseqüências de reparticionar tal sistema?

9.8 Um esquema simples de realocação de programas em ambientes de multiprogramação envolve a utilização de um único registrador de realocação. Todos os programas são traduzidos para localizações que começam em zero, mas cada endereço desenvolvido à medida que o programa executa é modificado adicionando-se a ele o conteúdo do registrador de realocação do processador. Discuta a utilização e o controle do registrador de realocação em multiprogramação de partição variável. Como o registrador de realocação poderia ser usado em um esquema de proteção?

9.9 Estratégias de posicionamento determinam em que lugar da memória principal os programas e dados que chegam devem ser carregados. Suponha que um job que esteja esperando para começar a executar tenha requisitos de memória que possam ser atendidos imediatamente. O job deve ser carregado e iniciar a execução imediatamente?

9.10 Cobrar por recursos em sistemas de multiprogramação pode ser complexo.

    a. Em um sistema dedicado, o usuário normalmente é cobrado pelo sistema inteiro. Suponha que em um sistema de multiprogramação somente um usuário esteja correntemente no sistema. Ele deve ser cobrado por todo o sistema?

    b. Sistemas operacionais de multiprogramação geralmente consomem substanciais recursos de sistema, pois gerenciam ambientes multiusuário. Os usuários devem pagar por essa sobrecarga ou ela deve ser 'absorvida' pelo sistema operacional?

    c. A maioria das pessoas concorda que a cobrança pela utilização de sistemas de computador deve ser justa, mas poucas podem definir precisamente o que é 'justiça'. Um outro atributo de esquemas de cobrança, mais fácil de definir, é a previsibilidade. Queremos saber se, quando um job custa uma certa quantia para ser executado uma vez, executá-lo novamente em circunstâncias similares custará aproximadamente a mesma quantia. Suponha que em um ambiente de multiprogramação cobremos pelo tempo de relógio normal, ou seja, o total real de tempo envolvido na execução do job desde o início até a conclusão. Esse esquema resultaria em encargos previsíveis? Por quê?

9.11 Discuta as vantagens e desvantagens de alocação não contígua de memória.

9.12 Muitos projetistas acreditam que sistemas operacionais devam sempre receber um status de 'mais confiável'. Alguns projetistas acham que mesmo os sistemas operacionais devam sofrer restrições, particularmente na sua capacidade de referenciar certas áreas da memória. Discuta os prós e os contras de permitir que o sistema operacional acesse toda a faixa de endereços reais de um sistema de computador o tempo todo.

9.13 Desenvolvimentos em sistemas operacionais ocorreram geralmente de modo evolucionário, e não revolucionário. Descreva, para cada uma dessas transições, as motivações primárias que levaram projetistas de sistemas operacionais a produzir o novo tipo de sistema com base no antigo.

    a. Sistemas monousuário dedicados para multiprogramação.

    b. Sistemas de multiprogramação por partição fixa com tradução e carregamento absolutos para sistemas de multiprogramação por partição fixa com tradução e carregamento relocalizáveis.

    c. Multiprogramação por partição fixa para multiprogramação por partição variável.

    d. Sistemas de alocação de memória contígua para sistemas de alocação de memória não contígua.

    e. Sistemas monousuário dedicados com transição manual de job para job para sistemas monousuário dedicados com sistemas de processamento em lote de fluxo único.

9.14 Considere o problema de jobs esperando em uma fila até haver memória disponível suficiente para que sejam carregados e executados. Se a fila for uma estrutura simples como 'primeiro a entrar, primeiro a sair', somente o job que estiver no início da fila pode ser considerado para posicionamento na memória. Com um mecanismo de fila mais complexo, poderia ser possível examinar a fila inteira para escolher o próximo job a ser carregado e executado. Mostre como a última disciplina, mesmo sendo mais complexa, poderia render melhor desempenho do que a estratégia simples 'primeiro a entrar, primeiro a sair'. Qual problema a última abordagem poderia apresentar?

9.15 Um projetista de sistemas operacionais pessimista diz que, na verdade, não importa qual estratégia de posicionamento na memória seja usada. Mais cedo ou mais tarde um sistema atinge um estado estável e todas as estratégias funcionam similarmente. Você concorda? Explique.

9.16 Um outro projetista pessimista pergunta por que nos damos a todo esse trabalho de definir uma estratégia com um nome que parece oficial, tal como 'o primeiro que couber'. Ele afirma que a estratégia o primeiro que couber equivale a nada mais do que posicionamento aleatório na memória. Você concorda? Explique.

9.17 Considere um sistema de troca com várias partições. A versão absoluta de um sistema desses exigiria que programas fossem trocados para dentro e para fora da mesma partição. A versão realocável permitiria que programas fossem trocados para dentro e para fora de quaisquer partições suficientemente grandes para contê-los, possivelmente partições diferentes a cada troca sucessiva. Admitindo que a memória principal é muitas vezes maior do que o job médio, discuta as vantagens desse esquema de troca multiusuário em relação ao sistema de troca monousuário descrito no capítulo.

9.18 Compartilhar procedimentos e dados pode reduzir as demandas de memória principal de jobs, habilitando assim um nível mais alto de multiprogramação. Indique como poderia ser implementado um mecanismo de compartilhamento para cada um dos esquemas seguintes. Se você achar que o compartilhamento não é apropriado para certos esquemas, diga e explique por quê.

    a. multiprogramação por partição fixa com tradução e carregamento absolutos

    b. multiprogramação por partição fixa com tradução e carregamento realocáveis

    c. multiprogramação por partição variável

    d. multiprogramação em um sistema de troca (*swapping*) que habilita dois jobs a residir na memória principal ao mesmo tempo, mas que multiprograma mais do que dois jobs

9.19 Muito da discussão deste capítulo admite que memória principal é um recurso relativamente caro que deve ser submetido a gerenciamento intenso. Imagine que memória principal eventualmente se torne tão abundante e tão barata que os usuários poderiam ter toda a memória de que precisassem. Discuta as ramificações de tal desenvolvimento para

    a. projeto de sistema operacional e estratégias de gerenciamento de memória;

    b. projeto de aplicação de usuário.

9.20 Neste exercício você examinará a estratégia 'o próximo que couber' e fará uma comparação entre ela e a estratégia 'o primeiro que couber'.

    a. Quais seriam as diferenças entre a estrutura de dados para implementar a estratégia 'o próximo que couber' e a estrutura de dados usada para a estratégia 'o primeiro que couber'?

    b. O que acontece com o primeiro que couber se a busca chegar ao bloco de memória de endereço mais alto e descobrir que este não é suficientemente grande?

    c. O que acontece no próximo que couber quando o bloco de memória de endereço mais alto não for suficientemente grande?

    d. Qual estratégia usa memória livre mais uniformemente?

    e. Qual estratégia tende a fazer que blocos pequenos se agrupem em endereços de memória baixos?

    f. Qual estratégia se sai melhor para manter grandes blocos disponíveis?

9.21 (*Regra dos 50%*). Os alunos mais inclinados para a matemática podem querer tentar provar a 'regra dos 50%' desenvolvida por Knuth.[40, 41] A regra diz que, no estado estável, um sistema de multiprogramação por partição variável tenderá a ter um número de lacunas aproximadamente igual à metade do número de blocos de memória ocupados. A regra admite que a vasta maioria das 'correspondências' não são exatas (portanto, correspondências tendem a *não* reduzir o número de lacunas).

9.22 Um sistema de multiprogramação por partição variável usa uma lista de memória livre para rastrear memória disponível. A lista corrente contém entradas de 150 KB, 360 KB, 400 KB, 625 KB e 200 KB. O sistema recebe requisições para 215 KB, 171 KB, 86 KB e 481 KB, nessa ordem. Descreva o conteúdo final da lista de memória livre se o sistema usasse cada uma das seguintes estratégias de posicionamento de memória.

    a. o que melhor couber

    b. o primeiro que couber

    c. o que pior couber

    d. o próximo que couber

9.23 Este exercício analisa as estratégias 'o que pior couber' e 'o que melhor couber' discutidas na Seção 9.9, 'Multiprogramação por Partição Variável', com várias estruturas de dados.

    a. Discuta a eficiência da estratégia 'o que pior couber' ao localizar a lacuna de memória apropriada em uma lista de memória livre armazenada nas seguintes estruturas de dados:

        i. arranjo não ordenado
        ii. arranjo ordenado por tamanho de lacuna
        iii. lista encadeada não ordenada
        iv. lista encadeada ordenada por tamanho de lacuna
        v. árvore binária
        vi. árvore binária balanceada

    b. Discuta a eficiência da estratégia 'o que melhor couber' ao localizar a lacuna de memória apropriada em uma lista de memória livre armazenada nas seguintes estruturas de dados:

        i. arranjo não ordenado
        ii. arranjo ordenado por tamanho de lacuna
        iii. lista encadeada não ordenada
        iv. lista encadeada ordenada por tamanho de lacuna
        v. árvore binária
        vi. árvore binária balanceada

    c. Comparando seus resultados das partes a e b, pode parecer que um algoritmo seja mais eficiente do que o outro. Por que essa conclusão é inválida?

Projetos sugeridos

9.24 Elabore um estudo de pesquisa sobre a utilização de gerenciamento de memória real em sistemas de tempo real.

9.25 Elabore um estudo de pesquisa descrevendo variações para a hierarquia de memória tradicional.

Simulações sugeridas

9.26 Desenvolva um programa de simulação para investigar a efetividade relativa das estratégias de posicionamento de memória 'o primeiro que couber', 'o que melhor couber', e 'o que pior couber'. Seu programa deve medir a utilização da memória e o tempo médio de retorno para as várias estratégias de posicionamento. Admita um sistema de memória real de 1 GB de capacidade, dos quais 300 MB são reservados para a o sistema operacional. Novos processos chegam em intervalos aleatórios entre 1 e 10 minutos (em múltiplos de 1 minuto), os tamanhos dos processos variam aleatoriamente entre 50 MB e 300 MB em múltiplos de 10 MB, e as durações vão de 5 a 60 minutos em múltiplos de 5 minutos, em unidades de 1 minuto. O seu programa deve simular cada estratégia por um intervalo de tempo suficientemente longo para atingir operação de estado estável.

    a. Discuta as dificuldades relativas para implementar cada estratégia.
    b. Indique quaisquer diferenças significativas de desempenho que você tenha observado.
    c. Varie as taxas de chegada de jobs e as distribuições de tamanho de jobs e observe os resultados para cada estratégia.
    d. Com base nas suas observações, determine qual estratégia escolheria se realmente estivesse implementando um sistema de gerenciamento de memória física.
    e. Com base em suas observações, sugira alguma outra estratégia de posicionamento de memória que você acha que seria mais efetiva do que as estratégias que investigou neste exercício. Simule seu comportamento. Que resultados observa?

Para cada uma de suas simulações, admita que o tempo que leva para tomar a decisão de posicionamento de memória seja insignificante.

9.27 Simule um sistema que inicialmente contém 100 MB de memória livre, no qual processos entram e saem freqüentemente. Os tamanhos dos processos que chegam ficam entre 2 MB e 35 MB e seus tempos de execução variam entre 2 e 5 segundos. Varie a taxa de chegada entre dois processos por segundo e um processo a cada 5 segundos. Avalie a utilização da memória e o rendimento ao usar as estratégias 'o primeiro que couber', 'o que melhor couber', e 'o que pior couber'. Mantendo constante cada estratégia de posicionamento, varie o algoritmo de escalonamento para avaliar seu efeito sobre o rendimento e sobre os tempos médios de espera. Incorpore algoritmos de escalonamento do Capítulo 8, como FIFO e SPF, e avalie outros algoritmos, como o menor processo primeiro e o maior processo primeiro. Não esqueça de determinar qual desses algoritmos (se houver algum) pode sofrer adiamento indefinido.

Notas

1. L. A. Belady, R. P. Parmelee e C. A. Scalzi, "The IBM history of memory management technology", *IBM Journal of Research and Development*, v. 25, nº 5, set. 1981, p. 491-503.
2. L. A. Belady, R. P. Parmelee e C. A. Scalzi, "The IBM history of memory management technology", *IBM Journal of Research and Development*, v. 25, nº 5, set. 1981, p. 491-503. Veja também "How much memory does my software need?", www.crucial.com/library/softwareguide.asp, 15 jul. 2003.
3. L. A. Belady, R. P. Parmelee e C. A. Scalzi, "The IBM history of memory management technology", *IBM Journal of Research and Development*, v. 25, nº 5, set. 1981, p. 491-503. Veja também "How much memory does my software need?", www.crucial.com/library/softwareguide.asp, 15 jul. 2003.
4. "Microsoft/Windows Timeline", www.technicalminded.com/windows_timeline.htm, modificado em: 16 fev. 2003.
5. "Windows version history", support.microsoft.com/default.aspx?scid=http://support.microsoft.com:80/support/kb/articles/Q32/9/05.asp&NoWebContent=1, modificado em: 20 set. 1999.
6. Anand Lal Shimpi, "Western Digital Raptor Preview: 10,000 RPM and Serial ATA", *AnandTech.com*, 7 mar. 2003, www.anandtech.com/storage/showdoc.html?i=1795&p=9.
7. Tokubo Todd, "Technology guide: DDR RAM", *GamePC.com*, 14 set. 2000, www.gamepc.com/labs/view_content.asp?id=ddrguide&page=3.
8. F. Baskett, J. C. Broune e W. M. Raike, "The management of a multi-level non-paged memory system", *Proceedings Spring Joint Computer Conference*, 1970, p. 459-465.
9. Y. S. Lin e R. L. Mattson, "Cost-performance evaluation of memory hierarchies", *IEEE Transactions Magazine*, nº 3, set. 1972, p. 390.
10. D. Mitra, "Some aspects of hierarchical memory systems", *JACM*, v. 21, nº 1, jan. 1974, p. 54.
11. A. V. Pohm e T. A. Smay, "Computer memory systems", *IEEE Computer*, out. 1981, p. 93-110.
12. A. V. Pohm e T. A. Smay, "Computer memory systems", *IEEE Computer*, out. 1981, p. 93-110.
13. A. J. Smith, "Cache memories", *ACM Computing Surveys*, v. 14, nº 3, set. 1982, p. 473-530.
14. C. Bays, "A comparison of next-fit, first-fit, and best-fit", *Communications of the ACM*, v. 20, nº 3, mar. 1977, p. 191-192.
15. C. J. Stephenson, "Fast fits: new methods for dynamic storage allocation", *Proceedings of the 9th Symposium on Operating Systems Principles, ACM*, v. 17, nº 5, out. 1983, p. 30-32.
16. L. A. Belady, R. P. Parmelee e C. A. Scalzi, "The IBM history of memory management technology", *IBM Journal of Research and Development*, v. 25, nº 5, set. 1981, p. 491-503.

17. R. J. Feiertag e E. I. Organick, "The multics input/output system", *ACM Symposium on Operating Systems Principles*, 1971, p. 35-41.
18. P. J. Denning, "Third generation computer systems", *ACM Computing Surveys*, v. 3, nº 4, dez. 1971, p. 175-216.
19. P. J. Denning, "Third generation computer systems", *ACM Computing Surveys*, v. 3, nº 4, dez. 1971, p. 175-216.
20. J. B. Dennis, "A multiuser computation facility for education and research", *Communications of the ACM*, v. 7, nº 9, set. 1964, p. 521-529.
21. L. A. Belady, R. P. Parmelee e C. A. Scalzi, "The IBM history of memory management technology", *IBM Journal of Research and Development*, v. 25, nº 5, set. 1981, p. 491-503.
22. D. C. Knight, "An algorithm for scheduling storage on a non-paged computer", *Computer Journal*, v. 11, nº 1, fev. 1968, p. 17-21.
23. P. Denning, "Virtual memory", *ACM Computing Surveys*, v. 2, nº 3, set. 1970, p. 153-189.
24. B. Randell, "A note on storage fragmentation and program segmentation", *Communications of the ACM*, v. 12, nº 7, jul. 1969, p. 365-372.
25. D. C. Knight, "An algorithm for scheduling storage on a non-paged computer", *Computer Journal*, v. 11, nº 1, fev. 1968, p. 17-21.
26. E. G. Coffman e T. A. Ryan, "A study of storage partitioning using a mathematical model of locality", *Communications of the ACM*, v. 15, nº 3, mar. 1972, p. 185-190.
27. L. A. Belady, R. P. Parmelee e C. A. Scalzi, "The IBM history of memory management technology", *IBM Journal of Research and Development*, v. 25, nº 5, set. 1981, p. 491-503.
28. B. Randell, "A note on storage fragmentation and program segmentation", *Communications of the ACM*, v. 12, nº 7, jul. 1969, p. 365-372.
29. B. H. Margolin, R. P. Parmelee e M. Schatzoff, "Analysis of free-storage algorithms", *IBM Systems Journal*, v. 10, nº 4, 1971, p. 283-304.
30. G. Bozman, W. Buco, T. P. Daly e W. H. Tetzlaff, "Analysis of free-storage algorithms — revisited", *IBM Systems Journal*, v. 23, nº 1, 1984, p. 44-66.
31. F. Baskett, J. C. Broune e W. M. Raike, "The management of a multi-level non-paged memory system", *Proceedings Spring Joint Computer Conference*, 1970, p. 459-465.
32. D. J. M. Davies, "Memory occupancy patterns in garbage collection systems", *Communications of the ACM*, v. 27, nº 8, ago. 1984, p. 819-825.
33. D. E. Knuth, *The art of computer programming: fundamental algorithms*, 2ed, v. 1. Reading, MA: Addison Wesley, 1973.
34. C. J. Stephenson, "Fast fits: new methods for dynamic storage allocation", *Proceedings of the 9th Symposium on Operating Systems Principles, ACM*, v. 17, nº 5, out. 1983, p. 30-32.
35. R. R. Oldehoeft e S. J. Allan, "Adaptive exact-fit storage management", *Communications of the ACM*, v. 28, nº 5, maio 1985, p. 506-511.
36. J. Shore, "On the external storage fragmentation produced by first-fit and best-fit allocation strategies", *Communications of the ACM*, v. 18, nº 8, ago. 1975, p. 433-440.
37. C. Bays, "A comparison of next-fit, first-fit, and best-fit", *Communications of the ACM*, v. 20, nº 3, mar. 1977, p. 191-192.
38. D. M. Ritchie e K. T. Thompson, "The UNIX time-sharing system", *Communications of the ACM*, v. 17, nº 7, jul. 1974, p. 365-375.
39. L. A. Belady, R. P. Parmelee e C. A. Scalzi, "The IBM history of memory management technology", *IBM Journal of Research and Development*, v. 25, nº 5, set. 1981, p. 491-503.
40. D. E. Knuth, *The art of computer programming: fundamental algorithms*, 2ed, v. 1. Reading, MA: Addison Wesley, 1973.
41. J. E. Shore, "Anomalous behavior of the fifty-percent rule", *Communications of the ACM*, v. 20, nº 11, nov. 1977, p. 812-820.

Capítulo 10

Organização da memória virtual

A imaginação, na verdade, nada mais é do que um modo de memória emancipada da ordem do tempo e do espaço.
Samuel Taylor Coleridge

Leve-me do irreal para o real!
Os Upanishads

Oh, maravilhoso pecado que mereceu ter tal Redentor tão poderoso!
O Missal- *O Livro da Oração Comum*

Mas em cada página uma larga margem,
E cada margem aprisionando no meio
Um quadrado de texto que parece uma mancha.
Alfred, Lord Tennysin

Endereços servem para que escondamos nossa localização.
Saki (H. H. Munro)

Objetivos

Este capítulo apresenta:
- *O conceito de memória virtual.*
- *Sistemas de memória virtual paginada.*
- *Sistemas de memória virtual segmentada.*
- *Sistemas combinados de segmentação/paginação de memória virtual.*
- *Compartilhamento e proteção em sistemas de memória virtual.*
- *O hardware que torna exeqüíveis sistemas de memória virtual.*
- *A implementação da arquitetura de memória virtual Intel IA-32.*

10.1 Introdução

No capítulo anterior discutimos técnicas básicas de gerenciamento de memória e, em última instância, cada uma delas tinha de disputar espaço limitado de memória. Memórias principais maiores representam uma solução; contudo, quase sempre é proibitivamente caro construir sistemas com memória de acesso rápido suficientemente grandes. Uma outra solução seria criar a ilusão de que existe mais memória. E essa é a idéia fundamental por trás da memória virtual[1, 2, 3] que apareceu pela primeira vez no sistema de computador Atlas construído na Universidade de Manchester, na Inglaterra, em 1960 (veja o "Miniestudo de caso, Atlas").[4, 5, 6, 7] A Figura 10.1 mostra como as organizações de memória evoluíram dos sistemas monousuário de memória real para sistemas multiusuários de segmentação/paginação de memória virtual.

Miniestudo de caso

Atlas

O projeto Atlas começou em 1956 na Universidade de Manchester, Inglaterra. Originalmente denominado MUSE (abreviatura de microSEcond; "micro" é representado pela letra grega "mu"), o projeto foi lançado para competir com os computadores de alto desempenho, produzidos pelos Estados Unidos.[8] Em 1959, a Ferranti Ltd. juntou-se ao projeto como patrocinadora corporativa, e o primeiro computador Atlas foi produzido no final de 1962.[9] Embora o Atlas tenha sido fabricado durante somente dez anos, ele fez contribuições significativas à tecnologia da computação. Muitas delas eram encontradas no sistema operacional do computador, o Atlas Supervisor.

O sistema operacional Atlas Supervisor foi o primeiro a implementar memória virtual.[10] Estabeleceu um novo padrão para o rendimento de jobs, pois era capaz de executar 16 jobs ao mesmo tempo.[11] Também fornecia a seus operadores dados estatísticos de tempo de execução, enquanto a maioria dos outros sistemas exigia que os operadores os determinassem manualmente. O Atlas Supervisor também foi um dos primeiros computadores a elaborar diretrizes detalhadas de hardware nos primeiros estágios de desenvolvimento para simplificar a programação de sistemas.[12]

Embora o Atlas fosse o computador mais poderoso na época da sua conclusão em 1962, mostrou-se o mais ignorado pelo setor.[13] Três anos após sua fabricação,[14] apenas três Atlas tinham sido vendidos, o último em 1965. Um aspecto que contribuiu para a curta existência do Atlas foi o fato de seus programas terem sido escritos em Atlas Autocode, uma linguagem muito semelhante à Algol 60, mas que não era aceita pela maioria dos programadores.[15] Os projetistas do Atlas foram eventualmente forçados a implementar linguagens mais populares como Fortran.[16] Uma outra razão de seu rápido fracasso foi a limitação de recursos devotados ao seu desenvolvimento. Um ano após o lançamento do Atlas, a ICT comprou os projetos de computadores da Ferranti. A ICT descontinuou o Atlas em favor de sua própria série de computadores conhecida como os 1900s.[17]

Este capítulo descreve como um sistema implementa memória virtual (veja o quadro "Reflexões sobre sistemas operacionais, Virtualização"). Especificamente, apresentamos as técnicas que o sistema operacional e o hardware usam para converter endereços virtuais em endereços físicos; e discutimos as duas técnicas mais comuns de alocação não contígua de memória – paginação e segmentação. Tradução de endereços e alocação não contígua habilitam sistemas de memória virtual a criar a ilusão de uma memória maior e a aumentar o grau de multiprogramação. No próximo capítulo abordaremos o modo como um sistema gerencia os processos na memória virtual para otimizar o desempenho. Grande parte dessas informações é baseada no levantamento de Denning sobre memória virtual (veja no site do livro: "Biografia, Peter Denning").[18]

No decorrer deste capítulo, você encontrará dois miniestudos de casos: "Sistemas operacionais para computadores de grande porte IBM" e "História do sistema operacional VM". Neste capítulo, você estudará a evolução das organizações de memória real e de memória virtual. A história dos sistemas operacionais para computadores de grande porte da IBM segue de perto essa evolução.

Revisão

1. Dê um exemplo de quando poderia ser ineficiente carregar um programa inteiro na memória antes de executá-lo.

2. Por que aumentar o tamanho da memória principal é uma solução insuficiente para o problema de espaço limitado de memória?

Real	Real	Virtual		
Sistemas monousuário dedicados	Sistemas de multiprogramação de memória real	Sistemas de multiprogramação de memória virtual		
	Multiprogramação de partição fixa / Multiprogramação de partição variável	Paginação pura	Segmentação pura	Paginação e segmentação combinadas
	Absoluta / Realocável			

Figura 10.1 | *Evolução de organizações de memória.*

Respostas: **1)** Muitos programas têm funções de processamento de erros que são raramente usadas, às vezes nunca. Carregá-las na memória reduz o espaço disponível para processos. **2)** Comprar espaço adicional de memória nem sempre é economicamente possível. Como veremos, uma solução melhor é criar a ilusão de que o sistema contém mais memória do que o processo jamais precisará.

10.2 Memória virtual: conceitos básicos

Como discutimos na seção anterior, sistemas de memória virtual dão aos processos a ilusão de que têm mais memória do que a contida no computador (veja no site deste livro: "Curiosidades, Memória virtual desnecessária"). Por isso, há dois tipos de endereços em sistemas de memória virtual: os referenciados por processos e os disponíveis na memória principal. Os endereços que os processos referenciam são denominados endereços virtuais. Os que estão disponíveis na memória principal são denominados endereços físicos (ou reais). [*Nota*: Neste capítulo usamos indiferentemente os termos 'endereço físico', 'endereço real, e 'endereço de memória principal'.]

Sempre que um processo acessar um endereço virtual, o sistema deve traduzi-lo para um endereço real. Isso acontece tão freqüentemente que usar um processador de propósito geral para realizar tais traduções degradaria seriamente o desempenho do sistema. Portanto, sistemas de memória virtual contêm hardware de propósito especial denominado unidade

Reflexões sobre sistemas operacionais

Virtualização

Neste livro veremos muitos exemplos do modo como o software pode ser usado para fazer os recursos parecerem diferentes do que realmente são. Isso se chama virtualização. Estudaremos memórias virtuais que parecem ser bem maiores do que a memória física instalada no computador subjacente. Estudaremos máquinas virtuais que criam a ilusão de que o computador a ser usado para executar aplicações é realmente bem diferente do hardware subjacente. A máquina virtual Java habilita programadores a desenvolver aplicações portáveis que executarão em diferentes computadores que executam diferentes sistemas operacionais (e hardware). A virtualização é ainda um outro modo de utilizar abundante capacidade de processador para fornecer benefícios interessantes aos usuários de computadores. À medida que os computadores ficam mais complexos, técnicas de virtualização podem ajudar a ocultar essa complexidade dos usuários que vêem, em seu lugar, uma máquina virtual mais simples, mais fácil de usar, definida pelo sistema operacional. A virtualização é comum em sistemas distribuídos, que abordaremos detalhadamente nos Capítulos 17 e 18. Sistemas operacionais distribuídos criam a ilusão de haver uma única máquina grande, quando, na realidade, há quantidades enormes de computadores e outros recursos complexamente interconectados via redes como a Internet.

de gerenciamento de memória (*Memory Management Unit* – MMU), que mapeia rapidamente endereços virtuais para endereços reais.

O **espaço de endereçamento virtual**, V, de um processo é a faixa de endereços virtuais que ele pode referenciar. A faixa de endereços reais disponível em um sistema de computador particular é denominada **espaço de endereçamento real**, R, daquele computador. O número de endereços em V é indicado por $|V|$ e o número de endereços em R é indicado por $|R|$. Em sistemas de memória virtual, o que acontece normalmente é que $|V| \gg |R|$ (ou seja, o espaço de endereçamento virtual é muito maior do que o espaço de endereçamento real).

Se quisermos que o espaço de endereçamento virtual de um usuário seja muito maior do que seu espaço de endereçamento real, devemos prover um meio para reter programas e dados em uma grande área de armazenamento auxiliar. Um sistema normalmente cumpre essa meta empregando um esquema de armazenamento de dois níveis (Figura 10.2). Um nível é a memória principal (e caches) na qual instruções e dados devem estar presentes para ser acessados por um processador que está executando um processo. O outro nível é o armazenamento secundário que consiste em meios de armazenamento de alta capacidade (normalmente discos) capazes de conter os programas e dados que não podem caber todos na limitada memória principal.

Quando o sistema está pronto para executar um processo, ele carrega o código e os dados do processo do armazenamento secundário para a memória principal. Somente uma pequena fração deles precisa estar na memória principal para o processo executar. A Figura 10.3 ilustra um sistema de armazenamento em dois níveis no qual itens de espaços de memória virtual de vários processos foram colocados na memória principal.

Um ponto fundamental para implementar sistemas de memória virtual está em como mapear endereços virtuais para endereços físicos. Pelo fato de processos referenciarem somente endereços virtuais, mas deverem executar na memória principal, o sistema deve mapear (ou seja, traduzir) endereços virtuais para endereços físicos enquanto o processo executa (Figura 10.4). O sistema deve realizar a tradução rapidamente, caso contrário o desempenho do sistema do computador se degradará, anulando os ganhos associados à memória virtual.

Mecanismos de **tradução dinâmica de endereço** (*Dynamic Address Translation* — **DAT**) convertem endereços virtuais em endereços físicos durante a execução. Sistemas que usam tradução dinâmica de endereço exibem a seguinte propriedade: os endereços contíguos do espaço de endereçamento virtual de um processo não precisam ser contíguos na memória física — o que é denominado **contigüidade artificial** (Figura 10.5).[19] A tradução dinâmica de endereços e a contigüidade artificial liberam o programador de preocupações com o posicionamento na memória (por exemplo, ele não precisa criar sobreposições para garantir que o sistema possa executar o programa). O programador pode se concentrar na eficiência do algoritmo e na estrutura do programa em vez de se preocupar com a estrutura subjacente do hardware. O computador é (ou pode ser) visto em sentido lógico como um implementador de algoritmos em vez de, em sentido físico, como um dispositivo com características únicas, algumas das quais podem impedir o processo de desenvolvimento do programa.

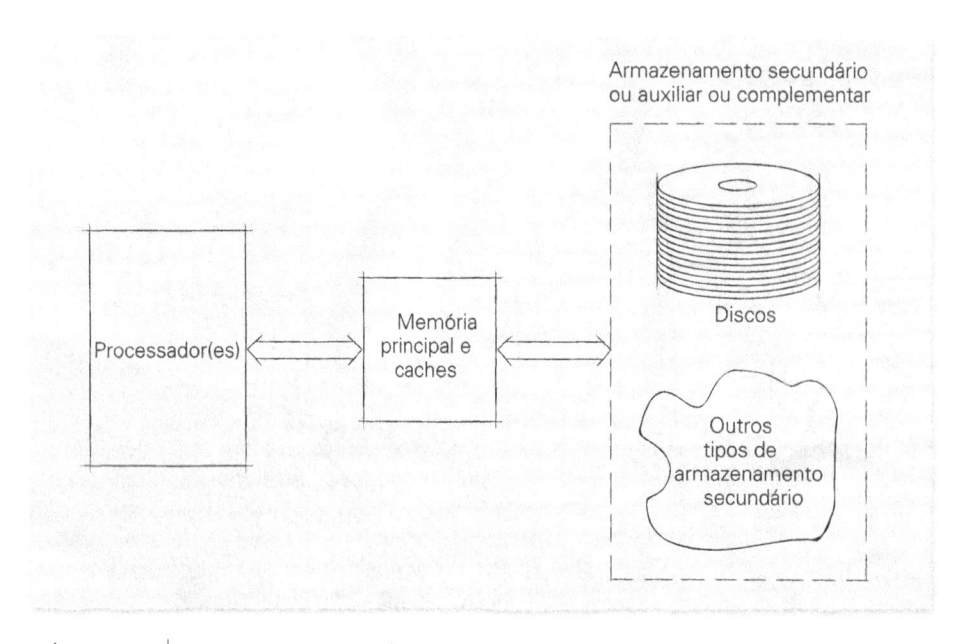

Figura 10.2 | *Armazenamento em dois níveis.*

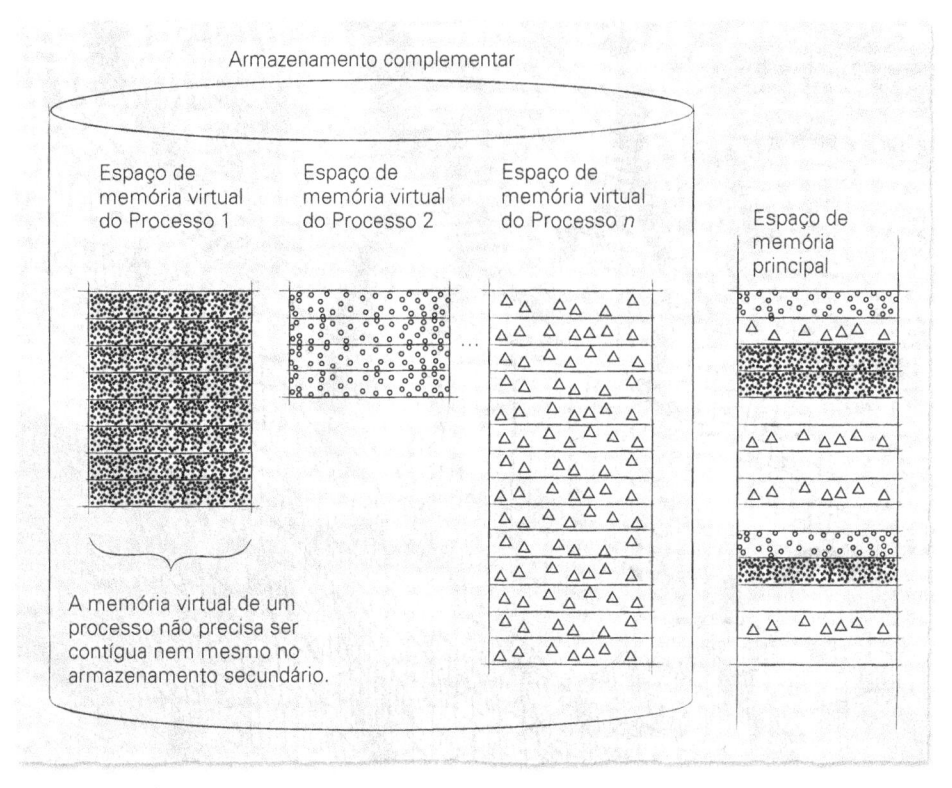

Figura 10.3 | *Pedaços de espaços de endereçamento existem na memória e no armazenamento secundário.*

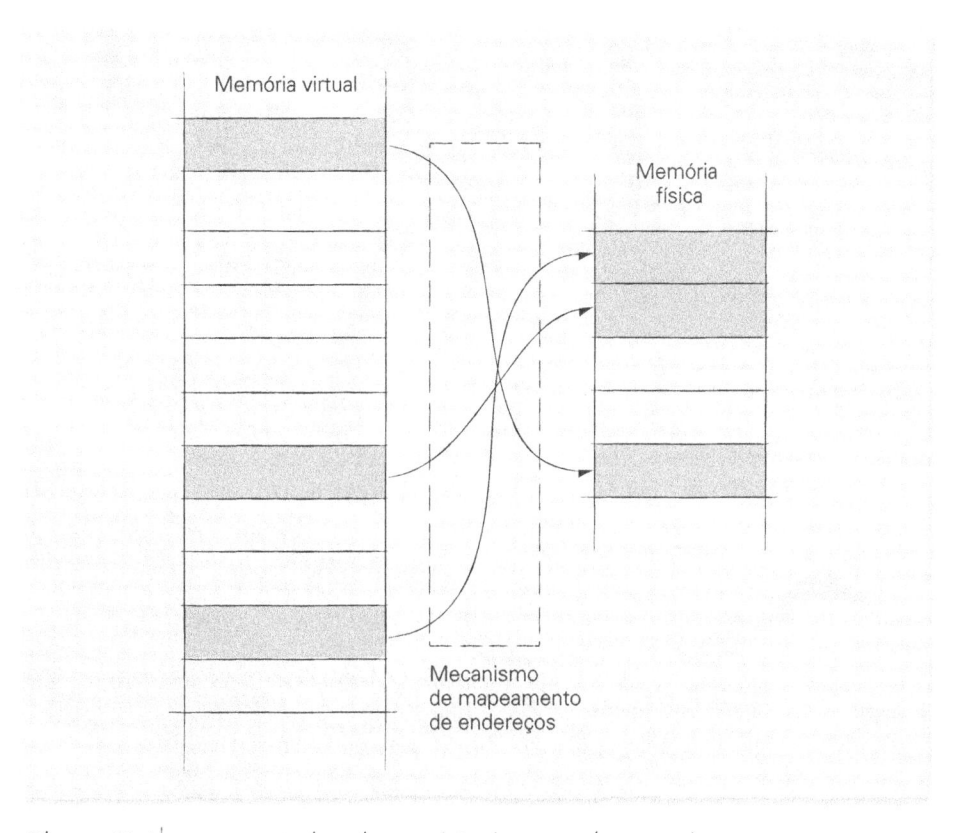

Figura 10.4 | *Mapeamento de endereços virtuais para endereços reais.*

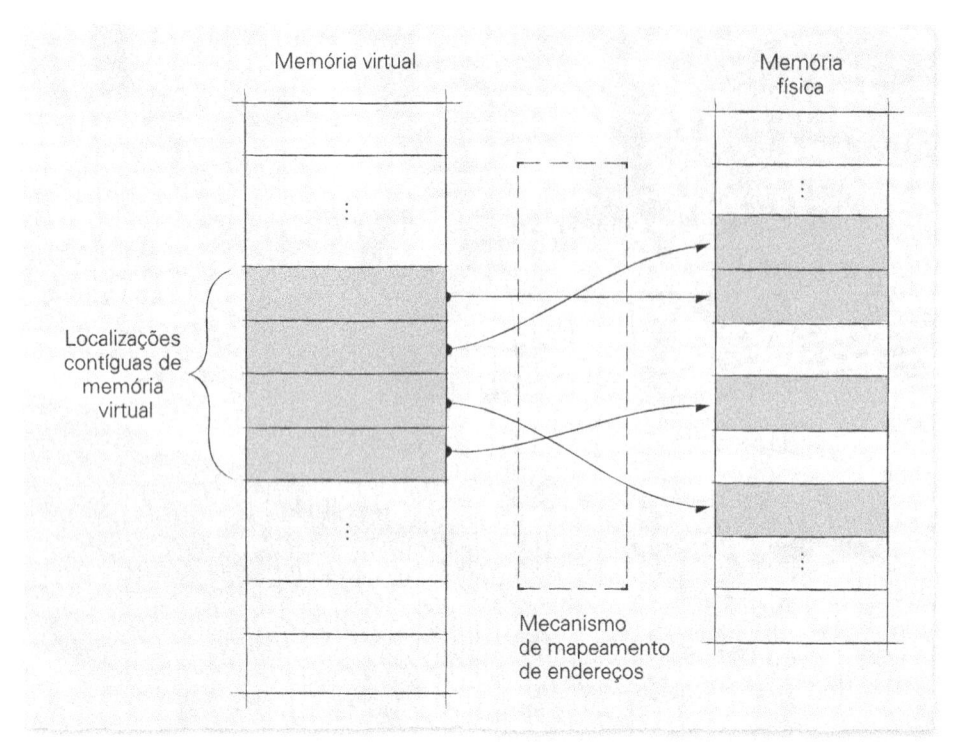

Figura 10.5 | Contigüidade artificial.

Revisão

1. Explique a diferença entre o espaço de endereçamento virtual de um processo e o espaço de endereçamento físico de um sistema.

2. Explique o que há de especial na contigüidade artificial.

Respostas: 1) O espaço de endereçamento virtual de um processo se refere ao conjunto de endereços que um processo pode referenciar para acessar memória quando estiver executando em um sistema de memória virtual. Processos não vêem endereços físicos que indicam localizações físicas na memória principal. 2) A contigüidade artificial simplifica a programação habilitando um processo a referenciar sua memória como se fosse contígua, mesmo que seus dados e instruções estejam dispersos por toda a memória principal.

10.3 Mapeamento de bloco

Mecanismos de tradução dinâmica de endereços devem manter mapas de tradução de endereços indicando quais regiões do espaço de endereçamento virtual de um processo, V, estão correntemente na memória principal e onde estão localizadas. Se esse mapeamento tivesse de conter entradas para todos os endereços em V, as informações de mapeamento exigiriam mais espaço do que o disponível na memória principal, portanto, seria inexeqüível. Na verdade, a quantidade de informações de mapeamento deve ser somente uma pequena fração da memória principal, caso contrário tomaria demasiado espaço da memória que o sistema operacional e os processos usuários necessitam.

A solução mais amplamente implementada é agrupar informações em blocos; assim, o sistema monitora onde cada bloco de memória virtual foi posicionado na memória principal. Quanto maior o tamanho médio do bloco, menor a quantidade de informações de mapeamento. Blocos maiores, contudo, podem levar à fragmentação interna e podem demorar mais tempo para transferir entre armazenamento secundário e memória principal.

Existe uma certa controvérsia sobre os blocos serem todos do mesmo tamanho ou de tamanhos diferentes. Quando eles têm um tamanho fixo (ou vários tamanhos fixos), são denominados páginas e a organização da memória virtual associada, paginação. Quando os blocos podem ser de tamanhos diferentes, são denominados segmentos e a organização da memória virtual associada, segmentação.[20, 21] Alguns sistemas combinam as duas técnicas implementando segmentos como blocos de tamanhos variáveis compostos de páginas de tamanhos fixos. Discutiremos paginação e segmentação detalhadamente nas seções seguintes.

Em um sistema de memória virtual com mapeamento de bloco, o sistema representa os endereços como pares ordenados. Para referenciar um item particular no espaço de endereçamento virtual, o processo especifica o bloco no qual o item reside e o deslocamento (ou offset) do item em relação ao início do bloco (Figura 10.6). Um endereço virtual, v, é indicado por um par ordenado (b, d), onde b é o número do bloco em que o item referenciado reside e d é o deslocamento em relação ao início do bloco.

A tradução de um endereço de memória virtual $v = (b, d)$ para um endereço de memória real, r, é feita da seguinte maneira (Figura 10.7). O sistema mantém na memória uma **tabela de mapas de blocos** para cada processo. A tabela de mapas de blocos do processo contém uma entrada para cada bloco do processo e as entradas são mantidas em ordem seqüencial (isto é, a entrada do bloco 0 vem antes da entrada do bloco 1 etc.). Na hora do chaveamento de contexto, o sistema referencia um endereço real, a, que corresponde ao endereço na memória principal da tabela de mapas de blocos do novo processo. O sistema carrega esse endereço em um registrador de propósito especial de alta velocidade denominado **registrador de origem da tabela de mapas de blocos**. Durante a execução o processo referencia um endereço virtual $v=(b, d)$. O sistema adiciona o número do bloco, b, ao endereço-base, a, da tabela de mapas de blocos do processo para formar o endereço real da entrada do bloco b na tabela de mapas de blocos. [*Nota*: Por simplicidade, admitimos que o tamanho de cada entrada da tabela de mapas de blocos é fixo e que cada endereço da memória armazena uma entrada daquele tamanho.] Essa entrada contém o endereço, b', do início do bloco b na memória principal. Então o sistema adiciona o deslocamento, d, ao endereço do início do bloco, b', para formar o endereço real desejado, r. Assim, o sistema calcula o endereço real, r, com base no endereço virtual, $v = (b, d)$, por meio da equação $r = b' + d$, onde b' é armazenado na célula da tabela de mapas de blocos localizada no endereço da memória real $a + b$.

As técnicas de mapeamento de bloco empregadas em sistemas de segmentação, paginação e segmentação/paginação são todas semelhantes ao mapeamento mostrado na Figura 10.7. É importante notar que o mapeamento de bloco é realizado dinamicamente por hardware de propósito especial de alta velocidade enquanto um processo executa. Se não for

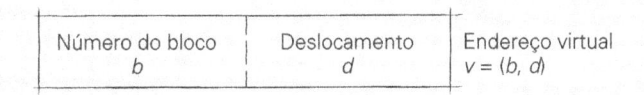

Figura 10.6 | *Formato de endereço virtual em um sistema de mapeamento de bloco.*

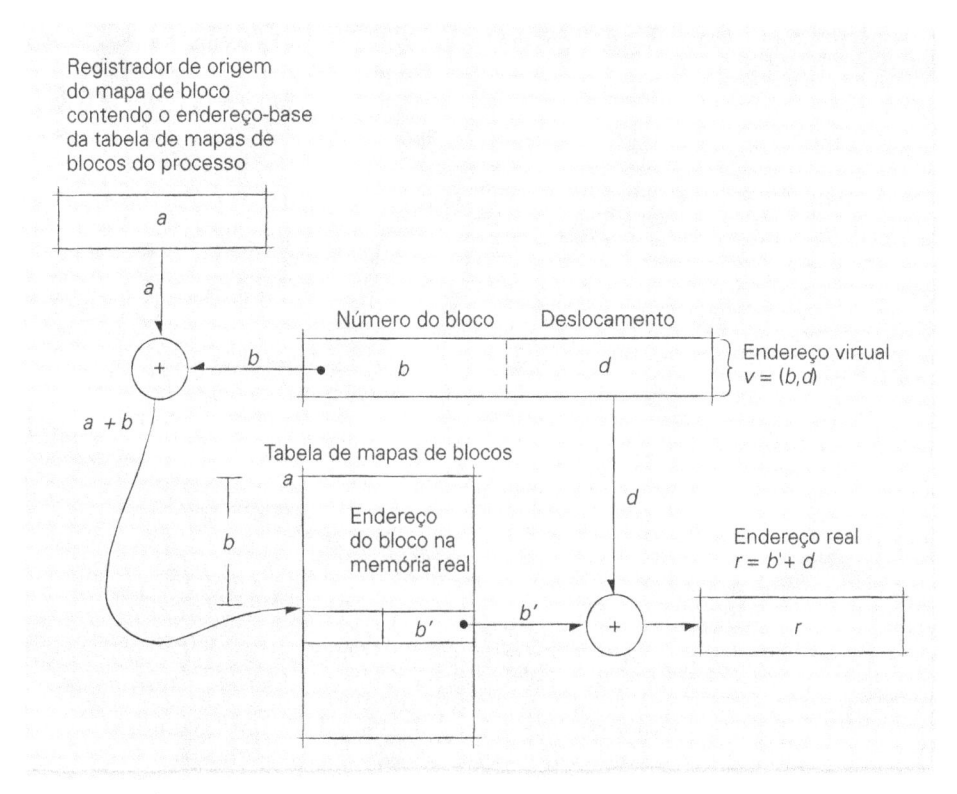

Figura 10.7 | *Tradução de endereço virtual com mapeamento de bloco.*

implementada eficientemente, a sobrecarga dessa técnica pode causar degradação do desempenho que anula grande parte dos benefícios da utilização de memória virtual. Por exemplo, as duas adições indicadas na Figura 10.7 devem executar muito mais rapidamente do que instruções de adição em linguagem convencional de máquina. Elas são realizadas dentro da execução de cada instrução em linguagem de máquina para cada referência de endereço virtual. Se as adições demorassem tanto quanto as adições em linguagem de máquina, o computador poderia executar a apenas uma pequena fração da velocidade de um computador baseado exclusivamente em memória real. Similarmente, o mecanismo de tradução de endereço de bloco deve acessar entradas na tabela de mapeamento de blocos muito mais rapidamente do que outras informações na memória. O sistema normalmente coloca entradas da tabela de mapeamento de blocos em um cache de alta velocidade para reduzir drasticamente o tempo necessário para recuperá-las.

Revisão

1. Suponha que um sistema de mapeamento de bloco represente um endereço virtual $v = (b, d)$ usando 32 bits. Se o deslocamento do bloco, d, for especificado usando n bits, quantos blocos o espaço de endereçamento virtual conterá? Explique por que os valores $n = 6$, $n = 12$ e $n = 24$ afetam a fragmentação da memória e a sobrecarga incorrida pelas informações de mapeamento.

2. Por que o endereço de início de uma tabela de mapas de blocos de um processo, a, é colocado em um registrador especial de alta velocidade?

Respostas:

1) O sistema terá 2^{32-n} blocos. Se $n = 6$, o tamanho do bloco será pequeno e haverá fragmentação interna limitada, mas o número de blocos será tão grande que tornará a implementação inexeqüível. Se $n = 24$, o tamanho do bloco será grande e haverá significativa fragmentação interna, mas a tabela de mapeamento de blocos não consumirá muita memória. Se $n = 12$, o sistema atingirá um equilíbrio entre fragmentação interna moderada e uma tabela de mapas de blocos de tamanho razoável. Com o passar dos anos, $n = 12$ ficou muito popular em sistemas de paginação, resultando em tamanho de página de $2^{12} = 4.096$ bytes, como veremos no Capítulo 11, "Gerenciamento de memória virtual". 2) Colocar a em um registrador de alta velocidade facilita a rápida tradução de endereço, que é crucial para tornar possível a implementação da memória virtual.

10.4 Paginação

Um endereço virtual em um sistema de paginação é representado por um par ordenado (p, d), onde p é o número da página na memória virtual na qual o item referenciado reside e d é o deslocamento dentro da página p na qual o item referenciado está localizado (Figura 10.8). Um processo pode executar se a página que ele estiver referenciando correntemente estiver na memória principal. Quando o sistema transfere uma página do armazenamento secundário para a memória principal, coloca a página em um bloco de memória principal denominado **moldura de página** (*page frame*) que é do mesmo tamanho da página que está chegando. Ao discutirmos sistemas de paginação neste capítulo, consideraremos que o sistema usa uma única página de tamanho fixo. Como explicaremos no Capítulo 11, é comum que os sistemas de hoje forneçam mais de um tamanho de página.[22] Molduras de páginas começam em endereços de memória física que são múltiplos inteiros do tamanho de página fixo, p_s (Figura 10.9). O sistema pode colocar uma página que está chegando em qualquer moldura de página disponível.

Descreveremos a seguir a tradução dinâmica de endereços sob paginação (Figura 10.10). Um processo em execução referencia um endereço de memória virtual $v = (p, d)$. Um mecanismo de mapeamento de página procura a página p na tabela de mapa de páginas (em geral denominada simplesmente tabela de páginas) e determina que a página p está na moldura p'. Note que p' é um número de moldura de página, e não um endereço de memória física. Admitindo que as molduras de páginas sejam numeradas $\{0, 1, 2, ..., n\}$, o endereço da memória física no qual a moldura de página p' começa é o produto de p' pelo tamanho fixo da página, $p \times p_s$. O endereço referenciado é formado pela adição do deslocamento d ao endereço da memória física no qual a moldura de página p' começa. Assim, o endereço da memória real é $r = (p' \times p_s) + d$.

Número da página p	Deslocamento d	Endereço virtual $v = (p, d)$

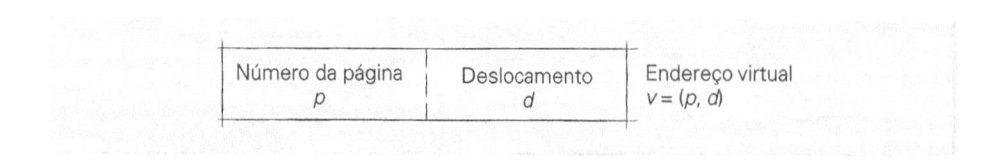

Figura 10.8 | Formato do endereço virtual em um sistema de paginação pura.

Número da moldura de página	Tamanho da moldura de página	Faixa de endereços de memória física
0	p_s	$0 \to p_s - 1$
1	p_s	$p_s \to 2p_s - 1$
2	p_s	$2p_s \to 3p_s - 1$
3	p_s	$3p_s \to 4p_s - 1$
4	p_s	$4p_s \to 5p_s - 1$
5	p_s	$5p_s \to 6p_s - 1$
6	p_s	$6p_s \to 7p_s - 1$
7	p_s	$7p_s \to 8p_s - 1$

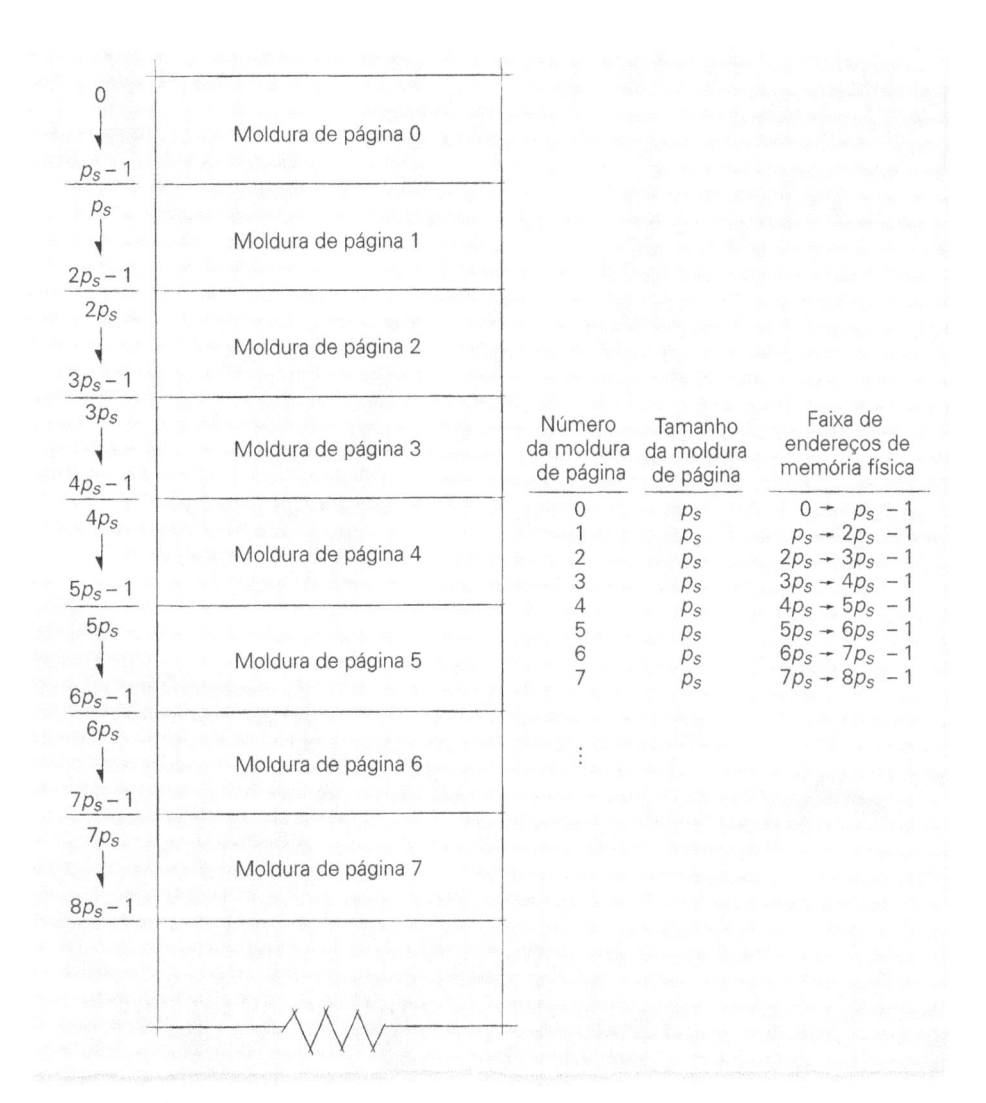

Figura 10.9 | *Memória principal dividida em molduras de páginas.*

Considere um sistema que use n bits para representar tanto endereços reais quanto virtuais; o número da página é representado pelos $n - m$ bits mais significativos, e o deslocamento é representado por m bits. Cada endereço real pode ser representado como o par ordenado $r = (p', d)$, onde p' é o número da moldura de página e d é o deslocamento dentro da página p' na qual o item referenciado está localizado. O sistema pode formar um endereço real concatenando p' e d, o que coloca p' nos bits mais significativos do endereço da memória real e coloca d nos bits menos significativos do endereço da memória real. Por exemplo, considere um sistema de 32 bits ($n = 32$) usando páginas de 4 KB ($m = 12$). Cada número de moldura de página é representado usando 20 bits, de modo que o número 15 daquela moldura de página seria representado pela cadeia binária 00000000000000001111. Similarmente, um deslocamento de 200 seria representado como a cadeia binária de 12 bits 000011001000. O endereço de 32 bits dessa localização da memória principal é formado apenas pela concatenação das duas cadeias, resultando em 00000000000000001111000011001000. Isso demonstra como a paginação simplifica o mapeamento de bloco por meio da operação de concatenação para formar um endereço de memória real. Ao contrário, com blocos de tamanhos variados o sistema deve realizar uma operação de adição para formar o endereço de memória real com base no par $r = (b', d)$.

Agora vamos considerar a tradução dinâmica de endereço mais detalhadamente. Um benefício do sistema de memória virtual paginado é que nem todas as páginas pertencentes a um processo precisam residir na memória ao mesmo tempo — a memória principal deve conter somente a página (ou páginas) na qual o processo está correntemente referenciando um endereço (ou endereços). A vantagem é que mais processos podem residir na memória principal ao mesmo tempo. A desvantagem vem sob a forma do aumento da complexidade do mecanismo de tradução de endereços. Porque a memória principal normalmente não contém todas as páginas de um processo de uma só vez, a tabela de páginas deve indicar se uma página mapeada reside ou não correntemente na memória principal. Se residir, a tabela de páginas indicará o número

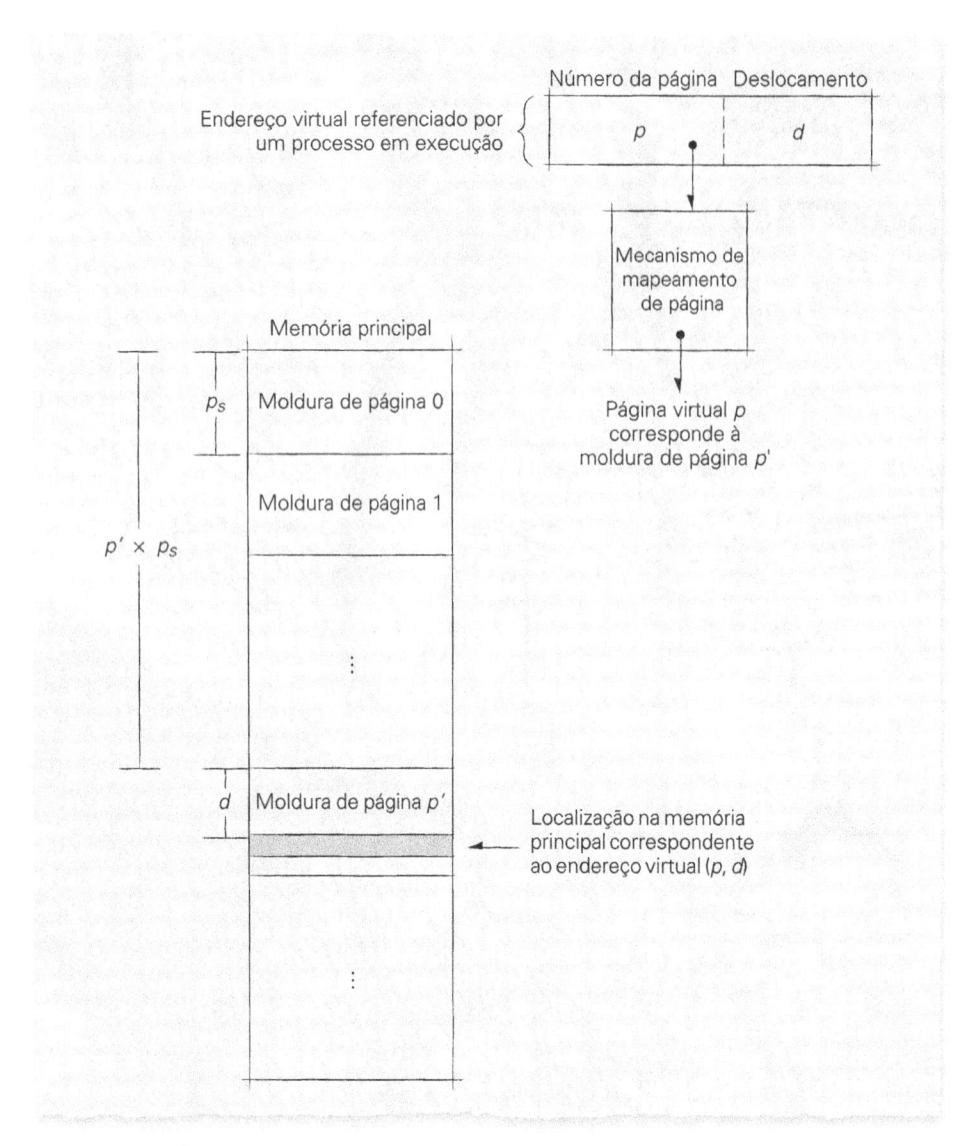

Figura 10.10 | *Correspondência entre endereços de memória virtual e endereços de memória física em um sistema de paginação pura.*

da moldura de página na qual ela reside. Caso contrário, a tabela de páginas fornecerá a localização no armazenamento secundário no qual a página referenciada pode ser encontrada. Quando um processo referencia uma página que não está na memória principal, o processador gera uma falta de página que invoca o sistema operacional para carregar a página faltante na memória por meio do armazenamento secundário.

A Figura 10.11 mostra uma típica **entrada de tabela de páginas** (*Page Table Entry* — **PTE**). Um bit residente, r, é colocado em 0 se a página não estiver na memória principal e em 1, se estiver. Se a página não estiver na memória principal, s será seu endereço no armazenamento secundário. Se a página estiver na memória principal, p' será o número da sua moldura. Nas subseções seguintes consideraremos diversas implementações do mecanismo de mapeamento de páginas.

Revisão

1. O mecanismo de mapeamento de páginas requer que s e p' sejam armazenados em células separadas de uma PTE como mostra a Figura 10.11?

2. Quais as diferenças e semelhanças entre os conceitos de uma página e de uma moldura de página?

Respostas: 1) Não. Para reduzirem a quantidade de memória consumida pelas PTEs, muitos sistemas contêm somente uma célula para armazenar ou o número da moldura de página ou seu endereço no armazenamento secundário. Se o bit residente estiver ligado, a PTE armazenará o número da moldura da página, mas não um endereço de armazenamento

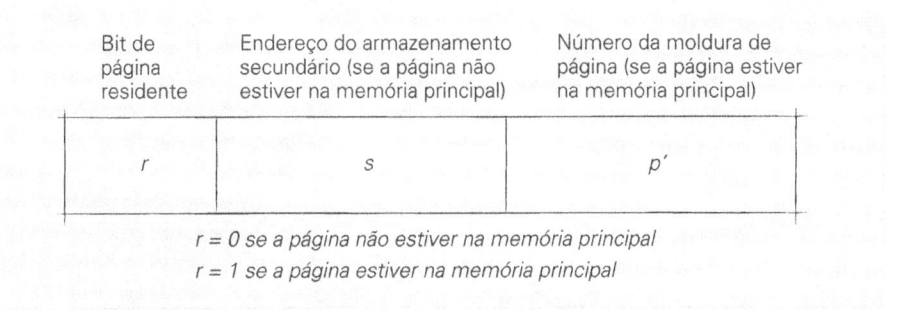

Figura 10.11 | *Entrada de tabela de páginas.*

secundário. Se o bit residente estiver desligado, a PTE armazenará um endereço de armazenamento secundário, mas não um número de moldura de página. **2)** Páginas e molduras de páginas têm tamanhos idênticos; uma página refere-se a um bloco de tamanho fixo do espaço de memória virtual de um processo, e uma moldura de página refere-se a um bloco de tamanho fixo da memória principal. Uma página de memória virtual deve ser carregada em uma moldura de página da memória principal antes que um processador possa acessar o seu conteúdo.

10.4.1 Tradução de endereço de paginação por mapeamento direto

Nesta seção consideraremos a técnica de **mapeamento direto** para tradução de endereços virtuais em endereços físicos em um sistema de paginação pura. O mapeamento direto é realizado como ilustra a Figura 10.12.

Um processo referencia o endereço virtual $v = (p, d)$. Na hora do chaveamento de contexto, o sistema operacional carrega o endereço de memória principal da tabela de páginas de um processo no **registrador de origem da tabela de páginas**. Para determinar o endereço de memória principal que corresponde ao endereço virtual referenciado, o sistema primeiramente soma o endereço-base da tabela de páginas do processo, b, ao número da página referenciada, p (ou seja, p é o índice da tabela de páginas). Esse resultado, $b + p$, representa o endereço de memória principal da PTE para a página p. [*Nota:* Por questão de simplicidade, admitimos que o tamanho de cada entrada da tabela de páginas é fixo e que cada endereço da memória armazena uma entrada daquele tamanho.] Essa PTE indica que a página virtual p corresponde à moldura de página p'. Então, o sistema concatena p' com o deslocamento d, para formar o endereço real, r. Esse é um exemplo de mapeamento direto, porque a tabela de páginas contém uma entrada para cada página no espaço de endereçamento virtual desse processo, V. Se o processo contiver n páginas em V, a tabela de páginas mapeadas diretamente para o processo conterá entradas sucessivamente para a página 0, página 1, página 2, ..., página $n - 1$. O mapeamento direto é

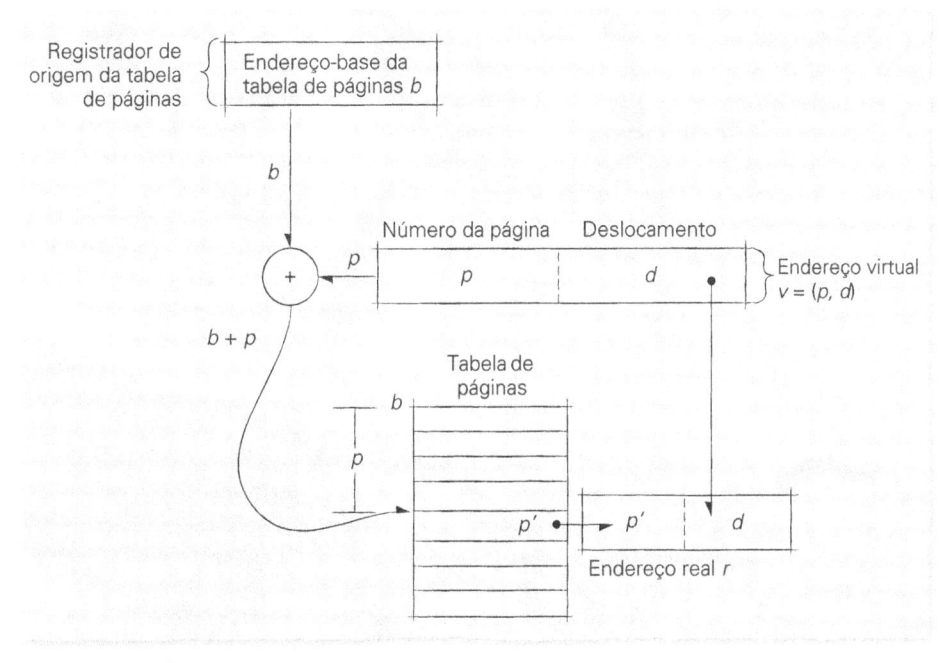

Figura 10.12 | *Tradução de endereço de paginação por mapeamento direto.*

muito parecido com o acesso a uma localização de arranjo (array) via subscrição; o sistema pode localizar *diretamente* qualquer entrada da tabela com um único acesso à tabela.

O sistema mantém o endereço virtual que está sendo traduzido e o endereço-base da tabela de páginas em registradores de alta velocidade em cada processador, o que permite que as operações com esses valores sejam realizadas rapidamente (dentro de um único ciclo de execução de instrução). Contudo, um sistema normalmente mantém a tabela de páginas mapeadas diretamente — que pode ser bem grande — na memória principal. Conseqüentemente, uma referência à tabela de páginas requer um ciclo completo de memória principal. Pelo fato de o tempo de acesso à memória principal ordinariamente representar a maior parte de um ciclo de execução de instrução, e porque precisamos de um acesso adicional à memória principal para o mapeamento de páginas, a utilização da tradução de endereço de página por mapeamento direto pode obrigar o sistema a executar programas à aproximadamente metade da velocidade (ou até pior, no caso de máquinas que suportam várias instruções de endereçamento)! Para obter traduções mais rápidas, pode-se implementar toda a tabela de páginas de mapeamento direto em memória cache de alta velocidade. Devido ao custo da memória cache de alta velocidade e ao tamanho potencialmente grande dos espaços de endereçamento virtual, manter toda a tabela de páginas em memória cache normalmente não é viável. Discutiremos uma solução para esse problema na Seção 10.4.3, "Tradução de endereço de paginação por mapeamento direto/associativo".

Revisão

1. Por que o tamanho das entradas da tabela de páginas deve ser fixo?
2. Que tipo de hardware de propósito especial é requerido para tradução de endereço de página por mapeamento direto?

Respostas:
1) O principal da memória virtual é que a tradução de endereços deve ocorrer rapidamente. Se o tamanho das entradas da tabela de páginas for fixo, o cálculo que localiza as entradas é simples, o que facilita a tradução do endereço. 2) É preciso um registrador de processador de alta velocidade para armazenar o endereço-base da tabela de páginas.

10.4.2 Tradução de endereço de paginação por mapeamento associativo

Um meio de aumentar o desempenho da tradução dinâmica de endereços é colocar toda a tabela de páginas em uma **memória associativa** de conteúdo endereçado (e não de localização endereçada) cujo tempo de ciclo seja mais rápido do que a memória principal por mais do que uma ordem de magnitude.[23, 24, 25, 26] A Figura 10.13 ilustra como é realizada a tradução dinâmica de endereços com **mapeamento associativo** puro. Um processo referencia o endereço virtual $v = (p, d)$. Todas as entradas da memória associativa são pesquisadas simultaneamente para a página p. A pesquisa retorna p' como a moldura de página correspondente à página p, e p' é concatenada com d, formando o endereço real, r. Note que as setas que apontam para o mapa associativo entram em todas as células do mapa, indicando que todas as células da memória associativa são pesquisadas simultaneamente em busca de uma célula compatível com p. É isso que torna a memória associativa proibitivamente cara, mesmo quando comparada com o cache mapeado diretamente. Por causa dessa

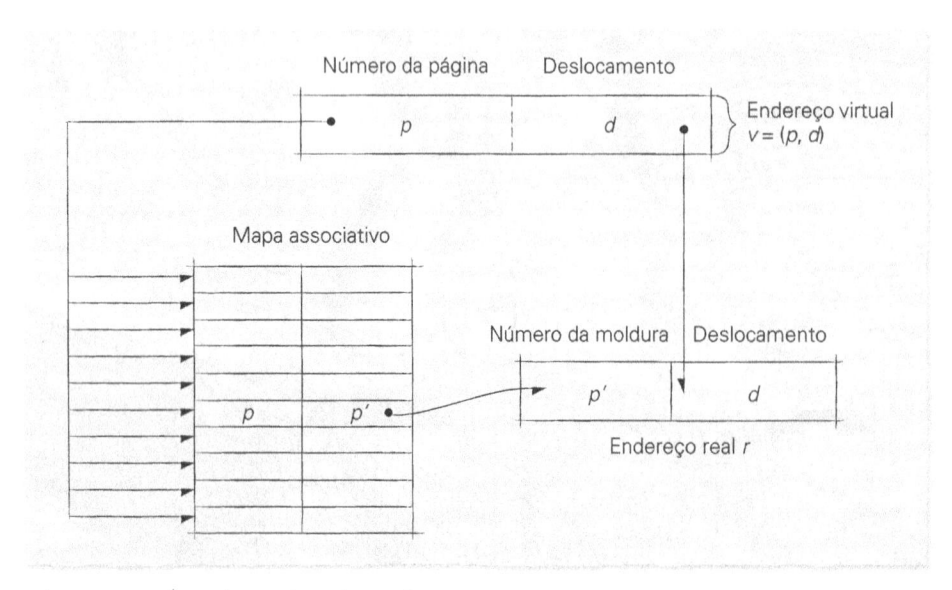

Figura 10.13 | *Tradução de endereço de paginação por mapeamento.*

despesa, o mapeamento associativo puro não é utilizado; nós o apresentamos aqui, caso seu aspecto econômico se torne eventualmente mais favorável.

Na grande maioria dos sistemas, usar uma memória cache para implementar mapeamento direto puro ou uma memória associativa para implementar mapeamento associativo puro é demasiadamente caro. O resultado é que muitos projetistas optaram por um esquema de compromisso que oferece muitas das vantagens das abordagens da memória cache ou associativa a um custo mais modesto. Examinaremos esse esquema na próxima seção.

Revisão

1. Por que a tradução de endereço de página por mapeamento associativo puro não é usada?
2. A tradução de endereço de página por mapeamento associativo puro requer algum hardware de propósito especial?

Respostas: **1)** A memória associativa é ainda mais cara do que a memória cache mapeada diretamente. Portanto, seria proibitivamente dispendioso construir um sistema que contivesse memória associativa suficiente para armazenar todas as PTEs de um processo. **2)** Essa técnica requer uma memória associativa; porém, não exige um registrador de tabela de páginas para armazenar a localização do início da tabela de páginas — a memória associativa é de conteúdo endereçado, e não de localização endereçada.

10.4.3 Tradução de endereço de paginação por mapeamento direto/associativo

Até aqui, grande parte da discussão tratou do hardware de computador requerido para implementar memória virtual eficientemente. A visão de hardware apresentada tem sido mais lógica do que física. Não estamos preocupados com a exata estrutura dos dispositivos, mas com sua organização funcional e velocidades relativas. Essa é a visão que um projetista de sistemas operacionais deve ter, especialmente porque os projetos de hardware estão sempre evoluindo.

Historicamente, o hardware tem melhorado a um passo muito mais intenso do que o software. Projetistas relutam em se comprometer com determinada tecnologia de hardware, porque esperam que logo haverá uma melhor à disposição. Mas os projetistas de sistemas operacionais devem usar as capacidades e economias do hardware existente hoje. Caches de alta velocidade e memórias associativas simplesmente são demasiadamente caros para conter os dados completos de endereços de mapeamento para todos os espaços de endereçamento virtual, o que leva a um mecanismo de compromisso para o mapeamento de páginas.

Esse mecanismo usa uma memória associativa denominada **buffer de tradução lateral** (*Translation Lookaside Buffer* — **TLB**) com capacidade para conter apenas uma pequena porcentagem da tabela de páginas completa de um processo (Figura 10.14). O conteúdo do TLB pode ser controlado pelo sistema operacional ou por hardware, dependendo da ar-

Reflexões sobre sistemas operacionais

Resultados empíricos: heurística baseada na localidade

Algumas áreas da ciência da computação possuem acervos teóricos significativos construídos por meio de uma estrutura matemática. E, realmente, há aspectos dos sistemas operacionais aos quais esses tratamentos teóricos se aplicam. Mas, na maioria das vezes, o projeto de sistemas operacionais é baseado em resultados empíricos (observados), e as heurísticas que projetistas e implementadores desenvolveram para os primeiros sistemas operacionais foram apresentadas na década de 1950. Por exemplo, estudaremos os fenômenos empíricos da localidade espacial e da localidade temporal (localidade no tempo) que são fenômenos observados. Se o dia estiver ensolarado em sua cidade, é provável — mas não garantido — que também estará ensolarado nas cidades vizinhas. E também, se o dia estiver ensolarado em sua cidade agora, é provável — mas não garantido — que estava ensolarado há pouco e que continuará assim durante um curto período de tempo no futuro. Veremos muitos exemplos de localidade em sistemas de computador e estudaremos muitas heurísticas baseadas em localidade em várias áreas de sistemas operacionais como o gerenciamento de memória virtual. Talvez a mais famosa heurística de sistemas operacionais baseada em localidade seja a teoria dos conjuntos de trabalho para o comportamento do programa proposta por Peter Denning, que discutiremos no Capítulo 11.

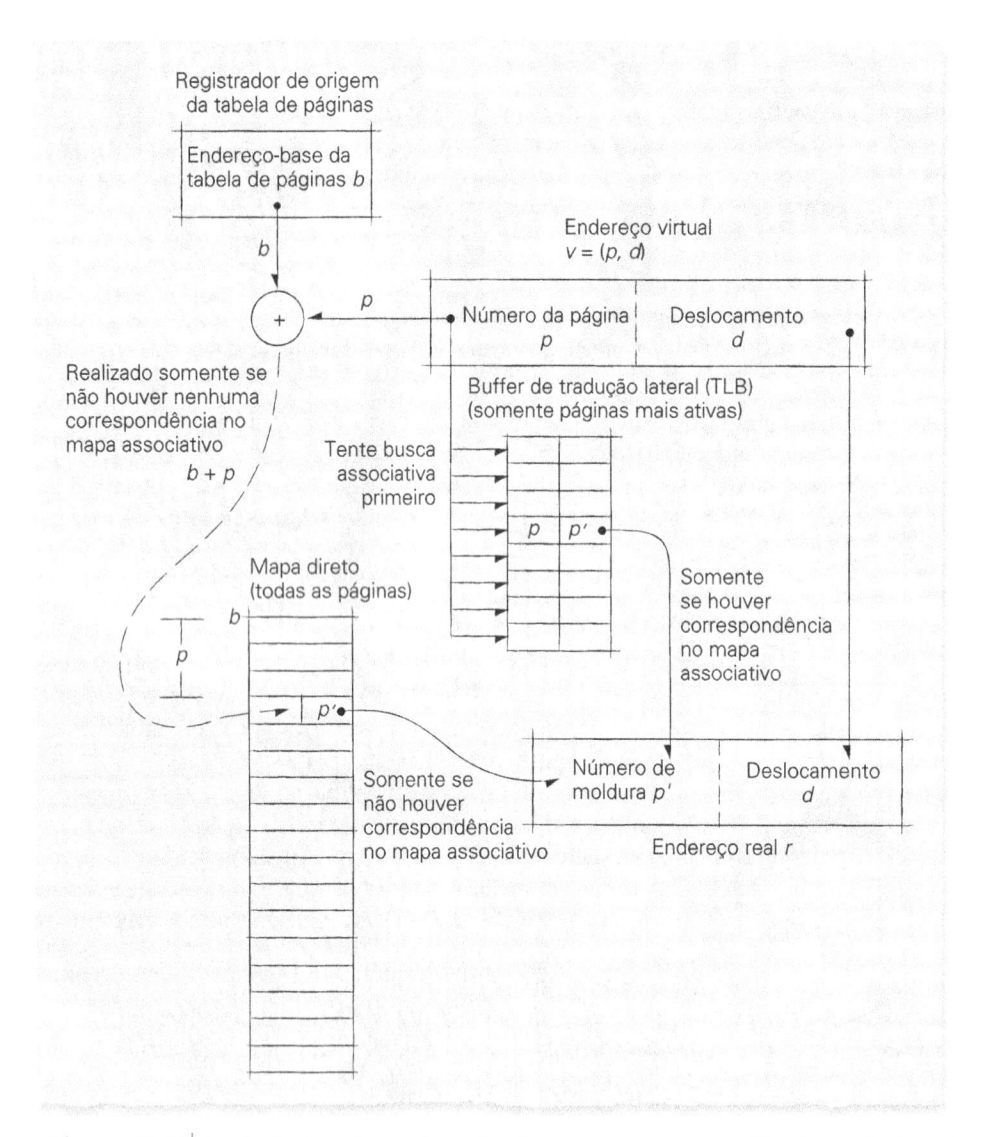

Figura 10.14 | Tradução de endereço de paginação por mapeamento combinado associativo/direto.

quitetura.[27] Neste capítulo admitimos que o TLB é gerenciado por hardware. As entradas da tabela de páginas mantidas neste mapa normalmente correspondem somente às páginas referenciadas mais recentemente, segundo a heurística que determina que uma página referenciada recentemente provavelmente será referenciada novamente no futuro próximo. Isso é um exemplo de **localidade** (mais especificamente de localidade temporal — localidade no tempo), um fenômeno discutido detalhadamente no Capítulo 11, "Gerenciamento de memória virtual" (veja o quadro "Reflexões sobre sistemas operacionais, Resultados empíricos: heurística baseada na localidade"). O TLB é uma parte integral das MMUs de hoje.

A tradução dinâmica de endereços sob esse esquema ocorre da seguinte maneira. Um processo referencia um endereço virtual $v = (p, d)$. O mecanismo de mapeamento de páginas primeiramente tenta encontrar a página p no TLB. Se o TLB contiver p, a busca retornará p' como o número de moldura correspondente à página virtual p, e p' será concatenado com o deslocamento d para formar o endereço real, r. Quando o sistema localiza o mapeamento para p noTLB, ocorre uma **presença no TLB** (*TLB hit*). O TLB armazena entradas em memória associativa de alta velocidade, o que habilita que a tradução seja realizada à maior velocidade possível para o sistema. O problema, é claro, é que, por causa do custo proibitivo, o mapa associativo pode conter somente uma pequena fração da maioria dos espaços de endereçamento virtual. O desafio é escolher um tamanho dentro dos parâmetros econômicos do projeto que contenha entradas suficientes para que uma grande porcentagem de referências resultem em presença no TLB.

Se o TLB não contiver uma entrada para a página p (ou seja, o sistema experimentar uma **ausência no TLB** [*TLB miss*]), o sistema localizará a entrada da tabela de páginas usando um mapa direto convencional na memória principal mais lenta, o que aumentará o tempo de execução. O endereço do registrador de origem da tabela de páginas, b, é adicionado ao número de página, *p*, para localizar a entrada apropriada para a página *p* na tabela de páginas de mapeamento direto da memória principal. A entrada contém *p'*, a moldura de página correspondente à página virtual *p*; *p'* é concatenado com o deslocamento, *d*, para formar o endereço real, *r*. Então o sistema coloca a PTE no TLB de modo que referências à página *p* no futuro próximo possam ser traduzidas rapidamente. Se o TLB estiver cheio, o sistema substituirá uma entrada (em geral a menos recentemente referenciada) para criar espaço para a entrada da página corrente.

Empiricamente, devido ao fenômeno da localidade, o número de entradas do TLB não precisa ser grande para se obter um bom desempenho. De fato, sistemas que utilizam essa técnica com apenas 64 ou 128 entradas TLB (as quais, admitindo-se um tamanho de página de 4 KB, cobrem um espaço de memória virtual de 256-512 KB) freqüentemente atingem 90% ou mais do desempenho possível com um mapa associativo completo. Note que, no caso de uma ausência no TLB, o processador deve acessar a memória principal para obter o número da moldura de página. Dependendo do hardware e da estratégia de gerenciamento de memória, essas ausências podem custar dezenas ou centenas de ciclos de processador, porque a memória principal opera normalmente a velocidades mais lentas do que os processadores.[28, 29, 30]

Usar um mecanismo de mapeamento combinado associativo/direto é uma decisão de engenharia baseada na economia e nas capacidades relativas das tecnologias de hardware existentes. Portanto, é importante que estudantes e desenvolvedores de sistemas operacionais tomem conhecimento dessas tecnologias à medida que elas apareçam. As seções "Leitura recomendada" e "Recursos da Web" no site deste livro apresentam diversos recursos que documentam essas tecnologias.

Revisão

1. (V/F) A maioria das PTEs de um processo deve ser armazenada no TLB para conseguir alto desempenho.
2. Por que o sistema precisa invalidar uma PTE no TLB se uma página for transferida para armazenamento secundário?

Respostas:

1) Falso. Processos em geral alcançam 90% ou mais do desempenho possível quando somente uma pequena fração das PTEs de um processo está armazenada no TLB. 2) Se o sistema não invalidar a PTE, uma referência à página não residente fará com que o TLB retorne uma moldura de página que poderia conter instruções ou dados inválidos (por exemplo, uma página pertencente a um processo diferente).

10.4.4 Tabelas de páginas multiníveis

Uma limitação das traduções de endereço que utilizam mapeamento direto é que todas as PTEs de uma tabela de páginas devem estar no mapa e armazenadas contiguamente em ordem seqüencial por número de página. Além disso, essas tabelas podem consumir uma quantidade significativa de memória. Por exemplo, considere um espaço de endereçamento virtual de 32 bits que usa páginas de 4 KB. Nesse sistema o tamanho da página é 2^{12} bytes, o que resulta em 2^{32-12}, ou 2^{20}, números de páginas. Assim, cada espaço de endereçamento virtual demandaria aproximadamente um milhão de entradas, uma para cada página, para uma capacidade total de endereçamento de cerca de quatro bilhões de bytes. Um espaço de endereçamento virtual de 64 bytes usando páginas de 4 MB demandaria aproximadamente quatro trilhões de entradas! Manter uma tabela de páginas tão grande na memória (admitindo que houvesse memória suficiente para fazê-lo) pode limitar seriamente a memória disponível para os programas propriamente ditos; e tampouco faz sentido, porque os processos, para executar eficientemente, talvez precisem acessar somente pequenas frações de seus espaços de endereçamento em um dado instante.

Tabelas de páginas multiníveis (ou **tabelas hierárquicas**) capacitam o sistema a armazenar as porções da tabela de páginas de um processo o qual esteja usando ativamente em localizações não contíguas da memória principal. As porções remanescentes da tabela de páginas podem ser criadas da primeira vez que forem usadas e transferidas para armazenamento secundário quando cessarem de ser usadas ativamente. Tabelas de páginas multiníveis são implementadas pela criação de uma hierarquia — cada nível contém uma tabela que armazena ponteiros para tabelas do nível abaixo. O nível mais baixo é composto de tabelas que contêm os mapeamentos de moldura página a página.

Por exemplo, considere um sistema que use dois níveis de tabelas de páginas (Figura 10.15). O endereço virtual é a tripla ordenada $v = (p, t, d)$, onde o par ordenado (p, t) é o número da página e *d* é o deslocamento até aquela página. O sistema primeiramente adiciona o valor de *p* ao endereço da memória principal do início do diretório de páginas, *a*, armazenado no registrador de origem do diretório de páginas. A entrada na localização $a + p$ contém o endereço do início da tabela de páginas correspondente, *b*. O sistema adiciona *t* à *b* para localizar a entrada da tabela de páginas que armazena um número de moldura de página *p'*. Por fim, o sistema forma o endereço real concatenando *p'* e o deslocamento, *d*.

Na maioria dos sistemas, cada tabela da hierarquia tem o tamanho de uma página, o que habilita o sistema operacional a transferir facilmente tabelas de páginas entre a memória principal e o armazenamento secundário. Vamos examinar como uma tabela de páginas de dois níveis reduz o consumo de memória em comparação com o mapeamento direto em um sistema que fornece um espaço de endereçamento virtual de 32 bits usando páginas de 4 KB (que, novamente, requerem números

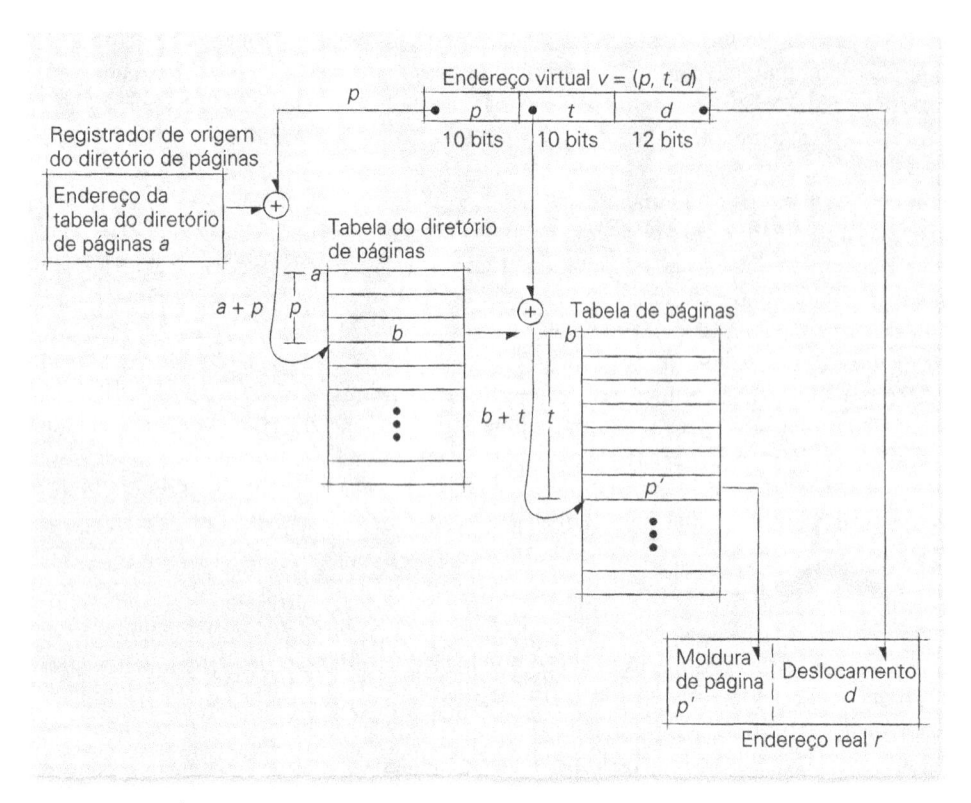

Figura 10.15 | Tradução de endereço de páginas multiníveis.

de páginas de 20 bits). Cada tabela de páginas conteria 2^{20}, ou 1.048.576 entradas para cada processo. Considerando que sistemas típicos contêm dezenas, senão centenas, de processos, e que sistemas avançados podem conter milhares de processos, isso poderia resultar em considerável sobrecarga de memória. Se cada entrada de tabela de páginas tivesse 32 bits, isso consumiria 4 MB de memória contígua para cada espaço de endereçamento virtual de um processo. Se a população do espaço fosse esparsa (ou seja, se poucas entradas de tabela de páginas estivessem em uso), grande parte da tabela de páginas não seria utilizada, resultando em significativo desperdício de memória denominado **fragmentação de tabela**.

Observe como a fragmentação de tabela é reduzida utilizando-se uma tabela de páginas de dois níveis, como se segue. Cada endereço virtual de 32 bits é dividido em um deslocamento de 10 bits no diretório de páginas, p, um deslocamento de 10 bits na tabela de páginas, t, e um deslocamento de 12 bits na página, d. Nesse caso, o diretório de páginas contém ponteiros para 2^{10} tabelas (uma entrada para cada número especificado pelo deslocamento de 10 bits no diretório de páginas, p), e cada um deles contém 2^{10} PTEs (uma entrada para cada número especificado pelo deslocamento de 10 bits em uma tabela de páginas, t).Os primeiros 10 bits do endereço virtual são usados como um índice para a primeira tabela. A entrada desse índice é um ponteiro para a próxima tabela, que é uma tabela de páginas que contém PTEs. Os segundos 10 bits do endereço virtual são usados como um índice para a tabela de páginas que localiza a PTE. Finalmente, a PTE fornece o número de moldura de página, p', que é concatenado com os 12 últimos bits do endereço virtual para determinar o endereço real.

Se um processo usar não mais do que as primeiras 1.024 páginas de seu espaço de endereçamento virtual, o sistema precisará manter somente 1.024 (2^{10}) entradas para o diretório de páginas e 1.024 entradas de tabela de páginas, enquanto uma tabela de páginas de mapeamento direto deverá manter mais de um milhão de entradas. Tabelas de páginas multiníveis habilitam o sistema a reduzir a fragmentação de tabelas em mais de 99%.

A sobrecarga incorrida pelas tabelas de páginas multiníveis é a adição de um outro acesso à memória para o mecanismo de mapeamento de páginas. A princípio pode parecer que esse ciclo adicional de memória resultaria em pior desempenho do que o de uma tabela de páginas de mapeamento direto. Contudo, devido à localidade da referência e à disponibilidade de um TLB de alta velocidade, uma vez que uma página virtual tenha sido mapeada para uma moldura de página, futuras referências àquela página não incorrem em sobrecarga de acesso à memória. Assim, sistemas que empregam tabelas de páginas multiníveis dependem de uma taxa extremamente baixa de ausências no TLB para conseguir alto desempenho.

Tabelas de páginas multiníveis tornaram-se comuns em sistemas de memória virtual paginados. Por exemplo, a arquitetura IA-32 suporta dois níveis de tabelas de páginas (veja Seção 10.7, "Estudo de caso: Memória virtual da arquitetura Intel IA-32").[31]

Revisão

1. Discuta os benefícios e desvantagens de utilizar um sistema de paginação multinível em vez de um sistema de paginação por mapeamento direto.
2. Um projetista sugere reduzir a sobrecarga de memória de tabelas de páginas de mapeamento direto aumentando o tamanho das páginas. Avalie as conseqüências de tal decisão.

Respostas: **1)** Sistemas de paginação multiníveis demandam consideravelmente menos espaço de memória principal para manter informações de mapeamento do que sistemas de paginação por mapeamento direto. Todavia, sistemas de paginação multinível requerem mais acessos à memória principal cada vez que um processo referenciar uma página cujo mapeamento não estiver no TLB, e pode, potencialmente, executar mais lentamente. **2)** Admitindo-se que o tamanho de cada endereço virtual permaneça fixo, a tradução de endereço de página por mapeamento direto usando páginas grandes reduz o número de entradas que o sistema deve armazenar para cada processo. A solução também reduz a sobrecarga de acesso à memória em comparação com uma tabela de páginas multiníveis. Todavia, à medida que o tamanho de página aumenta, também aumenta a possibilidade e a magnitude da fragmentação interna. É possível que a quantidade de memória desperdiçada devido à fragmentação interna seja igual ou maior do que a fragmentação de tabela em virtude de armazenamento de entradas para páginas menores.

10.4.5 Tabelas de páginas invertidas

Como discutimos na seção anterior, tabelas de páginas multiníveis reduzem o número de entradas na tabela de páginas que devem residir na memória principal ao mesmo tempo para cada processo, em comparação com tabelas de páginas por mapeamento direto. Nesse caso, admitimos que processos utilizam apenas uma pequena região contígua de seus espaços de endereçamento virtual, o que significa que o sistema pode reduzir sobrecarga de memória armazenando entradas de tabelas de páginas somente para a região do espaço de endereçamento virtual de um processo que estiver em uso. Todavia, processos em ambientes científicos e comerciais, que modificam grandes quantidades de dados, poderiam usar uma porção significativa de seus espaços de endereçamento virtual de 32 bits. Nesse caso, tabelas de páginas multiníveis não reduzem necessariamente a fragmentação da tabela. Em sistemas de 64 bits que contêm diversos níveis de tabelas de páginas, a quantidade de memória consumida pelas informações de mapeamento pode se tornar substancial.

Uma **tabela de páginas invertidas** resolve esse problema armazenando exatamente uma PTE para cada moldura de página do sistema. Conseqüentemente, o número de PTEs que devem ser armazenadas na memória principal é proporcional ao tamanho da memória física, e não ao tamanho de um espaço de endereçamento virtual. As tabelas de páginas são invertidas em relação às tabelas de páginas tradicionais porque as PTEs são indexadas por número de moldura de página, e não por número de página virtual. Note que tabelas de páginas invertidas não armazenam a localização de páginas não residentes no armazenamento secundário. Essa informação deve ser mantida pelo sistema operacional e não precisa estar em tabelas. Por exemplo, um sistema operacional poderia usar uma árvore binária para armazenar localizações de páginas não residentes, de modo que elas pudessem ser encontradas rapidamente.

Tabelas de páginas invertidas usam funções de hash para mapear páginas virtuais para PTEs.[32, 33] Uma **função de hash** é uma função matemática que toma um número como entrada e dá, como resultado, um número de saída denominado **valor de hash**, dentro de uma faixa finita. Uma **tabela de hash** armazena cada item na célula correspondente ao valor de hash do item. Porque o domínio de uma função de hash (por exemplo, os números de páginas virtuais de um processo) geralmente é maior do que sua faixa (por exemplo, os números de molduras de páginas), várias entradas podem resultar no mesmo valor de hash — que são denominadas **colisões**. Para evitar que vários itens sejam sobrescritos uns aos outros quando mapeados para a mesma célula da tabela de hash, tabelas de páginas invertidas podem implementar uma variante de um mecanismo de **encadeamento** para resolver colisões da seguinte maneira. Quando um valor de hash mapeia um item para uma localização que está ocupada, uma nova função é aplicada ao valor de hash. O valor resultante é usado como a posição na tabela em que a entrada deve ser colocada. Para garantir que o item possa ser encontrado quando referenciado, um ponteiro para essa posição é anexado à entrada da célula correspondente ao valor de hash original do item. Esse processo é repetido cada vez que ocorrer uma colisão. Tabelas de páginas invertidas normalmente usam listas encadeadas para encadear itens.

Em um sistema de paginação que implemente tabelas de páginas invertidas, cada endereço virtual é representado pelo par ordenado $v = (p, d)$. Para localizar rapidamente a entrada de tabela de hash correspondente à página virtual p, o sistema aplica uma função de hash a p, que produz um valor q (Figura 10.16). Se a q-ésima célula da tabela de páginas invertidas contiver p, o endereço virtual requisitado estará na moldura de página q. Se o número da q-ésima célula da tabela de páginas invertidas não corresponder a p, o sistema verificará o valor do ponteiro de encadeamento daquela célula. Se o ponteiro for nulo, a página não estará na memória, portanto o processador emitirá uma falta de página. Então o sistema operacional poderá recuperar a página do armazenamento secundário. Caso contrário, haverá uma colisão no índice da tabela de

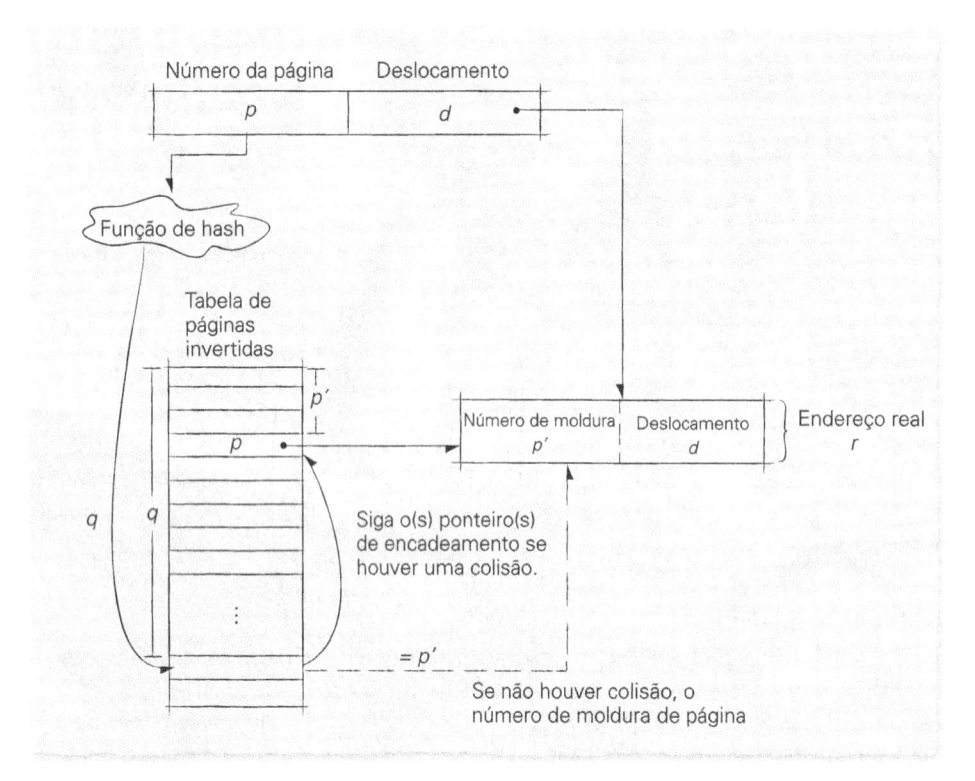

Figura 10.16 | Tradução de endereço de página usando tabelas de páginas invertidas.

páginas invertidas, de modo que a entrada da tabela de páginas armazene um ponteiro para a entrada seguinte na cadeia. O sistema seguirá os ponteiros da cadeia até encontrar uma entrada que contenha p ou até a cadeia terminar, ponto em que o processador emitirá uma falta de página para indicar que a página não é residente. Então o sistema poderá recuperar a página do armazenamento secundário. Na Figura 10.16 o sistema localiza uma entrada correspondente a p após seguir um ponteiro de encadeamento até a célula p', portanto p está localizada na moldura de página p'.

Embora uma escolha cuidadosa de funções de hash possa reduzir o número de colisões na tabela de hash, cada ponteiro de encadeamento adicional requer que o sistema acesse a memória principal, o que pode aumentar substancialmente o tempo de tradução de endereços. Para melhorar o desempenho, o sistema pode tentar reduzir o número de colisões aumentando a faixa de valores de hash produzida pela função. Pelo fato de o tamanho da tabela de páginas invertidas dever permanecer fixo para fornecer mapeamentos diretos para molduras de páginas, a maioria dos sistemas aumenta a faixa da função de hash usando uma **tabela de âncora de hash** que contém ponteiros para entradas da tabela de páginas invertidas (Figura 10.17). A tabela de âncora de hash impõe um acesso adicional à memória para a tradução de endereço virtual para físico usando tabelas de páginas invertidas e aumenta a fragmentação de tabela. Contudo, se a tabela de âncora de hash for suficientemente grande, o número de colisões na tabela de páginas invertidas poderá ser reduzido significativamente, o que poderá acelerar a tradução de endereço. O tamanho da tabela de âncora de hash deve ser escolhido cuidadosamente para equilibrar o desempenho da tradução de endereços com a sobrecarga de memória.[34, 35]

Tabelas de páginas invertidas são normalmente encontradas em arquiteturas de alto desempenho, como as arquiteturas Intel IA-64 e HP PA-RISC, mas também são implementadas na arquitetura Power PC, encontrada na linha de computadores da Apple.

Revisão

1. Quais as semelhanças e diferenças entre tabelas de páginas invertidas (sem uma tabela de âncora de hash) e tabelas de páginas por mapeamento direto em termos de eficiência de memória e eficiência de tradução de endereço?

2. Por que as PTEs são maiores em tabelas de páginas invertidas do que em tabelas de páginas por mapeamento direto?

Respostas: 1) Tabelas de páginas invertidas incorrem em menos sobrecarga de memória do que tabelas de páginas por mapeamento direto, porque uma tabela de páginas invertidas contém somente uma PTE para cada moldura de página física, ao passo que a tabela de páginas por mapeamento direto contém uma PTE para cada página virtual. Contudo, a

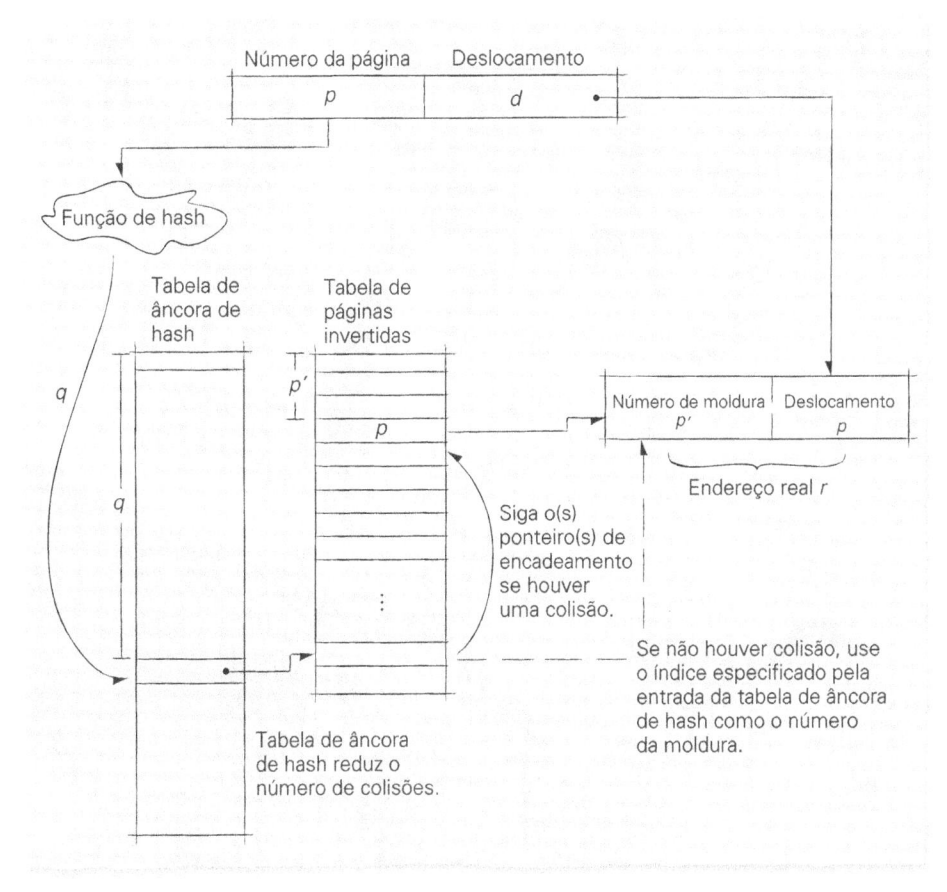

Figura 10.17 | Tabelas de páginas invertidas usando uma tabela de âncora de hash.

tradução de endereços pode ser muito mais lenta quando se usa uma tabela de páginas invertidas do que quando se usa uma tabela de mapeamento direto, pois o sistema pode precisar acessar a memória diversas vezes para seguir uma cadeia de colisão. **2)** Uma PTE de página invertida deve armazenar um número de página virtual e um ponteiro para a próxima PTE da cadeia de colisão. Uma PTE de tabela de páginas por mapeamento direto precisa armazenar somente um número de moldura de página e um bit residente.

10.4.6 Compartilhamento em um sistema de paginação

Em sistemas de computador de multiprogramação, especialmente os de tempo compartilhado, é comum que muitos usuários executem os mesmos programas concorrentemente. Se o sistema alocasse cópias individuais desses programas a cada usuário, grande parte da memória principal seria desperdiçada. A solução óbvia é o sistema compartilhar as páginas comuns a processos individuais.

O sistema deve controlar o compartilhamento cuidadosamente para impedir que um processo modifique os dados que um outro processo esteja acessando. Na maioria dos sistemas modernos que implementam compartilhamento, programas são divididos em áreas separadas de procedimentos e de dados. Procedimentos que não podem ser modificados são denominados procedimentos puros ou procedimentos reentrantes. Dados modificáveis não podem ser compartilhados sem cuidadoso controle da concorrência; dados não modificáveis podem ser compartilhados. Procedimentos modificáveis não podem ser compartilhados (embora seja possível imaginar um exemplo particular no qual fazer isso com algum tipo de controle de concorrência faria sentido).

Toda essa discussão indica a necessidade de identificar cada página ou como compartilhável ou como não compartilhável. Uma vez que as páginas de cada processo tenham sido categorizadas dessa maneira, o compartilhamento em sistemas de paginação pura poderá ser implementado como na Figura 10.18. Se as entradas da tabela de páginas apontarem para a mesma moldura de página, essa moldura de página será compartilhada por cada um dos processos. O compartilhamento reduz a quantidade de memória principal que um grupo de processos requer para executar eficientemente, e pode possibilitar o aumento do grau de multiprogramação de um dado sistema.

Um exemplo no qual o compartilhamento de páginas pode reduzir substancialmente o consumo de memória é o da chamada ao sistema fork do UNIX. Quando um processo chama fork, os dados e as instruções de ambos os processos, pai

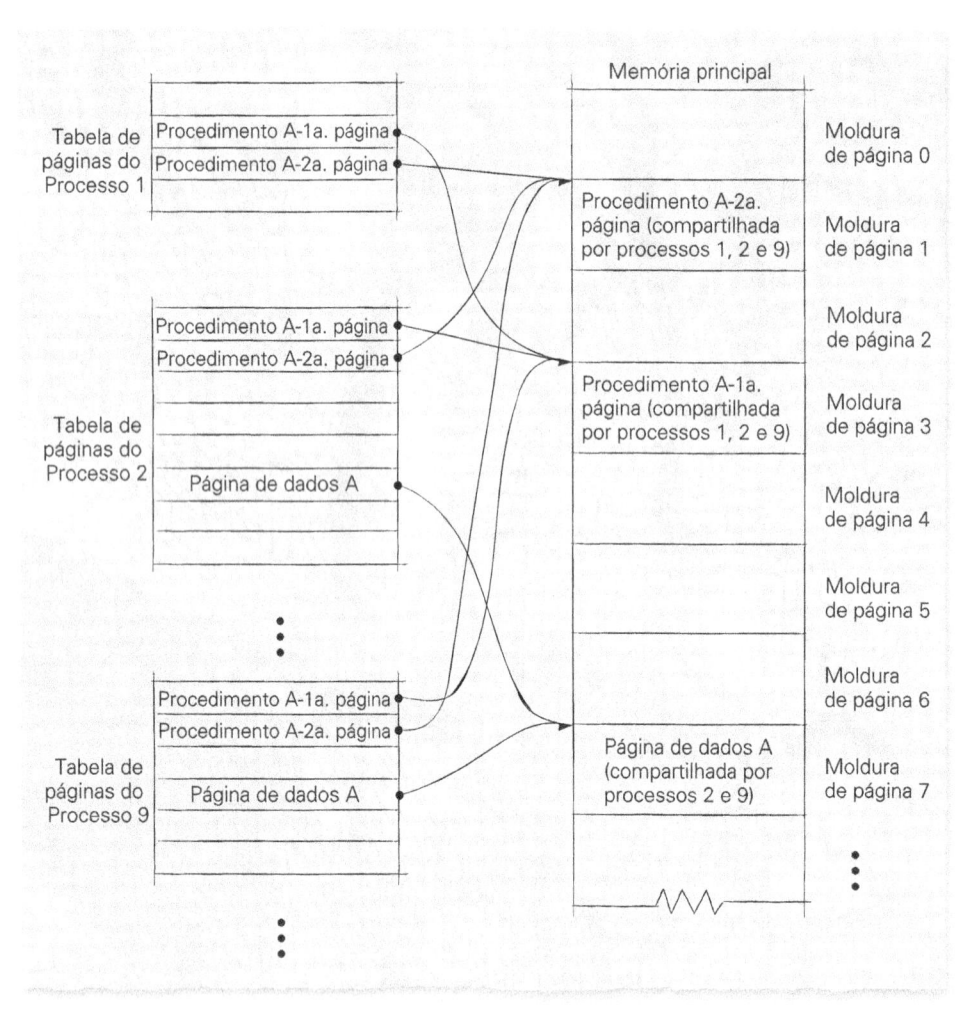

Figura 10.18 | Compartilhamento em um sistema de paginação pura.

e seu filho, são inicialmente idênticos. Em vez de alocar uma cópia idêntica dos dados na memória ao processo-filho, o sistema operacional pode simplesmente permitir que o processo-filho compartilhe o espaço de endereçamento virtual de seu pai enquanto dá a ilusão de que cada processo tem seu próprio e independente espaço de endereçamento virtual. Isso melhora o desempenho porque reduz o tempo exigido para inicializar o processo-filho e reduz o consumo de memória entre os dois processos (veja o quadro "Reflexões sobre sistemas operacionais, Alocação tardia"). Contudo, porque o pai e o filho não estão conscientes do compartilhamento, o sistema operacional deve garantir que os dois processos não interfiram um no outro ao modificarem as páginas.

Muitos sistemas operacionais usam uma técnica denominada cópia-na-escrita para tentar resolver esse problema. Inicialmente, o sistema mantém uma cópia de cada página compartilhada na memória, como descrito anteriormente, para os processos P1 a Pn. Se P1 tentar modificar uma página da memória compartilhada, o sistema criará uma cópia da página, aplicará a modificação e designará a nova cópia ao espaço de endereçamento virtual do processo P1. A cópia não modificada da página permanecerá mapeada para o espaço de endereçamento de todos os outros processos que estão compartilhando a página, garantindo que, quando um processo modificar uma página compartilhada, nenhum dos outros processos será afetado.

Muitas arquiteturas fornecem a cada PTE um bit de leitura/escrita que o processador verifica toda vez que um processo referenciar um endereço. Quando o bit de leitura/escrita estiver desligado, a página poderá ser lida, mas não modificada. Quando o bit estiver ligado, a página poderá ser lida e também modificada. Assim, a cópia-na-escrita pode ser implementada marcando-se cada página compartilhada como somente para leitura (read-only). Quando um processo tentar escrever para uma página, o processador no qual ele executa causará uma falta de página, a qual invocará o núcleo. Nesse ponto, o núcleo pode determinar que o processo está tentando escrever para uma página compartilhada e executar a cópia-na-escrita.

A cópia-na-escrita acelera a criação de processo e reduz o consumo de memória para processos que não modificam uma quantidade significativa de dados durante a execução. Contudo, cópia-na-escrita pode resultar em mau desempenho se uma fração significativa dos dados compartilhados de um processo for modificada durante a execução do programa. Nesse caso, o processo sofrerá uma falta de página toda vez que modificar uma página que ainda é compartilhada. A sobrecarga associada à invocação do núcleo para cada exceção pode rapidamente contrabalançar os benefícios da cópia-na-escrita. No próximo capítulo consideraremos como o compartilhamento afeta o gerenciamento da memória virtual.

Revisão

1. Por que poderia ser difícil implementar compartilhamento de página usando tabelas de páginas invertidas?
2. Como o compartilhamento de página afeta o desempenho quando o sistema operacional transfere uma página da memória principal para o armazenamento secundário?

Respostas: 1) O tipo de compartilhamento de página discutido nesta seção é realizado fazendo que PTEs de tabelas de páginas de diferentes processos apontem para o mesmo número de moldura de página. Pelo fato de as tabelas de páginas invertidas manterem exatamente uma PTE na memória para cada moldura de página, o sistema operacional deve manter informações de compartilhamento em uma estrutura de dados fora da tabela de páginas invertidas. Um desafio para esse tipo de compartilhamento de página é determinar se uma página compartilhada ainda está na memória, porque foi recentemente referenciada por um processo diferente, quando um outro processo referenciá-la pela primeira vez. 2) Quando o sistema operacional transfere uma página compartilhada para armazenamento secundário, deve atualizar a PTE correspondente para cada processo que está compartilhando aquela página. Se numerosos processos compartilharem a página, poderá ocorrer sobrecarga significativa em comparação com a de uma página não compartilhada.

10.5 Segmentação

No capítulo anterior, discutimos como um sistema de multiprogramação de partição variável pode colocar um programa na memória segundo critérios do primeiro que couber, do que melhor couber ou do que pior couber. Na multiprogramação por partição variável, a memória e os dados de cada programa ocupam uma seção contígua da memória denominada partição. Uma alternativa é a **segmentação** da memória física (Figura 10.19). Segundo esse esquema, os dados e instruções de um programa são divididos em blocos chamados de **segmentos**. Cada segmento consiste em localizações contíguas; entretanto, eles não precisam ser do mesmo tamanho, nem tampouco ocupar posições adjacentes na memória principal.

Uma vantagem da segmentação sobre a paginação é que ela é um conceito lógico, e não físico. Na sua forma mais geral, os segmentos não ficam restritos arbitrariamente a um certo tamanho. Em vez disso, permite-se que sejam (dentro de

Reflexões sobre sistemas operacionais

Alocação tardia

Esquemas de alocação tardia de recursos alocam recursos somente no último momento, quando são requisitados explicitamente por processos ou threads. Para recursos que, afinal, não serão necessários, esquemas de alocação tardia são mais eficientes do que os de alocação de recursos por antecipação, que poderiam tentar alocar esses recursos que não seriam usados, desperdiçando-os. Para recursos que serão necessários, esquemas de antecipação ajudam processos e threads a executar mais eficientemente, pois os recursos ficam à disposição para quando precisarem; portanto, esses processos e threads não têm de esperar que os recursos sejam alocados. Discutiremos alocação tardia em vários contextos neste livro. Um exemplo clássico de alocação tardia é a paginação sob demanda, que estudaremos neste capítulo e no próximo. Na paginação sob demanda pura, as páginas de um processo ou thread são trazidas para a memória somente quando cada uma for explicitamente referenciada. A vantagem da paginação sob demanda é que o sistema nunca incorre em sobrecarga de transferência de uma página do armazenamento secundário para a memória principal, a menos que a página seja verdadeiramente necessária. Por outro lado, porque tal esquema espera até que uma página seja referenciada antes de trazê-la para a memória principal, o processo experimenta um significativo atraso na execução enquanto aguarda pela conclusão da operação E/S do disco. E enquanto o processo ou thread estiver esperando, a fração da memória daquele processo ou thread que estiver na memória ficará restringindo espaço que, não fosse isso, poderia ser utilizado por um outro processo em execução. A cópia-na-escrita é um outro exemplo de alocação tardia.

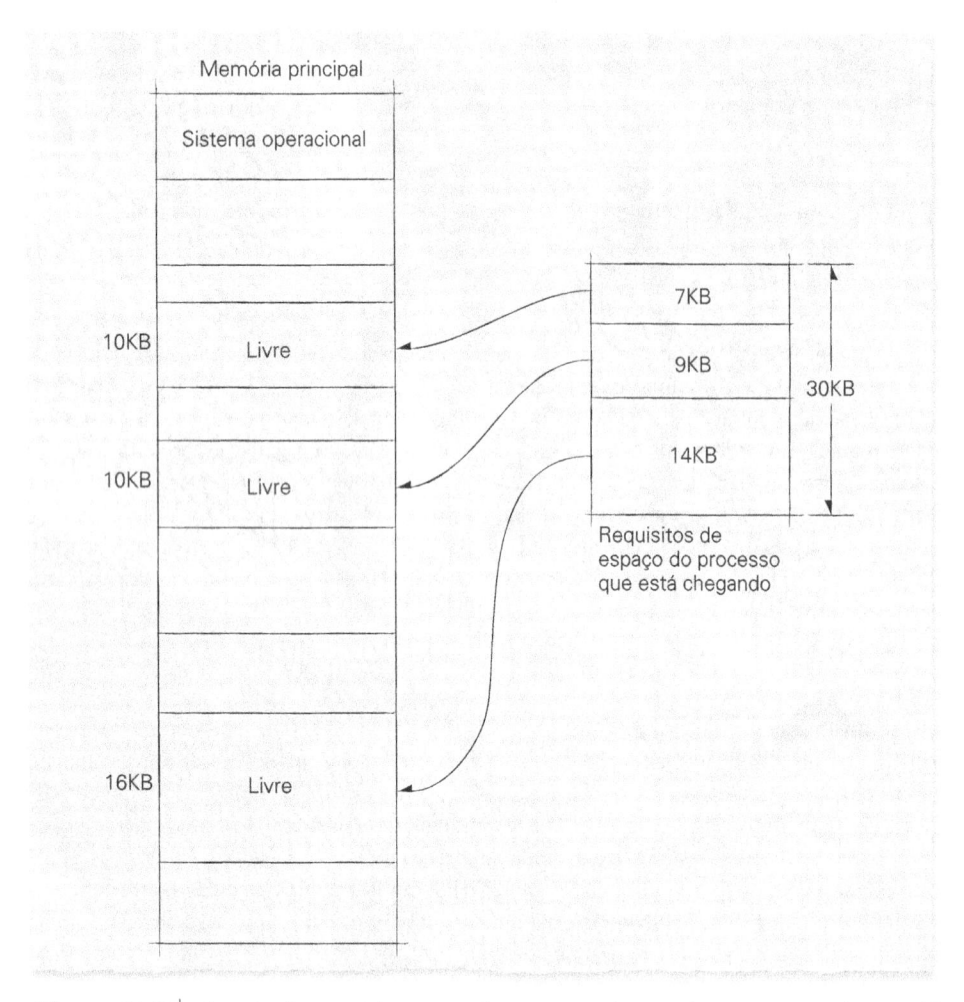

Figura 10.19 | *Alocação de memória não contígua em um sistema de segmentação de memória real.*

limites razoáveis) tão grandes ou tão pequenos quanto precisam ser. Um segmento que corresponda a um arranjo (array) é tão grande quanto o arranjo. Um segmento correspondente a uma unidade procedural de código gerada por um compilador é tão grande quanto precisar ser para conter o código.

Em um sistema de segmentação de memória virtual temos a capacidade de manter na memória principal somente os segmentos de que um programa necessita para executar em determinado instante; o restante dos segmentos reside em armazenamento secundário.[36] Um processo pode executar enquanto suas instruções e dados correntes estiverem localizados em um segmento que resida na memória principal. Se um processo referenciar memória em um segmento que não resida correntemente na memória principal, o sistema de memória virtual deverá recuperar aquele segmento do armazenamento secundário. Na segmentação pura, o sistema transfere um segmento do armazenamento secundário como uma unidade completa e coloca todas as localizações dentro daquele segmento em localizações contíguas na memória principal. Um segmento que chegar poderá ser colocado em qualquer área disponível na memória principal que seja suficientemente grande para contê-lo. As estratégias de posicionamento para a segmentação são idênticas às usadas na multiprogramação por partição variável.[37]

Um endereço de segmentação de memória virtual é representado por um par ordenado $v = (s, d)$, onde s é o número do segmento na memória virtual no qual o item referenciado reside e d é o deslocamento dentro do segmento s no qual o item referenciado está localizado (Figura 10.20).

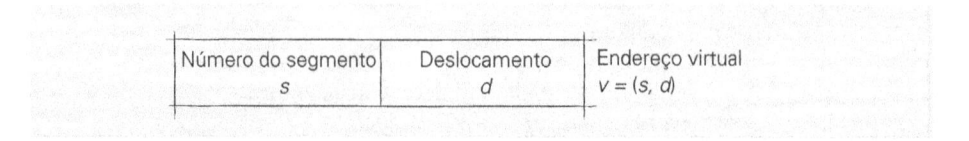

Figura 10.20 | *Formato de endereço virtual em um sistema de segmentação pura.*

Revisão

1. (V/F) Sistemas de memória virtual segmentada não incorrem em fragmentação.
2. Qual a diferença entre segmentação e multiprogramação por partição variável?

Respostas: 1) Falso. Sistemas de memória virtual segmentada podem incorrer em fragmentação externa, exatamente como acontece com sistemas de multiprogramação por partição variável. 2) Diferentemente de programas de um sistema de multiprogramação por partição variável, programas de um sistema de memória virtual segmentada podem ser maiores do que a memória principal e precisam somente de uma fração de seus dados e instruções na memória para executar. E também, em sistemas de multiprogramação por partição variável, um processo ocupa uma faixa contígua de memória principal, ao passo que em sistemas de segmentação isso não é necessário.

10.5.1 Tradução de endereço de segmentação por mapeamento direto

Há muitas estratégias para implementar tradução de endereço de segmentação. Um sistema pode empregar mapeamento direto, mapeamento associativo ou mapeamento combinado direto/associativo. Nesta seção consideraremos tradução de endereço de segmentação usando mapeamento direto e mantendo a tabela completa de mapas de segmentos em uma memória cache de acesso rápido.

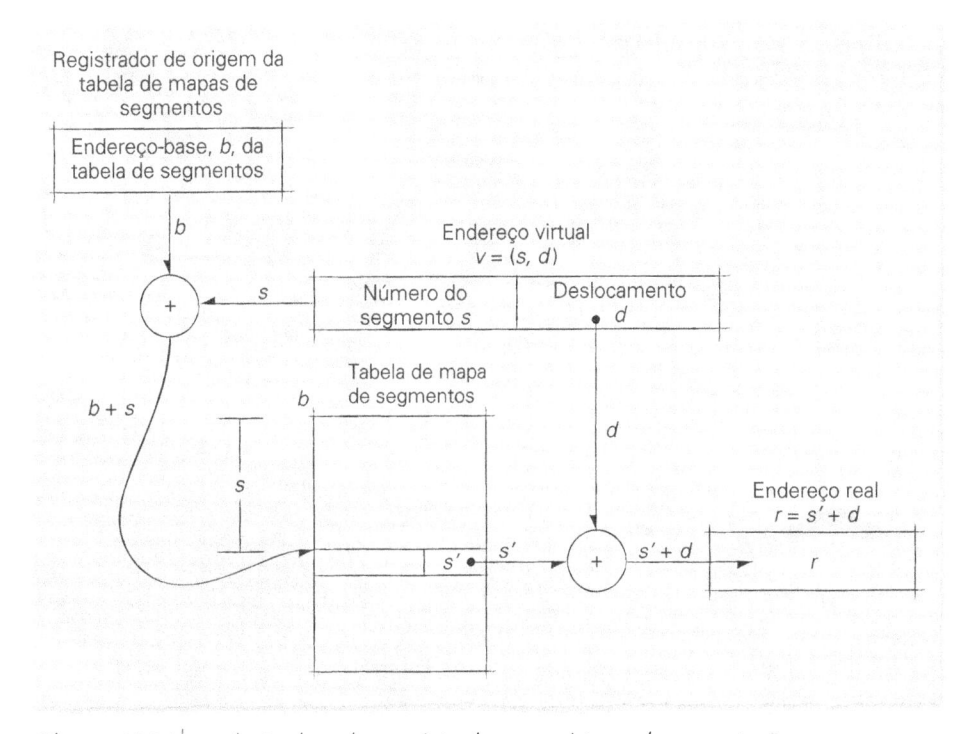

Examinaremos primeiro o caso em que a tradução de endereço acontece normalmente e veremos diversos problemas que podem surgir. A tradução dinâmica de endereço sob segmentação ocorre como descrito a seguir. Um processo referencia um endereço de memória virtual $v = (s, d)$ para determinar em que lugar da memória principal o segmento referenciado reside. O sistema adiciona o número do segmento, s, ao valor do endereço-base da tabela de mapas de segmentos, b, localizado no **registrador de origem da tabela de mapas de segmentos** (Figura 10.21). O valor resultante, $b + s$, é a localização da entrada da tabela de mapas do segmento. [*Nota*: Por simplicidade, admitimos que o tamanho de cada entrada da tabela de mapas de segmento é fixo e que cada endereço da memória armazena uma entrada daquele tamanho.] Cada entrada contém várias informações sobre o segmento que são usadas pelo mecanismo de mapeamento para traduzir o endereço virtual para um endereço físico. Se o segmento residir correntemente na memória principal, a entrada conterá o endereço de início do segmento na memória principal, s'. O sistema adicionará o deslocamento, d, a esse endereço para formar o endereço de memória real da localização referenciada, $r = s' + d$. Não podemos simplesmente concatenar d com s', como fazemos em um sistema de paginação pura, porque os segmentos têm tamanhos variáveis.

Figura 10.21 | *Tradução de endereço virtual em um sistema de segmentação pura.*

A Figura 10.22 mostra detalhadamente uma entrada típica de tabela de mapas de segmento. Um bit residente, r, indica se o segmento está ou não correntemente na memória principal. Se estiver, então s' será o endereço de memória principal no qual o segmento começa. Caso contrário, a será o endereço de armazenamento secundário do qual o segmento deve ser recuperado antes que o processo possa prosseguir. Todas as referências ao segmento são verificadas em relação ao tamanho do segmento, l, para garantir que caiam dentro da faixa do segmento. Cada referência ao segmento também é verificada em relação aos **bits de proteção** para determinar se a operação que está tentando ser executada é permitida. Por exemplo, se os bits de proteção indicarem que um segmento é somente de leitura, nenhum processo terá permissão para modificar aquele segmento. Discutiremos detalhadamente proteção em sistemas segmentados na Seção 10.5.3, "Proteção e controle de acesso em sistemas de segmentação".

Durante a tradução dinâmica de endereço, uma vez localizada a entrada da tabela de mapas de segmentos para o segmento s, o bit residente, r, é examinado para determinar se o segmento está na memória principal. Se não estiver, será gerada uma **falha de ausência de segmento**, obrigando o sistema operacional a assumir o controle e carregar o segmento referenciado que começa no endereço de armazenamento secundário a. Uma vez carregado o segmento, a tradução de endereço prossegue verificando se o deslocamento, d, é menor ou igual ao tamanho do segmento, l. Se não for, será gerada uma **exceção de estouro de segmento**, forçando o sistema a assumir o controle e, potencialmente, encerrar o processo. Se for, os bits de proteção serão verificados para garantir que a operação que está tentando ser executada seja permitida. Se for permitida, o endereço-base, s', do segmento da memória principal será adicionado ao deslocamento, d, para formar o endereço de memória real $r = s' + d$ correspondente ao endereço de memória virtual $v = (s, d)$. Se a operação que está tentando ser executada não for permitida, será gerada uma **exceção de proteção de segmento**, forçando o sistema operacional a assumir o controle do sistema e encerrar o processo.

Revisão

1. Por que é incorreto formar o endereço real, r, concatenando s' e d?
2. O mecanismo de mapeamento de páginas requer que a e s' sejam armazenados em células separadas de uma entrada de tabela de segmentos, como mostra a Figura 10.22?

Respostas: 1) Diferentemente do número de moldura de página, p', o endereço-base do segmento, s', é um endereço da memória principal. Concatenar s' e d resultaria em um endereço que ultrapassaria o limite da memória principal. Mais uma vez, a concatenação funciona com a paginação, porque o tamanho da página é uma potência de dois e o número de bits reservado para o deslocamento em uma página e o número de bits reservado para o número da moldura de página somam o número de bits do endereço virtual. 2) Não. Para reduzir a quantidade de memória consumida pelas entradas de tabela de mapa de segmentos, muitos sistemas usam uma célula para armazenar ou o endereço-base do segmento ou o endereço do armazenamento secundário. Se o bit residente estiver ativado, a entrada da tabela de mapa de segmentos armazenará o endereço-base de um segmento, mas não um endereço de armazenamento secundário. Se o bit residente estiver desativado, a entrada da tabela de mapa de segmentos armazenará um endereço de armazenamento secundário, mas não o endereço-base de um segmento.

Bit residente do segmento	Endereço do armazenamento secundário (se não estiver na memória principal)	Tamanho do segmento	Bits de proteção	Endereço-base do segmento (se estiver na memória principal)
r	a	l		s'

$r = 0$ se o segmento não estiver na memória principal
$r = 1$ se o segmento estiver na memória principal

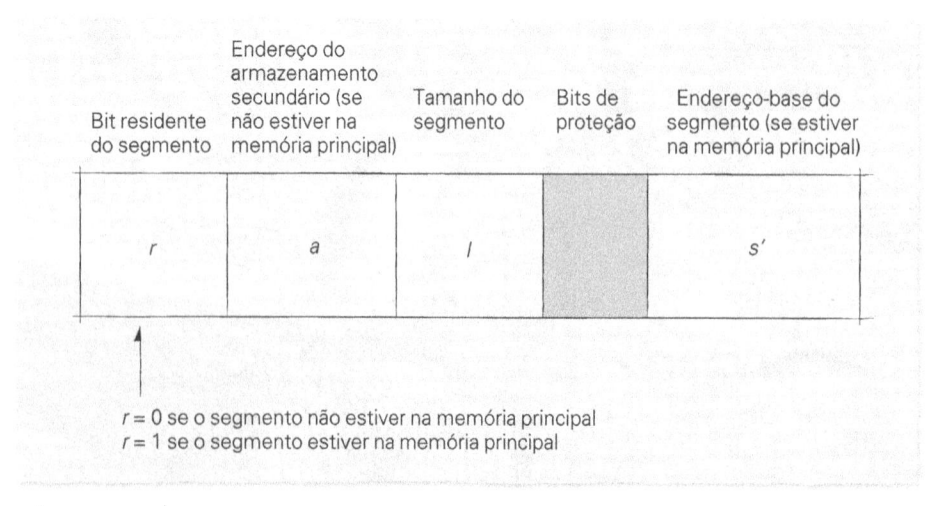

Figura 10.22 | *Entrada da tabela de mapa de segmentos.*

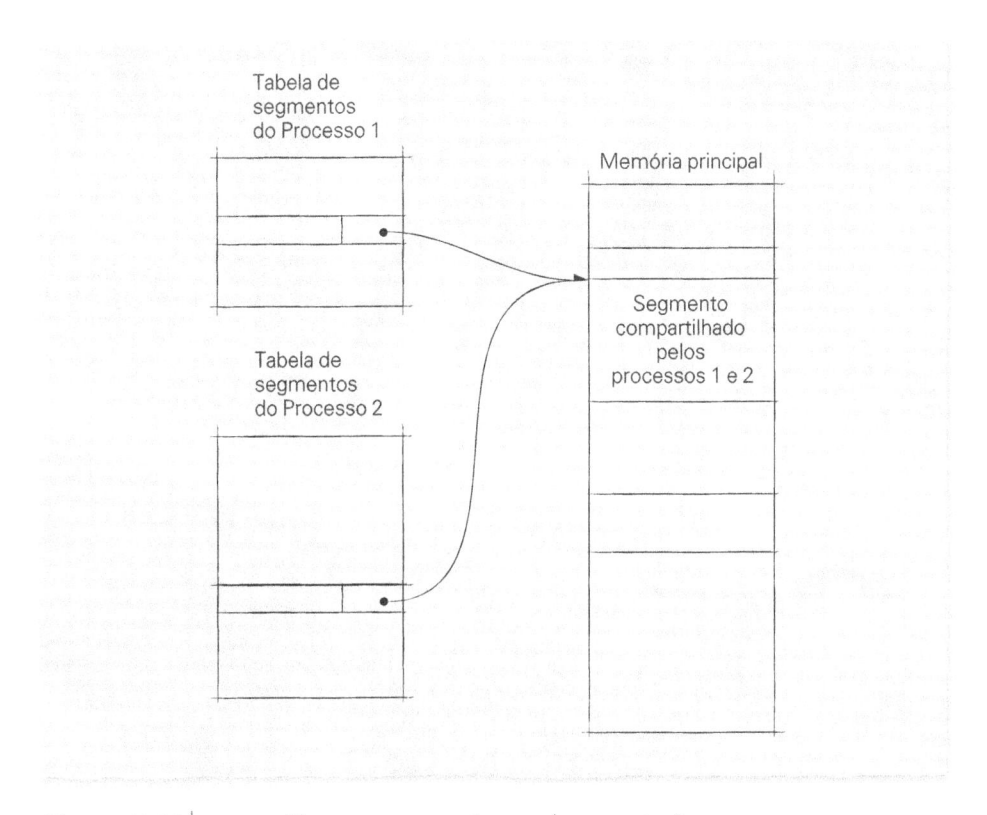

10.5.2 Compartilhamento em um sistema de segmentação

Compartilhar segmentos pode incorrer em menos sobrecarga do que compartilhar em um sistema de paginação pura por mapeamento direto. Por exemplo, para compartilhar um arranjo que está armazenado em três páginas e meia, um sistema de paginação pura deve manter dados de compartilhamento separados para cada página na qual o arranjo reside. O problema fica mais complicado se o arranjo for dinâmico, porque o compartilhamento de informações deve ser ajustado na hora da execução para justificar o aumento ou a redução do número de páginas que o arranjo ocupa. Em um sistema de segmentação, por outro lado, estruturas de dados podem crescer e diminuir sem mudar as informações compartilhadas associadas com o segmento da estrutura.

A Figura 10.23 ilustra como um sistema de segmentação pura executa compartilhamento. Dois processos compartilham um segmento quando as entradas de suas tabelas de segmentos apontam para o mesmo segmento na memória principal.

Embora o compartilhamento ofereça benefícios óbvios, também introduz certos riscos. Por exemplo, um processo poderia executar, intencionalmente ou não, uma operação sobre um segmento que afetaria negativamente outros processos que compartilham aquele segmento. Por conseguinte, um sistema que fornece compartilhamento também deve fornecer o mecanismo de proteção adequado para garantir que somente usuários autorizados possam acessar ou modificar um segmento.

Revisão

1. Como a segmentação reduz a sobrecarga de compartilhamento em comparação com o compartilhamento sob paginação pura?
2. A cópia-na-escrita pode ser implementada usando segmentos e, se puder, como?

Respostas: 1) A segmentação permite que um bloco inteiro de memória compartilhada caiba dentro de um só segmento, portanto o sistema operacional mantém informações de compartilhamento para um segmento. Sob paginação, esse segmento poderia consumir diversas páginas, portanto o sistema operacional teria de manter informações de compartilhamento para cada página. 2) Sim. A cópia-na-escrita pode ser implementada alocando-se uma cópia da tabela de mapas de segmentos do pai a seu filho. Se o processo P_1 (que pode ser um processo-pai ou um processo-filho) tentar modificar o segmento s, o sistema operacional deverá criar uma nova cópia do segmento, localizada no endereço de memória principal s'. Então o sistema operacional muda a entrada s na tabela de mapas de segmentos de P_1 para conter o endereço s'.

Figura 10.23 | *Compartilhamento em um sistema de segmentação pura.*

10.5.3 Proteção e controle de acesso em sistemas de segmentação

A segmentação promove modularidade de programas e habilita melhor uso da memória mediante alocação não contígua e compartilhamento. Entretanto, com esses benefícios vem a maior complexidade. Por exemplo, um único par de registradores de limite não é mais suficiente para proteger cada processo da destruição por outro processo. Similarmente, torna-se mais difícil limitar a faixa de acesso de qualquer dado programa. Um esquema para implementar proteção de memória em sistemas de segmentação é a utilização de **chaves de proteção de memória** (Figura 10.24). Nesse caso, cada processo é associado a um valor, denominado chave de proteção. O sistema operacional controla rigorosamente essa chave, que pode ser manipulada somente por instruções privilegiadas. O sistema operacional emprega chaves de proteção da seguinte maneira. Na hora do chaveamento de contexto, o sistema operacional carrega a chave de proteção do processo em um registrador de processo. Quando um processo referenciar um segmento particular, o processador verificará a chave de proteção do bloco que contém o item referenciado. Se a chave de proteção para o processo e o bloco requisitado forem o mesmo, o processo poderá acessar o segmento. Por exemplo, na Figura 10.24, o Processo 2 pode acessar somente os blocos cujo valor da chave de proteção seja 2. Se o processo tentar acessar um bloco com uma chave de proteção diferente, o hardware impedirá o acesso à memória e aos vetores dentro do núcleo (causado por uma exceção de proteção de segmento). Embora as chaves de proteção da memória não sejam o mecanismo de proteção mais comum nos sistemas de hoje, são implementadas na arquitetura Intel IA-64 (na linha de processadores Itanium) e em geral destinadas a sistemas que contenham um espaço de endereçamento virtual.[38]

O sistema operacional pode exercer mais controle de proteção especificando como um segmento pode ser acessado e por quais processos, o que é realizado designando a cada processo certos **direitos de acesso** a segmentos. A Figura 10.25 lista os tipos de controle de acesso mais comuns em uso nos sistemas atuais. Se um processo tiver **acesso de leitura** a um segmento, ele poderá ler dados de qualquer endereço daquele segmento. Se tiver **acesso de escrita** a um segmento, o processo poderá modificar o conteúdo de qualquer dos segmentos e adicionar mais informações. Um processo que receber **acesso de execução** a um segmento poderá passar controle de programa a instruções daquele segmento para execução em um processador. O acesso de execução a um segmento de dados normalmente é negado. Um processo que receber **acesso**

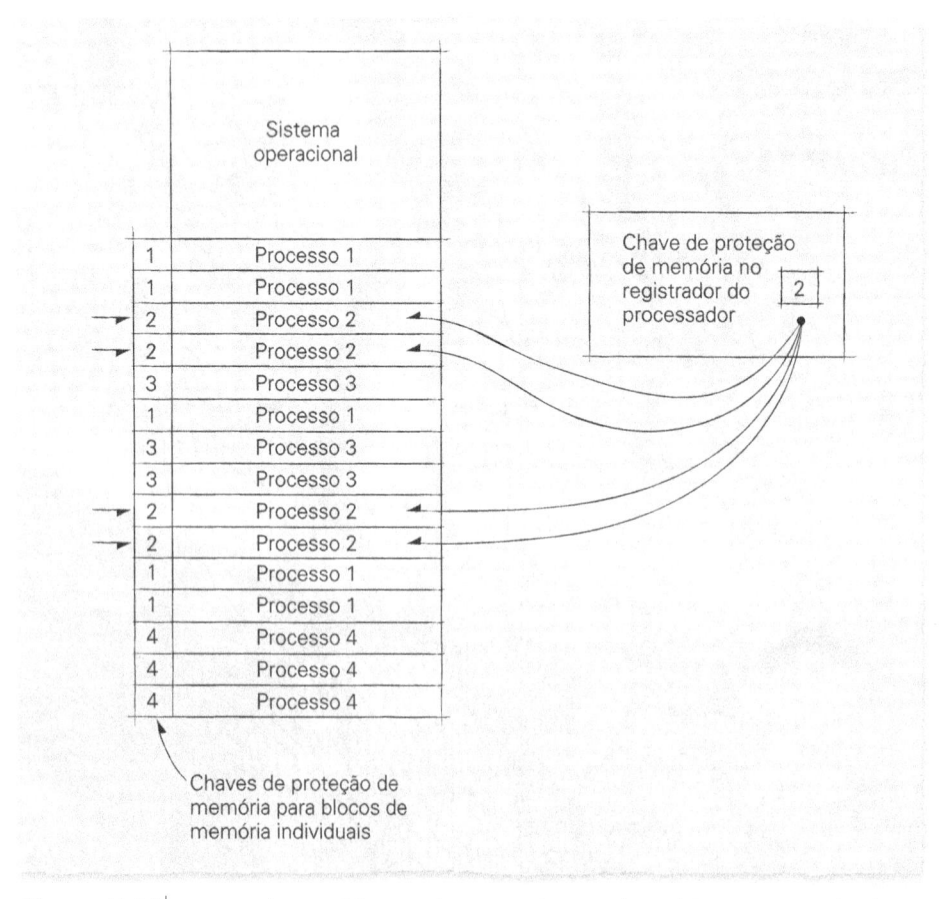

Figura 10.24 | Proteção de memória com chaves em sistemas de multiprogramação de alocação de memória não contígua.

Tipo de acesso	Abreviatura	Descrição
Leitura	R	Este segmento pode ser lido.
Escrita	W	Este segmento pode ser modificado.
Execução	E	Este segmento pode ser executado.
Anexação	A	Este segmento permite anexação de informações ao seu final.

Figura 10.25 | *Tipos de controle de acesso.*

de anexação a um segmento poderá escrever informações adicionais no final do segmento, mas não poderá modificar informações existentes.

Permitindo ou negando cada um desses quatro tipos de acesso, é possível criar 16 **modos de controle de acesso** diferentes. Alguns são interessantes, enquanto outros não fazem sentido. Por questão de simplicidade, considere as oito combinações diferentes de acesso de leitura, escrita e execução mostradas na Figura 10.26.

No modo 0, não é permitido nenhum acesso ao segmento, o que é útil em esquemas de segurança nos quais o segmento não deve ser acessado por um processo particular. No modo 1, um processo recebe permissão de **acesso somente de execução** ao segmento. Esse modo é útil quando se permite que um processo execute instruções no segmento, mas não possa nem modificá-lo nem copiá-lo. Modos 2 e 3 não são úteis — não faz sentido dar a um processo o direito de modificar um segmento sem também lhe dar o direito de ler o segmento. O Modo 4 permite ao processo um **acesso somente de leitura** ao segmento, o que é útil para acessar dados não modificáveis. O Modo 5 permite a um processo **acesso de leitura/execução** a um segmento, o que é útil para código reentrante. Um processo pode fazer sua própria cópia do segmento e, então, modificá-lo. O Modo 6 permite a um processo **acesso de leitura/escrita** a um segmento, o que é útil quando o seg-

Modo	Leitura	Escrita	Execução	Descrição	Aplicação
Modo 0	Não	Não	Não	Nenhum acesso permitido	Segurança.
Modo 1	Não	Não	Sim	Somente execução	Um segmento é disponibilizado para processos que não podem modificá-lo nem copiá-lo, mas podem executá-lo.
Modo 2	Não	Sim	Não	Somente escrita	Essas possibilidades não são úteis, porque conceder acesso de escrita sem acesso de leitura não é prático.
Modo 3	Não	Sim	Sim	Escrita/execução, mas não pode ser lido	
Modo 4	Sim	Não	Não	Somente leitura	Recuperação de informações.
Modo 5	Sim	Não	Sim	Leitura/execução	Um programa pode ser copiado ou executado, mas não pode ser modificado.
Modo 6	Sim	Sim	Não	Leitura/escrita, mas sem execução	Protege dados de uma tentativa errônea de executá-los.
Modo 7	Sim	Sim	Sim	Acesso irrestrito	Esse acesso é concedido a usuários de confiança.

Figura 10.26 | *Combinação de acessos de leitura, escrita e execução que resultam em modos úteis de controle de acesso.*

mento contém dados que podem ser lidos ou escritos pelo processo, mas que devem ser protegidos de execução acidental (o segmento não contém instruções). O Modo 7 permite a um processo **acesso irrestrito** a um segmento, o que é útil para que o processo possa ter acesso total a seus próprios segmentos (como um código automodificador) e para lhe dar status de mais confiável para acessar segmentos de outros processos.

O mecanismo simples de controle de acesso descrito nesta seção é a base da proteção de segmentos implementada em muitos sistemas. A Figura 10.27 mostra um modo pelo qual um sistema pode implementar controle de acesso, incluindo bits de proteção na entrada da tabela de mapas de um segmento. A entrada inclui quatro bits — um para cada tipo de controle de acesso. Agora o sistema pode impor proteção durante a tradução de endereço. Quando um processo fizer uma referência a um segmento na memória virtual, o sistema verificará os bits de proteção para determinar se o processo tem a autorização adequada. Por exemplo, se o processo estiver tentando executar um segmento para o qual não recebeu direitos de execução, não terá autorização para realizar sua tarefa. Nesse caso, é gerada uma exceção de proteção de segmento, que força o sistema operacional a assumir o controle e encerrar o processo.

Revisão

1. Quais direitos de acesso são apropriados para o segmento de pilha de um processo?
2. Qual hardware de propósito especial é requerido para implementar chaves de proteção de memória?

Respostas: 1) Um processo deve ser capaz de ler e escrever dados em seu segmento de pilha e anexar novas estruturas de pilha ao segmento. 2) Um registrador de alta velocidade é exigido para armazenar a chave de proteção de memória do processo corrente.

10.6 Sistemas de segmentação/paginação

Na qualidade de organizações de memória virtual, tanto a segmentação quanto a paginação oferecem vantagens significativas. Começando com sistemas construídos em meados da década de 60, em particular o Multics e o TSS da IBM, foram construídos muitos sistemas de computador que combinam paginação e segmentação.[39, 40, 41, 42, 43, 44] Esses sistemas oferecem as vantagens das duas técnicas de organização de memória virtual que apresentamos neste capítulo. Em um sistema combinado de segmentação/paginação, segmentos usualmente são arranjados ao longo de várias páginas. Nem todas as páginas de um segmento precisam estar na memória principal ao mesmo tempo, e páginas de memória virtual que são contíguas na memória virtual não precisam ser contíguas na memória principal. Segundo esse esquema, um endereço de memória virtual é implementado como uma tripla ordenada $v = (s, p, d)$, onde s é o número do segmento, p é o número da página dentro do segmento e d é o deslocamento dentro da página no qual o item desejado está localizado (Figura 10.28).

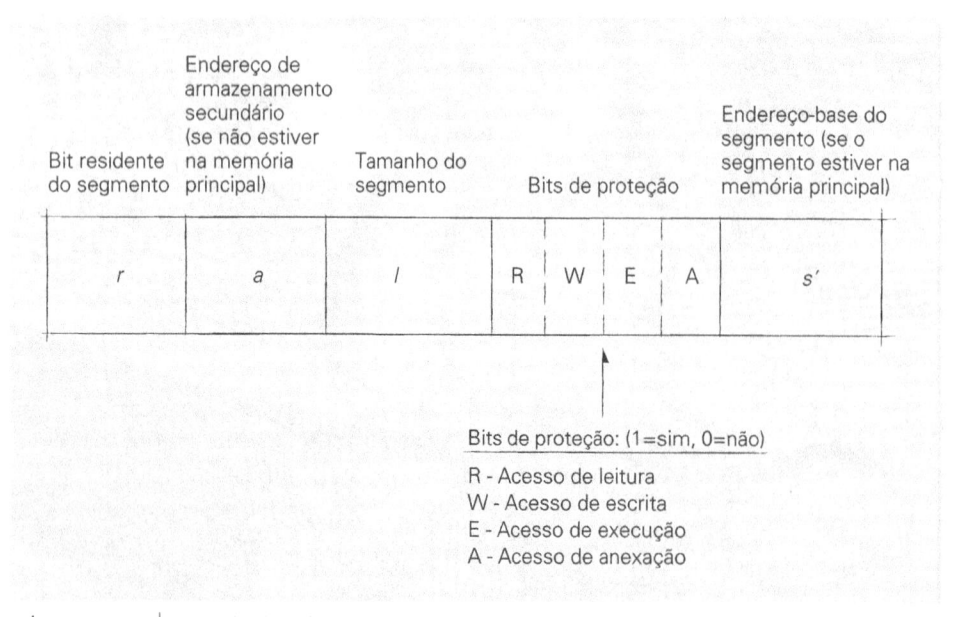

Figura 10.27 | Entrada da tabela de mapa de segmento com bits de proteção.

Figura 10.28 | *Formato de endereço virtual em um sistema de segmentação/paginação.*

10.6.1 Tradução dinâmica de endereço em um sistema de segmentação/paginação

Considere a tradução dinâmica de endereços virtuais para endereços reais em um sistema paginado e segmentado que use mapeamento combinado associativo/direto, como ilustrado na Figura 10.29.

Um processo referencia o endereço virtual $v = (s, p, d)$. As páginas referenciadas mais recentemente têm entradas no mapa de memória associativo (o TLB). O mecanismo de tradução executa uma busca associativa para tentar localizar (s, p). Se o TLB contiver (s, p), a busca retornará p', a moldura de página na qual reside a página p. Esse valor é concatenado com o deslocamento, d, para formar o endereço de memória real r.

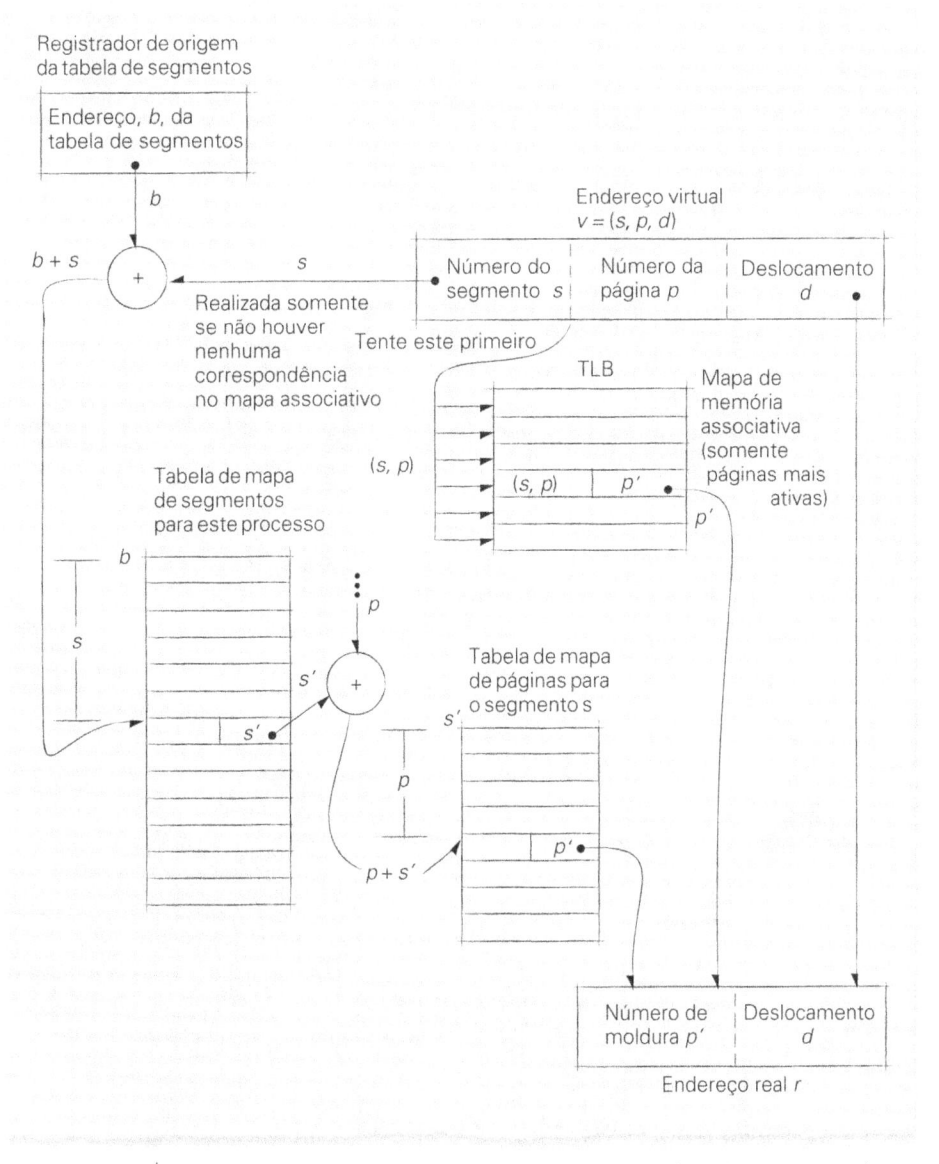

Figura 10.29 | *Tradução de endereço virtual com mapeamento combinado associativo/direto em um sistema de segmentação/paginação.*

Se o TLB não contiver uma entrada para (s, p), o processador deverá realizar um mapeamento direto como descrito a seguir. O endereço-base, b, da tabela de mapas de segmentos (na memória principal) é adicionado ao número do segmento, s, para formar o endereço, $b + s$. Esse endereço corresponde à localização da memória física da entrada do segmento na tabela de mapa de segmentos. A entrada da tabela do mapa de segmentos indica o endereço-base, s', da tabela de páginas (na memória principal) para o segmento s. O processador adiciona o número de página, p, ao endereço-base, s', para formar o endereço da entrada da tabela de páginas p do segmento s. Essa entrada de tabela indica que p' é o número da moldura de página correspondente à página virtual p. Esse número de moldura, p', é concatenado com o deslocamento, d, para formar o endereço real, r. Então a tradução é carregada no TLB.

Esse esquema de tradução considera que o processo fez uma referência válida à memória e que cada informação requerida para o processo está localizada na memória principal. Contudo, sob muitas condições, a tradução de endereço pode exigir etapas extras ou falhará. A busca na tabela de mapas de segmentos pode indicar que o segmento s não esteja na memória principal, gerando assim uma falha por ausência de segmento e forçando o sistema operacional a localizar o segmento em armazenamento secundário, criar uma tabela de páginas para o segmento e carregar a página apropriada na memória principal. Se o segmento estiver na memória principal, a referência à tabela de páginas poderá indicar que a página desejada não está na memória principal, iniciando uma falta de página, o que forçaria o sistema operacional a assumir o controle, localizar a página no armazenamento secundário e carregá-la na memória principal. Também é possível que um processo tenha referenciado um endereço de memória virtual que ultrapasse a faixa do segmento, gerando, assim, uma exceção de estouro de segmento. Ou os bits de proteção podem indicar que a operação a ser executada no endereço virtual referenciado não é permitida, gerando, desse modo, uma exceção de proteção de segmento. O sistema operacional deve tratar todas essas possibilidades.

A memória associativa (ou, similarmente, uma memória cache de alta velocidade) é crítica para a operação eficiente desse mecanismo de tradução dinâmica de endereço. Se fosse usado um mecanismo de mapeamento direto puro, com o mapa completo mantido na memória principal, a referência média à memória virtual exigiria um ciclo de memória para acessar a tabela de mapas de segmentos, um segundo ciclo para referenciar a tabela de páginas e um terceiro para referenciar o item desejado na memória principal. Assim, cada referência a um item envolveria três ciclos de memória, e o sistema de computador executaria somente a uma pequena fração de sua velocidade normal, o que invalidaria os benefícios da memória virtual.

A Figura 10.30 indica a estrutura detalhada da tabela exigida por sistemas de segmentação/paginação. No nível superior está uma tabela de processos que contém uma entrada para cada processo do sistema. Cada entrada da tabela de processos contém um ponteiro para a tabela de mapas de segmentos de seu processo. Cada entrada da tabela de mapas de segmentos de um processo aponta para a tabela de páginas para o segmento associado, e cada entrada de uma tabela de páginas aponta ou para a moldura de página na qual aquela página reside ou para o endereço de armazenamento secundário no qual a página pode ser encontrada. Em um sistema com um grande número de processos, segmentos e páginas, essa estrutura de tabela pode consumir uma fração significativa de memória principal. O benefício de manter todas as tabelas na memória principal é que a tradução de endereço é realizada mais rapidamente no tempo de execução. Todavia, quanto mais tabelas um sistema mantiver na memória principal, menos processos ele poderá suportar e, assim, a produtividade diminuirá. Projetistas de sistemas operacionais devem avaliar muitas dessas permutas para atingir o delicado equilíbrio necessário para que um sistema execute eficientemente e proporcione serviço responsivo aos usuários do sistema.

Revisão

1. Qual hardware de propósito especial é exigido para sistemas de segmentação/paginação?
2. De que maneira sistemas de segmentação/paginação incorrem em fragmentação?

Respostas: **1)** Sistemas de segmentação/paginação requerem um registrador de alta velocidade para armazenar o endereço-base da tabela de mapas de segmentos, um registrador de alta velocidade para armazenar o endereço-base da tabela de páginas correspondente e um mapa de memória associativo (um TLB). **2)** Sistemas de segmentação/paginação podem incorrer em fragmentação interna quando um segmento for menor do que a(s) página(s) na(s) qual(is) é colocado. Incorrem também em fragmentação de tabelas, porque mantêm na memória tabelas de mapas de segmentos e também tabelas de páginas. Sistemas de segmentação/paginação não incorrem em fragmentação externa (permitindo que o sistema utilize somente um tamanho de página) porque, em última instância, a memória é dividida em molduras de página de tamanho fixo, que podem acomodar qualquer página de qualquer segmento.

10.6.2 Compartilhamento e proteção em um sistema de segmentação/paginação

Sistemas de memória virtual de segmentação/paginação tiram proveito da simplicidade arquitetônica da paginação e das capacidades de controle de acesso da segmentação. Nesse tipo de sistema os benefícios do compartilhamento de segmento

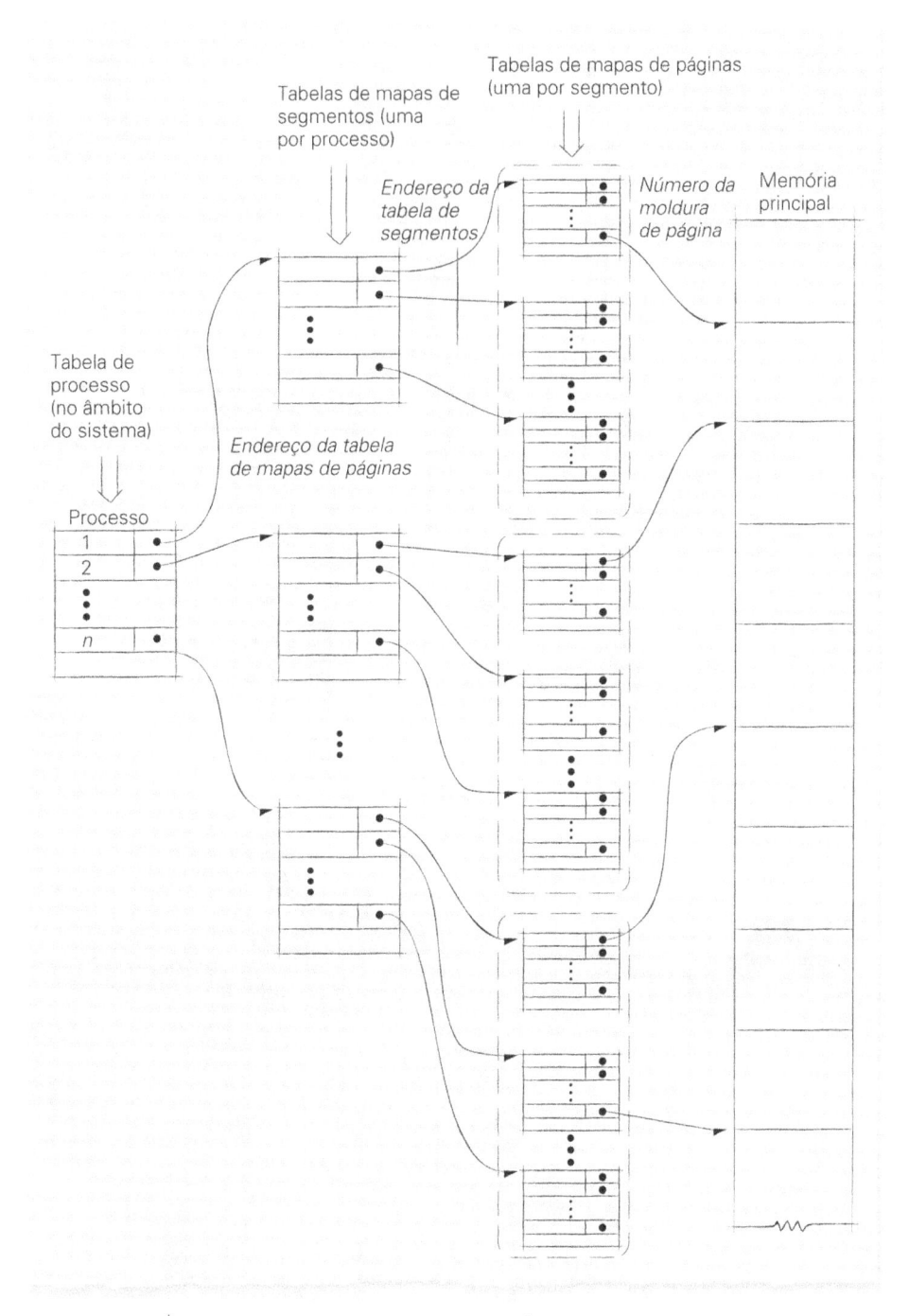

Figura 10.30 | *Estrutura de tabela para um sistema de segmentação/paginação.*

tornam-se importantes. Dois processos compartilham memória quando cada um tem uma entrada de tabela de mapas de segmentos que aponta para a mesma página, como indicado na Figura 10.31.

Compartilhamento, quer em sistemas paginados, quer em sistemas segmentados, ou em sistemas de segmentação/paginação, requer gerenciamento cuidadoso pelo sistema operacional. Em particular, considere o que aconteceria se uma página que estivesse chegando substituísse uma página compartilhada por muitos processos. Nesse caso, o sistema operacional deve atualizar o bit residente das entradas de tabelas de páginas correspondentes para cada processo que estivesse compartilhando a página. O sistema operacional pode incorrer em substancial sobrecarga determinando quais processos estão compartilhando a página e quais PTEs das suas tabelas de páginas devem ser mudadas. Como discutiremos na Seção 20.6.4, "Troca de páginas (Swapping)", o Linux reduz essa sobrecarga mantendo uma lista encadeada de PTEs que mapeiam para uma página compartilhada.

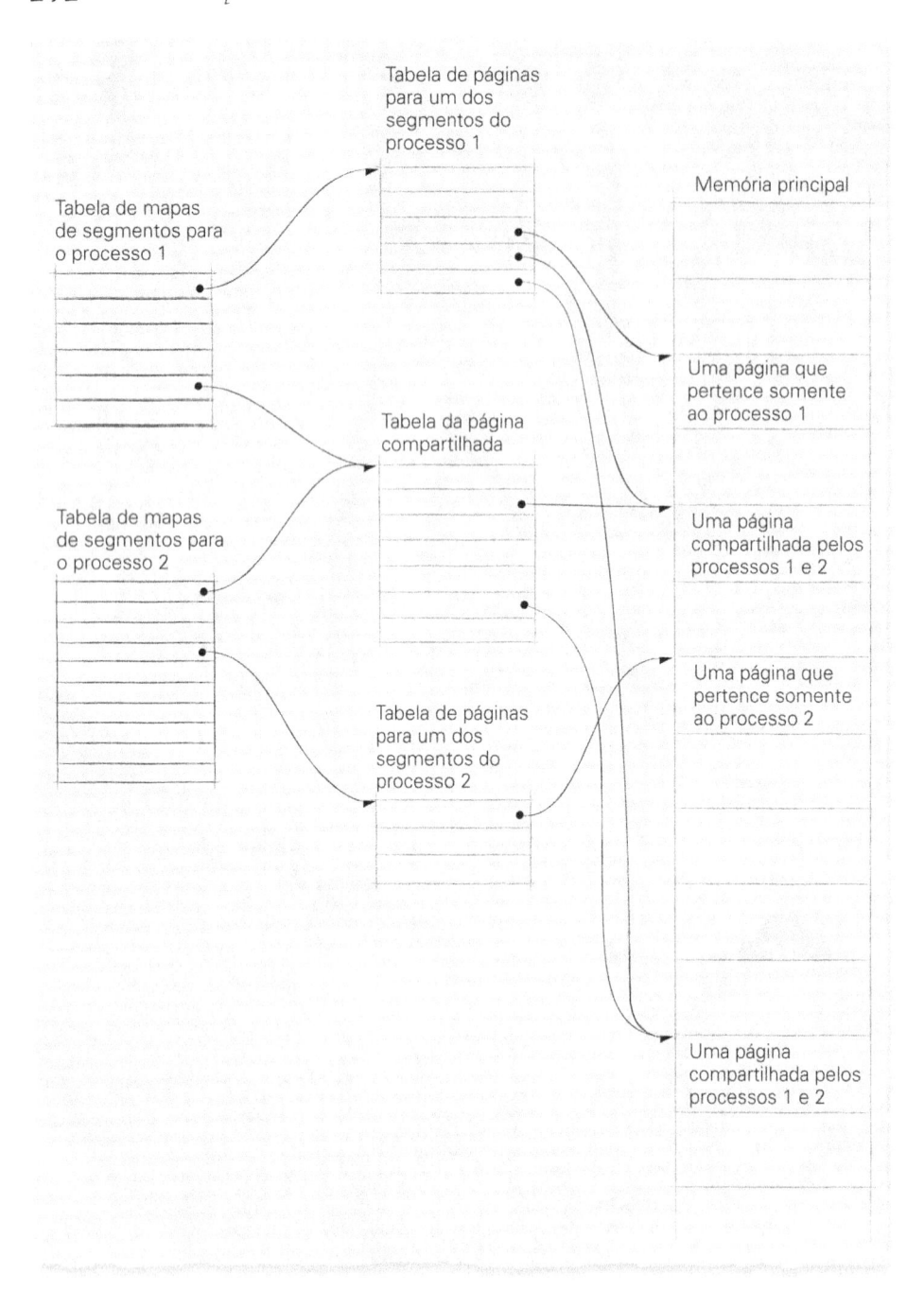

Figura 10.31 | *Dois processos que compartilham um segmento em um sistema de segmentação/paginação.*

Revisão

1. Por que sistemas de segmentação/paginação são atraentes?
2. Quais os benefícios e desvantagens de manter uma lista encadeada de PTEs que mapeiam para uma página compartilhada?

Respostas: **1)** Sistemas de segmentação/paginação oferecem a simplicidade arquitetônica da paginação e as capacidades de controle de acesso da segmentação. **2)** Uma lista encadeada de PTEs habilita o sistema a atualizar PTEs rapidamente quando uma página compartilhada for substituída. Não fosse assim, o sistema operacional precisaria pesquisar a tabela de páginas de cada processo para determinar se alguma PTE precisaria ser atualizada, o que pode incorrer em substancial sobrecarga. Uma desvantagem da lista encadeada de PTEs é que ela incorre em sobrecarga de memória. Nos sistemas atuais, contudo, o custo de acessar a memória principal para pesquisar tabelas de páginas geralmente contrabalança a sobrecarga de memória incorrida em manter a lista encadeada.

10.7 Estudo de caso: memória virtual da arquitetura Intel IA-32

Nesta seção discutiremos a implementação de memória virtual da arquitetura Intel IA-32 (ou seja, a linha de processadores Pentium) que suporta implementação de memória virtual ou de segmentação pura ou de segmentação/paginação.[45] O conjunto de endereços contido em cada segmento é denominado **espaço de endereçamento lógico** e seu tamanho depende do tamanho do segmento. Segmentos são posicionados em qualquer localização disponível dentro do **espaço de endereçamento linear** do sistema, que é um espaço de endereçamento virtual de 32 bits (4 GB). Sob segmentação pura, o processador usa endereços lineares para acessar a memória principal. Se a paginação for habilitada, o espaço de endereçamento linear será dividido em molduras de página de tamanho fixo mapeadas para a memória principal.

O primeiro estágio da tradução dinâmica de endereço mapeia endereços virtuais segmentados para o espaço de endereçamento linear. Pelo fato de não existir nenhum meio de desabilitar a segmentação na especificação IA-32, essa tradução ocorre para cada referência da memória. Cada endereço virtual segmentado pode ser representado pelo par ordenado $v = (s, d)$, como discutido na Seção 10.5.1. Na arquitetura IA-32, s é especificado por um **seletor de segmento** de 16 bits e d por um deslocamento de 32 bits (o deslocamento dentro do segmento s' no qual o item referenciado está localizado). O índice do segmento, ou seja, os 13 bits mais significativos do seletor de segmento, especifica uma entrada de 8 bits na tabela de mapas de segmentos.

Para acelerar a tradução sob segmentação, a arquitetura IA-32 fornece seis **registradores de segmentos**, denominados CS, DS, SS, ES, FS e GS para armazenar os seletores de segmentos de um processo. O sistema operacional normalmente usa o registrador CS para armazenar o seletor de segmento de código de um processo (que normalmente corresponde ao segmento que contém suas instruções executáveis), o registrador DS para armazenar o seletor de segmento de dados de um processo e o registrador SS para armazenar o seletor de segmento de pilha de um processo (que normalmente corresponde ao segmento que contém sua pilha de execução). Os registradores ES, FS e GS podem ser usados para quaisquer outros seletores de segmento de processo. Antes que um processo possa referenciar um endereço, o seletor de segmento correspondente deve ser carregado em um registrador de segmento, o que habilita o processo a referenciar endereços usando o deslocamento de 32 bits, de modo que ele não tem de especificar o seletor de segmento de 16 bits para cada referência da memória.

Para localizar uma entrada de tabela de mapas de segmentos, o processador multiplica o índice do segmento por 8 (o número de bytes por entrada de tabela de mapas de segmentos) e adiciona aquele valor a b, o endereço armazenado no registrador de origem da tabela de mapas de segmentos. A arquitetura IA-32 fornece dois registradores de origem de tabela de mapas de segmentos, o **registrador de tabela global de descritores** (*Global Descriptor Table Register* — **GDTR**) e o **registrador de tabela local de descritores** (*Local Descriptor Table Register* — **LDTR**). Os valores de GDTR e LDTR são carregados na hora do chaveamento de contexto.

A tabela primária de mapas de segmentos é a **tabela global de descritores** (*Global Descriptor Table* — **GDT**) que contém 8.192 (2^{13}) entradas de 8 bits. A primeira entrada não é usada pelo processador — referências a um segmento que correspondam a essa entrada gerarão uma exceção. Sistemas operacionais carregam o valor correspondente a essa entrada nos registradores de segmentos não utilizados (por exemplo, ES, FS e GS) para impedir que os processos acessem um segmento inválido. Se o sistema usar uma tabela de mapas de segmentos para todos os seus processos, o GDT será a única tabela de mapas de segmentos do sistema. Para sistemas operacionais que devem manter mais do que 8.192 segmentos, ou que mantenham uma tabela de mapas de segmentos separada para cada processo, a arquitetura IA-32 fornece **tabelas locais de descritores** (*Local Descriptor Tables* — **LDTs**), cada uma contendo 8.192 entradas. Nesse caso, o endereço-base de cada LDT deve ser armazenado na GDT porque o processador coloca a LDT em um segmento. Para executar tradução de endereço rapidamente, o endereço-base da LTD, b, é colocado no LDTR. O sistema operacional pode criar até 8.191 tabelas de mapas de segmentos separadas usando LDTs (lembre-se de que a primeira entrada da GDT não é usada pelo processador).

Cada entrada de tabela de mapas de segmentos, denominada **descritor de segmento**, armazena um **endereço-base** de 32 bits, s', que especifica a localização do início do segmento no espaço de endereçamento virtual. O sistema forma um endereço linear adicionando o deslocamento, d, ao endereço-base do segmento, s'. Sob segmentação pura, o endereço linear $s' + d$ é o endereço real.

O processador verifica cada referência contra os bits residente e de proteção do descritor antes de acessar a memória principal. O **bit presente** do descritor do segmento indica se o segmento está na memória principal; se estiver, a tradução de endereço prosseguirá normalmente. Se o bit presente estiver desativado, o processador gerará uma **exceção de segmento não presente**, de modo que o sistema operacional poderá carregar o segmento por meio do armazenamento secundário. [*Nota*: A utilização dos termos 'falha' e 'exceção' na especificação IA-32 é diferente do resto do texto (veja a Seção 3.4.1, "Classes de interrupção"). A exceção de segmento não presente corresponde a uma falha de segmento ausente.] O processador também verifica cada referência em relação ao **segmento-limite** de 20 bits, l, do descritor de segmento, que especifica o tamanho do segmento. O sistema usa o **bit de granularidade** do descritor de segmento para determinar como interpretar o valor especificado no limite do segmento. Se o bit de granularidade estiver desativado, o tamanho dos segmentos poderá variar na faixa de 1 byte ($l = 0$) a 1 MB ($l = 2^{20}-1$) em incrementos de 1 byte. Nesse caso, se $d > l$, o sistema gerará uma exceção de **falha de proteção geral** (*General Protection Fault* — **GPF**), indicando que um processo tentou acessar memória fora do seu segmento. [*Nota*: Novamente, a utilização do termo 'falha' na especificação do IA-32 é diferente da usada no resto do texto.] Se o bit de granularidade estiver ativado, o tamanho dos segmentos poderá variar na faixa de 4 KB ($l = 0$) a 4 GB ($l = 2^{20} - 1$) em incrementos de 4 KB. Nesse caso, se $d > (l \times 2^{12})$, o processador gerará uma exceção GPF, indicando que um processo tentou acessar memória fora do seu segmento.

A arquitetura IA-32 mantém os direitos de acesso do processo a um segmento no campo de **tipo** de cada entrada de tabela de mapas de segmentos. O **bit de código/dados** do campo de tipo determina se o segmento contém instruções executáveis ou dados de programa. O acesso de execução é habilitado quando esse bit estiver ativado. O campo de tipo também contém um **bit de leitura/escrita** que determina se o segmento é somente de leitura ou de leitura/escrita.

Se a paginação for habilitada, o sistema operacional poderá dividir o espaço de endereçamento virtual (o espaço de endereçamento virtual no qual os segmentos são colocados) em páginas de tamanho fixo. Como discutiremos no próximo capítulo, o tamanho de página pode causar impacto significativo no desempenho; assim, a arquitetura IA-32 suporta páginas de 4 KB, 2 MB e 4 MB. Quando são usadas páginas de 4 KB, a arquitetura IA-32 mapeia cada endereço linear para um endereço físico utilizando um mecanismo de tradução de endereço de página de dois níveis. Nesse caso, cada endereço linear de 32 bits é representado por $v' = (t, p, d)$, onde t é um número de tabela de páginas de 10 bits, p é um número de página de 10 bits e d é um deslocamento de 12 bits. A tradução do endereço de página ocorre exatamente como descrito na Seção 10.4.4. Para localizar a entrada do diretório de páginas, t é adicionado ao valor do registrador de origem do diretório de páginas (análogo ao registrador de origem de tabela de páginas). Cada **entrada de diretório de páginas** (*Page Directory Entry* — **PDE**) de quatro bytes especifica b, o endereço-base de uma tabela de páginas contendo entradas de tabela de páginas de 4 bytes (PTEs). Para formar o endereço físico no qual a entrada da tabela de páginas reside, o processador multiplica p por 4 (porque cada PTE ocupa 4 bytes) e adiciona b. As PTEs e PDEs mais ativas são armazenadas no TLB de um processador para acelerar as traduções de endereço físico para virtual.

Quando são usadas páginas de 4 MB, cada endereço linear de 32 bits é representado como $v' = (p, d)$, onde p é um número de diretório de páginas de 10 bits e d é um deslocamento de 22 bits. Nesse caso, a tradução de endereço de página ocorre exatamente como descrita na Seção 10.4.3.

Cada referência de página é verificada em relação ao bit de leitura/escrita de sua PDE e PTE. Quando o bit estiver ativado, todas as páginas da tabela de páginas da PDE serão somente de leitura; senão, serão de leitura/escrita. Similarmente, cada bit de leitura/escrita da PTE especifica o direito de acesso à leitura/escrita para sua página correspondente.

Uma limitação dos espaços de endereçamento físico de 32 bits é que o sistema pode acessar, no máximo, 4 GB de memória principal. Pelo fato de alguns sistemas conterem mais do que isso, a arquitetura IA-32 fornece os recursos de extensão de endereço físico (Physical Address Extension — PAE) e de extensão de tamanho de página (Page Size Extension — PSE) que habilitam um sistema a referenciar endereços físicos de 36 bits, suportando um tamanho máximo de memória de 64 GB. A implementação desses recursos está além do escopo desta discussão; aconselhamos o leitor a estudar esses e outros recursos da especificação IA-32, que podem ser encontrados on-line em IA-32 Intel Architecture Software Developer's Manual, v. 3, localizado no endereço developer.intel.com/design/Pentium4/manuals/. A seção "Recursos da Web" contém links para diversos manuais que descrevem implementações de memória virtual em outras arquiteturas, como PowerPC e PA-RISC.

Miniestudo de caso

Sistemas operacionais de computadores de grande porte da IBM

O primeiro computador comercial com lógica de transistor para uso geral foi o IBM 7090, lançado em 1959. Seu sistema operacional era denominado IBSYS.[46, 47] O IBSYS mal chegava a duas dúzias de componentes, entre eles módulos para as linguagens de programação FORTRAN e COBOL, além de gerenciadores de recursos.[48]

Em 1964, a IBM anunciou seu próximo conjunto de sistemas, a linha System/360, que consistia em diversos modelos diferentes de capacidades de processamento variadas, todas executando segundo a mesma arquitetura.[49, 50] Os modelos menores executavam sob o Disk Operating System ou DOS, enquanto o resto vinha com OS/360.[51, 52, 53]

Ter um mesmo sistema operacional executando em diversos modelos de computador era um conceito relativamente novo na época.[54] O OS/360 tinha três opções diferentes de controle: PCP, MFT e MVT.[55, 56] O OS/360-PCP (Principal Control Program) era monotarefa e projetado para os modelos menores do System/360; porém, na prática, o DOS (ou TOS para sistemas com unidades de fita somente) era usado nesses computadores.[57, 58] O OS/360-MFT e o OS/360-MVT eram ambos multitarefa, com um 'número fixo de tarefas' e 'um número variável de tarefas', respectivamente, o que significava que um sistema executando a opção MFT tinha suas divisões de memória preestabelecidas pelo operador, enquanto sob MVT a memória podia ser dividida pelo sistema automaticamente à medida que chegavam novos jobs.[59, 60] Um grande projeto denominado TSS (Time-Sharing System), para construir um sistema operacional multiusuário que concorreria com o Multics, foi eventualmente cancelado quando o TSS provou ser muito grande e cair muito freqüentemente.[61] Sua funcionalidade foi implementada como TSO (Time-Sharing Option) em 1971.[62, 63]

A IBM anunciou o hardware System/370 em 1970 que, na época, incluía suporte para memória virtual.[64] Para utilizar essa nova capacidade, o OS/360-MFT foi atualizado e recebeu um novo nome, OS/VS1, enquanto a opção MVT também foi atualizada de modo semelhante e denominada OS/VS2 SVS (Single Virtual Storage), porque tinha somente um espaço de endereçamento virtual de 16 MB compartilhado por todos os usuários.[65, 66] Foi novamente atualizado mais tarde para permitir qualquer número desses espaços de memória, portanto, foi rebatizado como OS/VS2 MVS, ou simplesmente MVS (Multiple Virtual Storages).[67, 68]

O MVS foi atualizado para MVS/370, que logo suportava o novo recurso de memória cruzada do hardware System/370; memória cruzada é um mecanismo que separa dados e códigos no espaço da memória.[69, 70] Além disso, pelo fato de o espaço de memória de 16 MB ter sido rapidamente ocupado por programas de extensão do sistema, os processadores nessa época usavam um endereço de 26 bits, permitindo 64 MB de memória real; entretanto, enquanto o MVS/370 suportava essa capacidade de memória real, ainda utilizava um endereço de 24 bits e, portanto, usava somente 16 MB de espaço de memória virtual.[71,72]

Dois anos mais tarde, a IBM passou para processadores 3081 executando na 'arquitetura estendida' (Extended Architecture) 370-XA.[73, 74] O MVS/370 foi atualizado, nova funcionalidade foi adicionada, e o pacote resultante lançado subseqüentemente como MVS/XA em 1983.[75, 76] Esse OS agora permitia 2 GB de memória virtual, satisfazendo muito mais facilmente os requisitos de espaço de qualquer programa.[77]

Em 1988 a IBM atualizou o hardware mais uma vez, passando para os processadores ES/3090 na arquitetura ESA/370 (Enterprise System Architecture — arquitetura de sistema empresarial).[78] A ESA introduziu espaços de memória que eram usados somente para dados, o que facilitava movimentar dados para processamento.[79] O MVS/XA passou para MVS/ESA para esses novos sistemas.[80, 81] O MVS/ESA foi atualizado significativamente em 1991 para o novo hardware ESA/390, que incluía mecanismos para ligar máquinas IBM a um cluster solto (SYSPLEX)[82] e mudar as configurações de dispositivos de E/S sem a necessidade de tirar a máquina de linha (ESCON).[83]

O MVS ainda é a raiz dos sistemas operacionais de grande porte da IBM, pois o MVS/ESA foi atualizado para OS/390 em 1996 para o hardware System/390;[84] agora ele tem o nome de z/OS e executa nos computadores de grande porte zSeries.[85] Além disso, os sistemas operacionais de computadores de grande porte da IBM continuaram compatíveis com versões mais antigas; o OS/390 pode executar aplicações escritas para MVS/ESA, MVS/XA, OS/VS2, ou até mesmo OS/360.[86]

Miniestudo de caso

Os primórdios da história do sistema operacional VM

Uma máquina virtual é a ilusão de uma máquina real. É criada por um sistema operacional de máquina virtual que faz uma única máquina real parecer com diversas máquinas reais. Do ponto de vista do usuário, máquinas virtuais podem parecer máquinas de existência real, ou podem ser drasticamente diferentes. O conceito provou ser valioso, e muitos sistemas operacionais de máquina virtual foram desenvolvidos — um dos mais amplamente usados é o VM da IBM.

O VM gerenciava o computador IBM System/370[87, 88] (ou hardware compatível), criando a ilusão de que cada um dos diversos usuários tinha um System/370 completo, incluindo muitos dispositivos de entrada/saída. Cada usuário podia escolher um sistema operacional diferente.

O VM pode executar diversos sistemas operacionais simultaneamente, cada um deles em sua própria máquina virtual. Hoje, os usuários do VM podem executar versões do sistema operacional OS/390, zOS, TPF, VSE/ESA, CMS e Linux.[89]

Sistemas de multiprogramação convencionais compartilham os recursos de um único computador entre diversos processos. A cada um desses processos é alocada uma parte dos recursos da máquina real. Cada processo vê uma máquina de tamanho e capacidades menores do que a máquina real que executa o processo.

Sistemas de multiprogramação de máquina virtual (Figura 10.32) compartilham os recursos de uma máquina única de maneira diferente; criam a ilusão de que uma máquina real é, na verdade, diversas máquinas. Criam processadores virtuais, armazenamento virtual e dispositivos de E/S virtuais, possivelmente com capacidades muito maiores do que as da máquina real subjacente.

Os principais componentes do VM são: o programa de controle (Control Program — CP), o sistema de monitoração conversacional (Conversational Monitor System — CMS), o subsistema de comunicações de spooling remoto (Remote Spooling Communications Subsystem — RSCS), o sistema interativo de controle de problemas (Interactive Problem Control System — IPCS) e o recurso de lote CMS (CMS Batch Facility). O CP cria o ambiente no qual as máquinas virtuais podem executar; fornece suporte para os vários sistemas operacionais normalmente usados para controlar o System/370 e sistemas de computador compatíveis; gerencia a máquina real subjacente ao ambiente de máquina virtual; dá, a cada usuário, acesso às facilidades da máquina real como o processador, armazenamento e dispositivos de E/S; e multiprograma máquinas virtuais completas em vez de tarefas ou processos individuais. O CMS é um sistema de aplicação que possui capacidades poderosas para desenvolvimento interativo de programas. Contém editores, tradutores de linguagens, vários pacotes de aplicação e ferramentas de depuração. Máquinas virtuais que funcionam sob CP executam como se fossem máquinas reais, exceto que funcionam mais lentamente, pois o VM executa muitas máquinas virtuais simultaneamente.

A capacidade do VM de executar vários sistemas operacionais simultaneamente tem muitas aplicações:[90,91] facilita a migração entre sistemas operacionais diferentes ou entre versões diferentes do mesmo sistema operacional; e capacita o treinamento simultâneo de usuários com sistemas de produção em operação. O desenvolvimento do sistema pode ocorrer simultaneamente com a atividade de produção. Clientes podem executar sistemas operacionais diferentes simultaneamente para explorar os benefícios de cada um deles. Executar vários sistemas operacionais oferece um tipo de backup em caso de falha, o que aumenta a disponibilidade. Instalações podem executar padrões de comparação em novos sistemas operacionais para determinar se vale a pena fazer atualizações; e isso pode ser efetuado em paralelo com a atividade de produção.

Processos que executam em uma máquina virtual não são controlados pelo CP, mas pelo sistema operacional propriamente dito que está em execução naquela máquina virtual. Os sistemas operacionais que executam em máquinas virtuais realizam a faixa completa de funções, incluindo gerenciamento de armazenamento, escalonamento de processador, controle de entrada/saída, proteção de usuários uns contra os outros, proteção do sistema operacional contra usuários, spooling, multiprogramação, controle de jobs e processos, tratamento de erros e assim por diante.

O VM simula uma máquina inteira dedicada a um só usuário. O usuário de uma máquina virtual VM vê o equivalente a uma máquina real completa, em vez de muitos usuários compartilhando um conjunto de recursos.

O CP/CMS começou como um sistema experimental em 1964. A intenção era de que ele fosse um sistema de compartilhamento de tempo de segunda geração baseado nos computadores IBM System/360.[92] Originalmente desenvolvido para uso local no Cambridge Scientific Center da IBM, logo conquistou preferência como uma ferramenta para avaliar o desempenho de outros sistemas operacionais.

A primeira versão do sistema operacional surgiu em 1966 e consistia no CP-40 e CMS. Esses componentes foram projetados para executar em um IBM 360/40 com hardware de tradução dinâmica de endereço recém-incorporado. Mais ou menos nessa época a IBM anunciou uma atualização do seu poderoso 360/65. O novo sistema, 360/67, incorporava hardware de tradução dinâmica de endereço e fornecia a base para uma utilidade de computador de propósito geral, de tempo compartilhado, denominada TSS/360.[93] Todo o empenho em torno do TSS, realizado independentemente do trabalho no CP/CMS, encontrou muitas dificuldades (típicas de realizações de software de grande escala em meados da década de 1960). Enquanto isso, o CP/CMS foi transferido com sucesso para o 360/67 e, por fim, superou o trabalho referente ao TSS. O CP/CMS evoluiu para VM/370, tornando-se disponível em 1972 para os modelos de armazenamento virtual da série IBM 370.[94]

O CTSS, usado com sucesso pelo MIT durante todo o ano de 1974, influenciou fortemente o projeto do CP/CMS. Os projetistas do CP/CMS constataram que era muito difícil trabalhar com o projeto CTSS. Acreditaram que uma abordagem mais modular seria apropriada e, portanto, separaram a parte de gerenciamento de recursos da de suporte do sistema operacional, resultando em CP e CMS, respectivamente. CP fornece ambientes de computação separados que dão a cada usuário total acesso a uma máquina virtual completa; CMS executa em uma máquina virtual criada por CP, como um sistema interativo monousuário.

A decisão mais significativa em relação ao projeto do CP estava no fato de que cada máquina virtual duplicaria uma máquina real. Ficou claro que o conceito da família

360 criaria uma longa vida para os programas 360; usuários que precisassem de maior capacidade simplesmente passariam para um grau acima na família, para um sistema compatível com maior capacidade de armazenamento, um número maior de dispositivos e processador mais veloz. Qualquer decisão de produzir máquinas virtuais com estruturas diferentes de uma 360 real provavelmente teria resultado no fracasso do sistema CP/CMS. Em vez disso, o conceito foi bem-sucedido, transformando o VM em um dos dois principais sistemas operacionais para computadores de grande porte da IBM na década de 90. A IBM continua a criar novas versões do VM para uso em seus servidores de grande porte, sendo o mais recente o z/VM, que suporta a arquitetura de 64 bits da IBM.[95]

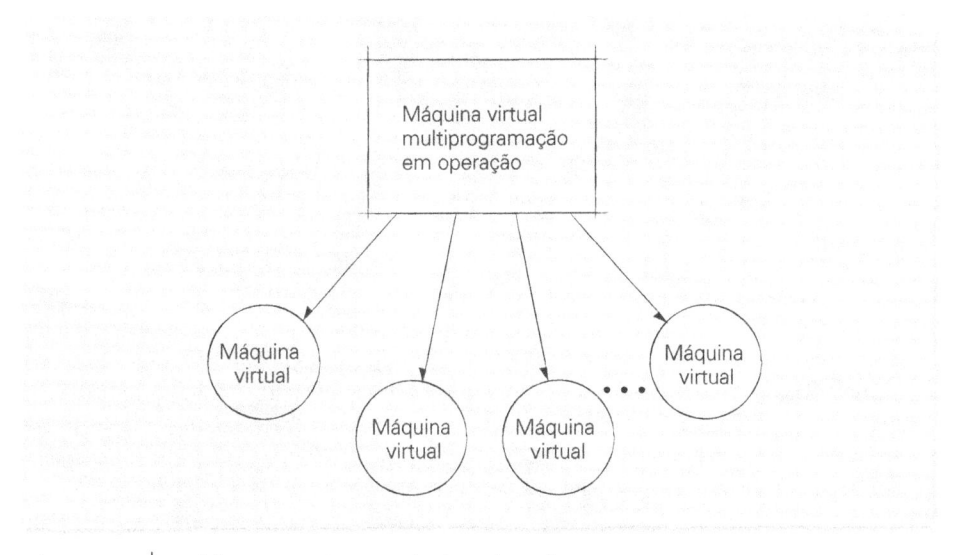

Figura 10.32 | *Multiprogramação em máquina virtual.*

Resumo

Sistemas de memória virtual resolvem o problema do espaço de memória limitado criando a ilusão de que existe mais memória do que a disponível no sistema. Há dois tipos de endereços em sistemas de memória virtual: os referenciados por processos e os disponíveis na memória principal. Endereços referenciados por processos são denominados endereços virtuais; endereços disponíveis na memória principal são denominados endereços físicos (ou reais). Sempre que um processo acessar um endereço virtual, deve traduzi-lo para um endereço real, o que é feito pela unidade de gerenciamento de memória (MMU).

O espaço de endereçamento virtual, V, de um processo é a faixa de endereços virtuais que ele pode referenciar. A faixa de endereços físicos disponível em um sistema de computador particular é denominada espaço de endereçamento real, R, daquele computador. Se quisermos que o espaço de endereçamento virtual de um usuário seja maior do que seu espaço de endereçamento real, devemos fornecer um meio para reter programas e dados em uma grande unidade de armazenamento auxiliar. Um sistema normalmente consegue isso empregando um esquema de armazenamento de dois níveis consistindo em memória principal e armazenamento secundário. Quando o sistema está pronto para executar um processo, ele carrega o código e os dados do processo do armazenamento secundário para a memória principal; somente uma pequena fração do código e dos dados de um processo precisa estar na memória principal para que aquele processo execute.

Mecanismos de tradução dinâmica de endereços (DAT) convertem endereços virtuais em endereços físicos durante a execução. Sistemas que usam DAT exibem a seguinte propriedade: os endereços contíguos do espaço de endereçamento virtual de um processo não precisam ser contíguos na memória física — o que é denominado contigüidade artificial. A tradução dinâmica de endereços e a contigüidade artificial livram o programador de preocupações em relação ao posicionamento na memória (por exemplo, ele não precisa criar sobreposições para garantir que o sistema possa executar o programa). Mecanismos de tradução dinâmica de endereços devem manter mapas de tradução de endereços indicando quais regiões do espaço de endereçamento virtual de um processo, V, estão correntemente na memória principal e onde estão localizadas.

Sistemas de memória virtual não podem suportar o mapeamento individual de endereços, portanto as informações são agrupadas em blocos e o sistema monitora onde os vários blocos de memória virtual foram posicionados na memória principal. Quando os blocos são do mesmo tamanho, os denominamos de páginas, e a técnica de organização da memória virtual associada é denominada paginação. Quando os blocos podem ser de tamanhos diferentes os denominamos de segmentos, e a técnica de organização da memória virtual associada é denominada segmentação. Alguns sistemas combinam as duas técnicas implementando segmentos como blocos de tamanhos variáveis compostos de páginas de tamanhos fixos.

Em um sistema de memória virtual com mapeamento de bloco o sistema representa os endereços como pares ordenados. Para referenciar um item particular no espaço de endereçamento virtual do processo, esse especifica o bloco no qual o item reside e o deslocamento do item em relação ao início do bloco. Um endereço virtual, v, é representado por um par ordenado (b, d), onde b é o número do bloco em que o item referenciado reside e d é o deslocamento em relação ao início do bloco. O sistema mantém na memória uma tabela de mapas de blocos para cada processo. O endereço real, a, que corresponde ao endereço na memória principal da tabela de mapas de blocos de um processo, é carregado em um registrador de propósito especial denominado registrador de origem da tabela de mapas de blocos. Durante a execução o processo referencia um endereço virtual $v = (b, d)$. O sistema adiciona o número do bloco, b, ao endereço-base, a, da tabela de mapas de blocos do processo para formar o endereço real da entrada para o bloco b na tabela de mapas de blocos. Essa entrada contém o endereço, b', do início do bloco b na memória principal. Então, o sistema adiciona o deslocamento, d, ao endereço do início do bloco, b', para formar o endereço real desejado, r.

Paginação usa um mapeamento de blocos de tamanho fixo; sistemas de paginação pura não combinam segmentação com paginação. O endereço virtual de um sistema de paginação é representado por um par ordenado (p, d), onde p é o número da página na memória virtual na qual o item referenciado reside e d é o deslocamento dentro da página p na qual o item referenciado está localizado. Quando o sistema transfere uma página do armazenamento secundário para a memória principal, coloca a página em um bloco de memória principal denominado moldura de página, que tem o mesmo tamanho da página que está chegando. Molduras de páginas começam em endereços de memória física que são múltiplos inteiros do tamanho de página fixo. O sistema pode colocar uma página que está chegando em qualquer moldura de página disponível.

A tradução dinâmica de endereços sob paginação é semelhante à tradução de endereços de blocos. Um processo em execução referencia um endereço de memória virtual $v = (p, d)$. O mecanismo de mapeamento de página usa o valor do registrador de origem da tabela de páginas para localizar a entrada para a página p na tabela de mapa de páginas do processo (em geral denominada simplesmente tabela de páginas). A entrada da tabela de páginas correspondente (PTE) indica que a página p está na moldura de página p' (p' não é um endereço de memória física). O endereço da memória real, r, correspondente a v é formado concatenando-se p' e o deslocamento na moldura de página, d, que coloca p' nos bits mais significativos do endereço da memória real, e d nos bits menos significativos.

Quando um processo referencia uma página que não está na memória principal, o processador gera uma falta de página que invoca o sistema operacional para carregar a página ausente na memória por meio do armazenamento secundário. Na PTE dessa página, um bit residente, r, é colocado em 0 se a página não estiver na memória principal, e em 1 se a página estiver na memória principal.

A tradução de endereços de páginas pode ser realizada por mapeamento direto, mapeamento associativo ou mapeamento combinado direto/associativo. Devido ao custo da memória cache de alta velocidade endereçada por localização e ao tamanho relativamente grande dos programas, manter toda a tabela de páginas em memória cache normalmente não é viável, o que limita o desempenho da tradução de endereços de páginas por mapeamento direto, porque a tabela de páginas deve ser armazenada em memória principal muito mais lenta. Um meio de aumentar o desempenho da tradução dinâmica de endereços é colocar toda a tabela de páginas em uma memória associativa de conteúdo endereçado (e não de localização endereçada) cujo tempo de ciclo seja mais rápido do que a memória principal, talvez por uma ordem de magnitude. Nesse caso, todas as entradas da memória associativa são pesquisadas simultaneamente para a página p. Na grande maioria dos sistemas, usar uma memória cache para implementar mapeamento direto puro ou uma memória associativa para implementar mapeamento associativo puro é demasiadamente caro.

O resultado é que muitos projetistas optaram por um esquema de compromisso que oferece muitas das vantagens das abordagens da memória cache ou associativa a um custo mais modesto. Essa abordagem usa uma memória associativa, denominada buffer de tradução lateral (TLB), com capacidade para conter apenas uma pequena porcentagem da tabela de páginas de um processo. As entradas da tabela de páginas mantidas nesse mapa normalmente correspondem somente às páginas referenciadas mais recentemente, segundo uma heurística que determina que uma página referenciada recentemente no passado provavelmente será referenciada novamente no futuro próximo. Isso é um exemplo de localidade (mais especificamente de localidade temporal — localidade no tempo). Quando o sistema localiza o mapeamento para p no TLB, ocorre uma presença de TLB; do contrário, ocorre uma ausência de TLB, exigindo que o sistema acesse a memória principal mais lenta. Empiricamente, devido ao fenômeno da localidade, o número de entradas do TLB não precisa ser grande para obter bom desempenho.

Tabelas de páginas multiníveis (ou hierárquicas) capacitam o sistema a armazenar partes da tabela de páginas de um processo que este esteja usando ativamente em localizações não contíguas da memória principal. Essas camadas formam uma hierarquia de tabelas de páginas; cada nível contém uma tabela que armazena ponteiros para tabelas do nível abaixo. O nível mais baixo é composto de tabelas que contêm traduções de endereços. Tabelas de páginas multiníveis podem reduzir a sobrecarga de memória em comparação a um sistema de mapeamento direto, ao custo de acessos adicionais à memória principal para realizar traduções de endereços que não estão contidos no TLB.

Uma tabela de páginas invertidas armazena exatamente uma PTE na memória para cada moldura de página do sistema. As tabelas de páginas são invertidas em relação às tabelas de páginas tradicionais, porque as PTEs são indexadas por número de moldura de página, e não por número de página virtual. Tabelas de páginas invertidas usam funções de hash e ponteiros de encadeamento para mapear uma página virtual para uma entrada de tabela de páginas invertidas, que fornece um número de moldura de página. A sobrecarga incorrida por acessar a memória principal para seguir cada ponteiro de uma cadeia de colisão de hash de uma tabela de páginas invertidas pode ser substancial. Pelo fato de o tamanho da tabela de páginas invertidas dever permanecer fixo para fornecer mapeamentos diretos para molduras de páginas, a maioria dos sistemas emprega uma tabela de âncora de hash que aumenta a faixa da função de hash para reduzir colisões, ao custo de um acesso adicional à memória principal.

Habilitar compartilhamento em sistemas de multiprogramação reduz a memória consumida por programas que usam dados e/ou instruções comuns, mas requer que o sistema identifique cada página como compartilhável ou não compartilhável. Se as entradas de tabelas de páginas de processos diferentes apontarem para a mesma moldura de página, essa moldura de página será compartilhada por cada um dos processos. Cópia-na-escrita usa memória compartilhada para reduzir o tempo de criação de processo compartilhando o espaço de endereçamento de um processo-pai com o seu filho. Toda vez que um processo escrever para uma página compartilhada, o sistema operacional copiará a página compartilhada para uma nova página mapeada para o espaço de endereçamento daquele processo. O sistema operacional pode marcar essas páginas compartilhadas como somente de leitura, para que o sistema gere uma exceção quando o processo tentar modificar uma página. Para tratar a exceção, o sistema operacional aloca uma cópia não compartilhada da página ao processo que gerou a exceção. A cópia-na-escrita pode resultar em mau desempenho se a maioria dos dados compartilhados de um processo for modificada durante a execução.

Sob segmentação os dados e instruções de um programa são divididos em blocos denominados segmentos. Cada segmento contém uma fração significativa do programa, como um procedimento ou um arranjo. Cada segmento consiste em localizações contíguas; entretanto, os segmentos não precisam ser do mesmo tamanho, nem tampouco ocupar posições adjacentes na memória principal. Um processo pode executar enquanto suas instruções e dados referenciados correntes estiverem em segmentos na memória principal. Se um processo referenciar memória em um segmento que não resida correntemente na memória principal, o sistema de memória virtual deverá recuperar aquele segmento do armazenamento secundário. As estratégias de posicionamento para a segmentação são idênticas às usadas na multiprogramação por partição variável.

Um endereço de segmentação de memória virtual é um par ordenado $v = (s, d)$, onde s é o número do segmento no qual o item referenciado reside e d é o deslocamento dentro do segmento s no qual o item referenciado está localizado. O sistema adiciona o número do segmento, s, ao valor do endereço-base da tabela de mapas de segmentos, b, localizado no registrador de origem da tabela de mapas de segmentos. O valor resultante, $b + s$, é a localização da entrada da tabela de mapas de segmento. Se o segmento residir correntemente na memória principal, a entrada do mapa da tabela de segmentos conterá o endereço de memória física do segmento, s'. Então, o sistema adicionará o deslocamento, d, a esse endereço para formar o endereço de memória real da localização referenciada, $r = s' + d$. Não podemos simplesmente concatenar s' com d, como podíamos em um sistema de paginação pura, porque os segmentos têm tamanhos variáveis. Se o segmento não estiver na memória principal, será gerada uma falha de ausência de segmento, forçando o sistema operacional a assumir o controle e carregar o segmento referenciado por meio do armazenamento secundário.

Cada referência ao segmento é verificada em relação ao tamanho do segmento, l, para garantir que caia dentro da faixa do segmento. Se não cair, será gerada uma exceção de estouro de segmento, forçando o sistema a assumir o controle e encerrar o processo. Cada referência ao segmento também é verificada em relação aos bits de proteção da tabela de entradas do mapa de segmentos para determinar se a operação é permitida. Se não for permitida, será gerada uma exceção de proteção de segmento, forçando o sistema operacional a assumir o controle do sistema e encerrar o processo. O compartilhamento de segmentos pode incorrer em menos sobrecarga do que o compartilhamento em um sistema de paginação pura por mapeamento direto, pois o compartilhamento de informações para cada segmento (que pode consumir várias páginas de memória) é mantido em uma entrada de tabela de mapas de segmentos.

Um esquema para implementar proteção de memória em sistemas de segmentação é a utilização de chaves de proteção de memória. Nesse caso, cada processo é associado a um valor, denominado chave de proteção. Quando o processo referenciar um segmento particular, ele verificará a chave de proteção do bloco que contém o item referenciado. Se a chave de proteção para o processador e o bloco requisitado forem o mesmo, o processo poderá acessar o segmento. O sistema operacional pode exercer mais controle de proteção especificando como um segmento pode ser acessado e por quais processos, o que é realizado designando a cada processo certos direitos de acesso como leitura, escrita, execução e anexação. Permitindo ou negando cada um desses tipos de acesso, é possível criar modos de controle de acesso diferentes.

Em um sistema combinado de segmentação/paginação, segmentos ocupam uma ou mais páginas. Nem todas as páginas de um segmento precisam estar na memória principal ao mesmo tempo, e páginas de memória virtual contíguas na memória virtual não precisam ser contíguas na memória principal. Segundo esse esquema, um endereço de memória virtual é implementado como uma tripla ordenada $v = (s, p, d)$, onde s é o número do segmento, p é o número da página dentro do segmento e d é o deslocamento dentro da página no qual o item desejado está localizado. Quando um processo referenciar um endereço virtual $v = (s, p, d)$, o sistema tentará encontrar o número de moldura de página correspondente p' no TLB. Se o número não estiver presente, o sistema primeiramente pesquisará a tabela de mapas de segmentos, que aponta para a base de uma tabela de páginas, e usará o número de página p como o deslocamento na tabela de páginas para localizar a PTE que contém o número de moldura de página p'. Então, o deslocamento, d, será concatenado com p', para formar o endereço de memória real. Esse esquema de tradução admite que o processo fez uma referência válida à memória e que cada informação requerida para o processo está localizada na memória principal. Contudo, sob muitas condições, a tradução de endereço pode exigir etapas extras ou pode falhar.

Em sistemas de segmentação/paginação, dois processos compartilham memória quando cada um tem uma entrada de tabela de mapas de segmentos que aponta para a mesma tabela de páginas. Compartilhamento, quer em sistemas paginados, quer em sistemas segmentados, ou em sistemas de segmentação/paginação, requer gerenciamento cuidadoso pelo sistema operacional.

A arquitetura Intel IA-32 suporta memória virtual de segmentação pura ou de segmentação/paginação. O conjunto de endereços contido em cada segmento é denominado espaço de endereçamento lógico; segmentos são posicionados em qualquer localização disponível dentro do espaço de endereçamento linear do sistema, que é um espaço de endereçamento virtual de 32 bits (ou seja, 4 GB). Sob segmentação pura, o endereço linear de um item referenciado é seu endereço na memória principal. Se for habilitada paginação, o espaço de endereçamento linear será dividido em molduras de página de tamanho fixo que são mapeadas para a memória principal. A tradução de endereços de segmentos é realizada por um mapeamento direto que usa registradores de processador de alta velocidade para armazenar registradores de origem de tabelas de mapas de segmentos no registrador de tabela de descritores globais (GDTR) ou no registrador de tabela de descritores locais (LDTR), dependendo do número de tabelas de mapas de segmentos do sistema. O processador também armazena números de segmentos, denominados descritores de segmentos, em registradores de alta velocidade para melhorar o desempenho da tradução de endereços. Sob segmentação/paginação, os segmentos são colocados no espaço de endereçamento linear de 4 GB, dividido em molduras de páginas que mapeiam para a memória principal. A arquitetura IA-32 usa uma tabela de páginas de dois níveis para realizar traduções de números de páginas para números de molduras de páginas, concatenados com o deslocamento de página para formar um endereço real.

Exercícios

10.1 Cite várias razões por que é útil separar o espaço de memória física de um processo do seu espaço de memória virtual.

10.2 Uma vantagem da memória virtual é que usuários não têm mais de restringir o tamanho de seus programas para fazê-los caber na memória física. O estilo de programação tornou-se uma forma mais livre de expressão. Discuta os efeitos de tal estilo livre de programação sobre o desempenho em um ambiente de memória virtual de multiprogramação, tanto os positivos quanto os negativos.

10.3 Explique as várias técnicas usadas para mapear endereços virtuais para endereços físicos sob paginação:

10.4 Discuta os méritos relativos de cada uma das seguintes técnicas de mapeamento da memória virtual:
   a. mapeamento direto
   b. mapeamento associativo
   c. mapeamento combinado direto/associativo

10.5 Explique o mapeamento de endereços virtuais para endereços físicos sob segmentação.

10.6 Considere um sistema de paginação pura que use endereços de 32 bits (cada um dos quais especifica um byte de memória), contenha 128 MB de memória principal e tenha tamanho de página de 8 KB.

   a. Quantas molduras de página o sistema contém?
   b. Quantos bits o sistema usa para manter o deslocamento, d?
   c. Quantos bits o sistema usa para manter o número de página, p?

10.7 Considere um sistema de paginação pura que use três níveis de tabelas de páginas e endereços de 64 bits. Cada endereço virtual é o par ordenado $v = (p, m, t, d)$, onde a tripla ordenada (p, m, t) é o número de página e d é o deslocamento dentro da página. Cada entrada da tabela de páginas tem 64 bits (8 bytes). O número de bits que armazena p é n_p, o número de bits que armazena m é n_m e o número de bits para armazenar t é n_t.

   a. Admita que $n_p = n_m = n_t = 18$.
      i. Qual o tamanho da tabela em cada nível da tabela de páginas multiníveis?
      ii. Qual o tamanho da página em bytes?
   b. Admita que $n_p = n_m = n_t = 14$.
      i. Qual o tamanho da tabela em cada nível da tabela de páginas multiníveis?
      ii. Qual o tamanho da página em bytes?
   c. Discuta as permutas entre tabelas de tamanho grande e pequeno.

10.8 Explique como a proteção de memória é implementada em sistemas de memória virtual com segmentação.

10.9 Discuta os vários aspectos do hardware úteis para implementar sistemas de memória virtual.

10.10 Discuta como a fragmentação se manifesta em cada um dos seguintes tipos de sistemas de memória virtual:
    a. segmentação
    b. paginação
    c. paginação/segmentação combinadas

10.11 Em qualquer sistema de computação, independentemente de ser um sistema de memória real ou de memória virtual, o computador raramente referenciará todas as instruções ou dados trazidos para a memória principal. Vamos chamar isso de *fragmentação de pedaços*, porque é o resultado da manipulação de itens de memória em bloco, ou pedaços, em vez de individualmente. A fragmentação de pedaços na verdade poderia ser responsável por mais desperdício de memória principal do que todos os outros tipos de fragmentação combinados.
    a. Então por que a fragmentação de pedaços não recebeu a mesma cobertura na literatura que outras formas de fragmentação?
    b. Como sistemas de memória virtual com alocação dinâmica de memória reduzem muito a quantidade de fragmentação de pedaços em relação a sistemas de memória real?
    c. Que efeitos tamanhos menores de página teriam sobre a fragmentação de pedaços?
    d. Quais considerações, práticas e teóricas, impedem a completa eliminação da fragmentação de pedaços?
    e. O que cada um dos seguintes profissionais pode fazer para minimizar a fragmentação de pedaços?
        i. o programador
        i.i. o projetista de hardware
        i.i.i. o projetista de sistemas operacionais

10.12 Explique o mapeamento de endereços virtuais para endereços físicos sob segmentação/paginação combinadas.

10.13 Em ambientes de multiprogramação o compartilhamento de códigos e dados pode reduzir muito a memória principal, da qual um grupo de processos precisa para executar eficientemente. Descreva brevemente como o compartilhamento pode ser implementado para cada um dos seguintes tipos de sistemas:
    a. multiprogramação por partição fixa
    b. multiprogramação por partição variável
    c. paginação
    d. segmentação
    e. segmentação/paginação combinadas

10.14 Por que compartilhamento de códigos e dados é tão mais natural em sistemas de memória virtual do que em sistemas de memória real?

10.15 Discuta as semelhanças e diferenças entre paginação e segmentação.

10.16 Quais as diferenças e semelhanças entre segmentação pura e segmentação/paginação combinadas.

10.17 Suponha que alguém peça para você implementar segmentação em uma máquina que tenha hardware de paginação, mas nenhum hardware de segmentação. Você só pode usar técnicas de software. Isso é possível? Explique sua resposta.

10.18 Suponha que alguém peça para você implementar paginação em uma máquina que tenha hardware de segmentação, mas nenhum hardware de paginação. Você só pode usar técnicas de software. Isso é possível? Explique sua resposta.

10.19 Como projetista-chefe de um novo sistema de memória virtual você tem a opção de implementar ou paginação ou segmentação. Qual você escolheria? Por quê?

10.20 Suponha que tivesse sido disponibilizada memória associativa econômica. Como tal memória associativa poderia ser incorporada a futuras arquiteturas de computador para melhorar o desempenho do hardware, do sistema operacional e dos programas usuários?

10.21 Cite o maior número que puder de razões por que executar um programa em um sistema de memória virtual é diferente de executá-lo em um sistema de memória real. Essas observações o levam a favorecer abordagens de memória real ou abordagens de memória virtual?

10.22 Cite quantas razões puder por que a localidade é um fenômeno razoável. Dê quantos exemplos puder de situações nas quais a localidade simplesmente não se aplica.

10.23 Um sistema operacional popular fornece espaços de endereçamento virtual separados para cada um de seus processos, enquanto um outro faz todos os seus processos compartilharem um único grande espaço de endereçamento. Quais as semelhanças e diferenças entre essas duas abordagens?

10.24 Mecanismos de tradução de endereços virtuais não deixam de ter seus custos. Liste quantos fatores puder que contribuam para a sobrecarga de operação de um mecanismo de tradução de endereços virtuais para físicos. Como esses fatores tendem a 'moldar' o hardware e o software de sistemas que suportam esses mecanismos de tradução de endereços?

10.25 O sistema Multics, como projetado originalmente, fornecia dois tamanhos de páginas. Acreditava-se que o grande número de pequenas estruturas de dados poderia ocupar páginas pequenas e que seria melhor que a maioria dos outros procedimentos e estruturas de dados ocupasse uma ou mais páginas grandes. Qual a diferença entre um esquema de organização de memória que suporta páginas de vários tamanhos e um esquema que suporta um único tamanho de página? Suponha que um sistema foi projetado para suportar n tamanhos de páginas. Qual seria a diferença entre esse sistema e a abordagem Multics? Um sistema que suporta um grande número de tamanhos de páginas é essencialmente equivalente a um sistema de segmentação? Explique.

10.26 Com tabelas de páginas multiníveis, a PTE de um processo pode ser inicializada quando o processo for carregado pela primeira vez, ou cada PTE pode ser inicializada da primeira vez que sua página correspondente for referenciada. Similarmente, toda a estrutura de tabelas de páginas multiníveis pode ser mantida na memória principal, ou partes dela podem ser enviadas para armazenamento secundário. Quais os custos e benefícios de cada abordagem?

10.27 Por que a memória virtual surgiu como um esquema importante? Por que esquemas de memória real provaram-se inadequados? Quais tendências correntes poderiam, concebivelmente, negar a utilidade da memória virtual?

10.28 Qual aspecto da paginação com um único tamanho de página torna algoritmos de substituição de páginas bem mais simples do que algoritmos de substituição de segmentos? Quais características de hardware ou software poderiam ser usadas para suportar substituição de segmentos que poderiam torná-la tão direta quanto a substituição de páginas em um sistema com um único tamanho de página?

10.29 Qual aspecto da memória associativa de conteúdo endereçado provavelmente garante que esse tipo de memória continuará muito mais dispendioso do que a memória cache de localização endereçada?

10.30 Suponha que você esteja projetando uma parte de um sistema operacional que requeira recuperação de informações de alta velocidade (tal como um mecanismo de tradução de endereços virtuais). Suponha que você tenha a opção de implementar seu mecanismo de busca e recuperação ou por mapeamento puro utilizando um cache de alta velocidade, ou por mapeamento associativo puro. Quais fatores influenciariam sua escolha? Quais tipos de questões interessantes poderiam ser concebivelmente respondidos por uma busca associativa (em um acesso) e que não poderiam ser respondidos por uma busca por mapeamento direto?

10.31 Decidir quais entradas manter no TLB é crucial para a operação eficiente de um sistema de memória virtual. A porcentagem de referências 'resolvidas' via TLB é denominada taxa de presença no TLB. Quais são as semelhanças e diferenças entre o desempenho de sistemas de tradução de endereços virtuais que atingem uma alta taxa de presença (perto de 100%) e o dos sistemas que atingem uma taxa baixa (perto de 0%)? Liste diversas heurísticas não mencionadas no texto que você acredita atingiriam altas taxas de presença. Indique exemplos de como cada uma poderia falhar, ou seja, sob quais circunstâncias essas heurísticas colocariam as entradas 'erradas' no TLB?

Projetos sugeridos

10.32 Descreva como a arquitetura IA-32 habilita processos a acessar até 64 GB de memória principal. Visite o endereço developer.intel.com/design/Pentium4/manuals/.

10.33 Quais as semelhanças e diferenças entre a implementação de memória virtual da arquitetura PowerPC, da IBM/Motorola, e da arquitetura Intel IA-32. Discuta como processamento de 64 bits afeta a organização da memória no PowerPC. Visite os endereços developer.intel.com/design/Pentium4/manuals/ e www-3.ibm.com/chips/techlib/techlib.nsf/productfamilies/PowerPC_Microprocessors_and_Embedded_Processors.

10.34 Quais as semelhanças e diferenças entre a implementação de memória virtual na arquitetura PA-RISC de 64 bits, da Hewlett-Packard, e na arquitetura Intel IA-32 de 32 bits. Visite os endereços developer.intel.com/design/Pentium4/manuals/ e cpus.hp.com/technical_references/parisc.shtml.

10.35 Pesquise as diferenças entre a implementação de memória virtual na arquitetura Intel IA-32 de 32 bits e na arquitetura Intel IA-64 de 64 bits. Visite os endereços developer.intel.com/design/Pentium4/manuals/ e developer.intel.com/design/itanium/manuals/iiasdmanual.htm (selecione Volume 2: System Architecture).

Notas

1. J. Shiell, "Virtual memory, virtual machines", *Byte*, v. 11, nº 11, 1986, p. 110-121.
2. T. E. Leonard (org.), *VAX architecture reference manual*. Bedford, MA: Digital Press, 1987.
3. L. J. Kenah, R. E. Goldenberg e S. F. Bate, *VAX/VMS internals and data structures*. Bedford, MA: Digital Press, 1988.
4. J. Fotheringham, "Dynamic storage allocation in the Atlas computer, including an automatic use of a backing store", *Communications of the ACM*, v. 4, 1961, p. 435-436.
5. T. Kilburn, D. J. Howarth, R. B. Payne e F. H. Sumner, "The Manchester University Atlas operating system, part i: internal organization", *Computer Journal*, v. 4, nº 3, out. 1961, p. 222-225.
6. T. Kilburn, R. B. Payne e D. J. Howarth, "The Atlas supervisor", *Proceedings of the Eastern Joint Computer Conference, AFIPS*, v. 20, 1961.
7. S. H. Lavington, "The Manchester Mark I and Atlas: a historical perspective", *Communications of the ACM*, v. 21, nº 1, jan. 1978, p. 4-12.
8. Manchester University Department of Computer Science, "The Atlas", 1996, www.computer50.org/kgill/atlas/atlas.html.
9. Manchester University Department of Computer Science, "History of the Department of Computer Science", 14 dez. 2001, www.cs.man.ac.uk/Visitor_subweb/history.php3.
10. Manchester University Department of Computer Science, "History of the Department of Computer Science", 14 dez. 2001, www.cs.man.ac.uk/Visitor_subweb/history.php3.
11. S. Lavington, "The Manchester Mark I and Atlas: a historical perspective", *Communications of the ACM*, jan. 1978, p. 4-12.
12. S. Lavington, "The Manchester Mark I and Atlas: a historical perspective", *Communications of the ACM*, jan. 1978, p. 4-12.
13. Manchester University Department of Computer Science, "The Atlas", 1996, www.computer50.org/kgill/atlas/atlas.html.
14. S. Lavington, "The Manchester Mark I and Atlas: a historical perspective", *Communications of the ACM*, jan. 1978, p. 4-12.
15. S. Lavington, "The Manchester Mark I and Atlas: a historical perspective", *Communications of the ACM*, jan. 1978, p. 4-12.
16. Manchester University Department of Computer Science "The Atlas", 1996, www.computer50.org/kgill/atlas/atlas.html.
17. S. Lavington, "The Manchester Mark I and Atlas: a historical perspective", *Communications of the ACM*, jan. 1978, p. 4-12.
18. P. Denning, "Virtual memory", *ACM Computing Surveys*, v. 2, nº 3, set. 1970, p. 153-189.
19. B. Randell e C. J. Kuehner, "Dynamic storage allocation systems", *Proceedings of the ACM Symposium on Operating System Principles*, jan. 1967, p. 9.1-9.16.
20. R. M. McKeag, "Burroughs B5500 master control program", *Studies in Operating Systems*, 1976, p. 1-66.
21. C. Oliphint, "Operating system for the B5000", *Datamation*, v. 10, nº 5, 1964, p. 42-54.
22. M. Talluri, S. Kong, M. D. Hill e D. A. Patterson, "Tradeoffs in supporting two page sizes", *Proceedings of the 19th International Symposium on Computer Architecture*, Gold Coast, Austrália, maio 1992, p. 415-424.
23. A. G. Hanlon, "Content-addressable and associative memory systems — a survey", *IEEE Transactions on Electronic Computers*, ago. 1966.
24. A. B. Lindquist, R. R. Seeder e L. W. Comeau, "A time-sharing system using an associative memory", *Proceedings of the IEEE*, v. 54, 1966, p. 1774-1779.
25. R. Cook et al., "Cache memories: a tutorial and survey of current research directions", *ACM/CSC-ER*, 1982, p. 99-110.

26. Z. Wang, D. Burger, K. S. McKinley, S. K. Reinhardt e C. C. Weems, "Guided region prefetching: a cooperative hardware/software approach", *Proceedings of the 30th Annual InternationalSymposium on Computer Architecture*, 2003, p. 388.
27. B. L. Jacob e T. N. Mudge, "A look at several memory management units, TLB-refill mechanisms, and page table organizations", *Proceedings of the Eighth International Conference on Architectural Support for Programming Languages and Operating Systems*, 1998, p. 295-306.
28. G. B. Kandiraju e A. Sivasubramaniam, "Characterizing the d-TLB behavior of SPEC CPU2000 benchmarks", *Proceedings of the 2002 ACM SIGMETRICS International Conference on Measurement and Modeling of Computer Systems*, v. 30, nº 1, jun. 2002.
29. S. Sohoni, R. Min, Z. Xu e Y. Hu, "A study of memory system performance of multimedia applications", *Proceedings of the 2001 ACM SIGMETRICS International Conference on Measurement and Modeling of Computer Systems*, v. 29, nº 1, jun. 2001.
30. G. B. Kandiraju e A. Sivasubramaniam, "Going the distance for TLB prefetching: an application-driven study", *Proceedings of the 29th Annual International Symposium on Computer Architecture*, v. 30, nº 2, maio 2002.
31. B. Jacob e T. Mudge, "Virtual memory: issues of implementation", *IEEE Computer*, v. 31, nº 6, jun. 1998, p. 36.
32. B. Jacob e T. Mudge, "Virtual memory: issues of implementation", *IEEE Computer*, v. 31, nº 6, jun. 1998, p. 37-38.
33. I. Shyu, "Virtual address translation for wide-address architectures", *ACM SIGOPS Operating Systems Review*, v. 29, nº 4, out. 1995, p. 41-42.
34. M. A. Holliday, "Page table management in local/remote architectures", *Proceedings of the Second International Conference on Supercomputing*. Nova York: ACM Press, jun. 1988, p. 2.
35. B. Jacob e T. Mudge, "Virtual memory: issues of implementation", *IEEE Computer*, v. 31, nº 6, jun. 1998, p. 37-38.
36. J. B. Dennis, "Segmentation and the design of multiprogrammed computer systems", *Journal of the ACM*, v. 12, nº 4, out. 1965, p. 589-602.
37. P. Denning, "Virtual memory", *ACM Computing Surveys*, v. 2, nº 3, set. 1970, p. 153-189.
38. "Intel Itanium software developer's manual, v. 2", *System Architecture*, rev. 2.1, out. 2002, p. 2/431-2/432.
39. R. C. Daley e J. B. Dennis, "Virtual memory, processes and sharing in Multics", *CACM*, v. 11, nº 5, maio 1968, p. 306-312.
40. P. J. Denning, "Third generation computing systems", *ACM Computing Surveys*, v. 3, nº 4, dez. 1971, p. 175-216.
41. A. Bensoussan, C. T. Clingen e R. C. Daley, "The Multics virtual memory: concepts and design", *Communications of the ACM*, v. 15, nº 5, maio 1972, p. 308-318.
42. E. I. Organick, *The Multics system: an examination of its structure*. Cambridge, MA: MIT Press, 1972.
43. R. W. Doran, "Virtual memory", *Computer*, v. 9, nº 10, out. 1976, p. 27-37.
44. L. A. Belady, R. P. Parmelee e C. A. Scalzi, "The IBM history of memory management technology", *IBM Journal of Research and Development*, v. 25, nº 5, set. 1981, p. 491-503.
45. "IA-32 Intel architecture software developer's manual, v. 3", *System Programmer's Guide*, 2002, p. 3/1-3/38.
46. F. da Cruz, "The IBM 7090", jul. 2003, www.columbia.edu/acis/history/7090.html.
47. J. Harper, "7090/94 IBSYS operating system", 23 ago. 2001, www.frobenius.com/ibsys.htm.
48. J. Harper, "7090/94 IBSYS operating system", 23 ago. 2001, www.frobenius.com/ibsys.htm.
49. L. Poulsen, "Computer history: IBM 360/370/3090/390", 26 out. 2001, www.beagle-ears.com/lars/engineer/comphist/ibm360.htm.
50. R. Suko, "MVS... A long history", 15 dez. 2002, os390-mvs.hypermart.net/mvshist.htm.
51. L. Poulsen, "Computer history: IBM 360/370/3090/390", 26 out. 2001, www.beagle-ears.com/lars/engineer/comphist/ibm360.htm.
52. R. Suko, "MVS... A long history", 15 dez. 2002, os390-mvs.hypermart.net/mvshist.htm.
53. G. Mealy, "The functional structure of OS/360, part 1: introductory survey", *IBM Systems Journal*, v. 5, nº 1, 1966, www.research.ibm.com/journal/sj/051/ibmsj0501B.pdf.
54. G. Mealy, "The functional structure of OS/360, part 1: introductory survey", *IBM Systems Journal*, v. 5, nº 1, 1966, www.research.ibm.com/journal/sj/051/ibmsj0501B.pdf.
55. L. Poulsen, "Computer history: IBM 360/370/3090/390", 26 out. 2001, www.beagle-ears.com/lars/engineer/comphist/ibm360.htm.
56. R. Suko, "MVS... A long history", 15 dez. 2002, os390-mvs.hypermart.net/mvshist.htm.
57. L. Poulsen, "Computer history: IBM 360/370/3090/390", 26 out. 2001, www.beagle-ears.com/lars/engineer/comphist/ibm360.htm.
58. R. Suko, "MVS... A long history", 15 dez. 2002, os390-mvs.hypermart.net/mvshist.htm.
59. L. Poulsen, "Computer history: IBM 360/370/3090/390", 26 out. 2001, www.beagle-ears.com/lars/engineer/comphist/ibm360.htm.
60. R. Suko, "MVS... A long history", 15 dez. 2002, os390-mvs.hypermart.net/mvshist.htm.
61. L. Poulsen, "Computer history: IBM 360/370/3090/390", 26 out. 2001, www.beagle-ears.com/lars/engineer/comphist/ibm360.htm.
62. L. Poulsen, "Computer history: IBM 360/370/3090/390", 26 out. 2001, www.beagle-ears.com/lars/engineer/comphist/ibm360.htm.
63. R. Suko, "MVS... A long history", 15 dez. 2002, os390-mvs.hypermart.net/mvshist.htm.
64. C. Clark "The facilities and evolution of MVS/ESA", *IBM Systems Journal*, v. 28, nº 1, 1989, www.research.ibm.com/journal/sj/281/ibmsj2801l.pdf.
65. L. Poulsen, "Computer history: IBM 360/370/3090/390", 26 out. 2001, www.beagle-ears.com/lars/engineer/comphist/ibm360.htm.
66. R. Suko, "MVS... A long history", 15 dez. 2002, os390-mvs.hypermart.net/mvshist.htm.
67. L. Poulsen, "Computer history: IBM 360/370/3090/390", 26 out. 2001, www.beagle-ears.com/lars/engineer/comphist/ibm360.htm.
68. R. Suko, "MVS... A long history", 15 dez. 2002, os390-mvs.hypermart.net/mvshist.htm.
69. R. Suko, "MVS... A long history", 15 dez. 2002, os390-mvs.hypermart.net/mvshist.htm.
70. C. Clark, "The facilities and evolution of MVS/ESA", *IBM Systems Journal*, v. 28, nº 1, 1989, www.research.ibm.com/journal/sj/281/ibmsj2801l.pdf.
71. R. Suko, "MVS... A long history", 15 dez. 2002, os390-mvs.hypermart.net/mvshist.htm.
72. D. Elder-Vass, "MVS systems programming: chapter 3a — MVS internals", 5 jul. 1998, www.mvsbook.fsnet.co.uk/chap03a.htm.
73. R. Suko, "MVS... A long history", 15 dez. 2002, os390-mvs.hypermart.net/mvshist.htm.
74. C. Clark, "The facilities and evolution of MVS/ESA", *IBM Systems Journal*, v. 28, nº 1, 1989, www.research.ibm.com/journal/sj/281/ibmsj2801l.pdf.

75. R. Suko, "MVS... A long history", 15 dez. 2002, os390-mvs.hypermart.net/mvshist.htm.
76. C. Clark, "The facilities and evolution of MVS/ESA", *IBM Systems Journal*, v. 28, nº 1, 1989, www.research.ibm.com/journal/sj/281/ibmsj28011.pdf.
77. D. Elder-Vass, "MVS systems programming: chapter 3a — MVS internals", 5 jul. 1998, www.mvsbook.fsnet.co.uk/chap03a.htm.
78. R. Suko, "MVS... A long history", 15 dez. 2002, os390-mvs.hypermart.net/mvshist.htm.
79. C. Clark, "The facilities and evolution of MVS/ESA", *IBM Systems Journal*, v. 28, nº 1, 1989, www.research.ibm.com/journal/sj/281/ibmsj28011.pdf.
80. R. Suko, "MVS... A long history", 15 dez. 2002, os390-mvs.hypermart.net/mvshist.htm.
81. C. Clark, "The facilities and evolution of MVS/ESA", *IBM Systems Journal*, v. 28, nº 1, 1989, www.research.ibm.com/journal/sj/281/ibmsj28011.pdf.
82. Mainframes.com, "Mainframes.com — SYSPLEX", www.mainframes.com/sysplex.html.
83. R. Suko, "MVS... A long history", 15 dez. 2002, os390-mvs.hypermart.net/mvshist.htm.
84. IBM, "S/390 parallel enterprise server and OS/390 reference guide", maio 2000, www-1.ibm.com/servers/eserver/zseries/library/refguides/pdf/g3263070.pdf.
85. IBM, "IBM eServer zSeries mainframe servers", www-1.ibm.com/servers/eserver/zseries/.
86. W. Spruth, "The evolution of S/390", 30 jul. 2001, wwwti.informatik.uni-tuebingen.de/os390/arch/history.pdf.
87. R. P. Case e A. Padegs, "Architecture of the IBM system/370", *Communications of the ACM*, jan. 1978, p. 73-96.
88. D. Gifford e A. Spector, "Case study: IBM's system/360–370 architecture", *Communications of the ACM*, abr. 1987, p. 291-307.
89. IBM, "z/VM general information, V4.4", 2003, www.vm.ibm.com/pubs/pdf/HCSF8A60.PDF.
90. D. Kutnick, "Whither VM?", *Datamation*, 1º dez. 1985, p. 73-78.
91. R. W. Doran, "Amdahl multiple-domain architecture", *Computer*, out. 1988, p. 20-28.
92. A. J. Adair, R. U. Bayles, L. W. Comeau e R. J. Creasy, "A virtual machine system for the 360/40", *IBM Scientific Center Report 320–2007*, maio 1966.
93. A. S. Lett e W. L. Konigsford, "TSS/360: a time-shared operating system", *Proceedings of the Fall Joint Computer Conference, AFIPS*, Montvale, NJ, 1968, p. 15-28.
94. R. J. Creasy, "The origin of the VM/370 time-sharing system", *IBM Journal of R&D*, set. 1981, p. 483-490.
95. IBM, "IBM z/VM and VM/ESA home page", www.vm.ibm.com/.

Capítulo 11

Gerenciamento de memória virtual

O que prevemos raramente acontece; o que menos esperamos em geral acontece.
Benjamin Disraeli

O tempo voltará para trás e trará a Idade Dourada.
John Milton

Absolutamente sem falhas.
Robert Browning

Condenar o erro, e não seu autor?
William Shakespeare

Recolham os fragmentos que restaram, que nada se perca.
João 6:12

Objetivos

Ao ler este capítulo, você entenderá:

- *Os benefícios e desvantagens da paginação por demanda e antecipada.*
- *Os desafios da substituição de páginas.*
- *Diversas estratégias populares de substituição de páginas e como se comparam à ótima substituição de páginas.*
- *O impacto do tamanho da página sobre o desempenho da memória virtual.*
- *O comportamento do programa sob paginação.*

11.1 Introdução

O Capítulo 9 discutiu estratégias de gerenciamento de busca de memória, posicionamento e substituição para sistemas de memória real. O Capítulo 10 discutiu organização da memória virtual, concentrando-se em sistemas de paginação pura, sistemas de segmentação pura e sistemas híbridos de segmentação/paginação. Neste capítulo discutiremos gerenciamento de memória em sistemas de memória virtual.

Estratégias de busca de memória virtual determinam quando uma página ou segmento deve ser transferido do armazenamento secundário para a memória principal. Estratégias de busca por demanda esperam que um processo referencie uma página ou segmento antes de carregá-lo na memória principal. Estratégias de busca antecipada usam heurísticas para fornecer quais páginas ou segmentos um processo referenciará em breve — se a probabilidade de referência for alta e houver espaço disponível, o sistema trará a página ou segmento para a memória principal antes de o processo referenciá-la explicitamente, melhorando assim o desempenho quando a referência ocorrer.

Sistemas de paginação — quer de paginação pura, quer de segmentação/paginação — que usam somente um tamanho de página trivializam a decisão de posicionamento porque uma página que chega pode ser colocada em qualquer moldura de página disponível. Sistemas de segmentação requerem estratégias de posicionamento similares às usadas em multiprogramação por partição variável (veja a Seção 9.9, "Multiprogramação por partição variável").

Estratégias de substituição determinam qual página ou segmento deve ser substituído para dar espaço a uma página ou segmento que está chegando. Neste capítulo concentramo-nos em estratégias de substituição de páginas que, quando adequadamente implementadas, ajudam a otimizar o desempenho de sistemas de paginação. O capítulo inclui uma discussão sobre o Modelo de Conjunto de Trabalho de Denning para o comportamento do programa, que fornece uma estrutura para observar, analisar e melhorar a execução de programas em sistemas de paginação.[1]

Revisão

1. Explique a diferença entre estratégias de busca por demanda e estratégias de busca antecipada em sistemas de memória virtual. Qual delas requer mais sobrecarga?

2. Por que estratégias de substituição são triviais em sistemas de paginação que usam somente um tamanho de página?

Respostas: 1) Estratégias de busca por demanda carregam páginas ou segmentos na memória principal somente quando um processo as referencia explicitamente. Estratégias de busca antecipada tentam prever quais páginas ou segmentos um processo precisará para, então, carregá-los antecipadamente. Estratégias de busca antecipada requerem mais sobrecarga, porque o sistema pode demorar algum tempo determinando a probabilidade de cada página ou segmento ser referenciado; como veremos, muitas vezes essa sobrecarga pode ser pequena. **2)** Porque qualquer página que chegar pode ser colocada em qualquer moldura de página disponível.

11.2 Localidade

Fundamental para a maioria das estratégias de gerenciamento de memória é o conceito de localidade — pelo qual um processo tende a referenciar memória conforme padrões altamente localizados.[2,3] Localidade se manifesta no tempo e no espaço. Localidade temporal é a localidade ao longo do tempo. Por exemplo, se o dia estiver ensolarado em uma certa cidade às 14 horas, haverá uma boa chance (mas certamente nenhuma garantia) de que o dia naquela cidade esteja ensolarado às 14h30 e continuará ensolarado às 15h30. Localidade espacial significa que itens próximos tendem a ser semelhantes. Considerando novamente o clima, se o sol estiver brilhando em uma cidade, será bem provável, mas não garantido, que também estará brilhando em cidades próximas.

Localidade também é observada em ambientes de sistemas operacionais, particularmente na área de gerenciamento de memória. É uma propriedade empírica (observada) mais do que teórica. Nunca é garantida, mas em geral altamente provável. Em sistemas de paginação, por exemplo, observamos que processos tendem a favorecer certos subconjuntos de suas páginas, e essas páginas tendem a estar próximas umas das outras no espaço de endereçamento virtual de um processo. Esse comportamento não exclui a possibilidade de um processo poder referir-se a uma nova página em uma área diferente de sua memória virtual.

Na verdade, a localidade é bastante razoável em sistemas de computador quando se considera o modo como os programas são escritos, e os dados organizados. Laços, funções, procedimentos e variáveis usados para contar e totalizar, todos envolvem localidade temporal. Nesses casos, localizações de memória recentemente referidas provavelmente serão referidas novamente no futuro próximo. Percorrer arranjos (arrays), execução seqüencial de códigos e a tendência de que programadores (ou compiladores) têm de colocar definições de variáveis relacionadas umas perto das outras, tudo envolve localidade espacial — tudo tende a gerar a aglomeração de referências à memória.

Revisão

1. A localidade favorece paginação antecipada ou paginação por demanda? Explique.
2. Explique como a execução de um laço por meio de um arranjo exibe localidade espacial e temporal.

Respostas: 1) Localidade favorece paginação por busca antecipada, porque indica que o sistema operacional deve ser capaz de prever com razoável probabilidade as páginas que um processo usará. 2) Executar um laço por meio de um arranjo exibe localidade espacial, pois os elementos de um arranjo são contíguos na memória virtual. Exibe localidade temporal, porque os elementos em geral são muito menores do que a página. Portanto, referências a dois elementos consecutivos usualmente resultam em referência à mesma página duas vezes dentro de um curto período de tempo.

11.3 Paginação por demanda

A política de busca mais simples implementada em um sistema de memória virtual é a **paginação por demanda**.[4] Sob essa política, quando um processo executa pela primeira vez, o sistema armazena na memória principal a página que contém sua primeira instrução. Daí em diante o sistema carrega uma página do armazenamento secundário para a memória principal somente quando o processo se refere àquela página explicitamente. Essa estratégia é atraente por diversas razões. Resultados de computabilidade, especificamente o Problema da Parada, dizem-nos que, no caso geral, é impossível prever o caminho de execução que um programa tomará (veja o quadro "Reflexões sobre sistemas operacionais, Teoria do computador em sistemas operacionais").[5,6] Portanto, qualquer tentativa de carregar páginas antecipando sua possível utilização poderia resultar no carregamento de páginas erradas. A sobrecarga incorrida pelo carregamento prévio de páginas erradas pode prejudicar o desempenho do sistema inteiro.

Paginação por demanda garante que o sistema traga para a memória principal somente as páginas de que o processo realmente necessita, o que potencialmente permite que mais processos ocupem a memória principal — o espaço não é 'desperdiçado' com páginas que podem não ser referenciadas por um longo tempo (talvez nunca).

A paginação por demanda não deixa de ter seus problemas. Um processo que execute em um sistema de paginação por demanda deve acumular uma página por vez. Ao referenciar cada nova página, o processo precisa esperar enquanto o sistema transfere a página para a memória principal. Se o processo já tiver muitas páginas na memória principal, esse tempo de espera poderá ser particularmente caro, pois uma grande porção da memória principal estará ocupada por um processo que não pode executar. Esse fator muitas vezes afeta o valor do **produto espaço-tempo** de um processo — uma medida de seu tempo de execução (ou seja, por quanto tempo ele ocupa a memória) multiplicado pela quantidade de espaço da memória principal que o processo ocupa (veja o quadro "Reflexões sobre sistemas operacionais, Permutas espaço-tempo").[7] O produto espaço-tempo ilustra não somente quanto tempo um processo gasta esperando, mas quanta memória principal não pode ser usada enquanto ele espera. A Figura 11.1 ilustra o conceito. O eixo y representa o número de molduras de páginas alocadas a um processo e o eixo x representa o tempo 'de relógio'. O produto espaço-tempo corresponde à área sob a 'curva' da figura; as linhas pontilhadas indicam que um processo referiu-se a páginas que não estão na memória principal e devem ser carregadas do armazenamento complementar. A região sombreada representa o produto espaço-tempo do processo enquanto ele está executando trabalho produtivo. A região não sombreada representa seu produto espaço-tempo enquanto espera o carregamento de páginas por meio do armazenamento secundário. [*Nota*: O período de espera, F, é muito maior do que o indicado na figura.] Assim, a região não sombreada indica a quantidade de tempo durante a qual a alocação de memória do processo não pode ser usada. Reduzir o produto espaço-tempo das esperas de páginas de um processo para melhorar a utilização da memória é uma meta importante das estratégias de gerenciamento de memória. À medida que aumenta o tempo de espera de página, o benefício da paginação por demanda diminui.[8]

Revisão

1. Por que o produto espaço-tempo da paginação por demanda é mais alto do que o da paginação antecipada?
2. Como a paginação por demanda (em comparação com a paginação antecipada) aumenta o grau de multiprogramação de um sistema?

Respostas: 1) A razão é que o processo possui páginas na memória as quais não utiliza enquanto espera que suas páginas sejam penosamente trazidas para a memória, uma por vez, por paginação por demanda. O produto espaço-tempo da paginação antecipada também tem um desperdício associado. Páginas trazidas para a memória antes que sejam referidas ocupam molduras de página que não podem ser usadas, impedindo assim que outros processos as usem. Como veremos, a paginação antecipada traz essas páginas para a memória principal em grupos, o que geralmente reduz o tempo de espera de página quando comparado com carregar páginas individualmente usando paginação por demanda. 2) Paginação por demanda poderia aumentar o grau de multiprogramação, pois o sistema traz para a memória somente as páginas de que o

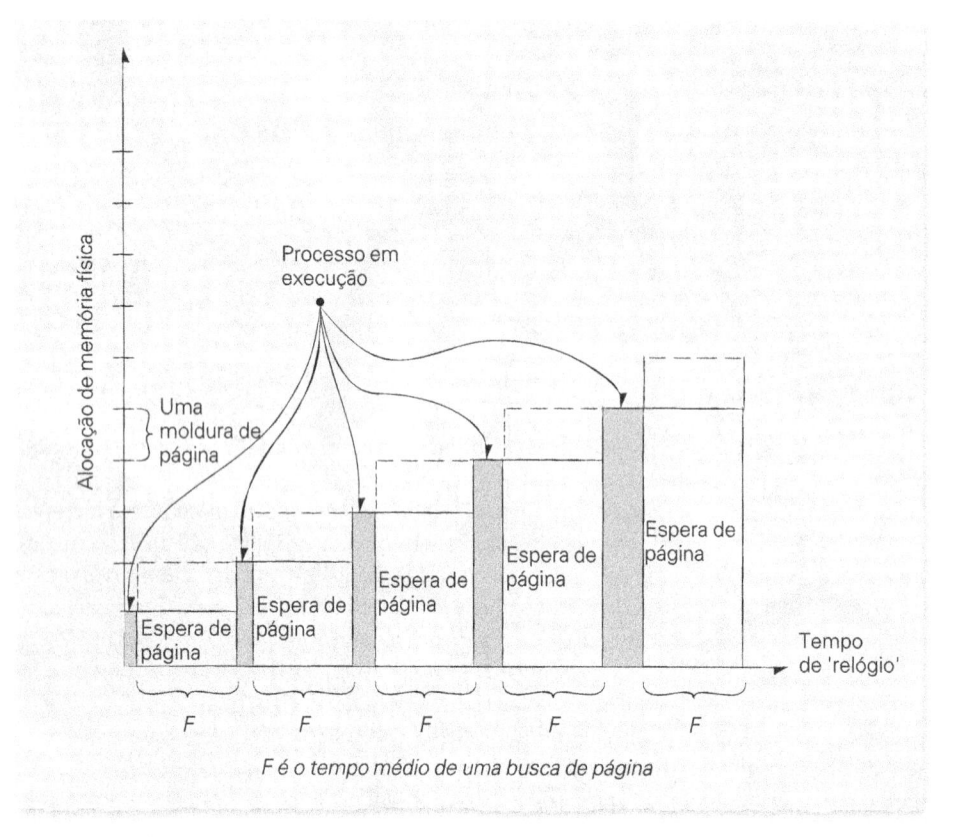

Figura 11.1 | *Produto espaço-tempo sob paginação por demanda.*

processo realmente necessita. Portanto, mais processos podem caber na memória física. Contudo, os processos requerem mais tempo de execução, porque precisam recuperar páginas do armazenamento secundário com mais freqüência (em comparação com grupos de páginas trazidas pela paginação antecipada). Enquanto o sistema operacional está recuperando

Reflexões sobre sistemas operacionais

Permutas espaço-tempo

Exemplos de permutas espaço-tempo são comuns na computação e em outras áreas. Se, ao mudar para um novo apartamento, você dispuser de um caminhão maior, poderá fazer sua mudança em menos tempo, mas terá de pagar mais pelo aluguel de um caminhão maior. Ao estudar algoritmos de busca e ordenação em estruturas de dados e classes de algoritmos, você vê como o desempenho pode melhorar quando há mais memória disponível (por exemplo, tabelas de hash). Essas permutas também são comuns em sistemas operacionais. Se o sistema operacional alocar mais memória principal a um programa que está executando, esse programa poderá executar significativamente mais rapidamente. Se tiver menos memória, mais cara, o sistema operacional deverá gerenciar essa memória mais extensivamente, incorrendo em mais sobrecarga de processamento. Se a memória for mais abundante, mais barata, o sistema operacional poderá gerenciar a memória menos intensivamente, talvez tomando decisões mais rudimentares e consumindo menos capacidade de processador. Veremos, quando discutirmos sistemas RAID no Capítulo 12, que manter cópias redundantes de dados pode resultar em melhor rendimento do sistema. Contudo, também veremos que aumentar a quantidade de memória disponível para um processo nem sempre aumenta a velocidade com que ele executa — estudaremos a Anomalia de Belady que mostra que, em algumas circunstâncias, dar mais memória a um processo na verdade poderia degradar o seu desempenho. Felizmente isso ocorre somente em raras circunstâncias.

páginas do armazenamento secundário, a memória que o processo ocupa é desperdiçada, assim, o grau de multiprogramação pode diminuir (em relação ao que é possível com paginação antecipada).

11.4 Paginação antecipada

Um tema fundamental no gerenciamento de recursos é que o valor relativo de um recurso influencia a exata intensidade com que ele deve ser gerenciado.[9] Como os custos de hardware continuam em queda acentuada, o valor do tempo de máquina em relação ao tempo das pessoas também está se reduzindo. Projetistas de sistemas operacionais estão constantemente preocupados com a redução da quantidade de tempo que as pessoas devem esperar por resultados de computadores.[10]

Como demonstramos na seção anterior, um modo de reduzir tempos de espera é evitar as demoras em um sistema de paginação por demanda. Na paginação antecipada (também denominada pré-busca ou pré-paginação), o sistema operacional tenta prever as páginas de que um processo precisará para carregá-las antecipadamente quando houver espaço de memória disponível. Se o sistema conseguir tomar as decisões corretas sobre a utilização futura de páginas, o tempo total de execução do processo poderá ser reduzido.[11, 12]

Entre os critérios importantes que determinam o sucesso de uma estratégia de pré-paginação estão:

- alocação pré-paginada — a quantidade de memória principal alocada à pré-paginação;
- o número de páginas carregadas previamente de uma só vez;
- a política — a heurística que determina quais páginas são pré-carregadas (por exemplo, as previstas por localidade espacial ou as previstas por localidade temporal).[13]

Estratégias de paginação antecipada devem ser elaboradas com cuidado. Uma estratégia que requeira recursos significativos (como tempo de processador, molduras de páginas e E/S para disco) ou que não determine com exatidão quais páginas um processo precisará, pode resultar em desempenho pior do que o de um sistema de paginação por demanda.

Estratégias de paginação antecipada em geral são combinadas com paginação por demanda; o sistema carrega antecipadamente algumas das páginas do processo quando esse se refere a uma página não residente. Essas estratégias normalmente exploram a localidade espacial; ou seja, um processo que se refere a uma página não residente provavelmente se referirá a páginas contíguas no seu espaço de endereçamento virtual no futuro próximo. Quando um processo gera uma falta de página, o sistema carrega a página faltante e diversas páginas não residentes próximas, contíguas no espaço de endereçamento virtual do processo.

Contudo, páginas contíguas no espaço de endereçamento virtual de um processo podem não ser contíguas no armazenamento secundário. Diferentemente da memória principal, os dispositivos de armazenamento secundário (por exemplo, discos rígidos) não fornecem tempos de acesso uniformes a dados armazenados em localizações diferentes, portanto, o tempo exigido para carregar várias páginas por meio de um armazenamento secundário pode ser significativamente maior do que o requerido para carregar uma única página. Nesse caso os processos podem experimentar tempos de espera de página maiores na paginação antecipada do que na paginação por demanda.

Uma solução é agrupar páginas no armazenamento secundário que são contíguas no espaço de endereçamento virtual de um processo.[14] Como discutiremos no Capítulo 12, "Otimização do desempenho do disco", a diferença entre os tempos de espera de página para carregar diversas páginas contíguas no disco e para carregar uma única página é relativamente pequena, portanto a paginação antecipada pode ser executada sem aumentar significativamente o tempo de espera de página em comparação com a paginação por demanda. No Linux, por exemplo, quando um processo se refere a uma página não residente que contenha as instruções ou dados do seu programa, o núcleo tenta explorar a localidade espacial carregando, do disco, a página não residente e um pequeno número de páginas contíguas no espaço de endereçamento virtual do processo. Por padrão, o sistema carrega quatro páginas contíguas do disco (16 KB na arquitetura IA-32) se a memória principal for menor do que 16 MB, ou oito páginas contíguas (32 KB na arquitetura IA-32) se for maior.[15] Essa técnica pode render bom desempenho para processos que exibem localidade espacial.

Revisão

1. Em quais cenários a estratégia de paginação antecipada do Linux não é apropriada?
2. Por que a paginação antecipada provavelmente resultará em melhor desempenho do que a paginação por demanda? Como poderia resultar em pior desempenho?

Respostas: 1) Se os processos exibirem um comportamento aleatório de referência de página, o Linux provavelmente carregará páginas que não sejam referenciadas por um processo, resultando em desperdício de memória. Se a memória principal for pequena (na ordem dos quilobytes), isso poderá reduzir significativamente a quantidade de memória disponível para outros processos, o que tende a aumentar o número de faltas de página experimentado pelo sistema. 2) Poderia resultar em melhor desempenho, porque é mais eficiente trazer para a memória principal diversas páginas contíguas em uma única transferência de E/S do que executar diversas operações de E/S (como seria o caso na paginação por demanda).

Contudo, o desempenho poderia ser pior se o processo na verdade não utilizasse as páginas que foram paginadas antecipadamente para a memória principal.

11.5 Substituição de páginas

Em um sistema de memória virtual com paginação, todas as molduras de páginas podem estar ocupadas quando um processo se refere a uma página não residente. Nesse caso o sistema não somente deve trazer uma nova página de memória do armazenamento auxiliar, mas primeiramente decidir qual página da memória principal deve ser substituída (ou seja, retirada ou sobrescrita) para liberar espaço para a página que está chegando. Nesta e nas várias seções seguintes examinaremos estratégias de substituição de páginas.

Lembre-se de que uma falta de página ocorre se um processo que estiver executando referenciar uma página não residente. Nesse caso, o sistema de gerenciamento de memória deve localizar a página referida no armazenamento secundário, carregá-la na memória principal e atualizar a entrada de tabela de página apropriada. Estratégias de substituição de páginas normalmente tentam reduzir o número de faltas de página que um processo experimenta enquanto executa desde o início até o final, esperando reduzir o tempo de execução do processo.

Se a página escolhida para substituição não tiver sido modificada desde a última vez que foi paginada no disco, então a nova página poderá simplesmente sobrescrevê-la. Se a página tiver sido modificada, primeiramente deverá ser escrita (ou transferida) para armazenamento secundário para preservar seu conteúdo. Um **bit modificado**, ou **bit sujo**, na entrada da tabela de páginas, é colocado em 1 se a página foi modificada, e em 0, se não foi.

Escrever (ou **esvaziar**) uma página modificada para disco, o que requer uma operação de E/S, aumenta os tempos de espera de página se realizado quando uma página for substituída. Alguns sistemas operacionais, como o Linux e o Windows XP, escrevem periodicamente páginas sujas para o armazenamento secundário, para aumentar a probabilidade de o sistema operacional poder executar substituição de página sem ter de primeiramente escrever uma página modificada para o disco. Pelo fato desse esvaziamento periódico poder ocorrer assincronamente com a execução do processo, o sistema incorre em pouca sobrecarga para executá-lo. Se um processo se referir a uma página modificada antes de concluída a escrita para disco, ela será recuperada, economizando assim uma dispendiosa operação de paginação por meio de armazenamento secundário.

Quando avaliamos uma estratégia de substituição de página normalmente a comparamos com a estratégia de **substituição de página ótima** (também denominada **OPT**, ou **MIN**), a qual determina que, para obtermos desempenho ótimo, devemos substituir a página que não será referenciada novamente no futuro mais distante possível.[16, 17, 18, 19, 20] Desse modo, a estratégia aumenta o desempenho minimizando o número de faltas de página. Pode-se demonstrar que essa estratégia é ótima, mas não é realizável porque, em geral, não podemos prever exatamente o comportamento dos processos. Em vez disso, a estratégia serve como parâmetro com o qual comparamos estratégias realizáveis. Uma estratégia de substituição bem elaborada equilibra as metas de um número mínimo de futuras faltas de página com a sobrecarga incorrida na tentativa de prever as futuras utilizações de páginas.

Revisão

1. Qual outro fator complicador para estratégias de substituição em sistemas que utilizam segmentação pura (em comparação com sistemas que usam paginação pura)?
2. É possível realizar substituição de página ótima para certos tipos de processo? Se for, dê um exemplo.

Respostas: 1) Tais sistemas devem considerar o tamanho do segmento substituído em comparação com o tamanho do segmento que está chegando. 2) Sim, um exemplo trivial é um processo com uma única página de dados que é referida intensamente e cujos dados e instruções são referidos de modo puramente seqüencial.

11.6 Estratégias de substituição de páginas

Nas próximas subseções discutiremos diversas estratégias que determinam qual página substituir para acomodar uma página que está chegando. Cada estratégia é caracterizada pela heurística que utiliza para selecionar uma página para substituição e pela sobrecarga em que incorre. Algumas estratégias de substituição são intuitivamente atraentes, mas resultam em mau desempenho devido à má escolha da heurística. Outras prevêem bem a utilização futura da página, mas sua sobrecarga pode degradar o desempenho. Discutiremos também como hardware de propósito especial pode reduzir a sobrecarga incorrida nas estratégias de substituição de páginas.

11.6.1 Substituição aleatória de páginas

Substituição aleatória de páginas (*Random Page Replacement* — **RAND**) é uma estratégia de substituição de páginas fácil de implementar, de baixa sobrecarga. Sob essa estratégia, cada página da memória principal tem a mesma probabilidade de ser selecionada para substituição. Um problema da RAND é que ela pode acidentalmente selecionar a página que será referida em seguida como a próxima página a ser substituída (a qual, é claro, é a pior página para substituir). Um benefício da RAND é que ela toma decisões de substituição rapidamente e com precisão. Uma vez que normalmente há muitas molduras de páginas para escolher, é pequena a probabilidade de a página substituída ser aquela que possivelmente será referenciada novamente quase imediatamente. Por causa dessa sua abordagem de tentativa e erro a RAND é raramente usada.

Revisão

1. De que maneira a RAND utiliza sua exatidão? Por que esse tipo de exatidão é inadequado para estratégias de substituição?

2. A RAND poderia funcionar exatamente como a OPT?

Respostas: 1) A RAND tem exatidão, porque todas as páginas da memória têm a mesma probabilidade de serem substituídas. Isso é inapropriado para estratégias de substituição que, para reduzir faltas de páginas, devem tentar não substituir páginas que logo serão referidas. 2) Sim, poderia tomar acidentalmente todas as decisões certas de substituição de páginas, mas a probabilidade de isso acontecer seria tão pequena que seria melhor responder a essa pergunta com um "Não".

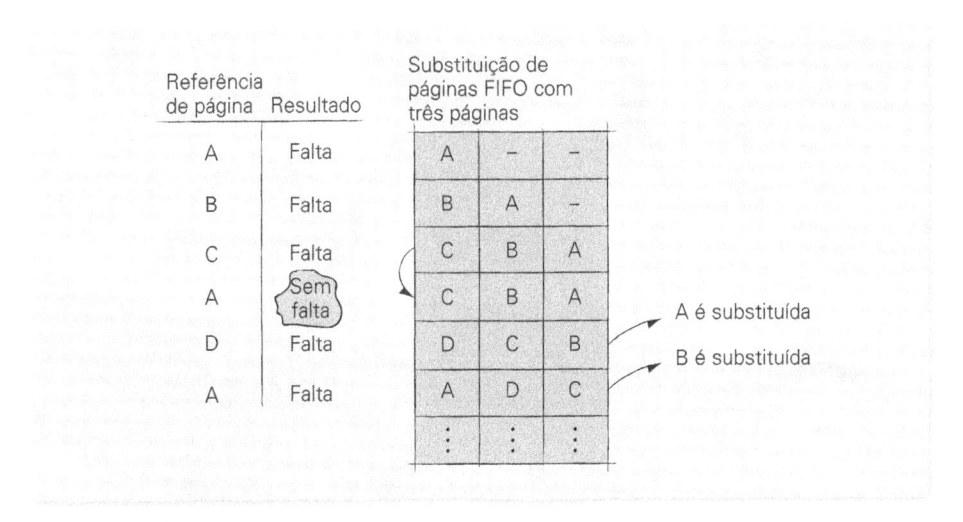

11.6.2 Estratégia de substituição de páginas FIFO (primeira a entrar, primeira a sair)

Na estratégia de **substituição de páginas FIFO** (*First-In-First-Out* — primeira a entrar, primeira a sair), substituímos a página que está no sistema há mais tempo. A Figura 11.2 apresenta um exemplo simples da estratégia FIFO para um processo ao qual foram alocadas três molduras de páginas. A coluna mais à esquerda contém o padrão de referência de páginas do processo. Cada linha da figura mostra o estado da fila FIFO após a chegada de uma nova página; as páginas entram no fim da fila à esquerda e saem no início da fila à direita.

Com a substituição de páginas FIFO, o sistema monitora a ordem na qual as páginas entram na memória. Quando uma página precisa ser substituída, a estratégia escolhe aquela que está há mais tempo na memória. A atratividade intuitiva dessa estratégia parece razoável — essa página teve a sua chance e já é hora de dar uma chance à outra página. Infelizmente, a estratégia 'primeira a entrar, primeira a sair' pode substituir páginas intensamente utilizadas. Em grandes sistemas de tempo compartilhado, por exemplo, é comum que muitos usuários compartilhem uma cópia de editor de texto quando entram e corrigem programas. A substituição de páginas FIFO em tal sistema pode optar por substituir uma página do editor intensamente utilizada, o que seria uma má escolha, pois a página seria chamada novamente para a memória principal quase imediatamente, resultando no aumento da taxa de falta de páginas. Embora seja possível implementar a FIFO com sobrecarga relativamente baixa usando uma fila, ela é impraticável para a maioria dos sistemas. Mas, como veremos na Seção 11.6.7, "Modificações da FIFO: substituições de página 'segunda chance' e 'relógio' ", a FIFO forma a base de vários esquemas de substituição de páginas implementados.

Referência de página	Resultado	Substituição de páginas FIFO com três páginas		
A	Falta	A	–	–
B	Falta	B	A	–
C	Falta	C	B	A
A	Sem falta	C	B	A
D	Falta	D	C	B
A	Falta	A	D	C
		⋮	⋮	⋮

A é substituída
B é substituída

Figura 11.2 | *Substituição de páginas FIFO (primeira a entrar, primeira a sair).*

Revisão

1. Por que a substituição de páginas FIFO resulta em mau desempenho para muitos processos?
2. Compare a substituição de páginas FIFO com a OPT para um processo que esteja executando um laço que se refira a *n* páginas quando a memória somente pode conter não mais do que *n* −1 páginas daquele processo.

Respostas: **1)** A FIFO substitui páginas de acordo com sua idade que, diferentemente da localidade, não é uma boa previsão do modo como as páginas serão usadas no futuro. **2)** Suponha que as páginas sejam numeradas de zero a *n* −1. Nesse caso, quando o processo se referir à página *n* −1, a FIFO substituirá a primeira página à que o processo referiu-se no laço. Todavia, a página seguinte à que o processo se referiu após concluir uma iteração do laço é a página que acabou de ser substituída. Para criar espaço para aquela página, a FIFO substitui a segunda página referida pelo processo na iteração anterior do laço. É claro que essa é a página seguinte à que o processo se referiu na iteração em curso. A estratégia ótima seria substituir a página que será referida num futuro mais longínquo, que é aquela que acabou de ser referida. Nesse caso, OPT resultaria em uma falta de página por iteração do laço, ao passo que a FIFO resultaria em *n* faltas de página por iteração do laço.

11.6.3 Anomalia FIFO

Seria razoável pensar que quanto mais páginas forem alocadas a um processo, menos faltas de página o processo experimentaria. Belady, Nelson e Shedler constataram que, sob substituição de páginas FIFO, certos padrões de referência de página na verdade causam mais faltas de página quando aumenta o número de molduras de páginas alocadas a um processo.[21] Esse fenômeno é denominado **Anomalia FIFO** ou **Anomalia de Belady**.

A Figura 11.3 apresenta um exemplo da anomalia. A primeira tabela demonstra como o padrão de referência obriga o sistema a carregar e substituir páginas (usando FIFO) quando são alocadas três molduras de páginas ao processo. A segunda

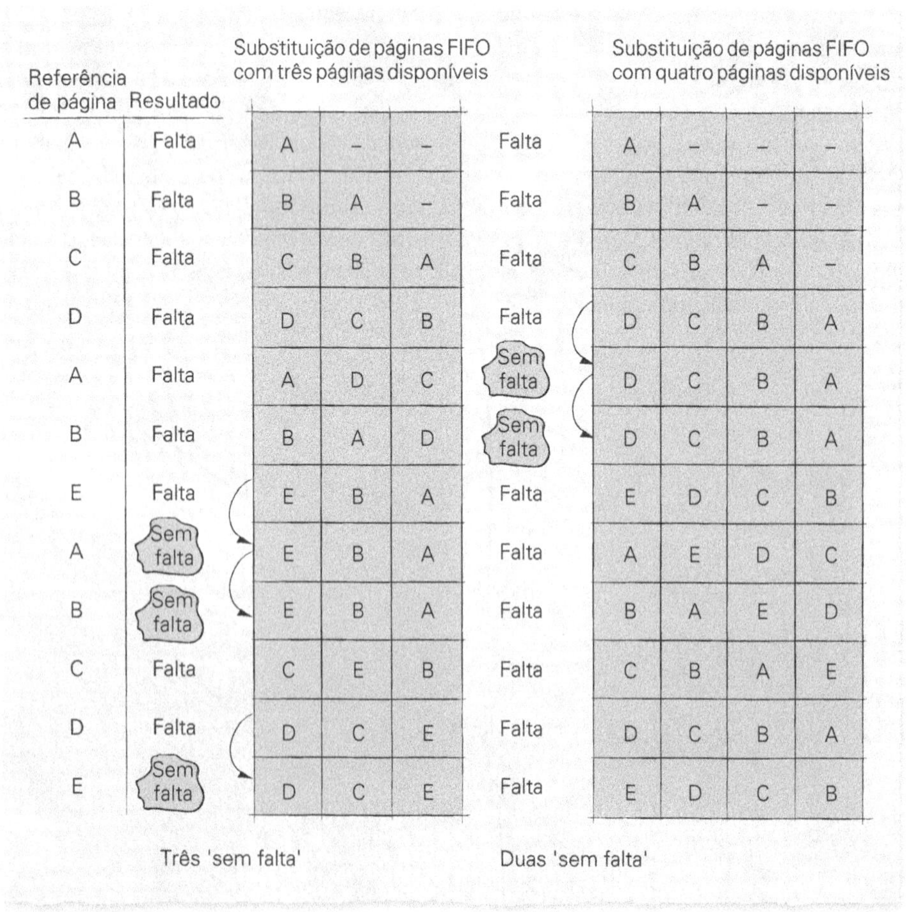

Referência de página	Resultado	Substituição de páginas FIFO com três páginas disponíveis			Resultado	Substituição de páginas FIFO com quatro páginas disponíveis			
A	Falta	A	–	–	Falta	A	–	–	–
B	Falta	B	A	–	Falta	B	A	–	–
C	Falta	C	B	A	Falta	C	B	A	–
D	Falta	D	C	B	Falta	D	C	B	A
A	Falta	A	D	C	Sem falta	D	C	B	A
B	Falta	B	A	D	Sem falta	D	C	B	A
E	Falta	E	B	A	Falta	E	D	C	B
A	Sem falta	E	B	A	Falta	A	E	D	C
B	Sem falta	E	B	A	Falta	B	A	E	D
C	Falta	C	E	B	Falta	C	B	A	E
D	Falta	D	C	E	Falta	D	C	B	A
E	Sem falta	D	C	E	Falta	E	D	C	B

Três 'sem falta'　　　　　　　　　　Duas 'sem falta'

Figura 11.3 | *Anomalia FIFO — faltas de página podem aumentar com alocação de moldura de página.*

tabela mostra como o sistema se comporta em resposta ao mesmo padrão de referência, mas quando foram alocadas quatro páginas ao processo. À esquerda de cada tabela, indicamos se a nova referência de página causa uma falta de página ou não. Quando o processo executa com quatro páginas na memória, na verdade ele experimenta uma falta de página a mais do que ao executar com apenas três páginas.

A Anomalia FIFO é mais uma curiosidade do que um resultado importante. Talvez seu real significado para o estudante seja servir como advertência de que sistemas operacionais são entidades complexas que às vezes desafiam a intuição.

Revisão

1. (V/F) Ao usar a estratégia de substituição de páginas FIFO, o número de faltas de página que um processo gera sempre aumenta à medida que aumenta o número de molduras de página alocadas àquele processo.

Resposta: Falso. O comportamento normal é que as faltas de página diminuam, porque mais páginas do processo podem estar disponíveis na memória, reduzindo a chance de que uma página referida não esteja disponível. A observação de Belady é uma anomalia; o comportamento que ele observou não ocorre freqüentemente.

11.6.4 Substituição de página menos recentemente usada (MRU)

A estratégia de substituição de página **menos recentemente usada** (MRU) (*Least-Recentely-Used* — **LRU**) (Figura 11.4) baseia-se na heurística da localidade que diz que o comportamento anterior recente de um processo é um bom indicador do seu comportamento futuro (localidade temporal). Quando o sistema deve substituir uma página, a MRU substitui a página que passou o maior tempo na memória sem ser referida.

Embora a MRU possa resultar em melhor desempenho do que a FIFO, o benefício vem à custa de sobrecarga do sistema.[22] A MRU pode ser implementada com uma estrutura de lista que contém uma entrada para cada moldura de página ocupada. Toda vez que uma moldura de página for referida, o sistema colocará a entrada daquela página no topo da lista (indicando que a página foi 'a mais recentemente referida'). Entradas mais antigas migram para o final da lista. Quando uma página existente deve ser substituída para criar espaço para uma outra que chega, o sistema substitui a entrada no final da lista. O sistema libera a moldura de página correspondente (possivelmente exigindo que uma página modificada seja escrita para o armazenamento secundário), coloca a página que chega naquela moldura de página e transfere a entrada

Referência de página	Resultado	Substituição de página MRU com três páginas disponíveis		
A	Falta	A	–	–
B	Falta	B	A	–
C	Falta	C	B	A
B	Sem falta	B	C	A
B	Sem falta	B	C	A
A	Sem falta	A	B	C
D	Falta	D	A	B
A	Sem falta	A	D	B
B	Sem falta	B	A	D
F	Falta	F	B	A
B	Sem falta	B	F	A

Figura 11.4 | Estratégia de substituição de página 'menos recentemente usada' (MRU).

daquela moldura para o topo da lista (porque agora ela é a página que foi referenciada mais recentemente). Esse esquema implementaria a MRU fielmente; todavia, incorre em sobrecarga substancial, pois o sistema deve atualizar a lista toda vez que uma página for referida.

Sempre devemos tomar cuidado ao aplicarmos um raciocínio heurístico no projeto de sistemas operacionais; a heurística — assim como a MRU neste caso — pode falhar em certas situações comuns. Por exemplo, a página menos recentemente usada poderá ser a página seguinte a ser referida por um programa que esteja iterando dentro de um laço que se refira a diversas páginas. Se a página for substituída, o sistema será requisitado a recarregá-la quase imediatamente.

Revisão

1. (V/F) A MRU é projetada para beneficiar processos que exibem localidade espacial.
2. Por que a MRU 'pura' é raramente implementada?

Respostas: 1) Falso. A MRU beneficia processos que exibem localidade temporal. 2) A MRU incorre na sobrecarga de manter uma lista ordenada de páginas e de reordenar essa lista.

11.6.5 Substituição de página menos freqüentemente usada (MFU)

A estratégia de substituição de página **menos freqüentemente usada** (*Least-Frequently-Used* – **LFU**) toma decisões de substituição com base na intensidade com que cada página está sendo usada. Sob a MFU, o sistema substitui a página menos freqüentemente usada ou menos intensivamente referida. Essa estratégia é baseada na heurística fascinante que diz que uma página não intensivamente referida provavelmente não será referida no futuro. A MFU pode ser implementada usando um contador atualizado toda vez que sua página correspondente for referida, mas esse procedimento pode incorrer em substancial sobrecarga.

A estratégia de substituição de página MFU também poderia facilmente escolher páginas incorretas para substituição. Por exemplo, a página menos freqüentemente usada poderia ser a página trazida mais recentemente para a memória principal. Essa página foi usada uma vez, ao passo que todas as outras páginas na memória principal podem ter sido utilizadas mais de uma vez. Nesse caso, o mecanismo de substituição de página substitui a nova página quando, na verdade, seria muitíssimo provável que essa página fosse usada imediatamente. Na próxima seção consideraremos a estratégia de substituição de página de baixa sobrecarga que toma decisões razoáveis na maior parte das vezes.

Revisão

1. Por que a freqüência de utilização de página é uma má heurística para reduzir o número de futuras faltas de página?
2. Qual estratégia de substituição de página incorre em mais sobrecarga: MRU ou MFU?

Respostas: 1) A freqüência mede o número de vezes que uma página é referida, mas não indica quantas dessas referências geraram faltas de página. Porque faltas de página exigem que o processo espere que uma página seja carregada do armazenamento secundário, elas devem ser tratadas com maior peso do que referências a páginas residentes. Se a referência a uma página gerar freqüentemente falta de página, aquela página estará sendo ativamente usada, e mantê-la na memória provavelmente reduzirá futuras faltas de páginas. O mesmo nem sempre é verdade para páginas residentes que têm sido referidas com freqüência, porque a freqüência não indica se a página ainda está sendo ativamente referida. 2) A resposta depende da implementação. Ambas as estratégias, em sua forma 'pura', devem atualizar a utilização de páginas em cada referência de memória, o que significa que as duas estratégias incorrem em sobrecarga similar. A MFU atualiza um contador, enquanto a MRU pode estar atualizando os ponteiros em uma lista encadeada; essa última atividade provavelmente envolveria mais sobrecarga.

11.6.6 Substituição de página não usada recentemente (NUR)

Um esquema popular que se aproxima da MRU com pouca sobrecarga é a estratégia de substituição de página **não usada recentemente** (*Not-Used-Recently* — **NUR**). A NUR é baseada na idéia de que uma página que não foi usada recentemente provavelmente não será utilizada no futuro próximo. A estratégia NUR é implementada por meio dos seguintes dois bits de hardware por entrada de tabela de página:

- **bit referenciado** — colocado em 0 se a página não foi referenciada e colocado em 1 se a página foi referenciada.
- **bit modificado** — colocado em 0 se a página não foi modificada e colocado em 1 se a página foi modificada.

O bit referido às vezes é denominado **bit acessado**. A estratégia NUR funciona da seguinte maneira. Inicialmente o sistema coloca os bits referidos de todas as páginas em 0. Quando um processo se refere a uma página particular, o sistema coloca o bit referido daquela página em 1. Os bits modificados de todas as páginas também são inicialmente colocados em 0. Sempre que uma página for modificada, o sistema põe o bit modificado da página em 1. Quando o sistema precisar substituir uma página, a NUR primeiramente tentará encontrar uma página que não foi referida (porque a finalidade da NUR é aproximar a MRU). Se não existir nenhuma página dessas, o sistema deverá substituir uma página referida. Nesse caso, a NUR verifica o bit modificado para determinar se a página foi modificada. Se a página não foi modificada, o sistema a seleciona para substituição. Caso contrário, o sistema deve substituir uma página que foi modificada. Lembre-se de que substituir uma página modificada incorre na substancial demora de uma operação adicional de E/S, enquanto a página modificada é escrita no armazenamento secundário para preservar seu conteúdo. Note, entretanto, que o esvaziamento periódico de páginas sujas pode, na média, reduzir ou eliminar essa demora.

É claro que a memória principal provavelmente será referida ativamente em um sistema multiusuário, portanto, eventualmente, a maioria, ou todos os bits referidos de páginas estarão colocados em 1. Quando for esse o caso, a NUR perderá a capacidade de identificar as páginas mais desejáveis para substituir. Uma técnica que tem sido amplamente implementada para evitar esse problema é o sistema colocar periodicamente todos os bits referidos em 0 e, então, continuar como sempre. Infelizmente, isso torna vulneráveis à substituição até mesmo as páginas ativas, mas somente durante um breve instante após a reconfiguração dos bits — os bits referidos das páginas ativas serão novamente colocados em 1 quase imediatamente.

As páginas podem ser classificadas em quatro grupos no esquema NUR (Figura 11.5). As páginas pertencentes aos grupos de números mais baixos devem ser substituídas primeiramente e as que estão nos grupos de números mais altos, por último. As páginas de um mesmo grupo são selecionadas aleatoriamente para substituição. Note que o Grupo 2 parece descrever uma situação não realista — páginas que foram modificadas, mas não referidas. Isso ocorre por causa da reconfiguração periódica dos bits referidos (mas não dos bits modificados).

Esquemas como a NUR também podem ser implementados em máquinas nas quais não há bit referido e até em máquinas que não tenham um bit modificado no hardware.[23] Os bits referidos e modificados são normalmente implementados em hardware e tomados como parte da execução de cada instrução de máquina. Cada um desses bits pode ser simulado interceptando-se os tratadores de falta e os tratadores de exceção de um sistema operacional como se segue.

O bit referido pode ser simulado implementando-se um bit de software correspondente e inicializando cada entrada na tabela de páginas para indicar que a página não está presente. Quando um processo se referir a uma página e causar uma falta de página, o controle reverterá para o tratador de faltas de página, que colocará o bit referido em 1 e retomará o processamento normal. O bit modificado é simulado marcando-se cada página como somente de leitura. Quando um processo tentar modificar a página, ocorrerá uma exceção de acesso à memória; o tratador de exceções obterá o controle, colocará o bit modificado em 1 (controlado por software) e mudará o controle de acesso daquela página para leitura/escrita. É claro que o mecanismo que implementa aquele bit modificado deve monitorar quais páginas são verdadeiramente somente de leitura e quais, verdadeiramente, de leitura/escrita. O sistema operacional também deve colocar periodicamente o bit referenciado de cada página em zero; o tamanho desse intervalo é crucial para o desempenho da NUR. É muito provável que as instruções necessárias para executar essas ações sejam um pequeno conjunto que pode executar rapidamente. Quase todos os processadores atuais incluem tanto um bit referenciado quanto um bit modificado para melhorar o desempenho dos gerenciadores de memória.

Revisão

1. Como o bit modificado melhora o desempenho na estratégia de substituição de página NUR?
2. Como a NUR poderia substituir a pior página possível?
3. Como uma página NUR poder ser modificada, mas não referida?

Respostas: 1) O bit modificado habilita o sistema operacional a determinar quais páginas podem ser sobrescritas sem ser primeiramente esvaziadas para disco. Selecionar primeiramente páginas não modificadas reduz E/S ao executar substi-

Grupo	Referida	Modificada	Descrição
Grupo 1	0	0	Melhor opção para substituir
Grupo 2	0	1	[Parece irreal]
Grupo 3	1	0	
Grupo 4	1	1	Pior opção para substituir

Figura 11.5 | *Tipos de páginas sob NUR.*

tuição de páginas. Note que, mesmo assim, a NUR — para implementar sua heurística — substitui uma página modificada não referida antes de substituir uma página referida não modificada. **2)** A próxima página que está prestes a ser referida poderia ter seu bit referenciado colocado em zero um pouco antes de ser tomada uma decisão de substituição de página. **3)** Na verdade ela seria referida, mas a NUR reconfigura periodicamente os bits referidos.

11.6.7 Modificações da FIFO: substituições de página 'segunda chance' e 'relógio'

A vulnerabilidade da estratégia FIFO é que ela pode escolher para substituição uma página intensamente utilizada que esteja na memória há longo tempo. Essa situação pode ser evitada implementando-se FIFO com um bit referido para cada página e substituindo uma página somente se seu bit referido estiver colocado em zero.

A variação do tipo **segunda chance** da FIFO examina o bit referido da página mais antiga; se esse bit estiver desligado, a estratégia imediatamente selecionará aquela página para substituição. Se o bit estiver ligado, o algoritmo desligará o bit e transferirá a página para o final da fila FIFO. Essa página é tratada essencialmente como se fosse uma nova chegada. Com o tempo, a página passa gradualmente para o início da fila; ao chegar lá, será selecionada para substituição somente se o bit referido ainda estiver desligado.

Páginas ativas serão selecionadas para voltar ao final da lista porque seus bits referidos estarão ligados e, assim, permanecerão na memória principal. Uma página modificada deve ser esvaziada para o armazenamento secundário antes de o sistema poder substituí-la; assim, quando seu bit referido estiver configurado como desligado, a página permanecerá 'temporariamente insubstituível' até o sistema concluir a transferência. Se o processo se referir a essa página antes do término do esvaziamento, ela será recapturada, poupando assim uma dispendiosa operação de trazer uma página do armazenamento secundário.

A **estratégia de substituição de página do tipo relógio**, que produz essencialmente os mesmos resultados do algoritmo da segunda chance, organiza as páginas em uma lista circular em vez de linear.[24] Toda vez que ocorrer uma falta de página, um ponteiro de lista percorrerá a lista circular tal como um ponteiro de relógio. Quando o bit referido da página estiver desligado, o ponteiro passará para o próximo elemento da lista (simulando a movimentação dessa página até o final da fila FIFO). O algoritmo do relógio coloca novas chegadas na primeira página que encontrar com o bit referido desligado.

Revisão

1. Qual das duas estratégias incorre em mais sobrecarga, 'segunda chance' ou 'relógio'?
2. Por que as substituições de página 'segunda chance' e 'relógio' são mais eficientes do que a MRU?

Respostas: 1) A 'segunda chance' requer que o sistema tire e ponha uma página na fila cada vez que seu bit residente estiver desligado. A 'relógio' em geral incorre em menos sobrecarga, porque modifica o valor de um ponteiro toda vez que o bit residente de uma página estiver desligado. **2)** Esses algoritmos reduzem o número de vezes que o sistema atualiza informações de utilização de página.

11.6.8 Substituição de página longínqua

Durante sua execução, os programas tendem a referir-se a funções e dados em padrões previsíveis. A estratégia da **substituição de página longínqua** usa grafos para tomar decisões de substituição com base nesses padrões previsíveis. Foi demonstrado matematicamente que a estratégia longínqua executa em níveis praticamente quase ótimos, mas sua implementação é complexa e incorre em sobrecarga significativa de tempo de execução.[25, 26, 27]

A estratégia da página longínqua cria um grafo de acesso (Figura 11.6) que caracteriza os padrões de referência de um processo. Cada vértice do grafo de acesso representa uma das páginas do processo. Uma aresta do vértice v ao vértice w significa que o processo pode referir-se à página w depois de ter se referido à página v. Por exemplo, se uma instrução da página v referir-se a dados na página w, haverá uma aresta ligando o vértice v ao vértice w. Similarmente, se uma chamada de função à página x retornar à página y, haverá uma aresta do vértice x ao vértice y. O grafo, que pode tornar-se muito complexo, descreve como um processo pode referir-se a páginas enquanto executa. Grafos de acesso podem ser criados analisando-se um programa compilado para determinar quais páginas podem ser acessadas por cada instrução em cada página, o que pode exigir significativo tempo de execução. [*Nota*: A maioria dos estudos da estratégia longínqua presume que o grafo de acesso seja construído antes de um processo executar, embora a construção do grafo durante o tempo de execução tenha sido investigada.][28] O grafo de acesso da Figura 11.6 indica que, após o processo referir-se à página B, irá se referir em seguida à página A, C, D ou E, mas não à página G antes de ter se referido à página E.

O algoritmo de substituição funciona em fases muito similares às do algoritmo do relógio. O algoritmo da página longínqua inicialmente marca todos os vértices do grafo de acesso como não referidos. Quando o processo acessar uma página, o algoritmo marcará como referido o vértice que corresponde àquela página. Quando o algoritmo tiver de selecionar

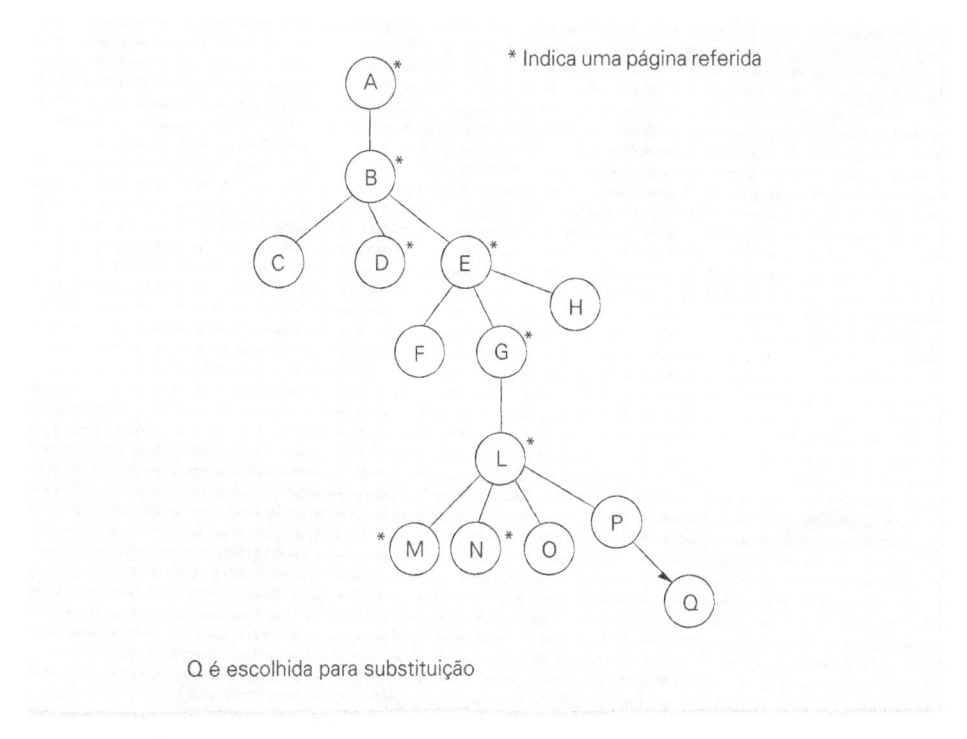

Figura 11.6 | Grafo de acesso da estratégia de substituição de página longínqua.

uma página para substituição, escolherá a página não referida que estiver mais longe (daí o nome 'longínqua') de qualquer página referida no grafo de acesso (na Figura 11.6 corresponde à página Q). A atratividade dessa estratégia é que a página não referida que estiver mais longe de qualquer página referida provavelmente será a referida no futuro mais distante. Se o grafo não contiver nenhum vértice não referido, a fase corrente estará completa e a estratégia marcará todos os vértices como não referidos para iniciar uma nova fase.[29] Nesse ponto, o algoritmo substituirá a página que estiver mais longe, no grafo, em relação à página mais recentemente referida.

A área da teoria dos grafos fornece algoritmos para construir e pesquisar os tipos de grafos da estratégia longínqua. Todavia, devido em grande parte à sua complexidade e sobrecarga de tempo de execução, a estratégia longínqua não tem sido implementada em sistemas reais.

Revisão

1. A despeito de fornecer desempenho quase ótimo, o que impede que a estratégia de página longínqua seja amplamente implementada?

2. Quando a estratégia de página longínqua poderia substituir uma página que logo será referida?

Respostas: 1) A estratégia longínqua é difícil de ser implementada e incorre em substancial sobrecarga de tempo de execução. 2) O processo pode subseqüentemente 'percorrer' o gráfico de acesso diretamente até à página que foi substituída, ponto em que experimentaria uma falta de página. Isso pode ocorrer, por exemplo, quando um processo se referiu a rotinas de processamento de erro ou emitiu uma série de chamadas a procedimento aninhadas.

11.7 Modelo de conjunto de trabalho

Localidade de referência implica que um programa pode executar eficientemente mesmo que apenas um subconjunto relativamente pequeno de suas páginas resida na memória principal em qualquer dado instante. A **teoria do conjunto de trabalho para o comportamento do programa** de Denning concentra-se em determinar qual é aquele subconjunto favorecido e mantê-lo na memória principal para obter o melhor desempenho.[30, 31]

Foram realizados muitos estudos que ilustram o fenômeno da localidade. A Figura 11.7 apresenta um grafo do padrão de referência da memória de um processo em suas páginas.[32] As áreas mais escuras mostram a quais áreas da memória o processo se referiu durante intervalos de tempo consecutivos. A figura ilustra vividamente como esse processo tende a favorecer um subconjunto de suas páginas durante certos intervalos de execução.

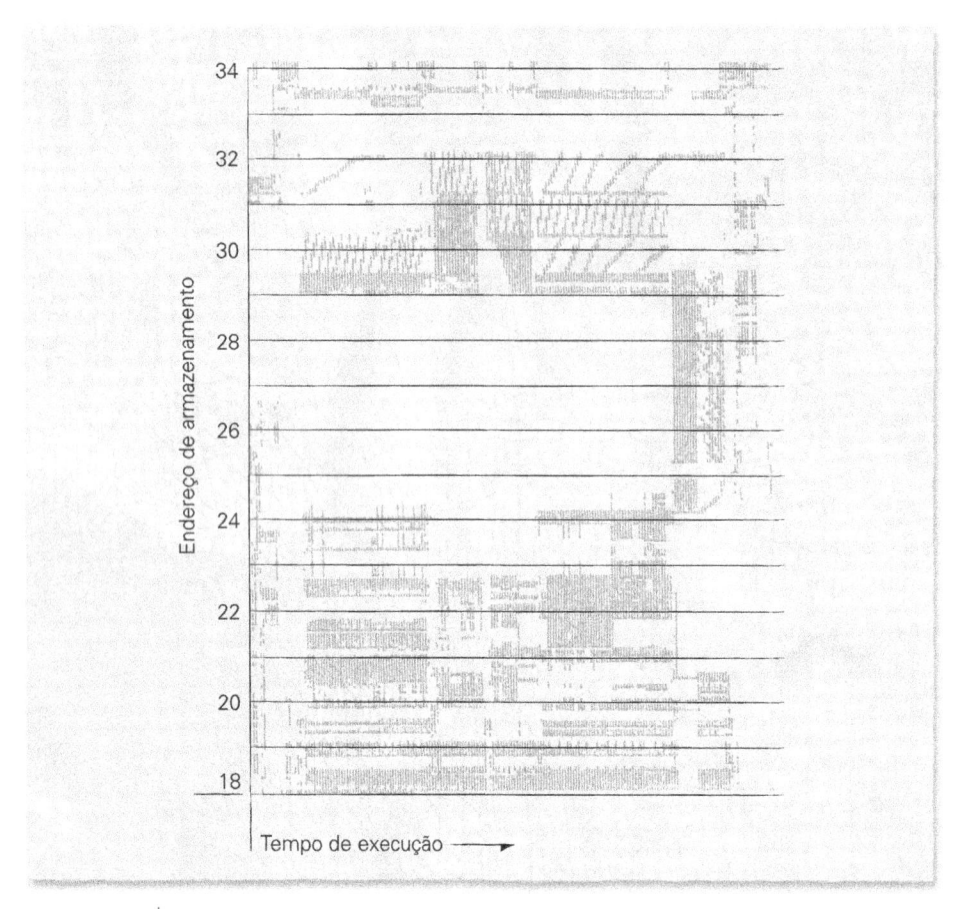

Figura 11.7 | Padrão de referência de armazenamento exibindo localidade. (Reproduzido com a permissão do IBM Systems Journal. ©1971 por International Business Machines Corporation.)

Os comportamentos hipotéticos de processos na Figura 11.8 também suportam a existência do fenômeno da localidade. Essa figura demonstra como a taxa de falta de páginas de um processo depende da quantidade de memória principal disponível para suas páginas. A linha reta mostra como seria a forma dessa relação se o processo exibisse um padrão de referência uniformemente distribuído por todas as suas páginas. A linha curva mostra como os processos se comportam normalmente. À medida que o número de molduras de páginas disponíveis para um processo diminui, há um intervalo no qual isso não afeta drasticamente a taxa de falta de páginas. Mas, em um certo ponto, quando o número de molduras de páginas disponíveis diminui ainda mais, o número de faltas de páginas experimentado pelo processo em execução aumenta drasticamente. O gráfico mostra que a taxa de falta de páginas do processo permanece estável enquanto seu subconjunto favorecido permanecer na memória principal. Todavia, quando o sistema não puder alocar molduras de páginas suficientes ao processo para que seu subconjunto favorecido permaneça na memória, a taxa de falta de páginas do processo aumentará drasticamente (porque o processo estará constantemente se referindo às páginas que foram substituídas).

O princípio da localidade e o comportamento dos processos exibidos nas figuras anteriores dão suporte à teoria do conjunto de trabalho para o comportamento do programa de Denning.[33, 34] Essa teoria afirma que, para um programa executar eficientemente, o sistema deve manter o subconjunto favorecido de páginas do programa (ou seja, seu conjunto de trabalho) na memória principal. Caso contrário, o sistema pode experimentar excessiva atividade de paginação, o que causa baixa utilização do processador, pois esse requisitaria repetidamente as mesmas páginas do armazenamento secundário.[35] Um modo de evitar a paginação excessiva (**thrashing**) poderia ser dar a cada processo um número suficiente de molduras de páginas para ocupar metade do seu espaço virtual. Infelizmente, regras como essa freqüentemente resultam em gerenciamento de memória virtual excessivamente conservador limitando, em última instância, o número de processos que podem compartilhar efetivamente o espaço de memória física.

Uma política de gerenciamento de memória de conjunto de trabalho busca manter na memória principal somente as páginas que compõem o conjunto de trabalho corrente de cada processo.[36, 37, 38, 39] A decisão de adicionar um novo processo ao conjunto ativo de processos (elevar o nível de multiprogramação) baseia-se no sistema ter ou não um espaço de memória principal suficiente para acomodar as páginas do conjunto de trabalho do novo processo. Essa decisão — especialmente

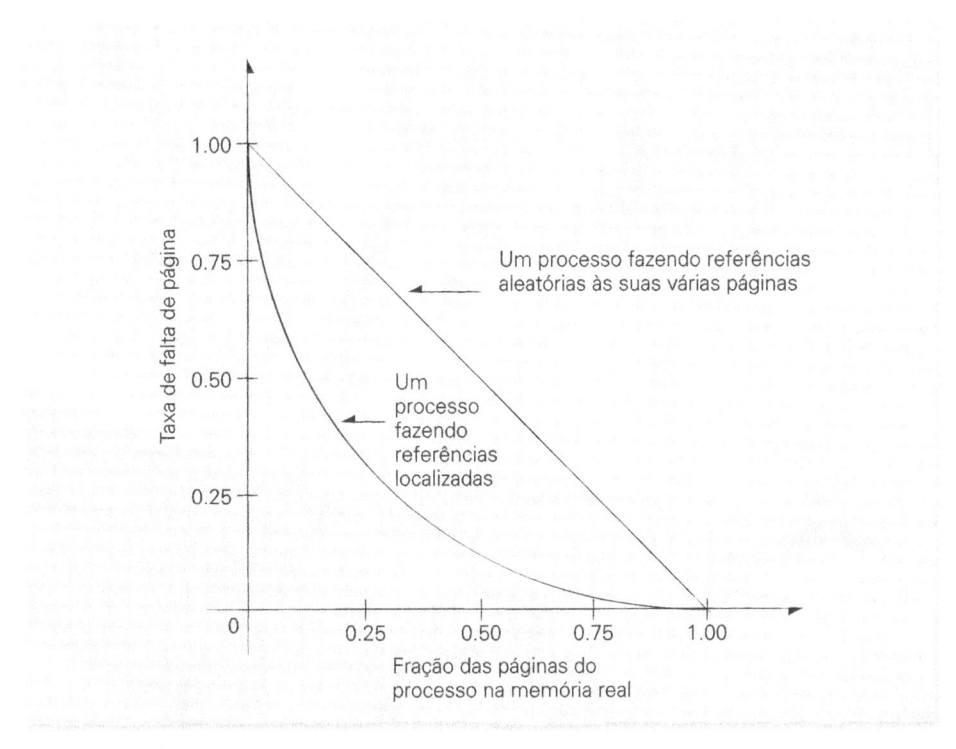

Figura 11.8 | *Dependência entre a taxa de falta de página e a quantidade de memória para as páginas de um processo.*

no caso de processos recém-iniciados — é tomada com base em heurísticas, porque em geral é impossível o sistema saber antecipadamente de que tamanho será o conjunto de trabalho de um dado processo.

A Figura 11.9 dá uma definição precisa do termo **conjunto de trabalho**. O eixo x representa o tempo de processo (o tempo durante o qual o processo usa um processador, para distingui-lo do tempo medido pelo 'relógio normal') e o valor t corresponde ao tempo de processo corrente. O valor w é o **tamanho da janela do conjunto de trabalho**, que determina quanto do passado o sistema deve considerar ao calcular o conjunto de trabalho do processo. O conjunto de páginas de trabalho do processo $W(t,w)$ é então definido como o conjunto de páginas referidas pelo processo durante o intervalo de tempo do processo $t - w$ para t.

Uma estratégia efetiva de gerenciamento de memória de conjunto de trabalho deve tomar decisões cuidadosas sobre o tamanho, w, da janela do conjunto de trabalho do seu processo. A Figura 11.10 ilustra como o tamanho do conjunto de

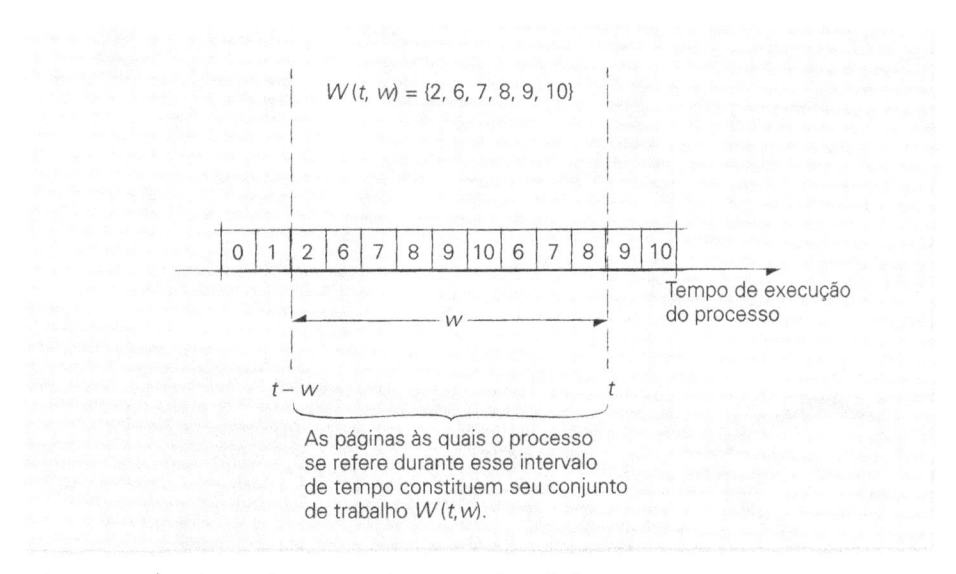

Figura 11.9 | *Definição do conjunto de páginas de trabalho de um processo.*

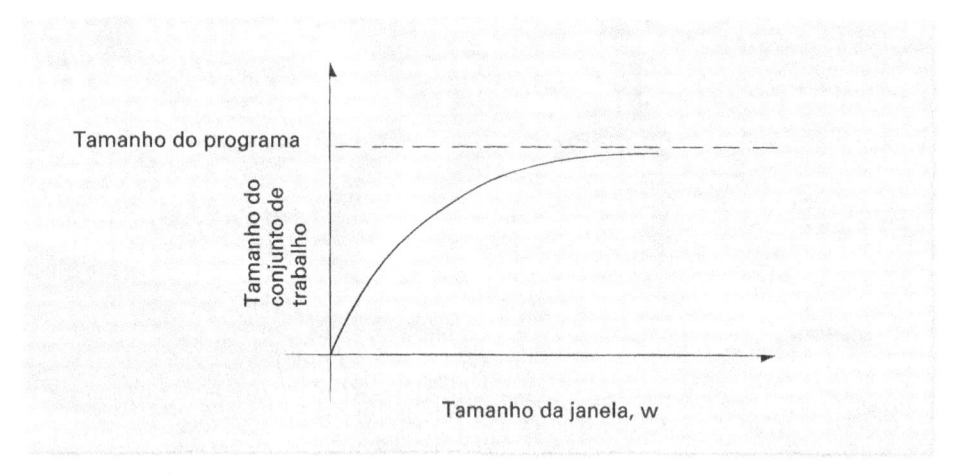

Figura 11.10 | *Tamanho do conjunto de trabalho como uma função do tamanho da janela.*

trabalho aumenta à medida que *w* aumenta. Isso é uma conseqüência da definição matemática de conjunto de trabalho e não é necessariamente uma indicação de tamanhos de conjuntos de trabalho observáveis empiricamente. O conjunto de trabalho 'verdadeiro' de um processo é simplesmente o conjunto de páginas que deve residir na memória principal para o processo executar com eficiência.

Conjuntos de trabalho mudam enquanto o processo executa.[40] Às vezes são adicionadas páginas, às vezes elas são apagadas. Às vezes ocorrem mudanças drásticas quando o processo entra em uma nova fase (ou seja, a execução requer um conjunto de trabalho diferente). Assim, quaisquer premissas sobre o tamanho e o conteúdo do conjunto de trabalho inicial de um processo não se aplicam necessariamente aos conjuntos de trabalho subseqüentes que o processo acumulará. Isso complica o gerenciamento preciso da memória sob uma estratégia de conjunto de trabalho.

A Figura 11.11 mostra como um processo em execução sob uma estratégia de gerenciamento de memória de conjunto de trabalho pode usar a memória principal. Primeiro, à medida que o processo demanda páginas no seu conjunto de trabalho inicial, uma página por vez, o sistema aloca gradativamente ao processo memória suficiente para conter o conjunto de trabalho. Nesse ponto a utilização da memória pelo processo se estabiliza à medida que ele se refere ativamente às páginas de seu primeiro conjunto de trabalho. O processo eventualmente faz uma transição para o próximo conjunto de trabalho, como indicado pela linha curva que vai do primeiro ao segundo conjunto de trabalho. Inicialmente, a linha curva fica acima do número de páginas do primeiro conjunto de trabalho, porque o processo está realizando paginação por demanda rapidamente em seu novo conjunto de trabalho. O sistema não tem nenhum meio de saber se esse processo está expandindo seu conjunto de trabalho corrente ou se está mudando de conjunto de trabalho. Uma vez que o processo estabilize em seu conjunto de trabalho seguinte, o sistema observa um número menor de referências a páginas na janela e reduz a alocação de memória principal do processo ao número de páginas do seu segundo conjunto de trabalho. Cada vez que ocorrer uma

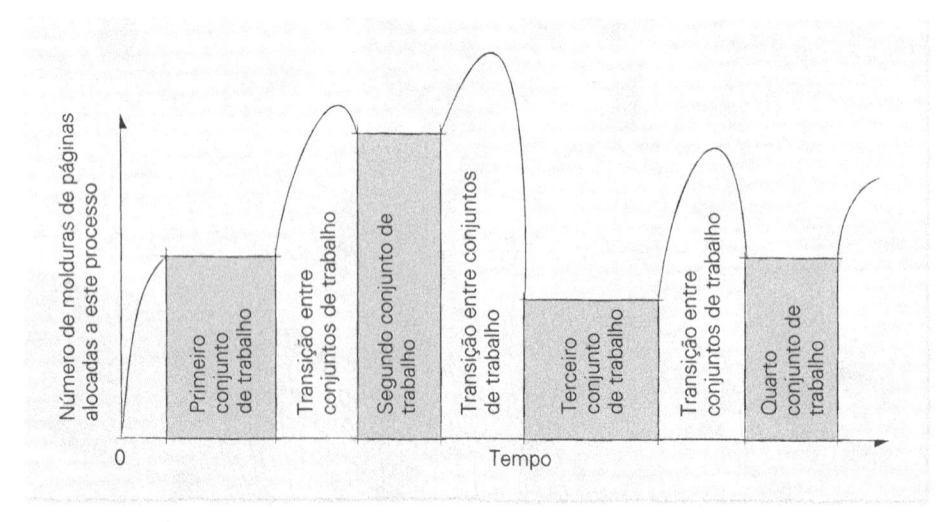

Figura 11.11 | *Alocação de memória principal sob gerenciamento da memória de conjunto de trabalho.*

transição entre conjuntos de trabalho, a subida e a descida da linha curva mostram como o sistema se adapta. Uma meta do gerenciamento de memória do conjunto de trabalho é reduzir a altura de cada porção curva do grafo à altura do próximo conjunto de trabalho no grafo o mais rapidamente possível, o que, é claro, exigiria que o sistema determinasse rapidamente quais páginas do conjunto de trabalho anterior (se houvesse) não fazem parte do novo conjunto de trabalho do processo.

A figura ilustra uma das dificuldades do gerenciamento de memória do conjunto de trabalho: os conjuntos de trabalho são transientes, e o próximo conjunto de trabalho de um processo pode ser substancialmente diferente do seu conjunto de trabalho corrente. Uma estratégia de gerenciamento de memória deve considerar isso cuidadosamente para evitar comprometer excessivamente a memória principal, o que pode levar à paginação excessiva (*thrashing*). Implementar uma verdadeira política de gerenciamento de memória do conjunto de trabalho incorre em sobrecarga substancial, especialmente porque a composição dos conjuntos de trabalho pode mudar, e muda, constantemente. Morris discute a utilização de hardware customizado para tornar mais eficiente o gerenciamento de armazenamento do conjunto de trabalho.[41]

Revisão

1. Por que é difícil determinar o tamanho do conjunto de trabalho de um processo?
2. Quais permutas são inerentes à escolha do tamanho de janela, *w*?

Respostas: 1) Se aderirmos estritamente à definição de Denning, será trivial determinar o tamanho do conjunto de trabalho — é exatamente igual ao número de páginas singulares que foram referidas dentro da janela, *w*. Se estivermos preocupados com o conjunto de trabalho 'verdadeiro', ou seja, com o conjunto de páginas que o processo precisa ter na memória para executar eficientemente, tudo ficará mais complexo. Uma indicação de que um processo tem seu conjunto de trabalho na memória é indicada por uma taxa de falta de página baixa (ou até mesmo zero). Isso poderia significar que o processo tem um número demasiado de páginas na memória. Se reduzirmos o número de molduras de página alocadas ao processo, em algum ponto a taxa de falta de páginas aumentará, possivelmente, drasticamente. Um pouco antes disso ocorrer, é o ponto em que o conjunto de trabalho está na memória (e somente ele). **2)** Se *w* for muito pequeno, o conjunto de trabalho verdadeiro de um processo poderá não estar na memória durante todo o tempo, o que levará à paginação excessiva. Se *w* for muito grande, a memória poderá ser desperdiçada, porque páginas que estão fora do conjunto de trabalho de um processo poderão ainda estar na memória, possivelmente limitando o grau de multiprogramação.

11.8 Substituição de página por freqüência de falta de página (FFP)

Uma medida que indica quão bem um processo está executando em um ambiente de paginação é sua taxa de falta de página. Um processo que sofre faltas constantemente pode estar paginando em demasia, porque tem um número bastante pequeno de molduras de páginas e não pode manter seus conjuntos de trabalho na memória. Um processo que quase nunca sofre faltas de página pode ter um número demasiado grande de molduras de página e, por isso, pode estar impedindo o progresso de outros processos no sistema (ou impedindo o sistema operacional de elevar o grau de multiprogramação). Idealmente, processos devem funcionar em algum ponto entre esses extremos. O algoritmo de **freqüência de falta de página** (*Page-Fault-Frequency* — **PFF**) ajusta o **conjunto de páginas residentes** (as páginas que estão correntemente na memória) com base na freqüência com que o processo acusa uma falta de página.[42, 43, 44, 45, 46] Como alternativa, a FFP pode ajustar o conjunto de páginas residentes de um processo com base no tempo entre faltas de páginas, denominado **tempo entre faltas** do processo.

A FFP tem uma sobrecarga menor do que a substituição de página do conjunto de trabalho, porque ajusta o conjunto de páginas residentes somente após cada falta de página; um mecanismo de conjunto de trabalho deve funcionar após cada referência à memória. Sob FFP, quando um processo fizer uma requisição que resulte em uma falta de página, a estratégia calculará o tempo decorrido desde a última falta de página. Se esse tempo for maior do que um valor-limite superior, então o sistema liberará todas as páginas não referidas daquele intervalo. Se o tempo for menor do que um valor-limite inferior, a página que chegar irá tornar-se um membro do conjunto de páginas residentes do processo.

Um benefício da FFP é que ela ajusta o conjunto de páginas residentes de um processo dinamicamente em resposta à mudança de comportamento do processo. Se um processo estiver alternando para um conjunto de trabalho maior, as faltas serão freqüentes e a FFP alocará mais molduras de página. Uma vez que o processo tenha acumulado seu novo conjunto de trabalho, a taxa de falta de página se estabilizará e a FFP ou manterá ou reduzirá o conjunto de páginas residentes. Uma chave para a operação adequada e eficiente da FFP é manter os limites em valores adequados.

Alguns sistemas podem aumentar o desempenho ajustando seus algoritmos de escalonamento de processo à freqüência com que um processo gera faltas de páginas. Presumivelmente, processos que geram poucas faltas de páginas acumularam seus conjuntos de trabalho no armazenamento principal. Processos que sofrem grandes números de falta de páginas ainda não estabeleceram seus conjuntos de trabalho. O bom senso diz para favorecer processos que já estabeleceram seus conjuntos de trabalho. Um outro ponto de vista é que processos com altas taxas de falta de página devem receber prioridade, porque utilizam um processador apenas brevemente antes de gerar uma requisição de E/S. Um processo que esteja sofrendo falta de página em seu conjunto de trabalho seguinte parece ser um processo orientado a E/S. Uma vez acumulado o conjunto de trabalho, o processo 'sossegará' no seu comportamento 'regular' — alguns processos serão orientados para processador e outros para E/S.

Revisão

1. Como a FFP se aproxima do conjunto de trabalho?
2. Quais problemas poderiam surgir se o limite superior da FFP fosse muito pequeno? E se esse limite inferior fosse muito grande?

Respostas: 1) Tanto a FFP quanto o modelo de conjunto de trabalho mudam o tamanho do espaço de alocação de um processo dinamicamente para evitar paginação excessiva. Contudo, o modelo de conjunto de trabalho reajusta após cada acesso à memória, enquanto a FFP reajusta somente após cada falta de página. 2) Se o limite inferior fosse muito grande, o sistema alocaria mais páginas a um processo do que ele necessitaria. Se o limite superior fosse muito pequeno, o sistema liberaria as páginas do conjunto de trabalho de um processo, levando à paginação excessiva.

11.9 Liberação de página

Sob gerenciamento de memória do conjunto de trabalho, um processo indica quais páginas quer usar referindo-se explicitamente a essas páginas. As páginas que um processo não requisitar mais devem ser retiradas do seu conjunto de trabalho. Entretanto, sob as estratégias de gerenciamento de memória existentes, muitas vezes páginas desnecessárias permanecem na memória até que a estratégia de gerenciamento possa detectar que o processo já não precisa mais delas. Uma estratégia alternativa seria o processo emitir um comando de **liberação voluntária de página** para liberar uma página de que não mais necessita, o que eliminaria o período de demora causado por deixar que o processo passe gradativamente a página de seu conjunto de trabalho.

A liberação voluntária de páginas poderia acelerar a execução do programa para todo o sistema. Uma esperança nessa área é que a detecção de situações de liberação de páginas e a liberação dessas páginas mais cedo do que seria possível por estratégias de conjunto de trabalho sejam feitas por compiladores e pelo sistema operacional. Na realidade, usuários não podem tomar essas decisões, mas programadores de aplicações e programadores de sistemas, sim.

Revisão

1. Por que a liberação voluntária de páginas poderia resultar em melhor desempenho do que uma estratégia de substituição de página de conjunto de trabalho?
2. Por que a liberação voluntária de páginas não é amplamente implementada nos sistemas atuais?

Respostas: 1) Existe uma latência na estratégia do conjunto de trabalho (o tamanho da janela, w) que faz as páginas que não são mais necessárias 'ficarem à toa' antes da substituição. A liberação voluntária de páginas poderia liberar essas páginas mais cedo, resultando em uso mais eficiente da memória. 2) A real questão é se de fato é possível escolher as páginas certas para liberar, o que é difícil de fazer porque sabemos que não podemos, no caso geral, prever o caminho de execução que um programa escolherá.

11.10 Tamanho de página

Uma característica importante de um sistema virtual paginado é o tamanho das páginas e das molduras de páginas que o sistema suporta. Nos sistemas atuais não há nenhum 'padrão industrial' de tamanho de página, e muitas arquiteturas suportam vários tamanhos que resultam em melhorias de desempenho demonstráveis.[47] Ao escolher um tamanho (ou tamanhos) de página, o projetista de sistemas deve avaliar diversas questões com base nas metas e limitações do sistema a ser projetado.

Muitos resultados anteriores citados na literatura, teóricos ou empíricos, apontam para a necessidade de páginas pequenas.[48,49,50] Como os tamanhos de memória e de programas aumentam rapidamente, tamanhos maiores tornaram-se mais desejáveis. Quais as considerações que determinam se uma página deve ser grande ou pequena? Várias delas são resumidas a seguir:

- Um tamanho de página grande aumenta a faixa de memória que o TLB pode referenciar com cada entrada. Isso aumenta a probabilidade de o TLB acusar uma presença de página, o que melhora o desempenho da tradução dinâmica de endereço.[51]

- Em geral, um tamanho de página grande pode reduzir o número de operações de E/S demoradas que transferem informações entre a memória principal e o armazenamento secundário. Um sistema que transfira tais informações usando um tamanho de página pequeno pode exigir diversas operações de E/S separadas, o que aumentaria o produto espaço-tempo de um processo (veja a Seção 11.3). Todavia, paginação antecipada e algoritmos de escalonamento de disco (como discutiremos no próximo capítulo) podem reduzir essa sobrecarga.
- Processos tendem a exibir localidade de referência sobre uma pequena porção de seus espaços de endereçamento, portanto um tamanho de página menor ajudaria um processo a estabelecer um conjunto de trabalho menor, mais compacto, deixando mais memória disponível para outros processos.[52]
- Um tamanho de página pequeno leva a um grande número de páginas e molduras de páginas e, correspondentemente, a maiores tabelas de páginas. Como discutido na Seção 10.4.4, "Tabelas de páginas multiníveis", essas tabelas podem consumir uma porção significativa de memória principal (ou seja, fragmentação de tabela). Tamanhos de página grandes reduzem a fragmentação da tabela diminuindo o número de entradas de tabela de páginas (à custa de maior fragmentação interna).
- Em uma organização combinada segmentação/paginação o sistema pode experimentar fragmentação interna, porque procedimentos e unidades de dados raramente compreendem um número inteiro de páginas, portanto, a probabilidade de a última página de um segmento estar quase cheia é a mesma de estar quase vazia (Figura 11.12). Assim, cada segmento contém, em média, meia página de fragmentação interna. Mais fragmentação resulta em uma média maior de tamanho de conjunto de trabalho para programas.[53] O sistema pode reduzir a quantidade de fragmentação interna empregando tamanhos de páginas menores.[54]

Embora suportar vários tamanhos de página possa resolver muitas das limitações de tamanhos de página grandes e pequenos, também há várias desvantagens. Primeiro, para fornecer tradução dinâmica de endereço eficiente, o sistema operacional requer suporte de hardware para vários tamanhos de página, o que significa que o hardware de tradução de endereço de página deve ser capaz de acomodar páginas grandes e pequenas. No processador Intel Pentium 4 isso é feito usando vários TLBs, cada qual dedicado a armazenar PTEs de um único tamanho de página. Essa maior complexidade do hardware aumenta o custo. Além disso, ter vários tamanhos de página introduz a possibilidade de fragmentação externa similar à dos sistemas de segmentação, porque o tamanho dos blocos é variável.[55]

A Figura 11.13 lista os tamanhos de páginas usados por diversos sistemas. Note os tamanhos de páginas avulsas relativamente pequenos escolhidos para computadores mais antigos, ao passo que computadores mais modernos suportam tamanhos de páginas maiores e vários tamanhos de páginas.

Revisão

1. Por que tamanhos de página grandes são mais favoráveis nos sistemas atuais do que eram há décadas?
2. Quais os aspectos negativos de ter vários tamanhos de páginas?

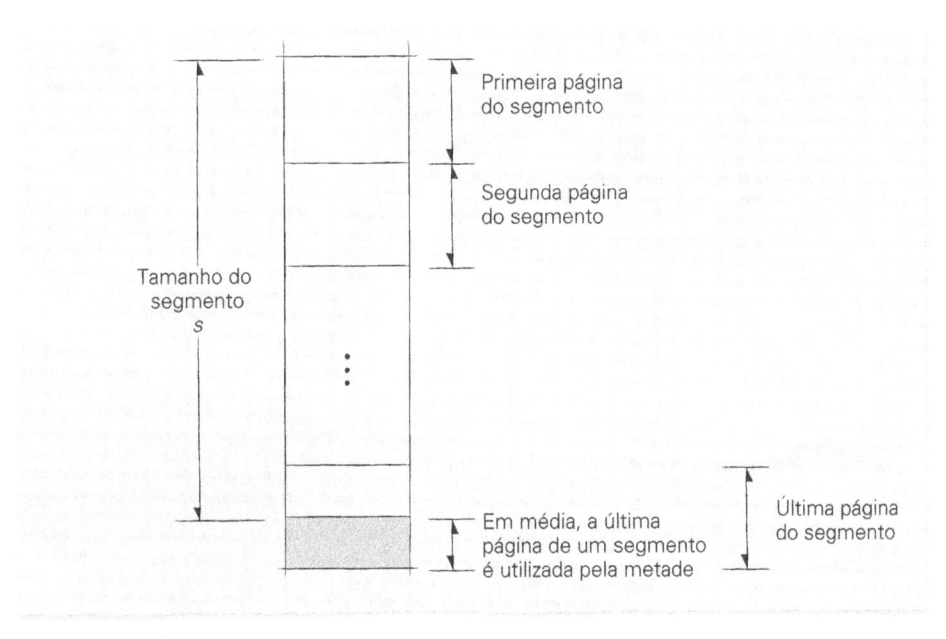

Figura 11.12 | *Fragmentação interna em um sistema paginado e segmentado.*

Fabricante	Modelo	Tamanho de página	Tamanho do endereço real
Honeywell	Multics	1KB	36 bits
IBM	370/168	4KB	32 bits
DEC	PDP-10 e PDP-20	512 bytes	36 bits
DEC	VAX 8800	512 bytes	32 bits
Intel	80386	4KB	32 bits
Intel/AMD	Pentium 4/Athlon	4KB ou 4MB	32 ou 36 bits
Sun	UltraSparc II	8KB, 64KB, 512KB, 4MB	44 bits
AMD	Opteron/Athlon 64	4KB, 2MB e 4MB	32, 40 ou 52 bits
Intel-HP	Itanium, Itanium 2	4KB, 8KB, 16KB, 64KB, 256KB 1MB, 4MB, 16MB, 32MB, 64MB, 128MB, 256MB	entre 32 e 63 bits
IBM	PowerPC 970	4KB, 128KB, 256KB, 512KB, 1MB, 2MB, 4MB, 8MB, 16MB, 32MB, 64MB, 128MB, 256MB	32 e 64 bits

Figura 11.13 | *Tamanhos de página em várias arquiteturas de processador.*[56, 57, 58]

Respostas: 1) O custo da memória ficou mais barato, o que resultou em sistemas que contêm grandes memórias e aplicações que requerem grandes quantidades de memória. Nos sistemas atuais o custo da fragmentação interna devido a tamanhos de página maiores é uma preocupação menor do que era há décadas, quando a memória era muito mais cara. Páginas grandes também exigem que o sistema execute um número menor de dispendiosas operações de E/S para carregar na memória uma grande porção do espaço de endereçamento virtual. Todavia, há muitos casos nos quais o sistema operacional deve armazenar dados que correspondam a apenas uma fração do tamanho da página. Nesse caso, vários tamanhos de página podem melhorar a utilização da memória à custa de sobrecarga adicional de gerenciamento de memória. 2) Ambos, sistema operacional e hardware, devem suportar vários tamanhos de página para fornecer gerenciamento de memória eficiente. Sistemas operacionais devem ser reescritos para que gerenciem eficientemente vários tamanhos de página, o que requer custoso desenvolvimento de software. A complexidade dos processadores também precisa aumentar para suportar vários tamanhos de página, o que tende a aumentar seu custo.

11.11 Comportamento do programa sob paginação

Foram realizados muitos estudos para examinar o comportamento de processos em ambientes de paginação.[59, 60, 61, 62, 63, 64, 65, 66, 67, 68, 69, 70, 71, 72, 73, 74, 75, 76, 77, 78, 79, 80] Nesta seção apresentamos alguns resultados qualitativos desses estudos.

A Figura 11.14 mostra a porcentagem de páginas de um processo hipotético que foram referidas, começando no momento em que o processo inicia a execução. A curva ascendente inicial, bastante acentuada, indica que um processo tende a se referir a uma porção significativa de suas páginas imediatamente após o início da execução. Com o tempo, a curva se achata e o gráfico se aproxima assintoticamente de 100%. É certo que alguns processos se referem a 100% de suas páginas, mas o gráfico é desenhado para demonstrar que muitos processos podem executar durante um longo período de tempo sem fazer isso. Esse é o caso, por exemplo, quando certas rotinas de processamento de erros são raramente invocadas.

O número de faltas que um processo experimenta depende do tamanho e do comportamento dos processos do sistema. Quando os conjuntos de trabalho são pequenos, o número de faltas de páginas experimentado por um processo em execução tende a aumentar com o aumento do tamanho de página. Esse fenômeno ocorre porque, à medida que aumenta o tamanho de página, mais procedimentos e dados que não serão referidos são trazidos para uma memória principal, cujo tamanho é fixo. Além disso, à medida que o tamanho de página continua a crescer, o sistema incorre em mais fragmentação interna. Assim, uma porcentagem menor da memória principal de um processo é ocupada por procedimentos e dados que serão referidos. Um processo que tenha um conjunto de trabalho grande requer um número maior de molduras de página pequenas, o que pode levar a um grande número de faltas de páginas cada vez que o processo executar. Se o conjunto de trabalho de um processo contiver páginas contíguas no espaço de endereçamento virtual do processo, o número de falta de

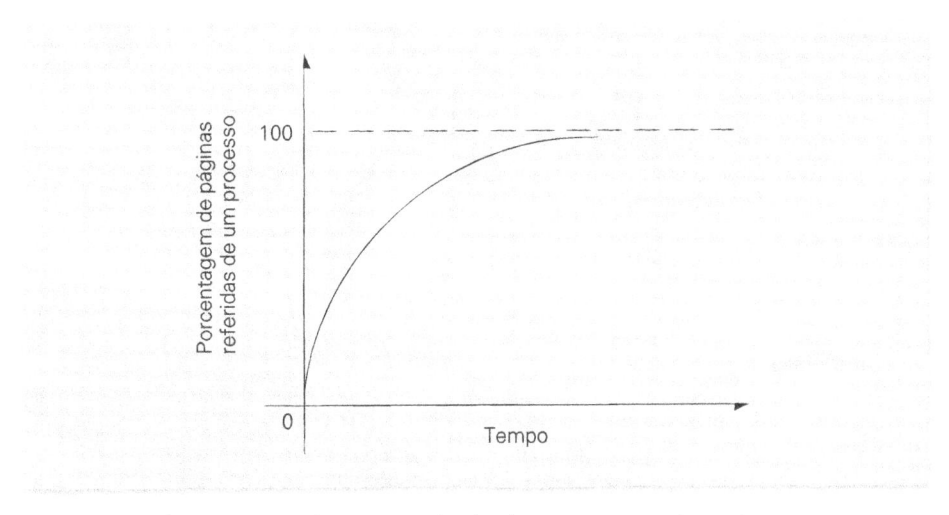

Figura 11.14 | *Porcentagem de páginas referidas de um processo ao longo do tempo.*

páginas tenderá a diminuir à medida que o tamanho de página aumentar. Isso ocorre porque cada falta de página carrega na memória uma porção significativa do conjunto de trabalho do processo.

A Figura 11.15 mostra como o tempo médio entre faltas (o tempo entre faltas de página) varia à medida que aumenta o número de molduras de página alocadas a um processo. O gráfico é não decrescente — quanto mais molduras de página um processo tiver, maior será o tempo entre faltas de página (sujeito, é claro, a ocasional comportamento estranho tal como a anomalia FIFO).[81] Em um certo ponto a curva do gráfico muda de direção e sua inclinação diminui acentuadamente. Nesse ponto o processo está com todo o seu conjunto de trabalho na memória. Inicialmente, o tempo entre faltas cresce rapidamente, pois uma porção maior do conjunto de trabalho reside na memória principal. Uma vez que o quinhão de memória seja suficiente para conter o conjunto de trabalho do processo, a curva se inclina acentuadamente indicando que o efeito da alocação de molduras de página adicionais sobre o aumento do tempo entre faltas não é tão grande. Novamente, a meta de uma estratégia de gerenciamento de memória deve ser manter o conjunto de trabalho na memória principal.

As discussões qualitativas desta seção apontam geralmente para a validade do conceito de conjunto de trabalho. Com a evolução da arquitetura de computadores e do projeto de software, esses resultados precisarão ser reavaliados.

Revisão

1. Como o comportamento do programa sob paginação suporta o conceito de alocação segundo a qual o sistema operacional não aloca molduras de página a um processo até que esse se refira explicitamente às suas páginas?

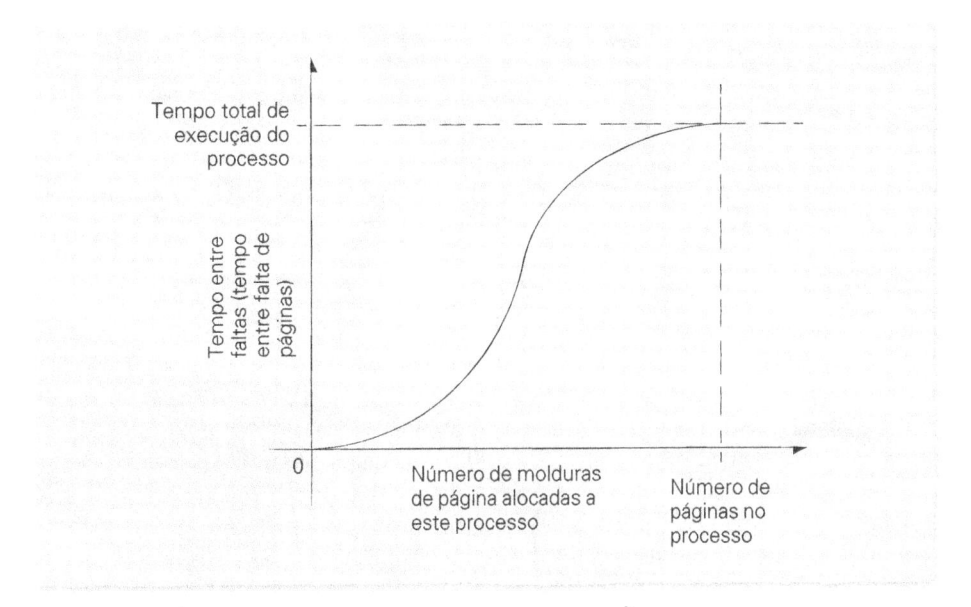

Figura 11.15 | *Dependência de tempo entre faltas e o número de molduras de página alocadas a um processo.*

2. (V/F) O tempo entre faltas para um processo particular sempre aumenta à medida que aumenta o número de molduras de página alocadas a um processo.

Respostas: **1)** A Figura 11.14 demonstra que o sistema operacional desperdiçaria considerável memória se reservasse memória que um processo não usaria até mais tarde durante sua execução. Contudo, se um processo se referir às suas páginas segundo padrões previsíveis, a paginação antecipada poderá melhorar o desempenho reduzindo os tempos de espera de páginas. **2)** Falso. Na verdade, esse é o comportamento normal, mas, se o algoritmo estiver sujeito à Anomalia de Belady, o tempo entre faltas poderá diminuir.

11.12 Substituição de página local versus global

Ao avaliarmos as estratégias de substituição de páginas apresentadas nas seções anteriores, fornecemos padrões de referência para um processo simples, arbitrário. Na maioria dos sistemas reais, o sistema operacional deve fornecer uma estratégia de substituição de página que resulte em bom desempenho para vários processos diferentes.

Ao implementar um sistema de memória virtual paginado, o projetista do sistema operacional deve decidir se as estratégias de substituição de página devem ser aplicadas a todos os processos como uma unidade (estratégias globais) ou considerar cada processo individualmente (estratégias locais). Estratégias globais de substituição de páginas tendem a ignorar as características do comportamento do processo individual; estratégias locais de substituição de páginas habilitam o sistema a ajustar a alocação de memória segundo a importância relativa de cada processo para melhorar o desempenho.

Como veremos, uma heurística que rende bons resultados quando aplicada a um processo individual pode resultar em mau desempenho quando aplicada ao sistema como um todo. Não há nenhuma regra estabelecida para isso — o Linux, por exemplo, implementa uma estratégia global de substituição de páginas, e o Windows XP implementa uma estratégia local de substituição de páginas (veja as seções 20.6.3, "Substituição de páginas", e 21.7.3, "Substituição de páginas", respectivamente).[82]

A estratégia de substituição de páginas **MRU global (gMRU)** substitui a página menos recentemente usada em todo o sistema. Essa estratégia simples não tenta analisar comportamento individual de processos ou a importância relativa de processos quando seleciona uma página para substituir. Considere, por exemplo, um sistema que escalone processos usando alternância circular — o próximo processo a executar é o processo que esperou mais tempo. Nesse caso, páginas que pertençam ao próximo processo a executar freqüentemente são aquelas menos recentemente usadas, portanto a gMRU provavelmente substituirá a página seguinte a ser usada. Note que a gMRU pode resultar em mau desempenho, independentemente do comportamento do processo individual, se o sistema implementar uma variante do algoritmo de escalonamento de alternância circular.

Glass e Cao sugerem a estratégia global de substituição SEQ (seqüência), uma versão modificada da MRU, que ajusta sua estratégia com base no comportamento do processo.[83] Em geral, a estratégia SEQ usa a estratégia MRU para substituir páginas. Como discutido na Seção 11.6.4, a MRU apresenta mau desempenho quando o processo entra em laços que se refiram a uma seqüência de páginas que não podem caber todas na memória ao mesmo tempo. Nesse caso, a página ótima a substituir é aquela usada mais recentemente, porque será a página a ser referida no futuro mais longínquo (durante a próxima iteração do laço). Em conformidade com isso, a estratégia SEQ usa a heurística: um processo que esteja experimentando uma seqüência de faltas de página ao se referir a uma série de páginas contíguas está exibindo um comportamento de laço. Quando tal comportamento é detectado, ela aplica a estratégia 'usada mais recentemente' (UMR) que é a estratégia ótima para aquele padrão de referência. Se um processo experimentar falta de página ao referenciar uma página não contígua, a SEQ usará a estratégia MRU até ser detectada uma outra seqüência de falta de páginas em páginas contíguas.

11.13 Estudo de caso: substituição de páginas no Linux

Nesta seção discutiremos a estratégia de substituição de páginas implementada no Linux. Mais informações sobre o gerenciamento de memória do Linux podem ser encontradas na Seção 20.6, "Gerenciamento de memória". Quando a memória física estiver cheia e o processo ou o núcleo requisitarem dados não residentes, o sistema deverá liberar molduras de página para atender à requisição. As páginas são divididas em ativas e inativas. Para ser considerada ativa, uma página deve ter sido referida recentemente. Uma meta do gerenciador de memória é manter o conjunto de trabalho corrente dentro da coleção de páginas ativas.[84]

O Linux usa uma variação do algoritmo do relógio para se aproximar de uma estratégia de substituição MRU (Figura 11.16). O gerenciador de memória utiliza duas listas encadeadas: a lista ativa contém páginas ativas, a lista inativa contém páginas inativas. As listas são organizadas de modo que as páginas mais recentemente usadas estejam perto do início da lista ativa, e as páginas usadas menos recentemente estejam próximas ao final da lista inativa.[85]

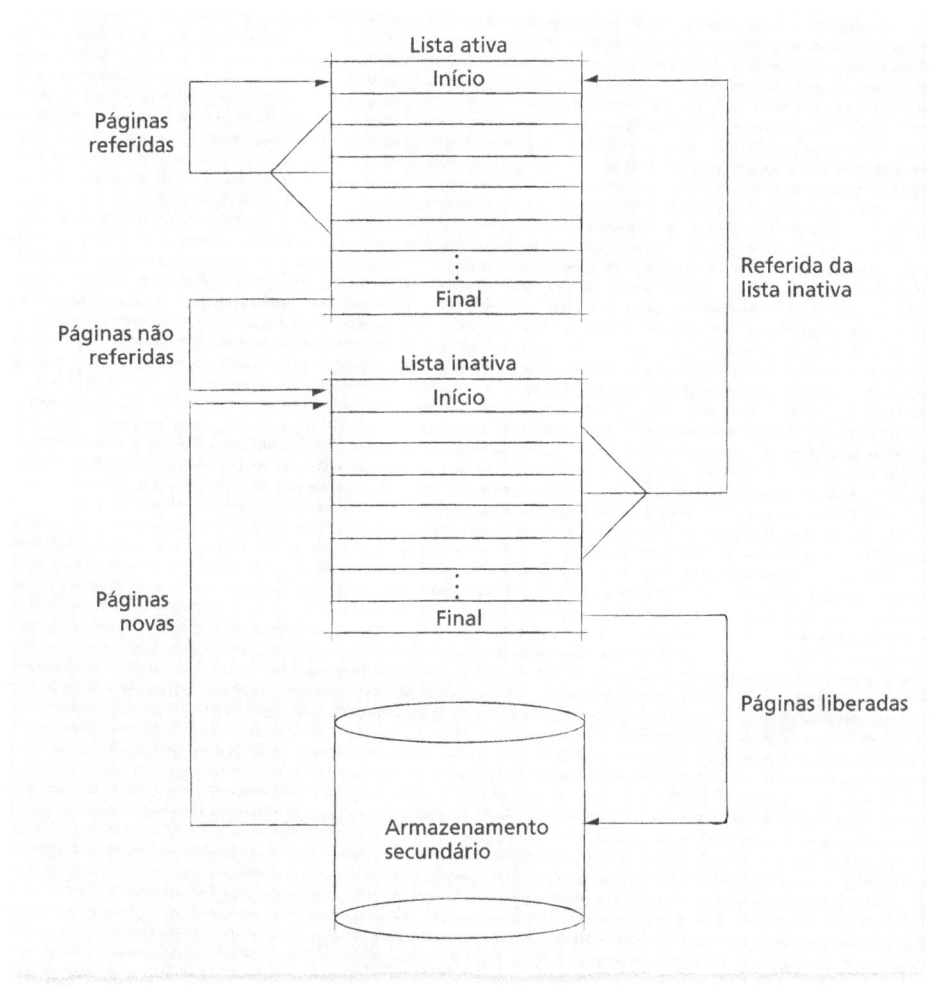

Figura 11.16 | Visão geral da substituição de página no Linux.

Quando uma página é trazida para a memória pela primeira vez, é colocada na lista inativa e marcada como referida, colocando o seu bit referido em 1. O gerenciador de memória determina periodicamente se a página foi subseqüentemente referida, tal como durante uma falta de página. Se página for ativa ou inativa e seu bit referido estiver desligado, o bit será ligado. De modo semelhante ao algoritmo do relógio, essa técnica garante que as páginas recentemente referidas não sejam selecionadas para substituição.

Por outro lado, se a página for inativa e estiver sendo referida pela segunda vez (seu bit referido já estiver ligado), o gerenciador de memória transferirá a página para o início da lista ativa e desligará o seu bit referido.[86] Isso permite ao núcleo determinar se a página foi referida mais de uma vez recentemente. Se afirmativo, a página será colocada na lista ativa para que não seja selecionada para substituição. Para garantir que a lista ativa contenha somente páginas que estejam sendo intensamente referidas, o gerenciador de memória transfere periodicamente quaisquer páginas não referidas da lista ativa para o início da lista inativa.

Esse algoritmo é repetido até que o número especificado de páginas tenha sido transferido do final da lista ativa para o início da fila inativa. Uma página que estiver na lista inativa permanecerá na memória até ser selecionada para substituição. Por outro lado, enquanto uma página estiver na lista ativa, ela não poderá ser selecionada para substituição.[87]

Resumo

A técnica que um sistema emprega para selecionar páginas para substituição quando a memória estiver cheia é denominada estratégia de substituição. A estratégia de busca de um sistema determina quando páginas ou segmentos devem ser carregados na memória principal. Estratégias de busca por demanda esperam que um processo se refira a uma página ou segmento antes de carregá-los. Estratégias de busca antecipada usam heurísticas para prever a quais páginas um processo se referirá em breve e, então, carregam essas páginas ou segmentos. Uma estratégia de posicionamento determina em que lugar da memória principal deve ser colocada uma página ou um segmento que chega. Sistemas de paginação com um único tamanho de página trivializam a decisão de posicionamento, porque uma página que chega pode ser colocada em qualquer moldura de página disponível. Sistemas de segmentação requerem estratégias de posicionamento similares às usadas em multiprogramação por partição variável.

Fundamental para a maioria das estratégias de gerenciamento de memória é o conceito de localidade — pelo qual um processo tende a se referir à memória conforme padrões altamente localizados. Em sistemas de paginação os processos tendem a favorecer certos subconjuntos de suas páginas e, muitas vezes, essas páginas tendem a ser adjacentes umas às outras no espaço de endereçamento virtual de um processo. A política de busca mais simples é a paginação por demanda — quando um processo executa pela primeira vez, o sistema carrega na memória principal a página que contém sua primeira instrução. Daí em diante o sistema carrega uma página do armazenamento secundário para a memória principal somente quando o processo se refere àquela página explicitamente. A paginação por demanda requer que um processo acumule páginas uma por vez, o que com freqüência aumenta o produto espaço-tempo de um processo — uma medida de seu tempo de execução (ou seja, por quanto tempo ele ocupa a memória) multiplicado pela quantidade de espaço da memória principal que ele ocupa.

Na paginação antecipada o sistema operacional tenta prever as páginas que um processo precisará para, então, carregá-las antecipadamente quando houver espaço de memória disponível. Estratégias de paginação antecipada devem ser cuidadosamente elaboradas para que a sobrecarga incorrida pela estratégia não reduza o desempenho do sistema. Uma estratégia de pré-paginação por demanda carrega antecipadamente um grupo de páginas na memória quando um processo se refere a uma página não residente, o que pode ser efetivo quando os processos exibirem localidade espacial.

Quando um processo gera uma falta de página, o sistema de gerenciamento de memória deve localizar a página referida no armazenamento secundário, carregá-la em uma moldura de página na memória principal e atualizar a entrada de tabela de páginas correspondente. A maioria das arquiteturas modernas suporta um bit modificado (ou sujo) em suas entradas de tabelas de página; esse bit é colocado em 1 se a página foi modificada e em 0, se não foi. O sistema operacional usa esse bit para determinar rapidamente quais páginas foram modificadas, para que possa melhorar o desempenho, evitando o custo de escrever (esvaziar) uma página modificada para disco após uma falta de página.

A estratégia de substituição de página ótima determina que, para conseguir desempenho ótimo, se substitua a página que não será referida novamente no futuro mais distante. É possível demonstrar que essa estratégia (também denominada OPT, ou MIN) é ótima.

Substituição aleatória de páginas (RAND) é uma estratégia de substituição de páginas de baixa sobrecarga que não discrimina nenhum processo particular. Sob essa estratégia, cada página da memória principal tem a mesma probabilidade de ser selecionada para substituição. Um problema que a estratégia acarreta é que ela pode facilmente selecionar para substituição a página a ser referida em seguida.

Na estratégia de substituição de páginas 'primeira a entrar, primeira a sair' (FIFO), substituímos a página que está no sistema há mais tempo. Infelizmente, essa estratégia pode substituir páginas intensamente utilizadas, pois a razão de uma página estar há longo tempo na memória pode estar relacionada ao fato de processos a referirem freqüentemente. Embora seja possível implementar a FIFO com sobrecarga relativamente baixa, ela é impraticável para a maioria dos sistemas. Sob substituição de páginas FIFO, certos padrões de referência de página na verdade causam mais faltas de página quando aumenta o número de molduras de página alocadas a um processo — um fenômeno antiintuitivo denominado Anomalia FIFO ou Anomalia de Belady.

A estratégia de substituição de página menos recentemente usada explora a localidade temporal substituindo a página que passou o maior tempo na memória sem ser referida. Embora a MRU possa resultar em melhor desempenho do que a FIFO, o benefício vem à custa de sobrecarga do sistema. Infelizmente, a página menos recentemente usada poderia ser a página seguinte a ser referida por um programa que esteja iterando dentro de um laço que se refira a diversas páginas.

A estratégia de substituição de página menos freqüentemente usada (MFU) substitui a página menos intensivamente referida. Essa estratégia é baseada na heurística que diz que uma página que não é referida com freqüência provavelmente não será referida no futuro. A MFU poderia selecionar a página errada para substituição; por exemplo, a página menos freqüentemente usada poderia com facilidade ser a página trazida para a memória principal mais recentemente — uma página que qualquer estratégia de substituição de páginas razoável gostaria de manter na memória principal.

A estratégia de substituição de página não usada recentemente (NUR) aproxima-se da MRU com pouca sobrecarga, usando um bit referenciado e um bit modificado para determinar qual página não foi usada recentemente e pode ser substituída rapidamente. Esquemas como a NUR também podem ser implementados em máquinas nas quais não existe hardware de bit referenciado e/ou de bit modificado.

A variação segunda chance da FIFO examina o bit referenciado da página mais antiga; se esse bit estiver desligado, a estratégia selecionará aquela página para substituição. Se o bit referenciado estiver ligado, a estratégia o desligará e transferirá a página para o final da fila FIFO, o que irá assegurar que as páginas ativas tenham a menor probabilidade de ser substituídas. A variação do algoritmo da segunda chance, denominada relógio, organiza as páginas em uma lista circular em vez de linear. Quando o bit referenciado de uma página estiver desligado, o ponteiro passará para o próximo elemento da lista (simulando a movimentação dessa página até o final da fila FIFO). Segunda chance e relógio produzem essencialmente os mesmos resultados.

A estratégia da página longínqua cria um grafo de acesso que caracteriza os padrões de referência de um processo. O algoritmo escolhe para substituição a página que estiver mais longe de qualquer página referenciada no grafo de acesso. Embora a estratégia funcione em níveis quase ótimos, não tem sido implementada em sistemas reais, porque é complexo pesquisar e gerenciar o grafo de acesso sem apoio de hardware.

A teoria do conjunto de trabalho para o comportamento do programa de Denning afirma que, para um programa executar eficientemente, o sistema deve manter o subconjunto favorecido de páginas daquele programa — seu conjunto de trabalho — na memória principal. Caso contrário, o sistema pode experimentar atividade excessiva de paginação, o que causa baixa destilação do processador, denominada *thrashing*, à medida que o programa requisita repetidamente páginas do armazenamento secundário. Uma política de gerenciamento de conjunto de trabalho busca manter na memória principal somente as páginas que compreendem cada conjunto de trabalho corrente do processo. A decisão de adicionar um novo processo ao conjunto ativo de processos baseia-se, em parte, no fato de o sistema ter ou não espaço suficiente na memória principal para acomodar as páginas do conjunto de trabalho do novo processo. O tamanho da janela do conjunto de trabalho de um processo especifica quanto do passado o sistema deve considerar ao calcular o conjunto de trabalho do processo. Um desafio do gerenciamento de memória do conjunto de trabalho está no fato de que conjuntos de trabalho são transientes e que o próximo conjunto de trabalho de um processo pode ser substancialmente diferente do seu grupo de trabalho corrente.

O algoritmo da freqüência de falta de página (FFP) ajusta o conjunto de páginas residentes (as páginas que estão correntemente na memória) de um processo, com base na freqüência com que o processo acusa faltas de páginas. Alternativamente, a FFP pode ajustar o conjunto de páginas residentes de um processo com base no tempo entre faltas de páginas, denominado tempo entre faltas do processo. Uma vantagem da FFP sobre a substituição de página do conjunto de trabalho é a sobrecarga mais baixa — a FFP ajusta o conjunto de páginas residentes somente após cada falta de página, ao passo que um mecanismo de conjunto de trabalho deve funcionar após cada referência à memória. Se um processo estiver alternando para um conjunto de trabalho maior, as faltas serão freqüentes e a FFP alocará mais molduras de página. Uma vez que o processo tenha acumulado seu novo conjunto de trabalho, a taxa de falta de página se estabilizará e a FFP ou manterá ou reduzirá o conjunto de páginas residentes. A chave para a operação adequada e eficiente da FFP é manter os limites em valores adequados.

Sob todas as estratégias de gerenciamento de memória, páginas desnecessárias podem permanecer na memória principal até que a estratégia de gerenciamento detecte que o processo já não precisa mais delas, o que pode acontecer bem depois da página não ser mais necessária. Um meio de resolver esse problema seria o processo emitir um comando de liberação voluntária de página para liberar aquela que ele não mais necessitasse, eliminando o período de demora causado por deixar que o processo passe gradativamente a página de seu conjunto de trabalho. A real esperança nessa área é que a detecção de situações de liberação de página e a liberação dessas páginas mais cedo do que o possível sob estratégias de conjunto de trabalho sejam feitas por compiladores e pelo sistema operacional.

Uma característica importante do sistema de memória virtual paginado é o tamanho das páginas e das molduras de páginas que o sistema suporta. Alguns sistemas melhoram o desempenho e a utilização fornecendo vários tamanhos de páginas. Tamanhos de páginas pequenos reduzem a fragmentação interna e podem reduzir a quantidade de memória requerida para conter o conjunto de trabalho de um processo, deixando mais memória disponível para outros processos. Tamanhos de páginas grandes reduzem o desperdício de memória causado pela fragmentação da tabela, habilitam cada entrada do TLB a mapear uma região maior da memória e reduzem o número de operações de E/S que o sistema realiza para carregar o conjunto de trabalho de um processo na memória. A utilização de vários tamanhos de páginas requer suporte de software e de hardware cuja implementação pode ser dispendiosa, e introduz a possibilidade de fragmentação externa em virtude de tamanhos de páginas variáveis.

Processos tendem a se referir a uma porção significativa de suas páginas dentro de pouco tempo após o início da execução e, então, acessar a maioria das páginas remanescentes (ou todas) a uma taxa mais lenta. Em geral o tempo médio entre faltas (o tempo entre faltas de páginas) aumenta monotonicamente — quanto mais molduras de páginas um processo tiver, maior será o tempo entre faltas (sujeito, é claro, a comportamento estranho como a Anomalia FIFO observada).

Ao implementar um sistema de memória virtual paginado, o projetista do sistema operacional deve decidir se as estratégias de substituição de página devem ser aplicadas a todos os processos como uma unidade (estratégias globais) ou considerar cada processo individualmente (estratégias locais). Estratégias globais de substituição de páginas tendem a ignorar as características de comportamento do processo individual; estratégias locais de substituição de páginas habilitam o sistema a ajustar a alocação de memória segundo a importância relativa de cada processo para melhorar o desempenho. A estratégia de substituição de páginas menos recentemente usada global (gMUR) substitui a página menos recentemente usada em todo o sistema. A estratégia de substituição global SEQ (seqüência) usa a estratégia MRU para substituir páginas até ser detectada uma seqüência de falta de páginas em páginas contíguas, quando então utiliza a estratégia de substituição de páginas usadas mais recentemente (UMR).

Exercícios

11.1 Discuta as metas de cada uma das seguintes estratégias de gerenciamento de memória no contexto de sistemas de memória virtual com paginação.
   a. estratégia de busca
   b. estratégia de posicionamento
   c. estratégia de substituição

11.2 Explique por que o gerenciamento de memória em sistemas de segmentação pura é bastante semelhante ao gerenciamento de memória por partição variável em sistemas de multiprogramação.

11.3 Um determinado sistema de computador de memória virtual com segmentação e paginação combinadas suporta um grau de multiprogramação de 10. As páginas de instruções (código reentrante) são mantidas separadamente das páginas de dados (que são modificáveis). Ao examinar o sistema em operação, você fez as seguintes observações: (1) A maioria dos segmentos de procedimento tem muitas páginas, e (2) a maioria dos segmentos de dados usa apenas uma pequena fração de uma página.
Seu colega propõs que um modo de obter melhor utilização da memória é reunir diversos segmentos de dados de usuários em uma página individual. Comente essa proposta considerando as seguintes questões:
   a. utilização da memória
   b. eficiência de execução
   c. proteção
   d. compartilhamento

11.4 Hoje há muito interesse na paginação antecipada e na alocação antecipada de recursos em geral. Quais informações úteis cada um dos seguintes itens poderia fornecer para um mecanismo de paginação antecipada?
   a. o programador
   b. o compilador
   c. o sistema operacional
   d. um registro de execuções anteriores do programa

11.5 Sabe-se que, no caso geral, não podemos prever o caminho de execução de um programa arbitrário. Se pudéssemos, conseguiríamos resolver o Problema da Parada — reputado como insolúvel. Explique as ramificações para a efetividade de mecanismos de alocação antecipada de recursos.

11.6 Suponha que um gerenciador de memória abreviou sua decisão de substituição de páginas a uma ou duas páginas. Suponha que uma das páginas seja compartilhada por diversos processos e que a outra esteja sendo utilizada por somente um único processo. O gerenciador de memória deve sempre substituir a página não compartilhada? Explique.

11.7 Discuta cada um dos seguintes esquemas não convencionais (para não dizer esquisitos) de substituição de páginas no contexto de um sistema de multiprogramação de memória virtual que atenda a processos em lote e interativos.
   a. 'LIFO (Last In First Out) global' — a página trazida mais recentemente para a memória principal é substituída.
   b. 'LIFO local' — a página trazida mais recentemente pelo processo que requisitou a página que está chegando é substituída.
   c. 'Página cansada' — a página mais intensamente referida no sistema é substituída.
   d. 'Página surrada' — a página mais intensamente modificada no sistema é substituída. Uma variante contaria o número de escritas na página. Uma outra consideraria a porcentagem da página que foi modificada.

11.8 Suponha que um gerenciador de memória decida qual página substituir apenas com base no exame dos bits referenciados e modificados para cada moldura de página. Liste diversas decisões incorretas que o gerenciador de memória poderia tomar.

11.9 Liste diversas razões por que é necessário impedir que certas páginas sejam retiradas da memória principal.

11.10 Por que geralmente é mais desejável substituir uma página não modificada do que uma modificada? Em que circunstâncias poderia ser mais desejável substituir uma página modificada?

11.11 Para cada um dos seguintes pares de estratégias de substituição explique como uma seqüência de referência de página poderia resultar em ambas as estratégias escolhendo (1) a mesma página para substituição, e (2) uma página diferente para substituição.
   a. MRU, NUR
   b. MRU, MFU
   c. MRU, FIFO
   d. NUR, MFU
   e. MFU, FIFO
   f. NUR, FIFO

11.12 A estratégia de substituição de página ótima (MIN) é irrealizável porque não se pode prever o futuro. Entretanto, há circunstâncias nas quais a MIN pode ser implementada. Quais são elas?

11.13 Suponha que um gerenciador de memória escolha uma página modificada para ser substituída. Essa página precisa ser enviada para armazenamento secundário antes que a nova página possa ser colocada em sua moldura de página. Portanto, o gerenciador de memória requisita uma operação E/S para escrever essa página no armazenamento secundário. É feita uma entrada em uma lista de requisições de E/S que estão esperando atendimento. Assim, a página permanecerá na memória principal durante algum tempo antes que a operação E/S requisitada seja realizada. Agora suponha que, enquanto as outras requisições E/S são atendidas, um processo em execução requisite que a página seja substituída. Como o gerenciador de memória deveria reagir?

11.14 Elabore um experimento para um sistema paginado para demonstrar os fenômenos da localidade temporal e da localidade espacial.

11.15 Um programador que escreva programas especificamente para exibir boa localidade pode esperar notável melhoria na eficiência de sua execução. Liste diversas estratégias que um programador possa usar para melhorar a localidade. Em particular, quais características de linguagem de alto nível devem ser enfatizadas?

11.16 Suponha que o barramento entre a memória e o armazenamento secundário esteja experimentando tráfego pesado. Isso implica paginação excessiva (*thrashing*)? Explique.

11.17 Por que uma política global de substituição de páginas (na qual a página que chegue possa substituir uma página de qualquer processo) poderia ser mais suscetível à paginação excessiva do que uma política local de substituição de páginas (na qual uma página que chegue possa substituir somente uma página que pertença ao mesmo processo)?

11.18 Discuta as permutas entre dar a cada processo mais molduras de página do que ele necessita (para evitar paginação excessiva) e a resultante fragmentação da memória principal.

11.19 Sugira uma heurística que um gerenciador de memória poderia usar para determinar se a memória principal ficou excessivamente comprometida.

11.20 O conjunto de trabalho de um processo pode ser definido de diversos modos. Discuta os méritos de cada um dos seguintes esquemas para decidir quais páginas constituem o conjunto de trabalho de um processo:

    a. às páginas que o processo se referiu nos últimos w segundos do tempo de relógio normal;

    b. às páginas que o processo se referiu nos últimos w segundos do tempo virtual (o tempo durante o qual o processo estava executando em um processador);

    c. as últimas k páginas referidas pelo processo;

    d. as páginas nas quais o processo fez suas últimas r referências a instruções ou dados;

    e. às páginas que o processo se referiu nos últimos w segundos do tempo virtual com uma freqüência maior do que f vezes por segundo virtual.

11.21 Dê um exemplo no qual uma estratégia de substituição de páginas de conjunto de trabalho substituiria:

    a. a melhor página possível

    b. a pior página possível

11.22 Uma dificuldade na implementação de uma estratégia de gerenciamento de memória de conjunto de trabalho é que, quando um processo requisita uma nova página, é difícil determinar se aquele processo está transitando para um novo conjunto de trabalho ou se está expandindo seu conjunto de trabalho atual. No primeiro caso é melhor para o gerenciador de memória substituir uma das páginas do processo; no último é melhor para o gerenciador de memória aumentar a alocação de molduras de página do processo. Como um gerenciador de memória poderia decidir qual caso é apropriado?

11.23 Suponha que todos os processos ativos estabeleçam seus conjuntos de trabalho na memória principal. À medida que mudam as localidades, os conjuntos de trabalho podem crescer e a memória principal ficar excessivamente comprometida, causando paginação excessiva. Discuta os méritos relativos de cada uma das estratégias preventivas para evitar isso.

    a. Nunca inicie um novo processo se a memória principal já estiver comprometida em 80% ou mais.

    b. Nunca inicie um novo processo se a memória principal já estiver comprometida em 97% ou mais.

    c. Quando um novo processo for iniciado, determine um tamanho máximo de conjunto de trabalho para ele, além do qual não será permitido que cresça.

11.24 A interação entre os vários componentes de um sistema operacional é crítica para conseguir bom desempenho. Discuta a interação entre o gerenciador de memória e o iniciador de jobs (o escalonador de admissão) em um sistema de multiprogramação de memória virtual. Em particular, suponha que o gerenciador de memória use uma abordagem de gerenciamento de memória de conjunto de trabalho.

11.25 Considere o seguinte experimento e explique as observações. Um processo executa sozinho em um sistema de memória paginada. Ele começa com sua primeira página de procedimento. Enquanto executa, as páginas de que necessita são paginadas por demanda para molduras de páginas disponíveis. O número de molduras de páginas disponíveis excede em muito o número de páginas do processo. Mas há um mostrador externo ao computador que permite a uma pessoa estabelecer o número máximo de molduras de páginas que o processo pode usar.

Inicialmente o mostrador é ajustado para duas molduras e o programa executa até terminar. Então o mostrador é ajustado para três molduras e novamente o programa executa até terminar. Isso prossegue até o mostrador ser eventualmente ajustado para o número de molduras de páginas disponíveis na memória principal e o processo ser executado pela última vez. O tempo de cada execução do processo é registrado para cada execução.

Observações:

À medida que o mostrador é alterado de dois para três e para quatro, os tempos de execução melhoram drasticamente. De quatro para cinco e para seis, os tempos de execução ainda melhoram cada vez, mas menos drasticamente. Quando o mostrador é ajustado para sete e mais de sete, o tempo de execução permanece essencialmente constante.

11.26 Um projetista de sistemas operacionais propôs a 'estratégia de gerenciamento de memória PD' que funciona como descrito a seguir. São alocadas exatamente duas molduras de páginas para cada processo ativo. Essas molduras contêm a página de procedimento mais recentemente referida, denominada página P, e a página de dados mais recentemente referida, denominada página D. Quando ocorre uma falta de página, se a página referida for uma página de procedimento, a estratégia substituirá a página P e se for uma página de dados, a estratégia substituirá a página D.

O projetista afirma que a principal virtude do esquema é que ele trivializa todos os aspectos do gerenciamento de memória e, por isso, tem uma sobrecarga baixa.

    a. Como cada uma das seguintes estratégias de gerenciamento de memória são manipuladas sob o esquema PD?

       i. busca

       ii. posicionamento

       iii. substituição

    b. Em que circunstâncias a PD realmente daria melhores resultados do que o gerenciamento de memória de conjunto de trabalho?

    c. Em que circunstâncias a PD daria resultado pior?

11.27 Resuma os argumentos pró e contra de: (1) tamanhos de página pequenos e (2) tamanhos de página grandes.

11.28 O sistema Multics foi originalmente projetado para gerenciar páginas de 64 palavras e páginas de 1.024 palavras (o esquema de dois tamanhos de página foi eventualmente abandonado).

    a. Quais os fatores que você acha que motivaram essa decisão de projeto?

    b. Qual o efeito que essa abordagem de dois tamanhos de página causa sobre as estratégias de gerenciamento de memória?

11.29 Discuta a utilização de cada uma das seguintes características de hardware em sistemas de memória virtual.

    a. mecanismos de mapeamento dinâmico de endereços

    b. memória associativa

    c. memória cache mapeada diretamente

    d. bit 'página referida'

e. bit 'página modificada'
f. bit 'página em trânsito' (significando que uma página está sendo correntemente colocada em uma moldura de página particular).

11.30 Se programas forem cuidadosamente organizados em um sistema paginado de modo que as referências estejam intensamente localizadas em pequenos grupos de páginas, as melhorias de desempenho resultantes podem ser surpreendentes. Porém, hoje, a maioria dos programas é escrita em linguagens de alto nível, de tal forma que o programador em geral não tem acesso a informações suficientemente ricas para ajudar na produção de programas com boa organização. Porque não é possível prever que caminho de execução um programa adotará, é difícil saber precisamente quais seções do código serão intensamente usadas.

Uma esperança para melhorar a organização de programas é denominada reestruturação dinâmica de programa. Nesse caso, o sistema operacional monitora as características de execução de um programa rearranjando o código e os dados de modo que os itens mais ativos sejam colocados juntos nas páginas.

a. Quais características de execução de um programa grande devem ser monitoradas para facilitar a reestruturação dinâmica de programa?
b. Como um mecanismo de reestruturação dinâmica de programa usaria essa informação para tomar decisões de reestruturação efetivas?

11.31 A chave para a operação adequada e eficiente da estratégia de substituição de páginas por freqüência de falta de página (FFP) é a seleção dos valores-limite de tempo entre faltas. Responda a cada uma das seguintes perguntas.

a. Quais as conseqüências de selecionar um valor superior muito alto?
b. Quais as conseqüências de selecionar um valor inferior muito baixo?
c. Os valores devem permanecer fixos ou devem ser ajustados dinamicamente?
d. Quais critérios você usaria para ajustar os valores dinamicamente?

11.32 Quais as semelhanças e diferenças entre a estratégia de substituição de páginas por freqüência de falta de página (FFP) e a estratégia de substituição de páginas de conjunto de trabalho (CT)? Não se esqueça de considerar cada um dos seguintes itens:

a. sobrecarga de tempo de execução
b. sobrecarga de memória para reter a informação necessária para suportar a estratégia

11.33 Uma possível fraqueza da estratégia de substituição de páginas segunda chance é que a lista de páginas é curta. Uma página ativa que acabou de ser transferida para o final da lista após o seu bit referido ter sido desligado poderia rapidamente passar para o início da lista e ser selecionada para substituição antes de seu bit referido ser ligado. Comente esse fenômeno. É uma anomalia da substituição de páginas segunda chance? Defenda cuidadosamente a sua resposta.

11.34 Suponha que um sistema não esteja paginando excessivamente. Liste quantos fatores puder que poderiam fazer ele começar a paginar excessivamente. Que medidas o sistema operacional deve tomar uma vez detectada a paginação excessiva? A paginação excessiva pode ser evitada absolutamente? Se puder, a que custo? Se não puder, explique por quê.

11.35 Um sistema recebe uma série de referências de páginas na seguinte ordem: 1, 1, 3, 5, 2, 2, 6, 8, 7, 6, 2, 1, 5, 5, 5, 1, 4, 9, 7, 7. O sistema tem cinco molduras de páginas. Se todas as molduras estiverem inicialmente vazias, calcule o número de faltas de página usando cada um desses algoritmos:

a. FIFO
b. MUR
c. Segunda chance
d. OPT

11.36 Um processo deve ser penalizado por gerar faltas de página excessivas?

11.37 Considere um processo que esteja experimentando um grande número de faltas de página. Descreva o efeito, se houver, de aumentar a prioridade de escalonamento desse processo.

Projetos sugeridos

11.38 Alguns tipos de processos desempenham bem sob certas estratégias de substituição de páginas e mal sob outras. Discuta a possibilidade de implementar um gerenciador de memória que determinaria dinamicamente o tipo de um processo e depois selecionaria e usaria a estratégia de substituição de páginas adequada para aquele processo.

11.39 Suponha que você conheça a estratégia de substituição de páginas usada pelo sistema multiusuário de compartilhamento de tempo no qual você esteja executando. Para cada uma das estratégias de substituição de páginas discutidas neste capítulo, quais contramedidas se poderia tomar para forçar o sistema operacional a dar tratamento preferencial a seu(s) processo(s) quando, na realidade, o sistema operacional normalmente faria o contrário? Que medidas um sistema operacional poderia tomar para detectar esses processos e impedi-los de obter o tratamento preferencial? Elabore um estudo descrevendo sua solução.

11.40 Elabore um estudo de pesquisa que descreva como o Pentium 4 da Intel suporta três tamanhos de página diferentes. Como o processador escolhe que tamanho usar? E, também, há alguma comunicação entre os TLBs?

11.41 Elabore um estudo de pesquisa sobre suporte de hardware para o modelo de conjunto de trabalho.

Simulações sugeridas

11.42 Desenvolva um programa simulador que o habilitará a determinar as semelhanças e diferenças entre o funcionamento de cada estratégia de substituição de páginas discutida neste capítulo. Seu simulador precisa preocupar-se com as transições entre páginas no espaço virtual, mas não com a execução de programas instrução por instrução. Designe uma probabilidade aleatória, mas alta, ao evento de permanecer na mesma página na qual a instrução anterior foi executada. Quando ocorrer a transição de página, a probabilidade de transferência para a página seguinte (ou para a página anterior) no espaço virtual deve ser mais alta do que para alguma página remota. Considere um sistema moderadamente carregado de modo que as decisões de substituição de páginas sejam comuns. Considere que a mesma estratégia de substituição de páginas se aplique a todos os processos do sistema para uma dada execução da simulação. O seu simulador deve manter estatísticas sobre o desempenho de cada estratégia de substituição. Inclua características que o habilitem a ajustar bem o simulador; você deverá poder ajustar o tamanho da janela do conjunto de trabalho, os valores-limite de freqüência de falta de página e assim por diante. Quando o simulador estiver concluído, desenvolva uma nova estratégia de substituição de páginas e compare os resultados com os das outras estratégias do texto.

11.43 Desenvolva um programa de simulação para investigar como a mudança do número de páginas alocadas a um processo afeta o número de faltas de página que experimenta. Use cadeias de referência que simulam localidade espacial sobre regiões grandes e pequenas de memória e localidade temporal sobre períodos de tempo grandes e pequenos. Teste também a simulação usando cadeias de referência que são essencialmente aleatórias. Descreva o algoritmo de substituição de páginas ótimo para cada cadeia de referência. Seria bom também simular o efeito da multiprogramação intercalando diferentes padrões de referência.

11.44 Desenvolva um programa que simule substituição de páginas por freqüência de falta de páginas (FFP) para determinada cadeia de referência. Determine o efeito que causaria a mudança dos valores-limite cada vez que o programa executasse. Use cadeias de referência que simulem localidade espacial sobre regiões grandes e pequenas da memória e localidade temporal sobre períodos de tempo grandes e pequenos. Teste também a simulação usando cadeias de referência essencialmente aleatórias. Descreva o algoritmo de substituição de páginas ótimo para cada cadeia de referência. Aprimore a sua simulação para que ela ajuste esses valores dinamicamente em resposta à cadeia de referência que encontrar.

11.45 Desenvolva um programa que compare a estratégia de substituição de páginas por freqüência de falta de página (FFP) e a estratégia de substituição de páginas do conjunto de trabalho (CT) para determinada cadeia de referência. Determine o efeito da mudança dos valores-limite da FFP e do tamanho da janela do CT cada vez que o programa executar. Use cadeias de referência que simulem localidade espacial sobre regiões grandes e pequenas da memória e localidade temporal sobre períodos de tempo grandes e pequenos. Teste também a simulação usando cadeias de referência essencialmente aleatórias. Descreva o algoritmo de substituição de páginas ótimo para cada cadeia de referência.

Notas

1. P. J. Denning, "The working set model for program behavior", *Communications of the ACM*, v. 11, nº 5, maio 1968, p. 323-333.
2. L. A. Belady, "A study of replacement algorithms for virtual storage computers", *IBM Systems Journal*, v. 5, nº 2, 1966, p. 78-101.
3. J. Baer e G. R. Sager, "Dynamic improvement of locality in virtual memory systems", *IEEE Transactions on Software Engineering*, v. SE-1, mar. 1976, p. 54-62.
4. A. V. Aho, P. J. Denning e J. D. Ullman, "Principles of optimal page replacement", *Journal of the ACM*, v. 18, nº 1, jan. 1971, p. 80-93.
5. M. L. Minsky, *Computation: finite and infinite machines*. Englewood Cliffs, NJ: Prentice Hall, 1967.
6. F. Hennie, *Introduction to computability*. Reading, MA: Addison Wesley, 1977.
7. J. P. Buzen, "Fundamental laws of computer system performance", *Proceedings of the 1976 ACM SIGMETRICS Conference on Computer Performance Modeling Measurement and Evaluation*, 1976, p. 200-210.
8. B. Randell e C. J. Kuehner, "Dynamic storage allocation systems", *CACM*, v. 11, nº 5, maio 1968, p. 297-306.
9. H. Lorin e H. Deitel, *Operating systems*. Reading, MA: Addison Wesley, 1981.
10. K. S. Trivedi, "Prepaging and applications to array algorithms", *IEEE Transactions on Computers*, v. C-25, set. 1976, p. 915-921.
11. A. J. Smith, "Sequential program prefetching in memory hierarchies", *Computer*, v. 11, nº 12, dez. 1978, p. 7-21.
12. K. S. Trivedi, "Prepaging and applications to array algorithms", *IEEE Transactions on Computers*, v. C-25, set. 1976, p. 915-921.
13. S. Kaplan et al., "Adaptive caching for demand prepaging", *Proceedings of the Third International Symposium on Memory Management*, 2002, p. 114-116.
14. Linux Source, lxr.linux.no/source/mm/memory.c?v=2.5.56, line 1010 (swapin_readahead).
15. Linux Source, lxr.linux.no/source/mm/swap.c?v=2.6.0-test2, line 100 (swap_setup).
16. L. A. Belady, "A study of replacement algorithms for virtual storage computers", *IBM Systems Journal*, v. 5, nº 2, 1966, p. 78-101.
17. P. J. Denning, "Virtual memory", *ACM Computing Surveys*, v. 2, nº 3, set. 1970, p. 153-189.
18. R. L. Mattson, J. Gecsie, D. R. Slutz e I. L. Traiger, "Evaluation techniques for storage hierarchies", *IBM Systems Journal*, v. 9, nº 2, 1970, p. 78-117.
19. B. G. Prieve e R. S. Fabry, "VMIN: an optimal variable space page replacement algorithm", *Communications of the ACM*, v. 19, nº 5, maio 1976, p. 295-297.
20. R. Budzinski, E. Davidson, W. Mayeda e H. Stone, "DMIN: an algorithm for computing the optimal dynamic allocation in a virtual memory computer", *IEEE Transactions on Software Engineering*, v. SE-7, nº 1, jan. 1981, p. 113-121.

21. L. A. Belady e C. J. Kuehner, "Dynamic space sharing in computer systems", *Communications of the ACM*, v. 12, nº 5, maio 1969, p. 282-288.
22. R. Turner e H. Levy, "Segmented FIFO page replacement", *Proceedings of the 1981 ACM SIGMETRICS Conference on Measurement and Modeling of Computer Systems*, 1981, p. 48-51.
23. O. Babaoglu e W. Joy, "Converting a swap-based system to do paging in an architecture lacking page-referenced bits", *Proceedings of the Eighth Symposium on Operating Systems Principles, ACM*, v. 15, nº 5, dez. 1981, p. 78-86.
24. R. W. Carr, *Virtual memory management*. UMI Research Press, 1984.
25. A. Borodin, S. Irani, P. Raghavan e B. Schieber, "Competitive paging with locality of reference", *Proceedings of the 23rd Annual ACM Symposium on Theory of Computing*, Nova Orleans, LO, maio 1991, p. 249-259.
26. S. Irani, A. Karlin e S. Phillips, "Strongly competitive algorithms for paging with locality of reference", *Proceedings of the Third Annual ACM-SIAM Symposium on Discrete Algorithms*, 1992, p. 228-236.
27. S. Albers, L. Favrholdt e O. Giel, "On paging with locality of reference", *Proceedings of the Thirty-Fourth Annual ACM Symposium on Theory of Computation*, 2002, p. 258-267.
28. A. Fiat e Z. Rosen, "Experimental studies of access graph based heuristics: beating the LRU standard?", *Proceedings of the Eighth Annual ACM-SIAM Symposium on Discrete Algorithms*, Nova Orleans, LO, jan. 1997, p. 63-72.
29. A. Fiat e Z. Rosen, "Experimental studies of access graph based heuristics: beating the LRU standard?", *Proceedings of the Eighth Annual ACM-SIAM Symposium on Discrete Algorithms*, Nova Orleans, LO, jan. 1997, p. 63-72.
30. P. J. Denning, "The working set model for program behavior", *Communications of the ACM*, v. 11, nº 5, maio 1968, p. 323-333.
31. P. J. Denning, *Resource allocation in multiprocess computer systems*. Dissertação de doutorado — MIT, report MAC-TR-50, maio 1968.
32. D. Hatfield, "Experiments on page size, program access patterns, and virtual memory performance", *IBM Journal of Research and Development*, v. 15, nº 1, jan. 1972, p. 58-62.
33. P. J. Denning, "The working set model for program behavior", *Communications of the ACM*, v. 11, nº 5, maio 1968, p. 323-333.
34. P. J. Denning, "Working sets past and present", *IEEE Transactions on Software Engineering*, v. SE-6, nº 1, jan. 1980, p. 64-84.
35. P. J. Denning, "Thrashing: its causes and preventions", *AFIPS Conference Proceedings*, v. 33, 1968, p. 915-922.
36. J. Rodriguez-Rosell, "Empirical working set behavior", *Communications of the ACM*, v. 16, nº 9, 1973, p. 556-560.
37. M. Fogel, "The VMOS paging algorithm: a practical implementation of the working set model", *Operating Systems Review*, v. 8, nº 1, jan. 1974, p. 8-16.
38. H. M. Levy e P. H. Lipman, "Virtual memory management in the VAX/VMS operating system", *Computer*, v. 15, nº 3, mar. 1982, p. 35-41.
39. L. J. Kenah, R. E. Goldenberg e S. F. Bate, *VAX/VMS internals and data structures*. Bedford, MA: Digital Press, 1988.
40. P. Bryant, "Predicting working set sizes", *IBM Journal of Research and Development*, v. 19, nº 3, maio 1975, p. 221-229.
41. J. B. Morris, "Demand Paging through the Use of Working Sets on the Maniac II", *Communications of the ACM*, v. 15, nº 10, out. 1972, p. 867-872.
42. W. W. Chu e H. Opderbeck, "The page fault frequency replacement algorithm", *Proceedings AFIPS Fall Joint Computer Conference*, v. 41, nº 1, 1972, p. 597-609.
43. H. Opderdeck e W. W. Chu, "Performance of the page fault frequency algorithm in a multiprogramming environment", *Proceedings of IFIP Congress*, 1974, p. 235-241.
44. E. Sadeh, "An analysis of the performance of the page fault frequency (PFF) replacement algorithm", *Proceedings of the Fifth ACM Symposium on Operating Systems Principles*, nov. 1975, p. 6-13.
45. W. W. Chu e H. Opderbeck, "Program behavior and the page-fault-frequency replacement algorithm", *Computer*, v. 9, nº 11, nov. 1976, p. 29-38.
46. R. K. Gupta e M. A. Franklin, "Working set and page fault frequency replacement algorithms: a performance comparison", *IEEE Transactions on Computers*, v. C-27, ago. 1978, p. 706-712.
47. N. Ganapathy e C. Schimmel, "General purpose operating system support for multiple page sizes", *Proceedings of the USENIX Conference*, 1998.
48. A. P. Batson, S. Ju e D. Wood, "Measurements of segment size", *Communications of the ACM*, v. 13, nº 3, mar. 1970, p. 155-159.
49. W. W. Chu e H. Opderbeck, "Performance of replacement algorithms with different page sizes", *Computer*, v. 7, nº 11, nov. 1974, p. 14-21.
50. P. J. Denning, "Working sets past and present", *IEEE Transactions on Software Engineering*, v. SE-6, nº 1, jan. 1980, p. 64-84.
51. N. Ganapathy e C. Schimmel, "General purpose operating system support for multiple page sizes", *Proceedings of the USENIX Conference*, 1998.
52. M. Talluri, S. Kong, M. D. Hill e D. A. Patterson, "Tradeoffs in supporting two page sizes", *Proceedings of the 19th International Symposium on Computer Architecture*, Gold Coast, Austrália, maio 1992, p. 415-424.
53. M. Talluri, S. Kong, M. D. Hill e D. A. Patterson, "Tradeoffs in supporting two page sizes", *Proceedings of the 19th International Symposium on Computer Architecture*, Gold Coast, Austrália, maio 1992, p. 415-424.
54. D. McNamee, "Flexible physical memory management", Departamento de ciência da computação e engenharia, Universidade de Washington, set. 1995.
55. M. Talluri, S. Kong, M. D. Hill e D. A. Patterson, "Tradeoffs in supporting two page sizes", *Proceedings of the 19th International Symposium on Computer Architecture*, Gold Coast, Austrália, maio 1992, p. 415-424.
56. "IA-32 Intel architecture software developer's manual, v. 3", *System Programmer's Guide*, 2002, p. 3-19.
57. "UltraSPARC II detailed view", modificado em: 29 jul. 2003, www.sun.com/processors/UltraSPARC-II/details.html.
58. "PowerPC microprocessor family: programming environments manual for 64 and 32-bit microprocessors, version 2.0", IBM, 10 jun. 2003, p. 258, 282.
59. L. A. Belady, "A study of replacement algorithms for virtual storage computers", *IBM Systems Journal*, v. 5, nº 2, 1966, p. 78-101.
60. E. G. Fine, C. W. Jackson e P. V. McIsaac, "Dynamic program behavior under paging", *ACM 21st National Conference Proceedings*, 1966, p. 223-228.

61. E. G. Coffman Jr. e L. C. Varian, "Further experimental data on the behavior of programs in a paging environment", *Communications of the ACM*, v. 11, nº 7, jul. 1968, p. 471-474.
62. I. F. Freibergs, "The dynamic behavior of programs", *Proceedings AFIPS Fall Joint Computer Conference*, v. 33, parte 2, 1968, p. 1163-1167.
63. D. Hatfield, "Experiments on page size, program access patterns, and virtual memory performance", *IBM Journal of Research and Development*, v. 15, nº 1, jan. 1972, p. 58-62.
64. I. F. Freibergs, "The dynamic behavior of programs", *Proceedings AFIPS Fall Joint Computer Conference*, v. 33, parte 2, 1968, p. 1163-1167.
65. J. R. Spirn e P. J. Denning, "Experiments with program locality", *AFIPS Conference Proceedings*, v. 41, 1972, p. 611-621.
66. J. E. Morrison, "User program performance in virtual storage systems", *IBM Systems Journal*, v. 12, nº 3, 1973, p. 216-237.
67. J. Rodriguez-Rosell, "Empirical working set behavior", *Communications of the ACM*, v. 16, nº 9, 1973, p. 556-560.
68. W. W. Chu e H. Opderbeck, "Performance of replacement algorithms with different page sizes", *Computer*, v. 7, nº 11, nov. 1974, p. 14-21.
69. N. A. Oliver, "Experimental data on page replacement algorithms", *Proceedings of AFIPS*, Montvale, NJ, 1974, p. 179-184.
70. H. Opderdeck e W. W. Chu, "Performance of the page fault frequency algorithm in a multiprogramming environment", *Proceedings of IFIP Congress*, 1974, p. 235-241.
71. E. Sadeh, "An analysis of the performance of the page fault frequency (PFF) replacement algorithm", *Proceedings of the Fifth ACM Symposium on Operating Systems Principles*, nov. 1975, p. 6-13.
72. J. Baer e G. R. Sager, "Dynamic improvement of locality in virtual memory systems", *IEEE Transactions on Software Engineering*, v. SE-1, mar. 1976, p. 54-62.
73. D. Potier, "Analysis of demand paging policies with swapped working sets", *Proceedings of the Sixth ACM Symposium on Operating Systems Principles*, nov. 1977, p. 125-131.
74. M. A. Franklin, G. S. Graham e R. K. Gupta, "Anomalies with variable partition paging algorithms", *Communications of the ACM*, v. 21, nº 3, mar. 1978, p. 232-236.
75. R. K. Gupta e M. A. Franklin, "Working set and page fault frequency replacement algorithms: a performance comparison", *IEEE Transactions on Computers*, v. C-27, ago. 1978, p. 706-712.
76. P. J. Denning, "Working sets past and present", *IEEE Transactions on Software Engineering*, v. SE-6, nº 1, jan. 1980, p. 64-84.
77. S. Irani, A. Karlin e S. Phillips, "Strongly competitive algorithms for paging with locality of reference", *Proceedings of the Third Annual ACM-SIAM Symposium on Discrete Algorithms*, 1992, p. 228-236.
78. G. Glass e Pei Cao, "Adaptive page replacement based on memory reference behavior", *Proceedings of the 1997 ACM SIGMETRICS International Conference on Measurement and Modeling of Computer Systems*, Seattle, WA, 15-18 jun. 1997, p. 115-126.
79. N. Ganapathy e C. Schimmel, "General purpose operating system support for multiple page sizes", *Proceedings of the USENIX Conference*, 1998.
80. S. Albers, L. Favrholdt e O. Giel, "On paging with locality of reference", *Proceedings of the 34th Annual ACM Symposium on Theory of Computation*, 2002, p. 258-267.
81. M. A. Franklin, G. S. Graham e R. K. Gupta, "Anomalies with variable partition paging algorithms", *Communications of the ACM*, v. 21, nº 3, mar. 1978, p. 232-236.
82. G. Glass e Pei Cao, "Adaptive page replacement based on memory reference behavior", *Proceedings of the 1997 ACM SIGMETRICS International Conference on Measurement and Modeling of Computer Systems*, Seattle, WA, 15-18 jun. 1997, p.115-126.
83. G. Glass e Pei Cao, "Adaptive page replacement based on memory reference behavior", *Proceedings of the 1997 ACM SIGMETRICS International Conference on Measurement and Modeling of Computer Systems*, Seattle, WA, 15-18 jun. 1997, p.115-126.
84. A. Arcangeli, "Le novita' nel Kernel Linux", 7 dez. 2001, old.lwn.net/2001/1213/aa-vm-talk/mgp00001.html.
85. A. Arcangeli, "Le novita' nel Kernel Linux", 7 dez. 2001,old.lwn.net/2001/1213/aa-vm-talk/mgp00001.html.
86. Linux kernel source code version 2.5.75, www.kernel.org.
87. Linux kernel source code version 2.5.75, www.kernel.org.

Parte 4

Armazenamento secundário, arquivos e bancos de dados

Um pedido justo deve ser seguido da ação em silêncio.
Dante-

Computadores armazenam programas e grandes quantidades de dados como arquivos e bancos de dados em dispositivos de armazenamento secundário. Nos próximos dois capítulos explicaremos como os sistemas operacionais organizam e gerenciam dados nesses dispositivos. Explicaremos a operação do bastante popular dispositivo de armazenamento de disco de cabeçote móvel e mostraremos como obter desempenho máximo com estratégias de otimização de busca e rotacional. Serão apresentados os sistemas RAID (Redundant Arrays of Independent Disks) que atingem altos níveis de desempenho e de tolerância a falhas. Discutiremos sistemas de arquivo e examinaremos como os arquivos são alocados no disco, como o espaço livre é gerenciado e como os arquivos de dados são acessados e protegidos. Explicaremos o que são servidores de arquivos e como são usados em sistemas distribuídos. Apresentaremos sistemas de bancos de dados e discutiremos bancos de dados relacionais e os tipos de serviços de sistemas operacionais que suportam sistemas de bancos de dados.

Está trancado na minha memória e você mesma guardará a chave dele.
William Shakespeare

Capítulo 12

Otimização do desempenho do disco

O caminho do dever encontra-se no que está perto, e o homem o procura no que está distante.
Mêncio

Um pedido justo deve ser seguido da ação em silêncio.
Dante

... o último, em busca do valor real latente que concerne tão somente a ele, fareja a massa indistinta e infalivelmente como um cão que suspeita algum osso enterrado.
William James

Não importa onde formos na superfície das coisas, homens já estiveram lá antes de nós.
Henry David Thoreau

A roda que guincha mais alto é a que recebe a graxa.
Josh Billings (Henry Wheeler Shaw)

Objetivos

Este capítulo apresenta:

- *Como é realizada a entrada/saída de disco.*
- *A importância de otimizar o desempenho do disco.*
- *A otimização de busca e otimização rotacional.*
- *Várias estratégias de escalonamento de disco.*
- *Utilização de cache e buffer.*
- *Outras técnicas de melhoria de desempenho do disco.*
- *Principais esquemas para implementar arranjos redundantes de discos independentes (RAID).*

12.1 Introdução

Nos últimos anos, as velocidades dos processadores e da memória principal aumentaram mais rapidamente do que as dos dispositivos de armazenamento secundário como os discos rígidos. O resultado é que processos que requisitam dados do armazenamento secundário tendem a sofrer atrasos de serviço relativamente longos. Neste capítulo discutiremos as características do armazenamento em disco de cabeçote móvel e consideraremos como os projetistas de sistemas operacionais podem gerenciar esses dispositivos para prestar melhores serviços aos processos. Explicaremos como otimizar o desempenho do disco reorganizando requisições de disco para aumentar o rendimento, reduzir tempos de resposta e reduzir a variância dos tempos de resposta. Discutiremos também como sistemas operacionais reorganizam dados no disco e exploram buffers e caches para aumentar o desempenho. Por fim, discutiremos arranjos redundantes de discos independentes (*Redundant Arrays of Independente Disks* — **RAID**) que melhoram tempos de acesso ao disco e tolerância a falhas atendendo requisições por meio de vários discos ao mesmo tempo.

12.2 Evolução do armazenamento secundário

Nos primeiros computadores, dados persistentes eram armazenados em cartões perfurados e fitas de papel perfuradas que utilizavam a presença ou a ausência de furos para representar bits de dados.[1] Escrever software e carregá-lo em um computador usando tais meios exigia muito trabalho e era lento. A necessidade de dispositivos de armazenamento persistente baratos e regraváveis levou os pesquisadores a desenvolver o armazenamento magnético, que grava bits de dados mudando a direção da magnetização de regiões na superfície do meio. Para acessar dados, um dispositivo portador de corrente denominado **cabeçote de leitura-escrita** se movimenta pairando sobre o meio de gravação. O cabeçote lê dados medindo como o meio magnetizado altera a corrente; 'escreve' dados utilizando a corrente para alterar a magnetização do meio. Um desafio da construção desses dispositivos é que o cabeçote deve flutuar extremamente próximo à superfície do meio, sem tocá-lo.

Em 1951, os projetistas do **UNIVAC 1 (UNIversal Automatic Computer)** introduziram o **armazenamento em fita magnética**, persistente e regravável.[2] A fita magnética é um tipo de armazenamento de acesso seqüencial, como fitas de áudio ou de vídeo. Esse meio não é apropriado para aplicações de processamento de transações quando, por exemplo, o sistema precisa ser capaz de localizar e atualizar qualquer registro em uma fração de segundo. Para tratar esse problema, a IBM lançou, em 1957, a primeira **unidade de disco rígido** comercial, o **RAMAC (Random Access Method of Accounting and Control** — método de contabilidade e controle de acesso aleatório). Unidades de discos rígidos são dispositivos de acesso aleatório (também denominado acesso direto), porque não estão limitadas a acessar dados seqüencialmente. A capacidade do RAMAC totalizava cinco megabytes e seu custo era de US$ 50 mil; geralmente alugava-se para instalações por centenas de dólares por mês.[3,4] Embora discos rígidos resultassem em melhor desempenho do que fitas magnéticas, o alto custo limitava sua utilização a grandes instalações.

À medida que as décadas passavam, a capacidade e o desempenho do disco rígido aumentavam, enquanto os custos declinavam. A capacidade do disco rígido típico de computador pessoal cresceu de centenas de megabytes para vários gigabytes durante a década de 1990, enquanto os preços caíram para uns poucos centavos de dólar por megabyte. Em 2003, a capacidade do disco rígido tinha ultrapassado os 200 GB e custava menos de um dólar por gigabyte.[5] Devido a limitações mecânicas que discutiremos na próxima seção, as velocidades dos discos rígidos melhoraram mais lentamente do que suas capacidades. Conforme a velocidade dos processadores aumentavam e as aplicações consumiam maiores quantidades de dados, os sistemas ficavam cada vez mais orientados para E/S.[6]

A pesquisa da tecnologia de armazenamento persistente continua a se concentrar no aumento da capacidade e do desempenho. Algumas soluções tentam melhorar o desempenho de dispositivos de disco magnético existentes; outras empregam novas técnicas e meios.

Revisão

1. Por que muitos sistemas atuais tornaram-se orientados para E/S?
2. Por que discos são mais apropriados do que fitas para armazenamento secundário?

Respostas: **1)** A velocidade dos processadores aumentou mais rapidamente do que a dos discos rígidos. **2)** A fita magnética funciona bem somente em aplicações nas quais os dados são acessados seqüencialmente. Em aplicações de processamento de transações e em sistemas de multiprogramação, requisições para acessar o armazenamento secundário recebidas de vários processos podem levar a padrões de acesso essencialmente aleatórios. Nesse caso, dispositivos de armazenamento de acesso direto são essenciais.

12.3 Características do armazenamento em disco de cabeçote móvel

Diferentemente da memória principal, que fornece velocidade de acesso (quase) uniforme a todos os seus conteúdos, o armazenamento em disco de cabeçote móvel exibe velocidade de acesso variável que depende das posições relativas entre o cabeçote de leitura-escrita e o dado requisitado. A Figura 12.1 mostra uma vista simplificada de um disco de cabeçote móvel.[7, 8, 9]

Dados são gravados em uma série de discos magnéticos, ou **pratos** (*platters*), conectados a uma **haste** (*spindle*) que gira em alta velocidade (comumente, milhares de rotações por minuto).[10]

Os dados de cada superfície do disco são acessados por um cabeçote de leitura-escrita que paira a uma pequena distância da superfície do disco (muito menor do que uma partícula de fumaça). Por exemplo, o disco da Figura 12.1 contém dois pratos, cada um com duas superfícies (superior e inferior) e quatro cabeçotes de leitura-escrita, um para cada superfície. Um cabeçote de leitura-escrita pode acessar dados imediatamente abaixo (ou acima) dele. Portanto, antes que os dados possam ser acessados, a porção da superfície do disco na qual eles devem ser lidos (ou escritos) deve girar até ficar imediatamente abaixo (ou acima) do cabeçote de leitura-escrita. O tempo que leva para o dado girar da posição em que está até a extremidade do cabeçote de leitura-escrita é denominado **tempo de latência rotacional**. A latência rotacional média de um disco é simplesmente a metade do tempo que ele leva para completar uma rotação. A maioria dos discos rígidos exibe latência rotacional média da ordem de vários milissegundos (Figura 12.2).

Enquanto os pratos giram, cada cabeçote de leitura-escrita desenha uma **trilha** circular de dados sobre a superfície de um disco. Cada cabeçote de leitura-escrita é posicionado na extremidade de um **braço de disco**, ligado a um **atuador** (também denominado **lança** ou **unidade de braço móvel**). O braço move-se paralelamente à superfície do disco. Quando o braço do disco movimenta os cabeçotes de leitura-escrita para uma nova posição, um conjunto vertical diferente de trilhas circulares, ou **cilindro**, torna-se acessível. O processo de levar o braço do disco até um novo cilindro é denominado **operação de busca** (*seek*).[11, 12] Para localizar pequenas unidades de dados, o disco divide as trilhas em diversos **setores**, quase sempre de 512 bytes (Figura 12.3).[13] Portanto, um sistema operacional pode localizar determinado dado especificando o cabeçote (que indica qual superfície do disco deve ser lida), o cilindro (que indica qual trilha a ser lida) e o setor no qual o dado está localizado.

Para acessar um registro de dados particular em um disco de cabeçote móvel, usualmente são necessárias diversas operações (Figura 12.4). Primeiro, o braço do disco deve ir até o cilindro apropriado (executar uma **operação de busca**). O tempo que leva para o cabeçote ir do cilindro em que está correntemente até o cilindro que contém o registro de dados é denominado **tempo de busca**. Então, a porção do disco na qual está armazenado o registro de dados deve girar até ficar imediatamente abaixo (ou acima) do cabeçote de leitura-escrita. Em seguida, o registro, cujo tamanho é arbitrário, deve sofrer um giro por meio do cabeçote de leitura-escrita, o que é denominado **tempo de transmissão.** Porque cada uma dessas operações envolve movimento mecânico, o tempo total de acesso ao disco freqüentemente é uma fração apreciável de um segundo (diversos milissegundos, no mínimo). Durante esse mesmo período de tempo, um processador pode executar dezenas ou até centenas de milhões de instruções.

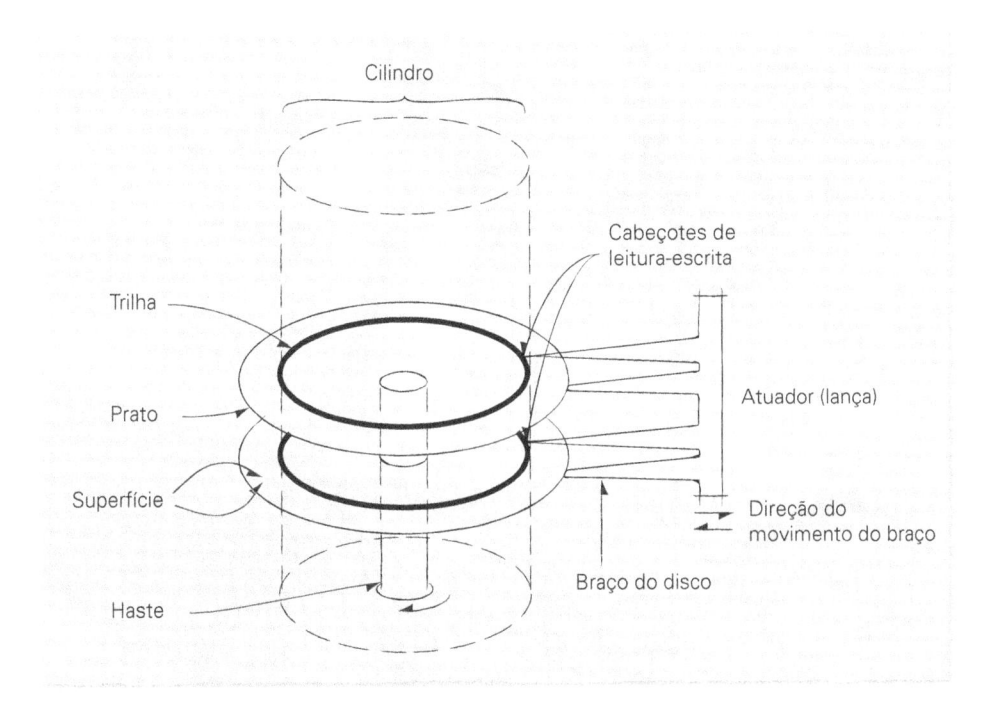

Figura 12.1 | *Vista lateral do esquema de um disco de cabeçote móvel.*

Modelo (ambiente)	Tempo médio de busca (ms)	Latência rotacional média (ms)
Maxtor DiamondMax Plus 9 (computador de mesa avançado)	9.3	4.2
WD Caviar (computador de mesa avançado)	8.9	4.2
Toshiba MK8025GAS (laptop)	12.0	
WD Raptor (Enterprise)	5.2	7.14
Cheetah 15K.3 (Enterprise)	3.6	2.0

Figura 12.2 | Tempos de busca trilha a trilha e tempos de latência de discos rígidos.[14, 15, 16, 17, 18]

Revisão

1. Um foco da pesquisa na área de tecnologia de armazenamento é o aumento da densidade de área de um disco rígido (ou seja, a quantidade de dados por unidade de área). Qual o efeito sobre os tempos de acesso ao disco de aumentar somente a densidade de área?

2. (V/F) A latência rotacional é idêntica para qualquer acesso a disco.

Respostas: 1) À medida que aumenta a quantidade de dados por unidade de área, também aumenta a quantidade de dados contida em cada trilha. Se determinado registro de dados estiver localizado em uma única trilha, o tempo de transmissão diminuirá em comparação com uma área de densidade mais baixa, porque mais dados podem ser lidos por unidade de tempo. 2) Falso. A latência rotacional depende da localização do início do setor requisitado em relação à posição do braço.

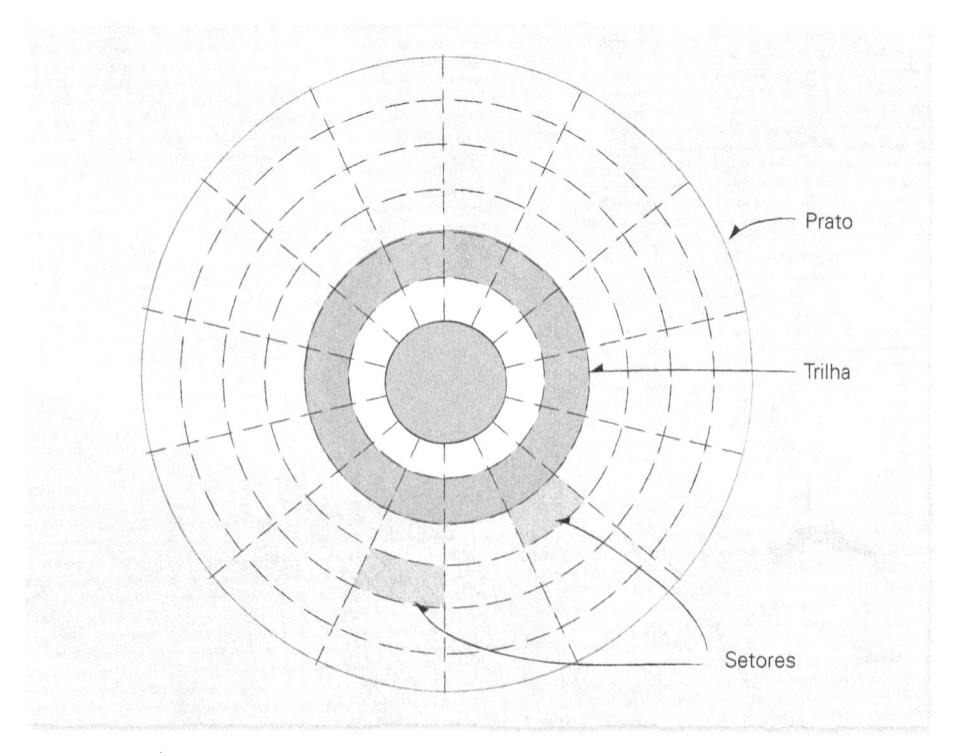

Figura 12.3 | Vista esquemática do alto da superfície de um disco.

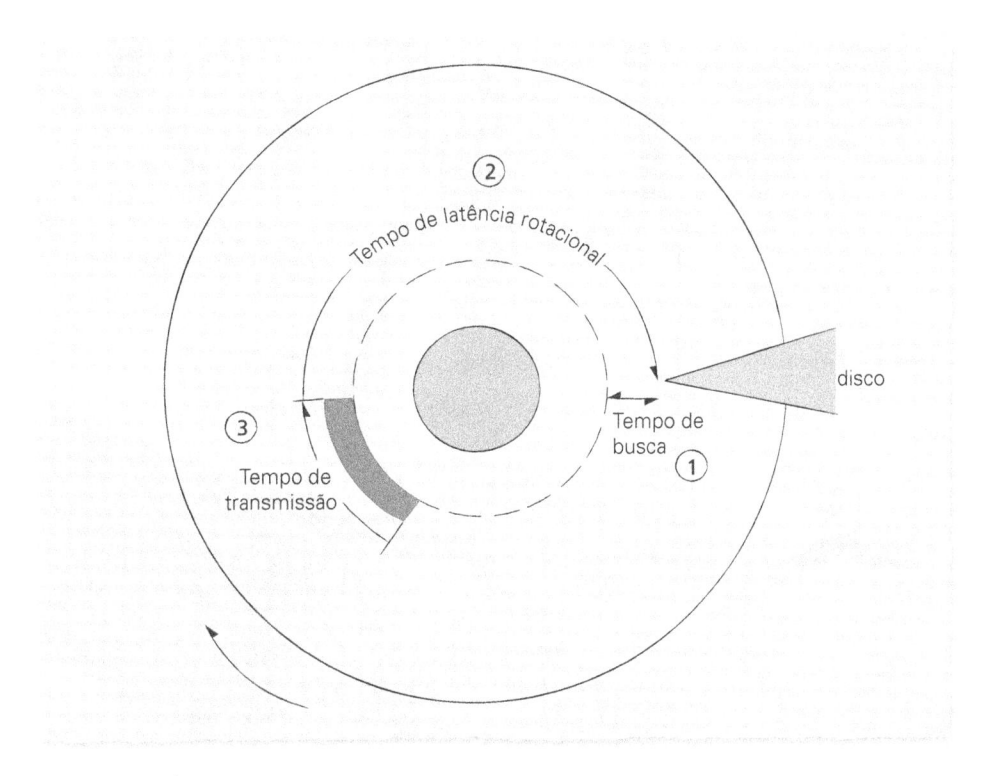

Figura 12.4 | *Componentes do acesso a um disco.*

12.4 Por que o escalonamento do disco é necessário

Muitos processos podem gerar requisições para ler e escrever dados em um disco simultaneamente. Pelo fato desses processos às vezes fazerem requisições mais rapidamente do que podem ser atendidas pelo disco, formam-se linhas ou filas de espera para reter as requisições de disco. Alguns sistemas de computador mais antigos simplesmente atendiam a essas requisições segundo o algoritmo **primeira a chegar, primeira a ser atendida** (*First-Come-First-Served* — **FCFS**), pelo qual a requisição que chegou mais cedo é atendida em primeiro lugar.[19] O FCFS é um método justo de alocar serviço, mas, quando a **taxa de requisição** (a **carga**) fica pesada, pode haver longos tempos de espera.

O FCFS exibe um **padrão de busca aleatório** no qual requisições sucessivas podem causar buscas demoradas partindo dos cilindros mais internos para os mais externos. Para reduzir o tempo gasto na busca de registros, nada mais razoável do que ordenar a fila de requisições de alguma outra maneira que não seja o FCFS.[20] Esse processo, denominado **escalonamento de disco**, pode melhorar significativamente o rendimento.[21]

Escalonamento de disco envolve um exame cuidadoso de requisições pendentes para determinar o modo mais eficiente de atendê-las. Um escalonador de disco examina as relações posicionais entre as requisições que estão à espera e, então, reorganiza a fila de modo que as requisições sejam atendidas com o mínimo de movimento mecânico.

Pelo fato de o FCFS não reordenar requisições, ele é considerado por muitos como o mais simples algoritmo de escalonamento de disco. Os dois tipos mais comuns são **otimização de busca** e **otimização rotacional**. Porque os tempos de posicionamento tendem a ser maiores do que os tempos de latência, a maioria dos algoritmos de escalonamento concentra-se em minimizar o tempo total de busca para um conjunto de requisições. À medida que diminui a lacuna entre os tempos de latência rotacional e de busca, minimizar a latência rotacional para um conjunto de requisições também pode melhorar o desempenho geral do sistema, especialmente sob cargas pesadas.

Revisão

1. Indique qual tipo de algoritmo de escalonamento de disco é mais apropriado nos seguintes cenários: tempo de busca é significativamente maior do que tempo de latência, tempo de busca e tempo de latência são quase iguais, tempo de busca é significativamente mais curto do que tempo de latência.

2. Quais características da geometria do disco são mais importantes para a otimização de busca e para a otimização rotacional?

Respostas: 1) Quando o tempo de busca for significativamente maior do que o tempo de latência, os tempos de acesso serão mais afetados pelas operações de busca, portanto, o sistema deverá implementar otimização de busca. Quando os tempos de busca e os de latência forem quase iguais, o sistema poderá se beneficiar da combinação de ambas as técnicas de otimização de busca e rotacional. Se o tempo de busca for muito mais curto do que o de latência, os tempos de acesso serão mais afetados pelo tempo de latência, portanto, o sistema deverá se concentrar na otimização rotacional. Porque os processadores de hoje são muito rápidos, ambas as formas de otimização devem ser empregadas para melhorar o desempenho geral. 2) Localizações de cilindros são mais importantes na otimização de tempos de busca; localizações de setores são mais importantes na otimização de tempos de latência.

12.5 Estratégias de escalonamento de disco

A estratégia de escalonamento de disco de um sistema depende dos objetivos do sistema, mas a maioria das estratégias é avaliada pelos seguintes critérios:

- rendimento — o número de requisições atendidas por unidade de tempo.
- **tempo médio de resposta** — o tempo médio gasto à espera de que uma requisição seja atendida.
- variância dos tempos de resposta — uma medida da previsibilidade dos tempos de resposta. Cada requisição do disco deve ser atendida dentro de um período de tempo aceitável (ou seja, a estratégia deve impedir adiamento indefinido).

É claro que uma política de escalonamento deve tentar maximizar o rendimento e minimizar o tempo médio de resposta. Muitas políticas de escalonamento tentam atingir esses objetivos minimizando o tempo gasto na execução de buscas demoradas. Quando o rendimento e o tempo médio de resposta são otimizados, o desempenho médio do sistema melhora, mas requisições individuais podem sofrer atrasos.

A variância mede como as requisições individuais são atendidas em relação ao desempenho médio do sistema. Quanto menor a variância, mais provável será que a maioria das requisições do disco seja atendida após esperar durante um período de tempo semelhante. Portanto, a variância pode ser vista como uma medida de justiça e de previsibilidade. Desejamos uma política de escalonamento que minimize a variância (ou que pelo menos a mantenha em níveis razoáveis) para evitar tempos de serviço imprevisíveis. Em um sistema importante de negócios, como um servidor Web, a alta variância nos tempos de resposta poderá resultar em perdas de vendas se, por exemplo, as requisições dos usuários na compra de produtos forem adiadas indefinidamente ou sofrerem atrasos longos. Em sistemas de missão crítica, o resultado de tal atraso poderá ser catastrófico.

As seções seguintes descrevem diversas políticas comuns de escalonamento. Usaremos o conjunto de requisições do disco da Figura 12.5 para demonstrar o resultado de cada política sobre uma série arbitrária de requisições. O intuito da série arbitrária de requisições é demonstrar como cada política ordena as requisições do disco, e não indicar necessariamente o desempenho relativo de cada política em um sistema real. Nos exemplos apresentados a seguir consideramos que o disco contém 100 cilindros numerados de 0 a 99 e que o cabeçote de leitura-escrita está localizado inicialmente no cilindro 63, a menos que se afirme outra coisa. Por questão de simplicidade, consideramos também que o escalonador de disco já determinou o número do cilindro correspondente a cada requisição.

Revisão

1. Por que minimizar a variância dos tempos de resposta é uma meta importante do escalonamento de disco?
2. Mencionamos que o FCFS é um algoritmo de escalonamento justo. Quais dos critérios mencionados nesta seção relacionam-se mais diretamente com a justiça?

Respostas: 1) Se não fosse assim, o sistema experimentaria tempos de resposta imprevisíveis, o que, em um sistema crítico de negócios, poderia causar a perda de clientes pela empresa; em um sistema de missão crítica poderia pôr as vidas de seres humanos em perigo. 2) O FCFS é justo no sentido de que as requisições que chegam não podem entrar na fila à frente de requisições que estão à espera, o que ajuda a reduzir a variância dos tempos de resposta.

12.5.1 Escalonamento de disco do tipo 'primeira a chegar, primeira a ser atendida' (FCFS)

O escalonamento FCFS usa uma fila FIFO, de modo que as requisições são atendidas na ordem em que chegam.[22, 23, 24] O FCFS é justo pois a posição de uma requisição na fila não é afetada por requisições que chegam. Isso garante que nenhuma requisição pode ser adiada indefinidamente, mas também significa que o FCFS poderia realizar uma longa operação de busca para atender à requisição seguinte à espera, mesmo que uma outra requisição da fila estivesse mais próxima e pudesse ser atendida mais rapidamente. Embora essa técnica incorra em baixa sobrecarga de tempo de execução, pode resultar em baixo rendimento devido às longas operações de busca.

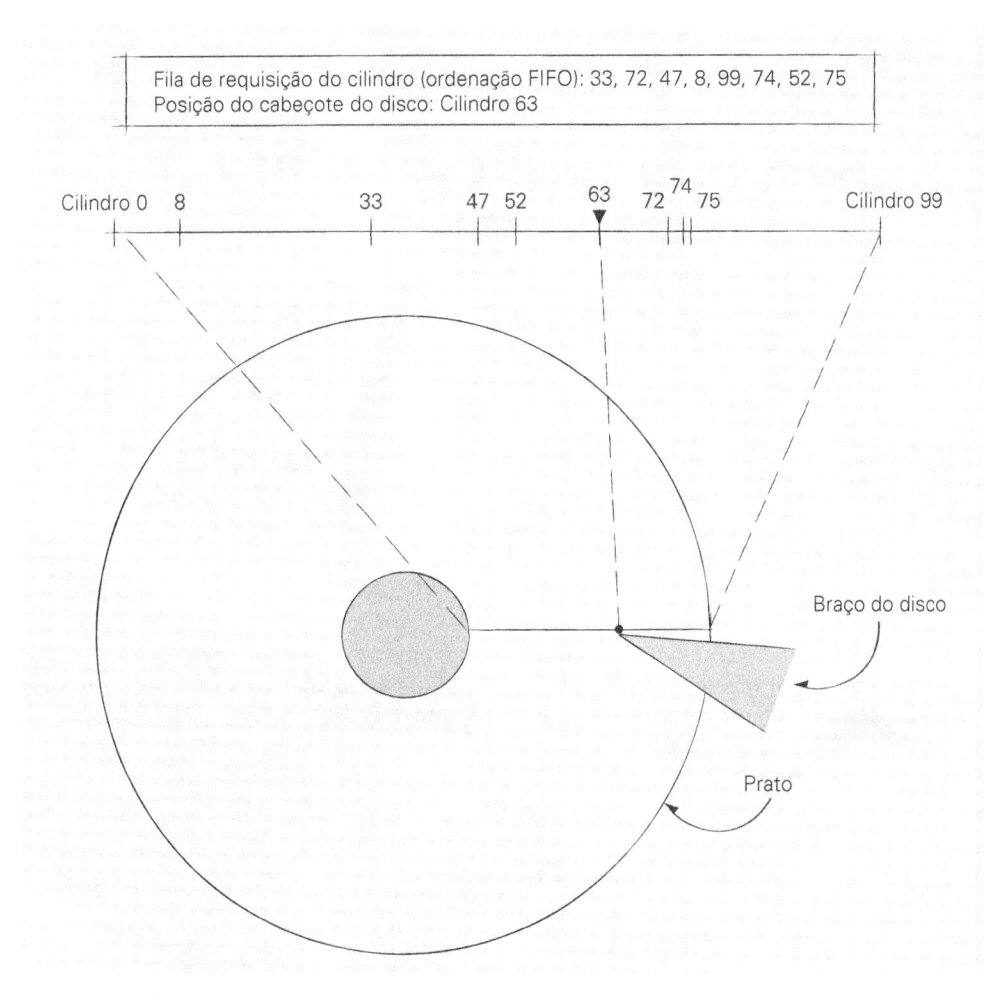

> Fila de requisição do cilindro (ordenação FIFO): 33, 72, 47, 8, 99, 74, 52, 75
> Posição do cabeçote do disco: Cilindro 63

Figura 12.5 | Padrão de requisição de disco.

Quando as requisições estão uniformemente distribuídas sobre as superfícies do disco, o escalonamento FCFS resulta em um padrão de busca aleatório, porque ignora as relações posicionais entre as requisições pendentes (Figura 12.6). Isso é aceitável quando a carga de um disco for leve. Todavia, à medida que a carga cresce, o FCFS tende a saturar (ou seja, sobrecarregar) o dispositivo e os tempos de resposta ficam maiores. O padrão de busca aleatório do FCFS resulta em baixa

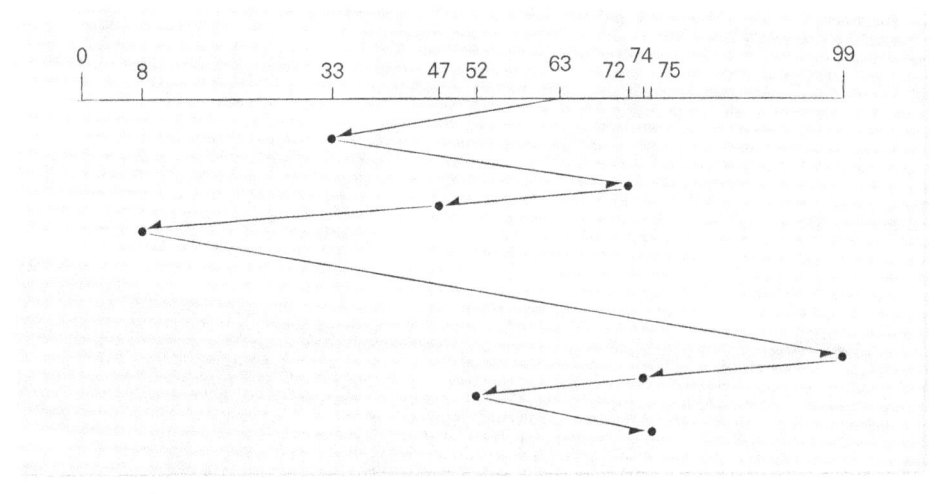

Figura 12.6 | Padrão de busca sob a estratégia FCFS.

variância (as requisições que chegam não podem passar à frente das requisições à espera), mas isso não serve de muito consolo para a requisição que está atrás na fila enquanto o braço do disco vagueia executando uma tórrida 'dança'.

Revisão

1. Uma medida de justiça é representada pela baixa variância nos tempos de resposta. Nesse sentido o escalonamento de disco FCFS é justo?
2. Pode ocorrer adiamento indefinido com escalonamento de disco FCFS? Explique.

Respostas: 1) Sim, nesse sentido ele é justo, mas, pelo fato de não ser feita nenhuma tentativa para minimizar os tempos de resposta, os tempos médios de resposta tendem a ser mais longos do que o necessário. 2) Não. Não pode ocorrer adiamento indefinido, pois as requisições que chegam nunca podem ser colocadas à frente das que estão na fila.

12.5.2 Escalonamento de disco do tipo 'tempo de busca mais curto primeiro' (SSTF)

O escalonamento do tipo '**tempo de busca mais curto primeiro**' (*Shortest-Seek-Time-First* — **SSTF**) atende à requisição seguinte que estiver mais próxima do cilindro em que o cabeçote de leitura-escrita estiver no momento (assim, incorre em tempo de busca mais curto), mesmo que ela não seja a primeira da fila.[25, 26, 27, 28] O SSTF não garante justiça e pode causar adiamento indefinido, porque seu padrão de busca tende a ser altamente localizado, o que pode levar a tempos de resposta insatisfatórios para requisições que estejam nas trilhas mais internas e mais externas (Figura 12.7).

Reduzindo os tempos médios de busca, o SSTF consegue taxas mais altas de rendimento do que o FCFS, e os tempos médios de resposta tendem a ser mais baixos para cargas moderadas. Uma desvantagem significativa é que ele resulta em variâncias mais altas dos tempos de resposta por causa da discriminação contra as trilhas mais externas e mais internas; no limite, poderia ocorrer a inanição (veja o Capítulo 7) de requisições que estivessem longe do cabeçote de leitura-escrita se as novas requisições que chegassem tendessem a se aglomerar perto dos cilindros do meio. A variância alta é aceitável em sistemas de processamento em lote, nos quais o rendimento e os tempos médios de resposta são metas mais importantes. Contudo, o SSTF é inadequado para sistemas interativos, nos quais o sistema deve garantir que cada usuário tenha tempos de resposta imediatos, previsíveis (veja no site deste livro: "Curiosidades, todo problema tem uma solução e toda solução tem um problema").

Revisão

1. Com qual dos algoritmos de escalonamento do Capítulo 8 o SSTF é mais parecido? Quais as diferenças entre eles?
2. Compare as sobrecargas incorridas pelo SSTF e pelo FCFS.

Respostas: 1) O SSTF é mais parecido com a estratégia 'processo mais curto primeiro' (SPF). Diferentemente do SPF, o SSTF não requer conhecimento futuro (por exemplo, o tempo de execução até a conclusão) — a localização da requisição é informação suficiente para determinar qual requisição será atendida em seguida. 2) Tanto o FCFS quanto o SSTF devem

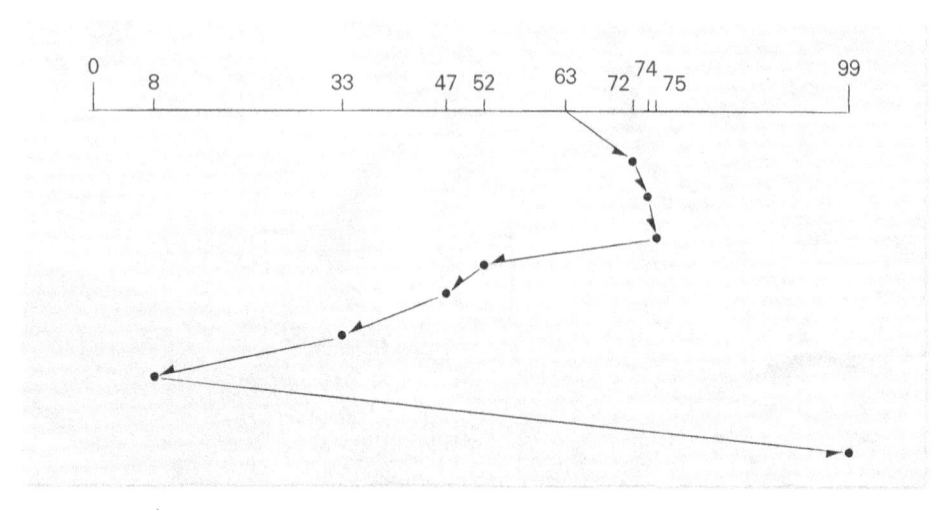

Figura 12.7 | *Padrão de busca sob a estratégia SSTF.*

manter uma fila de requisições à espera na memória. Porque o FCFS mantém uma fila FIFO simples, o tempo de execução requerido para determinar qual requisição será atendida em seguida é pequeno e não é afetado pelo número de requisições na fila. O SSTF incorre em sobrecarga seja por manter uma lista (ou listas) ordenada de requisições, seja por pesquisar toda a fila de requisições para atender à requisição de serviço apropriada. Nesse caso, a sobrecarga incorrida pelo SSTF é proporcional ao número de requisições na fila (ao passo que a sobrecarga do FCFS é constante — simplesmente o tempo que leva para inserir entradas no final da fila e removê-las do início da fila).

12.5.3 Escalonamento de disco SCAN

Denning desenvolveu a estratégia de escalonamento de disco SCAN para reduzir a injustiça e a variância de tempos de resposta exibidas pelo SSTF.[29] A SCAN escolhe a requisição que requer a menor distância de busca em uma **direção preferida** (Figura 12.8). Assim, se a direção preferida no momento for para fora, a estratégia SCAN escolherá a distância de busca mais curta na direção para fora. A SCAN não muda sua direção preferida até chegar ao cilindro mais externo ou mais interno. Nesse sentido, ela é denominada **algoritmo do elevador**, pois um elevador continua atendendo a requisições em uma só direção antes de revertê-la.

A SCAN comporta-se de modo muito semelhante à SSTF em termos de alto rendimento e bons tempos médios de resposta. Entretanto, porque essa estratégia garante que todas as requisições em uma dada direção serão atendidas antes das requisições da direção oposta, ela oferece uma variância de tempos de resposta menor do que a SSTF. A SCAN, assim como a SSTF, é uma estratégia dirigida a cilindros. Pelo fato de na SCAN os cabeçotes de leitura-escrita oscilarem entre extremidades opostas de cada prato, as trilhas mais externas são visitadas com menos freqüência do que as da faixa do meio, mas, em geral, mais freqüentemente do que seriam usando SSTF. Em decorrência de as requisições que chegam poderem ser atendidas antes das que estão à espera, ambas, SSTF e SCAN, podem sofrer adiamento indefinido.

Revisão

1. Uma limitação do algoritmo SCAN é que ele poderia executar operações de busca desnecessárias. Indique onde isso ocorre na Figura 12.8.
2. Requisições podem ser indefinidamente adiadas sob SCAN?

Respostas: 1) A operação de busca desnecessária ocorre após atender à requisição do cilindro 8. Porque não há mais nenhuma requisição na direção preferida, seria mais eficiente mudar de direção após atender à requisição 8. Examinaremos uma modificação da estratégia SCAN que aborda essa limitação na Seção 12.5.6, "Escalonamento de disco LOOK e C-LOOK". 2) Podemos imaginar um cenário em que processos emitissem requisições contínuas ao mesmo cilindro, de modo que o cabeçote de leitura-escrita ficasse 'emperrado' naquele cilindro.

12.5.4 Escalonamento de disco C-SCAN

Na modificação SCAN **Circular (C-SCAN)** da estratégia de escalonamento de disco SCAN, o braço movimenta-se do cilindro mais externo para o cilindro mais interno atendendo primeiro a requisições segundo a estratégia de

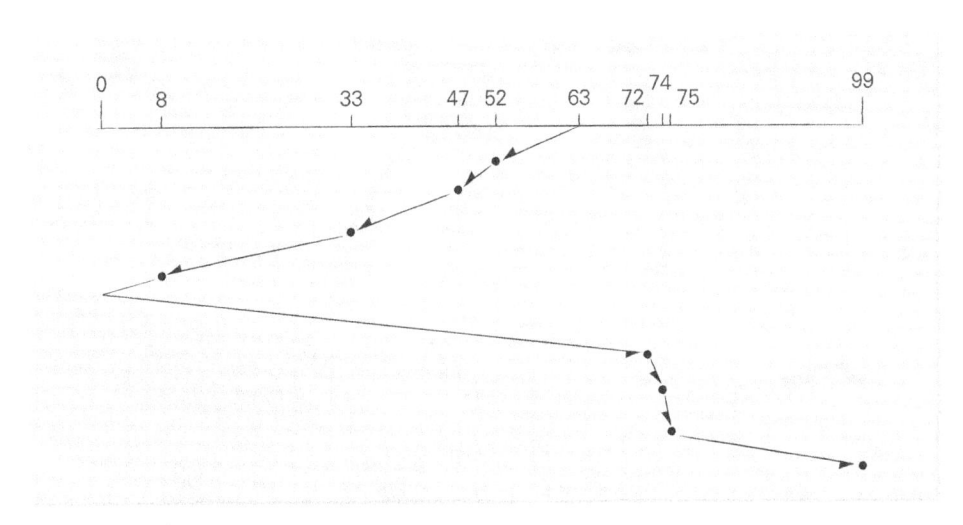

Figura 12.8 | *Padrão de busca sob a estratégia SCAN.*

busca mais curta (Figura 12.9). Quando o braço tiver concluído sua varredura para dentro, ele pulará (sem atender a requisições) para o cilindro mais externo e retomará sua varredura para dentro processando requisições. A C-SCAN mantém altos níveis de rendimento e, ao mesmo tempo, limita ainda mais a variância de tempos de resposta impedindo a discriminação contra os cilindros mais internos e mais externos.[30, 31] Como acontece com a SCAN, as requisições na C-SCAN podem ser adiadas indefinidamente se chegarem requisições ao mesmo cilindro continuamente (embora tal coisa seja menos provável do que com SCAN ou SSTF). Nas seções a seguir discutiremos modificações da SCAN que abordam esse problema.

Resultados de simulações apresentados na literatura indicam que a melhor política de escalonamento de disco poderia funcionar em dois estágios.[32] Sob uma carga leve, a política SCAN é melhor. Sob cargas de médias a pesadas, a C-SCAN e outras adaptações da política SCAN dão melhores resultados. A C-SCAN com otimização rotacional trata condições pesadas efetivamente.[33]

Revisão

1. Quais critérios de estratégias de escalonamento de disco a C-SCAN melhora?
2. (V/F) A C-SCAN incorre essencialmente na mesma sobrecarga de tempo de execução da SCAN.

Respostas: 1) A C-SCAN reduz a variância dos tempos de resposta em comparação com a SCAN, porque é menos tendenciosa em relação aos cilindros mais externos e mais internos. 2) Falso. A C-SCAN incorre em mais sobrecarga do que a SCAN quando termina sua varredura para dentro e pula requisições enquanto move o cabeçote para o cilindro mais externo.

12.5.5 Escalonamento de disco FSCAN e SCAN de N-fases

As modificações **FSCAN** e **SCAN de N-fases** da estratégia SCAN eliminam a possibilidade de requisições adiadas indefinidamente.[34, 35] A FSCAN usa a estratégia SCAN para atender somente às requisições que estão à espera quando começa uma varredura particular (o 'F', de 'freezing' quer dizer 'congelar', ou melhor, paralisar a fila de requisições em determinado instante). Requisições que chegam durante uma varredura são agrupadas e ordenadas para serviço ótimo durante o retorno da varredura (Figura 12.10).

A SCAN de N-fases atende às primeiras n requisições da fila usando a estratégia SCAN. Quando a varredura estiver concluída, as n requisições seguintes serão atendidas. Requisições que chegam são colocadas no final da fila de requisições (Figura 12.11). A SCAN de N-fases pode ser ajustada variando o valor de n. Quando $n = 1$, ela degenera para FCFS. Quando n tender ao infinito, a SCAN de N-fases degenera para SCAN.

FSCAN e SCAN de N-fases proporcionam bom desempenho devido ao alto rendimento e aos baixos tempos médios de resposta. Porque impedem o adiamento indefinido, a característica que as distingue é uma menor variância de tempos de resposta do que as da SSTF e da SCAN, especialmente quando as requisições são adiadas indefinidamente sob essas duas últimas estratégias.

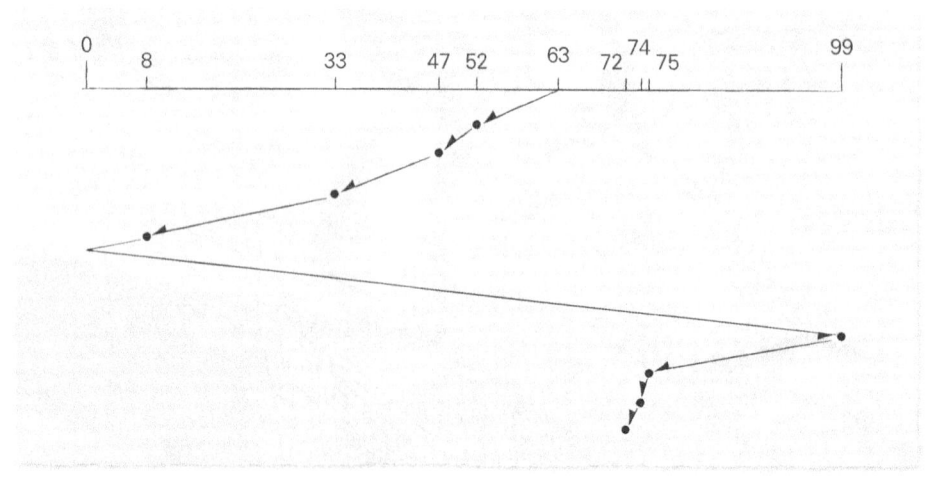

Figura 12.9 | Padrão de busca sob a estratégia C-SCAN.

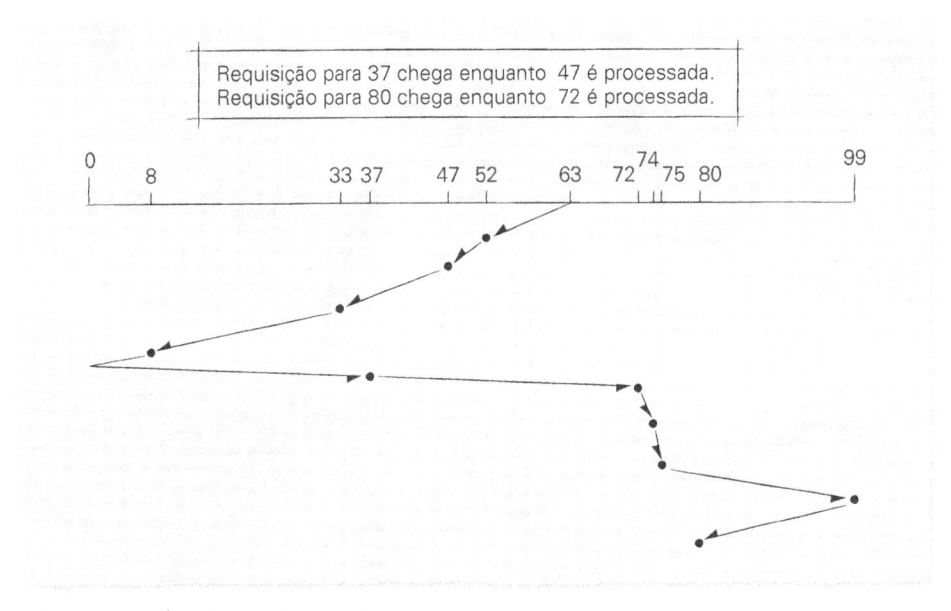

Figura 12.10 | *Padrão de busca sob a estratégia FSCAN.*

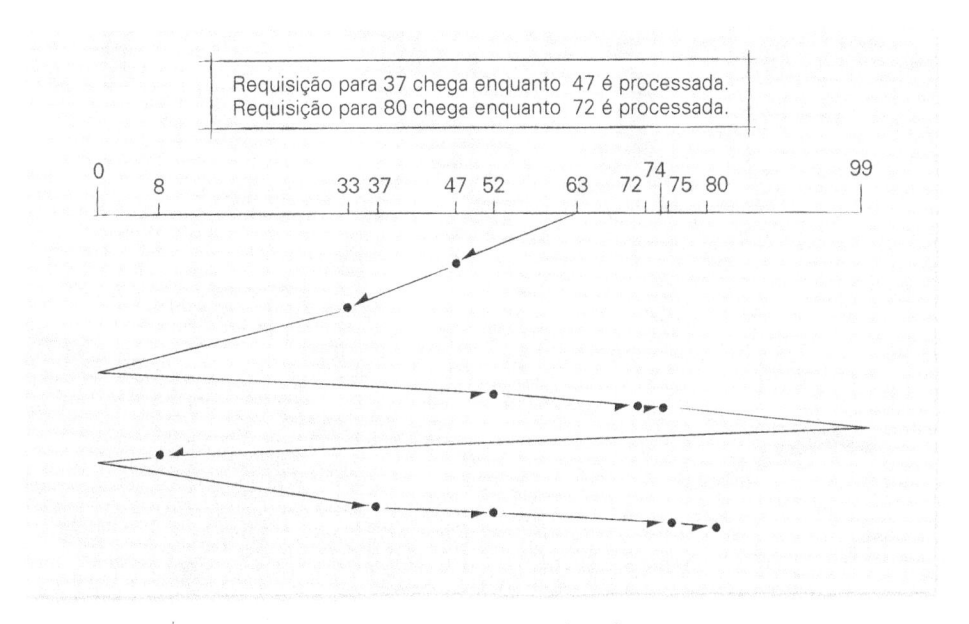

Figura 12.11 | *Padrão de busca sob a estratégia SCAN de N-fases (n=3).*

Revisão

1. Explique como a FSCAN pode resultar em um rendimento mais baixo do que a SCAN.
2. Quais as semelhanças e diferenças entre a FSCAN e a SCAN de N-fases?

Respostas: 1) Se a requisição de um cilindro na direção preferida chegar após a FSCAN congelar a fila, o cabeçote do disco passará pelo cilindro sem atender à requisição até a próxima passagem. 2) Ambas as estratégias usam SCAN para atender a uma parte da fila de requisições e impedir adiamento indefinido. A FSCAN atende a todas as requisições da fila antes de iniciar uma varredura na nova direção preferida; a SCAN de N-fases atente somente às n requisições seguintes na fila.

12.5.6 Escalonamento de disco LOOK e C-LOOK

A variação LOOK da estratégia SCAN examina antecipadamente (*look ahead*) o final da varredura em curso para determinar a próxima requisição a atender. Se não houver mais nenhuma requisição na direção em curso, a LOOK muda a direção preferida e inicia a próxima varredura (Figura 12.12). Nesse sentido, é adequado denominar essa estratégia de algoritmo do elevador, pois um elevador continua em uma direção até chegar à última requisição naquela direção e, então, inverte a direção. Essa estratégia elimina operações de busca desnecessárias exibidas por outras variações da estratégia SCAN (compare o lado esquerdo da Figura 12.12 com a localização correspondente na Figura 12.8).

A variação **LOOK circular (C-LOOK)** da estratégia LOOK usa a mesma técnica da C-SCAN para reduzir a tendência contra requisições localizadas nas extremidades dos pratos. Quando não houver mais nenhuma requisição em uma varredura para dentro em curso, o cabeçote de leitura-escrita passará para a requisição que estiver mais próxima do cilindro mais externo (sem atender a requisições entre as duas posições) e iniciará a varredura seguinte. A política C-LOOK é caracterizada por uma variância de tempos de resposta potencialmente mais baixa em comparação com a LOOK e por alto rendimento (embora geralmente mais baixo do que o da LOOK).[36] A Figura 12.13 resume cada uma das estratégias de escalonamento de disco que discutimos.

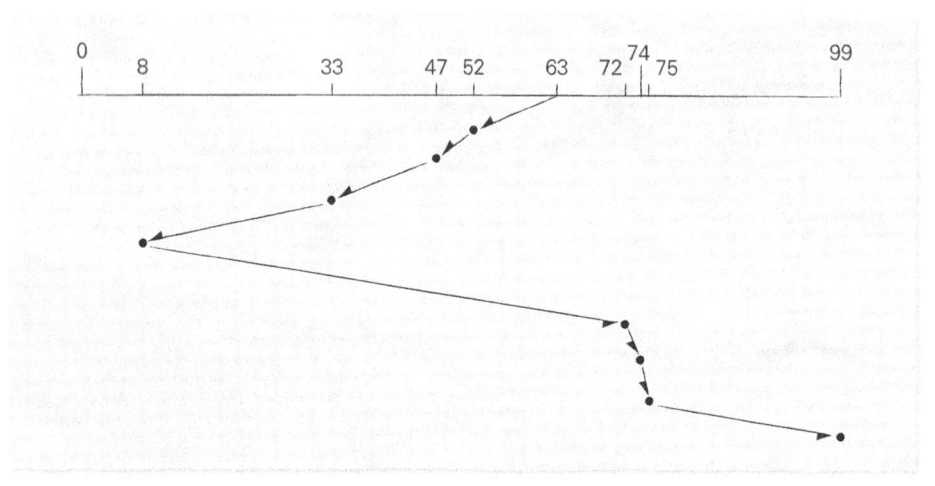

Figura 12.12 | *Padrão de busca sob a estratégia LOOK.*

Estratégia	Descrição
FCFS	Atende a requisições na ordem em que chegam.
SSTF	Atende primeiro à requisição que resultar em distância de busca mais curta.
SCAN	O cabeçote faz varreduras para trás e para a frente em todo o disco, atendendo a requisições segundo a SSTF em uma direção preferida.
C-SCAN	O cabeçote faz varredura para dentro por todo o disco, atendendo a requisições segundo SSTF na direção preferida (para dentro). Ao chegar à trilha mais interna, o cabeçote pula para a trilha mais externa e retoma o atendimento às requisições na próxima passagem para dentro.
FSCAN	Requisições são atendidas do mesmo modo que na SCAN, exceto que as requisições recém-chegadas são adiadas até a próxima varredura. Impede adiamento indefinido.
SCAN de N-fases	Atende a requisições como na FSCAN, mas somente n requisições por varredura. Impede adiamento indefinido.
LOOK	Semelhante à SCAN, exceto que o cabeçote muda de direção ao alcançar a última requisição na direção preferida.
C-LOOK	Semelhante à C-SCAN, exceto que o cabeçote pára após atender à última requisição na direção preferida, e atende à requisição do cilindro mais próximo do lado oposto do disco.

Figura 12.13 | *Resumo de estratégias de otimização de busca.*

Revisão

1. Por que o rendimento da C-LOOK é comumente mais baixo do que o da LOOK?
2. Sob C-LOOK, em que ordem as requisições da Figura 12.5 seriam atendidas?

Respostas: 1) O tempo gasto procurando de um lado do prato a requisição mais longínqua em relação à posição do cabeçote de leitura-escrita no final da varredura aumenta o tempo médio de resposta, o que reduz o rendimento. 2) 52, 47, 33, 8, 99, 75, 74, 72.

12.6 Otimização rotacional

Pelo fato de o componente dominante do tempo de acesso nas primeiras unidades de disco rígido ter sido o tempo de busca, a pesquisa concentrou-se na otimização de busca. Todavia, hoje os discos rígidos exibem tempos de busca e latências médias da mesma ordem de magnitude, o que significa que a otimização rotacional freqüentemente pode melhorar o desempenho.[37] Processos que acessam dados seqüencialmente tendem a acessar trilhas inteiras de dados e, por isso, não se beneficiam muito da otimização rotacional. Entretanto, quando há numerosas requisições de pequenas porções de dados distribuídas pelos cilindros dos discos, a otimização rotacional pode melhorar o desempenho significativamente. Nesta seção, discutiremos como combinar estratégias de otimização rotacional e de otimização de busca para conseguir desempenho máximo.

12.6.1 Escalonamento SLTF

Quando o braço do disco chega a um cilindro particular, pode haver muitas requisições pendentes nas várias trilhas daquele cilindro. A estratégia do **tempo de latência mais curto primeiro** (*Short-Latency-Time-First* — **SLTF**) examina todas essas requisições e atende primeiro à que tiver o atraso rotacional mais curto (Figura 12.14). Demonstrou-se que essa estratégia é a que mais se aproxima da teoricamente ótima e é relativamente fácil de implementar.[38] A otimização rotacional às vezes é denominada **enfileiramento de setores**; as requisições são enfileiradas pela posição do setor ao redor do disco e os setores mais próximos são atendidos primeiro.

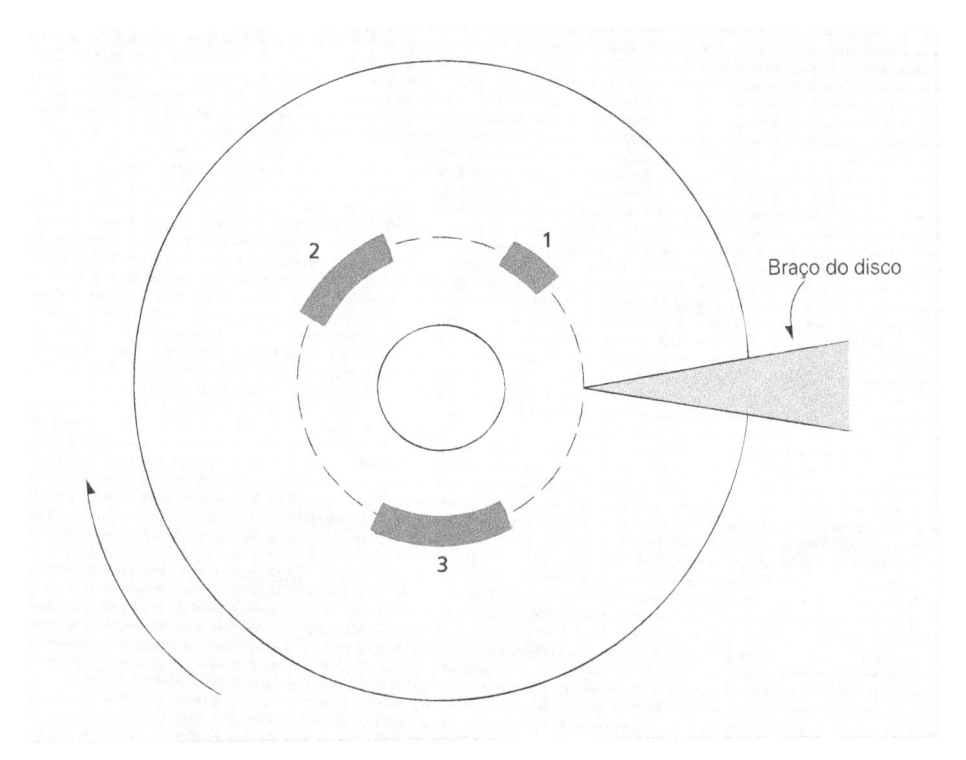

Figura 12.14 | Escalonamento SLTF. As requisições serão atendidas na ordem indicada, independentemente da ordem em que chegaram.

Revisão

1. Por que o enfileiramento de setores é fácil de implementar?
2. A otimização rotacional é apropriada para os discos rígidos de hoje? Por quê?

Respostas: 1) O enfileiramento de setores determina o melhor padrão de acesso para setores de uma trilha. Admitindo-se que setores são localizações fixas e que o disco pode girar em apenas uma direção, o enfileiramento de setores é simplesmente um problema de ordenação. 2) Sim, a otimização rotacional é apropriada. Os discos rígidos de hoje exibem tempos de busca e latências médias que têm a mesma ordem de magnitude.

12.6.2 Escalonamento SPTF e SATF

A estratégia do **tempo de posicionamento mais curto primeiro** (*Shortest-Positioning-Time-First* — **SPTF**) atende, em seguida, à requisição que requer o **tempo de posicionamento** mais curto, que é a soma do tempo de busca e do tempo de latência rotacional. Assim como a SSTF, a SPTF resulta em alto rendimento e um tempo médio de resposta baixo e também pode adiar indefinidamente requisições para os cilindros mais internos e mais externos.[39]

Uma variação da SPTF é a estratégia do **tempo de acesso mais curto primeiro** (Shortest-Access-Time-First — **SATF**), que atende à requisição seguinte que requer o tempo de acesso mais curto (ou seja, tempo de posicionamento mais tempo de transmissão). A SATF exibe rendimento mais alto do que a SPTF, mas requisições grandes podem ser adiadas indefinidamente por uma série de requisições menores, e requisições para os cilindros mais internos e mais externos podem ser adiadas indefinidamente por requisições para cilindros da faixa média. Tanto a SPTF quanto a SATF podem melhorar o desempenho implementando os mecanismos de 'exame antecipado' descritos na Seção 12.5.6.[40]

A Figura 12.15 demonstra a diferença entre SPTF e SATF. Na Figura 12.15 (a) o disco recebe duas requisições para registros de dados do mesmo tamanho, A e B, que estão localizados em cilindros adjacentes. O registro de dados A está localizado no mesmo cilindro do cabeçote de leitura-escrita, mas distante aproximadamente meia rotação do cabeçote de leitura-escrita. O registro de dados B está próximo do cabeçote de leitura-escrita, mas localizado em um cilindro adjacente. Nesse caso, o tempo de transmissão é idêntico para A e B, porque A e B são do mesmo tamanho, portanto SATF se reduz à SPTF. Assim, para esse disco particular, tanto SATF quanto SPTF atenderiam à requisição pelo registro de dados B primeiro, porque o disco levaria menos tempo para executar uma operação de posicionamento em um único cilindro do que se ele girasse o prato 180 graus. Se o tempo de posicionamento fosse adequadamente pequeno, o disco poderia atender à requisição por B, e reposicionar o cabeçote para atender à requisição por A dentro de uma rotação do disco. Ao contrário, a SSTF atenderia à A primeiro, exigindo mais de uma rotação do prato para atender a ambas as requisições. Assim, SATF e SPTF podem aumentar o rendimento em relação à SSTF.

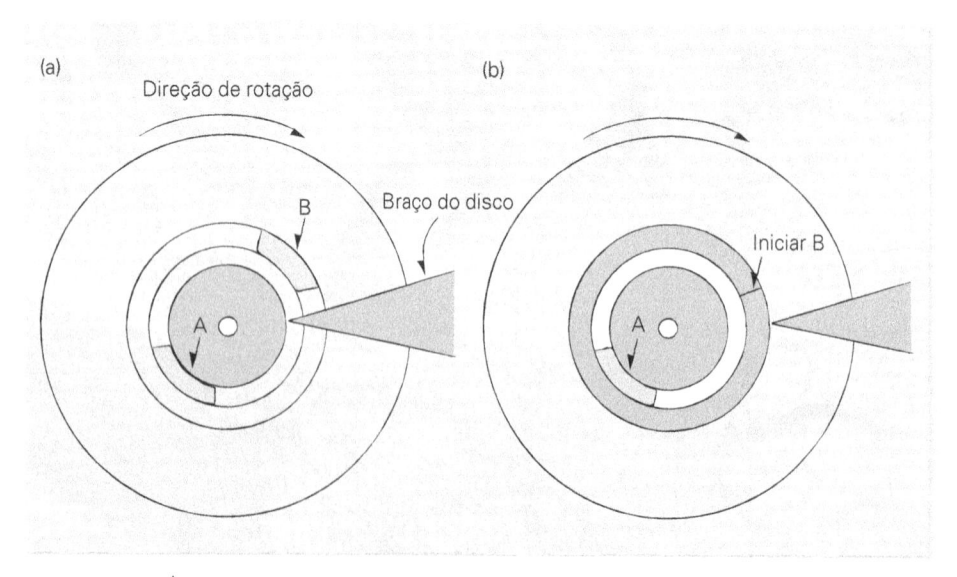

Figura 12.15 | *Exemplo em que SPTF se compara a SATF no atendimento à requidição por B (a) e exemplo em que SPTF atenderia primeiro à requisição por B e SATF atenderia primeiro à requisição por A.*

Agora considere que o registro de dados B consuma uma trilha inteira, ao passo que A esteja armazenado em um único setor, como mostra a Figura 12.15(b). Admita que a localização do primeiro byte de cada registro seja a mesma do exemplo anterior. Nesse caso, SPTF atenderia a requisições exatamente na mesma ordem que no exemplo anterior, pois os tempos de posicionamento são os mesmos. Todavia, SATF atenderia primeiramente à requisição por A, porque A requer apenas meia rotação mais o tempo de transmissão nominal, ao passo que a requisição por B requer um tempo nominal de latência rotacional mais um tempo de transmissão igual ao tempo requerido pelo prato para completar uma rotação.

SPTF e SATF exigem conhecimento das características do disco, entre elas latência, tempos de busca trilha a trilha e localizações relativas de setores. Infelizmente, muitos dos discos rígidos de hoje expõem uma geometria enganadora. Por exemplo, muitos discos ocultam do sistema operacional a verificação de erros e a correção de dados (para que não possam ser modificados maliciosa ou não intencionalmente), portanto, setores numerados consecutivamente podem não corresponder precisamente a localizações físicas contíguas no disco. Em alguns sistemas, quando são detectados maus setores, setores alternativos são designados. Por exemplo, se o setor 15 ficar inutilizável, o disco poderá enviar suas requisições a um setor reservado que não seja o 14 ou o 16. Esses setores alternativos podem estar amplamente dispersos pelas superfícies dos discos, causando buscas onde, na verdade, nenhuma seria esperada.

Essas características, tal como utilizar setores alternados, que melhoram a integridade dos dados, tendem a contrabalançar esforços para melhorar o desempenho do disco usando estratégias de escalonamento, porque o disco fornece ao sistema operacional informações de posicionamento incompletas ou enganosas.[41] Embora algumas arquiteturas e discos rígidos forneçam instruções para recuperar a real geometria do disco, esse recurso não é suportado por todos os discos. Outras características arquitetônicas do disco rígido complicam as estratégias de escalonamento de disco; para mais informações, consulte os links fornecidos no quadro "Recursos da Web" no final do capítulo.

Uma técnica de melhoria do desempenho é reduzir a latência rotacional aumentando a velocidade de rotação do disco. Contudo, projetistas encontraram problemas significativos com o aumento das rotações por minuto (RPM) de um disco rígido. Discos que giram com maior velocidade consomem quantidades maiores de energia (uma preocupação fundamental para laptops cuja energia é limitada pela bateria), irradiam mais calor, fazem mais barulho e requerem mecanismos elétricos e mecânicos caros para serem controlados.[42] Dados esses e outros problemas, a velocidade RPM aumentou apenas modestamente (somente uns poucos por cento ao ano na última década), de 5.400 para 7.200 RPM para PCs, e de 10.000 para 15.000 RPM para servidores e máquinas avançadas.[43]

Revisão

1. Qual a diferença entre os algoritmos SPTF e SATF? Por que um projetista escolheria um e não o outro?
2. Que fatores impedem os sistemas operacionais de obter conhecimento preciso das geometrias de discos rígidos?

Respostas: 1) O SPTF atende à requisição que ele pode começar a acessar dentro do período de tempo mais curto. O SATF atende à requisição que ele pode acessar completamente dentro do menor tempo possível. Embora o SATF tenha um rendimento mais alto, favorece requisições de pequenas quantidades de dados sobre requisições de grandes quantidades de dados. Assim, ele é mais apropriado para sistemas que emitem muitas requisições para registros de dados pequenos. O SPTF é mais apropriado para sistemas que geram requisições por registros de dados pequenos e grandes, pois não considera o tamanho de uma requisição. 2) Alguns tipos de discos rígidos ocultam informações, como a localização de dados de proteção de erros e de maus setores.

12.7. Considerações de sistemas

Quando o escalonamento de disco é útil? Quando pode degradar o desempenho? Essas questões devem ser respondidas no contexto do sistema geral. As próximas seções discutem diversas considerações que podem influenciar as decisões de um projetista.

Armazenamento como recurso limitador

Quando o armazenamento em disco prova ser um **gargalo**, alguns projetistas recomendam adicionar mais discos ao sistema (veja o quadro "Reflexões sobre sistemas operacionais, Saturação e gargalos"), o que nem sempre resolve o problema, porque o gargalo poderia ser causado por uma grande carga de requisições sobre um número relativamente pequeno de discos. Quando a situação é detectada, o escalonamento de disco pode ser usado como um meio de melhorar o desempenho e eliminar o gargalo.

Reflexões sobre sistemas operacionais

Saturação e gargalos

Sistemas operacionais freqüentemente gerenciam configurações de hardware e software. Quando um sistema está funcionando mal, você talvez se sinta tentado a falar do problema 'como um todo' — 'todo o sistema' está funcionando mal. Na verdade, muitas vezes o que acontece é que somente um ou alguns poucos recursos ficaram saturados, isto é, alcançaram sua capacidade e não podem atender a requisições mais rapidamente. Tais recursos são denominados gargalos. Localizar gargalos e tratar deles adicionando recursos em apenas uma ou algumas poucas áreas do sistema poderia resultar no melhoramento geral do sistema a um custo relativamente modesto. Sistemas devem ser construídos de modo que seja fácil localizar gargalos. O Capítulo 14 apresenta um tratamento minucioso das questões de desempenho, incluindo saturação e gargalos.

Carga do sistema

O escalonamento de disco pode não ser útil em um sistema de processamento em lote com um grau relativamente baixo de multiprogramação. O escalonamento torna-se mais efetivo à medida que aumenta a aleatoriedade da multiprogramação, a qual aumenta a carga do sistema e resulta em padrões de requisição de disco imprevisíveis. Por exemplo, cinco servidores de redes locais podem receber requisições de centenas de usuários, o que normalmente resulta no tipo de padrão aleatório de requisição que é mais bem atendido usando escalonamento de disco. Similarmente, sistemas de **processamento de transações on-line** (*Online Transaction Processing* — **OLTP**), como a Web e servidores de bancos de dados, comumente recebem muitas requisições de disco para localizações distribuídas aleatoriamente contendo pequenas quantidades de dados (por exemplo, arquivos HTML e registros de bancos de dados). Pesquisas mostraram que algoritmos de escalonamento de disco como C-LOOK e SATF (com exame antecipado) podem melhorar o desempenho nesse tipo de ambiente.[44, 45]

Distribuições não uniformes de requisições

Grande parte do trabalho analítico da literatura admite que as distribuições de requisições são uniformes. Conclusões baseadas nessa premissa de uniformidade podem ser inválidas em sistemas cujas distribuições de requisições não são uniformemente distribuídas pelas superfícies do disco. **Distribuições não uniformes de requisições** são comuns em certas situações e suas conseqüências foram investigadas.[46] Em um estudo, Lynch determinou que a grande maioria das referências a disco são para o mesmo cilindro que a referência imediatamente anterior.[47]

Um caso comum de distribuições não uniformes de requisições altamente localizadas é a utilização de grandes arquivos seqüenciais em discos dedicados. Quando um sistema operacional aloca espaço para os registros adjacentes do arquivo seqüencial de um usuário, ele usualmente coloca registros adjacentes na mesma trilha. Quando uma trilha está cheia, registros adicionais são colocados em trilhas adjacentes dentro do mesmo cilindro; quando um cilindro está cheio, registros adicionais são colocados em cilindros adjacentes. Desse modo, requisições de registros sucessivos em um arquivo seqüencial freqüentemente resultam em nenhuma busca. Quando necessárias, as buscas são curtas porque usualmente são para cilindros imediatamente adjacentes. Obviamente, uma política de escalonamento de disco FCFS seria adequada nessa situação. De fato, a sobrecarga incorrida em estratégias de escalonamento mais complexas poderiam realmente resultar em degradação do desempenho.

Técnicas de organização de arquivos

Como discutiremos no Capítulo 13, "Sistemas de arquivos e de bancos de dados", técnicas sofisticadas de organização de arquivos podem causar uma proliferação de requisições com longos tempos de busca. Em alguns casos, a recuperação de dados de arquivo pode envolver referência a um índice mestre, referência a um índice de cilindros e a localização do registro corrente, um processo que poderia incorrer em diversos atrasos de busca. Porque o índice mestre e o índice de cilindros normalmente são armazenados em disco (porém separadamente da área principal de dados), as buscas podem ser dispendiosas. Essas técnicas de organização de arquivos são convenientes para o projetista de aplicações, mas podem degradar o desempenho.

Revisão

1. Por que muitos sistemas exibem distribuições não uniformes de requisições?

2. Por que o escalonamento de disco torna-se mais efetivo à medida que aumenta a carga?

Respostas: **1)** Dados de arquivos geralmente são armazenados e acessados seqüencialmente, portanto, a requisição de um cilindro particular provavelmente será seguida de uma requisição do mesmo cilindro ou de um cilindro adjacente. **2)** À medida que a carga aumenta, os padrões de requisições tendem a se tornar mais aleatórios, o que poderia levar a substancial atividade de busca. O escalonamento de disco melhora o desempenho reduzindo o número de operações de busca dispendiosas.

12.8 Utilização de caches e buffers

Muitos sistemas mantêm um **buffer de cache de disco**, que é uma região da memória principal que o sistema operacional reserva para dados de disco. Em determinado contexto, a memória reservada age como um cache, permitindo aos processos acesso rápido a dados que, caso contrário, precisariam ser recuperados do disco. A memória reservada também age como um buffer permitindo que o sistema operacional adie a escrita de dados modificados até que o disco esteja com uma carga leve ou até que o cabeçote do disco esteja em uma posição favorável para melhorar o desempenho de E/S. Por exemplo, um sistema operacional pode atrasar a escrita de dados modificados para o disco a fim de dar tempo para que as várias requisições para localizações contíguas formem uma fila, de modo que possam ser atendidas por uma só requisição de E/S.

O buffer de cache de disco propõe diversos desafios aos projetistas de sistemas operacionais. Porque o tamanho do cache do disco deve ser limitado para permitir memória suficiente para processos ativos, o projetista deve implementar alguma estratégia de substituição. A questão da substituição de cache é semelhante à da substituição de páginas, e os projetistas usam muitas das mesmas heurísticas. O mais comum é que eles escolham uma estratégia que substitua o item menos utilizado recentemente no buffer de cache de disco.

Surge uma segunda preocupação, porque o cache de disco pode levar a inconsistências. Os buffers de cache de disco são mantidos na memória volátil, portanto, se o sistema falhar ou faltar energia enquanto os dados modificados estiverem no cache, essas mudanças serão perdidas. Para salvaguardar os dados contra esses problemas, o conteúdo do buffer do cache de disco é periodicamente esvaziado para o disco rígido, o que reduz a probabilidade de perda de dados se o sistema cair.

Um sistema que empregar **cache write-back** não grava dados modificados imediatamente no disco. Em vez disso, o cache é escrito para o disco periodicamente, habilitando o sistema operacional a formar lotes de várias E/S atendidas usando uma única requisição, o que pode melhorar o desempenho do sistema. Um sistema que empregar **cache de escrita direta** escreve dados para o buffer do cache de disco e também para o disco cada vez que os dados do cache forem modificados. Essa técnica impede o sistema de montar lotes de requisições, mas reduz a possibilidade de dados inconsistentes no evento de uma queda do sistema.[48]

Muitas das unidades de discos rígidos de hoje mantêm um buffer de cache independente de alta velocidade (em geral denominado cache embutido) de vários megabytes.[49] Se os dados requisitados forem armazenados no cache embutido, a unidade de disco rígido poderá transmitir os dados à mesma velocidade ou a uma velocidade próxima à da memória principal. Adicionalmente, alguns controladores de interface de disco rígido (por exemplo, controladores SCSI e RAID) mantêm seus próprios buffers de cache separados da memória principal. Quando os dados requisitados não estão localizados no buffer de cache da memória principal, os buffers do cache embutido melhoram o desempenho da E/S atendendo a requisições sem realizar operações mecânicas relativamente lentas.[50] Entretanto, um estudo mostrou que discos que incluem caches embutidos normalmente usam estratégias de substituição que se adaptam mal a padrões de requisição aleatórios, levando a desempenho abaixo do ótimo.[51] Também é provável que buffers de cache embutido e buffers de cache de memória principal contenham os mesmos dados, o que leva a uma utilização ineficiente de recursos.

Revisão

1. Quais as permutas quando se seleciona o tamanho do buffer do cache de disco do sistema?
2. Explique quando as operações de cache write-back e cache de escrita direta são apropriadas e por quê.

Respostas: **1)** Um buffer de cache de disco pequeno permite memória suficiente para processos ativos, mas provavelmente contém apenas uma pequena porção dos dados requisitados, portanto, muitas requisições devem ser atendidas usando o disco. O tamanho pequeno de um buffer de cache também limita o número de requisições de escrita que ele pode conter simultaneamente, o que significa que os dados deverão ser esvaziados freqüentemente. Um buffer de cache de tamanho grande reduz o número de operações E/S que o sistema executa, mas pode reduzir a memória disponível para armazenar instruções de processos e dados, o que pode levar à paginação excessiva. **2)** Cache de write-back habilita o sistema a reunir lotes de dados modificados para reduzir o número de requisições do disco, mas não impede a perda de dados armazenados no buffer, no evento de uma falta de energia elétrica ou de falha do sistema. Assim, o cache de write-back é apropriado para sistemas nos quais o desempenho é mais importante do que a confiabilidade (por exemplo, em alguns supercomputadores).

Pelo fato de o cache de escrita direta enviar os dados modificados imediatamente para o disco, ele é adequado para sistemas que não podem tolerar perda de dados (por exemplo, sistemas de bancos de dados).

12.9 Outras técnicas de desempenho de disco

Consideramos a otimização do desempenho de dispositivos de armazenagem rotacional por meio de políticas de escalonamento e otimização da arquitetura do sistema. Nesta seção analisaremos outras técnicas de otimização de desempenho de disco.

À medida que arquivos e registros são adicionados e apagados, os dados de um disco tendem a ficar dispersos por todo o disco, ou **fragmentados**. Até mesmo arquivos seqüenciais, que seria normal esperar que exibissem baixa latência de acesso, ficam seriamente fragmentados, o que aumenta o tempo de acesso. Muitos sistemas operacionais fornecem programas de **desfragmentação** (ou de **reorganização do disco**) que podem ser usados periodicamente para reorganizar arquivos, o que permite que registros consecutivos de arquivos seqüenciais sejam colocados de maneira contígua no disco. Sistemas que usam variações não circulares da estratégia SCAN tendem a visitar os cilindros da faixa média mais freqüentemente do que os mais externos. No caso desses sistemas, itens freqüentemente referenciados podem ser colocados nas trilhas da faixa do meio para reduzir os tempos médios de acesso.

Sistemas operacionais também podem colocar arquivos que provavelmente serão modificados próximos de espaço livre para reduzir fragmentação futura – à medida que os arquivos crescem, novos dados podem ser colocados no espaço livre adjacente em vez de em qualquer outro lugar do disco. Alguns sistemas operacionais permitem que os usuários subdividam o disco em áreas separadas (**partições**). Como os arquivos ficam restritos a essas partições, a fragmentação é reduzida.[52] Entretanto, partições podem levar a desperdício de memória semelhante à fragmentação interna em sistemas de memória virtual paginados.

Alguns sistemas usam técnicas de **compactação de dados** para reduzir a quantidade de espaço requerida pelas informações no disco (veja o quadro "Reflexões sobre sistemas operacionais, Compactação e descompactação"). A compactação de dados reduz o tamanho de um registro substituindo padrões comuns de bits por outros mais curtos. Portanto, dados compactados consomem menos espaço sem perder informações, o que, em última instância, reduz o número de buscas, tempos de latência e tempos de transmissão. Contudo, compactar dados e, mais tarde, descompactá-los pode exigir substancial tempo de processador para torná-los disponíveis para aplicações.

Sistemas que precisam acessar certas informações rapidamente beneficiam-se por colocar várias cópias daqueles dados em posições diferentes no disco (veja o quadro "Reflexões sobre sistemas operacionais, Redundância"), o que pode reduzir substancialmente os tempos de busca e rotação, mas as cópias redundantes podem consumir uma fração significativa do disco. Essa técnica é mais útil para dados somente de leitura ou para dados que mudam nominalmente. Mudanças freqüentes degradam o desempenho do esquema porque cada uma das cópias deve ser atualizada regularmente; um outro perigo é que uma queda do sistema pode deixar as várias cópias em um estado inconsistente. Em um sistema de discos múltiplos no qual somente um disco pode ser atendido por vez, o desempenho pode ser melhorado duplicando-se dados freqüentemente referidos em unidades de disco separadas, o que habilita um rendimento mais alto. Algumas técnicas RAID, discutidas na Seção 12.10, implementam esse conceito.

Adicionalmente, a **blocagem** de registros pode resultar em significativas melhorias do desempenho. Quando registros contíguos são lidos ou escritos como um único bloco, somente uma operação de busca é requerida; se esses registros forem lidos e escritos individualmente, poderá ser requerida uma busca por registro.

Sistemas que monitoram tentativas de acesso ao disco podem tentar manter dados acessados freqüentemente em uma posição favorável na hierarquia da memória (na memória principal ou na memória cache) e, ao mesmo tempo, transferir dados referidos com pouca freqüência para armazenamento mais lento (um disco rígido ou um disco compacto). Isso resulta em melhoria do desempenho geral, mas pode ocasionar má resposta para usuários de dados que não são acessados com muita freqüência, o que é inaceitável se esses dados pertencerem a aplicações de alta prioridade. Também pode ser útil dedicar um disco a uma única aplicação de alto desempenho.

Há muitos ambientes nos quais com freqüência ocorrem curtos períodos em que não há nenhuma requisição à espera de que o disco a atenda e, assim, o braço do disco fica ocioso, no aguardo da próxima requisição.[53] Se o braço do disco estiver em uma extremidade do disco em um dado instante, provavelmente será preciso um longo tempo de busca para processar a próxima requisição. Ao contrário, se o braço do disco estiver no centro do disco, ou em algum **lugar movimentado** de atividade do disco, o tempo médio de busca será menor. Levar o braço do disco até uma localização que minimize o próximo tempo de posicionamento é conhecido como **antecipação de braço de disco**.[54]

A antecipação de braço de disco pode ser útil em ambientes nos quais os padrões de requisição de disco dos processos exibam localidade. Para melhores resultados, o braço deve ser levado àquele lugar do disco onde há grande atividade (em vez de simplesmente até o centro do disco). Todavia, quando processos emitem requisições para localizações seqüenciais do disco, levar o braço até o centro do disco após atender cada requisição pode gerar excessiva atividade de busca. Nesse caso, a antecipação de braço de disco pode degradar o desempenho.[55]

Reflexões sobre sistemas operacionais

Compactação e descompactação

Uma utilização excelente de grande e barata capacidade de processador é a compactação e descompactação de dados. Em discos rígidos isso ajuda a reduzir o espaço requerido para armazenar arquivos. Também é importante em transmissão em rede. As larguras de banda da infra-estrutura de redes do mundo tendem a aumentar muito mais lentamente do que a capacidade dos processadores. O investimento de capital em infra-estrutura de rede, especialmente em linhas de transmissão, é enorme. Simplesmente não é factível continuar atualizando toda a infra-estrutura mundial de rede cada vez que uma tecnologia de transmissão mais rápida for disponibilizada. Isso significa que a razão entre velocidades de processador e velocidades de transmissão tenderá a crescer com o tempo, e a capacidade de processamento permanecerá relativamente barata em comparação com a largura de banda de transmissão. A compactação permite que mensagens sejam retraídas para transmissão por redes relativamente lentas aumentando, essencialmente, o rendimento da rede. Para que possam ser utilizadas, as mensagens compactadas devem ser descompactadas na extremidade receptora. Cada vez mais os sistemas operacionais incluirão mecanismos de compactação e descompactação.

Revisão

1. Por que a desfragmentação e a reorganização do disco melhoram o desempenho?
2. Por que técnicas de compactação de dados podem tornar-se mais práticas no futuro?
3. Sob quais condições é inadequado mover o cabeçote de leitura-escrita para o centro do disco durante períodos de ociosidade?
4. Por que a multiprogramação complica os esforços para antecipar a próxima requisição?

Respostas: 1) A desfragmentação coloca dados de arquivos em blocos contíguos do disco, o que melhora os tempos de acesso, reduzindo a atividade de busca ao acessar dados seqüenciais. A reorganização do disco coloca dados usados com freqüência ou intensamente em localizações favoráveis do disco (por exemplo, em trilhas da faixa do meio para estratégias de escalonamento não circulares) para reduzir tempos médios de busca. 2) Há uma diferença cada vez maior entre velocidade de processador e velocidade de disco. A redução do tempo de acesso devido à compactação de dados pode contrabalançar a sobrecarga incorrida na compactação e descompactação de dados. 3) Se os programas geralmente exibirem localidade espacial e a área de localidade não estiver no centro do disco, levar o cabeçote de leitura-escrita até o centro do disco durante cada período de ociosidade requererá um desperdício de tempo para voltar ao local de grande atividade quando a requisição for retomada. 4) Um sistema de multiprogramação pode atender a requisições de serviço de vários processos concorrentes, o que pode levar a diversos lugares de grande atividade no disco. Nesse caso, é difícil determinar para qual desses pontos o cabeçote de leitura-escrita deve ir quando estiver ocioso.

12.10 Arranjos redundantes de discos independentes

Arranjos redundantes de discos independentes (*Redundant Arrays of Independent Disks* — **RAID**) é uma família de técnicas que utilizam vários discos (denominados arranjos de discos) organizados para proporcionar alto desempenho e/ou confiabilidade. O RAID foi proposto originalmente por Patterson, Gobson e Katz; no artigo que escreveram, o 'I' de RAID indica 'Inexpensive' (barato), mas foi mudado para 'Independent', porque muitos sistemas RAID empregam discos caros, de alto desempenho.[56]

Patterson *et al* reconheceram que a velocidade do processador, o tamanho da memória principal e do armazenamento secundário estavam crescendo rapidamente enquanto as taxas de transferência de E/S (particularmente de discos rígidos) cresciam em um ritmo muito mais lento. Cada vez mais os sistemas de computador tornavam-se orientados para E/S — não podiam atender a requisições tão rapidamente quanto eram geradas e não podiam transferir dados tão rapidamente quanto eram capazes de ser consumidos. Para melhorar o rendimento e as taxas de transferência, os autores recomendaram arranjos criativos de discos que podiam ser acessados simultaneamente.[57]

> ### Reflexões sobre sistemas operacionais
>
> **Redundância**
>
> Veremos muitos exemplos de redundância empregada em sistemas operacionais por uma variedade de razões. Uma utilização comum da redundância é criar cópias de segurança (backups) para garantir que, caso uma cópia das informações seja perdida, ela possa ser recuperada. Um sistema de multiprocessamento pode ter um repositório de processadores idênticos disponíveis para designar a processos e threads conforme o necessário. Tal redundância tem diversas vantagens. Embora o sistema ainda possa funcionar com um único processador, ter processadores adicionais resulta em melhor desempenho porque os processadores podem trabalhar em paralelo. Também é efetivo no caso de tolerância à falha – se um processador falhar, o sistema poderá continuar funcionando. O RAID reduz tempos de acesso aos dados em discos colocando cópias redundantes dos dados em discos separados que podem funcionar em paralelo. Também podemos colocar cópias redundantes dos dados em regiões diferentes do mesmo disco, de modo que possamos minimizar a movimentação do cabeçote de leitura-escrita e a quantidade de movimento rotacional do disco antes de os dados ficarem acessíveis, melhorando, assim, o desempenho. A redundância, é claro, tem seu preço. Os recursos custam dinheiro, e o hardware e o software que os suportam podem tornar-se muito complexos. Esse é mais um outro exemplo das trocas feitas em sistemas operacionais.

12.10.1 Visão geral do RAID

Em seu artigo original, Patterson *et al* propuseram cinco organizações diferentes, ou **níveis**, de arranjos de discos.[58] Cada nível RAID era caracterizado pela divisão do disco em **tiras de dados** (*striping*) e pela **redundância**. O *striping* de dados consiste em dividir o armazenamento em blocos de tamanhos fixos denominados **tiras** (*strips*). Tiras contíguas de um arquivo são colocadas normalmente em discos separados, de modo que as requisições de dados de arquivos possam ser atendidas usando vários discos ao mesmo tempo, o que melhora os tempos de acesso. Uma **fita** (*strip*) consiste em um conjunto de tiras na mesma localização em cada disco do arranjo. Na Figura 12.16 uma fração de um arquivo é dividida em quatro tiras de igual comprimento, cada uma em um disco diferente do arranjo. Porque cada tira é colocada na mesma localização em cada disco, as quatro tiras formam uma fita. O striping distribui os dados de um sistema por meio de

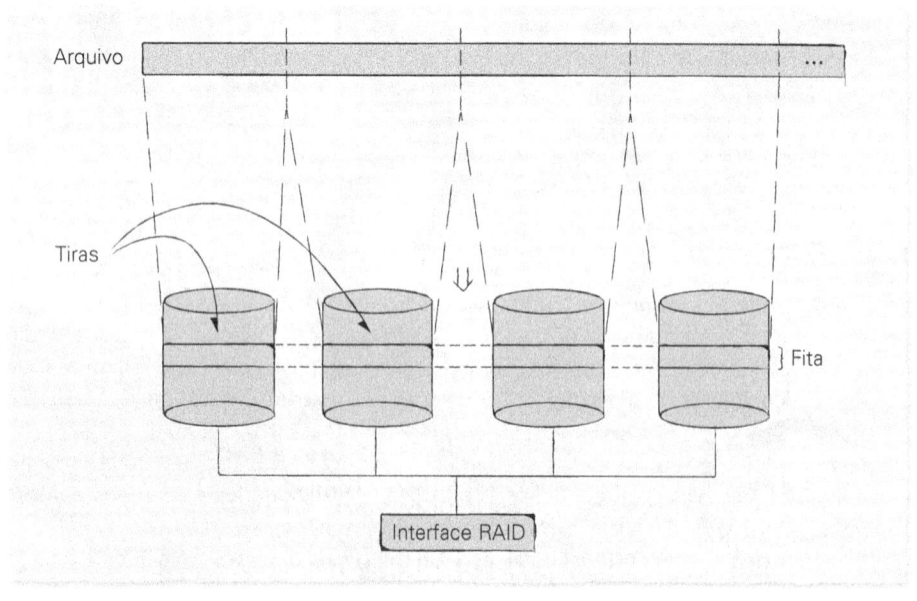

Figura 12.16 | *Tiras e fita criadas por meio de um único arquivo em sistemas RAID.*

vários discos, o que resulta em rendimento mais alto do que o de um sistema de um único disco, pois os dados podem ser acessados de vários discos simultaneamente.

Ao selecionar um tamanho de tira, o projetista de sistemas deve considerar o tamanho médio das requisições do disco. Tiras de tamanhos menores, também denominadas **tiras de granulação fina**, tendem a dispersar dados de arquivos por vários discos. Essas tiras podem reduzir o tempo de acesso de cada requisição e aumentar as taxas de transferência, porque vários discos recuperam simultaneamente frações dos dados requisitados. Enquanto esses discos atendem a uma requisição, não podem ser utilizados para atender a outras requisições da fila de requisições do sistema.

Tiras de tamanhos grandes, também denominadas **tiras de granulação grossa**, permitem que alguns arquivos caibam inteiramente dentro de uma única tira. Nesse caso, algumas requisições podem ser atendidas por apenas uma fração dos discos do arranjo, portanto, é mais provável que várias requisições possam ser atendidas simultaneamente. Contudo, requisições menores são atendidas por um disco por vez, o que reduz as taxas de transferência para requisições individuais em comparação com tiras de granulação fina.

Sistemas como servidores Web e bancos de dados, que comumente acessam vários registros pequenos simultaneamente, beneficiam-se de tiras de granulação grossa, pois várias operações de E/S podem ocorrer concorrentemente. Sistemas como supercomputadores, que requerem acesso rápido a um número pequeno de registros beneficiam-se de tiras de granulação fina que proporcionam altas taxas de transferência para requisições individuais.[59]

A taxa de transferência mais alta proporcionada por sistemas RAID tem um preço. À medida que aumenta o número de discos do arranjo, também aumenta a probabilidade de falha de disco. Por exemplo, se o **tempo médio até a falha** (*Mean-Time-To-Failure* — **MTTF**) de um único disco for de 200 mil horas (aproximadamente 23 anos), o MTTF para um arranjo de cem discos seria de duas mil horas (cerca de três meses).[60] Se o disco de um arranjo falhar, quaisquer arquivos que contenham tiras naquele disco serão perdidos. Em sistemas comerciais importantes e de missão crítica, essa perda de dados seria catastrófica (veja o quadro "Reflexões sobre sistemas operacionais, Sistemas de missão crítica"). O resultado é que a maioria dos sistemas RAID armazena informações que permitem ao sistema se recuperar de erros, uma técnica denominada redundância. Sistemas RAID usam redundância para fornecer tolerância à falha (ou seja, para sustentar falhas sem perda de dados; veja o quadro "Reflexões sobre sistemas operacionais, Tolerância à falha").

Um modo direto de fornecer redundância é o **espelhamento de disco**, uma técnica que coloca cada item de dado único em dois discos. Uma desvantagem do espelhamento é que apenas metade da capacidade de armazenamento do arranjo pode ser utilizada para armazenar dados singulares. Como discutiremos nas seções seguintes, alguns níveis de RAID empregam uma abordagem mais sofisticada que reduz essa sobrecarga.[61]

Para que a redundância resulte em melhor desempenho, o sistema deve dividir os arquivos em tiras, formar arquivos com essas tiras, determinar as localizações delas no arranjo e implementar o esquema de redundância, tudo eficientemente. Usar um processador de propósito geral para essa operação pode degradar significativamente o desempenho de processos que disputam tempo de processador. Assim, muitos sistemas RAID contêm hardware de propósito específico denominado **controlador RAID** para realizar essas operações rapidamente. Controladores RAID também simplificam a implementação de RAID habilitando o sistema operacional a simplesmente passar requisições de leitura e escrita para o controlador RAID, o qual faz o striping e mantém informações redundantes conforme o necessário. Todavia, controladores RAID podem aumentar significativamente o custo de um sistema RAID.

Reflexões sobre sistemas operacionais

Sistemas de missão crítica

São sistemas nos quais o custo da falha é tão alto que é preciso fazer enormes investimentos de recursos para garantir que eles não falhem e executem bem o suficiente para cumprir seus requisitos. Esses são comumente chamados de sistemas de missão crítica ou sistemas comerciais críticos. Se um sistema de controle de tráfego aéreo falhasse, vidas humanas poderiam ser perdidas. Se os sistemas da Bolsa de Nova York falhassem, os mercados de ações do mundo inteiro poderiam entrar em colapso. Assim, sistemas operacionais devem ser projetados para atender a requisitos exclusivos de confiabilidade e desempenho de sistemas de aplicações particulares. Em alguns casos, o sistema operacional deve comprometer recursos extraordinários para uma aplicação particular, muito maiores do que as aplicações de propósito geral normalmente receberiam. Nos estudos de caso do Linux e do Windows XP veremos, por exemplo, que aplicações de tempo real podem receber tratamento especial.

> ## Reflexões sobre sistemas operacionais
>
> ### Tolerância à falha
>
> Sistemas de computador são empregados em muitos aspectos fundamentais de nossas vidas pessoais e profissionais. Confiamos que os computadores não falhem. Sistemas de tolerância à falha são projetados para continuar funcionando mesmo na presença de problemas que normalmente poderiam causar uma falha. A redundância é um meio popular de conseguir tolerância à falha – se um componente falhar, um outro componente 'igual' assumirá o seu lugar. Projetar tolerância à falha em um sistema é dispendioso, mas os custos podem ser pequenos se comparados aos da falha do sistema, especialmente em sistemas comerciais críticos ou de missão crítica. Discutimos questões de tolerância à falha em muitas partes deste livro, com particular ênfase nessas técnicas quando tratarmos RAID, multiprocessamento no Capítulo 15, redes de computadores no Capítulo 16, sistemas distribuídos no Capítulo 17, sistemas de arquivos distribuídos no Capítulo 18 e segurança de computadores no Capítulo 19.

Um projetista de sistemas que optar pela adoção de um sistema RAID deve equilibrar custo, desempenho e confiabilidade. Melhorar uma característica normalmente piora as outras duas. Por exemplo, para reduzir o custo do sistema RAID, deve-se reduzir o número de discos do arranjo. Um número menor de discos muitas vezes reduz o desempenho limitando as taxas de transferência e pode reduzir a confiabilidade limitando a capacidade do arranjo de armazenar informações redundantes.

Revisão

1. Explique por que tiras de granulação fina e de granulação grossa são apropriadas em sistemas RAID.
2. Por que sistemas RAID devem fornecer um certo grau de tolerância à falha?

Respostas: 1) Tiras de granulação fina são apropriadas para sistemas que requerem que operações individuais de E/S sejam realizadas rapidamente. Tiras de granulação grossa são apropriadas para sistemas que devem realizar muitas requisições de E/S simultaneamente. 2) Quanto maior o número de discos do arranjo, mais provável será que um deles falhará. Por isso, sistemas RAID devem fornecer tolerância adicional à falha.

12.10.2 Nível 0 (striping)

RAID nível 0 usa o striping no arranjo de discos, sem redundância. A Figura 12.17 ilustra uma configuração RAID 0 contendo quatro discos divididos em tiras (*striped*). Se uma aplicação requisitar uma leitura de dados localizados nas tiras A e B do arranjo, dados de ambas as tiras poderão ser lidos simultaneamente porque estão em discos separados (D_1 e D_2). Além disso, o controlador RAID poderá atender simultaneamente a uma requisição de escrita para a tira K, localizada no disco D_3.

O RAID nível 0 não foi um dos cinco níveis RAID originais e não é considerado um nível RAID 'verdadeiro', pois não fornece tolerância a falha. Se um dos discos falhar, todos os dados do conjunto que dependem do disco que falhou serão perdidos. Dependendo do tamanho da tira (*strip*) do arranjo, todos os dados armazenados poderão ficar instáveis com a perda de um único disco.[62]

RAID nível 0 é simples de implementar e não incorre na sobrecarga de armazenamento associada à tolerância à falha. Além disso, um sistema RAID nível 0 com *n* discos executa leituras e escritas a uma taxa *n* vezes maior do que a de um único disco. Sistemas RAID nível 0 são apropriados para sistemas nos quais o alto desempenho e o baixo custo são mais importantes do que a confiabilidade.[63, 64]

Revisão

1. Por que o RAID nível 0 não é considerado um nível de RAID 'verdadeiro'?
2. Quais os benefícios do RAID nível 0?

Respostas: 1) O RAID nível 0 não fornece tolerância à falha mediante redundância. 2) O RAID nível 0 fornece altas taxas de transferência, é simples de implementar e não incorre em sobrecarga de armazenagem para fornecer tolerância à falha.

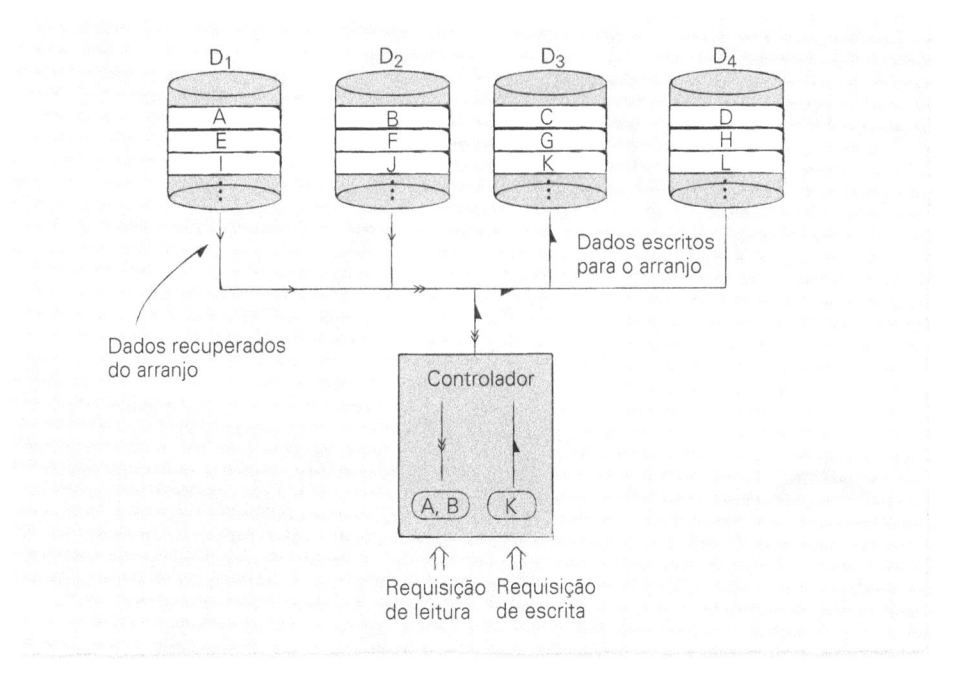

Figura 12.17 | RAID nível 0 (striping).

12.10.3 Nível 1 (Espelhamento)

RAID nível 1 emprega **espelhamento** de disco (também denominado **sombreamento**) para fornecer redundância, portanto, cada disco do arranjo é duplicado. No nível 1 não são implementadas fitas, o que reduz a complexidade do hardware e também o desempenho do sistema. A Figura 12.18 mostra um arranjo RAID 1. Note que os discos D_1 e D_2 contêm os mesmos dados e que os discos D_3 e D_4 também contêm os mesmos dados. Os arranjos nível 1 permitem que várias operações de E/S sejam atendidas simultaneamente. Por exemplo, na Figura 12.18, requisições para ler dados armazenados nos blocos A e B podem ser atendidas simultaneamente por cada disco do par espelhado, D_1 e D_2. Para garantir consistência, os dados modificados devem ser escritos para um par de discos espelhados, portanto, várias requisições de escrita para o mesmo par espelhado devem ser atendidas uma por vez. Note que, na Figura 12.18, requisições de leitura para os blocos A e B podem ser atendidas pelos discos D_1 e D_2, enquanto uma requisição de escrita para o bloco I é atendida pelos discos D_3 e D_4.

Embora o RAID nível 1 proporcione o mais alto grau de tolerância à falha entre todos os níveis RAID, somente metade da capacidade dos discos do arranjo pode ser usada para armazenar dados únicos. Assim, o custo por unidade de armazenamento de um arranjo RAID 1 é duas vezes o de um arranjo RAID 0. Porque cada bloco de dados é armazenado em um par de discos, o sistema pode sustentar várias falhas de disco sem perda de dados. Por exemplo, se o Disco D_3 falhar, o sistema poderá continuar a funcionar usando os dados espelhados em D_4. Subseqüentemente, um novo disco pode ser instalado para substituir D_3. Recuperar e reconstruir dados de um disco que falhou, atividade denominada **regeneração de dados**, implica copiar os dados redundantes do disco espelhado. Contudo, se ambos os discos de um par espelhado falharem, seus dados serão irrecuperáveis.[65]

Alguns sistemas RAID contêm discos 'avulsos' (também chamados de **discos de reposição rápida** ou **avulsos on-line**) que podem substituir discos que falharam, algo muito parecido com o pneu sobressalente de um automóvel (estepe). Alguns sistemas também apresentam unidades de disco *hot swappable*, isto é, que podem ser substituídas enquanto o sistema está ligado, o que permite que a regeneração de dados ocorra enquanto o sistema está em execução — necessário em ambientes de alta disponibilidade como sistemas de processamento de transações on-line.[66]

Os arranjos nível 1 são caracterizados pelas seguintes vantagens e desvantagens:

- Alta sobrecarga de armazenamento — somente metade da capacidade de armazenamento do arranjo pode ser usada para armazenar dados únicos.
- Taxas médias de transferência de leitura rápida — duas requisições de leitura diferentes para dados armazenados no mesmo par espelhado podem ser atendidas simultaneamente.
- Taxas médias de transferência de escrita mais lentas — várias requisições de escrita para um par espelhado devem ser executadas uma por vez. Entretanto, requisições de escrita para pares espelhados diferentes podem ser realizadas simultaneamente.

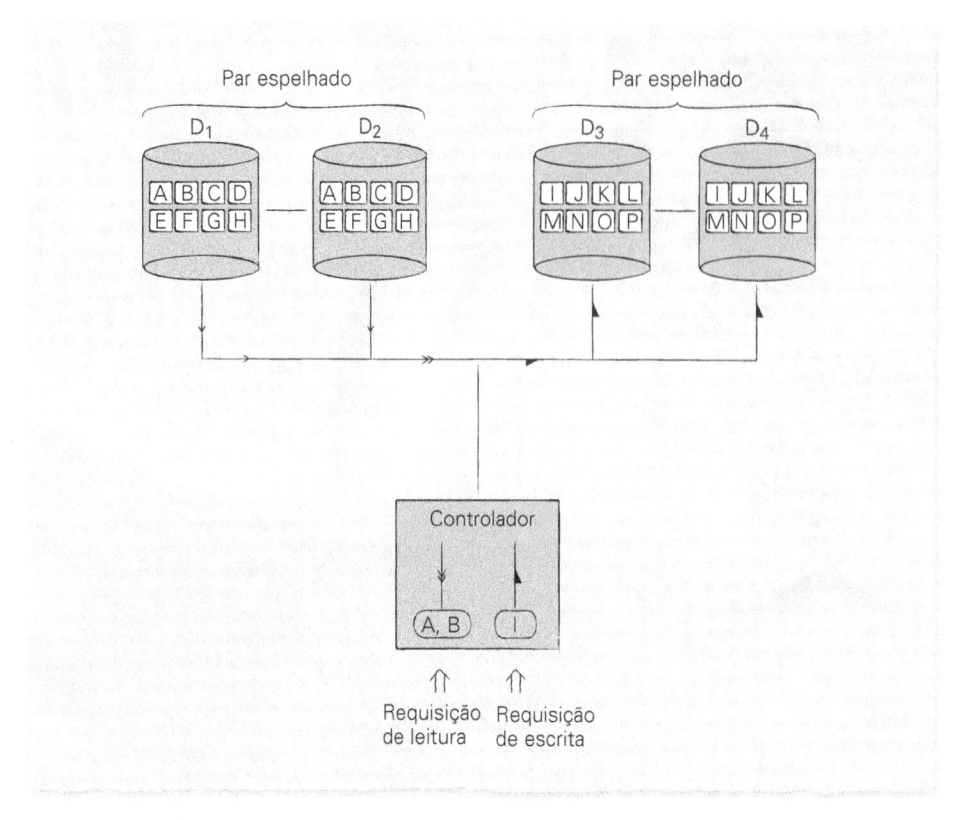

Figura 12.18 | RAID nível 1 (espelhamento).

- Alta tolerância à falha — RAID nível 1 pode sustentar várias falhas de unidade de disco sem perda de dados ou de disponibilidade. Proporciona o mais alto grau de tolerância à falha entre os níveis mais populares de RAID.
- Alto custo — a sobrecarga de armazenamento aumenta o custo por unidade de capacidade. O RAID 1 é mais adequado para ambientes nos quais a confiabilidade seja uma prioridade maior do que custo ou desempenho.[67]

Revisão

1. Quais as diferenças e semelhanças entre RAID 0 e RAID 1 em termos de custo, desempenho e confiabilidade?
2. Por que RAID 1 é apropriado para sistemas comerciais críticos e sistemas de missão crítica?

Respostas: 1) RAID 0 custa menos do que RAID 1, mantendo-se a capacidade fixa. O desempenho de leitura e escrita depende da carga do sistema e dos tamanhos das tiras, mas tanto RAID 0 quanto RAID 1 podem atender a requisições de leitura para dados em discos diferentes simultaneamente. RAID 0 pode atender a requisições de escrita para dados em discos diferentes simultaneamente; RAID 1 pode executar requisições de escrita simultaneamente somente se essas forem para dados armazenados em pares espelhados diferentes. É muito mais provável que RAID 0 falhe do que um disco único; RAID 1 tem muito menos probabilidade de falhar do que um disco único. 2) Nesses sistemas, desempenho, confiabilidade e disponibilidade são mais importantes do que custo. RAID 1 oferece alto desempenho para requisições de leitura e confiabilidade extremamente alta, e ele pode continuar a funcionar sem perda de dados se um ou mais discos falharem (mas com níveis de desempenho reduzidos).

12.10.4 Nível 2 (Paridade Hamming ECC no nível do bit)

Arranjos **RAID nível 2** são divididos em tiras (stripes) no nível do bit, portanto, cada tira armazena um bit. Os arranjos nível 2 não são espelhados, o que reduz a sobrecarga de armazenamento incorrida pelos arranjos nível 1. Quando um disco de um sistema RAID falha, é análogo à fração de uma mensagem que foi corrompida durante a transferência de dados, tal como durante uma transmissão em rede. O problema de transmissão não confiável já foi bem pesquisado, e diversas soluções foram propostas (exemplos de soluções para o problema da transmissão não confiável são encontrados em www.eccpage.com). O RAID nível 2 toma emprestada uma técnica comumente implementada em módulos de memória, denominada **códigos**

de Hamming para correção de erros (Hamming error-correcting codes — **Hamming ECCs**), que usa bits de paridade para verificar erros na transmissão de dados de discos e corrigi-los, se possível.[68]

Bits de paridade podem ser calculados da seguinte maneira. Considere um arranjo no qual cada fita armazene quatro bits. Quando o sistema RAID recebe uma requisição para escrever o dado 0110 para uma fita, ele determina a **paridade** da soma dos bits, ou seja, se a soma é par ou ímpar. Nesse caso, a soma de paridade (2), é par, portanto, o sistema escreve a fita para os quatro discos de dados correspondentes do arranjo e um 0, que representa a paridade par, para um disco de paridade. [Nota: Embora o dado seja dividido em tiras no nível do bit, a maioria das requisições corresponde a dados em várias fitas que podem ser escritos de uma vez só para melhorar o desempenho.] Sistemas RAID geralmente colocam bits de paridade em um disco separado, de modo que leituras e escritas para cada fita podem ser realizadas por todos os discos simultaneamente. Da próxima vez em que a fita é acessada o sistema lê a fita e seu bit de paridade correspondente calcula a paridade da fita e a compara com o valor lido do disco de paridade. Se um erro de disco fizer o terceiro bit da fita mudar de 1 para 0 (ou seja é, que a fita armazene 0100), a fita terá paridade ímpar e o sistema poderá detectar o erro comparando a paridade com o valor armazenado no disco de paridade.

Uma limitação dessa forma particular de paridade é que ela não pode detectar um número par de erros. Por exemplo, se ambos, o segundo e o terceiro bits, mudarem de 1 para 0, ou seja, se a fita armazenar 0000), a fita terá uma paridade par. Além disso, essa técnica não habilitará o sistema a determinar quais bits estão errados, se houver algum.

Os códigos de Hamming para correção de erros (*Hamming ECCs*) usam uma abordagem mais sofisticada para capacitar o sistema a detectar até dois erros, corrigir até um erro e determinar a localização do erro em uma fita (o algoritmo que está por trás da geração de paridade Hamming ECC está além do escopo deste livro; ele é descrito em www2.rad.com/networks/1994/err_con/hamming.htm). O tamanho dos códigos Hamming ECC e, portanto, o número de discos de paridade, aumenta segundo o logaritmo do número de discos de dados. Por exemplo, um arranjo de 10 discos de dados requer quatro discos de paridade; um arranjo de 25 discos de dados requer cinco discos de paridade.[69] Desse modo, arranjos nível 2 contendo um grande número de discos incorrem em sobrecarga de armazenamento significativamente menor do que arranjos nível 1.

A Figura 12.19 ilustra um arranjo nível 2 contendo quatro discos de dados e três discos de paridade. A Fita A é composta das tiras A0–A3, que ocupam as primeiras tiras dos discos de dados D1-D4. O Hamming ECC correspondente à fita A é composto dos bits Ax-Az que ocupam as primeiras tiras dos discos de paridade P1-P3.

Considere uma requisição de escrita para armazenar dados nas tiras A0, A1, A2, A3, B0 e B1. Nesse caso, porque o código Hamming ECC é computado para cada escrita, o controlador deve escrever fitas A e B e o código Hamming ECC para cada fita. Mesmo que somente dois dos quatro bits da fita B sejam modificados, toda a fita deve ser lida e seu código

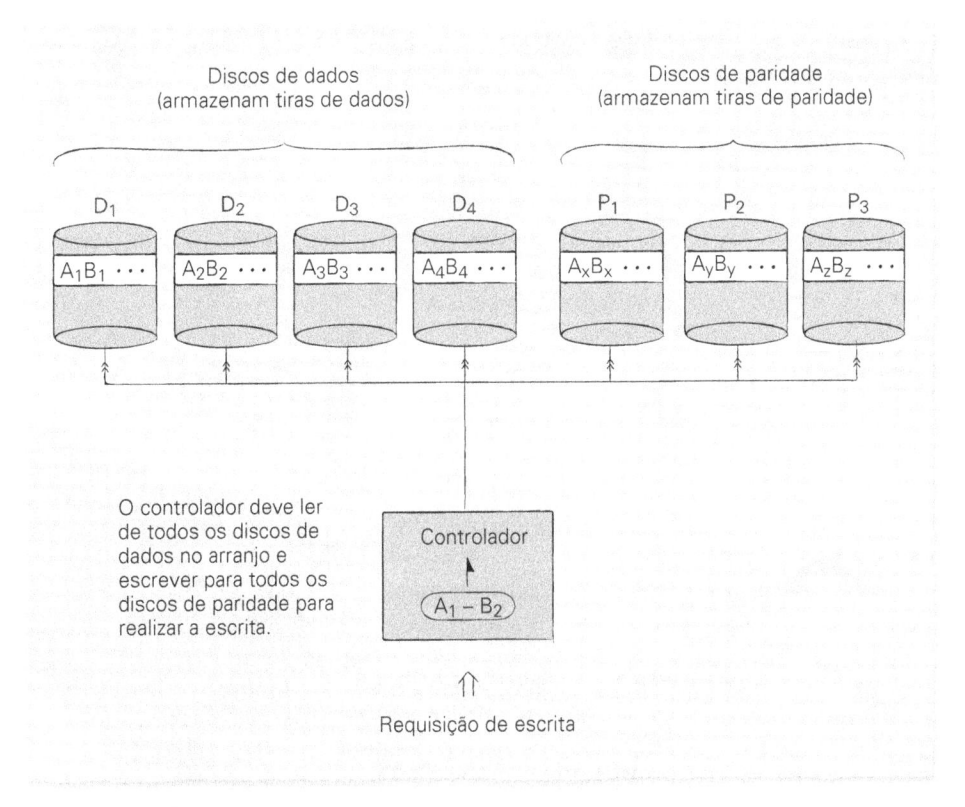

Figura 12.19 | *RAID nível 2 (paridade ECC no nível do bit).*

Hamming ECC calculado e escrito para o disco. Esse processo, que degrada o desempenho pelo fato de o sistema dever acessar o arranjo duas vezes para cada escrita, é denominado ciclo ler-modificar-escrever.

Embora os discos ECC reduzam a sobrecarga associada à redundância em comparação com o espelhamento, eles podem degradar o desempenho, porque não é possível atender a várias requisições simultaneamente. Cada requisição de leitura exige que o arranjo acesse todos os discos, calcule o ECC e o compare com o valor recuperado dos discos de paridade. Alguns sistemas reduzem esse gargalo calculando informações de paridade somente para requisições de escrita. Todavia, o sistema tem de acessar todos os discos para manter informações de paridade quando estiver executando uma escrita, o que significa que requisições de escrita devem ser atendidas uma por vez.

Um modo de aumentar o número máximo de leituras e escritas concorrentes usando um arranjo RAID nível 2 é dividir os discos do sistema em diversos pequenos arranjos RAID nível 2. Infelizmente, essa técnica aumenta a sobrecarga de armazenamento, porque grupos menores requerem uma razão maior entre discos de paridade e discos de dados. Por exemplo, um arranjo nível 2 de 32 discos de dados requer seis discos de paridade. Se o sistema fosse dividido em oito grupos de quatro discos de dados, os arranjos resultantes exigiriam 24 discos de paridade.[70]

A razão primordial por que o RAID 2 não é implementado nos sistemas atuais é que as unidades de disco modernas mantêm os Hamming ECCs ou mecanismos de tolerância a erro comparáveis a eles transparentemente em hardware. Quase todas as unidades de disco SCSI e IDE correntes contêm detecção de erro e monitoração de disco embutidas.[71]

Revisão

1. Como a divisão de um arranjo RAID nível 2 grande em subgrupos afeta custo, desempenho e confiabilidade?
2. Por que o RAID nível 2 é raramente implementado?

Respostas: 1) Dividir um arranjo nível 2 em subgrupos melhora o desempenho, porque várias requisições podem ser atendidas simultaneamente. Subgrupos não afetam a confiabilidade, porque as mesmas rotinas de verificação de erros são realizadas para cada subgrupo. Como um todo, os subgrupos requerem mais discos de paridade do que um arranjo grande simples, o que aumenta o custo. 2) Porque dispositivos de hardware modernos têm detecção e monitoração de discos embutidas, que executam as mesmas verificações dos arranjos nível 2, os projetistas buscam uma alternativa de custo mais baixo e desempenho mais alto para fornecer tolerância à falha.

12.10.5 Nível 3 (paridade XOR ECC no nível do bit)

RAID nível 3 divide os dados em tiras no nível do bit ou do byte. Em vez de usar Hamming ECC para gerar paridade, RAID 3 usa **códigos de correção de erros (ECCs) XOR (ou exclusivo)**. O algoritmo XOR ECC é muito mais simples do que o Hamming ECC. É denominado XOR ECC, porque usa a operação lógica XOR:

(a XOR b) = 0 quando a e b são zero ou ambos são um;
= 1 caso contrário.

Portanto, (a XOR (b XOR c)) = 0 somente quando um número par dos argumentos forem 1 ou 0. O RAID nível 3 explora esse fato para executar operações XOR aninhadas em cada byte para gerar seu XOR ECC. Por exemplo, considere a fita A da Figura 12.20. Seja $A_0 = 1$, $A_1 = 0$, $A_2 = 0$ e $A_3 = 1$; ou, mais sucintamente, A = 1001. O sistema usa operações XOR aninhadas para computar a paridade de A. Se o número de 1s ou 0s for par, o bit de paridade, A_p, será 0; senão, A_p será 1. Nesse caso há dois 1s, portanto, $A_p = 0$. Se o sistema formar fitas no nível do byte, XOR ECC será calculado para cada bit, portanto, cada tira de paridade armazenará 8 bits.

XOR ECC usa somente um disco para reter informações de paridade, independentemente do tamanho do arranjo. Note que, diferentemente dos Hamming ECCs, XOR ECCs não habilitam o sistema a detectar qual bit contém dados errados, o que é aceitável, porque a maioria dos erros de paridade em sistemas RAID resulta da falha de um disco inteiro, o que é fácil de detectar. Por exemplo, considere que o disco D2 tenha falhado (Figura 12.20). Nesse caso, quando o sistema tentar ler a fita A, constatará que A = 1x01 (onde x é o bit desconhecido) e $A_p = 0$. Porque $A_p = 0$, a fita A deve ter armazenado um número par de 1s. Assim, o sistema pode determinar que $A_2 = 0$ e regenerar os dados perdidos. Essa técnica pode ser aplicada para recuperar falha de qualquer disco de dados isolado; se o disco de paridade falhar, a recuperação recalculará a paridade por meio dos discos de dados.[72]

Devido à segmentação em tiras de granulação fina, a maioria das leituras requer acesso a todo o arranjo. Além disso, em virtude da geração de paridade, somente uma escrita pode ser executada por vez. Semelhante ao RAID nível 2, isso resulta em altas taxas de transferência na leitura e escrita de arquivos grandes, mas, em geral, somente uma requisição pode ser atendida por vez.[73] A vantagem primordial do RAID nível 3 é que ele é fácil de implementar, oferece confiabilidade similar ao RAID nível 2 e acarreta sobrecarga de armazenamento significativamente mais baixa do que o RAID nível 2.[74]

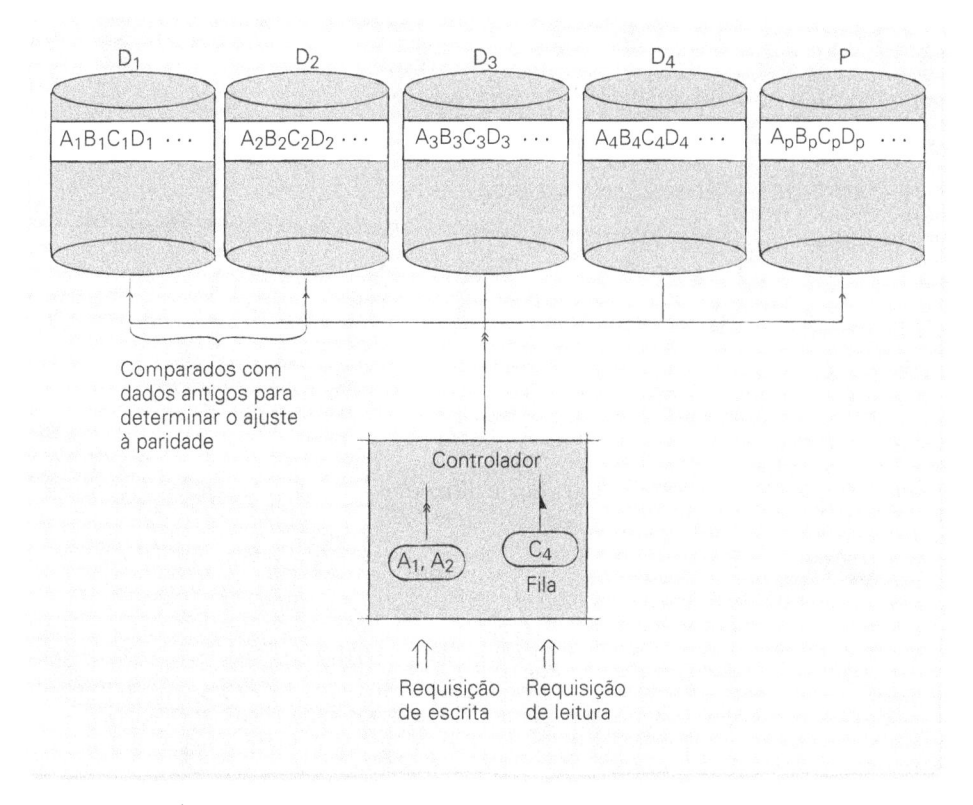

Figura 12.20 | *RAID nível 3 (nível do bit, somente um disco de paridade).*

Revisão
1. Quais as semelhanças e diferenças entre RAIDs níveis 2 e 3?
2. Por que a paridade XOR ECC, e não a paridade Hamming ECC, é suficiente para a maioria dos sistemas RAID?

Respostas: 1) Tanto o RAID nível 2 quanto o de nível 3 fornecem tolerância à falha usando paridade para reduzir a sobrecarga de espelhamento, ambos usam discos de paridade dedicados e, em geral, nenhum dos dois pode atender a requisições múltiplas simultaneamente. O RAID nível 2 incorre em sobrecarga de armazenamento maior do que o de nível 3. 2) Embora os XOR ECCs não possam determinar qual disco falhou, o sistema pode fazer isso facilmente, porque discos que falham não atendem a requisições. Portanto, o sistema pode regenerar um disco que falhou usando um único disco de paridade.

12.10.6 Nível 4 (paridade XOR ECC no nível de bloco)

A segmentação dos dados em tiras nos sistemas **RAID nível 4** é realizada com blocos de tamanho fixo (normalmente muito maiores do que um byte) e usam XOR ECC para gerar dados de paridade, o que requer um único disco de paridade. A Figura 12.21 retrata um arranjo RAID 4. Note que a única diferença organizacional entre arranjos nível 3 e nível 4 é que cada tira de dados de um arranjo nível 4 armazena mais dados.

Em RAIDs níveis 2 e 3, os dados de cada requisição são normalmente armazenados em cada disco de dados do arranjo. Todavia, pelo fato de o RAID nível 4 permitir tiras de granulação grossa, é possível que dados requisitados sejam armazenados em uma pequena fração dos discos do arranjo. Assim, se a paridade não for determinada para cada leitura, o sistema poderá, potencialmente, atender a várias requisições de leitura simultaneamente. Porque os códigos ECC são usados primordialmente para regeneração de dados, ao contrário de verificação e correção de erros, muitos sistemas eliminam o cálculo de paridade quando são realizadas leituras, de modo que várias requisições de leitura podem ser atendidas simultaneamente.[75]

Entretanto, ao atender a uma requisição de escrita, o sistema deve atualizar a informação de paridade para garantir que nenhum dado seja perdido no evento de uma falha de disco. Quando são empregadas tiras de granulação grossa, requisições de escrita raramente modificam dados em cada disco do arranjo. Novamente, acessar cada disco do arranjo para computar informações de paridade pode resultar em sobrecarga substancial. Felizmente, o sistema pode calcular o

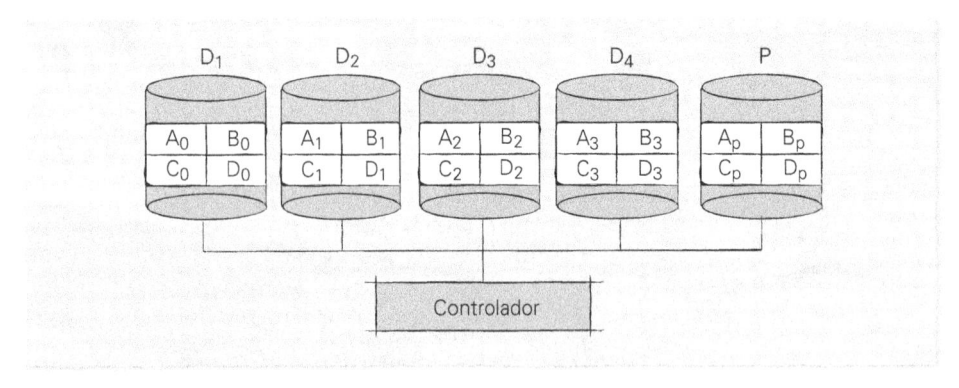

Figura 12.21 | RAID nível 4 (paridade no nível de bloco).

novo bit de paridade, $A_{p'}$, simplesmente usando o bloco de dados antes da modificação, A_d, o bloco de dados modificados, $A_{d'}$, e o bloco de paridade correspondente no disco, A_p:

$$A_{p'} = (A_d \text{ XOR } A_{d'}) \text{ XOR } A_p.[76]$$

Nos exercícios pediremos que você prove essa relação. Essa técnica elimina operações de E/S dispendiosas, porque as escritas não requerem acesso ao arranjo inteiro. Entretanto, pelo fato de cada requisição de escrita dever atualizar o disco de paridade, requisições de escrita devem ser executadas uma por vez, criando um gargalo de escrita. Como discutiremos na seção seguinte, o RAID nível 5 elimina o gargalo de escrita, portanto o RAID nível 4 raramente é implementado.[77, 78, 79, 80]

Revisão

1. Como o RAID nível 4 oferece desempenho mais alto do que o RAID nível 3?
2. Por que o RAID nível 4 executa somente uma escrita por vez?

Respostas: 1) O RAID nível 4 permite a segmentação em tiras de granulação grossa, permitindo que várias requisições de leitura sejam executadas simultaneamente e reduzindo o número de discos acessados por cada requisição de escrita. 2) O RAID nível 4 usa um disco de paridade que deve ser acessado para atualizar as informações de paridade toda vez que os dados do arranjo forem modificados.

12.10.7 Nível 5 (paridade ECC XOR distribuída no nível de bloco)

Nos arranjos **RAID nível 5**, a segmentação em tiras é executada no nível de bloco e usa paridade XOR ECC, mas blocos de paridade são distribuídos por todo o arranjo de discos (Figura 12.22).[81] Note que, na Figura 12.22, a paridade para a primeira fita é colocada no disco D_5, enquanto a paridade para a segunda fita é colocada no disco D_4. Porque blocos de paridade são distribuídos por muitos discos, várias tiras de paridade podem ser acessadas simultaneamente eliminando o gargalo de escrita para muitas requisições. Por exemplo, considere como o RAID nível 5 atende a requisições de escrita para as tiras A_1 e C_2. O controlador acessa o disco D_2 para escrever a tira A_1 e o disco D_5 para atualizar o bloco de paridade correspondente, A_p. O controlador pode acessar simultaneamente o disco D_4 para escrever a tira C_2, e acessar o disco D_3 para atualizar seu bloco de paridade correspondente, C_p.

Embora o RAID nível 5 melhore o desempenho da escrita distribuindo a paridade, ainda assim, arranjos nível 5 devem executar um ciclo ler-modificar-escrever para cada requisição de escrita, o que exige no mínimo quatro operações de E/S para atender a cada requisição de escrita. Se um sistema escrever consistentemente pequenas quantidades de dados, o número de dispendiosas operações E/S poderá degradar significativamente o desempenho.[82]

Diversos métodos foram desenvolvidos para abordar essa questão. O cache de dados recentemente acessados e blocos de paridade podem reduzir o número de operações E/S do ciclo ler-modificar-escrever. **Registro de paridade** pode melhorar o desempenho do RAID nível 5 armazenando a diferença entre a velha paridade e a nova paridade (denominada **atualização de imagem**) na memória, em vez de executar um ciclo ler-modificar-escrever. Porque uma única atualização de imagem pode armazenar informações de paridade correspondentes a várias requisições de escrita, o sistema pode reduzir a sobrecarga de E/S executando uma única atualização para o bloco de paridade do arranjo após a execução de várias escritas.[83] Uma técnica semelhante de aperfeiçoamento de desempenho é denominada **AFRAID (A Frequently Redundant Array of Independent Disks)**. Em vez de executar um ciclo ler-modificar-escrever a cada escrita, a geração

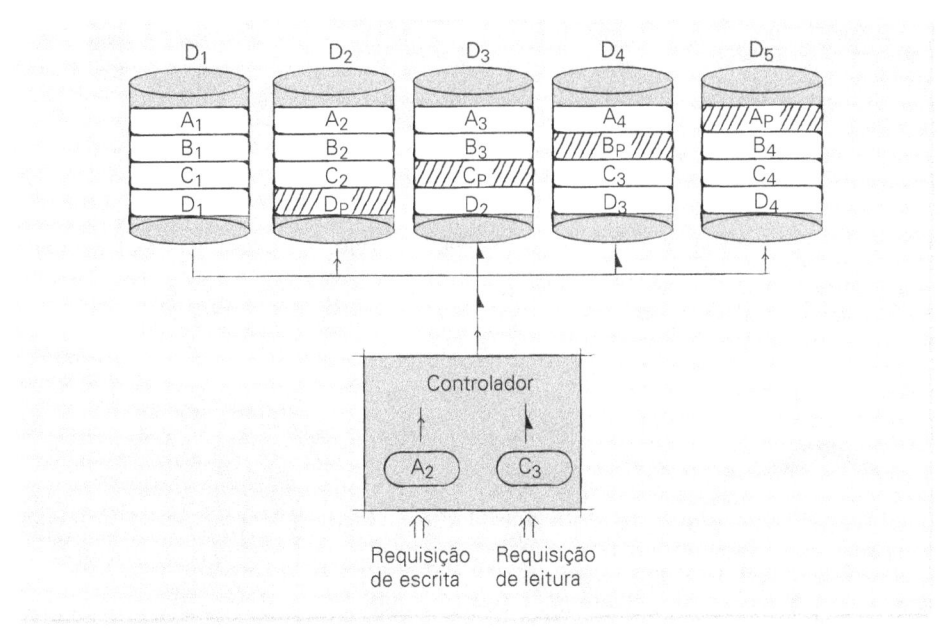

Figura 12.22 | *RAID nível 5 (paridade distribuída no nível do bloco).*

de dados de paridade é adiada para momentos em que a carga do sistema é leve. Isso pode melhorar muito o desempenho em ambientes caracterizados por surtos intermitentes de requisições que geram pequenas escritas.[84]

Embora o RAID nível 5 aumente o desempenho em relação aos RAIDs níveis 2 a 4, sua implementação é complexa, o que aumenta seu custo. E mais, porque a paridade é distribuída por todo o arranjo, a regeneração de dados é mais complicada do que em outros níveis de RAID.[85] A despeito de suas limitações, o RAID nível 5 é freqüentemente adotado devido ao seu equilíbrio efetivo entre desempenho, custo e confiabilidade. Os arranjos nível 5 são considerados arranjos de propósito geral e são freqüentemente encontrados em servidores de arquivos e de aplicações, sistemas de planejamento de recursos empresariais e outros sistemas corporativos.[86] A Figura 12.23 compara os seis níveis de RAID apresentados neste capítulo.

Outros níveis de RAID

Existem muitos outros níveis de RAID e cada um toma emprestado alguma característica de um ou mais dos níveis de RAID que discutimos nas seções anteriores.[87] Infelizmente, não existe nenhuma convenção para um padrão de nomeação

Nível de RAID	Concorrência de leitura	Concorrência de escrita	Redundância	Nível de segmentação dos dados em tiras
0	Sim	Sim	Nenhuma	Bloco
1	Sim	Não	Espelhamento	Nenhum
2	Não	Não	Paridade Hamming ECC	Bit
3	Não	Não	Paridade XOR ECC	Bit/byte
4	Sim	Não	Paridade XOR ECC	Bloco
5	Sim	Sim	Paridade XOR ECC distribuída	Bloco

Figura 12.23 | *Comparação entre RAIDs níveis 0 a 5.*

para níveis de RAID, o que freqüentemente resulta em nomes confusos ou equivocados. Alguns dos níveis mais notáveis de RAID são:

- RAID nível 6 — amplia o RAID nível 5 distribuindo dois blocos de paridade por fita para conseguir uma confiabilidade maior na ocorrência de falha de disco.[88]
- RAID nível 0+1 — um conjunto de discos divididos por tiras (nível 0), cuja imagem é espelhada em um segundo conjunto de discos (nível 1).
- RAID nível 10 — um conjunto de dados espelhados (nível 1) que é segmentado em tiras por um outro conjunto de discos (nível 0), que requer um mínimo de quatro discos.

Entre outros arranjos RAID que foram desenvolvidos estão os níveis 0+3, 0+5, 50, 1+5, 51 e 53.[89] O RAID nível 7, uma solução de alto desempenho e alto custo, é uma técnica proprietária cujo nome é marca registrada da Storage Computer Corporation.[90]

Revisão

1. Como o RAID nível 5 aborda o gargalo de escrita do RAID nível 4?
2. Quais técnicas têm sido implementadas para melhorar o desempenho de sistemas RAID que recebem muitas requisições para escritas pequenas?

Respostas: **1)** O RAID nível 5 distribui informações de paridade por todos os discos do conjunto, de modo que várias operações de escrita possam ser executadas simultaneamente. **2)** Fazer cache de dados recentemente acessados melhora o desempenho da escrita reduzindo o número de operações E/S geradas pelos ciclos ler-modificar-escrever. Atrasar a atualização das informações de paridade melhora o desempenho reduzindo o número de discos acessados para executar cada operação.

Resumo

Pelo fato de as velocidades dos processadores e da memória principal aumentarem mais rapidamente do que as dos dispositivos de armazenamento secundário, realizar desempenho ótimo tornou-se importante. Armazenamento magnético grava dados mudando a direção da magnetização de regiões, cada uma representando um 1 ou um 0. Para acessar dados, um dispositivo portador de corrente, denominado cabeçote de leitura-escrita, movimenta-se pairando sobre o meio de gravação.

A maioria dos computadores modernos usa discos rígidos como armazenamento secundário. Enquanto os pratos giram, cada cabeçote de leitura-escrita desenha uma trilha circular de dados sobre a superfície de um disco. Todos os cabeçotes de leitura-escrita são ligados a um único braço de disco (também denominado atuador, lança ou unidade de cabeçote móvel). Quando o braço do disco movimenta os cabeçotes de leitura-escrita para uma nova posição, um conjunto diferente de trilhas, ou cilindros, fica acessível. O processo de levar o braço do disco até um novo cilindro é denominado operação de busca. O tempo que leva para o cabeçote ir do cilindro em que está até o cilindro que contém o registro de dados que está sendo acessado é chamado de tempo de busca. O tempo que leva para os dados girarem da posição em que estão até uma posição adjacente ao cabeçote de leitura-escrita é denominado tempo de latência. Em seguida, o cabeçote de leitura-escrita deve fazer o registro (cujo tamanho é arbitrário) girar, de modo que os dados possam ser lidos ou escritos para o disco, o que é denominado tempo de transmissão.

Muitos processos podem gerar requisições para ler e escrever dados em um disco simultaneamente. Porque esses processos às vezes fazem requisições mais rapidamente do que elas podem ser atendidas pelo disco, formam-se filas para reter as requisições do disco. Alguns sistemas de computador mais antigos apenas atendiam a essas requisições segundo o algoritmo 'primeira a chegar, primeira a ser atendida' (FCFS), pelo qual a requisição que chegou mais cedo é atendida em primeiro lugar. O FCFS é um método justo de alocar serviço, mas, quando a taxa de requisição (a carga) fica pesada, esse algoritmo pode resultar em longos tempos de espera.

O FCFS exibe um padrão de busca aleatória no qual requisições sucessivas podem causar buscas demoradas dos cilindros mais internos para os mais externos. Para reduzir o tempo gasto na busca de registros, nada mais razoável do que ordenar a fila de requisições de alguma outra maneira que não seja o FCFS. Esse processo é denominado escalonamento de disco. Os dois tipos mais comuns de escalonamento são otimização de busca e otimização rotacional. As estratégias de escalonamento freqüentemente são avaliadas comparando-se seus rendimentos, tempos médios de resposta e variância dos tempos de resposta.

O escalonamento 'primeira a chegar, primeira a ser atendida' usa uma fila FIFO, de modo que as requisições são atendidas na ordem em que chegam. Embora essa técnica incorra em baixa sobrecarga de tempo de execução, pode resultar em baixo rendimento devido às longas operações de busca.

O escalonamento 'tempo de busca mais curto primeiro' (*Shortest-Seek-Time-First* — SSTF) atende à requisição seguinte que estiver mais próxima do cilindro em que o cabeçote de leitura-escrita está no momento (e, assim, incorre em tempo de busca mais curto), mesmo que ela não seja a primeira da fila. Reduzindo os tempos médios de busca, o SSTF consegue taxas mais altas de rendimento do que o FCFS, e os tempos médios de resposta tendem a ser mais baixos para cargas moderadas. Uma desvantagem significativa é que ele resulta em variâncias mais altas dos tempos de resposta por causa da discriminação contra as trilhas mais externas e mais internas; no limite, poderia ocorrer o adiamento indefinido de requisições que estivessem longe do cabeçote de leitura-escrita.

A estratégia de escalonamento SCAN reduz a injustiça e a variância de tempos de resposta escolhendo a requisição que requer a menor distância de busca em uma direção preferida. Assim, se a direção preferida no momento for para fora, a estratégia SCAN escolherá a distância de busca mais curta na direção para fora. A SCAN comporta-se de modo muito semelhante à SSTF em termos de alto rendimento e bons tempos médios de resposta. Entretanto, porque essa estratégia garante que todas as requisições em uma dada direção serão atendidas antes das requisições da direção oposta, ela oferece uma variância de tempos de resposta menor do que a SSTF.

Na modificação SCAN Circular (C-SCAN) da estratégia de escalonamento de disco SCAN, o braço movimenta-se do cilindro mais externo para o cilindro mais interno atendendo primeiro a requisições segundo a estratégia da busca mais curta. Quando o braço tiver concluído sua varredura para dentro, pulará (sem atender a requisições) para o cilindro mais externo e retomará sua varredura para dentro processando requisições. A C-SCAN mantém altos níveis de rendimento e, ao mesmo tempo, limita ainda mais a variância de tempos de resposta, impedindo a discriminação contra os cilindros mais internos e mais externos. A SCAN é denominada freqüentemente de algoritmo do elevador.

As modificações FSCAN e SCAN de *N*-fases da estratégia SCAN eliminam a possibilidade de requisições adiadas indefinidamente. A FSCAN usa a estratégia SCAN para atender somente às requisições que estão à espera quando começa uma varredura particular (o 'F' de *freezing* quer dizer 'congelar' a fila de requisições em determinado instante). Requisições que chegam durante uma varredura são agrupadas e ordenadas para serviço ótimo durante o retorno da varredura. A SCAN de *N*-fases atende às primeiras *n* requisições da fila usando a estratégia SCAN. Quando a varredura estiver concluída, as *n* requisições seguintes serão atendidas. Requisições que chegam são colocadas no final da fila de requisições, o que impede o adiamento indefinido das requisições da varredura em curso. A FSCAN e a SCAN de *N*-fases proporcionam bom desempenho devido ao alto rendimento, baixos tempos médios de resposta e menor variância dos tempos de resposta do que a SSTF e a SCAN.

A variação LOOK da estratégia SCAN (também denominada algoritmo do elevador) examina antecipadamente (*looks ahead*) o final da varredura em curso para determinar a próxima requisição a atender. Se não houver mais nenhuma requisição na direção em curso, a LOOK muda a direção preferida e inicia a próxima varredura, parando quando passar por um cilindro que corresponda a uma requisição que esteja na fila. Essa estratégia elimina operações de busca desnecessárias exibidas por outras variações da estratégia SCAN, impedindo que o cabeçote de leitura-escrita vá até os cilindros mais internos ou mais externos a não ser que esteja atendendo a uma requisição para essas localizações.

A variação LOOK circular (C-LOOK) da estratégia LOOK usa a mesma técnica da C-SCAN para reduzir a tendência contra requisições localizadas nas extremidades dos pratos. Quando não houver mais nenhuma requisição em uma varredura em curso, o cabeçote de leitura-escrita passará para a requisição que estiver mais próxima do cilindro mais externo (sem atender a requisições entre as duas posições) e iniciará a varredura seguinte. A estratégia C-LOOK é caracterizada por uma variância de tempos de resposta potencialmente mais baixa em comparação com a LOOK e por alto rendimento, embora geralmente mais baixo do que o da LOOK.

Há muitos ambientes nos quais freqüentemente ocorrem curtos períodos em que não há nenhuma requisição no aguardo de que o disco a atenda e o braço do disco fica ocioso, esperando pela próxima requisição. Se o braço do disco estiver no centro do disco ou em algum lugar do disco onde há muita atividade, o tempo médio de busca será menor. Levar o braço do disco até uma localização que, esperamos, minimizará o próximo tempo de busca é conhecido como antecipação do braço do disco. Essa antecipação pode ser útil em ambientes nos quais os padrões de requisição de disco dos processos exibam localidade e normalmente há tempo suficiente para movimentar o braço do disco entre requisições. Se uma requisição for recebida durante um movimento antecipatório, levar o cabeçote até a localização especificada originalmente e depois até o cilindro requisitado aumentará o tempo de resposta. Permitir que a busca em lugar muito acessado seja interrompida para se ajustar a requisições proporciona uma maior melhoria do desempenho.

A otimização rotacional era usada extensivamente com os primeiros dispositivos de cabeçote fixo (como os tambores) e pode melhorar o desempenho dos discos rígidos de hoje, os quais exibem tempos de busca e latências médias da mesma ordem de magnitude. A estratégia do tempo de latência mais curto primeiro (SLTF) examina todas as requisições pendentes e atende primeiro a que tiver o atraso rotacional mais curto. A otimização rotacional às vezes é denominada enfileiramento de setores; as requisições são enfileiradas pela posição do setor ao redor do disco e os setores mais próximos são atendidos primeiro.

A SLTF funciona bem para discos de cabeçote fixo,

mas não incorpora o tempo de posicionamento que é igual ao tempo de busca mais a latência de discos de cabeçote móvel. A estratégia do tempo de posicionamento mais curto primeiro (SPTF) atende à requisição seguinte que requer o tempo de posicionamento mais curto. A SPTF resulta em alto rendimento e em tempo médio de resposta baixo semelhante à SSTF e também pode adiar indefinidamente requisições dos cilindros mais internos e mais externos.

Uma variação da SPTF é a estratégia do tempo de acesso mais curto primeiro (SATF) que atende à requisição seguinte que requer o tempo de acesso mais curto (ou seja, tempo de posicionamento mais tempo de transmissão). A SATF exibe rendimento mais alto do que a SPTF, mas requisições grandes podem ser adiadas indefinidamente por uma série de requisições menores. Requisições dos cilindros mais internos e mais externos podem ser adiadas indefinidamente por requisições dos cilindros da faixa média. Tanto a SPTF quanto a SATF podem melhorar o desempenho implementando os mecanismos de 'exame antecipado' empregados pelas estratégias LOOK e C-LOOK.

Uma razão por que SPTF e SATF são raramente implementadas é que elas exigem conhecimento das características do disco, entre elas latência, tempos de busca trilha a trilha e localizações relativas de setores. Infelizmente, muitos dos discos rígidos de hoje ocultam tal geometria ou expõem uma geometria equivocada devido à ocultação da verificação de erros de dados e maus setores.

Quando o armazenamento em disco prova ser um gargalo, alguns projetistas recomendam adicionar mais discos ao sistema, o que nem sempre resolve o problema, porque o gargalo poderia ser causado por uma grande carga de requisições sobre um número relativamente pequeno de discos. Quando essa situação é detectada, o escalonamento de disco pode ser usado como um meio de melhorar o desempenho e eliminar o gargalo. O escalonamento de disco pode não ser útil em um sistema de processamento em lote com um grau relativamente baixo de multiprogramação. O escalonamento torna-se mais efetivo na medida em que aumenta o grau de multiprogramação, a qual aumenta a carga do sistema e resulta em padrões de requisição de disco imprevisíveis.

Distribuições não uniformes de requisições são comuns em certas situações e suas conseqüências foram investigadas. Um estudo determinou que a grande maioria das referências a disco são para o mesmo cilindro que a referência imediatamente anterior. Técnicas sofisticadas de organização de arquivos podem causar uma proliferação de requisições com longos tempos de busca. Essas técnicas são convenientes para o projetista de aplicações, mas podem complicar a implementação e degradar o desempenho.

Muitos sistemas mantêm um buffer de cache de disco — uma região da memória principal que o sistema operacional reserva para dados de disco. Em determinado contexto, a memória reservada age como um cache, permitindo aos processos acesso rápido a dados que, caso contrário, precisariam ser recuperados do disco. A memória reservada também age como um buffer permitindo que o sistema operacional adie a escrita de dados para melhorar o desempenho de E/S. O buffer de cache de disco apresenta diversos desafios aos projetistas de sistemas operacionais, porque a memória alocada ao buffer de cache reduz a quantidade alocada a processos. E mais, porque a memória é volátil, falta de energia e falhas de sistema podem levar a inconsistências.

Cache de write-back escreve os dados que estão no buffer periodicamente para o disco habilitando o sistema operacional a reunir várias E/S em lotes e usar uma única requisição para atendê-las, o que pode melhorar o desempenho do sistema. Cache de escrita direta escreve dados para o buffer de cache de disco e também para o disco cada vez que os dados do cache forem modificados. Essa técnica impede o sistema de montar lotes de requisições, mas reduz a possibilidade de dados inconsistentes, caso haja uma queda do sistema.

Muitas das unidades de discos rígidos de hoje mantêm um buffer de cache independente, de alta velocidade (conhecido como cache embutido), de vários megabytes. Se os dados requisitados forem armazenados no cache embutido, o disco rígido poderá transmitir os dados à mesma velocidade ou a uma velocidade próxima à da memória principal. Entretanto, um estudo mostrou que discos que incluem caches embutidos normalmente usam estratégias de substituição que se adaptam mal a padrões de requisição aleatórios, levando a desempenho abaixo do ótimo.

Discos tendem a fragmentar-se à medida que arquivos e registros são adicionados e apagados. Muitos sistemas operacionais fornecem programas de desfragmentação (ou de reorganização do disco) que podem ser usados periodicamente para reorganizar arquivos, o que permite aos registros consecutivos de arquivos seqüenciais serem colocados contiguamente no disco. Sistemas operacionais também podem colocar arquivos, que provavelmente serão modificados, próximo de espaços livres para reduzir fragmentação futura. Alguns sistemas operacionais permitem que os usuários subdividam o disco em áreas separadas (partições). Como os arquivos ficam restritos a essas partições, a fragmentação é reduzida. Alguns sistemas usam técnicas de compactação de dados para reduzir a quantidade de espaço requerida pelas informações no disco. A compactação de dados reduz o tamanho de um registro substituindo padrões comuns de bits por outros mais curtos. Isso pode reduzir o número de posicionamentos, tempos de latência e tempos de transmissão, mas pode exigir substancial tempo de processador para compactar os dados para armazenamento em disco e descompactá-los para que fiquem disponíveis para aplicações.

Sistemas que precisam acessar certas informações rapidamente beneficiam-se por colocar várias cópias daqueles dados em posições diferentes no disco, o que pode reduzir substancialmente os tempos de busca e rotação, mas as cópias redundantes podem consumir uma fração significativa do disco. E também, se uma cópia for modificada, todas as outras cópias deverão ser modificadas, o que pode degradar o desempenho. Adicionalmente, a blocagem de registros pode resultar em significativas melhorias do desempenho mediante a leitura de registros contíguos como um único bloco, o que requer somente uma operação de busca. Sistemas que monitoram tentativas de acesso ao disco podem tentar manter dados acessados freqüentemente em uma posição favorável na hierarquia da memória (na memória principal ou na memória cache) e, ao mesmo tempo, transferir dados referidos com pouca freqüência para armazenamento mais lento (como um disco rígido ou um disco compacto).

Arranjos redundantes de discos independentes (RAID) é uma família de técnicas que utilizam vários arranjos de discos para abordar o problema das velocidades de transferência relativamente lentas dos discos. Cada organização do arranjo, denominada nível, é caracterizada pela segmentação dos dados do disco em tiras de dados (*striping*) e pela redundância. O armazenamento é dividido em tiras (*strips*) de tamanhos fixos; tiras contíguas de cada disco em geral armazenam dados não contíguos ou dados de arquivos diferentes. Uma fita (*strip*) consiste em um conjunto de tiras na mesma localização em cada disco do arranjo.

Ao selecionar um tamanho de tira, o projetista de sistemas deve considerar o tamanho médio das requisições do disco. Tiras de tamanhos menores, também denominadas tiras de granulação fina, tendem a dispersar dados de arquivos por vários discos. Essas tiras podem reduzir o tempo de acesso de cada requisição e aumentar as taxas de transferência, porque vários discos recuperam frações dos dados requisitados simultaneamente. Enquanto esses discos atendem a uma requisição, não podem ser utilizados para atender a outras requisições da fila de requisições do sistema.

Tiras de tamanhos grandes, também denominadas tiras de granulação grossa, permitem que mais arquivos caibam inteiramente dentro de uma única tira. Nesse caso, algumas requisições podem ser atendidas por apenas uma fração dos discos do arranjo, portanto, é mais provável que várias requisições possam ser atendidas simultaneamente. Contudo, requisições menores são atendidas por um disco por vez, o que reduz as taxas de transferência para requisições individuais.

Sistemas como servidores Web e bancos de dados, que comumente acessam vários registros pequenos simultaneamente, beneficiam-se de tiras de granulação grossa, porque várias operações de E/S podem ocorrer concorrentemente; sistemas como supercomputadores, que requerem acesso rápido a um número pequeno de registros beneficiam-se de tiras de granulação fina que proporcionam altas taxas de transferência para requisições individuais.

À medida que aumenta o número de discos do arranjo, também aumenta a probabilidade de falha de disco, medida pelo tempo médio até a falha (MTTF). A maioria dos sistemas RAID mantém cópias de dados que os ajudam a se recuperar de erros e falhas, uma técnica denominada redundância. Espelhamento de disco é uma técnica de redundância que mantém cópias de cada item de dado em dois discos. Uma desvantagem do espelhamento é que apenas metade da capacidade de armazenamento do arranjo pode ser utilizada para armazenar dados únicos.

Para realizar o desempenho melhorado de discos que foram submetidos à segmentação dos dados em tiras, com redundância, o sistema deve dividir eficientemente arquivos em tiras, formar arquivos por meio das tiras, determinar as localizações das tiras no arranjo e implementar redundância. Muitos sistemas RAID contêm hardware de propósito específico denominado controlador RAID para realizar essas operações rapidamente. O projetista de sistemas deve equilibrar custo, desempenho e confiabilidade quando selecionar um nível de RAID. Melhorar uma característica normalmente piora as outras duas.

RAID nível 0 usa a segmentação dos dados em tiras nos discos do arranjo, sem redundância. Arranjos nível 0 não são tolerantes à falha; se um dos discos falhar, todos os dados do conjunto que dependem do disco que falhou serão perdidos. Dependendo do tamanho da tira (strip) do arranjo, todos os dados armazenados no arranjo poderão ser inutilizados com a perda de um único disco. Embora o RAID 0 não seja tolerante à falha, é simples de implementar, resulta em taxas de transferência altas e não incorre em nenhuma sobrecarga de armazenamento.

RAID nível 1 emprega espelhamento de disco (também denominado sombreamento) para fornecer redundância, portanto, cada disco do arranjo é duplicado. No nível 1 não são implementadas fitas (strips), o que reduz a complexidade do hardware e também o desempenho do sistema. Embora isso resulte no mais alto grau de tolerância à falha entre todos os níveis de RAID, somente metade da capacidade do arranjo pode ser usada para armazenar dados únicos, o que aumenta o custo. Para cada par espelhado, duas requisições de leitura podem ser atendidas simultaneamente, mas somente uma requisição pode ser atendida por vez durante uma escrita. Recuperar e reconstruir dados de um disco que falhou, atividade denominada regeneração de dados, implica copiar os dados redundantes do disco espelhado. Se ambos os discos de um par espelhado falharem, seus dados serão irrecuperáveis.

Alguns sistemas RAID contêm discos 'avulsos' (também chamados de discos de reposição rápida ou avulsos on-line) que podem substituir discos que falharam, algo muito parecido com o pneu sobressalente de um automóvel (estepe). Alguns sistemas também apresentam unidades de disco *hot swappable*, ou seja, que podem ser substituídas enquanto o sistema está ligado. Nesses sistemas a regeneração de dados pode ocorrer enquanto o sistema continua a executar, o que é necessário em ambientes de alta disponibilidade como sistemas de processamento de transações on-line. RAID 1 é mais adequado para ambientes comerciais críticos e de missão crítica nos quais a confiabilidade tem prioridade mais alta do que o custo ou o desempenho.

Arranjos RAID nível 2 são segmentados em tiras no nível do bit, portanto, cada tira armazena um bit. Os arranjos nível 2 são projetados para reduzir a sobrecarga de armazenamento incorrida na implementação da tolerância à falha usando espelhamento. Em vez de manter cópias redundantes de cada item de dados, o RAID nível 2 usa uma técnica de armazenamento de informações de paridade denominada códigos de Hamming para correção de erros (*Hamming ECCs*) que permite ao sistema detectar até dois erros, corrigir até um erro e determinar a localização do erro em uma fita. O tamanho dos códigos de Hamming ECC e, portanto, o número de discos de paridade, aumenta segundo o logaritmo (base 2) do número de discos de dados. Desse modo, arranjos nível 2 contendo um grande número de discos incorrem em sobrecarga de armazenamento significativamente menor do que arranjos nível 1.

Embora os discos ECC reduzam a sobrecarga associada com a redundância em comparação com o espelhamento, eles podem degradar o desempenho porque não é possível atender a várias requisições simultaneamente. Cada requisição de leitura exige que o arranjo acesse todos os discos, calcule o ECC e o compare com o valor recuperado dos discos de paridade. Similarmente, ao atender a uma requisição de escrita, o Hamming ECC deve ser calculado para cada fita escrita. Além disso, o sistema deve realizar um ciclo ler-modificar-escrever que degrada o desempenho, porque o sistema deve acessar todo o arranjo duas vezes para cada escrita. Um modo de habilitar concorrência usando um RAID nível 2 é dividir os discos do sistema em vários arranjos RAID 2 pequenos, mas isso aumenta a sobrecarga de armazenamento e o custo. A razão primordial por que o RAID 2 não é implementado nos sistemas atuais é que as unidades de discos modernas realizam Hamming ECCs ou proteção semelhante transparentemente em hardware.

RAID nível 3 faz a segmentação de dados em tiras no nível do bit ou do byte. RAID 3 usa códigos de correção de erros (ECCs) XOR (*ou* exclusivo), que utilizam a operação lógica XOR para gerar informações de paridade. XOR ECC usa somente um disco para reter informações de paridade, independentemente do tamanho do arranjo. O sistema pode usar os bits de paridade para se recuperar de falhas de qualquer disco isolado; se o disco de paridade falhar, ele poderá ser reconstruído por meio dos discos de dados do arranjo. Devido à verificação de paridade, leituras e escritas do RAID nível 3 requerem acesso a todo o arranjo. Similarmente ao RAID nível 2, isso resulta em taxas de transferência altas na leitura e escrita de arquivos grandes, mas somente uma requisição pode ser atendida por vez.

A segmentação de dados em tiras dos sistemas RAID nível 4 é realizada em blocos de tamanho fixo (normalmente maiores do que um byte) e usa XOR ECC para gerar dados de paridade que são armazenados em um único disco de paridade. Porque os arranjos RAID nível 4 permitem a segmentação em tiras de granulação grossa, o sistema pode, potencialmente, atender a várias requisições de leitura simultaneamente, se a paridade não for determinada para cada leitura. Entretanto, ao atender a uma requisição de escrita, o sistema deve atualizar as informações de paridade para garantir que nenhum dado seja perdido no evento de uma falha de disco. Isso significa que requisições de escrita devem ser realizadas uma por vez, criando um gargalo de escrita.

A segmentação em tiras dos dados em arranjos RAID nível 5 é executada no nível do bloco e usa paridade XOR ECC, mas blocos de paridade são distribuídos por todo o arranjo de discos. Porque blocos de paridade são distribuídos por muitos discos, vários blocos de paridade podem ser acessados simultaneamente eliminando-se o gargalo de escrita para muitas requisições. Embora o RAID nível 5 melhore o desempenho da escrita distribuindo a paridade, ainda assim, arranjos nível 5 devem executar um ciclo ler-modificar-escrever para cada requisição de escrita, o que exige no mínimo quatro operações de E/S para atender a cada requisição de escrita.

O cache de dados recentemente acessado e blocos de paridade podem reduzir o número de operações E/S do ciclo ler-modificar-escrever. Registro de paridade pode melhorar o desempenho do RAID nível 5 armazenando a diferença entre a velha paridade e a nova paridade (denominada atualização de imagem) na memória, em vez de executar um ciclo ler-modificar-escrever. Um AFRAID (*A Frequently Redundant Array of Independent Disks*) melhora o desempenho adiando a geração de dados de paridade para momentos em que a carga do sistema seja leve.

Embora o RAID nível 5 aumente o desempenho em relação aos RAIDs níveis 2 a 4, sua implementação é complexa, o que aumenta seu custo. E mais, porque a paridade é distribuída por todo o arranjo, a regeneração de dados é mais complicada do que em outros níveis RAID. A despeito de suas limitações, o RAID nível 5 é freqüentemente adotado devido ao seu equilíbrio efetivo entre desempenho, custo e confiabilidade. Os arranjos nível 5 são considerados arranjos de propósito geral e são freqüentemente encontrados em servidores de arquivos e de aplicações, sistemas de planejamento de recursos empresariais (ERP) e outros sistemas de negócios.

Existem muitos outros níveis de RAID e cada um toma emprestado alguma característica de um ou mais níveis de RAID de 0 a 5. Infelizmente, não existe nenhuma convenção para um padrão de nomeação para níveis de RAID, o que com freqüência resulta em nomes confusos ou equivocados.

Exercícios

12.1 Quais as metas essenciais do escalonamento de disco? Por que cada uma delas é importante?

12.2 Suponha que em um modelo particular de unidade de disco os tempos médios de busca sejam aproximadamente iguais aos tempos médios de latência. Como isso pode afetar a escolha que um projetista faz de estratégias de escalonamento de disco?

12.3 O que faz uma disciplina de escalonamento ser justa? E qual a importância da justiça em comparação com outras metas das disciplinas de escalonamento?

12.4 Disciplinas de escalonamento que não são justas geralmente têm variância de tempos de resposta maiores do que FCFS. Por que isso é verdade?

12.5 Sob condições de carga leve, praticamente todas as disciplinas de escalonamento de disco que discutimos neste capítulo degeneram para qual esquema? Por quê?

12.6 Um critério que influencia a implementação do escalonamento de disco é a sobrecarga de tempo de execução do mecanismo de escalonamento de disco. Quais fatores contribuem para essa sobrecarga? Suponha que t seja o tempo médio de busca em um sistema que tenha escalonamento de disco FCFS. Suponha que s seja o tempo aproximado que levaria para escalonar a requisição de disco média se uma outra forma de escalonamento de disco estivesse em uso. Admita que todos os outros fatores sejam favoráveis à incorporação de escalonamento de disco no sistema. Comente a efetividade potencial da incorporação do escalonamento de disco no sistema para cada um dos casos seguintes:

    a. $s = 0.01t$
    b. $s = 0.1t$
    c. $s = t$
    d. $s = 10t$

12.7 Otimização de latência usualmente tem pouco efeito sobre o desempenho do sistema, exceto sob cargas pesadas. Por quê?

12.8 Em sistemas interativos é essencial garantir aos usuários tempos de resposta razoáveis. Reduzir a variância de tempos de resposta ainda é uma meta importante, mas não o suficiente para impedir que um usuário ocasional sofra adiamento indefinido. Qual mecanismo adicional você incorporaria a uma disciplina de escalonamento de disco em um sistema interativo para ajudar a garantir tempos de resposta razoáveis e evitar a possibilidade de adiamento indefinido?

12.9 Discuta por que há quem considere a FCFS como uma disciplina de escalonamento de disco. Existe um esquema para atender a requisições do disco que estaríamos até menos inclinados a denominar escalonamento de disco do que a FCFS?

12.10 Em que sentido a LOOK é mais justa do que o SSTF? Em que sentido a C-LOOK é mais justa do que a LOOK?

12.11 Apresente um argumento estatístico justificando por que a FCFS oferece uma variância pequena de tempos de resposta.

12.12 Discuta por que o SSTF tende a favorecer requisições das trilhas de faixas medianas à custa de requisições das trilhas mais internas e mais externas.

12.13 O Capítulo 7, "Deadlock e adiamento indefinido", sugere um esquema para evitar adiamento indefinido. Sugira uma modificação apropriada ao esquema SSTF para criar um 'SSTF sem inanição'. Compare essa nova versão com o SSTF regular no que diz respeito a rendimento, tempos médios de resposta e variância de tempos de resposta.

12.14 É possível que, enquanto uma requisição do disco para um cilindro particular esteja sendo atendida, chegue uma outra requisição para aquele cilindro. Algumas disciplinas de escalonamento atenderiam a essa nova requisição imediatamente após processar a requisição em curso. Outras disciplinas impedem o atendimento da nova requisição até o retorno da varredura do braço do disco. Que situação perigosa poderia ocorrer em uma disciplina de escalonamento que permitisse o atendimento imediato de uma nova requisição do mesmo cilindro da requisição anterior?

12.15 Por que a SCAN tem variância de tempos de resposta menores do que a SSTF?

12.16 Compare o rendimento da FSCAN com o da SCAN.

12.17 Compare o rendimento da C-SCAN com o da SCAN.

12.18 Como funciona o esquema de otimização da latência?

12.19 Um gargalo de armazenamento nem sempre pode ser eliminado adicionando mais unidades de disco. Por quê?

12.20 Como o nível de multiprogramação afeta a necessidade de escalonamento de disco?

12.21 Suponha que um controlador de saturação de disco seja usado. O escalonamento de disco poderia ser útil? Que outras providências poderiam ser tomadas?

12.22 Por que é desejável admitir distribuições uniformes de requisições ao considerar disciplinas de escalonamento de disco? Em que tipos de sistema você poderia esperar observar distribuições de requisições relativamente uniformes? Dê diversos exemplos de sistemas que tendem a ter distribuições não uniformes de requisições.

12.23 O escalonamento de disco seria útil para um disco único, monousuário, em uma aplicação de processamento seqüencial de arquivos? Por quê?

12.24 A estratégia de escalonamento VSCAN combina SSTF e SCAN segundo uma variável R.[91] A VSCAN determina a requisição seguinte a ser atendida usando SSTF, mas cada requisição a um cilindro requerendo que o cabeçote de leitura-escrita mude de direção é ponderada por um fator R. As 'distâncias' até às requisições na direção oposta são calculadas da seguinte maneira: se C for o número de cilindros no disco e S o número de cilindros entre a localização corrente do cabeçote e a requisição seguinte, então a VSCAN usará a distância, $D = S + R \times C$. Assim, a VSCAN usará R para adicionar um custo extra às requisições na direção não preferida.

12.25 Se $R = 0$, para qual política de escalonamento a VSCAN degenera?

12.26 Se $R = 1$, para qual política de escalonamento a VSCAN degenera?

12.27 Discuta o benefício de escolher um valor, R, entre 0 e 1.

12.28 Em quais circunstâncias o escalonamento de disco poderia realmente resultar em pior desempenho do que o FCFS?

12.29 Compare as metas essenciais do escalonamento de disco com as do escalonamento de processador. Quais as semelhanças? Quais as diferenças?

12.30 Que fatores contribuem para a necessidade de busca?

12.31 Um arquivo seqüencial 'adequadamente' armazenado em um disco vazio pode ser recuperado com busca mínima. Mas discos tendem a tornar-se muito fragmentados à medida que arquivos são adicionados e eliminados. Assim, referências sucessivas a registros 'adjacentes' de um arquivo de disco podem resultar em busca substancial por todo o disco. Discuta o conceito da reorganização de arquivos como um esquema para minimizar buscas. Sob quais circunstâncias um arquivo deve ser reorganizado? Todos os arquivos do disco devem ser reorganizados ou essa operação deveria ser limitada somente a certos arquivos?

12.32 Um projetista propôs a utilização de vários braços de disco para melhorar bastante os tempos de resposta de um subsistema de discos. Discuta as vantagens e desvantagens de tal esquema.

12.33 Mencionamos que o algoritmo LOOK é como o algoritmo utilizado pelos elevadores dos edifícios. De que maneira essa analogia é adequada?

12.34 Sugira outras técnicas além do escalonamento de disco e da reorganização de arquivos para minimizar buscas.

12.35 A estratégia SCAN freqüentemente exibe rendimentos significativamente mais altos do que o algoritmo C-SCAN. Todavia, projetistas de sistemas preferem o C-SCAN à SCAN. Por que essa decisão poderia ser justificada?

12.36 Na seção 12.10.6. dissemos que um sistema RAID pode reduzir o número de operações de E/S ao calcular a paridade usando a fórmula
$A_{p'} = (A_d \text{ XOR } A_{d'}) \text{ XOR } A_p$. Prove que essa relação é verdadeira para todas as tiras A_d, $A_{d'}$ e A_p.

12.37 Para cada uma das seguintes aplicações, indique se o sistema deveria usar RAID nível 0, RAID nível 1 ou RAID nível 5 e explique por quê.
  a. Armazenar transações para uma instituição financeira.
  b. Armazenar imagens telescópicas de alta resolução (que foram transferidas de uma unidade de fita) antes de processá-las em um supercomputador.
  c. Executar um servidor Web pessoal.

Projetos sugeridos

12.41 Pesquise o escalonamento de disco no Linux. Quais estratégias de escalonamento o Linux usa? Como essas estratégias são implementadas? Para uma introdução ao escalonamento de disco Linux, consulte a Seção 20.8.3, "E/S por dispositivo de bloco".

12.42 Prepare um estudo de pesquisa discutindo as técnicas que os fabricantes de discos rígidos empregam para melhorar o desempenho. Veja os links do quadro "Recursos da Web".

12.43 Elabore um relatório descrevendo brevemente cinco níveis de RAID que não sejam os seis descritos detalhadamente neste capítulo.

Simulações sugeridas

12.44 Desenvolva monitores (consulte o Capítulo 6, "Programação concorrente") para implementar cada uma das seguintes disciplinas de escalonamento de disco:
  a. FCFS
  b. SSTF
  c. SCAN
  d. SCAN de *N*-fases
  e. C-SCAN

12.45 Neste capítulo investigamos diversas estratégias de escalonamento de disco dirigidas a cilindros, entre elas FCFS, SSTF, SCAN, SCAN de *N*-fases e C-SCAN, F-SCAN, LOOK e C-LOOK. Escreva um programa de simulação para comparar o desempenho desses métodos de escalonamento sob cargas leves, médias e pesadas. Defina uma carga leve como aquela na qual há usualmente 0 ou 1 requisição esperando para o disco inteiro. Defina uma carga média como aquela em que cada cilindro tem ou 0 ou 1 requisição esperando. Defina uma carga pesada como aquela em que seja provável que muitos cilindros tenham muitas requisições pendentes. Use geração de números aleatórios para simular o tempo de chegada de cada requisição, bem como o cilindro para cada requisição.

12.46 A disponibilidade de armazenamento de disco com cabeçote móvel contribui enormemente para o sucesso dos modernos sistemas de computação. Discos oferecem acesso relativamente rápido e direto a enormes quantidades de informação. Os especialistas do setor prevêem um sólido futuro para sistemas de armazenamento secundário baseados em discos, e pesquisadores continuam desenvolvendo novas e melhores disciplinas de escalonamento. Proponha diversos esquemas de escalonamento e compare-os com os apresentados neste capítulo.

Desenvolva um programa que simule um disco que contenha dois pratos (ou seja, quatro superfícies), quatro cabeçotes de escrita-leitura, 25 cilindros e 20 setores por trilha. Esse disco deve armazenar a posição corrente do cabeçote de escrita-leitura e fornecer funções como leitura, escrita e busca. Essas funções devem retornar o número de milissegundos exigidos para atender a cada requisição (tempos de busca trilha a trilha de 2 ms, tempos médios de busca de 10 ms e latências médias de 5 ms são razoáveis). Então, crie um programa de simulação que gere uma distribuição uniforme de requisições especificando uma localização por prato, cilindro e setor e um tamanho pelo número de setores requisitados. Essas requisições devem ser enviadas para o seu escalonador de disco, que então as ordenará e enviará para o disco atender chamando suas funções de leitura, escrita e busca. Use os valores retornados pelo disco para determinar o rendimento, o tempo de resposta e a variância dos tempos de resposta de cada algoritmo de escalonamento.

12.47 Amplie a simulação do exercício anterior para incorporar latência rotacional. O desempenho aumentou ou diminuiu para cada estratégia?

Notas

1. C. Kozierok, "Life without hard disk drives", *PCGuide*, 17 abr. 2001, www.pcguide.com/ref/hdd/histWithout-c.html.
2. A. Khurshudov, *The essential guide to computer data storage*. Upper Saddle River, NJ: Prentice Hall, 2001, p. 6.
3. "RAMAC", *Whatis.com*, 30 abr. 2001, searchstorage.techtarget.com/sDefinition/0,,sid5_gci548619,00.html.
4. A. Khurshudov, *The essential guide to computer data storage*. Upper Saddle River, NJ: Prentice Hall, 2001, p. 90.

5. "Cost of hard drive space", 20 set. 2002, www.littletechshop.com/ns1625/winchest.html.
6. D. Patterson, G. Gibson e R. Katz, "A case for redundant arrays of inexpensive disks", *Proceedings of the ACM SIGMOD*, jun. 1998, p. 109.
7. C. Gotlieb e G. MacEwen, "Performance of movable-head disk storage devices", *Journal of the ACM*, v. 20, nº 4, out. 1973, p. 604-623.
8. A. Smith, "On the effectiveness of buffered and multiple arm disks", *Proceedings of the Fifth Symposium on Computer Architecture*, 1978, p. 109-112.
9. M. Pechura e J. Schoeffler, "Estimated file access time of floppy disks", *Communications of the ACM*, v. 26, nº 10, out. 1983, p. 754-763.
10. C. Kozierok, "Spindle speed", *PCGuide*, 17 abr. 2001, www.pcguide.com/ref/hdd/op/spinSpeed-c.html.
11. S. Walters, "Estimating magnetic disc seeks", *Computer Journal*, v. 18, nº 1, 1973, p. 412-416.
12. J. Kollias, "An estimate of seek time for batched searching of random or indexed sequential structured files", *Computer Journal*, v. 21, nº 2, 1978, p. 21-26.
13. C. Kozierok, "Hard disk tracks, cylinders and sectors", modificado em: 17 abr. 2001, www.pcguide.com/ref/hdd/geom/tracks.htm.
14. "DiamondMax Plus 9", *Maxtor Corporation*, 14 maio 2003, www.maxtor.com/en/documentation/data_sheets/diamondmax_plus_9_data_sheet.pdf.
15. "WD caviar hard drive 250GB 7200 RPM", 28 out. 2003, www.westerndigital.com/en/products/Products.asp?DriveID=41.
16. Toshiba America, Inc., "MK8025GAS", 28 out. 2003, sdd.toshiba.com/main.aspx?Path=/
8182000000070000000100006598000001516/
81820000011d000000010000659c000003fd/
8182000001c8000000010000659c00000599/
8182000001e5000000010000659c000005cb/
8182000006db000000010000659c00001559.
17. "WD raptor enterprise serial ATA hard drive 36.7 GB 10,000 RPM", 28 out. 2003, www.westerndigital.com/en/products/WD360GD.asp.
18. "Cheetah 15K.3", *Seagate Technology*, 27 mar. 2003, www.seagate.com/docs/pdf/datasheet/disc/ds_cheetah15k.3.pdf.
19. N. Wilhelm, "An anomaly in disk scheduling: a comparison of FCFS and SSTF seek scheduling using an empirical model for disk accesses", *Communications of the ACM*, v. 19, nº 1, jan. 1976, p. 13-17.
20. C. Wong, "Minimizing expected head movement in one-dimensional and two-dimensional mass storage systems", *ACM Computing Surveys*, v. 12, nº 2, 1980, p. 167-178.
21. H. Frank, "Analysis and optimization of disk storage devices for time-sharing systems", *Journal of the ACM*, v. 16, nº 4, out. 1969, p. 602-620.
22. T. Teorey, "Properties of disk scheduling policies in multiprogrammed computer systems", *Proceedings of AFIPS FJCC*, v. 41, 1972, p. 1-11.
23. N. Wilhelm, "An anomaly in disk scheduling: a comparison of FCFS and SSTF seek scheduling using an empirical model for disk access", *Communications of the ACM*, v. 19, nº 1, jan. 1976, p. 13-17.
24. M. Hofri, "Disk scheduling: FCFS vs. SSTF revisited", *Communications of the ACM*, v. 23, nº 11, nov. 1980, p. 645-653.
25. P. Denning, "Effects of scheduling on file memory operations", *Proceedings of AFIPS, SJCC*, v. 30, 1967, p. 9-21.
26. T. Teorey, "Properties of disk scheduling policies in multiprogrammed computer systems", *Proceedings of AFIPS FJCC*, v. 41, 1972, p. 1-11.
27. N. Wilhelm, "An anomaly in disk scheduling: a comparison of FCFS and SSTF seek scheduling using an empirical model for disk access", *Communications of the ACM*, v. 19, nº 1, jan. 1976, p. 13-17.
28. M. Hofri, "Disk scheduling: FCFS vs. SSTF revisited", *Communications of the ACM*, v. 23, nº 11, nov. 1980, p. 645-653.
29. P. Denning, "Effects of scheduling on file memory operations", *Proceedings of AFIPS, SJCC*, v. 30, 1967, p. 9-21.
30. T. Teorey, "Properties of disk scheduling policies in multiprogrammed computer systems", *Proceedings of AFIPS FJCC*, v. 41, 1972, p. 1-11.
31. C. Gotlieb e G. MacEwen, "Performance of movable-head disk storage devices", *Journal of the ACM*, v. 20, nº 4, out. 1973, p. 604-623.
32. T. Teorey e T. Pinkerton, "A comparative analysis of disk scheduling policies", *Communications of the ACM*, v. 15, nº 3, mar. 1972, p. 177-184.
33. A. Thomasian e C. Liu, "Special issue on the PAPA 2002 Workshop: disk scheduling policies with lookahead", *ACM SIGMETRICS Performance Evaluation Review*, v. 30, nº 2, set. 2002, p. 36.
34. T. Teorey, "Properties of disk scheduling policies in multiprogrammed computer systems", *Proceedings of AFIPS FJCC*, v. 41, 1972, p. 1-11.
35. T. Teorey e T. Pinkerton, "A comparative analysis of disk scheduling policies", *Communications of the ACM*, v. 15, nº 3, mar. 1972, p. 177-184.
36. B. Worthington, G. Ganger e Y. Patt, "Scheduling algorithms for modern disk drives", *Proceedings of the 1994 ACM SIGMETRICS Conference*, maio 1994, p. 243.
37. "Hard disk specifications", 2 out. 2003, www.storagereview.com/guide2000/ref/hdd/perf/perf/spec/index.html.
38. H. Stone e S. Fuller, "On the near optimality of the shortest-latency-time-first drum scheduling discipline", *Communications of the ACM*, v. 16, nº 6, jun. 1973, p. 352-353.
39. A. Thomasian e C. Liu, "Special issue on the PAPA 2002 Workshop: disk scheduling policies with look-ahead", *ACM SIGMETRICS Performance Evaluation Review*, v. 30, nº 2, set. 2002, p. 33.
40. A. Thomasian e C. Liu, "Special issue on the PAPA 2002 Workshop: disk scheduling policies with look-ahead", *ACM SIGMETRICS Performance Evaluation Review*, v. 30, nº 2, set. 2002, p. 33.
41. C. Kozierok, "Logical geometry", *PCGuide*, 17 abr. 2001, www.pcguide.com/refhdd/perf/perf/extp/pcCachingc.html.
42. A. Khurshudov, *The essential guide to computer data storage*. Upper Saddle River, NJ: Prentice Hall, 2001, p. 106-107.
43. "Dell — Learn More — Hard Drives", 2003, www.dell.com/us/en/dhs/learnmore/learnmore_hard_drives_desktop_popup_dimen.htm.
44. R. Chaney e B. Johnson, "Maximizing hard-disk performance: how cache memory can dramatically affect transfer rate", *Byte*, maio 1984, p. 307-334.
45. A. Thomasian e C. Liu, "Special issue on the PAPA 2002 Workshop: disk scheduling policies with look-ahead", *ACM SIGMETRICS Performance Evaluation Review*, v. 30, nº 2, set. 2002, p. 38.
46. N. Wilhelm, "An anomaly in disk scheduling: a comparison of FCFS and SSTF seek scheduling using an empirical model

47. W. Lynch, "Do disk arms move?", *Performance Evaluation Review, ACM Sigmetrics Newsletter*, v. 1, dez. 1972, p. 3-16.
48. C. Kozierok, "Cache write policies and the dirty bit", *PCGuide*, 17 abr. 2001, www.pcguide.com/ref/mbsys/cache/funcWrite-c.html.
49. A. Thomasian e C. Liu, "Special issue on the PAPA 2002 Workshop: disk scheduling policies with look-ahead", *ACM SIGMETRICS Performance Evaluation Review*, v. 30, nº 2, set. 2002, p. 32.
50. C. Kozierok, "Operating system and controller disk caching", *PCGuide*, 17 abr. 2001, www.pcguide.com/refhdd/perf/perf/extp/pcCaching-c.html.
51. A. Thomasian e C. Liu, "Special issue on the PAPA 2002 Workshop: disk scheduling policies with look-ahead", *ACM SIGMETRICS Performance Evaluation Review*, v. 30, nº 2, set. 2002, p. 31.
52. "Disk optimization can save time and resources in a Windows NT/2000 environment", *Raxco Software*, www.raxco.dk/raxco/perfectdisk2000/download/Optimization_Can_Save_Time.pdf.
53. R. King, "Disk arm movement in anticipation of future requests", *ACM Transactions in Computer Systems*, v. 8, nº 3, ago. 1990, p. 215.
54. R. King, "Disk arm movement in anticipation of future requests", *ACM Transactions in Computer Systems*, v. 8, nº 3, ago. 1990, p. 214.
55. R. King, "Disk arm movement in anticipation of future requests", *ACM Transactions in Computer Systems*, v. 8, nº 3, ago. 1990, p. 220, 226.
56. "RAID overview", www.amsstorage.com/html/raid_overview.html.
57. D. Patterson, G. Gibson e R. Katz, "A case for redundant arrays of inexpensive disks", *Proceedings of the ACM SIGMOD*, jun. 1988, p. 109.
58. D. Patterson, G. Gibson e R. Katz, "A case for redundant arrays of inexpensive disks", *Proceedings of the ACM SIGMOD*, jun. 1988, p. 109-110.
59. P. Chen, E. Lee, G. Gibson, R. Katz e D. Patterson, "RAID: high-performance, reliable secondary storage", *ACM Computing Surveys*, v. 26, nº 2, jun. 1994, p. 151-152.
60. P. Chen, E. Lee, G. Gibson, R. Katz e D. Patterson, "RAID: high-performance, reliable secondary storage", *ACM Computing Surveys*, v. 26, nº 2, jun. 1994, p. 147.
61. P. Chen, E. Lee, G. Gibson, R. Katz e D. Patterson, "RAID: high-performance, reliable secondary storage", *ACM Computing Surveys*, v. 26, nº 2, jun. 1994, p. 152.
62. "RAID 0: striped disk array without fault tolerance", www.raid.com/04_01_00.html.
63. "RAID 0: striped disk array without fault tolerance", www.raid.com/04_01_00.html.
64. P. Chen, E. Lee, G. Gibson, R. Katz e D. Patterson, "RAID: high-performance, reliable secondary storage", *ACM Computing Surveys*, v. 26, nº 2, jun. 1994, p. 152.
65. D. Patterson, G. Gibson e R. Katz, "A case for redundant arrays of inexpensive disks", *Proceedings of the ACM SIGMOD*, jun. 1988, p. 112.
66. "RAID overview", www.masstorage.com.com/html/raid_overview.html.
67. "RAID 1: mirroring and duplexing", www.raid.com/04_01_01.html.
68. "RAID 2: hamming code ECC", www.raid.com/04_01_02.html.
69. D. Patterson, G. Gibson e R. Katz, "A case for redundant arrays of inexpensive disks", *Proceedings of the ACM SIGMOD*, jun. 1988, p. 112.
70. D. Patterson, G. Gibson e R. Katz, "A case for redundant arrays of inexpensive disks", *Proceedings of the ACM SIGMOD*, jun. 1988, p. 112.
71. "RAID overview", www.amsstorage.com.com/html/raid_overview.html.
72. D. Patterson, G. Gibson e R. Katz, "A case for redundant arrays of inexpensive disks", *Proceedings of the ACM SIGMOD*, jun. 1988, p. 112.
73. P. Chen, E. Lee, G. Gibson, R. Katz e D. Patterson, "RAID: high-performance, reliable secondary storage", *ACM Computing Surveys*, v. 26, nº 2, jun. 1994, p. 156.
74. "RAID 3: parallel transfer with parity", www.raid.com/04_01_03.html.
75. D. Patterson, G. Gibson e R. Katz, "A case for redundant arrays of inexpensive disks", *Proceedings of the ACM SIGMOD*, jun. 1988, p. 113.
76. D. Patterson, G. Gibson e R. Katz, "A case for redundant arrays of inexpensive disks", *Proceedings of the ACM SIGMOD*, jun. 1988, p. 113.
77. "RAID overview", www.amsstorage.com/html/raid_overview.html.
78. "RAID 5: independent data disks with distributed parity blocks", www.raid.com/04_01_05.html.
79. "RAID Level 4", *PCGuide.com*, www.pcguide.com/ref/hdd/perf/raid/levels/singleLevel4-c.html.
80. D. Patterson, G. Gibson e R. Katz, "A case for redundant arrays of inexpensive disks", *Proceedings of the ACM SIGMOD*, jun. 1988, p. 114.
81. D. Patterson, G. Gibson e R. Katz, "A case for redundant arrays of inexpensive disks", *Proceedings of the ACM SIGMOD*, jun. 1988, p. 114.
82. S. Savage e J. Wilkes, "AFRAID — a frequently redundant array of independent disks", *Proceedings of the 1996 Usenix Conference*, jan. 1996, p. 27.
83. P. Chen, E. Lee, G. Gibson, R. Katz e D. Patterson, "RAID: high-performance, reliable secondary storage", *ACM Computing Surveys*, v. 26, nº 2, jun. 1994, p. 166-168.
84. S. Savage e J. Wilkes, "AFRAID — a frequently redundant array of independent disks", *Proceedings of the 1996 Usenix Conference*, jan. 1996, p. 27, 37.
85. "RAID 5: independent data disks with distributed parity blocks", www.raid.com/04_01_05.html.
86. "RAID level 5", *PCGuide.com*, www.pcguide.com/ref/hdd/perf/raid/levels/singleLevel5-c.html.
87. "Multiple (nested) RAID levels", *PCGuide.com*, www.pcguide.com/ref/hdd/perf/raid/mult.htm.
88. "RAID 6: independent data disks with two independent parity schemes", www.raid.com/04_01_06.html.
89. "Multiple (nested) RAID levels", *PCGuide.com*, www.pcguide.com/ref/hdd/perf/raid/mult.htm.
90. "RAID level 7", *PCGuide.com*, www.pcguide.com/ref/hdd/perf/raid/levels/singleLevel7-c.html.
91. R. Geist e S. Daniel, "A continuum of disk scheduling algorithms", *ACM Transactions in Computer Systems*, v. 5, 1º fev. 1987, p. 78.

Capítulo 13

Sistemas de arquivos e de bancos de dados

Está na minha memória trancado e você mesma guardará a chave.
William Shakespeare

E pluribus unus. (Um composto de muitos.)
Virgílio

Só posso deduzir que um documento marcado "Não arquivar" seja arquivado em um arquivo "Não arquivar".
Senador Frank Church, em depoimento ao Subcomitê de Inteligência do Senado, 1975

Uma forma de governo que não seja o resultado de uma longa seqüência de experiências, esforços e empreendimentos compartilhados nunca conseguirá fincar raízes.
Napoleão Bonaparte

Objetivos

Este capítulo apresenta:

- *A necessidade de sistemas de arquivos.*
- *Arquivos, diretórios e as operações que podem ser realizadas neles.*
- *A organização e o gerenciamento dos dados e do espaço livre de um dispositivo de armazenamento.*
- *O controle de acesso aos dados em um sistema de arquivos.*
- *Mecanismos de cópia de segurança (backup), recuperação e integridade de um sistema de arquivos.*
- *Sistemas e modelos de bancos de dados.*

13.1 Introdução

A maioria dos usuários de computadores está familiarizada com o conceito de **arquivo** como uma coleção nomeada de dados, manipulada como uma unidade. Os arquivos ficam normalmente em dispositivos de armazenamento secundário como discos, CDs ou fitas, embora possam existir exclusivamente na memória principal volátil. Neste capítulo discutiremos como os sistemas organizam e acessam dados de arquivos de modo que possam ser recuperados rapidamente de dispositivos de armazenamento cujos tempos de latência são altos. Também discutiremos como os sistemas operacionais podem criar uma interface que facilita a navegação dos arquivos de um usuário. Porque o armazenamento secundário muitas vezes contém arquivos que guardam informações sensíveis para vários usuários, discutiremos como os sistemas controlam o acesso aos dados de arquivos. Muitos sistemas utilizam arquivos para armazenar informações importantes como estoques, folhas de pagamento e balanços contábeis; discutiremos como sistemas de arquivos podem proteger esses dados de danos ou de perda total decorrentes de acidentes desastrosos como falta de energia ou falhas de disco. Por fim, discutiremos como sistemas que gerenciam grandes quantidades de dados compartilhados podem se beneficiar de bancos de dados como alternativas a arquivos.

13.2 Hierarquia de dados

Informações são armazenadas em computadores segundo uma **hierarquia de dados**. O nível mais baixo da hierarquia de dados é composto de bits. Bits são agrupados em **padrões de bits** para representar itens de dados de interesse em sistemas de computador. Há 2^n padrões de bits possíveis para uma série de n bits.

O nível seguinte da hierarquia de dados representa padrões de bits de tamanho fixo, como **bytes**, caracteres e palavras. Quando se refere a armazenamento, um byte normalmente são 8 bits. Uma **palavra** representa o número de bits sobre os quais um processador pode operar de uma só vez. Assim, uma palavra são 4 bytes em um processador de 32 bits e 8 bytes em um processador de 64 bits.

Caracteres mapeiam bytes (ou grupos de bytes) para símbolos como letras, números, pontuação e novas linhas. Muitos sistemas usam caracteres de 8 bits e, portanto, podem ter 2^8, ou 256 caracteres possíveis em seus **conjuntos de caracteres**. Os três conjuntos de caracteres mais populares em uso hoje são o **ASCII (American Standard Code for Information Interchange)**, o **EBCDIC (Extended Binary-Coded Decimal Interchange Code)** e o **Unicode**®.

O ASCII armazena caracteres como bytes de 8 bits e, assim, pode ter 256 caracteres possíveis em seu conjunto de caracteres. Devido ao pequeno tamanho de caractere do ASCII, ele não suporta conjuntos de caracteres internacionais. O EBCDIC é freqüentemente usado para representar dados em sistemas de computadores de grande porte (mainframes), particularmente nos sistemas desenvolvidos pela IBM; também armazena caracteres como bytes de 8 bits.[1]

Unicode é um padrão reconhecido internacionalmente, bastante usado em aplicações da Internet e multilíngües. Seu objetivo é utilizar um único número para representar cada caractere em todos os idiomas do mundo.[2] O Unicode fornece representações de 8, 16 e 32 bits do seu conjunto de caracteres. Para simplificar a conversão de caracteres ASCII em Unicode, a representação de 8 bits do Unicode, denominada UTF-8 (Unicode Character Set Translation Format-8 bit — formato de tradução do conjunto de caracteres de 8 bits do Unicode), corresponde diretamente ao conjunto de caracteres ASCII. Arquivos HTML normalmente são codificados usando UTF-8. UTF-16 e UTF-32 oferecem conjuntos de caracteres maiores, que habilitam aplicações a armazenar informações que contenham caracteres de vários alfabetos como o grego, o cirílico, o chinês e muitos outros. Todavia, exigem arquivos maiores para armazenar o mesmo número de caracteres em comparação com o UTF-8. Por exemplo, a série de 12 caracteres 'Hello, world' requer 12 bytes de armazenamento usando caracteres de 8 bits, 24 bytes usando caracteres de 16 bits e 48 bytes usando caracteres de 32 bits.

Um **campo** é um grupo de caracteres (por exemplo, o nome, endereço ou número de telefone de uma pessoa). Um registro é um grupo de campos. O **registro** de um aluno pode conter, por exemplo, campos separados para o número de identificação, nome, endereço e número de telefone, média de pontos, principal área de estudos, data esperada do término do curso e assim por diante. Um arquivo é um grupo de registros relacionados. Por exemplo, um arquivo de alunos pode conter um registro para cada aluno de uma universidade; um arquivo de folha de pagamento pode conter um registro para cada funcionário de uma empresa. O nível mais alto da hierarquia de dados é um sistema de arquivo ou banco de dados. Sistemas de arquivo são coleções de arquivos, e bancos de dados são coleções de dados (sistemas de bancos de dados são discutidos na Seção 13.12, "Sistemas de bancos de dados").

O termo **volume** representa uma unidade de armazenamento de dados que pode conter vários arquivos. Um volume físico é limitado a um único dispositivo de armazenamento; um volume lógico — como um volume que poderia ser utilizado em uma máquina virtual — pode estar disperso por muitos dispositivos. Exemplos de volumes são CDs, DVDs, fitas e discos rígidos.

Revisão

1. O que se permuta por grandes conjuntos de caracteres?

2. Quantos caracteres possíveis podem ser armazenados utilizando-se um conjunto de caracteres de 16 bits, de 32 bits e de 64 bits? Por que, na sua opinião, não são implementados conjuntos de caracteres de 64 bits?

Respostas: **1)** Grandes conjuntos de caracteres como o Unicode habilitam usuários a armazenar e transmitir dados em vários idiomas. Todavia, esse tipo de conjunto requer um grande número de bits para representar cada caractere, o que aumenta o tamanho dos dados que armazenam. **2)** Um conjunto de caracteres de 16 bits pode representar 2^{16}, ou 65.636 caracteres possíveis; um conjunto de caracteres de 32 bits pode representar 2^{32}, ou mais de 4 bilhões de caracteres; um conjunto de caracteres de 64 bits pode representar 2^{64}, ou mais de 16 quintilhões de caracteres. Até agora, ainda não foram implementados conjuntos de caracteres de 64 bits, porque eles consomem uma porção significativa de espaço por caractere para fornecer uma faixa de caracteres que ultrapassa em muito o que os usuários provavelmente precisarão no futuro.

13.3 Arquivos

Um arquivo é uma coleção nomeada de dados que pode ser manipulada como uma unidade por operações como:
- abrir — preparar um arquivo para ser referido
- fechar — impedir mais referências a um arquivo até que ele seja reaberto
- criar — criar um arquivo
- destruir — remover um arquivo
- copiar — copiar o conteúdo de um arquivo para outro
- renomear — mudar o nome de um arquivo
- listar — imprimir ou exibir o conteúdo de um arquivo

Itens de dados individuais dentro de um arquivo podem ser manipulados por operações como:
- ler — copiar dados de um arquivo para a memória de um processo
- escrever — copiar dados da memória de um processo para um arquivo
- atualizar — modificar um item de dado existente em um arquivo
- inserir — adicionar um novo item de dado em um arquivo
- apagar — remover um item de dado de um arquivo

Arquivos podem ser caracterizados por atributos como:
- tamanho — a quantidade de dados armazenada em um arquivo
- localização — a localização do arquivo (em um dispositivo de armazenamento ou na organização lógica de arquivos do sistema)
- acessibilidade — restrições ao acesso a dados do arquivo
- tipo — como o arquivo de dados é utilizado; por exemplo, um arquivo executável contém instruções de máquina para um processo. Um arquivo de dados pode especificar a aplicação utilizada para acessar seus dados
- volatilidade — a freqüência com a qual são feitas adições e eliminações em um arquivo
- atividade — a porcentagem dos registros de um arquivo acessada durante determinado período de tempo

Arquivos podem consistir em um ou mais registros. Um registro físico (ou bloco físico) é a unidade de informação realmente lida de ou escrita para um dispositivo de armazenamento. Um registro lógico (ou bloco lógico) é uma coleção de dados tratada como uma unidade pelo software. Quando cada registro físico contém exatamente um registro lógico, diz-se que o arquivo consiste em registros não blocados. Em um arquivo com registros de tamanho fixo, todos os registros têm o mesmo tamanho; o tamanho do bloco é, ordinariamente, um múltiplo inteiro do tamanho do registro. Em um arquivo com registros de tamanhos variáveis, os tamanhos dos registros podem variar até o tamanho do bloco.

Revisão
1. Compare registros físicos com registros lógicos.

2. Por que, na sua opinião, registros de tamanhos variáveis incorrem em mais sobrecarga de armazenamento do que registros de tamanhos fixos?

Respostas: **1)** Um registro físico corresponde a uma unidade de informação lida de ou escrita para um dispositivo de armazenamento. Um registro lógico corresponde a uma coleção de dados tratada como uma unidade pelo software. **2)** O sistema precisa determinar o tamanho de cada registro. Duas maneiras comuns de fazer isso são terminar cada registro com um marcador de final de registro ou preceder cada registro com um campo de tamanho — ambos ocupam espaço. Quando o sistema processa registros de tamanho fixo, é preciso gravar o tamanho do registro somente uma vez.

13.4 Sistemas de arquivo

Um sistema de arquivo organiza arquivos e gerencia o acesso aos dados.[3] Sistemas de arquivos são responsáveis por:

- Gerenciamento de arquivos — fornecer os mecanismos para que os arquivos sejam armazenados, referidos, compartilhados e fiquem em segurança.
- Gerenciamento de armazenamento auxiliar — alocar espaço para arquivos em dispositivos de armazenamento secundário e terciário.
- Mecanismos de integridade do arquivo — garantir que as informações armazenadas em um arquivo não sejam corrompidas. Quando a integridade do arquivo é assegurada, os arquivos contêm somente as informações que devem conter.
- Métodos de acesso — como os dados armazenados podem ser acessados.

Sistemas de arquivo preocupam-se primordialmente com o gerenciamento do espaço de armazenamento secundário, particularmente armazenamento em disco, mas podem acessar dados de arquivos armazenados em outros meios (por exemplo, na memória principal).

Sistemas de arquivo habilitam os usuários a criar, modificar e eliminar arquivos; também devem ser capazes de estruturar arquivos de maneira mais apropriada para cada aplicação e inicializar transferência de dados entre arquivos. Os usuários também devem poder compartilhar os arquivos um do outro de um modo cuidadosamente controlado para aproveitar e aperfeiçoar o trabalho de cada um. O mecanismo de compartilhamento de arquivos deve fornecer vários tipos de acesso controlado como acesso de leitura, acesso de escrita, acesso de execução ou várias combinações desses.

Sistemas de arquivos devem exibir independência de dispositivos — os usuários devem poder referir-se a seus arquivos por nomes simbólicos em vez de ter de utilizar nomes de dispositivos físicos. Nomes simbólicos são nomes lógicos, amigáveis aos usuários, como myDirectory:myFile.txt. Nomes de dispositivos físicos especificam em que lugar do dispositivo um arquivo pode ser encontrado, por exemplo, disco 2, blocos 782-791. Nomes simbólicos permitem que os sistemas de arquivos dêem aos usuários uma visão lógica de seus dados atribuindo nomes significativos a arquivos e operações com arquivos. Uma visão física preocupa-se com o arranjo dos dados de arquivo em seu dispositivo de armazenamento e com as operações específicas dos dispositivos que manipulam os dados. O usuário não deve se preocupar com os dispositivos particulares onde estão armazenados os dados, com a forma que os dados tomam nesses dispositivos ou com os meios físicos para transferir os dados de e para esses dispositivos.

Projetar um sistema de arquivo exige conhecimento da comunidade de usuários, incluindo o número de usuários, o número e tamanho médios dos arquivos por usuário, a duração média das sessões dos usuários, a natureza das aplicações que serão executadas no sistema e outros itens semelhantes. Esses fatores devem ser considerados cuidadosamente para determinar as organizações de arquivos e estruturas de diretórios mais adequadas.

Para evitar perda acidental ou destruição proposital de informações, sistemas de arquivos também devem fornecer capacidades de cópias de segurança (backup) que facilitem a criação de cópias redundantes de dados e recursos de recuperação que habilitem os usuários a recuperar quaisquer dados perdidos ou danificados. Em ambientes vulneráveis, nos quais informações devem ser mantidas em segurança e confidenciais, como sistemas de transferência eletrônica de fundos, sistemas de folha criminal e assim por diante, o sistema de arquivo também pode fornecer recursos de criptografia e decriptação, que tornam a informação útil somente para o público a que se destina — aquele que possui as chaves de decriptação (criptografia e decriptação são discutidas na Seção 19.2, "Criptografia"; veja o quadro "Reflexões sobre sistemas operacionais, Criptografia e decriptação").

Revisão

1. (V/F) Sistemas de arquivo gerenciam dados somente em armazenamento secundário.
2. De que maneira o gerenciamento de sistemas de arquivo é semelhante ao gerenciamento da memória virtual?

Respostas: **1)** Falso. Sistemas de arquivo gerenciam arquivos, que representam uma coleção de dados nomeada que pode ser armazenada em qualquer meio, incluindo a memória principal. **2)** Gerenciamento de sistemas de arquivo implica alocar armazenamento, mantendo a visão física do armazenamento oculta para as aplicações e controlando o acesso ao armazenamento.

Reflexões sobre sistemas operacionais

Criptografia e decriptação

Anos atrás, as informações processadas por um computador eram, em grande parte, confinadas em um único sistema de computador local, e o acesso a elas podia ser rigorosamente controlado. Sistemas operacionais que executam nos sistemas de grande capacidade atuais passam quantidades maciças de informações entre computadores e redes, especialmente a Internet. Os meios de transmissão são inseguros e vulneráveis, portanto, para proteger essas informações, softwares de sistemas operacionais muitas vezes fornecem capacidades de criptografia e decriptação. Ambas as operações podem usar o processador tão intensivamente que empregá-las em larga escala não era prático anos atrás. Como a capacidade dos processadores continua a crescer acentuadamente, mais sistemas incorporarão criptografia e decriptação em mais aplicações, especialmente naquelas que envolvem transmissão vulnerável por redes.

Diretório	Campo Descrição
Nome	Série de caracteres que representa o nome do arquivo.
Localização	Bloco físico ou localização lógica do arquivo no sistema de arquivo (ou seja, um nome de caminho).
Tamanho	Número de bytes consumido pelo arquivo.
Tipo	Descrição do propósito do arquivo (por exemplo, arquivo de dados ou arquivo de diretório).
Horário de acesso	Última vez que o arquivo foi acessado
Horário de modificação	Última vez que o arquivo foi modificado.
Horário de criação	Quando o arquivo foi criado.

Figura 13.1 | Exemplo de conteúdo de diretório de arquivo.[4,5,6]

13.4.1 Diretórios

Considere um sistema de compartilhamento de grande escala que suporte uma grande comunidade de usuários. Cada usuário pode ter várias contas; cada conta pode ter muitos arquivos. Alguns arquivos podem ser pequenos, como mensagens de e-mail; outros podem ser grandes, como listas mestras de peças de uma aplicação de controle de estoque.

É comum que contas de usuários contenham centenas e até milhares de arquivos. Com uma comunidade de vários milhares de usuários, os discos de um sistema poderiam facilmente conter milhões de arquivos. Esses arquivos precisam ser acessados rapidamente para limitar os tempos de resposta.

Para organizar e localizar arquivos rapidamente, sistemas de arquivos usam diretórios, que são arquivos que contêm os nomes e as localizações de outros arquivos do sistema de arquivo. Diferentemente de outros arquivos, um **diretório** não armazena dados de usuários. A Figura 13.1 lista diversos campos comuns de diretórios.

Sistema de arquivo de nível único

A organização mais simples de sistemas de arquivo é uma estrutura de diretório de nível único (ou plana). Nessa implementação, o sistema de arquivo armazena todos os seus arquivos utilizando um só diretório.[7] Em um sistema de arquivo de nível único, dois arquivos não podem ter o mesmo nome. Porque a maioria dos ambientes contém um grande número de arquivos, muitos dos quais usam o mesmo nome, os sistemas de arquivos de nível único raramente são implementados.

Sistema de arquivo estruturado hierarquicamente

Um sistema de arquivo mais apropriado para a maioria dos ambientes pode ser organizado da seguinte maneira (Figura 13.2). Uma **raiz** indica em que lugar do dispositivo de armazenamento começa o **diretório-raiz**. Diretórios são arquivos que

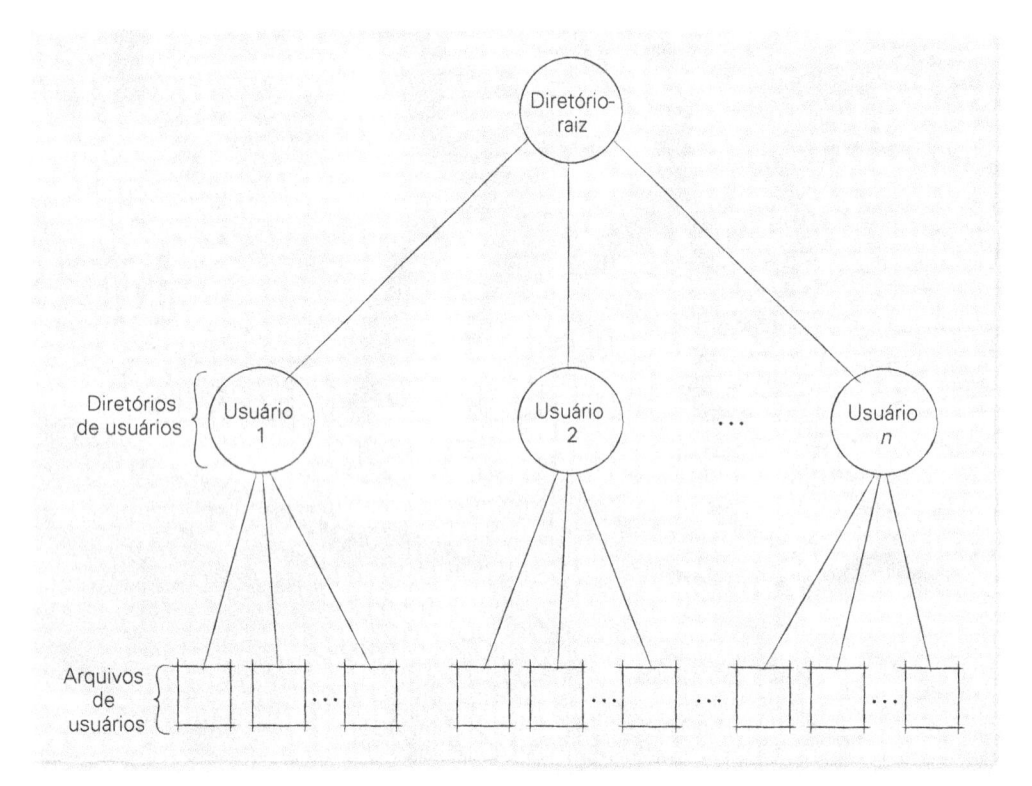

Figura 13.2 | *Sistema de arquivo hierárquico de dois níveis.*

podem apontar para os vários diretórios de usuário. Um diretório de usuário contém a entrada para cada um dos arquivos daquele usuário; cada entrada aponta para a localização do arquivo correspondente no dispositivo de armazenamento.

Nomes de arquivos têm de ser exclusivos somente dentro de um dado diretório de usuário. Nesses **sistemas de arquivos estruturados hierarquicamente**, cada diretório pode conter diversos subdiretórios, mas não mais do que um diretório-pai. O nome de um arquivo usualmente é formado como o nome de caminho desde o diretório-raiz até o arquivo. Por exemplo, em um sistema de arquivo de dois níveis com os usuários SMITH, JONES e DOE, no qual JONES tem os arquivos PAYROLL e INVOICES, o **nome de caminho** para o arquivo PAYROLL poderia ser formado como RAIZ:JONES:PAYROLL. Nesse exemplo, RAIZ indica o diretório-raiz, e o uso dos dois-pontos (:) delimita as diferentes partes do nome de caminho.

Sistemas hierárquicos de arquivo são implementados pela maioria dos sistemas de arquivos de propósito geral, mas o nome do diretório-raiz e o tipo do delimitador podem variar entre sistemas de arquivo. O diretório-raiz de um sistema de arquivo do Windows é especificado por uma letra seguida de dois-pontos (por exemplo, C:) e sistemas de arquivo baseados no UNIX usam uma barra inclinada (/). Sistemas Windows usam uma barra inclinada invertida (por exemplo, C:\Jones\Payroll) como delimitador, e sistemas baseados no UNIX usam uma barra inclinada (por exemplo, /jones/payroll). Vários sistemas de arquivo Linux e XP são examinados detalhadamente nos estudos de caso (veja as seções 20.7.3, "Segundo sistema de arquivo estendido (ext2fs)", e 21.8.2, "NTFS").

Nomes de caminhos relativos

Muitos sistemas de arquivo suportam a noção de um **diretório de trabalho** para simplificar a navegação usando nomes de caminhos. O diretório de trabalho (representado pela entrada de diretório '.' nos sistemas de arquivo do Windows e baseados no UNIX) habilita usuários a especificar um nome de caminho que não comece no diretório-raiz. Por exemplo, suponha que o diretório de trabalho corrente tenha sido designado /home/hmd/ no sistema de arquivo da Figura 13.3. O **nome de caminho relativo** para /home/hmd/os/chapter13 seria os/chapter13.[8] Essa característica reduz o tamanho do nome de caminho para acessar arquivos. Quando um sistema de arquivo encontra um nome de caminho relativo, forma um **nome de caminho absoluto** (ou seja, o caminho que começa na raiz) concatenando o diretório de trabalho e o caminho relativo. O sistema de arquivo então percorre a estrutura do diretório para localizar o arquivo requisitado.

O sistema de arquivo normalmente mantém uma referência ao diretório-pai do diretório de trabalho, ou seja, o diretório que está um nível acima na hierarquia do sistema de arquivo. Por exemplo, na Figura 13.3, home é o diretório-pai para os diretórios hmd, pjd e drc. No Windows e nos sistemas baseados no UNIX, '..' é uma referência ao diretório-pai.[9]

Ligação (*link*) é uma entrada de diretório que se refere a um arquivo de dados ou diretório que normalmente está localizado em um diretório diferente.[10] Usuários comumente empregam ligações para simplificar a navegação do sistema

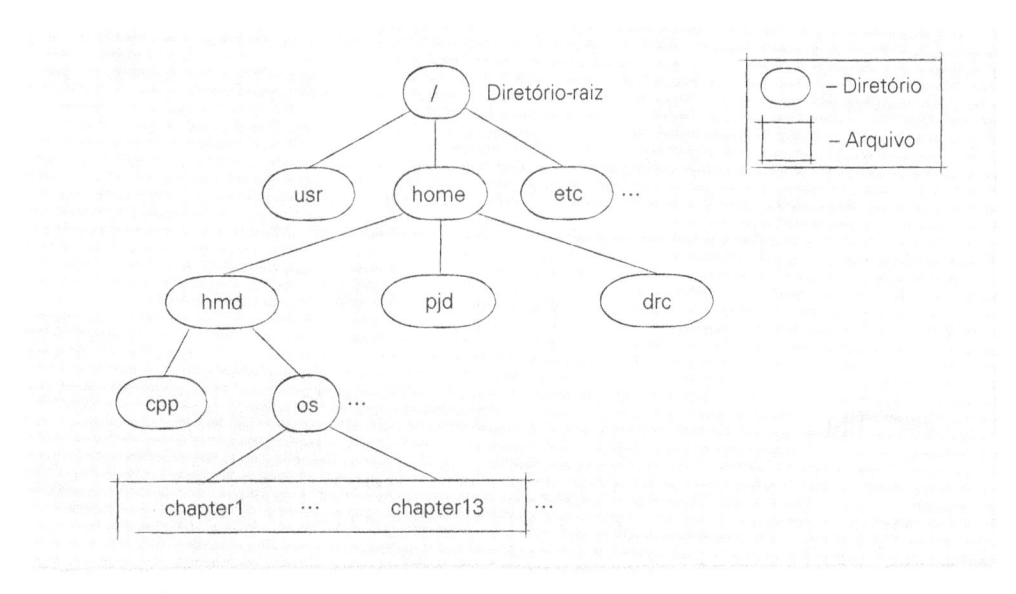

Figura 13.3 | Exemplo de conteúdo de sistema de arquivo hierárquico.

de arquivo e compartilhar arquivos. Por exemplo, suponha que o diretório de trabalho de um usuário seja /home/drc/ e o usuário compartilhe os arquivos de um outro usuário localizado no diretório /home/hmd/os. Criando uma ligação para /home/hmd/os no diretório de trabalho do usuário, esse pode acessar os arquivos compartilhados simplesmente por meio do nome de caminho relativo os/.

Ligação flexível (também chamada de ligação simbólica em sistemas baseados no UNIX, de 'atalho' (*shortcut*) nos sistemas Windows e de 'apelido' (*alias*) em sistemas MacOS) é uma entrada de diretório que contém o nome de caminho para um outro arquivo. O sistema de arquivo localiza o alvo da ligação flexível percorrendo a estrutura do diretório por meio do nome de caminho especificado.[11]

Ligação estrita é uma entrada de diretório que especifica a localização do arquivo (normalmente um número de bloco) no dispositivo de armazenamento. O sistema de arquivo localiza os dados do arquivo da ligação estrita acessando diretamente o bloco físico a que ela se refere.[12]

A Figura 13.4 ilustra a diferença entre ligações flexíveis e ligações estritas. Os arquivos foo e bar estão localizados nos blocos número 467 e 843, respectivamente. A entrada de diretório foo_hard é uma ligação estrita, porque especifica o mesmo número de bloco (467) da entrada do diretório foo. A entrada de diretório foo_soft é uma ligação flexível, porque especifica o nome de caminho para foo (nesse caso, ./foo).

Lembre-se da Seção 12.9, em que a reorganização e a desfragmentação podem ser usadas para melhorar o desempenho do disco. Durante essas operações, a localização física de um arquivo pode mudar, exigindo que o sistema atualize a localização do arquivo em sua entrada de diretório. Pelo fato de uma ligação estrita especificar a localização física de um arquivo, ela se referirá a dados inválidos quando a localização física do arquivo correspondente mudar. Para resolver

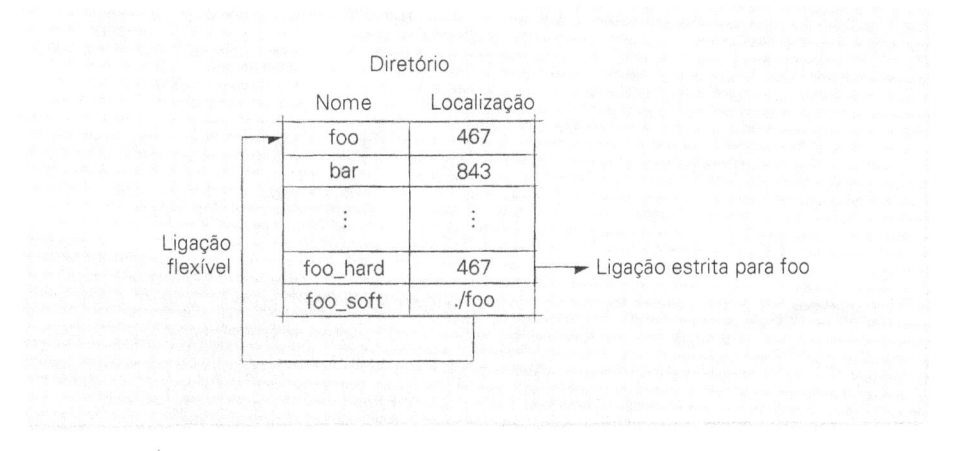

Figura 13.4 | Ligações de um sistema de arquivo.

essa questão, um sistema de arquivo pode armazenar em um arquivo um ponteiro para cada uma de suas ligações estritas. Quando a localização física do arquivo mudar, o sistema de arquivo poderá usar esses ponteiros para constatar quais ligações estritas precisam ser atualizadas.

Porque ligações flexíveis armazenam a localização lógica do arquivo no sistema de arquivo, que não muda durante a desfragmentação ou a reorganização do disco, elas não precisam ser atualizadas quando os dados do arquivo mudam de lugar. Contudo, se um usuário transferir um arquivo para um diretório diferente ou renomear o arquivo, nenhuma das ligações flexíveis para aquele arquivo será mais válida. Esse comportamento pode ser útil em alguns casos. Por exemplo, um usuário pode querer substituir um arquivo de programa por uma nova versão do programa com o mesmo nome. Nesse caso, o arquivo que estava originalmente ligado poderá ser removido, renomeado e substituído, mas a ligação flexível continuará a se referir ao arquivo válido (a nova versão do programa). Tradicionalmente, sistemas de arquivo não atualizam ligações flexíveis quando um arquivo é transferido para um diretório diferente.

Quando um usuário destrói uma ligação com um arquivo, o sistema de arquivo deve determinar se destrói também o arquivo correspondente. Para essa finalidade, os sistemas de arquivo normalmente mantêm uma contagem do número de ligações estritas com um arquivo. Quando a contagem chegar a zero, significa que o sistema de arquivo não contém nenhuma referência aos dados do arquivo, portanto, o arquivo pode ser removido com segurança. Porque ligações flexíveis não se referem à localização física dos dados do arquivo, elas não são consideradas ao se determinar se um arquivo deve ser destruído.

Revisão

1. Por que sistemas de arquivo de nível único são inadequados para a maioria dos sistemas?
2. Descreva a diferença entre ligações estritas e ligações flexíveis.

Respostas: 1) A razão é que a maioria dos sistemas requer que o sistema de arquivo suporte vários arquivos com o mesmo nome, uma característica que os sistemas de arquivo de nível único não oferece. 2) Ligações estritas são entradas de diretório que especificam a localização de um arquivo em seu dispositivo de armazenamento; ligações flexíveis especificam o nome de caminho de um arquivo. Ligações estritas se referem aos mesmos dados, ainda que o nome de um arquivo mude. Ligações flexíveis localizam o arquivo segundo sua posição lógica no sistema de arquivo. Assim, os dados referidos pelo nome de caminho de uma ligação flexível podem mudar quando um novo arquivo for designado por aquele nome de caminho.

13.4.2 Metadados

A maioria dos sistemas de arquivo armazena outros dados além dos dados de usuário e diretórios, como a localização dos blocos livres de um dispositivo de armazenamento (para garantir que um novo arquivo não sobrescreva blocos que estão sendo usados) e o horário em que um arquivo foi modificado (para propósitos de contabilidade). Essas informações, denominadas **metadados**, protegem a integridade do sistema de arquivo e não podem ser modificadas diretamente por usuários.

Antes de um sistema de arquivo poder acessar dados, seu dispositivo de armazenamento precisa ser **formatado**. Formatar é uma operação dependente de sistema, mas normalmente implica inspecionar o dispositivo de armazenamento em busca de quaisquer setores não utilizáveis, apagando quaisquer dados que estejam no dispositivo e criando o diretório-raiz do sistema de arquivo. Muitos sistemas de arquivo também criam um superbloco para armazenar informações que protejam a integridade do sistema de arquivo. Um **superbloco** pode conter:

- um **identificador de sistema de arquivo** que identifica inequivocamente o tipo de sistema de arquivo
- o número de blocos do sistema de arquivo
- a localização dos blocos livres do dispositivo de armazenamento
- a localização do diretório-raiz
- a data e o horário em que o sistema foi modificado pela última vez
- informações indicando se o sistema de arquivo precisa ser verificado (por exemplo, devido a uma falha de sistema que impediu que dados em buffer fossem escritos para armazenamento secundário).[13, 14, 15]

Se o superbloco for corrompido ou destruído, o sistema de arquivo poderá tornar-se incapacitado de acessar dados de arquivo. Erros imperceptíveis em dados de superbloco (como a localização dos blocos livres do dispositivo de armazenamento) poderiam obrigar o sistema de arquivo a sobrescrever dados de arquivo existentes. Para reduzir o risco da perda de dados, a maioria dos sistemas de arquivo distribui cópias redundantes do superbloco por todo o dispositivo de armazenamento. Desse modo, o sistema de arquivo pode usar cópias do superbloco para determinar se o superbloco primário foi danificado e, se foi, substituí-lo.

Descritores de arquivo

Quando um arquivo é aberto, o sistema operacional primeiramente localiza informações sobre o arquivo percorrendo a estrutura do diretório. Para evitar um número maior dessas operações (possivelmente demoradas) o sistema mantém uma tabela na memória principal que monitora os arquivos abertos. Em muitos sistemas, a operação de abertura de arquivo retorna um **descritor de arquivo**, um número inteiro não negativo, que indexa para a tabela de arquivos abertos. Desse ponto em diante o acesso ao arquivo é orientado pelo descritor de arquivo.

A tabela de arquivos abertos contém **blocos de controle de arquivo** que especificam as informações que o sistema precisa para gerenciar um arquivo, às vezes denominadas **atributos do arquivo**, estruturas altamente dependentes do sistema. Um bloco de controle de arquivo típico pode incluir os seguintes atributos:

- nome simbólico
- localização no armazenamento secundário
- estrutura da organização (seqüencial, acesso direto e assim por diante)
- tipo do dispositivo (disco rígido, CD-ROM)
- dados de controle de acesso (quais usuários podem acessar o arquivo e o tipo de acesso que é permitido)
- tipo (arquivo de dados, programa-objeto, programa-fonte C e assim por diante)
- disposição (permanente *versus* temporário)
- data e horário em que foi criado
- data e horário em que foi modificado pela última vez
- contagens de atividade de acesso (número de leituras, por exemplo)

Ordinariamente, blocos de controle de arquivo são mantidos em armazenamento secundário e trazidos para a memória principal quando um arquivo é aberto para melhorar a eficiência das operações com o arquivo.

Revisão

1. Por que o sistema de arquivo deve manter cópias redundantes de metadados críticos como os superblocos?
2. Por que sistemas de arquivo impedem que usuários acessem metadados diretamente?

Respostas: **1)** Porque os metadados, assim como os superblocos, armazenam informações que identificam o sistema de arquivo e fornecem a localização de seus arquivos e de espaço livre, os dados do sistema de arquivo poderiam ser perdidos se o superbloco fosse danificado. Manter várias cópias dos dados dos superblocos habilita o sistema a se recuperar se o superbloco for danificado, o que reduz o risco de perda de dados. **2)** Se o acesso não fosse rigorosamente controlado, o mau uso acidental dos metadados do sistema de arquivo poderia resultar em inconsistências e perda de dados.

13.4.3 Montagem

Usuários muitas vezes requerem acesso a informações que não fazem parte do sistema de arquivo nativo (o sistema de arquivo que está permanentemente montado em um sistema particular e cuja raiz é referida pelo diretório-raiz). Por exemplo, muitos usuários armazenam dados em um segundo disco rígido, em DVD, ou em uma outra estação de trabalho componente de uma rede de computadores. Por essa razão, sistemas operacionais fornecem a capacidade de **montar** vários sistemas de arquivo. A montagem combina vários sistemas de arquivo em um único **espaço de nomes** — um conjunto de arquivos que pode ser identificado por um único sistema de arquivo. O espaço de nomes unificado permite que usuários acessem dados de diferentes localizações como se todos os arquivos estivessem posicionados dentro do sistema de arquivo nativo.[16]

O comando *montar* designa um diretório do sistema de arquivo nativo, denominado **ponto de montagem**, para a raiz do sistema de arquivo montado. Os primeiros sistemas de arquivo Windows apresentavam uma estrutura de montagem achatada; cada sistema de arquivo montado era designado por uma letra e localizado no mesmo nível da estrutura do diretório. Por exemplo, normalmente o sistema de arquivo que continha o sistema operacional era montado em C: e o sistema de arquivo seguinte, em D:.

Sistemas de arquivo compatíveis com o UNIX (como o UNIX File System, o Fast File System e o Second Extended File System) e versões do NTFS da Microsoft a partir da versão 5.0, inclusive, apresentam pontos de montagem que podem ser localizados em qualquer lugar do sistema de arquivo. O conteúdo do diretório do sistema de arquivo nativo no ponto de montagem fica temporariamente oculto enquanto um outro sistema de arquivo é montado naquele diretório.[17, 18]

Em sistemas UNIX, alguns sistemas de arquivo são montados em um dos diretórios localizados em /mnt/. Considere a Figura 13.5. O comando de montagem coloca a raiz do sistema de arquivo B sobre o diretório /mnt/newfs/ do sistema de

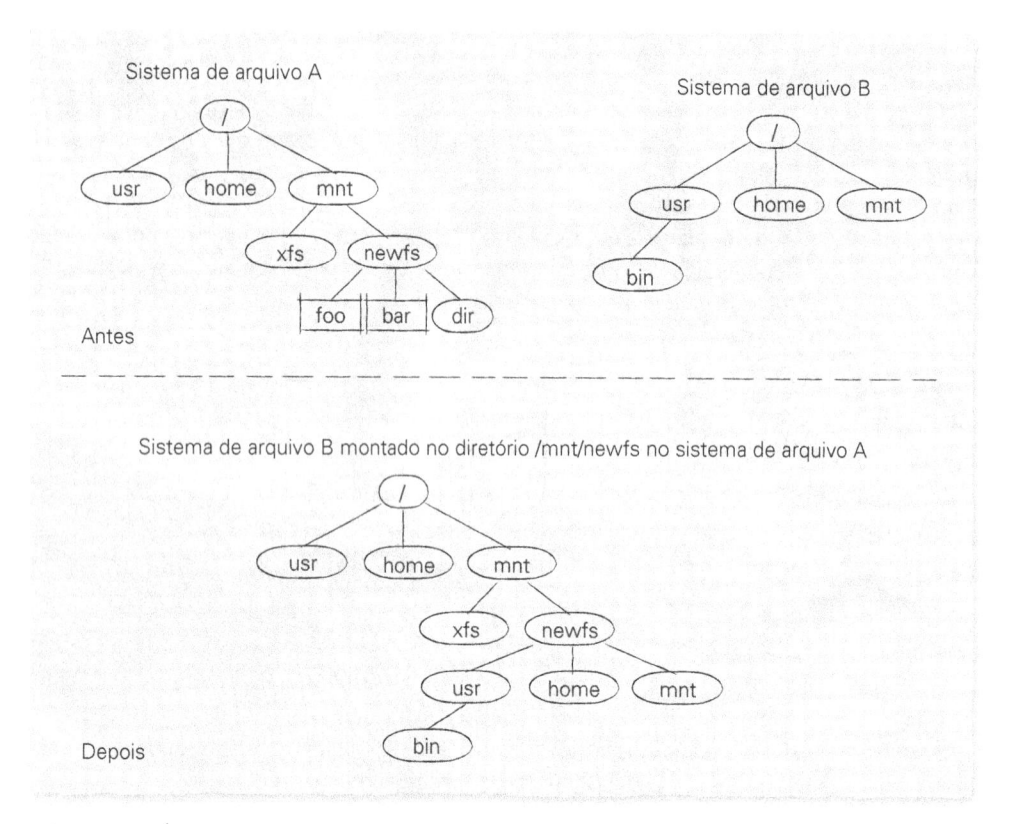

Figura 13.5 | Montagem de um sistema de arquivo.

arquivo A. Após a operação de montagem, os arquivos do sistema de arquivo B podem ser acessados por meio de /mnt/newfs/ do sistema de arquivo A. Por exemplo, pode-se acessar o diretório /usr/bin/ do sistema de arquivo B no diretório /mnt/newfs/usr/bin/ do sistema de arquivo A. Quando um sistema de arquivo é montado, o conteúdo do diretório no ponto de montagem fica disponível para usuários até que o sistema de arquivo seja desmontado.

Sistemas de arquivo gerenciam diretórios montados com **tabelas de montagem** que contêm informações sobre os nomes de caminhos do ponto de montagem e sobre o dispositivo que armazena cada sistema de arquivo montado. Quando o sistema de arquivo nativo encontra um ponto de montagem, ele utiliza a tabela de montagem para determinar o dispositivo e o tipo de sistema de arquivo que está montado naquele diretório. A maioria dos sistemas operacionais suporta vários sistemas de arquivos para armazenamento removível, como o Universal Disk Format (UDF) para DVDs e o sistema de arquivo ISO 9660 para CDs. Uma vez determinado o tipo de sistema de arquivo do dispositivo, o sistema operacional usa o sistema de arquivo apropriado para acessar o arquivo no dispositivo especificado. O comando desmontar (unmount) permite que o usuário desconecte sistemas de arquivos montados. Essa chamada atualiza a tabela de montagem e habilita o usuário a acessar quaisquer arquivos que estejam ocultos pelo sistema montado.[19]

Usuários podem criar ligações flexíveis em arquivos em sistemas de arquivo montados. Quando o sistema de arquivo encontra a ligação flexível, ele utiliza o nome de caminho especificado para percorrer a estrutura do diretório. Quando o sistema de arquivo encontra um ponto de montagem, começa a percorrer o diretório desde a raiz do sistema de arquivo montado até o ponto de montagem. Uma ligação estrita, entretanto, especifica um número de bloco associado com o dispositivo que armazena a ligação. Em geral, usuários não podem criar ligações estritas entre dois sistemas de arquivos, porque, muitas vezes, esses sistemas estão associados a dispositivos de armazenamento diferentes.

Revisão

1. (V/F) O sistema de arquivo montado e o sistema de arquivo nativo devem ser do mesmo tipo.
2. Um sistema de arquivo pode criar uma ligação estrita com um arquivo em um sistema de arquivo montado?

Respostas: **1)** Falso. Uma vantagem primordial de montar sistemas de arquivos é que eles permitem que vários sistemas heterogêneos sejam acessados via uma única interface de sistema de arquivo. **2)** Não, ligações estritas referem-se a números de bloco específicos de um dispositivo correspondentes ao sistema de arquivo onde eles estão armazenados, portanto, não podem ser usados para especificar localizações físicas em outros sistemas de arquivos.

13.5 Organização de arquivo

Organização de arquivo refere-se à maneira como os registros de um arquivo são organizados no armazenamento secundário.[20] Diversos esquemas de organização de arquivo foram implementados:

- **Seqüencial** — Registros são colocados em ordem física. O registro 'seguinte' é aquele que vem depois, fisicamente, do registro anterior. Essa organização é natural para arquivos armazenados em fita magnética, um meio inerentemente seqüencial. Arquivos de disco também podem ser organizados seqüencialmente mas, por várias razões discutidas mais adiante neste capítulo, os registros de um arquivo em um disco seqüencial não são necessariamente armazenados contiguamente.
- **Direto** — Registros são acessados diretamente (aleatoriamente) por seus endereços físicos em um dispositivo de armazenamento de acesso direto (Direct Access Storage Device — DASD). O usuário da aplicação coloca os registros do DASD em qualquer ordem adequada para uma aplicação particular.[21]
- **Seqüencial indexado** — Registros em disco são organizados em seqüência lógica de acordo com uma chave contida em cada registro. O sistema mantém um índice contendo os endereços físicos de certos registros principais. Registros seqüenciais indexados podem ser acessados seqüencialmente pela ordem das chaves, ou podem ser acessados diretamente pesquisando-se o índice criado pelo sistema.
- **Particionado** — É, essencialmente, um arquivo de subarquivos seqüenciais. Cada subarquivo seqüencial é denominado membro. O endereço de início de cada **membro** é armazenado no diretório do arquivo. Arquivos particionados têm sido usados para armazenar bibliotecas de programas ou macrobibliotecas.

Revisão

1. Qual das técnicas de organização de arquivos é mais apropriada para armazenamento em fita? Por quê?
2. Para qual meio a organização direta de arquivos é mais apropriada?

Respostas: 1) A organização seqüencial de arquivos é a mais apropriada para armazenamento em fita, porque a fita é um meio de acesso seqüencial. 2) Organização direta de arquivos é mais apropriada para dispositivos de acesso aleatório, como memória principal e discos de cabeçote móvel.

13.6 Alocação de arquivos

O problema de alocar e liberar espaço em armazenamento secundário é, de certa maneira, semelhante ao experimentado na alocação de memória principal sob multiprogramação de partição variável. À medida que arquivos são alocados e liberados, é comum que o espaço de armazenamento secundário fique cada vez mais fragmentado, com arquivos espalhados por blocos amplamente dispersos, o que pode causar problemas de desempenho.[22] Como discutido na Seção 12.9, o sistema pode realizar desfragmentação, mas fazer isso enquanto o sistema de arquivos estiver em uso pode resultar em maus tempos de resposta.

Porque processos normalmente acessam frações de um arquivo seqüencialmente, isso nos leva a tentar armazenar todos os dados de um arquivo contiguamente para melhorar o desempenho. Por exemplo, usuários que estão procurando informações em um arquivo muitas vezes utilizam opções de varredura de arquivo para localizar o registro seguinte ou o anterior. Sempre que possível essas varreduras devem resultar em mínima atividade de busca.

A localidade espacial nos diz que, uma vez que um processo tenha se referido a um item de dado em uma página, provavelmente se referirá a mais itens de dados naquela mesma página; também é provável que se refira a itens de dados em páginas contíguas àquela página no espaço de endereçamento virtual do usuário. Portanto, é desejável armazenar páginas não residentes, logicamente contíguas, do espaço de endereçamento da memória virtual de um usuário como páginas fisicamente contíguas no armazenamento secundário, em especial se são armazenadas diversas páginas por bloco físico.

Pelo fato de os arquivos aumentarem e diminuírem ao longo do tempo e porque os usuários raramente sabem de antemão de que tamanho serão seus arquivos, sistemas de armazenamento de alocação contígua foram geralmente substituídos por sistemas de armazenamento de alocação não contígua mais dinâmicos. Como veremos, esses sistemas tentam alocar partes de arquivos contiguamente para explorar localidade, mas permitem que arquivos mudem de tamanho com sobrecarga mínima.

Revisão

1. Compare o problema da fragmentação em sistemas de arquivos com o mesmo problema em sistemas de memória virtual.

2. Por que é benéfico alocar armazenamento em blocos para um tamanho de página de um sistema ou para um múltiplo desse tamanho de página?

Respostas: **1)** Em ambos os sistemas, a fragmentação pode levar a desperdício de armazenamento se nenhum dado for suficientemente pequeno para caber nas 'lacunas' de armazenamento. Diferentemente da memória principal, que fornece tempo de acesso essencialmente uniforme para cada um de seus endereços, dispositivos de armazenamento secundário, como discos, podem exibir tempos de acesso altos se os dados estiverem fragmentados, porque o dispositivo de armazenamento provavelmente realizará muitas operações de busca para acessar os dados do arquivo. **2)** Porque permite que o sistema explore a localidade espacial usando uma única operação de E/S para carregar na memória diversas páginas que provavelmente serão referidas no futuro próximo.

13.6.1 Alocação contígua de arquivos

Sistemas de arquivos que empregam alocação contígua colocam dados de arquivos em endereços contíguos no dispositivo de armazenamento. O usuário especifica antecipadamente a quantidade de espaço necessária para armazenar o arquivo. Se a quantidade desejada de espaço contíguo não estiver disponível, o arquivo não poderá ser criado.

Uma vantagem da alocação contígua é que registros lógicos sucessivos normalmente estão fisicamente adjacentes uns aos outros, o que acelera o acesso em comparação com sistemas nos quais registros lógicos sucessivos estão dispersos por todo o armazenamento secundário, exigindo operações de busca adicionais. Localizar dados de arquivo é uma operação direta, porque os diretórios precisam armazenar somente o endereço do início do arquivo e o tamanho do arquivo.

Uma desvantagem de esquemas de alocação contígua é que eles exibem os mesmos tipos de problemas de fragmentação externa inerentes à alocação de memória em sistemas de multiprogramação de partição variável (veja a Seção 9.9). A alocação contígua também pode resultar em mau desempenho à medida que arquivos aumentam e diminuem ao longo do tempo. Se um arquivo crescer até ultrapassar o tamanho especificado originalmente e não houver blocos livres adjacentes, o arquivo deverá ser transferido para uma nova área de tamanho adequado, o que levará a operações adicionais de E/S. Para atender antecipadamente à expansão, os usuários poderiam superestimar suas necessidades de armazenamento, resultando em alocação ineficiente de armazenamento. Alocação contígua é particularmente útil para escrita em CDs e DVDs não regraváveis, que não permitem que os arquivos aumentem nem diminuam ao longo do tempo.

Revisão

1. Explique os benefícios de usar um esquema de alocação contígua de arquivos.
2. Explique as desvantagens de usar um esquema de alocação contígua de arquivos.

Respostas: **1)** A localização de dados de arquivos é direta. E, também, arquivos podem ser acessados rapidamente, porque o dispositivo de armazenamento não precisa realizar buscas demoradas após localizar o primeiro bloco. **2)** Esquemas de alocação contígua podem levar à significativa fragmentação externa e mau desempenho, quando um arquivo se torna muito grande para ser armazenado contiguamente em sua localização corrente e precisa ser movido.

13.6.2 Alocação de arquivo não contígua por lista encadeada

A maioria dos sistemas implementados em meios de armazenamento secundários regraváveis usa alocação não contígua. Uma abordagem da alocação não contígua de arquivo é implementar uma lista encadeada por setores. Segundo esse esquema, cada entrada de diretório aponta para o primeiro setor de um arquivo em um dispositivo de armazenamento secundário de cabeçote móvel como um disco rígido. A porção de dados de um setor armazena o conteúdo do arquivo; a porção do ponteiro armazena um ponteiro para o setor seguinte do arquivo. Pelo fato de arquivos em geral ocuparem vários setores, o cabeçote de leitura/gravação de um disco deve acessar seqüencialmente cada setor de arquivo até encontrar o registro requisitado.

A alocação não contígua resolve alguns dos problemas inerentes aos esquemas de alocação contígua, mas tem suas próprias desvantagens. Porque os registros de um arquivo podem estar dispersos por todo o disco, acesso direto e seqüencial a registros lógicos pode envolver muitas buscas adicionais além da primeira busca para o arquivo. Ponteiros na estrutura da lista também reduzem a quantidade de espaço disponível para dados de arquivo em cada setor.

Um esquema utilizado para gerenciar armazenamento secundário mais eficientemente e reduzir a sobrecarga da atividade de percorrer arquivos é denominado **alocação de bloco**. Nesse esquema, em vez de alocar setores individuais, são alocados blocos (muitas vezes chamados de **extensões**) de setores contíguos. O sistema tenta alocar novos blocos a um arquivo escolhendo blocos livres o mais próximo possível de blocos de dados de arquivo existentes, preferivelmente no mesmo cilindro. Cada acesso ao arquivo envolve determinar o bloco e o setor apropriados dentro do bloco.

No **encadeamento** de blocos, cada entrada de um diretório aponta para o primeiro bloco de um arquivo (Figura 13.6). Blocos que englobam um arquivo cada um contêm duas porções: um bloco de dados e um ponteiro para o bloco seguinte. A menor unidade de alocação é um bloco de tamanho fixo que ordinariamente consiste em muitos setores. Localizar um registro particular requer pesquisar a cadeia de blocos até encontrar o bloco apropriado e, depois, pesquisar aquele bloco até encontrar o registro apropriado. A cadeia deve ser pesquisada desde o início e, se os blocos estiverem dispersos por todo o disco (o que é normal), o processo de pesquisa poderá ser lento, pois ocorrerão buscas bloco a bloco. Inserção e supressão são executadas simplesmente modificando-se o ponteiro do bloco anterior. Alguns sistemas utilizam listas duplamente encadeadas para facilitar a pesquisa; ponteiros apontam para os blocos para a frente e para trás, de modo que a pesquisa pode ser realizada em qualquer direção.

O tamanho do bloco pode causar impacto significativo sobre o desempenho do sistema de arquivo. Se os blocos forem divididos entre arquivos (por exemplo, um arquivo que requer 2,5 blocos ocupa três blocos no disco), os de tamanho grande poderão resultar em considerável quantidade de fragmentação interna. Entretanto, esses blocos reduzem o número de operações de E/S requeridas para acessar dados de arquivo. Blocos de tamanho pequeno podem fazer os dados de arquivo se espalharem por vários blocos, que tendem a se dispersar por todo o disco, o que pode levar a mau desempenho. Na prática, os tamanhos dos blocos ficam na faixa de um a oito kilobytes.[23, 24, 25]

Revisão

1. Qual a desvantagem primordial da alocação não contígua de arquivo por lista encadeada?
2. Quais as permutas entre escolher um tamanho de bloco grande e um de bloco pequeno?

Respostas:

1) No pior dos casos, o sistema de arquivo deve acessar cada um dos blocos do arquivo (quando usar uma lista unicamente encadeada) ou metade dos blocos do arquivo (quando usar uma lista duplamente encadeada) para localizar dados de arquivo, o que poderia resultar em longos tempos de acesso. Como discutiremos nas próximas seções, várias técnicas populares de alocação de arquivo estabelecem um limite inferior para os tempos de acesso, o que tende a melhorar o desempenho. **2)** Um bloco de tamanho grande em geral reduz o número de operações de E/S requeridas para recuperar um registro particular, à custa do desperdício de armazenamento devido à fragmentação interna. Um bloco de tamanho pequeno reduz a quantidade de fragmentação interna, mas, se os dados do arquivo estiverem espalhados por todo o dispositivo de armazenamento, como um disco rígido, isso poderá levar a tempos de acesso indesejáveis.

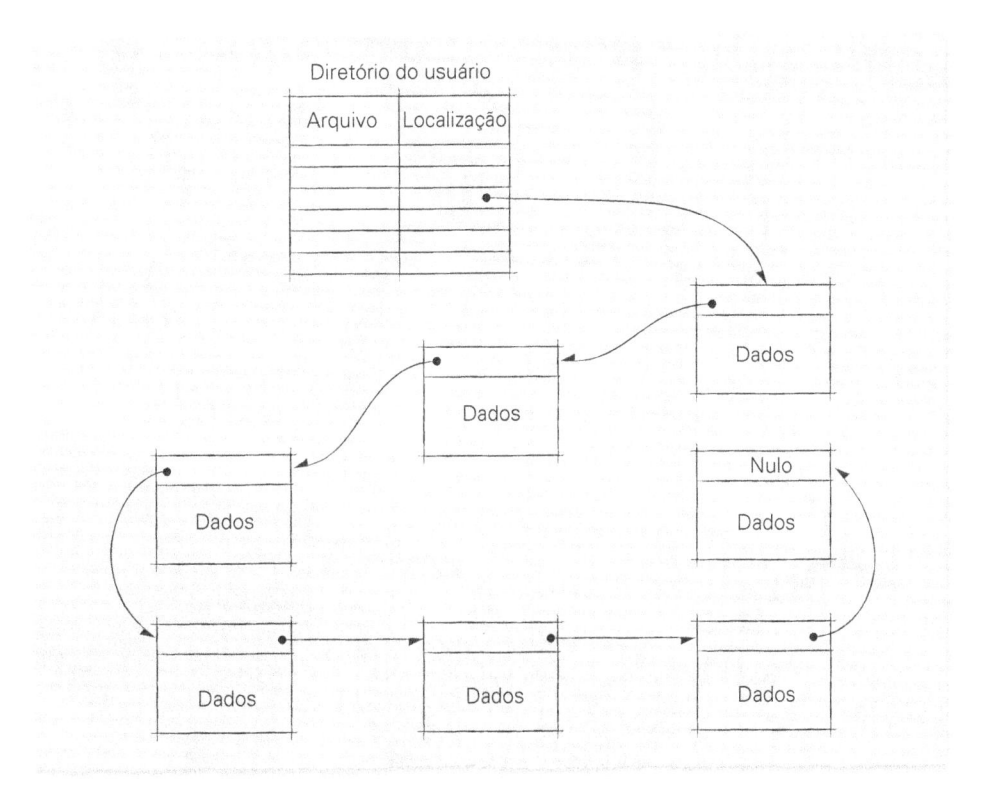

Figura 13.6 | *Alocação não contígua de arquivo usando uma lista encadeada.*

13.6.3 Alocação de arquivo tabular não contígua

Alocação de arquivo tabular não contígua armazena ponteiros para blocos de arquivo contiguamente em tabelas para reduzir o número de buscas demoradas requeridas para acessar um registro particular (Figura 13.7). Entradas de diretório indicam o primeiro bloco de um arquivo. Por exemplo, o primeiro bloco do arquivo C da Figura 13.7 é 2. O número do bloco corrente é usado como um índice para a tabela de alocação de blocos para determinar a localização do bloco seguinte. Portanto, o valor do número do bloco seguinte do arquivo C está armazenado na localização 2 na tabela de alocação de blocos. Nesse caso, o bloco seguinte do arquivo C é 5. A entrada da tabela de alocação de blocos para o último bloco de um arquivo armazena o valor nulo.

Porque os ponteiros que localizam dados de arquivo são armazenados em uma localização central, a tabela pode ser mantida em cache, de modo que a cadeia de blocos que compõem um arquivo pode ser percorrida rapidamente, o que melhora os tempos de acesso. Localizar o último registro de um arquivo pode exigir que o sistema siga muitos ponteiros na tabela de alocação de blocos. Para reduzir tempos de acesso, a tabela de alocação de blocos deve ser armazenada contiguamente no disco e ficar em cache na memória principal, o que pode ser feito com relativa facilidade quando um sistema de arquivos contiver um número pequeno de blocos. Por exemplo, um disquete de 1,44 MB usando blocos de 1 KB contém 1.440 blocos que podem ser endereçados usando-se um número de 11 bits. O tamanho da tabela de alo-

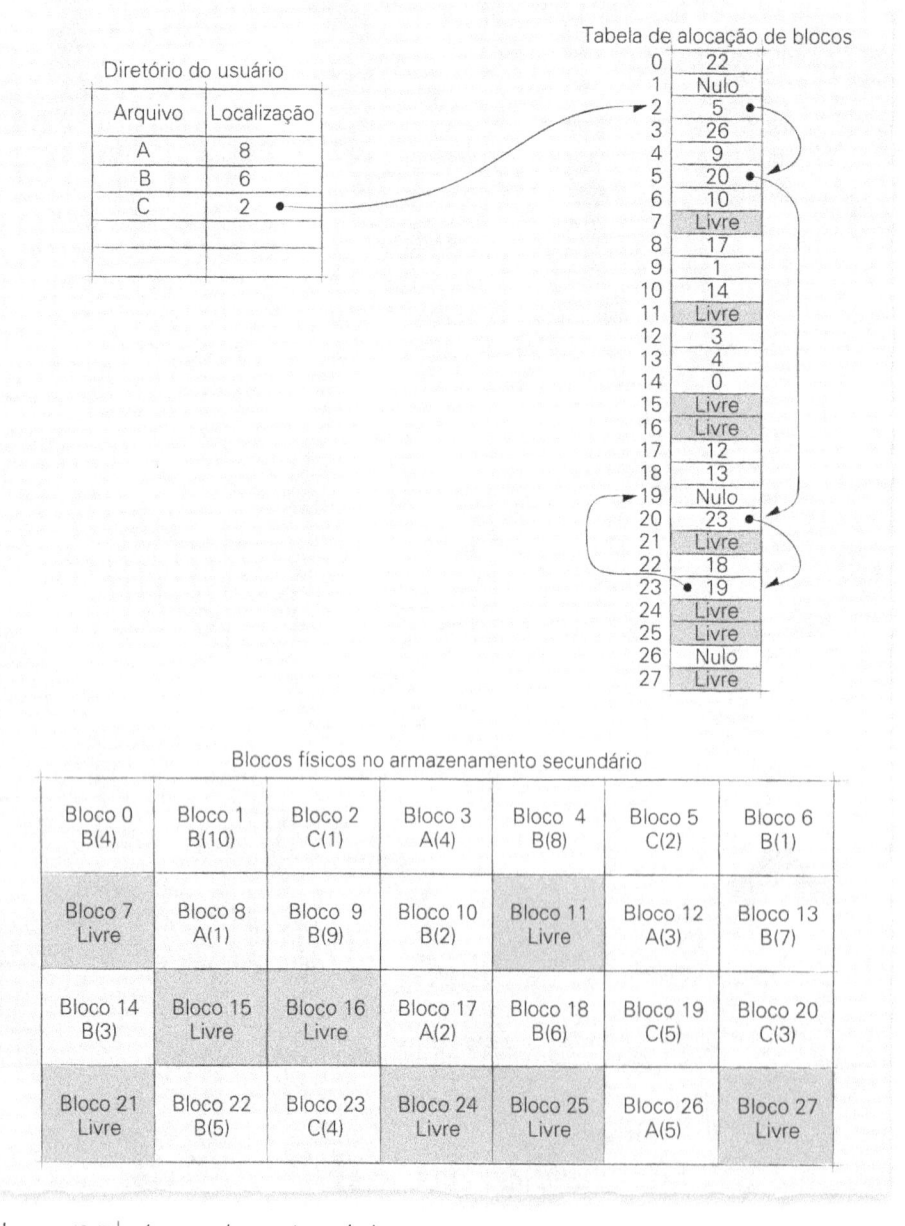

Figura 13.7 | Alocação de arquivo tabular não contígua.

cação de blocos correspondente é o tamanho de cada endereço de bloco multiplicado pelo número de blocos — no caso, aproximadamente 2 mil bytes.

Para sistemas de arquivos que contenham um número maior de blocos, o tamanho da entrada de cada bloco na tabela de alocação e, portanto, o tamanho da tabela, é maior. Por exemplo, um disco de 200 GB usando blocos de 4 KB contém 50 milhões de blocos, que podem ser endereçados usando-se um número de 26 bits. Nesse caso, a tabela de alocação de blocos consome mais de 160 MB. No exemplo anterior, a tabela de alocação de blocos era armazenada em somente dois blocos; entretanto, nesse caso, a tabela de alocação de blocos está espalhada por dezenas de milhares de blocos, o que poderá levar à fragmentação. Se os dados de arquivo estiverem dispersos por todo o dispositivo de armazenamento, as entradas da tabela de arquivo estarão espalhadas por toda a tabela de blocos. Assim, o sistema poderá precisar carregar na memória diversos blocos da tabela de alocação de blocos, o que poderia resultar em tempos de acesso indesejáveis. E também, se a tabela de alocação de blocos estiver em cache, poderá consumir significativa quantidade de memória.

Uma implementação popular da alocação de arquivo não contígua tabular é o **sistema de arquivos FAT** da Microsoft. A Microsoft incorporou uma **tabela de alocação de arquivo** (File Allocation Table — FAT) pela primeira vez, quando lançou a versão 1.0 do MS-DOS (veja o "Miniestudo de caso, MS-DOS").[26] A FAT armazena informações sobre cada bloco, entre elas, se o bloco está correntemente alocado e o número do bloco seguinte do arquivo. A primeira versão do sistema de arquivo FAT, denominada FAT12, alocava 12 bits por entrada da FAT, o que significava que um disco gerenciado por FAT12 não podia conter mais do que 2^{12} (4.906) blocos. Isso era suficiente para discos pequenos que continham poucos arquivos, mas a FAT12 resultava em desperdício significativo para discos maiores. Por exemplo, para endereçar todo um disco de 64 MB, o sistema de arquivo requeria um tamanho mínimo de bloco de 8 KB. Nesse caso, arquivos pequenos podiam incorrer em significativa fragmentação interna. Acompanhando o crescimento dos discos, a Microsoft criou a FAT16 e a FAT32, que aumentaram o número de blocos endereçáveis e habilitaram o sistema de arquivo a acessar discos grandes usando blocos de tamanhos pequenos.[27, 28]

Quando a Microsoft lançou a FAT no início da década de 1980, as unidades de disco eram pequenas, o que permitia que as FATs fossem pequenas e eficientes. A FAT continua a ser efetiva para meios de armazenamento secundário de capacidade baixa como discos flexíveis.[29]

Miniestudo de caso

MS-DOS

O **MS-DOS** da Microsoft baseava-se em um sistema operacional de disco escrito por Tim Paterson para a Seattle Computing Products (SCP) em 1980.[30] Naquela época, a SCP precisava de um sistema operacional para a placa de memória do novo processador de 16 bits 8086 da Intel.[31] O Programa de Controle para Microcomputadores da Digital Research (CP/M) era o principal sistema operacional para microcomputadores na época, mas uma versão atualizada para o processador 8086 ainda não estava pronta quando as placas de memória da SCP foram postas à venda.[32] Paterson foi incumbido de escrever um novo sistema operacional, denominado QDOS (Quick and Dirty Operating System — sistema operacional rápido e sujo). Como o nome dá a entender, foi concluído em apenas alguns meses, mas não havia sido totalmente testado e depurado. Durante o restante do ano, Paterson aperfeiçoou o sistema operacional, lançado com o nome 86-DOS.[33]

Diversos objetivos importantes orientaram o projeto do 86-DOS. Primeiro, ele tinha de ser compatível com programas escritos para o CP/M, para que explorasse sua grande base de aplicação, o que requereria que o 86-DOS tivesse uma interface de programação de aplicação (API) semelhante.[34, 35, 36] Para tornar o 86-DOS mais eficiente do que o CP/M, Paterson o escreveu em linguagem de montagem (assembly) e incorporou o sistema de gerenciamento de disco FAT (File Allocation Table — tabela de alocação de arquivos), baseado no sistema Stand-Alone Disk BASIC da Microsoft (veja a Seção 13.6.3, "Alocação de arquivo tabular não contígua").[37, 38, 39]

Em 1981, a IBM solicitou aos fabricantes um sistema operacional para executar sua primeira linha de computadores pessoais.[40] A empresa tentou obter da Digital Research a licença para utilizar o popular CP/M, mas seu criador, Gary Kildall, recusou-se a assinar os acordos de confidencialidade altamente restritivos da IBM.[41] Nesse meio tempo, a IBM trabalhou com a Microsoft para produzir um software para os novos IBM PCs.[42] A Microsoft já usava o 86-DOS sob licença da SCP havia alguns meses para propósitos de desenvolvimento quando a IBM propôs comprar todos os direitos ao DOS.[43, 44, 45] A SCP aceitou a oferta, e o 86-DOS tornou-se, de fato, o sistema operacional do Computador Pessoal da IBM e dos microcomputadores compatíveis.[46]

Revisão

1. De que modo a alocação de arquivo tabular não contígua é mais eficiente do que a alocação de arquivo por lista encadeada?

2. Qual era a limitação primordial da FAT12? Como as versões posteriores da FAT resolvem esse problema? Por que a FAT não é mais adequada para gerenciar os discos rígidos de hoje?

Respostas: **1)** Tabelas de alocação de blocos podem armazenar as localizações dos dados do sistema de arquivo contiguamente, reduzindo o número de buscas requerido para identificar um registro particular. **2)** A FAT12 não podia endereçar mais do que 4.096 blocos, os quais necessitavam blocos de tamanhos maiores para endereçar discos grandes, levando à fragmentação interna. A FAT16 e a FAT32 resolveram essa questão aumentando o número de blocos a que a tabela de alocação de arquivo podia se referir permitindo mais bits por entrada. Isso aumentou o tamanho da tabela de alocação de blocos, o que levou ao aumento dos tempos de acesso e ao desperdício de memória nos caches de sistema de arquivo.

13.6.4 Alocação de arquivos não contígua indexada

Uma outra estratégia popular de alocação não contígua é usar blocos de índice para apontar dados de um arquivo. Cada arquivo tem um ou mais **blocos de índice**. Um bloco de índice contém uma lista de ponteiros que aponta para blocos de dados de arquivo. A entrada do diretório de um arquivo aponta para seu bloco de índice. Para localizar um registro, o sistema de arquivo percorre a estrutura do diretório para determinar a localização do bloco de índice do arquivo no disco. Então, carrega o bloco de índice na memória e usa os ponteiros para determinar a localização física de um bloco particular. Muitas vezes, arquivos grandes consomem mais blocos do que o número de ponteiros que um único bloco de índice pode armazenar. A maioria das implementações de blocos de índice reserva algumas últimas entradas para armazenar ponteiros para mais blocos de índice, uma técnica denominada **encadeamento** (Figura 13.8).

A vantagem primordial do encadeamento de blocos de índice sobre implementações de listas encadeadas simples é que a busca pode ocorrer nos próprios blocos de índice. Eles podem ser mantidos juntos no armazenamento secundário para minimizar a busca. Para acelerar o percurso do arquivo, os blocos de índice são comumente mantidos em cache na memória principal. Uma vez localizado o registro apropriado via blocos de índice, o bloco de dados que contém aquele registro é lido para a memória principal. O encadeamento de blocos de índice é análogo ao armazenamento de uma tabela de alocação de blocos separada para cada arquivo, o que pode ser mais eficiente do que tabelas de alocação de blocos no âmbito de todo o sistema, pois as referências aos blocos de cada arquivo são armazenadas contiguamente em cada um dos blocos de índice. Sistemas de arquivo normalmente colocam blocos de índice próximos aos blocos de dados a que eles se referem, assim os blocos de dados podem ser acessados rapidamente depois de o bloco de índice ter sido carregado.

Blocos de índices são denominados **inodes** (*index* nodes — nós de índice) em sistemas operacionais baseados no UNIX.[47] O inode de um arquivo armazena os atributos do arquivo, como o seu proprietário, tamanho, data e horário de criação e data e horário da última modificação. Armazena também os endereços de alguns dos blocos de dados do arquivo e ponteiros para blocos de continuação de índices, denominados **blocos indiretos**. Estruturas de inodes suportam até três níveis de blocos indiretos (Figura 13.9). O primeiro bloco indireto aponta para blocos de dados; esses blocos de dados são unicamente indiretos. O segundo bloco indireto contém ponteiros que se referem somente a outros blocos indiretos; esses blocos indiretos apontam para blocos de dados duplamente indiretos. O terceiro bloco indireto aponta somente para outros blocos indiretos que apontam somente para mais blocos indiretos, que apontam para blocos de dados; esses blocos de dados são triplamente indiretos. O poder dessa estrutura hierárquica é que ela estabelece um limite relativamente baixo ao número máximo de ponteiros que devem ser seguidos para localizar dados de arquivo — ela habilita os inodes a localizar qualquer bloco de dados seguindo no máximo quatro ponteiros (o inode e até três níveis de blocos indiretos).

Inodes são examinados detalhadamente no estudo de caso do Linux na Seção 20.7.3, "Segundo sistema de arquivo estendido (ext2fs)". Um outro sistema de arquivo que usa blocos de índice é o NTFS da Microsoft, discutido no estudo de caso do Windows XP, na Seção 21.8.2, "NTFS". Alocações não contíguas indexadas resultam em bom desempenho com baixa sobrecarga para muitos ambientes e têm sido implementadas em muitos sistemas de computador de propósito geral.

Revisão

1. De que modo a colocação de blocos de índice próximos aos dados a que se referem melhora o tempo de acesso?

2. Compare a alocação de arquivo indexada não contígua com a alocação de arquivo não contígua tabular quando os arquivos são, em média, pequenos (por exemplo, menores ou iguais a um bloco).

Respostas: **1)** Quando um sistema de arquivo lê um bloco de índice, o braço do disco está perto dos dados a que o sistema se refere, o que reduz ou até elimina buscas. **2)** Na alocação de arquivo não contígua tabular, um arquivo pequeno

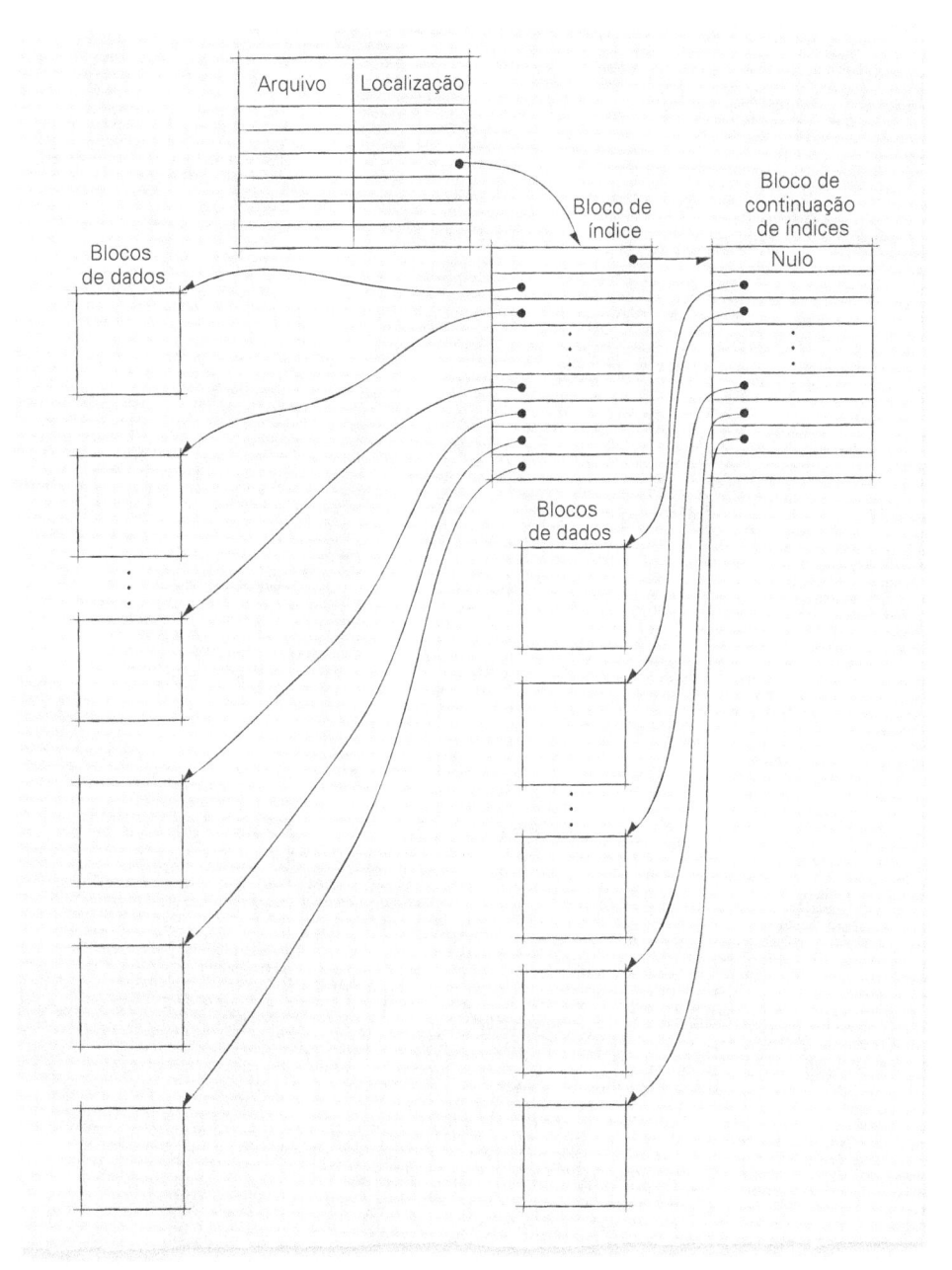

Figura 13.8 | *Encadeamento de blocos de índices.*

pode consumir um bloco de dados e uma entrada da tabela de alocação de blocos. Na alocação de arquivos indexada não contígua, um arquivo pequeno requer um bloco para o bloco de índice e um bloco de dados, o que resulta em substancial sobrecarga de armazenamento. Além disso, diversos arquivos pequenos podem ser localizados carregando na memória um único bloco da tabela de alocação do arquivo. Um sistema de arquivo que utilize alocação de arquivo indexada deve acessar um bloco de índice diferente para cada arquivo a que se refira, o que pode atrasar o tempo de acesso devido a muitas buscas.

13.7 Gerenciamento de espaço livre

Como os arquivos aumentam e diminuem, os sistemas de arquivo mantêm um registro da localização de blocos que estão disponíveis para o armazenamento de novos dados (ou seja, blocos livres). Um sistema de arquivo pode usar uma **lista de livres** para monitorar o espaço livre (Figura 13.10). A lista de livres é uma lista encadeada de blocos que contém as localizações de blocos livres. A última entrada de uma lista de blocos livres armazena um ponteiro nulo para indicar que não há mais listas de blocos livres. Quando o sistema precisa alocar um novo bloco a um arquivo, encontra o endereço

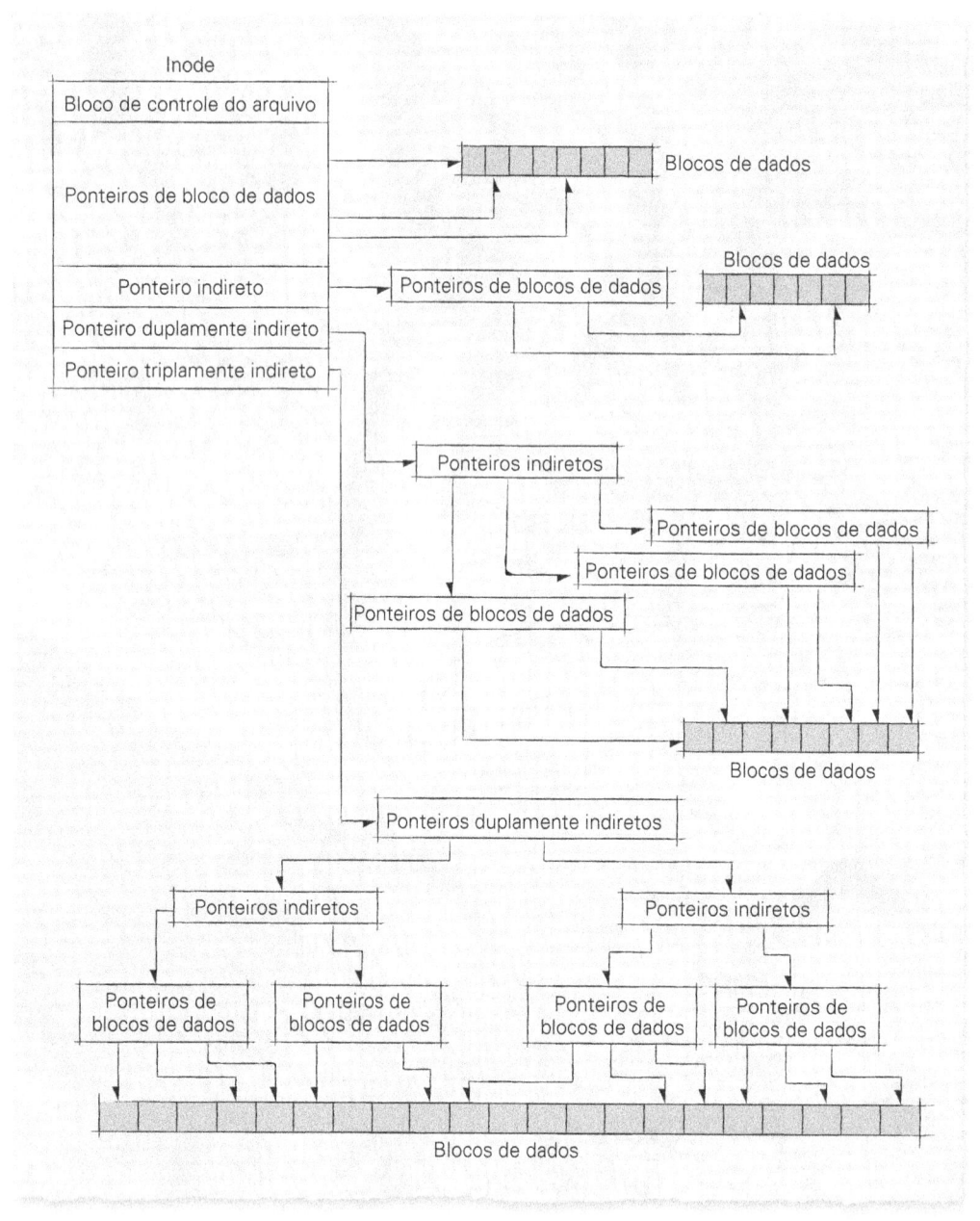

Figura 13.9 | *Estrutura do inode.*

de um bloco livre na lista de livres, escreve os novos dados para um bloco livre e suprime a entrada daquele bloco da lista de livres.

O sistema de arquivo normalmente aloca blocos do início de uma lista de livres e anexa blocos liberados ao final da lista. Ponteiros para o início e o final da lista de livres podem ser armazenados no superbloco do sistema de arquivo. Um bloco livre pode ser localizado seguindo um único ponteiro; da mesma forma, adicionar um bloco à lista de livres requer que o sistema siga um único ponteiro. Portanto, essa técnica requer pouca sobrecarga para executar operações de manutenção da lista de livres. Contudo, à medida que blocos são criados e extintos, o espaço livre do dispositivo de armazenamento pode ficar fragmentado e entradas adjacentes da lista de livres apontarão para blocos não contíguos. O resultado é que dados de arquivo seqüenciais serão alocados a blocos não contíguos, o que em geral aumenta o tempo de acesso ao arquivo. Como alternativa, o sistema de arquivo pode tentar alocar blocos contíguos pesquisando ou ordenando a lista de livres, operações que incorrem em sobrecarga significativa.[48]

Um outro método comum de gerenciamento de espaço livre é o **mapa de bits** (Figura 13.11). Um mapa de bits contém um bit para cada bloco do sistema de arquivos, no qual cada *i*-ésimo bit corresponde ao *i*-ésimo bloco do sistema de arquivo. Em uma implementação particular, um bit do mapa de bits é 1 quando o bloco correspondente estiver em uso e é 0

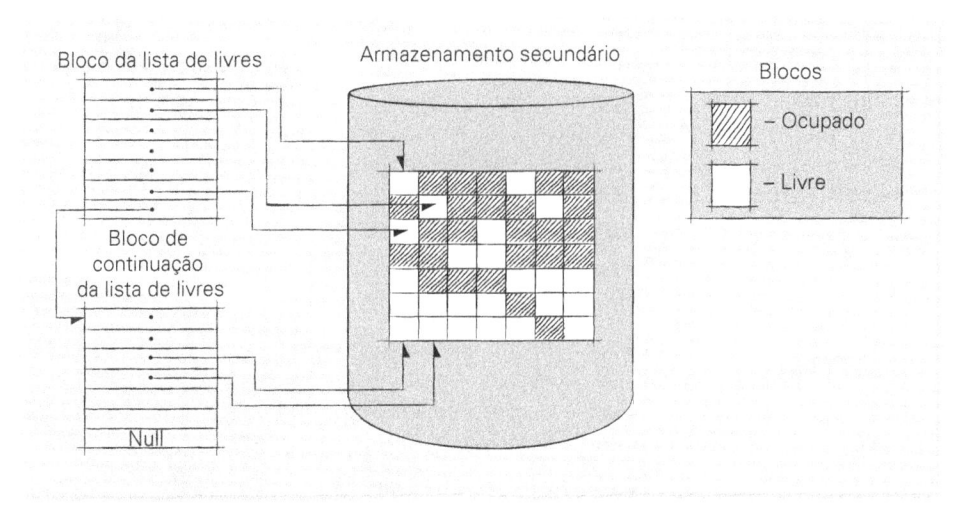

Figura 13.10 | *Gerenciamento de espaço livre usando uma lista de livres.*

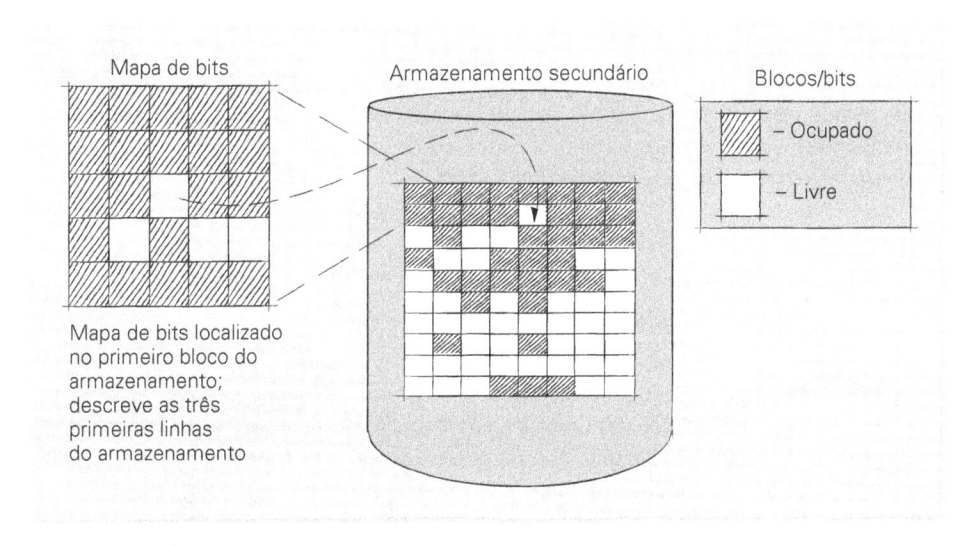

Figura 13.11 | *Gerenciamento de espaço livre usando um mapa de bits.*

quando não estiver.[49] O mapa de bits geralmente abrange vários blocos. Assim, se cada bloco armazenar 32 bits, o décimo quinto bit do terceiro mapa de bits corresponderá ao bloco 79. Uma das vantagens primordiais dos mapas de bits sobre as listas de livres é que o sistema de arquivo pode determinar rapidamente se há blocos contíguos disponíveis em certas localizações do armazenamento secundário. Por exemplo, se um usuário anexar dados a um arquivo que termina no bloco 60, o sistema de arquivo poderá acessar diretamente a sexagésima primeira entrada do mapa de bits para determinar se o bloco está livre. Uma desvantagem dos mapas de bits é que o sistema de arquivo poderá ter de pesquisar o mapa de bits inteiro para encontrar um bloco livre, resultando em sobrecarga de execução. Em muitos casos essa sobrecarga é trivial, pois, nos sistemas de hoje, as velocidades dos processadores são muito maiores do que as de E/S.

Revisão

1. Compare listas de livres com mapas de bits de espaços livres em termos do tempo requerido para encontrar o próximo bloco livre, requisitar um bloco livre e alocar um grupo de blocos contíguos.

2. Qual técnica de gerenciamento de espaço livre mencionada nesta seção resulta na menor sobrecarga de armazenamento?

Respostas: **1**) Listas de livres são mais eficientes para alocar um único bloco livre, porque o sistema de arquivo precisa apenas seguir o ponteiro até o início da lista de livres. Mapas de bits exigem uma busca exaustiva até encontrar um bloco livre. Dado um bloco particular, sistemas de arquivo podem usar mapas de bits para determinar se há espaços livres contíguos inspecionando suas entradas diretamente. Para encontrar blocos contíguos em uma lista de livres, o sistema de arquivo deve pesquisar ou ordenar a lista de livres, o que requer, na média, tempo de execução significativo. **2)** Um mapa de bits quase sempre é menor do que uma lista de livres, porque ele representa cada bloco usando um único bit, mas uma lista de livres usa um número de bloco, cujo tamanho pode ser de até 32 ou 64 bits. O tamanho do mapa de bits de um sistema de arquivo é constante, enquanto o tamanho da lista de livres depende do número de blocos livres no sistema. Assim, quando um sistema de arquivo contiver poucos blocos livres, uma lista de livres consumirá menos espaço do que um mapa de bits.

13.8 Controle de acesso a arquivos

Arquivos são freqüentemente usados para armazenar dados confidenciais como números de cartões de crédito, senhas, números da previdência social e outros mais, portanto os sistemas de arquivo devem incluir mecanismos para controlar o acesso dos usuários aos dados (veja o quadro "Reflexões sobre sistemas operacionais, Segurança"). Nas próximas seções, discutiremos técnicas comuns para implementar controle de acesso a arquivos.

13.8.1 Matriz de controle de acesso

Um modo de controlar o acesso a arquivos é criar uma **matriz bidimensional de controle de acesso** (Figura 13.12) listando todos os usuários e todos os arquivos do sistema. A entrada a_{ij} é 1 se o usuário i tiver permissão para acessar o arquivo j; se não, $a_{ij} = 0$. Por exemplo, na Figura 13.12, o usuário 5 pode acessar todos os dez arquivos, e o usuário 4 pode acessar somente o arquivo 1. Em uma instalação com um grande número de usuários e um grande número de arquivos, essa matriz seria bem grande. Além disso, permitir que um usuário acesse os arquivos de um outro usuário é a exceção, e não a regra, portanto, a matriz teria dados extremamente esparsos. Para que esse conceito de matriz se torne útil, seria necessário usar códigos para indicar vários tipos de acesso, por exemplo, somente leitura, somente escrita, somente execução, leitura/escrita etc., o que aumentaria substancialmente o tamanho da matriz.

Revisão

1. Por que o controle de acesso a arquivos é necessário?
2. Por que matrizes de controle de acesso são inadequadas para a maioria dos sistemas?

Respostas: **1)** Qualquer usuário pode se referir a qualquer nome de caminho de um sistema de arquivo. Sistemas de arquivo controlam acesso a arquivos para proteger informações pessoais e confidenciais contra usuários que não tenham a autorização adequada. **2)** Matrizes de controle de acesso geralmente são grandes e seus dados muito esparsos, o que resulta em desperdício de armazenamento e tempos de acesso ineficientes quando se impõem políticas de controle de acesso.

Usuário \ Arquivo	1	2	3	4	5	6	7	8	9	10
1	1	1	0	0	0	0	0	0	0	0
2	0	0	1	0	1	0	0	0	0	0
3	0	1	0	1	0	1	0	0	0	0
4	1	0	0	0	0	0	0	0	0	0
5	1	1	1	1	1	1	1	1	1	1
6	0	0	0	0	0	1	1	0	0	0
7	1	0	0	0	0	0	0	0	0	1
8	1	0	0	0	0	0	0	0	0	0
9	1	1	1	1	0	0	0	0	1	1
10	1	1	0	0	1	1	0	0	0	1

Figura 13.12 | Matriz de controle de acesso.

> ### Reflexões sobre sistemas operacionais
>
> #### Segurança
>
> A segurança em computadores sempre foi uma preocupação importante, especialmente para os responsáveis por sistemas comerciais críticos e sistemas de missão crítica. Mas a natureza dos problemas de segurança muda com os avanços da tecnologia, portanto, projetistas de sistemas operacionais devem sempre avaliar novas tendências da tecnologia e sua suscetibilidade a ataques. Os primeiros sistemas de computador costumavam pesar muitas toneladas e eram mantidos em salas seguras; não existiam redes. Os sistemas atuais, especialmente os de computadores de mão, de laptops, e até mesmo sistemas de computadores de mesa, podem ser facilmente roubados. Agora, praticamente todos os sistemas podem ser utilizados em rede, o que cria numerosos desafios, pois informações proprietárias são transmitidas por meios de transmissão inseguros. Os primeiros esquemas de criptografia/decriptação ficaram fáceis de 'quebrar' com os computadores de alta capacidade de hoje, portanto, foram desenvolvidos sistemas muito mais sofisticados. Discutiremos questões de segurança por todo o livro e dedicaremos todo o Capítulo 19 a esse tópico crucial. Os capítulos de estudo de caso do Linux e do Windows XP discutem considerações e capacidades de segurança desses populares sistemas operacionais.

13.8.2 Controle de acesso por classes de usuário

Uma técnica que requer consideravelmente menos espaço do que utilizar uma matriz de controle de acesso é o controle de acesso a várias **classes de usuários**. Um esquema comum de classificação de acesso a arquivos é:

- **Proprietário** — Normalmente é o usuário que criou o arquivo. O proprietário tem acesso irrestrito ao arquivo e usualmente pode mudar permissões de acesso a ele.
- **Usuário especificado** — O proprietário especifica que um outro indivíduo pode usar o arquivo.
- **Grupo** (ou projeto) — Usuários muitas vezes são membros de um grupo que trabalha em um projeto particular. Nesse caso, todos os vários membros do grupo podem ter permissão de acesso aos arquivos de outros usuários relacionados com o projeto.
- **Público** — A maioria dos sistemas permite que um arquivo seja designado como público, de modo que pode ser acessado por qualquer membro da comunidade de usuários do sistema. Por default, direitos de acesso público normalmente permitem que os usuários leiam ou executem um arquivo, mas não podem escrevê-lo.

Esses dados de controle de acesso podem ser armazenados como parte do bloco de controle do arquivo e quase sempre consomem uma quantidade insignificante de espaço. A segurança é uma questão importante no projeto de sistemas operacionais e é abordada mais detalhadamente no Capítulo 19, "Segurança".

Revisão

1. Como as classes de usuários reduzem a sobrecarga de armazenamento incorrida nas informações de controle de acesso?

2. Descreva as vantagens e desvantagens de armazenar dados de controle de acesso como parte do bloco de controle do arquivo.

Respostas:
1) Classes de usuários habilitam o proprietário do arquivo a conceder permissões a um grupo de usuários que usam uma única entrada. 2) A vantagem é que não há, essencialmente, nenhuma sobrecarga se o usuário receber permissão de acesso a um arquivo, porque, de qualquer modo, o sistema de arquivos precisa ler o bloco de controle de arquivo antes de abrir o arquivo. Todavia, se o acesso for negado, o sistema de arquivo terá realizado diversas operações demoradas de busca desperdiçadas para acessar o bloco de controle do arquivo para um arquivo que o usuário não possa abrir.

13.9 Técnicas de acesso a dados

Em muitos sistemas, diversos processos podem requisitar dados de arquivo de vários arquivos espalhados pelo dispositivo de armazenamento, levando a muitas operações de busca. Em vez de responder instantaneamente às demandas imediatas de E/S dos usuários, o sistema operacional pode usar diversas técnicas para melhorar o desempenho.

Os sistemas operacionais de hoje em geral fornecem muitos métodos de acesso que, às vezes, são agrupados sob os títulos **métodos de acesso de fila** e **métodos de acesso básicos**. Os métodos de fila proporcionam capacidades mais poderosas do que os básicos.

Métodos de acesso de fila são usados quando a seqüência na qual os registros devem ser processados pode ser prevista antecipadamente, como no acesso seqüencial e no acesso seqüencial indexado. Os métodos de fila executam **buffer antecipatório** e escalonamento de operações de E/S. Tais métodos tentam deixar o próximo registro disponível para processamento tão logo o registro anterior tenha sido processado. Mais de um registro por vez é mantido na memória principal, o que permite a sobreposição de processamento e operações de E/S, melhorando o desempenho.

Os métodos de acesso básicos normalmente são usados quando a seqüência na qual os registros devem ser processados não pode ser prevista antecipadamente, particularmente com acesso direto. E também há muitas situações, como aplicações de bancos de dados, nas quais aplicações usuárias querem controlar acessos a registros sem incorrer na sobrecarga do buffer antecipatório. Nos métodos básicos, o método de acesso lê e escreve blocos físicos; blocagem e desblocagem (se adequadas à aplicação) são executadas pela aplicação usuária.

Arquivos mapeados em memória mapeiam dados de arquivo para o espaço de endereçamento virtual de um processo, em vez de usar um cache de sistema de arquivo.[50] Porque referências a arquivos mapeados em memória ocorrem no espaço de endereçamento virtual de um processo, o gerenciador da memória virtual pode tomar decisões de substituição de páginas com base no padrão de referência de cada processo. Arquivos mapeados em memória também simplificam a programação de aplicações, pois desenvolvedores podem acessar dados de arquivo usando ponteiros em vez de especificar operações de escrita, leitura e busca.

Quando um processo emite uma requisição de escrita, os dados normalmente passam para o buffer da memória principal (para melhorar o desempenho de E/S), e sua página correspondente é marcada como suja. Quando a página modificada de um arquivo mapeado em memória é substituída, a página é escrita para seu arquivo correspondente no armazenamento secundário. Quando o arquivo é fechado, o sistema descarrega todas as páginas sujas para o armazenamento secundário. Para reduzir o risco de perda de dados devido a uma falha de sistema, as páginas sujas mapeadas em memória normalmente são descarregadas para o armazenamento secundário periodicamente.[51]

Revisão

1. Quais as semelhanças e diferenças entre métodos de acesso de fila e métodos de acesso básicos?
2. Como arquivos mapeados em memória simplificam a programação de aplicações?

Respostas: **1)** Métodos de acesso de fila executam buffer antecipatório, que tenta carregar na memória um bloco que provavelmente será usado no futuro próximo. Métodos de acesso básicos não tentam escalonar nem fazer buffer de operações de E/S, o que é mais apropriado quando o sistema não pode prever requisições futuras ou quando o sistema de arquivo deve reduzir o risco de perda de dados durante uma falha de sistema. **2)** Arquivos mapeados em memória habilitam programadores a acessar dados de arquivo utilizando ponteiros em vez de operações de arquivo como escrita, leitura e busca.

13.10 Proteção da integridade dos dados

Sistemas de computador freqüentemente armazenam informações críticas como estoques, registros financeiros e informações pessoais. Quedas de sistemas, desastres naturais e programas mal-intencionados podem destruir essas informações. Os resultados desses eventos podem ser catastróficos.[52] Sistemas operacionais e sistemas de armazenamento de dados devem ser tolerantes à falha, ou seja, devem estar preparados para a possibilidade de desastres e fornecer técnicas para a recuperação deles.

13.10.1 Cópia de segurança e recuperação

A maioria dos sistemas implementa técnicas de cópia de segurança (*backup*) para armazenar cópias redundantes de informações, e técnicas de recuperação que habilitam o sistema a recuperar dados após uma falha de sistema. Estratégias de cópia de segurança e recuperação também podem proteger sistemas contra eventos gerados pelo usuário, por exemplo, apagar dados importantes (veja o quadro "Reflexões sobre sistemas operacionais, Cópia de segurança e recuperação").

Salvaguardas físicas representam o nível mais baixo de proteção de dados. Obstáculos físicos como travas e sistemas de alarme podem evitar acesso não autorizado a computadores que armazenam dados confidenciais. Porque a memória principal normalmente é volátil (perde seu conteúdo se a fonte de energia for desligada), interrupções no fornecimento de energia podem resultar na perda de dados que ainda não foram transferidos para armazenamento secundário. Pode-se usar uma fonte de energia ininterrupta (Uninterruptable Power Supply — UPS, ou no-break) para proteger os dados contra perda devido à falta de energia.[53]

Desastres naturais como incêndios e terremotos podem destruir todos os dados armazenados em determinado local. Assim, algumas organizações mantêm cópias de segurança em outro local, geograficamente distante da localização primária, para proteger dados em caso de falha.[54] Embora essas precauções sejam importantes, elas não protegem dados contra quedas dos sistemas operacionais ou defeitos do cabeçote móvel.

Fazer cópias de segurança periódicas é a técnica mais comum utilizada para evitar perda de dados. **Cópias de segurança físicas** duplicam os dados de um dispositivo de armazenamento no nível do bit. Em alguns casos, o sistema copia somente blocos de dados alocados. Cópias de segurança físicas são simples de implementar, mas não armazenam nenhuma informação sobre a estrutura lógica do sistema de arquivo. Os dados do sistema de arquivo podem ser armazenados em diferentes formatos, dependendo da arquitetura do sistema, portanto, não podem ser facilmente recuperados em computadores que usam arquiteturas diferentes. E mais, porque uma cópia de segurança física não lê a estrutura lógica do sistema de arquivo, não pode distinguir entre os arquivos que ele contém. Por isso, cópias de segurança físicas devem registrar e restaurar o sistema de arquivo inteiro para garantir que todos os dados foram duplicados, mesmo que a maioria dos dados do sistema de arquivo não tenha sido modificada desde a última cópia de segurança física.[55]

Uma **cópia de segurança lógica** armazena os dados de um sistema de arquivo e sua estrutura lógica. Assim, cópias de segurança lógicas inspecionam a estrutura do diretório para determinar quais arquivos precisam ser salvos e, então, escrevem esses arquivos para o dispositivo de cópia de segurança (por exemplo, uma fita, um CD ou DVD) sob um formato de arquivamento comum, muitas vezes compactado. Por exemplo, o formato de arquivo em fita (tape archive format — tar) é comumente utilizado para armazenar, transportar e fazer cópias de segurança dos vários arquivos dos sistemas baseados no UNIX (visite o endereço www.gnu.org/software/tar/tar.html). Porque cópias de segurança lógicas armazenam dados em um formato comum usando uma estrutura de diretório, permitem que sistemas operacionais com diferentes formatos de arquivos nativos leiam e recuperem os dados da cópia de segurança, portanto, os dados de arquivo podem ser recuperados em vários sistemas heterogêneos. Cópias de segurança lógicas também habilitam o usuário a recuperar um único arquivo da cópia de segurança (por exemplo, um arquivo apagado acidentalmente), o que normalmente é mais rápido do que restaurar todo o sistema de arquivo. Todavia, pelo fato de cópias de segurança lógicas somente poderem ler dados expostos pelo sistema de arquivo, podem omitir informações como arquivos ocultos e metadados que são copiados por uma cópia de segurança física quando esta copia cada bit do dispositivo de armazenamento do sistema de arquivo. Salvar arquivos em um formato comum pode ser ineficiente devido à sobrecarga incorrida na tradução entre o formato do arquivo nativo e o formato de arquivamento.[56]

Cópias de segurança incrementais são cópias de segurança lógicas que armazenam somente dados do sistema de arquivo que mudaram desde a cópia de segurança anterior. O sistema pode registrar quais arquivos foram modificados e escrevê-los periodicamente para a cópia de segurança. Porque cópias de segurança incrementais requerem menos tempo e menos recursos do que fazer uma cópia de segurança do sistema de arquivo inteiro, elas podem ser realizadas mais freqüentemente, reduzindo o risco de dados perdidos devido a desastres.

Reflexões sobre sistemas operacionais

Cópias de segurança e recuperação

Você já perdeu várias horas de trabalho por causa de uma falha de sistema? HMD estava trabalhando em um projeto de grande porte juntamente com centenas de engenheiros de software quando um raio atingiu o nosso edifício e perdemos todas as atualizações de sistema realizadas desde a semana anterior. Felizmente, cada um de nós tinha uma cópia de segurança do seu próprio trabalho, mas, mesmo assim, gastamos alguns dias na recuperação — uma experiência penosa e dispendiosa.

Usuários devem ser responsáveis pela execução de cópias de segurança (que potencialmente consomem tempo) ou elas devem ser feitas automaticamente pelo sistema? Cópias de segurança consomem recursos significativos. Com que freqüência devem ser feitas? Quantos dados devem ser salvos cada vez? As cópias de segurança devem ser feitas como imagens de bits de todo o sistema, ou devem ser feitas com registro incremental de cada alteração efetuada no sistema?

Responder a essas perguntas requer que o administrador de sistema equilibre a sobrecarga da execução freqüente de cópias de segurança com o risco de perder trabalho por causa das cópias de segurança menos constantes. Incorporar características de cópia de segurança e recuperação em sistemas operacionais é crucial.

Revisão

1. Quais as semelhanças e diferenças entre cópias de segurança lógicas e cópias de segurança físicas?
2. Por que salvaguardas físicas são insuficientes para evitar perda de dados no evento de um desastre?

Respostas: 1) Cópias de segurança lógicas podem ser lidas por sistemas de arquivo com diferentes formatos de arquivos, suportam cópias de segurança incrementais e habilitam recuperação de granulação fina, como recuperar um único arquivo. Cópias de segurança físicas são normalmente mais fáceis de criar, porque a estrutura do sistema não precisa ser percorrida. Contudo, cópias de segurança físicas não suportam cópias de segurança incrementais ou parciais e normalmente são incompatíveis com sistemas diferentes. 2) Salvaguardas físicas impedem o acesso a dados, mas não impedem a perda de dados devido a desastres naturais, como incêndios e terremotos, ou a falhas de software e falta de energia. Na verdade, não existe nenhum modo de garantir a segurança absoluta dos arquivos.

13.10.2 Integridade de dados e sistemas de arquivos log-estruturados

Nenhuma das técnicas discutidas até aqui aborda a possibilidade da ocorrência de atividades significativas entre o momento da última cópia de segurança e o momento em que ocorre uma falha (veja o quadro "Reflexões sobre sistemas operacionais, A Lei de Murphy e sistemas robustos"). Além disso, cópias de segurança em geral requerem demorados processos de restauração, durante o qual o sistema não pode ser utilizado.

Em sistemas que não podem tolerar perda de dados ou tempo parado, o adequado é usar RAID e sistemas de arquivo baseados em transações. Na Seção 12.10, "Arranjos redundantes de discos independentes", discutimos como os RAIDs níveis 1 a 5 melhoram o tempo médio até a falha de um sistema e podem recuperar dados no evento da falha de um único disco. Também discutimos como o espelhamento e discos *hot-swappable* habilitam sistemas RAID a continuar funcionando quando discos falham, proporcionando alta disponibilidade.

Logging e sombreamento de página

Se ocorrer uma falha de sistema durante uma operação de escrita, os dados do sistema de arquivo podem ficar em um estado inconsistente. Por exemplo, uma transferência eletrônica de fundos pode requerer que um sistema bancário retire dinheiro de uma conta e deposite-o em outra. Se o sistema falhar entre o saque e o depósito de fundos, o dinheiro poderá se perder. O logging (registro de eventos) baseado em transações reduz o risco de perda de dados por meio de **transações atômicas**, que executam um grupo de operações integralmente, ou não a executam. Se ocorrer um erro que impeça a conclusão de uma transação, ela será **revertida**, fazendo o sistema retornar ao estado em que estava anteriormente à transação.[57]

Transações atômicas podem ser implementadas registrando o resultado de cada operação em um arquivo de eventos (log file) em vez de modificar os dados existentes. Uma vez encerrada a transação, ela é **validada** pelo registro de um valor especial no arquivo de eventos. Em algum momento futuro o arquivo de eventos é transferido para armazenamento permanente. Se o sistema falhar antes da conclusão da transação, quaisquer operações registradas depois de a transação ter sido validada serão ignoradas. Quando o sistema é recuperado, lê o arquivo de eventos e o compara com os dados do sistema de arquivo para determinar o estado do sistema no último ponto de validação.

Para habilitar o sistema a desfazer qualquer quantidade de operações, em muitos sistemas o arquivo de eventos não é apagado depois de suas operações terem sido escritas para armazenamento secundário. Pelo fato de os arquivos de eventos poderem ficar grandes, reprocessar transações para constatar o estado do sistema no último ponto de validação pode ser demorado. Para reduzir o tempo gasto no reprocessamento das informações do arquivo de eventos, a maioria dos sistemas baseados em transações mantém **pontos de verificação** que indicam a última transação transferida para armazenamento permanente. Se o sistema cair, basta examinar as transações após o ponto de verificação.

Sombreamento de páginas implementa transações atômicas escrevendo dados modificados para um bloco livre em vez de para o bloco original. Uma vez validada a transação, o sistema de arquivo atualiza seus metadados para apontar para o novo bloco e libera o bloco antigo ou **sombra de página**, como espaço livre. Se a transação falhar, o sistema de arquivo reverte a transação liberando os novos blocos como espaço livre.[58]

Sistemas de arquivo log-estruturados

Registro (*logging*) de transações e sombreamento de páginas evitam que os dados de um sistema de arquivo entrem em um estado inconsistente, mas não garantem, necessariamente, que o próprio sistema de arquivo estará em estado consistente. Por exemplo, mudar um arquivo de um diretório para outro requer que o sistema de arquivo apague a entrada do diretório original do arquivo e crie uma outra em seu novo diretório. Uma falha de sistema (por exemplo, devido à falta de energia) que ocorra entre apagar a entrada do diretório original e criar a outra entrada pode resultar na perda de dados de arquivo. Para abordar essa limitação, **um sistema de arquivo log-estruturado** (*Log-structured File System* — **LFS**) ou **sistema de arquivo de registro periódico** realiza operações de sistema de arquivo como transações registradas.[59] Entre

Reflexões sobre sistemas operacionais

A Lei de Murphy e sistemas robustos

Quase todos nós estamos familiarizados com uma ou outra forma da Lei de Murphy, cujo nome se deve ao Capitão Edward Murphy da Força Aérea dos Estados Unidos, que praguejou contra um de seus técnicos propenso a cometer erros dizendo: "Se houver algum modo de fazer uma coisa errada, ele o descobrirá".

Hoje, a variante mais comum é "Se alguma coisa puder dar errado, dará". E muitas vezes acrescenta-se à lei "e na hora mais inoportuna". Aconselhamos os projetistas de sistemas a ter sempre em mente a Lei de Murphy. Eles precisam estar sempre se fazendo perguntas como: "O que pode dar errado?", "Qual a probabilidade de tais problemas?", "Quais as conseqüências de tais problemas?", "Como o sistema operacional pode ser projetado para evitar tais problemas?", "Se certos problemas não podem ser evitados, como o sistema operacional deve tratá-los?". Um sistema robusto trata uma vasta gama de entradas e situações inesperadas para permitir que ele continue em funcionamento.

---

os exemplos de arquivos log-estruturados estão o NTFS Journaling File System da Microsoft e o sistema de arquivos ext3 da Red Hat para o Linux.[60, 61]

Em um sistema LFS, o disco inteiro serve como um arquivo de eventos para registrar transações. Novos dados são escritos seqüencialmente no espaço livre do arquivo de eventos. Por exemplo, na Figura 13.13, o LFS recebe uma requisição para criar os arquivos foo e bar em um novo diretório. O sistema de arquivo executa a operação requisitada primeiramente escrevendo os dados de foo no arquivo de eventos e, depois, escrevendo os metadados de foo (por exemplo um inode), o que habilita o sistema de arquivo a localizar os dados de foo. Similarmente, o LFS escreve os dados de bar e os correspondentes metadados do arquivo. Por fim, o sistema de arquivos escreve a entrada do novo diretório para o log. Note que, se o sistema de arquivo escrever os metadados de um arquivo antes de escrever os arquivos para o log, o sistema poderá falhar antes de os dados do arquivo serem escritos, o que poderia deixar o sistema de arquivo em um estado inconsistente, porque os metadados se referem a blocos de dados inválidos (os que não foram escritos antes de o sistema falhar).

Como diretórios modificados e metadados sempre são escritos para o final do log, um LFS pode ter de ler todo o log para localizar um arquivo particular, levando a um mau desempenho de leitura. Para reduzir esse problema, um LFS coloca as localizações dos metadados do sistema de arquivo em uma cache e ocasionalmente escreve mapas de inodes, ou superblocos, que indicam a localização de outros metadados (Fig. 13.13). Isso habilita o sistema operacional a localizar e fazer cache dos metadados do arquivo rapidamente quando o sistema é iniciado. Subseqüentemente, os dados do arquivo podem ser acessados rapidamente determinando sua localização por meio dos caches do sistema de arquivo. À medida que o cache do sistema de arquivo aumenta, seu desempenho melhora à custa da redução da quantidade de memória disponível para os processos usuários.[62]

Para reduzir sobrecarga, alguns sistemas de arquivo armazenam apenas os metadados no log. Nesse caso, o sistema de arquivo modifica primeiramente os metadados escrevendo uma entrada para o log e, então, atualizando a entrada no sistema de arquivo. A operação é validada somente após a atualização dos metadados no log e no sistema de arquivo, o que garante a integridade do sistema de arquivo com sobrecarga relativamente baixa, mas não garante a integridade do arquivo se ocorrer uma falha de sistema.[63]

Porque em um FLS os dados são escritos seqüencialmente, cada requisição de escrita é executada de maneira semelhante, o que pode reduzir bastante os tempos de escrita. Por comparação, implementações de alocação não contígua de arquivo podem requerer que o sistema de arquivos percorra a estrutura do diretório, que pode estar distribuída pelo disco, levando a longos tempos de acesso.

Quando o log estiver cheio, o LFS deve determinar como recuperar espaço livre para dados que chegam. Um LFS pode examinar o conteúdo do log periodicamente para definir quais blocos podem ser liberados, porque o log contém uma cópia modificada de seus dados. O LFS pode alinhavar dados novos por meio desses blocos, que provavelmente estarão muito fragmentados. Infelizmente, o alinhavar pode reduzir o desempenho da escrita e da leitura a níveis mais baixos do que em sistemas de arquivo convencionais, porque o disco poderia ter de realizar muitas buscas para acessar dados. Para resolver esse problema, o LFS pode criar espaço livre contíguo no log copiando os dados para uma região contígua no final do log. Entretanto, ao executarem essa operação, que exige muitas E/S, os usuários experimentarão maus tempos de resposta.[64]

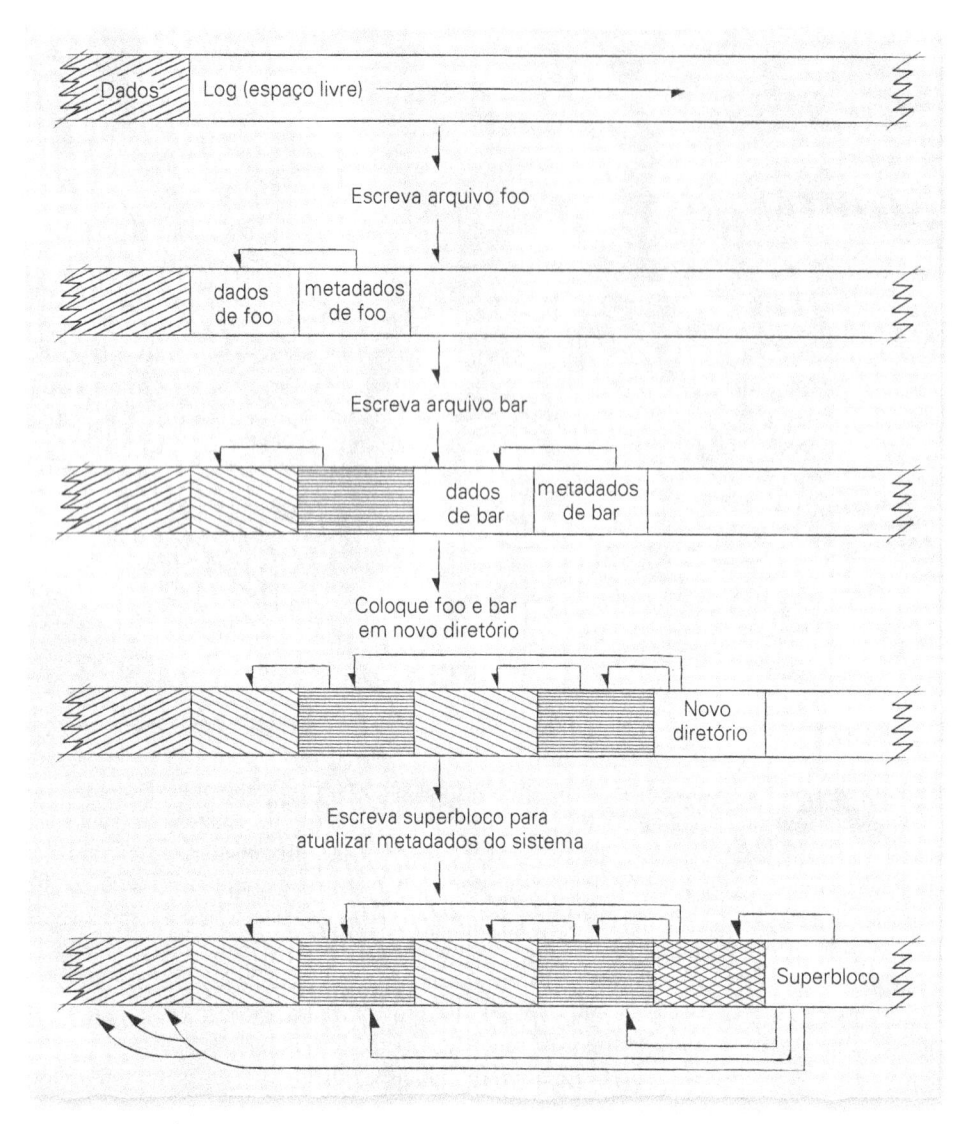

Figura 13.13 | *Sistema de arquivos log-estruturado.*

Revisão

1. Explique como dados armazenados por um arranjo RAID nível 1, que oferece um alto grau de redundância, podem entrar em um estado inconsistente.
2. Explique a diferença entre logging e sombreamento de página.

Respostas: 1) Se ocorrer uma interrupção de energia enquanto os dados de um par espelhado estiverem sendo escritos, o arranjo pode conter cópias incompletas de dados de arquivo ou de metadados do sistema de arquivo em ambos os discos. 2) O logging monitora quando uma transação foi iniciada e quando foi concluída. Se a transação falhar, ela será revertida ao último ponto de validação. Sombreamento de página envolve alocar novos blocos de dados para escrevê-los e, então, liberar blocos de dados antigos quando a transação estiver concluída.

13.11 Servidores de arquivos e sistemas distribuídos

Uma abordagem para tratar de referências a arquivos não locais de uma rede de computadores é rotear todas essas requisições para um **servidor de arquivos**, ou seja, um sistema de computador dedicado a resolver referências de arquivos intercomputadores.[65, 66, 67, 68, 69] Essa abordagem centraliza o controle dessas referências, mas o servidor pode se transformar em um gargalo, porque todos os computadores clientes enviariam todas as requisições ao servidor. Uma abordagem melhor é permitir que computadores isolados se comuniquem diretamente um com o outro; essa é a abordagem adotada pelo **Network File System** (**NFS**) da Sun Mycrosystems. Em uma rede NFS, cada computador mantém um sistema de arquivo que pode agir como um servidor e/ou um cliente.

Durante a década de 1970, os sistemas de arquivo em geral armazenavam e gerenciavam os arquivos de um único sistema de computador. Em sistemas multiusuários de tempo compartilhado os arquivos de todos os usuários eram mantidos sob o controle de um sistema de arquivo centralizado. Hoje, a tendência favorece **sistemas de arquivo distribuídos** em redes de computadores.[70, 71, 72, 73] Uma complicação real é que essas redes muitas vezes conectam uma ampla variedade de sistemas de computador com sistemas operacionais e sistemas de arquivo diferentes.

Um sistema de arquivo distribuído habilita usuários a realizar operações em arquivos remotos de uma rede de computadores de um modo muito semelhante ao realizado em arquivos locais.[74, 75, 76, 77, 78] O NFS fornece capacidades de sistema de arquivo distribuído para redes de sistemas de computadores heterogêneos; sua utilização é tão ampla que ele se tornou um padrão internacional.[79] Servidores de arquivos e sistemas de arquivo distribuídos são discutidos na Seção 18.2, "Sistemas de arquivo distribuído".

Revisão

1. Por que um servidor de arquivos único não é prático para ambientes como grandes organizações?
2. Qual a vantagem primordial de cada cliente de um sistema de arquivo distribuído também ser um servidor?

Respostas: 1) Se o servidor de arquivos falhar, todo o sistema ficará indisponível. 2) Elimina o gargalo provocado por servidores de arquivos centrais e pode habilitar o sistema de arquivo a continuar funcionando mesmo que um ou mais clientes falhem.

13.12 Sistemas de bancos de dados

Um **banco de dados** é uma coleção de dados integrada, controlada centralmente; um **sistema de banco de dados** envolve os dados, o hardware onde os dados residem e o software que controla o acesso aos dados (denominado **sistema de gerenciamento de banco de dados** — *Database Management System* ou **DBMS**). Bancos de dados são comumente implantados em servidores Web e em ambientes de processamento de transações on-line nos quais vários processos requerem acesso rápido a um grande armazém de dados compartilhados.

13.12.1 Vantagens dos sistemas de bancos de dados

Em sistemas de arquivo convencionais, é comum que várias aplicações armazenem as mesmas informações com nomes de caminhos diferentes e em diferentes formatos (por exemplo, um arquivo de texto armazenado como um Postscript e como um arquivo PDF). Para eliminar essa redundância, sistemas de bancos de dados organizam dados segundo seus conteúdos em vez de seus nomes de caminhos. Por exemplo, um site Web pode conter aplicações separadas para fazer a cobrança de pedidos de compra nos cartões de crédito dos clientes, enviar faturas para esses clientes e imprimir etiquetas em embalagens que lhes serão entregues. Todas essas aplicações devem acessar informações de clientes como nome, endereço, número do telefone e afins. Porém, cada aplicação deve formatar a informação de maneira diferente para executar sua tarefa (por exemplo, enviar informações de cartões de crédito e imprimir uma etiqueta). Um banco de dados armazenaria somente uma cópia das informações de cada cliente e permitiria que cada aplicação acessasse as informações e as formatasse como bem quisesse. Para habilitar esse acesso a dados compartilhados, bancos de dados incorporam um mecanismo de consulta que permite às aplicações especificar quais informações querem recuperar.

Sistemas de bancos de dados usam técnicas padronizadas de organização de dados (por exemplo, hierárquicas, relacionais, orientadas a objetos), cujas estruturas não podem ser alteradas por aplicações. Sistemas de bancos de dados são suscetíveis a ataques devido ao controle centralizado e à localização de dados também centralizada, portanto, seu projeto incorpora mecanismos de segurança elaborados.[80, 81]

Revisão

1. Por que sistemas de bancos de dados reduzem dados redundantes normalmente armazenados por sistemas de arquivos convencionais?
2. Por que a segurança é extremamente importante em sistemas de bancos de dados?

Respostas: 1) Sistemas de bancos de dados endereçam dados segundo seu conteúdo, de modo que dois registros nunca contêm a mesma informação. Por exemplo, um banco de dados poderia armazenar uma única cópia de dados de informações de um cliente e permitir que várias aplicações acessassem aquelas informações usando consultas. 2) Bancos de dados fornecem controle centralizado para grandes armazéns de dados, que podem conter informações confidenciais.

Se um usuário mal-intencionado obter acesso não autorizado a um banco de dados, também poderá conseguir acessar todos os dados armazenados pelo sistema. Isso é mais sério do que nos sistemas de arquivo tradicionais em que os direitos de acesso normalmente são armazenados para cada arquivo, portanto, o usuário que obtiver acesso não autorizado a um sistema de arquivos talvez não consiga acessar todos os seus arquivos.

13.12.2 Acesso a dados

Sistemas de bancos de dados exibem **independência de dados**, porque a estrutura organizacional e as técnicas de acesso de um banco de dados ficam ocultas das aplicações. Diferentemente de um sistema de arquivo estruturado hierarquicamente, que requer que todas as aplicações acessem os dados utilizando nomes de caminhos, um sistema independente de dados permite que várias aplicações acessem os mesmos dados por meio de visões lógicas diferentes. Considere as informações de clientes armazenadas pelo site Web da seção anterior. Nesse caso, uma aplicação de processamento de transação de cartão de crédito pode ver informações de clientes como uma lista de números de cartões de crédito e de dados de validade; a aplicação que executa o faturamento pode ver informações de clientes como nomes, endereços e quantias em dinheiro. A independência de dados possibilita que um sistema modifique sua estrutura de armazenamento e estratégia de acesso aos dados segundo os diferentes requisitos da instalação sem precisar modificar as aplicações em funcionamento.

Linguagens de bancos de dados facilitam a independência de dados fornecendo um modo padronizado de acesso aos dados. Uma linguagem de banco de dados consiste em uma **linguagem de definição de dados** (*Data Definition Language* — **DDL**), uma **linguagem de manipulação de dados** (*Data Manipulation Language* — **DML**) e uma **linguagem de consulta**. Uma DDL especifica como os itens de dados são organizados e relacionados, e uma DML é usada para modificar dados. Uma linguagem de consulta permite que os usuários criem consultas, as quais pesquisam o banco de dados em busca de dados que atendam a certos critérios. Linguagens de bancos de dados podem ser executadas diretamente de uma linha de comando ou por meio de programas escritos em linguagens hospedeiras de alto nível, como C++ e Java. A **SQL** (*Structured Query Language* — linguagem de consulta estruturada), que consiste em uma DDL, uma DML e uma linguagem de consulta, é uma linguagem de consulta popular que habilita os usuários a encontrar itens de dados que têm certas propriedades, criar tabelas, especificar restrições de integridade, gerenciar consistência e impor segurança.[82, 83, 84]

Um **banco de dados distribuído** é um banco de dados espalhado pelos sistemas de computadores de uma rede. Bancos de dados distribuídos facilitam acesso eficiente a dados por meio de muitos conjuntos de dados que residem em computadores diferentes.[85] Nesses sistemas, cada item de dado é normalmente armazenado na localização em que é usado mais freqüentemente, permanecendo acessível a outros usuários da rede. Sistemas distribuídos proporcionam o controle e a eficiência do processamento local com as vantagens da acessibilidade das informações por uma organização dispersa geograficamente. Entretanto, sua implementação e operação podem ser caras, e podem ser mais vulneráveis a ataques e falhas de segurança.

Revisão

1. Como os bancos de dados facilitam o acesso a dados para os desenvolvedores de aplicações?
2. Explique a diferença entre uma DDL e uma DML.

Respostas: 1) Linguagens de bancos de dados facilitam independência de dados, portanto, programadores podem acessar dados segundo a visão lógica que for mais apropriada para suas aplicações. 2) Uma DDL define a organização dos elementos de dados e as relações entre eles. Uma DML é usada para modificar dados.

13.12.3 Modelo de banco de dados relacional

Bancos de dados baseiam-se em modelos que descrevem como são vistos os dados e as relações entre eles. O modelo relacional desenvolvido por Codd é uma estrutura lógica, mais do que uma estrutura física; os princípios de gerenciamento de banco de dados relacionais podem ser considerados sem que nos preocupemos com a implementação física das estruturas de dados subjacentes.[86, 87, 88, 89, 90]

Um banco de dados relacional é composto de **relações** (tabelas). A Figura 13.14 ilustra uma relação que poderia ser usada em um sistema de pessoal. O nome da relação é EMPLOYEE e seu propósito primordial é organizar os vários atributos de cada funcionário. Qualquer elemento particular (linha) da relação é denominado **tupla**. Essa relação é formada por um conjunto de seis tuplas. Nesse exemplo, o primeiro atributo (coluna) de cada tupla, o número do funcionário, é usado como a **chave primária** para se referir a dados da relação. As tuplas da relação são identificadas exclusivamente pela chave primária.

Cada atributo da relação pertence a um único **domínio**. As tuplas de uma relação devem ser únicas, mas os valores de atributos particulares podem ser repetidos entre tuplas. Por exemplo, três tuplas diferentes da figura contêm o número de

Relação: EMPLOYEE

	Número	Nome	Departamento	Salário	Localização
	23603	Jones, A.	413	1100	New Jersey
	24568	Kerwin, R.	413	2000	New Jersey
Uma tupla	34589	Larson, P.	642	1800	Los Angeles
	35761	Myers, B.	611	1400	Orlando
	47132	Neumann, C.	413	9000	New Jersey
	78321	Stevens, T.	611	8500	Orlando

Chave primária   Um atributo

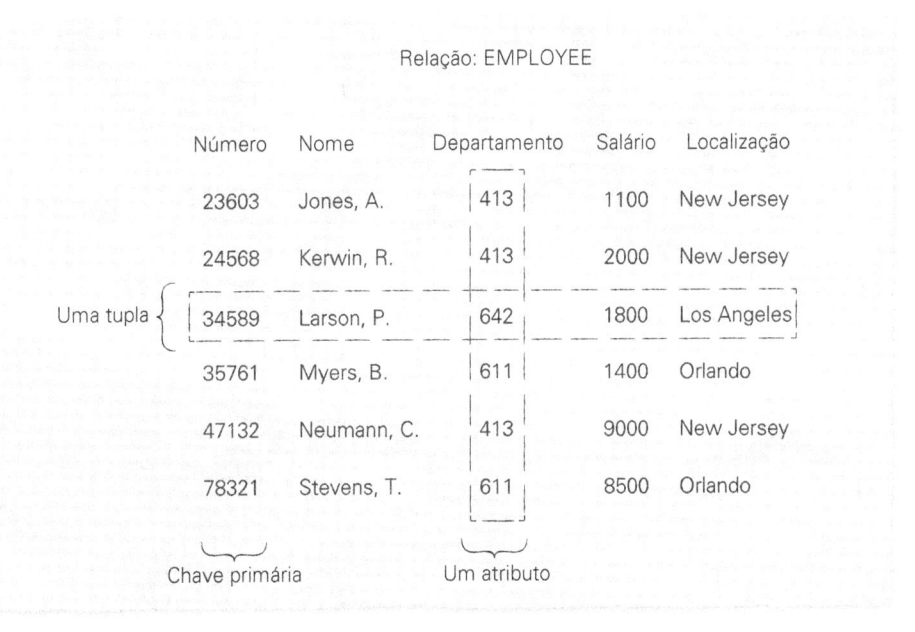

Figura 13.14 | *Relação de um banco de dados relacional.*

departamento 413. O número de atributos de uma relação é denominado **grau** da relação. Relações de grau 2 são relações binárias, relações de grau 3 são **relações ternárias** e relações de grau n são relações n-árias.

Usuários de um banco de dados muitas vezes estão interessados em itens de dados diferentes e em diferentes relações entre eles. A maioria dos usuários vai querer somente certos subconjuntos das linhas e colunas da tabela. Muitos usuários desejarão combinar tabelas pequenas em tabelas maiores para produzir relações mais complexas. Codd denominou **projeção** a operação de subconjunto e a operação de combinação, **junção**.

Com a relação da Figura 13.14 poderíamos, por exemplo, usar a operação de projeção para criar uma relação denominada LOCALIZADOR DE DEPARTAMENTO, cujo propósito seria mostrar onde os departamentos estão localizados (Figura 13.15).

A SQL opera em bancos relacionais. A consulta SQL da Figura 13.16 gera a tabela da Figura 13.15. A linha 1 começa com '--', o delimitador SQL para um comentário. A cláusula SELECT (linha 2) especifica as colunas Departamento e Localização da nova tabela. A palavra-chave DISTINCT indica que a tabela deve conter somente entradas exclusivas. A cláusula FROM (linha 3) indica que as colunas serão projetadas da tabela EMPLOYEE (Figura 13.14). Na linha 4, a cláusula ORDER BY indica a coluna

Relação: LOCALIZADOR DE DEPARTAMENTO

Departamento	*Localização*
413	NEW JERSEY
611	ORLANDO
642	LOS ANGELES

Figura 13.15 | *Relação formada por projeção.*

```
1 -- consulta SQL para gerar a tabela da Fig. 13.15
2 SELECT DISTINCT Departamento, Localização
3 FROM EMPLOYEE
4 ORDER BY Departamento ASC
5
```

Figura 13.16 | *Consulta SQL.*

(nesse caso, Departamento) que é usada para ordenar o resultado da pesquisa, e ASC indica que a ordenação será em ordem ascendente.

O modelo relacional tem diversas vantagens.

1. A representação tabular usada nas implementações do modelo relacional é fácil de implementar em um sistema de bancos de dados físico.
2. É relativamente fácil converter praticamente qualquer tipo de estrutura de banco de dados no modelo relacional. Assim, o modelo pode ser visto como uma forma universal de representação.
3. As operações de projeção e junção são fáceis de implementar e facilitam a criação de novas relações requeridas para aplicações particulares.
4. A implementação de controle de acesso a dados confidenciais é direta. Esses dados são meramente colocados em relações separadas, e o acesso a essas relações é controlado por algum tipo de autoridade ou esquema de acesso.

Revisão

1. Qual a diferença entre as operações de junção e projeção em bancos de dados relacionais?
2. (V/F) Em uma relação, cada valor de atributo deve ser único entre tuplas.

Respostas: 1) A operação de junção forma uma relação por meio de mais de uma relação; a operação de projeção forma uma relação por intermédio de um subconjunto de atributos de uma relação. 2) Falso. Várias tuplas podem ter o mesmo valor de atributo.

13.12.4 Sistemas operacionais e sistemas de bancos de dados

Stonebraker discute vários serviços de sistemas operacionais que suportam sistemas de gerenciamento de bancos de dados, como, por exemplo, gerenciamento de repositório de buffer, sistema de arquivo, escalonamento, gerenciamento de processo, comunicação interprocessos, controle de consistência e memória virtual paginada.[91] Ele observa que a maioria das características não são especificamente otimizadas para ambientes de DBMS e, por isso, os projetistas de DBMS tendiam a evitar serviços de sistema operacional em favor de fornecer seus próprios serviços. Ele conclui que sistemas operacionais mínimos, eficientes, são os mais desejáveis para suportar os tipos de sistemas de gerenciamento de bancos de dados que fornecem seus próprios serviços otimizados. O suporte a bancos de dados está se tornando mais comum nos sistemas de hoje. Por exemplo, a Microsoft pretende usar um banco de dados para armazenar todos os dados do usuário na próxima versão do sistema operacional Windows.[92]

Revisão

1. Por que sistemas operacionais em geral evitam suporte direto para sistemas de bancos de dados?
2. Por que mais sistemas operacionais poderiam suportar diretamente sistemas de bancos de dados no futuro?

Respostas: 1) Cada sistema de banco de dados pode ter necessidades diferentes, que são difíceis para o sistema operacional prever. Esses sistemas de bancos de dados geralmente exibem um desempenho melhor quando suportam seus próprios serviços otimizados. 2) Se um sistema operacional usar um único banco de dados como o modo primordial de armazenar informações de usuários, certamente deverá oferecer serviços otimizados para esse banco de dados.

Resumo

Informações são armazenadas em computadores segundo uma hierarquia de dados. O nível mais baixo da hierarquia de dados é composto de bits. Bits são agrupados em padrões de bits para representar todos os itens de dados de interesse em sistemas de computador. O nível seguinte da hierarquia de dados representa padrões de bits de tamanho fixo, como bytes, caracteres e palavras. Um byte normalmente é 8 bits. Uma palavra é o número de bits sobre os quais um processador pode operar de uma só vez. Caracteres mapeiam bytes (ou grupos de bytes) para símbolos como letras, números, pontuação e novas linhas. Os três conjuntos de caracteres mais populares em uso hoje são o ASCII (American Standard Code for Information Interchange), o EBCDIC (Extended Binary-Coded Decimal Interchange Code) e o Unicode.

Um campo é um grupo de caracteres. Um registro é um grupo de campos. Um arquivo é um grupo de registros relacionados. O nível mais alto da hierarquia de dados está no sistema de arquivo ou banco de dados. Um volume é uma unidade de armazenamento de dados que pode conter vários arquivos.

Um arquivo é uma coleção nomeada de dados que pode ser manipulada como uma unidade por operações como abrir, fechar, criar, destruir, copiar, renomear e listar. Itens de dados individuais dentro de um arquivo podem ser manipulados por operações como ler, escrever, atualizar, inserir e apagar. Entre as características dos arquivos estão localização, acessibilidade, tipo, volatilidade e atividade. Arquivos podem consistir em um ou mais registros.

Um sistema de arquivo organiza arquivos e gerencia o acesso aos dados. Sistemas de arquivo são responsáveis por gerenciamento de arquivos, gerenciamento do armazenamento auxiliar, mecanismos de integridade do arquivo e métodos de acesso. Um sistema de arquivo preocupa-se primordialmente com o gerenciamento do espaço de armazenamento secundário, particularmente armazenamento em disco.

Sistemas de arquivos devem exibir independência de dispositivos — os usuários devem poder referir-se a seus arquivos por nomes simbólicos em vez de ter de utilizar nomes de dispositivos físicos. Sistemas de arquivos também devem fornecer capacidades de cópias de segurança e recuperação que evitem a perda acidental ou a destruição mal-intencionada de informações. O sistema de arquivo também pode fornecer capacidades de criptografia e decriptação para tornar a informação útil somente para o público a que se destina.

Sistemas de arquivos usam diretórios, que são arquivos que contêm os nomes e as localizações de outros arquivos do sistema de arquivo, para organizar e localizar arquivos rapidamente. Uma entrada de diretório armazena informações como o nome de um arquivo, localização, tipo e datas e horários e acesso, modificação e criação. A organização mais simples de sistemas de arquivo é a de sistema de nível único (ou plana), que armazena todos os seus arquivos utilizando um só diretório. Em sistemas de arquivo de nível único, dois arquivos não podem ter o mesmo nome, e o sistema de arquivo tem de realizar uma busca linear no conteúdo do diretório para localizar cada arquivo, o que pode resultar em mau desempenho.

Em um sistema de arquivo hierárquico, uma raiz é usada para indicar em que lugar do dispositivo de armazenamento começa o diretório-raiz. O diretório-raiz aponta para os vários diretórios, cada um dos quais contém uma entrada para cada um de seus arquivos. Nomes de arquivos têm de ser exclusivos somente dentro de um dado diretório de usuário. O nome de um arquivo usualmente é formado como o nome de caminho desde o diretório-raiz até o arquivo.

Muitos sistemas de arquivo suportam a noção de um diretório de trabalho para simplificar a navegação usando nomes de caminhos. O diretório de trabalho habilita usuários a especificar um nome de caminho que não comece no diretório-raiz (ou seja, um caminho relativo). Quando um sistema de arquivo encontra um nome de caminho relativo, forma o nome de caminho absoluto (o caminho que começa na raiz) concatenando o diretório de trabalho e o caminho relativo.

A ligação (link), uma entrada de diretório que se refere a um arquivo de dados ou diretório localizado em um diretório diferente, facilita o compartilhamento de dados e pode tornar mais fácil para os usuários o acesso a arquivos localizados por toda a estrutura do diretório de um sistema de arquivo.

Ligação flexível é uma entrada de diretório que contém o nome de caminho para um outro arquivo. Ligação estrita é uma entrada de diretório que especifica a localização do arquivo (normalmente um número de bloco) no dispositivo de armazenamento. Porque uma ligação estrita especifica a localização física de um arquivo, ela se refere a dados inválidos quando a localização física do seu arquivo correspondente mudar. Pelo fato de ligações flexíveis armazenarem a localização lógica do arquivo no sistema de arquivo, elas não precisam ser atualizadas quando os dados do arquivo mudarem de lugar. Contudo, se um usuário transferir um arquivo para um diretório diferente ou renomear o arquivo, nenhuma das ligações flexíveis para aquele arquivo será mais válida.

Metadados são informações que protegem a integridade do sistema de arquivo e não podem ser modificadas diretamente por usuários. Muitos sistemas de arquivo armazenam em um superbloco informações críticas que protegem a integridade do sistema de arquivo, como o identificador do sistema de arquivo e a localização dos blocos livres do dispositivo de armazenamento. Para reduzir o risco de perda de dados, a maioria dos sistemas de arquivo distribui cópias redundantes do superbloco por todo o dispositivo de armazenamento.

A operação de abertura de arquivo retorna um descritor de arquivo, que é um número inteiro não negativo, índice para a tabela de arquivos abertos. Desse ponto em diante o acesso ao arquivo é orientado pelo descritor de arquivo. Para habilitar acesso rápido a informações específicas de arquivo, como permissões, a tabela de arquivos abertos muitas vezes contém blocos de controle de arquivo, também denominados atributos do arquivo, que são estruturas altamente dependentes de sistema que podem conter o nome simbólico do arquivo, localização em armazenamento secundário, dados de controle de acesso e assim por diante.

A operação de montagem combina vários sistemas de arquivo em um único espaço de nome, para que eles possam ser referidos por um único diretório-raiz. O comando montar designa um diretório do sistema de arquivo nativo, denominado ponto de montagem, à raiz do sistema de arquivo montado. Sistemas de arquivo gerenciam diretórios montados com tabelas de montagem que contêm informações sobre a localização dos pontos de montagem e os dispositivos para os quais apontam. Quando o sistema de arquivo nativo encontra um ponto de montagem, usa a tabela de montagem para determinar o dispositivo e o tipo de sistema de arquivo montado. Usuários podem criar ligações flexíveis para arquivos em sistemas de arquivo montados, mas não podem criar ligações estritas entre sistemas de arquivo.

Organização de arquivo refere-se à maneira como os registros de um arquivo são organizados no armazenamento secundário. Há diversos esquemas de organização de arquivo, entre eles seqüencial, direto, não seqüencial indexado e particionado.

O problema de alocar e liberar espaço em armazenamento secundário é, de certa maneira, semelhante ao experimentado na alocação de armazenamento primário sob multiprogramação de partição variável. Porque os arquivos tendem a aumentar e diminuir ao longo do tempo e porque os usuários raramente sabem de antemão de que tamanho serão seus arquivos, sistemas de armazenamento de alocação contígua foram geralmente substituídos por sistemas de armazenamento de alocação não contígua mais dinâmicos.

Sistemas de arquivos que empregam alocação contígua colocam dados de arquivos em endereços contíguos no dispositivo de armazenamento. Uma vantagem da alocação contígua é que registros lógicos sucessivos normalmente estão fisicamente adjacentes uns aos outros. Esquemas de alocação contígua exibem os mesmos tipos de problemas de fragmentação externa inerentes à alocação de memória em sistemas de multiprogramação de partição variável. A alocação contígua pode resultar em mau desempenho se os arquivos aumentarem e diminuírem ao longo do tempo. Se um arquivo crescer até ultrapassar o tamanho especificado originalmente e não houver blocos livres contíguos, ele deverá ser transferido para uma nova área de tamanho adequado, o que levará a operações adicionais de E/S.

Quando é usado um esquema de alocação de arquivo não contígua por lista encadeada por setores, uma entrada de diretório aponta para o primeiro setor de um arquivo. A porção de dados de um setor armazena o conteúdo do arquivo; a porção do ponteiro aponta para o setor seguinte do arquivo. Setores que pertençam a um arquivo comum formam uma lista encadeada.

Na alocação de blocos, o sistema aloca blocos de setores contíguos (às vezes denominados extensões). No encadeamento de blocos, entradas no diretório do usuário apontam para o primeiro bloco de cada arquivo. Blocos que englobam um arquivo cada um contêm duas porções: um bloco de dados e um ponteiro para o bloco seguinte. Para localizar um registro, a cadeia deve ser pesquisada desde o início e, se os blocos estiverem dispersos por todo o dispositivo de armazenamento (o que é normal), o processo de pesquisa poderá ser lento, pois ocorrerão buscas bloco a bloco. Inserção e supressão são executadas modificando o ponteiro do bloco anterior.

Blocos grandes podem resultar em considerável quantidade de fragmentação interna. Blocos pequenos podem fazer os dados de um arquivo se espalharem por vários blocos dispersos por todo o dispositivo de armazenamento, o que leva a mau desempenho, pois o dispositivo de armazenamento executa muitas operações de busca para acessar todos os registros de um arquivo.

Alocação de arquivo tabular não contígua usa tabelas que armazenam ponteiros para blocos de arquivo para reduzir o número de buscas demoradas requeridas para acessar um registro particular. Entradas de diretório indicam o primeiro bloco de um arquivo. O número do bloco corrente é usado como um índice para a tabela de alocação de blocos para determinar a localização do bloco seguinte. Se o bloco corrente for o último bloco de um arquivo, então sua entrada da tabela de alocação de blocos será nula. Porque os ponteiros que localizam dados de arquivo são armazenados em uma localização central, a tabela pode ser mantida em cache, para que a cadeia de blocos que compõem um arquivo possa ser percorrida rapidamente, o que melhora os tempos de acesso. Contudo, para localizar o último registro de um arquivo, o sistema de arquivo poderia ter de seguir muitos ponteiros na tabela de alocação de blocos, o que tomaria um tempo significativo. Quando um dispositivo de armazenamento contém muitos blocos, a tabela de alocação de blocos pode tornar-se grande e fragmentada, reduzindo o desempenho do sistema de arquivo. Uma implementação popular da alocação de arquivo não contígua tabular é o sistema de arquivo FAT da Microsoft.

Na alocação de arquivo não contígua indexada, cada arquivo tem um ou vários blocos de índice. Os blocos de índice contêm uma lista de ponteiros que apontam para blocos de dados de arquivo. A entrada do diretório de um arquivo aponta para seu bloco de índice, que pode reservar algumas das últimas entradas para armazenar ponteiros para mais blocos de índice, uma técnica denominada encadeamento. A vantagem primordial do encadeamento de blocos de índice sobre implementações de listas encadeadas simples é que a busca pode ocorrer nos próprios blocos de índice.

Sistemas de arquivo normalmente colocam blocos de índice próximos aos blocos de dados a que eles se referem, assim os blocos de dados podem ser acessados rapidamente depois de o bloco de índice ter sido carregado. Blocos de índices são denominados inodes (ou seja, index nodes — nós de índice) em sistemas operacionais baseados no UNIX. Alguns sistemas usam uma lista de livres — uma lista encadeada de blocos que contém as localizações de blocos livres — para gerenciar o espaço livre do dispositivo de armazenamento. O sistema de arquivo normalmente aloca blocos do início da lista de livres e anexa blocos liberados ao final da lista. Essa técnica requer pouca sobrecarga para executar operações de manutenção da lista de livres, mas os arquivos são alocados em blocos não contíguos, o que aumenta o tempo de acesso ao arquivo.

Um mapa de bits contém um bit para cada bloco na memória, no qual o i-ésimo bit corresponde ao i-ésimo bloco no dispositivo de armazenamento. Uma vantagem primordial dos mapas de bits sobre as listas de livres é que o sistema de arquivo pode determinar rapidamente se há blocos contíguos disponíveis em certas localizações do armazenamento secundário. Uma desvantagem é que o sistema de arquivo pode ter de pesquisar o mapa de bits inteiro para encontrar um bloco livre, resultando em substancial sobrecarga de execução.

Em uma matriz bidimensional de controle de acesso, a entrada a_{ij} será 1 se o usuário i tiver permissão para acessar o arquivo j; se não, $a_{ij} = 0$. Em uma instalação com um grande número de usuários e um grande número de arquivos, essa matriz geralmente seria bem grande e esparsa. Uma técnica que requer consideravelmente menos espaço é controlar acesso a várias classes de usuários. Entre essas classes podem figurar o proprietário do arquivo, um usuário especificado, grupo, projeto ou público. Esses dados de controle de acesso podem ser armazenados como parte do bloco de controle do arquivo e quase sempre consomem uma quantidade insignificante de espaço.

Os sistemas operacionais de hoje em geral fornecem muitos métodos de acesso, como métodos de acesso de fila e métodos de acesso básicos. Métodos de acesso de fila são usados quando a seqüência na qual os registros devem ser processados pode ser prevista antecipadamente, como no acesso seqüencial e no acesso seqüencial indexado. Os métodos de fila executam buffer antecipatório e escalonamento de operações de E/S. Os métodos de acesso básicos normalmente são usados quando a seqüência na qual os registros devem ser processados não pode ser prevista antecipadamente, em particular com acesso direto.

Arquivos mapeados em memória mapeiam dados de arquivo para o espaço de endereçamento virtual de um processo, em vez de usar um cache de sistema de arquivo. Porque referências a arquivos mapeados em memória ocorrem no espaço de endereçamento virtual de um processo, o gerenciador da memória virtual pode tomar decisões de substituição de páginas com base no padrão de referência de cada processo.

A maioria dos sistemas implementa técnicas de cópia de segurança (backup) para armazenar cópias redundantes de informações, e técnicas de recuperação que habilitam o sistema a recuperar dados após uma falha de sistema.

Salvaguardas físicas, como travas e sistemas de alarme de incêndio, representam o nível mais baixo de proteção de dados. Fazer cópias de segurança periódicas é a técnica mais comum utilizada para garantir a disponibilidade contínua dos dados. Cópias de segurança físicas duplicam os dados de um dispositivo de armazenamento no nível do bit. Uma cópia de segurança lógica armazena os dados de um sistema de arquivo e sua estrutura lógica. Assim, cópias de segurança lógicas inspecionam a estrutura do diretório para determinar quais arquivos precisam ser salvos e, então, escrevem esses arquivos para o dispositivo de cópia de segurança sob um formato de arquivamento comum, muitas vezes compactado. Cópias de segurança incrementais são cópias de segurança lógicas que armazenam somente dados do sistema de arquivo que mudaram desde a cópia de segurança anterior.

Em sistemas que não podem tolerar perda de dados ou tempo parado, o adequado são RAIDs e sistemas baseados em transações. Se ocorrer uma falha de sistema durante uma operação de escrita, os dados do sistema de arquivo poderão ficar em um estado inconsistente. Sistemas de arquivo baseados em transações reduzem a perda de dados usando transações atômicas, que executam, ou não, um grupo de operações integralmente. Se ocorrer um erro que impeça a conclusão de uma transação, ela será revertida, fazendo o sistema retornar ao estado em que estava antes do início da transação.

Transações atômicas também podem ser implementadas registrando o resultado de cada operação em um arquivo de eventos (log file) em vez de modificar os dados existentes. Uma vez encerrada a transação, ela é validada pelo registro de um valor-sentinela no arquivo de eventos. Para reduzir o tempo gasto no reprocessamento das informações do arquivo de eventos, a maioria dos sistemas baseados em transações mantém pontos de verificação que indicam a última transação transferida para armazenamento permanente. Se o sistema cair, basta examinar as transações após o ponto de verificação. Sombreamento de páginas implementa transações atômicas escrevendo dados modificados para um bloco livre em vez de para o bloco original.

Sistemas de arquivo log-estruturados (LFS), também denominados sistemas de arquivo de registro periódico (journaling), realizam todas as operações de sistema de arquivo como transações registradas para garantir que elas não deixem o sistema em um estado inconsistente. No LFS, o disco inteiro serve como um arquivo de eventos (log). Novos dados são escritos seqüencialmente no espaço livre do arquivo de eventos. Porque diretórios modificados e metadados sempre são escritos para o final do log, um LFS pode ter de ler todo o log para localizar um arquivo particular, levando a um mau desempenho de leitura. Para reduzir esse problema, um LFS coloca as localizações dos metadados do sistema de arquivo em um cache e ocasionalmente escreve mapas de inodes, ou superblocos, que indicam a localização de outros metadados, habilitando o sistema operacional a localizar e fazer cache dos metadados do arquivo rapidamente quando o sistema é iniciado. Alguns sistemas de arquivo tentam reduzir o custo dos sistemas de arquivo log-estruturados usando um log somente para armazenar metadados, o que garante a integridade do sistema de arquivo com sobrecarga relativamente baixa, mas não garante a integridade do arquivo se acaso ocorrer uma falha de sistema.

Pelo fato de os dados serem escritos seqüencialmente, cada requisição de escrita do LFS requer uma única busca enquanto ainda existir espaço no disco. Quando o log estiver cheio, o espaço livre fragmentado do sistema de arquivo, resultante da requisição de blocos inválidos, poderá reduzir o desempenho de escrita e leitura a níveis mais baixos do que os de sistemas de arquivo convencionais. Para resolver esse problema, o LFS pode criar espaço livre contíguo no log copiando dados válidos para uma região contígua no final do log.

Uma abordagem do manuseio de referências de arquivos não locais de uma rede de computadores é rotear todas essas requisições para um servidor de arquivos, ou seja, um sistema de computador dedicado a resolver referências de arquivos intercomputadores. Essa abordagem centraliza o controle dessas referências, mas o servidor pode se transformar em um gargalo, porque os computadores clientes, sem exceção, enviariam todas as requisições ao servidor. Uma abordagem melhor é permitir que computadores isolados se comuniquem diretamente um com o outro.

Um banco de dados é uma coleção de dados sob um formato padronizado, controlada centralmente; um sistema de banco de dados envolve os dados, o hardware onde os dados residem e o software que controla o acesso aos dados (denominado sistema de gerenciamento de banco de dados ou DBMS). Sistemas de bancos de dados reduzem a redundância de dados e evitam que os dados fiquem em um estado inconsistente; a redundância é reduzida combinando-se dados de arquivos separados. Bancos de dados também facilitam compartilhamento de dados.

Um importante aspecto de sistemas de bancos de dados é a independência de dados; aplicações não precisam se preocupar com o modo como os dados são fisicamente armazenados ou acessados. Do ponto de vista do sistema, a independência de dados possibilita que a estrutura de armazenamento e a estratégia de acesso sejam modificadas segundo os requisitos das mudanças da instalação, mas sem precisar modificar as aplicações em funcionamento.

Linguagens de bancos de dados permitem a independência dos bancos de dados fornecendo um modo padronizado de acesso às informações. Uma linguagem de banco de dados consiste em uma linguagem de definição de dados (DDL), uma linguagem de manipulação de dados (DML) e uma linguagem de consulta. Uma DDL especifica como os dados são organizados e relacionados, e a DML permite que os dados sejam modificados. Linguagem de consulta é uma parte da DML que permite aos usuários criarem consultas que pesquisam o banco de dados em busca de dados que atendam a certos critérios. A SQL (Structured Query Language — linguagem estruturada de consulta) é, atualmente, uma das mais populares linguagens de bancos de dados.

Um banco de dados distribuído, que é um banco de dados espalhado pelos sistemas de computadores de uma rede, facilita acesso eficiente a dados por meio de muitos conjuntos de dados que residem em computadores diferentes.

Bancos de dados são baseados em modelos que descrevem como são vistos os dados e as relações entre eles. O modelo relacional é uma estrutura lógica, mais do que uma estrutura física; os princípios de gerenciamento de banco de dados relacionais são independentes da implementação física de estruturas de dados. Um banco de dados relacional é composto de relações que indicam os vários atributos de uma entidade. Qualquer elemento particular de uma relação é denominado tupla (linha). Cada atributo (coluna) da relação pertence a um único domínio. O número de atributos de uma relação é o grau da relação. Uma operação de projeção forma um subconjunto de atributos; uma operação de junção combina relações para produzir relações mais complexas. O modelo de banco de dados relacional é relativamente fácil de implementar.

Vários serviços de sistemas operacionais suportam sistemas de gerenciamento de bancos de dados, como gerenciamento de repositório de buffer, sistema de arquivo, escalonamento, gerenciamento de processo, comunicação interprocessos, controle de consistência e memória virtual paginada. A maioria dessas características não são especificamente otimizadas para ambientes de DBMS, portanto, os projetistas de DBMS tendem a evitar serviços de sistema operacional em favor de fornecer os seus próprios.

Exercícios

13.1 Um sistema de memória virtual tem um tamanho de página p e seu sistema de arquivo correspondente tem tamanho de bloco b e tamanho fixo de registro r. Discuta as várias relações entre p, b e r que fazem sentido. Explique por que cada uma dessas possíveis relações é razoável.

13.2 Faça uma lista abrangente das razões por que os registros podem não ser necessariamente armazenados contiguamente em um arquivo de disco seqüencial.

13.3 Suponha que um sistema distribuído tenha um servidor de arquivos central que contenha grandes quantidades de arquivos seqüenciais para centenas de usuários. Dê várias razões por que tal sistema pode não ser organizado para executar compactação (dinamicamente ou de outro modo) em base regular.

13.4 Apresente várias razões por que pode não ser útil armazenar logicamente páginas contíguas do espaço de endereçamento virtual de um processo em áreas fisicamente contíguas de um armazenamento secundário.

13.5 Um certo sistema de arquivo usa nomes no 'âmbito do sistema', ou seja, uma vez que um membro da comunidade de usuários use um nome, aquele não pode ser designado a novos arquivos. A maioria dos sistemas de arquivo de grande porte, todavia, requer somente que os nomes sejam exclusivos no que diz respeito a um dado usuário — dois usuários diferentes podem escolher o mesmo nome de arquivo sem haver conflito. Discuta os méritos relativos desses dois esquemas, considerando questões de implementação e de aplicação.

13.6 Alguns sistemas implementam compartilhamento de arquivos permitindo que vários usuários leiam uma única cópia de um arquivo simultaneamente. Outros fornecem uma cópia do arquivo compartilhado para cada usuário. Discuta os méritos relativos de cada abordagem.

13.7 Arquivos seqüenciais indexados são populares entre os projetistas de aplicações. Entretanto, a experiência mostrou que o acesso direto a arquivos seqüenciais indexados pode ser lento. Por que é dessa maneira? Em que circunstâncias é melhor acessar esses arquivos seqüencialmente? Em que circunstâncias o projetista de aplicações deveria usar arquivos diretos em vez de seqüenciais indexados?

13.8 Quando ocorre uma falha de sistema de computador, é importante poder reconstruir o sistema de arquivo rápida e precisamente. Suponha que um sistema de arquivo permita arranjos complexos de ponteiros e referências interdiretórios. Quais providências o projetista do sistema de arquivo deveria tomar para assegurar a confiabilidade e a integridade de tal sistema?

13.9 Alguns sistemas de arquivo suportam um grande número de classes de acesso, enquanto outros suportam apenas algumas poucas. Discuta os méritos relativos de cada abordagem. Qual é melhor para ambientes de alta segurança? Por quê?

13.10 Compare a alocação de espaço para arquivos em armazenamento secundário com a alocação em armazenamento real sob multiprogramação de partição variável.

13.11 Em quais circunstâncias a compactação do armazenamento secundário é útil? Quais os perigos inerentes à compactação? Como podem ser evitados?

13.12 Quais as motivações para estruturar sistemas de arquivo hierarquicamente?

13.13 Um problema com a organização de arquivo seqüencial indexada é que adições a um arquivo talvez tenham de ser colocadas em áreas de transbordamento. Como isso pode afetar o desempenho? O que pode ser feito para melhorar o desempenho nessas circunstâncias?

13.14 Nomes de caminho em um sistema de arquivo hierárquico podem tornar-se longos. Dado que a grande maioria de referências a arquivos são feitas aos arquivos do próprio usuário, que convenção o sistema de arquivo poderia suportar para minimizar a necessidade de usar nomes de caminhos longos?

13.15 Alguns sistemas de arquivo armazenam informações exatamente no formato criado pelo usuário. Outros tentam otimizar compactando os dados. Descreva como você implementaria um mecanismo de compactação/descompactação. Esse mecanismo necessariamente trocará sobrecarga de tempo de execução pelos requisitos reduzidos de armazenamento para arquivos. Em que circunstâncias essa troca é aceitável?

13.16 Suponha que um importante desenvolvimento na tecnologia de armazenamento primário possibilitou a produção de armazenamento tão grande, tão rápido e tão barato que todos os programas e dados de uma instalação podem ser armazenados em um único 'chip'. Qual seria a diferença entre tal armazenamento de nível único e os sistemas de armazenamento hierárquico convencionais de hoje?

13.17 Você tem de realizar uma auditoria de segurança em um sistema de computador. O administrador do sistema suspeita que a estrutura de ponteiros do sistema de arquivo ficou comprometida, permitindo que certos usuários não autorizados acessem informações críticas do sistema. Descreva como você tentaria determinar quem é responsável pela quebra de segurança e como foi possível que os ponteiros fossem modificados.

13.18 Na maioria das instalações de computador, somente uma pequena porção das cópias de segurança do arquivo é usada para reconstruir um arquivo. Portanto, há uma permuta a ser considerada ao realizar cópias de segurança. As conseqüências de não ter uma cópia de segurança do arquivo disponível quando necessário justificam o esforço de fazê-las? Que fatores apontam para a necessidade de realizar cópias de segurança em comparação com não executá-las? Que fatores afetam a freqüência com que as cópias de segurança devem ser realizadas?

13.19 Acesso seqüencial de arquivos seqüenciais é muito mais rápido do que acesso seqüencial de arquivos seqüenciais indexados. Então, por que muitos projetistas de aplicações implementam sistemas nos quais arquivos seqüenciais indexados devem ser acessados seqüencialmente?

13.20 Em um ambiente universitário, como as classes de usuário 'proprietário', 'grupo', 'usuário especificado' e 'público' seriam usadas para controlar acesso a arquivos? Considere o uso do sistema de computador para computação administrativa, bem como acadêmica. Considere também sua utilização no suporte à pesquisa, bem como a cursos acadêmicos.

13.21 Sistemas de arquivo fornecem acesso a arquivos nativos, bem como a arquivos de outros sistemas de arquivo montados. Que tipos de arquivos poderiam ser mais bem armazenados no sistema de arquivo nativo? E em outros sistemas de arquivo montados? Quais problemas são exclusivos do gerenciamento de sistemas de arquivo montados?

13.22 Que tipo e freqüência de cópia de segurança seria mais apropriado em cada um dos sistemas seguintes?

   a. um sistema de processamento em lote de folha de pagamento executado semanalmente
   b. um sistema bancário de caixa automática
   c. um sistema de faturamento de pacientes de um hospital
   d. um sistema de reserva de uma linha aérea na qual os clientes fazem reservas para vôos com até um ano de antecedência
   e. um sistema de desenvolvimento de um programa distribuído usado por um grupo de cem programadores

13.23 Hoje, a maioria dos bancos usa sistemas de transações on-line. Cada transação é imediatamente aplicada às contas dos clientes para manter os saldos bancários atualizados e corretos. Erros são intoleráveis, mas, mesmo assim, ocasionalmente esses sistemas 'caem' devido a falhas de computador ou interrupção do fornecimento de energia. Descreva como você implementaria uma capacidade de cópia de segurança/recuperação para garantir que cada transação concluída seja aplicada à conta do cliente certo. E também, transações concluídas apenas parcialmente na hora da falha do sistema não devem ser aplicadas.

13.24 Por que é útil reorganizar periodicamente arquivos seqüenciais indexados? Qual critério um sistema de arquivo deve usar para determinar quando a organização é necessária?

13.25 Qual a diferença entre métodos de acesso de fila e métodos básicos de acesso?

13.26 Como a redundância de programas e dados poderia ser útil na construção de sistemas altamente confiáveis? Sistemas de bancos de dados podem reduzir em muito a quantidade de redundância envolvida no armazenamento de dados. Isso quer dizer que sistemas de bancos de dados podem, na verdade, ser menos confiáveis do que sistemas que não são de bancos de dados? Explique sua resposta.

13.27 Muitos dos esquemas de armazenamento que discutimos para colocar informações em disco incluem o uso extensivo de ponteiros. Se um ponteiro for destruído, acidental ou mal-intencionadamente, toda uma estrutura de dados pode ser perdida. Comente a utilização de tais estruturas de dados no projeto de sistemas altamente confiáveis. Indique como esquemas baseados em ponteiros podem ficar menos suscetíveis ao dano causado pela perda de um ponteiro.

13.28 Discuta os problemas envolvidos quando um sistema de arquivo distribuído de computadores homogêneos é habilitado a tratar acessos a arquivos remotos do mesmo modo que trata acesso a arquivos locais (ao menos sob a perspectiva do usuário).

13.29 Discuta o conceito de transparência em sistemas de arquivo distribuído de computadores heterogêneos. Como um sistema de arquivo distribuído resolve diferenças entre várias arquiteturas de computador e sistemas operacionais para habilitar todos os sistemas de uma rede a executar acessos a arquivos remotos independentemente das diferenças entre sistemas?

13.30 A Figura 13.9 mostra uma estrutura de dados de inode. Suponha que um sistema de arquivo que use essa estrutura preencheu os blocos que se originam dos ponteiros duplamente indiretos. Quantos acessos de disco serão necessários para escrever mais um byte no arquivo? Admita que o inode e o mapa de bits de blocos livres estejam completamente na memória, mas que não haja cache de buffer. Admita também que os blocos não tenham de ser inicializados.

13.31 Um sistema de arquivo pode monitorar blocos livres usando ou um mapa de bits de blocos livres ou uma lista de blocos livres.

O sistema tem um total de *t* blocos do tamanho *b*, dos quais *u* são usados e cada número de bloco é armazenado usando *s* bits.

    a. Expresse o tamanho (em bits) do mapa de bits de blocos livres desse dispositivo usando as variáveis dadas.

    b. Expresse o tamanho (em bits) da lista de blocos livres desse sistema em termos das variáveis dadas. Ignore o espaço consumido por ponteiros para os blocos de continuação da lista de livres.

13.32 Suponha que um sistema use blocos de 1 KB e endereços de 16 bits (dois bytes). Qual o maior tamanho possível de arquivo para esse sistema de arquivo para as seguintes organizações de inode?

    a. O inode contém 12 ponteiros diretamente para blocos de dados.

    b. O inode contém 12 ponteiros diretamente para blocos de dados e um bloco indireto. Admita que o bloco de dados indireto use todos os 1.024 bytes para armazenar ponteiros para blocos de dados.

    c. O inode contém 12 ponteiros diretos para blocos de dados, um bloco de dados indireto e um bloco de dados duplamente indireto.

13.33 Por que é útil armazenar entradas de diretórios de tamanho fixo? Qual a limitação que isso impõe aos nomes de arquivos?

Projetos sugeridos

13.34 Elabore um trabalho de pesquisa sobre o próximo sistema de arquivo WinFS e compare-o com o sistema de arquivo NTFS. Quais problemas do sistema NTFS o sistema WinFS não resolve?

13.35 Elabore um trabalho de pesquisa sobre a implementação e a aplicação de bancos dados distribuídos.

13.36 Pesquise como sistemas operacionais como o Windows e o Linux fornecem capacidades de criptografia e decriptação para o sistema de arquivo.

Simulações sugeridas

13.37 Faça o projeto de um sistema de arquivo. O que você colocaria em cada um dos inodes (arquivos e diretórios devem ter informações diferentes)? O que você precisaria como metadados? Após projetá-lo, implemente um sistema de arquivo simulado na linguagem de sua escolha. Então implemente as funções *criar*, *abrir*, *fechar*, *ler*, *escrever*, *cd* (mudar diretório) e *ls* (listar os arquivos de um diretório). Se dispuser de mais tempo, imagine como salvar seu sistema para um arquivo e carregá-lo novamente mais tarde.

Notas

1. S. Searle, "Brief history of character codes in North America, Europe, and East Asia", modificado em: 13 mar. 2002, tronweb.super-nova.co.jp/characcodehist.html.
2. "The Unicode® standard: a technical introduction", 4 mar. 2003, www.unicode.org/standard/principles.html.
3. D. Golden e M. Pechura, "The structure of microcomputer file systems", *Communications of the ACM*, v. 29, nº 3, mar. 1986, p. 222-230.
4. Linux kernel source code, version 2.6.0-test2, ext2_fs.h, lines 506–511, <lxr.linux.no/source/include/linux/ext2_fs.h?v=2.6.0-test2>.
5. Linux kernel source code, version 2.6.0-test2, iso_fs.h, lines 144–156, <lxr.linux.no/source/include/linux/iso_fs.h?v=2.6.0-test2>.
6. Linux kernel source code, version 2.6.0-test2, msdos_fs.h, lines 151–162, <lxr.linux.no/source/include/linux/msdos_fs.h?v=2.6.0-test2>.
7. D. Golden e M. Pechura, "The structure of microcomputer file systems", *Communications of the ACM*, v. 29, nº 3, mar. 1986, p. 224.
8. J. L. Peterson, J. S. Quarterman e A. Silberschatz, "4.2BSD and 4.3BSD as examples of the UNIX system", *ACM Computing Surveys*, v. 17, nº 4, dez. 1985, p. 395.
9. R. Appleton, "A non-technical look inside the EXT2 file system", *Kernel Korner*, ago. 1997.
10. J. L. Peterson, J. S. Quarterman e A. Silberschatz, "4.2BSD and 4.3BSD as examples of the UNIX system", *ACM Computing Surveys*, v. 17, nº 4, dez. 1985, p. 395.
11. J. L. Peterson, J. S. Quarterman e A. Silberschatz, "4.2BSD and 4.3BSD as examples of the UNIX system", *ACM Computing Surveys*, v. 17, nº 4, dez. 1985, p. 395.
12. J. L. Peterson, J. S. Quarterman e A. Silberschatz, "4.2BSD and 4.3BSD as examples of the UNIX system", *ACM Computing Surveys*, v. 17, nº 4, dez. 1985, p. 395.
13. Linux kernel source code, version 2.6.0-test2, ext2_fs_sb.h, lines 25–55, <lxr.linux.no/source/include/linux/ext2_fs_sb.h?v=2.6.0-test2>.
14. Linux kernel source code, version 2.6.0-test2, iso_fs_sb.h, lines 7–32, <lxr.linux.no/source/include/linux/iso_fs_sb.h?v=2.6.0-test2>.
15. Linux kernel source code, version 2.6.0-test2, msdos_fs_sb.h, lines 38–63, <lxr.linux.no/source/include/linux/msdos_fs_sb.h?v=2.6.0-test2>.
16. K. Thompson, "UNIX implementation", *UNIX Time-Sharing System: UNIX Programmer's Manual*, 7ed, v. 2b, jan. 1979, p. 9.
17. E. Levy e A. Silberschatz, "Distributed file systems: concepts and examples", *ACM Computing Surveys*, v. 22, nº 4, dez. 1990, p. 329.
18. "Volume mount points", *MSDN Library*, fev. 2003, msdn.microsoft.com/library/default.asp?url=/library/en-us/fileio/base/volume_mount_points.asp.
19. K. Thompson, "UNIX implementation", *UNIX Time-Sharing System: UNIX Programmer's Manual*, 7ed, v. 2b, jan. 1979, p. 9.

20. P. Larson e A. Kajla, "File organization: implementation of a method guaranteeing retrieval in one access", *Communications of the ACM*, v. 27, nº 7, jul. 1984, p. 670-677.
21. R. J. Enbody e H. C. Du, "Dynamic hashing schemes", *ACM Computing Surveys*, v. 20, nº 2, jun. 1988, p. 85-113.
22. P. D. L. Koch, "Disk file allocation based on the buddy system", *ACM Transactions on Computer Systems*, v. 5, nº 4, nov. 1987, p. 352-370.
23. M. McKusick, W. Joy, S. Leffler e R. Fabry, "A fast file system for UNIX", *ACM Transactions on Computer Systems*, v. 2, nº 3, ago. 1984, p. 183-184.
24. "Description of FAT32 file system", *Microsoft Knowledge Base*, 21 fev. 2002, support.microsoft.com/default.aspx?scid=kb;[LN];Q154997.
25. R. Card, T. Tso e S. Tweedie, "Design and implementation of the second extended filesystem", 20 set. 2001, e2fsprogs.sourceforge.net/ext2intro.html.
26. C. Kozierok, "DOS (MS-DOS, PC-DOS, etc.)", *PCGuide*, 17 abr. 2001, www.pcguide.com/ref/hdd/file/osDOS-c.html.
27. C. Kozierok, "Virtual FAT (VFAT)", *PCGuide*, 17 abr. 2001, www.pcguide.com/ref/hdd/file/fileVFAT-c.html.
28. C. Kozierok, "DOS (MS-DOS, PC-DOS, etc.)", *PCGuide*, 17 abr. 2001, www.pcguide.com/ref/hdd/file/osDOS-c.html.
29. "FAT32", *MSDN Library*, msdn.microsoft.com/library/default.asp?url=/library/en-us/fileio/storage_29v6.asp.
30. T. Paterson, "A short history of MS-DOS", jun. 1983, www.patersontech.com/Dos/Byte/History.html.
31. R. Rojas, "Encyclopedia of computers and computer history — DOS", abr. 2001, www.patersontech.com/Dos/Encyclo.htm.
32. D. Hunter, "Tim Patterson: the roots of DOS", mar. 1983, www.patersontech.com/Dos/Softalk/Softalk.html.
33. D. Hunter, "Tim Patterson: the roots of DOS", mar. 1983, www.patersontech.com/Dos/Softalk/Softalk.html.
34. T. Paterson, "An inside look at MS-DOS", jun. 1983, www.patersontech.com/Dos/Byte/InsideDos.htm.
35. R. Rojas, "Encyclopedia of computers and computer history — DOS", abr. 2001, www.patersontech.com/Dos/Encyclo.htm.
36. R. Rojas, "Encyclopedia of computers and computer history — DOS", abr. 2001, www.patersontech.com/Dos/Encyclo.htm.
37. D. Hunter, "Tim Patterson: the roots of DOS", mar. 1983, www.patersontech.com/Dos/Softalk/Softalk.html.
38. T. Paterson, "An inside look at MS-DOS", jun. 1983, www.patersontech.com/Dos/Byte/InsideDos.htm.
39. R. Rojas, "Encyclopedia of computers and computer history — DOS", abr. 2001, www.patersontech.com/Dos/Encyclo.htm.
40. The Online Software Museum, "CP/M: history", museum.sysun.com/museum/cpmhist.html.
41. The Online Software Museum, "CP/M: history", museum.sysun.com/museum/cpmhist.html.
42. R. Rojas, "Encyclopedia of computers and computer history — DOS", abr. 2001, www.patersontech.com/Dos/Encyclo.htm.
43. D. Hunter, "Tim Patterson: the roots of DOS", mar. 1983, www.patersontech.com/Dos/Softalk/Softalk.html.
44. R. Rojas, "Encyclopedia of computers and computer history — DOS", abr. 2001, www.patersontech.com/Dos/Encyclo.htm.
45. The Online Software Museum, "CP/M: history", museum.sysun.com/museum/cpmhist.html.
46. R. Rojas, "Encyclopedia of computers and computer history — DOS", abr. 2001, www.patersontech.com/Dos/Encyclo.htm.
47. M. McKusick, W. Joy, S. Leffler e R. Fabry, "A fast file system for UNIX", *ACM Transactions on Computer Systems*, v. 2, nº 3, ago. 1984, p. 183.
48. M. Hecht e J. Gabbe, "Shadowed management of free disk pages with a linked list", *ACM Transactions on Database Systems*, v. 8, nº 4, dez. 1983, p. 505.
49. M. Hecht e J. Gabbe, "Shadowed management of free disk pages with a linked list", *ACM Transactions on Database Systems*, v. 8, nº 4, dez. 1983, p. 503.
50. C. Betourne et al., "Process management and resource sharing in the Multiaccess system ESOPE", *Communications of the ACM*, v. 13, nº 12, dez. 1970, p. 730.
51. P. Green, "Multics virtual memory — tutorial and reflections", 1999, ftp://ftp.stratus.com/pub/vos/multics/pg/mvm.html.
52. M. Choy, H. Leong e M. Wong, "Disaster recovery techniques for database systems", *Communications of the ACM*, v. 43, nº 11, nov. 2000, p. 273.
53. P. Chen, W. Ng, S. Chandra, C. Aycock, G. Rajamani e D. Lowell, "The rio file cache: surviving operating system crashes", *Proceedings of the Seventh International Conference on Architectural Support for Programming Languages and Operating Systems*, 1996, p. 74.
54. M. Choy, H. Leong e M. Wong, "Disaster recovery techniques for database systems", *Communications of the ACM*, v. 43, nº 11, nov. 2000, p. 273.
55. N. Hutchinson, S. Manley, M. Federwisch, G. Harris, D. Hitz, S. Kleiman e S. O'Malley, "Logical vs. physical file system backup", *Proceedings of the Third Symposium on Operating System Design and Implementation*, 1999, p. 244-245.
56. N. Hutchinson, S. Manley, M. Federwisch, G. Harris, D. Hitz, S. Kleiman e S. O'Malley, "Logical vs. physical file system backup", *Proceedings of the Third Symposium on Operating System Design and Implementation*, 1999, p. 240, 242-243.
57. A. Tanenbaum e R. Renesse, "Distributed operating systems", *Computing Surveys*, v. 17, nº 4, dez. 1985, p. 441.
58. M. Brown, K. Kolling e E. Taft, "The alpine file system", *ACM Transactions on Computer Systems*, v. 3, nº 4, nov. 1985, p. 267-270.
59. J. K. Ousterhout e M. Rosenblum, "The design and implementation of a log-structured file system", *ACM Transactions on Computer Systems*, v. 10, nº 1, fev. 1992.
60. "What's new in file and print services", 16 jun. 2003, www.microsoft.com/windowsserver2003/evaluation/overview/technologies/fileandprint.mspx.
61. M. K. Johnson, "Whitepaper: Red Hat's new journaling file system: ext3", 2001, www.redhat.com/support/wpapers/redhat/ext3/.
62. J. K. Ousterhout e M. Rosenblum, "The design and implementation of a log-structured file system", *ACM Transactions on Computer Systems*, v. 10, nº 1, fev. 1992.
63. J. Piernas, T. Cortes e J. M. García, "DualFS: a new journaling file system without meta-data duplication", *Proceedings of the 16th International Conference on Supercomputing*, 2002, p.137.
64. J. N. Matthews, D. Roselli, A. M. Costello, R. Y. Wang e T. E. Anderson, "Improving the performance of log-structured file systems with adaptive methods", *Proceedings of the Sixteenth ACM Symposium on Operating Systems Principles*, 1997, p. 238-251.
65. A. D. Birrell e R. M. Needham, "A universal file server", *IEEE Transactions on Software Engineering*, v. SE-6, nº 5, set. 1980, p. 450-453.
66. J. G. Mitchell e J. Dion, "A comparison of two network-based file servers", *Proceedings of the Eighth Symposium on Operating Systems Principles*, v. 15, nº 5, dez. 1981, p.45-46.

67. S. Christodoulakis e C. Faloutsos, "Design and performance considerations for an optical disk-based, multimedia object server", *Computer*, v. 19, nº 12, dez. 1986, p. 45-56.
68. S. Mehta, "Serving a LAN", *LAN Magazine*, out. 1988, p. 93-98.
69. M. Fridrich e W. Older, "The Felix file server", *Proceedings of the Eighth Symposium on Operating System Principles*, v. 15, nº 5, dez. 1981, p. 37-44.
70. B. W. Wah, "File placement on distributed computer systems", *Computer*, v. 17, nº 1, jan. 1984, p. 23-32.
71. S. Mullender e A. Tanenbaum, "A distributed file service based on optimistic concurrency control", *Proceedings of the 10th Symposium on Operating Systems Principles, ACM*, v. 19, nº 5, dez. 1985, p. 51-62.
72. J. H. Morris, M. Satyanarayanan, M. H. Conner, J. H. Howard, D. S. H. Rosenthal e F. D. Smith, "Andrew: a distributed personal computing environment", *Communications of the ACM*, v. 29, nº 3, mar. 1986, p. 184-201.
73. M. N. Nelson, B. B. Welch e J. K. Ousterhout, "Caching in the sprite network file system", *ACM Transactions on Computer Systems*, v. 6, nº 1, fev. 1988, p. 134-154.
74. D. Walsh, R. Lyon e G. Sager, "Overview of the Sun network file system", *USENIX Winter Conference*, Dallas, TX, 1985, p. 117-124.
75. R. Sandberg et al., "Design and implementation of the Sun network file system", *Proceedings of the USENIX 1985 Summer Conference*, jun. 1985, p. 119-130.
76. R. Sandberg, *The Sun network file system: design, implementation and experience*. Mountain View, CA: Sun Microsystems, Inc., 1987.
77. J. Lazarus, *Sun 386i overview*. Mountain View, CA: Sun Microsystems, Inc., 1988.
78. P. Schnaidt, "NFS now", *LAN Magazine*, out. 1988, p. 62-69.
79. S. Shepler, B. Callaghan, D. Robinson, R. Thurlow, C. Beame, M. Eisler e D. Noveck, "Network File System (NFS) version 4 protocol", RFC 3530, abr. 2003, www.ietf.org/rfc/rfc3530.txt.
80. C. J. Date, *An introduction database systems*. Reading, MA: Addison Wesley, 1981.
81. A. Silberschatz, H. Korth e S. Sudarshan, *Database system concepts*, 4ed. Nova York: McGraw-Hill, 2002, p. 3-5.
82. A. Silberschatz, H. Korth e S. Sudarshan, *Database system concepts*, 4ed. Nova York: McGraw-Hill, 2002, p. 135-182.
83. P. Chen, "The entity-relationship model — toward a unified view of data", *ACM Transactions on Database Systems*, v. 1, nº 1, 1976, p. 9-36.
84. V. M. Markowitz e A. Shoshani, "Representing extended entity-relationship structures in relational databases: a modular approach", *ACM Transactions on Database Systems*, v. 17, nº 3, 1992, p. 423-464.
85. A. Winston, "A distributed database primer", *UNIX World*, abr. 1988, p. 54-63.
86. E. F. Codd, "A relational model for large shared data banks", *Communications of the ACM*, jun. 1970.
87. E. F. Codd, "Further normalization of the data base relational model", *Courant Computer Science Symposia*, v. 6, *Data Base Systems*. Englewood Cliffs, NJ: Prentice Hall, 1972.
88. M. R. Blaha, W. J. Premerlani e J. E. Rumbaugh, "Relational database design using an object-oriented methodology", *Communications of the ACM*, v. 13, nº 4, abr. 1988, p. 414-427.
89. E. F. Codd, "Fatal flaws in SQL", *Datamation*, v. 34, nº 16, 15 ago. 1988, p. 45-48.
90. *INGRES overview*. Alameda, CA: Relational Technology, 1988.
91. M. Stonebraker, "Operating system support for database management", *Communications of the ACM*, v. 24, nº 7, jul. 1981, p. 412-418.
92. O. Ibelshäuser, "The WinFS file system for Windows longhorn: faster and smarter", *Tom's Hardware Guide*, 17 jun. 2003, www.tomshardware.com/storage/20030617/.

Parte 5

Desempenho, processadores e gerenciamento de multiprocessador

Não me diga quão arduamente você trabalha. Diga-me quanto consegue fazer.
James Ling

Os dois próximos capítulos dão continuidade à nossa ênfase no desempenho. O Capítulo 14 discute medição de desempenho, monitoração, avaliação, gargalos, saturação e laços de retorno. Ele também examina a importância crucial das arquiteturas dos conjuntos de instruções do processador para a maximização do desempenho do processador. O Capítulo 15 aborda a profunda melhoria do processamento, possível em sistemas que empregam vários processadores, especialmente números maciços de processadores. Na próxima década, esperamos uma verdadeira explosão da computação paralela, com sistemas individuais tendendo a tornar-se multiprocessadores e com a proliferação de sistemas distribuídos. O capítulo focaliza sistemas multiprocessadores e discute arquitetura, organizações de sistemas operacionais, arquiteturas de acesso à memória, compartilhamento de memória, escalonamento, migração de processos, balanceamento de carga e exclusão mútua.

A definição mais geral de beleza... Multiplicidade na Unidade.
Samuel Taylor Coleridge

Capítulo 14

Desempenho e projeto de processador

Obedeça à justa medida, pois o momento certo é, entre todas as coisas, o mais importante.
fator.
Hesíodo

Não me diga quão arduamente você trabalha. Diga-me quanto consegue fazer.
James Ling

Não se permite, nem ao homem mais justo, que seja o juiz de sua própria causa.
Blaise Pascal

Só palavras,
E nenhuma ação!
Philip Massinger

Objetivos

Este capítulo apresenta:
- *A necessidade de medições de desempenho.*
- *Medidas comuns de desempenho.*
- *Diversas técnicas para medir o desempenho relativo do sistema.*
- *Conceitos de gargalos, saturação e retorno.*
- *Filosofias populares de arquiteturas no projeto de processadores.*
- *Técnicas de projeto de processadores que aumentam o desempenho.*

14.1 Introdução

Porque um sistema operacional é, primariamente, um gerenciador de recursos, é importante que projetistas, gerentes e usuários desses sistemas possam determinar quão efetivamente um sistema particular gerencia seus recursos. As medições de desempenho de sistemas habilitam os consumidores a tomar decisões mais conscientes e ajuda os desenvolvedores a construir sistemas mais eficientes. Neste capítulo descrevemos muitas questões de desempenho e investigamos técnicas para medir, monitorar e avaliar desempenho; a utilização desses métodos pode ajudar projetistas, gerentes e usuários a obter o máximo desempenho de seus sistemas de computação.

O desempenho de um sistema depende muito de seu hardware, de seu sistema operacional e da interação entre os dois. Portanto, este capítulo considera diversas técnicas de avaliação que medem o desempenho dos sistemas como um todo, e não apenas o desempenho do sistema operacional. Apresentamos também uma introdução às filosofias populares de projeto de processadores e como cada uma procura conseguir alto desempenho.

Revisão

1. Como, na sua opinião, a avaliação do desempenho beneficia consumidores, desenvolvedores e usuários?
2. Qual recurso de um sistema de computador provavelmente causa o maior impacto sobre o desempenho?

Respostas: 1) A avaliação do desempenho proporciona aos consumidores uma base de comparação para decidir entre sistemas diferentes; aos desenvolvedores, informações úteis sobre como escrever software para usar eficientemente componentes do sistema e, aos usuários, informações que podem facilitar o ajuste do sistema para atender aos requisitos de um cenário específico de aplicação. **2)** O(s) processador(es).

14.2 Tendências importantes que afetam as questões de desempenho

Nos primeiros anos do desenvolvimento de sistemas de computador, o hardware representava o maior custo, portanto, os estudos se concentravam em questões de hardware. Agora, o hardware é relativamente barato e os preços continuam a cair. A complexidade do software está aumentando com o uso disseminado de multithreading, multiprocessamento, sistemas distribuídos, sistemas de gerenciamento de bancos de dados, interfaces gráficas com o usuário e vários sistemas de suporte a aplicações. O software normalmente esconde o hardware do usuário, criando uma máquina virtual definida pelas características operacionais do software. Software complicado acarreta mau desempenho, mesmo em sistemas que dispõem de hardware poderoso, portanto, é importante considerar o desempenho do software do sistema, bem como o desempenho do seu hardware.

A própria natureza da avaliação está evoluindo. Medições grosseiras e potencialmente equivocadas, como velocidade de relógio e largura de banda, tornaram-se influentes no mercado consumidor porque os fabricantes projetam seus produtos com um olho nessas medições. Entretanto, outros aspectos da avaliação do desempenho estão melhorando. Por exemplo, projetistas desenvolveram indicadores de desempenho (benchmarks) mais sofisticados, obtiveram melhores dados de rastreamento e elaboraram modelos mais abrangentes de simulação de computadores — examinaremos todas essas técnicas mais adiante neste capítulo. Estão surgindo novos programas indicadores de desempenho e 'programas sintéticos' padronizados para o setor. Infelizmente, ainda não há consenso sobre esses padrões. Há críticos que declaram que esses resultados de desempenho podem ser incorretos ou equivocados porque as técnicas de avaliação de desempenho não medem necessariamente as características relevantes de um programa.[1]

Revisão

1. Como o foco do estudo do desempenho mudou ao longo dos anos?
2. Dê diversos exemplos de como sistemas operacionais podem melhorar o desempenho com base no que foi discutido em capítulos anteriores.

Respostas: 1) Nos primeiros anos, o hardware era o custo dominante, portanto, os estudos de desempenho concentravam-se em questões de hardware. Hoje, sabemos que softwares sofisticados podem causar um efeito substancial sobre o desempenho. **2)** Sistemas operacionais podem melhorar políticas de escalonamento de discos e processadores, implementar protocolos mais eficientes para sincronização de threads, gerenciar sistemas de arquivo mais efetivamente, executar chaveamentos de contexto de maneira mais eficiente, melhorar algoritmos de gerenciamento de memória etc.

14.3 Por que a monitoração e a avaliação do desempenho são necessárias

Em seu artigo clássico, Lucas menciona três propósitos comuns para a avaliação do desempenho.[2]

- **Avaliação para seleção** — O avaliador do desempenho decide se é conveniente adquirir um sistema de computador ou uma aplicação de determinado fabricante.
- **Projeção de desempenho** — O avaliador do desempenho estima o desempenho de um sistema que não existe. Pode ser um sistema de computador totalmente novo ou um sistema antigo com um novo componente de hardware ou software.
- **Monitoração de desempenho** — O avaliador junta dados de desempenho de um sistema ou componente existente para certificar-se de que ele esteja cumprindo suas metas de desempenho. A monitoração de desempenho também pode ajudar a estimar o impacto de mudanças planejadas e fornecer aos administradores de sistemas os dados de que necessitam para tomar decisões estratégicas, como modificar ou não o sistema de prioridades de um processo existente ou atualizar um componente de hardware.

Nas primeiras fases do desenvolvimento de um novo sistema, o fabricante tenta prever a natureza das aplicações que serão executadas no sistema e as cargas de trabalho previstas que essas aplicações terão de tratar. Uma vez iniciados o desenvolvimento e a implementação do novo sistema, a avaliação e a previsão de desempenho são usadas pelo fabricante para determinar a melhor organização do hardware, a estratégia de gerenciamento de recursos que deve ser implementada no sistema operacional e se o sistema em evolução cumpre ou não seus objetivos de desempenho. Uma vez liberado o produto para o mercado, o fabricante deve estar preparado para responder às perguntas de usuários em potencial que querem saber se o sistema pode executar certas aplicações com certos níveis de desempenho. Em geral a intenção dos usuários é escolher a configuração adequada de um sistema que atenda às suas necessidades.

Quando o sistema for instalado onde o usuário desejar, tanto ele quanto o fabricante procurarão obter desempenho ótimo. Administradores fazem o ajuste fino do sistema para que esse execute o melhor possível no ambiente operacional do usuário. Esse processo, denominado **ajuste do sistema**, pode resultar em drásticas melhorias de desempenho, desde que o sistema esteja ajustado às idiossincrasias da instalação do usuário.

Revisão

1. Quando um avaliador usaria projeção de desempenho em vez de avaliação para seleção?
2. Como a monitoração do sistema facilita o seu ajuste?

Respostas: 1) A avaliação para seleção ajuda um avaliador a escolher entre sistemas existentes. A projeção de desempenho ajuda o avaliador a prever o desempenho de sistemas que ainda não existem — ou como funcionariam possíveis modificações em sistemas existentes. 2) Um avaliador pode monitorar o desempenho para determinar quais modificações teriam mais probabilidade de aumentar o desempenho do sistema.

14.4 Medições de desempenho

Aqui, desempenho representa a eficiência com que cada sistema de computador cumpre seus objetivos. Assim, desempenho é uma quantidade relativa, mais do que absoluta, embora muitas vezes nos refiramos a **medidas absolutas de desempenho** como a quantidade de tempo em que um dado sistema de computador pode executar uma tarefa específica de computação. Todavia, sempre que se faz uma medição de desempenho, ela é normalmente usada como uma base de comparação.

O desempenho muitas vezes está 'nos olhos de quem vê'. Por exemplo, um jovem estudante de música pode achar uma certa interpretação da Quinta Sinfonia de Beethoven profundamente inspiradora, ao passo que o maestro consegue perceber algumas pequenas falhas no modo como um segundo violino toca uma certa passagem. De modo semelhante, o proprietário de um grande sistema de reservas de uma linha aérea pode ficar contente com o alto grau de utilização refletido por um grande volume de reservas processadas, ao passo que um usuário individual poderia estar experimentando demoras excessivas em um sistema tão concorrido.

Algumas medidas de desempenho são difíceis de quantificar, como, por exemplo, a **facilidade de utilização**; outras são simples, como a velocidade de transferência de disco para a memória. Quem avalia o desempenho deve ter cuidado ao considerar ambos os tipos de medidas, mesmo que seja possível fornecer dados estatísticos convenientes apenas para a última. Algumas medidas de desempenho, como tempos de resposta, são dirigidas ao usuário. Outras, como a utilização do processador, são dirigidas ao sistema.

Alguns resultados de desempenho podem ser enganadores. Por exemplo, um sistema operacional pode concentrar-se na conservação da memória executando complicados algoritmos de substituição de páginas, ao passo que um outro poderia evitar essas rotinas complicadas para poupar ciclos de processador para executar programas usuários. O primeiro pareceria mais eficiente em um sistema com alta velocidade de relógio; o último, em um processador munido de uma grande memória principal. Além disso, algumas técnicas permitem que o avaliador meça o desempenho de pequenas partes de um sistema, como componentes individuais ou primitivas. Embora essas ferramentas possam ser úteis para identificar fraquezas específicas, elas não contam toda a história. O avaliador poderia constatar que um sistema operacional executa todas as suas primitivas eficientemente, exceto uma, o que não deve ser uma preocupação importante, a menos que a primitiva ineficiente seja utilizada extensivamente. Se a freqüência com que cada primitiva é utilizada não for levada em conta, as medições podem ser equivocadas. Similarmente, programas elaborados para avaliar um sistema em um ambiente particular que não sejam semelhantes às aplicações que se pretendam executar no sistema podem dar resultados espúrios.

Eis algumas medidas comuns de desempenho:

- **Tempo de retorno** — É o tempo entre a apresentação de um job a um sistema e o retorno do resultado para o usuário.
- **Tempo de resposta** — É o tempo de retorno de um sistema interativo, muitas vezes definido como o tempo transcorrido entre o usuário pressionar a tecla *Enter* ou dar um clique no mouse e o sistema apresentar sua resposta.
- **Tempo de reação do sistema** — Em um sistema interativo, normalmente é definido como o tempo transcorrido entre um usuário pressionar a tecla *Enter* ou dar um clique no mouse e o primeiro intervalo de tempo de serviço dado à requisição daquele usuário.

Essas quantidades são probabilísticas e, em estudos de simulação e modelagem de sistemas, são consideradas **variáveis aleatórias**. Uma variável aleatória é aquela que pode assumir uma certa faixa de valores, e cada valor tem uma probabilidade de ocorrência associada. Discutimos a **distribuição dos tempos de resposta**, por exemplo, porque os usuários experimentam uma ampla faixa de tempo de resposta em um sistema interativo particular durante certo intervalo de operação. Uma distribuição de probabilidade pode caracterizar essa faixa de modo significativo.

Quando falamos em **valor esperado** de uma variável aleatória, nos referimos à sua **média** ou valor médio. Contudo, muitas vezes as médias podem ser equivocadas. Pode-se obter um certo valor médio calculando a média de uma série de valores idênticos ou quase idênticos ou calculando a média de uma ampla variedade de valores, alguns muito maiores e alguns muito menores do que a média calculada. Portanto, outras medições de desempenho freqüentemente usadas são:

- **Variância dos tempos de resposta** (ou de qualquer das variáveis aleatórias que discutimos) — A variância dos tempos de resposta é uma medida de **dispersão**. Uma pequena variância indica que os tempos de resposta experimentados pelos usuários em geral estão próximos da média. Uma grande variância indica que alguns usuários estão experimentando tempos de resposta muito diferentes da média. Alguns usuários poderiam receber serviço rápido, enquanto outros poderiam sofrer longos atrasos. Assim, a variância dos tempos de resposta é uma medição da **previsibilidade,** que pode ser uma importante medida de desempenho para usuários de sistemas interativos.
- **Rendimento (throughput)** — Medida de desempenho expressa em trabalho por unidade de tempo.
- **Carga de trabalho** — É a medida da quantidade de trabalho apresentada ao sistema. Os avaliadores freqüentemente definem um nível aceitável de desempenho para a carga de trabalho típica de um ambiente de computação. O sistema é avaliado por comparação com o nível aceitável.
- **Capacidade** — É uma medida do rendimento máximo que um sistema pode atingir admitindo que, sempre que o sistema estiver pronto para aceitar mais jobs, haverá um outro job imediatamente disponível.
- **Utilização** — É a fração de tempo em que um recurso está em uso. A utilização pode ser uma medida enganosa. Embora uma alta porcentagem de utilização pareça desejável, poderia ser resultado de utilização ineficiente. Um modo de obter alta utilização do processador, por exemplo, é executar um processo que está em laço infinito! Uma outra visão da utilização do processador também proporciona percepções interessantes. Poderíamos considerar que, em qualquer dado instante, um processador esteja ocioso, em modo usuário ou em modo núcleo. Quando um processador estiver em modo usuário, estará executando operações em nome do usuário; quando estiver em modo núcleo, estará realizando tarefas para o sistema operacional. Parte desse tempo, como o tempo de chaveamento de contexto, é pura sobrecarga. Esse componente de sobrecarga pode tornar-se grande em alguns sistemas. Assim, quando medimos a utilização do processador, temos de nos preocupar em saber quanto desse tempo de utilização é trabalho produtivo em favor dos usuários e quanto é sobrecarga de sistema. Por estranho que pareça, 'má utilização' é, na verdade, uma medida positiva em certos tipos de sistemas, como os de tempo real restritos, nos quais os recursos do sistema devem estar prontos para atender imediatamente às tarefas que chegam, ou vidas correriam perigo. Esses sistemas concentram-se na resposta imediata, e não na utilização de recursos.

Revisão

1. Qual a diferença entre tempo de resposta e tempo de reação do sistema?
2. (V/F) Quando um processador passa a maior parte do seu tempo em modo usuário, o sistema consegue utilização eficiente do processador.

Respostas: 1) Tempo de resposta é o tempo requerido para o sistema *terminar* de responder a uma requisição de usuário (desde o momento em que a requisição é apresentada); tempo de reação do sistema é o tempo requerido para o sistema *começar* a atender a uma requisição do usuário (desde o momento em que a requisição é apresentada). 2) Falso. Se o processador estiver executando um laço infinito, esse sistema não estará usando o processador eficientemente.

14.5 Técnicas de avaliação de desempenho

Agora que já consideramos algumas possíveis medições de desempenho, a questão é como obtê-las. Nesta seção, descrevemos diversas técnicas importantes de avaliação de desempenho.[3,4,5] Algumas dessas medições isolam diferentes componentes de um sistema e mostram o desempenho individual de cada um deles, permitindo que os desenvolvedores identifiquem áreas de ineficiência. Outras são dirigidas ao sistema como um todo e permitem que os consumidores façam comparações entre sistemas. Há ainda outras técnicas específicas para aplicações e, portanto, permitem somente comparações indiretas com outros sistemas. Nas seções a seguir, descreveremos várias técnicas de avaliação e os aspectos de desempenho de sistema que elas medem.

14.5.1 Rastreamento e traçado de perfil

Idealmente, um avaliador de sistema mediria o desempenho de diversos sistemas, todos executando no mesmo ambiente, o que em geral não é viável, especialmente em corporações cujos ambientes são complexos e difíceis de reproduzir. O processo pode ser invasivo, comprometendo a integridade do ambiente e anulando os resultados. Quando o desempenho de um sistema deve ser avaliado em determinado ambiente, projetistas geralmente usam dados de **rastreamento**. Um rastro é um registro da atividade do sistema — normalmente um arquivo de registro (*log*) de requisições de usuários e de aplicações ao sistema operacional.

Avaliadores de sistemas podem usar dados de rastreamento para caracterizar o ambiente de execução de um certo sistema determinando a freqüência com que os processos de modo usuário requisitam determinados serviços de núcleo. Antes de instalar um novo sistema de computação, os avaliadores podem testá-lo usando uma carga de trabalho derivada dos dados de rastreamento ou usando o próprio rastro. Dados de rastreamento muitas vezes podem ser modificados para avaliar cenários 'e-se'. Por exemplo, se um administrador de sistema tivesse de determinar como um novo site Web afetaria o desempenho de um servidor Web, ele poderia modificar um rastro existente para estimar como o sistema trataria sua nova carga.[6]

Quando sistemas operacionais executam em ambientes semelhantes, podem-se desenvolver e executar rastros padronizados nesses sistemas para comparar desempenho. Porém, os dados de rastreamento obtidos de uma instalação podem não se aplicar a uma outra. Esses dados são, na melhor das hipóteses, uma reprodução aproximada da atividade do sistema na outra instalação. Além do mais, registros de usuários são considerados propriedade do sistema no qual foram gravados e raramente são distribuídos para a comunidade de pesquisadores ou para fabricantes. Conseqüentemente, há uma carência de dados de rastreamento disponíveis para comparação e avaliação.[7]

Um outro método para retratar o ambiente de execução de um sistema de computação é o traçado de perfil. **Perfis** registram a atividade do sistema quando ele está executando em modo núcleo, o que pode abranger operações como escalonamento de processo, gerenciamento de memória e gerenciamento de E/S. Por exemplo, um perfil poderia registrar quais operações de núcleo são executadas mais freqüentemente. Como alternativa, um perfil poderia apenas registrar todas as chamadas a funções emitidas pelo sistema operacional. Perfis indicam quais primitivas do sistema operacional são usadas mais intensamente, permitindo que administradores de sistemas identifiquem alvos em potencial para otimização e ajuste.[8] Muitas vezes os avaliadores têm de empregar outras técnicas de avaliação de desempenho juntamente com perfis para determinar as maneiras mais efetivas de melhorar o desempenho do sistema.

Revisão

1. Como os avaliadores usam dados de rastreamento?
2. Explique a diferença entre rastros e perfis.

Respostas: 1) Dados de rastreamento permitem que avaliadores comparem o desempenho de muitos sistemas diferentes que operam no mesmo ambiente de computação. Os dados de rastreamento descrevem esse ambiente de modo que os avaliadores possam obter resultados de desempenho relevantes para a utilização pretendida dos sistemas. **2)** Rastreamentos registram requisições de usuários, ao passo que perfis registram toda a atividade no modo núcleo. Portanto, rastros descrevem um ambiente de computação retratando a demanda do usuário por determinados serviços de núcleo (sem levar em conta o sistema subjacente) e perfis retratam a atividade do sistema operacional em um dado ambiente.

14.5.2 Cronometragens e microindicadores de desempenho (microbenchmarks)

Cronometragens proporcionam um meio de fazer comparações rápidas de hardware de computador. Os primeiros sistemas de computador eram usualmente avaliados por seus tempos de adição ou por tempos de ciclo de memória. Cronometragens são úteis para indicar a 'potência bruta' de determinado sistema de computador, muitas vezes em termos de milhões de instruções por segundo (**Millions of Instructions per Second — MIPS**) ou bilhões de instruções por segundo (**Billions of Instructions per Second — BIPS**) que ele executa. Alguns computadores funcionam na faixa de trilhões de instruções por segundo (**Trillion of Instructions per Second — TIPS**).

Com o advento das **famílias de computadores**, como a série IBM 360 lançada em 1964, ou a série Intel Pentium, uma descendente da série Intel x86 lançada em 1978, vendedores de hardware passaram a oferecer computadores que permitiam que usuários atualizassem seus sistemas para processadores mais rápidos (sem substituir outros componentes do computador) conforme suas necessidades aumentavam. Os computadores de uma família são compatíveis no sentido de que podem executar os mesmos programas, mas a velocidades maiores, à medida que o usuário vai subindo a escada da família. As cronometragens proporcionavam um meio conveniente de comparar os membros de uma família de computadores.

Um programa **microindicador de desempenho (microbenchmark)** mede o tempo requerido para realizar uma operação de sistema operacional (por exemplo, criação de processo). Microindicadores de desempenho são úteis para medir como uma mudança no projeto afeta o desempenho de uma operação específica. **Conjuntos de microindicadores de desempenho (microbenchmark suites)** são programas que medem o desempenho de várias primitivas importantes de sistemas operacionais, como operações de memória, criação de processos e latência de chaveamento de contexto.[9] Avaliadores também utilizam microindicadores para medir o desempenho do sistema para operações específicas, como largura de faixa de leitura/escrita (ou seja, que quantidade de dados o sistema pode transferir por unidade de tempo durante uma leitura ou uma escrita) e latência de conexão de rede.[10]

Microindicadores de desempenho descrevem com que rapidez um sistema realiza uma operação em particular, e não com que freqüência ela é realizada. Conseqüentemente, não medem importantes critérios de avaliação, como rendimento e utilização. Entretanto, são úteis para isolar as operações que poderiam estar causando o mau desempenho de um sistema quando conjugados com informações sobre o modo como cada operação é usada.[11]

Até a década de 1990, nenhum conjunto de programas microindicadores de desempenho demonstrava o efeito causado por componentes de hardware sobre o desempenho de primitivas de sistemas operacionais. Em 1995 foi lançado o **conjunto de programas microindicadores de desempenho lmbench**, que habilitava os avaliadores a medir e a comparar o desempenho de sistemas em uma variedade de plataformas UNIX.[12] Embora o lmbench fornecesse dados úteis de avaliação de desempenho que permitiam comparações através de várias plataformas, o modo como ele apresentava dados estatísticos não era consistente — alguns testes retornavam resultados baseados em uma média de execuções, enquanto outros usavam apenas uma rodada de execução do microindicador de desempenho. O lmbench também era limitado a realizar medições uma vez por milissegundo porque usava softwares de mecanismos de cronometragem grosseiros que eram insuficientes para medir operações velozes e cronometrar hardware. Pesquisadores da Harvard University enfrentaram essas limitações criando o **conjunto de programas microindicadores de desempenho hbench**, que fornece um modelo rigoroso de apresentação de dados estatísticos que habilitava os avaliadores a analisar mais efetivamente a relação entre primitivas de sistema operacional e componentes de hardware.[13] O lmbench e o hbench representam filosofias diferentes de microindicadores de desempenho. O lmbench concentra-se na portabilidade, que permite aos avaliadores comparar desempenho em arquiteturas diferentes; hbench concentra-se na relação entre o sistema operacional e seu hardware subjacente dentro de um sistema particular.[14, 15]

Revisão

1. Como os resultados de cronometragens e de *microindicadores de desempenho* podem ser equivocados? Como podem ser úteis?

2. Qual medida de desempenho pode ser combinada com os microindicadores para avaliar o desempenho de um sistema operacional?

Respostas: **1)** Microindicadores de desempenho medem o tempo requerido para executar primitivas específicas (por exemplo, criação de processo) e cronometragens executam comparações rápidas de operações de hardware (como instruções de adição). Nenhuma dessas medições reflete o desempenho do sistema como um todo. Contudo, microindicadores de desempenho e cronometragens podem ser úteis para indicar áreas potenciais de ineficiência e avaliar o efeito de pequenas modificações sobre o desempenho do sistema. **2)** Perfis, que registram com que freqüência uma primitiva de sistema operacional é usada, podem ser combinados com microindicadores de desempenho para avaliar o desempenho de um sistema operacional.

14.5.3 Avaliação específica de aplicação

Embora o 'desempenho bruto' seja uma medida importante, muitos usuários estão mais interessados no desempenho de determinadas aplicações em um sistema particular. Seltzer et al descrevem uma **metodologia baseada em vetor** para calcular a avaliação específica de aplicação de um sistema combinando dados de rastreamento e de perfil com cronometragens e microindicadores de desempenho.[16]

Segundo essa técnica, um avaliador registra os resultados de microindicadores de desempenho para as primitivas do sistema operacional. Em seguida, constrói um vetor conjugando os valores correspondentes aos resultados dos microindicadores dos elementos do vetor, o qual é denominado **vetor do sistema.** Em seguida, determina o perfil do sistema operacional enquanto executa a aplicação-alvo do estudo. Então, o avaliador constrói um segundo vetor inserindo a demanda relativa para cada primitiva do sistema operacional em um elemento do vetor, denominado **vetor da aplicação**. Cada elemento do vetor do sistema descreve quanto tempo o sistema operacional precisa para executar determinada primitiva, e a entrada correspondente do vetor da aplicação descreve a demanda relativa da aplicação para aquela primitiva. Por exemplo, se a primeira entrada do vetor do sistema registrar o desempenho na criação de processo, a primeira entrada do vetor da aplicação registrará quantos processos foram criados enquanto executava determinada aplicação (ou grupo de aplicações). A caracterização do desempenho de um dado sistema que executa uma aplicação particular é calculada por

$$\sum_{i=1}^{n} s_i \times a_i$$

onde s_i é a *i-ésima* entrada do vetor do sistema, a_i é a *i-ésima* entrada do vetor da aplicação e n é o tamanho de ambos os vetores.[17]

Essa técnica pode ser útil para comparar a eficiência com que diferentes sistemas operacionais executam determinada aplicação (ou grupo de aplicações) considerando a demanda que uma aplicação impõe sobre cada uma das primitivas de um sistema. A metodologia baseada em vetor pode ser usada para selecionar as primitivas de sistemas operacionais que devem ser ajustadas para melhorar o desempenho do sistema.

Parte do comportamento da aplicação depende tanto da aplicação particular quanto da entrada do usuário. Por exemplo, os tipos de requisições da aplicação geradas em um sistema de banco de dados dependem de sua população de usuários ativos. Limitar-se a traçar simplesmente o perfil do sistema sem determinar o fluxo típico de requisições de usuários pode produzir resultados equivocados. Em tais casos a aplicação, tanto quanto as requisições de usuários, determinam o ambiente de execução do sistema. Portanto, para fornecer uma avaliação mais precisa do sistema, a metodologia baseada em vetor pode ser combinada com um rastreamento (denominada **metodologia híbrida** por Seltzer et al). Nesse caso, os dados de rastreamento permitem ao avaliador construir o vetor da aplicação e, ao mesmo tempo, justificar como a aplicação específica e o fluxo típico de requisições de usuários afetam a demanda de cada primitiva do sistema operacional.[18]

Um **programa de núcleo** é uma outra ferramenta de avaliação de desempenho específica de aplicação, embora não seja usada com muita freqüência. Um programa de núcleo pode ser desde um programa inteiro, típico de um programa de núcleo executado em uma instalação a um simples algoritmo como uma matriz de inversão. Usando as cronometragens das instruções estimadas pelo fabricante, o tempo de execução de um programa de núcleo é cronometrado para uma dada máquina. Então as máquinas são comparadas tendo como base as diferenças entre os tempos de execução esperados. Programas de núcleo são, na verdade, 'executados no papel', e não em determinado computador. Eles são usados para avaliação de seleção antes de o consumidor comprar o sistema que está sendo avaliado. [*Nota*: 'Núcleo', nesse caso, não deve ser confundido com o núcleo do sistema operacional.][19]

Programas de núcleo oferecem melhores resultados do que cronometragens ou microindicadores, mas requerem esforço e tempo de preparação. Uma vantagem fundamental de muitos programas de núcleo é que são programas completos que, em última instância, é o que o usuário, na verdade, executa no sistema de computação que está sob apreciação.

Programas de núcleo podem ser úteis para avaliar certos componentes do software de um sistema. Por exemplo, dois compiladores diferentes podem produzir códigos radicalmente distintos, e programas de núcleo podem ajudar um avaliador a decidir qual deles gera o código mais eficiente.[20]

Revisão

1. Qual o benefício da avaliação específica de aplicação? Qual a desvantagem?

2. Por que, na sua opinião, programas de núcleo são raramente usados?

Respostas: 1) Avaliação específica de aplicação é útil para determinar se o desempenho de um sistema será bom ao executar determinados programas em uma dada instalação. A desvantagem é que o sistema deve ser avaliado por cada instalação que está considerando usá-lo; os projetistas de sistemas não podem apenas publicar um único conjunto de resultados de desempenho. 2) A preparação de programas de núcleo requer tempo e esforço. Além disso, são 'executados no papel' e podem introduzir erros humanos. Muitas vezes é mais fácil executar o programa propriamente dito, ou um semelhante a ele, no próprio sistema e então calcular o tempo de execução para um programa de núcleo.

14.5.4 Modelos analíticos

Modelos analíticos são representações matemáticas de sistemas de computador ou de seus componentes.[21, 22, 23, 24, 25] Muitos tipos de modelos são usados; os da teoria das filas e dos processos de Markov são dois dos mais populares, pois são úteis e seu gerenciamento é relativamente fácil.

Para avaliadores com inclinação para a matemática, o modelo analítico pode ser relativamente fácil de criar e modificar. Existe um grande acervo de resultados matemáticos que os avaliadores podem aplicar para estimar o desempenho de um dado sistema ou componente de computador rapidamente e com considerável precisão. Todavia, o modelo analítico tem várias desvantagens que atrapalham sua aplicabilidade. Uma delas é que os avaliadores precisam ser matemáticos de alta capacidade; esses profissionais são raros no ambiente da computação. Outra é que sistemas complexos são difíceis de modelar com precisão; à medida que os sistemas tornam-se mais complexos, o modelo analítico torna-se menos útil.

Os sistemas atuais muitas vezes são tão complexos que o modelador é forçado a adotar muitas premissas simplificadoras que podem diminuir a utilidade e a aplicabilidade do modelo. Portanto, o avaliador deve usar outras técnicas (por exemplo, microindicadores de desempenho) aliadas a modelos analíticos. Às vezes os resultados de uma avaliação que use somente modelos analíticos podem ser invalidados por estudos que usam outras técnicas. Muitas vezes as diferentes avaliações tendem a reforçar umas às outras, demonstrando a validade das conclusões do modelador.

Revisão

1. Explique os méritos relativos de modelos analíticos simples e complexos.
2. Cite alguns benefícios da utilização da modelagem analítica.

Respostas: 1) Modelos analíticos complexos são mais precisos, mas às vezes pode ser impossível encontrar uma solução matemática para modelar o comportamento de um sistema. É mais fácil representar o comportamento de um sistema com um modelo mais simples, mas, então, esse pode não representar exatamente o sistema. 2) Existe um grande acervo de resultados dos quais os avaliadores podem lançar mão quando criam modelos; modelos analíticos podem proporcionar resultados de desempenho rápidos e precisos e podem ser modificados com relativa facilidade quando o sistema muda.

14.5.5 Indicadores de desempenho (benchmarks)

Indicador de desempenho (benchmark) é um programa executado para avaliar uma máquina. Comumente, indicadores de desempenho são **programas de produção** típicos de muitos jobs da instalação. O avaliador está totalmente familiarizado com a execução do indicador de desempenho no equipamento existente, portanto, quando ele é executado em um novo equipamento, o avaliador pode tirar conclusões significativas.[26, 27] Diversas organizações, como a **Standard Performance Evaluation Corporation (SPEC;** www.specbench.org) e a **Business Application Performance Corporation (BAPCo;** www.bapco.com), desenvolveram indicadores de desempenho padrão para o setor dirigidos a sistemas diferentes (por exemplo, servidores Web ou computadores pessoais). Avaliadores podem executar esses programas indicadores de desempenho para comparar sistemas semelhantes de fabricantes diferentes.

Uma vantagem dos indicadores de desempenho está no fato de eles já existirem em grande número, de modo que basta o avaliador escolher entre programas de produção conhecidos ou utilizar indicadores de desempenho padrão para o setor. Não são feitas cronometragens para instruções individuais. Em vez disso, o programa inteiro é executado na máquina em questão usando dados reais, portanto o computador faz a maior parte do trabalho. A chance de erro humano é mínima, pois o tempo para a quantificação de desempenho é medido pelo próprio computador. Em ambientes como os de multiprogramação, tempo compartilhado, multiprocessamento, banco de dados, comunicações de dados e sistemas de tempo real, indicadores de desempenho podem ser particularmente valiosos porque executam na máquina em questão em circunstâncias reais. Os efeitos desses sistemas complexos podem ser verificados diretamente, em vez de estimados.

Diversos critérios devem ser considerados ao desenvolver um indicador de desempenho. Primeiro, os resultados devem ser repetíveis; especificamente, cada execução do programa indicador de desempenho em um certo sistema deve produzir aproximadamente o mesmo resultado. Os resultados não têm de ser idênticos, e raramente são, porque podem ser afetados por detalhes específicos do ambiente, como o lugar em que um item é armazenado em disco. Segundo, indicadores de desempenho devem refletir com precisão os tipos de aplicações que serão executadas em um sistema. Por fim, o indicador de desempenho deve ser amplamente utilizado para que seja possível efetuar comparações mais precisas entre sistemas. Um bom indicador de desempenho padronizado para o setor deverá ter todas essas propriedades; entretanto, as duas últimas levam a decisões de projeto conflitantes. Um indicador de desempenho específico para certo sistema pode não ser amplamente usado; um indicador de desempenho projetado para testar vários sistemas pode não dar resultados tão precisos para um sistema específico.[28]

Indicadores de desempenho são úteis para avaliar hardware, bem como software, mesmo em ambientes operacionais complexos. Também são particularmente úteis para comparar a operação de um sistema antes e depois de fazer certas mudanças. Porém, não são úteis para prever os efeitos de mudanças propostas, a menos que exista um outro sistema no qual as mudanças foram incorporadas e no qual os indicadores de desempenho podem ser executados.

Indicadores de desempenho provavelmente representam a técnica mais amplamente usada por organizações e consumidores para determinar qual equipamento comprar de vários fabricantes concorrentes. A popularidade desses programas como ferramentas para tal propósito levou à necessidade da sua padronização para o setor. A SPEC foi fundada em 1988 para promover o desenvolvimento de indicadores de desempenho relevantes padronizados. Ela publica uma variedade de indicadores de desempenho (muitas vezes denominados **SPECmarks**) que podem ser usados para avaliar sistemas que vão de servidores a Máquinas Virtuais Java e publica resultados de desempenho obtidos com a utilização dos SPECmarks para milhares de sistemas comerciais. Classificações SPEC podem ser úteis para tomar uma boa decisão sobre quais componentes de computador comprar. Contudo, primeiro é preciso determinar cuidadosamente o foco de cada teste SPECmark para avaliar plataformas particulares. Por exemplo, o SPECweb mede sistemas nos quais normalmente são servidores Web que executam e não deve ser usado para comparar sistemas que executam em ambientes diferentes.[29] Se o ambiente de determinado servidor Web for diferente do ambiente 'típico', a classificação SPEC pode não ser relevante. Além disso, alguns dos indicadores de desempenho da SPEC têm sido criticados por seu escopo limitado, especialmente por aqueles que questionam a premissa de que uma carga de trabalho 'típica' possa reproduzir com precisão uma carga de trabalho do mundo real para determinado sistema. Para combater essas limitações a SPEC revisa seus indicadores de desempenho continuamente para melhorar sua relevância para os sistemas correntes.[30,31]

Embora a SPEC produza alguns dos mais famosos indicadores de desempenho, há vários outros indicadores e organizações que os produzem também famosos. A BAPCo produz diversos indicadores de desempenho, entre eles o popular **SYSmark** (para computadores de mesa), **MobileMark** (para sistemas instalados em dispositivos móveis) e **WebMark** (para desempenho da Internet).[32] Outros indicadores de desempenho populares são os produzidos pelo **Transaction Processing Performance Council (TPC)** dirigidos a sistemas de bancos de dados,[33] e os indicadores de desempenho da **Standard Application (SAP)**, que avaliam a escalabilidade de um sistema.[34]

Revisão

1. Como os programas indicadores de desempenho podem ser usados para prever o efeito de mudanças propostas sobre o sistema?

2. Por que não há indicadores de desempenho 'padronizados' aceitos universalmente?

Respostas: **1)** Em geral, indicadores de desempenho são efetivos somente para determinar os resultados após uma mudança ou para comparações de desempenho entre sistemas, e não para prever o efeito de mudanças propostas para o sistema. Contudo, se as mudanças corresponderem à configuração de um sistema existente, executar um indicador de desempenho naquele sistema será útil. **2)** Indicadores de desempenho são programas reais, executados em máquinas reais, mas cada máquina pode conter um conjunto diferente de hardware que executa um mix diferente de programas. Portanto, um indicador de desempenho fornece conjuntos de aplicações 'típicas' atualizados regularmente para reproduzir ambientes particulares com mais exatidão.

14.5.6 Programas sintéticos

Programas sintéticos (também denominados **indicadores de desempenho sintéticos**) são semelhantes aos indicadores de desempenho, exceto que se concentram em um componente específico do sistema, como um subsistema de E/S ou um subsistema de memória. Diferentemente dos indicadores de desempenho, típicos para aplicações reais, os avaliadores constroem programas sintéticos para propósitos específicos. Por exemplo, um programa sintético pode estar dirigido a um componente do sistema operacional (o sistema de arquivo) ou pode ser construído para corresponder à distribuição de freqüência de instrução de um grande conjunto de programas. Uma vantagem dos programas sintéticos é que eles podem isolar componentes específicos de um sistema em vez de testar o sistema inteiro.[35,36,37,38,39]

Programas sintéticos são úteis em ambientes de desenvolvimento. À medida que novas características são disponibilizadas, esses programas podem ser usados para testar se elas são operacionais. Infelizmente, os avaliadores nem sempre têm tempo suficiente para codificar e depurar programas sintéticos, portanto, muitas vezes eles procuram indicadores de desempenho existentes que correspondam o máximo possível às características desejadas de um programa sintético. Avaliadores podem usar programas sintéticos juntamente com programas indicadores de desempenho e microindicadores de desempenho para uma avaliação minuciosa do sistema. Essas três técnicas proporcionam diferentes graus de abstração (o sistema como um todo, um componente do sistema ou uma primitiva simples) que, combinados, proporcionam ao avaliador um entendimento do desempenho do sistema inteiro, bem como de partes individuais do sistema.

Embora já não sejam mais muito usados, o **Whetstone** e o **Dhrystone** são exemplos de programas sintéticos clássicos. O Whetstone mede quão bem os sistemas processam cálculos com ponto flutuante e, portanto, é útil para avaliar programas científicos. O Dhrystone mede quão efetivamente uma arquitetura executa programas de sistemas. Como o Dhrystone consome apenas uma pequena quantidade de memória, sua efetividade é particularmente sensível ao tamanho do cache de um processador; se os dados e instruções do Dhrystone couberem no cache, ele executará muito mais rapidamente do que se o processador tivesse de acessar a memória enquanto ele executasse. Realmente, pelo fato de o Dhrystone caber no cache da maioria dos processadores de hoje, na verdade ele mede a velocidade de relógio de um processador e não proporciona nenhuma percepção sobre como um sistema gerencia memória. Um programa sintético muito usado atualmente é o **WinBench 99**, que testa os subsistemas gráficos, de disco e de vídeo em ambiente de Microsoft Windows.[40] Entre outros indicadores de desempenho sintéticos populares estão o **IOStone** (que testa sistemas de aquivo),[41] o **Hartstone** (para sistemas de tempo real)[42] e o **STREAM** (para o subsistema de memória).[43]

Revisão

1. Explique por que programas sintéticos são úteis para ambientes de desenvolvimento.
2. Programas sintéticos deveriam ser usados sozinhos para avaliação de desempenho? Por quê?

Respostas: **1)** Programas sintéticos podem ser escritos com razoável rapidez e podem testar a correção de características específicas. **2)** Não, programas sintéticos são programas 'artificiais' usados para testar componentes específicos ou caracterizar um grande conjunto de programas (mas não um em particular). Portanto, embora produzam resultados valiosos, eles não descrevem, necessariamente, como será o desempenho do sistema inteiro ao executar programas reais. Em geral é uma boa idéia usar várias técnicas de avaliação de desempenho.

14.5.7 Simulação

Simulação é uma técnica na qual um avaliador desenvolve um modelo computadorizado do sistema que está em avaliação.[44, 45, 46, 47, 48] O avaliador testa o modelo que presumivelmente reflete o sistema em questão para inferir dados sobre o sistema.

Com a simulação é possível preparar um modelo de sistema que não existe e então executá-lo para ver como o sistema poderia se comportar em certas circunstâncias. É claro que, eventualmente, a simulação deve ser **validada** em relação ao sistema real para provar que é acurada. Simulações podem indicar problemas logo no início do ciclo de desenvolvimento de um sistema. Simuladores computadorizados tornaram-se especialmente populares nas indústrias espaciais e de transporte, por causa das sérias conseqüências que traria um sistema que falhasse.

Em geral os simuladores são de dois tipos:

- **Simuladores orientados por eventos** — São controlados por eventos que ocorrem obrigatoriamente no simulador segundo distribuições de probabilidade.[49]
- **Simuladores orientados por script** — São controlados por dados cuidadosamente manipulados para refletir o ambiente previsto do sistema simulado; avaliadores derivam esses dados de observações empíricas.

A simulação requer considerável conhecimento técnico da parte do avaliador e pode consumir substancial tempo de computador. Simuladores em geral produzem imensas quantidades de dados que devem ser cuidadosamente analisados. Contudo, uma vez desenvolvidos, podem ser reutilizados efetiva e economicamente.

Da mesma maneira como acontece com modelos analíticos, é difícil modelar exatamente um sistema complexo com uma simulação. Diversos erros comuns causam a maioria das inexatidões. É claro que, se houver erros nos simuladores, eles produzirão resultados de desempenho errôneos. Omissões deliberadas, resultantes da necessidade de simplificar uma simulação, também podem invalidar resultados. Esse problema acontece mais com simuladores simples. Contudo, simuladores complexos sofrem de um terceiro problema — falta de detalhes. Esses simuladores tentam modelar todas as partes do sistema, mas, inevitavelmente, não modelam todos os detalhes perfeitamente. Os erros concomitantes também podem atrapalhar a efetividade de um simulador. Portanto, para obter resultados de desempenho mais exatos, é importante validar a simulação em relação ao sistema real.[50]

Revisão

1. Qual deles produz resultados mais consistentes, simuladores orientados por eventos ou por scripts?
2. (V/F) Simuladores complexos são sempre mais efetivos do que os mais simples.

Respostas: 1) Simuladores orientados por script produzem aproximadamente o mesmo resultado em cada execução porque o sistema sempre usa as mesmas entradas. Como os simuladores orientados por eventos geram entradas dinamicamente com base em probabilidades, os resultados são menos consistentes. 2) Falso. Embora simuladores complexos tentem modelar um sistema mais completamente, ainda assim a modelagem poderia não ser acurada.

14.5.8 Monitoração de desempenho

Monitoração de desempenho é a coleta e a análise de informações relativas ao desempenho do sistema para sistemas existentes.[51,52,53] Pode ajudar a determinar medições úteis de desempenho, como rendimento, tempos de resposta e previsibilidade. A monitoração de desempenho pode localizar ineficiências rapidamente e ajudar os administradores de sistema a decidir como melhorar o seu desempenho.

Usuários podem monitorar o desempenho por meio de técnicas de software e de hardware. Monitores de software podem distorcer leituras de desempenho porque os próprios monitores consomem recursos do sistema. Exemplos conhecidos de software de monitoração de desempenho são o Task Manager[54] do Microsoft Windows e o Proc File System[55] do Linux (veja a Seção 20.7.4, "Sistema Proc File"). Monitores de hardware geralmente são mais dispendiosos, mas causam pouco ou nenhum impacto sobre o desempenho do sistema. Muitos dos processadores atuais mantêm diversos registros de contagem úteis para monitorar desempenho que registram eventos como ciclos de relógio, ausências de TLB e operações de memória (como escrever para a memória principal).[56]

Monitores em geral produzem imensos volumes de dados que devem ser analisados, possivelmente requerendo recursos extensivos do computador. Todavia, eles indicam com precisão como o sistema está funcionando e essa informação pode ser extremamente valiosa, o que é particularmente verdadeiro em ambientes de desenvolvimento nos quais decisões fundamentais de projeto podem ser baseadas na operação observada do sistema.

Traços de execução de instruções ou de módulos podem revelar quais áreas do sistema são usadas com mais freqüência. Um traço de execução de módulo pode mostrar, por exemplo, que um pequeno subconjunto de módulos está sendo usado durante uma grande porcentagem do tempo. Se os projetistas concentrarem seus esforços de otimização nesses módulos, poderão melhorar o desempenho do sistema sem gastar esforços e recursos em partes do sistema que não são usadas com freqüência. A Figura 14.1 resume as técnicas de avaliação de desempenho.

Revisão

1. Por que monitores de desempenho de software influenciam um sistema mais do que monitores de desempenho de hardware?
2. Por que a monitoração do desempenho é importante?

Respostas: 1) Monitores de desempenho baseados em software devem disputar recursos de sistema que, caso contrário, seriam alocados a programas que estão sendo avaliados. Isso pode resultar em medições inexatas do desempenho. Monitores de desempenho de hardware funcionam paralelamente a outros hardwares do sistema, portanto aquela medição não afeta o desempenho do sistema. 2) Monitoração de desempenho habilita administradores a identificar ineficiências, usando dados que descrevem como o sistema está funcionando.

14.6 Gargalos e saturação

Sistemas operacionais gerenciam conjuntos de recursos que fazem interface e interagem de maneira complexa. Ocasionalmente, recursos tornam-se **gargalos** e limitam o desempenho geral do sistema porque executam suas tarefas lentamente em relação a outros recursos. Mesmo que outros recursos do sistema tenham excesso de capacidade, os gargalos impedem a passagem de jobs ou processos para esses outros recursos com rapidez suficiente para mantê-los ocupados.[57,58,59]

Um gargalo tende a se desenvolver em um recurso quando o tráfego começa a se aproximar da sua capacidade total. Dizemos que um recurso fica **saturado**, ou seja, processos que disputam sua atenção começam a interferir uns com os outros porque um deles tem de esperar que outros terminem de utilizar o recurso.[60] Um exemplo clássico é o sistema de memória virtual que esteja fazendo paginação excessiva (veja o Capítulo 11, "Gerenciamento de memória virtual"). Isso ocorre em sistemas paginados quando a memória principal torna-se sobrecarregada de compromissos e os conjuntos de

Técnica	Descrição
Traço	Registro de requisições de aplicação reais ao sistema operacional, que identifica a carga de trabalho de um sistema.
Perfil	Registro de atividade do núcleo realizado durante uma sessão real. Perfis indicam a utilização relativa das primitivas do sistema operacional.
Cronometragem	Medida bruta do desempenho de hardware que pode ser usada para comparações rápidas entre sistemas relacionados.
Microindicadores de desempenho	Medida bruta da rapidez com que um sistema operacional executa uma operação isolada.
Avaliação específica de aplicação	Avaliação que determina quão eficientemente um sistema executa uma certa aplicação.
Modelagem analítica	Técnica pela qual o avaliador constrói e analisa um modelo matemático de um sistema de computador
Indicador de desempenho (Benchmark)	Programa típico executado em um dado sistema, usado para comparações de desempenho entre sistemas.
Programa sintético	Programa que isola o desempenho de um determinado componente de sistema operacional.
Simulação	Técnica pela qual um modelo computacional do sistema é avaliado. Os resultados da simulação devem ser validados em relação ao sistema real quando ele for construído.
Monitoração de desempenho	Avaliação contínua de um sistema depois de instalado, que permite que os administradores avaliem se ele está atendendo às suas demandas para determinar quais áreas de seu desempenho requerem melhoria.

Figura 14.1 | Resumo de técnicas de avaliação de desempenho.

trabalho dos vários processos ativos não podem ser mantidos simultaneamente na memória principal. Um processo ativo interfere com a utilização da memória por um outro processo, forçando o sistema a descarregar alguns dos conjuntos de trabalho do outro processo para armazenamento secundário para liberar espaço para o seu próprio conjunto de trabalho. A saturação pode ser tratada reduzindo-se a carga do sistema — por exemplo, a paginação excessiva pode ser eliminada suspendendo-se temporariamente processos menos críticos, não interativos, se tais processos estiverem disponíveis.

Como os gargalos podem ser detectados? É muito simples — cada fila de requisição de recursos deve ser monitorada. Quando uma fila começa a crescer rapidamente, a **taxa de chegada** de requisições daquele recurso torna-se maior do que sua **taxa de serviço**, portanto, o recurso tornou-se saturado.

O isolamento de gargalos é uma parte importante do ajuste fino de um sistema. Os gargalos podem ser eliminados aumentando-se a capacidade dos recursos, adicionando mais recursos daquele tipo naquele ponto do sistema ou, novamente, reduzindo a carga daqueles recursos. Entretanto, eliminar um gargalo nem sempre significa melhorar o rendimento, pois podem existir outros gargalos no sistema também. Fazer o ajuste fino de um sistema envolve identificar e eliminar gargalos até que o desempenho do sistema atinja níveis satisfatórios.

Revisão

1. Por que é importante identificar gargalos de um sistema?
2. O excesso de paginação se deve à saturação de qual recurso? Como um sistema detectaria a paginação excessiva?

Respostas: 1) Identificar gargalos permite que os projetistas concentrem-se em otimizar as seções de um sistema que degradam o desempenho. 2) Memória principal. O sistema operacional notaria uma alta taxa de recuperação de página — as mesmas páginas que têm de sair para criar espaço para páginas que chegam seriam rapidamente paginadas de volta à memória principal.

14.7 Laços de retorno

Laço de retorno (*feedback loop*) é uma técnica pela qual informações sobre o estado corrente do sistema podem afetar requisições que chegam. Essas requisições seriam redirecionadas se o retorno indicasse que o sistema poderia ter dificuldade para atendê-las. O retorno pode ser negativo, caso em que as taxas de chegada poderiam diminuir, ou positivos, quando essas taxas poderiam aumentar. Embora tenhamos dividido esta seção para que situações de retorno positivo e negativo possam ser examinadas separadamente, elas não representam duas técnicas diferentes. O que acontece é que a taxa de requisição de um recurso particular poderia causar retorno positivo ou negativo (ou nenhum).

14.7.1 Retorno negativo

Em situações de **retorno negativo** a taxa de chegada de novas requisições pode diminuir como resultado do retorno de informações. Por exemplo, um motorista que entra em um posto de gasolina e observa que há diversos carros esperando em cada bomba pode decidir ir um pouco adiante até um outro posto menos movimentado.

Em sistemas distribuídos, muitas vezes as saídas que estão em spool podem ser impressas por qualquer um de diversos servidores de impressão equivalentes. Se a fila à entrada de um servidor for muito longa, o job poderá ser direcionado para uma fila menos cheia.

Retorno negativo contribui para a **estabilidade** de sistemas de fila. Por exemplo, se um escalonador designasse jobs que estão chegando indiscriminadamente a um dispositivo ocupado, a fila à entrada daquele dispositivo poderia crescer indefinidamente (mesmo que outros dispositivos estivessem subutilizados).

Revisão

1. Explique como o retorno negativo poderia melhorar o desempenho de leitura em um RAID nível 1 (espelhado).
2. Como o retorno negativo contribui para a estabilidade do sistema?

Respostas: 1) Se um dos discos de um par espelhado contiver uma fila grande de requisições de leitura, algumas dessas requisições poderão ser enviadas a outro disco do par se a fila desse disco estiver menor. 2) O retorno negativo evita que um recurso torne-se sobrecarregado enquanto outros recursos idênticos ficam ociosos.

14.7.2 Retorno positivo

Em situações de **retorno positivo** a taxa de chegada de novas requisições poderia aumentar como resultado do retorno de informações. Um exemplo clássico ocorre em sistemas multiprocessadores de memória virtual paginada. Suponha que o sistema operacional detecte que um processador esteja subutilizado. O sistema poderia informar ao escalonador de processos para ele admitir mais processos na fila daquele processador, prevendo que isso alocaria uma carga maior ao processador. À medida que mais processos são admitidos, a quantidade de memória a ser alocada a cada processo diminui e as faltas de página podem aumentar (porque os conjuntos de trabalho de todos os processos ativos podem não caber na memória). A utilização do processador na verdade diminuiria enquanto o sistema estivesse paginando excessivamente (*trashing*). Um sistema operacional mal projetado poderia então decidir admitir ainda mais processos. É claro que isso causaria mais deterioração na utilização do processador.

Projetistas de sistemas operacionais devem ser muito cuidadosos ao projetar mecanismos para responder a retorno positivo, evitando que se desenvolvam tais situações instáveis. Os efeitos de cada mudança incremental devem ser monitorados para verificar se ela resulta no melhoramento previsto. Se a mudança provocar uma deterioração do desempenho, isso sinalizará ao sistema operacional que ele pode estar entrando em uma situação instável, e as estratégias de alocação de recursos deverão ser ajustadas para voltar a uma operação estável.

Revisão

1. Em alguns grandes sistemas de servidores os usuários emitem suas requisições para um servidor 'de entrada' (*front-end*). Esse servidor aceita a requisição do usuário e a envia a um servidor 'de saída' (*back-end*) para processamento. Como um servidor de entrada equilibraria as cargas de requisições entre um conjunto de servidores de saída equivalentes usando laços de retorno?
2. Esta seção descreve como o retorno positivo pode intensificar a paginação excessiva. Sugira uma possível solução para esse problema.

Respostas: 1) Servidores de saída que tivessem uma longa fila de requisições poderiam enviar retorno negativo ao servidor de entrada, e servidores de saída ociosos poderiam enviar retorno positivo. O servidor de entrada pode usar esses laços de retorno para enviar requisições que chegam a servidores que estão com falta de carga em vez de enviá-las aos que estão excessivamente carregados. **2)** O sistema pode monitorar o número de recuperação de páginas e recusar-se a admitir qualquer outro processo além de um certo limite.

14.8 Técnicas de desempenho no projeto de processadores

O desempenho de um sistema depende muito do desempenho de seus processadores. Conceitualmente, um processador pode ser dividido em **conjunto de instruções,** que é o conjunto de instruções de máquina que ele pode executar, e sua implementação, que é o hardware. Um conjunto de instruções poderia ser composto de algumas instruções básicas que executariam somente funções simples, como carregar um valor da memória para um registrador ou somar dois números. Como alternativa, poderia conter uma grande quantidade de instruções mais complexas, como as que resolvem uma dada equação polinomial. A penalidade por fornecer um número tão grande de instruções complexas é um hardware mais complexo, o que aumenta o custo do processador e pode reduzir o desempenho para instruções mais simples; o benefício é que essas rotinas complexas podem ser executadas rapidamente.

A **arquitetura do conjunto de instruções** (*Instruction Set Architecture* — **ISA**) de um processador é uma interface que descreve o processador, incluindo seu conjunto de instruções, número de registradores e tamanho da memória. A ISA é o equivalente em hardware à API de um sistema operacional.[61] Embora uma ISA particular não especifique a implementação do hardware, seus elementos afetam diretamente o modo como o hardware é construído e, portanto, causa significativo impacto sobre o desempenho. As abordagens da ISA evoluíram ao longo dos anos. Esta seção investiga as abordagens e avalia como as decisões de projeto da ISA afetam o desempenho.

Revisão

1. Quais as permutas que devem ser ponderadas na inclusão de instruções únicas que executam rotinas complexas em um conjunto de instruções?

2. Por que a escolha de uma ISA é importante?

Respostas:
1) A penalidade por adicionar essas instruções é um hardware mais complexo, que poderia reduzir a velocidade de execução de instruções usadas mais freqüentemente; o benefício é a execução mais rápida dessas rotinas complexas. **2)** A ISA especifica uma interface de programação entre o hardware e o software de baixo nível; portanto, afeta a facilidade com que o código pode ser gerado para o processador e a quantidade de memória que aquele código ocupa. E, também, a ISA afeta diretamente o hardware do processador, o que influencia o custo e o desempenho.

14.8.1 Computação com conjunto de instruções complexas (CISC)

Até meados da década de 1980, havia uma clara tendência de incorporar seções de código freqüentemente usadas em uma única instrução em linguagem de máquina, na esperança de fazer com que essas instruções executassem mais rapidamente e que fosse mais fácil codificá-las em linguagem de montagem. A lógica era atraente, a julgar pelo número de ISAs que refletiam esses conjuntos de instruções muito expandidos — uma abordagem que foi denominada **computação com conjunto de instruções complexas** (*Complex Instruction Set Computing* — **CISC**) que lembrava, em parte, a popular expressão *computação com conjunto reduzido de instruções* (*Reduced Instruction Set Computing* — **RISC**) que discutiremos na próxima seção.[62]

Os processadores CISC surgiram quando a maioria dos sistemas era escrita em linguagem de montagem. Um conjunto de instruções contendo instruções únicas, cada uma executando diversas operações, habilitava os programadores de linguagem de montagem a escrever seus programas com um número menor de linhas de código, o que melhorava a produtividade do programador. O CISC continuou atraente quando as linguagens de alto nível passaram a ser amplamente usadas para escrever sistemas operacionais (como a utilização de C e C++ no código-fonte do UNIX), porque eram adicionadas instruções de propósito especial que se ajustavam bem às necessidades de compiladores otimizadores, que alteram a estrutura do código compilado (mas não a semântica) para obter desempenho melhor de uma certa arquitetura. As instruções CISC espelhavam as complexas operações de linguagens de alto nível em vez das operações simples que um processador podia executar em um ou dois ciclos. Esses conjuntos de instruções complexas tendiam a ser implementados via microprogramação. A microprogramação introduz uma camada de programação abaixo da linguagem de máquina de um computador; essa camada especifica as operações primitivas que um processador deve executar, como, por exemplo, buscar uma instrução na memória (veja a Seção 2.9 para uma descrição melhor). Nessas arquiteturas CISC as instruções em linguagem de máquina eram interpretadas, de modo que instruções complexas eram executadas como uma série de instruções microprogramadas.[63]

Processadores CISC tornaram-se populares, em grande parte, em reposta à redução do custo do hardware aliada ao aumento de custo do desenvolvimento de software em linguagem de montagem. Processadores CISC tentavam transferir muito da complexidade do software para o hardware. Como efeito colateral, processadores CISC também reduzem o tamanho dos programas, economizando memória e facilitando a depuração. Uma outra característica de alguns processadores CISC é a tendência em direção à redução do número de registradores de propósito geral para diminuir o custo e aumentar o espaço disponível para outras estruturas CISC, como um decodificador de instruções.[64, 65]

Uma técnica poderosa para aumentar o desempenho, desenvolvida durante o CISC, foi o conceito de pipeline. Um pipeline divide o caminho de dados de um processador (ou seja, a porção do processador que realiza operações nos dados) em estágios discretos. Para cada ciclo, no máximo uma instrução pode ocupar cada estágio, permitindo que um processador execute operações em diversas instruções simultaneamente. No início da década de 60, a IBM desenvolveu o primeiro processador pipeline, o IBM 7030 (apelidado de 'Stretch'). O pipeline do 7030 consistia em quatro estágios: busca de instrução, decodificação de instrução, busca de operandos e execução. Enquanto o processador executava uma instrução, ele buscava os operandos da próxima instrução, decodificava uma outra instrução e buscava uma quarta instrução. Após iniciar o ciclo, cada instrução do pipeline se adiantava um estágio; isso permitia que o 7030 processasse até quatro instruções de uma só vez, o que melhorava o desempenho significativamente.[66, 67, 68]

À medida que melhora a tecnologia de fabricação de processadores, o tamanho do chip e a largura de faixa da memória passam a ser preocupações menores. Além do mais, compiladores avançados podem executar facilmente muitas técnicas de otimização previamente delegadas à implementação do conjunto de instruções CISC.[69] Contudo, processadores CISC ainda são populares em muitos computadores pessoais; também podem ser encontrados em vários computadores de alto desempenho. Processadores Intel Pentium (www.intel.com/products/desktop/processors/pentium4/) e Advanced Micro Devices (AMD) Athlon (www.amd.com/us-en/Processors/ProductInformation/0,,30_118_756,00.html) são processadores CISC.

Revisão

1. (V/F) O uso disseminado de linguagens de programação de alto nível eliminou a utilidade de instruções complexas.
2. Qual a motivação por trás da filosofia de projeto do processador CISC?

Respostas: **1)** Falso. Foram criadas instruções complexas adicionais para se ajustar bem às necessidades de compiladores otimizadores. **2)** Os primeiros sistemas operacionais eram escritos primordialmente em código de montagem, portanto, instruções complexas simplificavam a programação porque cada uma executava diversas operações.

14.8.2 Computação com conjunto de instruções reduzidas (RISC)

Muitas das vantagens dos processadores CISC perderam a importância com os avanços da tecnologia de hardware e do projeto de compiladores. Além disso, projetistas perceberam que o microcódigo requerido para interpretar instruções complexas reduzia a velocidade de execução das instruções mais simples. Vários estudos indicam que a grande maioria dos programas gerados por compiladores populares usava apenas uma pequena porção dos conjuntos de instruções dos processadores em questão. Por exemplo, um estudo da IBM observou que as dez instruções executadas mais freqüentemente entre as centenas de instruções da arquitetura do System/370 (Figura 14.2) eram responsáveis por dois terços das execuções de instruções daquela máquina.[70] As instruções adicionais incorporadas aos conjuntos de instruções CISC para melhorar o desenvolvimento do software estavam sendo usadas com pouca freqüência. As instruções mais simples de implementar, como transferências registrador-memória (cargas e armazenamento), eram as mais utilizadas.

Um outro estudo da IBM, uma análise estática de programas em linguagem de montagem escritos para o computador IBM Series/1, resultou em mais evidências de que grandes conjuntos de instruções CISC poderiam ser ineficientes. O estudo observou que os programadores tendiam a gerar "seqüências de instruções semanticamente semelhantes" quando trabalhavam com a rica linguagem de máquina do IBM Series/1. Os autores concluíram que, uma vez que era difícil detectar essas seqüências automaticamente, os conjuntos de instruções deveriam ficar mais esparsos ou os programadores deveriam restringir o uso que faziam das instruções.[71] Essas observações deram uma atraente motivação para a noção da **computação com conjunto de instruções reduzidas** (*Reduced Instruction Set Computing* – **RISC**). Essa filosofia de projeto de processador enfatiza que os arquitetos de computador podem otimizar o desempenho concentrando seus esforços em fazer com que instruções comuns, como desvios, cargas e armazenamentos, executem eficientemente.[72, 73]

Processadores RISC executam instruções comuns com eficiência, incluindo um número relativamente pequeno de instruções, a maioria das quais são simples e podem ser executadas rapidamente (ou seja, em um ciclo de relógio). Isso significa que grande parte da complexidade da programação é transferida do hardware para o compilador, o que permite que o projeto do processador RISC seja simples e otimizado para um pequeno conjunto de instruções. Além do mais, unidades de controle do RISC são implementadas em hardware, o que reduz a sobrecarga de execução em comparação com o microcódigo. Instruções RISC, que ocupam palavras de tamanho fixo na memória, são mais rápidas e mais fáceis de decodificar do que as instruções CISC de tamanhos variados. Além disso, processadores RISC tentam reduzir o número de acessos à memória principal fornecendo muitos registradores de propósito geral, de alta velocidade, nos quais os programas podem realizar manipulação de dados.[74]

Opcode	Instrução	% Execuções
BC	Condição de desvio	20.2
L	Carregar	15.5
TM	Testar sob máscara	6.1
ST	Armazenar	5.9
LR	Carregar registrador	4.7
LA	Carregar endereço	4.0
LTR	Registrador de teste	3.8
BCR	Registrador de desvio	2.9
MVC	Mover caracteres	2.1
LH	Carregar meia palavra	1.8

Figura 14.2 | As dez instruções mais freqüentemente executadas na arquitetura System/370 da IBM. [75] (Cortesia da International Business Machines Corporation.)

Fornecer somente instruções simples, de tamanho uniforme, permite que processadores RISC façam melhor uso dos pipelines do que os processadores CISC. A velocidade de execução de pipeline em arquiteturas CISC pode ser reduzida pelos tempos mais longos de processamento de instruções complexas, o que faz com que setores ociosos do pipeline manipulem instruções mais simples. Além disso, pipelines em máquinas CISC muitas vezes contêm um grande número de estágios e requerem hardware complexo para suportar instruções de vários tamanhos. Os pipelines de arquiteturas RISC contêm poucos estágios e sua implementação é relativamente direta porque a maioria das instruções requer um único ciclo.[76]

Uma técnica de otimização simples e inteligente usada em muitas arquiteturas RISC é denominada **desvio atrasado.**[77, 78] Quando um desvio condicional é executado, a próxima instrução seqüencial pode ou não ser executada em seguida, dependendo da avaliação da condição. O desvio atrasado habilita essa instrução seqüencial a começar a ser executada, seja qual for o caso; se a ramificação não for tomada, essa próxima execução poderá estar bem adiantada, se é que já não totalmente concluída. Compiladores otimizadores RISC muitas vezes reorganizam instruções de máquina de modo que um cálculo útil (que deve ser executado, independentemente de o desvio ser tomado ou não) seja colocado imediatamente após o desvio. Como o desvio ocorre mais freqüentemente do que as pessoas se dão conta (até a cada quinta instrução, em algumas arquiteturas populares), isso pode render consideráveis ganhos de desempenho.[79] Lilja faz uma análise minuciosa do desvio atrasado e de diversas outras técnicas que podem reduzir muito a, por assim dizer, **penalidade do desvio** em arquiteturas pipeline.[80]

A permuta mais significativa da filosofia de projeto RISC é que seu conjunto de instruções simples, reduzido, e arquitetura rica em registradores, aumentam a complexidade do chaveamento de contexto.[81] Arquiteturas RISC devem salvar um grande número de registradores para a memória principal durante um chaveamento de contexto, o que reduz o desempenho do chaveamento de contexto em comparação com arquiteturas CISC devido ao aumento do número de acessos à memória principal. Pelo fato de o chaveamento de contexto ser sobrecarga pura e ocorrer com freqüência, isso pode causar significativo impacto sobre o desempenho do sistema.

Além do maior tempo de chaveamento de contexto, há outras desvantagens no projeto RISC. Um estudo interessante testou o efeito da complexidade da instrução sobre o desempenho; o estudo selecionou três subconjuntos de instruções de complexidade crescente do VAX. Os pesquisadores chegaram a diversas conclusões:[82]

1. Programas escritos nos mais simples dos subconjuntos de instruções requeriam até 2,5 vezes mais memória do que programas de conjunto de instruções complexas equivalentes.
2. A taxa de ausência de cache (informação requerida não encontrada no cache) era consideravelmente maior para programas escritos no subconjunto mais simples.
3. O tráfego no barramento para programas escritos no subconjunto mais simples era aproximadamente o dobro do tráfego para programas escritos no subconjunto mais complexo.

Esses e outros resultados semelhantes indicam que as arquiteturas RISC podem ter conseqüências negativas.

Operações com pontos flutuantes executam mais rapidamente em arquiteturas CISC. Além disso, processadores CISC têm um desempenho melhor para programas gráficos ou científicos, que executam instruções complexas repetidamente; esses programas tendem a desempenhar melhor em máquinas CISC com instruções complexas otimizadas do que em máquinas RISC comparáveis.[83]

A Figura 14.3 fornece um resumo da comparação entre as filosofias de projeto CISC e RISC. Entre os exemplos de processadores RISC estão o UltraSPARC (www.sun.com/processors), o MIPS (www.mips.com) e o G5 (www.apple.com/powermac/specs.html).

Revisão

1. Por que processadores RISC exploram pipelines melhor do que processadores CISC?
2. Por que chaveamento de contexto requer mais sobrecarga nos processadores RISC do que nos processadores CISC?

Respostas: 1) As instruções RISC têm tamanho fixo e em geral requerem um único ciclo para executar, portanto, é fácil sobrepor instruções de modo que a maioria dos estágios do pipeline esteja realizando trabalho significativo. O tamanho variável das instruções dos processadores CISC tem o efeito de deixar ociosas seções do pipeline que não sejam necessárias para instruções simples. 2) Processadores RISC contêm muito mais registradores do que processadores CISC, exigindo um número maior de transferências de memória durante um chaveamento de contexto.

Categoria	Características dos processadores CISC	Características dos processadores RISC
Tamanho da instrução	Variável, tipicamente de 1 a 10 bytes.	Fixo, tipicamente 4 bytes.
Decodificação da instrução	Via microcódigo.	Em hardware.
Número de instruções em ISA	Muitas (tipicamente várias centenas), incluindo muitas instruções complexas.	Poucas (tipicamente menos de uma centena).
Número de instruções por programa	Poucas.	Muitas (geralmente cerca de 20% mais do que para CISC).
Número de registradores de propósito geral	Quase sempre poucos (por exemplo, 8 no processador Intel Pentium 4).[84]	Muitos (tipicamente, 32).
Complexidade	No hardware.	No compilador.
Habilidade para explorar paralelismo por meio de pipeline	Limitada.	Ampla.
Filosofia subjacente	Implementar o máximo possível de operações.	Tornar rápido o caso comum.
Exemplos	Pentium, Athlon.	MIPS, SPARC, G5.

Figura 14.3 | Comparação entre RISC e CISC.

14.8.3 Processadores pós-RISC

À medida que processadores RISC e CISC evoluíam, muitas técnicas desenvolvidas para aumentar independentemente o desempenho de um ou de outro foram integradas em ambas as arquiteturas.[85, 86, 87] Muitas dessas características agregam complexidade ao conjunto de instruções ou dão mais responsabilidade ao hardware para otimizar o desempenho. Essa convergência de arquiteturas tornou indistinta a linha entre RISC e CISC. A filosofia por trás desses processadores é aumentar o desempenho de qualquer modo possível, o que levou Severance et al. a cunhar o termo **computação com conjunto de instruções rápidas** (*Fast Instruction Set Computing* - **FISC**). Outros nomes comumente usados para essa moderna filosofia de projeto de processadores são 'pós-RISC' e 'RISC de segunda geração'.[88]

Contudo, alguns projetistas preferem a terminologia tradicional, 'RISC' e 'CISC'. Essa escola de pensamento — os dois tipos de processadores não convergiram — argumenta que RISC e CISC referem-se especificamente à ISA, e não a como a ISA é implementada (ou seja, a complexidade adicional do hardware é irrelevante). Argumentam ainda que a diferença primordial é que as instruções RISC têm tamanho uniforme e em geral executam em um único ciclo, diferentemente das instruções CISC. Como vimos nesta seção, a maior parte da convergência resulta da crescente similaridade de hardware complexo em máquinas RISC e CISC e da expansão do número de instruções em ISAs RISC, dois aspectos que esses projetistas argumentam que não são fundamentais das filosofias de projeto ISA.[89]

As seções a seguir descrevem muitas técnicas que os processadores pós-RISC empregam para melhorar o desempenho do processador. Como veremos, essas técnicas fazem com que o hardware do processador fique mais complexo, o que aumenta o custo e se afasta do dogma da RISC de manter o hardware simples.

Arquitetura superescalar

Execução superescalar permite que mais de uma instrução seja executada em paralelo durante cada ciclo. **Arquiteturas superescalares** incluem várias unidades de execução em um único chip e, até recentemente, eram usadas primariamente em processadores CISC para reduzir o tempo requerido para decodificar instruções complexas. Hoje, a execução superescalar é encontrada na maioria dos processadores de propósito geral porque o paralelismo que ela permite aumenta o desempenho. Por exemplo, ambos os processadores, Pentium 4 e G5, são superescalares. Essas arquiteturas contêm hardware complicado que garante que duas instruções que executem simultaneamente não dependam uma da outra. Por exemplo, quando um processador executa o código de máquina equivalente a uma estrutura de controle if...then...else, as instruções dentro das cláusulas then e else não podem ser executadas até que o processador tenha determinado o valor da condição de desvio.[90, 91, 92]

Execução fora de ordem (OOO)

Execução fora de ordem (*Out-Of-Order execution* — **OOO**) é uma técnica que grava instruções dinamicamente em tempo de execução para otimizar o desempenho, isolando grupos de instruções que podem executar simultaneamente. A OOO facilita pipelines profundos e projeto superescalar, o que requer que o processador ou compilador detecte grupos de instruções independentes que podem ser executadas em paralelo.[93, 94]

Tal mecanismo, agora comum a ambos os processadores, RISC e CISC, rompe com a filosofia RISC de deixar a otimização para o compilador. A OOO requer significativo hardware adicional para detectar dependências e tratar exceções. Quando uma instrução origina uma exceção, o processador deve assegurar que o programa esteja no estado em que estaria após a exceção se a instrução tivesse sido executada na ordem.[95, 96]

Previsão de desvio

Previsão de desvio é um mecanismo pelo qual um processador usa heurísticas para determinar o resultado mais provável de uma condição de desvio. O processador coloca instruções cuja execução é prevista no pipeline para processamento imediato após o desvio. Se o processador adivinhar incorretamente, ele tem de remover o código previsto do pipeline, perdendo todo o trabalho executado naquele código. Esse caso é ligeiramente pior do que o alternativo, que é esperar até o resultado de um desvio encher o pipeline. Todavia, se o processador adivinhar corretamente, o desempenho melhorará, porque ele poderá continuar a executar instruções imediatamente após o desvio. Para obter desempenho mais alto usando previsão de desvio, o processador deve conter unidades precisas de previsão de desvio, o que também contribui para a complexidade do hardware.[97, 98]

Suporte de ponto flutuante e de processamento de vetor no chip

Muitos processadores modernos contêm unidades de execução no chip denominadas co-processadores. Projetistas otimizam co-processadores para executar operações específicas que as unidades aritméticas e lógicas (ULAs) de propósito geral executam lentamente. Entre essas otimizações estão os co-processadores de ponto flutuante e os co-processadores de vetor. Co-processadores de vetor executam instruções vetoriais, que operam sobre um conjunto de dados, aplicando a mesma instrução a cada item do conjunto (por exemplo, adicionar um a cada elemento de um conjunto). Colocar esses co-processadores no chip do processador reduz a latência de comunicação entre o processador e seus co-processadores, aumentando drasticamente a velocidade com que essas operações são realizadas, mas aumentando também a complexidade do hardware.[99]

Instruções adicionais usadas com pouca freqüência

Talvez a mais significativa divergência em relação à filosofia RISC seja a expansão dos conjuntos de instruções nos, assim denominados, processadores RISC. Essas ISAs tendem a incluir quaisquer instruções que aprimorem o desempenho geral, independentemente da complexidade do hardware requerida para executar aquela instrução.[100] Por exemplo, o processador PowerMac G5 da Apple, chamado por muitos de processador RISC, contém mais de uma centena de instruções a mais do que seu antecessor, o G3. Essas instruções normalmente manipulam inteiros grandes (ou seja, de 128 bits) ou executam a mesma instrução em várias unidades de dados, uma técnica conhecida como processamento vetorial.[101]

Convergência do CISC para o RISC

À medida que o hardware do RISC tornou-se mais complexo, os processadores CISC adotaram componentes da filosofia RISC. Por exemplo, os processadores CISC de hoje muitas vezes contêm um subconjunto nuclear otimizado de instruções comumente usadas que são decodificadas e executadas rapidamente para habilitar um desempenho comparável ao do RISC quando não são empregadas instruções complexas. Realmente, o Pentium 4 da Intel decodifica todas as instruções em **micro-ops** simples de tamanho fixo, antes de enviá-las para a unidade de execução. Muitas vezes, a única razão por que algumas instruções complexas continuam em uma ISA CISC é fornecer compatibilidade retrógrada com códigos escritos para versões mais antigas de um processador CISC.[102] Desse modo, processadores CISC incorporam os benefícios de instruções mais simples defendidas pela filosofia RISC.

Revisão

1. Não obstante a complexidade adicional do hardware, qual a característica primária que distingue os processadores RISC de hoje dos processadores CISC?

2. (V/F) Processadores RISC estão tornando-se mais complexos, enquanto processadores CISC estão ficando mais simples.

Respostas: **1)** A maioria dos processadores RISC de hoje continua a fornecer instruções de tamanho uniforme que requerem um único ciclo para executar. **2)** Falso. Processadores RISC estão realmente ficando mais complexos. Embora os processadores CISC incorporem filosofias de projeto RISC, a complexidade de seu hardware continua a aumentar.

14.8.4 Computação com instruções explicitamente paralelas (EPIC)

Técnicas como projeto superescalar, pipelines profundos e OOO habilitam processadores pós-RISC a explorar o paralelismo. O hardware requerido para implementar essas características, embora dê conta das dependências através de várias unidades de execução, pode tornar-se proibitivamente caro. Em resposta, projetistas da Intel e da Hewlett Packard propuseram uma nova filosofia denominada **computação com instruções explicitamente paralelas** (*Explicitly Parallel Instruction Computing* — **EPIC**). A EPIC tenta simplificar o hardware do processador para habilitar um grau mais alto de paralelismo. A filosofia EPIC requer que o compilador, e não o hardware, determine quais instruções podem ser executadas em paralelo. Essa técnica explora o **paralelismo no nível da instrução** (*Instruction-Level Parallelism* — **ILP**), que se refere a conjuntos de instruções de máquina que podem ser executadas em paralelo (ou seja, as instruções do conjunto não dependem uma da outra para executar).

Para suportar ILP, a EPIC emprega uma variação do método da **palavra de instrução muito longa** (*Very Long Instruction Word* — **VLIW**).[103] No método VLIW, o compilador determina qual instrução deve ser executada em paralelo. Isso simplifica o hardware, permitindo mais espaço para unidades de execução; o computador Multiflow, a primeira máquina VLIW, tinha 28 execuções, o que é substancialmente superior aos processadores multiescalares modernos.[104] Entretanto, algumas dependências são conhecidas apenas no momento da execução (por exemplo, por causa de instruções de desvio), mas VLIWs formam o caminho de execução antes de o programa executar. Isso limita o nível de paralelismo que os projetos VLIW podem explorar.[105]

A EPIC toma emprestado dos projetos de processadores VLIW e também dos projetos de processadores EPIC. Processadores EPIC ajudam o compilador fornecendo previsibilidade — nenhuma execução fora da ordem é usada, o que permite aos compiladores EPIC otimizar o caminho, ou caminhos, de execução mais provável. Todavia, muitas vezes é difícil para um compilador otimizar cada caminho de execução de um programa. Se o caminho de execução for previsto incorretamente, o processador garantirá a correção do programa (por exemplo, verificando dependências dos dados).[106]

Processadores CISC e RISC típicos empregam previsão de desvio para determinar probabilisticamente o resultado de um desvio. Processadores EPIC, ao contrário, executam todas as possíveis instruções que poderiam se seguir a um desvio em paralelo e usam somente o resultado do desvio correto, uma vez resolvido o **predicado** (ou seja, a comparação do desvio).[107] Essa técnica é denominada **predicação de desvio**.

A Figura 14.4 ilustra a diferença entre a execução de programa em um processador EPIC em relação a um processador pós-RISC. Na Figura 14.4 (a), o compilador EPIC produziu uma **instrução multi-op**, que é um pacote com várias instruções que podem ser executadas em paralelo; o número depende do processador. O processador decodifica essa multi-op em várias operações isoladas, então executa cada uma simultaneamente em diversas unidades de execução. Pelo fato de os processadores EPIC ajudarem o compilador fornecendo garantias de previsibilidade, eles não reordenam as instruções multi-op e não é preciso nenhuma unidade OOO. Na Figura 14.4 (b), o processador pós-RISC analisa o fluxo de instruções que está executando e reordena instruções para encontrar duas instruções que possam executar simultaneamente. O processador coloca essas duas instruções em suas duas unidades de execução (usando uma arquitetura superescalar) para execução simultânea.

Além de melhorarem o desempenho mediante o paralelismo, processadores EPIC empregam **carga especulativa**, uma técnica que tenta reduzir a latência da memória. Ao otimizar um código de programação, o compilador converte cada instrução de carga em uma operação de carga especulativa e em uma operação de verificação de carga. Uma carga especulativa

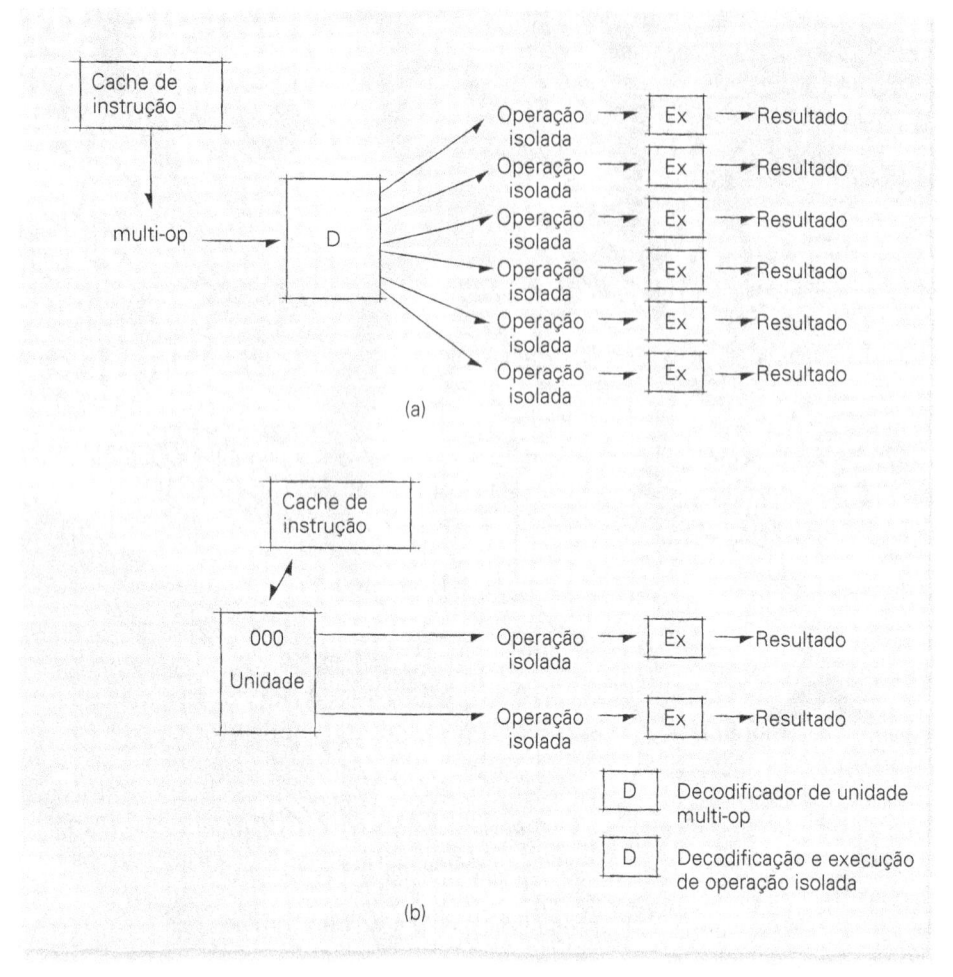

Figura 14.4 | Instrução de execução em processadores EPIC (a) e pós-RISC (b).

recupera da memória dados especificados por uma instrução que ainda tem de ser executada. Portanto, o processador pode executar uma carga especulativa bem antes de os dados serem necessários. A carga de verificação assegura que os dados da carga especulativa sejam consistentes (o valor que foi carregado especulativamente não foi modificado na memória). O processador pode executar com eficiência total se a carga de verificação validar a carga especulativa, eliminando muito do custo do acesso à memória. Todavia, se a verificação de carga determinar que a carga especulativa é inconsistente, o processador terá de esperar enquanto os dados corretos são recuperados da memória.[108]

Revisão

1. Qual a motivação por trás da filosofia de projeto EPIC?
2. Como a ISA EPIC reduz o custo do desempenho de desvio?

Respostas: **1)** Projetos superescalares não escalam bem, porque a necessidade de mais hardware aumenta exponencialmente para cada unidade de processamento adicional. A EPIC tenta passar a complexidade para o compilador para explorar o ILP. **2)** Compiladores EPIC especificam predicação de desvio para executar ambos os caminhos de execução possíveis após um desvio. Após a execução do desvio, um caminho é descartado e o outro está imediatamente pronto para executar.

Resumo

O desempenho de um sistema depende muito do seu hardware, do seu sistema operacional e da interação entre os dois. Software complicado acarreta mau desempenho mesmo em sistemas que dispõem de hardware poderoso, portanto é importante considerar o desempenho do software do sistema, bem como o desempenho do seu hardware.

Três propósitos comuns para a avaliação do desempenho são avaliação para seleção, projeção de desempenho e monitoração de desempenho. Algumas medidas comuns de desempenho são tempo de retorno, tempo de resposta, tempo de reação do sistema, variância do tempo de resposta, rendimento e capacidade. Alguns resultados de desempenho podem ser equivocados se a avaliação não utilizar uma carga de trabalho representativa ou se concentrar-se em uma pequena parte do sistema.

Um rastro é um registro da atividade do sistema — normalmente um arquivo de registro (log) de requisições de usuários e de aplicações ao sistema operacional. Um perfil registra a atividade de um sistema quando ele está executando em modo núcleo. Essas técnicas são úteis para avaliar sistemas cuja carga de trabalho depende intensamente do ambiente de execução do sistema.

Cronometragens são úteis para fazer comparações rápidas do hardware. Medem quantas instruções um sistema pode executar por segundo. De modo semelhante, microindicadores de desempenho (*microbenchmarks*) permitem que os avaliadores façam comparações rápidas entre sistemas operacionais (ou sistemas como um todo). Eles medem quanto tempo demora uma operação de sistema operacional (por exemplo, criação de processo).

Uma avaliação específica de aplicação permite que organizações e consumidores estabeleçam se determinado sistema é apropriado para uma instalação particular. A metodologia baseada em vetor usa uma média ponderada de vários resultados de microindicadores de desempenho adequados para uma certa aplicação. A metodologia híbrida usa um rastro para determinar os pesos relativos de cada primitiva na média. Programa de núcleo é um programa típico que pode ser executado em uma instalação; é 'executado no papel' e usa as estimativas de cronometragem de instruções dos fabricantes.

Modelos analíticos são representações matemáticas de sistemas de computador ou de seus componentes. Existe um grande acervo de resultados matemáticos que os avaliadores podem aplicar para estimar o desempenho de um dado sistema ou componente de computador rapidamente e com considerável precisão.

Indicador de desempenho é um programa real que um avaliador executa na máquina que está em avaliação. Diversas organizações desenvolveram indicadores de desempenho padrão para o setor dirigidos a diferentes tipos de sistemas. Avaliadores usam os resultados da execução desses indicadores de desempenho para comparar sistemas. Os indicadores de desempenho devem ser repetíveis, refletir com exatidão os tipos de aplicações que serão executados e amplamente usados.

Programas sintéticos são programas artificiais que avaliam um componente específico de um sistema operacional; devem ser construídos para corresponder à distribuição de freqüência das instruções de um grande conjunto de programas. Eles são úteis em ambientes de desenvolvimento; à medida que novas características são disponibilizadas, esses programas podem ser usados para testar se elas são operacionais.

Simulação é uma técnica na qual um avaliador desenvolve um modelo computacional do sistema que está em avaliação. Ela é executada para determinar o desempenho de um sistema quando ele for construído.

Monitoração de desempenho é a coleta e análise de informações relativas ao desempenho do sistema para sistemas existentes. Um recurso torna-se um gargalo quando atrapalha o andamento do sistema porque este não pode realizar seu trabalho eficientemente. Um recurso torna-se saturado quando não tem nenhum excesso de capacidade para atender a novas requisições. Em um laço de retorno são relatadas ao sistema informações sobre o estado de saturação (ou subutilização) de um recurso. Com retorno negativo, a taxa de chegada de requisições àquele recurso poderia diminuir; com retorno positivo, a taxa de chegada poderia aumentar.

A arquitetura do conjunto de instruções (ISA) de um processador é uma interface que descreve o processador, incluindo seu conjunto de instruções, número de registradores e tamanho da memória. A ISA é como uma API que softwares de baixo nível utilizam para construir programas executáveis.

As ISAs CISC tendem a incluir um grande número de instruções, muitas das quais requerem vários ciclos para executar; o tamanho da instrução é variável. Muitas implementações CISC têm alguns registradores de propósito geral e hardware complexo. Processadores CISC tornaram-se populares porque reduziam o custo da memória e facilitavam a programação em linguagem de montagem.

ISAs RISC tendem a incluir um número pequeno de instruções, a maioria das quais executa em um único ciclo; o tamanho da instrução é fixo. Muitas implementações de RISC têm um grande número de registradores de propósito geral e hardware simples. Otimizam as instruções mais comuns. Processadores RISC ficaram populares porque usam pipelines eficientemente e eliminam hardware desnecessário; ambos melhoram o desempenho.

Hoje, os projetos RISC e CISC estão convergindo, o que leva muitos a denominar esses processadores modernos de pós-RISC, FISC ou RISC de segunda geração. Contudo, há quem argumente que não é esse o caso e que os termos RISC e CISC ainda são importantes. Essa convergência resulta da crescente complexidade de hardware e das instruções extras pouco usadas incluídas em processadores

RISC e do fato de que processadores CISC muitas vezes contêm um núcleo otimizado de instruções parecidas com as do RISC.

EPIC, uma filosofia de projeto de processadores mais nova, tenta abordar a escalabilidade limitada de projetos superescalares. Processadores EPIC dão ao compilador a responsabilidade de determinar o caminho de execução e usam suas diversas unidades de execução para suportar um alto grau de paralelismo. Processadores EPIC também reduzem a penalidade para os acessos à memória executando cargas especulativas antes de executar uma instrução de carga; o processador executa uma carga de verificação antes de a instrução ser executada, garantindo a integridade dos dados. Se os dados carregados especulativamente não tiverem mudado, nenhuma providência será tomada como resultado da carga de verificação; caso contrário, o processador executará novamente a instrução por meio dos dados da carga de verificação.

Exercícios

14.1 Explique por que é importante monitorar e avaliar o desempenho do software de um sistema, bem como do hardware.

14.2 Quando um usuário entrava em um sistema, alguns sistemas de compartilhamento de tempo antigos imprimiam o número total de usuários naquele momento.
    a. Por que essa informação era útil para o usuário?
    b. Em que circunstâncias isso poderia não ter sido uma indicação útil da carga?
    c. Quais fatores tendiam a fazer disso uma indicação altamente confiável da carga do sistema em um sistema de tempo compartilhado que suportava muitos usuários?

14.3 Discuta brevemente cada um destes propósitos da avaliação de desempenho.
    a. avaliação para seleção
    b. projeção de desempenho
    c. monitoração de desempenho

14.4 O que é ajuste fino do sistema? Por que é importante?

14.5 Qual a diferença entre medições de desempenho orientadas para usuário e orientadas para sistema?

14.6 O que é tempo de reação do sistema? É mais crítico para jobs orientados para processador ou orientados para E/S? Explique sua resposta.

14.7 Ao discutir variáveis aleatórias, por que valores médios às vezes podem ser tão equivocados?
Qual outra medição de desempenho é útil para descrever o modo como os valores de uma variável aleatória estão aglomerados ao redor de sua média?

14.8 Por que a previsibilidade é um atributo tão importante de sistemas de computador?
Em que tipos de sistemas a previsibilidade é especialmente crítica?

14.9 Eis algumas medidas de desempenho comumente usadas.
    i. tempo de retorno
    ii. rendimento
    iii. tempo de resposta
    iv. carga de trabalho
    v. tempo de reação do sistema
    vi. capacidade
    vii. variância dos tempos de resposta
    viii. utilização

Indique, para cada um dos seguintes itens, qual medida, ou medidas, de desempenho é (são) descrita(s).
    a. a previsibilidade do sistema
    b. as demandas correntes de um sistema
    c. as capacidades máximas de um sistema
    d. a porcentagem de um recurso em uso
    e. o trabalho executado por unidade de tempo
    f. o tempo de resposta em sistemas interativos

14.10 Qual medida, ou medidas, é (são) de grande interesse para cada um dos seguintes itens? Explique suas respostas.
    a. um usuário interativo
    b. um usuário de processamento em lote
    c. um projetista de sistema de controle de processo de tempo real
    d. gerentes de instalação preocupados com a cobrança dos clientes pela utilização de recursos
    e. gerentes de instalação preocupados com a projeção de cargas de sistemas para o próximo ciclo de orçamento anual
    f. gerentes de instalação preocupados com a previsão das melhorias no desempenho obtidas pela adição de
        i. memória
        ii. processadores mais rápidos
        iii. unidades de disco

14.11 Há um limite para o número de medições que devem ser tomadas de um sistema. Quais considerações poderiam fazê-lo evitar tomar certas medições?

14.12 A simulação é vista por muitos como a técnica de avaliação de desempenho mais amplamente aplicável.
    a. Cite várias razões para isso.
    b. Mesmo sendo a simulação amplamente aplicável, ela não é tão amplamente usada quanto seria de esperar. Cite várias razões por quê.

14.13 Algumas das técnicas populares de avaliação e monitoração de desempenho são:
    i. cronometragens
    ii. microindicadores de desempenho
    iii. programas sintéticos
    iv. metodologia baseada em vetor
    v. simulações
    vi. programas de núcleo
    vii. monitores de hardware
    viii. modelos analíticos
    ix. monitores de software
    x. indicadores de desempenho

Indique quais dessas técnicas é mais bem definida por cada um dos itens a seguir. (Alguns itens têm mais de uma resposta.)
    a. sua validade pode ser comprometida pela simplificação de premissas
    b. média ponderada de cronometragens de instruções
    c. produzida por matemáticos capacitados
    d. modelos são executados em um computador
    e. úteis para comparações rápidas de 'potência bruta' de hardware
    f. particularmente valiosa em ambientes de software complexos

g. um programa real executado em uma máquina real
h. útil para determinar o desempenho de primitivas de sistemas operacionais
i. programas de projeto customizados para exercer capacidades específicas de uma máquina
j. um programa real executado 'no papel'
k. um programa de produção
l. mais comumente desenvolvido usando as técnicas da teoria das filas e de processos de Markov
m. freqüentemente usado quando é muito caro ou demorado desenvolver um programa sintético

14.14 Quais técnicas de avaliação são as mais aplicáveis em cada uma das seguintes situações? Explique suas respostas.

a. Uma companhia de seguros tem uma carga de trabalho constante que consiste em um grande número de demoradas rodadas de processamento em lote. Por causa de uma fusão, a empresa tem de aumentar sua capacidade em 50%. A empresa quer substituir seu equipamento por um novo sistema de computador.

b. A companhia de seguros descrita em (a) quer aumentar capacidade comprando algumas memórias e canais adicionais.

c. Uma empresa de computadores que está projetando um novo sistema de computador ultra-rápido deseja avaliar vários projetos alternativos.

d. Uma empresa de consultoria especializada no processamento de dados comerciais assina um grande contrato na área militar que requer extensivos cálculos matemáticos. A empresa quer determinar se seu equipamento de computador existente processará a carga prevista de cálculos matemáticos.

e. A gerência encarregada de uma rede de vários computadores precisa localizar gargalos tão logo eles se desenvolvam e redirecionar o tráfego de acordo com o resultado.

f. Um programador de sistemas suspeita que um dos módulos de software esteja sendo chamado mais freqüentemente do que o previsto. O programador quer confirmar isso antes de devotar substancial esforço à recodificação do módulo para fazê-lo executar com mais eficiência.

g. Um fabricante de sistemas operacionais precisa testar todos os aspectos do sistema antes de vender seu produto no comércio.

14.15 Em determinado sistema de computador, o processador contém um medidor de BIPS que registra quantos bilhões de instruções por segundo o processador está realizando a qualquer instante. O medidor é calibrado de 0 a 4 BIPS em incrementos de 0,1 BIPS. Todas as estações de trabalho desse computador estão atualmente em uso. Explique como cada uma das seguintes situações pode ocorrer.

a. O medidor lê 3,8 BIPS e os usuários de terminais estão experimentando bons tempos de resposta.
b. O medidor lê 0,5 BIPS e os usuários de terminais estão experimentando bons tempos de resposta.
c. O medidor lê 3,8 BIPS e os usuários de terminais estão experimentando maus tempos de resposta.
d. O medidor lê 0,5 BIPS e os usuários de terminais estão experimentando maus tempos de resposta.

14.16 Você participa de uma equipe de avaliação de desempenho que trabalha para um fabricante de computadores. Sua tarefa é desenvolver um programa sintético generalizado para facilitar a avaliação de um sistema de computador completamente novo com um conjunto de instruções inovador.

a. Por que tal programa seria útil?

b. Quais características você poderia fornecer para fazer de seu programa uma verdadeira ferramenta de avaliação geral?

14.17 Qual a diferença entre simuladores orientados por eventos e simuladores orientados por script?

14.18 O que significa validar um modelo de simulação? Como você validaria um modelo de simulação de um pequeno sistema de tempo compartilhado (que já existe) com armazenamento de disco, diversos terminais CRT e uma impressora a laser compartilhada?

14.19 Que informações um avaliador de desempenho conseguiria de um traço de execução de instrução? E de um traço de execução de módulo? Quais desses é mais útil para analisar a operação de programas individuais? E para analisar a operação de sistemas?

14.20 Como gargalos podem ser detectados? Como podem ser eliminados? Se um gargalo for eliminado, devemos esperar que o desempenho do sistema melhore? Explique.

14.21 O que é um laço de retorno? Qual a diferença entre retorno positivo e negativo?
Qual deles contribui para a estabilidade do sistema? Qual causaria instabilidade? Por quê?

14.22 A caracterização da carga de trabalho é uma parte importante de qualquer estudo de desempenho. Precisamos saber o que um computador deve fazer antes de podermos avaliar seu desempenho. Que medições você efetuaria para ajudar a caracterizar a carga de trabalho em cada um dos seguintes sistemas?

a. um sistema de tempo compartilhado projetado para suportar desenvolvimento de programa.

b. um sistema de processamento em lote usado para preparar faturas mensais de uma fornecedora de energia elétrica com meio milhão de usuários.

c. uma estação de trabalho avançada utilizada por somente um engenheiro.

d. um microprocessador implantado no peito de uma pessoa para regular as batidas de seu coração.

e. um computador de rede local que suporta um sistema de correio eletrônico com alta taxa de utilização em um grande complexo de escritórios.

f. um sistema de controle de tráfego aéreo para evitar colisão.

g. uma rede de computadores para previsão de tempo que recebe leituras de temperatura, umidade, pressão barométrica e outras leituras de 10 mil pontos de uma rede que cobre o país inteiro, através de linhas de comunicação.

h. um sistema de gerenciamento de banco de dados médico que oferece a médicos de todo o mundo respostas a questões médicas.

i. uma rede de computadores de controle de tráfego aéreo para monitorar e controlar o fluxo de tráfego de uma cidade grande.

14.23 Um fabricante de sistemas de computador está desenvolvendo um novo multiprocessador. O sistema é projetado em módulos, de modo que os usuários possam agregar novos processadores conforme sua necessidade, mas as conexões são caras. O fabricante deve fornecer as conexões com a máquina original porque também é muito caro instalá-las em campo. Ele quer determinar o número ótimo de conexões de processador a fornecer. O projetista-chefe diz que três é o número ótimo. Ele acredita que não valeria a pena colocar mais do que três processadores no sistema e que a disputa pela memória seria muito grande. Quais técnicas de avaliação de desempenho você recomendaria para ajudar a determinar o número ótimo de conexões durante o estágio de elaboração do projeto? Explique sua resposta.

14.24 Por que os programas RISC em geral são mais longos do que seus equivalentes CISC? Isso posto, por que os programas RISC executariam mais rapidamente do que seus equivalentes CISC?

14.25 Compare a previsão de desvio com a predicação de desvio. Qual delas provavelmente renderia desempenho mais alto? Por quê?

14.26 Para cada uma das seguintes características de processadores modernos, descreva como ela melhora o desempenho e indique por que sua inclusão em um processador se afasta do projeto de um RISC puro ou de um CISC puro.

a. arquitetura superescalar
b. execução fora de ordem (OOO)
c. previsão de desvio
d. suporte de vetor e de ponto flutuante no chip
e. grandes conjuntos de instruções
f. decodificação de instruções complexas, multiciclos, em instruções mais simples, de um único ciclo.

14.27 Qual a diferença entre processadores EPIC e processadores pós-RISC? Dadas essas diferenças, o que poderia atrapalhar a adoção de processadores EPIC?

Projetos sugeridos

14.28 Muitas vezes é difícil medir o desempenho de um sistema sem influenciar o resultado. Elabore um trabalho de pesquisa sobre os vários modos como os programas indicadores de desempenho minimizam o efeito que eles causam sobre o desempenho de um sistema.

14.29 Nos últimos anos, a tecnologia de renderização de gráficos melhorou a uma taxa fenomenal. Elabore um trabalho de pesquisa sobre as características de arquitetura que melhoram o desempenho das placas gráficas. Discuta também as técnicas de avaliação de desempenho de placas gráficas.

14.30 Elabore um trabalho de pesquisa sobre o processador do PowerPC970 da IBM, utilizado na série PowerMac G5 da Apple. Que tipo de conjunto de instruções ele tem? Que outra tecnologia melhora o desempenho desse processador?

14.31 Elabore um trabalho de pesquisa sobre ferramentas como *gprof* que permitem que os desenvolvedores de aplicação determinem o perfil do seu software.

14.32 Elabore um trabalho de pesquisa com um levantamento de estudos contemporâneos que comparam o desempenho do RISC com o do CISC. Descreva os pontos fortes e fracos de cada filosofia de projeto nos sistemas atuais.

14.33 Indicamos no texto que um dos pontos fracos da abordagem RISC é um dramático aumento da sobrecarga de chaveamento de contexto. Dê uma explicação detalhada por que isso acontece. Escreva um artigo sobre chaveamento de contexto. Discuta as várias abordagens que foram usadas. Sugira como o chaveamento de contexto poderia ser tratado eficientemente em sistemas baseados em RISC.

Simulações sugeridas

14.34 Obtenha versões de indicadores de desempenho ou programas sintéticos populares discutidos no texto, como SYSMark ou SPECmark. Execute-os em diversos computadores e elabore uma comparação dos resultados. Seus resultados são semelhantes aos publicados pelos fabricantes? Quais fatores poderiam causar diferenças entre resultados? Descreva sua experiência na utilização desses indicadores de desempenho e programas sintéticos.

14.35 Neste problema você realizará um estudo de simulação razoavelmente detalhado. Você escreverá um programa de simulação dirigido por eventos usando geração de números aleatórios para produzir eventos probabilisticamente.

Em uma grande instalação de computador de processamento em lote, a gerência quer decidir qual estratégia de substituição de memória resultaria no melhor desempenho possível. A instalação tem um computador com uma grande memória principal que usa multiprogramação por partição variável. Cada programa usuário executa em um único grupo de localizações de armazenamento contíguo. Os usuários declaram seus requisitos de memória antecipadamente e o sistema operacional aloca a cada usuário a memória requisitada quando o job do usuário é iniciado. Um total de 1024 MB de memória principal está disponível para programas usuários.

Os requisitos de armazenamento de jobs nessa instalação são distribuídos da seguinte maneira:

    10 MB—30% dos jobs
    20 MB—20% dos jobs
    30 MB—25% dos jobs
    40 MB—15% dos jobs
    50 MB—10% dos jobs

Os tempos de execução dos jobs nessa instalação são independentes dos requisitos de armazenamento dos jobs e estão distribuídos da seguinte maneira:

    1 minuto—30% dos jobs
    2 minutos—20% dos jobs
    5 minutos—20% dos jobs
    10 minutos—10% dos jobs
    30 minutos—10% dos jobs
    60 minutos—10% dos jobs

A carga do sistema é tal que sempre há pelo menos um job esperando para ser iniciado. Os jobs são processados estritamente segundo a estratégia 'primeiro a chegar, primeiro a ser atendido'.

Escreva um programa de simulação para ajudá-lo a decidir qual estratégia de substituição de memória deve ser usada na instalação. Seu programa deve usar geração de números aleatórios para produzir o requisito de memória e o tempo de execução de cada job segundo as distribuições anteriores. Investigue o desempenho da instalação durante um período de oito horas medindo rendimento, utilização de armazenamento e outros itens de seu interesse para cada uma das seguintes estratégias de substituição de memória:

a. primeira que couber
b. a que melhor couber
c. a que pior couber

14.36 Na instalação descrita no problema anterior, a gerência suspeita que o escalonamento de jobs 'primeiro a chegar, primeiro a ser atendido' pode não ser ótimo. Em particular, estão preocupados que jobs mais longos tendam a manter jobs mais curtos à espera. Um estudo de jobs à espera indica que há sempre pelo menos dez jobs esperando para iniciar (ou seja, quando dez jobs estão esperando e um é iniciado, imediatamente chega um outro). Modifique seu programa de simulação do exercício anterior, de modo que o escalonamento de jobs seja realizado agora na base do 'job mais curto primeiro'. Como isso afeta o desempenho para cada uma das estratégias de posicionamento na memória? Quais problemas de escalonamento do 'job mais curto primeiro' tornam-se aparentes?

Notas

1. J. Mogul, "Brittle metrics in operating system research", *Proceedings of the Seventh Workshop on Hot Topics in Operating System*, mar. 1999, p. 90-95.
2. H. Lucas, "Performance evaluation and monitoring", *ACM Computing Surveys*, v. 3, nº 3, set. 1971, p. 79-91.
3. H. Lucas, "Performance evaluation and monitoring", *ACM Computing Surveys*, v. 3, nº 3, set. 1971, p. 79-91.
4. D. Ferrari, G. Serazzi e A. Zeigner, *Measurement and tuning of computer systems*. Englewood Cliffs, NJ: Prentice Hall, 1983.
5. G. Anderson, "The coordinated use of five performance evaluation methodologies", *Communications of the ACM*, v. 27, nº 2, fev. 1984, p. 119-125.
6. M. Seltzer et al., "The case for application-specific benchmarking", *Proceedings of the Seventh Workshop on Hot Topics in Operating Systems*, mar. 1999, p. 105-106.
7. M. Seltzer et al., "The case for application-specific benchmarking", *Proceedings of the Seventh Workshop on Hot Topics in Operating Systems*, mar. 1999, p. 105-106.
8. D. Spinellis, "Trace: a tool for logging operating system call transactions", *ACM SIGOPS Operating System Review*, out. 1994, p. 56-63.
9. J. M. Bull e D. O'Neill, "A microbenchmark suite for OpenMP 2.0", *ACM SIGARCH Computer Architecture Notes*, v. 29, nº 5, dez. 2001, p. 41-48.
10. S. Keckler et al., "Exploiting fine-grain thread level parallelism on the MIT Multi-ALU processor", *Proceedings of the 25th Annual International Symposium on Computer Architecture*, out. 1998, p. 306-317.
11. A. Brown e M. Seltzer, "Operating system benchmarking in the wake of lmbench: a case study on the Performance of Net-BSD on the Intel x86 architecture", *ACM SIGMETRICS Conference Measurement and Modeling of Computer Systems*, jun. 1997, p. 214-224.
12. L. McVoy e C. Staelin, "lmbench: portable tools for performance analysis", *Proceedings of the 1996 USENIX Annual Technical Conference*, jan. 1996, p. 279-294.
13. A. Brown e M. Seltzer, "Operating system benchmarking in the wake of lmbench: a case study on the performance of Net-BSD on the Intel x86 architecture", *ACM SIGMETRICS Conference on Measurement and Modeling of Computer Systems*, jun. 1997, p. 214-224.
14. L. McVoy e C. Staelin, "lmbench: portable tools for performance analysis", *Proceedings of the 1996 USENIX Annual Technical Conference*, jan. 1996, p. 279-294.
15. A. Brown e M. Seltzer, "Operating system benchmarking in the wake of lmbench: a case study on the performance of Net-BSD on the Intel x86 architecture", *ACM SIGMETRICS Conference on Measurement and Modeling of Computer Systems*, jun. 1997, p. 214-224.
16. M. Seltzer et al., "The case for application-specific benchmarking", *Proceedings of the Seventh Workshop on Hot Topics in Operating Systems*, mar. 1999, p. 105-106.
17. M. Seltzer et al., "The case for application-specific benchmarking", *Proceedings of the Seventh Workshop on Hot Topics in Operating Systems*, mar. 1999, p. 105-106.
18. M. Seltzer et al., "The case for application-specific benchmarking", *Proceedings of the Seventh Workshop on Hot Topics in Operating Systems*, mar. 1999, p. 102-107.
19. H. Lucas, "Performance evaluation and monitoring", *ACM Computing Surveys*, v. 3, nº 3, set. 1971, p. 79-91.
20. H. Lucas, "Performance evaluation and monitoring", *ACM Computing Surveys*, v. 3, nº 3, set. 1971, p. 79-91.
21. H. Lucas, "Performance evaluation and monitoring", *ACM Computing Surveys*, v. 3, nº 3, set. 1971, p. 79-91.
22. L. Svobodova, *Computer performance measurement and evaluation methods: analysis and applications*. Nova York: Elsevier, 1977.
23. H. Kobayashi, *Modeling and analysis: an introduction to system performance evaluation methodology*. Reading, MA: Addison Wesley, 1978.
24. E. Lazowska, "The benchmarking, tuning, and analytic modeling of VAX/VMS", *Conference on Simulation, Measurement and Modeling of Computer Systems*, ago. 1979, p. 57-64.
25. C. Sauer e K. Chandy, *Computer systems performance modeling*. Englewood Cliffs, NJ: Prentice Hall, 1981.
26. H. Lucas, "Performance evaluation and monitoring", *ACM Computing Surveys*, v. 3, nº 3, set. 1971, p. 79-91.
27. H. Hindin e M. Bloom, "Balancing benchmarks against manufacturers' claims", *UNIX World*, jan. 1988, p. 42-50.
28. J. Mogul, "Brittle metrics in operating system research", *Proceedings of the Seventh Workshop on Hot Topics in Operating Systems*, mar. 1999, p. 90-95.
29. "SpecWeb99", *SPEC (Standard Performance Evaluation Corporation)*, 26 set. 2003, www.specbench.org/web99/.
30. J. Mogul, "Brittle metrics in operating system research", *Proceedings of the Seventh Workshop on Hot Topics in Operating System*, mar. 1999, p. 90-95.
31. M. Seltzer et al., "The case for application-specific benchmarking", *Proceedings of the Seventh Workshop on Hot Topics in Operating Systems*, mar. 1999, p. 102-107.
32. "BAPCo benchmark products", *BAPCo*, 5 ago. 2002, www.bapco.com/products.htm.
33. "Overview of the TPC benchmark C", *Transaction Processing Performance Council*, 12 ago. 2003, www.tpc.org/tpcc/detail.asp.
34. "SAP standard application benchmarks", 12 ago. 2003, www.sap.com/benchmark.
35. W. Bucholz, "A synthetic job for measuring system performance", *IBM Journal of Research and Development*, v. 8, nº 4, 1969, p. 309-308.
36. H. Lucas, "Performance evaluation and monitoring", *ACM Computing Surveys*, v. 3, nº 3, set. 1971, p. 79-91.
37. R. Weicker, "Dhrystone: a synthetic systems programming benchmark", *Communications of the ACM*, v. 21, nº 10, out. 1984, p. 1013-1030.

38. G. Dronek, "The standards of system efficiency", *Unix Review*, mar. 1985, p. 26-30.
39. P. Wilson, "Floating-point survival kit", *Byte*, v. 21, nº 3, mar. 1988, p. 217-226.
40. "WinBench", *PC Magazine*, 2 set. 2003, www.etestinglabs.com/benchmarks/winbench/winbench.asp.
41. "IOStone: a synthetic file system benchmark", *ACM SIGARCH Computer Architecture News*, v. 18, nº 2, jun. 1990, p. 45-52.
42. "Hartstone: synthetic benchmark requirements for hard real-time applications", *Proceedings of the Working Group on ADA Performance Issues*, 1990, p. 126-136.
43. "Unix technical response benchmark info page", 17 maio 2002, www.unix.ualberta.ca/Benchmarks/benchmarks.html.
44. H. Lucas, "Performance evaluation and monitoring", *ACM Computing Surveys*, v. 3, nº 3, set. 1971, p. 79-91.
45. R. Nance, "The time and state relationships in simulation modeling", *Communications of the ACM*, v. 24, nº 4, abr. 1981, p. 173-179.
46. R. Keller e F. Lin, "Simulated performance of a reduction-based multiprocessor", *Computer*, v. 17, nº 7, jul. 1984, p.70-82.
47. C. Overstreet e R. Nance, "A specification language to assist in analysis of discrete event simulation models", *Communications of the ACM*, v. 28, nº 2, fev. 1985, p. 190-201.
48. D. Jefferson, "Distributed simulation and the time warp operating system", *Proceeding of the 11th Symposium on Operating System Principles*, v. 21, nº 5, nov. 1987, p. 77-93.
49. C. Overstreet e R. Nance, "A specification language to assist in analysis of discrete event simulation models", *Communications of the ACM*, v. 28, nº 2, fev. 1985, p. 190-201.
50. J. Gibson et al., "FLASH vs. (simulated) FLASH: closing the simulation loop", *ACM SIGPLAN Notices*, v. 35, nº 11, nov. 2000, p. 52-58.
51. H. Lucas, "Performance evaluation and monitoring", *ACM Computing Surveys*, v. 3, nº 3, set. 1971, p. 79-91.
52. B. Plattner e J. Nivergelt, "Monitoring program execution: a survey", *Computer*, v. 14, nº 11, nov. 1981, p. 76-92.
53. R. Irving, C. Higgins e F. Safayeni, "Computerized performance monitoring systems: use and abuse", *Computer Technology Form No. SA23–1057*, 1986.
54. "Windows 2000 performance tools: leverage native tools for performance monitoring and tuning", *InformIT*, 15 jan. 2001, www.informit.com/content/index.asp?product_id=%7BA085E192-E708-4AAB-999E-5C339560EAA6%7D.
55. D. Gavin, "Performance monitoring tools for Linux", *Linux Journal*, nº 56, 1º out. 1998, www.linuxjournal.com/article.php?sid=2396.
56. "IA-32 Intel architecture software developer's manual, v. 3", *System Programmer's Guide*, 2002.
57. H. Lucas, "Performance evaluation and monitoring", *ACM Computing Surveys*, v. 3, nº 3, set. 1971, p. 79-91.
58. D. Ferrari, G. Serazzi e A. Zeigner, *Measurement and tuning of computer systems*. Englewood Cliffs, NJ: Prentice Hall, 1983.
59. M. Bonomi, "Avoiding coprocessor bottlenecks", *Byte*, v. 13, nº 3, mar. 1988, p. 197-204.
60. P. Coutois, "Decomposability, instability, and saturation in multiprogramming systems", *Communications of the ACM*, v. 18, nº 7, 1975, p. 371-376.
61. J. Hennessy e D. Patterson, *Computer organization and design*. São Francisco, CA: Morgan Kaufmann Publishers, 1998, p. G-7.
62. J. Stokes, "Ars technica: RISC vs. CISC in the post RISC era", out. 1999, arstechnica.com/cpu/4q99/risc-cisc/rvc-1.html.
63. J. Stokes, "Ars technica: RISC vs. CISC in the post RISC era", out. 1999, arstechnica.com/cpu/4q99/risc-cisc/rvc-1.html.
64. S. Daily, "Killer hardware for Windows NT", *Windows IT Library*, jan. 1998, www.windowsitlibrary.com/Content/435/02/toc.html.
65. P. DeMone, "RISC vs. CISC still matters", 13 fev. 2000, ctas.east.asu.edu/bgannod/CET520/Spring02/Projects/demone.htm.
66. J. Hennessy e D. Patterson, *Computer organization and design*. São Francisco, CA: Morgan Kaufmann Publishers, 1998, p. 525.
67. S. Rosen, "Electronic computers: a historical survey", *ACM Computing Surveys*, v. 1, nº 1, jan. 1969, p. 26-28.
68. C. V. Ramamoorthy e H. F. Li, "Pipeline architecture", *ACM Computing Surveys*, v. 9, nº 1, jan. 1977, p. 62-64.
69. S. Aletan, "An overview of RISC architecture", *Proceedings of the 1992 ACM/SIGAPP Symposium on Applied Computing: Technological Challenges of the 1990's*, 1992, p. 11-12.
70. M. Hopkins, "Compiling for the RT PC ROMP", *IBM RT Personal Computer Technology*, 1986, p. 81.
71. N. S. Coulter e N. H. Kelly, "Computer instruction set usage by programmers: an empirical investigation", *Communications of the ACM*, v. 29, nº 7, jul. 1986, p. 643-647.
72. O. Serlin, "MIPS, dhrystones, and other tales", *Datamation*, v. 32, nº 11, 1º jun. 1986, p. 112-118.
73. S. Aletan, "An overview of RISC architecture", *Proceedings of the 1992 ACM/SIGAPP Symposium on Applied Computing: Technological Challenges of the 1990's*, 1992, p. 13.
74. D. A. Patterson, "Reduced instruction set computers", *Communications of the ACM*, v. 28, nº 1, jan. 1985, p. 8-21.
75. M. Hopkins, "Compiling for the RT PC ROMP", *IBM RT Personal Computer Technology*, 1986, p. 81.
76. D. A. Patterson, "Reduced instruction set computers", *Communications of the ACM*, v. 28, nº 1, jan. 1985, p. 8-21.
77. D. A. Patterson, "Reduced instruction set computers", *Communications of the ACM*, v. 28, nº 1, jan. 1985, p. 8-21.
78. D. Lilja, "Reducing the branch penalty in pipelined processors", *Computer*, v. 21, nº 7, jul. 1988, p. 47-55.
79. I. Huang, "Co-synthesis of pipelined structures and structured reordering constraints for instruction set processors", *ACM Transactions on Design Automation of Electronic Systems*, v. 6, nº 1, jan. 2001, p. 93-121.
80. D. Lilja, "Reducing the branch penalty in pipelined processors", *Computer*, v. 21, nº 7, jul. 1988, p. 47-55.
81. R. Wilson, "RISC chips explore parallelism for boost in speed", *Computer Design*, 1º jan. 1989, p. 58-73.
82. J. W. Davidson e R. A. Vaughan, "The effect of instruction set complexity on program size and memory performance", *Proceedings of the Second International Conference on Architectural Support for Programming Languages and Operating Systems*, 1987, p. 60-64.
83. R. Wilson, "RISC chips explore parallelism for boost in speed", *Computer Design*, 1º jan. 1989, p. 58-73.
84. "IA-32 Intel architecture software developer's manual, v. 1", *System Programmer's Guide*, 2002.
85. M. Brehob et al., "Beyond RISC — the Post-RISC architecture", *Michigan State University Department of Computer Science, Technical Report CPS-96-11*, mar. 1996.
86. J. Stokes, "Ars technica: RISC vs. CISC in the post RISC era", out. 1999, arstechnica.com/cpu/4q99/risc-cisc/rvc-1.html.

87. J. Stokes, "Ars technica: RISC vs. CISC in the post RISC era", out. 1999, arstechnica.com/cpu/4q99/risc-cisc/rvc-1.html.
88. M. Brehob et al., "Beyond RISC — the Post-RISC architecture", *Michigan State University Department of Computer Science, Technical Report CPS-96-11*, mar. 1996.
89. P. DeMone, "RISC vs. CISC still matters", 13 fev. 2000, ctas.east.asu.edu/bgannod/CET520/Spring02/Projects/demone.htm.
90. J. Hennessy e D. Patterson, *Computer organization and design*. São Francisco, CA: Morgan Kaufmann Publishers, 1998, p. 510.
91. N. Jouppi, "Superscalar vs. superpipelined machines", *ACM SIGARCH Computer Architecture News*, v. 16, nº 3, jun. 1988, p. 71-80.
92. J. Ray, J. Hoe e B. Falsafi, "Dual use of superscalar datapath for transient-fault detection and recovery", *Proceedings of the 34th Annual ACM/IEEE International Symposium on Microarchitecture*, dez. 2001, p. 214-224.
93. J. Stokes, "Ars technica: RISC vs. CISC in the post RISC era", out. 1999, arstechnica.com/cpu/4q99/risc-cisc/rvc-1.html.
94. W. W. Hwu e Y. Patt, "Checkpoint repair for out-of-order execution machines", *Proceedings of the 14th International Symposium on Computer Architecture*, jun. 1987, p. 18-26.
95. W. Chuang e B. Calder, "Predicate prediction for efficient out-of-order execution", *Proceedings of 17th Annual International Conference on Supercomputing*, jun. 2003, p. 183-192.
96. J. Stokes, "Ars technica: RISC vs. CISC in the post RISC era", out. 1999, arstechnica.com/cpu/4q99/risc-cisc/rvc-1.html.
97. J. Stokes, "Ars technica: RISC vs. CISC in the post RISC era", out. 1999, arstechnica.com/cpu/4q99/risc-cisc/rvc-1.html.
98. C. Young e M. Smith, "Static correlation branch prediction", *ACM Transactions on Programming Languages and Systems*, v. 21, nº 5, set. 1999, p. 1028-1075.
99. J. Stokes, "Ars technica: RISC vs. CISC in the post RISC era", out. 1999, arstechnica.com/cpu/4q99/risc-cisc/rvc-1.html.
100. J. Stokes, "Ars technica: RISC vs. CISC in the post RISC era", out. 1999, arstechnica.com/cpu/4q99/risc-cisc/rvc-1.html.
101. "Altivec fact sheet", *Motorola Corporation*, 2002, ewww.motorola.com/files/32bit/doc/fact_sheet/ALTIVECGLANCE.pdf.
102. J. Stokes, "Ars technica: RISC vs. CISC in the post RISC era", out. 1999, arstechnica.com/cpu/4q99/risc-cisc/rvc-1.html.
103. M. Schlansker e B. Rau, "EPIC: explicitly parallel instruction computing", *Computer*, v. 33, nº 2, fev. 2000, p. 37-38.
104. P. Lowney et al., "The multiflow trace scheduling compiler", *Journal of Supercomputing*, v. 7, maio 1993, p. 51-142.
105. J. Hennessy e D. Patterson, *Computer organization and design*. São Francisco, CA: Morgan Kaufmann Publishers, 1998, p. 528.
106. M. Schlansker e B. Rau, "EPIC: explicitly parallel instruction computing", *Computer*, v. 33, nº 2, fev. 2000, p. 38-39.
107. M. Schlansker e B. Rau, "EPIC: explicitly parallel instruction computing", *Computer*, v. 33, nº 2, fev. 2000, p. 41-44.
108. M. Schlansker e B. Rau, "EPIC: explicitly parallel instruction computing", *Computer*, v. 33, nº 2, fev. 2000, p. 41-44.

Capítulo 15

Gerenciamento de multiprocessador

O que vai acontecer na próxima década é que vamos descobrir como fazer o paralelismo funcionar.
David Kuck, citado no *TIME*, 28 de março de 1988

"A questão é", disse Humpty Dumpty, "quem vai ser o chefe — é só isso."
Lewis Carroll

Espero ver meu piloto face a face quando eu tiver cruzado a barra.
Alfred, Lord Tennyson

"Se sete jovens com sete vassouras
O varressem por meio ano,
Você acha", disse Walrus,
"Que conseguiriam limpá-lo?".
Lewis Carroll

A definição mais geral da beleza...Multiplicidade na Unidade.
Samuel Taylor Coleridge

Objetivos

Este capítulo apresenta:

- *Arquiteturas de multiprocessador e organizações de sistemas operacionais.*
- *Arquiteturas de memória de multiprocessador.*
- *Questões de projeto específicas de ambientes de multiprocessador.*
- *Algoritmos para escalonamento de multiprocessador.*
- *Migração de processo em sistemas multiprocessadores.*
- *Balanceamento de carga em sistemas multiprocessadores.*
- *Técnicas de exclusão mútua para sistemas multiprocessadores.*

15.1 Introdução

Durante décadas a Lei de Moore previu, com sucesso, um aumento exponencial da quantidade e do desempenho de transistores do processador, resultando em processadores cada vez mais poderosos. A despeito desses ganhos de desempenho, pesquisadores, desenvolvedores, empresas e consumidores continuam demandando substancialmente mais capacidade de computação do que um processador pode oferecer. O resultado é que **sistemas multiprocessadores** — computadores que contêm mais do que um processador — são empregados em muitos ambientes de computação.

Grandes aplicações de engenharia e científicas que executam em supercomputadores aumentam o rendimento processando dados paralelamente em vários processadores. Empresas e instituições científicas usam sistemas multiprocessadores para aumentar seu desempenho, escalar a utilização de recursos usados conforme os requisitos da aplicação e fornecer um alto grau de confiabilidade.[1] Por exemplo, o Earth Simulator (simulador terrestre) em Yokohama, Japão — o supercomputador mais poderoso até junho de 2003 — contém 5.120 processadores, cada um funcionando a 500 MHz (veja o "Miniestudo de caso, Supercomputadores").

Miniestudo de caso

Supercomputadores

Supercomputadores é simplesmente um termo que designa os mais poderosos computadores contemporâneos. Os primeiros supercomputadores não poderiam ser comparados nem mesmo aos mais baratos PCs de hoje. A velocidade de um supercomputador é medida em Flops (Floating-point Operations Per Second — operações de ponto flutuante por segundo).

O primeiro supercomputador foi o CDC 6600, fabricado pela Control Data Corporation e projetado por Seymour Cray, que ficou conhecido como o pai da supercomputação (veja no site deste livro "Biografia, Seymour Cray").[2, 3] Essa máquina, lançada no início da década de 1960, processava 3 milhões de instruções por segundo.[4, 5] Também foi o primeiro computador a usar a arquitetura RISC (Reduced Instruction Set Computing — computação com conjunto de instruções reduzidas).[6, 7] Aproximadamente dez anos e diversas máquinas mais tarde, Cray projetou o Cray-1, um dos primeiros modelos de processador vetorial.[8] (Processadores vetoriais são discutidos na Seção 15.2.1, "Classificação de Arquiteturas Seqüenciais e Paralelas"). O supercomputador que Cray projetou dominou a área de alto desempenho durante muitos anos.

Segundo a Top500 (**www.top500.org**), organização que acompanha o desenvolvimento de supercomputadores, o computador mais veloz do mundo (na época da publicação deste livro) é o Earth Simulator da NEC, localizado no Japão. Ele funciona a uma velocidade de pico de aproximadamente 35 teraflops, mais do que duas vezes o segundo computador mais veloz e dezenas de milhares de vezes mais rápido do que um computador de mesa típico.[9, 10] O Earth Simulator consiste em 5.120 processadores vetoriais agrupados em 640 unidades de oito processadores cada, no qual cada unidade tem 16 GB de memória principal compartilhada, totalizando 10 TB de memória.[11, 12] Essas unidades estão conectadas por 2.400 quilômetros de cabo de rede e são ligadas a um sistema de discos de 640 TB e a uma biblioteca de fitas que pode conter 1,5 petabytes (1.500.000.000.000.000 bytes).[13, 14] Essa enorme capacidade computacional é usada para pesquisa, na previsão de condições e eventos ambientais.[15]

O sistema pode executar 35,86 Tflops (trilhões de operações de ponto flutuante por segundo), capacitando pesquisadores a modelar padrões climáticos que podem ser usados para prever desastres naturais e avaliar como as atividades humanas afetam a natureza.[16, 17]

Sistemas multiprocessadores devem se adaptar a diferentes cargas de trabalho. Em particular, o sistema operacional deve assegurar que
- todos os processadores fiquem ocupados;
- os processos sejam distribuídos eqüitativamente por todo o sistema;
- a execução de processos relacionados seja sincronizada;
- os processadores operem sobre cópias consistentes de dados armazenadas em memória compartilhada;
- seja imposta a exclusão mútua.

Técnicas usadas para resolver impasses (*deadlocks*) em sistemas multiprocessadores e distribuídos são similares e serão discutidas no Capítulo 17, "Introdução a sistemas distribuídos".

Este capítulo descreve arquiteturas de multiprocessadores e técnicas para otimizar sistemas multiprocessadores. Essas técnicas concentram-se em melhorar desempenho, justiça no tratamento dos processos, custo e tolerância a falha. Muitas vezes, a melhora de um desses parâmetros ocorre à custa de outros. Consideramos também como as decisões de projeto podem afetar o desempenho dos multiprocessadores.

Revisão

1. Por que os multiprocessadores são tão úteis?
2. Quais as diferenças entre as responsabilidades de um sistema operacional multiprocessador e as de um sistema de um só processador?

Respostas: **1)** Muitos usuários de computador demandam mais capacidade de processamento do que um único processador pode oferecer. Por exemplo, negócios podem usar multiprocessadores para aumentar o desempenho e escalar a utilização de recursos conforme as necessidades da aplicação. **2)** O sistema operacional deve balancear a carga de trabalho de vários processadores, impor a exclusão mútua em um sistema em que vários processos possam realmente executar de maneira simultânea e assegurar que todos os processadores fiquem cientes de modificações à memória compartilhada.

15.2 Arquitetura de multiprocessador

O termo 'sistema de multiprocessamento' engloba qualquer sistema que contenha mais de um processador. Entre os exemplos de multiprocessadores estão os computadores pessoais de dois processadores, servidores de alta capacidade que contêm muitos processadores e grupos distribuídos de estações de trabalho que trabalham juntas para executar tarefas.

Em todo este capítulo apresentaremos diversos modos de classificar multiprocessadores. Nesta seção, categorizamos sistemas multiprocessadores segundo suas propriedades físicas, como a natureza do caminho de dados do sistema (ou seja, a porção do processador que executa operações nos dados), o esquema de interconexão do processador e como os processadores compartilham recursos.

15.2.1 Classificação de arquiteturas seqüenciais e paralelas

Flynn desenvolveu um primeiro esquema para classificar computadores em configurações de paralelismo crescente. O esquema consiste em quatro categorias baseadas em tipos diferentes de **fluxos** usados por processadores.[18] Um fluxo é apenas uma seqüência de bytes alimentada em um processador. Um processador aceita dois fluxos — um fluxo de instruções e um fluxo de dados.

Computadores de **fluxo único de instruções, fluxo único de dados** (*Single-Instruction-Stream, Single-Data-Stream* — **SISD**) são o tipo mais simples. São os monoprocessadores tradicionais nos quais um único processador busca uma instrução por vez e a executa sobre um único item de dado. Técnicas como pipeline, palavra de instrução muito longa (*Very Long Instruction Word* — VLIW) e projeto superescalar podem introduzir paralelismo em computadores SISD. Na técnica de pipeline o caminho de execução de uma instrução é dividido em estágios discretos, o que permite que o processador processe várias instruções simultaneamente, contanto que no máximo uma instrução ocupe cada estágio durante um ciclo de relógio. As técnicas VLIW e superescalar emitem várias instruções independentes simultaneamente (de um fluxo de instruções) que executam em diferentes unidades de execução. A VLIW depende de um compilador para determinar quais instruções emitir a qualquer ciclo de relógio, enquanto um projeto superescalar requer que um processador tome essa decisão.[19] Além disso, a tecnologia Hyper-Threading da Intel introduz paralelismo criando dois processadores virtuais por meio de um único processador físico, o que dá a um sistema operacional habilitado a multiprocessador a impressão de que esteja executando em dois processadores, cada um a um pouco menos da metade da velocidade do processador físico.[20]

Computadores de **fluxo múltiplo de instruções, fluxo único de dados** (*Multiple-Instruction-Stream, Single-Data-Stream* — **MISD**) não são comumente usados. Uma arquitetura MISD teria várias unidades de processamento que agiriam sobre um fluxo único de dados. Cada unidade executaria uma instrução diferente nos dados e passaria o resultado para a próxima unidade.[21]

Computadores de **fluxo único de instruções, fluxo múltiplo de dados** (*Single-Instruction-Stream, Multiple-Data-Stream* — **SIMD**) emitem instruções que agem sobre vários itens de dados. Um computador SIMD consiste em uma ou mais unidades de processamento. Um processador executa uma intrução SIMD processando-a em um bloco de dados (por exemplo, adicionando um a todos os elementos de um arranjo). Se houver mais elementos de dados do que unidades de processamento, essas buscarão elementos de dados adicionais para o ciclo seguinte. Isso pode melhorar o desempenho em relação às arquiteturas SISD, que exigiriam um laço para realizar a mesma operação em um elemento de dados por vez. Um laço contém muitos testes condicionais e requer que o processador SISD decodifique a mesma instrução várias vezes e que o processador SISD leia dados uma palavra por vez. Ao contrário, arquiteturas SIMD lêem um bloco de dados por vez, reduzindo dispendiosas transferências da memória para o registrador. Arquiteturas SIMD são mais efetivas em ambientes em que um sistema aplica a mesma instrução a grandes conjuntos de dados.[22, 23]

Processadores vetoriais e **processadores matriciais** usam uma arquitetura SIMD. Processadores vetoriais contêm uma unidade de processamento que executa cada instrução vetorial em um conjunto de dados, processando a mesma operação em cada elemento de dado. Eles dependem de pipelines extremamente profundos (ou seja, contendo muitos estágios) e altas velocidades de relógio. Pipelines profundos permitem que o processador realize trabalho em diversas instruções por vez, de modo que muitos elementos de dados possam ser manipulados de uma só vez. Um processador matricial contém diversas unidades de processamento que executam a mesma instrução em paralelo sobre muitos elementos de dados. Processadores matriciais (também denominados **processadores maciçamente paralelos**) podem conter dezenas de milhares de elementos de processamento. Portanto, esses processadores são mais eficientes quando manipulam grandes conjuntos de dados. Processamento vetorial e matricial são úteis para a computação científica e manipulação de gráficos quando a mesma operação deve ser aplicada a um grande conjunto de dados (por exemplo, transformação de matrizes).[24, 25] Os sistemas Connection Machine (CM) construídos pela Thinking Machines, Inc. são exemplos de processadores matriciais.[26]

Computadores de **fluxo múltiplo de instruções, fluxo múltiplo de dados** (*Multiple-Instruction-Stream, Multiple-Data-Stream* — **MIMD**) são multiprocessadores nos quais as unidades processadoras são completamente independentes e operam sobre fluxos de instruções separados.[27] Todavia, esses sistemas normalmente contêm hardware que permite que os processadores sincronizem-se uns com os outros quando necessário, tal como ao acessarem um dispositivo periférico compartilhado.

Revisão

1. Paralelismo no nível de thread (TLP) refere-se à execução de múltiplos threads independentes em paralelo. Qual arquitetura de multiprocessador explora TLP?

2. (V/F) Somente arquiteturas SIMD exploram paralelismo.

Respostas: **1)** Somente arquiteturas MIMD e MISD podem executar múltiplos threads ao mesmo tempo. Contudo, os threads executados por um computador MISD manipulam os mesmos dados e não são independentes. Portanto, somente sistemas MIMD podem explorar verdadeiramente o TLP. **2)** Falso. Sistemas SISD usam técnicas como pipelines, VLIW e projeto superescalar para explorar paralelismo; processadores MISD executam vários threads ao mesmo tempo; e processadores MIMD exploram TLP como descrito na resposta anterior.

15.2.2 Esquemas de interconexão de processadores

O **esquema de interconexão** de um sistema multiprocessador descreve de que modo os componentes do sistema, como um processador e módulos de memória, são conectados fisicamente. O esquema de interconexão é uma questão fundamental para projetistas de multiprocessadores porque afeta o desempenho, a confiabilidade e o custo do sistema. Um sistema de interconexão consiste em **nodos** e **enlaces**. Nodos são compostos de componentes do sistema e/ou de **chaves** que roteiam mensagens entre componentes. Um enlace é uma conexão entre dois nodos. Em muitos sistemas, um único nodo pode conter um ou mais processadores, seus caches associados, um módulo de memória e uma chave. Em multiprocessadores de grande escala, às vezes abstraímos o conceito de nodo e indicamos um grupo de nodos como um único supernodo.

Os projetistas usam diversos parâmetros para avaliar esquemas de interconexão. O **grau** de um nodo é o número de nodos ao qual ele está conectado. Eles procuram minimizar o grau de um nodo para reduzir a complexidade e o custo de sua interface de comunicação. Nodos de graus maiores requerem hardware de comunicação mais complexo para suportar comunicação entre o nodo e seus nodos vizinhos (nodos conectados a ele).[28]

Uma técnica para medir a tolerância à falha de um esquema de interconexão é contar o número de enlaces de comunicação que devem falhar antes que a rede não possa mais funcionar adequadamente. Isso pode ser quantificado por meio da **largura de bisseção** — o número mínimo de enlaces que precisam ser cortados para dividir a rede em duas metades não conectadas. Sistemas que têm larguras de bisseção maiores são mais tolerantes à falha do que os que têm larguras de bisseção menores, pois mais componentes têm de falhar antes que o sistema inteiro tenha problemas.

O desempenho de um esquema de interconexão depende, em grande parte, da latência de comunicação entre nodos, que pode ser medida de várias maneiras, sendo uma delas a latência média. Uma outra medição de desempenho é o **diâmetro da rede** — a distância mais curta entre os dois nodos mais remotos do esquema de interconexão. Para determinar o diâmetro da rede, considere todos os pares de nodos da rede e identifique o caminho de comprimento mais curto para cada par — calculado pela soma do número de enlaces percorridos — e então identifique o maior desses caminhos. Um diâmetro de rede pequeno indica baixa latência de comunicação e desempenho mais alto. Por fim, arquitetos de sistemas tentam minimizar o **custo de um esquema de interconexão**, semelhante ao número total de enlaces de uma rede.[29]

Nas subseções seguintes enumeramos diversos modelos bem-sucedidos de interconexão e os avaliamos com base nos critérios precedentes. Muitos sistemas reais implementam variações desses modelos. Por exemplo, eles podem agregar enlaces de comunicação extras para aumentar a tolerância à falha (aumentando a largura de bisseção) e o desempenho (reduzindo o diâmetro da rede).

Barramento compartilhado

A organização de rede de **barramento compartilhado** usa um único caminho de comunicação (a rota pela qual as mensagens transitam) entre todos os processadores e módulos de memória (Figura 15.1).[30] As interfaces de barramento dos componentes manipulam operações de transferência. O barramento é passivo e os componentes arbitram entre eles mesmos para utilizar o barramento. Somente uma transferência por vez pode ocorrer no barramento porque ele não pode transmitir dois sinais elétricos ao mesmo tempo. Portanto, antes de um componente iniciar uma transferência, ele deve verificar se o barramento e também o componente destinatário estão disponíveis. Um problema dos barramentos compartilhados — **contenção** — surge quando vários componentes querem usar o barramento ao mesmo tempo. Para reduzir contenção e tráfego no barramento, cada processador mantém seu próprio cache local, como mostra a Figura 15.1. Quando o sistema puder atender a uma requisição de memória por meio do cache de um processador, o processador não precisará se comunicar com um módulo de memória através do barramento. Uma outra opção é montar uma **arquitetura de barramentos múltiplos compartilhados**, que reduz a contenção fornecendo vários barramentos que atendem às requisições de comunicação. Contudo, esse esquema requer uma lógica complexa de arbitragem de barramento e enlaces adicionais, o que aumenta o custo do sistema.[31, 32]

O barramento compartilhado é um esquema simples e barato para conectar um número pequeno de processadores. Novos componentes podem ser adicionados ao sistema ligando-os ao barramento, e o software manipula a detecção e a identificação dos componentes do barramento. Todavia, devido à contenção pelo único caminho de comunicação, as organizações de barramento compartilhado não podem ser escaladas para mais do que um pequeno número de processadores (na prática 16 ou 32 é o máximo).[33] A contenção é exacerbada pelo fato de a velocidade do processador ter aumentado mais rapidamente do que a largura de banda do barramento. À medida que os processadores tornam-se mais velozes, é preciso menos processadores para saturar um barramento.

Barramentos compartilhados são redes dinâmicas, porque enlaces de comunicação são formados e descartados (por meio do barramento compartilhado) durante a execução. Portanto, os critérios utilizados para avaliar esquemas de interconexão que discutimos anteriormente não se aplicam; esses critérios se baseiam em enlaces estáticos, que não mudam durante a execução. Contudo, em comparação a outros esquemas de interconexão, um barramento compartilhado com diversos processadores é rápido e barato, mas não particularmente tolerante à falha — se o barramento compartilhado falhar, os componentes não poderão se comunicar.[34]

Os projetistas podem alavancar os benefícios de barramentos compartilhados em multiprocessadores com um número maior de processadores. Nesses sistemas, manter um único barramento compartilhado (ou vários barramentos) que conectam todos os processadores não é prático, porque o barramento fica saturado com facilidade. Entretanto, eles podem dividir os recursos do sistema (por exemplo, processadores e memória) em diversos pequenos supernodos. Os recursos contidos em um supernodo comunicam-se via barramento compartilhado, e os supernodos são conectados usando um dos esquemas de interconexão mais escaláveis descritos nas seções seguintes. Tais sistemas tentam manter a maior parte do tráfego de comunicações dentro de um supernodo para explorar a arquitetura veloz do barramento e, ao mesmo tempo, habilitar comunicação entre supernodos.[35] A maioria dos sistemas multiprocessadores com um pequeno número de processadores, como os sistemas de dois processadores Pentium, da Intel, usa uma arquitetura de barramento compartilhado.[36]

Matriz de comutação de barras cruzadas

Uma **matriz de comutação de barras cruzadas** fornece um caminho separado de cada processador para cada módulo de memória (Figura 15.2).[37] Por exemplo, se houver *n* processadores e *m* módulos de memória, haverá um total de *n* x *m* comutadores, que conectam cada processador a cada módulo de memória. Podemos imaginar os processadores como as linhas da matriz, e os módulos de memória como as colunas. Em redes maiores, os nodos normalmente consistem em

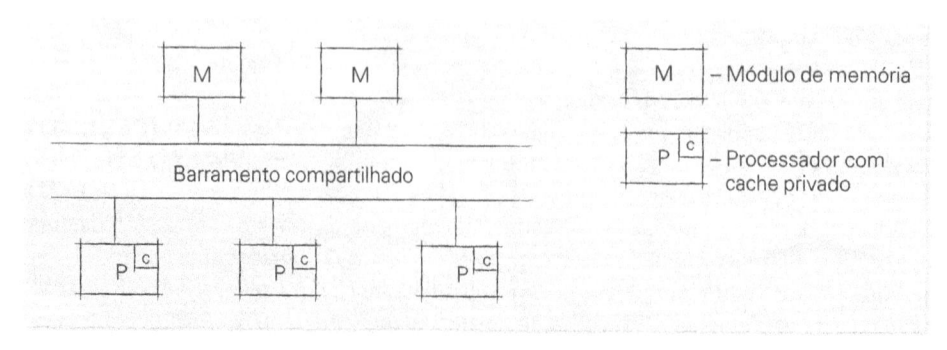

Figura 15.1 | Organização de multiprocessador de barramento compartilhado.

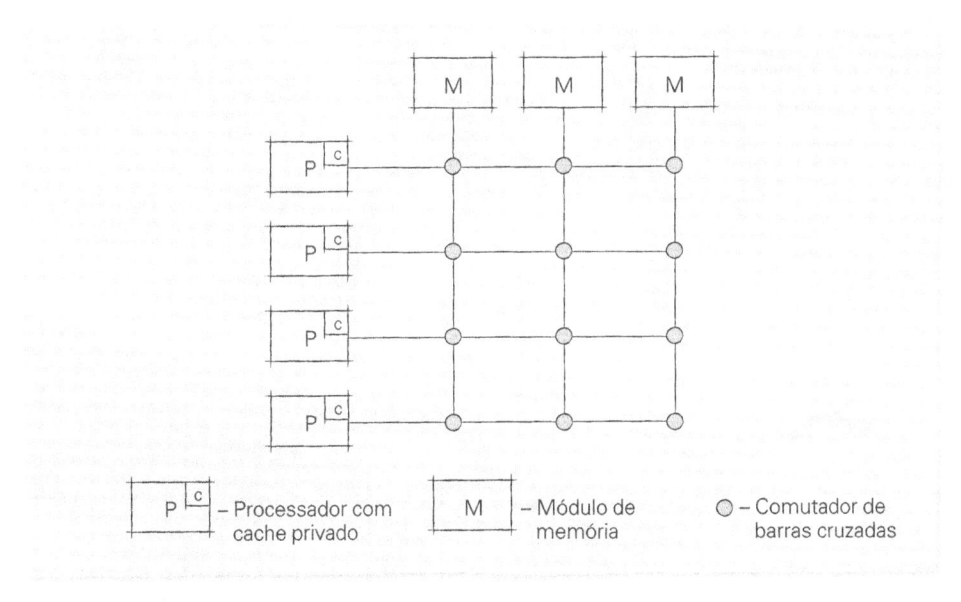

Figura 15.2 | *Organização de multiprocessador por matriz de comutação de barras cruzadas.*

processadores e componentes de memória, o que melhora o desempenho de acesso à memória (para os acessos entre um processador e seu módulo de memória associado). No caso de uma matriz de comutação de barras cruzadas, isso reduz o custo do esquema de interconexão. Nesse projeto, cada nodo se conecta com um comutador de grau p-1, onde p é o número de nodos processador-memória do sistema (nesse caso $m = n$ porque cada nodo contém o mesmo número de processadores e módulos de memória).[38, 39]

Uma matriz de comutação de barras cruzadas pode suportar transmissões de dados para todos os nodos ao mesmo tempo, mas cada nodo pode aceitar, no máximo, uma mensagem por vez. Compare esse esquema com o barramento compartilhado, que suporta somente uma transmissão por vez. Um comutador usa um algoritmo de arbitragem do tipo 'atenda o processador requisitante que tiver sido atendido menos recentemente neste comutador' para resolver requisições múltiplas. O projeto de comutação de barras cruzadas fornece alto desempenho. Pelo fato de todos os nodos estarem ligados a todos os outros nodos e a transmissão através de nodos de comutação ter um custo de desempenho trivial, o diâmetro da rede mede, essencialmente, um. Cada processador está conectado a cada módulo de memória, portanto, para dividir uma matriz de comutação de barras cruzadas em duas metades iguais, é preciso que seja cortada metade dos enlaces entre processadores e módulos de memória. O número de enlaces da matriz é o produto de n por m, portanto a largura de bisseção é $(n \times m)/2$, resultando em forte tolerância à falha. Como a Figura 15.2 mostra, há muitos caminhos que uma comunicação pode tomar para chegar ao seu destino.

Uma desvantagem das matrizes de comutação de barras cruzadas é seu custo, que aumenta proporcionalmente ao produto $n \times m$, o que torna inviáveis sistemas de grande escala.[40] Por essa razão, elas normalmente são empregadas em sistemas multiprocessadores menores (por exemplo, com 16 processadores). Contudo, à medida que o custo do hardware diminui, elas estão sendo usadas mais freqüentemente em sistemas maiores. O UltraSPARC-III da Sun usa comutadores de barras cruzadas para compartilhar memória.[41]

Rede em malha 2-D

Em um esquema de interconexão por **rede em malha 2-D**, cada nodo consiste em um ou mais processadores e um módulo de memória. No caso mais simples (Figura 15.3), os nodos de uma rede em malha são organizados em um retângulo de n filas e m colunas, e cada nodo é conectado aos nodos diretamente ao norte, sul, leste e oeste dele. Esse arranjo é denominado **rede em malha 2-D de 4 conexões**. Esse projeto mantém pequeno o grau de cada nodo, independentemente do número de processadores de um sistema — os nodos dos vértices têm grau dois, os nodos das arestas têm grau três e os nodos internos têm grau quatro. Na Figura 15.3, onde $n = 4$ e $m = 5$, a rede em malha 2-D pode ser dividida em duas metades iguais cortando os cinco enlaces entre a segunda e a terceira linha de nodos. Realmente, se n for par e m ímpar, a largura de bisseção será $m + 1$ se $m > n$ e, do contrário, será n. Se a malha 2-D contiver um número par de linhas e colunas, a largura de bisseção será a menor entre m e n. Embora não seja tão tolerante à falha como uma matriz de comutação de barras cruzadas, uma rede em malha 2-D é mais tolerante do que outros projetos simples, como um barramento compartilhado. Como o grau máximo de um nodo é quatro, o diâmetro de uma rede em malha 2-D será demasiadamente substancial para sistemas de grande escala. Entretanto, redes em malha têm sido usadas em grandes sistemas nos quais a

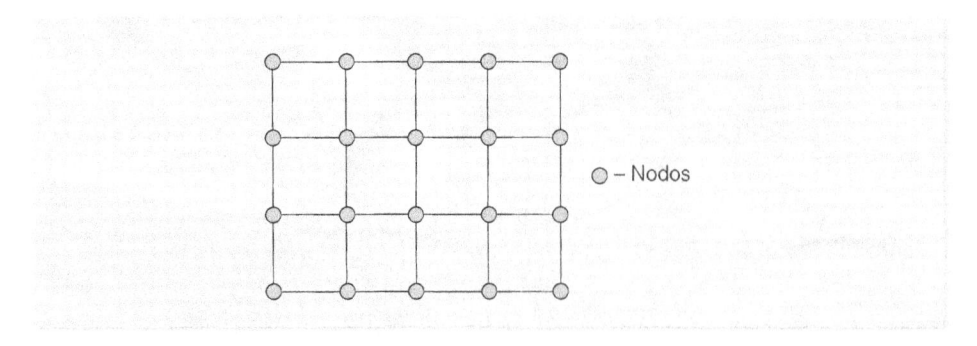

Figura 15.3 | *Rede em malha 2-D de 4 conexões.*

comunicação ocorre principalmente entre nodos vizinhos. Por exemplo, o multiprocessador Intel Paragon usa uma rede em malha 2-D.[42]

Hipercubo

Um **hipercubo** n-dimensional consiste em 2^n nodos, cada um ligado a n nodos vizinhos. Portanto, um hipercubo bidimensional é uma rede em malha 2 x 2, e um hipercubo tridimensional é conceitualmente um cubo.[43] A Figura 15.4 ilustra conexões entre nodos em um hipercubo tridimensional (parte a) e em um hipercubo tetradimensional (parte b).[44] Note que um hipercubo tridimensional é, na verdade, um par de cubos bidimensionais no qual os nodos correspondentes de cada cubo bidimensional estão conectados. Similarmente, um hipercubo tetradimensional é, na verdade, um par de hipercubos tridimensionais no qual os nodos correspondentes de cada hipercubo tridimensional estão conectados.

O desempenho de um hipercubo escala melhor do que o de uma rede em malha 2-D, pois cada nodo está conectado a outros nodos por n enlaces, o que reduz o diâmetro relativo da rede a uma rede em malha 2-D. Por exemplo, considere um multiprocessador de 16 nodos implementado ou como uma rede em malha 4 x 4 ou como um hipercubo tetradimensional. O diâmetro de uma rede em malha 4 x 4 é 6, enquanto o de um cubo tetradimensional é 4. Em alguns hipercubos, os projetistas adicionam enlaces de comunicação entre nodos não vizinhos para reduzir ainda mais o diâmetro da rede.[45] A tolerância à falha do hipercubo também se compara favoravelmente com a de outros projetos. Todavia, o maior número de enlaces por nodo aumenta o custo de um hipercubo em relação ao de uma rede em malha.[46]

O esquema de interconexão por hipercubo é eficiente para conectar um número modesto de processadores e é mais econômico do que uma matriz de comutação de barras cruzadas. O sistema nCUBE usado para sistemas de mídia de tempo real e de propaganda digital emprega hipercubos de até 13 dimensões (8.192 nodos).[47]

Redes multiestágios

Um esquema alternativo de interconexão de processadores é uma **rede multiestágio**.[48] Como acontece no projeto de matriz de comutação de barras cruzadas, alguns nodos são comutadores, e não nodos processadores com memória local. Os nodos de comutação são menores, mais simples e podem ser mais bem compactados, melhorando o desempenho. Para entender os benefícios de uma rede multiestágio sobre uma matriz de comutação de barras cruzadas, considere o problema de voar entre duas cidades. Em vez de oferecer vôos diretos entre cada par de cidades, as linhas aéreas usam cidades grandes como 'centrais de distribuição' (*hubs*). Um vôo entre duas cidades pequenas normalmente consiste em diversas 'pernas',

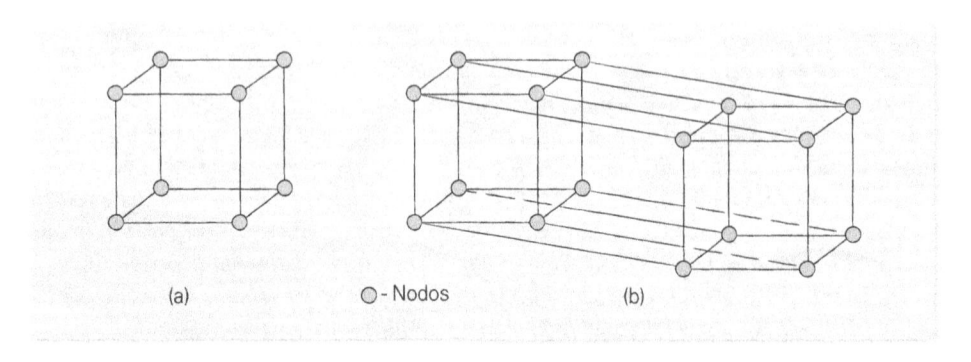

Figura 15.4 | *Hipercubos tridimensionais e tetradimensionais.*

nas quais o passageiro primeiramente voa até uma central distribuidora, possivelmente viaja entre centrais distribuidoras e por fim voa até seu aeroporto de destino. Desse modo, as empresas aéreas podem programar um número menor de vôos no total e ainda assim conectar qualquer cidade pequena que tenha um aeroporto com qualquer outra. Os nodos de comutação de uma rede multiestágio agem como centrais distribuidoras para as comunicações entre processos, exatamente como os aeroportos das grandes cidades para as linhas aéreas.

Há muitos esquemas para construir uma rede multiestágio. A Figura 15.5 mostra uma rede multiestágio popular denominada **rede de linha básica.**[49] Cada nodo da esquerda é igual ao nodo da direita. Quando um processador quer se comunicar com um outro, a mensagem viaja por uma série de comutadores. O comutador mais à esquerda corresponde ao bit menos significativo (o mais à direita) do identificador (ID) do processador destinatário; o comutador do meio corresponde ao bit do meio; e o comutador mais à direita corresponde ao bit mais significativo (o mais à esquerda).

Por exemplo, considere o caminho em negrito da Figura 15.5 desde o processador de ID 001 até o processador de ID 110. Comece seguindo o caminho do processador de 001 até o comutador. Em seguida, determine o bit menos significativo (0) do ID do processador destinatário (110) e siga o caminho desde o comutador corrente até o comutador seguinte. Do segundo comutador, siga o caminho que corresponde ao bit do meio (1) do ID do processador destinatário. Por fim, partindo do terceiro comutador, siga o caminho que corresponde ao bit mais significativo (1) do ID do processador destinatário.

Redes multiestágios representam uma solução de compromisso entre custo e desempenho. Esse projeto emprega hardware simples para conectar grandes números de processadores. Qualquer processador pode se comunicar com qualquer outro sem rotear a mensagem por processadores intermediários. Entretanto, o diâmetro de uma rede multiestágio é maior, portanto, a comunicação é mais lenta do que na matriz de comutação de barras cruzadas — cada mensagem tem de passar por vários comutadores. E, também, pode se desenvolver contenção nos elementos de comutação, o que pode degradar o desempenho. O multiprocessador série SP da IBM, que evoluiu para o POWER4, usa uma rede multiestágio para conectar seus processadores. O ASCI-White da IBM, que pode executar mais de 100 trilhões de operações por segundo, é baseado no multiprocessador POWER3-II.[50, 51]

Revisão

1. Uma rede em malha 2-D com 8 conexões inclui enlaces para nodos diagonais, bem como os enlaces da Figura 15.3. Compare redes em malha 2-D de 8 conexões e de 4 conexões usando os critérios discutidos nesta seção.

2. Compare uma rede multiestágio com uma matriz de comutação de barras cruzadas. Quais os benefícios e desvantagens de cada esquema de interconexão?

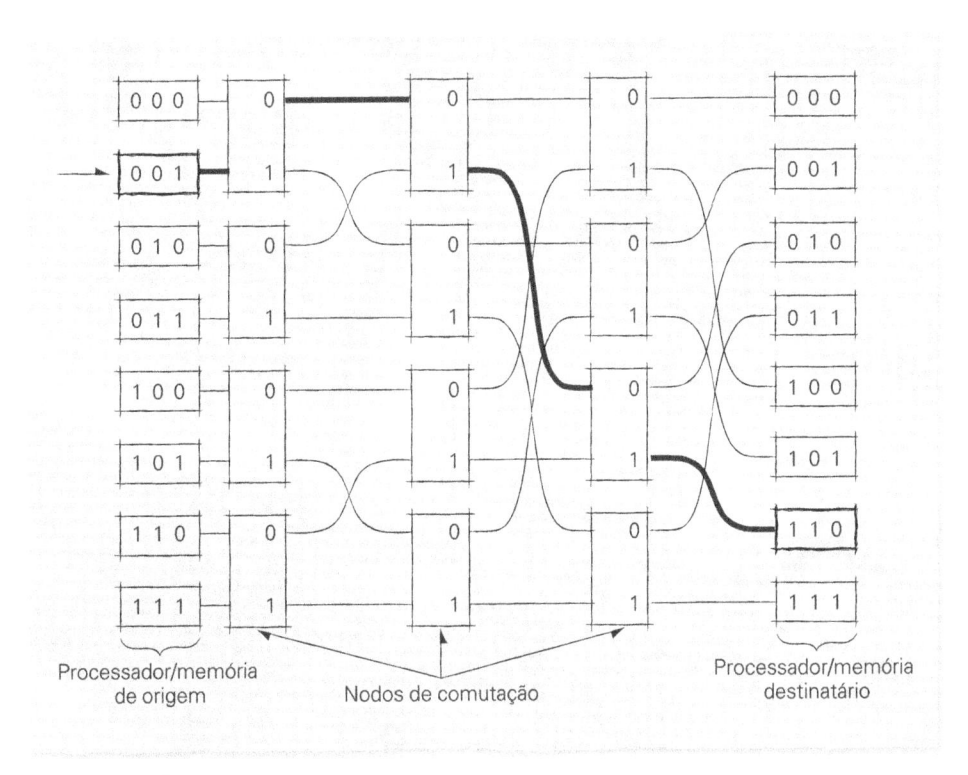

Figura 15.5 | *Rede multiestágio de linha básica.*

Respostas: 1) Uma rede em malha 2-D de 8 conexões tem aproximadamente o dobro do grau para cada nodo e, portanto, aproximadamente o dobro do custo em comparação com uma rede em malha 2-D com 4 conexões. Todavia, o diâmetro da rede diminui e a largura de bisseção aumenta na mesma proporção, porque há mais enlaces na rede. Assim, uma rede em malha 2-D com 8 conexões exibe latência de rede mais baixa e tolerância a falha mais alta a um custo mais alto do que uma rede em malha 2-D com 4 conexões. **2)** É mais barato construir uma rede multiestágio do que uma matriz de comutação de barras cruzadas. Entretanto, redes multiestágios exibem menor desempenho e tolerância a falha.

15.2.3 Sistemas fracamente acoplados versus sistemas fortemente acoplados

Uma outra característica que define multiprocessadores é como eles compartilham recursos do sistema. Em um **sistema fortemente acoplado (tightly coupled system)** (Figura 15.6), processadores compartilham a maioria dos recursos do sistema. Sistemas fortemente acoplados freqüentemente empregam barramentos compartilhados, e os processadores usualmente se comunicam via memória compartilhada. Normalmente é um sistema operacional centralizado que gerencia os componentes do sistema. **Sistemas fracamente acoplados (loosely coupled systems)** (Figura 15.7) normalmente conectam componentes indiretamente por meio de enlaces de comunicação.[52] Às vezes os processadores compartilham memória, mas muitas vezes cada processador mantém sua própria memória local, à qual o seu acesso é muito mais rápido do que ao resto da memória. Em outros casos, passar mensagens é a única forma de comunicação entre processadores, e a memória não é compartilhada.

Em geral, sistemas fracamente acoplados são mais flexíveis e escaláveis do que os fortemente acoplados. Quando os componentes são fracamente conectados, projetistas podem adicionar ou remover componentes do sistema com facilidade. A fraca acoplagem também aumenta a tolerância a falha porque os componentes podem funcionar independentemente uns dos outros. Todavia, sistemas fracamente acoplados normalmente são menos eficientes porque se comunicam passando mensagens por um enlace de comunicação, o que é mais lento do que se comunicar por meio de memória compartilhada. Isso também resulta em carga sobre os programadores de sistemas operacionais que normalmente ocultam dos programadores de aplicações a maior parte da complexidade da passagem de mensagens. O Earth Simulator do Japão é um exemplo de sistema fracamente acoplado.[53]

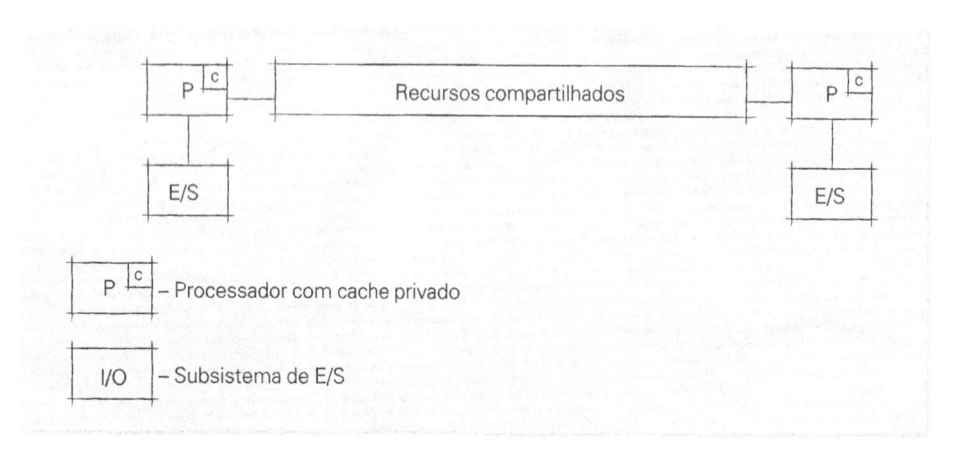

Figura 15.6 | *Sistema fortemente acoplado.*

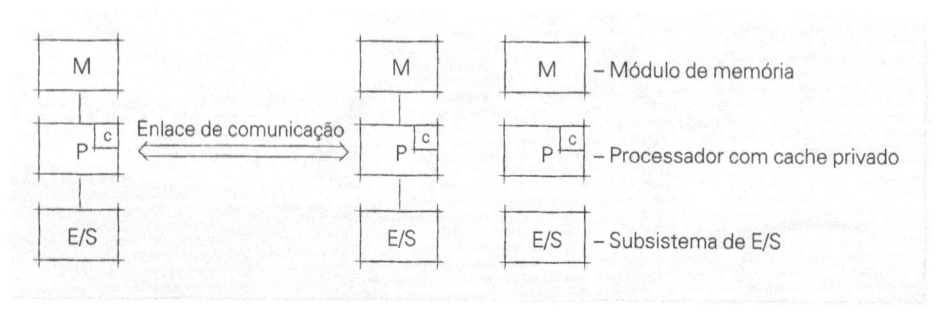

Figura 15.7 | *Sistema fracamente acoplado.*

Sistemas fortemente acoplados, ao contrário, executam melhor, mas são menos flexíveis. Esses sistemas não escalam bem, pois a contenção por recursos compartilhados aumenta rapidamente à medida que são adicionados processadores. Por essa razão, a maioria dos sistemas com um grande número de processadores é fracamente acoplada. Em um sistema fortemente acoplado, projetistas podem otimizar interações entre componentes para aumentar o desempenho do sistema. Contudo, isso reduz a flexibilidade e a tolerância a falha do sistema, porque um componente depende de outros componentes. Um sistema Intel Pentium de dois processadores é um exemplo de sistema fortemente acoplado.[54]

Revisão

1. Por que muitos multiprocessadores pequenos são construídos como sistemas fortemente acoplados? Por que muitos sistemas de grande escala são fracamente acoplados?

2. Alguns sistemas consistem em vários grupos de componentes conectados entre si de um modo fortemente acoplado. Discuta algumas motivações para esse esquema.

Respostas:

1) Um sistema pequeno normalmente seria fortemente acoplado porque há pouca contenção por recursos compartilhados. Portanto, os projetistas podem otimizar as interações entre os componentes do sistema, resultando assim em alto desempenho. Sistemas de grande escala normalmente são fracamente acoplados para eliminar a contenção por recursos compartilhados e reduzir a probabilidade de a falha de um componente causar uma falha no âmbito do sistema. 2) Esse esquema alavanca os benefícios de ambas as organizações de interconexão. Cada grupo é pequeno, portanto, sistemas fortemente acoplados proporcionam o melhor desempenho dentro de um grupo. Fazer com que o sistema seja, no geral, fracamente acoplado reduz a contenção e aumenta sua flexibilidade e tolerância a falha.

15.3 Organização de sistemas operacionais multiprocessadores

A organização e a estrutura de sistemas operacionais multiprocessadores são significativamente diferentes da organização e estrutura de sistemas operacionais monoprocessadores. Nesta seção categorizaremos multiprocessadores com base no modo como eles compartilham responsabilidades de sistema operacional. As organizações básicas de sistemas operacionais multiprocessadores são mestre/escravo, núcleos separados para cada processador e tratamento simétrico (ou anônimo) de todos os processadores.

15.3.1 Mestre/escravo

A **organização mestre/escravo de sistemas operacionais multiprocessadores** designa um processador como o mestre e os outros como escravos (Figura 15.8).[55] O mestre executa código de sistema operacional; os escravos executam somente programas usuários. O mestre executa entrada/saída e cálculos. Os escravos podem executar jobs dirigidos a processador efetivamente, mas a execução de jobs dirigidos a E/S em escravos provoca chamadas freqüentes a serviços que somente o mestre pode executar. Do ponto de vista da tolerância a falha, quando um escravo falha, há uma certa perda de capacidade de computação, mas o sistema continua a funcionar. A falha do processador mestre é catastrófica e pára o sistema. Sistemas mestre/escravo são fortemente acoplados, pois todos os processadores escravos dependem do mestre.

O problema primordial do multiprocessamento mestre/escravo é a assimetria de hardware, porque somente o processador mestre executa o sistema operacional. Quando um processo que está executando em um processador escravo requer a atenção do sistema operacional, o processador escravo gera uma interrupção e espera que o mestre a gerencie.

O sistema de hipercubo nCUBE é um exemplo de sistema mestre/escravo. Seus muitos processadores escravos controlam tarefas computacionalmente intensivas associadas à manipulação de gráficos, imagens e som.[56]

Revisão

1. (V/F) Multiprocessadores mestre/escravo escalam bem para sistemas de grande escala.

2. Para que tipo de ambientes os multiprocessadores mestre/escravo são mais indicados?

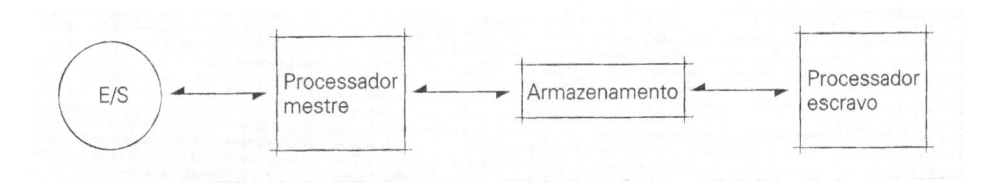

Figura 15.8 | *Multiprocessamento mestre/escravo.*

Respostas: **1)** Falso. Somente um processador pode executar o sistema operacional. Aumentará a contenção entre processos que estão esperando serviço (como E/S) que somente o processador mestre pode fornecer. **2)** Processadores mestre/escravo são mais indicados para ambientes que executam, em sua maioria, processos dirigidos a processador. Os processadores escravos podem executar esses processos sem intervenção do processador mestre.

15.3.2 Núcleos separados

Na **organização de multiprocessadores de núcleos separados**, cada processador executa seu próprio sistema operacional e responde a interrupções de processos de modo usuário que estão em execução naquele processador.[57] Um processo atribuído a um processador em particular executa naquele processador até a conclusão. Diversas estruturas de dados do sistema operacional contêm informações globais do sistema, como a lista de processos conhecidos pelo sistema. O acesso a essas estruturas de dados deve ser controlado com técnicas de exclusão mútua, que discutiremos na Seção 15.9, "Exclusão mútua em multiprocessadores". Sistemas que utilizam a organização de núcleos separados são fracamente acoplados. Essa organização é mais tolerante a falha do que a organização mestre/escravo — se apenas um único processador falhar, é improvável que o sistema falhe. Todavia, os processos que estavam em execução no processador que sofreu a falha não podem ser executados até que sejam reiniciados em outro processador.

Na organização de núcleos separados, cada processador controla seus próprios recursos dedicados, como arquivos e dispositivos de E/S. Interrupções de E/S retornam diretamente aos processadores que iniciaram essas interrupções.

Essa organização beneficia-se da mínima contenção pelos recursos do sistema operacional, pois os recursos são distribuídos entre os sistemas operacionais individuais para seu próprio uso. Todavia, processadores não cooperam para executar um processo individual, portanto alguns processadores podem ficar ociosos enquanto um processador executa um processo multithread. O sistema Tandem, popular em ambientes de negócios críticos, é um exemplo de multiprocessador de núcleos separados; como o sistema operacional é distribuído por todos os nodos de processamento fracamente acoplados, ele consegue atingir aproximadamente 100% de disponibilidade.[58]

Revisão

1. Por que a organização de núcleos separados é mais tolerante a falha do que a organização mestre/escravo?
2. Para que tipo de ambiente os multiprocessadores de núcleos separados seriam úteis?

Respostas: **1)** A organização de núcleos separados é fracamente acoplada. Cada processador tem seus próprios recursos e não interage com outros processadores para concluir suas tarefas. Se um processador falhar, os restantes continuarão funcionando. Em organizações mestre/escravo, se o mestre falhar, nenhum dos processadores escravos poderá realizar tarefas de sistema operacional que devam ser manuseadas pelo mestre. **2)** Um multiprocessador de núcleos separados é útil em ambientes em que os processos não interagem, como um agrupamento de estações de trabalho no qual usuários executam programas independentes.

15.3.3 Organização simétrica

A **organização simétrica de multiprocessadores** é a mais complexa de implementar, mas também a mais poderosa.[59, 60] [*Nota*: Essa organização não deve ser confundida com sistemas multiprocessadores simétricos (*Symmetric Multiprocessor Systems* — SMP), que discutiremos na Seção 15.4.1.] O sistema operacional gerencia um repositório de processadores idênticos, cada um dos quais pode controlar qualquer dispositivo de E/S ou se referir a qualquer unidade de armazenamento. A simetria possibilita balancear a carga de trabalho com maior precisão do que em outras organizações.

Pelo fato de muitos processadores poderem executar o sistema operacional ao mesmo tempo, a exclusão mútua deve ser imposta sempre que o sistema operacional modificar as estruturas de dados compartilhadas. As técnicas de resolução de conflitos de hardware e software são importantes.

Organizações simétricas de sistemas multiprocessadores em geral são mais tolerantes a falha. Quando um processador falha, o sistema operacional o elimina de seu repositório de processadores disponíveis. O sistema se degrada graciosamente enquanto os reparos são realizados (veja o quadro "Reflexões sobre sistemas operacionais, degradação graciosa"). E, também, um processo que esteja sendo executado em uma organização simétrica de sistema pode ser despachado para qualquer processador. Conseqüentemente, um processo não depende de um processador específico como acontece na organização de núcleos separados. O sistema operacional 'flutua' de um processador para o seguinte.

Uma desvantagem da organização simétrica de multiprocessadores é a contenção pelos recursos do sistema operacional, como as estruturas de dados compartilhadas. Um projeto cuidadoso das estruturas de dados do sistema é essencial para evitar travamento excessivo que impeça que o sistema operacional execute em vários processadores ao mesmo tempo. Uma técnica que minimiza a contenção é dividir as estruturas de dados do sistema em entidades separadas e independentes que podem ser travadas individualmente.

Mesmo em sistemas multiprocessadores completamente simétricos, adicionar novos processadores não resulta em aumento do rendimento do sistema em virtude das capacidades nominais dos novos processadores. Há muitas razões para isso, entre elas sobrecarga adicional do sistema operacional, aumento da contenção por recursos do sistema e atrasos de hardware nas rotinas de chaveamento e roteamento entre um número maior de componentes. Diversos estudos de desempenho já foram realizados; um antigo sistema BBN Butterfly com 256 processadores funcionava 180 a 230 vezes mais rapidamente do que um sistema monoprocessador.[61]

Revisão

1. Por que dobrar o número de processadores de uma organização simétrica não dobra a capacidade total de processamento?

2. Cite alguns benefícios da organização simétrica em relação às organizações mestre/escravo e de núcleos separados.

Respostas: 1) Adicionar processadores aumenta a contenção por recursos e aumenta a sobrecarga do sistema operacional, contrabalançando alguns dos ganhos de desempenho obtidos pela adição de processadores. 2) A organização simétrica é mais escalável do que a organização mestre/escravo, pois todos os processadores podem executar o sistema operacional, o que também faz o sistema mais tolerante a falha. A organização simétrica proporciona melhor colaboração entre processadores do que a organização de núcleos separados, o que facilita IPC e habilita os sistemas a explorar melhor o paralelismo.

15.4 Arquiteturas de acesso à memória

Até aqui classificamos sistemas multiprocessadores segundo as características do hardware e segundo o modo como os processadores compartilham as responsabilidades do sistema operacional. Também podemos classificar sistemas multiprocessadores pelo modo como compartilham a memória. Por exemplo, considere um sistema com poucos processadores e uma pequena quantidade de memória. Se o sistema contiver um grupo de módulos de memória facilmente acessível por todos os processadores (via barramento compartilhado), poderá manter acesso rápido à memória. Todavia, sistemas que têm muitos processadores e módulos de memória saturarão o barramento que fornece acesso a esses módulos de memória. Nesse caso, uma fração da memória pode ser vinculada a um processador de modo que ele possa acessar sua memória mais eficientemente. Portanto, projetistas devem ponderar as preocupações com desempenho, custo e escalabilidade de um sistema ao determinar a arquitetura de acesso à memória dele. As seções seguintes descrevem diversas arquiteturas de memória comuns para sistemas multiprocessadores.

15.4.1 Acesso uniforme à memória

Arquiteturas de **multiprocessador de acesso uniforme à memória** (*Uniform-Memory-Access multiprocessor* — **UMA**) requerem que todos os processadores compartilhem a memória principal do sistema (Figura 15.9). Essa é uma extensão

Reflexões sobre sistemas operacionais

Degradação graciosa

Coisas dão errado. Componentes individuais falham. Sistemas inteiros falham. A questão é: 'O que um sistema deve fazer após sofrer um certo grau de falha?'. Muitos sistemas são projetados para se degradar graciosamente (ou seja, continuam a funcionar após a falha, mas com níveis reduzidos de serviço). Um exemplo clássico de degradação graciosa ocorre em um sistema de multiprocessamento simétrico no qual qualquer processador pode executar qualquer processo. Se um dos processadores falhar, o sistema ainda poderá funcionar com os processadores restantes, mas com desempenho reduzido. A degradação graciosa ocorre em muitos sistemas de discos que, ao detectarem uma parte defeituosa do disco, simplesmente 'mapeiam ao redor' das áreas defeituosas, habilitando o usuário a continuar armazenando e recuperando informações naquele disco. Quando um roteador falha na Internet, a rede continua a tratar novas transmissões enviando-as aos roteadores remanescentes que estão em funcionamento. Proporcionar degradação graciosa é uma tarefa importante para projetistas de sistemas operacionais, especialmente porque as pessoas estão dependendo cada vez mais de dispositivos de hardware que eventualmente falham.

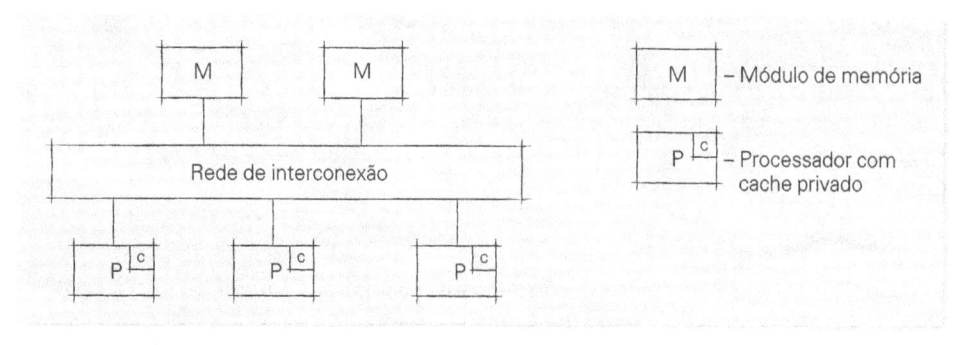

Figura 15.9 | *Multiprocessador UMA.*

direta da arquitetura de memória de um monoprocessador, mas com vários processadores e módulos de memória. Normalmente, cada processador mantém seu próprio cache para reduzir a contenção no barramento e aumentar o desempenho. O tempo de acesso à memória é uniforme para qualquer processador que acessar qualquer item de dado, exceto quando esse estiver armazenado no cache de um processador ou quando houver contenção no barramento. Sistemas UMA também são denominados sistemas **multiprocessadores simétricos** (*Symmetric MultiProcessor* — **SMP**) porque qualquer processador pode ser designado para qualquer tarefa, e todos os processadores compartilham todos os recursos (incluindo memória, dispositivos de E/S e processos). Multiprocessadores UMA com um pequeno número de processadores normalmente usam uma interconexão de rede de barramento compartilhado ou de matriz de comutação de barras cruzadas. Os dispositivos de E/S são ligados diretamente à rede de interconexão e igualmente acessíveis a todos os processadores.[62]

Arquiteturas UMA são encontradas normalmente em sistemas multiprocessadores pequenos (de dois a oito processadores). Multiprocessadores UMA não escalam bem — um barramento torna-se rapidamente saturado quando mais do que alguns processadores acessam a memória principal simultaneamente, e matrizes de comutação de barras cruzadas ficam muito caras mesmo para sistemas de tamanhos modestos.[63, 64]

Revisão

1. Por que redes em malha e hipercubos são esquemas de interconexão inadequados para sistemas UMA?
2. Como um sistema UMA é 'simétrico'?

Respostas: 1) Redes em malha e hipercubos colocam processadores e memórias em cada nodo, de modo que a memória local possa ser acessada mais rapidamente do que a memória remota; assim, os tempos de acesso à memória não são uniformes. 2) É simétrico porque qualquer tarefa pode ser designada para qualquer processador e todos os processadores compartilham recursos (incluindo memória, dispositivos de E/S e processos).

15.4.2 Acesso não uniforme à memória

Arquiteturas de **multiprocessador de acesso não uniforme à memória** (*NonUniform-Memory-Access* — **NUMA**) abordam os problemas de escalabilidade da UMA. O gargalo primário de um sistema UMA de grande escala é o acesso à memória compartilhada — o desempenho se degrada devido à contenção entre numerosos processadores que estão tentando acessar a memória compartilhada. Se for usada uma matriz de comutação de barras cruzadas, o custo do esquema de interconexão pode aumentar substancialmente para facilitar vários caminhos à memória compartilhada. Multiprocessadores NUMA gerenciam esses problemas relaxando a restrição de uniformidade imposta aos tempos de acesso à memória para todos os processadores que estão acessando qualquer item de dado.

Multiprocessadores NUMA mantêm uma memória global compartilhada que pode ser acessada por todos os processadores. A memória global é fracionada em módulos, e cada nodo usa um desses módulos de memória como a memória local do processador. Na Figura 15.10, cada nodo contém um processador, mas isso não é uma exigência. Embora a implementação do esquema de interconexão possa variar, os processadores são conectados diretamente a seus módulos de memória local e conectados indiretamente (por meio de um dos esquemas de interconexão discutidos na Seção 15.2.2) ao restante da memória global. Esse arranjo proporciona acesso mais rápido à memória local do que ao restante da memória global porque o acesso à memória global requer percorrer a rede de interconexão.

A arquitetura NUMA tem alto grau de escalabilidade, pois reduz colisões no barramento quando a memória local de um processador atende à maioria das requisições de memória do processador. Sistemas NUMA podem implementar uma estratégia que transfere páginas para o processador no qual essas páginas são acessadas mais freqüentemente — uma técnica denominada migração de páginas, que é discutida na Seção 15.5.2, "Replicação e migração de páginas". Normalmente,

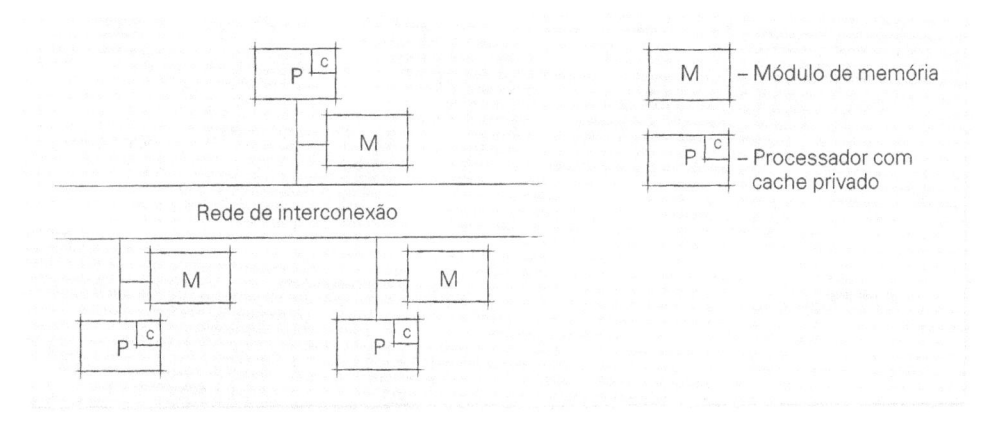

Figura 15.10 | *Multiprocessador NUMA.*

sistemas NUMA podem suportar um grande número de processadores, mas seu projeto é mais complexo do que o projeto dos UMAs, e a implementação de sistemas com muitos processadores pode ser cara.[65, 66]

Revisão

1. Cite algumas vantagens dos multiprocessadores NUMA em relação aos UMAs. Cite algumas desvantagens.
2. Quais as questões que o projeto NUMA levanta para programadores e para projetistas de sistemas operacionais?

Respostas: **1)** Multiprocessadores NUMA são mais escaláveis do que multiprocessadores UMA porque os NUMAs eliminam o gargalo de acesso à memória dos sistemas UMA usando grandes números de processadores. Multiprocessadores UMA são mais eficientes para sistemas pequenos porque há pouca contenção pela memória, e o acesso a toda memória de um sistema UMA é rápido. **2)** Se dois processos em execução em processadores em nodos separados usarem memória compartilhada para IPC, pelo menos um dos dois não terá o item da memória em sua memória local, o que degrada o desempenho. Projetistas de sistemas operacionais colocam processos e sua memória associada juntos no mesmo nodo, o que pode exigir o escalonamento de um processo no mesmo processador cada vez que o processo executar. E, também, o sistema operacional deve poder transferir páginas para módulos de memória diferentes com base na demanda.

15.4.3 Arquitetura de memória somente de cache

Como descrito na seção anterior, cada nodo de um sistema NUMA mantém sua própria memória local, a qual os processadores de outros nodos podem acessar. Muitas vezes, o acesso à memória local é radicalmente mais rápido do que o acesso à memória global (ou seja, acesso a um outro nodo da memória local). A **latência de falta de cache** (*cache-miss latency*) — o tempo requerido para recuperar dados que não estão no cache — pode ser significativa quando o dado requisitado não estiver presente na memória local. Um modo de reduzir a latência de falta de cache é reduzir o número de requisições de memória atendidas por nodos remotos. Lembre-se de que sistemas NUMA colocam dados na memória local do processador que acessa esses dados mais freqüentemente, o que não é prático para um compilador ou programador implementar, pois os padrões de acesso aos dados mudam dinamicamente. Sistemas operacionais podem executar essa tarefa, mas podem transferir somente porções de dados do tamanho de uma página, o que pode reduzir a velocidade de migração de dados. E, também, itens de dados diferentes em uma única página muitas vezes são acessados por processadores em nodos diferentes.[67]

Multiprocessadores de arquitetura de memória somente de cache (*Cache-Only Memory Architecture* — **COMA**) usam uma ligeira variação da NUMA para abordar essa questão do posicionamento da memória (Figura 15.11). Multiprocessadores COMA têm um ou mais processadores, cada um com seu cache associado e uma fração da memória global compartilhada. Contudo, a memória associada com cada nodo é organizada como um grande cache conhecido como **memória de atração (MA)**, o que permite que o hardware migre dados eficientemente na granularidade de uma **linha de memória** — equivalente a uma linha de cache, mas na memória principal e, normalmente, de quatro ou oito bytes.[68] E, também, porque a memória local de cada processador é vista como um cache, MAs diferentes podem ter cópias da mesma linha de memória. Com essas modificações de projeto é comum que os dados residam na memória local do processador que usa esses dados mais freqüentemente, o que reduz a latência média de falta de cache. As permutas são sobrecarga de memória devido à duplicação dos itens de dados em vários módulos de memória e hardware e protocolos complicados para

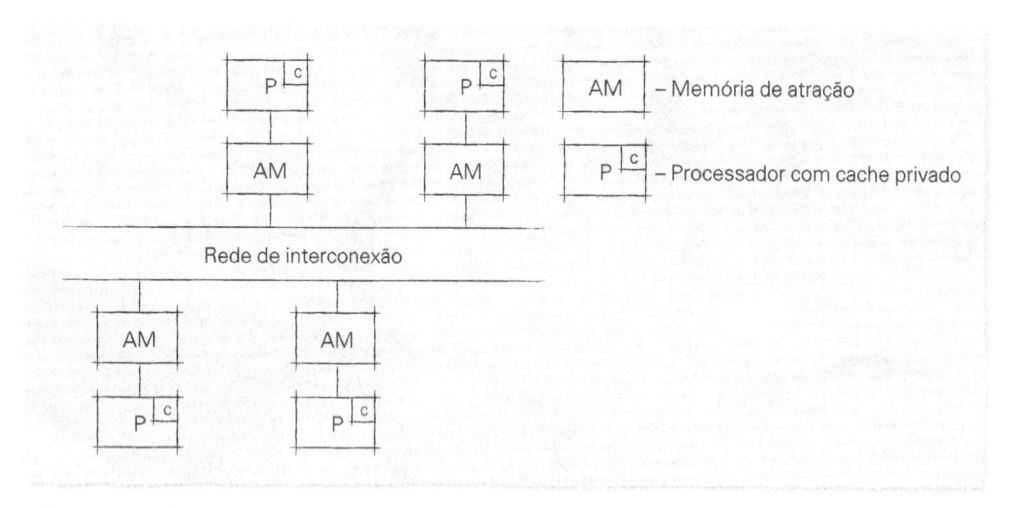

Figura 15.11 | *Multiprocessador COMA.*

garantir que atualizações da memória sejam refletidas em cada MA do processador. Essa sobrecarga resulta em latência mais alta para as faltas de cache atendidas remotamente.[69]

Revisão

1. Quais os problemas inerentes aos multiprocessadores NUMA abordados pelo projeto COMA?
2. (V/F) O projeto COMA sempre aumenta o desempenho em relação a um projeto NUMA.

Respostas: 1) Faltas de cache atendidas em nodos remotos tanto em sistemas NUMA como em sistemas COMA normalmente requerem muito mais tempo do que faltas de cache atendidas por memória local. Diferentemente dos sistemas NUMA, multiprocessadores COMA usam hardware para transferir cópias de itens de dados para a memória local de um processador (a MA) quando esta é referida. 2) Falso. Multiprocessadores COMA reduzem o *número* de faltas de cache atendidas remotamente, mas também adicionam sobrecarga. Em particular, a latência de falta de cache aumenta para faltas de cache atendidas remotamente, e é preciso sincronização para dados que são copiados para as memórias de atração de vários processadores.

15.4.4 Sem acesso à memória remota

Multiprocessadores UMA, NUMA e COMA são fortemente acoplados. Embora multiprocessadores NUMA (e COMA, em menor extensão) escalem bem, requerem software e hardware complexos. O software controla o acesso a recursos compartilhados como a memória; o hardware implementa o esquema de interconexão. **Multiprocessadores sem acesso à memória remota** (*NO-Remote-Memory-Access* — **NORMA**) são multiprocessadores fracamente acoplados que não fornecem nenhuma memória global compartilhada (Figura 15.12). Cada nodo mantém sua própria memória local, e multiprocessadores NORMA freqüentemente implementam uma **memória virtual compartilhada** (*Shared Virtual Memory* — **SVM**) comum. Em um sistema SVM, quando um processo requisita uma página que não está na memória local do seu processador, o sistema operacional carrega a página na memória local por meio de um outro módulo de memória (de um computador remoto através de uma rede) ou do armazenamento secundário (por exemplo, um disco).[70, 71] Nodos de sistemas NORMA que não suportam SVM devem compartilhar dados por meio de passagem de mensagens explícita. O Google, que alimenta seu serviço usando 15 mil servidores baratos localizados no mundo inteiro, é um exemplo de sistema multiprocessador distribuído NORMA.[72]

Sistemas NORMA são os mais simples de construir, porque não requerem um sistema de interconexão complexo. Todavia, a ausência de memória global compartilhada requer que programadores de aplicações implementem IPC via passagem de mensagem e chamadas remotas de procedimentos. Há muitos sistemas em que usar memória virtual compartilhada é ineficiente, pois o sistema teria de enviar páginas inteiras de dados de um processador para o seguinte, e esses processadores nem sempre estariam na mesma máquina física.[73] Discutiremos SVM mais detalhadamente na Seção 15.5.3, "Memória virtual compartilhada".

Como os multiprocessadores NORMA são fracamente acoplados, é relativamente fácil remover ou adicionar nodos. Esses multiprocessadores são sistemas distribuídos regidos por um único sistema operacional, em vez de redes de computadores com seu próprio sistema operacional. Se um nodo de um sistema NORMA falhar, basta o usuário comutar para

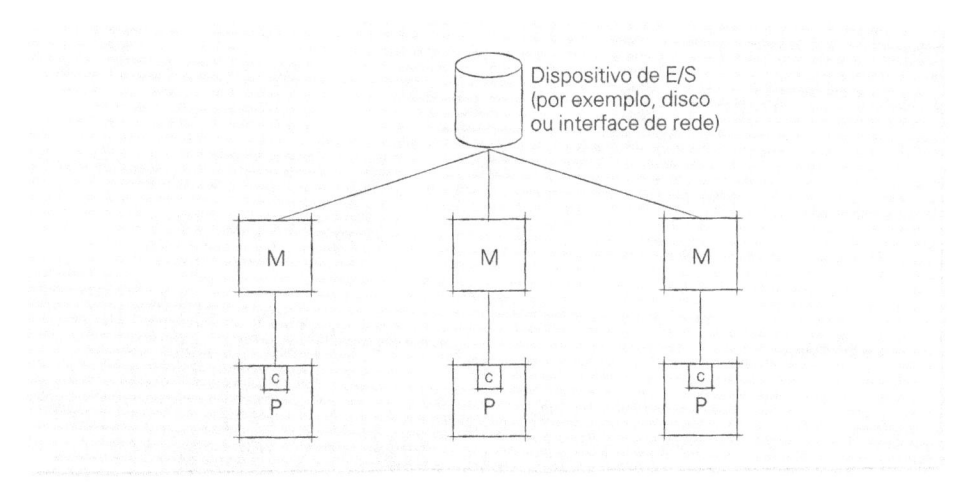

Figura 15.12 | Multiprocessador NORMA.

outro nodo e continuar trabalhando. Se 1% dos nodos falharem em um multiprocessador NORMA, o sistema só executará 1% mais lentamente.[74]

Revisão

1. Por que multiprocessadores NORMA são ideais para agrupamentos de estações de trabalho (*clusters*)?
2. Em quais ambientes multiprocessadores NORMA não são úteis?

Respostas: 1) Usuários diferentes de um agrupamento de estações de trabalho normalmente não compartilham memória. Contudo, compartilham recursos como um sistema de arquivo e capacidade de processamento, fornecidos pelos sistemas NORMA. E, também, é relativamente fácil adicionar ou eliminar nodos de multiprocessadores NORMA, o que pode ser útil para escalar as capacidades de processamento do sistema. 2) Multiprocessadores NORMA não são úteis em ambientes de memória compartilhada, especialmente em sistemas que têm um único usuário ou uns poucos processadores, que podem ser implementados com mais eficiência com projetos UMA ou NUMA.

15.5 Compartilhamento de memória em multiprocessadores

Quando vários processadores com caches privados ou memórias locais acessam memória compartilhada, os projetistas têm de abordar o problema da **coerência de memória**. A memória é coerente se o valor obtido da leitura de um endereço de memória for sempre o valor escrito mais recentemente para aquele endereço.[75] Por exemplo, considere dois processadores que mantêm uma cópia separada da mesma página em suas memórias locais. Se um processador modificar sua cópia local, o sistema deverá garantir que a outra cópia da página seja atualizada para refletir as últimas mudanças. Multiprocessadores que permitem que somente uma cópia de página resida no sistema por vez (como sistemas UMA e sistemas NUMA pequenos) ainda assim devem garantir **coerência de cache** — ler uma entrada de cache reflete a atualização mais recente daqueles dados. Sistemas de grande escala (como sistemas NORMA ou sistemas NUMA de grande escala) muitas vezes permitem que a mesma página de memória resida na memória local de diversos processadores. Esses sistemas devem integrar coerência de memória em sua implementação de memória virtual compartilhada.

Outras importantes considerações de projeto são posicionamento e replicação de páginas. O acesso à memória local é muito mais rápido do que o acesso à memória global, portanto, garantir que os dados acessados por um processador residam na memória local daquele processador pode melhorar o desempenho. Há duas estratégias comuns para abordar essa questão. A **replicação de página** mantém várias cópias de uma página da memória, de modo que ela possa ser acessada rapidamente em vários nodos (veja o quadro "Replicação de dados e coerência"). A **migração de página** transfere páginas para o nodo (ou nodos, quando usada com replicação de página) no qual os processadores mais acessam uma página. Na Seção 15.5.2, "Replicação e migração de páginas", consideraremos implementações dessas duas estratégias.

Revisão

1. Por que a coerência de memória é importante?
2. Quais as vantagens de permitir que existam várias cópias da mesma página em um sistema?

> ### Miniestudo de caso
>
> #### Replicação de dados e coerência
>
> Veremos diversos exemplos de duplicação de dados, que ocorre por várias razões em sistemas operacionais. Às vezes a duplicação é feita como cópia de segurança (*backup*) para garantir a recuperação se uma cópia dos dados for perdida. Também é feita por causa do desempenho, quando for possível acessar algumas cópias dos dados mais rapidamente do que outras. Muitas vezes é crucial garantir a coerência (ou seja, que todas as cópias dos dados sejam idênticas ou feitas antes que alguma diferença entre elas possa causar um problema).

Respostas: 1) Sem coerência de memória não há garantia de que determinada cópia de dados seja a versão mais atualizada. Os dados devem ser coerentes para garantir que aplicações produzam resultados corretos. 2) Se dois processos que estejam sendo executados em processadores diferentes lerem repetidamente a mesma página da memória, replicar a página permite que ambos os processadores mantenham a página na memória local, de modo que ela possa ser acessada rapidamente.

15.5.1 Coerência de cache

A coerência de memória passou a ser uma consideração de projeto quando surgiram os caches, porque as arquiteturas de computador permitiam caminhos de acesso diferentes aos dados (ou seja, por meio da cópia do cache ou da cópia da memória principal). Em sistemas multiprocessadores a coerência é complicada pelo fato de que cada processador mantém um cache privado.

Coerência de cache UMA

Implementar protocolos de coerência de cache para multiprocessadores UMA é simples porque os caches são relativamente pequenos e o barramento que conecta a memória compartilhada é relativamente rápido. Quando um processador atualiza um item de dado, o sistema também deve atualizar ou descartar todas as instâncias daquele dado nos caches de outros processadores e na memória principal,[76] o que pode ser realizado por **escuta do barramento** (também denominado **escuta do cache**). Nesse protocolo um processador 'escuta' o barramento determinando se uma escrita requisitada de um outro processador é para um item de dado que está no cache do processador. Se o dado residir no cache do processador, esse remove o item de dado do seu cache. A escuta de barramento é simples de implementar, mas gera tráfego adicional no barramento compartilhado. Como alternativa, o sistema pode manter um diretório centralizado que registre os itens que residem em cada cache e indique quando remover dados envelhecidos (dados que não refletem a atualização mais recente) de um cache. Uma outra opção é o sistema permitir que somente um processador faça o cache de um determinado item da memória.[77]

NUMA com cache coerente (CC-NUMA)

NUMAs com cache coerente (*Cache-Coherent NUMAs* — **CC-NUMAs**) são multiprocessadores NUMA que impõem coerência de cache. Em uma arquitetura CC-NUMA típica, cada endereço de memória física está associado a um **nodo nativo** responsável por armazenar o item de dado com aquele endereço de memória principal. (Muitas vezes o nodo nativo é simplesmente determinado pelos bits de ordem mais alta do endereço). Quando ocorrer uma falta de cache em um nodo, este contacta o nodo hospedeiro associado ao endereço de memória requisitado. Se o item de dado estiver limpo (se nenhum outro nodo tiver uma versão modificada do item de dado em seu cache), o nodo nativo o despachará para o cache do processador requisitante. Se o item de dado estiver sujo (se um outro nodo escreveu para o item de dado desde a última vez que a entrada da memória principal foi atualizada), o nodo nativo despachará a requisição para o nodo que tem a cópia suja; esse nodo envia o item de dado para o requisitante e também para o nodo nativo. Similarmente, requisições para modificar dados são realizadas via nodo nativo. O nodo que desejar modificar dados em determinado endereço de memória requisita propriedade exclusiva dos dados. A versão mais recente dos dados (se já não estiver no cache do nodo modificador) é obtida da mesma maneira que uma requisição de leitura. Após a modificação, o nodo nativo notifica a outros nodos com cópias dos dados que os dados foram modificados.[78]

Esse protocolo é relativamente simples de implementar porque todas as leituras e escritas contactam primeiramente o nodo nativo e, embora possa parecer ineficiente, esse protocolo de coerência requer o número máximo de apenas três comunicações de rede. (Considere quanto tráfego seria gerado se um nodo que está escrevendo tivesse de contactar todos os outros nodos.) Esse protocolo também facilita a distribuição de carga por todo o sistema — designando cada nodo como o nodo nativo de aproximadamente o mesmo número de endereços —, o que aumenta a tolerância a falha e reduz a contenção. Contudo, esse protocolo pode ter mau desempenho se a maioria dos acessos aos dados vier de nodos remotos.

Revisão

1. Quais as vantagens e desvantagens da escuta do barramento?

2. Por que é difícil para o sistema estabelecer um nodo nativo para memória que é referida por diversos nodos diferentes ao longo do tempo? Como o protocolo CC-NUMA baseado no conceito de nodo nativo pode ser modificado para suportar esse comportamento?

Respostas: 1) A escuta do barramento é fácil de implementar porque ela habilita coerência de cache. Todavia, gera tráfego adicional no barramento. 2) Se os padrões de acesso à memória para uma região de memória mudarem freqüentemente, será difícil decidir qual nodo deverá ser o nativo para aquela região. Embora um nodo possa fazer a maioria das referências àquele item em determinado momento, isso logo mudará, e a maioria das referências virá de um nodo remoto. Uma solução seria mudar dinamicamente o nodo nativo de um item de dado (o que, é claro, implicaria a mudança do endereço de memória física do item).

15.5.2 Replicação e migração de páginas

A latência de acesso à memória de sistemas NUMA é mais alta do que a de multiprocessadores UMA, o que limita o desempenho do NUMA. Portanto, maximizar o número de faltas de cache atendidas pela memória local é uma consideração importante do projeto do NUMA.[79] O projeto do COMA, descrito na Seção 15.4.3, é uma tentativa de resolver a questão da latência do NUMA. Sistemas CC-NUMA abordam a questão da latência implementando estratégias de migração ou de replicação de páginas.[80]

Replicar uma página é uma operação direta. O sistema copia todos os dados de uma página remota para uma página da memória local do processador requisitante. Para manter coerência de memória, o sistema usa uma estrutura de dados que registra onde estão todas as páginas replicadas. Discutiremos diferentes estratégias de coerência de memória na próxima seção. A migração de páginas ocorre de um modo similar, exceto que, depois de uma página ter sido replicada, o nodo original apaga a página da sua memória e descarrega qualquer TLB ou entradas de cache associadas.[81]

Embora migrar e replicar páginas proporcione benefícios óbvios, essas estratégias podem degradar o desempenho se não forem implementadas corretamente. Por exemplo, referir-se a uma página remotamente é mais rápido do que migrar ou replicar aquela página. Portanto, se um processo se referir a uma página remota apenas uma vez, será mais eficiente não migrar nem replicar a página.[82] Além disso, algumas páginas são melhores candidatas para replicação do que para migração e vice-versa. Por exemplo, páginas lidas freqüentemente por processos em diferentes processadores seriam beneficiadas pela replicação, pois todos processos ficariam habilitados a acessar aquela página da memória local. E, também, a desvantagem da replicação — manter coerência nas escritas — não seria problema para uma página somente de leitura. Uma página freqüentemente modificada por um processo é uma boa candidata para migração; se outros processos estiverem lendo daquela página não seria viável replicá-la porque esses processos teriam de buscar atualizações continuamente no nodo que está escrevendo. Páginas escritas freqüentemente por processos em mais de um processador não são boas candidatas nem para replicação nem para migração, pois elas serão migradas ou replicadas após cada operação de escrita.[83]

Para ajudar a determinar a melhor estratégia, muitos sistemas mantêm o histórico de informações de acesso de cada página. Um sistema poderia usar essas informações para determinar quais páginas são acessadas freqüentemente — essas devem ser consideradas para replicação ou migração. A sobrecarga envolvida na replicação e na migração de uma página não se justifica para páginas que não são acessadas com freqüência. Um sistema também poderia manter informações sobre quais processadores remotos estão acessando a página e se esses processadores estão lendo a página ou escrevendo para ela. Quanto mais informações sobre o acesso às páginas o sistema reunir, melhores decisões poderá tomar. Contudo, reunir esse histórico e transferi-lo durante a migração incorre em sobrecarga. Assim, o sistema deve coletar informações suficientes para tomar boas decisões de replicação ou migração sem provocar sobrecarga excessiva da manutenção dessas informações.[84]

Revisão

1. Como uma estratégia de migração/replicação poderia degradar o desempenho?
2. Para que tipos de páginas a replicação é apropriada? Quando a migração é apropriada?

Respostas: 1) Migração e replicação são mais dispendiosas do que se referir a uma página remotamente. Elas somente serão benéficas se a página for referida remotamente várias vezes por meio do mesmo nodo. Uma estratégia ineficiente poderia migrar ou replicar páginas que são, por exemplo, modificadas por muitos nodos, o que requer freqüentes atualizações e, por isso, reduz o desempenho. E, também, manipular o histórico de informações de acesso das páginas impõe sobrecarga adicional que pode degradar o desempenho. **2)** Páginas lidas freqüentemente por vários processadores (mas não modificadas) devem ser replicadas. Páginas escritas por somente um nodo remoto devem ser migradas para aquele nodo.

15.5.3 Memória virtual compartilhada

Compartilhar memória em multiprocessadores pequenos, fortemente acoplados, como um multiprocessador UMA, é uma extensão direta do compartilhamento de memória em monoprocessadores, pois todos os processadores acessam os mesmos endereços físicos com igual latência de acesso. Essa estratégia é inviável para multiprocessadores NUMA de grande escala devido à latência de acesso à memória remota, e é impossível para multiprocessadores NORMA, que não compartilham memória física. Como a IPC por meio de memória compartilhada é mais fácil do que a IPC via troca de mensagem, muitos sistemas habilitam processos a compartilhar memória localizada em diferentes nodos (e talvez em diferentes espaços de endereçamento físico) pela memória virtual compartilhada (*Shared Virtual Memory* — SVM). A SVM estende conceitos de memória virtual de monoprocessador garantindo coerência de memória para páginas acessadas por vários processadores.[85]

Duas questões que se apresentam aos projetistas de SVM são selecionar qual protocolo de coerência usar e quando aplicá-lo. Os dois protocolos primordiais de coerência são a invalidação e a difusão de escrita. Primeiramente descreveremos esses protocolos e, então, consideraremos como implementá-los.

Invalidação

Na abordagem da **invalidação** da coerência de memória somente um processador pode acessar a página enquanto ela está sendo modificada — o que é denominado propriedade de página. Para obter propriedade de página, um processador deve primeiro invalidar (negar acesso a) todas as outras cópias da página. Após o processador obter a propriedade, o modo de acesso da página é modificado para leitura/escrita e o processador copia a página para sua memória local antes de acessá-la. Para obter acesso de leitura a uma página, um processador deve requisitar que o processador que tem a propriedade de acesso de leitura/escrita modifique seu modo de acesso para somente leitura. Se a requisição for concedida, outros processos podem copiar a página para a memória local e lê-la. Normalmente o sistema emprega a política de sempre conceder requisições, a menos que um processador esteja esperando para obter a propriedade da página; no caso da negação de uma requisição, o requisitante deve esperar até que a página esteja disponível. Note que vários processos que modificam uma única página concorrentemente resultam em mau desempenho porque processadores que estão na disputa invalidam repetidamente as cópias da página de outros processadores.[86]

Difusão de escrita

Na abordagem de coerência de memória por **difusão de escrita** o processador que está escrevendo comunica cada modificação a todo o sistema. Em uma das versões dessa técnica somente um processador pode obter a propriedade de uma página. Em vez de invalidar todas as outras cópias da página existentes, o processador atualiza todas essas outras cópias.[87] Em uma segunda versão, diversos processadores obtêm acesso de escrita para aumentar a eficiência. Como esse esquema não requer que escritores obtenham propriedade de escrita, processadores devem assegurar que as diversas atualizações de uma página sejam aplicadas na ordem correta, o que pode incorrer em sobrecarga significativa.[88]

Implementação de protocolos de coerência

Há diversas maneiras de implementar um protocolo de coerência de memória, embora os projetistas devam tentar limitar o tráfego de acessos à memória no barramento. Garantir que cada escrita seja refletida para todos os nodos logo que possível pode reduzir o desempenho; todavia, relaxar as restrições de coerência pode produzir resultados errôneos se os programas usarem dados ultrapassados. Em geral, uma implementação deve equilibrar desempenho com integridade dos dados.

Sistemas que usam **consistência seqüencial** asseguram que todas as escritas sejam imediatamente refletidas em todas as cópias da página. Esse esquema não escala bem para sistemas grandes devido ao custo de comunicação e ao tamanho da página. A comunicação internodos é lenta em comparação com o acesso à memória local; se um processo atualizar repetidamente a mesma página, o resultado será muitas comunicações desperdiçadas. E também, porque o sistema operacional manipula páginas, as quais muitas vezes contêm muitos itens de dados, essa estratégia poderia resultar em **falso compartilhamento**, no qual processos que estejam sendo executados em nós separados poderiam precisar de acesso a dados não relacionados na mesma página. Nesse caso, a consistência seqüencial efetivamente requer que dois processos compartilhem a página, mesmo que suas modificações não afetem um ao outro.[89]

Sistemas que utilizam **consistência relaxada** executam operações de coerência periodicamente. A premissa por trás dessa estratégia é que o usuário não perceberá se a coerência para dados remotos sofrer um atraso de alguns segundos e ela pode aumentar o desempenho e reduzir o efeito de falso compartilhamento.[90]

Na **consistência de liberação**, uma série de acessos começa com uma **operação de aquisição** e termina com uma **operação de liberação**. Todas as atualizações entre as operações de aquisição e liberação são processadas em lote como uma única mensagem de atualização após a liberação.[91] Na **consistência de liberação atrasada**, a atualização é atrasada até a próxima tentativa de aquisição da memória modificada, o que reduz o tráfego na rede porque elimina operações de coerência para páginas que não são acessadas novamente.[92]

Uma conseqüência interessante da consistência de liberação atrasada é que somente um nodo que tenta acessar uma página modificada recebe a modificação. Se esse nodo também modificar a página, um terceiro nodo terá de aplicar duas atualizações antes de poder acessar a página, o que pode resultar em substancial sobrecarga de atualização de página. Um modo de reduzir esse problema é fornecer pontos de sincronização global periódica nos quais todos os dados devem ser consistentes.[93] Um modo alternativo de reduzir esse problema é usar uma abordagem de **consistência baseada no conceito de nodo nativo** semelhante à utilizada para a coerência de cache em um CC-NUMA. O nodo nativo de cada página é responsável por manter uma versão atualizada da página. Nodos que emitem uma aquisição para uma página que tenha sido modificada desde aquela sua última liberação devem obter a atualização pelo nodo nativo.[94]

A abordagem de **consistência atrasada** envia informações de atualização quando ocorre uma liberação, mas os nodos que estão recebendo atualizações não as aplicam até a próxima aquisição. Essas atualizações podem ser coletadas até uma nova tentativa de aquisição, ponto em que o nodo aplica todas as informações de atualização. Isso não reduz o tráfego na rede, mas melhora o desempenho porque os nodos não têm de executar operações de coerência com tanta freqüência.[95]

A **propagação de dados atrasada** notifica outros nodos de que uma página foi modificada na hora da liberação. Essa notificação não fornece os dados modificados, o que pode reduzir o tráfego no barramento. Antes de um nodo adquirir dados para modificação, ele determina se aqueles dados foram modificados por um outro nodo. Se tiverem sido, o nodo anterior recupera informações de atualização do último. A propagação de dados atrasada tem os mesmos benefícios e desvantagens da consistência de liberação atrasada. Essa estratégia reduz significativamente o tráfego de comunicação, mas requer um mecanismo para controlar o tamanho dos históricos de atualização, como um ponto de sincronização global.[96]

Revisão

1. Cite um benefício da consistência relaxada. E uma desvantagem.
2. Em muitas implementações de consistência relaxada os dados podem não estar coerentes durante vários segundos. Isso é um problema para todos os ambientes? Dê um exemplo no qual poderia ser um problema.

Respostas: 1) Consistência relaxada reduz o tráfego na rede e aumenta o desempenho. Todavia, a memória do sistema pode ficar incoerente durante um período de tempo significativo, o que aumenta a probabilidade de os processos operarem com dados ultrapassados. 2) Isso não é um problema em todos os ambientes, considerando que mesmo esquemas de coerência seqüencial podem usar redes que exibem latência de um ou dois segundos. Contudo, latências dessa magnitude não são desejáveis para um supercomputador no qual muitos processos interagem e se comunicam por meio de memória compartilhada. A latência extra degrada o desempenho devido às freqüentes invalidações.

15.6 Escalonamento de multiprocessadores

As metas do escalonamento de multiprocessadores são as mesmas do escalonamento de monoprocessadores — o sistema tenta maximizar rendimento e minimizar tempos de resposta para todos os processos. Além disso, ele deve impor prioridade de escalonamento.

Diferentemente dos algoritmos de escalonamento de monoprocessadores, que determinam somente em que ordem os processos são despachados, os algoritmos de escalonamento de multiprocessadores devem assegurar que os processadores não fiquem ociosos enquanto estão esperando que os processos executem.

Ao determinar o processador no qual um processo é executado, o escalonador considera diversos fatores. Por exemplo, algumas estratégias focalizam o máximo paralelismo em um sistema para explorar a concorrência de aplicações. Sistemas freqüentemente agrupam processos colaboradores em um job. Executar os processos de um job em paralelo melhora o desempenho, habilitando esses processos a executar verdadeiramente de maneira simultânea. Esta seção apresenta diversos algoritmos de **escalonamento de compartilhamento de tempo** que tentam explorar tal paralelismo escalonando processos colaborativos em diferentes processadores,[97] o que habilita o processo a sincronizar sua execução concorrente mais efetivamente.

Outras estratégias focalizam a **afinidade de processador** — a relação de um processo com um processador particular e sua memória local e em cache. Um processo que exibe alta afinidade de processador executa no mesmo processador durante quase todo, ou todo, o seu ciclo de vida. A vantagem é que o processo experimentará mais acertos no cache, e, no caso de um projeto NUMA ou NORMA, possivelmente menos acessos a páginas remotas do que se executasse em diversos processadores durante seu ciclo de vida. Algoritmos de escalonamento que tentam escalonar um processo no mesmo processador durante todo o seu ciclo de vida mantêm uma **afinidade flexível**, ao passo que algoritmos que escalonam um processo somente em um processador mantêm **afinidade restrita**.[98]

Algoritmos de **escalonamento por partição de espaço** tentam maximizar a afinidade do processador escalonando processos colaborativos em um único processador (ou um único conjunto de processadores) sob a premissa de que processos colaborativos acessarão os mesmos dados compartilhados, que provavelmente estão armazenados nos caches e na memória local do processador.[99] Portanto, escalonamento por partição de espaço aumenta acertos de cache e de memória local. Todavia, pode limitar o rendimento, porque esses processos normalmente não executam simultaneamente.[100]

Algoritmos de escalonamento de multiprocessadores em geral são classificados como cegos aos jobs ou cientes de jobs. Políticas de **escalonamento cego ao job** incorrem em sobrecarga mínima de escalonamento porque não tentam melhorar o paralelismo de um job ou a afinidade do processador. **Escalonamento ciente de job** avalia as propriedades do job e tenta maximizar o paralelismo de cada job ou a afinidade do processador, o que aumenta o desempenho ao custo do aumento de sobrecarga.

Muitos algoritmos de escalonamento de multiprocessadores organizam processos em **filas globais de execução**.[101] Cada fila global de execução contém todos os processos do sistema que estão prontos para executar. Essas filas podem ser utilizadas para organizar processos por prioridade, por job ou pelos processos que executaram mais recentemente.[102]

Como alternativa, sistemas podem utilizar uma **fila de execução por processador**, o que é típico de sistemas grandes, fracamente acoplados (como sistemas NORMA), nos quais os acertos de cache e as referências à memória principal devem ser maximizadas. Nesse caso, processos são associados a um processador específico e o sistema implementa uma política de escalonamento para aquele processador. Alguns sistemas usam **filas de execução por nodo**. Cada nodo poderia conter mais do que um processador, o que é apropriado para um sistema no qual um processo está vinculado a um grupo particular de processadores. Descreveremos a questão relacionada à migração de processos, que acarreta a transferência de processos de uma fila por processador ou por nodo para outra, na Seção 15.7, "Migração de processos".

Revisão

1. Que tipos de processos se beneficiam do escalonamento por tempo compartilhado? E do escalonamento por partição de espaço?
2. Quando filas de execução por nodo são mais apropriadas do que filas globais de execução?

Respostas: 1) Escalonamento por tempo compartilhado executa processos relacionados simultaneamente, o que melhora o desempenho para processos que interagem com freqüência, porque eles podem reagir imediatamente a mensagens ou modificações da memória compartilhada. Escalonamento por partição de espaço é mais apropriado para processos cujo acesso à memória compartilhada (e a outros recursos) deve ser seqüencial, porque seus processadores provavelmente terão dados compartilhados no cache, o que melhora o desempenho. 2) Filas de execução por nodo são mais adequadas do que filas globais de execução em sistemas fracamente acoplados nos quais os processos executam com menos eficiência quando acessam memória remota.

15.6.1 Escalonamento de multiprocessadores cegos ao job

Algoritmos de escalonamento de multiprocessadores cegos ao job escalonam jobs ou processos em qualquer processador disponível. Os três algoritmos descritos nesta seção são exemplos de algoritmos de escalonamento de processadores cegos ao job. Em geral, qualquer algoritmo de escalonamento de multiprocessadores, como os descritos no Capítulo 8, pode ser implementado como um algoritmo de escalonamento de multiprocessadores cego ao job.

Escalonamento de processo primeiro-a-chegar-primeiro-a-ser-atendido (FCFS)

O **escalonamento de processo primeiro-a-chegar-primeiro-a-ser-atendido** (*First-Come-First-Served* - **FCFS**) coloca processos que chegam em uma fila global de execução. Quando um processador torna-se disponível, o escalonador despacha o processo que está no início da fila e o executa até que ele libere o processador.

FCFS trata todos os processos com justiça, escalonando-os de acordo com seus horários de chegada. Contudo, o FCFS poderia ser considerado injusto, pois processos longos fazem com que processos curtos esperem, e processos de baixa prioridade podem fazer com que processos de alta prioridade esperem — embora uma versão preemptiva do FCFS possa impedir que isso ocorra. Normalmente o FCFS não é útil para processos interativos porque não pode garantir tempos de respostas curtos. Contudo, é um algoritmo fácil de implementar e elimina a possibilidade de adiamento indefinido — uma vez que um processo entre em uma fila, nenhum outro processo entrará na fila à frente dele.[103, 104]

Escalonamento de multiprocessadores por alternância-circular (RRprocess)

O **escalonamento de processo por alternância-circular** (*Round-Robin* process - **RRprocess**) coloca cada processo *pronto* em uma fila global de execução. O escalonamento RRprocess é semelhante ao escalonamento por alternância-circular de monoprocessadores — um processo executa durante no máximo um período antes de o escalonador despachar um novo processo para execução. O processo que estava executando anteriormente é colocado no final da fila global de execução. O algoritmo impede adiamento indefinido, mas não promove um alto grau de paralelismo ou de afinidade de processador, pois ignora as relações entre processos.[105, 106]

Escalonamento de multiprocessadores processo-mais-curto-primeiro (SPF)

Um sistema também pode implementar o algoritmo de **escalonamento processo-mais-curto-primeiro** (*Shortest-Process-First* - **SPF**), que despacha o processo que requer a menor quantidade de tempo para executar até concluir.[107] Ambas as versões do SPF, preemptiva e não preemptiva, exibem médias mais baixas de tempo de espera para processos interativos em relação ao FCFS, porque processos interativos normalmente são processos 'curtos'. Contudo, um processo mais longo pode ser adiado indefinidamente se processos mais curtos chegarem continuamente antes que ele possa obter um processador. Como acontece com algoritmos cegos ao job, o SPF não considera paralelismo nem afinidade de processador.

Revisão

1. Um sistema UMA ou NUMA é mais adequado para escalonamento de multiprocessadores cego ao job?
2. Qual estratégia de escalonamento cego ao job discutida nesta seção é mais apropriada para sistemas de processamento em lote e por quê?

Respostas: 1) Um sistema UMA é mais apropriado para um algoritmo cego ao job. Sistemas NUMA comumente se beneficiam de algoritmos de escalonamento que consideram afinidade de processador porque o tempo de acesso à memória depende do nodo em que um processo executa; nodos de um sistema NUMA têm sua própria memória local. 2) SPF é mais apropriado porque exibe alto rendimento, uma meta importante para sistemas de processamento em lote.

15.6.2 Escalonamento de multiprocessadores ciente de job

Embora algoritmos cegos ao job sejam fáceis de implementar e incorram em sobrecarga mínima, eles não consideram questões de desempenho específicas do escalonamento de multiprocessadores. Por exemplo, se dois processos que se comunicam com freqüência não executarem simultaneamente, podem gastar significativa quantidade de tempo em espera ociosa, o que degradará o desempenho geral do sistema. Além do mais, na maioria dos sistemas multiprocessadores cada processador mantém seu próprio cache privado. Processos de um mesmo job muitas vezes acessam os mesmos itens de memória, portanto, escalonar os processos de um job no mesmo processador tende a aumentar os acertos de cache e melhorar o desempenho do acesso à memória. Em geral, algoritmos de escalonamento de processos cientes de job tentam maximizar paralelismo ou afinidade de processador à custa de maior complexidade do algoritmo de escalonamento.

Escalonamento menor-número-de-processos-primeiro (SNPF)

O algoritmo de escalonamento **menor-número-de-processos-primeiro** (*Smallest-Number-of-Processes-First* — **SNPF**), que pode ser preemptivo ou não preemptivo, usa uma fila global de prioridade de jobs. A prioridade de um job é inversamente proporcional ao seu número de processos. Se os jobs contiverem o mesmo número de processos disputando um processador, aquele que estiver esperando há mais tempo receberá prioridade. No escalonamento SNPF não preemptivo, quando um processador fica disponível, o escalonador seleciona um processo do job que está no início da fila e permite que ele execute até a conclusão. No escalonamento SNPF preemptivo, se chegar um novo job com menos processos, ele receberá prioridade e seus processos serão despachados imediatamente.[108, 109] Algoritmos SNPF melhoram o paralelismo porque processos que estão associados ao mesmo job muitas vezes podem executar concorrentemente. Contudo, os algoritmos SNPF não tentam melhorar a afinidade de processador. Além disso, é possível que jobs com muitos processos sejam adiados indefinidamente.

Escalonamento por alternância circular de jobs (RRJob)

O **escalonamento por alternância circular de jobs** (*Round-Robin Job* - **RRJob**) emprega uma fila global de jobs na qual cada job é designado a um grupo de processadores (embora não necessariamente o mesmo grupo cada vez que o job for escalonado). Cada job mantém sua própria fila de processos. Se o sistema contiver p processadores e usar um quantum de tamanho q, um job receberá um total $p \times q$ de tempo de processador quando for despachado. Normalmente um job não contém exatamente p processos que exaurem um quantum cada um (por exemplo, um processo pode bloquear antes que seu quantum expire). Portanto, RRJobs usam escalonamento de alternância circular para despachar os processos do job até que este consuma todos os quanta $p \times q$, ou conclua, ou todos os seus processos bloqueiem. O algoritmo também pode dividir os quanta $p \times q$ igualmente entre os processos do job, permitindo que cada um execute até exaurir seu quantum, concluir ou bloquear. Como alternativa, se um job tiver mais do que p processos, ele poderá selecionar p processos para executar durante um quantum de tamanho q.[110]

Similarmente ao escalonamento RRprocess, esse algoritmo evita adiamento indefinido. Além disso, como os processos do mesmo job executam concorrentemente, esse algoritmo promove paralelismo. Todavia, a sobrecarga adicional de chaveamento de contexto do escalonamento de alternância circular pode reduzir o rendimento de jobs.[111, 112]

Coescalonamento

Algoritmos de **coescalonamento** (ou **escalonamento de bando**) empregam uma fila global de execução que é acessada à maneira da alternância circular. O objetivo dos algoritmos de coescalonamento é executar processos do mesmo job concorrentemente em vez de maximizar a afinidade de processador.[113] Há várias implementações de coescalonamento — matricial, contínuo e não dividido. Apresentaremos somente o algoritmo não dividido porque ele corrige algumas das deficiências dos algoritmos matricial e contínuo.

O **algoritmo de coescalonamento não dividido** coloca processos do mesmo job em entradas adjacentes na fila global de execução (Figura 15.13). O escalonador mantém uma 'janela' igual ao número de processadores do sistema. Todos os processadores em uma janela executam em paralelo por, no mínimo, um quantum. Após escalonar um grupo de processos, a janela passa para o próximo grupo de processos, que também executa em paralelo durante um quantum. Para maximizar a utilização do processador, se um processo da janela for suspenso, o algoritmo estenderá a janela corrediça um processo para a direita para permitir que outro processo executável execute durante o dado quantum, mesmo que ele não faça parte do job que esteja executando no momento.

Como algoritmos de coescalonamento usam uma estratégia de alternância circular, eles impedem adiamento indefinido. Além disso, como os processos do mesmo job com freqüência executam ao mesmo tempo, os algoritmos de coescalonamento permitem que sejam projetados programas para executar em paralelo e tirar proveito de um ambiente de multiprocessamento. Infelizmente, um processo pode ser despachado para um processador diferente a cada vez, o que pode reduzir a afinidade de processador.[114]

Partição dinâmica

A **partição dinâmica** minimiza a penalidade do desempenho associada a faltas de cache mantendo alta afinidade de processador.[115] O escalonador distribui processadores do sistema eqüitativamente entre jobs. O número de processadores alocados a um job é sempre menor ou igual ao número de processos executáveis do job.

Por exemplo, considere um sistema que contenha 32 processadores e execute três jobs — o primeiro com 8 processos executáveis, o segundo com 16 e o terceiro com 20. Se o escalonador dividisse os processadores eqüitativamente entre jobs, um job receberia 10 processadores e os outros dois receberiam 11. No caso em questão, o primeiro job tem somente 8 processos, portanto o escalonador designa 8 processadores àquele job e distribui eqüitativamente os 24 processadores remanescentes (12 para cada) ao segundo e terceiro jobs (Exemplo 1 da Figura 15.14). Portanto, um certo job sempre executa em um certo subconjunto de processadores, desde que nenhum job novo entre no sistema. O algoritmo pode ser estendido de modo que um determinado processo sempre execute no mesmo processador. Se cada job contiver apenas um único processo, a partição dinâmica irá se reduzir a um algoritmo de escalonamento de alternância circular.[116]

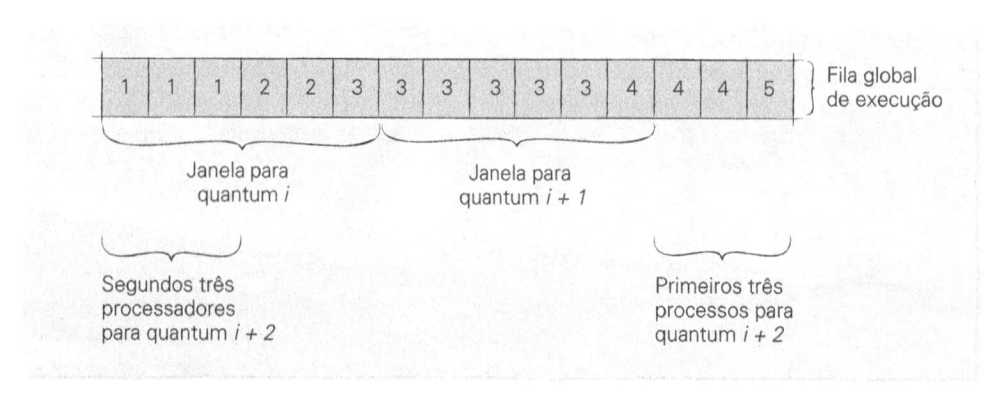

Figura 15.13 | *Coescalonamento (versão não dividido).*

Exemplo 1: Três jobs

Processadores (32)

Processadores para o Job 1 (8) | Processadores para o Job 2 (12) | Processadores para o Job 3 (12)

Lista de espera Job 2 (4)

Lista de espera Job 3 (8)

Exemplo 2: Quatro jobs

Processadores (32)

Processadores para o Job 1 (8) | Processadores para o Job 2 (8) | Processadores para o Job 3 (8) | Processadores para o Job 4 (8)

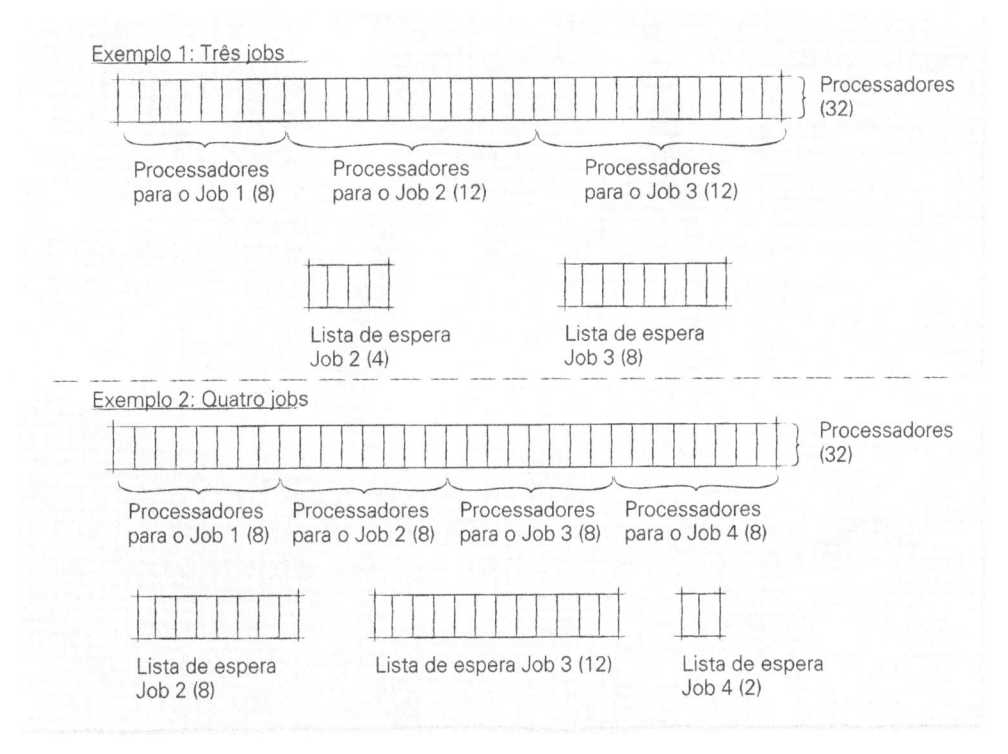

Lista de espera Job 2 (8)

Lista de espera Job 3 (12)

Lista de espera Job 4 (2)

Figura 15.14 | *Partição dinâmica.*

À medida que novos jobs entram no sistema, esse atualiza dinamicamente a alocação do processador. Suponha que um quarto job com 10 processos executáveis (Exemplo 2 da Figura 15.14) entre no sistema. O primeiro job retém sua alocação de 8 processadores, mas o segundo e o terceiro jobs devolvem 4 processadores cada para o quarto job. Assim, os processadores são divididos eqüitativamente entre os jobs — 8 processadores por job.[117] O algoritmo atualiza o número de processadores que cada job recebe sempre que jobs entrem ou saiam do sistema, ou um processo dentro de um job mude do estado *em execução* para o estado *de espera* ou vice-versa. Embora o número de processadores alocados a jobs mude, um job ainda assim executa ou em um subconjunto ou em um superconjunto de sua alocação prévia, o que ajuda a manter afinidade de processador.[118] Para que a partição dinâmica seja efetiva, o aumento do desempenho pela afinidade de cache deve compensar o custo da repartição.[119]

Revisão

1. Quais as similaridades entre RRJob e coescalonamento não dividido? E as diferenças?
2. Descreva algumas das permutas entre implementar uma política global de escalonamento que maximize a afinidade de processador, tal como a partição dinâmica, e filas de execução por processador.

Respostas: 1) RRJob e coescalonamento não dividido são semelhantes no sentido de que ambos escalonam processos de um job para executar concorrentemente em alternância circular. O coescalonamento não dividido apenas coloca processos do mesmo job próximos um do outro na fila global de execução onde eles esperam pelo próximo processador disponível. O RRJob escalona somente jobs inteiros. 2) O escalonamento global é mais flexível porque designa novamente processos a processadores diferentes, dependendo da carga do sistema. Contudo, filas de execução por processador são mais simples de implementar e podem ser mais eficientes do que manter informações de fila global de execução.

15.7 Migração de processos

Migração de processos implica transferir um processo entre dois processadores.[120, 121] Isso pode ocorrer, por exemplo, se um processador falhar ou estiver sobrecarregado.

A capacidade de executar processos em qualquer processador tem muitas vantagens. A mais óbvia é que eles podem passar para processadores subutilizados para reduzir tempos de resposta de processo e aumentar o desempenho e o rendimento.[122, 123] (Descreveremos essa técnica, denominada balanceamento de carga, mais detalhadamente na Seção 15.8, "Balanceamento de carga"). A migração de processos também promove a tolerância a falha.[124] Por exemplo, considere um programa que deva executar cálculos intensivos, sem interrupção. Se a máquina que o estiver executando precisar ser desligada ou ficar instável, o progresso do programa poderá ser perdido. A migração de processos permite que o programa passe para outra máquina e continue o cálculo em um ambiente talvez mais estável.

Além disso, migração de processos promove compartilhamento de recursos. Em sistemas de grande escala alguns recursos podem não estar replicados em cada nodo. Por exemplo, em um sistema NORMA, processos podem executar em máquinas com suporte de dispositivo de hardware diferente. Um processo poderia requisitar acesso a um arranjo RAID que esteja disponível por meio de somente um computador. Nesse caso, o processo deve migrar para o computador que tenha acesso ao arranjo RAID para melhorar o desempenho.

Por fim, migração de processos melhora o desempenho da comunicação. Dois processos que se comunicam com freqüência devem executar no mesmo nodo ou próximo dele para reduzir a latência de comunicação. Pelo fato de enlaces de comunicação muitas vezes serem dinâmicos, a migração de processos pode ser usada para tornar dinâmico o posicionamento de processos.[125]

Revisão

1. Cite alguns benefícios proporcionados pela migração de processos.
2. Em que tipo de sistemas (UMA, NUMA ou NORMA) a migração de processos é mais apropriada?

Respostas: 1) Migração de processos promove tolerância a falha levando processos para longe de nodos que funcionam mal; suporta balanceamento de carga; pode reduzir latência de comunicação: e promove compartilhamento de recursos. 2) Migração de processos é apropriada para sistemas NUMA ou NORMA de grande escala que usam filas de execução por processador (ou por nodo). Migração de carga permite que esses sistemas realizem balanceamento de carga e compartilhem recursos locais de cada nodo.

15.7.1 Fluxo de migração de processos

Embora as implementações de migração de processos variem entre arquiteturas, muitas delas seguem as mesmas etapas gerais (Figura 15.15). Primeiro, um nodo emite uma requisição de migração para um nodo remoto. Na maioria dos esquemas, o emissor inicia a migração porque seu nodo está sobrecarregado ou um processo específico precisa acessar um recurso localizado em um nodo remoto. Em alguns esquemas um nodo subutilizado pode requisitar processos de outros nodos. Se o emissor e o receptor concordarem em migrar um processo, o emissor suspenderá o processo migrante e criará uma fila de mensagens para reter todas as mensagens destinadas a ele. Então, extrairá o estado do processo, o que incluirá copiar o conteúdo da memória do processo (ou seja, páginas marcadas como válidas na memória virtual do processo), conteúdo de registradores, estado de arquivos abertos e outras informações específicas de processo. O emissor transmitirá o estado extraído para um processo 'fictício' criado pelo receptor. Os dois nodos notificarão a todos os processos a nova localização do processo migrante. Por fim, o receptor despachará a nova instância do processo, o emissor transmitirá as mensagens que estão na fila do processo migrado e destruirá a instância local do processo.[126, 127]

Revisão

1. Cite alguns itens que compõem o estado de um processo e que devem migrar com um processo.
2. Que sobrecarga é incorrida na migração de processos?

Respostas: 1) O processo de envio deve transferir itens como o conteúdo da memória do processo, o conteúdo dos registradores e o estado dos arquivos abertos. 2) A sobrecarga inclui migrar o processo e seu estado, repassar mensagens para o nodo receptor, manter duas instâncias do processo por um curto período de tempo (a instância antiga e um processo fictício), suspender o processo durante um curto período de tempo e enviar mensagens aos outros nodos para informá-los a nova localização do processo migrado.

15.7.2 Conceitos de migração de processos

A transferência de memória é o elemento que mais consome tempo na migração.[128] Para minimizar o custo de desempenho do processo de migração, a **dependência residual** — dependência do processo em relação ao seu nodo anterior — deve ser minimizada. Por exemplo, o nodo anterior do processo poderia conter parte do grupo de trabalho do processo ou poderia estar executando outros processos com os quais o processo migrado estivesse se comunicando. Se a migração resultar em muitas dependências residuais, um nodo receptor terá de se comunicar com o nodo emissor enquanto executa o processo migrado, o que aumentará a IPC, gerando mais tráfego na rede de interconexão, e degradará o desempenho devido a altas latências. E as dependências residuais também reduzirão a tolerância a falha porque a execução do processo migrado dependerá do funcionamento correto de ambos os nodos.[129]

Etapa 1: Nodos concordam em migrar processos.

Etapa 2: N1 suspende processo e cria uma fila de mensagens. N2 cria um processo fictício para conter o novo processo.

Etapa 3: Transfere estado do processo entre nodos.

Etapa 4: Encaminha mensagens para o processo em N2.

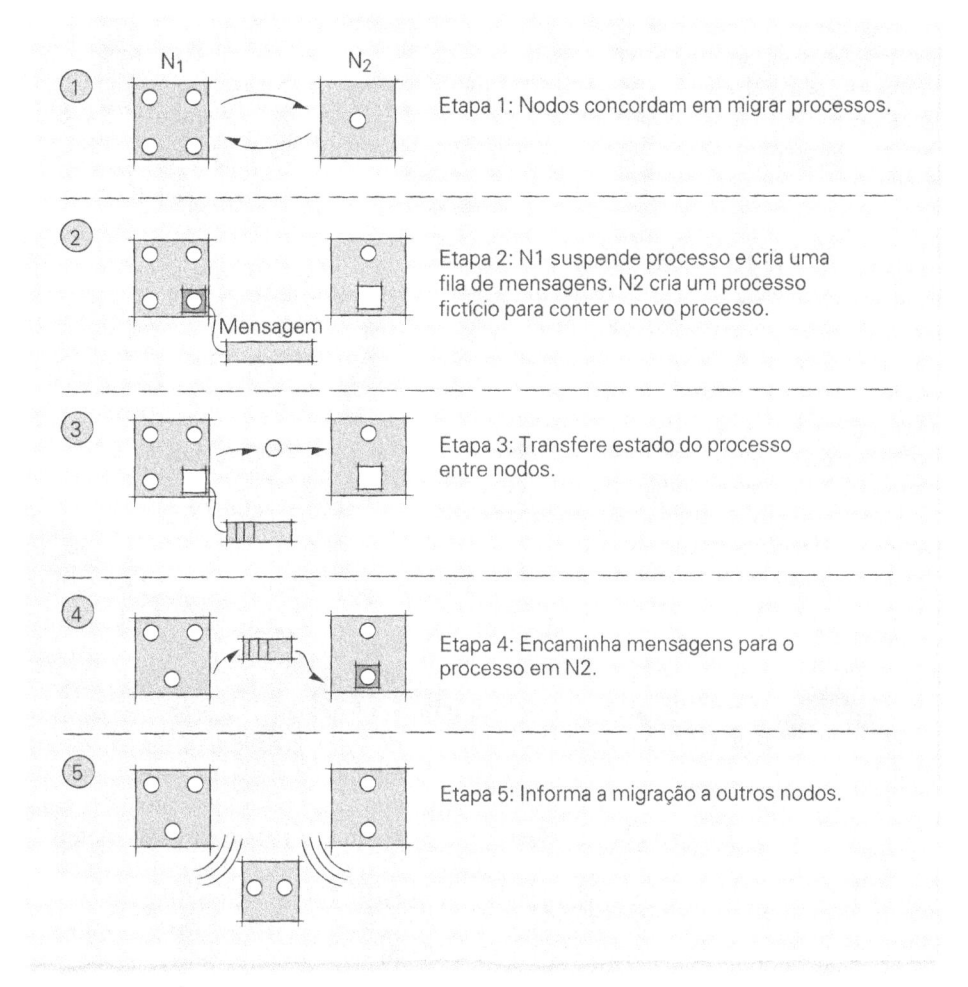

Etapa 5: Informa a migração a outros nodos.

Figura 15.15 | *Migração de processo.*

Muitas vezes, as estratégias que resultam no mais alto grau de dependência residual transferem páginas do emissor somente quando o processo do nodo receptor se refere a eles. Essas estratégias de **migração preguiçosa** (ou **sob demanda**) reduzem o tempo de migração inicial do processo — o tempo durante o qual o processo migrante fica suspenso. Na migração preguiçosa, as informações sobre o estado do processo (e outras requeridas) são transferidas para o receptor, mas o nodo original retém as páginas do processo. Enquanto executa no nodo remoto, o processo tem de iniciar uma transferência de memória para cada acesso a uma página que permanecer no nodo emissor. Embora essa técnica resulte em uma rápida migração inicial do processo, o acesso à memória pode reduzir seriamente o desempenho de uma aplicação. A migração preguiçosa é muito útil quando o processo não requer acesso freqüente ao espaço de endereçamento remoto.[130, 131]

Para que a migração seja bem-sucedida, os processos devem exibir diversas características. Um processo migrado deve exibir transparência — não deve ser afetado adversamente pela migração (exceto, talvez, um leve atraso no tempo de resposta). Em outras palavras, o processo não deve perder nenhuma mensagem interprocessos nem os arquivos abertos que manuseia.[132] Um sistema também deve ser escalável — se as dependências residuais crescerem com cada migração, o sistema poderá rapidamente ficar saturado pelo tráfego da rede à medida que o processo requisitar páginas remotas. Por fim, avanços na tecnologia de comunicação entre várias arquiteturas criaram a necessidade de migrações heterogêneas — os processos devem poder migrar entre duas arquiteturas de processador diferentes em sistemas distribuídos. Isso implica que o estado do processo deve ser armazenado em um formato independente de plataforma.[133] A Seção 17.3.6, "Migração de processos em sistemas distribuídos", discute arquiteturas heterogêneas de migração de processos com mais detalhes.

Revisão

1. Por que a dependência residual é indesejável? Por que uma certa dependência residual poderia ser benéfica?
2. Como uma estratégia de migração que resulta em dependência residual significativa poderia não ser escalável?

Respostas: 1) A dependência residual é indesejável porque reduz a tolerância a falha e degrada o desempenho após a transferência. Uma razão para permitir a dependência residual é que ela reduz o tempo de transferência inicial. 2) Se um processo que já tem uma dependência residual migrar novamente, ele passará a depender de três nodos. O estado do processo cresce com cada migração (para que ele possa encontrar suas páginas de memória) e sua tolerância a falha se reduz.

15.7.3 Estratégias de migração de processos

Estratégias de migração de processos devem equilibrar a penalidade incidente sobre o desempenho na transferência de grandes quantidades de dados de processo com o benefício da minimização da dependência residual de um processo. Em alguns sistemas, projetistas admitem que a maior parte do espaço de endereçamento de um processo migrado será acessada no seu novo nodo. Esses sistemas freqüentemente implementam a **migração ávida**, que transfere todas as páginas do processo durante a migração inicial, o que o habilita a executar tão eficientemente em seu novo nodo quanto executava no nodo anterior. Todavia, se o processo não acessar grande parte do seu espaço de endereçamento, a latência inicial e a largura de banda requeridas pela migração ávida incorrerão em grande sobrecarga.[134, 135]

Para atenuar o custo inicial da migração ávida, a **migração ávida suja** transfere somente as páginas sujas de um processo. Essa estratégia admite que haja um armazenamento secundário comum (um disco ao qual ambos os nodos têm acesso). Todas as páginas limpas são trazidas do armazenamento secundário comum à medida que o processo se refere a elas no nodo remoto, o que reduz o tempo de transferência inicial e elimina a dependência residual. Entretanto, cada acesso a uma página não residente leva mais tempo do que levaria usando a migração ávida.[136]

Uma desvantagem da migração ávida suja é que o processo migrado deve usar armazenamento secundário para recuperar as páginas limpas do processo. A **migração de cópia-sob-referência** é semelhante à migração preguiçosa suja, exceto que o processo migrado pode requisitar páginas limpas ou do seu nodo anterior ou do armazenamento secundário comum. Essa estratégia tem os mesmos benefícios da migração ávida suja, mas dá ao gerenciador de memória mais controle sobre a localização da qual requisitar páginas — o acesso à memória remota pode ser mais rápido do que acesso ao disco. Contudo, a migração de cópia-sob-referência pode adicionar sobrecarga de memória ao emissor.[137, 138]

A implementação de **cópia preguiçosa** da cópia-sob-referência transfere apenas informações mínimas durante o tempo da migração inicial; muitas vezes nenhuma página é transferida, o que cria uma grande dependência residual, força o nodo anterior a manter páginas na memória para o processo migrado e aumenta a latência de acesso à memória em relação às estratégias que migram páginas sujas. Contudo, a estratégia de cópia preguiçosa elimina grande parte da latência inicial da migração.[139, 140] Essa latência pode ser inaceitável para processos de tempo real e é inadequada para a maioria dos processos.[141]

Todas as estratégias discutidas até aqui criam dependência residual ou incorrem em grande latência inicial de migração. Um método que elimina grande parte dessa latência é a estratégia de **descarga**. Nessa estratégia o emissor escreve todas as páginas da memória para um armazenamento secundário quando a migração inicia; o processo migrante deve ser suspenso enquanto os dados estão sendo gravados no armazenamento secundário e, então, o processo acessa as páginas do armazenamento secundário conforme o necessário. Portanto, não ocorre nenhuma migração real de página que reduza a velocidade da migração inicial e o processo não tem nenhuma dependência residual do nodo anterior. Todavia, a estratégia de descarga reduz o desempenho do processo no seu novo nodo porque ele não tem páginas na memória principal, o que resulta em falta de páginas.[142, 143]

Uma outra estratégia para eliminar grande parte da latência da imigração inicial e a dependência residual é o método da **cópia prévia**, no qual o nodo emissor começa a transferir páginas sujas antes da suspensão do processo original. Qualquer página transferida que o processo modificar antes da migração é marcada para retransmissão. Para garantir que um processo eventualmente migre, o sistema define um patamar inferior para o número de páginas sujas que devem remanescer antes que o processo migre. Quando esse patamar é alcançado o processo é suspenso e migrado para um outro processador. Com essa técnica, o processo não precisa ficar suspenso por longo tempo (em comparação com outras técnicas como cópia preguiçosa e cópia-sob-referência) e o acesso à memória no novo nodo é fácil, pois a maioria dos dados já foi copiada. E, também, a dependência residual é mínima. O conjunto de trabalho do processo é duplicado durante um curto período de tempo (existe em ambos os nodos envolvidos na migração), mas essa é uma desvantagem mínima.[144, 145]

Revisão

1. Quais estratégias de migração devem ser usadas em processos de tempo real?

2. Embora o tempo de migração inicial seja mínimo e haja pouca dependência residual na estratégia de cópia prévia, você consegue imaginar alguns custos 'ocultos' incorridos nessa estratégia?

Respostas: 1) Processos de tempo real não podem ser suspensos por muito tempo porque isso reduziria a velocidade do tempo de resposta. Portanto, estratégias como cópia preguiçosa, descarga, cópia-sob-referência e cópia prévia são melhores para processos flexíveis de tempo real. Todavia, processos de tempo real restritos não devem ser migrados, pois a migração sempre introduz algum atraso indeterminado. 2) O processo deve continuar executando no nodo emissor enquanto o estado está sendo copiado para o nodo receptor. Como a decisão de migração foi tomada, é razoável admitir que a execução no nodo emissor já não seja mais desejável e, portanto, a cópia prévia incluirá esse custo adicional.

15.8 Balanceamento de carga

Uma medida da eficiência de sistemas multiprocessadores é a utilização geral dos processadores. Em grande parte dos casos, se a utilização dos processadores for alta, o sistema estará desempenhando com mais eficiência. A maioria dos sistemas multiprocessadores (especialmente sistemas NUMA e NORMA) tenta maximizar a afinidade de processadores. Isso aumenta a eficiência porque os processos não precisam acessar recursos remotos com tanta freqüência, mas podem reduzir a utilização se todos os processos designados a um determinado processador forem concluídos. Esse processador ficará ocioso enquanto processos são despachados para outros processadores para explorar a afinidade. **Balanceamento de carga** é uma técnica pela qual o sistema tenta distribuir cargas de processamento eqüitativamente entre processadores, o que aumenta a utilização de processadores e reduz filas de execução de processadores sobrecarregados, diminuindo os tempos médios de resposta dos processos.[146]

Um algoritmo de balanceamento de carga pode designar um número fixo de processadores a um job quando esse for escalonado pela primeira vez, o que é denominado **balanceamento estático de carga**. Esse método resulta em baixa sobrecarga de tempo de execução porque os processadores gastam pouco tempo determinando os processadores nos quais um job deve executar. Contudo, o balanceamento estático de carga não leva em conta as populações variáveis de processos dentro de um job. Por exemplo, um job pode incluir muitos processos inicialmente, mas manter apenas alguns durante o restante da sua execução, o que pode levar a filas de execução desbalanceadas, que podem resultar na ociosidade do processador.[147]

O **balanceamento dinâmico de carga** tenta abordar essa questão ajustando o número de processadores designados a um job durante sua vida. Estudos demonstraram que o balanceamento dinâmico de carga resulta em melhor desempenho do que o balanceamento estático de carga quando o tempo de chaveamento de contexto é baixo e a carga do sistema é alta.[148]

Revisão

1. Cite alguns dos benefícios da implantação do balanceamento de carga.
2. Quais algoritmos de escalonamento se beneficiam do balanceamento de carga?

Respostas: 1) Entre os benefícios do balanceamento de carga está a utilização mais alta do processador, que leva a um rendimento mais alto e à redução do tempo de resposta do processo. 2) O balanceamento de carga é apropriado para algoritmos de escalonamento que maximizam a afinidade do processador, tal como a partição dinâmica. E também pode beneficiar sistemas que mantêm filas de execução por processador ou por nodo.

15.8.1 Balanceamento estático de carga

O balanceamento estático de carga é útil em ambientes nos quais os jobs repetem certos testes ou instruções e, portanto, exibem padrões previsíveis (por exemplo, computação científica).[149] Esses padrões podem ser representados por grafos usados para modelar o escalonamento. Considere os processos de um sistema como vértices de um grafo, e as comunicações entre os processos como arestas. Por exemplo, se houver uma aplicação na qual um processo armazene continuamente dados similares e, então, passe aqueles dados para outro processo, essa operação poderá ser modelada como dois nodos ligados por uma aresta. Pelo fato de essa relação ser consistente durante toda a vida da aplicação, não haverá necessidade de ajustar o grafo.

Devido ao compartilhamento da memória cache e da memória física, a comunicação entre processos no mesmo processador é muito mais rápida do que a comunicação entre processos em processadores diferentes. Portanto, os algoritmos de balanceamento estático de carga tentam dividir o grafo em subgrafos de tamanhos semelhantes (cada processador tem um número similar de processos) minimizando, ao mesmo tempo, as arestas entre os subgrafos para reduzir a comunicação entre processadores.[150] Entretanto, essa técnica pode incorrer em sobrecarga significativa quando houver um grande número de jobs.[151] Considere o grafo da Figura 15.16. As duas linhas tracejadas representam os possíveis cortes para dividir processos, até certo ponto, eqüitativamente. O Corte #1 resulta em quatro canais de comunicação interprocessos, ao passo que o Corte #2 resulta em apenas dois, representando, assim, um melhor agrupamento de processos.

O balanceamento estático de carga pode ser inadequado quando padrões de comunicação mudam dinamicamente e quando processos são concluídos sem haver nenhum processo para ocupar os seus lugares. O primeiro caso pode ter de-

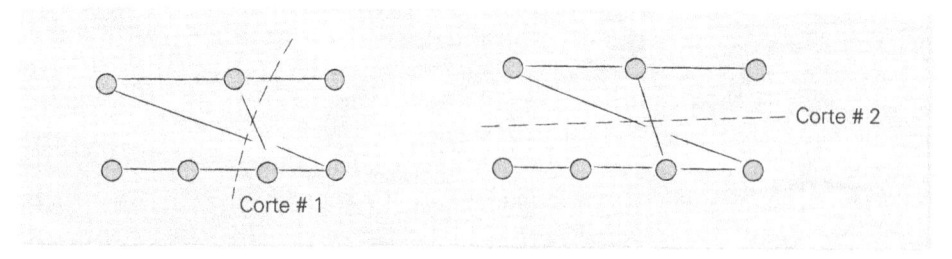

Figura 15.16 | Balanceamento estático de carga usando grafos.

sempenho menos eficientemente em virtude da alta latência de comunicação. No segundo caso, a utilização do processador poderia diminuir mesmo quando houvesse processos aguardando para obter um processador. Nesses casos o balanceamento dinâmico de carga pode melhorar o desempenho.[152]

Revisão

1. Quando o balanceamento estático de carga é útil? Quando não é?
2. Na Figura 15.16 há uma diferença substancial entre o Corte #1 e o Corte #2. Considerando que é difícil descobrir o corte mais efetivo quando há um grande número de jobs, o que isso significa em relação às limitações do balanceamento estático de carga?

Respostas: **1)** O balanceamento estático de carga é útil em ambientes nos quais processos poderiam exibir padrões de comunicação previsíveis. Não é útil em ambientes nos quais os padrões de comunicação mudam dinamicamente e processos são criados ou encerrados imprevisivelmente. **2)** A diferença entre o Corte #1 (quatro canais de IPC) e o Corte #2 (dois canais de IPC) ilustra as implicações que as más decisões causam ao desempenho. A maioria dos grandes sistemas terá de fazer estimativas para encontrar uma solução; uma estimativa errada poderia degradar seriamente o desempenho.

15.8.2 Balanceamento dinâmico de carga

Algoritmos de balanceamento dinâmico de carga migram processos depois de eles terem sido criados em resposta à carga do sistema. O sistema operacional mantém informações estatísticas sobre a carga do processador, como o número de processos ativos e bloqueados em um processador, a utilização média do processador, o tempo de retorno e a latência.[153, 154] Se muitos dos processos de um processador estiverem bloqueados ou tiverem tempos de retorno altos, o processador muito provavelmente estará sobrecarregado. Se um processador não tiver uma taxa de utilização alta, provavelmente estará subcarregado.

Diversas políticas podem ser utilizadas para determinar quando migrar processos no balanceamento dinâmico de carga. A **política iniciada pelo emissor** entra em ação quando o sistema determina que um processador contém uma carga pesada. Somente então o sistema pesquisará processadores subutilizados e migrará alguns dos jobs dos processadores sobrecarregados para eles. Essa política é melhor para sistemas com cargas leves, pois a migração de processos é dispendiosa e, nesse caso, a política raramente será ativada.[155, 156]

Ao contrário, a **política iniciada pelo receptor** é melhor para sistemas sobrecarregados. Nesse ambiente, o sistema inicia migração de processos quando a utilização de um processador for baixa.[157, 158]

A maioria dos sistemas experimenta cargas leves e pesadas ao longo do tempo. Para esses sistemas a **política simétrica**, que combina os dois métodos anteriores, proporciona o máximo de versatilidade para adaptação às condições ambientais.[159, 160] Por fim, a **política aleatória**, na qual o sistema escolhe arbitrariamente um processador para receber um processo migrado, tem mostrado resultados decentes devido à sua implementação simples e (na média) distribuição uniforme de processos. A motivação por trás da política aleatória é que o destino de um processo migrante terá, provavelmente, uma carga menor do que sua origem, considerando que o processador original esteja seriamente sobrecarregado.[161, 162]

As subseções seguintes descrevem algoritmos comuns que determinam como processos são migrados. Para todos os propósitos desta discussão, considere que o sistema multiprocessador pode ser representado por um grafo no qual cada processador e sua memória são um vértice e cada ligação, uma aresta.

Algoritmo de licitação

O **algoritmo de licitação** é uma política simples de migração iniciada pelo emissor. Processadores com cargas menores 'licitam' ('dão lances a') processos de processadores sobrecarregados, algo muito parecido com o que se faz em leilões. O valor de um lance é baseado na carga corrente do processador licitante e na distância entre os processadores sobrecarregado e subcarregado no grafo. Para reduzir o custo do processo de migração, os caminhos mais diretos de comunicação com o processador sobrecarregado recebem os lances de valores mais altos. O processador sobrecarregado aceita os lances dos processadores que estão dentro de uma certa distância no grafo. Se o processador sobrecarregado receber demasiados lances, ele reduzirá a distância; se receber muito poucos, aumentará a distância e verificará novamente. O processo é enviado para o processador que der o lance mais alto.[163]

Algoritmos de recrutamento

O **algoritmo de recrutamento** é uma política iniciada pelo receptor que classifica a carga de cada processador como baixa, normal ou alta. Cada processador mantém uma tabela que descreve as cargas dos outros processadores usando essas classificações. Muitas vezes, em sistemas de grande escala ou sistemas distribuídos, processadores mantêm somente informações sobre seus vizinhos. Toda vez que a carga de um processador muda de classificação, o processador transmite suas informações atualizadas aos processadores que estão na sua tabela de carga. Quando um processador recebe uma dessas mensagens, ele anexa suas próprias informações e transmite a mensagem aos seus vizinhos. Desse modo, informações sobre níveis de carga eventualmente chegam a todos os nodos da rede. Processadores subutilizados usam essas informações para requisitar processos de processadores sobrecarregados.[164]

Questões de comunicação

Estratégias de comunicação ineficientes ou incorretas podem saturar um sistema. Por exemplo, algumas implementações de migração empregam transmissão no âmbito do sistema. O dilúvio de mensagens transmitidas pode saturar os canais de comunicação. Devido a atrasos de comunicação, muitos processadores sobrecarregados poderiam receber a requisição de um processo ao mesmo tempo, e todos poderiam enviar seus processos a um só processador subcarregado.[165]

Diversas estratégias foram elaboradas para evitar esses problemas. Por exemplo, o algoritmo poderia restringir a comunicação dos processadores somente com seus vizinhos imediatos, o que reduziria o número de mensagens transmitidas, mas aumentaria o tempo requerido para a informação chegar a todos os nodos do sistema.[166] Como alternativa, os processadores poderiam selecionar periodicamente um processador aleatório com o qual trocar informações. Nesse caso, os processos seriam migrados de um processador cuja carga seria mais alta para um outro cuja carga seria mais baixa.[167] Em casos em que um processador esteja seriamente sobrecarregado e os restantes subcarregados, haverá uma rápida difusão do processo.

A Figura 15.17 ilustra a difusão de processo em um sistema no qual os nodos se comunicam apenas com seus vizinhos. O processador sobrecarregado, representado pelo vértice do meio, tem 17 processos, enquanto todos os outros têm apenas um processo. Após uma iteração, o processador sobrecarregado comunica-se com seus vizinhos e envia 3 processos para cada um. Agora esses processadores têm 4 processos, três a mais do que alguns de seus vizinhos. Na segunda iteração, os processadores que têm 4 processos enviam alguns a seus vizinhos. Por fim, na terceira iteração, o processador sobrecarregado mais uma vez envia alguns processos a seus vizinhos, de modo que agora o processador cuja carga é a mais pesada tem somente 3 processos. Esse exemplo ilustra que, mesmo quando as comunicações são mantidas entre processadores vizinhos, o balanceamento de carga pode distribuir responsabilidades de processamento efetivamente por todo o sistema.

Revisão

1. Em que tipo de ambiente deve ser usada uma política dirigida ao emissor? E uma política dirigida ao receptor? Justifique suas respostas.

2. Como uma alta latência de comunicação atrapalha a efetividade do balanceamento de carga?

Respostas: 1) Um sistema que tenha carga leve deve usar uma política dirigida ao emissor, ao passo que um sistema com carga pesada deve usar uma política dirigida ao receptor. Em ambos os casos, as migrações desnecessárias serão reduzidas, porque haverá poucos emissores em um sistema cuja carga é leve e poucos receptores em um sistema cuja carga é pesada. 2) Um nodo subcarregado que estiver enviando uma mensagem poderá ficar sobrecarregado até o momento em que um outro nodo receber a mensagem. Assim, o nodo receptor poderia desbalancear ainda mais a carga do sistema migrando processos adicionais para o emissor.

15.9 Exclusão mútua em multiprocessadores

Muitos dos mecanismos de exclusão mútua descritos no Capítulo 5 não são adequados a sistemas multiprocessadores. Por exemplo, a desabilitação de interrupções, que impede que outros processos executem desabilitando preempções em sistemas monoprocessadores, não garante a exclusão mútua em multiprocessadores porque diversos processos podem exe-

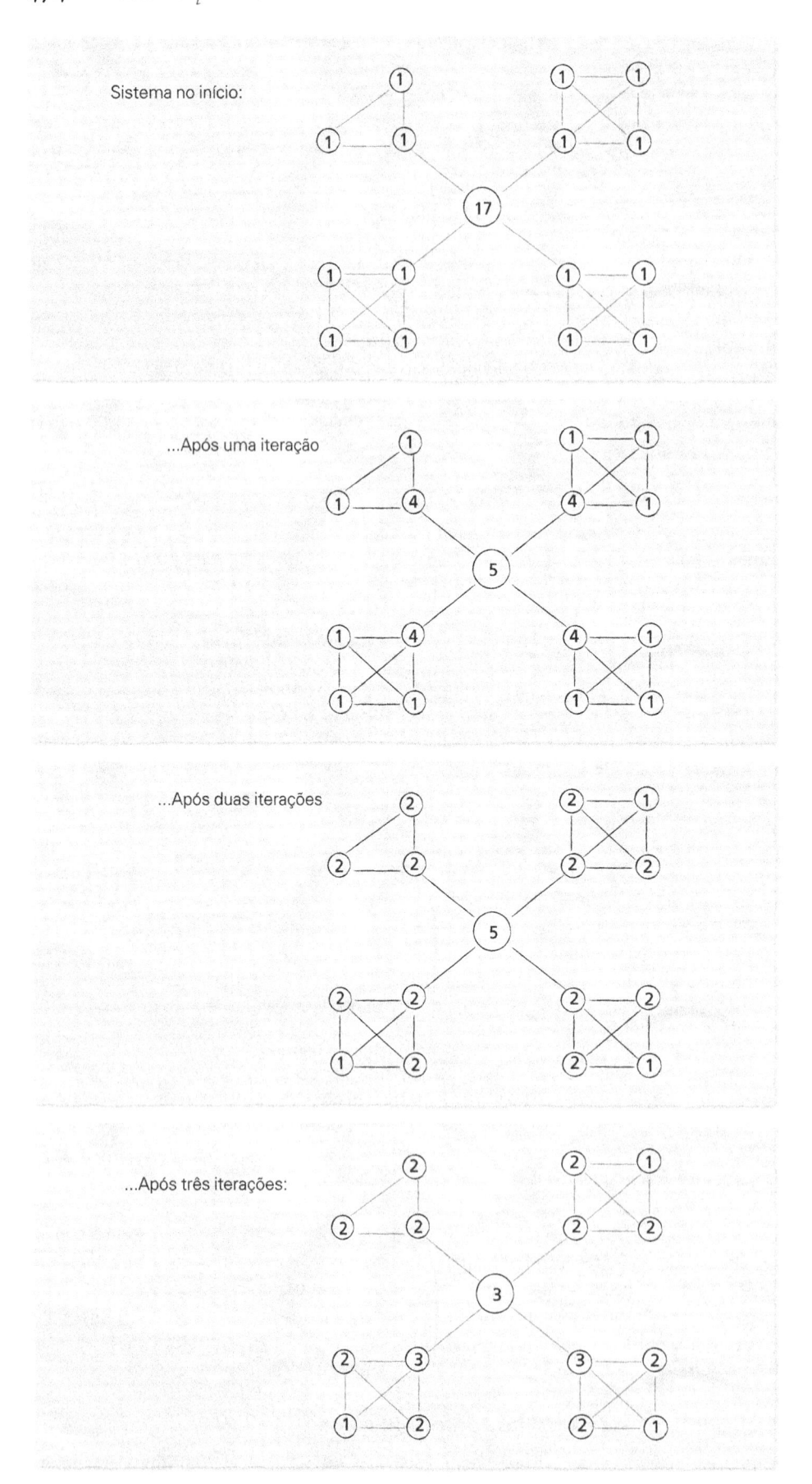

Figura 15.17 | Difusão de carga de processador.

cutar simultaneamente em processadores diferentes. Instruções como teste-e-atualize (*test-and-set*) podem ser ineficientes quando os dados a que essas instruções se referem estão localizados em memória remota. A instrução teste-e-atualize tem uma outra vulnerabilidade, a saber, cada uma das operações pendentes requer um acesso separado à memória. Os acessos são realizados seqüencialmente porque, em geral, pode ocorrer apenas um acesso a uma localização de memória por vez. Essas colisões podem saturar rapidamente vários tipos de redes de interconexão, causando sérios problemas de desempenho. Por causa dos custos de comunicações não triviais e do fato de que vários processos executam ao mesmo tempo, projetistas desenvolveram diversas técnicas de exclusão mútua para multiprocessadores. Esta seção apresenta técnicas de exclusão mútua para sistemas multiprocessadores não distribuídos. Apresentaremos a exclusão mútua distribuída na Seção 17.5, "Exclusão mútua em sistemas distribuídos".

15.9.1 Travas giratórias

Sistemas operacionais multiprocessadores como o Windows XP e o Linux com freqüência usam **travas giratórias** (*spin locks*) para exclusão mútua de multiprocessador. Uma trava giratória é denominada 'trava' porque o processo que tiver uma trava giratória reclamará acesso exclusivo ao recurso que a trava protege (por exemplo, uma estrutura de dados compartilhada na memória ou uma seção crítica de um código). Na verdade, são os outros processos que ficam 'trancados' para fora do recurso. Outros processos que querem usar o recurso 'giram' (ou seja, esperam ociosamente), testando continuamente uma condição para determinar se o recurso está disponível. Em sistemas monoprocessadores as travas giratórias são um desperdício porque consomem ciclos de processador que poderiam ser usados por outros processos, incluindo o processo que detém a trava, para realizar trabalho útil. Em sistemas multiprocessadores, o processo que detém a trava pode liberá-la enquanto outro processo estiver em espera ociosa. Nesse caso, é mais eficiente para um processo esperar ociosamente se o tempo requerido pelo sistema para executar um chaveamento de contexto para escalonar um outro processo for mais longo do que o tempo médio de espera ociosa.[168] E, também, se um processador não contiver nenhum outro processo em sua fila de execução, fará sentido manter o processo girando para minimizar o tempo de resposta quando a trava giratória for liberada.[169, 170]

Quando um processo detém uma trava giratória durante um longo tempo (em relação ao tempo de chaveamento de contexto), bloquear é mais eficiente. O **bloqueio retardado** é uma técnica na qual o processo gira por um curto período de tempo; se ele não adquirir a trava durante aquele período, será bloqueado.[171] Uma **trava de processo anunciada** (*Advisable Process Lock* — **APL**) apresenta uma solução alternativa. Quando o processo adquire uma APL, ele especifica a quantidade de tempo durante o qual deterá a trava. Com base no tempo especificado, outros processos que estão à espera para adquirir a APL podem determinar se é mais eficiente esperar ociosamente pela trava ou bloquear.[172]

Travas adaptativas (também denominadas **travas configuráveis**) adicionam flexibilidade a uma implementação de exclusão mútua. Em certos momentos, como quando há poucos processos ativos, as travas giratórias são preferíveis, pois um processo pode adquirir um recurso logo após tornar-se disponível. Em momentos em que a carga do sistema for alta, girar perde valiosos ciclos de processador, e o bloqueio é preferível. Travas adaptativas permitem que um processo mude dinamicamente o tipo de trava que está em uso. Essas travas podem ser ajustadas para bloqueio, giro ou bloqueio retardado e podem incorporar características de APL para personalizar a trava conforme a carga do sistema e as necessidades da aplicação.[173]

Quando vários processos esperam simultaneamente pela liberação de uma trava giratória, pode ocorrer adiamento indefinido. Sistemas operacionais podem evitar adiamento indefinido concedendo a trava giratória a processos na ordem 'primeiro a chegar, primeiro a ser atendido', ou envelhecendo processos que estão à espera pela trava giratória, como discutido na Seção 7.3.

Revisão

1. De que modo girar pode ser útil em um multiprocessador? Sob quais condições girar não é desejável em um multiprocessador? Por que o giro não é útil em um sistema monoprocessador?

2. Por que uma APL pode não ser útil em todas as situações?

Respostas: 1) Girar pode ser útil porque minimiza o tempo entre o momento em que um recurso fica disponível e um novo processo adquire o recurso. Girar não é desejável quando a carga do sistema for alta e o tempo esperado antes de o recurso ficar disponível for maior do que o tempo de chaveamento de contexto; nesses casos, girar usa valiosos ciclos de processador. Girar não é útil em sistemas monoprocessadores porque bloqueia a execução do processo que está retendo o recurso. 2) Uma APL não é útil quando um processo não pode determinar por quanto tempo reterá a trava.

15.9.2 Travas dormir/acordar

Uma **trava dormir/acordar** fornece sincronização similar à de uma trava giratória, mas reduz o desperdício de ciclos de processador e o tráfego no barramento. Considere os processos P_1 e P_2, ambos requisitando a utilização de um recurso protegido por uma trava dormir/acordar. P_1 requisita o recurso em primeiro lugar e obtém a trava. Quando P_2 requisita o recurso possuído por P_1 e não o recebe, P_2 responde adormecendo (ou seja, bloqueia). Assim que P_1 libera a trava, ele acorda o processo de prioridade mais alta que estiver esperando pelo recurso (nesse caso, P_2). Ao contrário das travas giratórias (que dão a trava ao próximo processo que estiver à espera), as travas dormir/acordar podem usar o escalonador do processador para impor prioridades de processo. Elas podem fazer com que processos que estão à espera sejam adiados indefinidamente, dependendo da política de escalonamento do sistema.

Note que, diferentemente de uma implementação de monoprocessador, somente é acordado o processo que tiver a prioridade mais alta. Quando todos os threads são acordados, pode ocorrer uma **condição de disputa** porque dois ou mais threads podem acessar um recurso associado a uma trava em uma ordem não determinística. Condições de disputa devem ser evitadas porque podem causar erros imperceptíveis em aplicações e são difíceis de depurar. Em monoprocessadores, mesmo que todos os processos sejam alertados, não pode haver uma condição de disputa, pois apenas um processo (o que tiver a prioridade mais alta na maioria dos algoritmos de escalonamento) obterá o controle do processador e adquirirá a trava. Em um ambiente multiprocessador, uma difusão deve acordar muitos processos que estão competindo pela trava, criando uma condição de disputa. O resultado disso também seria um processo obtendo a trava e muitos outros testando, bloqueando novamente e, conseqüentemente, voltando a dormir e, assim, desperdiçando tempo de processador devido ao chaveamento de contexto. Esse fenômeno é conhecido como **estouro da boiada**.[174]

Revisão

1. Cite uma vantagem e uma desvantagem da trava dormir/acordar em comparação com a trava giratória.

2. De que modo a implementação de uma trava dormir/acordar é diferente em ambientes multiprocessadores e ambientes monoprocessadores?

Respostas: 1) Uma trava dormir/acordar elimina o desperdício de ciclos de processador incorridos no giro e também assegura que o processo que está esperando, cuja prioridade é a mais alta, obtenha a trava em seguida. Uma desvantagem é que a reação à disponibilidade da trava é mais lenta porque o novo adquirente deve acordar e obter um processador. 2) Em ambientes multiprocessadores, um processo de liberação acorda somente um processo que está à espera, o que impede um 'estouro de boiada' que desperdiçaria ciclos de processador e inundaria os canais de comunicação. Isso não acontece em sistemas monoprocessadores.

15.9.3 Travas de leitura/escrita

Impor acesso mutuamente exclusivo à memória compartilhada em um sistema multiprocessador pode degradar o desempenho. Somente escritores necessitam de acesso exclusivo ao recurso, ao passo que, em geral, vários leitores podem acessar a mesma localização da memória ao mesmo tempo. Portanto, muitos sistemas protegem a memória compartilhada com uma **trava de leitura/escrita** mais versátil, em vez de uma trava genérica de exclusão mútua.[175] Uma trava de leitura/escrita proporciona exclusão mútua similar à apresentada no problema dos leitores/escritores da Seção 6.2.4. Uma trava de leitura/escrita permite que vários processos leitores (ou seja, processos que não alterarão os dados compartilhados) entrem em suas seções críticas. Diferentemente do exemplo da Seção 6.2.4, todavia, as travas de leitura/escrita exigem que um escritor (um processo que alterará dados compartilhados) espere até não haver mais nenhum processo leitor ou escritor em suas seções críticas antes de entrar na sua própria seção crítica.[176]

Para implementar essa abordagem de travamento de maneira eficiente, o mecanismo de exclusão mútua deve usar memória compartilhada. Todavia, em ambientes nos quais a memória não é compartilhada, como em sistemas NORMA, deve ser utilizada a troca de mensagem. Discutiremos essas técnicas na Seção 17.5 "Exclusão mútua em sistemas distribuídos".

Revisão

1. Em que situações as travas de leitura/escrita são mais eficientes do que as travas giratórias?

2. Uma implementação ingênua de uma trava de leitura/escrita permite que qualquer leitor entre em sua seção crítica quando nenhum escritor estiver em sua própria seção crítica. Como isso pode levar a adiamento indefinido para os escritores? Qual seria uma implementação mais justa?

Respostas: 1) Travas de leitura/escrita são mais eficientes do que travas giratórias quando vários processos lêem uma localização de memória, mas não escrevem nela. Nesse caso, vários processos podem estar em seções críticas ao mesmo tempo. 2) Essa implementação leva a adiamento indefinido se os leitores entrarem continuamente em suas seções críticas antes que um escritor possa entrar em sua própria seção crítica. Uma implementação mais justa permitiria que um leitor entrasse em sua seção crítica apenas se nenhum escritor estivesse dentro ou à espera para entrar em sua própria seção crítica, como discutido na Seção 6.2.4.

Resumo

Muitas aplicações demandam substancialmente mais capacidade de computação do que um processador pode oferecer. O resultado é que sistemas multiprocessadores — computadores que usam mais do que um processador para atender às necessidades de processamento de um sistema — são freqüentemente empregados. O termo 'sistema multiprocessador' engloba qualquer sistema que tenha mais de um processador, o que inclui computadores pessoais de dois processadores, servidores de alta capacidade que contêm muitos processadores e grupos distribuídos de estações de trabalho que operam juntas para executar tarefas.

Há diversas maneiras de classificar multiprocessadores. Flynn desenvolveu um primeiro esquema para classificar computadores em configurações de paralelismo crescente baseadas nos tipos diferentes de fluxos usados por processadores. Computadores SISD (fluxo único de instruções, fluxo único de dados) são monoprocessadores tradicionais que buscam uma instrução por vez e a executam sobre um único item de dado. Computadores MISD (fluxo múltiplo de instruções, fluxo único de dados) (que não são comumente usados) têm várias unidades de processamento, cada uma operando sobre um item de dado e, então, passando o resultado para a próxima unidade de processamento. Computadores SIMD (fluxo único de instruções, fluxo múltiplo de dados), que incluem processadores matriciais e vetoriais, executam instruções sobre vários itens de dados em paralelo. Computadores MIMD (fluxo múltiplo de instruções, fluxo múltiplo de dados) têm várias unidades de processamento que operam independentemente sobre fluxos de instruções separados.

O esquema de interconexão de um sistema multiprocessador descreve como o sistema conecta fisicamente seus componentes, como processadores e módulos de memória. O esquema de interconexão afeta o desempenho, a confiabilidade e o custo do sistema, portanto, é uma questão fundamental para projetistas de multiprocessadores. Um barramento compartilhado fornece baixo custo e alto desempenho para um pequeno número de processadores, mas não escala bem devido à contenção no barramento à medida que aumenta o número de processadores. Uma matriz de comutação de barras cruzadas fornece alta tolerância a falha e alto desempenho, mas é inadequada para sistemas pequenos nos quais UMA (acesso uniforme à memória) é mais efetivo em custo. Uma rede em malha 2-D é um projeto simples que fornece desempenho e tolerância a falha adequados a custo baixo, mas também não escala bem. Um hipercubo é mais escalável do que uma rede em malha 2-D e fornece melhor desempenho, mas a um custo mais alto. Redes multiestágios são uma solução equilibrada em custo e desempenho e podem ser usadas para construir multiprocessadores de escala extremamente grande.

Em um sistema fortemente acoplado os processadores compartilham a maioria dos recursos do sistema. Sistemas fracamente acoplados conectam componentes indiretamente por meio de enlaces de comunicação, e não compartilham a maioria dos recursos. Eles são mais escaláveis, flexíveis e tolerantes a falha, mas seu desempenho não é tão bom quanto o de sistemas fortemente acoplados. Eles também colocam mais carga sobre os programadores, que têm de implementar aplicações que se comunicam via IPC em vez de memória compartilhada.

Multiprocessadores também podem ser categorizados com base no modo como os processadores compartilham responsabilidades de sistema operacional. Na organização mestre/escravo somente o processador mestre pode executar o sistema operacional; os escravos executam apenas programas usuários. Na organização de núcleos separados, cada processador executa seu próprio sistema operacional, e as estruturas de dados do sistema operacional mantêm as informações globais do sistema. Na organização simétrica todos os processadores podem controlar qualquer dispositivo e se referir a qualquer unidade de armazenamento. Essa organização habilita sistemas a balancear suas cargas de trabalho com maior precisão.

Sistemas multiprocessadores usam diversas arquiteturas para compartilhar memória. Multiprocessadores UMA requerem que todos os processadores compartilhem toda a memória principal do sistema participando igualmente da contenção pela memória compartilhada; esses sistemas não escalam além de alguns poucos processadores. Multiprocessadores NUMA (acesso não uniforme à memória) fracionam a memória em módulos, designando um módulo a cada processador como sua memória local. Multiprocessadores COMA (arquitetura de memória somente de cache) são similares aos multiprocessadores NUMA, mas tratam toda a memória como um grande cache para aumentar a probabilidade de que dados requisitados residam na memória local do processador requisitante. Multiprocessadores NORMA (sem acesso à memória remota) são fracamente acoplados e não fornecem nenhuma memória principal globalmente compartilhada. Eles são usados para construir sistemas distribuídos de grande escala.

A memória é coerente se o valor obtido da leitura de um endereço de memória for sempre o mesmo valor escrito mais recentemente para aquele endereço. Entre os protocolos de coerência de cache UMA estão a escuta de barramento e a coerência baseada em diretório. NUMAs com cache coerente (CC-NUMAs) freqüentemente usam uma abordagem baseada no conceito de nodo nativo na qual um nodo nativo para cada endereço de memória é responsável por manter aquele item de dados coerente por todo o sistema.

Sistemas que usam replicação de página mantêm várias cópias de uma página de memória de modo que ela possa ser acessada rapidamente por vários processadores. Sistemas que usam migração de páginas transferem páginas para o processador que mais acessa a página. Essas técnicas podem ser combinadas para otimizar o desempenho.

A memória virtual compartilhada (SVM) dá a ilusão de memória física compartilhada em sistemas multiprocessadores de grande escala. Invalidação (na qual um escritor invalida outras cópias de uma página) e difusão de escrita (na qual um escritor comunica a outros processadores as atualizações de uma página) são duas abordagens para implementar coerência de memória em sistemas SVM. Esses protocolos podem ser aplicados estritamente, mas isso pode ser ineficiente. Consistência relaxada, na qual o sistema pode não ser coerente durante alguns segundos, aumenta a eficiência, mas sacrifica alguma integridade dos dados.

Algoritmos de escalonamento de multiprocessadores devem determinar quando e para onde despachar processos. Alguns algoritmos maximizam a afinidade de processador (a relação de um processo com um processador particular e sua memória local) executando processos relacionados nos mesmos processadores. Outros maximizam o paralelismo executando simultaneamente processos relacionados em processadores separados. Alguns sistemas usam filas globais de execução, enquanto outros (normalmente sistemas de grande escala) mantêm filas de execução por processador ou por nodo.

Migração de processos é o ato de transferir um processo entre dois processadores ou computadores. Ela pode aumentar desempenho, compartilhamento de recursos e tolerância a falha. Para migrar um processo, os nodos devem transferir o estado do processo, o que inclui as páginas de memória do processo, conteúdo de registradores, estado de arquivos abertos e contexto de núcleo. Políticas de migração que permitem dependência residual (a dependência de um processo em relação ao seu nodo anterior) reduzem a tolerância a falha e o desempenho do processo após a migração. Contudo, eliminar a dependência residual torna lenta a migração de processos. Várias políticas de migração equilibram as metas de dependência residual mínima e migração inicial rápida.

Balanceamento de carga é uma técnica pela qual o sistema tenta distribuir responsabilidade de processamento eqüitativamente entre processadores para aumentar a utilização dos processadores e reduzir os tempos médios de resposta dos processos. Algoritmos de balanceamento estático de carga designam um número fixo de processadores a um job quando esse é escalonado pela primeira vez. Esses algoritmos são úteis em ambientes, como os de computação científica, em que as interações e tempos de execução do processo são previsíveis. Algoritmos de balanceamento dinâmico de carga mudam o número de processadores designados a um job durante a sua vida. Esses algoritmos são úteis quando as interações do processo são imprevisíveis e quando processos podem ser criados e encerrados a qualquer momento.

Muitos mecanismos de exclusão mútua para monoprocessadores ou são ineficientes ou não efetivos para multiprocessadores. Projetistas desenvolveram técnicas de exclusão mútua específicas para multiprocessadores. Trava giratória é uma trava de exclusão mútua na qual o processo que está à espera gira (espera ociosamente) pela trava. Isso é apropriado quando a carga do sistema é baixa e o tempo de giro é mais curto em relação ao tempo de chaveamento de contexto. Travas giratórias reduzem o tempo de reação quando recursos tornam-se disponíveis. Com uma trava dormir/acordar, um processo que libera a trava acorda o processo à espera que tiver a prioridade mais alta, o qual adquire a trava. Isso reduz a utilização de ciclos de processador típica de travas giratórias. Travas de leitura/escrita permitem que um único escritor ou muitos leitores estejam em suas seções críticas ao mesmo tempo.

Exercícios

15.1 O esquema de interconexão de um multiprocessador afeta o desempenho, o custo e a confiabilidade do sistema.

    a. Dentre os sistemas apresentados neste capítulo, quais os mais convenientes para sistemas pequenos e quais para sistemas de grande escala?

    b. Por que alguns esquemas de interconexão são bons para pequenas redes e outros para redes de grande porte, mas nenhum é ótimo para todas as redes?

15.2 Para cada uma das seguintes organizações de multiprocessadores, descreva um ambiente no qual a organização é útil; e também cite as desvantagens de cada uma.

    a. Organização de processadores mestre/escravo

    b. Organização de multiprocessadores de núcleos separados

    c. Organização simétrica

15.3 Para cada um dos seguintes ambientes, sugira qual arquitetura de acesso à memória UMA, NUMA ou NORMA seria melhor e explique por quê.

    a. Um ambiente consistindo em alguns poucos processos interativos que se comunicam usando memória compartilhada

    b. Milhares de estações de trabalho executando uma tarefa comum

    c. Multiprocessador de grande escala contendo 64 processadores em uma única máquina

    d. Computador pessoal com dois processadores

15.4 Como descrevemos neste capítulo, uma meta importante, porém difícil, para um projetista de multiprocessadores NUMA é maximizar o número de acessos à página que podem ser atendidos por memória local. Descreva as três estratégias, COMA, migração de página e replicação de página, e discuta as vantagens e desvantagens de cada uma.

    a. Multiprocessador COMA

    b. Migração de página

    c. Replicação de página

15.5 Para cada um dos seguintes algoritmos de escalonamento de multiprocessadores, use as classificações discutidas anteriormente neste capítulo para descrever o tipo de multiprocessador que o sistema provavelmente empregaria. Justifique suas respostas.

    a. Escalonamento de multiprocessador cego ao job

    b. Escalonamento de multiprocessador ciente de job

    c. Escalonamento usando filas de execução por processador ou por nodo

15.6 Para cada um dos seguintes atributos de sistema, descreva como a migração de processo pode aumentá-lo em um sistema e como uma implantação ineficiente pode reduzi-lo.

a. Desempenho
b. Tolerância a falha
c. Escalabilidade

15.7 Quando discutimos balanceamento de carga, descrevemos como processadores decidem quando e com quem migrar um processo. Contudo, não descrevemos como processadores decidem qual processo migrar. Sugira alguns fatores que poderiam ajudar a determinar qual processo migrar. [*Sugestão*: Considere os benefícios da migração de processos, com exceção do balanceamento de carga.]

15.8 Um processo que está à espera por uma trava giratória pode ser indefinidamente adiado mesmo que todos os processos garantam que sairão de suas seções críticas após um período de tempo finito? E um processo que está esperando por uma trava de dormir/acordar? Se você respondeu sim, sugira um modo de evitar adiamento indefinido.

Projetos sugeridos

15.9 Elabore um trabalho de pesquisa descrevendo como o sistema operacional Linux suporta multiprocessadores CC-NUMA. Descreva o algoritmo de escalonamento do Linux, como o Linux mantém coerência de cache e coerência de memória e os vários mecanismos de exclusão mútua fornecidos pelo sistema operacional. Assegure-se de que sua pesquisa implique a leitura de algum código-fonte.

15.10 O custo e o desempenho de diferentes dispositivos de hardware estão mudando a taxas diferentes. Por exemplo, o hardware continua a ficar mais barato e a velocidade do processador está crescendo mais rapidamente do que a velocidade do barramento. Elabore um estudo de pesquisa descrevendo as tendências em esquemas de interconexão. Quais esquemas estão tornando-se mais populares? E menos populares? Por quê?

15.11 Elabore um trabalho de pesquisa sobre os algoritmos de balanceamento de carga em uso atualmente. Quais as motivações por trás de cada algoritmo? Para qual tipo de ambiente pretende-se destinar cada um deles? A maioria dos algoritmos é estática ou dinâmica?

15.12 Elabore um estudo de pesquisa descrevendo como sistemas operacionais implementam coerência de memória. Inclua uma descrição precisa do protocolo de coerência e quando ele é aplicado para pelo menos um sistema operacional real.

Simulações sugeridas

15.13 Use threads Java para simular um multiprocessador; cada thread representa um processador. Não esqueça de sincronizar o acesso a variáveis globais (ou seja, compartilhadas). Implemente memória compartilhada como um arranjo, tendo endereços de memória como subscritos. Defina uma classe de objeto denominada Process. Crie objetos Process aleatoriamente e implemente um algoritmo de escalonamento para eles. Um objeto Process deve descrever quanto tempo ele executa antes de bloquear e quando ele termina. Também deve especificar quando requer acesso a uma localização de memória compartilhada e à qual localização.

15.14 Amplie sua simulação. Implemente filas de execução por processador e um algoritmo de balanceamento de carga. Mantenha uma estrutura de dados para a memória local de um processador e implemente uma função no objeto Process para adicionar memória local aleatoriamente quando migrar um Process. Certifique-se de migrar essa memória local quando da migração de um Process.

Notas

1. B. Mukherjee, K. Schwan e P. Gopinath, "A survey of multiprocessor operating systems", *GIT-CC-92/05*, 5 nov. 1993, p. 1.
2. R. Mitchell, "The genius: meet Seymour Cray, father of the supercomputer", *Business Week*, 30 abr. 1990, www.businessweek.com/1989-94/pre88/b31571.htm.
3. C. Breckenridge, "Tribute to Seymour Cray", 19 nov. 1996, www.cgl.ucsf.edu/home/tef/cray/tribute.html.
4. R. Mitchell, "The genius: meet Seymour Cray, father of the supercomputer", *Business Week*, 30 abr. 1990, www.businessweek.com/1989-94/pre88/b31571.htm.
5. C. Breckenridge, "Tribute to Seymour Cray", 19 nov. 1996, www.cgl.ucsf.edu/home/tef/cray/tribute.html.
6. R. Mitchell, "The genius: meet Seymour Cray, father of the supercomputer", *Business Week*, 30 abr. 1990, www.businessweek.com/1989-94/pre88/b31571.htm.
7. C. Breckenridge, "Tribute to Seymour Cray", 19 nov. 1996, www.cgl.ucsf.edu/home/tef/cray/tribute.html.
8. R. Mitchell, "The genius: meet Seymour Cray, father of the supercomputer", *Business Week*, 30 abr. 1990, www.businessweek.com/1989-94/pre88/b31571.htm.
9. "TOP500 supercomputer sites: TOP500 list 06-2003", jun. 2003, www.top500.org/list/2003/06/?page.
10. A. van der Steen, "TOP500 supercomputer sites: Intel Itanium 2", www.top500.org/ORSC/2002/itanium.html.
11. S. Habata, M. Yokokawa e S. Kitawaki, "The Earth simulator system", *NEC Research and Development*, jan. 2003, www.nec.co.jp/techrep/en/r_and_d/r03/r03-no1/rd06.pdf.
12. "Earth simulator hardware", www.es.jamstec.go.jp/esc/eng/ES/hardware.html.
13. S. Habata, M. Yokokawa e S. Kitawaki, "The Earth simulator system", *NEC Research and Development*, jan. 2003, www.nec.co.jp/techrep/en/r_and_d/r03/r03-no1/rd06.pdf.
14. "Earth simulator hardware", www.es.jamstec.go.jp/esc/eng/ES/hardware.html.
15. "Earth simulator mission", www.es.jamstec.go.jp/esc/eng/ESC/mission.html.
16. "TOP500 supercomputer sites", 1º jun. 2003, top500.org/lists/2003/06/1/.
17. "Our mission and basic principles", *The Earth Simulator Center*, 17 out. 2003, www.es.jamstec.go.jp/esc/eng/ESC/mission.html.

18. M. Flynn, "Very high-speed computing systems", *Proceedings of the IEEE*, v. 54, dez. 1966, p. 1901-1909.
19. M. Flynn e K. Rudd, "Parallel architectures", *ACM Computing Surveys*, v. 28, nº 1, mar. 1996, p. 67.
20. "Accelerating digital multimedia production with hyper-threading technology", 15 jan. 2003, http://cedar.intel.com/cgi-bin/ids.dll/content/content.jsp?cntKey=Generic+Editorial%3a%3ahyperthreading_digital_multimedia&cntType=IDS_EDITORIAL&catCode=CDN&path=5.
21. M. Flynn e K. Rudd, "Parallel architectures", *ACM Computing Surveys*, v. 28, nº 1, mar. 1996, p. 69.
22. J. Zhou e K. Ross, "Research sessions: implementation techniques: implementing database operations using SIMD instructions", *Proceedings of the 2002 ACM SIGMOD International Conference on Management of Data*, jun. 2002, p. 145.
23. M. Flynn e K. Rudd, "Parallel architectures", *ACM Computing Surveys*, v. 28, nº 1, mar. 1996, p. 68-69.
24. J. Hennessy e D. Patterson, *Computer organization and design*. São Francisco, CA: Morgan Kaufmann, 1998, p. 751-752.
25. M. Flynn e K. Rudd, "Parallel architectures", *ACM Computing Surveys*, v. 28, nº 1, mar. 1996, p. 68.
26. E. Gelenbe, "Performance analysis of the connection machine", *Proceedings of the 1990 ACM SIGMETRICS Conference on Measurement and Modeling of Computer Systems*, v. 18, nº 1, abr. 1990, p. 183-191.
27. M. Flynn e K. Rudd, "Parallel architectures", *ACM Computing Surveys*, v. 28, nº 1, mar. 1996, p. 69.
28. D. Crawley, "An analysis of MIMD processor interconnection networks for nanoelectronic systems", *UCL Image Processing Group Report 98/3*, 1998, p. 3.
29. D. Crawley, "An analysis of MIMD processor interconnection networks for nanoelectronic systems", *UCL Image Processing Group Report 98/3*, 1998, p. 3.
30. L. Bhuyan, Q. Yang e D. Agrawal, "Performance of multiprocessor interconnection networks", *Computer*, v. 20, nº 4, abr. 1987, p. 50-60.
31. R. Rettberg e R. Thomas, "Contention is no obstacle to shared-memory multiprocessors", *Communications of the ACM*, v. 29, nº 12, dez. 1986, p. 1202-1212.
32. D. Crawley, "An analysis of MIMD processor interconnection networks for nanoelectronic systems", *UCL Image Processing Group Report 98/3*, 1998, p. 12.
33. J. Hennessy e D. Patterson, *Computer organization and design*. São Francisco, CA: Morgan Kaufmann, 1998, p. 718.
34. D. Crawley, "An analysis of MIMD processor interconnection networks for nanoelectronic systems", *UCL Image Processing Group Report 98/3*, 1998, p. 12.
35. X. Qin e J. Baer, "A performance evaluation of cluster architectures", *Proceedings of the 1997 ACM SIGMETRICS International Conference on Measuring and Modeling of Computer Systems*, 1997, p. 237.
36. M. Friedman, "Multiprocessor scalability in Microsoft Windows NT/2000", *Proceedings of the 26th Annual International Measurement Group Conference*, dez. 2000, p. 645-656.
37. P. Enslow, "Multiprocessor organization — a survey", *ACM Computing Surveys*, v. 9, nº 1, mar. 1977, p. 103-129.
38. L. Bhuyan, Q. Yang e D. Agrawal, "Performance of multiprocessor interconnection networks", *Computer*, v. 20, nº 4, abr. 1987, p. 50-60.
39. P. Stenstrom, "Reducing contention in shared-memory multiprocessors", *Computer*, v. 21, nº 11, nov. 1988, p. 26-37.
40. D. Crawley, "An analysis of MIMD processor interconnection networks for nanoelectronic systems", *UCL Image Processing Group Report 98/3*, 1998, p. 19.
41. "UltraSPARC-III", www.sun.com/processors/UltraSPARCIII/USIIITech.html.
42. D. Crawley, "An analysis of MIMD processor interconnection networks for nanoelectronic systems", *UCL Image Processing Group Report 98/3*, 1998, p. 8.
43. C. Seitz, "The cosmic cube", *Communications of the ACM*, v. 28, nº 1, jan. 1985, p. 22-33.
44. K. Padmanabhan, "Cube structures for multiprocessors", *Communications of the ACM*, v. 33, nº 1, jan. 1990, p. 43-52.
45. J. Hennessy e D. Patterson, *Computer organization and design*. São Francisco, CA: Morgan Kaufmann, 1998, p. 738.
46. D. Crawley, "An analysis of MIMD processor interconnection networks for nanoelectronic systems", *UCL Image Processing Group Report 98/3*, 1998, p. 10.
47. "The nCUBE 2s", *Top 500 Supercomputer Sites*, 16 fev. 1998, www.top500.org/ORSC/1998/ncube.html.
48. L. Bhuyan, Q. Yang e D. Agrawal, "Performance of multiprocessor interconnection networks", *Computer*, v. 20, nº 4, abr. 1987, p. 50-60.
49. D. Crawley, "An analysis of MIMD processor interconnection networks for nanoelectronic systems", *UCL Image Processing Group Report 98/3*, 1998, p. 15.
50. "Using ASCI white", 7 out. 2002, www.llnl.gov/asci/platforms/white/.
51. "IBM SP hardware/software overview", 26 fev. 2003, www.llnl.gov/computing/tutorials/ibmhwsw/#evolution.
52. D. Skillicorn, "A taxonomy for computer architectures", *Computer*, v. 21, nº 11, nov. 1988, p. 46-57.
53. D. McKinley, "Loosely-coupled multiprocessing: scalable, available, flexible, and economical computing power", *RTC Europe*, maio 2001, p. 22-24, www.rtceuropeonline.com/may2001/specialreport.pdf.
54. D. McKinley, "Loosely-coupled multiprocessing: scalable, available, flexible, and economical computing power", *RTC Europe*, maio 2001, p. 22-24, www.rtceuropeonline.com/may2001/specialreport.pdf.
55. P. Enslow, "Multiprocessor organization — a survey", *Computing Surveys*, v. 9, nº 1, mar. 1977, p. 103-129.
56. T. Van Lang, "Strictly on-line: parallel algorithms for calculating underground water quality", *Linux Journal*, nº 63, 1º jul. 1999, www.linuxjournal.com/article.php?sid=3021.
57. P. Enslow, "Multiprocessor organization — a survey", *Computing Surveys*, v. 9, nº 1, mar. 1977, p. 103-129.
58. J. Bartlett, "A nonstop kernel", *Proceedings of the Eighth Symposium on Operating System Principles*, dez. 1981, p. 22-29.
59. P. Enslow, "Multiprocessor organization — a survey", *Computing Surveys*, v. 9, nº 1, mar. 1977, p. 103-129.
60. A. Wilson, "More power to you: symmetrical multiprocessing gives large-scale computer power at a lower cost with higher availability", *Datamation*, jun. 1980, p. 216-223.
61. R. Rettberg e R. Thomas, "Contention is no obstacle to shared-memory multiprocessors", *Communications of the ACM*, v. 29, nº 12, dez. 1986, p. 1202-1212.

62. B. Mukherjee, K. Schwan e P. Gopinath, "A survey of multiprocessor operating systems", *GIT-CC-92/05*, 5 nov. 1993, p. 2.
63. A. Tripathi e N. Karnik, "Trends in multiprocessor and distributed operating system design", *Journal of Supercomputing*, v. 9, nº 1/2, 1995, p. 4.
64. B. Mukherjee, K. Schwan e P. Gopinath, "A survey of multiprocessor operating systems", *GIT-CC-92/05*, 5 nov. 1993, p. 2.
65. B. Mukherjee, K. Schwan e P. Gopinath, "A survey of multiprocessor operating systems", *GIT-CC-92/05*, 5 nov. 1993, p. 2-3.
66. A. Tripathi e N. Karnik, "Trends in multiprocessor and distributed operating system design", *Journal of Supercomputing*, v. 9, nº 1/2, 1995, p. 3.
67. T. Joe e J. Hennessy, "Evaluating the memory overhead required for COMA architectures", *Proceedings of the 21st Annual Symposium on Computer Architecture*, abr. 1994, p. 82.
68. P. Stenstrom, T. Joe e A. Gupta, "Comparative performance evaluation of cache-coherent NUMA and COMA architectures", *Proceedings of the 19th Annual Symposium on Computer Architecture*, maio 1992, p. 81.
69. P. Stenstrom, T. Joe e A. Gupta, "Comparative performance evaluation of cache-coherent NUMA and COMA architectures", *Proceedings of the 19th Annual Symposium on Computer Architecture*, maio 1992, p. 80.
70. A. Tripathi e N. Karnik, "Trends in multiprocessor and distributed operating system design", *Journal of Supercomputing*, v. 9, nº 1/2, 1995, p. 20.
71. B. Mukherjee, K. Schwan e P. Gopinath, "A Survey of multiprocessor operating systems", *GIT-CC-92/05*, 5 nov. 1993, p. 2-3.
72. L. A. Barroso, J. Dean e U. Hoelzle, "Web search for a planet: the Google cluster architecture", *IEEE MICRO*, mar./abr. 2003, p. 22-28.
73. A. Tripathi e N. Karnik, "Trends in multiprocessor and distributed operating system design", *Journal of Supercomputing*, v. 9, nº 1/2, 1995, p. 3.
74. A. Tanenbaum e R. Renesse, "Distributed operating systems", *Computing Surveys*, v. 17, nº 4, dez. 1985, p. 420.
75. K. Lai e P. Hudak, "Memory coherence in shared virtual memory systems", *ACM Transactions on Computer Systems*, v. 7, nº 4, nov. 1989, p. 325.
76. K. Lai e P. Hudak, "Memory coherence in shared virtual memory systems", *ACM Transactions on Computer Systems*, v. 7, nº 4, nov. 1989, p. 325.
77. "Cache coherence", *Webopedia.com*, www.webopedia.com/TERM/C/cache_coherence.html.
78. P. Stenstrom, T. Joe e A. Gupta, "Comparative performance evaluation of cache-coherent NUMA and COMA architectures", *Proceedings of the 19th Annual Symposium on Computer Architecture*, maio 1992, p. 81.
79. V. Soundararajan et al., "Flexible use of memory for replication/migration in cache-coherent DSM multiprocessors", *Proceedings of the 25th Annual Symposium on Computer Architecture*, jun. 1998, p. 342.
80. A. Lai e B. Falsafi, "Comparing the effectiveness of fine-grain memory caching against page migration/replication in reducing traffic in DSM clusters", *ACM Symposium on Parallel Algorithms and Architecture*, 2000, p. 79.
81. V. Soundararajan et al., "Flexible use of memory for replication/migration in cache-coherent DSM multiprocessors", *Proceedings of the 25th Annual Symposium on Computer Architecture*, jun. 1998, p. 342.
82. Y. Baral, M. Carikar e P. Indyk, "On page migration and other relaxed task systems", *ACM Symposium on Discrete Algorithms*, 1997, p. 44.
83. B. Vergese et al., "Operating system support for improving data locality on CC-NUMA computer servers", *Proceedings of the 7th International Conference on Architectural Support for Programming Languages and Operating Systems*, out. 1996, p. 281.
84. B. Vergese et al., "Operating system support for improving data locality on CC-NUMA compute servers", *Proceedings of the 7th International Conference on Architectural Support for Programming Languages and Operating Systems*, out. 1996, p. 281.
85. R. LaRowe, C. Ellis e L. Kaplan, "The robustness of NUMA memory management", *Proceedings of the 13th ACM Symposium on Operating System Principles*, out. 1991, p. 137-138.
86. K. Lai e P. Hudak, "Memory coherence in shared virtual memory systems", *ACM Transactions on Computer Systems*, v. 7, nº 4, nov. 1989, p. 326-327.
87. K. Lai e P. Hudak, "Memory coherence in shared virtual memory systems", *ACM Transactions on Computer Systems*, v. 7, nº 4, nov. 1989, p. 327-328.
88. A. Tripathi e N. Karnik, "Trends in multiprocessor and distributed operating system design", *Journal of Supercomputing*, v. 9, nº 1/2, 1995, p. 21.
89. L. Iftode e J. Singh, "Shared virtual memory: progress and challenges", *Proceedings of the IEEE Special Issue on Distributed Shared Memory*, v. 87, nº 3, mar. 1999, p. 498.
90. L. Iftode e J. Singh, "Shared virtual memory: progress and challenges", *Proceedings of the IEEE Special Issue on Distributed Shared Memory*, v. 87, nº 3, mar. 1999, p. 499.
91. K. Gharacharloo et al., "Memory consistency and event ordering in scalable shared-memory multiprocessors", *Proceedings of the 17th Annual Symposium on Computer Architecture*, maio 1990, p. 17-19.
92. J. Carter, J. Bennett e J. Zwaenepoel, "Implementation and performance of Munin", *Proceedings of the 13th ACM Symposium on Operating System Principles*, 1991, p. 153-154.
93. L. Iftode e J. Singh, "Shared virtual memory: progress and challenges", *Proceedings of the IEEE Special Issue on Distributed Shared Memory*, v. 87, nº 3, mar. 1999, p. 499-500.
94. C. Dudnicki et al., "Improving release-consistent shared virtual memory using automatic update", *Proceedings of the Second IEEE Symposium on High-Performance Computer Architecture*, fev. 1996, p. 18.
95. "Delayed consistency and its effects on the miss rate of parallel programs", *Proceedings of Supercomputing '91*, 1991, p. 197-206.
96. L. Iftode e J. Singh, "Shared virtual memory: progress and challenges", *Proceedings of the IEEE Special Issue on Distributed Shared Memory*, v. 87, nº 3, mar. 1999, p. 500.
97. A. Tripath e N. M. Karnik, "Trends in multiprocessor and distributed operating system designs", *Journal of Supercomputing*, v. 9, nº 1/2, 1995, p. 14.
98. A. Tripath e N. M. Karnik, "Trends in multiprocessor and distributed operating system designs", *Journal of Supercomputing*, v. 9, nº 1/2, 1995, p. 14.

99. A. Tripath e N. M. Karnik, "Trends in multiprocessor and distributed operating system designs", *Journal of Supercomputing*, v. 9, nº 1/2, 1995, p. 14.
100. A. S. Tannenbaum e R. V. Renesse, "Distributed operating systems", *ACM Computing Surveys*, v. 17, nº 4, dez. 1985, p. 436.
101. R. B. Bunt, D. L. Eager e S. Majumdar, "Scheduling in multiprogrammed parallel systems", *ACM SIGMETRICS*, 1988, p. 106.
102. R. B. Bunt, D. L. Eager e S. Majumdar, "Scheduling in multiprogrammed parallel systems", *ACM SIGMETRICS*, 1988, p. 105.
103. R. B. Bunt, D. L. Eager e S. Majumdar, "Scheduling in multiprogrammed parallel systems", *ACM SIGMETRICS*, 1998, p. 106.
104. P. Gopinath et al., "A survey of multiprocessing operating systems (Draft)", *Georgia Institute of Technology*, 5 nov. 1993, p. 15.
105. B. Mukherjee, K. Schwan e P. Gopinath, "A survey of multiprocessor operating systems", *GIT-CC-92/05*, 5 nov. 1993, p. 15.
106. R. B. Bunt, D. L. Eager e S. Majumdar, "Scheduling in multiprogrammed parallel systems", *ACM SIGMETRICS*, 1998, p. 106.
107. B. Mukherjee, K. Schwan e P. Gopinath, "A survey of multiprocessor operating systems", *GIT-CC-92/05*, 5 nov. 1993, p. 15.
108. A. Tripathi e N. M. Karnik, "Trends in multiprocessor and distributed operating system design", *Journal of Supercomputing*, v. 9, nº 1/2, 1995, p. 16.
109. S. T. Leutenegger e M. K. Vernon, "The performance of multiprogrammed multiprocessor scheduling policies", *Proceedings of the ACM Conference on Measurement and Modeling of Computer Systems*, 1990, p. 227.
110. S. T. Leutenegger e M. K. Vernon, "The performance of multiprogrammed multiprocessor scheduling policies", *Proceedings of the ACM Conference on Measurement and Modeling of Computer Systems*, 1990, p. 227.
111. B. Mukherjee, K. Schwan e P. Gopinath, "A survey of multiprocessor operating systems", *GIT-CC-92/05*, 5 nov. 1993, p. 17.
112. A. Tripathi e N. M. Karnik, "Trends in multiprocessor and distributed operating system design", *Journal of Supercomputing*, v. 9, nº 1/2, 1995, p. 16.
113. B. Mukherjee, K. Schwan e P. Gopinath, "A survey of multiprocessor operating systems", *GIT-CC-92/05*, 5 nov. 1993, p. 15.
114. B. Mukherjee, K. Schwan e P. Gopinath, "A survey of multiprocessor operating systems", *GIT-CC-92/05*, 5 nov. 1993, p. 16.
115. A. Gupta e A. Tucker, "Process control and scheduling issues for multiprogrammed shared-memory multiprocessors", *Proceedings of the 12th ACM Symposium on Operating System Principles*, 1989, p. 165.
116. S. T. Leutenegger e M. K. Vernon, "The performance of multiprogrammed multiprocessor scheduling policies", *Proceedings of the ACM Conference on Measurement and Modeling of Computer Systems*, 1990, p. 227-228.
117. B. Carlson, L. Dowdy, K. Dussa e K. H. Park, "Dynamic partitioning in a Transputer environment", *Proceedings of the ACM*, 1990, p. 204.
118. B. Carlson, L. Dowdy, K. Dussa e K. H. Park, "Dynamic partitioning in a Transputer environment", *Proceedings of the ACM*, 1990, p. 204.
119. B. Carlson, L. Dowdy, K. Dussa e K. H. Park, "Dynamic partitioning in a Transputer environment", *Proceedings of the ACM*, 1990, p. 204.
120. A. Tripathi e N. M. Karnik, "Trends in multiprocessor and distributed operating system designs", *Journal of Supercomputing*, v. 9, nº 1/2, 1995, p. 17.
121. D. Milojicic et al., "Process migration", *ACM Computing Surveys*, v. 32, nº 3, set. 2000, p. 241.
122. D. Milojicic et al., "Process migration", *ACM Computing Surveys*, v. 32, nº 3, set. 2000, p. 246.
123. H. Langendorfer e S. Petri, "Load balancing and fault tolerance in workstation clusters: migrating groups of processes", *Operating Systems Review*, v. 29, nº 4, out. 1995, p. 25.
124. D. Milojicic et al., "Process migration", *ACM Computing Surveys*, v. 32, nº 3, set. 2000, p. 246.
125. M. Eskicioglu, "Design issues of process migration facilities in distributed systems", *IEEE Computer Society Technical Committee on Operating Systems Newsletter*, v. 4, nº 2, 1990, p. 5-6.
126. C. Steketee, P. Socko e B. Kiepuszewski, "Experiences with the implementation of a process migration mechanism for Amoeba", *Proceedings of the 19th ACSC Conference*, jan./fev. 1996.
127. M. Eskicioglu, "Design issues of process migration facilities in distributed systems", *IEEE Computer Society Technical Committee on Operating Systems Newsletter*, v. 4, nº 2, 1990, p. 5-6.
128. D. Milojicic et al., "Process migration", *ACM Computing Surveys*, v. 32, nº 3, set. 2000, p. 255.
129. M. Eskicioglu, "Design issues of process migration facilities in distributed systems", *IEEE Computer Society Technical Committee on Operating Systems Newsletter*, v. 4, nº 2, 1990, p. 10.
130. D. Milojicic et al., "Process migration", *ACM Computing Surveys*, v. 32, nº 3, set. 2000, p. 256.
131. B. Mukherjee, K. Schwan e P. Gopinath, "A survey of multiprocessor operating systems", *GIT-CC-92/05*, 5 nov. 1993, p. 21.
132. C. Steketee, P. Socko e B. Kiepuszewski, "Experiences with the implementation of a process migration mechanism for Amoeba", *Proceedings of the 19th ACSC Conference*, jan./fev. 1996.
133. D. Milojicic et al., "Process migration", *ACM Computing Surveys*, v. 32, nº 3, set. 2000, p. 259.
134. D. Milojicic et al., "Process migration", *ACM Computing Surveys*, v. 32, nº 3, set. 2000, p. 256.
135. M. Eskicioglu, "Design issues of process migration facilities in distributed systems", *IEEE Computer Society Technical Committee on Operating Systems Newsletter*, v. 4, nº 2, 1990, p. 6.
136. D. Milojicic et al., "Process migration", *ACM Computing Surveys*, v. 32, nº 3, set. 2000, p. 256.
137. D. Milojicic et al., "Process migration", *ACM Computing Surveys*, v. 32, nº 3, set. 2000, p. 256.
138. M. Eskicioglu, "Design issues of process migration facilities in distributed systems", *IEEE Computer Society Technical Committee on Operating Systems Newsletter*, v. 4, nº 2, 1990, p. 7.

139. F. Douglis e J. Ousterhout, "Transparent process migration: design alternatives and the Sprite implementation", *Software Practice and Experience*, v. 21, nº 8, p. 764.
140. E. Zayas, "Attacking the process migration bottleneck", *Proceedings of the Eleventh Annual ACM Symposium on Operating System Principles*, 1987, p. 13-24.
141. F. Douglis e J. Ousterhout, "Transparent process migration: design alternatives and the Sprite implementation", *Software Practice and Experience*, v. 21, nº 8, p. 764.
142. D. Milojicic et al., "Process migration", *ACM Computing Surveys*, v. 32, nº 3, set. 2000, p. 256.
143. M. Eskicioglu, "Design issues of process migration facilities in distributed systems", *IEEE Computer Society Technical Committee on Operating Systems Newsletter*, v. 4, nº 2, 1990, p. 7.
144. F. Dougli e J. Ousterhout, "Transparent process migration: design alternatives and the Sprite implementation", *Software Practice and Experience*, v. 21, nº 8, p. 764.
145. M. Eskicioglu, "Design issues of process migration facilities in distributed systems", *IEEE Computer Society Technical Committee on Operating Systems Newsletter*, v. 4, nº 2, 1990, p. 6-7.
146. B. Mukherjee, K. Schwan e P. Gopinath, "A survey of multiprocessor operating systems", *GIT-CC-92/05*, 5 nov. 1993, p. 14.
147. B. Mukherjee, K. Schwan e P. Gopinath, "A survey of multiprocessor operating systems", *GIT-CC-92/05*, 5 nov. 1993, p. 14.
148. B. Mukherjee, K. Schwan e P. Gopinath, "A survey of multiprocessor operating systems", *GIT-CC-92/05*, 5 nov. 1993, p. 14-15.
149. R. Diekmann, B. Monien e R. Preis, "Load balancing strategies for distributed memory machines", *World Scientific*, 1997, p. 3.
150. A. S. Tannenbaum e R. V. Renesse, "Distributed operating systems", *ACM Computing Surveys*, v. 17, nº 4, dez. 1985, p. 436.
151. R. Diekmann, B. Monien e R. Preis, "Load balancing strategies for distributed memory machines", *World Scientific*, 1997, p. 5.
152. R. Diekmann, B. Monien e R. Preis, "Load balancing strategies for distributed memory machines", *World Scientific*, 1997, p. 7.
153. A. S. Tannenbaum e R. V. Renesse, "Distributed operating systems", *ACM Computing Surveys*, v. 17, nº 4, dez. 1985, p. 438.
154. D. Milojicic et al., "Process migration", *ACM Computing Surveys*, v. 32, nº 3, set. 2000, p. 250.
155. D. Milojicic et al., "Process migration", *ACM Computing Surveys*, v. 32, nº 3, set. 2000, p. 251.
156. N. Shivarati, P. Kreuger e M. Singhal, "Load distributing for locally distributed systems", *IEEE Computer*, 1992, p. 37-39.
157. D. Milojicic et al., "Process migration", *ACM Computing Surveys*, v. 32, nº 3, set. 2000, p. 251.
158. N. Shivarati, P. Kreuger e M. Singhal, "Load distributing for locally distributed systems", *IEEE Computer*, 1992, p. 37-39.
159. D. Milojicic et al., "Process migration", *ACM Computing Surveys*, v. 32, nº 3, set. 2000, p. 251.
160. N. Shivarati, P. Kreuger e M. Singhal, "Load distributing for locally distributed systems", *IEEE Computer*, 1992, p. 37-39.
161. D. Milojicic et al., "Process migration", *ACM Computing Surveys*, v. 32, nº 3, set. 2000, p. 251.
162. I. Ahmad e Y. K. Kwok, "Static scheduling algorithms for allocating directed task graphs to multiprocessors", *Communications of the ACM*, 2000, p. 462.
163. R. Luling et al., "A study on dynamic load balancing algorithms", *Proceedings of the IEEE SPDP*, 1991, p. 686-689.
164. R. Luling et al., "A study on dynamic load balancing algorithms", *Proceedings of the IEEE SPDP*, 1991, p. 686-689.
165. A. S. Tannenbaum e R. V. Renesse, "Distributed operating systems", *ACM Computing Surveys*, v. 17, nº 4, dez. 1985, p. 438.
166. A. S. Tannenbaum e R. V. Renesse, "Distributed operating systems", *ACM Computing Surveys*, v. 17, nº 4, dez. 1985, p. 438.
167. A. Barak e A. Shiloh, "A distributed load balancing policy for a multicomputer", *Software Practice and Experience*, 15 dez. 1985, p. 901-913.
168. A. Tripathi e N. M. Karnik, "Trends in multiprocessor and distributed operating system designs", *Journal of Supercomputing*, v. 9, nº 1/2, 1995, p. 11.
169. J. Mellor-Crummy e M. Scott, "Algorithms for scalable synchronization on shared-memory multiprocessors", *ACM Transactions on Computer Systems*, v. 9, nº 1, fev. 1991, p. 22.
170. B. Mukherjee, K. Schwan e P. Gopinath, "A survey of multiprocessor operating systems", *GIT-CC-92/05*, 5 nov. 1993, p. 24.
171. A. Tripathi e N. M. Karnik, "Trends in multiprocessor and distributed operating system designs", *Journal of Supercomputing*, v. 9, nº 1/2, 1995, p. 11-12.
172. A. Tripathi e N. M. Karnik, "Trends in multiprocessor and distributed operating system designs", *Journal of Supercomputing*, v. 9, nº 1/2, 1995, p. 12.
173. B. Mukherjee e K. Schwan, "Experiments with configurable locks for multiprocessors", *GIT-CC-93/05*, 10 jan. 1993.
174. A. Tripathi e N. M. Karnik, "Trends in multiprocessor and distributed operating system designs", *Journal of Supercomputing*, v. 9, nº 1/2, 1995, p. 13.
175. J. Mellor-Crummy e M. Scott, "Scalable reader-writer synchronization for shared-memory multiprocessors", *Proceedings of the Third ACM SIGPLAN Symposium on Principles and Practices of Parallel Programming*, 1991, p. 106-113.
176. B. Mukherjee, K. Schwan e P. Gopinath, "A survey of multiprocessor operating systems", *GIT-CC-92/05*, 5 nov. 1993, p. 25.

Parte 6

Computação em rede e distribuída

E o que é que vamos fazer naquele lugar remoto?
Napoleão Bonaparte

Com a popularização da Web em 1993, a utilização da Internet literalmente explodiu. Agora há um foco altamente concentrado na construção de aplicações distribuídas, baseadas na Internet, o que está afetando profundamente o projeto de sistemas operacionais. O Capítulo 16 apresenta a computação em rede e discute topologias e tipos de redes e o modelo de rede cliente/servidor. Explicamos cuidadosamente as quatro camadas da pilha de protocolos TCP/IP da Internet. O Capítulo 17 apresenta sistemas distribuídos e discute atributos, comunicação, sincronização, exclusão mútua e deadlock. O capítulo apresenta também estudos de caso dos sistemas operacionais distribuídos Sprite e Amoeba. O Capítulo 18 discute sistemas de arquivo distribuídos, agrupamento de computadores (clustering), computação distribuída peer-to-peer, computação em grade, tecnologias de computação distribuída Java e a tecnologia emergente dos serviços Web.

O mais humilde é o semelhante do mais poderoso.
John Marshall Harlan

Capítulo 16

Introdução às redes

Não viva mais de maneira fragmentada. Conecte-se.
Edward Morgan Foster

O que as redes ferroviárias, rodovias e canais foram em outra época, as redes de telecomunicações, informações e a computadorização... são hoje.
Bruno Kreisky

Demorou cinco meses para a Rainha Isabel receber notícias da viagem de Colombo, duas semanas para a Europa saber do assassinato de Lincoln e somente 1,3 segundo para ouvir Neil Armstrong dizer que o homem podia andar na Lua.
Isaac Asimov

Objetivos

Este capítulo apresenta:

- *O papel central da rede nos sistemas de computador de hoje.*
- *Vários tipos e topologias de redes.*
- *A pilha de protocolos TCP/IP.*
- *As capacidades de aplicação do TCP/IP, transporte, rede e camadas de enlace.*
- *Protocolos como HTTP, FTP, TCP, UDP, XCP, IP e IPv6.*
- *Hardware de rede e protocolos de hardware como Ethernet e Wireless 802.11.*
- *O modelo de rede cliente/servidor.*

16.1 Introdução

Redes se tornaram quase tão importantes quanto os computadores que elas conectam, habilitando usuários a acessar recursos que estão disponíveis em computadores remotos e a se comunicar com outros usuários em todo o mundo. Falar ao telefone, ver televisão a cabo, usar um telefone celular, fazer uma compra com cartão de crédito, sacar dinheiro de um caixa automático, navegar pela Web e enviar e-mails são todas atividades que dependem de redes de computadores. Como usuários, passamos a esperar que a comunicação em rede ocorra rapidamente e sem erro.

Este capítulo discute configurações comuns de redes, analisando como **hospedeiros** (*hosts*) — entidades que recebem e fornecem serviços em uma rede — são ligados por **enlaces** — os meios pelos quais os serviços da rede são transmitidos. Se um enlace for interrompido, um hospedeiro falhar ou uma mensagem for perdida, a comunicação da rede poderá ser interrompida. Apresentamos a **pilha de protocolos TCP/IP,** que possibilita interfaces bem definidas para habilitar a comunicação entre computadores através de uma rede e permitir que os problemas sejam resolvidos à medida que surgem. A pilha de protocolos TCP/IP divide a comunicação em rede em quatro níveis lógicos denominados **camadas**. Cada camada fornece funcionalidade para as camadas acima dela, de modo que facilite o desenvolvimento, gerenciamento e depuração de redes e simplifique a programação de aplicações que dependam dessas redes. Uma camada é implementada segundo certos **protocolos** — conjuntos de regras que determinam como duas entidades devem interagir. Quando discutirmos cada camada, consideraremos protocolos populares da Internet, que permitem que usuários de todo o mundo se comuniquem. Concluiremos discutindo o popular modelo cliente/servidor de comunicação em rede.

Os conceitos apresentados neste capítulo o ajudarão a entender os capítulos sobre sistemas distribuídos (capítulos 17 e 18), segurança (Capítulo 19) e os estudos de caso do Linux (Capítulo 20) e do Windows XP (Capítulo 21).

Revisão

1. Por que a pilha de protocolos TCP/IP separa a comunicação em rede em quatro camadas?
2. Que problemas podem surgir durante a comunicação em rede?

Respostas: 1) Separar a comunicação em rede em quatro camadas modulariza a comunicação. Desenvolvedores podem concentrar-se em uma camada por vez, o que facilita o desenvolvimento, gerenciamento e depuração de redes ou de aplicações de redes. 2) Hospedeiros podem falhar, enlaces podem ser interrompidos e mensagens podem ser perdidas.

16.2 Topologia de rede

Topologia de rede descreve a relação entre os hospedeiros, também denominados **nodos,** de uma rede. Uma **topologia lógica** mostra quais nodos de uma rede estão diretamente conectados (quais nodos podem se comunicar entre si sem depender de nodos intermediários).[1] Algumas topologias comuns de rede (Figura 16.1) incluem barramento, anel, estrela, árvore, malha e redes em malha totalmente conectadas.

Os nodos de uma **rede em barramento** (ou **linear**) (Figura 16.1, parte a) são todos conectados a um enlace de comunicação único, comum (denominado barramento). Redes em barramento são simples porque não precisam de nodos intermediários para encaminhar mensagens para outros nodos. À medida que as mensagens viajam por um enlace, a resistência do meio faz com que o sinal perca força — o que é conhecido como **atenuação**. Uma vez que redes em barramento não possuem nodos intermediários para retransmitir mensagens, o comprimento do meio de comunicação do barramento deve ser limitado para minimizar a atenuação. Se qualquer nodo individual de uma rede em barramento falhar, a rede inteira continuará funcionando. Se o barramento em si falhar, toda a rede falhará. Redes em barramento são adequadas para residências e pequenos escritórios.[2,3]

Redes em anel (Figura 16.1, parte b) consistem em um conjunto de nodos, cada um dos quais mantém exatamente duas conexões com outros nodos, de modo que uma mensagem enviada através de uma conexão possa eventualmente retornar via outra. Redes em anel podem crescer mais do que redes em barramento, pois cada nó do anel transmite cada mensagem, o que limita a atenuação da mensagem, mas introduz um atraso de retransmissão (o tempo requerido para um nodo processar uma mensagem antes de retransmiti-la). Uma das limitações mais significativas de uma rede em anel é que, se um nodo do anel falhar, o anel inteiro falhará, o que significa que a tolerância à falha de uma rede em anel é limitada, pois a rede não pode se recuperar da falha de um único nodo.

Redes em estrela (Figura 16.1, parte e) contêm um único nodo central ou **hub** (concentrador ou distribuidor) conectado a todos os outros nodos da rede e é responsável por transmitir mensagens entre nodos. Todas as transmissões de uma rede em estrela passam pelo hub. Uma vez que em redes em estrela as comunicações passem por um único nodo intermediário, a atenuação limitará a abrangência geográfica da rede, mas o atraso de transmissão será menor do que nas redes em anel. A rede pode sobreviver à falha de um dos nodos, mas a rede inteira falhará se o hub central falhar. Uma vez que o hub central controle toda a comunicação, ocorrerá um gargalo se a demanda da rede exceder a capacidade de processamento do hub.[4,5]

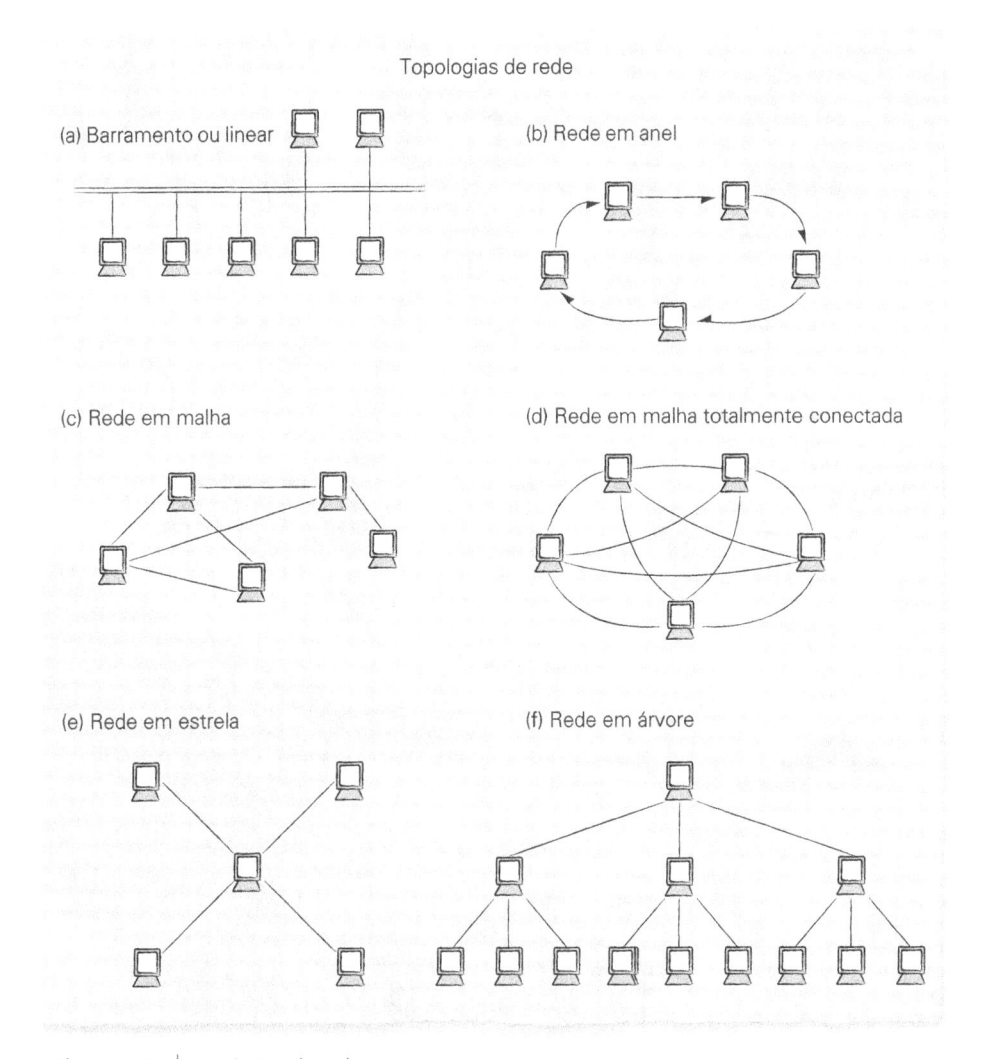

Figura 16.1 | Topologias de rede.

Redes em árvore (Figura 16.1, parte f) são redes hierárquicas que consistem em um nodo-raiz e diversos subnodos, denominados filhos, que podem ter seus próprios subnodos. Uma rede em árvore pode ser vista como várias redes em estrela. O hub da primeira rede em estrela é a raiz da árvore. Cada nodo-filho dessa estrela serve como um hub para uma outra rede em estrela. Hubs são responsáveis por transmitir informações aos nodos de suas redes imediatas. Muitas vezes usa-se a topologia em árvore para ligar nodos que se comunicam uns com os outros freqüentemente, aumentando assim a eficiência da rede.[6,7]

Em **redes em malha** (Figura 16.1, parte c), pelo menos dois nodos são conectados por mais de um caminho. Uma rede em malha na qual cada nodo está conectado diretamente a todos os outros nodos é uma **rede em malha totalmente conectada** (Figura 16.1, parte d). Redes em malha e redes totalmente conectadas são as topologias mais tolerantes à falha, pois normalmente há vários caminhos entre cada par de nodos. A desvantagem primordial das redes em malha é a complexidade associada ao direcionamento de mensagens entre nodos que não têm nenhuma conexão direta. Em redes totalmente conectadas isso é simples, já que cada par de nodos tem um enlace direto entre eles. O problema das redes totalmente conectadas é que, à medida que o número de nós aumenta, o número de enlaces que ligam esses nodos aumenta exponencialmente.[8,9]

A proliferação da tecnologia de redes sem fio introduziu as **redes ad hoc** (veja o "Miniestudo de caso, Symbian OS"). Uma rede ad hoc é espontânea — qualquer número de dispositivos pode ser conectado a ela a qualquer tempo. Esses dispositivos se tornam partes da rede ou a abandonam aleatoriamente. Redes ad hoc consistem em qualquer combinação de dispositivos sem fio e com fio. A topologia da rede pode mudar rapidamente, o que dificulta a concentração do comando da rede em um nodo central. A natureza variável das redes ad hoc transforma a determinação de sua topologia em um problema desafiador para a pesquisa corrente.[10]

Revisão

1. Por que uma rede para um sistema de missão crítica (por exemplo, um sistema de controle de uma usina nuclear ou de tráfego aéreo) não seria construída segundo uma topologia em anel?

2. Por que dispositivos sem fio requerem uma rede espontânea?

Respostas: **1)** Um sistema de missão crítica não usaria uma topologia em anel por causa da falta de tolerância à falha. Se um único nodo falhasse, a rede inteira falharia. Sistemas de missão crítica requerem redes com vários níveis de redundância para garantir operação contínua. **2)** A natureza dos dispositivos sem fio é que eles se movimentam de um lugar para outro; juntam-se e saem de várias redes. Redes ad hoc não requerem uma topologia de rede fixa.

Miniestudo de caso

Symbian OS

A Symbian (www.symbian.com), criadora do sistema operacional Symbian, foi fundada em 1998 pelos fabricantes de telefones celulares Ericsson, Nokia, Motorola e Psion para desenvolver um sistema operacional para telefones celulares independente de plataforma para substituir seus sistemas operacionais individuais incompatíveis.[11, 12] O resultado é o **Symbian OS**, um sistema operacional pequeno que executa em 'telefones espertos'[13] — telefones celulares com funcionalidade de um PDA (*Personal Digital Assistent*). O Symbian OS é único, no sentido de que foi construído para telefones celulares,[14, 15] enquanto seus principais concorrentes como o Windows CE, o Linux e o PalmOS foram todos originalmente projetados para sistemas diferentes e, então, adaptados para telefones celulares.

A Symbian concentra-se no tamanho e na eficiência em tempo.[16, 17] O Symbian OS segue padrões abertos como o POSIX API[18] — o padrão de interface para sistemas operacionais portáveis do IEEE (*Portable Operating System Interface*) —, bem como APIs para gráficos, imagens e multimídia de alto desempenho, navegação móvel e serviço de mensagens, comunicações e telefonia móvel, segurança e gerenciamento de dados para facilitar aos desenvolvedores de aplicações a escrita de software compatível.[19, 20] E, também, uma vez que Java está se tornando o padrão para telefones celulares e tem uma grande base de desenvolvedores de aplicações, o Symbian inclui uma implementação do ambiente de execução Java para dispositivos móveis (MIDP).[21, 22]

A última edição do Symbian, OS v7.0s, é dirigida à terceira geração de telefones móveis (3G) e vem equipada com nova funcionalidade para atender às necessidades desses dispositivos sem fio de alto desempenho. Entre as novas características do OS v7.0s estão uma estrutura multithread para multimídia e o Java Wireless Messaging 1.0 e o Bluetooth 1.1.[23] O OS v7.0s também suporta W-CDMA (*Wideband Code-Division Multiple Access* — acesso múltiplo por divisão de código em banda larga), que habilita telefones móveis G3 a transferir dados a taxas muito mais rápidas, de até 2 Mbps.[24] Essas novas características são construídas sobre a extensa coleção de APIs comuns em todas as edições recentes do Symbian OS.

16.3 Tipos de redes

Os dois tipos de redes mais predominantes são as **redes locais** (*Local Area Networks* — **LANs**) e as **redes de longa distância** (*Wide Area Networks* — WANs). LAN é uma rede de alcance geográfico limitado projetada para otimizar taxas de transferência de dados entre seus nodos. Redes locais interconectam recursos usando caminhos de comunicação de alta velocidade com protocolos de rede otimizados para ambientes de áreas locais como edifícios de escritórios ou campi universitários. A independência é um benefício das LANs em comparação com redes maiores. As que pertencem a empresas ou a universidades podem ser atualizadas ou reorganizadas quando a empresa ou a universidade quiser. Elas também estão livres do congestionamento que pode surgir em redes maiores que têm de atender a milhões de usuários. Já que as LANs são autônomas, podem ser customizadas para atender às necessidades de um grupo particular e podem empregar quaisquer das topologias discutidas na Seção 16.2.[25]

WANs são mais amplas, consistem em muitas LANs e conectam muitos computadores a grandes distâncias; a maior das WANs é, de longe, a Internet. WANs em geral empregam uma topologia em malha, funcionam a velocidades mais baixas do que as LANs e suas taxas de erro são mais altas porque têm de interagir com várias LANs e WANs, que muitas vezes são heterogêneas.[26]

Revisão

1. Qual o propósito de criar pequenas sub-redes dentro de uma rede maior, como uma LAN que compreende um pedaço de uma WAN?
2. Quais as desvantagens das WANs em comparação com as LANs?

Respostas: **1)** Uma sub-rede como uma LAN de um campus universitário permite que um grupo de computadores relacionados seja conectado diretamente para transmissão mais rápida, capacidade mais alta, maior flexibilidade de gerenciamento e customização. **2)** WANs em geral funcionam a velocidades mais baixas e suas taxas de erros são mais altas do que as das LANs, porque têm de interagir com várias LANs e WANs, muitas vezes heterogêneas.

16.4 Pilha de protocolos TCP/IP

As quatro camadas da comunicação em rede definidas segundo a pilha de protocolos TCP/IP são as camadas de aplicação, transporte, rede e enlace. A **camada de aplicação** é o nível mais alto e fornece protocolos (por exemplo, HTTP, FTP) para que aplicações como navegadores Web e servidores Web se comuniquem umas com as outras. A **camada de transporte** é responsável pela comunicação fim-a-fim da informação do processo transmissor para o processo receptor. A **camada de rede** é responsável por transferir os dados de um computador para o seguinte (também conhecido como roteamento). A camada de transporte depende da camada de rede para determinar o caminho adequado de uma extremidade da comunicação à outra. A **camada de enlace** traduz a informação de bits para um sinal físico que viaja por uma conexão física (por exemplo, um cabo de rede).[27]

À medida que a mensagem vai passando para as camadas inferiores da pilha, cada camada recebe a mensagem e adiciona **informação de controle** ao início da mensagem (denominado **cabeçalho**) ou ao final da mensagem (denominado **trailer**) para habilitar comunicação com a camada correspondente em outros hospedeiros. A informação de controle pode incluir, por exemplo, os endereços dos hospedeiros de origem e destinatário ou o tipo e o tamanho dos dados que estão sendo enviados. Então, essa nova mensagem é passada para a camada abaixo dela (ou para o meio físico no caso da camada de enlace). Quando a informação é recebida da rede, cada camada recebe dados da camada abaixo (ou do meio físico no caso da camada de enlace). A camada extrai a informação de controle da camada correspondente no hospedeiro remoto. Esses dados em geral são usados para assegurar que a mensagem seja válida e direcionada ao hospedeiro em questão. Então, a mensagem é passada para a camada acima dela (ou para o processo se a mensagem estiver sendo passada para cima pela camada de aplicação). Discutiremos essas camadas detalhadamente nas seções seguintes.

Em 1984, a International Organization for Standardization (ISO) introduziu o Open Systems Interconnection (OSI) Reference Model (Modelo de Referência de Interconexão de Sistemas Abertos) para estabelecer um padrão internacional para a comunicação entre aplicações em uma rede. Embora não seja seguido estritamente na Internet, continua sendo um modelo importante, que deve ser entendido. A pilha de protocolos OSI consiste nas quatro camadas que discutimos anteriormente, mais três camadas adicionais. As sete camadas do modelo OSI são aplicação, apresentação, sessão, transporte, rede, enlace de dados e física.

As camadas de aplicação, apresentação e sessão do OSI correspondem à camada de aplicação da pilha de protocolos TCP/IP. No modelo OSI, a **camada de aplicação** interage com as aplicações e fornece serviços de rede, como transferência de arquivos e e-mail. A **camada de apresentação** resolve certos problemas de compatibilidade, como acontece quando dois usuários finais usam formatos de dados diferentes, traduzindo os dados da aplicação para um formato-padrão que pode ser entendido por outras camadas. A **camada de sessão** estabelece, gerencia e encerra a comunicação entre dois usuários finais. As camadas de transporte e de rede correspondem às camadas de transporte e de rede da pilha de protocolos TCP/IP, respectivamente. A camada de enlace de dados e a camada física do OSI correspondem à camada de enlace da pilha de protocolos TCP/IP. No transmissor, a **camada de enlace de dados** converte a representação dos dados que recebe da camada de rede em bits e, no destinatário, converte os bits recebidos em representação de dados para a camada de rede. A **camada física** transmite bits através do meio físico, tal como cabos.[28, 29, 30, 31]

Revisão

1. Que tipo de informação é colocada no cabeçalho e no trailer de uma mensagem?
2. Cite algumas das capacidades de cada uma das quatro camadas da pilha de protocolos TCP/IP.

Respostas: **1)** Informação de controle é colocada no cabeçalho ou no trailer de uma mensagem para reger a comunicação entre os dois hospedeiros; essa informação pode incluir os endereços dos dois hospedeiros ou o tipo e tamanho dos dados. **2)** A camada de aplicação permite que aplicações em hospedeiros remotos se comuniquem umas com as outras. A camada de transporte é responsável pela comunicação fim-a-fim entre dois hospedeiros. A camada de rede é responsável por enviar um pacote para o hospedeiro seguinte, em direção ao destino. A camada de enlace serve como uma interface entre a camada de rede e o meio físico por meio do qual a informação é transportada.

16.5 Camada de aplicação

A camada de aplicação fornece uma interface bem definida para que aplicações em computadores diferentes se comuniquem umas com as outras; por exemplo, abrir um arquivo remoto, requisitar uma página Web, transferir um e-mail ou chamar um procedimento remoto. Protocolos da camada de aplicação simplificam a comunicação entre processos em uma rede e determinam como devem interagir.[32] Entre os protocolos comuns da camada de aplicação estão o protocolo de transferência de hipertexto (*Hypertext Transfer Protocol* — HTTP), o protocolo de transferência de arquivos (*File Transfer Protocol* — FTP), o protocolo de transferência de correio (*Simple Mail Transfer Protocol* — SMTP), o sistema de nomes de domínios (*Domain Name System* — DNS) e o interpretador de comandos seguro (*Secure Socket Shell* – SSH).

Muitos protocolos de camada de aplicação interagem com recursos em hospedeiros remotos. Esses recursos são especificados por um **identificador uniforme de recursos** (*Uniform Resource Identifier* — **URI**) que é um nome que se refere a um recurso específico em um hospedeiro remoto. O termo mais comum, **localizador uniforme de recursos** (*Uniform Resource Locator* — URL), descreve URIs que acessam recursos em protocolos comuns como HTTP ou FTP.[33] A maioria dos URLs contém o protocolo, hospedeiro, porta e caminho do recurso. O protocolo é o protocolo da camada de aplicação que está sendo usado para comunicar (por exemplo, HTTP ou FTP). O hospedeiro é o nome totalmente qualificado do computador hospedeiro. Discutiremos convenções de nomeação na Seção 16.7.1, "Protocolo da Internet (IP)". A **porta** determina o soquete para o qual a mensagem deve ser passada — um **soquete** é uma construção de software que representa um terminal de uma conexão. Processos usam soquetes para enviar e receber mensagens através de uma rede. O caminho é a localização do recurso naquele hospedeiro.

Considere o URL http://www.deitel.com/index.html. A primeira parte, http://, indica que esse URL é para HTTP. A segunda parte, www.deitel.com, é o nome do hospedeiro. Ele acessa, especificamente, o site Web corporativo da Deitel & Associates. A terceira parte do URL, a porta, é omitida. Certas portas foram designadas pela Internet Assigned Numbers Authority (Autoridade de Designação de Números da Internet) como portas 'bem conhecidas'; essas portas são usadas por protocolos comuns de camada de aplicação. Por exemplo, o HTTP comumente usa a porta 80, ao passo que o FTP comumente usa as portas 20 e 21.[34] Pela omissão da porta, esse URL se conecta com a porta 80, que é a porta-padrão (*default*) para o HTTP. A parte final do URL, index.html, especifica o caminho e o nome do recurso.

Revisão

1. Cite alguns protocolos comuns da camada de aplicação.
2. Por que a porta é uma parte importante do URL?

Respostas: 1) FTP, SMTP, DNS, SSH e HTTP. 2) A porta identifica o soquete do computador para o qual a mensagem deve ser transmitida.

16.5.1 Protocolo de Transferência de Hipertexto (HTTP)

O **HTTP** é um protocolo versátil de camada de aplicação. Embora o HTTP seja comumente utilizado para transmitir documentos HTML pela Internet, ele permite a transferência de dados em diversos formatos usando **extensões multiuso do correio da Internet** (*Multipurpose Internet Mail Extensions* — **MIME**). As MIMEs definem cinco tipos de conteúdo: *texto, imagem, áudio, vídeo* e *aplicação*. Os primeiros quatro tipos são usados com freqüência em páginas Web multimídia; *aplicação* é geralmente reservado para transferir arquivos binários.

HTTP consiste em requisições de recursos e respostas de hospedeiros remotos. Uma **requisição HTTP** envolve uma ação e o URI de um recurso. A ação especifica a operação a ser realizada com o recurso. O hospedeiro remoto processa a requisição e responde com uma **resposta HTTP** que contém em seu cabeçalho um código que informa ao cliente se a requisição foi processada corretamente ou se ocorreu um erro. Se a requisição foi processada corretamente, o recurso requisitado será enviado juntamente com o cabeçalho. O cabeçalho especifica também o tipo MIME do recurso de modo que notifique à aplicação requisitante o tipo de conteúdo que ela está recebendo.[35, 36, 37]

Revisão

1. O que aconteceria se um cliente enviasse uma requisição HTTP de um recurso que não existe?
2. Qual o propósito dos tipos MIME?

Respostas: **1)** O servidor responderia com uma resposta HTTP que incluiria um código de erro no cabeçalho. **2)** Os tipos MIME informam ao cliente o tipo de dados que está sendo transmitido, o que ajuda o cliente a determinar como processar os dados.

16.5.2 Protocolo de Transferência de Arquivos (FTP)

O **FTP** é um protocolo de camada de aplicação que permite a transferência de arquivos entre hospedeiros remotos. O FTP especifica conexões entre duas portas: uma porta (normalmente a porta 21) envia informação de controle que rege a sessão; a outra porta (normalmente a porta 20) envia os dados propriamente ditos. Depois de ser estabelecida uma conexão, o cliente especifica ações para o servidor FTP executar, emitindo vários comandos ao servidor (Figura 16.2). O servidor tenta cumprir cada comando, então emite uma resposta com o resultado.[38]

Revisão

1. Que portas os hospedeiros FTP em geral usam para se comunicar?
2. Qual o propósito do FTP?

Respostas: **1)** O FTP usa duas portas para se comunicar, normalmente as portas 20 e 21. **2)** O FTP permite a transferência de arquivos entre hospedeiros.

16.6 Camada de transporte

A camada de transporte é responsável pela comunicação fim-a-fim de dados entre hospedeiros. Ela recebe dados de uma camada de aplicação, subdivide os dados em frações mais adequadas para transporte, anexa informações de controle a essas frações e as envia à camada de rede.

Há duas abordagens primordiais para a implementação da camada de transporte: **orientada à conexão** e **sem conexão**. Serviços orientados à conexão são modelados segundo o sistema telefônico, no qual uma conexão é estabelecida e mantida durante toda a sessão. Serviços sem conexão são modelados segundo o serviço de correios, no qual duas cartas enviadas de um mesmo lugar para o mesmo destino podem, na verdade, seguir dois caminhos radicalmente diferentes pelo sistema e até chegar em horários diferentes ou nem mesmo chegar.

Em uma abordagem orientada à conexão, cada hospedeiro envia informações de controle ao outro — por uma técnica denominada **apresentação** (*handshaking*) — para iniciar uma conexão fim-a-fim. Muitas redes são do tipo **não confiáveis**, o que significa que os dados enviados por elas podem ser danificados ou perdidos (veja o quadro "Curiosidades, linhas de conexão não confiáveis podem causar constrangimento" no site deste livro). Essas redes não garantem nada em relação aos dados enviados; eles podem chegar corrompidos ou fora de ordem, duplicados, ou podem nem mesmo chegar. Essas redes fazem somente um 'melhor esforço' para entregar dados. Uma abordagem orientada à conexão garante confiabilidade a redes não confiáveis. Esses protocolos tornam a comunicação **confiável**, garantindo que os dados enviados cheguem ao receptor pretendido sem sofrer danos e na seqüência correta. Hospedeiros também podem trocar informações para regular o término da sessão, de modo que nenhum processo continue executando em nenhum dos hospedeiros.

Em uma abordagem sem conexão, os dois hospedeiros não se apresentam antes da transmissão e a confiabilidade não é garantida — dados enviados podem não chegar nunca ao receptor pretendido. Todavia, uma abordagem sem conexão evita a sobrecarga associada à apresentação e impõe confiabilidade; normalmente é preciso passar menos informações entre os hospedeiros.[39, 40, 41, 42, 43]

Nome	Função
CDUP	Mudar do diretório corrente para o pai do diretório corrente.
CWD	Mudar o diretório de trabalho.
PWD	Imprimir o caminho do diretório de trabalho.
LIST	Listar o conteúdo do diretório de trabalho.
DELE	Deletar o arquivo especificado.
RETR	Recuperar o arquivo especificado.
STOR	Carregar o arquivo especificado.
QUIT	Encerrar a sessão FTP.

Figura 16.2 | Comandos FTP.

Revisão

1. Por que um banco não implementaria uma camada de transporte sem conexão?

2. A maioria das aplicações de mídia de tempo real em fluxos (*streaming*) requer uma camada de transporte sem conexão. Quais as possíveis razões para isso?

Respostas: **1)** Um banco executa transações comerciais críticas que devem ser realizadas corretamente. Uma camada de transporte sem conexão poderia perder transações. **2)** Aplicações de mídia de tempo real em fluxos não requerem a confiabilidade de uma abordagem orientada à conexão, mas se beneficiam da menor quantidade de informações de controle que vem com uma abordagem sem conexão.

16.6.1 Protocolo de Controle de Transmissão (TCP)

O **TCP** é um protocolo de transmissão orientado à conexão que garante que os dados (denominados **segmentos** no TCP) enviados de um transmissor cheguem ao receptor pretendido sem danos e na seqüência correta. Tanto o HTTP quanto o FTP confiam no TCP para garantir comunicação segura. O TCP trata controle de erro, controle de congestionamento e retransmissão, permitindo que protocolos como HTTP e FTP enviem informações por uma rede de um modo tão simples e confiável como escrever para um arquivo em um computador local.

Para estabelecer uma conexão, o TCP usa uma apresentação de três vias. Um dos propósitos dessa apresentação é sincronizar os números de seqüência entre os dois hospedeiros. O número de seqüência aumenta em um a cada segmento enviado e é colocado dentro do cabeçalho de cada segmento. O hospedeiro destinatário usa esses números de seqüência para reorganizar os segmentos se eles forem recebidos fora de ordem. Primeiro, o hospedeiro de origem envia um **segmento de sincronização** (*Synchronization Segment* — **SYN**) ao hospedeiro destinatário. Esse segmento requisita que seja feita uma conexão e contém o número de seqüência do hospedeiro de origem. O hospedeiro destinatário responde com um **segmento de sincronização/confirmação** (*Synchronization/Acknowledgement Segment* — **SYN/ACK**) que confirma se a conexão está sendo estabelecida e contém o número de seqüência do hospedeiro destinatário. Por fim, o hospedeiro de origem responde com um **segmento de confirmação (ACK)** que finaliza a conexão.[44]

Quando o hospedeiro destinatário recebe um segmento, ele responde com uma confirmação (ACK) que contém o número de seqüência do segmento recebido. Se o hospedeiro de origem não receber uma ACK para um determinado número de seqüência, ele reenviará o segmento com aquele número de seqüência após um certo tempo de espera. Esse processo garante que todos o segmentos eventualmente sejam recebidos pelo hospedeiro destinatário, que duplicatas sejam descartadas e que os segmentos sejam reorganizados na ordem original, se necessário.[45, 46, 47, 48, 49]

Além da confiabilidade, o TCP oferece controle de fluxo e controle de congestionamento. O **controle de fluxo** regula o número de segmentos enviados por hospedeiro, na tentativa de não sobrecarregar o receptor desses segmentos. O **controle de congestionamento** restringe o número de segmentos enviados de um único hospedeiro em resposta ao congestionamento geral da rede. O TCP implementa controle de fluxo e controle de congestionamento mantendo uma **janela de TCP** para o transmissor e o receptor. O transmissor não pode enviar mais segmentos do que o especificado pela janela antes de receber uma ACK do receptor. O receptor calcula e envia sua janela juntamente com cada ACK que envia. Há permutas associadas com o tamanho da janela anunciada. Uma janela grande leva à transmissão de muitos segmentos. Se a rede ou o receptor não puderem tratar esse volume de segmentos, alguns serão descartados, o que resultará em retransmissão de segmentos e ineficiência. Janelas menores podem reduzir o rendimento e resultar na subutilização da rede.

Revisão

1. O TCP garante que segmentos serão entregues à aplicação em ordem, mas eles podem não chegar ao hospedeiro em ordem. Que recurso adicional o TCP deve usar?

2. Qual a diferença entre controle de fluxo e controle de congestionamento?

Respostas: **1)** O TCP precisa ter um buffer para reter quaisquer segmentos recebidos fora de ordem até receber todos os segmentos que estão faltando. **2)** Controle de fluxo trata da restrição do número de segmentos enviados pelo hospedeiro de origem de modo que não sobrecarregue o hospedeiro destinatário. Controle de congestionamento restringe o número de segmentos enviados de um único hospedeiro para ajudar a restringir o congestionamento da rede.

16.6.2 Protocolo de Datagrama do Usuário (UDP)

Aplicações que não requerem a transmissão fim-a-fim confiável garantida pelo TCP podem ser mais bem atendidas pelo **UDP** (*User Datagram Protocol* — protocolo de datagrama do usuário), sem conexão. O UDP incorre na mínima sobrecarga necessária para implementar a camada de transporte. Não há garantia de que os segmentos UDP, denominados **datagramas**, alcançarão seu destino ou chegarão na sua ordem original.

Utilizar UDP em vez de TCP tem benefícios. O UDP tem pouca sobrecarga porque seus cabeçalhos são pequenos; eles não precisam carregar as informações que o TCP carrega para garantir a confiabilidade. O UDP também reduz o tráfego na rede em relação ao TCP pela ausência de ACKs, apresentações, retransmissões etc.

Comunicação não confiável é aceitável em muitas situações. Primeiro, a confiabilidade não é necessária para algumas aplicações, portanto a sobrecarga imposta por um protocolo que garanta a confiabilidade pode ser evitada. Segundo, algumas aplicações, como áudio e vídeo de tempo real, podem tolerar ocasionais perdas de datagramas, o que resulta em uma pequena pausa (ou 'soluço') no áudio ou vídeo que está sendo reproduzido. Se a mesma aplicação fosse executada com TCP, um segmento perdido provocaria uma pausa significativa, uma vez que o protocolo esperaria até que o segmento perdido fosse retransmitido e entregue corretamente antes de continuar. Por fim, aplicações que precisam implementar seus próprios mecanismos de confiabilidade, diferentes dos fornecidos por TCP, podem construir esses mecanismos sobre UDP.[50, 51, 52]

Revisão

1. Se um datagrama UDP for perdido por causa do tráfego da rede, como o hospedeiro que enviou o datagrama responderá?

2. Por que uma aplicação preferiria usar UDP como seu protocolo de camada de transporte?

Respostas: 1) O hospedeiro não faz nada. O UDP não proporciona meios pelos quais o hospedeiro transmissor possa saber que um datagrama foi perdido; o hospedeiro não retransmite. 2) Uma aplicação usaria UDP se a confiabilidade não fosse necessária (por exemplo, em aplicações de áudio e vídeo de tempo real) ou se a aplicação precisasse implementar seus próprios mecanismos de confiabilidade.

16.7 Camada de rede

A camada de rede recebe dados da camada de transporte e é responsável por enviar os dados (denominados **datagramas**) ao próximo ponto de parada em direção ao destino, por meio de um processo conhecido como roteamento. **Roteamento** é um processo de duas etapas para determinar o próximo hospedeiro de um datagrama, que vai em direção ao seu destino, e enviar o datagrama por esse caminho. **Roteadores** são computadores que conectam redes. Note que um roteador determina o próximo hospedeiro para uma dada origem e destinatário segundo o cenário particular que ele tem da rede naquele momento. Redes podem mudar rapidamente, e roteadores não podem determinar essas mudanças instantaneamente, portanto, o conhecimento que um roteador tem da rede nem sempre é completo e atualizado.

Roteadores determinam o próximo hospedeiro para um dado datagrama com base em informações como topologias de rede e qualidade do enlace, o que compreende força do sinal, taxa de erro e interferência. Essas informações são propagadas através das redes com a utilização de vários protocolos de roteamento; um dos mais bem conhecidos é o **RIP** (*Routing Information Protocol* — protocolo de informação de roteamento) — um protocolo de camada de aplicação que funciona sobre UDP. O RIP requer que cada roteador de uma rede transmita toda a sua **tabela de roteamento** (uma matriz hierárquica que lista a topologia corrente da rede) aos seus roteadores vizinhos mais próximos. O processo continua até que todos os roteadores estejam conscientes da topologia corrente. À medida que as redes aumentam de tamanho, cada roteador precisa se manter informado da topologia de toda a rede, o que gera tráfego excessivo em redes de grande porte e é por isso que o RIP é usado quase exclusivamente em redes menores.

Roteadores mantêm filas para gerenciar datagramas, porque leva tempo para o roteador determinar a melhor rota e enviar o datagrama. Quando um datagrama chega de uma rede, ele é colocado em uma fila até que possa ser atendido. Assim que a fila estiver cheia, datagramas adicionais serão simplesmente descartados da rede. Portanto, é importante assegurar que os transmissores não sobrecarreguem os roteadores. Protocolos de camada de transporte devem tentar não passar à frente nas filas.

Diferentemente da camada de transporte, que se preocupa com o envio de dados de um hospedeiro de origem a um hospedeiro destinatário, a camada de rede de um hospedeiro particular envia datagramas apenas ao próximo hospedeiro na direção do hospedeiro destinatário. Esse processo continua até que o datagrama chegue ao seu hospedeiro destinatário.

Revisão

1. Qual a maior desvantagem do protocolo de informação de roteamento (RIP) que faz com que ele seja reservado a redes menores?

2. O que acontece quando o congestionamento da rede faz com que a fila de um roteador fique cheia de datagramas não atendidos?

Respostas: 1) Cada roteador de uma rede deve transmitir toda a sua tabela de roteamento ao seu vizinho mais próximo, independentemente da ocorrência ou não de mudanças. 2) Quando a fila de um roteador está cheia, datagramas que chegam subseqüentemente são descartados. Hospedeiros que usam TCP considerarão isso um exemplo de congestionamento na rede e reduzirão a velocidade de transmissão.

16.7.1 Protocolo da Internet (IP)

O **IP** (*Internet Protocol* — protocolo da Internet) é o protocolo predominante da camada de rede para transmitir informações por uma rede. O IP permite que redes menores (LANs e pequenas WANs) sejam combinadas em redes maiores (WANs, como a Internet). A versão 4 do IP (IPv4) é a usada correntemente pela maioria das redes. Destinos da Internet são especificados por **endereços IP**, que são números de 32 bits em IPv4. Assim, há 2^{32}, ou cerca de 4 bilhões de endereços IP exclusivos. Endereços IP em geral são divididos em quatro octetos (bytes de 8 bits); um byte de 8 bits pode representar um número decimal de 0 a 256.

Um ou mais nomes de hospedeiros são mapeados para um endereço IP por meio do **DNS** (*Domain Name System* — sistema de nomes de domínios). Quando uma pessoa entra um nome de hospedeiro em um navegador, esse usa o DNS para encontrar o endereço IP correto para aquele nome de hospedeiro. Desse modo, pode-se determinar um nome de fácil lembrança, como um apelido para o endereço IP; ele é usado pelas camadas de transporte e de rede para entregar os dados.[53, 54, 55]

Revisão

1. Quantos endereços IPv4 são possíveis?
2. Como um navegador Web converte um nome de hospedeiro em um endereço IP?

Respostas: 1) Há 2^{32}, ou cerca de 4 bilhões de endereços IP exclusivos. 2) O servidor Web usa o sistema de nomes de domínios (DNS) para converter o nome do hospedeiro em um endereço IP.

16.7.2 Protocolo da Internet versão 6 (IPv6)

Todo dispositivo que acessa a Internet deve receber um endereço IP. À medida que aumenta o número de dispositivos com acesso à Internet (por exemplo, PDAs e telefones celulares), o repositório de endereços IP disponíveis diminui. No futuro próximo, o número de endereços IP de 32 bits remanescentes estará esgotado. Para enfrentar esse problema, a Internet Engineering Task Force (Força-Tarefa de Engenharia da Internet) introduziu o **protocolo da Internet versão 6 (IPv6)**. O IPv5 foi proposto em 1990, nove anos após o IPv4, mas nunca foi implementado.[56] O IPv6 elimina muitas das limitações do IPv4. Os endereços IPv6 têm 128 bits, resultando em 2^{128} (cerca de $3,4 \times 10^{38}$) possíveis nodos endereçáveis.

O IPv6 especifica três tipos de endereços: unicast, anycast e multicast. Um **endereço unicast** permite que os usuários enviem um datagrama a um único hospedeiro. **Endereços anycast** permitem que os usuários enviem um datagrama para qualquer hospedeiro de um grupo de hospedeiros. Por exemplo, poderiam ser designados endereços anycast a uma série de roteadores que fornecem acesso a uma LAN. Datagramas que chegassem seriam entregues ao roteador mais próximo com aquele endereço. **Endereços multicast** permitem que usuários enviem datagramas a todos os hospedeiros de um grupo.[57]

Cabeçalhos do IPv6 são mais simples que os do IPv4 porque no IPv6 vários campos do cabeçalho foram eliminados ou oferecidos como opcionais. Isso aumenta a velocidade com que os datagramas são processados. Um número menor de restrições é imposto ao formato do cabeçalho para aumentar a extensibilidade; o IPv6 fornece mecanismos para incluir cabeçalhos adicionais entre o cabeçalho requerido e a mensagem.

A transição para o IPv6 está ocorrendo gradualmente. Para ajudar no processo, alguns roteadores foram modificados para interpretar datagramas IPv6 e IPv4. Para aqueles que não podem tratar endereços IPv6, roteadores habilitados implementam uma técnica denominada **tunelamento**, que coloca datagramas IPv6 dentro de datagramas IPv4. Quando outros roteadores habilitados a IPv6 eventualmente receberem o datagrama, eles poderão extrair a informação de controle IPv4 e continuar como sempre. Esse método é atraente, pois permite que o roteamento prossiga sem interrupção. Todavia, adiciona sobrecarga de processamento aos roteadores.[58, 59]

Revisão

1. Quantos endereços IPv6 são possíveis?
2. Qual a diferença entre endereços anycast e multicast?

Respostas: 1) Há 2^{128}, ou cerca de $3,4 \times 10^{38}$ endereços IPv6 exclusivos. 2) O endereço anycast permite que um usuário envie um datagrama a qualquer hospedeiro de um grupo de hospedeiros. O endereço multicast permite enviar um datagrama a todos os hospedeiros de um grupo.

16.8 Camada de enlace

A camada de enlace faz interface com o **meio de transmissão** (freqüentemente fio de cobre ou fibra ótica). É responsável por transformar um datagrama (denominado **quadro** na camada de enlace) em uma representação (por exemplo, elétrica ou ótica) adequada para o meio de transmissão específico e por enviar essa representação através do meio. A camada de enlace também é responsável por transformar novamente aquela representação no computador receptor em correntes de bits que possam ser interpretadas pelas três camadas superiores da pilha do TCP/IP. Pelo fato de os meios de transmissão serem entidades físicas, são suscetíveis a interferências que podem causar erros. A camada de enlace tenta detectar e, se possível, corrigir esses erros.[60]

Muitas implementações da camada de enlace usam uma **soma de verificação** para determinar se um quadro foi corrompido. Uma soma de verificação é o resultado de um cálculo dos bits de um quadro. Se a soma de verificação calculada pelo transmissor e inserida no quadro corresponder à soma de verificação calculada pelo receptor, será provável que o quadro não tenha sido corrompido durante a transmissão. Alguns sistemas empregam códigos de correção de erros que habilitam um receptor a detectar e também corrigir quadros corrompidos. Um exemplo é o Código Hamming, que usa bits redundantes para determinar quais bits da transmissão foram corrompidos e corrigir os quadros. Se os erros não puderem ser corrigidos, o transmissor deverá reenviar o quadro original.[61]

Revisão

1. Qual o benefício da utilização de um código de correção de erros como o Código Hamming?
2. Que fatores contribuem para a sobrecarga da utilização de um código de correção de erros como o Código Hamming?

Respostas: 1) Códigos de correção de erros podem ser usados para corrigir erros que ocorreram durante a transmissão, o que elimina a necessidade de retransmitir quadros corrompidos. 2) A complicação dos códigos de correção de erros é que eles requerem bits adicionais para serem enviados com cada quadro, o que pode diminuir a velocidade de transmissão da rede. Esses bits devem ser calculados no transmissor e recalculados e verificados no receptor.

16.8.1 Ethernet

A **Ethernet** é um tipo de LAN desenvolvida primeiramente pelo Palo Alto Research Center da Xerox, em 1976, e, mais tarde, definida pelo padrão **IEEE 802.3**. A Ethernet usa o protocolo **CSMA/CD** (*Carrier Sense Multiple Access with Collision Detection* — acesso múltiplo com detecção de portadora/com detecção de colisão). No CSMA/CD estilo 802.3 (CSMA/CD que obedece ao padrão IEEE 802.3), nodos 'inteligentes' são anexados ao meio por dispositivos de hardware denominados **transceptores**. Os nodos são considerados inteligentes porque um transceptor testa um meio compartilhado para determinar se ele está disponível antes de transmitir dados. Quando a estação conectada ao transceptor deseja transmitir, o transceptor envia dados para o meio compartilhado e, ao mesmo tempo, o monitora para detectar transmissão simultânea, denominada **colisão**. Em razão dos atrasos no meio, é possível que vários transceptores decidam que ele esteja desimpedido e comecem a transmitir simultaneamente. Quando dois quadros colidem, eles são corrompidos.

Se os transceptores detectarem uma colisão, eles continuarão a transmitir bytes durante um período de tempo especificado, para assegurar que todos os transceptores conscientizem-se da colisão. Cada transceptor, ao saber de uma colisão, espera durante um intervalo de tempo aleatório antes de tentar transmitir novamente. Esse intervalo é calculado para maximizar o rendimento e, ao mesmo tempo, minimizar novas colisões — uma das questões mais desafiadoras no projeto da tecnologia CSMA/CD. A Ethernet emprega um método denominado **recuo exponencial** (*exponential backoff*). O transceptor verifica quantas vezes houve uma colisão ao tentar transmitir um certo quadro e usa esse número para calcular o atraso antes de tentar retransmitir, o que é denominado **atraso aleatório**. Toda vez que houver uma colisão, a duração do atraso dobrará — reduzindo rapidamente a probabilidade de que transceptores transgressores retransmitam ao mesmo tempo. Eventualmente o quadro é enviado sem colisão.

Embora esse método talvez pareça ineficiente, na realidade funciona muito bem na prática. Se o atraso não fosse aleatório, a probabilidade de colisões seria maior, resultando em maior perda de tempo. Por causa das altas velocidades de transmissão e dos quadros relativamente pequenos, é raro haver várias colisões sucessivas após retransmissões aleatórias e, se houver, elas indicarão um erro de configuração da rede ou um erro de hardware.[62, 63]

Revisão

1. Quais as possíveis conseqüências se um transceptor não continuar a transmitir bytes após a detecção de uma colisão?
2. Por que as colisões são possíveis em transmissões Ethernet?

Respostas: 1) Outros transceptores podem não perceber que ocorreu uma colisão. Isso pode fazer com que o transceptor pense que um quadro foi transferido corretamente quando, na verdade, ele foi corrompido. 2) A transmissão não é instantânea, portanto, dois hospedeiros podem decidir que o meio esteja livre ao mesmo tempo e começar a transmitir.

16.8.2 Token ring

O protocolo **token ring** funciona em redes em anel e emprega **permissões** (*tokens*) para obter acesso ao meio de transmissão. Em uma rede Token Ring, a permissão é, na verdade, um quadro vazio que circula continuamente entre máquinas de uma rede, a qual tem uma topologia lógica em anel (Figura 16.3). Quando um nodo quer enviar uma mensagem, primeiro ele deve esperar que chegue um quadro vazio. Quando o nodo recebe o quadro vazio, ele muda um bit do cabeçalho para indicar que o quadro não está mais vazio e escreve sua mensagem e o endereço do receptor pretendido do quadro. Então o nodo envia o quadro a seu vizinho. Cada nodo compara seu próprio endereço com o endereço do quadro; se os endereços não corresponderem, o nodo passará o quadro adiante para o próximo nodo.

Se o endereço corresponder, a máquina copiará o conteúdo da mensagem, mudará o bit no cabeçalho do quadro e passará o quadro adiante para o próximo nodo do anel. Quando o transmissor inicial receber o quadro (ou seja, o quadro completou um ciclo do anel), ele poderá determinar que a mensagem foi recebida. Nesse ponto, o receptor retira a men-

Enviando uma mensagem via protocolo Token Ring.

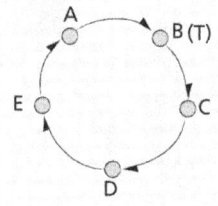

(T): Token (Permissão)
(F): Quadro (não lido)
(FR): Quadro (lido)

(a) B pronto para liberar permissão; C quer enviar mensagem a E.

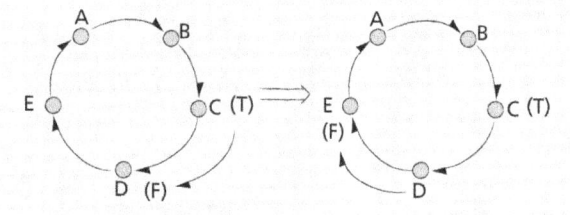

(b) C pega a permissão e transmite o quadro de mensagem a D; D envia o quadro a E.

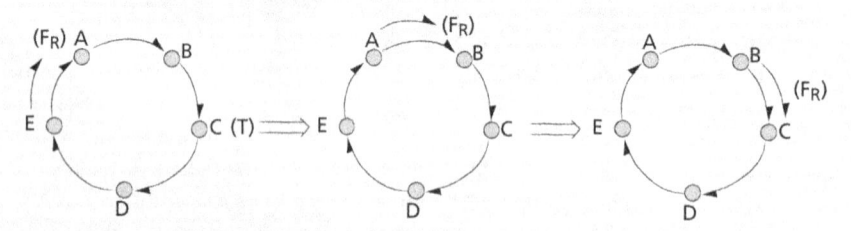

(c) E recebe o quadro, marca-o como lido e o transmite para A; A transmite para B; B transmite para C.

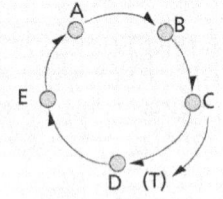

(d) C recebe o quadro lido, e libera permissão para D.

Figura 16.3 | *Enviando uma mensagem via protocolo Token Ring.*

sagem do quadro e passa o quadro, agora vazio, para o seu vizinho. O protocolo Token Ring também contém mecanismos complexos para proteger a rede contra a perda da permissão — se uma estação falhar enquanto detém a permissão, essa poderá nunca mais ser liberada, o que causaria um deadlock na rede.

Quando a permissão é passada sem incidentes, o tempo para transmitir uma mensagem é bastante previsível, assim como o tempo para recuperação de vários erros. A Token Ring é a arquitetura de rede mais comum depois da Ethernet.[64]

Revisão

1. O que aconteceria se uma estação falhasse enquanto detivesse a permissão e não houvesse nenhum mecanismo para recuperá-la?

2. Descreva o que acontece quando um hospedeiro quer enviar informações usando um Token Ring.

Respostas: 1) A permissão nunca seria liberada e todos os hospedeiros ficariam em deadlock. 2) Primeiro, o hospedeiro tem de esperar até receber um quadro vazio (a permissão). Quando o hospedeiro recebe o quadro vazio, ele coloca uma mensagem no quadro. O quadro é enviado para percorrer o Token Ring até chegar ao hospedeiro destinatário, o qual lê a mensagem e indica que ela foi lida. O quadro continua a percorrer o Token Ring até chegar ao primeiro hospedeiro, que então libera a permissão.

16.8.3 Interface de dados distribuídos por fibra (FDDI)

A **FDDI** (*Fiber Distributed Data Interface* — interface de dados distribuídos por fibra) tem muitas propriedades em comum com o protocolo Token Ring, mas funciona por cabo de fibra ótica, que permite que ela suporte mais transferências a maiores velocidades, e a distâncias maiores. A FDDI é construída sobre dois Token Rings; o segundo é usualmente reservado como anel secundário para ser utilizado em caso de falha do anel primário (backup). Na FDDI, uma permissão circula ao redor de um anel de fibra ótica; as estações não podem transmitir até que obtenham a permissão da estação anterior. Enquanto a estação transmite, nenhuma permissão pode circular, o que força todas as outras estações a esperar até que tenham permissão de transmitir. Quando a transmissão for concluída, a estação transmissora gerará uma nova permissão e outras estações poderão tentar capturá-la, de modo que possa transmitir por sua vez. Se o anel secundário não for necessário para propósitos de backup, a FDDI em geral o usará para transmitir informações e permissões na direção oposta.[65, 66, 67]

Revisão

1. Qual a principal diferença entre FDDI e o protocolo Token Ring?
2. Qual o propósito do segundo anel da FDDI?

Respostas: 1) A FDDI funciona sobre cabo de fibra ótica, o que permite que suporte mais transferências a maiores velocidades e a distâncias maiores. A FDDI também é construída sobre dois Token Rings. 2) O segundo anel funciona como backup para o primeiro. Se o primeiro anel falhar, o segundo será usado para impedir que a rede inteira falhe.

16.8.4 IEEE 802.11 (sem fio)

O **IEEE 802.11** é um protocolo sem fio que emprega um método similar ao da Ethernet para comunicar: **Acesso Múltiplo com Detecção de Portadora com Evitação de Colisão** (*Carrier Sense Multiple Access with Collision Avoidance* — **CSMA/CA**). Do mesmo modo que os dispositivos Ethernet, os dispositivos sem fio determinam se o meio (ar) está disponível antes da transmissão. A disponibilidade é uma boa indicação de que nenhuma mensagem está sendo transferida correntemente. Entretanto, visto que redes sem fio são espontâneas e podem ser obstruídas por objetos físicos como edifícios, não é garantido que cada dispositivo esteja consciente de todos os outros dispositivos, e ainda possa ocorrer uma colisão.

Para evitar essa questão, o 802.11 requer que cada transmissor transmita uma **requisição de envio** (*Request to Send* — **RTS**) para toda a rede. A RTS indica o desejo de o transmissor transmitir dados e especifica o tamanho da transmissão, o endereço do transmissor e o endereço do receptor. Ao receber uma RTS, e se o meio estiver disponível, o receptor transmite uma mensagem **pronto para envio** (*Clear to Send* — **CST**) para toda a rede. A mensagem CTS também inclui o tamanho específico da transmissão. As duas estações cujos endereços foram especificados pela RTS e pela CTS então podem iniciar a comunicação. Após receber uma mensagem CTS, qualquer outra estação que desejar transmitir deve esperar até que o tempo especificado pela CTS (o tamanho da transmissão) tenha passado.[68]

Revisão

1. Quais as complicações que surgem em redes sem fio e que não existem em redes Ethernet?

2. Quais as duas mensagens requeridas antes que um hospedeiro sem fio possa começar a transmitir dados?

Respostas: **1)** Redes sem fio são espontâneas e muitas vezes podem ser obstruídas por objetos físicos como edifícios. Não é garantido que cada dispositivo ficará consciente de todos os outros dispositivos, e ainda podem ocorrer colisões. **2)** O hospedeiro de origem deve enviar uma RTS, e o hospedeiro destinatário deve responder com uma CTS, antes que seja permitido iniciar a transmissão.

16.9 Modelo cliente/servidor

Muitas aplicações distribuídas funcionam segundo um paradigma popular conhecido como **modelo cliente/servidor**. **Clientes** são hospedeiros que precisam de vários serviços; **servidores** são os hospedeiros que fornecem esses serviços. Normalmente, clientes transmitem requisições por uma rede, e servidores processam requisições e devolvem o resultado ao cliente. Por exemplo, um usuário da Internet poderia requisitar a um servidor uma lista de vôos partindo de uma localização particular em um horário particular. Ao receber a requisição, o servidor poderia consultar um banco de dados local em busca da informação requisitada e, então, enviar ao cliente a lista solicitada.[69]

Apresentamos o modelo cliente/servidor essencialmente como um **sistema de duas camadas**. Nesse tipo de sistema, normalmente a interface de usuário reside no cliente, os dados residem no servidor e a lógica da aplicação (as regras para processar e manusear dados) estaria em um ou em ambos os componentes.

Alguns desenvolvedores acham conveniente usar um número maior de camadas em seus sistemas cliente/servidor por várias razões, entre elas maior flexibilidade e extensibilidade na configuração de um único sistema para muitos clientes. Em geral, arquiteturas que consistem em três ou mais camadas são denominadas **sistemas de *n* camadas** (*n-tier systems*). Por exemplo, um **sistema de três** camadas oferece uma clara separação entre a lógica da aplicação e a interface com o usuário e os dados (Figura 16.4).[70] Idealmente, a lógica reside em sua própria camada, possivelmente em uma máquina separada, independente do cliente e dos dados. Essa organização confere maior flexibilidade aos sistemas cliente/servidor. A permuta a ser considerada em um sistema multicamadas é a maior latência de rede e mais áreas nas quais a rede poderia falhar. Uma vez que as três camadas são separadas umas das outras, podemos alterar ou realocar uma delas sem afetar as outras.

Aplicações Web costumam usar uma arquitetura de três camadas consistindo em um navegador cliente, um servidor Web e um banco de dados relacional.[71] O navegador Web na máquina cliente usualmente oferece ao cliente uma interface gráfica com o usuário (GUI) que facilita o acesso a documentos remotos. O navegador interpreta páginas escritas em linguagem de marcação de hipertexto (*HyperText Markup Language* — HTML) e produz sua representação no monitor do cliente. Para recuperar um documento remoto, o navegador se comunica via HTTP com um servidor Web, que transmite HTML para o navegador também via HTTP. Um servidor Web particular pode produzir dinamicamente páginas Web consultando um banco de dados relacional (veja a Seção 13.12.3). Por exemplo, imagine que um usuário visite um site de leilões on-line

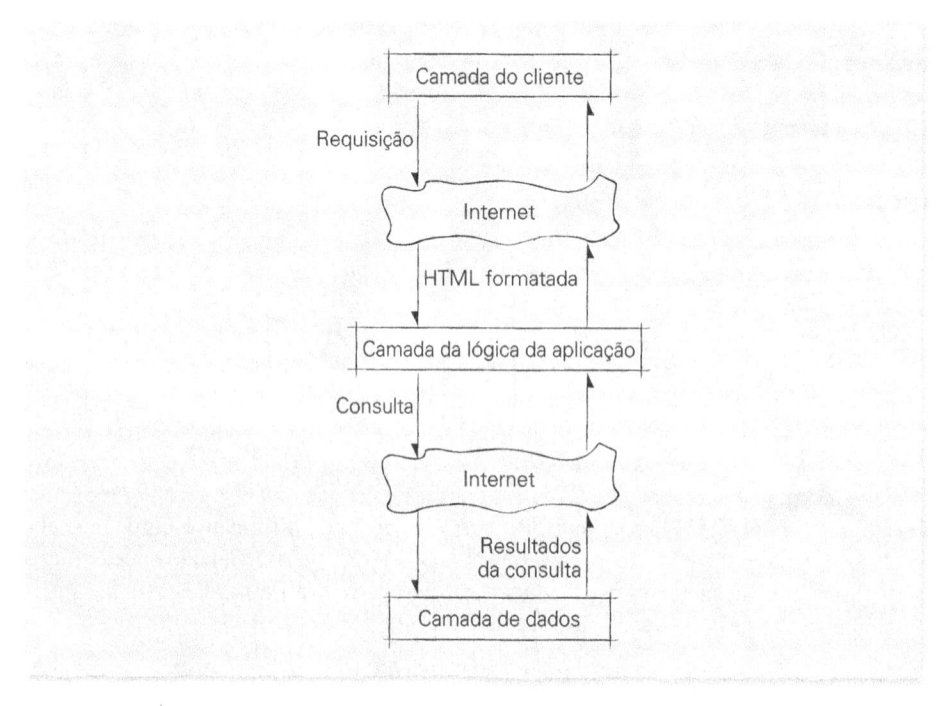

Figura 16.4 | *Modelo cliente/servidor de três camadas.*

e queira ver todos os computadores de um certo tipo que estão sendo leiloados no momento em questão. Uma requisição seria enviada do navegador do cliente ao servidor Web do site de leilões. Então, o servidor poderia consultar um banco de dados relacional que reside em uma máquina remota e usar a informação resultante para criar dinamicamente uma página HTML. Essa página é enviada ao navegador, que interpreta a HTML e apresenta a informação no monitor do cliente. Nesse exemplo, as camadas de cliente, servidor e dados estão fisicamente em máquinas separadas.

Revisão

1. Quais os nomes das camadas de um sistema de três camadas típico? 2. Quais os benefícios e complicações associados ao aumento do número de camadas em um sistema baseado na Web?

Respostas:
1) A camada do cliente, a camada da lógica da aplicação e a camada de dados. 2) O benefício é que isso modula ainda mais o sistema. Cada camada pode ser modificada sem alterar as outras. Adicionar camadas introduz latências de rede enquanto as requisições estão sendo atendidas, reduzindo o desempenho da aplicação.

Resumo

Topologia de rede descreve a relação entre diferentes hospedeiros (*hosts*), também denominados nodos, de uma rede. Uma topologia lógica mostra quais nodos de uma rede estão diretamente conectados.

Os nodos de uma rede de barramento são conectados a um enlace de comunicação único, comum. Uma vez que não haja nodos intermediários para retransmitir a mensagem, o comprimento do meio de comunicação do barramento deve ser limitado para reduzir a atenuação.

Redes em anel consistem em um conjunto de nodos, cada um dos quais mantém duas conexões com outros nodos, de modo que uma mensagem enviada através de uma conexão pode eventualmente retornar via outra. Cada nó do anel passa adiante cada mensagem, limitando a atenuação, mas introduzindo um atraso de retransmissão.

Nas redes em malha, pelo menos dois nodos são conectados por mais de um caminho. Uma rede em malha totalmente conectada conecta cada nodo a cada um dos outros nodos. A presença de vários caminhos entre quaisquer dois nodos aumenta a capacidade disponível para tráfego da rede, habilitando maior produtividade da rede.

Redes em estrela contêm um hub que é conectado a todos os outros nodos da rede. Redes em estrela sofrem menor atraso de transmissão do que redes em anel porque as conexões requerem apenas um nó intermediário. Porém, se o hub central falhar, as mensagens não poderão chegar a seus receptores, portanto a tolerância à falha pode ser um problema.

Redes em árvore são redes hierárquicas que consistem em um nodo-raiz e diversos subnodos, denominados filhos, que podem ter seus próprios subnodos. Uma topologia em árvore pode ser usada para ligar nodos que se comunicam uns com os outros freqüentemente em uma subárvore, aumentando assim a eficiência da rede.

A proliferação da tecnologia de redes sem fio introduziu as redes ad hoc. Uma rede ad hoc é caracterizada como espontânea — qualquer combinação de dispositivos sem fio e com fio pode ser ligada a ela a qualquer momento. A topologia da rede não é fixa, o que dificulta a concentração do comando da rede em um nodo central.

Redes também podem ser classificadas pela dispersão geográfica de seus hospedeiros. Uma rede local (LAN) tem uma dispersão geográfica limitada e é projetada para otimizar taxas de transferência de dados entre seus hospedeiros. LANs interconectam recursos usando caminhos de comunicação de alta velocidade com protocolos de rede otimizados para ambientes de áreas locais. Entre as vantagens das redes locais estão taxas de erro mais baixas do que as de redes de maior porte, maior flexibilidade de gerenciamento e independência em relação às restrições do sistema público de rede. Redes de longa distância (WANs) são mais amplas, conectando duas ou mais LANs; a maior das WANs é a Internet. WANs em geral empregam uma topologia em malha, funcionam a velocidades mais baixas do que as LANs e suas taxas de erro são mais altas porque tratam quantidades maiores de dados que estão sendo transmitidos a distâncias bem maiores.

A pilha de protocolos TCP/IP é composta de quatro níveis lógicos denominados camadas. A camada de aplicação é o nível mais alto e fornece protocolos para que aplicações se comuniquem. A camada de transporte é responsável pela comunicação fim-a-fim. A camada de rede é responsável por levar os dados para a etapa seguinte. A camada de transporte depende da camada de rede para determinar o caminho adequado de uma extremidade da comunicação à outra. A camada de enlace fornece uma interface entre a camada de rede e o meio físico subjacente da conexão.

Protocolos de camada de aplicação especificam as regras que regem a comunicação remota interprocessos e determinam como os processos devem interagir. Muitos desses protocolos interagem com recursos em hospedeiros remotos. Esses recursos são especificados por um identificador uniforme de recursos (URI) — um nome que se refere a um recurso específico em um hospedeiro remoto.

O protocolo de transferência de hipertexto (HTTP) é um protocolo de camada de aplicação que permite a transferência de uma variedade de formatos de dados. O HTTP define uma requisição de um recurso e uma resposta. O hospedeiro remoto processa a requisição e responde com uma resposta que contém em seu cabeçalho um código que informa ao cliente se a requisição foi processada corretamente ou se ocorreu um erro.

O protocolo de transferência de arquivos (FTP) é um protocolo de camada de aplicação que permite o compartilhamento de arquivos entre hospedeiros remotos. O FTP especifica conexões entre dois pares de portas: um par envia informação de controle que rege a sessão, o outro envia os dados propriamente ditos. Após ser estabelecida uma conexão, o cliente especifica ações para o servidor FTP executar emitindo várias requisições ao servidor. O servidor tenta atender a cada requisição, e então emite uma resposta especificando o resultado.

A camada de transporte é responsável pela comunicação fim-a-fim de mensagens. Em uma abordagem orientada à conexão, hospedeiros enviam informações de controle uns aos outros — por uma técnica denominada apresentação (*handshaking*) — para estabelecer uma conexão fim-a-fim. Uma abordagem orientada à conexão impõe confiabilidade a redes não confiáveis. Ao fazerem com que a comunicação se torne confiável, esses protocolos garantem que os dados enviados pelo transmissor cheguem ao receptor pretendido sem sofrer danos e na seqüência correta. Em uma abordagem sem conexão, os dois hospedeiros não se apresentam antes da transmissão e não há nenhuma garantia de que mensagens enviadas sejam recebidas na sua ordem original, ou até mesmo que serão recebidas.

O protocolo de controle de transmissão (TCP) é um protocolo de transmissão orientado à conexão. O TCP garante que os segmentos enviados de um transmissor cheguem ao receptor pretendido sem danos e na seqüência correta. O TCP manipula controle de erro, controle de congestionamento e retransmissão, permitindo que protocolos como HTTP e FTP enviem informações por uma rede de um modo tão simples e confiável como escrever para um arquivo em um computador local.

Quando o TCP recebe uma mensagem para enviar por uma rede, ele primeiro tem de fazer uma conexão com o hospedeiro receptor usando uma apresentação de três vias. No TCP, o hospedeiro receptor é o responsável pela reordenação dos segmentos usando o número de seqüência encontrado nos cabeçalhos das mensagens para reconstruir a mensagem original. Quando o hospedeiro destinatário recebe um desses segmentos, ele responde com um segmento ACK que contém o número de seqüência da mensagem, o que garante que os segmentos eventualmente sejam recebidos pelo hospedeiro destinatário e que eles serão rearranjados na ordem original. O TCP também implementa controle de fluxo e controle de congestionamento para regular a quantidade de dados enviados por hospedeiro.

O protocolo de datagrama do usuário (UDP) sem conexão proporciona a mínima sobrecarga necessária para a camada de transporte. Não há nenhuma garantia de que os datagramas UDP alcançarão seu destino na ordem original, nem mesmo se chegarão.

A camada de rede recebe segmentos da camada de transporte e é responsável por enviar esses pacotes ao próximo ponto de parada em direção ao destino, por meio de um processo conhecido como roteamento. Roteamento é um processo de duas etapas que determina primeiramente a melhor rota entre dois pontos e, então, envia pacotes ao longo dessa rota. Roteadores determinam o próximo hospedeiro para um dado datagrama com base em informações como topologias de rede e qualidade do enlace, a qual inclui força do sinal, taxa de erro e interferência, informações que são propagadas através das redes pela utilização de vários protocolos de roteamento, como o protocolo de informação de roteamento (RIP).

O protocolo da Internet versão 4 (IPv4) é o protocolo predominante para direcionar informações por uma rede. Destinos da Internet são especificados por endereços IP, que são números de 32 bits em IPv4. Para tornar o trabalho em rede mais simples para o usuário, um ou mais nomes podem ser mapeados para um endereço IP através do sistema de nomes de domínios (DNS).

No futuro próximo, haverá mais nodos endereçáveis na Internet do que endereços disponíveis usando o sistema corrente. Para enfrentar esse problema, a Força-Tarefa de Engenharia da Internet introduziu o protocolo da Internet versão 6 (IPv6). O IPv6 especifica três tipos de endereços: unicast, anycast e multicast. Um endereço unicast descreve um hospedeiro particular da Internet. Endereços anycast são projetados para serem enviados ao hospedeiro mais próximo com um endereço particular. Endereços multicast são projetados para enviar pacotes a um grupo de hospedeiros.

A camada de enlace faz a interface da camada orientada a software com o meio de transmissão físico pelo qual os quadros são enviados. A camada de enlace é responsável por detectar e, se possível, corrigir, erros de transmissão. Alguns sistemas empregam códigos de correção de erros para corrigir os quadros corrompidos.

A Ethernet usa o protocolo de acesso múltiplo com detecção de portadora/colisão (CSMA/CD). No CSMA/CD estilo 802.3 um transceptor testa um meio compartilhado para determinar se esse está disponível, antes de transmitir dados. Por causa dos atrasos no meio, é possível que vários transceptores decidam que o meio está desimpedido e comecem a transmitir simultaneamente. Se os transceptores detectarem uma colisão causada por transmissões simultâneas, eles continuarão a transmitir bytes durante um período de tempo específico, para assegurar que todos os transceptores estejam conscientes da colisão. Cada transceptor, após saber de uma colisão, espera durante um intervalo de tempo aleatório antes de tentar transmitir novamente.

O protocolo Token Ring funciona em redes em anel e emprega permissões (*tokens*) para obter acesso ao meio de transmissão. Em um Token Ring, a permissão que controla o acesso ao meio de transmissão é, na verdade, um quadro vazio que circula continuamente entre máquinas de uma rede que tem uma topologia lógica em anel. Quando uma máquina detém a permissão, ela gera dados, coloca-os no quadro e envia esse quadro à sua vizinha. Cada máquina passa adiante a permissão até que ela chegue ao seu destino. No destino, a máquina copia o conteúdo da mensagem, marca o quadro como entregue e o passa à sua vizinha. Quando o transmissor original receber o quadro, ele extrai a mensagem e passa a permissão ao seu vizinho.

A interface de dados distribuídos por fibra (FDDI) funciona por cabo de fibra ótica, que permite que esse suporte mais transferências a maiores velocidades, a distâncias maiores. A FDDI é construída sobre dois Token Rings, sendo que o segundo é usualmente reservado para ser usado em caso de falha do primeiro, como backup.

As comunicações sem fio 802.11 empregam um método similar ao da Ethernet para comunicar: acesso múltiplo com detecção de Portadora/Colisão (CSMA/CA), que requer que cada transmissor transmita uma requisição de envio (RTS) para toda a rede. Ao receber uma RTS, o receptor transmite uma mensagem 'pronto para envio' (CST) para toda a rede, se o meio estiver disponível.

Normalmente, em um sistema cliente/servidor de duas camadas, a interface de usuário reside no cliente, os dados residem no servidor e a lógica da aplicação está em um ou em ambos os componentes. Em vez desse modelo de duas camadas, sistemas cliente/servidor muitas vezes empregam um sistema de três camadas, que oferece uma separação mais clara entre a lógica da aplicação e a interface com o usuário e os dados. Idealmente, a lógica reside em sua própria camada, possivelmente em uma máquina separada, independente do cliente e dos dados. Essa organização confere maior flexibilidade e extensibilidade ao sistema cliente/servidor. A permuta a ser considerada em um sistema multiníveis é a maior latência de rede e mais áreas nas quais a rede possa falhar.

Exercícios

16.1 Quais os prós e os contras de usar uma arquitetura de rede em camadas?

16.2 Por que o TCP/IP não especifica um protocolo único em cada camada?

16.3 Quais as semelhanças e diferenças entre serviços orientados à conexão e serviços sem conexão?

16.4 Quais as diferenças entre endereçamento, roteamento e controle de fluxo? O que é um mecanismo de janela?

16.5 Explique o funcionamento do CSMA/CD. Compare a previsibilidade do CSMA/CD com abordagens baseadas em permissão. Quais desses esquemas têm o maior potencial para adiamento indefinido?

16.6 Um problema interessante que ocorre em sistemas de controle distribuído com transferência de permissão é que a permissão pode ser perdida. De fato, se uma permissão não circular adequadamente ao redor da rede, nenhuma estação poderá transmitir. Comente esse problema. Quais salvaguardas podem ser embutidas em uma rede de passagem de permissão (*token ring*) para determinar se a permissão foi perdida e, então, restaurar o funcionamento adequado da rede?

16.7 Neste capítulo afirmamos que a Internet é implementada como uma rede em malha. Quais seriam as conseqüências se a Internet fosse implementada como uma rede em árvore? E se ela fosse implementada como uma rede em anel? E se fosse implementada como uma rede em malha totalmente conectada?

16.8 HTTP e FTP são ambos implementados em cima do TCP. Qual seria o efeito se eles fossem implementados em cima do UDP?

16.9 Por que o CSMA/CD não foi usado para sistemas sem fio?

16.10 Por que uma implementação da camada de enlace utilizaria códigos de correção de erros? Como isso afetaria o sistema?

Projetos sugeridos

16.11 Vários protocolos foram propostos para substituir o TCP. Pesquisadores do MIT e de Berkeley desenvolveram recentemente o eXplicit Control Protocol (XCP) que é projetado para acelerar transmissões.[72] Pesquise esse protocolo e investigue que mudanças ele traria ao TCP.

16.12 Neste capítulo, mencionamos que o protocolo de informações de roteamento (RIP) é um meio de determinar o próximo hospedeiro para um datagrama. Pesquise o RIP e explore como ele determina o hospedeiro seguinte para um datagrama.

Simulações sugeridas

16.13 Escreva um programa de simulação para fazer experiências com procedimentos de roteamento. Crie uma rede em malha contendo um certo número de nodos e enlaces. Crie o seu próprio protocolo de roteamento para enviar informações sobre os enlaces através de toda a rede. Verifique se cada nodo pode determinar eficientemente o próximo nodo ao longo de um caminho entre dois nodos do grafo. Experimente 'destruir' um nodo ou mudar a topologia da rede. Quão rapidamente todos os seus nodos entenderão a nova topologia?

Notas

1. "Network topology", *Federal Standards Online*, www.its.bldrdoc.gov/fs-1037/.
2. B. W. Abeysundara e A. E. Kamal, "High-speed local area networks and their performance: a survey", *ACM Computing Surveys*, v. 23, nº 2, jun. 1991, p. 231.
3. "Network topology", *Federal Standards Online*, www.its.bldrdoc.gov/fs-1037/.
4. B. W. Abeysundara e A. E. Kamal, "High-speed local area networks and their performance: a survey", *ACM Computing Surveys*, v. 23, nº 2, jun. 1991, p. 248-249.
5. "Network topology", *Federal Standards Online*, www.its.bldrdoc.gov/fs-1037/.
6. B. W. Abeysundara e A. E. Kamal, "High-speed local area networks and their performance: a survey", *ACM Computing Surveys*, v. 23, nº 2, jun. 1991, p. 248-250.
7. "Network topology", *Federal Standards Online*, www.its.bldrdoc.gov/fs-1037/.
8. B. W. Abeysundara e A. E. Kamal, "High-speed local area networks and their performance: a survey", *ACM Computing Surveys*, v. 23, nº 2, jun. 1991, p. 248-250.
9. "Network topology", *Federal Standards Online*, www.its.bldrdoc.gov/fs-1037/.
10. R. Rajaraman, "Topology control and routing in ad hoc networks: a survey", *ACM SIGACT News*, v. 33, nº 2, jun. 2002, p. 60-74.
11. "Symbian: about us", www.symbian.com/about/about.html.
12. J. Blackwood, "Why you can't ignore Symbian", 2 maio 2002, techupdate.zdnet.com/techupdate/stories/main/0,14179,2866892,00.html.
13. D. Mery, "Symbian technology: why is a different operating system needed?", mar. 2002, www.symbian.com/technology/why-diff-os.html.
14. J. Blackwood, "Why you can't ignore Symbian", 2 maio 2002, techupdate.zdnet.com/techupdate/stories/main/0,14179,2866892,00.html.
15. D. Mery, "Symbian technology: why is a different operating system needed?", mar. 2002, www.symbian.com/technology/why-diff-os.html.
16. D. Mery, "Symbian technology: Symbian OS v7.0 functional description", mar. 2003, www.symbian.com/technology/symbos-v7x-det.html.
17. D. Mery, "Symbian technology: why is a different operating system needed?", mar. 2002, www.symbian.com/technology/why-diff-os.html.
18. "The Portable Application Standards Committee (PASC)", www.pasc.org.
19. D. Mery, "Symbian technology: why is a different operating system needed?", mar. 2002, www.symbian.com/technology/why-diff-os.html.
20. D. Mery, "Symbian technology: why is a different operating system needed?", mar. 2002, www.symbian.com/technology/why-diff-os.html.
21. M. de Jode, "Symbian technology/Standards/Symbian on Java", jun. 2003, www.symbian.com/technology/standardjava.html.
22. K. Dixon, "Symbian OS version 7.0s: functional description", rev. 2.1, jun. 2003, www.symbian.com/technology/symbosv7s-det.html.
23. K. Dixon, "Symbian OS version 7.0s: functional description", rev. 2.1, jun. 2003, www.symbian.com/technology/symbosv7s-det.html.
24. "WCDMA", *SearchNetworking.com*, jul. 2003, searchnetworking.techtarget.com/sDefinition/0,,sid7_gci505610,00.html.
25. B. W. Abeysundara e A. E. Kamal, "High-speed local area networks and their performance: a survey", *ACM Computing Surveys*, v. 23, nº 2, jun. 1991, p. 223-250.
26. "Network topology", *Federal Standards Online*, www.its.bldrdoc.gov/fs-1037/.
27. J. Yanowitz, "Under the hood of the Internet: an overview of the TCP/IP protocol suite", www.acm.org/crossroads/xrds1-1/tcpjmy.html.
28. "TCP/IP and OSI", searchnetworking.techtarget.com/originalContent/0,289142,sid7_gci851291,00.html.
29. J. Tyson, "How OSI works — the layers", computer.howstuffworks.com/osi1.htm.
30. J. Tyson, "How OSI works — protocol Stacks", computer.howstuffworks.com/osi2.htm.
31. "The 7 layers of the OSI model", webopedia.internet.com/quick_ref/OSI_Layers.asp.
32. "Module 4: standards and the ISO OSI model/ISO OSI — application layer (7)", vvv.it.kth.se/edu/gru/Telesys/96P3_Telesystem/HTML/Module4/ISO-15.html, modificado em: 1º nov. 1995, © 1995 by G. Q. Maguire Jr., KTH/Teleinformatics.
33. "Naming and addressing: URIs, URLs", *W3C*, jul. 2002, http://www.w3.org/Addressing/.
34. "Port", *searchNetworking.com*, modificado em: jul. 2003, searchnetworking.techtarget.com/sDefinition/0,,sid7_gci212807,00.html.
35. "Hypertext transfer protocol — HTTP/1.1", RFC 2616, jun. 1999, www.ietf.org/rfc/rfc2616.txt.
36. "Multipurpose Internet Mail Extensions (MIME), part one: format of internet message bodies", RFC 2045, nov. 1996, www.ietf.org/rfc/rfc2045.txt.
37. "Uniform Resource Identifiers (URI): general syntax", RFC 2396, ago. 1998, www.ietf.org/rfc/rfc2396.txt.
38. "File Transfer Protocol (FTP)", RFC 959, out. 1985, www.ietf.org/rfc/rfc0959.txt.
39. L. Pouzin, "Methods, tools, and observations on flow control in packet-switched data networks", *IEEE Transactions on Communications*, abr. 1981.
40. F. D. George e G. E. Young, "SNA flow control: architecture and implementation", *IBM Systems Journal*, v. 21, nº 2, 1982, p. 179-210.
41. G. A. Grover e K. Bharath-Kumar, "Windows in the sky — flow control in SNA networks with satellite links", *IBM Systems Journal*, v. 22, nº 4, 1983, p. 451-463.
42. J. Henshall e S. Shaw, *OSI explained: end-to-end computer communication standards*. Inglaterra: Ellis Horwood Limited, 1988.
43. S. Iren, P. Amer e P. Conrad, "The transport layer: tutorial and survey", *ACM Computing Surveys*, v. 31, nº 4, dez. 1999.
44. "Explanation of the three-way handshake via TCP/IP", support.microsoft.com:80/support/kb/articles/Q172/9/83.ASP.
45. "Transmission control protocol, DARPA Internet program, protocol specification", RFC 793, set. 1981, www.ietf.org/rfc/rfc0793.txt.
46. S. Iren, P. Amer e P. Conrad, "The transport layer: tutorial and survey", *ACM Computing Surveys*, v. 31, nº 4, dez. 1999, p. 360-405.
47. "Network topology", *Federal Standards Online*, www.its.bldrdoc.gov/fs-1037/.

48. "The TCP maximum segment size and related topics", RFC 789, nov. 1983, www.faqs.org/rfcs/rfc879.html.
49. H. Deitel, P. Deitel e S. Santry, *Advanced Java 2 platform: how to program*. Upper Saddle River, NJ: Prentice Hall, 2002, p. 530-592.
50. "User Datagram protocol", RFC 768, ago. 1980, www.ietf.org/rfc/rfc0768.txt.
51. S. Iren, P. Amer e P. Conrad, "The transport layer: tutorial and survey", *ACM Computing Surveys*, v. 31, nº 4, dez. 1999, p. 360-405.
52. "Overview of the TCP/IP protocols", *IT Standards Handbook — The Internet Protocol Suite (Including TCP/IP)*, www.nhsia.nhs.uk/napps/step/pages/ithandbook/h322-4.htm.
53. "How domain name servers work", computer.howstuffworks.com/dns.htm.
54. "DNS demystified", www.lantimes.com/handson/97/706a107a.html.
55. "Exploring the domain name space", hotwired.lycos.com/webmonkey/webmonkey/geektalk/97/03/index4a.html.
56. "Experimental Internet stream protocol, version 2 (ST-II)", RFC 1190, out. 1990, www.ietf.org/rfc/rfc1190.txt.
57. "Internet protocol version 6 (IPv6) addressing architecture", RFC 3513, abr. 2003, www.ietf.org/rfc/rfc3513.txt.
58. "Internet protocol, version 6 (IPv6) specification", RFC 1883, dez. 1993, www.ietf.org/rfc/rfc1883.txt.
59. "IP version 6 addressing architecture", RFC 1884, dez. 1995, www.ietf.org/rfc/rfc1884.txt.
60. "Cyclic redundancy check", *Free Online Dictionary of Computing*, modificado em: ago. 2003, http://wombat.doc.ic.ac.uk/foldoc/foldoc.cgi?CRC.
61. G. Duerincks, "Cyclic redundancy checks in Ada95", *ACM SIGAda Ada Letters*, v. 17, nº 1, jan./fev. 1997, p. 41-53.
62. L. Chae, "Fast Ethernet: 100BaseT", *Network Magazine*, dez. 1995, www.networkmagazine.com/article/NMG20000727S0014.
63. "Gigabit Ethernet solutions (white paper)", Intel, 2001, www.intel.com/network/connectivity/resources/doc_library/white_papers/gigabit_ethernet/gigabit_ethernet.pdf.
64. "Token ring", *searchNetworking.com*, modificado em: jul. 2003, searchnetworking.techtarget.com/sDefinition/0,,sid7_gci213154,00.html.
65. N. Mokhoff, "Communications: fiber optics", *IEEE Spectrum*, jan. 1981.
66. M. Schwartz, "Optical fiber transmission — from conception to prominence in 20 years", *IEEE Communications Magazine*, maio 1984.
67. "FDDI", *searchNetworking.com*, modificado em: abr. 2003, searchnetworking.techtarget.com/gDefinition/0,294236,sid7_gci213957,00.html.
68. A. Karve, "802.11 and spread spectrum", *Network Magazine*, dez. 1997, www.networkmagazine.com/article/NMG20000726S0001.
69. A. Sinha, "Client-server computing", *Communications of the ACM*, v. 35, jul. 1992, p. 77-98.
70. S. Lewandowski, "Frameworks for component-based client/server computing", *ACM Computing Surveys*, v. 30, nº 1, mar. 1998, p. 3-27.
71. S. Lewandowski, "Frameworks for component-based client/server computing", *ACM Computing Surveys*, v. 30, nº 1, mar. 1998, p. 3-27.
72. D. Katabi, M. Handley e C. Rohrs, "Congestion control for high bandwidth-delay product networks", *Proceedings of the 2002 Conference on Applications, Technologies, Architectures, and Protocols for Computer Communications*, ago. 2002, p. 89-102.

Capítulo 17

Introdução a sistemas distribuídos

Não desejo ter nenhuma conexão com qualquer navio que não navegue rapidamente; pois eu pretendo me arriscar.
John Paul Jones

E o que faremos naquele lugar remoto?
Napoleão Bonaparte

A arte do progresso é preservar ordem na mudança e preservar mudança na ordem.
Alfred North Whitehead

Ordem e simplificação são os primeiros passos em direção ao domínio de um assunto — o verdadeiro inimigo é o desconhecido.
Thomas Mann

O relógio, e não o motor a vapor, é a máquina mais importante da era industrial moderna.
Lewis Mumford

É tão difícil dizer a um cliente que você está trabalhando para outro cliente...
Andrew Forthingham

Você pode se atrasar, mas o Tempo não se atrasará.
Benjamin Franklin

Objetivos

Este capítulo apresenta:

- A importância da computação distribuída.
- Propriedades fundamentais e características desejáveis de sistemas distribuídos.
- Comunicação remota em sistemas distribuídos.
- Sincronização, exclusão mútua e deadlock em sistemas distribuídos.
- Exemplos de sistemas operacionais distribuídos.

17.1 Introdução

À medida que a velocidade e a confiabilidade das redes eram aprimoradas, computadores do mundo inteiro tornavam-se cada vez mais interconectados. A comunicação remota via rede, originalmente reservada para grandes instalações de computadores e ambientes acadêmicos, foi amplamente difundida. Em **sistemas distribuídos**, computadores remotos cooperam via rede de modo que pareçam uma máquina local. Tanto os sistemas distribuídos quanto os sistemas de rede estendem computação e armazenamento por toda uma rede de computadores. Entretanto, usuários de **sistemas operacionais distribuídos** têm a impressão de que estão interagindo com apenas uma máquina, ao passo que os de sistemas operacionais de rede devem estar conscientes da implementação distribuída. Aplicações de sistemas distribuídos podem executar código em máquinas locais e remotas e compartilhar dados, arquivos e outros recursos entre máquinas.

Sistemas distribuídos quase sempre surgem da necessidade de melhorar a capacidade (por exemplo, capacidade de processamento e tamanho do armazenamento) e a confiabilidade de uma única máquina. Fatores econômicos podem limitar a capacidade de um sistema. Ao implementarmos um sistema operacional através de várias máquinas baratas, é possível projetarmos um sistema poderoso sem o uso de equipamentos dispendiosos. Por exemplo, é difícil conectar centenas de processadores a uma única placa-mãe; além disso, a maioria das interfaces de discos rígidos não suporta as centenas de discos requeridos para terabytes de armazenamento. Ter uma única máquina com uma quantidade exorbitante de recursos é desperdício; um único usuário raramente, se é que alguma vez, tiraria algum proveito de tal capacidade. Dividir os recursos entre um grupo de máquinas permite que vários usuários os compartilhem e, ao mesmo tempo, garante que haja recursos suficientes para um trabalho ocasional de grande porte. Uma outra razão para adotar sistemas distribuídos é atender a uma grande base de usuários. **Sistemas de arquivos distribuídos** coloca arquivos em máquinas separadas e proporciona a visualização de um único sistema de arquivo. Sistemas de arquivos distribuídos permitem que grandes números de usuários acessem o mesmo conjunto de arquivos de modo confiável e eficiente.

Embora sistemas distribuídos ofereçam muitas vantagens em relação a sistemas operacionais exclusivos de uma máquina, eles podem ser complexos e difíceis de implementar e gerenciar. Por exemplo, eles têm de manipular atrasos de comunicação e problemas de confiabilidade introduzidos pelas redes subjacentes. É mais difícil gerenciar falhas de máquinas em sistemas distribuídos; sistemas operacionais distribuídos por n máquinas estão muito mais propensos a sofrer queda de sistema do que os operacionais de apenas uma máquina. Um outro desafio é assegurar que cada computador do sistema tenha a mesma visualização de todo o sistema.

A discussão de sistemas distribuídos neste e no próximo capítulo fundamenta-se no que foi apresentado no Capítulo 16. Aqui discutiremos comunicação distribuída, sistemas de arquivos distribuídos e processamento distribuído. O tema comunicação distribuída trata a maneira pela qual processos em diferentes máquinas se comunicam, enquanto processamento distribuído descreve a interação entre processos distribuídos. Sistemas de arquivos distribuídos proporcionam um meio de gerenciar arquivos dentro de um sistema distribuído.

Revisão

1. Cite alguns benefícios de sistemas distribuídos.
2. O que torna os sistemas distribuídos complexos e difíceis de implementar e gerenciar?

Respostas: **1)** Sistemas distribuídos podem atingir um alto nível de desempenho por um custo menor do que um sistema único. Sistemas distribuídos também podem permitir a grandes números de usuários acesso aos mesmos arquivos de um modo confiável e eficiente. **2)** Tratar atrasos de comunicação e problemas de confiabilidade introduzidos pelas redes subjacentes, responder a falhas de máquina e assegurar que cada computador do sistema tenha a mesma visualização de todo o sistema.

17.2 Atributos de sistemas distribuídos

Durante décadas, pesquisadores e profissionais enfatizaram a importância de sistemas distribuídos. A explosão da Internet que ocorreu com a popularização da World Wide Web, em 1993, tornou os sistemas distribuídos comuns. Esta seção discute desempenho, escalabilidade, conectividade, segurança, confiabilidade e tolerância a falhas em sistemas distribuídos.

17.2.1 Desempenho e escalabilidade

Em um sistema centralizado, um único servidor trata todas as requisições de usuários. Com um sistema distribuído, as requisições de usuários podem ser enviadas a diferentes servidores que trabalham em paralelo para aumentar o desempenho. **Escalabilidade** permite que um sistema distribuído cresça (adicione mais máquinas ao sistema) sem afetar as aplicações e os usuários existentes.

Revisão

1. Como um sistema distribuído pode aumentar o desempenho?
2. De que maneira a escalabilidade torna sistemas distribuídos melhores do que os centralizados?

Respostas: 1) Vários servidores podem tratar requisições de usuários simultaneamente. 2) Escalabilidade permite que o sistema distribuído cresça (adicione mais máquinas) sem afetar as aplicações e os usuários existentes.

17.2.2 Conectividade e segurança

Um sistema distribuído pode fornecer acesso sem descontinuidade a recursos distribuídos através da rede. Se o recurso for um processador, o sistema distribuído deverá permitir que tarefas sejam executadas em qualquer máquina. Se o recurso for um sistema de arquivos globalmente compartilhado, usuários remotos poderão acessá-lo como acessariam um sistema de arquivo local, privado. Por exemplo, um usuário deve poder navegar pelo sistema de arquivo e abri-lo por meio de um navegador gráfico ou interpretador de comandos em vez de conectar-se a um programa FTP.

Conectividade em sistemas distribuídos requer protocolos de comunicação. Protocolos devem fornecer interfaces comuns a todos os computadores do sistema. Muitos sistemas distribuídos requerem comunicação de informação de estado para manter uma operação eficiente. **Informação de estado** consiste em dados que descrevem o estado de um ou mais recursos. Informação de estado inadequada pode resultar em inconsistência; muitas vezes transmitir esse tipo de informação pode inundar a rede e reduzir a escalabilidade. Projetistas de sistemas distribuídos devem determinar que informação de estado manter e com que freqüência o sistema deve tomar conhecimento dela.[1]

Sistemas distribuídos podem ser suscetíveis a ataques de usuários mal-intencionados se dependerem de meios de comunicação inseguros (por exemplo, uma rede pública). Para melhorar a segurança, sistemas distribuídos devem permitir que apenas usuários autorizados acessem recursos e garantir que a informação transmitida pela rede somente possa ser lida pelos recipientes pretendidos. E, também, pelo fato de muitos usuários ou objetos poderem requisitar recursos, o sistema deverá fornecer mecanismos para protegê-los contra ataques. Segurança e proteção são discutidas no Capítulo 19, "Segurança".

Revisão

1. Que fatos os projetistas de sistemas distribuídos devem considerar ao projetarem informação de estado?
2. Dê exemplos de um mau projeto de informação de estado.

Respostas: 1) Projetistas de sistemas distribuídos precisam decidir se o sistema deve manter informação de estado, qual informação manter e com que freqüência o sistema deve conhecê-la. 2) Um mau projeto de informação de estado pode manter várias entradas para o status do mesmo recurso, resultando em inconsistência; pode fazer com que informações de estado sejam transmitidas com muita freqüência, o que poderia inundar a rede e restringir a escalabilidade.

17.2.3 Confiabilidade e tolerância a falhas

A falha de um ou mais recursos em máquinas isoladas pode fazer com que todo o sistema tenha problemas ou pode afetar o desempenho de processos que executem no sistema. Sistemas distribuídos estão mais propensos a falhas do que os de uma máquina isolada, pois têm mais componentes sujeitos a pane.[2]

Sistemas distribuídos implementam tolerância a falhas fornecendo replicação de recursos através do sistema. A falha de qualquer um dos computadores isolados não afetará a disponibilidade dos recursos do sistema. Por exemplo, um sistema de arquivo distribuído poderia manter cópias do mesmo arquivo em servidores diferentes. Se um usuário estiver usando um arquivo de um servidor que falhar, o sistema de arquivo distribuído poderá dirigir futuras requisições a um servidor que tenha uma cópia do arquivo original. A replicação oferece aos usuários maior confiabilidade e disponibilidade em relação a implementações de máquinas isoladas.

Contudo, isso tem um custo. Projetistas de sistemas distribuídos devem desenvolver software que detecte e reaja a falhas de sistema. E devem, ainda, fornecer mecanismos para assegurar a consistência entre informações de estado de máquinas diferentes. Esses sistemas também precisam estar equipados para reintegrar recursos que falharam, logo que sejam reparados.

Revisão

1. Por que sistemas distribuídos estão mais propensos a falhas do que máquinas isoladas?
2. Qual o efeito colateral de aumentar a confiabilidade e a tolerância a falhas?

Respostas: 1) Sistemas distribuídos simplesmente têm mais componentes que podem sofrer pane. 2) Aumentar a confiabilidade e a tolerância a falhas torna mais complexo o projeto de sistemas distribuídos. O projetista deve fornecer mecanismos para passar de uma máquina com problemas para uma que esteja em funcionamento e para manter a consistência entre as cópias dos recursos duplicados através do sistema.

17.2.4 Transparência

Um dos objetivos de sistemas distribuídos é fornecer **transparência**, ocultando os aspectos distribuídos dos usuários do sistema. O acesso a um sistema de arquivo distribuído por diversos computadores remotos não deve ser diferente do acesso a um sistema de arquivo local. O usuário de um sistema de arquivo distribuído deve poder acessar seus recursos sem precisar saber nada sobre a comunicação entre os processos, quais processos executam a requisição do usuário e a localização física dos recursos.

O ISO Open Distributed Processing Reference Model define oito tipos de transparência que sistemas distribuídos podem fornecer:[3]
- transparência de acesso
- transparência de localização
- transparência de falha
- transparência de replicação
- transparência de persistência
- transparência de migração
- transparência de relocação
- transparência de transação

Transparência de acesso oculta os detalhes de protocolos de rede que habilitam a comunicação entre computadores distribuídos. Também fornece um meio universal de acesso a dados armazenados em diferentes formatos de dados em todo o sistema.

Transparência de localização aproveita a transparência de acesso para ocultar a localização de recursos no sistema distribuído daqueles que estão tentando acessá-los. Um sistema de arquivo distribuído que fornece transparência de localização permite acesso a arquivos remotos como se fossem locais.

Transparência de falha é o método pelo qual um sistema distribuído fornece tolerância a falhas. Se um ou mais recursos ou computadores da rede falharem, os usuários do sistema perceberão apenas a redução do desempenho. Transparência de falha normalmente é implementada por **replicação** ou por ponto de verificação/recuperação. Com replicação, um sistema fornece vários recursos que executam a mesma função. Mesmo que todos os recursos, exceto um, de um conjunto de recursos replicados falhem, um sistema distribuído poderá continuar a funcionar. Sistemas que empregam ponto de verificação periodicamente armazenam a informação de estado de um objeto (como um processo) de tal maneira que esse pode ser restaurado (recuperado) se uma falha no sistema distribuído resultar na perda do objeto.

Transparência de replicação oculta o fato de que há várias cópias de um recurso disponíveis no sistema; todos os acessos a um grupo de recursos replicados ocorrem como se houvesse um só desses recursos disponível. **Transparência de persistência** oculta a informação sobre o lugar onde esse recurso está armazenado — na memória ou em disco.

Transparência de migração ou **transparência de relocação** ocultam a movimentação de componentes através de um sistema distribuído. Transparência de migração mascara a movimentação de um objeto de uma localização para outra no sistema, tal como a transferência de um arquivo de um servidor para outro; transparência de relocação mascara a relocação de um objeto por meio de outros objetos que se comunicam com ele. Por fim, **transparência de transação** permite que um sistema obtenha consistência mascarando a coordenação entre um conjunto de recursos. Transações (veja a Seção 13.10.2, "Integridade de dados e sistemas de arquivo log estruturados") incluem requisições de serviços (como acesso a arquivos e chamadas à função) que mudam o estado do sistema. Conseqüentemente, transações muitas vezes requerem ponto de verificação ou replicação para cumprir outras metas do sistema distribuído; transparência de transação oculta a implementação desses serviços.

Revisão

1. Dê um exemplo de transparência de localização.

2. Quando a transparência de falha é implementada por replicação, qual (ou quais) questão(ões) os projetistas devem considerar?

Respostas: 1) Ao acessar um arquivo em um sistema distribuído, você não sabe a qual servidor o arquivo pertence. 2) Projetistas devem considerar consistência entre recursos replicados.

17.2.5 Sistemas operacionais de rede

Um **sistema operacional de rede** acessa recursos em computadores remotos que executam sistemas operacionais independentes, mas não é responsável pelo gerenciamento de recursos nas localizações remotas. Conseqüentemente, funções distribuídas são explícitas em vez de transparentes — um usuário ou processo podem especificar explicitamente a localização do recurso para recuperar um arquivo de rede ou executar uma aplicação remotamente. A falta de transparência em sistemas operacionais de rede os impede de fornecer alguns dos benefícios de sistemas operacionais distribuídos. Todavia, pelo fato de os sistemas operacionais de rede não precisarem assegurar transparência, são mais fáceis de implementar do que os operacionais distribuídos.[4]

Revisão

1. Como sistemas operacionais de rede são diferentes de sistemas operacionais distribuídos?
2. Por que sistemas operacionais de rede são mais fáceis de implementar do que os operacionais distribuídos?

Respostas: 1) Sistemas operacionais de rede não têm transparência, o que significa que o cliente deve especificar explicitamente a localização do recurso para acessá-lo. **2)** Sistemas operacionais de rede não fornecem transparência e não são responsáveis pelo gerenciamento de recursos em localizações remotas, portanto, sistemas operacionais de rede não precisam implementar essas capacidades.

17.2.6 Sistemas operacionais distribuídos

Um **sistema operacional distribuído** gerencia recursos localizados em vários computadores em rede. Sistemas operacionais distribuídos empregam muitos dos mesmos métodos de comunicação, estruturas de sistema de arquivo e outros protocolos encontrados em sistemas operacionais de rede, mas tornam a comunicação transparente para que objetos do sistema não se apercebam dos computadores separados que fornecem o serviço. Esse nível de transparência é difícil de atingir, portanto, é raro encontrar um sistema 'verdadeiramente' distribuído.[5]

17.3 Comunicação em sistemas distribuídos

Um dos desafios primordiais do projeto de sistemas distribuídos é gerenciar a comunicação entre computadores. Projetistas devem estabelecer interoperabilidade entre computadores e aplicações heterogêneos. Nos primeiros anos da computação distribuída, processos se comunicavam chamando funções por meio de processos localizados em computadores remotos. Muitas das aplicações atuais, contudo, requerem interação entre objetos remotos via chamadas a método. Nesta seção discutiremos chamadas a funções remotas e interação entre objetos remotos via chamadas a método.[6]

Interoperabilidade permite que componentes de software interajam entre hardwares e plataformas de software diferentes, linguagens de programação e protocolos de comunicação distintos. Uma interface permite que sistemas heterogêneos se comuniquem de modo significativo para ambos os lados — promovendo a interoperabilidade. No modelo cliente/servidor, o cliente emite uma requisição ao servidor através da rede e este processa a requisição e envia a resposta de volta ao computador cliente, freqüentemente usando uma interface para auxiliar a comunicação. Uma **interface padronizada** permite que cada par cliente/servidor se comunique utilizando uma interface única, comum, entendida por ambos os lados. Interfaces padronizadas são discutidas na Seção 17.3.4, "CORBA (Common Object Broker Architecture)".

Revisão

1. Por que a interoperabilidade é um desafio para sistemas distribuídos?
2. Explique como funciona o modelo de comunicação cliente/servidor.

Respostas: 1) Sistemas distribuídos consistem normalmente em sistemas de computação heterogêneos que devem, de algum modo, interagir suavemente a despeito de suas diferenças. **2)** No modelo de comunicação cliente/servidor, o cliente emite uma requisição ao servidor através da rede, o servidor processa a requisição e envia a resposta de volta ao cliente.

17.3.1 Middleware

As máquinas que compõem sistemas distribuídos em geral são heterogêneas — hardware diferente executando sistemas operacionais diferentes e se comunicando através de arquiteturas diferentes. Em tais ambientes, o programador de aplicações tende a gastar muito tempo e a cometer erros para fornecer as rotinas de conversão de mensagens entre computadores (veja o quadro "Curiosidades, Conseqüência dos erros", no site deste livro). Softwares conhecidos como **middleware** ajudam a fornecer portabilidade, transparência e interoperabilidade em sistemas distribuídos. Portabilidade habilita a mudança de um sistema ou componente (incluindo ambos, software e hardware) de um ambiente para outro sem alterar o sistema ou componente que está sendo transferido.

Considere um cliente que pague as mercadorias que comprou com um cheque (emitido por um banco para que ele possa usar em suas transações). Ao receber o cheque, o comerciante pode compensá-lo em qualquer banco (mesmo por aquele que não tenha emitido o cheque), que executa operações transparentemente para validar a transação e processar a transferência de fundos. Nesse exemplo, o banco (ou bancos) representa o middleware, e o comerciante e o cliente representam dois computadores de um sistema distribuído. Semelhante aos bancos, o middleware executa operações de maneira transparente para validar transações e iniciar comunicação na rede. O middleware fornece o mecanismo para simplificar transações. Em vez de ir ao banco para sacar fundos, pagar o comerciante e fazer com que este vá a um outro banco para depositar o dinheiro, o cliente pode simplesmente preencher um cheque que o comerciante deposita diretamente. De modo similar, o middleware facilita comunicação e cooperação entre os vários componentes de um sistema distribuído ocultando detalhes de implementação de baixo nível de usuários e desenvolvedores de aplicações.[7]

Middleware fornece interfaces de programação padronizadas para habilitar comunicação interprocessos entre computadores remotos. Essas interfaces proporcionam portabilidade e transparência.[8] As próximas seções descrevem diversas implementações e protocolos comuns que formam a espinha dorsal (*backbone*) de muitos sistemas distribuídos.

Revisão

1. Por que sistemas distribuídos precisam de middleware?
2. Como o middleware fornece transparência?

Respostas: 1) Sistemas distribuídos consistem em máquinas heterogêneas. O middleware habilita essas máquinas heterogêneas a trabalhar juntas como um único computador. O middleware proporciona portabilidade, transparência e interoperabilidade. 2) Middleware fornece interfaces padronizadas de modo que computadores heterogêneos possam se comunicar uns com os outros. Faz com que chamadas a procedimentos em um outro computador pareçam chamadas a procedimentos locais.

17.3.2 Chamada a procedimento remoto (RPC)

Em meados da década de 1970 foi proposto o conceito de **chamada a procedimento remoto** para proporcionar uma abordagem estruturada, de alto nível, à comunicação interprocessos em sistemas distribuídos. Uma chamada a procedimento remoto permite que um processo que esteja em execução em um computador invoque um procedimento (ou função) de um processo que esteja em execução em um outro computador. Esse mecanismo pressupõe um modelo cliente/servidor: o computador cliente que emite a chamada ao procedimento remoto envia seus parâmetros pela rede ao servidor onde reside o procedimento chamado. A execução ocorre no servidor, e o resultado (o valor de retorno da função) então é transmitido pela rede ao cliente.

Um objetivo da RPC era simplificar o processo de escrita de aplicações distribuídas preservando a sintaxe de uma chamada a procedimento (ou função) local e, ao mesmo tempo, iniciar transparentemente uma comunicação de rede. Além da meta primária de simplicidade, a RPC também buscava ser eficiente e segura.[9]

Para fornecer transparência aos programadores de sistemas distribuídos, a RPC introduz o conceito de stub. Um **stub** prepara dados de saída para transmissão e traduz dados de entrada para que possam ser interpretados corretamente. Para emitir uma RPC, o processo cliente faz uma chamada (passando os parâmetros apropriados) ao procedimento no **stub do cliente**. O stub do cliente executa a **montagem de dados**, que empacota argumentos de procedimento juntamente com o nome do procedimento em uma mensagem para transmissão por uma rede.[10]

Para fazer a chamada ao procedimento remoto, o stub do cliente passa a mensagem (com parâmetros preparados) ao servidor (Figura 17.1). Ao receber a mensagem do stub do cliente, o sistema operacional do servidor transmite a mensagem ao **stub do servidor**. Então a mensagem é desmontada, e o stub envia os parâmetros ao procedimento local apropriado. Quando o procedimento for concluído, o stub do servidor monta o resultado e o envia de volta ao cliente. Por fim, o stub do cliente desmonta o resultado, notifica o processo e passa o resultado para ele. Do ponto de vista do cliente, tudo isso parece apenas fazer uma chamada ao procedimento local e receber o resultado de retorno — os elaborados mecanismos da RPC ficam ocultos.[11]

Há diversas complicações associadas à RPC. Ela pode executar sobre TCP ou UDP, o que significa que implementações diferentes podem oferecer níveis variáveis de confiabilidade. Se a RPC estiver operando sobre UDP, então a implementação da RPC deve fornecer confiabilidade de comunicação. Além disso, cada implementação de RPC pode oferecer um nível diferente de segurança (discutiremos o tópico no Capítulo 19, "Segurança"). Na verdade, veremos que as capacidades de segurança oferecidas por NFS — Seção 18.2.2, "Sistema de arquivos de rede (NFS)"— estão relacionadas diretamente com a implementação subjacente de sua RPC.

```
                    ①       ④
        ────────MWWW───────→  } Máquina local
        ─ ─ ─ ─ ─ ─ ─ ─ ─ ─ ─  } Rede
                ②  ───→  ③     } Máquina remota
```

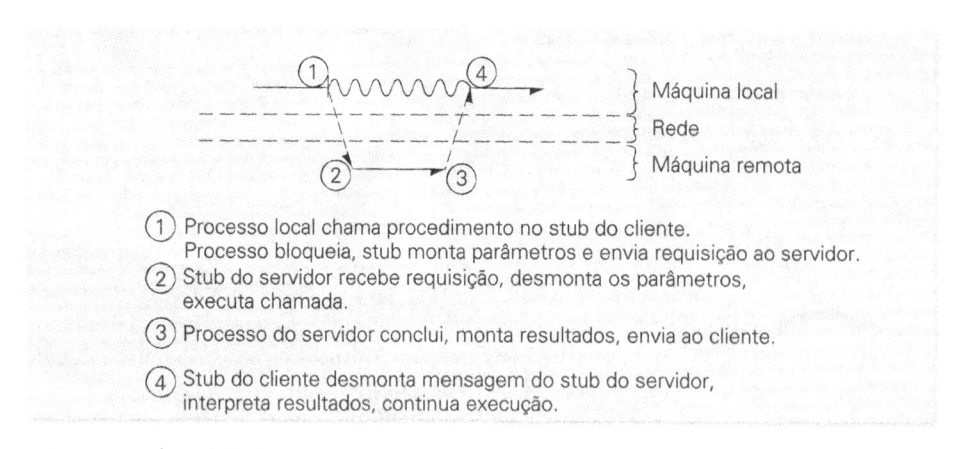

① Processo local chama procedimento no stub do cliente.
  Processo bloqueia, stub monta parâmetros e envia requisição ao servidor.
② Stub do servidor recebe requisição, desmonta os parâmetros, executa chamada.
③ Processo do servidor conclui, monta resultados, envia ao cliente.
④ Stub do cliente desmonta mensagem do stub do servidor, interpreta resultados, continua execução.

Figura 17.1 | Modelo de comunicação da RPC.

Um outro problema é que o processo de emissão de uma RPC e de seu correspondente stub de cliente residem em diferentes espaços de endereçamento de memória. Isso dificulta a passagem de ponteiros como parâmetros, o que pode limitar a transparência e a capacidade da RPC. Similarmente, a RPC não suporta variáveis globais, portanto, cada variável usada pelo procedimento deve ser passada a ele como um argumento.

Embora chamadas a procedimento remoto promovam interoperação em sistemas distribuídos, elas não são uma solução suficiente para o problema geral da comunicação distribuída. Questões de desempenho e segurança levaram ao desenvolvimento de protocolos de comunicação adicionais, descritos nas próximas seções.

Revisão

1. Qual o principal benefício da RPC?
2. Cite alguns problemas da RPC.

Respostas: 1) A RPC habilita processos a chamar procedimentos em hospedeiros remotos tão facilmente quanto fazer chamadas a procedimentos na máquina local. 2) Entre os problemas da RPC estão: **a)** falta de confiabilidade e segurança; **b)** transparência e capacidade limitadas; **c)** não suporta variáveis globais; **d)** implementação complexa.

17.3.3 Invocação a método remoto (RMI)

O protocolo RPC Java, conhecido como **invocação a método remoto** (*Remote Method Invocation* — **RMI**), habilita um processo Java que está executando em um computador a invocar um método de um objeto em um computador remoto usando a mesma sintaxe de uma chamada a método local. Similar à RPC, os detalhes da montagem de parâmetros e transporte de mensagens por RMI são transparentes para o programa que emite a chamada. Um benefício decisivo da RMI é que ela permite transmissão de objetos entre processos remotos. A RMI permite que programadores Java implementem sistemas distribuídos sem ter de programar soquetes explicitamente.[12] Três camadas distintas de software caracterizam a arquitetura RMI: a **camada de stub/esqueleto**, a **camada remota de referência** (*Remote Reference Layer* — **RRL**) e a **camada de transporte**.[13] A camada de stub/esqueleto contém estruturas de montagem de parâmetros análogas às dos stubs de cliente e de servidor da RPC. Um stub RMI é um objeto Java que reside na máquina cliente e que fornece uma interface entre o processo cliente e o objeto remoto. Quando um processo cliente invoca um método em um objeto remoto, o método do stub é chamado primeiro. O stub emprega **serialização de objeto** para criar sua mensagem montada, característica que permite que objetos sejam codificados em correntes de bytes e transmitidos de um espaço de endereçamento para outro. Serialização de objetos habilita programas a passar objetos Java como parâmetros e receber objetos como valores de retorno.[14]

Uma vez serializados pelo stub, parâmetros são enviados ao componente da RRL do sistema RMI do lado cliente. A RRL usa a camada de transporte para enviar a mensagem montada entre o cliente e o servidor. Quando o componente da RRL do lado servidor recebe os parâmetros montados, ele os dirige ao **esqueleto**, que desmonta os parâmetros, identifica o objeto sobre o qual o método deve ser invocado e chama o método. Ao concluir o método, o esqueleto monta o resultado e o devolve ao cliente via RRL e stub.[15]

Revisão

1. Qual a função da camada de stub/esqueleto na RMI?

2. Que benefício a RMI fornece em relação à RPC?

Respostas: **1)** A camada de stub/esqueleto monta e desmonta parâmetros, o que permite que a comunicação entre hospedeiros remotos fique oculta do usuário. **2)** A RMI usa serialização de objetos para habilitar clientes a enviar objetos como argumentos em chamadas a métodos remotos e receber dos servidores objetos como valores de retorno.

17.3.4 CORBA (Common Object Request Broker Architecture)

CORBA (Common Object Request Broker Architecture) é uma especificação-padrão de arquitetura de sistemas distribuídos que conquistou ampla aceitação.[16] Concebida no início da década de 1990 pelo Object Management Group (OMG), CORBA é um padrão aberto elaborado para habilitar interoperação entre programas em sistemas heterogêneos, bem como homogêneos. Similar à RMI, CORBA suporta objetos como parâmetros ou valores de retorno em procedimentos remotos durante comunicação interprocessos. Entretanto, diferentemente da RMI (que é baseada em Java), CORBA é independente de linguagem e de sistema, o que significa que aplicações escritas em linguagens de programação diferentes e em sistemas operacionais diferentes operam entre si por meio de acesso a um núcleo comum da arquitetura CORBA.[17]

A estrutura dos sistemas distribuídos baseados em CORBA é relativamente simples. O processo no cliente passa a chamada a procedimento juntamente com os argumentos requeridos ao stub do cliente. O stub do cliente monta os parâmetros e envia a chamada ao procedimento por meio de seu **agente de solicitação de objetos** (*Object Request Broker* — **ORB**), que se comunica com o ORB no servidor. O ORB no servidor então passa a chamada a procedimento ao esqueleto do servidor, que desmonta os parâmetros e passa a chamada ao procedimento remoto.[18]

CORBA fornece a seus usuários independência de linguagem por intermédio da **IDL** (*Interface Definition Language* — **linguagem de definição de interface**). A IDL permite que programadores definam estritamente os procedimentos que podem ser chamados no objeto, o que é conhecido como a interface daquele objeto. Aplicações escritas em qualquer linguagem podem comunicar-se por meio de CORBA seguindo a especificação IDL de cada objeto.[19]

Revisão

1. Qual a vantagem da CORBA em relação à RMI?
2. Por que um usuário escolheria RMI em vez de CORBA?

Respostas: **1)** Diferentemente da RMI, CORBA é independente de linguagem, de modo que aplicações escritas em linguagens de programação diferentes podem operar entre si pelo acesso a um núcleo CORBA comum. **2)** Se o usuário estiver trabalhando estritamente em Java, a independência de CORBA em relação à linguagem será desnecessária. Usar CORBA também requer que o usuário aprenda IDL, para que cliente e servidor possam se comunicar adequadamente.

17.3.5 DCOM (Distributed Component Object Model)

Na década de 1990 a Microsoft desenvolveu sua própria arquitetura de objeto distribuído denominada modelo de objeto componente distribuído (*Distributed Component Object Model* — **DCOM**).[20, 21] O DCOM foi incluído no sistema operacional Windows desde o Windows 95, e é o principal concorrente da CORBA em computação de objeto distribuído. O DCOM é a extensão distribuída do **modelo de objeto componente** (*Component Object Model* — **COM**) da Microsoft, introduzido em 1993 para facilitar o desenvolvimento baseado em componentes no ambiente Windows. A especificação COM foi elaborada para permitir que componentes de software que residem em um único espaço de endereçamento ou em diferentes espaços de endereçamento dentro de um computador isolado interagissem uns com os outros.

Como na CORBA, objetos DCOM são acessados via interfaces, o que permite que objetos DCOM sejam escritos em várias linguagens de programação e em diversas plataformas. Quando um cliente requisita um objeto DCOM de um servidor, também deve requisitar uma interface específica do objeto.[22] A requisição do cliente é enviada primeiramente ao stub do cliente (denominado **proxy**). O stub do cliente se comunica através de uma rede com o stub do servidor que repassa a requisição ao objeto DCOM específico. Quando o objeto DCOM conclui a requisição, envia o valor de retorno de volta ao stub do servidor. O stub do servidor envia esse valor de volta pela rede ao proxy, que por fim retorna o valor ao processo que chamou.[23]

Revisão

1. No que o DCOM é semelhante à CORBA?
2. Qual o benefício de ter várias interfaces para um objeto DCOM?

Respostas: 1) Ambos, CORBA e DCOM, fornecem suporte a objetos remotos escritos em linguagens de programação diferentes em plataformas diferentes. 2) Permite que um único objeto DCOM interaja de maneira distinta com processos diferentes.

17.3.6 Migração de processos em sistemas distribuídos

Uma alternativa à comunicação remota é a migração de processos, que transfere um processo entre dois computadores do sistema distribuído. Lembre-se, da Seção 15.7, de que migração de processos implementa balanceamento de carga em sistemas multiprocessadores. A migração de processos pode habilitar acesso mais eficiente a recursos remotos. Por exemplo, considere que os computadores A e B estejam em rede e que um processo que resida no computador A acesse freqüentemente arquivos que residam no computador B. A combinação de latências de disco e de rede poderia degradar seriamente o desempenho do processo. Para reduzir essa latência, o processo do computador A pode ser transferido para o computador B.[24]

Clonagem de processos cria uma cópia de um processo em uma máquina remota. Porque a clonagem de processos não destrói o processo original, os dois processos talvez precisem sincronizar o acesso à memória compartilhada.[25]

Revisão

1. Por que a migração de processos é empregada em sistemas distribuídos?
2. Explique a diferença entre migração de processos e clonagem de processos.

Respostas: 1) Migração de processos permite que um processo que esteja executando em um computador seja transferido para um outro de modo que utilize os recursos eficientemente e distribua a carga de trabalho entre processadores diferentes; a migração pode melhorar o desempenho habilitando processos a executar sem incorrer em latências de rede. 2) Na migração de processos, o processo é transferido para um computador remoto e executado nesse computador. Na clonagem de processos é criado um novo processo e esse é executado no computador remoto.

17.4 Sincronização em sistemas distribuídos

Sistemas distribuídos em geral contêm muitos processos que colaboram para alcançar uma meta comum. Eventos em um nó de um sistema distribuído normalmente dependem de eventos de outros nodos. Determinar a ordem em que esses eventos ocorrem é difícil, pois os atrasos de comunicação em uma rede distribuída são imprevisíveis. Se cada um de dois nodos enviar uma mensagem a um terceiro nodo, a ordem de chegada dessas duas mensagens pode não ser a mesma em que foram enviadas. Essa incerteza pode ter conseqüências importantes se as duas mensagens forem relacionadas. Por exemplo, suponha que um sistema distribuído assegure exclusão mútua fazendo com que processos transmitam uma mensagem geral sempre que entrem ou saiam de uma seção crítica. Suponha que um processo saia de sua seção crítica e difunda uma mensagem geral. Ao receber essa mensagem, um outro processo entra em sua seção crítica e difunde uma segunda mensagem. Se um terceiro processo receber a segunda mensagem antes da primeira, esse processo entenderá que a exclusão mútua foi violada.

Esse exemplo de exclusão mútua descreve um relacionamento **causalmente dependente**. A segunda mensagem (que um processo está em execução dentro de sua seção crítica) somente pode ocorrer se a primeira (indicando que um processo saiu de sua seção crítica) foi difundida. **Ordenação causal** assegura que todos os processos reconheçam que um evento causalmente dependente deve ocorrer apenas após o evento do qual é dependente.

A ordenação causal é implementada pela **relação acontece-antes**, representada como $a \rightarrow b$. Essa relação determina que, se os eventos a e b pertencerem ao mesmo processo, então $a \rightarrow b$ se a ocorreu antes de b. Essa relação também estabelece que, se o evento a for o envio de uma mensagem e o evento b for o recebimento dessa mensagem, então $a \rightarrow b$. Por fim, essa relação é transitiva, portanto, se $a \rightarrow b$ e $b \rightarrow c$, então $a \rightarrow c$. A ordenação causal é somente uma **ordenação parcial**, porque haverá eventos para os quais não será possível determinar qual ocorreu antes. Nesse caso, diz-se que esses eventos são **concorrentes**.

Às vezes, uma ordenação causal não é suficientemente forte. Uma **ordenação total** assegura que todos os eventos sejam ordenados e que a causalidade seja preservada.[26]

Um modo de implementar ordenação total é por meio do **relógio lógico** que designa um número, ou **marca de tempo** (*time stamp*), para cada evento (como, por exemplo, enviar e receber uma mensagem, acessar uma variável etc.) que ocorrer no sistema. Relógios lógicos não medem o tempo em si, mas a ordem em que eventos ocorrem; muitas vezes são implementados como simples contadores de eventos. Relógios lógicos impõem uma ordenação causal, visto que, se $a \rightarrow b$, então o tempo associado com o evento a será menor do que o tempo associado com o evento b.[27]

Relógios lógicos escalares sincronizam relógios lógicos de hospedeiros remotos e mantêm um único valor de tempo em cada hospedeiro. Asseguram causalidade seguindo duas regras simples: a primeira diz que, se dois eventos acontecerem dentro do mesmo processo, o evento que ocorreu mais cedo no tempo real terá a marca de tempo mais anterior; a segunda diz que o evento correspondente ao recebimento de uma mensagem terá uma marca de tempo mais posterior do que o evento correspondente ao envio daquela mensagem. Essas duas regras também asseguram que relógios lógicos escalares garantam causalidade.[28]

Para seguir a primeira regra, um processo incrementará seu relógio interno toda vez que ocorrer um evento. Para seguir a segunda regra, quando um processo receber uma mensagem, ele comparará o valor de seu relógio lógico com a marca de tempo da mensagem, ajustará seu relógio lógico à última das duas e, então, o incrementará.[29]

Revisão

1. Como é implementado um relógio lógico?
2. O que aconteceria se os relógios usados por processos diferentes não fossem sincronizados?

Respostas: 1) Para implementar o relógio lógico, um processo deve incrementar seu relógio antes de executar o evento e o outro deve anexar uma marca de tempo (o horário local em que a mensagem foi enviada) ao final de uma mensagem. **2)** Se os relógios usados por processos diferentes não forem sincronizados, a marca de tempo de um processo será interpretada incorretamente pelo outro processo.

17.5 Exclusão mútua em sistemas distribuídos

Esta seção discute como implementar exclusão mútua em sistemas distribuídos. Os métodos de sincronização apresentados na seção anterior são usados para impor exclusão mútua.

17.5.1 Exclusão mútua sem memória compartilhada

Algoritmos de exclusão mútua eficientes para sistemas monoprocessadores e sistemas multiprocessadores de memória compartilhada usam memória compartilhada. Contudo, em ambientes em que não há memória compartilhada, como multiprocessadores NORMA, a exclusão mútua deve ser implementada por meio de algum tipo de passagem de mensagem, o que em geral requer sincronização de relógio. **Difusão FIFO** garante que, quando duas mensagens são enviadas de um processo para outro, a mensagem que foi enviada primeiro chegará primeiro. **Difusão causal** garante que, quando a mensagem M_1 for causalmente dependente da mensagem M_2, então nenhum processo receberá M_1 antes de M_2. **Difusão atômica** garante que todas as mensagens de um sistema sejam recebidas na mesma ordem em cada processo. A difusão atômica também é conhecida como **difusão totalmente ordenada** ou **difusão aprovada**.[30, 31]

Revisão

1. O que é difusão FIFO?
2. Qual a diferença entre difusão atômica e difusão causal?

Respostas: 1) Difusão FIFO garante que, quando duas mensagens são enviadas de um processo para outro, a mensagem que foi enviada primeiro chegará primeiro. **2)** Difusão causal não garante que mensagens não relacionadas sejam entregues na mesma ordem a cada processo.

17.5.2 Algoritmo de exclusão mútua distribuída de Agrawala e Ricart

G. Ricart e A. K. Agrawala apresentaram um algoritmo para assegurar exclusão mútua em sistemas NORMA em seu artigo de 1981, "An Optimal Algorithm for Mutual Exclusion in Computer Networks",[32] que deriva do trabalho de Lamport.[33] Esse algoritmo requer que um processo primeiramente envie uma mensagem de requisição a todos os outros processos do sistema e receba uma resposta de cada um deles antes de poder entrar em sua seção crítica. Ele admite que a comunicação entre processos é confiável (nenhuma mensagem é perdida) e que os processos não falham. Já foram desenvolvidos algoritmos para tratar dessas questões, mas estão além do escopo deste livro.

Quando um processo receber uma requisição para entrar em uma seção crítica e não tiver enviado sua própria requisição, ele enviará uma resposta. Se o processo tiver enviado sua própria requisição, comparará as marcas de tempo das duas requisições e, se a marca de tempo da sua própria requisição for posterior à da outra requisição, ele enviará uma resposta. Se a marca de tempo de sua própria requisição for anterior à da outra requisição, ele atrasará sua resposta. Por fim, se as marcas de tempo das requisições forem iguais, o processo comparará seu número de processo com o do processo requisitante. Se o seu próprio número for mais alto, enviará uma resposta; caso contrário, atrasará sua resposta.

Considere os processos P_1, P_2 e P_3, cada um residindo em nodos diferentes. O processo P_2 quer entrar em sua seção crítica e enviar mensagens de requisição a P_1 e P_3. Os processos P_1 e P_3 não querem entrar em suas seções críticas e responderem imediatamente. Uma vez recebidas ambas as respostas, P_2 entra em sua seção crítica. Enquanto P_2 executa dentro de sua seção crítica, ambos, P_1 e P_3, tentam entrar em suas seções críticas. Cada processo envia sua mensagem de requisição e, por acaso, os dois têm marcas de tempo idênticas. O processo P_2 recebe ambas as requisições, mas atrasa sua resposta porque está correntemente dentro de sua seção crítica. O processo P_3 recebe a requisição de P_1 e compara as marcas de tempo. Como as duas são iguais, P_3 compara os números dos processos. O número de P_3 é mais alto do que o de P_1, portanto, P_3 envia sua resposta.

O processo P_1 recebe a requisição de P_3 e compara suas marcas de tempo. Novamente, ambas são iguais, mas o número de P_1 é menor do que o de P_3, desse modo a resposta é postergada. Quando P_2 sai de sua seção crítica, envia resposta a ambos, P_1 e P_3. O processo P_2 não verifica nenhuma das marcas de tempo, pois está preocupado somente com o fato de estar correntemente usando sua seção crítica, e não se um outro processo está fazendo isso. O processo P_1 recebe a resposta de P_2 e entra em sua seção crítica (afinal, já recebeu uma resposta de P_3). O processo P_3 recebe a resposta de P_2, mas ainda deve esperar pela resposta de P_1. Por fim, quando P_1 conclui sua seção crítica, envia a resposta a P_3, que então entrará em sua seção crítica.

A exclusão mútua é assegurada por esse algoritmo. Se os dois processos entrassem em suas seções críticas ao mesmo tempo, significaria que cada processo enviou uma requisição, recebeu a requisição de outro processo, comparou as marcas de tempo e constatou que a marca de tempo do outro processo era mais baixa do que a sua. Isso não seria possível, portanto, a exclusão mútua ficaria assegurada.[34]

Esse algoritmo também impede adiamento indefinido. Se um processo estiver indefinidamente adiado, estarão sendo enviadas requisições com marcas de tempo anteriores à sua. Mas, como as marcas de tempo aumentam monotonicamente, todas as requisições enviadas após a requisição do processo adiado terão uma marca de tempo posterior. Eventualmente, todas as requisições com uma marca de tempo anterior serão cumpridas, e a requisição do processo adiado terá a marca de tempo mais baixa, o que permite que ele prossiga. O Exercício 17.12 solicitará que você prove que esse algoritmo evita a ocorrência de deadlock.[35]

Revisão

1. Quais as conseqüências se um processo falhar nesse algoritmo?
2. Se houver n processos dentro do sistema, quantas mensagens deverão ser enviadas antes de um processo poder entrar em sua seção crítica?

Respostas: 1) Se um processo falhar, requisições enviadas por outros processos não receberão resposta do processo com problemas. Se não houver nenhum mecanismo para determinar que um processo falhou, todo o sistema poderá entrar em deadlock. 2) Devem ser enviadas $2(n-1)$ mensagens.

17.6 Deadlock em sistemas distribuídos

Deadlock distribuído ocorre quando processos dispersos por diferentes computadores de uma rede aguardam por eventos que não ocorrerão. Esta seção aborda como sistemas distribuídos complicam o problema do deadlock e fornece algoritmos para resolvê-los.

17.6.1 Deadlocks distribuídos

Deadlocks distribuídos podem ser classificados em três tipos. Deadlock de recurso é o tipo discutido no Capítulo 7.[36]

Como acontece em um sistema centralizado, processos de um sistema distribuído muitas vezes ficam bloqueados, esperando por sinais de outros processos, o que introduz um novo tipo de deadlock denominado **deadlock de comunicação**, uma espera circular por sinais de comunicação. Por exemplo, se P_1 estiver esperando por uma resposta de P_2, P_2 estiver esperando por uma resposta de P_3 e P_3 estiver esperando por uma resposta de P_1 então o sistema estará em deadlock.[37]

Por causa do atraso de comunicação associado à computação distribuída, é possível que um algoritmo de detecção de deadlock, apresentado no Capítulo 7, detecte um deadlock que não exista. Por exemplo, considere os processos P_1 e P_2, executando em nodos diferentes, e um terceiro nodo N_3, que esteja verificando se há deadlock. O processo P_1 retém o recurso R_1, e o processo P_2 retém o recurso R_2. O processo P_1 libera o recurso R_1 e envia uma mensagem M_1 ao nodo N_3. Então, o processo P_1 requisita o recurso R_2 e envia uma mensagem M_2 ao nodo N_3. O processo P_2 libera o recurso R_2 e envia uma mensagem M_3 ao nodo N_3. Por fim, o processo P_2 requisita R_1 e envia uma mensagem M_4 ao nodo N_3. Suponha que, por causa da latência de rede, mensagens M_2 e M_4 cheguem ao nodo N_3 antes de M_1 e M_3. Desse modo, o nodo N_3 detectaria um deadlock que não existe, o que é denominado **deadlock fantasma**.[38]

Revisão

1. Quando ocorre um deadlock fantasma?

2. Por que é difícil gerenciar deadlock distribuído?

Respostas: 1) Deadlock fantasma ocorre quando comunicações entre dois processos são postergadas, o que leva a um estado global falso. 2) Em sistemas distribuídos, processos em deadlock se espalham por computadores diferentes de uma rede. Gerenciar deadlock distribuído requer que cada processo conheça o estado global dos recursos compartilhados e seções críticas.

17.6.2 Prevenção de deadlock

Para evitar deadlocks em máquinas monoprocessadoras, basta negar uma das quatro condições necessárias para deadlock (exclusão mútua, posse e espera, não-preempção e espera circular). Essas técnicas também podem ser empregadas para evitar deadlock distribuído. Rosenkrantz *et al.* desenvolveram dois algoritmos projetados especificamente para sistemas distribuídos em seu artigo de 1978, "System Level Concurrency Control for Distributed Database Systems" (Controle de concorrência no nível do sistema para sistemas de bancos de dados distribuídos"). Ambos os algoritmos dependem da ordenação de processos com base no momento em que cada processo foi iniciado.[39]

Estratégia ferir-esperar

A **estratégia de prevenção de deadlock ferir-esperar** (Figura 17.2) rompe o deadlock negando a condição de não-preempção. Considere a seguinte situação: há dois processos, P_1 e P_2, e P_1 foi criado antes de P_2. Se o processo P_1 requisitar um recurso retido por P_2, P_1 **ferirá** P_2. Assim, o processo P_2 será reiniciado, liberando todos os seus recursos, incluindo o recurso requisitado por P_1. Se P_2 requisitar um recurso retido por P_1, P_2 esperará até que P_1 termine de usar o recurso e o libere.[40]

Estratégia esperar-morrer

A **estratégia esperar-morrer** (Figura 17.3) evita a ocorrência de deadlock negando a condição de posse e espera. Considere a seguinte situação: há dois processos, P_1 e P_2, e P_1 foi criado antes de P_2. O processo P_1 pode requisitar um recurso retido por P_2 e esperar que P_2 libere aquele recurso. Mas, se P_2 requisitar um recurso retido por P_1, P_2 **morre**; quando P_2 morre, libera todos os seus recursos e reinicia.[41]

Ambas as estratégias impedem que ocorra deadlock, mas os processos interagem diferentemente em cada uma delas. Na estratégia ferir-esperar, processos criados recentemente serão reiniciados se retiverem um recurso requisitado por um processo criado anteriormente. Processos criados recentemente também são forçados a esperar por processos mais antigos. À medida que o processo envelhece, ele espera com menos freqüência. Na estratégia esperar-morrer, processos criados recentemente morrerão em vez de esperar por um recurso. À medida que os processos envelhecem, eles podem ser forçados a esperar com mais freqüência.[42]

Revisão

1. Como as estratégias ferir-esperar e esperar-morrer impedem adiamento indefinido?

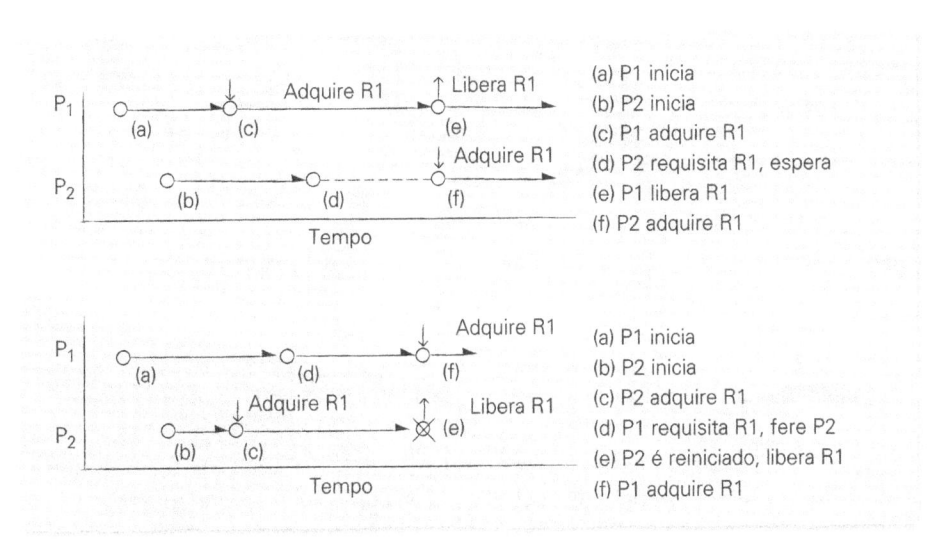

Figura 17.2 | *Estratégia ferir-esperar.*

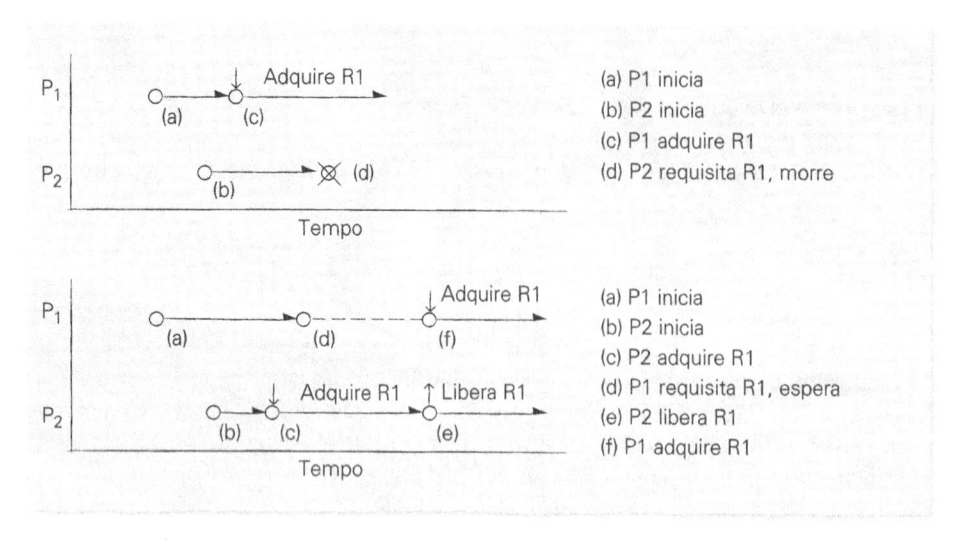

Figura 17.3 | *Estratégia esperar-morrer.*

2. Qual o problema das estratégias ferir-esperar e esperar-morrer?

Respostas: **1)** Em ambos os algoritmos, um processo revertido muitas vezes é eventualmente executado porque, em algum ponto, ele terá uma marca de tempo anterior às de outros processos. **2)** Em cada algoritmo, um processo pode ser forçado a reiniciar diversas vezes, o que requer que o processo execute repetidamente o código que precede a reversão.

17.6.3 Detecção de deadlock

Em um sistema centralizado, todos os recursos e processos estão localizados em uma única máquina. Em um sistema distribuído, recursos e processos estão espalhados por várias máquinas geograficamente distantes. Isso faz com que se torne mais difícil para o sistema coordenar interações entre processos. Há três estratégias de detecção de deadlock, quais sejam, central, hierárquica e distribuída. Sistemas que implementam **detecção central de deadlock** contêm um único nodo que monitora todo o sistema. Sempre que um processo requisita ou libera um recurso, ele notifica o nodo central. O nodo verifica o sistema global em busca de ciclos. Ao detectar um ciclo, o sistema pode implementar uma variedade de algoritmos de recuperação de deadlock. A estratégia de detecção centralizada de deadlock é simples de implementar e eficiente para LANs, relativamente pequenas e que exibam taxas de comunicação relativamente altas. Contudo, o sistema pode sofrer redução do desempenho porque as requisições de recursos podem criar um gargalo no nodo central. A detecção centralizada de deadlock também não é tolerante a falhas, pois uma falha no nodo central impede que todos os outros nodos do sistema adquiram recursos.[43, 44]

O método de **detecção hierárquica de deadlock** organiza os nodos de um sistema em uma árvore. Cada nodo, exceto os folhas, coleta informações de alocação de recursos de todos os nodos dependentes. Essa estrutura de árvore fornece um grau mais alto de tolerância a falhas do que sistemas centralizados. Além disso, pelo fato de a detecção de deadlock ser dividida em hierarquias, cada ramo da árvore precisará conhecer apenas os recursos dentro daquele ramo.[45]

Estratégias distribuídas de detecção de deadlock requerem que cada processo determine se existe deadlock. Para tanto, cada nodo consulta todos os outros nodos. Esse é o método de detecção mais tolerante a falhas, pois a falha de um nodo não impede que os outros funcionem adequadamente. Entretanto, criar algoritmos eficientes para detecção distribuída de deadlock é difícil porque eles precisam gerenciar comunicação sincronizada entre muitos processos.[46]

Revisão

1. Por que seria inviável usar uma estratégia de detecção centralizada de deadlock em um sistema distribuído que opera em uma WAN? **2.** O que acontecerá em um esquema de detecção hierárquica de deadlock se um hospedeiro falhar?

Respostas: **1)** Um deadlock ocorrido em uma WAN pode não ser detectado por um longo tempo devido a atrasos de comunicação, o que fará com que processos envolvidos no deadlock esperem desnecessariamente por um longo tempo até que o deadlock seja resolvido. **2)** A detecção de deadlock para todos os hospedeiros dependentes do hospedeiro que falhou cessará, o que pode causar uma redução no desempenho.

17.6.4 Um algoritmo distribuído para deadlock de recurso

Johnston *et al.* apresentaram um algoritmo simples para detecção de deadlock em sistemas distribuídos em um artigo de 1991, denominado "A Distributed Algorithm for Resource Deadlock Detection" [47] (um algoritmo distribuído para detecção de deadlock de recurso). Nesse algoritmo, cada sistema operacional impõe exclusão mútua sobre seus recursos e monitora quais processos retêm cada recurso. Processos podem ser identificados inequivocamente por todo o sistema distribuído.

Considere um exemplo simples. O processo P_1 começa a executar e requisita o recurso R_1. O recurso R_1 está disponível, portanto, seu sistema operacional o aloca a P_1. O processo P_2 então começa a executar e requisita o recurso R_2, que também está disponível e é alocado a P_2. O processo P_2 então requisita R_1. Recurso R_1 está sendo usado, portanto P_2 é bloqueado, e o sistema operacional de R_1 envia a P_2 o identificador do processo P_1 que retém o recurso que P_2 requisitou. Esse valor é armazenado na variável *Held_by* de P_2. O processo P_1 também retém todos os recursos de que precisa para executar, desse modo, P_2 armazena P_1 em sua própria variável *Wait_for*. Por fim, P_1 registra em sua *Request_queue* que o processo P_2 requisitou R_1.

Agora o processo P_3 começa a executar. Requisita o recurso R_3 que está disponível e é alocado a P_3. Então P_3 requisita o recurso R_2 que é retido pelo processo P_2. P_3 bloqueia, e o sistema operacional de R_2 envia o identificador de P_2 a P_3. Assim, P_2 é armazenado na variável *Held_by* de P_3. P_2 tem uma requisição de recurso notável, portanto, P_3 armazena o valor que está na variável *Wait_for* de P_2, que é P_1, na sua própria variável *Wait_for*. Finalmente, P_2 registra em sua *Request_queue* que o processo P_3 requisitou R_2.

O processo P_4 então começa a executar e também requisita o recurso R_2. P_4 bloqueia, e o sistema operacional de R_2 envia a P_4 o identificador de P_2, que é armazenado na variável *Held_by* de P_4. P_2 tem novamente uma requisição de recurso fora do comum, portanto, P_4 armazena o valor da variável *Wait_for* de P_2 (que é P_1) em sua própria variável *Wait_for*. Por fim, P_2 registra em sua *Request_queue* que o processo P_4 requisitou R_2.

A Figura 17.4 mostra o **grafo de transação esperar-por** (*Transaction Wait-For Graph* — **TWFG**) para este sistema. Em um TWFG, cada processo do sistema é um nodo do grafo. Uma linha entre nodos indica que um processo requisitou um recurso que está sendo retido por um outro processo.

Suponha agora que o processo P_1 requisite o recurso R_3, que completará uma espera circular (Figura 17.5). P_1 agora fica bloqueado, e o sistema operacional de R_3 envia a P_1 o identificador do processo que retém R_3, que é P_3. Esse processo está armazenado na variável *Held_by* de P_1. Visto que P_3 tem uma requisição notável de recurso, P_1 armazena em sua variável *Wait_for* o processo que está na variável *Wait_for* de P_3, que é P_1. Por fim, P_3 registra em sua *Request_queue* que o processo P_1 requisitou R_3.

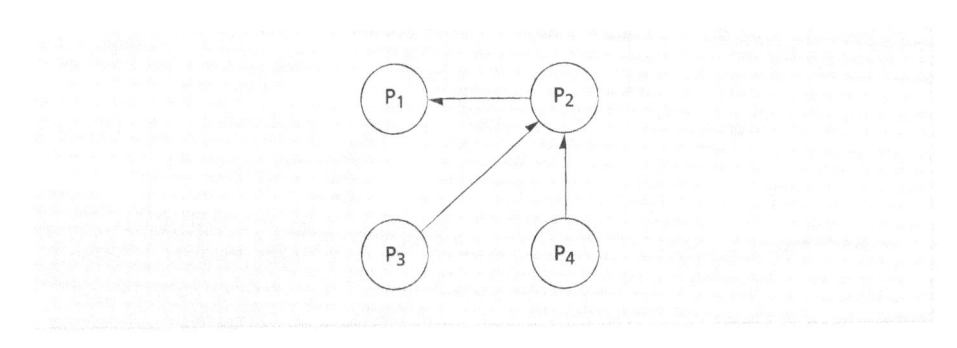

Figura 17.4 | *Sistema sem deadlocks.*

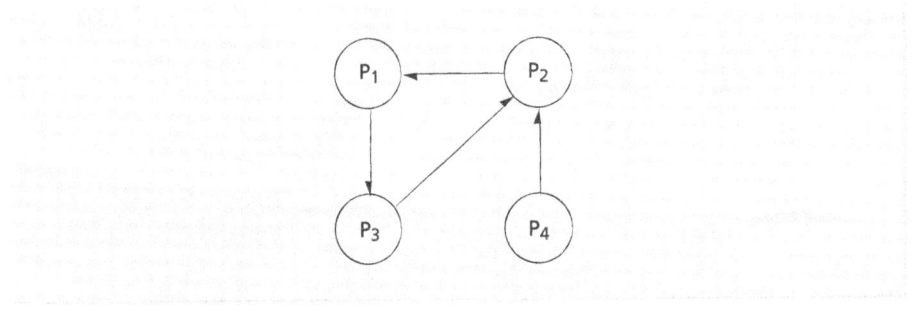

Figura 17.5 | *Deadlock é introduzido no sistema.*

Quando P_1 muda sua variável *Wait_for* (de nulo para P_1), envia uma mensagem a cada processo de sua *Request_queue* para atualizar suas próprias variáveis *Wait_for*. O processo P_2 recebe essa mensagem, mas sua variável *Wait_for* já é P_1, portanto, nenhuma mudança é feita. Então, P_2 verifica se há deadlock, o que é feito testando se o processo da variável *Wait_for* também está na *Request_queue* de P_2. O processo que está na variável *Wait_for* de P_2 é P_1, enquanto o único processo em sua *Request_queue* é P_3, desse modo, não é detectado deadlock nesta etapa. Agora a mensagem é transmitida para P_3 e P_4.

O processo P_3 recebe a mensagem, mas sua variável *Wait_for* também já é P_1, portanto, nenhuma mudança é feita. Porém, P_3 continua verificando se há deadlock. O processo que está na variável *Wait_for* de P_3 é P_1, que também está na *Request_queue* de P_3, assim, um deadlock foi detectado. Nesse algoritmo, o processo que detecta o deadlock aborta, portanto P_3 libera R_3, notifica P_1 que R_3 foi liberado e aborta. Então, a requisição de recurso de P_1 será cumprida e o deadlock, eliminado (Figura 17.6)

Revisão

1. Como um processo verifica deadlock com esse algoritmo?
2. Que informação é armazenada na *Request_queue* de um processo?

Respostas: 1) Um processo verifica deadlock determinando se o processo que está um sua variável *Wait_for* é também uma entrada em sua *Request_queue*. Se for esse o caso, ocorreu deadlock. 2) A *Request_queue* monitora os processos que requisitaram um recurso retido pelo processo original e o recurso que cada um desses processos requisitou.

17.7 Estudo de caso: O sistema operacional distribuído Sprite

Sprite é um sistema operacional distribuído desenvolvido na Universidade da Califórnia em Berkeley. Sprite conecta grandes números de estações de trabalho pessoais de alta capacidade, porém baratas, em uma LAN de alta velocidade. Em uma rede Sprite há grandes números de estações de trabalho pessoais conectadas e muitos computadores podem estar ociosos a qualquer dado instante. Essas estações ociosas permitem que o Sprite use migração de processos para balancear a carga de trabalho do sistema.[48]

Cada estação de trabalho do Sprite monitora sua própria utilização para determinar se está ociosa. Quando uma estação de trabalho não recebe nenhuma entrada de mouse ou teclado por 30 segundos e quando o número de processos em execução é menor do que o de processadores, a estação de trabalho declara que está ociosa e reporta-se a um servidor denominado **servidor central de migração**, que mantém informação sobre estações de trabalho ociosas. O servidor central de migração então migrará um processo para aquela estação de trabalho, conhecida como **computador-alvo**. Quando o usuário do computador-alvo retorna (ou seja, a estação de trabalho recebe uma entrada de mouse ou de teclado), a estação de trabalho notifica seu retorno ao servidor central de migração e o processo migra de volta ao seu computador original, chamado de **computador nativo**.[49]

Cada estação de trabalho do sistema executa um núcleo Sprite, e esses núcleos podem se comunicar uns com os outros via RPCs. Sprite usa **confirmações implícitas** para assegurar que cada mensagem seja entregue com confiabilidade. Com confirmações implícitas, a mensagem de resposta é uma confirmação implícita para a mensagem de requisição.

Para garantir transparência, o núcleo Sprite distingue entre dois tipos de chamadas: **chamadas dependentes de localização** são chamadas ao sistema que produzem resultados diferentes para estações de trabalho diferentes; **chamadas independentes de localização** são chamadas ao sistema que produzem o mesmo resultado para todas as estações de trabalho. O sistema fornece mais chamadas independentes de localização apresentando exatamente a mesma visualização do sistema de arquivo para cada estação de trabalho. Quando uma chamada dependente de localização é requerida, o sistema

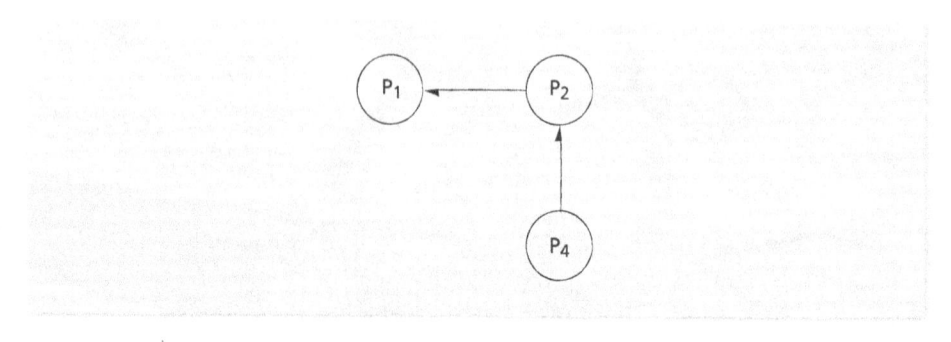

Figura 17.6 | *Sistema após a eliminação do deadlock.*

ou repassa a chamada para o computador nativo para avaliação, ou transfere a informação de estado do processo (como memória virtual, arquivos abertos e identificadores de processo etc.) do computador nativo para o computador-alvo.

O sistema de arquivo do Sprite tem a mesma forma de um sistema de arquivo UNIX — cada cliente possui exatamente a mesma visualização da hierarquia. O sistema de arquivo Sprite efetua cache de arquivo em ambos os lados, do servidor e do cliente. Do lado servidor, quando um arquivo é requisitado, o servidor verifica primeiramente o cache do servidor. Se o arquivo requisitado não estiver no cache, o servidor adicionará o arquivo ao cache do servidor e o enviará ao cliente. Do lado cliente, quando um arquivo é requisitado, o cliente primeiramente verifica o cache do cliente. Se o arquivo estiver no cache do cliente, o cliente obterá o arquivo do cache do cliente. Caso contrário, o cliente obterá o arquivo do servidor e o adicionará ao cache do cliente.[50] A Seção 18.2.5, "Sistema de arquivo Sprite", discutirá o sistema de arquivo Sprite muito mais detalhadamente.

Revisão

1. Dê um exemplo de uma chamada dependente de localização.
2. Como o Sprite compartilha capacidade de computação para balancear a carga de trabalho?

Respostas: 1) Obter o nome do computador nativo é uma chamada dependente de localização. 2) O Sprite usa um mecanismo de migração de processos para habilitar computadores ociosos a compartilhar capacidade de computação. Quando ocorre uma migração de processo, o processo de um computador é transferido para um computador ocioso, distribuindo a carga de trabalho entre os computadores do sistema.

17.8 Estudo de caso: O sistema operacional distribuído Amoeba

Amoeba é um sistema operacional distribuído desenvolvido na Vrije Universiteit Amsterdam. Diferentemente do Sprite, no qual cada estação de trabalho tem seus próprios processadores, os usuários do Amoeba compartilham processadores localizados em um ou mais repositórios de processadores. Um **repositório de processadores** é uma coleção de processadores, cada um com sua própria memória e conexão Ethernet. Os processadores do repositório são compartilhados igualmente entre usuários. Quando o usuário emite um comando para executar um processo, o repositório de processadores aloca dinamicamente os processadores ao usuário. Quando o processo do usuário termina, o usuário devolve os processadores alocados ao repositório de processadores. Como o Sprite, o Amoeba fornece transparência ocultando do usuário o número e a localização dos processadores.[51]

Cada processador em um sistema Amoeba executa um micronúcleo, que é uma coleção de serviços que suporta gerenciamento de processo de núcleo, gerenciamento de memória de núcleo e a comunicação entre clientes e servidores. É também responsabilidade do micronúcleo gerenciar e escalonar os threads de um processo.[52]

Amoeba suporta duas formas de comunicação — ponto-a-ponto e de grupo. Na comunicação ponto-a-ponto, um stub de cliente envia uma mensagem de requisição ao stub de servidor e bloqueia, esperando pela resposta do servidor. Amoeba usa **confirmação explícita**, o que significa que o cliente envia uma confirmação ao servidor em um pacote adicional quando o cliente recebe a resposta do servidor. Na comunicação de grupo, mensagens são enviadas a todos os receptores exatamente na mesma ordem.

O sistema de arquivo do Amoeba tem um servidor de arquivo padrão chamado **servidor de munição,** que possui uma grande memória primária. Os arquivos ali armazenados são **imutáveis**, isto é, não podem ser modificados depois de serem criados. Se o arquivo é modificado, um novo arquivo é criado para substituir o antigo, e o antigo é deletado do servidor.[53]

O servidor de munição armazena arquivos contiguamente no disco, enquanto o Sprite armazena arquivos em blocos não necessariamente contíguos, indicando que o servidor de munição pode transferir arquivos mais rapidamente do que o Sprite. Ao contrário do Sprite, o servidor de munição suporta somente cache do lado servidor. Arquivos localizados no cache também são armazenados contiguamente. Quando um processo cliente deseja acessar um arquivo, ele envia a requisição ao servidor de munição. Esse recupera o arquivo do disco se ele não estiver no cache; caso contrário, o servidor de munição obtém o arquivo do cache.[54]

Revisão

1. Como os processadores são gerenciados no Amoeba?
2. Como um arquivo armazenado no servidor de munição é modificado?

Respostas: 1) Todos os processadores estão localizados em um ou mais repositórios de processadores. Os processadores de um repositório não pertencem a nenhum usuário particular, mas são compartilhados entre todos os usuários. O repositório de processadores aloca dinamicamente o processador a cada cliente. Quando os processadores terminam seu trabalho na execução do comando de um cliente, são devolvidos ao repositório de processadores. **2)** Servidores de munição armazenam somente arquivos imutáveis. Para modificar um arquivo, um servidor de munição cria um arquivo para substituir o antigo, e o antigo arquivo é deletado do servidor.

Resumo

Em sistemas distribuídos, computadores remotos cooperam via rede de modo que pareçam uma máquina local. Escalabilidade permite que um sistema distribuído cresça sem afetar as aplicações e usuários existentes. Sistemas distribuídos podem ser suscetíveis a ataques de usuários mal-intencionados se dependerem de meios de comunicação inseguros. Para melhorar a segurança, um sistema distribuído deve permitir que apenas usuários autorizados acessem recursos e garantir que a informação transmitida pela rede somente possa ser lida pelos receptores pretendidos. O sistema também deve fornecer mecanismos para proteger recursos contra ataques. Sistemas distribuídos implementam tolerância a falhas fornecendo replicação de recursos através do sistema. Replicação oferece aos usuários maior confiabilidade e disponibilidade em relação a implementações de máquinas isoladas, mas projetistas devem fornecer mecanismos para assegurar a consistência entre informações de estado em máquinas diferentes.

Transparência de acesso oculta os detalhes de protocolos de rede que habilitam a comunicação entre computadores distribuídos. Transparência de locação aproveita a transparência de acesso para ocultar a locação de recursos no sistema distribuído.

Transparência de falha é o método pelo qual um sistema distribuído fornece tolerância a falhas. Sob replicação, um sistema fornece vários recursos que executam a mesma função. Sistemas que empregam ponto de verificação periodicamente armazenam a informação de estado de um objeto para que ele possa ser restaurado se uma falha no sistema distribuído resultar na perda do objeto.

Transparência de replicação oculta o fato de que há várias cópias de um recurso disponíveis no sistema. Transparência de persistência oculta a informação sobre o lugar onde o recurso está armazenado — memória ou disco.

Transparência de migração e transparência de relocação ocultam a movimentação dos componentes de um sistema distribuído. A primeira mascara a movimentação de um objeto de uma locação para outra no sistema; a última mascara a relocação de um objeto por intermédio de outros objetos que se comunicam com ele. Transparência de transação permite que um sistema obtenha consistência mascarando a coordenação entre um conjunto de recursos.

Uma chamada a procedimento remoto permite que um processo que esteja executando em um computador invoque um procedimento de um processo que esteja executando em um outro computador. Um dos objetivos da RPC era simplificar o processo de escrita de aplicações distribuídas, preservando a sintaxe de uma chamada a procedimento local, enquanto iniciava transparentemente uma comunicação de rede. Para emitir uma RPC, um processo cliente faz uma chamada ao procedimento no stub do cliente, que executa montagem de dados para empacotar argumentos de procedimento juntamente com o nome do procedimento em uma mensagem para transmissão por uma rede. O stub do cliente passa a mensagem ao servidor que a transmite ao stub do servidor. Então a mensagem é desmontada, e o stub envia os parâmetros ao procedimento local apropriado. Quando o procedimento for concluído, o stub do servidor montará o resultado e o enviará de volta ao cliente. Por fim, o stub do cliente desmontará o resultado, notificará o processo e passará o resultado para ele.

Invocação de método remoto (RMI) habilita um processo Java em execução em um computador a invocar um método de um objeto em um computador remoto usando a mesma sintaxe de uma chamada a método local. Similar à RPC, os detalhes da montagem de parâmetros e transporte de mensagens por RMI são transparentes para o programa que está chamando.

A camada de stub/esqueleto da RMI contém estruturas de montagem de parâmetros análogas às dos stubs de cliente e de servidor da RPC. O stub emprega serialização de objeto que habilita programas a passar objetos Java como parâmetros e receber objetos como valores de retorno. A camada remota de referência (RRL) e a camada de transporte da RMI trabalham juntas para enviar a mensagem montada entre o cliente e o servidor. O esqueleto desmonta os parâmetros, identifica o objeto no qual o método deve ser invocado e chama o método. Ao concluir o método, o esqueleto monta o resultado e o devolve ao cliente via RRL e stub.

CORBA (Common Object Request Broker Architecture) é um padrão aberto elaborado para habilitar interoperação entre programas em sistemas heterogêneos, bem como homogêneos. CORBA suporta objetos como parâmetros ou valores de retorno em procedimentos remotos durante comunicação interprocessos e é independente de linguagem. No CORBA, o processo do cliente passa a chamada a procedimento juntamente com os argumentos requeridos ao stub do cliente. O stub do cliente monta os parâmetros e envia a chamada a procedimento através de seu agente de solicitação de objetos (*Object Request Broker* – ORB), que se comunica com o ORB do servidor. CORBA fornece a seus usuários independência de linguagem por meio da linguagem de definição de interface (*Interface Definition Language* – IDL), que permite que os programadores definam estritamente os procedimentos que podem ser chamados no objeto.

Modelo de objeto componente distribuído (*Distributed Component Object Model* – DCOM) é projetado para permitir que componentes de software que residam em computadores remotos interajam uns com os outros. Como no CORBA, os objetos DCOM são acessados via interfaces. Entretanto, diferentemente do CORBA, objetos DCOM podem ter várias interfaces. Quando um cliente requisita um objeto DCOM de um servidor, também deve requisitar uma interface específica para o objeto.

Migração de processos transfere um processo entre dois computadores de um sistema distribuído. Migração de processos entre computadores remotos permite que processos explorem um recurso remoto, mas é uma tarefa complicada que muitas vezes reduz o desempenho do processo que está sendo migrado. Clonagem de processos é semelhante à migração de processos, exceto que, em vez de transferir um processo para uma localização remota, é criado um processo em uma máquina remota.

Determinar a ordem em que eventos ocorrem é difícil, pois os atrasos de comunicação em uma rede distribuída são imprevisíveis. Ordenação causal assegura que todos os processos reconheçam que um evento causalmente independente deve ocorrer apenas após o evento do qual é dependente.

Ordenação causal é implementada pela relação acontece-antes, que determina que, se os eventos a e b pertencerem ao mesmo processo, então $a \to b$ se a ocorreu antes de b. Essa relação também estabelece que, se o evento a for o envio de uma mensagem e o evento b for o recebimento desta mensagem, então $a \to b$. Por fim, essa relação é transitiva. A ordenação causal é somente uma ordenação parcial. Eventos para os quais não seja possível determinar qual ocorreu antes são denominados concorrentes. Uma ordenação total assegura que todos os eventos sejam ordenados e que a causalidade seja preservada.

Um modo de implementar ordenação total é por meio de relógio lógico que designa uma marca de tempo para cada evento que ocorrer no sistema. Relógios lógicos escalares sincronizam relógios lógicos de hospedeiros remotos e asseguram causalidade.

Em ambientes em que não há memória compartilhada, a exclusão mútua deve ser implementada por intermédio de troca de mensagem. Sistemas de troca de mensagens usam conceitos de sincronização de relógio para empregar difusão FIFO, difusão causal ou difusão atômica para sincronizar o sistema. Difusão FIFO garante que, quando duas mensagens são enviadas de um processo para outro, a mensagem que foi enviada primeiro chegará primeiro. Difusão causal garante que, quando a mensagem M_1 for causalmente dependente da mensagem M_2, então nenhum processo entregará M_1 antes de M_2. Difusão atômica garante que todas as mensagens de um sistema sejam recebidas na mesma ordem em cada processo.

O algoritmo de Ricart e Agrawala requer que um processo primeiramente envie uma mensagem de requisição a todos os outros processos do sistema e receba uma resposta de cada um desses processos antes de poder entrar em sua seção crítica. Quando um processo receber uma requisição para entrar em uma seção crítica e não tiver enviado sua própria requisição, ele enviará uma resposta. Se o processo tiver enviado sua própria requisição, esse comparará as marcas de tempo das duas requisições e, se a marca de tempo de sua própria requisição for posterior à da outra requisição, ele enviará uma resposta. Se a marca de tempo da sua própria requisição for anterior à da outra requisição, ele postergará sua resposta. Por fim, se as marcas de tempo das requisições forem iguais, o processo comparará o seu número de processo com o do processo requisitante. Se o seu próprio número for mais alto, ele enviará uma resposta; caso contrário, postergará sua resposta.

Há três tipos de deadlocks distribuídos: deadlock de recurso, deadlock de comunicação e deadlock fantasma. Deadlock de recurso é o tipo apresentado no Capítulo 7. Deadlock de comunicação é uma espera circular por sinais de comunicação. Em razão do atraso de comunicação associado à computação distribuída, é possível que um algoritmo de detecção de deadlock detecte um deadlock que não exista (denominado deadlock fantasma, um deadlock percebido). Embora esse tipo de deadlock não possa interromper imediatamente o sistema, é uma fonte de ineficiência.

Dois algoritmos projetados para evitar a ocorrência de deadlocks dependem de processos de ordenação baseados no momento em que cada processo foi iniciado. A estratégia ferir-esperar rompe o deadlock negando a condição de não-preempção. Um processo esperará por outro se o primeiro for criado antes do outro. Nessa estratégia, um processo ferirá (reiniciará) um outro processo se o primeiro for criado após o outro. A estratégia esperar-morrer rompe o deadlock negando a condição de posse e espera. Nessa estratégia, um processo esperará por outro se o primeiro for criado após o outro. Um processo morrerá (reiniciará) se for criado antes de outro processo.

Sistemas que implementam detecção central de deadlock têm um site dedicado a monitorar todo o sistema. Sempre que um processo requisitar ou liberar um recurso, notificará o site central que verificará continuamente o sistema em busca de ciclos. O algoritmo central é simples de implementar e eficiente para LANs. Contudo, o sistema pode sofrer redução do desempenho e não ser tolerante a falhas.

O método de detecção hierárquica de deadlock organiza cada site do sistema como um nodo de uma árvore. Cada nodo, exceto os folhas, coleta informações de alocação de recursos de todos os nodos dependentes. Essa estrutura de árvore ajuda a assegurar tolerância a falhas. Além disso, porque a detecção de deadlock é dividida em hierarquias e aglomerados, sites irrelevantes para a detecção em um recurso particular não têm de participar desse processo.

Algoritmos de detecção de deadlock distribuídos colocam a responsabilidade da detecção em cada site. Cada site do sistema consulta todos os outros sites para determinar se qualquer um está envolvido em deadlock. Esse é o método de detecção de deadlock mais tolerante a falhas, pois um problema em um site não causará problemas em qualquer outro site.

Johnston *et al.* apresentaram um algoritmo simples para detecção de deadlock em sistemas distribuídos. Nesse algoritmo, cada processo monitora o grafo de transação esperar-por (TWFG) com o qual estão envolvidos. Quando um processo requisita um recurso retido por um outro processo, o processo requisitante é bloqueado e o TWFG é atualizado. Enquanto isso, quaisquer deadlocks que existam são detectados e eliminados.

Em uma rede Sprite há grandes números de estações de trabalho pessoais conectadas, e muitos computadores podem estar ociosos a qualquer dado instante. Essas estações ociosas permitem que o Sprite use migração de processos para balancear a carga de trabalho do sistema. Quando o servidor central de migração é notificado de que uma estação de trabalho está ociosa, ele migra um processo para aquele computador-alvo. Quando o usuário do computador-alvo retorna, a estação de trabalho notifica seu retorno ao servidor central de migração e o processo é migrado de volta ao computador nativo.

O núcleo Sprite fornece mais chamadas independentes de localização apresentando exatamente a mesma visualização do sistema de arquivo para cada estação de trabalho. Quando uma chamada dependente de localização é requerida, o sistema ou repassa a chamada para o computador nativo para avaliação ou transfere a informação de estado do processo do computador nativo para o computador-alvo.

O sistema de arquivo do Sprite também efetua cache de arquivos em ambos os lados, servidor e cliente.

Usuários do Amoeba compartilham processadores localizados em um ou mais repositórios de processadores. Quando um usuário emite um comando para executar um processo, o repositório de processadores aloca dinamicamente os processadores ao usuário. Quando o processo do usuário termina, o usuário devolve os processadores alocados ao repositório de processadores. O Amoeba fornece transparência ocultando do usuário o número e a localização dos processadores.

O Amoeba suporta duas formas de comunicação — ponto-a-ponto e de grupo. Na comunicação ponto-a-ponto, um stub de cliente envia a mensagem de requisição ao stub do servidor e torna-se bloqueado, esperando pela resposta do servidor. Na comunicação de grupo, mensagens são enviadas a todos os receptores exatamente na mesma ordem.

O sistema de arquivo do Amoeba tem um servidor de arquivos padronizado denominado servidor de munição, o qual tem uma grande memória primária. Os arquivos armazenados no servidor de munição são imutáveis. Se um arquivo for modificado, um novo arquivo será criado para substituir o antigo, e o antigo será deletado do servidor. O servidor de munição também armazena arquivos contiguamente no disco, de modo que ele possa transferir arquivos mais rapidamente do que o Sprite.

Exercícios

17.1 Quais os benefícios de sistemas distribuídos?

17.2 Defina cada tipo de transparência.

17.3 Qual o papel do middleware? Dê exemplos de middleware.

17.4 Explique como a RPC funciona.

17.5 Quando o cliente e o servidor se comunicam via RPC, o cliente torna-se bloqueado até receber uma resposta do servidor. Qual a desvantagem desse projeto? Apresente uma sugestão alternativa para eliminar essa limitação.

17.6 Por que a linguagem de definição de interface (IDL) é importante em CORBA?

17.7 Discuta as principais diferenças entre DCOM e CORBA.

17.8 Dê exemplos de como a migração de processos é usada para explorar localidade de recurso e balancear a carga de trabalho.

17.9 Desenhe dois diagramas: um ilustrando que o evento e_2 é dependente de e_1, e outro mostrando que os eventos e_1 e e_2 são concorrentes.

17.10 Quais as diferenças entre difusão FIFO, difusão causal e difusão atômica?

17.11 Suponha que os processos P_1, P_2 e P_3 compartilhem a seção crítica. P_1 envia uma requisição para entrar na seção crítica no tempo lógico 1; P_2 envia uma requisição para entrar na seção crítica no tempo lógico 2; e P_3 envia uma requisição para entrar na seção crítica no tempo lógico 3. Aplique o algoritmo de Ricart e Agrawala para demonstrar como a exclusão mútua é conseguida.

17.12 Prove que o algoritmo de Ricart e Agrawala impede a ocorrência de deadlocks.

17.13 Suponha que os processos P_1, P_2 e P_3 tenham marcas de tempo 1, 2 e 3, respectivamente. Se P_1 requisitar um recurso retido por P_2, qual processo será revertido usando o algoritmo ferir-esperar?

17.14 Suponha que os processos P_1, P_2 e P_3 tenham marcas de tempo 1, 2 e 3, respectivamente. Se P_3 requisitar um recurso retido por P_2, qual processo será revertido usando o algoritmo esperar-morrer?

17.15 Compare os sistemas distribuídos Sprite e Amoeba.

Notas

1. A. S. Tanenbaum e M. van Steen, *Distributed systems, principles and paradigms*. Upper Saddle River, NJ: Prentice Hall, 2002, p. 4-5.
2. F. Gärtner, "Fundamentals of fault-tolerant distributed computing in asynchronous environments", *ACM Computing Surveys*, v. 31, nº 1, mar. 1999.
3. "Open distributed processing — reference model: architecture", *Ref. Number: ISO/IEC 10746-3: 1996E*, 15 set. 1996, p. 45-48.
4. R. V. Renesse e A. S. Tanenbaum, "Distributed operating systems", *ACM Computing Surveys*, v. 17, nº 4, dez. 1985, p. 421-422.
5. R. V. Renesse e A. S. Tanenbaum, "Distributed operating systems", *ACM Computing Surveys*, v. 17, nº 4, dez. 1985, p. 420, 425.
6. P. Wegner, "Interoperability", *ACM Computing Surveys*, v. 28, nº 1, mar. 1996, p. 287.
7. W. Emmerich, "Software engineering and middleware: a roadmap", *Proceedings of the Conference on the Future of Software Engineering 2000*, p. 117-129.
8. P. Bernstein, "Middleware: a model for distributed system services", *Communications of the ACM*, v. 39, nº 2, fev. 1996, p. 86-98.
9. A. Birrell e B. Nelson, "Implementing remote procedure calls", *ACM Transactions on Computer Systems*, v. 2, nº 1, fev. 1984, p. 41-42.
10. A. Birrell e B. Nelson, "Implementing remote procedure calls", *ACM Transactions on Computer Systems*, v. 2, nº 1, fev. 1984, p. 43-44.
11. A. Birrell e B. Nelson, "Implementing remote procedure calls", *ACM Transactions on Computer Systems*, v. 2, nº 1, fev. 1984, p. 43-44.
12. "Java™ Remote Method Invocation (RMI)", java.sun.com/products/jdk/rmi/.
13. "Java™ Remote Method Invocation", java.sun.com/marketing/collateral/rmi_ds.html.
14. "Java™ Remote Method Invocation: stubs and skeletons", java.sun.com/j2se/1.4/docs/guide/rmi/spec/rmiarch2.html.
15. "Java™ Remote Method Invocation: 2 — distributed object model", Sun Microsystems, 2001, java.sun.com/j2se/1.4.1/docs/guide/rmi/spec/rmi-objmodel2.html.
16. "CORBA Basics", www.omg.org/gettingstarted/corbafaq.htm.
17. "The common object request broker: architecture and specification", *OMG Document Number 93.12.43*, dez. 1993.
18. P. Chung et al., "DCOM and CORBA side by side, step by step, and layer by layer", *C++ Report*, v. 10, nº 1, jan. 1998, p. 18-29.
19. "The common object request broker: architecture and specification", *OMG Document Number 93.12.43*, dez. 1993.
20. "DCOM technical overview", msdn.microsoft.com/library/default.asp?url=/library/en-us/dndcom/html/msdn_dcomtec.asp.
21. D. Botton, "Interfacing ADA 95 to Microsoft COM and DCOM technologies", *ACM SIGAda Ada Letters, Proceedings of the 1999 Annual ACM SIGAda International Conference on Ada*, set. 1999, v. 19, nº 3.
22. P. Chung et. al., "DCOM and CORBA side by side, step by step, and layer by layer", *C++ Report*, v. 10, nº 1, jan. 1998, p. 18-29, research.microsoft.com/~ymwang/papers/HTML/DCOMnCORBAS.html.
23. "DCOM architecture", msdn.microsoft.com/library/default.asp?url=/library/en-us/dndcom/html/msdn_dcomarch.asp.
24. D. Milojicic et al., "Process migration", *ACM Computing Surveys*, v. 32, nº 3, set. 2000, p. 246.
25. D. Milojicic et al., "Process migration", *ACM Computing Surveys*, v. 32, nº 3, set. 2000, p. 253.
26. L. Lamport, "Time, clocks, and the ordering of events in a distributed system", *Communications of the ACM*, v. 21, nº 7, jul. 1978, p. 558-560.
27. L. Lamport, "Time, clocks, and the ordering of events in a distributed system", *Communications of the ACM*, v. 21, nº 7, jul. 1978, p. 559.
28. M. Raynal e M. Singhal, "Logical time: a way to capture causality in distributed systems", *Rapport de Recherche*, nº 2472, mar. 1995, p. 8-9.
29. M. Raynal e M. Singhal, "Logical time: a way to capture causality in distributed systems", *Rapport de Recherche*, nº 2472, mar. 1995, p. 8.
30. G. V. Chockler, I. Keidar e R. Vitenberg, "Group communication specifications: a comprehensive study", *ACM Computing Surveys*, v. 33, nº 4, dez. 2001, p. 446-449.
31. A. Tripathi e N. M. Karnik, "Trends in multiprocessor and distributed operating system designs", *Journal of Supercomputing*, v. 9, nº 1/2, 1995, p. 13.
32. A. K. Agrawala e G. Ricart, "An optimal algorithm for mutual exclusion in computer networks", *Communications of the ACM*, v. 24, nº 1, jan. 1981.
33. L. Lamport, "A new solution of Djikstra's concurrent programming problem", *Communications of the ACM*, v. 17, nº 8, ago. 1974.
34. A. K. Agrawala e G. Ricart, "An optimal algorithm for mutual exclusion in computer networks", *Communications of the ACM*, v. 24, nº 1, jan. 1981, p. 12.
35. A. K. Agrawala e G. Ricart, "An optimal algorithm for mutual exclusion in computer networks", *Communications of the ACM*, v. 24, nº 1, jan. 1981, p. 13.
36. E. Knapp, "Deadlock detection in distributed databases", *ACM Computing Surveys*, v. 19, nº 4, dez. 1987, p. 309.
37. K. M. Chandy, J. Misra e L. M. Haas, "Distributed deadlock detection", *ACM Transactions on Computer Systems*, v. 1, nº 2, maio 1983, p. 148.
38. R. Obermarck, "Distributed deadlock detection algorithm", *ACM Transactions on Database Systems*, v. 7, nº 2, jun. 1982, p. 198.
39. D. J. Rosenkrantz, R. E. Sterns e P. M. Lewis, "System level concurrency control for distributed database systems", *ACM Transactions on Database Systems*, v. 3, nº 2, jun. 1978.
40. D. J. Rosenkrantz, R. E. Sterns e P. M. Lewis, "System level concurrency control for distributed database systems", *ACM Transactions on Database Systems*, v. 3, nº 2, jun. 1978, p. 186-187, 192.
41. D. J. Rosenkrantz, R. E. Sterns e P. M. Lewis, "System level concurrency control for distributed database systems", *ACM Transactions on Database Systems*, v. 3, nº 2, jun. 1978, p. 186-197, 191-192.
42. D. J. Rosenkrantz, R. E. Sterns e P. M. Lewis, "System level concurrency control for distributed database systems", *ACM Transactions on Database Systems*, v. 3, nº 2, jun. 1978, p. 192-193.
43. K. Makki, "Detection and resolution of deadlocks in distributed database systems", *CIKM '95*, Baltimore, MD, 1995, p. 412.

44. E. Knapp, "Deadlock detection in distributed databases", *ACM Computing Surveys*, v. 19, nº 4, dez. 1987, p. 308.
45. K. Makki, "Detection and resolution of deadlocks in distributed database systems", *CIKM '95*, Baltimore, MD, 1995, p. 412.
46. K. Makki, "Detection and resolution of deadlocks in distributed database systems", *CIKM '95*, Baltimore, MD, 1995, p. 412.
47. B. Johnston, R Javagal, A. Datta e S. Ghosh, "A distributed algorithm for resource deadlock detection", *Proceedings of the Tenth Annual Phoenix Conference on Computers and Communication*, mar. 1991, p. 253-255.
48. J. K. Ousterhout, A. R. Cherenson, F. Douglis, M. N. Nelson e B. B. Welch, "The Sprite network operating system", *IEEE Computer*, v. 21, nº 2, fev. 1998, p. 23-36.
49. F. Douglis e J. K. Ousterhout, "Process migration in Sprite: a status report", *IEEE Computer Society Technical Committee on Operating Systems Newsletter*, v. 3, nº 1, inverno 1989, p. 8-10.
50. F. Douglis e J. K. Ousterhout, "Transparent process migration: design alternatives and the Sprite implementation", *Software, Practice & Experience*, v. 21, nº 8, ago. 1991, p. 757-785.
51. A. S. Tanenbaum e G. J. Sharp, "The Amoeba distributed system", www.cs.vu.nl/pub/amoeba/Intro.pdf.
52. A. S. Tanenbaum, M. F. Kaashoek, R. van Renesse e H. E. Bal, "The Amoeba distributed operating system — a status report", *Computer Communications*, v. 14, nº 6, jul./ago. 1991, p. 324-335, ftp://ftp.cs.vu.nl:/pub/papers/amoeba/comcom91.ps.Z.
53. F. Douglis, J. K. Ousterhout, M. F. Kaashoek e A. S. Tanenbaum, "A comparison of two distributed systems: Amoeba and Sprite", *Computing Systems*, v. 4, nº 3, dez. 1991, p.12-14, ftp://ftp.cs.vu.nl:/pub/papers/amoeba/cs91.ps.Z.
54. F. Douglis, J. K. Ousterhout, M. F. Kaashoek e A. S. Tanenbaum, "A comparison of two distributed systems: Amoeba and Sprite", *Computing Systems*, v. 4, nº 3, dez. 1991, p.12-14, ftp://ftp.cs.vu.nl:/pub/papers/amoeba/cs91.ps.Z.

Capítulo 18

Sistemas distribuídos e serviços Web

O mais humilde é o semelhante do mais poderoso.
John Marshall Harlan

Oh! Chame o dia de ontem, faça com que o tempo atrás retorne.
William Shakespeare

Objetivos

Este capítulo apresenta:

- Características e exemplos de sistemas de arquivos de rede e distribuídos.
- Tipos, benefícios e exemplos de clustering(aglomeração).
- Modelo de computação distribuída peer-to-peer.
- Computação em grade.
- Tecnologias de computação distribuída Java.
- Serviços Web e as plataformas Microsoft.NET e Sun ONE.

18.1 Introdução

No capítulo anterior, discutimos os conceitos básicos de sistemas distribuídos, incluindo as tecnologias de middleware que ajudam a construir sistemas transparentes e escaláveis. Discutimos também como assegurar exclusão mútua em sistemas distribuídos e como impedir e detectar deadlocks distribuídos. Neste capítulo, examinaremos um outro elemento fundamental de sistemas distribuídos — compartilhamento de arquivos. Acessar arquivos armazenados em servidores de arquivos usando um sistema de arquivo distribuído é semelhante a acessar arquivos armazenados no computador local do usuário. Discutiremos diversos sistemas de arquivos distribuídos e apresentaremos uma visão geral sobre como dados e arquivos são compartilhados entre computadores distribuídos. Em seguida, introduziremos o conceito de aglomeração (*clustering*), que faz uso das vantagens dos sistemas distribuídos e sistemas paralelos para construir computadores de grande potência. Discutiremos o modelo de computação distribuída peer-to-peer, usado para eliminar muitos pontos centrais de falhas em aplicações, como as de mensageiros instantâneos. Um outro modelo de computação distribuída que examinaremos é a computação em grade, que usa capacidade computacional não utilizada para resolver problemas complexos. Continuaremos nossa apresentação de tecnologias de sistemas distribuídos Java com discussões sobre servlets, JSP, Jini, JavaSpaces e JMX, e abordaremos serviços Web e como eles melhoram a interoperabilidade em sistemas distribuídos.

18.2 Sistemas de arquivos distribuídos

Sistemas de arquivos de rede permitem que clientes acessem recursos armazenados em computadores remotos por meio da combinação do nome de um servidor com o caminho para o recurso que está dentro daquele servidor. **Sistemas de arquivos distribuídos**, discutidos detalhadamente neste capítulo, são exemplos especiais de sistemas de arquivos de rede que permitem acesso transparente a arquivos remotos.[1] Tomam a forma de um sistema global de arquivos ao qual todas as máquinas do sistema têm acesso, o que é conseguido permitindo que usuários montem outros sistemas de arquivo (veja o Capítulo 13). Uma vez montado um sistema de arquivo remoto, o usuário pode acessar os arquivos nele contido como se fossem arquivos locais. Esta seção aborda os conceitos fundamentais de sistemas de arquivos distribuídos e os complementa com estudos de casos.

18.2.1 Conceitos de sistemas de arquivos distribuídos

Um servidor de arquivo distribuído pode ser com estado ou sem estado. Um servidor **com estado** mantém informações de estado de requisições de clientes — como o nome do arquivo, um ponteiro para o arquivo e a posição corrente no arquivo —, de modo que o acesso subseqüente ao arquivo seja mais rápido e mais fácil. Em um sistema **sem estado**, o cliente deve especificar as informações de estado em cada requisição. Ambos os sistemas têm benefícios: a tolerância a falhas é mais fácil de implementar em sistemas sem estado, mas sistemas com estado podem reduzir o tamanho das mensagens de requisição e, por conseguinte, oferecer melhor desempenho. Sistemas de arquivos distribuídos podem ser caracterizados por transparência, escalabilidade, segurança, tolerância a falhas e consistência.

Transparência

Sistemas de arquivos distribuídos proporcionam transparência completa da localização de arquivos; o usuário vê o sistema distribuído como um sistema único, global. Por exemplo, considere uma empresa com escritórios localizados em Boston e Nova York. Se um usuário estiver em Boston, o sistema deve permitir que ele acesse arquivos localizados em Boston ou em Nova York. Contudo, a localização física dos arquivos fica oculta do usuário. Para conseguir altos graus de transparência, é preciso dispor de mecanismos de nomeação robustos.[2]

Escalabilidade

Sistemas de arquivos distribuídos também devem ser escaláveis, permitindo que novos computadores sejam adicionados ao sistema com facilidade. Projetistas de sistemas de arquivos distribuídos devem considerar o tamanho do sistema de arquivos, seu gerenciamento, a duplicação de dados e o acesso concorrente de usuário. Outras questões de projeto, como largura de banda estreita, também podem limitar a escalabilidade. Além disso, se quaisquer operações ficarem restritas a uma única máquina, adicionar clientes poderia transformar essa máquina em gargalo.[3]

Segurança

Duas preocupações fundamentais com a segurança em sistemas distribuídos são garantir a segurança das comunicações e assegurar a correta permissão de acesso aos arquivos. A segurança das comunicações pode ser garantida criptografando o conteúdo do arquivo. Assegurar permissões de acesso corretas pode ser complexo. Em muitos sistemas operacionais, o núcleo pode determinar a quais arquivos um processo tem acesso com base na identidade do usuário do processo. Contudo, em um sistema distribuído, usuários podem ter identificações diferentes em máquinas diferentes, o que pode permitir que usuários acessem arquivos que não deveriam acessar e impedi-los de acessar arquivos aos quais estão autorizados.[4]

Tolerância a falhas

Tolerância a falhas é mais complexa em sistemas distribuídos do que em sistemas convencionais. Quando uma máquina falhar, o sistema deverá fornecer mecanismos que deixem o sistema de arquivo em estado estável e consistente. Por exemplo, se um cliente requisitar um arquivo e ficar bloqueado enquanto espera pela resposta de um servidor e, depois, esse servidor falhar, o cliente deverá ter algum tipo de garantia de que não vai esperar indefinidamente. Muitas vezes ambos, cliente e servidor, ajustarão um temporizador e abortarão uma chamada após a expiração do tempo, mas isso introduz complicações. O que acontece se um cliente enviar uma requisição e não receber uma resposta do servidor? Pode ser que aquele servidor tenha falhado. Também pode ser que o servidor seja lento ou que a resposta tenha sido perdida. Nesse último caso, se a requisição do cliente for **idempotente**, ou seja, diversas chamadas para executar a mesma operação retornam o mesmo resultado (como na verificação do saldo de uma conta bancária), então o cliente poderá reenviar sua requisição sem introduzir inconsistência no sistema. Entretanto, se a requisição do cliente não for idempotente, tal como sacar dinheiro de uma conta bancária, poderão surgir inconsistências.[5] Um sistema distribuído bem projetado garante que as mesmas chamadas de procedimento remoto sejam executadas exatamente uma vez, independentemente de falhas do servidor.

Alta disponibilidade está muito relacionada com tolerância a falhas. Em um sistema tolerante a falhas, a falha de um componente não causa tempo de parada; um componente reserva (backup) imediatamente toma o lugar do componente que falhou, e os usuários não perceberão que ocorreu uma falha. Em um sistema de alta disponibilidade, a falha de um componente causa um tempo de parada mínimo. Nesses sistemas, os componentes de reserva muitas vezes são usados durante a execução normal para melhor desempenho.[6]

Consistência

Consistência é uma outra preocupação para projetistas de sistemas distribuídos. Muitos sistemas distribuídos implementam **caching de cliente** para evitar a sobrecarga de várias RPCs. Nesses casos os clientes manterão uma cópia local de um arquivo e a descarregarão para o servidor de tempos em tempos. Porque há várias cópias do mesmo arquivo, eles podem ficar inconsistentes. Para evitar inconsistências, cada cliente deve **invalidar** sua cópia do arquivo em relação à do servidor. O cliente verifica a marca de tempo (*timestamp*) da cópia do arquivo no servidor. Se cópia foi atualizada desde a última vez que o cliente copiou o arquivo, ele deve descarregar a versão mais recente. Se o arquivo não foi atualizado desde a última vez que o cliente o copiou, então ele pode trabalhar com a cópia que está no seu cache. A invalidação garante que cada cliente tenha a mesma visualização do arquivo, mas pode causar ineficiência se isso resultar em sobrescrição do trabalho realizado pelo cliente. Para reduzir os tempos de acesso aos arquivos, algumas vezes os clientes também farão cache de informações sobre os arquivos, como as datas de criação ou de modificação e a localização.[7]

Servidores podem garantir consistência emitindo travas para os clientes, dando a eles acesso exclusivo a um arquivo. Quando um outro cliente precisar acessar o arquivo, deverá esperar que o cliente que detém a trava a libere. Ainda assim o servidor tem o controle final sobre o arquivo e pode revogar a trava se necessário. Na verdade, a maioria dos servidores **arrenda** travas e as revogam automaticamente quando expiram. Se um usuário ainda precisar da trava, deverá renovar o arrendamento antes que ela expire. Em alguns casos, um servidor pode até mesmo delegar ao cliente o controle completo sobre o arquivo durante um breve período de tempo. Nessa situação, outros clientes devem requisitar acesso ao arquivo daquele cliente em vez de requisitá-lo do servidor, reduzindo assim a carga do servidor.[8]

Projetar sistemas de arquivos distribuídos envolve permutas. Um meio de implementar tolerância a falhas é a replicação, porém ela requer mais componentes e introduz o problema da consistência. Para garantir consistência, os sistemas podem empregar invalidação de cliente e travas de arquivo, mas isso aumenta a complexidade e, em alguns casos, restringe a escalabilidade; esses mecanismos podem reduzir o desempenho.

Revisão

1. Por que a tolerância a falhas é difícil de implementar em sistemas com estado?
2. Qual o problema que surge com o caching de cliente?

Respostas: 1) Em sistemas com estado, se o servidor falhar, o sistema terá de reconstituir a informação de estado de cada cliente quando o servidor reiniciar. A informação de estado após o servidor reiniciar deve ser consistente com a informação de estado antes da falha. 2) Caching de cliente pode causar inconsistência de arquivo porque várias cópias de um arquivo podem ser distribuídas a vários clientes, habilitando-os a modificar o mesmo arquivo ao mesmo tempo.

18.2.2 Sistema de Arquivos de Rede (NFS)

O **Sistema de Arquivos de Rede** (*Network File System* — **NFS**) da Sun Microsystems, o padrão corrente *de facto* para compartilhamento de arquivos de rede, é suportado nativamente na maioria das variedades do UNIX e tem software cliente e servidor disponível para plataformas comuns. O projeto original do NFS tinha o TCP/IP como base, portanto, foi fácil adaptá-lo para ligar sistemas de arquivos através da Internet e outras redes de longa distância.[9]

A versão original do NFS foi liberada pela Sun em 1984 e licenciada gratuitamente para a indústria de computadores. Em 1985, o NFS foi revisado para a versão 2, integrada a vários sistemas operacionais. Em 1989, o NFS-2 tornou-se a primeira versão de NFS a ser padronizada pela Internet Engineering Task Force (IETF), tornando-se um protocolo da Internet.[10] O NFS foi revisado novamente com a liberação da versão 3 em 1995.[11]

A Figura 18.1 ilustra como o NFS funciona. Antes de um cliente NFS poder acessar um arquivo remoto, ele deve usar o protocolo de montagem — um mecanismo que traduz um nome de caminho de arquivo para um manipulador de arquivo — para montar o diretório que retém o arquivo remoto. Um **manipulador de arquivo** identifica um arquivo remoto por seu tipo, localização e permissões de acesso. Montar envolve mapear um diretório de arquivo remoto para o diretório local de um cliente. Para montar o sistema de arquivo, o cliente NFS faz uma RPC (a requisição de montagem, que contém o caminho do arquivo remoto a ser montado) ao stub do cliente. Ao receber a requisição de montagem, o esqueleto do servidor passa a chamada ao servidor NFS. O servidor NFS examina seu sistema local de arquivos e **exporta** o diretório local de arquivos que satisfaz a requisição do cliente, o que significa que o servidor torna o diretório local de arquivos disponível para o cliente. Então o esqueleto do servidor retorna um manipulador de arquivo do diretório local de arquivos, o que permite que o cliente acesse remotamente o diretório de arquivos exportado. O cliente remoto usa esse manipulador de arquivo em todas as requisições subseqüentes de arquivos no diretório de arquivos exportado.

NFS-2 e NFS-3 admitem uma implementação de servidor sem estado, o que torna mais fácil implementar a tolerância a falhas. Se um servidor de arquivos falhar, o cliente pode simplesmente tentar de novo até o servidor responder. As verificações de permissão do NFS-2 e NFS-3 confiam apenas na informação de autenticação da RPC, que determina se o cliente pode acessar certas informações e funções. O NFS-2 usa UDP como seu protocolo de transferência, pois o UDP executa bem em redes locais. O TCP torna-se o protocolo de preferência em redes propensas a erro, de alta latência e de longa distância. Ambos, NF2 e NFS-3, suportam TCP. O NFS-3 otimiza sua utilização permitindo transferências de grandes fluxos de dados. Nem a versão 2 nem a versão 3 definem uma política de cache para garantir a consistência do servidor e das cópias de clientes do arquivo.[12]

Embora o NFS-2 e o NFS-3 sejam estruturalmente similares, o NFS-3 introduz diversas diferenças fundamentais. Primeiro, suporta arquivos maiores — podem ser armazenados tamanhos de arquivos de 64 bits, enquanto o NFS-2 suporta somente tamanhos de arquivos de 32 bits. Segundo, o NFS-3 suporta **escritas assíncronas seguras**, o que permite que um servidor continue a executar antes de uma escrita ser concluída. Por fim, o NFS-3 elimina o limite de 8 KB definido pelo

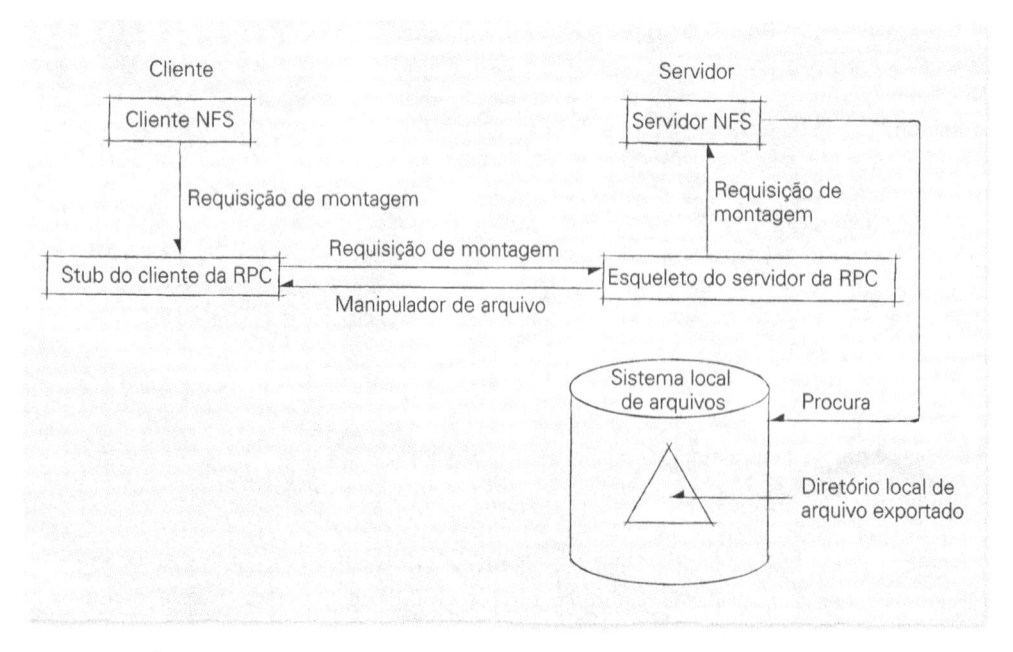

Figura 18.1 | *Arquitetura NFS.*

NFS-2 para qualquer requisição ou resposta isolada.[13] Esse limite foi escolhido como um patamar superior razoável para o tamanho de pacotes UDP a serem transferidos por uma Ethernet local.

Em seguida à liberação do NFS-3, a SUN aprimorou o NFS com um serviço denominado **WebNFS,** que permite que clientes NFS acessem servidores habilitados a WebNFS com um mínimo de sobrecarga de protocolo. O WebNFS é especificamente projetado para aproveitar a utilização do TCP pelo NFS-3 para suportar operações eficientes de arquivos pela Internet.

Muitas características fornecidas pelo WebNFS foram integradas à versão 4 do NFS, que começou a ser desenvolvida em 1999 como uma proposta da IETF. A versão 4 do NFS mantém a maioria das características das versões anteriores do NFS e fornece operação eficiente em redes de longa distância, forte implementação de segurança, interoperabilidade mais forte e caching de cliente.[14]

Como seus antecessores, o NFS-4 usa RPCs para efetuar a comunicação entre cliente e servidor. O NFS-4 oferece uma nova característica, permitindo que RPCs relacionadas sejam empacotadas em conjunto em uma só requisição, o que limita o tráfego na rede e aumenta o desempenho. Além disso, o fato de o NFS-4 ser com estado permite acesso mais rápido aos arquivos. Em versões anteriores do NFS, o cliente usava o protocolo de montagem para receber o manipulador de arquivo. No NFS-4, o cliente obtém um manipulador de arquivo sem o protocolo de montagem, referindo-se à raiz do sistema de arquivos no servidor, e depois percorre o sistema de arquivos até localizar o arquivo requisitado. Eliminando o protocolo de montagem, o cliente não precisa montar os diferentes sistemas de arquivos de um servidor separadamente.[15]

O NFS-4 expande o esquema de caching de cliente mediante **delegação**, pelo qual um servidor transfere temporariamente o controle de um arquivo a um cliente. Quando o servidor concede uma delegação de leitura, nenhum outro cliente pode escrever para aquele arquivo particular, mas pode ler. Quando o servidor concede uma delegação de escrita, nenhum outro cliente pode ler nem escrever para aquele arquivo particular. Se um outro cliente requisitar acesso de escrita a um arquivo com a delegação de leitura ou de escrita, ou se o cliente requisitar acesso de leitura ao arquivo com delegação de escrita, o servidor revogará a delegação e requisitará que o cliente original descarregue o arquivo para disco.[16]

Como discutido anteriormente, a única segurança fornecida pelas versões anteriores do NFS era a fraca autenticação da RPC. Os desenvolvedores do NFS-4 conseguiram tirar proveito da nova segurança da RPC que também suporta diversos algoritmos criptográficos, usados quando o NFS-4 estabelece sessões de comunicação e criptografa cada RPC.[17]

Revisão

1. O NFS-2 requer implementação de servidor com estado? Qual o benefício de tal projeto?
2. Quando um cliente NFS-4 detém a delegação de escrita de um arquivo, outros clientes podem ler ou escrever para aquele arquivo?

Respostas:

1) Não, servidores NFS-2 devem ser sem estado. Com um servidor sem estado é fácil implementar tolerância a falhas. 2) Outros clientes podem ler o arquivo, mas não escrever para ele.

18.2.3 Sistema de Arquivo Andrew (AFS)

O desenvolvimento do **Sistema de Arquivo Andrew** (*Andrew File System* — **AFS**), um sistema de arquivo distribuído escalável, começou em 1983 na Carnegie Mellon University. A meta era fornecer um sistema de arquivo distribuído que cresceria para suportar uma comunidade de usuários maior e, ao mesmo tempo, ser seguro. Os projetistas esperavam explorar os avanços das capacidades de processamento de estações de trabalho para facilitar escalabilidade, eficiência e segurança. O AFS é um sistema de arquivo global que aparece como um ramo de um sistema de arquivo tradicional UNIX em cada estação de trabalho. É baseado no modelo cliente/servidor e depende de RPC para comunicação. O Andrew passou por três grandes revisões: AFS-1, AFS-2 e AFS-3.[18, 19]

A entidade que comanda o acesso ao arquivo distribuído no AFS é denominada **Vice** (Figura 18.2). Processadores Vice executam em servidores de arquivos distribuídos e interagem com um processo de usuário denominado **Venus** em cada cliente. O Venus interage com o **sistema de arquivo virtual** (*Virtual File System* — **VFS**) do núcleo, o que proporciona a abstração de um sistema de arquivo comum em cada cliente, e é responsável por todas as operações de arquivos distribuídos. A escalabilidade do AFS deve-se ao seu método de caching. O **armazenamento não volátil** local (disco) de cada estação de trabalho serve primariamente como um cache para o sistema de arquivo distribuído. Os dados armazenados em armazenamento não volátil não são perdidos quando há interrupção de energia em uma máquina. Quando um processo usuário tenta abrir um arquivo, faz uma requisição ao VFS que consequentemente verifica para ver se o arquivo está no cache. Se estiver, o VFS acessa o arquivo; se não estiver, o VFS utiliza o Venus para comunicar ao Vice, o qual recupera o arquivo do servidor correto.[20]

No AFS-1 e no AFS-2, o cache foi atualizado somente no nível do arquivo — não foram possíveis atualizações de bloco. Isso garantiu que usuários que estivessem trabalhando localmente em um arquivo não teriam de esperar por muito tempo

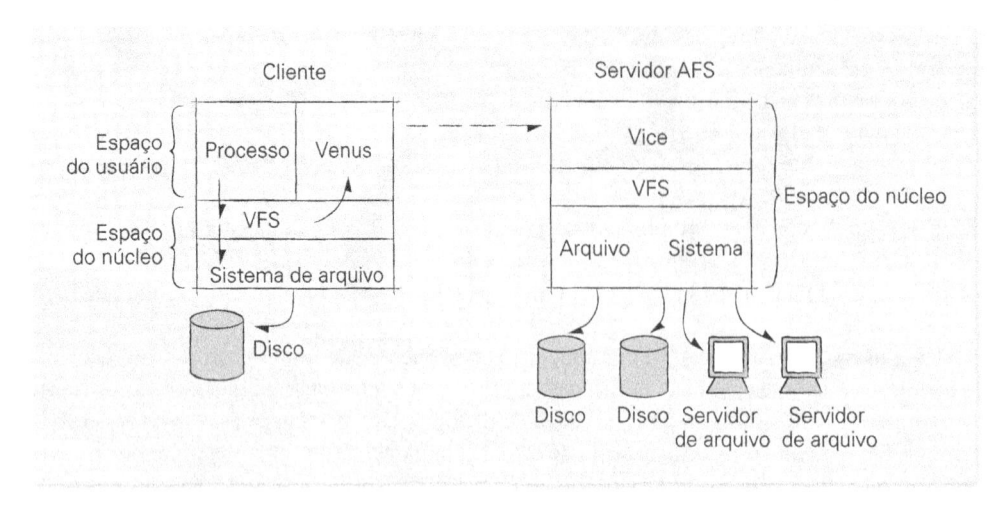

Figura 18.2 | *Estrutura AFS.*

pelo acesso à rede uma vez aberto o arquivo. O AFS-3 também foi atualizado para suportar caching no nível do bloco, o que permite que grandes arquivos sejam manipulados por clientes cujos caches são pequenos.

No AFS-1, cada vez que o VFS tentava abrir um arquivo no cache, isso fazia com que Venus contatasse o servidor para garantir que o arquivo ainda era válido, o que gerava muitas chamadas de rede mesmo quando os arquivos não tinham sido modificados. No AFS-2 e no AFS-3, o servidor é responsável por assegurar que cada cliente tenha a cópia mais recentemente atualizada de seus arquivos. Cada servidor monitora os arquivos dos quais os clientes fizeram cache. Cada vez que um cliente fechar um arquivo, Venus o descarregará para Vice; assim, o servidor sempre manterá a cópia mais atualizada dos arquivos. Quando um arquivo é descarregado para o Vice, o servidor faz uma **chamada de retorno** aos clientes que fizeram cache daquele arquivo. Quando um cliente recebe uma chamada de retorno, ele sabe que a versão que tem no cache não é mais válida e requisita a versão mais recente do servidor.

No AFS-1, um único processo do servidor escutava requisições de conexão em uma porta dedicada. Quando a conexão era feita, esse processo criaria um outro processo para tratar as funções Vice pela duração da sessão do cliente. Pelo fato de processos em máquinas diferentes não poderem compartilhar memória principal, todos os dados compartilhados tinham de ser escritos para o sistema local de arquivo do servidor. Além disso, servidores sofriam problemas de desempenho por causa do tempo associado com os chaveamentos de contexto requeridos para atender diferentes clientes. No AFS-2 e no AFS-3, há um processo dedicado que atende a todas as requisições de clientes. Esse processo gera um thread separado para cada cliente e permite que todas as informações de estado sejam carregadas na memória virtual. Porque as informações de estado tendem a ser pequenas para cada cliente, em geral elas podem ser mantidas na memória principal, o que elimina chaveamentos de contexto e permite comunicação interthreads por meio de memória compartilhada. O mecanismo de RPC é incorporado ao pacote de thread para aprimorar ainda mais o desempenho.[21]

A estrutura geral do AFS também mudou em cada revisão. No AFS-1, diferentes subárvores eram divididas entre servidores diferentes, que eram conhecidos como os custodiadores. Cada servidor também tinha um diretório que permitiria ao Vice dirigir requisições de diferentes subárvores para diferentes servidores. Venus localizava recursos com base no nome do caminho. Isso apresentava diversas desvantagens — resolver um nome de caminho completo poderia gerar várias chamadas a Vice e poderia abranger vários custodiadores. O AFS-2 introduziu **volumes** para gerenciar subárvores. Volumes têm, primordialmente, valor administrativo, pois permitem a replicação e o isolamento de certas subárvores e são transparentes aos usuários. Geralmente é designado um volume a cada usuário. Concretizar a idéia de volumes também permitiu a implementação de **identificadores de arquivos (fids)** no Venus. Um fid especifica um volume, um índice dentro de um volume e um identificador para garantir a exclusividade de um objeto dentro de um volume. A implementação AFS-2 do Venus resolvia nomes de arquivos dessa maneira, o que simplificava consultas de arquivos e permitia a renomeação de diretórios. Cada servidor tinha um diretório que lhe permitia encontrar volumes em qualquer outro servidor. O AFS-3 foi projetado para ser um sistema de arquivos distribuídos de grande porte. Realmente, um espaço de nomes contínuo baseado em AFS-3 abrangia várias universidades geograficamente distantes nos Estados Unidos. Obviamente, não pode haver administração centralizada de um sistema de arquivos como esse, pois cada universidade tem seus próprios requisitos gerenciais típicos. Portanto, o AFS-3 introduziu **células**, que preservam a continuidade do espaço de nomes, permitindo, ao mesmo tempo, que diferentes administradores de sistemas supervisionem cada célula.[22, 23]

A segurança do AFS é muito mais forte do que a das versões anteriores do NFS, em parte pela estrutura subjacente de RPC. Porque o AFS é projetado para crescer e atender muitos computadores, seus projetistas decidiram que não seria seguro confiar na rede ou em qualquer cliente. Portanto, toda RPC é criptografada e deve ser autenticada. No AFS-1 e AFS-2, os tokens de um dado usuário são relacionados com os de cada grupo ao qual o usuário pertence. No AFS-3, tokens devem ser especificados individualmente. Após o login do sistema, os usuários devem especificar uma senha. O Vice envia a senha criptografada para um servidor de autenticação, que responde com tokens. RPCs seguras usam esses tokens para fornecer comunicação segura. O acesso ao arquivo é comandado por listas de controle de acesso (ACLs). A Seção 19.4.3, "Mecanismos de controle de acesso", discute as ACLs detalhadamente. Cada usuário tem token para executar certas operações em certos arquivos. A autenticação é garantida comparando as credenciais de cada token com as operações permitidas pela ACL.[24]

18.2.4 Sistema de Arquivo Coda

O AFS é escalável e realmente pode atender milhares de computadores, mas tem uma grande desvantagem — não é tolerante a falhas. A queda de um servidor ou a interrupção do serviço de rede pode deixar centenas de computadores fora de serviço. Para solucionar esse problema, os projetistas do AFS começaram a pesquisar o Coda em 1987.[25]

O Coda é derivado do AFS-2 e, como o AFS-2, ele usa armazenamento não volátil (por exemplo, discos) como caches de arquivos e o Vice usa chamadas de retorno para manter os clientes atualizados. A divisão básica do sistema de arquivo é representada pelos volumes, e o Coda executa consultas de arquivos do mesmo modo que o AFS-2. A meta da tolerância a falhas levou à adição e à modificação de diversas das características do AFS, incluindo a idéia de um volume.[26]

No Coda, volumes são frações lógicas do sistema de arquivo e replicados fisicamente por muitos servidores de arquivos. Servidores que têm o mesmo volume são conhecidos como **grupo de armazenamento de volume** (*Volume Storage Group* — **VSG**). Embora os servidores múltiplos sejam transparentes para os usuários, o processo Venus de cada cliente sonda periodicamente os VSGs de cada um de seus volumes. Os membros do VSG com os quais o cliente pode se conectar e comunicar são conhecidos como **grupo de armazenamento de volume disponível** (*Available Volume Storage Group* — **AVSG**) (Figura 18.3). O Coda usa AVSGs para implementar tolerância a falhas.[27]

Quando um processo cliente tenta ler um arquivo, sua requisição é dirigida ao VFS local. Se o arquivo estiver em cache, a leitura continuará como no AFS-2. Caso contrário, Venus contatará um membro do AVSG conhecido como o **servidor preferido** (*Preferred Server* — **PS**). Venus descarrega uma cópia do arquivo do PS e descarrega informações da versão do arquivo de cada membro do AVSG. Se as versões de cada servidor concordarem, o cliente terá permissão de usar o arquivo. Se as versões dos diferentes servidores não concordarem, o processo que está chamando abortará e as cópias desatualizadas serão atualizadas. Após a atualização dos membros do AVSG, o cliente requisitante descarrega uma cópia do arquivo. Note que, se o PS ou qualquer membro do AVSG falhar, o cliente ainda pode operar, enquanto no AFS-2 o cliente ficaria travado.[28]

Ao fechar um arquivo, os clientes Coda escrevem uma cópia do arquivo para cada membro do AVSG. A escrita ocorre em duas etapas, usando o **Coda Optimistic Protocol**. A primeira etapa, COP1, escreve o arquivo como já discutimos. A segunda etapa, COP2, escreve um **conjunto de atualização** que especifica os membros do AVSG que já realizaram a COP1 com sucesso, para cada membro do AVSG. Se quaisquer dos membros não estiverem no conjunto de atualização, admite-se que não foram atualizados (mesmo que tenham sido e que suas respostas tenham se perdido) e isso é anotado para lembrar o sistema de atualizá-los a próxima vez que for estabelecida uma comunicação. Para reduzir atrasos de escrita,

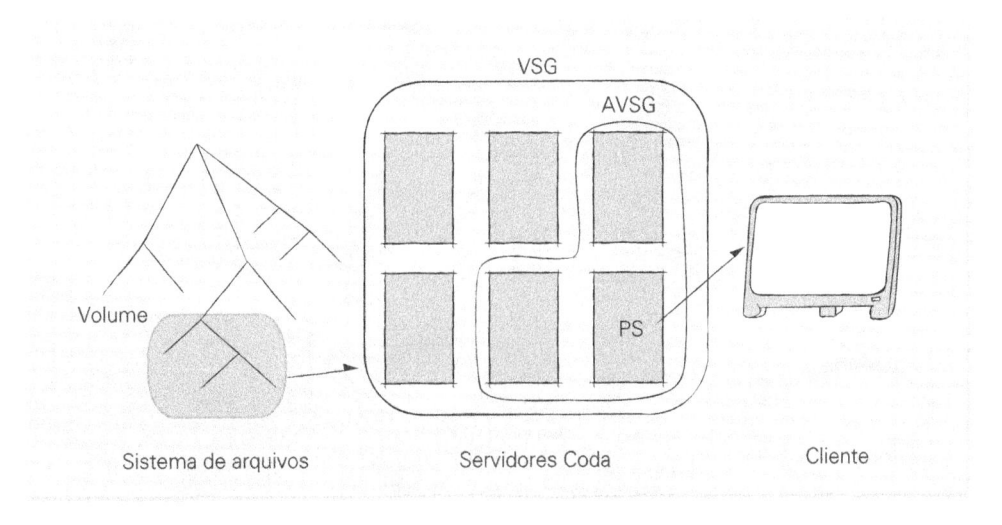

Figura 18.3 | *Estrutura de volume do Coda.*

mensagens COP2 são executadas assincronamente e anexadas a futuras mensagens COP1. Se outros clientes tiverem uma cópia do arquivo em cache, os servidores terão de executar chamadas de retorno.[29]

Essas operações fornecerão uma visualização consistente de um arquivo dentro de um AVSG. Quando um arquivo é aberto, ele será igual à última cópia escrita para o Coda. Todavia, o esquema de replicação do Coda é otimista, o que significa que ele admite que arquivos em diferentes AVSGs são consistentes e permite que clientes acessem e modifiquem esses arquivos. Isso garante que os arquivos sempre estarão disponíveis, mas pode levar a inconsistências e perda de trabalho.

Discutiremos agora o esquema de replicação do Coda e questões potenciais de consistência. Considere um VSG e dois clientes cujos AVSGs são mutuamente exclusivos (Figura 18.4). É possível que cada cliente descarregue, modifique e carregue a mesma cópia de um arquivo no seu AVSG. Agora, a visão daquele arquivo dentro do VSG não será consistente.

O Coda fornece alguns mecanismos para sanar inconsistências. Se o arquivo em conflito for um diretório, os servidores Coda resolverão o problema. Cada membro do VSG trava o volume que retém o documento e um é designado como líder. Registros das transações (logs) de cada servidor são enviados ao líder que os combina e redistribui. Com base nos logs, cada servidor atualiza sua visualização do diretório. Por fim, os volumes são destravados.

Quando clientes Coda se conectam com o Coda, entram em um estágio denominado **estágio de acumulação**, no qual se preparam para uma possível desconexão do sistema fazendo cache de quaisquer arquivos requisitados. Quando o cliente desconecta-se, entra no **estágio de emulação**, durante o qual todas as requisições de leitura de arquivo são atendidas do cache. Os arquivos podem estar envelhecidos, mas o sistema ainda continua operacional. Se o usuário tentar acessar um arquivo que não esteja no cache, o sistema informará um erro. Escritas durante o estágio de emulação ocorrem em duas etapas. Primeiro, o arquivo é atualizado em disco. Segundo, o **registro de modificação do cliente** (*Client Modification Log* — **CML**) é atualizado para refletir as mudanças no arquivo. Venus modifica o CML de modo que, quando uma entrada no registro é desfeita por uma entrada posterior, a entrada anterior do registro é eliminada. O CML também facilita atualizações durante o **estágio de reintegração**. A reintegração ocorre imediatamente após o cliente se reconectar ao sistema quando Venus atualiza o servidor assincronamente usando o CML.[30]

Um cliente pode ficar desconectado por diversas razões: todos os servidores de um VSG poderiam falhar, a conexão de rede poderia estar defeituosa ou o usuário poderia se desconectar intencionalmente da rede. O Coda administra cada um desses casos do mesmo modo, e a transição entre estados conectado e desconectado é transparente, o que torna o sistema particularmente atraente para o número crescente de computadores móveis e é uma das razões primordiais por que o Coda ainda está sendo aperfeiçoado.

Revisão

1. No Coda, se o cliente A e o cliente B pertencerem ao mesmo AVSG, isso implica que pertencem ao mesmo VSG? Se o cliente A e o cliente B pertenceram ao mesmo VSG, isso implica que pertencem ao mesmo AVSG?

2. Qual o problema do esquema de replicação do Coda?

Respostas: 1) Se o cliente A e o cliente B pertencerem ao mesmo AVSG, então pertencem ao mesmo VSG. Se o cliente A e o cliente B pertencerem ao mesmo VSG, então podem não pertencer ao mesmo AVSG. 2) O esquema de replicação do Coda fornece uma visualização consistente de um sistema dentro de um AVSG, mas não garante consistência dentro do

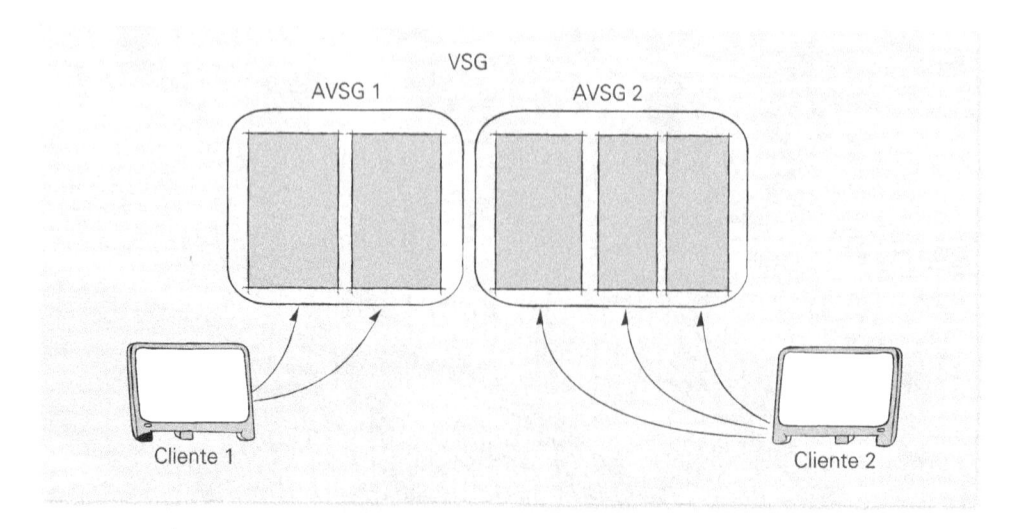

Figura 18.4 | *Questões de consistência de arquivos em AVSGs mutuamente exclusivos.*

VSG. O esquema de replicação do Coda admite que arquivos em AVSGs diferentes são consistentes e permite que clientes acessem e modifiquem esses arquivos dentro de diferentes AVSGs, o que causa inconsistência dentro do VSG.

18.2.5 Sistema de arquivo Sprite

No Capítulo 17, "Introdução a sistemas distribuídos", apresentamos uma visão geral do sistema operacional Sprite; esta seção focalizará o sistema de arquivo Sprite. Uma meta primordial do sistema de arquivo Sprite era a transparência. Os desenvolvedores do Sprite obtiveram um nível melhor de transparência do que o oferecido por NFS ou Coda. Uma segunda meta era implementar consistência completa.[31]

O sistema de arquivo Sprite tem a forma percebida de um sistema de arquivo UNIX. Diferentemente do NFS ou Coda, todavia, ele dá a cada cliente a mesma exata visão da hierarquia. O sistema de arquivo Sprite também avança um passo adiante na emulação do sistema de arquivo UNIX, permitindo acesso remoto transparente a dispositivos de E/S (representados como arquivos no UNIX). Embora ocultos do usuário, o sistema de arquivo Sprite é dividido em **domínios**. Cada domínio representa uma fração da hierarquia global do arquivo e é armazenado em um servidor (Figura 18.5). Exceto pelo domínio que fica no topo da hierarquia global do arquivo, a raiz de um domínio é o filho mais profundo de um outro.[32]

O núcleo de cada cliente mantém uma cópia privada de uma **tabela de prefixos** que armazena informações do domínio para auxiliar na consulta de arquivos (Figura 18.5). Cada entrada da tabela representa um domínio separado e consiste no caminho absoluto do diretório-raiz dentro do domínio, o servidor que abriga o domínio e uma permissão que identifica o domínio. Para consultar um arquivo, um cliente seleciona um nome de caminho absoluto e localiza o prefixo correspondente mais longo dentro da tabela de prefixos. Se nenhum desses prefixos puder ser encontrado, o cliente transmitirá uma requisição a cada servidor. O servidor que abrigar o domínio que corresponde ao caminho responderá com informações para preencher a tabela de prefixos do cliente, e o cliente prosseguirá. Então o cliente elimina o prefixo correspondente do nome e envia o restante ao servidor indicado juntamente com o token de identificação do domínio. O servidor resolve o nome dentro do domínio especificado e devolve uma permissão apontando o arquivo requisitado. Se a resolução não puder ser concluída porque o caminho abrange vários domínios, o servidor devolverá o nome de caminho do novo domínio e o cliente repetirá o processo. Processos Sprite que acessam arquivos mantêm o endereço do servidor e o token que identifica o domínio do diretório de trabalho como parte do seu estado. Processos que acessam arquivos via caminhos relativos fornecem essas informações adicionalmente ao caminho relativo, o que permite que os servidores resolvam todo o caminho.[33]

No Sprite, ambos, cliente e servidor, mantêm um cache na memória principal. Para abrir um arquivo, o cliente primeiramente verifica seu cache. Se o arquivo não estiver no seu cache, o cliente faz uma requisição ao seu armazenamento de apoio (que geralmente é um servidor). Se o servidor não conseguir atender à requisição em seu próprio cache, lerá os dados do disco (Figura 18.6, etapa a). Então o servidor armazena os dados no seu cache e os passa para o cliente. O cliente também retém uma cópia dos dados em seu cache (Figura 18.6, etapa b). Quando um cliente escreve um bloco, ele o escreve para seu cache. O Sprite descarrega páginas atualizadas para o servidor a cada 30 segundos, embora o algoritmo de gerenciamento de cache possa preferir descarregar a página mais cedo. Desse modo, a página permanecerá no cache do servidor durante 30 segundos até ser descarregada para disco (Figura 18.6, etapa c).

A estratégia de escrita atrasada foi escolhida para permutar um aumento do desempenho por uma redução na tolerância a falhas. Como em sistemas UNIX, páginas modificadas presentes em um cache serão perdidas durante uma falha, caso não tenham sido descarregadas para o servidor.[34]

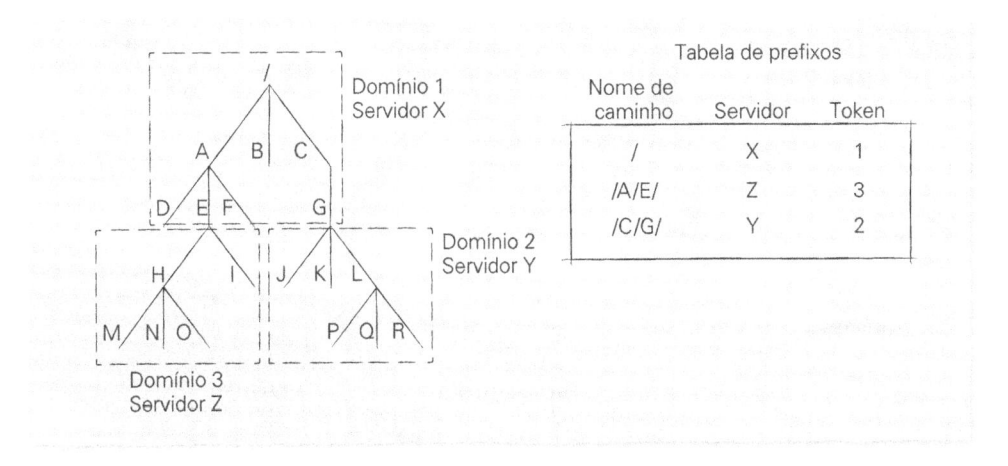

Figura 18.5 | *Domínios do sistema de arquivo Sprite.*

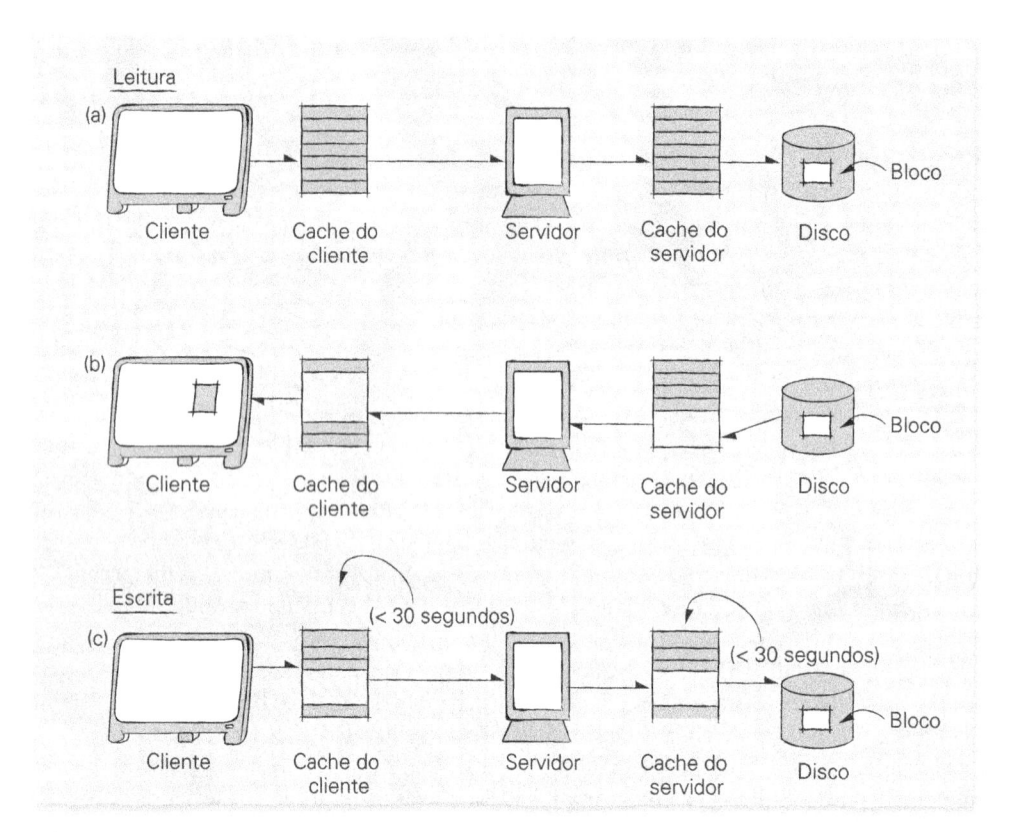

Figura 18.6 | *Leitura e escrita no sistema de arquivo Sprite.*

A consistência completa do Sprite é conseguida por seus protocolos de caching. Os clientes podem ter versões inconsistentes de um arquivo se dois ou mais clientes tiverem uma cópia do arquivo em cache e pelo menos um cliente estiver modificando sua cópia. Isso pode ser dividido em dois casos: **escrita seqüencial compartilhada** e **escrita concorrente compartilhada**. A escrita seqüencial compartilhada ocorre quando um cliente modifica um arquivo e um outro cliente tenta ler ou escrever a cópia do arquivo que está no seu próprio cache. Para garantir o mais alto grau de consistência, antes de um cliente abrir um arquivo, ele contata o servidor e requisita a versão daquele arquivo. Se o arquivo do servidor for mais novo do que a versão que está no cache do cliente, esse elimina o arquivo do cache e descarrega a versão do servidor. Para assegurar que as escritas atrasadas não atrapalhem esse algoritmo, o servidor monitora o último cliente que escreveu um arquivo. Ao receber a requisição de leitura, antes de atender à requisição, o servidor força o último cliente que modificou o arquivo a descarregar todas as páginas modificadas para disco imediatamente. A escrita concorrente compartilhada ocorre quando dois clientes modificam cópias em cache do mesmo arquivo ao mesmo tempo. Para assegurar consistência, o Sprite desabilita o cache daquele arquivo para todos os clientes. Leituras e escritas são enviadas diretamente ao servidor e, portanto, o estado do arquivo parece o mesmo para todos os clientes.

Note que, embora cada cliente terá uma visualização consistente do arquivo, esse algoritmo poderia ter questões de sincronização associadas. O Sprite fornece chamadas de travamento do sistema para aplicações que causam a inconsistência. Essa solução atrapalha o desempenho do sistema de arquivo. Os desenvolvedores do Sprite justificaram sua implementação observando que a escrita concorrente compartilhada é rara.[35]

Memória cache (na memória principal) e memória virtual disputam os mesmos recursos de sistema no Sprite — memória física. Conquanto devotar uma grande porção de memória física ao sistema de memória virtual aumente a eficiência do processamento, dedicar uma grande porção a cache aumenta a eficiência da rede e do sistema de arquivo. Além disso, algumas aplicações dependem intensamente da memória virtual, enquanto outras dependem do sistema de arquivo. Sprite permite que o tamanho do seu cache varie dinamicamente para resolver essas questões. Páginas de memória física são divididas em dois conjuntos, um conjunto para cache e um conjunto para memória virtual. O algoritmo de substituição para cada conjunto usa a idade das páginas como diretriz para remoção quando uma nova página deve ser trocada. O conjunto que tiver as páginas mais velhas perde aquela página para o conjunto que estiver trazendo do disco para a memória (*swapping in*) uma nova página. Por exemplo, considere a situação em que 16 páginas de memória física são dedicadas para cache, 16 para memória virtual e uma das páginas da memória virtual é a mais velha de todas as 32 páginas. Se um processo tentar trazer uma página para o cache, a página mais velha da memória virtual será removida e 17 páginas serão alocadas ao cache.

Isso introduz um ponto de ineficiência sutil. O que acontece se a página estiver na memória virtual e também no cache? O sistema estará claramente desperdiçando espaço. Para evitar que isso aconteça, a memória virtual escreve diretamente para o servidor quando estiver atualizando arquivos.

Vimos que o Sprite está mais preocupado com desempenho do que com tolerância a falhas. Esse ponto é reforçado quando se considera como o Sprite trata falhas de servidor. O Sprite não usa servidores de replicação. Em seu lugar, na esperança de que as falhas não serão freqüentes, os projetistas do Sprite implementaram um servidor que se recuperaria rapidamente de falhas. Para tanto, colocaram a carga do controle de estado nos clientes usando um sistema de arquivo log-estruturado com ponto de verificação no servidor (como discutido na Seção 13.10.2). A motivação para o sistema de arquivo baseado em log era melhorar o desempenho de E/S. Quando clientes percebem que o servidor falhou, esperam até que ele reinicialize e, então, lhe enviam informações sobre os arquivos que eles têm no cache. O servidor usa essa informação para reconstruir o estado.[36]

Revisão

1. Como é conseguida a consistência completa na escrita compartilhada seqüencial?
2. Qual problema poderia resultar por colocar a carga do controle de estado nos clientes? Proponha uma solução para esse problema.

Respostas:
1) A escrita seqüencial compartilhada ocorre quando um cliente modifica um arquivo e um outro tenta ler ou escrever uma cópia daquele arquivo que está no seu próprio cache. Antes de um cliente abrir um arquivo, ele contata o servidor e requisita a versão daquele arquivo. Se o arquivo do servidor for mais novo do que a versão em cache, o cliente eliminará o arquivo do cache e descarregará a versão do servidor. Para assegurar consistência completa, o servidor monitora o último cliente que escreveu um arquivo. Ao receber uma requisição de leitura, o servidor força o último cliente que modificou o arquivo a descarregar todas as páginas modificadas para disco imediatamente, antes de atender à requisição. 2) Todos os clientes bombardearão o servidor com informações quando ele reiniciar, possivelmente inundando a rede. Os desenvolvedores do Sprite construíram uma confirmação negativa na sua implementação, o que permite que o servidor avise ao cliente que ele está ocupado agora, mas que não falhou e voltará mais tarde.

18.3 Sistemas multicomputadores

Como discutido no Capítulo 15, multiprocessamento é a utilização de vários processadores para executar porções separadas de uma computação em paralelo. Há diversas classes de máquinas denominadas, em geral, de multiprocessadores, mas as mais populares são as que têm processadores similares ou idênticos e compartilham uma memória comum. Ao contrário, **sistemas multicomputadores** não compartilham uma memória ou barramento comum (embora possam compartilhar uma memória virtual). Cada unidade processadora tem acesso a seus próprios recursos. Essas unidades independentes são conectadas em rede para funcionar cooperativamente e formar um sistema multicomputador. Sistemas multicomputadores podem ser homogêneos ou heterogêneos. Um sistema multicomputador homogêneo consiste em computadores que têm o mesmo hardware, executam os mesmos sistemas operacionais e se comunicam através das mesmas arquiteturas de rede. Um sistema multicomputador heterogêneo consiste em computadores que podem ter hardware diferente, executar sistemas operacionais diferentes e se comunicar através de diferentes arquiteturas de rede.[37]

Supercomputadores modernos são máquinas de processamento maciçamente paralelo (MPP) capazes de centenas de gigaflops ou até teraflops. Um flop é uma operação de ponto flutuante por segundo.[38] Correntemente está em construção, em Los Alamos, o supercomputador Q que terá 100 teraflops; será empregado por cientistas para simular os efeitos do envelhecimento do arsenal nuclear dos Estados Unidos usando modelos tridimensionais de explosões.[39] Os cientistas de Los Alamos também estão trabalhando em um supercomputador mais barato, denominado Green Destiny, construído com componentes de prateleira.[40] O Green Destiny fornece 160 gigaflops de capacidade computacional, usando uma Ethernet 100Base-T e 240 processadores de 667 megahertz fabricados pela Transmeta Corp. O Green Destiny é um sistema multicomputador.

Um outro método de implementar um sistema multicomputador é com computação em grade, que usa middleware que pode ser executado como uma aplicação em um computador de propósito geral. A Distributed.net foi a pioneira na área da computação acadêmica distribuída pela Internet, habilitando os usuários a descarregar uma aplicação que executava operações em seus próprios computadores.[41] Hoje há também o SETI@Home, que usa computadores de voluntários para processar dados coletados pelo projeto Search of Extraterrestrial Intelligence. Intel, United Devices e a American Cancer Society criaram um software de protetor de tela que executa cálculos para auxiliar a pesquisa farmacêutica.[42] Empresas como a United Devices estão desenvolvendo pacotes de hardware e software para criar grades de computadores empresariais que permitirão às organizações aproveitar ciclos de processadores não utilizados em suas redes para executar tarefas de computação intensiva. Discutiremos computação em grade na Seção 18.6, de mesmo nome.

Processamento distribuído torna viáveis grandes quantidades de computação. Contudo, essa potência vem à custa da simplicidade. Exatamente como em ambientes monoprocessadores, o processamento distribuído tem de levar em conta sincronização, exclusão mútua e deadlock. Rede e a escassez de memória compartilhada tornam mais complexo o gerenciamento dessas questões.

Revisão

1. Qual a diferença entre multiprocessamento e sistemas multicomputadores?
2. O que torna o processamento distribuído difícil de implementar?

Respostas: 1) No multiprocessamento, processadores compartilham uma memória comum. Sistemas multicomputadores não compartilham uma memória comum — cada unidade de processamento tem acesso a seus próprios recursos. 2) Processamento distribuído deve levar em conta sincronização, exclusão mútua e deadlock. Rede e a escassez de memória compartilhada tornam mais complexo o gerenciamento dessas questões.

18.4 Clustering (aglomeração)

Lembre-se de que, em um sistema distribuído, diversos computadores tratam requisições de usuários simultaneamente. Cada computador processa requisições de usuários independentemente. Contudo, o sistema distribuído deve gerenciar atrasos de comunicação introduzidos por suas redes subjacentes. Multiprocessamento resolve os atrasos de comunicação alocando muitos processadores a um só computador, o que facilita e torna mais rápidas as comunicações entre processos. Ainda assim, o multiprocessamento tem suas próprias desvantagens: a razão alto custo/desempenho, a escalabilidade limitada e nem todos os tipos de aplicação que executam em um sistema se beneficiam do multiprocessamento.[43]

Clustering — nodos de interconexão (computadores monoprocessadores ou computadores multiprocessadores) dentro de uma LAN de alta velocidade que funcionam como um único computador paralelo — é, em termos de arquitetura, o intermediário entre computação distribuída e multiprocessamento. O conjunto de nodos que forma a máquina paralela isolada é denominado **cluster**. Clustering permite que vários computadores trabalhem juntos para resolver problemas complexos, de grande porte.[44]

Revisão

1. O que é clustering?
2. Por que o clustering seria empregado?

Respostas: 1) Clustering interconecta nodos dentro de uma LAN de alta velocidade para funcionar como um único computador paralelo. 2) Clustering tira proveito do multiprocessamento e de sistemas distribuídos e, ao mesmo tempo, elimina os atrasos de comunicação associados com sistemas totalmente distribuídos, fornecendo um computador de grande capacidade, capaz de resolver problemas complexos, de grande porte.

18.4.1 Tipos de clustering

Há três tipos principais de clusters. Em um **cluster de alto desempenho**, todos os nodos do cluster são usados para executar trabalho. Em um **cluster de alta disponibilidade**, alguns dos nodos realizam trabalho enquanto outros servem como reserva (backup). Se os nodos de trabalho ou seus computadores falharem, os nodos de reserva começarão a executar e assumir imediatamente os trabalhos que estavam em execução nos nodos que falharam sem interromper o serviço. Em um **cluster de balanceamento de carga**, um nodo particular funciona como **balanceador de carga** para distribuir carga (por exemplo, milhares de requisições por cliente) a um conjunto de nodos, de modo que todo o hardware seja utilizado eficientemente.[45]

Clusters de alto desempenho são usados para resolver computações de grande escala que podem ser divididas em problemas menores a serem resolvidos em paralelo. Clusters de alta disponibilidade são usados para aplicações de missão crítica nas quais a falha deve ser evitada. Clusters de balanceamento de carga beneficiam organizações que tratam grandes volumes de requisições de usuários. Por exemplo, clusters de alto desempenho são úteis para analisar imagens de varredura de aparelhos de Ressonância Magnética (IMR), enquanto clusters de alta disponibilidade são cruciais em sistemas de controle de aeronaves, e clusters de balanceamento de carga, em geral, são usados em aplicações de e-business com grandes volumes de usuários.

Revisão

1. Um cluster de alta disponibilidade requer que seus nodos estejam trabalhando o tempo todo?

2. Discuta por que um cluster para um tipo particular de aplicação deve ter os atributos de todos os três tipos de clusters. Considere um dispositivo de busca usado para uma aplicação na qual vidas humanas estejam em jogo, como a localização de órgãos para transplante.

Respostas: **1)** Não. Clusters de alta disponibilidade requerem que somente um de seus nodos esteja trabalhando enquanto outros atuam como reservas (backup). **2)** O cluster deve ser de alto desempenho porque bilhões de páginas Web teriam de ser pesquisadas em uma fração de um segundo. Deve ser de alta disponibilidade para garantir que esteja sempre pronto para funcionar quando necessário, especialmente em uma emergência. Deve ser de balanceamento de carga para distribuir a carga em períodos de pico, assegurando que as requisições individuais não sofram atrasos.

18.4.2 Benefícios do clustering

Há diversos benefícios associados ao clustering. Interconecta economicamente componentes relativamente baratos, o que reduz o custo da construção de um sistema de cluster em comparação com um único computador paralelo de mesma capacidade.[46] O alto desempenho também é uma outra vantagem do clustering. Cada nodo do sistema de clustering compartilha a carga de trabalho. Comunicações entre nodos do cluster são mais rápidas do que as de sistemas de computação distribuída sem clustering em razão da LAN de alta velocidade entre os nodos.[47] Clustering também pode fornecer a replicação de recursos através dos nodos, de modo que a falha de qualquer um dos computadores não afetará a disponibilidade dos recursos do sistema. Se um serviço não estiver funcionando em um nodo, outros nodos que prestam o mesmo serviço no cluster ainda poderão funcionar e assumir as tarefas executadas pelo componente que falhou.[48] Clustering herda a escalabilidade de sistemas distribuídos. Um cluster pode adicionar ou eliminar nodos (ou os componentes dos nodos) para ajustar suas capacidades sem afetar os nodos existentes do cluster. Clustering proporciona melhor escalabilidade do que o multiprocessamento. Por exemplo, o HP 9000 Superdome pode ter até 64 processadores, enquanto os clusters HP XC podem escalar até 512 processadores.[49, 50] Clustering consegue confiabilidade e tolerância a falhas fornecendo reservas (backups) para os serviços e recursos. Quando ocorre uma falha em um serviço que está em execução, o cluster imediatamente transfere (chaveia) o processo para o serviço de reserva sem afetar o desempenho e a capacidade do sistema, fornecendo serviço ininterrupto.[51]

Revisão

1. Por que a comunicação entre nodos de um cluster é mais rápida do que entre nodos de um sistema de computação distribuída sem clustering?
2. Como o clustering implementa tolerância a falhas?

Respostas: **1)** A razão é que uma rede local de alta velocidade geralmente é mais rápida do que as redes de longa distância usadas em sistemas distribuídos. **2)** Clustering fornece reservas (backups) para serviços e recursos.

18.4.3 Exemplos de clustering

Nesta seção, consideraremos como o clustering é implementado no Linux e no Windows. Há muitas soluções disponíveis de clustering para o Linux; a mais conhecida é o **Beowulf**, um cluster de alto desempenho.[52] Em 1994, o projeto Earth and Space Sciences (ESS) da Nasa construiu o primeiro cluster Beowulf para fornecer computação paralela para resolver problemas envolvidos em aplicações da ESS. A Figura 18.7 mostra um cluster Beowulf típico. Um cluster Beowulf pode conter até 700 nodos. Teoricamente, todos os nodos têm o Linux como sistema operacional e são interconectados por Ethernet de alta velocidade (freqüentemente com largura de banda de 100 Mbps). Cada cluster Beowulf tem um **nodo principal** (também denominado **nodo mestre**) que age como um servidor para distribuir a carga de trabalho, controlar acesso ao cluster e manipular os recursos compartilhados. Todos os outros nodos do cluster são em geral denominados **nodos escravos**. O nodo principal usualmente tem um monitor e um teclado, enquanto os nodos escravos não têm. Todos os nodos escravos devem ser configurados com os mesmos processador, memória e espaço de disco, de modo que todos eles possam concluir o mesmo trabalho quase ao mesmo tempo. Usualmente, todos os nodos de um cluster são conectados dentro de uma única sala para formar um supercomputador.[53]

O Windows Server 2003 pode ser usado para construir clusters de alta disponibilidade e também clusters de balanceamento de carga. Um cluster de alta disponibilidade construído com Windows Server 2003 pode ter até oito nodos. Todos os seus nodos podem compartilhar um dispositivo de armazenamento (Figura 18.8) ou cada nodo pode ter um armazenamento local, caso em que o nodo de reserva deve manter exatamente os mesmos dados (Figura 18.9). Diferentemente do cluster Beowulf, os nodos de alta disponibilidade Windows podem ser conectados ou a uma LAN ou a uma WAN. No caso do armazenamento compartilhado, somente um nodo está executando por vez e esse nodo tem o controle do armazenamento compartilhado. Quando o nodo que está em execução falha, o nodo de reserva assume o controle do armazenamento com-

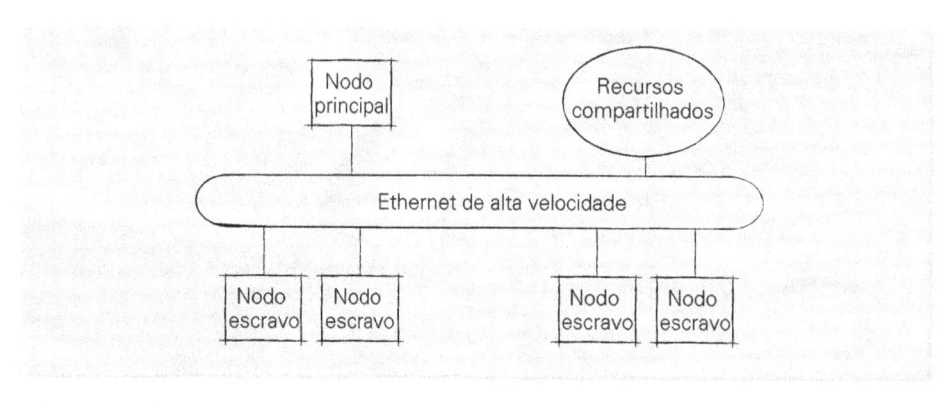

Figura 18.7 | *Cluster Beowulf típico.*

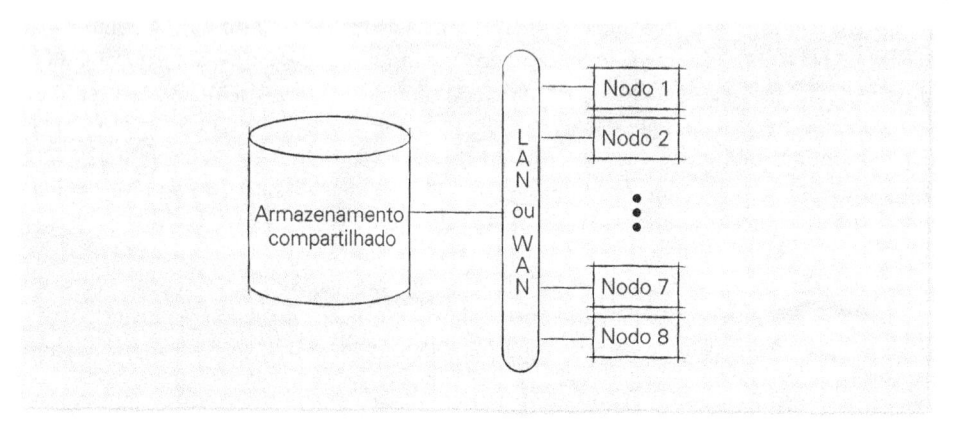

Figura 18.8 | *Cluster de alta disponibilidade com armazenamento compartilhado.*

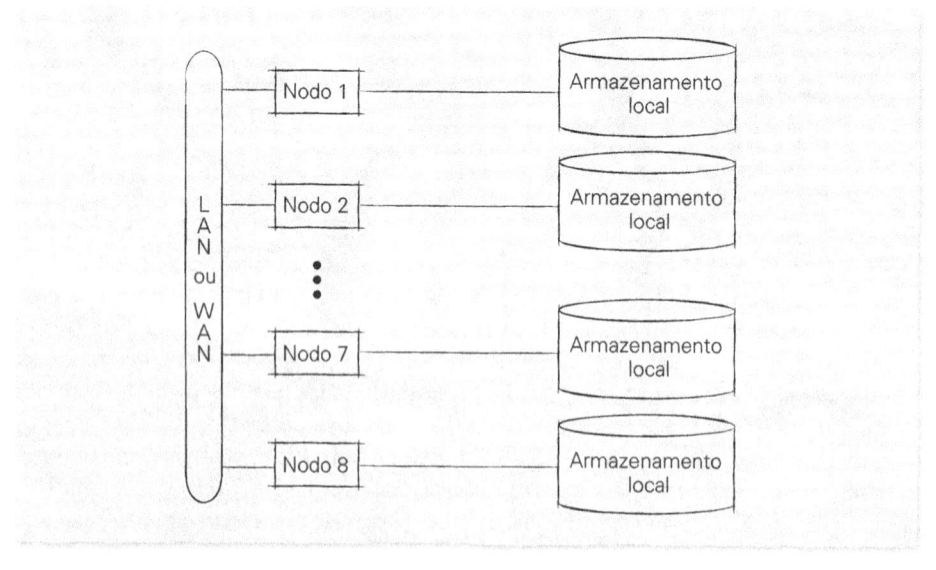

Figura 18.9 | *Cluster de alta disponibilidade com armazenamento local.*

partilhado. Todavia, se o armazenamento compartilhado falhar, o cluster inteiro não conseguirá mais executar. Quando cada nodo tem seu próprio armazenamento, mais da metade dos nodos do cluster podem estar ativos a qualquer instante de modo que, quando um ou mais nodos falham, os outros nodos podem continuar a trabalhar efetivamente. Por exemplo, se o cluster tiver oito nodos, pelo menos cinco deles deverão estar ativos e prontos para funcionar.[54]

Um cluster de balanceamento de carga construído com o Windows Server 2003 pode ter no máximo 32 nodos (Figura 18.10). O cluster não requer armazenamento compartilhado porque cada nodo pode executar seu serviço independentemente. Se um nodo falhar, os nodos remanescentes do cluster ainda serão capazes de manipular requisições de usuários. Escalabilidade é conseguida com o cluster de balanceamento de carga porque é fácil adicionar ou eliminar um nodo do cluster. Usualmente, os nodos de um cluster de balanceamento de carga estão interconectados por uma Ethernet de alta velocidade.[55]

Revisão

1. Cite três características que tornam os clusters Beowulf clusters de alto desempenho.
2. Cite o problema do cluster de alta disponibilidade com armazenamento compartilhado.

Respostas: 1) Todos os nodos do cluster Beowulf são interconectados com Ehternet de alta velocidade (freqüentemente com largura de banda de 100 Mbps). Todos os nodos podem concluir o mesmo trabalho aproximadamente ao mesmo tempo. Todos os nodos trabalham em paralelo para melhorar o desempenho. **2)** Todos os nodos dependem do armazenamento compartilhado. Se esse falhar, o cluster inteiro falhará.

18.5 Computação distribuída peer-to-peer

Em uma **aplicação peer-to-peer (P2P)**, cada componente (**peer, par**) — um computador isolado do sistema P2P — executa ambas as funções, de cliente e de servidor. Essas aplicações distribuem responsabilidades de processamento e informação para muitos computadores e, assim, requisitam capacidade de computação e espaço de armazenamento que, caso contrário, seriam desperdiçados, e eliminam muitos pontos centrais de falha. Nas várias subseções seguintes, apresentamos os conceitos fundamentais das aplicações peer-to-peer.

18.5.1 Aplicações cliente/servidor e peer-to-peer

Muitas aplicações de rede funcionam segundo o princípio de que computadores devem ser segregados por função. Alguns computadores, como os servidores, oferecem armazenamento comum de programas e dados. Outros, como os clientes, acessam dados fornecidos pelos servidores. Usar um serviço de busca de um navegador Web é um exemplo de uma aplicação cliente/servidor. Clientes enviam consultas a servidores, que acessam vários bancos de dados e respondem com a informação requisitada.

Aplicações P2P são diferentes de aplicações cliente/servidor porque todos os computadores da rede agem tanto como clientes quanto como servidores. Cada componente tem a capacidade de descobrir e se comunicar com outros componentes e pode compartilhar recursos (como grandes arquivos multimídia) com outros. Aplicações P2P são semelhantes ao sistema telefônico — um único usuário pode tanto enviar quanto receber informações.[56]

Revisão

1. Como funcionam aplicações cliente/servidor?
2. Cite as vantagens de aplicações peer-to-peer em comparação com aplicações cliente/servidor.

Respostas: 1) Em uma aplicação cliente/servidor, o cliente envia uma requisição ao servidor, e o servidor processa a requisição do cliente, muitas vezes acessando um ou mais bancos de dados, e envia a resposta de volta ao cliente. **2)** É mais fácil montar a rede para uma aplicação peer-to-peer e não é preciso nenhum administrador de rede. Em uma aplicação peer-to-peer, se um componente falhar, outros ainda podem funcionar bem. Em uma aplicação cliente/servidor, se o servidor falhar, a aplicação inteira falhará.

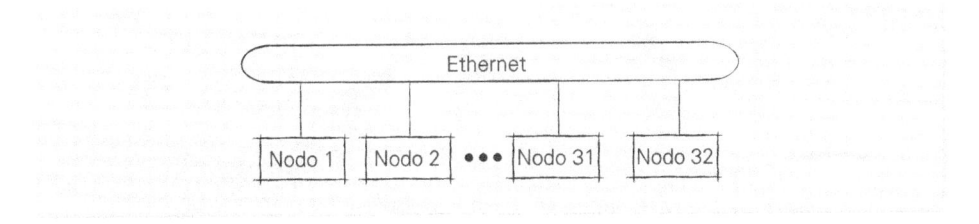

Figura 18.10 | *Cluster de balanceamento de carga com 32 nodos.*

18.5.2 Aplicações P2P centralizadas versus descentralizadas

Aplicações P2P podem ser implementadas sob duas formas: centralizada e descentralizada.[57] Uma **aplicação P2P centralizada** usa um sistema servidor central que se conecta a cada par. Aplicações P2P centralizadas são semelhantes à relação cliente/servidor. Em uma aplicação centralizada de mensagem instantânea (Figura 18.11), quando o par 1 quer falar com o par 3, primeiramente precisa obter o endereço do par 3 no servidor. Então o par 1 se comunica diretamente com o par 3. Um importante ponto fraco desse sistema centralizado é a dependência do servidor. Se um ou mais servidores centrais falharem, a rede inteira poderá falhar. As capacidades do servidor limitam o desempenho geral da aplicação. Por exemplo, sites Web podem falhar quando usuários mal-intencionados sobrecarregam o(s) servidor(es) Web com um número excessivo de requisições. Todavia, arquiteturas centralizadas também têm vantagens, como simplificar as tarefas de gerenciamento (por exemplo, monitorando acesso do usuário pelo fornecimento de pontos isolados de controle de rede).

Uma **aplicação P2P pura**, também denominada **aplicação P2P descentralizada**, não tem um servidor e, portanto, não sofre das mesmas deficiências das aplicações que dependem de servidores. Em uma aplicação P2P pura de mensagem instantânea (Figura 18.12), quando o par 1 quer enviar uma mensagem ao par 3, ele não precisa mais se comunicar com o servidor. Em vez disso, o par 1 descobre o par 3 via mecanismos de busca distribuídos e envia mensagens ao par 3 diretamente. Se um par de um sistema P2P bem projetado falhar, todos os outros pares continuarão funcionando, portanto, esses sistemas são particularmente tolerantes a falhas.

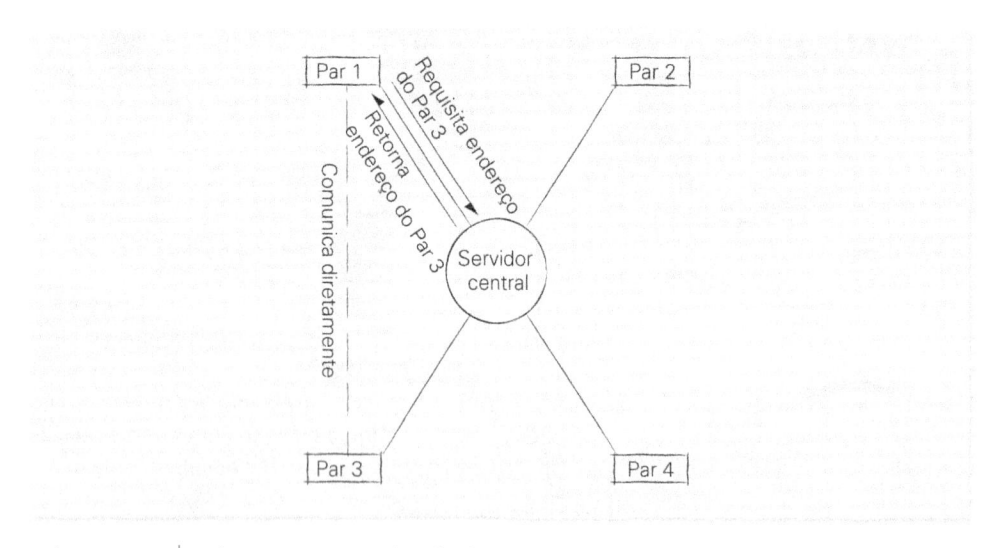

Figura 18.11 | Aplicação P2P centralizada de mensagem instantânea.

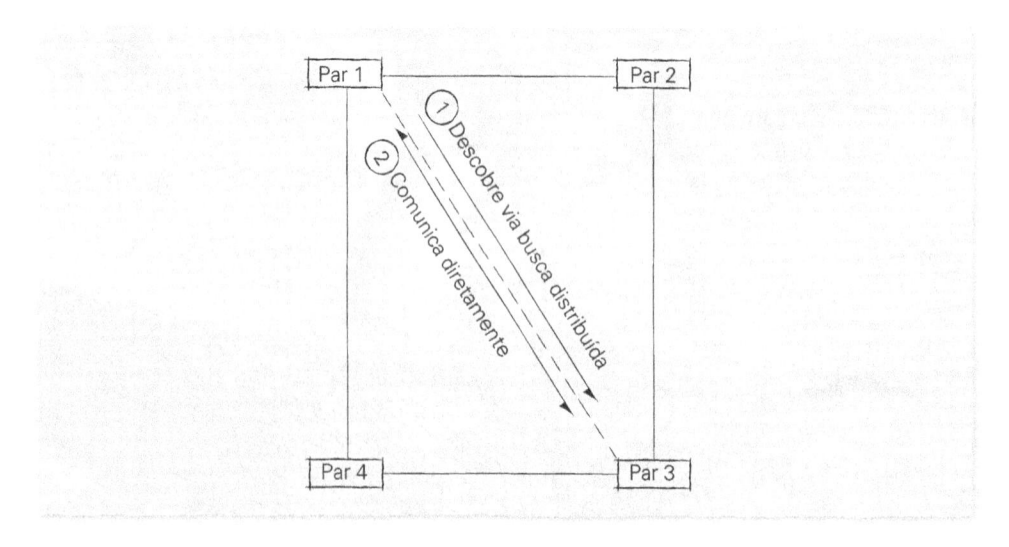

Figura 18.12 | Aplicação P2P pura de mensagem instantânea.

Aplicações peer-to-peer também têm desvantagens. Qualquer um que tenha o software apropriado pode se juntar à rede e muitas vezes permanecer anônimo, portanto, é difícil determinar quem está na rede a qualquer instante. E, também, a falta de um servidor dificulta a proteção dos direitos autorais e de propriedade intelectual. Buscas de tempo real podem ser lentas e aumentam o tráfego da rede à medida que consultas se propagam por ela.[58] A Figura 18.13 lista algumas aplicações peer-to-peer comuns.

Aplicações peer-to-peer puras são completamente descentralizadas. Algumas aplicações de compartilhamento de arquivos não são P2P puras porque usam servidores para autenticar usuários e indexar os arquivos compartilhados de cada um dos pares. Todavia, os pares se conectam diretamente uns com os outros para trocar arquivos. Nesse tipo de sistema, a centralização melhora o desempenho de busca, mas torna a rede dependente de um servidor. Fazer transferências de arquivos entre pares reduz a carga do servidor.

Revisão

1. Quais as vantagens das aplicações P2P centralizadas?
2. Cite um benefício da aplicação P2P descentralizada em relação a uma centralizada.

Respostas: 1) Aplicações P2P centralizadas simplificam tarefas de gerenciamento, como monitoração do acesso do usuário, fornecendo pontos isolados de controle de rede. 2) Aplicações P2P centralizadas dependem de um servidor para certas operações. Se o servidor falhar, essas operações tornam-se indisponíveis.

18.5.3 Descoberta e busca de par

Descoberta de par é o ato de descobrir pares em uma aplicação P2P. A descoberta de pares e a busca de informação em aplicações P2P puras são lentas por causa da falta de um servidor. Não há nenhuma solução geral para a descoberta de par. Gnutella apresenta uma abordagem para evitar esses problemas. Gnutella é uma tecnologia peer-to-peer pura que habilita armazenamento e recuperação distribuídos de informação. Usuários podem procurar arquivos e descarregá-los de qualquer par da rede. Usuários se juntam a uma rede Gnutella primeiramente especificando o endereço de rede de um par

Aplicação distribuída	Descrição
Gnutella	Uma tecnologia P2P usada para compartilhar documentos na Internet. Gnutella não usa servidores. Não há autenticação, e os pares buscam arquivos via um mecanismo de busca distribuído.[59] (A Seção 18.5.3, "Descoberta e busca de pares", dá uma visão geral desses mecanismos.)
KaZaA	Aplicação de compartilhamento de arquivos que é um híbrido entre Gnutella e aplicações centralizadas. Um servidor autentica todos os usuários. Certos pares servem como hubs de busca, que catalogam os arquivos de pares conectados a eles. Buscas são distribuídas para cada hub de busca que, então, responde com resultados que permitem ligações diretas para transferência de arquivos.[60]
Groove	Um sistema P2P que permite que os usuários se comuniquem, colaborem e compartilhem documentos na Internet e em intranets. O Groove proporciona comunicação segura porque os usuários são autenticados, e dados privados não são compartilhados com terceiros.[61]
Freenet	Tecnologia P2P descentralizada que permite que usuários compartilhem documentos pela Internet sem medo de censura. A Freenet não tem um servidor central para comandar o acesso. Ao contrário, o acesso à Freenet é anônimo. Documentos armazenados na Freenet são criptografados para melhorar a proteção.[62]
Mensagem instantânea	Aplicação P2P que capacita usuários a enviar mensagens curtas de texto e arquivos uns para os outros. A maioria dos sistemas de mensagens instantâneas usa servidores que autenticam todos os usuários e roteiam mensagens entre pares.

Figura 18.13 | Aplicações P2P típicas.

Gnutella conhecido. Sem conhecer pelo menos um par da rede, um usuário não pode-se juntar à rede. O software de cada usuário da Gnutella funciona como um servidor e usa o protocolo HTTP para procurar e transferir arquivos.[63]

Para executar uma busca, um par envia critérios de busca aos pares conectados a ele. Então esses pares propagam a busca por toda a rede de pares. Se um par particular puder atender à busca, passa a informação de volta ao originador. Então o originador se conecta diretamente com o par-alvo e descarrega a informação. O par que fez a consulta original pode se identificar somente quando se conectar diretamente com o par que tem o arquivo requisitado, para iniciar a transferência do arquivo.

Na rede Gnutella, um par transmite uma requisição de busca a todos os pares conectados diretamente a ele, paralelamente. Por exemplo, se P_1 receber uma requisição do usuário, transmitirá a requisição de busca primeiro a todos os pares diretamente conectados a ele. Então esses pares trabalham em paralelo; cada um tenta atender à requisição de busca e também transmitir a requisição aos pares diretamente conectados a ele.

Na aplicação P2P Freenet, cada par transmite uma requisição de busca a um único par diretamente conectado a ele por vez. Por exemplo, se P_1 receber uma requisição de um usuário, transmitirá a requisição de busca a P_2, que é um dos pares diretamente ligados a ele. Se todos os nodos que P_2 pode alcançar não puderem atender à requisição, então P_1 transmitirá a requisição de busca a um outro dos pares diretamente ligados a ele.[64]

Buscas conduzidas na Gnutella e na Freenet são denominadas **buscas distribuídas**. Buscas distribuídas tornam as redes mais robustas, eliminando pontos isolados de falha, como os servidores. Os pares podem não somente encontrar informações, como também pesquisar outros pares via pesquisas distribuídas.

Revisão

1. Cite alguns dos problemas das buscas distribuídas.
2. Compare o mecanismo de busca distribuída da Gnutella com o da Freenet.

Respostas:
1) Buscas distribuídas são custosas e possivelmente geram enormes quantidades de tráfego de rede. Se houver muitos sistemas P2P mal implementados, poderá haver sérias conseqüências sobre o desempenho de toda a Internet. Buscas distribuídas não garantem encontrar os arquivos requisitados. 2) Buscas no Gnutella alcançarão pares próximos antes de alcançar quaisquer pares mais distantes. Na Freenet, uma busca pode alcançar um par distante antes que todos os pares próximos tenham sido pesquisados.

18.5.4 JXTA

A Sun Microsystems, Inc. criou o Projeto JXTA (abreviatura de Juxtapose) em resposta à crescente popularidade das aplicações peer-to-peer. O Projeto JXTA tenta criar um protocolo-padrão de baixo nível, independente de plataforma e linguagem, que promova a interoperabilidade entre aplicações peer-to-peer. A implementação corrente do JXTA é escrita em Java, mas desenvolvedores podem implementar JXTA em qualquer linguagem de programação. JXTA fornece uma fundação sobre a qual desenvolvedores podem construir qualquer tipo de aplicação P2P.

JXTA tenta resolver os seguintes problemas das aplicações P2P:[65]

1. Segurança/autenticação — Grandes aplicações de redes P2P, como o AOL Instant Messenger (AIM) e o MSN Instant Messenger, usam servidores para autocarregar usuários na rede.[66] Esse autocarregamento assegura que a mesma pessoa use uma identidade particular on-line.
2. Descoberta de par — Sem um servidor, localizar outros pares na rede é complexo.
3. Incompatibilidade da rede — Correntemente, cada aplicação P2P popular tem um conjunto de protocolos proprietários que são incompatíveis com outras redes P2P pela falta de padrões. Por exemplo, usuários da plataforma AIM não podem se comunicar com usuários do MSN Instant Messenger.
4. Incompatibilidade de plataforma — Desenvolvedores de software têm de reescrever os aspectos centrais de baixo nível de suas aplicações P2P para cada plataforma que quiserem suportar. Telefones sem fio e outros dispositivos móveis usualmente têm uma seleção limitada de aplicações P2P, quando têm.

JXTA tenta resolver esses problemas padronizando protocolos de baixo nível que governam aplicações peer-to-peer. Todas as aplicações P2P baseadas em JXTA usam protocolos de baixo nível idênticos, daí serem compatíveis umas com as outras.

Redes construídas com os protocolos JXTA consistem em três tipos básicos de entidades — pares ou grupos de pares, anúncios e canalizações (pipes). Um par é qualquer entidade que usar protocolos JXTA (Figura 18.14) para se comunicar com outros pares. Cada par precisa suportar somente alguns dos protocolos, portanto, mesmo dispositivos com baixa capacidade de processamento e memória podem participar de redes JXTA (se bem que com funcionalidade limitada). **Grupos de pares** são construções lógicas que representam conjuntos de pares. JXTA especifica somente duas regras em relação a grupos de pares:

Protocolo	Função
Descoberta de par	Pares usam esse protocolo para encontrar outras entidades na rede JXTA mediante a procura de anúncios.
Resolvedor de par	Pares que ajudam um processo de busca (por exemplo, envio e processamento de requisições) implementam este protocolo.
Informação de par	Pares obtêm informações sobre outro par via este protocolo.
Inscrição de par	Pares usam este protocolo para saber quais são os requisitos de grupos, como solicitar inscrição, como modificar sua inscrição e como sair de um grupo. Autenticação e segurança são implementadas por meio deste protocolo.
Vinculação por canalizações	Por meio deste protocolo, pares podem conectar canalizações umas com as outras via anúncios.
Roteamento de extremidade	Pares roteadores implementam este protocolo para fornecer outros serviços de roteamento a outros pares (por exemplo, fazer um tunelamento por um firewall).

Figura 18.14 | Protocolos JXTA de baixo nível.[67]

1. pares podem entrar e sair de grupos, e
2. o administrador do grupo, se o grupo tiver um, controla o acesso ao grupo.

Anúncios são documentos XML formatados segundo especificações JXTA usados por um par para anunciar a si mesmo e notificar aos outros a sua existência. **Canalizações** (pipes) são canais de comunicação virtual que conectam dois ou mais pares para enviar e receber mensagens entre pares. No nível mais simples, canalizações são canais de comunicação de uma via. Dois pares comunicam-se configurando duas canalizações que 'fluem' em direções opostas. Quando um par de origem precisa enviar uma mensagem a um par destinatário, uma canalização é dinamicamente ligada aos dois pares. Uma vez estabelecida a canalização, o par de origem pode enviar mensagens ao destinatário via a canalização.

Exemplos de aplicações P2P que usam JXTA são: VistaPortal (www.vistaportal.com/), Momentum da InView Software (www.inviewsoftware.com/news/20030305_momentum1.htm) e ifreestyle da Digital Dream (www.digitaldream.jp/en/).[68]

Revisão

1. Como o AOL Instant Messenger e o MSN Instant Messenger autocarregam usuários na rede?
2. Como pares se comunicam em redes construídas com o protocolo JXTA?

Respostas: 1) Ambos, AOL Instant Messenger e MSN Instant Messenger, usam servidores centrais para autocarregar usuários na rede. 2) Pares usam canais de comunicação de uma via denominados canalizações para trocar mensagens.

18.6 Computação em grade

Há algumas décadas, o número de computadores era relativamente pequeno, suas capacidades de computação eram modestas e sua utilização, cara e difícil. Com o advento do microprocessador, agora há centenas de milhões de computadores baratos, relativamente poderosos em residências e escritórios. Contudo, uma imensa quantidade de capacidade de computação é desperdiçada (por exemplo, computadores pessoais ficam ociosos nas residências enquanto as pessoas estão no trabalho, e computadores de trabalho ficam ociosos enquanto as pessoas estão em casa. A **computação em grade** liga potencialmente números enormes de recursos computacionais (como computadores, dispositivos de armazenamento e instrumentos científicos), que estão distribuídos por uma rede para resolver problemas complexos, maciços, de computação intensiva.

Como em outros sistemas distribuídos, os recursos da computação em grade são distribuídos, e usuários podem acessá-los transparentemente. Enquanto o clustering normalmente é localizado ou centralizado, a computação em grade enfatiza a colaboração pública. Indivíduos e institutos de pesquisa que participam da computação em grade coordenam recursos que não estão sujeitos a controle centralizado. Alto desempenho, a meta da computação em grade, é conseguido usando sobras de capacidade computacional com pouco ou nenhum custo. A computação em grade oferece melhor escalabilidade do que clusters. Por exemplo, o SETI@home project, que será discutido mais adiante, executa em meio milhão de PCs, enquanto um cluster HP XC executa em até 512 nodos. A computação em grade requer software sofisticado para gerenciar tarefas de computação distribuída em escala tão maciça.[69, 70, 71]

Para habilitar a interoperabilidade de recursos distribuídos heterogêneos, um sistema de computação em grade é dividido em cinco camadas, a **camada de aplicação**, que é o nível mais alto, contém aplicações que usam as camadas mais baixas para acessar recursos distribuídos. A **camada coletiva** é responsável por coordenar recursos distribuídos, como programar uma tarefa para analisar dados recebidos de um dispositivo científico. A **camada de recursos** habilita aplicações a requisitar e compartilhar um recurso. A **camada de conectividade** realiza comunicações de rede confiáveis e seguras entre recursos. A **camada-base** acessa recursos físicos, como discos.[72]

O projeto SETI@home (Search for Extraterrestrial Intelligence at home) (setiathome.ssl.berkeley.edu/) é uma implementação popular de computação em grade. O SETI@home habilita indivíduos a participar de um esforço científico que procura vida inteligente em outros lugares do universo. Os computadores dos participantes, quando não estão em uso, descarregam dados que representam sinais do espaço sideral do servidor do SETI@home, analisam esses dados e retornam os resultados ao servidor do SETI@home.[73, 74]

A Globus Alliance (www.globus.org/), baseada no Argonne National Laboratory do Information Sciences Institute da University of Southern California, na University of Chicago, na University of Edinburgh e no Swedish Center for Parallel Computers, pesquisa gerenciamento de recursos na computação em grade e desenvolve software (denominado Globus Toolkit) para implementar computação em grade.[75] A United Devices (www.ud.com) fornece soluções de computação em grade para empresas.[76]

Revisão

1. O que faz da computação em grade uma tendência promissora?
2. Por que o sistema de computação em grade é dividido em várias camadas?

Respostas: 1) A computação em grade ajuda a coordenar recursos distribuídos e permite acesso a quantidades potencialmente maciças de recursos de computação que habilitam a resolução de problemas complexos que usualmente não podem ser abordados sem enormes capacidades de computação. 2) Recursos distribuídos normalmente são heterogêneos, portanto, a arquitetura em camadas habilita interoperabilidade e modularidade.

18.7 Computação distribuída Java

Java é amplamente usada para implementar sistemas distribuídos. Discutimos o desenvolvimento de sistemas distribuídos usando a RMI Java na Seção 17.3.3, e CORBA na Seção 17.3.4. A Sun fornece um artigo sobre CORBA e Java em java.sun.com/j2ee/corba/. As subseções seguintes apresentam diversas tecnologias Java adicionais que habilitam desenvolvedores a construir sistemas distribuídos e a compartilhar e gerenciar recursos distribuídos.

18.7.1 Java Servlets e JavaServer Pages (JSP)

Java fornece várias capacidades embarcadas de rede que facilitam o desenvolvimento de aplicações baseadas na Internet e na Web. Esta seção focaliza ambos os lados de uma relação cliente/servidor que é o fundamento para as visualização de níveis mais altos das redes em Java, a saber, **servlets** e **JavaServer Pages (JSP)**. Uma servlet amplia a funcionalidade de um servidor, mais freqüentemente um servidor Web. Usando sintaxe especial, JSP permite que programadores de páginas Web criem páginas que usam funcionalidade Java encapsulada e até mesmo escrevam **scriptlets** (código Java embutido em uma JSP) de código Java diretamente na página.[77]

Uma implementação comum do modelo requisição/resposta é entre navegadores Web e servidores Web que interagem via protocolo HTTP. Quando um usuário acessa um site Web por meio de um navegador (a aplicação cliente), uma requisição é enviada ao servidor Web adequado (a aplicação servidor). O servidor normalmente responde ao cliente enviando a página Web HTML adequada. Servlets aprimoram a funcionalidade de servidores Web para fornecer capacidades como acesso seguro a sites Web, interação com bancos de dados em nome de um cliente, geração dinâmica de documentos personalizados a serem exibidos por navegadores e manutenção de informação de sessão exclusiva para cada cliente.

Sob certos aspectos, as JSPs parecem documentos HTML ou XML padronizados. Realmente, JSPs em geral incluem linguagem de marcação HTML ou XML. Essa marcação é conhecida como dados de gabarito fixo ou texto de gabarito fixo. JSPs geralmente são usadas quando a maior parte do conteúdo enviado ao cliente é texto e marcação estáticos, e apenas uma pequena porção do conteúdo é gerada dinamicamente com código Java. Servlets são comumente usados quando uma pequena parte do conteúdo enviado ao cliente é texto estático ou marcação. Realmente, alguns servlets não produzem conteúdo. Em vez disso, executam uma tarefa em nome do cliente (como consulta a bancos de dados) e, então, invocam outros servlets ou JSPs para fornecer uma resposta. Note que, na maioria dos casos, as tecnologias servlet e JSP são intercambiáveis. O servidor que executa um servlet é denominado **recipiente de servlet** (contêiner) ou **motor de servlet**. JSPs são traduzidas para servlets pelo recipiente de servlets, que então as compila e executa.[78]

Muitos desenvolvedores acham que os servlets são apropriados para aplicações que usam bancos de dados intensivamente e se comunicam com **terminais clientes minimizados** (*thin clients*) — aplicações que requerem o mínimo suporte cliente/servidor. Nessas aplicações, o servidor é responsável pelo acesso ao banco de dados, e os clientes se conectam ao servidor usando HTTP. Assim, o código lógico de apresentação para gerar conteúdo dinâmico pode ser escrito uma vez e residir no servidor para ser acessado por clientes, permitindo que os programadores criem terminais clientes minimizados eficientes.

A Sun Microsystems, por meio da **Java Community Process**, é responsável pelo desenvolvimento das especificações do servlet e das JavaServer Pages. As implementações de referência desses padrões estão em desenvolvimento pela **Apache Software Foundation** (www.apache.org) como parte do **Jakarta Projetct** (jakarta.apache.org).[79] Como declara a página Web do projeto Jakarta, "A meta do projeto Jakarta é fornecer soluções de servidores de qualidade comercial baseados na plataforma Java, desenvolvidos de uma maneira aberta e cooperativa". A parte do Projeto Jakarta que trata de servlets e JSP é denominada **Tomcat** — essa é a implementação de referência oficial dos padrões JSP e servlet. A versão mais recente pode ser descarregada do site da Apache Software Foundation.

Servlets e JavaServer Pages tornaram-se tão populares que são suportadas pela maioria dos servidores Web e servidores de aplicação mais importantes, entre eles Sun ONE Application Server, Internet Information Services (IIS) da Microsoft, Apache HTTP Server, servidor de aplicação WebLogic da BEA, servidor de aplicação WebSphere da IBM, servidor Web Jigsaw do World Wide Web Consortium e muitos mais.

Ciclo de vida do servlet

No que diz respeito à arquitetura, todos os servlets implementam uma interface comum que habilita o recipiente de servlets a interagir com qualquer servlet, independentemente de sua funcionalidade. O ciclo de vida de um servlet começa quando o recipiente de servlets carrega o servlet na memória — usualmente em resposta à primeira requisição que o servlet receber. Antes que o servlet possa tratar aquela requisição, o recipiente o inicializa. Então, o servlet pode responder a sua primeira requisição. Normalmente, cada nova requisição resulta em um novo thread de execução (criado pelo recipiente do servlet). O recipiente do servlet também pode encerrar o servlet para liberar seus recursos.[80]

JavaServer Pages (JSP)

JavaServer Pages é uma extensão da tecnologia de servlets. JSPs simplificam a entrega de conteúdo dinâmico da Web. Programadores de aplicações Web podem criar conteúdo dinâmico reutilizando componentes predefinidos e interagindo com componentes que usam código Java do lado do servidor. Programadores JSP podem reutilizar objetos Java e criar bibliotecas de tags customizadas que encapsulam funcionalidade complexa, dinâmica. Essas bibliotecas habilitam projetistas de páginas Web que não estão familiarizados com Java a aperfeiçoar páginas Web com poderoso conteúdo dinâmico e capacidades de processamento.

JSPs têm quatro componentes principais: diretivas, ações, scriptlets e bibliotecas de tags. Diretivas são mensagens ao recipiente de JSP que habilitam o programador a especificar a configuração de páginas, incluir conteúdo de outros recursos e especificar bibliotecas de tags para utilização em uma JSP. Ações encapsulam funcionalidade em tags predefinidas que os programadores podem embutir em uma JSP. Ações muitas vezes são executadas com base na informação enviada ao servidor como parte da requisição particular de um cliente. Também podem criar objetos Java para uso em scriptlets JSP. Scriptlets, ou elementos de scripts, habilitam programadores a inserir código Java que interage com componentes em uma JSP (e possivelmente outros componentes de aplicações Web) para processar requisições. O mecanismo de extensão da tag habilita programadores a criar tags customizadas. Essas tags habilitam programadores a manipular conteúdos JSP.[81]

Quando um servidor habilitado para JSP recebe a primeira requisição de uma JSP, o recipiente de JSP a traduz para um servlet Java que trata a requisição corrente e as requisições futuras à JSP. Se o novo servlet compilar adequadamente, o recipiente de JSP invoca o servlet para processar a requisição. O JSP pode responder diretamente à requisição ou pode invocar outros componentes de aplicação Web para ajudar no processamento da requisição. De modo geral, o mecanismo de requisição/resposta e o ciclo de vida de uma JSP são idênticos aos de um servlet.

Revisão

1. Suponha que a requisição de uma página Web requeira que o servidor gere seu conteúdo por meio de um banco de dados. Qual tecnologia discutida na seção anterior é mais apropriada para fazer isso?
2. Qual componente JSP habilita programadores a inserir código Java em JSP?

Respostas: 1) Devem ser usados servlets, porque JSP é utilizada somente quando uma pequena porção do conteúdo é gerada dinamicamente com código Java. 2) Scriptlets.

18.7.2 Jini

Muitos dispositivos de rede como impressoras e servidores Web fornecem serviços para clientes em rede. **Jini** — uma estrutura para construir sistemas distribuídos confiáveis e tolerantes a falhas com tecnologias Java existentes — estende a idéia de fornecer serviços das redes de computadores industriais para redes domésticas. Por exemplo, quando você chega em casa, seu carro poderia usar uma rede sem fio para avisar ao sistema de iluminação da sua casa para acender as lâmpadas da calçada. Cada serviço mencionado aqui tem uma interface bem definida. O serviço de impressão em rede fornece uma interface que habilita aplicações a imprimir documentos. Um servidor Web fornece uma interface HTTP que habilita navegadores Web a descarregar documentos. O sistema de iluminação da sua casa fornece uma interface que habilita outros dispositivos da rede a ligar e desligar as lâmpadas.

Para usar um serviço Jini, um cliente Jini precisa ser capaz de descobrir que existe um serviço e deve conhecer a interface que interage com o serviço. Por exemplo, seu carro deve ser capaz de descobrir que sua casa fornece um sistema de iluminação e deve conhecer a interface do sistema para interagir com ele. Entretanto, o carro não precisa conhecer a implementação do sistema de iluminação subjacente.

O **serviço de consulta** Jini está no coração da arquitetura Jini (Figura 18.15). Um serviço de consulta mantém informação disponível sobre serviços Jini disponíveis e habilita clientes a descobri-los e usá-los. O processo de descobrir os serviços de consulta e obter referências a eles é denominado **descoberta**. Um provedor de serviços descobre e registra a interface do serviço com um ou mais serviços de consulta para ficar disponível aos clientes. Esses descobrem os serviços de consulta e requisitam um serviço de que necessitam. Então, os serviços de consulta enviam uma cópia da interface do serviço ao cliente. Ao obter essa interface, o cliente se comunica com o provedor de serviço via RMI, como discutido na Seção 17.3.3, "Invocação a método remoto (RMI)", por meio da interface do serviço.[82]

Lembre-se de que os serviços Jini se registram nos serviços de consulta para disponibilizar a funcionalidade do serviço Jini para outros membros da rede. Se tudo correr bem, outros membros usam o serviço, e ele continua executando perpetuamente. Entretanto, na realidade, os serviços falham por muitas razões — quedas da rede podem tornar o serviço inalcançável, um dispositivo associado com um serviço (por exemplo, uma impressora) poderia precisar de conserto ou o serviço em si poderia ficar indisponível e não conseguir cancelar seu registro nos serviços de consulta para evitar que outros clientes tentassem usá-lo.

Uma meta do serviço Jini é tornar as comunidades Jini 'autocuráveis' e capazes de se recuperar desses problemas comuns. Portanto, quando um serviço Jini se registra em um serviço de consulta, o registro não é permanente, mas arrendado por um período de tempo específico após o qual o serviço de consulta revoga o registro (um provedor de serviço também pode, a qualquer instante, renovar o arrendamento antes que ele expire).[83] Isso evita que serviços problemáticos corrompam toda a rede Jini. Se um serviço Jini falhar, o seu arrendamento eventualmente expirará, e os serviços de consulta não mais fornecerão aos clientes o serviço Jini que falhou. A estratégia de arrendamento empregada pelo Jini é estrita — se um

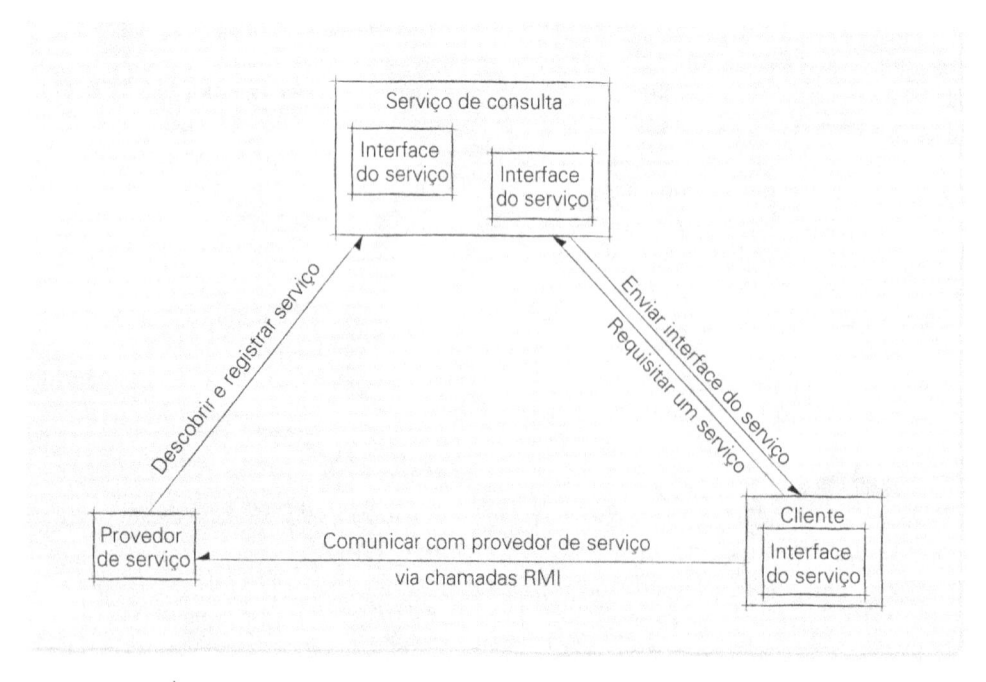

Figura 18.15 | *Arquitetura Jini.*

provedor de serviço Jini não renovar o arrendamento, o serviço de consulta encerrará o registro quando o arrendamento expirar, e o serviço ficará indisponível para os clientes.

Revisão

1. Qual informação um cliente Jini deve conhecer para usar um serviço Jini?
2. Qual a função do serviço de consulta Jini?

Respostas: 1) O cliente Jini deve conhecer a interface do serviço para usar um serviço Jini. 2) Ele age como um registro para serviços Jini, de modo que um cliente Jini possa achar e usar os serviços Jini que estão disponíveis.

18.7.3 JavaSpaces

JavaSpaces é um serviço Jini que implementa uma arquitetura simples, de alto nível, para construir sistemas distribuídos. Objetos que fazem parte de sistemas distribuídos devem poder comunicar-se uns com os outros e compartilhar informações. O serviço JavaSpaces fornece armazenamento distribuído, compartilhado (e memória compartilhada) para objetos Java e habilita objetos Java a se comunicar, compartilhar objetos e coordenar tarefas usando o armazenamento. Qualquer cliente compatível com Java pode colocar objetos compartilhados no armazenamento.

Um serviço JavaSpaces fornece três operações fundamentais — escrever (write), retirar (take) e ler (read) — que permitem a comunicação entre objetos armazenados em JavaSpaces. A **operação de escrita** adiciona um objeto ao serviço JavaSpaces. Quando clientes querem eliminar um objeto, executam uma **operação de retirada.** A operação de retirada elimina do serviço JavaSpaces um objeto que satisfaz os critérios de busca do cliente. A **operação de leitura** é semelhante à operação de retirada, mas não remove o objeto correspondente do serviço JavaSpaces, de modo que outros clientes ainda podem encontrá-lo. Clientes podem realizar operações de leitura concorrentemente, mas apenas um cliente pode executar a operação de retirada e eliminar o objeto do JavaSpaces.[84]

JavaSpaces facilita o projeto e desenvolvimento de sistemas distribuídos que compartilham objetos Java entre os provedores de serviço e os clientes. Um serviço JavaSpaces tem seis propriedades principais:[85]

1. Um serviço JavaSpaces é um serviço Jini.
2. Vários processos podem acessar um serviço JavaSpaces concorrentemente, o que ajuda a sincronizar ações entre aplicações distribuídas.
3. Um objeto armazenado em um serviço JavaSpaces permanecerá no serviço até seu arrendamento expirar ou até que o programa elimine o objeto do serviço JavaSpaces.
4. Um serviço JavaSpaces localiza objetos comparando-os com um gabarito. O gabarito especifica os critérios de busca com os quais o serviço JavaSpaces compara cada objeto nesse serviço. Quando uma ou mais entradas correspondem ao gabarito, o serviço JavaSpaces retorna um único objeto correspondente.
5. Serviços JavaSpaces asseguram que operações executem atomicamente.
6. Objetos em um serviço JavaSpaces são compartilhados. Ambos, provedores de serviço e clientes, podem ler e eliminar objetos do serviço JavaSpaces.

Agora demonstraremos como construir um serviço distribuído de processamento de imagens com o serviço JavaSpaces (Figura 18.16). O processamento de imagens pode ser uma tarefa bastante demorada, especialmente no caso de imagens grandes. Todavia, podemos melhorar o desempenho usando serviços JavaSpaces para construir um sistema distribuído de processamento de imagens para aplicar filtros às imagens (por exemplo, efeito fora de foco, acentuação etc.). O cliente primeiramente divide uma imagem grande em pedaços menores e os escreve em um serviço JavaSpaces. Vários processadores de imagens (distribuídos entre o sistema) executam em paralelo para retirar as imagens menores do armazenamento e processá-las aplicando filtros apropriados, então escrevem as imagens processadas novamente no serviço JavaSpaces. O cliente retira as subimagens processadas do serviço JavaSpaces e monta a imagem completa, processada.

Revisão

1. (V/F) Após um provedor de serviço adicionar um objeto a um serviço JavaSpaces, o objeto estará sempre lá se ninguém o eliminar. 2. Como um JavaSpaces poderia ser usado para implementar um sistema de bate-papo?

Respostas: 1) Falso. Mesmo que o cliente não execute uma operação de eliminação, o objeto não ficará permanentemente no serviço JavaSpaces. Cada objeto armazenado em um serviço JavaSpaces tem um arrendamento; quando seu arrendamento expirar, o objeto será eliminado. 2) JavaSpaces podem ser usados para construir um sistema de bate-papo no qual o emissor da mensagem escreve mensagens para o JavaSpaces e o receptor da mensagem lê ou retira a mensagem do JavaSpaces. O emissor pode enviar mensagens a um receptor particular ou a um grupo de receptores.

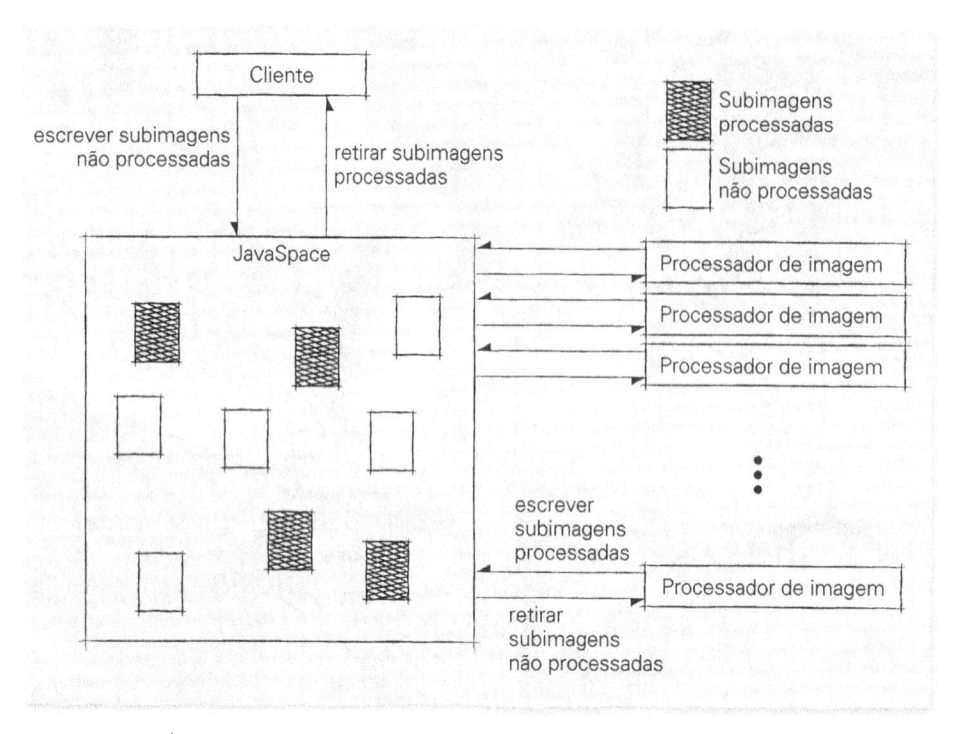

Figura 18.16 | Aplicação distribuída de processamento de imagem usando JavaSpaces.

18.7.4 Java Management Extensions (JMX)

Uma função crucial em qualquer sistema distribuído é o gerenciamento de rede. Cada vez mais as empresas precisam de redes que forneçam serviços elaborados especificamente segundo as demandas do cliente, consistentemente disponíveis e facilmente atualizáveis. À medida que mais organizações montam redes e expandem as existentes para aumentar a produtividade, o gerenciamento de redes torna-se mais difícil. A funcionalidade adequada de impressoras, roteadores de rede e outros dispositivos — muitos dos quais desempenham um papel integral na produtividade de uma empresa — é importante. À medida que mais dispositivos entram em rede e as redes ficam maiores, mais problemas podem ocorrer. A demanda pelo gerenciamento de aplicações distribuídas cresce quando as aplicações empresariais passam para ambientes distribuídos.[86]

Ferramentas existentes para o gerenciamento de dispositivos em rede muitas vezes usam protocolos e ferramentas de gerenciamento padronizados, bem como proprietários. A diversidade desses protocolos e ferramentas proprietários dificulta o gerenciamento de uma rede variada. Muitos esquemas de gerenciamento de rede são inflexíveis e não automatizados, o que usualmente significa que quantidades significativas de tempo e recursos são gastas na tentativa de montar e operar redes de grande porte. São necessárias novas tecnologias que ajudarão a deslocar a carga das tarefas de rotina para o próprio software de gerenciamento de rede e deixar questões especiais para o gerenciador da rede.

Avanços tecnológicos recentes proporcionaram aos desenvolvedores de gerenciamento de rede as ferramentas necessárias para desenvolver agentes inteligentes que podem assumir várias responsabilidades. Essas ferramentas permitem que os agentes se incorporem a estruturas nas quais numerosos agentes interagem uns com os outros e fornecem uma solução dinâmica e extensível de gerenciamento de rede.

Java Management Extensions (extensões de gerenciamento Java — **JMX**), desenvolvidas pela Sun e outras empresas da indústria do gerenciamento de redes, definem uma estrutura de componentes que habilita os desenvolvedores a construir soluções de gerenciamento de rede automatizadas, inteligentes e dinâmicas. JMX define uma arquitetura de gerenciamento de três níveis — o nível de instrumentação, o nível de agente e o nível de gerenciador (Figura 18.17). O **nível de instrumentação** torna gerenciável qualquer objeto baseado em Java para que a aplicação de gerenciamento possa acessar e operar esses objetos. O **nível de agente** fornece serviços para repor os recursos gerenciados. O **nível de gerenciador** dá à aplicação de gerenciamento acesso aos recursos criados no nível de instrumentação e opera esses recursos via agentes JMX.[87]

Revisão

1. Quais os problemas dos muitos esquemas de gerenciamento de rede existentes?
2. Quais os três níveis da arquitetura JMX? Descreva brevemente a função de cada um.

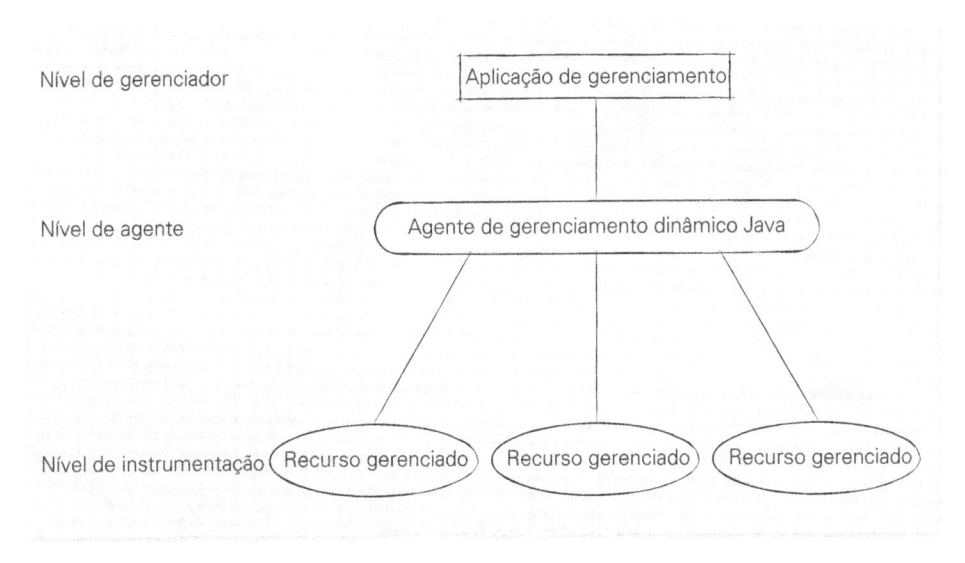

Figura 18.17 | *Arquitetura de gerenciamento Java de três níveis.*

Respostas: 1) Muitos esquemas de gerenciamento de rede são inflexíveis e não automatizados porque vários dispositivos de rede podem ser gerenciados usando protocolos e ferramentas diversas, e montá-los e operá-los em uma rede de grande porte requer grandes quantidades de tempo. **2)** Os três níveis são: instrumentação, agente e gerenciador. O nível de instrumentação torna gerenciável qualquer objeto baseado em Java. O nível de agente fornece serviços para expor os recursos gerenciados. O nível de gerenciador dá às aplicações de gerenciamento acesso a recursos e opera esses recursos via agentes JMX.

18.8 Serviços Web

Nas últimas décadas, a computação evoluiu a uma velocidade sem precedente. Esse progresso causa significativos impactos nas organizações, forçando gerentes e desenvolvedores de tecnologia de informação (TI) a aceitar novos paradigmas de computação. Inovações na programação e no hardware levaram a tecnologias mais poderosas e úteis, entre elas programação orientada a objeto, computação distribuída, protocolos da Internet e XML (*Extensible Markup Language*). Ao mesmo tempo, organizações aprenderam a alavancar a capacidade de suas redes e da Internet para obter vantagens competitivas.

A tecnologia de **serviços Web**, que representa o próximo estágio da computação distribuída, afetará profundamente as organizações no futuro. Serviços Web abrangem um conjunto de padrões relacionados que podem habilitar quaisquer duas aplicações de computador a se comunicar e trocar dados via Internet. Muitos fatores — incluindo o amplo suporte fornecido pelos fabricantes de software para padrões subjacentes — indicam que os serviços Web mudarão radicalmente as arquiteturas de TI e os relacionamentos entre parceiros. Empresas já estão implementando serviços Web para facilitar uma ampla variedade de processos de negócios, como integração de aplicações e transações empresa-empresa.[88]

Para um sistema distribuído funcionar corretamente, componentes de aplicações que executam em computadores diferentes por toda a rede devem poder se comunicar. Na Seção 17.3, "Comunicação em sistemas distribuídos", discutimos tecnologias como DCOM e CORBA que habilitam comunicação entre componentes distribuídos. Infelizmente, DCOM e CORBA não podem se comunicar facilmente. Seus componentes muitas vezes se comunicam via uma ponte COM/CORBA. Se os protocolos subjacentes do DCOM e do CORBA mudarem, os programadores têm de mudar a ponte para refletir essas mudanças. Esses problemas têm impedido que a capacidade da computação distribuída facilite a integração e a automação de processos de negócios.

Serviços Web melhoram capacidades de computação distribuída abordando a questão da interoperabilidade limitada.[89] Serviços Web funcionam usando padrões abertos (não proprietários), o que significa que, teoricamente, podem habilitar a comunicação entre quaisquer dois componentes de software — independentemente das tecnologias usadas para criar os componentes ou as plataformas nas quais eles residem. E, também, aplicações baseadas em serviços Web freqüentemente são mais fáceis de depurar porque serviços Web usam um protocolo de comunicação baseado em texto, e não os protocolos de comunicação binários empregados por DCOM e CORBA (se bem que esses sejam mais rápidos). Organizações estão implementando serviços Web para melhorar a comunicação entre componentes DCOM e CORBA e para criar sistemas de computação distribuída baseados em padrões. Assim, esses serviços ajudarão as organizações a atingir as metas da computação distribuída e o farão com maior economia.[90]

A experiência do setor com problemas de interoperabilidade levaram ao desenvolvimento de padrões abertos para tecnologias de serviços Web, em um esforço para habilitar a comunicação interplataformas. O padrão primordial usado nos serviços Web é a **Extensible Markup Language (XML)**, uma linguagem para marcação de dados de modo que a informação possa ser trocada entre aplicações e plataformas. A Microsoft e a DevelopMentor desenvolveram o **Simple Object Access Protocol (SOAP)** como protocolo de mensagens para transportar informações e instruções entre serviços Web usando XML como fundação para o protocolo. Duas outras especificações de serviços Web — **Web Services Description Language (WSDL)** e **Universal Description, Discovery and Integration (UDDI)** — também são baseadas em XML. WSDL fornece um método padronizado para descrever serviços Web e suas capacidades específicas; UDDI define regras baseadas em XML para construir diretórios nos quais as empresas anunciam a si próprias e seus serviços Web.[91]

Padrões abertos capacitam empresas (que executam plataformas diferentes) a se comunicar e transferir dados sem ter de projetar custosos softwares específicos para uma plataforma. Serviços Web melhoram o desenvolvimento de software colaborativo, permitindo que desenvolvedores criem aplicações combinando códigos escritos em qualquer linguagem em qualquer plataforma. E serviços Web também promovem programação modular. Cada função específica de uma aplicação pode ser apresentada como um serviço Web separado. Indivíduos ou empresas podem criar suas próprias aplicações exclusivas mesclando e compatibilizando serviços Web que fornecem a funcionalidade de que eles precisam. A modularização é menos propensa a erros e promove a reutilização de software.

Um serviço Web pode ser tão trivial quanto multiplicar dois números, ou tão complexo quanto a função executada por todo um sistema de software de gerenciamento do relacionamento com clientes (CRM). Por exemplo, rastrear a localização e o andamento de uma encomenda da FedEx é um serviço Web (fedex.com/us/tracking).

Alguns sites Web de e-commerce permitem que desenvolvedores independentes aproveitem a capacidade das tecnologias de seus sites expondo certas funções como serviços Web. Por exemplo, o varejista on-line Amazon.com possibilita que desenvolvedores montem lojas on-line que pesquisam seus bancos de dados de produtos e exibem informações detalhadas desses produtos via Web Services Amazon.com (www.amazon.com/gp/aws/landing.html). A máquina de busca Google também pode ser integrada com outra funcionalidade através das APIs Web (www.google.com/apis) que se conectam com os índices de sites Web do Google que usam serviços Web. Amazon.com e Google fornecem acesso às características de seus sites por meio do SOAP e de outros protocolos padronizados em troca de maior exposição.

Revisão

1. Como serviços Web são mais portáveis do que DCOM?
2. Uma aplicação cliente escrita em Java pode acessar um serviço Web escrito em C++? Por quê?

Respostas: **1)** Serviços Web fornecem interoperabilidade, independência de plataforma e independência de linguagem. **2)** Sim, uma aplicação cliente escrita em Java pode acessar um serviço Web escrito em C++ porque as tecnologias de serviços Web usam padrões abertos como XML, SOAP, WSDL e UDDI.

18.8.1 A Plataforma .NET da Microsoft

A Microsoft introduziu o termo serviços Web durante o lançamento, em junho de 2000, de sua iniciativa .NET. Hoje é uma das empresas dominantes no mercado de serviços Web. A iniciativa .NET inclui o ambiente de desenvolvimento integrado Visual Studio .NET que habilita programadores a desenvolver serviços Web em uma variedade de linguagens, incluindo C++, C# e Visual Basic .NET. Todavia, as tecnologias .NET estão disponíveis somente para Windows 2000 e XP.[92]

Serviços Web .NET, fundamentais da iniciativa .NET, estendem o conceito de reutilização de software à Internet, permitindo que desenvolvedores reutilizem componentes de software que residam em outras máquinas ou plataformas. Empregando serviços Web como blocos de construção reutilizáveis, programadores podem se concentrar em suas especialidades sem ter de implementar cada componente de uma aplicação. Por exemplo, uma empresa que está desenvolvendo uma aplicação de e-commerce pode assinar serviços Web que processam pagamentos e autenticam usuários, o que habilita o programador a se concentrar em outros aspectos mais exclusivos daquela aplicação de e-commerce.

Em .NET, um serviço Web é uma aplicação armazenada em uma máquina que pode ser acessada por uma outra máquina através de uma rede. Na sua forma mais simples, um serviço Web criado em .NET é uma classe, ou um agrupamento lógico, de métodos e dados que simplificam a organização de programa. São definidos métodos dentro de uma classe para realizar tarefas e devolver informações quando suas tarefas estão concluídas. As classes de serviço Web da .NET contêm certos métodos (denominados **métodos de serviços Web**) que são especificados como parte do serviço Web. Esses métodos podem ser invocados remotamente usando RPC.

Revisão

1. Tecnologias .NET podem ser usadas em Linux?
2. Como os serviços Web .NET estenderam o conceito da reutilização de software à Internet?

Respostas: 1) Não. Tecnologias .NET estão disponíveis somente para Windows 2000 e XP. 2) Serviços Web .NET permitem que desenvolvedores reutilizem componentes de software que residem em outras máquinas ou plataformas.

18.8.2 Sun Microsystems e a plataforma Sun ONE

A estratégia de serviços Web da Sun Microsystems é baseada no **Sun Open Net Environment (Sun ONE)** que consiste em três componentes — uma visualização, uma arquitetura e um modelo conceitual para desenvolver software baseados em padrões.[93]

A visualização Sun ONE incorpora um modelo para desenvolvimento de software no qual informações e aplicações comerciais críticas estão disponíveis a qualquer instante para qualquer tipo de dispositivo, incluindo telefones celulares e PDAs. A meta do Sun ONE é ajudar desenvolvedores a criar redes de aplicações distribuídas ou serviços Web altamente confiáveis e promover a reutilização de componentes e serviços.[94]

A arquitetura Sun ONE é projetada para ser escalável, para assegurar acesso confiável a serviços. A escalabilidade é crucial; à medida que novas tecnologias e novos componentes são adicionados a sistemas, há maior demanda pelos recursos do sistema, o que potencialmente degrada o serviço.[95]

A plataforma Sun ONE é composta de três produtos: o Solaris™ Operating Environment, o Infrastructure Software e o Sun ONE Studio. O Infrastructure Software inclui o Sun ONE Directory Server e o Sun ONE Portal Server que oferecem autenticação e personalização de usuário. Entre outras capacidades do Infrastructure Software estão gerenciamento de escalonamento, cobrança e comunicação. O Sun ONE permite que programadores desenvolvam serviços Web usando produtos de terceiros. Integrando produtos díspares, eles podem desenvolver infra-estruturas de serviços Web que melhor atendam aos requisitos de suas empresas. O Sun ONE incorpora suporte para padrões abertos incluindo XML, SOAP, UDDI e WSDL para ajudar a assegurar altos níveis de interoperabilidade e integração de sistema.[96]

O Sun ONE promove o conceito de que os Dados, Aplicações, Relatórios e Transações de uma empresa, que compõem o modelo conceitual DART, podem ser publicados como serviços on-line.[97] Por meio do modelo DART, as empresas podem organizar aplicações e processos de negócios que envolvem dados, aplicações, relatórios e transações, para que os programadores possam mapear elementos de negócios para serviços correspondentes.

Revisão

1. Como o Sun ONE é mais portável do que o .NET?
2. O que faz a infra-estrutura de software do Sun ONE?

Respostas: 1) O .NET está disponível apenas no Windows, enquanto o Sun ONE está disponível para muitas plataformas. 2) O software de infra-estrutura oferece autenticação e personalização de usuário e também é capaz de gerenciamento de escalonamento, cobrança e comunicação.

Resumo

Sistemas de arquivos de rede permitem que clientes acessem recursos armazenados em computadores remotos. Sistemas de arquivos distribuídos, o foco deste capítulo, são exemplos especiais de sistemas de arquivos de rede que permitem acesso transparente a arquivos remotos.

Um servidor de arquivo distribuído pode ser com estado ou sem estado. Em um sistema com estado, o servidor mantém informações de estado de requisições de clientes para que o acesso subseqüente ao arquivo seja facilitado.

Em um sistema sem estado, o cliente deve especificar qual arquivo acessar em cada requisição.

Sistemas de arquivos distribuídos proporcionam a ilusão de transparência. Transparência completa de localização de arquivo significa que o usuário não está consciente da localização de um arquivo dentro de um sistema de arquivo distribuído; o usuário vê apenas o sistema de arquivo global. Muitos sistemas distribuídos implementam caching de cliente para evitar a sobrecarga de várias RPCs. Clientes mantêm uma cópia local de um arquivo e a descarregam para o servidor de tempo em tempo. Porque há várias cópias do mesmo arquivo, eles podem tornar-se inconsistentes. Sistemas de arquivos distribuídos são projetados para compartilhar informações entre grandes grupos de computadores. Para cumprir esse objetivo, é preciso que a adição de novos computadores ao sistema seja facilitada. Sistemas de arquivos distribuídos devem ser escaláveis. Há duas preocupações primordiais com a segurança em sistemas distribuídos: garantir a segurança das comunicações e assegurar as permissões corretas de acesso aos arquivos.

NFS (*Network File System*) versão 2 e versão 3 admitem uma implementação de servidor sem estado, o que torna mais fácil implementar a tolerância a falhas do que no caso de um servidor com estado. Com servidores sem estado, se o servidor de arquivos falhar, o cliente pode simplesmente tentar de novo até o servidor responder. O NFS-4 é com estado. O servidor com estado permite acesso mais rápido aos arquivos. Entretanto, se o servidor falhar, todas as informações de estado do cliente serão perdidas, portanto, ele tem de reconstruir seu estado no servidor antes de tentar novamente.

Caching do lado do cliente é essencial para a operação eficiente de sistemas de arquivos distribuídos. O NFS-4 expande o esquema de caching de cliente mediante delegação, a qual permite que o servidor transfira temporariamente o controle de um arquivo a um cliente. Quando o servidor concede uma delegação de leitura de determinado arquivo ao cliente, nenhum outro cliente pode escrever para aquele arquivo. Quando o servidor concede uma delegação de escrita de um determinado arquivo ao cliente, então nenhum outro cliente pode ler nem escrever para aquele arquivo. Se um outro cliente requisitar um arquivo que foi delegado, o servidor revogará a delegação e requisitará que o cliente original descarregue o arquivo para disco.

AFS (*Andrew File System* — sistema de arquivo Andrew) é um sistema de arquivo global que aparece como um ramo de um sistema de arquivo tradicional UNIX em cada estação de trabalho. O AFS é completamente transparente quanto à localização e fornece um alto grau de disponibilidade, o que significa que os arquivos estão sempre disponíveis, independentemente da localização do usuário. AFS é baseado no modelo cliente/servidor e depende de RPCs para comunicação.

O sistema de arquivo Sprite tem a forma percebida de um sistema de arquivo UNIX, e cada cliente, a mesma exata visualização da hierarquia. O sistema avança um passo adiante na emulação do sistema de arquivo UNIX permitindo acesso remoto transparente a dispositivos de E/S (representados como arquivos no UNIX). No Sprite, ambos, cliente e servidor, mantêm um cache. Para abrir um arquivo, o cliente primeiramente verifica seu cache, então faz uma requisição ao seu armazenamento de apoio (que em geral é um servidor). Se o servidor não conseguir atender à requisição em seu próprio cache, ele lê os dados do disco. Ambos os caches retêm uma cópia dos dados quando ela é devolvida para o cliente. Quando um cliente escreve um bloco, ele o escreve para seu cache. O Sprite descarrega páginas atualizadas para o servidor a cada 30 segundos.

Clustering envolve a interconexão de nodos (computadores monoprocessadores ou computadores multiprocessadores) dentro de uma LAN de alta velocidade que funcionam como um único computador paralelo. O conjunto de nodos que forma a máquina paralela isolada é denominado cluster. Clustering permite que vários computadores trabalhem juntos para resolver problemas complexos, de grande porte, como a previsão do tempo.

Há três tipos principais de clusters: de alto desempenho, de alta disponibilidade e de balanceamento de carga. Em um cluster de alto desempenho, todos os nodos do cluster trabalham para melhorar o desempenho. Em um cluster de alta disponibilidade, somente alguns dos nodos do cluster estão trabalhando enquanto outros servem como reserva. Se os nodos de trabalho ou seus computadores falharem, os nodos de reserva começarão a executar imediatamente e assumirão os trabalhos que estavam em execução nos nodos que falharam sem interromper o serviço. Em um cluster de balanceamento de carga, um nodo particular funciona como um balanceador de carga para distribuir a carga para um conjunto de nodos, de modo que todo o hardware seja utilizado eficientemente.

Aplicações P2P (peer-to-peer) são diferentes de aplicações cliente/servidor. Em vez de segregar computadores por função, todos os computadores agem tanto como clientes quanto como servidores. Cada componente (par, peer) tem a capacidade de descobrir e se comunicar com outros componentes. Pares podem compartilhar recursos (como grandes arquivos multimídia) com outros. Aplicações P2P podem ser implementadas sob duas formas: centralizada e descentralizada. Uma aplicação P2P centralizada usa um servidor que se conecta com cada par. Aplicações P2P centralizadas são exemplos da relação cliente/servidor. Uma aplicação P2P pura, também denominada aplicação P2P descentralizada, não tem um servidor e, portanto, não sofre das mesmas deficiências das aplicações que dependem de servidores.

Buscas distribuídas tornam as redes mais robustas, eliminando pontos isolados de falha, como servidores. Desse modo, os pares podem não somente encontrar informações, mas também pesquisar outros pares via pesquisas distribuídas.

A computação em grade liga recursos computacionais (como computadores, armazenamento de dados e instrumentos científicos) que estão distribuídos pela rede de longa distância para resolver problemas complexos. Os recursos da computação em grade são distribuídos, e usuários podem acessá-los transparentemente sem saber onde estão localizados. A computação em grade enfatiza a colaboração pública — indivíduos e institutos de pesquisa coordenam recursos que não estão sujeitos a um controle centralizado para realizar serviços de qualidades. A computação em grade tem a mesma vantagem do clustering — alto desempenho conseguido por meio de sobras de capacidade computacional e recursos colaborativos de um modo eficiente em custo.

Contudo, a computação em grade requer software avançado para gerenciar tarefas de computação distribuída de maneira confiável e eficiente.

Um servlet Java amplia a funcionalidade de um servidor, mais freqüentemente um servidor Web. Usando sintaxe especial, JSP permite que programadores de páginas Web criem páginas que usam funcionalidade Java encapsulada e até mesmo escrevam scriptlets (código Java embutido em uma JSP) de código Java diretamente na página.

JSPs em geral são usadas quando a maior parte do conteúdo enviado ao cliente é texto estático e marcações e apenas uma pequena porção do conteúdo é gerada dinamicamente com código Java. Servlets são comumente usados quando uma pequena parte do conteúdo enviado ao cliente é texto estático ou marcação. Realmente, alguns servlets não produzem conteúdo. Em vez disso, executam uma tarefa em nome do cliente (por exemplo, uma consulta a bancos de dados) e, então, invocam outros servlets ou JSPs para fornecer uma resposta.

O Projeto JXTA tenta criar um protocolo-padrão de baixo nível, independente de plataforma e linguagem, que promova a interoperabilidade entre aplicações peer-to-peer. O JXTA fornece uma fundação sobre a qual desenvolvedores podem construir qualquer tipo de aplicação P2P.

Jini — uma estrutura para construir sistemas distribuídos confiáveis e tolerantes a falhas com tecnologias Java existentes — estende a idéia de fornecer serviços para além das redes baseadas em computadores e na direção das redes domésticas. O serviço JavaSpaces fornece armazenamento distribuído, compartilhado (e memória compartilhada) para objetos Java e habilita objetos Java a se comunicar, compartilhar objetos e coordenar tarefas usando o armazenamento. Qualquer cliente compatível com Java pode colocar objetos compartilhados no armazenamento.

Java Management Extensions (JMX) definem uma estrutura de componentes que habilita os desenvolvedores a construir soluções de gerenciamento de rede automatizadas, inteligentes e dinâmicas.

Serviços Web é uma área emergente de computação distribuída. Serviços Web abrangem um conjunto de padrões relacionados que podem habilitar quaisquer duas aplicações de computador a se comunicarem e trocar dados via Internet. Serviços Web podem habilitar a comunicação entre quaisquer dois componentes de software — independentemente das tecnologias usadas para criar os componentes ou as plataformas nas quais eles residem.

Serviços Web melhoram o desenvolvimento de software colaborativo, permitindo que desenvolvedores criem aplicações combinando códigos escritos em qualquer linguagem em qualquer plataforma. E serviços Web também promovem programação modular. Cada função específica de uma aplicação pode ser apresentada como um serviço Web separado. Com componentes de serviços Web separados, indivíduos ou empresas podem criar suas próprias aplicações exclusivas, mesclando e compatibilizando serviços Web que fornecem a funcionalidade de que eles precisam. Tal modularização é menos propensa a erros e promove a reutilização de software.

Exercícios

18.1 Explique os benefícios e desvantagens do caching de cliente em sistemas de arquivos distribuídos.

18.2 Quais as preocupações primárias da implementação de sistemas de arquivos distribuídos?

18.3 Um servidor de arquivos pode ser com estado ou sem estado. Quais as vantagens e desvantagens de cada implementação?

18.4 Como sistemas de arquivos distribuídos asseguram a consistência de cache?

18.5 O NFS-4 é mais seguro do que NFS-2 e NFS-3? Como?

18.6 No AFS-1, toda vez que o VFS tentava abrir um arquivo em cache tinha de fazer com que Venus contatasse o servidor para ter certeza de que o arquivo ainda era válido. Qual o problema dessa abordagem? Como o AFS-2 e o AFS-3 resolvem esse problema?

18.7 Explique como o Coda fornece tolerância a falhas.

18.8 Descreva os três estágios pelos quais os clientes do Coda passam ao ler e escrever um arquivo no servidor Coda.

18.9 Como o Sprite administra quedas do servidor?

18.10 Descreva as diferenças entre clusters de alto desempenho, clusters de alta disponibilidade e clusters de balanceamento de carga. Dê exemplos de cada um desses tipos de clusters em uso.

18.11 Cite os elementos essenciais para construir um cluster Beowulf.

18.12 Compare aplicações centralizadas e peer-to-peer puras. Quais as vantagens e desvantagens de cada abordagem?

18.13 Dada a rede de pares da Figura 18.18, aplique a máquina de busca distribuída usada na rede Gnutella para descobrir o recurso requisitado que está em P_7. Suponha que a busca comece em P_1.

18.14 Dada a rede de pares mostrada na Figura 18.18, aplique a máquina de busca distribuída usada na Freenet para descobrir o recurso requisitado que está em P_7. Suponha que a busca comece em P_1.

18.15 Descreva os três tipos básicos de entidades JXTA.

18.16 Explique por que o serviço de consulta Jini é o coração da arquitetura Jini.

18.17 Quando um provedor registra um serviço no serviço de consulta Jini, o registro é permanente? Qual o benefício desse projeto?

18.18 Quais os problemas do DCOM e do CORBA? Como serviços Web podem resolver esses problemas?

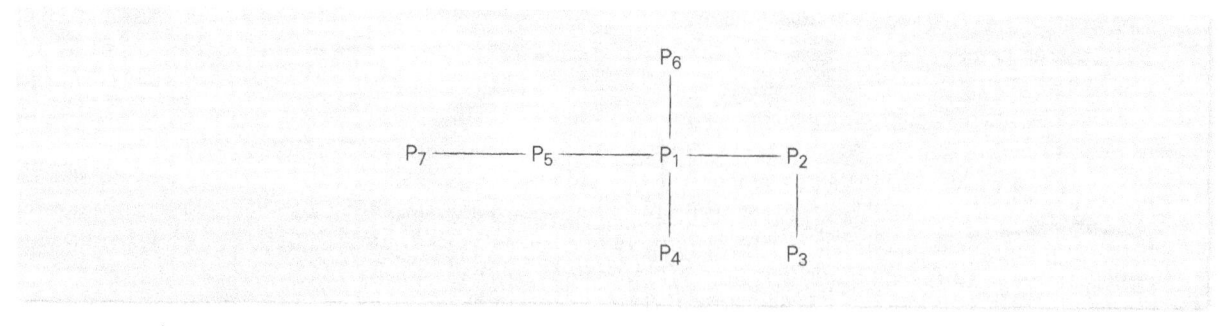

Figura 18.18 | Sistema P2P com sete pares.

Projetos sugeridos

18.19 Pesquise transparência em sistemas de arquivos distribuídos. Que pesquisa está sendo realizada nessa área?

18.20 Pesquise cache de cliente em sistemas de arquivos distribuídos. Que pesquisa está sendo feita nessa área?

18.21 Elabore um trabalho de pesquisa sobre serviços Web. Como eles são usados?

Notas

1. A. Tanenbaum e R. Renesse, "Distributed operating system", *ACM Computing Surveys*, v. 17, nº 4, dez. 1985, p. 419-470.
2. E. Levy e A. Silberschatz, "Distributed file systems: concepts and examples", *ACM Computing Surveys*, v. 22, nº 4, dez. 1990, p. 321-374.
3. J. H. Howard et al, "Scale and performance in a distributed file system", *ACM Transactions on Computer Systems*, v. 6, nº 1, fev. 1988, p. 51-81.
4. H. Andrade, "Distributed file systems", www.cs.umd.edu/~hcma/818g/.
5. A. Tanenbaum e R. Renesse, "Distributed operating systems", *ACM Computing Surveys*, v. 17, nº 4, dez. 1985, p. 429-430.
6. "Difference between fault tolerance and high-availability", aix.caspur.it/ibm/web/pssp-3.5/planv2/am0s0mst38.html.
7. K. W. Froese e R. B. Bunt, "The effect of client caching on file server workloads", *Proceedings of the Twenty-Ninth Hawaii International Conference on System Sciences*, Wailea, HI, jan. 1996, p. 15-159.
8. A. Tanenbaum e R. Renesse, "Distributed operating systems", *ACM Computing Surveys*, v. 17, nº 4, dez. 1985, p. 427-429.
9. R. Sandberg, "The Sun Network Filesystem: design, implementation and experience", *Proceedings of The USENIX Conference*, 1986, p. 300-314, www.cs.ucf.edu/~eurip/cop6614/sandbergnfs.pdf.
10. B. Nowicki, "NFS: Network File System protocol specification", mar. 1989, www.ietf.org/rfc/rfc1094.txt.
11. B. Callaghan, "NFS version 3 protocol specification", jun. 1995, www.ietf.org/rfc/rfc1813.txt.
12. "Network File Systems: version 2 protocol specification", docs.freebsd.org/44doc/psd/27.nfsrfc/paper.pdf.
13. B. Callaghan, "WebNFS client specification", out. 1996, www.ietf.org/rfc/rfc2054.txt.
14. S. Shepler, "RFC 2624 — NFS version 4 design considerations", jun. 1999, www.faqs.org/rfcs/rfc2624.html.
15. B. Pawlowski et al., "The NFS version 4 protocol", www.netapp.com/tech_library/3085.html.
16. S. Shepler et al., "NFS version 4 protocol", dez. 2000, www.ietf.org/rfc/rfc3010.txt.
17. M. Eisler, "NFS version 4 security", dez. 1998, www.ietf.org/proceedings/98dec/slides/nfsv4-eisler-98dec.pdf.
18. M. Satyanarayanan, "Scalable, secure and highly available distributed file access", *IEEE Computer*, maio 1990, p. 9.
19. J. H. Morris et al., "Andrew: a distributed personal computing environment", *Communications of the ACM*, v. 29, nº 3, mar. 1986, p. 186-187.
20. M. Satyanarayanan, "Scalable, secure and highly available distributed file access", *IEEE Computer*, maio 1990, p. 10.
21. M. Satyanarayanan, "Scalable, secure and highly available distributed file access", *IEEE Computer*, maio 1990, p. 11-12.
22. J. H. Morris et al., "Andrew: a distributed personal computing environment", *Communications of the ACM*, v. 29, nº 3, mar. 1986, p. 193.
23. M. Satyanarayanan, "Scalable, secure and highly available distributed file access", *IEEE Computer*, maio 1990, p. 12.
24. M. Satyanarayanan, "Scalable, secure and highly available distributed file access", *IEEE Computer*, maio 1990, p. 13-15.
25. Créditos Coda, www.mit.edu/afs/sipb/project/coda/src/coda/CREDITS.
26. M. Satyanarayanan, "Scalable, secure and highly available distributed file access", *IEEE Computer*, maio 1990, p. 15.
27. M. Satyanarayanan, "The evolution of Coda", *ACM Transactions on Computer Systems*, v. 20, nº 2, maio 2002, p. 89.
28. M. Satyanarayanan, "The evolution of Coda", *ACM Transactions on Computer Systems*, v. 20, nº 2, maio 2002, p. 89-90.

29. M. Satyanarayanan, "The evolution of Coda", *ACM Transactions on Computer Systems*, v. 20, nº 2, maio 2002, p. 90-91.
30. M. Satyanarayanan, "The evolution of Coda", *ACM Transactions on Computer Systems*, v. 20, nº 2, maio 2002, p. 94-95.
31. J. Ousterhout, "A brief retrospective on the Sprite network operating system", www.cs.berkeley.edu/projects/sprite/retrospective.html.
32. J. Ousterhout et al., "The Sprite network operating system", *IEEE Computer*, fev. 1988, p. 28.
33. J. Ousterhout et al., "The Sprite network operating system", *IEEE Computer*, fev. 1988, p. 28-30.
34. J. Ousterhout et al., "The Sprite network operating system", *IEEE Computer*, fev. 1988, p. 30-31.
35. M. Nelson, "Caching in the Sprite network file system", *ACM Transactions on Computer Surveys*, v. 6, nº 1, fev. 1988, p. 134-154.
36. M. Baker e J. Ousterhout, "Availability in the Sprite distributed file system", *Proceedings of the 4th workshop on ACM SIGOPS European workshop*, set. 1990, p. 1-4.
37. J. D. McGregor e A. M. Riehl, "The future of high performance super computers in science and engineering", *Communications of the ACM*, v. 32, nº 9, set. 1989, p. 1092.
38. "Earth simulator performance", www.es.jamstec.go.jp/esc/eng/ES/performance.html.
39. J. Lyman, "The supercomputing speed barrier", *Newsfactor Special Report*, 13 set. 2002, www.techextreme.com/perl/story/19391.html.
40. G. Johnson, "At Los Alamos, two visions of supercomputing", *The New York Times*, 25 jun. 2002, www.nytimes.com/2002/06/25/science/physical/25COMP.html?pagewanted=print&position=bottom.
41. D. McNett, "Press information", www.distributed.net/pressroom/presskit.html.
42. "Intel and scientific community announce cancer research program", 3 abr. 2001, www.intel.com/pressroom/archive/releases/20010403corp.htm.
43. "Parallel processing", library.thinkquest.org/C007645/english/1-parallel.htm?tqskip1=1&tqtime=1020.
44. "Alternatives and forms of DC", library.thinkquest.org/C007645/english/0-alternatives.htm?tqskip1=1&tqtime=0818.
45. "Linux clustering in depth", *Linux Magazine*, www.linuxmag.com/2000-10/clustering_01.html.
46. "Distributed computing: power grid", www.zdnet.com.au/printfriendly?AT=2000048620-20269390-2.
47. "Unraveling the mysteries of clustering", www.networkcomputing.com/shared/printArticle.jhtml?article=/1119/1119f2full.html.
48. "The UNIX operating system: a robust, standardized foundation for cluster architectures", www.unix.org/whitepapers/cluster.html.
49. "HP 9000 superdome overview and features", www.hp.com/products1/servers/scalableservers/superdome/.
50. "HP high performance XC clusters", www.hp.com/techservers/clusters/5982-0212EN_lo.pdf.
51. "Understanding clustering", otn.oracle.com/oramag/oracle/03-jul/o43devejb.html.
52. C. Jan Lindheim, "Building a Beowulf system", www.cacr.caltech.edu/research/beowulf/tutorial/beosoft/.
53. "What's a Beowulf?", www.phy.duke.edu/brahma/beowulf_book/node9.html.
54. "Windows Server 2003 clustering", www.microsoft.com/windowsserver2003/docs/BDMTDM.doc.
55. "Windows Server 2003 clustering", www.microsoft.com/windowsserver2003/docs/BDMTDM.doc.
56. E. Harold, *JAVA network programming*. Sebastopol, CA: O'Relly & Associates, 1997, p. 26-27.
57. "Peer-to-peer file sharing", banners.noticiasdot.com/termometro/boletines/docs/musica-video/varios/2002/musica_P2PWhitePaper.pdf.
58. "P2P search engines", ntrg.cs.tcd.ie/undergrad/4ba2.02-03/p8.html.
59. "GNUtella", ntrg.cs.tcd.ie/undergrad/4ba2.02-03/p5.html.
60. "Technical: how KaZaA works", www.christian-gerner.de/forum/topic-1-279-279.html.
61. D. Milojicic, V. Kalogeraki, R. Lukose, K. Nagaraja, J. Pruyne, B. Richard, S. Rollins e Z. Xu, "Peer-to-peer computing", mar. 2002, www.hpl.hp.com/techreports/2002/HPL-2002-57.pdf.
62. "The free network project", freenet.sourceforge.net/.
63. A. Oram, "Gnutella and Freenet represent true technological innovation", www.oreillynet.com/pub/a/network/2000/05/12/magazine/gnutella.html?page=1.
64. A. Oram, "Gnutella and Freenet represent true technological innovation", www.oreillynet.com/pub/a/network/2000/05/12/magazine/gnutella.html?page=1.
65. L. Gong, "Project JXTA: a technology overview", www.jxta.org/project/www/docs/jxtaview_01nov02.pdf.
66. "AOL Instant Messenger™", www.aim.com/index.adp.
67. L. Gong, "Project JXTA: a technology overview", www.jxta.org/project/www/docs/jxtaview_01nov02.pdf.
68. S. See, "Project JXTA technology overview", cosmos.kaist.ac.kr/~hckim/p2p/busan/jxta-overview.pdf.
69. "Grid computing", searchcio.techtarget.com/sDefinition/0,,sid19_gci773157,00.html.
70. I. Foster, "Internet computing and the emerging grid", www.nature.com/nature/webmatters/grid/grid.html.
71. "Grid computing", www.nr.no/dart/projects/emerging/grid.html.
72. H. Casanova, "Distributed computing research issues in grid computing", *ACM SIGACT News*, v. 33, nº 3, set. 2002, p. 54.
73. "Learn about SETI@home", setiathome.ssl.berkeley.edu/learnmore.html.
74. R. Hipschman, "How SETI@home works", setiathome.ssl.berkeley.edu/about_seti/about_seti_at_home_1.html.
75. "About the Globus alliance", www.globus.org/about/default.asp.
76. "Overview — the solution: grid computing", www.ud.com/solutions/.
77. H. M. Deitel e P. J. Deitel, *Java how to program*, 5ed. Upper Saddle River, NJ: Prentice Hall, 2003.
78. "Introduction to JavaServer Pages™", Sun Microsystems, 2002, developer.java.sun.com/developer/onlineTraining/webcasts/pdf/webcamp/dchen/dchen6.pdf.
79. "The Apache Jakarta project", jakarta.apache.org.
80. "The J2EE™ tutorial — Servlet life cycle", java.sun.com/j2ee/tutorial/1_3-fcs/doc/Servlets4.html.
81. S. McPherson, "JavaServer pages: a developer's perspective", abr. 2000, developer.java.sun.com/developer/technicalArticles/Programming/jsp/.
82. "Jini™ architecture specification", wwws.sun.com/software/jini/specs/jini1.2html/jini-spec.html.
83. "Jini™ technology core platform specification, LE-distributed leasing", www.jini.org/nonav/standards/davis/doc/specs/html/lease-spec.html.
84. "JavaSpaces service specification", wwws.sun.com/software/jini/specs/js2_0.pdf.
85. E. Freeman e S. Hupfer, "Make room for JavaSpaces, part 1", www.javaworld.com/javaworld/jw-11-1999/jw-11-jiniology_p.html.

86. H. Kreger, "Java management extensions for application management", www.research.ibm.com/journal/sj/401/kreger.html.
87. "Java management extensions white paper", java.sun.com/products/JavaManagement/wp/.
88. H. M. Deitel, P. J. Deitel, B. DuWaldt e L. K. Trees, *Web services: a technical introduction*. Upper Saddle River, NJ: Prentice Hall, 2003, p. 2.
89. J. Snell, "Web services interoperability", www.xml.com/pub/a/2002/01/30/soap.html.
90. H. M. Deitel, P. J. Deitel, B. DuWaldt e L. K. Trees, *Web services: a technical introduction*. Upper Saddle River, NJ: Prentice Hall, 2003, p. 4-5.
91. H. M. Deitel, P. J. Deitel, J. Gadzik, K. Lomeli, S. Santry e S. Zhang, *Java Web services for experienced programmers*. Upper Saddle River, NJ: Prentice Hall, 2003, p. 7.
92. B. Combs, "Windows NT/2000", www.interex.org/pubcontent/enterprise/nov01/nt1101.jsp.
93. "Sun Open Net Environment (Sun ONE)", wwws.sun.com/software/sunone/.
94. "Sun ONE overview: vision", wwws.sun.com/software/sunone/overview/vision/.
95. "Sun ONE overview: architecture", wwws.sun.com/software/sunone/overview/architecture/index.html.
96. R. Adhikari, "Sun extends Web services strategy", *Application Development Trends*, dez. 2001, p. 12.
97. "Sun ONE overview: DART model", wwws.sun.com/software/sunone/overview/dart/index.html.

Parte 7

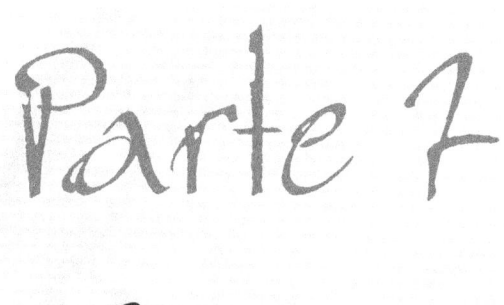

Segurança

*"É intelecto fraco, passarinho", eu gritei,
"ou é um verme duro nas suas entranhas tão pequenas?"*
W.S. Gilbert

Computadores são vulneráveis a ataques que podem comprometer dados, corromper arquivos e derrubar sistemas — segurança do sistema operacional está no âmago de sistemas de computação seguros. O próximo capítulo discute tópicos fundamentais de segurança, incluindo criptografia (chave secreta e chave pública), autenticação (biometria, cartões inteligentes, Kerberos, assinatura única), controle de acesso, ataques à segurança (criptoanálise, vírus, vermes, ataques de recusa de serviços), prevenção contra ataques (firewalls, sistemas de detecção de intrusos, softwares antivírus), protocolos de acordo de chaves, assinaturas digitais, Infra-estrutura de Chave Pública (Public Key Infrastructure — PKI), certificados, autoridades certificadoras, protocolos de comunicação segura (Secure Sockets Layer, Virtual Private Networks, segurança sem fio), esteganografia e segurança proprietária *versus* segurança de código-fonte aberto. Incluímos um estudo de caso abordando o OpenBSD, discutivelmente o sistema operacional mais seguro do mundo.

Temos quarenta milhões de razões para fracassar, mas nenhuma desculpa.
Rudyard Kipling

Capítulo 19

Segurança

Você não pode confiar em um código que você mesmo não tenha criado inteiramente. (Em especial código de empresas que empregam pessoas como eu.)
Ken Thompson
Palestra no 1983 Turing Award
Association for Computing Machinery, Inc.

Não existe essa coisa de privacidade em um computador. A questão é a seguinte: se você não quiser que alguma coisa seja lida, não a coloque no sistema.
Thomas Mandel
Time, 6 de abril de 1987

"É intelecto fraco, passarinho", eu gritei,
"ou é um verme duro nas suas entranhas tão pequenas?"
W.S. Gilbert

Objetivos

Este capítulo apresenta:

- *Criptografia de chave pública/chave privada.*
- *O papel da autenticação para fornecer sistemas seguros.*
- *Modelos, políticas e mecanismos de controle de acesso.*
- *Ameaças à segurança, tais como vírus, vermes, explorações e ataques de recusa de serviços.*
- *Protocolos de segurança e de autenticação como SSL e Kerberos.*
- *Assinaturas digitais, certificados digitais e autoridades certificadoras.*
- *Virtual Private Networks e IPSec.*

19.1 Introdução

À medida que a computação pessoal e o e-business se expandem, organizações armazenam informações altamente confidenciais em seus computadores e transmitem informações sensíveis pela Internet. Consumidores apresentam números de cartões de crédito a sites de e-commerce, e empresas expõem dados proprietários na Web. Ao mesmo tempo, organizações estão sofrendo um número cada vez maior de violações da segurança. Ambos, indivíduos e empresas, são vulneráveis a roubos de dados e a ataques que podem comprometer dados, corromper arquivos e provocar a queda de sistemas. A indústria da computação procura atender essas necessidades com suas organizações, trabalhando para melhorar a segurança da Internet e de redes. Por exemplo, a iniciativa 'computação confiável' proposta pelo presidente da Microsoft, Bill Gates, é um esforço para concentrar a prioridade das empresas no fornecimento de aplicações confiáveis, disponíveis e seguras (veja o quadro "Reflexões sobre sistemas operacionais, projeto de sistemas éticos").[1]

Segurança de computadores aborda a questão da prevenção do acesso não autorizado a recursos e informações mantidos em computadores. Sistemas de computador devem fornecer mecanismos para gerenciar ameaças à segurança originadas tanto externamente ao computador (via conexão de rede), quanto internamente (via usuários e softwares mal-intencionados). Segurança de computador comumente abrange garantir a privacidade e a integridade de dados sensíveis, restringir a utilização de recursos de computação e oferecer proteção contra tentativas de incapacitar o sistema. **Proteção** abrange mecanismos que protegem recursos como hardware e serviços de sistemas operacionais contra ataques. A segurança está se tornando rapidamente um dos tópicos mais ricos e desafiadores da computação; a segurança do sistema operacional está no âmago de um sistema de computação seguro.

Este capítulo também explorará os fundamentos da segurança da Internet, incluindo a implementação de transações eletrônicas seguras e redes seguras. Discutiremos como obter segurança de redes usando tecnologias correntes — incluindo criptografia, Infra-estrutura de Chave Pública (*Public Key Infrastructure* — PKI), assinaturas digitais, Camada Segura de Soquetes (*Secure Socket Layer* — SSL) e Redes Virtuais Privadas (*Virtual Private Networks* — VPNs). Examinaremos também soluções de autenticação e autorização, firewalls e sistemas de detecção de intrusos. No final do capítulo, discutiremos segurança em UNIX. Segurança em sistemas operacionais Linux e segurança em sistemas operacionais Windows XP serão abordadas nas seções 20.13 e 21.13, respectivamente.

Revisão

1. Por que segurança e proteção são importantes mesmo para computadores que não contêm dados sensíveis?
2. Qual a diferença entre segurança e proteção?

Respostas: **1)** Todos os computadores, independentemente dos dados que manipulam, são suscetíveis a violações de segurança que podem causar a queda do sistema, espalhar vírus ou cometer roubo de identidade. **2)** Segurança aborda a questão de impedir acesso não autorizado a recursos e informações mantidos em computadores. Proteção refere-se aos mecanismos que protegem recursos como hardware e serviços de sistema operacional contra ataques.

19.2 Criptografia

Uma meta importante da computação é disponibilizar quantidades maciças de dados com facilidade. Transmissão eletrônica de dados, especialmente por fiação pública, é inerentemente insegura. Uma solução para esse problema é tornar os dados ilegíveis, por meio de criptografia, para qualquer usuário não autorizado. Muitos mecanismos de segurança dependem da criptografia para proteger dados sensíveis, como senhas.

Criptografia trata da codificação e decodificação de dados de modo que eles somente possam ser interpretados pelos receptores pretendidos. Dados são transformados pela utilização de uma **cifra**, ou **sistema criptográfico** — um algoritmo matemático para criptografar mensagens. Uma **chave**, representada por uma cadeia de caracteres, é a entrada para a cifra. O algoritmo transforma os dados não criptografados, ou **texto comum**, em dados criptografados, ou **texto cifrado**, usando as chaves como entrada — chaves diferentes resultam em textos cifrados diferentes. O objetivo é fazer com que os dados fiquem incompreensíveis para quaisquer receptores não pretendidos (os que não possuem a chave de decriptação). Apenas os receptores pretendidos devem ter a chave para decriptar o texto cifrado, transformando-o em texto comum.

Empregadas primeiramente pelos egípcios da Antigüidade, cifras criptográficas têm sido usadas em toda a história para ocultar e proteger informações valiosas. Criptógrafos da Antigüidade cifravam mensagens à mão, usualmente por um método baseado nas letras alfabéticas da mensagem. Os dois principais tipos de cifras dos antigos eram de substituição e de transposição. Em **cifras de substituição**, cada ocorrência de determinada letra era substituída por uma letra diferente. Por exemplo, se cada 'a' fosse substituído por um 'b', cada 'b' por um 'c' e assim por diante, a palavra 'security' resultaria em 'tfdvsjuz'. A primeira cifra de substituição proeminente foi creditada a Júlio César e até hoje é denominada cifra de

Reflexões sobre sistemas operacionais

Projeto de Sistemas Éticos

Confiamos a nossa vida aos computadores de um modo tal que demanda comportamento ético da parte de projetistas de sistemas operacionais.[2] Pessoas que trabalham com computadores e dispositivos de comunicação freqüentemente têm acesso a informações confidenciais as quais normalmente não veriam. Sistemas de computador controlam marca-passos cardíacos, monitoram tráfego aéreo e processam registros financeiros, médicos e criminais confidenciais. Pessoas que projetam sistemas de computador devem se dar conta de que esses sistemas são usados em situações críticas, e quem os usa nessas situações confia neles. Devemos construir sistemas que poderiam falhar? O que é um nível 'aceitável' de falha? Quem é responsável quando sistemas de computador falham? Deveríamos construir sistemas tão complexos que não poderíamos ter certeza de que funcionariam adequadamente?[3] Projetistas de sistemas operacionais precisam se preocupar com essas e outras importantes questões éticas.

Com os números recordes de vírus e vermes que estão atacando nossos sistemas de computador, temos de pensar seriamente em quanto, exatamente, nossos sistemas são vulneráveis e nas nossas responsabilidades profissionais de construir sistemas confiáveis. Podemos continuar a construir sistemas que são atacados e comprometidos com tanta facilidade e empregá-los em situações em que a saúde e a vida das pessoas estão em jogo? É o software, e não o hardware de computador, que é mais vulnerável ao ataque. Projetistas de sistemas operacionais devem enfrentar conscienciosamente os mesmo tipos de dilemas éticos enfrentados por profissionais como médicos, advogados, cientistas e engenheiros.

César. Usando a cifra de César, cada letra é substituída pela terceira letra à sua direita no alfabeto. Por exemplo, a palavra 'security' criptografada seria 'vhfxulwb'.[4]

Em uma **cifra de transposição**, a ordem das letras é alterada. Por exemplo, se cada letra intercalada, começando com o 's', na palavra 'security' criar a primeira palavra do texto cifrado e as letras restantes criarem a segunda palavra, a palavra 'security' criptografada seria 'tdsu fvjz'.[5]

O maior ponto fraco de muitas das primeiras cifras era confiar que o emissor e o receptor se lembrassem do algoritmo criptográfico e o mantivessem em segredo. Esses algoritmos são denominados **algoritmos restritos**. Não é viável implementar algoritmos restritos para um grupo grande de pessoas. Imagine se a segurança das comunicações do governo dos Estados Unidos dependesse de que todos os funcionários mantivessem um segredo — o algoritmo criptográfico poderia ser facilmente comprometido.

Sistemas criptográficos modernos dependem de algoritmos que operam nos bits individuais ou blocos (um grupo de bits) de dados, e não em letras do alfabeto. Chaves criptográficas e de decriptação são cadeias binárias com uma chave de tamanho determinado. Por exemplo, em sistemas criptográficos de 128 bits, o tamanho da chave é 128 bits. Chaves maiores têm mais força criptográfica; é preciso mais tempo e mais capacidade de computação para 'quebrar' a cifra. Chaves maiores também exigem mais tempo de processamento para criptografar e decriptar dados, reduzindo o desempenho do sistema. O crescimento das redes de computadores tornou mais desafiadora a permuta segurança/desempenho.

Até janeiro de 2000, o governo dos Estados Unidos impunha restrições sobre a capacidade dos sistemas criptográficos que podiam ser exportados pelo país, limitando o tamanho da chave de algoritmos criptográficos exportados. Hoje, os regulamentos são menos restritivos. Qualquer produto de criptografia pode ser exportado, contanto que o usuário final não seja um governo estrangeiro ou o cidadão de um país sob embargo.[6]

Revisão

1. Considere uma cifra que reordene aleatoriamente as letras de cada palavra de uma mensagem. Por que essa cifra não é apropriada para criptografia?

2. Qual o principal ponto fraco dos algoritmos restritos?

Respostas: 1) O receptor seria incapaz de decifrar o texto cifrado porque não teria nenhum meio de saber como as letras foram reordenadas. 2) O emissor e o receptor têm de lembrar o algoritmo criptográfico e mantê-lo em segredo; assim, não é viável implementar algoritmos restritos para um grupo grande de pessoas.

19.2.1 Criptografia por chave secreta

Criptografia simétrica, também conhecida como **criptografia por chave secreta**, usa a mesma chave secreta para criptografar e decriptar uma mensagem (Figura 19.1). Nesse caso, o emissor criptografa a mensagem utilizando a chave secreta, envia a mensagem criptografada ao receptor pretendido, que decifra a mensagem usando a mesma chave secreta. Uma limitação da criptografia por chave secreta é que, antes que as duas partes possam se comunicar com segurança, elas precisam encontrar um meio seguro de passar a chave secreta uma para a outra.

Uma solução é a chave ser entregue por um *courier* ou outro serviço de correio. Embora essa abordagem talvez seja viável quando apenas duas partes se comunicam, não é fácil ampliá-la para grandes redes. Além do mais, a criptografia por chave secreta não pode ser considerada completamente segura porque a privacidade e a integridade da mensagem podem ser comprometidas se a chave for interceptada no caminho entre o emissor e o receptor. E, também, porque ambas as partes da transação usam a mesma chave para criptografar e decriptar uma mensagem, não é possível determinar qual das partes criou uma mensagem, o que habilita uma terceira parte, que finge ser uma das partes autorizadas, a criar uma mensagem após capturar a chave. Por fim, para manter privadas as comunicações, um emissor precisa de uma chave diferente para cada receptor. Conseqüentemente, para ter computação segura em grandes organizações, seria preciso manter grandes números de chaves secretas para cada usuário, o que exigiria significativo armazenamento de dados.

Uma abordagem alternativa ao problema do intercâmbio de chaves é criar uma autoridade central denominada **central de distribuição de chaves** (*Key Distribution Center* — **KDC**), que compartilha uma chave secreta diferente com cada usuário da rede. Uma central de distribuição de chaves gera uma **chave de sessão** a ser usada para uma transação (Figura 19.2), então entrega ao emissor e ao receptor a chave da sessão criptografada com a chave secreta, que cada um compartilha com a central de distribuição de chaves.

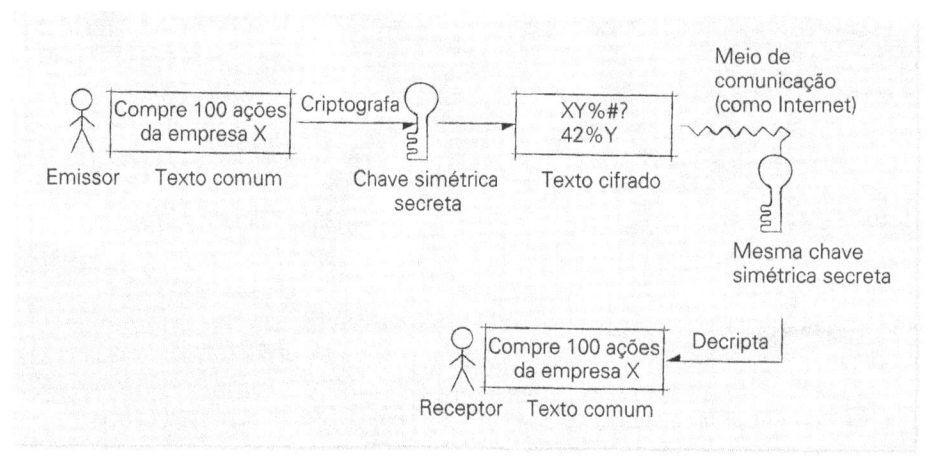

Figura 19.1 | *Criptografia e decriptação de uma mensagem usando uma chave secreta.*

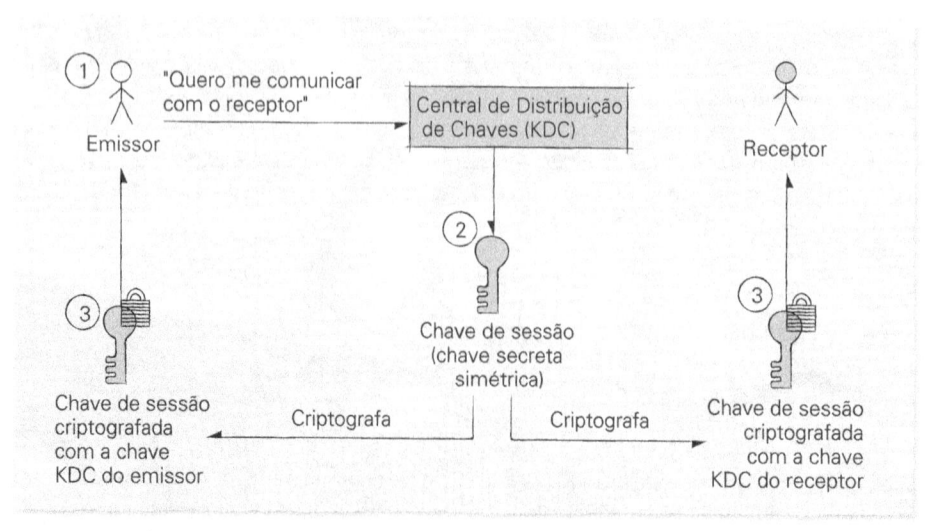

Figura 19.2 | *Distribuição de uma chave de sessão com uma central de distribuição de chaves.*

Por exemplo, suponha que um comerciante e um cliente desejem realizar uma transação segura. Cada um compartilha uma chave secreta exclusiva com a central de distribuição de chaves. A KDC gera uma chave de sessão para o comerciante e o cliente usarem na transação; ela envia ao comerciante a chave de sessão para a transação criptografada usando a chave secreta que o comerciante já compartilha com a central. A KDC envia a mesma chave de sessão ao cliente para a transação criptografada usando a chave secreta que o cliente já compartilha com a KDC. Assim que o comerciante e o cliente obtenham a chave de sessão para a transação, eles podem se comunicar um com o outro criptografando suas mensagens por meio da chave de sessão compartilhada.

Uma central de distribuição de chaves reduz o número de entregas de chaves secretas por *courier* a cada usuário de uma rede. Além disso, dá aos usuários uma nova chave secreta para cada comunicação com outros usuários da rede. Todavia, se a segurança da central de distribuição de chaves for comprometida, a segurança de toda a rede também estará comprometida.

Um algoritmo de criptografia simétrica comumente usado é o **padrão para criptografia de dados** (*Data Encryption Standard* — **DES**). Horst Feistel da IBM criou o **algoritmo de Lúcifer**, que foi escolhido como o DES pelo governo e pela Agência Nacional de Segurança (*National Security Agency* — NSA) dos Estados Unidos na década de 1970.[7] O tamanho da chave do DES é de 56 bits, e o algoritmo criptografa dados em blocos de 64 bits. Esse tipo de criptografia é conhecido como **cifra de bloco**, porque cria grupos de bits por meio de uma mensagem e, então, aplica um algoritmo criptográfico ao bloco como um todo. Essa técnica reduz a quantidade de capacidade de processamento do computador e o tempo exigido para criptografar os dados.

Durante muitos anos, o DES foi o padrão de criptografia determinado pelo governo norte-americano e pelo American National Standards Institute (ANSI). Contudo, graças aos avanços da tecnologia e da velocidade de computação, o DES já não é mais considerado seguro — no final da década de 1990 foram construídas máquinas especializadas em quebrar DES que recuperavam as chaves do padrão para criptografia de dados (DES) após um período de várias horas.[8] Conseqüentemente, o padrão para a criptografia simétrica foi substituído por **Triple DES** ou **3DES**, uma variante do DES que consiste, essencialmente, em três sistemas DES em série, cada um com uma chave secreta diferente que opera sobre um bloco. Embora o 3DES seja mais seguro, as três passagens pelo algoritmo DES aumentam a sobrecarga de criptografia, resultando em redução do desempenho.

Em outubro de 2000, o governo dos Estados Unidos selecionou um padrão mais seguro para criptografia simétrica para substituir o DES, denominado **padrão avançado de criptografia** (*Advanced Encryption Standard* — **AES**). O **National Institute of Standards and Technology (NIST)** — que estabelece os padrões criptográficos para o governo norte-americano — escolheu o **Rijndael** como o método de criptografia da AES. O Rijndael é uma cifra de bloco desenvolvida pela Dra. Joan Daemen e pelo Dr. Vincent Rijmen, da Bélgica. O Rijndael pode ser usado com chaves e blocos de 128, 192 ou 256 bits e foi escolhido como AES, concorrendo com outros quatro finalistas pelo seu alto nível de segurança, desempenho, eficiência e flexibilidade e baixo requisito de memória para sistemas computacionais.[9]

Revisão

1. Discuta as vantagens e desvantagens da criptografia por chave secreta.
2. O que limita o potencial da maioria dos algoritmos criptográficos?

Respostas: 1) Uma vantagem é que a cifragem e a decifração via criptografia por chave secreta são diretas porque ambas as partes compartilham a mesma chave, o que torna a criptografia por chave secreta muito eficiente. As desvantagens estão em não fornecer autenticação e requerer um meio seguro para transmitir a chave secreta para que uma terceira parte não a intercepte. 2) A limitação primordial da maioria dos algoritmos criptográficos é a quantidade de capacidade computacional requerida para implementá-los.

19.2.2 Criptografia por chave pública

Em 1976, Whitfield Diffie e Martin Hellman, pesquisadores da Stanford University, desenvolveram a **criptografia por chave pública** para resolver o problema do intercâmbio seguro de chaves simétricas. A criptografia por chave pública é assimétrica no sentido de que emprega duas chaves inversamente relacionadas: uma **chave pública** e uma **chave privada**. A chave privada é mantida em segredo pelo seu proprietário, e a chave pública é distribuída livremente. Se a mensagem for cifrada com uma chave pública, somente a chave privada correspondente poderá decifrá-la (Figura 19.3) e vice-versa. Cada parte da transação possui a chave pública e a chave privada. Para transmitir uma mensagem com segurança, o emissor usa a chave pública do receptor para criptografar a mensagem. Então o receptor decifra a mensagem utilizando sua chave privada exclusiva. Admitindo que a chave privada seja mantida em segredo, a mensagem não pode ser lida por ninguém, exceto pelo receptor pretendido. Assim, o sistema garante a privacidade da mensagem.

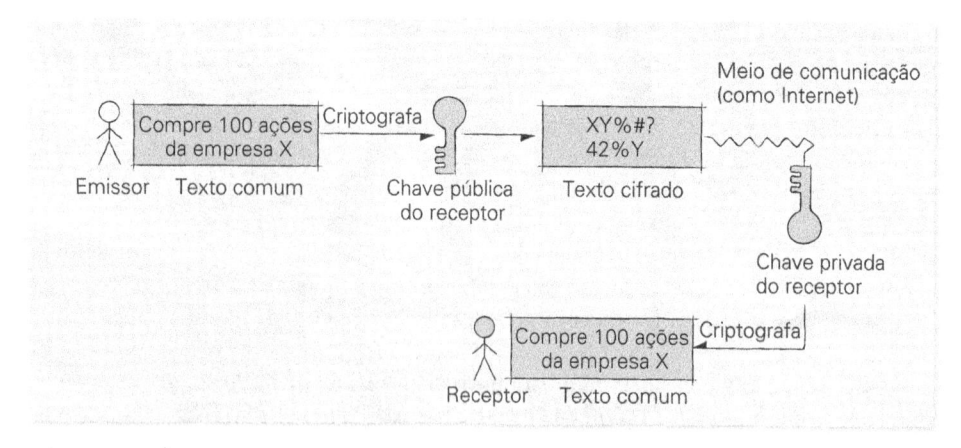

Figura 19.3 | *Criptografia e decriptação de uma mensagem usando criptografia de chave pública.*

Algoritmos de chave pública seguros dependem de uma chave privada que, em termos computacionais, é quase impossível decifrar por meio da chave pública em um período de tempo razoável. Esses algoritmos são denominados funções de 'uma via' ou 'armadilha', porque cifrar a mensagem usando a chave pública requer pouca capacidade de computação, mas decifrá-la sem conhecer a chave privada exige capacidade computacional e tempo consideráveis. Um único computador levaria anos para decifrar um método criptográfico moderadamente seguro. [*Nota*: O concurso RC5 da Distributed.net oferece um prêmio em dinheiro para quem decifrar uma mensagem criptografada por meio da função de uma via. O concurso atrai milhares de usuários que trabalham em paralelo para descobrir a chave. Recentemente, cerca de 300 mil participantes dedicaram capacidade computacional para descobrir uma mensagem cifrada usando uma chave de 64 bits. A chave foi descoberta em agosto de 2002, após 1.757 dias de computação equivalente a 46 mil processadores de 2 GHz trabalhando em paralelo.[10] O computador mais potente na época era o Earth Simulator, que continha 5.120 processadores de 500 MHz.]

A segurança do sistema depende do segredo das chaves privadas. Portanto, se um terceiro obtiver a chave privada usada na criptografia, a segurança de todo o sistema estará comprometida. Se o sistema ficar comprometido, o usuário pode simplesmente trocar a chave, em vez de trocar todo o algoritmo criptográfico ou de decriptação.

Tanto a chave pública quanto a privada podem ser usadas para criptografar ou decriptar uma mensagem. Por exemplo, se um cliente usar a chave pública de um comerciante para criptografar uma mensagem, só o comerciante poderá decifrá-la, com a sua própria chave privada. Assim, a identidade do comerciante pode ser autenticada, porque somente ele conhece a chave privada. Entretanto, o comerciante não pode validar a identidade do cliente porque a chave criptográfica que o cliente usou está disponível publicamente.

Se a chave de decriptação for a chave pública do emissor e a chave criptográfica for a chave privada do emissor, o emissor da mensagem poderá ser autenticado. Por exemplo, suponha que um cliente envie a um comerciante uma mensagem criptografada usando a chave privada do cliente. O comerciante decripta a mensagem por meio da chave pública do cliente. Porque o cliente criptografou a mensagem usando a sua própria chave privada, o comerciante poderá ter certeza da identidade do cliente. Esse processo autentica o emissor, mas não garante confidencialidade, pois qualquer terceiro poderia decifrar a mensagem com a chave pública do emissor. O problema de provar a propriedade de uma chave pública é discutido na Seção 19.9 "Infra-estrutura de chave pública, certificados e autoridades certificadoras".

Esses dois métodos de criptografia de chave pública podem ser combinados para autenticar ambos os participantes de uma comunicação (Figura 19.4). Suponha que um comerciante deseje enviar uma mensagem com segurança a um cliente, de modo que somente o cliente possa ler a mensagem, e também provar ao cliente que foi ele, o comerciante, quem enviou a mensagem. Primeiro, o comerciante criptografa a mensagem usando a chave pública do cliente. Essa etapa garante que somente o cliente pode ler a mensagem. Então o comerciante criptografa o resultado por meio de sua própria chave privada, o que comprova a sua identidade. O cliente decripta a mensagem em ordem inversa. Primeiro, ele utiliza a chave pública do comerciante. Porque somente o comerciante poderia ter criptografado a mensagem com a chave privada inversamente relacionada, essa etapa autentica o comerciante. O cliente então usa sua própria chave privada para decriptar o próximo nível da criptografia. Essa etapa assegura que o conteúdo da mensagem continuou privado durante a transmissão, pois somente o cliente tem a chave para decriptar a mensagem.

O algoritmo de chave pública mais comumente usado é o **RSA**, um sistema criptográfico desenvolvido em 1977 pelos professores Ron Rivest, Adi Shamir e Leonard Adleman (veja no site deste livro "Biografia, Rivest, Shamir e Adleman").[11] Seus produtos criptográficos estão inseridos em centenas de milhões de cópias das aplicações mais populares da Internet, incluindo navegadores Web, servidores comerciais e sistemas de e-mail. A maioria das transações seguras de e-commerce e das comunicações pela Internet usa produtos RSA.

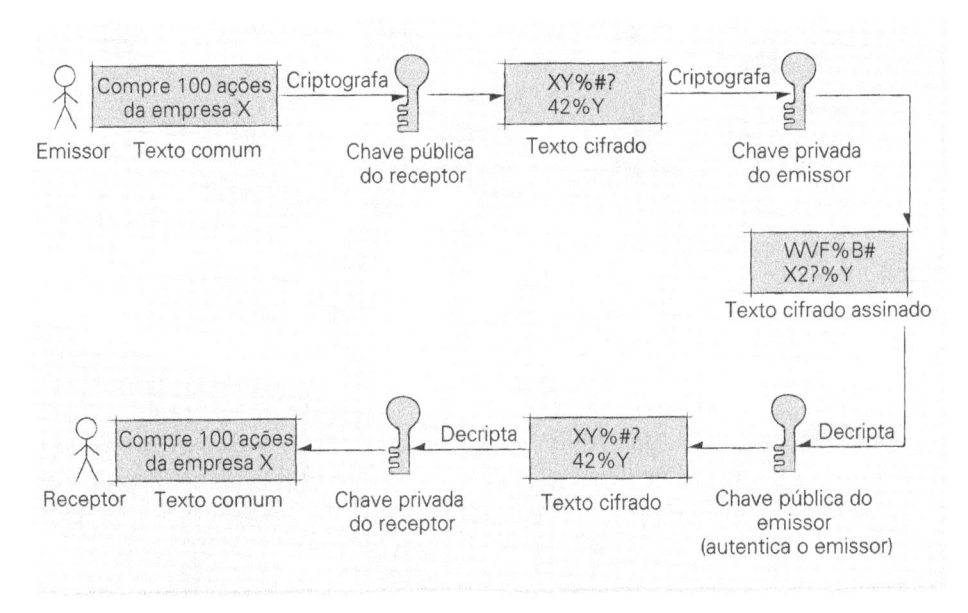

Figura 19.4 | *Autenticação com um algoritmo de chave pública.*

Privacidade razoável (*Pretty Good Privacy* — **PGP**), um sistema criptográfico que criptografa mensagens e arquivos de e-mail, foi projetado em 1991 por Phillip Zimmermann.[12] O PGP também pode fornecer assinaturas digitais (veja a Seção 19.8.2, "Assinaturas digitais"), que confirmam a identidade do autor do envio de um e-mail ou mensagem postal pública.

O PGP é baseado em uma 'rede de confiança'; cada cliente de uma rede pode atestar a identidade de um outro cliente para comprovar a propriedade de uma chave pública. A 'rede de confiança' é usada para autenticar cada cliente. Se os usuários conhecerem a identidade do portador de uma chave pública por meio de contato pessoal ou qualquer outro método seguro, eles podem validar a chave assinando-a com a sua própria chave. A rede de confiança cresce à medida que mais usuários validarem as chaves de outros. Para saber mais sobre o PGP e fazer download de uma cópia grátis do software, visite o site do MIT Distribution Center para o PGP no endereço web.mit.edu/network/pgp.html.

Revisão

1. Qual a diferença entre criptografia de chave secreta e criptografia de chave pública?
2. Para que tipos de comunicação o PGP é apropriado?

Respostas: **1)** Criptografia de chave secreta usa a mesma chave secreta para criptografar e decriptar uma mensagem. Criptografia de chave pública emprega duas chaves inversamente relacionadas: uma chave pública e uma chave privada. A chave privada é mantida em segredo por seu proprietário, enquanto a pública é distribuída livremente — se a mensagem for criptografada pela chave pública, somente a chave privada correspondente poderá decriptá-la. **2)** A segurança do PGP aumenta com o aumento do número de usuários da rede de confiança. Assim, o PGP é apropriado para comunicação entre um grupo de usuários (por exemplo, e-mails ou fóruns públicos).

19.3 Autenticação

Identificar usuários e as ações que eles têm permissão de realizar é vital para manter a segurança de um sistema de computador. Um usuário pode ser identificado por:

- uma característica exclusiva da pessoa (impressões digitais, impressões vocais, varredura de retina e assinaturas);
- propriedades de um item (crachás, carteiras de identidade, chaves e cartões inteligentes); e
- conhecimento do usuário (senhas, números de identificação pessoal (PINs) e combinações de travas).

Nas seções a seguir discutiremos métodos comuns de autenticação.

Revisão

1. Dos três métodos de identificação mencionados nesta seção, qual deles é o menos provável de ser comprometido por intrometidos?

2. Como a segurança poderia ser comprometida em um sistema que requer somente a propriedade de um item ou apenas o conhecimento do usuário para autenticação?

Respostas: **1)** Uma característica exclusiva da pessoa. **2)** Na autenticação por propriedade de um item, esse pode ser roubado. Os usuários tendem a escrever informações como senhas e PINs, portanto, a segurança poderia ser comprometida se um usuário não autorizado descobrisse esse registro.

19.3.1 Autenticação básica

O esquema de autenticação mais comum é uma simples **proteção por senha**.[13] O usuário escolhe e memoriza uma senha e a registra no sistema para obter admissão a um recurso ou sistema. A maioria dos sistemas suprime a exibição da senha na tela, substituindo seu texto por caracteres mascaradores (que apresentam caracteres fictícios — quase sempre asteriscos — no lugar dos da senha) ou ocultando a entrada da senha.

A proteção por senha introduz diversos pontos fracos em um sistema seguro.[14] Usuários tendem a escolher senhas fáceis de lembrar, como o nome de um cônjuge ou de um animal de estimação. Alguém que tenha obtido informações pessoais do usuário poderia tentar o acesso ao sistema (login) várias vezes, usando senhas correspondentes às características do usuário; várias tentativas repetidas podem resultar em uma violação da segurança. Alguns sistemas antigos limitavam o usuário a senhas curtas; esses eram facilmente comprometidos simplesmente pela tentativa de todas as senhas possíveis — uma técnica conhecida por **quebra por força bruta**.

A maioria dos sistemas de hoje exige senhas mais longas que incluem caracteres alfabéticos e numéricos para frustrar as tentativas de invasão. Alguns sistemas até mesmo proíbem a utilização de palavras do dicionário como valores de senhas. Contudo, senhas longas não melhoram necessariamente a segurança de um sistema; se elas forem difíceis de lembrar os usuários ficarão mais inclinados a anotá-las, facilitando a obtenção da senha por um intruso.

A invasão das defesas de um sistema operacional não precisa resultar necessariamente em um comprometimento significativo da segurança. Por exemplo, suponha que um intruso consiga obter acesso à lista mestra de senhas de um sistema. Se o arquivo de senhas estivesse armazenado em texto comum, essa invasão permitiria ao intruso o acesso a qualquer informação do sistema, assumindo a identidade de qualquer usuário. Para reduzir a efetividade de um arquivo de senhas roubado, muitos sistemas operacionais criptografam o arquivo de senhas ou armazenam apenas valores de hash para cada senha. Nesse caso, uma cópia do arquivo de senhas é de pouca utilidade, a menos que o intruso possa decriptá-las. Para frustrar ainda mais as tentativas de obter senhas, vários sistemas empregam o **salpicamento de senha;** uma técnica que insere caracteres em várias posições da senha antes da criptografá-la (Figura 19.5). Note, na Figura 19.5, como uma pequena quantidade de salpicamento pode alterar significativamente um texto cifrado, mesmo quando se estiver utilizando uma cifra fraca, como uma cifra de substituição (codificação base 64). O salpicamento pode evitar que intrusos obtenham uma chave criptográfica com base em padrões produzidos por senhas comuns após a criptografia.

Usuários são incentivados a trocar suas senhas freqüentemente; mesmo que um intruso obtenha uma senha, ela pode ser trocada antes que algum dano real seja causado. Alguns sistemas exigem que os usuários escolham novas senhas periodicamente. Infelizmente, alguns usuários reutilizarão duas ou três senhas ciclicamente, o que reduz a segurança geral. Como resposta, vários sistemas de autenticação proíbem a reutilização das senhas escolhidas mais recentemente por um usuário.

Uma defesa simples contra a quebra por força bruta e tentativas repetidas de entrar a senha é limitar o número de tentativas de acesso ao sistema que podem ser iniciadas em um certo período de tempo de um único terminal ou estação de trabalho (ou de uma única conta). É claro que as pessoas cometem erros ao tentarem obter acesso ao sistema, mas não é razoável que alguém que saiba a senha correta tenha de fazer dezenas, centenas ou milhares de tentativas. Portanto, um sistema pode permitir três ou quatro tentativas e, então, desconectar o terminal durante vários segundos ou minutos. Após um período de espera, o terminal pode ser reconectado.

Texto comum	Texto cifrado
password	cGFzc3dvcmQ=
ps**as**aw**lo**r**t**d	cHNhc2Fzd2xvcnRK
newpassword	bmV3cGFzc3dvcmQ=
n**se**wa**p**la**tss**e**wo**d**rd	bnN1d2FwbGFOc3N1d29kcmQ=

Figura 19.5 | Salpicando senhas (codificação base 64).

Revisão

1. (V/F) Senhas mais longas e mais complicadas garantem maior segurança.
2. Como o salpicamento melhora a segurança por senhas?

Respostas: 1) Falso. Senhas mais longas e mais complicadas usualmente farão com que o usuário escreva a senha, o que permite que os invasores as roubem. 2) Salpicamento pode impedir que intrusos determinem uma chave criptografada com base em padrões produzidos por senhas comuns após a criptografia.

19.3.2 Biometria e cartões inteligentes

Uma inovação na segurança que era limitada aos filmes, mas que está se tornando cada vez mais comum nos sistemas seguros atuais, é a **biometria**. A biometria utiliza informações pessoais exclusivas — como impressões digitais, varreduras da íris ou varreduras da face — para identificar um usuário. O número de senhas que um usuário médio tem de lembrar aumentou em razão da proliferação de dados sensíveis transmitidos por canais não seguros. [*Nota*: O pessoal da comunidade de segurança prefere o termo não seguro a inseguro.] O resultado é que as senhas se tornaram uma carga cada vez mais pesada para a computação segura. Essa tendência pode ser prejudicial à segurança, pois usuários registram senhas no papel ou empregam a mesma senha para diversas contas. Conseqüentemente, a biometria tornou-se uma alternativa atraente para as senhas, e o custo dos dispositivos biométricos caiu de modo significativo.

Dispositivos de varredura de impressões digitais, varredura da face e varredura da íris estão substituindo a utilização de senhas para entrar em sistemas, verificar e-mail ou ter acesso a informações seguras em uma rede. As impressões digitais, a varredura da face ou a varredura da íris de cada usuário são armazenadas em um banco de dados seguro. Cada vez que o usuário entra no sistema, a sua varredura é comparada com o banco de dados. Se houver correspondência, o acesso é bem-sucedido. Duas empresas especializadas em dispositivos biométricos são a IriScan (www.iriscan.com) e a Keytronic (www.keytronic.com). Se quiser conhecer mais recursos, consulte a seção "Recursos da Web" no site deste livro.

Embora as senhas sejam correntemente o meio predominante de autenticação em sistemas de computador e e-commerce, várias plataformas adotaram a biometria. Em 2000, a Microsoft anunciou a Biometric Application Programming Interface (BAPI) incluída nos seus sistemas operacionais Windows 2000 e Windows XP para simplificar a integração da biometria em sistemas pessoais e corporativos.[15]

A Keyware Inc. (www.keyware.com) implementou um sistema biométrico sem fio que armazena impressões de voz em um servidor central. Essa empresa também criou a **verificação biométrica por camadas** (*Layered Biometric Verification* — **LBV**), que usa várias medições físicas — da face, da voz e dos dedos, simultaneamente. O recurso LBV habilita um sistema biométrico sem fio a combinar biometria com outros métodos de autenticação, como números de identificação pessoal (PIN) e PKI (*Public Key Infrastructure*; veja a Seção 19.9 "Infra-estrutura de chave pública, certificados e autoridades certificadoras").[16]

A Identix, Inc. (www.identix.com) também fornece tecnologia de autenticação biométrica para transações sem fio. O dispositivo de varredura de impressões digitais da Identix é inserido em dispositivos de mão. O Identix oferece serviços de gerenciamento de transações e de proteção de conteúdo; os de gerenciamento de transações comprovam que elas ocorreram e os de proteção controlam o acesso a documentos eletrônicos, incluindo a limitação da capacidade do usuário de descarregar ou copiar documentos.[17]

Um **cartão inteligente** (*smart card*), projetado para parecer um cartão de crédito, normalmente é usado para autenticação e armazenar dados. Os cartões inteligentes mais populares são os de memória e os microprocessadores. Cartões de memória podem armazenar e transferir dados; cartões microprocessadores contêm componentes de computador gerenciados por um sistema operacional que fornecem segurança e armazenamento. Cartões inteligentes também são caracterizados por sua interface com dispositivos de leitura. Uma delas é a interface de contato, pela qual os cartões inteligentes são inseridos em um dispositivo de leitura que requer o contato físico entre o dispositivo e o cartão para transferir dados. Como alternativa, uma interface sem contato permite que dados sejam transferidos sem contato físico entre a leitora e o cartão, quase sempre realizado por um dispositivo sem fio embutido no cartão.[18]

Cartões inteligentes podem armazenar chaves privadas, certificados digitais e outras informações necessárias para implementar PKI. Também podem armazenar números de cartões de crédito, informações pessoais para contato e coisas semelhantes. Cada cartão inteligente pode ser usado em combinação com um PIN. Essa característica fornece dois níveis de segurança, pois requer que o usuário possua um cartão inteligente e conheça o PIN correspondente para ter acesso às informações armazenadas no cartão. Para reforçar ainda mais a segurança, alguns cartões microprocessadores apagarão ou corromperão dados armazenados caso haja tentativa de violação do cartão. A PKI de cartões inteligentes permite que usuários tenham acesso a informações de vários dispositivos usando o mesmo cartão inteligente.

Autenticação de dois fatores emprega dois meios para autenticar o usuário, como biometria ou um cartão inteligente combinado com uma senha. Embora esse sistema possa ser potencialmente comprometido, usar dois métodos de autenticação normalmente proporciona melhor segurança do que apenas senhas.

Revisão

1. Por que é difícil para um usuário não autorizado obter acesso em um sistema que usa biometria para segurança?
2. Explique uma desvantagem de armazenar informações do usuário não criptografadas em um cartão inteligente.

Respostas: 1) É difícil replicar as características físicas de um outro usuário. 2) Se o cartão for roubado, um outro indivíduo poderá ter acesso a informações potencialmente sensíveis daquele usuário.

19.3.3 Kerberos

Ataques internos a computadores (ataques que se originam de um usuário válido) são comuns e podem ser extremamente danosos. Por exemplo, funcionários descontentes com acesso à rede podem desabilitar a rede de uma organização ou roubar informações proprietárias valiosas. Estima-se que 70% a 90% dos ataques a redes corporativas são internos.[19] Um sistema de autenticação centralizado, seguro, pode facilitar uma reação rápida a esses ataques à segurança. **Kerberos**, um protocolo de código-fonte aberto, desenvolvido no MIT, pode fornecer proteção contra ataques internos à segurança; emprega criptografia de chave secreta para autenticar usuários de uma rede e manter a integridade e a privacidade das comunicações da rede.[20, 21]

No Kerberos, a autenticação é tratada por um servidor de autenticação e um **serviço** secundário **de concessão de bilhetes de entrada** (*Ticket Granting Service* — **TGS**). Esse sistema é semelhante às centrais de distribuição descritas na Seção 19.2.1, "Criptografia por chave secreta". O servidor de autenticação autentica a identidade de um cliente para o TGS; o TGS autentica os direitos de acesso do cliente a serviços específicos de rede.

Cada cliente da rede compartilha uma chave secreta com o sistema Kerberos. Essa chave secreta pode ser armazenada por vários TGSs do sistema Kerberos. O sistema Kerberos funciona da seguinte maneira:[22]

1. O cliente começa apresentando um nome de usuário e uma senha ao servidor de autenticação Kerberos.
2. O servidor de autenticação mantém um banco de dados de todos os clientes da rede. Se o nome e a senha forem válidos, o servidor de autenticação retornará um **bilhete de concessão de entrada** (*Ticket-Granting Ticket* — **TGT**) criptografado com a chave secreta do cliente. Porque a chave secreta é conhecida unicamente pelo servidor de autenticação e pelo cliente, apenas o cliente pode decriptar o TGT, autenticando, assim, a identidade do cliente.
3. O cliente envia o TGT decriptado ao serviço de concessão de bilhetes de entrada e requisita um **bilhete de serviço**. O bilhete de serviço autoriza o acesso do cliente a serviços específicos de rede. Bilhetes de serviço têm um prazo de expiração designado e podem ser renovados ou revogados pelo TGS. Se o TGT for válido, o TGS emitirá um bilhete de serviço criptografado com a chave de sessão do cliente.
4. O cliente então decripta o bilhete de serviço e o apresenta para obter acesso aos recursos da rede.

Revisão

1. Por que a conexão entre clientes e o servidor deve ser segura na autenticação Kerberos?
2. Por que é adequado que os bilhetes tenham prazo de expiração?

Respostas: 1) Se a conexão não for segura, intrusos poderão roubar os nomes e senhas dos usuários para obter acesso a recursos seguros. 2) O prazo de expiração de bilhetes é adequado porque força os usuários a reautenticar com freqüência. Por exemplo, se um usuário autorizado sair de um terminal enquanto ainda estiver ligado a ele, o bilhete pode expirar antes que um usuário não autorizado cause danos significativos.

19.3.4 Assinatura única

Sistemas de **assinatura única** simplificam o processo de autenticação, permitindo que o usuário acesse o sistema somente uma vez, usando uma única senha. Usuários autenticados via sistema de assinatura única, então, podem ter acesso a várias aplicações em vários computadores. Senhas de assinatura única devem ser guardadas com muita segurança porque, se intrusos se apossarem de uma senha, todas as aplicações protegidas por aquela senha podem ser acessadas e atacadas.

Scripts de acesso de estações de trabalho são as formas mais simples de assinatura única. Usuários entram no sistema por suas estações de trabalho e escolhem aplicações em um menu. O script de acesso envia a senha do usuário aos servidores de aplicação, autenticando o usuário para futuro acesso a essas aplicações. Muitos scripts de acesso de estações de trabalho não proporcionam um nível de segurança suficiente porque as senhas de usuários em geral são armazenadas no computador cliente em texto comum. Mesmo que o script use uma criptografia simples para a senha, aquele algoritmo deve estar presente no sistema, o que significa que qualquer intruso que conseguir acesso ao computador poderá comprometer a criptografia.

Scripts de servidor de autenticação autenticam usuários via servidor central. O servidor central controla conexões entre o usuário e as aplicações que o usuário deseja acessar. Scripts de servidor de autenticação são mais seguros do que scripts de acesso de estações de trabalho, pois as senhas são mantidas no servidor, que geralmente é mais seguro do que o computador cliente. Contudo, se a segurança do servidor for comprometida, a segurança do sistema inteiro também será.

Os sistemas mais avançados de assinatura única empregam **autenticação por ficha** (token). Quando um usuário é autenticado, é emitida uma única **ficha** que habilita o usuário a acessar aplicações específicas. A segurança do acesso ao sistema (login) que cria a ficha é garantida por criptografia ou senha única. Por exemplo, o Kerberos usa autenticação por ficha na qual o bilhete de serviço age como a ficha. Um problema fundamental da autenticação por ficha é que as aplicações devem ser modificadas para aceitar fichas em vez das tradicionais senhas de acesso ao sistema.[23]

Correntemente, os três líderes do desenvolvimento da tecnologia de assinatura única são o Liberty Alliance Project (www.projectliberty.org), a Microsoft e a Novell. O Liberty Alliance Project é um consórcio de organizações de tecnologia e segurança que trabalham para criar uma solução de assinatura única aberta. O .NET Passport da Microsoft e o SecureLogin da Novell também são soluções viáveis, embora sejam proprietárias. Para proteger a privacidade de informações regidas por assinatura única e outras aplicações, a **plataforma para preferências privadas** (*Platform for Privacy Preferences — P3P*) permite que os usuários controlem as informações pessoais que os sites coletam.[24, 25]

Revisão

1. Dos três serviços de assinatura única qual o mais seguro?
2. De que modo os scripts de acesso de estações de trabalho são mais seguros do que os scripts de servidor de autenticação?

Respostas: **1)** Autenticação por ficha é o mais seguro. Contudo, também é o esquema mais complicado. **2)** Scripts de acesso de estações de trabalho são mais seguros no sentido de que a segurança de todos os outros usuários do sistema não fica comprometida se o mesmo acontecer à segurança de um script de acesso de estações de trabalho.

19.4 Controle de acesso

Na qualidade de gerenciador de recursos, o sistema operacional deve se defender cuidadosamente contra utilizações não intencionais e maliciosas de recursos de computação. Conseqüentemente, hoje os sistemas operacionais são projetados para proteger serviços de sistema operacional e informações sensíveis contra usuários e/ou softwares que obtiveram acesso aos recursos do computador. Direitos de acesso protegem recursos e serviços do sistema contra usuários potencialmente perigosos, restringindo ou limitando as ações que podem ser executadas no recurso. Esses direitos normalmente são gerenciados por listas de controle de acesso ou listas de capacidades.

19.4.1 Direitos de acesso e domínios de proteção

A chave para a segurança do sistema operacional é controlar o acesso a dados e recursos internos. **Direitos de acesso** definem como vários sujeitos podem acessar vários objetos. Sujeitos podem ser usuários, processos, programas ou outras entidades. Objetos são recursos como hardware, software e dados; podem ser objetos físicos como discos, processadores ou memória principal. Também podem ser objetos abstratos como estruturas de dados, processos ou serviços. Sujeitos também podem ser objetos do sistema; um sujeito pode ter direitos de acesso a um outro. Sujeitos são entidades ativas; objetos são entidades passivas. À medida que um sistema executa, sua população de sujeitos e objetos tende a mudar. A maneira pela qual um sujeito pode ter acesso a um objeto é denominada **privilégio** e pode incluir leitura, escrita e impressão.

Objetos devem ser protegidos contra sujeitos. Caso fosse permitido que um processo tivesse acesso a todos os recursos de um sistema, um usuário poderia, inadvertida ou mal-intencionadamente, comprometer a segurança do sistema ou causar a queda de outros programas. Para impedir que tais eventos ocorram, cada sujeito deve obter autorização para acessar objetos dentro de um sistema.

Um **domínio de proteção** é uma coleção de direitos de acesso. Cada direito de acesso de um domínio de proteção é representado como um par ordenado com campos para o nome do objeto e seus privilégios correspondentes. Um domínio de proteção é exclusivo de um sujeito. Por exemplo, se um usuário puder ler e escrever para o arquivo example.txt, o par ordenado correspondente para o direito de acesso desse usuário poderá ser representado por <example.txt, {read, write}>.[26]

Os direitos de acesso mais comuns são ler, escrever e executar. Alguns sujeitos também podem conceder direitos de acesso a outros sujeitos. Na maioria dos sistemas de computação, o administrador possui todos os direitos de acesso e é responsável pelo gerenciamento dos direitos de outros usuários.

Direitos de acesso podem ser copiados, transferidos ou propagados de um domínio para outro. Copiar um direito de acesso implica simplesmente conceder um direito de um usuário a outro usuário. Quando um direito de acesso é transferido do sujeito A para o sujeito B, o direito de acesso do sujeito A é revogado quando a transferência for concluída. Propagar um direito de acesso é similar a copiar um direito de acesso; contudo, além de compartilhar o direito de acesso original, ambos os sujeitos também podem copiar o direito para outros sujeitos.

Quando um sujeito não precisa mais do acesso a um objeto, os direitos de acesso podem ser revogados. Nesse caso surgem várias questões — a revogação deve ser imediata ou tardia? A revogação deve se aplicar a todos os objetos ou a uns poucos selecionados? A revogação deve-se aplicar a sujeitos específicos ou a um domínio inteiro? A revogação deve ser permanente ou temporária? Cada implementação de gerenciamento de direitos de acesso aborda a revogação de maneira diferente; discutiremos várias implementações na Seção 19.4.3, "Mecanismos de controle de acesso".[27]

Revisão

1. (V/F) O termo *sujeito* sempre se refere a usuários de um sistema.
2. Explique a diferença entre copiar direitos de acesso e propagar direitos de acesso.

Respostas: 1) Falso. O termo *sujeito* pode se referir a usuários, processos, programas e outras entidades. 2) Se o sujeito A copiar um direito para o sujeito B, o sujeito B não poderá conceder aquele direito a outros sujeitos. Contudo, se o sujeito A propagar um direito para o sujeito B, o sujeito B poderá conceder aquele direito a outros sujeitos.

19.4.2 Modelos e políticas de controle de acesso

Controle de acesso pode ser dividido em três níveis conceituais: modelos, políticas e mecanismos. Um **modelo de segurança** define os sujeitos, objetos e privilégios de um sistema. Uma **política de segurança**, que normalmente é especificada pelo usuário e/ou administrador do sistema, define quais privilégios a objetos são designados a sujeitos. O **mecanismo de segurança** é o método pelo qual o sistema implementa a política de segurança. Em muitos sistemas, a política muda ao longo do tempo à medida que mudam o conjunto de recursos e os usuários do sistema, mas o modelo de segurança e os mecanismos que implementam o controle de acesso não requerem modificação, portanto, a política de segurança é separada do mecanismo e do modelo.

Um modelo de segurança popular organiza usuários em classes, como discutido na Seção 13.8.2, "Controle de acesso por classes de usuários". Uma desvantagem é que os direitos de acesso são armazenados em cada arquivo e especificam um único proprietário e grupo, portanto, no máximo um grupo pode acessar um arquivo particular. Além disso, o sistema poderia precisar modificar permissões de grupo para diversos arquivos ao designar novos direitos de acesso a um grupo de usuários — um processo demorado e sujeito a erros.

No **modelo de controle de acesso por função** (*Role-based Access Control* — **RBAC**) são designadas **funções** aos usuários, cada uma representando normalmente um conjunto de tarefas designadas a um membro de uma organização. A cada função é designado um conjunto de privilégios que definem os objetos que os usuários podem acessar em cada função.[28] Usuários podem pertencer a várias funções; os administradores precisam apenas modificar permissões para uma única função para alterar os direitos de acesso de um grupo de usuários. A atratividade do RBAC é que ele designa relações significativas entre sujeitos e objetos que não são limitadas por classes como proprietários e grupos.

Considere, por exemplo, um sistema formado por computadores de uma universidade com as seguintes funções: os professores da universidade criam e dão notas aos trabalhos escolares, estudantes apresentam seus trabalhos concluídos e o pessoal administrativo transfere as notas para os históricos dos estudantes. Sob o modelo RBAC esse sistema consiste em três funções (estudantes, professores e pessoal administrativo), dois objetos (trabalhos escolares e notas) e três permissões (ler, modificar e criar). Nesse exemplo, os professores têm permissão para criar, ler e modificar trabalhos escolares e notas; estudantes têm permissão para ler e modificar cópias de seus trabalhos e ler notas; o pessoal administrativo tem permissão de ler e modificar notas.

Embora as políticas de segurança variem para atender às necessidades dos usuários de um sistema, a maioria delas incorpora o princípio do mínimo privilégio — um sujeito recebe permissão de acesso somente aos objetos de que necessita para executar suas tarefas. Políticas também podem implementar controle de acesso discricionário ou obrigatório, dependendo das necessidades de segurança do ambiente. A maioria dos sistemas baseados em UNIX segue o modelo de **controle de acesso discricionário** (*Discretionary Access Control* — **DAC**), segundo o qual o criador de um objeto controla as permissões para aquele objeto. As políticas de **controle de acesso obrigatório** (*Mandatory Access Control* — **MAC**) definem previamente um esquema de permissão central pelo qual todos os sujeitos e objetos são controlados. O MAC é encontrado em muitas instalações de alta segurança, como sistemas governamentais confidenciais.[29]

Revisão

1. Por que políticas e mecanismos de controle de acesso normalmente são separados?
2. Como o MAC poderia ser mais seguro do que o DAC?

Respostas: 1) Muitas vezes as políticas mudam sem que seja necessário alterar sua implementação subjacente; mudar políticas requer menos trabalho se a política de segurança for separada do mecanismo de segurança. 2) O MAC impede que usuários designem permissões (de modo acidental ou propositadamente) que poderiam comprometer a segurança do sistema (por exemplo, o dono de um arquivo permitir acesso público a informações sensíveis).

19.4.3 Mecanismos de controle de acesso

Nesta seção, discutiremos várias técnicas que um sistema operacional pode empregar para gerenciar direitos de acesso. Matrizes de controle de acesso compatibilizam sujeitos e objetos com os direitos de acesso adequados. O conceito que fundamenta o modelo é simples; contudo, a maioria dos sistemas contém muitos sujeitos e objetos, resultando em uma matriz de grande porte que é um meio ineficiente de controle de acesso. Listas de controle de acesso e listas de capacidades são derivadas do princípio de mínimo privilégio, e muitas vezes são métodos mais eficientes e flexíveis de gerenciar direitos de acesso. A Seção 20.13.2, "Métodos de controle de acesso" e a Seção 21.13.2, "Autorização", discutem como o Linux e o Windows XP, respectivamente, usam métodos de controle de acesso para garantir a segurança de seus sistemas.

Matrizes de controle de acesso

Um modo de gerenciar direitos de acesso é através de uma **matriz de controle de acesso.** Os vários sujeitos são listados nas linhas, e os objetos aos quais requerem acesso são listados nas colunas. Cada célula da matriz especifica as ações que um sujeito (definido pela linha) pode executar sobre um objeto (definido pela coluna). Em uma matriz de controle de acesso, os direitos de acesso são concedidos com base no mínimo privilégio, portanto, se um direito de acesso não estiver descrito explicitamente na matriz, o usuário não terá nenhum direito de acesso ao objeto.[30]

Porque uma matriz de controle de acesso coloca todas as informações de permissão em uma localização central, ela deve ser uma das entidades mais bem protegidas de um sistema operacional. Se a matriz for comprometida, quaisquer recursos que eram protegidos pelos direitos de acesso definidos na matriz também serão suscetíveis a ataques.

A matriz de controle de acesso da Figura 19.6 representa os direitos de acesso dos usuários (Alice, Bob, Chris, David e Convidado) aos objetos (Arquivo A, Arquivo B e Impressora). Os privilégios que um usuário pode obter para um objeto são ler, escrever e imprimir. Os direitos de acesso a ler e escrever aplicam-se somente aos arquivos do sistema, nesse caso, Arquivo A e Arquivo B. Em alguns ambientes, nem todos os usuários têm acesso à Impressora — um usuário tem de ter o privilégio explícito de imprimir para poder enviar conteúdo à Impressora. Qualquer direito de acesso marcado por um asterisco (*) pode ser copiado de um usuário para outro. Nessa matriz de controle de acesso, Alice tem todos os direitos de acesso, bem como a capacidade de atribuir esses direitos a outros usuários. David não pode acessar o Arquivo A porque não há nenhuma entrada na célula correspondente na matriz. A conta Convidado não contém nenhum direito de acesso por default. Um Convidado pode acessar recursos somente quando o direito for explicitamente concedido por um outro usuário. Embora gerar e interpretar uma matriz de controle de acesso seja uma operação direta, a matriz pode tornar-se grande e esparsamente povoada.

Listas de controle de acesso

Uma **lista de controle de acesso** armazena os mesmos dados que uma matriz de controle de acesso, mas mantém um registro somente das entradas que especificam um direito de acesso. A lista de controle de acesso de um sistema pode ser baseada nas linhas (os sujeitos) ou nas colunas (os objetos) de uma matriz. Para cada objeto de um sistema operacional, uma lista de controle de acesso contém entradas para cada sujeito e os privilégios associados àquele sujeito em relação àquele objeto. Quando um sujeito tenta acessar um objeto, o sistema procura pela lista de controle de acesso para aquele objeto para identificar os privilégios daquele sujeito.[31]

O problema desse método está na ineficiência com a qual o sistema operacional determina os privilégios de usuário para determinado objeto. A lista de controle de acesso para cada objeto contém uma entrada para cada sujeito com privilégios para aquele objeto — uma lista potencialmente grande. Toda vez que um objeto for acessado, o sistema deve pesquisar a lista de sujeitos para encontrar os privilégios adequados. Quando se usam listas de controle de acesso, é difícil determinar quais direitos de acesso pertencem a um certo domínio de proteção; é preciso pesquisar a lista de acesso para cada objeto, procurando entradas relativas àquele objeto particular.

A lista de controle de acesso da Figura 19.7 representa um conjunto de direitos de acesso que foram estabelecidos na matriz de controle de acesso da Figura 19.6. A implementação é menor porque as entradas vazias da matriz não estão presentes. Se um objeto não contiver uma entrada para um usuário particular, esse usuário não terá nenhum privilégio para o objeto.

Listas de capacidades

Uma **capacidade** é um ponteiro, ou ficha, que concede privilégios a um sujeito que a possui. É análoga a um bilhete de entrada usado para obter acesso a um evento esportivo. Capacidades normalmente não são modificadas, mas podem ser reproduzidas. Lembre-se de que um domínio de proteção define o conjunto de privilégios entre sujeitos e objetos. Como alternativa, pode-se definir o domínio de proteção como o conjunto de capacidades pertencentes a um sujeito.[32]

	Arquivo A	Arquivo B	Impressora
Alice	Ler* Escrever*	Ler* Escrever*	Imprimir*
Bob	Ler* Escrever	Ler* Escrever	Imprimir
Chris	Ler		Imprimir
David		Ler	
Convidado			

Figura 19.6 | *Matriz de controle de acesso para um pequeno grupo de sujeitos e objetos.*

```
1   Arquivo A:
2      <Alice, {ler*, escrever*}>
3      <Bob, {ler*, escrever}>
4      <Chris, {ler}>
5   Arquivo B:
6      <Alice, {ler*, escrever*}>
7      <Bob, {ler*, escrever}>
8      <David, {ler}>
9   Impressora:
10     <Alice, {imprimir*}>
11     <Bob, {imprimir}>
12     <Chris, {imprimir}>
```

Figura 19.7 | *Lista de controle de acesso derivada da matriz de controle de acesso.*

Uma capacidade freqüentemente é implementada como um identificador exclusivo de um objeto. Capacidades são concedidas a um sujeito, o qual apresenta a ficha para todos os acessos subseqüentes ao objeto. Capacidades são criadas por rotinas de sistemas operacionais cuidadosamente protegidas. Um sujeito que possua uma capacidade pode realizar certas operações, entre elas criar cópias da capacidade ou passá-la como um parâmetro.

Quando um objeto é criado, também é criada uma capacidade para esse objeto. Essa capacidade original inclui privilégios totais para o novo objeto. O sujeito que cria o objeto pode passar cópias da capacidade a outros sujeitos. Da mesma maneira, um sujeito que recebe a capacidade pode usá-la para acessar o objeto ou pode criar cópias adicionais e passá-las para outros sujeitos. Quando um sujeito passa uma capacidade para um outro sujeito, pode reduzir os privilégios associados. Assim, à medida que uma capacidade se propaga pelo sistema, o tamanho do seu conjunto de privilégios pode permanecer o mesmo ou ser reduzido.

Usuários devem ser impedidos de criar capacidades arbitrariamente, o que pode ser conseguido armazenando capacidades em segmentos que os processos usuários não podem acessar.

O identificador de uma capacidade pode ser implementado como um ponteiro para o objeto desejado ou pode ser uma seqüência exclusiva de bits (uma ficha). Ponteiros simplificam o acesso ao endereço no qual o objeto está armazenado, mas, se o objeto for movimentado, todos os ponteiros desse tipo do sistema devem ser atualizados, o que pode degradar o desempenho. Quando se usam fichas, as capacidades não dependem da localização do objeto na memória. Entretanto, porque uma ficha não especifica a localização de seu objeto correspondente, as fichas exigem que o endereço do objeto seja determinado quando a capacidade for usada pela primeira vez. Um mecanismo de hash implementa eficientemente capacidades por ficha; caches de alta velocidade em geral reduzem a sobrecarga das referências repetidas ao mesmo objeto.

Sistemas que empregam capacidades podem sofrer o problema do 'objeto perdido'. Se a última capacidade remanescente para um objeto for destruída, o objeto associado não poderá mais ser acessado. Para evitar esse problema, muitos sistemas operacionais garantem que o sistema mantenha sempre, no mínimo, uma capacidade para cada objeto.

Controlar a propagação de capacidades é um problema difícil. Em geral, os sistemas não permitem manipulação direta de capacidades pelos usuários; a manipulação da capacidade é executada pelo sistema operacional em nome dos usuários. Monitorar capacidades é uma tarefa importante que se torna difícil em sistemas multiusuários que contêm um grande número de capacidades. Muitos sistemas empregam uma estrutura de diretório para gerenciar suas capacidades.[33]

Revisão

1. Em que tipo de ambiente as listas de controle de acesso são mais apropriadas do que matrizes de controle de acesso?
2. Discuta as vantagens e desvantagens das capacidades por ficha e por ponteiros.

Respostas: **1)** Listas de controle de acesso são mais apropriadas do que matrizes de controle de acesso quando as matrizes são esparsas. Nesse caso, listas de controle de acesso requerem muito menos espaço do que matrizes de controle de acesso. **2)** Ponteiros simplificam o acesso a endereços nos quais o objeto é armazenado, mas todos esses ponteiros devem ser atualizados se o objeto for movimentado, o que pode degradar o desempenho. Quando se usam fichas, as capacidades são independentes da localização do objeto na memória. Todavia, porque uma ficha não especifica a localização de seu objeto correspondente, as fichas exigem que o endereço de um objeto seja determinado quando a capacidade for usada pela primeira vez.

19.5 Ataques à segurança

Recentes ciberataques contra empresas de comércio eletrônico foram notícias de primeira página em jornais do mundo inteiro. Ataques de recusa de serviço (*Denial-of-Service* — DoS), vírus e vermes têm custado bilhões de dólares às empresas e causado incontáveis horas de frustração. Muitos desses ataques permitem que o perpetrador invada uma rede ou sistema, o que pode levar a roubo de dados, corrupção de dados e outros ataques. Nesta seção, discutiremos diversos tipos de ataques contra sistemas de computador. A Seção 19.6, "Prevenção de ataques e soluções de segurança" discute possíveis soluções para proteger as informações e a integridade de um computador.

19.5.1 Criptoanálise

Um **ataque criptoanalítico** tenta decriptar texto cifrado sem possuir a chave de decriptação. A forma mais comum de ataque criptoanalítico é aquela em que o algoritmo criptográfico é analisado para descobrir relações entre bits da chave criptográfica e bits do texto cifrado. A meta desse tipo de ataque é determinar a chave do texto cifrado.

Tendências estatísticas fracas entre texto cifrado e chaves podem ser exploradas para tentar descobrir a chave. Gerenciamento adequado de chaves e datas de expiração de chaves podem reduzir a suscetibilidade a ataques criptoanalíticos. Quanto mais tempo uma chave criptográfica for usada, mais texto cifrado um invasor pode usar para derivar a chave. Se uma chave for recuperada ocultamente por um invasor, poderá ser usada para decriptar todas as mensagens que usarem aquela chave.

Revisão

1. Como datas de expiração reduzem a efetividade de ataques criptoanalíticos?

Resposta: **1)** Quanto mais tempo uma chave criptográfica for usada, mais texto cifrado um invasor pode usar para derivar a chave. Expiração de chave trata esse problema, limitando o tempo durante o qual cada chave está em uso.

19.5.2 Vírus e vermes

Um **vírus** é um código executável — freqüentemente enviado como um anexo de uma mensagem por e-mail ou oculto em arquivos como clipes de áudio, clipes de vídeo e jogos —, que fica anexado a um arquivo ou sobrescreve outros arquivos para se reproduzir. Vírus podem corromper arquivos, controlar aplicações ou até mesmo apagar um disco rígido. Hoje, os vírus podem ser propagados através de uma rede simplesmente compartilhando arquivos 'infectados' inseridos em anexos de e-mail, documentos ou programas.

Um **verme** é um código executável que se propaga infectando arquivos de uma rede. A propagação de vermes raramente requer qualquer ação de usuário e eles também não precisam ser anexados a um outro programa ou arquivo. Uma vez liberado, um vírus ou um verme pode se propagar com rapidez, freqüentemente infectando milhões de computadores no mundo inteiro em minutos ou horas.

Vírus podem ser classificados da seguinte maneira:
1. **vírus de setor de boot** — infecta o setor de boot do disco rígido do computador, o que permite que seja carregado juntamente com o sistema operacional e potencialmente controle o sistema.
2. **vírus transiente** — fica anexado a um programa de computador particular. O vírus é ativado quando o programa é executado, e desativado quando o programa é encerrado.
3. **vírus residente** — uma vez carregado na memória de um computador, funciona até que o computador seja desligado.

4. **bomba lógica** — executa seu **código**, ou **carga explosiva** (*payload*) quando encontra determinada condição. Um exemplo de bomba lógica é uma **bomba-relógio,** ativada quando o relógio do computador coincide com um certo horário ou data.

O **cavalo-de-tróia** é um programa mal-intencionado que se esconde dentro de um programa autorizado ou simula um programa ou característica legítima enquanto causa dano ao computador ou à rede quando é executado. O nome cavalo-de-tróia origina-se da lenda da guerra entre Tróia e Grécia [*Nota*: Nessa história, guerreiros gregos esconderam-se dentro de um cavalo de madeira que os troianos recolheram para dentro das muralhas da cidade de Tróia. Quando a noite caiu e os troianos estavam dormindo, os guerreiros gregos saíram de dentro do cavalo e abriram os portões da cidade, permitindo que o exército grego entrasse e destruísse a cidade de Tróia.] Pode ser particularmente difícil detectar programas desse tipo porque eles parecem ser aplicações legítimas e operacionais.

Programas de porta dos fundos (*backdoor*) são vírus residentes que permitem ao emissor acesso completo, não detectado, aos recursos do computador da vítima. Esses tipos de vírus são especialmente ameaçadores para a vítima, pois podem ser programados para registrar cada toque de teclado (capturando todas as senhas, números de cartões de crédito etc.).

Vírus de alta propagação

Dois vírus que atraíram significativa atenção dos meios de comunicação são os vírus Melissa, que atacou em março de 1999, e o ILOVEYOU, que atacou em maio de 2000. Cada um causou bilhões de dólares de prejuízo. O Melissa propagou-se por documentos Microsoft Word enviados por e-mail. Quando se abria o documento, o vírus era acionado e, então, acessava a agenda de endereços do Microsoft Outlook do usuário (uma lista de endereços de e-mail) daquele computador e enviava o anexo Word infectado por e-mail a um máximo de 50 pessoas que constavam da agenda de endereços do usuário. Toda vez que um outro usuário abria o anexo, o vírus enviava até 50 mensagens adicionais. Uma vez residente no sistema, o vírus continuava infectando quaisquer arquivos salvos usando Microsoft Word.

O vírus ILOVEYOU era enviado como um anexo a um e-mail que fingia ser uma carta de amor. A mensagem do e-mail era: "Favor verificar a carta de amor anexa enviada por mim". Uma vez aberta a carta, o vírus acessava a agenda de endereços do Microsoft Outlook e enviava mensagens a cada endereço da lista, habilitando-o a se espalhar rapidamente pelo mundo inteiro. O vírus corrompia muitos tipos de arquivos, incluindo arquivos de sistemas operacionais. Muitas redes ficaram desativadas durante dias por causa do número maciço de e-mails gerados.

Esse vírus expôs as inadequações da segurança dos e-mails, como a falta de um software para fazer a varredura de anexos de arquivos em busca de ameaças à segurança antes que eles fossem abertos. Também ensinou os usuários a ficar mais atentos a e-mails suspeitos, mesmo aos enviados por alguém conhecido.

Vermes Sapphire/Slammer: análise e implicações

Vermes se propagam explorando pontos fracos nos canais de comunicação estabelecidos por softwares, seja por aplicações, seja pelo sistema operacional. Uma vez descoberto um ponto fraco, um verme pode produzir tráfego de rede suficiente para desativar um único computador ou uma rede de computadores. Além disso, um verme pode ser projetado para executar código no computador que ele infecta, permitindo, potencialmente, que o criador do verme obtenha ou destrua informações sensíveis.

Entre os ataques de vermes que receberam a atenção dos meios de comunicação estão Nimda, Code Red e Sapphire, também denominado Slammer. O Slammer, que infectou os computadores mais vulneráveis em dez minutos a partir da sua liberação em 25 de janeiro de 2003, dobrava o número de computadores infectados a cada 8,5 segundos. [*Nota*: Computadores vulneráveis eram os que executavam o SQL Server 2000 da Microsoft aos quais não se aplicava uma correção de segurança liberada pela Microsoft em julho de 2002.] A taxa de infecção eram duas ordens de magnitude mais rápida do que a do seu famoso predecessor, o vírus Code Red. Esse último, um verme de 4 KB, instanciava vários threads para criar conexões TCP para infectar novos hospedeiros. O Slammer, ao contrário, funcionava por UDP e sua carga explosiva estava contida em um único pacote UDP de 404 bytes. O protocolo UDP sem conexão, aliado a um algoritmo de varredura aleatória para gerar endereços IP como alvos do ataque, fazia do Slammer um verme particularmente virulento. Um **algoritmo de varredura aleatória** usa números pseudo-aleatórios para gerar uma distribuição ampla de endereços IP como alvos para infectar.

O verme Slammer causou quedas de sistemas e redes em razão da saturação causada por seus pacotes UDP. O interessante é que o verme não portava nenhuma carga explosiva mal-intencionada e atacava a vulnerabilidade de uma aplicação de uso mundial relativamente limitado. O verme Slammer também continha o que parecia ser um erro lógico no seu algoritmo de varredura que limitava significativamente o número de endereços IP que ele podia alcançar.[34]

Softwares antivírus podem proteger contra vírus e alguns vermes. A maioria dos softwares antivírus é reativa, o que significa que podem atacar vírus conhecidos, mas não proteger contra vírus desconhecidos ou futuros. Discutiremos software antivírus na Seção 19.6.3 "Software antivírus".

Revisão

1. Qual a diferença entre vermes e outros vírus?
2. Quais os pontos fracos de sistemas de computadores que os vírus Melissa e o ILOVEYOU expuseram?

Respostas: 1) Vermes normalmente se propagam via conexões de rede, e sua propagação não requer a interação do usuário. 2) Os vírus expuseram a falta de softwares antivírus de varredura de arquivos para aplicações de e-mail e demonstraram que os usuários não tratam e-mails suspeitos com o devido cuidado.

19.5.3 Ataques de recusa de serviço (DoS)

Um **ataque de recusa de serviço** (Denial-of-Service — **DoS**) impede um sistema de atender requisições legítimas. Em muitos ataques DoS, tráfego não autorizado satura os recursos de uma rede, restringindo o acesso a usuários legítimos. Normalmente o ataque é executado pela inundação dos servidores com pacotes de dados. Ataques de recusa de serviço em geral requerem que uma rede de computadores trabalhe simultaneamente, embora seja possível realizar alguns ataques habilidosos com uma única máquina. Ataques de recusa de serviço podem fazer com que computadores em rede caiam ou sejam desconectados, destruindo o serviço de um site Web ou até mesmo desativando sistemas críticos como telecomunicações ou centrais de controle de tráfego aéreo.

Um outro tipo de ataque de recusa de serviço visa às tabelas de roteamento de uma rede. Lembre-se de que tabelas de roteamento proporcionam uma visão da topologia da rede e são usadas por um roteador para determinar para onde enviar os dados. Esse tipo de ataque é executado modificando as tabelas de roteamento e, assim, redirecionando propositalmente a atividade da rede. Por exemplo, as tabelas de roteamento podem ser modificadas para que passem a enviar todos os dados que chegam a um único endereço da rede. Um ataque semelhante, o **ataque ao sistema de nome de domínio** (Domain Name System — **DNS**), pode modificar o endereço para o qual o tráfego de um site Web particular é enviado. Ataques desses tipos podem ser usados para redirecionar usuários de um site Web particular para um outro site, potencialmente mal-intencionado. Esses ataques são particularmente perigosos se o site Web ilegítimo se fizer passar por um real, levando usuários a revelar informações sensíveis ao invasor.

Em um **ataque de recusa de serviço distribuído,** a inundação de pacotes vem de vários computadores ao mesmo tempo. Esses ataques normalmente são iniciados por um indivíduo que infectou diversos computadores com um vírus com o intuito de obter acesso não autorizado aos computadores para executar o ataque. Ataques de recusa de serviço distribuído podem ser difíceis de interromper porque não é fácil determinar quais requisições de uma rede são de usuários legítimos e quais são parte do ataque. Também é particularmente difícil identificar o perpetrador desses ataques porque eles não são executados diretamente do computador do invasor.

Em fevereiro de 2000, ataques de recusa de serviço distribuído desativaram vários sites Web de tráfego intenso, entre eles Yahoo, eBay, CNN Interactive e Amazon. Nesse caso, um único usuário utilizou uma rede de computadores para inundar os sites Web com tráfego que afogou os computadores dos sites. Embora os ataques de recusa de serviço meramente interrompam o acesso a um site Web e não afetem os dados da vítima, eles podem ser extremamente custosos. Por exemplo, quando o site Web do eBay ficou fora do ar por 24 horas, em 6 de agosto de 1999, o valor de suas ações caiu vertiginosamente.[35]

Quem é responsável por vírus e ataques de recusa de serviço? Na maioria das vezes, as partes responsáveis são denominadas **hackers**, mas esse não é um nome adequado. Na área de computadores, hacker se refere a um programador experiente, muitas vezes um programador que faz programas tanto para seu próprio prazer quanto pela funcionalidade da aplicação. O verdadeiro termo para aquele tipo de pessoa é **cracker**, que é alguém que usa um computador de maneira mal-intencionada (e muitas vezes ilegalmente) para invadir um outro sistema ou fazê-lo falhar.

Revisão

1. Como os ataques DNS são prejudiciais?
2. Por que é difícil detectar e interromper ataques de recusa de serviço distribuído?

Respostas: 1) Usuários que não percebem a atividade mal-intencionada podem passar informações sensíveis a um cracker. Sites Web legítimos podem perder receita porque usuários são redirecionados a sites alternativos. 2) Pode ser difícil distinguir usuários legítimos de mal-intencionados.

19.5.4 Exploração de software

Um outro problema que assola as empresas de comércio eletrônico é a exploração de software por crackers. Todo programa de uma máquina que funciona em rede deve ser verificado em busca de vulnerabilidades. Entretanto, com milhões de produtos de software disponíveis e vulnerabilidades descobertas diariamente, essa tarefa se torna esmagadora. Um método comum de exploração de vulnerabilidade é um **transbordamento de buffer,** no qual um programa recebe entrada maior do que seu espaço alocado.

Um transbordamento de buffer ocorre quando uma aplicação envia mais dados a um buffer do que ele pode conter. Um ataque de transbordamento de buffer pode deslocar os dados adicionais para buffers adjacentes, corrompendo ou sobrescrevendo dados existentes. Esse tipo de ataque, quando bem projetado, pode substituir código executável da pilha de uma aplicação para alterar seu comportamento. Ataques de transbordamento de buffer podem conter código mal-intencionado que, então, poderá executar com os mesmos direitos de acesso que a aplicação atacada. Dependendo do usuário e da aplicação, o invasor pode obter acesso ao sistema inteiro. BugTraq (www.securityfocus.com) foi criado em 1993 para listar vulnerabilidades, como explorá-las e como repará-las.

Revisão

1. Por que ataques de transbordamento de buffer são perigosos?
2. Como ataques de transbordamento de buffer podem ser evitados?

Respostas: **1)** Ataques de transbordamento de buffer podem modificar a pilha de uma aplicação de modo que um invasor possa executar código para obter acesso a todo o sistema. **2)** Uma aplicação pode impor limitação rígida às entradas que um buffer pode aceitar. O sistema também pode implementar segmentos de pilha que não são executáveis.

19.5.5 Invasão de sistema

O resultado de muitos ataques contra a segurança é a invasão do sistema ou da rede. Segundo um estudo comparativo do Computer Security Institute (www.gocsi.com), 40% dos entrevistados relataram que um intruso tinha conseguido invadir seus sistemas.[36] Após um invasor explorar um sistema operacional ou o software que está sendo executado no computador, o sistema fica vulnerável a inúmeros ataques — desde roubo e manipulação de dados até uma queda de sistema. A **invasão de sistema** é uma violação bem-sucedida da segurança do computador por um usuário externo não autorizado.[37] Toda invasão de sistema é potencialmente perigosa, embora uma reação rápida em geral consiga frustrar o ataque de um intruso antes que seja causado qualquer dano significativo. Muitos ataques, como roubo de dados e desfiguração da Web, dependem de uma invasão bem-sucedida do sistema como fundamento.

Desfiguração da Web é uma forma de ataque popular pela qual os crackers obtêm acesso ilegalmente para modificar o site Web de uma organização e mudar o seu conteúdo. A desfiguração da Web tem atraído significativa atenção dos meios de comunicação. Um caso notável ocorreu em 1996, quando crackers suecos modificaram o site da Central Intelligence Agency (CIA) para "Central Stupidity Agency". Os vândalos inseriram na página obscenidades, mensagens políticas, bilhetes para administradores de sistemas e links com sites de conteúdo adulto. Muitos outros sites Web populares e de grande porte sofreram desfiguração. Hoje, desfigurar sites Web tornou-se imensamente popular entre os crackers, o que provocou o fechamento dos arquivos de registro de sites atacados (que registravam mais de 15 mil sites vandalizados) em razão do volume de sites vandalizados diariamente.[38]

A invasão do sistema muitas vezes ocorre como resultado de um cavalo-de-tróia, um programa de porta dos fundos ou um erro explorado no software ou no sistema operacional. Permitir que usuários externos obtenham acesso a aplicações via Web proporciona um outro canal para o intruso invadir o sistema.[39] Vulnerabilidades em aplicações de servidores Web comuns, como o Microsoft Internet Information Services (IIS) e o Apache HTTP Server, dão aos invasores uma rota bem conhecida para invadir um sistema se os administradores não aplicarem as correções necessárias. A invasão de sistemas também pode ocorrer em computadores pessoais por meio de softwares conectados com a Internet, como navegadores Web.

O CERT®/CC (Computer Emergency Response Team Coordination Center; www.cert.org) do Software Engineering Institute, da Carnegie Mellon University, é um centro de pesquisas e desenvolvimento financiado com verbas federais. O CERT/CC atende relatos de vírus e ataques de recusa de serviço e fornece informações sobre segurança de redes, incluindo como determinar se um sistema foi comprometido. O site fornece relatórios detalhados sobre incidentes com vírus e ataques de recusa de serviço que incluem a descrição dos incidentes, seu impacto e soluções. O site também informa as vulnerabilidades existentes em sistemas operacionais e pacotes de software populares. Os CERT Security Improvement Modules são excelentes tutoriais sobre segurança em redes. Esses módulos descrevem as questões e tecnologias usadas para resolver problemas de segurança em redes.

Revisão

1. Cite várias técnicas usadas por crackers para invadir sistemas.
2. Compare desfiguração da Web e ataque DNS.

Respostas: **1)** Crackers podem emitir um cavalo-de-tróia, um programa de porta dos fundos ou colocar um erro explorado em softwares ou em sistemas operacionais ou acessar aplicações via site Web de uma organização. **2)** Desfiguração da Web ocorre quando crackers obtêm acesso ilegalmente para modificar o site de uma organização e mudar seu conteúdo. Ataques DNS modificam o endereço para o qual o tráfego de um site particular é enviado e podem redirecionar usuários de um site particular para outro.

19.6 Prevenção de ataques e soluções de segurança

A seção anterior detalhou diversos ataques comuns contra a segurança de computadores. Embora o número de ameaças à segurança de computadores talvez pareça esmagador, na prática, bom senso e diligência podem evitar um grande número de ataques. Para reforçar a segurança, hardware e software especializados em frustrar uma variedade de ataques podem ser instalados em computadores e em redes. Esta seção descreve várias soluções comuns de segurança.

19.6.1 Firewalls

O **firewall** protege uma rede local (LAN) contra intrusos de fora da rede e policia o tráfego que chega e que parte da LAN. Firewalls podem proibir todas as transmissões de dados que não sejam expressamente permitidas ou permitir todas as transmissões de dados que não sejam expressamente proibidas. A escolha entre esses dois modelos pode ser determinada pelo administrador de segurança da rede; o primeiro proporciona um alto grau de segurança, mas pode impedir a transferência legítima de dados. O último deixa o sistema mais suscetível a ataques, mas, em geral, não restringe transferências legítimas na rede. Cada LAN pode ser conectada à Internet por meio de um gateway (portal) que normalmente inclui um firewall. Durante anos, as ameaças mais significativas à segurança originaram-se de profissionais que estavam dentro do firewall. Agora que todas as empresas dependem intensamente do acesso à Internet, um número cada vez maior de ameaças à segurança se origina fora do firewall — das centenas de milhões de pessoas conectadas à rede da empresa via Internet.[40]

Há dois tipos primários de firewalls. Um **firewall de filtragem de pacotes** examina todos os dados enviados de fora da LAN e rejeita pacotes de dados com base em regras predefinidas, como rejeitar pacotes que tenham endereços da rede local ou rejeitar pacotes de certos endereços ou portas. Por exemplo, suponha que um hacker de fora da rede obtenha o endereço de um computador que pertença à rede e tente passar um pacote de dados prejudicial através de um firewall enviando um pacote que indique ter sido enviado de um computador de dentro da rede. Nesse caso, um firewall de filtragem de pacotes rejeitará o pacote de dados porque o endereço de retorno do pacote que pretende entrar foi claramente modificado. Uma limitação dos firewalls de filtragem de pacote é que eles consideram apenas a origem dos pacotes de dados; não examinam os dados anexos. O resultado é que vírus mal-intencionados podem ser instalados no computador de um usuário autorizado, permitindo que o invasor tenha acesso à rede sem o conhecimento daquele usuário. A meta de um **gateway de nível de aplicação** é proteger a rede contra os dados contidos em pacotes. Se a mensagem contiver um vírus, o gateway poderá bloqueá-lo e impedir que seja enviado ao receptor pretendido.

Instalar um firewall é um dos modos mais efetivos e mais fáceis de aumentar a segurança de uma rede de pequeno porte.[41] É comum que pequenas empresas ou residências conectadas à Internet por meio de conexões permanentes, como modem por cabo, não empreguem fortes medidas de segurança. O resultado é que seus computadores são alvos de primeira para a exploração dos crackers por ataques de recusa de serviço ou roubo de informações. Entretanto, é importante que todos os computadores conectados à Internet contenham um certo grau de segurança para seus sistemas. Muitos produtos populares de rede, como roteadores, proporcionam capacidades de firewall, e certos sistemas operacionais como o Windows XP fornecem software de firewall. Na verdade, o Windows XP Internet Connection Firewall (ICF) é habilitado por default. A Seção 21.13.3, "Firewall de conexão com a Internet", discute como o Windows XP implementa seu firewall. Há inúmeros outros produtos de software de firewall disponíveis; vários deles estão listados na seção "Recursos da Web" no site deste livro.

A **tecnologia da camada de ar** é uma solução de segurança de rede que complementa o firewall. Proporciona segurança de dados privados contra tráfego externo que tem acesso à rede interna. A camada de ar separa a rede interna da rede externa, e a organização decide quais informações serão disponibilizadas para usuários externos. A Whale Communications criou o e-Gap System, composto de dois servidores e um banco de memória. O banco de memória não executa um sistema operacional, portanto, os hackers não podem tirar proveito dos pontos fracos comuns dos sistemas operacionais para acessar informações da rede.

A tecnologia da camada de ar não permite que usuários de fora vejam a estrutura da rede, o que impede que os hackers pesquisem a rede em busca de pontos fracos. O recurso e-Gap Web Shuttle permite acesso externo seguro, restringindo o 'escritório de apoio' do sistema no qual as informações e os processos de negócios baseados em TI mais sensíveis de uma organização são controlados. Usuários que desejam acessar uma rede se escondem atrás da camada de ar onde está localizado o servidor de autenticação. Usuários autorizados obtêm acesso por meio de uma capacidade de assinatura única que permite que usem uma senha de acesso ao sistema para entrar em áreas autorizadas da rede.

O e-Gap Secure File Shuttle transfere arquivos para dentro e para fora da rede. Cada arquivo é inspecionado por trás da camada de ar. Se for considerado seguro, o arquivo será transferido para dentro da rede pelo File Shuttle.[42]

A tecnologia de camada de ar é usada por organizações de comércio eletrônico para permitir que seus clientes e parceiros acessem informações com segurança transparente, reduzindo, assim, o custo do gerenciamento de estoque. Os setores militar, aeroespacial e governamental, que armazenam informações altamente sensíveis, empregam a tecnologia de camada de ar.

Revisão

1. É mais provável que um usuário residencial use um firewall para proibir todo o fluxo de dados não permitido expressamente ou para permitir todos os dados não proibidos expressamente?

2. Discuta a diferença entre firewalls de filtragem de pacotes e gateways de aplicação.

Respostas: **1)** Um usuário residencial está mais propenso a permitir todos os dados que não sejam expressamente proibidos porque ele muito provavelmente vai querer acessar um grande conjunto de sites Web (que continuará crescendo) localizados em diferentes endereços IP. **2)** Um firewall de filtragem de pacotes examina todos os dados enviados de fora da LAN e rejeita pacotes de dados com base em regras predefinidas, como rejeitar pacotes que tenham endereços da rede local ou rejeitar pacotes de certos endereços ou portas. Um gateway de nível de aplicação protege a rede contra os dados contidos em pacotes. Se a mensagem contiver um vírus, o gateway poderá bloqueá-la e impedir que seja enviada ao receptor pretendido.

19.6.2 Sistemas de detecção de intrusos (IDSs)

Sistemas de detecção de intrusos (*Intrusion Detection Systems* — **IDSs**) monitoram **arquivos de registro** (*log files*) de redes e aplicações que registram informações sobre o comportamento da rede, como o horário em que os serviços do sistema operacional são requisitados e o nome do processo que os requisita. IDSs examinam arquivos de registro para alertar os administradores do sistema contra aplicações e/ou comportamentos suspeitos do sistema. Se uma aplicação exibir comportamento errático ou mal-intencionado, um IDS pode interromper a execução daquele processo.[43]

Sistemas de **detecção de intrusos baseada no hospedeiro** monitoram arquivos de registro do sistema e da aplicação, o que é especialmente útil para detectar cavalos-de-tróia. Softwares de **detecção de intrusos baseada na rede** monitoram o tráfego de uma rede em busca de padrões fora do comum que poderiam indicar ataques DoS ou acesso à rede por um usuário não autorizado. Então, os administradores do sistema podem verificar seus arquivos de registro para determinar se houve uma invasão e, caso isso tenha acontecido, rastrear o criminoso. Os produtos de detecção de intrusos são oferecidos no comércio por empresas como Cisco (www.cisco.com/warp/public/cc/pd/sqsw/sqidsz), Hewlett-Packard (www.hp.com/security/home.html) e Symantec (www.symantec.com). Há também um sistema de detecção de intrusos de rede de código-fonte aberto da Snort (www.snort.org).

A detecção de intrusos via **análise estática** tenta detectar quando aplicações foram corrompidas por um hacker. A técnica da análise estática admite que os hackers tentam atacar um sistema usando chamadas ao sistema. Adotando essa premissa, o primeiro passo para detectar intrusos é construir um modelo do comportamento esperado de uma aplicação (um padrão das chamadas ao sistema normalmente geradas pela aplicação). Então, o padrão de chamadas ao sistema da aplicação é monitorado durante sua execução; um ataque pode ser detectado se esse padrão for diferente do padrão do modelo estático.[44]

O **método OCTAVE**[SM] (**Operationally Critical Threat, Asset and Vulnerability Evaluation**), desenvolvido pelo Software Engineering Institute da Carnegie Mellon University, avalia as ameaças à segurança de um sistema. O OCTAVE tem três fases: montagem de perfis de ameaças, identificação de vulnerabilidades e desenvolvimento de soluções e planos de segurança. No primeiro estágio, a organização identifica suas informações e ativos importantes e avalia os níveis de segurança requeridos para sua proteção. Na segunda fase, o sistema é examinado em busca de pontos fracos que poderiam comprometer os dados valiosos. A terceira fase é o desenvolvimento de uma estratégia de segurança aconselhada por uma equipe de análise formada por três a cinco especialistas designados pelo OCTAVE. Essa abordagem é uma das primeiras desse tipo, na qual os proprietários dos sistemas de computador não somente obtêm análise profissional, mas também participam da priorização de informações cruciais.[45]

Revisão

1. Cite uma importante desvantagem dos IDSs.

2. Explique a diferença entre IDSs baseados em hospedeiro e baseados em rede.

Respostas: **1)** IDSs não podem detectar intrusos com perfeita precisão. Por isso, um IDS pode impedir que um usuário autorizado execute uma operação legítima e pode permitir que um intruso passe despercebido. **2)** IDSs baseados em hospedeiro monitoram os arquivos de registro correntes do sistema. IDSs baseados em rede monitoram pacotes que transitam por uma rede.

19.6.3 Software antivírus

Como discutimos na Seção 19.5.2, vírus e vermes transformaram-se em uma ameaça para usuários profissionais e também residenciais e custam bilhões de dólares às empresas.[46] O número de vírus reportados vem aumentando continuamente desde meados da década de 1990.[47] Em resposta, softwares antivírus têm sido desenvolvidos e modificados para atender ao número e variedade crescentes de ataques de vírus em sistemas de computador. **Software antivírus** tenta proteger um computador contra um vírus e/ou identificar e eliminar vírus presentes naquele computador. Há uma variedade de técnicas que os softwares antivírus podem usar para detectar e eliminar vírus presentes em um sistema; contudo, nenhum deles pode oferecer proteção completa.

Detecção de vírus por verificação de assinatura depende de conhecer a estrutura do código do vírus de computador. Por exemplo, muitos programas antivírus mantêm uma lista de vírus conhecidos e de seus códigos. Todos os vírus contêm uma região denominada **assinatura do vírus** que não muda durante a propagação do vírus. Na prática, a maioria das listas de vírus conhecidos mantém uma lista de assinaturas de vírus. Nesse caso, o software de detecção de vírus verifica o computador e compara dados de arquivos com códigos de vírus.

Um ponto fraco das listas de vírus conhecidos é que elas podem se tornar proibitivamente grandes à medida que os vírus proliferam. A lista de vírus deve ser atualizada periodicamente para identificar com sucesso os vírus emergentes. Talvez o ponto fraco mais sério dessas listas seja que elas podem reconhecer somente vírus que já foram previamente identificados pelo provedor da lista. Por isso, elas em geral não protegem contra vírus novos e não identificados.

Uma lista de vírus conhecidos pode ser particularmente ineficaz contra vírus variantes e polimórficos. Um vírus **variante** é aquele cujo código foi modificado em relação à sua forma original, mas ainda retém sua carga explosiva perniciosa. Um **vírus polimórfico** muda seu código (por exemplo, via criptografia, substituição, inserção e coisas semelhantes) enquanto se propaga, para escapar das listas de vírus conhecidos (Figura 19.8).

Embora assinaturas de vírus melhorem a capacidade de um verificador de vírus detectar vírus e suas variantes, também introduzem a possibilidade de detecção falsa positiva ou falsa negativa de vírus. Alertas de vírus falsos positivos indicam incorretamente que um vírus reside em um arquivo, ao passo que alertas falsos negativos determinam incorretamente que um arquivo infectado está limpo. Esses resultados incorretos tornam-se mais freqüentes à medida que o tamanho da assinatura de um vírus fica menor. O problema de evitar leituras falsas positivas ou falsas negativas durante a verificação de vírus é desafiador, pois já se demonstrou que podem ser criadas assinaturas de vírus de apenas dois bytes.[48, 49]

Uma alternativa para a verificação de vírus é a **verificação heurística**. Vírus são caracterizados por replicação, residência na memória e/ou código destrutivo. Verificações heurísticas podem evitar a propagação de vírus detectando ou suspendendo qualquer programa que exiba esse comportamento. A força primordial da verificação heurística é que ela pode detectar vírus que ainda não foram identificados. Entretanto, do mesmo modo que a verificação de assinatura, a verificação heurística também é suscetível a resultados falsos. A maioria dos softwares antivírus emprega uma combinação de verificação de assinatura e verificação heurística.

Todos os vírus (com exceção dos vermes) têm de modificar um arquivo para infectar um computador. Conseqüentemente, uma outra técnica antivírus é monitorar mudanças em arquivos verificando a sua consistência. A maioria das verificações de consistência é implementada como somas de verificação (*checksum*) de arquivos protegidos. Manter um registro de consistência de arquivos em um sistema que experimenta um alto volume de E/S de arquivos não é uma opção viável se os usuários esperam tempos de resposta rápidos. Conseqüentemente, muitos programas antivírus asseguram consistência de arquivo para um conjunto limitado de arquivos (normalmente os arquivos do sistema operacional). Entretanto, verificações de consistência de arquivos não podem proteger contra vírus que residem no computador antes da instalação do software antivírus. Alguns sistemas operacionais como o Windows XP executam verificações de consistência em sistemas de arquivos vitais e os substituem se forem alterados para proteger a integridade do sistema.[50]

Além das técnicas de verificação, os softwares antivírus podem ser caracterizados pelo comportamento do seu programa. Por exemplo, **verificadores de tempo real** são residentes na memória e evitam vírus ativamente, ao passo que outros softwares antivírus devem ser carregados manualmente e servem apenas para identificar vírus. Alguns programas antivírus avisam o usuário para entrar em ação quando um vírus é detectado, ao passo que outros eliminam o vírus sem a interação do usuário.[51]

Revisão

1. A verificação de assinatura ou a verificação heurística proporcionam melhor proteção contra vírus novos e não identificados?

2. Descreva diversos pontos fracos das listas de vírus conhecidos.

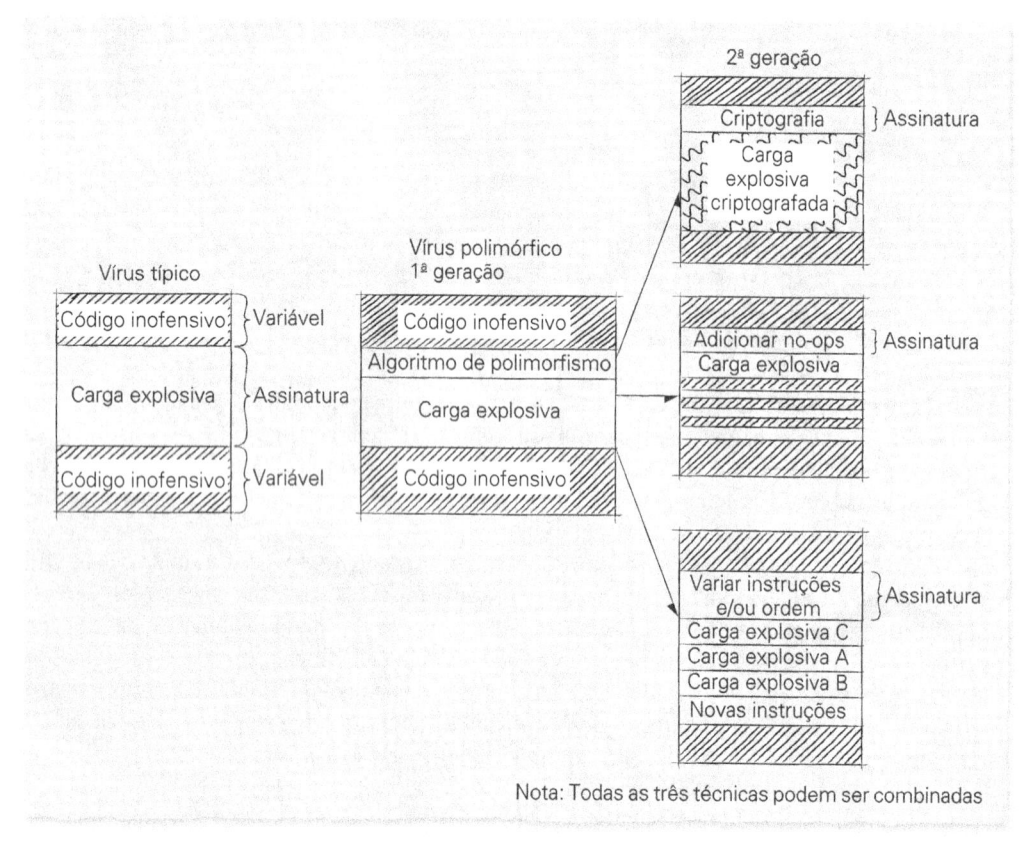

Figura 19.8 | Vírus polimórficos.

Respostas: 1) Verificação heurística proporciona melhor proteção contra vírus novos e não identificados porque pode detectar comportamento de vírus novos mesmo quando a assinatura não estiver disponível. 2) Um ponto fraco das listas de vírus conhecidos é que elas podem se tornar proibitivamente grandes à medida que os vírus proliferam. A lista de vírus deve ser atualizada periodicamente para identificar com sucesso os vírus emergentes. Talvez o maior ponto fraco das listas de vírus conhecidos seja que elas podem reconhecer apenas vírus que já foram previamente identificados pelo provedor da lista. Por isso, elas em geral não protegem contra vírus novos e não identificados.

19.6.4. Correções de segurança

Sistemas operacionais e outros softwares contêm falhas de segurança que não são descobertas senão depois de muitos usuários os terem instalado. Para tratar falhas de segurança de maneira oportuna, os desenvolvedores de software devem:
- descobrir falhas anteriormente desconhecidas;
- liberar rapidamente correções (*patches*) para as falhas; e
- estabelecer fortes linhas de comunicação com usuários.

Para reduzir o dano causado por falhas de segurança, desenvolvedores devem abordar as que já foram exploradas e procurar e sanar ativamente as que não foram exploradas. A liberação de um código que aborda uma falha de segurança é denominada **correção de segurança** (*security patch*).

Muitas vezes, simplesmente liberar uma correção para uma falha de segurança é insuficiente para melhorar a segurança. Por exemplo, o verme Slammer (Seção 19.5.2, "Vírus e vermes") explorava uma falha de segurança para a qual tinha sido liberada uma correção seis meses antes. Portanto, desenvolvedores de software devem tratar falhas de segurança notificando seus usuários rapidamente e disponibilizando software para facilitar o processo de aplicação de correções de segurança.

OpenBSD é um projeto BSD UNIX cuja meta primária é criar o sistema mais seguro possível (compatível com UNIX) (veja o quadro "Miniestudo de caso, OpenBSD"). O projeto inclui uma equipe de auditoria que procura falhas de segurança continuamente, uma política de abertura total que descreve cada falha em um fórum público e uma equipe que libera correções de segurança rapidamente. Usuários devem se inscrever em uma lista de mala-direta ou visitar a página Web para saber quais são as novas falhas de segurança e descarregar correções.[52] Para melhorar a segurança, ambos os sistemas operacionais, OpenBSD e Apple MacOS X, fecham todas as portas e desativam todos os serviços de rede por default (veja o quadro "Miniestudo de caso, Macintosh").

A Trustworthy Computing Initiative da Microsoft resultou em uma corrente contínua de correções de segurança denominadas *hotfixes* (reparos a quente) para a linha de sistemas operacionais Windows. A Microsoft oferece o software gratuito denominado Automatic Updates que executa no ambiente de um sistema Windows para determinar periodicamente se há novos *hotfixes* disponíveis. Se o Automatic Updates determinar que uma 'atualização crítica', como uma correção de segurança, está disponível, exibirá um diálogo para avisar o usuário para que ele descarregue e instale o *hotfix*.[53] Esse software também habilita a instalação de atualizações críticas sem a interação do usuário, o que pode melhorar a segurança do sistema.

Revisão

1. Por que é importante estabelecer fortes linhas de comunicação entre desenvolvedores de software e clientes na liberação de correções de segurança?
2. Por que é insuficiente tratar de falhas de segurança somente depois que elas foram exploradas?

Respostas: 1) Desenvolvedores de software devem tratar falhas de segurança notificando seus usuários rapidamente e disponibilizando software para facilitar o processo de aplicação de correções de segurança, de modo que os usuários possam se proteger contra falhas de segurança conhecidas. 2) Algumas ações decorrentes da exploração de falhas de segurança não detectadas por desenvolvedores poderiam comprometer a segurança do sistema e passar despercebidas por dias, meses e até anos.

19.6.5 Sistemas de arquivos seguros

Acesso a recursos de sistemas, incluindo dados armazenados em um arquivo do sistema, pode ser regulamentado pela política de controle do acesso ao sistema. Todavia, esses mecanismos não evitam, necessariamente, o acesso a dados armazenados no disco rígido quando esse for acessado por um sistema operacional diferente. Como consequência, vários dos sistemas operacionais de hoje suportam sistemas de arquivos seguros que protegem dados sensíveis independentemente do modo como os dados são acessados. O Windows XP emprega o New Technology File System (NTFS) que protege arquivos via controle de acesso e criptografia (veja a Seção 21.8, "Gerenciamento de sistemas de arquivo").

O **sistema de criptografia de arquivos** (*Encrypting File System* — **EFS**) usa criptografia para proteger arquivos e pastas em um sistema de arquivo NTFS. O EFS usa criptografia por chave secreta e por chave pública para garantir a segurança dos arquivos.[54] Cada usuário recebe um par de chaves e um certificado, usados para garantir que somente o usuário que criptografou os arquivos possa ter acesso a eles. Os dados do arquivo serão perdidos se a chave for perdida. O EFS em geral é implementado em sistemas multiusuários ou sistemas móveis para assegurar que os arquivos protegidos não estejam acessíveis a alguém que esteja usando uma máquina roubada ou perdida.

Criptografia pode ser aplicada a arquivos individuais ou a pastas inteiras; no último caso, cada arquivo da pasta é criptografado. Aplicar criptografia no nível de pasta muitas vezes obtém um nível mais alto de segurança por impedir que os programas criem arquivos temporários em texto comum. Criptografia de arquivos no Linux é discutida na Seção 20.7, "Sistemas de arquivos".

Revisão

1. Quando os mecanismos de controle de acesso são insuficientes para proteger dados de arquivos?
2. Qual o risco primordial de implementar um sistema de arquivos criptografado?

Respostas: 1) Mecanismos de controle de acesso são insuficientes para proteger dados de arquivos quando o dispositivo de armazenamento for removido do computador, porque os arquivos podem ser acessados por um sistema que se desvie dos mecanismos de controle de acesso existentes. 2) Se a chave criptográfica for perdida, os dados de arquivos estarão irrecuperáveis.

Miniestudo de caso

OpenBSD

Theo de Raadt, um membro original do projeto NetBSD, deixou esse trabalho em 1995 para iniciar o projeto OpenBSD, usando como base o código-fonte aberto NetBSD.[55, 56] O OpenBSD é considerado por muitos como o OS mais seguro disponível.[57, 58, 59] Já se passaram mais de quatro anos (em relação à época em que este livro foi publicado) desde que o OpenBSD foi violado enquanto executava com configurações-padrão.[60, 61]

O extraordinário nível de segurança do OpenBSD foi conseguido primordialmente pelo processo de auditoria de código da equipe nuclear. Todos os arquivos-fonte do sistema são analisados várias vezes por diversos desenvolvedores da equipe nuclear do projeto — um processo contínuo. Essas auditorias verificam se há erros como furos de segurança clássicos, do tipo probabilidade de transbordamento do buffer. Quaisquer erros encontrados são enviados imediatamente ao site do projeto OpenBSD e em geral são resolvidos em menos de um dia.[62, 63, 64, 65]

O OpenBSD inclui várias características de segurança, como suporte embarcado para OpenSSH e OpenSSL (implementações de código-fonte aberto dos protocolos de segurança SSH e SSL).[66] O OpenBSD também foi o primeiro sistema operacional a implementar o IPsec, o protocolo IP Security amplamente usado em Redes Virtuais Privadas (*Virtual Private Networks* — VPNs), ambos discutidos na Seção 19.10.2, "Protocolos de comunicação segura". Inclui também o protocolo de autenticação de rede Kerberos versão cinco.[67]

O Grupo OpenBSD (www.openbsd.org) garante a segurança do seu sistema operacional desde a instalação, entregando o OpenBSD com o mínimo de serviços habilitados e todas as portas fechadas (para impedir ataques à rede).[68, 69] É interessante notar que o Windows Server 2003 segue a mesma filosofia — uma reversão total da política adotada pela Microsoft para o Windows 2000 — para aprimorar a segurança em ambientes gerenciados por administradores inexperientes.[70]

Para manter seu núcleo seguro, o OpenBSD fornece um conjunto limitado de aplicações, embora a equipe do OpenBSD declare que ele pode executar programas escritos para qualquer um dos principais sistemas baseados em UNIX.[71] Não existe nenhuma GUI, o que torna esse sistema uma opção improvável para a maioria dos usuários de computadores de mesa, mas adequada para servidores, que devem ser seguros e geralmente têm pouca interação direta com usuários.[72]

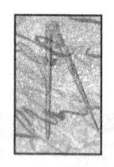

Miniestudo de caso

Macintosh

No final da década de 1970, a Apple Computer estava trabalhando em dois novos computadores: o Lisa, um computador pessoal de alto preço, e o **Macintosh**, um computador pessoal de preço mais razoável.[73, 74, 75] Em 1979, o co-fundador da Apple, Steve Jobs, (agora seu diretor-executivo) visitou o Palo Alto Research Center (PARC) da Xerox.[76] Durante a visita, Jobs assistiu a uma demonstração do Alto — um computador pessoal que usava uma interface gráfica com o usuário (GUI) e um mouse de computador. O Alto, desenvolvido no PARC na década de 1970, era projetado para uso pessoal, porém era muito grande e caro para ser funcional e, portanto, nunca foi vendido.

Inspirado pelo Alto, Jobs incorporou GUIs e o mouse de computador em ambos os sistemas operacionais, Lisa e Macintosh. As GUIs da Apple incluíam algumas características similares às do Alto, além de muitas características originais, entre elas o ícone de movimentação de arquivo arrastar-e-soltar, menus descendentes e janelas que se estendem automaticamente quando descobertas — todos funcionando com o uso do mouse. Os sistemas Lisa e Macintosh foram os primeiros computadores pessoais do mercado a incluir um mouse.[77] O Lisa foi lançado em 1983, mas custava 10 mil dólares e não teve sucesso; a Apple interrompeu a fabricação do modelo dois anos mais tarde.[78] O Macintosh foi lançado em 1984 com o famoso anúncio baseado no livro *1984* de George Orwell,[79] veiculado pela primeira vez durante o Super Bowl. O Macintosh, que era mais eficiente em termos de espaço e mais acessível com relação a preço do que o Lisa (era vendido a 2.495 dólares), alcançou um sucesso extraordinário.[80, 81]

O primeiro sistema operacional do Macintosh foi o System 1; embora tivesse capacidades de GUI, era um sistema operacional bastante rudimentar — não tinha memória virtual, não suportava multiprogramação e seu sistema de arquivos era de nível único.[82] Esses aspectos foram atualizados em versões posteriores; uma estrutura hierárquica de arquivos foi implementada no System 3, multiprogramação básica, adicionada no System 4 e memória virtual, introduzida no System 7, lançado em 1990.[83] Em 1997, após numerosas depurações e atualizações de aplicações, lançou-se a versão 7.6, e o sistema operacional recebeu um novo nome, **Mac OS**.[84, 85]

O Mac OS foi totalmente reconstruído em 2001 para o Mac OS X, com o novo núcleo Darwin que incorporou o micronúcleo Mach 3 e o BSD UNIX.[86] Darwin é um ambiente UNIX completo que inclui um sistema de janelas X11 como opcional.[87] A Apple também transformou o Darwin em um projeto de código-fonte aberto para torná-lo mais robusto e estável.[88] O Mac OS X seguiu a diretriz do OpenBSD (discutido no "Miniestudo de caso, OpenBSD"), melhorando a segurança com a entrega do computador com todas as portas fechadas e todos os serviços de rede não habilitados.[89] A Apple também tornou o Mac OS X compatível com os formatos de arquivo Windows e com os servidores de correio Windows Exchange, facilitando a integração de usuários do Mac OS X a ambientes de negócios.[90]

19.6.6 O Livro Laranja da Segurança

Para avaliar as características de segurança de sistemas operacionais, o Departamento de Defesa dos Estados Unidos (DoD) publicou um documento intitulado Department of Defense Trusted Computer System Evaluation Criteria (Critérios Confiáveis de Avaliação de Sistemas de Computador), também conhecido como **Orange Book** (Livro Laranja) em dezembro de 1985.[91, 92] Esse documento ainda é usado para definir níveis de segurança de sistemas operacionais. O Livro Laranja, originalmente elaborado para avaliar sistemas militares, classifica-os em quatro níveis, A, B, C, e D. O nível mais baixo de segurança é D e o mais alto é A. Os requisitos de cada nível são os seguintes:[93, 94]

- Nível D: Qualquer sistema que não cumpra todos os requisitos de qualquer dos outros níveis. Sistemas categorizados como nível D em geral são inseguros.
- Nível C: Este nível contém dois subníveis. Subnível C1 requer que o sistema operacional separe usuários de dados, o que significa que indivíduos e grupos devem registrar um nome de usuário ou de grupo e uma senha para usar o sistema. A segurança das informações privadas pertencentes a um indivíduo ou grupo é garantida, impedindo que outros indivíduos e grupos as leiam ou modifiquem. As primeiras versões do UNIX pertencem a esse nível. O Nível C2 suporta apenas acesso individual com senha, o que significa que usuários não podem ter acesso ao sistema com um nome de grupo. Indivíduos autorizados podem acessar somente certos arquivos e programas. Ambos, C1 e C2, permitem que indivíduos controlem o acesso a seus arquivos e informações privadas, o que significa que requerem apenas controle de acesso discricionário. A maioria dos sistemas operacionais, como Windows NT, sistemas UNIX modernos e o IBM OS/400,[95] está nessa categoria.
- Nível B: Neste nível é exigido controle de acesso obrigatório, o que significa que o sistema operacional requer um esquema de permissão central predefinido para determinar as permissões designadas a sujeitos. O criador de um objeto não controla as permissões para aquele objeto. Este nível contém três subníveis. Além dos requisitos de C2, o nível B1 requer que o sistema operacional contenha um esquema de permissão central predefinido e aplique etiquetas de sensibilidade (por exemplo, 'Confidencial') a sujeitos e objetos. O mecanismo de controle de acesso deve usar essas etiquetas de sensibilidade para determinar permissões. Entre os sistemas operacionais que satisfazem os requisitos de B1 estão HP-UX BLS[96], SEVMS[97] e CS/SX[98]. O nível B2 requer que a linha de comunicação entre o usuário e o sistema operacional para autenticação seja segura, além dos requisitos B1. Exemplos de sistemas que satisfazem os requisitos B2 são o Multics[99] e o VSLAN[100]. O nível B3 requer todas as características presentes em B2 além da implementação de domínios de proteção, fornecendo mecanismos de recuperação seguros (recuperação sem comprometimento da proteção após uma falha de sistema) e monitorando todos os acessos a sujeitos e objetos para análise. O sistema operacional XTS-300[101] satisfaz os requisitos B3.
- Nível A: Este nível contém dois subníveis. O subnível A1 requer todas as características providas por B3 e exige que a segurança do sistema operacional seja formalmente verificada. Um exemplo de sistema operacional que satisfaz os requisitos A1 é o Boeing MLS LAN[102]. Os requisitos de A2 são reservados para uso futuro.

Revisão

1. Um sistema que pertence à categoria C2 precisa satisfazer os requisitos do nível B?

2. Qual a diferença entre C2 e C1?

Respostas: 1) Não. Nível B é mais alto do que nível C, por conseguinte, nível B tem mais características e requisitos. 2) C1 suporta ambos os acessos, de indivíduos e de grupos, enquanto C2 suporta apenas acesso individual.

19.7 Comunicação segura

O comércio eletrônico lucrou muito com o crescimento rápido do número de consumidores cujos computadores têm conexões com a Internet. Todavia, à medida que o número de transações on-line aumenta, também aumenta o volume de dados sensíveis transmitidos pela Internet. Aplicações que processam transações requerem conexões seguras pelas quais dados sensíveis possam ser transmitidos. Diversos métodos para fornecer transações seguras foram desenvolvidos nos últimos anos. Nas seções a seguir descreveremos algumas dessas técnicas.

Há cinco requisitos para uma transação bem-sucedida e segura:
- privacidade
- integridade
- autenticação
- autorização
- não-rejeição

A questão da **privacidade** é: como garantir que a informação que você transmite pela Internet não seja capturada ou passada a um terceiro sem o seu conhecimento? A questão da **integridade** é: como assegurar que a informação que você envia ou recebe não seja comprometida nem alterada? A questão da **autenticação** é: como o emissor e o receptor de uma mensagem verificam reciprocamente suas identidades? A questão da **autorização** é: como você gerencia o acesso a recursos protegidos com base em **credenciais** do usuário que consistem em identidade (por exemplo, nome do usuário) e prova de identidade (por exemplo, senha)? A questão da **não-rejeição** é: como você prova legalmente que uma mensagem foi enviada ou recebida? A segurança de redes também deve abordar a questão da disponibilidade: como assegurar que a rede e os sistemas de computador que ela conecta funcionarão continuamente? Nas seções seguintes, discutiremos diversas implementações de comunicação segura que derivam das técnicas criptográficas discutidas na Seção 19.2, "Criptografia".

Revisão

1. Para quais dos cinco requisitos fundamentais para uma transação segura, bem-sucedida, a criptografia seria útil?
2. Quais dos cinco requisitos fundamentais tratam do acesso do usuário ao sistema?

Respostas: 1) Criptografia é útil para todos os cinco requisitos fundamentais de uma transação segura, bem-sucedida. 2) Autorização e autenticação.

19.8 Protocolos de acordo de chave

Embora algoritmos de chave pública ofereçam segurança flexível e confiável, não são eficientes para enviar grandes quantidades de dados. Portanto, algoritmos de chave pública não devem ser considerados substitutos de algoritmos de chaves secretas. O processo pelo qual duas partes podem trocar chaves sobre um meio inseguro é denominado **protocolo de acordo de chaves.**

O protocolo de acordo de chaves mais comum é o **envelope digital** (Figura 19.9). A mensagem é criptografada usando uma chave secreta (Etapa 1) e, em seguida, a chave secreta é criptografada por meio da criptografia de chave pública (Etapa 2). O emissor anexa a chave secreta criptografada à mensagem criptografada e envia ao receptor o pacote inteiro, ou envelope. O emissor poderia também assinar o envelope digitalmente antes de enviá-lo, para comprovar, ao receptor, a identidade do emissor (assunto abordado na Seção 19.8.2, "Assinaturas digitais"). Para decriptar o envelope, o receptor primeiramente decripta a chave secreta usando a chave privada do receptor. Então, esse usa a chave secreta para decriptar a mensagem propriamente dita. Porque somente o receptor pode decriptar a chave secreta criptografada, o emissor pode ter certeza de que apenas o receptor pretendido pode ler a mensagem.

Revisão

1. Por que são empregados algoritmos de chave pública para trocar chaves secretas?
2. No protocolo de envelope digital, por que é inadequado criptografar a mensagem inteira usando criptografia de chave pública?

Respostas: 1) Algoritmos de chave pública são eficientes para enviar pequenas quantidades de dados e impedem que intrusos obtenham a chave secreta enquanto ela está sendo transmitida. 2) Criptografia de chave pública não é eficiente para enviar grandes quantidades de dados porque requer significativa capacidade de processamento.

19.8.1 Gerenciamento de chave

Manter as chaves privadas em segredo é essencial para a manutenção da segurança do sistema criptográfico. A maioria das violações da segurança resulta do mau gerenciamento da chave (por exemplo, a má utilização de chaves privadas que resulta no roubo da chave), e não de ataques criptoanalíticos.[103]

Um aspecto importante do gerenciamento de chave é a **geração da chave** — o processo pelo qual as chaves são criadas. Alguém mal-intencionado poderia tentar decifrar uma mensagem usando todas as chaves de decriptação possíveis. Às vezes os algoritmos de criação de chaves são construídos, não intencionalmente, para escolher em um subconjunto muito pequeno de chaves possíveis. Se o subconjunto for muito pequeno, os dados criptografados serão mais suscetíveis a ataques de força bruta. Portanto, é importante usar um programa de geração de chaves que possa criar um grande número de chaves o mais aleatoriamente possível. A segurança da chave é melhorada quando seu tamanho for suficientemente grande para inviabilizar computacionalmente o ataque de força bruta.

Revisão

1. Por que é importante usar uma chave de tamanho grande?
2. Por que a maioria das violações da segurança deve-se ao mau gerenciamento da chave, e não a ataques criptoanalíticos?

Respostas: 1) Se o número total de chaves de decriptação for pequeno, terceiros mal-intencionados poderiam gerar todas as chaves de decriptação possíveis rapidamente e decifrar a criptografia. 2) Quando são usadas chaves de tamanho grande, é mais fácil tirar proveito do mau gerenciamento da chave para roubar chaves privadas do que usar um método de força bruta, tal como um ataque criptoanalítico.

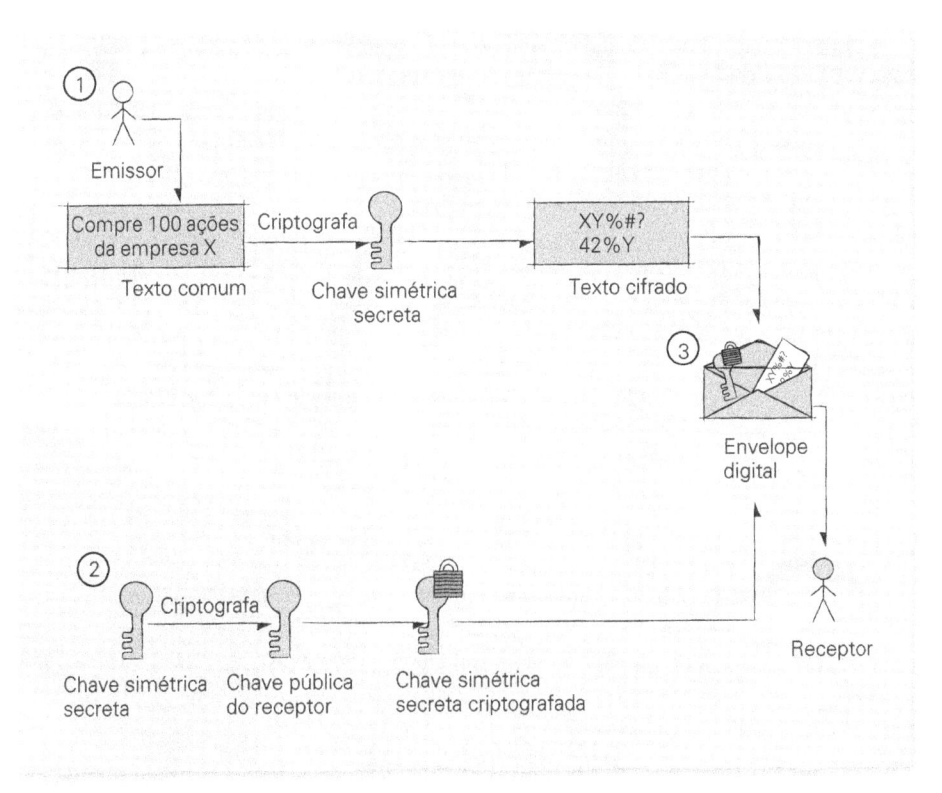

Figura 19.9 | *Criação de um envelope digital.*

19.8.2 Assinaturas digitais

Assinaturas digitais, equivalentes eletrônicas das assinaturas por escrito, foram desenvolvidas para tratar a ausência de autenticação e integridade na criptografia de chave pública. Uma assinatura digital autentica a identidade do emissor e é difícil de falsificar.

Para criar uma assinatura digital, um emissor primeiramente aplica uma função hash ao texto comum da mensagem original. Funções hash para aplicações seguras normalmente também são projetadas de modo que seja computacionalmente inviável computar uma mensagem por meio do seu valor hash ou gerar duas mensagens com o mesmo valor hash. Um algoritmo seguro de hash é projetado para que a probabilidade de duas mensagens diferentes produzirem o mesmo valor hash seja estatisticamente insignificante.

Em assinaturas digitais, o valor hash identifica inequivocamente uma mensagem. Se alguém mal-intencionado modificar a mensagem, o valor hash também mudará, habilitando o receptor a perceber que a mensagem foi alterada. Duas funções hash amplamente usadas são o **algoritmo seguro de hash** (*Secure Hash Algorithm* — **SHA-1**), desenvolvido pelo National Institute of Standards and Technology (NIST), e o **algoritmo de resumo de mensagem** (*Message Digest Algorithm* — **MD5**), desenvolvido pelo professor Ronald L. Rivest do MIT. Usando o SHA-1, a frase "*Buy 100 shares of company X*" (Compre 100 ações da empresa X) produziria o valor hash *D8 A9 B6 9F 72 65 0B D5 6D 0C 47 00 95 0D FD 31 96 0A FD B5*. O valor hash é denominado **resumo da mensagem**.

Em seguida, o emissor usa sua chave privada para criptografar o resumo da mensagem. Essa etapa cria uma assinatura digital e valida a identidade do emissor porque somente o dono daquela chave privada poderá criptografar a mensagem. Uma mensagem que inclui a assinatura digital, a função hash e a mensagem criptografada é enviada ao receptor. Esse usa a chave pública do emissor para decifrar a assinatura digital (isso estabelece a autenticidade da mensagem) e revelar o resumo da mensagem. Então o receptor usa sua própria chave privada para decifrar a mensagem original. Por fim, o receptor aplica a função hash à mensagem original. Se o valor hash da mensagem original coincidir com o resumo da mensagem incluído na assinatura, a **integridade da mensagem** é confirmada — a mensagem não foi alterada durante a transmissão.

Assinaturas digitais são significativamente mais seguras do que assinaturas por escrito. Uma assinatura digital é baseada no conteúdo do documento, portanto, ao contrário de uma assinatura por escrito, é diferente para cada documento assinado.

Assinaturas digitais não comprovam que uma mensagem foi enviada. Considere a seguinte situação: um empreiteiro envia a uma empresa um contrato assinado digitalmente, que mais tarde gostaria de revogar. O empreiteiro poderia fazer isso liberando a chave privada e declarando que o contrato assinado digitalmente foi gerado por um intruso que roubou sua chave privada. Uma **marcação de tempo**, que vincula um horário e uma data a um documento digital, pode ajudar a resolver o problema da não-rejeição. Por exemplo, suponha que a empresa e o empreiteiro estejam negociando um contrato. A empresa solicita que o empreiteiro assine o contrato digitalmente e então marque o documento digitalmente por um terceiro denominado **agência de marcação de tempo** ou um **serviço de cartório digital.**

O empreiteiro envia o contrato assinado digitalmente à agência de marcação de tempo. A privacidade da mensagem é mantida porque a agência marcadora de tempo vê somente o texto criptografado da mensagem assinada digitalmente. A agência afixa o horário e a data do recebimento da mensagem criptografada assinada digitalmente e assina digitalmente todo o pacote com a chave privada da agência registradora. A marcação de tempo não pode ser alterada por ninguém mais, exceto a agência marcadora de tempo, porque ninguém mais possui a chave privada da agência. A menos que o empreiteiro anuncie que a chave privada foi comprometida antes do registro do documento, não poderá provar legalmente que o documento foi assinado por um terceiro não autorizado. O emissor também poderia solicitar que o receptor assinasse a mensagem digitalmente e a selasse com uma marcação de tempo como prova de recebimento. Para saber mais sobre marcações de tempo, visite www.authentidate.com.

O padrão de autenticação digital do governo dos Estados Unidos é denominado **algoritmo de assinatura digital** (*Digital Signature Algorithm* — **DSA**). A legislação aprovada em junho de 2000 permite que a assinatura digital tenha a mesma validade judicial que assinaturas por escrito, o que tem facilitado muitas transações de comércio eletrônico. Se quiser saber as novidades da legislação norte-americana sobre segurança de informações, visite www.itaa.org/infosec.

Revisão

1. Se assinaturas digitais não criarem um resumo de mensagem, alguém mal-intencionado poderá modificar um texto de mensagem cifrada?

2. Ao interpretar mensagens assinadas digitalmente, qual a diferença entre autenticar uma mensagem e verificar sua integridade?

Respostas: 1) Embora seja possível modificar o texto cifrado, não é provável que um terceiro consiga modificar a mensagem de algum modo significativo sem conhecer a chave criptográfica. 2) Para autenticar uma mensagem, o receptor usa a chave pública do emissor para decifrar a assinatura digital. Para verificar a integridade de uma mensagem, o receptor verifica o valor hash da mensagem original em relação ao resumo da mensagem incluído na assinatura.

19.9 Infra-estrutura de chave pública, certificados e autoridades certificadoras

Uma limitação da criptografia por chave pública é que vários usuários poderiam compartilhar o mesmo conjunto de chaves dificultando a determinação da identidade de cada parte. Por exemplo, suponha que um cliente deseje colocar um pedido para um comerciante on-line. De que maneira o cliente sabe que o site Web que está vendo foi criado por aquele comerciante, e não por um terceiro que se faz passar pelo comerciante para se apropriar de informações de cartão de crédito? A **infra-estrutura de chave pública** (*Public Key Infrastructure* — **PKI**) proporciona uma solução para esse problema, integrando criptografia por chave pública com certificados digitais e autoridades certificadoras para autenticar as partes de uma transação.

O **certificado digital** é um documento digital que identifica um usuário e é emitido por uma **autoridade certificadora** (*Certificate Authority* — **CA**). Um certificado digital inclui o nome do sujeito (a empresa ou indivíduo que está sendo certificado), a chave pública do sujeito, um número de série (que identifica inequivocamente o certificado), uma data de validade, a assinatura da autoridade certificadora reconhecida e quaisquer outras informações relevantes. A CA pode ser uma instituição financeira ou qualquer outro terceiro de confiança, como, por exemplo, a VeriSign. Uma vez emitido o certificado digital, a CA o disponibiliza publicamente em **repositórios de certificados**.

A CA assina o certificado criptografando ou a chave pública do sujeito ou um valor hash da chave pública, usando a sua própria chave privada, para que um receptor possa verificar o certificado. A CA deve verificar a chave pública de cada sujeito. Assim, usuários devem confiar na chave pública de uma CA. Usualmente, cada CA é parte de uma **hierarquia de autoridade certificadora**. Essa hierarquia pode ser vista como uma estrutura de árvore na qual cada nodo depende de seu pai para autenticação da informação. A raiz da hierarquia da autoridade certificadora é a Autoridade de Registro de Políticas da Internet (*Internet Policy Registration Authority* — IPRA). A IPRA assina certificados usando a **chave-raiz**, que assina certificados exclusivamente para **autoridades de criação de política** — organizações que estabelecem políticas para a obtenção de certificados digitais. Por sua vez, as autoridades de criação de política assinam certificados digitais para CAs, e essas (as CAS) assinam certificados digitais para indivíduos e organizações.

A CA é responsável pela autenticação, portanto, deve verificar cuidadosamente as informações de usuários antes de emitir um certificado digital. Já houve um caso em que, por um erro humano, a VeriSign emitiu dois certificados digitais para um impostor que se fazia passar por um funcionário da Microsoft.[104] Um erro desses pode ser significativo; por exemplo, os certificados emitidos inadequadamente podem fazer com que os usuários descarreguem inadvertidamente código mal-intencionado em suas máquinas. A VeriSign Inc. é uma importante autoridade certificadora (www.verisign.com); outros fabricantes de certificados digitais estão listados na seção "Recursos da Web" no site deste livro.

Certificados digitais são criados com um prazo de expiração para forçar usuários a renovar seus pares de chaves periodicamente. Se uma chave privada for comprometida antes da sua data de expiração, o certificado digital pode ser cancelado e o usuário pode obter um par de chaves e um certificado digital novos. Certificados cancelados e revogados são colocados em uma **lista de revogação de certificados** (*Certificate Revocation List* — **CRL**), que é mantida pela autoridade certificadora que emitiu os certificados.

CRLs são análogas a listas em papel de números de cartões de crédito revogados utilizados anteriormente em pontos-de-vendas e lojas de varejo.[105] Isso pode alongar substancialmente o processo de determinação da validade de um certificado. Uma alternativa às CRLs é o **protocolo on-line de estado de certificados** (*Online Certificate Status Protocol* — **OCSP**) que valida certificados em tempo real.[106]

Muitos ainda consideram o comércio eletrônico inseguro. Todavia, transações usando PKI e certificados digitais podem ser mais seguras do que trocar informações privadas por meios públicos não criptografados, como transmissão de voz por linha telefônica, pagamento pelo correio ou entrega de cartão de crédito a um vendedor de loja. Ao contrário, os algoritmos de chaves usados na maioria das transações on-line seguras são quase impossíveis de comprometer. Algumas estimativas indicam que algoritmos de chaves usados em criptografia por chave pública são tão seguros que mesmo milhões de computadores trabalhando em paralelo não poderiam quebrar o código em um século de computação dedicada. Todavia, à medida que a capacidade de computação aumenta, algoritmos de chaves considerados fortes hoje poderão ser facilmente comprometidos no futuro.

Revisão

1. Descreva como CAs garantem a segurança de seus certificados.

2. Por que transações eletrônicas asseguradas por PKI e certificados digitais em geral são mais seguras do que as realizadas por telefone ou pessoalmente?

Respostas: **1)** Cada CA é parte de uma hierarquia de autoridade certificadora. Essa hierarquia pode ser vista como um estrutura de árvore na qual cada nodo depende de seu pai para autenticação da informação. Sua raiz é a Internet Policy Registration Authority (IPRA), que assina certificados para autoridades de criação de política. Autoridades de criação de política assinam certificados digitais para CAs; então as CAs assinam certificados digitais para indivíduos e organizações. **2)** A razão é que é computacionalmente inviável comprometer os algoritmos de chaves usados na maioria das transações on-line seguras. Algumas estimativas indicam que os algoritmos de chaves usados em criptografia por chave pública são tão seguros que mesmo milhões de computadores trabalhando em paralelo não poderiam quebrar os códigos após um século de computação dedicada. Por comparação, é muito mais fácil grampear uma linha telefônica ou anotar o número do cartão de crédito de um indivíduo durante uma transação pessoal.

19.10 Protocolos de comunicação segura

Protocolos de comunicação segura vêm sendo desenvolvidos para diversas camadas da tradicional pilha TCP/IP. Nesta seção, discutiremos a camada segura de soquetes (*Secure Sockets Layer* — SSL) e o protocolo de segurança da Internet (*Internet Protocol Security* — IPSec). Discutiremos também os protocolos comumente usados para implementar comunicação segura sem fio.

19.10.1 Camada segura de soquetes

O protocolo de **camada segura de soquetes (SSL)** desenvolvido pela Netscape Communications é um protocolo não proprietário que garante comunicação segura entre dois computadores na Internet e na Web.[107] Muitas empresas de comércio eletrônico usam SSL para transações on-line seguras. Suporte para SSL está incluído em muitos navegadores Web como o Mozilla (um navegador autônomo integrado ao Netscape Navigator), o Internet Explorer da Microsoft e outros produtos de software. Essa camada funciona entre o protocolo de comunicações TCP/IP e o software de aplicação.[108]

Durante a comunicação pela Internet, um processo envia e recebe mensagens via soquete. Embora o TCP garanta que as mensagens sejam entregues, ele não determina se os pacotes foram alterados com má intenção durante a transmissão. Por exemplo, um intruso pode mudar os endereços de origem e de destino de um pacote sem ser detectado, portanto, pacotes fraudulentos podem ser disfarçados como pacotes válidos.[109]

SSL implementa criptografia por chave pública usando o algoritmo RSA e certificados digitais para autenticar o servidor em uma transação e para proteger informações privadas na passagem pela Internet. Transações SSL não requerem autenticação de cliente; muitos servidores consideram que um número válido de cartão de crédito é suficiente para autenticação em compras seguras. Para começar, o cliente envia uma mensagem a um servidor para abrir um soquete. O servidor responde e envia seu certificado digital ao cliente para autenticação. Usando criptografia por chave pública para comunicar-se com segurança, o cliente e o servidor negociam chaves de sessão para continuar a transação (ou seja, chaves secretas usadas durante aquela transação). Uma vez estabelecidas as chaves, a comunicação é tornada segura e autenticada por meio das chaves de sessão e certificados digitais.

Antes de enviar uma mensagem por TCP/IP, o protocolo SSL subdivide a informação em blocos, cada um dos quais é comprimido e criptografado. Quando o receptor obtém os dados por TCP/IP, a SSL decripta os pacotes e, então, descomprime e monta os dados. SSL é usada primariamente para dar segurança às conexões ponto-a-ponto — interações entre exatamente dois computadores.[110] SSL pode autenticar o servidor, o cliente, ambos ou nenhum deles. Todavia, na maioria das sessões SSL de comércio eletrônico, só o servidor é autenticado.

O protocolo de segurança da camada de transporte (*Transport Layer Security* — TLS) é o sucessor da SSL. Conceitualmente, SSL e TSL são quase idênticos — autenticam usando chaves simétricas e criptografam dados com chaves privadas. A diferença entre os dois protocolos está na implementação do algoritmo e na estrutura dos pacotes TLS.[111]

Embora a SSL proteja a informação na sua passagem pela Internet, não protege informações privadas como números de cartões de crédito, uma vez que estejam armazenadas no servidor do comerciante. Informações de cartão de credito podem ser decriptadas e armazenadas em texto comum no servidor do comerciante até a colocação do pedido. Se a segurança do servidor for violada, alguém não autorizado poderá acessar as informações.

Revisão

1. Por que muitas transações via SSL autenticam somente o servidor?
2. Por que, na SSL, a informação é comprimida antes da criptografia?

Respostas: **1)** A razão é que muitos servidores consideram que um número válido de cartão de crédito é suficiente para autenticação em compras seguras. **2)** Uma razão é que dados comprimidos consomem menos espaço e, assim, sua transmissão pela Internet requer menos tempo. Uma outra razão é que a compressão dificulta mais a interpretação da mensagem não criptografada por um invasor, o que proporciona maior proteção contra um ataque criptoanalítico.

19.10.2 Redes virtuais privadas (VPNs) e segurança IP (IPSec)

A maioria das redes residenciais e empresariais é privada — os computadores da rede são conectados via linhas de comunicação que não se destinam à utilização pública. Organizações também podem usar a infra-estrutura existente da Internet para criar **redes virtuais privadas** (*Virtual Private Networks* — **VPNs**), que proporcionam canais de comunicação seguros por meio de conexões públicas. Porque as VPNs usam a infra-estrutura existente da Internet, são mais econômicas do que redes de longa distância privadas.[112]

Uma VPN é criada estabelecendo um canal de comunicação seguro, denominado túnel, através do qual os dados passam pela Internet. Normalmente, o **protocolo de segurança da Internet** (*Internet Protocol Security* — **IPsec**) é usado para implementar um túnel seguro proporcionando privacidade, integridade e autenticação de dados.[113] O IPSec, desenvolvido pela IETF, usa chave pública e criptografia simétrica para garantir a integridade, a autenticação e a confidencialidade dos dados.

A tecnologia aproveita o padrão do protocolo da Internet (IP) cujo principal ponto fraco de segurança é que os pacotes IP podem ser interpretados, modificados e retransmitidos sem detecção. Usuários não autorizados podem acessar a rede por meio de inúmeras técnicas bem conhecidas, como o **IP impostor** — pelo qual um invasor simula o endereço IP de um usuário ou hospedeiro autorizado para conseguir acesso não autorizado aos recursos. Diferente do protocolo SSL, que habilita conexões seguras, ponto-a-ponto, entre duas aplicações, o IPSec garante conexões seguras entre todos os usuários da rede no qual for implementado.

Os algoritmos de Diffie-Hellman e RSA são comumente usados para trocar senhas no protocolo Ipsec, e o DES ou 3DES são usados para criptografar a chave secreta, dependendo das necessidades do sistema e da criptografia. [*Nota*: O algoritmo de Diffie-Hellman é um algoritmo de chave pública.][114] O IPSec criptografa dados de pacotes, denominados carga útil e, então, os coloca em um pacote IP não criptografado para estabelecer o túnel. O receptor descarta o cabeçalho do pacote IP e decripta a carga útil para acessar o conteúdo do pacote.[115]

A segurança das VPNs fundamenta-se em três conceitos — autenticação de usuário, criptografia de dados e acesso controlado ao túnel.[116] Para abordar essas três questões de segurança, o IPsec consiste em três componentes. O **cabeçalho de autenticação** (*Authentication Header* — **AH**) anexa informações (como uma soma de verificação) a cada pacote para verificar a identidade do emissor e comprovar que os dados não foram modificados em trânsito. O protocolo de **segurança de encapsulamento de carga útil** (*Encapsulating Security Payload* — **ESP**) criptografa os dados usando chaves simétricas para protegê-los de intrometidos enquanto o pacote IP é transmitido por linhas de comunicação públicas. O IPSec usa o protocolo de **troca de chaves da Internet** (*Internet Key Exchange* — **IKE**) para fazer o gerenciamento das chaves, o que permite troca de chave segura.

As VPNs estão cada vez mais populares em empresas, mas continuam difíceis de gerenciar. A camada de rede (IP) normalmente é gerenciada pelo sistema operacional ou por hardware, e não por aplicações de usuário. Portanto, pode ser difícil estabelecer uma VPN porque os usuários da rede precisam instalar o software e o hardware próprios para suportar IPSec. Se quiser mais informações sobre IPSec, visite o IPSec Developers Forum em www.ipsec.com e o IPSec Working Group da IETF em www.ietf.org/html.charters/ipsec-charter.html.

Revisão

1. Por que as empresas em geral preferem VPNs e não WANs privadas?
2. Por que o pacote IP criptografado deve ser enviado dentro de um pacote IP não criptografado?

Respostas: 1) Porque as VPNs usam a infra-estrutura existente da Internet e são muito mais econômicas do que redes de longa distância (WANs). 2) O pacote tem de ser transmitido por roteadores existentes. Se o pacote IP fosse inteiramente criptografado, os roteadores não poderiam determinar seu destino.

19.10.3 Segurança sem fio

À medida que dispositivos sem fio tornam-se mais populares, transações como negociação de ações e serviços bancários on-line (*online banking*) são comumente transmitidas sem fio. Diferente das transmissões com fio, que requerem uma instalação física na rede para escuta clandestina, transmissões sem fio habilitam praticamente qualquer um a acessar dados transmitidos. Porque dispositivos sem fio apresentam largura de banda e capacidade de processamento limitadas, alta latência e conexões instáveis, estabelecer comunicações sem fio seguras pode ser desafiador.[117]

O padrão IEEE 802.11, que define especificações para LANS sem fio, utiliza o protocolo **privacidade equivalente à das redes com fio** (*Wired Equivalent Privacy* — **WEP**) para proteger comunicações sem fio. O WEP proporciona segurança criptografando dados transmitidos e impedindo acesso não autorizado à rede sem fio. Para transmitir uma mensagem, o WEP primeiramente anexa uma soma de verificação à mensagem para habilitar o receptor a verificar a integridade da mensagem. Então aplica o algoritmo criptográfico RC4 que toma dois argumentos — uma chave secreta de 40 bits (compartilhada entre o emissor e o receptor) e um valor aleatório de 24 bits (denominado valor de inicialização) — e retorna um fluxo-chave (*keystream*) — uma cadeia de bytes. Por fim, o WEP codifica a mensagem fazendo um ou-exclusivo do fluxo-chave e do texto comum. Cada pacote WEP contém a mensagem criptografada e o valor de inicialização não criptografado. Ao receber um pacote, o receptor extrai o valor de inicialização e depois usa esse valor e a chave secreta compartilhada para gerar o fluxo-chave. Finalmente decodifica a mensagem fazendo um ou-exclusivo do fluxo-chave e da mensagem criptografada. Para determinar se o conteúdo do pacote foi modificado, o receptor pode calcular a soma de verificação e compará-la com a soma de verificação anexada à mensagem.[118]

A segurança proporcionada pelo protocolo WEP é inadequada para muitos ambientes. Uma razão é que o valor de inicialização de 24 bits é pequeno, fazendo com que o WEP use o mesmo fluxo-chave para codificar mensagens diferentes, o que pode permitir que um estranho recupere o texto comum com relativa facilidade. O gerenciamento de chave do WEP também é precário — a chave secreta pode ser quebrada por ataques de força bruta em questão de horas, usando um computador pessoal. A maioria das redes sem fio habilitadas para WEP compartilha uma única chave secreta entre cada cliente da rede, e a chave secreta muitas vezes é usada durante meses ou até anos. O cálculo da soma de verificação são operações aritméticas simples, o que habilita invasores a trocar tanto o corpo da mensagem como a soma de verificação com relativa facilidade.[119, 120]

Para tratar essas questões, o IEEE e a Wi-Fi Alliance (www.weca.net/OpenSection/index.asp) desenvolveram uma especificação denominada **acesso protegido Wi-Fi** (*Wi-Fi Protected Access* — **WPA**) em 2003. A intenção é que a WPA substitua o WEP fornecendo melhor criptografia de dados e habilitando a identificação de usuário, uma característica que não é suportada pelo WEP. A WPA também introduz criptografia de chave dinâmica que gera uma chave criptográfica exclusiva para cada cliente. A autenticação é conseguida via servidor de autenticação que armazena credenciais de usuários.[121]

Ambos, WEP e WAP são projetados para comunicação usando o padrão sem fio 802.11. Outras tecnologias sem fio — como Cellular Digital Packet Data (CDPD) para telefones celulares, PDAs e pagers, Third Generation Global System for Mobile Communications (3GSM) para telefones celulares, PDAs e pagers habilitados para 3GSM e Time Division Multiple Access (TDMA) para telefones celulares TDMA — definem seus próprios (e muitas vezes proprietários) protocolos de comunicação e segurança sem fio.[122]

Revisão

1. Quais propriedades de dispositivos sem fio apresentam desafios na implementação de comunicações sem fio seguras?

2. Como o WAP trata o mau gerenciamento de chaves do WEP?

Respostas: **1)** Largura de banda limitada, capacidade de processamento limitada, alta latência e conexões instáveis. **2)** O WPA apresenta criptografia de chave dinâmica, que gera uma chave criptográfica exclusiva para cada cliente.

19.11 Esteganografia

Esteganografia, derivada da raiz grega que significa 'escrita oculta', é a prática de ocultar informação dentro de outra informação. Como a criptografia, a esteganografia tem sido usada desde a Antigüidade. Ela pode ser utilizada para ocultar uma informação, como uma mensagem ou imagem, com uma outra imagem, mensagem ou outra forma de multimídia.

Considere um simples exemplo textual: suponha que o cliente de um corretor de ações deseje realizar uma transação via canal não seguro. O cliente poderia enviar a mensagem "BURIED UNDER YARD" (enterrado no pátio). Se o cliente e o corretor tiverem combinado antes que a mensagem estaria contida nas primeiras letras de cada palavra, o corretor extrairia "BUY" (compre).

Uma aplicação cada vez mais popular da esteganografia são as **marcas-d'água digitais** para proteção da propriedade intelectual. A esteganografia digital explora porções não utilizadas de arquivos codificados usando formatos particulares como em imagens ou de discos removíveis. O espaço insignificante armazena a mensagem oculta, enquanto o arquivo digital mantém sua semântica pretendida.[123] Uma marca-d'água digital pode ser visível ou invisível. Usualmente é o logotipo de uma empresa, uma declaração de direitos autorais ou uma outra marca ou mensagem que indique o proprietário de um documento. O proprietário de um documento poderia mostrar a marca-d'água oculta em tribunais, por exemplo, para provar que o item portador da marca-d'água foi roubado.

A marca-d'água digital pode causar um impacto substancial no comércio eletrônico. Considere a indústria musical. Distribuidores de música e filmes estão preocupados que as tecnologias MP3 (áudio comprimido) e o MPEG-4 (vídeo comprimido) facilitem a distribuição ilegal de material protegido por direitos autorais. Conseqüentemente, muitos editores hesitam em publicar conteúdo on-line, pois conteúdo digital é fácil de copiar. E mais, porque CD-ROMs e DVD-ROMs armazenam informações digitais, usuários podem copiar arquivos multimídia e os compartilhar via Web. Usando marcas-d'água digitais, editores musicais podem fazer mudanças imperceptíveis em uma certa parte de uma canção em uma freqüência que não é audível para seres humanos para mostrar que a canção foi, de fato, copiada.

O software de marca-d'água Giovanni™ da Blue Spike usa chaves criptográficas para gerar e inserir marcas-d'água digitais esteganográficas em música e imagens digitais (www.bluespike.com). As marcas-d'água são colocadas aleatoriamente e não podem ser detectadas sem que se conheça o esquema de inserção; assim, são difíceis de identificar e eliminar.

Revisão

1. Quais as diferenças entre esteganografia e criptografia?
2. Em imagens de mapa de bits de escala cinza, cada pixel pode ser representado por um número entre 0 e 255. O número representa uma certa tonalidade de cinza entre 0 (preto) e 255 (branco). Descreva um possível esquema de esteganografia e explique por que ele funciona.

Respostas: 1) Esteganografia e criptografia são semelhantes porque ambas envolvem enviar uma mensagem privadamente. Porém, na esteganografia, estranhos não sabem que uma mensagem secreta está sendo enviada, embora o texto da mensagem normalmente seja comum. Na criptografia, estranhos sabem que uma mensagem secreta está sendo enviada, mas não podem decifrá-la com facilidade. 2) Uma mensagem secreta pode ser codificada substituindo-se cada um dos bits menos significativos da figura por um bit da mensagem, o que não afetaria muito a figura, porque cada pixel tornar-se-ia, no máximo, uma tonalidade mais clara ou mais escura. Na verdade, poucos dos intrusos conseguiriam detectar que a figura contém uma mensagem oculta.

19.12 Segurança proprietária e de código-fonte aberto

Quando se comparam os méritos de softwares de código-fonte aberto e proprietários, a segurança é uma preocupação importante. Defensores da segurança do código-fonte aberto declaram que soluções proprietárias garantem a segurança através de ocultação. Soluções proprietárias admitem que os invasores não podem analisar o código-fonte em busca de falhas de segurança, portanto, o número de ataques possíveis é menor.

Defensores da segurança do código-fonte aberto declaram que aplicações proprietárias de segurança limitam o número de usuários colaborativos que podem procurar falhas de segurança e contribuir para a segurança geral da aplicação. Se o público não puder revisar o código-fonte do software, certos erros que passam despercebidos dos desenvolvedores podem ser explorados. Desenvolvedores de softwares proprietários argumentam que seus softwares foram testados adequadamente por seus especialistas em segurança.

Defensores da segurança do código-fonte aberto também advertem que desenvolvedores de segurança proprietária relutam em revelar publicamente falhas de segurança, mesmo quando acompanhadas das correções adequadas, temendo que a revelação pública prejudique a reputação da empresa, o que pode desincentivar os fabricantes de liberar correções de segurança, conseqüentemente reduzindo a segurança do seu produto.

Uma vantagem primordial das aplicações de código-fonte aberto é a interoperabilidade — software de código-fonte aberto tende a implementar padrões e protocolos que muitos outros desenvolvedores podem incluir facilmente em seus produtos. Porque usuários podem modificar o código-fonte, também podem personalizar o nível de segurança de suas aplicações. Assim, um administrador pode personalizar o sistema operacional para incluir a política de acesso, o sistema de arquivo, o protocolo de comunicação e o interpretador de comandos mais seguros de todos. Ao contrário, usuários de software proprietário muitas vezes ficam limitados a características oferecidas pelo fabricante ou têm de pagar taxas adicionais para integrar outros recursos.

Uma outra vantagem da segurança de código-fonte aberto é que a sua aplicação está disponível para depuração e testes intensivos pela comunidade em geral. Por exemplo, o servidor Web Apache é uma aplicação de código-fonte aberto que sobreviveu durante quatro anos e meio sem nenhuma vulnerabilidade séria — um feito quase sem paralelo na área da segurança de computadores.[124, 125] Soluções de código-fonte aberto podem fornecer código que provavelmente seja seguro antes da distribuição. Soluções proprietárias dependem de um impressivo registro histórico de segurança ou de recomendações de um pequeno painel de especialistas que atestam sua segurança.

A limitação primordial da segurança em aplicações de código-fonte aberto é que o software muitas vezes é distribuído sem as configurações default de segurança padronizadas, o que pode aumentar a probabilidade de a segurança ser comprometida por erro humano, como inexperiência ou negligência. Por exemplo, diversas distribuições do Linux habilitam muitos serviços de rede por default, expondo o computador a ataques externos. Tais serviços requerem personalização e modificações significativas para impedir que invasores habilidosos comprometam o sistema. Sistemas proprietários, por outro lado, normalmente são instalados com a configuração adequada de segurança por default. Diferente da maioria das distribuições baseadas em UNIX, o sistema operacional de código-fonte aberto OpenBSD declara que sua instalação é totalmente garantida contra ataques externos por default. Entretanto, como qualquer usuário logo perceberá, é preciso significativa configuração para habilitar todos os serviços de comunicação, com exceção dos mais básicos.

É importante observar que sistemas proprietários podem ser tão seguros quanto os sistemas de código-fonte aberto, a despeito da oposição da comunidade do fonte aberto. Embora cada método ofereça armadilhas e méritos relativos, ambos exigem atenção com a segurança e liberação oportuna de correções para sanar quaisquer falhas de segurança que sejam descobertas.

Revisão

1. Por que uma empresa desenvolvedora de software hesitaria em admitir falhas de segurança?

2. Como soluções de software de criptografia de código-fonte aberto tratam o fato de a técnica que usam para gerar chaves ser disponibilizada ao público?

Respostas: 1) Reconhecer falhas de segurança pode prejudicar a reputação da empresa. 2) Esse tipo de software tem de usar um grande conjunto de chaves criptográficas para evitar ataques de força bruta de terceiros que tentam comprometer a segurança gerando todas as chaves criptográficas possíveis.

19.13 Estudo de caso: segurança de sistemas UNIX

Sistemas UNIX são projetados para incentivar interação de usuários, o que pode fazer com que fique mais difícil garantir sua segurança.[126, 127, 128, 129, 130, 131, 132] Sistemas UNIX pretendem ser abertos; suas especificações e códigos-fonte são amplamente disponíveis.

O arquivo de senhas do UNIX é criptografado. Quando um usuário digita uma senha, ela é criptografada e comparada com o arquivo de senhas criptografadas. Assim, as senhas são irrecuperáveis até mesmo pelo administrador do sistema. Sistemas UNIX usam salpicamento na criptografia das senhas.[133] O salpicamento é uma cadeia de dois caracteres selecionada aleatoriamente via função do horário e do ID do processo. Então, 12 bits do salpicamento modificam o algoritmo criptográfico. Assim, usuários que escolhem a mesma senha (por coincidência ou intencionalmente) terão senhas criptografadas diferentes (com alta probabilidade). Algumas instalações modificam o programa de senhas para impedir que usuários utilizem senhas fracas.

O arquivo de senhas deve ser legível para qualquer usuário porque contém outras informações cruciais (por exemplo, nomes de usuários, ID de usuários e assemelhados) requeridas por muitas ferramentas UNIX. Por exemplo, porque diretórios empregam IDs de usuários para registrar propriedade de arquivo, *ls* (a ferramenta que lista conteúdo de diretórios e propriedade de arquivos) precisa ler o arquivo de senhas para determinar nomes de usuários com base em IDs de usuários. Se crackers obtiverem o arquivo de senhas, eles poderão, potencialmente, quebrar a criptografia da senha. Para tratar essa questão, o UNIX protege o arquivo de senhas contra crackers, armazenando quaisquer informações que não sejam as senhas criptografadas no arquivo normal de senhas e armazenando as senhas criptografadas em um **arquivo-sombra de senhas** que pode ser acessado somente por usuários com privilégio de raiz.[134]

Com a característica de permissão *setuid* do UNIX, um programa pode ser executado usando os privilégios de um outro usuário. Essa característica poderosa contém falhas de segurança, particularmente quando o privilégio resultante é o de um 'superusuário' (com acesso a todos os arquivos de um sistema UNIX).[135, 136] Por exemplo, se um usuário regular conseguir executar um interpretador de comandos que pertença ao superusuário e para o qual o bit *setuid* foi configurado, então, essencialmente, o usuário regular se tornará o superusuário.[137] Fica claro que o *setuid* deve ser empregado com cuidado. Usuários, incluindo os que têm privilégios de superusuário, devem examinar periodicamente seus diretórios para confirmar a presença de arquivos *setuid* e detectar quaisquer arquivos que não devam ser *setuid*.

Um meio relativamente simples de comprometer a segurança em sistemas UNIX (e em outros sistemas operacionais) é instalar um programa que imprima o aviso de acesso ao sistema (login), copie o que o usuário digitar, finja acesso inválido e permita que o usuário tente novamente. Sem se dar conta, o usuário entregou sua senha! Uma defesa é que, se você tiver certeza de que digitou sua senha corretamente da primeira vez, deverá tentar novamente o acesso ao sistema em um terminal diferente e escolher uma nova senha imediatamente.[138]

Sistemas UNIX incluem o comando *crypt*, que permite que um usuário entre uma chave e texto comum. A saída é texto cifrado. A transformação pode ser revertida trivialmente com a mesma chave. Um problema com essa operação é que usuários tendem a usar a mesma chave repetidamente; uma vez descoberta a chave, todos os outros arquivos criptografados com essa chave podem ser lidos. Às vezes, os usuários se esquecem de apagar seus arquivos de texto comum após produzir versões criptografadas, o que torna a descoberta da chave muito mais fácil.

Muitas vezes, o número de pessoas que recebem privilégios de superusuário é demasiadamente grande. Restringir esses privilégios pode reduzir o risco da obtenção do controle de um sistema por invasores por erros cometidos por usuários inexperientes. Sistemas UNIX fornecem um comando de identidade de usuário substituta (*su*) para habilitar usuários a executar interpretadores de comando com credenciais de usuário diferentes. Toda a atividade *su* deve ser registrada; esse comando permite que qualquer usuário que digite uma senha correta de um outro usuário assuma a identidade daquele usuário, possivelmente até mesmo adquirindo privilégios de superusuário.

Uma técnica comum de cavalo-de-tróia é instalar um programa *su* falso que obtém a senha do usuário, envia a senha ao invasor por e-mail e restaura o programa *su* regular.[139] Nunca permita que outros tenham permissão de escrita para seus arquivos, especialmente para seus diretórios; se o fizer, está convidando alguém a instalar um cavalo-de-tróia.

Sistemas UNIX contêm uma característica denominada **envelhecimento de senha** (*password aging*) que permite ao administrador determinar por quanto tempo as senhas serão válidas; quando uma senha expira, o usuário recebe uma mensagem solicitando que digite uma nova senha.[140, 141] Essa característica apresenta vários problemas:

1. Usuários freqüentemente fornecem senhas fáceis de quebrar.
2. O sistema muitas vezes impede um usuário de recorrer à antiga (ou a qualquer outra) senha durante uma semana, para que ele não possa fortalecer uma senha fraca.
3. Usuários muitas vezes usam apenas duas senhas intercaladamente.

Senhas devem ser trocadas com freqüência. Um usuário pode monitorar todas as suas datas e horários de acesso ao sistema para determinar se um usuário não autorizado acessou o sistema (o que significa que sua senha foi descoberta). É comum que arquivos de registro de tentativas frustradas de acesso ao sistema armazenem senhas porque, às vezes, os usuários digitam acidentalmente sua senha quando a intenção era digitar o seu nome de usuário.

Alguns sistemas desabilitam contas após um pequeno número de tentativas malsucedidas de acesso ao sistema. Essa é uma defesa contra o intruso que experimenta todas as senhas possíveis. Um intruso que tenha invadido o sistema pode usar essa característica para desabilitar a conta ou contas de usuários, incluindo a do administrador do sistema, que poderia tentar detectar a intrusão.[142]

O invasor que ganhar superprivilégios temporariamente pode instalar um programa-armadilha com características não documentadas. Por exemplo, alguém que tenha acesso ao código-fonte poderia reescrever o programa de acesso ao sistema para aceitar um determinado nome de acesso e conceder a esse usuário privilégios de superusuário sem nem mesmo digitar uma senha.[143]

É possível que usuários individuais 'se apossem' do sistema e impeçam que outros usuários obtenham acesso. Um usuário pode conseguir isso gerando milhares de processos, cada um dos quais abre centenas de arquivos, preenchendo assim todos os espaços (slots) da tabela de arquivos abertos.[144] Uma proteção que as instalações podem implementar para se proteger contra isso é determinar limites razoáveis para o número de processos que um pai pode gerar e para o número de arquivos que um processo pode abrir de uma só vez; porém isso, por sua vez, poderia atrapalhar usuários legítimos que precisam dos recursos adicionais.

Revisão

1. Por que a característica *setuid* deve ser usada com cautela?
2. Discuta como sistemas UNIX protegem contra acessos não autorizados ao sistema e como invasores podem evitar e explorar esses mecanismos.

Respostas: 1) Quando um usuário executa o programa, o ID individual do usuário ou o ID do grupo ou ambos são trocados para o do usuário do programa somente enquanto o programa estiver executando. Se um usuário regular conseguir executar um interpretador de comandos que pertence ao superusuário e para o qual o bit *setuid* foi configurado, essencialmente, o usuário regular se tornará o superusuário. 2) Para proteger contra acessos não autorizados, sistemas UNIX usam envelhecimento de senha que força os usuários a mudar senhas freqüentemente, monitoram acessos de usuários e desativam contas após um pequeno número de tentativas de acesso frustradas. Invasores podem obter senhas usando cavalos-de-tróia, explorando o comando *su* e a característica *setuid*, e desativando uma conta (por exemplo, a conta do administrador do sistema) para impedir que o usuário reaja a uma invasão.

Resumo

Segurança de computadores trata a questão da prevenção do acesso não autorizado a recursos e informações mantidos por computadores. Segurança de computador comumente abrange garantir a privacidade e a integridade de dados sensíveis, restringir a utilização de recursos de computação e fornecer resiliência contra tentativas mal-intencionadas de incapacitar o sistema. Proteção abrange mecanismos que protegem recursos como hardware e serviços de sistemas operacionais contra ataques.

Criptografia trata da codificação e decodificação de dados de modo que eles somente possam ser interpretados pelos receptores pretendidos. Dados são transformados por meio de uma cifra, ou sistema criptográfico. Sistemas criptográficos modernos contam com algoritmos que operam em bits individuais ou em blocos (um grupo de bits) de dados, e não em letras do alfabeto. Chaves criptográficas e de decriptação são cadeias binárias de um tamanho determinado.

Criptografia simétrica, também conhecida como criptografia por chave secreta, usa a mesma chave secreta para criptografar e decriptar uma mensagem. O emissor criptografa a mensagem utilizando a chave secreta, então envia a mensagem criptografada ao receptor pretendido, que decifra a mensagem por meio da mesma chave secreta. Uma limitação da criptografia por chave secreta é que, antes que as duas partes possam se comunicar com segurança, precisam encontrar um meio seguro de passar a chave secreta uma para a outra.

Criptografia por chave pública resolve o problema do intercâmbio seguro de chaves simétricas. A criptografia por chave pública é assimétrica no sentido de que emprega duas chaves inversamente relacionadas: uma chave pública e uma chave privada. A chave privada é mantida em segredo por seu proprietário, enquanto a chave pública é distribuída livremente. Se a mensagem for cifrada com uma chave pública, só a chave privada correspondente pode decifrá-la.

O esquema de autenticação mais comum é a simples proteção por senha. O usuário escolhe e memoriza uma senha e, então, a apresenta ao sistema para obter admissão a um recurso ou sistema. Usuários tendem a escolher senhas fáceis de lembrar, como o nome de um cônjuge ou de um animal de estimação. Alguém que tenha obtido informações pessoais do usuário poderia tentar obter acesso ao sistema (login) várias vezes, usando senhas correspondentes às características do usuário; várias tentativas repetidas podem resultar em uma violação da segurança.

Biometria utiliza informações pessoais exclusivas — como impressões digitais, varreduras da íris ou varreduras da face — para identificar um usuário. Um cartão inteligente (*smart card*) é quase sempre projetado para parecer um cartão de crédito e pode servir a muitas funções diferentes, de autenticação a armazenamento de dados. Os cartões inteligentes mais populares são os cartões de memória e os cartões microprocessadores.

Sistemas de assinatura única simplificam o processo de autenticação, permitindo que o usuário acesse o sistema uma vez, usando uma única senha. Usuários autenticados via sistema de assinatura única podem então ter acesso a várias aplicações em vários computadores. É importante guardar as senhas de assinatura com muita segurança porque, se hackers se apossarem de uma senha, todas as aplicações protegidas por aquela senha podem ser acessadas e atacadas. Sistemas de assinatura única estão disponíveis sob as formas de scripts de acesso de estações de trabalho, scripts de servidor de autenticação e autenticação por ficha.

A chave para a segurança do sistema operacional é controlar o acesso a recursos do sistema. Os direitos de acesso mais comuns são ler, escrever e executar. Entre as técnicas que um sistema operacional emprega para gerenciar direitos de acesso estão matrizes de controle de acesso, listas de controle de acesso e listas de capacidades.

Há diversos tipos de ataques contra a segurança de sistemas, entre eles ataques criptoanalíticos, vírus e vermes (como o vírus ILOVEYOU e o verme Sapphire/Slammer), ataques de recusa de serviço (como um ataque ao sistema de nomes de domínios — DNS), exploração de software (como transbordamento de buffer) e invasão de sistema (como desfiguração da Web).

Há diversas soluções comuns de segurança, entre elas os firewalls (incluindo firewall de filtragem de pacotes, e gateways de nível de aplicação), sistemas de detecção de intrusos (incluindo detecção de intrusos baseada em hospedeiro e detecção de intrusos baseada na rede), softwares antivírus que usam verificação de assinatura e verificação heurística, correções de segurança (como hotfixes) e sistemas de arquivos seguros (como sistema de criptografia de arquivos).

Os cinco requisitos fundamentais para uma transação bem-sucedida e segura são privacidade, integridade, autenticação, autorização e não-rejeição. A questão da privacidade trata de garantir que a informação transmitida pela Internet não seja vista por um estranho; a da integridade trata de assegurar que a informação enviada ou recebida não seja alterada; a da autenticação trata de verificar as identidades do emissor e do receptor; a da autorização trata de gerenciar o acesso a recursos protegidos com base em credenciais do usuário; e a da não-rejeição trata de garantir que a rede funcionará continuamente.

Algoritmos por chave pública são muito freqüentemente empregados para trocar chaves públicas com segurança. O processo pelo qual duas partes podem trocar chaves por um meio não seguro é denominado protocolo de acordo de chaves. Protocolos comuns de acordo de chaves são envelopes digitais e assinaturas digitais (usando os algoritmos de hash SHA-1 e MD5).

Uma limitação da criptografia por chave pública é que vários usuários poderiam compartilhar o mesmo conjunto de chaves, dificultando a determinação da identidade de cada parte. A Infra-estrutura de Chave Pública (*Public Key*

Infrastructure — PKI) proporciona uma solução que integra criptografia por chave pública com certificados digitais e autoridades certificadoras para autenticar as partes de uma transação.

O protocolo de camada segura de soquetes (*Secure Sockets Layer* — SSL) é um protocolo não proprietário que garante comunicação segura entre dois computadores na Internet. SSL implementa criptografia por chave pública usando o algoritmo RSA e certificados digitais para autenticar o servidor em uma transação e para proteger informações privadas na passagem pela Internet. Transações SSL não requerem autenticação de cliente; muitos servidores consideram que um número válido de cartão de crédito seja suficiente para autenticação em compras seguras.

Redes virtuais privadas (*Virtual Private Networks* — VPNs) proporcionam comunicações seguras por conexões públicas. A criptografia habilita as VPNs a fornecer os mesmos serviços e segurança que as redes privadas. Uma VPN é criada estabelecendo um canal de comunicação seguro pela Internet. O IPSec (*Internet Protocol Security* — protocolo de segurança da Internet), que usa chave pública e criptografia por chave simétrica, para garantir a integridade, a autenticação e a confidencialidade dos dados, é comumente empregado para implementar um túnel seguro.

Dispositivos sem fio têm largura de banda e capacidade de processamento limitadas, alta latência e conexões instáveis, portanto, estabelecer comunicações sem fio seguras pode ser desafiador. O WEP (Wired Equivalent Privacy — protocolo de privacidade equivalente à rede com fio) protege comunicações sem fio criptografando dados transmitidos e impedindo acesso não autorizado à rede sem fio. O WEP tem diversas desvantagens que o tornam demasiadamente fraco para muitos ambientes. O WPA (Wi-Fi Protected Access — acesso protegido Wi-Fi) trata essas questões fornecendo melhor criptografia de dados e habilitando a identificação de usuário, uma característica que não é suportada pelo WEP.

Uma vantagem primordial das aplicações de segurança de código-fonte aberto é a interoperabilidade — aplicações de código-fonte aberto tendem a implementar padrões e protocolos que muitos desenvolvedores incluem em seus produtos. Uma outra vantagem da segurança de código-fonte aberto é que o código-fonte aberto de uma aplicação está disponível para depuração e testes intensivos pela comunidade em geral. Os principais pontos fracos da segurança proprietária são a não abertura do código-fonte e o fato de o número de usuários colaboradores (que podem procurar falhas de segurança e contribuir para a segurança geral da aplicação) ser limitado. Contudo, sistemas proprietários podem ser tão seguros quanto os sistemas de código-fonte aberto.

O arquivo de senhas do UNIX é armazenado sob forma criptografada. Quando um usuário digita uma senha, ela é criptografada e comparada com o arquivo de senhas. Assim, as senhas são irrecuperáveis até mesmo pelo administrador do sistema.

Com a característica de permissão *setuid* do UNIX, um programa pode ser executado por um usuário que usa os privilégios de um outro usuário. Essa característica poderosa tem falhas de segurança, particularmente quando o privilégio resultante é o de um 'superusuário' (que tem acesso a todos os arquivos de um sistema UNIX).

Exercícios

19.1 Por que uma declaração rigorosa de requisitos de segurança é decisiva para determinar se um dado sistema é seguro?

19.2 Compartilhamento e proteção são metas conflitantes. Dê três exemplos de compartilhamento suportados por sistemas operacionais. Para cada um deles, explique quais são os mecanismos de proteção necessários para controlar o compartilhamento.

19.3 Cite várias razões por que a proteção simples por senha é o esquema de autenticação mais comum usado hoje. Discuta os pontos fracos inerentes aos esquemas de proteção por senha.

19.4 Um especialista de segurança de sistemas operacionais propôs o seguinte modo econômico de implementar um nível de segurança razoável: simplesmente diga a todos que trabalham em uma instalação que o sistema operacional contém os mais avançados e melhores mecanismos de segurança. Mas não instale esses mecanismos, diz o especialista, apenas informe a todos que eles existem. A quem um esquema desse tipo poderia impedir de tentar uma violação da segurança? Quem provavelmente não seria impedido? Discuta as vantagens e desvantagens do esquema. Em que tipos de instalação poderia ser útil? Sugira uma modificação simples do esquema que o tornaria mais efetivo e ainda assim bem mais econômico do que um programa abrangente de segurança.

19.5 O que é o princípio do mínimo privilégio? Dê diversas razões por que ele faz sentido. Por que é necessário manter os domínios de proteção pequenos para efetuar a abordagem de mínimo privilégio da segurança? Por que as capacidades são particularmente úteis para obter domínios de proteção pequenos?

19.6 Em que as listas de capacidades são diferentes das listas de controle de acesso?

19.7 Por que entender criptografia é importante para projetistas de sistemas operacionais? Cite diversas áreas de sistemas operacionais nas quais a utilização de criptografia melhoraria muito a segurança. Por que um projetista preferiria não incluir criptografia em todas as facetas de um sistema operacional?

19.8 Por que é desejável incorporar certas funções de segurança de sistemas operacionais diretamente em hardware? Por que é útil microprogramar certas funções de segurança?

19.9 Defina rapidamente cada um dos seguintes termos:
    a. criptografia
    b. padrão de criptografia de dados (*Data Encryption Standard* — DES)
    c. problema da privacidade
    d. problema da integridade
    e. problema da não-rejeição
    f. texto comum
    g. texto cifrado
    h. canal não seguro
    i. intrometido
    j. criptoanálise

19.10 Defina rapidamente cada um dos seguintes termos:
  a. sistema de chave pública
  b. chave pública
  c. chave privada
  d. assinatura digital

19.11 Por que os ataques de recusa de serviço são uma preocupação tão grande para projetistas de sistemas operacionais? Cite alguns tipos de ataques de recusa de serviço. Por que é difícil detectar um ataque de recusa de serviço distribuído em um servidor?

19.12 O que é um arquivo de registro (log file)? Quais informações um sistema operacional poderia depositar em um arquivo de registro? De que maneira um arquivo de registro age como um desestímulo contra aqueles que poderiam cometer uma violação de segurança?

19.13 Explique como sistemas de criptografia por chave pública proporcionam meios efetivos de implementar assinaturas digitais.

19.14 Explique como a criptografia é útil em cada um dos seguintes itens:
  a. proteger a lista mestra de senhas de um sistema;
  b. proteger arquivos armazenados; e
  c. proteger transmissões vulneráveis em redes de computadores.

19.15 O administrador de sistemas UNIX não pode determinar a senha de um usuário que a perdeu. Por quê? Como esse usuário pode recuperar o acesso ao computador?

19.16 Como um usuário de sistema UNIX poderia se apossar do controle de um sistema e bloquear todos os outros usuários? Qual defesa poderia ser empregada contra essa técnica?

19.17 Por que empresas de software antivírus e de instalações de alta segurança contratam hackers?

Projetos sugeridos

19.18 No momento, parece que nossos sistemas de computação são alvos fáceis para invasão. Enumere os tipos de pontos fracos predominantes nos sistemas de hoje. Sugira como corrigir essas vulnerabilidades.

19.19 Elabore um estudo de invasão para um grande sistema de computador com o qual você tem familiaridade. Observe o seguinte:
  a. Faça o estudo somente com a cooperação total dos administradores e do pessoal da central de computadores.
  b. Solicite permissão para ter acesso rápido a toda a documentação disponível do sistema e listagens de fontes de software.
  c. Garanta que quaisquer falhas que constatar não serão divulgadas até que sejam corrigidas.
  d. Prepare um relatório detalhado resumindo suas descobertas e sugerindo correção para as falhas.
  e. Seus objetivos primordiais são conseguir
      i. invasão total do sistema;
      ii. recusa de acesso a usuários legítimos do sistema; e
      iii. fazer o sistema cair.
  f. Você pode acessar o sistema somente por meio de mecanismos convencionais disponíveis a usuários não privilegiados.
  g. Seus ataques têm de ser orientados a software e/ou firmware.

19.20 Elabore um trabalho de pesquisa sobre o algoritmo RSA. Quais princípios matemáticos ajudam o algoritmo RSA a ser difícil de quebrar?

19.21 Elabore um trabalho de pesquisa sobre como um software antivírus fornece segurança e, ao mesmo tempo, é minimamente invasivo.

19.22 Elabore um trabalho de pesquisa sobre a implementação da PGP. Explique por que o nome 'Privacidade Razoável' é apropriado.

19.23 Elabore um trabalho de pesquisa sobre os vírus e vermes mais custosos. Como esses vermes e vírus se propagaram? Quais os pontos fracos que exploraram?

19.24 Elabore um trabalho de pesquisa sobre como é realizado o IP Impostor (*IP spoofing*).

19.25 Discuta as questões éticas e legais que cercam a prática do hacking.

Simulação sugerida

19.26 Crie uma aplicação para codificar e decodificar mensagens secretas dentro de figuras de mapa de bits. Ao codificar, modifique o bit menos significativo de cada byte para armazenar informações sobre a mensagem. Para decodificar, apenas monte novamente a mensagem usando o bit menos significativo de cada byte.

Notas

1. B. Gates, "Bill Gates: trustworthy computing", 17 jan. 2002, www.wired.com/news/business/0,1367,49826,00.html.
2. M. McFarland, "Ethical issues of computer use", *Syllabus for Course Mc690*. Boston College, Chestnut Hill, MA, primavera 1989.
3. D. L. Parnas, "Software aspects of strategic defense systems", *Communications of the ACM*, v. 28, nº 12, dez. 1985, p. 1326-1335.
4. "Cryptography — Caesar cipher", http://www.trincoll.edu/depts/cpsc/cryptography/caesar.html.
5. "Methods of transposition", http://home.ecn.ab.ca/~jsavard/crypto/pp0102.htm.
6. "RSA Laboratories' frequently asked questions about today's cryptography, version 4.1", RSA Security Inc., 2000, www.rsasecurity.com/rsalabs/faq.
7. B. Cherowitzo, "Math 5410 Data Encryption Standard (DES)", 6 fev. 2002, www-math.cudenver.edu/~wcherowi/courses/m5410/m5410des.html.

8. M. Dworkin, "Advanced Encryption Standard (AES) fact sheet", 5 mar. 2001, csrc.nist.gov/CryptoToolkit/aes/round2/aesfact.html.
9. V. Rijmen, "The Rijndael page", 20 maio 2003, www.esat.kuleuven.ac.be/~rijmen/rijndael.
10. D. McNett, "RC5-64 has been solved!", 27 set. 2002, www.distributed.net/pressroom/news-20020926.html.
11. "RSA-based cryptographic schemes", RSA Laboratories Inc., 2003, www.rsasecurity.com/rsalabs/rsa_algorithm.
12. S. S. Ytteborg, "Overview of PGP", www.pgpi.org/doc/overview.
13. L. Lamport, "Password authentication with insecure communication", *Communications of the ACM*, v. 24, nº 11, nov. 1981, p. 770-772.
14. National Infrastructure Protection Center, "Password protection 101", 9 maio 2002, www.nipc.gov/publications/nipcpub/password.htm.
15. D. Deckmyn, "Companies push new approaches to authentication", *Computerworld*, 15 maio 2000, p. 6.
16. "Keyware launches its new biometric and centralized authentication products", Keyware, jan. 2001, hwww.keyware.com/press/press.asp?pid=44&menu=4.
17. J. Vijayan, "Biometrics meet wireless Internet", *Computerworld*, 17 jul. 2000, p. 14.
18. Smart Card Forum, "What's so smart about smart cards?", 2003, www.gemplus.com/basics/download/smartcardforum.pdf.
19. S. Gaudin, "The enemy within", *Network World*, 8 maio 2000, p. 122-126.
20. R. M. Needham e M. D. Schroeder, "Using encryption for authentication in large networks of computers", *Communications of the ACM*, v. 21, nº 12, dez. 1978, p. 993-999.
21. J. Steiner, C. Neuman e J. Schiller, "Kerberos: an authentication service for open network systems", *Proceedings of the Winter 1988 USENIX*, fev. 1988, p. 191-202.
22. J. Steiner, C. Neuman e J. Schiller, "Kerberos: an authentication service for open network systems", *Proceedings of the Winter 1988 USENIX*, fev. 1988, p. 191-202.
23. F. Trickey, "Secure single sign-on: fantasy or reality", Computer Security Institute, 1997.
24. L. Musthaler, "The Holy Grail of single sign-on", *Network World*, 28 jan. 2002, p. 47.
25. "Novell takes the market leader in single sign-on and makes it better", www.novell.com/news/press/archive/2003/09/pr03059.html.
26. "Protection and security", http://cs.nmu.edu/~randy/Classes/CS426/protection_and_security.html.
27. B. Lampson, "Protection", *ACM Operating Systems Review* 8, 1º jan. 1974, p. 18-24.
28. R. Sandhu e E. Coyne, "Role-based access control models", *IEEE Computer*, fev. 1996, p. 39.
29. R. Sandhu e E. Coyne, "Role-based access control models", *IEEE Computer*, fev. 1996, p. 40.
30. "Handbook of information security management: access control", www.cccure.org/Documents/HISM/094-099.html.
31. A. Chander, D Dean e J. C. Mitchell, "A state-transition model of trust management and access control", *IEEE Computer, in Proceedings of the 14th Computer Security Foundations Workshop (CSFW)*, jun. 2001, p. 27-43.
32. B. Lampson, "Protection", *Proceedings of the Fifth Princeton Symposium on Information Sciences and Systems*, 1971, p. 437-443.
33. T. A. Linden, "Operating system structures to support security and reliable software", *ACM Computing Surveys (CSUR)*, v. 8, nº 6, dez. 1976.
34. D. Moore et al., "The spread of the Sapphire/Slammer Worm", CAIDA, 3 fev. 2003, www.caida.org/outreach/papers/2003/sapphire/.
35. "Securing B2B", *Global Technology Business*, jul. 2000, p. 50-51.
36. "Cyber crime bleeds U.S. corporations, survey shows; financial losses from attacks climb for third year in a row", Computer Security Institute, 7 abr. 2002, www.gocsi.com/press/20020407.html.
37. P. Connolly, "IT outlook appears gloomy", *InfoWorld*, 16 nov. 2001, www.infoworld.com/articles/tc/xml/01/11/19/011119tcstate.xml.
38. T. Bridis, "U.S. archive of hacker attacks to close because it is too busy", *The Wall Street Journal*, 24 maio 2001, p. B10.
39. M. Andress, "Securing the back end", *InfoWorld*, 5 abr. 2002, www.infoworld.com/articles/ne/xml/02/04/08/020408neappdetective.xml.
40. R. Marshland, "Hidden cost of technology", *Financial Times*, 2 jun. 2000, p. 5.
41. T. Spangler, "Home is where the hack is", *Inter@ctive Week*, 10 abr. 2000, p. 28-34.
42. "Air gap architecture", Whale Communications, 2003, www.whalecommunications.com/site/Whale/Corporate/Whale.asp?pi=264.
43. O. Azim e P. Kolwalkar, "Network intrusion monitoring", *Business Security Advisor*, mar./abr. 2001, p. 16-19, advisor.com/doc/07390.
44. D. Wagner e D. Dean, "Intrusion detection via static analysis", *IEEE Symposium on Security and Privacy*, maio 2001.
45. C. Alberts e A. Dorofee, "OCTAVE information security risk evaluation", 30 jan. 2001, www.cert.org/octave/methodintro.html.
46. M. Delio, "Find the cost of (virus) freedom", *Wired News*, 14 jan. 2002, www.wired.com/news/infostructure/0,1377,49681,00.html.
47. L. M. Bridwell e P. Tippett, "ICSA labs seventh annual computer virus prevalence survey 2001", *ICSA Labs*, 2001.
48. M. Helenius, *A system to support the analysis of antivirus products' virus detection capabilities* — Dissertação acadêmica, Departamento de Ciências de Computação e Informação, Universidade de Tampere, Finlândia, maio 2002.
49. A. Solomon e T. Kay, *Dr. Solomon's PC anti-virus book*. Butterworth-Heinemann, 1994, p. 12-18.
50. University of Reading, "A guide to Microsoft Windows XP", 24 out. 2003, www.rdg.ac.uk/ITS/info/training/notes/windows/guide/.
51. M. Helenius, *A system to support the analysis of antivirus products' virus detection capabilities* — Dissertação acadêmica, Departamento de Ciências de Computação e Informação, Universidade de Tampere, Finlândia, maio 2002.
52. "OpenBSD security", OpenBSD Team, 17 set. 2003, www.openbsd.org/security.html.
53. "Top 10 reasons to get Windows XP for home PC security", Microsoft Corporation, 16 abr. 2003, www.microsoft.com/WindowsXP/security/top10.asp.
54. "What's new in security for Windows XP professional and Windows XP home edition", Microsoft Corporation, jul. 2001, www.microsoft.com/windowsxp/pro/techinfo/planning/security/whatsnew/WindowsXPSecurity.doc.
55. "OpenBSD: secure by default", *Security Electronics Magazine*, jan. 2002, www.semweb.com/jan02/itsecurityjan.htm.
56. J. Howard, "Daemon News: the BSD family tree", abr. 2001, www.daemonnews.org/200104/bsd_family.html.

57. "OpenBSD: secure by default", *Security Electronics Magazine*, jan. 2002, www.semweb.com/jan02/itsecurityjan.htm.
58. D. Jorm, "An overview of OpenBSD security", 8 ago. 2000, www.onlamp.com/pub/a/bsd/2000/08/08/OpenBSD.html.
59. J. Howard, "Daemon News: the BSD family tree", abr. 2001, www.daemonnews.org/200104/bsd_family.html.
60. J. Howard, "Daemon News: the BSD family tree", abr. 2001, www.daemonnews.org/200104/bsd_family.html.
61. "OpenBSD: secure by default", *Security Electronics Magazine*, jan. 2002, www.semweb.com/jan02/itsecurityjan.htm.
62. "OpenBSD security", OpenBSD Team, 17 set. 2003, www.openbsd.org/security.html.
63. "OpenBSD: secure by default", *Security Electronics Magazine*, jan. 2002, www.semweb.com/jan02/itsecurityjan.htm.
64. D. Jorm, "An overview of OpenBSD security", 8 ago. 2000, www.onlamp.com/pub/a/bsd/2000/08/08/OpenBSD.html.
65. J. Howard, "Daemon News: the BSD family tree", abr. 2001, www.daemonnews.org/200104/bsd_family.html.
66. "Cryptography in OpenBSD", OpenBSD Team, 25 set. 2003, www.openbsd.org/crypto.html.
67. "OpenBSD security", OpenBSD Team, 17 set. 2003, www.openbsd.org/security.html.
68. J. Howard, "Daemon News: the BSD family tree", abr. 2001, www.daemonnews.org/200104/bsd_family.html.
69. "OpenBSD security", OpenBSD Team, 17 set. 2003, www.openbsd.org/security.html.
70. T. Mullen, "Windows Server 2003 — secure by default", 27 abr. 2003, www.securityfocus.com/columnists/157.
71. "OpenBSD", OpenBSD Team, 27 set. 2003, www.openbsd.org.
72. "OpenBSD: secure by default", *Security Electronics Magazine*, jan. 2002, www.semweb.com/jan02/itsecurityjan.htm.
73. G. Sanford, "Lisa/Lisa 2/Mac XL", www.apple-history.com/noframes/body.php?page=gallery&model=lisa.
74. G. Sanford, "Macintosh 128k", www.apple-history.com/noframes/body.php?page=gallery&model=128k.
75. J. Trotot, "MacTM OS history", perso.club-internet.fr/jctrotot/Perso/History.html.
76. B. Horn, "On Xerox, Apple, and Progress", www.apple-history.com/noframes/body.php?page=gui_horn1.
77. B. Horn, "On Xerox, Apple, and Progress", www.apple-history.com/noframes/body.php?page=gui_horn1.
78. G. Sanford, "Lisa/Lisa 2/Mac XL", www.apple-history.com/noframes/body.php?page=gallery&model=lisa.
79. "1984 commercial", Apple Computer, www.apple-history.com/noframes/body.php?page=gallery&model=1984.
80. G. Sanford, "Macintosh 128k", www.apple-history.com/noframes/body.php?page=gallery&model=128k.
81. G. Sanford, "Company history: 1985–1993", www.apple-history.com/noframes/body.php?page=history&section=h4.
82. "Mac OS history", Universidade de Utah, 23 set. 2003, www.macos.utah.edu/Documentation/MacOSXClasses/macosxone/macintosh.html.
83. "Mac OS history", Universidade de Utah, 23 set. 2003, www.macos.utah.edu/Documentation/MacOSXClasses/macosxone/macintosh.html.
84. J. Trotot, "MacTM OS history", perso.club-internet.fr/jctrotot/Perso/History.html.
85. "Mac OS history", Universidade de Utah, 23 set. 2003, www.macos.utah.edu/Documentation/MacOSXClasses/macosxone/macintosh.html.
86. "The evolution of Darwin", Apple Computer, 2003, developer.apple.com/darwin/history.html.
87. "Apple—Mac OS X—features—UNIX", Apple Computer, 2003, www.apple.com/macosx/features/unix/.
88. "Apple—Mac OS X—features—Darwin", Apple Computer, 2003, www.apple.com/macosx/features/darwin/.
89. "Apple—Mac OS X—features—security", Apple Computer, 2003, www.apple.com/macosx/features/security/.
90. "Apple—Mac OS X—features—Windows", Apple Computer, 2003, www.apple.com/macosx/features/windows/.
91. "Orange Book FAQ", Dynamoo, jun. 2002, www.dynamoo.com/orange/faq.htm.
92. "Orange Book", *The Jargon Dictionary*, info.astrian.net/jargon/terms/o/Orange_Book.html.
93. "Orange Book summary", Dynamoo, mar. 2003, www.dynamoo.com/orange/summary.htm.
94. "Orange Book — full text", Dynamoo, jun. 2002, www.dynamoo.com/orange/fulltext.htm.
95. "EPL Entry CSC-EPL-95/006.D", jan. 2000, www.radium.ncsc.mil/tpep/epl/entries/CSC-EPL-95-006-D.html.
96. "EPL Entry CSC-EPL-93/008.A", jul. 1998, www.radium.ncsc.mil/tpep/epl/entries/CSC-EPL-93-008-A.html.
97. "EPL Entry CSC-EPL-93/003.A", jul. 1998, www.radium.ncsc.mil/tpep/epl/entries/CSC-EPL-93-003-A.html.
98. "EPL Entry CSC-EPL-93/006.A", jul. 1998, www.radium.ncsc.mil/tpep/epl/entries/CSC-EPL-93-006-A.html.
99. F. J. Corbató e V. A. Vyssotsky, "Introduction and overview of the Multics System", www.multicians.org/fjcc1.html.
100. "EPL Entry CSC-EPL-90/001.A", jul. 1998, www.radium.ncsc.mil/tpep/epl/entries/CSC-EPL-90-001-A.html.
101. "EPL Entry CSC-EPL-92/003.E", jun. 2000, www.radium.ncsc.mil/tpep/epl/entries/CSC-EPL-92-003-E.html.
102. "EPL Entry CSC-EPL-94/006", jul. 1998, www.radium.ncsc.mil/tpep/epl/entries/CSC-EPL-94-006.html.
103. "4.1.3.14 how are certifying authorities susceptible to attack?", RSA Laboratories, 16 abr. 2003, www.rsasecurity.com/rsalabs/faq/4-1-3-14.html.
104. G. Hulme, "VeriSign gave Microsoft certificates to imposter", *Information Week*, 3 mar. 2001.
105. C. Ellison e B. Schneier, "Ten risks of PKI: what you're not being told about public key infrastructure", *Computer Security Journal*, 2000.
106. "X.509 Internet public key infrastructure Online Certificate Status Protocol — OCSP", RFC 2560, jun. 1999, www.ietf.org/rfc/rfc2560.txt.
107. S. Abbot, "The debate for secure e-commerce", *Performance Computing*, fev. 1999, p. 37-42.
108. T. Wilson, "E-biz bucks lost under the SSL train", *Internet Week*, 24 maio 1999, p. 1, 3.
109. H. Gilbert, "Introduction to TCP/IP", 2 fev. 1995, www.yale.edu/pclt/COMM/TCPIP.HTM.
110. "Security protocols overview", RSA Laboratories, 1999, www.rsasecurity.com/standards/protocols.
111. "The TLS protocol version 1.0", RFC 2246, jan. 1999, www.ietf.org/rfc/rfc2246.txt.
112. "VPN solutions", Cisco Systems, 2003, www.cisco.com/warp/public/44/solutions/network/vpn.shtml.
113. S. Burnett e S. Paine, *RSA security's official guide to cryptography*. Berkeley: Osborne McGraw-Hill, 2001, p. 210.
114. "3.6.1 what is Diffie-Hellman?", RSA Laboratories, 16 abr. 2003, www.rsasecurity.com/rsalabs/faq/3-6-1.html.
115. D. Naik, *Internet standards and protocols*. Redmond: Microsoft Press, 1998, p. 79-80.
116. M. Grayson, "End the PDA security dilemma", *Communication News*, fev. 2001, p. 38-40.
117. M. Fratto, "Tutorial: wireless security", 22 jan. 2001, www.networkcomputing.com/1202/1202f1d1.html.

118. K. Westoby, "Security issues surrounding wired equivalent privacy", 26 mar. 2002, www.cas.mcmaster.ca/~wmfarmer/SE-4C03-02/projects/student_work/westobkj.html.
119. N. Borisov, I. Goldberg e D. Wagner, "Security of the WEP algorithm", www.isaac.cs.berkeley.edu/isaac/wepfaq.html.
120. J. Geier, "802.11 WEP: concepts and vulnerability", 20 jun. 2002, www.wi-fiplanet.com/tutorials/article.php/1368661.
121. J. Geier, "WPA plugs holes in WEP", 31 mar. 2003, www.nwfusion.com/research/2003/0331wpa.html.
122. "Special report: wireless 101", CNN Wireless Society, 2003, www.cnn.com/SPECIALS/2003/wireless/interactive/wireless101/index.html.
123. S. Katzenbeisser e F. Petitcolas, *Information hiding: techniques for steganography and digital watermarking*. Norwood: Artech House, 2000, p. 1-2.
124. J. Evers, "Worm exploits Apache", *InfoWorld*, 1º jul. 2002, www.infoworld.com/articles/hn/xml/02/07/01/020701hnapache.xml.
125. J. Lasser, "Irresponsible disclosure", *SecurityFocus Online*, 26 jun. 2002, online.securityfocus.com/columnists/91.
126. F. T. Grampp e R. H. Morris, "UNIX operating system security", *AT&T Bell Laboratories Technical Journal*, v. 63, nº 8, out. 1984, p. 1649-1672.
127. P. Wood e S. Kochan, *UNIX system security*. Hasbrouck Heights, NJ: Hayden Book, 1985.
128. R. Farrow, "Security issues and strategies for users", *UNIX World*, abr. 1986, p. 65-71.
129. R. Farrow, "Security for superusers, or how to break the UNIX system", *UNIX World*, maio 1986, p. 65-70.
130. A. Filipski e J. Hanko, "Making UNIX secure", *Byte*, abr. 1986, p. 113-128.
131. S. Coffin, *UNIX: the complete reference*. Berkeley, CA: Osborne McGraw-Hill, 1988.
132. M. S. Hecht, A. Johri, R. Aditham e T. J. Wei, "Experience adding C2 security features to UNIX", *USENIX Conference Proceedings*, São Francisco, CA, 20-24 jun. 1988, p. 133-146.
133. A. Filipski e J. Hanko, "Making UNIX secure", *Byte*, abr. 1986, p. 113-128.
134. "Linux password & shadow file formats", www.tldp.org/LDP/lame/LAME/linux-admin-made-easy/shadow-file-formats.html.
135. S. Coffin, *UNIX: the complete reference*. Berkeley, CA: Osborne McGraw-Hill, 1988.
136. S. M. Kramer, "Retaining SUID programs in a secure UNIX", *USENIX Conference Proceedings*, São Francisco, CA, 20-24 jun. 1988, p. 107-118.
137. R. Farrow, "Security issues and strategies for users", *UNIX World*, abr. 1986, p. 65-71.
138. A. Filipski e J. Hanko, "Making UNIX secure", *Byte*, abr. 1986, p. 113-128.
139. R. Farrow, "Security issues and strategies for users", *UNIX World*, abr. 1986, p. 65-71.
140. F. T. Grampp e R. H. Morris, "UNIX operating system security", *AT&T Bell Laboratories Technical Journal*, v. 63, nº 8, out. 1984, p. 1649-1672.
141. S. Coffin, *UNIX: the complete reference*. Berkeley, CA: Osborne McGraw-Hill, 1988.
142. D. S. Bauer e M. E. Koblentz, "NIDX — a real-time intrusion detection expert system", *USENIX Conference Proceedings*, São Francisco, CA, 20-24 jun. 1988, p. 261-274.
143. R. Farrow, "Security issues and strategies for users", *UNIX World*, abr. 1986, p. 65-71.
144. A. Filipski e J. Hanko, "Making UNIX secure", *Byte*, abr. 1986, p. 113-128.

Parte 8

Estudos de casos de sistemas operacionais

Deixemos que nossos filhos aprendam sobre os heróis do passado.
Nossa tarefa é tornarmo-nos arquitetos do futuro.
Mzee Jomo Kenyatta

Os dois capítulos finais apresentam estudos de casos minuciosos sobre o Linux e o Microsoft Windows XP. Eles reforçam os conceitos fundamentais do texto e demonstram como princípios de sistemas operacionais são aplicados em sistemas operacionais do mundo real. O Capítulo 20 examina a história e os componentes centrais do Linux 2.6 — o mais popular sistema operacional de código-fonte aberto —, incluindo arquitetura do núcleo, gerenciamento de processos, gerenciamento de memória, sistemas de arquivos, gerenciamento de E/S, sincronização, IPC, redes, escalabilidade e segurança. O Capítulo 21 explora as partes internas do Windows XP — o mais popular sistema operacional proprietário. O estudo de caso examina a história, as metas do projeto e os componentes centrais do XP, incluindo arquitetura do sistema, mecanismos de gerenciamento do sistema, gerenciamento de processos e threads, gerenciamento de memória, gerenciamento de sistemas de arquivos, gerenciamento de entrada/saída, IPC, rede, escalabilidade e segurança.

De graça recebestes, de graça dai.
Mateus, 10:8

Capítulo 20

Estudo de caso: Linux

De graça recebestes, de graça dai.
Mateus, 10:8

O mundo está andando tão rapidamente esses dias que quem disser que algo não pode ser feito em geral é interrompido por alguém que já está fazendo.
Elbert Hubbard

Quando o seu Demônio estiver no comando, não tente pensar conscienciosamente. Devaneie, espere e obedeça.
Rudyard Kipling

Eu anseio por realizar uma grande e nobre tarefa, mas meu principal dever é realizar pequenas tarefas como se fossem grandes e nobres.
Helen Keller

Deixemos que nossos filhos aprendam sobre os heróis do passado. Nossa tarefa é tornarmo-nos arquitetos do futuro.
Mzee Jomo Kenyatta

Objetivos

Este capítulo apresenta:

- *A arquitetura do núcleo do Linux.*
- *A implementação Linux de componentes de sistema operacional, como processos, memória e gerenciamento de arquivos.*
- *As camadas de software que compõem o núcleo Linux.*
- *Como o Linux organiza e gerencia dispositivos de sistema.*
- *Como o Linux gerencia operações de E/S.*

- Mecanismos de comunicação e sincronização interprocessos no Linux.
- Como o Linux escala para sistemas multiprocessadores e embarcados.
- Características de segurança do Linux.

20.1 Introdução

A versão 2.6 do núcleo do Linux é a essência do mais popular sistema operacional de código-fonte aberto, distribuído gratuitamente, com características completas. Ao contrário dos sistemas operacionais proprietários, o código-fonte do Linux está disponível ao público para exame e modificação, e seu download e instalação são gratuitos. O resultado é que os usuários se beneficiam de uma comunidade de desenvolvedores que estão depurando e melhorando o núcleo ativamente, da inexistência de taxas de licenciamento e restrições e da capacidade de personalizar completamente o sistema operacional para atender a necessidades específicas. Embora a produção do Linux não esteja concentrada em uma corporação, aqueles que o utilizam podem receber assistência técnica de fornecedores do Linux mediante o pagamento de uma taxa ou gratuitamente por meio de uma comunidade de usuários.

O sistema operacional Linux, desenvolvido por uma equipe de voluntários organizada sem muitas restrições, é encontrado em servidores avançados, computadores de mesa e sistemas embarcados. Além de oferecer capacidades centrais de sistema operacional, como escalonamento de processos, gerenciamento de memória, gerenciamento de dispositivos e gerenciamento de sistemas de arquivos, o Linux suporta muitas características avançadas, como multiprocessamento simétrico (SMP), acesso não uniforme à memória (NUMA), acesso a sistemas de arquivos múltiplos e suporte a um amplo espectro de arquiteturas de hardware. Este estudo de caso oferece ao leitor a oportunidade de avaliar um sistema operacional real com substancial detalhamento no contexto dos conceitos de sistema operacional discutidos em todo este livro.

20.2 História

Em 1991, Linus Torvalds, um estudante de 21 anos da Universidade de Helsinque, Finlândia, começou a desenvolver o núcleo do Linux (o nome deriva de 'Linus' e 'UNIX') como um passatempo. Torvalds desejava aprimorar o projeto do Minix, um sistema operacional criado pelo professor Andrew S. Tanenbaum, da Vrije Universiteit, de Amsterdã. O código-fonte do Minix, que serviu de ponto de partida para o projeto do Linux de Torvalds, estava disponível publicamente para que professores pudessem demonstrar a seus estudantes conceitos básicos de implementação de sistemas operacionais.[1]

Nos primeiros estágios de desenvolvimento, Torvalds procurou orientação com quem estava familiarizado com o sistema sobre as deficiências do Minix; em seguida, projetou o Linux com base nessas sugestões e realizou esforços adicionais para envolver a comunidade de sistemas operacionais em seu projeto. Em setembro de 1991, ele liberou a primeira versão (0.01) do sistema operacional Linux anunciando a disponibilidade do seu código-fonte para um grupo de discussão do Minix.[2]

A resposta levou à criação de uma comunidade que continua a desenvolver e suportar o Linux. Desenvolvedores descarregaram, testaram e modificaram o código do Linux, apresentando correção de erros e dando retorno a Torvalds que revisava as melhorias e as aplicava ao código; em outubro de 1991, ele liberou a versão 0.02 do sistema operacional Linux.[3]

Embora faltassem aos primeiros núcleos do Linux muitas características implementadas em sistemas operacionais estabelecidos como o UNIX, desenvolvedores continuaram a dar apoio àquele sistema novo, disponível gratuitamente. À medida que crescia a popularidade do Linux, desenvolvedores trabalhavam para sanar suas deficiências, como, por exemplo, a ausência de um mecanismo de acesso ao sistema (login) e sua dependência do Minix para compilar. Entre outros recursos que faltavam, estavam o suporte para discos flexíveis e um sistema de memória virtual.[4] Torvalds prosseguiu com a manutenção do código-fonte do Linux, aplicando as mudanças que achava conveniente.

Enquanto o Linux se desenvolvia e conquistava mais suporte dos desenvolvedores, Torvalds reconheceu seu potencial para se tornar mais do que um sistema operacional de passatempo. Decidiu que o Linux deveria seguir as normas da especificação POSIX para aprimorar sua interoperabilidade com outros sistemas semelhantes ao UNIX. Lembre-se de que POSIX, a interface portável de sistema operacional (Portable Operating System Interface), define padrões para interfaces de aplicação para serviços de sistemas operacionais, como discutido na Seção 2.7, "Interfaces de programas de aplicação (APIs)".[5]

A liberação da versão 1.0 do Linux em 1994 incluía muitas características comumente encontradas em sistemas operacionais maduros, como multiprogramação, memória virtual, carregamento sob demanda e rede TCP/IP.[6] Ela proporcionava a funcionalidade necessária para o Linux tornar-se uma alternativa viável ao sistema operacional licenciado UNIX.

Embora se beneficiasse do licenciamento gratuito, o processo de instalação e configuração do Linux era complexo. Para que usuários não familiarizados com os detalhes do sistema conseguissem instalá-lo e usá-lo convenientemente, instituições acadêmicas, como a University of Manchester e a Texas A&M University, e organizações como a Slackware Linux (www.slackware.org) criaram **distribuições** do Linux que incluíam software como o núcleo do Linux, aplicações de sistema (gerenciamento de conta de usuário, gerenciamento de rede e ferramentas de segurança), aplicações de usuário (GUI, navegadores Web, editores de texto, aplicações de e-mail, bancos de dados e jogos) e ferramentas para simplificar o processo de instalação.[7]

À medida que o desenvolvimento do núcleo progredia, o projeto adotou um esquema de numeração de versões. O primeiro dígito representa o **número principal da versão**, que é incrementado segundo a vontade de Torvalds para cada núcleo liberado que contenha um conjunto de características significativamente diferente do conjunto da versão anterior. O **número secundário da versão** (o dígito logo após o ponto decimal) pode ser par ou ímpar. Núcleos descritos por um número secundário par, como 1.0.9, são considerados liberações estáveis, enquanto um número secundário ímpar, como 2.1.6, indica a versão de desenvolvimento. O dígito que se segue ao segundo ponto decimal é incrementado para cada pequena atualização do núcleo.

Núcleos de desenvolvimento incluem novas características que ainda não foram testadas extensivamente, portanto não são confiáveis para uso em produção. Durante todo o processo de desenvolvimento, desenvolvedores criam e testam novas características; uma vez que um núcleo de desenvolvimento fique estável (ou seja, o núcleo não contenha nenhum erro conhecido), Torvalds o declara um núcleo para liberação.

Quando da liberação da versão 2.0, em 1996, o número de linhas de código do núcleo do Linux tinha crescido para 400 mil. [*Nota*: A versão 6.2 da Red Hat, que incluía a versão 2.0 do núcleo do Linux, continha aproximadamente 17 milhões de linhas de código. Por comparação, o Microsoft Windows 95 continha cerca de 15 milhões de linhas de código e o Solaris da Sun, 8 milhões.][8]

Milhares de desenvolvedores contribuíram com características e correções de erros e mais de 1,5 milhão de usuários havia instalado o sistema operacional.[9] Embora essa liberação fosse atraente para o mercado de servidores, a vasta maioria dos usuários de computadores de mesa ainda relutava em usar o Linux como sistema operacional cliente. A versão 2.0 oferecia características empresariais como suporte para SMP, controle de tráfego de rede e quotas de discos. Um outro recurso importante permitia que porções do núcleo fossem modularizadas, de modo que usuários pudessem adicionar drivers de dispositivos e outros componentes de sistema sem reconstruir o núcleo.

A versão 2.2 do núcleo, liberada por Torvalds em 1999, melhorou o desempenho das características existentes na versão 2.0, como SMP, suporte de áudio e sistemas de arquivo, e adicionou outras, como extensão para o subsistema de rede do núcleo que permitia que os administradores do sistema inspecionassem e controlassem o tráfego da rede no nível de pacote. Esse recurso simplificava a instalação de firewalls e o encaminhamento de tráfego de rede como solicitado por administradores de servidor.[10]

Muitas das novas características da versão 2.2, como suporte de USB, suporte de CD-RW e gerenciamento avançado de energia, visavam ao mercado de computadores de mesa. Essas características foram designadas como experimentais porque ainda não eram suficientemente confiáveis para que fossem usadas em sistemas de produção. Embora a versão 2.2 tenha melhorado a capacidade de utilização em ambientes de mesa, na verdade o Linux ainda não podia concorrer com os populares sistemas operacionais de computadores de mesa existentes na época, como o Windows 98 da Microsoft. O usuário de computadores de mesa estava mais preocupado com a disponibilidade de aplicações e com o 'jeitão' da interface de usuário do que com a funcionalidade do núcleo. Todavia, à medida que o desenvolvimento do núcleo do Linux prosseguia, também continuava o desenvolvimento de aplicações Linux.

O próximo núcleo estável, versão 2.4, foi liberado por Torvalds em janeiro de 2001. Nessa liberação, vários subsistemas de núcleo foram modificados e, em alguns casos, completamente reescritos para suportar hardware mais novo e para usar o hardware existente com maior eficiência. Além disso, o Linux foi modificado para executar em arquiteturas de alto desempenho, entre elas Itanium de 64 bits da Intel, MIPS de 64 bits e Opteron de 64 bits da AMD e arquiteturas de dispositivos de mão, como a SuperH.

Fabricantes de sistemas empresariais como a IBM e a Oracle interessavam-se cada vez mais pelo Linux à medida que o sistema continuava a se estabilizar e a se propagar para novas plataformas. Porém, para se tornar viável ao mercado empresarial, o Linux precisava escalar para sistemas avançados e também para sistemas embarcados, necessidade atendida pela versão 2.4.[11]

A versão 2.4 abordou uma questão crítica de escalabilidade, melhorando o desempenho em sistemas multiprocessadores avançados. Embora o Linux incluísse suporte SMP desde a versão 2.0, mecanismos de sincronização insuficientes e outros problemas limitavam o desempenho em sistemas que continham mais de quatro processadores. Os aperfeiçoamentos da versão 2.4 habilitavam o núcleo a escalar para 8, 16 ou mais processadores.[12]

A versão 2.4 também abordava as necessidades dos usuários de computadores de mesa. Características experimentais do núcleo 2.2, como suporte USB e gerenciamento de energia, ficaram maduras no núcleo 2.4. Esse núcleo suportava um grande conjunto de dispositivos de mesa; contudo, diversas questões como o poder da Microsoft no mercado e o pequeno número de aplicações Linux amigáveis ao usuário impediram a utilização em grande escala do sistema em computadores de mesa.

O desenvolvimento do núcleo versão 2.6 focalizava a escalabilidade, a conformidade aos padrões e as modificações de subsistemas de núcleo para melhorar o desempenho. Desenvolvedores de núcleo focalizaram a escalabilidade aumentando o suporte SMP, dando suporte para sistemas NUMA e reescrevendo o escalonador de processos para melhorar o desempenho das operações de escalonamento. Entre outros aprimoramentos do núcleo figuravam o suporte a algoritmos avançados de escalonamento de disco, uma nova camada de E/S de bloco, melhoria no atendimento às normas POSIX, um subsistema de áudio atualizado e suporte a memórias de grande porte e discos.

20.3 Visão geral do Linux

O Linux tem um processo de desenvolvimento próprio e se beneficia de uma profusão de diversas aplicações (gratuitas) de sistema e de usuário. Nesta seção, resumiremos as características do núcleo do Linux, discutiremos o processo de padronização e desenvolvimento do núcleo e apresentaremos diversas aplicações de usuário que melhoram a capacidade de utilização e a produtividade do Linux.

Além do núcleo, os sistemas Linux incluem interfaces e aplicações de usuário. Uma aplicação de usuário pode ser simples como um interpretador de comando (shell) baseado em texto, embora distribuições padronizadas do Linux incluam várias GUIs por meio das quais os usuários podem interagir com o sistema. O sistema operacional Linux toma emprestada do UNIX a abordagem em camadas do sistema. Usuários acessam aplicações via interface de usuário; essas aplicações acessam recursos via interface de chamada ao sistema, portanto, invocam o núcleo. Então o núcleo pode acessar o hardware do sistema conforme necessário, em nome da aplicação requisitante. Além de criar processos usuários, o sistema cria threads de núcleo que executam muitos serviços de núcleo. Threads de núcleo são implementados como **daemons** que permanecem adormecidos até que o escalonador ou um outro componente do núcleo os acordem.

Porque o Linux é um sistema multiusuário, o núcleo deve fornecer mecanismos para gerenciar direitos de acesso de usuários e oferecer proteção para recursos do sistema. Portanto, o Linux restringe operações que possam danificar o núcleo e/ou o hardware do sistema a um usuário que tenha privilégios de **superusuário** (também denominado **raiz**). Por exemplo, o privilégio de superusuário habilita um usuário a gerenciar senhas, especificar direitos de acesso para outros usuários e executar código que modifica arquivos do sistema.

20.3.1 Desenvolvimento e comunidade

O projeto Linux é mantido por Linus Torvalds, o árbitro final de qualquer código apresentado para o núcleo. A comunidade de desenvolvedores modifica continuamente o sistema operacional e a cada dois ou três anos libera uma nova versão estável do núcleo. Então, passa para o desenvolvimento do núcleo seguinte discutindo novas características via listas de e-mail e fóruns on-line. Torvalds delega a manutenção de núcleos estáveis a desenvolvedores de confiança e gerencia o núcleo em desenvolvimento. Correções de erros e aprimoramento de desempenho para versões estáveis são aplicados ao código-fonte e liberados como atualizações da versão estável. Em paralelo, núcleos de desenvolvimento são liberados em vários estágios do processo de codificação para que o público os revise, teste e dê retorno.

Torvalds e uma equipe de aproximadamente 20 membros do seu 'círculo interno' — um conjunto de desenvolvedores que comprovaram sua competência produzindo adições significativas ao núcleo do Linux — são incumbidos do aperfeiçoamento das características correntes e da codificação de novas. Esses desenvolvedores primários apresentam códigos a Torvalds que os revisa e os aceita ou rejeita dependendo de fatores como correção, desempenho e estilo. Quando um núcleo de desenvolvimento está maduro ao ponto em que o conteúdo de seu conjunto de características satisfaça Torvalds, ele declara um **congelamento de característica**. Desenvolvedores podem continuar a apresentar correção de erros, códigos que melhorem o desempenho do sistema e aperfeiçoamento para características que estão em desenvolvimento.[13] Quando o núcleo está quase concluído, ocorre um **congelamento de código**. Durante essa fase somente são aceitos códigos de correção de erros. Quando Torvalds decide que todos os erros conhecidos importantes já foram resolvidos, o núcleo é declarado estável e liberado com uma nova versão de número secundário par.

Embora muitos desenvolvedores do Linux contribuam para o núcleo como indivíduos, corporações como a IBM têm investido recursos significativos no melhoramento do núcleo do Linux para utilização em sistemas de grande porte. Essas corporações comumente cobram por ferramentas e serviços de suporte. Outros usuários e desenvolvedores da comunidade Linux oferecem suporte gratuito. Os usuários podem fazer perguntas por meio de grupos de usuários, listas de mensagem eletrônica (também denominadas *listservs*) ou fóruns de discussão, e podem encontrar respostas para dúvidas em FAQs (respostas a perguntas freqüentes) e guias passo a passo denominados HOWTOs (COMOFAZER). Os URLs para esses recursos podem ser encontrados nos sites apresentados na Seção "Recursos da Web" no site deste livro. Como alternativa, serviços dedicados de suporte podem ser comprados de fabricantes.

O download, a modificação e a distribuição do Linux são gratuitos para os usuários, segundo a GNU General Public License (GPL). GNU (pronunciado gâ-níu, em inglês) é um projeto criado pela Free Software Foundation em 1984 com o intuito de fornecer gratuitamente ao público sistemas operacionais e software semelhantes ao UNIX.[14] A General Public License especifica que qualquer distribuição do software sob sua licença deve ser acompanhada da GPL, indicar claramente que o código original foi modificado e deve incluir o código-fonte completo. Embora o Linux seja um software gratuito, tem direitos de propriedade registrados (muitos desses direitos pertencem a Linus Torvalds); qualquer software que se basear em qualquer material registrado do Linux deve declarar claramente seu código-fonte e também ser distribuído sob os termos da GPL.

20.3.2 Distribuições

No final da década de 1990, o Linux já tinha amadurecido, mas ainda era ignorado por grande parte dos usuários de computadores de mesa. Em um mercado de PCs dominado pela Microsoft e pela Apple, o Linux era considerado difícil de usar. Quem desejava instalar o sistema tinha de descarregar o código-fonte, customizar manualmente os arquivos de configuração e compilar o núcleo. Os usuários ainda precisavam descarregar e instalar aplicações para executar trabalho produtivo. À medida que o Linux amadurecia, desenvolvedores perceberam a necessidade de um processo de instalação amigável, o que levou à criação de distribuições que incluíam o núcleo, aplicações e interfaces de usuário, bem como outras ferramentas e acessórios.

Atualmente há mais de 300 distribuições disponíveis, cada uma oferecendo uma variedade de características. Distribuições amigáveis ao usuário e ricas em aplicações são populares entre os usuários — em geral incluem uma GUI intuitiva e aplicações de produtividade, como processadores de texto, planilhas e navegadores Web. Distribuições são comumente divididas em **pacotes**, cada um contendo uma única aplicação ou serviço. Usuários podem personalizar um sistema Linux instalando ou eliminando pacotes, seja durante o processo de instalação, seja durante a execução. Exemplos dessas distribuições são Debian, Mandrake, Red Hat, Slackware e SuSE.[15] Mandrake, Red Hat e SuSE são organizações comerciais que fornecem distribuições Linux para mercados de servidores avançados e de usuários de computadores de mesa.[16, 17, 18] Debian e Slackware são organizações sem fins lucrativos compostas por desenvolvedores voluntários que atualizam e fazem a manutenção das distribuições Linux.[19, 20] Outras distribuições atendem ambientes específicos como sistemas para dispositivos de mão (OpenZaurus) e sistemas embarcados (uClinux).[21, 22] Todas as partes das distribuições que utilizam o código licenciado GPL podem ser modificadas e redistribuídas gratuitamente por usuários finais, mas a GPL não proíbe que distribuidores cobrem uma taxa pelos custos de distribuição (por exemplo, o custo do material de embalagem) ou pelo suporte técnico.[23, 24]

20.3.3 Interface com o usuário

Em um ambiente Microsoft Windows XP ou Macintosh OS X, o usuário recebe uma interface padronizada, personalizável, composta da GUI e de um terminal ou interpretador de comandos (shell) emulado (por exemplo, uma janela contendo um aviso (prompt) de linha de comando). O Linux, ao contrário, é apenas o núcleo de um sistema operacional e não especifica uma interface com o usuário 'padrão'. Muitos interpretadores de comando de console, como *bash* (Bourne-again shell), *csh* (um interpretador de comandos que fornece sintaxe parecida com C, pronunciado como 'seashell', em inglês) e *esh* (easy shell) são comumente encontrados em sistemas usuários.[25]

Para usuários que preferem uma interface gráfica a interpretadores de comando de console, há diversas GUIs disponíveis gratuitamente, muitas das quais fazem parte do pacote da maioria das distribuições do Linux. As mais encontradas em sistemas Linux são compostas de diversas camadas. Na maioria dos sistemas Linux, a camada mais inferior é a X Window System (www.XFree86.org), uma interface gráfica de baixo nível originalmente desenvolvida no MIT em 1984.[26] A X Window System fornece os mecanismos necessários para que as camadas mais altas criem e manipulem janelas e outros componentes gráficos. A segunda camada da GUI é o **gerenciador de janela**, que aproveita mecanismos da interface X Window System para controlar a busca, a aparência, o tamanho e outros atributos de janelas. Uma terceira camada opcional é denominada **ambiente de mesa**. Os ambientes de mesa mais populares são o KDE (K Desktop Environment) e o GNOME (GNU Network Object Model Environment). Ambientes de mesa tendem a fornecer uma interface de gerenciamento de arquivo, ferramentas para facilitar acesso a aplicações e utilidades comuns e um conjunto (suite) de software que normalmente inclui navegadores Web, editores de texto e aplicações de e-mail.[27]

20.3.4 Padrões

Uma meta mais recente do sistema operacional Linux é seguir uma variedade de padrões amplamente reconhecidos para melhorar a compatibilidade entre aplicações escritas para sistemas operacionais parecidos com UNIX e Linux. O conjunto de padrões mais proeminente que os desenvolvedores se esforçam em seguir é o POSIX (standards.ieee.org/regauth/posix/). Outros dois conjuntos proeminentes em sistemas operacionais semelhantes ao UNIX são a Single UNIX Specification (SUS) e o Linux Standards Base (LSB).

A **Single UNIX Specification** (www.unix.org/version3/) é um conjunto (suite) de padrões que define interfaces de programação de usuário e aplicação para sistemas operacionais UNIX, interpretadores de comandos e utilidades. A versão 3 do SUS combina diversos padrões (incluindo POSIX, padrões ISO e versões anteriores do SUS) em um só.[28] The Open Group (www.unix.org), que detém os direitos sobre a marca registrada e define padrões para a marca UNIX, mantém o SUS.

Para ostentar o nome de marca registrada UNIX, um sistema operacional precisa seguir o SUS; The Open Group certifica a conformidade ao SUS mediante uma taxa.[29]

O **Linux Standard Base** (www.linuxbase.org) é um projeto que visa a padronizar o Linux de modo que aplicações escritas para uma distribuição que siga o LSB compilará e comportar-se-á exatamente do mesmo modo em qualquer outra distribuição que também siga o LSB. O LSB mantém padrões gerais que se aplicam a elementos do sistema operacional incluindo bibliotecas, formato de pacotes e instalação, comandos e utilidades. Por exemplo, o LSB especifica uma estrutura padronizada de sistema de arquivo. Também mantém padrões específicos de arquitetura requeridos para a certificação LSB. Quem desejar testar e certificar uma distribuição em relação à conformidade ao LSB pode obter as ferramentas e o certificado da organização LSB mediante uma taxa.[30]

Até recentemente a conformidade aos padrões tem sido uma prioridade baixa para o núcleo, pois a maioria dos desenvolvedores de núcleo está preocupada em melhorar o conjunto de características e a confiabilidade do Linux. Conseqüentemente, grande parte das liberações de núcleo não obedece a nenhum dos conjuntos de padrões. Durante o desenvolvimento da versão 2.6 do núcleo Linux, desenvolvedores modificaram diversas interfaces para melhorar a conformidade aos padrões POSIX, SUS e LSB.

20.4 Arquitetura do núcleo

Embora o Linux seja um núcleo monolítico (veja a Seção 1.13, "Arquiteturas de sistemas operacionais"), entre as recentes melhorias na escalabilidade destacam-se capacidades modulares semelhantes às suportadas por sistemas operacionais de micronúcleo.[31] O Linux é comumente denominado um sistema semelhante ao UNIX ou baseado no UNIX porque fornece muitos serviços que caracterizam sistemas UNIX, como o UNIX System V da AT&T e o BSD de Berkeley. O Linux é composto de seis subsistemas primários: gerenciamento de processo, comunicação interprocessos, gerenciamento de memória, gerenciamento de sistema de arquivo, gerenciamento de E/S e rede. Esses seis subsistemas são responsáveis por controlar o acesso a recursos do sistema (Figura 20.1). Nas seções seguintes, examinaremos esses subsistemas de núcleo e suas interações.

A execução de processos em um sistema Linux ocorre ou em modo usuário ou em modo núcleo. Processos usuários executam em modo usuário e, portanto, devem acessar serviços de núcleo via interface de chamada ao sistema. Quando um processo usuário emite uma chamada válida ao sistema (em modo usuário), o núcleo executa a chamada ao sistema

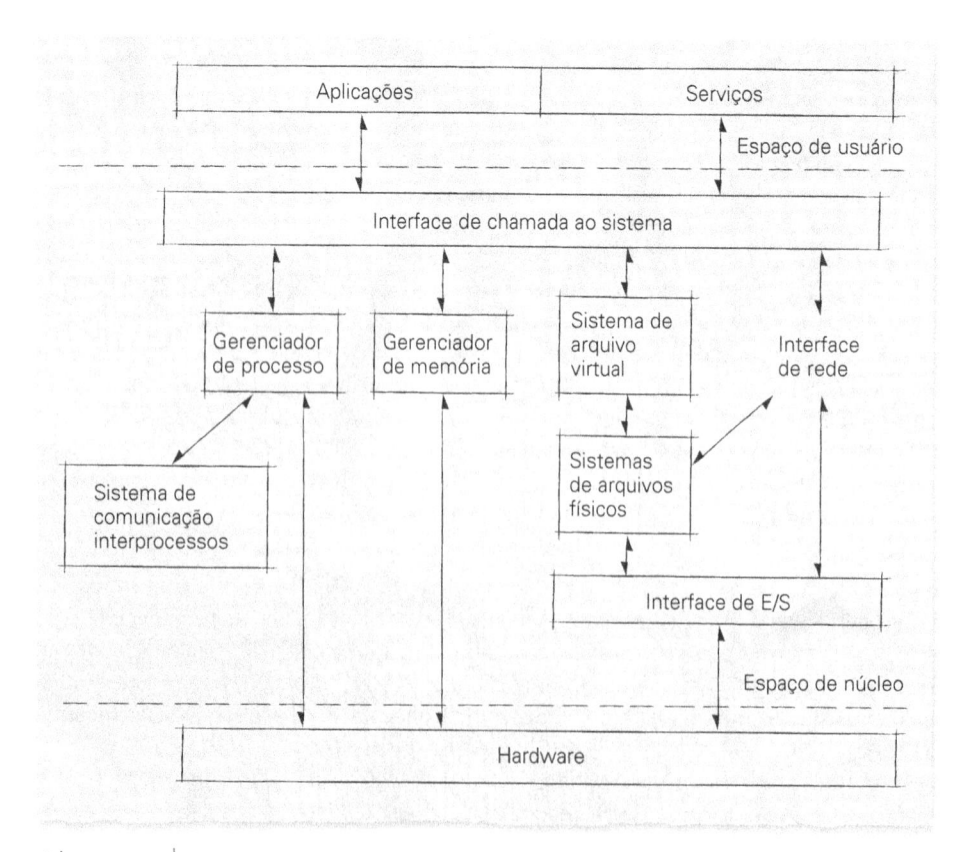

Figura 20.1 | Arquitetura Linux.

em modo núcleo em nome do processo. Se a requisição for inválida (por exemplo, um processo tenta escrever para um arquivo que não está aberto), o núcleo retorna um erro.

O gerenciador de processos é um subsistema fundamental do Linux, responsável por criar processos, fornecer acesso ao(s) processador(es) do sistema e eliminar processos do sistema após a conclusão (veja a Seção 20.5, "Gerenciamento de processo"). O subsistema de comunicação interprocessos (IPC) do núcleo permite que processos se comuniquem uns com os outros. Esse subsistema interage com o gerenciador de processos para permitir compartilhamento de informações e transmissão de mensagens usando uma variedade de mecanismos discutidos na Seção 20.10, "Comunicação interprocessos".

O subsistema de gerenciamento de memória fornece acesso à memória aos processos. O Linux designa um espaço de endereçamento de memória virtual para cada processo, o qual é dividido em espaço de endereçamento do usuário e espaço de endereçamento do núcleo. Incluir o espaço de endereçamento do núcleo dentro de cada execução de contexto reduz o custo de chaveamento de contexto de modo usuário para modo núcleo porque o núcleo pode acessar seus dados no espaço de endereçamento virtual de qualquer processo usuário. Algoritmos que gerenciam memória livre (disponível) e selecionam páginas para substituição são discutidos na Seção 20.6, "Gerenciamento de memória".

Usuários acessam arquivos e diretórios percorrendo a árvore de diretório. A raiz da árvore de diretório é denominada diretório-raiz. Pelo diretório-raiz, usuários podem navegar por quaisquer sistema de arquivos disponíveis. Processos usuários acessam dados do sistema de arquivos por meio da interface de chamada ao sistema. Chamadas ao sistema acessam um arquivo ou diretório na árvore de diretório por intermédio da interface de **sistema de arquivo virtual** (*Virtual File System* — **VFS**), que fornece aos processos uma única interface para acessar arquivos e diretórios armazenados em vários sistemas de arquivos heterogêneos (por exemplo, ext2 e NFS). O sistema de arquivo virtual passa requisições para sistemas de arquivos particulares que gerenciam o layout e a localização dos dados, como discutido na Seção 20.7, "Sistemas de arquivos".

Como é baseado no modelo UNIX, o Linux trata a maioria dos dispositivos como arquivos, o que significa que são acessados pelos mesmos mecanismos com os quais os arquivos de dados são acessados. Quando processos usuários lêem de dispositivos ou escrevem para eles, o núcleo passa requisições para a interface do sistema de arquivos virtuais que, então, passa requisições para a interface de E/S. A interface de E/S passa requisições para os drivers de dispositivos que realizam operações de E/S no hardware de um sistema. Na Seção 20.8, "Gerenciamento de entrada/saída", discutimos a interface de E/S e sua interação com outros subsistemas de núcleo.

O Linux fornece um subsistema de rede que permite que processos troquem dados com outros computadores da rede. O subsistema de rede acessa a interface de E/S para enviar e receber pacotes usando o hardware de rede do sistema; ele permite que aplicações e o núcleo inspecionem e modifiquem pacotes à medida que estes percorram as camadas de rede do sistema via interface de filtragem de pacotes. Essa interface permite que os sistemas implementem firewalls, roteadores e outras utilidades de rede. Na Seção 20.11, "Redes", discutimos os vários componentes do subsistema de rede e suas implementações.

20.4.1 Plataformas de hardware

Inicialmente, Torvalds desenvolveu o Linux para utilização em plataformas de 32 bits Intelx86. À medida que a popularidade do sistema crescia, desenvolvedores implementavam o Linux em várias outras arquiteturas. O núcleo do Linux suporta as seguintes plataformas: x86 (incluindo Intel IA-32), HP/Compaq Alpha AXP, Sun SPARC, Sun UltraSPARC, Motorola 68000, PowerPC, PowerPC64, ARM, Hitachi SuperH, IBM S/390 e zSeries, MIPS, HP PA-RISC, Intel IA-64, AMD x86-64, H8/300, V850 e CRIS.[32]

Cada arquitetura normalmente requer que o núcleo use um conjunto diferente de instruções de baixo nível para executar funções de sistema operacional. Por exemplo, um processador Intel implementa um mecanismo de chamada ao sistema diferente de um processador Motorola. O código que executa operações implementadas de modo diferente para cada arquitetura é denominado **código específico de arquitetura**. O processo de modificação do núcleo para suportar nova arquitetura é conhecido como **portabilidade**. Para facilitar o processo de migração do Linux para novas plataformas, o código específico de arquitetura é separado do restante do código do núcleo no diretório /arch da árvore-fonte do núcleo. A **árvore-fonte** do núcleo organiza cada componente significativo do núcleo em diferentes subdiretórios. Cada subdiretório em /arch contém código correspondente a uma arquitetura particular (por exemplo, instruções de máquina para um processador particular). Quando o núcleo tem de realizar operações específicas de processador, como manipular o conteúdo de um cache de processador, o controle passa para o código específico de arquitetura que foi integrado ao núcleo quando da compilação.[33] Embora o Linux dependa de código específico de arquitetura para controlar hardware de computador, ele também pode ser executado sobre um conjunto de dispositivos virtuais de hardware. O Miniestudo de caso, "Linux Modo Usuário (User-Mode Linux — UML)" descreve tal caso.

Para um sistema executar adequadamente em uma arquitetura particular, o núcleo deve ser portado para aquela arquitetura e compilado para determinada máquina antes da execução. Da mesma maneira, as aplicações talvez precisem ser compiladas (e às vezes projetadas novamente) para operar de maneira adequada em um sistema particular. Para muitas plataformas, esse trabalho já foi realizado — várias distribuições específicas de plataforma fornecem portas de aplicações comuns e serviços de sistemas.[34]

Miniestudo de caso

Linux Modo Usuário (User-Mode Linux — UML)

O desenvolvimento de núcleo é um processo complicado e sujeito a erro que pode resultar em numerosas incorreções no programa. Ao contrário de outros softwares, o núcleo pode executar instruções privilegiadas, o que significa que uma falha no núcleo poderia danificar os dados e o hardware de um sistema. O resultado é que o desenvolvimento de núcleo pode ser um empreendimento tedioso (e arriscado). O **Linux Modo Usuário (UML)** facilita o desenvolvimento de núcleo, permitindo que desenvolvedores testem e depurem o núcleo sem danificar o sistema no qual ele executa.

O Linux Modo Usuário é uma versão do núcleo do Linux que executa como uma aplicação de usuário em um computador que executa Linux. Diferentemente da maioria das versões do Linux, que contém código específico de arquitetura para controlar dispositivos, o UML executa todas as operações específicas de arquitetura usando chamadas ao sistema para o sistema Linux no qual executa. O resultado interessante é que o UML pode ser considerado uma porta do Linux para ele mesmo.

O núcleo UML executa em modo usuário, portanto não pode executar instruções privilegiadas disponíveis ao núcleo do hospedeiro. Em vez de controlar recursos físicos, o núcleo UML cria dispositivos virtuais (representados como arquivos no sistema hospedeiro) que simulam dispositivos reais. Pelo fato de o núcleo UML não controlar nenhum hardware real, não pode danificar o sistema.

Quase todos os mecanismos de núcleo, como escalonamento de processo e gerenciamento de memória, são manipulados no núcleo UML; o núcleo hospedeiro executa somente quando for requerido acesso privilegiado ao hardware.

Quando um processo UML emite uma chamada ao sistema, o núcleo UML a intercepta e a trata antes que ela possa ser enviada ao sistema hospedeiro. Embora essa técnica incorra em sobrecarga significativa, a meta primária do UML é fornecer um ambiente seguro (protegido) no qual executar software, e não proporcionar alto desempenho.

O núcleo UML tem sido aplicado a mais coisas do que apenas teste e depuração. Por exemplo, pode ser usado para executar várias instâncias do Linux ao mesmo tempo. Também pode ser usado para portar o Linux de modo que ele execute como uma aplicação em outros sistemas operacionais além do Linux. Isso poderia permitir que usuários executassem o Linux sobre um sistema UNIX ou Windows. A seção "Recursos da Web", no site deste livro, apresenta o endereço de um site que documenta a utilização e o desenvolvimento do UML.

20.4.2 Módulos de núcleo carregáveis

Adicionar funcionalidades ao núcleo do Linux, como suporte para um sistema de arquivo particular ou um novo driver de dispositivo, pode ser tedioso. Porque o núcleo é monolítico, drivers e sistemas de arquivos são implementados em espaço de núcleo. Conseqüentemente, para adicionar suporte permanente a um driver de dispositivo, usuários devem corrigir o código-fonte do núcleo adicionando o código do driver e, então, recompilar o núcleo. Esse processo pode ser demorado e sujeito a erro, portanto foi desenvolvido um método alternativo para adicionar características ao núcleo — **módulos de núcleo carregáveis**.

Um módulo de núcleo contém código-objeto que, quando carregado, é dinamicamente ligado a um núcleo em execução (veja a Seção 2.8, "Compilação, ligação e carregamento"). Se um driver de dispositivo ou sistema de arquivo for implementado como um módulo de núcleo carregável, ele pode ser carregado no núcleo sob demanda (ou seja, quando acessado pela primeira vez) sem nenhuma configuração ou compilação adicional do núcleo. E, como os módulos também podem ser carregados sob demanda, transferir código do núcleo para os módulos reduz a **ocupação de memória** (*footprint*) pelo núcleo; hardware e drivers de sistemas de arquivo são carregados na memória quando necessário. Módulos executam em modo núcleo (ao contrário de modo usuário), portanto podem acessar funções de núcleo e estrutura de dados. Conseqüentemente, carregar um módulo codificado inadequadamente pode resultar em efeitos desastrosos para um sistema, como corrupção de dados.[35]

Quando um módulo é carregado, o carregador de módulo deve resolver todas as referências às funções de núcleo e estruturas de dados. Código de núcleo permite que módulos acessem funções e estruturas de dados exportando seus nomes para uma tabela de símbolos.[36] Cada entrada da tabela de símbolos contém o nome e o endereço de uma função de núcleo ou estrutura de dados. O carregador de módulo usa a tabela de símbolos para resolver referências ao código de núcleo.[37]

Pelo fato de módulos executarem em modo núcleo, requerem acesso a símbolos da tabela de símbolos do núcleo, o que permite que módulos acessem funções de núcleo. Contudo, considere o que pode acontecer se uma função for modificada entre versões de núcleos. Se um módulo foi escrito para uma versão anterior do núcleo, ele pode esperar um resultado particular, se bem que inválido, de uma função de núcleo corrente (por exemplo, um valor inteiro em vez de um valor inteiro longo sem sinal), o que pode, por sua vez, levar a erros, como exceções. Para evitar esse problema, o núcleo impede usuários de carregar módulos escritos para uma versão do núcleo que não seja a versão corrente, a menos que esse impedimento seja explicitamente desabilitado pelo superusuário.[38]

Módulos devem ser carregados no núcleo antes de sua utilização. Por conveniência, o núcleo suporta carregamento dinâmico de módulo. Ao compilar o núcleo, o usuário pode optar por habilitar ou desativar **kmod** — um subsistema de núcleo que gerencia módulos sem intervenção do usuário. A primeira vez que o núcleo requisitar acesso a um módulo, emitirá uma requisição ao *kmod* para carregar o módulo. O *kmod* determinará quaisquer dependências de módulo e, então, carregará o módulo requisitado. Se um módulo requisitado depender de outros módulos que não foram carregados, o *kmod* carregará esses módulos sob demanda.[39]

20.5 Gerenciamento de processo

O subsistema de gerenciamento de processo é essencial para fornecer multiprogramação eficiente em Linux. Embora primordialmente responsável por alocar processadores a processos, o subsistema de gerenciamento de processo também deve entregar sinais, carregar módulos de núcleo e receber interrupções. O subsistema de gerenciamento de processo contém o **escalonador de processo** que permite que processos tenham acesso a um processador em tempo razoável.

20.5.1 Organização de processos e threads

Em sistemas Linux, ambos, processos e threads, são denominados **tarefas**; internamente são representados por uma única estrutura de dados. Nesta seção, distinguiremos processos, threads e tarefas quando necessário. O gerenciador de processos mantém uma lista de todas as tarefas usando duas estruturas de dados. A primeira é uma lista circular, duplamente encadeada, na qual cada entrada contém ponteiros para as tarefas anteriores e posteriores da lista. Essa estrutura é acessada quando o núcleo tem de examinar todas as tarefas do sistema. A segunda é uma tabela hash. Quando uma tarefa é criada, recebe um **identificador de processo** (*Process Identifier* — **PID**) exclusivo. Identificadores de processos são passados para uma função hash para determinar sua localização na tabela de processos. O método de hash fornece acesso rápido à estrutura de dados de uma tarefa específica quando o núcleo conhece o seu PID.[40]

Cada tarefa da tabela de processo é representada por uma estrutura task_struct que serve como descritor de processo (ou seja, PCB). A estrutura task_struct armazena variáveis e estruturas aninhadas que contêm informações que descrevem um processo. Por exemplo, a variável state armazena informações sobre o estado da tarefa corrente. [*Nota*: O núcleo é escrito primariamente usando a linguagem de programação C e faz uso extensivo de estruturas para representar entidades de software.]

Uma tarefa transita para o estado de *execução* quando é despachada para um processador (Figura 20.2). Uma tarefa entra no estado *adormecido* quando bloqueia, e no estado *parado* quando é suspensa. O estado *zumbi* indica que uma tarefa foi terminada, mas não eliminada do sistema. Por exemplo, se um processo contiver diversos threads, entrará no estado *zumbi* até que seus threads tenham sido notificados de que ele recebeu um sinal de término. Uma tarefa que está no estado *morto* pode ser eliminada do sistema. *Ativo* e *expirado* são estados de escalonamento de processo (descritos na próxima seção) que não são armazenados na variável state.

Outras importantes variáveis específicas de tarefa permitem que o escalonador determine quando uma tarefa deve executar em um processador. Entre essas variáveis estão a prioridade da tarefa, se a tarefa é de tempo real ou não e, se for, qual algoritomo de escalonamento de tempo real deve ser usado (escalonamento de tempo real é discutido na próxima seção).[41]

Estruturas aninhadas dentro de uma task_struct armazenam informações adicionais sobre uma tarefa. Uma estrutura desse tipo, denominada mm_struct, descreve a memória alocada a uma tarefa (por exemplo, a localização de sua tabela de páginas na memória e o número de tarefas que compartilham seu espaço de endereçamento). Estruturas adicionais aninhadas dentro de uma task_struct contêm informações como valores de registradores que armazenam o contexto de execução de uma tarefa, controladores de sinal e os direitos de acesso da tarefa.[42] Essas estruturas são acessadas por vários subsistemas de núcleo, além do gerenciador de processo.

Quando o núcleo é inicializado, normalmente carrega um processo denominado **init** que então usa o núcleo para criar todas as outras tarefas.[43] Tarefas são criadas por meio da chamada ao sistema clone; quaisquer chamadas a fork ou vfork são convertidas a chamadas ao sistema clone na hora da compilação. O propósito de fork é criar uma tarefa-filha cujo espaço de memória virtual é alocado usando cópia-na-escrita para aprimorar o desempenho (veja a Seção 10.4.6, "Compartilhamento em um sistema de paginação"). Quando a filha ou o pai tentam escrever para uma página na memória, uma cópia da página é alocada ao escritor. Como discutido na Seção 10.4.6, a cópia-na-escrita pode levar a mau desempenho se um processo chamar execv para carregar um novo programa imediatamente após a fork. Por exemplo, se o pai executar antes de sua filha, será realizada uma cópia-na-escrita para qualquer página que o pai modificar. Pelo fato de a filha não usar nenhuma das

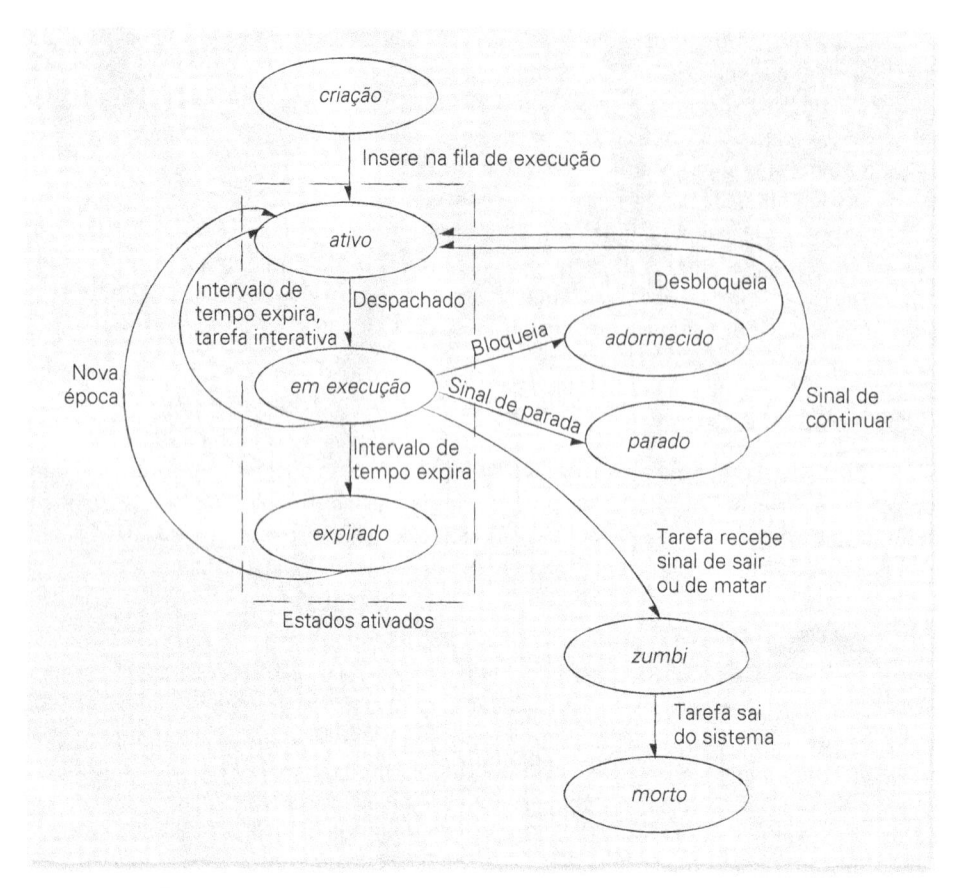

Figura 20.2 | Diagrama de transição de estado de tarefa.

páginas de seu pai (se ela chamar imediatamente execve quando executar), essa operação é pura sobrecarga. Portanto, o Linux suporta a chamada vfork que melhora o desempenho quando processos-filho chamarem execve. A chamada vfork suspende o processo-pai até que o filho chame execve ou exit para garantir que o filho carregue suas novas páginas antes que o pai cause quaisquer operações dispendiosas de cópia-na-escrita. A chamada vfork melhora ainda mais o desempenho por não copiar as tabelas de páginas do pai para o filho, porque serão criadas entradas de tabela de página quando o filho chamar execve.

Threads Linux e a chamada ao sistema clone

O Linux fornece suporte para threads usando a chamada ao sistema clone, que habilita o processo que está chamando a especificar se o thread compartilha a memória virtual do processo, informações de sistema de arquivo, descritores de arquivo e/ou controladores de sinais.[44] Na Seção 4.2, "Definição de thread", mencionamos que os registradores de processo, a pilha e outros dados específicos de thread (TSD) são locais para cada thread, enquanto o espaço de endereçamento e os controladores de arquivos abertos são globais para o processo que contém os threads. Assim, dependendo de quantos dos recursos do processo são compartilhados com seu thread, o thread resultante pode ser bastante diferente daqueles descritos no Capítulo 4.

A implementação de threads do Linux gerou muita discussão no que diz respeito à definição de um thread. Embora clone crie threads, estes não estão necessariamente de acordo com a especificação de threads POSIX (veja a Seção 4.8, "POSIX e Pthreads"). Por exemplo, dois ou mais threads, criados por meio de uma chamada clone que especifica máximo compartilhamento de recursos, ainda mantêm diversas estruturas de dados que não são compartilhadas com todos os threads do processo, como direitos de acesso.[45]

Quando clone é chamada a partir de um processo de núcleo (um processo que execute código de núcleo), ela cria um **thread de núcleo** que é diferente de outros threads no sentido de que acessa diretamente o espaço de endereçamento do núcleo. Diversos daemons dentro do núcleo são implementados como threads de núcleo — esses daemons são serviços que ficam adormecidos até que sejam despertados para realizar tarefas, como descarregar páginas para o armazenamento secundário e escalonar interrupções de software (veja a Seção 20.8.6, "Interrupções").[46] Essas tarefas em geral estão relacionadas com manutenção e executam periodicamente.

Há diversos benefícios na implementação de threads Linux. Por exemplo, threads Linux simplificam código de núcleo e reduzem sobrecarga requisitando somente uma única cópia das estruturas de dados de gerenciamento de tarefa.[47] Além disso, embora threads Linux sejam menos portáveis do que threads POSIX, permitem aos programadores flexibilidade para controlar rigorosamente recursos compartilhados entre tarefas. Um recente projeto Linux, Biblioteca de Threads POSIX Nativos (*Native POSIX Thread Library* — NPTL) atingiu quase total conformidade com a especificação POSIX e provavelmente irá se tornar a biblioteca de threads default em futuras distribuições Linux.[48]

20.5.2 Escalonamento de processo

A meta do escalonador de processo Linux é executar todas as tarefas em uma quantidade razoável de tempo e, simultaneamente, respeitar prioridades de tarefas, manter alta utilização e rendimento de recursos e reduzir a sobrecarga de operações de escalonamento. O escalonador de processo também aborda o papel do Linux no mercado de sistemas avançados de computador, escalando para arquiteturas SMP e NUMA e fornecendo, ao mesmo tempo, alta afinidade de processador. Um dos aprimoramentos mais significativos da escalabilidade da versão 2.6 é que todas as funções de escalonamento são operações de tempo constante, o que significa que o tempo requerido para executar funções de escalonamento não depende do número de tarefas do sistema.[49]

A cada interrupção do temporizador do sistema (um número específico de arquitetura estabelecido em 1 milissegundo como default na arquitetura IA-32[50]), o núcleo atualiza várias estruturas de dados de contabilidade (por exemplo, há quanto tempo uma tarefa está em execução) e realiza operações de escalonamento conforme necessário. Porque o escalonador é preemptivo, cada tarefa executa até que seu quantum ou intervalo de tempo expire, um processo de prioridade mais alta torne-se executável ou o processo bloqueie. O intervalo de tempo de cada tarefa é calculado como uma função da prioridade do processo quando da liberação do processador (exceto tarefas de tempo real, discutidas mais adiante). Para evitar que intervalos de tempo sejam demasiadamente pequenos a ponto de impedir trabalho produtivo, ou tão grandes que aumentem os tempos de resposta, o escalonador assegura que o intervalo de tempo designado para cada tarefa esteja entre 10 e 200 intervalos de temporizador, o que corresponde a uma faixa de 10 a 200 milissegundos na maioria dos sistemas (como grande parte dos parâmetros de escalonador, esses valores default foram escolhidos empiricamente). Quando uma tarefa sofre preempção, o escalonador salva o estado da tarefa em sua estrutura task_struct. Se o intervalo de tempo do processo expirar, o escalonador recalcula a prioridade do processo, determina o próximo intervalo de tempo da tarefa e despacha o processo seguinte.

Filas de execução

Uma vez criada uma tarefa por meio de clone, ela é colocada na **fila de execução** de um processador que contém referências a todas as outras tarefas que competem por execução naquele processador. Filas de execução, semelhantes a filas multiníveis de retorno (Seção 8.7.6, "Filas multiníveis de retorno"), designam níveis de prioridades às tarefas. O **arranjo de prioridades** mantém ponteiros para cada nível da fila de execução. Cada entrada do arranjo de prioridades aponta para uma lista de tarefas — uma tarefa de prioridade *i* é colocada na *i-ésima* entrada de um arranjo de prioridades da fila de execução (Figura 20.3). O escalonador despacha a tarefa que está à frente da lista no nível mais alto do arranjo de prioridades. Se houver mais de uma tarefa em um nível do arranjo de prioridades, as tarefas serão despachadas por meio de alternância circular. Quando uma tarefa entra no estado *bloqueado* ou *adormecido* (*de espera*) ou por qualquer outra razão é incapaz de executar, ela é retirada da sua fila de execução.

Uma meta do escalonador é impedir adiamento indefinido, estabelecendo um período de tempo denominado **época** durante o qual cada tarefa da fila de execução executará no mínimo uma vez. Para distinguir processos considerados para tempo de processador daqueles que devem esperar até a próxima época, o escalonador define um **estado ativo** e um **estado expirado**. O escalonador despacha somente processos que estão no estado *ativo*.

A duração de uma época é determinada pelo **limite de inanição** — um valor derivado empiricamente que fornece tarefas de alta prioridade com bons tempos de resposta e, ao mesmo tempo, assegura que tarefas de baixa prioridade sejam despachadas com freqüência suficiente para realizar trabalho produtivo em uma quantidade de tempo razoável. Por default, o limite de inanição é estabelecido em 10*n* segundos, onde *n* é o número de tarefas da fila de execução. Quando a época corrente durou mais do que o limite de inanição, o escalonador transita cada tarefa ativa da fila de execução para o estado *expirado* (a transição ocorre após a expiração do período de tempo de cada tarefa), permitindo que tarefas de baixa prioridade executem. Quando todas as tarefas da fila de execução tiverem executado pelo menos uma vez, todas estarão no estado *expirado*. Nesse ponto, o escalonador transita todas as tarefas da fila de execução para o estado *ativo* e começa uma nova época.[51]

Para simplificar a transição do estado *expirado* para o estado *ativo*, ao final de uma época o escalonador do Linux mantém dois arranjos de prioridades para cada processador. O arranjo de prioridades que contém tarefas no estado ativo é denominado **lista ativa**. O arranjo de prioridades que armazena tarefas expiradas (tarefas que não têm permissão de executar até a próxima época) é denominado **lista inativa** ou **lista expirada**. Quando uma tarefa transita do estado *ativo* para o estado *expirado*, é colocada no arranjo de prioridades da lista expirada no nível de prioridade que tinha quando transitou para o estado *expirado*. Ao final de uma época, todas as tarefas estão localizadas no estado *expirado* e devem transitar para o estado *ativo*. O escalonador executa essa operação rapidamente apenas trocando (*swapping*) os ponteiros

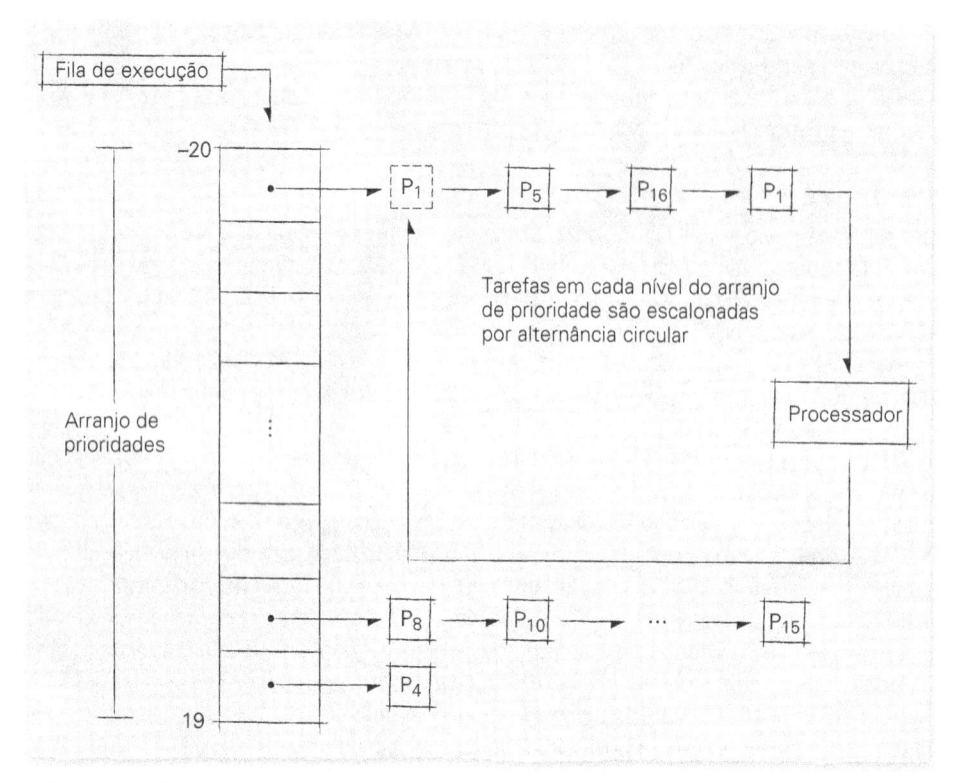

Figura 20.3 | *Arranjo de prioridades do escalonador.*

da lista expirada e da lista ativa. Por manter dois arranjos de prioridades por processo, o escalonador pode transitar todas as tarefas de uma fila de execução usando uma única operação de troca, um aprimoramento do desempenho que, em geral, compensa a sobrecarga nominal de memória devido a essa operação.[52]

O escalonador do Linux escala para sistemas multiprocessadores mantendo uma fila de execução para cada processador físico do sistema. Uma razão para filas de execução por processador é designar a execução de tarefas em determinados processadores para explorar a afinidade de processador. Lembre-se do Capítulo 15 que, em algumas arquiteturas de multiprocessadores, como a NUMA, processos atingem desempenho mais alto quando os dados de uma tarefa estão armazenados na memória local de um processador ou no cache de um processador. Conseqüentemente, tarefas podem atingir desempenho mais alto se forem consistentemente designadas para um único processador (ou nodo). Contudo, filas de execução por processador correm o risco de desbalancear cargas de processador resultando em redução do desempenho e do rendimento do sistema (veja a Seção 15.7, "Migração de processos". Mais adiante, nesta seção, discutiremos como o Linux aborda essa questão, balanceando dinamicamente o número de tarefas em cada processador do sistema.

Escalonamento por prioridade

No escalonador do Linux, a prioridade de uma tarefa afeta o tamanho de seu período de tempo e a ordem em que ela executa em um processador. Quando são criadas, as tarefas recebem uma **prioridade estática**, também denominada **valor bom**. O escalonador reconhece 40 níveis distintos de prioridade que vão de –20 a 19. Seguindo a convenção UNIX, valores menores indicam prioridades mais altas no algoritmo de escalonamento (ou seja, –20 é a prioridade mais alta que um processo pode atingir).

Uma meta do escalonador do Linux é fornecer um alto nível de interatividade no sistema. Porque tarefas interativas comumente bloqueiam para executar E/S ou dormir (enquanto esperam uma resposta de usuário), o escalonador eleva dinamicamente a prioridade de uma tarefa (decrementando o valor da prioridade estática) que entregar seu processador antes de seu intervalo de tempo expirar. Isso é aceitável, pois processos orientados para E/S normalmente usam processadores apenas brevemente antes de gerar uma requisição de E/S. Assim, atribuir prioridades altas a tarefas orientadas à E/S tem pouco efeito sobre tarefas orientadas a processador, que poderiam utilizar o processador durante horas por vez caso o sistema o disponibilizasse em base não preemptiva. O nível de prioridade modificado é denominado **prioridade efetiva** de uma tarefa, a qual é calculada quando uma tarefa adormece ou consome seu intervalo de tempo. A prioridade efetiva de uma tarefa determina o nível do arranjo de prioridades no qual ela é colocada. Por conseguinte, a tarefa cuja prioridade for promovida é colocada em um nível mais baixo do arranjo de prioridades, o que significa que executará antes de tarefas que têm valores de prioridades efetivas mais altos.

Para melhorar ainda mais a interatividade, o escalonador penaliza uma tarefa orientada a processador aumentando o valor de sua prioridade estática, o que coloca uma tarefa orientada a processador em um nível mais alto do arranjo de prioridades; ou seja, tarefas de prioridades efetivas menores serão executadas antes dela. Novamente, em última análise, isso tem pouco efeito sobre tarefas orientadas a processador porque tarefas interativas de prioridades mais altas executam apenas brevemente antes de bloquear.

Para garantir que uma tarefa execute na prioridade que lhe foi designada inicialmente, ou próximo dela, o escalonador de tarefas não permite que a diferença entre a prioridade efetiva de uma tarefa e sua prioridade estática seja maior do que cinco unidades. Nesse sentido, o escalonador honra os níveis de prioridade designados a uma tarefa quando ela foi criada.

Operações de escalonamento

O escalonador elimina uma tarefa de um processador se ela for interrompida, sofrer preempção (por exemplo, se seu intervalo de tempo expirar) ou bloquear. Toda vez que uma tarefa é eliminada de um processador, o escalonador calcula um novo período de tempo. Se a tarefa bloquear, ou se for incapaz de executar por qualquer outra razão, ela será **desativada**, o que significa que será retirada da fila de execução até que fique pronta para executar. Caso contrário, o escalonador determinará se a tarefa deve ser colocada na lista ativa ou na lista inativa. O algoritmo que determina isso foi derivado empiricamente para proporcionar bom desempenho; seus fatores primários são as prioridades estáticas e efetivas de uma tarefa.

O resultado do algoritmo é apresentado na Figura 20.4. O eixo *y* da figura indica valor da prioridade estática de uma tarefa e o eixo *x* representa o ajuste da prioridade de uma tarefa (promoção ou penalidade). A região sombreada indica conjuntos de valores de prioridade estática e ajustes de prioridade que fazem com que uma tarefa seja reescalonada, significando que ela é colocada no final de seu arranjo de prioridades correspondente na lista ativa. Em geral, se uma tarefa for de alta prioridade e/ou se sua prioridade efetiva recebeu um bônus significativo, será reescalonada, o que permite que tarefas orientadas à E/S e tarefas interativas executem mais do que uma vez por época. Na região não sombreada, as tarefas que têm baixa prioridade e/ou receberam penalidades de prioridade são colocadas na lista expirada.

Quando um processo usuário executa clone, pode parecer razoável alocar a cada filho seu próprio intervalo de tempo. Todavia, se uma tarefa gerar um grande número de tarefas e todos os seus filhos receberem seus próprios intervalos de tempo, outras tarefas do sistema poderão sofrer tempos de resposta despropositalmente ruins durante aquela época. Para melhorar a justiça, o Linux requer que cada processo-pai compartilhe inicialmente seu intervalo de tempo com seus filhos

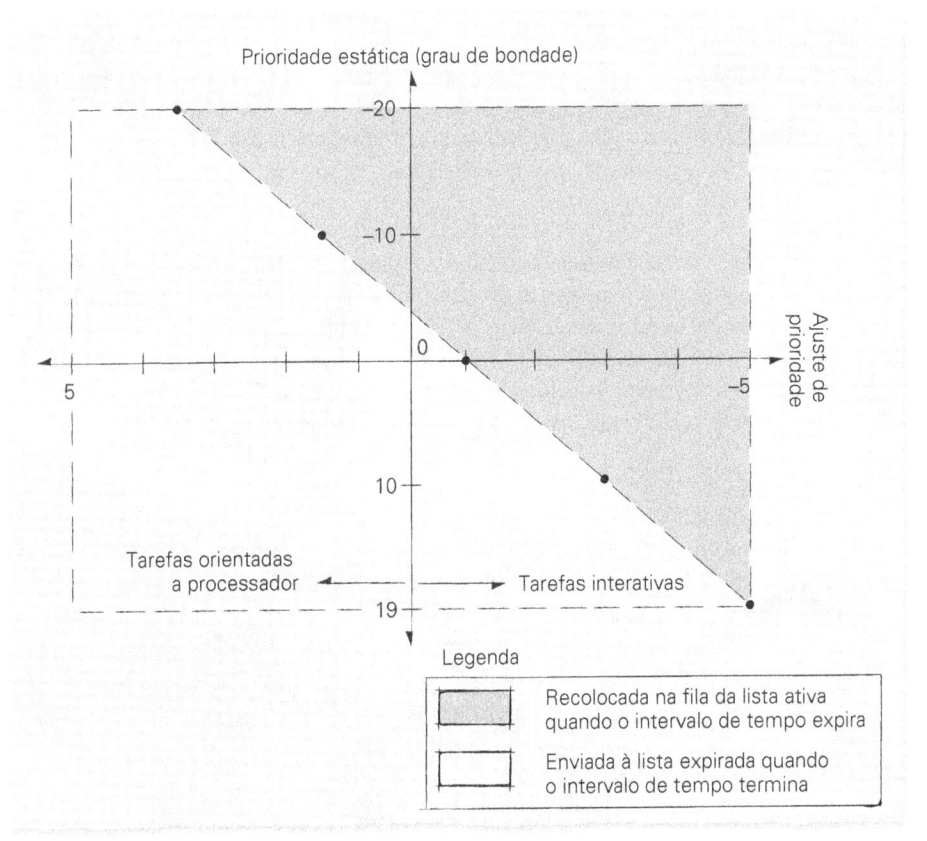

Figura 20.4 | *Valores de prioridades e seus níveis de interatividade correspondentes.*[53]

quando um processo executar clones. O escalonador impõe esse requisito designando metade do intervalo de tempo original do pai para ambos, o processo-pai e seu filho, que também gera filhos. Para evitar que processos legítimos recebam baixos níveis de serviço devido a filhos que geram processos, esse intervalo de tempo reduzido aplica-se somente durante o restante da época na qual o filho foi gerado.

Escalonamento de multiprocessador

Pelo fato de o escalonador de processos manter as tarefas em uma fila de execução por processo, estas em geral exibirão alta afinidade de processador. Isso significa que uma tarefa provavelmente será despachada para o mesmo processador em cada um de seus intervalos de tempo, o que pode aumentar o desempenho quando os dados e instruções de uma tarefa estiverem localizados nos caches de um processador. Entretanto, um esquema desse tipo poderia permitir que um ou diversos processadores de um sistema SMP ficassem ociosos até mesmo durante um período de carga pesada do sistema. Para evitar tal situação, se o escalonador detectar que um processador esteja ocioso, executará **balanceamento de carga** para migrar tarefas de um processador para outro de modo que melhore a utilização de recursos. Se o sistema contiver apenas um processador, as rotinas de balanceamento são eliminadas do núcleo quando este é compilado.

O escalonador determina se o núcleo deve realizar rotinas de balanceamento de carga após cada interrupção do temporizador, o qual é ajustado para um milissegundo em sistemas IA-32. Se o processador que emitiu a interrupção do temporizador estiver ocioso (se sua fila de execução estiver vazia), o escalonador tentará migrar tarefas do processador que tiver a carga mais pesada (ou seja, o que contiver o maior número de processos em sua fila de execução) para o processador ocioso. Para reduzir a sobrecarga de balanceamento de carga, se o processador que acionou a interrupção não estiver ocioso, o escalonador tentará transferir tarefas para aquele processador a cada 200 interrupções do temporizador em vez de após cada interrupção do temporizador.[54]

O escalonador determina a carga do processador usando o tamanho médio de cada fila de execução nas últimas várias interrupções de temporizador para minimizar o efeito de variações de cargas do processador sobre o algoritmo de balanceamento de carga. Pelo fato de as cargas de processadores tenderem a mudar rapidamente, a meta do balanceamento de carga não é ajustar o tamanho de duas filas de execução até que fiquem com o mesmo tamanho, mas reduzir o desequilíbrio entre o número de tarefas de cada fila de execução. O objetivo é que tarefas sejam removidas da maior fila de execução até que a diferença de tamanho entre as duas filas de execução se reduza à metade. Para reduzir a sobrecarga, o balanceamento de carga não é executado a menos que a fila de execução cuja carga seja mais pesada contenha 25% mais tarefas do que a fila de execução do processador que está realizando o balanceamento de carga.[55]

Quando o escalonador seleciona tarefas para balanceamento, tenta escolher aquelas cujos desempenhos serão menos afetados por passarem de um processador para outro. Em geral, a tarefa menos recentemente ativa de um processador é a que terá mais probabilidade de estar fria em relação ao cache do processador — uma tarefa **fria em relação ao cache** não contém muitos (ou nenhum) dos dados da tarefa no cache do seu processador, ao passo que uma tarefa **quente em relação ao cache** contém a maioria ou todos os dados da tarefa no cache do processador. Portanto, o escalonador escolhe migrar tarefas que provavelmente são mais frias em relação ao cache (tarefas que não foram executadas recentemente).

Escalonamento de tempo real

O escalonador suporta escalonamento de tempo real tentando minimizar o tempo durante o qual uma tarefa de tempo real espera para ser despachada para um processador. Diferentemente de uma tarefa normal, que é eventualmente colocada na lista expirada para impedir que tarefas de baixa prioridade sejam indefinidamente adiadas, uma tarefa de tempo real é sempre colocada na lista ativa depois que seu quantum expirar. Além disso, tarefas de tempo real sempre executam com prioridades mais altas do que tarefas normais. Porque o escalonador sempre despacha uma tarefa da fila de maior prioridade da lista ativa (e tarefas de tempo real nunca são retiradas da lista ativa), tarefas normais não podem provocar a preempção de tarefas de tempo real.

O escalonador obedece à especificação POSIX para processos de tempo real, permitindo que tarefas de tempo real sejam escalonadas por meio do algoritmo de escalonamento default descrito nas seções anteriores ou de algoritmos de escalonamento de alternância circular ou FIFO. Se uma tarefa especificar escalonamento por alternância circular e seu intervalo de tempo tiver expirado, receberá um novo intervalo de tempo e entrará no final da fila de seu arranjo de prioridades da lista ativa. Se a tarefa especificar escalonamento FIFO, não receberá um intervalo de tempo e, portanto, executará em um processador até sair, adormecer, bloquear ou ser interrompida.[56] Está claro que processos de tempo real podem adiar indefinidamente outros processos caso sejam codificados inadequadamente, resultando em tempos de resposta ruins. Para evitar utilização imprópria acidental ou mal-intencionada de tarefas de tempo real, apenas usuários com privilégios de raiz podem criá-las.

20.6 Gerenciamento de memória

Durante o desenvolvimento dos núcleos versões 2.4 e 2.6, o gerenciador de memória sofreu um grande número de modificações para melhorar desempenho e escalabilidade. O gerenciador de memória suporta endereços de 32 e 64 bits, bem como arquiteturas de acesso não uniforme à memória (NUMA) para permitir que escale de computadores de mesa e estações de trabalho a servidores e supercomputadores.

20.6.1 Organização de memória

Na maioria das arquiteturas, a memória física de um sistema é dividida em molduras de página de tamanho fixo. Em geral, o Linux aloca memória usando um único tamanho de página (freqüentemente 4 KB ou 8 KB); em algumas arquiteturas que suportam páginas grandes (por exemplo, 4 MB), o código do núcleo pode ser colocado em páginas grandes. Isso pode melhorar o desempenho, minimizando o número de entradas para moldura de páginas de núcleo no buffer de tradução lateral (*Translation Lookaside Buffer* — TLB).[57] O núcleo armazena informações sobre cada moldura de página em uma estrutura page. Essa estrutura contém variáveis que descrevem a utilização de página, como o número de processos que compartilham a página e flags que indicam o estado da página (por exemplo, suja, não usada etc.).[58]

Organização de memória virtual

Em sistemas de 32 bits, cada processo pode endereçar 2^{32} bytes, o que significa que cada espaço de endereçamento virtual tem 4 GB. O núcleo suporta espaços de endereçamento virtual maiores em sistemas de 64 bits — até 2 petabytes (2 milhões de gigabytes) em processadores Intel Itanium (o processador Itanium usa somente 51 bits para endereçar a memória principal, mas a arquitetura IA-64 pode suportar endereços físicos de até 64 bits).[59] Nesta seção, focalizaremos a implementação de 32 bits do gerenciador de memória virtual. Entradas que descrevem os mapeamentos de endereços virtuais para físicos estão localizadas nas tabelas de páginas de cada processo. O sistema de memória virtual suporta até três níveis de tabelas de páginas para localizar os mapeamentos entre páginas virtuais e molduras de páginas (veja a Figura 20.5). O primeiro nível da hierarquia da tabela de páginas, denominado **diretório global de páginas**, armazena endereços de tabelas de segundo nível. Tabelas de segundo nível, denominadas **diretórios intermediários de páginas,** armazenam endereços das tabelas de terceiro nível. O terceiro nível, conhecido simplesmente como tabelas de páginas, mapeia páginas virtuais para molduras de páginas.

O núcleo divide um endereço virtual em quatro campos para fornecer aos processadores informações de tradução de endereços de páginas multinível. Os primeiros três campos são compostos de índices para o diretório global de páginas, diretório intermediário de páginas e tabela de páginas do processo, respectivamente. Esses três campos permitem que o sistema localize a moldura de página correspondente a uma página virtual. O quarto campo contém o deslocamento (também denominado afastamento) do endereço físico em relação ao início da moldura de página.[60] O Linux desabilita diretórios intermediários de páginas quando executa na arquitetura IA-32, a qual suporta apenas dois níveis de tabelas de

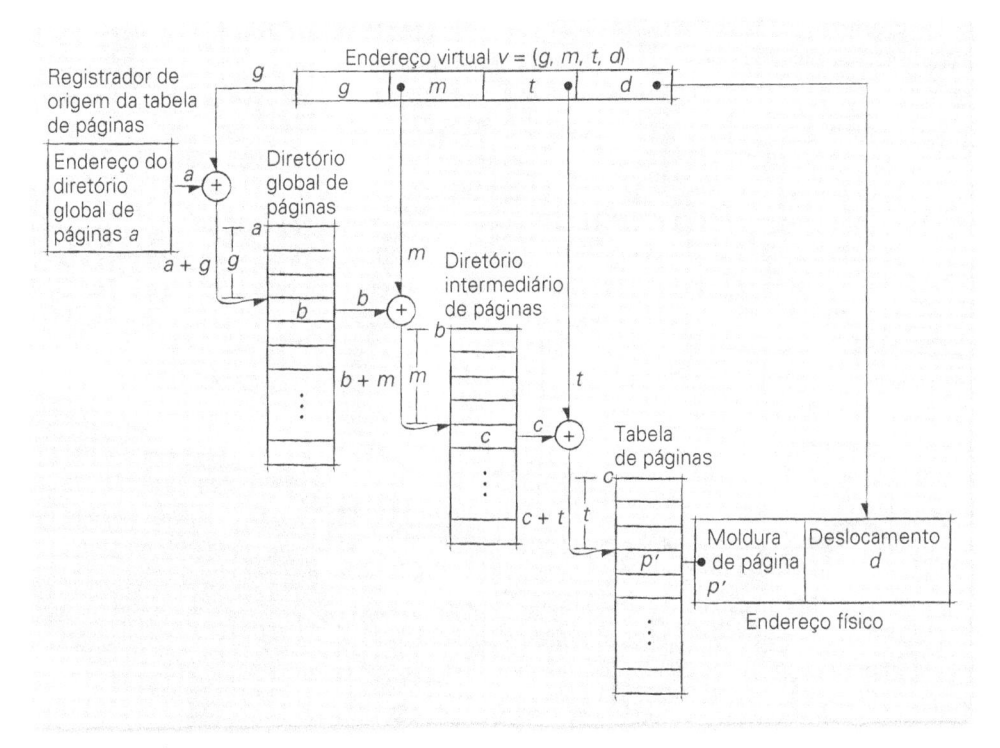

Figura 20.5 | *Organização da tabela de páginas.*

páginas, quando a extensão de endereçamento físico (*Physical Address Extension* — PAE) estiver desabilitada. Diretórios intermediários de páginas são habilitados para arquiteturas de 64 bits que suportam três ou mais níveis de tabelas de páginas (por exemplo, a arquitetura x86-64, que suporta quatro níveis de tabelas de páginas.

Áreas de memória virtual

Embora o espaço de endereçamento virtual de um processo seja composto de páginas individuais, o núcleo usa um mecanismo de nível mais alto, denominado **áreas de memória virtual**, para organizar a memória virtual que um processo está usando. Uma área de memória virtual descreve um conjunto contíguo de páginas no espaço de endereçamento virtual de um processo ao qual são designados a mesma proteção (por exemplo, somente leitura, leitura/escrita, executável) e o mesmo armazenamento de apoio. O núcleo armazena o código executável de um processo, o lote, a pilha e cada arquivo mapeado para a memória (veja a Seção 13.9, "Técnicas de acesso a dados") em áreas separadas da memória virtual.[61, 62]

Quando um processo requisita memória adicional, o núcleo tenta atender a requisição aumentando uma área de memória virtual existente. A área de memória virtual que o núcleo escolhe depende do tipo de memória que o processo esteja requisitando (código executável, lote, pilha etc.). Se o processo requisitar memória que não corresponda a uma área de memória virtual existente, ou se o núcleo não puder alocar um espaço de endereçamento contíguo do tamanho requisitado em uma área de memória virtual existente, o núcleo criará uma nova área de memória virtual.[63]

Organização da memória virtual para a arquitetura IA-32

No Linux, a organização da memória virtual é específica por arquitetura. Nesta seção, discutimos como o núcleo organiza a memória virtual por default para otimizar o desempenho na arquitetura IA-32.

Ao executar um chaveamento de contexto, o núcleo deve fornecer ao processador informações de tradução de endereço de página referentes ao processo que está prestes a executar (veja a Seção 10.4.1). Lembre-se da Seção 10.4.3 de que uma memória associativa — denominada buffer de tradução lateral (TLB) — armazena entradas de tabela de páginas (PTEs) recentemente usadas, para que o processador possa realizar rapidamente traduções de endereços virtuais para físicos para o processador que está executando correntemente. Pelo fato de a cada processo ser alocado um espaço de endereçamento virtual diferente, as PTEs de um processo não são válidas para outro. A conseqüência disso é que as PTEs que estão no TLB têm de ser retiradas após um chaveamento de contexto, operação denominada descarga do TLB — o processador retira cada PTE do TLB e atualiza as PTEs na memória principal para que correspondam a cada PTE modificada no TLB. Em particular, cada vez que o valor do registrador de origem da tabela de páginas mudar, o TLB terá de ser descarregado. A sobrecarga resultante da descarga do TLB pode ser substancial, pois o processador tem de acessar a memória principal para atualizar cada PTE que for descarregada. Se o núcleo mudar o valor do registrador de origem da tabela de páginas para executar cada chamada ao sistema, a sobrecarga resultante da descarga do TLB poderá reduzir significativamente o desempenho.

Para reduzir o número de dispendiosas operações de descarga do TLB, o núcleo assegura que ele pode usar o registrador de origem da tabela de páginas de qualquer processo para acessar o espaço de endereçamento virtual do núcleo. Isso é feito pela divisão do espaço de endereçamento virtual de cada processo em endereços de usuários e endereços de núcleo. O núcleo permite que cada processo acesse até 3 GB do espaço de endereçamento virtual do processo — os endereços virtuais de zero a 3 GB. Portanto, as informações de tradução de endereços virtuais para físicos podem variar entre processos para os primeiros 3 GB de cada espaço de endereçamento virtual de 32 bits. O espaço de endereçamento do núcleo corresponde a 1 GB restante de endereços virtuais do espaço de endereçamento virtual de 32 bits de cada processo (endereços que vão de 3 GB a 4 GB), como mostra a Figura 20.6. As informações de tradução de endereços virtuais para físicos para essa região de endereçamento da memória não variam de um processo para outro. Portanto, quando um processo usuário invoca o núcleo, o processador não precisa descarregar o TLB, o que melhora o desempenho reduzindo o número de vezes que o processador acessa memória principal para atualizar as entradas de tabelas de páginas.[64]

Muitas vezes, o núcleo tem de acessar memória principal em nome de processos usuários (por exemplo, para realizar E/S); portanto, deve ser capaz de acessar cada moldura de página da memória principal. Todavia, processadores atuais requerem que todas as referências à memória usem endereços virtuais para acessar memória (se a memória virtual for habilitada). O resultado é que o núcleo geralmente tem de utilizar endereços virtuais para acessar molduras de páginas.

Ao usar endereços de memória virtual, o núcleo deve fornecer ao processador PTEs que mapeiem páginas virtuais do núcleo para as molduras de página que deve acessar. O núcleo poderia criar essas PTEs toda vez que acessasse memória principal; porém, fazer isso criaria sobrecarga significativa. Portanto, o núcleo cria PTEs que mapeiam a maioria das páginas do espaço de endereçamento virtual do núcleo permanentemente para molduras de página na memória principal. Por exemplo, a primeira página do espaço de endereçamento virtual do núcleo sempre aponta para a primeira moldura de página da memória principal; a centésima página do espaço de endereçamento virtual do núcleo sempre aponta para a centésima moldura de página da memória principal (Figura 20.6).

Note que criar uma PTE (mapear página virtual para uma moldura de página) não aloca uma moldura de página ao núcleo ou a um processo usuário. Por exemplo, admita que a moldura de página número 100 armazena a página virtual *p*

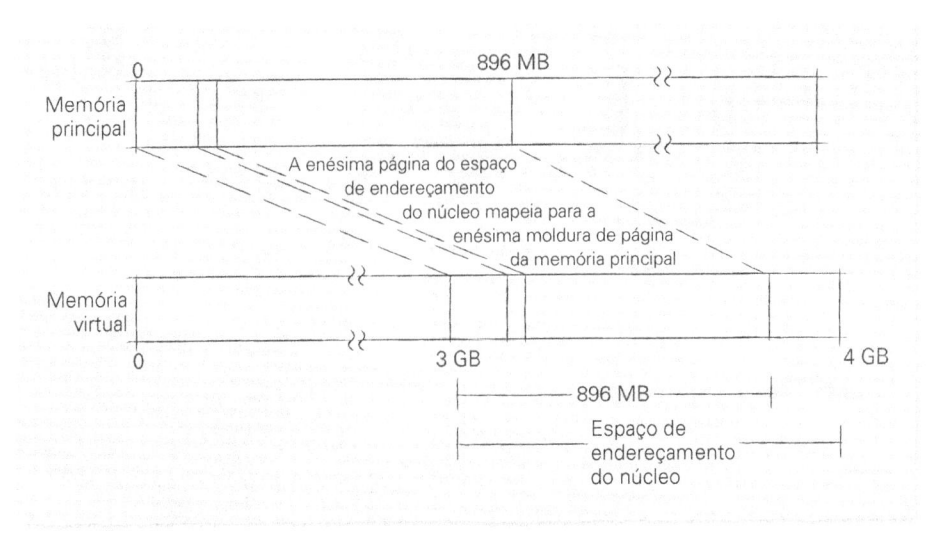

Figura 20.6 | *Mapeamento do espaço de endereçamento virtual do núcleo.*

de um processo. Quando o núcleo acessar a página virtual número 100 do espaço de endereçamento virtual do núcleo, o processador mapeará o número da página virtual para o número de moldura de página 100, que armazenará o conteúdo de *p*. Assim, o espaço de endereçamento virtual do núcleo será usado para acessar molduras de páginas que podem ser alocadas ao núcleo ou a processos usuários.

Idealmente, o núcleo seria capaz de criar PTEs que mapeassem permanentemente para cada moldura de página da memória. Todavia, se um sistema contiver mais de 1 GB de memória principal, o núcleo não poderá criar um mapeamento permanente para cada moldura de página porque reservará somente 1 GB de cada 4 GB de espaço de endereçamento virtual para si próprio. Por exemplo, quando o núcleo executa E/S em nome de um processo usuário, deve ser capaz de acessar os dados por meio de páginas do seu espaço de endereçamento virtual de 1 GB. Contudo, se um processo usuário requisitar E/S para uma página armazenada em um endereço mais alto do que 1 GB, o núcleo poderá não conter um mapeamento para aquela página. Nesse caso, o núcleo deverá ser capaz de criar um mapeamento temporário entre uma página virtual de núcleo e uma página física de usuário na memória principal para realizar a E/S. Para abordar esse problema, o núcleo mapeia a maioria das suas páginas virtuais permanentemente para molduras de páginas e reserva diversas páginas virtuais para fornecer mapeamentos temporários para as molduras de páginas remanescentes. Em particular, o núcleo cria PTEs que mapeiam os primeiros 896 MB de suas páginas virtuais permanentemente para os primeiros 896 MB da memória principal quando o núcleo é inicializado. Ele reserva os restantes 128 MB de seu espaço de endereçamento virtual para buffers temporários e caches que podem ser mapeados para outras regiões da memória principal. Portanto, se o núcleo tiver de acessar molduras de páginas além de 896 MB, usará endereços virtuais dessa região para criar uma PTE que mapeie temporariamente uma página virtual para um moldura de página.

Organização da memória física

O sistema de gerenciamento da memória divide o espaço de endereçamento físico de um sistema em três **zonas** (Figura 20.7). O tamanho de cada zona depende da arquitetura; nesta seção, apresentamos a configuração da arquitetura IA-32 discutida na seção anterior. A primeira zona, denominada **memória DMA**, inclui as localizações de memória principal de 0 MB a 16 MB. A razão primária para criar uma zona de memória DMA é garantir a compatibilidade com arquiteturas herdadas. Por exemplo, alguns dispositivos de acesso direto à memória somente podem endereçar até 16 MB de memória, portanto o Linux reserva memória nesta zona para tais dispositivos. A zona de memória DMA também contém dados e instruções de núcleo (por exemplo, código de bootstrapping) e poderia ser alocada para processos usuários se a memória livre for escassa.

A segunda zona, denominada **memória normal**, inclui as localizações de memória física entre 16 MB e 896 MB. A zona de memória normal pode ser usada para armazenar páginas de usuário e núcleo, bem como dados de dispositivos que acessam memória superior a 16 MB por meio de DMA. Note que, como o espaço de endereçamento virtual do núcleo é mapeado diretamente para os primeiros 896 MB de memória principal, a maioria das estruturas de dados do núcleo está localizada em zonas de memória baixas (ou seja, zonas de memória DMA ou normal). Se essas estruturas de dados não estivessem localizadas nessas zonas de memória, o núcleo não forneceria um mapeamento permanente de endereço virtual para físico para dados de núcleo e poderia causar uma falta de página ao executar seu código. Faltas de página não somente reduzem o desempenho do núcleo, mas podem ser fatais quando da execução de rotinas de tratamento de erros.

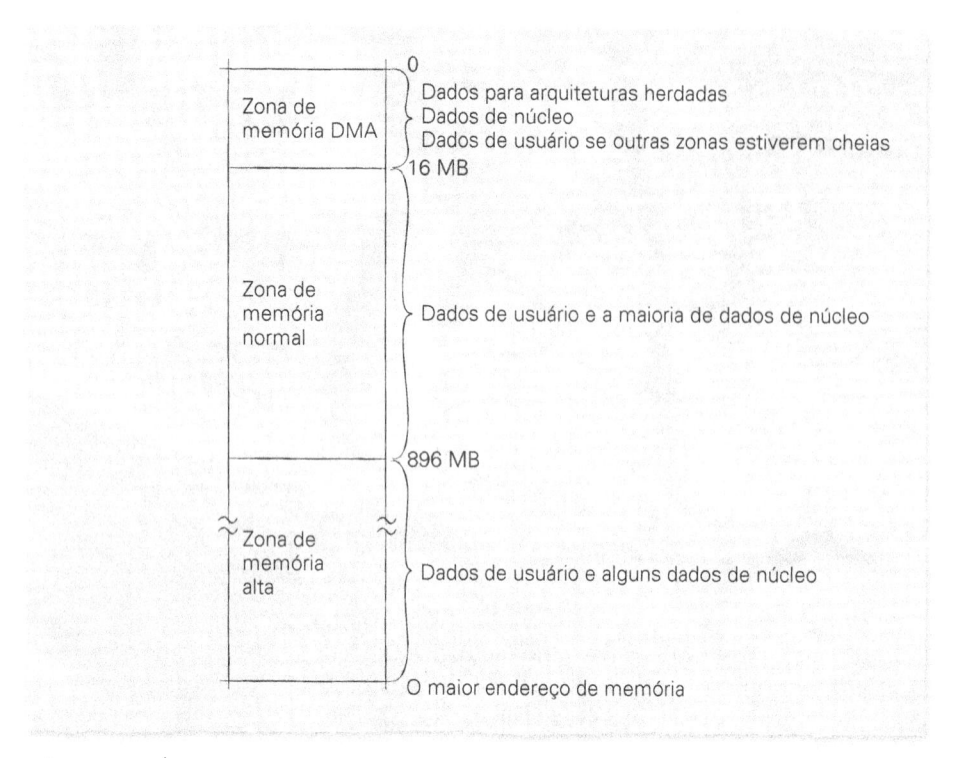

Figura 20.7 | Zonas de memória física na arquitetura Intel IA-32.

A terceira zona, denominada **memória alta**, inclui localizações de memória física de 896 MB até um máximo de 64 GB em processadores Pentium. O recurso Page Address Extension (extensão de endereços de páginas) da Intel habilita endereços de memória de 36 bits, permitindo que o sistema acesse 2^{36} bytes, ou 64 GB, de memória principal). Memória alta é alocada a processos usuários, quaisquer dispositivos que possam acessar memória nessa zona e estruturas de dados de núcleo temporárias.[65, 66]

Alguns dispositivos, contudo, não podem acessar dados na memória alta porque o número de endereços físicos que eles podem endereçar é limitado. Nesse caso, o núcleo copia esses dados para um buffer, chamado de **buffer de rebote** (*bounce buffer*), na memória DMA para executar E/S. Após concluir uma operação de E/S, o núcleo copia quaisquer páginas modificadas no buffer para a página na memória alta.[67, 68, 69]

Dependendo da arquitetura, o primeiro megabyte de memória principal poderia conter dados carregados na memória por funções de inicialização do BIOS (veja a Seção 2.3.1, "Placas principais"). Para impedir que esses dados sejam sobrescritos, o código de núcleo e estruturas de dados do Linux são carregados em uma área contígua de memória física que normalmente começa no segundo megabyte da memória principal. (O núcleo reclama a maior parte dos primeiros megabytes de memória após o carregamento.) Páginas de núcleo nunca são trocadas (ou seja, paginadas) nem relocalizadas na memória física. Além de melhorar o desempenho, a natureza contígua e estática da memória do núcleo simplifica a codificação para desenvolvedores de núcleo a um custo relativamente baixo (a ocupação de memória pelo núcleo é de aproximadamente 2 MB).[70]

20.6.2 Alocação e desalocação de memória física

O núcleo aloca molduras de páginas a processos por meio de um **alocador de zona**. O alocador de zona tenta alocar páginas da zona física correspondente a cada requisição. Lembre-se de que o núcleo reserva o máximo possível da zona de memória DMA para utilização por arquiteturas herdadas e código de núcleo. Executar operações de E/S na memória alta também poderia exigir a utilização de um buffer de rebote, que é menos eficiente do que usar páginas diretamente acessíveis por hardware de DMA. Assim, embora páginas para processos usuários possam ser alocadas de qualquer zona, o núcleo tenta alocá-las primeiramente da zona alta da memória. Se a zona alta da memória estiver cheia e páginas da memória normal estiverem disponíveis, então o alocador de zona usará páginas da memória normal. Apenas quando a memória livre for escassa em ambas as zonas de memória, normal e alta, um alocador de zona selecionará páginas da memória DMA.[71]

Ao decidir quais molduras de páginas alocar, o alocador de zona procura páginas vazias no vetor free_area de cada zona. O vetor free_area contém referências às listas livres e mapas de bits de uma zona que identificam blocos contíguos de memória. Blocos de molduras de páginas são alocados em grupos de potências de 2; cada elemento do vetor free_area de uma zona contém uma lista de blocos do mesmo tamanho — o enésimo elemento do vetor faz referência a uma lista de blocos de tamanho 2^n.[72] A Figura 20.8 ilustra as primeiras três entradas do vetor free_area.

Para alocar blocos do tamanho requisitado, o gerenciador de memória usa o **algoritmo binário do companheiro (binary buddy)** para procurar o vetor free_area. O algoritmo do companheiro, descrito por Knowlton e Knuth, é um algoritmo simples de alocação de página física que proporciona bom desempenho.[73, 74] Se não houver nenhum bloco do tamanho requisitado, um bloco do tamanho mais próximo no vetor free_area será dividido ao meio repetidamente até que o bloco resultante atinja o tamanho correto. Quando o gerenciador de memória encontra um bloco do tamanho correto, ele o aloca ao processo que o requisitou e coloca quaisquer blocos órfãos nas listas apropriadas.[75]

Quando a memória é desalocada, o algoritmo do companheiro agrupa páginas livres contíguas da seguinte maneira. Quando um processo libera um bloco de memória, o gerenciador de memória verifica o mapa de bits (no vetor free_area) que monitora blocos daquele tamanho. Se o mapa de bits indicar que um bloco adjacente está livre, o gerenciador de memória combinará os dois blocos (companheiros) em um bloco maior. O gerenciador de memória repete esse processo até não haver mais nenhum bloco com o qual combinar o bloco resultante. Então o gerenciador de memória insere o bloco na lista apropriada em free_area.[76]

Há diversas estruturas de dados de núcleo (por exemplo, a estrutura que descreve áreas de memória virtual) que consomem muito menos do que uma página de memória (4 KB é o menor tamanho de página na maioria dos sistemas). Processos tendem a alocar e liberar muitas dessas estruturas de dados no decurso da execução. Requisições ao alocador de zona para alocar quantidades tão pequenas de memória resultariam em substancial fragmentação interna, pois a menor unidade de memória que o alocador de memória pode fornecer é uma página. Em vez disso, o núcleo satisfaz essas requisições por meio do **alocador de fatias**. O alocador de fatias aloca memória em qualquer um dos inúmeros **caches de fatias** disponíveis.[77] Um cache de fatias é composto de vários objetos denominados fatias, que abrangem uma ou mais páginas e contêm estruturas do mesmo tipo. Normalmente a **fatia** é uma página da memória que serve como um receptáculo para várias estruturas de dados menores do que uma página. Quando o núcleo requisita memória para uma nova estrutura, o alocador de fatias retorna a parte de uma fatia que está no cache de fatias para aquela estrutura. Se todas as fatias de um cache estiverem ocupadas, o alocador de fatias aumentará o tamanho do cache para incluir mais fatias. Essas novas fatias contêm páginas alocadas por intermédio do alocador de zona apropriado.[78]

Como discutido anteriormente, podem ocorrer erros de sistemas sérios ou fatais se o núcleo provocar uma falta de página durante o código de interrupção ou de tratamento de erro. Similarmente, uma requisição para alocar memória durante a execução desses códigos não deve falhar se o sistema contiver poucas páginas livres. Para evitar essa situação, o Linux permite que threads de núcleo e drivers de dispositivos aloquem repositórios de memória. Um **repositório de memória** é uma região da memória que o núcleo garante que estará disponível para um thread de núcleo ou driver de dispositivo independentemente de quanta memória esteja ocupada correntemente. Claramente, o uso extensivo de repositórios de memória limita o número de molduras de páginas disponíveis para processos usuários. Entretanto, pelo fato de uma falha de sistema poder resultar de uma falha de alocação de memória, a permuta é justificada.[79]

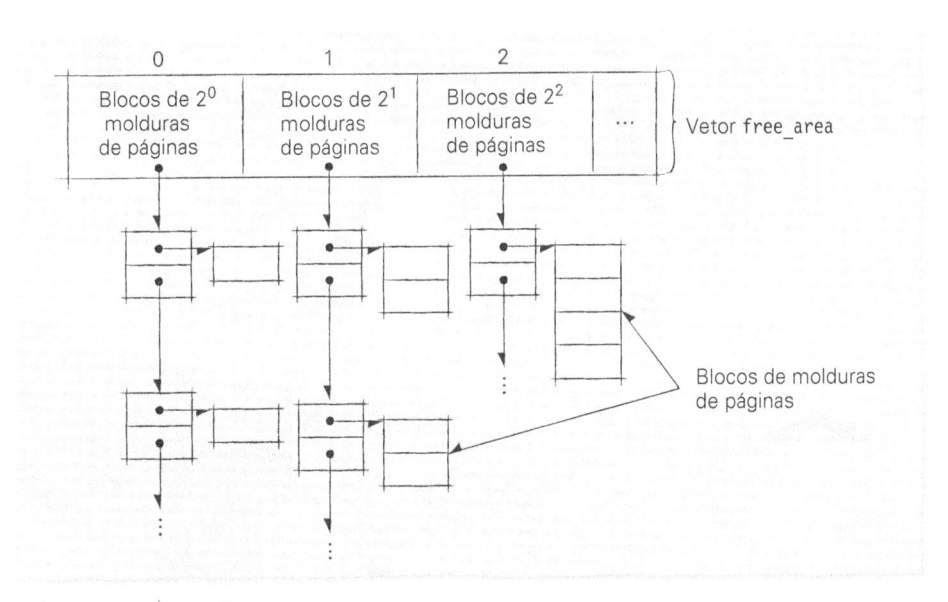

Figura 20.8 | Vetor **free_area**.

20.6.3 Substituição de páginas

O gerenciador de memória do Linux determina quais páginas manter na memória e quais substituir (operação conhecida como 'troca' (*swapping*) no Linux) quando a memória livre ficar escassa. Lembre-se de que somente páginas da região do usuário de um espaço de endereçamento virtual podem ser substituídas; a maioria das páginas que contém código de núcleo e dados não pode ser substituída.

À medida que as páginas são lidas para a memória, o núcleo as insere no **cache de páginas**. O cache de páginas é projetado para reduzir o tempo gasto executando operações de E/S. Quando o núcleo tem de descarregar (escrever) uma página para disco, ele o faz por meio do cache de páginas. Para melhorar o desempenho, o cache de páginas emprega cache write-back (veja a Seção 12.8, "Utilização de caches e buffers") para limpar páginas sujas.[80]

Cada página do cache de páginas deve estar associada a um dispositivo de armazenamento secundário (por exemplo, um disco), de modo que o núcleo saiba onde colocar páginas quando forem retiradas do cache para substituição. Páginas mapeadas para arquivos são associadas ao inode de um arquivo, o qual descreve a localização do arquivo no disco (veja a Seção 20.7.1, "Sistema de arquivo virtual", para uma descrição detalhada de inodes). Como discutiremos na próxima seção, páginas não mapeadas para arquivos são colocadas em armazenamento secundário em uma região denominada arquivo de troca do sistema.[81]

Quando a memória física estiver cheia e uma página não residente for requisitada por processos ou pelo núcleo, uma moldura de página deve ser liberada para atender à requisição. O gerenciador de memória fornece uma estratégia de substituição de páginas simples e eficiente; a Figura 20.9 mostra essa estratégia. Em cada zona de memória as páginas são divididas em dois grupos, **páginas ativas** e **páginas inativas**. Para ser considerada ativa, uma página precisa ter sido referenciada recentemente. Uma meta do gerenciador de memória é manter o conjunto de trabalho dentro da coleção de páginas ativas.[82]

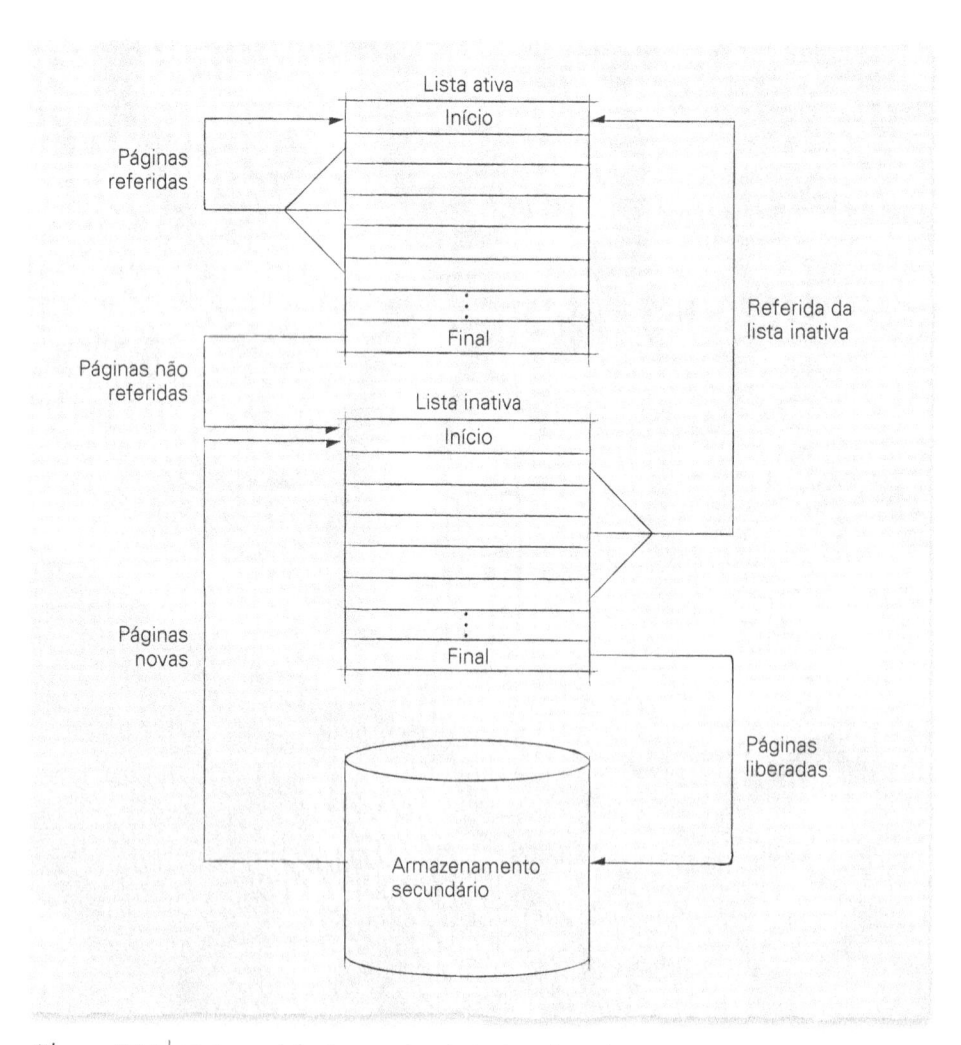

Figura 20.9 | *Visão geral do sistema de substituição de páginas.*

O Linux usa uma variação da estratégia do tipo relógio de substituição de páginas (veja a Seção 11.6.7). O gerenciador de memória usa duas listas encadeadas por zona para implementar substituição de página — a lista ativa contém páginas ativas, a lista inativa contém páginas inativas. As listas são organizadas de modo que as páginas mais recentemente usadas estejam próximas do início da lista ativa e as menos recentemente usadas, próximas do final da lista inativa.[83]

Quando o gerenciador de memória aloca uma página da memória a um processo, a estrutura associada page da página é colocada no início da lista inativa daquela zona e aquela página é marcada como referenciada, configurando o bit como referenciado. O gerenciador de memória determina se a página foi subseqüentemente referenciada em diversos pontos durante a execução do núcleo, tal como quando uma PTE é descarregada do TLB. Se a página tiver sido referenciada, o gerenciador de memória determinará como marcar a página, ou seja, ativa ou inativa, e conforme tenha sido referenciada recentemente.

Se a página for ativa ou inativa e seu bit de página referenciado estiver desligado, o bit será ligado. Semelhante ao algoritmo do relógio, essa técnica assegura que páginas recentemente referidas não sejam selecionadas para substituição. Por outro lado, se a página for inativa e estiver sendo referenciada pela segunda vez (seu bit referenciado já estiver ligado), o gerenciador de memória transferirá a página para o início da lista ativa e liberará seu bit referenciado.[84] Isso permite ao núcleo distinguir páginas referenciadas que foram acessadas apenas uma vez de páginas acessadas mais de uma vez recentemente. Essas últimas são colocadas na lista ativa, portanto não são selecionadas para substituição.

O gerenciador de memória atualiza a lista ativa transferindo páginas que não foram recentemente acessadas para a lista inativa. Isso é feito periodicamente e quando a memória disponível está baixa. O gerenciador de memória tenta balancear as listas de modo que cerca de dois terços do número total de páginas do cache de páginas estejam na lista ativa — valor derivado empiricamente que consegue um bom desempenho em muitos ambientes.[85] O gerenciador de memória cumpre essa meta transferindo periodicamente quaisquer páginas não referidas da lista ativa para o início da lista inativa.

Esse algoritmo é repetido até que o número especificado de páginas tenha passado do final da lista ativa para o início da lista inativa. Uma página que estiver na lista inativa permanecerá na memória a menos que seja solicitada (por exemplo, quando a memória livre estiver baixa. Contudo, enquanto estiver na lista ativa, uma página não poderá ser selecionada para substituição.[86]

20.6.4 Troca de páginas (Swapping)

Quando molduras de páginas disponíveis ficam escassas, o núcleo deve decidir quais páginas serão trocadas (sairão da memória para o disco) para liberar molduras de páginas para novas requisições. Isso é feito periodicamente pelo thread de núcleo *kswapd* (o daemon da troca de páginas) que recupera páginas escrevendo páginas sujas para armazenamento secundário. Se as páginas forem mapeadas para um arquivo em um sistema de arquivo particular (que armazena dados de arquivo na memória principal), o sistema atualizará o arquivo com quaisquer modificações da página na memória. Se a página corresponder aos dados ou à página de procedimento de um processo, o *kswapd* a escreverá para uma região de dados no armazenamento secundário denominada **arquivo de troca do sistema** (System Swap File). O *kswapd* seleciona páginas para extrair de entradas no final da lista inativa.[87]

Ao trocar uma página para disco, *kswapd* primeiramente determina se ela existe no cache de troca. O **cache de troca** contém entradas de tabela de páginas que descrevem se determinada página já existe no arquivo de troca do sistema em armazenamento secundário. Sob certas condições, se o cache de troca contiver uma entrada para a página que está sendo trocada, a moldura de página ocupada pela página será liberada imediatamente. Examinando o cache de troca, *kswapd* pode evitar a realização de dispendiosas operações de E/S quando uma cópia exata da página trocada existir no arquivo de troca.[88]

Antes de uma página ser substituída, o gerenciador de memória deve determinar se executa certas ações para garantir consistência (por exemplo, atualizar PTEs e escrever dados para disco). Uma página escolhida para substituição não pode ser trocada imediatamente sob as seguintes condições:

- A página é compartilhada (ou seja, referida por mais de um processo).
- A página foi modificada.
- A página está **travada** — um processo ou dispositivo depende de sua presença na memória principal para realizar uma operação.[89]

Se a página estiver sendo referenciada por mais de um processo, *kswapd* deve primeiramente **desmapear** as referências à página. O núcleo desmapeia uma referência à página zerando o valor da sua PTE. O Linux usa **mapeamento reverso** para localizar rapidamente todas as entradas de tabelas de páginas que apontam para uma página, dada uma referência a uma moldura de página. Isso é implementado na estrutura page por uma lista encadeada de entradas de tabelas de páginas que se referem à página. Sem mapeamentos reversos, o núcleo teria de pesquisar todas as tabelas de páginas do sistema para descobrir PTEs que mapeiam a página escolhida para substituição. Embora o mapeamento reverso aumente o tamanho de cada objeto page do sistema, o que, por sua vez, aumenta a utilização de memória do núcleo, a melhoria do desempenho em relação a pesquisar tabelas de páginas compensa seu custo.[90]

Após o núcleo desmapear todas as entradas de tabelas de páginas que se referem à página, deve determinar se a página foi modificada. Páginas modificadas (sujas) devem ser descarregadas para disco antes que possam ser liberadas. Para melhorar o desempenho e reduzir perda de dados durante quedas de sistema, o núcleo tenta limitar o número de páginas sujas residentes na memória. O thread de núcleo *pdflush* tenta descarregar páginas para disco (limpar páginas sujas) aproximadamente a cada 5 segundos (dependendo da carga do sistema) e define um limite superior de 30 segundos durante os quais as páginas podem permanecer sujas. Uma vez concluída a E/S de descarga para disco, o *kswapd* pode solicitar a moldura de página e a alocar a uma nova página virtual.[91, 92]

Se uma página estiver travada, o *kswapd* não poderá acessá-la para liberá-la, pois um processo ou dispositivo depende de sua presença na memória principal para executar uma operação. Por exemplo, uma página de memória usada para executar uma operação de E/S normalmente está travada. Ao pesquisar a lista de páginas inativas para escolher páginas para extração, o gerenciador de memória não considera páginas travadas. A página é liberada na próxima passagem pela lista se não mais estiver travada e ainda for um membro da lista inativa.[93]

20.7 Sistemas de arquivos

Para atender às necessidades de usuários em várias plataformas, o Linux deve suportar vários sistemas de arquivo. Quando o núcleo requisita acesso a um arquivo específico, chama funções definidas pelo sistema de arquivo que contiver o arquivo. Cada sistema de arquivo determina como armazenar e acessar seus dados.

No Linux, um arquivo representa mais do que bits em armazenamento secundário — arquivos servem como pontos de acesso a dados, que podem ser encontrados em um disco local, através de uma rede ou até mesmo ser gerados pelo próprio núcleo. Por abstrair o conceito de um arquivo, o núcleo pode acessar dispositivos de hardware, mecanismos de comunicação interprocessos, dados armazenados em disco e uma variedade de outras fontes de dados usando uma única interface genérica de sistema de arquivo. Desenvolvedores usam essa interface para rapidamente adicionar suporte a novos sistemas de arquivo à medida que ficam disponíveis. A versão 2.6 do núcleo do Linux inclui suporte para mais de 40 sistemas de arquivos que podem ser integrados ao núcleo ou carregados como módulos.[94] Entre eles estão sistemas de arquivos de propósitos gerais (por exemplo, ext2, FAT e UDF), sistemas de arquivos de rede (por exemplo, NFS, CIFS e Coda) e sistemas de arquivos que existem exclusivamente na memória (por exemplo, procfs, sysfs, ramfs e tmpfs). Nas seções a seguir, discutiremos os sistemas de arquivos ext2, procfs, sysfs, ramfs e tmpfs.

20.7.1 Sistema de arquivo virtual

O Linux suporta vários sistemas de arquivos fornecendo uma camada de sistema de arquivo virtual (*Virtual File System* — VFS). O VFS abstrai os detalhes de acesso ao arquivo, permitindo que usuários vejam todos os arquivos e diretórios do sistema sob uma única árvore de diretório. Usuários podem acessar qualquer arquivo na árvore de diretório sem saber onde, e sob qual sistema de arquivo, os dados do arquivo estão armazenados. Todas as requisições relacionadas ao arquivo são inicialmente enviadas à camada VFS que fornece uma interface para acessar dados de arquivo em qualquer sistema de arquivo disponível. O VFS oferece apenas uma definição básica dos objetos que compreendem um sistema de arquivo. Sistemas de arquivos individuais expandem aquela definição básica para incluir detalhes sobre o modo como objetos são armazenados e acessados.[95]

A Figura 20.10 mostra essa abordagem de camadas para os sistemas de arquivos. Processos emitem chamadas ao sistema como ler, escrever e abrir, que são passadas ao sistema de arquivo virtual. O VFS determina o sistema de arquivo ao qual a chamada corresponde e chama as rotinas relacionadas no driver de sistema de arquivo, que executa as operações requisitadas. Essa abordagem de camadas simplifica a programação de aplicações e habilita desenvolvedores a rapidamente adicionar suporte a novos sistemas de arquivo ao custo de sobrecarga nominal de tempo de execução.

O VFS usa arquivos para ler e escrever dados que não são necessariamente armazenados como bits no armazenamento secundário. A camada do sistema de arquivo virtual define vários objetos que localizam e fornecem acesso a dados. Um desses objetos, denominado **inode**, descreve a localização de cada arquivo, diretório ou ligação dentro de cada sistema de arquivo disponível. Inodes VFS não contêm o nome do arquivo que representam; são identificados inequivocamente por uma tupla que contém o número de um inode (que é exclusivo de um sistema de arquivo particular) e um número que identifica o sistema de arquivo que contém o inode.[96] O VFS habilita diversos nomes de arquivo a mapear para um único inode, o que permite que usuários criem ligações rígidas (hard links) — vários nomes de arquivo que mapeiam para o mesmo inode dentro de um sistema de arquivo.

O Linux usa arquivos para representar muitos objetos, incluindo conjuntos de dados nomeados, dispositivos de hardware e regiões de memória compartilhada. A ampla utilização de arquivos se origina dos sistemas UNIX, dos quais o Linux tomou emprestado muitos conceitos.

O VFS representa cada arquivo por meio de um descritor de arquivo que contém informações sobre o inode que está sendo acessado, a posição no arquivo que está sendo acessada e flags que descrevem como os dados estão sendo acessados (por exemplo, escrever/ler, somente anexar).[97] Por questão de clareza, nos referimos a objetos de arquivos

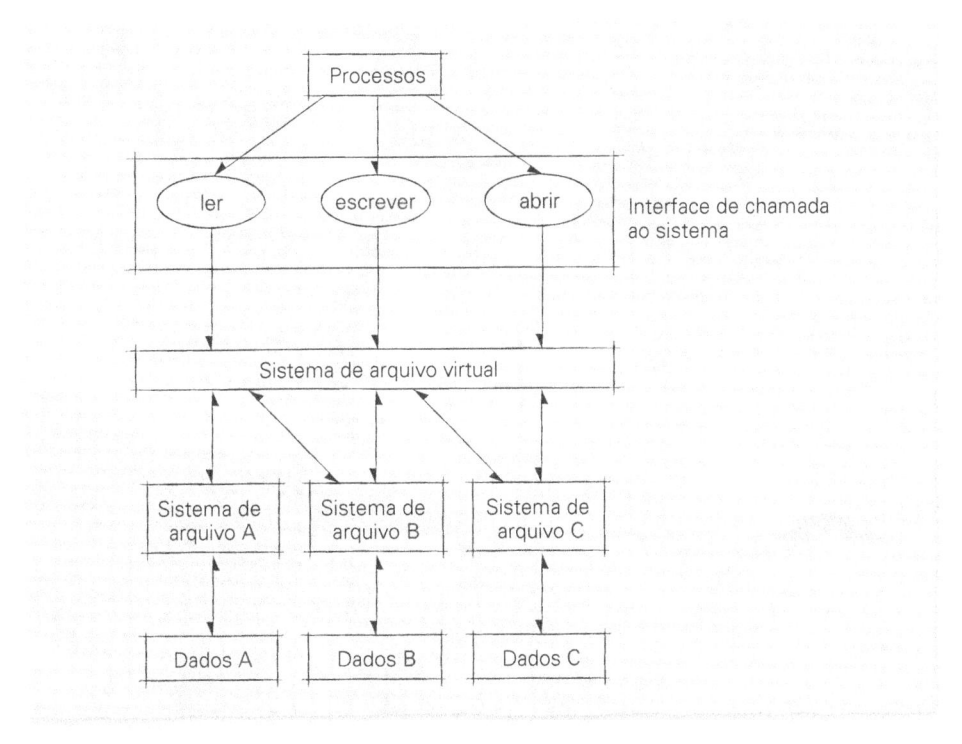

Figura 20.10 | *Relação entre o VFS, sistemas de arquivos e dados.*

VFS como 'descritores de arquivo' e usamos o termo 'arquivo' para designar dados nomeados dentro de um sistema de arquivo particular.

Para mapear descritores de arquivos para inodes, o VFS utiliza um objeto **dentry (entrada de diretório)**. Um dentry contém o nome do arquivo ou do diretório que o inode representa. Um descritor de arquivo aponta para um dentry que aponta para o inode correspondente.[98] A Figura 20.11 mostra uma possível representação de dentry do diretório /home e de seu conteúdo. Cada dentry contém um nome e ponteiros para o dentry de seu pai, filhos e irmãos. Por exemplo, o dentry correspondente a /home/chris contém ponteiros para as entradas de diretório de seu pai (/home), filhos (/home/chris/foo, /home/chris/bar e /home/chris/txt) e irmão (/home/jim). Usando essas informações, o sistema de arquivo virtual pode rapidamente resolver conversões nome-de-caminho para inode. Dentries serão discutidos mais detalhadamente na Seção 20.7.2, "Caches de sistema de arquivo virtual".

A árvore de diretório do Linux é composta de um ou mais sistemas de arquivos, cada um com uma árvore de inodes. Quando um sistema de arquivo é **montado**, seu conteúdo é anexado a uma parte específica da árvore de diretório primária, o que permite que os processos acessem dados localizados em diferentes sistemas de arquivo transparentemente via uma única árvore de diretório. Um **superbloco VFS** contém informações sobre um sistema de arquivo montado, como o tipo de sistema de arquivo, a localização do seu inode-raiz no disco e informações de limpeza que protegem a integridade do sistema de arquivo (por exemplo, o número de blocos livres e inodes livres do sistema).[99] O superbloco VFS é criado pelo núcleo e reside exclusivamente na memória. Cada sistema de arquivo deve fornecer o VFS com dados de superbloco ao ser montado.

Os dados armazenados no superbloco de um sistema de arquivo dependem do sistema de arquivo, mas normalmente incluem um ponteiro para o inode-raiz (ou seja, o inode que corresponde à raiz do sistema de arquivo), bem como informações relativas ao tamanho e espaço disponível no sistema de arquivo. Pelo fato de o superbloco de um sistema de arquivo conter um ponteiro para o primeiro inode do sistema de arquivo, o sistema operacional deve carregar seu superbloco para acessar quaisquer outros dados do sistema de arquivo. A maioria dos sistemas de arquivo coloca seu superbloco em um dos primeiros blocos do armazenamento secundário e mantém cópias redundantes do superbloco por todo o dispositivo de armazenamento para se recuperar de danos.[100]

O sistema de arquivo virtual interpreta dados de superbloco, inodes, arquivos e dentries para determinar o conteúdo de sistemas de arquivo disponíveis. O VFS define operações genéricas de sistemas de arquivo e requer que cada sistema de arquivo forneça uma implementação para cada operação que suporta. Por exemplo, o VFS define uma função read, mas não a implementa. Exemplos de operações de arquivos VFS são apresentados na Figura 20.12. Cada driver de sistema de arquivo deve, portanto, implementar uma função read para permitir que os processos leiam seus arquivos. O sistema de arquivo virtual também fornece primitivas genéricas de sistema de arquivo (por exemplo, arquivos, superblocos e inodes). Cada driver de sistema de arquivo deve designar informações específicas de sistema de arquivo a essas primitivas.

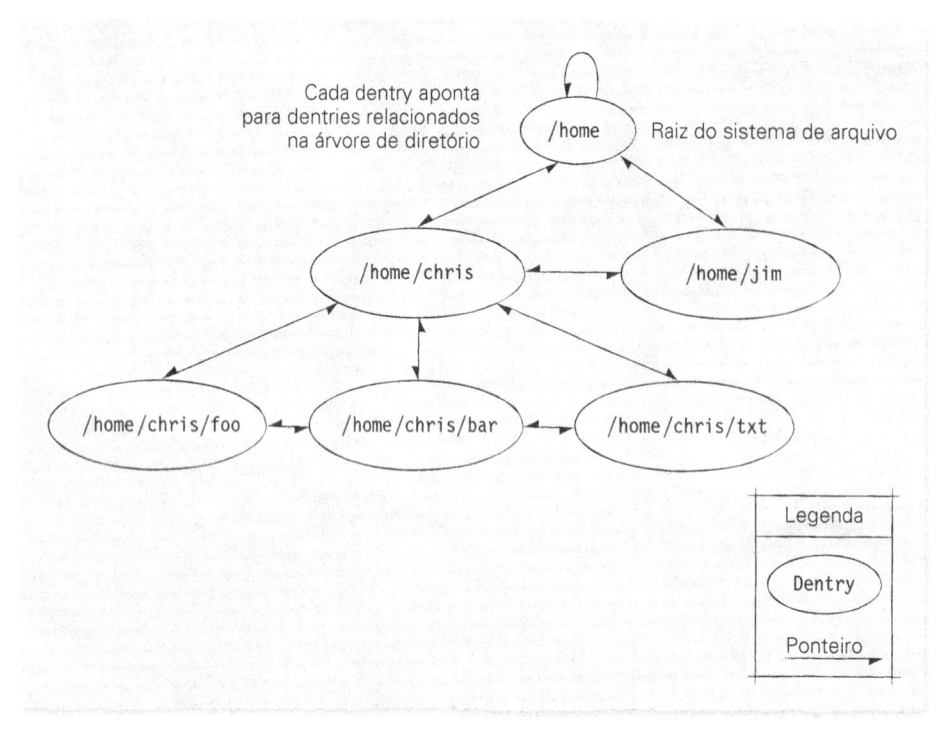

Figura 20.11 | *Organização dentry para um diretório /home particular.*

Operação VFS	Utilização pretendida
read	Copie dados de um arquivo para uma localização na memória.
write	Escreva dados de uma localização na memória para um arquivo.
open	Localize o inode correspondente a um arquivo.
release	Libere o inode associado a um arquivo. Isso somente pode ser realizado quando todos os descritores de arquivos abertos para aquele inode estiverem fechados.
ioctl	Execute uma operação específica de dispositivo em um dispositivo (representado por um inode e arquivo).
lookup	Resolva um nome-de-caminho para um inode de sistema de arquivo e retorne um dentry correspondente a ele.

Figura 20.12 | *Operações VFS de arquivo e inodes.*

20.7.2 Caches de sistema de arquivo virtual

O sistema de arquivo virtual mantém uma única árvore de diretório composta por um ou mais sistemas de arquivos. Para melhorar o desempenho de acesso a arquivo e diretório, o sistema de arquivo virtual mantém dois caches — o **cache de entrada de diretório (directory entry cache — dcache)** e o **cache de inode**. Esses caches contêm informações sobre entradas recentemente usadas na árvore do diretório. As entradas de cache representam objetos de qualquer sistema de arquivo montado disponível.[101, 102]

O dcache contém dentries correspondentes a diretórios que foram acessados recentemente, o que permite ao núcleo realizar rapidamente uma tradução de nome-de-caminho para inode se o arquivo especificado pelo nome-de-caminho estiver localizado na memória principal. Porque a quantidade de memória alocada ao dcache é limitada, o VFS usa o dcache para armazenar os dentries mais recentemente usados.[103] Embora normalmente não possa fazer cache de todos os arquivos e diretórios do sistema, o VFS garante que, se um dentry estiver no dcache, seu pai e outros ancestrais também estarão no dcache. A única vez em que isso pode não ser verdade é quando sistemas de arquivos são acessados através de uma rede (pelo fato de que informações de arquivos remotos podem mudar sem que o sistema local seja notificado).[104]

Lembre-se de que quando o VFS executa uma tradução de nome-de-caminho para inode, usa dentries do dcache para rapidamente localizar inodes no cache de inodes. Então o VFS usa esses inodes para localizar os dados de um arquivo quando estiverem em cache na memória principal. Pelo fato de o VFS depender de dentries para localizar inodes rapidamente, cada inode correspondente a um dentry deve estar presente no cache de inodes. Portanto, o VFS assegura que cada dentry do dcache corresponda a um inode no cache de inodes.

Ao contrário, se um inode não for referido por um dentry, o VFS não pode acessá-lo. Portanto, o VFS elimina inodes não mais referidos por um dentry.[105, 106]

Localizar o inode correspondente a determinado nome-de-caminho é um processo de várias etapas. O VFS deve executar uma tradução do tipo diretório-para-inode para cada diretório do nome-de-caminho. A tradução começa no inode-raiz do sistema de arquivo que contém o nome-de-caminho. A localização do inode-raiz do sistema de arquivo é encontrada em seu superbloco, o qual é carregado na memória quando o sistema de arquivo é montado. Começando no inode-raiz, o VFS deve resolver cada entrada de diretório do nome-de-caminho para seu inode correspondente.[107]

Ao procurar o inode que representa determinado diretório, o VFS primeiramente verifica o dcache para o diretório. Se o dentry for encontrado no dcache, o inode correspondente deve existir no cache do inode. Note que, na Figura 20.13, o dentry correspondente a foo.txt existe no cache de dentry; aquele dentry então apontará para um inode, que apontará para dados de um sistema de arquivo.

Se não puder encontrar o dentry no dcache, o VFS procurará o inode diretamente no cache de inodes.[108] A Figura 20.13 mostra esse caso usando link.txt, uma ligação restrita para o arquivo bar.txt. Nesse caso um processo tinha anteriormente se referido a link.txt, o que significa que o dentry correspondente a link.txt existe no dcache. Porque link.txt é uma ligação restrita para bar.txt, o dentry de link.txt aponta para o inode de bar.txt. Quando bar.txt for referido pela primeira vez, seu dentry não estará no cache de dentry. Contudo, porque um processo se referiu a bar.txt usando uma ligação restrita, o inode correspondente a bar.txt estará no cache do inode. Quando o VFS não encontrar a entrada para bar.txt no dcache, examinará o cache de inodes e localizará o inode correspondente a bar.txt.

Se o dentry não estiver no dcache e seu inode correspondente não estiver no cache de inodes, o VFS localizará o inode chamando a função de consulta de diretório do inode de seu pai (que é definida pelo sistema de arquivo subjacente).[109] Uma vez localizado o diretório, seu inode associado e dentry correspondente são carregados na memória. O novo inode é adicionado ao cache de inodes, e o dentry é adicionado ao dcache.[110]

O VFS repete o processo de exame dos caches antes de chamar a função de consulta para cada diretório do nome-de-caminho. Utilizando os caches, o VFS pode evitar grandes atrasos pelo fato de o sistema de arquivo acessar inodes no disco, através de uma rede, ou por outro meio.

A função lookup do inode é uma das diversas funções que os sistemas de arquivo normalmente implementam (veja a Figura 20.12). As responsabilidades primárias do VFS são efetuar cache de dados de sistema de arquivo e passar requisições de acesso a arquivo aos sistemas de arquivos apropriados. A maioria dos sistemas de arquivo fornece o VFS com suas próprias implementações de funções como lookup, read e write para acessar arquivos, diretórios e ligações. O VFS permite aos sistemas de arquivos uma grande flexibilidade na escolha de quais funções implementar e como implementá-las.

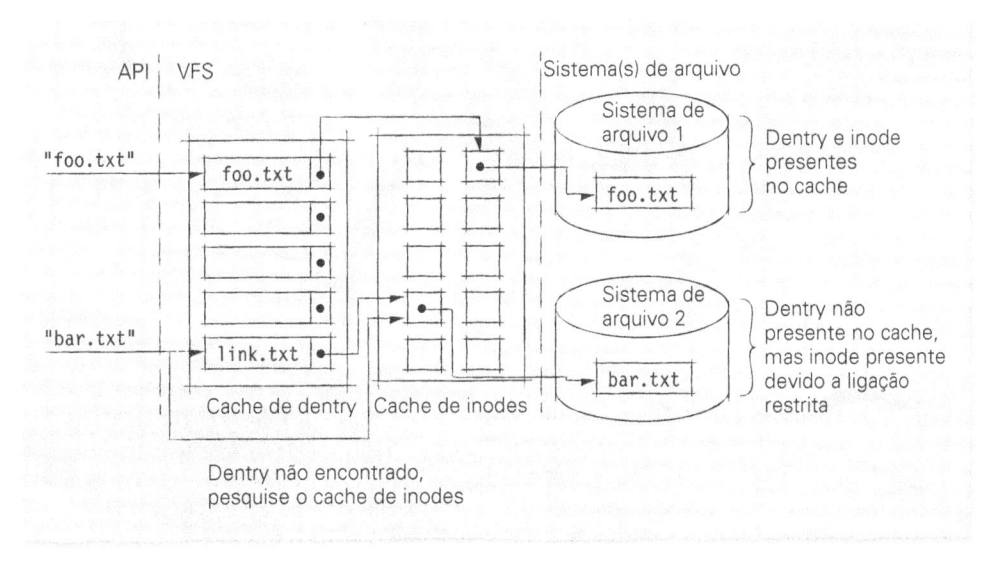

Figura 20.13 | *Caches de dentry e de inodes.*

20.7.3 Segundo sistema de arquivo estendido (ext2fs)

Após sua liberação em 1993, o **segundo sistema de arquivo estendido** (*Second Extended File System* — **ext2fs**) rapidamente se tornou o sistema de arquivo Linux mais usado de seu tempo. O principal objetivo do ext2fs é fornecer um sistema de arquivo de alto desempenho, robusto, com suporte a recursos avançados.[111] Como exigido por um sistema de arquivo virtual, o ext2fs suporta objetos básicos como o superbloco, inodes e diretórios. A implementação ext2fs desses objetos amplia suas definições para incluir informações específicas sobre a localização e o layout de dados em disco, bem como fornecer funções para eliminar e modificar dados.

Quando uma partição ext2fs é formatada, seu espaço correspondente em disco é dividido em blocos de dados de tamanho fixo. Tamanhos típicos de blocos são 1.024, 2.048, 4.096 ou 8.192 bytes. O sistema de arquivo armazena todos os dados e metadados de arquivos nesses blocos.[112] Por default, 5% dos blocos são reservados exclusivamente para usuários com privilégios de raiz quando o disco é formatado. Esse é um mecanismo de segurança fornecido para permitir que processos de raiz continuem a executar se um processo mal-intencionado ou fora do padrão consumir todos os outros blocos disponíveis do sistema de arquivo.[113] Os remanescentes 95% dos blocos podem ser usados por todos os usuários para organizar e armazenar dados de arquivo.

Um **inode ext2** representa arquivos e diretórios em um sistema de arquivo ext2 — cada inode armazena informações relevantes para um único arquivo ou diretório, como marcas de tempo, permissões, a identidade do dono do arquivo e ponteiros para blocos de dados (Figura 20.14). Um único bloco raramente é grande o suficiente para conter um arquivo inteiro. Assim, há 15 ponteiros de blocos de dados (cada um de 32 bits) em cada inode ext2. Os primeiros 12 ponteiros localizam diretamente os 12 primeiros blocos de dados. O décimo terceiro ponteiro é um **ponteiro indireto** — um ponteiro que localiza um bloco que contém ponteiros para blocos de dados —; o décimo quarto ponteiro é um **ponteiro duplamente indireto** — um ponteiro que localiza um bloco de ponteiros indiretos —; o décimo quinto ponteiro é um **ponteiro triplamente indireto** — um ponteiro para um bloco de ponteiros duplamente indiretos.

Considere um sistema de arquivo ext2 que use endereços de bloco de 32 bits e tamanho de bloco de 4.096 bytes. Se o tamanho de um arquivo for menor do que 48 KB (se ele consumir 12 blocos de dados ou menos), o sistema de arquivos poderá localizar os dados do arquivo usando ponteiros diretamente do inode do arquivo. O bloco de ponteiros singularmente indiretos localizam até 1.024 blocos de dados (4 MB de dados de arquivo). Assim, o sistema de arquivos precisa carregar somente dois blocos (o inode e o bloco de ponteiros indiretos) para localizar mais de 4 MB de dados de arquivo. De modo similar, o bloco de ponteiros duplamente indiretos localiza até 1.024^2 ou 1.048.576 blocos de dados (4 GB de dados de arquivo).

Nesse caso, o sistema de arquivo deve carregar um bloco duplamente indireto, 1.025 blocos singularmente indiretos e o inode do arquivo (que contém 12 ponteiros diretos para os blocos de dados) para acessar arquivos de 4 GB. Por fim, o bloco de ponteiros triplamente indiretos localiza até 1.024^3 ou 1.073.741.824 blocos de dados (4.096 GB de dados de arquivo). Nesse caso, o sistema de arquivo deve carregar um bloco triplamente indireto, 1.025 blocos duplamente indiretos, 1.149.601 blocos singularmente indiretos e o inode do arquivo (que contém 12 ponteiros diretos para blocos de dados) para acessar arquivos de aproximadamente 4.100 GB. Esse projeto fornece acesso rápido a arquivos pequenos e, ao mesmo tempo, suporta arquivos maiores (tamanhos máximos na faixa de 16 GB a 4.096 GB, dependendo do tamanho de bloco do sistema de arquivos).[114]

Grupos de blocos

Blocos de uma partição ext2fs são divididos em agrupamentos (*clusters*) de blocos contíguos denominados **grupos de blocos**. O sistema de arquivo tenta armazenar dados relacionados no mesmo grupo de blocos. Esse arranjo reduz o tempo de busca para acessar grandes grupos de dados relacionados (por exemplo, inodes de diretórios, inodes de arquivos e dados de arquivo) porque os blocos que compõem cada grupo de blocos estão localizados em uma região contígua do disco. A Figura 20.15 mostra a estrutura de um grupo de blocos. O primeiro bloco é o superbloco. Ele contém informações críticas sobre todo o sistema de arquivo, e não apenas um grupo de blocos particular. Essas informações incluem o número total de blocos e inodes do sistema de arquivo, o tamanho dos grupos de blocos, o horário em que o sistema foi montado e outros dados de limpeza (*housekeeping*). Porque o conteúdo do superbloco é crítico para a integridade do sistema de arquivos, uma cópia redundante do superbloco é mantida em alguns grupos de blocos. Conseqüentemente, se qualquer cópia for corrompida, o sistema de arquivos poderá ser restaurado com base em uma das cópias redundantes.[115]

O grupo de blocos contém diversas estruturas de dados para facilitar operações de arquivo naquele grupo. Uma dessas estruturas é a **tabela de inodes** que contém uma entrada para cada inode do grupo de blocos. Quando o sistema de arquivos é formatado, ele designa um número fixo de inodes ext2 para cada grupo de blocos. O número de inodes do sistema depende da razão entre bytes e inodes do sistema de arquivos, especificada quando a partição é formatada. Pelo fato de o tamanho da tabela de inodes ser fixo, a única maneira de aumentar o número de inodes de um sistema de arquivos ext2 formatado é aumentar o tamanho do sistema de arquivos. Os inodes da tabela de inodes de cada grupo normalmente apontam para o

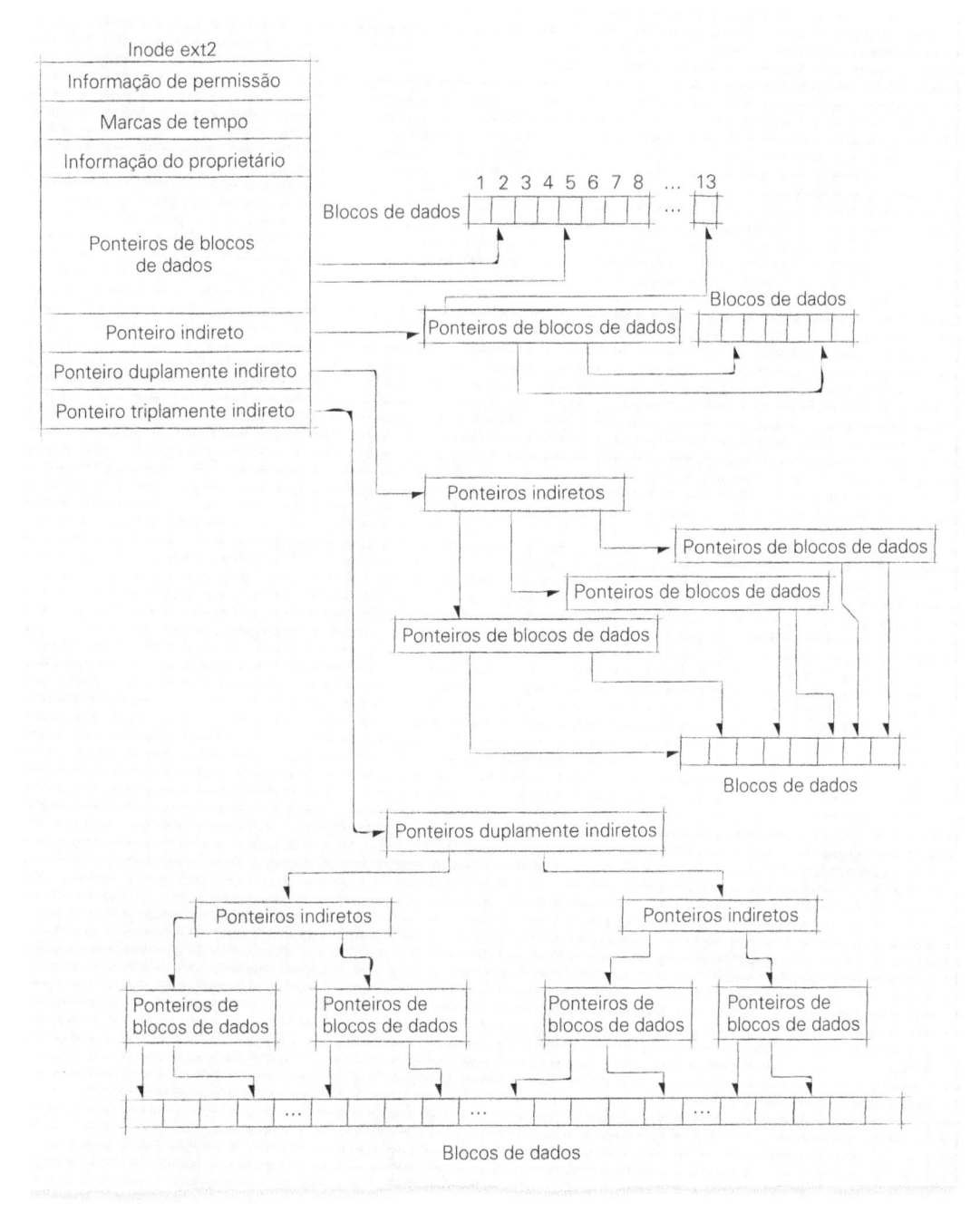

Figura 20.14 | *Conteúdo de inodes ext2.*

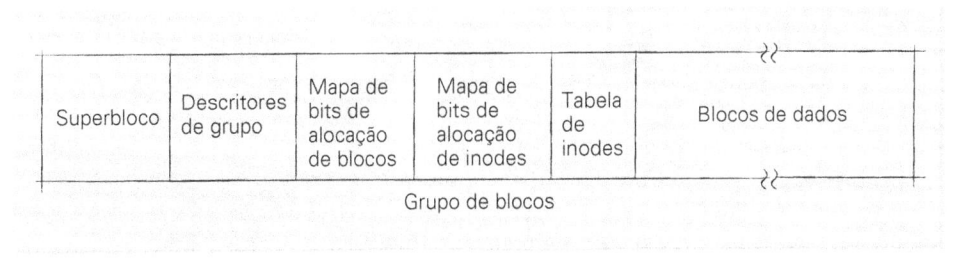

Figura 20.15 | *Grupo de blocos.*

arquivo e diretório de dados localizados naquele grupo, reduzindo o tempo necessário para carregar arquivos de um disco em virtude do fenômeno da localidade.

O grupo de blocos também mantém um bloco que contém um **mapa de bits de alocação de inodes** que monitora a utilização do inode dentro de um grupo de blocos. Cada bit do mapa de bits de alocação corresponde a uma entrada na tabela de inodes do grupo. Quando um arquivo é alocado, um inode disponível é selecionado na tabela de inodes para representar o arquivo. O bit do mapa de bits de alocação correspondente ao índice do inode na tabela de inodes é ligado para indicar que o inode está em uso. Por exemplo, se a entrada 45 da tabela de inodes for designada a um arquivo, o quadragésimo quinto bit do mapa de bits de alocação de inodes é liberado, o que indica que o inode pode ser reutilizado. Essa mesma estratégia é empregada para manter os **mapas de bits de alocação de blocos**, que monitoram a utilização de cada bloco do grupo.[116]

Um outro elemento de metadados de cada grupo de blocos, denominado **descritor do grupo**, contém os números de blocos correspondentes à localização do mapa de bits de alocação de inodes, mapa de bits de alocação de blocos e tabela de inodes (Figura 20.16). Contém também informações de contabilidade, como o número de blocos e inodes livres do grupo. Cada grupo de blocos contém uma cópia redundante do seu descritor de grupo para propósitos de recuperação.[117]

Os blocos restantes de cada grupo de blocos armazenam dados de arquivos e de diretórios. Diretórios são objetos de tamanho variável que associam nomes de arquivos com números de inodes por meio de **entradas de diretórios**. Cada entrada de diretório é composta de um número de inode, tamanho da entrada do diretório, tamanho do nome do arquivo, tipo do arquivo e nome do arquivo (Figura 20.17). Arquivos típicos são arquivos de dados, diretórios e ligações simbólicas; entretanto, ext2fs pode usar arquivos para representar outros objetos, como dispositivos e soquetes.[118]

Ext2fs suporta ligações restritas e ligações simbólicas (lembre-se da Seção 13.4.2, "Metadados", de que ligações simbólicas especificam um nome-de-caminho, e não um número de inode). Quando o sistema de arquivos encontra um enlace simbólico enquanto traduz um nome-de-caminho para um inode, o nome-de-caminho que está sendo traduzido é substituído pelo conteúdo do enlace simbólico e a conversão é reiniciada. Porque ligações restritas especificam um número de inode, elas não requerem conversão do nome-de-caminho para inode. O sistema de arquivo mantém uma contagem do número de entradas de diretório que se referem a um inode para assegurar que nenhum deles seja deletado enquanto ainda está sendo referido.[119]

Segurança de arquivos

Cada inode do arquivo armazena informações que o núcleo usa para impor suas políticas de controle de acesso. No sistema de arquivos ext2, os inodes contêm dois campos relacionados com segurança: **permissões de arquivo** e **atributos**

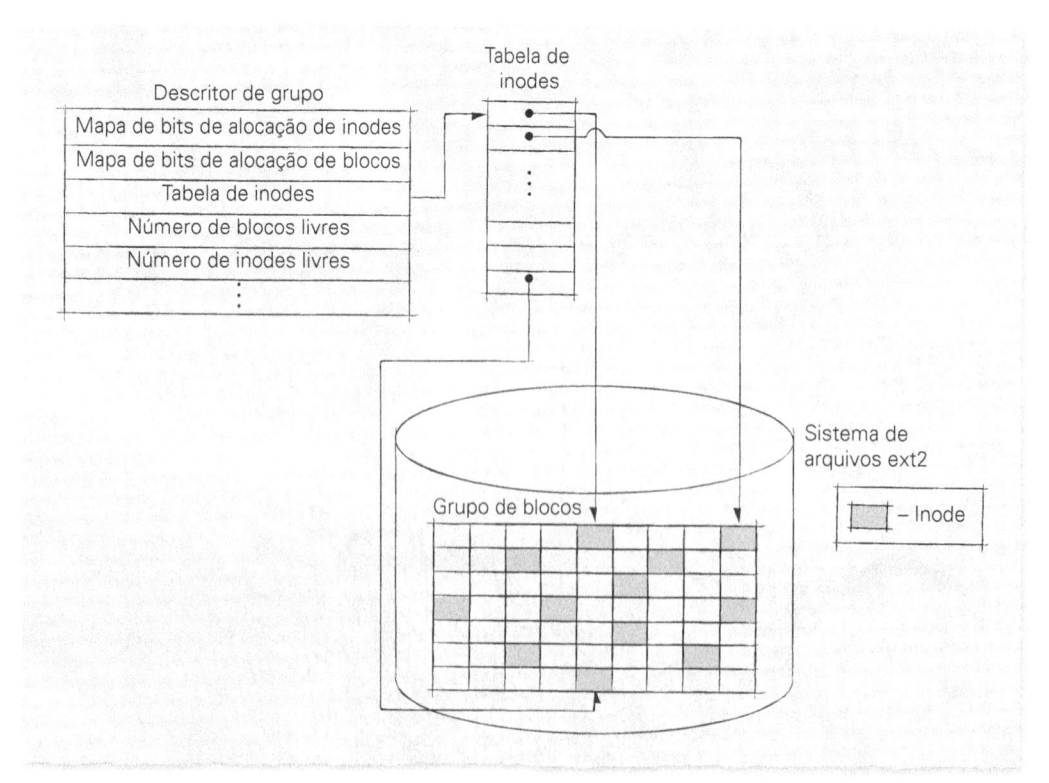

Figura 20.16 | *Descritor de grupo.*

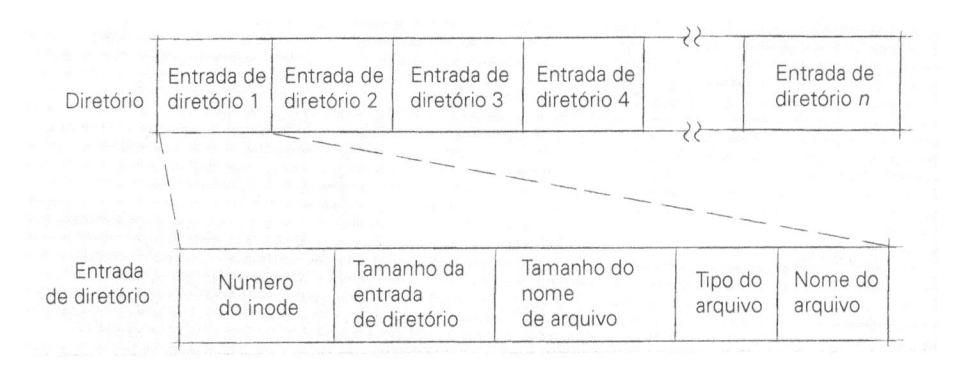

Figura 20.17 | *Estrutura de diretório.*

de arquivo. Permissões de arquivo especificam privilégios de leitura, escrita e execução para três categorias de usuários: o dono do arquivo (inicialmente o usuário que criou o arquivo), um grupo de usuários que tem permissão de acessar o arquivo (inicialmente o grupo ao qual pertence o usuário que criou o arquivo) e todos os outros usuários do sistema.

Atributos de arquivo controlam o modo como dados de arquivos podem ser modificados. Por exemplo, o atributo de arquivo 'somente anexar' especifica que usuários podem anexar dados ao arquivo, mas não podem modificar dados que já existam no arquivo. Atributos de arquivos ext2 podem ser ampliados para suportar outras características de segurança. Por exemplo, ext2 armazena metadados de controle de acesso em seus atributos de arquivo ampliados para implementar listas de controle de acesso POSIX.[120]

Localização de dados usando um nome-de-caminho

Para localizar um arquivo em um sistema de arquivos, é preciso converter o nome-de-caminho para inode. Considere, como exemplo, encontrar o arquivo indicado pelo nome-de-caminho /home/admin/policydoc. O nome-de-caminho é composto por uma série de nomes de diretórios separados por barras (/home/admin) que especificam o caminho para o arquivo policydoc. A conversão começa localizando o inode que representa o diretório-raiz do sistema de arquivos. O número do diretório-raiz (/) é armazenado no superbloco do sistema de arquivos (e é sempre 2).[121] Esse número de inode especifica o inode do diretório-raiz no grupo de blocos apropriado. Os blocos de dados referidos por esse último inode contêm as entradas de diretórios para o diretório-raiz. Em seguida, o sistema de arquivos pesquisa essas entradas de diretório em busca do número do diretório home. Esse processo é repetido até que o inode que representa o arquivo policydoc seja localizado. Enquanto cada inode é acessado, o sistema de arquivos verifica as informações de permissão nele armazenadas para assegurar que o processo que está realizando a busca tenha permissão de acessar o inode. Os dados do arquivo podem ser acessados diretamente depois de o inode correto ter sido localizado e o sistema ter efetuado cache dos dados (e metadados) do arquivo.[122]

20.7.4 Sistema proc file

Uma vantagem do VFS é que ele não impõe muitas restrições às implementações de sistemas de arquivos. O VFS requer apenas que chamadas a funções para um sistema subjacente retornem dados válidos. Essa abstração de um sistema de arquivos permite algumas implementações intrigantes de sistemas de arquivos.

Um desses sistemas de arquivos é o **procfs (proc file system — sistema proc file)**. O procfs foi criado para fornecer informações de tempo real sobre o estado do núcleo e dos processos de um sistema. Similar ao VFS, o sistema proc file é criado pelo núcleo durante o tempo de execução.

A informação fornecida pelo procfs pode ser encontrada nos arquivos e subdiretórios dentro do diretório /proc (Figura 20.18). Examinando o conteúdo de /proc, usuários podem obter informações detalhadas que descrevem o sistema, desde informações sobre o estado do hardware até dados que descrevem o tráfego de rede.[123] Por exemplo, cada número da Figura 20.18 corresponde a um processo do sistema, identificado por seu ID de processo. Examinando os conteúdos do diretório de um processo do sistema proc file, usuários podem obter informações como a utilização da memória de um processo ou a localização do seu arquivo executável. Entre outros diretórios estão devices (que contém informações sobre dispositivos do sistema), mounts (que contém informações sobre cada sistema de arquivo montado) e uptime (que informa há quanto tempo o sistema está executando). Dados fornecidos por procfs são particularmente úteis para desenvolvedores de drivers e administradores de sistemas que requerem informações detalhadas sobre a utilização do sistema. Nesta seção, limitamos nossa discussão à implementação do procfs. Uma explicação detalhada do conteúdo do diretório /proc pode ser encontrada no código-fonte do Linux sob Documentation/filesystems/proc.txt.

Procfs é um sistema de arquivos que existe somente na memória principal. Os conteúdos dos arquivos do sistema de arquivo proc não são armazenados persistentemente em nenhum meio físico — arquivos procfs proporcionam aos usuá-

root>	ls /proc					
1	20535	20656	751	978	interrupts	pci
10	20538	20657	792	acpi	iomem	self
137	20539	20658	8	asound	ioports	slabinfo
19902	20540	20696	811	buddyinfo	irq	stat
2	20572	20697	829	bus	kcore	swaps
20473	20576	20750	883	cmdline	kmsg	sys
20484	20577	3	9	cpuinfo	ksyms	sysvipc
20485	20578	4	919	crypto	loadavg	tty
20489	20579	469	940	devices	locks	uptime
20505	20581	5	960	dma	meminfo	version
20507	20583	536	961	dri	misc	vmstat
20522	20586	541	962	driver	modules	
20525	20587	561	963	execdomains	mounts	
20527	20591	589	964	filesystems	mtrr	
20529	20621	6	965	fs	net	
20534	20624	7	966	ide	partitions	
root>						

Figura 20.18 | *Amostra de conteúdo do diretório* /proc.

rios um ponto de acesso a informações de núcleo, geradas sob demanda. Quando um arquivo ou diretório é registrado no sistema de arquivo proc, cria-se uma entrada de diretório proc. **Entradas de diretório proc**, diferentemente de entradas de diretórios VFS, permitem que cada diretório implemente sua própria função read, o que habilita um diretório proc a gerar seu conteúdo toda vez que a entrada do diretório for acessada. Quando um processo acessa um arquivo particular do procfs, o núcleo chama a operação de arquivo correspondente especificada pelo arquivo. Essas funções permitem que cada arquivo responda diferentemente a operações de leitura e escrita.[124] O núcleo cria muitas entradas procfs por default. Arquivos e diretórios adicionais podem ser criados usando módulos de núcleo carregáveis.

Quando um usuário tenta ler dados de um arquivo procfs, o VFS chama a função read do procfs, a qual acessa uma entrada de diretório proc. Para concluir uma requisição de leitura, procfs chama a função read definida para o arquivo requisitado. As funções read do procfs normalmente reúnem informações de estado de um recurso, como há quanto tempo ele está executando. Uma vez extraída a informação por uma função read, o procfs passa o resultado para o processo que a requisitou.[125]

Arquivos do procfs podem ser usados para enviar dados ao núcleo. Algumas variáveis de sistemas, como o nome de hospedeiro de rede de uma máquina, podem ser modificadas durante o tempo de execução escrevendo para arquivos do procfs. Quando um processo escreve para um arquivo do procfs, os dados fornecidos pelo processo podem ser usados para atualizar as estruturas de dados de núcleo apropriadas.[126]

20.8 Gerenciamento de entrada/saída

Esta seção explica como o núcleo acessa dispositivos de sistema por meio da interface de E/S. O núcleo abstrai os detalhes do hardware de um sistema fornecendo uma interface comum para chamadas ao sistema de E/S. O núcleo agrupa dispositivos em classes; membros de cada classe de dispositivos executam funções similares, o que permite ao núcleo abordar as necessidades de desempenho de certos dispositivos (ou classes de dispositivos) individualmente.

20.8.1 Drivers de dispositivos

Suporte para dispositivos, como placas gráficas, impressoras, teclados e outros hardwares semelhantes, é uma parte necessária de qualquer sistema operacional. Um driver de dispositivo é a interface de software entre chamadas ao sistema e um dispositivo de hardware. Desenvolvedores independentes do Linux, e não fabricantes de dispositivos, escreveram a maioria dos drivers que opera dispositivos comumente encontrados em sistemas Linux, o que em geral limita o número de dispositivos compatíveis com esse sistema operacional. À medida que a popularidade do Linux aumenta, também aumenta o número de vendedores que despacham drivers Linux juntamente com seus dispositivos.

Drivers de dispositivos normalmente são implementados como módulos de núcleo carregáveis. Drivers implementados como módulos podem ser carregados e descarregados conforme o necessário, evitando a necessidade de carregá-los permanentemente no núcleo.[127]

A maioria dos dispositivos de um sistema é representada por **arquivos especiais de dispositivos**. Um arquivo especial de dispositivo é uma entrada do diretório /dev que fornece acesso a um dispositivo particular. Cada arquivo do diretório /dev corresponde a um dispositivo de bloco ou a um dispositivo de caractere.[128] Uma lista dos drivers de dispositivos de bloco e de caractere que são correntemente carregados em um sistema particular pode ser encontrada no arquivo /proc/devices (Figura 20.19).

Dispositivos que realizam funções similares são agrupados em **classes de dispositivos**. Por exemplo, cada marca de mouse que se conecta a um computador pode pertencer à classe do dispositivo de entrada. Para identificar os dispositivos de um sistema, o núcleo designa a cada um deles um número de identificação de dispositivo de 32 bits. Drivers de dispositivos identificam seus dispositivos usando um **número de identificação principal** e um **número de identificação secundário**. Números de identificação principais e secundários para todos os dispositivos suportados por Linux estão localizados na lista de dispositivos do Linux (Linux Device List) que pode ser obtida publicamente on-line.[129] Desenvolvedores de drivers devem usar os números alocados a dispositivos constantes da Linux Device List para assegurar que os dispositivos de um sistema sejam adequadamente identificados.

Dispositivos que recebem os mesmos números de identificação principais são controlados pelo mesmo driver. Números de identificação secundários permitem que o sistema distinga entre dispositivos individuais que receberam o mesmo número de identificação principal (que pertencem à mesma classe de dispositivos).[130] Por exemplo, um disco rígido recebe um número de identificação principal e cada partição do disco rígido recebe um número de dispositivo secundário.

Arquivos especiais de dispositivos são acessados via sistema de arquivo virtual. Chamadas ao sistema passam para o VFS que, por sua vez, emite chamadas aos drivers de dispositivo. A Figura 20.20 mostra a interação entre chamadas ao sistema, VFS, drivers de dispositivos e dispositivos. Drivers implementam funções genéricas de sistema de arquivo virtual de modo que os processos possam acessar arquivos /dev usando chamadas a bibliotecas padronizadas. Por exemplo, chamadas de biblioteca padrão para acessar arquivos (como imprimir para um arquivo usando a função de biblioteca padrão C fprintf) são implementadas sobre chamadas ao sistema de nível mais baixo (como read e write).[131] Características individuais dos dispositivos determinam os drivers e suas correspondentes chamadas ao sistema necessárias para suportar o dispositivo. A maioria dos dispositivos que o Linux suporta pertence a três categorias primárias: dispositivos de caractere, dispositivos de bloco e dispositivos de rede.

Cada classe de dispositivo requer seus drivers de dispositivos correspondentes para implementar um conjunto de funções comuns à classe. Por exemplo, um driver de dispositivo de caractere deve implementar uma função write para transferir dados a seu dispositivo.[132] Além disso, se um dispositivo for anexado a um subsistema de núcleo (como o subsistema SCSI),

```
root> cat /proc/devices
Dispositivos de caractere:
  1 mem ───────────────────── Acesso à memória física
  2 pty ───────────────────── Dispositivos do tipo terminais estilo BSD (TTY)
  3 ttyp
  4 vc/%d ─────────────────── Console virtual
  5 ptmx ────────────────────  Multiplexador para dispositivos do tipo terminais estilo AT&T (TTY)
  6 lp ─────────────────────── Impressora paralela
  7 vcs ────────────────────── Dispositivos de captura de console virtual
 10 misc ───────────────────── Mouses não seriais, outros dispositivos
 13 input ──────────────────── Núcleo de entrada (normalmente contém um mouse)
 14 sound ──────────────────── Dispositivo de áudio
116 alsa ───────────────────── Advanced Linux Sound Driver (driver avançado de som Linux)
128 ptm ────────────────────── Dispositivos do tipo terminais estilo AT&T (TTY)
136 pts
180 usb ────────────────────── Dispositivo USB
226 drm ────────────────────── Direct Rendering Manager
                                (gerenciador de apresentação direta — placa de vídeo)

Dispositivos de bloco:
  2 fd ─────────────────────── Unidade de disco flexível
  3 ide0 ───────────────────── Canal IDE primário
 22 ide1 ───────────────────── Canal IDE secundário
root>
```

Figura 20.19 | *Conteúdo do arquivo* /proc/devices.[133]

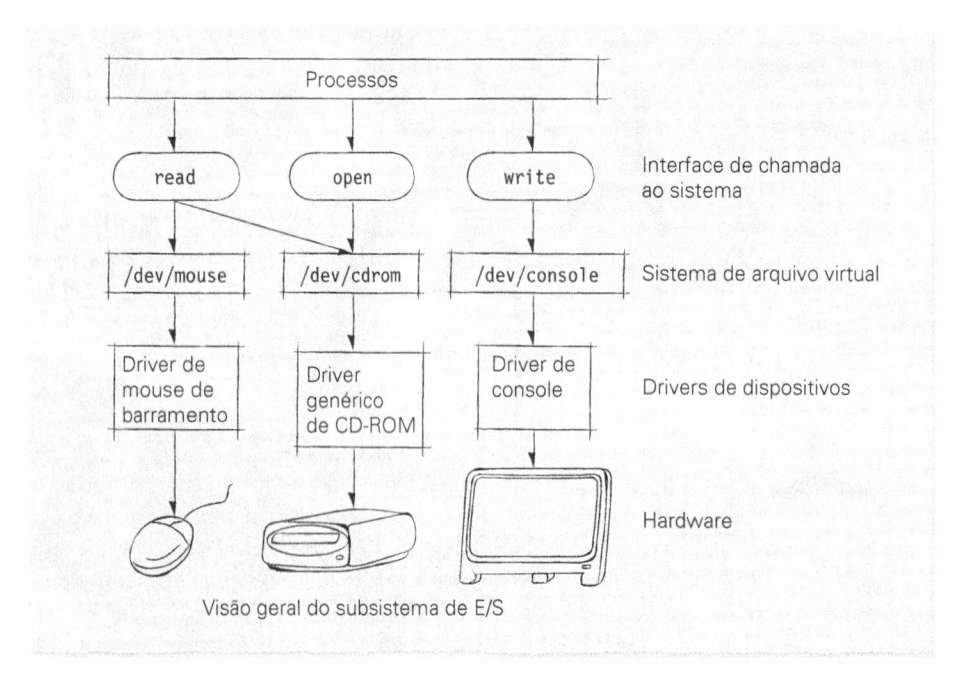

Figura 20.20 | *Camadas da interface de E/S.*

os drivers do dispositivo devem ter uma interface com o subsistema para controlar o dispositivo. Por exemplo, um driver de dispositivo SCSI passa requisições de E/S para o subsistema SCSI, que então interage diretamente com dispositivos ligados à interface SCSI.[134] Interfaces de subsistema existem para reduzir código redundante; cada driver de dispositivo SCSI precisa apenas fornecer acesso a um dispositivo SCSI particular e não ao controlador SCSI ao qual está ligado. O subsistema SCSI fornece acesso a componentes SCSI comuns, como o controlador SCSI.

Grande parte dos drivers implementa operações de arquivo comuns como read, write e seek. Essas operações permitem que drivers transfiram dados de e para dispositivos, mas não permitem que eles emitam comandos específicos de hardware. Para suportar tarefas, como ejetar uma bandeja de CD-ROM ou recuperar informações de estado de uma impressora, o Linux disponibiliza a chamada ao sistema ioctl. Essa chamada permite que desenvolvedores enviem mensagens de controle para qualquer dispositivo do diretório /dev. O núcleo define diversas mensagens de controle como default e permite que um driver implemente suas próprias mensagens para operações específicas de hardware.[135] O conjunto de mensagens suportado por um driver de dispositivo depende do dispositivo e da implementação do driver.

20.8.2 E/S por dispositivo de caractere

Um **dispositivo de caractere** transmite dados como um fluxo de bytes. Entre os dispositivos que se enquadram nessa categoria estão impressoras, consoles, mouses, teclados e modems. Porque transferem dados como fluxos de bytes, a maioria dos dispositivos de caractere suporta somente acesso seqüencial a dados.[136]

Grande parte dos drivers de dispositivos de caractere implementam operações básicas como abrir, fechar, ler e escrever de e para um dispositivo de caractere. Cada dispositivo do sistema é representado por uma estrutura device_struct que contém o nome do driver e um ponteiro para a estrutura file_operations do driver, a qual mantém as operações suportadas pelo driver de dispositivo. Para inicializar um dispositivo de caractere, o driver de dispositivo deve registrar suas operações no sistema de arquivo virtual, que anexa uma estrutura device_struct ao arranjo de drivers registrados em **chrdevs**.[137] A Figura 20.21 descreve o conteúdo do vetor chrdevs. Cada entrada de chrdevs corresponde a um número de identificação principal de driver de dispositivo. Por exemplo, a quinta entrada de chrdevs representa a device_struct para o driver cujo número principal é cinco.[138]

Quando uma chamada ao sistema acessa um arquivo especial de dispositivo, o VFS chama a função apropriada na estrutura file_operations do dispositivo. Essa estrutura inclui funções que executam operações de leitura, escrita e outras no dispositivo. O inode que representa o arquivo armazena uma estrutura file_operations de arquivo especial de dispositivo.[139]

Depois que as operações de arquivo de um dispositivo forem carregadas em seu inode, o VFS usará essas operações sempre que chamadas ao sistema acessarem o dispositivo. O sistema pode acessar esse inode até que uma chamada ao sistema feche o arquivo especial de dispositivo. Contudo, uma vez que uma chamada ao sistema feche o arquivo, o inode terá de ser recriado e inicializado da próxima vez que o arquivo for aberto.[140]

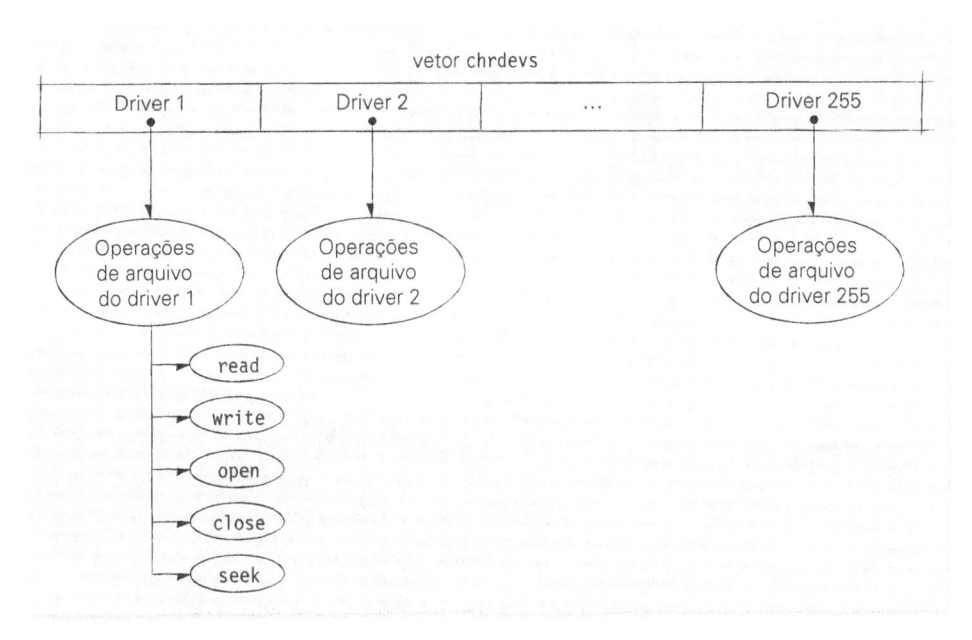

Figura 20.21 | *Vetor* chrdevs.

20.8.3 E/S por dispositivo de bloco

Diferentemente de dispositivos de caractere, dispositivos de bloco permitem que dados armazenados em blocos de tamanho fixo de bytes sejam acessados a qualquer hora, independentemente de onde esses blocos estejam armazenados no dispositivo. Para facilitar acesso não seqüencial (aleatório) a uma grande quantidade de dados (por exemplo, um arquivo em uma unidade de disco rígido), o núcleo precisa empregar um sistema de controle de E/S por dispositivo de bloco mais sofisticado do que o utilizado para controlar E/S por dispositivo de caractere. Por exemplo, o núcleo fornece algoritmos que tentam otimizar armazenagem por cabeçote móvel (discos rígidos).

Assim como dispositivos de caractere, dispositivos de bloco são identificados por números principais e secundários. O subsistema de E/S por blocos do núcleo contém várias camadas para modularizar operações de E/S por blocos colocando um código comum em cada camada. A Figura 20.22 mostra as camadas pelas quais passam as requisições de E/S por blocos. Para minimizar a quantidade de tempo gasta no acesso a dispositivos de bloco, o núcleo utiliza duas estratégias primárias: cache de dados e operações de E/S aglomeradas.

Operações de buffer e cache

Para reduzir o número de operações de E/S por blocos para dispositivos de disco, o núcleo executa operações de buffer e cache para requisições de E/S. Quando um processo requisita dados de um dispositivo de bloco (normalmente um disco rígido), o núcleo pesquisa o cache de páginas à procura dos blocos requisitados. (Lembre-se da Seção 20.6.3, "Substituição de páginas", de que o cache de páginas é uma região da memória principal que armazena dados de requisições de E/S em caches e buffers.) Se o cache de páginas contiver uma entrada para o bloco requisitado, o núcleo copiará aquela página para o espaço virtual do usuário, contanto que não haja nenhum erro (por exemplo, permissão imprópria). Quando um

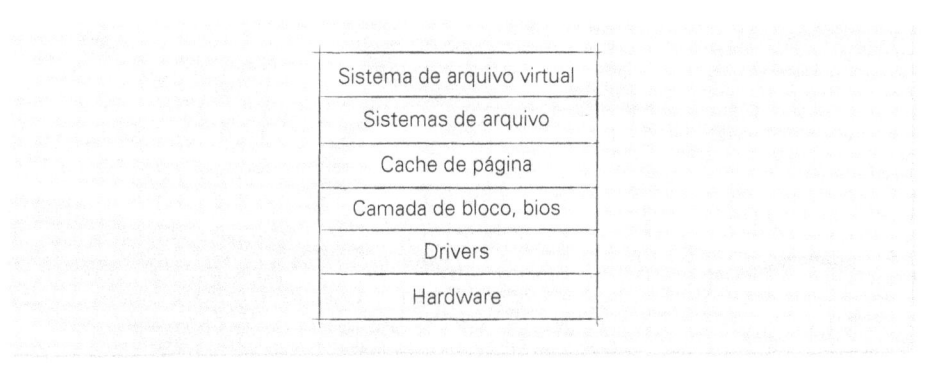

Figura 20.22 | *Camadas de subsistema de E/S por blocos.*

processo tenta escrever dados para um dispositivo de bloco, a requisição é comumente colocada em uma lista de requisições pendentes, ordenada segundo a estratégia de escalonamento de disco do núcleo.

Executando **E/S direta**, um driver pode se desviar dos caches do núcleo quando estiver lendo de (ou escrevendo para) dispositivos. Algumas aplicações, como aplicações avançadas de banco de dados, implementam seus próprios mecanismos de cache; conseqüentemente, seria um desperdício para o núcleo manter seu próprio cache dos dados da aplicação.[141] Quando a E/S direta é habilitada, o núcleo realiza E/S diretamente entre o espaço de endereçamento de usuário de um processo e o dispositivo, eliminando a sobrecarga causada pela cópia de dados do espaço de endereçamento de um usuário para os caches do núcleo e, então, para o dispositivo.

Listas de requisições

Se uma requisição de E/S corresponder a dados que não estejam em cache ou a dados que devam ser escritos para armazenamento secundário, o núcleo deve executar uma operação de E/S. Em vez de apresentar requisições de E/S a dispositivos na ordem em que são recebidas, o núcleo as adiciona a uma **lista de requisições**; para cada dispositivo de bloco do sistema, é criada uma lista de requisições contendo operações de E/S pendentes. A lista permite que o núcleo ordene requisições levando em conta fatores, como a localização do cabeçote do disco se o dispositivo de bloco for um disco rígido. Como discutimos no Capítulo 12, o núcleo pode melhorar o desempenho de todas as operações de E/S de blocos ordenando requisições de E/S em cada dispositivo de bloco.

Para associar entradas da lista de requisições a molduras de páginas, cada requisição contém uma **estrutura** bio que mapeia para várias páginas na memória correspondentes à requisição. O núcleo mantém no mínimo uma lista de requisições por driver; cada requisição corresponde a uma operação de leitura ou de escrita.[142, 143] Drivers de bloco não definem operações de leitura e de escrita; em vez disso, devem implementar uma função de requisição que o núcleo chama tão logo tenha requisições enfileiradas.[144] Isso permite que o núcleo melhore o desempenho de E/S, ordenando a lista de requisições segundo seu algoritmo de escalonamento de disco (discutido na próxima seção) antes de apresentar requisições a um dispositivo de bloco. Quando o núcleo chama uma função de requisição, o dispositivo de bloco deve executar operações de E/S na lista de requisições de E/S que o núcleo fornece.

Embora o núcleo muitas vezes reduza o tempo de busca ordenando requisições de dispositivos de bloco, em alguns casos a lista de requisições é prejudicial ao desempenho. Por exemplo, certos drivers de dispositivos, como os drivers RAID, implementam seus próprios métodos de gerenciamento de requisições (veja a Seção 12.10, "Arranjos redundantes de discos independentes"). Esses drivers de dispositivos operam através da estrutura bio, diferentemente dos drivers de dispositivos de bloco tradicionais (por exemplo, IDE), que recebem uma lista de requisições via função de requisição.[145]

Algoritmo de escalonamento de disco do elevador

O Linux fornece vários algoritmos de escalonamento de disco que permitem que os usuários personalizem o desempenho de E/S para atender às necessidades de cada sistema. O algoritmo de escalonamento de disco default é uma variação do algoritmo do elevador (a variação LOOK da estratégia SCAN apresentada na Seção 12.5.6, "Escalonamento de disco LOOK e C-LOOK"). Para minimizar o tempo de busca do disco, o núcleo organiza as entradas da lista de acordo com suas localizações no disco. A requisição que está no início da lista é a mais próxima do cabeçote do disco, o que reduz a quantidade de tempo que o disco gasta na busca e aumenta o rendimento de E/S. Quando uma requisição de E/S é apresentada à lista de requisições de um disco, o núcleo determina a localização no disco correspondente à requisição. Então, o núcleo tenta **fundir** requisições a localizações adjacentes do disco combinando duas requisições de E/S em uma única requisição maior. Fundir requisições melhora o desempenho, reduzindo o número de requisições de E/S emitidas para um dispositivo de bloco. Se uma requisição não puder ser fundida, o núcleo tentará inseri-la na lista ordenada na posição que mantenha a ordenação do tipo 'menor tempo de busca, primeiro da lista'.[146]

Embora o algoritmo do elevador proporcione alto rendimento reduzindo a latência de busca de disco, ele permite que requisições, no final da fila, sejam adiadas indefinidamente.[147] Por exemplo, considere dois processos: processo P_1 escreve 200 MB de dados para um arquivo, e processo P_2 lê recursivamente o conteúdo de um diretório em disco e imprime o resultado em um terminal. Admita que o sistema esteja usando um sistema de arquivo ext2 e que a lista de requisições esteja inicialmente vazia. Enquanto executa, P_1 pode apresentar diversas requisições de escrita sem bloquear durante seu intervalo de tempo — processos raramente bloqueiam como resultado de requisições de escrita porque não dependem da conclusão de operações de escrita para executar instruções subseqüentes. P_1 eventualmente sofre preempção, ponto em que a lista de requisições contém diversas requisições de escrita. Muitas das requisições de escrita terão sido fundidas pelo núcleo porque o sistema de arquivos ext2 tenta localizar dados de arquivo dentro de grupos de blocos, como discutido na Seção 20.7.3, "Segundo sistema de arquivo estendido (ext2fs)". Então, as requisições do Processo P_1 são apresentadas ao dispositivo de bloco, que movimenta o cabeçote de disco até a localização dos blocos de dados que serão escritos.

Quando P_2 executa, ele apresenta uma requisição para ler o conteúdo de um diretório. Essa requisição é uma operação de leitura síncrona porque P_2 não pode imprimir o conteúdo do diretório até que a operação de leitura seja concluída. Conseqüentemente, P_2 apresentará uma única requisição de E/S e bloqueará. A menos que a requisição de leitura corresponda a uma localização adjacente ao cabeçote do disco (que agora está atendendo às requisições de escrita de P_1), ela será colocada após as requisições de escrita pendentes na lista de requisições. Pelo fato de P_2 bloquear, o processo P_1 pode eventualmente retomar o controle do processador e apresentar requisições de escrita adicionais. Cada requisição de escrita subseqüente provavelmente será fundida com as requisições anteriores que estão no início da lista de requisições. O resultado é que a requisição de leitura de P_2 é empurrada ainda mais para trás na lista de requisições enquanto P_2 continua bloqueado — o que significa que P_2 não pode apresentar requisições de E/S adicionais. Enquanto o processo P_1 continuar a apresentar requisições de escrita, a requisição de leitura do processo P_2 ficará indefinidamente adiada.

Algoritmos de escalonamento de disco de prazo final e antecipatório

Para eliminar o adiamento indefinido, o núcleo fornece dois algoritmos de escalonamento de disco LOOK: escalonamento de prazo final e escalonamento antecipatório. O algoritmo de **escalonamento de prazo final** evita que requisições de leitura sejam adiadas indefinidamente, designando um prazo final para cada requisição — o escalonador tenta atender cada requisição antes que seu prazo final expire. Quando a requisição estiver esperando pelo tempo mais longo permitido pelo prazo final, ela irá **expirar**. O escalonador de prazo final processa requisições do início da lista de requisições a menos que uma requisição expire. Nesse ponto, o algoritmo de prazo final atende qualquer requisição que tenha expirado e algumas que expirarão dentro de pouco tempo. Atender requisições que expirarão dentro de pouco tempo reduz o número de vezes que o escalonador será interrompido para prestar atendimento àquelas que estão no topo da lista, o que melhora o rendimento. Após o atendimento de todas as requisições expiradas, o escalonador continua a atender requisições do início da lista de requisições.[148]

Para cumprir seus prazos finais, o escalonador deve ser capaz de determinar rapidamente se alguma requisição expirou. Usando uma única lista de requisições, o escalonador de prazo final precisaria executar uma consulta linear de requisições para determinar se alguma expirou. Se o número de requisições da lista de requisições for grande, essa operação exigirá uma quantidade de tempo significativa, resultando em mau desempenho e perdas de prazos finais. Conseqüentemente, o escalonador de prazo final manterá duas listas FIFO, uma para requisições de leitura e outra para requisições de escrita. Quando uma requisição é adicionada à lista de requisições, também é adicionada uma referência à requisição na lista FIFO apropriada. Portanto, a requisição que estiver esperando há mais tempo estará sempre localizada no início da fila FIFO, o que significa que o escalonador de prazo final poderá determinar rapidamente se uma requisição está próxima de seu prazo final acessando o ponteiro do início de cada uma das filas FIFO.[149, 150]

Porque o escalonador de prazo final é projetado para evitar inanição de leitura, o prazo final de requisições de leitura é menor do que o prazo final de requisições de escrita. Por default, requisições de leitura devem ser atendidas após 500 ms à inserção na lista de requisições, ao passo que requisições de escrita devem ser atendidas após 2 segundos. Esses valores foram escolhidos porque proporcionam bom desempenho em geral, mas podem ser modificados por um administrador de sistema em tempo de execução.[151]

Considere como o escalonador de prazo final funciona no caso dos processos P_1 e P_2 da seção anterior (o processo P_1 escreve 200 MB de dados para um arquivo e o processo P_2 lê recursivamente o conteúdo de um diretório em disco e imprime o resultado na tela). Lembre-se da seção anterior de que as requisições de escrita do processo P_2 são normalmente executadas antes do que as requisições de leitura porque suas requisições são fundidas. O resultado é que o disco muito provavelmente estará atendendo a uma requisição de escrita quando o prazo final da requisição de leitura de P_2 expirar. Isso significa que o disco provavelmente realizará uma operação de busca para executar a requisição de leitura. E, também, porque requisições de leitura síncronas exigem que o processo P_2 bloqueie, o número de requisições de leitura da lista é pequeno. Conseqüentemente, a próxima requisição da lista em seguida à operação de leitura provavelmente será uma operação de escrita que requeira uma outra operação de busca. Se diversos processos emitirem requisições de leitura enquanto um ou mais processos apresentarem requisições de escrita, diversos desses pares de operações de busca (por causa das requisições de leitura expiradas) poderão ocorrer dentro de um curto período de tempo. Assim, para reduzir o número de buscas, o escalonador de E/S de prazo final tentará agrupar diversas requisições expiradas para que sejam atendidas em conjunto antes que requisições de escrita expiradas sejam atendidas e vice-versa.[152, 153]

O escalonador antecipatório elimina inanição de requisições de leitura, evitando atividade excessiva de busca, e melhora ainda mais o desempenho, antecipando futuras requisições. Lembre-se de que requisições de leitura síncronas muitas vezes ocorrem uma vez por intervalo de tempo porque requerem que processos bloqueiem. Todavia, similarmente às requisições de entradas de diretório do processo P_2, muitos processos emitem uma série de requisições de leitura síncronas de dados contíguos (ou dados de uma única trilha). Conseqüentemente, se o escalonador de disco fizer uma breve pausa após concluir a requisição de leitura de um processo, aquele processo poderá emitir uma requisição de leitura adicional que não precise de uma operação de busca.[154] Mesmo quando houver diversas outras requisições na lista, essa requisição de leitura será colocada no início da fila de requisições e atendida sem causar excessiva atividade de busca.

Por default, a quantidade de tempo durante a qual o escalonador antecipatório de E/S espera por uma nova requisição é 6 ms — uma pausa que ocorre somente após a conclusão de uma requisição de leitura.[155] A pausa de 6 ms (o valor da pausa pode ser modificado em tempo de execução) corresponde à latência de busca para muitos dos discos rígidos de hoje, ou aproximadamente à metade da quantidade de tempo requerida para executar uma requisição localizada em uma outra trilha e voltar à localização da leitura anterior. Se uma requisição de leitura for emitida durante a pausa de 6 ms, o escalonador antecipatório poderá executar a requisição antes de fazer a busca para uma outra localização no disco para executar requisições de outros processos. Nesse caso, um escalonador de elevador tradicional teria executado duas operações de busca: uma para executar a próxima requisição de um outro processo e uma para atender a próxima requisição de leitura. Por conseguinte, o escalonador antecipatório de E/S melhora o rendimento geral de E/S se receber uma requisição de leitura dentro da pausa de 6 ms mais do que 50% das vezes.

Demonstrou-se que o escalonador antecipatório executa 5 a 100 vezes melhor do que o algoritmo de elevador tradicional quando executa leituras síncronas na presença de requisições de escrita. Contudo, ele pode introduzir sobrecarga significativa por causa da sua pausa de 6 ms, resultando em redução do rendimento de E/S. Isso ocorre quando o escalonador de E/S não recebe uma requisição de dados próxima do início do cabeçote de leitura/escrita do disco durante os 6 ms que fica esperando por uma requisição de leitura. Para minimizar essa sobrecarga, o escalonador mantém um histórico do comportamento de processos, que utiliza para prever se um processo se beneficiará da pausa de 6 ms.[156]

20.8.4 E/S por dispositivos de rede

O subsistema de rede do núcleo fornece uma interface para trocar dados com outros hospedeiros. Essa interface, entretanto, não pode ser acessada diretamente por processos usuários, que devem enviar e receber dados via interface de soquetes do subsistema de IPC (discutida na Seção 20.10.3, "Soquetes"). Quando processos apresentam dados de rede à interface de soquetes, especificam o endereço da rede de destino, e não o dispositivo de rede por meio do qual entregar os dados; o subsistema de rede determinará qual dispositivo da rede entregará o pacote. Uma importante diferença entre dispositivos de rede e dispositivos de bloco ou dispositivos de caractere é que o núcleo não requisita dados de um dispositivo de rede. Em vez disso, os dispositivos de rede usam interrupções para notificar o núcleo à medida que recebem pacotes.

Porque o tráfego pela rede é feito em pacotes que podem chegar a qualquer momento, as operações de leitura e escrita de um arquivo especial de dispositivo não são suficientes para acessar dados de dispositivos de rede. Em vez disso, o núcleo usa estruturas net_device para descrever os dispositivos de rede.[157] Esses objetos são similares aos objetos device_struct que representam dispositivos de bloco e de caractere; todavia, pelo fato de dispositivos de rede não serem representados como arquivos, a estrutura net_device não inclui uma estrutura file_operations. Em vez disso, contém várias funções definidas por drivers que permitem ao núcleo realizar ações, como inicializar um dispositivo, parar um dispositivo e enviar pacotes para um dispositivo.[158]

Tão logo tenha preparado pacotes para transmitir a um outro hospedeiro, o núcleo os passará para o driver de dispositivo para a placa de interface de rede (*Network Interface Card* — NIC) apropriada. Para determinar para qual NIC enviará o pacote, o núcleo examina uma tabela interna de roteamento que lista os endereços de destino que cada placa de interface de rede pode acessar. Após compatibilizar o endereço de destino do pacote com a interface apropriada na tabela de roteamento, o núcleo passa o pacote para o driver de dispositivo. Cada driver processa pacotes segundo uma disciplina de enfileiramento que especifica a ordem na qual seu dispositivo processa pacotes, como a política default FIFO ou outras políticas mais sofisticadas, baseadas em prioridades. Habilitando disciplinas de enfileiramento por prioridade, o sistema pode entregar conteúdo de prioridade mais alta, como mídia de tempo real, mais rapidamente do que outro tráfego de rede.[159]

Após passar pacotes para a fila de um dispositivo de rede, o núcleo acorda o dispositivo de modo que o driver possa começar a retirar pacotes da fila do dispositivo segundo sua disciplina de enfileiramento. À medida que são retirados da fila, os pacotes são passados para uma função de transmissão de pacotes especificada pelo driver do dispositivo.[160]

Quando uma interface de rede recebe um pacote de uma fonte externa, emite uma interrupção. A interrupção faz com que o controle do processador passe para o tratador de interrupção apropriado para processar pacotes. O tratador de interrupção aloca memória para o pacote e, então, o passa para o subsistema de rede do núcleo. Na Seção 20.11, "Redes", discutiremos o caminho tomado por pacotes enquanto transitam pelo subsistema de rede.

20.8.5 Modelo de dispositivo unificado

O **modelo de dispositivo unificado** é uma tentativa de simplificar gerenciamento de dispositivo no núcleo. No nível físico, dispositivos são ligados a uma interface (por exemplo, um encaixe PCI ou uma porta USB) que é conectada ao resto do sistema via barramento. Como discutido nas seções anteriores, o Linux representa dispositivos como membros de classes de dispositivos. Por exemplo, um mouse conectado a uma porta USB e um teclado conectado a uma porta PS/2 pertencem à classe de dispositivos de entrada, mas cada dispositivo se conecta ao computador via barramento diferente. Enquanto a descrição de interfaces e barramentos de dispositivos é uma visão física do sistema, uma classe de dispositivo é uma visão de software (ou seja, abstrata) do sistema que simplifica o gerenciamento de dispositivos agrupando-os por tipo semelhante.

Antes do modelo de dispositivo unificado, classes de dispositivos não estavam relacionadas aos barramentos dos sistemas, o que significava que era difícil para o sistema determinar onde o dispositivo estava fisicamente localizado no sistema. Isso não era um problema quando computadores não suportavam **dispositivos ligados a quente (hot swappable** — dispositivos que podem ser adicionados e removidos enquanto o computador está em execução). Na ausência desse tipo de dispositivo, é suficiente para o sistema detectar dispositivos exatamente uma vez (na hora da inicialização). Uma vez que carregue u m driver correspondente a cada dispositivo, o núcleo raramente precisa acessar a localização física de um dispositivo no sistema. Contudo, na presença de dispositivos hot swappable, o núcleo precisa estar ciente do arranjo físico do sistema para poder detectar quando um dispositivo foi adicionado ou removido. Uma vez localizado um novo dispositivo, o núcleo deve ser capaz de identificar sua classe de modo que possa carregar o driver de dispostivo apropriado.[161]

Por exemplo, dispositivos são comumente adicionados e removidos do barramento USB. Para detectar essas mudanças, o núcleo deve sondar periodicamente a interface USB para determinar quais dispositivos estão ligados ao barramento.[162] Se um novo dispositivo for encontrado, o núcleo deverá identificá-lo e carregar o driver de dispositivo que o suporta para que processos possam usar o dispositivo. Se um dispositivo for retirado, o sistema deverá eliminar o registro do driver de modo que tentativas de acessar o dispositivo sejam negadas. Assim, o núcleo deve manter um layout da localização física de dispositivos no sistema para tomar conhecimento de quando o conjunto de dispositivos do sistema mudar. Para suportar dispositivos hot swappable, o núcleo usa o modelo unificado de dispositivo para acessar a sua localização física, além da sua representação de classe de dispositivo.[163]

O modelo unificado de dispositivo define estruturas de dados para representar dispositivos, drivers de dispositivos, barramentos e classes de dispositivo. A relação entre essas estruturas é mostrada na Figura 20.23. Cada estrutura de dados de barramento representa um barramento particular (por exemplo, PCI) e contém ponteiros para uma lista de dispositivos ligados ao barramento e drivers que operam dispositivos naquele barramento. Cada estrutura de dados de classe representa uma classe de dispositivos e contém ponteiros para uma lista de dispositivos e de drivers que pertencem àquela classe. O modelo de dispositivo unificado associa cada dispositivo e driver de dispositivo a um barramento e classe. O resultado é que o núcleo pode acessar um barramento, determinar uma lista de dispositivos e drivers naquele barramento e, então, determinar a classe à qual pertencem cada dispositivo e driver de dispositivo. Similarmente, o núcleo pode acessar uma classe de dispositivos, seguir os ponteiros para sua lista de dispositivos e drivers de dispositivos e determinar o barramento ao qual cada dispositivo está ligado. Como a Figura 20.23 demonstra, o núcleo requer uma referência somente a uma única estrutura de dados para acessar todas as outras estruturas de dados do modelo de dispositivo unificado. Isso simplifica o gerenciamento de dispositivos para o núcleo quando dispositivos são adicionados e retirados do sistema.

Quando dispositivos são registrados no sistema, essas estruturas de dados são inicializadas e entradas correspondentes, colocadas no **sistema de arquivos do sistema, sysfs.** Sysfs fornece uma interface para dispositivos descrita pelo modelo de dispositivo unificado. Sysfs permite que aplicações de usuário vejam a relação entre entidades (dispositivos, drivers de dispositivos, barramentos e classes) no modelo de dispositivo unificado.[164, 165, 166, 167]

Sysfs, normalmente montado em /sys, organiza dispositivos de acordo com o barramento ao qual estão ligados e também segundo a classe a que pertencem. O diretório /sys/bus contém entradas para cada barramento do sistema (por exemplo, /sys/bus/pci). Dentro de cada subdiretório de barramento há uma lista de dispositivos e drivers de dispositivos que usam o barramento. Sysfs também organiza dispositivos por classe no diretório /sys/class. Por exemplo, /sys/class/input contém dispositivos de entrada, como um mouse ou um teclado. Dentro do subdiretório de cada classe há uma lista de dispositivos e drivers de dispositivos que pertencem àquela classe.[168, 169]

Gerenciamento de energia

O modelo de dispositivo unificado também simplificou o modo como o núcleo executa gerenciamento de energia, uma consideração importante para sistemas à bateria. À medida que aumenta o número e a capacidade de computadores móveis, a capacidade de um sistema gerenciar energia para aumentar a vida útil da bateria torna-se mais importante. Padrões de gerenciamento de energia, como a interface avançada de configuração e energia (*Advanced Configuration and Power Interface* — ACPI), especificam vários estados de energia de dispositivos, cada um dos quais resultando em padrão diferente de consumo. Por exemplo, a ACPI define quatro estados de energia, desde totalmente ligado (D0) a totalmente desligado (D3). Quando um dispositivo passa de totalmente ligado para totalmente desligado, o sistema não fornece nenhuma energia para o dispositivo; quaisquer dados voláteis armazenados no dispositivo, conhecidos como o contexto do dispositivo, são perdidos.[170] O modelo de dispositivo unificado simplifica o gerenciamento de energia para o núcleo fornecendo uma estrutura de dados para armazenar o contexto para cada dispositivo quando seu estado de energia mudar.

Há diversos dispositivos que fornecem conexões energizadas para outros dispositivos. Por exemplo, uma placa PCI que contenha portas USB pode conter conexões para dispositivos USB. Pelo fato de alguns dispositivos USB serem energizados por meio do cabo USB, se a energia que alimenta o cartão PCI for interrompida, o mesmo acontecerá em cada um dos seus dispositivos anexados. Conseqüentemente, o cartão PCI não deve passar para o estado totalmente desligado até que cada um dos dispositivos ligados a ele tenha passado para o estado totalmente desligado. O modelo de dispositivo unificado permite que o núcleo detecte essas dependências da energia expondo a estrutura física dos dispositivos do sistema. O resultado é que o núcleo pode evitar que um dispositivo transite para um estado de energia diferente se a transição impedir que outros dispositivos funcionem de maneira apropriada.[171]

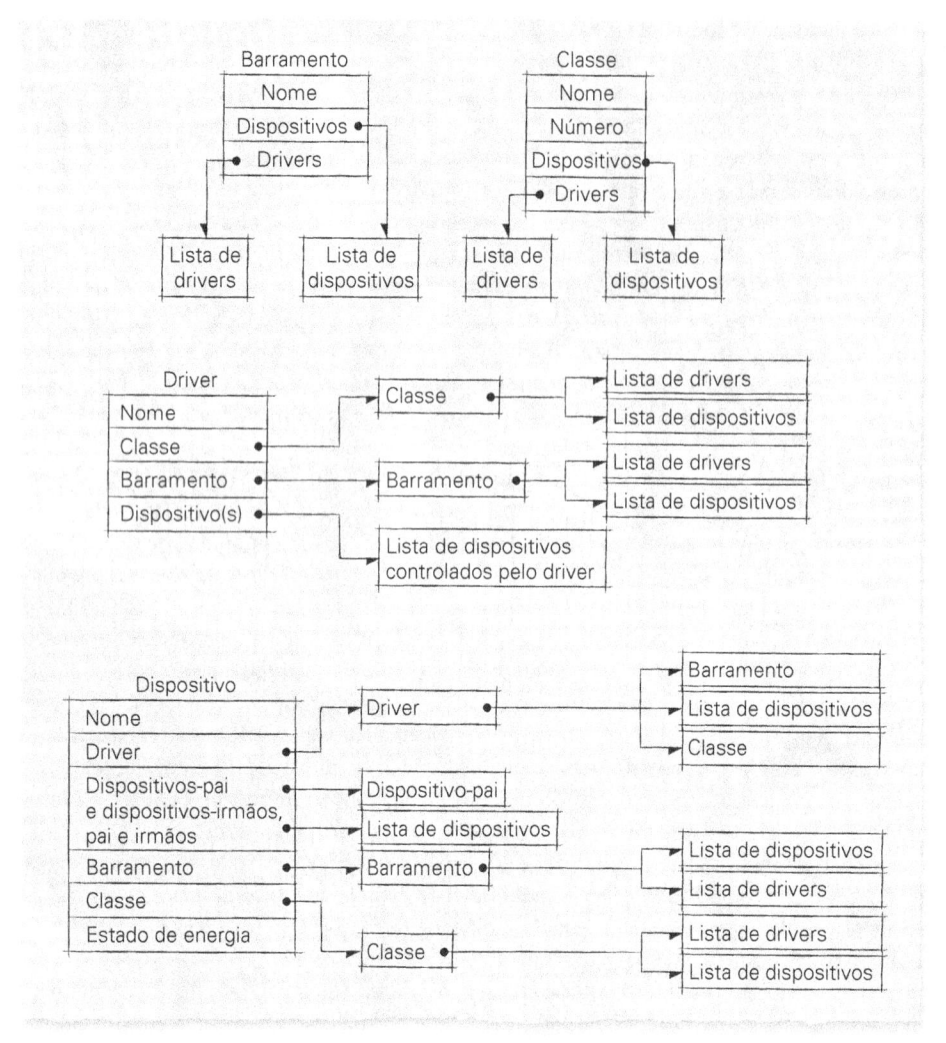

Figura 20.23 | *Organização do modelo de dispositivo unificado.*

20.8.6 Interrupções

O núcleo requer que cada driver de dispositivo registre tratadores de interrupção quando o driver for carregado. Conseqüentemente, quando o núcleo receber uma interrupção de um dispositivo particular, passará o controle ao tratador de interrupção correspondente a esse dispositivo. Tratadores de interrupção não pertencem a nenhum contexto de processo único, pois eles próprios não são programas. Porque um tratador de interrupção não é identificado como código executável da task_struct de nenhum objeto, o escalonador não pode colocá-lo em nenhuma fila de execução. Essa característica estabelece algumas restrições aos tratadores de interrupção; como não tem seu próprio código de execução, um tratador de interrupção não pode adormecer nem chamar o escalonador. Se ele pudesse adormecer ou chamar o escalonador, nunca mais retomaria o controle do processador.

Similarmente, tratadores de interrupção não podem sofrer preempção; ao fazerem isso, invocariam o escalonador.[172] Quaisquer requisições de preempção recebidas durante o tratamento de interrupção serão atendidas quando o tratador concluir a execução. Por fim, tratadores de interrupção não podem causar exceções ou faltas enquanto executam. Em muitas arquiteturas, o sistema aborta quando uma exceção é gerada enquanto um tratador de interrupção executa.[173]

Para melhorar o desempenho do núcleo, a maioria dos drivers tenta minimizar os ciclos de processador requeridos para tratar interrupções de hardware. Essa é uma outra razão por que a memória do núcleo nunca é trocada (*swapped*) para disco — carregar uma página não residente enquanto um tratador de interrupção está executando toma tempo substancial. No Linux, um driver que está tratando uma interrupção não pode sofrer preempção por outras interrupções que usam a mesma linha de interrupção. Se não fosse assim, qualquer driver de dispositivo contendo código reentrante poderia realizar operações que deixam um dispositivo em estado inconsistente. O resultado é que, quando um driver estiver processando uma interrupção, o núcleo enfileirará ou descartará quaisquer outras interrupções recebidas que usem a mesma linha de interrupção.[174] Portanto, desenvolvedores de drivers são incentivados a escrever código que processe interrupções o mais rapidamente possível.

O núcleo ajuda a melhorar a eficiência do tratamento de interrupções dividindo rotinas de tratamento de interrupções em duas partes — a **metade superior** e a **metade inferior**. Ao receber uma interrupção de um dispositivo de hardware, o núcleo passa o controle para a metade superior do tratador de interrupção do driver. A metade superior de um tratador de interrupção realiza o trabalho mínimo requerido para reconhecer a interrupção. Outro trabalho (como manipulação de estrutura de dados) — que deve ser localizado na metade inferior do tratador de interrupção — é escalonado para ser realizado mais tarde no **tratador de interrupção de software**. Metades superiores de rotinas de interrupção não podem ser interrompidas por tratadores de interrupção de software.

Dois tipos primários de tratadores de interrupção de software são **softirqs** e **tasklets**. Softirqs podem ser executados concorrentemente em vários processadores (até um por processador), o que os tornam ideais para sistemas SMP.[175] Quando um driver de dispositivo aloca um softirq, ele especifica a ação a ser executada toda vez que o softirq for escalonado. Pelo fato de várias cópias de um softirq poderem ser executadas simultaneamente, ações de softirqs devem ser reentrantes para desempenhar de modo confiável. Dispositivos de rede em servidores Web, que recebem constantemente pacotes de dados de fontes externas, beneficiam-se de softirqs, pois vários pacotes podem ser processados de maneira simultânea em processadores diferentes.[176]

Contudo, softirqs não melhoram o desempenho para diversos tipos de tratadores de interrupção. Por exemplo, um driver que requer acesso exclusivo a dados precisaria impor exclusão mútua se seu código fosse executado ao mesmo tempo em vários processadores. Em alguns casos, a sobrecarga provocada pela imposição da exclusão mútua pode contrabalançar os benefícios do multiprocessamento. Outros dispositivos transferem dados como uma série de bits, exigindo que drivers de dispositivos organizem uma seqüência de acessos a esses dados. Esses dispositivos não podem se beneficiar do processamento paralelo e, conseqüentemente, usam tasklets para executar rotinas de interrupção da metade inferior.[177]

Tasklets são semelhantes a softirqs, mas não podem executar simultaneamente em vários processadores e, portanto, não podem aproveitar as vantagens do processamento paralelo. O resultado é que a maioria dos drivers usa tasklets em vez de softirqs para escalonar metades inferiores. Embora várias instâncias de uma única tasklet não possam executar ao mesmo tempo, diversas tasklets diferentes podem executar simultaneamente em sistemas SMP.[178]

Softirqs e tasklets normalmente são tratados no contexto de interrupção ou no contexto de um processo imediatamente após o tratador de interrupção da metade superior concluir, executando com prioridade mais alta do que processos usuários. Se o sistema experimentar um grande número de softirqs que reescalonam a si mesmos, processos usuários poderão ser adiados indefinidamente. Assim, quando processos usuários não executarem durante um período de tempo significativo, o núcleo designará softirqs e tasklets para serem executados pelo thread de núcleo *ksoftirqd*, o qual executará com prioridade baixa (+19). Quando o núcleo é carregado, o núcleo do Linux cria uma instância do thread de núcleo *ksoftirqd* para cada processador. Esses threads permanecem adormecidos até que o núcleo os acorde. Uma vez escalonado, o *ksoftirqd* entra em um laço no qual processa tasklets e softirqs em seqüência. O *ksoftirqd* continua processando tasklets e softirqs até que as tasklets e/ou softirqs tenham concluído a execução ou até que *ksoftirqd* sofra preempção pelo escalonador.[179]

A divisão do tratamento de interrupção em metades superior e inferior minimiza a quantidade de tempo que as interrupções de hardware são desabilitadas. Uma vez que o driver trate uma interrupção de hardware (a metade superior), o núcleo pode executar o tratador de interrupção de software (a metade inferior); nesse período, interrupções que chegam podem causar preempção do tratador de interrupção de software.[180] Essa divisão do código do driver melhora o tempo de resposta de um sistema, reduzindo a quantidade de tempo durante a qual as interrupções são desativadas.

20.9 Sincronização de núcleo

Um processo em modo usuário não pode acessar diretamente dados de núcleo, hardware ou outros recursos críticos de sistema — esses processos precisam se valer do núcleo para executar instruções privilegiadas em seu nome. Essas operações são denominadas **caminhos de controle de núcleo.** Se dois caminhos de controle de núcleo acessarem os mesmos dados concorrentemente, poderá resultar em uma condição de disputa.[181] Para que isso seja evitado, o núcleo proporciona dois mecanismos básicos que fornecem acesso mutuamente exclusivo a seções críticas: travas e semáforos.

20.9.1 Travas giratórias

Travas giratórias permitem que o núcleo proteja seções críticas do código do núcleo executando em sistemas habilitados para SMP. Antes de entrar em sua seção crítica, um caminho de controle de núcleo adquire uma trava giratória. A região permanece protegida pela trava giratória até que o caminho de controle de núcleo a libere. Se um segundo caminho de controle de núcleo tentar adquirir a mesma trava giratória para entrar em sua seção crítica, entrará em um laço, ou 'girará' até que o primeiro caminho de controle de núcleo libere a trava giratória. Uma vez que ela fique disponível, o segundo caminho de controle de núcleo poderá adquiri-la.[182]

A utilização adequada de travas giratórias evita condições de disputa entre vários caminhos de controle de núcleo executando concorrentemente em um sistema SMP, mas não serve a nenhum propósito em um sistema monoprocessador no qual dois caminhos de controle de núcleo não podem executar ao mesmo tempo. Conseqüentemente, núcleos configurados para sistemas monoprocessadores excluem das chamadas a travas giratórias a porção referente às travas[183], o que melhora o desempenho eliminando as custosas instruções executadas para obter acesso mutuamente exclusivo a uma seção crítica em sistemas multiprocessadores.

O núcleo fornece um conjunto de funções de trava giratória para utilização em tratadores de interrupção. Porque uma interrupção de hardware pode causar preempção em qualquer contexto de execução, quaisquer dados compartilhados entre um tratador de interrupção de hardware e um controlador de interrupção de software devem ser protegidos usando uma trava giratória. Para abordar essa questão, o núcleo fornece travas giratórias que desabilitam interrupções no processador local e, ao mesmo tempo, permitem execução concorrente em sistemas SMP. Em sistemas monoprocessadores, o código de trava giratória é eliminado quando o núcleo é compilado, mas o código para desabilitar e habilitar interrupções permanece intacto.[184] Para proteger dados compartilhados por contextos de usuários e tratadores de interrupção de software, o núcleo usa **travas giratórias da metade inferior**. Essas funções desabilitam tratadores de interrupção de software além de obter a trava giratória requisitada.[185]

Todas as variações de travas giratórias desabilitam preempções em ambos os sistemas, monoprocessadores e multiprocessadores. Embora desabilitar preempção possa resultar em adiamento indefinido ou até mesmo deadlock, permitir que código protegido por trava giratória sofra preempção introduz as mesmas condições de disputa que o projeto das travas giratórias tenta evitar. O núcleo usa um contador de trava de preempção para determinar se um caminho de controle de núcleo pode sofrer preempção. Quando um caminho de controle de núcleo adquire uma trava giratória, o contador de trava de preempção é incrementado; o contador é decrementado quando o caminho de controle do núcleo libera a trava giratória. Código que está executando em modo núcleo somente pode sofrer preempção quando o contador de trava de preempção for reduzido a zero. Quando uma trava giratória é liberada e seu contador associado torna-se zero, o núcleo atende quaisquer requisições de preempção pendentes invocando o escalonador.

Desenvolvedores de núcleo devem obedecer a certas regras para evitar deadlock ao usarem qualquer variante de trava giratória. Primeiro, se um caminho de controle de núcleo já tiver adquirido uma trava giratória, esse não deverá tentar adquiri-la novamente antes de liberá-la. Tentar obter uma trava giratória pela segunda vez fará com que o caminho de controle de núcleo espere ociosamente que a trava que ele controla seja liberada, causando deadlock. Similarmente, um caminho de controle de núcleo não deve dormir enquanto estiver retendo uma trava giratória. Se a próxima tarefa escalonada tentar adquirir a trava giratória, ocorrerá deadlock.[186]

20.9.2 Travas de leitor/escritor

Em alguns casos, vários caminhos de controle de núcleo precisam somente ler (não escrever) os dados acessados dentro de uma seção crítica. Quando nenhum caminho de controle de núcleo estiver modificando aqueles dados, não há necessidade de impedir acesso concorrente de leitura (veja a Seção 6.2.4, "Exemplo de monitor: leitores e escritores"). Para otimizar concorrência nessa situação, o núcleo fornece **travas de leitor/escritor**. Travas giratórias de leitor/escritor e semáforos de núcleo (Seção 20.9.4, "Semáforos de núcleo") possibilitam que vários caminhos de controle de núcleo retenham uma trava de leitura, mas pemitem que somente um caminho de controle de núcleo retenha uma trava de escrita sem nenhum leitor concorrente. Se o caminho de controle de núcleo que retém uma trava de leitura de uma seção crítica desejar modificar dados, deverá liberar sua trava de leitura e adquirir uma trava de escrita.[187] Uma tentativa de adquirir uma trava de leitura somente terá sucesso se não houver nenhum outro leitor ou escritor executando concorrentemente dentro de suas seções críticas. Travas de escritor/leitor efetuam um nível mais alto de concorrência, limitando o acesso a uma seção crítica somente quando ocorrerem escritas. Dependendo dos caminhos de controle de núcleo que estão acessando a trava, isso pode levar a um melhor desempenho. Se leitores não liberarem suas travas de leitura, é possível que escritores fiquem indefinidamente adiados. Para evitar adiamento indefinido e proporcionar aos escritores acesso rápido a seções críticas, caminhos de controle de núcleo usam a seqlock.

20.9.3 Seqlocks

Em algumas situações, o núcleo emprega um outro mecanismo de travamento projetado para permitir que escritores acessem dados imediatamente sem esperar que leitores liberem a trava. Essa primitiva de travamento, denominada **seqlock**, representa a combinação de uma trava giratória e um contador seqüencial. A escrita para dados protegidos por uma seqlock é iniciada chamando-se a função write_seqlock. Essa função adquire o componente de trava giratória da seqlock (de modo que nenhum outro escritor possa entrar em sua seção crítica) e incrementa o contador seqüencial. Após escrever, a função write_seqlock é chamada, o que incrementa mais uma vez o contador seqüencial, e, então, libera a trava giratória.[188]

Para habilitar escritores a acessar imediatamente dados protegidos por uma seqlock, o núcleo não permite que leitores obtenham acesso mutuamente exclusivo àqueles dados. Assim, um leitor que está executando em sua seção crítica pode sofrer preempção, habilitando um escritor a modificar os dados protegidos por uma seqlock. O leitor pode detectar se um escritor modificou o valor dos dados protegidos por uma seqlock examinando o valor do contador seqüencial da seqlock, como mostra o pseudocódigo a seguir. O valor do contador seqüencial da seqlock é inicializado para zero.

Faça
  Armazene valor do contador seqüencial de seqlock na variável local seqTemp
  Execute instruções que lêem o valor dos dados protegidos pela seqlock
Enquanto seqTemp *for ímpar ou não igual ao valor do contador seqüencial de seqlock*

Após entrar em sua seção crítica, o leitor armazena o valor do contador seqüencial de seqlock. Vamos admitir que esse valor seja armazenado na variável seqTemp. O leitor então acessa os dados protegidos pelo contador seqüencial. Considere o que ocorre se o sistema causar preempção ao leitor e um escritor entrar em sua seção crítica para modificar os dados protegidos. Antes de modificar os dados protegidos, o escritor tem de adquirir a seqlock, que incrementa o valor do contador seqüencial. Quando o leitor executar da próxima vez, comparará o valor armazenado em seqTemp com o valor corrente do contador seqüencial. Se os dois valores não forem iguais, um escritor deverá ter entrado em sua seção crítica. Nesse caso, o valor lido pelo leitor poderá não ser válido. Portanto, a condição de continuação do laço no pseudocódigo precedente determinará se o valor do contador seqüencial mudou desde que o leitor acessou os dados protegidos. Se sim, o leitor continuará o laço até que tenha sido lida uma cópia válida dos dados protegidos. Porque o valor do contador seqüencial de seqlock é inicializado em zero, uma escrita estará sendo executada quando aquele valor for ímpar. Assim, se seqTemp for ímpar, o leitor lerá os dados protegidos enquanto um escritor estiver no processo de modificá-los. Nesse caso, a condição de continuação do laço assegura que o leitor continue o laço para garantir que leia dados válidos. Quando nenhum escritor tentar modificar os dados enquanto o leitor executa dentro de sua seção crítica, o leitor sairá do laço do...while.

Pelo fato de escritores não precisarem esperar que leitores liberem uma trava, seqlocks são apropriadas para tratar interrupções e outras instâncias em que escritores devem executar rapidamente para melhorar o desempenho. Na maioria dos casos, leitores lerão os dados com sucesso na primeira tentativa. Contudo, é possível que leitores sejam adiados indefinidamente enquanto vários escritores modificam dados compartilhados, portanto seqlocks devem ser usadas em situações em que dados protegidos são lidos mais freqüentemente do que escritos.[189]

20.9.4 Semáforos de núcleo

Travas giratórias e seqlocks funcionam bem quando as seções críticas que protegem contêm poucas instruções. Todavia, à medida que aumenta o tamanho da seção crítica, aumenta a quantidade de tempo gasta em espera ociosa, o que causa sobrecarga significativa e degradação do desempenho. Travas giratórias também podem causar deadlock se o processo adormecer enquanto estiver retendo a trava. Quando uma seção crítica precisa ser protegida por longo tempo, **semáforos de núcleo** são uma alternativa melhor para implementação de exclusão mútua. Por exemplo, somente um processo por vez deve ser capaz de ler a imagem de um digitalizador (scanner). Porque esses equipamentos podem levar vários segundos para digitalizar uma imagem, um driver de dispositivo digitalizador normalmente impõe acesso mutuamente exclusivo ao seu digitalizador usando semáforos.

Semáforos de núcleo são semáforos contadores (veja a Seção 5.6.3, "Semáforos contadores") representados por uma fila de espera e um contador. A fila de espera armazena processos que estão à espera no semáforo de núcleo. O valor do contador determina quantos processos podem acessar simultaneamente suas seções críticas. Quando um semáforo de núcleo é criado, o contador é inicializado com o número de processos que têm permissão para acessar o semáforo concorrentemente. Por exemplo, se um semáforo protege acesso a três recursos idênticos, o valor inicial do contador é configurado em 3.[190]

Quando um processo tenta executar sua seção crítica, chama a função down do semáforo de núcleo. A função down, que corresponde à operação *P* (veja a Seção 5.6 "Semáforos"), verifica o valor corrente do contador e responde de acordo com as seguintes regras:

- Se o valor do contador for maior do que 0, down decrementará o contador e permitirá que o processo execute.
- Se o valor do contador for menor ou igual a 0, down decrementará o contador e o processo será adicionado à fila de espera e entrará no estado *adormecido*. Ao colocar um processo para dormir, o núcleo reduz a sobrecarga por causa da espera ociosa; processos adormecidos não são despachados para um processador.

Quando um processo sai de sua seção crítica, libera o semáforo de núcleo chamando a função up. Essa função inspeciona o valor do contador e responde de acordo com as seguintes regras:

- Se o valor do contador for maior ou igual a 0, up incrementará o contador.
- Se o valor do contador for menor do que 0, up incrementará o contador e um processo da fila de espera será acordado de modo que possa executar sua seção crítica.[191]

Semáforos de núcleo fazem com que processos adormeçam se colocados na fila de espera do semáforo, portanto não podem ser usados em tratadores de interrupção ou quando uma trava giratória estiver retida. Contudo, o núcleo fornece uma solução alternativa que permite que tratadores de interrupção acessem semáforos usando a função down_trylock. Se o tratador de interrupção não puder entrar na seção crítica protegida pelo semáforo do núcleo, a função down_trylock retornará ao processo que chama em vez de fazer com que o tratador de interrupção adormeça.[192] Semáforos de núcleo devem ser usados apenas para processos que precisam dormir enquanto retêm o semáforo; processos que dormem enquanto retêm uma trava rotativa podem levar a deadlock.

20.10 Comunicação interprocessos

Muitos dos mecanismos de comunicação interprocessos (IPC) disponíveis no Linux são derivados de mecanismos IPC do UNIX, e todos eles têm um objetivo comum: permitir que processos troquem informações. Embora todos os mecanismos de IPC cumpram essa meta, alguns são mais adequados para aplicações particulares, como as que se comunicam por uma rede ou trocam mensagens curtas com outras aplicações locais. Nesta seção, discutiremos como mecanismos IPC são implementados no núcleo Linux e como são empregados em sistemas Linux.

20.10.1 Sinais

Sinais foram um dos primeiros mecanismos de comunicação interprocessos disponíveis em sistemas UNIX — o núcleo os utiliza para avisar a processos quando certos eventos ocorrem. Ao contrário de outros mecanismos IPC do Linux que já discutimos, sinais não permitem que processos especifiquem mais do que uma palavra de dados para trocar com outros processos; a intenção primária dos sinais é alertar um processo de que um evento ocorreu.[193] Os sinais que um sistema Linux suporta dependem da arquitetura do processador. A Figura 20.24 lista os primeiros 20 sinais identificados pela especificação POSIX (todas as arquiteturas atuais suportam esses sinais).[194]

Sinais, criados pelo núcleo em resposta a interrupções e exceções, são enviados a um processo ou thread ou como resultado da execução de uma instrução (como uma falha de segmentação, SIGSEGV), ou por um outro processo (como quando um processo encerra outro, SIGKILL), ou por um evento assíncrono (por exemplo, um sinal de conclusão de E/S). O núcleo entrega um sinal a um processo fazendo uma pausa durante sua execução e invocando o tratador de sinais correspondente do processo. Assim que o tratador de sinais conclui a execução, o processo retoma sua execução.[195]

Sinal	Tipo	Ação default	Descrição
1	SIGHUP	Abortar	Detectada interrupção de comunicação do terminal ou morte do processo controlador
2	SIGINT	Abortar	Interrupção de teclado
3	SIGQUIT	Descarregar	Sair do teclado
4	SIGILL	Descarregar	Instrução ilegal
5	SIGTRAP	Descarregar	Rastro/armadilha de ponto de ruptura
6	SIGABRT	Descarregar	Abortar sinal da função **abort**
7	SIGBUS	Descarregar	Erro de barramento
8	SIGFPE	Descarregar	Exceção de ponto flutuante
9	SIGKILL	Abortar	Sinal de matar
10	SIGUSR1	Abortar	Sinal 1 definido pelo usuário
11	SIGSEGV	Descarregar	Referência inválida à memória
12	SIGUSR2	Abortar	Sinal 2 definido pelo usuário
13	SIGPIPE	Abortar	Pipe rompido: escrever para pipe com nenhum leitor
14	SIGALRM	Abortar	Sinal de temporizador da função **alarm**
15	SIGTERM	Abortar	Sinal de encerramento
16	SIGSTKFLT	Abortar	Falha de pilha no co-processador
17	SIGCHLD	Ignorar	Filho parado ou encerrado
18	SIGCONT	Continuar	Continuar se estiver parado
19	SIGSTOP	Parar	Parar processo
20	SIGTSTP	Parar	Parar digitado no dispositivo de terminal

Figura 20.24 | Sinais POSIX.[196]

Um processo ou thread pode tratar um sinal de um de três modos. (1) Ignorar o sinal — processos podem ignorar todos os sinais, exceto os sinais SIGSTOP e SIGKILL. (2) Pegar o sinal — quando um processo pega um sinal, invoca seu tratador de sinais para responder ao sinal. (3) Executar a **ação default** definida pelo núcleo para aquele sinal — por default, o núcleo define uma de cinco ações a ser executada quando um processo recebe um sinal.[197]

A primeira ação default é abortar, o que faz com que o processo termine imediatamente. A segunda é executar uma descarga de memória. Uma **descarga de memória** é semelhante a um aborto; faz com que um processo encerre mas, antes de terminar, o processo gera um **arquivo de núcleo** que contém o contexto de execução do processo, o qual inclui a pilha do processo, registradores e outras informações úteis para depuração. A terceira ação default é simplesmente ignorar o sinal. A quarta é parar (suspender) o processo — muitas vezes usada para depurar um processo. A quinta é continuar, o que reverte à quarta passando o processo do estado *suspenso* para o estado *pronto*.[198]

Processos podem preferir não tratar sinais **bloqueando-os**. Se um processo bloquear um tipo de sinal específico, o núcleo não entregará o sinal até que o processo pare de bloqueá-lo. Por default, processos bloqueiam um tipo de sinal enquanto estiverem controlando um outro sinal do mesmo tipo. O resultado é que tratadores de sinais não precisam ser reentrantes (a menos que o comportamento default não seja usado) porque múltiplas instâncias do tratador de sinais do processo não podem ser executadas concorrentemente. Contudo, é possível que um tratador de sinais interrompa um tratador de sinais de um tipo diferente.[199]

Sinais comuns, como os mostrados na Figura 20.24, não são enfileirados pelo núcleo. Se um sinal estiver sendo tratado correntemente por um processo e um segundo sinal do mesmo tipo for gerado por aquele processo, o núcleo descartará o último sinal. Se dois sinais forem gerados simultaneamente por um sistema SMP, o núcleo simplesmente descartará um deles como resultado da condição de disputa. Em certas circunstâncias, sinais descartados não afetam o comportamento do sistema. Por exemplo, um único sinal SIGKILL é suficiente para o sistema encerrar um processo. Entretanto, em sistemas de missão crítica, sinais descartados poderiam ser desastrosos. Por exemplo, um sinal definido por usuário pode ser usado para monitorar sistemas de segurança que protejam a vida de seres humanos. Se tais sinais fossem descartados, vidas de pessoas poderiam correr perigo. Para garantir que esses sistemas não percam um sinal, o Linux suporta **sinais de tempo real**. Esses sinais são enfileirados pelo núcleo, portanto, muitas instâncias do mesmo sinal podem ser geradas simultaneamente e não ser descartadas.[200, 201] Por default, o núcleo enfileira até 1.024 sinais de tempo real do mesmo tipo; quaisquer outros sinais além desses são descartados.

20.10.2 Pipes

Pipes habilitam a comunicação entre dois processos usando o modelo produtor/consumidor. O processo produtor escreve dados para o pipe, após o que o processo consumidor lê dados do pipe na ordem 'primeiro a entrar, primeiro a sair'.

Quando um pipe é criado, um inode é alocado e designado a ele. Similarmente a inodes de procfs (veja a Seção 20.7.4 "Sistema proc file"), inodes de pipes não apontam para blocos de disco. Em vez disso, apontam para determinada página de dados denominada **buffer de pipe** que o núcleo usa como um buffer circular. Cada pipe mantém um buffer de pipe exclusivo que armazena dados transferidos entre dois processos.[202]

Quando pipes são criados, o núcleo aloca dois descritores (veja a Seção 20.7.1, "Sistema de arquivo virtual") que permitem acesso a eles: um para ler do pipe e outro para escrever para o pipe. Pipes são representados por arquivos e acessados via sistema de arquivo virtual. Para iniciar comunicação usando o pipe, um processo deve criá-lo e, então, com uma fork, criar um filho com o qual o processo se comunique via pipe. A chamada ao sistema fork habilita a comunicação no pipe porque permite que o processo-filho herde os descritores do processo-pai. Como alternativa, dois processos podem compartilhar um descritor de arquivo usando soquetes, discutidos na seção seguinte. Embora o núcleo represente pipes como arquivos, eles não podem ser acessados da árvore de diretório, o que impede que um processo acesse um pipe a menos que tenha obtido o descritor de arquivo do pipe do processo que o criou.[203]

Uma limitação dos pipes é que eles suportam comunicação somente entre processos que compartilham descritores de arquivos. O Linux suporta uma variação de um pipe denominada **pipe nomeado** ou **FIFO**, que pode ser acessado via árvore de diretório. Quando um FIFO é criado, seu nome é adicionado à árvore de diretório. Processos podem acessar o FIFO por nome-de-caminho como acessariam qualquer outro arquivo da árvore do diretório (a localização e o nome do pipe normalmente são conhecidos antes de o processo executar). Portanto, processos podem se comunicar usando um pipe nomeado do mesmo modo que acessam dados em um sistema de arquivo — fornecendo o nome-de-caminho apropriado e permissões de arquivo apropriadas. Todavia, diferentemente de arquivos de dados, FIFOS apontam para um buffer localizado na memória, não em disco. Portanto, proporcionam a simplicidade de compartilhar dados em arquivos sem a sobrecarga de latência criada pelo acesso a disco.[204] Uma outra limitação dos pipes é que o buffer de tamanho fixo pode resultar em desempenho abaixo do ótimo se um produtor e um consumidor funcionarem em velocidades diferentes, como discutido na Seção 6.2.3, "Exemplo de monitor: buffer circular".

20.10.3 Soquetes

O mecanismo de **soquete** de IPC do Linux permite que pares de processos troquem dados estabelecendo canais de comunicação direta de duas vias. Cada processo pode usar seu soquete para transferir dados de e para um outro processo. Uma limitação dos pipes é que a comunicação ocorre em uma única direção (do produtor ao consumidor); entretanto, muitos processos cooperativos requerem comunicação bidirecional. Em sistemas distribuídos, por exemplo, pode ser necessário que processos possam enviar e receber chamadas remotas a procedimento. Nesse caso, pipes são insuficientes porque são limitados à comunicação em uma só direção e identificados por descritores de arquivos que não são exclusivos de vários sistemas. Para abordar essa questão, soquetes são projetados para permitir comunicação entre processos não relacionados de modo que esses processos possam trocar informações localmente e também por uma rede. Por permitirem tal flexibilidade, em algumas situações soquetes podem executar de pior maneira do que pipes. Por exemplo, se uma aplicação requerer comunicação unidirecional entre dois processos de um sistema (como enviar o resultado de um programa de descompressão para um arquivo em disco), deverão ser usados pipes em vez de soquetes.

Há dois tipos primários de soquetes que processos podem empregar: **soquetes de fluxo**, que transferem informações como fluxos de bytes; e **soquetes de datagrama**, que transferem informações em unidades independentes denominadas datagramas, discutidas na Seção 16.6.2, "Protocolo de datagrama do usuário (UDP)".[205]

Soquetes de fluxo

Processos que se comunicam via soquetes de fluxo seguem o modelo tradicional cliente/servidor. O processo servidor cria um soquete de fluxo e verifica requisições de conexão. Então, um processo cliente pode se conectar com o processo servidor e começar a trocar informações. Pelo fato de dados serem transferidos como um fluxo de bits, processos que se comunicam com soquetes de fluxo podem ler ou escrever quantidades variáveis de dados. Uma propriedade útil dos soquetes de fluxo é que, diferentemente dos soquetes de datagrama, eles usam TCP para se comunicar, o que garante que todos os dados transmitidos eventualmente cheguem e sejam entregues na ordem correta. Porque soquetes de fluxo inerentemente fornecem integridade de dados, em geral eles são a melhor escolha quando a comunicação tem de ser confiável.[206]

Soquetes de datagrama

Embora soquetes de fluxo proporcionem características poderosas de IPC, elas nem sempre são necessárias nem práticas. Habilitar soquetes de fluxo cria mais sobrecarga do que algumas aplicações podem suportar. Comunicações mais rápidas, porém menos confiáveis, podem ser obtidas por meio de soquetes de datagrama. Por exemplo, em alguns sistemas distribuídos, um servidor com muitos clientes anuncia periodicamente informações de estado a todos os seus clientes. Nesse caso, soquetes de datagrama são preferíveis a soquetes de fluxo porque requerem que somente uma mensagem seja enviada do soquete servidor e não exigem reposta dos clientes. Datagramas também podem ser enviados periodicamente para atualizar informações de cliente, como aquelas cujo propósito é sincronização de relógios. Nesse caso, cada datagrama subseqüente deve substituir a informação contida nos datagramas anteriores. Portanto, os clientes podem suportar o não-recebimento de certos pacotes de datagramas, contanto que futuros pacotes de datagramas eventualmente cheguem. Em situações como essas, nas quais a perda de dados é improvável ou não importante, aplicações podem usar soquetes de datagrama no lugar de soquetes de fluxo para aumentar o desempenho.

Pares de soquetes (Socketpairs)

Embora soquetes sejam, na sua maioria, usados para comunicação na Internet, o Linux habilita comunicação bidirecional entre vários processos no mesmo sistema por meio de soquetes. Quando um processo cria um soquete no sistema local, especifica um nome de arquivo usado como o endereço do soquete. Outros soquetes daquele sistema podem usar o nome do arquivo para se comunicar com aquele soquete lendo de ou escrevendo para um buffer. Como muitas estruturas de dados do núcleo do Linux, soquetes são armazenados internamente como arquivos e, portanto, podem ser acessados via sistema de arquivo virtual usando chamadas ao sistema read e write.[207]

O Linux fornece um outro mecanismo de IPC implementado por meio de soquetes, denominado **par de soquetes (socketpair)**. Um soquetepair é um par de soquetes conectados, não denominados. Quando um processo cria um par de soquetes, o núcleo cria dois soquetes, conecta os dois e retorna um descritor de arquivo para cada um deles.[208] Similarmente aos pipes, a utilização de soquetes nomeados é limitada a processos que compartilham descritores de arquivos. Pares de soquetes são empregados tradicionalmente quando processos relacionados requerem comunicação bidirecional.

20.10.4 Filas de mensagens

Mensagens são um mecanismo de IPC que permite que processos transmitam informações compostas por um tipo de mensagem e uma área de dados de tamanho variável. Tipos de mensagens não são definidos pelo núcleo; quando processos trocam informações, eles especificam seus próprios tipos de mensagens para poder distinguir entre elas.

Mensagens são armazenadas em **filas de mensagens** onde permanecem até que um processo esteja pronto para recebê-las. Filas de mensagens, diferentemente de pipes, podem ser compartilhadas por processos que não são pai e filho. Quando o núcleo cria uma fila de mensagens, designa a ela um identificador exclusivo. Processos relacionados podem procurar um identificador de fila de mensagens em um arranjo global de **descritores de filas de mensagens**. Cada descritor contém uma fila de mensagens pendentes, uma fila de processos à espera para receber mensagens (receptores de mensagens), uma fila de processos à espera para enviar mensagens (emissores de mensagens) e dados que descrevem o tamanho e o conteúdo da fila de mensagens.[209]

Quando um processo adiciona uma mensagem a uma fila de mensagens, o núcleo verifica na lista de receptores da fila um processo que esteja esperando mensagens daquele tipo. Se encontrar um ou mais desses processos, o núcleo entrega a mensagem a cada um deles. Se nenhum receptor estiver esperando por uma mensagem do tipo especificado e houver espaço disponível suficiente na fila de mensagens, o núcleo adicionará a mensagem à fila de mensagens pendentes daquele tipo. Se não houver espaço disponível suficiente, o próprio emissor da mensagem adiciona-se à fila de emissores de mensagens. Emissores aguardam nessa fila até haver espaço disponível (ou seja, até quando uma mensagem seja retirada da fila de mensagens pendentes).[210]

Quando um processo tenta receber uma mensagem, o núcleo verifica se há mensagens do tipo especificado na fila de mensagens adequada. Se encontrar tal mensagem, o núcleo retira a mensagem da fila e a copia para um buffer localizado no espaço de endereçamento do processo que está recebendo a mensagem. Se não for encontrada nenhuma mensagem do tipo requisitado, o processo será adicionado à fila de receptores de mensagens onde esperará até que o tipo de mensagem requisitado torne-se disponível.[211]

20.10.5 Memória compartilhada

A principal vantagem da memória compartilhada sobre outras formas de IPC é que, uma vez estabelecida uma região de memória compartilhada, o acesso à memória é processado em espaço de usuário e não requer que o núcleo acesse os dados compartilhados. Assim, porque processos não invocam o núcleo para cada acesso a dados compartilhados, esse tipo de IPC melhora o desempenho para processos que acessam dados compartilhados freqüentemente. Uma outra vantagem da memória compartilhada é que processos podem compartilhar tantos dados quantos possam endereçar, potencialmente eliminando o tempo de espera que ocorre quando um produtor e um consumidor funcionam em velocidades diferentes usando buffers de tamanho fixo, como discutido na Seção 6.2.3. O Linux suporta duas interfaces padronizadas com memória compartilhada que são gerenciadas via tmpfs: memória compartilhada System V e POSIX. [*Nota*: Processos também podem compartilhar memória usando arquivos mapeados para memória.]

A implementação Linux da memória compartilhada System V emprega quatro chamadas ao sistema padronizadas (Figura 20.25). Quando um processo alocou e anexou com sucesso uma região de memória compartilhada, pode se referir a dados daquela região como o faria utilizando um ponteiro. O núcleo mantém um identificador exclusivo que descreve a região física da memória à qual cada segmento de memória compartilhada pertence, deletando a região da memória compartilhada somente quando um processo requisita que ela seja deletada e quando o número de processos ao qual estiver ligada for zero.[212]

Memória compartilhada POSIX requer a utilização da chamada ao sistema shm_open, para criar um ponteiro para a região de memória compartilhada, e da chamada ao sistema shm_unlink para fechar a região. A região de memória compartilhada é armazenada como um arquivo no sistema de arquivos da memória compartilhada do sistema, que deve ser montado em /dev/shm; no Linux, um sistema de arquivos tmpfs é normalmente montado ali (tmpfs é descrito na próxima seção). A chamada shm_open é análoga a abrir um arquivo, enquanto a chamada smh_unlink é análoga a fechar uma ligação com um arquivo. O arquivo que representa a região compartilhada é deletado apenas quando não estiver mais anexado a nenhum processo.

Ambas as memórias compartilhadas, System V e POSIX, permitem que processos compartilhem regiões de memória e mapeiem aquela memória para o espaço de endereçamento virtual de cada processo. Contudo, porque a memória com-

Chamada ao sistema de memória compartilhada do System V	Propósito
shmget	Aloca um segmento de memória compartilhada.
shmat	Anexa um segmento de memória compartilhada a um processo.
smctl	Muda as propriedades do segmento de memória compartilhada (por exemplo, permissões).
shmdt	Separa (elimina) um segmento de memória compartilhada de um processo.

Figura 20.25 | *Chamadas ao sistema de memória compartilhada do System V.*

partilhada POSIX não permite que processos troquem privilégios por segmentos compartilhados, ela é ligeiramente menos flexível do que a memória compartilhada System V.[213] Nem a memória compartilhada POSIX nem a System V fornecem quaisquer mecanismos de sincronização para proteger o acesso à memória. Caso sejam requeridas sincronizações, os processos normalmente empregam semáforos.

Implementação de memória compartilhada

A meta da memória compartilhada em um sistema operacional é fornecer acesso a dados compartilhados com baixa sobrecarga e, ao mesmo tempo, impor rígida proteção à memória. O Linux implementa memória compartilhada como uma área de memória virtual mapeada para uma região da memória física. Quando um processo tenta acessar uma região da memória compartilhada, o núcleo primeiramente determina se o processo tem permissão para acessá-la. Se tiver, o núcleo aloca uma área de memória virtual mapeada para a região de memória compartilhada e, então, anexa a área de memória virtual ao espaço de endereçamento virtual do processo. O processo pode acessar memória compartilhada do mesmo modo que faria com qualquer outra memória do seu espaço de endereçamento virtual.

O núcleo monitora a utilização de memória compartilhada tratando a região como um arquivo em **tmpfs**, o **sistema de arquivo temporário**. O tmpfs foi projetado para simplificar o gerenciamento de memória compartilhada mantendo, ao mesmo tempo, bom desempenho para as especificações de memória compartilhada POSIX e System V. Como seu nome sugere, o tmpfs é temporário, o que significa que as páginas da memória compartilhada não são persistentes. Quando um arquivo em tmpfs for deletado, suas molduras de páginas são liberadas. Tmpfs também pode ser trocável (swappable); ou seja, dados armazenados em tmpfs podem ser levados para o armazenamento de apoio quando a memória disponível ficar escassa. A(s) página(s) que contém(êm) o arquivo então pode(m) ser carregada(s) do armazenamento de apoio quando referenciada(s), o que permite ao sistema alocar molduras de páginas, com justiça, a todos os processos do sistema. O tmpfs também reduz sobrecarga de memória compartilhada porque sua utilização não requer montagem nem formatação. Por fim, o núcleo pode estabelecer permissões de arquivos tmpfs, o que o habilita a implementar a chamada ao sistema shmctl na memória compartilhada System V.[214]

Quando o núcleo é carregado, uma instância de tmpfs é criada. Se desejar montar um sistema de arquivo tmpfs para a árvore de diretório local (a qual, como discutimos anteriormente, é requisitada para a memória compartilhada POSIX), o usuário pode montar uma nova instância do sistema de arquivo e acessá-lo imediatamente. Para melhorar ainda mais o desempenho da memória compartilhada, o tmpfs efetua interface diretamente com o gerenciador de memória — sua interação com o sistema de arquivo virtual é mínima. Embora o tmpfs crie dentries, inodes e estruturas de arquivo que representam regiões de memória compartilhada, operações genéricas de arquivos VFS são ignoradas em favor de rotinas específicas de tmpfs que evitam a camada VFS. Isso libera o tmpfs de certas restrições normalmente impostas pelo VFS (o VFS, por exemplo, não permite que um sistema cresça e encolha enquanto é montado).[215]

20.10.6 *Semáforos de System V*

O Linux implementa dois tipos de semáforos: semáforos de núcleo (discutidos na Seção 20.9.4, "Semáforos de núcleo") e **semáforos de System V**. Semáforos de núcleo são mecanismos de sincronização empregados por todo o núcleo para proteger seções críticas. Semáforos de System V também protegem seções críticas e são implementados por meio de mecanismo similar; contudo, são projetados para ser acessados por processos usuários via interface de chamada ao sistema. No restante de nossa discussão, nos referimos a semáforos de System V simplesmente como semáforos.

Porque processos muitas vezes precisam proteger vários recursos relacionados, o núcleo armazena semáforos em **arranjos de semáforos**. Cada semáforo de um arranjo protege um recurso particular.[216, 217]

Antes de um processo poder acessar recursos protegidos por um arranjo de semáforos, o núcleo requer que haja recursos suficientes para satisfazer a requisição do processo. Assim, arranjos de semáforos podem ser implementados como um mecanismo de prevenção de deadlock negando a condição 'de espera' (veja a Seção 7.7.1, "Negação da condição 'de espera'"). Se um recurso requisitado de um arranjo de semáforos tiver sido alocado a outro processo, o núcleo bloqueará o processo requisitante e colocará o recurso que ele requisitou em uma fila de operações pendentes para aquele arranjo de semáforos. Quando um recurso é devolvido ao arranjo de semáforos, o núcleo examina a fila de operações pendentes para processos do arranjo de semáforos e, se um processo puder prosseguir, será desbloqueado.[218]

Para evitar a ocorrência de deadlock caso um processo termine prematuramente enquanto retém recursos controlados por um semáforo, o núcleo monitora as operações que cada processo executa em um semáforo. Quando um processo sai, o núcleo reverte todas as operações que realizou para alocar seus recursos. Por fim, note que um arranjo de semáforos não oferece nenhuma proteção contra adiamento indefinido causado por má programação dos processos utilitários que os acessam.

20.11 *Redes*

O subsistema de rede realiza operações em pacotes de rede, cada um dos quais é armazenado em uma área de memória física contígua descrita por uma estrutura sk_buff. À medida que um pacote percorre camadas do subsistema de rede, protocolos de rede adicionam e retiram cabeçalhos e trailers que contenham informações específicas de protocolo (veja o Capítulo 16, "Introdução às redes").[219]

20.11.1 Processamento de pacotes

A Figura 20.26 mostra o caminho que pacotes de rede percorrem quando transitam de uma placa de interface de rede (Network Interface Card — NIC) através do núcleo. Quando uma NIC recebe um pacote, emite uma interrupção, que faz com que o tratador de interrupção da NIC execute. O tratador de interrupção chama a rotina do driver do dispositivo de rede que aloca um sk_buff para o pacote, então copia o pacote da interface de rede para o sk_buffer e o adiciona a uma fila de pacotes pendentes à espera de processamento. Uma fila de pacotes pendentes é atribuída a cada processador; o tratador de interrupção designa um pacote à fila que pertence ao processador no qual ele executa.[220]

Nesse ponto, o pacote reside na memória onde espera processamento ulterior. Porque interrupções são desabilitadas enquanto a metade superior do tratador de interrupção executa, o núcleo retarda o processamento do pacote. O tratador de interrupção evoca um softirq para continuar o processamento do pacote (a Seção 20.8.6, "Interrupções", discutiu softirqs). Após evocar o softirq, a rotina do driver de dispositivo retorna, e o tratador de interrupção sai.[221]

Um único softirq processa todos os pacotes que o núcleo recebe daquele processador. Pelo fato de o núcleo usar softirqs para processar pacotes, rotinas de rede podem executar concorrentemente em vários processadores em sistemas SMP, o que resulta em melhor desempenho. Quando o escalonador despacha o softirq de rede, o softirq processa pacotes na fila do processador até que a fila fique vazia ou um número máximo de pacotes seja processado ou um limite de tempo seja alcançado. Se uma das duas últimas condições for cumprida, o softirq é reescalonado e devolve o controle do processador ao escalonador.[222]

Para processar um pacote, o softirq do dispositivo de rede (denominado NET_RX_SOFTIRQ) retira o pacote da fila do processador corrente e o passa para o tratador de camada de rede apropriado — normalmente o tratador de protocolo IP. Embora o Linux suporte outros protocolos de camada de rede, eles raramente são usados. Portanto, limitaremos nossa discussão ao tratador de protocolo IP.

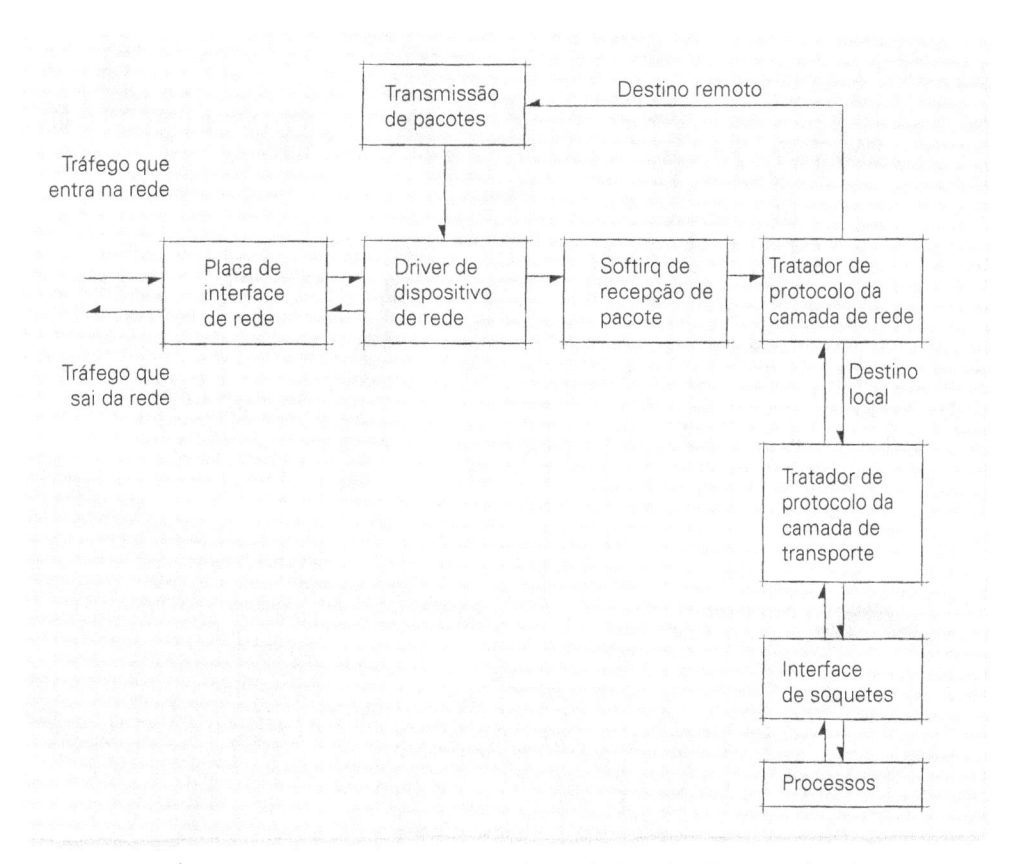

Figura 20.26 | *Caminho seguido por pacotes de redes recebidos pelo subsistema de rede.*

Quando o tratador do protocolo IP recebe um pacote, primeiramente determina seu destino. Se o destino do pacote for um outro hospedeiro, o tratador passará o pacote para o hospedeiro apropriado. Se o pacote for destinado à máquina local, o tratador de protocolo IP removerá o cabeçalho específico de protocolo IP do sk_buff e passará o pacote para o tratador de pacotes apropriado da camada de transporte. O tratador de pacotes da camada de transporte suporta o protocolo de controle de transmissão (*Transmission Control Protocol* — TCP), o protocolo de datagrama de usuário (*User Datagram Protocol* — UDP) e o protocolo de mensagens de controle da Internet (*Internet Control Message Protocol* — ICMP).[223]

O tratador de pacotes da camada de transporte determina a porta especificada pelo cabeçalho TCP e entrega os dados do pacote ao soquete associado àquela porta. Assim, o pacote de dados é transmitido para o processo via interface do soquete.

20.11.2 Estrutura netfilter e ganchos

À medida que pacotes transitam pelo subsistema de rede, encontram elementos da estrutura **netfilter.** Netfilter é um mecanismo projetado para permitir que módulos de núcleo inspecionem e modifiquem pacotes diretamente. Em vários estágios do tratador de protocolo IP, construções de software denominadas **ganchos (hooks)** habilitam módulos a se registrarem para examinar, alterar e/ou descartar pacotes. Módulos podem passar pacotes para processos usuários em cada gancho.[224]

A Figura 20.27 lista os ganchos de netfilter e os pacotes que passam por gancho. O primeiro gancho encontrado por pacotes é o NF_IP_PRE_ROUTING. Todos os pacotes que chegam passam por ele quando entram no tratador de protocolo IP. Uma possível utilização para esse gancho é habilitar um sistema que faz multiplexação do tráfego de rede (um balanceador de carga). Por exemplo, um balanceador de carga tenta distribuir eqüitativamente requisições para um cluster de servidores Web para melhorar o tempo médio de resposta. Assim, o balanceador de carga pode registrar o gancho NF_IP_PRE_ROUTING para interceptar pacotes e roteá-los novamente segundo a carga de cada servidor Web.

Após um pacote passar pelo gancho NF_IP_PRE_ROUTING, o próximo gancho que ele encontra depende do seu destino. Se o destino do pacote for a interface de rede corrente, ele passará pelo gancho NF_IP_LOCAL_IN. Ao contrário, se um pacote precisar ser passado para uma outra interface de rede, passará pelo gancho NF_IP_FORWARD. Uma possível utilização para esses dois ganchos é limitar a quantidade de tráfego que chega de um hospedeiro particular, descartando pacotes assim que seja atingido determinado patamar.

Todos os pacotes gerados localmente passam pelo gancho NF_IP_LOCAL_OUT que, similarmente aos ganchos NF_IP_LOCAL_IN e NF_IP_FORWARD, pode ser usado para filtrar pacotes antes que sejam enviados por uma rede. Por fim, imediatamente antes de saírem do sistema, todos os pacotes passam pelo gancho NF_IP_POST_ROUTING. Um firewall pode usar esse gancho para modificar o tráfego de saída e fazer com que pareça ter vindo do firewall em vez da fonte original.

20.12 Escalabilidade

Os primeiros desenvolvimentos do núcleo do Linux concentravam-se em sistemas de mesa e servidores menos avançados. À medida que características adicionais eram implementadas, a popularidade do Linux aumentou, o que provocou um novo interesse em levar o Linux para sistemas maiores (até mesmo computadores de grande porte), por grandes fabricantes de computadores como a IBM (www.ibm.com) e a Hewlitt-Packard (www.hp.com), que cooperaram com desenvolvedores independentes para escalar o Linux de modo que o sistema se tornasse competitivo no mercado de servidores avançados.

À medida que a escalabilidade do Linux melhora, projetistas têm de decidir até que ponto habilitar o núcleo-padrão do Linux para escalar. Aumentar a escalabilidade poderia afetar negativamente o desempenho em sistemas de mesa e servidores menos avançados. Tendo isso em mente, empresas como Red Hat (www.redhat.com), SuSE (www.suse.com) e Conectiva (www.conectiva.com) fornecem distribuições de Linux projetadas para servidores de alto desempenho e vendem serviços de suporte elaborados para essas distribuições. Oferecendo modificações no núcleo em uma distribuição, empresas podem ajustar o núcleo do Linux para servidores avançados sem afetar usuários em outros ambientes.

Servidores avançados não são a única razão para melhorar a escalabilidade do Linux — fabricantes de dispositivos embarcados também usam o Linux para gerenciar seus sistemas. Para satisfazer as necessidades menores desses sistemas de capacidade limitada, empresas de software e desenvolvedores independentes criaram núcleos e aplicações Linux

Ganchos	Pacotes tratados
NF_IP_PRE_ROUTING	Todos os pacotes que chegam.
NF_IP_LOCAL_IN	Pacotes enviados ao hospedeiro local.
NF_IP_LOCAL_OUT	Pacotes gerados localmente.
NF_IP_FORWARD	Pacotes passados para outros hospedeiros.
NF_IP_POST_ROUTING	Todos os pacotes enviados do sistema.

Figura 20.27 | *Ganchos de netfilter.*

modificados projetados para dispositivos embarcados. Além dos núcleos do Linux modificados embarcados, 'feitos em casa', empresas como a Red Hat e projetos como o uCLinux (www.uclinux.org) desenvolveram soluções Linux para sistemas embarcados. Essas modificações permitem que o núcleo execute em sistemas que não suportam memória virtual, além de reduzir consumo de recursos e habilitar execução em tempo real. Como os desenvolvedores continuam a abordar essas questões, o Linux está se tornando uma alternativa viável para utilização em muitos sistemas embarcados.

20.12.1 Multiprocessamento simétrico (SMP)

Grande parte do esforço para melhorar o desempenho do Linux em servidores concentra-se no suporte melhorado para sistemas SMP. A versão 2.0 foi a primeira de núcleo estável lançada para suportar sistemas SMP.[225] Uma das primeiras tentativas de suporte para o SMP foi adicionar uma trava giratória global — denominada **grande trava de núcleo** (*Big Kernel Lock* — **BKL**). Quando um processo adquiria a BKL na versão 2.0, nenhum processo de qualquer outro servidor podia executar em modo núcleo. Contudo, outros processos ficavam livres para executar em modo usuário.[226] A BKL habilitou desenvolvedores a serializar acesso às estruturas de dados do núcleo, o que permitia ao núcleo executar vários processos concorrentemente em sistemas SMP. Como um estudo demonstrou, serializar acesso a todo o núcleo significava que o sistema não podia escalar efetivamente mais do que quatro processadores por sistema.[227]

Em geral não é necessário travar todo o núcleo, porque vários processos podem executar concorrentemente em modo núcleo, contanto que não modifiquem as mesmas estruturas de dados. A versão 2.4 do núcleo do Linux substituiu a maioria das utilizações da BKL por mecanismos de trava de granularidade fina. Essa mudança permite que sistemas SMP que executam em Linux escalem efetivamente para 16 processadores.[228]

Embora sendo uma melhoria de desempenho, travas de granularidade fina tendem a tornar mais difíceis o desenvolvimento e a depuração do núcleo. Essas travas forçam desenvolvedores a codificar cuidadosamente a aquisição de travas apropriadas em momentos adequados para evitar a ocorrência de deadlocks (por exemplo, escrevendo código que tenta adquirir a mesma trava giratória duas vezes). O resultado é que a utilização de travas de granularidade fina retardou o desenvolvimento do núcleo em muitos subsistemas, como seria de esperar com o aumento da complexidade do software.[229]

Ganhos de desempenho similares aos de grandes sistemas SMP vêm sendo obtidos com soluções alternativas, como clustering (veja a Seção 18.4, "Clustering (aglomeração)"). Lembre-se de que um cluster de sistemas de computador consiste em vários computadores que cooperam para realizar um conjunto de tarefas em comum. Esses clusters de computadores normalmente são conectados por uma rede dedicada, de alta velocidade. Para executar trabalhos cooperativamente usando sistemas Linux, cada sistema deve executar um núcleo modificado. Exemplos de características que um núcleo desses poderia incluir são rotinas para balancear cargas dentro do cluster e estruturas de dados para simplificar comunicação entre processos remotos, como identificadores globais de processo. Se cada máquina do cluster Linux contiver um único processador, a complexidade das travas de granularidade fina poderá ser evitada, pois somente um caminho de controle de núcleo poderá executar por vez em cada máquina. O desempenho de clusters pode se igualar ou até ultrapassar o de sistemas SMP, muitas vezes a um custo mais baixo de desenvolvimento e hardware.[230] Por exemplo, **clusters Beowulf**, uma forma popular de clusters Linux, têm sido usados pela Nasa e pelo Departamento de Energia (DoE) dos Estados Unidos para construir sistemas de alto desempenho a custo relativamente baixo quando comparado a arquiteturas proprietárias de supercomputadores multiprocessadores.[231]

20.12.2 Acesso não uniforme à memória (NUMA)

À medida que aumenta o número de processadores em sistemas avançados, barramentos que conectam cada processador a componentes como a memória tornam-se cada vez mais congestionados. Conseqüentemente, muitos projetistas de sistemas implementaram arquiteturas de acesso não uniforme à memória (NUMA) para reduzir a quantidade de largura de banda necessária para manter altos níveis de desempenho em sistemas multiprocessadores de grande porte. Lembre-se da Seção 15.4.2, "Acesso não uniforme à memória", de que arquiteturas NUMA dividem o sistema em nodos, cada um dos quais fornecendo interconexões de alto desempenho entre um conjunto de processadores, memória e/ou dispositivos de E/S. Os dispositivos dentro de um nodo são denominados recursos locais, enquanto recursos de fora do nodo são chamados de recursos remotos. Conexões com recursos remotos normalmente são significativamente mais lentas do que comunicações com dispositivos locais. Para conseguir alto desempenho, o núcleo deve estar ciente do layout do sistema NUMA (da localização e do conteúdo de cada nodo) para reduzir acessos desnecessários entre os nodos.

Quando o núcleo detecta um sistema NUMA, deve inicialmente determinar seu layout (ou seja, quais dispositivos correspondem a quais nodos), de modo que possa alocar recursos aos processos de uma maneira melhor. A maioria dos sistemas NUMA fornece hardware específico de arquitetura que indica o conteúdo de cada nodo. O núcleo usa essa informação para designar a cada dispositivo um valor inteiro que indique o nodo ao qual ele pertença. A maioria dos sistemas NUMA divide um único espaço de endereçamento de memória física em regiões que correspondam a cada nodo. Para suportar essa característica, o núcleo utiliza uma estrutura de dados para associar uma faixa de endereços de memória física com um nodo particular.[232]

Para maximizar o desempenho, o núcleo usa o layout do sistema NUMA para alocar recursos locais do nodo no qual um processo executa. Por exemplo, quando um processo é criado em um processador particular, o núcleo aloca memória local ao processo (memória que é designada ao nodo que contém o processador) por meio da estrutura de dados que mencionamos. Se um processo tivesse de executar em um processador localizado em um nodo diferente, seus dados seriam armazenados em memória remota, o que resultaria em mau desempenho devido à alta latência de memória. Lembre-se da Seção 20.5.2, "Escalonamento de processo", de que o escalonador de processos despachará um processo para o mesmo processador (para melhorar desempenho de cache) a menos que o número de processos que em execução em cada processador torne-se desbalanceado. Para suportar sistemas NUMA, as rotinas de balanceamento de carga tentam migrar um processo somente para processadores que estão dentro do nodo corrente do processo. Todavia, quando um processador localizado em outro nodo estiver ocioso, o escalonador de processos migrará um processo para um outro nodo. Embora isso resulte em alta latência de memória para o processo migrado, o rendimento geral do sistema aumenta devido à melhor utilização de recursos.[233]

Diversos outros componentes de núcleo suportam a arquitetura NUMA. Por exemplo, quando um processo requisitar memória e a memória local disponível estiver baixa, o núcleo deverá trocar páginas dinamicamente apenas na memória local. Desse modo, o núcleo criará um thread *kswapd* para cada nodo para executar substituição de páginas.[234]

A despeito do amplo suporte do núcleo para a arquitetura NUMA, há limitações para a implementação corrente. Por exemplo, se um processo for migrado para um processador em um nodo remoto, o núcleo não fornecerá nenhum mecanismo para migrar as páginas desse processo para a memória local (a memória que está no nodo corrente do processo). Somente quando as páginas são trazidas do disco é que o núcleo transfere as páginas do processo para a memória local do seu processador. Existem vários projetos de desenvolvimento para melhorar o suporte do núcleo para sistemas NUMA e espera-se que sejam liberadas extensões em futuras versões do núcleo.

20.12.3 Outras características de escalabilidade

Desenvolvedores aumentaram o tamanho de vários campos para atender às demandas crescentes de sistemas de computador. Por exemplo, o número máximo de usuários de um sistema aumentou de um campo de 16 bits (65.536 usuários) para um campo de 32 bits (mais de quatro bilhões de usuários). Essa quantidade é necessária para instituições, como grandes universidades que têm mais de cem mil usuários. Similarmente, o número de tarefas que um sistema pode executar aumentou de 32 mil para quatro milhões, número necessário para suportar sistemas de grande porte e outros sistemas avançados que freqüentemente executam dezenas ou centenas de milhares de threads.[235] Também a variável que armazena tempos (jiffies) foi aumentada de um valor de 32 bits para um valor de 64 bits, o que significa que o valor, incrementado em cada interrupção do temporizador, não transbordará na freqüência corrente do temporizador (1.000 Hz) por mais de 2 bilhões de bilhões de anos. Usando um número de 32 bits, os jiffies transbordariam após aproximadamente 50 dias com um temporizador de freqüência de 1.000 Hz.[236, 237, 238]

Campos relacionados com armazenamento também aumentaram de tamanho para acomodar grandes memórias. Por exemplo, o Linux pode se referir a blocos de disco por meio de um número de 64 bits, permitindo que o sistema acesse 16 quintilhões de blocos de disco — correspondentes a exabytes (bilhões de gigabytes) de dados. O Linux também suporta a tecnologia Extensão do Endereçamento Físico (*Physical Address Extension* — PAE) da Intel, que permite que sistemas acessem até 64 GB de dados (correspondente a um endereço de 36 bits) usando um processador de 32 bits.[239, 240]

Anteriormente à versão 2.6, o núcleo não podia sofrer preempção por um processo usuário. Entretanto, o núcleo 2.6 é passível de preempção, significando que ele sofrerá preempção se um evento fizer com que uma tarefa de alta prioridade esteja pronta, o que melhora tempos de resposta para processos de tempo real. Para assegurar exclusão mútua e operações atômicas, o núcleo desabilita a preempção enquanto estiver executando uma seção crítica. Por fim, o Linux inclui suporte a várias arquiteturas de alto desempenho, como processadores de 64 bits (ambos os processadores Itanium da Intel, www.intel.com/products/server/processors/server/itanium2/ e processadores AMD Opteron, www.amd.com/us-en/Processors/ProductInformation/0,,30_118_8825,00.html) e a tecnologia HyperThreading da Intel (www.intel.com/info/hyperthreading/).[241, 242]

20.12.4 Linux embarcado

Portar o Linux para dispositivos embarcados introduz desafios de projeto muito diferentes dos apresentados pelos sistemas SMP e NUMA. Sistemas embarcados fornecem arquiteturas com conjuntos de instruções limitados, memória pequena e tamanhos de armazenamento secundário e de dispositivos que não são comumente encontrados em computadores de mesa e estações de trabalho (por exemplo, telas sensíveis ao toque, e botões de entrada específicos de dispositivos). Uma variedade de distribuições Linux são elaboradas para satisfazer às necessidade de sistemas embarcados.

É comum que os provedores de distribuições de Linux embarcado tenham de implementar escalonamento de processo restrito de tempo real. Entre os exemplos de sistemas que requerem gerenciamento de tempo real de dispositivos embarcados estão telefones celulares, gravadores digitais de vídeo (como o TiVO; www.tivo.com) e gateways de rede.[243] Para oferecer execução em tempo real no núcleo do Linux, empresas como a Monta Vista Software (www.mvista.com) modificam alguns componentes fundamentais do núcleo. Por exemplo, desenvolvedores devem reduzir a sobrecarga de escalonamento de modo que o escalonamento de processos de tempo real ocorra com rapidez suficiente para que o núcleo atenda às restrições de tempo de processos de tempo real. A política-padrão do núcleo, embora até certo ponto apropriada a processos de tempo real, não é suficiente para fornecer garantias de tempo real crítico (veja a Seção 8.9, "Escalonamento de tempo real"). Isso acontece porque, por default, o escalonador do Linux não suporta prazos finais. Desenvolvedores de dispositivos embarcados modificam o escalonador para suportar níveis adicionais de prioridades, prazos finais e menor latência de escalonamento.[244]

Outras preocupações específicas de sistemas embarcados também requerem modificação do núcleo do Linux. Alguns sistemas podem incluir uma quantidade relativamente pequena de memória se comparada às dos sistemas de mesa, portanto, desenvolvedores devem reduzir o tamanho de memória ocupada pelo núcleo. E mais, dispositivos embarcados não suportam memória virtual, conseqüentemente o núcleo tem de ser modificado para executar operações adicionais de gerenciamento de memória (como, por exemplo, proteção) por software.[245]

20.13 Segurança

O núcleo fornece um conjunto mínimo de características de segurança, como controle discricionário de acesso. Autenticação é executada fora do núcleo por aplicações usuárias, como login. Essa infra-estrutura de segurança simples foi projetada para permitir que administradores de sistemas redefinam políticas de controle de acesso, customizem o modo como o Linux autentica usuários e especifiquem algoritmos de criptografia que protejam recursos do sistema.

20.13.1 Autenticação

Por default, o Linux autentica seus usuários exigindo que forneçam um nome e uma senha de usuário via processo de login. Cada nome de usuário é ligado a um número inteiro de ID de usuário. Senhas sofrem hash usando os algoritmos MD5 ou DES e, então, são armazenadas em entradas correspondentes à ID dos usuários no arquivo /etc/passwd ou no arquivo /etc/shadow. [*Nota*: Embora tenha sido desenvolvido originalmente como um algoritmo criptográfico, o DES pode ser usado como um algoritmo de hash.] A escolha do algoritmo criptográfico e da localização do arquivo de senhas pode ser modificada por um administrador de sistema. Diferentemente de algoritmos criptográficos, que podem reverter a operação de criptografia usando uma chave criptográfica, algoritmos de hash não são reversíveis. Conseqüentemente, o Linux verifica a entrada de uma senha no login passando-a pelo algoritmo de hash e comparando-a com a entrada correspondente ao número de ID do usuário no arquivo /etc/passwd ou no arquivo /etc/shadow.[246, 247]

Como discutido na Seção 19.3.1, "Autenticação básica", a autenticação de nome e de senha de usuário é suscetível à quebra por força bruta, como ataques de dicionário. O Linux aborda esses problemas permitindo que administradores de sistemas carreguem **módulos de autenticação conectáveis** (*Pluggable Authentication Modules* — PAMs). Esses módulos podem reconfigurar o sistema durante a execução para incluir técnicas melhoradas de autenticação. Por exemplo, o sistema de senhas pode ser reforçado para não permitir termos encontrados em dicionários e exigir que usuários escolham novas senhas periodicamente. O PAM também suporta sistemas de autenticação de cartões inteligentes, Kerberos e de voz.[248] Administradores de sistemas podem usar PAMs para selecionar um sistema de autenticação que seja mais adequado para seu ambiente sem modificar os programas de núcleo ou utilitários como login.[249]

20.13.2 Métodos de controle de acesso

O Linux fornece segurança a recursos de sistema controlando o acesso a arquivos. Como descrito na Seção 20.3, "Visão geral do Linux", o usuário-raiz tem acesso a todos os recursos do sistema. Para controlar o modo como outros usuários acessam recursos, cada arquivo do sistema recebe **atributos de controle de acesso** que especificam permissões de segurança de arquivos, como discutido na Seção 20.7.3, "Segundo sistema de arquivo estendido (ext2fs). No Linux, permissões de arquivo consistem em uma combinação de permissões de leitura, escrita ou execução especificadas para três categorias: *usuário*, *grupo* e *outros*. As permissões do arquivo *usuário* são concedidas ao dono do arquivo. Por default, um dono de arquivo do Linux é inicialmente o usuário que o criou. Permissões de *grupo* são aplicadas se o usuário que estiver requisitando o arquivo não for o dono do arquivo, mas membro de um *grupo*. Por fim, a permissão *outros* é aplicada a usuários que não pertençam à categoria de *usuário* nem de *grupo*.[250]

Atributos de arquivo é um mecanismo de segurança adicional suportado por alguns sistemas de arquivo (por exemplo, o sistema de arquivo ext2). Atributos de arquivo permitem que usuários especifiquem restrições de acesso a arquivos além de ler, escrever e executar. Por exemplo, o atributo de arquivo **somente anexar** especifica que quaisquer mudanças no arquivo devam ser anexadas ao final do arquivo. O atributo de arquivo **imutável** especifica que um arquivo não pode ser modificado (o que inclui renomeação e exclusão) nem ligado (ou seja, referido por meio de ligações simbólicas ou restritas).[251, 252]

Estrutura de Módulos de Segurança do Linux — LSM

Em muitos ambientes, a segurança proporcionada pela política de controle de acesso default (controle de acesso discricionário) é insuficiente. Por isso, o núcleo suporta a **estrutura de módulos de segurança do Linux** (*Linux Security*

Modules — LSM) que permite a um administrador de sistemas personalizar a política de controle de acesso para um sistema particular usando módulos de núcleos carregáveis. Para escolher um mecanismo de controle de acesso, o administrador de sistema precisa apenas instalar o módulo de núcleo que implementa aquele mecanismo. O núcleo usa ganchos dentro do código de verificação do controle de acesso de modo que permita que um LSM imponha sua política de controle de acesso. Conseqüentemente, um LSM é invocado somente se um processo tiver recebido acesso a um recurso via política de controle de acesso default. Se essa política negar acesso a um processo, o LSM registrado não executará, o que reduz a sobrecarga causada por ele.[253]

Um LSM popular do Linux é o SELinux desenvolvido pela National Security Agency (NSA). O SELinux substitui a política de controle de acesso discricionário, default do Linux, por uma política de **controle de acesso obrigatório** (*Mandatory Access Control* — MAC) (veja a Seção 19.4.2, "Modelos e políticas de controle de acesso"). Tal política permite que o administrador de sistemas estabeleça regras de segurança para todos os arquivos; essas regras não podem ser anuladas por usuários mal-intencionados ou inexperientes. As desvantagens das políticas MAC resultam da necessidade de um maior número de regras complexas. Mais informações sobre módulos e estrutura LSM, como SELinux, podem ser encontradas no site oficial do LSM (lsm.immunix.org).[254]

Privilégios herdados e capacidades

Quando um processo é lançado por um usuário, ele normalmente executa com os mesmos privilégios do usuário que o lançou. Às vezes é necessário que usuários executem aplicações com privilégios que não os definidos por seu nome de usuário e grupo. Por exemplo, muitos sistemas permitem que usuários troquem suas senhas usando o programa passwd. Esse programa modifica o arquivo /etc/passwd ou o arquivo /etc/shadow que podem ser lidos por todos, mas escrito apenas por quem tenha privilégios de raiz. Para permitir que usuários executem tais programas, o Linux fornece os bits de permissão setuid e setgid. Se o bit de permissão setuid para um arquivo executável estiver ativado, o processo que executa aquele arquivo receberá os mesmos privilégios que o grupo especificado nos atributos de arquivo. Assim, usuários podem modificar o arquivo /etc/passwd se o programa passwd for de propriedade de mais de um usuário com privilégios de raiz e o bit de permissão setuid estiver ativado.[255]

Programas mal escritos que modificam os bits setuid ou setgid podem permitir acesso de usuários a dados sensíveis e recursos do sistema. Para reduzir a possibilidade de ocorrer tal situação, o Linux fornece o módulo Capacidades de LSM para implementar capacidades (veja a Seção 19.4.3, "Mecanismos de controle de acesso"). Isso permite maior flexibilidade aos administradores do Linux na designação de privilégios de controle de acesso, como a capacidade de designar privilégios a aplicações em vez de a usuários, o que promove segurança de granularidade fina.[256]

20.13.3 Criptografia

Embora o PAM e a estrutura LSM permitam que administradores de sistemas criem sistemas de autenticação seguros e políticas de acesso personalizadas, não podem proteger dados que não sejam controlados pelo núcleo do Linux (por exemplo, dados transmitidos por uma rede ou armazenados em disco). Para habilitar usuários a acessar diversas formas de criptografia para proteger seus dados, o Linux fornece a **API Criptográfica** (Cryptographic API). Com essa interface, processos podem criptografar informações usando algoritmos poderosos como DES, AES e MD5 (veja a Seção 19.2, "Criptografia"). O núcleo usa a API Criptográfica para implementar protocolos seguros de rede como o IPSec (veja a Seção 19.10, "Protocolos de comunicação segura").[257]

A API Criptográfica permite que usuários criem sistemas de arquivos seguros sem modificar o código do sistema de arquivo existente. Para implementar tal sistema de arquivo, a criptografia é implementada por meio de um **dispositivo de retorno de laço** (Figura 20.28), que é uma camada entre o sistema de arquivo virtual e o sistema de arquivo existente (por exemplo, ext2). Quando o sistema de arquivo virtual emite uma chamada de leitura ou de escrita, o controle passa para o dispositivo de retorno de laço. Se o VFS emitir uma chamada de leitura, o dispositivo de retorno de laço lê os dados (criptografados) requisitados do sistema de arquivo subjacente. O sistema de retorno de laço usa a API Criptográfica para decifrar os dados e retorná-los ao VFS. Similarmente, o dispositivo de retorno de laço usa a API Criptográfica para criptografar dados antes de transferi-los para o sistema de arquivo. Essa técnica pode ser aplicada a diretórios individuais ou a todo o sistema de arquivo, de modo que os dados estejam protegidos mesmo que um usuário não autorizado acesse o disco rígido usando um outro sistema operacional.[258]

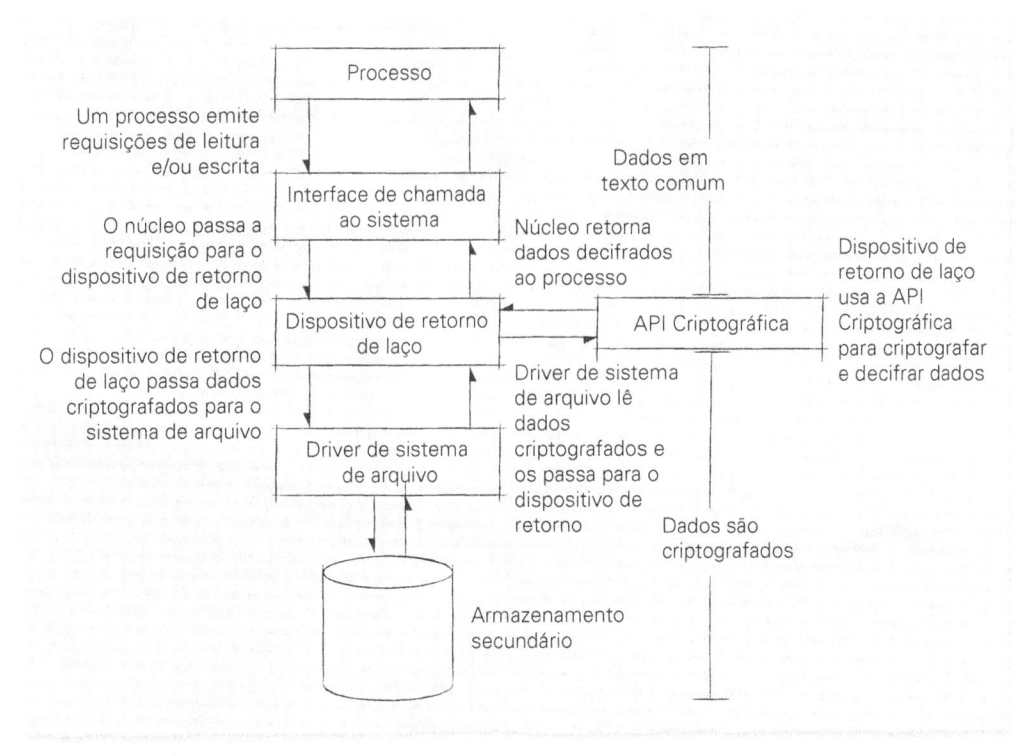

Figura 20.28 | *Sistema de retorno de laço que fornece um sistema de arquivo criptográfico usando a API Criptográfica.*

Exercícios

20.1 [*Seção 20.4.1, Plataformas de hardware*] Descreva várias aplicações do Linux Modo Usuário (UML).

20.2 [*Seção 20.4.2, Módulos de núcleo carregáveis*] Por que geralmente não é seguro carregar um módulo de núcleo escrito para versões de núcleo que não sejam a versão corrente?

20.3 [*Seção 20.5.1, Organização de processos e threads*] Qual modelo de thread (veja a Seção 4.6, "Modelos de thread") os threads criados por meio da chamada ao sistema clone podem implementar? Quais as diferenças entre threads do Linux e tradicionais? Discuta os benefícios e desvantagens dessa implementação.

20.4 [*Seção 20.5.2, Escalonamento de processo*] Quais as semelhanças e as diferenças entre as filas de execução do escalonador de processo do Linux e as filas múltiplas de retorno (veja a Seção 8.7.6, "Filas múltiplas de retorno")?

20.5 [*Seção 20.5.2, Escalonamento de processo*] Por que o escalonador de processo do Linux deveria penalizar processos orientados a processador?

20.6 [*Seção 20.5.2, Escalonamento de processo*] Por que o Linux impede que usuários usem privilégios de raiz para criar processos de tempo real?

20.7 [*Seção 20.6.1, Organização de memória*] Por que o núcleo aloca molduras de páginas a processos da memória normal e da memória alta antes de alocar páginas da memória DMA?

20.8 [*Seção 20.6.1, Organização de memória*] Quais os benefícios e vantagens de inserir o espaço de endereçamento virtual do núcleo no espaço de endereçamento virtual de cada processo?

20.9 [*Seção 20.6.1, Organização de memória*] A arquitetura x84-64 usa quatro níveis de tabelas de páginas; cada nível contém 512 entradas (usando PTEs de 64 bits). Contudo, o núcleo fornece somente três níveis de tabelas de páginas. Admitindo que cada PTE aponte para uma página de 4 KB, qual o maior espaço de endereçamento que o núcleo pode alocar a processos com essa arquitetura?

20.10 [*Seção 20.6.2, Alocação e desalocação de memória física*] Como o núcleo reduz a quantidade de fragmentação interna e externa causada pela alocação de memória a estruturas muito menores do que uma página?

20.11 [*Seção 20.6.3, Substituição de páginas*] Quando o núcleo é incapaz de liberar imediatamente uma moldura de página para criar lugar para uma página que está chegando?

20.12 [*Seção 20.6.4, Troca de páginas (Swapping)*] Quando páginas não residentes são recuperadas do armazenamento de apoio no Linux, o gerenciador de memória recupera não somente a página requisitada, mas também até oito páginas contíguas a ela no espaço de endereçamento virtual do processo em execução. Identifique o tipo de pré-paginação implementado e identifique os benefícios e desvantagens de tal política.

20.13 [*Seção 20.7.1, Sistema de arquivo virtual*] Cite no mínimo quatro objetos diferentes que um arquivo VFS pode representar e descreva a utilização de cada objeto.

20.14 [*Seção 20.7.1, Sistema de arquivo virtual*] Que papel o objeto dentry desempenha no Linux VFS?

20.15 [*Seção 20.7.2, Caches de sistema de arquivo virtual*] É possível que o inode de um arquivo exista no cache de inodes se seu dentry não for localizado no cache de dentries?

20.16 [*Seção 20.7.3, Segundo sistema de arquivo estendido (ext2fs)*] Quais as diferenças e semelhanças da representação de um inode no VFS e no ext2?

20.17 [*Seção 20.7.3, Segundo sistema de arquivo estendido (ext2fs)*] Por que a maioria dos sistemas de arquivo mantém cópias redundantes de seus superblocos por todo o disco?

20.18 [*Seção 20.7.3, Segundo sistema de arquivo estendido (ext2fs)*] Quais os conteúdos primários de um grupo de blocos e a que propósito servem?

20.19 [*Seção 20.7.4, Sistema proc file*] De que maneiras o sistema proc file é diferente de um sistema de arquivos como o ext2fs?

20.20 [*Seção 20.8.1, Drivers de dispositivos*] Explique o conceito e a utilização de arquivos especiais de dispositivos.

20.21 [*Seção 20.8.3, E/S por dispositivo de bloco*] Identifique dois mecanismos empregados pelo subsistema de E/S por blocos do Linux que melhoram o desempenho. Discuta como eles melhoram o desempenho e, caso isso seja possível, como poderiam degradar o desempenho.

20.22 [*Seção 20.8.4, E/S por dispositivos de rede*] Quais as diferenças e semelhanças entre operações de E/S de rede e operações de E/S de blocos/caracteres.

20.23 [*Seção 20.8.5, Modelo de dispositivo unificado*] Como o modelo de dispositivo unificado facilita o suporte do núcleo para dispositivos ligados a quente (hot swappable)?

20.24 [*Seção 20.8.6, Interrupções*] Por que o subsistema de rede emprega softirqs para processar pacotes?

20.25 [*Seção 20.9.1, Travas giratórias*] O que ocorre se vários caminhos de controle de núcleo tentarem adquirir a mesma trava giratória ao mesmo tempo?

20.26 [*Seção 20.10.1, Sinais*] Quais problemas podem resultar do descarte de um sinal enquanto o processo está tratando um sinal do mesmo tipo?

20.27 [*Seção 20.10.4, Filas de mensagens*] O que poderia acontecer se o tamanho de uma mensagem fosse maior do que o de um buffer de fila de mensagens?

20.28 [*Seção 20.10.6, Semáforos de System V*] Cite um problema potencial que ocorre quando processos são obrigados a esperar em um arranjo de semáforos?

20.29 [*Seção 20.11.2, Estrutura de netfilter e hooks*] A que propósito serve a estrutura netfilter?

20.30 [*Seção 20.12.2, Acesso não uniforme à memória (NUMA)*] Quais subsistemas de núcleo foram modificados para suportar NUMA?

20.31 [*Seção 20.13.1, Autenticação*] Como o Linux protege senhas de usuários contra invasores, mesmo que esses adquiram o arquivo de senhas? Como isso pode ser fraudado?

20.32 [*Seção 20.13.2, Métodos de controle de acesso*] Por que poderia ser perigoso ativar os bits setuid e setgid para um arquivo executável?

Notas

1. K. Kuwabara, "Linux: a bazaar at the edge of chaos", *First Monday*, v. 5, nº 3, mar. 2000.
2. "Linux history", acesso em: 8 jul. 2003, www.li.org/linuxhistory.php.
3. "Linux history", acesso em: 8 jul. 2003, www.li.org/linuxhistory.php.
4. L. Torvalds, www2.educ.umu.se/~bjorn/linux/misc/linuxhistory.html.
5. D. Quinlan, "The past and future of Linux standards", *Linux Journal*, 62, jun. 1999.
6. Linux README, lxr.linux.no/source/README? v=1.0.9.
7. G. Wilburn, "Which Linux OS is best for you", *Computing Canada*, ago. 1999, p. 26.
8. D. Wheeler, "More than a gigabuck: estimating GNU/Linux's size, version 1.07", 30 jun. 2001, atualizado em: 29 jul. 2002, www.dwheeler.com/sloc/.
9. J. McHugh, "Linux: the making of a global hack", *Forbes Magazine*, ago. 1998.
10. J. Pranevich, "The wonderful world of Linux 2.2", 26 jan. 1999, linuxtoday.com/news_story.php3?ltsn=1999-01-26-015-05-NW-SM.
11. B. McCarty e P. McCarty, "Linux 2.4", jan. 2001, www.linux-mag.com/2001-01/linux24_01.html.
12. B. McCarty e P. McCarty, "Linux 2.4", jan. 2001, www.linux-mag.com/2001-01/linux24_01.html.
13. "Whatever happened to the feature freeze?", 18 dez. 2002, lwn.net/Articles/18454/.
14. Index, www.gnu.org.
15. "LWN distributions list", atualizado em: maio 2003, old.lwn.net/Distributions.
16. www.linux-mandrake.com.
17. www.redhat.com.
18. www.suse.com.
19. www.debian.org.
20. www.slackware.org.
21. www.uclinux.org.
22. www.zauruszone.com/wiki/index.php?OpenZaurus.org.
23. www.tldp.org/LDP/lfs/LFS/.
24. slashdot.org/askslashdot/99/03/07/1357235.shtml.
25. R. Casha, "The Linux terminal — a beginners' bash", 8 nov. 2001, linux.org.mt/article/terminal.
26. "CG252-502 X Windows: history of X", modificado em: 19 jun. 1996, nestroy.wi-inf.uni-essen.de/Lv/gui/cg252/course/lect4c1.html.
27. D. Manrique, "X Window system architecture overview HOWTO", 2001, www.linux.org/docs/ldp/howto/XWindow-Overview-HOWTO/.
28. "The single UNIX specification, version 3 — overview", modificado em: 27 jan. 2002, www.unix.org/version3/overview.html.
29. "The Unix system specification", unix.org/what_is_unix/single_unix_specification.html.
30. Linux Standard Base Specification 1.3, (c) 2000-2002 Free Standards Group, October 27, 2002.
31. J. Liedtke, "Toward real microkernels", *Communications of the ACM*, v. 39, nº 9, set. 1996, p. 75.
32. "The Linux kernel archives", www.kernel.org.
33. Linux kernel source code, version 2.5.56, www.kernel.org.
34. "LinuxHQ: distribution links", www.linuxhq.com/dist.html.
35. D. Rusling, "The Linux kernel", 1999, www.tldp.org/LDP/tlk/tlk.html.
36. M. Welsh, "Implementing loadable kernel modules for Linux", *Dr. Dobb's Journal*, maio 1995, www.ddj.com/articles/1995/9505/.
37. B. Henderson, "Linux loadable kernel module HOWTO", maio 2002, www.tldp.org/HOWTO/Module-HOWTO/.
38. B. Henderson, "Linux loadable kernel module HOWTO", maio 2002, www.tldp.org/HOWTO/Module-HOWTO/.
39. K. Petersen, "Kmod: the kernel module loader", Linux kernel source file, Linux/Documentation/kmod.txt, www.kernel.org.
40. T. Aivazian, "Linux kernel 2.4 internals", 23 ago. 2001, www.tldp.org/LDP/lki/lki.html.

41. D. Rusling, "The Linux kernel", 1999, www.tldp.org/LDP/tlk/tlk.html.
42. A. SchlapBach, "Linux process scheduling", 2 maio 2000, iamexwiwww.unibe.ch/studenten/schlpbch/linuxScheduling/LinuxScheduling.htm.
43. T. Aivazian, "Linux kernel 2.4 internals", 23 ago. 2001, www.tldp.org/LDP/lki/lki.html.
44. S. Walton, "Linux threads frequently asked questions", 21 jan. 1997, www.tldp.org/FAQ/Threads-FAQ/.
45. D. McCracken, "POSIX threads and the Linux kernel", *Proceedings of the Ottawa Linux Symposium*, 2002, p. 332.
46. R. Arcomano, "KernelAnalysis-HOWTO", 2 jun. 2002, www.tldp.org/HOWTO/KernelAnalysis-HOWTO.html.
47. S. Walton, "Linux threads frequently asked questions", linas.org/linux/threads-faq.html.
48. U. Drepper e I. Molnar, "The native POSIX thread library for Linux", 30 jan. 2003, people.redhat.com/drepper/nptl-design.pdf.
49. I. Molnar, "Announcement to Linux mailing list", lwn.net/2002/0110/a/scheduler.php3.
50. Cross-referencing Linux, lxr.linux.no/source/include/asm-i386/param.h?v=2.6.0-test7#L5> and <lxr.linux.no/source/kernel/sched.c?v=2.6.0-test7#L1336.
51. Cross-referencing Linux, lxr.linux.no/source/kernel/sched.c?v=2.5.56.
52. Cross-referencing Linux, lxr.linux.no/source/kernel/sched.c?v=2.5.56.
53. Linux kernel source code, version 2.6.0-test2, /kernel/sched.c, lines 80–106, lxr.linux.no/source/kernel/sched.c?v=2.6.0-test2.
54. Linux kernel source code, version 2.5.75, lxr.linux.no/source/kernel/sched.c?v=2.5.75.
55. Linux kernel source code, version 2.5.75, lxr.linux.no/source/kernel/sched.c?v=2.5.75.
56. Linux kernel source code, version 2.5.75, lxr.linux.no/source/kernel/sched.c?v=2.5.75.
57. Linux kernel source code, version 2.6.0-test2, lxr.linux.no/source/arch/i386/mm/pageattr.c?v=2.6.0-test2.
58. Linux kernel source code, version 2.5.75, miller.cs.wm.edu/lxr3.linux/http/source/include/linux/mm.h?v=2.5.75.
59. S. Eranian e David Mosberger, "Virtual memory in the IA-64 Linux kernel", *informIT.com*, 8 nov. 2002, www.informit.com/isapi/product_id~%7B79EC75E3-7AE9-4596-AF39-283490FAFCBD%7D/element_id~%7BCE3A6550-B6B6-44BA-B496-673E8337B5F4%7D/st~%7BBAC7BB78-22CD-4E1E-9387-19EEB5B71759%7D/session_id~%7B9E8FCA0D-31BA-42DD-AEBBEC1617DE0EC7%7D/content/articlex.asp.
60. D. Rusling, "The Linux kernel", 1999, www.tldp.org/LDP/tlk/tlk.html.
61. M. Gorman, "Understanding the Linux virtual memory manager", www.csn.ul.ie/~mel/projects/vm/guide/html/understand/.
62. Linux kernel source code, version 2.5.75, miller.cs.wm.edu/lxr3.linux/http/source/mm/page_alloc.c?v=2.5.75.
63. Linux kernel source code, version 2.6.0-test2, miller.cs.wm.edu/lxr3.linux/http/source/include/linux/mm.h?v=2.6.0-test2.
64. Linux source code, lxr.linux.no/source/include/asmi386/page.h?v=2.5.56.
65. R. Van Riel, "Page replacement in Linux 2.4 memory management", www.surriel.com/lectures/linux24-vm.html.
66. M. Gorman, "Understanding the Linux virtual memory manager", www.csn.ul.ie/~mel/projects/vm/guide/html/understand/.
67. R. Van Riel, "Page replacement in Linux 2.4 memory management", www.surriel.com/lectures/linux24-vm.html.
68. Linux kernel source code, version 2.5.56, lxr.linux.no/source/include/linux/mmzone.h?v=2.5.56.
69. Linux kernel source code, version 2.5.75, /Documentation/block/biodoc.txt.
70. D. Bovet e M. Cesati, *Understanding the Linux kernel*. O'Reilly, 2001.
71. M. Gorman, "Understanding the Linux virtual memory manager", www.csn.ul.ie/~mel/projects/vm/guide/html/understand/.
72. D. Rusling, "The Linux kernel", 1999, www.tldp.org/LDP/tlk/tlk.html.
73. K. C. Knowlton, "A fast storage allocator", *Communications of the ACM*, v. 8, nº 10, out. 1965, p. 623-625.
74. D. E. Knuth, *The art of computer programming*, v. 1. Reading, MA: Addison Wesley, 1968, p. 435-455.
75. D. Rusling, "The Linux kernel", 1999, www.tldp.org/LDP/tlk/tlk.html.
76. D. Rusling, "The Linux kernel", 1999, www.tldp.org/LDP/tlk/tlk.html.
77. A. Nayani, M. Gorman e R. S. de Castro, "Memory management in Linux: desktop companion to the Linux source code", 25 maio 2002, www.symonds.net/~abhi/files/mm/index.html.
78. M. Gorman, "Slab allocator", www.csn.ul.ie/~mel/projects/vm/docs/slab.html.
79. "Driver porting: low-level memory allocation", *LWN.net*, fev. 2003, lwn.net/Articles/22909/.
80. J. Knapka, "Outline of the Linux memory management system", home.earthlink.net/~jknapka/linux-mm/vmoutline.html.
81. J. Knapka, "Outline of the Linux memory management system", home.earthlink.net/~jknapka/linux-mm/vmoutline.html.
82. A. Arcangeli, "Le novita' nel kernel Linux", 7 dez. 2001, old.lwn.net/2001/1213/aa-vm-talk/mgp00001.html.
83. A. Arcangeli, "Le novita' nel kernel Linux", 7 dez. 2001, old.lwn.net/2001/1213/aa-vm-talk/mgp00001.html.
84. Linux kernel source code, version 2.5.75, www.kernel.org.
85. A. Arcangeli, "Le novita' nel kernel Linux", 7 dez. 2001, old.lwn.net/2001/1213/aa-vm-talk/mgp00001.html.
86. Linux kernel source code, version 2.5.75, www.kernel.org.
87. A. Arcangeli, "Le novita' nel kernel Linux", 7 dez. 2001, old.lwn.net/2001/1213/aa-vm-talk/mgp00001.html.
88. D. Rusling, "The Linux kernel", 1999, www.tldp.org/LDP/tlk/tlk.html.
89. A. Arcangeli, "Le novita' nel kernel Linux", 7 dez. 2001, old.lwn.net/2001/1213/aa-vm-talk/mgp00001.html.
90. J. Corbet, "What Rik van Riel is up to", *Linux Weekly News*, 24 jan. 2002, http://php.lwn.net/2002/0124/kernel.php3.
91. A. Arcangeli, "Le novita' nel kernel Linux", 7 dez. 2001, old.lwn.net/2001/1213/aa-vm-talk/mgp00001.html.
92. Linux source code, version 2.5.75, miller.cs.wm.edu/lxr3.linux/http/source/mm/page-writeback.c?v=2.5.75.
93. A. Arcangeli, "Le novita' nel kernel Linux", 7 dez. 2001, old.lwn.net/2001/1213/aa-vm-talk/mgp00001.html.
94. Linux kernel source code, version 2.5.56, www.kernel.org.
95. D. Rusling, "The Linux kernel", 1999, www.tldp.org/LDP/tlk/tlk.html.
96. N. Brown, "The Linux virtual file-system layer", 29 dez. 1999, www.cse.unsw.edu.au/~neilb/oss/linux-commentary/vfs.html.
97. A. Rubini, "The virtual file system in Linux", *Linux Journal*, maio 1997, www.linuxjournal.com/print.php?side=2108.
98. N. Brown, "The Linux virtual file-system layer", 29 dez. 1999, www.cse.unsw.edu.au/~neilb/oss/linux-commentary/vfs.html.
99. D. Rusling, "The Linux kernel", 1999, www.tldp.org/LDP/tlk/tlk.html.
100. Linux source code, version 2.5.75, miller.cs.wm.edu/lxr3.linux/http/source/include/linux/fs.h?v=2.5.75.

101. D. Rusling, "The Linux kernel", 1999, www.tldp.org/LDP/tlk/tlk.html.
102. Linux kernel source code, version 2.5.75, miller.cs.wm.edu/lxr3.linux/http/source/fs/dcache.c?v=2.5.75.
103. R. Gooch, "Overview of the virtual file system", jul. 1999, www.atnf.csiro.au/people/rgooch/linux/vfs.txt.
104. Linux kernel source code, version 2.5.56, www.kernel.org.
105. N. Brown, "The Linux virtual file-system layer", 29 dez. 1999, www.cse.unsw.edu.au/~neilb/oss/linux-commentary/vfs.html.
106. Linux kernel source code, version 2.5.75, miller.cs.wm.edu/lxr3.linux/http/source/fs/dcache.c?v=2.5.75.
107. D. Rusling, "The Linux kernel", 1999, www.tldp.org/LDP/tlk/tlk.html.
108. Linux kernel source code, version 2.5.75, miller.cs.wm.edu/lxr3.linux/http/source/fs/namei.c?v=2.5.75.
109. N. Brown, "The Linux virtual file-system layer", 29 dez. 1999, www.cse.unsw.edu.au/~neilb/oss/linux-commentary/vfs.html.
110. Linux kernel source code, version 2.5.75, miller.cs.wm.edu/lxr3.linux/http/source/fs/namei.c?v=2.5.75.
111. R. Card, T. Ts'O e S. Tweedie, "Design and implementation of the second extended filesystem", e2fsprogs.sourceforge.net/ext2intro.html.
112. Linux kernel source, version 2.4.18, /Linux/Documentation/filesystems/ext2.txt, www.kernel.org.
113. R. Card, T. Ts'O e S. Tweedie, "Design and implementation of the second extended filesystem", e2fsprogs.sourceforge.net/ext2intro.html.
114. Linux kernel source, version 2.4.18, /Linux/Documentation/filesystems/ext2.txt, www.kernel.org.
115. R. Card, T. Ts'O e S. Tweedie, "Design and implementation of the second extended filesystem", e2fsprogs.sourceforge.net/ext2intro.html.
116. R. Appleton, "A non-technical look inside the ext2 file system", *Linux Journal*, ago. 1997, www.linuxjournal.com/print.php?sid=2151.
117. D. Rusling, "The Linux kernel", 1999, www.tldp.org/LDP/tlk/tlk.html.
118. Linux kernel source code, version 2.5.75, www.kernel.org.
119. R. Card, T. Ts'O e S. Tweedie, "Design and implementation of the second extended filesystem", e2fsprogs.sourceforge.net/ext2intro.html.
120. J. Pranevich, "The wonderful world of Linux 2.6", 13 jul. 2003, www.kniggit.net/wwol26.html.
121. Linux kernel source code, version 2.6.0-test2, /include/linux/ext2_fs.h, line 60, lxr.linux.no/source/include/linux/ext2_fs.h?v=2.6.0-test2.
122. R. Appleton, "A non-technical look inside the ext2 file system", *Linux Journal*, ago. 1997, www.linuxjournal.com/print.php?sid=2151.
123. T. Bowden, B. Bauer e J. Nerin, "The /proc filesystem", Linux kernel source file, Linux/Documentation/filesystems/proc.txt, www.kernel.org.
124. A. Rubini, "The virtual file system in Linux", *Linux Journal*, maio 1997, www.linuxjournal.com/print.php?side=2108.
125. Linux kernel source code, version 2.5.75, www.kernel.org.
126. E. Mouw, "Linux kernel procfs guide", jun. 2001, www.kernelnewbies.org/documents/kdoc/procfs-guide/lkprocfsguide.html.
127. D. Rusling, "The Linux kernel", 1999, www.tldp.org/LDP/tlk/tlk.html.
128. D. Rusling, "The Linux kernel", 1999, www.tldp.org/LDP/tlk/tlk.html.
129. "Linux allocated devices", www.lanana.org/docs/devicelist/devices.txt.
130. A. Rubini e J. Corbet, *Linux device drivers*. O'Reilly, s.l.,2001, p. 55-57.
131. F. Matia, "Kernel korner: writing a Linux driver", *Linux Journal*, abr. 1998, www.linuxjournal.com/print.php?sid=2476.
132. "The HyperNews Linux KHG discussion pages, device driver basics", 30 dez. 1997, users.evtek.fi/~tk/rt_html/ASICS.HTM.
133. www.lanana.org/docs/device-list/devices.txt.
134. D. Rusling, "The Linux kernel", 1999, www.tldp.org/LDP/tlk/tlk.html.
135. G. Zezschwitz e A. Rubini, "Kernel korner: the devil's in the details", *Linux Journal*, maio 1996, www.linuxjournal.com/article.php?sid=1221.
136. D. Rusling, "The Linux kernel", 1999, www.tldp.org/LDP/tlk/tlk.html.
137. Linux kernel source code, version 2.5.75, miller.cs.wm.edu/lxr3.linux/http/source/fs/char_dev.c?v=2.5.7.
138. D. Rusling, "The Linux kernel", 1999, www.tldp.org/LDP/tlk/tlk.html.
139. Linux kernel source code, version 2.5.75, www.kernel.org.
140. Linux kernel source code, version 2.5.75, www.kernel.org.
141. D. Kalev, "Raw disk I/O", out. 2001, www.itworld.com/nl/lnx_tip/10122001/pf_index.html.
142. A. Rubini e J. Corbet, *Linux device drivers*. O'Reilly, s.l., 2001, p. 323-328, 334-338.
143. Linux kernel source code, version 2.5.75, miller.cs.wm.edu/lxr3.linux/http/source/include/linux/bio.h?v=2.5.75.
144. Linux kernel source code, version 2.5.75, miller.cs.wm.edu/lxr3.linux/http/source/include/linux/bio.h?v=2.5.75.
145. Linux kernel source code, version 2.5.75, www.kernel.org.
146. K. Gopinath, N. Muppalaneni, N. Suresh Kumar e P. Risbood, "A 3-tier RAID storage system with RAID1, RAID5 and compressed RAID5 for Linux", *Proceedings of the FREENIX Track: 2000 USENIX Annual Technical Conference*, jun. 2000, p. 18-23.
147. R. Love, "Interactive kernel performance", *Proceedings of the Linux Symposium*, 2003, p. 306-307.
148. Linux kernel source code, version 2.5.75, miller.cs.wm.edu/lxr3.linux/http/source/drivers/block/deadlineiosched.c?v=2.5.75.
149. Linux kernel source code, version 2.5.75, miller.cs.wm.edu/lxr3.linux/http/source/drivers/block/deadlineiosched.c?v=2.5.75.
150. J. Axboe, "[PATCH] block/elevator updates + deadline i/o scheduler", Linux kernel mailing list, 26 jul. 2002.
151. Linux kernel source code, version 2.5.75, miller.cs.wm.edu/lxr3.linux/http/source/drivers/block/deadlineiosched.c?v=2.5.75.
152. Linux kernel source code, version 2.5.75, miller.cs.wm.edu/lxr3.linux/http/source/drivers/block/deadlineiosched.c?v=2.5.75.
153. R. Love, "Interactive kernel performance", *Proceedings of the Linux Symposium*, 2003, p. 308.
154. S. Iyer e P. Druschel, "Anticipatory scheduling: a disk scheduling framework to overcome deceptive idleness in synchronous I/O", *ACM SIGOPS Operating Systems Review, Proceedings of the Eighteenth ACM Symposium on Operating Systems Principles*, v. 35, nº 5, out. 2001.
155. Linux kernel source code, version 2.5.75, miller.cs.wm.edu/lxr3.linux/http/source/drivers/block/as-iosched.c.
156. A. Morton, "IO scheduler benchmarking", Linux kernel mailing list, 20 fev. 2003.
157. A. Rubini e J. Corbet, *Linux device drivers*. O'Reilly, s.l., 2001, p. 430-433.
158. Linux kernel source code, version 2.5.75, miller.cs.wm.edu/lxr3.linux/http/source/include/linux/netdevice.h?v=2.5.75.
159. A. Adel, "Differentiated services on Linux", user.cs.tuberlin.de/~adelhazm/study/diffserv.pdf.

160. A. Rubini e J. Corbet, *Linux device drivers*. O'Reilly, s.l., 2001, p. 445-448.
161. J. Corbet, "Porting drivers to the 2.5 kernel", *Proceedings of the Linux Symposium*, 2003, p. 149.
162. "Universal serial bus specification", rev. 2.0, Compaq, Hewlett-Packard, Intel, Lucent, Microsoft, NEC, Phillips, 27 abr. 2002, p. 18.
163. J. Corbet, "Driver porting: device model overview", lwn.net/Articles/31185/, maio 2003.
164. J. Corbet, "Driver porting: device model overview", lwn.net/Articles/31185/, maio 2003.
165. P. Mochel, "Sysfs — the filesystem for exporting kernel objects", Linux kernel source code, version 2.5.75, Documentation/filesystems/sysfs.txt, 10 jan. 2003.
166. Linux kernel source code, version 2.5.75, Documentation/driver-model/overview.txt.
167. Linux kernel source code, version 2.5.75, miller.cs.wm.edu/lxr3.linux/http/source/include/linux/device.h.
168. Linux kernel source code, version 2.5.75, Documentation/driver-model/bus.txt.
169. Linux kernel source code, version 2.5.75, Documentation/driver-model/class.txt.
170. "Advanced configuration and power management", rev. 2.0b, Compaq Computer Corporation, Intel Corporation, Microsoft Corporation, Phoenix Technologies Ltd., Toshiba Corporation, 11 out. 2002, p. 26, www.acpi.info/spec.htm.
171. P. Mochel, "Linux kernel power management", *Proceedings of the Linux Symposium*, 2003, p. 344, 347, archive.linuxsymposium.org/ols2003/Proceedings/All-Reprints/Reprint-Mochel-OLS2003.pdf.
172. P. Russell, "Unreliable guide to hacking the Linux kernel", 2000, www.netfilter.org/unreliable-guides/kernel-hacking/lk-hacking-guide.html.
173. "IA-32 Intel architecture software developer's manual, v. 3", *System Programmer's Guide*, 2002, p. 5-32.
174. P. Russell, "Unreliable guide to hacking the Linux kernel", 2000, www.netfilter.org/unreliable-guides/kernel-hacking/lk-hacking-guide.html.
175. W. Gatliff, "The Linux kernel's interrupt controller API", 2001, billgatliff.com/articles/emb-linux/interrupts.pdf.
176. Linux kernel source code, version 2.5.75, miller.cs.wm.edu/lxr3.linux/http/source/include/linux/interrupt.h?v=2.5.75.
177. Linux kernel source code, version 2.5.75, miller.cs.wm.edu/lxr3.linux/http/source/include/linux/interrupt.h?v=2.5.75.
178. W. Gatliff, "The Linux kernel's interrupt controller API", 2001, billgatliff.com/articles/emb-linux/interrupts.pdf.
179. Linux kernel source code, version 2.5.75, miller.cs.wm.edu/lxr3.linux/http/source/kernel/softirq.c?v=2.5.75.
180. A Rubini e J. Corbet, *Linux device drivers*. O'Reilly, s.l., 2001, p. 19.
181. D. Bovet e M. Cesati, *Understanding the Linux kernel*. O'Reilly, s.l., 2001, p. 300-301, 305-306, 523-532, 545.
182. R. Love, "Kernel korner: kernel locking techniques", *Linux Journal*, ago. 2002, www.linuxjournal.com/article.php?sid=5833.
183. R. Love, "Kernel korner: kernel locking techniques", *Linux Journal*, ago. 2002, www.linuxjournal.com/article.php?sid=5833.
184. L. Torvalds, "/Documentation/spinlocks.txt", Linux kernel source code, version 2.5.75, www.kernel.org.
185. P. Russell, "Unreliable guide to locking", 2000, www.kernelnewbies.org/documents/kdoc/kernel-locking/lklockingguide.html.
186. P. Russell, "Unreliable guide to locking", 2000, www.kernelnewbies.org/documents/kdoc/kernel-locking/lklockingguide.html.
187. L. Torvalds, "/Documentation/spinlocks.txt", Linux kernel source code, version 2.5.75, www.kernel.org.
188. "Driver porting: mutual exclusion with seqlocks", lwn.net/Articles/22818/.
189. "Driver porting: mutual exclusion with seqlocks", lwn.net/Articles/22818/.
190. D. Bovet e M. Cesati, *Understanding the Linux kernel*. O'Reilly, s.l., 2001, p. 305-306.
191. R. Love, "Kernel korner: kernel locking techniques", *Linux Journal*, ago. 2002, www.linuxjournal.com/article.php?sid=5833.
192. R. Love, "Kernel korner: kernel locking techniques", *Linux Journal*, ago. 2002, www.linuxjournal.com/article.php?sid=5833.
193. M. Bar, "Kernel korner: the Linux signals handling model", *Linux Journal*, maio 2000, www.linuxjournal.com/article.php?sid=3985.
194. Linux kernel source code, version 2.5.75, miller.cs.wm.edu/lxr3.linux/http/source/kernel/signal.c?v=2.5.75.
195. E. Troan, "A look at the signal API", *Linux Magazine*, jan. 2000, www.linux-mag.com/2000-01/compile_01.html.
196. Linux kernel source code, version 2.5.75, miller.cs.wm.edu/lxr3.linux/http/source/kernel/signal.c?v=2.5.75.
197. D. Bovet e M. Cesati, *Understanding the Linux kernel*. O'Reilly, s.l., 2001, p. 253.
198. M. Bar, "Kernel korner: the Linux signals handling model", *Linux Journal*, maio 2000, www.linuxjournal.com/article.php?sid=3985.
199. D. Rusling, "The Linux kernel", 1999, www.tldp.org/LDP/tlk/tlk.html.
200. D. Bovet e M. Cesati, *Understanding the Linux kernel*. O'Reilly, s.l., 2001, p. 253.
201. Linux kernel source code, version 2.6.0-test2, signal.c, line 38, lxr.linux.no/source/kernel/signal.c?v=2.6.0-test2.
202. D. Bovet e M. Cesati, *Understanding the Linux kernel*. O'Reilly, s.l., 2001, p. 524-532.
203. B. Chelf, "Pipes and FIFOs", *Linux Magazine*, jan. 2001, www.linux-mag.com/2001-01/compile_01.html.
204. B. Chelf, "Pipes and FIFOs", *Linux Magazine*, jan. 2001, www.linux-mag.com/2001-01/compile_01.html.
205. "The GNU C library", Free Software Foundation, 1998, www.gnu.org/manual/glibc-2.2.5/index.html.
206. S. Sechrest, "An introductory 4.4BSD interprocess communication tutorial", docs.freebsd.org/44doc/psd/20.ipctut/paper.html.
207. "The GNU C library", Free Software Foundation, 1998, www.gnu.org/manual/glibc-2.2.5/index.html.
208. S. Sechrest, "An introductory 4.4BSD interprocess communication tutorial", docs.freebsd.org/44doc/psd/20.ipctut/paper.html.
209. T. Aivazian, "Linux kernel 2.4 internals", 23 ago. 2001, www.tldp.org/LDP/lki/lki.html.
210. D. Bovet e M. Cesati, *Understanding the Linux kernel*. O'Reilly, s.l., 2001, p. 545.
211. T. Aivazian, "Linux kernel 2.4 internals", 23 ago. 2001, www.tldp.org/LDP/lki/lki.html.
212. S. Goldt et al., "Shared memory", *The Linux Programmer's Guide*, en.tldp.org/LDP/lpg/node65.html, version 0.4, mar. 1995, e Linux source 2.5.56.
213. Linux man page: shm_open, www.cwi.nl/~aeb/linux/man2html/man3/shm_open.3.html.
214. Linux source, lxr.linux.no/source/Documentation/filesystems/tmpfs.txt?v=2.5.56 e lxr.linux.no/source/mm/shmem.c?v=2.5.56.
215. Linux source, lxr.linux.no/source/Documentation/filesystems/tmpfs.txt?v=2.5.56 e lxr.linux.no/source/mm/shmem.c?v=2.5.56.
216. T. Aivazian, "Linux kernel 2.4 internals", 23 ago. 2001, www.tldp.org/LDP/lki/lki.html.

217. Linux kernel source code, version 2.5.75, miller.cs.wm.edu/lxr3.linux/http/source/ipc/sem.c?v=2.5.75.
218. T. Aivazian, "Linux kernel 2.4 internals", 23 ago. 2001, www.tldp.org/LDP/lki/lki.html.
219. A. Cox, "Network buffers", www.linux.org.uk/Documents/buffers.html.
220. Linux kernel source code, version 2.5.75, miller.cs.wm.edu/lxr3.linux/http/source/net/core/dev.c?v=2.5.75.
221. H. Welte, "The journey of a packet through the Linux 2.4 network stack", 14 out. 2000, www.gnumonks.org/ftp/pub/doc/packet-journey-2.4.html.
222. Linux kernel source code, version 2.5.75, miller.cs.wm.edu/lxr3.linux/http/source/net/core/dev.c?v=2.5.75.
223. J. Dobbelaere, "Linux kernel internals: IP network layer", 2001, www.cs.wm.edu/~jdobbela/papers/ip.pdf.
224. H. Welte, "The netfilter framework in Linux 2.4", 24 set. 2000, www.gnumonks.org/papers/netfilter-lk2000/presentation.html.
225. J. Schmidt, "Symmetrical multiprocessing with Linux", 1999, www.heise.de/ct/english/98/13/140/.
226. E. Tumenbayer et al., "Linux SMP HOWTO", 9 jul. 2002, www.ibiblio.org/pub/Linux/docs/HOWTO/other-formats/pdf/SMP-HOWTO.pdf.
227. "Linux scalability: the enterprise question", Intel Corporation, 2000, www.intel.com/internetservices/intelsolutionservices/downloads/linux_scalability.pdf.
228. K. Bergmann, "Linux for z/series performance overview", 3 abr. 2002, www.linuxvm.org/present/SHARE98/S2561kba.pdf.
229. L. McVoy, "SMP scaling considered harmful", 22 jul. 1999, www.bitmover.com/llnl/smp.pdf.
230. L. McVoy, "SMP scaling considered harmful", 22 jul. 1999, www.bitmover.com/llnl/smp.pdf.
231. P. Merkey, "Beowulf history", acesso em: 21 jul. 2003, www.beowulf.org/beowulf/history.html.
232. Linux kernel source code, version 2.5.75, miller.cs.wm.edu/lxr3.linux/http/source/include/linux/mmzone.h.
233. M. Dobson, P. Gaughen, M. Hohnbaum e E. Focht, "Linux support for NUMA hardware", *Proceedings of the Linux Symposium*, 2003, p. 181-195.
234. M. Dobson, P. Gaughen, M. Hohnbaum e E. Focht, "Linux support for NUMA hardware", *Proceedings of the Linux Symposium*, 2003, p. 181-195.
235. Linux kernel source code, version 2.6.0-test7, lxr.linux.no/source/include/linux/threads.h?v=2.6.0-test7#L33.
236. J. Pranevich, "The wonderful world of Linux 2.6", 13 jul. 2003, www.kniggit.net/wwol26.html.
237. Linux kernel source code, version 2.5.75, www.kernel.org.
238. J. Corbet, "Driver porting: timekeeping changes", fev. 2003, lwn.net/Articles/22808/.
239. J. Pranevich, "The wonderful world of Linux 2.6", 13 jul. 2003, www.kniggit.net/wwol26.html.
240. Linux kernel source code, version 2.5.75, www.kernel.org.
241. J. Pranevich, "The wonderful world of Linux 2.6", 13 jul. 2003, www.kniggit.net/wwol26.html.
242. Linux kernel source code, version 2.5.75, www.kernel.org.
243. "The embedded Linux 'cool devices' quick reference guide", modificado em: 21 mar. 2002, www.linuxdevices.com/articles/AT4936596231.html.
244. "MontaVista Linux — real-time performance", MontaVista Software, maio 2002, www.mvista.com/dswp/realtime.pdf.
245. R. Lehrbaum, "Using Linux in embedded systems and smart devices", acesso em: 21 jul. 2003, www.linuxdevices.com/articles/AT3155773172.html.
246. B. Hatch e J. Lee, Hacking Linux Exposed, McGraw-Hill: Osborne, 2003, p. 384–386.
247. B. Toxen, Real World Linux Security, 2nd ed., Prentice Hall PTR, 2002.
248. "Modules/Applications Available or in Progress," modificado em 31 de maio, 2003, <www.kernel.org/pub/linux/libs/pam/modules.html>.
249. A. Morgan, "The Linux-PAM Module Writers' Guide," 9 de maio, 2002, <www.kernel.org/pub/linux/libs/pam/Linux-PAM-html/pam_modules.html>.
250. B. Hatch e J. Lee, Hacking Linux Exposed, McGraw-Hill: Osborne, 2003, p. 15–19.
251. Linux man pages, "CHATTR(1), change file attributes on a Linux second extended file system," <nodevice.com/cgi-bin/searchman?topic=chattr>.
252. B. Hatch e J. Lee, Hacking Linux Exposed, McGraw-Hill: Osborne, 2003, p. 24.
253. S. Smalley, T. Fraser e C. Vance, "Linux Security Modules: General Security Hooks for Linux," <lsm.immunix.org/docs/overview/linuxsecuritymodule.html>.
254. T. Jaeger, D. Safford e H. Franke, "Security Requirements for the Deployment of the Linux Kernel in Enterprise Systems," <oss.software.ibm.com/linux/papers/security/les_whitepaper.pdf>.
255. D. Wheeler, "Secure Programming for Linux HOWTO," 9 fev. 2000, <www.theorygroup.com/Theory/FAQ/Secure-Programs-HOWTO.html>.
256. C. Wright et al., "Linux Security Modules: General Security Support for the Linux Kernel," 2002, <lsm.immunix.org/docs/lsm-usenix-2002/html/>.
257. D. Bryson, "The Linux CryptoAPI: A User's Perspective," 31 de maio, 2002, <www.kerneli.org/howto/index.php>.
258. D. Bryson, "Using CryptoAPI," 31 de maio, 2002, <www.kerneli.org/howto/node3.php>.

Capítulo 21

Estudo de caso: Windows XP

Mas que suave luz por aquela janela surge?
É o Oriente, e Julieta é o sol!
William Shakespeare

Um ator entrando pela porta não é nada. Mas se ele entrar pela janela, aí é uma situação.
Billy Wilder

Objetivos

Após ler este capítulo, você deverá entender:
- *A história dos sistemas operacionais DOS e Windows.*
- *A arquitetura do Windows XP.*
- *Os vários subsistemas do Windows XP.*
- *Chamadas de procedimento assíncronas e postergadas.*
- *Como processos usuários, o executivo e o núcleo interagem.*
- *Como o Windows XP executa gerenciamento de processo, thread, memória e arquivo.*
- *O subsistema de E/S do Windows XP.*
- *Como o Windows XP executa comunicação interprocessos.*
- *Redes e multiprocessamento no Windows XP.*
- *O modelo de segurança do Windows XP.*

21.1 Introdução

O Windows XP, lançado pela Microsoft Corporation em 2001, combina as linhas de sistemas operacionais corporativos e de consumo.

No início de 2003, mais de um terço de todos os usuários da Internet executava o Windows XP, transformando-o no sistema operacional mais amplamente usado.[1]

O Windows XP é vendido em cinco edições. O *Windows XP Home Edition* é a edição para computadores de mesa, e as outras edições oferecem características adicionais. O *Windows XP Professional* tem características extras de segurança e privacidade, mais suporte para recuperação de dados e capacidades de rede mais amplas. O *Windows XP Tablet PC Edition* é construído para notebooks e laptops que precisam de melhor suporte para redes sem fio e canetas digitais. O *Windows XP Media Center Edition* provê melhor suporte de multimídia.[2] O *Windows XP 64-Bit Edition* é projetado para aplicações que manipulam grandes quantidades de dados, tais como programas que executam computação científica ou apresentam gráficos em 3D E.mail. Uma versão estendida do Windows XP 64-Bit Edition foi projetada pela Microsoft especificamente para suportar os processadores AMD Opteron e Athlon 64.[3] Até então, esta versão do Windows XP executava apenas com processadores Intel Itanium II.

A despeito de suas diferenças, todas as edições do Windows XP são montadas sobre a mesma estrutura central, e o estudo de caso a seguir se aplica a todas elas (exceto quando citamos explicitamente as diferenças entre edições). Esse estudo de caso investiga como um sistema operacional popular implementa os componentes e estratégias que discutimos em todo este livro.

21.2 História

Em 1975, um calouro da Harvard University e um jovem programador da Honeywell apareceram na sede da Micro Instrumentation and Telemetry Systems (MITS) com um compilador BASIC. Os dois jovens tinham escrito o compilador em apenas oito semanas e nunca o tinham testado no computador no qual pretendiam que fosse usado. O compilador funcionou na primeira execução. Esse auspicioso começo inspirou o estudante, Bill Gates, e o programador, Paul Allen, a largar tudo o que estavam fazendo e a mudar-se para Albuquerque, Novo México, para fundar a Microsoft (ver Biografia, Bill Gates, no site deste livro).[4,5] Em 2003, a empresa de dois homens tinha se tornado uma corporação global, empregando mais de 50 mil pessoas e auferindo uma receita anual de mais de 28 bilhões de dólares.[6] A Microsoft é a segunda mais valiosa e a sexta mais lucrativa empresa do mundo. Em 2003, a *Forbes Magazine* classificou Bill Gates como o homem mais rico da Terra, valendo mais de 40,7 bilhões de dólares, e Paul Allen como o quarto homem mais rico, valendo 20,1 bilhões de dólares.[7]

A Microsoft lançou o Microsoft Disk Operating System — MS-DOS 1.0 — em 1981. O MS-DOS era um sistema operacional de 16 bits que suportava 1 MB de memória principal (1 MB era uma quantidade enorme pelos padrões da época). O sistema executava um processo por vez em resposta à entrada do usuário a partir de uma linha de comando. Todos os programas executavam em **modo real**, o que lhes dava acesso direto a toda a memória principal, incluindo a parte que armazenava o sistema operacional.[8] O MS-DOS 2.0, lançado dois anos mais tarde, suportava um disco rígido de 10 MB e disquetes flexíveis de 360 KB.[9] Sistemas subseqüentes da Microsoft continuaram a tendência de aumentar o espaço de disco e suportar um número cada vez maior de dispositivos periféricos.

A Microsoft lançou o Windows 1.0, seu sistema operacional baseado em interface gráfica de usuário (GUI), em 1985. Os fundamentos da GUI tinham sido desenvolvidos pela Xerox na década de 1970 e popularizados pelos computadores Macintosh da Apple. A GUI Windows ficava melhor a cada edição. As molduras de janelas do Windows 1.0 não podiam se sobrepor; a Microsoft resolveu esse problema no Windows 2.0. A característica mais importante do Windows 2.0 era o seu suporte para **modo protegido** para programas DOS. Embora o modo protegido fosse mais lento do que o modo real, ele impedia que um programa sobrescrevesse o espaço de memória de um outro programa, incluindo o sistema operacional, o que melhorava a estabilidade do sistema. Contudo, mesmo em modo protegido, programas acessavam a memória diretamente. Em 1990, a Microsoft lançou o Windows 3.0 seguido logo depois pelo Windows 3.1. Essa edição do sistema operacional eliminava completamente o inseguro modo real. O Windows 3.1 introduziu um modo aperfeiçoado que permitia que as aplicações Windows usassem mais memória do que programas DOS. A Microsoft também lançou o Windows for Workgroups 3.1, uma atualização do Windows 3.1 que incluía suporte de rede, especialmente para redes locais (LANs) que, naquela época, estavam começando a ficar populares. A Microsoft tentou aumentar a estabilidade do sistema no Windows tornando mais rígida a verificação de parâmetros durante chamadas API ao sistema; essas mudanças quebraram muitos programas mais antigos que exploravam características "ocultas" da API.[10,11]

Animada com o sucesso de seus sistemas operacionais dirigidos a computadores domésticos, a Microsoft aventurou-se no mercado empresarial. Contratou Dave Cutler, um experiente projetista de sistemas que ajudou a desenvolver o sistema operacional VMS da Digital Equipment Corporation, para criar um sistema operacional especificamente para o ambiente de negócios (ver Biografia, David Cutler, no site deste livro). O desenvolvimento do novo sistema operacional levou cinco anos, mas, em 1993, a Microsoft lançou o Windows NT 3.1, um sistema operacional com Nova Tecnologia. Com isso, a

Microsoft criou sua linha de sistemas operacionais corporativos fundamentada em um código-base separado do código básico da sua linha de consumo. As duas linhas continuaram separadas até se fundirem novamente com o lançamento do Windows XP em 2001, embora sistemas operacionais de uma linha usassem características e idéias de uma outra. Por exemplo, o Windows NT 3.1 e o Windows 95 incluíam implementações diferentes da mesma API. Além disso, as interfaces GUI empresariais e de consumo eram sempre similares, embora a versão empresarial tendesse a ficar um pouco para trás.[12]

Como o Windows NT 3.1 foi desenvolvido para usuários empresariais, seu foco principal estava na segurança e na estabilidade. O Windows NT introduziu o Sistema de Arquivos da Nova Tecnologia (New Technology File System — NTFS), que é mais seguro e mais eficiente do que os então populares sistemas de arquivos Windows 3.1 FAT e IBM OS/2 HPFS (ver Miniestudo de caso OS/2). Além disso, o sistema operacional de 32 bits protege sua memória contra acesso direto por aplicações de usuário. O núcleo do NT executa em seu próprio espaço de memória protegido. Essa camada extra de segurança tem um preço; muitos jogos existentes que utilizam recursos gráficos intensamente não podiam executar em Windows NT porque precisavam acessar a memória diretamente para otimizar desempenho. O Windows NT 3.1 também não tem grande parte do suporte de multimídia que tornou o Windows 3.1 popular entre usuários domésticos.[13]

A Microsoft lançou o Windows NT 4.0 em 1996. O sistema operacional atualizado provê segurança e suporte de rede adicionais e inclui a popular interface de usuário Windows 95.[14] O Windows 2000 (cujo núcleo é NT 5.0) lançado em 2000, introduziu o Active Directory. Esse banco de dados de usuários, computadores e dispositivos torna mais fácil para os usuários a consulta de informações sobre recursos dispersos por uma rede. Além disso, os administradores de sistemas podem configurar contas de usuários e configurações de computadores remotamente. O Windows 2000 suporta autenticação e autorização segura por assinatura única Kerberos (ver Seção 19.3.3, Kerberos). No geral, o Windows 2000 é mais seguro e provê melhor suporte de rede do que os sistemas operacionais Windows anteriores. É o último sistema operacional para computadores de mesa exclusivamente orientado para empresas.[15]

A Microsoft continuou a desenvolver sistemas operacionais de consumo. Lançou o Windows 95 em 1995, para substituir o Windows 3.1 para usuários domésticos. Semelhante ao Windows NT 3.1, o Windows 95 fez a transição para o endereçamento de 32 bits, embora suporte aplicações de 16 bits para compatibilidade retrógrada. O Windows 95 permite que aplicações acessem a memória real diretamente. Contudo, a Microsoft introduziu o DirectX, que simula acesso direto ao hardware e, ao mesmo tempo, provê uma camada de proteção. A Microsoft esperava que o DirectX, combinado com hardware mais veloz, desse aos desenvolvedores de jogos uma alternativa viável de acesso direto ao hardware. O Windows 95 introduziu multithread, uma melhoria sobre o suporte multitarefa oferecido pelo Windows 3.1. A Microsoft lançou o Windows 98 em 1998, embora a maioria das mudanças fosse ínfima (primariamente, maior suporte de multimídia e rede). A maior inovação foi combinar o Internet Explorer (IE) com o sistema operacional. Conjugar o IE tornou o Windows mais fácil de usar para acessar a Internet na Web. O Windows Millenium Edition (Windows Me), lançado em 2000, é a última versão da linha de consumo. O Windows Me tem ainda mais drivers de dispositivos e suporte de multimídia e rede do que as versões anteriores do Windows. Também é a primeira versão de consumo do Windows que não pode ser inicializada em modo DOS.[16]

Miniestudo de caso

OS/2

O OS/2 foi lançado pela primeira vez em 1987. O sistema operacional era um projeto conjunto da Microsoft e IBM idealizado para executar na nova linha PS/2 de computadores pessoais da IBM.[17] O OS/2 era baseado no DOS, o sistema operacional mais popular na época do lançamento do OS/2, e era semelhante ao DOS em muitos aspectos (por exemplo, ambos tinham comandos e prompts de comando similares). O OS/2 também apresentava melhorias significativas em relação ao DOS e foi o primeiro sistema operacional de PC a permitir multitarefa (contudo, somente uma aplicação podia aparecer na tela por vez). O OS/2 também suportava multithread, comunicação interprocesso (IPC), ligação dinâmica e muitas outras características que não eram suportadas pelo DOS.[18]

O OS/2 1.1, lançado em 1988, foi sua primeira versão com uma interface gráfica de usuário. A interface era semelhante às primeiras versões do Windows. Entretanto, diferentemente da interface do Windows e de muitas outras interfaces de hoje, a coordenada (0,0) referia-se ao canto inferior esquerdo da tela, ao contrário do canto superior esquerdo.[19] Isso dificultava a transferência de programas do OS/2 para outros sistemas operacionais.

O OS/2 versão 2.0, lançado em 1992, foi o primeiro sistema operacional de 32 bits para computadores pessoais. O OS/2 2 continha a Integrating Platform (Plataforma de Integração) projetada para executar

> aplicações OS/2 2, OS/2 1, DOS e Windows, o que beneficiava o OS/2 porque havia poucas aplicações escritas para OS 2 2 na época. O resultado é que muitos desenvolvedores escreveram programas especificamente para Windows, já que funcionariam em ambas as plataformas.[20]
>
> IBM e Microsoft discordaram do progresso e do rumo do OS/2 porque a Microsoft queria devotar mais recursos ao Windows do que ao OS/2, ao passo que a IBM desejava continuar a desenvolver o OS/2 1. Em 1990, IBM e Microsoft concordaram em trabalhar independentemente em projetos futuros para o OS/2: a
>
> IBM ficou com o controle de todas as versão futuras do OS/2 1 e OS/2 2, enquanto a Microsoft desenvolvia o OS/2 3. Logo após esse acordo, a Microsoft deu ao OS/2 3 o novo nome Windows NT.[21]

A Microsoft lançou o Windows XP em 2001 (cujo núcleo é NT 5.1). O Windows XP unificou os códigos-base de consumo e comercial. O sistema é apresentado em diversas edições, cada uma das quais é construída a partir do mesmo código-base, mas adaptada para se ajustar às necessidades de um grupo específico de usuários. Cada edição do Windows XP combina a estabilidade, a segurança e o suporte de rede da linha corporativa com o suporte de multimídia e dispositivos da linha de consumo.

21.3 Metas de projeto

A principal meta de projeto da Microsoft para o Windows XP era reintegrar os códigos-base de suas linhas de sistemas operacionais de consumo e empresariais. Além disso, a Microsoft tentou atender melhor às metas tradicionais de cada linha individual. Por exemplo, a linha corporativa sempre focalizou mais a segurança e a estabilidade, enquanto a linha de consumo dava mais destaque ao suporte multimídia para jogos.

Quando a Microsoft criou a linha NT para usuários empresariais, seus focos principais eram estabilidade, segurança e escalabilidade.[22] Empresas freqüentemente empregam computadores para executar aplicações críticas e armazenar informações essenciais. É importante que o sistema seja confiável e execute continuamente sem erros. A arquitetura interna descrita nesse estudo de caso foi desenvolvida durante muitos anos para aprimorar a estabilidade dos sistemas operacionais da Microsoft.

Computadores corporativos precisam proteger dados sensíveis quando são conectados a várias redes e à Internet. Por essa razão, a Microsoft devotou um grande esforço ao desenvolvimento de um sistema de segurança que oferecesse proteção total. O Windows XP usa tecnologias de segurança modernas como Kerberos, listas de controle de acesso e firewalls de filtragem de pacotes para proteger o sistema. O sistema de segurança do Windows XP é construído sobre o código-base do Windows 2000 para o qual o governo concedeu um certificado de nível C2 (a certificação C2 aplica-se somente às máquinas Windows 2000 não conectadas a uma rede).[23] Na época em que escrevíamos este livro, a Microsoft estava no processo de obter a mesma certificação para o Windows XP Professional.

Computadores devem ser escaláveis para atender às necessidades de diferentes usuários. A Microsoft desenvolveu o Windows XP 64-Bit Edition para suportar computadores de mesa de alto desempenho e o Windows XP Embedded para suportar dispositivos como roteadores. O Windows XP Professional suporta multiprocessamento simétrico (ver Capítulo 15, Gerenciamento de Multiprocessador).

O Windows XP incorpora muitas das características que tornaram a linha de consumo popular. O sistema contém uma GUI melhorada e mais suporte de multimídia do que as versões anteriores do Windows. Pela primeira vez, ambos — usuários domésticos e empresariais — podiam aproveitar as vantagens dessas inovações.

Além de incorporar as forças de suas duas linhas de sistemas operacionais, a Microsoft acrescentou uma outra meta especificamente para o Windows XP. Vários clientes vinham reclamando que o Windows iniciava muito lentamente. Como conseqüência, o objetivo da Microsoft foi uma redução drástica do tempo de inicialização. O Windows XP deve estar pronto para ser usado 30 segundos após um usuário ligar a energia, 20 segundos após acordar de uma hibernação (em um laptop) e 5 segundos após sair do modo de reserva (standby). Mais adiante, neste capítulo, descreveremos como o Windows XP cumpre essas metas, fazendo uma busca antecipada de arquivos necessários para carregar o sistema operacional.[24]

21.4 Arquitetura do sistema

O Windows XP é modelado sobre uma arquitetura de micronúcleo — geralmente denominada uma arquitetura de micronúcleo modificada. Por outro lado, o Windows XP é um sistema operacional com um núcleo compacto que provê serviços básicos para outros componentes do sistema operacional. Todavia, diferentemente de um sistema operacional de micronúcleo puro, esses componentes (por exemplo, o sistema de arquivo e o gerenciador de memória) executam em modo núcleo e não em modo usuário. O Windows XP também é um sistema operacional em camadas, composto de camadas discretas, sendo que camadas inferiores provêem funcionalidade para camadas superiores.[25] Entretanto, diferentemente de um sistema operacional de camadas puro, há ocasiões em que camadas não adjacentes se comunicam. Uma descrição de projetos de micronúcleo e sistemas operacionais em camadas pode ser encontrada na Seção 1.13, Arquiteturas de sistemas operacionais.

A Figura 21.1 ilustra a arquitetura do sistema Windows XP. A **Camada de Abstração de Hardware (Hardware Abstraction Layer — HAL)** interage diretamente com o hardware, abstraindo especificidades do hardware para o resto do sistema. A HAL controla componentes de dispositivo na placa principal, tais como o cache e os temporizadores do sistema. A HAL abstrai especificidades de hardware que poderiam ser diferentes entre sistemas da mesma arquitetura, tal como o layout exato da placa principal. Em muitos casos, componentes de modo núcleo não acessam o hardware diretamente; em vez disso, chamam funções expostas pela HAL. Portanto, componentes de modo núcleo podem ser construídos sem dar muita importância a detalhes específicos de arquitetura, tais como tamanhos de caches e o número de processadores incluídos. A HAL interage com drivers de dispositivo para suportar acesso a dispositivos periféricos.[26]

A HAL também interage com o micronúcleo. O micronúcleo provê mecanismos básicos de sistema, tal como escalonamento de thread, para suportar outros componentes de modo núcleo. [*Nota*: o micronúcleo do Windows XP não deve ser confundido com a filosofia de projeto de micronúcleo discutida na Seção 1.13, Arquiteturas de sistemas operacionais.] O micronúcleo também controla sincronização de threads, despacha interrupções e trata exceções.[27] Além disso, o micronúcleo abstrai características específicas de arquiteturas — características que são diferentes entre duas arquiteturas diferentes, tal como o número de interrupções. O micronúcleo e a HAL se combinam para tornar o Windows XP portável, permitindo que execute em muitos ambientes de hardware diferentes.[28]

O micronúcleo é somente uma pequena parte do espaço de núcleo. O espaço de núcleo descreve um ambiente de execução no qual componentes podem acessar toda a memória e serviços do sistema. Componentes que residem no espaço de núcleo executam em modo núcleo. O micronúcleo provê os serviços básicos para os outros componentes que residem no espaço de núcleo.[29]

Acomodados na camada acima do micronúcleo estão os componentes de modo núcleo responsáveis pela administração dos subsistemas do sistema operacional (por exemplo, o gerenciador de E/S e o gerenciador de memória virtual). Coletivamente, esses componentes são conhecidos como o **executivo**. A Figura 21.1 apresenta os principais componentes do executivo. O resto deste capítulo é devotado à descrição desses subsistemas e dos componentes do executivo que gerenciam os subsistemas. O executivo expõe serviços a processos usuários por meio de uma interface de programação de aplicações (application programming interface — API).[30] Essa API é denominada **API nativa**.

Contudo, a maioria dos processos usuários não chama funções de API nativa diretamente; em vez disso, chama funções de API expostas pelos componentes de sistema de modo usuário denominados **subsistemas do ambiente**. Subsistemas do

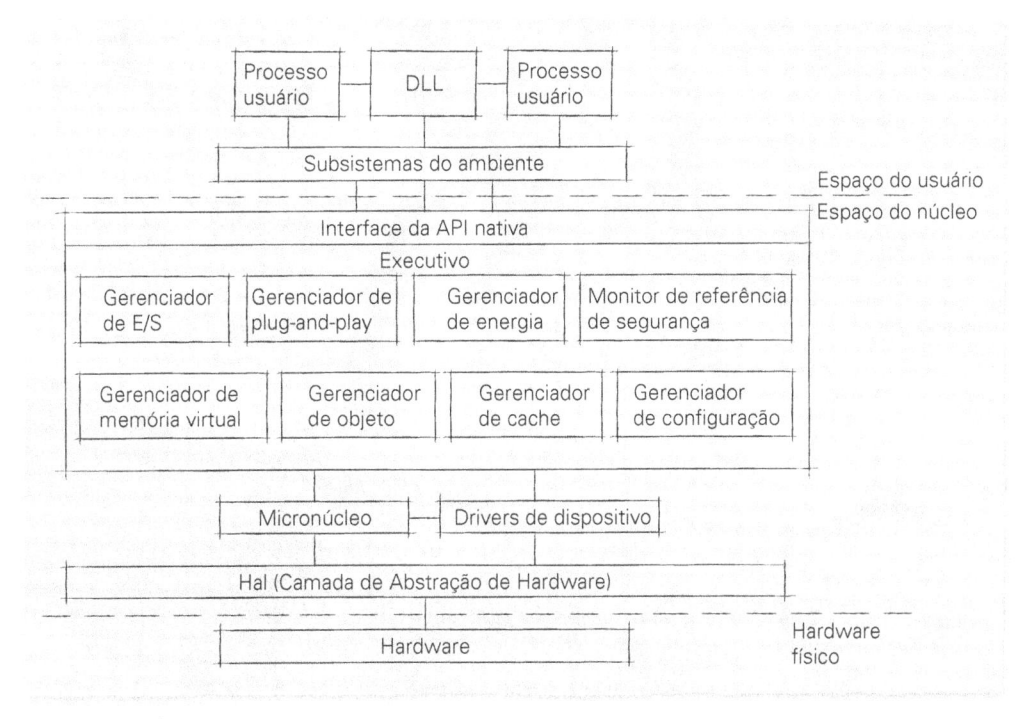

Figura 21.1 | *Arquitetura do sistema Windows XP.*

ambiente são processos de modo usuário interpostos entre o executivo e o resto do espaço de usuário que exportam uma API para um ambiente de computação específico. Por exemplo, o **subsistema do ambiente Win32** provê um ambiente típico de Windows de 32 bits. O Win32 processa funções de chamada definidas na API do Windows; o subsistema Win32 traduz essas chamadas de funções para chamadas de sistema na API nativa (embora, em alguns casos, o próprio processo do subsistema Win32 possa atender a uma requisição de API sem chamar a API nativa).[31] Embora o Windows XP permita que processos de modo usuário chamem funções da API nativa, a Microsoft insiste que os desenvolvedores usem a interface de um subsistema do ambiente.[32]

Por default, o Windows XP de 32 bits inclui somente o subsistema Win32, mas usuários podem instalar um subsistema POSIX. A Microsoft substituiu o subsistema POSIX em versões mais antigas do Windows por um ambiente UNIX mais robusto, denominado Service For UNIX (SFU) 3.0. Executando SFU 3.0, os usuários podem portar código escrito para um ambiente UNIX para o Windows XP. Para executar aplicações DOS de 16 bits, o Windows XP provê uma Máquina Virtual DOS (Virtual DOS Machine — VDM) que é um processo Win32 que provê um ambiente DOS para aplicações DOS.[33]

No Windows XP 64-Bit Edition, o subsistema default suporta aplicações de 64 bits. Contudo, o Windows XP 64-Bit Edition provê um subsistema denominado subsistema Windows sobre Windows 64 (WOW64) que permite que usuários executem aplicações Windows de 32 bits. O Windows XP 64-Bit Edition não suporta aplicações de 16 bits.[34]

A camada superior da arquitetura Windows XP consiste em processos de modo usuário. São aplicações típicas (por exemplo, editores de texto, jogos de computador e navegadores Web), bem como **bibliotecas de ligações dinâmicas (dynamic link libraries — DLLs)**. DLLs são módulos que provêem dados e funções a processos. Como mostrado na Figura 21.1, as APIs de sistemas do ambiente são simplesmente DLLs que processos ligam dinamicamente quando chamam uma função na API de um subsistema. Como as DLLs são ligadas dinamicamente, as aplicações podem ser mais modulares. Se a implementação de uma função DLL mudar, somente a DLL tem de ser recompilada e não a aplicação que a utiliza.[35]

O Windows XP também inclui processos especiais de modo usuário denominados **serviços do sistema** (ou **serviços do Win32**) que são semelhantes aos daemons do Linux (ver Seção 20.3, Visão geral do Linux). Esses processos usualmente executam em segundo plano — esteja ou não um usuário conectado ao computador — e normalmente executam o lado servidor de aplicações cliente/servidor.[36] Exemplos de serviços do sistema são o Escalonador de Tarefas (Task Scheduler) (que permite ao usuário escalonar tarefas que serão executadas em ocasiões específicas), IPsec (que gerencia segurança na Internet usualmente durante operações de transferência de dados) e Computer Browser (que mantém uma lista de computadores conectados à rede local).[37] [*Nota*: às vezes, autores também usam o termo 'serviços do sistema' referindo-se às funções de API nativa.]

21.5 Mecanismos de gerenciamento de sistema

Antes de examinar cada componente do sistema operacional Windows XP é importante entender o ambiente em que esses componentes executam. Esta seção descreve como componentes e processos usuários armazenam e acessam dados de configuração no sistema. Também consideramos como o Windows XP implementa objetos, como esses objetos são gerenciados e como threads de usuário e de núcleo podem manipular esses objetos. Finalmente, descrevemos como o Windows XP prioriza interrupções e como o sistema emprega interrupções de software para despachar processamento.

21.5.1 Registro

O **registro** é um banco de dados acessível a todos os processos e componentes de modo núcleo que armazena informações de configuração[38] específicas de usuários, aplicações e hardware. Por exemplo, informações de usuário poderiam incluir configurações de computadores de mesa e configurações de impressoras. Configuração de aplicação inclui informações como menus recentemente usados, preferências de usuários e defaults de aplicação. Entre as informações de hardware estão quais dispositivos estão correntemente conectados ao computador, quais drivers servem cada dispositivo e quais recursos (por exemplo, portas de hardware) são designados para cada dispositivo. O registro também armazena informações de sistema, tais como associações de arquivos (por exemplo, arquivos .doc são associados com Microsoft Word). Aplicações, drivers de dispositivo e o sistema Windows XP usam o registro para armazenar e acessar dados de uma maneira centralizada. Por exemplo, quando um usuário instala um dispositivo de hardware, drivers de dispositivo colocam informações de configuração no registro. Quando aloca recursos a vários dispositivos, o Windows XP acessa o registro para determinar quais dispositivos estão instalados no sistema e distribui recursos de acordo com isso.[39]

O Windows XP organiza o registro como uma árvore, e cada nodo da árvore representa uma chave de registro. Uma chave armazena subchaves e valores; valores consistem em um nome de valor e dados de valor.[40] O sistema provê diversas chaves predefinidas. Por exemplo, HKEY_LOCAL_MACHINE é uma chave predefinida que forma a raiz de todos os dados de configuração para o computador local. Valores na chave HKEY_LOCAL_MACHINE ou em suas subchaves armazenam informações como dispositivos de hardware conectados ao computador, memória do sistema e informações de rede (por exemplo, nomes de servidores). Chaves predefinidas agem como raízes para um único tipo de dados, tais como dados específicos de aplicação ou preferências de usuários.[41]

Threads podem acessar subchaves percorrendo a estrutura da árvore. Começando com qualquer chave que esteja aberta, um thread pode enumerar as subchaves daquela chave e abrir qualquer uma delas. As chaves predefinidas do sistema continuam abertas o tempo todo. Uma vez aberta uma chave, valores e subchaves podem ser lidos, modificados, acrescentados ou deletados (admitindo que o thread tenha direitos de acesso para que a chave realize todas essas ações).[42, 43]

O Windows XP armazena o registro em uma coleção de colméias que são porções da árvore do registro. A maioria das colméias é armazenada como arquivos e descarregadas para disco periodicamente para proteger os dados contra quedas, ao passo que outras colméias permanecem exclusivamente na memória (por exemplo, HKEY_LOCAL_MACHINE\HARDWARE que armazena informações de hardware que o sistema coleta na hora da inicialização e atualiza durante a execução).[44] O gerenciador de configuração é o componente do executivo responsável por gerenciar o registro. Drivers de dispositivo, componentes de sistema e aplicações de usuário comunicam-se com o gerenciador de configuração para modificar ou obter dados do registro. O gerenciador de configuração também é responsável por gerenciar a armazenagem de registros na memória do sistema e nas colméias.[45]

21.5.2 Gerenciador de objeto

O Windows XP representa recursos físicos (por exemplo, dispositivos periféricos) e recursos lógicos (por exemplo, processos e threads) com objetos. Note que esses objetos não se referem a objetos em qualquer linguagem de programação orientada a objeto, mas a construções que o Windows XP usa para representar recursos. O Windows XP representa objetos com uma estrutura de dados na memória; essa estrutura de dados armazena os atributos e procedimentos do objeto.[46] Cada objeto no Windows XP é definido por um tipo de objeto; o tipo de objeto também é armazenado como uma estrutura de dados. Tipos de objetos são criados por componentes do executivo; por exemplo, o gerenciador de E/S cria o tipo de objeto arquivo. O tipo de objeto especifica os tipos de atributos que uma instância desse tipo possui e os procedimentos padronizados de objeto. Exemplos de procedimentos padronizados são o procedimento open, o procedimento close e o procedimento delete.[47] Entre os tipos de objetos do Windows XP estão arquivos, dispositivos, processos, threads, pipes, semáforos e muitos outros. Cada objeto Windows XP é uma instância de um tipo de objeto.[48]

Processos de modo usuário e componentes de núcleo podem acessar objetos por meio de **manipuladores de objeto**. Um manipulador de objeto é uma estrutura de dados que permite que processos manipulem o objeto. Usando um manipulador de objeto, um thread pode chamar um dos procedimentos do objeto ou manipular os atributos do objeto. Um componente de modo núcleo ou um processo de modo usuário com direitos de acesso suficientes pode obter um manipulador para um objeto especificando o nome do objeto em uma chamada ao método open do objeto ou recebendo um manipulador de um outro processo.[49] Uma vez obtido um manipulador para um objeto, um processo pode duplicar o manipulador, o que pode ser usado por um processo que desejar passar um manipulador para um outro processo e também reter um manipulador para o objeto.[50] Processos podem usar um manipulador de maneira similar a ponteiros, mas um manipulador dá ao sistema controle extra sobre as ações de um processo usuário (por exemplo, restringindo o que o processo pode fazer com o manipulador, como não permitir que o processo o duplique).

Componentes de modo núcleo podem usar manipuladores quando interagirem com processos de modo usuário, mas, se não for esse o caso, podem acessar objetos diretamente por meio de ponteiros. Além disso, componentes de modo núcleo podem criar **manipuladores de núcleo**, que são manipuladores acessíveis a partir do espaço de endereçamento de qualquer processo, mas somente no modo núcleo. Dessa maneira, um driver de dispositivo pode criar um manipulador de núcleo para um objeto e garantir seu acesso àquele objeto independentemente do contexto no qual o driver executa.[51] Objetos podem ser nomeados ou não nomeados, embora somente componentes de modo núcleo possam abrir um manipulador para um objeto não nomeado. Um thread de modo usuário pode obter um manipulador para um objeto não nomeado somente o recebendo de um componente de modo núcleo.[52]

O **gerenciador de objeto** é o componente do executivo que gerencia objetos para um sistema Windows XP. O gerenciador de objeto é responsável por criar e deletar objetos e manter informações sobre cada tipo de objeto, tal como quantos objetos de um certo tipo existem.[53] O gerenciador de objeto organiza todos os objetos nomeados em uma estrutura hierárquica de diretório. Por exemplo, todos os objetos de dispositivos são armazenados no diretório \Device ou em um de seus subdiretórios. Essa estrutura de diretório compõe o **espaço de nomes do gerenciador de objeto** (isto é, grupo de nomes de objetos no qual cada nome é exclusivo no grupo).[54]

Para criar um objeto, um processo passa uma requisição para o gerenciador de objeto; o gerenciador de objeto inicializa o objeto e retorna um manipulador para ele (ou ponteiro, se um componente de modo núcleo chamou a função apropriada). Se o objeto for nomeado, o gerenciador de objeto insere o objeto no espaço de nomes do gerenciador.[55] O gerenciador de objeto mantém, para cada objeto, uma contagem do número de manipuladores existentes que se referem a ele e uma contagem do número de referências existentes (manipuladores e ponteiros) que se referem a ele. Quando o número de manipuladores chega a zero, o gerenciador de objeto remove o objeto do espaço de nomes do gerenciador de objeto. Quando o número de referências ao objeto alcançar zero, o gerenciador de objeto deleta o objeto.[56]

21.5.3 Níveis de requisição de interrupção (IRQLs)

Definição e tratamento de interrupções são cruciais para o Windows XP. Porque algumas interrupções, como interrupções de falha de hardware, são mais importantes do que outras, o Windows XP define **níveis de requisição de interrupção (interrupt request levels — IRQLs)**. IRQLs são uma medida da prioridade da interrupção; um processador sempre executa em algum IRQL e diferentes processadores em um sistema multiprocessador podem estar executando em diferentes IRQLs. Uma interrupção que execute em um IRQL mais alto de que o corrente pode interromper a execução desse e obter o processador. O sistema mascara (isto é, retarda o processamento) interrupções que executam em um IRQL igual ou mais baixo do que o corrente.[57]

O Windows XP define diversos IRQLs (Figura 21.2). Threads de modo usuário e de modo núcleo normalmente executam no **IRQL passivo**, que é a prioridade mais baixa de IRQL. A menos que estejam executando chamadas assíncronas de procedimento (APCs) — que descreveremos na Seção 21.5.4, Chamadas assíncronas de procedimento (APCs) —, threads de modo usuário sempre executam no IRQL passivo. Em algumas instâncias, threads de modo núcleo executam em um IRQL mais alto para mascarar certas interrupções, mas, normalmente, o sistema executa threads no nível passivo de modo que interrupções que estão chegando possam ser atendidas imediatamente. Executar no IRQL passivo implica que nenhuma interrupção está sendo processada correntemente e nenhuma interrupção está mascarada. APCs, que são chamadas de procedimento que threads ou o sistema podem enfileirar para execução por um thread específico, executam no **IRQL APC**. Acima do nível APC está o **IRQL DPC/despacho,** no qual chamadas postergadas de procedimento (isto é, interrupções de software que podem ser executadas no contexto de qualquer thread) e várias

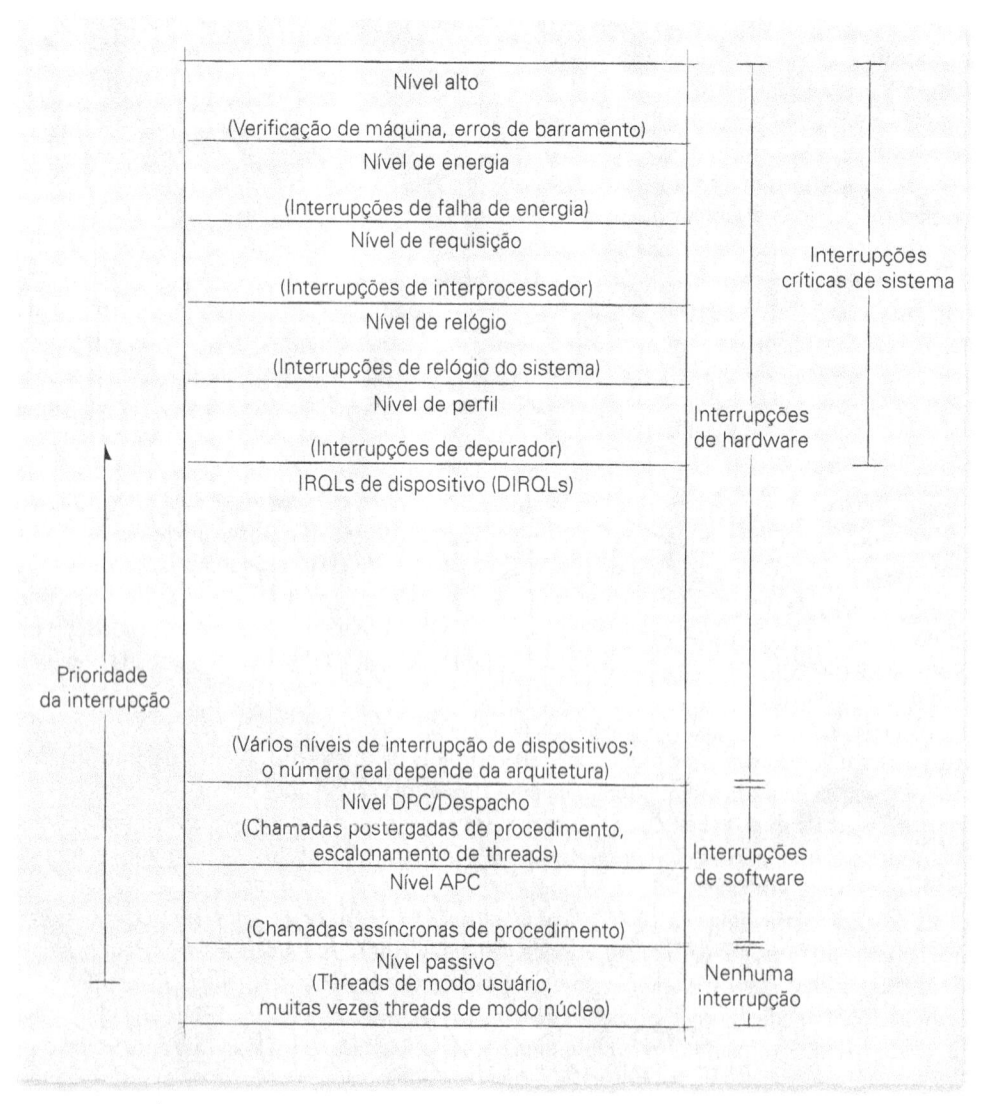

Figura 21.2 | *Níveis de requisição de interrupção (IRQLs).*

outras funções importantes de núcleo executam, incluindo escalonamento de thread.[58] Descreveremos DPCs na Seção 21.5.5, Chamadas postergadas de procedimento (DPCs). Todas as interrupções de software executam no nível APC ou DPC/despacho.[59]

Interrupções de hardware executam nos IRQLs mais altos remanescentes. O Windows XP provê vários **IRQLs de dispositivo (DIRQLs)** nos quais interrupções de dispositivos executam.[60] O número de DIRQLs varia dependendo de quantas interrupções uma dada arquitetura suporta, mas a designação desses níveis para dispositivos é arbitrária; depende da linha específica de requisição de interrupção de dispositivo na qual um dispositivo interrompe. Portanto, o Windows XP mapeia interrupções de dispositivos para DIRQLs sem prioridade; ainda assim, se um processador estiver executando em um certo DIRQL, interrupções que ocorrem em DIRQLs menores ou iguais à corrente são mascaradas.[61]

O sistema reserva os cinco IRQLs mais altos para interrupções críticas de sistema. O primeiro nível acima do DIRQL é o **IRQL de perfil**, que é usado quando a determinação de perfil é habilitada (ver Seção 14.5.1, Rastreamento e traçado de perfil). O relógio do sistema, que emite interrupções em intervalos periódicos, interrompe no **IRQL de relógio**. Requisições interprocessadores (isto é, interrupções enviadas por um processador a outro, tal como ao encerrar o sistema) executam no **IRQL de requisição**. O **IRQL de energia** é reservado para interrupções de notificação de falta de energia, embora esse nível nunca tenha sido usado em nenhum sistema operacional baseado em NT. Interrupções emitidas no **IRQL alto** (que é o IRQL mais alto), incluem interrupções de falha de hardware e erros de barramento.[62]

Para cada processador, a HAL mascara todas as interrupções com IRQLs menores ou iguais ao IRQL no qual aquele processador está executando correntemente, o que permite que o sistema priorize interrupções e execute interrupções críticas o mais rapidamente possível. Por exemplo, executar no nível DPC/despacho mascara todas as outras interrupções de nível DPC/despacho e interrupções de nível APC. Interrupções que executam em um IRQL que está correntemente mascarado não são descartadas (isto é, eliminadas do sistema). Quando o IRQL fica suficientemente baixo, o processador processa as interrupções que estão esperando. Threads de modo núcleo podem elevar um IRQL — e são eles os responsáveis por subseqüentemente abaixar o IRQL até seu nível prévio; threads de modo usuário não podem mudar o IRQL. O Windows XP tenta fazer o máximo de processamento possível no nível passivo, no qual nenhuma interrupção é mascarada, de modo que todas as interrupções que entram possam ser atendidas imediatamente.[63]

21.5.4 Chamadas assíncronas de procedimento (APCs)

Chamadas assíncronas de procedimento (asynchronous procedure calls — APCs) são chamadas de procedimento que threads ou o sistema podem enfileirar para execução por um thread específico; o sistema usa APCs para concluir várias funções que devem ser executadas no contexto de um thread específico. Por exemplo, APCs facilitam E/S assíncrona. Após iniciar uma requisição de E/S, um thread pode realizar outro trabalho. Quando a requisição de E/S conclui, o sistema envia uma APC para aquele thread, a qual o thread executa para concluir o processamento de E/S. O Windows XP usa APCs para cumprir uma variedade de operações de sistema. Por exemplo, APCs são usadas pelo SFU para enviar sinais a threads POSIX e pelo executivo para notificar um thread da conclusão de uma E/S ou dirigir um thread para executar uma operação.[64]

Cada thread mantém duas filas de APCs: uma para **APCs de modo núcleo** e outra para **APCs de modo usuário**.[65] APCs de modo núcleo são interrupções de software geradas por componentes de modo núcleo; um thread deve processar todas as APCs de modo núcleo pendentes tão logo obtenha um processador. Um thread de modo usuário pode criar uma APC de modo usuário e requisitar o enfileiramento dessa APC em outro thread; o sistema enfileira a APC no thread designado se esse thread de enfileiramento tiver direitos de acesso suficientes. Um thread executa APCs de modo usuário quando entra no **estado vigilante de espera**.[66] Um thread em estado vigilante *de espera* acorda ou quando tiver uma APC pendente ou quando o objeto ou objetos nos quais o thread estiver esperando ficar disponível. Um thread pode especificar sua entrada em estado vigilante *de espera* quando esperar por um objeto, ou pode simplesmente entrar em estado vigilante *de espera* sem estar esperando por qualquer objeto.[67]

O Windows XP também diferencia entre APCs de núcleo normais e APCs de núcleo especiais. Um thread executa APCs de núcleo na ordem FIFO, porém executa todas as APCs especiais antes de todas as APCs normais.[68] Quando o sistema enfileira uma APC de núcleo, o thread designado não executa a APC até obter o processador. Contudo, uma vez que comece a executar no nível passivo, o thread passa a executar APCs de núcleo até esvaziar (drenar) sua fila.

Ao contrário do que acontece com APCs de núcleo, threads podem escolher quando executar APCs de modo usuário. Um thread drena sua fila de APCs de modo usuário quando entra em um estado *de espera* vigilante. Se o thread nunca entrar nesse estado, suas APCs de modo usuário pendentes são descartadas quando ele termina.[69]

Um thread que está executando uma APC não é restringido, exceto por não poder receber novas APCs, e pode sofrer preempção por um outro thread de prioridade mais alta. Porque o escalonamento não é mascarado no nível da APC (isso ocorre no nível DPC/despacho), um thread que está executando uma APC pode bloquear ou acessar dados pagináveis (que poderiam causar uma falta de página e, conseqüentemente, obrigar o Windows XP a executar código de escalonamento no IRQL de DPC/despacho). APCs também podem fazer com que o thread que está executando correntemente sofra preempção. Se um thread enfileirar uma APC em outro thread de prioridade mais alta que está em estado *de espera* vigilante, esse thread à espera acorda, causa a preempção do thread que está enfileirando e executa a APC.[70]

21.5.5 Chamadas postergadas de procedimento (DPCs)

Grande parte do processamento de interrupções de hardware do Windows XP ocorre em **chamadas postergadas de procedimento (deferred procedure calls — DPCs)**. DPCs são interrupções de software que executam no IRQL DPC/despacho[71] e que ocorrem no contexto do thread que está executando correntemente. Em outras palavras, a rotina que cria a DPC não conhece o contexto no qual a DPC executará. Por conseguinte, DPCs são destinadas a processamento de sistema, tal como um procedimento de interrupção, que não precisa de um contexto de thread específico no qual executar.[72] Essas chamadas de procedimento são denominadas "postergadas" porque o Windows XP processa grande parte das interrupções de hardware chamando a rotina de serviço de interrupção associada, que é responsável por reconhecer rapidamente a interrupção e enfileirar uma DPC para execução posterior. Essa estratégia aumenta a responsividade do sistema a interrupções de dispositivos que chegam.

O Windows XP tenta minimizar o tempo que gasta com DIRQLs para manter alta responsividade para todas as interrupções de dispositivos. Lembre-se de que o sistema mapeia interrupções de dispositivos arbitrariamente para DIRQLs. Ainda assim, interrupções de dispositivo mapeadas para um DIRQL alto podem interromper o processamento de uma interrupção de dispositivo mapeada para um DIRQL mais baixo. Usando DPCs, o sistema retorna para um IRQL abaixo de todos os DIRQLs e, portanto, pode minimizar a diferença no nível de atendimento de interrupção.[73]

Manipuladores de interrupção de dispositivos podem escalonar DPCs, e o Windows XP executa algumas funções de núcleo, tal como escalonamento de thread, no IRQL DPC/despacho.[74] Quando ocorre um evento que provoca escalonamento — por exemplo, quando um thread entra no estado *pronto*, quando um thread entra no estado *de espera*, quando o quantum de um thread expira ou quando a prioridade de um thread muda — o sistema executa código de escalonamento no IRQL DPC/despacho.[75]

Como observado acima, DPCs são restritas porque a rotina que cria uma DPC não especifica o contexto no qual ela executa (esse contexto é simplesmente o thread que está executando correntemente). DPCs são ainda mais restritas porque mascaram escalonamento de thread. Portanto, uma DPC não pode fazer com que o thread em cujo contexto ela está executando bloqueie porque isso faria com que o sistema tentasse executar código de escalonamento. Nesse caso, nenhum thread executaria porque o thread que está executando bloqueia, porém o escalonador não escalona um novo thread porque o escalonamento está mascarado (na verdade, o Windows XP pára o sistema e exibe uma mensagem de erro).[76] Conseqüentemente, DPCs não podem acessar dados pagináveis porque, se ocorrer uma falta de página, o thread em execução bloqueia para esperar a conclusão do acesso aos dados. Todavia, DPCs podem sofrer preempção por interrupções de hardware.[77, 78]

Quando um driver de dispositivo gera uma DPC, o sistema coloca a DPC em uma fila associada com um processador específico. A rotina do driver pode requisitar um processador no qual a DPC deve ser enfileirada (por exemplo, para garantir que a rotina da DPC seja executada no processador que contenha dados relevantes em cache); se nenhum processador for especificado, o processador enfileira DPC para si próprio.[79] A rotina também pode especificar a prioridade da DPC. DPCs de baixa e média prioridades são colocadas no final da fila do processador da DPC; DPCs de alta prioridade entram no início da fila. Na maioria dos casos, quando o IRQL cai para o nível DPC/despacho, o processador drena a fila de DPCs. Contudo, quando uma DPC de baixa prioridade estiver esperando por um curto tempo apenas e a fila de DPCs for pequena, o processador não a executa imediatamente. Da próxima vez que drenar a fila de DPCs, o processador processa essa DPC. Essa política permite que o sistema retorne ao nível passivo mais rapidamente para desmascarar todas as interrupções e retomar o processamento normal de threads.[80]

21.5.6 Threads de sistema

Quando um componente de modo núcleo, tal como um driver de dispositivo ou componente do executivo, executa algum processamento em nome de um thread usuário, as funções do componente freqüentemente executam no contexto do thread requisitante. Contudo, em alguns casos, componentes de modo núcleo têm de realizar uma tarefa que não é em resposta à requisição de um thread particular. Por exemplo, o gerenciador de cache deve descarregar periodicamente páginas sujas do cache para disco. E, também, um driver de dispositivo que estiver atendendo a uma interrupção poderia não conseguir realizar todo o processamento necessário em um IRQL elevado (isto é, o DIRQL do dispositivo quando ele interrompe ou o nível DPC/despacho quando estiver executando uma DPC). Por exemplo, o driver poderia precisar realizar algum trabalho no IRQL passivo porque tem de acessar dados pagináveis.[81]

Desenvolvedores de componentes de modo núcleo têm duas opções para realizar esse processamento. Um componente pode criar um thread de núcleo, que é um thread que executa em modo núcleo e normalmente pertence ao processo System — um processo de modo núcleo ao qual pertence grande parte dos threads de modo núcleo. À parte executar em modo núcleo, threads de núcleo comportam-se e são escalonados do mesmo modo que threads de usuário.[82] Threads de núcleo normalmente executam no IRQL passivo, mas podem elevar ou diminuir o IRQL.[83]

Uma segunda opção é usar um **thread operário de sistema** — um thread que é criado no momento da inicialização do sistema ou dinamicamente em resposta a um alto volume de requisições e que dorme até receber um item de trabalho. Um item de trabalho consiste em uma função para executar e um parâmetro que descreve o contexto no qual executar essa função. Threads operários de sistema também pertencem ao processo System. O Windows XP inclui três tipos de threads operários: tardio, crítico e hipercrítico. A distinção surge da prioridade de escalonamento dada a cada tipo. A prioridade dos threads tardios é a mais baixa dos três tipos; threads críticos têm uma prioridade relativamente alta; e o thread hipercrítico (há somente um), que é reservado para uso do sistema (por exemplo, drivers de dispositivo não podem enfileirar trabalhos nesse thread), tem a prioridade mais alta dos três tipos. [84, 85]

21.6 Gerenciamento de processos e threads

No Windows XP, um processo consiste em código de programa, um contexto de execução, recursos (por exemplo, manipuladores de objeto) e um ou mais threads associados. O contexto de execução inclui itens como o espaço de endereçamento virtual do processo e vários atributos (por exemplo, prioridade de escalonamento).[86] Ambos, processos e threads, são objetos, portanto, outros processos podem obter manipuladores para processos e threads e outros threads podem esperar por processos e eventos de threads exatamente como acontece com outros tipos de objetos.[87, 88]

21.6.1 Organização de processos e threads

O Windows XP armazena informações de contexto de processos e threads em diversas estruturas de dados. Um **bloco de processo executivo** (EPROCESS **block**) é a principal estrutura de dados que descreve um processo. O bloco EPROCESS armazena informações que componentes do executivo usam quando manipulam um objeto processo; essas informações incluem o ID (identificador) do processo, um ponteiro para a tabela de manipuladores do processo, um ponteiro para a ficha de acesso do processo e informações de conjunto de trabalho (por exemplo, os tamanhos mínimo e máximo do conjunto de trabalho do processo, histórico de falta de páginas e o conjunto de trabalho corrente). O sistema armazena blocos EPROCESS em uma lista encadeada.[89, 90]

Cada bloco EPROCESS também contém um **bloco de processo de núcleo** (**bloco** KPROCESS). Um bloco KPROCESS armazena informações de processo usadas pelo micronúcleo. Lembre-se de que o micronúcleo gerencia escalonamento de thread e sincronização de thread. Portanto, o bloco KPROCESS armazena informações, tais como a classe de prioridade básica do processo, o quantum default para cada um de seus threads e sua trava giratória.[91, 92]

Os blocos EPROCESS e KPROCESS existem em espaço de núcleo e armazenam informações para que componentes de modo núcleo as acessem enquanto manipulam um processo. O sistema também armazena informações de processo em um **bloco de ambiente de processo** (**process environmente block — PEB**), que é armazenado no espaço de endereçamento do processo. O bloco EPROCESS de um processo aponta para o PEB do processo. O PEB armazena informações úteis para os processos usuários, como uma lista de DLLs ligadas ao processo e informações sobre o heap do processo.[93, 94]

O Windows XP armazena dados de thread de maneira similar. Um **bloco de thread executivo** (**bloco** ETHREAD) é a principal estrutura de dados que descreve um thread. Armazena informações que componentes do executivo usam ao manipular um objeto thread. Essas informações incluem o ID do processo do thread, seu endereço de início, sua ficha de acesso e uma lista de requisições de E/S pendentes. O bloco ETHREAD para um thread também aponta para o bloco EPROCESS do seu processo.[95, 96]

Cada bloco ETHREAD armazena o **bloco de thread de núcleo** (**bloco** KTHREAD). O micronúcleo usa informações do bloco KTHREAD para escalonamento e sincronização de thread. Por exemplo, o bloco KTHREAD armazena informações, tais como a prioridades básica e a prioridade corrente do thread (mais adiante, nesta seção, veremos como a prioridade de um thread pode mudar), seu estado corrente (isto é, *pronto*, *em espera*) e quaisquer objetos de sincronização pelos quais ele esteja esperando.[97, 98]

Os blocos ETHREAD e KTHREAD existem em espaço de núcleo e, portanto, não são acessíveis a usuários. O **bloco de ambiente de thread** (**thread environment block — TEB**) armazena informações sobre um thread no espaço de endereçamento do processo do thread. Cada bloco KTHREAD aponta para um TEB. O TEB de um thread armazena informações, como as seções críticas que o thread possui, seu ID e informações sobre sua pilha. Um TEB também aponta para o PEB do processo do thread.[99, 100]

Todos os threads que pertencem ao mesmo processo compartilham um espaço de endereçamento virtual. Embora grande parte de sua memória seja global, threads podem manter seus próprios dados no **armazenamento local do thread** (**thread local storage — TLS**). Um thread dentro de um processo pode alocar um índice TLS ao processo; o thread armazena um ponteiro para dados locais em uma localização especificada (denominada um **slot TLS**) do índice. Cada thread que usar o índice recebe um slot TLS no índice no qual pode armazenar um item de dado. Uma utilização comum para um índice TLS é armazenar dados associados com uma DLL à qual um processo se liga. Processos freqüentemente contêm muitos índices TLS para acomodar múltiplos propósitos, como dados de subsistemas de DLL e de ambiente. Quando threads não precisam mais de um índice TLS (por exemplo, a DLL conclui a execução), o processo pode descartar o índice.[101] Um thread também possui sua própria pilha de tempo de execução na qual também pode armazenar dados locais.

Criando e terminando processos

Um processo pode criar um outro processo usando funções API. No caso dos processos Windows, o processo-pai (isto é, o que cria) e o processo-filho (isto é, o criado) são completamente independentes. Por exemplo, o processo-filho recebe um espaço de endereçamento completamente novo[102], o que é diferente do comando fork do Linux no qual o processo-filho recebe uma cópia do espaço de endereçamento de seu pai. O processo-pai pode especificar certos atributos que o processo-filho **herda** (isto é, o filho adquire uma duplicata do pai), como a maioria dos tipos de manipuladores, variáveis de ambiente — isto é, variáveis que definem um aspecto das configurações correntes, tal como o número de versão do sistema operacional — e o diretório corrente.[103] Quando o sistema inicializa um processo, esse cria um **thread primário**. O thread primário age como qualquer outro thread e qualquer thread pode criar outros threads pertencentes ao processo daquele thread.[104]

Um processo pode terminar a execução por uma variedade de razões. Se todos os seus threads terminarem, um processo termina e qualquer dos threads de um processo pode terminar o processo explicitamente a qualquer momento. Além disso, quando um usuário encerra a sessão, todos os processos executando no contexto do usuário são terminados. Uma vez que processos-pai e filhos são independentes uns dos outros, terminar um processo-pai não afeta seus filhos e vice-versa.[105]

Trabalhos (Jobs)

Às vezes é preferível agrupar diversos processos em uma unidade, denominada um job. Um **objeto job** permite que desenvolvedores definam regras e determinem limites para vários processos. Por exemplo, uma única aplicação pode consistir em um grupo de processos. Um desenvolvedor pode querer restringir o número de ciclos de processador e a quantidade de memória que a aplicação consome (por exemplo, de modo que uma aplicação executando em nome de um cliente não monopolize todos os recursos de um servidor). E o desenvolvedor também poderia querer terminar todos os processos de um grupo de uma só vez, o que é difícil porque todos os processos normalmente são independentes uns dos outros.[106] Um processo pode ser membro de um objeto job, no máximo. O objeto job especifica atributos, tais como uma classe de prioridade básica, um contexto de segurança, os tamanhos máximo e mínimo de um conjunto de trabalho, um limite de tamanho para a memória virtual e um limite de tempo de processador por processo e também para o job todo. Exatamente como um thread herda esses atributos do processo ao qual pertence, um processo herda esses atributos de seu job associado (se o processo pertencer a um job).[107, 108] O sistema pode terminar todos os processos de um job terminando o job.[109]

Sistemas que executam processos em lote, como mineração de dados, beneficiam-se de jobs. Desenvolvedores podem limitar a quantidade de memória e de tempo de processador que um job de computação intensa consome, de modo a liberar mais recursos para processos interativos. Às vezes é útil criar um job para um único processo, porque um job permite que o desenvolvedor especifique restrições mais severas do que as permitidas por um processo. Por exemplo, com um objeto job, um desenvolvedor pode limitar o tempo total de processador do processo, mas não pode usar o objeto processo para fazer o mesmo.[110]

Filamentos (Fibers)

Threads podem criar **filamentos**, semelhantes a threads, exceto que são escalonados para execução pelo thread que os cria e não pelo micronúcleo. O Windows XP inclui filamentos para permitir a portabilidade de código escrito para outros sistemas operacionais para o Windows XP. Alguns sistemas operacionais, como muitas variedades do UNIX, escalonam processos e requerem que esses escalonem seus próprios threads. Desenvolvedores podem usar filamentos para portar códigos de e para esses sistemas operacionais. Um filamento executa no contexto do thread que o criar.[111]

Criar filamentos gera unidades adicionais de execução dentro de um único thread. Cada filamento deve manter informações de estado, tais como a próxima instrução a executar e os valores dos registradores de um processo. O thread armazena essas informações de estado para cada filamento. O thread em si também é uma unidade de execução e, por isso, ele próprio deve se converter em um filamento para separar suas próprias informações de estado de outros filamentos que estão executando em seu contexto. Realmente, a API do Windows força um thread a se converter em um filamento antes de criar ou escalonar outros filamentos. Embora o thread se torne um filamento, o contexto do thread permanece, e todos os filamentos associados com aquele thread executam naquele contexto.[112]

Sempre que o núcleo escalona um thread que se converteu em um filamento para execução, o filamento convertido ou um outro filamento que pertence àquele thread executa. Uma vez obtido o processador, um filamento executa até que o thread em cujo contexto está executando sofra preempção, ou o filamento passa a execução dinamicamente para um outro filamento (ou dentro do mesmo thread ou um filamento criado por um thread separado). Exatamente como threads possuem seu próprio armazenamento local de thread (thread local storage — TLS), filamentos possuem seu próprio **armazenamento local de filamentos (fiber local storage — FLS)**, o qual funciona para filamentos exatamente como o

TLS funciona para um thread. Um filamento também pode acessar o TLS do seu thread. Se um filamento se autodeletar (isto é, terminar), seu thread termina.[113]

Filamentos permitem que aplicações de Windows XP escrevam código executado usando o mapeamento muitos-para-muitos; threads típicos do Windows XP são implementados com um mapeamento um-para-muitos (ver Seção 4.6.2, Threads de núcleo). Filamentos são unidades de execução de nível de usuário e invisíveis para o núcleo, o que torna rápido o chaveamento de contexto entre filamentos do mesmo thread porque é feito em modo usuário. Portanto, um processo de um só thread com muitos filamentos pode simular um processo multithread. Contudo, o micronúcleo do Windows XP somente reconhece um thread e, porque o Windows XP escalona threads, e não processos, o processo de um só thread recebe menos tempo de execução (se todo o resto for igual).[114, 115]

Reservatórios de threads

O Windows XP também provê a cada processo um **reservatório de threads** que consiste em vários **threads operários** que executam funções enfileiradas por threads usuários. Os threads operários dormem até que uma requisição seja enfileirada no reservatório.[116] O thread que enfileira a requisição deve especificar a função a executar e deve prover informações de contexto.[117] Quando um processo é criado, ele recebe um reservatório de threads vazio; o sistema aloca espaço para threads operários quando o processo enfileira sua primeira requisição.[118]

Reservatórios de threads têm muitos propósitos. Desenvolvedores podem usá-los para tratar requisições de clientes. Em vez de incorrer na dispendiosa sobrecarga de criar e destruir um thread para cada requisição, o desenvolvedor simplesmente enfileira requisições no reservatório de threads. E, também, diversos threads que passam a maior parte do seu tempo dormindo (por exemplo, esperando que ocorram eventos) podem ser substituídos por um único thread operário que acorda toda vez que um desses eventos ocorre. Além do mais, aplicações podem usar o reservatório de threads para executar E/S assíncronas, enfileirando um thread operário para executar a rotina de conclusão de E/S. Usar reservatório de threads pode tornar uma aplicação mais eficiente e mais simples, pois os desenvolvedores não têm de criar e deletar um número tão grande de threads. Contudo, reservatórios de threads transferem um certo controle do programador para o sistema, o que pode introduzir ineficiência. Por exemplo, o sistema aumenta e reduz o tamanho do reservatório de threads de um processo em resposta ao volume de requisições; em alguns casos, o programador pode fazer uma estimativa melhor do número de threads necessários. Reservatórios de threads também requerem sobrecarga de memória porque o sistema aumenta o reservatório de threads de um processo (inicialmente vazio) à medida que os threads do processo enfileiram itens de trabalho.[119]

21.6.2 Escalonamento de threads

O Windows XP não contém um módulo específico de 'escalonador de threads' — o código do escalonador é dispersado por todo o micronúcleo. O código de escalonamento é denominado coletivamente **despachador**.[120] O Windows XP suporta escalonamento preemptivo entre múltiplos threads. O despachador escalona cada thread independentemente do processo ao qual o thread pertence, significando que, se todo o resto for igual, o mesmo processo implementado com mais threads terá mais tempo de execução.[121] O algoritmo de escalonamento usado pelo Windows XP é baseado na prioridade do thread. Antes de descrever detalhadamente o algoritmo de escalonamento, investigamos o ciclo de vida de um thread no Windows XP.

Estados de threads

No Windows XP, threads podem estar em qualquer um de oito estados (Figura 21.3). Um thread começa no **estado inicializado** durante a sua criação. Uma vez concluída a inicialização, o thread entra no **estado pronto**. Threads no estado pronto estão esperando para usar um processador. Quando um despachador decide que um thread executará em um determinado processador em seguida, o thread entra no **estado de reserva** enquanto espera sua vez para aquele processador. Um thread está no estado *de reserva*, por exemplo, durante o chaveamento de contexto do thread que estava executando anteriormente para aquele thread. Uma vez obtido um processador, o thread entra no **estado de execução**. Um thread sai do estado *de execução* se terminar a execução, exaurir seu quantum, sofrer preempção, for suspenso ou estiver esperando um objeto. Se um thread terminar, entra no **estado terminado**. O sistema não deleta necessariamente um thread *terminado*; o gerenciador de objeto deleta um thread somente quando a contagem de referência do objeto do thread torna-se zero. Se um thread em *execução* sofrer preempção ou exaurir seu quantum, volta ao estado *pronto*. Se um thread *em execução* começar a esperar por um manipulador de objeto, entra no **estado de espera**. E, também, um outro thread (com direitos de acesso suficientes) ou o sistema pode suspender um thread, forçando-o a entrar no estado *de espera* até que o thread seja retomado. Quando o thread concluir sua espera, ou ele volta para o estado *pronto* ou entra no **estado de transição.** A pilha de núcleo de um thread no estado de *transição* foi paginada para fora da memória (por exemplo, porque não executou por um período de tempo e o sistema precisou da memória para outros propósitos), mas, para todos os efeitos, o thread está pronto para executar. O thread entra no estado *pronto* assim que o sistema paginar a pilha do núcleo do thread

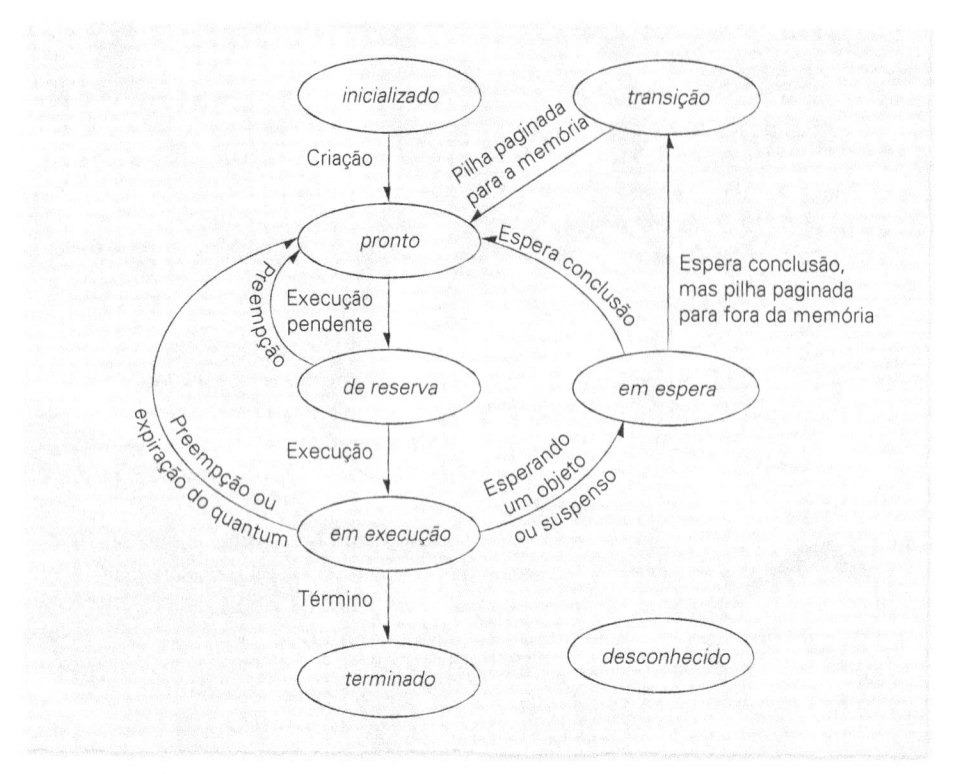

Figura 21.3 | Diagrama de transição de estado de thread.

novamente para a memória. O sistema coloca um thread no **estado desconhecido** quando não está seguro do estado do thread (usualmente por causa de um erro).[122, 123]

Algoritmo de escalonamento de thread

O despachador escalona threads com base na prioridade — a subseção seguinte descreve como são determinadas as prioridades dos threads. Quando um thread entra no estado *pronto*, o núcleo o coloca na fila de prontos que corresponde à sua prioridade. O Windows XP tem 32 níveis de prioridade identificados pelos inteiros de 1 a 31, sendo 31 a prioridade mais alta e 0 a mais baixa. O despachador começa com a fila de prontos de prioridade mais alta e escalona os threads dessa fila por alternância circular. Um thread permanece na fila de prontos enquanto estiver no estado *pronto* ou no estado *em execução*. Quando a fila estiver vazia, o despachador passa para a fila seguinte; continua fazendo isso até que ou todas as filas estejam vazias ou um thread de prioridade mais alta do que a do thread que está executando correntemente entre no seu estado *pronto*. Nesse último caso, o despachador provoca a preempção do thread de prioridade mais baixa e executa o novo thread.[124] Em seguida, o despachador executa o primeiro thread da fila de prontos não vazia de prioridade mais alta e retoma seu procedimento normal de escalonamento.[125]

Cada thread executa por, no máximo, um quantum. No caso de preempção, os quanta de threads de tempo real são reajustados, ao passo que todos os outros threads terminam seus quanta quando readquirem um processador. Dar novos quanta aos threads de tempo real após a preempção permite que o Windows XP favoreça threads de tempo real que requerem alto nível de responsividade. O sistema devolve threads que sofreram preempção para a frente da fila de prontos apropriada.[126] Note que threads de modo usuário podem evitar isso mascarando certas interrupções. Eventos como um thread entrando no estado *pronto*, um thread saindo do estado *de execução* ou uma mudança na prioridade de um thread acionam a execução pelo sistema de rotinas de despachador — rotinas que executam no nível DPC/despacho. Elevando o IRQL para o IRQL DPC/despacho, threads de modo núcleo podem mascarar escalonamento e evitar a preempção. Contudo, threads de modo usuário ainda assim podem bloquear a execução de threads de sistema se suas prioridades forem mais altas.[127]

Determinação da prioridade de threads

O Windows XP divide seus 32 níveis de prioridade (0-31) em duas categorias. Threads de tempo real (isto é, threads que devem manter um alto nível de responsividade às requisições do usuário) ocupam os 16 níveis superiores de prioridade (16-31), e threads dinâmicos ocupam os 16 níveis de prioridade mais baixos (0-15). Somente o thread de página zero tem nível de prioridade 0. Esse thread usa ciclos sobressalentes de processador para zerar páginas livres da memória de modo que fiquem prontas para o uso.

Cada thread tem uma **prioridade básica** que define o limite inferior que sua prioridade real pode ocupar. A prioridade básica de um thread de modo usuário é determinada pela classe de prioridade básica do seu processo e pelo nível de prioridade do thread. A **classe de prioridade básica** de um processo especifica uma estreita faixa que a prioridade básica de cada thread de um processo pode ter. Há seis classes de prioridade básica: ocioso, abaixo do normal, normal, acima do normal, alto e tempo real. As primeiras cinco dessas classes de prioridade (denominadas **classes de prioridade dinâmica**) abrangem níveis de prioridade de 0 a 15; são chamadas classes de prioridade dinâmica porque as prioridades de threads pertencentes a processos dessas classes podem ser alteradas dinamicamente pelo sistema operacional. Os threads que pertencem a processos da **classe de prioridade de tempo real** têm prioridades entre 16 e 31; a prioridade de threads de tempo real é estática. Dentro de cada classe de prioridade há diversos **níveis de prioridades básicas**: ocioso, mais baixo, abaixo do normal, normal, acima do normal, mais alto e de tempo crítico. Cada combinação de classe de prioridade básica com nível de prioridade básica mapeia para uma prioridade básica específica (por exemplo, um thread de nível de prioridade básica normal e uma classe de prioridade normal têm prioridade básica 7).[128]

A prioridade de um thread de prioridade dinâmica pode mudar. Um thread recebe uma elevação de prioridade quando sai do estado *de espera*, tal como acontece após a conclusão de uma E/S ou depois que o thread obtém um manipulador para um recurso pelo qual está esperando. Similarmente, uma janela que recebe entrada (tal como de um teclado, mouse ou temporizador) ganha uma elevação de prioridade. O sistema também pode reduzir a prioridade de um thread. Quando um thread executa até que seu quantum expire, sua prioridade é reduzida de uma unidade. Todavia, a prioridade dinâmica de um thread nunca pode cair abaixo de sua prioridade básica nem subir até a faixa de tempo real.[129]

Finalmente, para reduzir a probabilidade de adiamento indefinido de threads, o despachador examina periodicamente (a cada poucos segundos) as listas de threads prontos e eleva a prioridade de threads dinâmicos que estão esperando há longo tempo. Esse esquema também ajuda a resolver o problema da **inversão de prioridade**. Inversão de prioridade ocorre quando um thread de alta prioridade é impedido de obter o processador por um thread de prioridade mais baixa. Por exemplo, um thread de alta prioridade poderia esperar por um recurso retido por um thread de baixa prioridade. Um terceiro thread de prioridade média obtém o processador, impedindo que o thread de baixa prioridade execute. Desse modo, o thread de média prioridade também está impedindo que o thread de alta prioridade execute — portanto, inversão de prioridade. O despachador eventualmente elevará a prioridade do thread de baixa prioridade para que ele execute e termine de usar o recurso.[130]

Escalonamento em multiprocessadores

O escalonamento de thread em multiprocessadores amplia o algoritmo de escalonamento de monoprocessadores já apresentado. Todas as versões do Windows XP, exceto a Home Edition, provêem suporte para multiprocessadores. Contudo, mesmo a Home Edition provê suporte para multiprocessamento simétrico (SMP) usando a tecnologia de hiperthreading (HT) da Intel. Lembre-se da Seção 15.2.1, em que a tecnologia HT permite que o sistema operacional veja um processador físico como dois processadores virtuais. Escalonamento em um sistema SMP é similar ao escalonamento em um sistema monoprocessador. Geralmente, quando um processador fica disponível, o despachador tenta escalonar o thread que está na frente da fila não vazia de threads prontos de prioridades mais altas. Contudo, o sistema também tenta manter threads nos mesmos processadores para maximizar a quantidade de dados relevantes armazenados em caches L1 (ver Seção 15.4, Arquiteturas de acesso à memória).

Processos e threads podem especificar os processadores nos quais preferem executar. Um processo pode especificar uma **máscara de afinidade**, que é um conjunto de processadores nos quais seus threads têm permissão para executar. Um thread também pode especificar uma máscara de afinidade que deve ser um subconjunto da máscara de afinidade do seu processo.[131] Similarmente, um job também pode ter uma máscara de afinidade que cada um de seus processos associados deve estabelecer como sua própria máscara de afinidade. Máscaras de afinidade podem ser utilizadas para restringir processos de alta intensidade de computação a uns poucos processadores, de modo que aqueles processos não interfiram com processos interativos mais críticos em relação ao tempo.

Além de máscaras de afinidade, cada thread armazena seu **processador ideal** e seu **último processador**. Manipular o valor do processador ideal de um thread permite que desenvolvedores possam influenciar se threads relacionados devem executar em paralelo (ajustando processadores ideais de threads relacionados a processadores diferentes) ou no mesmo processador para compartilhar dados em cache (ajustando os processadores ideais dos threads ao mesmo processador). Por default, o Windows XP tenta designar processadores ideais diferentes a threads do mesmo processo. O despachador usa o último processador em um esforço de escalonar um thread no mesmo processador no qual o thread foi executado da última vez. Essa estratégia aumenta a probabilidade de que os dados mantidos em cache pelo thread durante uma execução possam ser acessados durante a próxima execução daquele thread.[132,133]

Quando um processador fica disponível, o despachador escalona threads considerando a prioridade de cada um, o processador ideal, o último processador e há quanto tempo um thread está esperando. Consequentemente, o thread que está na frente da fila não vazia de threads prontos de prioridade mais alta pode não ser escalonado para o próximo processador disponível (mesmo que o processador esteja na máscara de afinidade do thread). Se o thread não estiver esperando há muito tempo e o processador disponível não for o seu processador ideal nem o último processador, o despachador pode escolher um outro thread daquela fila de threads prontos que atenda a um ou mais desses outros critérios.[134]

21.6.3 Sincronização de threads

O Windows XP provê uma rica variedade de objetos e técnicas de sincronização projetados para vários propósitos. Por exemplo, alguns objetos de sincronização executam no nível DPC/despacho. Esses objetos provêem certas garantias — um thread que retenha um desses objetos não sofrerá preempção —, mas restringem a funcionalidade (por exemplo, um thread que retenha um desses objetos não pode acessar dados pagináveis). Alguns objetos de sincronização são projetados especificamente para threads de modo núcleo, ao passo que outros são projetados para todos os threads. Nas subseções seguintes, apresentaremos alguns mecanismos de sincronização fornecidos pelo Windows XP, como são usados e seus benefícios e desvantagens.

Objetos despachadores

O Windows XP provê vários **objetos despachadores** que os threads de núcleo e de usuário podem usar para propósitos de sincronização. Objetos despachadores provêem sincronização para recursos, tais como estruturas ou arquivos de dados compartilhados. Esses objetos incluem várias construções de sincronização familiares, como mutexes, semáforos, eventos e temporizadores. Threads de núcleo usam objetos despachadores de núcleo; objetos de sincronização disponíveis para processos usuários encapsulam esses objetos despachadores de núcleo (isto é, objetos de sincronização traduzem muitas chamadas API feitas por threads de modo usuário para chamadas de função para objetos despachadores de núcleo). Um thread que estiver retendo um objeto despachador executa no IRQL passivo.[135] Um desenvolvedor pode usar esses objetos para sincronizar as ações de threads do mesmo processo ou de processos diferentes.[136]

Objetos despachadores podem estar ou em um **estado sinalizado** ou em um **estado não sinalizado** (alguns objetos despachadores também têm estados relativos a condições de erro). O objeto permanece no estado *não sinalizado* enquanto o recurso para o qual o objeto despachador provê sincronização estiver indisponível. Assim que o recurso ficar disponível, o objeto entra no seu estado *sinalizado*. Se um thread desejar acessar um recurso protegido, pode chamar uma **função de espera** para esperar que um ou mais objetos despachadores entrem no estado *sinalizado*. Ao chamar uma função wait para um único objeto, o thread especifica o objeto no qual está esperando (passando o manipulador do objeto) e um tempo máximo de espera para o objeto. Podem ser usadas funções wait de múltiplos objetos quando um thread tiver de esperar em mais de um objeto. O thread pode especificar se está esperando por todos os objetos ou por qualquer um deles. O Windows XP fornece numerosas variações para essas funções wait genéricas; por exemplo, um thread pode especificar que ele entre em um estado *de espera* vigilante, o que permite que processe quaisquer APCs em sua fila enquanto espera. Após chamar uma função wait, um thread bloqueia e entra em seu estado *de espera*. Quando o objeto requerido entrar em seu estado *sinalizado*, um ou mais threads podem acessar o recurso (mais adiante, nesta seção, descreveremos como um objeto despachador entra em seu estado *sinalizado*).[137] Em muitos casos, o núcleo mantém filas FIFO para recursos que estão esperando, mas APCs de núcleo podem romper essa ordenação. Threads processam APCs de núcleo imediatamente, e, quando um thread retomar sua wait, ele é colocado no final da fila.[138]

Objetos eventos

Threads muitas vezes sincronizam com um evento, tal como uma entrada de usuário ou uma conclusão de E/S, usando um **objeto evento**. Quando o evento ocorre, o gerenciador de objeto coloca o objeto evento no estado *sinalizado*. O objeto evento retorna ao estado *não sinalizado* por um de dois métodos (especificado pelo criador do objeto). No primeiro método, o gerenciador de objeto coloca o evento objeto em estado *não sinalizado* quando somente um thread deve ser acordado (por exemplo, para processar a conclusão de uma operação de E/S). No outro método, o objeto evento permanece no estado *sinalizado* até que um thread coloque especificamente o evento em seu estado *não sinalizado*, o que permite que vários threads acordem. Essa opção pode ser usada, por exemplo, quando vários threads estiverem esperando para ler dados. Quando um thread de escrita concluir sua operação, o escritor pode usar um objeto evento para sinalizar a todos os threads à espera para que acordem. Da próxima vez que um thread começar a escrever, o thread pode reajustar o objeto evento para o estado *não sinalizado*.[139]

Objetos mutex

Objetos mutex provêem exclusão mútua para recursos compartilhados; são essencialmente semáforos binários (ver Seção 5.6, Semáforos). Somente um thread pode possuir um mutex por vez, e somente aquele thread pode acessar o recurso associado com o mutex. Quando um thread terminar de usar o recurso protegido pelo mutex, ele deve liberar o mutex para transitar para seu estado *sinalizado*. Se um thread terminar antes de liberar um objeto mutex, o mutex é considerado **abandonado**. Nesse caso, o mutex entra em um estado *abandonado*. Um thread à espera pode adquirir esse mutex abandonado. Contudo, o sistema não pode garantir que o recurso protegido pelo mutex esteja em um estado consistente. Por segurança, quando um thread adquirir um mutex abandonado, ele deve admitir que ocorreu um erro.[140]

Objetos semáforos

Objetos semáforos estendem a funcionalidade de objetos mutex; permitem que o thread criador especifique o número máximo de threads que podem acessar um recurso compartilhado.[141] Por exemplo, um processo poderia ter um pequeno número de buffers pré-alocados; o processo pode usar um semáforo para sincronizar o acesso a esses buffers.[142] Objetos semáforos no Windows XP são semáforos contadores (ver Seção 5.6.3, Semáforos contadores). Um objeto semáforo mantém uma contagem que é inicializada para o número máximo de threads que podem acessar simultaneamente o reservatório de recursos. A contagem é decrementada toda vez que um thread obtiver acesso ao reservatório de recursos protegido pelo semáforo, e é incrementada quando um thread liberar o semáforo. O semáforo permanece em seu estado *sinalizado* enquanto sua contagem for maior do que zero; entra no estado *não sinalizado* quando a contagem cai para zero.

Um único thread pode decrementar a contagem por mais de uma unidade especificando o objeto semáforo em várias funções de espera. Por exemplo, um thread poderia usar diversos buffers do processo em operações assíncronas de E/S. Cada vez que emitir uma requisição de E/S em buffer, o thread readquire o semáforo (isto é, especificando o objeto semáforo em uma função de espera), o que decrementa a contagem do semáforo. O thread deve liberar o semáforo, o que incrementa a contagem do semáforo cada vez que uma requisição terminar.[143]

Objetos temporizadores

Threads podem precisar executar operações a intervalos regulares (por exemplo, salvar automaticamente um documento de usuário) ou em momentos específicos (por exemplo, apresentar um item de calendário). Para esse tipo de sincronização, o Windows XP provê **objetos temporizadores**. Esses objetos tornam-se *sinalizados* após a passagem de uma quantidade de tempo especificada. **Objetos temporizadores de reinício manual** permanecem *sinalizados* até um thread reiniciar especificamente o temporizador. **Objetos temporizadores de reinício automático** permanecem *sinalizados* somente até que um thread termine de esperar por um objeto. Objetos temporizadores podem ser de **utilização única**, após a qual se tornam desativados, ou podem ser **periódicos**. Nesse último caso, o objeto temporizador é reativado após um intervalo especificado e torna-se *sinalizado* assim que o tempo especificado expirar. A Figura 21.4 lista os objetos despachadores do Windows XP.[144]

Diversos outros objetos Windows XP, tais como entrada de console, jobs e processos, podem funcionar também como objetos despachadores. Por exemplo, jobs, processos e threads são colocados no estado *sinalizado* quando terminam, e um objeto de entrada de console é colocado em estado *sinalizado* quando o buffer de entrada do console contiver dados não lidos. Nesses casos, threads usam funções wait (de espera) e tratam esses objetos exatamente como outros objetos despachadores.[145]

Travas de modo núcleo

O Windows XP provê diversos mecanismos para sincronizar acesso às estruturas de dados do núcleo. Se um thread for interrompido enquanto acessa uma estrutura de dados compartilhada, pode deixar a estrutura de dados em um estado inconsistente. Acesso não sincronizado a uma estrutura de dados pode levar a resultados errôneos. Se o thread pertencer a um processo usuário, uma aplicação pode funcionar mal; se o thread pertencer a um processo de núcleo, o sistema pode cair. Uma solução para o problema da sincronização em um sistema monoprocessador é elevar o nível do IRQL a ponto de impedir que qualquer componente que possa provocar preempção no thread execute e acesse a estrutura de dados. O thread reduz o nível do IRQL quando conclui a execução do código crítico.[146]

Elevar e reduzir o nível IRQL é algo inadequado em um sistema multiprocessador — dois threads executando concorrentemente em processadores separados podem tentar acessar as mesmas estruturas de dados simultaneamente. O Windows XP provê travas giratórias para enfrentar esse problema. Threads que retêm travas giratórias executam no nível DPC/despacho ou DIRQL, o que garante que o thread que retém a trava giratória não sofra preempção por um outro thread. Threads devem executar o menor número possível de instruções enquanto estiverem retendo uma trava giratória de modo a reduzir a espera ociosa de outros threads, evitando desperdício.

Quando um thread tenta acessar um recurso protegido por uma trava giratória, requisita a propriedade da trava giratória associada. Se o recurso estiver disponível, o thread adquire a trava, acessa o recurso e, em seguida, libera a trava giratória. Se o recurso não estiver disponível, o thread continua tentando adquirir a trava giratória até conseguir. Porque

Objeto Despachador	Transita do estado não sinalizado para o estado sinalizado quando
Evento	Ocorre evento associado.
Mutex	Proprietário do mutex libera o mutex.
Semáforo	Contagem do semáforo é maior do que zero.
Temporizador	Termina a quantidade de tempo especificada.

Figura 21.4 | *Objetos despachadores no Windows XP.*

threads que retêm travas giratórias executam no nível DPC/despacho ou DIRQL, desenvolvedores devem restringir as ações que esses threads executam. Threads que retêm travas giratórias nunca devem acessar memória paginável (porque poderia ocorrer uma falta de página), provocar uma exceção de hardware ou software, tentar qualquer ação que possa causar deadlock — impasse — (por exemplo, tentar readquirir aquela trava giratória ou tentar adquirir uma outra trava giratória a menos que o thread saiba que isso não causará deadlock) ou chamar qualquer função que execute qualquer uma dessas ações.[147]

O Windows XP provê travas giratórias genéricas e **travas giratórias enfileiradas**. Uma trava giratória enfileirada impõe ordenação FIFO de requisições e é mais eficiente do que uma trava giratória normal[148] porque reduz o tráfego processador-memória no barramento associado com a trava giratória. Com uma trava giratória normal, um thread tenta continuamente adquirir a trava executando uma instrução test-and-set (teste-e-atualize) (ver Seção 5.5.2, Instruções test-and-set) na linha da memória associada com a trava giratória. Isso cria tráfego de barramento no barramento processador-memória. Com uma trava giratória enfileirada, um thread que liberar a trava notifica o próximo thread que está esperando por ela. Threads que estão esperando por travas giratórias enfileiradas não criam tráfego de barramento desnecessário repetindo instruções test-and-set. Travas giratórias enfileiradas também aumentam a justiça garantindo ordenamento FIFO de requisições porque o thread liberado usa uma fila associada com a trava giratória para notificar o thread apropriado entre os que estão à espera.[149] O Windows XP suporta travas giratórias (para compatibilidade herdada) e travas giratórias enfileiradas, mas a Microsoft recomenda a utilização dessas últimas.[150]

Alternativamente, threads de modo núcleo podem usar **mutexes rápidos**, uma variação mais eficiente de mutexes que funcionam no nível APC. Embora exijam menos sobrecarga do que mutexes normais, os mutexes rápidos restringem, de algum modo, as ações do thread que detém a trava. Por exemplo, threads não podem especificar um tempo de espera máximo para esperar por um mutex rápido — se um mutex rápido não estiver disponível, threads podem ficar esperando indefinidamente por eles ou simplesmente não esperar. Também, se um thread tentar adquirir um mutex rápido que já tem, cria um deadlock (mutexes despachadores permitem que um thread readquira um mutex que o thread já tem, contanto que esse libere o mutex a cada aquisição).[151] Mutexes rápidos operam no IRQL de APC, que mascara APCs que poderiam exigir que o thread tente adquirir um mutex rápido que já tem.[152] Contudo, alguns threads poderiam precisar receber APCs. Por exemplo, um thread poderia precisar processar o resultado de uma operação de E/S assíncrona; o sistema freqüentemente usa APCs para notificar threads de que uma requisição de E/S assíncrona foi processada. Para esse propósito, o Windows XP provê uma variante de mutexes rápidos que executam no IRQL passivo.[153]

Um outro recurso de sincronização disponível somente para threads de modo núcleo é a **trava de recurso executivo**. Travas de recurso executivo têm dois modos: compartilhada e exclusiva. Um número qualquer de threads pode reter simultaneamente uma trava de recurso executivo em modo compartilhado ou um thread pode reter um recurso executivo em modo exclusivo. Essa trava é útil para resolver o problema de leitores — escritores (ver Seção 6.2, Exemplo de monitor: leitores e escritores). Um thread leitor pode obter acesso compartilhado a um recurso se nenhum outro thread estiver retendo ou esperando acesso exclusivo (isto é, acesso de escrita) ao recurso. Um thread escritor pode obter acesso exclusivo a um recurso, contanto que nenhum outro thread retenha acesso compartilhado (isto é, de leitura) ou exclusivo (isto é, de escrita) a ele.[154]

Outras ferramentas de sincronização disponíveis

À parte objetos despachadores e travas de modo núcleo, o Windows XP provê aos threads diversas outras ferramentas de sincronização. Travas de modo núcleo não são aplicáveis em todas as situações — não podem ser usadas por threads de modo usuário e muitas delas funcionam em um IRQL elevado, restringindo o que os threads podem fazer enquanto as estão retendo. Objetos despachadores facilitam sincronização geral, mas não são otimizados para casos específicos. Por exemplo, objetos despachadores podem ser usados por threads de diferentes processos, mas não são otimizados para utilização entre threads do mesmo processo.

Objetos de seção crítica provêem serviços similares a objetos mutex, mas somente podem ser empregados por threads dentro de um único processo. Além disso, objetos de seção crítica não permitem que threads especifiquem um tempo máximo de espera (é possível esperar indefinidamente por um objeto de seção crítica) e não há nenhum modo de determinar se um objeto de seção crítica está abandonado. Contudo, objetos de seção crítica são mais eficientes do que objetos mutex porque não transitam para modo núcleo se não houver alguma disputa. Essa otimização requer que objetos de seção crítica sejam empregados somente para sincronizar threads do mesmo processo. Objetos de seção crítica também são implementados com uma instrução test-and-set específica de processador, o que aumenta ainda mais a eficiência.[155, 156]

Um **temporizador de fila de temporizadores** é um método alternativo para a utilização de objetos temporizadores que permite que threads esperem por eventos temporizadores enquanto executam outras porções de código. Quando um thread deseja esperar em um temporizador, pode colocar um temporizador em uma fila de temporizadores e especificar uma função para ser executada quando o temporizador ficar *sinalizado*. Nesse momento, um thread operário de um reservatório de threads executa a função especificada. Em casos em que espera um temporizador e também um outro objeto, o thread deve usar um objeto temporizador com uma função de espera.[157]

Para variáveis compartilhadas entre vários threads, o Windows XP provê **acesso intertravado a variáveis** por meio de certas funções. Essas funções provêem acesso atômico de leitura e escrita a variáveis, mas não garantem a ordem em que são feitos os acessos. Por exemplo, a função InterlockedIncrement combina incrementação da variável e retorno do resultado em uma única operação atômica. Isso pode ser útil, por exemplo, ao prover ids exclusivos. Toda vez que um thread precisar obter um id único, pode chamar InterlockedIncrement, o que evita uma situação na qual um thread incrementa o valor da variável id, mas é interrompido antes de verificar o resultado. O thread interruptor então poderia acessar a variável id, resultando em dois itens com o mesmo id. Como InterlockedIncrement incrementa a variável e também retorna o resultado em uma operação atômica, essa situação não ocorrerá.[158] O Windows XP também provê **listas intertravadas unicamente encadeadas (SLists)**, que provêem operações atômicas de inserção e deleção.[159]

Esta seção proporcionou uma visão abrangente das ferramentas de sincronização do Windows XP. Contudo, o sistema oferece outras ferramentas; leitores interessados em mais informações devem visitar a MSDN Library em msdn.microsoft.com/library. Além dessas ferramentas de sincronização, threads podem sincronizar comunicando-se por meio de vários mecanismos de IPC (descritos na Seção 21.10, Comunicação interprocessos) ou enfileirando APCs em outros threads.

21.7 Gerenciamento de memória

O **gerenciador de memória virtual (virtual memory manager — VMM)** do Windows XP cria a ilusão de que cada processo tem um espaço de memória contígua de 4 GB. Como o sistema aloca mais memória virtual a processos do que a memória principal pode comportar, o VMM armazena alguns dados em disco em arquivos denominados **arquivos de páginas**. O Windows XP divide a memória virtual em páginas de tamanho fixo que ele armazena ou em molduras de páginas na memória principal ou em arquivos em disco. O VMM usa um sistema hierárquico de endereçamento de dois níveis.

O Windows XP tem duas estratégias para otimizar a utilização da memória principal e reduzir E/S para disco. O VMM usa páginas de cópia-na-escrita (ver Seção 10.4.6, Compartilhamento em um sistema de paginação) e emprega **alocação tardia**, que é uma política de adiar a alocação de páginas e de entradas de tabela de páginas na memória principal até que seja absolutamente necessário. Contudo, quando o VMM é forçado a executar E/S de disco, ele procura páginas no disco antecipadamente e coloca essas páginas na memória principal antes que elas sejam necessárias (ver Seção 11.14, Paginação antecipada). A heurística assegura que o ganho na taxa de E/S de disco compensa o custo de lotar a memória principal com páginas potencialmente não utilizadas. Quando a memória principal fica cheia, o Windows XP realiza uma versão modificada do algoritmo de substituição de página menos recentemente usada (MRU). As seções seguintes descrevem os componentes internos do sistema de gerenciamento de memória do Windows XP.

21.7.1 Organização de memória

Os sistemas Windows XP provêem um espaço de endereçamento de 32 bits ou de 64 bits, dependendo do processador e da edição do sistema. Limitamos nossa discussão às operações de memória que usam a arquitetura IA-32 da Intel (por exemplo, Intel Pentium e sistemas AMD Athlon) porque a vasta maioria dos sistemas Windows de hoje é construída sobre essa plataforma. Consulte MSDN Library se quiser mais informações sobre o Windows XP 64-bit Edition.[160]

O Windows XP aloca um único espaço de endereçamento virtual de 4 GB para cada processo. Por default, um processo pode acessar somente os primeiros 2 GB do seu espaço de endereçamento virtual. O sistema reserva os outros dois gigabytes para componentes de modo núcleo — esse espaço é denominado espaço do sistema.[161]

A memória física é dividida em molduras de páginas de tamanho fixo que têm 4 KB em um sistema de 32 bits (exceto no caso em que o sistema usa páginas grandes, como descrito mais adiante nesta seção). O VMM mantém um mapa de memória de dois níveis na porção do sistema do espaço de endereçamento virtual de cada processo; esse mapa armazena a localização de páginas na memória principal e em disco.[162] O VMM designa uma **tabela de diretório de páginas** a cada processo. Quando um processador chaveia contexto, carrega a localização da tabela de diretório de páginas no **registrador de diretório de páginas**. A tabela de diretório de páginas é composta de entradas de diretório de páginas (PDES); cada PDE aponta para uma **tabela de páginas**. Tabelas de páginas contêm entradas de tabela de páginas (PTEs). Cada PTE aponta para uma moldura de página na memória principal ou para uma localização em disco. O VMM usa o endereço virtual juntamente com o mapa de memória para traduzir endereços virtuais em endereços físicos. Um endereço virtual é composto de três porções: o deslocamento em uma tabela de diretório de páginas, o deslocamento em uma tabela de página e o deslocamento em uma página na memória física.[163]

O Windows XP traduz um endereço virtual em três estágios, como mostra a Figura 21.5. No primeiro estágio da tradução do endereço, o sistema calcula a soma $a + d$, que é o valor no registrador do diretório de páginas mais a primeira porção do endereço virtual, para determinar a localização da entrada do diretório de páginas (PDE) na tabela do diretório de páginas. No segundo estágio, o sistema calcula a soma $b + t$, que é o valor na PDE mais a segunda porção do endereço virtual, para encontrar a entrada de tabela de página (PTE) na tabela de páginas. Essa entrada contém c, o número da moldura de página correspondente à localização da página virtual na memória principal. Finalmente, no último estágio, o sistema concatena c e o deslocamento da página, o, para formar o endereço físico (ver Seção 10.4.4, Tabelas de páginas

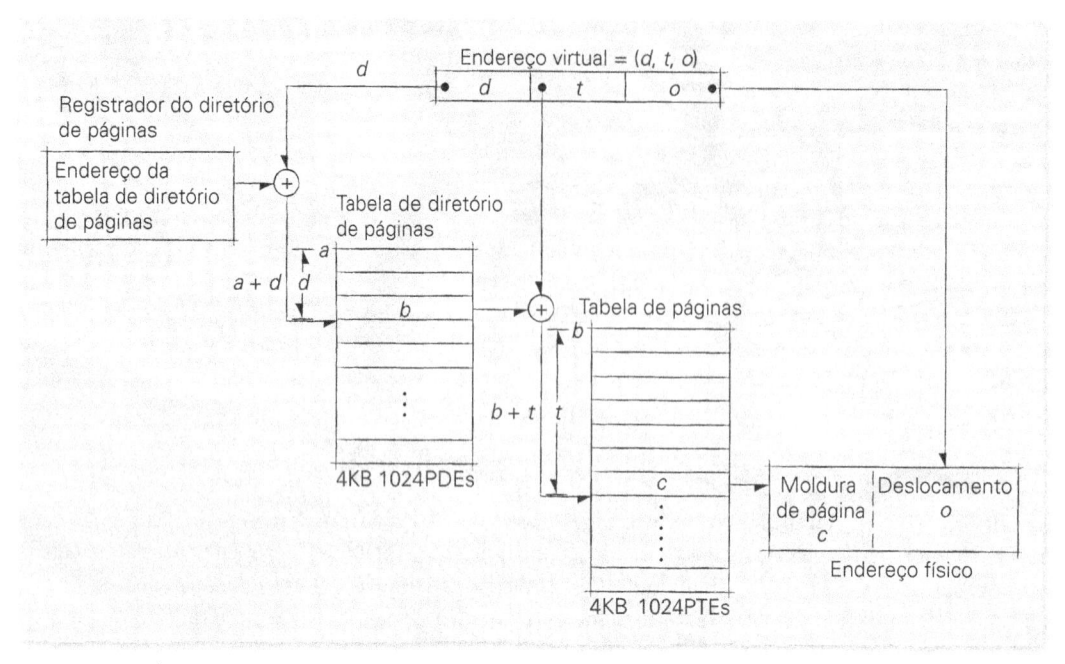

Figura 21.5 | Tradução de endereço virtual.

multiníveis). O sistema executa todas essas operações rapidamente; a demora ocorre quando o sistema tem de ler a PDE e a PTE a partir da memória principal.[164] A tradução de endereços freqüentemente é acelerada pelo Buffer de Tradução Lateral (TLB), como discutido na Seção 10.4.3, Tradução de endereço de paginação por mapeamento direto/associativo.

A PTE é estruturada de modo diferente, dependendo de ela apontar para uma página na memória ou para uma página em um arquivo de páginas. Cinco dos 32 bits da PTE são para proteção — indicam se um processo pode ler a página, escrever para a página e executar código na página. Esses bits de proteção também indicam ao sistema se a página é uma página de cópia-na-escrita e se o sistema deve gerar uma exceção quando um processo acessar a página.[165] Vinte bits indexam uma moldura na memória ou o deslocamento em um arquivo de página em disco; isso é suficiente para endereçar 1.048.576 páginas virtuais. Se a página estiver armazenada em disco, quatro bits designados indicam em quais dos possíveis 16 arquivos de páginas a página está localizada. Se ela estiver na memória, um conjunto diferente de três bits indica o estado da página. A Figura 21.6 apresenta esses três bits e seus significados.

O Windows XP permite que aplicações aloquem **páginas grandes**. Uma página grande é um conjunto de páginas contíguas que o sistema operacional trata como uma única página. Páginas grandes são úteis quando o sistema sabe que precisará repetidamente da mesma porção de código ou dados. O sistema precisa armazenar somente uma entrada no TLB. Porque é maior, a página tem mais probabilidade de ser acessada e menos de ser deletada do TLB. O acesso à página é acelerado porque o VMM pode pesquisar traduções de endereços no TLB em vez de consultar tabelas de páginas.[166] O Windows XP armazena informações que não podem ser trocadas (swapped) para disco (isto é, o reservatório de não paginadas) e mapas de memória em páginas grandes.[167]

Bit de estado de página	Definição
Válida	PTE é válida — aponta para uma página de dados.
Modificada	Página na memória não é mais consistente com a versão no disco.
Transição	VMM está em processo de mover a página para o ou do disco. Páginas em transição são sempre inválidas.

Figura 21.6 | Estados de páginas.[168]

O Windows XP impõe diversas restrições ao uso de páginas grandes:

- Cada tipo de processador tem um tamanho mínimo para páginas grandes, usualmente 2 MB ou maior. O tamanho de cada página grande deve ser um múltiplo do tamanho de página mínimo.[169]
- Páginas grandes sempre permitem acesso de leitura e escrita. Isso significa que dados somente de leitura, como código de programa e DLLs de sistema, não podem ser armazenados em páginas grandes.[170]
- As páginas que compõem uma página grande devem ser contíguas tanto na memória física quanto na memória virtual.[171, 172]

O Windows XP usa páginas de cópia-na-escrita (ver Seção 10.4.6, Compartilhamento em um sistema de paginação) com um de seus mecanismos de alocação preguiçosa. O sistema gerencia páginas de cópia-na-escrita usando **tabelas de protótipos de páginas**. O sistema também usa tabelas de protótipo de páginas para gerenciar mapeamento de arquivo. Um mapeamento de arquivo é uma porção da memória principal que vários processos podem acessar simultaneamente para se comunicarem uns com os outros (isso é discutido mais detalhadamente na Seção 21.10.3, Memória compartilhada). A PTE de uma página de cópia-na-escrita não aponta diretamente para a moldura na qual a página é armazenada, e, sim, para uma **Entrada de Tabela de Protótipo de Páginas (Prototype Page Table Entry — PPTE),** um registro de 32 bits que aponta para a localização da página compartilhada.

Quando um processo modifica uma página cujos bits de proteção de PTE indicam que é uma página de cópia-na-escrita, o VMM copia a página para uma nova moldura e ajusta a PPTE do processo para referenciar a nova localização. Todas as PPTEs de outros processos continuam apontando para a moldura original. Usar páginas de cópia-na-escrita conserva memória porque processos compartilham molduras de páginas da memória principal. O resultado é que cada processo pode armazenar um número maior de suas páginas na memória principal, o que resulta em um número menor de faltas de páginas porque há mais espaço na memória principal e, uma vez que o VMM traga uma página do disco, é menos provável que a devolva para o disco. Contudo, PTTEs adicionam um nível de indireção: elas precisam de quatro referências à memória em vez de três para traduzir um endereço. Portanto, traduzir um endereço que não está no TLB é mais caro para páginas de cópia-na-escrita do que para páginas normais.[173]

21.7.2 Alocação de memória

O Windows XP realiza alocação de memória em três estágios (Figura 21.7). Um processo primeiramente deve **reservar** espaço em seu espaço de endereçamento virtual. Processos podem especificar quais endereços virtuais reservar ou permitir que o VMM decida. Um processo pode não acessar o espaço que reservou até que o **comprometa**. Quando um processo compromete uma página, o VMM cria uma PTE e assegura que há espaço suficiente para a página na memória principal ou em um arquivo de páginas. Um processo usualmente compromete uma página apenas quando estiver pronto para escrever na página; contudo, a API do Windows suporta reserva e comprometimento em uma única etapa. Dividir a alocação de memória em duas etapas permite que um processo reserve uma grande região de memória virtual contígua e porções esparsas de memória que podem ser comprometidas.[174, 175] Finalmente, quando um processo está pronto para usar sua memória comprometida, acessa a memória virtual comprometida. Nesse ponto, o VMM escreve os dados para uma página zerada na memória principal. Esse processo de três estágios assegura que processos usem somente a quantidade de espaço de memória principal da qual necessitam, em vez da quantidade que reservam.[176]

Um sistema raramente tem memória principal suficiente para satisfazer todos os processos. Versões anteriores do Windows permitiam que uma aplicação que exigisse mais memória principal para funcionar adequadamente emitisse **requisições tem-de-dar-certo** (must-suceed). Drivers de dispositivo emitiam essas requisições freqüentemente, e o VMM sempre atendia a uma requisição tem-de-dar-certo, o que resultava em quedas do sistema quando o VMM era forçado a alocar memória principal e não havia nenhuma disponível. O Windows XP não tem esse problema; o sistema nega todas as requisições tem-de-dar-certo e espera que componentes tratem uma requisição de alocação de memória negada sem cair.[177, 178]

O Windows XP tem um mecanismo especial para tratar condições de memória baixa quando toda ou a maior parte da memória principal estiver alocada. Sob circunstâncias normais, o Windows XP otimiza desempenho tratando várias requisições de alocação de memória simultaneamente. Quando há poucas molduras de páginas para alocar na memória principal, o sistema encontra o mesmo problema de escassez de recursos enfrentado por todos os sistemas multiprogramação. O Windows XP resolve esse problema via um processo denominado **estrangulamento de E/S**; quando o sistema detecta que há somente algumas poucas páginas para alocar na memória principal, ele começa a gerenciar memória uma página por vez. O estrangulamento de E/S deixa o sistema mais lento porque o VMM pára de gerenciar requisições múltiplas em paralelo e passa a recuperar páginas de disco somente uma por vez. Entretanto, torna o sistema mais robusto e ajuda a evitar quedas.[179]

Para monitorar a memória principal, o Windows XP usa um **banco de molduras de páginas** que apresenta o estado de cada moldura ordenado por número de moldura de página. Há oito estados possíveis, como mostra a Figura 21.8.

O sistema monitora molduras de páginas por estado com uma lista singularmente encadeada denominada **lista de páginas** para cada um dos oito estados. Uma lista de páginas é referida pelo estado de suas páginas; por exemplo, a Lista de Páginas Livres contém todas as páginas livres, a Lista de Páginas Zeradas contém todas as páginas zeradas e assim

a) Reservar

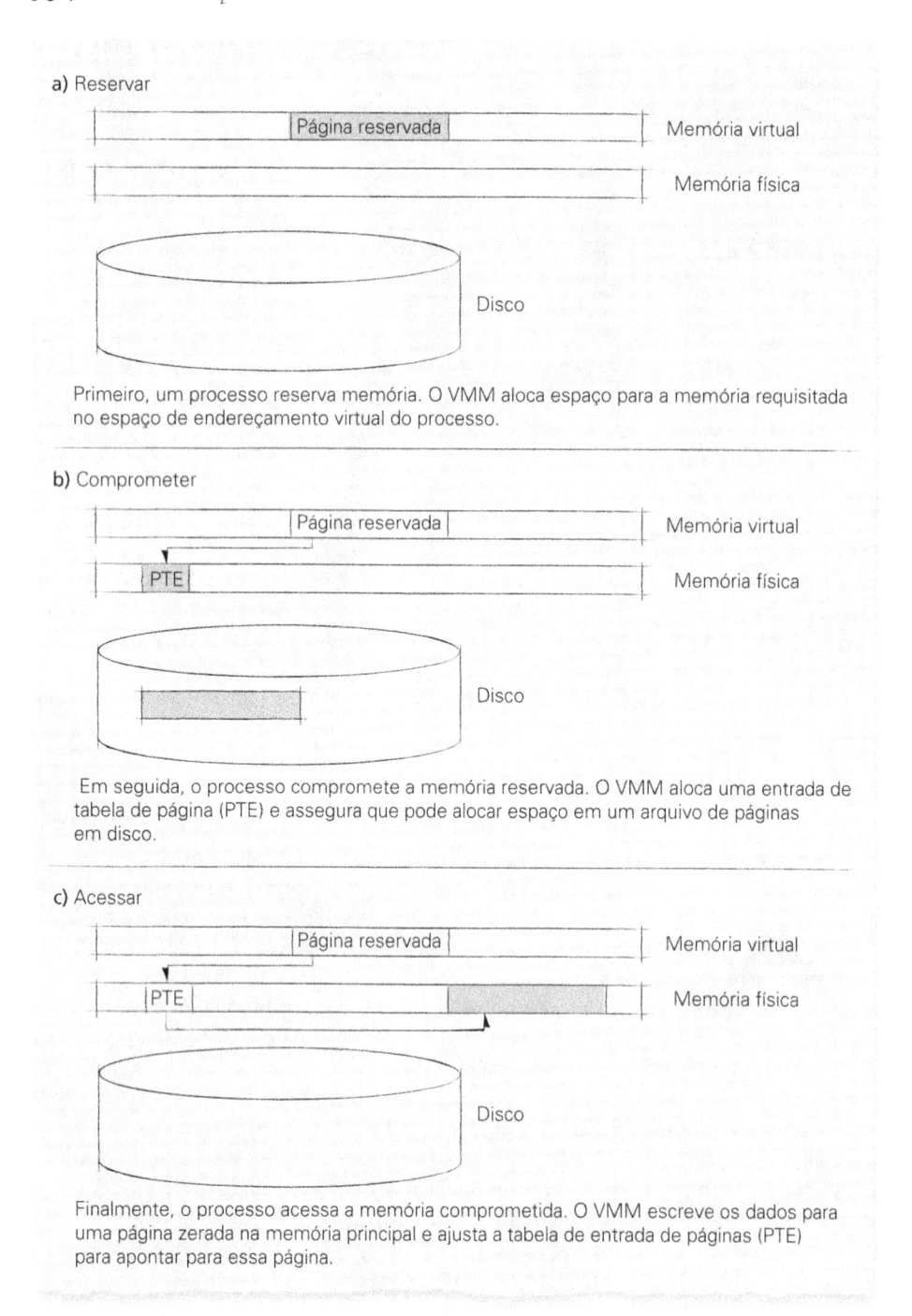

| Página reservada | Memória virtual |
| Memória física |
| Disco |

Primeiro, um processo reserva memória. O VMM aloca espaço para a memória requisitada no espaço de endereçamento virtual do processo.

b) Comprometer

| Página reservada | Memória virtual |
| PTE | Memória física |
| Disco |

Em seguida, o processo compromete a memória reservada. O VMM aloca uma entrada de tabela de página (PTE) e assegura que pode alocar espaço em um arquivo de páginas em disco.

c) Acessar

| Página reservada | Memória virtual |
| PTE | Memória física |
| Disco |

Finalmente, o processo acessa a memória comprometida. O VMM escreve os dados para uma página zerada na memória principal e ajusta a tabela de entrada de páginas (PTE) para apontar para essa página.

Figura 21.7 | *Estágios de alocação de memória.*

Estado da moldura	Definição
Válida	Página pertence ao conjunto de trabalho de um processo e sua PTE está ajustada para válida.
Transição	Página está em processo de ser transferida do disco ou para o disco.
Reserva	Página acabou de ser retirada do conjunto de trabalho de um processo; sua PTE é ajustada para inválida e em transição.

Figura 21.8 | *Estados de moldura de páginas[180] (Parte 1 de 2).*

Estado da moldura	Definição
Modificada	Página acabou de ser retirada do conjunto de trabalho de um processo; não é consistente com a versão em disco. O VMM tem de escrever essa página para disco antes de liberá-la. A PTE dessa página é ajustada para inválida e em transição.
Modificada que não pode ser escrita	Página acabou de ser retirada do conjunto de trabalho de um processo; não é consistente com a versão em disco. O VMM tem de escrever uma entrada para o arquivo de registro antes de liberá-la. A PTE dessa página é ajustada para inválida e em transição.
Livre	Moldura de página não contém uma página válida; contudo, poderia conter uma página inválida que não tem nenhuma PTE e não faz parte de nenhum conjunto de trabalho.
Zerada	Moldura de página não faz parte de nenhum conjunto de trabalho, e todos os seus bits foram ajustados para zero. Por razões de segurança, somente molduras de páginas zeradas são alocadas a processos.
Ruim	Moldura de página gerou um erro de hardware e não deve ser usada.

Figura 21.8 | *Estados de moldura de páginas (Parte 2 de 2).*

por diante. As listas de páginas permitem que o VMM troque páginas e aloque memória rapidamente. Por exemplo, para alocar duas novas páginas, o VMM precisa acessar somente as duas primeiras molduras da Lista de Páginas Zeradas. Se essa lista estiver vazia, o VMM pega uma página de outra lista usando o algoritmo descrito na Seção 21.7.3, Substituição de páginas.[181]

O sistema usa **Descritores de Endereço Virtual (Virtual Address Descriptors — VADs)** para gerenciar o espaço de endereçamento virtual de cada processo. Cada VAD descreve uma faixa de endereços virtuais alocados ao processo.[182]

O Windows XP tenta antecipar requisições para páginas em disco e transferir páginas para memória principal para evitar falta de páginas. Um processo pode invocar funções API para informar ao sistema os futuros requisitos de memória do processo.[183] Em geral, o sistema emprega uma política de paginação por demanda, carregando páginas na memória somente quando um processo as requisita. Carrega também várias páginas próximas — localidade espacial implica que essas páginas provavelmente logo serão referenciadas. Os sistemas de arquivo do Windows dividem o espaço de disco em **clusters** de bytes; páginas que estão no mesmo cluster são, por definição, parte do mesmo arquivo. O Windows XP aproveita a localidade espacial carregando todas as páginas no mesmo cluster de uma só vez, uma política de paginação denominada **paginação por demanda em cluster**. Esses dois mecanismos reduzem o tempo de busca do disco porque é preciso somente uma busca de disco para acessar todo o cluster. A busca prévia, entretanto, potencialmente coloca algumas páginas não necessárias na memória, deixando menos espaço para páginas necessárias e aumentando o número de faltas de páginas. Poderia também reduzir a eficiência durante períodos de intensa E/S de disco, forçando o sistema a despaginar páginas que são necessárias imediatamente por páginas que ainda não são necessárias.[184]

O Windows XP reduz o tempo necessário para carregar (isto é, iniciar) aplicações, incluindo o próprio sistema operacional, buscando páginas antecipadamente. O sistema registra quais páginas são acessadas e em que ordem durante os oito últimos carregamentos de aplicações. Antes de carregar uma aplicação, o sistema solicita todas as páginas das quais precisará em uma única requisição assíncrona, reduzindo assim o tempo de busca do disco.[185, 186]

O sistema reduz o tempo que leva para carregar o Windows buscando páginas antecipadamente e inicializando dispositivos simultaneamente. Quando inicia, o Windows XP deve comandar a inicialização de numerosos dispositivos periféricos de hardware — o sistema não pode continuar a carregar até que eles tenham concluído. Esse é o tempo ideal para realizar a busca antecipada porque, de qualquer forma, o sistema estaria ocioso.[187]

O Windows XP usa o **Buscador antecipado lógico (Logical Prefetcher)** para realizar a busca antecipada. O usuário pode ajustar uma chave especial de registro para informar ao Windows XP para quais cenários, tais como todos os carregamentos de aplicações ou inicialização do Windows, o usuário quer que o sistema execute o Logical Prefetcher.[188] Quando uma aplicação é carregada, o Windows XP armazena um registro dos acessos à memória em um arquivo de cenários. Cada aplicação, incluindo o sistema operacional Windows, tem seu próprio arquivo de cenário. O sistema atualiza os arquivos de cenário dez segundos após um carregamento de aplicação bem-sucedido. Armazenar arquivos de cenários tem um preço: registrar cada acesso à memória usa ciclos de processador e ocupa um espaço no disco. Todavia, a redução de E/S de disco compensa o tempo extra que leva para armazenar o registro de memória, e grande parte dos usuários cede um certo espaço de disco em troca de tempo de carregamento significativamente mais rápido para todas as aplicações, incluindo o próprio Windows.[189]

O Logical Prefetcher acessa páginas com base na sua localização no disco em vez de esperar que um processo as requisite explicitamente. O resultado é que o Windows XP pode carregar aplicações com maior rapidez e mais eficientemente. Contudo, as páginas e arquivos indicados em arquivos de cenários podem estar dispersos por todo o disco. Para otimizar ainda mais o tempo de carregamento de aplicações, o Logical Prefetcher reorganiza periodicamente porções do disco rígido para assegurar que todos os arquivos que o sistema buscou antecipadamente estejam contíguos no disco. De tempos em tempos (intervalos de poucos dias), quando o sistema estiver ocioso, o Logical Prefetcher atualiza um arquivo de layout que contém o layout ideal do disco e o utiliza para rearranjar as páginas no disco.[190]

21.7.3 Substituição de páginas

O Windows XP baseia sua política de substituição de páginas no modelo do conjunto de trabalho. Lembre-se da Seção 11.7, Modelo do conjunto de trabalho, em que o conjunto de trabalho de um processo é o conjunto de páginas que o processo está usando correntemente. Como isso é difícil de determinar, o Windows XP simplesmente considera que o **conjunto de trabalho** de um processo são todas as suas páginas na memória principal. Páginas que não estão no conjunto de trabalho do processo, mas mapeadas para seu espaço de endereçamento virtual, são armazenadas em disco em arquivos de páginas.[191, 192] Armazenar arquivos de páginas em discos físicos diferentes acelera a troca de páginas entre a memória e o disco porque habilita o sistema a ler e escrever várias páginas concorrentemente.[193]

Quando a memória é escassa, o **gerenciador de balanceamento de conjunto** transfere partes de conjuntos de trabalho de diferentes processos para arquivos de páginas. O Windows XP emprega uma política **menos recentemente usada localizada (MRU)** para determinar quais páginas transferir para disco. A política é localizada por processo. Quando o sistema precisa liberar uma moldura para atender à requisição de um processo, remove uma página pertencente ao processo que ele não tenha acessado recentemente. O VMM designa a cada processo um **máximo de conjunto de trabalho** e um **mínimo de conjunto de trabalho** que denotam uma faixa aceitável para o tamanho do conjunto de trabalho do processo. Sempre que um processo cujo tamanho do conjunto de trabalho é igual ao máximo do seu conjunto de trabalho requisitar uma página adicional, o gerenciador de balanceamento de conjunto transfere uma das páginas do processo para armazenamento secundário e então atende à requisição. Um processo que está usando menos do que o seu mínimo de conjunto de trabalho não corre perigo de perder páginas, a menos que a memória disponível caia abaixo de um certo patamar. O gerenciador de balanceamento de conjunto verifica a quantidade de espaço livre na memória uma vez por segundo e ajusta os máximos de conjuntos de trabalho de acordo com isso. Se o número de bytes disponíveis passar de um certo patamar, os máximos de conjuntos de trabalho dos processos que estão trabalhando em seus máximos de conjunto de trabalho aumentam; se cair abaixo de um certo patamar, todos os máximos de conjuntos de trabalho diminuem.[194]

O Windows XP não espera até que a memória principal esteja cheia para transferir páginas para disco — ele testa regularmente cada processo para assegurar que somente as páginas de que o processo precisa estão na memória principal. O Windows XP usa **ajuste de páginas** para remover páginas da memória. O gerenciador de balanceamento de conjunto transfere periodicamente todas as páginas de um processo que estão acima do mínimo do conjunto de trabalho da Lista de Páginas Válidas para a Lista de Páginas de Reserva, Lista de Páginas Modificadas ou Lista de Páginas Modificadas que não podem ser escritas, conforme o caso. Essas listas são denominadas coletivamente **lista transacional de páginas**, embora, na verdade, essa lista não exista na memória.[195]

O VMM escolhe quais páginas ajustar usando a política MRU localizada, como ilustrado na Figura 21.9. O sistema coloca o estado dos bits das PTEs de páginas ajustadas para inválida, significando que as PTEs não apontam mais para uma moldura válida, mas o sistema não modifica as PTEs de nenhuma outra maneira. O estado das páginas ajustadas no banco de dados de moldura de páginas é colocado para transição, reserva, modificada ou modificada que não pode ser escrita.[196] Se o processo requisitar uma página que está em uma dessas listas de páginas transacionais, a MMU emite uma **falta transacional**. Nessa situação, o VMM remove a página da lista transacional e a coloca novamente na Lista de Páginas Válidas. Se não for esse o caso, a página será recuperada. Um thread de sistema escreve para disco as páginas da Lista de Páginas Modificadas. Componentes, tais como sistemas de arquivos, usam a Lista de Páginas Modificadas que não podem ser escritas para assegurar que o VMM não escreva uma página suja para o disco sem antes fazer uma entrada em um arquivo de registro. A aplicação notifica o VMM quando é seguro escrever a página.[197] Assim que uma página modificada ou modificada que não pode ser escrita tornar-se consistente com os dados em disco, o VMM a transfere para a Lista de Páginas de Reserva. Após um período de espera, o VMM transfere páginas da Lista de Páginas de Reserva para a Lista de Páginas Livres. Mais tarde, um outro thread de baixa prioridade zera os bits das páginas da Lista de Páginas Livres e transfere as páginas para a Lista de Páginas Zeradas. O Windows XP zera páginas para evitar que um processo ao qual está alocada uma página leia informações (potencialmente sensíveis) que um outro processo armazenou previamente naquela página. Quando o sistema precisa alocar uma nova página a um processo, invoca uma página da Lista de Páginas Zeradas.[198]

O algoritmo MRU localizado requer certas características de hardware que não estão disponíveis em todos os sistemas. Uma vez que a portabilidade entre plataformas diferentes é um importante critério de projeto para todos os sistemas operacionais Windows, muitos sistemas Windows antigos evitavam usar características específicas de hardware para assegurar

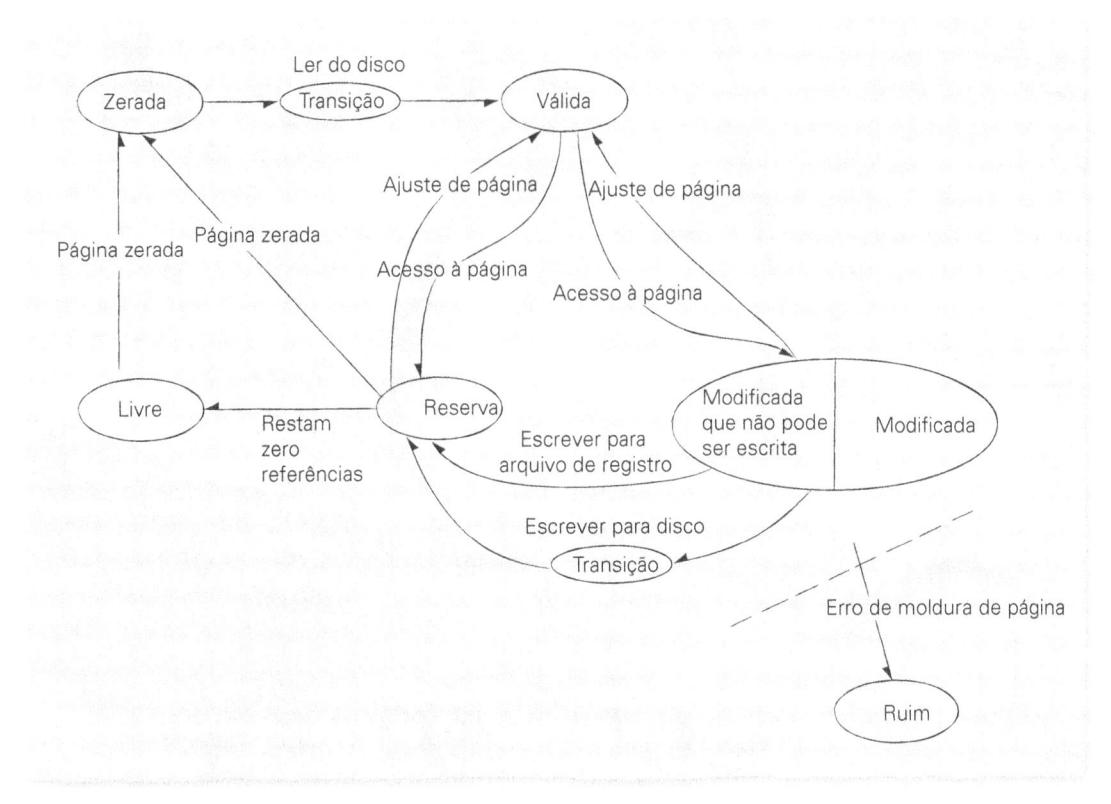

Figura 21.9 | *Processo de substituição de páginas.*

que o mesmo sistema operacional pudesse ser usado em várias plataformas. Sistemas operacionais comumente simulam substituição de páginas MRU com o algoritmo do relógio (ver Seção 11.6.7, Modificações da FIFO: substituição de página "segunda chance" e substituição de página "relógio"). Fazer isso requer um bit 'acessada' que o sistema coloca em 1 para cada página que foi acessada dentro de um certo intervalo de tempo. Muitos computadores mais antigos não tinham um bit acessada. O resultado é que versões anteriores do Windows NT usavam a política de substituição de páginas FIFO (ver Seção 11.6.2, Substituição de páginas FIFO — primeira a entrar, primeira a sair) ou até mesmo uma substituição de páginas efetivamente aleatória. Mais tarde, a Microsoft desenvolveu versões do Windows especificamente para a plataforma Intel A-32 e outras plataformas que suportam o bit acessada, permitindo que o Windows XP empregasse o algoritmo MRU mais efetivo.[199]

Alguns dados não podem ser paginados para fora da memória. Por exemplo, código que trata interrupções deve permanecer na memória principal, pois processar uma falta de página durante uma interrupção causaria um atraso inaceitável e poderia até mesmo fazer o sistema cair. Paginar senhas apresenta um risco de segurança se o sistema cair porque uma cópia não criptografada de dados secretos seria armazenada em disco. Todos esses dados são armazenados em uma área designada do espaço de sistema denominada **reservatório de não paginadas**. Dados que podem ser enviados para disco são armazenados no **reservatório de paginadas**.[200] Porções de drivers de dispositivo e de código VMM são armazenadas no reservatório de não paginadas.[201]

Um desenvolvedor de driver de dispositivo deve fazer várias considerações ao decidir quais porções do código colocar no reservatório de não paginadas. O espaço no reservatório de não paginadas é limitado. Além disso, código no reservatório de não paginadas não pode acessar códigos ou dados no reservatório de paginadas porque o VMM poderia ser forçado a acessar o disco, o que anula o propósito do código do reservatório de não paginadas.[202]

21.8 Gerenciamento de sistemas de arquivos

Os sistemas de arquivos do Windows XP consistem em três camadas de drivers. Na camada mais inferior estão vários drivers de volume que controlam um dispositivo de hardware específico, como o disco rígido. Drivers de sistemas de arquivo, que compõem o próximo nível, implementam um formato particular de sistema de arquivos, como New Technology File System (NTFS) ou File Allocation Table (FAT). Esses drivers implementam o que um usuário típico vê como sistema de arquivo: uma organização hierárquica de arquivos e as funções relacionadas que manipulam esses arquivos. Finalmente, drivers de filtros de sistemas de arquivos executam tarefas de alto nível, tais como proteção contra vírus, compressão e criptografia.[203, 204] O NTFS é o sistema de arquivos nativo do Windows XP (sistema que está sendo descrito detalhadamente neste estudo de caso), mas FAT16 e FAT32 também são suportados (ver Seção 13.6.3, Alocação de arquivo tabular não contígua) e normalmente usados para discos flexíveis. O Windows XP também suporta o Compact Disc File System (CDFS) para CDs e o Universal Disk Format (UDF) para CDs e DVDs. As subseções seguintes apresentarão os drivers de sistema de arquivo do Windows XP e descreverão o sistema de arquivo NTFS.[205]

21.8.1 Drivers de sistemas de arquivo

Drivers de sistemas de arquivo cooperam com o gerenciador de E/S para atender a requisições de E/S de arquivos. Eles provêem uma ligação entre a representação lógica do sistema de arquivos exposta às aplicações e sua correspondente representação física em um volume de armazenamento. A interface do gerenciador de E/S habilita o Windows XP a suportar vários sistemas de arquivo. O Windows XP divide cada dispositivo de armazenamento de dados em um ou mais volumes e associa cada volume com um sistema de arquivo.

Para entender como drivers de sistema de arquivo e o gerenciador de E/S interagem, considere o fluxo de uma requisição de E/S típica. Um thread de modo usuário que deseja ler dados de um arquivo envia uma requisição de E/S via uma chamada de API de subsistema. O gerenciador de E/S traduz o manipulador de arquivo do thread para um ponteiro para o objeto arquivo e passa o ponteiro para o driver de sistema de arquivo apropriado. O driver de sistema de arquivo usa o ponteiro para localizar o objeto arquivo e determina a localização do arquivo no disco. Em seguida, o driver de sistema de arquivo passa a requisição de leitura através das camadas de drivers e eventualmente a requisição chega ao disco. O disco processa a requisição de leitura e retorna os dados requisitados.[206]

Um driver de sistema de arquivo pode ser um driver de sistema de arquivo local ou um driver de sistema de arquivo remoto. Drivers de sistema de arquivo local processam E/S para dispositivos de hardware, como discos rígidos ou unidades de DVD. O parágrafo anterior descreveu o papel desempenhado por um driver de sistema de arquivo local no atendimento de uma requisição de E/S de disco. Drivers de sistema de arquivo remoto transferem arquivos de e para servidores de arquivos remotos via protocolos de rede. Drivers de sistemas de arquivos remotos cooperam com o gerenciador de E/S, mas, em vez de interagir com drivers de volume, interagem com drivers de sistemas de arquivos remotos em outros computadores.[207]

Em geral, um driver de sistema de arquivo pode agir como uma caixa-preta; ele provê suporte para um sistema de arquivo particular, tal como NTFS, independentemente do volume de armazenamento subjacente no qual os arquivos residem. Drivers de sistemas de arquivos provêem a ligação entre a visualização que o usuário tem de um sistema de arquivo e a representação real dos dados em um volume de armazenamento.

21.8.2 NTFS

NTFS é o sistema de arquivo default para o Windows XP. Quando criou a linha de sistemas operacionais NT, a Microsoft decidiu construir um novo sistema de arquivo para resolver as limitações do sistema de arquivo FAT usado em DOS e em versões mais antigas do Windows. O FAT, que usa um esquema de alocação tabular não contígua (ver Seção 13.6.3, Alocação de arquivo tabular não contígua), não escala muito bem para unidades de discos grandes. Por exemplo, uma tabela de alocação para FAT32 (o sistema de arquivo incluído no Windows ME) em um disco rígido de 32 GB usando clusters de 2 KB consome 64 MB de memória. Além disso, o FAT32 não pode endereçar mais do que 2^{32} blocos de dados. A limitação de endereçamento do FAT foi um problema para o FAT12 (FAT de 12 bits) e para o FAT16 (FAT de 16 bits) e, sem dúvida, será um problema no futuro para o FAT32. Para evitar essas deficiências, o NTFS usa uma abordagem indexada (ver Seção 13.6.4, Alocação de arquivos não contígua indexada) com ponteiros de 64 bits, o que permite ao NTFS endereçar até 16 exabytes (isto é, 16 bilhões de gigabytes) de armazenamento. Além disso, o NTFS inclui características adicionais que tornam um sistema de arquivo mais robusto. Algumas dessas características são compressão de arquivo, criptografia de arquivo, suporte para vários fluxos de dados e aperfeiçoamentos de nível de usuário (por exemplo, suporte para ligações estritas e navegação fácil do sistema de arquivo e do diretório).

Tabela mestra de arquivos

O arquivo mais importante de um volume NTFS é a **Tabela mestra de arquivos (Master File Table — MFT)**. A MFT armazena informações sobre todos os arquivos do volume, incluindo metadados de arquivos (por exemplo, horário da criação, nome do arquivo e se o arquivo é somente de leitura etc.). A MFT é dividida em seis registros de tamanho fixo, usualmente de 1 KB. Cada arquivo tem uma entrada na MFT que consiste pelo menos em um registro, mais registros adicionais, se necessário.[208]

O NTFS armazena todas as informações sobre um arquivo em atributos, cada um composto de um cabeçalho e de dados. O cabeçalho contém o tipo (por exemplo, file_name), o nome (necessário para arquivos que têm mais de um atributo do mesmo tipo) e as flags do atributo. Se qualquer um dos atributos de um arquivo não couber no primeiro registro MFT do arquivo, o NTFS cria um atributo especial que armazena ponteiros para os cabeçalhos de todos os atributos localizados em registros diferentes. Os dados de um atributo podem ter tamanhos variáveis. Dados de atributos que cabem em uma entrada MFT são armazenados na entrada para acesso rápido; atributos cujos dados residem na entrada MFT são denominados **atributos residentes**. Como os próprios dados de arquivo são um atributo, o sistema armazena arquivos pequenos inteiramente dentro de sua entrada MFT. O NTFS armazena **atributos não residentes**, os atributos cujos dados não cabem dentro da entrada MFT, em outro lugar do disco.[209]

O sistema grava a localização de atributos não residentes usando três números. O numero lógico de cluster (logical cluster number — LCN) informa ao sistema em qual cluster do disco o atributo está localizado. A extensão de execução indica quantos clusters o atributo abrange. Uma vez que um atributo de arquivo pode ser dividido em múltiplos fragmentos, o número de cluster virtual (virtual cluster number — VCN) informa ao sistema para qual cluster do atributo o LCN aponta. O primeiro VCN é zero.[210]

A Figura 21.10 apresenta um exemplo de entrada MFT multirregistro que contém atributos residentes e não residentes. O Atributo 3 é um atributo não residente. A porção de dados do Atributo 3 contém uma lista de ponteiros para o arquivo em disco. Os 10 primeiros clusters estão armazenados nos clusters de disco (isto é, LCNs) 1023-1032. O décimo primeiro cluster, VCN 10, está armazenado no cluster de disco 624. Atributos 1 e 2 são atributos residentes, portanto, eles estão armazenados no primeiro registro MFT; atributos 3 e 4 são atributos não residentes armazenados no segundo registro MFT.

NTFS armazena diretórios como arquivos. Cada arquivo de diretório contém um atributo denominado index que armazena a lista de arquivos dentro do diretório. A entrada de diretório de cada arquivo contém o nome do arquivo e informações padronizadas de arquivo, como o horário da modificação mais recente e o tipo de acesso do arquivo (por exemplo, somente de leitura). Se o atributo index for muito grande para ser um atributo residente, o NTFS cria buffers de índicex para conter as entradas adicionais. Um atributo adicional, o index_root, descreve em que lugar do disco os buffers de qualquer índice estão armazenados.

Para facilitar a consulta ao diretório, o NTFS ordena entradas de diretório alfabeticamente. O NTFS estrutura um diretório de tamanho grande (que não seja um atributo residente) em uma árvore B de dois níveis. A Figura 21.11 apresenta um exemplo de diretório. Suponha que o sistema direcione o NTFS a achar o arquivo e.txt. O NTFS inicia a busca no atributo index, onde encontra a.txt. O arquivo a.txt vem antes de e.txt, de modo que o NTFS faz uma varredura até o arquivo seguinte, j.txt. Como j.txt vem depois de e.txt, o NTFS continua até o nodo-filho apropriado de a.txt. O NTFS procura no primeiro buffer de índices, obtém sua localização no volume pela informação que está no atributo index_root. Esse buffer de índices começa com b.txt; o NTFS examina o primeiro buffer de índices até encontrar e.txt.[211]

O Windows XP permite que múltiplas entradas de diretório (no mesmo diretório ou em diretórios diferentes) apontem para o mesmo arquivo físico. O sistema pode criar um novo caminho (isto é, uma nova entrada de diretório) para um arquivo já existente, isto é, uma ligação estrita (ver Seção 13.4.2, Metadados). Primeiro, ele atualiza a entrada MFT do arquivo existente adicionando um novo atributo file_name e incrementando o valor do atributo hard_link. Em seguida, cria a nova entrada de diretório para apontar para a entrada MFT do arquivo existente. O NTFS trata cada ligação estrita recém-criada para um arquivo exatamente como trata o nome do arquivo original. Se um usuário 'mover' o arquivo, o valor de um atributo file_name é mudado do antigo nome de caminho para o novo. O NTFS não deleta o arquivo até que todas as ligações estritas com o arquivo sejam removidas. Não permite ligações estritas com arquivos de diretórios e, porque ligações estritas apontam diretamente para entradas MFT, uma ligação estrita deve apontar para um arquivo que reside no mesmo volume físico.[212, 213]

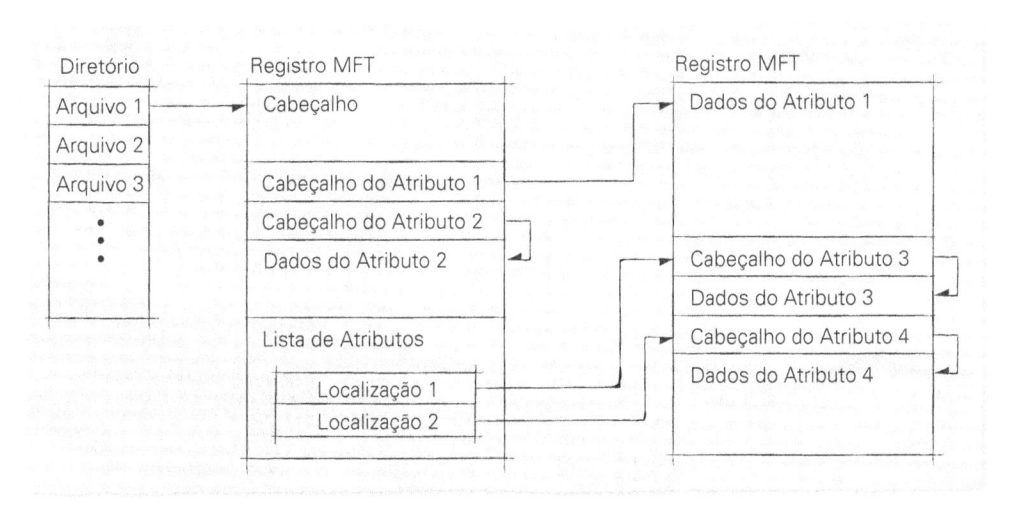

Figura 21.10 | *Entrada de Tabela Mestra de Arquivo (MFT) para um exemplo de arquivo.*

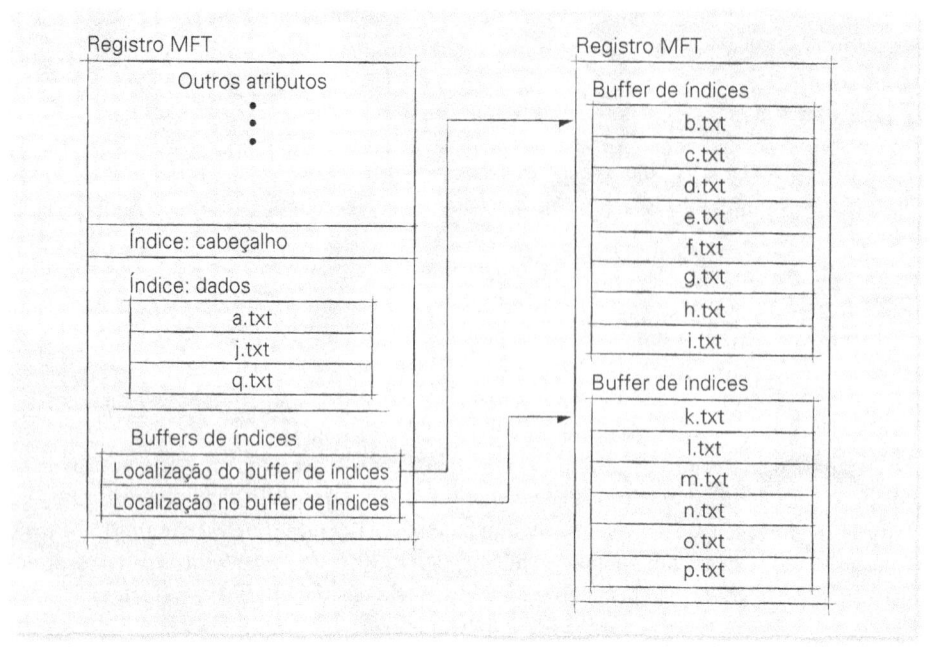

Figura 21.11 | *Conteúdos de diretórios são armazenados em árvores B.*

Fluxo de dados

O conteúdo (isto é, os dados de arquivo propriamente ditos) de um arquivo NTFS está armazenado em um ou mais **fluxos de dados**. Um fluxo de dados é simplesmente um atributo de um arquivo NTFS que contém dados de arquivo. Diferentemente de muitos outros sistemas de arquivo, entre eles o FAT, o NTFS permite que usuários coloquem vários fluxos de dados em um só arquivo. O **fluxo de dados default**, sem nome, é o que a maior parte das pessoas considera ser o 'conteúdo' de um arquivo. Os arquivos NTFS podem ter vários **fluxos de dados alternados.** Esses fluxos podem armazenar metadados referentes a um arquivo, como autor, resumo ou número de versão. Também podem ser uma forma de dados suplementares, como uma pequena imagem de demonstração associada com um grande mapa de bits ou uma cópia de segurança de um arquivo de texto.

NTFS considera que cada fluxo de dados de um arquivo é um atributo do tipo Data. Lembre-se de que a informação de cabeçalho de um atributo armazena o tipo do atributo (nesse caso, Data) e também o nome do atributo. O NTFS distingue diferentes fluxos de dados alternados usando o nome do atributo; o fluxo de dados default não tem nome. Usar atributos separados para cada fluxo de dados habilita o sistema a acessar qualquer fluxo de dados sem examinar o resto do arquivo.[214]

Compressão de arquivos

NTFS permite que usuários comprimam arquivos e pastas por meio da interface GUI ou via chamadas ao sistema. Quando um usuário comprime uma pasta, o sistema comprime qualquer arquivo ou pasta que seja adicionado à pasta comprimida. A compressão é transparente; aplicações podem abrir, manipular e salvar arquivos comprimidos usando as mesmas chamadas API que usariam com arquivos não comprimidos. Essa capacidade existe porque o NTFS descomprime e recomprime arquivos no nível do sistema; isto é, o sistema lê o arquivo comprimido e o descomprime na memória e, então, comprime novamente o arquivo quando ele é salvo.[215]

NTFS usa o **algoritmo de Lempel-Ziv** para comprimir arquivos.[216] O algoritmo de Lempel-Ziv é um dos algoritmos de compressão mais comumente usados. Por exemplo, a aplicação *WinZip* e a aplicação *gzip*, que é popular em sistemas compatíveis com UNIX, ambas usam compressão Lempel-Ziv.[217]

NTFS usa compressão segmentada dividindo os arquivos em **unidades de compressão** e comprimindo uma unidade por vez. Uma unidade de compressão consiste em 16 clusters; na maioria dos sistemas, o tamanho do cluster é 2 KB ou 4 KB, mas clusters podem variar desde 512 bytes até 64 KB. Às vezes, comprimir uma porção do arquivo não reduz significativamente seu tamanho. Nesse caso, a compressão e a descompressão adicionam sobrecarga desnecessária. Se a versão comprimida de uma unidade de compressão ainda ocupar 16 clusters, o NTFS armazena a unidade de compressão em seu estado não comprimido.[218]

Embora arquivos (ou seções de arquivos) maiores tendam a comprimir melhor do que arquivos pequenos, essa abordagem de segmentação reduz o tempo de acesso ao arquivo. Compressão segmentada também habilita arquivos NTFS a comprimir arquivos enquanto uma aplicação o modifica. Porções modificadas do arquivo são guardadas em cache na memória. Como uma porção do arquivo que foi modificada uma vez provavelmente será modificada de novo, recomprimir constantemente o arquivo enquanto ele está aberto é ineficiente. Um thread escritor tardio de baixa prioridade é responsável por comprimir os dados modificados e escrevê-los para disco.[219]

Criptografia de arquivos

NTFS realiza criptografia de arquivos do mesmo modo que realiza compressão de arquivos, isto é, dividindo o arquivo em unidades de 16 clusters e criptografando cada unidade separadamente. Aplicações podem especificar que um arquivo deve ser criptografado em disco quando criado ou, se o usuário tiver direitos de acesso suficientes, uma aplicação que executa em nome do usuário pode criptografar um arquivo existente. O sistema criptografará qualquer arquivo ou pasta para um thread de modo usuário, exceto arquivos de sistema, pastas de sistema e diretórios raízes. Uma vez que esses arquivos e pastas são compartilhados por todos os usuários, nenhum thread de modo usuário pode criptografá-los (e, portanto, não permitir que outros usuários tenham acesso a eles).[220]

NTFS usa um par de chaves pública/privada (Ver Seção 19.2, Criptografia) para criptografar arquivos. NTFS cria **chaves de recuperação** que administradores podem usar para decriptar qualquer arquivo, o que impede que arquivos fiquem permanentemente perdidos quando usuários esquecerem suas chaves ou mudarem de emprego.[221]

NTFS armazena chaves criptográficas no reservatório de não paginadas na memória do sistema por razões de segurança, de modo a assegurar que as chaves criptográficas nunca sejam escritas para o disco. Armazenar chaves em disco compromete a segurança do volume de armazenamento porque usuários mal-intencionados poderiam primeiramente acessar as chaves criptográficas e, então, decriptar os dados.[222] Em vez de armazenar as chaves propriamente ditas, o NTFS criptografa chaves privadas usando uma 'chave mestra' gerada aleatoriamente para cada usuário; a chave mestra é uma chave simétrica (isto é, faz criptografia e decriptação). A chave privada é armazenada em disco sob essa forma criptografada. A chave mestra em si é criptografada por uma chave gerada a partir da senha do usuário e armazenada em disco. A chave de recuperação do administrador é armazenada em disco de maneira similar.[223]

Quando o NTFS criptografa um arquivo, criptografa todos os fluxos de dados daquele arquivo. A criptografia e a decriptação de arquivos do NTFS são transparentes para aplicações. Note que a criptografia NTFS assegura que os arquivos que residem em um volume de armazenamento secundário sejam arquivados em forma criptografada. Se os dados forem armazenados em um servidor remoto, o usuário deve adotar precauções adicionais para protegê-lo durante uma transferência por rede, tal como usar uma conexão de Camada de Soquetes Seguros (SSL).[224]

Arquivos esparsos

Um arquivo cuja maior parte dos dados não é usada (isto é, ajustados em zero), como um arquivo de imagens que tem uma grande parte do espaço em branco, é denominado um **arquivo esparso**. Arquivos esparsos também podem aparecer em bancos de dados e dados científicos com matrizes esparsas. Um arquivo esparso de 4 MB pode conter somente 1 MB de dados que não sejam zero; armazenar os 3 MB de zeros em um disco é desperdício. A compressão, embora seja uma opção, degrada o desempenho, por causa da necessidade de descomprimir e comprimir dados quando eles são usados. Portanto, NTFS provê suporte para arquivos esparsos.[225]

Um thread especifica explicitamente que um arquivo é esparso. Se um thread converter um arquivo normal em arquivo esparso, ele fica responsável por indicar áreas do arquivo que contêm grandes carreiras de zeros. NTFS não armazena esses zeros em disco, mas mantém controle deles em uma lista de blocos de zeros no arquivo. Cada entrada da lista contém as posições inicial e final de uma carreira de zeros do arquivo. A porção utilizada do arquivo é armazenada no disco da maneira usual. Aplicações podem acessar apenas os segmentos usados do arquivo ou o arquivo inteiro, caso em que o NTFS gera um fluxo de zeros onde necessário.[226]

Quando uma aplicação escreve novos dados em um arquivo esparso, o thread escritor é responsável por indicar áreas dos dados que não devem ser armazenadas em disco, mas, sim, na lista de blocos de zeros. Se uma escrita contiver uma unidade de compressão inteiramente de zeros (isto é, 16 clusters de zeros), o NTFS reconhece isso e registra o bloco vazio na lista de blocos de zeros em vez de escrever a unidade de compressão cheia de zeros no disco. (A operação de escrita deve ser feita utilizando uma chamada de API especial que notifica o NTFS de que os dados escritos são compostos exclusivamente de zeros.) O resultado é que, quando uma aplicação pode especificar faixas exatas de zeros para melhor gerenciamento da memória, o sistema também executa alguma otimização de memória por conta própria.[227]

Pontos de reanálise e volumes montados

Lembre-se da nossa discussão anterior sobre ligações estritas do NTFS na subseção da Tabela mestra de arquivos. Observamos que elas são limitadas porque não podem apontar para diretórios, e os dados para os quais apontam devem residir no mesmo volume que as ligações estritas. O NTFS inclui um atributo de arquivo denominado **ponto de reanálise** para resolver essas limitações. Um ponto de reanálise contém um rótulo de 32 bits e pode conter até 16 KB de dados de atributo. Quando o sistema acessa um arquivo que tenha um ponto de reanálise, ele processa primeiramente a informação do ponto de reanálise. O NTFS usa o rótulo para determinar qual driver de filtro de sistema de arquivos deve tratar os dados do ponto de reanálise. O driver de filtro apropriado lê os dados do atributo e executa alguma função, tal como verificar a presença de vírus, decriptar um arquivo ou localizar os dados do arquivo.[228]

Pontos de reanálise permitem que aplicações estabeleçam ligações com arquivos que estão em um outro volume. Por exemplo, dados de disco rígido pouco usados às vezes são transferidos para um dispositivo de armazenamento terciário, como uma unidade de fita. Embora o NTFS possa deletar os dados do arquivo após tê-los copiado para um dispositivo de armazenamento terciário (para poupar espaço no disco rígido), ele retém o registro MFT do arquivo. O NTFS também adiciona um ponto de reanálise especificando de onde recuperar os dados. Quando uma aplicação acessa os dados, o NTFS encontra o ponto de reanálise e usa seu rótulo para chamar o driver de sistema de arquivo apropriado que recupera os dados do armazenamento terciário e os copia de volta para o disco. Essa operação é transparente para a aplicação.[229]

Além disso, pontos de reanálise são usados para montar volumes. Os dados do ponto de reanálise especificam o diretório raiz do volume a montar e como encontrar o volume, e o driver de sistema de arquivo usa essa informação para montar aquele volume. Desse modo, um usuário pode pesquisar uma única estrutura de diretório que inclui vários volumes. Um ponto de reanálise pode associar qualquer diretório dentro de um volume NTFS com o diretório raiz de qualquer volume; esse diretório é denominado um diretório de montagem. O NTFS redireciona todos os acessos ao diretório de montagem para o volume montado.[230]

Um ponto de reanálise pode ser usado para criar uma **junção de diretório** — um diretório que se refere a um outro diretório, similar a uma ligação simbólica de diretório no Linux. O ponto de reanálise especifica o nome de caminho do diretório ao qual a junção de diretório se refere, o que é semelhante a montar volumes, exceto que ambos os diretórios devem estar dentro do mesmo volume. O diretório referido deve estar vazio; um usuário deve eliminar a junção de diretório antes de inserir arquivos ou pastas no diretório de referência.[231]

21.9 Gerenciamento de entrada/saída

Gerenciar entrada/saída (E/S) no Windows XP envolve muitos componentes de sistema operacional (Figura 21.12). Processos de modo usuário interagem com um subsistema de ambiente (como o subsistema Win32) e não diretamente com componentes de modo núcleo. Os subsistemas de ambiente passam requisições de E/S para o **gerenciador de E/S** que interage com drivers de dispositivo para tratar essas requisições. Freqüentemente, vários drivers de dispositivo organizados em uma pilha de drivers cooperam para atender a uma requisição de E/S.[232] O **gerenciador de plug-and-play (PnP)** reconhece dinamicamente quando novos dispositivos são adicionados ao sistema (contanto que esses dispositivos suportem PnP) e aloca e desaloca recursos (tais como portas de E/S ou canais de DMA) a eles. Dispositivos desenvolvidos mais recentemente suportam PnP. O **gerenciador de energia** administra a política de gerenciamento de energia do sistema operacional. A política de energia determina se reduz a energia para certos dispositivos para conservar energia ou se os mantém completamente energizados para alta responsividade.[233] Descreveremos o gerenciador de PnP e o gerenciador de energia mais detalhadamente logo adiante, nesta seção. Primeiro, descreveremos como esses componentes e drivers de dispositivos cooperam para gerenciar E/S no Windows XP.

21.9.1 Drivers de dispositivos

O Windows XP armazena informações sobre cada dispositivo em um ou mais **objetos dispositivos**. Um objeto dispositivo armazena informações específicas de objeto (por exemplo, o tipo de dispositivo e a requisição de E/S corrente que está sendo processada) e é usado para processar as requisições de E/S do dispositivo. Muitas vezes, um determinado dispositivo tem diversos objetos dispositivos associados com ele porque diversos drivers, organizados em uma **pilha de drivers**, tratam requisições de E/S para aquele dispositivo. Cada driver cria um objeto dispositivo para aquele dispositivo.[234]

A pilha de drivers consiste em diversos drivers que executam tarefas diferentes para o gerenciamento de E/S. Um **driver de baixo nível** — um driver que interage mais de perto com a HAL — controla um dispositivo periférico e não depende de nenhum driver de nível mais baixo; um driver de barramento é um driver de baixo nível. Um **driver de alto nível** abstrai aspectos específicos do hardware e passa requisições de E/S a drivers de baixo nível. Um driver de NTFS é um driver de alto nível que abstrai a maneira pela qual os dados são armazenados em disco. Um **driver intermediário** pode ser interposto entre drivers de alto nível e de baixo nível para filtrar ou processar requisições de E/S e exportar uma interface para um dispositivo específico; um driver de classe (isto é, um driver que implementa serviços comuns a uma classe de dispositivo) é um driver intermediário.

Por exemplo, uma pilha de drivers que trata entradas de mouse poderia incluir um driver de barramento PCI, um driver controlador USB, um driver de hub USB, um driver que executa aceleração do mouse e um driver que provê dados do mouse à interface de usuário e a processos que chegam. Os drivers cooperam para processar a entrada por mouse. Os drivers para os vários barramentos de hardware (por exemplo, barramento PCI, controlador USB e barramento USB) processam interrupções e tratam gerenciamento de PnP e de energia para o mouse; o driver intermediário trata os dados provendo aceleração para o mouse; e o driver de alto nível traduz os dados que chegam e os envia a uma aplicação GUI de nível de usuário.[235]

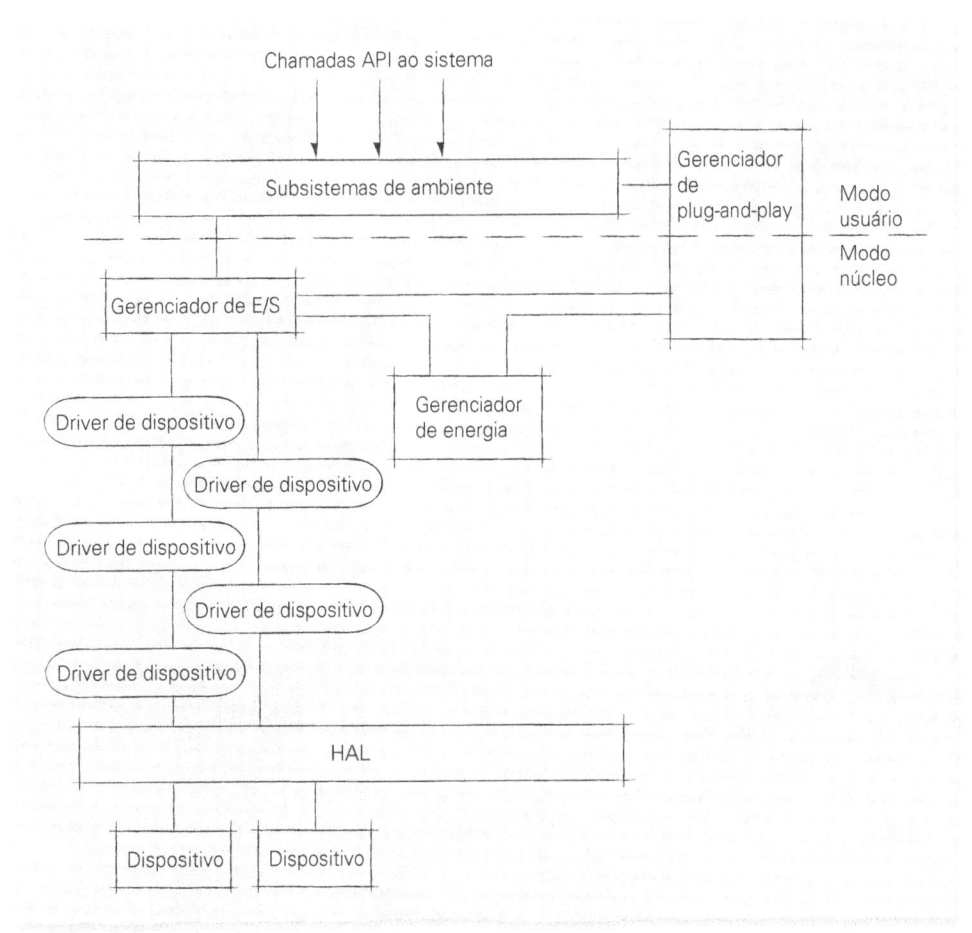

Figura 21.12 | *Componentes de suporte de E/S do Windows XP.*

Todos esses tipos de drivers referem-se a **drivers de modo núcleo**. Outros drivers, como alguns drivers de impressora, podem ser **drivers de modo usuário**; esses drivers executam em espaço de usuário e são específicos para um subsistema de ambiente.[236]

Drivers de modo núcleo funcionam no contexto do thread que está executando correntemente, o que quer dizer que desenvolvedores não podem pressupor que um driver executará no contexto do mesmo thread toda vez que o código do driver executar. Contudo, drivers precisam armazenar informações de contexto, como informações de estado de dispositivos, dados de drivers e manipuladores para objetos de núcleo. Drivers armazenam essas informações em uma **extensão de dispositivo**. O Windows XP aloca uma porção da memória não paginada para os drivers armazenarem extensões de dispositivos. Cada objeto dispositivo aponta para uma extensão de dispositivo, e um driver usa a extensão do dispositivo para cada dispositivo que atende para armazenar informações e objetos necessários para processar E/S para aquele dispositivo.[237]

O sistema representa um driver de dispositivo com um **objeto driver** que armazena os objetos dispositivos para os dispositivos que o driver atende. O objeto driver também armazena ponteiros para rotinas de driver padronizadas.[238] Muitas dessas rotinas devem ser implementadas por todos os drivers de modo núcleo. Entre elas estão funções para adicionar um dispositivo, descarregar o driver e certas rotinas para processar requisições de E/S (como ler e escrever). Outras rotinas de driver padronizadas são implementadas somente por certas classes de drivers. Por exemplo, somente drivers de baixo nível precisam implementar a rotina padronizada de controle de interrupções. Desse modo, todos os drivers exibem uma interface uniforme ao sistema implementando um subconjunto de rotinas de driver padronizadas.[239]

Plug-and-play (PnP)

Plug-and-play (PnP), introduzido na Seção 2.4.4, descreve a capacidade de um sistema de adicionar ou remover componentes de hardware dinamicamente e redistribuir recursos adequadamente (por exemplo, portas de E/S e canais de DMA). Uma combinação de suporte de hardware e software habilita essa funcionalidade. Suporte de hardware envolve reconhecer quando um usuário adiciona ou remove componentes de um sistema e identificar facilmente esses componentes. O sistema operacional, bem como os drivers de terceiros, devem cooperar para prover suporte de software para PnP. O suporte do Windows XP para PnP envolve utilizar informações fornecidas por dispositivos de hardware, a capacidade de alocar dinamicamente recursos a dispositivos e uma interface de programação para que drivers de dispositivos interajam com o sistema PnP.[240]

O Windows XP implementa PnP com o **gerenciador de PnP** que é dividido em dois componentes, um em espaço de usuário e o outro em espaço de núcleo. O gerenciador PnP de modo núcleo configura e gerencia dispositivos e aloca recursos de sistema. O gerenciador de PnP de modo usuário interage com programas de instalação de dispositivos e notifica processos de modo usuário quando ocorreu algum evento de dispositivo para o qual o processo registrou um ouvinte. O gerenciador de PnP automatiza a maioria das tarefas de manutenção de dispositivos e adapta-se dinamicamente a mudanças de hardware e de recursos.[241]

Fabricantes de drivers devem seguir certas diretrizes para suportar PnP para Windows XP. O gerenciador de PnP coleta informações dos drivers enviando-lhes consultas. Essas consultas são denominadas **requisições de E/S PnP** porque são enviadas na forma de pacotes de requisições E/S (IRPs). IRPs são descritos na Seção 21.9.2, Processamento de entrada e saída. Drivers de PnP devem implementar funções que respondam a essas requisições de E/S PnP. O gerenciador de PnP usa informações das requisições para alocar recursos a dispositivos de hardware. Drivers de PnP também devem se abster de procurar hardware ou alocar recursos porque o gerenciador de PnP realiza essas tarefas.[242] A Microsoft aconselha todos os fabricantes de drivers a suportar PnP, mas o Windows XP suporta drivers não PnP para compatibilidade herdada.[243]

Gerenciamento de energia

O **gerenciamento de energia** é o componente do executivo que administra a **política de energia** do sistema.[244] A política de energia determina como o gerenciador de energia administra o consumo de energia pelo sistema e pelos dispositivos. Por exemplo, quando a política de energia enfatiza a conservação, o gerenciador de energia tenta desligar dispositivos que não estão em uso. Quando a política de energia enfatiza o desempenho, o gerenciador de energia deixa esses dispositivos ligados para obter tempos de resposta rápidos.[245] Drivers que suportam gerenciador de energia devem ser capazes de responder a consultas ou diretivas feitas pelo gerenciador de energia.[246] O gerenciador de energia consulta um driver para determinar se uma mudança no estado de energia de um dispositivo é viável ou se destruirá o trabalho do dispositivo. O gerenciador de energia também pode mandar um driver mudar o estado de energia de um dispositivo.[247]

Os estados de energia de dispositivos podem ser D0, D1, D2 e D3. Um dispositivo no estado D0 está totalmente energizado e um dispositivo em D3 está desligado.[248] Nos estados D1 e D2, o dispositivo está em estado adormecido (isto é, recebendo pouca energia) e, quando o dispositivo retorna ao estado D0, o sistema precisará reinicializar uma certa parcela do seu contexto. Um dispositivo em D1 retém uma parte maior do seu contexto e está em estado mais energizado do que um dispositivo em D2.[249] Além de controlar os estados de energia de dispositivos, o gerenciador de energia controla o estado de energia geral do sistema, que é denotado por valores de S0 a S5. O estado S0 é um estado de trabalho totalmente energizado e S5 denota que o computador está desligado. Estados S1 a S4 representam estados nos quais o computador está ligado, mas em estado adormecido; um sistema em S1 está mais próximo de totalmente energizado, e em S4 está mais próximo de desligado.[250]

Modelo de Driver do Windows (WDM)

A Microsoft definiu um modelo de driver padronizado — o **Modelo de Driver do Windows (Windows Driver Model — WDM)** — para promover compatibilidade de código-fonte por todas as plataformas Windows. O Windows XP suporta drivers não WDM para manter compatibilidade com drivers herdados, mas a Microsoft recomenda que todos os drivers novos sejam drivers WDM. Esta seção esboça brevemente as diretrizes do WDM.[251]

O WDM define três tipos de drivers de dispositivo. **Drivers de barramento** que fazem interface com um barramento de hardware, tal como um barramento SCSI ou PCI, provêem algumas funções genéricas para os dispositivos ligados ao barramento, enumeram esses dispositivos e tratam requisições de E/S. Cada barramento deve ter um driver de barramento, e a Microsoft fornece drivers de barramento para a maioria dos barramentos.[252]

Drivers de filtro são opcionais e servem para uma variedade de propósitos. Podem modificar o comportamento do hardware (por exemplo, provêem aceleração ao mouse ou habilitam um joystick a emular um mouse) ou acrescentar características adicionais a um dispositivo (por exemplo, implementar verificações de segurança ou fundir dados de áudio de duas aplicações diferentes para reprodução simultânea). Adicionalmente, drivers de filtro podem ordenar requisições de E/S entre diversos dispositivos. Por exemplo, um driver de filtro pode atender a vários dispositivos de armazenamento e ordenar requisições de leitura e escrita entre vários dispositivos. Drivers de filtro podem ser colocados em inúmeras localizações na pilha do dispositivo — um driver de filtro que modifica comportamento de hardware é colocado perto do driver de barramento, ao passo que um driver que provê alguma característica de alto nível é colocado próximo à interface de usuário.[253]

Um **driver de função** implementa a função principal de um dispositivo. O driver de função de um dispositivo faz a maior parte do processamento de E/S e provê a interface do dispositivo. O Windows XP agrupa dispositivos que executam funções similares em uma classe de dispositivos (como uma classe de dispositivo impressora).[254] Um driver de função pode ser implementado como um **par de drivers de classe/miniclasse**.[255] Um driver de classe provê processamento genérico para uma determinada classe de drivers (por exemplo, uma impressora); um driver de miniclasse provê a funcionalidade específica para um dispositivo particular (por exemplo, um determinado modelo de impressora). Normalmente, a Microsoft provê drivers de classe, e os fabricantes de drivers fornecem os drivers de miniclasse.[256]

Todos os drivers WDM devem ser projetados ou como um driver de barramento ou como um driver de filtro ou como um driver de função.[257] Além disso, drivers WDM devem suportar PnP, gerenciamento de energia e **Instrumentação de Gerenciamento Windows (Windows Management Instrumentation — WMI).**[258] Drivers que suportam WMI provêem aos usuários dados de medição e instrumentação entre os quais figuram dados de configuração, dados de diagnóstico e dados de customização. Além disso, drivers WMI permitem que aplicações de usuário se registrem para eventos WMI definidos por drivers. O propósito principal do WMI é prover informações de hardware e de sistema a processos usuários e permitir a esses processos maior controle na configuração de dispositivos.[259]

21.9.2 Processamento de entrada/saída

O Windows XP descreve requisições de E/S como **pacotes de requisições de E/S (I/O request packets — IRPs)**. IRPs contêm todas as informações necessárias para processar uma requisição de E/S. Um IRP (Figura 21.13) é composto de um bloco de cabeçalho e uma pilha de E/S. Grande parte das informações do bloco de cabeçalho não muda durante o processamento da requisição. O bloco de cabeçalho registra informações, como o modo do requerente (núcleo ou usuário), flags (por exemplo, se deve usar cache) e informações sobre o buffer de dados do requerente.[260] O bloco de cabeçalho também contém o **bloco de estado de E/S**, que indica se uma requisição de E/S foi concluída com sucesso ou, se não foi, indica o código de erro da requisição.[261]

A porção da pilha de E/S de um IRP contém pelo menos uma localização diferente de pilha para cada driver na pilha de dispositivo do dispositivo-alvo. Cada localização de pilha de E/S contém informações específicas de que cada driver necessita para processar o IRP, em particular o **código de função principal** e o **código de função secundária** do IRP. A Figura 21.14 lista diversos códigos de função principal. O código de função principal especifica a função IRP geral, como ler (IRP_MJ_READ) ou escrever (IRP_MJ_WRITE). Em alguns casos, ele designa uma classe de IRPs, como IRP_MJ_PNP, que especifica que o IRP é uma requisição de E/S PnP. Então, o código de função secundária indica a função de E/S particular a executar.[262] Por exemplo, o gerenciador de PnP inicia um dispositivo especificando o código de função principal IRP_MJ_PNP e o código de função secundária IRP_MN_START_DEVICE. Cada localização da pilha de E/S contém diversos outros campos, entre eles um ponteiro para o objeto dispositivo visado e alguns parâmetros específicos de dispositivo.[263] Cada driver acessa uma localização da pilha e, antes de passar o IRP para o driver seguinte, o driver que está executando correntemente inicializa a localização da pilha do próximo driver designando um valor para cada campo da pilha.[264]

Processamento de uma requisição de E/S

O gerenciador de E/S e os drivers de dispositivo cooperam para atender a uma requisição de E/S. A Figura 21.15 descreve o caminho que um IRP percorre enquanto o sistema atende a uma requisição de E/S de um processo de modo usuário.

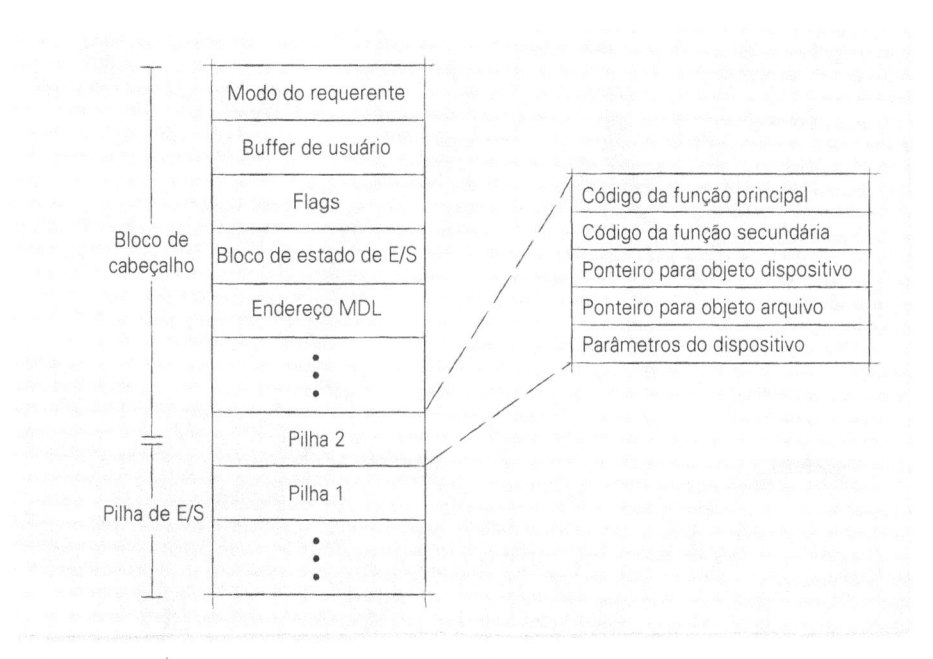

Figura 21.13 | *Pacote de requisição de E/S (IRP).*

Código de função principal	Razão típica para enviar um IRP com esse código de função principal
IRP_MJ_READ	Processo de modo usuário requisita ler de um arquivo.
IRP_MJ_WRITE	Processo de modo usuário requisita escrever para um arquivo.
IRP_MJ_CREATE	Processo de modo usuário requisita um manipulador para um objeto arquivo.
IRP_MJ_CLOSE	Todos os manipuladores para um objeto arquivo foram liberados, e todas as requisições de E/S notáveis foram concluídas.
IRP_MJ_POWER	Gerenciador de energia consulta um driver ou determina que um driver mude o estado de energia de um dispositivo.
IRP_MJ_PNP	Gerenciador de PnP consulta um driver, aloca recursos a um dispositivo ou determina que o driver execute alguma operação.
IRP_MJ_DEVICE_CONTROL	Processo de modo usuário chama a função de controle de E/S de um dispositivo para recuperar informações sobre um dispositivo ou para determinar que um dispositivo execute alguma operação (por exemplo, formatar um disco).

Figura 21.14 | *Exemplos de códigos de funções principais no Windows XP.*

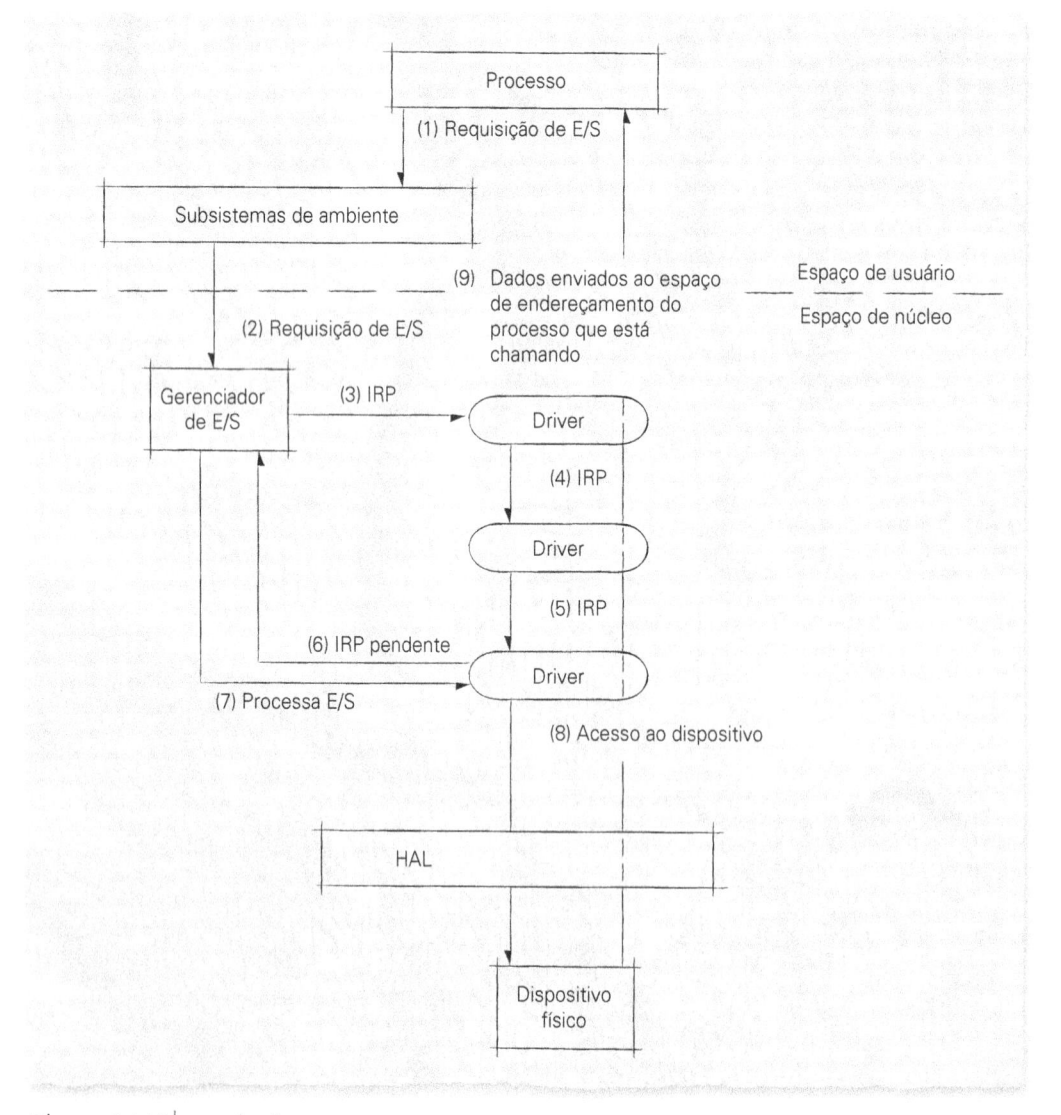

Figura 21.15 | *Atendendo a um IRP.*

Primeiro, um thread passa a requisição de E/S para o subsistema de ambiente associado ao thread (1). O subsistema de ambiente passa essa requisição para o gerenciador de E/S (2). O gerenciador de E/S interpreta a requisição e constrói um IRP (3). Cada driver da pilha acessa sua localização de pilha de E/S, processa o IRP, inicializa a localização da pilha para o próximo driver e passa o IRP para o próximo driver da pilha (4 e 5). Adicionalmente, um driver de alto nível ou intermediário pode dividir uma única requisição de E/S em requisições menores criando mais IRPs. Por exemplo, no caso de uma leitura para um subsistema RAID, o driver do sistema de arquivo poderia construir diversos IRPs habilitando diferentes partes da transferência de dados a prosseguir em paralelo.[265] Qualquer driver, exceto um driver de baixo nível, pode registrar uma **rotina de conclusão de E/S** junto ao gerenciador de E/S. Drivers de baixo nível concluem a requisição de E/S e, portanto, não precisam de rotinas de conclusão de E/S. Quando o processamento de um IRP termina, o gerenciador de E/S continua subindo a pilha, chamando todas as conclusões de E/S registradas. Um driver pode especificar que sua rotina de conclusão seja invocada se um IRP concluir com sucesso, produzir um erro e/ou for cancelado. Uma rotina de conclusão de E/S pode ser usada para tentar novamente um IRP que falhou.[266] Além disso, drivers que criam novos IRPs são responsáveis por descartá-los quando o processamento concluir; executam essa tarefa usando uma rotina de conclusão de E/S.[267]

Assim que o IRP alcançar o driver de nível mais baixo, esse verifica se os parâmetros de entrada são válidos e, então, notifica o gerenciador de E/S que há um IRP pendente para um determinado dispositivo (6). O gerenciador de E/S determina se o dispositivo em questão está disponível.[268] Se estiver, o gerenciador de E/S chama a rotina do driver que trata a operação de E/S (7). A rotina do driver coopera com a HAL para determinar que o dispositivo execute uma ação em nome do thread requisitante (8). Finalmente, os dados são enviados ao espaço de endereçamento do processo que está chamando (9). Os diferentes métodos para transferir E/S serão descritos mais adiante, nesta seção. Se o dispositivo não estiver disponível, o gerenciador de E/S enfileira o IRQ para ser processado mais tarde.[269] A Seção 21.9.3, Tratamento de interrupções, descreve como o Windows XP conclui processamento de E/S.

E/S síncrona e assíncrona

O Windows XP suporta requisições de E/S síncronas e assíncronas. A Microsoft usa o termo **E/S sobreposta** significando E/S assíncrona. Se um thread emitir uma requisição de E/S síncrona, ele entra em estado *de espera*. Assim que o dispositivo atender à requisição de E/S, o thread entra em seu estado *pronto* e, quando obtiver o processador, conclui o processamento de E/S. Contudo, um thread que emitir uma requisição de E/S assíncrona pode continuar a executar outras tarefas enquanto o dispositivo em questão atende à requisição.[270]

O Windows XP provê diversas opções para gerenciar requisições de E/S assíncronas. Um thread pode sondar o dispositivo para determinar se uma E/S foi concluída. A sondagem pode ser útil quando o thread estiver executando um laço. Nesse caso, o thread pode realizar trabalho útil enquanto espera que a E/S conclua e processar a conclusão da E/S tão logo ela ocorra.

Alternativamente, um thread pode empregar um objeto evento e esperar que esse objeto entre no seu estado *sinalizado*.[271] Esse método é semelhante à E/S síncrona, exceto que o thread não entra no estado *de espera* imediatamente, mas, em vez disso, poderia executar algum processamento. Após concluir esse processamento, o thread espera pela conclusão da E/S exatamente como acontece com uma E/S síncrona.

Como uma terceira opção, um thread pode realizar **E/S vigilante**. Quando o sistema conclui o atendimento de uma requisição E/S vigilante, enfileira uma APC no thread requisitante. Da próxima vez que esse thread entrar em um estado *de espera* vigilante, processa essa APC.[272]

Além disso, threads podem realizar E/S assíncrona utilizando uma **porta de conclusão de E/S**. Diversos manipuladores de arquivo podem ser associados a uma porta de conclusão de E/S. Quando o processamento de E/S é concluído para um arquivo associado com um desses manipuladores, o gerenciador de E/S enfileira um pacote de conclusão de E/S na porta de conclusão de E/S. Vários threads registram-se na porta, bloqueiam e ficam esperando por esses pacotes. Quando chega um pacote, o sistema acorda um desses threads para concluir o processamento de E/S.[273]

Técnicas de transferência de dados

Um driver pode escolher entre três métodos de transferência de dados entre um dispositivo e o espaço de memória de um processo, ajustando flags no objeto dispositivo para aquele dispositivo.[274] Se o driver escolher E/S de buffer, o gerenciador de E/S aloca páginas de sistema para formar um buffer de tamanho equivalente ao do buffer do thread requisitante. Em requisições de leitura, o driver lê os dados para o buffer do sistema. O gerenciador de E/S transfere os dados para o buffer do thread da próxima vez que o thread requisitante obtiver o processador.[275] Para escritas, o gerenciador de E/S transfere os dados do buffer do thread para o buffer de sistema recém-alocado antes de passar o IRP para o driver de nível mais alto.[276] O buffer do sistema não age como um cache; ele é recuperado após a conclusão do processamento de E/S.

E/S de buffer é útil para pequenas transferências, como entradas de mouse ou de teclado, porque o sistema não precisa travar páginas de memória física já que primeiramente transfere os dados entre o dispositivo e o reservatório de não paginadas. Quando o VMM trava uma página da memória, ela não pode ser paginada para fora da memória. Contudo, para grandes transferências (isto é, mais do que uma página de memória), a sobrecarga causada por primeiramente copiar os dados para o buffer do sistema e, então, fazer uma segunda cópia para o buffer do processo reduz o desempenho de E/S. Além disso, como a memória do sistema fica fragmentada à medida que o sistema executa, o buffer para uma grande transferência possivelmente não será contíguo, degradando ainda mais o desempenho.[277]

Como uma alternativa, drivers podem empregar **E/S direta**, pela qual o dispositivo transfere dados diretamente para o buffer do processo. Antes de passar o IRP para o primeiro driver, o gerenciador de E/S cria uma **lista de descritores de memória (memory descriptor list — MDL)** que mapeia a faixa aplicável de endereços virtuais do processo requisitante para endereços da memória física. Então o VMM trava as páginas físicas listadas no MDL e constrói o IRP como um ponteiro para o MDL. Uma vez que o dispositivo conclua a transferência de dados (usando o MDL para acessar o buffer do processo), o gerenciador de E/S destrava as páginas de memória.[278]

Drivers podem optar por não usar E/S de buffer nem E/S direta e, em vez disso, usar uma técnica denominada **nenhuma das E/S**. Nessa técnica, o gerenciador de E/S passa IRPs que descrevem o destino dos dados (para uma leitura) ou sua origem (para uma escrita), usando os endereços virtuais do thread que está chamando. Uma vez que um driver que não está executando nenhuma das E/S precisa de acesso ao espaço de endereçamento virtual do thread que está chamando, ele deve executar no contexto desse thread. Para cada IRP, o driver pode decidir estabelecer uma transferência de E/S de buffer criando os dois buffers e passando um IRP de E/S de buffer para o seguinte driver mais baixo (lembre-se de que o gerenciador de E/S trata isso quando a flag de E/S de buffer estiver ligada). O driver também pode optar por criar uma MDL e estabelecer um IRP de E/S direta. Alternativamente, o driver pode executar todas as operações de transferência necessárias no contexto do thread que está chamando. Em qualquer desses casos, o driver deve tratar todas as exceções que possam ocorrer e assegurar que o thread que está chamando tenha direitos de acesso suficientes. O gerenciador de E/S trata essas questões quando é usada E/S direta ou E/S de buffer.[279]

Como um driver que empregar nenhuma das E/S deve executar no contexto do thread que está chamando, somente drivers de alto nível podem usar esse tipo de E/S. Drivers de alto nível podem garantir que entrarão no contexto do thread que está chamando; por outro lado, um driver intermediário ou de baixo nível é chamado por um outro driver e não pode pressupor que o outro driver executará no contexto do thread que está chamando.[280] Todos os drivers de uma pilha de drivers devem usar a mesma técnica de transferência para aquele dispositivo — senão a transferência falharia, porque os drivers de dispositivo executariam operações conflitantes — exceto o driver de nível mais alto, que pode optar por usar nenhuma das E/S.[281]

21.9.3 Tratamento de interrupções

Uma vez concluído o processamento de uma requisição de E/S, o dispositivo notifica o sistema com uma interrupção. O controlador de interrupções chama a **rotina de atendimento de interrupção (interrupt service routine — ISR)** associada com a interrupção daquele dispositivo.[282] Uma ISR é uma rotina padronizada utilizada para processar interrupções. Ela retorna false (falso) se o dispositivo com o qual estiver associada não estiver interrompendo, o que pode ocorrer porque mais de um dispositivo pode interromper no mesmo DIRQL. Se o dispositivo associado estiver interrompendo, a ISR processa a interrupção e retorna true (verdadeiro).[283] Quando um dispositivo que gera interrupções é instalado em um sistema Windows XP, um driver para aquele dispositivo deve registrar uma ISR junto ao gerenciador de E/S. Normalmente, drivers de baixo nível são responsáveis por prover ISRs para os dispositivos aos quais atendem.

Quando um driver registra uma ISR, o sistema cria um **objeto interrupção**.[284] Um objeto interrupção armazena informações relacionadas à interrupção, como o DIRQL específico em que a interrupção executa, o vetor de interrupção da interrupção e o endereço da ISR.[285] O gerenciador de E/S usa o objeto interrupção para associar um vetor de interrupção da **Tabela de Despacho de Interrupções (Interrupt Dispatch Table — IDT)** com a ISR. A IDT mapeia interrupções de hardware para vetores de interrupção.[286]

Quando ocorre uma interrupção, o núcleo mapeia uma requisição de interrupção específica de hardware para uma entrada na sua IDT, de modo a acessar o vetor de interrupção correto.[287] Muitas vezes, há mais dispositivos do que entradas na IDT, portanto, o processador deve determinar qual ISR usar. Faz isso executando, sucessivamente, cada ISR associada com o vetor aplicável. Quando uma ISR retorna false (falso) o processador chama a ISR seguinte.[288]

Uma ISR para um sistema Windows XP deve executar tão rapidamente quanto possível, e, então, enfileirar uma DPC para terminar o processamento da interrupção. Enquanto um processador estiver executando, uma ISR executa no DIRQL do dispositivo, o que mascara interrupções de dispositivos com DIRQLs mais baixos. Portanto, retornar rapidamente de uma ISR eleva a responsabilidade de um sistema a todas as interrupções de dispositivo. Além disso, executar em um DIRQL restringe as rotinas de suporte que podem ser chamadas (porque algumas dessas rotinas devem executar em algum IRQL abaixo do DIRQL). Além disso, executar uma ISR pode impedir que outros processadores executem a ISR — e algumas outras porções do código do driver —, porque o tratador de interrupção do núcleo retém a trava giratória do dispositivo enquanto estiver processando a ISR. Portanto, uma ISR deve determinar se o dispositivo com o qual está associada está interrompendo. Se não estiver, a ISR deve retornar false (falso) imediatamente; caso contrário, deve liberar a interrupção, reunir as informações requisitadas para o processamento da requisição, enfileirar uma DPC com essas informações e retornar true (verdadeiro). O driver pode usar a extensão do dispositivo para armazenar as informações necessárias para a DPC. Normalmente, a DPC será processada da próxima vez que o IRQL cair abaixo do nível DPC/despacho.[289]

21.9.4 Gerenciamento de cache de arquivo

Nem todas as operações de E/S requerem o processo apresentado nas seções anteriores. Quando os dados requisitados residem no cache do sistema de arquivo, o Windows XP pode atender a uma requisição de E/S sem um dispendioso acesso ao dispositivo e sem executar código de driver de dispositivo. O **gerenciador de cache** é o componente do executivo que gerencia cache de arquivo do Windows XP, que consiste em memória principal que faz cache de dados de arquivo.[290] O Windows XP não implementa caches separados para cada sistema de arquivo montado; em vez disso, ele mantém um único cache no âmbito de sistema.[291]

O Windows XP não reserva uma porção específica da RAM para funcionar como o cache de arquivo; em vez disso, porém, permite que o cache de arquivo cresça ou diminua dinamicamente, dependendo das necessidades do sistema. Se o sistema estiver executando muitas rotinas de E/S, o cache de arquivo cresce para facilitar a transferência rápida de dados. Se o sistema estiver executando programas grandes que consomem grandes quantidades de memória de sistema, o cache de arquivo diminui para reduzir a falta de páginas. Além do mais, o gerenciador de cache nunca sabe quantos dados em cache residem correntemente na memória física. Isso porque o gerenciador de cache faz cache mapeando arquivos para o espaço de endereçamento virtual do sistema, em vez de gerenciar o cache a partir da memória física. O gerenciador de memória é responsável por paginar os dados dessas visualizações para dentro ou para fora da memória física. Esse método de cache permite fácil integração dos dois métodos de acesso a dados do Windows XP: arquivos mapeados para memória (ver Seção 13.9, Técnicas de acesso a dados) e acesso tradicional de leitura/escrita. O mesmo arquivo pode ser acessado por ambos os métodos (isto é, como um arquivo mapeado para a memória, por meio do gerenciador de memória, e como um arquivo tradicional, por meio do sistema de arquivos) porque o gerenciador de cache mapeia dados de arquivo para dentro da memória virtual. O gerenciador de cache fecha a lacuna entre essas duas representações de arquivo, garantindo a consistência dos dados de arquivo entre as duas visualizações.[292]

Quando um arquivo é lido de um disco, seu conteúdo é armazenado no cache do sistema que é uma porção do espaço de endereçamento do sistema. Então, um processo de modo usuário copia os dados do cache para seu próprio espaço de endereçamento. Um thread pode ajustar uma flag que cancele esse comportamento default; nesse caso, a transferência ocorre diretamente entre o disco e o espaço de endereçamento do processo. Da mesma maneira, em vez de escrever diretamente para o disco, um processo escreve dados novos para a entrada do cache (a menos que uma flag seja ligada).[293] Atender a uma requisição de E/S sem gerar um IRP nem acessar um dispositivo é denominado **E/S rápida**.[294]

Entradas de cache sujas podem ser escritas para disco de diversas maneiras. O gerenciador de memória pode precisar paginar uma página de cache suja para fora da memória para criar espaço para uma outra página de memória. Quando isso ocorre, o conteúdo da página de cache é enfileirado para ser escrito para disco. Se uma página suja de cache não for paginada para fora da memória pelo gerenciador de memória, o gerenciador de cache deve descarregar a página de volta para o disco e, para fazer isso, utiliza um thread escritor tardio. O escritor tardio é responsável por escolher, uma vez por segundo, um oitavo de páginas sujas para descarregar para disco. Ele reavalia constantemente a freqüência com que estão sendo criadas páginas sujas e ajusta a quantidade de páginas que enfileira para descarga segundo essa reavaliação. O escritor tardio escolhe páginas baseando-se no tempo em que a página está suja e na última vez em que os dados daquela página foram acessados para uma operação de leitura. Adicionalmente, threads podem forçar que um arquivo específico seja descarregado e também podem especificar cache de escrita direta (ver Seção 12.8, Utilização de caches e buffers), ajustando uma flag ao criar o objeto arquivo.[295]

21.10 Comunicação interprocessos

O Windows XP prove muitos mecanismos de comunicação interprocessos (IPC) para permitir que processos troquem dados e cooperem para concluir tarefas. O sistema implementa muitos mecanismos tradicionais de IPC UNIX, como pipes, filas de mensagens (denominadas mailslots pelo Windows XP)[296] e memória compartilhada. Além dessas IPCs 'orientadas para dados', o Windows XP permite que processos se comuniquem por meio de técnicas 'orientadas para procedimento' ou 'orientadas a objeto', utilizando chamadas remotas de procedimento ou o Microsoft's Component Object Model (Modelo de Objeto Componente da Microsoft). Usuários de um sistema Windows XP também podem iniciar IPC com características familiares, tais como as capacidades de áreas de transferência (clipboard) e arrastar e soltar (drag-and-drop). Em cada um dos mecanismos IPC do Windows XP, um processo servidor disponibiliza algum objeto de comunicação. Um processo cliente pode contatar o processo servidor via esse objeto de comunicação para fazer uma requisição. A requisição pode ser para o servidor executar uma função ou para retornar dados e objetos. O restante desta seção descreverá essas ferramentas de IPC. A Seção 21.11, Redes, introduz técnicas e ferramentas, como soquetes, os quais os processos podem usar para comunicação através de uma rede.

21.10.1 Pipes

O Windows XP provê pipes para comunicação direta entre dois processos.[297] Se processos em comunicação tiverem acesso ao mesmo banco de memória, pipes usam memória compartilhada. Threads podem manipular pipes usando rotinas padronizadas de sistema de arquivos (por exemplo, ler, escrever, abrir). Um processo que cria o pipe é denominado **servidor de pipe**; processos que se conectam com um pipe são denominados **clientes de pipe**.[298] Cada cliente de pipe comunica-se exclusivamente com o servidor de pipe (isto é, não com outros clientes que usam o mesmo pipe) porque o servidor de pipe usa uma instância exclusiva do pipe para cada processo cliente.[299] O servidor de pipe especifica um modo (leitura, escrita ou duplex) quando o pipe é criado. No modo leitura, o servidor de pipe recebe dados de clientes; no modo escrita, envia dados a clientes do pipe; no modo duplex, pode enviar e receber dados via pipe.[300] O Windows XP provê dois tipos de pipes: **pipes anônimos** e **pipes com nomes**.

Pipes anônimos

Pipes anônimos são usados para comunicação unidirecional (isto é, o modo duplex não é permitido) e podem ser usados somente entre processos locais. Processos locais são processos que podem se comunicar uns com os outros sem enviar mensagens por uma rede.[301] Um processo que cria um pipe anônimo recebe um manipulador de leitura e um manipulador de escrita para o pipe. Um processo pode ler do pipe passando o manipulador de leitura como um argumento em uma chamada de função de leitura e pode escrever para o pipe passando o manipulador de escrita como um argumento em uma chamada de função de escrita (para mais informações sobre manipuladores, ver Seção 21.5.2, Gerenciador de objeto). Para se comunicar com um outro processo, o servidor de pipe deve passar um desses manipuladores para um outro processo, o que normalmente é executado mediante herança (isto é, o processo-pai permite que o processo-filho herde um dos manipuladores de pipe). Alternativamente, o servidor de pipe pode enviar um manipulador de pipe para um outro processo não relacionado via algum mecanismo de IPC.[302]

Pipes anônimos suportam somente comunicações síncronas. Quando um thread tenta ler de um pipe, espera até que a quantidade de dados requisitada tenha sido lida do pipe. Se não houver nenhum dado no pipe, o thread espera até que o processo de escrita coloque os dados no pipe. Similarmente, se um thread tentar escrever para um pipe que contém um buffer cheio (o tamanho do buffer é especificado no momento da criação), ele espera até que o processo de leitura remova dados suficientes do pipe para criar espaço para os novos dados. Um thread que está esperando para ler dados via pipe pode parar de esperar se todos os manipuladores de escrita para o pipe estiverem fechados ou se ocorrer algum erro. Similarmente, um thread que está esperando para escrever dados para um pipe pode parar de esperar se todos os manipuladores de leitura para o pipe estiverem fechados ou se ocorrer algum erro.[303]

Pipes com nome

Pipes com nome suportam diversas características ausentes em pipes anônimos. Pipes com nome podem ser bidirecionais, podem ser compartilhados entre processos remotos[304] e suportam comunicação assíncrona. Entretanto, pipes com nomes introduzem sobrecarga adicional. Quando o servidor de pipe cria um pipe, especifica seu modo, seu nome e o número máximo de instâncias do pipe. Um cliente de pipe pode obter um manipulador para o pipe especificando o nome do pipe quando estiver tentando se conectar com ele. Se o número de instâncias do pipe for menor do que o máximo, o processo cliente se conecta com uma nova instância do pipe. Se não houver nenhuma instância disponível, o cliente do pipe pode esperar até que uma instância fique disponível.[305]

Pipes com nome permitem dois formatos de escrita de pipe. O sistema pode transmitir dados ou como um fluxo de bytes ou como uma série de mensagens. Todas as instâncias de um pipe devem usar o mesmo formato de escrita (lembre-se de que um único servidor de pipe pode se comunicar com vários clientes criando uma instância exclusiva do pipe para cada cliente). Embora enviar dados como uma série de bytes seja mais rápido, mensagens são mais simples para o receptor processar porque empacotam dados relacionados.[306]

O Windows XP permite que um processo habilite **o modo de escrita direta**. Quando a flag de escrita direta estiver ativada, operações de escrita não são concluídas até que os dados alcancem o buffer do processo receptor. No modo default, assim que os dados entram no buffer do escritor, o método de escrita retorna. Modo de escrita direta aumenta a tolerância à falha e permite maior sincronização entre processos comunicantes porque o emissor sabe se a mensagem chegou a seu destino com sucesso. Contudo, o modo de escrita direta degrada o desempenho porque o processo escritor tem de esperar que os dados sejam transferidos através de uma rede desde a extremidade escritora do pipe até sua extremidade leitora.[307] O sistema sempre executa escritas usando o método de escrita direta quando um processo estiver usando mensagens, para garantir que cada mensagem permaneça uma unidade discreta.[308]

A capacidade de E/S assíncrona aumenta a flexibilidade de pipes com nome. Threads podem executar comunicação assíncrona via pipes com nome de diversas maneiras. Um thread pode usar um objeto evento para realizar uma requisição assíncrona de leitura ou de escrita. Nesse caso, quando a função conclui, o objeto evento entra em seu estado *sinalizado* (ver Seção 21.6.3, Sincronização de threads). O thread pode continuar processando, então espera que um ou mais desses objetos eventos entrem em estados *sinalizados* para concluir uma requisição de comunicação. Alternativamente, um thread pode especificar uma rotina de conclusão de E/S. O sistema enfileira essa rotina como uma APC quando a função conclui, e o thread executa a rotina da próxima vez que entrar em estado *de espera* vigilante.[309] Além disso, um pipe pode ser associado com uma porta de conclusão de E/S porque pipes são manipulados como arquivos.

21.10.2 Mailslots

O Windows XP provê **mailslots** para comunicação unidirecional entre um servidor e clientes.[310] O processo que cria o mailslot é o **servidor de mailslot**, ao passo que os processos que enviam mensagens ao mailslot são denominados **clientes de mailslot**. Mailslots funcionam como repositórios de mensagens enviadas por clientes de mailslot para um servidor de mailslot. Clientes de mailslot podem enviar mensagens para mailslots locais ou remotos; em nenhum dos casos há confirmação de recebimento. O Windows XP implementa mailslots como arquivos no sentido de que um mailslot reside na memória e pode ser manipulado com funções de arquivo padronizadas (por exemplo, ler, escrever, abrir). Mailslots são arquivos temporários (a documentação do Windows XP refere-se a eles como 'pseudo-arquivos'); o gerenciador de objeto deleta um mailslot quando nenhum processo retiver um manipulador para ele.[311]

Mensagens de mailslot podem ser transmitidas de duas formas. Mensagens pequenas são enviadas como datagramas, discutidos na Seção 16.6.2, Protocolo de datagrama do usuário (UDP). Mensagens de datagramas podem ser difundidas por diversos mailslots dentro de um **domínio** particular. Um domínio é um conjunto de computadores que compartilham recursos comuns, como impressoras.[312, 313] Mensagens maiores são enviadas via uma conexão Bloco de Mensagens do Servidor (Server Message Block — SMB).[314] O SMB é um protocolo de compartilhamento de arquivos em rede usado em sistemas operacionais Windows.[315] Ambas as mensagens SMB e de datagrama podem ser enviadas de um ciente de mailslot a um servidor de mailslot, especificando o nome do servidor em uma operação de escrita.[316]

21.10.3 Memória compartilhada

Processos podem se comunicar mapeando o mesmo arquivo para seus respectivos espaços de endereçamento, uma técnica conhecida como memória compartilhada. A documentação do Windows XP denomina esse mecanismo **mapeamento-de-arquivo**. Um processo pode criar um **objeto mapeamento-de-arquivo** que mapeia qualquer arquivo para a memória, incluindo uma página de arquivo. O processo passa um manipulador para o objeto mapeamento-de-arquivo a outros processos, seja por nome ou por herança. O processo se comunica escrevendo dados nessas regiões de memória compartilhada que outros processos podem acessar.

Um processo pode usar o manipulador para criar uma **visualização de arquivo** que mapeia todo o arquivo ou parte dele para o espaço de endereçamento virtual do processo. Um processo pode possuir várias visualizações de arquivo do mesmo arquivo, o que permite que ele acesse o início e o final de um grande arquivo sem mapear todo o arquivo para a memória, o que reduziria seu espaço de endereçamento virtual disponível. Uma vez que visualizações idênticas de arquivos mapeiam para as mesmas molduras de memória, todos os processos vêem uma visualização consistente de um arquivo mapeado para a memória. Se um processo escrever para sua visualização do arquivo, a mudança será refletida em todas as visualizações de arquivo daquela porção do arquivo.[317, 318]

Objetos mapeamento-de-arquivo aceleram acesso a dados. O sistema mapeia visualização de arquivo independentemente para o espaço de endereçamento virtual de cada processo, mas os dados são localizados nas mesmas molduras na memória principal. Isso minimiza a necessidade de ler dados do disco. O VMM trata mapeamentos de arquivo do mesmo modo que trata páginas cópia-na-escrita (ver Seção 21.7.1, Organização de memória). Uma vez que o VMM foi otimizado para tratar com paginação, o acesso ao arquivo é eficiente. Em razão de sua implementação eficiente, o mapeamento de arquivo tem outras utilizações além da comunicação. Processos podem usar mapeamento de arquivo para executar E/S aleatória e seqüencial rapidamente. Também é útil para bancos de dados que precisam sobrescrever pequenas seções de arquivos grandes.[319, 320]

Objetos mapeamento-de-arquivo não provêem mecanismos de sincronização para proteger os arquivos que mapeiam. Dois processos podem sobrescrever a mesma porção do mesmo arquivo simultaneamente. Para evitar condições de disputa, processos devem usar mecanismos de sincronização, como mutexes e semáforos que são fornecidos pelo Windows XP e descritos na Seção 21.6.3, Sincronização de threads.[321]

21.10.4 Chamadas remotas e locais de procedimento

Muitos mecanismos de ICP facilitam a troca de dados entre dois processos. **Chamadas locais de procedimento (local procedure calls — LPCs)** e chamadas remotas de procedimento (RPCs) — que descrevemos na Seção 17.3.2 — provêem uma forma mais procedimental de IPC e ocultam, em grande parte, a programação de rede subjacente. LPCs e RPCs permitem que um processo se comunique com um outro processo chamando funções executadas pelo outro processo.[322] O processo que chama a função é o processo cliente, e o processo que executa a função é o processo servidor.

Quando processos cliente e servidor residem na mesma máquina física, executam LPCs; quando residem em máquinas separadas, executam RPCs.[323] Um projetista emprega LPCs e RPCs do mesmo modo que chamadas de procedimento dentro de um processo. Contudo, em alguns casos, o programador toma algumas providências extras para estabelecer uma conexão (que serão descritas brevemente).

Note que a Microsoft não documenta publicamente a interface LPC, e threads de modo usuário não podem expor LPCs. O sistema reserva essas chamadas para utilização do núcleo do Windows XP. Por exemplo, quando um thread usuário chama uma função na API de um subsistema de ambiente, o núcleo poderia converter a chamada em uma LPC. E o Windows XP também converte RPCs entre dois processos na mesma máquina (denominada **chamadas locais remotas de procedimento** ou **LRPCs**) em LPCs porque essas são mais eficientes.[324] LPCs têm menos sobrecarga do que RPCs porque todas as transferências de dados usando LPCs envolvem cópia direta da memória e não transporte de rede.[325] Embora o nome 'chamada local remota de procedimento' possa parecer um oximoro, é simplesmente um nome descritivo para uma chamada de procedimento feita com a interface RPC entre processos locais.

A Figura 21.16 descreve o caminho que os dados percorrem durante uma chamada LPC ou RPC. Em ambas, o processo cliente chama um procedimento que mapeia para um stub (1). Esse stub monta os argumentos de função necessários (isto é, reúne os argumentos de função em uma mensagem para enviar ao servidor) e os converte em **Representação de dados de rede (Network Data Representation — NDR)**, que é um formato padronizado de dados de rede descrito no padrão Distributed Computing Environment (DCE) do The Open Group (2).[326, 327] Em seguida, o stub chama as funções apropriadas de uma biblioteca de tempo de execução para enviar uma requisição ao processo servidor. A requisição atravessa a rede (no caso de uma RPC) para chegar à biblioteca de tempo de execução do lado do servidor (3), que passa a requisição para o stub do servidor (4). O stub do servidor desmonta os dados (isto é, converte a mensagem do cliente em uma chamada ao procedimento pretendido) para a função do servidor (5). O processo servidor executa a função requisitada e envia quaisquer valores de retorno ao cliente pelo caminho inverso (6 a 10).[328] Desenvolvedores podem empregar RPCs usando muitos protocolos diferentes de transporte e de rede, como TCP/IP e Internetworking Packet eXchange/Sequenced Packet eXchange (IPX/SPX) da Novell Netware.[329] Ambos, processos clientes e processos servidores podem executar RPCs ou sincronamente ou assincronamente, e os processos comunicantes não precisam usar o mesmo método.[330]

Comunicação de cliente e servidor em uma RPC

Para expor um procedimento como uma RPC, o processo servidor deve criar um **arquivo de Interface de Definição de Linguagem (Interface Definition Language — IDL)**. Esse arquivo especifica as interfaces que o servidor RPC apresenta a outros processos.[331] O desenvolvedor escreve a interface em **Microsoft IDL (MIDL)** que é a extensão Microsoft da IDL — o padrão para interoperabilidade de RPC do Distributed Computing Environment (DCE) do The Open Group.[332] O arquivo IDL consiste em um cabeçalho e um corpo de interface. O cabeçalho descreve informações globais para todas as

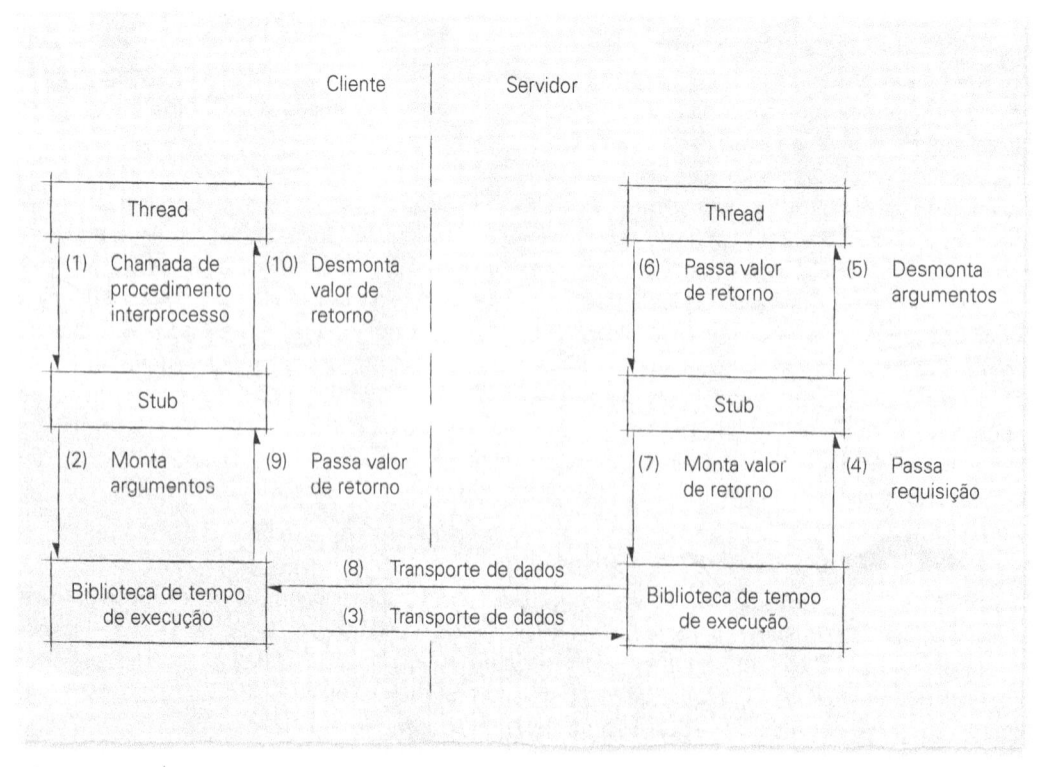

Figura 21.16 | *Fluxo de uma chamada LPC ou RPC.*

interfaces definidas no corpo, como o **identificador universalmente exclusivo (universally unique identifier — UUID)** para a interface e um número de versão da RPC.[333] O corpo contém todas as variáveis e declarações de protótipo de funções. O compilador MIDL constrói os stubs do cliente e do servidor a partir do arquivo IDL.[334] O servidor e o cliente também podem criar **arquivos de configuração de aplicações (application configuration files — ACFs)** que especificam atributos específicos de plataforma, como a maneira pela qual dados devem ser montados ou desmontados.[335]

A comunicação física de uma RPC é realizada por meio de um ponto final (extremidade) que especifica o endereço específico de rede do processo servidor e normalmente é uma porta de hardware ou um pipe com nome. O servidor cria um ponto final antes de expor a RPC a outros processos.[336] Funções de biblioteca de tempo de execução do lado do cliente são responsáveis por estabelecer um **vínculo** com esse ponto final, de modo que um cliente possa enviar uma requisição ao servidor. Um vínculo é uma conexão entre o cliente e o servidor. Para criar um vínculo, o processo cliente deve obter um **manipulador de vínculo** — que é uma estrutura de dados que armazena informações da conexão.[337] O manipulador de vínculo armazena informações, como o nome do servidor, endereço do ponto final e a **seqüência de protocolos**.[338] A seqüência de protocolos especifica o protocolo RPC (por exemplo, orientado para conexão, LRPC), o protocolo de transporte (por exemplo, TCP) e o protocolo de rede (por exemplo, IP).[339]

O Windows XP suporta três tipos de manipuladores de vínculo: **manipuladores automáticos, implícitos** e **explícitos**. Usando um manipulador automático, o processo cliente chama a função remota e o stub gerencia todas as tarefas de comunicação. Manipuladores implícitos permitem que o processo cliente especifique o servidor particular a usar com uma RPC, mas, uma vez que passe o manipulador para as funções de biblioteca de tempo de execução, o processo cliente não precisa mais gerenciar o manipulador. Com manipuladores explícitos, o processo cliente deve especificar as informações do vínculo, bem como criar e gerenciar o manipulador.[340] Esse controle extra permite que processos clientes que estão usando manipuladores explícitos se conectem com mais de um processo servidor e execute simultaneamente várias RPCs.[341]

Comunicação via uma LPC é semelhante a uma RPC, embora algumas etapas sejam omitidas. O servidor ainda tem de criar um arquivo IDL que é compilado por um compilador MIDL. O processo cliente deve incluir a biblioteca de tempo de execução com o arquivo que chamar a LPC. O stub trata a comunicação, e os processos cliente e servidor comunicam-se por uma porta para chamadas de procedimento que envolvem pequenas transferências de dados. Chamadas de procedimento nas quais processos transferem uma grande quantidade de dados devem usar memória compartilhada. Nesse caso, o emissor e o receptor colocam dados de mensagem em uma seção da memória compartilhada.[342]

21.10.5 Modelo de Objeto Componente (COM)

O **Modelo de Objeto Componente (Component Object Model — COM)** da Microsoft provê uma arquitetura de software que permite interoperabilidade entre diversos componentes de software. Na arquitetura COM, a localização relativa de dois componentes comunicantes é transparente para o programador e pode estar em processo, processo cruzado ou rede cruzada. COM não é uma linguagem de programação, mas um padrão projetado para promover interoperabilidade entre componentes escritos em linguagens de programação diferentes. COM também é implementado em algumas versões dos sistemas operacionais UNIX e Apple Macintosh. Desenvolvedores usam COM para facilitar cooperação e comunicação entre componentes separados em aplicações grandes.[343]

Objetos COM (um objeto COM é o mesmo que um componente COM) interagem indireta e exclusivamente por meio de interfaces.[344] Uma interface COM, que é escrita em MIDL, é semelhante a uma interface Java; contém protótipos de funções que descrevem argumentos de funções e retornam valores, mas não inclui a implementação propriamente dita das funções. Como acontece em Java, um objeto COM deve implementar todos os métodos descritos na interface e também pode implementar outros métodos.[345] Uma vez criada, uma interface COM é imutável (isto é, não pode mudar). Um objeto COM pode ter mais do que uma interface; desenvolvedores aumentam objetos COM adicionando uma nova interface ao objeto, o que permite que clientes que dependem das antigas características de um objeto COM continuem a funcionar sem percalços quando o objeto for atualizado. Cada interface e classe de objeto possui um **identificador global único (globally unique ID — GUID)**, o qual é um número inteiro de 128 bits que, para todos os propósitos práticos, é garantido como único no mundo. **IDs de interface (IIDs)** são GUIDS para interfaces e **IDs de classe (CLSIDs)** são GUIDs para classes de objetos. Clientes referem-se a interfaces usando o IID e, como a interface é imutável e o IID é globalmente único, o cliente tem certeza de que acessará a mesma interface toda vez.[346]

COM promove interoperabilidade entre componentes escritos em linguagens diferentes especificando um padrão binário (isto é, uma representação padronizada do objeto após ele ter sido traduzido para código de máquina) para funções de chamada. Especificamente, COM define um formato padronizado para armazenar ponteiros para funções e um método padronizado para acessar as funções usando esses ponteiros.[347] O Windows XP e outros sistemas operacionais com suporte COM provêem APIs para alocar e desalocar memória usando esse padrão. A biblioteca COM do Windows XP provê uma rica variedade de funções de suporte que ocultam a maioria das implementações de COM.[348]

Servidores COM podem registrar seus objetos no registro do Windows XP. Clientes podem consultar o registro usando o CLSID do objeto COM para obter um ponteiro para o objeto COM.[349] Um cliente também pode obter um ponteiro para a interface de um objeto COM de um outro objeto COM ou criando o objeto. Um cliente pode usar um ponteiro para qualquer interface para um objeto COM de modo a encontrar um ponteiro para qualquer outra interface que o objeto COM expõe.[350]

Uma vez obtido um ponteiro para a interface desejada, o cliente pode executar uma chamada de função para qualquer procedimento exposto por essa interface (admitindo-se que o cliente tenha direitos de acesso apropriados). Para chamadas de procedimento dentro do processo, COM executa a função diretamente, não adicionando essencialmente nenhuma sobrecarga. Para chamadas de procedimento entrecruzadas, nas quais ambos os processos residem no mesmo computador, COM usa LRPCs (ver Seção 21.10.4, Chamadas remotas e locais de procedimento), e COM Distribuído (DCOM) suporta chamadas de função entrecruzadas em rede.[351] COM monta e desmonta dados, cria stubs e proxies (proxies são stubs do lado do cliente) e transporta os dados (via execução direta, LRPCs ou DCOM).[352]

COM suporta diversos modelos de threads que um processo pode empregar para manter seus objetos COM. No **modelo de apartamento** somente um thread age como um servidor para cada objeto COM. No **modelo de thread livre**, muitos threads podem agir como o servidor para um único objeto COM (cada thread opera sobre uma ou mais instâncias do objeto). Um processo também pode usar o **modelo misto** no qual alguns de seus objetos COM residem em apartamentos únicos, e outros podem ser acessados por threads livres. Em um modelo de apartamento, COM provê sincronização colocando chamadas de função na fila de mensagens da janela do thread. Objetos COM que podem ser acessados por threads livres devem manter sua própria sincronização (ver Seção 21.6.3, Sincronização de threads, para informação sobre sincronização de threads).[353]

A Microsoft construiu diversas tecnologias sobre o COM para facilitar ainda mais a cooperação no projeto de software componente. **COM+** estende o COM para controlar tarefas de gerenciamento avançado de recursos; isto é, provê suporte para processamento de transação e usa reservatórios de threads e reservatórios de objetos que transferem um pouco da responsabilidade pelo gerenciamento de recursos do desenvolvedor de componentes para o sistema.[354] COM+ também adiciona suporte para serviços Web e otimiza a escalabilidade do COM.[355] COM distribuído (DCOM) provê uma extensão transparente dos serviços básicos do COM para interações entrecruzadas em rede e inclui protocolos para encontrar objetos DCOM em serviços remotos.[356] Ligação e Inserção de Objetos (Object Linking and Embedding — OLE), discutida na próxima seção, aproveita o COM para prover interfaces padronizadas para aplicações para compartilhar dados e objetos. **ActiveX Controls** são objetos COM auto-registradores (isto é, inserem entradas no registro quando da criação). Normalmente, ActiveX Controls suportam muitas das mesmas interfaces de inserção que os objetos OLE; todavia, não precisam suportar todas elas, o que faz os ActiveX Controls ideais para a inserção em páginas da Web porque têm menos sobrecarga.[357]

21.10.6 Arrastar e soltar e documentos compostos

O Windows XP provê diversas técnicas que habilitam usuários a iniciar IPC. Um exemplo familiar é permitir que eles selecionem uma página da Web, copiem seu texto e o colem em um editor de texto. Também podem inserir um documento dentro de outro; por exemplo, um usuário pode colocar uma figura criada em um programa de projeto gráfico dentro de um documento de processador de texto. Em ambos os casos, as duas aplicações representam processos diferentes que trocam informações. O Windows XP provê duas técnicas primárias para esse tipo de transporte de dados: **área de transferência (clipboard)** e **Ligação e Inserção de Objetos (Object Linking and Embedding — OLE)**.

A área de transferência é um repositório central de dados acessível a todos os processos.[358] Um processo pode adicionar dados à área de transferência quando o usuário invocar o comando copiar ou recortar. Os dados selecionados são armazenados na área de transferência juntamente com o formato dos dados.[359] O Windows XP define diversos formatos padronizados de dados, entre eles: texto, mapa de bits e onda (wave). Processos podem registrar novos formatos de área de transferência, criar formatos privados de área de transferência e sintetizar um ou mais dos formatos existentes.[360] Qualquer processo pode recuperar dados da área de transferência quando o usuário invocar o comando colar.[361] Conceitualmente, a área de transferência age como uma pequena área de memória globalmente compartilhada.

A OLE aproveita a tecnologia COM definindo um método padronizado para troca de dados entre processos. Todos os objetos OLE implementam diversas interfaces padronizadas que descrevem como armazenar e recuperar dados de um objeto OLE, como acessar o objeto e como manipular o objeto. Usuários podem criar documentos compostos — documentos com objetos de mais de uma aplicação — ou ligando ou inserindo objetos de fora. Quando um documento se liga a um objeto de uma outra fonte, ele não mantém o objeto dentro do seu receptáculo de documento (o receptáculo de documento provê armazenagem para os objetos e métodos do documento para manipular e ver esses objetos). Em vez disso, o documento mantém uma referência ao objeto original. O objeto ligado reflete atualizações feitas nele pelo processo servidor. Inserir um objeto coloca o objeto, juntamente com as interfaces de manipulação do objeto, dentro do documento cliente. O objeto ligado ou inserido é um componente COM completo com um conjunto de interfaces que o cliente pode usar para manipular o objeto.[362]

21.11 Redes

O Windows XP suporta muitos protocolos e serviços de rede. Desenvolvedores empregam serviços de rede para realizar IPC com clientes remotos e disponibilizar serviços e informações aos usuários. Usuários exploram redes para recuperar informações e acessar recursos disponíveis em computadores remotos. Esta seção examina vários aspectos do modelo de rede do Windows XP. Examinamos E/S de rede e a arquitetura de driver empregada pelo Windows XP. Consideramos os protocolos de rede, transporte e aplicação suportados pelo Windows XP. Finalmente, descrevemos os serviços de rede que o sistema provê, tais como Active Directory e .NET.

21.11.1 Entrada/Saída de rede

O Windows XP provê uma interface transparente de programação de E/S. Em particular, programadores usam as mesmas funções independentemente de onde os dados residem. Contudo, o sistema Windows XP tem de manipular E/S de rede diferentemente de E/S local.[363]

A Figura 21.17 ilustra como o Windows XP trata uma requisição de E/S de rede. O cliente contém um driver denominado um **redirecionador** (ou **redirecionador de rede**).[364] Um redirecionador é um driver de sistema de arquivo que direciona requisições de E/S de rede para dispositivos apropriados por uma rede.[365] Primeiro, o cliente passa uma requisição de E/S para um subsistema de ambiente (1). O subsistema de ambiente, então, envia essa requisição ao gerenciador de E/S (2), que empacota a requisição como um IRP especificando a localização do arquivo no **formato UNC (Uniform Naming Convention)**. O formato UNC especifica o nome de caminho do arquivo e também em qual servidor e em qual diretório daquele servidor o arquivo está localizado. O gerenciador de E/S envia o IRP para o **Provedor Múltiplo de UNC (Multiple UNC Provider — MUP)**, que é um driver de sistema de arquivo que determina o redirecionador apropriado para o qual enviar a requisição (3). Mais adiante, nesta seção, veremos que o Windows XP é entregue com dois protocolos de compartilhamento de arquivo, o CIFS e o WebDAV, que usam redirecionadores diferentes. Após receber o IRP (4), o redirecionador envia a requisição pela rede para o driver do sistema de arquivo do servidor apropriado (5). O driver do servidor determina se o cliente tem direitos de acesso suficientes para acessar o arquivo e, então, comunica a requisição à pilha de drivers do dispositivo visado via um IRP (6). O driver do servidor recebe o resultado da requisição de E/S (7). Se houver um erro no processamento da requisição, o driver do servidor informa o cliente. Caso contrário, o driver do servidor devolve os dados ao redirecionador (8), e esses dados são passados para o processo cliente (9).[366, 367]

O **Sistema Comum de Arquivo da Internet (Common Internet File System — CIFS)** é o protocolo nativo de compartilhamento de arquivo do Windows XP. O CIFS é usado pela camada de aplicação da pilha do TCP/IP (ver Seção 16.4, Pilha do protocolo TCP/IP). VMS e diversas variedades de UNIX também suportam CIFS. Desenvolvedores muitas vezes combinam CIFS com NetBIOS (discutido mais adiante, nesta seção) sobre TCP/IP para camadas de rede e de transporte, mas o CIFS também pode usar outros protocolos de rede e de transporte.[368] O CIFS foi projetado para complementar o HTTP e substituir protocolos antigos de compartilhamento de arquivos como o FTP.[369] O Windows XP também suporta

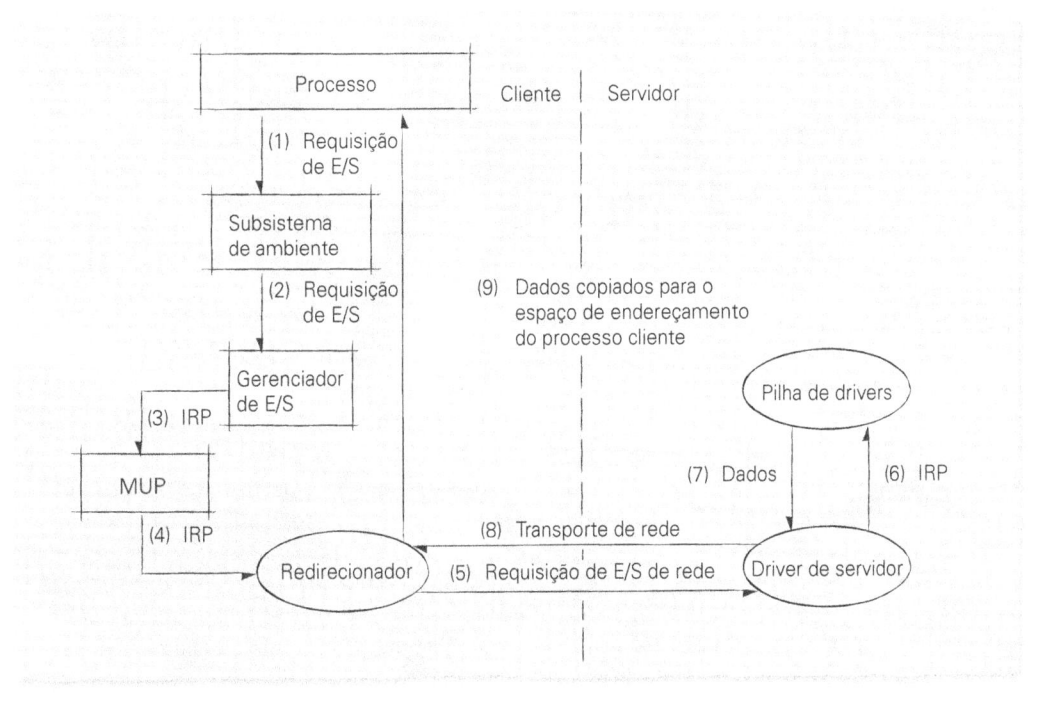

Figura 21.17 | *Tratando uma requisição de E/S de rede.*

outros protocolos de compartilhamento de arquivos em rede, tal como o **Web-based Distributed Authoring and Versioning (WebDAV)**. O WebDAV permite que usuários escrevam dados diretamente para servidores HTTP, e é projetado para suportar autoria colaborativa entre grupos em localizações remotas.[370]

Para compartilhar arquivos usando CIFS, o cliente e o servidor devem primeiramente estabelecer uma conexão. Antes de poder acessar um arquivo, o cliente deve se conectar com o servidor e esse deve autenticar o cliente (ver Seção 19.3, Autenticação), avaliando o nome de usuário e a senha enviados pelo cliente. O redirecionador interage para estabelecer uma sessão e transferir dados.[371] O CIFS provê diversos tipos de **travas oportunistas (oplocks)** para melhorar o desempenho de E/S. Um cliente usa uma oplock para assegurar acesso exclusivo a um arquivo remoto. Se não tiver uma dessas oplocks, um cliente não pode fazer cache de dados de rede localmente porque outros clientes também poderiam estar acessando os dados. Se dois clientes fizerem cache de dados localmente e escreverem para esses dados, seus caches não seriam coerentes (ver Seção 15.5, Compartilhamento de memória em multiprocessadores). Portanto, um cliente obtém uma oplock para assegurar que ele é o único cliente que está acessando os dados.[372] Quando um segundo cliente tentar obter acesso ao arquivo travado (pela tentativa de abri-lo), o servidor pode quebrar (isto é, invalidar) a oplock do primeiro cliente. O servidor dá tempo suficiente para o cliente descarregar seu cache antes de conceder acesso ao segundo cliente.[373]

21.11.2 Arquitetura de driver de rede

O Windows XP usa uma pilha de drivers para comunicar requisições de rede e transmitir dados de rede. A pilha de drivers é dividida em diversas camadas que promovem modularidade e facilitam o suporte de vários protocolos de rede. Esta subseção descreve a arquitetura de drivers de baixo nível empregada no Windows XP.

A Microsoft e a 3COM desenvolveram a **Especificação de Interface de Driver de Rede (Network Driver Interface Specification — NDIS)** que especifica uma interface padronizada entre drivers de nível mais baixo da pilha de drivers da rede. Drivers NDIS provêem a funcionalidade da camada de enlace e alguma funcionalidade da camada de rede da pilha de protocolos TCP/IP (ver Seção 16.4, Pilha de protocolos TCP/IP).[374] Drivers NDIS comunicam-se por meio de funções providas na biblioteca NDIS do Windows XP. As funções da biblioteca NDIS traduzem a chamada de função de um driver em uma chamada a uma função exposta por um outro driver. Essa interface padronizada aumenta a portabilidade dos drivers NDIS.[375] NDIS permite que a mesma interface de programação (por exemplo, soquetes Windows, ver Seção 21.11.3, Protocolos de rede) estabeleça conexões usando diferentes protocolos de rede, como IP e Internet Packet eXchange (IPX).[376]

A Figura 21.18 ilustra a arquitetura que o Windows XP emprega para processar dados de rede. O Windows XP divide a arquitetura de rede em três camadas que mapeiam para camadas da pilha do protocolo TCP/IP. O hardware da rede física, como a placa de interface de rede (NIC) e os cabos da rede, forma a camada física. Drivers NDIS (descritos nos parágrafos seguintes) gerenciam as camadas de enlace de dados e de rede. Drivers de **Interface de Driver de Transporte (Transport Driver Interface — TDI)** e clientes TDI compõem a camada superior. Os drivers TDI provêem uma interface de transporte entre drivers NDIS e clientes TDI. Clientes TDI são drivers de aplicações de baixo nível e poderiam interagir com outros drivers de camada de aplicação.

Projetistas implementam a camada NDIS com diversos drivers. Um **driver NDIS de miniporta** gerencia a NIC e transmite dados entre a NIC e drivers de nível mais alto. O driver de miniporta faz interface com os drivers que estão acima dele na pilha de drivers para transmitir dados que estão saindo da rede para a NIC. Um driver de nível superior invoca uma função NDIS que passa o pacote para o driver de miniporta, e esse passa os dados para a NIC. O driver de miniporta também processa as interrupções da NIC e passa dados que a NIC recebe para cima da pilha de drivers.[377]

Drivers NDIS intermediários são drivers opcionais que residem entre um driver de miniporta e um driver de nível mais alto. Drivers intermediários traduzem pacotes entre diferentes meios de comunicação, filtram pacotes ou provêem balanceamento de carga através de diversas NICs.[378]

Drivers NDIS de protocolo são os drivers NDIS de nível mais alto de todos. Drivers de protocolo colocam dados em pacotes e passam esses pacotes para drivers de nível mais baixo (tais como drivers intermediários ou drivers de miniporta). Drivers de protocolo provêem uma interface entre drivers de transporte e outros drivers NDIS e podem ser usados como a camada mais baixa na implementação de uma pilha de protocolo de transporte (tal como TCP/IP).[379]

O driver NDIS de protocolo interage com drivers TDI. Um driver TDI exporta uma interface de rede para clientes de modo núcleo de nível superior. Os redirecionadores descritos na subseção anterior são clientes TDI. Aplicações Winsock (descritas na subseção seguinte) também são clientes TDI. Drivers TDI implementam protocolos de transporte, como um UDP ou um TCP; drivers NDIS de protocolo freqüentemente implementam o protocolo de rede (por exemplo, IP). Alternativamente, um driver TDI de transporte pode implementar ambos os protocolos de rede e de transporte. Drivers de modo núcleo de nível superior enviam requisições de rede a drivers TDI.[380] Esses drivers implementam a camada de aplicação da pilha de protocolo TCP/IP. A subseção seguinte descreverá os vários protocolos e serviços de rede disponíveis para aplicações Windows XP.

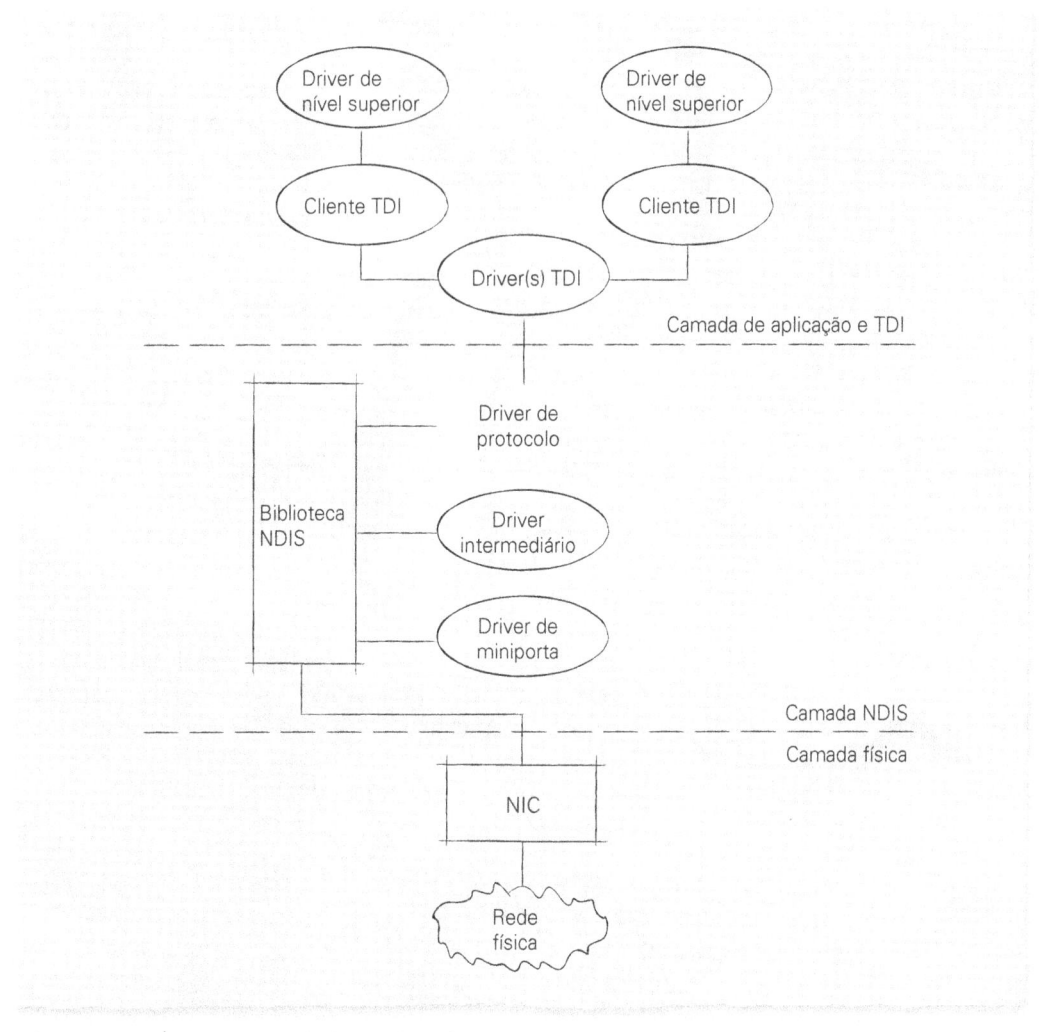

Figura 21.18 | *Arquitetura de driver de rede.*

21.11.3 Protocolos de rede

O Windows XP suporta diferentes protocolos para as camadas de rede, transporte e aplicação da pilha do TCP/IP. O Windows XP suporta alguns desses protocolos para proporcionar compatibilidade com programas populares herdados ou outros clientes de rede.

Protocolos de rede e de transporte

O IP é instalado como default nos sistemas Windows XP; IP provê roteamento para pacotes que transitam pela rede e é o protocolo de rede da Internet. Usuários podem instalar outros protocolos de rede, como o protocolo **Internetwork Packet eXchange (IPX)**, que é usado pelo Netware da Novell.[381] O IPX provê serviços similares ao IP; roteia pacotes entre localizações diferentes de uma rede, mas é projetado para LANs.[382] Como a biblioteca NDIS suporta uma interface padronizada entre drivers de protocolo e NICs, o Windows XP pode usar a mesma NIC para operar ambos os protocolos.[383]

O Windows XP também suporta diversos protocolos de transporte. O TCP que é, de longe, o protocolo de transporte mais usado, é instalado por default. O TCP provê um transporte orientado para conexão; isto é, os participantes de uma comunicação por rede devem criar uma sessão antes de se comunicarem.[384] Para transporte sem conexão, o Windows XP suporta UDP.[385] Usuários também podem instalar suporte para o **Sequenced Packet eXchange (SPX)** que oferece serviços orientados para conexão para pacotes IPX. O Windows XP provê SPX para interoperabilidade com clientes e servidores que usam protocolos IPX/SPX, como o Netware.[386]

Antes da explosão de interesse pela Internet e pela World Wide Web, os sistemas operacionais DOS e Windows suportavam a **Interface Estendida de Usuário NetBIOS (NetBIOS Extended User Interface — NetBEUI)** como protocolos nativos de rede e de transporte. **NetBIOS (Network Input/Output System)** é a API de programação que suporta NetBEUI. NetBEUI é um protocolo razoavelmente primitivo mais aplicável a redes pequenas. Tem sérias limitações; por exemplo, não provê roteamento de conexão de rede fora de uma LAN.[387] O Windows XP não provê suporte para NetBEUI, embora o suporte possa ser instalado manualmente por um usuário.

Entretanto, **NetBIOS sobre TCP/IP (NBT)** ainda é suportado pelo Windows XP para prover compatibilidade com aplicações antigas que empregam a API NetBIOS.[388] O NetBIOS, como camada sobre TCP e IP, provê comunicação orientada por conexão usando NBT. Alternativamente, desenvolvedores podem colocar NetBIOS como camada sobre UDP e IP para comunicações sem conexão usando NBT. CIFS é comumente usado com NBT como os protocolos subjacentes de rede e de transporte. Todavia, em Windows XP, o CFIS pode executar sobre TCP/IP sem encapsulamento NetBIOS.[389]

Protocolos de camada de aplicação

Na camada de aplicação, o Windows XP suporta HTTP para navegação na Web e CIFS para compartilhamento de arquivos e de impressão. Para suporte de HTTP, o Windows XP provê o **WinHTTP** e o **WinINet**. O WinHTTP suporta comunicação entre clientes e servidores por uma sessão HTTP. Ele provê segurança SSL e é integrado com o Microsoft Passport (ver Seção 19.3.4, Assinatura única). O WinHTTP também provê outros serviços HTTP, como rastreamento e autenticação Kerberos (ver Seção 19.3.3, Kerberos) e permite comunicação síncrona e assíncrona.[390] O WinINet é uma API mais antiga que permite que aplicações interajam com os protocolos FTP, HTTP e Gopher, para acessar recursos pela Internet.[391] O WinINet é projetado para aplicações clientes, enquanto o HTTP é ideal para servidores.[392]

O CIFS, descrito na seção anterior, é uma extensão do protocolo de compartilhamento de arquivo **Server Message Block (SMB)**. O SMB é o protocolo de compartilhamento de arquivo nativo de sistemas operacionais Windows mais antigos, como o Windows NT e o Windows 95. SMB usa NetBIOS para se comunicar com outros computadores de uma LAN virtual. Uma LAN virtual é composta por computadores que compartilham o mesmo espaço de nomes NetBIOS; os computadores podem estar em qualquer lugar do mundo. Para compartilhar arquivos com o SMB, dois computadores da mesma LAN virtual estabelecem uma sessão SMB, a qual inclui confirmação de conexão, autenticação de identidade de ambas as partes e determinação dos direitos de acesso do cliente. CIFS amplia SMB acrescentando um conjunto de protocolos que melhoram o controle de acesso e tratam o anúncio e nomeação de recursos da rede. O familiar programa My Network Places, incluído no Windows XP, permite que usuários compartilhem artigos por meio do CIFS.[393]

Winsock

O Windows XP suporta comunicação em rede por meio de soquetes. **Windows sockets 2 (Winsock 2)** é uma aplicação de soquetes BSD (ver Seção 20.10.3, Soquetes) para o ambiente Windows. Soquetes criam pontos finais (extremidades) de comunicação que um processo pode usar para enviar e receber dados por uma rede.[394] Soquetes não são um protocolo de transporte; conseqüentemente, não precisam ser usados em ambas as extremidades de uma conexão de comunicação. Desenvolvedores podem colocar o Winsock 2 como uma camada sobre quaisquer protocolos de transporte e de rede (por exemplo, TCP/IP ou IPX/SPX). Usuários podem portar código escrito para soquetes estilo UNIX para aplicações Winsock com mudanças mínimas. Contudo, o Winsock 2 inclui funcionalidade estendida que poderia tornar difícil a portabilidade de uma aplicação do Windows XP para um sistema operacional baseado no UNIX implementando soquetes Berkeley.[395, 396]

A especificação do Winsock implementa muitas das mesmas funções que os soquetes Berkeley implementam para prover compatibilidade com aplicações de soquetes Berkeley. Como acontece com os soquetes Berkeley, um soquete Windows pode ser ou um soquete de fluxo ou um soquete de datagrama. Lembre-se de que soquetes de fluxo proporcionam confiabilidade e garantias de ordenação e pacotes.[397] Winsock acrescenta funcionalidade extra a soquetes como E/S assíncrona, transparência de protocolo (isto é, desenvolvedores podem escolher os protocolos de rede e de transporte para usar com cada soquete) e capacidades de qualidade de serviço (QoS).[398] Essa última provê a processos informações sobre condições de rede e sobre o sucesso ou fracasso das tentativas de comunicação pelo soquete.[399]

21.11.4 Serviços de rede

O Windows XP inclui vários serviços de rede que permitem aos usuários compartilhar informações, recursos e objetos através da rede. **Active Directory** provê serviços de diretório para objetos compartilhados (por exemplo, arquivos, impressoras, serviços, usuários etc.) em uma rede.[400] Entre suas características estão a transparência de localização (isto é, usuários não sabem o endereço de um objeto), armazenamento hierárquico de dados de objeto, infra-estrutura de segurança rica e flexível e a habilidade de localizar objetos com base em diferentes propriedades do objeto.[401]

O **Protocolo Leve de Acesso a Diretório (Lightweight Directory Access Protocol — LDAP)** é um protocolo para acessar, pesquisar e modificar diretórios de Internet. Um diretório de Internet contém uma listagem de computadores ou recursos acessíveis pela Internet. O LDAP emprega um modelo cliente/servidor.[402] O cliente LDAP pode acessar o Active Directory.[403]

O Windows XP provê **Serviço de Acesso Remoto (Remote Service Access — RAS)** que permite que os usuários se conectem remotamente com uma LAN. O usuário deve estar conectado à rede por meio de uma WAN ou de uma VPN. Uma vez conectado à LAN por meio do RAS, o usuário funciona como se estivesse diretamente conectado na LAN.[404]

Suporte para computação Windows XP distribuída é provido por meio do Modelo de Objeto Componente Distribuído (Distributed Component Object Model — DCOM) e do .Net. DCOM é uma extensão do COM, descrito na Seção 21.10.5, Modelo de Objeto Componente (COM), para processos que compartilham objetos através de uma rede. Construir e acessar objetos DCOM é feito exatamente como para objetos COM, mas os protocolos de comunicação subjacentes suportam transporte de rede. Para informações sobre a utilização do DCOM para computação distribuída, ver Seção 17.3.5, DCOM (Modelo de Objeto Componente Distribuído).[405] A seção seguinte apresentará o .NET.

21.11.5 .NET

A Microsoft desenvolveu uma tecnologia denominada **.NET** que suplanta a DCOM para computação distribuída em aplicações mais novas. .NET visa transformar a computação de um ambiente em que usuários simplesmente executam aplicações em um único computador para um ambiente totalmente distribuído. Nesse modelo de computação, aplicações locais comunicam-se com aplicações remotas para executar requisições de usuário. Isso contrasta com a visão tradicional de um computador que meramente atende a requisições de um único usuário. .NET é uma tecnologia de middleware que provê um ambiente de desenvolvimento neutro em relação à plataforma e à linguagem para componentes que podem interoperar facilmente.[406, 407]

Serviços Web são o fundamento do .NET; abrangem um conjunto de padrões baseados em XML que definem como os dados devem ser transportados entre aplicações sobre HTTP. Por causa da grande presença do XML nessa tecnologia, os serviços Web .NET são freqüentemente denominados serviços Web XML. Desenvolvedores usam serviços Web para construir aplicações que podem ser acessadas pela Internet. Componentes de serviço Web podem ser expostos pela Internet e usados em muitas aplicações diferentes (isto é, serviços Web são modulares). Uma vez que as mensagens XML (que são enviadas e recuperadas por serviços Web) são simplesmente mensagens de texto, qualquer aplicação pode recuperar e ler mensagens XML. Serviços Web tornam o .NET interoperável e portável entre diferentes plataformas e linguagens.[408]

O modelo de programação .NET é denominado **estrutura .NET** (**.NET framework**). Essa estrutura provê uma API que se expande para a API do Windows de modo a incluir suporte para serviços Web. A estrutura .NET suporta muitas linguagens, entre elas: Visual Basic .NET, Visual C++ .NET e C#. A estrutura .NET facilita o desenvolvimento de serviços Web .NET.[409]

Entre os componentes do servidor .NET estão sites Web e servidores empresariais .NET, como o Windows Server 2003. Muitos componentes de serviços Web que usuários domésticos acessam são expostos nessas duas plataformas. Embora sistemas operacionais de mesa, como o Windows XP, ou sistemas de servidor que executam sobre Windows XP possam expor serviços Web, os sistemas Windows XP são principalmente consumidores (isto é, clientes) de serviços .NET.[410, 411]

21.12 Escalabilidade

Para aumentar a flexibilidade do Windows XP, a Microsoft desenvolveu diversas edições. Por exemplo, o Windows XP Home Edition é ajustado para usuários domésticos, enquanto o Windows XP Professional se aplica melhor a um ambiente corporativo. A Microsoft também tem produzido edições do Windows XP para abordar questões de escalabilidade. Embora todas as edições do Windows XP suportem multiprocessamento simétrico (SMP), o Windows XP 64-Bit Edition é especificamente projetado para sistemas de mesa de alto desempenho que, em geral, são construídos como sistemas SMP (ver Seção 15.4.1, Acesso uniforme à memória). Além disso, a Microsoft desenvolveu um sistema operacional embarcado derivado do Windows XP, denominado Windows XP Embedded. Um sistema embarcado consiste em hardware e software rigidamente acoplados, projetados para um dispositivo eletrônico específico, tal como um telefone celular ou uma máquina de linha de montagem. Esta seção descreve as características incluídas no Windows XP para facilitar a escalagem ascendente para sistemas SMP e descendente para sistemas embarcados.

21.12.1 Multiprocessamento simétrico (SMP)

O Windows XP escala para sistemas multiprocessadores simétricos (SMP). O sistema suporta escalonamento de thread, travamento do núcleo, um espaço de endereçamento de 64 bits (no Windows XP 64-Bit Edition) e características API que suportam aplicações de servidor de programação.

O Windows XP pode escalonar threads eficientemente em sistemas multiprocessadores — como descrito na Seção 21.6.2, Escalonamento de threads. O Windows XP tenta escalonar um thread no mesmo processador no qual executou recentemente para explorar dados em cache no cache privado de um processador. O sistema também usa o atributo de processador ideal para aumentar a probabilidade de os threads de um processo executarem concorrentemente, melhorando, assim, o desempenho. Alternativamente, desenvolvedores podem anular esse default e usar o atributo de processador ideal para aumentar a probabilidade de os threads de um processador executarem no mesmo processador para compartilhar dados em cache.[412]

O Windows XP implementa travas giratórias (descritas na Seção 21.6.3, Sincronização de threads), que são travas de núcleo projetadas para sistemas multiprocessadores. Especificamente, a trava giratória enfileirada reduz o tráfego no barramento processador-memória, aumentando a escalabilidade do Windows XP.[413] Além disso, com a evolução do núcleo do NT original (lembre-se de que o Windows XP é NT 5.1), projetistas reduziram o tamanho das seções críticas, o que reduz a quantidade de tempo que um processador fica esperando ociosamente para obter uma trava, tal como acontece quando um processador precisa executar código de escalonamento de thread. Reduzir o tamanho dessa seção crítica aumenta a escalabilidade do Windows XP.[414] Além do mais, o Windows XP provê várias outras travas de textura fina (por exemplo, objetos despachadores e travas de recursos do executivo), de modo que os desenvolvedores precisam travar apenas seções específicas do núcleo, permitindo que outros componentes executem sem ruptura.[415]

Suporte à memória para sistemas SMP de grande porte emana do Windows XP 64-Bit Edition. O endereçamento de 64 bits provê 2^{64} bytes (ou 16 exabytes) de espaço de endereçamento virtual, contrastando com os 2^{32} bytes (ou 4 gigabytes) das versões de 32 bits do Windows XP. Na prática, o Windows XP 64-Bit Edition provê aos processos uma faixa de 7152 GB de espaço de endereçamento virtual.[416] Correntemente, o Windows XP 64-Bit Edition suporta até 1 terabyte de memória cache, 128 gigabytes de memória de sistema paginada e 128 gigabytes de reservatório de não paginadas. O Windows XP 64-Bit Edition foi portado para processadores Intel Itanium II, que são descritos na Seção 14.8.4, Computação com instruções explicitamente paralelas (EPIC).[417] A Microsoft planeja para logo (na ocasião da redação deste livro) a liberação do Windows XP 64-Bit Edition para Extended Systems (Sistemas Estendidos) para suportar processadores AMD Opteron e Athlon 64.[418] As edições de 64 bits do Windows também oferecem maior desempenho e precisão ao manipular números com pontos flutuantes, porque esses sistemas armazenam números de pontos flutuantes usando 64 bits.[419]

Finalmente, o Windows XP acrescentou diversas características de programação ajustadas para sistemas de alto desempenho, que é um ambiente no qual muitos sistemas SMP são empregados. O objeto job (descrito na Seção 21.6.1, Organização de processos e threads) permite que servidores manipulem alocação de recursos para um grupo de processos. Desse modo, um servidor pode gerenciar os recursos que ele compromete para a requisição de um cliente.[420] E também, portas de conclusão de E/S (descritas na Seção 21.9.2, Processamento de entrada/saída) facilitam o processamento de grandes números de requisições de E/S assíncronas. Em um grande programa servidor, muitos threads podem emitir requisições assíncronas de E/S; portas de conclusão de E/S provêem uma área central onde threads dedicados podem esperar e processar notificações de conclusão de E/S que chegam.[421] Adicionalmente, reservatórios de threads (descritos na Seção 21.6.1, Organização de processos e threads) permitem que processos servidores atendam requisições de clientes que chegam sem a dispendiosa sobrecarga de criar e deletar threads para cada nova requisição. Em vez disso, essas requisições podem ser enfileiradas para um reservatório de threads.[422]

21.12.2 Windows XP Embarcado

A Microsoft criou um sistema operacional denominado **Windows XP Embedded (Windows XP Embarcado)** que escala o Windows XP para dispositivos embarcados. A Microsoft divide o Windows XP em unidades funcionais claramente definidas denominadas **componentes**. Componentes vão de aplicações de modo usuário, como o Notepad, a porções de espaço de núcleo, como a interface de CD-ROM e ferramentas de gerenciamento de energia. O projetista de um sistema Windows XP Embedded escolhe entre dez mil componentes para personalizar um sistema para um dispositivo particular.[423] Componentes para o Windows XP Embedded contêm o mesmo código que o Windows XP Professional, provendo total compatibilidade com Windows XP. O Windows XP Embedded também contém o micronúcleo central do Windows XP.[424]

O Windows XP Embedded é projetado para dispositivos embarcados mais robustos, como impressoras, roteadores, sistemas de ponto-de-venda e transceptores digitais. A Microsoft provê um sistema operacional diferente, o Windows CE, para dispositivos mais leves, como telefones celulares e PDAs. A meta do Windows XP Embedded é permitir que dispositivos com recursos limitados aproveitem as vantagens do ambiente de computação Windows XP.[425]

Dispositivos — como equipamentos médicos, equipamentos de comunicação e equipamentos de manufatura — podem se beneficiar do Windows XP Embedded, mas requerem garantias de tempo real. Lembre-se da Seção 8.9, Escalonamento de tempo real, da diferença entre escalonamento de tempo real não crítico (como o provido pelo Windows XP) e escalonamento de tempo real crítico. Escalonamento de tempo real não crítico designa prioridade mais alta a threads de tempo real, enquanto escalonamento de tempo real crítico provê garantias de que, dado um horário de início, um thread concluirá dentro de um prazo determinado. A Venturcom[426] projetou uma Extensão de Tempo Real (Real-Time Extension — RTX) para Windows XP Embedded e Windows XP. A RTX inclui um novo modelo de thread (implementado como um driver de dispositivo), uma coleção de bibliotecas e uma HAL estendida. A RTX da Venturcom cumpre metas de tempo real crítico, mascarando todas as interrupções que não são de tempo real quando threads de tempo real estão executando, nunca mascarando interrupções de tempo real (lembre-se de que mascaramento de interrupção é conseguido através da HAL) e impondo prioridades estritas de threads. Por exemplo, threads que estão esperando por objetos de sincronização, como mutexes e semáforos, são colocados no estado *pronto* em ordem de prioridade (ao contrário da ordem FIFO). A RTX implementa 128 níveis de prioridade para aumentar a flexibilidade do escalonamento.

21.13 Segurança

Qualquer sistema operacional que visa ao mercado corporativo tem de oferecer substanciais capacidades de segurança. O Windows XP Professional provê uma ampla variedade de serviços de segurança a seus usuários, enquanto o Windows XP Home Edition tem uma faixa ligeiramente mais limitada e é dirigido a consumidores cujas necessidades de segurança são simples. As subseções seguintes descreverão a segurança no Windows XP Professional. Grande parte da informação, especialmente o material não relacionado com redes, aplica-se também ao Windows XP Home Edition.

O Windows XP provê aos usuários uma gama de opções de autenticação e autorização que permite acesso a terminal físico, rede local ou Internet. Um banco de dados de credenciais de usuários ajuda a fornecer aos usuários a capacidade de assinatura única; uma vez que o usuário se conecte ao Windows XP, o sistema se encarrega de autenticar o usuário junto a outros domínios e redes sem solicitar credenciais. O sistema operacional inclui um firewall instalado (ver Seção 19.6.1, Firewalls), o qual protege o sistema de acesso mal-intencionado.

21.13.1 Autenticação

O Windows XP tem uma política de autenticação flexível. Usuários provêem o sistema com credenciais que consistem em sua identidade (por exemplo, nome de usuário) e prova de identidade (por exemplo, senha). Para acesso local, o sistema autentica as credenciais de um usuário comparando-as com o banco de dados do **Gerenciador de Segurança de Contas (Security Account Manager — SAM)**. Um computador designado, denominado **controlador de domínio**, gerencia autenticação remota. O sistema de autenticação nativo para acessar rede é o Kerberos V5 (ver Seção 19.3.3, Kerberos). O Windows XP também suporta o protocolo de autenticação NT Lan Man (NTLM) para compatibilidade retrógrada com controladores de domínio que executam NT 4.0.[427]

A autenticação começa com uma tela de acesso; pode ser um programa de acesso padronizado (denominado MSGINA) ou uma DLL de **Identificação e Autenticação Gráficas (Graphical Identification and Autenthication — GINA)** de terceiros.[428] A GINA passa o nome e a senha do usuário para o programa Winlogon, que passa as credenciais à Autoridade de Segurança Local (Local Security Authority — LSA). A LSA é responsável pelo tratamento de toda a autenticação e a autorização para usuários que estejam acessando fisicamente aquela máquina particular.[429]

Se o usuário estiver solicitando acesso apenas à máquina local, a LSA verifica suas credenciais junto ao banco de dados SAM local. Caso contrário, a LSA passa as credenciais pela rede ao controlador de domínio (o computador responsável pelo tratamento da autorização) via a **Interface Provedora de Suporte de Segurança (Security Support Provider Interface — SSPI)**, que é uma interface padronizada para obter serviços de segurança para autenticação, compatível com o Kerberos V5 e com o NTLM. O controlador de domínio primeiramente tenta autenticar usando o Kerberos, que verifica credenciais usando o Active Directory. Se o Kerberos falhar, a GINA envia novamente o nome de usuário e a senha. Dessa vez, o controlador de domínio tenta autenticar via protocolo NTLM, o qual depende de um banco de dados SAM armazenado no controlador de domínio. Se ambos, Kerberos e NTLM falharem, a GINA avisa o usuário para ele entrar novamente o nome de usuário e senha.[430, 431] A Figura 21.19 ilustra o processo de autenticação.

Por razões de segurança, computadores, especialmente os portáteis — como os laptops —, com freqüência usam credenciais diferentes para se conectar com domínios diferentes; se um domínio estiver comprometido, as contas dos outros domínios continuam seguras. O Windows XP permite que os usuários armazenem credenciais específicas de domínio em Stores User Names and Passwords. Se ocorrer um erro de autenticação, a LSA primeiramente tenta autenticar usando uma credencial salva para aquele domínio. Se a tentativa fracassar, a LSA ativa a tela GINA para solicitar a credencial ao usuário. A tela permite que o usuário selecione uma credencial armazenada a partir de um menu suspenso. O sistema registra todas as credenciais que um usuário entrar em uma GINA (contanto que ele selecione uma caixa que dá permissão ao sistema para fazer isso). Além do mais, usuários podem usar uma GUI especial para adicionar, editar e eliminar credenciais.[432]

21.13.2 Autorização

Qualquer usuário, grupo, serviço ou computador que realiza uma ação em um sistema Windows XP é considerado um **diretor de segurança**. Um usuário pode definir permissões de segurança para qualquer diretor de segurança.[433] Muitas vezes é vantajoso colocar usuários que tenham os mesmos privilégios de segurança em um grupo de segurança, e, então, definir permissões de segurança baseadas nesse grupo. Grupos de segurança podem ser aninhados e agrupados para formar grupos de segurança maiores. Usar grupos de segurança simplifica o gerenciamento da política de segurança para um sistema de grande porte.[434]

O sistema designa um **identificador de segurança (security identifier — SID)** exclusivo a cada diretor de segurança. Quando um diretor de segurança solicita acesso, o sistema usa o SID do diretor de segurança para designar uma **ficha de acesso**. A ficha de acesso armazena informações de segurança sobre o diretor de segurança, incluindo seu SID, o SID de todos os grupos aos quais o diretor de segurança pertence e a lista de controle de acesso default (ver Seção 19.4.3, Meca-

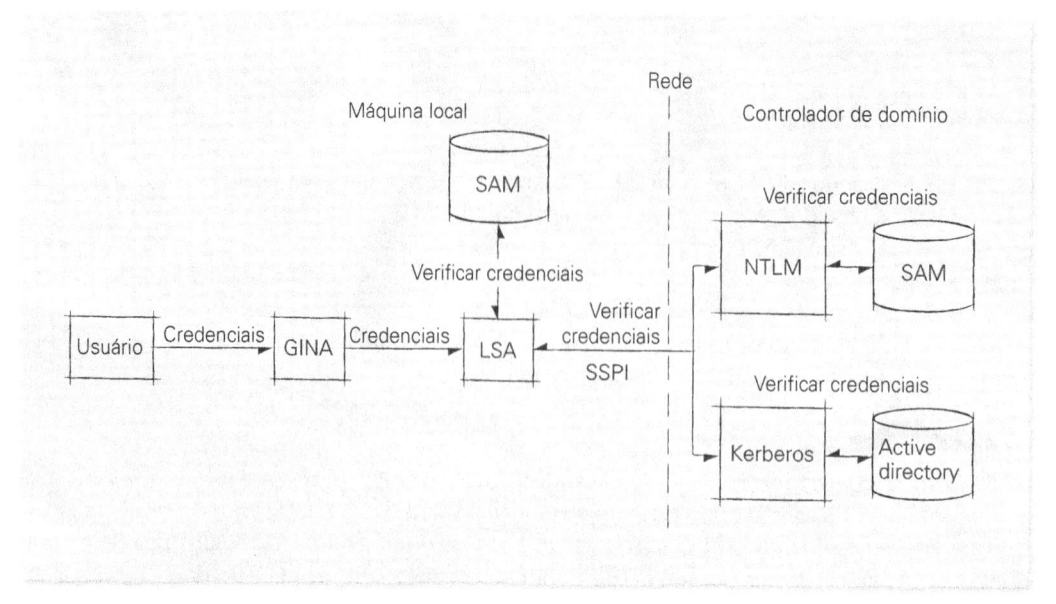

Figura 21.19 | *Processo de autenticação em uma rede Windows XP.*

nismos de controle de acesso) para designar a todos os objetos que o diretor de segurança criar. O sistema anexa uma cópia da ficha de acesso a cada processo e thread que o encarregado de segurança executar. O sistema usa a ficha de acesso de um thread para verificar se ele está autorizado a realizar a ação desejada.[435]

O Windows XP usa fichas de acesso para implementar **troca rápida de usuário** — habilitando um novo usuário a obter acesso sem desligar o usuário corrente. (Troca rápida de usuário funciona somente em computadores que não são membros de um domínio.) Muitas vezes, especialmente em ambientes domésticos, um usuário pode iniciar um processo de longa execução e então deixar o computador sem supervisão. A troca rápida de usuário permite que uma outra pessoa acesse o sistema, execute programas, verifique e-mail, jogue um jogo e assim por diante. Os processos do primeiro usuário continuam executando em segundo plano; contudo, isso é transparente para o novo usuário. Uma ficha de acesso armazena uma sessão ID exclusiva para cada sessão de acesso. O sistema usa a ficha de acesso anexada a cada thread e a cada processo para determinar a qual usuário um processo ou thread pertence.[436, 437]

Todo recurso, tal como um arquivo, pasta ou descritor, tem um **descritor de segurança** que contém as informações de segurança do recurso. Um descritor contém o SID do proprietário do recurso e uma **lista de controle de acesso discricionário (discretionary access control list — DACL)** que determina quais diretores de segurança podem acessar o recurso. A DACL é uma lista ordenada de **entradas de controle de acesso (access control entries — ACEs)**; cada ACE contém o SID de um diretor de segurança e o tipo de acesso (se houver) que o diretor de segurança tem àquele recurso particular.[438]

Quando um thread tenta acessar um recurso, o Windows XP usa a ficha de acesso do thread e o descritor de segurança do recurso para determinar se permite o acesso. O sistema percorre a DACL e pára quando encontra uma ACE com uma SID que corresponde a uma das SIDs da ficha de acesso. O thread é autorizado a executar a operação requisitada somente se a primeira ACE compatível autorizar a ação. Se o descritor de segurança não tiver nenhuma DACL, o acesso é concedido; se a DACL não tiver nenhuma ACE compatível, o acesso é negado.[439]

O Windows XP oferece aos usuários flexibilidade para especificar a política de segurança de seus sistemas. O papel principal do sistema operacional é impor a política que seus usuários definem. Contudo, com tantas opções para escolher, um administrador poderia criar inadvertidamente uma política de segurança insegura. Para evitar que isso aconteça, o Windows XP inclui muitas características úteis que ajudam os administradores a manter a segurança do sistema.

Lembre-se da noção de grupos de segurança mencionada no início da seção. O Windows XP define três grupos básicos de segurança: Everyone (todos os encarregados de segurança autenticados), Anonymous (todos os encarregados de segurança não identificados) e Guest (uma conta de propósito geral). Administradores de sistemas podem usar esses três grupos de segurança como os blocos construtivos de sua política de segurança. Além disso, o Windows XP inclui diversas políticas de segurança default que administradores podem empregar como ponto de partida para criar sua própria política. Em geral, cada política default usa o nível mais alto de segurança, e os administradores de sistemas são responsáveis por aumentar privilégios de usuários. Por exemplo, por default, usuários que solicitam acesso a partir de uma máquina remota são forçados a usar privilégios Guest. Embora isso possa ser um aborrecimento, essa política é preferível a inadvertidamente deixar passar desapercebida uma falha de segurança.[440]

21.13.3 Firewall de conexão de Internet

O Windows XP traz instalado um firewall de filtragem de pacotes (ver Seção 18.6.1, Firewalls) denominado **Firewall de Conexão de Internet (Internet Connection Firewall — ICF)**. Esse firewall pode ser usado para proteger ou uma rede inteira ou um único computador.[441] O ICF filtra todo o tráfego de entrada não solicitado, com exceção de pacotes enviados a portas explicitamente designadas como abertas. O firewall armazena em um tabela de fluxo informações sobre todos os pacotes que estão saindo. Permite que um pacote que está chegando entre no sistema somente se houver uma entrada na tabela de fluxo correspondente a um pacote que está saindo enviado ao endereço do hospedeiro do pacote que está entrando.[442] ICF não filtra pacotes que estão saindo; admite que somente processos legítimos enviariam um pacote que está saindo. (Isso pode causar problemas se um programa cavalo de Tróia obtiver acesso ao sistema.)[443]

ICF suporta protocolos de comunicação comuns de Internet, tal como FTP e LDAP. Para permitir que aplicações se comuniquem com um sistema Windows XP via esses protocolos, o ICF deixa certas portas abertas a todo o tráfego que chega. E, também, muitas aplicações — como MSN Messenger e jogos on-line — requerem uma porta aberta para executar com sucesso. Usuários e aplicações com privilégios administrativos podem designar uma porta particular aberta a todo o tráfego que chega; esse processo é denominado **mapeamento de porta**.[444, 445]

21.13.4 Outras características

O Windows XP vem com muitas características que ajudam a manter o sistema seguro. Por exemplo, usuários podem criptografar arquivos e pastas usando o Sistema de Criptografia de Arquivos (Encrypting File System) (ver Seção 21.8.2, NFTS, para mais informações). Podem também controlar quais sites Web podem armazenar cookies (pequenos arquivos temporários usados por um servidor para armazenar informações específicas de usuários) em seus computadores. Administradores podem limitar quais aplicações podem executar no sistema; cada aplicação pode ser identificada por seu hash de arquivo — assim, movimentá-la ou renomeá-la não violaria a restrição. O Windows XP também pode verificar se a aplicação está assinada por um certificado de confiança (isto é, uma assinatura de uma entidade que o usuário especificou como sendo de confiança) ou se vem de uma Zona de Internet certificada (isto é, um domínio de Internet que o usuário especifica como seguro).[446] Usuários podem usar Automatic Update para receber notificações, ou até mesmo instalações, das últimas correções de segurança.[447]

Exercícios

21.1 [*Seção 21.4, Arquitetura do sistema*] Quais aspectos da arquitetura do Windows XP tornam o sistema modular e portável para hardwares diferentes? De que maneira a Microsoft sacrificou a modularidade e a portabilidade em favor do desempenho?

21.2 [*Seção 21.5.2, Gerenciador de objeto*] Quais são os benefícios de gerenciar todos os objetos em um gerenciador de objetos centralizado?

21.3 [*Seção 21.5.5, Chamadas postergadas de procedimento (DPCs)*] Por que uma rotina que gera uma DPC poderia especificar o processador (em um sistema multiprocessador) no qual a DPC executa?

21.4 [*Seção 21.5.5, Chamadas postergadas de procedimento (DPCs)*] Como DPCs elevam a responsividade do sistema quando chegam interrupções de dispositivos?

21.5 [*Seção 21.5.5, Chamadas postergadas de procedimento (DPCs)*] Por que DPCs não podem acessar dados pagináveis?

21.6 [*Seção 21.6.1, Organização de processos e threads*] Dê um exemplo demonstrando por que pode ser útil criar um job para um único processo.

21.7 [*Seção 21.6.1, Organização de processos e threads*] Qual entidade escalona filamentos?

21.8 [*Seção 21.6.1, Organização de processos e threads*] Como reservatórios de threads poderiam introduzir ineficiência?

21.9 [*Seção 21.6.2, Escalonamento de threads*] O despachador escalona cada thread sem levar em conta o processo ao qual ele pertence, significando que, se todo o resto for igual, o mesmo processo implementado com mais threads recebe uma participação maior no tempo de execução. Cite uma desvantagem dessa estratégia.

21.10 [*Seção 21.6.2, Escalonamento de threads*] Por que o sistema reajusta o quantum de um thread de tempo real após a preempção?

21.11 [*Seção 21.6.2, Escalonamento de threads*] Sob quais circunstâncias o Windows XP aumentaria a prioridade de um thread de prioridade dinâmica? Sob quais circunstâncias o Windows XP a reduziria?

21.12 [*Seção 21.6.2, Escalonamento de threads*] Como as políticas implementadas no Windows XP podem levar à reversão de prioridade? Como o Windows XP trata inversão de prioridade? De que maneira essa é uma boa política? Quais são suas desvantagens?

21.13 [*Seção 21.6.2, Escalonamento de threads*] Por que um desenvolvedor manipularia o valor do processador ideal de um thread?

21.14 [*Seção 21.6.3, Sincronização de threads*] O Windows XP não detecta explicitamente situações de deadlock para threads que usam objetos despachadores. Como threads que usam objetos despachadores poderiam criar um deadlock? Quais mecanismos o Windows XP inclui para ajudar a evitar essas situações?

21.15 [*Seção 21.6.3, Sincronização de threads*] De que maneira threads que estão executando em um IRQL igual ou maior do que o nível DPC/despacho são restritos? Por quê?

21.16 [*Seção 21.6.3, Sincronização de threads*] Por que usar uma trava giratória enfileirada de preferência a um trava giratória genérica?

21.17 [*Seção 21.6.3, Sincronização de threads*] Explique como um recurso do executivo pode ser usado para resolver o problema dos leitores/escritores.

21.18 [*Seção 21.7.1, Organização de memória*] Suponha que um programador empreendedor modifique o gerenciador de memória virtual do Windows XP de modo que ele aloque espaço para todas as entradas de tabelas de páginas que um processo poderia precisar tão logo o processo seja criado. Admita que as entradas de tabelas de páginas não podem ser levadas para armazenamento secundário e que nenhuma entrada de tabela de páginas é compartilhada.

  a. Quanto espaço seria preciso para armazenar todas as entradas de tabela de páginas para um processo (em um sistema de 32 bits)?

  b. O Windows XP armazena entradas da tabela de páginas de cada processo em espaço de sistema, que é compartilhado entre todos os processos. Se um sistema devotasse todo o seu espaço de sistema a entradas de tabelas de páginas, qual é o número máximo de processos que poderiam estar ativos simultaneamente?

21.19 [*Seção 21.7.1, Organização de memória*] Páginas grandes precisam ser armazenadas contiguamente na memória principal. Há diversas maneiras de fazer isso: um sistema pode designar uma porção da memória principal exclusivamente para páginas grandes, pode rearranjar páginas na memória principal sempre que um processo requisitar uma página grande ou pode não fazer nada e negar requisições de alocação de memória de página grande sempre que necessário. Discuta os prós e os contras de cada uma dessas três políticas.

21.20 [*Seção 21.7.1, Organização de memória*] A entrada de um TLB do Windows XP contém o endereço virtual completo de 32 bits e o endereço físico de 32 bits ao qual corresponde. Memória associativa é muito cara. Sugira uma otimização poupadora de espaço para o TLB.

21.21 [*Seção 21.7.2, Alocação de memória*] Quando um processo abre um arquivo, o Windows XP não transfere o arquivo inteiro para a memória principal. Em vez disso, o sistema espera para ver quais porções do arquivo o processo acessará. O VMM transfere somente as páginas acessadas para a memória principal e cria PTEs para elas, o que provoca uma sobrecarga extra sempre que o processo acessa uma nova porção de um arquivo aberto. O que aconteceria se o sistema operacional tentasse poupar tempo criando todas as PTEs ao mesmo tempo?

21.22 [*Seção 21.7.2, Alocação de memória*] O Windows XP eliminou requisições tem-de-dar-certo para tornar o sistema mais estável. Suponha que um programador empreendedor reescrevesse o sistema operacional para aceitar requisições tem-de-dar-certo, mas somente quando o sistema tivesse memória suficiente para atender a essas requisições. Quais seriam as armadilhas dessa política?

21.23 [*Seção 21.7.3, Substituição de páginas*] Por que o Windows XP habilita o armazenamento de arquivos de páginas em discos separados?

21.24 [*Seção 21.7.3, Substituição de páginas*] Por que o Windows XP zera páginas?

21.25 [*Seção 21.7.3, Substituição de páginas*] Suponha que o processo A requisite uma nova página do disco. Entretanto, a Lista de Páginas Zeradas e a Lista de Páginas Livres estão vazias. Uma moldura de página originalmente pertencente ao processo B está na Lista de Páginas de Reserva, e uma moldura de página pertencente ao Processo A está na Lista de Páginas Modificadas. Qual moldura de página o sistema escolheria e o que aconteceria com ela? Quais são os prós e os contras de escolher a outra moldura de página?

21.26 [*Seção 21.8.1, Drivers de sistemas de arquivo*] O sistema operacional usa diferentes drivers locais de sistema de arquivo para acessar diferentes dispositivos de armazenamento. Teria sentido desenvolver um driver de sistema de arquivo de bloco remoto e um driver de sistema de arquivo de caracteres remoto para acessar tipos diferentes de dispositivos de armazenamento em computadores remotos?

21.27 [*Seção 21.8.2, NTFS*] Em Windows XP, atalhos (os ícones que os usuários colocam em sua tela de entrada) são implementados como ligações não estritas — se o arquivo ou programa ao qual estão conectados for eliminado, os ponteiros apontarão para nada. Quais são as vantagens e desvantagens de substituir atalhos por ligações estritas?

21.28 [*Seção 21.8.2, NTFS*] Um usuário quer comprimir um arquivo de 256 KB armazenado em um volume NTFS com clusters de 4 KB. A compressão de Lempel-Ziv reduz as quatro unidades de compressão de 64 KB para 32 KB, 31 KB, 62 KB e 48 KB. Quanto espaço o arquivo comprimido ocupará no disco?

21.29 [*Seção 21.8.2, NTFS*] O Windows XP executa criptografia de arquivos utilizando pontos de reanálise. O arquivo passa por um pipe pelo filtro do Encrypting File System que faz toda a criptografia e decriptação. O Windows XP permite que uma aplicação ignore um ponto de reanálise e acesse o arquivo diretamente. Isso compromete a segurança dos dados criptografados? Por que sim ou por que não?

21.30 [*Seção 21.9.1, Drivers de dispositivos*] Quais são as vantagens de atender a requisições de E/S de dispositivos com uma pilha de drivers claramente definida e não com um único driver de dispositivo?

21.31 [*Seção 21.9.1, Drivers de dispositivos*] Cite alguns dos benefícios que sistemas e usuários derivam do plug-and-play?

21.32 [*Seção 21.9.2, Processamento de entrada/saída*] Discutimos quatro tipos de E/S assíncrona: sondagem, espera em um objeto evento que sinaliza a conclusão da E/S, E/S vigilante e uso de portas de conclusão de E/S. Descreva, para cada técnica, uma situação na qual essa técnica é útil; cite também uma desvantagem de cada técnica.

21.33 [*Seção 21.9.3, Tratamento de interrupções*] Por que uma ISR deve fazer o mínimo de processamento necessário e retornar rapidamente, deixando a maior parte do processamento de interrupção para uma DPC?

21.34 [*Seção 21.11.2, Arquitetura de driver de rede*] Suponha que um novo conjunto de protocolos substituísse TCP e IP como protocolo-padrão de rede. Qual seria a dificuldade de incorporar suporte para esses novos protocolos no Windows XP?

21.35 [*Seção 21.11.3, Protocolos de rede*] Winsock adiciona nova funcionalidade sobre soquetes BSD, estendendo a funcionalidade dos soquetes, mas atrapalhando a portabilidade. Você acha que essa foi uma boa decisão de projeto? Dê suporte à sua resposta.

21.36 [*Seção 21.12.1, Multiprocessamento simétrico (SMP)*] Por que o Windows XP tenta escalonar um thread no mesmo processador em que executou recentemente?

21.37 [*Seção 21.13.1, Autenticação*] Suponha que a rede de uma empresa tenha somente máquinas Windows XP. Quais são as vantagens de permitir ambas as autorizações, NTLM e Kerberos? Quais são as desvantagens?

21.38 [*Seção 21.13.2, Autorização*] Quando o Windows XP compara uma ficha de acesso a uma DACL (lista de controle de acesso discricionário), ele verifica ACEs (entradas de controle de acesso) uma por uma e pára quando encontra a primeira ACE cujo SID (identificador de segurança) corresponde a um SID da ficha de acesso. Considere um administrador que quer permitir que todos os usuários identificados, exceto os estagiários, usem a impressora. A primeira ACE da DACL da impressora negaria o acesso ao grupo de segurança Estagiários, e a segunda permitiria o grupo de segurança

Todos. Admita que, na lista da ficha de acesso de um estagiário, o grupo de segurança Todos figura em primeiro lugar e o grupo de segurança Estagiários, em segundo lugar. O que aconteceria se o sistema verificasse a ficha de acesso e parasse ao encontrar um SID na DACL?

21.39 [*Seção 21.13.3, Firewall de conexão de Internet*] Os filtros ICF do Windows XP filtram somente pacotes de entrada. Quais são as vantagens de não verificar pacotes de saída? Quais são as desvantagens?

Notas

1. "Windows XP captures more than one-third of O/S market on Web", *StatMarket*, 13 maio 2003, www.statmarket.com/cgibin/sm.cgi?sm&feature&week_stat.
2. Microsoft corporation, "Windows XP product information", 29 jul. 2003, www.microsoft.com/windowsxp/evaluation/default.asp.
3. C. Connolly, "First look: Windows XP 64-Bit edition for AMD64", *Game PC*, 5 set. 2003, www.gamepc.com/labs/view_content.asp?id=amd64xp&page=1.
4. John Mirick, "William H. Gates III", Department of Computer Science at Virginia Tech, 29 set. 1996, ei.cs.vt.edu/~history/Gates.Mirick.html.
5. Louis Corrigan, "Paul Allen's Wide Wild Wired World", *The Motley Fool*, 17 jun. 1999, www.fool.com/specials/1999/sp990617allen.htm.
6. "Forbes' world's richest people 2003", 2003, www.forbes.com/finance/lists/10/2003/LIR.jhtml?pass-ListId=10&passYear=2003&passListType=Person&uniqueId=BH69&datatype=Person.
7. "Bill Gates", *Microsoft*, set. 2002, www.microsoft.com/billgates/bio.asp.
8. Louisa Krol e Leo Goldman, "Survival of the richest", *Forbes.com*, 17 mar. 2003, www.forbes.com/free_forbes/2003/0317/087.html.
9. "MS-DOS", *Computer Knowledge*, 2001, www.cknow.com/ckinfo/acro_m/msdos_1.shtml.
10. "History of Microsoft Windows", *Wikipedia*, www.wikipedia.org/wiki/History_of_Microsoft_Windows.
11. Microsoft Corporation, "Windows desktop products history", 2003, www.microsoft.com/windows/WinHistoryDesktop.mspx.
12. "History of Microsoft Windows", *Wikipedia*, www.wikipedia.org/wiki/History_of_Microsoft_Windows.
13. Jay Munro, "Windows XP kernel enhancements", *ExtremeTech*, 8 jun. 2001, www.extremetech.com/print_article/0,3998,a=2473,00.asp.
14. "The foundations of Microsoft Windows NT system architecture", *MSDN Library*, set. 1997, msdn.microsoft.com/ARCHIVE/en-us/dnarwbgen/html/msdn_ntfound.asp.
15. "Microsoft Windows 2000 overview", *Dytech Solutions*, 1999, www.dytech.com.au/technologies/Win2000/Features/Features.asp.
16. J. Munro, "Windows XP kernel enhancements", *ExtremeTech*, 8 jun. 2001, www.extremetech.com/print_article/0,3998,a=2473,00.asp.
17. IBM, "Year 1987", www-1.ibm.com/ibm/history/history/year_1987.html.
18. D. Both, "A short history of OS/2", 18 dez. 2002, www.millennium-technology.com/HistoryOfOS2.html.
19. M. Necasek, "OS/2 1", pages.prodigy.net/michaln/history/os210/index.html.
20. M. Necasek, "OS/2 2", pages.prodigy.net/michaln/history/os220/index.html.
21. D. Both, "A short history of OS/2", 18 dez. 2002, www.millennium-technology.com/HistoryOfOS2.html.
22. "The foundations of Microsoft Windows NT system architecture", *MSDN Library*, set. 1997, msdn.microsoft.com/ARCHIVE/en-us/dnarwbgen/html/msdn_ntfound.asp.
23. "Windows NT C2 evaluations", *Microsoft TechNet*, 2 dez. 1999, www.microsoft.com/technet/treeview/default.asp?url=/technet/security/news/c2summ.asp.
24. Microsoft Corporation, "Fast boot/fast resume design", 12 jun. 2002, www.microsoft.com/whdc/hwdev/platform/performance/fastboot/default.mspx.
25. "MS Windows NT kernel-mode user and GDI white paper", *Microsoft TechNet*, 22 jul. 2003, www.microsoft.com/technet/prodtechnol/ntwrkstn/evaluate/featfunc/kernelwp.asp.
26. "DDK glossary — Hardware Abstraction Layer (HAL)", *MSDN Library*, 6 jun. 2003, msdn.microsoft.com/library/en-us/gloss/hh/gloss/glossary_0lix.asp.
27. M. Walla e R. Williams, "Windows .NET structure and architecture", *Windows IT Library*, abr. 2003, www.windowsitlibrary.com/Content/717/02/1.html.
28. D. Solomon e M. Russinovich, *Inside Windows 2000*, 3ed. Redmond: Microsoft Press, 2000.
29. "MS Windows NT kernel-mode user and GDI white paper", *Microsoft TechNet*, 22 jul. 2003, www.microsoft.com/technet/prodtechnol/ntwrkstn/evaluate/featfunc/kernelwp.asp.
30. "Windows 2000 architectural tutorial", *FindTutorials*, 10 jul. 2003, tutorials.findtutorials.com/read/category/97/id/379.
31. M. Walla e R. Williams, "Windows .NET structure and architecture", *Windows IT Library*, abr. 2003, www.windowsitlibrary.com/Content/717/02/1.html.
32. S. Schreiber, *Undocumented Windows 2000 secrets*. Boston: Addison Wesley, 2001.
33. M. Walla e R. Williams, "Windows .NET structure and architecture", *Windows IT Library*, abr. 2003, www.windowsitlibrary.com/Content/717/02/1.html.
34. "Windows XP 64-Bit frequently asked questions", 28 mar. 2003, www.microsoft.com/windowsxp/64bit/evaluation/faq.asp.
35. "Dynamic-link libraries", *MSDN Library*, fev. 2003, msdn.microsoft.com/library/en-us/dllproc/base/dynamic_link_libraries.asp.
36. "System services overview", *Microsoft TechNet*, 25 jul. 2003, www.microsoft.com/TechNet/prodtechnol/winxppro/proddocs/sys_srv_overview_01.asp.
37. J. Foley, "Services guide for Windows XP", *The Elder Geek*, 25 jul. 2003, www.theeldergeek.com/services_guide.htm#Services.
38. "Registry", *MSDN Library*, fev. 2003, msdn.microsoft.com/library/en-us/sysinfo/base/registry.asp.
39. "Chapter 23 — overview of the Windows NT registry", *Microsoft TechNet*, 21 jul. 2003, www.microsoft.com/technet/prodtechnol/ntwrkstn/reskit/23_regov.asp.
40. "Structure of the registry", *MSDN Library*, fev. 2003, msdn.microsoft.com/library/en-us/sysinfo/base/structure_of_the_registry.asp.
41. "Predefined keys", *MSDN Library*, fev. 2003, msdn.microsoft.com/en-us/sysinfo/base/predefined_keys.asp.
42. "Predefined keys", *MSDN Library*, fev. 2003, msdn.microsoft.com/en-us/sysinfo/base/predefined_keys.asp.
43. "Opening, creating, and closing keys", *MSDN Library*, fev. 2003, msdn.microsoft.com/library/en-us/sysinfo/base/opening_creating_and_closing_keys.asp.

44. "Registry hives", *MSDN Library*, fev. 2003, msdn.microsoft.com/library/en-us/sysinfo/base/registry_hives.asp.
45. M. Russinovich, "Inside the registry", *Windows & .NET Magazine*, maio 1999, www.win2000mag.com/Articles/Index.cfm?ArticleID=5195.
46. "Object management", *MSDN Library*, 6 jun. 2003, msdn.microsoft.com/library/en-us/kmarch/hh/kmarch/objects_033b.asp.
47. M. Russinovich, "Inside NT's object manager", *Windows & .NET Magazine*, out. 1997, www.winnetmag.com/Articles/Index.cfm?IssueID=24&ArticleID=299.
48. "Object categories", *MSDN Library*, fev. 2003, msdn.microsoft.com/library/en-us/sysinfo/base/object_categories.asp.
49. "Object handles", *MSDN Library*, 6 jun. 2003, msdn.microsoft.com/library/en-us/kmarch/hh/kmarch/objects_5btz.asp.
50. "Handle inheritance", *MSDN Library*, fev. 2003, msdn.microsoft.com/library/en-us/sysinfo/base/handle_inheritance.asp.
51. "Object handles", *MSDN Library*, 6 jun. 2003, msdn.microsoft.com/library/en-us/kmarch/hh/kmarch/objects_5btz.asp.
52. "Object names", *MSDN Library*, 6 jun. 2003, msdn.microsoft.com/library/en-us/kmarch/hh/kmarch/objects_9k13.asp.
53. "Object manager", *MSDN Library*, fev. 2003, msdn.microsoft.com/library/en-us/sysinfo/base/object_manager.asp.
54. M. Russinovich, "Inside NT's object manager", *Windows & .NET Magazine*, out. 1997, www.winnetmag.com/Articles/Index.cfm?IssueID=24&ArticleID=299.
55. "Object manager", *MSDN Library*, fev. 2003, msdn.microsoft.com/library/en-us/sysinfo/base/object_manager.asp.
56. "Life cycle of an object", *MSDN Library*, 6 jun. 2003, msdn.microsoft.com/library/en-us/kmarch/hh/kmarch/objects_16av.asp.
57. "IRQL", *MSDN Library*, 6 jun. 2003, msdn.microsoft.com/library/en-us/kmarch/hh/kmarch/k101_62b6.asp.
58. "Managing hardware priorities", *MSDN Library*, 6 jun. 2003, msdn.microsoft.com/library/en-us/kmarch/hh/kmarch/intrupts_0kh3.asp.
59. "Key benefits of the I/O APIC", *Windows Hardware and Driver Central*, www.microsoft.com/whdc/hwdev/platform/proc/IO-APIC.mspx.
60. "Managing hardware priorities", *MSDN Library*, 6 jun. 2003, msdn.microsoft.com/library/en-us/kmarch/hh/kmarch/intrupts_0kh3.asp.
61. "Windows DDK glossary — Interrupt Dispatch Table (IDT)", *MSDN Library*, 6 jun. 2003, msdn.microsoft.com/library/en-us/gloss/hh/gloss/glossary_1qbd.asp.
62. "Windows DDK glossary — Interrupt Dispatch Table (IDT)", *MSDN Library*, 6 jun. 2003, msdn.microsoft.com/library/en-us/gloss/hh/gloss/glossary_1qbd.asp.
63. "Managing hardware priorities", *MSDN Library*, 6 jun. 2003, msdn.microsoft.com/library/en-us/kmarch/hh/kmarch/intrupts_0kh3.asp.
64. "Asynchronous procedure calls", *NT Insider*, v. 5, nº 1, jan. 1998, www.osr.com/ntinsider/1998/apc.htm.
65. "Asynchronous procedure calls", *NT Insider*, v. 5, nº 1, jan. 1998, www.osr.com/ntinsider/1998/apc.htm.
66. "QueueUserAPC", *MSDN Library*, fev. 2003, msdn.microsoft.com/library/en-us/dllproc/base/queueuserapc.asp.
67. "Alterable I/O", *MSDN Library*, fev. 2003, msdn.microsoft.com/library/en-us/fileio/base/alertable_i_o.asp.
68. "Asynchronous procedure calls", *MSDN Library*, fev. 2003, msdn.microsoft.com/library/en-us/dllproc/base/asynchronous_procedure_calls.asp.
69. P. E. Hadjidoukas, "A device driver for W2K signals", *Windows Developer Network*, 7 set. 2003, www.windevnet.com/documents/s=7637/wdj0108a/0108a.htm?temp=evgyijpt0a.
70. "Asynchronous procedure calls", *NT Insider*, v. 5, nº 1, jan. 1998, www.osr.com/ntinsider/1998/apc.htm.
71. "Introduction to DPCs", *MSDN Library*, 6 jun. 2003, msdn.microsoft.com/library/en-us/kmarch/hh/kmarch/intrupts_2zzb.asp.
72. "Managing hardware priorities", *MSDN Library*, 6 jun. 2003, msdn.microsoft.com/library/en-us/kmarch/hh/kmarch/intrupts_0kh3.asp.
73. "Writing an ISR", *MSDN Library*, 6 jun. 2003, msdn.microsoft.com/library/en-us/kmarch/hh/kmarch/intrupts_4ron.asp.
74. "Introduction to DPC objects", *MSDN Library*, 6 jun. 2003, msdn.microsoft.com/library/en-us/kmarch/hh/kmarch/intrupts_0m1z.asp.
75. M. Russinovich, "Inside NT's interrupt handling", *Windows & .NET Magazine*, nov. 1997, www.winntmag.com/Articles/Print.cfm?ArticleID=298.
76. "Stop 0x0000000A or IRQL_NOT_LESS_OR_EQUAL", *Microsoft TechNet*, 17 jul. 2003, www.microsoft.com/technet/prodtechnol/winxppro/reskit/prmd_stp_hwpg.asp.
77. "Guidelines for writing DPC routines", *MSDN Library*, msdn.microsoft.com/library/en-us/kmarch/hh/kmarch/intrupts_6zon.asp.
78. M. Russinovich, "Inside NT's interrupt handling", *Windows & .NET Magazine*, nov. 1997, www.winntmag.com/Articles/Print.cfm?ArticleID=298.
79. "KeSetTargetProcessorDPC", *MSDN Library*, 6 jun. 2003, msdn.microsoft.com/library/en-us/kmarch/hh/kmarch/k105_9ovm.asp.
80. "KeSetImportanceDPC", *MSDN Library*, 6 jun. 2003, msdn.microsoft.com/library/en-us/kmarch/hh/kmarch/k105_2pf6.asp.
81. "I've got work to do — worker threads and work queues", *NT Insider*, v. 5, nº 5, out. 1998, atualizado em: 20 ago. 2002, www.osronline.com/article.cfm?id=65.
82. "Device-dedicated threads", *MSDN Library*, 6 jun. 2003, msdn.microsoft.com/library/en-us/kmarch/hh/kmarch/synchro_9b1j.asp.
83. "Managing hardware priorities", *MSDN Library*, 6 jun. 2003, msdn.microsoft.com/library/en-us/kmarch/hh/kmarch/intrupts_0kh3.asp.
84. "I've got work to do — worker threads and work queues", *NT Insider*, v. 5, nº 5, out. 1998, atualizado em: 20 ago. 2002, www.osronline.com/article.cfm?id=65.
85. "System worker threads", *MSDN Library*, 6 jun. 2003, msdn.microsoft.com/en-us/kmarch/hh/kmarch/synchro_9y1z.asp.
86. "Processes and threads", *MSDN Library*, msdn.microsoft.com/library/en-us/dllproc/base/about_processes_and_threads.asp.
87. "Creating processes", *MSDN Library*, msdn.microsoft.com/library/en-us/dllproc/base/creating_processes.asp.
88. "Event objects", *MSDN Library*, msdn.microsoft.com/library/en-us/dllproc/base/event_objects.asp.
89. D. Solomon e M. Russinovich, *Inside Windows 2000*, 3ed. Redmond: Microsoft Press, 2000.
90. S. Schreiber, *Undocumented Windows 2000 secrets*. Boston: Addison Wesley, 2001.
91. S. Schreiber, *Undocumented Windows 2000 secrets*. Boston: AddisonWesley, 2001, p. 416.
92. D. Solomon e M. Russinovich, *Inside Windows 2000*, 3ed. Redmond: Microsoft Press, 2000, p. 291.
93. S. Schreiber, *Undocumented Windows 2000 secrets*. Boston: Addison Wesley, 2001, p. 429.
94. D. Solomon e M. Russinovich, *Inside Windows 2000*, 3ed. Redmond: Microsoft Press, 2000, p. 291.
95. S. Schreiber, *Undocumented Windows 2000 secrets*. Boston: Addison Wesley, 2001, p. 416.
96. D. Solomon e M. Russinovich, *Inside Windows 2000*, 3ed. Redmond: Microsoft Press, 2000, p. 319.
97. S. Schreiber, *Undocumented Windows 2000 secrets*. Boston: Addison Wesley, 2001, p. 419.

98. D. Solomon e M. Russinovich, *Inside Windows 2000*, 3ed. Redmond: Microsoft Press, 2000, p. 320-321.
99. S. Schreiber, *Undocumented Windows 2000 secrets*. Boston: Addison Wesley, 2001, p. 429.
100. D. Solomon e M. Russinovich, *Inside Windows 2000*, 3ed. Redmond: Microsoft Press, 2000, p. 328.
101. "Thread local storage", *MSDN Library*, fev. 2003, msdn.microsoft.com/library/en-us/dllproc/base/thread_local_storage.asp.
102. "Creating processes", *MSDN Library*, fev. 2003, msdn.microsoft.com/library/en-us/dllproc/base/creating_processes.asp.
103. "Inheritance", *MSDN Library*, fev. 2003, msdn.microsoft.com/library/en-us/dllproc/base/inheritance.asp.
104. "About processes and threads", *MSDN Library*, fev. 2003, msdn.microsoft.com/library/en-us/dllproc/base/about_processes_and_threads.asp.
105. "Terminating a process", *MSDN Library*, fev. 2003, msdn.microsoft.com/library/en-us/dllproc/base/terminating_a_process.asp.
106. J. Richter, "Make your Windows 2000 processes play nice together with job kernel objects", *Microsoft Systems Journal*, mar. 1999, www.microsoft.com/msj/0399/jobkernelobj/jobkernelobj.aspx.
107. "JobObject_Basic_Limit_Information", *MSDN Library*, fev. 2003, msdn.microsoft.com/library/en-us/dllproc/base/jobobject_basic_limit_information_str.asp.
108. "SetInformationJobObject", *MSDN Library*, fev. 2003, msdn.microsoft.com/library/en-us/dllproc/base/setinformationjobobject.asp.
109. "Job objects", *MSDN Library*, fev. 2003, msdn.microsoft.com/library/en-us/dllproc/base/job_objects.asp.
110. J. Richter, "Make your Windows 2000 processes play nice together with job kernel objects", *Microsoft Systems Journal*, mar. 1999, www.microsoft.com/msj/0399/jobkernelobj/jobkernelobj.aspx.
111. "Fibers", *MSDN Library*, fev. 2003, msdn.microsoft.com/library/en-us/dllproc/base/fibers.asp.
112. "Convert thread to fiber", *MSDN Library*, fev. 2003, msdn.microsoft.com/library/en-us/dllproc/base/convertthreadtofiber.asp.
113. "Fibers", *MSDN Library*, fev. 2003, msdn.microsoft.com/library/en-us/dllproc/base/fibers.asp.
114. F. Zabatta e K. Ying, "A thread performance comparison: Windows NT and Solaris on a symmetric multiprocessor", *Proceedings of the Second USENIX Windows NT Symposium*, 5 ago. 1998, p. 57-66.
115. C. Benjamin, "The fibers of threads", *Compile Time* (*Linux Magazine*), maio 2001, www.linux-mag.com/2001-05/compile_06.html.
116. "Thread pooling", *MSDN Library*, fev. 2003, msdn.microsoft.com/library/en-us/dllproc/base/thread_pooling.asp.
117. "Queue user worker item", *MSDN Library*, fev. 2003, msdn.microsoft.com/library/en-us/dllproc/base/queueuserworkitem.asp.
118. J. Richter, "New Windows 2000 pooling functions greatly simplify thread management", *Microsoft Systems Journal*, abr. 1999, www.microsoft.com/msj/0499/pooling/pooling.aspx.
119. J. Richter, "New Windows 2000 pooling functions greatly simplify thread management", *Microsoft Systems Journal*, abr. 1999, www.microsoft.com/msj/0499/pooling/pooling.aspx.
120. D. Solomon e M. Russinovich, *Inside Windows 2000*, 3ed. Redmond: Microsoft Press, 2000.
121. "Scheduling priorities", *MSDN Library*, fev. 2003, msdn.microsoft.com/library/en-us/dllproc/base/scheduling_priorities.asp.
122. "Win_32 thread", *MSDN Library*, jul. 2003, msdn.microsoft.com/library/en-us/wmisdk/wmi/win32_thread.asp.
123. D. Solomon e M. Russinovich, *Inside Windows 2000*, 3ed. Redmond: Microsoft Press, 2000, p. 348-349.
124. "Scheduling priorities", *MSDN Library*, fev. 2003, msdn.microsoft.com/library/en-us/dllproc/base/scheduling_priorities.asp.
125. "Scheduling priorities", *MSDN Library*, fev. 2003, msdn.microsoft.com/library/en-us/dllproc/base/scheduling_priorities.asp.
126. D. Solomon e M. Russinovich, *Inside Windows 2000*, 3ed. Redmond: Microsoft Press, 2000, p. 356-358.
127. D. Solomon e M. Russinovich, *Inside Windows 2000*, 3ed. Redmond: Microsoft Press, 2000, p. 338, 347.
128. "Scheduling priorities", *MSDN Library*, msdn.microsoft.com/library/en-us/dllproc/base/scheduling_priorities.asp.
129. "Priority boosts", *MSDN Library*, msdn.microsoft.com/library/en-us/dllproc/base/priority_boosts.asp.
130. "Priority inversion", *MSDN Library*, msdn.microsoft.com/library/en-us/dllproc/base/priority_inversion.asp.
131. "Multiple processors", *MSDN Library*, msdn.microsoft.com/library/en-us/dllproc/base/multiple_processors.asp.
132. D. Solomon e M. Russinovich, *Inside Windows 2000*, 3ed. Redmond: Microsoft Press, 2000, p. 371.
133. "Multiple processors", *MSDN Library*, msdn.microsoft.com/library/en-us/dllproc/base/multiple_processors.asp.
134. D. Solomon e M. Russinovich, *Inside Windows 2000*, 3ed. Redmond: Microsoft Press, 2000, p. 371-373.
135. "Introduction to kernel dispatcher objects", *MSDN Library*, 6 jun. 2003, msdn.microsoft.com/library/en-us/kmarch/hh/kmarch/synchro_7kfb.asp.
136. "Interprocess synchronization", *MSDN Library*, fev. 2003, msdn.microsoft.com/library/en-us/dllproc/base/interprocess_synchronization.asp.
137. "Wait functions", *MSDN Library*, fev. 2003, msdn.microsoft.com/library/en-us/dllproc/base/wait_functions.asp.
138. "Mutex objects", *MSDN Library*, fev. 2003, msdn.microsoft.com/library/en-us/dllproc/base/mutex_objects.asp.
139. "Event objects", *MSDN Library*, fev. 2003, msdn.microsoft.com/library/en-us/dllproc/base/event_objects.asp.
140. "Mutex objects", *MSDN Library*, fev. 2003, msdn.microsoft.com/library/en-us/dllproc/base/mutex_objects.asp.
141. "Semaphore objects", *MSDN Library*, fev. 2003, msdn.microsoft.com/library/en-us/dllproc/base/semaphore_objects.asp.
142. "Synchronicity: a review of synchronization primitives", *NT Insider*, v. 9, nº 1, 1º jan. 2002, www.osr.com/ntinsider/2002/synchronicity/synchronicity.htm.
143. "Semaphore objects", *MSDN Library*, fev. 2003, msdn.microsoft.com/library/en-us/dllproc/base/semaphore_objects.asp.
144. "Waitable timer objects", *MSDN Library*, fev. 2003, msdn.microsoft.com/library/en-us/dllproc/base/waitable_timer_objects.asp.
145. "Synchronization objects", *MSDN Library*, fev. 2003, msdn.microsoft.com/library/en-us/dllproc/base/synchronization_objects.asp.
146. "Synchronizing access to device data", *MSDN Library*, 6 jun. 2003, msdn.microsoft.com/library/en-us/kmarch/hh/kmarch/intrupts_9sfb.asp.
147. "Introduction to spin locks", *MSDN Library*, 6 jun. 2003, msdn.microsoft.com/library/en-us/kmarch/hh/kmarch/synchro_8qsn.asp.
148. "Queued spin locks", *MSDN Library*, 6 jun. 2003, msdn.microsoft.com/library/en-us/kmarch/hh/kmarch/synchro_8ftz.asp.
149. M. Friedman e O. Pentakola, "Chapter 5: multiprocessing", *Windows 2000 Performance Guide*, jan. 2002, www.oreilly.com/catalog/w2kperf/chapter/ch05.html.
150. "Queued spin locks", *MSDN Library*, 6 jun. 2003, msdn.microsoft.com/library/en-us/kmarch/hh/kmarch/synchro_8ftz.asp.

151. "Fast mutexes", *MSDN Library*, 6 jun. 2003, msdn.microsoft.com/library/en-us/kmarch/hh/kmarch/synchro_3zmv.asp.
152. "Synchronicity: a review of synchronization primitives", *NT Insider*, v. 9, nº 1, jan. 2002, www.osr.com/ntinsider/2002/synchronicity/synchronicity.htm.
153. "Fast mutexes", *MSDN Library*, 6 jun. 2003, msdn.microsoft.com/library/en-us/kmarch/hh/kmarch/synchro_3zmv.asp.
154. "Synchronicity: a review of synchronization primitives", *NT Insider*, v. 9, nº 1, jan. 2002, www.osr.com/ntinsider/2002/synchronicity/synchronicity.htm.
155. "Critical section objects", *MSDN Library*, fev. 2003, msdn.microsoft.com/library/en-us/dllproc/base/critical_section_objects.asp.
156. S. Prasad, "Windows NT threads", *BYTE*, nov. 1995, www.byte.com/art/9511/sec11/art3.htm.
157. "Time queues", *MSDN Library*, fev. 2003, msdn.microsoft.com/library/en-us/dllproc/base/timer_queues.asp.
158. "Interlocked variable access", *MSDN Library*, fev. 2003, msdn.microsoft.com/library/en-us/dllproc/base/interlocked_variable_access.asp.
159. "Interlocking singly linked lists", *MSDN Library*, fev. 2003, msdn.microsoft.com/library/en-us/dllproc/base/interlocked_singly_linked_lists.asp.
160. "Introducing 64-Bit Windows", *MSDN Library*, fev. 2003, msdn.microsoft.com/library/en-us/win64/win64/introducing_64_bit_windows.asp.
161. Microsoft Corporation, "Memory support and Windows operating systems", 4 dez. 2001, www.microsoft.com/hwdev/platform/server/PAE/PAEmem.asp.
162. "NT memory, storage, design, and more", www.windowsitlibrary.com/Content/113/01/1.html.
163. R. Kath, "The virtual-memory manager in Windows NT", *MSDN Library*, 21 dez. 1992, msdn.microsoft.com/library/en-us/dngenlib/html/msdn_ntvmm.asp?frame=true.
164. R. Kath, "The virtual-memory manager in Windows NT", *MSDN Library*, 21 dez. 1992, msdn.microsoft.com/library/en-us/dngenlib/html/msdn_ntvmm.asp?frame=true.
165. "Memory protection", *MSDN Library*, fev. 2003, msdn.microsoft.com/library/default.asp?url=/library/en-us/memory/base/memory_protection.asp.
166. "Large page support", *MSDN Library*, fev. 2001, msdn.microsoft.com/library/en-us/memory/base/large_page_support.asp?frame=true.
167. M. Russinovich e D. Solomon, "Windows XP: kernel improvements create a more robust, powerful, and scalable OS", *MSDN Magazine*, dez. 2001, msdn.microsoft.com/msdnmag/issues/01/12/XPKernel/print.asp.
168. R. Kath, "The virtual-memory manager in Windows NT", *MSDN Library*, 21 dez. 1992, msdn.microsoft.com/library/en-us/dngenlib/html/msdn_ntvmm.asp?frame=true.
169. "GetLargePageMinimum", *MSDN Library*, fev. 2003, msdn.microsoft.com/library/en-us/memory/base/getlargepageminimum.asp.
170. "Large page support", *MSDN Library*, fev. 2001, msdn.microsoft.com/library/en-us/memory/base/large_page_support.asp?frame=true.
171. GetLargePageMinimum", *MSDN Library*, fev. 2003, msdn.microsoft.com/library/en-us/memory/base/getlargepageminimum.asp.
172. "Large page support in the Linux kernel", *LWN.net*. 2002, lwn.net/Articles/6969/.
173. R. Kath, "The virtual-memory manager in Windows NT", *MSDN Library*, 21 dez. 1992, msdn.microsoft.com/library/en-us/dngenlib/html/msdn_ntvmm.asp.
174. M. B. Friedman, "Windows NT page replacement policies", *Computer Measurement Group*, 1999, www.demandtech.com/Resources/Papers/WinMemMgmt.pdf.
175. "Allocating virtual memory", *MSDN Library*, fev. 2003, msdn.microsoft.com/library/en-us/memory/base/allocating_virtual_memory.asp?frame=true.
176. "Memory management enhancements", *MSDN Library*, 13 fev. 2003, msdn.microsoft.com/library/en-us/appendix/hh/appendix/enhancements5_3oc3.asp?frame=true.
177. "Bug check 0x41: must_succeed_pool_empty", *MSDN Library*, 6 jun. 2003, msdn.microsoft.com/library/en-us/ddtools/hh/ddtools/bccodes_0bon.asp?frame=true.
178. J. Munro, "Windows XP kernel enhancements", *ExtremeTech*, 8 jun. 2001, www.extremetech.com/print_article/0,3998,a=2473,00.asp.
179. J. Munro, "Windows XP kernel enhancements", *ExtremeTech*, 8 jun. 2001, www.extremetech.com/print_article/0,3998,a=2473,00.asp.
180. M. Russinovich, "Inside memory management, part 2", *Windows & .NET Magazine*, set. 1998, www.winnetmag.com/Articles/Print.cfm?ArticleID=3774.
181. R. Kath, "The virtual-memory manager in Windows NT", *MSDN Library*, 21 dez. 1998, msdn.microsoft.com/library/en-us/dngenlib/html/msdn_ntvmm.asp?frame=true.
182. Open Systems Resources, "Windows NT virtual memory (part II)", 1999, www.osr.com/ntinsider/1999/virtualmem2/virtualmem2.htm.
183. M. Friedman, "Windows NT page replacement policies", *Computer Measurement Group CMG*, 1999, www.demandtech.com/Resources/Papers/WinMemMgmt.pdf.
184. "How Windows NT provides 4 gigabytes of memory", *Microsoft Knowledge Base Article*, 20 fev. 2002, www.itpapers.com/cgi/PSummaryIT.pl?paperid=23661&scid=273.
185. J. Munro, "Windows XP kernel enhancements", 8 jun. 2001, www.extremetech.com/print_article/0,3998,a=2473,00.asp.
186. D. LaBorde, "Tweaks for Windows XP for video editing (v. 1.0)", *SlashCAM*, 2001, www.slashcam.de/artikel/Tips/TWEAKS_for_Windows_XP_for_Video_Editing__v_1_0_.html.
187. "Memory management enhancements", *MSDN Library*, msdn.microsoft.com/library/en-us/appendix/hh/appendix/enhancements5_3oc3.asp.
188. "Memory management enhancements", *MSDN Library*, msdn.microsoft.com/library/en-us/appendix/hh/appendix/enhancements5_3oc3.asp.
189. D. LaBorde, "Windows XP tweaks/optimizations for Windows XP for video editing systems — part II", *SlashCAM*, 2002, www.slashcam.de/artikel/Tips/Windows_XP_TWEAKS___Optimization_for_Video_Editing_Systems___PART_II.html.
190. Microsoft Corporation, "Fast system startup for PCs running Windows XP", 31 jan. 2002, www.microsoft.com/hwdev/platform/performance/fastboot/fastboot-winxp.asp.
191. R. Kath, "Managing virtual memory in Win23", *MSDN Library*, 20 jan. 1993, msdn.microsoft.com/library/en-us/dngenlib/html/msdn_virtmm.asp?frame=true.
192. R. Kath, "The virtual-memory manager in Windows NT", *MSDN Library*, 21 dez. 1992, msdn.microsfot.com/library/en-us/dngenlib/html/msdn_ntvmm.asp?frame=true.
193. D. LaBorde, "Tweaks for Windows XP for video editing (v. 1.0)", *Slashcam*, 2001, www.slashcam.de/artikel/Tips/TWEAKS_for_Windows_XP_for_Video_Editing__v_1_0_.html.
194. M. B. Friedman, "Windows NT page replacement policies", *Computer Measurement Group CMG*, 1999, www.demandtech.com/Resources/Papers/WinMemMgmt.pdf.

195. M. B. Friedman, "Windows NT page replacement policies", *Computer Measurement Group CMG*, 1999, www.demandtech.com/Resources/Papers/WinMemMgmt.pdf.
196. R. Kath, "The virtual-memory manager in Windows NT", *MSDN Library*, 21 dez. 1992, msdn.microsoft.com/library/en-us/dngenlib/html/msdn_ntvmm.asp?frame=true.
197. M. Russinovich, "Inside memory management, part 2", *Windows & .NET Magazine*, set. 1998, www.winnetmag.com/Articles/Index.cfm?ArticleID=3774&pg=2.
198. M. B. Friedman, "Windows NT page replacement policies", *Computer Measurement Group CMG*, 1999, www.demandtech.com/Resources/Papers/WinMemMgmt.pdf.
199. M. B. Friedman, "Windows NT page replacement policies", *Computer Measurement Group CMG*, 1999, www.demandtech.com/Resources/Papers/WinMemMgmt.pdf.
200. C. Anderson, "Windows NT paging fundamentals", *Windows & .NET Magazine*, nov. 1997, www.winnetmag.com/Articles/Print.cfm?ArticleID=595.
201. J. Munro, "Windows XP kernel enhancements", *ExtremeTech*, 8 jun. 2001, www.extremetech.com/print_article/0,3998,a=2473,00.asp.
202. "When should code and data be pageable?", *MSDN Library*, msdn.microsoft.com/library/en-us/kmarch/hh/kmarch/memmgmt_7vhj.asp?frame=true.
203. "Device drivers and file system drivers defined", *MSDN Library*, 13 fev. 2003, msdn.microsoft.com/library/en-us/gstart/hh/gstart/gs_basics_4w6f.asp.
204. H. Custer, *Inside the Windows NT file system*. Redmond: Microsoft Press, 1994.
205. "File systems", *Microsoft TechNet*, 10 set. 2003, www.microsoft.com/technet/prodtechnol/winxppro/reskit/prkc_fil_buvl.asp.
206. H. Custer, *Inside the Windows NT file system*. Redmond: Microsoft Press, 1994, p. 17.
207. D. Solomon e M. Russinovich, *Inside Windows 2000*, 3ed. Redmond: Microsoft Press, 2000.
208. J. Richter e L. F. Cabrera, "A file system for the 21st century: previewing the Windows NT 5.0 file system", *Microsoft Systems Journal*, nov. 1998, www.microsoft.com/msj/1198/ntfs/ntfs.aspx.
209. M. Russinovich, "Inside NTFS", *Windows & .NET Magazine*, jan. 1998, www.win2000mag.com/Articles/Print.cfm?ArticleID=3455.
210. H. Custer, *Inside the Windows NT file system*. Redmond: Microsoft Press, 1994, p. 24-28.
211. M. Russinovich, "Inside NTFS", *Windows & .NET Magazine*, jan. 1998, www.win2000mag.com/Articles/Print.cfm?ArticleID=3455.
212. D. Esposito, "A programmer's perspective on NTFS 2000, part 1: stream and hard link", *MSDN Library*, mar. 2000, msdn.microsoft.com/library/en-us/dnfiles/html/ntfs5.asp.
213. J. Richter e L. F. Cabrera, "A file system for the 21st century: previewing the Windows NT 5.0 file system", *Microsoft Systems Journal*, nov. 1998, www.microsoft.com/msj/1198/ntfs/ntfs.aspx.
214. J. Richter e L. F. Cabrera, "A file system for the 21st century: previewing the Windows NT 5.0 file system", *Microsoft Systems Journal*, nov. 1998, www.microsoft.com/msj/1198/ntfs/ntfs.aspx.
215. D. Esposito, "A programmer's perspective on NTFS 2000, part 2: encryption, sparseness, and reparse points", *MSDN Library*, maio 2000, msdn.microsoft.com/library/en-us/dnfiles/html/ntfs2.asp.
216. "NTFS", *MSDN Library*, fev. 2003, msdn.microsoft.com/library/en-us/fileio/base/ntfs.asp.
217. N. Phamdo, "Lossless data compression", *Data-Compression.com*, 2001, www.data-compression.com/lossless.html.
218. J. Richter e L. F. Cabrera, "A file system for the 21st century: previewing the Windows NT 5.0 file system", *Microsoft Systems Journal*, nov. 1998, www.microsoft.com/msj/1198/ntfs/ntfs.aspx.
219. J. Richter e L. F. Cabrera, "A file system for the 21st century: previewing the Windows NT 5.0 file system", *Microsoft Systems Journal*, nov. 1998, www.microsoft.com/msj/1198/ntfs/ntfs.aspx.
220. D. Esposito, "A programmer's perspective on NTFS 2000, part 2: encryption, sparseness, and reparse points", *MSDN Library*, maio 2000, msdn.microsoft.com/library/en-us/dnfiles/html/ntfs2.asp.
221. J. Richter e L. F. Cabrera, "A file system for the 21st century: previewing the Windows NT 5.0 file system", *Microsoft Systems Journal*, nov. 1998, www.microsoft.com/msj/1198/ntfs/ntfs.aspx.
222. J. Richter e L. F. Cabrera, "A file system for the 21st century: previewing the Windows NT 5.0 file system", *Microsoft Systems Journal*, nov. 1998, www.microsoft.com/msj/1198/ntfs/ntfs.aspx.
223. Microsoft Corporation, "Microsoft Windows XP: what's new in security for Windows XP professional and Windows XP home", jul. 2001, www.microsoft.com/windowsxp/pro/techinfo/planning/security/whatsnew/WindowsXPSecurity.doc.
224. J. Richter e L. F. Cabrera, "A file system for the 21st century: previewing the Windows NT 5.0 file system", *Microsoft Systems Journal*, nov. 1998, www.microsoft.com/msj/1198/ntfs/ntfs.aspx.
225. D. Esposito, "A programmer's perspective on NTFS 2000, part 1: stream and hard link", *MSDN Library*, mar. 2000, msdn.microsoft.com/library/en-us/dnfiles/html/ntfs5.asp.
226. D. Esposito, "A programmer's perspective on NTFS 2000, part 2: encryption, sparseness, and reparse points", *MSDN Library*, maio 2000, msdn.microsoft.com/library/en-us/dnfiles/html/ntfs2.asp.
227. J. Richter e L. F. Cabrera, "A file system for the 21st century: previewing the Windows NT 5.0 file system", *Microsoft Systems Journal*, nov. 1998, www.microsoft.com/msj/1198/ntfs/ntfs.aspx.
228. J. Richter e L. F. Cabrera, "A file system for the 21st century: previewing the Windows NT 5.0 file system", *Microsoft Systems Journal*, nov. 1998, www.microsoft.com/msj/1198/ntfs/ntfs.aspx.
229. D. Esposito, "A programmer's perspective on NTFS 2000, part 2: encryption, sparseness, and reparse points", *MSDN Library*, maio 2000, msdn.microsoft.com/library/en-us/dnfiles/html/ntfs2.asp.
230. D. Esposito, "A programmer's perspective on NTFS 2000, part 2: encryption, sparseness, and reparse points", *MSDN Library*, maio 2000, msdn.microsoft.com/library/en-us/dnfiles/html/ntfs2.asp.
231. J. Richter e L. F. Cabrera, "A file system for the 21st century: previewing the Windows NT 5.0 file system", *Microsoft Systems Journal*, nov. 1998, www.microsoft.com/msj/1198/ntfs/ntfs.aspx.
232. "Overview of the Windows I/O model", *MSDN Library*, 6 jun. 2003, msdn.microsoft.com/library/en-us/kmarch/hh/kmarch/irps_0rhj.asp.
233. "Plug and play for Windows 2000 and Windows XP", *Windows Hardware and Driver Central*, 4 dez. 2001, www.microsoft.com/whdc/hwdev/tech/pnp/pnpnt5_2.mspx.

234. "Introduction to device objects", *MSDN Library*, 6 jun. 2003, msdn.microsoft.com/library/en-us/kmarch/hh/kmarch/devobjts_4fqf.asp.
235. "WDM driver layers: an example", *MSDN Library*, 6 jun. 2003, msdn.microsoft.com/library/en-us/kmarch/hh/kmarch/wdmintro_4uuf.asp.
236. "Types of drivers", *MSDN Library*, 6 jun. 2003, msdn.microsoft.com/library/en-us/kmarch/hh/kmarch/intro_8r6v.asp.
237. "Device extensions", *MSDN Library*, 6 jun. 2003, msdn.microsoft.com/library/en-us/kmarch/hh/kmarch/devobjts_1gdj.asp.
238. "Introduction to driver objects", *MSDN Library*, 6 jun. 2003, msdn.microsoft.com/library/en-us/kmarch/hh/kmarch/drvcomps_6js7.asp.
239. "Introduction to standard driver routines", *MSDN Library*, 6 jun. 2003, msdn.microsoft.com/library/en-us/kmarch/hh/kmarch/drvcomps_24kn.asp.
240. "Introduction to plug and play", *MSDN Library*, 6 jun. 2003, msdn.microsoft.com/library/en-us/kmarch/hh/kmarch/plugplay_2tyf.asp.
241. "PnP components", *MSDN Library*, 6 jun. 2003, msdn.microsoft.com/library/en-us/kmarch/hh/kmarch/plugplay_4bs7.asp.
242. "PnP driver design guidelines", *MSDN Library*, 6 jun. 2003, msdn.microsoft.com/library/en-us/kmarch/hh/kmarch/plugplay_890n.asp.
243. "Levels of support for PnP", *MSDN Library*, 6 jun. 2003, msdn.microsoft.com/library/en-us/kmarch/hh/kmarch/plugplay_78o7.asp.
244. "Power manager", *MSDN Library*, 6 jun. 2003, msdn.microsoft.com/library/en-us/kmarch/hh/kmarch/pwrmgmt_30vb.asp.
245. "System power policy", *MSDN Library*, 6 jun. 2003, msdn.microsoft.com/library/en-us/kmarch/hh/kmarch/pwrmgmt_8baf.asp.
246. "Driver role in power management", *MSDN Library*, 6 jun. 2003, msdn.microsoft.com/library/en-us/kmarch/hh/kmarch/pwrmgmt_47jb.asp.
247. "Power IRPs for individual devices", *MSDN Library*, 6 jun. 2003, msdn.microsoft.com/library/en-us/kmarch/hh/kmarch/pwrmgmt_6azr.asp.
248. "Device power states", *MSDN Library*, 6 jun. 2003, msdn.microsoft.com/library/en-us/kmarch/hh/kmarch/pwrmgmt_20fb.asp.
249. "Device sleeping states", *MSDN Library*, 6 jun. 2003, msdn.microsoft.com/library/en-us/kmarch/hh/kmarch/pwrmgmt_2ip3.asp.
250. "System power states", *MSDN Library*, 6 jun. 2003, msdn.microsoft.com/library/en-us/kmarch/hh/kmarch/pwrmgmt_919j.asp.
251. "Introduction to WDM", *MSDN Library*, msdn.microsoft.com/library/en-us/kmarch/hh/kmarch/wdmintro_1ep3.asp.
252. "Bus drivers", *MSDN Library*, 6 jun. 2003, msdn.microsoft.com/library/en-us/kmarch/hh/kmarch/wdmintro_8nfr.asp.
253. "Filter drivers", *MSDN Library*, 6 jun. 2003, msdn.microsoft.com/library/en-us/kmarch/hh/kmarch/wdmintro_7dpj.asp.
254. "Introduction to device interface", *MSDN Library*, 6 jun. 2003, msdn.microsoft.com/library/en-us/install/hh/install/setup-cls_8vs7.asp.
255. "Function drivers", *MSDN Library*, 6 jun. 2003, msdn.microsoft.com/library/en-us/kmarch/hh/kmarch/wdmintro_27fr.asp.
256. "Types of drivers", *MSDN Library*, 6 jun. 2003, msdn.microsoft.com/library/en-us/kmarch/hh/kmarch/intro_8r6v.asp.
257. "Types of WDM drivers", *MSDN Library*, 6 jun. 2003, msdn.microsoft.com/library/en-us/kmarch/hh/kmarch/wdmintro_3ep3.asp.
258. "Introduction to WDM", *MSDN Library*, msdn.microsoft.com/library/en-us/kmarch/hh/kmarch/wdmintro_1ep3.asp.
259. "Introduction to WMI", *MSDN Library*, 6 jun. 2003, msdn.microsoft.com/library/en-us/kmarch/hh/kmarch/wmi_5a1z.asp.
260. "How NT describes I/O requests", *NT Insider*, v. 5, nº 1, jan. 1998, www.osr.com/ntinsider/1998/Requests/requests.htm.
261. "I/O status blocks", *MSDN Library*, 6 jun. 2003, msdn.microsoft.com/library/en-us/kmarch/hh/kmarch/irps_0ofb.asp.
262. "I/O stack locations", *MSDN Library*, 6 jun. 2003, msdn.microsoft.com/library/en-us/kmarch/hh/kmarch/irps_8lgn.asp.
263. "Starting a device", *MSDN Library*, 6 jun. 2003, msdn.microsoft.com/library/en-us/kmarch/hh/kmarch/plugplay_4otj.asp.
264. "I/O stack locations", *MSDN Library*, 6 jun. 2003, msdn.microsoft.com/library/en-us/kmarch/hh/kmarch/irps_8lgn.asp.
265. "Example I/O request — the details", *MSDN Library*, 6 jun. 2003, msdn.microsoft.com/library/en-us/kmarch/hh/kmarch/irps_1e3r.asp.
266. "Registering an I/O completion routine", *MSDN Library*, 6 jun. 2003, msdn.microsoft.com/library/en-us/kmarch/hh/kmarch/irps_6dd3.asp.
267. "Example I/O request — the details", *MSDN Library*, 6 jun. 2003, msdn.microsoft.com/library/en-us/kmarch/hh/kmarch/irps_1e3r.asp.
268. "Example I/O request — the details", *MSDN Library*, 6 jun. 2003, msdn.microsoft.com/library/en-us/kmarch/hh/kmarch/irps_1e3r.asp.
269. "Queuing and dequeuing IRPs", *MSDN Library*, 6 jun. 2003, msdn.microsoft.com/library/en-us/kmarch/hh/kmarch/irps_4mqv.asp.
270. "Synchronous and asynchronous I/O", *MSDN Library*, fev. 2003, msdn.microsoft.com/library/en-us/fileio/base/synchronous_and_asynchronous_i_o.asp.
271. "Synchronization and overlapped input and output", *MSDN Library*, fev. 2003, msdn.microsoft.com/library/enus/dllproc/base/synchronization_and_overlapped_input_and_output.asp.
272. "Alertable I/O", *MSDN Library*, fev. 2003, msdn.microsoft.com/library/en-us/fileio/base/alertable_i_o.asp.
273. "I/O completion ports", *MSDN Library*, fev. 2003, msdn.microsoft.com/library/en-us/fileio/base/i_o_completion_ports.asp.
274. "Methods for accessing data buffers", *MSDN Library*, 6 jun. 2003, msdn.microsoft.com/library/en-us/kmarch/hh/kmarch/iputoput_3m07.asp.
275. "Using buffered I/O", *MSDN Library*, 6 jun. 2003, msdn.microsoft.com/library/en-us/kmarch/hh/kmarch/iputoput_1ulj.asp.
276. "Methods for accessing data buffers", *MSDN Library*, 6 jun. 2003, msdn.microsoft.com/library/en-us/kmarch/hh/kmarch/iputoput_3m07.asp.
277. "Using buffered I/O", *MSDN Library*, 6 jun. 2003, msdn.microsoft.com/library/en-us/kmarch/hh/kmarch/iputoput_1ulj.asp.
278. "Using direct I/O with DMA", *MSDN Library*, 6 jun. 2003, msdn.microsoft.com/library/en-us/kmarch/hh/kmarch/iputoput_0gx3.asp.
279. "U sing neither buffered nor direct I/O", *MSDN Library*, 6 jun. 2003, msdn.microsoft.com/library/en-us/kmarch/hh/kmarch/iputoput_3cbr.asp.
280. "How NT describes I/O requests", *NT Insider*, v. 5, nº 1, jan. 1998, www.osr.com/ntinsider/1998/Requests/requests.htm.
281. "Methods for accessing data buffers", *MSDN Library*, 6 jun. 2003, msdn.microsoft.com/library/en-us/kmarch/hh/kmarch/iputoput_3m07.asp.

282. "Example I/O request — the details", *MSDN Library*, 6 jun. 2003, msdn.microsoft.com/library/en-us/kmarch/hh/kmarch/irps_1e3r.asp.
283. "Interrupt service", *MSDN Library*, 6 jun. 2003, msdn.microsoft.com/library/en-us/kmarch/hh/kmarch/drvrrtns_29ma.asp.
284. "Registering an ISR", *MSDN Library*, 6 jun. 2003, msdn.microsoft.com/library/en-us/kmarch/hh/kmarch/intrupts_87qf.asp.
285. "Introduction to interrupt objects", *MSDN Library*, 6 jun. 2003, msdn.microsoft.com/library/en-us/kmarch/hh/kmarch/intrupts_417r.asp.
286. "Registering an ISR", *MSDN Library*, 6 jun. 2003, msdn.microsoft.com/library/en-us/kmarch/hh/kmarch/intrupts_87qf.asp.
287. D. Solomon e M. Russinovich, *Inside Windows 2000*, 3ed. Redmond: Microsoft Press, 2000, p. 92.
288. "Key benefits of the I/O APIC", *Windows Hardware and Driver Central*, www.microsoft.com/whdc/hwdev/platform/proc/IO-APIC.mspx.
289. "Writing an ISR", *MSDN Library*, 6 jun. 2003, msdn.microsoft.com/library/en-us/kmarch/hh/kmarch/intrupts_4ron.asp.
290. "File caching", *MSDN Library*, fev. 2003, msdn.microsoft.com/library/en-us/fileio/base/file_caching.asp.
291. "The NT cache manager", *NT Insider*, v. 3, nº 2, abr. 1996, www.osr.com/ntinsider/1996/cacheman.htm.
292. "The NT cache manager", *NT Insider*, v. 3, nº 2, abr. 1996, www.osr.com/ntinsider/1996/cacheman.htm.
293. "File caching", *MSDN Library*, fev. 2003, msdn.microsoft.com/library/en-us/fileio/base/file_caching.asp.
294. "Life in the fast I/O lane", *NT Insider*, v. 3, nº 1, 15 fev. 1996, atualizado em: 31 out. 2002, www.osronline.com/article.cfm?id=166.
295. "File caching", *MSDN Library*, fev. 2003, msdn.microsoft.com/library/en-us/fileio/base/file_caching.asp.
296. "Mailslots", *MSDN Library*, fev. 2003, msdn.microsoft.com/library/en-us/ipc/base/mailslots.asp.
297. "About pipes", *MSDN Library*, fev. 2003, msdn.microsoft.com/library/en-us/ipc/base/about_pipes.asp.
298. "Pipes", *MSDN Library*, fev. 2003, msdn.microsoft.com/library/en-us/ipc/base/pipes.asp.
299. "Named pipes", *MSDN Library*, fev. 2003, msdn.microsoft.com/library/en-us/ipc/base/named_pipes.asp.
300. "Named pipes open modes", *MSDN Library*, fev. 2003, msdn.microsoft.com/library/en-us/ipc/base/named_pipe_open_modes.asp.
301. "Anonymous pipes", *MSDN Library*, fev. 2003, msdn.microsoft.com/library/en-us/ipc/base/anonymous_pipes.asp.
302. "Anonymous pipe operations", *MSDN Library*, fev. 2003, msdn.microsoft.com/library/en-us/ipc/base/anonymous_pipe_operations.asp.
303. "Anonymous pipe operations", *MSDN Library*, fev. 2003, msdn.microsoft.com/library/en-us/ipc/base/anonymous_pipe_operations.asp.
304. "Named pipes", *MSDN Library*, fev. 2003, msdn.microsoft.com/library/en-us/ipc/base/named_pipes.asp.
305. "CreateNamedPipe", *MSDN Library*, fev. 2003, msdn.microsoft.com/library/en-us/ipc/base/createnamedpipe.asp.
306. "Named pipe type, read, and wait modes", *MSDN Library*, fev. 2003, msdn.microsoft.com/library/en-us/ipc/base/named_pipe_type_read_and_wait_modes.asp.
307. "Named pipes open modes", *MSDN Library*, fev. 2003, msdn.microsoft.com/library/en-us/ipc/base/named_pipe_open_modes.asp.
308. "Named pipe type, read, and wait modes", *MSDN Library*, fev. 2003, msdn.microsoft.com/library/en-us/ipc/base/named_pipe_type_read_and_wait_modes.asp.
309. "Synchronous and overlapped input and output", *MSDN Library*, fev. 2003, msdn.microsoft.com/library/enus/ipc/base/synchronous_and_overlapped_input_and_output.asp.
310. "Mailslots", *MSDN Library*, fev. 2003, msdn.microsoft.com/library/en-us/ipc/base/mailslots.asp.
311. "About mailslots", *MSDN Library*, fev. 2003, msdn.microsoft.com/library/en-us/ipc/base/about_mailslots.asp.
312. "About mailslots", *MSDN Library*, fev. 2003, msdn.microsoft.com/library/en-us/ipc/base/about_mailslots.asp.
313. "Common Windows term glossary", *Stanford Windows Infrastructure*, 10 jul. 2003, windows.stanford.edu/docs/glossary.htm.
314. "About mailslots", *MSDN Library*, fev. 2003, msdn.microsoft.com/library/en-us/ipc/base/about_mailslots.asp.
315. "CIFS/SMB protocol overview", *MSDN Library*, fev. 2003, msdn.microsoft.com/library/en-us/fileio/base/cifs_smb_protocol_overview.asp.
316. "Server and client functions", *MSDN Library*, fev. 2003, msdn.microsoft.com/library/en-us/ipc/base/server_and_client_functions.asp.
317. "File mapping", *MSDN Library*, fev. 2003, msdn.microsoft.com/library/en-us/fileio/base/file_mapping.asp?frame=true.
318. "Sharing files and memory", *MSDN Library*, fev. 2003, msdn.microsoft.com/library/en-us/fileio/base/sharing_files_and_memory.asp?frame=true.
319. "File mapping", *MSDN Library*, fev. 2003, msdn.microsoft.com/library/en-us/fileio/base/file_mapping.asp?frame=true.
320. R. Kath, "Managing memory-mapped files in Win32", *MSDN Library*, 9 fev. 1993, msdn.microsoft.com/library/enus/dngenlib/html/msdn_manamemo.asp?frame=true.
321. "Sharing files and memory", *MSDN Library*, fev. 2003, msdn.microsoft.com/library/en-us/fileio/base/sharing_files_and_memory.asp?frame=true.
322. P. Dabak, M. Borate e S. Phadke, "Local procedure call", *Windows IT Library*, out. 1999, www.windowsitlibrary.com/Content/356/08/1.html.
323. P. Dabak, M. Borate e S. Phadke, "Local procedure call", *Windows IT Library*, out. 1999, www.windowsitlibrary.com/Content/356/08/1.html.
324. D. Solomon e M. Russinovich, *Inside Windows 2000*, 3ed. Redmond: Microsoft Press, 2000, p. 171.
325. P. Dabak, M. Borate e S. Phadke, "Local procedure call", *Windows IT Library*, out. 1999, www.windowsitlibrary.com/Content/356/08/1.html.
326. "How RPC works", *MSDN Library*, fev. 2003, msdn.microsoft.com/library/en-us/rpc/rpc/how_rpc_works.asp.
327. "DCE glossary of technical terms", *Open Group*, 1996, www.opengroup.org/dce/info/papers/dce-glossary.htm.
328. "How RPC works", *MSDN Library*, fev. 2003, msdn.microsoft.com/library/en-us/rpc/rpc/how_rpc_works.asp.
329. "Protocol sequence constants", *MSDN Library*, fev. 2003, msdn.microsoft.com/library/en-us/rpc/rpc/protocol_sequence_constants.asp.
330. "Asynchronous RPC", *MSDN Library*, fev. 2003, msdn.microsoft.com/library/en-us/rpc/rpc/asynchronous_rpc.asp.
331. "The IDL and ACF files", *MSDN Library*, fev. 2003, msdn.microsoft.com/library/en-us/rpc/rpc/the_idl_and_acf_files.asp.
332. "Microsoft interface definition language SDK documentation", *MSDN Library*, fev. 2003, msdn.microsoft.com/library/en-us/midl/midl/midl_start_page.asp.
333. "The IDL interface header", *MSDN Library*, fev. 2003, msdn.microsoft.com/library/en-us/rpc/rpc/the_idl_interface_header.asp.
334. "The IDL interface body", *MSDN Library*, fev. 2003, msdn.microsoft.com/library/en-us/rpc/rpc/the_idl_interface_body.asp.

335. "Application Configuration File (ACF)", *MSDN Library*, fev. 2003, msdn.microsoft.com/library/en-us/midl/midl/application_configuration_file_acf_.asp.
336. "Registering endpoints", *MSDN Library*, fev. 2003, msdn.microsoft.com/library/en-us/rpc/rpc/registering_endpoints.asp.
337. "Binding handles", *MSDN Library*, fev. 2003, msdn.microsoft.com/library/en-us/rpc/rpc/binding_handles.asp.
338. "Client-side binding", *MSDN Library*, fev. 2003, msdn.microsoft.com/library/en-us/rpc/rpc/client_side_binding.asp.
339. "Selecting a protocol sequence", *MSDN Library*, fev. 2003, msdn.microsoft.com/library/en-us/rpc/rpc/selecting_a_protocol_sequence.asp.
340. "Types of binding handles", *MSDN Library*, fev. 2003, msdn.microsoft.com/library/en-us/rpc/rpc/types_of_binding_handles.asp.
341. "Explicit binding handles", *MSDN Library*, fev. 2003, msdn.microsoft.com/library/en-us/rpc/rpc/explicit_binding_handles.asp.
342. P. Dabak, M. Borate e S. Phadke, "Local procedure call", *Windows IT Library*, out. 1999, www.windowsitlibrary.com/Content/356/08/1.html.
343. S. Williams e C. Kindel, "The component object model", out. 1994, msdn.microsoft.com/library/en-us/dncomg/html/msdn_comppr.asp.
344. S. Williams e C. Kindel, "The component object model", out. 1994, msdn.microsoft.com/library/en-us/dncomg/html/msdn_comppr.asp.
345. "COM objects and interfaces", *MSDN Library*, fev. 2003, msdn.microsoft.com/library/en-us/com/htm/com_0alv.asp.
346. S. Williams e C. Kindel, "The component object model", out. 1994, msdn.microsoft.com/library/en-us/dncomg/html/msdn_comppr.asp.
347. S. Williams e C. Kindel, "The component object model", out. 1994, msdn.microsoft.com/library/en-us/dncomg/html/msdn_comppr.asp.
348. "The COM library", *MSDN Library*, fev. 2003, msdn.microsoft.com/library/en-us/com/htm/com_1fuh.asp.
349. "Registering COM servers", *MSDN Library*, fev. 2003, msdn.microsoft.com/library/en-us/com/htm/comext_05pv.asp.
350. "QueryInterface: navigating an object", *MSDN Library*, fev. 2003, msdn.microsoft.com/library/en-us/com/htm/com_02b8.asp.
351. S. Williams e C. Kindel, "The component object model", out. 1994, msdn.microsoft.com/library/en-us/dncomg/html/msdn_comppr.asp.
352. Microsoft Corporation, "DCOM technical overview", 1996, msdn.microsoft.com/library/en-us/dndcom/html/msdn_dcomtec.asp.
353. "Processes, threads and apartments", *MSDN Library*, fev. 2003, msdn.microsoft.com/library/en-us/com/htm/aptnthrd_8po3.asp.
354. "Introducing COM+", *MSDN Library*, fev. 2003, msdn.microsoft.com/library/en-us/cossdk/htm/betaintr_6d5r.asp.
355. "What's new in COM+ 1.5", *MSDN Library*, fev. 2003, msdn.microsoft.com/library/en-us/cossdk/htm/whatsnewcomplus_350z.asp.
356. Microsoft Corporation, "DCOM technical overview", 1996, msdn.microsoft.com/library/en-us/dndcom/html/msdn_dcomtec.asp.
357. "Introduction to ActiveX controls", *MSDN Library*, 9 jul. 2003, msdn.microsoft.com/workshop/components/activex/intro.asp.
358. "Clipboard", *MSDN Library*, 2003, msdn.microsoft.com/library/en-us/winui/winui/windowsuserinterface/dataexchange/clipboard.asp.
359. "About the clipboard", *MDSN Library*, 2003, msdn.microsoft.com/library/en-us/winui/winui/windowsuserinterface/dataexchange/clipboard/abouttheclipboard.asp.
360. "Clipboard formats", *MSDN Library*, 2003, msdn.microsoft.com/library/en-us/winui/winui/windowsuserinterface/dataexchange/clipboard/clipboardformats.asp.
361. "About the clipboard", *MSDN Library*, 2003, msdn.microsoft.com/library/en-us/winui/winui/windowsuserinterface/dataexchange/clipboard/abouttheclipboard.asp.
362. K. Brockschmidt, "OLE integration technologies: a technical overview", out. 1994, msdn.microsoft.com/library/en-us/dnolegen/html/msdn_ddjole.asp.
363. "Network redirectors", *MSDN Library*, fev. 2003, msdn.microsoft.com/library/en-us/fileio/base/network_redirectors.asp.
364. "Description of a network I/O operation", *MSDN Library*, fev. 2003, msdn.microsoft.com/library/en-us/fileio/base/description_of_a_network_i_o_operation.asp.
365. "Network redirectors", *MSDN Library*, fev. 2003, msdn.microsoft.com/library/en-us/fileio/base/network_redirectors.asp.
366. "Description of a network I/O operation", *MSDN Library*, fev. 2003, msdn.microsoft.com/library/en-us/fileio/base/description_of_a_network_i_o_operation.asp.
367. C. Zacker, "Multiple UNC provider: NT's traffic cop", *Windows & .NET Magazine*, maio 1998, www.winnetmag.com/Articles/Index.cfm?ArticleID=3127.
368. "CIFS/SMB protocol overview", *MSDN Library*, fev. 2003, msdn.microsoft.com/library/en-us/fileio/base/cifs_smb_protocol_overview.asp.
369. P. Leach e D. Perry, "CIFS: a common Internet file system", *Microsoft.com*, nov. 1996, www.microsoft.com/mind/1196/cifs.asp.
370. J. Munro, "Windows XP kernel enhancements", *ExtremeTech*, 8 jun. 2001, www.extremetech.com/print_article/0,3998,a=2473,00.asp.
371. "CIF packet exchange scenario", *MSDN Library*, 6 jun. 2003, msdn.microsoft.com/library/en-us/fileio/base/cif_packet_exchange_scenario.asp.
372. "Opportunistic locks", *MSDN Library*, fev. 2003, msdn.microsoft.com/library/en-us/fileio/base/opportunistic_locks.asp.
373. "Breaking opportunistic locks", *MSDN Library*, fev. 2003, msdn.microsoft.com/library/en-us/fileio/base/breaking_opportunistic_locks.asp.
374. "NDIS drivers", *MSDN Library*, 6 jun. 2003, msdn.microsoft.com/library/en-us/network/hh/network/102gen_0w2v.asp.
375. "Benefits of remote NDIS", *MSDN Library*, 6 jun. 2003, msdn.microsoft.com/library/en-us/network/hh/network/rndisover_44mf.asp.
376. "Introduction to intermediate drivers", *MSDN Library*, 6 jun. 2003, msdn.microsoft.com/library/en-us/network/hh/network/301int_78mf.asp.
377. "NDIS miniport drivers", *MSDN Library*, 6 jun. 2003, msdn.microsoft.com/library/en-us/network/hh/network/102gen_1v5d.asp.
378. "NDIS intermediate drivers", *MSDN Library*, 6 jun. 2003, msdn.microsoft.com/library/en-us/network/hh/network/102gen_4mw7.asp.
379. "NDIS protocol drivers", *MSDN Library*, 6 jun. 2003, msdn.microsoft.com/library/en-us/network/hh/network/102gen_67hj.asp.
380. "TDI drivers", *MSDN Library*, 6 jun. 2003, msdn.microsoft.com/library/en-us/network/hh/network/102gen_4y93.asp.
381. "TCP/IP and other network protocols", *Windows XP Professional Resource Kit*, 7 jul. 2003, www.microsoft.com/technetprodtechnol/winxppro/reskit/prcf_omn_gzcg.asp.
382. "Network protocols", *Windows XP Resource Kit*, 7 jul. 2003, www.microsoft.com/technet/prodtechnol/winxppro/reskit/prch_cnn_lafg.asp.
383. "Introduction to intermediate drivers", *MSDN Library*, 6 jun. 2003, msdn.microsoft.com/library/en-us/network/hh/network/301int_78mf.asp.

384. "TCP/IP and other network protocols", *Windows XP Professional Resource Kit*, 7 jul. 2003, www.microsoft.com/technet/prodtechnol/winxppro/reskit/prcc_tcp_tuoz.asp.
385. "Defining TCP/IP", *Windows XP Professional Resource Kit*, 7 jul. 2003, www.microsoft.com/technet/treeview/default.asp?url=/technet/prodtechnol/winxppro/reskit/prcc_tcp_utip.asp.
386. "Network protocols", *Windows XP Resource Kit*, 7 jul. 2003, www.microsoft.com/technet/prodtechnol/winxppro/reskit/prch_cnn_actp.asp.
387. C. Hertel, "Understanding the network neighborhood", *Linux Magazine*, maio 2001, www.linux-mag.com/2001-05/smb_01.html.
388. "Network protocol support in Windows", *MSDN Library*, fev. 2003, msdn.microsoft.com/library/en-us/winsock/winsock/network_protocol_support_in_windows.asp.
389. C. Hertel, "Understanding the network neighborhood", *Linux Magazine*, maio 2001, www.linux-mag.com/2001-05/smb_01.html.
390. "About WinHTTP", *MSDN Library*, jul. 2003, msdn.microsoft.com/library/en-us/winhttp/http/about_winhttp.asp.
391. "About WinINet", *MSDN Library*, fev. 2003, msdn.microsoft.com/library/en-us/wininet/wininet/about_wininet.asp.
392. "Porting WinINET applications to WinHTTP", *MSDN Library*, fev. 2003, msdn.microsoft.com/library/en-us/winhttp/http/wininet.asp.
393. C. Hertel, "Understanding the network neighborhood", *Linux Magazine*, maio 2001, www.linux-mag.com/2001-05/smb_01.html.
394. "Windows sockets background", *MSDN Library*, fev. 2003, msdn.microsoft.com/library/en-us/vccore/html/_core_Windows_Sockets.3a_.Background.asp.
395. "Windows sockets 2 API", *MSDN Library*, fev. 2003, msdn.microsoft.com/library/en-us/winsock/winsock/windows_sockets_2_api_2.asp.
396. S. Lewandowski, "Interprocess communication in UNIX and Windows NT", 1997, www.cs.brown.edu/people/scl/files/IPCWinNTUNIX.pdf.
397. "Windows sockets background", *MSDN Library*, fev. 2003, msdn.microsoft.com/library/en-us/vccore/html/_core_Windows_Sockets.3a_.Background.asp.
398. "Windows sockets 2 API", *MSDN Library*, fev. 2003, msdn.microsoft.com/library/en-us/winsock/winsock/windows_sockets_2_api_2.asp.
399. "Windows sockets functions", *MSDN Library*, fev. 2003, msdn.microsoft.com/library/en-us/winsock/winsock/windows_sockets_functions_2.asp.
400. "Active directory", *MSDN Library*, jul. 2003, msdn.microsoft.com/library/en-us/netdir/ad/active_directory.asp.
401. "About active directory", *MSDN Library*, jul. 2003, msdn.microsoft.com/library/en-us/netdir/ad/about_active_directory.asp.
402. "Lightweight directory access protocol", *MSDN Library*, jul. 2003, msdn.microsoft.com/library/en-us/netdir/ldap/lightweight_directory_access_protocol_ldap_api.asp.
403. "Active Directory Services Interface (ADSI): frequently asked questions", *MSDN Library*, 7 jul. 2003, msdn.microsoft.com/library/en-us/dnactdir/html/msdn_adsifaq.asp.
404. "Remote access service", *MSDN Library*, fev. 2003, msdn.microsoft.com/library/en-us/rras/rras/ras_start_page.asp.
405. Microsoft Corporation, "DCOM technical overview", 1996, msdn.microsoft.com/library/en-us/dndcom/html/msdn_dcomtec.asp.
406. J. Kaiser, "Windows XP and .NET: an overview", *Microsoft TechNet*, jul. 2001, www.microsoft.com/technet/prodtechnol/winxppro/evaluate/xpdotnet.asp.
407. M. Ricciuti, "Strategy: blueprint shrouded in mystery", *CNET News.com*, 18 out. 2001, news.com.com/2009-1001-274344.html.
408. M. Ricciuti, "Strategy: blueprint shrouded in mystery", *CNET News.com*, 18 out. 2001, news.com.com/2009-1001-274344.html.
409. M. Ricciuti, "Strategy: blueprint shrouded in mystery", *CNET News.com*, 18 out. 2001, news.com.com/2009-1001-274344.html.
410. J. Kaiser, "Windows XP and .NET: an overview", *Microsoft TechNet*, jul. 2001, www.microsoft.com/technet/prodtechnol/winxppro/evaluate/xpdotnet.asp.
411. M. Ricciuti, "Strategy: blueprint shrouded in mystery", *CNET News.com*, 18 out. 2001, news.com.com/2009-1001-274344.html.
412. "Multiple processors", *MSDN Library*, fev. 2003, msdn.microsoft.com/library/en-us/dllproc/base/multiple_processors.asp.
413. "Queued spin locks", *MSDN Library*, 6 jun. 2003, msdn.microsoft.com/library/en-us/kmarch/hh/kmarch/synchro_8ftz.asp.
414. M. Russinovich e D. Solomon, "Windows XP: kernel improvements create a more robust, powerful, and scalable OS", *MSDN Magazine*, dez. 2001, msdn.microsoft.com/msdnmag/issues/01/12/XPKernel/print.asp.
415. "Introduction to kernel dispatcher objects", *MSDN Library*, 6 jun. 2003, msdn.microsoft.com/library/en-us/kmarch/hh/kmarch/synchro_7kfb.asp.
416. M. Russinovich e D. Solomon, "Windows XP: kernel improvements create a more robust, powerful, and scalable OS", *MSDN Magazine*, dez. 2001, msdn.microsoft.com/msdnmag/issues/01/12/XPKernel/print.asp.
417. "Overview of Windows XP 64-bit edition", *Microsoft TechNet*, 24 jul. 2003, www.microsoft.com/technet/prodtechnol/winxppro/reskit/prka_fea_ayuw.asp.
418. C. Connolly, "First look: Windows XP 64-bit edition for AMD64", *Game PC*, 5 set. 2003, www.gamepc.com/labs/view_content.asp?id=amd64xp&page=1.
419. "Overview of Windows XP 64-bit edition", *Microsoft TechNet*, 24 jul. 2003, www.microsoft.com/technet/prodtechnol/winxppro/reskit/prka_fea_ayuw.asp.
420. "Job objects", *MSDN Library*, fev. 2003, msdn.microsoft.com/library/en-us/dllproc/base/job_objects.asp.
421. "I/O completion ports", *MSDN Library*, fev. 2003, msdn.microsoft.com/library/en-us/fileio/base/i_o_completion_ports.asp.
422. "Thread pooling", *MSDN Library*, fev. 2003, msdn.microsoft.com/library/en-us/dllproc/base/thread_pooling.asp.
423. J. Fincher, "Getting to know Windows NT embedded and Windows XP embedded", *MSDN Library*, 20 nov. 2001, msdn.microsoft.com/library/en-us/dnembedded/html/embedded11202001.asp.
424. "About Windows XP embedded", *MSDN Library*, 2 jun. 2003, msdn.microsoft.com/library/en-us/xpehelp/html/xecon-AboutWindowsXPEmbeddedTop.asp.
425. J. Fincher, "Getting to know Windows NT embedded and Windows XP embedded", *MSDN Library*, 20 nov. 2001, msdn.microsoft.com/library/en-us/dnembedded/html/embedded11202001.asp.
426. M. Cherepov et al., "Hard real-time with Venturcom RTX on Microsoft Windows XP and Windows XP embedded", *MSDN Library*, jun. 2002, msdn.microsoft.com/library/en-us/dnxpembed/html/hardrealtime.asp.
427. "Components used in interactive logon", *Microsoft TechNet*, 2003, www.microsoft.com/technet/prodtechnol/winxppro/reskit/prdp_log_axsg.asp.
428. "Interactive logons using kerberos authentication", *Microsoft TechNet*, 2003, www.microsoft.com/technet/prodtechnol/winxppro/reskig/prdp_log_brso.asp.

429. "Components used in interactive logon", *Microsoft TechNet*, 2003, www.microsoft.com/technet/prodtechnol/winxppro/reskit/prdp_log_axsg.asp.
430. "Protocol selection", *Microsoft TechNet*, 2003, www.microsoft.com/technet/prodtechnol/winxppro/reskit/prdp_log_axsg.asp.
431. "Components used in interactive logon", *Microsoft TechNet*, 2003, www.microsoft.com/technet/prodtechnol/winxppro/reskit/prdp_log_axsg.asp.
432. Microsoft Corporation, "What's new in security for Windows XP professional and Windows XP home edition", jul. 2001, www.microsoft.com/windowsxp/pro/techinfo/planning/security/whatsnew/WindowsXPSecurity.doc.
433. "Security principals", *Microsoft TechNet*, 2003, www.microsoft.com/technet/prodtechnol/winxppro/reskit/prdp_log_jrut.asp.
434. "Security groups", *Microsoft TechNet*, 2003, www.microsoft.com/technet/treeview/default.asp?url=/technet/prodtechnol/winxppro/reskit/prdp_log_jrut.asp.
435. "Security identifiers", *Microsoft TechNet*, 2003, www.microsoft.com/technet/prodtechnol/winxppro/reskit/prdp_log_zhiu.asp.
436. "Security identifiers", *Microsoft TechNet*, 2003, www.microsoft.com/technet/prodtechnol/winxppro/reskit/prdp_log_zhiu.asp.
437. Microsoft Corporation, "What's new in security for Windows XP professional and Windows XP home edition", jul. 2001, www.microsoft.com/windowsxp/pro/techinfo/planning/security/whatsnew/WindowsXPSecurity.doc.
438. "Important terms", *Microsoft TechNet*, 2003, www.microsoft.com/technet/prodtechnol/winxppro/reskit/prdd_sec_zrve.asp.
439. "User-based authorization", *Microsoft TechNet*, 2003, www.microsoft.com/technet/prodtechnol/winxppro/reskit/prdd_sec_qjin.asp.
440. "New in Windows XP professional", *Microsoft TechNet*, 2003, www.microsoft.com/technet/prodtechnol/winxppro/reskit/prdp_log_oeec.asp.
441. "Internet connection firewalls", *MSDN Library*, 2003, www.microsoft.com/technet/prodtechnol/winxppro/reskit/prcg_cnd_brph.asp.
442. Microsoft Corporation, "What's new in security for Windows XP professional and Windows XP home edition", jul. 2001, www.microsoft.com/windowsxp/pro/techinfo/planning/security/whatsnew/WindowsXPSecurity.doc.
443. D. Wong, "Windows ICF: can't live with it, can't live without it", *SecurityFocus*, 22 ago. 2002, www.securityfocus.com/infocus/1620.
444. D. Wong, "Windows ICF: can't live with it, can't live without it", *SecurityFocus*, 22 ago. 2002, www.securityfocus.com/infocus/1620.
445. Microsoft Corporation, "What's new in security for Windows XP professional and Windows XP home edition", jul. 2001, www.microsoft.com/windowsxp/pro/techinfo/planning/security/whatsnew/WindowsXPSecurity.doc.
446. Microsoft Corporation, "What's new in security for Windows XP professional and Windows XP home edition", jul. 2001, www.microsoft.com/windowsxp/pro/techinfo/planning/security/whatsnew/WindowsXPSecurity.doc.
447. Microsoft Corporation, "Top 10 reasons to get Windows XP for home PC security", 2003, www.microsoft.com/WindowsXP/security/top10.asp.

Glossário

Numéricos

rede em malha 2-D — Esquema de intercomunicação de multiprocessadores que organiza nodos em um retângulo $m \times n$.

3DES — Veja DES Triplo.

.NET — Iniciativa da Microsoft cuja meta é transformar computação de um ambiente no qual usuários apenas executam aplicações em um único computador em um ambiente totalmente distribuído; .NET fornece um ambiente neutro em relação à plataforma e à linguagem para componentes que podem operar entre si com facilidade.

A

abortar — Ação que encerra um processo prematuramente. Também na especificação IA-32, um erro do qual um processo não pode se recuperar.

abraço mortal — Veja deadlock.

abrir (open) (arquivo) — Operação que prepara um arquivo para ser referido.

ação-padrão para tratamento de sinal (Linux) — Tratamento de sinal predefinido, executado em resposta a um sinal quando um processo não especifica um manipulador de sinal correspondente.

acessibilidade (arquivo) — Propriedade de arquivo que impõe restrições sobre quais usuários podem acessar dados de arquivo.

acesso de anexação — direito de acesso que permite que um processo escreva informações no final de um segmento, mas não permite que modifique o conteúdo existente; veja também acesso de execução, acesso de leitura e acesso de escrita.

acesso de escrita (arquivo) — Permissão para acessar um arquivo para escrever.

acesso de escrita (memória virtual) — Direito de acesso que habilita um processo a modificar o conteúdo de uma página ou segmento; veja também acesso de execução, acesso de leitura e acesso de anexação.

acesso de execução (arquivo) — Permissão que habilita o usuário a executar um arquivo.

acesso de execução (memória virtual) — Direito de acesso que habilita um processo a executar instruções de uma página ou segmento; veja também acesso de escrita, acesso de leitura e acesso de anexação.

acesso de leitura (arquivo) — Permissão para acessar um arquivo para leitura.

acesso de leitura (memória virtual) — Direito de acesso que habilita um processo a ler dados de uma página ou segmento; veja também acesso de execução, acesso de escrita e acesso de anexação.

acesso direto à memória (*Direct Memory Access* — DMA) — Método de transferência de dados de um dispositivo para a memória principal por meio de um controlador que requer a interrupção do processador apenas quando a transferência estiver concluída. Transferência de E/S por DMA é mais eficiente do que E/S programada ou orientada por interrupção porque o processador não precisa supervisionar a transferência de cada byte ou palavra de dados.

acesso intertravado a variáveis (Windows XP) — Método para acessar variáveis que assegura escritas e leituras atômicas para variáveis compartilhadas.

acesso múltiplo com detecção de portadora com detecção de colisão (*Carrier Sense Multiple Access with Collision Avoidance* — CSMA/CD) — Protocolo usado em Ethernet que habilita transceptores a testar um meio compartilhado para verificar se está disponível antes de transmitir dados. Se for detectada uma colisão, os transceptores continuarão a transmitir dados durante um período de tempo para assegurar que todos os transceptores reconheçam a colisão.

acesso múltiplo com detecção de portadora com evitação de colisão (*Carrier Sense Multiple Access with Collision Avoidance* — CSMA/CA) — Protocolo usado em comunicação sem fio 802.11. Dispositivos devem enviar uma RTS *request to send* — requisição de envio) e receber um CTS (*clear to send* — pronto para envio) do hospedeiro destinatário antes de transmitir.

acesso protegido sem fio (*Wi-Fi Protected Access* — WPA) — Protocolo de segurança sem fio que pretende substituir o WEP, fornecendo melhor criptografia de dados e habilitando autenticação de usuário.

ACL Lista de Controle de Acesso (*Access Control List* — ACL) (Multics) — Implementação do controle de acesso discricionário do Multics.

acordar — Operação de thread que transita seu alvo do estado *em espera* para o estado *pronto*.

Active Directory (Windows XP) — Serviço de rede que fornece serviços de diretório para objetos compartilhados (por exemplo, arquivos, impressoras, serviços etc.) em uma rede.

ActiveX Controls — Objetos COM auto-registradores úteis para inserção em páginas Web.

Ada — Linguagem de programação concorrente, procedural, desenvolvida pelo Ministério da Defesa dos Estados Unidos durante as décadas de 1970 e 1980.

adiamento indefinido — Situação na qual um thread espera por um evento que poderá não ocorrer nunca.

afastamento — Veja deslocamento.

afinidade de processador — Relação de um processo com determinado processador e um banco de memória correspondente.

afinidade flexível — Tipo de afinidade de processador na qual o algoritmo de escalonamento tenta, mas não garante, escalonar um processo apenas em um único nodo durante todo o seu ciclo de vida.

afinidade restrita — Tipo de afinidade de processador na qual o algoritmo de escalonamento garante que um processo executa somente em um único modo durante todo o seu ciclo de vida.

agência de marcação de tempo — Organização que marca digitalmente o horário do documento que foi assinado digitalmente.

agente de solicitação de objeto (*Object Requisition Broker* — ORB) — Componente que reside no cliente e também no servidor CORBA, que é responsável por iniciar comunicação entre sistemas.

ajuste de página (Windows XP) — Técnica pela qual o Windows XP pega uma página que pertence a um processo e ajusta a PTE da página para inválida para determinar se o processo realmente necessita da página. Se o processo não requisitar a página dentro de certo período de tempo, o sistema a retira da memória principal.

ajuste do sistema — Processo de ajuste fino de um sistema baseado na monitoração do desempenho para otimizar a execução do sistema a um ambiente operacional específico.

algoritmo binário do companheiro (Linux) — Algoritmo que o Linux usa para alocar molduras de páginas físicas. O algoritmo mantém uma lista de grupos de páginas contíguas; o número de cada grupo é uma potência de dois. Isso facilita a alocação de memória para processos e dispositivos que requerem acesso à memória física contígua.

algoritmo da padaria de Lamport — Algoritmo de exclusão mútua de N threads baseado no sistema 'pegue uma ficha numerada'.

algoritmo de assinatura digital (*Digital Signature Algorithm* — DAS) — Padrão de autenticação digital do governo dos Estados Unidos.

algoritmo de coescalonamento indiviso — Algoritmo de escalonamento de processo ciente do job no qual processos do mesmo job são colocados em localizações adjacentes na fila de execução global e processos são escalonados por alternância circular.

algoritmo de compressão de Lempel-Ziv — Algoritmo de compressão de dados que o NTFS usa para comprimir arquivos.

algoritmo de convocação — Algoritmo de balanceamento dinâmico de carga que classifica a carga de cada processador como baixa, normal ou alta; cada processador mantém uma tabela de cargas dos outros processadores, e o sistema usa uma política de intercâmbio de processos iniciada pelo receptor.

algoritmo de Dekker — Algoritmo que garante exclusão mútua entre dois threads e evita adiamento indefinido e também deadlock.

algoritmo de Dijkstra — Algoritmo eficiente para descobrir os caminhos mais curtos em um gráfico ponderado.

algoritmo de escalonamento com prazo de taxa monotônica — Política de escalonamento de sistemas de tempo real que cumpre um prazo periódico de um processo que não é igual ao seu período.

algoritmo de escalonamento dinâmico de tempo real — Algoritmo de escalonamento que usa prazos finais para designar prioridades a processos durante toda a execução.

algoritmo de escalonamento estático de tempo real — Algoritmo de escalonamento que usa restrições de tempo para designar prioridades fixas a processos antes da execução.

algoritmo de exclusão mútua rápida — Implementação de exclusão mútua que evita a sobrecarga da execução de vários testes por um thread quando nenhum outro thread estiver competindo por sua seção crítica. Esse primeiro algoritmo de exclusão mútua rápida foi proposto por Lamport.

algoritmo de licitação — Algoritmo dinâmico de balanceamento de carga no qual os processadores com as menores cargas 'licitam' (dão lances) para obter jobs de processadores sobrecarregados; o valor do lance depende da carga do processador em questão e da distância entre os processadores subcarregados e sobrecarregados.

algoritmo de resumo de mensagem (*Message Digest Algorithm* — MD5) — Algoritmo desenvolvido pelo professor Ronald L. Rivest do MIT, que é amplamente usado para assinaturas digitais.

algoritmo de varredura aleatória — Algoritmo que usa números pseudo-aleatórios para gerar uma distribuição ampla de endereços IP.

algoritmo do Banqueiro de Dijkstra — Algoritmo de evitação de deadlock que controla alocação de recursos com base na quantidade de recursos que o sistema possui, na quantidade de recursos que cada processo possui e na quantidade máxima de recursos que o processo requisitará durante a execução. Permite que os recursos sejam designados a processos somente quando a alocação resultar em um estado seguro. (Veja também estado seguro e estado inseguro.)

algoritmo do elevador — Veja escalonamento de disco SCAN.

algoritmo Lúcifer — Algoritmo criptográfico criado por Horst Feistel da IBM, que foi escolhido como o DES pelo governo dos Estados Unidos e pela National Security Agency (NSA) na década de 1970.

algoritmo restrito — Algoritmo que fornece segurança confiando que o emissor e o receptor usem o mesmo algoritmo criptográfico e o mantenham em segredo.

algoritmo seguro de hash (*Secure Hash Algorithm* – SHA-1) — Popular função de hash usada para criar assinaturas digitais; desenvolvido pelo NIST.

alocação contígua de memória — Método de atribuição de memória de modo tal que todos os endereços de todo o espaço de endereçamento do processo fiquem adjacentes uns aos outros.

alocação de bloco — Técnica que habilita o sistema de arquivos a gerenciar armazenamento secundário mais eficientemente e reduzir a sobrecarga necessária para percorrer o arquivo alocando extensões (blocos de setores contíguos) a arquivos.

alocação de memória não contígua — Método de alocação de memória que divide um programa em diversas porções, possivelmente não adjacentes, que o sistema coloca por toda a memória principal.

alocação tardia — Política que espera para alocar recursos, como páginas em memória virtual e moldura de páginas em memória principal, até que seja absolutamente necessário.

alocador de fatias (Linux) — Entidade de núcleo que aloca memória para objetos colocados no cache de fatias.

alocador de zona — Subsistema de memória que aloca páginas da zona para a qual é designado.

ambiente de mesa — Camada de GUI acima de um gerenciador de janela que fornece ferramentas, aplicações e outros softwares para melhorar a capacidade de utilização do sistema.

analisador — Parte de um compilador que recebe um fluxo de fichas (tokens) de um analisador léxico e as agrupa para que possam ser processadas pelo gerador intermediário de código.

analisador de sintaxe — Veja analisador.

analisador léxico — Parte de um compilador que separa o código-fonte em fichas.

análise estática — Método de detecção de intrusos que tenta detectar quando aplicações foram corrompidas por um hacker.

anomalia de Belady — Veja anomalia FIFO.

anomalia FIFO — Fenômeno na estratégia de substituição de páginas FIFO pelo qual aumentar a alocação de molduras de páginas de um processo aumenta o número de faltas de página que ele experimenta; normalmente, faltas de páginas devem decrescer à medida que mais molduras de páginas tornam-se disponíveis.

antecipação de braço de disco — Movimentar o braço de disco até uma localização que minimizará o posicionamento seguinte. A antecipação de braço de disco pode ser útil em ambientes em que os padrões de requisição de disco do processo exibem localidade e quando a carga é leve o suficiente para permitir que haja tempo para movimentar o braço do disco entre requisições de disco sem degradar o desempenho.

anúncio (em JXTA) — Documento XML formatado segundo especificações JXTA usado por um par (peer) para se anunciar e notificar a outros sua existência.

anycast — Tipo de endereço IPv6 que habilita o envio de datagrama para qualquer hospedeiro dentro de um grupo de hospedeiros.

Apache Software Foundation — Fornece software de código-fonte aberto tal como Tomcat, a implementação de referência oficial do JSP, e especificações de servlet.

APC (Chamada Assíncrona a Procedimento — *Asynchronous Procedure Call*) (Windows XP) — Chamadas a procedimento que threads ou o sistema podem enfileirar para execução por um thread específico.

APC de modo núcleo (Windows XP) — APC gerada por um thread de modo núcleo e enfileirada para um thread de modo usuário especificado; o thread de modo usuário deve processar a APC tão logo obtenha o processador.

APC de modo usuário (Windows XP) — APC enfileirada por thread de modo usuário e executada pelo thread-alvo quando este entra em um estado vigilante *de espera*.

API criptográfica (Cryptographic API) (Linux) — Interface de núcleo por meio da qual aplicações e serviços (por exemplo, sistemas de arquivos) podem criptografar e decifrar dados.

API do Windows — Interface da Microsoft para aplicações que executam em um ambiente Windows. A API capacita programadores a requisitar serviços de sistema operacional, o que os livra de escrever o código para realizar essas operações e habilita o sistema operacional a proteger seus recursos.

API nativa (Windows XP) — Interface de programação exposta pelo executivo que os subsistemas de ambiente empregam para fazer chamadas ao sistema.

aplicação dependente de dados — Aplicação que depende das técnicas de organização e acesso de um sistema de arquivos particular.

aplicação P2P centralizada — Usa um servidor que se conecta a cada par.

aplicação peer-to-peer (P2P) — Distribui responsabilidades de processamento e informações para muitos computadores, dessa forma solicitando capacidade de computação e espaço de armazenamento que, caso contrário, seriam desperdiçados, e eliminando pontos centrais de falha. Em um sistema peer-to-peer cada par executa funções de cliente e de servidor.

aplicação peer-to-peer descentralizada — Também denominada de aplicação peer-to-peer pura. Não tem um servidor e, portanto, não sofre as mesmas deficiências das aplicações que dependem de servidores.

aplicação peer-to-peer pura — Também denominada aplicação peer-to-peer descentralizada. Não precisa ter um servidor e, portanto, não sofre as mesmas deficiências das aplicações que dependem de servidores.

Apresentação (*handshaking*) — Mecanismo em uma camada de transporte orientada para conexão pelo qual hospedeiros enviam informações de controle para criar uma conexão lógica entre eles.

área de memória virtual (Linux) — Estrutura que descreve uma região contígua do espaço de endereçamento virtual de um processo para que o núcleo possa realizar operações nessa região como uma unidade.

armazenamento auxiliar — Veja armazenamento secundário.

armazenamento em fita magnética — Meio de armazenamento magnético regravável que acessa dados seqüencialmente. Sua natureza seqüencial o torna inadequado para aplicações de acesso direto.

armazenamento local de filamentos FLS (*Fiber Local Storage* — FLS) (Windows XP) — Área do espaço de endereçamento de um processo em que um filamento pode armazenar dados os quais somente ele mesmo pode acessar

armazenamento local de thread (*thread local storage* — TLS) (Windows XP) — Área do espaço de armazenamento do thread de um processo onde o thread pode armazenar dados privados, inacessíveis a outros threads.

armazenamento não volátil — O conteúdo do armazenamento não volátil não se perde quando a máquina desliga ou é desligada.

armazenamento persistente — Veja armazenamento secundário.

armazenamento secundário — Memória que normalmente armazena grandes quantidades de dados de maneira persistente. Armazenamento secundário é um nível mais baixo do que a memória principal na hierarquia de memória. Depois de um computador ser ligado, informações vão e vêm entre o armazenamento secundário e a memória principal, de modo que instruções de programa e dados possam ser acessados por um processador. Discos rígidos são a forma mais comum de armazenamento secundário.

armazenamento volátil — Meio de armazenamento que perde dados na ausência de energia.

ARPA (Advanced Research Projects Agency) — Agência governamental sob o comando do Departamento da Defesa dos Estados Unidos que lançou as fundações da Internet; hoje é denominada de DARPA (*Defense Advanced Research Projects Agency* — Agência de Projetos Avançados de Pesquisa de Defesa).

ARPAnet — Predecessora da Internet que habilitava pesquisadores a interligar seus computadores em rede. O principal benefício da ARPAnet provou ser a comunicação rápida e fácil por meio do que veio a ser conhecido como correio eletrônico (e-mail).

arquitetura de barramentos múltiplos compartilhados — Esquema de interconexão que emprega diversos barramentos compartilhados que conectam processadores e memória. Esse esquema reduz a contenção, mas aumenta o custo em comparação com um barramento único compartilhado.

arquitetura de conjunto de instruções (*instruction set architecture* — ISA) — Interface exposta por um processador que descreve o processador, incluindo seu conjunto de instruções, número de registradores e tamanho de memória.

arquitetura superescalar — Técnica na qual um processador contém várias unidades de execução para executar mais do que uma instrução em paralelo por ciclo de relógio.

arquivo — Coletânea nomeada de dados que pode ser manipulada como uma unidade por operações como abrir, fechar, criar, destruir, copiar, renomear e listar. Itens de dados individuais dentro de um arquivo podem ser manipulados por operações como ler, escrever, atualizar, inserir e deletar. Algumas características de arquivos são localização, acessibilidade, tipo, volatilidade e atividade. Arquivos podem consistir em um ou mais registros.

arquivo central (Linux) — Arquivo que contém o estado de execução de um processo, normalmente utilizado para propósitos de depuração depois de o processo ter encontrado uma exceção fatal.

arquivo de configuração de aplicação (*Application Configuration File* — ACF) (Windows XP) — Arquivo que especifica atributos específicos de plataforma (por exemplo, como os dados devem ser formatados) para uma chamada à função RPC.

arquivo de interface de definição de linguagem (*Interface Definition Language file* — *IDL*) (Windows XP) — Arquivo que especifica as interfaces que um servidor de RPCs expõe.

arquivo de páginas (Windows XP) — Arquivo em disco que armazena todas as páginas mapeadas para o espaço de endereçamento virtual de um processo, mas que não residem correntemente na memória principal.

arquivo de registro (log file) — Registra informações sobre comportamento de sistema, como o horário no qual serviços operacionais são requisitados e o nome do processo que os requisitou.

arquivo esparso (NTFS) — Arquivo que tem grandes regiões de blocos cheias de zeros que o NTFS rastreia usando uma lista de regiões vazias em vez de registrar explicitamente cada bit zero.

arquivo especial de dispositivo (Linux) — Entrada do diretório /dev que fornece acesso a um dispositivo particular.

arquivo imutável — Arquivo que não pode ser modificado depois de ter sido criado.

arquivo mapeado para memória — Arquivo cujos dados são mapeados para o espaço de endereçamento virtual de um processo, habilitando-o a se referir a dados de arquivo como se referiria a outros dados. Arquivos mapeados para a memória são úteis para programas que acessam dados de arquivo freqüentemente.

arquivo particionado — Arquivo composto de subarquivos seqüenciais.

arquivo-sombra de senhas (UNIX) — Protege o arquivo de senhas contra invasores (crackers), armazenando informações, exceto as senhas criptografadas, no arquivo normal de senhas e armazenando as senhas criptografadas no arquivo-sombra de senhas que pode ser acessado apenas por usuários com privilégios de raiz.

arranjo de prioridades (Linux) — Estrutura dentro de uma fila de execução que armazena processos da mesma prioridade.

arranjo de semáforos (Linux) — Lista encadeada de semáforos que protegem acesso a recursos relacionados.

arranjo redundante de discos independentes (*Redundant Array of Independent Disks* — RAID) — Veja RAID.

arrendamento — Acordo entre o cliente e o servidor para controlar travas de arquivos.

arroto da memória — Veja compactação de memória.

árvore-fonte (Linux) — Estrutura que contém arquivos e diretórios de código-fonte. Fornece uma organização lógica para o núcleo monolítico do Linux.

assembler (de montagem) — Programa tradutor que converte programas em linguagem de montagem para linguagem de máquina.

assinatura de vírus — Segmento de código que não varia entre gerações de vírus.

assinatura digital — Equivalente eletrônico de uma assinatura por escrito. Para criar uma assinatura digital, um emissor primeiramente aplica uma função de hash ao texto comum da mensagem original. Em seguida, o emissor usa sua chave privada para criptografar o resumo da mensagem (o valor de hash). Essa etapa cria uma assinatura digital e valida a identidade do emissor porque somente o dono daquela chave privada poderia criptografar a mensagem.

assinatura única — Simplifica o processo de autenticação, permitindo que o usuário se conecte uma vez usando uma única senha.

ataque criptoanalítico — Técnica que tenta decriptar texto cifrado sem ter a chave criptográfica. Os ataques mais comuns são aqueles em que o algoritmo criptográfico é analisado para descobrir relações entre bits da chave criptográfica e bits do texto cifrado.

ataque de recusa de serviço (*Denial-of-Service Attack* — DoS) — Ataque que impede que um sistema atenda adequadamente requisições legítimas. Em muitos ataques DoS, os recursos de uma rede são saturados por tráfego não autorizado, o que restringe o acesso a usuários legítimos. Normalmente o ataque é realizado inundando os servidores com pacotes de dados.

ataque de recusa de serviço distribuído — Ataque que impede que um sistema atenda requisições adequadamente, iniciando uma inundação de pacotes em computadores separados que enviam tráfego ao mesmo tempo.

ataque DNS (de sistema de nome de domínio) [*Domain Name System* — DNS] — Ataque que modifica o endereço para o qual o tráfego de rede de um determinado site Web é enviado. Esses ataques podem ser usados para redirecionar usuários de determinado site Web para outro site Web, potencialmente mal-intencionado.

atenuação — Deterioração de um sinal devido às características físicas do meio.

ativação de escalonador — Mecanismo que permite que uma biblioteca de nível de usuário escalone threads de núcleo.

atividade (arquivo) — Porcentagem dos registros de um arquivo acessada durante um dado período de tempo.

atividade excessiva de paginação (thrashing) — Atividade excessiva de paginação que causa baixa utilização de processador quando a alocação de memória de um processo é menor do que seu conjunto de trabalho. Tal atividade resulta em mau desempenho, pois o processo passa a maior parte do seu tempo esperando enquanto páginas são transferidas entre armazenamento secundário e memória principal.

atraso aleatório — Intervalo de tempo calculado pelo método do recuo exponencial do CSMA/CD, antes que um transceptor possa retransmitir uma moldura após uma colisão.

atributo (de um objeto) — Veja propriedade.

atributo de arquivo (Linux) — Metadado de arquivo que implementa informações de controle de acesso, como se um arquivo fosse somente de anexação ou imutável, e que não pudesse ser especificado usando permissões de arquivo padronizadas do Linux.

atributo de arquivo somente anexar (Linux) — Atributo de arquivo que permite aos usuários apenas anexar dados ao conteúdo existente de arquivos.

atributo imutável (Linux) — Atributo que especifica que um arquivo pode ser lido e executado, mas não copiado, modificado ou deletado.

atributo não residente — Atributo de arquivo NTFS cujos dados não cabem dentro da entrada MFT e é armazenado em outro lugar.

atributo residente (NTFS) — Atributo de arquivo cujos dados são armazenados dentro da entrada da MFT.

atuador — Veja braço de disco.

atualizar (arquivo) — Operação que modifica um item de dado existente em um arquivo.

atualizar imagem (RAID) — Método para reduzir tempo de computação de paridade armazenando a diferença entre

novas e velhas paridades na memória em vez de realizar um ciclo ler-modificar-escrever.
autenticação (transação segura) — Um dos cinco requisitos fundamentais de uma transação segura bem-sucedida. A autenticação trata do modo como um emissor e um receptor de uma mensagem verificam mutuamente suas identidades.
autenticação de dois fatores — Técnica de autenticação que emprega dois meios para autenticar o usuário, como biometria ou um cartão inteligente usados em combinação com uma senha.
autenticação por ficha — Técnica de autenticação que emite uma ficha exclusiva para cada sessão, habilitando usuários a acessar aplicações específicas.
autocarregamento (bootstrapping) — Processo de carregamento de componentes iniciais do sistema operacional na memória do sistema de modo que eles possam carregar o restante do sistema operacional.
autoria e versão distribuídas baseadas na Web (*Web-Based Distributed Authoring and Versioning* — WebDAV) (Windows XP) — Protocolo de compartilhamento de arquivos de rede que permite que usuários escrevam dados diretamente para servidores HTTP e é projetado para suportar autoria colaborativa entre grupos em localizações remotas.
autoridade certificadora (*Certificate Authority* — CA) — Instituição financeira ou um outro terceiro autorizado, tal como VeriSign, que emite certificados digitais.
autoridade de criação de política — Organização que define políticas para obtenção de certificados digitais.
autorização (transação segura) — Um dos cinco requisitos fundamentais de uma transação segura bem-sucedida. A autorização trata de como gerenciar o acesso a recursos protegidos com base nas credenciais do usuário.
autorização implícita — A mensagem de resposta implica autorização para a mensagem de requisição.
avaliação de seleção — Análise para verificar se é vantajoso adquirir um sistema de computador ou aplicação de determinado vendedor.
avulso on-line — Veja disco avulso de reposição rápida.

B

balanceador de carga — Nodo em um cluster de balanceamento de carga que distribui a carga de trabalho (como milhares de requisições de clientes) para um conjunto de nodos de modo tal que todo o hardware é utilizado eficientemente.
balanceamento de carga — Operação que tenta distribuir carga eqüitativamente entre processadores no sistema.
balanceamento dinâmico de carga — Técnica que tenta distribuir responsabilidade de processamento eqüitativamente mudando o número de processadores designados a um job durante a vida do job.
balanceamento estático de carga — Categoria de algoritmos de balanceamento de carga que designam um número fixo de processadores a um job quando ele é escalonado pela primeira vez.
banco de dados — Coletânea de dados controlada centralmente que é armazenada sob um formato padronizado e que pode ser pesquisada com base em relações lógicas entre dados. Bancos de dados organizam dados segundo o conteúdo, ao contrário do nome de caminho, o que tende a reduzir ou eliminar informações redundantes.
banco de dados de moldura de página (Windows XP) — Conjunto (array) que contém o estado de cada moldura de página na memória principal.
banco de dados distribuído — Banco de dados disperso por todos os computadores de uma rede.
barramento — Coletânea de traços que forma um canal de comunicação de alta velocidade para transportar informações entre dispositivos diferentes de uma placa principal
barramento compartilhado — Esquema de interconexão de multiprocessador que usa um único caminho de comunicação para conectar todos os processadores e módulos de memória.
barramento de dados — Barramento que transfere dados de ou para localizações de memória especificadas pelo barramento de endereços.
barramento de endereços — Parte de um barramento que especifica a localização da memória da qual ou para a qual os dados devem ser transferidos.
barramento de interconexão de componentes periféricos (*Peripheral Components Interconnect* — PCI) — Barramento popular utilizado para conectar dispositivos periféricos, como placas de rede e de som, ao resto de um sistema. PCI fornece uma interface de barramento de 32 bits ou 64 bits e suporta taxas de transferência de até 533 MB por segundo.
barramento dianteiro (*frontside bus* — FSB) — Barramento que conecta um processador à memória principal.
barramento serial universal (*universal serial bus* — USB) — Interface de barramento serial que transfere dados até 480 Mbits por segundo, pode fornecer energia a seus dispositivos e suporta dispositivos de troca dinâmica (hot-swappable).
base de aplicação — combinação do hardware com o ambiente do sistema operacional na qual as aplicações são desenvolvidas. É difícil para usuários e desenvolvedores de aplicações converter de uma base de aplicação estabelecida para outra.
biblioteca compartilhada — Coletânea de funções compartilhadas entre vários programas.
bibliotecas de ligações dinâmicas (*Dynamic-Linked Library* — DLL) (Windows XP) — Módulo que fornece dados ou funções aos quais outras DLLs se ligam durante o tempo de execução.
bilhete de concessão de entrada (*Ticket Granting Ticket* — TGT) (Kerberos) — Bilhete retornado pelo servidor de autenticação do Kerberos. É criptografado com a chave secreta do cliente que é compartilhada com o servidor de autenticação. O cliente envia o TGT decriptado ao Serviço de Concessão de Bilhetes para requisitar um bilhete de serviço.
bilhete de serviço (Kerberos) — Bilhete que autoriza o acesso do cliente a serviços específicos de rede.
biométrica — Técnica que utiliza características físicas individuais, como impressões digitais, exame da íris ou escaneamento da face para identificar o usuário.
BIPS (bilhões de instruções por segundo) — Unidade comumente usada para categorizar o desempenho de determinado computador; uma classificação de um BIPS significa que um processador pode executar um bilhão de instruções por segundo.
bit acessado — Veja bit referido.
bit granularidade (arquitetura IA-32 Intel) — Bit que determina como o processador interpreta o tamanho de cada segmento, especificado pelo limite de segmento de 20 bits. Quando o bit estiver desligado, os tamanhos dos segmentos variam na faixa de 1 byte a 1 MB, em incrementos de 1-byte. Quando o bit estiver ligado, os tamanhos dos segmentos variam na faixa de 4 KB a 4 GB, em incrementos de 4 KB.
bit modificado — Bit de tabela de entrada de página que indica se uma página foi modificada e, conseqüentemente, deve ser copiada para armazenamento secundário antes de ser substituída (também conhecido como bit sujo).
bit referido — Bit de entrada de tabela de página que indica se a página foi referida recentemente. Diversas estratégias reconfiguram o bit para determinar com maior exatidão quão recentemente uma página foi referida.
bit sujo — Bit de entrada de tabela de página que especifica se a página foi modificada (também conhecido como bit modificado).
blocagem — Agrupar registros contíguos em blocos maiores que podem ser lidos por meio de uma única operação de E/S. Esta técnica reduz tempos de acesso recuperando muitos registros com uma única operação de E/S.
bloco — Unidade de dados contíguos de tamanho fixo, normalmente maior do que um byte. Colocar registros de dados contíguos em blocos habilita o sistema a reduzir o número de operações de E/S requeridas para recuperá-los.
bloco de ambiente de processo (*process environment block* — PEB) (Windows XP) — Estrutura de dados de espaço de usuário que armazena informações sobre um processo, como uma lista de DLLs ligadas ao processo e informações sobre a pilha do processo.
bloco de ambiente de thread (*thread environment block* — TEB) (Windows XP) — Estrutura de dados de espaço de usuário que armazena informações sobre um thread, como as seções críticas que pertencem a um thread e informações de gerenciamento de exceções.
bloco de controle de arquivo — Metadado que contém informações de que o sistema necessita para gerenciar um arquivo, como informações de controle de acesso.
bloco de controle de processo (*process control block* — PCB) — Estrutura de dados que contém informações que caracterizam um processo (por exemplo, PID, espaço de endereçamento e estado); também denominado descritor de processo.
bloco de estado de E/S (Windows XP) — Campo de um IRP que indica se uma requisição de E/S concluiu com sucesso ou, se não foi, indica o código de erro da requisição.
bloco de índice — Bloco que contém uma lista de ponteiros para blocos de dados de arquivo.
bloco de mensagem do servidor (*Server Message Block* — SMB) — Protocolo de compartilhamento de arquivo de rede usado em sistemas operacionais Windows sobre o qual é construído o CIFS (*Common Internet File System*).
bloco de processo de núcleo (KPROCESS) (Windows XP) — Estrutura de dados de núcleo que armazena informações sobre um processo, como a sua classe de prioridade básica.
bloco de processo do executivo (*Executive Process Block* — EPROCESS)(Windows XP) — Estrutura de dados do executivo que armazena informações sobre um processo, como manipuladores de objeto e ID do processo; um bloco EPROCESS também armazena o bloco KPROCESS do processo.
bloco de thread de núcleo (KTHREAD) (Windows XP) — Estrutura de dados de núcleo que armazena informações sobre um thread, bem como os objetos pelos quais o thread está esperando e a localização na memória da pilha de núcleo do thread.
bloco executivo de thread (*Executive Thread Block* – ETHREAD) (Windows XP) — Estrutura de dados do executivo que armazena informações sobre um thread, como requisições de E/S pendentes do thread e o seu endereço de início; um bloco ETHREAD também armazena o bloco KTHREAD do thread.
bloco físico — Veja registro físico.
bloco indireto — Bloco de índice que contém ponteiros para blocos de dados em sistemas de arquivos baseados em inodes.
bloco lógico — Veja registro lógico.
bloqueio retardado — Técnica pela qual um processo gira em uma trava durante um período fixo de tempo antes de bloquear; o princípio racional neste caso é que, se o processo não obtiver a trava rapidamente, provavelmente terá de esperar durante um longo tempo, portanto, deve bloquear.
bomba lógica — Vírus que executa seu código quando é cumprida uma condição especificada.
bomba-relógio — Vírus ativado quando o relógio do computador chega a uma certa hora ou data.
bombeamento quádruplo — Técnica para aumentar o desempenho de processador realizando quatro transferências de memória por ciclo de relógio.
braço de disco — Componente do disco de cabeçote móvel que movimenta cabeçotes de leitura/escrita de modo linear, paralelamente às superfícies do disco.
buffer — Área de armazenamento temporário que mantém os dados durante E/S entre dispositivos que funcionam com velocidades diferentes. Buffers habilitam um dispositivo mais rápido a produzir dados à sua velocidade total (até que o buffer fique cheio) enquanto espera que o dispositivo mais lento consuma os dados.
buffer antecipatório — Técnica que permite a sobreposição de processamento e operações de E/S fazendo buffer de mais do que um registro por vez na memória principal.
buffer circular — No relacionamento produtor/consumidor é uma região da memória compartilhada de tamanho fixo que armazena vários valores produzidos por um produtor. Se o produtor ocasionalmente produzir valores mais rapidamente do que o consumidor, um buffer circular reduz o tempo que o produtor gasta esperando que um consumidor consuma os valores, em comparação com um buffer que armazena um único valor. Se o consumidor temporariamente consumir valores mais rapidamente do que o produtor, um buffer circular pode, de forma semelhante, reduzir o tempo que um consumidor gasta esperando pelo produtor produzir valores.
buffer de cache de disco — Uma região da memória principal que o sistema operacional reserva para dados de disco. Em um contexto, a memória de reserva funciona como um cache, permitindo que processos acessem rapidamente dados que, caso contrário, teriam de ser trazidos do disco. A memória de reserva também funciona como um buffer, permitindo que o sistema operacional retarde a escrita de dados para melhorar o desempenho de E/S, ao reunir várias escritas em lote resultando em um número menor de requisições.
buffer de pipe (Linux) — Página de dados usada para fazer buffer de dados escritos para um pipe.
buffer de rebote (Linux) — Região da memória que permite que o núcleo mapeie dados da zona alta de memória para a memória à que ele pode se referir diretamente. Isso é necessário quando o espaço de endereçamento físico do sistema é maior do que o espaço de endereçamento virtual do núcleo.
buffer de tradução lateral (*translation lookaside buffer* — TLB) — Mapa de memória associativa de alta velocidade que retém uma pequena quantidade de mapeamentos entre números de páginas virtuais e seus números correspondentes de molduras de páginas. O TLB normalmente armazena entradas de tabelas de páginas recentemente usadas, o que melhora o desempenho para processos que exibem localidade.
buffer limitado — Veja buffer circular.
busca distribuída — Tecnologia de busca usada em aplicações peer-to-peer para tornar redes mais robustas eliminando pontos individuais de falha, como servidores. Em uma busca distribuída, se um par não puder atender à requisição do cliente, retransmitirá a requisição aos pares diretamente conectados a ele e a busca será distribuída para toda a rede peer-to-peer.
busca prévia — Veja paginação antecipatória.
Business Application Performance Corporation (BAPCo) — Organização que desenvolve padrões para parâmetros de comparação, como o popular SYSMark para processadores.
byte — Segundo nível mais baixo na hierarquia de dados. Um byte tem tipicamente 8 bits.

bytecode — Código intermediário concebido para máquinas virtuais (por exemplo, bytecode Java executa em uma Máquina Virtual Java (Java Virtual Machine)).

C

C — Linguagem de programação procedural desenvolvida por Dennis Ritchie e usada para criar o UNIX.

C# — Linguagem de programação orientada a objeto desenvolvida pela Microsoft, que fornece acesso a bibliotecas .NET.

C++ — Extensão orientada a objeto da linguagem C, desenvolvida por Bjarne Stroustup.

cabeçalho — Informações de controle colocadas à frente de uma mensagem de dados.

cabeçalho de autenticação (*Authentication Header* — AH) (IPSec) — Informação que verifica a identidade do emissor de um pacote e prova que os dados do pacote não foram modificados em trânsito.

cabeçote de leitura/escrita — Componente de disco de cabeçote móvel que paira sobre a superfície de um disco, lendo e escrevendo bits enquanto o disco se movimenta.

cache de cliente — Clientes mantêm cópias locais de arquivos e as descarregam para o servidor depois de terem modificado os arquivos.

cache de escrita direta (write-through) — Técnica que escreve dados para o buffer de cache de disco e para o disco toda vez que os dados em cache são modificados. Essa técnica impede o sistema de montar lotes de requisições, mas reduz a possibilidade de dados inconsistentes no evento de uma queda de sistema.

cache de fatias (Linux) — Cache que armazena fatias recentemente usadas.

cache de inode (Linux) — Cache que melhora o desempenho de consulta de inodes.

cache de página (Linux) — Cache que armazena páginas de dados de disco. Quando um processo requisita dados de disco, o núcleo primeiramente determina se eles estão no cache de página, o que pode eliminar uma dispendiosa operação de E/S em disco.

cache de troca dinâmica (Linux) — Cache de entradas de tabela de página que descreve se determinada página existe no arquivo de troca dinâmica do sistema em armazenamento secundário. Se uma entrada de tabela de página estiver presente no cache de troca dinâmica, sua página correspondente existe no arquivo de troca dinâmica e não precisa ser escrita para o arquivo de troca dinâmica.

cache de write-back — Técnica que escreve dados que estão em buffer periodicamente para disco, habilitando o sistema operacional a reunir lotes de várias E/Ss atendidas usando uma única requisição, o que pode melhorar o desempenho de sistema.

camada — Nível de abstração da pilha do protocolo TCP/IP associado a certas funções conceituais. Essas camadas são a camada de aplicação, a camada de transporte, a camada de rede e a camada de enlace.

camada coletiva (em computação em grade) — Camada responsável pela coordenação de recursos distribuídos, como escalonar uma tarefa para analisar dados recebidos de um dispositivo científico.

camada de abstração de hardware (*Hardware Abstraction Layer* — HAL) (Windows XP) — Componente de sistema operacional que interage diretamente com o hardware e abstrai detalhes de hardware para outros componentes do sistema.

camada de aplicação (em computação em grade) — Contém aplicações que utilizam as camadas de níveis mais baixos para acessar os recursos distribuídos.

camada de aplicação (em OSI) — Interage com as aplicações e fornece vários serviços de rede, como transferência de arquivos e e-mail.

camada de aplicação (em TCP/IP) — Protocolos desta camada permitem que aplicações em hospedeiros remotos se comuniquem umas com as outras. A camada de aplicação do TCP/IP executa a funcionalidade das três camadas superiores do OSI — as camadas de aplicação, apresentação e sessão.

camada de apresentação (em OSI) — Resolve problemas de compatibilidade traduzindo os dados da aplicação para um formato-padrão que pode ser entendido por outras camadas.

camada de conectividade (em computação em rede) — Camada que transporta transações confiáveis e seguras entre recursos distribuídos.

camada de enlace (em TCP/IP) — Responsável por fazer a interface e controlar o meio físico sobre o qual são enviados dados.

camada de enlace de dados (em OSI) — No emissor, converte a representação de dados da camada de rede em bits que serão transmitidos pela camada física. No receptor, converte os bits em representação de dados para a camada de rede.

camada de estrutura (em computação em grade) — Camada que acessa recursos físicos, como discos.

camada de recursos (em computação em grade) — Camada que habilita aplicações a consultar e compartilhar um recurso.

camada de rede — Protocolos responsáveis por enviar dados para o hospedeiro seguinte na direção de destino. Essa camada existe no modelo de comunicação de rede TCP/IP e também no modelo OSI.

camada de sessão (em OSI) — Estabelece, gerencia e encerra a comunicação entre dois usuários finais.

camada de soquetes seguros (*Secure Sockets Layer* — SSL) — Protocolo não proprietário desenvolvido pela Netscape Communications que garante a segurança da comunicação entre dois computadores na Internet.

camada de transporte — Conjunto de protocolos responsável por comunicação fim a fim de dados em uma rede. Essa camada existe no modelo TCP/IP e também no modelo OSI de comunicação em rede.

camada de transporte (em RMI) — Funciona com a RRL para enviar mensagens montadas entre o cliente e o servidor em RMI.

camada física (em OSI) — Transmite bits por meios físicos, como cabos. A camada de enlace de dados e a camada física em OSI correspondem à camada de enlace em TCP/IP.

camada remota de referência (*remote reference layer* — RRL) — Funciona com a camada de transporte para enviar mensagens montadas entre o cliente e o servidor em RMI.

camada stub/esqueleto em RMI — Contém estruturas de parâmetros de montagem análogas aos stubs de cliente e servidor da RPC.

caminho absoluto — Caminho que começa no diretório-raiz.

caminho de controle de núcleo (Linux) — Contexto de execução de núcleo que pode realizar operações requerendo acesso mutuamente exclusivo a estruturas de dados do núcleo.

caminho relativo — Caminho que especifica a localização de um arquivo com relação ao diretório de trabalho corrente.

campo — Na hierarquia de dados, um grupo de caracteres (por exemplo, o nome, o endereço ou o número de telefone de uma pessoa).

canal de E/S — Componente responsável por manipular E/S de dispositivo independentemente de um processador principal.

cancelamento adiado (POSIX) — Modo de cancelamento no qual um thread é terminado somente após a verificação explícita de que ele recebeu um sinal de cancelamento.

cancelamento assíncrono (POSIX) — Modo de cancelamento no qual um thread é encerrado imediatamente após receber o sinal de cancelamento.

cancelamento de thread — Operação de thread que termina o thread-alvo. Há três modos de cancelamento: desabilitação, adiamento e assíncrono.

cancelamento desabilitado (POSIX) — Modo de cancelamento no qual um thread não recebe sinais de cancelamento pendentes.

capacidade (capability) — Mecanismo de segurança que atribui direitos de acesso a um sujeito (por exemplo, um processo) concedendo a ele uma ficha como objeto (ou seja, um recurso). Isso habilita os administradores a especificar e impor controle de acesso de granularidade fina. A ficha é análoga a um bilhete de entrada que um portador pode utilizar para obter acesso a um evento esportivo.

capacidade (capacity) — Medição do rendimento máximo que um sistema pode atingir, admitindo que sempre que o sistema estiver pronto para aceitar mais jobs haverá um outro job imediatamente disponível.

cápsula (interpretador de comando, shell) — Aplicação (normalmente baseada em GUI ou texto) que habilita um usuário a interagir com um sistema operacional.

caractere — Na hierarquia de dados, é um padrão de bits de tamanho fixo, normalmente 8, 16 ou 32 bits.

carga — Veja taxa de requisição.

carga de trabalho — Medida da quantidade de trabalho apresentada a um sistema; avaliadores determinam cargas de trabalho típicas para um sistema e avaliam o sistema usando essas cargas de trabalho.

carga especulativa — Técnica pela qual um processador recupera da memória dados especificados por uma instrução que ainda está para ser executada; quando a instrução é executada, o processador realiza uma carga de verificação para assegurar a consistência dos dados.

carga explosiva — Código dentro de uma bomba lógica executado quando uma condição especificada é atendida.

carregador — Aplicação que carrega módulos executáveis encadeados na memória.

carregador de ligação — Aplicação que executa ligação e também carregamento.

carregamento absoluto — Técnica de carregamento na qual o carregador coloca o programa na memória no endereço especificado pelo programador ou compilador.

carregamento dinâmico — Método de carregamento que especifica endereços de memória durante o tempo de execução.

carregamento realocável — Método de carregamento que traduz endereços relativos em um módulo de carga para endereços absolutos com base na localização de um bloco de memória requisitado.

cartão inteligente (smart card) — Armazém de dados do tamanho de um cartão de crédito que atende muitas funções, entre elas autenticação e armazenamento de dados.

causalmente dependente — O evento B é causalmente dependente do evento A se o evento B somente puder ocorrer se o evento A ocorrer.

cavalo-de-tróia — Programa mal-intencionado que se esconde dentro de um programa de confiança ou simula a identidade de um programa ou característica legítimos enquanto, na verdade, está causando danos ao computador ou à rede quando executado.

célula (em AFS-3) — Unidade do AFS-3 que preserva a continuidade do espaço de nomes permitindo, ao mesmo tempo, que diferentes administradores de sistemas supervisionem cada célula.

central de distribuição de chaves (*key distribution center* — KDC) — Autoridade central que compartilha uma chave secreta diferente com cada usuário da rede.

certificado digital — Documento digital que identifica um usuário ou organização e é emitido por uma autoridade certificadora. Um certificado digital inclui o nome do sujeito (a organização ou indivíduo que está sendo certificado), a chave pública do sujeito, um número de série (que identifica o certificado exclusivamente), uma data de expiração, a assinatura da autoridade certificadora autorizada e quaisquer outras informações relevantes.

chamada a supervisor — Requisição feita por um processo usuário ao sistema operacional para realizar uma operação em seu nome (também denominada chamada ao sistema).

chamada ao sistema — Chamada ao procedimento que requisita o serviço de um sistema operacional. Quando um processo emite uma chamada ao sistema, o modo de execução do processador muda de modo usuário para modo núcleo para executar instruções de sistema operacional que respondam àquela chamada.

chamada de retorno (em AFS) — Enviada pelo servidor para avisar ao cliente que o arquivo em cache foi modificado.

chamada dependente de localização — Chamada a sistema que depende da estação de trabalho (em Sprite) na qual a chamada é executada. Chamadas dependentes de localização produzem resultados diferentes para estações de trabalho diferentes.

chamada independente de localização — Chamada a sistema que não depende da estação de trabalho (em Sprite) na qual a chamada é executada. Chamadas independentes de localização produzem o mesmo resultado para todas as estações de trabalho.

chamada local de procedimento (*local procedure call* — LPC) (Windows XP) — Chamada de procedimento feita por um thread em um processo a um procedimento exposto por um outro processo no mesmo domínio (ou seja, um conjunto de computadores que compartilham recursos comuns); LPCs podem ser criadas somente por componentes de sistema.

chamada postergada ao procedimento (*Deferred Procedure Call* — DPC) (Windows XP) — Interrupção de software que executa no IRQL DPC/despacho e executa no contexto do thread que está em execução correntemente.

chamada remota a procedimento (*remote procedure call* — RPC) — Permite que um processo que está em execução em um computador invoque um procedimento (ou função) em um processo que está em execução em um outro computador.

chamadas locais remotas de procedimento (*local remote procedure calls* — LRPCs) (Windows XP) — RPCs entre dois processos na mesma máquina.

chave — Entrada para uma cifra para criptografar dados; chaves são representadas por uma corrente de dígitos.

chave — Nodo que roteia mensagens entre nodos componentes.

chave de recuperação (NTFS) — Chave que o NTFS armazena e que pode decriptar um arquivo criptografado; administradores podem usar chaves de recuperação quando um usuário tiver esquecido a chave privada necessária para decriptar o arquivo.

chave de sessão — Chave secreta usada durante uma transação (por exemplo, um cliente está comprando mercadorias em uma loja on-line).

chave primária — Em um banco de dados relacional, uma combinação de atributos cujo valor identifica exclusivamente uma tupla.

chave privada — Chave de criptografia de chave pública que deve ser conhecida somente por seu proprietário. Se sua

chave pública correspondente criptografar uma mensagem, só a chave privada deve poder decifrá-la.
chave pública — Chave de criptografia pública que está disponível para todos os usuários que desejarem se comunicar com o proprietário da chave. Se a chave pública criptografar uma mensagem, apenas a chave privada correspondente poderá decifrá-la.
chaveamento de contexto — Ação realizada pelo sistema operacional para remover um processo de um processador e substituí-lo por outro. O sistema operacional deve salvar o estado do processo que substitui. De modo semelhante, deve restaurar o estado do processo que está sendo despachado para o processador.
chave-raiz — Usada pela Internet Policy Registration Authority (IPRA) para assinar certificados exclusivamente a autoridades de criação de políticas.
ciclo (relógio) — Uma oscilação completa de um sinal elétrico. O número de ciclos que ocorrem por segundo determina a freqüência de um dispositivo (por exemplo, processadores, memória e barramentos) e pode ser usado pelo sistema para medir tempo.
ciclo leia-modifique-escreva (RAID) — Operação que lê uma fita (strip), modifica seu conteúdo e paridade e, então, a escreve para o arranjo. É executado para cada requisição de escrita em sistemas RAID que usam paridade. Alguns sistemas reduzem o custo do ciclo leia-modifique-escreva fazendo cache de tiras (strips) ou atualizando informações de paridade apenas periodicamente.
cifra — Algoritmo matemático para criptografar mensagens. Também denominado de criptossistema.
cifra de bloco — Técnica de criptografia que divide uma mensagem em grupos de bits de tamanho fixo aos quais é aplicado o algoritmo de criptografia.
cifra de substituição — Técnica de criptografia pela qual cada ocorrência de uma dada letra é substituída por uma letra diferente. Por exemplo, se cada 'a' fosse substituído por um 'b', cada 'b' por um 'c' e assim por diante, a palavra 'security' criptografada seria 'tfdvsjuz'.
cifra de transposição — Técnica de criptografia pela qual o ordenamento das letras é modificado. Por exemplo, se cada letra da palavra 'security', começando com o 's', criar a primeira palavra do texto cifrado e as letras remanescentes criarem a segunda palavra do texto cifrado, a palavra 'security' criptografada seria 'scrt euiy'.
cilindro — Conjunto de trilhas que podem ser acessadas pelos cabeçotes de leitura/escrita para um posição específica do braço do disco.
classe — Tipo de objeto. Determina os métodos e atributos de um objeto.
classe de dispositivo — Grupo de dispositivos que executam funções similares.
classe de prioridade básica (Windows XP) — Atributo de processo que determina uma faixa estreita de prioridades básicas que os threads do processo podem ter.
classe de prioridade de tempo real (Windows XP) — Classe de prioridade básica que abrange os 16 níveis superiores de prioridade; threads dessa classe têm prioridades estáticas.
classe de prioridade dinâmica (Windows XP) — Classe de prioridade que abrange as cinco classes básicas de prioridade dentro das quais a prioridade de um thread pode mudar durante a execução do sistema; essas classes são ociosa, abaixo do normal, normal, acima do normal e alta.
classes de usuários — Esquema de classificação que especifica usuários individuais ou grupos de usuários que podem acessar um arquivo.
cliente — Processo que requisita serviço de outro processo (um servidor). A máquina na qual o processo cliente é executado também é denominada de cliente.
cliente de mailslot (Windows XP) — Processo que envia mensagens de mailslot a servidores de mailslot.
cliente de pipe (Windows XP) — Processo que se conecta a um pipe existente para se comunicar com o servidor desse pipe.
clipboard (Windows XP) — Repositório central de dados acessível a todos os processos por comandos copiar, cortar e colar.
clocktick — Veja ciclo.
clonagem de processo — Cria uma cópia de um processo em uma máquina remota.
cluster — Conjunto de nodos que forma algo semelhante a uma única máquina paralela.
cluster (NTFS) — Unidade básica de armazenamento em disco em um volume NTFS, consistindo em um número de setores contíguos; o tamanho do cluster de um sistema pode variar de 512 bytes a 64 KB, mas normalmente é 2 KB, 4 KB ou 8 KB.
cluster Beowulf — Solução de clustering Linux de alto desempenho. Um cluster Beowulf pode conter diversos nodos ou diversas centenas de nodos. Teoricamente, todos os nodos têm o Linux como sistema operacional instalado e são interconectados por Ethernet de alta velocidade. Usualmente, todos os nodos do cluster são conectados dentro de uma única sala para formar um supercomputador.
cluster de alta disponibilidade — Cluster no qual somente alguns dos nodos estão funcionando enquanto outros funcionam como reserva (backup). A meta do cluster de alta disponibilidade é manter-se ativo durante todo o tempo.
cluster de alto desempenho — Cluster no qual todos os nodos funcionam para alcançar desempenho máximo
cluster de balanceamento de carga — Cluster no qual um nodo particular funciona como um balanceador de carga para distribuir a carga para um conjunto de nodos, de modo que todo o hardware seja utilizado eficientemente.
clustering — Interconexão de nodos dentro de uma LAN de alta velocidade de modo que funcionem como um único computador paralelo.
CMS (*Conversational Monitor System*) (VM) — Componente de VM que é um ambiente interativo de desenvolvimento de aplicação.
CMS Batch Facility (VM) — Componente VM que permite a um usuário executar jobs mais longos em uma máquina virtual separada para que o usuário possa continuar o trabalho interativo.
coalescência de lacunas de memória — Processo de fusão de lacunas adjacentes de memória em sistemas multiprogramação de partição variável. Esse processo ajuda a criar as maiores lacunas possíveis disponíveis para programas e dados que chegam.
Coda Optimistic Protocol — Protocolo usado por clientes Coda para escrever uma cópia do arquivo para cada um dos membros do AVSG, o que proporciona uma visão consistente de um arquivo dentro de um AVSG.
Código Americano para Intercâmbio de Informações (*American Standard Code for Information Interchange* — ACE) — Conjunto de caracteres muito usado em computadores pessoais e em sistemas de comunicação de dados, que armazena caracteres como bytes de 8 bits.
código de função principal (Windows XP) — Campo de um IRP que descreve a função geral (por exemplo, ler ou escrever) que deve ser executada para cumprir uma requisição de E/S.
código de função secundária (Windows XP) — Campo em um IRP que, juntamente com o código de função principal, descreve a função específica que deve ser executada para cumprir uma requisição de E/S (por exemplo, para inicializar um dispositivo, é usado um código de função principal Plug and Play com um código de função secundária de inicialização do dispositivo).
código específico de arquitetura — Código que especifica instruções exclusivas de uma arquitetura particular.
código objeto — Código gerado por um compilador que contém instruções em linguagem de máquina que devem ser ligadas e carregadas antes da execução.
código reentrante — Código que não pode ser mudado enquanto estiver em uso e, portanto, pode ser compartilhado entre processos e threads.
código reutilizável serialmente — Código que pode ser modificado, mas é reinicializado toda vez que é utilizado. Tal código pode ser utilizado por apenas um processo ou thread por vez.
código-fonte — Código de programa normalmente escrito em uma linguagem de alto nível ou linguagem de montagem que deve ser compilado ou interpretado antes de ser entendido por um computador.
códigos Hamming de correção de erros (*Hamming error correcting codes* – ECCS) — Técnica de geração de bits de paridade que habilita o sistema a detectar e corrigir erros na transmissão de dados.
coerência de cache — Propriedade de um sistema na qual o valor de qualquer dado lido de um cache é igual à última escrita para esse item de dado.
coerência de memória — Estado de um sistema no qual o valor obtido da leitura de um endereço de memória é sempre o mesmo que o valor escrito mais recentemente para esse endereço.
co-escalonamento — Algoritmo de escalonamento de processo ciente do job que tenta executar processos do mesmo job concorrentemente, colocando-os em localizações adjacentes da fila global de execução.
coleta de lixo — Veja compactação de memória.
colisão (protocolo CSMA/CD) — Transmissão simultânea em protocolo CSMA/CD.
colisão (tabelas de hash) — Evento que ocorre quando uma função de hash mapeia dois itens diferentes para a mesma posição na tabela de hash. Algumas tabelas de hash usam encadeamento para resolver colisões.
COM+ — Extensão do COM (Common Object Model da Microsoft) que manipula tarefas avançadas de gerenciamento de recursos, como dar suporte ao processamento de transações e utilizar reservatórios de thread e objeto.
compactação de dados — Técnica que reduz o tamanho de um registro de dados substituindo padrões repetitivos por correntes de bits mais curtas. Essa técnica pode reduzir tempos de posicionamento e de transmissão, porém, exige tempo substancial de processador para compactar os dados para armazenamento no disco e descompactar os dados para torná-los disponíveis para aplicações.
compactação de memória — Relocalização de todas as partições de um sistema multiprogramador de partição variável em uma extremidade da memória principal para criar a maior lacuna de memória possível.
compilador — Aplicação que traduz código-fonte escrito em linguagem de alto nível para código de máquina.
compilar — Traduzir código-fonte escrito em linguagem de alto nível para código de máquina.
componente (Windows XP) — Unidade funcional do Windows XP. Componentes vão de aplicações de modo usuário como Notepad a porções de espaço de núcleo como a interface de CD-ROM e ferramentas de gerenciamento de energia. Dividir o Windows XP em componentes facilita o desenvolvimento de sistemas operacionais para sistemas embarcados.
comportamento (de um objeto) — Veja método.
comprar prioridade — Pagar para receber prioridade mais alta em um sistema.
comprimento de instrução — Número de bits que compreende uma instrução em determinada arquitetura. Algumas arquiteturas suportam instruções de comprimento variável; comprimentos de instrução também variam entre arquiteturas diferentes.
computação com conjunto reduzido de instruções (*reduced instruction set computing* — RISC) — Filosofia de projeto de processador que enfatiza conjuntos de instruções pequenas, simples, e otimização das instruções mais freqüentemente usadas.
computação distribuída — Utilização de vários computadores independentes para executar uma tarefa.
computação em grade — Liga recursos computacionais distribuídos pela rede de longa distância (como computadores, dispositivos de armazenamento de dados e dispositivos científicos) para resolver problemas complexos.
computação por conjunto de instruções complexas (*Complex Instruction Set Computing* — CISC) — Filosofia de projeto de processador que enfatiza conjuntos de instruções expandidas os quais incorporam instruções únicas que realizam diversas operações.
computação por conjunto de instruções rápidas (*Fast Instruction Set Computing* — FISC) — Termo que descreve a filosofia de projeto de processador resultante da convergência das filosofias de projeto RISC e CISC. A filosofia de projeto FISC reforça a inclusão de qualquer constructo que melhore o desempenho.
computação por instrução explicitamente paralela (*Explicitly Parallel Instruction Computing* — EPIV) — Filosofia de projeto de processador cujas metas são fornecer um alto grau de paralelismo no nível de instrução, reduzir a complexidade do hardware do processador e melhorar o desempenho.
computador de fluxo múltiplo de instruções, fluxo múltiplo de dados (*multiple instruction stream, multiple data stream* — MIMD) — Arquitetura de computador que consiste em várias unidades de processamento que executam instruções independentes e manipulam fluxos de dados independentes; essa é a descrição do projeto de multiprocessadores.
computador de fluxo múltiplo de instruções, fluxo único de dados (*multiple-instruction-stream, single-data-stream* — MISD) — Arquitetura de computador que consiste em várias unidades de processamento que executam fluxos de instruções independentes em um único fluxo de dados; essas arquiteturas não têm nenhuma aplicação comercial.
computador de fluxo único de instruções, fluxo múltiplo de dados (*single-instruction-stream, multiple-data-stream* — SIMD) — Arquitetura de computador que consiste em um ou mais elementos de processamento que executam instruções de um único fluxo de instruções que atuam sobre vários itens de dados.
computador de fluxo único de instruções, fluxo único de dados (*single-instruction-stream, single-data-stream* — SISD) — Arquitetura de computador na qual um processador busca instruções de um único fluxo de instruções e manipula um único fluxo de dados; essa arquitetura descreve monoprocessadores tradicionais.
computador hospedeiro (em migração de processo) — Computador no qual o processo se origina.
computador-alvo (em migração de processo) — Computador para o qual o processo é migrado.
concorrente — Descrição de um processo ou thread que existe em um sistema simultaneamente com outros processos e/ou threads.

concorrente (relação *acontece antes*) — Dois eventos são concorrentes se não for possível determinar qual ocorreu mais cedo conforme a relação *acontece antes*.
condição de disputa — Ocorre quando vários threads competem simultaneamente pelo mesmo recurso serialmente reutilizável e esse recurso é alocado a esses threads em uma ordem indeterminada. Isso pode causar erros de programa imperceptíveis, quando a ordem na qual threads acessam um recurso for importante.
condição de espera — Uma das quatro condições necessárias para deadlock; determina que pode ocorrer deadlock somente se for permitido que um processo espere por um recurso enquanto retém outro.
condição de exclusão mútua necessária para deadlock — Uma das quatro condições necessárias para deadlock; determina que o deadlock pode ocorrer somente se processos não puderem reclamar uso exclusivo de seus recursos.
condição necessária de espera circular para deadlock — Uma das quatro condições para deadlock; determina que, se existir um deadlock, dois ou mais processos estão em uma cadeia circular de modo tal que cada processo estará esperando por um recurso retido pelo processo seguinte na cadeia.
condição necessária de não-preempção para deadlock — Uma das quatro condições necessárias para deadlock; afirma que pode ocorrer deadlock somente se recursos não puderem ser retirados à força dos processos.
condição necessária para deadlock — Condição que tem de ser verdadeira para ocorrer deadlock. As quatro condições necessárias são a condição de exclusão mútua, a condição de não preempção, a condição de espera e a condição de espera circular.
condições suficientes para deadlock — As quatro condições — exclusão mútua, não preempção, espera e espera circular — necessárias e suficientes para deadlock.
confiabilidade — Medida de tolerância a falhas. Quanto mais confiável um recurso, menor a probabilidade de que venha a falhar.
confirmação explícita — O cliente envia uma confirmação ao servidor em um pacote adicional quando recebe a resposta do servidor.
congelamento de característica (Linux) — Estado de desenvolvimento de núcleo durante o qual nenhuma nova característica pode ser adicionada ao núcleo, em preparação da liberação de um novo núcleo
congelamento de código (Linux) — Ponto no qual nenhum código novo pode ser adicionado ao núcleo a menos que este código corrija um erro conhecido.
conjunto de atualização (em Coda) — Especifica, para cada membro do AVSG, os membros do grupo que executaram a escrita com sucesso.
conjunto de caracteres — Coletânea de caracteres. Entre os conjuntos de caracteres populares estão ASCII, EBCDIC e Unicode.
conjunto de chips (chipset) — Coletânea de controladores, co-processadores, barramentos e outras peças de hardware específicas da placa principal que determina as capacidades de hardware de um sistema.
conjunto de entrada — Em Java, uma fila de threads que está esperando para entrar em um monitor após chamar um método synchronized.
conjunto de espera — Em Java, um conjunto de threads que está à espera para readquirir uma trava em um monitor.
conjunto de instruções — Conjunto de instruções de máquina que um processador pode executar.
conjunto de microquantificadores — Programa que consiste em vários microquantificadores normalmente usados para avaliar muitas operações importantes de sistema operacional.
conjunto de microquantificadores hbench — Conjunto de microquantificadores populares que habilita avaliadores a analisar efetivamente a relação entre primitivas do sistema operacional e componentes de hardware.
conjunto de páginas residentes — Conjunto de páginas de um processo que estão correntemente na memória; essas páginas podem ser referidas sem gerar uma falta de página. O tamanho do conjunto de páginas residentes pode ser diferente do tamanho do conjunto de trabalho de um processo, que é o conjunto de páginas que devem estar na memória para que um processo execute eficientemente.
conjunto de trabalho — Subconjunto favorecido de páginas de um programa na memória principal. Dada uma janela de conjunto de trabalho, w, o conjunto de páginas de trabalho do processo $W(t, w)$ é definido como o conjunto de páginas a que ele se refere durante o intervalo de tempo de processo $t-w$ para t.
conjunto de trabalho (Windows XP) — Todas as páginas na memória principal que pertencem a um processo específico.
consistência de liberação — Estratégia de coerência de memória na qual vários acessos à memória compartilhada são considerados um único acesso; esses acessos começam com uma aquisição e terminam com uma liberação, após a qual a coerência é imposta por todo o sistema.
consistência de liberação atrasada — Estratégia de coerência de memória na qual um processador não envia informações de coerência após escrever para uma página até que um novo processador tente adquirir uma operação naquela página de memória.
consistência de memória baseada no nodo nativo — Estratégia de coerência de memória na qual processadores enviam informações de coerência para um nodo nativo associado à página que está sendo escrita; o nodo nativo retransmite informações atualizadas a todos os outros nodos que acessam a página subseqüentemente.
consistência relaxada — Categoria de estratégias de coerência de memória que permite que o sistema esteja em um estado incoerente por alguns poucos segundos após uma escrita, mas melhora o desempenho em relação à consistência estrita.
consistência relaxada de memória — Estratégia de coerência de memória na qual processadores enviam informações atualizadas após uma liberação, mas um nodo receptor não aplica essa informação até executar a operação *adquirir* na memória.
consistência seqüencial — Categoria de estratégias de coerência de memória na qual protocolos de coerência são impostos imediatamente após uma escrita para a localização de memória compartilhada.
contador de programa — Ponteiro para a instrução que um processador está executando para um processo em execução. Após o processador concluir a instrução, o contador de programa é ajustado para apontar para a próxima instrução que o processador deve executar.
contador de trava de preempção (Linux) — Número inteiro utilizado para determinar se o código que está executando em núcleo pode sofrer preempção. O valor do contador é incrementado toda vez que um caminho de controle de núcleo entrar em uma seção crítica durante a qual não possa sofrer preempção.
contenção — Em multiprocessamento, uma situação na qual vários processadores competem pela utilização de um recurso compartilhado.
contigüidade artificial — Técnica empregada por sistemas de memória virtual para proporcionar a ilusão de que as instruções e dados de um programa são armazenados contiguamente quando porções deles podem estar espalhadas por toda a memória principal; isso simplifica a programação.
controlador — Componente de hardware que gerencia o acesso de dispositivos a um barramento.
controlador de barramento — Transferência DMA na qual um dispositivo assume o controle do barramento (impedindo que outros acessem o barramento simultaneamente) para acessar a memória.
controlador de domínio (Windows XP) — Computador responsável pela segurança de uma rede.
controlador de interrupção de software (Linux) — Código de manipulador de interrupções que pode ser executado sem mascarar interrupções e que, por conseguinte, pode sofrer preempção.
controlador de interrupções — Código de núcleo executado em resposta a uma interrupção.
controlador de RAID — Hardware de propósito especial que executa eficientemente operações como dividir arquivos em tiras, formar arquivos de tiras, determinar localizações de tiras no arranjo e implementar o mecanismo de tolerância a falhas do arranjo.
controle de acesso (Linux) — Especifica os direitos de acesso para processos que tentam acessar um recurso particular.
controle de acesso baseado em função (*role-based access control* — RBAC) — Modelo de controle de acesso no qual são designadas funções a usuários.
controle de acesso discricionário (*Discretionary Access Control* — DAC) — Modelo de controle de acesso no qual o criador de um objeto controla as permissões para aquele objeto.
controle de acesso obrigatório (*mandatory access control* — MAC) — Modelo de controle de acesso no qual políticas predefinem um esquema central de permissão pelo qual todos os sujeitos e objetos são controlados.
controle de congestionamento — Meio pelo qual o TCP restringe o número de segmentos enviado por um único hospedeiro como reação a um congestionamento de rede.
controle de fluxo — Meio pelo qual o TCP regula o número de segmentos enviados por um hospedeiro para evitar sobrecarregar o receptor.
cópia de segurança (backup) — Criação de cópias de informações.
cópia de segurança incremental (backup incremental) – Técnica que copia somente os dados de sistema de arquivo modificados desde a última cópia de segurança (backup).
cópia de segurança lógica (backup) — Técnica de backup que armazena dados de arquivo e a estrutura de diretório do sistema de arquivos, freqüentemente em um formato comum, comprimido.
cópia por escrito — Mecanismo que melhora a eficiência da criação de processo compartilhando informações de mapeamento entre pai e filho até que um processo modifique uma página, quando então uma nova cópia da página é criada e alocada àquele processo. Essa operação pode incorrer em sobrecarga substancial se o pai, ou o filho, modificar muitas das páginas compartilhadas.
cópia preguiçosa — Estratégia de migração de processo que transfere páginas do emissor somente quando o processo no nodo receptor se referir a essas páginas.
cópia prévia — Estratégia de migração de processo na qual o emissor começa transferindo páginas sujas antes da suspensão do processo original; assim que o número de páginas sujas não transferidas atingir algum patamar predeterminado no emissor, o processo migra.
co-processador — Processador, como um processador gráfico ou de sinal digital, projetado para executar eficientemente um conjunto limitado de instruções de propósito especial (por exemplo, transformações 3D).
copy (copiar) (arquivo) — Operação que cria uma outra versão de um arquivo com um novo nome.
CORBA (*Common Object Request Broker Architecture*) — Concebida no início da década de 1990 pelo Object Management Group (OMG), CORBA é uma especificação-padrão de arquitetura de sistemas distribuídos que conquistou grande aceitação.
correção de segurança — Código que aborda falhas de segurança.
CP/CMS — Sistema operacional de tempo compartilhado desenvolvido pela IBM na década de 1960.
cracker — Indivíduo mal-intencionado que normalmente está interessado em invadir um sistema para desativar serviços ou roubar dados.
create (criar) (arquivo) — Operação que constrói um novo arquivo.
credencial — Combinação de identidade de usuário (por exemplo, nome de usuário) com prova de identidade (por exemplo, senha).
criptografia — Estudo da codificação e decodificação de dados de modo que possam ser interpretados somente pelos receptores pretendidos.
criptografia — Técnica que transforma dados para impedir que sejam interpretados por usuários não autorizados.
criptografia de chave pública — Técnica de criptografia assimétrica que emprega duas chaves inversamente relacionadas: uma chave pública e uma chave privada. Para transmitir uma mensagem com segurança, o emissor usa a chave pública do receptor para criptografar a mensagem. Então o receptor decripta a mensagem usando a sua chave privada exclusiva.
criptografia de chave secreta — Técnica que executa criptografia e decriptação usando a mesma chave secreta para criptografar e decriptar uma mensagem. O emissor criptografa uma mensagem utilizando a chave secreta, e envia a mensagem criptografada ao receptor pretendido, que a decripta usando a mesma chave secreta. Também denominada criptografia simétrica.
criptografia simétrica — Veja criptografia de chave secreta.
cronometragem — Medição grosseira de uma unidade de medida de desempenho de um hardware isolado, como classificação BIPS, usada para comparações rápidas entre sistemas.
C-threads — Threads suportados nativamente no micronúcleo Mach (sobre o qual é construído o OS X).
CTSS — Sistema operacional de tempo compartilhado desenvolvido no MIT na década de 1960.
custo de um esquema de interconexão — Número total de enlaces de uma rede.

D

daemon (Linux) — Processo que executa periodicamente para realizar serviços de sistema.
datagrama — Parcela de dados transferida utilizando UDP ou IP.
dcache (cache de entrada de diretório) (Linux) — Cache que armazena entradas de diretórios (dentries) que habilitam o núcleo a mapear rapidamente descritores de arquivos para seus inodes correspondentes.
deadlock (impasse) — Situação em que um processo ou thread está à espera por um evento que nunca ocorre e, portanto, não pode continuar a execução.
deadlock de comunicação — Um dos dois tipos de deadlock distribuído que indica uma espera circular por sinais de comunicação.
deadlock distribuído — Similar ao deadlock em um sistema monoprocessador, exceto que os processos em questão estão dispersos por diferentes computadores.

deadlock fantasma — Situação resultante de atraso de comunicações associado com computação distribuída, quando um algoritmo de detecção de deadlock (DDA) poderia detectar um deadlock que não existe.
decriptação — Técnica que reverte a criptografia de dados de modo que eles possam ser lidos em sua forma original.
delegação (em NFS) — Permite que o servidor transfira temporariamente o controle de um arquivo para um cliente. Quando um servidor concede uma delegação de leitura para um arquivo particular, nenhum outro cliente pode escrever para aquele arquivo, mas pode ler. Quando o servidor concede ao cliente uma delegação de escrita para um arquivo particular, nenhum outro cliente pode ler nem escrever para aquele arquivo.
deletar (delete) (arquivo) — Operação que elimina um item de dado de um arquivo.
dentry (entrada de diretório) (Linux) — Estrutura que mapeia um arquivo para um inode.
dependência residual — Dependência de um processo migrado em relação a seu nodo original após a migração do processo, porque parte do estado do processo permanece no nodo original.
DES Triplo (Triple DES) — Variante de DES que pode ser imaginada como três sistemas DES em série, cada um com uma chave secreta diferente que funciona sobre um bloco. Também denominado 3DES.
desabilitar (mascarar) interrupções — Quando um tipo de interrupção é desabilitada (mascarada), interrupções daquele tipo não são entregues ao processo que as desabilitou (mascarou). Elas são enfileiradas para ser entregues mais tarde ou descartadas pelo processador. Essa técnica pode ser usada para ignorar interrupções temporariamente, permitindo que um thread em um sistema monoprocessador execute sua seção crítica atomicamente.
desbloquear — Retirar um processo do estado *bloqueado* após a conclusão do evento pelo qual ele estava esperando.
descarga — Estratégia de migração de processo na qual o nodo emissor escreve todas as páginas da memória do processo para um disco compartilhado no início da migração; então o processo acessa as páginas no nodo receptor, pelo disco compartilhado conforme necessário.
descarga de memória (Linux) — Ação que gera um arquivo central antes de terminar um processo.
descarregar uma página — Copiar o conteúdo de uma página modificada para armazenamento secundário de modo que uma outra página possa ser posicionada em sua moldura. Quando isso ocorre, o bit sujo da página é liberado, o que habilita o sistema operacional a determinar rapidamente que a página foi sobrescrita por uma página que está chegando. Essa operação pode reduzir tempos de espera de página.
descoberta (em Jini)— Processo de descoberta de serviços de consulta e de obtenção de referências a eles.
descoberta de par — Descobrir pares em uma aplicação peer-to-peer.
descrição, descoberta e integração *universais* (Universal Description, Discovery and Integration — UDDI) — Define regras baseadas em XML para construir diretórios nos quais empresas fazem propaganda de si próprias e de seus serviços Web.
descritor de arquivo — Número inteiro não negativo que é um indexador para uma tabela de arquivos abertos. Um processo se refere a um descritor de arquivo em vez de um nome de caminho para acessar dados de arquivo sem incorrer na sobrecarga de percorrer a estrutura de diretório.
descritor de endereço virtual (*Virtual Address Descriptor* — VAD) (Windows XP) — Estrutura na memória que contém uma faixa de endereços virtuais que um processo pode acessar.
descritor de fila de mensagens (Linux) — Estrutura que armazena dados referentes a uma fila de mensagens.
descritor de grupo (Linux) Estrutura que registra informações referentes a um grupo de blocos, como mapa de bits de localização de inodes, mapa de bits de alocação de blocos e tabela de inodes.
descritor de processo — Veja bloco de controle de processo — PCB.
descritor de segmento (arquitetura IA-32 Intel) — Entrada de tabela de mapa de segmentos que armazena endereço básico, bit presente, endereço de limite e bits de proteção de um segmento.
descritor de segurança (Windows XP) — Estrutura de dados que armazena informações sobre quais encarregados de segurança podem acessar um recurso e quais ações podem executar naquele recurso. O elemento mais importante de um descritor de segurança é sua lista de controle de acesso discricionário (DACL).
desfiguração da Web — Ataque mal-intencionado que modifica o site Web de uma organização.
desfragmentação — Mover partes de arquivos para que fiquem localizadas em blocos contíguos em disco. Essa operação pode reduzir tempos de acesso na leitura e escrita para arquivos seqüencialmente.
deslocamento — Distância de um endereço em relação ao início de um bloco, página ou segmento, também denominado de afastamento.
despachador — Componente de sistema operacional que designa o primeiro processo da lista de prontos a um processador.
despachador (Windows XP) — Código de escalonamento de thread disperso por todo o micronúcleo.
despacho — Ato de designar um processador a um processo.
destruir (arquivo) — Operação que elimina um arquivo de um sistema de arquivos.
desvio — Na especificação IA-32, uma exceção gerada por um erro como transbordamento (quando o valor armazenado por um registrador excede a capacidade do registrador). Também gerada quando o controle de programa chega a um ponto de ruptura em código.
desvio atrasado — Técnica de otimização para processadores em pipe na qual um compilador coloca, diretamente após um desvio, uma instrução que deve ser executada quer o desvio seja ou não tomado; o processador começa a executar essa instrução enquanto determina o resultado do desvio.
detecção central de deadlock — Estratégia de detecção de deadlock distribuído na qual um site é dedicado à monitoração de TWFG do sistema inteiro. Sempre que um processo requisitar ou liberar um recurso informa ao site central que verifica continuamente o TWFG global à procura de ciclos.
detecção de deadlock — Processo para determinar se um sistema está ou não em deadlock. Uma vez detectado, o deadlock pode ser eliminado de um sistema, o que normalmente resulta em perda de trabalho.
detecção de intrusos baseada no hospedeiro — IDS que monitora arquivos de registro de sistemas e aplicações.
detecção de invasão baseada em rede — IDS que monitora tráfego em uma rede à procura de padrões fora do comum que poderiam indicar ataques DoS ou tentativa de entrada na rede por um usuário não autorizado.
detecção de vírus por verificação de assinatura — Técnica antivírus que se baseia no conhecimento do código do vírus.
detecção hierárquica de deadlock — Estratégia em deadlock distribuído que organiza cada site do sistema como um nodo em uma árvore. Cada nodo, exceto os nodos folhas, coleta as informações de alocação de recursos de todos os nodos dependentes.
Dhrystone — Programa sintético clássico que mede a efetividade com que uma arquitetura executa programas de sistema.
diâmetro de rede — Caminho mais curto entre os dois nodos mais remotos de um sistema.
difusão atômica — Garante que todas as mensagens de um sistema sejam recebidas na mesma ordem em cada processo. Também conhecida como difusão totalmente ordenada ou aprovada.
difusão causal — Garante que, quando uma mensagem for enviada de um processo para todos os outros processos, qualquer processo receba a mensagem antes de receber uma resposta à mensagem de um processo diferente.
difusão de escrita — Técnica para manter coerência de memória na qual o processador que executa uma escrita a difunde por todo o sistema.
difusão FIFO — Garante que, quando duas mensagens são enviadas de um processo para outro, a mensagem enviada primeiro chegará antes.
direção preferida — Direção na qual o cabeçote do disco está se movimentando segundo algoritmos de escalonamento baseados em SCAN.
direito de acesso — Define como os vários sujeitos podem acessar vários objetos. Sujeitos podem ser usuários, processos, programas, ou outras entidades; podem ser objetos físicos que correspondem a discos, processadores ou memória principal ou objetos abstratos que correspondem a estruturas de dados, processos ou serviços. Sujeitos também são considerados objetos do sistema; um sujeito pode ter direitos de acesso a um outro.
diretório — Arquivo que armazena referências a outros arquivos. Entradas de diretório normalmente incluem o nome, o tipo e o tamanho de um arquivo.
diretório de trabalho — Diretório que contém arquivos que um usuário pode acessar diretamente.
diretório de usuário — Diretório que contém uma entrada para cada um dos arquivos de um usuário; cada entrada aponta para o lugar onde o arquivo correspondente está armazenado no seu dispositivo de armazenamento.
diretório global de páginas — Em uma tabela de página multiníveis de dois níveis, o diretório global de páginas é uma tabela de ponteiros para porções da tabela de página de um processo. Diretórios globais de páginas representam o nível mais alto de uma hierarquia de tabela de páginas multiníveis.
diretório global de páginas (Linux) — Estrutura de memória virtual que armazena endereços de tabelas de mapeamento de página de segundo nível.
diretório intermediário de páginas (Linux) — Estrutura de memória virtual que armazena endereços de tabelas de mapeamento de páginas de terceiro nível (também denominadas de tabelas de páginas).
diretório-pai — Em sistemas de arquivos estruturados hierarquicamente, o diretório que aponta para o diretório corrente.
diretório-raiz — Diretório que aponta para os vários diretórios de usuários.
disciplina de escalonamento de processador — Veja política de escalonamento de processador.
disco avulso de reposição rápida (RAID) — Disco de um sistema RAID não usado até que um disco falhe. Assim que o sistema regenera os dados do disco que falhou, o disco de reposição rápida substitui o disco falho.
disco compacto (CD) — Meio de armazenamento digital no qual dados são armazenados como uma série de depressões microscópicas sobre uma superfície plana.
disco fragmentado — Disco que armazena arquivos em blocos descontínuos resultantes da criação e supressão de arquivos. Esses discos exibem tempos de posicionamento altos quando lêem arquivos seqüencialmente. A desfragmentação do disco pode reduzir ou eliminar o problema.
dispersão — Medida da variância de uma variável aleatória.
dispositivo de bloco — Dispositivo, como um disco, que transfere dados em grupos de bytes de tamanho fixo, ao contrário de um dispositivo de caracteres que transfere dados um byte por vez.
dispositivo de caractere — Dispositivo como um teclado ou um mouse que transfere dados um byte por vez, ao contrário de um dispositivo de bloco que transfere dados em grupos de bytes de tamanho fixo.
dispositivo de reposição rápida (hot swappable) — Dispositivo que pode ser adicionado ou removido de um computador enquanto este estiver em funcionamento.
dispositivo de retorno de laço (Linux) — Dispositivo virtual que habilita a realização de operações em dados entre camadas de um serviço de sistema (por exemplo, o sistema de arquivo).
dispositivo embarcado — Dispositivo fisicamente conectado à placa principal de um computador.
distribuição (Linux) — Pacote de software que contém o núcleo Linux, aplicações de usuário e/ou ferramentas que simplificam o processo de instalação.
distribuição de tempos de resposta — Conjunto de valores que descreve os tempos de resposta para jobs em um sistema e as freqüências relativas com que esses valores ocorrem.
distribuição não uniforme de requisições — Conjunto de requisições de disco não uniformemente distribuídas pelas superfícies do disco. Isso ocorre porque processos exibem localidade espacial, o que leva a padrões de requisições localizadas.
divisão de tempo (slicing) — Escalonar cada processo para executar no máximo um quantum antes de sofrer preempção.
domínio — Conjunto de valores possíveis de atributos em um sistema de banco de dados relacional.
domínio (sistema de arquivos Sprite) — Unidade que representa uma parcela da hierarquia global de arquivos e é armazenada em um único servidor.
domínio (Windows XP) — Conjunto de computadores que compartilham recursos comuns.
domínio de proteção — Coletânea de direitos de acesso. Cada direito de acesso em um domínio de proteção é representado como um par ordenado com campos para o nome do objeto e privilégios aplicáveis.
driver de alto nível (Windows XP) — Driver de dispositivo que abstrai aspectos específicos do hardware e passa requisições de E/S para drivers de baixo nível.
driver de baixo nível (Windows XP) — Driver de dispositivo que controla um dispositivo periférico e não depende de nenhum driver de nível mais baixo.
driver de barramento — Driver modelo WDM (Windows Driver Model) que fornece algumas funções genéricas para dispositivos de um barramento, enumera esses dispositivos e manipula requisições de Plug and Play e de E/S.
driver de dispositivo — Software por meio do qual o núcleo interage com dispositivos de hardware. Drivers de dispositivos são intimamente familiarizados com os aspectos específicos dos dispositivos que gerenciam — como o arranjo dos dados nesses dispositivos — e lidam com operações específicas de dispositivos como ler dados, escrever dados e abrir e fechar uma bandeja de DVD. Drivers são modulares, portanto, podem ser adicionados e removidos à medida que o hardware de um sistema muda, habilitando usuários a adicio-

nar novos tipos de dispositivos com facilidade; desse modo, contribuem para a extensibilidade de um sistema.
driver de filtro — Driver WDM (Windows Driver Model) que modifica o comportamento de um dispositivo de hardware (por exemplo, verificações de segurança).
driver de função — Driver de dispositivo WDM (*Windows driver model*) que implementa as funções principais de um dispositivo; realiza a maior parte do processamento de E/S e fornece a interface do dispositivo.
driver de miniporta NDIS (Windows XP) — Driver NDIS que gerencia uma NIC e envia e recebe dados de e para a NIC.
driver de modo núcleo — Driver de dispositivo que executa em modo núcleo.
driver de modo usuário (Windows XP) — Driver de dispositivo que executa em espaço de usuário.
driver de protocolo NDIS (Windows XP) — Driver NDIS que coloca dados em pacotes e os passa para drivers de nível mais baixo. Drivers de protocolo NDIS fornecem uma interface entre os drivers de transporte e outros drivers NDIS e podem ser usados como a camada mais baixa na implementação de uma pilha de protocolo de transporte como TCP/IP.
driver intermediário (Windows XP) — Driver de dispositivo que pode ser colocado entre drivers de alto e baixo nível para filtrar ou processar requisições de E/S para um dispositivo.
driver intermediário NDIS (Windows XP) — Driver NDIS que pode ser interposto entre um driver de miniporta e um driver de nível mais alto e adiciona funcionalidades extras, como tradução de pacotes entre diferentes meios de comunicação, filtragem de pacotes ou fornecimento de balanceamento de carga através de diversas NICs.
dupla taxa de dados (*Double Data Rate* — DDR) — Característica de conjunto de chips (chipset) que habilita um barramento dianteiro a funcionar efetivamente a uma velocidade de relógio duas vezes maior, executando duas transferências de memória por ciclo de relógio. Essa característica tem de ser suportada pela RAM e pelo conjunto de chips (chipset) do sistema.

E

E/S direta — Técnica que executa E/S sem usar o cache de buffer do núcleo, o que leva à utilização mais eficiente de memória em aplicações de bancos de dados que normalmente mantêm seu próprio cache de buffer.
E/S programada (*programmed I/O* — PIO) — Implementação de E/S para dispositivos que não suportam interrupções, na qual a transferência de cada palavra da memória tem de ser supervisionada pelo processador.
E/S sobreposta (Windows XP) — Sinônimo da Microsoft para E/S assíncrona.
E/S vigilante (Windows XP) — Tipo de E/S assíncrona na qual o sistema notifica o término da E/S ao thread requisitante com uma APC.
EBCDIC (*Extended Binary-coded Decimal Interchange Code*) — Conjunto de caracteres de oito bits para representar dados em sistemas de computadores de grande porte (mainframes), particularmente sistemas desenvolvidos pela IBM.
encadeamento — Técnica de alocação não contígua indexada que reserva algumas das últimas entradas de um bloco de índices para armazenar ponteiros para mais blocos de índices que, por sua vez, apontam para blocos de dados. O encadeamento permite que blocos de índice refiram-se a grandes arquivos armazenando referências a seus dados por meio de diversos blocos.
encadeamento (tabelas de hash) — Técnica que resolve colisões em uma tabela de hash, colocando cada item exclusivo em uma estrutura de dados (normalmente uma lista encadeada). A posição na tabela de hash na qual ocorreu a colisão contém um ponteiro para aquela estrutura de dados.
encarregado de segurança (Windows XP) — Qualquer usuário, processo, serviço ou computadores que pode executar uma ação em um sistema Windows XP.
endereço de soquete — Identificador exclusivo para um soquete.
endereço físico — Veja endereço real.
endereço IP — Endereço de um hospedeiro particular na Internet.
endereço real — Endereço na memória principal.
endereço relativo — Endereço especificado com base na sua localização em relação ao início de um módulo.
endereço unicast — Endereço IP usado para entregar dados a um único hospedeiro.
endereço virtual — Endereço que um processo acessa em um sistema de memória virtual; endereços virtuais são traduzidos para endereços reais dinamicamente durante o tempo de execução.
enfileiramento de setores — Veja otimização rotacional.
enlace (rede) — Meio pelo qual serviços são fisicamente transmitidos em uma rede.
enlace (sistema de arquivo) — Entrada de diretório que se refere a um arquivo existente. Ligações restritas se referem à localização do arquivo em seu dispositivo de armazenamento; ligações flexíveis armazenam o nome de caminho do arquivo.
enlace de rede — Conexão entre dois nodos.
entrada de diretório de páginas (arquitetura IA-32 Intel) — Entrada em um diretório de páginas que mapeia para o endereço básico de uma tabela de página, que armazena entradas de tabela de página.
entrada de tabela de página (*Page Table Entry* — PTE) — Entrada em uma tabela de página que mapeia um número de página virtual para um número de moldura de página. Entradas de tabela de página armazenam outras informações sobre uma página, por exemplo, como a página pode ser acessada e se ela é residente.
entrada de tabela de protótipos de páginas (*Prototype Page Table Entry* — PPTE) (Windows XP) — Registro de 32 bits que aponta para uma moldura na memória que contém ou uma página de cópia por escrito ou uma página que é parte da visão de um processo de um arquivo mapeado.
entradas de controle de acesso (*Access Control Entry* — ACE) (Windows XP) — Entrada de uma lista de controle de acesso discricionário (*discretionary access control list* — DACL) para um recurso específico que contém o identificador de segurança (*security identifier* — SID) de um encarregado de segurança e o tipo de acesso (se houver) do encarregado de segurança para aquele recurso particular.
envelhecimento de prioridades — Método para evitar adiamento indefinido, elevando gradualmente a prioridade de um processo enquanto ele espera.
envelhecimento de senha — Técnica que tenta melhorar a segurança solicitando que usuários mudem suas senhas periodicamente.
envelope digital — Técnica que protege a privacidade de uma mensagem enviando um pacote que contém uma mensagem criptografada por meio de uma chave secreta e a chave secreta criptografada por meio de uma chave pública.
época (Linux) — Tempo durante o qual todos os processos passam da lista ativa do escalonador para sua lista expirada, o que garante que os processos não sejam adiados indefinidamente.
escalabilidade (escalonador) — Característica de um escalonador que garante que o desempenho do sistema se degrade naturalmente sob cargas pesadas.
escalonador com prazo (Linux) — Algoritmo de escalonamento de disco que elimina adiamento indefinido atribuindo prazos finais para atendimento a requisições de E/S.
escalonador de disco — Componente de sistema operacional que determina a ordem em que as requisições de E/S do disco são atendidas, para melhorar desempenho.
escalonador de processo — Componente de sistema operacional que determina qual processo pode obter acesso a um processador e por quanto tempo.
escalonamento cego ao job — Algoritmos de escalonamento de multiprocessador que ignoram propriedades dos jobs quando tomam decisões de escalonamento; normalmente a implementação desses algoritmos é simples.
escalonamento ciente do job — Algoritmos de escalonamento de multiprocessador que levam em conta propriedades dos jobs quando tomam decisões de escalonamento; esses algoritmos normalmente tentam maximizar paralelismo ou afinidade de processador.
escalonamento com prazo — Escalonar um processo ou thread para concluir em um tempo definido; pode ser preciso elevar a prioridade do processo ou thread quando seu prazo final de conclusão se aproximar.
escalonamento de admissão — Veja escalonamento de alto nível.
escalonamento de alto nível — Determina quais jobs um sistema deve permitir que concorram ativamente pelos recursos do sistema.
escalonamento de baixo nível — Determina qual processo obterá o controle de um processador.
escalonamento de disco por tempo de acesso mais curto primeiro (*shortest-access-time-first* — SATF) — Estratégia de escalonamento de disco que atende em seguida à requisição que requer o menor tempo de acesso (ou seja, tempo de posicionamento mais tempo de transmissão). SATF exibe rendimento mais alto do que SPTF, mas requisições grandes podem ser adiadas indefinidamente por uma série de requisições menores, e requisições para os cilindros mais internos ou mais externos podem ser adiadas indefinidamente por requisições a cilindros intermediários.
escalonamento de disco — Técnica que ordena as requisições de disco para maximizar o rendimento e minimizar os tempos de resposta e a variância dos tempos de resposta. Estratégias de escalonamento de disco melhoram o desempenho reduzindo tempo de posicionamento e latências rotacionais.
escalonamento de disco FSCAN — Estratégia de escalonamento de disco que usa SCAN para atender somente às requisições que estão à espera quando começa determinada varredura (o F, de 'freezing', quer dizer 'congelar' a fila de requisições em determinado instante). Requisições que chegam durante a varredura são agrupadas e ordenadas para serviço ótimo durante o retorno da varredura.
escalonamento de disco LOOK — Variação da estratégia de escalonamento de disco SCAN que 'examina' (looks) antecipadamente o final da varredura em curso para determinar a próxima requisição a atender. Se não houver mais nenhuma requisição na direção em curso, a LOOK muda a direção preferida e inicia a próxima varredura, parando ao passar por um cilindro que corresponda à requisição na fila. Esta estratégia elimina operações de busca desnecessárias exibidas por outras variações da estratégia SCAN, impedindo que o cabeçote de leitura/escrita se movimente para o cilindro mais interno ou para o cilindro mais externo a menos que tenha de atender a uma requisição nesses cilindros.
escalonamento de disco LOOK e C-LOOK — Estratégia de escalonamento de disco que movimenta o braço do disco em uma só direção atendendo a requisições segundo a estratégia do posicionamento mais curto. Quando não há mais nenhuma requisição a atender em uma varredura, o cabeçote de leitura/escrita passa para a requisição mais próxima do cilindro oposto à sua localização corrente (sem atender a requisições que estejam entre essas duas posições) e inicia a próxima varredura. A política C-LOOK é caracterizada por variância de tempos de resposta potencialmente mais baixa em comparação com a política LOOK; proporciona alto rendimento (embora mais baixo que o da LOOK).
escalonamento de disco por tempo de latência mais curto primeiro (*shortest-latency-time-first* — SLTF) — Estratégia de escalonamento de disco que examina todas as requisições à espera e atende primeiro à requisição cujo atraso rotacional for o mais curto. Demonstrou-se que essa estratégia é a que mais se aproxima da teoricamente ótima e é relativamente fácil de implementar.
escalonamento de disco por tempo de posicionamento mais curto primeiro (*shortest-positioning-time-first* — SPTF) — Estratégia de escalonamento de disco que atende em seguida à requisição que requer o tempo de posicionamento mais curto. SPTF resulta em alto rendimento e um baixo tempo médio de resposta, similar à SSTF, e também pode adiar indefinidamente requisições para os cilindros mais internos e mais externos.
escalonamento de disco por tempo de posicionamento mais curto primeiro (*shortest-seek-time-first* — SSTF) — Estratégia de escalonamento de disco que atende em seguida à requisição que estiver mais próxima do cilindro corrente do cabeçote de leitura/escrita (e que, portanto, incorre no tempo de posicionamento mais curto), mesmo que não seja a primeira da fila. Reduzindo tempos médios de posicionamento SSTF, ele consegue taxas de rendimento mais altas do que FCFS, e tempos médios de resposta tendem a ser mais baixos para cargas moderadas. Uma desvantagem significativa é que ocorrem variâncias mais altas de tempos de resposta por causa da discriminação contra as trilhas mais externas e mais internas; no limite, poderia ocorrer a inanição de requisições que estivessem longe dos cabeçotes de leitura-escrita.
escalonamento de disco primeiro-a-chegar-primeiro-a-ser-atendido (FCFS) — Estratégia de escalonamento de disco segundo a qual a requisição que chegar mais cedo é atendida primeiro. FCFS é um método justo de alocar serviço, mas, quando a taxa de requisição (a carga) torna-se pesada, a FCFS pode resultar em longos tempos de espera. FCFS exibe um padrão de posicionamento aleatório no qual requisições sucessivas podem causar posicionamentos demorados dos cilindros mais internos para os cilindros mais externos.
escalonamento de disco SCAN — Estratégia de escalonamento de disco que reduz injustiça e variância de tempos de resposta em comparação à SSTF, atendendo à requisição que requer a distância de posicionamento mais curta em uma direção preferida. A SCAN se comporta de maneira muito semelhante à SSTF em termos de alto rendimento e bons tempos médios de resposta. Entretanto, porque a SCAN garante que todas as requisições em determinada direção serão atendidas antes das requisições na direção oposta, ela oferece uma variância de tempos de resposta mais baixa do que a SSTF. Também denominada algoritmo do elevador.
escalonamento de disco SCAN de *n* fases (*N*-Step SCAN) — Estratégia de escalonamento de disco que atende às primeiras *n* requisições da fila usando a estratégia SCAN. Quando a varredura é concluída, são atendidas as *n* requisições seguintes. Requisições que chegam são colocadas no final da fila de requisições. A SCAN de *n* fases oferece bom desempenho devido a alto rendimento, baixos tempos médios de resposta e uma variância de tempos de resposta mais baixa do que SSTF e SCAN.
escalonamento de disco SCAN e C-SCAN — Estratégia de escalonamento de disco que movimenta o braço do disco

em uma única direção atendendo a requisições segundo a estratégia da busca mais curta. Quando o braço tiver concluído sua varredura passará (sem atender a requisições) para o cilindro oposto à sua localização corrente e, então, reiniciará sua varredura para dentro processando requisições. A C-SCAN mantém altos níveis de rendimento e, ao mesmo tempo, limita ainda mais a variância de tempos de resposta impedindo a discriminação contra os cilindros mais internos e mais externos.

escalonamento de job — Veja escalonamento de alto nível.

escalonamento de job por alternância circular (*round-robin job* — RRJob) — Algoritmo de escalonamento de processo ciente do job, que emprega uma fila global de execução na qual jobs são despachados para processadores segundo a política de alternância circular.

escalonamento de longo prazo — Veja escalonamento de alto nível.

escalonamento de nível intermediário — Determinação de quais processos podem entrar no escalonador de baixo nível para competir por um processador.

escalonamento de processo por alternância circular (*round-robin process* — Rrprocess) — Algoritmo de escalonamento de multiprocessador cego ao job, que coloca cada processo em uma fila de execução global e escalona esses processos segundo a política de alternância circular.

escalonamento de processo primeiro-a-chegar-primeiro-a-ser-atendido (FCFS) — Algoritmo de escalonamento de multiprocessador cego ao job que coloca processos que estão chegando em uma fila; o processo que estiver no início da fila executa até entregar voluntariamente o processador.

escalonamento de taxa monotônica (*monotonic rate* — RM) — Política de escalonamento de tempo real que estabelece um valor para a prioridade proporcional à taxa na qual o processo deve ser despachado.

escalonamento de tempo real — Política de escalonamento que assegura que processos cumpram seus prazos finais

escalonamento de tempo real — Política de escalonamento que baseia prioridades em limitações de tempo.

escalonamento em bando — Outro nome para coescalonamento.

escalonamento flexível de tempo real — Política de escalonamento que garante que processos de tempo real sejam escalonados com prioridade mais alta do que processos que não são de tempo real.

escalonamento menor número de processos primeiro (*smallest-number-of-processes-first* — SNPS) — Algoritmo de escalonamento de processo ciente do job que emprega uma fila global por prioridade de job, na qual a prioridade de um job é inversamente proporcional ao seu número de processos.

escalonamento não preemptivo — Política de escalonamento que não permite que o sistema retire um processador de um processo até que esse processo devolva voluntariamente seu processador ou execute até concluir.

escalonamento por alternância circular (*round-robin* — RR) — Política de escalonamento que permite que cada processo *pronto* execute durante no mínimo um quantum por rodada. Depois de o último processo da fila ter executado uma vez, o escalonador inicia uma nova rodada escalonando o primeiro processo da fila.

escalonamento por alternância circular egoísta (*selfish round-robin* — SRR) — Variante do escalonamento por alternância circular na qual processos envelhecem a velocidades diferentes. Processos que entram no sistema são colocados em uma fila de retenção onde esperam até que suas prioridades sejam suficientemente altas para serem colocados na fila ativa, na qual processos competem por tempo de processador.

escalonamento por compartilhamento de tempo — Técnica de escalonamento de multiprocessador que tenta maximizar o paralelismo escalonando processos colaborativos concorrentemente em processadores diferentes.

escalonamento por fração justa (*Fair Share Scheduling* — FSS) — Política de escalonamento desenvolvida para o sistema UNIX da AT&T que reúne processos em grupos e atribui a esses grupos uma porcentagem do tempo de processador.

escalonamento por maior taxa de resposta seguinte (*highest-response-ratio-next* — HRRN) — Política de escalonamento que designa prioridades com base no tempo de atendimento de um processo e na quantidade de tempo que o processo está esperando.

escalonamento por partição de espaço — Estratégia de escalonamento de multiprocessador que tenta maximizar afinidade de processador escalonando processos colaborativos em um único processador (ou um único conjunto de processadores); a premissa subjacente é a de que esses processos acessarão os mesmos dados compartilhados.

escalonamento por processo mais curto primeiro (*shortest-process-first* — SPF) (multiprocessador) — Algoritmo de escalonamento de multiprocessador cego ao job que emprega uma fila de execução global que seleciona o processo que requer o menor tempo de processador para executar em um processador disponível.

escalonamento por processo mais curto primeiro (*shortest-process-first* — SPF) (monoprocessador) — Algoritmo de escalonamento não preemptivo no qual o escalonador seleciona um processo com o menor tempo estimado de execução até a conclusão e executa o processo até a conclusão.

escalonamento por tempo restante mais curto (*shortest-remaining-time* — SRT) — Versão preemptiva de SPF na qual o escalonador seleciona um processo com o menor tempo de execução restante estimado até a conclusão.

escalonamento preemptivo — Política de escalonamento que permite que o sistema retire um processador de um processo.

escaneador de tempo real — Software que reside na memória e protege contra vírus ativamente.

escrever (arquivo) — Operação que passa um item de dado de um processo para um arquivo.

escrita assíncrona segura (em NFS-3) — Permite que um servidor retorne antes da conclusão de uma escrita.

escrita compartilhada concorrente — Ocorre quando dois clientes modificam cópias em cache do mesmo arquivo.

escrita compartilhada seqüencial — Ocorre quando um cliente modifica um arquivo, e um outro cliente tenta ler ou escrever sua própria cópia em cache do arquivo. A escrita compartilhada seqüencial introduz inconsistência de cache.

escuta de barramento — Protocolo de coerência no qual processadores 'escutam' o barramento compartilhado para determinar se uma escrita requisitada é para um item de dado que está no cache daquele processador ou, se aplicável, na memória local.

escuta de cache — Escuta de barramento usada para garantir coerência de cache.

espaço de endereçamento — Conjunto de localizações de memória ao qual um processo pode se referir.

espaço de endereçamento físico — Faixa de endereços físicos correspondente ao tamanho da memória principal em um determinado computador. O espaço de endereçamento físico pode ser (e muitas vezes é) menor do que o espaço de endereçamento virtual de cada processo.

espaço de endereçamento linear (arquitetura IA-32 Intel) — Espaço de endereçamento virtual de 32 bits(4 GB). Sob segmentação pura, esse espaço de endereçamento é mapeado diretamente para a memória principal. Sob segmentação/paginação, esse espaço de endereçamento é dividido em molduras de páginas mapeadas para a memória principal.

espaço de endereçamento lógico (arquitetura IA-32 Intel) — Conjunto de endereços contidos em um segmento.

espaço de endereçamento virtual — Conjunto de endereços de memória a que um processo pode se referir. Um espaço de endereçamento virtual pode permitir que um processo se refira a mais memória do que a que está fisicamente disponível no sistema.

espaço de nome do gerenciador de objeto (Windows XP) — Grupo de nomes de objetos no qual cada nome é exclusivo no grupo.

espaço de nomes — Conjunto de arquivos que podem ser identificados por um sistema de arquivo.

especificação de interface de driver de rede (*Network Driver Interface Specification* — NDIS) (Windows XP) — Especificação que descreve uma interface-padrão entre drivers de camadas de nível mais baixo da pilha de drivers da rede; drivers NDIS fornecem a funcionalidade da camada de enlace na pilha TCP/IP e são usados em sistemas Windows XP.

espelhamento (RAID) — Veja espelhamento de disco.

espelhamento de disco (RAID) — Técnica de redundância de dados em RAID que mantém uma cópia do conteúdo de cada disco em um disco separado. Essa técnica proporciona alta confiabilidade e simplifica a regeneração de dados, mas incorre em substancial sobrecarga de armazenamento, o que aumenta o custo.

espera circular — Condição de deadlock que ocorre quando dois ou mais processos estão travados em uma 'cadeia circular' na qual cada processo da cadeia está à espera por um ou mais recursos que o processo seguinte da cadeia está retendo.

espera ociosa — Forma de espera na qual um thread testa continuamente uma condição que eventualmente o deixará prosseguir; enquanto está em espera ociosa, o thread usa tempo de processador.

esqueleto — Stub do lado do servidor.

esquema de interconexão — Projeto que descreve como um sistema multiprocessador se conecta com seus componentes, como processadores e módulos de memória.

estabilidade — Condição de um sistema que funciona sem erro ou degradação significativa de desempenho.

estado *adormecido* — Estado de thread no qual um thread não pode executar até retornar ao estado *pronto* após a expiração do intervalo de sono.

estado *ativo* (Linux) — Estado de tarefa que descreve tarefas que podem competir por execução durante o período corrente.

estado *bloqueado* — Estado de processo (ou thread) no qual o processo (ou thread) está à espera da conclusão de algum evento, como a conclusão de uma E/S, e não pode usar um processador mesmo que haja algum disponível.

estado *de espera* vigilante (Windows XP) — Estado no qual um thread não pode executar até ser acordado por uma APC que entra na fila de APCs do thread ou receba um manipulador para o objeto (ou objetos) pelo qual está esperando.

estado de problema — Veja modo usuário.

estado de processo — Estado de um processo (por exemplo, *em execução*, *pronto*, *bloqueado* etc.).

estado de *reserva* (Windows XP) — Estado de thread que indica se um thread foi selecionado para execução.

estado de supervisor — Veja modo núcleo.

estado de thread — Estado de um thread (por exemplo, *em execução*, *pronto*, *bloqueado* e assim por diante).

estado de transição — Mudança de um processo de estado para outro.

estado de *transição* (Windows XP) — Estado de thread que indica um thread que concluiu uma espera, mas ainda não está pronto para executar porque sua pilha de núcleo foi paginada para fora da memória.

estado *desconhecido* (Windows XP) — Estado de thread que indica que algum erro ocorreu e que o sistema não sabe qual o estado do thread.

estado *em espera* — Estado de thread no qual um thread não pode executar até transitar para o estado *pronto* por meio de uma operação acordar (wake) ou notificar (notify).

estado *em execução* — Estado de processo (ou thread) no qual um processo (ou thread) está executando em um processador.

estado *expirado (expired)* (Linux) — Estado de tarefa que impede que uma tarefa seja despachada até a próxima época.

estado *inicializado* (Windows XP) — Estado de thread no qual o thread é criado pelo sistema operacional.

estado inseguro — Estado de um sistema no algoritmo do banqueiro de Dijkstra que poderia eventualmente levar a deadlock porque poderia não haver recursos suficientes para permitir que o processo conclua.

estado mais confiável de usuário — Veja modo núcleo.

estado *morto (dead)* — Estado no qual o thread entra após concluir sua tarefa ou, por qualquer outra razão, encerrá-la.

estado *não sinalizado* (Windows XP) — Estado no qual um objeto sincronização pode estar; threads *à espera* desse objeto não acordam até que ele transita para o estado *sinalizado*.

estado *nascido (born)* — Estado de thread no qual um novo thread inicia seu ciclo de vida.

estado *pronto* — Estado de processo (ou thread) do qual um processo (ou thread) pode ser despachado para o processador.

estado *pronto (ready)* (ou *executável*) — Estado de thread por meio do qual um thread pode transitar para o estado *em execução* e executar em um processador. Em Windows XP, um thread *pronto* transita para o estado *de reserva*, do qual transita para o estado *de execução*.

estado seguro — Estado de um sistema no algoritmo do banqueiro de Dijkstra no qual existe uma seqüência de ações que permitirão a todos os processos no sistema que terminem sem que o sistema entre em deadlock.

estado *sinalizado* (Windows XP) — Estado no qual um objeto sincronização pode ser colocado, permitindo que um ou mais threads *em espera* nesse objeto acordem.

estado *suspenso* — Estado de processo (suspenso-bloqueado — *suspendedblocked* ou suspenso-pronto — *suspendedready*) no qual um processo é retirado indefinidamente da contenção por tempo em um processador sem ser destruído. Historicamente, essa operação permitia que um operador de sistema ajustasse manualmente a carga do sistema e/ou reagisse a ameaças de falha de sistema.

estado *suspenso-bloqueado* — Estado de processo resultante de ter sido suspenso enquanto no estado *bloqueado*. Retomar tal processo o coloca no estado *bloqueado*.

estado *suspenso-pronto* — Estado de processo resultante de ter sido suspenso enquanto no estado *pronto*. Retomar tal processo o coloca no estado *pronto*.

estado *terminado* (Windows XP) — Estado de thread que denota que um thread terminou de executar.

estado usuário — Veja modo usuário.

estágio de acumulação (em Coda) — Estágio em que clientes entram quando são conectados ao Coda. Nesse estágio, clientes se preparam para uma possível desconexão do sistema colocando qualquer arquivo requisitado em cache.

estágio de emulação — Quando um cliente Coda desconecta-se, diz-se que ele entra no estágio de emulação. Durante

esse estágio, todas as requisições de leitura de arquivo são atendidas pelo cache. Requisições de escrita durante o estágio de emulação ocorrem em duas etapas. Primeiro, o arquivo é atualizado em disco. Segundo, um registro denominado de registro de modificação do cliente (CML) é atualizado para refletir mudanças nos arquivos.
estágio de reintegração (em Coda) — Estágio logo após o cliente reconectar o sistema durante o qual Venus atualiza assincronamente o servidor usando o CML.
esteganografia — Técnica que oculta informações dentro de outras informações, derivada de raízes latinas que significam 'escrita oculta'.
estouro da boiada — Fenômeno que ocorre quando muitos processos acordam quando um recurso fica disponível; somente um processo adquire o recurso e os outros testam a disponibilidade da trava e rebloqueiam, desperdiçando ciclos de processador.
estrangulamento de E/S (Windows XP) — Técnica que aumenta a estabilidade quando a memória disponível estiver baixa; o VMM gerencia a memória uma página por vez durante o estrangulamento de E/S.
estratégia de busca — Método para determinar quando obter o próximo segmento de um programa ou de dados para transferir do armazenamento secundário para a memória principal.
estratégia de busca sob demanda — Método para trazer partes de programas ou dados para a memória principal à medida que são requisitados por um processo.
estratégia de detecção de deadlock — Técnica usada para descobrir deadlock em um sistema distribuído.
estratégia de gerenciamento de memória — Especificação de como determinada organização de memória executa operações como buscar, posicionar e substituir memória.
estratégia de posicionamento (memória principal) — Estratégia que determina em que lugar da memória principal colocar programas e dados que chegam.
estratégia de posicionamento na memória o que melhor couber — Estratégia de posicionamento na memória que coloca um job que está chegando na menor lacuna da memória que possa contê-lo.
estratégia de posicionamento o primeiro que couber — Estratégia de posicionamento na memória que coloca o processo que está chegando na primeira lacuna grande o suficiente para contê-lo.
estratégia de posicionamento o seguinte que couber — Variação da estratégia de posicionamento na memória o primeiro que couber que inicia cada busca por uma lacuna disponível no ponto em que terminou a busca anterior.
estratégia de prevenção de deadlock esperar-morrer — Impede deadlock negando a condição de espera. Designa prioridades exclusivas a processos individuais com base no momento em que eles foram criados. Um processo esperará se for criado após o processo pelo qual está esperando. Um processo morrerá se for criado antes do processo pelo qual está esperando.
estratégia de prevenção de deadlock ferir-esperar — Impede deadlock negando a condição de não-preempção. Designa prioridades exclusivas a processos individuais com base no momento em que foram criados. O processo que requisita um recurso retido por um outro processo ferirá aquele processo se o primeiro for criado antes do outro. Um processo esperará se for criado depois do processo pelo qual está esperando.
estratégia de substituição (memória principal) — Método que um sistema usa para determinar qual porção de programa ou de dados desalojar para acomodar programas ou dados que estão chegando.
estratégia de substituição de página — Estratégia que determina qual página substituir para fornecer espaço para uma página que está chegando. Estratégias de substituição de página tentam otimizar desempenho prevendo a utilização futura de páginas.
estratégia de substituição de página longínqua — Estratégia de substituição de página baseada em grafo, que analisa os padrões de referência de um programa para determinar qual página substituir. Essa estratégia substitui a página que estiver mais longe de qualquer página referida no grafo e que não foi referida recentemente.
estratégia de substituição de página segunda chance — Variação da substituição de página FIFO que usa o bit referido e uma fila FIFO para determinar qual página substituir. Se o bit referido da página mais antiga estiver desligado, a estratégia segunda chance substitui a página; caso contrário, desliga o bit referido da página mais antiga e transfere-a para o final da fila FIFO. Se seu bit referido estiver ligado, a estratégia desliga o bit e examina a próxima página (ou páginas) até localizar uma página cujo bit referido esteja desligado.
estratégia de substituição de páginas do tipo relógio — Variação da estratégia de substituição de páginas do tipo segunda chance que organiza as páginas em um lista circular em vez de uma lista linear. Um ponteiro de lista gira ao redor da lista circular de um modo muito semelhante à rotação do ponteiro de um relógio e substitui a página que está mais próxima a ele (em ordem circular) cujo bit referido esteja desligado.
estratégia o que pior couber — Estratégia de posicionamento na memória que coloca um job que chega na maior lacuna da memória.
estrutura .NET — Modelo de programação para criar serviços e aplicações Web baseados em XML. A estrutura .NET suporta mais de 20 linguagens de programação e facilita programação de aplicações, fornecendo bibliotecas para executar operações comuns (por exemplo, entrada/saída, manipulação de corrente e comunicação em rede) e acessar dados mediante várias interfaces de bancos de dados (por exemplo, Oracle e SQL Server).
estrutura bio (Linux) — Estrutura que simplifica operações de E/S em bloco, mapeando requisições E/S para páginas.
estrutura de diretório de nível único — Veja estrutura plana de diretório.
estrutura de diretório de nível único (ou plana) — Organização de sistema de arquivos que contém apenas um diretório.
estrutura de filtro de rede (Linux) — Mecanismo que permite que módulos de núcleo inspecionem e modifiquem pacotes diretamente, o que é útil para aplicações como firewalls, que modificam o endereço de fonte de cada pacote antes de transmiti-lo.
estrutura de módulos de segurança do Linux (*Linux security modules* — LSM) (Linux) — Estrutura que permite que os administradores de sistema especifiquem o mecanismo de controle de acesso empregado pelo sistema.
estrutura hierárquica de processo — Organização de processos quando processos-pai geram processos-filho e, em particular, apenas um pai cria um filho.
Ethernet (IEEE 802.3) — Rede que suporta muitas velocidades sobre uma variedade de cabos. A Ethernet usa protocolo de acesso múltiplo com detecção de portadora/com detecção de colisão (*Carrier Sense Multiple Access with Collision Detection* — CSMA/CD). A Ethernet é o tipo mais popular de LAN.
evitação de deadlock — Estratégia que elimina o deadlock permitindo que um sistema se aproxime do deadlock, mas assegurando que ele nunca ocorra. Algoritmos de evitação de deadlock podem atingir desempenho mais alto do que algoritmos de prevenção de deadlock. (Veja também Algoritmo do Banqueiro de Dijktra)
exceção — Erro causado por um processo. Exceções de processador invocam o sistema operacional que determina como responder. Processos podem registrar manipuladores de exceção executados quando o sistema operacional recebe a exceção correspondente.
exceção (especificação Intel IA-32) — Sinal de hardware gerado por um erro. Na especificação Intel IA-32, exceções são classificadas como traps (desvios), falhas e abortos.
exceção de excesso de segmento — Exceção que ocorre quando um processo tenta acessar um endereço que está fora de um segmento.
exceção de proteção de segmento — Exceção que ocorre quando um processo tenta acessar um segmento de outros modos que não os especificados por seu modo de controle de acesso (por exemplo, tentar escrever para um segmento somente de leitura).
exclusão mútua — Restrição pela qual a execução por um thread de sua própria seção crítica impede que outros threads executem suas próprias seções críticas. Exclusão mútua é crucial para execução correta quando vários threads acessam dados compartilhados que podem ser escritos.
execução concorrente de programa — Técnica pela qual o tempo de processador é compartilhado entre vários processos ativos. Em um sistema monoprocessador, processos concorrentes não podem executar simultaneamente; em um sistema multiprocessador, podem.
execução fora de ordem (*out-of-order execution* — OOO) — Técnica na qual um processador analisa um fluxo de instruções e as reordena dinamicamente para isolar grupos de instruções independentes para execução paralela.
executivo (Windows XP) — Porção do sistema operacional Windows XP responsável pelo gerenciamento dos subsistemas do sistema operacional (por exemplo, subsistema de E/S, subsistema de memória e sistema de arquivos).
exportar arquivo local — Operação realizada por um servidor NFS para disponibilizar o diretório local de arquivos para o cliente remoto por meio do protocolo de montagem.
ext2fs (Linux) — Popular sistema de arquivos Linux baseado em inode que permite acesso rápido a pequenos arquivos e suporta arquivos de grandes tamanhos.
extensão — Bloco de setores contíguos.
extensão de dispositivo (Windows XP) — Porção da memória não paginada que armazena informações necessárias a um driver para processar requisições de E/S para um dispositivo particular.
extensão de endereço físico (*Physical Address Extension* — PAE) (arquitetura IA-32 Intel) — Mecanismo que habilita processadores IA-32 a endereçar até 64 GB de memória principal.
extensões multiuso do correio da Internet (*Multipurpose Internet Mail Extensions* — MIME) — Padrão de correio eletrônico que define cinco tipos de conteúdo: texto, imagem, áudio, vídeo e aplicação.

F

fabricante independente de software (*independent software vendor* — ISV) — Organização que desenvolve e vende software. Os ISVs prosperaram após o lançamento do IBM PC.
facilidade de utilização — Medida do conforto e da conveniência associados à utilização de um sistema.
faixa — Rota entre dois pontos de um barramento PCI Express. Dispositivos PCI Express são conectados por um enlace que pode conter até 32 faixas.
falha — Na especificação Intel IA-32, uma exceção resultante de um erro como divisão por zero ou um acesso ilegal à memória. Algumas falhas podem ser corrigidas por manipuladores de exceções apropriados de um sistema operacional.
falha de ausência de segmento — Falha que ocorre quando um processo se refere a um segmento que não está correntemente na memória principal. O sistema operacional responde carregando o segmento do armazenamento secundário para a memória principal quando houver espaço disponível.
falha de proteção geral (*general protection fault* — GPF) (arquitetura IA-32 Intel) — Ocorre quando um processo se refere a um segmento para o qual não tem direitos de acesso adequados ou se refere a um endereço que está fora do segmento.
falso compartilhamento — Situação que ocorre quando processos em processadores separados são forçados a compartilhar uma página porque cada um deles está acessando itens de dados naquela página, embora esses itens não sejam os mesmos.
falta de cache — Requisição de dado que não está presente no cache.
falta de página — Falta que ocorre como resultado de um erro quando um processo tenta acessar uma página não residente, caso em que o sistema operacional pode carregá-la do disco.
falta transicional (Windows XP) — Falta emitida pela MMU quando tenta acessar uma página que está na memória principal, mas cujo estado de sua moldura de página é colocado em reserva, modificada ou modificada que não pode ser escrita.
família de computadores — Série de computadores compatíveis no sentido de que podem executar os mesmos programas.
fatia (Linux) — Página de memória que reduz fragmentação interna causada por pequenas estruturas armazenando várias estruturas menores do que uma página.
fechar (arquivo) — Operação que impede qualquer referência ulterior a um arquivo até ele ser aberto novamente.
ferir — Quando um processo for ferido por um outro processo, será revertido.
ficha (token) (em autenticação por ficha) — Identificador exclusivo para autenticação.
ficha de acesso (Windows XP) — Estrutura de dados que armazena informações de segurança, como o identificador de segurança (SID) e afiliações a grupos, de um encarregado de segurança.
FIFO (Linux) — Pipe nomeado que permite que dois processos não relacionados comuniquem-se por meio do relacionamento produtor/consumidor usando um buffer de tamanho de página.
fila de entrada — Veja conjunto de entrada.
fila de espera — Veja conjunto de espera.
fila de execução (Linux) — Lista de processos que estão à espera para executar em determinado processador.
fila de execução global — Fila de escalonamento de processo usada em alguns algoritmos de escalonamento de multiprocessador, que é independente dos processadores de um sistema e dentro da qual são colocados todos os processos ou jobs do sistema.
fila de execução por nodo — Fila de escalonamento de processo associada com um grupo de processadores; processos que entram na fila são escalonados nos processadores do nodo associado independentemente das decisões de escalonamento tomadas no resto do sistema.
fila de execução por processador — Fila de escalonamento de processo associada a um processador específico; processos que entram na fila são escalonados no processador associado independentemente das decisões de escalonamento tomadas no resto do sistema.

fila de mensagens (Linux) — Estrutura que armazena mensagens que ainda não foram entregues a processos.
filamento (Windows XP) — Unidade de execução em Windows XP criada por um thread e escalonada por esse mesmo thread. Fibras facilitam a portabilidade de aplicações que escalonam seus próprios threads.
filas múltiplas de retorno — Estrutura de escalonamento de processo que agrupa processos da mesma prioridade na mesma fila de alternância circular. Processos orientados a processador são colocados em filas de prioridade mais baixa porque normalmente são processos em lote que não requerem tempos de resposta rápidos. Processos orientados para E/S, que saem do sistema rapidamente devido à E/S, permanecem em filas de prioridade alta. Esses processos com freqüência correspondem a processos interativos cujos tempos de resposta devem ser rápidos.
Firewall — Software ou hardware que protege uma rede de área local contra pacotes enviados por usuários mal-intencionados de uma rede externa
firewall de conexão com a Internet (*Internet Connection Firewall* — IFC) — Firewall de filtragem de pacotes do Windows XP.
firewall de filtragem de pacotes — Hardware ou software que examina todos os dados enviados de fora de sua LAN e rejeita pacotes de dados com base em regras predefinidas, como pacotes que tenham endereços de redes locais ou pacotes que venham de certos endereços ou portas.
firmware — Microcódigo que especifica instruções simples e fundamentais, necessárias para implementar instruções de linguagem de máquina.
fita (RAID) — Conjunto de tiras na mesma localização em cada disco de um sistema RAID. A divisão em tiras habilita sistemas RAID a acessar arquivos usando vários discos ao mesmo tempo, o que melhora tempos de transferência.
fluxo — Seqüência de objetos alimentados ao processador.
fluxo de dados (NTFS) — Atributo de arquivo que armazena o conteúdo ou os metadadados do arquivo; um arquivo pode ter vários fluxos de dados.
fluxo de dados alternados — Atributo de arquivo que armazena o conteúdo de um arquivo NTFS que não está no fluxo de dados default. Arquivos NTFS podem ter vários fluxos de dados alternados.
fluxo de dados default (NTFS)— Atributo de arquivo que armazena o conteúdo primário de um arquivo NTFS. Quando um arquivo NTFS é copiado para um sistema de arquivos que não suporta fluxos múltiplos de dados, somente é preservado o fluxo de dados default.
folga — Valor determinado subtraindo-se a soma do tempo corrente com o tempo de execução restante de um processo do prazo final do processo. Esse valor decresce à medida que o processo se aproxima do seu prazo final.
formatar um dispositivo de armazenamento — Preparar um dispositivo para um sistema de arquivos executando operações como inspecionar seu conteúdo e escrever metadados de gerenciamento de armazenamento.
formato Uniform Naming Convention (UNC) (Windows XP) — Formato que especifica o nome de caminho de um arquivo, incluindo em qual servidor e em qual diretório naquele servidor o arquivo está localizado.
Fortran — Linguagem de programação procedural desenvolvida pela IBM em meados da década de 1950 para aplicações científicas que requeriam cálculos matemáticos complexos.
fragmentação (de memória principal) — Fenômeno pelo qual um sistema é incapaz de utilizar certas áreas disponíveis da memória principal.
fragmentação de tabela — Memória desperdiçada consumida por tabelas de mapeamento de blocos; blocos pequenos tendem a aumentar o número de blocos no sistema, o que aumenta a fragmentação de tabela.
fragmentação externa — Fenômeno em sistemas de memória de partição variável no qual há lacunas distribuídas por toda a memória muito pequenas para conter um processo.
fragmentação interna — Fenômeno em sistemas de multiprogramação de partição fixa no qual ocorrem lacunas quando o tamanho da memória e dos dados de um processo são menores do que a partição na qual o processo executa.
função (RBAC) — Representa um conjunto de tarefas designado a um membro de uma organização. A cada função é designado um conjunto de privilégios que definem os objetos que os usuários podem acessar em cada função.
função de hash — Função que toma um número como entrada e retorna um número, denominado de valor de hash, dentro de uma faixa especificada. Funções de hash facilitam armazenamento e recuperação rápidos de informações das tabelas de hash.
função wait (Windows XP) — Função chamada por um thread para esperar que um ou mais objetos despachadores entrem em um estado *sinalizado*; chamar essa função coloca um thread no estado *de espera*.
fundir requisições de E/S (Linux) — Combinar duas requisições de E/S para localizações adjacentes em disco em uma única requisição.

G

gancho — Característica de software que habilita desenvolvedores a adicionar características a uma aplicação existente sem modificar seu arquivo-fonte. Uma aplicação usa um gancho para chamar um procedimento que pode ser definido por uma outra aplicação.
gargalo — Condição que ocorre quando um recurso recebe requisições mais rapidamente do que pode processá-las, o que pode reduzir a velocidade de execução do processo e reduzir a utilização de recursos. Discos rígidos são gargalos na maioria dos sistemas.
gateway de nível de aplicação — Hardware ou software que protege a rede contra os dados contidos em pacotes. Se a mensagem contiver um vírus, o gateway pode bloqueá-la, impedindo que seja enviada para o receptor pretendido.
General Public License (GPL) — Licença de software de código-fonte aberto que especifica que o software distribuído sob a licença deve conter o código-fonte completo, indicar claramente quaisquer modificações do código original e ser acompanhado da GPL. Usuários finais podem modificar e redistribuir gratuitamente qualquer software regido pela GPL.
geração de chave — Criação de chaves criptográficas.
gerador de código — Parte de um compilador responsável pela produção de código-objeto por meio de uma linguagem de nível mais alto.
gerador intermediário de código — Estágio do processo de compilação que recebe entrada do analisador e produz um fluxo de instruções como saída para o otimizador.
gerar um processo — Um processo-pai que cria um processo-filho.
gerenciador de arquivo — Componente de uma sistema de arquivos cujo propósito é prover os mecanismos para que arquivos sejam armazenados, referenciados, compartilhados e fiquem em segurança.
gerenciador de balanceamento de conjunto (Windows XP) — Componente do executivo responsável pelo ajuste dos mínimos e máximos dos conjuntos de trabalho e pelo ajuste dos conjuntos de trabalho.
gerenciador de cache (Windows XP) — Componente do executivo que realiza o gerenciamento de cache de arquivo.
gerenciador de comunicação interprocessos (*interprocess communication manager* — IPC) — Componente de sistema operacional que governa a comunicação entre processos).
gerenciador de configuração (Windows XP) — Componente do executivo que gerencia o registro.
gerenciador de E/S — Componente de sistema operacional que recebe, interpreta e executa requisições de E/S.
gerenciador de E/S (Windows XP) — Componente do executivo que interage com drivers de dispositivos para manipular requisições de E/S.
gerenciador de energia (Windows XP) — Componente do executivo que administra a política de gerenciamento de energia do sistema operacional.
gerenciador de janela (Linux) — Aplicação que controla a colocação, aparência, tamanho e outros atributos de janelas em uma GUI.
gerenciador de memória — Componente de um sistema operacional que implementa a organização de memória e estratégias de gerenciamento de memória do sistema.
gerenciador de memória virtual (*virtual memory manager* — VMM) (Windows XP) — Componente do executivo que gerencia memória virtual.
gerenciador de objeto (Windows XP) — Componente do executivo que gerencia objetos.
gerenciador de Plug and Play (PnP) (Windows XP) — Componente do executivo (que também existe parcialmente no espaço de usuário) que reconhece dinamicamente quando novos dispositivos são adicionados ao sistema (contanto que esses dispositivos suportem PnP), aloca e desaloca recursos e interage com programas de instalação de dispositivo.
gerenciador de segurança de contas (*Security Accounts Manager* — SAM) (Windows XP) — Banco de dados que administra informações sobre todos os encarregados de segurança do sistema. Fornece serviços como criação de contas, modificação e autenticação de contas.
gerenciador de sistema de arquivos — Componente de sistema operacional que organiza coletâneas nomeadas de dados em dispositivos de armazenamento e fornece uma interface para acessar dados nesses dispositivos.
gerenciamento do armazenamento auxiliar — Componente de sistemas de arquivos que trata da alocação de espaço para arquivos em dispositivos de armazenamento secundário.
gerenciamento intensivo de recursos — Idéia de devotar recursos substanciais para gerenciar outros recursos para melhorar a utilização geral.
GNU — Projeto iniciado por Stallman na década de 1980, cuja meta era produzir sistema operacional de código-fonte aberto com as características e utilidades do UNIX.
grafo de alocação de recurso — Grafo que mostra processos e recursos de um sistema. Uma seta que liga um processo a um recurso indica que o processo está requisitando o recurso. Uma seta que liga um recurso a um processo indica que o recurso está alocado ao processo. Esse grafo ajuda a determinar se existe um deadlock, e, se existir, ajuda a identificar os processos e recursos envolvidos no deadlock.
grafo de transação esperar por (transaction wait-for graph — TWFG) — Grafo que representa processos como nodos e dependências como arestas dirigidas, usado para algoritmos de detecção de deadlock distribuído.
grande trava de núcleo (*Big Kernel Lock* — BKL) (Linux) — Trava giratória global que serviu como uma primeira implementação do suporte SMP no núcleo Linux.
grau — Número de atributos de uma relação em um banco de dados relacional.
grau de multiprogramação — Número total de processos na memória principal em um dado instante.
grau de um nodo — Número de outros nodos com os quais um nodo está diretamente conectado.
grupo (controle de acesso a arquivos) — Conjunto de usuários com os mesmos direitos de acesso (por exemplo, membros de um grupo que trabalham em determinado projeto).
grupo de armazenamento de volume (*volume storage group* — VSG) (em Coda) — Volumes são porções lógicas de sistema de arquivo e são replicados fisicamente por vários servidores de arquivo. Servidores que contêm o mesmo volume são conhecidos como um grupo de armazenamento de volume (VSG).
grupo de armazenamento de volume disponível (*Available Volume Storage Group* — AVSG) (em Coda) — Membros do VSG com os quais o cliente pode se comunicar.
grupo de blocos (Linux) — Conjunto de blocos contíguos gerenciado por estruturas de dados no âmbito de todo o grupo, de modo que blocos de dados, inodes e outros metadados de sistemas de arquivos sejam contíguos no disco
grupo de fração justa — Grupo de processos que recebe uma porcentagem de tempo do processador sob uma política de FSS escalonamento por fração justa (*Fair Share Scheduling* — FSS).
grupo de pares — Constructo lógico que representa um conjunto de pares. Um grupo de pares é um dos tipos básicos de entidades em uma rede construídas com protocolos JXTA.

H

hacker — Programador experiente que quase sempre programa tanto por satisfação pessoal quanto pela funcionalidade da aplicação. Muitas vezes este termo é utilizado quando seria mais apropriado usar o termo cracker.
Hartstone — Quantificador sintético popular usado para avaliar sistemas de tempo real
haste — Componente de cabeçote móvel de disco que gira pratos em altas velocidades.
herança (Windows XP) — Técnica pela qual um processo-filho obtém atributos (por exemplo, a maioria dos tipos de manipuladores e o diretório corrente) de seu processo-pai assim que é criado.
heurística — Técnica que resolve problemas complexos utilizando regras práticas ou outras aproximações para incorrer em baixa sobrecarga de execução e que, em geral, produz bons resultados.
hierarquia da autoridade certificadora — Cadeia de autoridades certificadoras que começa na autoridade certificadora raiz, que autentica certificados e CAs.
hierarquia de dados — Classificação que agrupa números diferentes de bits para extrair dados significativos. Padrões de bits, bytes e palavras contêm pequenos números de bits que são interpretados por hardware e software de baixo nível. Campos, registros e arquivos podem conter grande número de bits interpretado por sistemas operacionais e aplicações de usuário.
hierarquia de memória — Classificação de memória desde a mais rápida, de menor capacidade, mais cara, até a mais lenta, de maior capacidade, menos cara.
hipercubo — Esquema de interconexão de multiprocessadores que consiste em $2n$ nodos (onde n é um número inteiro); cada nodo está ligado com n nodos vizinhos.
hospedeiro — Entidade, como um computador ou telefone celular habilitado para Internet, que recebe e fornece serviços por uma rede. Também denominado de nodo.
hub (distribuidor) — Nodo central (como em uma rede em estrela) responsável por retransmitir mensagens entre nodos.

I

IBSYS — Sistema operacional para o computador de grande porte (mainframe) IBM 7090.

ID de classe (CLSID) — Identificação (ID) globalmente exclusiva dada a uma classe de objeto COM.
ID de interface (*Interface ID* — IID) — ID globalmente exclusivo para uma interface COM.
ID globalmente único (*globally unique ID* — GUID) — Número inteiro de 128 bits que é, para todos os propósitos práticos, garantido como único no mundo. O COM (*component object model* da Microsoft) usa GUIDs para identificar exclusivamente interfaces e classes de objeto.
identificação e autenticação gráfica (*graphical identification and authentication* — GINA) (Windows XP) — Interface gráfica com o usuário que solicita as credenciais dos usuários sob a forma de nome de usuário e senha. O Windows XP é fornecido com sua própria implementação da GINA denominada MSGINA, mas aceita DLLs de terceiros.
identificador de processo (*process identifier* — PID) — Número inteiro que identifica um processo exclusivamente.
identificador de segurança (*security identifier* — SID) (Windows XP) — Número de identificação exclusivo designado a cada encarregado de segurança no sistema.
identificador de sistema de arquivos — Valor que identifica exclusivamente o sistema de arquivo que um dispositivo de armazenamento está usando.
identificador uniforme de recurso (*Uniform Resource Identifier* — URI) — Nome que se refere a um recurso específico na Internet.
identificador universalmente exclusivo (*Universally Unique Identifier* — UUID) — ID que é, para todos os propósitos práticos, garantido como exclusivo no mundo inteiro. UUIDs identificam exclusivamente uma interface de RPC.
identificadores de arquivo (fids) (em AFS) — Entidade que especifica um volume, um índice dentro de um volume e um identificador para garantir a exclusividade de objeto dentro de um volume.
IEEE 802.11 — Um dos padrões que governam a comunicação sem fio. Determina que os hospedeiros sigam o protocolo CSMA/CA.
inanição — Situação na qual um thread espera por um evento que pode não ocorrer nunca, também denominada adiamento indefinido.
independência de dados — Propriedade de aplicações que não depende da técnica de organização ou de acesso de um arquivo particular.
independência de dispositivo — Propriedade de arquivos que podem ser referidos por uma aplicação usando um nome simbólico em vez de um nome que indica o dispositivo no qual ela reside.
informação de estado — Dados que descrevem o estado de um ou mais recursos.
informações de controle — Dados sob a forma de cabeçalhos e/ou trailers que permitem que os protocolos da mesma camada em máquinas diferentes se comuniquem. As informações de controle podem incluir os endereços dos hospedeiros emissores e receptores e o tipo ou tamanho de dados que estão sendo enviados.
infra-estrutura de chave pública (*Public Key Infrastructure* — PKI) — Técnica que integra criptografia de chave pública com certificados digitais e autoridades certificadoras para autenticar participantes de uma transação.
iniciativa de código-fonte aberto (*open-source initiative* — OSI) — Grupo que suporta e promove software de código-fonte aberto (veja www.opensource.com).
inode — Bloco de índice em um sistema baseado em UNIX que contém o bloco de controle do arquivo e ponteiros para blocos de ponteiros unicamente, duplamente e triplamente indiretos para dados de arquivo.
inode (Linux) — Estrutura que descreve a localização de blocos de dados correspondentes a um arquivo, diretório ou enlace em um sistema de arquivo. No VFS, essa estrutura representa qualquer arquivo no sistema. O inode ext2 representa um arquivo no sistema de arquivos ext2.
inode ext2 (Linux) — Estrutura que armazena informações, como tamanho de arquivo, localizações dos blocos de dados de um arquivo e permissões para um único arquivo ou diretório, em um sistema de arquivos ext2.
inserir (insert) (arquivo) — Operação que adiciona um novo item de dado a um arquivo.
instrução de troca dinâmica — Operação que troca os valores de duas variáveis atomicamente. Esta instrução simplifica implementações de exclusão mútua eliminando a possibilidade de um thread sofrer preempção enquanto realiza uma operação de memória ler-modificar-escrever.
instrução multi-op — Palavra de instrução usada por um sistema EPIC na qual o compilador empacota várias instruções menores para o processador executar em paralelo.
instrução privilegiada — Instrução que pode ser executada somente do modo núcleo. Instruções privilegiadas realizam operações que acessam recursos protegidos de hardware e software (por exemplo, comutar processadores entre processos ou emitir um comando para um disco rígido).
instrumentação de gerenciamento Windows (*Windows Management Instrumentation* — WMI) (Windows XP) — Padrão que descreve como drivers fornecem dados de medição e de instrumentação a usuários (por exemplo, dados de configuração, dados de diagnóstico ou dados de personalização) e permite que aplicações usuárias se registrem para eventos WMI definidos por driver.
integridade (transação segura) — Um dos cinco requisitos fundamentais de uma transação segura bem-sucedida. A integridade trata de como assegurar que a informação enviada ou recebida não tenha sido comprometida ou corrompida.
integridade de mensagem — Propriedade que indica se a mensagem foi alterada durante a transmissão.
interface avançada de configuração e energia (*Advanced Configuration and Power Interface* — ACPI) — Especificação de gerenciamento de energia suportada por muitos sistemas operacionais que permite a um sistema o desligamento de alguns ou de todos os seus dispositivos sem perda de trabalho.
interface de dados distribuídos por fibra (*Fiber Distributed Data Interface* — FDDI) — Protocolo que compartilha muitas propriedades de um Token Ring, mas funciona por cabo de fibra ótica, permitindo a transferência de mais informações a velocidades maiores. Em FDDI, uma ficha (token) circula ao redor do anel de fibra ótica; estações não podem transmitir até que obtenham a ficha, recebendo-a da estação anterior. A FDDI usa um segundo Token Ring como segurança ou para circular fichas na direção contrária do Token Ring primário.
interface de driver de transporte (*Transport Driver Interface* — TDI) (Windows XP) — Driver de rede que exporta uma interface de rede para clientes de modo núcleo de nível superior e interage com drivers NDIS de nível baixo.
Interface de Programação de Aplicação (*Application Programming Interface* — API) — Conjunto de funções que permite a uma aplicação requisitar serviços e recursos de um sistema de nível mais baixo (por exemplo, o sistema operacional ou um módulo de biblioteca).
interface de provedor de suporte de segurança (*Security Support Provider Interface* — SSPI) (Windows XP) — Protocolo padronizado da Microsoft para autenticação e autorização reconhecido pelos serviços de autenticação Kerberos e NTLM.
interface de sistemas para computadores pequenos (*Small Computer Systems Interface* — SCSI) — Interface projetada para suportar vários dispositivos e conexões de alta velocidade. A interface SCSI suporta um número maior de dispositivos do que a interface IDE, menos cara, e é muito usada em sistemas Apple e computadores que contêm grandes números de dispositivos periféricos.
interface estendida de usuário (*Extended User Interface* — NetBEUI) (Windows XP) — Protocolo nativo de rede e de transporte para DOS e sistemas operacionais Windows mais antigos.
interface extensível de firmware (*Extensible Firmware Interface* — EFI) — Interface projetada pela Intel que melhora um BIOS tradicional suportando drivers de dispositivo e fornecendo uma interface de cápsula (shell) na hora da inicialização.
interface gráfica com o usuário (*graphical user interface* — GUI) — Ponto de acesso a um sistema operacional que é amigável ao usuário e usa símbolos gráficos como janelas, ícones e menus para facilitar a manipulação de programas e arquivos.
interface padronizada — Permite que cada par cliente/servidor se comunique usando uma única interface comum entendida por ambos os lados.
interface portável de sistemas operacionais (*Portable Operating Systems Interface* — POSIX) — API baseada nos primeiros sistemas operacionais UNIX.
Internet — Rede de canais de comunicação que fornece a espinha dorsal (backbone) para telecomunicação e para a World Wide Web. Cada computador na Internet determina quais serviços usa e quais serviços disponibiliza para outros computadores conectados à Internet.
interoperabilidade — Permite que componentes de software interajam entre diferentes plataformas de hardware e software, linguagens de programação e protocolos de comunicação.
interpretador — Aplicação que pode executar código que não seja código de máquina (por exemplo, instruções em linguagem de alto nível).
interrupção — Sinal de hardware que indica que ocorreu um evento. Interrupções fazem com que o processador invoque um conjunto de instruções de software denominado manipulador de interrupção.
interrupção de conclusão da E/S — Mensagem emitida por um dispositivo quando ele termina de atender a uma requisição de E/S.
intervalo de sono — Período de tempo (especificado pelo thread prestes a entrar no estado *adormecido*) durante o qual um thread permanece no estado *adormecido*.
intervalo de tempo — Veja quantum.
invalidação — Protocolo de coerência de memória pelo qual um processo primeiramente invalida, ou seja, anula, todas as outras cópias de uma página antes de escrever para a página.
invalidar — Para invalidar um arquivo, o cliente verifica a marca de tempo da cópia do arquivo no servidor. Se essa cópia tiver sido atualizada desde a última vez que o cliente copiou o arquivo, o cliente deverá descarregar a versão mais recente. Se a cópia do servidor não tiver sido atualizada desde a última vez que o cliente a copiou, este poderá trabalhar na sua cópia em cache.
invasão de sistema — Quebra bem-sucedida da segurança do computador por um usuário externo não autorizado.
inversão de prioridade — Situação que ocorre quando um thread de alta prioridade está esperando por um recurso retido por um thread de baixa prioridade e o thread de baixa prioridade não pode obter um processador por causa de um thread de média prioridade; conseqüentemente, a execução do thread de alta prioridade é bloqueada pelo thread de média prioridade.
invocação de método remoto (*remote method invocation* — RMI) — Permite que programadores Java implementem sistemas distribuídos sem ter de programar soquetes explicitamente.
IOStone — Popular quantificador sintético que avalia sistemas de arquivos.
IP impostor — Ataque no qual um intruso simula o endereço IP de um usuário ou hospedeiro autorizado para obter acesso não autorizado a recursos.
IRQL alto (Windows XP) — Mais alta prioridade de IRQL, na qual verificação de máquina e interrupções por erro de barramento estão em execução e todas as outras interrupções são mascaradas.
IRQL APC (Windows XP) — IRQL no qual APCs executam, e chamadas assíncronas a procedimento remoto (APCs) são mascaradas.
IRQL de dispositivo (DIRQL) (Windows XP) — IRQL no qual dispositivos interrompem e no qual APC, DPC/despacho e DIRQLs mais baixos são mascarados; o número de DIRQLs depende da arquitetura.
IRQL de energia (Windows XP) — IRQL no qual interrupções de falta de energia executam e no qual todas as interrupções são mascaradas, exceto as de IRQL alto.
IRQL de perfil (Windows XP) — IRQL no qual o depurador interrompe execução e no qual são mascaradas interrupções APC, DPC/despacho, DIRQL e de depurador que chegam.
IRQL de relógio (Windows XP) — IRQL no qual ocorrem interrupções de relógio e no qual são mascaradas interrupções APC, DPC/despacho, DIRQL e de nível de perfil.
IRQL DPC/despacho (Windows XP) — IRQL no qual DPCs e o escalonador de thread executam e no qual são mascaradas APCs e interrupções de nível DPC/despacho.
IRQL passivo (Windows XP) — IRQL no qual os modos usuário e núcleo normalmente executam e no qual nenhuma interrupção é mascarada. IRQL passivo é o IRQL cuja prioridade é a mais baixa de todas.

J

janela TCP — Mecanismo de controle de fluxo e controle de congestionamento no qual certa quantidade de dados pode ser enviada pela camada de rede sem que o receptor autorize explicitamente o emissor a enviar mais.
Jantar dos Filósofos — Problema clássico proposto por Dijkstra que ilustra os problemas inerentes da programação concorrente, incluindo deadlock e adiamento indefinido. O problema requer que o programador garanta que um conjunto de *n* filósofos, sentados a uma mesa que contém *n* garfos, e que se alternam entre comer e pensar, não morram de fome tentando adquirir os dois garfos adjacentes necessários para comer.
Java — Linguagem de programação orientada para objeto desenvolvida pela Sun Microsystems que promove portabilidade executando em uma máquina virtual.
Java Community Process — Organização aberta que focaliza o desenvolvimento de especificações de tecnologia Java, entre elas servlet e JavaServerPages.
Java Management Extensions (JMX) — Desenvolvida pela Sun e pelas empresas líderes da indústria de gerenciamento de redes, define uma estrutura de componentes que habilita desenvolvedores a construir soluções de gerenciamento de rede automatizadas, inteligentes e dinâmicas.
JavaServer Pages (JSP) — Permite que programadores de páginas Web criem páginas que utilizam funcionalidade Java embutida e até mesmo que escrevam scriptlets do próprio código Java diretamente na página.
JavaSpaces — Serviço Jini que implementa uma arquitetura simples, de alto nível, para construir sistemas distribuídos. O serviço JavaSpaces fornece armazenamento distribuído, compartilhado (e memória compartilhada) para objetos Java e habilita objetos Java a se comunicar, compartilhar objetos e coordenar tarefas utilizando o armazenamento.

Jini — Estrutura para construir sistemas distribuídos confiáveis e tolerantes a falhas com tecnologias Java existentes. Jini estende a idéia de fornecer serviços para além de redes de computadores industriais, levando-a até redes domésticas.
job — Conjunto de trabalhos a ser realizado por um computador.
join (junção) — Operação que faz com que o thread chamador bloqueie até que o thread ao qual ele se juntou termine. Um thread primário muitas vezes se junta a cada um dos threads que cria para que seu processo correspondente não saia até que todos os seus threads tenham terminado.
junção (join) (banco de dados) — Operação que combina relações.
junção de diretório (Windows XP) — Diretório que se refere a um outro diretório dentro do mesmo volume, utilizado para percorrer o arquivo com mais facilidade.
justiça — Propriedade de um algoritmo de escalonamento que trata todos os processos igualmente.
JXTA — Projeto desenvolvido na Sun Microsystems, Inc., que cria um protocolo-padrão, de baixo nível, independente de plataforma e de linguagem, que promove a interoperabilidade entre aplicações peer-to-peer.

K

Kerberos — Desenvolvido no MIT, este protocolo de autenticação e acesso de código-fonte aberto, disponível gratuitamente, fornece proteção contra ataques à segurança interna. Emprega criptografia de chave secreta para autenticar usuários de uma rede e para manter a integridade e a privacidade de comunicações em rede.
ksoftirqd (Linux) — Daemon que escalona manipuladores de interrupção de software quando a carga do softirq for alta.
kswapd (Linux) — Daemon que troca páginas dinamicamente para disco.

L

laço de retorno — Técnica na qual informações sobre o estado corrente do sistema podem influenciar o número de requisições que estão chegando a um recurso (por exemplo, laços de retorno negativo e positivo).
lacuna — Uma área não utilizada da memória de um programa de multiprogramação por partição variável
lança (boom) — Ver braço de disco.
largura de banda — Capacidade de transmissão de informações de uma linha de comunicações. Também se refere à quantidade de dados transferida em uma unidade de tempo.
largura de bisseção — Número mínimo de enlaces que precisam ser cortados para dividir uma rede em duas metades não conectadas.
latência (escalonamento de processo) — Tempo que uma tarefa gasta em um sistema antes de ser atendida.
latência de falta de cache — Tempo extra requerido para acessar dados que não residem no cache.
latência rotacional — Tempo requerido para um disco fazer a rotação de um dado requisitado de sua posição corrente até uma posição adjacente ao cabeçote de leitura/escrita.
lei de Moore — Previsão referente à evolução do projeto de processadores que afirma que o número de transistores em um processador dobrará a aproximadamente cada 18 meses.
ler (read) (arquivo) — Operação que alimenta um item de dado de um arquivo a um processo.
lexer — Veja analisador léxico.
liberação voluntária de página — Ocorre quando um processo libera explicitamente uma moldura de página de que não mais necessita, o que pode melhorar desempenho reduzindo o número de molduras de páginas não usadas alocadas a um processo, deixando mais memória disponível.
ligação — Processo de integração de módulos objetos de um programa em um único arquivo executável.
ligação dinâmica — Mecanismo de ligação que resolve referências a funções externas quando o processo faz sua primeira chamada àquela função. Essa operação pode reduzir a sobrecarga de ligação porque não são ligadas às funções externas, as quais nunca são chamadas enquanto o processo executa.
ligação e inserção de objeto (*Object Linking and Embedding* — OLE) — Tecnologia da Microsoft construída sobre COM que define um método-padrão para processos trocarem dados ligando ou inserindo objetos COM.
ligação estrita — Entrada de diretório que especifica a localização de um arquivo no seu dispositivo de armazenamento.
ligação flexível — Arquivo que especifica o nome de caminho correspondente ao arquivo ao qual está ligado.
limite de inanição (Linux) — Tempo durante o qual processos de alta prioridade são colocados na lista expirada para impedir que processos de baixa prioridade sejam adiados indefinidamente.
limite de saturação — Nível de utilização de recurso acima do qual ele recusará acesso. Projetado para reduzir deadlock; também reduz rendimento.
limpeza final — No caso de algoritmos de exclusão mútua, tarefa realizada pelo sistema operacional para garantir que a exclusão mútua não seja violada e que threads possam continuar a executar se um thread terminar enquanto estiver executando sua seção crítica.
Linguagem Comum Orientada para Negócios (*COmmon Business Oriented Language* – COBOL) — Linguagem de programação procedural desenvolvida no final da década de 1950, projetada para escrever softwares de negócios para manipular grandes volumes de dados.
linguagem de alto nível — Linguagem de programação que utiliza identificadores semelhantes a palavras em inglês e notação matemática comum para representar programas usando um número menor de comandos do que a linguagem de programação de montagem.
linguagem de banco de dados — Linguagem que serve para organizar, modificar e consultar dados estruturados.
linguagem de consulta — Linguagem que permite que usuários pesquisem um banco de dados à procura de dados que satisfaçam certos critérios.
linguagem de controle de job — Comandos interpretados por um processador de fluxo de job que definem e facilitam a montagem do próximo job em um sistema de processamento em lote de fluxo único.
linguagem de definição de dados (*Data Definition Language* — DDL) — Tipo de linguagem que especifica a organização de dados em um banco de dados.
linguagem de definição de interface (*Definition Language* — IDL) — Linguagem usada para especificar os detalhes das RPCs, que fornece uma representação de interfaces independente de linguagem e permite que aplicações distribuídas chamem procedimentos de maneira transparente em computadores remotos.
linguagem de descrição de serviços Web (*Web Services Description Language* — WSDL) — Provê um método padronizado para descrever serviços Web e suas respectivas capacidades.
linguagem de manipulação de dados (*Data Manipulation Language* — DML) — Tipo de linguagem que habilita modificação de dados.
linguagem de máquina — Linguagem definida pelo projeto do hardware de um computador e pode ser entendida nativamente pelo computador.
linguagem de marcação de hipertexto (*HyperText Markup Language* — HTML) — Linguagem que especifica o conteúdo e a organização de informações em uma página Web e fornece hiperlinks para acessar outras páginas.
linguagem de montagem (assembly) — Linguagem de baixo nível que representa operações básicas de computador como abreviações parecidas com o inglês.
linguagem de programação procedural — Linguagem de programação baseada em funções em vez de objetos.
linguagem estruturada de consulta (*Structured Query Language* — SQL) — Linguagem de banco de dados que permite que usuários encontrem itens de dados que têm certas propriedades e também criem tabelas, especifiquem restrições de integridade, gerenciem consistência e imponham segurança.
linguagem extensível de marcação (*Extensible Markup Language* — XML) — Linguagem para marcar dados de modo que informações possam ser trocadas entre aplicações e plataformas.
linha de cache — Entrada em um cache.
linha de memória — Entrada da memória que armazena uma só palavra de dados de máquina que normalmente tem quatro ou oito bytes.
Linux de modo usuário (*User-Mode Linux* — UML) (Linux) — Núcleo Linux que executa como um processo usuário dentro do sistema Linux de um hospedeiro.
Linux Standard Base (Linux) — Projeto cuja meta é especificar uma interface Linux padronizada para melhorar a portabilidade de aplicações entre versões (e distribuições) de núcleo.
lista ativa (Linux) — Estrutura de escalonador que contém processos que controlarão o processador pelo menos durante a época corrente.
lista bloqueada — Estrutura de dados de núcleo que contém ponteiros para todos os processos *bloqueados*. Essa lista não é mantida em nenhuma ordem de prioridade particular.
lista de controle de acesso — Lista que armazena uma entrada para cada direito de acesso a um objeto concedida a um sujeito. Uma lista de controle de acesso consome menos espaço do que uma matriz de controle de acesso
lista de controle de acesso discricionário (*Discretionary Access Control List* — DACL) (Windows XP) — Lista ordenada que informa ao Windows XP quais encarregados de segurança podem acessar determinado recurso e quais ações esses encarregados podem executar no recurso.
lista de descritores de memória (*memory descriptor list* — MDL) (Windows XP) — Estrutura de dados usada em uma transferência de E/S que mapeia os endereços virtuais de um processo a serem acessados durante a transferência para endereços de memória física.
lista de livres — Lista encadeada de blocos que contém os endereços de blocos livres.
lista de memória livre — Estrutura de dados de sistema operacional que indica lacunas disponíveis na memória.
lista de páginas (Windows XP) — Lista de molduras de páginas que estão no mesmo estado. As listas correspondente aos oito estados são: lista de páginas válidas, lista de páginas de reserva, lista de páginas modificadas, lista de páginas modificadas que não podem ser escritas, lista de páginas transicionais, lista de páginas livres, lista de páginas zeradas e lista de páginas ruins.
lista de páginas de reserva (Windows XP) — Lista de molduras de páginas consistentes com sua versão em disco, que podem ser liberadas.
lista de páginas livres (Windows XP) — Lista de molduras de páginas que estão disponíveis para recuperação; embora essas molduras de páginas não contenham nenhum dado válido, não podem ser utilizadas até que o thread de página zero defina todos os seus bits para zero.
lista de páginas modificadas (Windows XP) — Lista de molduras de páginas que o VMM deve escrever para o arquivo de páginas antes de liberá-las.
lista de páginas modificadas que não podem ser escritas (Windows XP) — Lista de molduras de páginas para as quais o VMM deve escrever uma entrada para um arquivo de registro antes de liberá-la.
lista de páginas ruins (Windows XP) — Lista de molduras de páginas que geraram erros de hardware; o sistema não armazena páginas nessas molduras de páginas.
lista de páginas transicionais (Windows XP) — Lista de molduras de páginas cujos dados estão em processo de transferência de ou para disco.
lista de páginas válidas (Windows XP) — Lista de molduras de páginas que estão correntemente no conjunto de trabalho de um processo.
lista de prontos — Estrutura de dados de núcleo que organiza todos os processos *prontos* no sistema. A lista de pontos normalmente é ordenada por prioridade de escalonamento de processo.
lista de requisições (Linux) — Estrutura que armazena requisições de E/S pendentes. Essa lista é ordenada para melhorar o rendimento reduzindo tempos de busca.
lista de revogação de certificados (*Certificate Revocation List* — CRL) — Lista de certificados cancelados e revogados. Um certificado é cancelado/revogado se uma chave privada ficar comprometida antes da sua data de expiração.
lista encadeada unicamente intertravada (*interlocked singly linked list* — SList) (Windows XP) — Lista unicamente encadeada na qual inserções e supressões são executadas como operações atômicas.
lista expirada (Linux) — Estrutura que contém processos que não podem disputar o processador até a próxima época. Processos são colocados nesta lista para evitar que outros sejam adiados indefinidamente. Para iniciar rapidamente uma nova época, essa lista se torna a lista ativa.
lista inativa (Linux) — Veja lista expirada.
listar (list) (arquivo) — Operação que imprime ou exibe o conteúdo de um arquivo.
listas de páginas zeradas (Windows XP) — Lista de molduras de páginas cujos bits estão todos colocados em zero.
Livro Laranja (Orange Book) — Documento publicado pelo Departamento de Defesa (DoD) dos Estados Unidos para estabelecer diretrizes na avaliação de características de segurança de sistemas operacionais.
localidade — Fenômeno empírico que descreve eventos estreitamente relacionados em espaço ou tempo. Quando aplicada a padrões de acesso à memória, a localidade espacial determina que, quando um processo se referir a determinado endereço, provavelmente também acessará endereços próximos; localidade temporal determina que, quando um processo se referir a determinado endereço, provavelmente logo o referirá novamente.
localidade espacial — Propriedade empírica que, em sistemas de paginação, afirma que processos tendem a favorecer certos subconjuntos de suas páginas e que essas páginas tendem a estar próximas umas das outras no espaço de endereçamento virtual de um processo. O processo que está acessando índices seqüenciais de um arranjo exibe localidade espacial.
localidade temporal — Propriedade de eventos estreitamente relacionados ao longo do tempo. Em referências à memória, localidade temporal ocorre quando processos se referem às mesmas localizações de memória repetidamente dentro de um curto período de tempo.
localização (arquivo) — Endereço de um arquivo em um dispositivo de armazenamento ou na organização lógica de arquivos do sistema.
localizador uniforme de recurso (*Uniform Resource Locator* — URL) — Um URI usado para acessar um recurso em

um protocolo comum como HTTP e FTP. Consiste no protocolo, nome de hospedeiro, porta e caminho do recurso.

logging (registro) de paridade (RAID) — Técnica que aumenta o desempenho de escrita em sistemas RAID, usando paridade, adiando escritas para o disco de paridade enquanto o sistema estiver ocupado. Porque o registro de paridade armazena informações em memória volátil, as informações de paridade podem ser perdidas se faltar energia ao sistema.

lugar movimentado (hot spot) — Cilindro de disco que contém dados requisitados freqüentemente. Algumas técnicas de antecipação de braço de disco levam o cabeçote do disco até lugares movimentados para reduzir os tempos médio de busca.

M

Mac OS — Linha de sistemas operacionais para computadores Apple Macintosh lançada pela primeira vez em 1997.

Mach — Antigo sistema operacional de micronúcleo projetado na Carnegie-Mellon University por uma equipe comandada por Richard Rashid. O Mach influenciou o projeto do Windows NT e é usado para implementar o Mac OS X.

Macintosh — Linha de PCs da Apple Computers que lançou a GUI e o mouse no comércio de usuários comuns de computadores.

mailslot (Windows XP) — Fila de mensagens que um processo pode empregar para receber mensagens de outros processos.

manipulador automático de vínculo (Windows XP) — Manipulador RPC de vínculo no qual o processo cliente simplesmente chama uma função remota e o stub gerencia todas as tarefas de comunicação.

manipulador de arquivo — Identifica um arquivo no servidor de arquivos com tipo de arquivo, localização e permissões de acesso.

manipulador de núcleo (Windows XP) — Manipulador de objeto acessível no espaço de endereçamento de qualquer processo, mas só em modo núcleo.

manipulador de objeto (Windows XP) — Estrutura de dados que permite que threads manipulem um objeto.

manipulador de sinal — Código executado em resposta a um tipo particular de sinal.

manipulador de vínculo (Windows XP) — Estrutura de dados que armazena informações de conexões associadas a uma vinculação entre um cliente e um servidor.

manipulador explícito (Windows XP) — Manipulador de vínculo no qual o cliente deve especificar todas as informações vinculadoras e criar e gerenciar o manipulador.

mapa de bits — Técnica de gerenciamento de espaço livre que mantém um bit para cada bloco da memória e no qual o i-ésimo bit corresponde ao i-ésimo bloco da memória. Mapas de bits habilitam um sistema de arquivos a alocar mais facilmente blocos contíguos, mas pode requerer tempo de execução substancial para localizar um bloco livre.

mapa de bits de alocação de bloco (Linux) — Mapa de bits que traça a utilização de blocos em cada grupo de blocos.

mapa de bits de alocação de inodes (Linux) — Mapa de bits que registra a utilização de inodes de um grupo de blocos.

mapa de inodes — Bloco de metadados escrito para o arquivo de eventos de um sistema de arquivos log-estruturado que indica a localização de inodes do sistema de arquivo. Mapas de inodes melhoram o desempenho do LFS reduzindo o tempo requerido para determinar localizações de arquivos no LFS.

mapa de memória — Estrutura de dados que armazena a correspondência entre o espaço de endereçamento virtual de um processo e localizações de memória principal.

mapa de tradução — Tabela que auxilia o mapeamento de endereços virtuais para seus endereços correspondentes na memória real.

mapeamento associativo — Memória associativa endereçada por conteúdo que auxilia o mapeamento de endereços virtuais para seus endereços de memória real correspondentes; todas as entradas da memória associativa são pesquisadas simultaneamente.

mapeamento de arquivo (Windows XP) — Mecanismo de comunicação interprocesso no qual vários processos acessam o mesmo arquivo, colocando-o nos seus respectivos espaços de memória virtual. Os diferentes endereços virtuais correspondem aos mesmos endereços da memória principal.

mapeamento de bloco — Mecanismo que, em um sistema de memória virtual, reduz o número de mapeamentos entre endereços de memória virtual e endereços de memória real mapeando blocos na memória virtual para blocos na memória principal.

mapeamento de porta (Windows XP) — Processo que permite explicitamente que o firewall de conexão com a Internet (*Internet Connection Firewall* — ICF) aceite todos os pacotes que cheguem a determinada porta.

mapeamento de thread muitos-para-muitos (*m-to-n* **ou** *m-to-m*) — Modelo de thread no qual um conjunto de threads usuários é designado a um conjunto de threads de núcleo de modo que aplicações possam se beneficiar das características de threads de núcleo e também das de threads de usuário, como ativações de escalonador. Na prática, o número de threads de usuário é maior ou igual ao número de threads de núcleo do sistema para minimizar consumo de memória.

mapeamento de threads muitos-para-um — Modelo de thread no qual todos os threads de usuário em um processo são designados a um único thread de núcleo.

mapeamento direto — Mecanismo de tradução de endereço que auxilia o mapeamento de endereços virtuais para seus endereços reais correspondentes por meio de um índice para uma tabela armazenado em memória endereçada por localização.

mapeamento reverso (Linux) — Lista encadeada de entradas de tabelas de páginas que se referem a uma página da memória. Isso facilita a atualização de todas as PTEs correspondentes a uma página compartilhada que está prestes a ser substituída.

mapeamento um-para-um — Modelo de thread no qual cada thread de usuário é designado a um thread de núcleo.

máquina virtual — Aplicação que emula a funcionalidade de um sistema de computador. Uma máquina virtual pode executar aplicações que não são diretamente compatíveis com o sistema físico que executa a máquina virtual. O usuário "vê" o computador não como a máquina virtual, mas como a máquina física subjacente.

máquina virtual Java (*Java Virtual Machine* — **JVM**) — Máquina virtual que habilita programas Java a executar em muitas arquiteturas diferentes sem recompilar programas Java para a linguagem de máquina nativa do computador no qual executam. A JVM promove portabilidade de aplicação e simplifica a programação, livrando o programador da preocupação com aspectos específicos de arquitetura.

marca-d'água digital — Aplicação popular da esteganografia que oculta informações em trechos de um arquivo não utilizadas (ou raramente utilizadas).

marca de tempo — Registra o horário local no qual a mensagem foi enviada.

marca de tempo (não-rejeição) — Técnica que liga um horário e uma data a um documento digital, o que ajuda a resolver o problema da não-rejeição.

máscara de afinidade (Windows XP) — Lista de processadores na qual os threads de um processo têm permissão de executar.

máscara de sinal — Estrutura de dados que especifica quais sinais não são entregues a um thread. Dependendo do tipo do sinal e da ação-padrão, sinais mascarados são enfileirados ou descartados.

mascarar um sinal — Impedir que um sinal seja entregue. Mascarar sinais habilita um processo multithread a especificar quais dos seus threads manipulará sinais de determinado tipo.

matriz de comutação de barras cruzadas — Esquema de interconexão de processadores que mantém um caminho separado de cada nodo emissor a cada nodo receptor.

matriz de controle de acesso — Matriz que lista sujeitos de sistemas nas linhas e os objetos aos quais requerem acesso nas colunas. Cada célula da matriz especifica as ações que um sujeito (definido pela linha) pode executar sobre um objeto (definido pela coluna). Normalmente essas matrizes de controle de acesso não são implementadas porque sua população é esparsa.

máximo de conjunto de trabalho (Windows XP) — Limite superior do número de páginas que um processo pode ter simultaneamente na memória principal.

mecanismo adaptativo — Entidade de controle que ajusta um sistema em resposta à mudança em seu comportamento.

mecanismo de integridade de arquivo — Mecanismo que garante que a informação de um arquivo não está corrompida. Quando a integridade de arquivo é assegurada, os arquivos contêm apenas as informações que devem ter.

Mecanismo de Isolamento de Acesso (*Access Isolation Mechanism* — **AIM**) (Multics) — Implementação de controle de acesso obrigatória do Multics.

mecanismo de segurança — Método pelo qual o sistema implementa sua política de segurança. Em muitos sistemas, a política muda ao longo do tempo, mas o mecanismo permanece sem mudanças.

média — Média de um conjunto de valores.

medida absoluta de desempenho — Medida da eficiência com a qual o sistema de computador cumpre suas metas descrita por uma quantidade absoluta, como a quantidade de tempo na qual um sistema executa determinado parâmetro de referência. Contrasta com as medições relativas de desempenho, como facilidade de utilização, que só podem ser usadas para fazer comparações entre sistemas.

meio de transmissão — Material usado para propagar um sinal (por exemplo, fibra ótica ou fio de cobre).

meio escreve uma vez, lê muitas (*Write-Once, Read-Many* — **WORM**) — Meio de armazenamento que pode ser modificado somente uma vez, mas cujo conteúdo pode ser acessado repetidamente.

membro — Subarquivo seqüencial de um arquivo particionado.

memória alta (Linux) — Região da memória física (que começa em 896 MB na arquitetura IA-32) iniciando no maior endereço físico que estiver permanentemente mapeado para o espaço de endereçamento virtual do núcleo e estende-se até o limite da memória física (64 GB em processadores Intel Pentium 4). Porque o núcleo tem de executar operações caras para mapear páginas em seu espaço de endereçamento virtual para molduras de páginas na memória alta, a maioria das estruturas de dados do núcleo não é armazenada na memória alta.

memória associativa — Memória endereçada por conteúdo e não por localização; memórias associativas rápidas podem ajudar a implementar mecanismos de tradução dinâmica de endereços de alta velocidade.

memória comprometida (Windows XP) — Estágio necessário antes de um processo poder acessar memória. O VMM assegura que há espaço suficiente para a memória e cria entradas de tabela de página (PTEs) na memória principal para as páginas comprometidas.

memória de acesso aleatório (*random access memory* — **EAM**) — Memória cujo conteúdo pode ser acessado em qualquer ordem.

memória de atração (*Attraction Memory* — **AM**) — Memória principal de um multiprocessador de arquitetura de memória somente de cache (*cache-only memory architecture* — COMA), que é organizada como um cache.

memória de cache — Memória pequena, cara, de alta velocidade, que contém cópias de programas e dados para reduzir tempos de acesso à memória.

memória DMA (Linux) — Região da memória física entre zero e 16 MB que normalmente é reservada para autocarregamento do núcleo e de dispositivos DMA herdados.

memória física — Veja memória principal.

memória normal (Linux) — Localizações de memória física além dos 16 MB que o núcleo pode mapear diretamente para seu espaço de endereçamento virtual. Essa região é usada para armazenar dados de núcleo e páginas de usuário.

memória principal — Memória volátil que armazena instruções e dados; é o nível mais baixo da hierarquia de memória que pode ser referido diretamente por um processador.

memória real — Veja memória principal.

memória virtual — Capacidade de sistemas operacionais que habilita programas a endereçar mais localizações de memória do que as que são fornecidas na memória principal. Sistemas de memória virtual ajudam a livrar os programadores de grande parte da carga de gerenciamento de memória, liberando-os para que se concentrem no desenvolvimento da aplicação.

memória virtual compartilhada (*shared virtual memory* — **SVM**) — Extensão de conceitos de memória virtual para sistemas multiprocessadores; SVM apresenta a ilusão de memória física compartilhada entre processadores e garante coerência para páginas acessadas por processadores separados.

mensagem — Mecanismo IPC que permite que dados sejam transmitidos, especificando um tipo de mensagem e um campo de dados de tamanho variável.

metadados — Dados que um sistema de arquivo utiliza para gerenciar arquivos e que é inacessível diretamente a usuários. Inodes e superblocos são exemplos de metadados.

metade inferior do tratador de interrupções (Linux) — Porção do código do gerenciador de interrupções que pode sofrer preempção.

metade superior de um controlador de interrupção (Linux) — Porção não preemptiva de código de controlador de interrupção que realiza o trabalho mínimo requerido para confirmar uma interrupção antes de transferir execução para a metade inferior preemptiva do controlador de interrupção.

método (de um objeto) — Parte de um objeto que manipula atributos de objeto ou executa um serviço.

método básico de acesso — Método de acesso a arquivos no qual o sistema operacional responde imediatamente às demandas de E/S de um usuário. É usado quando a seqüência em que os registros têm de ser processados não pode ser antecipada, particularmente com acesso direto.

método de acesso — Técnica que um sistema de arquivos utiliza para acessar dados de arquivo. Veja também método de acesso em fila e método básico de acesso.

método de acesso de fila — Método de acesso a arquivo que não atende imediatamente demandas de E/S de usuário. Isso pode melhorar o desempenho quando a seqüência na qual os registros devem ser processados pode ser antecipada e requisições podem ser ordenadas para minimizar tempos de acesso.

método de avaliação de ameaças, ativos e vulnerabilidades operacionalmente críticos (*Operationally Critical*

Threat, Asset and Vulnerability Evaluation — **OCTAVE)** — Técnica para avaliar ameaças à segurança de um sistema desenvolvida no Software Engineering Institute da Carnegie Mellon University.

metodologia baseada em vetor — Método de calcular uma avaliação específica de aplicação de um sistema com base na média ponderada dos resultados de microquantificadores para as primitivas do sistema em questão; os pesos são determinados pela demanda relativa da aplicação em questão para cada primitiva.

metodologia híbrida — Técnica de avaliação de desempenho que combina a metodologia baseada em vetor com dados de traços para medir desempenho de aplicações cujo comportamento depende fortemente de entradas do usuário.

métodos de serviço Web (em .NET) — Métodos contidos em uma classe de serviço Web .NET.

microcódigo — Instruções de microprogramação.

micro-op — Instrução simples, parecida com RISC, que é o único tipo de instrução processada por um processador Pentium; o decodificador de instruções do Pentium converte instruções complexas em uma série de micro-ops.

microprogramação — Camada de programação abaixo da linguagem de máquina de um computador que inclui instruções necessárias para implementar operações em linguagem de máquina. Isso habilita processadores a dividir instruções grandes e complexas em instruções mais simples executadas por sua unidade de execução.

microquantificador — Ferramenta de avaliação de desempenho que mede a velocidade de uma única operação de sistema operacional (por exemplo, criação de processo).

microquantificadores lmbench — Conjunto de microquantificadores que habilita avaliadores a medir e comparar desempenho de sistema em uma variedade de plataformas UNIX.

Microsoft IDL (MIDL) — Extensão da Microsoft da linguagem de definição de interface (IDL) — o padrão do Distributed Computing Environment (DCE) do The Open Group para interoperabilidade de RPCs.

middleware — Camada de software que habilita comunicação entre aplicações diferentes. Middleware simplifica programação de aplicações, executando trabalho como comunicação de rede e tradução entre diferentes formatos de dados.

migração ávida — Estratégia de migração de processo que transfere todo o espaço de endereçamento de um processo durante as fases iniciais da migração para eliminar dependências residuais do processo migrado em relação ao seu nodo original.

migração ávida suja — Método de migração de processo no qual somente as páginas sujas de um processo migram com ele; páginas limpas devem ser acessadas por meio de armazenamento secundário.

migração de cópia-sob-referência — Técnica de migração de processo na qual somente as páginas sujas de um processo são migradas com ele, e o processo pode requisitar páginas limpas do nodo emissor ou do armazenamento secundário.

migração de página — Técnica pela qual o sistema transfere páginas para o processador (ou processadores quando usada com replicação de página) que mais acessa as páginas.

migração de processo — Transferência de um processo e de seu estado associado entre dois processadores.

migração preguiçosa — Estratégia de migração de processo em sistemas multiprocessadores que não transfere todas as páginas durante a migração inicial, o que aumenta a dependência residual, mas reduz o tempo de migração inicial

migração sob demanda — Um outro nome para migração preguiçosa de processo.

mínima folga primeiro — Política de escalonamento que determina prioridade mais alta para os processos que concluirão com a mínima utilização de processador.

mínimo de conjunto de trabalho (Windows XP) — Número de páginas na memória principal que o gerenciador do grupo de trabalho deixa para um processo quando executa o algoritmo de ajuste de páginas.

MIPS (milhões de instruções por segundo) — Unidade comumente usada para categorizar o desempenho de determinado computador; uma classificação de um MIPS significa que um processador pode executar um milhão de instruções por segundo.

MobileMark — Microquantificador popular para avaliar sistemas instalados em dispositivos móveis desenvolvido pela Business Application Performance Corporation (BAPCo).

modelo analítico — Representação matemática de um sistema de computador ou de um componente de um sistema de computador cujo propósito é estimar seu desempenho rapidamente e com relativa exatidão.

modelo cliente/servidor — Paradigma popular de rede no qual processos, que necessitam que vários serviços sejam executados (clientes), transmitem suas requisições a processos que fornecem esses serviços (servidores). O servidor processa a requisição e retorna o resultado para o cliente. O cliente e o servidor normalmente estão em máquinas diferentes da rede.

modelo de apartamento — modelo de thread de objeto COM no qual somente um thread age como um servidor para cada objeto COM.

modelo de dispositivo unificado (Linux) — Representação de dispositivo interno que relaciona dispositivos com drivers de dispositivos, classes de dispositivos e barramentos de sistema. O modelo de dispositivo unificado simplifica gerenciamento de energia e gerenciamento de dispositivos de troca dinâmica (hot-swappable).

modelo de driver do Windows (*Windows Driver Model* — WDM) (Windows XP) — Modelo de driver padronizado que habilita compatibilidade de código-fonte por todas as plataformas Windows; cada driver WDM deve ser escrito como um driver de barramento, driver de função ou driver de filtro e suportar PnP, gerenciamento de energia e WMI.

modelo de objeto componente (*Component Object Model* — COM) — Arquitetura de software desenvolvida pela Microsoft que permite interoperabilidade entre diversos componentes por meio da manipulação padronizada de interfaces de objetos.

modelo de objeto componente distribuído (*Distributed Component Object Model* — DCOM) — Extensão de sistemas distribuídos do COM da Microsoft.

modelo de segurança — Entidade que define sujeitos, objetos e privilégios de um sistema.

modelo livre — Modelo de thread de objeto COM no qual muitos threads podem agir como servidor para um objeto COM.

modelo misto — Modelo de thread COM no qual alguns objetos COM residem em apartamentos únicos e outros podem ser acessados por threads livres.

modelo relacional — Modelo de dados proposto por Codd que é a base da maioria dos sistemas de bancos de dados modernos.

modo de execução — Modo de execução de sistema operacional (por exemplo, modo de usuário) que determina quais instruções podem ser executadas por um processo.

modo executivo — Modo protegido no qual um processador pode executar instruções de sistema operacional em nome de um usuário (também denominado de modo de núcleo).

modo núcleo — Modo de execução de um processador que permite que processos executem instruções privilegiadas.

modo usuário — Modo de operação que não permite a processos acessarem recursos de sistema diretamente.

modo write-through (Windows XP) — Método de escrever para um pipe pelo qual operações não concluem até que seja confirmado que os dados que estão sendo escritos estejam no buffer do processo receptor.

modos de controle de acesso — Conjunto de privilégios (por exemplo, ler, escrever, executar e/ou anexar) que determina como uma página ou segmento de memória pode ser acessado.

módulo — Subprograma desenvolvido independentemente que pode ser combinado com outros subprogramas para criar um programa maior, mais complexo; programadores comumente utilizam módulos de biblioteca pré-compilados para executar funções comuns de computador como manipulações de E/S ou geração de número aleatório.

módulo de autenticação conectável (*pluggable authentication module* — PAM) (Linux) — Módulo que pode ser instalado durante o tempo de execução para incorporar técnicas de autenticação melhoradas no sistema Linux.

módulo de biblioteca — Módulo pré-compilado que executa rotinas comuns de computador, como rotinas de E/S ou funções matemáticas.

módulo de carga — Módulo integrado produzido por um ligador que consiste em código objeto e endereços relativos.

módulo de núcleo carregável (Linux) — Software que pode ser integrado ao núcleo durante o tempo de execução.

moldura de página — Bloco de memória principal que pode armazenar uma página virtual. Em sistemas que têm um só tamanho de página, qualquer página pode ser colocada em qualquer moldura de página disponível.

moldura — Um dado na camada de enlace. Contém a mensagem e as informações de controle

monitor — Constructo de concorrência que contém os dados e também os procedimentos necessários para fornecer exclusão mútua e, ao mesmo tempo, alocar um recurso compartilhado serialmente utilizável ou grupo de recursos compartilhados serialmente utilizáveis.

monitor sinalize e continue — Monitor que permite que um thread sinalize que o monitor está disponível, mas não requer que o thread libere a trava até sair do monitor, quando então um thread sinalizado pode entrar no monitor.

monitor sinalize e saia — Monitor que requer que um thread libere a trava do monitor assim que o thread sinalizar para um outro thread.

monitoração de desempenho — Coleta e análise de informações do desempenho de sistema para sistemas existentes; essas informações incluem rendimento, tempos de resposta, previsibilidade, gargalos etc. de um sistema.

montagem de dados — Uma rotina do stub do cliente para empacotar argumentos de procedimento e retornar valores para transmissão por uma rede.

montar — Inserir um sistema de arquivo em uma estrutura de diretório local.

movimento antecipatório — Movimento do braço do disco durante antecipação do braço do disco.

MS-DOS — Popular sistema operacional para o primeiro computador pessoal (PC) da IBM e microcomputadores compatíveis.

multicast — Tipo de endereço IPv6 usado para enviar pacotes para todos os hospedeiros de um grupo de hospedeiros relacionados.

Multics — Um dos primeiros sistemas operacionais a implementar memória virtual. Desenvolvido pelo MIT, GE e Bell Laboratories como sucessor do CTSS do MIT.

Multics Relational Data Store (MRDS) — Primeiro sistema comercial de bancos de dados relacionais, incluído em Multics.

Multiple Virtual Spaces (MVS) — Sistema operacional da IBM para computadores de grande porte (mainframes) System/370 que permite qualquer número de espaços de endereçamento virtual de 16 MB.

multiprocessador de acesso não uniforme à memória (*nonuniform-memory-access* — NUMA) — Arquitetura de multiprocessador na qual cada nodo consiste em um processador, cache e módulo de memória diferentes. Acesso ao módulo de memória associado de um processador (denominado memória local) é mais rápido do que acesso a outros módulos de memória do sistema.

multiprocessador de acesso uniforme à memória (*uniform-memory-access* — UMA) — Arquitetura de multiprocessador que requer que todos os processadores compartilhem toda a memória principal; em geral, o tempo de acesso à memória é constante, independentemente de qual processador requisita dados, exceto quando os dados são armazenados no cache de um processador.

multiprocessador de arquitetura de memória somente de cache (*Cache-Only Memory Architecture* — COMA) — Arquitetura de multiprocessador na qual cada nodo consiste em um processador, cache e módulo de memória; a memória principal é organizada como um grande cache.

multiprocessador sem acesso remoto à memória (*no-remote-memory-access* — NORMA) — Arquitetura de multiprocessador que não fornece memória global compartilhada. Cada processador mantém sua própria memória local. Multiprocessadores NORMA implementam uma memória virtual comum compartilhada.

multiprocessador simétrico (SMP) — Sistema multiprocessador no qual processadores compartilham todos os recursos eqüitativamente, incluindo memória, dispositivos de E/S e processos.

multiprogramação — Capacidade de armazenar vários programas na memória para que possam ser executados concorrentemente.

multiprogramação por partição fixa — Organização de memória que divide a memória principal em várias partições de tamanho fixo, cada uma contendo um único job.

multiprogramação por partição variável — Método de designar partições do tamanho exato do job que está entrando no sistema.

multitarefa cooperativa — Técnica de escalonamento de processo na qual processos executam em um processador até que devolvam voluntariamente o controle do processador.

multithread — Técnica que incorpora vários threads de execução dentro de um processo para realizar atividades paralelas, possivelmente simultaneamente

mutex abandonado (Windows XP) — Mutex não liberado antes da extinção do thread que o retinha.

mutex rápido (Windows XP) — Variante eficiente de mutex que funciona no nível de APC com algumas restrições (por exemplo, um thread não pode especificar um tempo máximo de espera para um mutex rápido).

N

não-rejeição — Questão que trata de como provar que uma mensagem foi enviada ou recebida.

National Institute of Standards and Technology (NIST) — Organização que estabelece padrões criptográficos (e outros) para o governo dos Estados Unidos.

necessidade máxima (algoritmo do banqueiro de Dijkstra) — Característica de um processo no algoritmo do banqueiro de Dijkstra que descreve o maior número de recursos (de um tipo particular) de que o processo necessitará durante a execução.

nenhuma das E/S (Windows XP) — Técnica de transferência de E/S na qual um driver de alto nível executa no contexto do thread que está chamando para estabelecer uma transferência de E/S por meio de buffer ou de transferência direta de E/S ou para executar a transferência diretamente no espaço de endereçamento do processo.
NetBIOS sobre TCP/IP (NBT) (Windows XP) — Protocolo de substituição para NetBEUI que fornece compatibilidade retrógrada com aplicações mais antigas (mantendo a interface NetBIOS) e tira proveito dos protocolos TCP/IP.
nível (RAID) — Organização particular de um sistema RAID, como nível 1 (espelhamento) ou nível 2 (paridade Hamming ECC). Veja também RAID nível 0, RAID nível 1, RAID nível 2, RAID nível 3, RAID nível 4 e RAID nível 5.
nível de agente (em JMX) — nível JMX que fornece serviços para expor recursos gerenciados.
nível de gerenciador (em JMX) — Nível que dá a uma aplicação de gerenciamento acesso a recursos gerenciados (criados no nível de instrumentação) e opera esses recursos por meio dos agentes JMX.
nível de instrumentação (em JMX) — Torna gerenciável qualquer objeto baseado em Java, para que a aplicação de gerenciamento possa acessar e executar esses objetos.
nível de multiprogramação — Veja grau de multiprogramação.
nível de prioridade básica (Windows XP)— Atributo de thread que descreve a prioridade básica do thread dentro de uma classe de prioridade básica.
nível de prioridade estática (Linux) — Valor inteiro designado a um processo quando ele é criado e que determina sua prioridade de escalonamento.
nível de requisição de interrupção ***(interrupt request level* — IRQL)** (Windows XP) — Medida de prioridade de interrupção; uma interrupção que ocorre em um IRQL igual ou mais baixo do que o IRQL corrente é mascarada.
nodo — Componente de sistema, como um processador, módulo de memória ou comutador, ligado a uma rede; às vezes um grupo de componentes pode ser visto como um único nodo.
nodo escravo (em um cluster Beowulf) — Nodo de cluster Beowulf que não é um nodo principal.
nodo mestre (em um cluster Beowulf) — Nodo, também conhecido como o nodo principal, que age como um servidor para distribuir a carga de trabalho, controlar o acesso ao cluster e manipular os recursos compartilhados.
nodo nativo — Nodo que é o 'lar' de um endereço ou página de memória física e é responsável por manter a coerência dos dados.
nodo principal (em um cluster Beowulf)— Nodo, também denominado nodo mestre, que age como um servidor para distribuir a carga de trabalho, controlar o acesso ao cluster e gerenciar os recursos compartilhados.
nome de caminho — Corrente que identifica um arquivo ou diretório por seu nome lógico, separando diretórios por meio de um delimitador (por exemplo, '/' ou '\'). Um nome de caminho absoluto especifica a localização de um arquivo ou diretório iniciando no diretório-raiz; um nome de caminho relativo especifica a localização de um arquivo ou diretório iniciando no diretório de trabalho corrente.
nome de dispositivo físico — Nome dado a um arquivo específico de um dispositivo particular.
nome externo — Símbolo definido em um módulo que pode ser referiado por outros módulos.
nome simbólico — Nome independente de dispositivo (por exemplo, um nome de caminho).
notify — Operação de thread que transita seu thread-alvo do estado *de espera (waiting)* para o estado *pronto (ready)*.
notify (Java) — Método Java que acorda um thread do conjunto de espera de um monitor. O thread que é acordado depende da implementação de JVM.
notifyAll — Método Java que acorda todos os threads dos conjuntos de espera e de entrada de um monitor. O método notifyAll garante que threads à espera não sejam adiados indefinidamente, mas incorre em mais sobrecarga do que o notify.
núcleo — Software que contém os componentes centrais de um sistema operacional.
NUMA com cache coerente (CC-NUMA) — Multiprocessador NUMA que mantém coerência de cache, usualmente por meio de uma abordagem nativa.
número de identificação do processo ***(process identification number* — PID)** — Valor que identifica um processo exclusivamente.
número de identificação principal de dispositivo (Linux) — Valor que identifica um dispositivo exclusivamente em determinada classe de dispositivo. O núcleo usa esse valor para determinar o driver de um dispositivo.
número principal da versão (Linux) — Valor que identifica exclusivamente uma liberação significativa de Linux.
número secundário de identificação de dispositivo (Linux) —Valor que identifica exclusivamente dispositivos aos quais é designado o mesmo número principal (por exemplo, uma partição de disco rígido).
número secundário de versão (Linux) — Valor que identifica sucessivas versões estáveis (pares) e versões de desenvolvimento (ímpares) do núcleo Linux.

O

objeto — Componente de software reutilizável que pode modelar itens do mundo real por meio de propriedades e ações.
objeto de seção crítica (Windows XP) — Objeto de sincronização que pode ser empregado somente por threads dentro de um único processo, e que permite que apenas um thread tenha a posse de um recurso por vez.
objeto despachador (Windows XP) — Objeto, como mutex, semáforo, evento ou temporizador de espera, que os threads de núcleo e de usuário podem usar para propósitos de sincronização.
objeto dispositivo (Windows XP) — Objeto que um driver de dispositivo usa para armazenar informações sobre um dispositivo físico ou lógico.
objeto driver (Windows XP) — Objeto usado para descrever drivers de dispositivo; armazena ponteiros para rotinas de drivers padronizadas e para os objetos dispositivos dirigidos aos dispositivos que o driver atende.
objeto evento (Windows XP) — Objeto de sincronização que se torna *sinalizado* (*signaled*) quando ocorre um evento particular.
objeto job (Windows XP) — Objeto que agrupa vários processos e permite que desenvolvedores manipulem e definam limites para esses processos como um grupo.
objeto mapeamento de arquivo (Windows XP) — Objeto usado por processos para mapear qualquer arquivo para a memória.
objeto mutex (Windows XP) — Objeto de sincronização que permite que no máximo um thread acesse um recurso protegido a qualquer instante; é, essencialmente, um semáforo binário.
objeto semáforo (Windows XP) — Objeto de sincronização que permite a um recurso ser possuído por um número especificado de threads; essencialmente, é um semáforo contador.
objeto temporizador de espera (Windows XP) — Objeto sincronização que se torna *sinalizado* após passada uma quantidade de tempo especificada.
objeto temporizador de reinício manual (Windows XP) — Objeto temporizador que permanece *sinalizado* (*signaled*) até que um thread reinicie o temporizador especificamente.
objetos temporizadores de reinício automático (Windows XP) — Objeto temporizador que permanece *sinalizado* (*signaled*) somente até que um thread termine de esperar por um objeto.
ocultação de informações — Técnica de arquitetura de software que facilita o desenvolvimento de sistemas de software mais confiáveis, impedindo o acesso direto de objetos externos a dados que estão dentro de um objeto.
on-line — Estado que descreve um computador que está ligado (ativo) e diretamente conectado a uma rede.
Open DataBase Connectivity (ODBC) — Protocolo para middleware que permite que aplicações accessem uma variedade de bancos de dados que usam interfaces diferentes. O driver do ODBC manipula conexões para os bancos de dados e recupera informações requisitadas por aplicações, o que livra o programador de aplicações de escrever código para especificar comandos específicos de bancos de dados.
Open Software Foundation (OSF) — Coalizão de desenvolvedores UNIX que construíram o clone OSF/1 do UNIX para concorrer com o Solaris da AT&T e da Sun. A OSF e a parceria AT&T/Sun foram os participantes das Guerras do UNIX.
OpenBSD — Sistema BSD UNIX cuja meta primária é a segurança.
operação atômica — Operação realizada sem interrupção.
operação de aquisição — Em diversas estratégias de coerência, uma operação que indica que um processo está prestes a acessar memória compartilhada.
operação de busca — Operação que move o cabeçote de disco para um cilindro diferente.
operação de escrita (em JavaSpaces) — Operação que adiciona um objeto ao serviço JavaSpaces.
operação de liberação — Em várias estratégias de coerência, essa operação indica que um processo já terminou de acessar memória compartilhada.
operação de memória leia-modifique-escreva ***(read–modify–write* — RMW)** — Operação que lê atomicamente o conteúdo de uma variável, muda o conteúdo (possivelmente com base no que leu) e escreve o novo valor para a memória. Essas operações simplificam algoritmos de exclusão mútua fornecendo operações atômicas.
operação de montagem — Operação que combina sistemas de arquivos díspares em um único espaço de nomes que pode ser acessado por um único diretório-raiz.
operação indivisível — Veja operação atômica.
operação *P* — Operação em um semáforo. Se a variável no semáforo for 0, a operação *P* bloqueará o thread que está chamando. Se a variável for maior do que 0, a operação decrementará a variável de um e permitirá que o thread que está chamando prossiga.
operação *read* (em JavaSpaces) — Operação similar à operação *take*, mas não remove o objeto do serviço JavaSpaces, de modo que outros clientes ainda podem encontrá-lo.
operação *take* (em JavaSpaces) — Retira do serviço JavaSpaces um objeto que atenda aos critérios dados. Operações *take*, com operações *write* e *read*, permitem que aplicações distribuídas troquem objetos dinamicamente dentro de serviços JavaSpaces.
operação *V* — Operação em um semáforo que incrementa o valor da variável do semáforo se não houver nenhum thread esperando no semáforo. Se houver threads esperando, a operação *V* acorda um deles.
operação XOR (ou exclusivo) — Operação em dois bits que retorna 1 se os dois bits não forem os mesmos e, caso contrário, retorna 0. RAID níveis 3 a 5 usam a operação XOR para gerar bits de paridade.
ordenação causal — Garante que todos os processos reconheçam que um evento causalmente dependente deva ocorrer apenas após o evento do qual depende.
ordenação parcial — Uma ordenação de eventos que segue a relação que acontece antes. Alguns eventos não podem ser ordenados usando este sistema – e é por isso que a ordenação é apenas parcial.
ordenamento linear (de Havender) — Arranjo lógico de recursos que requer que processos requisitem recursos em uma ordem linear. Este método nega a condição de espera circular necessária para deadlock.
ordenamento linear de Havender — Veja ordenamento linear.
ordenamento total — Garante que todos os eventos sejam observados na mesma ordem por todos os processos.
organização de arquivo — Maneira pela qual os registros de um arquivo são organizados em armazenamento secundário (por exemplo, seqüencial, direta, seqüencial indexada e particionada).
organização de arquivo indexada seqüencial — Organização de arquivo que organiza registros em uma seqüência lógica segundo uma chave contida em cada registro.
organização de memória — Modo como o sistema vê a memória principal, abordando aspectos como quantos processos existem na memória, onde colocar programas e dados na memória e quando substituir essas particularidades por outras.
organização de multiprocessador de núcleos separados — Esquema para delegar responsabilidades de sistema operacional no qual cada processador executa seu próprio sistema operacional, mas os processadores compartilham algumas informações globais de sistema.
organização de multiprocessador mestre/escravo — Esquema para delegar responsabilidades de sistema operacional no qual somente um processador (o 'mestre') pode executar o sistema operacional e os outros processadores (os 'escravos') podem executar apenas processos usuários.
organização direta de arquivos — Técnica de organização de arquivos na qual um registro é diretamente acessado (aleatoriamente) por seu endereço físico em um dispositivo de armazenamento de acesso direto (DASD).
organização seqüencial de arquivo — Técnica de organização de arquivo na qual registros são colocados em ordem seqüencial física. O registro 'seguinte' é aquele que está fisicamente após o registro anterior.
organização simétrica de multiprocessador — Esquema para delegar responsabilidades de sistema operacional no qual cada processador pode executar o sistema operacional único.
orientada(o) à computação — Veja orientada(o) a processador.
orientada(o) a E/S — Processo (ou job) que tende a usar um processador durante um curto tempo antes de gerar uma requisição de E/S e devolver o processador.
orientada(o) a processador — Processo (ou job) que consome seu quantum quando em execução. Normalmente esses processos (ou jobs) exigem grandes quantidades de cálculo e emitem poucas, se é que alguma, requisições de E/S.
OS/360 — Sistema operacional para os computadores de grande porte (mainframes) System/360 da IBM. O OS/360 tinha duas opções principais, MFT e MVT, que significavam 'Multiprogramação com um número fixo de tarefas' ('Multiprogramming with a Fixed number of Tasks') e 'Multiprogramação com um número variável de tarefas' ('Multiprogramming with a Variable number of Tasks'. O OS/360-MVT evoluiu para o MVS, o ancestral do atual sis-

tema operacional para grandes computadores (mainframes) z/OS da IBM.

OSF/1 — Clone do UNIX construído pela Open Software Foundation para concorrer com o Solaris.

otimização de busca — Técnica de escalonamento de disco que reduz tempos de busca geralmente atendendo requisições ao cilindro próximo do cabeçote de leitura/escrita.

otimização rotacional — Técnica de escalonamento de disco que reduz tempos de acesso, atendendo em seguida à requisição para o setor mais próximo do cilindro onde está o cabeçote de leitura/escrita.

otimizador — Parte do compilador que tenta melhorar a eficiência de execução e reduzir o requisito de espaço de um programa.

P

pacote (Linux) — Parcela de uma distribuição que contém uma aplicação ou serviço. Usuários podem personalizar seus sistemas Linux adicionando ou removendo pacotes.

pacote de requisições de E/S (IRP) (Windows XP) — Estrutura de dados que descreve uma requisição de E/S.

padrão avançado de criptografia (*Advanced Encryption Standard* — AES) — Padrão de criptografia simétrica que usa o método Rijndael para executar a criptografia. O AES substituiu o padrão de criptografia de dados (*Data Encryption Standard* — DES) porque proporciona melhor segurança.

padrão de bits — Nível mais baixo da hierarquia de dados. Padrão de bits é um grupo de bits que representa virtualmente todos os itens de dados de interesse em sistemas de computadores.

padrão de busca aleatória — Série de requisições de cilindros distribuídas aleatoriamente pelas superfícies de discos. FCFS causa padrões de busca aleatória que resultam em altos tempos de reposta e baixo rendimento.

padrão de criptografia de dados (*Data Encryption Standard* — DES) — Algoritmo de criptografia simétrica que usa uma chave de 56 bits e criptografa dados em blocos de 64 bits. Durante muitos anos, o DES foi o padrão criptográfico adotado pelo governo dos Estados Unidos e pelo American National Standards Institute (ANSI). Contudo, devido aos avanços da capacidade de computação, o DES não é mais considerado seguro — no final da década de 1990, foram construídas máquinas especializadas na quebra do DES que recuperavam as chaves desse padrão criptográfico em algumas horas.

página — Conjunto de endereços contíguos de tamanho fixo no espaço de endereçamento virtual de um processo gerenciado como uma unidade. Uma página contém porções de dados e/ou instruções de um processo e pode ser colocada em qualquer moldura de página disponível na memória principal.

página grande (Windows XP) — Conjunto de páginas contíguas na memória que o VMM trata como única página.

página inativa (Linux) — Página da memória principal que pode ser substituída por uma página que está chegando.

paginação — Técnica de organização de memória virtual que divide um espaço de endereçamento em blocos de endereços contíguos de tamanhos fixos. Quando aplicada ao espaço de endereçamento virtual de um processo, os blocos são denominados páginas, as quais armazenam dados e instruções de processo. Quando aplicada à memória principal, os blocos são denominados molduras de páginas. Uma página é armazenada em armazenamento secundário e carregada em uma moldura de página se houver uma moldura disponível. Paginação trivializa a decisão de posicionamento na memória e não incorre em fragmentação externa (para sistemas que contêm um único tamanho de página); paginação incorre em fragmentação interna.

paginação antecipada — Técnica que carrega antecipadamente as páginas não residentes de um processo que provavelmente serão referidas no futuro próximo. Tais estratégias tentam reduzir o número de faltas de página experimentado por um processo.

paginação por demanda — Técnica que carrega as páginas não residentes de um processo na memória somente quando o processo as refere explicitamente.

paginação pura — Técnica de organização de memória que emprega apenas paginação, sem segmentação.

páginas ativas (Linux) — Páginas da memória que não serão substituídas da próxima vez que houver uma seleção de páginas para substituição.

página-sombra — Bloco de dados cujo conteúdo modificado é escrito para um novo bloco. Páginas-sombras é um modo de implementar transações.

palavra — Número de bits que um processador (ou processadores) de um sistema pode processar de uma só vez. Na hierarquia de dados, palavras estão um nível acima de bytes.

palavra de instrução muito longa (*very long instruction word* — VLIW) — Técnica na qual um compilador escolhe quais instruções um processador deve executar em paralelo e as empacota em uma única palavra de instrução (muito longa); o compilador garante que não haja nenhuma dependência entre instruções que o processador executa ao mesmo tempo.

par (peer) — Um dos computadores autônomos de um sistema peer-to-peer.

par de drivers de classe/miniclasse (Windows XP) — Par de drivers de dispositivos que age como um driver de função para um dispositivo; o driver de classe fornece processamento genérico para a classe de dispositivo do dispositivo em questão, e o driver de miniclasse fornece processamento para o dispositivo específico.

par de soquetes (socketpair) (Linux) — Par de soquetes conectados, sem nome, que pode ser usado para comunicação bidirecional entre processos em um único sistema.

paralelismo maciço — Propriedade de um sistema que contém grandes números de processadores para que muitas parcelas das computações possam ser executadas em paralelo.

paralelismo no nível de instrução (*instruction-level parallelism* — ILP) — Paralelismo que permite que duas instruções de máquina sejam executadas de um só vez. Duas instruções exibem ILP se a execução de uma não afetar o resultado da outra (ou seja, as duas instruções não dependem uma da outra).

parâmetro de referência (benchmark) — Programa real que um avaliador executa no sistema que está sendo avaliado para determinar a eficiência com que o sistema executa aquele programa; parâmetros de referência são utilizados para comparar sistemas.

paridade — Técnica que detecta um número par de erros em transmissão de dados. Informação de paridade é gerada determinando se os dados contêm um número par (ou ímpar) de 1s (ou 0s). Essa informação de paridade é gerada após a transmissão e comparada com o valor gerado antes da transmissão. Códigos de correção de erros (ECCs), como Hamming ou XOR, usam a paridade de uma corrente de bits para detectar e corrigir erros. Paridade habilita sistemas RAID a fornecer tolerância a falhas com sobrecarga de armazenamento mais baixa do que sistemas espelhados.

partição (organização de memória real) — Porção de memória principal alocada a um processo em multiprogramação de partição fixa e de partição variável. Programas são colocados em partições para que o sistema operacional possa se proteger contra processos usuários e para que processos fiquem protegidos uns dos outros.

partição (sistema de arquivo) — Área de um disco cujos limites não podem ser ultrapassados por dados de arquivo. Partições podem reduzir fragmentação de disco.

partição dinâmica — Algoritmo de escalonamento de processo ciente do job que divide processadores do sistema eqüitativamente entre jobs, exceto que nenhum job isolado pode receber mais processadores do que processos executáveis; esse algoritmo maximiza a afinidade de processador.

Pascal — Linguagem de programação estruturada desenvolvida em 1971 por Wirth, que se tornou popular para o ensino de cursos de introdução à programação.

penalidade de desvio — Perda de desempenho em arquiteturas de pipeline associada com a instrução de um desvio; ocorre quando um processador não pode iniciar o processamento de uma instrução após o desvio até conhecer o resultado do desvio. A penalidade de desvio pode ser reduzida utilizando desvio atrasado, previsão de desvio ou predicação de desvio.

perfil — Registro de atividade de núcleo tomado durante uma sessão real, que indica as funções do sistema operacional usadas mais freqüentemente e que, portanto, devem ser otimizadas.

permissão de arquivo — Estrutura que determina se um usuário pode ler, escrever ou executar um arquivo.

pilha de drivers — Grupo de drivers de dispositivos relacionados que cooperam para manipular as requisições de E/S de determinado dispositivo.

pilha de protocolo TCP/IP — Subdivisão hierárquica de funções de comunicações de computador em quatro níveis de abstração denominados camadas. Elas são a camada de aplicação, a camada de transporte, a camada de rede e a camada de enlace.

pipe — Mecanismo de comunicação interprocessos que usa uma página da memória como um buffer primeioro-a-entrar-primeiro-a-sair para transferir informações entre processos.

pipe (em JXTA) — Canal de comunicação virtual que conecta dois ou mais pares para enviar e receber mensagens entre pares.

pipe anônimo (Windows XP) — Pipe sem nome que só pode ser utilizado para comunicação de uma via entre processos locais.

pipe com nome (Linux) — Pipe que pode ser acessado via árvore de diretório, habilitando processos que não são pai e filhos a se comunicar usando pipes. Veja também pipe.

pipe com nome (Windows XP) — Tipo de pipe que pode fornecer comunicação bidirecional entre dois processos em máquinas locais ou remotas e que suporta comunicação síncrona e assíncrona.

placa de circuito impresso (*printed circuit board* — PCB) — Peça de hardware que fornece conexões elétricas para dispositivos que podem ser colocados em várias localizações por toda a placa.

placa de expansão — Dispositivo que amplia a funcionalidade de um computador (por exemplo, placas de vídeo ou de som).

placa principal (placa-mãe) — Placa de circuito impresso que fornece conexões elétricas entre componentes de computador como processador, memória e dispositivos periféricos.

placa-mãe — Veja placa principal.

plataforma para preferências de privacidade (*Platform for Privacy Preferences* - P3P) — Protege a privacidade de informações submetidas à assinatura única e outras aplicações, permitindo que usuários controlem informações pessoais coletadas por sites.

plug-and-play — Tecnologia que facilita instalação de driver e configuração de hardware realizada pelo sistema operacional.

política aleatória — Política de balanceamento dinâmico de carga na qual o sistema escolhe arbitrariamente o processador para receber um processo migrado.

política de energia (Windows XP) — Política de um sistema em relação ao balanceamento do consumo de energia e responsividade de dispositivos.

política de escalonamento de processador — Estratégia usada por um sistema para determinar quando e por quanto tempo designar processadores a processos.

política de segurança — Regras que governam o acesso a recursos de sistema.

política iniciada pelo receptor — Política de balanceamento dinâmico de carga na qual processadores com baixa utilização tentam encontrar processadores sobrecarregados dos quais receber um processo migrado.

política iniciada pelo remetente — Política de balanceamento dinâmico de carga na qual processadores sobrecarregados tentam encontrar processadores subcarregados para os quais migrar um processo.

política simétrica — Política de balanceamento dinâmico de carga que combina a política iniciada pelo emissor e a política iniciada pelo receptor para fornecer máxima versatilidade para adaptação a condições ambientais.

ponteiro duplamente indireto — Ponteiro de inode que localiza um bloco de ponteiros (unicamente) indiretos.

ponteiro indireto — Ponteiro de inode que aponta para um bloco de ponteiros de inodes.

ponteiro triplamente indireto — Ponteiro em um inode que localiza um bloco de ponteiros duplamente indiretos.

ponto de montagem — Diretório especificado para usuário dentro da hierarquia do sistema de arquivo nativo no qual o comando montar coloca a raiz de um sistema de arquivo montado.

ponto de reanálise (NTFS) — Atributo de arquivo que contém um rótulo e um bloco de até 16 KB de dados que um usuário associa a um arquivo ou diretório; quando uma aplicação acessa um ponto de reanálise, o sistema executa o driver de filtro de sistema de arquivo especificado pelo rótulo do ponto de reanálise.

ponto de verificação (recuperação de deadlock) — Registro do estado de um sistema de modo que ele possa ser restaurado mais tarde se um processo tiver de ser terminado prematuramente (por exemplo, para executar recuperação de deadlock).

ponto de verificação (registro de transações) — Marcador que indica quais transações presentes em um registro foram transmitidas para armazenamento permanente. O sistema tem de reaplicar somente as transações a partir do último ponto de verificação para determinar o estado do sistema de arquivos, o que é mais rápido do que reaplicar todas as transações desde o início do arquivo de registro.

ponto de verificação/reversão — Método de recuperação de deadlock e de sistema que desfaz todas as ações (ou transações) de um processo terminado desde o último ponto de verificação do processo.

porta (interface de hardware) — Barramento que conecta dois dispositivos.

porta (rede) — Identifica o soquete específico em uma máquina para a qual enviar dados. Por exemplo, HTTP se comunica por default na porta 80.

porta de conclusão de E/S (Windows XP) — Porta na qual threads se registram e bloqueiam esperando para ser acordados quando o processamento concluir uma requisição de E/S.

porta de Linux — Versão do núcleo Linux modificada para suportar execução em um ambiente diferente.

Porta Gráfica Acelerada (*Accelerated Graphics Port* — AGP) — Arquitetura de barramento popular usada para conectar dispositivos gráficos; AGPs normalmente fornecem 260 MB/s de largura de banda.

porta IEEE 1394 — Porta serial de uso comum que transfere velocidades de até 800 MB por segundo, às vezes fornece energia para dispositivos e permite a troca dinâmica de dispositivos; essas portas são comumente denominadas FireWire (da Apple) ou iLink (da Sony).

porta paralela — Interface para um dispositivo paralelo de E/S como uma impressora.

porta serial — Interface para um dispositivo que transfere um bit por vez (por exemplo, teclados e mouses).

portabilidade — Propriedade de software que pode executar em diferentes plataformas.

prato (platter) — Meio de disco magnético que armazena bits em suas superfícies.

prazo-mais-curto-primeiro (*Earliest-Deadline-First* — EDF) — Política de escalonamento que fornece um processador ao processo cujo prazo de término esteja mais próximo.

predicação de desvio — Técnica usada em processadores EPIC pela qual um processador executa em paralelo todas as instruções possíveis que poderiam se seguir a um desvio e usa somente o resultado do desvio correto uma vez resolvido o predicado (ou seja, a comparação do desvio).

predicado — Decisão lógica tomada em um sujeito (por exemplo, uma comparação de desvio).

pré-paginação — Veja paginação antecipada.

presença no cache (cache hit) — Requisição de dado que está presente no cache.

prevenção de deadlock — Processo de desautorização de deadlock eliminando uma das quatro condições necessárias para deadlock.

previsão de desvio — Técnica pela qual um processador usa heurística para determinar o resultado mais provável de um desvio em código; o desempenho melhora quando o processador prevê corretamente por que ele pode continuar a executar instruções imediatamente após o desvio.

previsibilidade — Medida da variância de uma entidade, como tempo de resposta. Previsibilidade é particularmente importante para sistemas interativos nos quais usuários esperam tempos de resposta previsíveis (e curtos).

primeiro-a-chegar-primeiro-a-sair (*first-in-first-out* — FIFO) — Política de escalonamento não preemptivo que despacha processos segundo seu horário de chegada na fila de prontos.

primitivas de exclusão mútua — Operações fundamentais necessárias para implementar exclusão mútua: enterMutualExclusion() e exitMutualExclusion().

princípio do privilégio mínimo — Política de acesso a recurso que determina que um usuário deve receber somente a quantidade de privilégio e acesso de que necessita para cumprir sua tarefa designada.

prioridade — Medida da importância de um processo ou de um thread usada para determinar a ordem e a duração de execução.

prioridade de processo — Valor que determina a importância de um processo em relação a outros processos. É freqüentemente usada para determinar como um processo deve ser escalonado para execução em um processador em relação a outros processos.

prioridade de um processo — Importância ou urgência de um processo em relação a outros processos.

prioridade efetiva (Linux) — Prioridade designada a um processo por meio da adição de sua prioridade estática à sua prioridade promovida ou penalidade.

privacidade (transação segura) — Um dos cinco requisitos fundamentais para uma transação bem-sucedida, segura. Privacidade trata de como garantir que as informações transmitidas pela Internet não sejam capturadas ou passadas a um terceiros sem o conhecimento do usuário.

privacidade equivalente sem fio (*Wired Equivalent Privacy* — WEP) — Protocolo de segurança sem fio que criptografa dados transmitidos e impede acesso não autorizado à rede sem fio.

privacidade razoável (*Pretty Good Privacy* — PGP) — Sistema de criptografia de chave pública utilizado primariamente para criptografar mensagens e arquivos de e-mail, projetado em 1991 por Phillip Zimmermann.

privilégio (direito de acesso) — A maneira pela qual um sujeito pode acessar um objeto.

processador — Componente de hardware que executa instruções em linguagem de máquina e impõe proteção para recursos de sistema como memória principal.

processador de fluxo de jobs — Entidade de sistemas de processamento em lote de fluxo único que controla a transição entre jobs.

processador ideal (Windows XP) — Atributo de thread que especifica um processador no qual o sistema deve tentar escalonar o thread para execução.

processador maciçamente paralelo — Processador que executa um grande número de instruções em grandes conjuntos de dados de uma só vez; processadores vetoriais muitas vezes são denominados processadores maciçamente paralelos.

processador vetorial — Tipo de computador SIMD que contém uma unidade processadora que executa instruções que operam sobre vários itens de dados.

processamento de transação on-line (*online transaction processing* — OLTP) — Tipo de sistema que normalmente recebe muitas requisições de disco para localizações distribuídas aleatoriamente contendo pequenas quantidades de dados (por exemplo, bancos de dados e servidores Web). Esses sistemas melhoram significativamente o desempenho utilizando algoritmos de escalonamento de disco.

processamento vetorial — Sistema de fluxo único de instruções, fluxo múltiplo de dados (*single-instruction-stream, multiple-data-stream* — SIMD), que consiste em muitas (possivelmente dezenas de milhares) unidades simples de processamento, cada uma executando a mesma instrução em paralelo em muitos elementos de dados.

processo — Entidade que representa um programa em execução.

processo assíncrono de tempo real — Processo de tempo real que executa em resposta a eventos.

processo desativado (Linux) — Processo retirado das filas de execução e que, portanto, não pode mais disputar tempo de processador.

processo em lote — Processo que executa sem interação do usuário.

processo frio em relação ao cache — Processo que contém poucos de seus dados e instruções (se é que contém algum) no cache do processador para o qual será despachado.

processo interativo — Processo que requer entrada de usuário enquanto executa.

processo leve (*lightweight process* — LWP) — Um único thread de instruções de programa (também denominado de thread de execução ou de thread de controle). Threads são 'leves' porque compartilham seu espaço de endereçamento com outros threads no mesmo processo.

processo periódico de tempo real — Processo de tempo real que executa computação em um intervalo de tempo regular.

processo pesado (*heavyweight process* — HWP) — Processo tradicional, que pode conter um ou mais threads. O processo é 'pesado' porque recebe seu próprio espaço de endereçamento em sua criação.

processo-filho — Processo gerado de um processo-pai. Processo-filho é um nível mais baixo do que seu processo-pai na hierarquia de processos. Em sistemas UNIX, processos-filho são criados utilizando a chamada ao sistema fork.

processo-pai — Processo que originou um ou mais processos filhos. Em UNIX isso é realizado emitindo uma chamada ao sistema fork.

Procfs (sistema de arquivo proc) (Linux) — Sistema de arquivo construído diretamente no núcleo, que fornece informações de tempo real sobre o estado do núcleo e processos, como utilização de memória e tempo de execução de sistema.

produto espaço-tempo — Valor que mede o produto do tempo de execução de um processo (o tempo durante o qual um processo ocupa a memória) e da quantidade de espaço de memória real que o processo ocupa. Idealmente, estratégias de gerenciamento de memória devem reduzir essa quantidade para aumentar o grau de multiprogramação de um sistema.

produtor — Thread ou processo que cria e coloca dados dentro de um objeto compartilhado.

programa de controle (*Control Program* — CP) (VM) — Componente de VM que executa a máquina física e cria o ambiente para a máquina virtual.

programa de núcleo — Programa típico que poderia ser executado em uma instalação; é executado 'no papel' por meio das cronometragens de instruções dos fabricantes e utilizado para avaliação de desempenho específico de aplicação.

programa de produção — Programa executado regularmente em uma instalação.

programa sintético — Programa artificial usado para avaliar um componente específico de um sistema ou construído para espelhar as características de um grande conjunto de programas.

programação de aplicação — Desenvolvimento de software que implica escrever código que requisita serviços e recursos do sistema operacional para realizar tarefas (por exemplo, edição de texto, carregamento de páginas Web ou processamento de folha de pagamento).

programação de sistemas — Desenvolvimento de software para gerenciar os dispositivos e aplicações de um sistema.

programação estruturada — Abordagem disciplinada da criação de programas claros, corretos e fáceis de modificar.

programação orientada a objeto (*object-oriented programming* — OOP) — Estilo de programação que permite que programadores construam rapidamente sistemas de software complexos reutilizando componentes denominados objetos, construídos com base em 'esquemas' denominados classes.

programas de porta dos fundos — Vírus residente que permite a um invasor acesso total, não detectado, aos recursos do computador da vítima.

projeção (banco de dados) — Operação que cria um subconjunto de atributos.

projeção de desempenho — Estimativa do desempenho de um sistema que não existe, útil para decidir se aquele sistema será construído ou se o projeto de um sistema existente será modificado.

projeto Jakarta — Fornece soluções de servidor de qualidade comercial baseadas na plataforma Java que são desenvolvidas de um modo aberto e cooperativo.

pronta para envio (*Clear To Send* — CTS) — Mensagem que um receptor divulga no protocolo CSMA/CA para indicar que o meio de transmissão está livre. Uma mensagem CTS é enviada em resposta a uma mensagem de requisição de envio (*Request To Send* — RTS).

propagação de dados atrasada — Técnica na qual processadores que estão escrevendo enviam informações de coerência após uma liberação, mas não os dados; um processador recupera os dados quando acessa uma página que ele sabe que não é coerente.

propriedade (de um objeto) — Parte de um objeto que armazena dados sobre o objeto.

proprietário (controle de acesso a arquivo) — Usuário que criou o arquivo.

proteção — Mecanismo que implementa a política de segurança de um sistema, impedindo que aplicações acessem recursos e serviços sem autorização.

proteção de memória — Mecanismo que impede que processos acessem memória usada por outros processos ou pelo sistema operacional.

proteção de senha — Técnica de autenticação que depende de um usuário apresentar um nome de usuário e senha correspondente para conseguir acesso a um recurso ou sistema.

protocolo — Conjunto de regras que determinam como duas entidades devem interagir. Exemplos comuns são o protocolo de controle de transmissão (*Transmission Control Protocol* — TCP), o protocolo da Internet (*Internet Protocol* — IP) e o protocolo de transferência de hipertexto (*Hypertext Transfer Protocol*-HTTP)

protocolo da Internet (*Internet Protocol* — IP) — Protocolo primário para direcionar informações em uma rede. Destinos da Internet são especificados por números de 32 bits denominados de endereços IP.

protocolo da Internet versão 6 (IPv6) — Nova versão do protocolo de Internet que usa endereços de 128 bits e especifica três tipos de endereços: unicast, anycast e multicast.

protocolo de chaves aprovadas — Regras que governam a troca de chaves entre duas partes por um meio inseguro.

protocolo de controle de transmissão (*Transmission Control Protocol* — TCP) — Protocolo de transmissão orientado para conexão, projetado para fornecer comunicação confiável por redes não confiáveis.

protocolo de controle de transmissão/protocolo de Internet (*Transmission Control Protocol/Internet Protocol* – TCP/IP) — Família de protocolos que fornece uma estrutura de rede na Internet.

protocolo de datagrama de usuário (*User Datagram Protocol* — UDP) — Protocolo de transmissão sem conexão que permite que datagramas cheguem fora de ordem, duplicados, ou até mesmo que não cheguem.

protocolo de informação de roteamento (*Routing Information Potocol* — RIP) — Protocolo que define como informações de roteamento são propagadas pelas redes. O RIP requer que roteadores compartilhem toda a sua tabela de roteamento com outros roteadores, o que limita sua utilização a redes de pequeno porte.

protocolo de segurança da Internet (*Internet Protocol Security* — IPSec) — Protocolo de segurança de camada de transporte que fornece privacidade, integridade e autenticação de dados.

protocolo de transferência de arquivo (*File Transfer Protocol* — FTP) — Protocolo de camada de aplicação que move arquivos entre hospedeiros diferentes de uma rede. O FTP especifica conexões entre dois pares de portas: um par envia informações de controle que governam a seção e o outro envia os dados propriamente ditos.

protocolo de transferência de hipertexto (*Hypertext Transfer Protocol* — HTTP) — Protocolo de camada de aplicação usado para transferir documentos HTML e outros formatos de dados entre um cliente e um servidor. Este é o protocolo fundamental da World Wide Web.

protocolo leve de acesso a diretório (*Lightweight Directory Access Protocol* — LDAP) (Windows XP) — Protocolo para acessar, pesquisar e modificar diretórios de Internet (por exemplo, Active Directory).

protocolo on-line de estado de certificado (*Online Certificate Status Protocol* — OCSP) — Protocolo que valida certificados em tempo real.
provedor múltiplo de UNC (*Multiple UNC Provider* — MUP) (Windows XP) — Driver de sistema de arquivo que determina o redirecionador adequado para o qual enviar uma requisição de E/S de rede.
proxy — Em DCOM, o stub do lado cliente responsável por montar e desmontar mensagens.
Pthread (thread POSIX 1003.1c) — Thread que obedece ao padrão POSIX 1003.1c.
público (controle de acesso de arquivo) — Arquivo que pode ser acessado por qualquer membro da comunidade de usuários do sistema.

Q

quantificador sintético — Outro nome para um programa sintético.
quantificador SYSmark — Quantificador popular para sistemas de mesa desenvolvido pela Business Application Performance Corporation (BAPCo).
quantificadores do Transaction Processing Performance Council (TPC) — Quantificadores populares dirigidos a sistemas de bancos de dados.
quantificadores Standard Application (SAP) — Quantificadores populares usados para avaliar a escalabilidade de um sistema.
quantum — Unidade de tempo durante a qual um processo pode executar antes de ser retirado do processador. Ajuda a impedir que processos monopolizem processadores.
quebra por força bruta — Técnica utilizada para comprometer um sistema simplesmente experimentando todas as senhas possíveis ou usando todas as chaves criptográficas possíveis para decifrar a mensagem.

R

RAID — arranjo redundante de discos independentes (*Redundant Array of Independent Disks*) — Família de técnicas que usam um arranjo de discos para melhorar taxas de transferência de discos e, ao mesmo tempo, fornecer tolerância a falhas.
RAID nível 0 — Sistema RAID que usa um disco dividido em tiras (striped) sem nenhuma redundância. Arranjos de nível 0 não são tolerantes a falhas; se um dos discos falhar, todos os dados do conjunto que dependem do disco que falhou serão perdidos. Dependendo do tamanho da tira (strip) do arranjo, todos os dados armazenados no arranjo poderiam ficar inutilizados com a perda de um único disco. Embora o RAID 0 não seja tolerante a falhas, é simples de implementar, rende taxas de transferência altas e não incorre em nenhuma sobrecarga de armazenamento. Arranjos de nível 0 são implementados em sistemas nos quais o desempenho é mais importante do que tolerância a falhas, como supercomputadores.
RAID nível 1 — Sistema RAID que emprega espelhamento de disco (também denominado sombreamento) para fornecer redundância, para que cada disco do conjunto seja duplicado. No nível 1 não são implementadas fitas (strips), o que reduz a complexidade do hardware e também o desempenho do sistema. Embora isso resulte no mais alto grau de tolerância a falhas entre todos os níveis RAID, só metade da capacidade do arranjo pode ser usada para armazenar dados exclusivos, o que aumenta o custo. Arranjos de nível 1 são implementados em sistemas em que alta disponibilidade é mais importante do que custo, como sistemas de bancos de dados.
RAID nível 2 — Sistema RAID dividido em tiras (strips) no nível do bit (cada tira armazena um bit). Arranjos nível 2 são projetados para reduzir a sobrecarga de armazenamento incorrida na implementação de tolerância a falhas utilizando espelhamento. Em vez de manter cópias redundantes de cada item de dado, o RAID nível 2 usa uma versão dos códigos Hamming de correção de erros (Hamming ECCs) para armazenar informações de paridade que permitem que o sistema detecte até dois erros, corrija até um erro e determine a localização do erro em uma fita (strip). O tamanho dos códigos Hamming ECC e, conseqüentemente, o número de discos de paridade aumentam segundo o logaritmo (base 2) do número de discos de dados. Assim, arranjos nível 2 que contêm um grande número de discos incorrem em sobrecarga de armazenamento significativamente menor do que arranjos nível 1.
RAID nível 3 — Sistema RAID que divide o disco em tiras no nível do bit ou do byte. RAID 3 usa códigos de correção de erros XOR (ou exclusivo) (XOR ECCs), que utilizam a operação lógica XOR para gerar informações de paridade. XOR ECC usa apenas um disco para manter informações de paridade, independentemente do tamanho do arranjo. O sistema pode usar os bits de paridade para se recuperar da falha de qualquer um dos discos. Devido à verificação de paridade, as escritas e leituras do RAID nível 3 requerem acesso a todo o arranjo. Semelhante ao RAID nível 2, isso resulta em altas taxas de transferência ao ler e escrever grandes arquivos, mas somente uma requisição pode ser atendida por vez.
RAID nível 4 — Sistema RAID dividido em tiras usando blocos de tamanho fixo (normalmente maiores do que um byte) que usa XOR ECC para gerar dados de paridade armazenados em um único disco de paridade. Porque arranjos de nível 4 habilitam tiras de granularidade grosseira, o sistema pode, potencialmente, atender várias requisições de leitura simultaneamente se a paridade não for determinada para cada leitura. Contudo, ao atender uma requisição de escrita, o sistema tem de atualizar informações de paridade para garantir que nenhum dado seja perdido no evento de uma falha de disco. Isso significa que requisições de escrita devem ser executadas uma por vez, criando um gargalo de escrita.
RAID nível 5 — Sistema RAID dividido em tiras no nível de bloco que usa XOR ECC para paridade, mas distribui blocos de paridade por todo o arranjo de discos. Porque blocos de paridade são distribuídos por muitos discos, várias tiras de paridade podem ser acessadas simultaneamente, eliminando o gargalo de escrita para muitas requisições. Embora o RAID nível 5 aumente o desempenho em relação aos RAID nível 2 a 4, a implementação do sistema é complexa e de custo mais alto. Arranjos nível 5 são considerados arranjos de propósito geral e freqüentemente encontrados em servidores de arquivos e aplicações, sistemas de planejamento de recursos empresariais (ERP) e outros sistemas de negócios.
raiz — Início da estrutura organizacional de um sistema de arquivo.
RAM dinâmica (*Dynamic RAM* — DRAM) — RAM que deve ser lida continuamente por um circuito de renovação para manter o conteúdo da memória.
RAM estática (static RAM — SRAM) — RAM que não precisa ser renovada e que conterá os dados enquanto receber energia.
RAMAC (Random Access Method of Accounting and Control) — Primeiro disco rígido comercial produzido pela IBM.
ramfs (Linux) — Região da memória principal tratada como um dispositivo de bloco. O sistema de arquivo ramfs deve ser formatado antes de ser utilizado.
realimentação negativa — Dados que informam ao sistema que um recurso está tendo dificuldades para atender todas as requisições e que o processador deve reduzir a taxa de chegada de requisições para aquele recurso.
realimentação positiva — Dados que informam o sistema que um recurso tem excesso de capacidade, para que o processador possa aumentar a taxa de chegada para requisições naquele recurso.
recipiente de servlet — Servidor que executa uma servlet. Também conhecido como motor de servlet.
recuo exponencial (*exponential backoff*) — Método empregado pela Ethernet para calcular o intervalo antes de retransmitir após uma colisão. Essa operação reduz a chance de colisões subseqüentes na mesma transmissão, aumentando assim o rendimento.
recuperação — Restauração dos dados de um sistema após uma falha.
recuperação de deadlock — Processo de eliminação de um deadlock do sistema. Pode envolver a suspensão temporária de um processo (e a preservação de seu trabalho) ou, às vezes, matar um processo (e assim perder seu trabalho) e reiniciá-lo.
recurso compartilhado — Recurso que pode ser acessado por mais de um processo.
recurso compartilhado reutilizável serialmente — Recurso que pode ser usado por apenas um thread por vez.
recurso dedicado — Recurso que pode ser utilizado apenas por um único processo por vez. Também conhecido como recurso reutilizável serialmente.
recurso não preemptivo — Recurso que não pode ser retirado à força de um processo, por exemplo, uma unidade de fita. Esses são os tipos de recursos que podem se envolver em deadlock.
recurso preemptivo — Recurso que pode ser retirado de um processo, como um processador ou memória. Esses recursos não podem ser envolvidos em deadlock.
recurso reutilizável serialmente — Veja recurso dedicado.
rede ad hoc — Rede caracterizada como espontânea — qualquer número de dispositivos sem fio ou com fio pode ser conectado a ela a qualquer momento.
rede confiável — Rede que não danifica nem perde pacotes.
rede de barramento — Rede na qual os nodos são conectados por um único enlace de barramento (também conhecida como rede linear).
rede de linha básica — Tipo de rede multiestágio.
rede de longa distância (*wide area network* — WAN) — Tipo de rede que conecta duas ou mais redes locais, usualmente funcionando em grandes distâncias geográficas. WANs em geral são implementadas com topologia em malha e conexões de alta capacidade. A maior das WANs é a Internet.
rede em anel — Rede que consiste em um conjunto de nodos, cada um mantendo exatamente duas conexões com outros nodos naquela rede. Essas redes apresentam baixa tolerância a falhas, visto que a falha de qualquer um dos nodos pode causar a falha da rede inteira.
rede em árvore — Rede hierárquica que consiste em várias redes em estrela. O hub (distribuidor) da primeira rede em estrela é a raiz da árvore. Cada nodo que esse hub conecta serve como hub para uma outra rede em estrela e é a raiz de uma subárvore.
rede em estrela — Rede que contém um hub (distribuidor) diretamente conectado a todos os outros nodos da rede. O hub é responsável por retransmitir mensagens entre nodos.
rede em malha — Rede na qual pelo menos dois nodos são interconectados por mais de um caminho. É a mais rápida e a mais tolerante a falhas de todas as redes em malha, com exceção das redes em malha totalmente conectadas.
rede em malha 2-D de 4 conexões — Rede em malha 2-D cujos nodos são conectados aos nodos diretamente ao norte, sul, leste e oeste.
rede em malhas totalmente conectadas — Rede em malha na qual cada nodo é diretamente conectado a qualquer outro nodo. Essas redes são mais rápidas e mais tolerantes a falhas do que outras, mas também são impossíveis de realizar a não ser nas menores das redes por causa do custo do número potencialmente enorme de conexões.
rede local (*local area network* — LAN) — Tipo de rede usada para interconectar recursos utilizando caminhos de comunicação de alta velocidade otimizados para ambientes locais, como edifícios de escritórios ou campi universitários.
rede multiestágio — Esquema de interconexão de multiprocessadores que usa nodos de comutação como centrais distribuidoras (hubs) para comunicação entre nodos de processador que têm, cada um, sua própria memória local.
rede não confiável — Rede que pode danificar ou perder pacotes.
rede virtual privada (virtual private network — VPN) — Técnica que conecta com segurança usuários remotos a uma rede privada usando linhas de comunicação públicas. VPNs usualmente são implementadas por meio de IPSec.
redirecionador (Windows XP) — Driver de sistema de arquivos que interage com um driver de servidor remoto para facilitar operações de E/S em rede.
redirecionador de rede — Veja redirecionador (Windows XP).
redução de grafo — Alterar um grafo de alocação de recursos pela remoção de um processo se este puder concluir. Essa operação também envolve eliminar quaisquer setas que se dirijam àquele processo (partindo dos recursos alocados ao processo), ou que se afastem do processo (na direção de recursos que o processo está requisitando). Um grafo de alocação de recurso pode ser reduzido de um processo se todas as requisições de recursos deste processo puderem ser concedidas, habilitando-o a executar até a conclusão e a liberar seus recursos.
redundância — Técnica que mantém vários recursos idênticos para habilitar recuperação após falha
referência externa — Referência de um único módulo a um nome externo em um módulo diferente.
regeneração (recuperação) de dados (RAID) — Reconstrução (recuperação) de dados perdidos (devido a erros ou falha de disco) em sistemas RAID.
região crítica — Veja seção crítica.
região da pilha — Seção do espaço de endereçamento de um processo que contém instruções e valores para chamadas a procedimento abertas. O conteúdo da pilha cresce à medida que um processo emite chamadas a procedimento aninhadas e diminui à medida que os procedimentos chamados retornam.
região de dados — Seção do espaço de endereçamento de um processo que contém dados (ao contrário de instruções). Essa região pode ser modificada.
região de texto — Seção do espaço de endereçamento de um processo que contém instruções executadas por um processador.
registrador — Memória de alta velocidade localizada em um processador que retém dados para uso imediato pelo processador.
registrador de diretório de páginas — Registrador de hardware que armazena um ponteiro para a tabela de diretório de páginas do processo corrente.
registrador de fronteira — Registrador para sistemas operacionais monousuários usado para proteger a memória, separando o espaço de memória do usuário do espaço de memória do núcleo.
registrador de limite — Registrador utilizado em sistemas multiprogramadores de partição fixa para marcar onde termina uma partição de memória do processo.

registrador de limites — Registrador que armazena informações referentes à faixa de endereços de memória acessível a um processo.
registrador de origem da tabela de mapa de blocos — Registrador que armazena os endereços da memória principal da tabela de mapas de blocos de um processo; este registrador de alta velocidade facilita a tradução rápida de endereços virtuais.
registrador de origem da tabela de páginas — Registrador que contém a localização da tabela de páginas de um processo na memória principal; ter essa informação acessível em um registrador de alta velocidade facilita rápida tradução de endereço virtual para endereço físico.
registrador de origem de tabela de mapa de segmentos — Registrador que mantém a localização da tabela de mapa de segmentos de um processo na memória principal; ter essa informação acessível em registradores de alta velocidade facilita rápida tradução de endereço virtual para endereço físico.
registrador de propósito geral — Registrador que pode ser usado por processos para armazenar dados e valores de ponteiros. Registradores de propósito especial não podem ser acessados por processos usuários.
registrador-base — Registrador que contém o endereço de memória mais baixo a que um processo pode se referir.
registro — Na hierarquia de dados, um grupo de campos (por exemplo, para armazenar diversos campos relacionados contendo informações sobre um estudante ou um cliente).
registro (Windows XP) — Banco de dados central no qual são armazenadas informações de configuração de usuário, sistema e aplicação.
registro bloqueado — Registro que pode conter vários registros lógicos para cada registro físico.
registro de modificação do cliente (*Client Modification Log* — CML) (em Coda) — Registro atualizado para refletir mudanças de arquivo em disco.
registro desbloqueado — Registro que contém exatamente um registro lógico para cada registro físico.
registro físico — Unidade de informação realmente lida ou escrita para um disco.
registro lógico — Coletânea de dados tratada como uma unidade por software.
relação — Conjunto de tuplas no modelo relacional.
relação *acontece antes* — A acontece antes de B se A e B pertencerem ao mesmo processo e A ocorrer antes de B; ou A é o emissor de uma mensagem e B é o receptor dessa mensagem.
relação *n*-ária — Relação de grau *n*.
relacionamento produtor/consumidor — Interação entre threads que produzem dados (denominados produtores) e threads que consomem dados produzidos (denominados consumidores) que ilustra muitas das particularidades intricadas da execução assíncrona concorrente.
relações binárias — Relações de grau 2 (em um banco de dados relacional).
relações ternárias — Relação de grau 3.
relocalização — Processo de ajuste dos endereços de código de programa e dados.
relógio de interrupção — Dispositivo de hardware que emite uma interrupção após um certo tempo (denominado de quantum) para, por exemplo, impedir que um processo monopolize um processador. Isso pode garantir que um processador não seja monopolizado por um processo mal-intencionado ou que funcione mal.
relógio lógico — Designa um marca de tempo a cada evento que acontece em um sistema para criar um ordenamento total de eventos.
relógio normal (de 24 horas) — Relógio que mede o tempo como percebido fora de um sistema de computador, normalmente com uma precisão de milhares de milionésimos de segundos.
rendimento — Quantidade de trabalho realizada por unidade de tempo. Rendimento pode ser medido como o número de processos que concluem por unidade de tempo.
renomear (rename) (arquivo) — Operação que muda o nome de um arquivo.
reorganização de disco — Técnica que move dados de arquivos em disco para melhorar seu tempo de acesso. Uma dessas técnicas é a desfragmentarão, que tenta colocar dados seqüenciais de arquivo contiguamente no disco. Uma outra técnica tenta colocar dados requisitados com freqüência em trilhas, o que resulta em tempos médios de posicionamento baixos.
replicação — Fornece vários recursos que executam a mesma função em um sistema.
replicação de página — Técnica pela qual o sistema mantém várias cópias de uma página em nodos diferentes de modo que elas possam ser acessadas rapidamente por vários processadores.
repositório de processadores — Componente do sistema Amoeba que contém uma coletânea de processadores, cada um com sua própria memória e conexão Ethernet.
repositórios de certificados — Localizações onde são armazenados certificados digitais.
representação de dados de rede (*Network Data Representation* — NDR) — Formato-padrão para dados de rede descrito no padrão Distributed Computing Environment (DCE) do The Open Group.
requisição de envio (*Request to Send* — RTS) — Mensagem enviada de um dispositivo sem fio no protocolo CSMA/CA que indica um desejo de transmitir dados, o tamanho da transmissão, o endereço do emissor e o endereço do receptor. Se o meio estiver disponível, o receptor enviará uma mensagem *Pronto para Envio* (*Clear To Send* — CTS).
requisição HTTP — Requisição de recurso de um cliente HTTP a um servidor HTTP.
requisição idempotente — Uma operação requisitada que, se executada diversas vezes, retornará o mesmo resultado; portanto, é aceitável para executar a mesma operação duas vezes.
requisição IRQL (Windows XP) — IRQL no qual interrupções interprocessos executam e no qual são mascaradas todas as interrupções, exceto as interrupções de nível de energia e de alto nível
requisição tem-de-dar-certo (Windows XP) — Requisição de espaço em memória principal que um processo emite quando requer mais memória principal para continuar funcionando adequadamente. O Windows XP sempre nega requisições do tipo tem-de-dar-certo; versões anteriores do Windows sempre as atendiam.
requisições de E/S PnP (Windows XP) — IRPs geradas pelo gerenciador de PnP para consultar um driver sobre informações de um dispositivo, designar recursos a um dispositivo ou direcionar um dispositivo para que ele realize alguma ação.
reserva de threads — Técnica de thread que emprega vários threads de núcleo que existem enquanto durar o processo que os cria. Essa técnica pode melhorar desempenho reduzindo o número de operações custosas de criação e encerramento de threads.
reserva memória (Windows XP) — Para indicar ao VMM que um processo pretende utilizar uma área da memória virtual; o VMM aloca memória no espaço de endereçamento virtual do processo, mas não aloca nenhuma moldura de página na memória principal.
reservatório de memória (Linux) — Região da memória reservada pelo núcleo para um processo de maneira que garanta às futuras requisições desse processo para a memória não serem negadas.
reservatório de não-paginadas — Área de memória principal que armazena páginas nunca transferidas para disco.
reservatório de paginadas (Windows XP) — Páginas na memória que podem ser transferidas para o arquivo de páginas em disco.
reservatório de threads (Windows XP) — Coletânea de threads operários que dormem até uma requisição ser enfileirada para eles, quando então um dos threads acorda e executa a função enfileirada.
resolução de símbolo — Procedimento realizado por um ligador que compatibiliza referências externas em um módulo com nomes externos em um outro módulo.
resposta HTTP — Mensagem de resposta de um servidor HTTP a um cliente HTTP, que consiste em status, cabeçalho e dados.
restrição de tempo — Período de tempo durante o qual um processo (ou subconjunto de instruções de um processo) deve concluir.
resumo de mensagem — Valor de hash produzido por algoritmos como o SHA-1 e o MD5 quando aplicados a uma mensagem.
retirar uma página do mapa (Linux) — Atualizar entradas de tabela de página para indicar que a página correspondente já não é mais residente.
retomar — Retirar um processo de um estado suspenso.
reverter uma transação — Retornar o sistema para o estado anterior à transação ser processada.
Rijndael — Cifra de bloco desenvolvida pelos drs. Joan Daemen e Vincent Rijmen, da Bélgica. O algoritmo pode ser implementado em uma variedade de processadores.
rodapé de memória (Linux) — Tamanho da memória consumida pelo núcleo, que não pode ser trocada dinamicamente.
roteador — Computador que é um destino intermediário entre o hospedeiro emissor e o hospedeiro receptor. O roteador é responsável por determinar para onde enviar o datagrama seguinte na ordem, para que ele eventualmente alcance seu destino.
rotear — Determinar o melhor caminho entre dois pontos e enviar pacotes por esse caminho.
rotina de atendimento de interrupção (*interrupt service routine* — ISR) (Windows XP) — Função, registrada por um driver de dispositivo, que processa interrupções emitidas pelo dispositivo que o driver atende.
rotina de conclusão de E/S (Windows XP) — Função registrada por um driver de dispositivo no gerenciador de E/S com referência a um IRP; o gerenciador de E/S chama essa função quando o processamento do IRP termina.
rotina de entrada no monitor — Rotina de monitor que pode ser chamada por qualquer thread, mas que só pode ser executada por um thread por vez. Diferentemente de rotinas privadas de monitor, que podem ser chamadas somente por threads que estão executando dentro do monitor, rotinas de entrada de monitor impõem exclusão mútua.
roubo de ciclo — Método que dá prioridade a canais sobre um processador no acesso ao barramento, para evitar a colisão entre sinais de canais e de processadores.
RSA — Popular algoritmo de chave pública desenvolvido em 1977 pelos professores do MIT, Ron Rivest, Adi Shamir e Leonard Adleman.

S

salpicamento de senha — Técnica que insere caracteres em várias posições da senha antes da criptografia para reduzir a vulnerabilidade a ataques de força bruta.
salvaguarda (backup) física — Cópia de cada bit do dispositivo de armazenamento; não é feita nenhuma tentativa de interpretar o conteúdo de seu sistema de arquivo.
saturação — Condição de um recurso que não dispõe de nenhum excesso de capacidade para cumprir novas requisições.
scanner — Veja analisador léxico.
script de servidor de autenticação — Implementação de assinatura única que autentica usuários por meio de um servidor central que estabelece conexões entre o usuário e as aplicações que o usuário deseja acessar.
scriptlet — Código Java embutido em JSP.
scripts de acesso a estações de trabalho — Forma simples de assinatura única pela qual usuários se conectam às suas estações de trabalho e, então, escolhem aplicações de um menu.
seção crítica — Seção de código que executa operações em um recurso compartilhado (por exemplo, escrever dados para uma variável compartilhada). Para garantir a correção do programa, no máximo um thread pode executar simultaneamente em sua seção crítica.
segmento (memória virtual) — Conjunto de endereços contíguos de tamanho variável no espaço de endereçamento virtual de um processo gerenciado como uma unidade. O segmento normalmente é do tamanho de um conjunto inteiro de itens similares, como um conjunto de instruções em um procedimento ou o conteúdo de um arranjo, o que habilita o sistema a proteger tais itens de granularidade fina usando direitos de acesso apropriados. Por exemplo, o segmento de dados em geral recebe acesso somente de leitura ou de leitura/escrita, mas não acesso de execução. Similarmente, um segmento que contém instruções executáveis em geral recebe acesso de leitura/execução, mas não de escrita. Segmentos tendem a criar fragmentação externa na memória principal, mas não sofrem fragmentação interna.
segmento (TCP) — Dado enviado por TCP. Inclui a mensagem e o cabeçalho TCP.
segmento de confirmação (*Acknowledgement Segment* — ACK) — No TCP, um segmento que é enviado ao hospedeiro emissor para indicar que o hospedeiro receptor recebeu um segmento. Se não receber um ACK para um segmento, o hospedeiro emissor o retransmitirá. Isso garante que cada segmento transmitido seja recebido.
segmento de sincronização (SYN) — Em TCP, o primeiro segmento de apresentação enviado; contém o número de seqüência do hospedeiro de origem.
segmento de sincronização/confirmação (SYN/ACK) — Em TCP, o segundo segmento de apresentação enviado; confirma que o segmento SYN foi recebido e contém o número de seqüência do hospedeiro de destino.
segundo sistema de arquivo estendido (*second extended file system* — ext2fs) (Linux) — Veja ext2fs.
segurança de encapsulamento de carga útil (*Encapsulating Security Payload* — ESP) (IPSec) — Dados de mensagem criptografados utilizando cifras de chaves simétricas para proteger os dados contra intrometidos enquanto o pacote IP é transmitido por linhas de comunicação públicas.
seletor de segmento (arquitetura IA-32 Intel) — Valor de 16 bits que indica o deslocamento dentro da tabela de mapa de segmento na qual o descritor de segmento correspondente (a entrada de tabela de mapa de segmento) está localizado.
semáforo — Abstração de exclusão mútua que usa duas operações atômicas (*P* e *V*) para acessar uma variável inteira protegida, que determina se threads podem entrar em suas seções críticas.
semáforo binário — Semáforo cujo valor não pode ser maior do que um, normalmente utilizado para alocar um único recurso.
semáforo contador — Semáforo cujo valor pode ser maior do que um, normalmente utilizado para alocar recursos de um reservatório de recursos idênticos.

semáforo de núcleo (Linux) — Semáforo implementado pelo núcleo para fornecer exclusão mútua.
semáforo geral — Veja semáforo contador.
seqlock (Linux) — Estrutura de exclusão mútua que combina uma trava giratória com um contador seqüencial. Seqlocks são usadas por controladores de interrupção que requerem acesso imediato e exclusivo a dados.
seqüência de protocolo (Windows XP) — Corrente usada por um cliente em uma chamada RPC que especifica o protocolo RPC, o protocolo de transporte e o protocolo de rede para aquela RPC.
serialização de objeto — Permite que objetos sejam codificados em fluxos de bytes e transmitidos de um espaço de endereçamento para outro
serializar — Controlar acesso a uma variável compartilhada de modo tal que somente um thread possa acessar a variável por vez; um outro thread só pode acessar a variável depois de o primeiro ter concluído.
serviço de acesso remoto (*Remote Access Service* — RAS) (Windows XP) — Serviço de rede que permite que usuários se conectem remotamente com uma LAN.
serviço de cartório digital — Veja agência de marcação de tempo.
serviço de concessão de bilhetes de entrada (*Ticket Granting Service* — TGS) (Kerberos) — Servidor que autentica direitos de acesso de cliente a serviços específicos de rede.
serviço de consulta — Coração da arquitetura Jini que mantém informações sobre serviços Jini disponíveis e habilita clientes a descobri-los e usá-los.
serviço de sistema (Windows XP) — Processo que executa em segundo plano quer um usuário esteja ou não ligado ao computador e normalmente executa o lado do servidor de uma aplicação cliente/servidor; o serviço de sistema para Windows XP é semelhante ao daemon para Linux.
serviço Win32 (Windows XP) — Veja serviço de sistema (Windows XP).
serviços Web — Conjunto de serviços e padrões relacionados que podem permitir que aplicações de quaisquer dois computadores se comuniquem e troquem dados pela Internet. Serviços Web funcionam utilizando padrões abertos, baseados em texto, que permitem que componentes escritos em linguagens diferentes e em plataformas diferentes se comuniquem. São softwares prontos para usar na Internet.
servidor — Processo que fornece serviços a outros processos (denominados clientes). A máquina na qual esses processos executam também é denominada servidor.
servidor central de migração — Estação de trabalho de um sistema operacional distribuído Sprite que mantém informações sobre estações de trabalho ociosas.
servidor com estado — Mantém informações de estado de requisições do cliente — tais como o nome do arquivo, um ponteiro para o arquivo e a posição corrente no arquivo — para que o acesso subseqüente ao arquivo seja mais fácil e mais rápido.
servidor de arquivo — Sistema encarregado de fornecer acesso a seus arquivos a processos remotos.
servidor de mailslot (Windows XP) — Processo que cria um mailslot e nele recebe mensagens de clientes de mailslot.
servidor de munição — Servidor de arquivo padronizado, usado no sistema de arquivos Amoeba.
servidor de pipe (Windows XP) — Processo que cria um pipe e comunica-se com clientes de pipe que se conectam àquele pipe.
servidor preferido (*preferred server* — PS) (em Coda) — Membro do AVSG que fornece cópias de arquivos para Venus.
servidor sem estado — O servidor não mantém informações de estado de requisições do cliente, de modo que este tem de especificar qual arquivo acessar em cada requisição.
servlet — Melhora a funcionalidade de servidores Web para fornecer capacidades como acesso seguro a sites Web, interagindo com bancos de dados em nome de um cliente, gerando dinamicamente documentos personalizados que serão exibidos por navegadores e mantendo informações exclusivas de sessão para cada cliente.
setor — Menor porção de uma trilha que pode ser acessada por uma requisição de E/S.
setor de inicialização (boot) — Localização especificada em um disco na qual ficam armazenadas as instruções iniciais do sistema operacional; o BIOS instrui o hardware para carregar essas instruções iniciais quando o computador é ligado.
símbolo (token) — Moldura vazia usada para garantir que somente um hospedeiro por vez esteja transmitindo dados nos protocolos Token Ring e FDDI .
símbolo (token) (em compilação) — Caracteres em um programa, separados pelo analisador léxico, que geralmente representam palavras-chave, identificadores.
Simple Object Access Protocol (SOAP) — Protocolo de mensagem para transportar informações e instruções entre serviços Web, usando XML como fundamento para o protocolo.
simulação — Técnica de avaliação de desempenho na qual um avaliador desenvolve um modelo computadorizado de um sistema que está em avaliação. Então o modelo é executado para refletir o comportamento do sistema que está sendo avaliado.
simulador orientado por evento — Simulador controlado por eventos que ocorrem obrigatoriamente segundo distribuições de probabilidade.
simulador orientado por script — Simulador controlado por dados cuidadosamente projetado para refletir o ambiente previsto do sistema simulado; avaliadores derivam esses dados de observações empíricas.
sinal — Mensagem enviada por software para indicar que ocorreu um evento ou um erro. Sinais não podem passar dados para seus receptores.
sinal (semáforos) — Operação em um semáforo que incrementa o valor da variável do semáforo. Se houver threads dormindo no semáforo, o sinal acorda um deles e decrementa o valor do semáforo de 1.
sinal assíncrono — Sinal gerado por razões não relacionadas com a instrução corrente do thread que está executando.
sinal de tempo real (Linux) — Implementação de sinal que ajuda a implementar um sistema de tempo real assegurando que nenhum sinal seja descartado.
sinal pendente — Sinal que não foi entregue a um thread porque o thread não está *em execução* e/ou porque o thread mascarou sinais daquele tipo.
sinal síncrono — Sinal gerado devido à execução das instruções do thread que está correntemente *em execução*.
sincronização — Coordenação entre threads concorrentes assíncronos para organizar seqüencialmente seus acessos a recursos compartilhados.
sincronização de intertravamento — Situação em que threads assíncronos executam código em alternância estrita.
Single UNIX Specification — Especificação (criada pelo The Open Group) que um sistema operacional deve seguir para conquistar o direito de exibir a marca registrada UNIX (veja www.unix.org/version3/overview.html).
sistema básico de entrada/saída (*Basic Input/Output System* — BIOS) — Instruções de software de baixo nível que controlam inicialização e gerenciamento de hardware básico.
sistema básico de entrada/saída de rede (*Network Basic Input/Output System* — NetBIOS) (Windows XP) — API usada para suportar NetBEUI e agora usada com NBT.
sistema criptográfico — Algoritmo matemático para criptografar mensagens. Também denominado cifra.
sistema crítico de negócios — Sistema que deve funcionar adequadamente, mas que, se falhar, resulta em redução de produtividade e lucratividade; não é tão crucial quanto um sistema de missão crítica, cuja falha poderia colocar vidas humanas em risco.
Sistema de Arquivo Andrew (*Andrew File System* — AFS) — Sistema de arquivo distribuído escalável que cresceria para suportar uma grande comunidade e, ao mesmo tempo, continuaria seguro. O AFS é um sistema global de arquivos que aparece como um ramo de um sistema de arquivos UNIX tradicional em cada estação de trabalho. O AFS é completamente transparente em relação à localização e proporciona um alto grau de disponibilidade.
Sistema de Arquivo Comum de Internet (*Common Internet File System* — CIFS) — Protocolo de compartilhamento nativo do Windows XP.
sistema de arquivo cronológico — Veja sistema de arquivo log-estruturado (LFS).
sistema de arquivo de rede — Sistema que permite que clientes acessem arquivos em computadores remotos. Sistema de arquivos de rede não fornecem transparência de localização como fazem os sistemas de arquivos distribuídos.
sistema de arquivo de rede (*Network File System* — NFS) — Padrão corrente *de facto* criado pela Sun Microsystems para compartilhamento de arquivos de rede suportado nativamente na maioria das variedades de UNIX (e de muitos outros sistemas operacionais) com software cliente e servidor disponível para outras plataformas comuns.
sistema de arquivo distribuído — Sistema de arquivo disperso por todos os sistemas de computador de uma rede.
sistema de arquivo estruturado hierarquicamente — Organização de sistema de arquivo na qual cada diretório pode conter vários subdiretórios, mas exatamente um só pai.
sistema de arquivo log-estruturado (*log-structured file system* — LFS) — Sistema de arquivo que realiza todas as operações de arquivo como transações para assegurar que dados e metadados do sistema de arquivo estejam sempre em um estado consistente. Um LFS geralmente exibe bom desempenho de escrita porque dados também são anexados ao final de um arquivo de registro no âmbito do sistema. Para melhorar o desempenho de leitura, um LFS normalmente distribui metadados por todo o arquivo de registro e emprega caches de grande capacidade para armazenar os metadados para que as localizações de dados de arquivo possam ser encontradas rapidamente.
sistema de arquivo virtual (Linux) — Interface que fornece usuários com uma visão comum de arquivos e diretórios armazenados por vários sistemas de arquivos heterogêneos.
sistema de arquivo virtual (*virtual file system* — VFS) (em sistemas distribuídos) — Fornece a abstração de um sistema de arquivo comum em cada cliente e é responsável por todas as operações de arquivo distribuído.
sistema de arquivos — Componente de um sistema operacional que organiza arquivos e gerencia acesso a dados. Sistemas de arquivos encarregam-se de organizar arquivos logicamente (usando nomes de caminhos) e fisicamente (usando metadados). Também gerenciam o espaço livre de seu dispositivo de armazenamento, impõem políticas de segurança, mantêm integridade de dados e assim por diante.
sistema de arquivos FAT — Uma implementação de alocação tabular não contígua de arquivos desenvolvida pela Microsoft.
sistema de banco de dados — Um conjunto particular de dados, os dispositivos nos quais reside e o software que controla seu armazenamento e recuperação (denominado de sistema de gerenciamento de banco de dados ou DBMS).
sistema de computação distribuído — Fornece todos os mesmos serviços de um sistema operacional tradicional, mas deve proporcionar transparência adequada para que objetos do sistema não saibam qual computador está fornecendo o serviço.
sistema de controle entrada/saída (*input/output control system* — IOCS) — Precursor de sistemas operacionais modernos que fornecia aos programadores um conjunto básico de funções para executar E/S.
Sistema de criptografia de arquivos (*Encrypting File System* — EFS) — Característica NTFS que utiliza criptografia para proteger arquivos e pastas em Windows XP Professional e Windows 2000. O EFS usa criptografia de chave secreta e de chave pública para garantir a segurança de arquivos. Cada usuário recebe um par da chave e um certificado utilizados para garantir que somente o usuário que criptografou os arquivos pode acessá-los.
sistema de detecção de intrusos (*intrusion detection system* — IDS) — Aplicação que monitora redes e arquivos de registro de aplicações, que registra informações sobre o comportamento do sistema como o horário em que serviços operacionais são requisitados e o nome do processo que os requisitou.
sistema de dois níveis — Sistema no qual a interface de usuário reside no cliente, os dados residem no servidor e a lógica da aplicação reside em um ou em ambos os componentes.
sistema de gerenciamento de banco de dados (*Database Management Sistema* — DBMS) — Software que controla organização e operações de banco de dados.
sistema de missão crítica — Sistema que tem de funcionar adequadamente; sua falha poderia resultar em perda de propriedade, dinheiro ou até vidas humanas.
sistema de *n* níveis — Arquitetura para aplicações baseadas em rede. O sistema de três níveis, por exemplo, tem um nível de cliente, um nível lógico de aplicação e um nível de dados.
sistema de nome de domínio (*Domain Name System* — DNS) — Sistema da Internet usado para traduzir o nome de uma máquina para um endereço IP.
sistema de paginação multiníveis — Técnica que habilita o sistema a armazenar porções da tabela de páginas de um processo em localizações não contíguas na memória principal e armazenar apenas porções que um processo esteja usando ativamente. Tabelas de páginas multiníveis são implementadas por meio de uma hierarquia de tabelas de páginas, em que cada nível contém uma tabela que armazena ponteiros para tabelas do nível abaixo. O nível mais baixo de todos é composto de tabelas que contêm os mapeamentos de páginas para molduras de páginas. Isso reduz o desperdício de memória em comparação com tabelas de páginas um só nível, mas incorre em maior sobrecarga devido ao aumento do número de acessos à memória requerido para realizar tradução de endereço quando mapeamentos correspondentes não estiverem contidos no TLB.
sistema de processamento em lote de fluxo único — Sistema de processamento em lote que coloca jobs prontos em partições disponíveis de uma fila de jobs pendentes.
sistema de sistema de arquivo (sysfs) (Linux) — Sistema de arquivo que permite que processos acessem estruturas definidas pelo modelo unificado de dispositivo.
sistema de tempo compartilhado — Sistema operacional que habilita vários usuários interativos simultâneos.
sistema de tempo real — Sistema que tenta atender requisições dentro de um período de tempo especificado (normal-

mente curto). Em sistemas de missão crítica de tempo real (por exemplo, monitores de controle de tráfego aéreo e de refinarias de petróleo), dinheiro, propriedade e até mesmo vidas humanas poderiam ser perdidos se requisições não fossem atendidas a tempo.

sistema de três níveis — Sistema que oferece uma separação entre a lógica da aplicação, a interface de usuário e os dados. O nível de interface de usuário (também denominado nível de cliente) comunica-se com o usuário. O nível de lógica de aplicação é responsável pela lógica associada à função do sistema. O nível de dados armazena as informações que o usuário deseja acessar.

sistema distribuído — Conjunto de computadores remotos que cooperam por meio de uma rede para realizar uma tarefa comum.

sistema embarcado — Pequeno computador que contém recursos limitados e hardware especializado para executar dispositivos como PDAs ou telefones celulares.

sistema fortemente acoplado — Sistema no qual processadores compartilham a maioria dos recursos; esses sistemas proporcionam desempenho mais alto, mas são menos tolerantes a falhas e menos flexíveis do que sistemas fracamente acoplados.

sistema fracamente acoplado — Sistema no qual processadores não compartilham a maior parte dos recursos; esses sistemas são flexíveis e tolerantes a falhas, mas seu desempenho é pior do que o de sistemas fortemente acoplados.

sistema interativo de controle de problemas (*Interactive Problem Control System* — IPCS) (VM) — Componente de VM que fornece análise e correção on-line de problemas de software de VM.

sistema monousuário de alocação de memória contígua — Sistema no qual programas são colocados em endereços adjacentes de memória e o sistema atende somente um programa por vez.

sistema multiprocessador — Sistema de computação que emprega mais de um processador.

sistema multiprogramador THE — Primeira arquitetura de sistema operacional em camadas criada por Edsger Dijkstra.

sistema operacional — Software que gerencia recursos de sistema para fornecer serviços que permitem que aplicações executem adequadamente. Um sistema operacional pode gerenciar recursos de hardware e de software. Sistemas operacionais fornecem uma interface de programação de aplicação para facilitar desenvolvimento de aplicação. Também ajudam a disponibilizar convenientemente os recursos do sistema para usuários proporcionando, ao mesmo tempo, um ambiente confiável, seguro e responsivo para aplicações e usuários.

sistema operacional de máquina virtual — Software que cria a máquina virtual.

sistema operacional de micronúcleo — Sistema operacional escalável que coloca um número mínimo de serviços no núcleo e requer programas usuários para implementar serviços em geral delegados ao núcleo em outros tipos de sistemas operacionais.

sistema operacional de rede — Sistema operacional que pode manipular recursos em localizações remotas, mas não oculta localização desses recursos das aplicações (como os sistemas distribuídos podem fazer).

sistema operacional eficiente — Sistema operacional que exibe alto rendimento e baixo tempo de retorno.

sistema operacional em camadas — Sistema operacional modular que coloca componentes semelhantes em camadas isoladas. Cada camada acessa os serviços da camada abaixo dela e retorna resultados para a acamada acima dela.

sistema operacional escalável — Sistema operacional capaz de empregar recursos à medida que são adicionados ao sistema. Pode adaptar imediatamente seu grau de multiprogramação para atender às necessidades de seus usuários.

sistema operacional extensível — Sistema operacional que pode incorporar novas características com facilidade.

sistema operacional interativo — Sistema operacional que permite que aplicações respondam rapidamente à entrada de usuário.

sistema operacional monolítico — Sistema operacional cujo núcleo contém todos os componentes do sistema operacional. O núcleo normalmente funciona com acesso irrestrito ao sistema de computador.

sistema operacional orientado a objeto (*object-oriented operating system* — OOOS) — Sistema operacional no qual componentes e recursos são representados como objetos. Conceitos orientados a objeto, como herança e interfaces, ajudam a criar sistemas operacionais modulares mais fáceis de manter e ampliar do que sistemas operacionais construídos com técnicas anteriores. Muitos sistemas operacionais usam objetos, mas poucos são escritos completamente utilizando linguagens orientadas a objeto.

sistema operacional portável — Sistema operacional projetado para funcionar em muitas configurações de hardware.

sistema operacional robusto — Sistema operacional tolerante a falhas e confiável. O sistema não falhará devido a erros inesperados de aplicação ou hardware (mas, se tiver de falhar, falhará naturalmente). Tal sistema operacional fornecerá serviços a cada aplicação a menos que o hardware que esses serviços requerem não funcione.

sistema operacional seguro — Sistema operacional que impede que usuários e software obtenham acesso não autorizado a serviços e dados.

sistema operacional utilizável — Sistema operacional que tem o potencial de atender a uma base significativa de usuários, proporcionando uma interface fácil de usar e suportando um grande conjunto de aplicações orientadas para usuário.

sistema operacional VM — Um dos primeiros sistemas operacionais de máquina virtual, desenvolvido pela IBM na década de 1960 e ainda amplamente utilizado hoje; sua versão mais recente é o z/VM.

sistemas multicomputadores — Sistemas nos quais processadores não compartilham memória nem barramento comuns. Cada processador tem acesso aos seus próprios recursos. Esses processadores independentes são conectados em uma rede para funcionar cooperativamente, formando um sistema multicomputador.

sobreposição — Conceito criado para habilitar a execução de programas maiores do que a memória principal. Os programas são divididos em parcelas que não precisam existir simultaneamente na memória. Uma sobreposição contém uma dessas parcelas de um programa.

softirq (Linux) — Controlador de interrupção de software reentrante e não serializado, de modo que pode ser executado em vários processadores simultaneamente.

software antivírus — Programa que tenta identificar, eliminar e, em geral, proteger um sistema contra vírus.

software de código-fonte aberto — Software que inclui o código-fonte da aplicação e é freqüentemente distribuído sob a General Public License (GPL) ou uma licença semelhante. Software de código-fonte aberto normalmente é desenvolvido por equipes de programadores independentes no mundo inteiro.

Solaris — Versão do UNIX baseada na System V Release 4 e no SunOS, projetada colaborativamente pela AT&T e pela Sun.

Solo — Pequeno sistema operacional criado por Per Brinch Hansen para demonstrar programação concorrente à prova de falhas.

soma de verificação — Resultado do cálculo dos bits de uma mensagem. A soma de verificação do receptor é comparada com a soma de verificação do emissor (embutida nas informações de controle). Se as somas de verificação não forem compatíveis, a mensagem terá sido corrompida.

sombreamento (RAID) — Veja espelhamento (RAID).

sombreamento de página — Implementação de transação que escreve blocos modificados para um novo bloco. A cópia do bloco não modificado é liberada como espaço livre quando a transação for validada.

sondagem (polling) — Técnica para descobrir estado de hardware testando repetidamente cada dispositivo. Sondagem pode ser implementada em lugar de interrupções, mas normalmente reduz o desempenho devido ao aumento de sobrecarga.

soquete — Mecanismo de comunicação interprocessos que permite que processos troquem dados estabelecendo canais de comunicação direta. Habilita processos a se comunicar por uma rede usando chamadas read e write (de leitura e de escrita).

soquete (rede) — Constructo de software que representa um ponto final de uma conexão.

soquete de datagrama — Soquete que utiliza o protocolo UDP para transmitir dados.

soquete de fluxo — Soquete que transfere dados usando o protocolo TCP.

SPECmark — Quantificador-padrão para testar sistemas; SPECmarks são publicados pela Standard Performance Evaluation Corporation (SPEC).

spool (*simultaneous peripheral operations online* — operações periféricas simultâneas on-line) — Método de E/S no qual processos escrevem dados para armazenamento secundário no qual são colocados em cache antes de ser transferidos para um dispositivo de baixa velocidade.

Sprite — Sistema operacional distribuído cuja meta é transparência e total consistência.

Standard Performance Evaluation Corporation (SPEC) — Organização que desenvolve quantificadores padronizados relevantes (denominados SPECmarks), que são usados para avaliar uma variedade de sistemas; a SPEC publica os resultados de testes com esses quantificadores em sistemas reais.

STREAM — Quantificador sintético popular que testa o subsistema de memória.

striping de dados (RAID) — Técnica de sistemas RAID que divide os dados em tiras (strips) contíguas de tamanho fixo que podem ser colocadas em discos diferentes, o que permite que vários discos atendam a requisições de dados.

stub — Prepara dados de saída para transmissão e traduz dados de dados de entrada para que possam ser interpretados corretamente.

stub de cliente — Stub do lado cliente que prepara dados de saída para transmissão e traduz dados de entrada para que possam ser interpretados corretamente.

stub de servidor — Um stub do lado servidor em RPC que prepara dados de saída para transmissão e traduz dados de chegada para que possam ser interpretados corretamente.

subsistema de ambiente Win32 (Windows XP) — Processo de modo usuário interposto entre o executivo e o resto do espaço de usuário que fornece um típico ambiente Windows de 32 bits.

subsistema de comunicações de spooling remoto (*Remote Spooling Communications Subsystem* — RSCS) (VM) — Componente de VM que fornece a capacidade de enviar e receber arquivos em um sistema distribuído.

subsistema do ambiente (Windows XP) — Componente de modo usuário que fornece um ambiente de computação para outros processos de modo usuário; na maior parte dos casos, somente subsistemas do ambiente interagem diretamente com componentes de modo núcleo em Windows XP.

substituição aleatória de páginas (RAND) — Estratégia de substituição de páginas na qual cada página na memória principal tem igual probabilidade de ser selecionada para substituição. Embora essa estratégia seja justa e incorra em pouca sobrecarga, não tenta prever futura utilização de página.

substituição de página menos freqüentemente usada (*least-least-frequently-used* — LFU) — Estratégia de substituição de página que substitui a página menos freqüentemente usada ou menos intensamente referida. A LFU é fácil de implementar, mas geralmente não prevê bem utilização futura de páginas.

substituição de página menos recentemente usada (*least-recently-used* — LRU) — Estratégia de substituição de página que substitui a página que não foi referida há mais tempo. A LRU geralmente prevê a utilização futura de página, mas incorre em sobrecarga significativa.

substituição de página menos recentemente usada global (*global least-recently-used* — gLRU) — Estratégia global de substituição da página que não foi referida há mais tempo em todo o sistema. A LRU pode funcionar mal porque variantes do escalonamento de espera circular fazem com que o sistema exiba um padrão de referência de laço de grande escala. A variante SEQ da substituição de página gLRU tenta melhorar o desempenho substituindo a página mais recentemente usada quando detecta um padrão de referência de laço.

substituição de página menos recentemente usada localizada (Windows XP) — Política que transfere para disco a página menos recentemente usada de um processo, componente de seu máximo de conjunto de trabalho, quando aquele processo requisita uma página da memória principal. A política é localizada por processo porque o Windows XP move só as páginas do processo requisitante; o Windows XP aproxima essa política usando o algoritmo de relógio.

substituição de página não usada recentemente (NUR) — Aproximação de baixa sobrecarga da estratégia de substituição de página MRU (LRU); usa bits referidos e bits sujos para substituir uma página. A NUR tenta substituir primeiramente uma página não referida recentemente e não modificada. Se não houver nenhuma dessas páginas disponíveis, a estratégia substituirá uma página suja não referida recentemente, uma página limpa referida recentemente ou uma página referida que foi referida recentemente, nessa ordem.

substituição de página ótima (*optimal page replacement* — OPT) — Estratégia não realizável de troca de página que substitui a página que não será usada até um futuro muito mais longínquo. Essa estratégia mostrou ser ótima.

substituição de página por freqüência de falta de página (*page-fault-frequency* — PFF) — Algoritmo que ajusta o conjunto de páginas residentes de um processo com base na freqüência com que o processo encontra faltas. Se um processo estiver comutando para um conjunto de trabalho maior, sofrerá faltas freqüentemente e a PFF alocará mais molduras de páginas. Assim que o processo acumular seu novo conjunto de trabalho, a taxa de falta de página estabilizar-se-á e a PFF manterá ou reduzirá o conjunto de páginas residentes. A chave para a operação adequada e eficiente da PFF é manter os patamares em valores apropriados.

substituição de página primeira-a-chegar-primeira-a-sair (*first-in-first-out* — FIFO) — Estratégia de substituição de página que substitui a página que estiver na memória há mais tempo. FIFO incorre em baixa sobrecarga, mas geralmente não prevê utilização de página futura com exatidão.

Sun Open Net Environment (Sun ONE) — Consiste em três componentes — uma visão, uma arquitetura e um modelo conceitual para desenvolver software baseado em padrões.

Glossário 747

superbloco — Bloco que contém informações críticas para a integridade do sistema de arquivo (por exemplo, a localização da lista de blocos livres ou do mapa de bits do sistema, o identificador do sistema de arquivo e a localização da raiz do sistema de arquivo).
superusuário (usuário-raiz) (Linux) — Usuário que pode executar operações restritas (operações que podem danificar o núcleo e/ou o sistema).
suspender/retomar — Método de parar um processo salvando seu estado, liberando seus recursos para outros processos e, então, restaurando seus recursos depois que os outros processos os tenham liberado.
Symbian OS — Pequeno sistema operacional para telefones inteligentes (telefones móveis com a funcionalidade de um PDA).
synchronized — Palavra-chave Java que impõe acesso mútuo exclusivo a código dentro de um objeto.

T

tabela de alocação de arquivos (*File Allocation Table* — FAT) — Tabela que armazena ponteiros para blocos de dados de arquivos no sistema de arquivos FAT da Microsoft.
tabela de âncora de hash — Tabela de hash que aponta entradas em uma tabela de página invertida. Aumentar o tamanho da tabela de âncora de hash reduz o número de colisões, o que melhora a velocidade de tradução de endereço ao custo do aumento de sobrecarga de memória requerida para armazenar a tabela.
tabela de descritores globais (*global descriptor table* — GDT) (arquitetura IA-32 Intel) — Tabela de mapas de segmentos, que contém informações de mapeamento para segmentos de processo, ou segmentos de tabela de descritores locais (*local descriptor table* — LDT), que contém informações sobre segmentos de processo.
tabela de despacho de interrupções (*Interrupt Dispatch Table* — IDT) — Estrutura de dados do núcleo que mapeia interrupções de hardware para vetores de interrupção.
tabela de diretório de páginas (Windows XP) — Página de 4 KB que contém 1.024 entradas que apontam para molduras na memória.
tabela de hash — Estrutura de dados que indexa itens segundo seus valores de hash; usada com funções de hash para armazenar e recuperar informações rapidamente.
tabela de inodes (Linux) — Estrutura que contém uma entrada para cada inode alocado em um grupo de blocos.
tabela de mapa de blocos — Tabela que contém entradas que mapeiam cada um dos blocos virtuais de um processo para um bloco correspondente na memória principal (se existir um bloco). Em um sistema virtual, blocos são ou segmentos ou páginas.
tabela de mapa de página — Veja tabela de página.
tabela de página — Tabela que armazena entradas que mapeiam números de páginas para molduras de páginas. A tabela de páginas contém uma entrada para cada uma das páginas virtuais de um processo.
tabela de página invertida — Tabela de página que contém uma entrada para cada moldura de página na memória principal. Tabelas de páginas invertidas incorrem em menos fragmentação de tabela do que tabelas de páginas tradicionais que normalmente mantêm na memória um número maior de entradas de tabela de página do que de moldura de páginas. Funções de hash mapeiam números de páginas virtuais para um índice na tabela de página invertida.
tabela de prefixo (em Sprite) — Tabela que armazena informações de domínio para auxiliar em consultas de arquivos. Cada entrada da tabela representa um domínio separado e consiste no caminho absoluto para o diretório-raiz dentro do domínio, no servidor que abriga o domínio e em uma permissão (ficha) que identifica o domínio.
tabela de processo — Tabela de processos conhecidos. Em um sistema de segmentação/paginação, cada entrada aponta para o espaço de endereçamento virtual de um processo, entre outros itens.
tabela de roteamento — Representação de uma rede usada para determinar para onde roteadores devem enviar datagramas, em seguida, no caminho para seu destino.
tabela de símbolos — Parte de um módulo de objeto que lista uma entrada para cada nome externo e cada referência externa encontrada no módulo.
tabela local de descritores (*local descriptor table* — LDT) (arquitetura IA-32 Intel) — Tabela de mapa de segmentos que contém informações de mapeamento para segmentos de processo. O sistema pode conter até 8.191 LDTs, cada uma contendo 8.192 entradas.
tabela mestra de arquivo (*Master File Table* — MFT) (NTFS) — Arquivo estruturado como uma tabela na qual o NTFS armazena informações (por exemplo, nome, marca de tempo e localização) sobre todos os arquivos do volume.
tabelas de montagem — Tabelas que armazenam as localizações de pontos de montagem e seus dispositivos correspondentes.
tamanho (arquivo) — Quantidade de informações armazenadas em um arquivo.
tamanho da janela do grupo de trabalho — Valor que determina quanto do passado o sistema deve considerar para determinar quais páginas estão no conjunto de trabalho do processo
tarefa (Linux) — Contexto de execução de usuário (ou seja, processo ou thread) em Linux.
tarefa quente em relação ao cache — Tarefa que contém a maioria de seus dados e instruções no cache do processador para o qual será despachado.
tasklet (Linux) — Controlador de interrupção de software que não pode ser executado simultaneamente em vários processadores. Tasklets são usados para executar metades inferiores não reentrantes de controladores de interrupção.
taxa de chegada — Taxa de novas requisições de um recurso.
taxa de requisição — Medida de freqüência de requisição. Quanto mais alta a taxa de requisição, maior a carga do sistema. Sistemas que experimentam uma alta taxa de requisição de disco tendem a se beneficiar de escalonamento de disco.
taxa de serviço — Taxa na qual requisições são concluídas por um recurso.
tecnologia da camada de ar — Solução de segurança em rede que complementa o firewall. Garante a segurança de dados privados contra o acesso de usuários externos à rede interna.
tempo de busca — Tempo que o cabeçote de leitura/escrita leva para passar do cilindro de onde está para o cilindro que contém o registro de dados requisitado.
tempo de desmontagem — Tempo requerido por um operador de sistema e pelo sistema operacional para retirar um job de um sistema após sua conclusão.
tempo de instalação — Tempo requerido por um operador de sistema e pelo sistema operacional para preparar o próximo job a ser executado.
tempo de posicionamento — Tempo de acesso mais latência. Tempo de posicionamento é utilizado na estratégia SPTF para ordenar requisições.
tempo de reação do sistema — Tempo desde o momento em que um job é apresentado a um sistema até o job receber a primeira divisão de tempo de atendimento.
tempo de relógio normal — Medida de tempo como percebida por um usuário.
tempo de resposta — Em um sistema interativo é o tempo transcorrido desde quando um usuário pressiona a tecla *Enter* ou clica o mouse até o sistema entregar uma resposta final.
tempo de retorno — Tempo transcorrido desde a apresentação de uma requisição até o sistema terminar de atendê-la.
tempo de transmissão — Tempo requerido para que um registro de dado passe pelo cabeçote de leitura-escrita.
tempo entre faltas — Tempo transcorrido entre faltas de página de um processo usado na estratégia de substituição de páginas por freqüência de falta de página para determinar quando aumentar ou reduzir a alocação de moldura de páginas de um programa.
tempo médio até a falha (*mean-time-to-failure* — MTTF) (RAID) — Tempo médio antes que um só disco falhe.
tempo médio de resposta (escalonamento de disco) — Tempo médio que um sistema gasta esperando que uma requisição de disco seja atendida.
temporizador de fila de temporizadores (Windows XP) — Temporizador que sinaliza um thread operário para realizar uma função especificada em um horário especificado.
temporizador de intervalo — Veja relógio de interrupção.
temporizador de uso único (Windows XP) — Objeto temporizador de espera usado uma vez e, então, descartado.
temporizador periódico (Windows XP) — Objeto temporizador de espera que é reativado após um intervalo especificado.
teoria do conjunto de trabalho de comportamento de programa — Teoria proposta por Denning que afirma que, para um programa executar eficientemente, o sistema deve manter o subconjunto favorecido de páginas desse programa (seu conjunto de trabalho) na memória principal. Dada uma janela de conjunto de trabalho w, o conjunto de páginas de trabalho do processo, $W(t, w)$, é definido como o conjunto de páginas referidas pelo processo durante o intervalo de tempo de processo $t - w$ para t. Escolher o tamanho da janela, w, é um aspecto crucial da implementação de gerenciamento de memória de conjunto de trabalho.
terminal cliente minimizado — Aplicação que requer suporte mínimo do lado cliente.
test-and-set — Instrução implementada em hardware que testa atomicamente o valor de uma variável e coloca o valor da variável em true. Essa instrução simplifica implementações de exclusão mútua, eliminando a possibilidade de um thread sofrer preempção enquanto estiver executando uma operação de memória ler-modificar-escrever.
texto cifrado — Dados criptografados.
texto comum — Dados não criptografados.
thread — Entidade que descreve um fluxo de instruções de programa executáveis independentemente (também denominado thread de execução ou thread de controle). Threads facilitam execução paralela de atividades concorrentes dentro de um processo.
thread consumidor — Thread cujo propósito é ler e processar dados de um objeto compartilhado.
thread de (nível de) núcleo — Thread criado por um sistema operacional (também denominado thread de núcleo).
thread de execução principal — Thread desenvolvido na criação de processo (também denominado thread primário).
thread de núcleo (Linux) — Thread que executa código de núcleo.
thread operário — Thread de núcleo que é um membro de um reservatório de threads. Threads operários podem ser mapeados para qualquer thread usuário no processo que criou seu reservatório de threads.
thread operário de sistema (Windows XP) — Thread controlado pelo sistema que dorme até que um componente de modo núcleo enfileire um item de trabalho para processamento.
thread primário — Thread desenvolvido durante a criação de processo (também denominado thread principal ou thread de execução). Quando o thread primário retorna, seu processo termina.
thread primário (Windows XP) — Thread desenvolvido quando um processo é criado.
thread produtor — Thread que cria e coloca dados dentro de um objeto compartilhado.
thread Win32 — Threads suportados nativamente pela linha de sistemas operacionais Windows de 32 bits da Microsoft.
threads assíncronos concorrentes — Threads que existem simultaneamente, mas executam independentemente uns dos outros e que ocasionalmente se comunicam e se sincronizam para realizar tarefas cooperativas.
threads de usuário — Modelo de thread no qual todos os threads em um processo são designados para um só contexto de execução.
tipo (arquivo) — Descrição do propósito de um arquivo (por exemplo, um programa executável, dados ou diretório).
tipo de recurso — Agrupamento de recursos que executam uma tarefa comum.
TIPS (trilhões de instruções por segundo) — Unidade utilizada para categorizar o desempenho de determinado computador; a classificação de um TIPS significa que o processador pode executar um trilhão de instruções por segundo.
tira (RAID) — Menor unidade de dados sobre a qual um sistema RAID opera. O conjunto de tiras na mesma localização em cada disco é denominado fita.
tiras de granularidade fina (RAID) — Tamanho de tira que obriga o armazenamento de arquivos em várias fitas. Tiras de granularidade fina podem reduzir o tempo de acesso de cada requisição e elevar as taxas de transferência porque vários discos recuperam simultaneamente porções dos dados requisitados.
tiras de granularidade grossa (RAID) — Tamanho de tira que permite o armazenamento de arquivos médios em um pequeno número de tiras. Nesse caso, algumas requisições podem ser atendidas por somente uma fração dos discos do arranjo, portanto, provavelmente várias requisições poderão ser atendidas simultaneamente. Se as requisições forem pequenas, serão atendidas por um só disco por vez, o que reduz suas taxas médias de transferência.
tmpfs – (*temporary system file* — sistema de arquivo temporário) (Linux) — Similar ao ramfs, mas não requer formatação antes de ser utilizado, o que significa que o sistema pode armazenar arquivos no tmpfs sem a sobrecarga organizacional típica da maior parte dos sistemas de arquivos.
Token Ring — Protocolo no qual uma ficha circula ao redor de uma rede em anel. Somente um hospedeiro pode possuir um símbolo por vez, e somente seu proprietário pode transmitir dados.
tolerância a falhas — Capacidade do sistema operacional de manipular erros de software ou hardware.
Tomcat — Implementação de referência oficial dos padrões JSP e servlet.
topologia de rede — Representação das relações entre os nodos de uma rede. Alguns exemplos são redes de barramento, redes em anel, redes em estrela, redes em árvore e redes em malha.
topologia lógica — Mapa de uma rede que mostra quais nodos estão conectados diretamente
traço — Linha minúscula, eletricamente condutora, que faz parte de um barramento.
traço (avaliação de desempenho) — Registro de atividade real de sistema executado em sistemas para testar como estes manipulam uma amostra de carga de trabalho.
tradução dinâmica de endereço (*Dynamic Address Translation* — DAT) — Mecanismo que converte endereços vir-

tuais em endereços físicos durante a execução; a tradução é feita a uma velocidade extremamente alta para evitar retardar a execução.
trailer — Informações de controle anexadas ao final de uma mensagem de dados.
transação — Operação atômica, mutuamente exclusiva que ou conclui ou é revertida. Modificações de entradas de bancos de dados normalmente são realizadas como transações para habilitar alto desempenho e reduzir o custo de recuperação de deadlock.
transação atômica — Grupo de operações que não tem nenhum efeito sobre o estado do sistema a menos que sejam inteiramente concluídas.
transação comprometida — Transação que foi concluída com sucesso.
transbordamento de buffer — Ataque que envia entradas maiores do que o espaço alocado para elas. Se a entrada for adequadamente codificada e a pilha do sistema executável, o transbordamento do buffer pode habilitar um invasor a executar código de maneira mal-intencionada.
transceptor — Dispositivo de hardware que liga um nodo de Ethernet ao meio de transmissão da rede. Transceptores testam um meio compartilhado para verificar se ele está disponível antes de transmitir dados e monitora o meio para detectar uma transmissão simultânea denominada colisão.
transição de job para job — Tempo durante o qual jobs não podem executar em sistemas de processamento em lote de fluxo único enquanto um job estiver sendo purgado do sistema e o próximo job estiver sendo carregado e preparado para execução.
transistor — Comutador miniaturizado que ou permite ou impede a passagem de corrente elétrica para habilitar processadores a realizar operações em bits.
transmissão assíncrona — Transferência de dados de um dispositivo para outro que funciona independentemente, por meio de um buffer, para eliminar a necessidade de bloqueio; o emissor pode executar outro trabalho assim que os dados chegarem ao buffer mesmo que o receptor ainda não os tenha lido.
transparência — Oculta de usuários os aspectos de distribuição de um sistema distribuído
transparência de acesso — Oculta os detalhes de protocolos de rede que permitem a comunicação entre computadores em um sistema distribuído.
transparência de falha — Método pelo qual um sistema distribuído fornece tolerância a falhas de modo que o cliente não fique ciente da falha de um computador.
transparência de localização — Aproveita a transparência de acesso para ocultar a localização de recursos em um sistema distribuído daqueles que estão tentando acessá-los.
transparência de migração — Mascara a movimentação de um objeto de uma localização para outra do sistema, como a movimentação de um arquivo de um servidor para outro.
transparência de persistência — Oculta as informações sobre onde o recurso está armazenado — memória ou disco.
transparência de relocalização — Mascara a relocalização de um objeto para outros objetos que se comunicam com ele.
transparência de replicação — Oculta o fato de que há várias cópias de um recurso disponíveis no sistema. Todos os acessos a um grupo de recursos replicados ocorrem como se houvesse um só desse recurso disponível.
transparência de transação — Permite que um sistema obtenha consistência mascarando a coordenação entre um conjunto de recursos.
transporte orientado para conexão — Método de implementação de transporte no qual hospedeiros enviam informações de controle para governar a seção. Para estabelecer a conexão, é usada uma apresentação (handshaking). A conexão garante que todos os dados chegarão e na ordem correta.
transporte sem conexão — Método de implementação de camada de transporte no qual não há garantia de que os dados chegarão em ordem e nem mesmo se chegarão.
trava configurável — Veja travas adaptativas.
trava de exclusão mútua — Variável que indica se um thread está executando sua seção crítica; se a trava indicar que um thread está em sua seção crítica, os outros ficarão travados fora de suas próprias seções críticas.
trava de leitor/escritor (Linux) — Trava que permite a vários threads que retenham uma trava concorrentemente ao ler de um recurso, mas que somente um thread retenha uma trava ao escrever para o recurso.
trava de leitura/escrita — Trava que permite a um único processo escritor ou vários processos leitores (processos que não alterarão variáveis compartilhadas) que entrem em uma seção crítica.
trava de processo anunciada (***Advisable Process Lock* — APL**) — Mecanismo de travamento no qual o adquirente estima por quanto tempo reterá a trava; outros processos podem usar essa estimativa para determinar se bloqueiam ou giram enquanto esperam pela trava.
trava de recurso executivo (Windows XP) — Trava de sincronização disponível apenas para threads de modo núcleo que pode ser retida em modo compartilhado por muitos threads ou em modo exclusivo por um só thread.
trava dormir/acordar — Trava de exclusão mútua na qual processos à espera bloqueiam e um processo liberador acorda o processo de prioridade mais alta que está em espera e lhe dá a trava.
trava giratória — Trava que fornece acesso mutuamente exclusivo a seções críticas. Quando um processo que está retendo a trava estiver executando dentro de sua seção crítica, qualquer processo que estiver executando concorrentemente em um processador diferente que tente adquirir a trava antes de entrar em sua seção crítica será obrigado a esperar ociosamente.
trava giratória de fila (Windows XP) — Trava giratória na qual um thread que libera a trava notifica o próximo thread na fila de threads à espera.
trava oportunista (oplock) (Windows XP) — Trava usada por um cliente CIFS para assegurar acesso exclusivo a um arquivo remoto, garantindo que o cliente possa fazer cache de dados localmente e manter a coerência de seu cache.
travas adaptativas — Travas de exclusão mútua que permitem que os processos alterem dinamicamente entre uma trava giratória e uma trava de bloqueio, dependendo da condição corrente do sistema.
trilha — Região circular de dados em um prato. Dados seqüenciais de arquivo normalmente são colocados contiguamente em uma trilha para melhorar tempo de acesso reduzindo atividade de posicionamento.
troca de chaves pela Internet (***Internet Key Exchange* – IKE**) (IPSec) — Protocolo de troca de chaves usado em IPSec para gerenciar chaves e que permite um intercâmbio seguro de chaves.
troca de mensagens — Mecanismo que permite que processos não relacionados se comuniquem trocando dados.
troca de pacotes da Internet (***Internetwork Packet Exchange* — IPX**) — Protocolo de rede da Novell Netware projetado especificamente para LANs.
troca dinâmica — Método de cópia do conteúdo da memória de um processo para armazenamento secundário, removendo o processo da memória e alocando memória liberada a um novo processo.
troca rápida de usuário (Windows XP) — Capacidade de um novo usuário se ligar rapidamente a uma máquina Windows XP sem desligar o usuário anterior
troca seqüencial de pacotes (***Sequenced Packet eXchange* — SPX**) — Protocolo de transporte da Novell Netware que oferece serviços orientados para conexão para pacotes IPX.
trocar — Veja troca dinâmica.
TSS — Sistema operacional projetado pela IBM na década de 1960 que oferecia capacidades de tempo compartilhado e memória virtual. Embora nunca tenha sido lançado comercialmente, muitas de suas capacidades apareceram em sistemas posteriores da IBM.
tunelamento — Processo de colocar datagramas IPv6 no corpo de datagramas IPv4 quando em comunicação com roteadores que não suportam IPv6.
tupla — Elemento particular de uma relação.

U

último processador (Windows XP) — Atributo de thread igual ao processador que executou um thread mais recentemente.
Unicode — Conjunto de caracteres que suporta idiomas internacionais e é popular na Internet e em aplicações multilingües.
unidade central de processamento (***Central Processing Unit* — CPU**) — Processador responsável pelas computações gerais de um computador.
Unidade de Aritmética e Lógica (***Arithmetic and Logic Unit* — ALU**) — Componente de um processador que executa operações aritméticas e lógicas básicas.
unidade de braço móvel — Veja braço de disco.
unidade de busca de instrução — Componente de um processador que carrega instruções do cache de instrução de modo que possam ser decodificadas e executadas.
unidade de compressão (de arquivo NTFS) — Dezesseis clusters. O Windows XP comprime e criptografa arquivos uma unidade de compressão por vez.
unidade de decodificação de instrução — Componente de um processador que interpreta instruções e gera sinais de controle apropriados que fazem com que o processador execute cada instrução.
unidade de disco rígido — Dispositivo de armazenamento magnético, rotacional que fornece acesso aleatório e armazenamento de dados.
unidade de gerenciamento de memória (***Memory Management Unit* — MMU**) — Hardware de propósito especial que realiza tradução de endereço virtual para físico.
UNIVAC 1 (UNIVersal Automatic Computer) — Primeiro computador a introduzir armazenamento em fita magnética.
UNIX — Sistema operacional desenvolvido no Bell Laboratories que foi escrito usando a linguagem de programação de alto nível C.
UNIX Berkeley Software Distribution (BSD) — Versão do UNIX modificada e liberada por uma equipe liderada por Bill Joy da Universidade da Califórnia, em Berkeley. O UNIX BSD é o pai de diversas variações UNIX.
usuário especificado (controle de acesso de arquivo) — Identidade de um usuário individual (que não seja o proprietário) que pode usar um arquivo.
usuário-raiz (Linux) — Veja superusuário.
usuários interativos — Usuários que estão presentes quando o sistema processa seus jobs. Usuários interativos se comunicam com seus jobs durante a execução.
utilização — Fração de tempo em que um recurso está em uso.

V

validar um modelo — Demonstrar que um modelo de computador é uma representação acurada do sistema real que o modelo está simulando.
valor bom (Linux) — Medida da prioridade de escalonamento de um processo. Processos com um valor bom baixo recebem uma parcela maior de tempo de processador do que outros processos no sistema e, portanto, são 'menos bons' para outros processos do sistema.
valor de hash — Valor retornado por uma função de hash que corresponde a uma posição em uma tabela de hash.
valor esperado — Soma de uma série de valores, cada um multiplicado por sua respectiva probabilidade de ocorrência.
variância de tempos de resposta — Medida do desvio dos tempos individuais de resposta em relação ao tempo médio de resposta.
variante — Vírus cujo código foi modificado em relação à sua forma original, mas ainda retém sua carga útil maléfica.
variável aleatória — Variável que pode assumir certa faixa de valores e cada valor tem uma probabilidade associada.
variável condicional — Variável que contém um valor e uma fila associada. Quando um thread espera por uma variável condicional dentro de um monitor, sai do monitor e é colocado na fila até ser sinalizado por um outro thread.
variável protegida (semáforos) — Variável inteira que armazena o estado de um semáforo que só pode ser acessada e alterada chamando *P* ou *V* naquele semáforo.
velocidade derivada — Velocidade real de um dispositivo determinada pela velocidade do barramento dianteiro e multiplicadores ou divisores de relógio.
Venus (em AFS) — Processo de nível usuário que interage com os processos Vice, executados em servidores de arquivos distribuídos para governar acesso ao arquivo distribuído.
verificação biométrica em camadas (***layered biometric verification* — LBV**) — Técnica de autenticação que usa várias medições de características humanas (como impressões digitais, de rosto e de voz) para verificar a identidade de um usuário.
verificação heurística — Técnica antivírus que detecta vírus pelo comportamento de seus programas.
verme — Código executável que se propaga e infecta arquivos por uma rede. Vermes raramente requerem qualquer ação do usuário para sua propagação e tampouco precisam ser anexados a um outro programa ou arquivo para se propagar.
vetor da aplicação — Vetor que contém a demanda relativa de uma aplicação particular sobre as primitivas de um sistema, utilizado na avaliação do desempenho específica a uma aplicação.
vetor de interrupção — Conjunto (array) na memória protegida que contém ponteiros para as localizações de controladores de interrupção.
vetor de sistema — Vetor que contém os resultados de microquantificadores para várias primitivas de sistema operacional a um sistema específico, usado na avaliação específica de uma aplicação.
Vice (em AFS) — Entidade que orienta acesso a arquivos distribuídos em AFS.
vinculação (Windows XP)— Conexão entre o cliente e o servidor usada para comunicação em rede (por exemplo, para um RPC).
vinculação de endereço — Atribuição de endereços de memória a dados e instruções de programa.
vírus — Código executável (muitas vezes enviado como um anexo a uma mensagem de e-mail ou oculto em arquivos como clipes de áudio, clipes de vídeo e jogos) que se anexa ou sobrescreve outros arquivos para se reproduzir, muitas vezes danificando o sistema no qual reside.
vírus do setor de inicialização (boot) — Vírus que infecta o setor de inicialização do disco rígido do computador, permitindo que ele seja carregado com o sistema operacional e assuma o controle do sistema.

vírus polimórfico — Vírus que tenta escapar de listas de vírus conhecidos modificando seu código (por exemplo, por meio de criptografia, substituição, inserção e assemelhados) à medida que se propaga.

vírus residente — Vírus que, uma vez carregado na memória, executa até que o computador seja desligado.

vírus transiente — Vírus que se liga a determinado programa de computador. O vírus é ativado quando o programa é executado e desativado quando o programa é encerrado.

visão física — Visão de dados de arquivo relativa a dispositivos particulares no qual os dados são armazenados, à forma que os dados assumem nesses dispositivos e aos meios físicos de transferência de dados de e para esses dispositivos.

visão lógica — Visão de arquivos que oculta os dispositivos que os armazenam, seu formato e as técnicas de acesso físico do sistema.

visualização de arquivo (Windows XP) — Porção de um arquivo especificada por um objeto mapeamento-de-arquivo que um processo mapeia para sua memória.

VMS — Sistema operacional para os computadores DEC VAX projetado pela equipe de David Cutler.

volatilidade (arquivo) — Freqüência com a qual são feitas adições e supressões em um arquivo.

volume — Unidade de armazenamento que pode conter vários arquivos.

volume em AFS-2 — Introduzido em AFS-2 para gerenciar subárvores. Volumes são, primariamente, de valor administrativo, permitindo replicação e isolamento de certas subárvores e, portanto, são transparentes para os usuários.

W

wait (semáforos) — Se a variável do semáforo for 0, a operação bloqueará o thread que está chamando. Se a variável for maior do que 0, a operação decrementará a variável de um e permitirá que o thread que está chamando prossiga. Wait também é denominada operação *P*.

WebMark — Quantificador popular de desempenho da Internet desenvolvido pela Business Application Performance Corporation (BAPCo).

WebNFS — Permite que clientes NFS acessem servidores habilitados a WebNFS com um mínimo de sobrecarga de protocolo. Comercializado como o sistema de arquivo para a Web, o WebNFS é projetado para melhorar a funcionalidade e o desempenho do NFS em Internet de longa distância e intranets.

Whetstone — Programa sintético clássico que mede quão bem sistemas lidam com cálculos de ponto flutuante e, por isso, é muito útil para avaliar programas científicos.

WinBench 99 — Programa sintético popular usado hoje extensivamente para testar subsistemas gráficos, de disco e de vídeo de um sistema em um ambiente Microsoft Windows.

Windows sockets versão 2 (Winsock 2) — Adaptação e extensão de soquetes BSD para o ambiente Windows.

Windows XP Embarcado (Windows XP Embedded) — Sistema operacional embarcado que usa os mesmos arquivos binários do Windows XP, mas permite que projetistas escolham apenas os componentes aplicáveis para um dispositivo particular.

WinHTTP (Windows XP) — API que suporta comunicação entre clientes e servidores em uma sessão HTTP.

WinINet (Windows XP) — API que permite que aplicações interajam com protocolos FTP, HTTP e Gopher para acessar recursos pela Internet.

World Wide Web (WWW) — Coletânea de documentos hiperligados acessíveis por meio da Internet usando o protocolo de transferência de hipertexto (*Hypertext Transfer Protocol* — HTTP). Documentos Web normalmente são escritos em linguagens como HyperText Markup Language (HTML) e Extensible Markup Language (XML).

Z

z/OS — Sistema operacional da IBM para computadores de grande porte (mainframes) zSeries e para a última versão do VMS.

zona (memória) (Linux) — Região de memória física. O Linux divide a memória principal em zonas baixas, normais e altas para alocar memória segundo as limitações da arquitetura de um sistema.

Índice

Símbolos
. diretório, 382

Numéricos
3DES três sistemas DES (Data Encryption Standard) em série, 565

A
A. K. Agrawala, 515
abortar um processo, 72, 79
ação JSP, 547
ACE — entrada de controle de acesso (access control entry), 712
acesso a dados compartilhados, 121
acesso ao banco de dados, 547
acesso ao sistema (login), 595
acesso de anexação, 286-287
acesso de escrita, 286, 380, 396
acesso de execução, 286, 287, 380
acesso de leitura/escrita (gravação), 287, 396
acesso direto à memória (direct memory access — DMA), 39
acesso direto, 341
acesso exclusivo, 114
acesso irrestrito, 288
Acesso protegido Wi-Fi (Wi-Fi protected access — WPA), 592
acesso seqüencial indexado, 387, 398
acesso somente de leitura, 287
ACFs — arquivos de configuração de aplicação (application configuration file), 703
ACK — segmento de confirmação (acknowledgement segment), 494
ACLs — listas de controle de acesso (control access list), 67, 533
acordar um thread, 93
ACPI — interface avançada de configuração e energia (Advanced Configuration and Power Interface), 46, 198
Active Directory, 708
ActiveX Controls, 704
adiamento indefinido, 106, 123, 127, 128, 133, 142, 159, 180, 183, 184, 188, 213
Adleman, Leonard, 566
Advanced Technology Attachment (ATA), 42
Afinal, os clientes querem aplicações, 66
afinidade de processador, 463, 465
AFRAID (A Frequently Redundant Array of Independent Disks), 366
AFS Sistema de arquivo Andrew (Andrew File System), 531
agenda eletrônica (personal digital assistant — PDA), 4
agente inteligente, 550
agentes de rede, 550
AH — cabeçalho de autenticação (authentication header), 591
AIM — mecanismo de isolamento de acesso (access isolation mechanism), 67
ajuste de páginas, 686
ajuste de sistema, 428
alerta de vírus falsa positiva, 581
Algoritmo da padaria de Lamport, 133, 136
Algoritmo de assinatura digital (digital signature algorithm — DSA), 588
algoritmo de chave pública, 566
Algoritmo de coescalonamento não dividido, 466
algoritmo de coescalonamento, 465
algoritmo de convocação, 472
Algoritmo de Dekker, 123, 128, 130, 144, 153
algoritmo de detecção de deadlock (deadlock detection algoritmo — DDA), 516
algoritmo de Diffie-Hellman, 591
algoritmo de escalonamento de bando, 466
Algoritmo de escalonamento de mínima folga primeiro, 226
algoritmo de exclusão mútua rápida, 133
Algoritmo de Lempel-Ziv, 690
algoritmo de licitação, 472-473
algoritmo de Lúcifer, 565
Algoritmo de Peterson, 153
algoritmo de varredura aleatória, 576
Algoritmo do Banqueiro (para evitar deadlock), 190
algoritmo do elevador, 347, 350
algoritmos restritos, 563
alocação contígua de arquivos, 387
alocação de armazenamento não contíguo, 282, 388
alocação de arquivo tabular não contígua, 390
alocação de memória contígua, 242
alocação de memória não contígua, 242, 286
alocação de memória, 683-684
alocação de memória, 684
alocação de página, 622
alocação tardia, 281, 681, 683
alocador de fatias, 623
alocador de zona, 621, 623
ALU — unidade de aritmética e lógica (arithmetic and logic unit), 34
analisador (compilação), 52
analisador léxico (lexer), 52-53
analisador, 52
Anomalia de Belady, 312
anúncio (no JXTA), 545
AOL — Instant Messenger, 544
Apache HTTP Server, 12, 547, 593
Apache SoftwareFoundation, 547
APCs de modo núcleo, 671
APCs de modo usuário, 671
apelido (alias), 383
API — interface de programação de aplicação (application programming Interface), 14, 51
API Criptográfica (Cryptographic API), 656
API nativa, 667
APL — trava de processo anunciada (advisable process lock), 475
aplicação P2P centralizada, 542
aplicação P2P descentralizada, 542
aplicação P2P pura, 542
aplicação peer-to-peer, 542, 543
aplicação, 4
área de transferência (clipboard), 704
armazenamento em fita magnética, 340
armazenamento não volátil, 531
armazenamento persistente, 36, 38
armazenamento terciário, 38
armazenamento virtual, 296
ARPA, 9
ARPAnet, 10
arquitetura de barramentos múltiplos compartilhado, 448
arquitetura de driver de rede, 707
arquiteturas superescalares, 434, 446
arquivo de núcleo, 79, 647
arquivo de páginas (pagefile), 681
arquivo de registro (log), 580
arquivo mapeado em memória, 398
arquivo particionado, 387
arquivo scan, 387
arquivos de configuração de aplicações (application configuration file — ACF), 703
arranjo de prioridades, 615
arrendamento, 529
árvore de diretório, 611, 626, 627, 647
árvore-fonte, 611
ASCII (American Standard Codefor Information Interchange), 378
assinatura do vírus, 581
assinaturas digitais, 588
Assincronismo versus Sincronismo, 75
ataque ao sistema de nome de domínio (domain name system — DNS), 577
ataque de recusa de serviço (denial-of-service attack — DoS), 577, 580
atraso aleatório, 497
atrasos de comunicação, 514
atributo (MFT), 688
atributo de arquivo somente anexar, 632
atributo de arquivo, 633
atributo de controle de acesso, 655
atributos não residente, 689
atuador, 341
atualização de imagem (RAID), 366
autenticação de uma transação segura, 586
autenticação, 80, 566, 569, 590
autocarregamento (bootstrapping), 33, 45
Automatic Updates, 583
autoridades de criação de política, 589
autorização de uma transação segura, 586
avaliação de desempenho, 419
avaliação para seleção, 419
AVSG — grupo de armazenamento de volume disponível (available volume storage group), 533

B
Babbage, Charles, 50
banco de dados distribuído, 404
banco de dados relacionais, 404, 500, 501
banco de dados, 159, 403, 500
banco de molduras de páginas, 683
BAPCo (Business ApplicationPerformance Corporation), 424
BAPI — (Biometric Application Programming Interface), 569
barramento de dados, 39
barramento de endereços, 39
barramento EISA (ISA ampliada), 40
barramento ISA (EISA), 40
barramento MCA (Micro Canal Architecture), 40
barramento micro channel architecture (MCA), 40
barramento, 33, 39
base de aplicação, 14

bash (Bourne-again shell), 609
Belady, L. A., 312
Berners-Lee, Tim, 10
biblioteca de códigos, 53
bibliotecas de ligações dinâmicas (dynamic link library — DLL), 668
bibliotecas de tags, 547
bilhões de instruções por segundo (billion instructions per second — BIPS), 4, 422
biometria, 569
Biometric Application Programming Interface (BAPI), 569
BIOS (sistema básico de entrada/saída, 33
BIPS — bilhões de instruções por segundo (billion of instructions per second), 4, 422
bit acessado, 314
bit de código/dados, 294
bit de granulação, 293
bit de leitura/escrita, 280, 294
bit de página referenciada, 314, 315, 316
bit modificado, 310, 314
bit presente, 293
bit referenciado, 314, 315, 316
bit sujo, 310
BKL — grande trava de núcleo (big kernel lock), 653
bloco de ambiente de processo (process environment block — PEB), 673
bloco de estado de E/S, 695
bloco de processo de núcleo (bloco KPROCESS), 673
bloco EPROCESS (bloco de processo do executivo), 673
bloco ETHREAD (bloco do thread executivo), 673
bloco executivo de thread (executive thread block — bloco ETHREAD), 673
bloco físico, 379
bloco KPROCESS (bloco de processo de núcleo), 673
bloco KTHREAD (bloco de thread de núcleo), 673
bloco lógico, 379
bloco, 266, 630, 637, 647
blocos de índice, 392
blocos de tamanho fixo, 389
bloqueio indefinido, 184
bloqueio retardado, 475
Blue Spike, 593
bomba lógica, 576
bombeamento quádruplo, 39
Bourne-again shell (bash), 609
Brinch Hansen, Per, 218, 233
BSD — (Berkeley Software Distribution) Sistema operacional UNIX, 82
buffer circular, 156, 168, 171
buffer de cache de disco, 355
buffer de cache, 355
buffer de mensagem, 80
buffer de pipe , 647
buffer de rebote, 622
buffer limitado, 156
buffer, 46, 115, 406
BugTraq, 578
busca de tempo real, 543
Business Application PerformanceCorporation(B APCo), 424
byte, 378
bytecode, 48

C

C++, 404
CA — autoridade certificadora (certificate authority)), 589
cabeçalho de autenticação (authentication header — AH), 591
cabeçalho, 491
cabeçote de leitura/escrita, 340, 341

cabeçote de leitura-escrita, 340
cache de entrada de diretório (dcache), 628
cache de escrita direta, 355
cache de fatias, 623
cache de inode, 628
cache de páginas, 624
cache de sistema de arquivo virtual, 628
cache de troca (swap), 625
cache de write-back, 355
cache hit, 46
cache, 240, 272, 273, 290, 456, 611, 628, 638
caching de cliente, 529
camada de aplicação, 491
camada de apresentação (no OSI), 491
camada de conectividade (em grade de computação), 546
camada de enlace (no TCP/IP), 491, 497
camada de enlace de dados (no OSI), 491
camada de estrutura (em grade de computação), 546
camada de rede (no OSI), 491
camada de rede (no TCP/IP), 491
camada de rede, 651
camada física (no OSI), 491
camadas de subsistemas de blocos de E/S, 637
caminho absoluto, 382
caminho de controle de núcleo, 643, 644
caminho relativo, 382
canal de acesso direto à memória (direct memory access — DMA), 39, 40
canal de DMA (direct memory access), 39, 40
canal de E/S, 39
canalizações (no JXTA), 545
cancelamento adiado de thread, 102
caractere, 378
carga especulativa, 435
carga explosiva (payload), 576
cargas pesadas, 343
carregador, 52, 56
carregamento
    absoluto, 56
    definição, 55
    realocável, 56
cartão inteligente (smart card), 569
cartões de memória, 569
cartões de microprocessadores, 569
cartões perfurados, 340
causar (sofrer) preempção, 642, 644
cavalo de Tróia, 576, 595
CC-NUMAs (NUMAs com cache coerente), 460
cConversational monitor system (CMS), 296
CD-ROM, 388
célula (em AFS-3), 532
Central Intelligence Agency (CIA), 578
CERN (the European Organization for NuclearResearch), 10
certificado digital, 589
chamada ao sistema clone do Linux, 102
chamada ao sistema clone, 613
chamada ao sistema exec no UNIX, 82
chamada ao sistema exit no UNIX, 82
chamada ao sistema fork do UNIX, 102
chamada ao sistema ioctl , 636
chamada ao sistema *read*, 638, 648
chamada ao sistema vfork , 614
chamada ao sistema wait no UNIX, 82
chamada ao sistema *write* , 638, 648
chamada ao supervisor, 245
chamada de retorno (em AFS), 532
chamada sem bloqueio, 80
chamadas assíncronas de procedimento (asynchronous procedure call — APC), 671
chamadas postergadas de procedimento (deferred procedure call — DPC), 672
chave assimétrica, 565
chave de recuperação, 691

chave primária, 404
chave privada, 566, 691
chave pública, 565, 691
chave, 562, 563
chaveamento de contexto, 73, 211, 216, 217, 271, 432
chaveamento de estado de processo, 66
chave-raiz, 589
ciclo de vida de um thread, 93
ciclo de vida do servlet, 547
ciclo de vida JSP, 547
ciclo ler/modificar/escrever, 364
ciclo, 35
cifra criptográfica, 562
cifra de bloco, 565
cifra de César, 563
cifra, 562
CIFS — sistema de arquivo comum de Internet (common Internet file system), 705
cilindro, 341, 347, 354
circuito de renovação, 37
CircularBufferTest instala uma aplicação de GUI produtor/consumidor, 171
CISC — computação com conjunto de instruções complexas (complex instruction set computing), 430
classe de dispositivo, 635
classe de prioridade de tempo real, 677
classe, 51
cliente de mailslot, 701
cliente, 9, 403, 500
clientes de pipe, 700
clonagem de processos, 514
CLSIDs (IDs de classe), 703
cluster de alta disponibiliade, 538
cluster de alto desempenho, 538
cluster, 538, 653, 685
clustering, 538
clusters Beowulf, 539, 653
CML — registro de modificação do cliente (client modification log) em Coda, 534
CMS — recurso de lote (batch facility), 296
CMS — sistema de monitoração conversacional (conversational monitor system), 296
coalescência de "lacunas" de memória, 251
COBOL (COmmon Business Oriented Language), 49
Coda Optimistic Protocol, 533
código de correção de erro, 364, 365, 366
código de função principal, 695
código de função secundária, 695
código de máquina, 11
Código Hamming, 497
código reentrante, 279, 643, 647
código-fonte, 12, 52, 56
código-objeto, 11, 52
coerência de cache, 459
coerência de memória, 459
Coffman, E. G., 186
coleta de lixo, 252
colisão, 277, 497
COM — modelo de objeto componente (component object model), 513, 703
COM+, 704
comandos de controle, 53
compactação de memória, 252
compactação e o e descompactação, 356
compactação, 252, 690
compartilhamento de recurso, 6, 180
compartilhamento por cópia por escrito, 280
compartilhamento, 285
compartimentalização, 248
compilador absoluto, 247
compilador, 48, 52
componente de suporte de E/S, 692
comprometer a memória, 683

computação distribuída, 11, 79
computação em grade, 545
computação P2P (peer-to-peer), 541, 543, 544
computação paralela, 13
computação peer-to-peer(P2P), 541, 543
computador nativo no processo de migração, 520
computador pessoal (PC), 9
computador-alvo em processo de migração, 520
computadores de fluxo múltiplo de instruções, fluxo múltiplo de dados (multiple-instruction-stream, multiple-data-stream — MIMD), 447
computadores de fluxo múltiplo de instruções, fluxo único de dados (multiple-instruction-stream, single-data-stream (MISD), 446
computadores de grande porte (mainframe), 9
Computer Security Institute, 896
comunicação baseada em mensagens, 79, 80
comunicação interprocessos, 699
conclusão de E/S, 68, 72, 220
condição "de espera" para deadlock, 186, 187
condição de baixa memória, 683
condição de disputa, 476, 643
condição de posse e esperar, 186
condição necessária de exclusão mútua para deadlock, 186
condição necessária de não-preempção para deadlock, 186
conexão do cliente ao servidor, 547
conexão ponto-a-ponto, 591
confirmação explícita, 521
congelamento de código, 608
conjunto de atualização (em Coda), 533
conjunto de caracteres Unicode, 378
conjunto de chips (chipset), 33
conjunto de entrada, 161
conjunto de microindicadores de desempenho lmbench, 422
conjunto de microindicadores de desempenho, 422
conjunto wait, 161
conjuntos de caracteres, 378
conseqüências de erros, 510
consistência em sistemas de arquivos distribuídos, 529
consistência relaxada de memória, 462
consumer representa o thread consumidor em um relacionamento produtor/consumidor, 116
consumidor, 164
contador de programa, 69, 81
conteúdo de diretório /proc, 633
conteúdo dinâmico, 547
contexto de execução, 70, 79, 642, 647
contigüidade artificial, 264, 267
control de processo, 296
control program (CP), 296
Control Program/Conversational Monitor System (CP/CMS), 7
controlador de domínio, 711
controlador de memória, 240
controlador, 33, 39
controle de acesso discricionário (discretionary access control — DAC), 572
controle de acesso discricionário, 656
controle de acesso obrigatório (mandatory access control — MAC), 572, 656
controle de arquivo, 385
controle de congestionamento, 494
controle de fluxo, 494
cópia de segurança e recuperação, 399
cópia de segurança lógica, 399
cópia prévia, 470
cópia-na-escrita, 613, 683
cópias de segurança (backup), 380, 398
co-processadores, 33, 434
CORBA (Common Object Request Broker Architecture), 513
CP (Control Program), 296

CP/CMS (Control Program/Conversational Monitor System), 7, 296
CP-40, 296
CPU (central processing unit) unidade central de processamento, 33
cracker, 577
Cray, Seymour, 445
criar um processo, 70
criptografia e decriptação, 381
criptografia por chave pública, 565
criptografia por chave secreta, 564
criptografia simétrica, 564
criptografia, 562
criptografia, 8, 381, 570, 594, 691
CRL — lista de revogação de certificados (certificate revocation list), 589
CSMA/CA — acesso múltiplo com detecção de portadora com evitação de colisão (carrier sense multiple access with collision avoidance), 499
CSMA/CD — acesso múltiplo com detecção de portadora/com detecção de colisão (carrier sense multiple access with collision detection), 497
C-threads, 90
CTS — pronto para envio (clear to send), 499
CTSS — sistema compatível de tempo compartilhado (compatible time-sharing system), 6, 66, 296
CTSS, 66
custo de um sistema de interconexão, 447
Cutler, David, 664

D
DACL — lista de controle de acesso discricionário (discretionary access control list), 712
dados globais, 154
dados locais, 154
Daemen, Dr. Joan, 565
daemon, 608, 614
DASD — dispositivo de armazenamento de acesso direto (direct access storage device), 387
datagrama, 494, 495, 648, 700
dcache — cache de entrada de diretório (directory entry cache), 628
DCOM — modelo de objeto componente distribuído (distributed component object model), 513, 704, 709
DDA — algoritmo de detecção de deadlock (deadlock detection algorithm), 516
DDDA — algoritmo de detecção de deadlock distribuído (distributed deadlock detection algorytm), 519
DDL — linguagem de definição de dados (data definition language), 404
DDR — dupla taxa de dados (double data rate), 39
deadlock (impasse), 106, 126, 153, 180, 183, 644
deadlock de comunicação, 516
deadlock de processo ou de thread, 180
deadlock de recurso, 516
deadlock de um só processo, 180
deadlock distribuído, 516
deadlock fantasma, 516
Debian, 609
decriptação, 381, 562, 570
degradação do desempenho, 213, 354
degradação graciosa, 213, 455
Dekker, T., 123
Departamento de Defesa (DoD), 8, 9
dependência residual, 468
DES — Padrão de criptografia de dados (data encryption standard), 565
desabilitar interrupções, 137
desabilitar o cancelamento de thread, 102
desbloquear um processo, 68

descarga de memória, 79
descarga do TLB, 620
descoberta de par, 544
descoberta de serviço de consulta, 548
descritor de arquivo, 385, 626, 647, 648
descritor de processo, 69, 613
descritor do grupo, 632
descritores de endereço virtual (virtual address descriptor — VAD), 685
descritores de filas de mensagem, 649
desempenho de acesso à memória, 240
desempenho do disco, 348, 353, 354
desempenho, 267, 275, 296, 387, 638, 642
desenvolvedores de gerenciamento de rede, 500
desfiguração da Web, 578
desfragmentação, 356
deslocamento, 267, 268, 271, 275, 281, 284
detecção central de deadlock, 518
detecção de deadlock, 180, 186, 194
detecção de vírus falsa negativa, 581
detecção hierárquica de deadlock, 518
determinações iniciais de partição, 250
Dhrystone, 426
diâmetro da rede, 447
Diffie, Whitfield, 565
difusão aprovada, 515
difusão atômica, 515
difusão de escrita, 578
direitos autorais, 543
direitos de acesso, 286, 571
direitos de propriedade intelectual, 543
diretiva JSP, 547
diretiva, 547
diretório de sistema de arquivo, 690
diretório de usuário, 382
diretório global de páginas, 619
diretório, 381, 386
diretório-pai, 382
diretório-raiz, 381, 611, 633
diretórios intermediários de páginas, 619
disciplina de escalonamento não preemptivo, 211, 215, 218
disco compacto (CD — compact disco), 38
disco compacto (CD), 38
disco de cabeçote móvel, 340
disco digital versátil (DVD), 38, 388
disco, 46, 158, 238, 264
discos de reposição rápida, 361
discos rígidos, 182, 340
dispersão, 420
dispositivo de armazenamento de acesso direto (direct access storage device — DASD), 387
dispositivo de bloqueio, 38, 637
dispositivo de caracteres, 41, 635, 636, 637
dispositivo de rede, 635
dispositivo de varredura de face, 569
dispositivo de varredura de impressões digitais, 569
dispositivo de varredura de íris, 569
dispositivo mecânico de computação Analytical Engine
dispositivo móvel, 544
dispositivo periférico, 40
dispositivo plug-and-play, 31, 45
dispositivos ligados a quente (hot swappabale), 640
distribuição (Linux), 607, 612, 652, 654
distribuição dos tempos de resposta, 218, 420
distribuição dos tempos de resposta, 420
distribuição Linux Debian, 609
distribuição Linux Mandrake, 609
distribuição Linux SuSE, 609
distribuições Linux
distribuições não uniformes de requisições, 354
DML — linguagem de manipulação de dados (data manipulation language), 404

DNS — sistema de nomes de domínio (domain name system), 492, 496
documentos XML, 545
domínio, 404
domínios (no Sprite), 535
DOS — sistema operacional de disco (disk operating system), 11, 14
DRAM (RAM dinâmica), 37
driver de alto nível, 692
driver de baixo nível, 692
driver de dispositivo, 17, 634, 636, 642, 692
driver de função, 694
driver de TDI (transport driver interface), 706
driver intermediário, 692
drivers de barramento, 694
drivers de filtro, 694
drivers de modo núcleo, 693
drivers de modo usuário, 693
drivers NDIS de miniporta, 706
drivers NDIS de protocolo, 706
drivers NDIS intermediário, 706
DSA — algoritmo de assinatura digital (digital signature algoritmo), 588
DVD — disco digital versátil (digital versatile disco), 38, 388

E

E/S de buffer, 698
E/S de rede, 705
E/S direta, 638, 698
E/S programada (programmed I/0 — PIO), 39
E/S rápida, 699
E/S sobreposta, 697
E/S vigilante, 697
E/S virtual, 296
Earth and Space Sciences (ESS) da NASA, 539
EBCDIC (Extended Binary-Coded Decimal Interchange Code), 378
ECC — código de correção de erro, 363, 364, 365, 366
EFI (Extensible Firmware Interface), 45
e-Gap System, 579
Eisenberg, M. A., 133
e-mail (correio eletrônico), 10
empréstimo (loan), 191
encadeamento de blocos de índice, 392
encadeamento de blocos, 389
encadeamento do valor de hash, 277
endereço absoluto, 56
endereço de memória principal, 263
endereço físico, 43, 263
endereço IP, 496
endereço real, 43, 264, 272, 275
endereço relativo, 53, 56
endereço unicast (IPv6), 496
endereço virtual, 263, 268, 271
endereços multicast (IPv6), 496
engenharia, 100
enlace, 382, 488
entrada de diretório proc, 634
entrada de diretório, 632
entrada de tabela mestra de arquivos (MFT entry), 688
entrada/saída (E/S), 6, 78, 296
entradas de controle de acesso (ACEs), 712
envelhecimento de senha, 595
envelope digital, 586
EPIC — Computação com instruções exlicitamente paralela — (explicitly parallel instruction computing), 435
época, 615
escalonador por fração justa, 223
escalonamento cego ao job, 464
escalonamento ciente de job, 464
escalonamento de admissão, 209
escalonamento de job, 209

escalonamento de multiprocessadores, 464
escalonamento de nível intermediário, 209
escalonamento de processador, 209, 296
escalonamento de processo VAX/VMS, 231
escalonamento de processo, 615, 675
escalonamento de tempo real, 225
escalonamento por fração justa (fair share scheduling — FSS), 222
escrita concorrente compartilhada, 536
escritas assíncronas seguras, 530
escritor tardio, 699
escritor, 159
ESP — segurança de encapsulamento de carga útil (encapsulating security payload), 591
espaço de endereçamento linear, 293
espaço de endereçamento lógico, 293
espaço de endereçamento real, 264
espaço de endereçamento, 611
espaço de nomes do gerenciador de objeto, 669
espaço de nomes, 385
espaço do núcleo, 612
espaço do usuário, 638
especificação de servlet, 547
espelhamento de disco, 359, 361
espelhamento, 364
espera circular, 517
espera circular, condição necessária para deadlock, 181, 186, 190, 195
espera, deadlock e adiamento indefinido, 183
esperar, 517
esqueleto em CORBA, 512
esqueleto em RMI, 512
esquemas de gerenciamento, 550
ESS (Earth and Space Sciences) da NASA, 539
estabilidade de sistemas de fila, 429
estado *bloqueado*, 67, 93, 227
estado *born*, 92
estado *de espera*, 227, 232
estado de problema, 42
estado de *transição*, 105, 675
estado *em espera*, 93, 105, 675
estado *em execução*, 68, 92, 105, 675
estado *inicializado*, 105, 675
estado inseguro (no algoritmo do banqueiro de dijkstra), 191, 192, 193
estado *morto*, 92
estado *não sinalizado*, 678
estado *pronto*, 67, 73, 92, 105, 228, 675
estado supervisor, 42
estado usuário mais confiável, 42, 288
estado usuário, 42
estado vigilante *de espera*, 671
estado *zumbi*, 103
estado EDF — prazo mais curto primeiro (earliest-deadline-first), 226
estados ativos, 72
estados de página, 682, 683
estados de processo
 ativo, 72
 bloqueado, 67, 227
 em executando, 67
 pronto, 67
 suspenso, 72
 suspenso-bloqueado, 72
 suspenso-pronto, 72
estados de threads
 adormecido, 93
 bloqueado, 93
 em espera, 93
 em execução, 92
 executável, 92
 morto, 92
 nascido *(born)*, 92
 parado, 103
 pronto, 92
 transição, 105

zumbi, 103
estágio de acumulação (em Coda), 534
estágio de emulação (em Coda), 534
estrangulamento de E/S, 683
estratégia de busca, 241
estratégia de escalonamento de disco C-LOOK, 349, 350
estratégia de posicionamento "o que melhor couber", 241, 253, 281
estratégia de posicionamento "o que pior couber", 241, 253, 281
estratégia de posicionamento, 241
estratégia de prevenção de deadlock esperar-morrer, 517
estratégia de substituição de página MIN, 310
estratégia de substituição de página ótima (OPT ou MIN), 310
estratégia de substituição de páginas, 306
estratégia de substituição o seguinte que couber, 255
estratégia ds substituição de página longínqua, 316
estratégias de Escalonamento de Disco, 344-351, 638despachante, despachador 68, 209, 675
estratégias de Substituição de páginas grafo de acesso (estratégia de substituição de página longínqua), 316
estrutura .NET (.NET framework), 709
estrutura de diretório, 632
estrutura de grupo de blocos, 630
estrutura de página, 619
estrutura device_struct, 636, 640
estrutura hierárquica de processo, 71
estrutura mm_struct, 613
estrutura net_device, 640
estruturas de dados em sistemas operacionais (data structures in operating systems), 70
Ethernet, 8
evento de disco, 223
evento, 73
evitação de deadlock, 180, 186, 190
exceções (IA-32 architecture), 77
exclusão mútua, 115, 127, 133, 153
execução fora de ordem (out-of-order execution — OOO), 434
executivo, 667
exemplo de deadlock de recurso, 182
exemplo de deadlock de tráfego, 180
exemplos,116-119, 162, 168, 172
expectativa, 420
expiração de quantum, 114, 221, 231
exportar arquivo local, 530
extensão de tempo real (real-time extension - RTX), 710
extensões de gerenciamento Java (Java management extensions — JMX), 550
extensões, 388

F

falha de ausência de segmento, 284, 290
falha de segmentação, 646
falha, 77, 499
falso compartilhamento, 462
falta de página, 270, 310, 312, 315, 324, 325
família de computadores, 422
FAT (file allocation table) tabela de alocação de arquivo, 391
fatia, 623
FCFS — Escalonamento de processo primeiro-a-chegar-primeiro-a-ser-atendido (first-come-first-served), 464
FDDI — interface de dados distribuídos por fibra (fiber distributed data interface), 499
Feistel, Horst, 565
ferir um processo, 517
ficha (compilação), 52

ficha de acesso, 711
fid (identificador de arquivo), 532
FIFO (first-in-first-out) pipe, 647
fila de espera, 161, 645
fila de execução por processador, 464
filamento, 104, 674
filas de execução por nodo, 464
filas de mensagens, 649, 701
filas globais de execução, 464
filas multiníveis de retorno, 220
Firewall de conexão com a Internet (Internet connection firewall — ICF), 713
firewall de filtragem de pacotes, 579
firewall, 579, 607
FireWire (IEEE 1394), 42
firmware, 57
FISC — computação com conjunto de instruções rápidas (fast instruction set computing), 433
fitas perfuradas de papel, 340
FLOPS (operações de ponto flutuante por segundo — floating-point operations per second), 445
fluxo, 426
folga-mínima-primeiro, 226
formato de endereço virtual
    em um sistema de mapeamento de bloco, 267
    em um sistema de paginação pura, 268
    em um sistema de segmentação pura, 282
    em um sistema paginado e segmentado, 289
    espaço de endereçamento virtual, 81, 264, 387, 624
    tradução de endereço virtual, 275, 283, 682
        com mapeamento de bloco, 267
    em um sistema de segmentação pura, 283
fragmentação (disco), 356, 388
fragmentação de pedaços, 301
fragmentação de tabela, 276, 323
fragmentação externa (disco), 250, 388
fragmentação, 248
Freenet, 543, 544
FSB (frontside bus) — barramento frontal, 39
FTP — protocolo de transferência de arquivos (file transfer protocol), 492, 493
função de espera, 678
função de requisição, 638
função down, 645
função down_trylock, 645
função hash, 277, 588
função InterlockedIncrement, 681
função lookup (consulta) VFS, 629
função up, 645
funções (em RBAC), 572
fusão de requisições de E/S, 638

G

gancho (hooks), 652
ganchos, 652
gargalo de escrita, 366
gargalo, 353, 402, 427
Gates, Bill, 562, 664
gateway de nível de aplicação, 579
geração da chave, 587
gerador de código intermediário, 52
gerador de código, 52
gerenciamento de entrada/saída, 692
gerenciador de balanceamento de conjunto, 686
gerenciador de configuração, 669
gerenciador de E/S, 692
gerenciador de energia, 692, 694
gerenciador de janela, 609
gerenciador de objeto, 669
gerenciador de Plug and Play (PnP), 692, 694
gerenciador de recursos, 296
gerenciamento de chave, 575
gerenciamento em rede, 550
Gerenciamento intensivo de recursos, 246
getName, 106

Globus Alliance, 546
gMRU (global MRU) estratégia global de substituição de páginas, 326
GNOME (GNU Network Object Model Environment), 609
GNU — general public license (GPL), 609
GNU — network object model environment (GNOME), 609
Gnutella, 543
GPL (general public license), 12, 608
grafo de acesso (estratégia de substituição de página longínqua), 317
grafo de alocação de recursos, 181, 195, 196
grande trava de núcleo (big kernel lock — BKL), 653
grau do nodo, 447
Green Destiny, 537
Groove, 543
grupo de armazenamento de volume (volume storage group — VSG), 533
grupo de blocos, 631, 633
grupo de fração justa, 222
grupos de pares, 544
GUI — interface gráfica de usuário (graphical user interface), 16
GUID (globally unique ID), 703

H

hackers, 577
HAL — camada de abstração de hardware (hardware abstraction layer), 667
Hardware e software herdados, 41
Hartstone, 426
Hellman, Martin, 565
herança, 40
heurística para algoritmos de escalonamento, 221
heurística, 46, 274, 313, 319
hierarquia da memória, 240, 356
hierarquia de autoridade certificadora, 589
hierarquia de dados, 378
hipercubo, 450
história do sistema operacional VM, 296
Holt, R. C., 206
hospedeiros, 488
hotfix (reparos a quente), 583
HTML — linguagem de markup de hipertexto (hyperText markup language), 10, 500
HTTP — protocolo de transferência de hipertexto (hyperText transfer protocol), 10, 492, 544
hubs (concentrador, distribuidor), 489

I

IBM, 7, 227, 422
ICF — firewall de conexão com a internet (Internet connection firewall), 713
IDE — eletrônica de drive integrado (integrated drive electronics), 42, 364
identificador ID — global único (Globally unique ID — GUID), 703
Identix, 569
IDL — linguagem de definição de interface (interface definition language), 513
IDs de classe (CLSIDs), 703
IDs de interface, 703
IEEE 802.11, 499
IEEE 802.3, 497
IETF — força-tarefa de engenharia da internet (Internet engineering task force), 496, 530, 591
ifreestyle por Digital Dream, 545
IIDs — IDs de interface (interface ID), 703
IKE — troca de chaves pela internet (Internet key exchange), 591
iLink, 42
ILP — paralelismo no nível de instrução (instruction-level parallelism), 435

impedimento, 138
impressões digitais, 569
incompatibilidade da rede, 544
incompatibilidade de plataforma, 544
índice mestre, 354
informação de controle, 491
inode ext2, 630
inodes, 392, 624, 626, 632, 636, 647
instrução multi-op, 435
instrução privilegiada, 286
instrução testAndSet, 138
Instrumentação de gerenciamento Windows (Windows management instrumentation — WMI), 694
integridade da mensagem, 588
integridade de uma transação segura, 586
Intel Pentium, 422
Intel, 15
interativo, 6, 18, 296
Interface Avançada de Configuração e Energia (Advanced Configuration and Power Interface — ACPI), 46, 198
Interface de buffer usada em exemplos produtor/consumidor, 116
interface de contacto, 569
interface de E/S, 611
interface de programação de aplicação (application programming interface — API), 13, 14, 51
interface de usuário, 609
interface estendida de usuário NetBIOS — (NetBIOS extended user interface — NetBEUI), 707
interface no modelo de comunicação cliente/servidor, 510
interface padronizada, 510
interface sem contacto, 569
Internet, 10
interrupção desabilitadora, 145
interrupções assíncronas, 75
interrupções desabilitadoras, 79
intervalo de sono, 93
intrução swap, 139
intrução test-and-set (teste-e-atualize), 137, 475
inundação de pacotes, 577
inversão de prioridade, 213, 677
IOStone, 426
IP impostor, 591
IPC (comunicação interprocessos), 16, 17, 70, 80, 458, 468, 611, 640, 646, 699
IPCS — sistema interativo de controle de problema (interactive problem control system), 296
IPRA — autoridade de registro de políticas da Internet (Internet policy registration authority), 589
IPSec — protocolo de segurança da Internet (Internet protocol security), 591, 656
IPv6 — protocolo da Internet versão 6 (Internet protocol version 6), 496
IPX — troca de pacotes da Internet (Internet packet eXchange), 707
IriScan, 569
IRQL alto, 671
IRQL de dispositivo (DIRQL), 671
IRQL de energia, 671
IRQL de relógio, 671
IRQL de requisição, 671
IRQL DPC/despacho, 670
IRQL perfil, 671
ISA — arquitetura do conjunto de instruções (instruction set architecture), 430
ISO — organização internacional de padronização (international organization for standardization), 491
ISR — rotina de atendimento de interrupção (interrupt service routine), 698

ISV — fabricantes independentes de software (independet software vendors), 14

J
Jakarta, project 547
janela de TCP, 494
janela do console, 164
Java Community Process, 547
Java, 404
Java, programação concorrente, 161
JavaServer Pages (JSP), 546
JavaSpaces, 549
Jini, 548
JMX — extensões de gerenciamento Java (Java management extensions), 550
job orientado a computação, 6
job orientado para E/S, 6
job orientado para processador, 6
JSP (JavaServer Pages), 546
junção de diretório, 692
junção, 94, 405
JVM — máquina virtual Java (Java Virtual Machine), 15
JXTA, 544

K
KaZaA, 543
KDE — ambiente de mesa (K desktop environment), 609
Kerberos, 570
Keytronic, 569
Keyware Inc., 569
kmod, 613
Knuth, D., 133
ksoftirqd, 643
kswapd, 625

L
lacuna de memória, 250
"lacunas" de memória, 251
Lamport, L., 133, 134
LAN — redes locais (local area network), 490, 491
LAN, 8
largura de banda, 10, 37
largura de bisecção, 447
latência, 209, 654
LDAP — protocolo leve de acesso a diretório (lightweight directory access protocol), 708
Lei de Moore, 31
Lei de Murphy e sistemas robustos, 400
leitores e escritores, 159, 161
Leslie Lamport, 133
liberação de página, 322
liberação voluntária de página, 322
Ligação
    definição, 53
    dinâmica, 55
    realocação, 53
ligação da rede, 447
ligação dinâmica, 55
ligação estrita, 383, 689
ligação estrita, 689
ligação simbólica, 383, 632
ligador, 52, 53
limpeza final, 121
linguagem de alto nível, 47, 48
linguagem de bancos de dados, 404
linguagem de consulta, 404
linguagem de consulta, 404
linguagem de controle de job, 5, 245
linguagem de definição de interface (interface definition language — IDL), 513
linguagem de manipulação de dados (data manipulation language — DML), 404
linguagem de máquina, 47

linguagem de marcação de hipertexto (Hypertext Markup Language — HTML), 10, 500
linguagem de montagem (assembly), 47
linguagem de programação dependente da máquina, 47
linguagem de programação procedimental, 50
Linguagens de programação
    Ada, 50, 89, 153
    C#, 7, 49
    C, 49, 430
    C++, 11, 49, 430
    COBOL, 49
    Fortran, 49
    Java, 11, 49
    Pascal, 50
linguagem orientada para objeto, 50
linguagens monothread, 89
linha da memória, 457
linha de cache, 46
Linux modo usuário (user-mode Linux — UML), 611
Linux Standard Base (LSB), 610
Linux, 11, 12, 71, 606
lista circular, 316
lista de bloqueados, 68
lista de controle de acesso discricionário(DACL), 712
lista de páginas zeradas, 685
lista de páginas, 683
lista de revogação de certificados (certificate revocation list — CRL), 589
lista expirada, 615
listas de controle de acesso (ACLs), 67, 533, 573
livro Laranja (Orange Book), 585
local descriptor table register (LDTR), 293
Logical Prefetcher, 685
LPC — chamadas locais de procedimento (local procedure call), 701
LRPC — chamadas locais remotas de procedimento (local remote procedure call), 702
LSM — módulo de segurança Linux (Linux security module), 655
lugar movimentado, 356

M
MA (memória de atração), 457
Mach, 55
Machine (CM) da Thinking Machines, Inc., 447
Macintosh, 584
MacOS X, 19
macrobibliotecas, 387
mailslot, 701
manager), 681
Mandrake, 609
manipulação de erro, 296
manipulador de sinal, 99, 647
manipulador de vínculo, 703
manipulador explícito, 703
manipuladores automáticos, 703
manipuladores de núcleo, 669
manipuladores de objeto, 669
mapa de bits de alocação de blocos, 632
mapa de bits de alocação de inodes, 632
mapa de bits, 395
mapa de inodes, 401
mapa de tradução de endereço, 266
mapeamento associativo, 272
mapeamento de bloco, 266, 267
mapeamento de páginas, 268, 272, 290
mapeamento de thread *m-para-n (m-to-n)*, 98
mapeamento de thread um-para-um, 96
mapeamento direto, 271, 275, 283, 290
mapeamento thread muitos-para-muitos, 97
mapeamento thread muitos-para-um, 95
Máquina virtual Java (Java virtual machine — JVM), 15

marcas d'água digitais Giovanni, 593
marcas-d'água digitais, 592
Markov, processos de, 424
máscara de afinidade, 677
matriz de controle de acesso, 573
McGuire, M., 133
mecanismo de isolamento de acesso (access isolation mechanism — AIM), 67
mecanismos adptativos, 222
medida absoluta de desempenho, 419
meio WORM (write-once, read-many) (escreve uma vez, lê muitas), 38
memória associativa, 272, 273
memória compartilhada POSIX , 650
memória de atração (MA), 457
memória de reserva, 683
memória DMA, 621
memória física, 8, 36, 238
memória global, 456
memória primária, 238, 240
memória principal, 8, 36, 238, 263
memória real, 8, 36, 238, 262
memória volátil, 36, 398
mensagem de envio/recepção de bloqueio, 80
mensagem instantânea, 543
mensagem, 648
mestre de transferência de dados, 40
metadados, 384
método currentThread de Thread, 106
método interrupt de thread, 106
método isInterrupted de thread, 106
método join de Thread, 106
método notify de classe Object, 115, 161, 165
método notifyAll de objeto, 161
método OCTAVE — Avaliação de ameaças, ativos e deslocamento, 266
método OCTAVE^{sm} (operatronally critical threat, asset and vulnerability evaluation), 580
método run, 106
método sleep de classe Java Thread, 106, 109, 116
método start, 106
método wait de classe Object, 115
metodologia baseada em vetor, 423
metodologia híbrida, 423
métodos de acesso básico, 398
métodos de acesso, 380, 398
métodos de serviços Web, 552
MFT — tabela mestra de arquivos (master file table), 688
microcódigo, 57
microindicadores de desempenho, 422
micronúcleo, 21, 521
micro-ops, 435
microprocessador, 8
microprogramação, 57, 430
Microsoft Corporation, 11, 513, 562, 571
Microsoft IDL (MIDL), 702
Microsoft Windows XP, 16
middleware, 13, 510
MIDL (Microsoft IDL), 702
migração ávida suja, 470
migração ávida, 470
migração de páginas, 459
migração por descarga, 470
migração preguiçosa, 469
migração sob demanda, 469
MIMD — computadores de fluxo múltiplo de intruções, fluxo múltiplo de dados (multiple-instruction-stream, multiple-data-stream), 447
MIME — extensões multiuso do correio da Internet (multipurpose Internet mail extension), 492
MIPS — milhões de instruções por segundo (million instructions per second), 422

MISD — computadores de fluxo múltiplo de instruções, fluxo único de dados (multiple-instruction-stream, single-data-stream), 446
MMU — unidade de gerenciamento de memória (memory management unit), 264, 274
MobileMark, 425
*MOD, 153
modelo cliente/servidor, 9, 500
modelo de dispositivo unificado, 640
modelo de driver do Windows (Windows driver model — WDM), 693
modelo de objeto componente distribuído (distributed component object model — DCOM), 513, 704, 709
modelo misto de processo, 704
modelo relacional, 404
modelos analíticos, 424
modo de escrita direta, 700
modo de execução, 42
modo executivo, 245
modo núcleo, 42, 245, 610, 653
modo real, 664
modo usuário, 43, 245, 643, 653
modos de controle de acesso, 287
Modula-2, 153
modularidade de programa, 286
modularidade, 21
módulo de segurança do Linux (Linux security module — LSM), 655-656
módulo SELinux, 656
módulo, 53
módulo-objeto, 57
moldura de página, 268, 269, 272, 275, 279, 290
monitor sinalize-e-continue, 155, 161
monitor sinalize-e-saia, 155
monitor, 153, 155, 156, 159
monitoração de desempenho, 427
monitores de hardware, 427
monoprocesador, 73, 144
montador (assembler), 47
montador absoluto, 247
montagem de dados, 511
montagem de um sistema de arquivo, 627, 630
Moore, G. e Lei de Moore, 31
motor de servlet, 547
MPP — processamento paralelo maciço (massive parallel processing), 537
MRU global(gMRU), 326
MSN Instant Messenger, 544
MTTF — tempo médio até a falha (mean-time-to failure), 359
Multics Relational Data Store, 67
multiplexação, 185
multiprocessado de arquitetura de memória somente de cache (cache-only memory architecture — COMA), 457
multiprocessador de acesso uniforme à memória (uniform memory access — UMA), 455, 460
multiprocessador distribuído, 11
multiprocessador UMA — acesso uniforme à memória (uniform memory access), 455, 460
multiprocessamento, 13, 72
multiprogramação de partição variável, 387
multiprogramação por partição fixa, 246-247, 250
multiprogramação por partição variável, 281, 306
multiprogramação, 6, 246, 279, 295, 296
multitarefa cooperativa, 69
multithreading, 89
MUP — provedor múltiplo de UNC (multiple UNC
mutex abandonado, 678
mutexes rápido, 680
My Network Places, 708

N
não blocados, 379

Não-preempção (condição necessária para deadlock), 517
não-rejeição, 588
navegador Web, 500, 546
NBT (NetBIOS sobre TCP/IP), 708
nCUBE, 450
NDIS — especificação de interface de driver de rede (network driver interface specification), 706
NDR — representação de dados de rede (network data representation), 702
necessidade máxima, 190
negação da condição necessária de "espera circular" para deadlock, 189
negação da condição necessária de "espera" para deadlock, 187
negação da condição necessária de "não preempção" para deadlock, 188
Nelson, R. A., 312
nenhuma das E/S, 698
.NET, 709
NetBIOS (Network Basic Input/Output System), 707
NetBIOS sobre TCP/IP (NBT), 708
netfilter, 652
Netscape Communications, 590
Netscape Navigator, 590
NFS —Network File system, 403
NIST (National Institute of Standards and Technology), 565
nível APC, 670
nível de agente JMX, 550
nível de gerenciador (em JMX), 550
nível de interrupção de requisição (IRQL — interrupt request level), 670
nível de multiprogramação, 6
nível passivo, 671
nodo mestre (em um cluster Beowulf), 539
nodo nativo, 460
nodo, 447, 488
nodos escravos (no cluster Beowulf), 539
nome de caminho, 382
nome externo, 53
notificar, 93
Novell, 571
NSA — agência nacional de segurança (national security agency), 565
núcleo de sistema distribuído, 145
núcleo monolítico, 612
núcleo preemptível, 654
núcleo, 4, 17, 79
NUMAs com cache coerente (CC-NUMAs), 460
número de identificação principal, 635, 637
número de identificação secundário, 635, 637
número principal da versão, 607
números de identificação pessoal (PIN), 569

O
objeto driver, 693
objeto evento, 678
objeto interrupção, 698
objeto ThreadGroup, 106
objeto, 11, 49, 50
objetos de seção crítica, 680
objetos despachadores, 678, 679
objetos mutex, 678
objetos temporizadores de espera, 679
objetos temporizadores de reinício automático, 679
objetos temporizadores de reinício manual, 679
OCSP — protocolo online de status de certificado (online certificate status protocol), 589
ocultação de Informações, 154
ocupação de memória (footprint), 612
of accounting and control — método de contabilidade e controle de acesso aleatório), 340

OLE — ligação e inserção de objetos (object linking and embedding), 704
OLTP — processamento de transações on-line (online transaction processing), 354
OMG (Object Management Group), 513
online, 6
OOO — execução fora de ordem (out-of-order execution), 434
OOP (programação orientada para objeto), 49
operação atômica, 136
operação de aquisição, 463
operação de escrita em (JavaSpaces), 549
operação de leitura (em JavaSpaces), 549
operação de retirada (em JavaSpaces), 549
operação esperar em semáforo, 141
operação fechar arquivo, 379
operação P em um semáforo, 141, 144, 153
operação V em um semáforo, 144, 153, 156
ordenamento linear de Havender, 189, 190
organização combinada paginação/segmentação, 323
organização da tabela de páginas, 619
organização de memória, 683
organização de multiprocessador mestre/escravo, 453
organização hierárquica de memória, 241
Organização Internacional de Padronização (International Organization for Standardization — ISO), 491
OSF (Open Software Foundation), 82
OSI — interconexão entre sistemas abertos (open systems interconnection), 491
OSI (Open Source Initiative), 12
otimização de latência, 356
otimização rotacional, 343, 353
otimizador (compilação), 52
otimizador, 52

P
pacote IP, 591
pacotes de requisições de E/S (I/O request packet — IRP), 695
Padrão avançado de criptografia (Advanced Encryption Standard — AES), 565
padrão de busca aleatória, 343, 354
padrão de referência de página, 311, 313
padrão para criptografia de dados (Data Encryption Standard — DES), 565
padrões de bits, 378
Page Size Extension (PSE), 294
página referenciada mais recentemente, 289
página somente de leitura, 316
página, 266, 269, 622, 623, 624, 625
paginação por demanda em cluster, 685
paginação, 254, 267, 268, 281, 428, 429
Palo Alto Research Center (PARC), 8, 9
PAM — módulos de autenticação conectáveis (pluggable authentication module), 655
par de drivers de classe/miniclasse, 694
par, 541
paralelismo, 91, 465
parâmetro de comparação, 295-296, 424
paridade, 363
partições, 238, 247, 356, 630
Pascal Concorrente, 153
Pascal, Blaise, 50
passagem de mensagem de envio/recepção, 80
passagem de permissão (ficha), 499
Passport da Microsoft, 571
Patterson, D., 357
PC — computador pessoal (personal computer), 9, 14
PCB — bloco de controle de processo (processo control block), 69
PCB — placa de circuito impresso (printed circuit board), 33

PCI — interconexão de componentes periféricos (peripheral component interconnect), 39
PDA (personal digital assistant), 4
PDE — entrada do diretório de páginas (page directory entry), 294, 681
penalidade do desvio, 432
Pentium, 431
perfil, 421
permissões de acesso, 397
Peterson, G.L., 131
PID — identificador de processo (process identifier), 613
PID — número de identificação de processo (process identification number), 69, 81
pilha de drivers, 692
pilha de E/S, 695
pilha de protocolos TCP/IP, 488
pilha, 81
pipe nomeado, 647, 700
pipe, 647, 700
pipeline, 446
pistas/traçado, 33, 421
PKI — infra-estrutura de chave pública (public key infrastructure), 589
placa principal, placa-mãe, 33
platter, 341
Plug and Play (PnP), 693
PnP (Plug and Play), 693
política aleatória, 472
ponto de montagem, 385
ponto de verificação/recuperação, 509
ponto de verificação/reversão, 198
pontos de verificação, 400
porta de conclusão de E/S, 697
porta IEEE 1394 (FireWire), 41
porta paralela, 41
porta, 39, 492, 611
portabilidade, 15, 18, 510
posicionamento, 341, 354
POSIX — interface portável de sistema operacional (portable operation system interface), 13, 51, 101, 606
PowerMac G5, 433
PPTE (Entrada de protótipo de tabela de páginas), 683
prazo-mais-curto-primeiro (earliest-deadline-first — EDF), 226
predicação de desvio, 435
predicado, 435
preempção, 185, 216
prevenção de deadlock, 180, 186, 517
previsão de desvio, 434
previsibilidade de tempos de serviço, 211, 213
previsibilidade, 188, 213, 420, 427
primitiva de exclusão múltipla, 122
prioridade básica de escalonamento, 677
prioridade de interrupção, 78
prioridade de um processo, 209
prioridade, 185, 209, 212, 613, 654
Privacidade razoável (pretty good privacy — PGP), 567
privilégio ao supervisor, 608
privilégio de raiz, 608
privilégio, 43, 571
procedimento puro, 279
processador de fluxo de job, 5, 245
processador ideal, 677
Processador Intel Itanium , 654
processador mestre, 453
processador MIPS, 433
processador, 32, 33, 611
processadores escravos, 453
processadores vetoriais, 447
processamento em lote, 5, 245
processo assíncrono, 226
processo concorrente, 114, 644, 653

processo de escalonamento de baixo nível, 209
processo de exclusão mútua de *n* threads (*n*-thread), 133
processo de heterogêneas migrações, 469
processo de tempo real, 613, 654
processo em lote, 214
processo filho, 70, 71, 82, 647
processo init, 613
processo leve (LWP), 90
processo orientado a computação, 232
processo orientado a processador, 214, 220, 617
processo orientado para E/S, 214, 220, 616
processo periódico, 226
Processo Sun UNIX escalonamento, 231
processo, 7, 66, 67, 81, 90, 613
processoo pesado (HWP), 90
processo-pai, 69, 71, 81, 647
Processos UNIX
   chamada ao sistema exec, 81
   chamada ao sistema exit, 81
   chamada ao sistema fork, 81
   chamada ao sistema wait, 81
   PID — número de identificação de processo (process identification number), 81
   tabela de processos, 81
produtor, 164
programa de núcleo, 423
programa, 153
programação concorrente em Java, 161
programação concorrente, 13, 122, 153
programação de aplicações, 31
programação estruturada, 50
programação orientada para objeto, 11
programas de porta dos fundos (back-door), 576
programas de produção, 424
projeção do desempenho, 419
propriedade de páginas, 462
proteção de conteúdo, 569
proteção por senha, 568
protocolo da Ethernet, 497
protocolo de acordo de chaves aprovadas, 586
protocolo de confirmação, 80
protocolo de montagem, 530
protocolo de rede, 651
Protocolo de transferência de arquivos (file transfer protocol — FTP), 492, 493
protocolo HTTP, 492
Protocolo leve de acesso a diretório (lightweight directory access protocol — LDAP), 708
provider), 705
PS — servidor preferido (preferred server) (em Coda), 533
PSE — Extensão de tamanho de página (Page Size Extension), 294
PSW — palavra de estado de programa (program status word), 76
PTE — entrada da tabela de páginas (page table entry), 270, 625, 681
Pthreads (threads POSIX), 91, 101
pulso, 35

Q
quantum, 68, 216, 217, 221
quebra por força bruta, 568
queda do sistema, 356

R
RAID — arranjos redundantes de discos independentes (redundant array of independent disks), 357, 366
raiz de um sistema de arquivo, 381
RAM — memória de acesso aleatório (random access memory), 37
RAM dinâmica (DRAM), 37

RAMAC (random access method
RAS — serviço de acesso remoto (remote access service), 708
recipiente de servlet, 547
recuo exponencial (exponential backoff), 497
recuperação de deadlock, 180, 186
recurso não preemptivo, 185, 213
recurso preemptível, 185
Red Hat, 609
rede ad hoc, 489
rede cliente/servidor, 541
rede confiável, 493
rede de computadores, 9, 133, 153
rede de fila, 221
rede de linha básica, 451
rede E/S, 705
rede em anel, 488, 498
rede em barramento, 488
rede em malha 2-D de 4 conexões, 449
rede em malha 2-D, 449
rede em malha totalmente conectada, 489
rede em malha, 489
rede linear, 488
rede multiestágio, 450
rede, 403, 500, 650-651
redes de interconexão, 475
redes de longa distância (wide área networks — WAN), 490
redes locais (local area networks — LANs), 8, 490, 491
redes não confiáveis, 493
redirecionador de rede, 705
redirecionador, 705
redução de gráfico, 196
redundância, 358
região crítica, 121, 644, 650
região de texto, 67
registrador de diretório de páginas, 681
registrador de limites, 43, 244, 248
registrador de origem da tabela de mapemaento de bloco, 267
registrador de origem da tabela de páginas, 271, 273
registradores de propósito geral, 35
registro bloqueado, 379
registro de modificação do cliente (client modification log — CML) em Coda, 534
registro de paridade, 366
registro físico, 379, 387
registro lógico, 379
registros de tamanho fixo, 379
registros de tamanhos variáveis, 379
relação cliente/servidor, 546
relação *n*-ária (de enésimo grau), 405
relacionamento produtor/consumidor, 115, 144, 157, 168
relações binárias, 405
relações ternárias, 405
relógio de interrupção, 68, 211
relógio lógico, 514
replicação de páginas, 459
replicação de recurso, 509
repositório de memória, 623
repositório de processadores, 521
requisições tem-de-dar-certo (must-succeed request), 683
requisitos ambíguos, 145
reservatório de não paginadas, 682, 687
reservatório de paginadas, 687
resultados empíricos: heurística baseada em localidade, 274
resumo da mensagem, 588
retorno negativo, 429
retorno positivo, 429
RIP — protocolo de informação de roteamento (routing information protocol), 495

RISC — computação com conjunto de instruções reduzidas (reduced instruction set computing), 431
Ritchie, Dennis, 49
Rivest, Ron, 566
roteadores, 465
roteamento, 465
rotina de conclusão de E/S, 697
rotina de entrada no monitor, 154
rotina de entrada, 154
roubo da chave, 587
roubo de ciclo, 39
RPM — rotações por minuto, 353
RSCS — subsistema de comunicações de spooling remoto (remote spooling comunicações subsystem), 296
RTS — requisição de envio (request to send), 499

S

salpicamento de senha, 568
salvaguarda física, 398
script de acesso a sistemas de estações de trabalho, 570
script de servidor de autenticação, 570
SCSI — interface de sistemas de computadores pequenos (small computer systems interface), 42, 364
seção crítica, 121, 123, 128, 133
segmento de confirmação (acknowledgement segment —ACK), 494
segurança da rede, 579
segurança de sistemas operacionais UNIX, 594
semáforo binário, 141, 156
semáforo contador, 144
semáforo de núcleo, 645, 650
semáforo geral, 144
senha, 42
senhas sincronizadas Java, 161
SEQ (seqüência), 326
serialização de objeto, 512
serviço de cartório digital, 588
Serviço de consulta Jini, 548
serviço Win32, 668
serviços Web, 13, 551, 704
Servidor central de migração em Sprite, 520
servidor de impressão, 80
servidor de mailslot, 701
Servidor de munição, 521
servidor de pipe, 700
servidor Jigsaw da Web, 547
servidor Tomcat, 547
servidor Web, 500, 546
servidor, 9, 500
servlet, 546
setor de inicialização, 45
setores (disco rígido), 341, 389
Shamir, Adi, 566
SID — identificador de segurança (security identifier), 711
signal (uma variável condicional), 155
simuladores orientados por eventos, 426
sinais de tempo real, 647
sinal assíncrono, 99
sinal pendente, 99
sinal, 79, 143, 232, 646, 647
sinalize-e-continue, 155, 161
sinalize-e-saia, 155
sincronização de intertravamento, 124
sincronização, 17, 115, 157, 162, 643, 650
Single UNIX Specification, 609
sistema básico de entrada/saída (BIOS), 33
sistema criptográfico, 562
Sistemas criptográficos de 128 bits, 563
Sistema de Arquivo Andrew (Andrew File System — AFS), 531
sistema de arquivo de rede, 528

sistema de arquivo de registro periódico, 400
sistema de arquivo FAT, 391
sistema de arquivo log-estruturado(LFS — log structured file system), 400
sistema de arquivo Sprite, 535
sistema de arquivo virtual (virtual file system — VFS), 531, 611, 626, 629, 688
sistema de arquivos Coda, 23
sistema de arquivos de rede (net file system — NFS), 23, 403, 530
sistema de comando e controle, 89
sistema de criptografia de arquivos (encrypting file System — EFS), 583
sistema de nomes de domínio (domain name system — DNS), 492, 496
sistema de paginação multiníveis, 275
sistema de segmentação, 282
sistema de tempo real, 6, 15, 153, 196, 198, 211, 213, 225, 231, 252
sistema embarcado, 15, 654
sistema interativo, 420
sistema multimodal de tempo compartilhado, 8
sistema multiprogramação de troca (swapping), 254
sistema operacional Amoeba, 24
sistema operacional Chord, 24
sistema operacional CP/M (Programa de Controle para microcomputadores — Control Program for Microcomputers), 391
sistema operacional de computadores de grande porte (mainframe), 296
sistema operacional de disco (DOS), 11
sistema operacional de rede, 510
sistema operacional de tempo real, 225
sistema operacional Mac OS, 585
sistema operacional Minix, 606
sistema operacional monolítico, 19
sistema operacional MS-DOS, 14, 391
sistema operacional Multics (Multiplexed Information and Computing Service), 66, 67, 82, 288
sistema operacional MVS, 295
sistema operacional MVS/370, 295
sistema operacional MVS/ESA, 295
sistema operacional MVS/XA, 295
sistema operacional OpenBSD, 583, 584
sistema operacional OS/360, 6, 294
sistema operacional OS/390, 295
sistema operacional OS/VS1, 296
sistema operacional OS/VS2, 296
sistema operacional OSF/1, 82
sistema operacional programa de controle para microcomputadores — control program for microcomputers (CP/M), 391
sistema operacional THE, 21, 141
sistema operacional UNIX Berkeley Software Distribution (BSD), 82
sistema operacional VM (Virtual Machine), 7, 15, 295
sistema operacional VM, 296
sistema operacional VMS, 19
sistema operacional Windows XP, 99
Sistema operacional Windows, 11
Sistema operacional XTS-300, 585
sistema operacional XTS-300, 585
sistema operacional z/OS, 295
sistemas operacionais
  Amoeba, 24
  Atlas, 262
  Berkeley Software Distribution (BSD) UNIX, 82
  Chord, 24
  CP/M Programa de Controle para microcomputadores (Control Program for Microcomputers), 391
  CP/M, 391

CTSS (Compatible Time-Sharing System), 6, 66-67
CTSS, 6, 66-67, 296
DOS – sistema operacional de disco (Disk Operating System), 11
IBSYS, 294
Linux modo usuário (user-mode Linux — UML), 611
Linux, 11, 12, 71, 606
Mac OS X, 19
Mac OS, 585
Mach, 55
Microsoft Windows XP, 16
Minix, 606
MS-DOS, 391
Multics, 6, 66, 67, 81, 288
MVS, 295
MVS/370, 295
MVS/ESA, 295
MVS/XA, 295
OpenBSD, 583, 584
OS/360, 6, 294
OS/390, 295
OS/VS1, 295
OS/VS2, 295
OSF/1, 82
Programa de Controle para Microcomputadores (Control Program for Microcomputers — CP/M), 391
Sistema CP/CMS (Programa de Controle/ Sistema Monitor Conversacional), 7
sistema de arquivos Coda, 23
Sistema Multics, 6, 67, 81
sistema operacional Chord, 24
Sistema Operacional de Disco (Disk Operating System — DOS), 11, 14
sistema operacional de tempo real, 225
Sistema operacional THE, 21
Sistema operacional VM (Virtual Machine), 7, 15, 295
Sistema operacional Windows, 11
Solaris, 82, 99, 102
Solo, 155
Symbian OS, 491
Symbian, 491
THE, 21
TSS – sistema de tempo compartilhado (Time Sharing Sistema), 6
UNIX, 7, 81, 82, 392, 646
VM, 295, 296
VM/370, 296
VMS, 19
Windows 3.0, 11
Windows 95, 11, 665
Windows 98, 11, 665
Windows CE, 710
Windows Millennium Edition, 665
Windows NT, 11
Windows Server 2003, 709
Windows XP Embedded, 710
Windows XP, 80, 99, 664
XTS-300, 585
z/OS, 295
sistema paginado/segmentado, 288
sistema UNIX, 81, 83
Sistema X Window, 609
sistemas abertos, 491, 594
Sistemas de arquivo
  Coda, 23
  FAT12, 391
  FAT16, 391
  FAT32, 391
  NFS – sistema de arquivos de rede (network file system), 23, 403, 530
  Sistema de arquivo Andrew (Andrew arquivo system — AFS), 531

Sistema de arquivos de nova tecnologia (NTFS — new technology file system), 392, 583, 688
VFS – sistema de arquivo virtual (virtual file system), 531, 611, 626, 628, 688
sistemas de arquivos distribuídos, 403, 507, 528
sistemas de arquivos estruturados hierarquicamente, 382
sistemas de missão crítica, 359
sistemas de n camadas, 500
sistemas multicomputadores, 537
sistemas multiprocessadores, 445
sistemas operacionais distribuídos, 23, 507, 510
Slackware, 609
SList (lista unicamente encadeada intertravada), 681
slot TLS, 673
SLTF — estratégia do tempo de latência mais curto primeiro (shortest-latency-time-first), 351
SMB — bloco de mensagem do servidor (server message block), 701, 708
SMP — multiprocessamento simétrico (symmetric multiprioicessing), 643, 653
SMTP — protocolo de transferência de correio (simple mail transfer protocol), 492
SOAP (simple object access protocol), 552
Sobrecarga, 211
software antivírus de tempo real, 581
Software, 545
solicitação [claim] (no Algoritmo do Banqueiro de Dijkstra), 191
solução de gerenciamento de rede, 550
solução do envelhecimento (aging) para adiamento indefinido, 185, 213, 216, 221
soma de verificação, 497
somente de leitura, 356
sondagem (polling), 43, 75
SOOO — sistema operacional orientado para objeto (object-oriented operating system), 11
soprepos ição, 243
soquete de datagrama, 648
soquetes de fluxo, 648
SPEC (standard performance evaluation corporation), 424, 425
SPECmarks, 425
SPECweb, 425
spool (operações periféricas simultâneas on-line), 46
spooling, 158, 182, 296
SPTF — estratégia do tempo de posicionamento mais curto primeiro (shortest-positioning-time-first), 352
SPX – troca seqüencial de pacotes (Sequenced Packet eXchange), 707
SQL — linguagem de consulta estruturada (structured query linguagem), 404
SRAM (static RAM) RAM estática, 37
SSH — interpretador de comando seguro (secure socket shell), 492
SSL — camada segura de soquetes (secure sockets layer), 590
SSPI (segurança support provider interface), 711
SSTF — tempo de busca mais curto primeiro (shortest-seek-time-first), 346, 350
Stallman, Richard, 12
STREAM, 426
striping de dados (divisão em tiras do disco de dados), 358, 364, 366
Stroustrup, B., 49
stub do cliente, 511
stub do servidor, 511
subsistema do ambiente Win32, 667
substituição de página, 624, 686
Sun MicrosystemsBaseada no Sun ONE (Sun Open Net Environment), 553
Sun Open Net Environment (Sun ONE), 553
Sun UltraSparc-III, 449

superbloco (sistema de arquivo), 627
superbloco VFS, 627
superblocos, 384, 401
Supercomputadores, 445
superusuário, 594, 608
SUS (single UNIX specification), 609
SuSE, 609
SVM – memória virtual compartilhada (shared virtual memory), 458, 462
SYN — segmento de sincronização (synchronization segment), 494
SYN/ACK — segmento de sincronização/confirmação (synchronization/acknowledgement segment), 494

T
tabela de âncora de hash, 278
tabela de despacho de interrupções (interrupt dispatch table - IDT), 698
tabela de diretório de páginas, 681
tabela de hash, 277
tabela de inodes, 630, 632
tabela de páginas invertidas, 277, 278
tabela de páginas, 268, 290
tabela de prefixos (no Sprite), 535
tabela de processo, 70, 81, 290
tabela de símbolos, 53, 54, 612
tabela hierárquica de páginas, 275
tabelas de montagem, 386
tamanho de página, 314, 324
Tanenbaum, Andrew, 606
tarefa, 66, 102
tasklets, 643
taxa de chegada, 428
taxa de falta de página, 318, 321, 329
TCP — protocolo de controle de transmissão (transmission control protocol), 494
TCP (transaction processing performance council), 425
TCP/IP — protocolo de controle de transmissão/protocolo de Internet (transmissão control protocol/Internet protocol), 8, 10
técnicas de compactação de dados, 356
tecnologia da camada de ar, 579
tecnologia de extensão do Endereço Físico (PAE), 294, 654
Tecnologia HyperThreading, 654
telefones sem fio, 544
tempo de ciclo, 272
tempo de latência rotacional, 341
tempo de posicionamento, 352
tempo de relógio normal, 44, 242
tempo de retorno, 7, 18, 420
tempo médio de resposta, 344
temporizador periódico, 679PCI — interconexão de componentes periféricos (peripheral component interconnect), 39
teoria das filas, 424
texto cifrado, 562
texto comum, 562
The Open Group, 610
thread consumidor, 115
thread de baixa prioridade, 106
thread de execução principal (main), 106
thread de núcleo, 96, 612, 625, 643
thread de usuário, 95
thread em espera, 164
thread primário, 94, 104, 674
thread produtor, 115
thread Win32, 90
thread, 17
Threads
  ativação de escalonador, 98
  chamada ao sistema clone do Linux, 102
  ciclo de vida, 93
  definição, 90

estado, 92
mapeamento de thread m-to-n, 98
mapeamento de thread muitos-para-muitos (muitos-para-muitos), 97
mapeamento de thread muitos-para-um, 95
mapeamento de thread um-para-um, 96
nível de núcleo, 96
nível de usuário, 95
pooling, 97
Pthreads, 101
thread híbrido de núcleo e de usuário, 97
thread operário, 98
threads concorrentes, 121
tipo de recurso, 190
tipos de ordenamento linear de recursos, 189
TIPS — trilhões de instruções por segundo (trillion of instructions per second), 422
tira (RAID), 358
tiras de granulação fina, 359
tiras de granulação grossa, 359
TLB — buffer de tradução lateral (translation look-aside buffer), 681
TLS — segurança da camada de transporte (transport layer security), 590
tmpfs, 650
Token ring, 498
tolerância a falha, 18, 359, 468
topologia de rede, 488
topologia lógica, 488
Torvalds, Linus, 606
toString de Thread, 106
traço de execução de módulo, 427
tradução de endereço de paginação, 272, 274
tradução dinâmica de endereço, 264, 268, 272, 274, 283, 284, 289, 290, 296
tráfego da rede, 543
trailer, 491
transação atômica, 400
transceptores, 497
transferência eletrônica de fundos, 380
transição de job-para-job, 245
transistor, 31
transmissão assíncrona, 46
transmissão, 80
transparência, 469
  definição, 509
  falha, 509
  localização, 509
  migração, 509
  persistência, 509
  relocação, 509
  replicação, 509
  transação, 509
transparência da persistência, 509
transparência de falha, 509
transparência de migração, 509
transparência de replicação, 509
trava de leitura/escrita, 476
trava de processo anunciada (advisable process lock — APL), 475
trava de recurso executivo, 680
travas adaptativas, 475
travas configuráveis, 475
travas de leitor/escritor, 644
travas oportunistas (oplock), 706
trilha, 341, 354
troca de mensagens, 80
troca de processos na memória, 254
troca rápida de usuário, 712
TSS — sistema de tempo compartilhado (time sharing system), 6
tubulação, 431
tunelamento, 496
tupla, 404
TWFG — gráfico de transação esperar-por (transaction wait-for graph), 519

U

UDDI (Universal Description, Discovery and Integration), 552
UDP — protocolo de datagrama de usuário (user datagram protocol), 494
UltraSPARC, 433
UML — Linux modo usuário (user-mode Linux), 611
UNC (Uniform Naming Convention), 705
unidade central de processamento (central processing unit — CPU), 33
unidade de aritmética e lógica (arithmetic and logic unit — ALU), 34
unidade de braço móvel, 341
unidade de compressão (de arquivo NTFS), 690
unidade de decodificação de instrução, 34
unidades de disco hot swappable (de reposição rápida) 361
Uniform Naming Convention (UNC), 705
United Devices, 546
UNIVAC 1 (UNIVersal Automatic Computer 1), 340
UNIVersal Automatic Computer 1 (UNIVAC 1), 340
UNIX — sistema operacional, 7, 81, 83, 392, 646
upcall, 98
UPS — Fonte de energia ininterrupta (ou no-break) (uninterruptable power supply), 398
URI — identificador uniforme de recursos (uniform resource identifier), 492
URL — localizador uniforme de recursos (uniform resource locator), 492
usabilidade, 18
USB — barramento serial universal (universal serial bus), 41
utilização do processador, 246, 419, 420, 429
UUID — identificador universalmente exclusivo (universally unique identifier), 703

V

VAD — descritor de endereço virtual (virtual address descriptor), 685
VAL, 153
Validação de uma simulação, 426
validada, 400
valor bom, 616
valor de hash, 277
valor médio, 420
variação "relógio" da estratégia de substituição de página FIFO, 316
variante, 581
variáveis aleatórias, 420
variável de condição, 153, 155, 159
varredura da face, 569
Venus (em AFS), 531
verificação heurística, 581
VeriSign, 589
verme, xxiv, 575
vetor chrdevs, 636
vetor da aplicação, 423
Vice (em AFS), 531
videodisco digital (DVD), 38
vinculação de endereço, 55-56
Virtualização, 263
vírus de setor de boot , 575
vírus polimórfico, 581
vírus residente, 575
vírus transiente, 575
vírus, 575
visão lógica, 380
VistaPortal, 545
VLIW — palavra de instrução muito longa (very long instruction word), 435, 446
VM/370 sistema operacional, 296
VMM — gerenciador de memória virtual (virtual memory, 681
VMware Software, 15
volume montado, 692
volumes, 378, 532
VPN — redes virtuais privada (virtual private networks), 591
VSG — grupo de armazenamento de volume (volume storage group), 533

W

wait (em uma variável condicional), 155
WANs – redes de longa distância (wide area networks), 490
WDM – modelo de driver do Windows (Windows driver model), 694
Web Services Description Languagem (WSDL), 552
Web-based distributed authoring and versioning (WebDAV), 706
WebMark, 425
WebNFS, 531
WEP — privacidade equivalente à das redes com fio (wired equivalent privacy), 591
Whale Communications, 579
Whetstone, 426
WinBench 99, 426
Windows 3.0, 11
Windows 95, 11, 665
Windows 98, 11, 665
Windows API, 51
Windows CE, 710
Windows Millennium Edition, 665
Windows NT, 11
Windows Server 2003, 541, 709
Windows sockets 2 (Winsock 2), 708
Windows XP Embedded, 710
Windows XP, 80
WinHTTP, 708
WinINet, 708
Winsock 2 (Windows sockets 2), 708
World Wide Web (WWW), 10
WPA — acesso protegido Wi-Fi (Wi-Fi protected access), 592
WSDL (Web Services Description Language), 552
WWW (World Wide Web), 10

X

Xerox, 8, 9
XML (extensible markup language), 546, 552
XOR ECC — códigos de correção de erros (ECC) ou exclusivo (XOR), 364, 365, 366

Z

Zimmermann, Phillip, 567
zona alta da memória, 622
zona da memória normal, 621
zona de memória física, 621
zona, 621, 625